한림일본학자료총
아사히신문 외지판 14

아사히신문
외지판(조선판)
기사명 색인_제9권

This publication has been executed with grant from
the Japan Foundation(Support Program for Japanese Studies Organizations),
National Research Foundation of Korea grant funded
by the Korean Government(2017S1A6A3A01079517)
and the fund of the Institute of Japanese Studies, Hallym University.

한림대학교 일본학연구소는 이 책을 간행함에 있어
출판비용의 일부를 일본국제교류기금과 한국연구재단으로부터 지원받았고,
한림대학교 일본학연구소 발전기금을 사용하였습니다.

한림일본학자료총
아사히신문 외지판 14

아사히신문
외지판(조선판)
기사명 색인 _ 제9권

1930.01. ~ 1930.12.

한림대학교 일본학연구소
서정완 외 24인

1930년

朝日新聞外地版(朝鮮版) 記事名 索引
〈아사히신문 외지판(조선판) 기사명 색인 - 1930.1~1930.12 -〉을 간행하며

한림대학교 일본학연구소 소장
서 정 완

1. 「기사명 색인」 제14권(「조선판」 제9권)을 간행하며

한림대학교 일본학연구소의 주요 연구 대상 지역은 일본이기는 하나, 일본에만 국한하지 않는다. 한일 양국을 중심으로 동아시아의 화해와 공존을 목표로 미력하나마 꾸준한 활동을 이어가고 있다. 모든 연구와 독자적으로 구축한 일본학 관련 인프라를 학계는 물론이고 사회에 발신함으로써 이른바 연구소의 사회적 역할을 다하기 위해서 노력하고 있다.

이를 구체적으로 실천한 성과의 첫 번째가 한국도서관협회에 정식으로 등록된 국내 유일의 일본학 전문 도서관인 '일본학도서관'의 설치와 운영이다. 일본학도서관이 보유한 6만 5천 점이 넘는 일본 관련 전문 서적의 전문성은 국내에서 비교할 대상이 없다고 자부한다. 여기에 지명관(池明觀) 초대 소장, 세키구치 에이치(関口榮一) 교수가 일본학도서관에 기증한 서적, 그리고 본 연구소가 주도해서 한림대학교 일송도서관에 들여놓은 故 오에 시노부(大江志乃夫) 교수, 故 아베 타케시(阿部猛) 교수의 기증 서적 약 3만 점을 합치면 한림대학교는 10만 점이 넘는 일본학 전문 서적을 보유한 국내에서 유일무이한 기관이다. 문헌 자료와 디지털 자료의 규모와 질에서 한국의 일본연구를 대표할 수 있는 인프라라 할 수 있으며, 학계와 사회에 공헌하기에 충분한 양과 질을 갖추고 있다.

그리고 두 번째는 일본학 데이터베이스 구축이다. 크게 두 가지 주요 사업이 있는데, 하나는 아래에서 보는 바와 같이 일본학도서관의 질적 제고를 꾀하는 신문 자료와 주로 제국일본과 근대라는 시대를 조사하기 위한 문헌자료 인프라의 구축이다.

【주요신문자료】

『京城日報』, 『京城新報』, 『한성신보(漢城申報)』, 『読売新聞』, 『朝日新聞』, 『朝日新聞外地版』, 『毎日新聞外地版』, 『横浜毎日新聞』, 『仮名読新聞』, 『台湾日日新報』, 『台湾民報』, 『大連新聞』, 『大陸新報』, 『上海新報』, 『帝国大学新聞』, 『占領期琉球諸島新聞集成』, 『占領期新興新聞集成』, 『近代沖縄新聞集成』, 『時局新聞』, 『愛国新聞』, 『図書新聞』, 『日本労働新聞』, 『日本新聞』, 등

【주요문헌자료】

『十五年戦争極秘資料集』, 『十五年戦争重要文献シリーズ』, 『特高警察関係資料集成』, 『出版警察資料』, 『出版警察概観』, 『出版警察報』, 『外事警察資料』, 『外事警察報』, 『外事警察概況』, 『外事月報』, 『外務省警察史』, 『文部省思想統制関連資料集成』, 『情報局関連極秘資料』, 『教化運動』, 『朝鮮公論』, 『言論報國』, 『満蒙』, 『優生学』, 『南洋庁公報』, 『南洋庁統計年鑑』, 『南洋群島』, 『植民地社会事業関係資料集(朝鮮編·台湾編·満洲満州国編)』, 『雑誌朝鮮社会事業』, 『朝鮮治安関係資料集成』, 『朝鮮総督府帝国議会説明資料』, 『満洲開拓関係雑誌集成』, 『特審月報』, 『占領期雑誌資料大系(大衆文化編·文学編)』, 『田健治郎日記』, 『新亜細亜』, 『日本植民地文学精選集(朝鮮編·南洋群島編·樺太編)』, 『映画検閲時報』, 『映画公社旧蔵戦時統制下映画資料集成』, 『伊藤博文文書』, 『木戸孝允関係文書』, 『木戸幸一日記』, 『朝鮮憲兵隊歴史』, 『植民地帝国人物叢書(朝鮮編·満洲編·台湾編·解題)』, 『朝鮮総督府及所属官署職員録』, 『靖国神社忠魂史』, 『在日朝鮮人関係資料集成(戦前編·戦後編)』, 『内閣調査室海外関係史料「焦点」』, 『学園評論』, 『守礼の光』, 『今日の琉球』, 『朝鮮戦争下公安関係資料』, 『文教時報』, 『文教の朝鮮』, 『沖縄教育』, 『文化生活　文化普及会版』, 『占領下の奄美·琉球における教員団体関係史料集成』, 『戦後初期沖縄開放運動資料集』, 『旅行満洲』, 『コレクション·モダン都市文化』, 『会館芸術』, 『戦後博覧会資料集成』, 『買売春問題資料集成戦(前編戦)』, 『同時代史』, 『新異國叢書』, 『植民地朝鮮下におけるハンセン病資料集成』, 『植民地教育史研究年報』, 『地域のなかの軍隊』, 『北海道立文書館所蔵　戦後千島関係資料』, 『満洲総合文化雑誌　藝文　第1期(全22巻)』, 『外務省茗荷谷研修所旧蔵記録　戦中期植民地行政史料　教育·文化·宗教篇』, 『社史で見る日本経済史』, 『近世日本国民史』, 『日本人』, 『日本及日本人』, 『亞細亞』, 『帝國青年』, 『公文別録』, 『戰後日本共産黨關係資料』, 『外務省茗荷谷研修所旧蔵記録　戦中期植民地行政史料　教育·文化·宗教篇』 외 다수.

(전근대 관련으로는 『新訂増補　国史大系』, 『平安遺文』, 『鎌倉遺文』, 『新訂増補故実叢書』, 『増補続史料大成』 등도 있다)

본 연구소 일본학도서관 장서 검색시스템은 일본십진분류법(Nippon Decimal Classification; NDC)으로, 본교 일송도서관 검색시스템은 한국십진분류법(Korean Decimal Classification; KDC)으로 시스템이 구축되어 있으나, 양자를 연계시키고 있어서 연구소 내 검색시스템은 물론이고 일송도서관 검색시스템 어느쪽에서도 도서 검색이 가능하다. 그리고 신문 자료 중 『京城日報』하고 『京城新報』는 교내 일송도서관 전산망을 통해서 열람할 수 있으며, 『요미우리신문(読売新聞)』, 『아사히신문(朝日新聞)』, 『近代沖縄新聞集成』은 연구소에 비치된 전용 단말기를 통해서 검색과 열람을 할 수 있다. 나머지는 모두 도서 상태로 열람이 제공된다. 참고로 『요미우리신문』은 1874년 창간호부터 1980년대까지 모든 지면에 대해서 자유롭게 문자열 검색을 할 수 있으며, 『아사히신문』은 전체에 대해서 검색과 열람을 할 수 있다. 이 외에 메이지시대부터 현재까지 일본 국내의 모든 재판 판례에 대한 검색을 할 수 있는 데이터베이스도 이용 가능하다.

이상의 자료에 더해서 일본학 데이터베이스 구축의 또 다른 트랙이 『아사히신문 외지판 기사명 색인』에 대표되는 1차 자료의 전산화 작업을 통해서 데이터베이스를 구축하는 작업이다. 현재 이 작업은 '한림일본학총서', '한림일본학연구총서', '한림일본학자료총서', '아시아를 생각하는 시리즈' 등으로 대표되는 연구소 출판산업과 연계해서 진행하고 있으며, 이 『아사히신문 외지판 기사명 색인』은 『계간 삼천리 해제집』

과 함께 '한림일본학자료총서'로서 간행되고 있다.

1935년부터 1945년까지를 수록한 <남선판>은 이미 완간했으며, 현재 1915년부터 1935년까지를 수록하는 <조선판>이 진행 중이다. 이 책은 1930년도를 수록한다. 1931년을 수록한 제15권(「조선판」 제10권)도 함께 간행되기 때문에 남은 것은 1932년~1935년까지 약 4년에 대한 작업이다. 1935년까지 간행이 완료되면, 최종적으로는 1915년~1945년까지 30년 동안 한반도에서 배포된 『아사히신문 외지판』 기사명 색인에 대해 자유 문자열로 자유롭게 검색할 수 있는 데이터베이스를 구축해서 본 연구소 홈페이지에 공개하는 것을 최종목표로 하고 있다. 올해 후반기에 1932년~1933년을 간행하고 2023년에 1934년~1935년을 간행해서 자료총서를 마무리하고, 데이터베이스 제작에 착수할 계획으로 있다.

이상에서 본 연구소의 연구와 사회기여 활동이 국내 일본연구, 일본학의 기초를 튼튼하게 만드는 데 미력하나마 공헌할 수 있기를 기대한다.

2. 「조선판」 제9권의 내용 및 제작 일지

1) 1930년이라는 1년

역사적으로 1930년이라는 한해를 살펴보면, 일본에 의한 식민지 통치가 시작된 지 20년이 되는 해이며, 인도의 마하트마 간디가 영국에 대한 시민 비폭력 불복종 운동을 전개한 해이고, 미국·영국·일본이 잠수함 등 보조함의 건조 제한과 전력(戰力) 비율을 정한 런던해군조약이 체결된 해이기도 하다. 식민지 대만에서는 주지하는 바와 같이 원주민 시디그 부족이 일본 경찰에 의해 모욕을 당한 일이 계기가 되어 봉기한 사건으로, 경찰을 습격하고 공학교(公學校)에 모여 있던 일본인 약 200명 중 130명을 살해하자, 일본이 군대 2,000명을 파병해서 원주민 약 700명을 학살한 '우서(霧社) 사건'이 일어난 해이기도 하다. 대만에 대해서는 식민지 경영이 안정적으로 경영되는 성공사례로 자부했던 일본이었기에 일본에는 커다란 충격을 받은 사건이었고, 반대로 대만에는 '항일(抗日)'이라는 각인을 깊이 새기게 된 사건이었다. 그리고 세계적으로는 1929년 미국 뉴욕 주식시장의 대폭락으로 시작된 대공황의 여파가 일본에도 몰려온 해였다.

한편 시선을 일본으로 돌리면, 1930년 11월 14일 도쿄역 하행선 8번 홈에서 구마모토(熊本) 출신 우익활동가인 사고야 도메오(佐鄕屋留雄)가 당시 총리대신인 하마구치 오사치(濱口雄幸)를 향해 권총을 발포해서 중상을 입히고 이듬해 사망하게 한 사건이 1930년 한 해를 마무리하려는 시점에 일본을 발칵 뒤집어놓은 사건이었다. 그러나 이 사건은 도쿄, 오사카의 13개 신문사와 2개 통신사가 공동으로 정부의 언론통제에 항의하는 '공동선언'을 발표하는 사태로 이어졌다. 1939년 12월 15일에 발표된 선언문은 대략 다음과 같다.

> 정부의 언론에 대한 태도는 근래에 들어서 점점 난폭해지고 상식에 어긋나서 부당하게 기사를 금지하고 신문을 압수하는 일이 빈번해졌으며, 특히 이번 시사신보사(時事新報社) 정치부 기자에 가한 부당한 감금 조치는 유언비어에 의해서 신문기자의 양심을 유린한 처사이며 (중략) 이는 일개 신문기자의 문제처럼 보이나, 실은 전체 언론기관에 대한 도전이며, 보도의 자유를 위협하는 매우 심각한 사건이다. 우리는 이번 일을 단순히 경찰 관헌의 몰상식으로

보지 않으며, 언론에 대한 정부의 계획적 능멸로 보고, 엄중하게 이 비위를 규탄한다.

이 한 발의 총성은 일본이 '광기'의 시대로 접어드는 시작을 알리는 총성이었다는 지적도 있다[1].

이 외에는 관동대지진에 의한 도쿄의 소실피해 부흥을 축하하는 제도부흥제(帝都復興祭)가 열린 건, 제3회 국세조사를 실시(내지 인구 6,445만 5천 명, 외지 인구 2,594만 6,038명)한 건을 들 수 있다. 한편 문화 예술 쪽으로는 11월 5일에 오카야마현(岡山縣) 구라시키시(倉敷市)에 있는 오하라미술관(大原美術館開館)이 개관했으며, 가미시바이(紙芝居, 그림연극)에 '황금박쥐'가 등장한 건[2], 유행어 중 하나가 '에로·그로·넌센스'[3]였다는 건을 들 수 있다. '에로·그로·넌센스'는 11월 24일 경시청이 에로연예단속규칙(ㅗㅁ演芸取締規則)을 각 경찰서에 하달한 건처럼 당시 저속으로 달리는 일본의 사회상황을 배경으로 한다. 그리고 위에서 언급한 '우서(霧社) 사건'이 대만 관련이라면, 대한 명칭과 관련해서 외교문서에서 '지나공화국(支那共和國)'에서 '중화민국(中華民國)'으로 변경하는 건이 각의에서 결정되었으나, 실제로 일본에서는 종래 그대로 '지나'가 사용되고 있었다는 현실도 적어두겠다.

한편 한국과 관련해서는 3월 10일 진해에서 일본육군기념일에 상영한 활동사진 필름에서 발화해서 대형 화제로 번진 결과 당시 소학생 100명이 사망한 사건, 그리고 5월 30일 간도에서 당시 조선인에 의한 반일 무장봉기가 일어난 건을 들 수 있다. 일본에서는 이를 '제1차 간도 폭동'이라 부른다.

2) 「조선판」이 보도하는 1930년: '학생소요', '학생사건'이라 불리는 학생항일운동

1930년 1월 신문에는 경성, 평양, 개성, 인천, 청주, 진주, 오산, 광주, 함흥, 원산, 전주, 해주, 청진, 평북 선천(宣川), 신의주 등 전국 각지에서 고보(高普, 고등보통학교)를 비롯한 많은 학생이 연맹휴업과 시위를 벌인 사건을 계속 보도하고 있다. 조선인 학생들이 벌이는 독립운동·항일운동에 관한 기사가 '소동', '소란', '만세'라는 말과 함께 연일 보도되고 있으며, '민족운동', '사상', '공산당', '(공산)주의자'라는 말도 나오고 '신간회(新幹會)'도 등장한다.

가깝게는 1929년 11월 3일 광주고보(光州高普) 학생들이 메이지절(明治節)[4] 행사에 동원되었다가 신사참배를 거부하고 귀가하는 길에 일본인 중학생과 맞닥뜨려서 다툼이 벌어진 사건에서 원인을 찾을 수 있다. 그 과정에서 일본인 학생이 휘두른 칼에 광주보고 학생이 부상을 당하는 일을 생기고 결국 경찰이 출동해서 해산시켰다. 일단 학교로 돌아간 광주고보 학생들은 광주농교 학생과 함께 교가를 부르며 가두시위를 벌였으며, 싸움을 벌인 광주중학교를 습격하는 일이 벌어졌다. 이후, 조선인 학생과 일본인 학생 사이에는 깊은 적대적 관계가 형성되었다.

---

1) 岡満男(1985)「一九三〇年代の新聞の「共同宣言」」(『評論·社会科学』27号, 同志社大学人文学会)
2) 스즈키 이치로(鈴木一郎) 작, 나가마쓰 다케오(永松健夫) 그림.
3) erotic, grotesque, nonsense이며, 선정적이고 엽기적이고 무의미하거나 허무한 것을 말하며, 다이쇼 시대 말에서 쇼와 시대 초에 당시 일본에서 저속한 풍조를 칭하는 말로 한 시대를 풍미했다. 이 전부터 사용된 erotic, grotesque를 합친 '에로그로(ㅗㅁグㅁ)'에 허무하고 무의미하다는 의미를 담아서 '넌센스'를 추가해서 '에로·그로·넌센스'가 사용된 결과, 1930년 한해의 유행어가 되었다.
4) 메이지 천황을 추모하기 위해서 메이지 천황 생일인 11월 3일을 메이지세쓰(明治節)로 제정한 휴일. 현재 일본에서는 '문화의 날'로 지정해서 그 흔적을 남기고 있다. '메이지절'로 표기했다.

멀리는 당연히 3.1 독립운동을 거론하지 않을 수 없다. 광주보고를 중심으로 일어난 학생항일운동이 3.1 독립운동 다음으로 대규모의 항일운동이었으며, 1929년은 3.1 독립운동에서 10년째가 되는 해인데, 이 10주년이 우연만은 아닐 것이기 때문이다. 실제로 독립을 희구하고 부당한 식민통치에 항거하는 항일의 정신은 3.1 독립운동으로 완전연소하고 사라진 것이 아니라, 그 후 1920년대를 거치면서 그 불씨는 꺼지지 않고 계속 불타고 있었다. 실제로 여기서 광주고보에 약간 초점을 맞추면, 광주청년회나 광주노동공제회의 존재와 활동을 들 수도 있을 것이고, 이 둘이 합친 성진회를 들 수도 있고, 전남청년연맹도 있다. 그리고 여기에는 독립운동가 장석천 선생의 존재도 빼놓을 수 없을 것이다. 1928년 4월에 광주, 송정에서 항일문서가 뿌려지고 전남 경찰부장 앞으로 협박문이 발송되는 일이 있었으며, 위에서 언급한 11월 3일에 일어난 광주고보 건과 관련해서 전남청년연맹 상임집행위원장이시던 장석천 선생은 1929년 11월 4~5일 양일에 걸쳐서 각 사회단체 책임자와 회동해서 대책을 논의한 결과, 검거된 학생 석방을 위한 시위 운동을 전개하면서 이 운동을 전국적인 학생시위로 확산시키기에 이른다. 장석천 선생이 신간회 광주지회 상무간사를 맡고 있었기에 「조선판」 기사에도 신간회 이름이 나오는 것이다. 1929년 11월 11일, 전남청년연맹 학생부 책임자 장재성은 "조선 민중이여 궐기하자"는 격문을 작성했으며, 이 격문이 각 학교 학생에게 전달되었다. 12일 아침에 농업학교, 광주고보에서 시위가 시작되었고, 13일에는 광주여고보, 전남사범학교로 확대되었다. 이렇게 시작된 시위 운동이 중앙청년동맹이라는 당시 경성의 청년운동 조직을 통해서 서울로 확대된 것이며, 11월 20일 휘문고보, 보성고보, 배재고보, 경성제2고보, 경신학교, 중동학교, 11월 말에서 12월 초에는 경성제2고보, 중앙고보, 보성고보, 휘문보고 등에서 항일 학생시위가 이어졌다. "만천하 학생동제군에게 격함", "학생대중제군에게 격함" 등의 격문이 살포된 것이다. 이토록 끈질기고 꺼지지 않는 불씨를 품은 배경이 있기에 1930년 1월 한 달 동안 「조선판」 지면을 차지하는 '학생소요'는 단순한 '사건'이라는 범주를 뛰어넘는 항일운동으로 보는 것이 맞다.

『아사히신문 외지판(조선판) 기사명 색인명 색인』 통권 제14권, 「조선판」 제9권 서문에서는 1929년에서 1930년에 이어서 전개된 '학생항일운동'에 대한 보도내용을 날짜별로 제시하고 기사에 대한 국문해석을 제시함으로써, 당시 이 외지판이 학생항일운동을 어떻게 보도했으며, 어떤 용어와 표현을 사용하고 있는지를 살펴볼 수 있는 기회로 삼고자 한다. 1930년 1월에 집중되어 있으니, 1월 한 달 동안에 실린 기사를 제시하면서 서문을 갈음하고자 한다.

이하, 관련 기사 제목을 날짜순으로 제시하고 기사 내용도 제시하겠다.

-01월 07일: 학생소동을 기회로 음모, 불온 삐라를 뿌린 신간회 간부를 기소
조선 학생소요를 중대화하기 위해서 음모를 계획한 신간회 간부 기타 각 단체 수뇌부는 작년 말 지방법원 검사국에서 조사 중이며, 6일 주범 경성부 내 광화문 신간회 위원장 변호사 허헌(許憲) 외 5명은 제령(制令) 위반으로 예심에 보내졌다. 이 건은 학생사건이 중대화해서 경성에서 960명의 학생이 일제 검거되자, 신간회 등은 이를 계기로 민족운동 발전을 기하기 위해서 10일 저녁 허헌 댁에 주요 인사 10여 명이 모여서 10개항에 이르는 불온 결의를 하고, 13일 오후 2시에 자동차 20여 대를 동원해서 삐라를 살포했다.

-01월 10일: 학생의 사상, 전환의 방책, 이번 연맹휴업 사건에서 당국 의견에 오른 두 문제

작년 말부터 각지에서 일어난 학생연맹사건은 동계방학이 끝난 후에는 대체로 평상시 상태로 되돌아와서 시내 각 경찰서도 안도의 한숨을 쉬고 있으나, 이번 사건으로 학생의 사상을 전환할 방책으로 다음 두 문제가 관헌 당국의 의견으로 올라온 점은 주목해야 한다. 즉 학생의 사상 악화는 그 배후에 사상단체의 시사가 있었다는 점은 분명하지만, 이들에게 유혹당하는 기회를 줄이고 동시에 다른 방면으로 전환시키기 위해서는 각 학교에 대해서 야구, 테니스, 축구와 기타 대중적인 스포츠를 장려해서 모든 학생의 분위기가 이쪽으로 향하도록 한다면, 청년 학생들의 흥미를 집중시키는 데 아주 큰 효과가 있을 것이다. 다른 하나는 이번 사건을 일으킨 학교는 조선인 학생만 수용한 학교이며, 전문학교와 기타 내선공학인 학교에는 여파가 미치지 않았다. 이 사실은 종전에도 가끔 문제가 된 내선공학문제에 하나의 중요한 방향을 제시했다고 보이며, 앞으로 교육방침에 상당한 무게로 중요시하게 될 것이다.

-01월 10일: 600명 전 학생 개교 당일 또 소란을 피우다, 휴교 중인 개성송도고보(開城松都高普), 경찰 출동, 겨우 진정되다

작년 12월 12일 학생소요사건으로 임시휴교한 개성송도고등보통학교에서는 9일 개교했더니 이날 오전 10시경 2교시가 시작되자 600명의 전교생이 일제히 소란을 피우기 시작하며 불온한 구호를 외치면서 교실에서 뛰쳐나가서 시위 운동을 벌였기에, 개성경찰서는 즉시 경찰대를 파견해서 교문 부근에서 학생의 행진을 저지하고 몸싸움이 있은 후 20여 명을 검거했다.

-01월 11일: 여학생이 만세를 연호하고 남학생을 불러내서 시위 운동을 시도함

개성미리흠(美理欽, ミリケン)여자고등보통학교 학생 30명은 10일 오후 1시경에 같은 개성에 있는 공립상업학교 교문 앞에서 만세를 연호하며 남학생을 불러내서 시위 운동을 하려고 해서 바로 15명을 검거했다. 한편 9일에 소란을 피운 송도고등보통학교는 10일부터 3일 동안 임시 휴업 중이다.

-01월 11일: 중동교(中東校) 학생 또 소란을 피우다

학생사건으로 경계를 강화하는 중에 10일 오전 10시 20분경에 경성부 중동학교 특과 1학년, 본과 2학년 갑(甲)반의 학생 120명이 2교시 시작종이 울리자 동시에 교문 밖으로 뛰쳐나가려서 학교 당국자는 학생을 설득해서 간신히 진정시켰다.

-01월 12일: 개성 여학생이 불온한 행동을 취함. 또다시 주모가 검거되다.
광주(光州) 학생도 시험을 회피하여 퇴학 되다.

학생소요사건을 받아서 개성호수돈(好壽敦)여자고보 학생 10명은 10일 오후 8시경 만월대에 집합하여 협의를 마치고 시내에 나타나 만세를 연호하자, 많은 조선의 민중이 여기에 동참해 시위 운동으로 번졌다. 개성경찰서 앞에서 만세를 큰소리로 연호한 10명 모두 검거되었다. 11일까지 개성서에 검거된 학생은 송도고보, 미리흠여자고보 학생을 합쳐서 100명에 이른다. 한편 전남 광주고보 학생 400명은 9월부터 시작되는 시험을 기피하고 불온한 형세를 보이고 있어서 10일 10명을 퇴학 처분했다. 그리고 광주여자고보의 학생은

전원이 시험답안을 백지로 제출하여 현재 주모자 20명에 대한 조사를 진행하고 있다.

-01월 12일: 함흥에서도 학생 소란을 피우다

함흥 영성(英成)중학교 전교생 150명은 11일 아침 9시 40분, 일제히 강당에서 빠져나와 사립영성여자 고보로 향하여 이 학교 학생을 끌어들이려하였다. 움직임을 파악한 학교 당국은 재빨리 교문을 닫아서 여학생의 탈출을 막았지만, 교실 창문을 통해서 "아이고"라는 규환(叫喚)의 소리가 엄청 났으며, 14~15명의 여학생은 2층에서 뛰어내려서 담을 뛰어넘어 남학생과 합류해서 사태가 악화되는 찰나에 출동한 경찰의 제지로 큰일은 없었다. 이 학생폭동에는 흑막이 있는 듯, 함흥서에서 2명의 학생을 검거하여 조사 중이다.

-01월 16일: 14개교 남녀 중학생 다시 일제히 소란 피우다, 태극기를 들고 기세 올려, 돌을 던지며 경찰에 반항

2~3일 전부터 불온한 계획이 있음을 탐지한 경찰 당국은 15일 이른 아침부터 경성부 내의 각조선인중학교에 일제히 경찰관을 파견해서 학교 당국자와 함께 설득하고 만류하려 했으나, 14개교(여학교 8개교) 학생들이 이를 받아들이지 않고 소동이 일어났다. 평소와 같이 학업을 진행한 학교는 제1고보, 제2고보, 도립상업, 중앙고보기독교청년학교, 여자고보 진명여학교, 법정(法政)학교 8개 학교뿐이었다. 각 학교마다 긴밀하게 연락을 취해서 전날까지 2~3개 학교를 제외하면 지극히 조용히 학업을 수행했다. 15일은 먼저 여학생이 소요를 시작하고 여기에 남학생이 뇌동해서 틈을 봐서 옥외로 뛰쳐나가 민중운동을 전개하려 시도했다. 여학생은 경찰의 경계가 삼엄하자 '아이고'를 연발하며 경찰을 곤란하게 만들었고, 남학생은 돌을 던지며 반항하고 불온한 내용의 글을 적은 깃발과 대한제국시대의 태극기를 들고 기세를 올리는 가 하면, 유리창을 깨는 자도 있었다. 소란을 피운 14개 학교 외에 숙명여학교의 일부 학생은 백지답안을 제출해서 시위에 동정적 태도를 보였다. 학교 당국은 필사적으로 학생들을 설득하려 했으나, 이화학당의 교사 1명은 학생을 선동해서 바로 검거되었다. 이날 경찰 당국은 전용자동차 외에 경성부가 경영하는 버스를 임차·동원해서 검거에 임했으며, 경찰관에 대해서는 사이드카를 동원해서 도시락을 배달하는 등 바쁜 대응에 쫓겼다.

-01월 17일: [경성의 중등생 소요 사건] 학생의 동요 아직 가라앉지 않음, 각 학교 모두 주모자 처분

15일 이른 아침, 이화여고보 학생들에 의해 시작된 경성부 내 조선인 남녀 중등학생 만세소동은 16일에 이르러서도 계속되어 불온·동요의 분위기는 진정되지 않고 있는 상황에 있다. 이에 대해서 경기도 학무 당국은 기보에서 알린 것처럼, 임시휴교를 요청한 학교에 대해서 휴교에 대한 허가는 내지 않으나, 임시 수단으로서 이를 인정한다는 변태적 형식을 취했다. 학교 당국에 진지한 책임감으로 단속에 임할 것을 요구하고 성적이 나쁜 학교는 단호하게 폐교하는 방침을 취할 것이라고 한다. 한편 학교 당국은 경찰의 검거와 함께 자발적으로 소동의 주동자를 처분하기로 했다. 휘문교의 경우는 퇴학 10명, 무기정학 14명이고, 중동학교의 경우는 퇴학 4명, 무기정학 15명이다. 이 외에도 앞으로도 경찰 당국과 연락을 취해서 차제에 불순분자를 일소하기로 했다.

【그림1】『朝日新聞外地版』1939년1월17일자 게재 경찰 출동 모습

-01월 17일: 검거 학생은 대부분 형무소행, 철저하게 조사하는 당국의 태도

500명을 돌파한 조선학생사건 피검거자에 대해서 가정에서는 커다란 우려 속에 16일에는 가까운 경찰서를 방문해서 석방을 애원하는 고령의 부모와 형제자매가 이러지도 저러지도 못하고 발버둥치는 상황이 이어졌다. 그중에서도 여학생 80명을 수용하는 경기도 경찰부는 방문자가 끊이지 않는다. 신호균(申好均)이라는 20세의 눈썹이 아름다운 여성은 여동생 신태순(申泰順, 17세)의 안부를 걱정해서 "여동생은 아직 1학년이고 온화한 성격의 아이입니다. 게다가 위경련을 앓고 있으니 석방해주세요"라고 경찰관 앞에서 울며 호소하는 비극이 벌어졌다. 검거된 자는 일단 조사가 끝나면 임차한 경성부 버스에 태워서 바로 형무소로 보내지고, 석방되는 자는 거의 없는 모양이다. 철저한 조사를 하려는 당국의 태도를 충분히 알 수 있다. 한편, 경기도 학무 당국은 학생사건과 관련해서 늘 선동적으로 책동하는 불량학교에 대한 조사에 임했으며, 이화여자고보처럼 15일 소란에 앞장서고 게다가 학생 모두가 불온문자를 나열한 백기 또는 적기를 소지하고 깃발에는 모두 깃대까지 있는 것은 며칠 전부터 학생들의 준비행위를 묵인하고 있었다고밖에 볼수 없다고 지적하며 학교 당국에 대한 유감을 표하였다.

-01월 17일: 도주 중인 연맹휴업 주모자 하숙에 과격한 인쇄물, 가택수사로 발견

부산공립 제2상업에서는 저번 연맹휴업의 주모자 박영균(朴永均) 외에 4명을 방교(放校) 처분을 내리고 당사자는 현재 부산서에서 다이쇼8년 제령(制令) 위반으로 조사를 받고 있다. 그리고 이 5명 중에 경남 동래군 부전리 거주 이 학교 3학년 장남현(張南鉉, 20세), 동 동래면 문길환(文吉換, 19세) 두 명은 사건의 주모자로 검거 대상이 되자 잠적해서 부산서 서원이 두 사람 하숙에 대한 가택수사를 통해서 이번 광주사건에 관한 격월(激越)한 등사판 인쇄물 이천수백 매를 은닉하고 있는 사실을 확인해서 계속햇 이 두 명의 소재지를 파악하기 위해 수사 중이다.

-01월 18일: [경성의 학생소요사건] 수용소를 증축해서 잔여 학생을 수용, 여학생은 비애를 느껴 '아이고'라 울부짖으며 고백의 편지 쓰다

관헌이 지칠 때까지 계속할 계획으로 있는 경성부 내 남녀 조선학생 소요는 17일에도 4개 학교학생에 의해서 반복되었으나, 공립학교 이외의 사립학교는 이미 한번 소란을 피운 후이기 때문에 교내운동에서 옥외운동으로 전환하려는 움직임을 보여서 약 1,000명의 제복과 사복 경찰대를 시내 요소요소에 배치해서 지나가는 학생을 검문해서 단속의 철저를 기하고 있다. 서대문형무소에는 현재 200명의 남학생이 수용되어 만원이 되어서 임시수용소 증축에 착수해서 18일에는 나머지 300명 모두를 수용할 수 있게 되었다. 검거된 학생은 유치장이나 형무소에 들어가서 새삼스럽게 비애를 느껴서인지 '아이고'라고 소리지르며 주저앉는 자가 있다. 특히 여학생에 그런 경우가 많다. "선생님, 정말로 죄송합니다. 선생님들 입장을 생각하면 참가하고 싶지 않습니다만, 친구들이 참가하는 것을 보고도 못 본 척 할 수 없어서 참가했습니다."라고 한 여학생이 교장 앞으로 한 고백이다. 이 뒤에는 유혹에 약한 여학생의 진정이 넘치고 있다.

-01월 18일: 휘문고보(徽文高普)에서도 만세를 제창, 교외로 빠져나가려고 함, 주동자 검거
　17일 오전 10시경부터 휘문고보 실업전습학교 학생도 교내에서 만세을 외치며 교외로 뛰쳐나가려고 했으나, 경찰에 저지되어 주동자는 검거되었다.

-01월 18일: 인천상업(仁川商業) 학생도 소란을 피우다, 주모자 17명 검거, 경성과 연락 등 조사 중
　인천공립상업학교에서는 경성의 학교소동이 파급할 것을 염려해서 경계 중이었으나, 17일 오전 9시 반 조회를 위해서 강당에 모인 학생이 입구를 막고 연설을 하거나 혹은 만세를 삼창하는 불온한 움직임이 보였기에 직원은 바로 강당 안으로 들어가서 진무(鎭撫)해서 설득하고 달래기 시작했다. 동시에 경계 중이던 경찰관은 바로 그 자리에서 주모자로 보이는 학생 17명을 검거하고 나머지 학생에 대해서는 교장이 훈시를 하고, 17~19일 3일 동안 등교정지를 명하고 20일부터 등교하라고 했으나, 이들 중 2명은 20일이 지난 후에도 등교하지 않았다. 나머지 학생은 모두 등교를 약속하고 조용하게 해산했다. 이번 행동은 주로 3, 4학년 학생 사이에서 일어난 것으로 보이며, 경성과의 연락 또는 배후에 책동자가 있는지 여부를 엄중하게 조사 중이다.

-01월 19일: 원산에서도 남녀 학생 소란을 피우다, 배후에 있는 '주의자(主義者)' 검거를 위해 조사
　원산청년학관(元山靑年學館) 학생 110명이 17일 수업이 시작하는 종소리를 신호로 교정에 모여 만세를 연호하면서 교외로 나가서 불온 선전삐라를 살포하고 그대로 사립여자고보 앞까지 가자, 여기에 뇌동한 이 학교 여학생 100명이 일제히 환성을 지르고 학교에서 빠져나와서 남녀 300명이 하나가 되어 기세를 올리려 했으나, 출동한 경찰이 저지해서 대부분은 도주했으나, 경찰은 여학생 38명, 남학생 15명을 검거, 수용하고 17일 밤샘을 해서 주모자 배경에서 움직이는 '주의자' 검거를 위한 조사를 하고 있다. 이번 소동에는 일부 공립 고등여학교 학생도 참가하려 했으나, 경찰관 때문에 연락을 하지 못해서 간신히 저지할 수 있었다. 중학교에서는 만약의 경우를 우려해서 조선인 학생은 시내버스를 빌려서 감독교원이 동행해서 모두 귀가시켰는데 지금까지는 불온한 움직임은 없다.

-01월 19일: 각 학교에 불온 문서를 보내다, 범인 등 바로 체포

지난 14, 15일 양일 동안 대구의 사범, 농림, 여고보, 의학강습소 등에 제1대는 역전 광장에, 제2대는 고보 교문 앞에 집합해서 시위 운동을 벌인다는 불온문서를 보낸 자가 있었다. 경북 경찰부 및 대구서에서는 범인 수사에 진력한 결과, 경북 경산군 하양면(河陽面) 허동훈(許東勳, 22세)로 판명되었다. 18일 오전 6시 대구 메이지쵸(明治町) 허덕(許德) 집에 잠복 중에 체포되었다. 이 자는 사상적으로 어떤 관계도 없으며, 각지에 벌어진 학생소요에 자극받아서 불온문서를 보낸 것이라 한다.

-01월 19일: 진주고보(晉州高普)에서도 소란을 피우며 연맹휴업, 학생 사건의 불씨 경남 각지에 파급

광주학생사건의 불씨는 경상남도 각지에 있는 조선인 중등학생 전체를 석권해서 진주, 밀양, 통영의 세 실업학교를 제외한 모든 조선중등학교가 서로 전후해서 연맹을 결행했다. 현재 복귀한 부산제2상업, 부산 여자고보 두 학교만 수업을 계속하고 있으나, 동래고보, 부산상업실천(조선 여학생)두 학교는 연맹휴업이 계속되고 있어서 동요의 징조가 보인다. 경계 중인 도립 진주고보도 5학년을 제외한 4학년 이하 300여 명은 17일 오전 9시 학교 교정에서 있었던 조례가 끝난 후에 갑자기 만세를 연호하며 연맹휴업에 들어갔다는 급보에 관할 진주경찰서가 활동을 개시해서 배후에서 조종한 의심이 가는 모 신문지국 기자 등 몇 명을 검거해서 경계 중인데 당국에서는 사태를 엄중히 바라보고 대책을 강구하고 있다.

01월 19일: 학교 소동 진정되기 시작, 외부에서 들어오는 선전 방지에 각 학교장의 타진

폭풍처럼 불어닥친 학교소동도 18일이 되자 일단 잠잠해졌다. 연일 낮밤을 가리지 않고 바쁘게 움직인 경찰관 얼굴에도 안도의 모습이 보이지만, 불온한 유언비어로 진정되기 시작한 분위기를 파괴하려고 획책하는 자가 있을 수 있기에 당국은 경계를 늦추지 않고 있다. 한편 경성부 내 각 초등학교에서는 방학이 끝나고 21일부터 수업을 시작하기 때문에 학생소동의 파급을 우려해서 18일 오후 1시 공사립 보통학교장 36명을 한데 모아서 학교와 가정 사이에 긴밀한 연락을 취해서 순진한 아이들이 불온분자의 책동에 뇌동하는 일이 없도록 노력하고 외부로부터 들어오는 선전을 차단하는 데 노력하기로 했다.

-01월 19일: 고보(高普) 학생을 소환, 학교 소동을 미연에 방지

경북 경찰부는 17일 오후 10시경부터 갑자기 활동을 시작한 대구고보 학생 3명, 여고보 학생 8명을 소환해서 경찰부 응접실에서 밤샘 조사를 해서 18일 아침에 여고보 학생 6명을 석방하고, 오후 3시반 전원 귀가를 허용했다. 두 학교 학생 중에 급진분자가 18일에 시위 운동을 하려는 책동이 발각되었기 때문이라고 하며, 18일은 이른 아침부터 각 학교 일대는 엄중한 경계 속에서 우려되었던 여고보는 정문과 후문 모두 폐쇄해서 학생의 탈출 및 외부로부터의 침입을 막고 수업을 이어갔다. 이날은 아무 일 없이 평온하게 지나갔다.

-01월 21일: 전주여고보(全州女高普) 학생이 소요 계획, 사전에 방지하다

전북 경찰부는 전주 공립 여자고등보통학교 학생이 이번 20일을 기해서 일제히 어떤 불온한 행동을 취할 혐의를 했다는 사실을 탐지해서 이를 사전에 방지하기 위해서 19일 저녁에 전주서 및 동 고등과(高等

課)하고 협력해서 철저하게 대응해서 일반 학생을 엄중하게 경계하면서 주모자로 보이는 16명을 구인했다. 조사 결과에 의하면, 최근 조선 전체에서 일어나는 학교소요에 공명하지 않으면 안된다는 어리석은 생각으로 20일 아침 회합해서 만세를 부르고 교문 밖으로 나가서 작은 깃발을 흔들면서 시내에 있는 학생들에게 참여를 독려할 계획이었다고 한다. 한편으로 공립공업학교 학생도 당일 시내 오목대(五目臺)에서 모일 계획이었으나, 이 계획도 경계를 강화한 결과 미연에 방지할 수 있었다.

-01월 21일: 해주고보(海州高普) 학생을 '주의자'가 선동해서 불온 행동을 계획 관계자 18명 조사 중

해주에서 활동하는 '주의자'는 해주고등보통학교 학생을 선동해서 20일 불온 행동을 계획 중이었는, 19일 황해도 고등과 및 해주경찰서에 탐지되어 주의자 4명, 해주고보 학생 14명을 구인했다. 격문 및 기타 증거물건을 압수했다. 학부모들은 이에 대해서 선후책을 강구해줄 것은 요구하기 위해 20일 오후 제1 보통학교에서 모여서 협의하였다.

-01월 21일: 소란을 피운 학생을 각각 처분, 오산고보(五山高普)

평북 정주(定州)군 오산고등보통학교 학생에 의한 소요사건은 관헌의 단속이 엄중해서 바로 평온한 상태로 돌아갔으며, 다른 학교에 파급하는 일 없이 이후 조용하다. 소요사건에 참가한 오산고보 학생은 20일 현재 다음과 같으며, 각각 처분을 받았다.

주모자 7명: 퇴학 / 29명: 무기정학 / 기타 만세를 부른 자: 정학 5일

-01월 22일: [계속되는 각지의 학생 소요] 500명의 학생이 교정에서 만세를 외치며 불온 행동을 하려 함, 일부를 제외하고 바로 검거

20일 이래로 동요가 이어지고 있는 평양의 각 학교 학생들은 21일이 되자 드디어 불온한 거동을 보이기 시작했다. 오전 10시경에 먼저 사립 숭실중학과 숭실전문학교 학생 약 500명이 교정에서 일제히 만세를 연호하며 갑자기 학교 밖으로 나가려 했으나, 일부를 제외하고는 경계 중인 평양서원에 검거되어 자동차 10여 대로 이송되었다. 너무 많아서 다 나르지 못한 학생에 대해서는 학교 부근에 있는 창고에 수용했다.

-01월 22일: 주모 학생은 엄중하게 처분, 학교 폐쇄는 하지 아니함.

경성부 내의 학생사건은 20일에 이르러 소강상태에 들어갔기에 경기도에서는 각 사립학교에 명해서 이번 소요를 일으킨 주모자를 비롯해서 여기에 동참한 학생을 철저하게 조사해서 단호한 처분을 내리기로 했다. 주동한 학생에 대해서는 가장 무거운 처분 즉 퇴학방교(退學放校)로 임하고, 이 외의 소요에 가담한 많은 학생도 각각 그 사정에 따라서 퇴학, 정학으로 처할 것이다. 한편 불량학생이 많아서 끊임없이 문제를 일으키는 학교에 대해서는 처음에는 폐교까지 염두에 두는 입장이었으나, 지금은 이런 최후의 수단은 취하지 않고 그 대신 다시 이런 소요를 일으킬 경우에는 그때 다시 검토하기로 했다.

-01월 22일: 청진(淸津)에서도 남녀 학생 40여 명 검거

경성, 원산에서 일어난 학교소동은 점차 북조선 쪽으로도 파급되는 움직임이 있어서 도(道) 고등과에서

엄중한 경계태세를 갖추고 있었다. 그러던 중, 21일 정오 갑자기 회령상업, 기독교학교 진흥(晉興)여학교의 일부 학생이 만세를 연호하고 시위를 하려고 했을 때 회령경찰서 서원에 저지되어 남학생 26명, 여학생 18명이 검거되었다. 이들 외에는 도주했다. 회령상업에서는 원산 방면 출신 학생들 사이에 수일 동안 불온한 분위기가 조성되어 있어서 훈계를 계속하고 있었는데, 21일 귀가하는 길에 소란을 일으켰다. 한편 20일 청진보통학교 상업보습생에 대해서도 책동하려 해서 청진서에서 일부 학생을 임시로 검거해서 훈계 후에 귀가 조치했다.

-01월 22일: 한층 더 확대하는 해주고보(海州高普)의 학생 소요
해주공립보통학교에서 일어난 불온사건은 점차 확대되어 21일 오전 11시에 학생 220~230명이 운동장 구석에 모여서 무언가 밀의(密議)한 후에 만세를 외치며 해산을 거부해서 교장 이하 직원이 총동원되어 학생들을 달래서 교실로 되돌려보냈다. 그러함에도 불안함이 사라지지 않아서 학부형도 사태가 더 심각해지는 것을 염려해서 학교에 달려와서 학생들의 망동을 꾸짖고 있다.

-01월 22일: 청주고보(淸州高普) 학생 300여 명이 소란, 경찰 제지로 확대 저지, 주모자 16명 검거
이전부터 동요의 징후가 있었던 청주고보 4학년 이하 300여 명이 21일 아침 9시 반에 불온한 행동을 일으키려 했으나 청주서원이 저지해서 큰일로 번지지는 않았다. 청주서는 주모자 16명을 검거하여 조사 중이다.

-01월 23일: 평양 학생, 소요사태 계속 이어감, 삼엄한 경찰의 경계, 주모자 43명 검거
평양의 조선인 관공사립 남녀중등학교의 정세는 전날에 이어서 21일도 아침부터 평양경찰서는 중화(中和)와 대동(大同)의 두 경찰서 및 경찰부로부터 경관대(警官隊) 지원을 받았다. 정복(正服), 사복(私服), 도보(徒步), 기마(騎馬) 경관대를 각 학교에 배치했고, 각 학교로 이어지는 주요 통학로에도 배치했다. 한편 경찰서에는 만약의 경우를 대비해서 트럭, 자동차 여러 대를 준비해서 경계태세를 유지했다. 그러던 중에 숭중(崇中), 숭전(崇專), 광정(光正), 숭인(崇仁) 4개 학교 학생이 교정에서 만세를 외치고 숭중, 숭전 학생은 시위 운동을 시작했다. 이때 경관대에 저지되어 각 학교 주모자로 보이는 40여 명은 구속되어 트럭과 자동차로 경찰서에 수용되었다. 정의(正義)와 숭의(崇義) 두 여자고보 학생은 울먹이기 시작했고, 각 학교는 교문을 닫아서 학생이 교외로 진출하는 것을 막았다. 아침 11시경부터 고등학교도 1학년을 제외한 각 학년의 모든 전교생이 수업을 거부하고 교정에 정렬해서 100여 명의 경관대는 교정에 들어가서 교문을 닫고 경계했다. 교장 이하 직원은 필사적으로 설명하고 달래는 데 노력했지만 학생들은 만세를 외쳐댔다. 마지막에 와다(和田) 교장은 성루(聲淚)와 함께 비장한 각오로 훈계를 하며, 이렇게까지 해도 여러분이 말을 듣지 않는다면 휴학하겠다며 학생들에게 회오(悔悟)해달라고 했더니 학생들도 겨우 본심으로 돌아와서 교실에서 각 담임 교사의 훈유(訓諭)를 들으며 사태가 더 심각해지지는 않았다. 여자고보, 사범학교는 미동도 없이 조용했다.
경찰에 검거된 43명의 학생은 연무장(演武場)에 수용되어 있는데 비교적 조용하다. 이들 학생에 대한 처분에 대해서 이노우에(井上) 사법주임은 다음과 같이 말한다.

전도유망한 학생이기에 경찰도 학교도 이러한 행동을 하지 않도록 모든 방법을 동원해서 절실하게 이야기했는데도 말을 듣지 않고 이런 행동을 한 것이기 때문에 이제는 어쩔 수 없이 법규가 정하는 바에 따라서 조사하고 단호한 조치를 취할 수밖에 없다.

한편 경찰은 구속한 학생에 대해서 아주 부드럽게 대하고 있다.

-01월 23일: 저녁까지 200명 검거, 일부는 형무소에 위탁

평양의 학생소요는 그 후 더욱 악화되어 22일 오후 5시까지 검거된 자는 실로 200명에 달한다. 평양서는 보호실, 연무장에서도 다 수용할 수 없어서 일부는 형무소에 위탁했다. 이들은 거의 밤샘해서 조사를 받았으며, 관계없다고 판단된 학생은 전원 귀가를 허락했고, 불온한 행동을 보인 학생에 대해서는 엄벌에 처할 방침이다. 그리고 도주한 자도 많아서 앞으로 엄중한 수사를 통해서 검거할 생각이다. 22일에 검거된 숭실전문, 숭실중학 외에 평양공립농업학교 학생 7명이 섞여 있으며, 상구(上求), 광성(光成) 두 보통학교 학생도 교내에서 만세를 외쳤지만 곧 조용해졌다.

-01월 23일: 배후에 있는 흑막 검거, 원산 학생 소요

원산학생사건 그 후의 상황은 의외로 평정을 지키고 있으며, 중학, 상업 학생은 전혀 가담하지 않고 평소대로 수업에 출석하고 있으나, 경찰에 의하면 외부로부터 들어오는 선동을 염려해서 경계태세를 늦추지 않고 경계활동을 철저하게 이어가고 있다. 검거된 학생 53명은 18일 오후 7시에 방면되었고, 주모자인 외국인이 경영하는 여자고보생 5명, 청년학관 학생 5명은 유치(留置) 상태에서 조사 중이다. 고등여학교에서는 가담한 학생 3명에 대해 18일 퇴학처분 해서 화근의 단절을 위해 노력하고 있지만, 이번 학생사건의 행동은 주로 청년학관의 4학년, 3학년, 2학년에서 일어난 것이나, 선전삐라의 문구로 볼 때 배후에서 책동한 자가 있다는 판단에 이르러, 경찰은 일찍이 원산청년동맹 회원이 관계하고 있음을 탐지해서 덕원현면(德源縣面)의 남상완(南相完), 동 유삼봉(劉三奉), 원산부 용동(龍洞)의 남상효(南相孝), 동 교하동(橋下洞) 김진국(金鎭國), 동 남촌동(南村洞) 김영섭(金永燮)을 검거해서 조사하고 있으나, 불온한 선전삐라는 이들에 의해 제작되어 영흥(永興)과 기타 지방에 우편으로 발송되었는데, 원산서에서 수배해서 500매는 수거했다.

-01월 23일: 청진에서 검거된 학생 60명을 넘다, 계속 경계 중

21일에 일어난 검거 사건과 관련해서 회령서, 헌병대는 철저한 경계 중이다. 22일 오전 3시경 등사판으로 찍어낸 불온문서 약 300매를 시중에 살포한 자가 있으며, 같은 날 정오경에 진흥여학교 학생 30-40명이 불온한 행동을 보여서 그중 12명을 검거했다. 이상으로 전날부터 검거된 자 누계는 60명을 넘었다. 한편 소요사태는 외부에서 들어온 학생이 뒤에서 조종하고 있는 것으로 보인다. 계속 경계 중이다.

-01월 24일: 이번에는 보고(普高)에 비화, 한때 소요사태가 극에 달한 평양학교 소란 일단락

중등학교 소요사태는 각 학교 휴교로 일단락되는 듯 보였는데, 이번에는 보통학교에 비화해서 23일 아침 10시경 평양명륜(明倫)여자보통학교 6학년이 전원 등교하지 않고 대오를 짜서 남산여자보통학교 앞에 도착해서 만세를 연호하자, 같은 학교 일부 학생도 동요해서 시끄러워졌으나, 명륜여자보통학교 여학생이

해산 해서 곧 조용해졌다. 사립 숭덕(崇德)학교에서는 6학년 남학생이 교실에서 수업을 받지 않았고, 숭실(崇實)학교 일부 학생은 학교에서 탈출해서 다른 학교 교문 앞에서 소란을 피웠다. 이 외에 각 보통학교도 동요하고 있다. 한편 평양서에서는 검거한 광성보통학교 학생 7명이 법정 연령에 달하지 않았기 때문에 23일 훈계를 하고 귀가를 허락했다. 한편 학교사태를 이제는 종식되는 것으로 여겨 각 경찰서로부터 파견되었단 지원 경찰관도 각각 소속 서로 돌려보냈다.

-01월 24일: 구류 학생 43명
학생소요사태로 23일까지 평양서에서 검거한 학생은 200명에 가깝지만, 22일에 이어서 23일에도 평양서(平壤署)에서 즉결처분을 받은 학생은 43명에 달하며, 전원 엄중한 호송 속에 형무소에 송치해서 구류처분 집행을 위탁했다. 송치된 자는 숭실전문 12명, 숭실중학 11명, 광성고보 8명, 숭인학교 6명, 평양공립고보 4명, 기타 2명이며, '구류 29일' 처분을 받은 학생이 가장 많다.

-01월 24일: 신성(申聖)중학교 소요, 주모자 수명을 검거
평북 선천(宣川) 읍내에 있는 사립 신성중학교 학생 100여 명은 23일 아침 8시 반경 기도회(祈禱會)에 모여서 일제히 만세를 외치고 연필로 쓴 불온문서를 뿌리면서 학교 밖으로 진출하려는 것을 선천 서원(宣川署員)에 의해 저지되었다. 이 소란은 이웃한 사립 보성(保聖)학교 학생에게도 파급되어 이들도 만세를 외쳤지만 바로 진압되었다. 선천서는 주모자 7, 8명을 검거해서 조사 중이다.

-01월 25일: 10명 또는 30명 처분, 학생 사건 주모자를, 단호한 조치에 나서는 각 학교
경성부 내의 각 고등보통학교, 여자고등보통, 사립학교에서는 작년 말부터 학생소동과 관련해서 연일 직원회의를 열어서 선후책을 강구하면서 동시에 소동을 일으킨 주모자에 대한 조사를 했으나, 경찰 당국의 조사가 진행됨에 따라서 주모자의 이름도 대략 판명이 났기에 단호한 처분으로 임하기로 했다. 주모자는 각각 퇴학, 무기정학 처분에 처하기로 했는데, 주모자가 많은 학교에서는 30여명, 적은 학교도 10명 내외의 희생자가 나올 것 같다.

-01월 25일: 더 이상 소란을 피우면 단호한 조치, 평양의 학생 사건에 대한 도 당국자의 뜻
평양에서 발생한 학교소요로 많은 학생을 검거한 이시카와(石川) 경찰부장은
"실은 학생들 전도를 생각하여 이런 사태가 되지 않도록 매사에 너그럽게 봐줬으나, 전혀 반성하지 않고 다시 이렇게 소란을 피우는 일이 생기면 그때는 동정 따위는 하지 않겠다. 법규에 따라서 일절 가차없이 단호한 조치를 취하겠다"고 결심을 밝혔다.
한편 도(道) 학무 당국은 "학교 당국도 온갖 수단을 동원하여 잘못된 부분을 가르치고 경찰 당국도 매사에 너그럽게 매우 관대한 조치를 취하고 있었으나, 앞으로 이런 소요가 다시 일어난다면 그런 학교는 폐교시키는 일이 있더라도 이 잘못을 규탄하기로 결정했다."고 밝혔다.

-01월 25일: 검거자 실로 160명에 이름, 낮밤 가리지 않고 조사, 평양의 학생소요사건

학생소요사건으로 평양서에 검거된 자는 24일 아침에 검거된 4명을 포함해서 합계 168명에 이른다. 지방에서 온 사람 5명을 제외하면 모두 학생이다. 즉 숭실전문학교 67명, 숭실중등학교 40명, 숭인학교 14명, 광성고등보통학교 13명, 농업학교 11명, 공립고등보통학교 10명, 광성보통학교 8명, 기타 5명이다. 미성년 또는 관계없음이 인정되어 석방된 자는 광성보통학교 8명, 숭인학교 3명, 기타 1명이다. 검거된 자에 대해서는 낮밤을 가리지 않고 조사해서 23일까지 124명을 최고 '29일', 최저 '10일'의 경찰범처벌규칙에 의한 구류처분에 처하고, 평양서의 유치장에 다 수용하지 못해서 형무소, 헌병 분대, 대동서 등에 자동차로 호송해서 신병을 맡겼다. 그리고 조사가 끝나지 않는 주모자 중에는 보안법 위반 또는 치안유지법 위반으로 처벌받는 자도 몇 명 있을 거라고 한다.

-01월 26일: 민족운동의 진전을 계획한 학생공산당, 1년 2개월 만에 예심 종결, 13명 공판에 회부

작년 1928년 쇼와 천황 즉위식인 어대전(御大典) 당시 조선 전역에서 일어난 학생봉기와 기획에 이어서 일제히 연맹휴업을 감행해서 조선민족운동의 진전을 획책한 경성의 학생공산당에 관련된 치안유지법 위반 사건은 작년 11월에 검거된 이래, 경성지방법원 고이(五井) 예심판사계에서 심리를 맡은바, 1년 2개월이 걸려서 드디어 25일 예심이 종결한 17명 중 이민식(李敏湜), 구장회(具鏘會), 이강배(李康培), 김형원(金炯元) 4명은 면소(免訴)되어 그날 밤 석방되었고, 나머지 13명은 유죄가 되어 공판에 회부되었다.

중동학교 이철하(李哲夏, 21세), 중동학교 최성환(崔星煥, 20세), 휘문고보 안삼원(安三遠, 22세), 배제고보 한병선(韓炳宣, 24세), 경성어학원 송병당(宋炳棠, 22세), 청년회학원 남상황(南相黃, 24세), 중앙고보 박판원(朴判圓, 22세), 중앙고보 유병근(柳秉根, 22세), 배재고보 권오경(權五敬, 22세), 제2고보 민강창(閔康昌, 22세), 보성전문 이현상(李鉉相, 25세), 보성전문 강병도(姜炳度, 23세), 휘문고보 김운선(金雲善, 23세)

-01월 26일: 각 학교에 세포를 조직, 잠행해서 적화(赤化)를 꾀하다

조선공산당은 코민테른의 지령에 따라 학생 및 청년층을 대상으로 적화(赤化)에 전력투구해서 각 학교에 당의 세포를 조직하기 위해 노력하였다. 그 결과, 각 학교에 공산분자가 증가하여 그 세력을 무시할 수 없는 상태가 되었다. 이번에 종결한 경성학생공산단체 'ㄱ당(기역당)'은 이러한 정세 밑에서 생긴 것으로, 본 사건의 주모자 배재고고 학생 한병선은 공산당 동지와 함께 당 간부 지령에 따라서 학생공산회 외 5명의 위원을 선정해서 운동방법은 각 학교에 당의 세포를 조직해서 이 조직이 중심이 되어 있었다. 교내에 잠행해서 교우의 적화를 도모하였으며, 지령은 중앙부가 조선공산당 중앙간부 및 경기도 간부와 협의해서 각 세포에 발하고 그때그때 운동방법을 바꾸었다.

-01월 26일: 사립학교 규칙을 개정, 총독부 학무국에서 검토 중

총독부 학무국에서는 이번 학생소요사건을 고려해서 조선 내의 사립학교규칙 개정을 위해서 현재 검토 중이다. 개성의 요점은 동 규칙 제13조에 내지인 교원 채용방법을 규정하는 것이다. 이는 사립학교 교원 중에는 학생을 선동하는 자가 있어서 교육상 재미없기에 사립학교에도 내지인 교원을 상당수 채용하게 해서 학생 훈육에 힘을 쏟아서 앞으로 다시는 이런 불온한 사건이 일어나지 않도록 하기 위함이다.

-01월 26일: 신의주고보(新義州高普) 소요, 주모자 검거

25일 오후 0시 반경, 신의주고등보통학교 학생 60~70명이 만세를 외치며 불온한 행동을 하려는 것을 일찍이 신의주서원(新義州署員)이 발견해서 해산시키고 바로 주모자로 보이는 자 7, 8명을 검거해서 엄중히 조사하고 있다.

-01월 26일: 여학생 소란을 피우다, 30여 명 구인

사립 전주기전(紀全)여학교에서 23일 저녁에 기숙사에 심상치 않은 기운이 있음을 알게 되어, 24일 수업 전에 보통과 1학년과 고등과 3학년 학생을 제외한 나머지 학년 전체에 대해서 무기정학 처분을 내렸다. 보통과 2~4학년 및 고등과 1~2학년은 당일 오전 9시 50분 운동장에서 모여서 사전에 준비한 작은 깃발을 일제히 흔들며 만세를 외치며 전주서(全州署)에서 수십 명의 경관대(警官隊)가 출동해서 30여 명을 잡아서 자동차로 구인했다.

-01월 26일: 어대전(御大典)를 계기로 조선의 모든 학교에서 연맹휴업을 획책, 이루지 못함, 격문(檄文)의 살포 획책

마침 쇼와 천황 즉위식인 어대전이 있으니, 침체 상태에 있는 조선의 사회운동을 일으켜 세우는 기회는 이번 가을에 있다는 판단으로 실제로 이를 위한 운동 준비에 착수한 한병선(韓炳宣) 등은 동지20여 명과 함께 같은 해 10월 26일 경성부 차야정(茶屋町) 박희숙(朴熙淑) 집에 일동이 모여서 "동화교육을 배척해라 운운"이라는 격문(등사판인쇄)을 5~6만장 만들어서 청년총동맹 및 근우회(槿友會)에서 원조를 받는 학생을 최전선에 세워서 어대전 축하로 붐비는 경성의 번화가에 이 격문을 살포하려 했으나, 결국 이루지 못했다. 그리고 이 어대전에 맞추어 전 조선의 각 학교가 일제 연맹휴업에 돌입해서 학생의 반항운동을 일으켜서 민족운동과 사회운동 두 운동의 일대 발전을 꾀하였으나, 이 또한 많은 학생의 거절로 뜻을 이루지 못했다.

-01월 26일: 평양고보의 주모자 처분

평양고등보통학교는 이번 학생사건에 대해서 25일 퇴학 21명, 무기정학 23명의 이름을 발표하고 해당 학생에게 통지했다. 이는 21일 이 학교 교정에서 만세 소란을 일으킨 주모자에 대한 처분이며, 평양에 있는 학교로서는 첫 번째 처분이다. 한편 평양서(平壤署)에는 이 학교 학생이 현재 13명 검거되어 조사를 받고 있다.

-01월 28일: 경성 학생 사건의 배후에서 조종한 고려공산청년회원 43명 치안유지법 위반으로 송치

작년 말 발생한 경성학생사건의 배후이며 뒤에서 학생을 조종해서 소요사태를 일으킨 고려공산청년회 회원 43명은 종로경찰서에서 엄중한 조사를 받은 결과, 치안유지법 위반으로 28일 경성지방법원 검사국으로 넘어갔다. 이들은 조선공산당 와해라는 상황 속에 학생과학연구회를 중심으로 고려공산청년회를 조직해서 9월 12일부터 개최된 조선박람회 회기 중에 불온한 행동을 계획하였다. 또한 11월 3일 광주학생사건이 발발하자 책임자 차재정(車載貞, 28세)의 뜻을 받은 부건(夫建), 박일(朴日), 권유근(權遺根) 등이 광주에 급히 이동해서 사실과 다른 과장된 기사를 게재한 선전삐라 1만 장을 11월 3일 경성대학을 비롯한 각 학교에 배포해서 학생을 선동하고 연일 일천 수백 명의 학생이 검거된 미증유의 학생사건을 일으켰다. 43명 28

명은 조선학생전위동맹 소속이며, 상시 고려공산청년회의 전위로 움직이며, 학생에게 불온사상을 선전했다.

-01월 29일: 간도(間島) 여학생이 불온 행동에 나서다

만주 용정(龍井)에 있는 명진(明眞)여학교 학생 약 150명은 28일 오전 11시경부터 조선에서 일어난 만세운동에 대해 공명(共鳴)하는 행동을 시작해서 간도총영사관 경찰에서 바로 주모자로 보이는 남녀 학생 50여 명을 검거해서 현재 조사 중이다.

-01월 29일: 12명에게 퇴학을 명하다, 인천공립상업학교

인천공립상업학교 학생의 과반이 참여한 학생만세소요는 그후 매우 진정한 상태를 유지하고 있다. 이번에 그때 주모자로 경찰에 검거·구치된 자 중 12명에 대해 퇴학을 명하였다.

-01월 29일: 약 60명 퇴교 처분, 경성 소요 학생

경성학생사건의 뒤처리로서 경기도 학무과에서는 불량학생에 대한 처분을 철저하게 진행해서 자발적으로 처분을 집행하지 않는 학교에 대해서 처분을 집행하도록 엄중히 명한 결과, 대략 360명(여학생 102명)에 대한 무기정학 처분을 정하였으나, 조만간에 경찰의 조사가 끝나기 때문에 이들 중 60명 정도를 퇴학처분할 계획이다.

이상에서 볼 수 있듯이, 1929년, 1930년에 당시 조선의 학생들이 보인 독립과 항일에 대한 의지는 꺼지지 않는 불씨였음을 식민권력 편에 서는 이 『아사히신문 외지판』 기사를 통해서도 확인할 수 있다는 것은 그 불씨가 얼마나 강력하고 끈질긴 것이었는가를 쉽게 짐작할 수 있게 한다. 이러한 독립과 항일의 의지를 '소요', '사건', '불온(不穩)', '불량 학생' 등으로 표현하는 데서 일본 경찰 당국의 입장이 선명하게 드러나고 당시 일본제국의 신문의 한계를 또한 확인할 수 있다.

한편 대일본제국의 본체 즉 일본 국내에서는 1928년에 일본공산당 당원을 대거 검거한 3.15사건이 있었고, 이와 관련해서 치안유지법이 강화되고 특별고등경찰이 전국에 설치되는 등, 이른바 사상범에 대한 단속과 규제가 현저하게 강화된 해였는데, 1929년에도 이러한 기조는 그대로 유지되었다. 4월 16일에 일본공산당 당원 일제 검거가 이루어진 '4.16사건'이 바로 그것이다. 1925년에 소련과 수교를 한 일본이 스탈린 독재체제가 확립된 것과 거의 같은 시기에 빨간색으로 물든 사상이 침투하는 것에 매우 신경질적이면서도 단호한 반응을 보인 것이다. 식민지 조선에서는 이미 언급한 것처럼 1929년 11월 3일에 광주학생운동이 시작되어 이듬해 1930년 3월까지 전국에서 시위가 벌어졌는데, 이는 3.1 독립운동 이후 가장 큰 규모의 항일운동이었다. 이처럼 일본은 마르크스주의 사상 침투에 대한 경계와 단속, 그리고 항일운동이라는 저항에 직면한 한해였다. 여기에 공산주의라는 이데올로기와 민족이라는 내셔널리즘이 일본제국의 팽창주의와 대립하는 구도를 보이로, 여기에 지배국과 피지배국이라는 관계성을 중첩시켜서 입체화했을 때 당시 사회와다. 양한 동태가 구체적으로 보일 것이다. 그 작업에 이 『아사히신문 외지판 기사명 색인』이 미력하나마 일조하기를 바란다.

3) 제작 일지

한림대학교 일본학연구소 일본학DB 사업의 일환으로 〈한림일본학자료총서〉로서 간행되는 『아사히신문 외지판(조선판) 기사명 색인』 통권 제14권, 조선판 제9권(1930.1~1930.12)은 연구소장이 총괄 및 전체 조율을 담당하고, 심재현 연구원/사서가 색인 추출작업과 출판간행을 위한 전체 구성에 대한 편집 작업 그리고 연구보조원과의 작업설계를 담당하였다.

그리고 본교 학부생으로 구성된 본 연구소 연구보조원이 장기간에 걸친 데이터 입력 작업과 신뢰성 확보를 위한 총 세 차례에 걸친 검증작업을 통해서 오타 등을 최소화해서 완성도를 높이는 노력을 경주하였다. 작업 참가자 및 작업일지는 다음과 같다.

· 1차 입력 및 1·2차 검수

　김건용(13), 김유진(15), 김지훈(15), 김채연(17), 박상진(13), 백현지(14), 안소현(17),
　유성(17), 유혜연(17), 이예린(17), 이하림(17), 장덕진(14), 정중근(14), 최평화(16),
　허성진(14)

· 3·4차 검수

　김은경(18), 김주영(20), 김채연(17), 김혜진(18), 문희찬(16), 설수현(19), 안덕희(16),
　안소현(17), 이하림(17), 조성석(16), 조지혜(19)

마지막으로 이 책을 간행에 일본국제교류기금(JapanFoundation)이 함께 해주었다. 깊이 감사드린다.

3. 데이터 현황

『아사히신문 외지판 (조선판) 기사명 색인』은 데이터 검색을 쉽게 할 수 있도록 모든 기사에 일련번호를 부여하고 있으며, 이번 권에서는 182615~200255를 수록하였다. 색인어는 일본어 한자음을 가나다순으로 정리하였으며, 총 2,876개이다.

朝日新聞 外地版(조선판) 기사명 색인 제9권 1930.01.~1930.12.
범 례

1. 본 DB는 『朝日新聞 外地版 朝鮮朝日』 중 1930.01.~1930.12.의 기사를 대상으로 하였다.

2. 본 DB는 일련번호, 판명, 간행일, 면수, 단수, 기사명 순으로 게재하였다.

3. 신문이 휴간, 결호, 발행불명인 경우 해당날짜와 함께 休刊, 缺號, 發行不明이라 표기하였다.

4. DB작업 시 색인어 입력을 병행하였다.

5. 기사명 입력은 원문의 줄 바꿈을 기준으로 '/'로 구분을 두었다.

   예) 關東廳移置問題

   　　旅順より大連へとの議

   　　第一困難なるは廳舍舍宅の設備 (이하 기사 본문)

   　　→ 關東廳移置問題/旅順より大連へとの議/第一困難なるは廳舍舍宅の設備

6. 광고 및 訂正, 取消, 正誤 등 신문내용의 수정을 알리는 기사는 생략하였다.

7. 연재물기사(번호와 저자명이 기입된 기사)는 '제목(편수)/저자명'의 형태로 입력하였다.
   이어지는 부제목은 생략하였다.

   예) 朝鮮道中記(57) 貴妃の靈に遭ふ 顔が四角で腕が達者 これが大邱一番の歌ひ女 大阪にて瓢齊
   　　(이하 기사 본문)

   　　→ 朝鮮道中記(57)/大阪にて瓢齊翁

8. 연관기사(연계기사)는 '기사명1/기사명2/기사명3'의 형태로 표시한다. 이때 하나의 기사명 내에서는 상기의 줄 바꿈 표시인 '/' 대신 '스페이스(공백)'를 사용하였다. 또한, 기사명 전체를 이탤릭체(기울임꼴)로 변환하였다.

   예) 朝鮮の土を踏むのは今度が最初 家內に敎はる積り机上の學問は駄目 何の事業も無く慚愧の至りです (이하 기사본문)

   　　→ *朝鮮の土を踏むのは今度が最初 家內に敎はる積り机上の學問は駄目/何の事業も無く慚愧の至りです*

9. 기사명의 내용과 문맥이 이어지는 기사는 '상위 기사명(하위 기사명/하위 기사명)' 형태로 입력하였다.

10. 괄호로 묶어서 입력한 하위 기사명은 '슬래쉬(/)'로 구분하였다.

    예) 米穀收用と影響 朝鮮の各地方に於ける 大邱地方 慶山地方 金泉地方 浦項地方 (이하 기사본문)

    → 米穀收用と影響/朝鮮の各地方に於ける(大邱地方/慶山地方/金泉地方/浦項地方)

11. 신문기사에 있는 숫자, !, ?, ´ , "", 「」 등의 기호는 모두 전각으로 입력하였다. 단, '()'와 '슬래쉬(/)'는 반각으로 입력하였다.

12. 촉음과 요음은 현행 표기법에 맞게 고쳐서 입력하였다.

　　예) ちょつと → ちょっと, ニユース → ニュース, ２ケ月 → ２ヶ月

13. 기사명에 사용된 '◆', '……' '≒'와 같은 기호들은 생략하고 중점은 한글 아래아(·)로 입력하였다.

14. 한자는 원문에 약자로 표기되어있어도 모두 정자로 통일해서 입력할 것을 원칙으로 했다. 단 오늘날 일본에서 쓰이는 이체자(異體字)는 원문대로 입력하였다.

15. 이체자 중 PC에서 입력이 불가능한 경우 현대에서 통용되는 한자로 표기, 범례에 표기하는 형태를 취하였다.

아사히신문 외지판(조선판) 기사명 색인

1930년

1930년 1월 (조선아사히)

일련번호	판명		간행일	면	단수	기사명
182615	朝鮮朝日	西北・南鮮版	1930-01-05	1	01단	主なる本年度事業産業思想兩方面に竝行的施設をなし總督府政治改良に步を進む(農業倉庫補助費五十萬圓/鹽輸入管理經費二百二十四萬二千餘圓計上/小面積土地改良補助/朝鮮商工會議所令/府制新設費三萬千餘圓)
182616	朝鮮朝日	西北・南鮮版	1930-01-05	1	04단	沙里院出初式
182617	朝鮮朝日	西北・南鮮版	1930-01-05	1	05단	議會解散總選擧の結果がどうひゞく絶望でない新規事業費妙味ある政局の推移
182618	朝鮮朝日	西北・南鮮版	1930-01-05	1	05단	城大敎授の評判記(１)/晝はグーグー寢て夜働く內藤敎授人と蛙を同一視する黑田敎授
182619	朝鮮朝日	西北・南鮮版	1930-01-05	1	06단	平壤府の公設質屋いよいよ四日開業公設宿泊所も近く店あけ
182620	朝鮮朝日	西北・南鮮版	1930-01-05	1	08단	平壤の初乘
182621	朝鮮朝日	西北・南鮮版	1930-01-05	1	08단	陸軍始め觀兵式
182622	朝鮮朝日	西北・南鮮版	1930-01-05	1	08단	平壤を中心に防空大演習三道にわたって實施時期は多分この秋
182623	朝鮮朝日	西北・南鮮版	1930-01-05	1	09단	十年以上勤務消防手表彰
182624	朝鮮朝日	西北・南鮮版	1930-01-05	1	10단	モヒ製造工場本月末完城痲藥類取締規則を改正して新中毒者發生を防ぐ
182625	朝鮮朝日	西北・南鮮版	1930-01-05	1	10단	馬の插話
182626	朝鮮朝日	西北・南鮮版	1930-01-05	1	11단	新義州署の初捕物强盜二名を
182627	朝鮮朝日	西北・南鮮版	1930-01-05	1	11단	四軒に强盜押入る
182628	朝鮮朝日	西北・南鮮版	1930-01-05	1	11단	人(佐伯顯氏(平北警察部長))
182629	朝鮮朝日	西北・南鮮版	1930-01-05	1	11단	半島茶話
182630	朝鮮朝日	西北・南鮮版	1930-01-05	2	01단	諸施設の完備を期す國境の新興經濟都市新義州と安東縣
182631	朝鮮朝日	西北・南鮮版	1930-01-05	2	01단	良くはなったが改良の餘地があるなほ一層の主意を望む朝鮮米に對する內地市場の批評
182632	朝鮮朝日	西北・南鮮版	1930-01-05	2	02단	今年から內容うんと充實平壤の消防機關
182633	朝鮮朝日	西北・南鮮版	1930-01-05	2	03단	暖かった大邱の正月
182634	朝鮮朝日	西北・南鮮版	1930-01-05	2	03단	釜山の正月
182635	朝鮮朝日	西北・南鮮版	1930-01-05	2	04단	安東局の年賀郵便數
182636	朝鮮朝日	西北・南鮮版	1930-01-05	2	04단	春川自動車創立
182637	朝鮮朝日	西北・南鮮版	1930-01-05	2	04단	お正月をかたりかつ名高いオッムリをかたる兒玉總監對記者のとても愉快な

일련번호	판명		간행일	면	단수	기사명
182637	朝鮮朝日	西北・南鮮版	1930-01-05	2	04단	ユーモアに富んだ一問一答ぶり
182638	朝鮮朝日	西北・南鮮版	1930-01-05	2	05단	淸鄕局義勇隊
182639	朝鮮朝日	西北・南鮮版	1930-01-05	2	05단	敎育映畫會
182640	朝鮮朝日	西北・南鮮版	1930-01-05	2	05단	煙草元賣捌狀況
182641	朝鮮朝日	西北・南鮮版	1930-01-05	2	06단	これはまた珍しい馬の字の幅
182642	朝鮮朝日	西北・南鮮版	1930-01-05	2	07단	緊縮實話(咸北富寧郡連川面小松犀流/朝鮮黃海道安岳鶴田信三郎)
182643	朝鮮朝日	西北・南鮮版	1930-01-05	2	07단	雫の聲
182644	朝鮮朝日	西北・南鮮版	1930-01-05	2	08단	新義州出初式
182645	朝鮮朝日	西北・南鮮版	1930-01-05	2	08단	平南道の本年の主な事業緊急やむを得ぬものとして新に起すものもある
182646	朝鮮朝日	西北・南鮮版	1930-01-05	2	10단	平壤飛行隊耐寒飛行實施
182647	朝鮮朝日	西北・南鮮版	1930-01-05	3	01단	淋巴質は馬鹿でドシリチーだ血液質は臆病で恂巧その面白い實例のかずかず馬の膽ツ玉
182648	朝鮮朝日	西北・南鮮版	1930-01-05	3	01단	お飾餅のお尻切りとり罪のない兵隊さんたち飛行機のお正月
182649	朝鮮朝日	西北・南鮮版	1930-01-05	3	03단	豫期以上の好成績平南のモヒ患者收容所
182650	朝鮮朝日	西北・南鮮版	1930-01-05	3	03단	歷史のお話母を思ふ若者の涙王樣を感動さす孝行程世に美しいものはない御孝心深き正祖王の事ども
182651	朝鮮朝日	西北・南鮮版	1930-01-05	3	04단	手不足をかこつ平壤警察署
182652	朝鮮朝日	西北・南鮮版	1930-01-05	3	04단	新嘗祭に獻穀する名譽ある奉耕者大正三年より引續き總督府から指定する
182653	朝鮮朝日	西北・南鮮版	1930-01-05	3	05단	氷もいそがしい
182654	朝鮮朝日	西北・南鮮版	1930-01-05	3	07단	客年末の大邱金融界
182655	朝鮮朝日	西北・南鮮版	1930-01-05	3	07단	昭和四年中の新義州貿易額三割九分の輸出增加
182656	朝鮮朝日	西北・南鮮版	1930-01-05	3	08단	五十件に上った消防手の殉職表彰慰勞
182657	朝鮮朝日	西北・南鮮版	1930-01-05	3	08단	馬!!馬!!馬!!總督府技師鈴木竹麿
182658	朝鮮朝日	西北・南鮮版	1930-01-05	3	09단	消防手の有資格皆無平南の警察官共濟組合
182659	朝鮮朝日	南鮮版	1930-01-07	1	01단	可及的速かに事業に手をつけ慶南の旱害罹災民を救濟す愈よ近く具體的打合
182660	朝鮮朝日	南鮮版	1930-01-07	1	01단	釜山電車の改善問題で北部各町總代等が近く促進運動開始
182661	朝鮮朝日	南鮮版	1930-01-07	1	03단	厚昌郡道路の改善を要望
182662	朝鮮朝日	南鮮版	1930-01-07	1	03단	大同江水電新設を出願
182663	朝鮮朝日	南鮮版	1930-01-07	1	04단	安東縣から發送の初荷

일련번호	판명		간행일	면	단수	기사명
182664	朝鮮朝日	南鮮版	1930-01-07	1	04단	平壤署で共同墓地整理の計劃
182665	朝鮮朝日	南鮮版	1930-01-07	1	04단	米穀移出入高
182666	朝鮮朝日	南鮮版	1930-01-07	1	04단	平南の移出牛汽車で輸送
182667	朝鮮朝日	南鮮版	1930-01-07	1	04단	仁川取引所初立會
182668	朝鮮朝日	南鮮版	1930-01-07	1	05단	釜山出初式
182669	朝鮮朝日	南鮮版	1930-01-07	1	05단	今冬の新記錄寒入りの京城地方零下十七度四分/凍死人を出し交通事故が頻發全市の神經しびれる/列車が遲着寒さのため/大降雪寒い城津地方/極寒に怯える昨今の江界
182670	朝鮮朝日	南鮮版	1930-01-07	1	06단	安東署の異動
182671	朝鮮朝日	南鮮版	1930-01-07	1	06단	ナンダイモン
182672	朝鮮朝日	南鮮版	1930-01-07	1	07단	スキー講習/氷上競技大會
182673	朝鮮朝日	南鮮版	1930-01-07	1	07단	二名は遂に死亡殉職消防手
182674	朝鮮朝日	南鮮版	1930-01-07	1	07단	被害金額前年の二十倍昨年中の釜山の火災
182675	朝鮮朝日	南鮮版	1930-01-07	1	07단	刑事宅に忍んだ怪賊搰鬪の末捕る
182676	朝鮮朝日	南鮮版	1930-01-07	1	08단	今年のわが家
182677	朝鮮朝日	南鮮版	1930-01-07	1	08단	牡丹台野話
182678	朝鮮朝日	南鮮版	1930-01-07	1	08단	老婆を轢く
182679	朝鮮朝日	南鮮版	1930-01-07	1	08단	學生騷動を機會に陰謀不穩ビラを撒いた新幹會幹部を起訴
182680	朝鮮朝日	南鮮版	1930-01-07	1	10단	郵便切手橫領の嫌疑京城府の雇員
182681	朝鮮朝日	南鮮版	1930-01-07	1	10단	安東の獻金
182682	朝鮮朝日	南鮮版	1930-01-07	1	10단	御注意坪內逍遙博士作變化雛裏の面に掲載
182683	朝鮮朝日	南鮮版	1930-01-07	1	10단	シネマ便り
182684	朝鮮朝日	南鮮版	1930-01-07	1	10단	人(林奉天總領事/白銀朝則氏(審議室事務官)/西用久博士(水原農事試驗馬技師)/美座農南警察部長)
182685	朝鮮朝日	西北版	1930-01-07	1	01단	可及的速かに事業に手をつけ慶南の旱害罹災民を救濟す愈よ近く具體的打合
182686	朝鮮朝日	西北版	1930-01-07	1	01단	釜山電車の改善問題で北部各町總代等が近く促進運動開始
182687	朝鮮朝日	西北版	1930-01-07	1	03단	厚昌郡道路の改善を要望
182688	朝鮮朝日	西北版	1930-01-07	1	03단	大同江水電新設を出願
182689	朝鮮朝日	西北版	1930-01-07	1	04단	安東縣から發送の初荷
182690	朝鮮朝日	西北版	1930-01-07	1	04단	平壤署で共同墓地整理の計劃
182691	朝鮮朝日	西北版	1930-01-07	1	04단	米穀移出入高

일련번호	판명		간행일	면	단수	기사명
182692	朝鮮朝日	西北版	1930-01-07	1	04단	平南の移出牛汽車で輸送
182693	朝鮮朝日	西北版	1930-01-07	1	04단	仁川取引所初立會
182694	朝鮮朝日	西北版	1930-01-07	1	05단	釜山出初式
182695	朝鮮朝日	西北版	1930-01-07	1	05단	今冬の新記錄寒入りの京城地方零下十七度四分/凍死人を出し交通事故が頻發全市の神經しびれる/列車が遲着寒さのため/大降雪寒い城津地方/極寒に怯える昨今の江界
182696	朝鮮朝日	西北版	1930-01-07	1	06단	安東署の異動
182697	朝鮮朝日	西北版	1930-01-07	1	06단	ナンダイモン
182698	朝鮮朝日	西北版	1930-01-07	1	07단	スキー講習/氷上競技大會
182699	朝鮮朝日	西北版	1930-01-07	1	07단	二名は遂に死亡殉職消防手
182700	朝鮮朝日	西北版	1930-01-07	1	07단	被害金額前年の二十倍昨年中の釜山の火災
182701	朝鮮朝日	西北版	1930-01-07	1	07단	刑事宅に忍んだ怪賊挌鬪の末捕る
182702	朝鮮朝日	西北版	1930-01-07	1	08단	今年のわが家
182703	朝鮮朝日	西北版	1930-01-07	1	08단	牡丹台野話
182704	朝鮮朝日	西北版	1930-01-07	1	08단	老婆を轢く
182705	朝鮮朝日	西北版	1930-01-07	1	08단	學生騷動を機會に陰謀不穩ビラを撒いた新幹會幹部を起訴
182706	朝鮮朝日	西北版	1930-01-07	1	10단	郵便切手橫領の嫌疑京城府の雇員
182707	朝鮮朝日	西北版	1930-01-07	1	10단	安東の獻金
182708	朝鮮朝日	西北版	1930-01-07	1	10단	御注意坪內逍遙博士作變化雛裏の面に掲載
182709	朝鮮朝日	西北版	1930-01-07	1	10단	シネマ便り
182710	朝鮮朝日	西北版	1930-01-07	1	10단	人(林奉天總領事/白銀朝則氏(審議室事務官)/西用久博士(水原農事試驗馬技師)/美座農南警察部長)
182711	朝鮮朝日	南鮮版	1930-01-08	1	01단	あまりに淋しい赭土のキネマの花だが今年こそ內地にも移出し氣を吐かうと大きな意氣込み伸々と咲き亂れよう
182712	朝鮮朝日	南鮮版	1930-01-08	1	01단	小農生業獎勵補助打切り成績は惡くないが人件費節約のため
182713	朝鮮朝日	南鮮版	1930-01-08	1	01단	新運賃の假實施開始メートル法實施に伴ふ鐵道の貨物類
182714	朝鮮朝日	南鮮版	1930-01-08	1	01단	農事改良低資割當額
182715	朝鮮朝日	南鮮版	1930-01-08	1	01단	慶北道の地方費豫算決定は二月頃新事業はない
182716	朝鮮朝日	南鮮版	1930-01-08	1	02단	慶南漁況不振で舊年末恐慌
182717	朝鮮朝日	南鮮版	1930-01-08	1	02단	京城の納稅頗る好成績九割七分五釐の率

일련번호	판명		간행일	면	단수	기사명
182717	朝鮮朝日	南鮮版	1930-01-08	1	02단	徵税の新記錄
182718	朝鮮朝日	南鮮版	1930-01-08	1	03단	總督府の人事異動で事務が澁滯
182719	朝鮮朝日	南鮮版	1930-01-08	1	03단	短歌/橋田東聲選
182720	朝鮮朝日	南鮮版	1930-01-08	1	04단	第一艦隊仁川に寄港
182721	朝鮮朝日	南鮮版	1930-01-08	1	04단	慶北旱害救濟追加豫算確定す總額四十三萬餘圓
182722	朝鮮朝日	南鮮版	1930-01-08	1	04단	さかんに畜牛を移出し各移出港は大繁忙
182723	朝鮮朝日	南鮮版	1930-01-08	1	04단	覺束ない新規事業京城府豫算
182724	朝鮮朝日	南鮮版	1930-01-08	1	05단	お茶のあと
182725	朝鮮朝日	南鮮版	1930-01-08	1	05단	東支鐵道開通も影響は僅少
182726	朝鮮朝日	南鮮版	1930-01-08	1	06단	登校率も好成績休校明け八校
182727	朝鮮朝日	南鮮版	1930-01-08	1	06단	京城洋畫研究所
182728	朝鮮朝日	南鮮版	1930-01-08	1	06단	旱害罹災兒童救濟に副業獎勵その他で積極的方法を考究/旱害哀話少年が穴居生活一家離散し
182729	朝鮮朝日	南鮮版	1930-01-08	1	06단	傳馬船顛覆
182730	朝鮮朝日	南鮮版	1930-01-08	1	06단	不壞の白珠京城で上映
182731	朝鮮朝日	南鮮版	1930-01-08	1	07단	今度は內地からの漫然求職者が目立って增加松の內から詰めかける京城の職紹所
182732	朝鮮朝日	南鮮版	1930-01-08	1	07단	新春早々相當に繁昌京城府營質屋
182733	朝鮮朝日	南鮮版	1930-01-08	1	07단	料金未拂者消燈に非難釜山瓦電會社に對し社會問題として反省を促す
182734	朝鮮朝日	南鮮版	1930-01-08	1	08단	自動車墜落
182735	朝鮮朝日	南鮮版	1930-01-08	1	08단	十名の內地人モヒ患者が全治新年に感謝の禮狀成績の良い治療所
182736	朝鮮朝日	南鮮版	1930-01-08	1	09단	一家四人河豚で死亡
182737	朝鮮朝日	南鮮版	1930-01-08	1	09단	專賣局員二名を撲殺煙草の密耕作を發見されて部落民總がゝりで
182738	朝鮮朝日	南鮮版	1930-01-08	1	10단	看護婦二人が藥代を橫領
182739	朝鮮朝日	南鮮版	1930-01-08	1	10단	沙防工事實施決定す
182740	朝鮮朝日	南鮮版	1930-01-08	1	10단	人(波邊豊日子氏(本府山林部長)/藤田若水氏(代議士)/立川二郎氏(新任新義州地方法院長)/新任元山府尹後藤槽氏)
182741	朝鮮朝日	南鮮版	1930-01-08	1	10단	半島茶話
182742	朝鮮朝日	西北版	1930-01-08	1	01단	あまりに淋しい赭土のキネマの花だが今年こそ內地にも移出し氣を吐かうと大きな意氣込み伸々と咲き亂れよう
182743	朝鮮朝日	西北版	1930-01-08	1	01단	小農生業獎勵補助打切り成績は惡くない

일련번호	판명		간행일	면	단수	기사명
182743	朝鮮朝日	西北版	1930-01-08	1	01단	が人件費節約のため
182744	朝鮮朝日	西北版	1930-01-08	1	01단	新運賃の假實施開始メートル法實施に伴ふ鐵道の貨物類
182745	朝鮮朝日	西北版	1930-01-08	1	01단	農事改良低資割當額
182746	朝鮮朝日	西北版	1930-01-08	1	01단	平南道の入學難試驗期近づく
182747	朝鮮朝日	西北版	1930-01-08	1	02단	羽根つきの音も晴やかに
182748	朝鮮朝日	西北版	1930-01-08	1	03단	平南道豫算全部出揃ふ
182749	朝鮮朝日	西北版	1930-01-08	1	03단	短歌/橋田東聲選
182750	朝鮮朝日	西北版	1930-01-08	1	03단	平壤の酷寒零下二十度
182751	朝鮮朝日	西北版	1930-01-08	1	04단	農村電化の異常な發達修養團、靑年團の設置など期待さるゝ今年の平南
182752	朝鮮朝日	西北版	1930-01-08	1	05단	さかんに畜牛を移出し各移出港は大繁忙
182753	朝鮮朝日	西北版	1930-01-08	1	06단	スケーターで賑ふ大同江
182754	朝鮮朝日	西北版	1930-01-08	1	06단	英國機平壤飛來
182755	朝鮮朝日	西北版	1930-01-08	1	06단	露支軍撤退で琿春地方平穩
182756	朝鮮朝日	西北版	1930-01-08	1	06단	專賣局員二名を撲殺煙草の密耕作を發見されて部落民總がゝりで
182757	朝鮮朝日	西北版	1930-01-08	1	07단	家賃値下を家主に嘆願支那人勞働者
182758	朝鮮朝日	西北版	1930-01-08	1	08단	今度は內地からの漫然求職者が目立って增加松の內から詰めかける京城の職紹所
182759	朝鮮朝日	西北版	1930-01-08	1	08단	活潑な動きを呈す間島大豆
182760	朝鮮朝日	西北版	1930-01-08	1	08단	科學的の犯罪調査平南保安課で各種資料保存
182761	朝鮮朝日	西北版	1930-01-08	1	08단	牡丹台野話
182762	朝鮮朝日	西北版	1930-01-08	1	09단	一家四人河豚で死亡
182763	朝鮮朝日	西北版	1930-01-08	1	09단	十名の內地人モヒ患者が全治新年に感謝の禮狀成績の良い治療所
182764	朝鮮朝日	西北版	1930-01-08	1	10단	害獸狩平南奧地で
182765	朝鮮朝日	西北版	1930-01-08	1	10단	人(立川二郎氏(新任新義州地方法院長)/新任元山府尹後藤槽氏)
182766	朝鮮朝日	西北版	1930-01-08	1	10단	半島茶話
182767	朝鮮朝日	西北・南鮮版	1930-01-08	2	01단	破れた周衣/黑枝耀太郎
182768	朝鮮朝日	西北・南鮮版	1930-01-08	2	01단	內地移入材に押され氣味で一時不振の朝鮮木材生産品低減が必要
182769	朝鮮朝日	西北・南鮮版	1930-01-08	2	01단	元山港の貿易高減少は一時的
182770	朝鮮朝日	西北・南鮮版	1930-01-08	2	02단	朝鮮の酒米賣行惡し純良品は少くて値段が高い
182771	朝鮮朝日	西北・南鮮版	1930-01-08	2	03단	十二月中對外貿易額

일련번호	판명		간행일	면	단수	기사명
182772	朝鮮朝日	西北・南鮮版	1930-01-08	2	04단	大相撲の春場所放送
182773	朝鮮朝日	西北・南鮮版	1930-01-08	2	04단	各地だより
182774	朝鮮朝日	南鮮版	1930-01-09	1	01단	輿論は値下げを書籍會社は嫌がる當局はヂレンマに陷る教科書の値下げはどう納まるか
182775	朝鮮朝日	南鮮版	1930-01-09	1	01단	朝鮮最初の國勢調査やうやく準備の緒口につく
182776	朝鮮朝日	南鮮版	1930-01-09	1	01단	城大教授の評判記(２)/メスを持つ手に三十一文字をモダンボーイの船田教授
182777	朝鮮朝日	南鮮版	1930-01-09	1	02단	總督の東上地方官會議終了後直に
182778	朝鮮朝日	南鮮版	1930-01-09	1	02단	レプラ患者救濟事業補助金增額
182779	朝鮮朝日	南鮮版	1930-01-09	1	03단	燈數を半減し値下を期す晉州基成會
182780	朝鮮朝日	南鮮版	1930-01-09	1	03단	なんといってもスケート萬能スキーも滿更でないアイスホッケーはふるはぬ盛なウィンタースポーツ
182781	朝鮮朝日	南鮮版	1930-01-09	1	04단	お茶のあと
182782	朝鮮朝日	南鮮版	1930-01-09	1	04단	警察部長會議
182783	朝鮮朝日	南鮮版	1930-01-09	1	05단	牝牛の腹から寶物が出る鑑定を求められたがさっぱりわからない
182784	朝鮮朝日	南鮮版	1930-01-09	1	05단	またまた制限給水釜山で逆戻り
182785	朝鮮朝日	南鮮版	1930-01-09	1	05단	俳句/鈴木花蓑選
182786	朝鮮朝日	南鮮版	1930-01-09	1	06단	早害民救濟の勞銀の撒布
182787	朝鮮朝日	南鮮版	1930-01-09	1	06단	國際聯盟のモヒ生産制限が實現すれば非常な好影響密輸移出の跡を斷つ
182788	朝鮮朝日	南鮮版	1930-01-09	1	07단	飛行機を增加し連絡飛行時間の短縮に備ふ
182789	朝鮮朝日	南鮮版	1930-01-09	1	07단	まだ存在を知らぬか遠くから來ぬ京城公營質屋の勉强
182790	朝鮮朝日	南鮮版	1930-01-09	1	08단	大邱の陸軍始め觀兵式
182791	朝鮮朝日	南鮮版	1930-01-09	1	08단	洛東江氷結自動車不通となる
182792	朝鮮朝日	南鮮版	1930-01-09	1	08단	平常よりも登校は多い京城の四高普
182793	朝鮮朝日	南鮮版	1930-01-09	1	08단	ひどい商人斤量を誤魔化す
182794	朝鮮朝日	南鮮版	1930-01-09	1	09단	送還されて旅費もない密航朝鮮人
182795	朝鮮朝日	南鮮版	1930-01-09	1	09단	泣く妻を叱って息を引取る悲壯な殉職消防手達各方面の同情集る/續々集る義捐金/府から弔慰金
182796	朝鮮朝日	南鮮版	1930-01-09	1	10단	公金橫領郡書記捕る
182797	朝鮮朝日	南鮮版	1930-01-09	1	10단	半島茶話
182798	朝鮮朝日	西北版	1930-01-09	1	01단	輿論は値下げを書籍會社は嫌がる當局

일련번호	판명		간행일	면	단수	기사명
182798	朝鮮朝日	西北版	1930-01-09	1	01단	はヂレンマに陷る教科書の値下げはどう納まるか
182799	朝鮮朝日	西北版	1930-01-09	1	01단	金解禁後の消費節約につきその實行方法を提示緊縮委員會安東支部
182800	朝鮮朝日	西北版	1930-01-09	1	01단	警察部長會議
182801	朝鮮朝日	西北版	1930-01-09	1	02단	朝鮮最初の國勢調査やうやく準備の絲口につく
182802	朝鮮朝日	西北版	1930-01-09	1	03단	總督の東上地方官會議終了後直に
182803	朝鮮朝日	西北版	1930-01-09	1	03단	城大教授の評判記（２）/メスを持つ手に三十一文字をモダンボーイの船田教授
182804	朝鮮朝日	西北版	1930-01-09	1	04단	レプラ患者救濟事業補助金增額
182805	朝鮮朝日	西北版	1930-01-09	1	04단	國際聯盟のモヒ生産制限が實現すれば非常な好影響密輸移出の跡を斷つ
182806	朝鮮朝日	西北版	1930-01-09	1	04단	俳句/鈴木花蓑選
182807	朝鮮朝日	西北版	1930-01-09	1	05단	搜査機關と消防組充實を計劃平南新事業
182808	朝鮮朝日	西北版	1930-01-09	1	06단	消費組合組織で生活を改善
182809	朝鮮朝日	西北版	1930-01-09	1	06단	假死から醒め死傷者救濟計手表彰さる
182810	朝鮮朝日	西北版	1930-01-09	1	06단	牝牛の腹から寶物が出る鑑定を求められたがさっぱりわからない
182811	朝鮮朝日	西北版	1930-01-09	1	07단	沙里院面電打開策面協議員が近く知事と會見
182812	朝鮮朝日	西北版	1930-01-09	1	07단	小學兒童氷滑競技會
182813	朝鮮朝日	西北版	1930-01-09	1	08단	牡丹台野話
182814	朝鮮朝日	西北版	1930-01-09	1	08단	出初式の模樣を映寫
182815	朝鮮朝日	西北版	1930-01-09	1	08단	非常な勢ひで人と家がふえる昨年中で二百三十戸素晴しい咸興の躍進
182816	朝鮮朝日	西北版	1930-01-09	1	08단	灰落で毆る
182817	朝鮮朝日	西北版	1930-01-09	1	09단	崇義女高普寄宿舍增築
182818	朝鮮朝日	西北版	1930-01-09	1	09단	安東の强盜
182819	朝鮮朝日	西北版	1930-01-09	1	10단	まだ存在を知らぬか遠くから來ぬ京城公營質屋の勉强
182820	朝鮮朝日	西北版	1930-01-09	1	10단	少年の凍死
182821	朝鮮朝日	西北版	1930-01-09	1	10단	教會堂に捨兒
182822	朝鮮朝日	西北版	1930-01-09	1	10단	半島茶話
182823	朝鮮朝日	南鮮版	1930-01-10	1	01단	*普通學校新設は到底のぞみがなく既設校の維持に事缺く旱害の慶南道教育に及ぼす影響/慶北における旱害民救濟事業十六萬人は百日だけ命を繫ぐ事が出來る/係官が出張し實情を視察*

일련번호	판명		간행일	면	단수	기사명
182824	朝鮮朝日	南鮮版	1930-01-10	1	01단	學生の思想轉換の方策今度の盟休事件から當局の意見に上る二問題
182825	朝鮮朝日	南鮮版	1930-01-10	1	01단	城大教授の評判記(3)/本ブラを好んで不良少年の渾名音樂家の夫人を持つ二教授
182826	朝鮮朝日	南鮮版	1930-01-10	1	03단	鮮農の壓迫が無くなった總督府を訪問した林奉天總領事の談
182827	朝鮮朝日	南鮮版	1930-01-10	1	03단	短歌/橋田東聲選
182828	朝鮮朝日	南鮮版	1930-01-10	1	03단	京城商議の豫算きまる
182829	朝鮮朝日	南鮮版	1930-01-10	1	04단	六百名の全生徒開校當日又騷ぐ休校中の開城松都高普警官隊出動漸く治まる/壇上に驅上り退場せよと叫ぶ新義州高等普通學校始業式場の大さわぎ
182830	朝鮮朝日	南鮮版	1930-01-10	1	05단	モヒ患者の名を登錄し便宜を圖り撲滅する近く右の規則を發布
182831	朝鮮朝日	南鮮版	1930-01-10	1	05단	機能發揮の爲三部を新設大邱の商議
182832	朝鮮朝日	南鮮版	1930-01-10	1	06단	滿洲方面に牛疫發生豫防注射を行ひ食ひ止める
182833	朝鮮朝日	南鮮版	1930-01-10	1	06단	お茶のあと
182834	朝鮮朝日	南鮮版	1930-01-10	1	07단	ナンダイモン
182835	朝鮮朝日	南鮮版	1930-01-10	1	07단	魚菜市場經營出願競爭となる
182836	朝鮮朝日	南鮮版	1930-01-10	1	07단	內房を棄てゝ街頭に進出近來滅法多くなった朝鮮婦人の運轉手志願者
182837	朝鮮朝日	南鮮版	1930-01-10	1	08단	失業者調査京城府が行ふ
182838	朝鮮朝日	南鮮版	1930-01-10	1	09단	洛東江河口の海苔全滅に瀕す脅かさるゝ千餘名約八萬圓の減收
182839	朝鮮朝日	南鮮版	1930-01-10	1	09단	龍山諸部隊旺な觀兵式
182840	朝鮮朝日	南鮮版	1930-01-10	1	09단	手數料をまき上げた主犯者逃走
182841	朝鮮朝日	南鮮版	1930-01-10	1	10단	同門會音樂會
182842	朝鮮朝日	南鮮版	1930-01-10	1	10단	自動車墜落
182843	朝鮮朝日	南鮮版	1930-01-10	1	10단	人(南軍司令官/櫻井源之助少將(鎭海要塞司令官)/吉田平次郎氏(咸興地方法院長)/安藤裟婆一氏(全北內務部長)/提氷市氏(漢城銀行本店支配人)/木村雄次氏(東京實業家)/早川己之利氏(滿洲公論社長))
182844	朝鮮朝日	南鮮版	1930-01-10	1	10단	半島茶話
182845	朝鮮朝日	西北版	1930-01-10	1	01단	普通學校新設は到底のぞみがなく旣設校の維持に事缺く旱害の慶南道教育に及ぼす影響/慶北における旱害民救濟事

일련번호	판명		간행일	면	단수	기사명
182845	朝鮮朝日	西北版	1930-01-10	1	01단	業十六萬人は百日だけ命を繋ぐ事が出來る/係官が出張し實情を視察
182846	朝鮮朝日	西北版	1930-01-10	1	01단	學生の思想轉換の方策今度の盟休事件から當局の意見に上る二問題
182847	朝鮮朝日	西北版	1930-01-10	1	02단	罌粟の密作取締を嚴に
182848	朝鮮朝日	西北版	1930-01-10	1	02단	城大敎授の評判記(３)/本ブラを好んで不良少年の渾名音樂家の夫人を持つ二敎授
182849	朝鮮朝日	西北版	1930-01-10	1	03단	寄生蟲撲滅策手近な施設から
182850	朝鮮朝日	西北版	1930-01-10	1	03단	鮮農の壓迫が無くなった總督府を訪問した林奉天總領事の談
182851	朝鮮朝日	西北版	1930-01-10	1	03단	短歌/橋田東聲選
182852	朝鮮朝日	西北版	1930-01-10	1	04단	新義州米穀市場の初取引寂寥
182853	朝鮮朝日	西北版	1930-01-10	1	04단	新事業は困難か平北の豫算要求出揃ふ
182854	朝鮮朝日	西北版	1930-01-10	1	05단	滿洲方面に牛疫發生豫防注射を行ひ食ひ止める
182855	朝鮮朝日	西北版	1930-01-10	1	05단	明年度から府で經營する平壤の靑年訓練所所費を豫算に計上
182856	朝鮮朝日	西北版	1930-01-10	1	05단	六百名の全生徒開校當日又騷ぐ休校中の開城松都高普警官隊出動漸く治まる/壇上に驅上り退場せよと叫ぶ新義州高等普通學校始業式場の大さわぎ
182857	朝鮮朝日	西北版	1930-01-10	1	06단	鴨綠江の採氷出願者
182858	朝鮮朝日	西北版	1930-01-10	1	07단	運動界(スケート選手權大會/氷上選手權大會)
182859	朝鮮朝日	西北版	1930-01-10	1	07단	獸皮の取引減少
182860	朝鮮朝日	西北版	1930-01-10	1	07단	護岸工事の豫算を計上
182861	朝鮮朝日	西北版	1930-01-10	1	08단	牡丹台野話
182862	朝鮮朝日	西北版	1930-01-10	1	08단	平壤府內傳染病患者
182863	朝鮮朝日	西北版	1930-01-10	1	08단	國境方面の猛烈な寒さ
182864	朝鮮朝日	西北版	1930-01-10	1	08단	まだあまり利用のない平壤府營質屋と共同宿泊所
182865	朝鮮朝日	西北版	1930-01-10	1	08단	モヒ患者の名を登錄し便宜を圖り撲滅する近く右の規則を發布
182866	朝鮮朝日	西北版	1930-01-10	1	09단	女の子燒死
182867	朝鮮朝日	西北版	1930-01-10	1	09단	氷上に饅頭賣も出てスケートの巷現出大同江の冬は賑ふ
182868	朝鮮朝日	西北版	1930-01-10	1	10단	無理心中未遂
182869	朝鮮朝日	西北版	1930-01-10	1	10단	平壤署寒稽古
182870	朝鮮朝日	西北版	1930-01-10	1	10단	自動車衝突

일련번호	판명		간행일	면	단수	기사명
182871	朝鮮朝日	西北版	1930-01-10	1	10단	もよほし(安東貿易商組合總會)
182872	朝鮮朝日	西北版	1930-01-10	1	10단	人(古川兼秀氏(新平南地方課長))
182873	朝鮮朝日	西北版	1930-01-10	1	10단	半島茶話
182874	朝鮮朝日	南鮮版	1930-01-11	1	01단	金解禁の日來る暴落だ!値下げだ急テンポの値下の聲京城市內主な店の用意?/バタバタと倒産者が出るか玄人筋での觀測打沈んだ商店街/金解禁の圓卓會議を大邱で開く
182875	朝鮮朝日	南鮮版	1930-01-11	1	01단	府政を樹て直し放漫な政策を淸算舊府廳舍跡の殘地を年內に處分し公職者の請負割込運動を防止する關水京城府尹意氣込む
182876	朝鮮朝日	南鮮版	1930-01-11	1	01단	相當思切った面の廢合を慶北道でもくろむ成案は得たが愼重にやる
182877	朝鮮朝日	南鮮版	1930-01-11	1	01단	密陽に水道
182878	朝鮮朝日	南鮮版	1930-01-11	1	02단	俳句/鈴木花蓑選
182879	朝鮮朝日	南鮮版	1930-01-11	1	03단	航空無線局月末から着工
182880	朝鮮朝日	南鮮版	1930-01-11	1	03단	城大敎授の評判記(4)/明るい感じのする醫學部の先生方かくし藝のうまい巖井さん
182881	朝鮮朝日	南鮮版	1930-01-11	1	04단	お茶のあと
182882	朝鮮朝日	南鮮版	1930-01-11	1	04단	難關を押切り釜山病院の移轉改築を行ふ
182883	朝鮮朝日	南鮮版	1930-01-11	1	05단	天水畓を漸次畑作化す慶北當局が頭を惱す旱害の根本的對策
182884	朝鮮朝日	南鮮版	1930-01-11	1	06단	晉州電氣値下げ運動硬化し事態重大化
182885	朝鮮朝日	南鮮版	1930-01-11	1	07단	女子學生が萬歲を連呼し男子學生を呼出し示威運動を行はんとす/中東校生徒又騷ぐ時節柄警戒中
182886	朝鮮朝日	南鮮版	1930-01-11	1	07단	朝鮮紡織工の要求容られず機關部運轉を中止し全く罷業狀態に入る/協調成立の見込はない背後に思想團體が潛在せぬかと嚴探
182887	朝鮮朝日	南鮮版	1930-01-11	1	08단	連絡飛行のダイヤ變更
182888	朝鮮朝日	南鮮版	1930-01-11	1	09단	大邱の火事機關銃隊出動
182889	朝鮮朝日	南鮮版	1930-01-11	1	09단	商品を盜み自宅で賣捌く
182890	朝鮮朝日	南鮮版	1930-01-11	1	09단	賃銀値上を要求して罷業大邱精米工場の籾摺人夫二百名
182891	朝鮮朝日	南鮮版	1930-01-11	1	10단	釜山水道鐵管が寒氣で破損/水道が氷結し故障續出す大邱の酷寒
182892	朝鮮朝日	南鮮版	1930-01-11	1	10단	自轉車專門賊

일련번호	판명		간행일	면	단수	기사명
182893	朝鮮朝日	南鮮版	1930-01-11	1	10단	半島茶話
182894	朝鮮朝日	西北・南鮮版	1930-01-11	2	01단	スケート時代
182895	朝鮮朝日	西北・南鮮版	1930-01-11	2	01단	銀相場の暴落で當分は不能滿洲粟の鮮內輸入朝鮮農民には大打擊
182896	朝鮮朝日	西北・南鮮版	1930-01-11	2	01단	定州農業校教師が出張し家庭で教育
182897	朝鮮朝日	西北・南鮮版	1930-01-11	2	01단	春、秋蠶の收入を分配京畿道內諸校で生徒に
182898	朝鮮朝日	西北・南鮮版	1930-01-11	2	02단	慶北の植桑他道を壓す
182899	朝鮮朝日	西北・南鮮版	1930-01-11	2	02단	京城公會堂の內部を改造
182900	朝鮮朝日	西北・南鮮版	1930-01-11	2	03단	牛の投賣を極力ふせぐ
182901	朝鮮朝日	西北・南鮮版	1930-01-11	2	03단	咸興の郵貯調べ
182902	朝鮮朝日	西北・南鮮版	1930-01-11	2	03단	各地だより(新義州/安東縣/咸興/淸州/鎭南浦/平壤)
182903	朝鮮朝日	西北版	1930-01-11	1	01단	朝鮮紡織工の要求容られず機關部運轉を中止し全く罷業狀態に入る/協調成立の見込はない背後に思想團體が潛在せぬかと嚴探
182904	朝鮮朝日	西北版	1930-01-11	1	01단	平安南道の明年度豫算查定を終る
182905	朝鮮朝日	西北版	1930-01-11	1	01단	改良井の普及を平北で計劃
182906	朝鮮朝日	西北版	1930-01-11	1	02단	平北道評議員三月に改選早くも策動
182907	朝鮮朝日	西北版	1930-01-11	1	02단	冬ごもり/昌慶苑動物諸公の御機嫌は？溫室生活の河馬や象王女のごとき駝鳥
182908	朝鮮朝日	西北版	1930-01-11	1	03단	廳舍の改築や警官の增員警察電話の擴充など部長會議にもち出す
182909	朝鮮朝日	西北版	1930-01-11	1	03단	俳句/鈴木花蓑選
182910	朝鮮朝日	西北版	1930-01-11	1	04단	滿鐵々道警護懇談會
182911	朝鮮朝日	西北版	1930-01-11	1	05단	實科教育の徹底を期す平北の試み
182912	朝鮮朝日	西北版	1930-01-11	1	05단	平南栗增收
182913	朝鮮朝日	西北版	1930-01-11	1	05단	勇壯な觀兵式平壤の諸部隊
182914	朝鮮朝日	西北版	1930-01-11	1	06단	平壤愛婦の新年互禮會
182915	朝鮮朝日	西北版	1930-01-11	1	06단	朝鮮出漁組合を組織
182916	朝鮮朝日	西北版	1930-01-11	1	06단	愈消防機關の充實を圖る自動車ポンプ其他を購入すべく注文を發す
182917	朝鮮朝日	西北版	1930-01-11	1	08단	牡丹台野話
182918	朝鮮朝日	西北版	1930-01-11	1	08단	女子學生が萬歲を連呼し男子學生を呼出し示威運動を行はんとす/中東校生徒又騷ぐ時節柄警戒中
182919	朝鮮朝日	西北版	1930-01-11	1	08단	新義州で耐寒飛行
182920	朝鮮朝日	西北版	1930-01-11	1	08단	幸先のよいお正月どこも緊縮風を吹き飛ばす

일련번호	판명		간행일	면	단수	기사명
182921	朝鮮朝日	西北版	1930-01-11	1	09단	阿片をのみ三人心中遂にやり損ふ
182922	朝鮮朝日	西北版	1930-01-11	1	10단	五人組の支那人强盜
182923	朝鮮朝日	西北版	1930-01-11	1	10단	拾った大金を隱匿妾と二人で
182924	朝鮮朝日	西北版	1930-01-11	1	10단	人(加茂正雄博士/竹內慶南內務部長)
182925	朝鮮朝日	西北版	1930-01-11	1	10단	半島茶話
182926	朝鮮朝日	南鮮版	1930-01-12	1	01단	鐵道建設改良費振當額きまる若し議會が解散しても何等の支障も受けない
182927	朝鮮朝日	南鮮版	1930-01-12	1	01단	朝鮮紡織の同盟罷業女工七百餘名が一齊に斷食を決行寄宿舍を占領して會社側狼狽して慰撫に努む/要求案を全部撤回し數日中には解決か漫然雷同した者もある/爭議の首謀者示威運動中檢束
182928	朝鮮朝日	南鮮版	1930-01-12	1	04단	樂隊を入れてあかい宣傳冬に入ってはげしい當局取締に手を燒く
182929	朝鮮朝日	南鮮版	1930-01-12	1	04단	今年の獻穀田慶北に決定
182930	朝鮮朝日	南鮮版	1930-01-12	1	04단	三線制度の效果が現れ交通事故減る
182931	朝鮮朝日	南鮮版	1930-01-12	1	04단	釜山學祖の豫算と事業
182932	朝鮮朝日	南鮮版	1930-01-12	1	05단	開城の女學生が不穩の行動をとりまたも首謀者檢擧さる光州の學生も試驗を回避處分さる/咸興でも學生さわぐ女學生を抱込まんと大擧して押寄す
182933	朝鮮朝日	南鮮版	1930-01-12	1	05단	朝鮮人の副書記長を新設
182934	朝鮮朝日	南鮮版	1930-01-12	1	06단	凍死者每日一名は必ずあるモヒ患者が多い餘りに無感覺すぎる昨今の京城府の人達
182935	朝鮮朝日	南鮮版	1930-01-12	1	06단	下村氏からたより十日頃出發歸鮮の途につく
182936	朝鮮朝日	南鮮版	1930-01-12	1	07단	繪葉書代一萬餘圓の支拂命令の申立て提起
182937	朝鮮朝日	南鮮版	1930-01-12	1	07단	短歌/橋田東聲選
182938	朝鮮朝日	南鮮版	1930-01-12	1	07단	群山配水池新設
182939	朝鮮朝日	南鮮版	1930-01-12	1	07단	地方制度改善意見を開陳非常に注目される異動後初の知事會議
182940	朝鮮朝日	南鮮版	1930-01-12	1	08단	ナンダイモン
182941	朝鮮朝日	南鮮版	1930-01-12	1	08단	未曾有の混戰となるか一流どころが皆出馬近づく慶北道評議員選擧
182942	朝鮮朝日	南鮮版	1930-01-12	1	08단	小作權を擅にし六十餘名の生活の途を絶つと知事その他に陳情
182943	朝鮮朝日	南鮮版	1930-01-12	1	08단	二名を射殺安東縣の强盜
182944	朝鮮朝日	南鮮版	1930-01-12	1	08단	潛水漁業權の整理を行ひ不正な者を排除する當業者は恐慌を來す

일련번호	판명		간행일	면	단수	기사명
182945	朝鮮朝日	南鮮版	1930-01-12	1	09단	友盛消防手遂に死去す
182946	朝鮮朝日	南鮮版	1930-01-12	1	10단	モデル婦人京城に現はる
182947	朝鮮朝日	南鮮版	1930-01-12	1	10단	內地人の情婦と心中男は遂に絶命
182948	朝鮮朝日	南鮮版	1930-01-12	1	10단	人(齋藤直人氏(黃海道海州金融組合理事)/五島誠明氏(釜山實業家)/追間一男氏(同上))
182949	朝鮮朝日	南鮮版	1930-01-12	1	10단	半島茶話
182950	朝鮮朝日	西北版	1930-01-12	1	01단	鐵道建設改良費振當額きまる若し議會が解散しても何等の支障も受けない
182951	朝鮮朝日	西北版	1930-01-12	1	01단	結局細民稅の改廢は見合せる電氣特別會計を編成平壤府の五年度豫算
182952	朝鮮朝日	西北版	1930-01-12	1	01단	地方制度改善意見を開陳非常に注目される異動後初の知事會議
182953	朝鮮朝日	西北版	1930-01-12	1	01단	城大教授の評判記(4)/明るい感じのする醫學部の先生方かくし藝のうまい巖井さん
182954	朝鮮朝日	西北版	1930-01-12	1	03단	新義州商議の五年度豫算
182955	朝鮮朝日	西北版	1930-01-12	1	03단	開城の女學生が不穩の行動をとりまたも首謀者檢擧さる光州の學生も試驗を回避處分さる
182956	朝鮮朝日	西北版	1930-01-12	1	04단	下村氏からたより十日頃出發歸鮮の途につく
182957	朝鮮朝日	西北版	1930-01-12	1	04단	今後父兄と協力し不祥事を未然に防止したい
182958	朝鮮朝日	西北版	1930-01-12	1	05단	金解禁と平壤敏感な影響はない一時的に不況は來ても數年後には立ち直る/大勢微溫的で內地に追隨影響も存外に少ない金解禁と國境の關係
182959	朝鮮朝日	西北版	1930-01-12	1	05단	前年よりも成績がよい煙草の賣上高
182960	朝鮮朝日	西北版	1930-01-12	1	05단	適當な土地に移轉を行ひ充實した校舍を新築平壤女高普の後始末
182961	朝鮮朝日	西北版	1930-01-12	1	06단	金銀鑛區千萬坪をいよいよ競賣
182962	朝鮮朝日	西北版	1930-01-12	1	07단	短歌/橋田東聲選
182963	朝鮮朝日	西北版	1930-01-12	1	07단	不景氣風を吹き飛ばす平壤箕城券審
182964	朝鮮朝日	西北版	1930-01-12	1	07단	銀相場慘落で儲けた者や大損に泣く者もあり非喜劇を隨所に見る
182965	朝鮮朝日	西北版	1930-01-12	1	08단	牡丹台野話
182966	朝鮮朝日	西北版	1930-01-12	1	08단	平壤女子高普の燒跡整理中の女生徒
182967	朝鮮朝日	西北版	1930-01-12	1	08단	潛水漁業權の整理を行ひ不正な者を排除する當業者は恐慌を來す
182968	朝鮮朝日	西北版	1930-01-12	1	09단	金を遺失し狂言强盜

일련번호	판명		간행일	면	단수	기사명
182969	朝鮮朝日	西北版	1930-01-12	1	10단	殺人強盜の不良漢捕る
182970	朝鮮朝日	西北版	1930-01-12	1	10단	二人組強盜山中で通行人を襲ふ
182971	朝鮮朝日	西北版	1930-01-12	1	10단	家を飛出し竊盜を働く
182972	朝鮮朝日	西北版	1930-01-12	1	10단	人(木村淸津府尹)
182973	朝鮮朝日	西北版	1930-01-12	1	10단	半島茶話
182974	朝鮮朝日	西北・南鮮版	1930-01-12	2	01단	破れた周衣/黑枝耀太郎
182975	朝鮮朝日	西北・南鮮版	1930-01-12	2	01단	鎭海灣內の鱈頗る不漁稚魚の快獲が原因當局對策に腐心
182976	朝鮮朝日	西北・南鮮版	1930-01-12	2	01단	平壤の窮民救助舊年末に
182977	朝鮮朝日	西北・南鮮版	1930-01-12	2	01단	農事改良低資の貸付
182978	朝鮮朝日	西北・南鮮版	1930-01-12	2	01단	公設市場の設置を陳情
182979	朝鮮朝日	西北・南鮮版	1930-01-12	2	02단	穀用叺のストックが夥しい數量
182980	朝鮮朝日	西北・南鮮版	1930-01-12	2	02단	新刊紹介(銀相場大福帳)
182981	朝鮮朝日	西北・南鮮版	1930-01-12	2	02단	各地だより(龍山)
182982	朝鮮朝日	南鮮版	1930-01-14	1	01단	何人も近づけず絶對祕密裡に開く實際に卽し總督訓示す警戒頗る嚴重な各道知事會議
182983	朝鮮朝日	南鮮版	1930-01-14	1	01단	明年度の鐵道局豫算いよいよ決定す
182984	朝鮮朝日	南鮮版	1930-01-14	1	01단	海苔の養殖北鮮でも有望本年は殊に多收獲
182985	朝鮮朝日	南鮮版	1930-01-14	1	01단	漁業令實施さる五月一日から
182986	朝鮮朝日	南鮮版	1930-01-14	1	01단	迫った國勢調査目下準備中
182987	朝鮮朝日	南鮮版	1930-01-14	1	02단	東萊高普入試
182988	朝鮮朝日	南鮮版	1930-01-14	1	02단	偉大な足跡を殘して去る朝鮮敎育界の元老赤木京城師範校長
182989	朝鮮朝日	南鮮版	1930-01-14	1	03단	日本空輸の不時着陸場
182990	朝鮮朝日	南鮮版	1930-01-14	1	03단	旱害による悲慘な兒童二萬二千名に上る當局對策を練る
182991	朝鮮朝日	南鮮版	1930-01-14	1	03단	不老煙發賣
182992	朝鮮朝日	南鮮版	1930-01-14	1	04단	試驗の答案に白紙を出す學生なほ騷ぐ
182993	朝鮮朝日	南鮮版	1930-01-14	1	04단	氷上選手權競技大會開催廿六日漢江で
182994	朝鮮朝日	南鮮版	1930-01-14	1	05단	秀吉の降伏書を僞作した明の使節總督府囑託の加藤氏が最近發見した新な事實
182995	朝鮮朝日	南鮮版	1930-01-14	1	05단	開城の各校開校す
182996	朝鮮朝日	南鮮版	1930-01-14	1	05단	朝鮮紡織同盟罷業主要要求條件は認用不可能を聲明罷業者の處分はせぬ操業開始を切望する會社側の意向/結束が漸く亂る/雪崩れを打って外出立籠ってゐた男女工示威運動を起す形勢/愼重に考慮し解決したい齋藤專務談/釜山商議が

일련번호	판명		간행일	면	단수	기사명
182996	朝鮮朝日	南鮮版	1930-01-14	1	05단	調停すべく先づ會社の意を探る急轉直下圓滿解決か
182997	朝鮮朝日	南鮮版	1930-01-14	1	06단	仁川の加藤精米所の罷業籾摺人夫百三十名
182998	朝鮮朝日	南鮮版	1930-01-14	1	08단	DKの文藝講座八日間放送
182999	朝鮮朝日	南鮮版	1930-01-14	1	08단	旱害救濟義捐金の募集は難事業
183000	朝鮮朝日	南鮮版	1930-01-14	1	08단	釜山の拳銃強盜遂に捕はる何れも支那人の仕業犯行の一部を自白/主なる犯行/逃走中の二名も捕る
183001	朝鮮朝日	南鮮版	1930-01-14	1	09단	八戶を全燒馬山の火事
183002	朝鮮朝日	南鮮版	1930-01-14	1	10단	人(有賀殖銀頭取/後藤連平氏(朝鮮每日社長)/南軍司令官/岸本道夫氏(釜山府立病院長)/水野重功氏/永井四郎氏(拓務省第二課長)/齋藤朝鮮紡織專務/湯村辰次郎氏(總督府農務課長)/赤木萬二郎氏)
183003	朝鮮朝日	南鮮版	1930-01-14	1	10단	半島茶話
183004	朝鮮朝日	西北版	1930-01-14	1	01단	何人も近づけず絶對祕密裡に開く實際に卽し總督訓示す警戒頗る嚴重な各道知事會議
183005	朝鮮朝日	西北版	1930-01-14	1	01단	明年度の鐵道局豫算いよいよ決定す
183006	朝鮮朝日	西北版	1930-01-14	1	01단	迫った國勢調査目下準備中
183007	朝鮮朝日	西北版	1930-01-14	1	01단	平壤學議の增員を行ふ
183008	朝鮮朝日	西北版	1930-01-14	1	02단	漁業令實施さる五月一日から
183009	朝鮮朝日	西北版	1930-01-14	1	02단	耐寒飛行演習平壤飛行聯隊
183010	朝鮮朝日	西北版	1930-01-14	1	02단	海苔の養殖北鮮でも有望本年は殊に多收獲
183011	朝鮮朝日	西北版	1930-01-14	1	02단	平安北道議員改選期迫る混戰を豫想
183012	朝鮮朝日	西北版	1930-01-14	1	03단	平南五年度の豫算增額す
183013	朝鮮朝日	西北版	1930-01-14	1	03단	咸興新豫算
183014	朝鮮朝日	西北版	1930-01-14	1	03단	平北道の署長級異動
183015	朝鮮朝日	西北版	1930-01-14	1	03단	秀吉の降伏書を僞作した明の使節總督府囑託の加藤氏が最近發見した新な事實
183016	朝鮮朝日	西北版	1930-01-14	1	04단	下級警官は大歡迎評判のよい警察官共濟組合
183017	朝鮮朝日	西北版	1930-01-14	1	04단	平壤に金賃來る
183018	朝鮮朝日	西北版	1930-01-14	1	04단	水産議員補缺選
183019	朝鮮朝日	西北版	1930-01-14	1	04단	DKの文藝講座八日間放送
183020	朝鮮朝日	西北版	1930-01-14	1	04단	三十一日に家賃値下日積極的運動を開始平壤の借家人同盟

일련번호	판명		간행일	면	단수	기사명
183021	朝鮮朝日	西北版	1930-01-14	1	05단	偉大な足跡を殘して去る朝鮮教育界の元老赤木京城師範校長
183022	朝鮮朝日	西北版	1930-01-14	1	05단	傳要や帳薄を借りて教育女學校卒業の就職者にも迫って來た就職難
183023	朝鮮朝日	西北版	1930-01-14	1	06단	鹽業取締規程を作成ちかく發布
183024	朝鮮朝日	西北版	1930-01-14	1	06단	樂浪と高句麗時代の珍らしい馬平壤にある珍品
183025	朝鮮朝日	西北版	1930-01-14	1	07단	鴨綠江鳥啼巖近く爆破作業
183026	朝鮮朝日	西北版	1930-01-14	1	08단	新義州の婦人交禮會
183027	朝鮮朝日	西北版	1930-01-14	1	08단	不老煙發賣
183028	朝鮮朝日	西北版	1930-01-14	1	08단	十四戸を全燒す咸興魚菜市場
183029	朝鮮朝日	西北版	1930-01-14	1	08단	牡丹台野話
183030	朝鮮朝日	西北版	1930-01-14	1	09단	犯罪者の飛行機利用をふせぐ係官を飛行場に派し旅客の身分を嚴重調べる『空の港』平壤警察署の試み
183031	朝鮮朝日	西北版	1930-01-14	1	09단	開城の各校開校す
183032	朝鮮朝日	西北版	1930-01-14	1	09단	强盗犯は匪賊の仲間
183033	朝鮮朝日	西北版	1930-01-14	1	10단	寬何縣地方匪賊出沒し移民戰々競々
183034	朝鮮朝日	西北版	1930-01-14	1	10단	三人組强盗平壤に現はる
183035	朝鮮朝日	西北版	1930-01-14	1	10단	人(徐源達氏(鎭南浦中華領事館支那領事代理))
183036	朝鮮朝日	西北版	1930-01-14	1	10단	半島茶話
183037	朝鮮朝日	西北・南鮮版	1930-01-14	2	01단	門松に雀/兒玉天秀畵伯
183038	朝鮮朝日	西北・南鮮版	1930-01-14	2	01단	スキーヤーと保險眠でも脚でもお附けなさい/法學博士粟津淸亮
183039	朝鮮朝日	西北・南鮮版	1930-01-14	2	01단	破れた周衣/黑枝耀太郎
183040	朝鮮朝日	西北・南鮮版	1930-01-14	2	03단	ハネ・ゲーム流行りだした新スポーツ(コート/羽子板と羽根/競技の方法/アウト/勝敗の決定法)
183041	朝鮮朝日	西北・南鮮版	1930-01-14	2	05단	平北の移出牛檢疫を實施
183042	朝鮮朝日	西北・南鮮版	1930-01-14	2	05단	作鹽絲の昨年輸出數
183043	朝鮮朝日	西北・南鮮版	1930-01-14	2	07단	肥料叭の出廻增す
183044	朝鮮朝日	西北・南鮮版	1930-01-14	2	07단	寒氣も物かは勇しく入營
183045	朝鮮朝日	西北・南鮮版	1930-01-14	2	07단	各地だより(平壤/咸興)
183046	朝鮮朝日	南鮮版	1930-01-15	1	01단	環境の力不良兒を優良兒に導くスリッ
183046	朝鮮朝日	南鮮版	1930-01-15	1	01단	パ科と共に今度木工科を新設し大工や左官屋を養成する愈よ本來の使命に躍進する明進舍
183047	朝鮮朝日	南鮮版	1930-01-15	1	01단	學科偏重を改め操行をも考慮する同時

일련번호	판명		간행일	면	단수	기사명
183047	朝鮮朝日	南鮮版	1930-01-15	1	01단	に教員の質を高む京畿道の中等教育方針樹て直し
183048	朝鮮朝日	南鮮版	1930-01-15	1	01단	俳句/鈴木花蓑選
183049	朝鮮朝日	南鮮版	1930-01-15	1	02단	知事會議の總督指示事項十五項目におよぶ
183050	朝鮮朝日	南鮮版	1930-01-15	1	02단	光力も增し料金値下を促す晉州署長懇談調停により値下期成會側も諒解
183051	朝鮮朝日	南鮮版	1930-01-15	1	04단	初等教員の大異動慶北道が行ふ
183052	朝鮮朝日	南鮮版	1930-01-15	1	04단	城大教授の評判記(5)/學生を醉はす安倍さんの講義とても運動好の兒島老教授
183053	朝鮮朝日	南鮮版	1930-01-15	1	05단	金解禁記念廉賣會釜山で催す
183054	朝鮮朝日	南鮮版	1930-01-15	1	05단	朝鮮では最初の二個師團對抗演習今秋十月頃を期して擧行釜山で南軍司令官語る
183055	朝鮮朝日	南鮮版	1930-01-15	1	07단	ナンダイモン
183056	朝鮮朝日	南鮮版	1930-01-15	1	07단	專賣局職員の高級者整理
183057	朝鮮朝日	南鮮版	1930-01-15	1	07단	白紙の答案提出中東校でも
183058	朝鮮朝日	南鮮版	1930-01-15	1	08단	京城の物價は餘り下らぬ騰貴したものもある公設市場の平均値段
183059	朝鮮朝日	南鮮版	1930-01-15	1	08단	出稼ぎ貨車の歸還きまる
183060	朝鮮朝日	南鮮版	1930-01-15	1	09단	圓滿に解決す精米所の罷業
183061	朝鮮朝日	南鮮版	1930-01-15	1	09단	紙幣を僞造
183062	朝鮮朝日	南鮮版	1930-01-15	1	09단	一氣に妥協成立は困難か首謀者釋放で形勢緩和し懇談的交涉に入る朝鮮紡の同盟罷業
183063	朝鮮朝日	南鮮版	1930-01-15	1	10단	慶北の農業と氣象の研究
183064	朝鮮朝日	南鮮版	1930-01-15	1	10단	大漢江の採氷始まる
183065	朝鮮朝日	南鮮版	1930-01-15	1	10단	製絲場燒く
183066	朝鮮朝日	南鮮版	1930-01-15	1	10단	もよほし(運送合同創立委員會)
183067	朝鮮朝日	南鮮版	1930-01-15	1	10단	人(志賀坡大總長/軍村養一氏(總督府科學館長)/板田文吉氏(釜山府協議員)/伊達四雄氏(江原道內務部長)/藤原喜茂氏(平南內務部長)/豊住輝目出氏(朝鮮合同運送創立委員))
183068	朝鮮朝日	西北版	1930-01-15	1	01단	環境の力不良兒を優良兒に導くスリッパ科と共に今度木工科を新設し大工や
183068	朝鮮朝日	西北版	1930-01-15	1	01단	左官屋を養成する愈よ本來の使命に躍進する明進舍
183069	朝鮮朝日	西北版	1930-01-15	1	01단	小賣商に及ぼす影響大きいだけその推移は注目を惹く滿鐵消費組合の撤廢と開方問題

일련번호	판명		간행일	면	단수	기사명
183070	朝鮮朝日	西北版	1930-01-15	1	01단	知事會議の總督指示事項十五項目におよぶ
183071	朝鮮朝日	西北版	1930-01-15	1	01단	氷結の國境で耐寒飛行を十一日間に互り行ふ準備すべてとゝのふ
183072	朝鮮朝日	西北版	1930-01-15	1	03단	城大教授の評判記(5)/學生を醉はす安倍さんの講義とても運動好の兒島老教授
183073	朝鮮朝日	西北版	1930-01-15	1	04단	急に寒くなり出入船舶遂に杜絕今年の流氷は柔かい昨今の鎭南浦港
183074	朝鮮朝日	西北版	1930-01-15	1	05단	安東市街を明るくする
183075	朝鮮朝日	西北版	1930-01-15	1	06단	俳句/鈴木花蓑選
183076	朝鮮朝日	西北版	1930-01-15	1	06단	慶北の農業と氣象の研究
183077	朝鮮朝日	西北版	1930-01-15	1	07단	農事改良の講座を開く
183078	朝鮮朝日	西北版	1930-01-15	1	07단	朝鮮人の方は成績がよい平壤の納稅狀況
183079	朝鮮朝日	西北版	1930-01-15	1	07단	朝鮮では最初の二個師團對抗演習今秋十月頃を期して擧行釜山で南軍司令官語る
183080	朝鮮朝日	西北版	1930-01-15	1	08단	國境漫語
183081	朝鮮朝日	西北版	1930-01-15	1	08단	平北昨年中の果實收穫高
183082	朝鮮朝日	西北版	1930-01-15	1	08단	平壤中學校にラグビー部
183083	朝鮮朝日	西北版	1930-01-15	1	08단	牡丹台野話
183084	朝鮮朝日	西北版	1930-01-15	1	09단	念願漸く叶って安州の市區改正本年から着手に決定
183085	朝鮮朝日	西北版	1930-01-15	1	09단	旗を振翳して示威運動を行ふ首謀者廿餘名を檢束咸興商業生徒さわぐ
183086	朝鮮朝日	西北版	1930-01-15	1	10단	安東大和校に劍道部新設
183087	朝鮮朝日	西北版	1930-01-15	1	10단	鷄を强奪す
183088	朝鮮朝日	西北版	1930-01-15	1	10단	拳銃所持の强盜捕まる
183089	朝鮮朝日	西北版	1930-01-15	1	10단	人(伊達四雄氏(江原道內務部長)/藤原喜茂氏(平南內務部長)/豊住輝目出氏(朝鮮合同運送創立委員))
183090	朝鮮朝日	西北・南鮮版	1930-01-15	2	01단	S記者の再度の京城入り(1)/萬法一如の溫浴もて迎へてくれた大漢江江邊での史實を回想しつゝ
183091	朝鮮朝日	西北・南鮮版	1930-01-15	2	03단	全鮮內のお醫者さん僅か千六百餘人少し不便な土地は駄目
183092	朝鮮朝日	西北・南鮮版	1930-01-15	2	04단	各地だより(全州/咸興/沙里院)
183093	朝鮮朝日	南鮮版	1930-01-16	1	01단	十四校の男女中等生又も一齋に騷ぐ大極旗をかざし氣勢をあげ投石して警官に反抗
183094	朝鮮朝日	南鮮版	1930-01-16	1	01단	朝鮮における國有財産整理案委員會で可決さる(陸軍省所管/海軍省所管)

일련번호	판명		간행일	면	단수	기사명
183095	朝鮮朝日	南鮮版	1930-01-16	1	01단	鮮內漁業者に非常に有利五月から實施される朝鮮の新漁業令
183096	朝鮮朝日	南鮮版	1930-01-16	1	01단	慶南の鱈放流
183097	朝鮮朝日	南鮮版	1930-01-16	1	02단	儒林精神を普及し中等生徒の思想を善導する
183098	朝鮮朝日	南鮮版	1930-01-16	1	03단	依然解決せぬ根本的障碍豫定通りの成立を疑はれる運送合同會社
183099	朝鮮朝日	南鮮版	1930-01-16	1	03단	俳句/鈴木花蓑選
183100	朝鮮朝日	南鮮版	1930-01-16	1	03단	三防ヘスキー列車
183101	朝鮮朝日	南鮮版	1930-01-16	1	03단	城大教授の評判記（６）/教室に藏書を持込む藤塚教授さながら坊ちやんの赤松さん
183102	朝鮮朝日	南鮮版	1930-01-16	1	04단	對支貿易行詰り水産界は殊に打撃
183103	朝鮮朝日	南鮮版	1930-01-16	1	04단	警察の窓にも不景氣の現れ素晴らしく殖えた詐欺横領の告訴
183104	朝鮮朝日	南鮮版	1930-01-16	1	05단	曲線を描く京城洋畫研究所のスナップ
183105	朝鮮朝日	南鮮版	1930-01-16	1	05단	岡山縣內鮮博愛會成立
183106	朝鮮朝日	南鮮版	1930-01-16	1	06단	內地への渡航證偽造一味に官使關係か
183107	朝鮮朝日	南鮮版	1930-01-16	1	06단	四人組强盗全部捕はる
183108	朝鮮朝日	南鮮版	1930-01-16	1	07단	１９３０年の新商戰法小道具までも月賦販賣を計劃する京城の百貨店
183109	朝鮮朝日	南鮮版	1930-01-16	1	07단	ナンダイモン
183110	朝鮮朝日	南鮮版	1930-01-16	1	07단	*朝鮮紡織爭議問題弟一次會見は遂に物分れ五時間も協議したが/賃金値上は今のところ困難各種の要求問題について齋藤專務は語る/警務局等ヘ罷業經過報告*
183111	朝鮮朝日	南鮮版	1930-01-16	1	08단	被告人から金を捲上げひそかに逃走す忠南某署の巡査部長
183112	朝鮮朝日	南鮮版	1930-01-16	1	10단	*資金調達のビラ押收さる/女工連の絶食同盟遂に不成功/圓滿な解決は時間の問題*
183113	朝鮮朝日	南鮮版	1930-01-16	1	10단	殉職巡補署葬
183114	朝鮮朝日	西北版	1930-01-16	1	01단	十四校の男女中等生又も一齋に騷ぐ大極旗をかざし氣勢をあげ投石して警官に反抗
183115	朝鮮朝日	西北版	1930-01-16	1	01단	公立普通學校新設の運動豫算編成期にあたりいよいよはげしくなる
183116	朝鮮朝日	西北版	1930-01-16	1	01단	朝鮮における國有財産整理案委員會で可決さる(陸軍省所管/海軍省所管)
183117	朝鮮朝日	西北版	1930-01-16	1	02단	安東木材組合役員を改選
183118	朝鮮朝日	西北版	1930-01-16	1	02단	城大教授の評判記（６）/教室に藏書を持込む藤塚教授さながら坊ちやんの赤松さん

일련번호	판명		간행일	면	단수	기사명
183119	朝鮮朝日	西北版	1930-01-16	1	03단	鮮內漁業者に非常に有利五月から實施される朝鮮の新漁業令
183120	朝鮮朝日	西北版	1930-01-16	1	03단	俳句/鈴木花養選
183121	朝鮮朝日	西北版	1930-01-16	1	03단	道評議員の補選を執行
183122	朝鮮朝日	西北版	1930-01-16	1	04단	安東區明年度工事費豫算
183123	朝鮮朝日	西北版	1930-01-16	1	04단	岡山縣內鮮博愛會成立
183124	朝鮮朝日	西北版	1930-01-16	1	04단	日曜以外には缺航がなく非常な好成績をあぐ日本空輸平壤の成績
183125	朝鮮朝日	西北版	1930-01-16	1	05단	支那師範の應募者は少い
183126	朝鮮朝日	西北版	1930-01-16	1	05단	採氷出願者ボツボツ現る
183127	朝鮮朝日	西北版	1930-01-16	1	05단	金貨の兌換は大抵斷わる
183128	朝鮮朝日	西北版	1930-01-16	1	05단	平南協贊會の解散記念に花瓶
183129	朝鮮朝日	西北版	1930-01-16	1	06단	新義州側の實力を示す絶好の機會果してどれだけの活躍をするか氷上選手權大會迫る
183130	朝鮮朝日	西北版	1930-01-16	1	06단	マラリヤの撲滅に活動咸南道當局
183131	朝鮮朝日	西北版	1930-01-16	1	06단	有資格者には一應實務試驗を行ひ其上で警部補に登用平南道の新しい試み
183132	朝鮮朝日	西北版	1930-01-16	1	07단	國境漫語
183133	朝鮮朝日	西北版	1930-01-16	1	07단	新義州法院の民事部賑ふ舊正の切迫で
183134	朝鮮朝日	西北版	1930-01-16	1	07단	安住の地を米國に求め白系露人流浪
183135	朝鮮朝日	西北版	1930-01-16	1	08단	平南に天然痘蔓延の兆/十四名のチフス發生
183136	朝鮮朝日	西北版	1930-01-16	1	08단	モーゼル銃を擬して金の提供を迫る間島和龍縣上泉坪に匪賊しきりに出沒す
183137	朝鮮朝日	西北版	1930-01-16	1	08단	石油を撒いて火をつける痴情の結果から
183138	朝鮮朝日	西北版	1930-01-16	1	09단	牡丹台野話
183139	朝鮮朝日	西北版	1930-01-16	1	10단	縛りあげて所持金强奪
183140	朝鮮朝日	西北版	1930-01-16	1	10단	天ブラ物を純金と稱し質屋から許取
183141	朝鮮朝日	西北版	1930-01-16	1	10단	狂犬ふえる
183142	朝鮮朝日	西北版	1930-01-16	1	10단	强盜捕はる
183143	朝鮮朝日	西北版	1930-01-16	1	10단	殉職巡補署葬
183144	朝鮮朝日	西北・南鮮版	1930-01-16	2	01단	S記者の再度の京城入り(2)/龍山驛機關庫に因む西教徒受難の物語呪はしき蠻行のかずかずよ
183145	朝鮮朝日	西北・南鮮版	1930-01-16	2	03단	慶北の蘋果未曾有の豊作
183146	朝鮮朝日	西北・南鮮版	1930-01-16	2	03단	咸興商工會評議員會開催
183147	朝鮮朝日	西北・南鮮版	1930-01-16	2	04단	各地だより(木浦/平壤/統營)
183148	朝鮮朝日	西北・南鮮版	1930-01-16	2	04단	零の聲
183149	朝鮮朝日	南鮮版	1930-01-17	1	01단	京城の中等生騷擾事件學生の動搖尚をさ

일련번호	판명		간행일	면	단수	기사명
183149	朝鮮朝日	南鮮版	1930-01-17	1	01단	まらず各校共首謀者を處分この際不穩分子一掃に努力
183150	朝鮮朝日	南鮮版	1930-01-17	1	01단	*檢束學生は殆ど刑務所送り徹底的に取調べるらしい當局の態度 釋放方を懇願する近親者/總督東上を延期*
183151	朝鮮朝日	南鮮版	1930-01-17	1	04단	朝鮮人團體京都聯合會創立大會開催
183152	朝鮮朝日	南鮮版	1930-01-17	1	04단	城大教授の評判記(７)/學生の病氣を必ず見舞ふ高木教授擧動不審でよく捕る松木さん
183153	朝鮮朝日	南鮮版	1930-01-17	1	05단	辭令(十四日付)
183154	朝鮮朝日	南鮮版	1930-01-17	1	05단	辭令(東京電話)
183155	朝鮮朝日	南鮮版	1930-01-17	1	05단	忠南中等校試驗期日決定
183156	朝鮮朝日	南鮮版	1930-01-17	1	05단	不時着陸場に大邱練兵場日本空輸の交涉に陸軍側快く受諾す
183157	朝鮮朝日	南鮮版	1930-01-17	1	05단	米穀生産檢査に農民は反對を唱ふ先づ自發的に實施させおもむろに法律によって實施する
183158	朝鮮朝日	南鮮版	1930-01-17	1	06단	等外米の輸移出禁止解除旱害に依る救濟の爲總督府令を發布
183159	朝鮮朝日	南鮮版	1930-01-17	1	06단	首謀者は斷然處分東萊高普校盟休事件の對策
183160	朝鮮朝日	南鮮版	1930-01-17	1	07단	映畫管に放火を企つ
183161	朝鮮朝日	南鮮版	1930-01-17	1	07단	二人組強盜
183162	朝鮮朝日	南鮮版	1930-01-17	1	08단	ナンダイモン
183163	朝鮮朝日	南鮮版	1930-01-17	1	08단	お茶のあと
183164	朝鮮朝日	南鮮版	1930-01-17	1	08단	竊盜團を組織し廿餘軒を荒す
183165	朝鮮朝日	南鮮版	1930-01-17	1	09단	逃走中の盟休首謀者の下宿に激越な印刷物家宅捜査の結果發見
183166	朝鮮朝日	南鮮版	1930-01-17	1	09단	*朝鮮紡の同盟罷業二次會見も遂に物分れ一致點を見出すに至らず今後も會見は續ける/罷業團が屈服まで現狀維持か*
183167	朝鮮朝日	南鮮版	1930-01-17	1	10단	渡航證書を偽造し棧橋で賣捌く戶籍係の惡事
183168	朝鮮朝日	西北版	1930-01-17	1	01단	京城の中等生騷擾事件學生の動搖尚をさまらず各校共首謀者を處分この際不穩分子一掃に努力
183169	朝鮮朝日	西北版	1930-01-17	1	01단	*檢束學生は殆ど刑務所送り徹底的に取調べるらしい當局の態度釋放方を懇願する近親者/總督東上を延期*

일련번호	판명		간행일	면	단수	기사명
183170	朝鮮朝日	西北版	1930-01-17	1	04단	高射極隊の開隊式本月下旬ごろ盛大に擧行す
183171	朝鮮朝日	西北版	1930-01-17	1	04단	城大教授の評判記(7)/學生の病氣を必ず見舞ふ高木教授擧動不審でよく捕る松木さん
183172	朝鮮朝日	西北版	1930-01-17	1	05단	等外米の輸移出禁止解除旱害に依る救濟の爲總督府令を發布
183173	朝鮮朝日	西北版	1930-01-17	1	05단	平北道の五年度豫算
183174	朝鮮朝日	西北版	1930-01-17	1	05단	生業品評會好成績をあぐ
183175	朝鮮朝日	西北版	1930-01-17	1	05단	米穀生産檢査に農民は反對を唱ふ先づ自發的に實施させおもむろに法律によって實施する
183176	朝鮮朝日	西北版	1930-01-17	1	06단	平北女子高普期成會組織
183177	朝鮮朝日	西北版	1930-01-17	1	06단	新義州上水濾過池手入で停水
183178	朝鮮朝日	西北版	1930-01-17	1	06단	勸農共濟事業有望視さる
183179	朝鮮朝日	西北版	1930-01-17	1	07단	朝鮮人團體京都聯合會創立大會開催
183180	朝鮮朝日	西北版	1930-01-17	1	07단	國民政府が移民を獎勵
183181	朝鮮朝日	西北版	1930-01-17	1	08단	牡丹台野話
183182	朝鮮朝日	西北版	1930-01-17	1	08단	資格を持ち乍らブラブラ遊ぶ自動車運轉手が多いそれでも試驗の施行毎に志願者がどしどし押かく
183183	朝鮮朝日	西北版	1930-01-17	1	08단	天然痘發生
183184	朝鮮朝日	西北版	1930-01-17	1	09단	同情消燈實行を決議
183185	朝鮮朝日	西北版	1930-01-17	1	09단	感情より起る問題が筆頭感化及保護は第二位平壤人事相談所成績
183186	朝鮮朝日	西北版	1930-01-17	1	09단	放火の事實明か犯人の目星もつく淸津府廳怪火事件
183187	朝鮮朝日	西北版	1930-01-17	1	09단	元山の小火
183188	朝鮮朝日	西北版	1930-01-17	1	10단	氷上自動車近く認可さる
183189	朝鮮朝日	西北版	1930-01-17	1	10단	賭博の檢擧嚴重となる
183190	朝鮮朝日	西北版	1930-01-17	1	10단	不良少年が盗みまはる
183191	朝鮮朝日	西北・南鮮版	1930-01-17	2	01단	S記者の再度の京城入り(3)/南山の頂上に立って都の大觀に醉ふ南宋畫に見る異彩ある風景
183192	朝鮮朝日	西北・南鮮版	1930-01-17	2	03단	銀安の波動は比較的少い
183193	朝鮮朝日	西北・南鮮版	1930-01-17	2	04단	對內貿易高
183194	朝鮮朝日	西北・南鮮版	1930-01-17	2	04단	各地だより(平壤/鎮南浦/木浦/公州/淸州)
183195	朝鮮朝日	南鮮版	1930-01-18	1	01단	氷井拓務書記官と朝鮮を語る朝鮮研究者は隨分東京方面に多い學生事件も違った

일련번호	판명		간행일	면	단수	기사명
183195	朝鮮朝日	南鮮版	1930-01-18	1	01단	點多い勞働者には鮮內で仕事を與へた方がよい
183196	朝鮮朝日	南鮮版	1930-01-18	1	01단	京城の學生騷擾事件收容所を增築し殘餘の學生を收容女生徒達は悲哀を感じ哀號と泣き叫び告白の手紙を出す/徽文高普でも萬歲を唱へ校外に雪崩れんとす主なるもの檢束/仁川商業の生徒も騷ぐ首謀者十七名檢束京城との聯絡取調中/女生徒一齊に同盟休校釜山實踐商業/道學務當局校長に示達
183197	朝鮮朝日	南鮮版	1930-01-18	1	03단	京畿道の署長異動
183198	朝鮮朝日	南鮮版	1930-01-18	1	04단	慶北の學校增設當局は樂觀
183199	朝鮮朝日	南鮮版	1930-01-18	1	04단	こゝ數日中に根本案決定小學校職業科新設と京畿道の敎授法
183200	朝鮮朝日	南鮮版	1930-01-18	1	04단	城大敎授の評判記(8)/どこから見ても一流の藝術家型それが商法を講ずる竹井さん
183201	朝鮮朝日	南鮮版	1930-01-18	1	06단	京城に半圓タクシーお客は二人乘り外觀は斷然スマート
183202	朝鮮朝日	南鮮版	1930-01-18	1	06단	旱害對策に等外米の移出今年に限り特例で許可になるもやう
183203	朝鮮朝日	南鮮版	1930-01-18	1	06단	質屋の利子値下本年中に實現
183204	朝鮮朝日	南鮮版	1930-01-18	1	07단	內鮮間の航空郵便日本空輸で大宣傳普及
183205	朝鮮朝日	南鮮版	1930-01-18	1	07단	朝鮮雅樂を軍樂の中へ戶山學校で作曲完成悅びを語る篠田李王職次官
183206	朝鮮朝日	南鮮版	1930-01-18	1	08단	特合制度は不許可に決定
183207	朝鮮朝日	南鮮版	1930-01-18	1	08단	ナンダイモン
183208	朝鮮朝日	南鮮版	1930-01-18	1	09단	朝鮮紡織遂に操業を開始要求を悉く拒絶され罷業團不平を鳴らす/男女職工が一齊に暴れ出す茶碗や皿を投げて形勢やうやく險惡/二敎師を檢事局送り
183209	朝鮮朝日	南鮮版	1930-01-18	1	09단	女學生檢擧光州事件關係
183210	朝鮮朝日	南鮮版	1930-01-18	1	10단	放火を企つ
183211	朝鮮朝日	南鮮版	1930-01-18	1	10단	岡山市の內鮮博愛會發會式を擧ぐ
183212	朝鮮朝日	南鮮版	1930-01-18	1	10단	人(今村內務、林財務兩局長/野口遵氏(日室專務)/谷慶南知事/鹽貝淳二氏(大朝京城販賣局長))
183213	朝鮮朝日	西北版	1930-01-18	1	01단	永井拓務書記官と朝鮮を語る朝鮮研究者は隨分東京方面に多い學生事件も違った點多い勞働者には鮮內で仕事を與へた方がよい

일련번호	판명		간행일	면	단수	기사명
183214	朝鮮朝日	西北版	1930-01-18	1	01단	京城の學生騷擾事件收容所を増築し殘餘の學生を收容女生徒達は悲哀を感じ哀號と泣き叫び告白の手紙を出す/徽文高普でも萬歳を唱へ校外に雪崩れんとす主なるもの檢束/仁川商業の生徒も騷ぐ首謀者十七名檢束京城との聯絡取調中/道學務當局校長に示達
183215	朝鮮朝日	西北版	1930-01-18	1	03단	平南道の新豫算
183216	朝鮮朝日	西北版	1930-01-18	1	03단	小學校を一校増設兒童の増加に苦む安東
183217	朝鮮朝日	西北版	1930-01-18	1	04단	朝鮮雅樂を軍樂の中へ戸山學校で作曲完成悦びを語る篠田李王職次官
183218	朝鮮朝日	西北版	1930-01-18	1	04단	流石は本場育ちだ大會毎に新記錄スピードスケ-チングでは追隨を許さぬ安東選手
183219	朝鮮朝日	西北版	1930-01-18	1	05단	平南道評議會日程
183220	朝鮮朝日	西北版	1930-01-18	1	06단	城大教授の評判記(8)/どこから見ても一流の藝術家型それが商法を講ずる竹井さん
183221	朝鮮朝日	西北版	1930-01-18	1	06단	內鮮間の航空郵便日本空輸で大宣傳普及
183222	朝鮮朝日	西北版	1930-01-18	1	07단	國境漫語
183223	朝鮮朝日	西北版	1930-01-18	1	07단	安東高女の寄宿舍新築
183224	朝鮮朝日	西北版	1930-01-18	1	08단	賊僧どもの國境襲擊隊が懸賞付で出發したと新義州某所へ情報
183225	朝鮮朝日	西北版	1930-01-18	1	08단	上層氣流觀測を正式にやる平壤測候所
183226	朝鮮朝日	西北版	1930-01-18	1	09단	嚴密なる檢病的調査天然痘發生に大同署活動
183227	朝鮮朝日	西北版	1930-01-18	1	10단	平南道の自動車事故
183228	朝鮮朝日	西北版	1930-01-18	1	10단	朝鮮物産宣傳デー舊の正月一日に大々的に行ふ
183229	朝鮮朝日	西北版	1930-01-18	1	10단	人(石田平南道警察部長)
183230	朝鮮朝日	西北版	1930-01-18	1	10단	牡丹台野話
183231	朝鮮朝日	西北・南鮮版	1930-01-18	2	01단	各地だより(平壤/間島/安東縣/裡里)
183232	朝鮮朝日	西北・南鮮版	1930-01-18	2	01단	歸鮮者が一日に七百名金解禁による內地の不況と舊年末の關係で
183233	朝鮮朝日	西北・南鮮版	1930-01-18	2	01단	緊縮講演會
183234	朝鮮朝日	西北・南鮮版	1930-01-18	2	01단	朝鮮産の珍品を飛行機で輸送しその日のうちに東京へ航空會社の新計劃
183235	朝鮮朝日	西北・南鮮版	1930-01-18	2	01단	西水羅漁港築港は明年度着工困難
183236	朝鮮朝日	西北・南鮮版	1930-01-18	2	02단	慶南水産會評議員會
183237	朝鮮朝日	西北・南鮮版	1930-01-18	2	02단	大邱の失業調査卅一日現在

일련번호	판명		간행일	면	단수	기사명
183238	朝鮮朝日	西北・南鮮版	1930-01-18	2	03단	綿織物移入税の撤廢は時期の問題
183239	朝鮮朝日	西北・南鮮版	1930-01-18	2	03단	鮮內各府の家賃や地代調べ家賃平均一圓四十三錢地代は二圓六十九錢
183240	朝鮮朝日	西北・南鮮版	1930-01-18	2	04단	新義州の米出廻閑散
183241	朝鮮朝日	西北・南鮮版	1930-01-18	2	04단	木材固定梱場設定を協議
183242	朝鮮朝日	南鮮版	1930-01-19	1	01단	死線を越え下村咸北警察部長歸る爆彈や砲彈の下を幾度となく潜った汽車を見て嬉し涙を流す見舞を受けた時初めて助ったと思った
183243	朝鮮朝日	南鮮版	1930-01-19	1	01단	頗る緊張し當面の問題論議全鮮警察部長會議
183244	朝鮮朝日	南鮮版	1930-01-19	1	01단	今春オデッサで歐亞鐵道連絡會議貨物輸送の復活が主題目滿鐵側特に注目す
183245	朝鮮朝日	南鮮版	1930-01-19	1	01단	解氷期をまち土木水利等の事業を起すに決定旱害民救濟のため
183246	朝鮮朝日	南鮮版	1930-01-19	1	03단	幹部の陣容を改めて飛躍國民協會が
183247	朝鮮朝日	南鮮版	1930-01-19	1	03단	命令航路廿線に補助金交付
183248	朝鮮朝日	南鮮版	1930-01-19	1	04단	鮮米移出統制に適當の方策を講ずる旨決定の入電有賀殖銀總裁から
183249	朝鮮朝日	南鮮版	1930-01-19	1	04단	何等の影響もない金解禁と大邱の金融界
183250	朝鮮朝日	南鮮版	1930-01-19	1	04단	城大教授の評判記(９)/一本のカラーと一本のネクタイ學究人佐藤教授の身邊雜話
183251	朝鮮朝日	南鮮版	1930-01-19	1	05단	新らしいスキー場を開拓すべく鐵道局から發見隊出發
183252	朝鮮朝日	南鮮版	1930-01-19	1	06단	藝術本位で大仕掛の撮影朝鮮統治の映畫作成總督府社會課で計劃
183253	朝鮮朝日	南鮮版	1930-01-19	1	06단	十二項の要求とその和解の內容和解成立と會社で發表朝鮮紡織の爭議/多少の犧牲者餘儀ない模樣/表面は平靜だが怠業氣分漲る
183254	朝鮮朝日	南鮮版	1930-01-19	1	07단	學校騷動鎭靜に歸す外部からの宣傳防止に各學校長の打合せ/高普生を召喚し學校騷動を未然に防ぐ
183255	朝鮮朝日	南鮮版	1930-01-19	1	08단	釜山の火事
183256	朝鮮朝日	南鮮版	1930-01-19	1	09단	元山でも男女生徒騷ぐ背後の主義者に檢擧の手をのべ取調/各學校に對し不穩文書を送る犯人直ちに逮捕す/晉州高普も騷いで盟休　學生事件の火の手慶南各地にも波及/五山高普さわぐ三十九名檢束さる

일련번호	판명		간행일	면	단수	기사명
183257	朝鮮朝日	南鮮版	1930-01-19	1	09단	二大疑獄事件の六證人を取調きのふ釜山法院で
183258	朝鮮朝日	南鮮版	1930-01-19	1	10단	巡補射殺の強盜捕る
183259	朝鮮朝日	南鮮版	1930-01-19	1	10단	人(今村內務局長/林財務局長)
183260	朝鮮朝日	西北版	1930-01-19	1	01단	死線を越え下村咸北警察部長歸る爆彈や砲彈の下を幾度となく潛った汽車を見て嬉し淚を流す見舞を受けた時初めて助ったと思った
183261	朝鮮朝日	西北版	1930-01-19	1	01단	頗る緊張し當面の問題論議全鮮警察部長會議
183262	朝鮮朝日	西北版	1930-01-19	1	01단	清津府の明年度豫算
183263	朝鮮朝日	西北版	1930-01-19	1	01단	平壤女高普新校舍三月から着工
183264	朝鮮朝日	西北版	1930-01-19	1	02단	今春オデッサで歐亞鐵道連絡會議貨物輸送の復活が主題目滿鐵側特に注目す
183265	朝鮮朝日	西北版	1930-01-19	1	03단	咸北明年度新土木事業
183266	朝鮮朝日	西北版	1930-01-19	1	03단	幹部の陣容を改めて飛躍國民協會が
183267	朝鮮朝日	西北版	1930-01-19	1	04단	出張官使の歡迎會廢止方を通牒
183268	朝鮮朝日	西北版	1930-01-19	1	04단	滿鐵沿線小學校長會
183269	朝鮮朝日	西北版	1930-01-19	1	04단	平北の道議選激烈
183270	朝鮮朝日	西北版	1930-01-19	1	04단	城大教授の評判記(9)/一本のカラーと一本のネクタイ學究人佐藤教授の身邊雜話
183271	朝鮮朝日	西北版	1930-01-19	1	05단	新義州商議特別評議員
183272	朝鮮朝日	西北版	1930-01-19	1	05단	咸北で懷爐灰試驗的製造
183273	朝鮮朝日	西北版	1930-01-19	1	06단	命令航路廿線に補助金交付
183274	朝鮮朝日	西北版	1930-01-19	1	06단	少年少女選手の持つ日本新記錄安東の誇りの一つアイスホッケーの強味も加る
183275	朝鮮朝日	西北版	1930-01-19	1	07단	新らしいスキー場を開拓すべく鐵道局から發見隊出發
183276	朝鮮朝日	西北版	1930-01-19	1	08단	牡丹台野話
183277	朝鮮朝日	西北版	1930-01-19	1	08단	平壤麵屋勞働者組合作業部廢止に決す
183278	朝鮮朝日	西北版	1930-01-19	1	09단	授産事業のミシン講習
183279	朝鮮朝日	西北版	1930-01-19	1	09단	藝術本位で大仕掛の撮影朝鮮統治の映畫作成總督府社會課で計劃
183280	朝鮮朝日	西北版	1930-01-19	1	09단	五山高普さわぐ三十九名檢束さる
183281	朝鮮朝日	西北版	1930-01-19	1	10단	平南道の昨年犯罪數
183282	朝鮮朝日	西北版	1930-01-19	1	10단	守備隊に惡性の感冒
183283	朝鮮朝日	西北版	1930-01-19	1	10단	強盜未遂捕る
183284	朝鮮朝日	西北版	1930-01-19	1	10단	巡補射殺の強盜捕る

일련번호	판명		간행일	면	단수	기사명
183285	朝鮮朝日	西北版	1930-01-19	1	10단	警官宅の賊
183286	朝鮮朝日	西北版	1930-01-19	1	10단	人(永井拓務書記官)
183287	朝鮮朝日	西北・南鮮版	1930-01-19	2	01단	鮮米の聲價を失墜し經濟界には大影響等外米移出特令に對し釜山穀物商組合反對/慶南道でも實施を要請/認可期日までに約十萬石が移出される見込み内地で歡迎する等外米
183288	朝鮮朝日	西北・南鮮版	1930-01-19	2	01단	慶北畜産聯合取扱鷄卵數
183289	朝鮮朝日	西北・南鮮版	1930-01-19	2	02단	鎭平銀の十二月市況
183290	朝鮮朝日	西北・南鮮版	1930-01-19	2	03단	朝鮮貯蓄初總會
183291	朝鮮朝日	西北・南鮮版	1930-01-19	2	03단	平壤昨年中の對外貿易狀態輸出入ともに減少
183292	朝鮮朝日	西北・南鮮版	1930-01-19	2	04단	各地だより(平壤/鎭南浦)
183293	朝鮮朝日	南鮮版	1930-01-21	1	01단	朝鮮の山々に杉を植ゑつけるまづ試驗的に三箇所に造林總督府造林課の試み
183294	朝鮮朝日	南鮮版	1930-01-21	1	01단	飛機墜落の現場を動かすな航空改善研究の爲に警察部長會議で協議
183295	朝鮮朝日	南鮮版	1930-01-21	1	01단	暫定的手段として運合參加店組合新に組織するに決定
183296	朝鮮朝日	南鮮版	1930-01-21	1	01단	水産製品檢査事務打合會
183297	朝鮮朝日	南鮮版	1930-01-21	1	01단	客車よりも汽動車に力をそゝぐ
183298	朝鮮朝日	南鮮版	1930-01-21	1	02단	國民協會新役員決定
183299	朝鮮朝日	南鮮版	1930-01-21	1	02단	前年度より一、二割減か忠南地方費
183300	朝鮮朝日	南鮮版	1930-01-21	1	02단	女工のか弱い腕で稼いだ二十萬圓靑息吐息の農村に持ち歸って撒かれる
183301	朝鮮朝日	南鮮版	1930-01-21	1	03단	水産講習會
183302	朝鮮朝日	南鮮版	1930-01-21	1	03단	氷上大會成績
183303	朝鮮朝日	南鮮版	1930-01-21	1	03단	俳句/鈴木花蓑選
183304	朝鮮朝日	南鮮版	1930-01-21	1	03단	總督府博物館愈近く獨立
183305	朝鮮朝日	南鮮版	1930-01-21	1	04단	電車質均一制を釜山瓦電に四氏が要望
183306	朝鮮朝日	南鮮版	1930-01-21	1	04단	學生事件の黑幕十六名の急進學生鍾路署の手で檢擧反抗意識吹込みの形勢歷然/學生事件善後策校長の協議/極めて平穩に京城各校の休日あけ日/全州女高普生が騷擾の計劃未然に防止さる/海州高普生徒を主義者が煽動し不穩な行動を計劃關係者十八名取調中/騷いだ生徒をそれぞれ處分五山高普校
183307	朝鮮朝日	南鮮版	1930-01-21	1	05단	傳票や帳簿を借りて教育女學校卒業の就職者にも迫って來た就職難

일련번호	판명		간행일	면	단수	기사명
183308	朝鮮朝日	南鮮版	1930-01-21	1	05단	ナンダイモン
183309	朝鮮朝日	南鮮版	1930-01-21	1	07단	犯行を逐一自白釜山拳銃強盗
183310	朝鮮朝日	南鮮版	1930-01-21	1	07단	朝鮮紡織の同盟罷業飽くまで持久戦で目的達成を期しますます結束を固める罷業團觀測の外れた會社側/男女職工七十九名を解雇事態やうやく重大化/なほ相當解雇か
183311	朝鮮朝日	南鮮版	1930-01-21	1	08단	お茶のあと
183312	朝鮮朝日	南鮮版	1930-01-21	1	09단	活動館の放火は四少年の所爲
183313	朝鮮朝日	南鮮版	1930-01-21	1	09단	自動車列車にひき摺らる
183314	朝鮮朝日	南鮮版	1930-01-21	1	10단	猩紅熱は益々蔓延徹底的豫防に公州署大馬力
183315	朝鮮朝日	南鮮版	1930-01-21	1	10단	漁船の遭難
183316	朝鮮朝日	南鮮版	1930-01-21	1	10단	慘殺犯人の搜査は困難
183317	朝鮮朝日	南鮮版	1930-01-21	1	10단	北每支局新設
183318	朝鮮朝日	南鮮版	1930-01-21	1	10단	人(白川養則大將/石川登盛氏(平安北道知事)/神田少佐(軍參謀)/前田昇氏(東條正平氏(朝鐵重役)/小倉竹之助氏(大興電氣社長)/中村庫造氏(仁川觀測所知事))
183319	朝鮮朝日	西北版	1930-01-21	1	01단	朝鮮の山々に杉を植ゑつけるまづ試驗的に三箇所に造林總督府造林課の試み
183320	朝鮮朝日	西北版	1930-01-21	1	01단	飛機墜落の現場を動かすな航空改善研究の爲に警察部長會議で協議
183321	朝鮮朝日	西北版	1930-01-21	1	01단	暫定的手段として運合參加店組合新に組織するに決定
183322	朝鮮朝日	西北版	1930-01-21	1	01단	平南道明年の新企劃事業
183323	朝鮮朝日	西北版	1930-01-21	1	02단	平壤飛行隊の耐寒飛行開始さる
183324	朝鮮朝日	西北版	1930-01-21	1	02단	國境捕物帳(1)/玩具らしい拳銃で千七百圓を強奪働くことの前に酒色の味を知った靑年達
183325	朝鮮朝日	西北版	1930-01-21	1	03단	水産製品檢査事務打合會
183326	朝鮮朝日	西北版	1930-01-21	1	03단	俳句/鈴木花蓑選
183327	朝鮮朝日	西北版	1930-01-21	1	03단	客車よりも汽動車に力をそゝぐ
183328	朝鮮朝日	西北版	1930-01-21	1	04단	國民協會新設員決定
183329	朝鮮朝日	西北版	1930-01-21	1	04단	朝鐵貨物運賃の等級改正を協議
183330	朝鮮朝日	西北版	1930-01-21	1	04단	京城同樣に消防署設置方を平壤から本府に要望官制改革が一寸面倒
183331	朝鮮朝日	西北版	1930-01-21	1	05단	混同農業の成績頗る良好
183332	朝鮮朝日	西北版	1930-01-21	1	06단	蠶繭共販優勝旗授與

일련번호	판명		간행일	면	단수	기사명
183333	朝鮮朝日	西北版	1930-01-21	1	07단	お茶のあと
183334	朝鮮朝日	西北版	1930-01-21	1	08단	國境漫語
183335	朝鮮朝日	西北版	1930-01-21	1	08단	全州女高普生が騷擾の計劃未然に防止さる/海州高普生徒を主義者が煽動し不穩な行動を計劃關係者十八名取調中/騷いだ生徒をそれぞれ處分五山高普校
183336	朝鮮朝日	西北版	1930-01-21	1	08단	授業料値上
183337	朝鮮朝日	西北版	1930-01-21	1	08단	種痘とチフス豫防注射を大同郡で施す
183338	朝鮮朝日	西北版	1930-01-21	1	08단	舊歲末に殺人未遂平壤に二件
183339	朝鮮朝日	西北版	1930-01-21	1	09단	牡丹台野話
183340	朝鮮朝日	西北版	1930-01-21	1	10단	阿片で墮胎
183341	朝鮮朝日	西北版	1930-01-21	1	10단	集金を拐帶
183342	朝鮮朝日	西北版	1930-01-21	1	10단	四棟を燒く
183343	朝鮮朝日	西北版	1930-01-21	1	10단	綿打工場燒く
183344	朝鮮朝日	西北版	1930-01-21	1	10단	人(白川養則大將/石川登盛氏(平安北道知事)/多田榮吉氏(平北道評議員)/伊達四雄氏(江原道內務部長)/神田少佐(軍參謀)/前田昇氏/東條正平氏(朝鐵重役))
183345	朝鮮朝日	西北・南鮮版	1930-01-21	2	01단	尖端藝術の動向超現實主義の波動と注目すべき一九三〇年展
183346	朝鮮朝日	西北・南鮮版	1930-01-21	2	01단	心の表現一夢の世界の樂園超現實主義序說/外山卯三郎
183347	朝鮮朝日	西北・南鮮版	1930-01-21	2	02단	一九三〇年協議/横川三果
183348	朝鮮朝日	西北・南鮮版	1930-01-21	2	05단	例年の半分も難しい模樣懸念さるゝ鰊漁業
183349	朝鮮朝日	西北・南鮮版	1930-01-21	2	05단	畜牛放賣防止に低資を貸付く
183350	朝鮮朝日	西北・南鮮版	1930-01-21	2	05단	京城の物價騰落を調査
183351	朝鮮朝日	西北・南鮮版	1930-01-21	2	06단	慶南の等外米移出撤回に決す
183352	朝鮮朝日	西北・南鮮版	1930-01-21	2	06단	鮮紡大邱分場の作業開始方を會議所から本社に要望回答如何では問題とならう
183353	朝鮮朝日	西北・南鮮版	1930-01-21	2	07단	等外米檢査規定を慶北から出す
183354	朝鮮朝日	西北・南鮮版	1930-01-21	2	07단	各地だより(京城/平壤/咸興/鎭南浦)
183355	朝鮮朝日	南鮮版	1930-01-22	1	01단	材料蒐集終り愈よ編輯に着手完成の上は東洋の文化史に錦上化を添る朝鮮史
183356	朝鮮朝日	南鮮版	1930-01-22	1	01단	實行豫算編成準備に着手特別なものは責任支出解散と總督府/內地在住の朝鮮の人に是非出馬して貰ひ度い兒玉政務總監談
183357	朝鮮朝日	南鮮版	1930-01-22	1	01단	30年型の京城の匂ひ(1)/使ふ化粧品は全部フランス製お客さんは一流のブルばかり朝鮮ホテル理髮室

일련번호	판명		간행일	면	단수	기사명
183358	朝鮮朝日	南鮮版	1930-01-22	1	03단	京城府の明年度土木事業新規のものには目星しいものはない
183359	朝鮮朝日	南鮮版	1930-01-22	1	03단	俳句/鈴木花蓑選
183360	朝鮮朝日	南鮮版	1930-01-22	1	04단	蓋明當日の検査状況沈滯し切った農村にやうやく春が訪る等外米の輸移出許可に
183361	朝鮮朝日	南鮮版	1930-01-22	1	05단	高麗朝時代の三本山の位置やうやくわかる京城府の苦心で
183362	朝鮮朝日	南鮮版	1930-01-22	1	06단	時局問題の講演を聽く中樞院參議
183363	朝鮮朝日	南鮮版	1930-01-22	1	07단	舊正月前に鰊の初漁なく慶北東海岸の當業者困窮のドン底に陥る
183364	朝鮮朝日	南鮮版	1930-01-22	1	07단	なほ續く各地の學生騷ぎ五百名の生徒が校庭で萬歳を叫び不穩行動に出んとす一部をのぞき悉く検束さる/首謀學生は重く處分する學校閉鎖はやらぬ/なほ一層擴大する海州高普の學生さわぎ/清州高普生三百餘名が騷ぐ警官の制止で大事に至らず首謀者十六名検束/清津でも男女生徒四十餘名検束
183365	朝鮮朝日	南鮮版	1930-01-22	1	08단	辭令(十八日付)
183366	朝鮮朝日	南鮮版	1930-01-22	1	08단	內地渡航の民籍謄本を僞造して賣る
183367	朝鮮朝日	南鮮版	1930-01-22	1	09단	小橋前文相を瀆職罪で起訴に司法部の意見一致しけふ中に法相の諒解を得る
183368	朝鮮朝日	南鮮版	1930-01-22	1	09단	朝鮮紡織同盟罷業釜山三有志が調停に立つ齋藤專務と會見し三條件を以て懇談/持久戰に耐へかね結束崩れ初む
183369	朝鮮朝日	南鮮版	1930-01-22	1	10단	白川前陸相
183370	朝鮮朝日	南鮮版	1930-01-22	1	10단	半島茶話
183371	朝鮮朝日	西北版	1930-01-22	1	01단	材料蒐集終り愈よ編輯に着手完成の上は東洋の文化史に錦上花を添る朝鮮史
183372	朝鮮朝日	西北版	1930-01-22	1	01단	平南評議會の意見と要望竝に當局の方針
183373	朝鮮朝日	西北版	1930-01-22	1	01단	國境捕物帳(２)/神火！神火引つゞく怪火に極度に脅かされた部落民燃上る火を樂しむ女
183374	朝鮮朝日	西北版	1930-01-22	1	02단	實行豫算編成準備に着手特別なものは責任支出解散と總督府
183375	朝鮮朝日	西北版	1930-01-22	1	03단	俳句/鈴木花蓑選
183376	朝鮮朝日	西北版	1930-01-22	1	04단	モヒ患者の一掃を圖る防犯係を設置の意向
183377	朝鮮朝日	西北版	1930-01-22	1	04단	工業補習校を平壤に新設一寸毛色の變った明年度の新規事業

일련번호	판명		간행일	면	단수	기사명
183378	朝鮮朝日	西北版	1930-01-22	1	04단	高麗朝時代の三本山の位置やうやくわかる京城府の苦心で
183379	朝鮮朝日	西北版	1930-01-22	1	05단	辭令(十八日付)
183380	朝鮮朝日	西北版	1930-01-22	1	06단	大同江の採氷
183381	朝鮮朝日	西北版	1930-01-22	1	06단	清津海員倶樂部設備
183382	朝鮮朝日	西北版	1930-01-22	1	07단	安東中學生徒講演會
183383	朝鮮朝日	西北版	1930-01-22	1	07단	五百名の生徒が校庭で萬歳を叫び不穩行動に出んとす一部をのぞき悉く檢束さる/清州高普生三百餘名が騷ぐ警官の制止で大事に至らず首謀者十六名檢束/首謀學生は重く處分する學校閉鎖はやらぬ/清津でも男女生徒四十餘名檢束/なほ一層擴大する海州高普の學生さわぎ
183384	朝鮮朝日	西北版	1930-01-22	1	08단	國境漫語
183385	朝鮮朝日	西北版	1930-01-22	1	08단	北朝地方にビートを栽培殖産局で調査開始ちかく試作をやる
183386	朝鮮朝日	西北版	1930-01-22	1	09단	牡丹台野話
183387	朝鮮朝日	西北版	1930-01-22	1	10단	卓球大會
183388	朝鮮朝日	西北版	1930-01-22	1	10단	スケート大會
183389	朝鮮朝日	西北版	1930-01-22	1	10단	半島茶話
183390	朝鮮朝日	西北・南鮮版	1930-01-22	2	01단	咸南道の緊縮週間
183391	朝鮮朝日	西北・南鮮版	1930-01-22	2	01단	飛行隊と聯合し夜間演習を擧行あらゆる新兵器を利用して平壤高射砲隊が
183392	朝鮮朝日	西北・南鮮版	1930-01-22	2	01단	二千三百頭の活牛が停滯目下釜山檢疫所に
183393	朝鮮朝日	西北・南鮮版	1930-01-22	2	01단	簡保の募集區域新に設定さる
183394	朝鮮朝日	西北・南鮮版	1930-01-22	2	02단	慶北盈德郡旱害救濟會
183395	朝鮮朝日	西北・南鮮版	1930-01-22	2	03단	電燈料値下
183396	朝鮮朝日	西北・南鮮版	1930-01-22	2	03단	木浦の公益質屋は廿一日開業
183397	朝鮮朝日	西北・南鮮版	1930-01-22	2	04단	簡易生命保險二千萬圓に達す漸次普及の傾向
183398	朝鮮朝日	西北・南鮮版	1930-01-22	2	04단	各地だより(裡里/咸興/平壤)
183399	朝鮮朝日	南鮮版	1930-01-23	1	01단	忠南道廳移轉疑獄七月振に豫審終結尾間、谷野の兩名は有罪大村は證據不十分で免訴/尾間一味の罪狀總督の側近に在ったのを利用し運動の意思なく大金を詐取/京城ホテルで大田有志と會見先づ一萬圓を取込む/山梨前總督の負債償還名義で更に四萬圓を詐取
183400	朝鮮朝日	南鮮版	1930-01-23	1	01단	俳句/鈴木花蓑選

일련번호	판명		간행일	면	단수	기사명
183401	朝鮮朝日	南鮮版	1930-01-23	1	02단	大田事件を繞る插話
183402	朝鮮朝日	南鮮版	1930-01-23	1	04단	地方制度の改善は東上するまでに成案を得るつもり當面問題に關して齋藤總督の談
183403	朝鮮朝日	南鮮版	1930-01-23	1	05단	物品を擔保に貸出をする京畿道金組聯合會の新らしいこゝろみ
183404	朝鮮朝日	南鮮版	1930-01-23	1	05단	辭令(二十日付)
183405	朝鮮朝日	南鮮版	1930-01-23	1	07단	平壤の學生尙騷ぎ續く物々しい警官の警戒首謀者四十三名檢束/夕方までに遂に二百名檢束一部は刑務所へ委託/背後の黑幕檢擧元山學生騷ぎ/淸津の檢束學生六十名に上るなほ引續き警戒中
183406	朝鮮朝日	南鮮版	1930-01-23	1	08단	等外米移出は慶南でも實施
183407	朝鮮朝日	南鮮版	1930-01-23	1	09단	多獅島の實情調查昭和製鋼の候補地として
183408	朝鮮朝日	南鮮版	1930-01-23	1	09단	新義州商議新豫算編成
183409	朝鮮朝日	南鮮版	1930-01-23	1	09단	新義州の水不足節水が肝要
183410	朝鮮朝日	南鮮版	1930-01-23	1	09단	誤魔化せぬ秤器を發明
183411	朝鮮朝日	南鮮版	1930-01-23	1	10단	定時電話の設置を要望
183412	朝鮮朝日	南鮮版	1930-01-23	1	10단	慈山水利測量を開始
183413	朝鮮朝日	南鮮版	1930-01-23	1	10단	やっと一段落朝紡の爭議
183414	朝鮮朝日	南鮮版	1930-01-23	1	10단	激越な不穩ビラ釜山で電柱に貼りつく
183415	朝鮮朝日	南鮮版	1930-01-23	1	10단	刑事を裝ひ强盜を働く
183416	朝鮮朝日	南鮮版	1930-01-23	1	10단	人(殖田俊吉氏(拓務省殖産局長))
183417	朝鮮朝日	西北版	1930-01-23	1	01단	忠南道廳移轉疑獄七月振に豫審終結尾間、谷野の兩名は有罪大村は證據不十分で免訴/尾間一味の罪狀總督の側近に在ったのを利用し運動の意思なく大金を詐取/京城ホテルで大田有志と會見先づ一萬圓を取込む/山梨前總督の負債償還名義で更に四萬圓を詐取
183418	朝鮮朝日	西北版	1930-01-23	1	01단	俳句/鈴木花蓑選
183419	朝鮮朝日	西北版	1930-01-23	1	02단	大田事件を繞る插話
183420	朝鮮朝日	西北版	1930-01-23	1	04단	地方制度の改善は東上するまでに成案を得るつもり當面問題に關して齋藤總督の談
183421	朝鮮朝日	西北版	1930-01-23	1	05단	物品を擔保に貸出をする京畿道金組聯合會の新らしいこゝろみ
183422	朝鮮朝日	西北版	1930-01-23	1	05단	辭令(二十日付)
183423	朝鮮朝日	西北版	1930-01-23	1	06단	新義州新學校費

일련번호	판명		간행일	면	단수	기사명
183424	朝鮮朝日	西北版	1930-01-23	1	07단	*平壤の學生尙騷ぎ續く物々しい警官の警戒首謀者四十三名檢束/夕方までに遂に二百名檢束一部は刑務所へ委託/背後の黑幕檢擧元山學生騷ぎ/淸津の檢束學生六十名に上るなほ引續き警戒中*
183425	朝鮮朝日	西北版	1930-01-23	1	08단	等外米移出は慶南でも實施
183426	朝鮮朝日	西北版	1930-01-23	1	09단	多獅島の實情調査昭和製鋼の候補地として
183427	朝鮮朝日	西北版	1930-01-23	1	09단	新義州商議新豫算編成
183428	朝鮮朝日	西北版	1930-01-23	1	09단	新義州の水不足節水が肝要
183429	朝鮮朝日	西北版	1930-01-23	1	09단	誤魔化せぬ秤器を發明
183430	朝鮮朝日	西北版	1930-01-23	1	10단	定時電話の設置を要望
183431	朝鮮朝日	西北版	1930-01-23	1	10단	慈山水利測量を開始
183432	朝鮮朝日	西北版	1930-01-23	1	10단	やっと一段落朝紡の爭議
183433	朝鮮朝日	西北版	1930-01-23	1	10단	激越な不穩ビラ釜山で電柱に貼りつく
183434	朝鮮朝日	西北版	1930-01-23	1	10단	刑事を裝ひ强盜を働く
183435	朝鮮朝日	西北版	1930-01-23	1	10단	人(殖田俊吉氏(拓務省殖産局長))
183436	朝鮮朝日	西北・南鮮版	1930-01-23	2	01단	學生々活最後の花卒業論文の數々變ってゐるのは徐斗銖君の『謠曲、淨琉璃等の一側面』
183437	朝鮮朝日	西北・南鮮版	1930-01-23	2	01단	今年も豫定通り百四十餘校を增設旱害地には補租を與へても變更せぬ一面一校計劃
183438	朝鮮朝日	西北・南鮮版	1930-01-23	2	01단	海關稅に比し增稅となる安東支那海關で布告した輸入關稅金單位採用
183439	朝鮮朝日	西北・南鮮版	1930-01-23	2	01단	木浦農倉成績
183440	朝鮮朝日	西北・南鮮版	1930-01-23	2	02단	警察協會利用方を冊子で宣傳
183441	朝鮮朝日	西北・南鮮版	1930-01-23	2	03단	新義州に國境飛行場新設の議が擡頭す
183442	朝鮮朝日	西北・南鮮版	1930-01-23	2	04단	平壤聯隊耐寒行軍
183443	朝鮮朝日	西北・南鮮版	1930-01-23	2	04단	豆粕輸出附加稅撤廢
183444	朝鮮朝日	西北・南鮮版	1930-01-23	2	04단	各地だより(京城)
183445	朝鮮朝日	南鮮版	1930-01-24	1	01단	*敎員の素質向上と監督機關の整備學校騷ぎの根幹絶滅を圖る總督府學務局の二案/今度は普校に飛火一時は喧騷を極む平壤學校騷ぎ一段落/拘留學生四十三名/刑務所で結ぶ寂しい夢出所後の退校を心配拘留學生達の昨今/申聖中騷ぐ首謀者數名を遂に檢束*
183446	朝鮮朝日	南鮮版	1930-01-24	1	03단	辭令(廿一日付)
183447	朝鮮朝日	南鮮版	1930-01-24	1	03단	東鄕屋敷に記念碑建設の計劃
183448	朝鮮朝日	南鮮版	1930-01-24	1	03단	３０年形の京城の匂ひ(２)/兩觸手をのべて全宇宙の凡ゆる感覺を受發する彼女の働き京城局中央通信所

일련번호	판명		간행일	면	단수	기사명
183449	朝鮮朝日	南鮮版	1930-01-24	1	04단	牛馬の虐待防止に愛護會から巡視
183450	朝鮮朝日	南鮮版	1930-01-24	1	04단	朝鮮舞踊の形式と情緒を多分に取入れ生れ出た新舞踊「靈山の舞」崔承喜孃の語る生みの悩み
183451	朝鮮朝日	南鮮版	1930-01-24	1	04단	俳句/鈴木花蓑選
183452	朝鮮朝日	南鮮版	1930-01-24	1	05단	貝類罐詰の輸出檢査施行
183453	朝鮮朝日	南鮮版	1930-01-24	1	06단	ナンダイモン
183454	朝鮮朝日	南鮮版	1930-01-24	1	06단	四月一日から三等汽車賃値下率はまだ決定せぬ收入減十萬圓の見込
183455	朝鮮朝日	南鮮版	1930-01-24	1	07단	小學校普通校の國語讀本改訂色彩のある插繪を入れて親します
183456	朝鮮朝日	南鮮版	1930-01-24	1	08단	お茶のあと
183457	朝鮮朝日	南鮮版	1930-01-24	1	08단	雪のたより各驛に掲示
183458	朝鮮朝日	南鮮版	1930-01-24	1	09단	島嶺國有林の拂下に反對
183459	朝鮮朝日	南鮮版	1930-01-24	1	09단	版畫展京城で開く
183460	朝鮮朝日	南鮮版	1930-01-24	1	09단	光州事件退學生か不穩ビラ貼りの犯人
183461	朝鮮朝日	南鮮版	1930-01-24	1	10단	二萬圓橫領容疑者捕る
183462	朝鮮朝日	南鮮版	1930-01-24	1	10단	罪の子を山中に埋む
183463	朝鮮朝日	南鮮版	1930-01-24	1	10단	赤友同盟控訴公判
183464	朝鮮朝日	南鮮版	1930-01-24	1	10단	兩性の囚人取扱ひに困る
183465	朝鮮朝日	南鮮版	1930-01-24	1	10단	魔の大黑山島に燈台を設立
183466	朝鮮朝日	南鮮版	1930-01-24	1	10단	人(吉田仁川商議會頭/亥角仲藏氏(東津水利組合長)/穗積眞六郎氏(總督府外事課長))
183467	朝鮮朝日	南鮮版	1930-01-24	1	10단	半島茶話
183468	朝鮮朝日	西北版	1930-01-24	1	01단	教員の素質向上と監督機關の整備學校騷ぎの根幹絶滅を圖る總督府學務局の二案/今度は普校に飛火一時は喧騷を極む平壤學校騷ぎ一段落/拘留學生四十三名/申聖中騷ぐ首謀者數名を遂に檢束/休校で歸省の生徒が多い/刑務所で結ぶ寂しい夢出所後の退校を心配拘留學生達の昨今/五山高普鎭靜に歸す
183469	朝鮮朝日	西北版	1930-01-24	1	05단	道知事一任に協議會で決定面電打開問題
183470	朝鮮朝日	西北版	1930-01-24	1	05단	俳句/鈴木花蓑選
183471	朝鮮朝日	西北版	1930-01-24	1	05단	咸南道の官選評議員咸興の噂さ
183472	朝鮮朝日	西北版	1930-01-24	1	06단	國境捕物帳(3)/働きがなくて娘の婿に不足と罵られた青年の支那人殺し小賢しく淺間しい妻の所業

일련번호	판명		간행일	면	단수	기사명
183473	朝鮮朝日	西北版	1930-01-24	1	06단	四月一日から三等汽車賃値下率はまだ決定せぬ收入減十萬圓の見込
183474	朝鮮朝日	西北版	1930-01-24	1	06단	殆んど前年度の踏襲にすぎない黃海道地方費豫算
183475	朝鮮朝日	西北版	1930-01-24	1	06단	猛烈に運動道評議員選擧
183476	朝鮮朝日	西北版	1930-01-24	1	07단	辭令(廿一日付)
183477	朝鮮朝日	西北版	1930-01-24	1	07단	小學校普通校の國語讀本改訂色彩のある插繪を入れて親します
183478	朝鮮朝日	西北版	1930-01-24	1	08단	今冬は大賑ひ平壤箕林里
183479	朝鮮朝日	西北版	1930-01-24	1	08단	牡丹台野話
183480	朝鮮朝日	西北版	1930-01-24	1	09단	江上運搬稅
183481	朝鮮朝日	西北版	1930-01-24	1	09단	雪のたより各驛に揭示
183482	朝鮮朝日	西北版	1930-01-24	1	10단	平壤府內に不穩文書を何者か撒布
183483	朝鮮朝日	西北版	1930-01-24	1	10단	お茶のあと
183484	朝鮮朝日	西北版	1930-01-24	1	10단	兩性の囚人取扱ひに困る
183485	朝鮮朝日	西北版	1930-01-24	1	10단	一圓の費札
183486	朝鮮朝日	西北版	1930-01-24	1	10단	厭世自殺
183487	朝鮮朝日	西北版	1930-01-24	1	10단	人(長谷川義雄氏(西鮮日報社長))
183488	朝鮮朝日	西北版	1930-01-24	1	10단	半島茶話
183489	朝鮮朝日	西北・南鮮版	1930-01-24	2	01단	各地だより(京城/平壤/咸興/新義州/春川/裡里)
183490	朝鮮朝日	西北・南鮮版	1930-01-24	2	01단	百貨店の進出と購買組合の膨脹に遂に悲鳴をあげた中、小商人京城商議が對策考究
183491	朝鮮朝日	西北・南鮮版	1930-01-24	2	01단	猛烈な競爭から共倒れの傾向に合同の機運漸次濃厚大邱市內の酒造業者
183492	朝鮮朝日	西北・南鮮版	1930-01-24	2	01단	麥作は良好
183493	朝鮮朝日	西北・南鮮版	1930-01-24	2	01단	移出量は十萬石迄慶南の等外米
183494	朝鮮朝日	西北・南鮮版	1930-01-24	2	02단	學校組合費の納入不成績
183495	朝鮮朝日	西北・南鮮版	1930-01-24	2	03단	急を要するのは小作權の安定目下愼重に研究中長會我部慶北小作官談
183496	朝鮮朝日	西北・南鮮版	1930-01-24	2	04단	五百餘名が揃って加入簡易保險に
183497	朝鮮朝日	西北・南鮮版	1930-01-24	2	04단	森林組合の法人組織はちかく實現か
183498	朝鮮朝日	南鮮版	1930-01-25	1	01단	移出牛の釜山停滯緩和に福浦檢疫所の牛舍增築擴張を農林省へ陳情に上京
183499	朝鮮朝日	南鮮版	1930-01-25	1	01단	商工會議所令發布多少遲延か平壤會議所の例もありさらに愼重に審議
183500	朝鮮朝日	南鮮版	1930-01-25	1	01단	中等教員に採用方通牒城大、專門校卒業生總督府から各學校へ

일련번호	판명		간행일	면	단수	기사명
183501	朝鮮朝日	南鮮版	1930-01-25	1	01단	３０年形の京城の匂ひ(３)/都市のあらゆる感覺を包藏して斷然グロテスクな雰圍氣充つ界隈長谷川町附近
183502	朝鮮朝日	南鮮版	1930-01-25	1	02단	新義州の明年度學校費
183503	朝鮮朝日	南鮮版	1930-01-25	1	03단	移住補助申請千百餘戶に上る査定は二月末までに
183504	朝鮮朝日	南鮮版	1930-01-25	1	03단	昇進の困難な警官定年法の施行を熱望する全鮮警官
183505	朝鮮朝日	南鮮版	1930-01-25	1	04단	平壤師範入試
183506	朝鮮朝日	南鮮版	1930-01-25	1	04단	旅客機の不時着陸場この程やうやく決定近く相當の手入れ
183507	朝鮮朝日	南鮮版	1930-01-25	1	05단	殖える！殖える赤い甍や青い屋根高い家賃を拂ふよりはとサラリーマンが建てる住宅
183508	朝鮮朝日	南鮮版	1930-01-25	1	05단	俳句/鈴木花蓑選
183509	朝鮮朝日	南鮮版	1930-01-25	1	05단	大邱練兵場地均工事三月頃から
183510	朝鮮朝日	南鮮版	1930-01-25	1	06단	秋蠶の飼育を獎勵旱害で困窮の底に喘いでゐる慶北で
183511	朝鮮朝日	南鮮版	1930-01-25	1	06단	京城府營バス犧牲線の處置に惱む
183512	朝鮮朝日	南鮮版	1930-01-25	1	07단	十名乃至三十名處分學生事件首謀者を斷乎たる處置に出る各校
183513	朝鮮朝日	南鮮版	1930-01-25	1	07단	さっぱり注文のない本年の城大卒業生就職難をかこつ新學士さん
183514	朝鮮朝日	南鮮版	1930-01-25	1	08단	精製油製造實驗に成功
183515	朝鮮朝日	南鮮版	1930-01-25	1	08단	佐々木氏の撞球公開
183516	朝鮮朝日	南鮮版	1930-01-25	1	08단	殉職消防合同葬
183517	朝鮮朝日	南鮮版	1930-01-25	1	08단	三人組拳銃強盜遂に捕はる
183518	朝鮮朝日	南鮮版	1930-01-25	1	09단	子供づれの強盜押入る
183519	朝鮮朝日	南鮮版	1930-01-25	1	09단	京城の不良少年少女本町署で黑表作成良家の子弟が多い
183520	朝鮮朝日	南鮮版	1930-01-25	1	09단	取調中死亡情死の男女
183521	朝鮮朝日	南鮮版	1930-01-25	1	09단	金剛山にスキー樂園鐵道局の探檢隊が發見した素晴しいもの
183522	朝鮮朝日	南鮮版	1930-01-25	1	10단	もよほし(香椎釜山會頭新年宴/渡邊釜山機關長招宴)
183523	朝鮮朝日	南鮮版	1930-01-25	1	10단	人(軍事參議官白川義則大將/秋本豊之進氏(京南鐵道重役)/吉原重成氏/清水槌太郎氏(釜山埋築副社長))
183524	朝鮮朝日	南鮮版	1930-01-25	1	10단	半島茶話

일련번호	판명		간행일	면	단수	기사명
183525	朝鮮朝日	西北版	1930-01-25	1	01단	移出牛の釜山停滯緩和に福浦檢疫所の牛舍增築擴張を農林省へ陳情に上京
183526	朝鮮朝日	西北版	1930-01-25	1	01단	商工會議所令發布多少遲延か平壤會議所の例もありさらに愼重に審議
183527	朝鮮朝日	西北版	1930-01-25	1	01단	中等教員に採用方通牒城大、專門校卒業生總督府から各學校へ
183528	朝鮮朝日	西北版	1930-01-25	1	01단	安東中等校新に收容數
183529	朝鮮朝日	西北版	1930-01-25	1	01단	平野部水路工事九分通竣工
183530	朝鮮朝日	西北版	1930-01-25	1	02단	平北新豫算知事の查定日割決定す
183531	朝鮮朝日	西北版	1930-01-25	1	02단	旅客機の不時着陸場この程やうやく決定近く相當の手入れ
183532	朝鮮朝日	西北版	1930-01-25	1	03단	移住補助申請千百餘戶に上る查定は二月末までに
183533	朝鮮朝日	西北版	1930-01-25	1	03단	昇進の困難な警官定年法の施行を熱望する全鮮警官
183534	朝鮮朝日	西北版	1930-01-25	1	03단	さっぱり注文のない本年の城大卒業生就職難をかこつ新學士さん
183535	朝鮮朝日	西北版	1930-01-25	1	04단	新義州學組明年度豫算
183536	朝鮮朝日	西北版	1930-01-25	1	05단	新義州の明年度學校費
183537	朝鮮朝日	西北版	1930-01-25	1	05단	平壤師範入試
183538	朝鮮朝日	西北版	1930-01-25	1	05단	十名乃至三十名處分學生事件首謀者を斷乎たる處置に出る各校/この上騷げば斷乎たる處置平壤の學生事件で道當局者の意向/檢束者實に百六十八名晝夜兼行で取調べ平壤の學生騷擾事件
183539	朝鮮朝日	西北版	1930-01-25	1	05단	國境捕物帳(4)/漬物甕の蔭に轉る嬰兒の死體五十女の色慾のなやみから遂に罪を犯すまで
183540	朝鮮朝日	西北版	1930-01-25	1	06단	殖える！殖える赤い甍や靑い屋根高い家賃を拂ふよりはとサラリーマンが建てる住宅
183541	朝鮮朝日	西北版	1930-01-25	1	07단	京城の不良少年少女本町署で黑表作成良家の子弟が多い
183542	朝鮮朝日	西北版	1930-01-25	1	07단	俳句/鈴木花蓑選
183543	朝鮮朝日	西北版	1930-01-25	1	08단	國境慢語
183544	朝鮮朝日	西北版	1930-01-25	1	09단	殺人事件は全鮮で最も多い新義州地方法院の昨年中の取扱件數
183545	朝鮮朝日	西北版	1930-01-25	1	09단	金剛山にスキー樂園鐵道局の探檢隊が發見した素晴しいもの
183546	朝鮮朝日	西北版	1930-01-25	1	10단	牡丹台野話

일련번호	판명		간행일	면	단수	기사명
183547	朝鮮朝日	西北版	1930-01-25	1	10단	半島茶話
183548	朝鮮朝日	西北·南鮮版	1930-01-25	2	01단	各地だより(京城/平壤/木浦/淸州/仁川/咸興)
183549	朝鮮朝日	西北·南鮮版	1930-01-25	2	01단	飛躍時代に入り充實をはかる釜山の朝鮮瓦電新しい計劃の數々
183550	朝鮮朝日	西北·南鮮版	1930-01-25	2	01단	支那漁商船昨年輸出高
183551	朝鮮朝日	西北·南鮮版	1930-01-25	2	01단	電車問題で會社に要望
183552	朝鮮朝日	西北·南鮮版	1930-01-25	2	01단	朝鮮窒素肥料初荷を出す
183553	朝鮮朝日	西北·南鮮版	1930-01-25	2	02단	總會一束
183554	朝鮮朝日	西北·南鮮版	1930-01-25	2	02단	二衛生試驗所ちかく新築目下設計中
183555	朝鮮朝日	西北·南鮮版	1930-01-25	2	02단	明年中の木浦貿易額
183556	朝鮮朝日	西北·南鮮版	1930-01-25	2	02단	平北水産會明年度豫算
183557	朝鮮朝日	西北·南鮮版	1930-01-25	2	03단	殉職消防の記念碑建立
183558	朝鮮朝日	西北·南鮮版	1930-01-25	2	03단	平壤鐵道管內貨物の動き
183559	朝鮮朝日	西北·南鮮版	1930-01-25	2	04단	安東木材を中部支那へ續々移出さる
183560	朝鮮朝日	西北·南鮮版	1930-01-25	2	04단	慶北原棉の出廻りが少い
183561	朝鮮朝日	西北·南鮮版	1930-01-25	2	04단	豆粕檢查數
183562	朝鮮朝日	西北·南鮮版	1930-01-25	2	04단	國債償還獻金
183563	朝鮮朝日	南鮮版	1930-01-26	1	01단	民族運動の進展を畵した學生共産黨一年二ヶ月振りに豫審終結十三名公判に廻付さる(各學校に細胞を組織し潜行的に赤化を圖る/御大典を期し全鮮各校の盟休を企てゝ果さず檄文の撒布をも企つ/組織的に内容の充實をはかる/血書の退學書發覺の端緒)
183564	朝鮮朝日	南鮮版	1930-01-26	1	01단	俳句/鈴木花蓑選
183565	朝鮮朝日	南鮮版	1930-01-26	1	02단	３０年形の京城の匂ひ(４)/利潤よりも先づ客の吸收に苦心あくまで明眼な近代色充つわれらの遊步場百貨店
183566	朝鮮朝日	南鮮版	1930-01-26	1	04단	辭令
183567	朝鮮朝日	南鮮版	1930-01-26	1	05단	私立學校規則を改正總督府學務局で考究中
183568	朝鮮朝日	南鮮版	1930-01-26	1	05단	兒玉總監南鮮初巡視
183569	朝鮮朝日	南鮮版	1930-01-26	1	05단	鐵道用地の買收に應援
183570	朝鮮朝日	南鮮版	1930-01-26	1	05단	電車賃均一の運動進捗す
183571	朝鮮朝日	南鮮版	1930-01-26	1	06단	小賣業者よどこへ行く百貨店と購組の板挾みとなって喘ぎに喘ぐ彼等救はれの路は合理化のみ
183572	朝鮮朝日	南鮮版	1930-01-26	1	06단	傳染病室の改築に止め釜山府立病院の移築は中止

일련번호	판명		간행일	면	단수	기사명
183573	朝鮮朝日	南鮮版	1930-01-26	1	06단	大入滿員の總督府圖書館午後は數時間も待たされる教員の閱覽者は殆どない
183574	朝鮮朝日	南鮮版	1930-01-26	1	08단	質草もない下層階級大邱公設質屋の窓口を見る
183575	朝鮮朝日	南鮮版	1930-01-26	1	08단	女學生騷ぐ卅餘名拘引/新義州高普騷ぐ首謀者檢擧
183576	朝鮮朝日	南鮮版	1930-01-26	1	08단	朝鮮人の娼妓を自由に抱へさしてくれ不景氣に喘ぐ貸座敷から平壤署に陳情書を提出
183577	朝鮮朝日	南鮮版	1930-01-26	1	09단	平壤高普の首謀者處分
183578	朝鮮朝日	南鮮版	1930-01-26	1	10단	全州女高普騷擾生處分
183579	朝鮮朝日	南鮮版	1930-01-26	1	10단	救濟資金の追加を要求
183580	朝鮮朝日	南鮮版	1930-01-26	1	10단	婦人會館建設
183581	朝鮮朝日	南鮮版	1930-01-26	1	10단	油粕船沈沒
183582	朝鮮朝日	南鮮版	1930-01-26	1	10단	大邱の火事
183583	朝鮮朝日	南鮮版	1930-01-26	1	10단	もよほし(齋藤釜山署長懇談會)
183584	朝鮮朝日	南鮮版	1930-01-26	1	10단	人(河波荒次郎氏(元代議士))
183585	朝鮮朝日	南鮮版	1930-01-26	1	10단	半島茶話
183586	朝鮮朝日	西北版	1930-01-26	1	01단	民族運動の進展を畫した學生共産黨一年二ヶ月振りに豫審終結十三名公判に廻付さる(各學校に細胞を組織し潛行的に赤化を圖る/御大典を期し全鮮各校の盟休を企て>果さず檄文の撒布をも企つ/組織的に內容の充實をはかる/血書の退學書發覺の端緒)
183587	朝鮮朝日	西北版	1930-01-26	1	01단	俳句/鈴木花蓑選
183588	朝鮮朝日	西北版	1930-01-26	1	02단	國境捕物帳(5)/胡麻を焚けば盜人が病になるかういふ迷信を利用して犯人の少女を捕ふ
183589	朝鮮朝日	西北版	1930-01-26	1	04단	私立學校規則を改正總督府學務局で考究中
183590	朝鮮朝日	西北版	1930-01-26	1	04단	平北水産會特議員選擧
183591	朝鮮朝日	西北版	1930-01-26	1	05단	咸興小學校基本財産の造成計劃內容
183592	朝鮮朝日	西北版	1930-01-26	1	05단	新義州に公設質屋明年度新設
183593	朝鮮朝日	西北版	1930-01-26	1	05단	平壤商業會議所の機能復活の聲明書突如三團體から發表注目さる>成行き
183594	朝鮮朝日	西北版	1930-01-26	1	06단	安東、新義州守備隊對抗演習
183595	朝鮮朝日	西北版	1930-01-26	1	07단	辭令
183596	朝鮮朝日	西北版	1930-01-26	1	07단	水産業者に天候豫報の設備を充實

일련번호	판명		간행일	면	단수	기사명
183597	朝鮮朝日	西北版	1930-01-26	1	08단	國境慢語
183598	朝鮮朝日	西北版	1930-01-26	1	08단	女學生騷ぐ卅餘名拘引/新義州高普騷ぐ首謀者檢擧/騷擾學校開校は廿七日一齊に/平壤高普の首謀者處分
183599	朝鮮朝日	西北版	1930-01-26	1	08단	朝鮮人の娼妓を自由に抱へさしてくれ不景氣に喘ぐ貸座敷から平壤署に陳情書を提出
183600	朝鮮朝日	西北版	1930-01-26	1	08단	救濟資金の追加を要求
183601	朝鮮朝日	西北版	1930-01-26	1	09단	牡丹台野話
183602	朝鮮朝日	西北版	1930-01-26	1	10단	滿鐵家庭館建設
183603	朝鮮朝日	西北版	1930-01-26	1	10단	貯金の騙取を企つ
183604	朝鮮朝日	西北版	1930-01-26	1	10단	人(下村咸北警察部長)
183605	朝鮮朝日	西北版	1930-01-26	1	10단	半島茶話
183606	朝鮮朝日	西北・南鮮版	1930-01-26	2	01단	入學案內
183607	朝鮮朝日	西北・南鮮版	1930-01-26	2	01단	電力料の値下を迫る京城商業會議所が各種の材料で調査
183608	朝鮮朝日	西北・南鮮版	1930-01-26	2	01단	運送合同參加店業績調査完了す
183609	朝鮮朝日	西北・南鮮版	1930-01-26	2	01단	北鮮の資源調査費追加豫算で要求
183610	朝鮮朝日	西北・南鮮版	1930-01-26	2	02단	鎮南浦商議定時評議員會
183611	朝鮮朝日	西北・南鮮版	1930-01-26	2	02단	大邱中等校入試日決定
183612	朝鮮朝日	西北・南鮮版	1930-01-26	2	02단	釜日社長決定
183613	朝鮮朝日	西北・南鮮版	1930-01-26	2	03단	各地だより(京城/咸興/間島/鎮南浦)
183614	朝鮮朝日	西北・南鮮版	1930-01-26	2	03단	愈よ明年度から實施に決定地方によって多少減ずるか建設する農業倉庫
183615	朝鮮朝日	南鮮版	1930-01-28	1	01단	京城の電氣府營調査の機運擡頭値下問題を機として商業會議所が起っか
183616	朝鮮朝日	南鮮版	1930-01-28	1	01단	困窮の底にあへぐ漁民鍊漁が極度の不漁救濟に困却する當局
183617	朝鮮朝日	南鮮版	1930-01-28	1	01단	京城學組新豫算百四萬餘圓
183618	朝鮮朝日	南鮮版	1930-01-28	1	02단	總督府の實行豫算東京で編成
183619	朝鮮朝日	南鮮版	1930-01-28	1	02단	３０年型の京城の匂ひ(５)/外側だけのお化粧代一千圓これまきにお酒落の尖端龍山工作會社の汽車製造
183620	朝鮮朝日	南鮮版	1930-01-28	1	03단	新醫博
183621	朝鮮朝日	南鮮版	1930-01-28	1	03단	公職者會での多數案に歩寄る然しなほ曲折を免れまい裡里漁菜と同組の合同問題
183622	朝鮮朝日	南鮮版	1930-01-28	1	04단	殖田殖産局長滿鮮視察日程
183623	朝鮮朝日	南鮮版	1930-01-28	1	04단	全北道內初等校長會

일련번호	판명		간행일	면	단수	기사명
183624	朝鮮朝日	南鮮版	1930-01-28	1	05단	求人求職と貸家數放送DKで來月下旬から時間は夜のニュースの後に
183625	朝鮮朝日	南鮮版	1930-01-28	1	05단	氷上選手權大會
183626	朝鮮朝日	南鮮版	1930-01-28	1	05단	京城學生事件の背後で絲を操った高麗共産靑年會員四十三名治安維持法違反で送局
183627	朝鮮朝日	南鮮版	1930-01-28	1	06단	家賃四割値下げ尙州の大家主
183628	朝鮮朝日	南鮮版	1930-01-28	1	06단	三派に分れすこぶる緊張大邱商議の新豫算審議の評議員會
183629	朝鮮朝日	南鮮版	1930-01-28	1	07단	滿鮮氷上大會出場選手決定
183630	朝鮮朝日	南鮮版	1930-01-28	1	07단	好成績を收めた婦人國語講習
183631	朝鮮朝日	南鮮版	1930-01-28	1	08단	ナンダイモン
183632	朝鮮朝日	南鮮版	1930-01-28	1	08단	電報料の値下げは不可能民衆經濟への影響があまり切實でない
183633	朝鮮朝日	南鮮版	1930-01-28	1	08단	また不穩のピラを貼付
183634	朝鮮朝日	南鮮版	1930-01-28	1	08단	京城にまた一つ新しい商賣女給の紹介所官吏や敎員の奧さんなど變り種の志望者
183635	朝鮮朝日	南鮮版	1930-01-28	1	09단	精米工場外七棟を燒く
183636	朝鮮朝日	南鮮版	1930-01-28	1	10단	旱害に絡る人情美談
183637	朝鮮朝日	南鮮版	1930-01-28	1	10단	長谷川氏追悼會
183638	朝鮮朝日	南鮮版	1930-01-28	1	10단	伸の惡い隣に放火を企つ
183639	朝鮮朝日	南鮮版	1930-01-28	1	10단	大邱女高普急進者動搖
183640	朝鮮朝日	南鮮版	1930-01-28	1	10단	氷上に墜死
183641	朝鮮朝日	西北版	1930-01-28	1	01단	京城の電氣府營調査の機運擡頭値下問題を機として商業會議所が起っか
183642	朝鮮朝日	西北版	1930-01-28	1	01단	困窮の底にあへぐ漁民鰊漁が極度の不漁救濟に困却する當局
183643	朝鮮朝日	西北版	1930-01-28	1	01단	豆油、豆粕の輸出稅減免
183644	朝鮮朝日	西北版	1930-01-28	1	01단	總督府の實行豫算東京で編成
183645	朝鮮朝日	西北版	1930-01-28	1	02단	平壤高射砲隊開隊式擧行來る三十日盛大に新兵器を縱覽さず
183646	朝鮮朝日	西北版	1930-01-28	1	02단	宛名を儉約して配達困難な歐文電報
183647	朝鮮朝日	西北版	1930-01-28	1	03단	新醫博
183648	朝鮮朝日	西北版	1930-01-28	1	03단	國境捕物帳（６）/家のないことを叔父に見下られ夫婦して遂に斧で殺害す太古人のやうな火田民生活
183649	朝鮮朝日	西北版	1930-01-28	1	04단	咸興に面營住宅建設の計劃
183650	朝鮮朝日	西北版	1930-01-28	1	04단	殖田殖産局長滿鮮視察日程

일련번호	판명		간행일	면	단수	기사명
183651	朝鮮朝日	西北版	1930-01-28	1	04단	學生事件の誤解を解く印刷物配布
183652	朝鮮朝日	西北版	1930-01-28	1	04단	地價を修正
183653	朝鮮朝日	西北版	1930-01-28	1	05단	求人求職と貸家數放送DKで來月下旬から時間は夜のニュースの後に
183654	朝鮮朝日	西北版	1930-01-28	1	05단	安東苗圃を運動場候補有力となる
183655	朝鮮朝日	西北版	1930-01-28	1	05단	京城學生事件の背後で絲を操った高麗共産青年會員四十三名治安維持法違反で送局
183656	朝鮮朝日	西北版	1930-01-28	1	06단	氷上選手權大會
183657	朝鮮朝日	西北版	1930-01-28	1	07단	滿鮮氷上大會出場選手決定
183658	朝鮮朝日	西北版	1930-01-28	1	07단	公設質屋咸南に二ヶ所
183659	朝鮮朝日	西北版	1930-01-28	1	08단	歐亞連絡直通車開通
183660	朝鮮朝日	西北版	1930-01-28	1	08단	元山商議新豫算
183661	朝鮮朝日	西北版	1930-01-28	1	08단	淸州繁榮會集會
183662	朝鮮朝日	西北版	1930-01-28	1	08단	電報料の値下げは不可能民衆經濟への影響があまり切實でない
183663	朝鮮朝日	西北版	1930-01-28	1	08단	同情金を贈る
183664	朝鮮朝日	西北版	1930-01-28	1	08단	貧民救助
183665	朝鮮朝日	西北版	1930-01-28	1	08단	京城にまた一つ新しい商賣女給の紹介所官吏や教員の奧さんなど變り種の志望者
183666	朝鮮朝日	西北版	1930-01-28	1	09단	國境漫語
183667	朝鮮朝日	西北版	1930-01-28	1	09단	棍棒で毆り現金を强奪
183668	朝鮮朝日	西北版	1930-01-28	1	10단	賭博犯檢擧
183669	朝鮮朝日	西北版	1930-01-28	1	10단	拳銃を擬し現金を强奪
183670	朝鮮朝日	西北版	1930-01-28	1	10단	毛皮を盜む
183671	朝鮮朝日	西北版	1930-01-28	1	10단	耳を嚙切る
183672	朝鮮朝日	西北版	1930-01-28	1	10단	人(下村咸北警察部長)
183673	朝鮮朝日	西北・南鮮版	1930-01-28	2	01단	火曜のペーヂ/日本に沙翁劇を起した四つの理由思へば長い四十年の飜譯生活坪內逍遙博士の感懷
183674	朝鮮朝日	西北・南鮮版	1930-01-28	2	02단	一秒に四萬回空氣の音を撮影特超高速寫眞撮影機發明者栖原豊太郎博士談
183675	朝鮮朝日	西北・南鮮版	1930-01-28	2	02단	素晴らしい表現苦心を重ねて成った「洞窟の賴朝」作者前田靑邨氏
183676	朝鮮朝日	西北・南鮮版	1930-01-28	2	03단	最初の朝日賞に輝く貴い業績受賞者四氏の苦心談
183677	朝鮮朝日	西北・南鮮版	1930-01-28	2	06단	世界の霸者を向ふに廻す「背泳」の猛者入江稔夫氏

일련번호	판명		간행일	면	단수	기사명
183678	朝鮮朝日	南鮮版	1930-01-29	1	01단	興奮の鐵槌府民の頭上に下る京城の有志二名總選擧に乘出すこれに強く刺戟されたか他にも出馬の有志がある(丸山敬次郎氏/田中半四郎氏)
183679	朝鮮朝日	南鮮版	1930-01-29	1	01단	有りのまゝを御復命申上げる爲活動寫眞機を携へて本田侍從渡鮮前下關で語る
183680	朝鮮朝日	南鮮版	1930-01-29	1	01단	中間旅客車の運轉を增し明年度の鐵道收入減打開策とする計劃
183681	朝鮮朝日	南鮮版	1930-01-29	1	02단	簡易な水産講習所浦項に併置
183682	朝鮮朝日	南鮮版	1930-01-29	1	02단	辭令(東京電話)
183683	朝鮮朝日	南鮮版	1930-01-29	1	03단	釜山稅關異動
183684	朝鮮朝日	南鮮版	1930-01-29	1	03단	30年型の京城の匂ひ(６)/稻妻のやうに閃めく係官の瞳千米に平均一米のカット映畫の關所總督府檢閱室
183685	朝鮮朝日	南鮮版	1930-01-29	1	04단	視察の總監に群山の陳情
183686	朝鮮朝日	南鮮版	1930-01-29	1	05단	學校の綠化をはかる京畿道
183687	朝鮮朝日	南鮮版	1930-01-29	1	06단	調停の手を引く裡里魚菜市場競願問題
183688	朝鮮朝日	南鮮版	1930-01-29	1	06단	旱害の影響が社會經濟上に及ぼす程度調査に鈴木助教授ら出張
183689	朝鮮朝日	南鮮版	1930-01-29	1	06단	俳句/鈴木花蓑選
183690	朝鮮朝日	南鮮版	1930-01-29	1	07단	朝鮮人相互の美しい隣保愛窮民救濟を援ける卅日の舊曆正月を前に歲饌米引換券を交付す
183691	朝鮮朝日	南鮮版	1930-01-29	1	07단	月尾島に水族館總督府も補助?
183692	朝鮮朝日	南鮮版	1930-01-29	1	07단	六十名位退校處分京城騷擾學生
183693	朝鮮朝日	南鮮版	1930-01-29	1	08단	間島の女學生が不穩行動に出る/十二名に退學を命ず仁川公立商業
183694	朝鮮朝日	南鮮版	1930-01-29	1	08단	奧樣や孃さんの趣味的作品展京城三越で開く
183695	朝鮮朝日	南鮮版	1930-01-29	1	08단	專門學校出も多數に應募總督府巡査採用試驗七十圓の收入を見當に
183696	朝鮮朝日	南鮮版	1930-01-29	1	10단	牛賣の歸途を毆殺して現金強奪犯遂に捕はる
183697	朝鮮朝日	南鮮版	1930-01-29	1	10단	慶北各地に强竊盜橫行
183698	朝鮮朝日	南鮮版	1930-01-29	1	10단	鮮銀爆彈事件の公判
183699	朝鮮朝日	南鮮版	1930-01-29	1	10단	殉職專賣局員に二上等兵の同情
183700	朝鮮朝日	南鮮版	1930-01-29	1	10단	もよほし(大邱の殉職消防手合同葬/齋藤常務招宴)

일련번호	판명		간행일	면	단수	기사명
183701	朝鮮朝日	南鮮版	1930-01-29	1	10단	人(兒玉政務總監/松永工氏(鐵道局技師)/池尻萬寄夫氏(李王職事務官)/小宮山精一氏(東京實業家)/草場林五郎氏(前京城預審決院檢事長)/上內彥策氏(本夫社會課長)/笠神京日主筆/湯村辰二郎氏(殖産局政務課長))
183702	朝鮮朝日	西北版	1930-01-29	1	01단	興奮の鐵槌府民の頭上に下る京城の有志二名總選擧に乘出すこれに强く刺戟されたか他にも出馬の有志がある(丸山敬次郎氏/田中半四郎氏)
183703	朝鮮朝日	西北版	1930-01-29	1	01단	中間旅客車の運轉を增し明年度の鐵道收入減打開策とする計劃
183704	朝鮮朝日	西北版	1930-01-29	1	01단	旱害の影響が社會經濟上に及ぼす程度調査に鈴木助教授ら出張
183705	朝鮮朝日	西北版	1930-01-29	1	01단	原案に贊成平壤鐵道運輸委員會
183706	朝鮮朝日	西北版	1930-01-29	1	02단	專門學校出も多數に應募總督府巡查採用試驗七十圓の收入を見當に
183707	朝鮮朝日	西北版	1930-01-29	1	03단	辭令(東京電話)
183708	朝鮮朝日	西北版	1930-01-29	1	04단	閑院宮殿下御成の映畫平壤で謹寫
183709	朝鮮朝日	西北版	1930-01-29	1	04단	國境捕物帳(7)/飮んだくれの農夫の謎の縊死夫の不身持に愛憎をつかして若い燕をつくった妻の兇行
183710	朝鮮朝日	西北版	1930-01-29	1	05단	經濟緊縮大宣傳近く平壤府が
183711	朝鮮朝日	西北版	1930-01-29	1	06단	雜穀類の輸出稅增加安東支那側
183712	朝鮮朝日	西北版	1930-01-29	1	06단	モヒ患者の名簿を作成し登錄制を實施する長富慶南衛生課長談
183713	朝鮮朝日	西北版	1930-01-29	1	06단	俳句/鈴木花蓑選
183714	朝鮮朝日	西北版	1930-01-29	1	07단	朝鮮人相互の美しい隣保愛窮民救濟を援ける卅日の舊曆正月を前に歲饌米引換券を交付す
183715	朝鮮朝日	西北版	1930-01-29	1	07단	滿鐵中等校スケート大會/安東中學勝つ
183716	朝鮮朝日	西北版	1930-01-29	1	07단	崇仁專門は無期休校となる平壤の騷擾各學校大部分授業開始/六十名位退校處分京城騷擾學生
183717	朝鮮朝日	西北版	1930-01-29	1	09단	奧樣や孃さんの趣味的作品展京城三越で開く
183718	朝鮮朝日	西北版	1930-01-29	1	09단	學校の綠化をはかる京畿道
183719	朝鮮朝日	西北版	1930-01-29	1	10단	米穀市場後場も開場
183720	朝鮮朝日	西北版	1930-01-29	1	10단	簡易な水産講習所浦項に倂置

일련번호	판명		간행일	면	단수	기사명
183721	朝鮮朝日	西北版	1930-01-29	1	10단	飛行規定を無視する日本空輸機聯隊から苦情
183722	朝鮮朝日	西北版	1930-01-29	1	10단	平壤署の賭博檢擧更に手を延す
183723	朝鮮朝日	西北・南鮮版	1930-01-29	2	01단	入學案內
183724	朝鮮朝日	西北・南鮮版	1930-01-29	2	01단	勞資協調で溜池を改修慶北の旱害救濟策各郡で豫定地選定
183725	朝鮮朝日	西北・南鮮版	1930-01-29	2	01단	雫の聲
183726	朝鮮朝日	西北・南鮮版	1930-01-29	2	01단	內鮮海底電話殘工事明後年完成疑問視さる
183727	朝鮮朝日	西北・南鮮版	1930-01-29	2	02단	近海漁業狀況視察に秋山技師出張
183728	朝鮮朝日	西北・南鮮版	1930-01-29	2	02단	慶北の米收旱害で激減
183729	朝鮮朝日	西北・南鮮版	1930-01-29	2	03단	四月から營業開始の段取りにする運送合同會社
183730	朝鮮朝日	西北・南鮮版	1930-01-29	2	03단	非常に有望な海苔の養殖いよいよ着手
183731	朝鮮朝日	西北・南鮮版	1930-01-29	2	04단	漢銀株主總會
183732	朝鮮朝日	西北・南鮮版	1930-01-29	2	04단	列車內の忘れもの相變らず多い
183733	朝鮮朝日	西北・南鮮版	1930-01-29	2	04단	各地だより(平壤/全州)
183734	朝鮮朝日	南鮮版	1930-01-30	1	01단	二等も僅に値下鐵道旅客運賃の改正內容大體決定の模樣
183735	朝鮮朝日	南鮮版	1930-01-30	1	01단	京城府民の受ける傳染病の脅威各都市平均よりも遙かに高い罹病率
183736	朝鮮朝日	南鮮版	1930-01-30	1	01단	はやくも運動を開始三月廿日頃擧行の慶南道評議員選擧
183737	朝鮮朝日	南鮮版	1930-01-30	1	01단	俳句/鈴木花蓑選
183738	朝鮮朝日	南鮮版	1930-01-30	1	02단	３０年型の京城の匂ひ(７)/深窓に嘆く花でなくなった彼女男性に宣戰を布告した彼女離婚訴訟や慰藉料請求裁判所の窓口
183739	朝鮮朝日	南鮮版	1930-01-30	1	03단	波瀾なく豫算決定大邱商議總會
183740	朝鮮朝日	南鮮版	1930-01-30	1	04단	旱害による退學兒童數慶南道だけで六千二百餘人
183741	朝鮮朝日	南鮮版	1930-01-30	1	04단	鮮米移出の數量限定は勿論同意出來ない湯村農務課長談
183742	朝鮮朝日	南鮮版	1930-01-30	1	05단	全北署長の異動はちかく發表
183743	朝鮮朝日	南鮮版	1930-01-30	1	05단	お茶のあと
183744	朝鮮朝日	南鮮版	1930-01-30	1	05단	全北の明年度地方費豫算
183745	朝鮮朝日	南鮮版	1930-01-30	1	06단	電話の苦情閑な局ほど應答がのろい加入者も無理がある京城中央局の調査
183746	朝鮮朝日	南鮮版	1930-01-30	1	06단	暗に泣く藝妓達を救ひあげるため花柳界の根本的浮化をはかる京城本町署長から上申

일련번호	판명		간행일	면	단수	기사명
183747	朝鮮朝日	南鮮版	1930-01-30	1	07단	京城の賊仁川で捕る
183748	朝鮮朝日	南鮮版	1930-01-30	1	07단	仁川の失業調査
183749	朝鮮朝日	南鮮版	1930-01-30	1	08단	ナンダイモン
183750	朝鮮朝日	南鮮版	1930-01-30	1	08단	坑夫生埋め
183751	朝鮮朝日	南鮮版	1930-01-30	1	08단	檄交の撒布を企て農學生檢束/新義州高普騷擾學生の處分/騷擾學生の處分を發表平壤農學校/拘留女學生六十名釋放
183752	朝鮮朝日	南鮮版	1930-01-30	1	09단	鼇靈供養
183753	朝鮮朝日	南鮮版	1930-01-30	1	09단	庖丁を突付け現金を强奪
183754	朝鮮朝日	南鮮版	1930-01-30	1	09단	三人組の强盜押入る
183755	朝鮮朝日	南鮮版	1930-01-30	1	10단	仁川の火事
183756	朝鮮朝日	南鮮版	1930-01-30	1	10단	船から盜む
183757	朝鮮朝日	南鮮版	1930-01-30	1	10단	もよほし(南朝鮮鐵道會社第四回株主總會)
183758	朝鮮朝日	南鮮版	1930-01-30	1	10단	人(權藤朝新副社長/齋藤吉十郎氏(朝鮮紡織常務)/湯村辰二郎氏(總督府農務課長)/本多猶一郎氏(侍從)/今西龍氏(城大教授)/岸本道夫博士(釜山病院長)/高ヘテイ夫人一行/兒島高信氏/馬場大同署長/武久捨吉氏)
183759	朝鮮朝日	南鮮版	1930-01-30	1	10단	半島茶話
183760	朝鮮朝日	西北版	1930-01-30	1	01단	二等も僅に値下鐵道旅客運賃の改正內容大體決定の模樣
183761	朝鮮朝日	西北版	1930-01-30	1	01단	京城府民の受ける傳染病の脅威各都市平均よりも遙かに高い罹病率
183762	朝鮮朝日	西北版	1930-01-30	1	01단	俳句/鈴木花蓑選
183763	朝鮮朝日	西北版	1930-01-30	1	02단	新義州學議選擧早くも運動を開始
183764	朝鮮朝日	西北版	1930-01-30	1	02단	警官派出所新設を陳情
183765	朝鮮朝日	西北版	1930-01-30	1	02단	國境捕物帳(8)/飯と鷄肉に舌鼓を打つ四人組强盜化粧の女に魂を奪はれた靑年とその一黨の犯行
183766	朝鮮朝日	西北版	1930-01-30	1	03단	傳染病の撲滅に努力
183767	朝鮮朝日	西北版	1930-01-30	1	03단	貧困者に米穀を施與
183768	朝鮮朝日	西北版	1930-01-30	1	04단	蘋果檢査規則撤廢期成大會盛況を極む
183769	朝鮮朝日	西北版	1930-01-30	1	04단	バレーボールコート新設
183770	朝鮮朝日	西北版	1930-01-30	1	04단	新義州商議新豫算決定
183771	朝鮮朝日	西北版	1930-01-30	1	04단	鹽藏タンク設置に補助
183772	朝鮮朝日	西北版	1930-01-30	1	05단	鮮米移出の數量限定は勿論同意出來ない湯村農務課長談
183773	朝鮮朝日	西北版	1930-01-30	1	05단	移住朝鮮農に退去命令

일련번호	판명		간행일	면	단수	기사명
183774	朝鮮朝日	西北版	1930-01-30	1	05단	不正な度量器平壤へ移入
183775	朝鮮朝日	西北版	1930-01-30	1	06단	憲兵通譯試驗
183776	朝鮮朝日	西北版	1930-01-30	1	06단	流氷が案外少い多獅島附近の調査
183777	朝鮮朝日	西北版	1930-01-30	1	06단	電話の苦情閑な局ほど應答がのろい加入者も無理がある京城中央局の調査
183778	朝鮮朝日	西北版	1930-01-30	1	07단	檄交の撒布を企て農學生檢束/新義州高普騷擾生處分/騷擾學生の處分を發表平壤農學校
183779	朝鮮朝日	西北版	1930-01-30	1	08단	牡丹台野話
183780	朝鮮朝日	西北版	1930-01-30	1	08단	お茶のあと
183781	朝鮮朝日	西北版	1930-01-30	1	08단	盛澤山に賑やかにDKの三周年記念放送決定
183782	朝鮮朝日	西北版	1930-01-30	1	08단	安東軍連勝
183783	朝鮮朝日	西北版	1930-01-30	1	09단	密輸ダイヤの申告價額と實價の開き
183784	朝鮮朝日	西北版	1930-01-30	1	09단	なほ五萬弗の翡翠を隱匿京都骨董商の密輸總額は一萬五千圓
183785	朝鮮朝日	西北版	1930-01-30	1	09단	四人組の強盜捕る平壤署の活動
183786	朝鮮朝日	西北版	1930-01-30	1	10단	姦夫姦婦を短刀で斬る
183787	朝鮮朝日	西北版	1930-01-30	1	10단	炭鑛で奇禍
183788	朝鮮朝日	西北版	1930-01-30	1	10단	鐵棒で毆る
183789	朝鮮朝日	西北版	1930-01-30	1	10단	人(馬軍大同署長)
183790	朝鮮朝日	西北版	1930-01-30	1	10단	半島茶話
183791	朝鮮朝日	西北・南鮮版	1930-01-30	2	01단	入學案內
183792	朝鮮朝日	西北・南鮮版	1930-01-30	2	01단	かあいさうな動物を愛して下さい戒能千枝子夫人から
183793	朝鮮朝日	西北・南鮮版	1930-01-30	2	01단	李朝以前の水利事業が進步的であった實證豊角面の灌漑水道發見
183794	朝鮮朝日	西北・南鮮版	1930-01-30	2	01단	高くて賣れぬ慶北の鷄卵
183795	朝鮮朝日	西北・南鮮版	1930-01-30	2	01단	平南各炭鑛出炭量と平壤の消費量
183796	朝鮮朝日	西北・南鮮版	1930-01-30	2	02단	海苔檢查統一を全南から要望
183797	朝鮮朝日	西北・南鮮版	1930-01-30	2	03단	漁民の大便益改正漁業令
183798	朝鮮朝日	西北・南鮮版	1930-01-30	2	04단	金單位採用安東海關發表
183799	朝鮮朝日	西北・南鮮版	1930-01-30	2	04단	失業者に資金を貸與
183800	朝鮮朝日	西北・南鮮版	1930-01-30	2	04단	各地だより(京城/春川)
183801	朝鮮朝日	南鮮版	1930-01-31	1	01단	逐鹿戰に出馬し男子の本懷を語る半島に緣故深い人達今を時めく人や新進が多いさて誰々が當選する?(中西伊之助氏/安達謙藏氏/野手耐氏/牧山耕藏氏)

일련번호	판명		간행일	면	단수	기사명
183802	朝鮮朝日	南鮮版	1930-01-31	1	01단	城大の學位審査愈よ近く實現か政府と總督府との意見の相違から永びいた發令
183803	朝鮮朝日	南鮮版	1930-01-31	1	01단	全市民の問題となる裡里魚菜の合同問題
183804	朝鮮朝日	南鮮版	1930-01-31	1	02단	辭令(廿八日付)
183805	朝鮮朝日	南鮮版	1930-01-31	1	03단	冬ごもり昌慶苑動物諸公の御機嫌は？溫室生活の河馬や象王女のごとき駝鳥
183806	朝鮮朝日	南鮮版	1930-01-31	1	04단	名馬田鶴號が競馬界引退今後種馬となる
183807	朝鮮朝日	南鮮版	1930-01-31	1	07단	全部の食料品の値が一割方下落を見る府廳勸業課の指定値段により京城公設市場値段調べ
183808	朝鮮朝日	南鮮版	1930-01-31	1	07단	二十五名の定員五百人の應募然も素質はうとんと向上慶北巡査採用試驗
183809	朝鮮朝日	南鮮版	1930-01-31	1	07단	俳句/鈴木花蓑選
183810	朝鮮朝日	南鮮版	1930-01-31	1	07단	長谷川氏追弔會
183811	朝鮮朝日	南鮮版	1930-01-31	1	08단	四件の强盜捕物舊歲末の大邱署
183812	朝鮮朝日	南鮮版	1930-01-31	1	08단	出刃を持つ强盜あらはる物騷な慶南咸陽地方
183813	朝鮮朝日	南鮮版	1930-01-31	1	10단	二十五名の女學生送局
183814	朝鮮朝日	南鮮版	1930-01-31	1	10단	人(渡邊信次氏(新任京城師範校長)/大池忠助氏(釜山實業家))
183815	朝鮮朝日	南鮮版	1930-01-31	1	10단	半島茶話
183816	朝鮮朝日	西北版	1930-01-31	1	01단	逐鹿戰に出馬し男子の本懷を語る半島に緣故深い人達今を時めく人や新進が多いさて誰々が當選する？(中西伊之助氏/安達謙藏氏/野手耐氏/牧山耕藏氏)
183817	朝鮮朝日	西北版	1930-01-31	1	01단	城大の學位審査愈よ近く實現か政府と總督府との意見の相違から永びいた發令
183818	朝鮮朝日	西北版	1930-01-31	1	01단	北鮮各地方の巡回航路を開始常盤丸は愈就航する島谷商船會社の英斷
183819	朝鮮朝日	西北版	1930-01-31	1	02단	隔離病舍を讓渡か平壤府から慈惠病院に對し
183820	朝鮮朝日	西北版	1930-01-31	1	03단	蘋果檢査規定撤廢調査會
183821	朝鮮朝日	西北版	1930-01-31	1	03단	モヒ中患者の善導を考慮
183822	朝鮮朝日	西北版	1930-01-31	1	04단	改良書堂學年延長
183823	朝鮮朝日	西北版	1930-01-31	1	04단	モヒ中毒患者登錄により犯罪はウソと減らう山内平南衛生課長談
183824	朝鮮朝日	西北版	1930-01-31	1	04단	國境捕物帳(9)/繪卷物の村里に今も盡きぬ密輸入見事商人になり濟まして牛皮の大密輸を檢擧
183825	朝鮮朝日	西北版	1930-01-31	1	05단	平北米鑑定の研究を行ふ

일련번호	판명		간행일	면	단수	기사명
183826	朝鮮朝日	西北版	1930-01-31	1	06단	海員講習會
183827	朝鮮朝日	西北版	1930-01-31	1	06단	辭令(廿八日付)
183828	朝鮮朝日	西北版	1930-01-31	1	07단	朝鮮語教授の內容を改善
183829	朝鮮朝日	西北版	1930-01-31	1	07단	優良な兒童の表彰を行ひ褒美に農具を與へる平北道の新しい試み
183830	朝鮮朝日	西北版	1930-01-31	1	07단	新義州の憲友會
183831	朝鮮朝日	西北版	1930-01-31	1	07단	氷の上でお洗濯一風變った珍な光景
183832	朝鮮朝日	西北版	1930-01-31	1	08단	屠畜檢査員と公産婆增員
183833	朝鮮朝日	西北版	1930-01-31	1	09단	牡丹台野話
183834	朝鮮朝日	西北版	1930-01-31	1	09단	極貧者に對し同情金交付
183835	朝鮮朝日	西北版	1930-01-31	1	09단	警戒が嚴重で密輸の徑路變る警戒網立直しのため近く監視會議を開く
183836	朝鮮朝日	西北版	1930-01-31	1	09단	支那人の怪死體路上に橫たはる
183837	朝鮮朝日	西北版	1930-01-31	1	10단	俳句/鈴木花蓑選
183838	朝鮮朝日	西北版	1930-01-31	1	10단	安中に常識講座
183839	朝鮮朝日	西北版	1930-01-31	1	10단	不良朝鮮人の襲擊に備ふ
183840	朝鮮朝日	西北版	1930-01-31	1	10단	半島茶話
183841	朝鮮朝日	西北・南鮮版	1930-01-31	2	01단	入學案內
183842	朝鮮朝日	西北・南鮮版	1930-01-31	2	01단	慶南の等外米移出を許可その規定と理由發表
183843	朝鮮朝日	西北・南鮮版	1930-01-31	2	01단	勞働者は故鄕へ大部分正月をしに歸る
183844	朝鮮朝日	西北・南鮮版	1930-01-31	2	02단	麥踏が必要なこの頃の日和
183845	朝鮮朝日	西北・南鮮版	1930-01-31	2	02단	改革派遂に敗る揉めた慶尙合同銀總會
183846	朝鮮朝日	西北・南鮮版	1930-01-31	2	03단	一般農民の金融に産組の設置必要叫ばる
183847	朝鮮朝日	西北・南鮮版	1930-01-31	2	03단	朝鮮室素に落札二千萬坪の鑛山
183848	朝鮮朝日	西北・南鮮版	1930-01-31	2	03단	鎭南浦商議定時評議員會
183849	朝鮮朝日	西北・南鮮版	1930-01-31	2	04단	會寧燒の復活に本府、道の補助
183850	朝鮮朝日	西北・南鮮版	1930-01-31	2	04단	開港以來の新記錄昨年中木浦港の移出米
183851	朝鮮朝日	西北・南鮮版	1930-01-31	2	04단	全鮮の宗教しらべ
183852	朝鮮朝日	西北・南鮮版	1930-01-31	2	04단	各地だより(釜山/仁川)

1930년 2월 (조선아사히)

일련번호	판명		간행일	면	단수	기사명
183853	朝鮮朝日	西北版	1930-02-01	1	01단	正しき光明の道を發見獄舍に呻吟する女學生遂に釋放さる舊大晦日の夜相抱いて暖をとってゐたときに思ひがけなくもこの恩典に浴す鹿野警察部長が懇々とさとす
183854	朝鮮朝日	西北版	1930-02-01	1	01단	成行を注目される金單位制の問題安東海關の輸入稅に安東商工會議所の對策考究
183855	朝鮮朝日	西北版	1930-02-01	1	01단	咸北の酒屋が悲鳴をあぐ不景氣と移入酒に板挾みとなった〻め
183856	朝鮮朝日	西北版	1930-02-01	1	01단	『戶口から戶口へ』居ながら貨物が送付される
183857	朝鮮朝日	西北版	1930-02-01	1	02단	大部分の學校平穩に開校光成高普生徒だけは多少不穩の擧に出る
183858	朝鮮朝日	西北版	1930-02-01	1	02단	平北水産會の巡邏船活躍
183859	朝鮮朝日	西北版	1930-02-01	1	03단	金鑛を試掘
183860	朝鮮朝日	西北版	1930-02-01	1	03단	國境捕物帳(終)/朱に染って松林に打ち倒れた處女伯父の財産を相續したさにその養女の殺害を圖った甥
183861	朝鮮朝日	西北版	1930-02-01	1	04단	本社の義勇號平壤に飛來
183862	朝鮮朝日	西北版	1930-02-01	1	04단	在鄕將校會組織
183863	朝鮮朝日	西北版	1930-02-01	1	04단	城川江の堤防に櫻や柳植栽愈美化計劃なる
183864	朝鮮朝日	西北版	1930-02-01	1	05단	實行要目を額にか〻げ平南道內警察官の正義と熱心を促す
183865	朝鮮朝日	西北版	1930-02-01	1	05단	新羅時代の巨大なる龜趺を京城で發見武烈王が忠臣の戰死を痛く惜みみづから建立したものとわかる得難き石村彫刻の逸品
183866	朝鮮朝日	西北版	1930-02-01	1	07단	農事懇談會今二宮翁を派し
183867	朝鮮朝日	西北版	1930-02-01	1	07단	施肥の標準調査
183868	朝鮮朝日	西北版	1930-02-01	1	08단	牡丹台野話
183869	朝鮮朝日	西北版	1930-02-01	1	08단	海關側は自說固持金建制は絶對的だと頑張る
183870	朝鮮朝日	西北版	1930-02-01	1	08단	罪の渦卷
183871	朝鮮朝日	西北版	1930-02-01	1	08단	安東、大連各地の電燈料を値下す二月一日から南滿電氣實施
183872	朝鮮朝日	西北版	1930-02-01	1	08단	生れるよりも死亡が多い內地人自滅の珍統計出生屆の怠慢からか
183873	朝鮮朝日	西北版	1930-02-01	1	09단	旅費を貸せと短刀で脅迫

일련번호	판명		간행일	면	단수	기사명
183874	朝鮮朝日	西北版	1930-02-01	1	09단	强盗捕はる
183875	朝鮮朝日	西北版	1930-02-01	1	09단	忰の放埓から漢學者自殺
183876	朝鮮朝日	西北版	1930-02-01	1	10단	長白地方に牛の奇病發生目下極力警戒
183877	朝鮮朝日	西北版	1930-02-01	1	10단	故長谷川氏告別式
183878	朝鮮朝日	西北版	1930-02-01	1	10단	お斷り
183879	朝鮮朝日	西北版	1930-02-01	1	10단	人(荒卷朝鮮新聞政治部長/中野咸南警務課長)
183880	朝鮮朝日	西北版	1930-02-01	1	10단	半島茶話
183881	朝鮮朝日	南鮮版	1930-02-01	1	01단	正しき光明の道を發見獄舍に呻吟する女學生遂に釋放さる舊大晦日の夜相抱いて暖をとってゐたときに思ひがけなくもこの恩典に浴す鹿野警察部長が懇々とさとす
183882	朝鮮朝日	南鮮版	1930-02-01	1	01단	開城の實業家が立派な博物館建設考古學の資料を陳列し多くの觀光團の誘引をはかる
183883	朝鮮朝日	南鮮版	1930-02-01	1	01단	大邱會議所の豫算改革は時代逆行だと反對市民の輿論高まる
183884	朝鮮朝日	南鮮版	1930-02-01	1	01단	慶南の旱害救濟事務打合せ
183885	朝鮮朝日	南鮮版	1930-02-01	1	02단	總て總督府に一任された商業倉庫建設につき湯村農務課長は語る
183886	朝鮮朝日	南鮮版	1930-02-01	1	03단	『戶口から戶口へ』居ながら貨物が送付される
183887	朝鮮朝日	南鮮版	1930-02-01	1	04단	海關側は自說固持金建制は絶對的だと頑張る
183888	朝鮮朝日	南鮮版	1930-02-01	1	04단	平北水産會の巡邏船活躍
183889	朝鮮朝日	南鮮版	1930-02-01	1	04단	新羅時代の巨大なる龜趺を京城で發見武烈王が忠臣の戰死を痛く惜みみづから建立したものとわかる得難き石村彫刻の逸品
183890	朝鮮朝日	南鮮版	1930-02-01	1	05단	咸北の酒屋が悲鳴をあぐ不景氣と移入酒に板挾みとなったゝめ
183891	朝鮮朝日	南鮮版	1930-02-01	1	05단	お茶のあと
183892	朝鮮朝日	南鮮版	1930-02-01	1	05단	慶北の鰊漁時期おくれ
183893	朝鮮朝日	南鮮版	1930-02-01	1	06단	金鑛を試掘
183894	朝鮮朝日	南鮮版	1930-02-01	1	06단	藝妓稅の輕減を京城のキーサン券から陳情
183895	朝鮮朝日	南鮮版	1930-02-01	1	06단	慶尙合同銀の泥試合深刻化し總會無效訴訟提起か
183896	朝鮮朝日	南鮮版	1930-02-01	1	06단	飛行機修理を鮮內で行ふ

일련번호	판명		간행일	면	단수	기사명
183897	朝鮮朝日	南鮮版	1930-02-01	1	07단	城川江の堤防に櫻や柳植栽愈美化計劃なる
183898	朝鮮朝日	南鮮版	1930-02-01	1	07단	京城放送局の波長を改む
183899	朝鮮朝日	南鮮版	1930-02-01	1	08단	大流行のトーキーが朝鮮にも進出
183900	朝鮮朝日	南鮮版	1930-02-01	1	08단	夫のエゴイズムを堂々と難詰し慰藉料支拂を要求法延に立った二朝鮮婦人
183901	朝鮮朝日	南鮮版	1930-02-01	1	08단	社金橫領の事實は明白
183902	朝鮮朝日	南鮮版	1930-02-01	1	09단	謎を祕めた白骨の小箱牧島海岸に漂着
183903	朝鮮朝日	南鮮版	1930-02-01	1	10단	學生と令孃の驅落
183904	朝鮮朝日	南鮮版	1930-02-01	1	10단	三井技師全快す
183905	朝鮮朝日	南鮮版	1930-02-01	1	10단	人(兒玉政務總監/奈良好三氏(釜山日報理事))
183906	朝鮮朝日	南鮮版	1930-02-01	1	10단	半島茶話
183907	朝鮮朝日	西北・南鮮版	1930-02-01	2	01단	木浦の敬老會九日小學校の講堂で
183908	朝鮮朝日	西北・南鮮版	1930-02-01	2	01단	移出牛が殺到し捌きがつかぬために資金の固定に苦しむ
183909	朝鮮朝日	西北・南鮮版	1930-02-01	2	01단	全南農倉は大盛況取容しきれず借庫で奔走す
183910	朝鮮朝日	西北・南鮮版	1930-02-01	2	02단	金解禁記念聯合廉賣會素晴しい景氣
183911	朝鮮朝日	西北・南鮮版	1930-02-01	2	02단	慶北の改良牛舍建設を獎勵
183912	朝鮮朝日	西北・南鮮版	1930-02-01	2	03단	紫雲英栽培の普及を計る
183913	朝鮮朝日	西北・南鮮版	1930-02-01	2	03단	京城府の就學兒童屆出受付のため多忙を極む
183914	朝鮮朝日	西北・南鮮版	1930-02-01	2	03단	一文もない慶北地方費繰越金吏員の給料も借金で
183915	朝鮮朝日	西北・南鮮版	1930-02-01	2	04단	『國定教科書に現れた朝鮮』佐田氏が放送
183916	朝鮮朝日	西北・南鮮版	1930-02-01	2	04단	公設質屋の利用者增加
183917	朝鮮朝日	西北・南鮮版	1930-02-01	2	04단	水利組合設立認可
183918	朝鮮朝日	西北版	1930-02-02	1	01단	安東海關輸入稅の金單位一孫の比率○・七三八と發表さる舊比率より一錢九釐增
183919	朝鮮朝日	西北版	1930-02-02	1	01단	各宮殿下も御見學遊す師團對抗演習につき中村軍參謀長は語る
183920	朝鮮朝日	西北版	1930-02-02	1	01단	國境を視察し茂山に着いた白川大將
183921	朝鮮朝日	西北版	1930-02-02	1	01단	府勢の擴張で就學兒童が殖え緩和策に頭を惱ます平壤府內の各小學校
183922	朝鮮朝日	西北版	1930-02-02	1	01단	藁加工品の組合組織咸北道の獎勵
183923	朝鮮朝日	西北版	1930-02-02	1	02단	淸津檢事局の犯罪取扱數

일련번호	판명		간행일	면	단수	기사명
183924	朝鮮朝日	西北版	1930-02-02	1	02단	會寧商業の卒業生賣込み
183925	朝鮮朝日	西北版	1930-02-02	1	03단	辭令(三十日付)
183926	朝鮮朝日	西北版	1930-02-02	1	03단	代議士に當選の見込少ない朝鮮人有權者は在外に少ない當分は殘念ながら望みは薄い
183927	朝鮮朝日	西北版	1930-02-02	1	03단	お茶のあと
183928	朝鮮朝日	西北版	1930-02-02	1	04단	事業を起せば民風も柔らがう南鮮地方を視察した兒玉總監のお土産話
183929	朝鮮朝日	西北版	1930-02-02	1	04단	相變らず多い國境の密輸檢擧一萬二千三百人前年より三千人增す
183930	朝鮮朝日	西北版	1930-02-02	1	04단	寒さ知らずに春が來る去年に比較すれば五度方暖かい
183931	朝鮮朝日	西北版	1930-02-02	1	05단	新義州府に職業紹介所ちかく設く
183932	朝鮮朝日	西北版	1930-02-02	1	05단	鴨綠江上流に牛疫が猖獗
183933	朝鮮朝日	西北版	1930-02-02	1	05단	岸壁使用料の廢止を建議元山市民協議
183934	朝鮮朝日	西北版	1930-02-02	1	06단	平壤高射砲隊の盛んな開隊式
183935	朝鮮朝日	西北版	1930-02-02	1	06단	僻阪地勤務の先生を慰む百餘個の福袋平地勤務の先生から贈る
183936	朝鮮朝日	西北版	1930-02-02	1	07단	汚物掃除問題又も再燃す請負などは危險だと新義州府では主張す
183937	朝鮮朝日	西北版	1930-02-02	1	08단	新義州の出生調べ
183938	朝鮮朝日	西北版	1930-02-02	1	09단	市街を明るくして盜難や事故防止各戶に常夜燈の設備安東署が極力勸誘
183939	朝鮮朝日	西北版	1930-02-02	1	09단	學生事件の處分は寛大
183940	朝鮮朝日	西北版	1930-02-02	1	09단	平壤の舊正好晴に惠まる
183941	朝鮮朝日	西北版	1930-02-02	1	10단	盜んだ金で高利貸
183942	朝鮮朝日	西北版	1930-02-02	1	10단	ケチな强盜十四錢强奪
183943	朝鮮朝日	西北版	1930-02-02	1	10단	四人組强盜の二名捕まる
183944	朝鮮朝日	西北版	1930-02-02	1	10단	昨年中の新義州の火災
183945	朝鮮朝日	西北版	1930-02-02	1	10단	半島茶話
183946	朝鮮朝日	南鮮版	1930-02-02	1	01단	農商工三科を倂せた一石三鳥策これなら誰にも向く新學期から實施の初等校職業科の選擇愈よきまる
183947	朝鮮朝日	南鮮版	1930-02-02	1	01단	代議士に當選の見込少ない朝鮮人有權者は在外に少ない當分は殘念ながら望みは薄い
183948	朝鮮朝日	南鮮版	1930-02-02	1	01단	事業を起せば民風も柔らがう南鮮地方を視察した兒玉總監のお土産話
183949	朝鮮朝日	南鮮版	1930-02-02	1	01단	辭令(三十日付)

일련번호	판명		간행일	면	단수	기사명
183950	朝鮮朝日	南鮮版	1930-02-02	1	02단	失業救濟の放送行はる最初の放送としては成績が割合よかった
183951	朝鮮朝日	南鮮版	1930-02-02	1	03단	李王殿下御歸鮮多分四月末か五月初旬ごろ
183952	朝鮮朝日	南鮮版	1930-02-02	1	04단	小作官會議
183953	朝鮮朝日	南鮮版	1930-02-02	1	04단	農事改良の貸付金回收成績は良好一般農家が自覺した結果か慶北道當局大喜び
183954	朝鮮朝日	南鮮版	1930-02-02	1	04단	五十隻の小漁船建造
183955	朝鮮朝日	南鮮版	1930-02-02	1	04단	寒さ知らずに春が來る去年に比較すれば五度方暖かい
183956	朝鮮朝日	南鮮版	1930-02-02	1	05단	他の乘物よりもはるかに安全生きた證據を示し今後旅客の吸引に努める客の少い日本空輸の考案
183957	朝鮮朝日	南鮮版	1930-02-02	1	05단	お茶のあと
183958	朝鮮朝日	南鮮版	1930-02-02	1	05단	農商倉庫の調査會近く委員を任命し案を練る
183959	朝鮮朝日	南鮮版	1930-02-02	1	06단	方針變更は不必要加藤鮮銀總裁重苦しく語る
183960	朝鮮朝日	南鮮版	1930-02-02	1	06단	全鮮の耳目を聳動せしめた疑獄大邱土木事件の判決二年以下の體刑に處せらる
183961	朝鮮朝日	南鮮版	1930-02-02	1	07단	特に學生の思想取締を協議三日は招魂祭と武道大會慶南警察署長會議
183962	朝鮮朝日	南鮮版	1930-02-02	1	07단	割合に多いラヂオの盜聽
183963	朝鮮朝日	南鮮版	1930-02-02	1	08단	暖かい日が續くため冬物の投賣り
183964	朝鮮朝日	南鮮版	1930-02-02	1	08단	學生の行倒
183965	朝鮮朝日	南鮮版	1930-02-02	1	08단	京城學生の風紀が頹廢カフェーに刑事を入れて徹底的に取締る
183966	朝鮮朝日	南鮮版	1930-02-02	1	09단	ナンダイモン
183967	朝鮮朝日	南鮮版	1930-02-02	1	09단	慶北地方に強盜橫行す
183968	朝鮮朝日	南鮮版	1930-02-02	1	09단	母娘共謀して雇女を絞殺
183969	朝鮮朝日	南鮮版	1930-02-02	1	10단	釜山の火事
183970	朝鮮朝日	南鮮版	1930-02-02	1	10단	朝郵社員の不正發覺か
183971	朝鮮朝日	南鮮版	1930-02-02	1	10단	人(福士德平氏(前釜山第二商業校長)/高野彌一郎氏(釜山地方法院判事))
183972	朝鮮朝日	南鮮版	1930-02-02	1	10단	半島茶話
183973	朝鮮朝日	西北・南鮮版	1930-02-02	2	01단	緊縮や節約などを全くとほり越した慘憺たる朝鮮勞働者の生活ぶりお役人もこれに保れる

일련번호	판명		간행일	면	단수	기사명
183974	朝鮮朝日	西北・南鮮版	1930-02-02	2	01단	鴨緑江木材の値下げは望めぬ森林鐵道の敷設案が繰延べとなったゝめ
183975	朝鮮朝日	西北・南鮮版	1930-02-02	2	01단	東洋第一をほこるガソリンカー鐵道省より一足先に總督府がつくりあぐ
183976	朝鮮朝日	西北・南鮮版	1930-02-02	2	04단	生牛の密輸増加
183977	朝鮮朝日	西北・南鮮版	1930-02-02	2	04단	雫の聲
183978	朝鮮朝日	西北版	1930-02-04	1	01단	第一回に比べて其範圍は廣い黑幕は依然わからぬ第二回學生騷擾事件
183979	朝鮮朝日	西北版	1930-02-04	1	01단	國境守備兵の健康狀態はよい國境各地を巡閲した白川義則大將は語る
183980	朝鮮朝日	西北版	1930-02-04	1	01단	檢査地により値段が違ふ善後策に頭を惱ます咸鏡南道産出の大豆
183981	朝鮮朝日	西北版	1930-02-04	1	01단	平南道の警察官異動教習所入所式
183982	朝鮮朝日	西北版	1930-02-04	1	02단	平壤と平南の昨年末戸口數
183983	朝鮮朝日	西北版	1930-02-04	1	03단	全南新豫算
183984	朝鮮朝日	西北版	1930-02-04	1	03단	應募者實に二百四十名平南運轉手試驗
183985	朝鮮朝日	西北版	1930-02-04	1	03단	相互扶助と協定を主眼とする組合京城のゴム靴製造會社が新に組織して合理的經營
183986	朝鮮朝日	西北版	1930-02-04	1	04단	平北道の豫算案二百六萬二千圓に切下げか
183987	朝鮮朝日	西北版	1930-02-04	1	04단	新商入學希望定員の十倍
183988	朝鮮朝日	西北版	1930-02-04	1	04단	スポーツは何でも來い吉良新咸南警務課長
183989	朝鮮朝日	西北版	1930-02-04	1	04단	安中寄宿舎建築
183990	朝鮮朝日	西北版	1930-02-04	1	05단	滿鐵中等校長會議
183991	朝鮮朝日	西北版	1930-02-04	1	05단	辭令
183992	朝鮮朝日	西北版	1930-02-04	1	05단	城津學組管理者
183993	朝鮮朝日	西北版	1930-02-04	1	05단	元山商議の豫算
183994	朝鮮朝日	西北版	1930-02-04	1	05단	スキー車運轉三防へ三防へ
183995	朝鮮朝日	西北版	1930-02-04	1	06단	とても苦しい自動車業者
183996	朝鮮朝日	西北版	1930-02-04	1	06단	金融機關を設け集金日の統一を行ふ新義州繁榮會の試み
183997	朝鮮朝日	西北版	1930-02-04	1	06단	朝鮮の雅樂を洋樂で演奏新しい試みはまづ失敗だった(末松事務官歸來談)
183998	朝鮮朝日	西北版	1930-02-04	1	06단	早婚の弊風未だ去らぬ
183999	朝鮮朝日	西北版	1930-02-04	1	07단	鑛業の危險を防止すべく取締規則發布
184000	朝鮮朝日	西北版	1930-02-04	1	07단	鮮内諸學校の卒業生採用但し十名限度

일련번호	판명		간행일	면	단수	기사명
184001	朝鮮朝日	西北版	1930-02-04	1	07단	ペスト類似の惡疫流行し死者三十餘名を出す國境各署警戒に努む
184002	朝鮮朝日	西北版	1930-02-04	1	07단	殺人鬼の望みが叶ひ雜煮を祝ふ
184003	朝鮮朝日	西北版	1930-02-04	1	07단	牡丹台野話
184004	朝鮮朝日	西北版	1930-02-04	1	08단	國境漫語
184005	朝鮮朝日	西北版	1930-02-04	1	08단	故後藤驛長の遺族に贈る義捐金を募集
184006	朝鮮朝日	西北版	1930-02-04	1	08단	出前持さんの服装改まる
184007	朝鮮朝日	西北版	1930-02-04	1	09단	大池忠助翁逝く二日夜大邱の客舍でまだ喪が發せられぬ
184008	朝鮮朝日	西北版	1930-02-04	1	10단	二戸を燒く
184009	朝鮮朝日	西北版	1930-02-04	1	10단	安東の火事六戸を全燒す
184010	朝鮮朝日	西北版	1930-02-04	1	10단	元山の火事
184011	朝鮮朝日	西北版	1930-02-04	1	10단	人(加藤茂荷博士(本府農事試驗場長)/末松麗彦氏(李王職事務官)/林駒生氏(東洋水産新聞社長)/佐伯願氏(平北警察部長)/伊藤正穀氏(新義州府尹))
184012	朝鮮朝日	西北版	1930-02-04	1	10단	半島茶話
184013	朝鮮朝日	南鮮版	1930-02-04	1	01단	第一回に比べて其範圍は廣い黑幕は依然わからぬ第二回學生騷擾事件
184014	朝鮮朝日	南鮮版	1930-02-04	1	01단	家畜傳染病豫防令の改正案成る近く審議室に廻付今年中には發令
184015	朝鮮朝日	南鮮版	1930-02-04	1	01단	入學試驗合理化釜山府内の中小校長協議
184016	朝鮮朝日	南鮮版	1930-02-04	1	01단	河陽學議員連袂辭職す
184017	朝鮮朝日	南鮮版	1930-02-04	1	01단	辭令
184018	朝鮮朝日	南鮮版	1930-02-04	1	02단	鑛業の危險を防止すべく取締規則發布
184019	朝鮮朝日	南鮮版	1930-02-04	1	02단	相互扶助と協定を主眼とする組合京城のゴム靴製造會社が新に組織して合理的經營
184020	朝鮮朝日	南鮮版	1930-02-04	1	03단	全北道評議會
184021	朝鮮朝日	南鮮版	1930-02-04	1	03단	育雛競技會
184022	朝鮮朝日	南鮮版	1930-02-04	1	04단	鮮内諸學校の卒業生採用但し十名限度
184023	朝鮮朝日	南鮮版	1930-02-04	1	04단	朝鮮の雅樂を洋樂で演奏新しい試みはまづ失敗だった(末松事務官歸來談)
184024	朝鮮朝日	南鮮版	1930-02-04	1	04단	大邱の消防葬
184025	朝鮮朝日	南鮮版	1930-02-04	1	05단	スキー車運轉三防へ三防へ
184026	朝鮮朝日	南鮮版	1930-02-04	1	05단	四、五十哩も飛ばす自動車京城本町署の取締にひっかゝった四台
184027	朝鮮朝日	南鮮版	1930-02-04	1	06단	ナンダイモン

일련번호	판명		간행일	면	단수	기사명
184028	朝鮮朝日	南鮮版	1930-02-04	1	06단	全南新豫算
184029	朝鮮朝日	南鮮版	1930-02-04	1	06단	早くも甲子園への榮冠を目ざし霜を踏んで猛練習大邱商業の若きナイン/城大勝つ
184030	朝鮮朝日	南鮮版	1930-02-04	1	07단	故後藤驛長の遺族に贈る義捐金を募集
184031	朝鮮朝日	南鮮版	1930-02-04	1	07단	菓子の中に猫いらず混入
184032	朝鮮朝日	南鮮版	1930-02-04	1	07단	木浦卓球大會
184033	朝鮮朝日	南鮮版	1930-02-04	1	08단	腹を搔切る芝居に念が入り
184034	朝鮮朝日	南鮮版	1930-02-04	1	08단	二少女誘拐危い所を助る
184035	朝鮮朝日	南鮮版	1930-02-04	1	08단	首魁張に死刑を鮮銀爆彈事件の一味に求刑
184036	朝鮮朝日	南鮮版	1930-02-04	1	08단	傍聽を禁じ事實の審理赤友同盟事件公判
184037	朝鮮朝日	南鮮版	1930-02-04	1	09단	トーキー上映釜山の幸館
184038	朝鮮朝日	南鮮版	1930-02-04	1	09단	大池忠助翁逝く二日夜大邱の客舍でまだ裏が發せられぬ/葬儀きまる/朝鮮全體の損失である香椎會頭語る
184039	朝鮮朝日	南鮮版	1930-02-04	1	10단	人(加藤茂荷博士(本府農事試驗場長)/林駒生氏(東洋水産新聞社長))
184040	朝鮮朝日	南鮮版	1930-02-04	1	10단	半島茶話
184041	朝鮮朝日	西北・南鮮版	1930-02-04	2	01단	隱れた放送エピソード/名士名人などの放送の姿さまざまなみだとユーモアの行進曲/無類の放送丸裸の一平畵伯/悲劇の涙放送愛兒を失った夜/「綱數天神綠起」南陵負かさる/なみだの看病/名人氣質色々/天下の鴻池さんしかられのこと/「歌劇と私服」/極樂境の魅力ブラジル講演
184042	朝鮮朝日	西北・南鮮版	1930-02-04	2	02단	朝鮮、台灣間の物資移出入上にまた懸案の定期航路問題等幾多の福音を期待される京城商議今回の視察
184043	朝鮮朝日	西北・南鮮版	1930-02-04	2	03단	月尾島夜話
184044	朝鮮朝日	西北・南鮮版	1930-02-04	2	04단	京城順化院の改築を計劃病舍はとても狹くて碌に收容できぬため
184045	朝鮮朝日	西北・南鮮版	1930-02-04	2	04단	延取引の橫暴を本府に愬へる仁川の取引員
184046	朝鮮朝日	西北・南鮮版	1930-02-04	2	05단	二三年は實現困難綿布移入稅の撤廢問題
184047	朝鮮朝日	西北・南鮮版	1930-02-04	2	06단	稻熱病に堪へ得る稻品種の改良に大いに力をそゝぐ全北裡里の農試支場

일련번호	판명		간행일	면	단수	기사명
184048	朝鮮朝日	西北・南鮮版	1930-02-04	2	07단	盛澤山に賑やかにDKの三周年記念放送決定
184049	朝鮮朝日	西北・南鮮版	1930-02-04	2	07단	各地だより(平壤)
184050	朝鮮朝日	西北版	1930-02-05	1	01단	内鮮の融和を缺ぐこのあやまり王様のしたことは清正の仕業となり朝鮮人の反感を激發さすあやまった史實やら傳說
184051	朝鮮朝日	西北版	1930-02-05	1	01단	五年制は伸々し四年制は一生懸命その何れも美點をもつ京城兩高女二制度併進の成績
184052	朝鮮朝日	西北版	1930-02-05	1	01단	農家に適する副業を調査道內を初め內地方面まで力を注ぐ平南道當局
184053	朝鮮朝日	西北版	1930-02-05	1	01단	街路燈料金半減を要望京城電氣に
184054	朝鮮朝日	西北版	1930-02-05	1	02단	金建關稅に相當する稅額を納入する通關上の紛爭をさけるため安東商議所の協議
184055	朝鮮朝日	西北版	1930-02-05	1	04단	男子は激減し女子は增加す上級校志願者
184056	朝鮮朝日	西北版	1930-02-05	1	04단	釜山水産會社陣容立直し臨時總會は相當波瀾か
184057	朝鮮朝日	西北版	1930-02-05	1	05단	一流選手が大接戰を演じ近來にない盛況を呈した滿鮮氷上競技大會
184058	朝鮮朝日	西北版	1930-02-05	1	06단	西湖津附近にゴルフ場
184059	朝鮮朝日	西北版	1930-02-05	1	06단	活牛積出高
184060	朝鮮朝日	西北版	1930-02-05	1	07단	アルミニユーム鑛咸南平南にわたって埋藏さる地質調査所で發見さる
184061	朝鮮朝日	西北版	1930-02-05	1	07단	求人求職をラヂオで放送救濟に務める漸次好成績を擧ぐ
184062	朝鮮朝日	西北版	1930-02-05	1	07단	激增した間島への移民旱害深刻な慶北から案じられるその將來
184063	朝鮮朝日	西北版	1930-02-05	1	08단	鎭南浦商工校第二次處分
184064	朝鮮朝日	西北版	1930-02-05	1	09단	牡丹台野話
184065	朝鮮朝日	西北版	1930-02-05	1	09단	平壤の拘留學生三十數名釋放期間の滿了を待たず特に寬大な處置
184066	朝鮮朝日	西北版	1930-02-05	1	09단	元山の火事
184067	朝鮮朝日	西北版	1930-02-05	1	09단	清津府廳怪火事件漸く明るみへ疑獄の連累者二名特に放火罪に問はる
184068	朝鮮朝日	西北版	1930-02-05	1	10단	車夫の盜み
184069	朝鮮朝日	西北版	1930-02-05	1	10단	殉職驛長の葬儀
184070	朝鮮朝日	西北版	1930-02-05	1	10단	半島茶話

일련번호	판명		간행일	면	단수	기사명
184071	朝鮮朝日	南鮮版	1930-02-05	1	01단	內鮮の融和を缺ぐこのあやまり王樣のしたことは淸正の仕業となり朝鮮人の反感を激發さすあやまった史實やら傳說
184072	朝鮮朝日	南鮮版	1930-02-05	1	01단	五年制は伸々し四年制は一生懸命その何れも美點をもつ京城兩高女二制度併進の成績
184073	朝鮮朝日	南鮮版	1930-02-05	1	01단	主要都市に自治制實施はまだ考へてゐない今村內務局長談
184074	朝鮮朝日	南鮮版	1930-02-05	1	02단	街路燈料金半減を要望京城電氣に
184075	朝鮮朝日	南鮮版	1930-02-05	1	03단	男子は激減し女子は增加す上級校志願者
184076	朝鮮朝日	南鮮版	1930-02-05	1	04단	３０年型の京城の匂ひ(８)/婦人ゴルファーの美しい支那服姿それは斷然近代型の尖端です大衆的なこゝのゴルフ
184077	朝鮮朝日	南鮮版	1930-02-05	1	05단	釜山水產會社陣容立直し臨時總會は相當波瀾か
184078	朝鮮朝日	南鮮版	1930-02-05	1	05단	中等學校入學試驗の合理化をはかる實行方法を決定した慶南道當局と學校側懇談
184079	朝鮮朝日	南鮮版	1930-02-05	1	06단	とても苦しい自動車業者
184080	朝鮮朝日	南鮮版	1930-02-05	1	06단	積極的活動を開始する大邱出品協會
184081	朝鮮朝日	南鮮版	1930-02-05	1	07단	アルミニユーム鑛咸南平南にわたって埋藏さる地質調査所で發見さる
184082	朝鮮朝日	南鮮版	1930-02-05	1	07단	專賣局辭令
184083	朝鮮朝日	南鮮版	1930-02-05	1	07단	往十里附近に新ゴルフ場
184084	朝鮮朝日	南鮮版	1930-02-05	1	08단	寫眞說明
184085	朝鮮朝日	南鮮版	1930-02-05	1	08단	慶南敎育總會
184086	朝鮮朝日	南鮮版	1930-02-05	1	08단	求人求職をラヂオで放送救濟に務める漸次好成績を擧ぐ
184087	朝鮮朝日	南鮮版	1930-02-05	1	10단	渡船の坐洲で泥洲を浚渫
184088	朝鮮朝日	南鮮版	1930-02-05	1	10단	自動車と汽動車衝突負傷者五名
184089	朝鮮朝日	南鮮版	1930-02-05	1	10단	人(アメリカ觀光團/今村內務局長/加藤木咸南農務課長)
184090	朝鮮朝日	南鮮版	1930-02-05	1	10단	半島茶話
184091	朝鮮朝日	西北・南鮮版	1930-02-05	2	01단	古本屋のぞき圓本を古本屋にとらせて讀めば半值だけ渡す掛で買って賣る學生もある『儲からない』と主人公こぼす

일련번호	판명		간행일	면	단수	기사명
184092	朝鮮朝日	西北・南鮮版	1930-02-05	2	01단	生活の安定を求め兵隊志望者が激増農村の極度の病弊から朝鮮歩兵隊新兵募集の新現象
184093	朝鮮朝日	西北・南鮮版	1930-02-05	2	01단	不景氣を知らぬ京城醫專を巢立ちする人々
184094	朝鮮朝日	西北・南鮮版	1930-02-05	2	02단	海産品を支那へ最初の輸出
184095	朝鮮朝日	西北・南鮮版	1930-02-05	2	02단	東拓の異動
184096	朝鮮朝日	西北・南鮮版	1930-02-05	2	03단	檢査にパスするは半分くらゐ慶北の製造叺
184097	朝鮮朝日	西北・南鮮版	1930-02-05	2	04단	模範移民村の水利事業竣工す
184098	朝鮮朝日	西北・南鮮版	1930-02-05	2	04단	各地だより(京城)
184099	朝鮮朝日	西北版	1930-02-06	1	01단	まるで嵐のやうに襲ひ來る不良學生團の橫行/『誤りのないやうに十分注意してゐます不良學生はゐないやうです』各學校の生徒監は口を揃へて否認す/學生の暴力化に善後策を協議す專門校の生徒監を集めて頭を痛める總督府/校長の意見を求めた上で取締方針決定生徒監側協議
184100	朝鮮朝日	西北版	1930-02-06	1	01단	トーキー檢閲の完全な設備がなく本府の檢閲官てこずる朝鮮ではまだトーキーは受けぬ
184101	朝鮮朝日	西北版	1930-02-06	1	01단	簡保取扱ひを內鮮共通に福岡釜山間電話は六年度でないと開通せぬ山本遞信局長談
184102	朝鮮朝日	西北版	1930-02-06	1	02단	元山の移出米
184103	朝鮮朝日	西北版	1930-02-06	1	03단	朝鮮電興の大量出炭計劃の諸工事年末には竣工
184104	朝鮮朝日	西北版	1930-02-06	1	03단	朝鮮海峽は稀有の大時化各連絡船缺航
184105	朝鮮朝日	西北版	1930-02-06	1	04단	訪日機來鮮日割略きまる
184106	朝鮮朝日	西北版	1930-02-06	1	04단	等外米移出意外にすくない特例が徹底せぬ爲か漸次增加の見込み
184107	朝鮮朝日	西北版	1930-02-06	1	05단	元山商業の珠算競技會
184108	朝鮮朝日	西北版	1930-02-06	1	05단	『警察から逃走しても何等の制裁がない』この判決は困ると檢事から控訴さてどんな判決が下る？
184109	朝鮮朝日	西北版	1930-02-06	1	06단	平南の植樹計劃三月中旬から一齊に植付け
184110	朝鮮朝日	西北版	1930-02-06	1	06단	候補者續出定員の五倍愈々白熱化して來た平南道評議員選擧

일련번호	판명		간행일	면	단수	기사명
184111	朝鮮朝日	西北版	1930-02-06	1	06단	教員の志願が今年は激増
184112	朝鮮朝日	西北版	1930-02-06	1	08단	産業合理化に各種の調査實施各工場の職工數等につき平南道産業課の試み
184113	朝鮮朝日	西北版	1930-02-06	1	08단	北海道から乾明太漁獲高減少で供給方を仰ぐ
184114	朝鮮朝日	西北版	1930-02-06	1	08단	百貨店や大商店の値下偵察戰深刻な不況の現れ
184115	朝鮮朝日	西北版	1930-02-06	1	09단	子供連れの強盗に若い女襲はる
184116	朝鮮朝日	西北版	1930-02-06	1	09단	八本の針を內臟に刺し遂に卽死さす
184117	朝鮮朝日	西北版	1930-02-06	1	09단	學科の出題はなるべく平易に內申に重きを置かぬ京城各中等校の方針
184118	朝鮮朝日	西北版	1930-02-06	1	10단	腹部貫通の銃創を受く鐵血團のため
184119	朝鮮朝日	西北版	1930-02-06	1	10단	大池氏の葬儀雨中の盛儀
184120	朝鮮朝日	西北版	1930-02-06	1	10단	「藝術斥候」を創刊
184121	朝鮮朝日	西北版	1930-02-06	1	10단	半島茶話
184122	朝鮮朝日	南鮮版	1930-02-06	1	01단	まるで嵐のやうに襲ひ來る不良學生團の横行『誤りのないやうに十分注意してゐます不良學生はゐないやうです』各學校の生徒監は口を揃へて否認す/學生の暴力化に善後策を協議す專門校の生徒監を集めて頭を痛める總督府/校長の意見を求めた上で取締方針決定生徒監側協議
184123	朝鮮朝日	南鮮版	1930-02-06	1	01단	トーキー檢閱の完全な設備がなく本府の檢閱官てこずる朝鮮ではまだトーキーは受けぬ
184124	朝鮮朝日	南鮮版	1930-02-06	1	01단	簡保取扱ひを內鮮共通に福岡釜山間電話は六年度でないと開通せぬ/山本遞信局長談
184125	朝鮮朝日	南鮮版	1930-02-06	1	02단	等外米移出意外にすくない特例が徹底せぬ爲か漸次增加の見込み
184126	朝鮮朝日	南鮮版	1930-02-06	1	04단	仁川港內浚渫費增額要請を決議商議評議員會
184127	朝鮮朝日	南鮮版	1930-02-06	1	04단	３０年型の京城の匂ひ(９)/こゝで出來るカクテル三百種百パーセントの味覺の尖端高踏的な耽美的な唯一つの酒場
184128	朝鮮朝日	南鮮版	1930-02-06	1	05단	仁川商議の副會頭選擧太田氏當選す
184129	朝鮮朝日	南鮮版	1930-02-06	1	05단	百貨店や大商店の値下偵察戰深刻な不況の現れ

일련번호	판명		간행일	면	단수	기사명
184130	朝鮮朝日	南鮮版	1930-02-06	1	06단	『警察から逃走しても何等の制裁がない』この判決は困ると檢事から控訴さてどんな判決が下る？
184131	朝鮮朝日	南鮮版	1930-02-06	1	07단	大邱中野球部後援會組織
184132	朝鮮朝日	南鮮版	1930-02-06	1	07단	朝鮮海峽は稀有の大時化各連絡船缺航
184133	朝鮮朝日	南鮮版	1930-02-06	1	08단	金海農補校またも騒ぐ
184134	朝鮮朝日	南鮮版	1930-02-06	1	08단	訪日機來鮮日割略きまる
184135	朝鮮朝日	南鮮版	1930-02-06	1	09단	慶北評議會
184136	朝鮮朝日	南鮮版	1930-02-06	1	09단	大邱醫院の山梨氏の額何者かゝ破棄
184137	朝鮮朝日	南鮮版	1930-02-06	1	10단	入院患者の所爲山梨大將の扁額破棄
184138	朝鮮朝日	南鮮版	1930-02-06	1	10단	白川陸軍大將
184139	朝鮮朝日	南鮮版	1930-02-06	1	10단	大池氏の葬儀雨中の盛儀
184140	朝鮮朝日	南鮮版	1930-02-06	1	10단	電話機を盗む
184141	朝鮮朝日	南鮮版	1930-02-06	1	10단	「藝術斥候」を創刊
184142	朝鮮朝日	南鮮版	1930-02-06	1	10단	キネマ便り
184143	朝鮮朝日	南鮮版	1930-02-06	1	10단	人(山本遞信局長/恩田朝郵社長/野村治一郎氏(北日本汽船社長)/丹下郁太郎氏(京畿道警務課長))
184144	朝鮮朝日	南鮮版	1930-02-06	1	10단	半島茶話
184145	朝鮮朝日	西北・南鮮版	1930-02-06	2	01단	農家の總ての物を寫眞に撮り何か統一したあらはれを攝み將來の參考とする
184146	朝鮮朝日	西北・南鮮版	1930-02-06	2	02단	橫合運側の要求は實現困難成行を頗る注目さる運送合同會社の成立
184147	朝鮮朝日	西北・南鮮版	1930-02-06	2	03단	地稅增額で諸稅賦課に相當動搖か
184148	朝鮮朝日	西北・南鮮版	1930-02-06	2	03단	釜山行發送の米は今後引換證發行從來の不備を除くため當業者が協議決定
184149	朝鮮朝日	西北・南鮮版	1930-02-06	2	03단	赤十字病院內に乳兒健康相談所無料ですお出下さい愛國婦人會朝鮮本部が設く
184150	朝鮮朝日	西北・南鮮版	1930-02-06	2	04단	京城劇場の再興を計劃
184151	朝鮮朝日	西北・南鮮版	1930-02-06	2	04단	退職役員に記念品贈呈
184152	朝鮮朝日	西北・南鮮版	1930-02-06	2	04단	京城
184153	朝鮮朝日	西北版	1930-02-07	1	01단	朝鮮の基督教に又復內訌起り外人宣教師排斥のため朝鮮耶蘇教會を組織
184154	朝鮮朝日	西北版	1930-02-07	1	01단	公會堂新築と公設質屋實現かなかなか新事業もできぬ元山府の新豫算
184155	朝鮮朝日	西北版	1930-02-07	1	01단	咸南道の豫算案前年よりも七萬七千圓減少
184156	朝鮮朝日	西北版	1930-02-07	1	01단	醫療機關の普及が急務鴨綠江地方に平安北道の醫師調べ

일련번호	판명		간행일	면	단수	기사명
184157	朝鮮朝日	西北版	1930-02-07	1	02단	城津の生牛移出
184158	朝鮮朝日	西北版	1930-02-07	1	02단	コンディション惡く選手達の保持する記録を破り得なかったのは殘念だ滿鮮氷上競技大會の回顧/氷上競技會/スケート
184159	朝鮮朝日	西北版	1930-02-07	1	03단	輸入從量税換算の要望
184160	朝鮮朝日	西北版	1930-02-07	1	03단	林檎檢查規則をどう解決するか目下の粉糾に對して平南道當局と當業者協議
184161	朝鮮朝日	西北版	1930-02-07	1	04단	修養早起會
184162	朝鮮朝日	西北版	1930-02-07	1	04단	紀元節拜賀式
184163	朝鮮朝日	西北版	1930-02-07	1	04단	兒童珠算競技會
184164	朝鮮朝日	西北版	1930-02-07	1	05단	緊縮風を吹飛す平壤の舊正月
184165	朝鮮朝日	西北版	1930-02-07	1	05단	保安課長の椅子岸川、松岡の兩氏の中から署長異動も行はれる多事な咸南道警察界
184166	朝鮮朝日	西北版	1930-02-07	1	06단	豚肉と白米を極貧者へ惠む靑年團の美擧
184167	朝鮮朝日	西北版	1930-02-07	1	06단	毆り所が惡く死に致らす
184168	朝鮮朝日	西北版	1930-02-07	1	06단	小作農耕地面積逐年增してゐる耕地面積を調查した平北道農務課
184169	朝鮮朝日	西北版	1930-02-07	1	07단	大仕掛の密輸一味が捕る
184170	朝鮮朝日	西北版	1930-02-07	1	07단	お茶のあと
184171	朝鮮朝日	西北版	1930-02-07	1	08단	國境漫語
184172	朝鮮朝日	西北版	1930-02-07	1	08단	學生事件の大公判十二三兩日光州で開かれる
184173	朝鮮朝日	西北版	1930-02-07	1	08단	煙草密輸を嚴重取締る
184174	朝鮮朝日	西北版	1930-02-07	1	08단	三人組の支那人强盗
184175	朝鮮朝日	西北版	1930-02-07	1	08단	元巡查ら强盗團餘罪
184176	朝鮮朝日	西北版	1930-02-07	1	09단	普通校全燒
184177	朝鮮朝日	西北版	1930-02-07	1	09단	元大學生が竊盗を働く
184178	朝鮮朝日	西北版	1930-02-07	1	09단	白川前陸相が兵卒の死を悼み香典を贈り靈を慰む
184179	朝鮮朝日	西北版	1930-02-07	1	09단	船火事で乞食燒死
184180	朝鮮朝日	西北版	1930-02-07	1	09단	手長給仕捕まる
184181	朝鮮朝日	西北版	1930-02-07	1	10단	諸博禁止の組合を組織
184182	朝鮮朝日	西北版	1930-02-07	1	10단	もよほし(山田新一氏講演)
184183	朝鮮朝日	西北版	1930-02-07	1	10단	人(久山平南道警務課長/石田平南道警察部長/松本檢事)
184184	朝鮮朝日	西北版	1930-02-07	1	10단	牡丹台野話

일련번호	판명		간행일	면	단수	기사명
184185	朝鮮朝日	南鮮版	1930-02-07	1	01단	惡いのは？女給？學生？純情を好餌として女給を釣る薄兒の群享樂本位から學生を誘惑する女給 取敢ずカフェーを改善/飛んだ言ひ掛りで甚だ迷惑だ裸體調べの噂に對し本町署長憤然かたる/カフェーに通ふ學生めつきり減る當業者も當局者も結局幸ひだと喜ぶ
184186	朝鮮朝日	南鮮版	1930-02-07	1	01단	朝鮮の基督教に又復內訌起り外人宣教師排斥のため朝鮮耶蘇教會を組織
184187	朝鮮朝日	南鮮版	1930-02-07	1	01단	お寺の財政が明確に判る總督府で漸次指導し教化の實を擧げさす
184188	朝鮮朝日	南鮮版	1930-02-07	1	02단	新議員の顔觸は一新されるか早くも運動開始の噂さ慶南道評議員選擧
184189	朝鮮朝日	南鮮版	1930-02-07	1	03단	署長らの奔走で圓滿に解決學祖管理者
184190	朝鮮朝日	南鮮版	1930-02-07	1	04단	鰯の加工品製造を獎勵慶北産業課が大童で需要はほとんど無限
184191	朝鮮朝日	南鮮版	1930-02-07	1	04단	守備隊の設置は明言出來ない白川大將語る
184192	朝鮮朝日	南鮮版	1930-02-07	1.	04단	大學卒業生の採用者詮衡
184193	朝鮮朝日	南鮮版	1930-02-07	1	05단	三月中には改訂賃金實施となるか慶南の自動車
184194	朝鮮朝日	南鮮版	1930-02-07	1	05단	水稻優良品種の普及着々效果を收む五年度の國費補助は(一段當り一圓六十五錢)
184195	朝鮮朝日	南鮮版	1930-02-07	1	05단	郵便切手類の自動販賣機京城に据付る
184196	朝鮮朝日	南鮮版	1930-02-07	1	06단	福士氏外遊
184197	朝鮮朝日	南鮮版	1930-02-07	1	06단	ラグビー恩人內藤技師退職す
184198	朝鮮朝日	南鮮版	1930-02-07	1	07단	本町署長と會見し諒解を求める醫專生徒監談
184199	朝鮮朝日	南鮮版	1930-02-07	1	07단	學科の出題はなるべく平易に內申に重きを置かぬ京城各中等校の方針
184200	朝鮮朝日	南鮮版	1930-02-07	1	07단	お茶のあと
184201	朝鮮朝日	南鮮版	1930-02-07	1	08단	釜山の火事
184202	朝鮮朝日	南鮮版	1930-02-07	1	08단	またまた怠業狀態大邱籾摺人夫
184203	朝鮮朝日	南鮮版	1930-02-07	1	08단	中小農家の手許米殆ど處分濟み暖かくなったその懷今後は大地主の處分
184204	朝鮮朝日	南鮮版	1930-02-07	1	09단	學生事件の大公判十二三兩日光州で開かれる
184205	朝鮮朝日	南鮮版	1930-02-07	1	09단	船舶用品を巧みに橫領朝郵釜山支店某係主任等の不正事件暴露？

일련번호	판명		간행일	면	단수	기사명
184206	朝鮮朝日	南鮮版	1930-02-07	1	10단	各被告控訴大邱土木疑獄
184207	朝鮮朝日	南鮮版	1930-02-07	1	10단	爭議首謀者身柄を送局
184208	朝鮮朝日	南鮮版	1930-02-07	1	10단	貨物自動車少年を轢殺
184209	朝鮮朝日	南鮮版	1930-02-07	1	10단	人(多田榮吉氏(新義州實業家)/中野藤次氏(新慶南警務課長)/丹下郁太郎氏(京畿道警務課長)/松本專賣局長/厚地法人氏(財務局事務官)/石川登盛氏(平北道知事))
184210	朝鮮朝日	南鮮版	1930-02-07	1	10단	半島茶話
184211	朝鮮朝日	西北・南鮮版	1930-02-07	2	01단	傳染病の撲滅には水道水の普及が急來年度末迄に擴張工事も完成衛生に力を注ぐ京城府
184212	朝鮮朝日	西北・南鮮版	1930-02-07	2	01단	輸出入ともに前年より減少す一月中の外國貿易
184213	朝鮮朝日	西北・南鮮版	1930-02-07	2	01단	馬鈴薯の共同苗床發芽不成績
184214	朝鮮朝日	西北・南鮮版	1930-02-07	2	01단	京南鐵道の水東里進出容易に決せぬ
184215	朝鮮朝日	西北・南鮮版	1930-02-07	2	01단	平安北道の柞蠶飼育調査
184216	朝鮮朝日	西北・南鮮版	1930-02-07	2	01단	小作官會議
184217	朝鮮朝日	西北・南鮮版	1930-02-07	2	02단	高給者整理
184218	朝鮮朝日	西北・南鮮版	1930-02-07	2	02단	不景氣な圓タク利用者が少なくて大こぼし
184219	朝鮮朝日	西北・南鮮版	1930-02-07	2	03단	第二回ラヂオ大學講座
184220	朝鮮朝日	西北・南鮮版	1930-02-07	2	03단	二萬町步の大水利計劃旱水害地の咸悅地方に小倉技師等調査開始
184221	朝鮮朝日	西北・南鮮版	1930-02-07	2	04단	各地だより(春川/群山/公州/大田)
184222	朝鮮朝日	西北版	1930-02-08	1	01단	DKの失敗の數々冥土行とも知らず僞小金井蘆洲を摑むわれを忘れた渡邊翁スタヂオで拍手啼かぬ鶯にファンの惡酒落
184223	朝鮮朝日	西北版	1930-02-08	1	01단	京畿道警察部も棄てゝ置けず事件眞相の調査に着手學生取調事件重大化す/若し警察側に失態あらば態度を明らかにする 武部學務局長は語る
184224	朝鮮朝日	西北版	1930-02-08	1	02단	江界管內の煙草賣上高
184225	朝鮮朝日	西北版	1930-02-08	1	03단	鑛業試驗所を淸津か羅南に新設
184226	朝鮮朝日	西北版	1930-02-08	1	03단	輸入材投賣で鴨綠江材大打擊輸入の防遏と販路擴張が關係方面で考究
184227	朝鮮朝日	西北版	1930-02-08	1	04단	露國から持歸った金はおよそ十一萬圓
184228	朝鮮朝日	西北版	1930-02-08	1	05단	平壤の湯屋値下を研究
184229	朝鮮朝日	西北版	1930-02-08	1	05단	本社機義勇號の寫眞賣出さる

일련번호	판명		간행일	면	단수	기사명
184230	朝鮮朝日	西北版	1930-02-08	1	06단	一頭の鹿を五名が逐ふ有力者續々と出馬す江界の道評議員改選
184231	朝鮮朝日	西北版	1930-02-08	1	06단	故後藤驛長の記念碑建立永久に其德を稱へる内鮮人が一致協力し
184232	朝鮮朝日	西北版	1930-02-08	1	07단	屬任用試驗
184233	朝鮮朝日	西北版	1930-02-08	1	07단	課稅價格の算出方法決定す輸入港の卸賣市價を基礎に安東海關と輸入稅/輸入稅の金建に疑義安東商議所が商務官に照會
184234	朝鮮朝日	西北版	1930-02-08	1	07단	流浪する露國人依然として多い
184235	朝鮮朝日	西北版	1930-02-08	1	08단	國境漫語
184236	朝鮮朝日	西北版	1930-02-08	1	08단	平壤府と建國祭
184237	朝鮮朝日	西北版	1930-02-08	1	08단	咸興聯隊の模擬戰國防記念日を卜して盛大に
184238	朝鮮朝日	西北版	1930-02-08	1	08단	平安北道に牛疫發生す
184239	朝鮮朝日	西北版	1930-02-08	1	08단	視學の令孃殿らる訪問した朝鮮人のために
184240	朝鮮朝日	西北版	1930-02-08	1	09단	カトリック教徒と佛教徒の爭ひキリストの禮讚をやれば弘法大師を讚へる裁判官もてこずる
184241	朝鮮朝日	西北版	1930-02-08	1	10단	自宅に放火
184242	朝鮮朝日	西北版	1930-02-08	1	10단	嬰兒を蹴殺す
184243	朝鮮朝日	西北版	1930-02-08	1	10단	劇と映畵/平壤偕樂館
184244	朝鮮朝日	西北版	1930-02-08	1	10단	人(有木平壤局監督課長)
184245	朝鮮朝日	西北版	1930-02-08	1	10단	牡丹台野話
184246	朝鮮朝日	南鮮版	1930-02-08	1	01단	DKの失敗の數々冥土行とも知らず偏小金井蘆洲を摑むわれを忘れた渡邊翁スタヂオで拍手啼かぬ鶯にファンの惡酒落
184247	朝鮮朝日	南鮮版	1930-02-08	1	01단	京畿道警察部も棄てゝ置けず事件眞相の調査に着手學生取調事件重大化す/若し警察側に失態あらば態度を明らかにする 武部學務局長は語る
184248	朝鮮朝日	南鮮版	1930-02-08	1	02단	西海岸も好適地金後海苔の生産高激增せん
184249	朝鮮朝日	南鮮版	1930-02-08	1	03단	旱害民に低資を融通/道內の金融組合から慶南の救濟對策
184250	朝鮮朝日	南鮮版	1930-02-08	1	03단	３０年型の京城の匂ひ(１０)/氷上に蝟集する活字の群の旋回その遺棄物を漁る家なき人二律背反のなかに漂ふ京城の匂ひ

일련번호	판명		간행일	면	단수	기사명
184251	朝鮮朝日	南鮮版	1930-02-08	1	04단	營林署長會議
184252	朝鮮朝日	南鮮版	1930-02-08	1	05단	慶尙合銀の改革派作戰臨時總會で
184253	朝鮮朝日	南鮮版	1930-02-08	1	06단	赤崎半島に石油倉庫をテキサスが建設
184254	朝鮮朝日	南鮮版	1930-02-08	1	06단	慶北漁業資金回收の對策
184255	朝鮮朝日	南鮮版	1930-02-08	1	06단	大池氏の後に誰を選任するか注目さるゝ朝郵取締役改定時總會で決める
184256	朝鮮朝日	南鮮版	1930-02-08	1	07단	山林に施肥し成長を促す
184257	朝鮮朝日	南鮮版	1930-02-08	1	07단	鰊漁不漁で漁民の窮乏豫想外に深刻
184258	朝鮮朝日	南鮮版	1930-02-08	1	07단	選擧の結果をDKで放送
184259	朝鮮朝日	南鮮版	1930-02-08	1	08단	株主の告訴で慶南印刷社長釜山署に引致
184260	朝鮮朝日	南鮮版	1930-02-08	1	08단	新民府の頭目金佐鎭射殺さる文治派に壓迫されて放浪中反對派のため
184261	朝鮮朝日	南鮮版	1930-02-08	1	08단	十年前の殺人事件犯人捕まる
184262	朝鮮朝日	南鮮版	1930-02-08	1	09단	各方面に痘瘡流行一般に御注意
184263	朝鮮朝日	南鮮版	1930-02-08	1	09단	カトリック教徒と佛教徒の爭ひキリストの禮讚をやれば弘法大師を讚へる裁判官もてこずる
184264	朝鮮朝日	南鮮版	1930-02-08	1	10단	籾摺人夫爭議再燃目下解決困難
184265	朝鮮朝日	南鮮版	1930-02-08	1	10단	人(井上收氏(極東時報社長)/渡邊山林部長/齊藤總督)
184266	朝鮮朝日	南鮮版	1930-02-08	1	10단	半島茶話
184267	朝鮮朝日	西北・南鮮版	1930-02-08	2	01단	各地だより(裡里/木浦/平壤)
184268	朝鮮朝日	西北・南鮮版	1930-02-08	2	01단	大學卒業生が小學校の教員に學校を出ても仕事がない全く就職難時代
184269	朝鮮朝日	西北・南鮮版	1930-02-08	2	01단	龜ノ尾米一千石取引規約纏る大阪で見本展
184270	朝鮮朝日	西北・南鮮版	1930-02-08	2	01단	雫の聲
184271	朝鮮朝日	西北・南鮮版	1930-02-08	2	02단	普通學校用の改訂教科書
184272	朝鮮朝日	西北・南鮮版	1930-02-08	2	02단	輸入稅金建海關へ通告
184273	朝鮮朝日	西北・南鮮版	1930-02-08	2	03단	朝鮮窒素製造高本年十五萬噸
184274	朝鮮朝日	西北・南鮮版	1930-02-08	2	03단	再製鹽業者には原料を原價で提供して便宜を圖る松本專賣局長釜山で語る
184275	朝鮮朝日	西北・南鮮版	1930-02-08	2	04단	京城電車も急行運轉目下準備中東大門京城驛間僅かに二十分
184276	朝鮮朝日	西北・南鮮版	1930-02-08	2	04단	大邱練兵場で不時着試驗
184277	朝鮮朝日	西北・南鮮版	1930-02-08	2	04단	家族二割の値下
184278	朝鮮朝日	西北版	1930-02-09	1	01단	朝鮮米の實收高前年に比し一分四釐增收

일련번호	판명		간행일	면	단수	기사명
184279	朝鮮朝日	西北版	1930-02-09	1	01단	生産地に農倉を集散地に商倉經營主體が問題となる目下各種の立案を急ぐ
184280	朝鮮朝日	西北版	1930-02-09	1	01단	成績如何で二店を設く元山府營公設質屋の原案の起稿をいそぐ
184281	朝鮮朝日	西北版	1930-02-09	1	01단	飛行機の有難さ大阪の實母の死目にあへた話
184282	朝鮮朝日	西北版	1930-02-09	1	01단	魚油タンク設置場所決る
184283	朝鮮朝日	西北版	1930-02-09	1	02단	降雹被害の罹災民救濟好成績を擧ぐ
184284	朝鮮朝日	西北版	1930-02-09	1	02단	見るも恐ろしい飛行機用の爆彈
184285	朝鮮朝日	西北版	1930-02-09	1	03단	公益事業の紹介宣傳に力を注ぐ平壤府
184286	朝鮮朝日	西北版	1930-02-09	1	03단	靑訓の普及
184287	朝鮮朝日	西北版	1930-02-09	1	04단	電料値下で明るい街に軒燈門燈の使用を一般に獎勵
184288	朝鮮朝日	西北版	1930-02-09	1	04단	六萬圓を投じ變電所を新設す船電の動力供給權買收から平壤の送電增加準備
184289	朝鮮朝日	西北版	1930-02-09	1	04단	生産能力の縮小を嘆願山林部長へ製材業者が
184290	朝鮮朝日	西北版	1930-02-09	1	04단	敷地も解決しちかく着工平壤師新校舍
184291	朝鮮朝日	西北版	1930-02-09	1	05단	昨年中賣揚高八十萬圓平壤の各市場
184292	朝鮮朝日	西北版	1930-02-09	1	05단	お茶のあと
184293	朝鮮朝日	西北版	1930-02-09	1	05단	御下賜金と從軍記章十年ぶりで本人に傳達さる
184294	朝鮮朝日	西北版	1930-02-09	1	05단	侮辱を受けたと學校側では主張し警察側はあくまで否認雙方對峙して一步もゆづらない
184295	朝鮮朝日	西北版	1930-02-09	1	06단	實にみすぼらしい清津の公設市場
184296	朝鮮朝日	西北版	1930-02-09	1	06단	朝鮮で最初の女の衛生學博士人種別の成長差異の論文通過平壤の宋福信さん
184297	朝鮮朝日	西北版	1930-02-09	1	08단	國境漫語
184298	朝鮮朝日	西北版	1930-02-09	1	08단	カフェーの內情調査
184299	朝鮮朝日	西北版	1930-02-09	1	08단	基地や戒名も準備し朝鮮の爲に働く老後を捧げる士屋氏感激した卒業生達の美擧
184300	朝鮮朝日	西北版	1930-02-09	1	08단	初發以來十三頭平北の牛疫は蔓延の兆見ゆ
184301	朝鮮朝日	西北版	1930-02-09	1	08단	三千圓の金庫泥棒豪奢な生活から犯行ばれる
184302	朝鮮朝日	西北版	1930-02-09	1	09단	牡丹台野話
184303	朝鮮朝日	西北版	1930-02-09	1	10단	ペスト類似の惡疫を警戒

일련번호	판명		간행일	면	단수	기사명
184304	朝鮮朝日	西北版	1930-02-09	1	10단	痘瘡發生す
184305	朝鮮朝日	西北版	1930-02-09	1	10단	全鮮にわたるスキー大會ちかく催す
184306	朝鮮朝日	西北版	1930-02-09	1	10단	もよほし(平北道評議會)
184307	朝鮮朝日	西北版	1930-02-09	1	10단	人(中野俊助氏(新海州地方法院檢事正)/伊吹震氏(大日本製糖取締役)/吉郎新咸南警務課長/久山新平南警務課長/福田甚二郎氏(新任京城地方法院檢事)/出射一郎少將(第二十師團軍醫部長))
184308	朝鮮朝日	南鮮版	1930-02-09	1	01단	第一次學生騷擾事件の黑幕となって操った高麗共産青年會學生前衛同盟の一味卅五名起訴ときまる/起訴者氏名/共産主義學生を學校に配屬せしめ 極力學生の赤化に努む恐るべき學生前衛同盟の畫策/新幹會と協力學生を煽動未曾有の騷動を起し第二次騷動の因をなす
184309	朝鮮朝日	南鮮版	1930-02-09	1	03단	救濟事業は何處も着々進捗スピード初巡視を終へて林慶北知事の談
184310	朝鮮朝日	南鮮版	1930-02-09	1	03단	朝鮮米の實收高前年に比し一分四釐增收
184311	朝鮮朝日	南鮮版	1930-02-09	1	04단	初等教員大異動教育界刷新のため行ふ
184312	朝鮮朝日	南鮮版	1930-02-09	1	04단	慶南道評議員會
184313	朝鮮朝日	南鮮版	1930-02-09	1	05단	商業倉庫の必要を認め制定方陳情
184314	朝鮮朝日	南鮮版	1930-02-09	1	05단	飛行機の有難さ大阪の實母の死目にあへた話
184315	朝鮮朝日	南鮮版	1930-02-09	1	05단	カフェーの內情調査
184316	朝鮮朝日	南鮮版	1930-02-09	1	06단	生産地に農倉を集散地に商倉經營主體が問題となる目下各種の立案を急ぐ
184317	朝鮮朝日	南鮮版	1930-02-09	1	06단	『めぐまれぬ軍隊への慰問がなにより必要である』白川大將の視察談
184318	朝鮮朝日	南鮮版	1930-02-09	1	06단	煙草密耕作嚴重取締る
184319	朝鮮朝日	南鮮版	1930-02-09	1	06단	教員の志願が今年は激增
184320	朝鮮朝日	南鮮版	1930-02-09	1	07단	漫然たる求職者が漸く減退す學歷ある求職者目立つ釜山職業紹介所の現象
184321	朝鮮朝日	南鮮版	1930-02-09	1	07단	上野教授送別音樂演奏會十一日に催す
184322	朝鮮朝日	南鮮版	1930-02-09	1	08단	緊縮の爲編成難學校組合豫算
184323	朝鮮朝日	南鮮版	1930-02-09	1	08단	慶南地方は自動車地獄現出制限規定をまうけて緩和を圖る當局
184324	朝鮮朝日	南鮮版	1930-02-09	1	08단	重要生産品の卽賣會開催釜山商議所
184325	朝鮮朝日	南鮮版	1930-02-09	1	09단	暖かくて自動車屋大喜び
184326	朝鮮朝日	南鮮版	1930-02-09	1	09단	普通校に不穩文書犯人捕はる

일련번호	판명		간행일	면	단수	기사명
184327	朝鮮朝日	南鮮版	1930-02-09	1	09단	入學案內
184328	朝鮮朝日	南鮮版	1930-02-09	1	09단	曾山城趾を櫻の名所に仙台人會計劃
184329	朝鮮朝日	南鮮版	1930-02-09	1	10단	警察からの逃走は前審を覆し結局有罪となる
184330	朝鮮朝日	南鮮版	1930-02-09	1	10단	訴訟に絡んで嬰兒を殺す
184331	朝鮮朝日	南鮮版	1930-02-09	1	10단	人(伊森明治氏(殖銀祕書課長)/白川義則大將(軍事參議官)/永井拓務事務官)
184332	朝鮮朝日	南鮮版	1930-02-09	1	10단	半島茶話
184333	朝鮮朝日	西北・南鮮版	1930-02-09	2	01단	簡保取扱ひ內鮮共通は成案を得省議通過近く實行の運び
184334	朝鮮朝日	西北・南鮮版	1930-02-09	2	01단	家畜風土病も研究したい福島技師語る
184335	朝鮮朝日	西北・南鮮版	1930-02-09	2	01단	全南道評議會
184336	朝鮮朝日	西北・南鮮版	1930-02-09	2	01단	『白蘭堂の死』人氣を呼ぶかDKの記念放送
184337	朝鮮朝日	西北・南鮮版	1930-02-09	2	02단	畜産大會決議解決促進を總督府に陳情
184338	朝鮮朝日	西北・南鮮版	1930-02-09	2	02단	畿內早生十四號全北道は獎勵種として採用
184339	朝鮮朝日	西北・南鮮版	1930-02-09	2	02단	裡里高女の寄宿舍移轉
184340	朝鮮朝日	西北・南鮮版	1930-02-09	2	03단	温さ續さで海苔が腐敗五割減の慘狀
184341	朝鮮朝日	西北・南鮮版	1930-02-09	2	03단	檢査規則廢止に反對の業者も續々出て愈よ紛糾平南蘋果檢査問題
184342	朝鮮朝日	西北・南鮮版	1930-02-09	2	04단	各地だより(京城/新義州/咸興/元山)
184343	朝鮮朝日	西北版	1930-02-11	1	01단	影響は受けてゐるが內地程深刻でない生絲の大暴落に對し朝鮮蠶絲會の調べ
184344	朝鮮朝日	西北版	1930-02-11	1	01단	有望視される大金鑛發見北斗日面と極洞に採掘に目下準備中
184345	朝鮮朝日	西北版	1930-02-11	1	01단	平南道毛皮の昨年製産高
184346	朝鮮朝日	西北版	1930-02-11	1	01단	天王金山株式組織に
184347	朝鮮朝日	西北版	1930-02-11	1	02단	森岡警務局長國境を視察
184348	朝鮮朝日	西北版	1930-02-11	1	02단	民警懇談會
184349	朝鮮朝日	西北版	1930-02-11	1	02단	朝鮮遞信事業の國寶的存在たる京城局の竹本田村二氏一人は三十七年間一人は二十七年間孜々として働きとほす興味の深い二人の話
184350	朝鮮朝日	西北版	1930-02-11	1	03단	製材業者が種々の陳情山林部長に
184351	朝鮮朝日	西北版	1930-02-11	1	04단	頗る瀟洒なモダーン構造船空會社平壤出張所
184352	朝鮮朝日	西北版	1930-02-11	1	05단	辭令(一月三十日付)
184353	朝鮮朝日	西北版	1930-02-11	1	06단	國境漫語

일련번호	판명		간행일	면	단수	기사명
184354	朝鮮朝日	西北版	1930-02-11	1	06단	平北評議會
184355	朝鮮朝日	西北版	1930-02-11	1	06단	淸津昨年の貿易高
184356	朝鮮朝日	西北版	1930-02-11	1	07단	船橋里に小學校新設の計劃
184357	朝鮮朝日	西北版	1930-02-11	1	07단	警備狀況視察
184358	朝鮮朝日	西北版	1930-02-11	1	07단	道議の定員を一名增員すべく平壤府から總督府へこれが認可を申請す
184359	朝鮮朝日	西北版	1930-02-11	1	07단	平北の米作前年より減收
184360	朝鮮朝日	西北版	1930-02-11	1	07단	大同江の天然水前年より減少
184361	朝鮮朝日	西北版	1930-02-11	1	08단	平壤愛婦改革を斷行
184362	朝鮮朝日	西北版	1930-02-11	1	08단	雄基無盡社總會
184363	朝鮮朝日	西北版	1930-02-11	1	08단	いよいよ迫る道評議改選候補者續出
184364	朝鮮朝日	西北版	1930-02-11	1	08단	平北道內訓導の異動
184365	朝鮮朝日	西北版	1930-02-11	1	09단	猩紅熱猖獗す鎭南浦地方
184366	朝鮮朝日	西北版	1930-02-11	1	09단	放校生は轉校も許さぬ方針
184367	朝鮮朝日	西北版	1930-02-11	1	09단	持兇器强盜
184368	朝鮮朝日	西北版	1930-02-11	1	09단	雪の國境へ警察部長巡視
184369	朝鮮朝日	西北版	1930-02-11	1	09단	流行性腦炎咸南に發生
184370	朝鮮朝日	西北版	1930-02-11	1	09단	五圓の僞紙幣發見
184371	朝鮮朝日	西北版	1930-02-11	1	10단	嬰兒の死體
184372	朝鮮朝日	西北版	1930-02-11	1	10단	仁川の强盜
184373	朝鮮朝日	西北版	1930-02-11	1	10단	武道大會
184374	朝鮮朝日	西北版	1930-02-11	1	10단	もよほし(咸南道署長會議/鎭南浦商工學校第十二回卒業式)
184375	朝鮮朝日	西北版	1930-02-11	1	10단	人(矢橋良胤氏(前平毎副社長)/本島文市氏(平壤地方法院檢事)/橋本恒五郎氏(新義州地方法院檢事)/天日當次郎氏(鮮米協會々長)/南車司令官))
184376	朝鮮朝日	西北版	1930-02-11	1	10단	牡丹台野話
184377	朝鮮朝日	南鮮版	1930-02-11	1	01단	影響は受けてゐるが內地程深刻でない生絲の大暴落に對し朝鮮蠶絲會の調べ
184378	朝鮮朝日	南鮮版	1930-02-11	1	01단	遂に決裂し九十餘名を解雇運搬人夫も同情罷業大邱籾摺人夫爭議
184379	朝鮮朝日	南鮮版	1930-02-11	1	01단	一語も洩さず明瞭に聞えた若槻全權の放送DKでも大成功
184380	朝鮮朝日	南鮮版	1930-02-11	1	01단	慶南の米實收旱害で減收
184381	朝鮮朝日	南鮮版	1930-02-11	1	02단	朝鮮遞信事業の國寶的存在たる京城局の竹本田村二氏一人は三十七年間一人は二十七年間孜々として働きとほす興味の深い二人の話

일련번호	판명		간행일	면	단수	기사명
184382	朝鮮朝日	南鮮版	1930-02-11	1	03단	京城慈濟院へ助成金交附慶福會から
184383	朝鮮朝日	南鮮版	1930-02-11	1	04단	慶南水産會總會終る
184384	朝鮮朝日	南鮮版	1930-02-11	1	04단	福浦檢疫所牛舍の擴張は困難らしい情報に繫留期間短縮陳情
184385	朝鮮朝日	南鮮版	1930-02-11	1	04단	小作調停法立案の準備
184386	朝鮮朝日	南鮮版	1930-02-11	1	05단	早害で減收の昨年米實收
184387	朝鮮朝日	南鮮版	1930-02-11	1	06단	盛んな仁川デー齋藤總督も參列す
184388	朝鮮朝日	南鮮版	1930-02-11	1	06단	歷史教科書も改訂を斷行生々しい爭鬪記述を省いて文化史に直す
184389	朝鮮朝日	南鮮版	1930-02-11	1	07단	水力調査打切で三月限廢課十三名解職
184390	朝鮮朝日	南鮮版	1930-02-11	1	07단	穀物組合長は井谷氏に決定か水産會社後任社長は結局香椎氏となるか
184391	朝鮮朝日	南鮮版	1930-02-11	1	08단	不時着陸場試驗飛行に希望者便乘
184392	朝鮮朝日	南鮮版	1930-02-11	1	08단	韓世元ら橫領事件の取調べ打切
184393	朝鮮朝日	南鮮版	1930-02-11	1	08단	朝鮮海峽は稀有の時化
184394	朝鮮朝日	南鮮版	1930-02-11	1	08단	辭令(一月三十日付)
184395	朝鮮朝日	南鮮版	1930-02-11	1	09단	七名を起訴他は起訴猶豫となる女學生の騷擾事件
184396	朝鮮朝日	南鮮版	1930-02-11	1	09단	種苗や農具の代金を詐取農林技手の惡事
184397	朝鮮朝日	南鮮版	1930-02-11	1	10단	群山の火事死傷者三名
184398	朝鮮朝日	南鮮版	1930-02-11	1	10단	仁川の強盜
184399	朝鮮朝日	南鮮版	1930-02-11	1	10단	人(佐伯弼氏(仁川稅關監視課長)/西岡芳次郎氏(本府水産課長)/天日常次郎氏(鮮米協會々長))
184400	朝鮮朝日	南鮮版	1930-02-11	1	10단	半島茶話
184401	朝鮮朝日	西北・南鮮版	1930-02-11	2	01단	ラヂオ放送で心臟の診察發達した內科の電氣療法京大教授醫學博士眞下俊一
184402	朝鮮朝日	西北・南鮮版	1930-02-11	2	01단	具穀一平上映
184403	朝鮮朝日	西北・南鮮版	1930-02-11	2	02단	歡迎され出した傳記文學出版界最近の傾向
184404	朝鮮朝日	西北・南鮮版	1930-02-11	2	04단	納稅成績の優良者表彰(優良面/功勞者)
184405	朝鮮朝日	西北・南鮮版	1930-02-11	2	04단	毒草を除いた草木を食用化す大旱地の惡食調べ慶北道農務課計劃
184406	朝鮮朝日	西北・南鮮版	1930-02-11	2	05단	雫の聲
184407	朝鮮朝日	西北・南鮮版	1930-02-11	2	05단	普通學校增設の定員補充好績
184408	朝鮮朝日	西北・南鮮版	1930-02-11	2	06단	財務事務の功勞者表彰
184409	朝鮮朝日	西北・南鮮版	1930-02-11	2	06단	篤行者表彰
184410	朝鮮朝日	西北・南鮮版	1930-02-11	2	06단	水稻獎勵品種の作柄
184411	朝鮮朝日	西北・南鮮版	1930-02-11	2	07단	滿蒙開發團の發會式擧行紀元節當日

일련번호	판명		간행일	면	단수	기사명
184412	朝鮮朝日	西北・南鮮版	1930-02-11	2	07단	各地だより(平壤/雄基/安東縣)
184413	朝鮮朝日	西北版	1930-02-12	1	01단	平壤の街頭情景
184414	朝鮮朝日	西北版	1930-02-12	1	01단	設置が確かならもちろん盡力すると齊藤總督はいはれた昭和製鋼所につき安義兩會頭語る
184415	朝鮮朝日	西北版	1930-02-12	1	01단	中等學校出が就職の心配平壤府內で巣立つ卒業生三百五十名
184416	朝鮮朝日	西北版	1930-02-12	1	02단	決意事項の實現を陳情
184417	朝鮮朝日	西北版	1930-02-12	1	02단	延着破損の損害を賠償その方法を協議
184418	朝鮮朝日	西北版	1930-02-12	1	03단	米穀倉庫設立で入庫量調査
184419	朝鮮朝日	西北版	1930-02-12	1	04단	安東小學校新築は駄目か
184420	朝鮮朝日	西北版	1930-02-12	1	04단	公職に盡した精勵者表彰
184421	朝鮮朝日	西北版	1930-02-12	1	04단	教育功勞者第八回表彰
184422	朝鮮朝日	西北版	1930-02-12	1	04단	蠶種統一に原蠶種國營を蠶絲業者から要望
184423	朝鮮朝日	西北版	1930-02-12	1	04단	昭和製鋼誘致の實現猛運動
184424	朝鮮朝日	西北版	1930-02-12	1	05단	京城記者團新義州視察
184425	朝鮮朝日	西北版	1930-02-12	1	05단	營林署の生産制限製材業者要望
184426	朝鮮朝日	西北版	1930-02-12	1	06단	平壤府廳を明るく立職す情實を廢し大革正一切の具體的調查を終る
184427	朝鮮朝日	西北版	1930-02-12	1	06단	安東輸入組好績
184428	朝鮮朝日	西北版	1930-02-12	1	06단	郡農會技術員會協議事項
184429	朝鮮朝日	西北版	1930-02-12	1	07단	暗い氣待のうちにも明るい春を迎へる食糧費等の配給を受け慶南の旱害罹災者
184430	朝鮮朝日	西北版	1930-02-12	1	07단	平壤府內湯錢値下
184431	朝鮮朝日	西北版	1930-02-12	1	07단	融和運動を積極的に同民會で進める
184432	朝鮮朝日	西北版	1930-02-12	1	07단	農業教育を女生徒にも平南で施す
184433	朝鮮朝日	西北版	1930-02-12	1	08단	牡丹台野話
184434	朝鮮朝日	西北版	1930-02-12	1	08단	府內を練り廻り宣傳ビラをまく舊正月十五日を期し平壤の家賃値下デー
184435	朝鮮朝日	西北版	1930-02-12	1	08단	假出所を許さる騷擾事件學生
184436	朝鮮朝日	西北版	1930-02-12	1	08단	口付きから兩切りへ贊澤になった煙草の賣行き
184437	朝鮮朝日	西北版	1930-02-12	1	09단	京城羅南間の試驗飛行
184438	朝鮮朝日	西北版	1930-02-12	1	09단	沿海船路全部缺航朝鮮海峽時化
184439	朝鮮朝日	西北版	1930-02-12	1	10단	鮮船會の運賃改訂結局据置か
184440	朝鮮朝日	西北版	1930-02-12	1	10단	視學令孃襲擊事件の容疑者取調
184441	朝鮮朝日	西北版	1930-02-12	1	10단	怪しい藥で少年死亡す

일련번호	판명		간행일	면	단수	기사명
184442	朝鮮朝日	西北版	1930-02-12	1	10단	人(三輪中將(大阪造兵廠長)/森末劍道教士(平南道警察部))
184443	朝鮮朝日	西北版	1930-02-12	1	10단	半島茶話
184444	朝鮮朝日	南鮮版	1930-02-12	1	01단	設置が確かならもちろん盡力すると齋藤總督はいはれた昭和製鋼所につき安義兩會頭語る
184445	朝鮮朝日	南鮮版	1930-02-12	1	01단	土幕民整理に頭を惱ます總督が京城府尹を招いて懇談を行ふ
184446	朝鮮朝日	南鮮版	1930-02-12	1	01단	有望な無煙炭田慶北で發見
184447	朝鮮朝日	南鮮版	1930-02-12	1	01단	郡農會技術員會協議事項
184448	朝鮮朝日	南鮮版	1930-02-12	1	02단	京城羅南間の試驗飛行
184449	朝鮮朝日	南鮮版	1930-02-12	1	02단	春の序曲(１)/熱情的な彼女達は互いに妍をきそふ昌慶苑植物園の溫室に咲く彼女たちのもつ特徵
184450	朝鮮朝日	南鮮版	1930-02-12	1	03단	延着破損の損害を賠償その方法を協議
184451	朝鮮朝日	南鮮版	1930-02-12	1	03단	公職に盡した精勵者表彰/教育功勞者第八回表彰/優良面區長表彰
184452	朝鮮朝日	南鮮版	1930-02-12	1	04단	明年度も十二校新設負擔に堪へ得る地方から慶南道當局の腹
184453	朝鮮朝日	南鮮版	1930-02-12	1	04단	受益稅條例は三月ごろ認可か京城府の市區改修やうやく曙光を認む
184454	朝鮮朝日	南鮮版	1930-02-12	1	06단	融和運動を積極的に同民會で進める
184455	朝鮮朝日	南鮮版	1930-02-12	1	06단	口付きから兩切りへ贊澤になった煙草の賣行き
184456	朝鮮朝日	南鮮版	1930-02-12	1	06단	暗い氣待のうちにも明るい春を迎へる食糧費等の配給を受け慶南の早害罹災者
184457	朝鮮朝日	南鮮版	1930-02-12	1	07단	昭和製鋼誘致の實現猛運動
184458	朝鮮朝日	南鮮版	1930-02-12	1	07단	蠶種統一に原蠶種國營を蠶絲業者から要望
184459	朝鮮朝日	南鮮版	1930-02-12	1	07단	釜山商議評議員選出問題で穀物商重役會
184460	朝鮮朝日	南鮮版	1930-02-12	1	07단	質屋の保險と辨償問題
184461	朝鮮朝日	南鮮版	1930-02-12	1	07단	米穀倉庫設立で入庫量調査
184462	朝鮮朝日	南鮮版	1930-02-12	1	08단	黑幕が判明せず近く全部を送局第二次學生騷擾の首謀者三十五名を
184463	朝鮮朝日	南鮮版	1930-02-12	1	08단	沿海船路全部缺航朝鮮海峽時化
184464	朝鮮朝日	南鮮版	1930-02-12	1	09단	鮮船會の運賃改訂結局据置か
184465	朝鮮朝日	南鮮版	1930-02-12	1	09단	平壤府內湯錢値下

일련번호	판명		간행일	면	단수	기사명
184466	朝鮮朝日	南鮮版	1930-02-12	1	09단	慶北合銀の粉糾深刻化
184467	朝鮮朝日	南鮮版	1930-02-12	1	09단	發動機船の火事
184468	朝鮮朝日	南鮮版	1930-02-12	1	10단	發動船衝突
184469	朝鮮朝日	南鮮版	1930-02-12	1	10단	建國祭に釜山の賑ひ
184470	朝鮮朝日	南鮮版	1930-02-12	1	10단	自動車事故
184471	朝鮮朝日	南鮮版	1930-02-12	1	10단	全鮮スキー選手權大會
184472	朝鮮朝日	南鮮版	1930-02-12	1	10단	人(西山三郎氏(本社京城販賣局員)/朴錫胤氏))
184473	朝鮮朝日	南鮮版	1930-02-12	1	10단	半島茶話
184474	朝鮮朝日	西北・南鮮版	1930-02-12	2	01단	紙の釜敷を折り賣り歩いて病める父を養ふ少年涙ぐましいその努力
184475	朝鮮朝日	西北・南鮮版	1930-02-12	2	01단	小作慣行の改善に努む朝鮮小作官會議から歸って慶南道の市之澤氏語る
184476	朝鮮朝日	西北・南鮮版	1930-02-12	2	01단	國産品愛用の大宣傳を行ふ
184477	朝鮮朝日	西北・南鮮版	1930-02-12	2	02단	學士連採用の詮衡を行ふ
184478	朝鮮朝日	西北・南鮮版	1930-02-12	2	02단	雫の聲
184479	朝鮮朝日	西北・南鮮版	1930-02-12	2	03단	各地だより(釜山/鎭南浦/公州)
184480	朝鮮朝日	西北・南鮮版	1930-02-12	2	04단	お茶のあと
184481	朝鮮朝日	西北版	1930-02-13	1	01단	齋藤總督と軍縮を語るアメリカ軍閥は全く突拍子です日本もちと正直すぎるお互にもう少し色氣をつけないと結局決裂するのでないかと心配してゐます
184482	朝鮮朝日	西北版	1930-02-13	1	01단	農、商業よりも工業に重きをおけ初等學校の職業科新設に對し都會地學校の意見
184483	朝鮮朝日	西北版	1930-02-13	1	02단	低資貸出が行はれゝば經營難に陷る倉庫業者委員會を作り對策考究
184484	朝鮮朝日	西北版	1930-02-13	1	03단	教育方針立直し平南で硏究
184485	朝鮮朝日	西北版	1930-02-13	1	04단	教育功勞者和氣氏選獎齋藤總監から
184486	朝鮮朝日	西北版	1930-02-13	1	04단	この暖かさ
184487	朝鮮朝日	西北版	1930-02-13	1	05단	圖們西部線の改築促進方商工會が陳情
184488	朝鮮朝日	西北版	1930-02-13	1	06단	農業倉庫の建設地調査
184489	朝鮮朝日	西北版	1930-02-13	1	06단	內鮮連絡飛行缺航蔚山飛行場の地盤がゆるみ
184490	朝鮮朝日	西北版	1930-02-13	1	06단	公私經濟緊縮ポスターお互に實行しませう
184491	朝鮮朝日	西北版	1930-02-13	1	07단	國境漫語
184492	朝鮮朝日	西北版	1930-02-13	1	07단	漫畵レヴュー羅南十面相道廳の卷(１)/古橋知事

일련번호	판명		간행일	면	단수	기사명
184493	朝鮮朝日	西北版	1930-02-13	1	07단	今度は電燈料の値下げ運動
184494	朝鮮朝日	西北版	1930-02-13	1	07단	耐寒演習
184495	朝鮮朝日	西北版	1930-02-13	1	08단	納稅關係者表彰
184496	朝鮮朝日	西北版	1930-02-13	1	08단	明太魚の肝油製造
184497	朝鮮朝日	西北版	1930-02-13	1	08단	平南よりの留學生調べ
184498	朝鮮朝日	西北版	1930-02-13	1	09단	ますます牛疫蔓延義州龍川地方/牛疫益々流行
184499	朝鮮朝日	西北版	1930-02-13	1	09단	五ヶ所に設く金融組合の支所庶民金融網完成の爲平安北道の新試み
184500	朝鮮朝日	西北版	1930-02-13	1	09단	財産六萬圓の橫領を企つ
184501	朝鮮朝日	西北版	1930-02-13	1	10단	京城上空遊覽飛行四月から開始
184502	朝鮮朝日	西北版	1930-02-13	1	10단	普通校生の不穩計劃發覺
184503	朝鮮朝日	西北版	1930-02-13	1	10단	人(兒島高信氏(總督府埋財課長))
184504	朝鮮朝日	西北版	1930-02-13	1	10단	半島茶話
184505	朝鮮朝日	南鮮版	1930-02-13	1	01단	齋藤總督と軍縮を語るアメリカ軍閥は全く突拍子です日本もちと正直すぎるお互にもう少し色氣をつけないと結局決裂するのでないかと心配してゐます
184506	朝鮮朝日	南鮮版	1930-02-13	1	01단	農、商業よりも工業に重きをおけ初等學校の職業科新設に對し都會地學校の意見
184507	朝鮮朝日	南鮮版	1930-02-13	1	02단	低資貸出が行はれゝば經營難に陷る倉庫業者委員會を作り對策考究
184508	朝鮮朝日	南鮮版	1930-02-13	1	02단	慶北道評議員前哨戰展開新人が續々立候補武尾氏既に運動開始
184509	朝鮮朝日	南鮮版	1930-02-13	1	04단	京城の紀元節
184510	朝鮮朝日	南鮮版	1930-02-13	1	05단	湖南地方に軍隊設置か南司令官視察
184511	朝鮮朝日	南鮮版	1930-02-13	1	06단	仁川の諸懸案內務部長等へ陳情懇談す
184512	朝鮮朝日	南鮮版	1930-02-13	1	07단	漁業令實施と紛擾除去に努む入漁規定其他につき慶全兩南道當局協議
184513	朝鮮朝日	南鮮版	1930-02-13	1	07단	京城上空遊覽飛行四月から開始
184514	朝鮮朝日	南鮮版	1930-02-13	1	07단	內鮮連絡飛行缺航蔚山飛行場の地盤がゆるみ
184515	朝鮮朝日	南鮮版	1930-02-13	1	07단	人生の悲劇繼父の虐待母の死自殺をはかった少年小學校師に救はる
184516	朝鮮朝日	南鮮版	1930-02-13	1	08단	嚴重な徵稅の生んだ失態捻込まれて京城府尹が陳謝今後は精密な調査
184517	朝鮮朝日	南鮮版	1930-02-13	1	08단	百濟病院長大磯氏家出經營困難に陷って?入院患者は何れも他へ移す/行先は判らぬ事務員の談

일련번호	판명		간행일	면	단수	기사명
184518	朝鮮朝日	南鮮版	1930-02-13	1	09단	怪火に見舞る一週に一度位忠南の江景
184519	朝鮮朝日	南鮮版	1930-02-13	1	10단	人(兒島高信氏(總督府埋財課長))
184520	朝鮮朝日	南鮮版	1930-02-13	1	10단	半島茶話
184521	朝鮮朝日	西北・南鮮版	1930-02-13	2	01단	各地だより(平壤/雄基/新義州/咸興/裡里/春川/鎭海)
184522	朝鮮朝日	西北・南鮮版	1930-02-13	2	01단	歡ばれる新書「合理化」とシュールレアリズム最近讀書界の寵兒
184523	朝鮮朝日	西北・南鮮版	1930-02-13	2	02단	稚魚の快獲で鱈漁は激減本年は僅かに百萬尾目下對策を考究中
184524	朝鮮朝日	西北・南鮮版	1930-02-13	2	04단	鬱陵島の鰯の水揚再び活況
184525	朝鮮朝日	西北・南鮮版	1930-02-13	2	04단	雫の聲
184526	朝鮮朝日	西北版	1930-02-14	1	01단	立候補者續出し未曾有の激戰か醜行爲を嚴重に取締る道評議員の總選擧
184527	朝鮮朝日	西北版	1930-02-14	1	01단	越權行爲に懲り答辯には十分主意臨時の處置をとらせる各道評議會いよいよひらかる
184528	朝鮮朝日	西北版	1930-02-14	1	01단	公私經濟緊縮實視要目を擧げその施行方法につき鎭南浦府廳で大評定
184529	朝鮮朝日	西北版	1930-02-14	1	02단	咸北道廳に緊縮實行會高松宮御慶事記念に組織す
184530	朝鮮朝日	西北版	1930-02-14	1	03단	經濟緊縮ポスター用標語等入賞者
184531	朝鮮朝日	西北版	1930-02-14	1	03단	漫畫レヴュー羅南十面相道廳の卷(２)/金內務部長
184532	朝鮮朝日	西北版	1930-02-14	1	04단	電燈料金の改訂期迫る
184533	朝鮮朝日	西北版	1930-02-14	1	04단	元山學校費評議員選擧
184534	朝鮮朝日	西北版	1930-02-14	1	04단	辭令(十日付)
184535	朝鮮朝日	西北版	1930-02-14	1	05단	小學兒童のお腹の中は蟲がうじようじよ平南道衛生課の寄生蟲調査
184536	朝鮮朝日	西北版	1930-02-14	1	05단	平壤の赤ん坊誕生昨年中に三千七百名
184537	朝鮮朝日	西北版	1930-02-14	1	05단	受驗戰線は刻々に動いて親も子もただ心配
184538	朝鮮朝日	西北版	1930-02-14	1	05단	時代に不適な警官の制服いよいよ改善するか警務局で目下研究
184539	朝鮮朝日	西北版	1930-02-14	1	07단	各種の功勞者篤行者表彰
184540	朝鮮朝日	西北版	1930-02-14	1	07단	信託業取締の法規を制定近く業者等で委員會を組織原案作成の計劃
184541	朝鮮朝日	西北版	1930-02-14	1	07단	冬籠りする學生のため體育館を新設
184542	朝鮮朝日	西北版	1930-02-14	1	07단	教育講習會
184543	朝鮮朝日	西北版	1930-02-14	1	08단	牡丹台野話

일련번호	판명		간행일	면	단수	기사명
184544	朝鮮朝日	西北版	1930-02-14	1	08단	表彰された咸北の篤行者
184545	朝鮮朝日	西北版	1930-02-14	1	08단	業績の査定に不平を抱き參加の諾否をしぶる多事多難な運合會社
184546	朝鮮朝日	西北版	1930-02-14	1	09단	蠅の捕獲を兒童に獎勵
184547	朝鮮朝日	西北版	1930-02-14	1	09단	咸北共産黨事件の結審三月上旬まで
184548	朝鮮朝日	西北版	1930-02-14	1	09단	スケート納會選手記録會
184549	朝鮮朝日	西北版	1930-02-14	1	10단	朝鮮スキー大會
184550	朝鮮朝日	西北版	1930-02-14	1	10단	卓球試合
184551	朝鮮朝日	西北版	1930-02-14	1	10단	拘留學生卅三名恩典で釋放
184552	朝鮮朝日	西北版	1930-02-14	1	10단	安東の傳染病
184553	朝鮮朝日	西北版	1930-02-14	1	10단	人(松永工氏/森悟一氏(殖産銀行理事)/伊森明治氏))
184554	朝鮮朝日	西北版	1930-02-14	1	10단	半島茶話
184555	朝鮮朝日	南鮮版	1930-02-14	1	01단	立候補者續出し未曾有の激戰か醜行爲を嚴重に取締る道評議員の總選擧
184556	朝鮮朝日	南鮮版	1930-02-14	1	01단	越權行爲に懲り答辯には十分主意臨時の處置をとらせる各道評議會いよいよひらかる/釜山、牧ノ島間跳上橋實現せん京大の山本講師來釜兩地の有力者と會見/實現の曉は東洋一の跳上橋總經費は約七十萬圓/各政黨首の政策宣傳書京城ではまるで賣れぬ
184557	朝鮮朝日	南鮮版	1930-02-14	1	01단	時代に不適な警官の制服いよいよ改善するか警務局で目下研究
184558	朝鮮朝日	南鮮版	1930-02-14	1	02단	大金剛國立公園建設の立案
184559	朝鮮朝日	南鮮版	1930-02-14	1	04단	電燈料金の改訂期迫る
184560	朝鮮朝日	南鮮版	1930-02-14	1	05단	受驗戰線は刻々に動いて親も子もただ心配
184561	朝鮮朝日	南鮮版	1930-02-14	1	05단	信託業取締の法規を制定近く業者等で委員會を組織原案作成の計劃
184562	朝鮮朝日	南鮮版	1930-02-14	1	05단	辭令(十日付)
184563	朝鮮朝日	南鮮版	1930-02-14	1	06단	出稼者食止めに鮮內で適切な事業主要都市自治制の復案はある東上途上の齋藤總監督語る
184564	朝鮮朝日	南鮮版	1930-02-14	1	07단	ナンダイモン
184565	朝鮮朝日	南鮮版	1930-02-14	1	07단	目立って乞食が殖えた寒害罹災地を視察した李本府事務官の話
184566	朝鮮朝日	南鮮版	1930-02-14	1	07단	業績の査定に不平を抱き參加の諾否をしぶる多事多難な運合會社
184567	朝鮮朝日	南鮮版	1930-02-14	1	08단	鐵道起工促進や牧ノ島沿岸浚渫の陳情

일련번호	판명		간행일	면	단수	기사명
184568	朝鮮朝日	南鮮版	1930-02-14	1	09단	理想的な住宅街南山々麓に
184569	朝鮮朝日	南鮮版	1930-02-14	1	09단	大株主八名が中立團結成兩派に決議文を出す慶尚合銀のお家騷動
184570	朝鮮朝日	南鮮版	1930-02-14	1	10단	人(蠣崎千晴博士(血清製造所長)/三井榮長氏(殖産局技師)/鈴木竹麿氏((殖産局技師)/武部欽一氏(學務局長)/高橋濱吉氏(本府視學官)/松永工氏/森悟一氏(殖産銀行理事)/伊森明治氏))
184571	朝鮮朝日	南鮮版	1930-02-14	1	10단	半島茶話
184572	朝鮮朝日	西北・南鮮版	1930-02-14	2	01단	計劃完成後の結實優に百萬石の見込更に將來は生産組合も組織平南道の植栗計劃
184573	朝鮮朝日	西北・南鮮版	1930-02-14	2	01단	激增した間島への移民早害深刻な慶北から案じられるその將來
184574	朝鮮朝日	西北・南鮮版	1930-02-14	2	01단	雫の聲
184575	朝鮮朝日	西北・南鮮版	1930-02-14	2	01단	慶北の米收高前年より增加
184576	朝鮮朝日	西北・南鮮版	1930-02-14	2	02단	一月中對內貿易額
184577	朝鮮朝日	西北・南鮮版	1930-02-14	2	03단	豆粕取引が便利となる
184578	朝鮮朝日	西北・南鮮版	1930-02-14	2	03단	仁川港の貿易高輸移出は增し輸移入は減少
184579	朝鮮朝日	西北・南鮮版	1930-02-14	2	04단	大邱署遂に仲裁に立つ籾摺人夫爭議
184580	朝鮮朝日	西北・南鮮版	1930-02-14	2	04단	仁川稅關の一月中收入
184581	朝鮮朝日	西北・南鮮版	1930-02-14	2	04단	谷慶南知事早害地視察
184582	朝鮮朝日	西北・南鮮版	1930-02-14	2	04단	尚州金山ちかく復活
184583	朝鮮朝日	西北・南鮮版	1930-02-14	2	04단	各地だより(平壤)
184584	朝鮮朝日	西北版	1930-02-15	1	01단	子供ながらも祖先の借財を拂ひ小作人生活から地主へ實科本位の教育に實績を擧げる京畿道
184585	朝鮮朝日	西北版	1930-02-15	1	01단	大馳嶺里の水稅問題で郡廳へ大擧して請願成行頗る注目さる
184586	朝鮮朝日	西北版	1930-02-15	1	01단	或は意外の方面に飛火か成行きを注目される平壤府廳の革正問題
184587	朝鮮朝日	西北版	1930-02-15	1	02단	東津水利の擴張工事ちかく認可？
184588	朝鮮朝日	西北版	1930-02-15	1	03단	咸北評議員
184589	朝鮮朝日	西北版	1930-02-15	1	03단	咸南道豫算評議會を開く
184590	朝鮮朝日	西北版	1930-02-15	1	03단	鐵道局內に異動の噂さ下馬評に上る人々
184591	朝鮮朝日	西北版	1930-02-15	1	03단	平南道郡守一部を更迭
184592	朝鮮朝日	西北版	1930-02-15	1	04단	新學期より農業を課す平壤高女校

일련번호	판명		간행일	면	단수	기사명
184593	朝鮮朝日	西北版	1930-02-15	1	04단	新しい教科書內容も充實し學務局へ倒着
184594	朝鮮朝日	西北版	1930-02-15	1	04단	工業實習倂設上需普通校
184595	朝鮮朝日	西北版	1930-02-15	1	04단	醫生の開業に制限を設く
184596	朝鮮朝日	西北版	1930-02-15	1	05단	漫畵レヴュー羅南十面相道廳の卷(3)/李參與
184597	朝鮮朝日	西北版	1930-02-15	1	05단	古蹟遺物を登錄散逸を防ぐ將來は指定法に總督府宗敎課で實施
184598	朝鮮朝日	西北版	1930-02-15	1	05단	加入者が殖える反面滯納者が多くDKでは悲鳴をあぐ
184599	朝鮮朝日	西北版	1930-02-15	1	06단	大同郡に二水利組合
184600	朝鮮朝日	西北版	1930-02-15	1	06단	內鮮人協同して蔬菜類の商權を支那人の掌中から回復せんと平壤に組合を組織
184601	朝鮮朝日	西北版	1930-02-15	1	06단	牡丹台野話
184602	朝鮮朝日	西北版	1930-02-15	1	07단	家庭の爭議が最多平南道の人事相談
184603	朝鮮朝日	西北版	1930-02-15	1	07단	朝鮮の稅制に適するやう敎授案作成し各學校へ配布
184604	朝鮮朝日	西北版	1930-02-15	1	07단	女房の姊殺し發覺し逮捕
184605	朝鮮朝日	西北版	1930-02-15	1	08단	日本海橫斷寄港地を境港に延長自然就航船をふやす地方民は實現を喜ぶ
184606	朝鮮朝日	西北版	1930-02-15	1	08단	一段落を告げた平壤學生事件の顚末を知事から發表/定州學生騷ぎ首謀者四名公判に/學生事件の首謀者處分/學生さわぎ事件の公判大混雜を呈す
184607	朝鮮朝日	西北版	1930-02-15	1	09단	棍棒で毆り大金を强奪逃走中捕る
184608	朝鮮朝日	西北版	1930-02-15	1	09단	飴玉と思って食い口の中で爆發す少年慘死を遂ぐ
184609	朝鮮朝日	西北版	1930-02-15	1	10단	牛疫は益々猖獗嚴重に警戒す平安北道當局
184610	朝鮮朝日	西北版	1930-02-15	1	10단	威嚇した拳銃が命中して卽死
184611	朝鮮朝日	西北版	1930-02-15	1	10단	人(福原俊丸男(貴族院議員))
184612	朝鮮朝日	西北版	1930-02-15	1	10단	國境漫語
184613	朝鮮朝日	南鮮版	1930-02-15	1	01단	子供ながらも祖先の借財を拂ひ小作人生活から地主へ實科本位の敎育に實績を擧げる京畿道
184614	朝鮮朝日	南鮮版	1930-02-15	1	01단	京畿道の評議會開く緊縮豫算に對して異論はないもやう
184615	朝鮮朝日	南鮮版	1930-02-15	1	01단	春の序曲(2)/一日三圓以上の食物を召し上がるとても贅澤千萬な肉食動物君ノーブルに出來てゐる黑テン味覺はまづ春から

일련번호	판명		간행일	면	단수	기사명
184616	朝鮮朝日	南鮮版	1930-02-15	1	03단	釜山牧之島間渡津橋株式組織の計劃具體化
184617	朝鮮朝日	南鮮版	1930-02-15	1	04단	東津水利の擴張工事ちかく認可？
184618	朝鮮朝日	南鮮版	1930-02-15	1	04단	中商店以下の金融機關大正信託突如休業靑息吐息の不景氣に京城の商人連大恐慌(挽回策として出資方を交涉川上社長心配気に語る/樂觀は出來ない銀行側の意向/此上の惡化に怯えてゐる中小商店側)
184619	朝鮮朝日	南鮮版	1930-02-15	1	05단	鐵道局內に異動の噂さ下馬評に上る人々
184620	朝鮮朝日	南鮮版	1930-02-15	1	05단	非合同運送店權益擁護に大邱商議陳情
184621	朝鮮朝日	南鮮版	1930-02-15	1	07단	新しい教科書內容も充實し學務局へ倒着
184622	朝鮮朝日	南鮮版	1930-02-15	1	07단	古蹟遺物を登錄散逸を防ぐ將來は指定法に總督府宗教課で實施
184623	朝鮮朝日	南鮮版	1930-02-15	1	07단	日本海橫斷寄港地を境港に延長自然就航船をふやす地方民は實現を喜ぶ
184624	朝鮮朝日	南鮮版	1930-02-15	1	08단	醫生の開業に制限を設く
184625	朝鮮朝日	南鮮版	1930-02-15	1	08단	土地拂下の強硬な交涉黃金町發掘期成會
184626	朝鮮朝日	南鮮版	1930-02-15	1	08단	加入者が殖える反面滯納者が多くDKでは悲鳴をあぐ
184627	朝鮮朝日	南鮮版	1930-02-15	1	09단	失業苦に喘ぎ春を待つ人びと日ましに增加する釜山府での調べ
184628	朝鮮朝日	南鮮版	1930-02-15	1	09단	京城、福岡間の無着陸飛行試驗飛行に成功すれば今後は引續き實施
184629	朝鮮朝日	南鮮版	1930-02-15	1	09단	慶尙合銀泥試合愈よ深刻化
184630	朝鮮朝日	南鮮版	1930-02-15	1	10단	釜山の公益質屋敷地きまる
184631	朝鮮朝日	南鮮版	1930-02-15	1	10단	不良客引斡旋料騙取
184632	朝鮮朝日	西北・南鮮版	1930-02-15	2	01단	下級警官の生計費調べ餘りに低い
184633	朝鮮朝日	西北・南鮮版	1930-02-15	2	01단	漁業令實施で資金も緩和
184634	朝鮮朝日	西北・南鮮版	1930-02-15	2	01단	元山一月中出入の貨物
184635	朝鮮朝日	西北・南鮮版	1930-02-15	2	01단	各地だより(京城/平壤/間島/咸興/安東縣/仁川/木浦/全州/淸州/群山)
184636	朝鮮朝日	西北・南鮮版	1930-02-15	2	04단	雫の聲
184637	朝鮮朝日	西北版	1930-02-16	1	01단	洋服も吳服も共に二、三割方の下落柄は明るく澁いのが喜ばれる流行の新柄とお値段
184638	朝鮮朝日	西北版	1930-02-16	1	01단	民風の作興に力を入れる平南道商品陣列所の五年度事業豫定決る
184639	朝鮮朝日	西北版	1930-02-16	1	01단	豫定計劃以上の實現を期す明年度の土地改良中村部長の歸來談

일련번호	판명		간행일	면	단수	기사명
184640	朝鮮朝日	西北版	1930-02-16	1	02단	鐵道局異動三氏勇退から(異動評)
184641	朝鮮朝日	西北版	1930-02-16	1	03단	仁川公立高女學年延長は議論が多い
184642	朝鮮朝日	西北版	1930-02-16	1	03단	漫畵レヴュー羅南十面相道廳の卷(４)/下村警察部長
184643	朝鮮朝日	西北版	1930-02-16	1	04단	面の廢合と行政區域變更
184644	朝鮮朝日	西北版	1930-02-16	1	04단	空のピロットにとりとても大切な統計平壤における上層氣流の觀測興味深い統計出來上る
184645	朝鮮朝日	西北版	1930-02-16	1	05단	本職よりも立派に作るとても成績の良好な鍾路普校の靴下製造
184646	朝鮮朝日	西北版	1930-02-16	1	06단	航空事務で知事との打合事項研究
184647	朝鮮朝日	西北版	1930-02-16	1	07단	東京新義州間の長距離大飛行三月上旬ごろに決行平壤が生んだわかき空のピロット金鍊器君の壯擧
184648	朝鮮朝日	西北版	1930-02-16	1	07단	一道平均十萬圓緊縮明年度各道豫算について當永本府地方課長談
184649	朝鮮朝日	西北版	1930-02-16	1	07단	儒道を振興し德育を振作明倫學院新設
184650	朝鮮朝日	西北版	1930-02-16	1	07단	進行中の列車內でピストルを亂射し內地人巡査の妻卽死巡査とほか一名は重傷を負ふ
184651	朝鮮朝日	西北版	1930-02-16	1	08단	平壤府吏員整理
184652	朝鮮朝日	西北版	1930-02-16	1	08단	義州南門外道路を擴張
184653	朝鮮朝日	西北版	1930-02-16	1	08단	通帳を改竄內地の郵便局で騙取
184654	朝鮮朝日	西北版	1930-02-16	1	08단	東洋文化史上刮目に値する大藏經の高麗版を京都南禪寺で發見
184655	朝鮮朝日	西北版	1930-02-16	1	09단	牡丹台野話
184656	朝鮮朝日	西北版	1930-02-16	1	09단	食刀を揮って暴れまくる
184657	朝鮮朝日	西北版	1930-02-16	1	10단	清津に天然痘二名發生す
184658	朝鮮朝日	西北版	1930-02-16	1	10단	三戸を燒く
184659	朝鮮朝日	西北版	1930-02-16	1	10단	學校騷擾公判
184660	朝鮮朝日	南鮮版	1930-02-16	1	01단	洋服も吳服も共に二、三割方の下落柄は明るく淡いのが喜ばれる流行の新柄とお値段
184661	朝鮮朝日	南鮮版	1930-02-16	1	01단	慶尙南道の評議員選擧三月二十四日執行/嚴重に取締る相當波瀾か
184662	朝鮮朝日	南鮮版	1930-02-16	1	01단	一道平均十萬圓緊縮明年度各道豫算について當永本府地方課長談
184663	朝鮮朝日	南鮮版	1930-02-16	1	01단	豫定計劃以上の實現を期す明年度の土地改良中村部長の歸來談

일련번호	판명		간행일	면	단수	기사명
184664	朝鮮朝日	南鮮版	1930-02-16	1	03단	愈よ擴張する大邱覆審法院
184665	朝鮮朝日	南鮮版	1930-02-16	1	03단	春の序曲(3)/いと瀟酒な洋服が京城の街頭へ！！無茶なアメリカニズムを脱れ古典的な繪模樣ものがはやる洋裝から見た京城
184666	朝鮮朝日	南鮮版	1930-02-16	1	04단	鐵道局異動三氏勇退から(異動評)
184667	朝鮮朝日	南鮮版	1930-02-16	1	04단	論陣を張り頗る混亂に陷る議案は委員附託に京城府の協議會
184668	朝鮮朝日	南鮮版	1930-02-16	1	05단	殖銀に異動
184669	朝鮮朝日	南鮮版	1930-02-16	1	05단	釜山小學校長級異動
184670	朝鮮朝日	南鮮版	1930-02-16	1	06단	初等學校の職業科計劃教授細目やその他實行計劃案成立す
184671	朝鮮朝日	南鮮版	1930-02-16	1	06단	善良な學生まで檢擧人格を蹂躪したと京城醫專から學務局へ善後處置の希望を正式提出本町署の不良學生狩で(質問して貰ひたくない神尾學務課長談/警務局には關係ない三橋警務課長談)
184672	朝鮮朝日	南鮮版	1930-02-16	1	07단	世界一周機大邱に飛行
184673	朝鮮朝日	南鮮版	1930-02-16	1	07단	日露大會戰二十五周年記念の催し
184674	朝鮮朝日	南鮮版	1930-02-16	1	08단	功勞者として表彰を受く三教育者ら
184675	朝鮮朝日	南鮮版	1930-02-16	1	08단	緊縮雛が喜ばれる近づくお節句
184676	朝鮮朝日	南鮮版	1930-02-16	1	08단	服毒した夫を醫者にも見せず冷淡な態度をとる妻死因にも疑點あり取調中
184677	朝鮮朝日	南鮮版	1930-02-16	1	08단	參禮普校騷ぎを企つ
184678	朝鮮朝日	南鮮版	1930-02-16	1	08단	進行中の列車內でピストルを亂射し內地人巡査の妻卽死巡査とほか一名は重傷を負ふ
184679	朝鮮朝日	南鮮版	1930-02-16	1	09단	ナンダイモン
184680	朝鮮朝日	南鮮版	1930-02-16	1	09단	ヒスが嵩じ服毒
184681	朝鮮朝日	南鮮版	1930-02-16	1	09단	神田巡査職務に倒る防疫活動中
184682	朝鮮朝日	南鮮版	1930-02-16	1	10단	少女を襲ふ痴漢
184683	朝鮮朝日	南鮮版	1930-02-16	1	10단	人(桐原彦吉氏)
184684	朝鮮朝日	西北・南鮮版	1930-02-16	2	01단	水營江の揚水を取止めても二ケ月半はもてる釜山府の上水配給
184685	朝鮮朝日	西北・南鮮版	1930-02-16	2	01단	産繭百萬石は五年經てば實現とても素晴らしい養蠶熱
184686	朝鮮朝日	西北・南鮮版	1930-02-16	2	01단	雫の聲
184687	朝鮮朝日	西北・南鮮版	1930-02-16	2	01단	糶市場の設置促進建議書提出咸興有志が
184688	朝鮮朝日	西北・南鮮版	1930-02-16	2	02단	入學案內

일련번호	판명		간행일	면	단수	기사명
184689	朝鮮朝日	西北·南鮮版	1930-02-16	2	02단	平北の牛疫猖獗を極む交通も禁止
184690	朝鮮朝日	西北·南鮮版	1930-02-16	2	03단	全鮮信託同業大會を京城で開く
184691	朝鮮朝日	西北·南鮮版	1930-02-16	2	03단	內鮮兩地活牛の取引を圓滑にす福捕檢疫所牛舍を增築して三當局へ實現方陳情
184692	朝鮮朝日	西北·南鮮版	1930-02-16	2	03단	氣候の急變で麥が枯死し半作すら覺束ない悲慘な全北の農家
184693	朝鮮朝日	西北·南鮮版	1930-02-16	2	04단	釜山穀物商組合長選擧
184694	朝鮮朝日	西北·南鮮版	1930-02-16	2	04단	新義州客月商況は平穩
184695	朝鮮朝日	西北版	1930-02-18	1	01단	なるべく單純で解釋の範圍を廣く小作官に權限を與へる近く發布の小作法と爭議調停法
184696	朝鮮朝日	西北版	1930-02-18	1	01단	住み馴れた朝鮮に永住の途を與ふまづ總督府とも連絡をとって除隊兵の就職戰術
184697	朝鮮朝日	西北版	1930-02-18	1	01단	子供が生れる每に植樹をさせる愛林思想鼓吹のため咸鏡北道當局の計劃
184698	朝鮮朝日	西北版	1930-02-18	1	01단	工業技術要望事項總督府から本省へ
184699	朝鮮朝日	西北版	1930-02-18	1	02단	貸付面積と植樹の調べ
184700	朝鮮朝日	西北版	1930-02-18	1	02단	パンフレットど簡保を宣傳
184701	朝鮮朝日	西北版	1930-02-18	1	03단	陸軍記念日に間島の催し
184702	朝鮮朝日	西北版	1930-02-18	1	03단	平南道の織物檢査規則いよいよ發布さる
184703	朝鮮朝日	西北版	1930-02-18	1	03단	漫畫レヴュー羅南十面相道廳の卷(5)/佐々木財務
184704	朝鮮朝日	西北版	1930-02-18	1	04단	昨年中の獸類屠殺數安東屠獸場
184705	朝鮮朝日	西北版	1930-02-18	1	04단	辭令(東京電話)
184706	朝鮮朝日	西北版	1930-02-18	1	04단	平北の土地改良事業計劃
184707	朝鮮朝日	西北版	1930-02-18	1	05단	滿鐵消費組合の及ぼす影響甚大在滿邦商對策協議
184708	朝鮮朝日	西北版	1930-02-18	1	05단	地下足袋の輸入稅輕減交涉を橫竹商務官に委託安東商工會議所から
184709	朝鮮朝日	西北版	1930-02-18	1	05단	危險な引火物の取締規則を改正し爆發の慘事を防止すべく警務局で目下立案中
184710	朝鮮朝日	西北版	1930-02-18	1	05단	昨年より一疊につき四十錢安いぐっと値下された平壤府內の家賃
184711	朝鮮朝日	西北版	1930-02-18	1	05단	優良森林保組を表彰
184712	朝鮮朝日	西北版	1930-02-18	1	06단	二博覽會へ平南の出品
184713	朝鮮朝日	西北版	1930-02-18	1	06단	拓務技師の視察
184714	朝鮮朝日	西北版	1930-02-18	1	06단	城津港の貿易高

일련번호	판명		간행일	면	단수	기사명
184715	朝鮮朝日	西北版	1930-02-18	1	07단	國境漫語
184716	朝鮮朝日	西北版	1930-02-18	1	07단	修養團講演會
184717	朝鮮朝日	西北版	1930-02-18	1	07단	藥屋の主人が孝行少年に同情
184718	朝鮮朝日	西北版	1930-02-18	1	07단	旱害對策の一とし陸地棉の栽培獎勵知事、內務部長等も脚絆がけで大意氣込みの慶北道
184719	朝鮮朝日	西北版	1930-02-18	1	08단	警務局長等國境警備視察
184720	朝鮮朝日	西北版	1930-02-18	1	08단	朝鮮スポーツ界は未曾有の大飛躍種々の計劃なる
184721	朝鮮朝日	西北版	1930-02-18	1	08단	お茶のあと
184722	朝鮮朝日	西北版	1930-02-18	1	08단	朝鮮活寫會
184723	朝鮮朝日	西北版	1930-02-18	1	09단	城津の積雪
184724	朝鮮朝日	西北版	1930-02-18	1	09단	支拂金橫領
184725	朝鮮朝日	西北版	1930-02-18	1	10단	强盜が妻女に暴行
184726	朝鮮朝日	西北版	1930-02-18	1	10단	平壤府廳公金橫領共犯者捕る
184727	朝鮮朝日	西北版	1930-02-18	1	10단	莚を强奪す
184728	朝鮮朝日	西北版	1930-02-18	1	10단	嫌な夫の毒殺を圖る
184729	朝鮮朝日	西北版	1930-02-18	1	10단	劇と映畫平壤偕樂館
184730	朝鮮朝日	西北版	1930-02-18	1	10단	人(今泉緊松氏/川島第十九師團長)
184731	朝鮮朝日	西北版	1930-02-18	1	10단	半島茶話
184732	朝鮮朝日	南鮮版	1930-02-18	1	01단	なるべく單純で解釋の範圍を廣く小作官に權限を與へる近く發布の小作法と爭議調停法
184733	朝鮮朝日	南鮮版	1930-02-18	1	01단	住み馴れた朝鮮に永住の途を與ふまづ總督府とも連絡をとって除隊兵の就職戰術
184734	朝鮮朝日	南鮮版	1930-02-18	1	01단	委員を設け愼重に調査群山府營渡船讓渡問題成行き頗る注目さる
184735	朝鮮朝日	南鮮版	1930-02-18	1	01단	株の買收と委任狀爭奪に狂奔の慶尙合銀兩派お家騒動の三巴戰
184736	朝鮮朝日	南鮮版	1930-02-18	1	02단	忠南道の署長級異動
184737	朝鮮朝日	南鮮版	1930-02-18	1	03단	辭令(東京電話)
184738	朝鮮朝日	南鮮版	1930-02-18	1	03단	勸農共濟組合五十組合全北で設立
184739	朝鮮朝日	南鮮版	1930-02-18	1	03단	危險な引火物の取締規則を改正し爆發の慘事を防止すべく警務局で目下立案中
184740	朝鮮朝日	南鮮版	1930-02-18	1	03단	高等小學校獨立に飽くまで反對牧ノ島有力者多數釜山府尹を訪問陳情
184741	朝鮮朝日	南鮮版	1930-02-18	1	04단	東海線起工促進の陳情
184742	朝鮮朝日	南鮮版	1930-02-18	1	04단	慶南漁業懇談會優良組合發表

일련번호	판명		간행일	면	단수	기사명
184743	朝鮮朝日	南鮮版	1930-02-18	1	04단	募集人員の半分にも達せぬ慶南中等校の志願者當局對策に腐心
184744	朝鮮朝日	南鮮版	1930-02-18	1	05단	慶南教育代議員會打合せ事項
184745	朝鮮朝日	南鮮版	1930-02-18	1	05단	拓務技師の視察
184746	朝鮮朝日	南鮮版	1930-02-18	1	06단	水源地擴張と防水の計劃大邱府の二事業が今年から緒につく
184747	朝鮮朝日	南鮮版	1930-02-18	1	06단	遞信局判任官卅六名增員
184748	朝鮮朝日	南鮮版	1930-02-18	1	06단	女子技藝展覽會
184749	朝鮮朝日	南鮮版	1930-02-18	1	06단	希望殺到し係官面喰ふ總督府の金組理事見習詮衡
184750	朝鮮朝日	南鮮版	1930-02-18	1	06단	全南の豫算三百十六萬圓
184751	朝鮮朝日	南鮮版	1930-02-18	1	06단	各郡一騎打て競爭は猛烈全南評議員選擧
184752	朝鮮朝日	南鮮版	1930-02-18	1	06단	全北道豫算二百四十萬圓(歲入/歲出)
184753	朝鮮朝日	南鮮版	1930-02-18	1	07단	大邱高女の運動場擴張敷地交涉成立
184754	朝鮮朝日	南鮮版	1930-02-18	1	07단	旱害對策の一とし陸地棉の栽培獎勵知事、內務部長等も脚絆がけで大意氣込みの慶北道
184755	朝鮮朝日	南鮮版	1930-02-18	1	07단	第二次學生騷擾の黑幕うち十名送局さる罪名は保安法違反
184756	朝鮮朝日	南鮮版	1930-02-18	1	08단	面事務所襲擊の十五名公判に
184757	朝鮮朝日	南鮮版	1930-02-18	1	08단	朝鮮スポーツ界は未曾有の大飛躍種々の計劃なる
184758	朝鮮朝日	南鮮版	1930-02-18	1	09단	藥屋の主人が孝行少年に同情
184759	朝鮮朝日	南鮮版	1930-02-18	1	09단	籾摺人夫の爭議解決す
184760	朝鮮朝日	南鮮版	1930-02-18	1	09단	猩紅熱猖獗
184761	朝鮮朝日	南鮮版	1930-02-18	1	10단	臨時試驗に反對し平壤女高普生徒の盟休
184762	朝鮮朝日	南鮮版	1930-02-18	1	10단	甘藷も大いに獎勵
184763	朝鮮朝日	南鮮版	1930-02-18	1	10단	民衆新聞幹部選定
184764	朝鮮朝日	南鮮版	1930-02-18	1	10단	テンポ創刊
184765	朝鮮朝日	南鮮版	1930-02-18	1	10단	人(福原俊丸男(朝鐵副社長)/齋藤久太郎氏(京城實業家)/藤原八十八氏(慶南高等課長)/今泉緊松氏/川島第十九師團長))
184766	朝鮮朝日	南鮮版	1930-02-18	1	10단	半島茶話
184767	朝鮮朝日	西北・南鮮版	1930-02-18	2	01단	巴里の風景在巴里遠田運雄
184768	朝鮮朝日	西北・南鮮版	1930-02-18	2	01단	失はれた「粗像」石井漠
184769	朝鮮朝日	西北・南鮮版	1930-02-18	2	02단	うるか沙魚芹季節の美味醫學博士大村正夫
184770	朝鮮朝日	西北・南鮮版	1930-02-18	2	04단	自畫像十年の歩み前田河廣一郎
184771	朝鮮朝日	西北・南鮮版	1930-02-18	2	07단	各地だより(京城/平壤/公州)

일련번호	판명		간행일	면	단수	기사명
184772	朝鮮朝日	西北版	1930-02-19	1	01단	弊害の多い醫生制度チフスを流感だと誤診し蔓延さす無知な農民は信用して疑はぬ最近の著しいその實例
184773	朝鮮朝日	西北版	1930-02-19	1	01단	大入の平壤圖書館
184774	朝鮮朝日	西北版	1930-02-19	1	02단	存外うまく片をつけて來た金融問題を解決して中村部長のお土産話
184775	朝鮮朝日	西北版	1930-02-19	1	02단	書記長以下が辭表を取まとむ容易に曙光を認めぬ平壤商議所問題から
184776	朝鮮朝日	西北版	1930-02-19	1	04단	非常に好成績平南商陳所
184777	朝鮮朝日	西北版	1930-02-19	1	04단	お茶のあと
184778	朝鮮朝日	西北版	1930-02-19	1	04단	金單位制比率を變更
184779	朝鮮朝日	西北版	1930-02-19	1	05단	新美獸醫正醫學博士に論文通過す
184780	朝鮮朝日	西北版	1930-02-19	1	05단	山の團栗を粟粥と共に食ふなほ哀れさを催さす南鮮の旱害罹災民
184781	朝鮮朝日	西北版	1930-02-19	1	05단	暖氣に惠まれ豫想外に進捗す明年度は僅かに長林まで平元線鐵道工事
184782	朝鮮朝日	西北版	1930-02-19	1	05단	クロ雷鳥十六羽捕獲豆滿江岸で
184783	朝鮮朝日	西北版	1930-02-19	1	05단	平北の農家前年より增す
184784	朝鮮朝日	西北版	1930-02-19	1	06단	某煙草耕作組合を合併
184785	朝鮮朝日	西北版	1930-02-19	1	06단	優勝カップ寄贈朝鮮女子中等オリンピック
184786	朝鮮朝日	西北版	1930-02-19	1	07단	牡丹台野話
184787	朝鮮朝日	西北版	1930-02-19	1	07단	總選擧感想漫談會某官廳で豫想の投票を行ふ
184788	朝鮮朝日	西北版	1930-02-19	1	07단	國境地方の旅行者には便利新義州滿浦鎭道路完成乘合自動車も實現
184789	朝鮮朝日	西北版	1930-02-19	1	07단	國境警備充實で匪賊が影を潛む酷寒の國境を視察した森岡警務局長語る
184790	朝鮮朝日	西北版	1930-02-19	1	07단	電話地下線埋設延長工事
184791	朝鮮朝日	西北版	1930-02-19	1	08단	八人組竊盜團釜山署で逮捕
184792	朝鮮朝日	西北版	1930-02-19	1	08단	平壤測候所に地震計設置
184793	朝鮮朝日	西北版	1930-02-19	1	09단	大同江電力會社を創設五發電所を設けて最安價で電力供給
184794	朝鮮朝日	西北版	1930-02-19	1	09단	犯人を過って締め殺した警官犯人の家族ら大勢に毆打され慘殺さる
184795	朝鮮朝日	西北版	1930-02-19	1	09단	國民府の決死隊員朝鮮に派遣
184796	朝鮮朝日	西北版	1930-02-19	1	09단	ますます牛疫猖獗既に四十八頭
184797	朝鮮朝日	西北版	1930-02-19	1	09단	モヒ患者の盜み
184798	朝鮮朝日	西北版	1930-02-19	1	10단	刑務所製品の街頭進出大好評を博す

일련번호	판명		간행일	면	단수	기사명
184799	朝鮮朝日	西北版	1930-02-19	1	10단	京城、福岡無着陸飛行
184800	朝鮮朝日	西北版	1930-02-19	1	10단	半島茶話
184801	朝鮮朝日	南鮮版	1930-02-19	1	01단	弊害の多い醫生制度チフスを流感だと誤診し蔓延さす無知な農民は信用して疑はぬ最近の著しいその實例
184802	朝鮮朝日	南鮮版	1930-02-19	1	01단	春の序曲(4)/春はまづ運動からその尖端を切る野球リーグ戰の優勝は誰か庭球はダン然硬球にかはる運動のシーズン來る
184803	朝鮮朝日	南鮮版	1930-02-19	1	02단	今年はとくに盛大に行ふ京城の陸軍記念日其方法大體きまる/釜山の計劃
184804	朝鮮朝日	南鮮版	1930-02-19	1	02단	二大勢力の對峙で激戰を演出せん慶南道評議員補選
184805	朝鮮朝日	南鮮版	1930-02-19	1	04단	郡府署長級大異動慶北で行ふ人心一新に
184806	朝鮮朝日	南鮮版	1930-02-19	1	04단	存外うまく片をつけて來た金融問題を解決して中村部長のお土産話
184807	朝鮮朝日	南鮮版	1930-02-19	1	05단	大邱商議書記長辭職
184808	朝鮮朝日	南鮮版	1930-02-19	1	05단	新美獸醫正醫學博士に論文通過す
184809	朝鮮朝日	南鮮版	1930-02-19	1	05단	春川に高女建設期成會生る
184810	朝鮮朝日	南鮮版	1930-02-19	1	06단	大同江電力會社を創設五發電所を設けて最安價で電力供給
184811	朝鮮朝日	南鮮版	1930-02-19	1	06단	牧ノ島地先の埋立工事で失業者を救濟する釜山府の一石二鳥計劃
184812	朝鮮朝日	南鮮版	1930-02-19	1	06단	お茶のあと
184813	朝鮮朝日	南鮮版	1930-02-19	1	07단	規模を縮小しちかく着工大邱公會堂
184814	朝鮮朝日	南鮮版	1930-02-19	1	07단	大池氏後任に迫間氏任命
184815	朝鮮朝日	南鮮版	1930-02-19	1	07단	通譯撤廢は民意を無視つひに大問題となる全北道の評議員會
184816	朝鮮朝日	南鮮版	1930-02-19	1	08단	總選擧感想漫談會某官廳で豫想の投票を行ふ
184817	朝鮮朝日	南鮮版	1930-02-19	1	08단	牧島も市電に編入便利となる
184818	朝鮮朝日	南鮮版	1930-02-19	1	08단	不穩文書を配布した十二名を檢擧
184819	朝鮮朝日	南鮮版	1930-02-19	1	08단	山の團栗を栗粥と共に食ふなほ哀れさを催さす南鮮の旱害罹災民
184820	朝鮮朝日	南鮮版	1930-02-19	1	09단	京城、福岡無着陸飛行
184821	朝鮮朝日	南鮮版	1930-02-19	1	09단	刑務所製品の街頭進出大好評を博す
184822	朝鮮朝日	南鮮版	1930-02-19	1	09단	八人組竊盜團釜山署で逮捕
184823	朝鮮朝日	南鮮版	1930-02-19	1	10단	桂候が贈った時計を入質
184824	朝鮮朝日	南鮮版	1930-02-19	1	10단	船長を袋叩

일련번호	판명		간행일	면	단수	기사명
184825	朝鮮朝日	南鮮版	1930-02-19	1	10단	學生騷擾公判日
184826	朝鮮朝日	南鮮版	1930-02-19	1	10단	社長收容さる
184827	朝鮮朝日	南鮮版	1930-02-19	1	10단	半島茶話
184828	朝鮮朝日	西北・南鮮版	1930-02-19	2	01단	中等校よりも普通校が入學難試驗の形式をとって入學許可釜山の四普通校
184829	朝鮮朝日	西北・南鮮版	1930-02-19	2	01단	睡眠貯金の大整理二萬人の住所がわからない
184830	朝鮮朝日	西北・南鮮版	1930-02-19	2	01단	雫の聲
184831	朝鮮朝日	西北・南鮮版	1930-02-19	2	01단	仁川の失業者豫想より少い
184832	朝鮮朝日	西北・南鮮版	1930-02-19	2	02단	上海へ鮮魚輸出引續き大量を
184833	朝鮮朝日	西北・南鮮版	1930-02-19	2	02단	この寒空に棄兒が多い生活難の爲から
184834	朝鮮朝日	西北・南鮮版	1930-02-19	2	02단	大麥と粟の栽培を奬勵慶北の計劃
184835	朝鮮朝日	西北・南鮮版	1930-02-19	2	03단	本年度の阿片收納高四百貫に上る
184836	朝鮮朝日	西北・南鮮版	1930-02-19	2	03단	慶北の鷄漸減
184837	朝鮮朝日	西北・南鮮版	1930-02-19	2	03단	儒道を振興し德育を振作明倫學院新設
184838	朝鮮朝日	西北・南鮮版	1930-02-19	2	03단	各地だより(京城/平壤/木浦/海州/新義州)
184839	朝鮮朝日	西北版	1930-02-20	1	01단	東海線の起工と洛東江の築堤工事總督府の失業者救濟渡航者喰止策の大事業計劃
184840	朝鮮朝日	西北版	1930-02-20	1	01단	朝鮮航空界の隆盛を圖る民間飛行家に補助し遞信局の計劃なる
184841	朝鮮朝日	西北版	1930-02-20	1	01단	産業合理化の第一着手として各工場の業態調査平壤府の新たな試み
184842	朝鮮朝日	西北版	1930-02-20	1	01단	平壤府の大革正目下一段落
184843	朝鮮朝日	西北版	1930-02-20	1	02단	思想取締の警務官任命
184844	朝鮮朝日	西北版	1930-02-20	1	02단	總督府異動
184845	朝鮮朝日	西北版	1930-02-20	1	02단	健康兒童探し全鮮六萬人中から選び出す優良兒地方審査會の組織も成り愈よ近く調査を始む
184846	朝鮮朝日	西北版	1930-02-20	1	03단	滿鐵でもメートル法に換算して朝鐵に順應
184847	朝鮮朝日	西北版	1930-02-20	1	03단	すぐ役立つやう教育を改革洋服も折禁に改めて嚴佐京城高商校長の計劃
184848	朝鮮朝日	西北版	1930-02-20	1	03단	忠北道廳會議日割決定す
184849	朝鮮朝日	西北版	1930-02-20	1	04단	新義州學組會
184850	朝鮮朝日	西北版	1930-02-20	1	04단	新義州府債本年償還金
184851	朝鮮朝日	西北版	1930-02-20	1	04단	內地の朝鮮人勞動者全協に擧って加盟內地人と共に左翼陣營に立籠る警務局は警戒に腐心す

일련번호	판명		간행일	면	단수	기사명
184852	朝鮮朝日	西北版	1930-02-20	1	05단	國境漫語
184853	朝鮮朝日	西北版	1930-02-20	1	05단	この寒さにビール合戰値段の協定を疑問？昨今の京城市內
184854	朝鮮朝日	西北版	1930-02-20	1	05단	朝鮮スキー大會參加選手二百五十名非常な盛況を呈す
184855	朝鮮朝日	西北版	1930-02-20	1	06단	醫師講習會
184856	朝鮮朝日	西北版	1930-02-20	1	06단	基督教靑年會産業方面の指導に努力
184857	朝鮮朝日	西北版	1930-02-20	1	07단	踏んだり跡ったりの在露朝鮮人續々支那領に引揚ぐ
184858	朝鮮朝日	西北版	1930-02-20	1	07단	全市物々しい警戒裡に開廷傍聽者早朝から殺到光州學生事件の公判/學生事件各校の處分
184859	朝鮮朝日	西北版	1930-02-20	1	08단	崇德學校の生徒騷ぐ農學校でも策動
184860	朝鮮朝日	西北版	1930-02-20	1	08단	內地人遊廓が朝鮮娼妓を抱へれば自滅の他たいと朝鮮遊廓から平壤署に陳情
184861	朝鮮朝日	西北版	1930-02-20	1	09단	就職難時代に耳よりな話除隊兵千名を咸興肥料會社で大規模に募集する
184862	朝鮮朝日	西北版	1930-02-20	1	10단	情夫と驅落
184863	朝鮮朝日	西北版	1930-02-20	1	10단	二棟を燒ぐ
184864	朝鮮朝日	西北版	1930-02-20	1	10단	放火容疑者捕る
184865	朝鮮朝日	西北版	1930-02-20	1	10단	フ井ルムを盜む
184866	朝鮮朝日	西北版	1930-02-20	1	10단	半島茶話
184867	朝鮮朝日	南鮮版	1930-02-20	1	01단	東海線の起工と洛東江の築堤工事總督府の失業者救濟渡航者喰止策の大事業計劃
184868	朝鮮朝日	南鮮版	1930-02-20	1	01단	朝鮮航空界の隆盛を圖る民間飛行家に補助し遞信局の計劃なる
184869	朝鮮朝日	南鮮版	1930-02-20	1	01단	旱害救濟の水理事業一頓挫工費の負擔難から慶南當局善後策考究
184870	朝鮮朝日	南鮮版	1930-02-20	1	01단	適當の時期まで延期方を陳情釜山單一高等小學設置反對意向緩和
184871	朝鮮朝日	南鮮版	1930-02-20	1	02단	思想取締の警務官任命
184872	朝鮮朝日	南鮮版	1930-02-20	1	02단	鼊業振興策慶北で協議
184873	朝鮮朝日	南鮮版	1930-02-20	1	03단	すぐ役立つやう教育を改革洋服も折禁に改めて嚴佐京城高商校長の計劃
184874	朝鮮朝日	南鮮版	1930-02-20	1	03단	總督府異動
184875	朝鮮朝日	南鮮版	1930-02-20	1	03단	朝鮮のあたらしい女性(1)/田舍兩班が鼻につき戀人を疎んじ出すそして新たなる對照を求め始むそれは彼女の前衛的な気持から

일련번호	판명		간행일	면	단수	기사명
184876	朝鮮朝日	南鮮版	1930-02-20	1	04단	慶州をめぐる石佛保存に頭をなやます
184877	朝鮮朝日	南鮮版	1930-02-20	1	04단	內地の朝鮮人勞動者全協に擧って加盟內地人と共に左翼陣營に立籠る警務局は警戒に腐心す
184878	朝鮮朝日	南鮮版	1930-02-20	1	05단	健康兒童探し全鮮六萬人中から選び出す優良兒地方審査會の組織も成り愈よ近く調査を始む
184879	朝鮮朝日	南鮮版	1930-02-20	1	05단	貧村から優良部落へ慶南の華明里
184880	朝鮮朝日	南鮮版	1930-02-20	1	06단	大邱商陳でマーケット
184881	朝鮮朝日	南鮮版	1930-02-20	1	07단	卅五萬圓を目あてに毒々しいお家騷動突如訴訟取下で無事に解決京城府の方奎錫家
184882	朝鮮朝日	南鮮版	1930-02-20	1	07단	奇怪な殺人店員夫婦を殺傷し自殺を企てた男
184883	朝鮮朝日	南鮮版	1930-02-20	1	08단	平壤府の大革正目下一段落
184884	朝鮮朝日	南鮮版	1930-02-20	1	08단	この寒さにビール合戰値段の協定を疑問？昨今の京城市內
184885	朝鮮朝日	南鮮版	1930-02-20	1	08단	朝鮮スキー大會參加選手二百五十名非常な盛況を呈す
184886	朝鮮朝日	南鮮版	1930-02-20	1	09단	五學校生一齊盟休各署が監視
184887	朝鮮朝日	南鮮版	1930-02-20	1	10단	問題の金時計入質犯人判明す
184888	朝鮮朝日	南鮮版	1930-02-20	1	10단	獵師から强奪
184889	朝鮮朝日	南鮮版	1930-02-20	1	10단	嬰兒を壓殺
184890	朝鮮朝日	南鮮版	1930-02-20	1	10단	活油中の奇福
184891	朝鮮朝日	南鮮版	1930-02-20	1	10단	人(今泉鐵道局技師/吉村謙一郎氏(京城辯護士)/上衫吉太郎氏(釜山活牛組合長)/芥川活氏(釜日專務))
184892	朝鮮朝日	南鮮版	1930-02-20	1	10단	半島茶話
184893	朝鮮朝日	西北・南鮮版	1930-02-20	2	01단	各地だより(京城/釜山/城津/仁川/元山)
184894	朝鮮朝日	西北・南鮮版	1930-02-20	2	01단	どんな雨でも家屋浸水の憂なし下水道改修工事漸次進步し一安心の京城府民
184895	朝鮮朝日	西北・南鮮版	1930-02-20	2	01단	米の多收穫獎勵優良者には賞金授與殖産局と植銀財團が
184896	朝鮮朝日	西北・南鮮版	1930-02-20	2	01단	市中方々に閉店の貼紙金解禁の影響が深刻に現れた京城
184897	朝鮮朝日	西北・南鮮版	1930-02-20	2	02단	城津局簡易保險
184898	朝鮮朝日	西北・南鮮版	1930-02-20	2	02단	ラヂオ
184899	朝鮮朝日	西北・南鮮版	1930-02-20	2	03단	舊正月の弊風を打破朴面長の篤行

일련번호	판명		간행일	면	단수	기사명
184900	朝鮮朝日	西北・南鮮版	1930-02-20	2	03단	百商店が共同廉賣市百貨店の鼻をあかさうと京城で廿三日から
184901	朝鮮朝日	西北・南鮮版	1930-02-20	2	04단	農事講習會
184902	朝鮮朝日	西北・南鮮版	1930-02-20	2	04단	課稅逃れの看板塗替へ釜山に増加
184903	朝鮮朝日	西北版	1930-02-21	1	01단	內鮮共通の新しい材料をとり入れすばらしく出來榮えのよい普通學校國語、修身の改訂本
184904	朝鮮朝日	西北版	1930-02-21	1	01단	鮮外流浪者を阻止し失業者を救濟する河川改修等の工事を起す齋藤總督上京の要務
184905	朝鮮朝日	西北版	1930-02-21	1	01단	國勢調査の宣傳標語募集
184906	朝鮮朝日	西北版	1930-02-21	1	01단	營林署長會議
184907	朝鮮朝日	西北版	1930-02-21	1	02단	運送店の小運送費を改め貨物收入の増額を圖る朝鮮鐵道會社の計劃
184908	朝鮮朝日	西北版	1930-02-21	1	03단	內鮮共通
184909	朝鮮朝日	西北版	1930-02-21	1	03단	侍徒武官各部隊慰問
184910	朝鮮朝日	西北版	1930-02-21	1	03단	咸南道の署長會議四月四五兩日
184911	朝鮮朝日	西北版	1930-02-21	1	04단	記念日に攻防演習祝賀會も催す安東の各團體
184912	朝鮮朝日	西北版	1930-02-21	1	04단	割増金平均分配の債券月賦委託販賣弊害あるものとして斷然營業を禁止さる
184913	朝鮮朝日	西北版	1930-02-21	1	04단	不景氣風景
184914	朝鮮朝日	西北版	1930-02-21	1	05단	毫も同情の餘地なしと檢事の峻烈な論告光州學生事件續行公判
184915	朝鮮朝日	西北版	1930-02-21	1	05단	貯金や手形の犯罪事件が多い局員の犯罪防止に近く遞信局から警告
184916	朝鮮朝日	西北版	1930-02-21	1	07단	國境漫語
184917	朝鮮朝日	西北版	1930-02-21	1	07단	商銀支店設置方海州から陳情
184918	朝鮮朝日	西北版	1930-02-21	1	07단	條件を緩和し沿海州出漁容易となる
184919	朝鮮朝日	西北版	1930-02-21	1	07단	粟の白髮病は種子傳播と判明し完全な防止法も完成す兩鮮農事支場のお手柄
184920	朝鮮朝日	西北版	1930-02-21	1	08단	教諭排斥からつひに動搖首謀者十二名退學處分新義州高等普通校
184921	朝鮮朝日	西北版	1930-02-21	1	08단	咸南の安邊地方に痘瘡患者蔓延すつまらぬ迷信を信ずるため強制的に痘苗施行
184922	朝鮮朝日	西北版	1930-02-21	1	08단	疊一枚當り家賃最高咸興の一圓五十錢最低下碣供原の四十錢咸南道當局の調査
184923	朝鮮朝日	西北版	1930-02-21	1	10단	葉煙草は一割減昨年度の輩作

일련번호	판명		간행일	면	단수	기사명
184924	朝鮮朝日	西北版	1930-02-21	1	10단	馬賊卅名と討伐隊衝突
184925	朝鮮朝日	西北版	1930-02-21	1	10단	もよほし(御下陽金傳達式/慶北道內學校長評議會)
184926	朝鮮朝日	西北版	1930-02-21	1	10단	人(阿部咸南警察局長/吉良咸南警務課長/如遠木咸南農務課長)
184927	朝鮮朝日	西北版	1930-02-21	1	10단	半島茶話
184928	朝鮮朝日	南鮮版	1930-02-21	1	01단	內鮮共通の新しい材料をとり入れすばらしく出來榮えのよい普通學校國語、修身の改訂本
184929	朝鮮朝日	南鮮版	1930-02-21	1	01단	行詰りに直面の京城の台所さてどうして置く？關水府尹は語る
184930	朝鮮朝日	南鮮版	1930-02-21	1	01단	運送店の小運送費を改め貨物收入の增額を圖る朝鮮鐵道會社の計劃
184931	朝鮮朝日	南鮮版	1930-02-21	1	03단	內鮮共通
184932	朝鮮朝日	南鮮版	1930-02-21	1	03단	營林署長會議
184933	朝鮮朝日	南鮮版	1930-02-21	1	03단	福岡京城六百キロの無着陸飛行女成績機上と各無電局の通信聯絡も成功愈々飛行旅行安全となる
184934	朝鮮朝日	南鮮版	1930-02-21	1	04단	普通學校の授業料統一慶南で調査
184935	朝鮮朝日	南鮮版	1930-02-21	1	04단	朝鮮牛の內地移出船運賃引下げ来る三月一日から
184936	朝鮮朝日	南鮮版	1930-02-21	1	04단	警察官異動
184937	朝鮮朝日	南鮮版	1930-02-21	1	04단	貯金や手形の犯罪事件が多い局員の犯罪防止に近く遞信局から警告
184938	朝鮮朝日	南鮮版	1930-02-21	1	05단	自動車の新線計劃朝鮮鐵道で
184939	朝鮮朝日	南鮮版	1930-02-21	1	06단	ナンダイモン
184940	朝鮮朝日	南鮮版	1930-02-21	1	06단	忠淸北道の明年度豫算百廿一萬圓
184941	朝鮮朝日	南鮮版	1930-02-21	1	06단	割增金平均分配の債券月賦委託販賣弊害あるものとして斷然營業を禁止さる
184942	朝鮮朝日	南鮮版	1930-02-21	1	06단	不景氣風景
184943	朝鮮朝日	南鮮版	1930-02-21	1	09단	道路受益者負擔條件に不備を發見案の立直し
184944	朝鮮朝日	南鮮版	1930-02-21	1	09단	大邱の失業者給料生活者は百餘名勞動者は六千三百名
184945	朝鮮朝日	南鮮版	1930-02-21	1	09단	嚴重に監視する慶北道議選擧
184946	朝鮮朝日	南鮮版	1930-02-21	1	09단	第二次學生騷擾首謀者檢事局送り
184947	朝鮮朝日	南鮮版	1930-02-21	1	10단	濁酒の密造者釜山で檢擧
184948	朝鮮朝日	南鮮版	1930-02-21	1	10단	幻想的犯罪か大邱の殺人事件
184949	朝鮮朝日	南鮮版	1930-02-21	1	10단	江陵軌道許可

일련번호	판명		간행일	면	단수	기사명
184950	朝鮮朝日	南鮮版	1930-02-21	1	10단	飛込み自殺
184951	朝鮮朝日	南鮮版	1930-02-21	1	10단	半島茶話
184952	朝鮮朝日	西北・南鮮版	1930-02-21	2	01단	各地だより(新義州/仁川/咸興/海州/春川)
184953	朝鮮朝日	西北・南鮮版	1930-02-21	2	01단	迎日灣に鰊の大群襲來す一夜の水揚十萬圓活氣づいた漁業者
184954	朝鮮朝日	西北・南鮮版	1930-02-21	2	01단	海苔の大凶作暖氣のため
184955	朝鮮朝日	西北・南鮮版	1930-02-21	2	01단	蘋果移出十萬箱內地方面へ
184956	朝鮮朝日	西北・南鮮版	1930-02-21	2	01단	有望な海苔養殖各地に獎勵
184957	朝鮮朝日	西北・南鮮版	1930-02-21	2	02단	忠州農業學校四月から開校
184958	朝鮮朝日	西北・南鮮版	1930-02-21	2	02단	仁川港の擴張工事着々と進陟
184959	朝鮮朝日	西北・南鮮版	1930-02-21	2	02단	ラヂオ
184960	朝鮮朝日	西北・南鮮版	1930-02-21	2	03단	農業倉庫料統一を調査
184961	朝鮮朝日	西北・南鮮版	1930-02-21	2	04단	龍山に修養會館五月項竣工
184962	朝鮮朝日	西北・南鮮版	1930-02-21	2	04단	內地移住の簡保加入者排込みに不便振替口座特設
184963	朝鮮朝日	西北版	1930-02-22	1	01단	新義州設置說は最早疑ひなしとし商業會議所愈よ乘出す昭和製鋼所の誘致問題具體化
184964	朝鮮朝日	西北版	1930-02-22	1	01단	『受電などゝは以ての外だ』沙里院面電の方針に友對の聲愈よ昂まる
184965	朝鮮朝日	西北版	1930-02-22	1	01단	敏浦洞江岸に接する一帶新義州の工業地帶に適すると意見一致す
184966	朝鮮朝日	西北版	1930-02-22	1	01단	四年振に土木會議來月初め開催
184967	朝鮮朝日	西北版	1930-02-22	1	02단	沙里院の面政改革輿論たかまる
184968	朝鮮朝日	西北版	1930-02-22	1	02단	西平壤驛迄の交通連絡府で調査中
184969	朝鮮朝日	西北版	1930-02-22	1	03단	平北道在勤の地方官異動
184970	朝鮮朝日	西北版	1930-02-22	1	03단	候補者も出戰ひ選擧氣分漸く濃厚正政、奇襲の新戰術近づいた平南道議選擧
184971	朝鮮朝日	西北版	1930-02-22	1	03단	漫畵レヴュー羅南十面相師團の卷(1)/川島師團長
184972	朝鮮朝日	西北版	1930-02-22	1	04단	明年度は木工科のみ開校する平壤工業實習學校
184973	朝鮮朝日	西北版	1930-02-22	1	04단	西鮮女子中學校オリムピック初等校女子競技大會五月十八日開催
184974	朝鮮朝日	西北版	1930-02-22	1	05단	大同江畔の綠化を實現
184975	朝鮮朝日	西北版	1930-02-22	1	05단	新義州商議の評議員會
184976	朝鮮朝日	西北版	1930-02-22	1	05단	咸南道の評議員會愈々開かる
184977	朝鮮朝日	西北版	1930-02-22	1	06단	慘めな悲劇が多い國境勤務の警官たち森岡警務局長視察談

일련번호	판명		간행일	면	단수	기사명
184978	朝鮮朝日	西北版	1930-02-22	1	06단	新義州學組評議員會議
184979	朝鮮朝日	西北版	1930-02-22	1	06단	一流の妓生で巡業團を組織し内地に朝鮮古典藝術を宣傳具體的計劃立案中
184980	朝鮮朝日	西北版	1930-02-22	1	07단	咸興商業校新築困難か
184981	朝鮮朝日	西北版	1930-02-22	1	07단	滿蒙開發團馬脚を現す老人將を看板として執拗に資金を强要す
184982	朝鮮朝日	西北版	1930-02-22	1	07단	滿鐵の石炭節約
184983	朝鮮朝日	西北版	1930-02-22	1	07단	專門校出が巡査を志願就職難から
184984	朝鮮朝日	西北版	1930-02-22	1	08단	緬羊を增殖
184985	朝鮮朝日	西北版	1930-02-22	1	08단	十二名復校の要求を拒絶新義州高普校
184986	朝鮮朝日	西北版	1930-02-22	1	08단	盛んな養魚
184987	朝鮮朝日	西北版	1930-02-22	1	09단	咸北に傳染病猖獗を極む
184988	朝鮮朝日	西北版	1930-02-22	1	09단	妓生の素質改善學校入學者を制限して
184989	朝鮮朝日	西北版	1930-02-22	1	09단	面積七百坪の大巖石爆破鴨綠江內鳥啼巖の爆破作業成功す
184990	朝鮮朝日	西北版	1930-02-22	1	09단	緊縮と保健
184991	朝鮮朝日	西北版	1930-02-22	1	09단	六名を起訴平壤學生事件の關係者
184992	朝鮮朝日	西北版	1930-02-22	1	10단	陽德地方積雪一尺餘
184993	朝鮮朝日	西北版	1930-02-22	1	10단	光州學生事件公判懲役及執行猶豫
184994	朝鮮朝日	西北版	1930-02-22	1	10단	馬賊橫行す支那桓仁縣に
184995	朝鮮朝日	西北版	1930-02-22	1	10단	騷擾學生の處分
184996	朝鮮朝日	西北版	1930-02-22	1	10단	春めいて家出人平壤に續出
184997	朝鮮朝日	南鮮版	1930-02-22	1	01단	衆議選擧開票の日仕事もそっちのけ歡喜悲痛の叫びラヂオから流れる過卷き總督府、裁判所等々
184998	朝鮮朝日	南鮮版	1930-02-22	1	01단	棉作と共に養蠶を獎勵一氣に三萬石增産を目論む慶北道當局
184999	朝鮮朝日	南鮮版	1930-02-22	1	01단	市內電車の複線實施困難か東萊釜山鎭間は實現せん朝鮮瓦電の計劃
185000	朝鮮朝日	南鮮版	1930-02-22	1	01단	寫眞說明(昨夜福岡、京城直通飛行で行った無線電信試驗の機上裝置(上)/同飛行に便乘して來た轉賣局員宮田春二君の夫人と子供さん)
185001	朝鮮朝日	南鮮版	1930-02-22	1	03단	准急行列車の設置に贊成カードで京電が調査いよいよ近く運轉
185002	朝鮮朝日	南鮮版	1930-02-22	1	04단	慶北道新豫算新規事業は殆んどない
185003	朝鮮朝日	南鮮版	1930-02-22	1	04단	大池氏の後任は結局香椎氏？釜山水産重役問題

일련번호	판명		간행일	면	단수	기사명
185004	朝鮮朝日	南鮮版	1930-02-22	1	05단	試驗地獄京城師範附屬校が皮切りをしました幼兒たちのいぢらしさそれはとても見てゐられない程幼兒にはむつかしい試驗でした
185005	朝鮮朝日	南鮮版	1930-02-22	1	06단	大邱府新豫算六十萬六千圓
185006	朝鮮朝日	南鮮版	1930-02-22	1	06단	一流の妓生で巡業團を組織し內地に朝鮮古典藝術を宣傳具體的計劃立案中
185007	朝鮮朝日	南鮮版	1930-02-22	1	07단	産米の格付認可となる
185008	朝鮮朝日	南鮮版	1930-02-22	1	07단	地代の値下を耕地人が要求
185009	朝鮮朝日	南鮮版	1930-02-22	1	07단	勞動者あて込みの客引を檢擧する新手の犯罪續出から釜山水上署の警戒
185010	朝鮮朝日	南鮮版	1930-02-22	1	08단	滿蒙開發團馬脚を現す老人丈を看板として執拗に資金を強要す
185011	朝鮮朝日	南鮮版	1930-02-22	1	08단	光州學生事件公判懲役及執行猶豫
185012	朝鮮朝日	南鮮版	1930-02-22	1	08단	四年振に土木會議來月初め開催
185013	朝鮮朝日	南鮮版	1930-02-22	1	09단	緊縮と保健
185014	朝鮮朝日	南鮮版	1930-02-22	1	09단	牛疫で斃れた牛皮を密輸牛疫流行の徑路
185015	朝鮮朝日	南鮮版	1930-02-22	1	09단	慶尙合銀の泥試合妥協成る但し表面のみで今後更に對立は尖銳化？
185016	朝鮮朝日	南鮮版	1930-02-22	1	10단	お茶のあと
185017	朝鮮朝日	南鮮版	1930-02-22	1	10단	ナンダイモン
185018	朝鮮朝日	西北・南鮮版	1930-02-22	2	01단	化粧をはがれたヴァンパイヤの顔「スケーター花やかなりし頃」は去り太公望の天下となった漢江
185019	朝鮮朝日	西北・南鮮版	1930-02-22	2	01단	大同江の筏はいつ流される？奧地の大森林は今度身賣りの話がす〻む
185020	朝鮮朝日	西北・南鮮版	1930-02-22	2	02단	ラヂオ
185021	朝鮮朝日	西北・南鮮版	1930-02-22	2	03단	釜山穀物組合長井谷氏に決定
185022	朝鮮朝日	西北・南鮮版	1930-02-22	2	03단	京城の人口三十四萬二百餘人日之出町は男女同數
185023	朝鮮朝日	西北・南鮮版	1930-02-22	2	03단	咸鏡北道失業者俸給生活百廿六名勞動者一千百九十名一月末現在の調べ
185024	朝鮮朝日	西北・南鮮版	1930-02-22	2	04단	運送合同創立總會來月上旬に延期
185025	朝鮮朝日	西北・南鮮版	1930-02-22	2	04단	燈臺にラヂオ全鮮に亙り設置
185026	朝鮮朝日	西北版	1930-02-23	1	01단	候補者も出揃ひ盛な文書戰始まる一般の選擧熱もすばらしく平南評議員改選迫る
185027	朝鮮朝日	西北版	1930-02-23	1	01단	旱害對策に苦心の跡が窺はれる慶北道地方豫算評議會いよいよ開催

일련번호	판명		간행일	면	단수	기사명
185028	朝鮮朝日	西北版	1930-02-23	1	01단	官民總動員で大防空演習一段の光彩を放たう平壤の陸軍記念日の催し
185029	朝鮮朝日	西北版	1930-02-23	1	01단	豫算より二百萬圓の減收を免れぬ鐵道局本年度業績
185030	朝鮮朝日	西北版	1930-02-23	1	01단	新醫博京城醫專の任命宰教授
185031	朝鮮朝日	西北版	1930-02-23	1	02단	慶南社會事協明年度豫算
185032	朝鮮朝日	西北版	1930-02-23	1	03단	平北道評議會
185033	朝鮮朝日	西北版	1930-02-23	1	03단	七十萬の文盲男女に諺文の講習教科書筆墨も與へて慶南社會事業協會で
185034	朝鮮朝日	西北版	1930-02-23	1	03단	大同江綾羅島を柳の名所とする
185035	朝鮮朝日	西北版	1930-02-23	1	04단	釜山學組會
185036	朝鮮朝日	西北版	1930-02-23	1	04단	山室軍平氏京城の日程
185037	朝鮮朝日	西北版	1930-02-23	1	05단	下馬評に上る道評議員候補者まだ餘日あるためか公然名乘りをあげぬ
185038	朝鮮朝日	西北版	1930-02-23	1	05단	漁業令改正講習
185039	朝鮮朝日	西北版	1930-02-23	1	05단	御下賜金傳達式
185040	朝鮮朝日	西北版	1930-02-23	1	05단	單一高等小學校設置反對を總督その他に陳情牧ノ島自治團と父兄會から
185041	朝鮮朝日	西北版	1930-02-23	1	05단	金融組合の出張所新設
185042	朝鮮朝日	西北版	1930-02-23	1	06단	平壤高女學年延長新學期から實施の模樣
185043	朝鮮朝日	西北版	1930-02-23	1	06단	獻穀田檢下分
185044	朝鮮朝日	西北版	1930-02-23	1	06단	爺サンや婆サンが高沙會組織若い者を驚かす
185045	朝鮮朝日	西北版	1930-02-23	1	07단	囚人作業の收入が減る工賃の約二割減で刑務所の不景氣對策
185046	朝鮮朝日	西北版	1930-02-23	1	07단	航空勤務犠牲者の救濟方法を設く一時賜金を交付する遞信局で決定す
185047	朝鮮朝日	西北版	1930-02-23	1	07단	江界の國防デー
185048	朝鮮朝日	西北版	1930-02-23	1	07단	殉職消防手義捐金發送
185049	朝鮮朝日	西北版	1930-02-23	1	07단	花柳病の徹底的撲滅
185050	朝鮮朝日	西北版	1930-02-23	1	08단	六名を起訴學生妄動事件
185051	朝鮮朝日	西北版	1930-02-23	1	08단	強盜說が有力となる發覺を恐れての自殺大邱謎の殺人事件
185052	朝鮮朝日	西北版	1930-02-23	1	09단	不穩計劃の獨立團員取調
185053	朝鮮朝日	西北版	1930-02-23	1	09단	沙里院小學に猩紅熱發生
185054	朝鮮朝日	西北版	1930-02-23	1	09단	姉弟の家出
185055	朝鮮朝日	西北版	1930-02-23	1	09단	取調べで正體暴露滿蒙開發團
185056	朝鮮朝日	西北版	1930-02-23	1	09단	若木驛附近で急行列車脱線乘客には異狀なし運轉系統全く混亂/倭館でも急行が脱線

일련번호	판명		간행일	면	단수	기사명
185057	朝鮮朝日	西北版	1930-02-23	1	10단	猩紅熱釜山に流行
185058	朝鮮朝日	西北版	1930-02-23	1	10단	檢病的の戸口調査を嚴重に行ふ
185059	朝鮮朝日	西北版	1930-02-23	1	10단	人(荒井初太郎氏(京城實業家)/浦尻萬壽夫氏(李王職事務官))
185060	朝鮮朝日	西北版	1930-02-23	1	10단	お知らせ
185061	朝鮮朝日	南鮮版	1930-02-23	1	01단	候補者も出揃ひ盛な文書戰始まる一般の選擧熱もすばらしく平南評議員改選迫る
185062	朝鮮朝日	南鮮版	1930-02-23	1	01단	旱害對策に苦心の跡が窺はれる慶北道地方豫算評議會いよいよ開催
185063	朝鮮朝日	南鮮版	1930-02-23	1	01단	官民總動員で大防空演習一段の光彩を放たう平壤の陸軍記念日の催し
185064	朝鮮朝日	南鮮版	1930-02-23	1	01단	豫算より二百萬圓の減收を免れぬ鐵道局本年度業績
185065	朝鮮朝日	南鮮版	1930-02-23	1	01단	新醫博京城醫專の任命宰教授
185066	朝鮮朝日	南鮮版	1930-02-23	1	02단	慶南社會事協明年度豫算
185067	朝鮮朝日	南鮮版	1930-02-23	1	03단	平北道評議會
185068	朝鮮朝日	南鮮版	1930-02-23	1	03단	七十萬の文盲男女に諺文の講習教科書筆墨も與へて慶南社會事業協會で
185069	朝鮮朝日	南鮮版	1930-02-23	1	03단	大同江綾羅島を柳の名所とする
185070	朝鮮朝日	南鮮版	1930-02-23	1	04단	釜山學組會
185071	朝鮮朝日	南鮮版	1930-02-23	1	04단	山室軍平氏京城の日程
185072	朝鮮朝日	南鮮版	1930-02-23	1	05단	下馬評に上る道評議員候補者まだ餘日あるためか公然名乗りをあげぬ
185073	朝鮮朝日	南鮮版	1930-02-23	1	05단	漁業令改正講習
185074	朝鮮朝日	南鮮版	1930-02-23	1	05단	御下賜金傳達式
185075	朝鮮朝日	南鮮版	1930-02-23	1	05단	單一高等小學校設置反對を總督その他に陳情牧ノ島自治團と父兄會から
185076	朝鮮朝日	南鮮版	1930-02-23	1	05단	金融組合の出張所新設
185077	朝鮮朝日	南鮮版	1930-02-23	1	06단	平壤高女學年延長新學期から實施の模樣
185078	朝鮮朝日	南鮮版	1930-02-23	1	06단	獻穀田檢下分
185079	朝鮮朝日	南鮮版	1930-02-23	1	06단	爺サンや婆サンが高沙會組織若い者を驚かす
185080	朝鮮朝日	南鮮版	1930-02-23	1	07단	囚人作業の收入が減る工賃の約二割減で刑務所の不景氣對策
185081	朝鮮朝日	南鮮版	1930-02-23	1	07단	航空勤務犧牲者の救濟方法を設く一時賜金を交付する遞信局で決定す
185082	朝鮮朝日	南鮮版	1930-02-23	1	07단	江界の國防デー
185083	朝鮮朝日	南鮮版	1930-02-23	1	07단	殉職消防手義捐金發送

일련번호	판명		간행일	면	단수	기사명
185084	朝鮮朝日	南鮮版	1930-02-23	1	07단	花柳病の徹底的撲滅
185085	朝鮮朝日	南鮮版	1930-02-23	1	08단	六名を起訴學生妄動事件
185086	朝鮮朝日	南鮮版	1930-02-23	1	08단	強盗說が有力となる發覺を恐れての自殺大邱謎の殺人事件
185087	朝鮮朝日	南鮮版	1930-02-23	1	09단	不穩計劃の獨立團員取調
185088	朝鮮朝日	南鮮版	1930-02-23	1	09단	沙里院小學に猩紅熱發生
185089	朝鮮朝日	南鮮版	1930-02-23	1	09단	姉弟の家出
185090	朝鮮朝日	南鮮版	1930-02-23	1	09단	取調べで正體暴露滿蒙開發團
185091	朝鮮朝日	南鮮版	1930-02-23	1	09단	若木驛附近で急行列車脱線乘客には異狀なし運轉系統全く混亂/倭館でも急行が脱線
185092	朝鮮朝日	南鮮版	1930-02-23	1	10단	猩紅熱釜山に流行
185093	朝鮮朝日	南鮮版	1930-02-23	1	10단	檢病的の戸口調査を嚴重に行ふ
185094	朝鮮朝日	南鮮版	1930-02-23	1	10단	人(荒井初太郎氏(京城實業家)/浦尻萬壽夫氏(李王職事務官))
185095	朝鮮朝日	南鮮版	1930-02-23	1	10단	お知らせ
185096	朝鮮朝日	西北・南鮮版	1930-02-23	2	01단	釜山博多間定期日發當分實現困難か將來は有望な航路北九州商船の計劃
185097	朝鮮朝日	西北・南鮮版	1930-02-23	2	01단	咸南龜の尾は大變な好評薄気味悪い程でした加遠木農務課長語る
185098	朝鮮朝日	西北・南鮮版	1930-02-23	2	01단	平壤栗改善に檢事規則の道令を制定
185099	朝鮮朝日	西北・南鮮版	1930-02-23	2	02단	東津水利擴張工事
185100	朝鮮朝日	西北・南鮮版	1930-02-23	2	02단	釜山繁委員長後任は結局迫間氏
185101	朝鮮朝日	西北・南鮮版	1930-02-23	2	02단	ラヂオ
185102	朝鮮朝日	西北・南鮮版	1930-02-23	2	03단	絃歌絶えぬ上景氣黃海道孤島の大靑島の最近
185103	朝鮮朝日	西北・南鮮版	1930-02-23	2	03단	記念碑建設の資金を募集
185104	朝鮮朝日	西北・南鮮版	1930-02-23	2	03단	國境の嶮道と積雪を冒し徹底的強行軍を續く國境各守備隊寒行軍
185105	朝鮮朝日	西北・南鮮版	1930-02-23	2	04단	頗る大振りな紫雲英增收共通會を開く
185106	朝鮮朝日	西北・南鮮版	1930-02-23	2	04단	朝鮮物資の吳軍港納入吳商議が仲介
185107	朝鮮朝日	西北・南鮮版	1930-02-23	2	04단	各地だより(裡里)
185108	朝鮮朝日	西北版	1930-02-24	1	01단	各地とも競うと國防デーを盛大に地方人の腦裡に刻みつけようと十九師團管下の準備
185109	朝鮮朝日	西北版	1930-02-24	1	01단	民政の勝利は信望があるから政局もこれで安定兒玉政務總監談/財界は大喜び好轉を期待して實に朖らかな氣分
185110	朝鮮朝日	西北版	1930-02-24	1	01단	忠北道評議會緊張を帶ぶ

일련번호	판명		간행일	면	단수	기사명
185111	朝鮮朝日	西北版	1930-02-24	1	02단	朝鮮産業の一大縮圖
185112	朝鮮朝日	西北版	1930-02-24	1	03단	朝鐵の大改革出張所改廢人員の整理
185113	朝鮮朝日	西北版	1930-02-24	1	04단	天引、削減、繰延の一本調子で編成す 總額三百四十餘萬圓慶南の明年度豫算
185114	朝鮮朝日	西北版	1930-02-24	1	04단	思想的犯罪が著しく增加殊にこれに問はれる學生が遂年增加する
185115	朝鮮朝日	西北版	1930-02-24	1	04단	俳句/領木花蓑選
185116	朝鮮朝日	西北版	1930-02-24	1	05단	平北評議會諮問事項
185117	朝鮮朝日	西北版	1930-02-24	1	05단	藥價と診察料値下を行ふいよいよ四月一日から大邱醫師團で決定
185118	朝鮮朝日	西北版	1930-02-24	1	05단	旱害罹災兒童に副業を獎勵する慶南道の救濟對策
185119	朝鮮朝日	西北版	1930-02-24	1	05단	五面の失業者四百四十名救濟事業が最も急慶北道當局の調査
185120	朝鮮朝日	西北版	1930-02-24	1	06단	轉賣局異動
185121	朝鮮朝日	西北版	1930-02-24	1	07단	全南光州間の鐵道工事は進捗十月には全線開通か麗水築港計劃も進む
185122	朝鮮朝日	西北版	1930-02-24	1	07단	平壤師の敷地買收交涉成立す
185123	朝鮮朝日	西北版	1930-02-24	1	07단	産繭二十三萬石の增額運動に着手いよいよ明年度から慶尚北道當局計劃
185124	朝鮮朝日	西北版	1930-02-24	1	07단	國立穀倉設立の第一會協議會
185125	朝鮮朝日	西北版	1930-02-24	1	08단	農事懇談會明年度は更に有意義に開く
185126	朝鮮朝日	西北版	1930-02-24	1	08단	畜牛の經濟調査改良發達に資する爲平北畜産組合新事業
185127	朝鮮朝日	西北版	1930-02-24	1	08단	近づいた試驗地獄そろそろ願書も提出される
185128	朝鮮朝日	西北版	1930-02-24	1	09단	學生騷擾首謀者起訴
185129	朝鮮朝日	西北版	1930-02-24	1	09단	不良加入者の整理に努め內容の充實を圖るDKの奮發と方針
185130	朝鮮朝日	西北版	1930-02-24	1	10단	五百人中五十名价川方面の肺ヂストマ保卵
185131	朝鮮朝日	西北版	1930-02-24	1	10단	三十名を退校處分に學生騷ぎで
185132	朝鮮朝日	西北版	1930-02-24	1	10단	毆り殺して五十圓强奪
185133	朝鮮朝日	西北版	1930-02-24	1	10단	人(龜山猛次氏(平壤府財務課長))
185134	朝鮮朝日	西北版	1930-02-24	1	10단	半島茶話
185135	朝鮮朝日	南鮮版	1930-02-24	1	01단	各地とも競うと國防デーを盛大に地方人の腦裡に刻みつけようと十九師團管下の準備

일련번호	판명		간행일	면	단수	기사명
185136	朝鮮朝日	南鮮版	1930-02-24	1	01단	*民政の勝利は信望があるから政局もこれで安定兒玉政務總監談/財界は大喜び好轉を期待して實に朗らかな氣分*
185137	朝鮮朝日	南鮮版	1930-02-24	1	01단	忠北道評議會緊張を帶ぶ
185138	朝鮮朝日	南鮮版	1930-02-24	1	02단	朝鮮産業の一大縮圖
185139	朝鮮朝日	南鮮版	1930-02-24	1	03단	朝鐵の大改革出張所改廢人員の整理
185140	朝鮮朝日	南鮮版	1930-02-24	1	04단	天引、削減、繰延の一本調子で編成す總額三百四十餘萬圓慶南の明年度豫算
185141	朝鮮朝日	南鮮版	1930-02-24	1	04단	思想的犯罪が著しく增加殊にこれに問はれる學生が遂年增加する
185142	朝鮮朝日	南鮮版	1930-02-24	1	04단	俳句/領木花蓑選
185143	朝鮮朝日	南鮮版	1930-02-24	1	05단	平北評議會諮問事項
185144	朝鮮朝日	南鮮版	1930-02-24	1	05단	藥價と診察料値下を行ふいよいよ四月一日から大邱醫師團で決定
185145	朝鮮朝日	南鮮版	1930-02-24	1	05단	旱害羅災兒童に副業を奬勵する慶南道の救濟對策
185146	朝鮮朝日	南鮮版	1930-02-24	1	05단	五面の失業者四百四十名救濟事業が最も急慶北道當局の調査
185147	朝鮮朝日	南鮮版	1930-02-24	1	06단	轉賣局異動
185148	朝鮮朝日	南鮮版	1930-02-24	1	07단	全南光州間の鐵道工事は進捗十月には全線開通か麗水築港計劃も進む
185149	朝鮮朝日	南鮮版	1930-02-24	1	07단	平壤師の敷地買收交渉成立す
185150	朝鮮朝日	南鮮版	1930-02-24	1	07단	産繭二十三萬石の增額運動に着手いよいよ明年度から慶尚北道當局計劃
185151	朝鮮朝日	南鮮版	1930-02-24	1	07단	國立穀倉設立の第一會協議會
185152	朝鮮朝日	南鮮版	1930-02-24	1	08단	農事懇談會明年度は更に有意義に開く
185153	朝鮮朝日	南鮮版	1930-02-24	1	08단	畜牛の經濟調査改良發達に資する爲平北畜産組合新事業
185154	朝鮮朝日	南鮮版	1930-02-24	1	08단	近づいた試驗地獄そろそろ願書も提出される
185155	朝鮮朝日	南鮮版	1930-02-24	1	09단	學生騷擾首謀者起訴
185156	朝鮮朝日	南鮮版	1930-02-24	1	09단	不良加入者の整理に努め內容の充實を圖るDKの奮發と方針
185157	朝鮮朝日	南鮮版	1930-02-24	1	10단	五百人中五十名价川方面の肺ヂストマ保卵
185158	朝鮮朝日	南鮮版	1930-02-24	1	10단	三十名を退校處分に學生騷ぎで
185159	朝鮮朝日	南鮮版	1930-02-24	1	10단	毆り殺して五十圓强奪
185160	朝鮮朝日	南鮮版	1930-02-24	1	10단	人(龜山猛次氏(平壤府財務課長))
185161	朝鮮朝日	南鮮版	1930-02-24	1	10단	半島茶話

일련번호	판명		간행일	면	단수	기사명
185162	朝鮮朝日	西北・南鮮版	1930-02-24	2	01단	Gossipから觀た文壇新舊政黨選擧で踊った彼等の群X・Y生既成と新興猛獸に追はれた縞馬演壇に踊る群天晴れ、太養御曹司硝子箱の子美しい友情「丸ビヤンナイト」惑星と怪童のゆくへ文士の映畫業
185163	朝鮮朝日	西北・南鮮版	1930-02-24	2	01단	寫眞說明(上から順に太養、室伏、金子、蒲池、中村,藤森、高田、平林、大宅、村山、横光の諸氏)
185164	朝鮮朝日	西北・南鮮版	1930-02-24	2	04단	ラヂオ
185165	朝鮮朝日	西北・南鮮版	1930-02-24	2	07단	各地だより(京城/鎭南浦)
185166	朝鮮朝日	西北版	1930-02-25	1	01단	十月一日を期し朝鮮の國勢調査決定された調査項目二十五日實施細則を公布
185167	朝鮮朝日	西北版	1930-02-25	1	01단	北鮮地方に勞動者不足産米增殖に大困り當局で對策考究
185168	朝鮮朝日	西北版	1930-02-25	1	01단	海安面一帶に植林牧畜を企業三井合名會社員が實地視察一般に期待さる
185169	朝鮮朝日	西北版	1930-02-25	1	01단	平北道評議會諮問案
185170	朝鮮朝日	西北版	1930-02-25	1	02단	官選議員任命要望江界有力者が
185171	朝鮮朝日	西北版	1930-02-25	1	02단	江界面豫算
185172	朝鮮朝日	西北版	1930-02-25	1	03단	沙里院學組明年度豫算
185173	朝鮮朝日	西北版	1930-02-25	1	03단	朝鮮林檎の輸出に考慮を要する點生産費低下と運賃割引が急當局へ對策を打合す
185174	朝鮮朝日	西北版	1930-02-25	1	03단	漫畫レヴュー羅南十面相/師團の卷(２)/二瓶經理部長
185175	朝鮮朝日	西北版	1930-02-25	1	04단	平壤高女學年延長財源は授業料を値上げ
185176	朝鮮朝日	西北版	1930-02-25	1	04단	俳句/領木花蓑選
185177	朝鮮朝日	西北版	1930-02-25	1	04단	元山學組新豫算
185178	朝鮮朝日	西北版	1930-02-25	1	04단	取引所令促進か延市場關係の調査をはじむ
185179	朝鮮朝日	西北版	1930-02-25	1	05단	農事技術圓講習
185180	朝鮮朝日	西北版	1930-02-25	1	05단	刑務所を近代的の明るい工場と化し囚人に勞動の快味を滿喫させる先づ城大醫學部で研究
185181	朝鮮朝日	西北版	1930-02-25	1	05단	制限を加へ結局許可するが平壤內地人遊廓の朝鮮人娼妓抱入れ
185182	朝鮮朝日	西北版	1930-02-25	1	06단	牡丹台野話
185183	朝鮮朝日	西北版	1930-02-25	1	06단	咸興、大阪間運賃引下猛運動を起す
185184	朝鮮朝日	西北版	1930-02-25	1	06단	元山中等校入學志願者相當多からう

일련번호	판명		간행일	면	단수	기사명
185185	朝鮮朝日	西北版	1930-02-25	1	07단	日本髮の値上は許可せぬ方針
185186	朝鮮朝日	西北版	1930-02-25	1	07단	北朝鮮海岸濃霧昨年に比し一ヶ月早い
185187	朝鮮朝日	西北版	1930-02-25	1	08단	迎日灣の鰊大漁
185188	朝鮮朝日	西北版	1930-02-25	1	08단	馬鹿げた流言で裁判所へ群衆押しかく
185189	朝鮮朝日	西北版	1930-02-25	1	08단	國境漫語
185190	朝鮮朝日	西北版	1930-02-25	1	09단	陸軍記念日茂山の催し
185191	朝鮮朝日	西北版	1930-02-25	1	09단	竊盜局員送局
185192	朝鮮朝日	西北版	1930-02-25	1	10단	赤行囊一個盜まる
185193	朝鮮朝日	西北版	1930-02-25	1	10단	ダグラスのフキルム還
185194	朝鮮朝日	西北版	1930-02-25	1	10단	夫婦斬犯人いよいよ送局
185195	朝鮮朝日	西北版	1930-02-25	1	10단	警官また狙擊さる不良朝鮮人に
185196	朝鮮朝日	西北版	1930-02-25	1	10단	半島茶話
185197	朝鮮朝日	南鮮版	1930-02-25	1	01단	十月一日を期し朝鮮の國勢調査決定された調査項目二十五日實施細則を公布
185198	朝鮮朝日	南鮮版	1930-02-25	1	01단	北鮮地方に勞動者不足産米增殖に大困り當局で對策考究
185199	朝鮮朝日	南鮮版	1930-02-25	1	01단	海安面一帶に植林牧畜を企業三井合名會社員が實地視察一段に期待さる
185200	朝鮮朝日	南鮮版	1930-02-25	1	01단	朝鮮のあたらしい女性(2)/彼女の多角的態度で仲間に不和を起す金日龍の授助で學校を卒へ歸鮮してから一躍新女性に
185201	朝鮮朝日	南鮮版	1930-02-25	1	03단	取引所令促進か延市場關係の調査をはじむ
185202	朝鮮朝日	南鮮版	1930-02-25	1	03단	朝鮮林檎の輸出に考慮を要する點生産費低下と運賃割引が急當局へ對策を打合す
185203	朝鮮朝日	南鮮版	1930-02-25	1	04단	平壤高女學年延長財源は授業料を值上げ
185204	朝鮮朝日	南鮮版	1930-02-25	1	04단	羅州學組議員當選者
185205	朝鮮朝日	南鮮版	1930-02-25	1	04단	道評議選擧の革正を期す
185206	朝鮮朝日	南鮮版	1930-02-25	1	05단	東洋文化史上大藏經の高麗版を京都南禪寺で發見
185207	朝鮮朝日	南鮮版	1930-02-25	1	05단	兒童の就職斡旋積極的に行ふ
185208	朝鮮朝日	南鮮版	1930-02-25	1	05단	負擔金支出に地主が應ぜず水利工事全く行悩み慶南の旱害救濟事業
185209	朝鮮朝日	南鮮版	1930-02-25	1	05단	刑務所を近代的の明るい工場と化し囚人に勞動の快味を滿喫させる先づ城大醫學部で研究
185210	朝鮮朝日	南鮮版	1930-02-25	1	05단	元山中等校入學志願者相當多からう

일련번호	판명		간행일	면	단수	기사명
185211	朝鮮朝日	南鮮版	1930-02-25	1	06단	制限を加へ結局許可するが平壤內地人遊廓の朝鮮人娼妓抱入れ
185212	朝鮮朝日	南鮮版	1930-02-25	1	07단	給水時間延長か釜山の豪雨
185213	朝鮮朝日	南鮮版	1930-02-25	1	07단	俳句/領木花蓑選
185214	朝鮮朝日	南鮮版	1930-02-25	1	08단	單級學校の敎員增員は經費の關係で困難兒童の成績は良好
185215	朝鮮朝日	南鮮版	1930-02-25	1	08단	赤行嚢一個盗まる
185216	朝鮮朝日	南鮮版	1930-02-25	1	08단	夫婦斬犯人いよいよ送局
185217	朝鮮朝日	南鮮版	1930-02-25	1	09단	大がかりの詐欺を企つ
185218	朝鮮朝日	南鮮版	1930-02-25	1	09단	京仁を股に強盗を働いた二人組の曲者捕る
185219	朝鮮朝日	南鮮版	1930-02-25	1	09단	集魚燈利用の夜間鯖漁を今後慶北道で獎勵まづ水産試驗場で試みて
185220	朝鮮朝日	南鮮版	1930-02-25	1	10단	迎日灣の鰊大漁
185221	朝鮮朝日	南鮮版	1930-02-25	1	10단	人(山室軍平氏(救世軍日本司令)/立石良雄氏(釜山實業家)/佐々木志賀二氏(貴族院議員)/李但九氏(李王職事務官)/山口太兵衛氏(京城實業家)/西崎銀司氏(總督府事務官)/岸本道夫博士(釜山府立病院長)/星野喜代治氏(大藏省事務官))
185222	朝鮮朝日	南鮮版	1930-02-25	1	10단	半島茶話
185223	朝鮮朝日	西北・南鮮版	1930-02-25	2	01단	春や春新柄に魁けて訪れた京城の春!化粧をほどこした柳、等、等
185224	朝鮮朝日	西北・南鮮版	1930-02-25	2	01단	貧民救濟其他五千圓提供
185225	朝鮮朝日	西北・南鮮版	1930-02-25	2	01단	鮮內醫師の素質向上に醫師試驗廢止意見書を提出
185226	朝鮮朝日	西北・南鮮版	1930-02-25	2	02단	貨物運賃をトン扱に決定
185227	朝鮮朝日	西北・南鮮版	1930-02-25	2	02단	學校配屬將校配置數
185228	朝鮮朝日	西北・南鮮版	1930-02-25	2	02단	慶南各學校卒業式日割
185229	朝鮮朝日	西北・南鮮版	1930-02-25	2	02단	ラヂオ
185230	朝鮮朝日	西北・南鮮版	1930-02-25	2	03단	原蠶種製造所に、卒業生委託
185231	朝鮮朝日	西北・南鮮版	1930-02-25	2	03단	無盡會社設立
185232	朝鮮朝日	西北・南鮮版	1930-02-25	2	03단	昨年中の平南小災數三百四十七回
185233	朝鮮朝日	西北・南鮮版	1930-02-25	2	03단	雫の聲
185234	朝鮮朝日	西北・南鮮版	1930-02-25	2	03단	驛橫內での搔拂ひ殖え悩む京城驛
185235	朝鮮朝日	西北・南鮮版	1930-02-25	2	04단	魚油締粕檢査量
185236	朝鮮朝日	西北・南鮮版	1930-02-25	2	04단	咸南蔗麥の內地移出量
185237	朝鮮朝日	西北・南鮮版	1930-02-25	2	04단	各地だより(平壤/裡里)

일련번호	판명		간행일	면	단수	기사명
185238	朝鮮朝日	西北版	1930-02-26	1	01단	いやがらせだけで進退は決定められぬ緊縮豫算、貴族院、明るい政治兒玉總監との漫談
185239	朝鮮朝日	西北版	1930-02-26	1	01단	市街を十數倍に築港も頗る大仕掛雄基のすばらしい都市計劃總督府で設計成る
185240	朝鮮朝日	西北版	1930-02-26	1	01단	緊急事業の外は出来るだけ節約六萬餘圓を減じた平北の明年度豫算
185241	朝鮮朝日	西北版	1930-02-26	1	01단	鼇繭、大豆の共同販賣を平北で斡旋
185242	朝鮮朝日	西北版	1930-02-26	1	02단	漫畫レヴュー羅南十面相師團の卷(3)/蟻川獸醫部長
185243	朝鮮朝日	西北版	1930-02-26	1	03단	昭和製鋼所事業視察團拓務殖産局長
185244	朝鮮朝日	西北版	1930-02-26	1	04단	緊縮豫算を賣め議論百出して賑ふ道路修繕夫役割當てを難詰休會明の忠北評議會
185245	朝鮮朝日	西北版	1930-02-26	1	04단	俳句/領木花蓑選
185246	朝鮮朝日	西北版	1930-02-26	1	05단	寧邊農學教授業料値上
185247	朝鮮朝日	西北版	1930-02-26	1	05단	四年生全部は二週間休業新義州高普の分爭は遂に道評議會の問題となる
185248	朝鮮朝日	西北版	1930-02-26	1	06단	牡丹台野話
185249	朝鮮朝日	西北版	1930-02-26	1	06단	朝鐵の人事異動
185250	朝鮮朝日	西北版	1930-02-26	1	06단	郵便所を新設
185251	朝鮮朝日	西北版	1930-02-26	1	06단	間琿何れかに軍隊增置か
185252	朝鮮朝日	西北版	1930-02-26	1	07단	平南、鎭南浦間のガソリン化四月から運轉開始乘心地も頗るよい
185253	朝鮮朝日	西北版	1930-02-26	1	07단	三千近い人が血をながすとても多い交通事故自動車事故は箆棒に多い
185254	朝鮮朝日	西北版	1930-02-26	1	07단	平壤寺洞間の電車大打擊補助打切から府當局大悩み
185255	朝鮮朝日	西北版	1930-02-26	1	07단	國境漫語
185256	朝鮮朝日	西北版	1930-02-26	1	08단	農家副業に萩細工生産を獎勵
185257	朝鮮朝日	西北版	1930-02-26	1	09단	視學令孃襲擊犯人は隣家の雜貨店主人他にも二軒襲擊
185258	朝鮮朝日	西北版	1930-02-26	1	09단	不良朝鮮人に又狙擊され石川巡査部長殉職犯人は武裝五人組
185259	朝鮮朝日	西北版	1930-02-26	1	09단	殊動警官表彰
185260	朝鮮朝日	西北版	1930-02-26	1	10단	陸軍記念日安東の催し演習や祝賀會
185261	朝鮮朝日	西北版	1930-02-26	1	10단	人(宮田晢造氏(新任鐵道局淸津出張所長))
185262	朝鮮朝日	西北版	1930-02-26	1	10단	半島茶話

일련번호	판명		간행일	면	단수	기사명
185263	朝鮮朝日	南鮮版	1930-02-26	1	01단	いやがらせだけで進退は決定められぬ 緊縮豫算、貴族院、明るい政治兒玉總 監との漫談
185264	朝鮮朝日	南鮮版	1930-02-26	1	01단	新顔候補が豫想以上に多い稀有の激戰 豫想さる慶南道評議員選擧
185265	朝鮮朝日	南鮮版	1930-02-26	1	01단	江原道評議會豫算案說明
185266	朝鮮朝日	南鮮版	1930-02-26	1	01단	兒玉總監歡迎會
185267	朝鮮朝日	南鮮版	1930-02-26	1	01단	飽く沍目的の貴徹に努む單一高等小學 校設置反對
185268	朝鮮朝日	南鮮版	1930-02-26	1	02단	師範のみ受驗地獄志願者少い大邱中等校
185269	朝鮮朝日	南鮮版	1930-02-26	1	02단	戀愛線上の新しい女性(3)/戀の甘美も 束の間に戀人は遠く海外へ彼等の戀愛 は民族主義の相續建築として固く築か れて行く
185270	朝鮮朝日	南鮮版	1930-02-26	1	03단	黑田城大教授文學博士に
185271	朝鮮朝日	南鮮版	1930-02-26	1	03단	緊縮豫算を責め議論百出して賑ふ道路 修繕夫役割當てを難詰休會明の忠北評 議會
185272	朝鮮朝日	南鮮版	1930-02-26	1	04단	取引所と同一行爲に非難の聲起る米穀 現物市場
185273	朝鮮朝日	南鮮版	1930-02-26	1	06단	朝鮮鐵道のスピード整理馬山でも十三 名淘汰
185274	朝鮮朝日	南鮮版	1930-02-26	1	06단	百濟時代の古境提州郡の王流山麓で加 藤城大講師が發見
185275	朝鮮朝日	南鮮版	1930-02-26	1	06단	蔚山飛行場大修繕地盤が軟かくて役に 立たぬ
185276	朝鮮朝日	南鮮版	1930-02-26	1	07단	明後年度以降事業を起し不祥事件發生 を防止藏相と總督意見交換
185277	朝鮮朝日	南鮮版	1930-02-26	1	08단	三千近い人が血をながすとても多い交 通事故自動車事故は籠棒に多い
185278	朝鮮朝日	南鮮版	1930-02-26	1	08단	俳句/領木花蓑選
185279	朝鮮朝日	南鮮版	1930-02-26	1	08단	赤行囊犯人若者捕まる
185280	朝鮮朝日	南鮮版	1930-02-26	1	08단	自動車の泥よけ發明釜山の指物慶さ んが
185281	朝鮮朝日	南鮮版	1930-02-26	1	09단	不良朝鮮人に又狙撃され石川巡查部長 殉職犯人は武裝五人組
185282	朝鮮朝日	南鮮版	1930-02-26	1	09단	男女學生の家出續出す釜山署で保護
185283	朝鮮朝日	南鮮版	1930-02-26	1	10단	朝鐵の人事異動
185284	朝鮮朝日	南鮮版	1930-02-26	1	10단	不景氣から人妻の自殺
185285	朝鮮朝日	南鮮版	1930-02-26	1	10단	もよほし(財務主任打合會)

일련번호	판명		간행일	면	단수	기사명
185286	朝鮮朝日	南鮮版	1930-02-26	1	10단	人(殖田殖産局長(拓務省)/渡邊定一郎氏(京城商議會頭)/加藤新義州商議會頭/佐久間概次郎氏(朝鮮瓦斯軍氣常務)/水野發氏(釜山實業家))
185287	朝鮮朝日	南鮮版	1930-02-26	1	10단	半島茶話
185288	朝鮮朝日	西北・南鮮版	1930-02-26	2	01단	各地だより(京城/洪城/安東縣/間島)
185289	朝鮮朝日	西北・南鮮版	1930-02-26	2	01단	商標權の擁護にやうやく気がつき登錄申請者は弗々出る喜ぶべきコンマーシヤリズムの洗禮
185290	朝鮮朝日	西北・南鮮版	1930-02-26	2	01단	風土適した養殖法を講ずる淺海干瀉地を利用し海苔牡蠣增産計劃
185291	朝鮮朝日	西北・南鮮版	1930-02-26	2	01단	官立專門校卒業見込數
185292	朝鮮朝日	西北・南鮮版	1930-02-26	2	02단	ラヂオ
185293	朝鮮朝日	西北・南鮮版	1930-02-26	2	03단	平壤妓生の稼高しらべ
185294	朝鮮朝日	西北・南鮮版	1930-02-26	2	03단	あまり安すぎてかへって賣れず成績芳しくなかった京城の百貨廉賣市
185295	朝鮮朝日	西北版	1930-02-27	1	01단	平壤賑町遊廓を愈よ移轉するか場所は箕林里の一角警察側道當局と協議を重ぬ
185296	朝鮮朝日	西北版	1930-02-27	1	01단	道路問題で連日大賑ひ平安北道の評議會
185297	朝鮮朝日	西北版	1930-02-27	1	01단	裝身具を賣拂って貯蓄し夕食には粗食主意德川郡に生れた會
185298	朝鮮朝日	西北版	1930-02-27	1	01단	就學率は逐年增大朝鮮の兒童
185299	朝鮮朝日	西北版	1930-02-27	1	01단	新警官配置
185300	朝鮮朝日	西北版	1930-02-27	1	02단	滿鐵消組問題と安東商議の態度
185301	朝鮮朝日	西北版	1930-02-27	1	02단	漫畫レヴュー羅南十面相師團の卷(4)/山本軍醫部長
185302	朝鮮朝日	西北版	1930-02-27	1	03단	好成績を收めて守備隊聯合行軍終了す
185303	朝鮮朝日	西北版	1930-02-27	1	03단	紅燈の卷に出入せず謹嚴な生活を營み常に居留民から畏敬されてゐた選擧の神樣安達內相
185304	朝鮮朝日	西北版	1930-02-27	1	04단	大同江の氷解け始む漂ふ春の氣
185305	朝鮮朝日	西北版	1930-02-27	1	04단	ぼつぼつ口の決った新學士內地に比すれば好成績と渡邊城大學生監の談
185306	朝鮮朝日	西北版	1930-02-27	1	04단	折角擡頭せんとする鮮內紡積業に打擊直ちに移關稅を撤廢すれば總督府當局の意向
185307	朝鮮朝日	西北版	1930-02-27	1	05단	國境漫語
185308	朝鮮朝日	西北版	1930-02-27	1	07단	副業生産額三、四千萬圓各道別のしらべ

일련번호	판명		간행일	면	단수	기사명
185309	朝鮮朝日	西北版	1930-02-27	1	07단	氣流に變化多い朝鮮の空の旅をより安全にするため高層氣流の觀測試驗
185310	朝鮮朝日	西北版	1930-02-27	1	07단	畜牛增殖に屠殺を制限三歲以下と姙牛に屠畜稅も增額する
185311	朝鮮朝日	西北版	1930-02-27	1	08단	靑年府協議會
185312	朝鮮朝日	西北版	1930-02-27	1	08단	學組員當選者
185313	朝鮮朝日	西北版	1930-02-27	1	09단	工業實習學校を平壤に新設
185314	朝鮮朝日	西北版	1930-02-27	1	09단	平壤高女五年制新學期から實施授業料を五十錢增額す多年の懸案片づく
185315	朝鮮朝日	西北版	1930-02-27	1	09단	牛疫小康
185316	朝鮮朝日	西北版	1930-02-27	1	10단	旱害民の叫引續き購入
185317	朝鮮朝日	西北版	1930-02-27	1	10단	短歌(橋田東聲選)
185318	朝鮮朝日	西北版	1930-02-27	1	10단	募るもの
185319	朝鮮朝日	西北版	1930-02-27	1	10단	國庫補助橫領技手平壤署に捕る
185320	朝鮮朝日	西北版	1930-02-27	1	10단	嚴重に訓戒し學生を釋放
185321	朝鮮朝日	西北版	1930-02-27	1	10단	人(藤原喜茂氏(平南內務部長))
185322	朝鮮朝日	南鮮版	1930-02-27	1	01단	折角擡頭せんとする鮮內紡積業に打擊直ちに移關稅を撤廢すれば總督府當局の意向
185323	朝鮮朝日	南鮮版	1930-02-27	1	01단	單科高等小學の設置可否を中心に論戰を鬪はす目下の形勢では否決の運命
185324	朝鮮朝日	南鮮版	1930-02-27	1	01단	短歌(橋田東聲選)
185325	朝鮮朝日	南鮮版	1930-02-27	1	01단	反對議員七名辭職傍廳者殺到し議長殺氣立つ
185326	朝鮮朝日	南鮮版	1930-02-27	1	02단	就學率は遂年增大朝鮮の兒童
185327	朝鮮朝日	南鮮版	1930-02-27	1	02단	戀愛線上の新しい女性(3)/理論鬪爭に千倍するはげしい戀愛爭鬪それほど彼女の姿態は美しくかつ絶大な魅力をもってゐた
185328	朝鮮朝日	南鮮版	1930-02-27	1	03단	道議選擧白熱化大邱でされに一名出馬
185329	朝鮮朝日	南鮮版	1930-02-27	1	03단	慶南自動車運賃の統一その改正賃金標準三月中には實施か
185330	朝鮮朝日	南鮮版	1930-02-27	1	04단	紅燈の卷に出入せず謹嚴な生活を營み常に居留民から畏敬されてゐた選擧の神樣安達內相
185331	朝鮮朝日	南鮮版	1930-02-27	1	05단	ナンダイモン
185332	朝鮮朝日	南鮮版	1930-02-27	1	05단	ぼつぼつ口の決った新學士內地に比すれば好成績と渡邊城大學生監の談

일련번호	판명		간행일	면	단수	기사명
185333	朝鮮朝日	南鮮版	1930-02-27	1	06단	新たに儒學を教へ人格を陶冶する明倫學院を開設す總督府規程を公布
185334	朝鮮朝日	南鮮版	1930-02-27	1	06단	副業生産額三、四千萬圓各道別のしらべ
185335	朝鮮朝日	南鮮版	1930-02-27	1	08단	氣流に變化多い朝鮮の空の旅をより安全にするため高層氣流の觀測試驗
185336	朝鮮朝日	南鮮版	1930-02-27	1	08단	釜山地方暴風雨稀有の大時化沿岸航路社絶
185337	朝鮮朝日	南鮮版	1930-02-27	1	09단	土沙崩壊し人夫四名下敷き卽死一名、重輕傷三名
185338	朝鮮朝日	南鮮版	1930-02-27	1	09단	令嬢毆打犯人自殺を企つ
185339	朝鮮朝日	南鮮版	1930-02-27	1	09단	愈よ取容さる夫婦斬犯人
185340	朝鮮朝日	南鮮版	1930-02-27	1	10단	子供を助けんと工夫の重傷
185341	朝鮮朝日	南鮮版	1930-02-27	1	10단	牛疫小康
185342	朝鮮朝日	南鮮版	1930-02-27	1	10단	もよほし(各道兵事事務奏任官會議)
185343	朝鮮朝日	南鮮版	1930-02-27	1	10단	人(安藤久三郎氏(金剛山電鐵專務))
185344	朝鮮朝日	南鮮版	1930-02-27	1	10단	半島茶話
185345	朝鮮朝日	西北・南鮮版	1930-02-27	2	01단	上級學校志望が不景氣から激減す入學難は多少緩和される京城府及びその近郊の最終調査
185346	朝鮮朝日	西北・南鮮版	1930-02-27	2	01단	街燈料金の値下げ近く實現町總代、京電側兩者府尹に妥協案一任
185347	朝鮮朝日	西北・南鮮版	1930-02-27	2	01단	金肥の共同購入價格崩落す
185348	朝鮮朝日	西北・南鮮版	1930-02-27	2	01단	慶北米に對する批評
185349	朝鮮朝日	西北・南鮮版	1930-02-27	2	02단	運合會社の創立總會は月末か來月早々
185350	朝鮮朝日	西北・南鮮版	1930-02-27	2	02단	畜牛再共濟平北で實施
185351	朝鮮朝日	西北・南鮮版	1930-02-27	2	02단	ラヂオ
185352	朝鮮朝日	西北・南鮮版	1930-02-27	2	03단	地方開發の團體組織要望沙里院の有志
185353	朝鮮朝日	西北・南鮮版	1930-02-27	2	03단	京城仁川間定時通話實施にきまる
185354	朝鮮朝日	西北・南鮮版	1930-02-27	2	04단	釜山會議所評議員選擧各簿の從覽
185355	朝鮮朝日	西北・南鮮版	1930-02-27	2	04단	二割の節約仁川學組豫算
185356	朝鮮朝日	西北・南鮮版	1930-02-27	2	04단	金堤女學校四月から開校
185357	朝鮮朝日	西北・南鮮版	1930-02-27	2	04단	學校卒業式
185358	朝鮮朝日	西北・南鮮版	1930-02-27	2	04단	卒業式日割
185359	朝鮮朝日	西北・南鮮版	1930-02-27	2	04단	馬山郡便局落成
185360	朝鮮朝日	西北版	1930-02-28	1	01단	お歷々衆に朝鮮を一度見て貰ひたい差別的待遇はよくない殖田拓務省殖産局長の時事談
185361	朝鮮朝日	西北版	1930-02-28	1	01단	早くも各地とも亂立平北道評議員選擧

일련번호	판명		간행일	면	단수	기사명
185362	朝鮮朝日	西北版	1930-02-28	1	01단	實際に卽して道令を改正平南道林檎檢査規則さしもの紛糾一段落
185363	朝鮮朝日	西北版	1930-02-28	1	01단	滿洲體協事業計劃日取り決定
185364	朝鮮朝日	西北版	1930-02-28	1	02단	授業料の値下決定新義州學組會
185365	朝鮮朝日	西北版	1930-02-28	1	02단	製鋼所設置場所はまだ決定しない在滿朝鮮人の救濟は考慮殖田殖産局長視察談
185366	朝鮮朝日	西北版	1930-02-28	1	03단	朝鮮米の格上げ遂に承認さる
185367	朝鮮朝日	西北版	1930-02-28	1	03단	短歌(橋田東聲選)
185368	朝鮮朝日	西北版	1930-02-28	1	04단	平南道の記念植樹一萬六千餘本
185369	朝鮮朝日	西北版	1930-02-28	1	04단	初等校卒業生の職業指導を協議大體の指導案なる平壤府內初等校長會
185370	朝鮮朝日	西北版	1930-02-28	1	04단	患者の多い所から漸を逐うて實施平北のモヒ患者登錄近く三十餘名の醫師を指定
185371	朝鮮朝日	西北版	1930-02-28	1	05단	朝鮮人側から借地借家料値下げ運動
185372	朝鮮朝日	西北版	1930-02-28	1	06단	國境漫語
185373	朝鮮朝日	西北版	1930-02-28	1	06단	斗湖沖から掘出された化石太古第三紀層時代の「斧貝」の一種と判決
185374	朝鮮朝日	西北版	1930-02-28	1	06단	鐵道を脅かす自動車網全鮮に行渡り官私營鐵道延長の十五倍を運轉する
185375	朝鮮朝日	西北版	1930-02-28	1	06단	お茶のあと
185376	朝鮮朝日	西北版	1930-02-28	1	07단	本年から競田作賞金付で行ふ
185377	朝鮮朝日	西北版	1930-02-28	1	07단	咸南道水産會通常總代會
185378	朝鮮朝日	西北版	1930-02-28	1	07단	不良朝鮮人二名警察官に射殺さるピストルで抵抗したゝめ所持品から鐵血團一味とわかる
185379	朝鮮朝日	西北版	1930-02-28	1	08단	試驗飛行は取上め經費の關係で
185380	朝鮮朝日	西北版	1930-02-28	1	08단	例年より早く大同江解氷
185381	朝鮮朝日	西北版	1930-02-28	1	08단	白晝に虎現る淸道の名刹高野山に近く大がかりな虎狩
185382	朝鮮朝日	西北版	1930-02-28	1	09단	石川副長等の交戰の相手不良朝鮮人でなくて支那側保衛團と判明
185383	朝鮮朝日	西北版	1930-02-28	1	09단	普通學校に不穩文書を新聞にはさんで郵送す
185384	朝鮮朝日	西北版	1930-02-28	1	09단	警戒裡に判決言渡光州學生事件
185385	朝鮮朝日	西北版	1930-02-28	1	10단	種豚、種鶴育成を獎勵
185386	朝鮮朝日	西北版	1930-02-28	1	10단	陸軍記念日の狀況を放送
185387	朝鮮朝日	西北版	1930-02-28	1	10단	酒癖の悪い令孃襲擊犯人
185388	朝鮮朝日	西北版	1930-02-28	1	10단	半島茶話

일련번호	판명		간행일	면	단수	기사명
185389	朝鮮朝日	南鮮版	1930-02-28	1	01단	お歷々衆に朝鮮を一度見て貰ひたい差別的待遇はよくない殖田拓務省殖産局長の時事談
185390	朝鮮朝日	南鮮版	1930-02-28	1	01단	釜山高等小學統一に反對學校組合議員七氏遂に辭表を提出
185391	朝鮮朝日	南鮮版	1930-02-28	1	01단	二旬に迫って猛運動開始さる目下噂に上る人々は？全北の道議選擧
185392	朝鮮朝日	南鮮版	1930-02-28	1	01단	釜山學校組合豫算前年より增加
185393	朝鮮朝日	南鮮版	1930-02-28	1	02단	戀愛線上の新しい女性(５)/戀人のあとを慕って東洋の隱家上海へいまは戀人と共に長崎の町でつゝましやかに家庭を營なむ
185394	朝鮮朝日	南鮮版	1930-02-28	1	03단	道民負擔の輕減につとめた明年度の地方費豫算忠南道評議會開かる
185395	朝鮮朝日	南鮮版	1930-02-28	1	04단	朝鮮米の格上げ遂に承認さる
185396	朝鮮朝日	南鮮版	1930-02-28	1	05단	釜山繁榮會長迫間氏迫間氏推薦
185397	朝鮮朝日	南鮮版	1930-02-28	1	05단	釜山商議選擧と噂の候補者
185398	朝鮮朝日	南鮮版	1930-02-28	1	06단	ナンダイモン
185399	朝鮮朝日	南鮮版	1930-02-28	1	06단	緊縮一點張ながら苦心の跡見ゆる慶南道の明年度豫算前年より五萬九千餘圓減少
185400	朝鮮朝日	南鮮版	1930-02-28	1	06단	短歌(橋田東聲選)
185401	朝鮮朝日	南鮮版	1930-02-28	1	07단	斗湖沖から掘出された化石太古第三紀層時代の「斧貝」の一種と判決
185402	朝鮮朝日	南鮮版	1930-02-28	1	07단	現代語を澤山とり入れる國語讀本卷二
185403	朝鮮朝日	南鮮版	1930-02-28	1	07단	南山周廻道路計劃鏡城郡市研究會で愈きまる
185404	朝鮮朝日	南鮮版	1930-02-28	1	08단	天日社長再度喚問山梨大將事件に關して
185405	朝鮮朝日	南鮮版	1930-02-28	1	08단	お茶のあと
185406	朝鮮朝日	南鮮版	1930-02-28	1	09단	豪雨で河川增水交通は不能
185407	朝鮮朝日	南鮮版	1930-02-28	1	09단	機船坐礁す乘組員救助
185408	朝鮮朝日	南鮮版	1930-02-28	1	09단	試驗飛行は取止め經費の關係で
185409	朝鮮朝日	南鮮版	1930-02-28	1	09단	白晝に虎現る清道の名刹高野山に近く大がかりな虎狩
185410	朝鮮朝日	南鮮版	1930-02-28	1	09단	もよほし(李夏森子一年忌追悼會)
185411	朝鮮朝日	南鮮版	1930-02-28	1	09단	人(新具幾氏(遞信局應舞課長)/安藤又三郎氏(前京城鐵道局長)/今村內務局長)
185412	朝鮮朝日	南鮮版	1930-02-28	1	10단	本年から競田作賞金付で行ふ
185413	朝鮮朝日	南鮮版	1930-02-28	1	10단	陸軍記念日の狀況を放送

일련번호	판명		간행일	면	단수	기사명
185414	朝鮮朝日	南鮮版	1930-02-28	1	10단	警戒裡に判決言渡光州學生事件
185415	朝鮮朝日	南鮮版	1930-02-28	1	10단	京官を袋叩きにし肋骨三枚折る強盜犯人逃走
185416	朝鮮朝日	南鮮版	1930-02-28	1	10단	半島茶話
185417	朝鮮朝日	西北・南鮮版	1930-02-28	2	01단	神經病齊藤彔鹿
185418	朝鮮朝日	西北・南鮮版	1930-02-28	2	01단	踊れる女優社交ダンス夜話
185419	朝鮮朝日	西北・南鮮版	1930-02-28	2	01단	折角の豊漁も相場が安く金高が一向上らぬ痛し痒しの鰊漁業者
185420	朝鮮朝日	西北・南鮮版	1930-02-28	2	01단	水産方面の指導機關充實を圖る
185421	朝鮮朝日	西北・南鮮版	1930-02-28	2	02단	在滿朝鮮人の調査を携へ吉林總領事入城
185422	朝鮮朝日	西北・南鮮版	1930-02-28	2	02단	ラヂオ
185423	朝鮮朝日	西北・南鮮版	1930-02-28	2	03단	各地だより(鎭南浦/裡里/平壤)
185424	朝鮮朝日	西北・南鮮版	1930-02-28	2	03단	金肥より効果がある紫雲英栽培奬勵試驗の結果判明す金肥地獄から救ふ全北當局
185425	朝鮮朝日	西北・南鮮版	1930-02-28	2	04단	北九州商船一千圓補助
185426	朝鮮朝日	西北・南鮮版	1930-02-28	2	04단	雫の聲

1930년 3월 (조선아사히)

일련번호	판명		간행일	면	단수	기사명
185427	朝鮮朝日	西北版	1930-03-01	1	01단	メートル制による鐵道運賃發表さる改正運賃の實施により收入減は三十萬圓と見積らる(旅客運賃/貨物運賃)
185428	朝鮮朝日	西北版	1930-03-01	1	01단	東京、京城間の直通電話開設費を昭和六年度豫算に計上と內定難關は下關、釜山間の海底線敷設
185429	朝鮮朝日	西北版	1930-03-01	1	01단	煙草增加と外鹽輸入追加豫算でやる新規事業の豫定は狂はぬ松本專賣局長歸來談
185430	朝鮮朝日	西北版	1930-03-01	1	01단	俳句/鈴木花蓑選
185431	朝鮮朝日	西北版	1930-03-01	1	02단	運合重役の顔觸れ結局は常務合議制を採用か
185432	朝鮮朝日	西北版	1930-03-01	1	03단	愈々迫って來た兒童の試驗地獄最大難所は平壤師範平壤各中等校の入學狀況
185433	朝鮮朝日	西北版	1930-03-01	1	03단	五十名募集に五百名の志願者新義州商業學校/平壤教育會充實を期す/授業料の值上否決新義州學組會/普通校卒業生に道から補助して農村振興に努力す平北の新しい試み/優良兒表彰と貧困兒救濟
185434	朝鮮朝日	西北版	1930-03-01	1	04단	國境に飛行場防空演習もやる金と地方人の努力次第では毛內少將視察談
185435	朝鮮朝日	西北版	1930-03-01	1	05단	金融制度準備委員總督府が任命
185436	朝鮮朝日	西北版	1930-03-01	1	05단	辭令(東京電話)
185437	朝鮮朝日	西北版	1930-03-01	1	06단	牡丹台野話
185438	朝鮮朝日	西北版	1930-03-01	1	06단	控訴や抗告に休日を算入せぬ高等法院の新判決例
185439	朝鮮朝日	西北版	1930-03-01	1	07단	阿片調查員近く朝鮮へ
185440	朝鮮朝日	西北版	1930-03-01	1	07단	密漁船の取締は今後徹底的にやる場合によれば驅逐艦も出動咸南道當局の對策
185441	朝鮮朝日	西北版	1930-03-01	1	08단	二刑事部長表彰
185442	朝鮮朝日	西北版	1930-03-01	1	08단	愛美山麓の節婦堂再建に着手
185443	朝鮮朝日	西北版	1930-03-01	1	08단	全鮮に不穩文書配布の形跡
185444	朝鮮朝日	西北版	1930-03-01	1	08단	朝鮮人方面に小爲替利用頗る多くなる
185445	朝鮮朝日	西北版	1930-03-01	1	09단	豫定通り進捗しホッと安心水利事業
185446	朝鮮朝日	西北版	1930-03-01	1	09단	法魚丸坐礁
185447	朝鮮朝日	西北版	1930-03-01	1	09단	在來種と交換し優良品種を普及麥作の增殖をはかる慶南道當局の對策
185448	朝鮮朝日	西北版	1930-03-01	1	10단	金を捲上ぐ
185449	朝鮮朝日	西北版	1930-03-01	1	10단	もよほし(電氣公營記念宴/動力值下懇談會)

일련번호	판명		간행일	면	단수	기사명
185450	朝鮮朝日	西北版	1930-03-01	1	10단	人(高尾亭氏(採木公司理社長)/平尾壬平郎氏(遞信局監理社長)/三木章之氏(新任平北地方課長)/松本專賣局長/高橋濱吉氏(本府視學官)/香推源太郎氏(釜山商業會議所會頭))
185451	朝鮮朝日	西北版	1930-03-01	1	10단	半島茶話
185452	朝鮮朝日	南鮮版	1930-03-01	1	01단	メートル制による鐵道運賃發表さる改正運賃の實施により收入減は三十萬圓と見積らる(旅客運賃/貨物運賃)
185453	朝鮮朝日	南鮮版	1930-03-01	1	01단	東京、京城間の直通電話開設費を昭和六年度豫算に計上と內定難關は下關、釜山間の海底線敷設
185454	朝鮮朝日	南鮮版	1930-03-01	1	01단	煙草增加と外鹽輸入追加豫算でやる新規事業の豫定は狂はぬ松本專賣局長歸來談
185455	朝鮮朝日	南鮮版	1930-03-01	1	01단	忠北道評議員北部三郡視察
185456	朝鮮朝日	南鮮版	1930-03-01	1	02단	朝鮮人だけ立候補京畿道議選激戰を豫想さる
185457	朝鮮朝日	南鮮版	1930-03-01	1	02단	控訴や抗告に休日を算入せぬ高等法院の新判決例
185458	朝鮮朝日	南鮮版	1930-03-01	1	03단	俳句/鈴木花蓑選
185459	朝鮮朝日	南鮮版	1930-03-01	1	04단	金融制度準備委員總督府が任命
185460	朝鮮朝日	南鮮版	1930-03-01	1	04단	辭令(東京電話)
185461	朝鮮朝日	南鮮版	1930-03-01	1	04단	銀行から引出して郵便局に預ける郵便貯金は最近ふえるばかりこれも不景氣の現れ
185462	朝鮮朝日	南鮮版	1930-03-01	1	05단	豫定通り進陟しホッと安心水利事業
185463	朝鮮朝日	南鮮版	1930-03-01	1	05단	不良の徒が多く良民を脅かす在滿朝鮮人の問題を總督府と打合す石井領事
185464	朝鮮朝日	南鮮版	1930-03-01	1	05단	遠慮のない意見やら陳情京畿道評議會員から例によって持出さる
185465	朝鮮朝日	南鮮版	1930-03-01	1	06단	二十八種類の値下を行ふ京城の公設市場が實質的方面に活躍
185466	朝鮮朝日	南鮮版	1930-03-01	1	07단	辭職議員の經過報告會
185467	朝鮮朝日	南鮮版	1930-03-01	1	07단	金泉學組五議員辭職成行憂慮さる
185468	朝鮮朝日	南鮮版	1930-03-01	1	07단	大邱學校組合明年度豫算
185469	朝鮮朝日	南鮮版	1930-03-01	1	07단	新たに設ける漁業組合聯合會漁業令の實施から大いに期待される
185470	朝鮮朝日	南鮮版	1930-03-01	1	08단	鐵道を脅かす自動車網全鮮に行渡り官私營鐵道延長の十五倍を運轉する

일련번호	판명		간행일	면	단수	기사명
185471	朝鮮朝日	南鮮版	1930-03-01	1	08단	伊藤博文公寺院建設懇談會
185472	朝鮮朝日	南鮮版	1930-03-01	1	08단	京城劇場再建に決定株主總會できまる
185473	朝鮮朝日	南鮮版	1930-03-01	1	09단	佛國寺に電信電話新設
185474	朝鮮朝日	南鮮版	1930-03-01	1	09단	漂流中の破船を發見乘組員溺死か
185475	朝鮮朝日	南鮮版	1930-03-01	1	09단	良馬を表彰
185476	朝鮮朝日	南鮮版	1930-03-01	1	09단	電氣事業改正打合今井課長上京
185477	朝鮮朝日	南鮮版	1930-03-01	1	10단	四名を救助他は溺死か漁船遭難捜査
185478	朝鮮朝日	南鮮版	1930-03-01	1	10단	愛美山麓の節婦堂再建に着手
185479	朝鮮朝日	南鮮版	1930-03-01	1	10단	人(高橋濱吉氏(本府視學官)/香椎源太郎氏(釜山商業會議所會頭))
185480	朝鮮朝日	南鮮版	1930-03-01	1	10단	半島茶話
185481	朝鮮朝日	西北・南鮮版	1930-03-01	2	01단	焚寄漁業は近く禁止し漁場荒廢をふせぐ慶南道當局の方針
185482	朝鮮朝日	西北・南鮮版	1930-03-01	2	01단	年二百萬本の苗木を植栽して平壤栗の增産を期す樹齡と收穫量の調査
185483	朝鮮朝日	西北・南鮮版	1930-03-01	2	01단	小口運送を改善し通關業務直營方鮮鐵及び滿鐵へ請願安東の商工會議所
185484	朝鮮朝日	西北・南鮮版	1930-03-01	2	01단	慶北道の今年植桑數
185485	朝鮮朝日	西北・南鮮版	1930-03-01	2	02단	爲替は日本金建その他有利に交渉まとまる
185486	朝鮮朝日	西北・南鮮版	1930-03-01	2	03단	咸南道民の常食栗自給自足が急務滿洲栗の年々輸入額百五十萬石當局でも增産を計劃
185487	朝鮮朝日	西北・南鮮版	1930-03-01	2	03단	各地だより(平壤/淸州/茂山)
185488	朝鮮朝日	西北・南鮮版	1930-03-01	2	03단	燐寸製造工場を新たに增設朝鮮の需要を充すべく新義州に朝鮮燐寸が
185489	朝鮮朝日	西北・南鮮版	1930-03-01	2	04단	零の聲
185490	朝鮮朝日	西北版	1930-03-02	1	01단	學務局と道の官制に徹底的な改革を加へ一方師弟間を密接にする教育方針の根本的樹てなほし/歎願書
185491	朝鮮朝日	西北版	1930-03-02	1	01단	各課に亙って廳内の擔當替へ第一次整理の後任には白紙の人材を起用
185492	朝鮮朝日	西北版	1930-03-02	1	01단	家庭工業の獎勵に努め低利資金を貸付る平壤府の新事業
185493	朝鮮朝日	西北版	1930-03-02	1	01단	金組設置の嘆願書提出安東市民力瘤を入れ極力その實現に努む
185494	朝鮮朝日	西北版	1930-03-02	1	03단	短歌/橋田東聲選
185495	朝鮮朝日	西北版	1930-03-02	1	03단	工業實修の學校を新設

일련번호	판명		간행일	면	단수	기사명
185496	朝鮮朝日	西北版	1930-03-02	1	04단	鹽の輸移入を政府で管理する許可制度の一時的統制制令第一號を一日付で公布
185497	朝鮮朝日	西北版	1930-03-02	1	05단	三班に分れて計劃を進む在壤陸軍關係首腦の陸軍記念日催物計劃
185498	朝鮮朝日	西北版	1930-03-02	1	05단	主なる當業者や金融業者を集め鮮米移出調節懇談會五、六日に互り開催
185499	朝鮮朝日	西北版	1930-03-02	1	05단	總督府辭令
185500	朝鮮朝日	西北版	1930-03-02	1	06단	平壤高女五年制見合
185501	朝鮮朝日	西北版	1930-03-02	1	06단	平壤の朝鮮人遊廓地域擴張出願
185502	朝鮮朝日	西北版	1930-03-02	1	06단	商業の受驗率新義州中等校中の最高
185503	朝鮮朝日	西北版	1930-03-02	1	07단	動力や水道使用料値下雜種稅整理
185504	朝鮮朝日	西北版	1930-03-02	1	07단	當分は適當な方法を講じ醫療機關たらしめる道立醫院建設は困難
185505	朝鮮朝日	西北版	1930-03-02	1	07단	通關簡易化の請願書提出
185506	朝鮮朝日	西北版	1930-03-02	1	07단	自動車稅の增設は保留乘車賃金に及ぼす影響を考慮の結果
185507	朝鮮朝日	西北版	1930-03-02	1	07단	モヒ患者治療の實施打合せ
185508	朝鮮朝日	西北版	1930-03-02	1	08단	牡丹台野話
185509	朝鮮朝日	西北版	1930-03-02	1	08단	行軍の兵員を慰む線路工事の美擧
185510	朝鮮朝日	西北版	1930-03-02	1	08단	暖氣つゞきで早くも解氷鴨綠江通航禁止
185511	朝鮮朝日	西北版	1930-03-02	1	08단	大同郡の天然痘ますます蔓延
185512	朝鮮朝日	西北版	1930-03-02	1	09단	又も學校に不穩の形勢/教授夫人殺し大連へ護送
185513	朝鮮朝日	西北版	1930-03-02	1	09단	四戶を燒く
185514	朝鮮朝日	西北版	1930-03-02	1	09단	不完全極まる度量衡器を公然と驛に備へつく鐵道局が警告を發す
185515	朝鮮朝日	西北版	1930-03-02	1	10단	摺臼で毆る
185516	朝鮮朝日	西北版	1930-03-02	1	10단	密淫賣發覺
185517	朝鮮朝日	西北版	1930-03-02	1	10단	半島茶話
185518	朝鮮朝日	南鮮版	1930-03-02	1	01단	學務局と道の官制に徹底的な改革を加へ一方師弟間を密接にする教育方針の根本的樹てなほし
185519	朝鮮朝日	南鮮版	1930-03-02	1	01단	鹽の輸移入を政府で管理する許可制度の一時的統制制令第一號を一日付で公布
185520	朝鮮朝日	南鮮版	1930-03-02	1	01단	京城府の高利公債を六分利に整理して十八年間に完濟する
185521	朝鮮朝日	南鮮版	1930-03-02	1	02단	宣寧學祖の補選に際し失態を演ず

일련번호	판명		간행일	면	단수	기사명
185522	朝鮮朝日	南鮮版	1930-03-02	1	03단	失業救濟の低資融通と昭和製鋼鞍山內定恐らく與太だらう兒玉政務總監談
185523	朝鮮朝日	南鮮版	1930-03-02	1	04단	總督府辭令
185524	朝鮮朝日	南鮮版	1930-03-02	1	04단	釜山高小統一問題七議員辭職で善後策を考究/無條件で辭表を撤回
185525	朝鮮朝日	南鮮版	1930-03-02	1	04단	主なる營業者や金融業者を集め鮮米移出調節懇談會五、六日に互り開催
185526	朝鮮朝日	南鮮版	1930-03-02	1	05단	小作農家に養蠶をなさしめ收益を地主と折半す成績良好な京畿道の試み
185527	朝鮮朝日	南鮮版	1930-03-02	1	05단	お茶のあと
185528	朝鮮朝日	南鮮版	1930-03-02	1	06단	昌福會の救濟貴族は現在で三十二名あり子弟の學資貸與も計劃
185529	朝鮮朝日	南鮮版	1930-03-02	1	06단	地久節奉祝會
185530	朝鮮朝日	南鮮版	1930-03-02	1	06단	府營渡船讓渡問題さらに紛糾
185531	朝鮮朝日	南鮮版	1930-03-02	1	06단	特科師範の廢止で教員五十名失職各道知事就職に奔走なかなか困難な模樣
185532	朝鮮朝日	南鮮版	1930-03-02	1	07단	短歌/橋田東聲選
185533	朝鮮朝日	南鮮版	1930-03-02	1	07단	釜山水産會社社長きまる
185534	朝鮮朝日	南鮮版	1930-03-02	1	07단	各學校卒業式
185535	朝鮮朝日	南鮮版	1930-03-02	1	08단	不完全極まる度量衡器を公然と驛に備へつく鐵道局が警告を發す
185536	朝鮮朝日	南鮮版	1930-03-02	1	08단	東亞キネマ特作の「貝殼一平」上映
185537	朝鮮朝日	南鮮版	1930-03-02	1	09단	ラグビー試合
185538	朝鮮朝日	南鮮版	1930-03-02	1	09단	來月から給水時間延長餘裕の出來て來た釜山の上水貯水量
185539	朝鮮朝日	南鮮版	1930-03-02	1	09단	朝鮮海峽の天候通報が大切福岡、上海間試驗飛行に濟州島觀測所活躍
185540	朝鮮朝日	南鮮版	1930-03-02	1	10단	肥田、增原の豫審を繼續
185541	朝鮮朝日	南鮮版	1930-03-02	1	10단	人(山根貞一氏(總督府海事課長)/佐田至弘氏(朝鮮兒重協會主事))
185542	朝鮮朝日	南鮮版	1930-03-02	1	10단	半島茶話
185543	朝鮮朝日	西北・南鮮版	1930-03-02	2	01단	亞麻を栽培して佛國へ輸出させるまづ各道で試驗を行ふ總督府は大乘氣となって獎勵
185544	朝鮮朝日	西北・南鮮版	1930-03-02	2	01단	資金難に對し低資を融通漁業組合を統一の上新漁業令と當局の方針
185545	朝鮮朝日	西北・南鮮版	1930-03-02	2	01단	家畜傳染病豫防法令新年度に發令
185546	朝鮮朝日	西北・南鮮版	1930-03-02	2	01단	農業用重油の輸入稅免除
185547	朝鮮朝日	西北・南鮮版	1930-03-02	2	02단	六道淸空地で農耕を行ふ

일련번호	판명		간행일	면	단수	기사명
185548	朝鮮朝日	西北・南鮮版	1930-03-02	2	02단	圖們西部線輸送力增大
185549	朝鮮朝日	西北・南鮮版	1930-03-02	2	02단	平南道內取扱預金高
185550	朝鮮朝日	西北・南鮮版	1930-03-02	2	03단	市場規則一部改正か
185551	朝鮮朝日	西北・南鮮版	1930-03-02	2	03단	結髮料値上は結局不許可
185552	朝鮮朝日	西北・南鮮版	1930-03-02	2	03단	警官選拔試驗
185553	朝鮮朝日	西北・南鮮版	1930-03-02	2	04단	平壤の野犬撲殺數
185554	朝鮮朝日	西北・南鮮版	1930-03-02	2	04단	産業ニュースDKでも中斷
185555	朝鮮朝日	西北・南鮮版	1930-03-02	2	04단	雫の聲
185556	朝鮮朝日	西北・南鮮版	1930-03-02	2	04단	各地だより(春川/平壤)
185557	朝鮮朝日	西北版	1930-03-04	1	01단	藤公菩提寺の建設漸く具體化總資金四十萬圓で積極的に資金を募集
185558	朝鮮朝日	西北版	1930-03-04	1	01단	蘋果檢查規則撤廢を歎願長文の理由を附し齊藤總督宛發送
185559	朝鮮朝日	西北版	1930-03-04	1	01단	生産から消費に至る總過程を細大漏さずに調べる殖産局の工場調査
185560	朝鮮朝日	西北版	1930-03-04	1	01단	簡易積立金通用方法大藏省と折衝
185561	朝鮮朝日	西北版	1930-03-04	1	02단	朝鮮米移出調節懇談會出席者
185562	朝鮮朝日	西北版	1930-03-04	1	02단	昭和製鋼所鞍山說有力で俄に誘致運動協議多田氏急遽東上
185563	朝鮮朝日	西北版	1930-03-04	1	03단	金單位で輸入稅徵收安東海關
185564	朝鮮朝日	西北版	1930-03-04	1	03단	淸津の公設質屋
185565	朝鮮朝日	西北版	1930-03-04	1	03단	國營調査補助費計上
185566	朝鮮朝日	西北版	1930-03-04	1	04단	新義州局簡保の成績
185567	朝鮮朝日	西北版	1930-03-04	1	04단	頗る嚴格な痲藥類取締規則發令の準備全く成る
185568	朝鮮朝日	西北版	1930-03-04	1	04단	鳩山一郎氏がひょっこり來鮮いろいろな臆測や流言蜚語が行はれるか
185569	朝鮮朝日	西北版	1930-03-04	1	04단	空から見た平壤
185570	朝鮮朝日	西北版	1930-03-04	1	05단	平北評議員選擧の告示
185571	朝鮮朝日	西北版	1930-03-04	1	06단	今後十年間にモヒ患者の影を鮮內から消すべく登錄規定愈よ發布
185572	朝鮮朝日	西北版	1930-03-04	1	06단	入學難頗る緩和平壤中學校
185573	朝鮮朝日	西北版	1930-03-04	1	07단	平壤高女生募集
185574	朝鮮朝日	西北版	1930-03-04	1	07단	平北道の入學志望者
185575	朝鮮朝日	西北版	1930-03-04	1	07단	新義州の陸軍記念日市街戰と祝賀
185576	朝鮮朝日	西北版	1930-03-04	1	07단	凍解の泥濘で交通が杜絕
185577	朝鮮朝日	西北版	1930-03-04	1	08단	牡丹台野話
185578	朝鮮朝日	西北版	1930-03-04	1	08단	倭城台の總督官邸跡が最適な候補地と見らる近代的な禪寺建立計劃

일련번호	판명		간행일	면	단수	기사명
185579	朝鮮朝日	西北版	1930-03-04	1	08단	オルガンやシルクハット平南道內昨年中の遺失物千七百八十件
185580	朝鮮朝日	西北版	1930-03-04	1	08단	隔離病舍に所有家屋を提供獻身的な豫防救護腹チフス發生と二つの美談
185581	朝鮮朝日	西北版	1930-03-04	1	08단	棍棒を携へ強盗に犯人捕はる
185582	朝鮮朝日	西北版	1930-03-04	1	09단	制令違反の豫審終結す
185583	朝鮮朝日	西北版	1930-03-04	1	10단	不景氣で取込詐欺が著しく增す
185584	朝鮮朝日	西北版	1930-03-04	1	10단	鎭南浦に猩紅熱續發
185585	朝鮮朝日	西北版	1930-03-04	1	10단	學生八名釋放
185586	朝鮮朝日	西北版	1930-03-04	1	10단	人(澤田豊丈氏(東拓理事))
185587	朝鮮朝日	西北版	1930-03-04	1	10단	半島茶話
185588	朝鮮朝日	南鮮版	1930-03-04	1	01단	新規計劃事業は追加豫算で進む失業者救濟計劃は目鼻もつかぬ林總督府財務局長歸來談
185589	朝鮮朝日	南鮮版	1930-03-04	1	01단	藤公菩提寺の建設漸く具體化總資金四十萬圓で積極的に資金を募集
185590	朝鮮朝日	南鮮版	1930-03-04	1	01단	協和會賣店遂に投出す三越の委託經營から小賣商人猛烈に友對
185591	朝鮮朝日	南鮮版	1930-03-04	1	02단	野砲の實彈射擊や煙幕射擊を行ふ素晴しい陸軍記念日
185592	朝鮮朝日	南鮮版	1930-03-04	1	03단	朝鮮米移出調節懇談會出席者
185593	朝鮮朝日	南鮮版	1930-03-04	1	04단	卒倒者まで出し議場大混亂高小統一問題附議の釜山府學組會議
185594	朝鮮朝日	南鮮版	1930-03-04	1	04단	崩壞された大京城建設計劃緊縮其他に祟られて臨時的方法として二道路改修
185595	朝鮮朝日	南鮮版	1930-03-04	1	05단	鳩山一郎氏がひょっこり來鮮いろいろな臆測や流言蜚語が行はれるか
185596	朝鮮朝日	南鮮版	1930-03-04	1	05단	郊外電車の區間制撤廢を府民大會を開いて愈よ會社に迫る
185597	朝鮮朝日	南鮮版	1930-03-04	1	05단	生産から消費に至る總過程を細大漏さずに調べる殖産局の工場調査
185598	朝鮮朝日	南鮮版	1930-03-04	1	06단	慶北議員會三建議可決
185599	朝鮮朝日	南鮮版	1930-03-04	1	06단	新邸御移轉で御祝申上ぐ
185600	朝鮮朝日	南鮮版	1930-03-04	1	07단	大邱署の少年保護所成績良好
185601	朝鮮朝日	南鮮版	1930-03-04	1	07단	今後十年間にモヒ患者の影を鮮內から消すべく登錄規定愈よ發布
185602	朝鮮朝日	南鮮版	1930-03-04	1	07단	簡易積立金通用方法大藏省と折衝
185603	朝鮮朝日	南鮮版	1930-03-04	1	07단	發動機船顚覆し乘客數名が溺死統營沖における珍事

일련번호	판명		간행일	면	단수	기사명
185604	朝鮮朝日	南鮮版	1930-03-04	1	07단	倭城台の總督官邸跡が最適な候補地と見らる近代的な禪寺建立計劃
185605	朝鮮朝日	南鮮版	1930-03-04	1	08단	頗る嚴格な痲藥類取締規則發令の準備全く成る
185606	朝鮮朝日	南鮮版	1930-03-04	1	08단	卅萬圓を投出し高普校設立崔女史奇附
185607	朝鮮朝日	南鮮版	1930-03-04	1	09단	ナンダイモン
185608	朝鮮朝日	南鮮版	1930-03-04	1	09단	佛國寺に電信電話開通
185609	朝鮮朝日	南鮮版	1930-03-04	1	09단	京元線大風雪積雪量六尺
185610	朝鮮朝日	南鮮版	1930-03-04	1	10단	吉田家のおめでた
185611	朝鮮朝日	南鮮版	1930-03-04	1	10단	大邱農村學校三年生騷ぐ
185612	朝鮮朝日	南鮮版	1930-03-04	1	10단	人(山內諍夫中將(築城本部長)/若挾文藤少將)
185613	朝鮮朝日	南鮮版	1930-03-04	1	10단	半島茶話
185614	朝鮮朝日	西北・南鮮版	1930-03-04	2	01단	春の囁き春が来た来た、野から山から街頭へ
185615	朝鮮朝日	西北・南鮮版	1930-03-04	2	01단	史實から觀た忠臣藏のお輕勘平勘平は無妻、一文字屋と二文字屋松本茂平
185616	朝鮮朝日	西北・南鮮版	1930-03-04	2	02단	歐洲新風景ドイツにおける裸體禮讚とパリ女のピストル熱
185617	朝鮮朝日	西北・南鮮版	1930-03-04	2	05단	總督府辭令
185618	朝鮮朝日	西北・南鮮版	1930-03-04	2	07단	各地だより(裡里/元山)
185619	朝鮮朝日	西北版	1930-03-05	1	01단	『楮の栽培を奬め火田民を救濟せよ』國土保安の見地により平北道評議員から道當局に要望
185620	朝鮮朝日	西北版	1930-03-05	1	01단	平南の警察力充實を計劃既に豫算に繰込まれ特別議會に提出する
185621	朝鮮朝日	西北版	1930-03-05	1	01단	船舶給水府營案成行注目さる
185622	朝鮮朝日	西北版	1930-03-05	1	01단	海州雜穀の需要が減り貿易に大影響
185623	朝鮮朝日	西北版	1930-03-05	1	02단	空から見た平壤(二)
185624	朝鮮朝日	西北版	1930-03-05	1	03단	汽動車やガソリン車巾を利かす漸次自動車と激しい競爭が行はれて行く
185625	朝鮮朝日	西北版	1930-03-05	1	04단	全鮮倉庫業者大會を開く國倉對抗策協議
185626	朝鮮朝日	西北版	1930-03-05	1	04단	種牛部落の增設は成績頗る良好
185627	朝鮮朝日	西北版	1930-03-05	1	05단	秩父宮殿下の台臨と競技種目事務打合から歸った諸岡體育協會主事談
185628	朝鮮朝日	西北版	1930-03-05	1	05단	短歌/橋田東聲選
185629	朝鮮朝日	西北版	1930-03-05	1	05단	朝鮮で硬化油の製造が近く出來る接觸劑の研究ほゞ完成魚油界に素晴しい福音が齎される

일련번호	판명		간행일	면	단수	기사명
185630	朝鮮朝日	西北版	1930-03-05	1	06단	失業救濟計劃近く具體化明年度實行豫算等につき林理財課長語る
185631	朝鮮朝日	西北版	1930-03-05	1	06단	猩紅熱豫防の宣傳を行ふ
185632	朝鮮朝日	西北版	1930-03-05	1	07단	前途幾多の暗礁で運合會社生みの悩みを續く
185633	朝鮮朝日	西北版	1930-03-05	1	07단	官鹽建値引上げ
185634	朝鮮朝日	西北版	1930-03-05	1	07단	鎭南浦金組の組合長決る
185635	朝鮮朝日	西北版	1930-03-05	1	07단	國境漫語
185636	朝鮮朝日	西北版	1930-03-05	1	08단	西湖面長の下馬評尹、油布兩氏が有力に噂さる
185637	朝鮮朝日	西北版	1930-03-05	1	08단	花柳病豫防は嚴重になる豫防劑は半強制的に客室にはポスターを貼る
185638	朝鮮朝日	西北版	1930-03-05	1	08단	映畵や講演で記念日を宣傳八、九、十の三日に互り擧府一體して盛大に行ふ平壤陸軍記念日の催し物
185639	朝鮮朝日	西北版	1930-03-05	1	09단	牡丹台野話
185640	朝鮮朝日	西北版	1930-03-05	1	09단	高等小學を擴張
185641	朝鮮朝日	西北版	1930-03-05	1	10단	勤續教員の謝恩會
185642	朝鮮朝日	西北版	1930-03-05	1	10단	不法罰金を徵收
185643	朝鮮朝日	西北版	1930-03-05	1	10단	松毛蟲から飛行機の油をとるべく中央試驗所で研究中
185644	朝鮮朝日	西北版	1930-03-05	1	10단	人(陳內利夫氏(新任平北財務部長))
185645	朝鮮朝日	西北版	1930-03-05	1	10단	半島茶話
185646	朝鮮朝日	南鮮版	1930-03-05	1	01단	朝鮮で硬化油の製造が近く出來る接觸劑の研究ほゞ完成魚油界に素晴しい福音が齎される
185647	朝鮮朝日	南鮮版	1930-03-05	1	01단	失業救濟計劃近く具體化明年度實行豫算等につき林理財課長語る
185648	朝鮮朝日	南鮮版	1930-03-05	1	01단	各地ともに候補者簇出未曾有の混戰現出か慶南道評議員選擧
185649	朝鮮朝日	南鮮版	1930-03-05	1	01단	三十年後の大京城のすがた(1)/面積は三倍に膨れ人口實に百萬人ダラシのない町は姿を消す夢でなく空想でない
185650	朝鮮朝日	南鮮版	1930-03-05	1	03단	渡船問題は解決困難令や群山の重大問題と化す
185651	朝鮮朝日	南鮮版	1930-03-05	1	04단	一ヶ年延期で局面緩和さる場所は第七小學校か釜山の高小統一問題
185652	朝鮮朝日	南鮮版	1930-03-05	1	04단	伊藤公追慕の寺院建立を謀る
185653	朝鮮朝日	南鮮版	1930-03-05	1	06단	道評議選の尖端を切り十日に投票獨島鬱陵島

일련번호	판명		간행일	면	단수	기사명
185654	朝鮮朝日	南鮮版	1930-03-05	1	06단	風紀問題等で相當賑ふ釜山學祖評議會
185655	朝鮮朝日	南鮮版	1930-03-05	1	06단	教育普及獎勵の皮肉な反面半途退學者が續出慶南知事の言明
185656	朝鮮朝日	南鮮版	1930-03-05	1	07단	眞に內鮮共學の殿堂を現はす受驗シーズンを控へ求める人の群は圖書館へ圖書館へと押しかける
185657	朝鮮朝日	南鮮版	1930-03-05	1	07단	飛行機上から國防を宣傳
185658	朝鮮朝日	南鮮版	1930-03-05	1	07단	短歌/橋田東聲選
185659	朝鮮朝日	南鮮版	1930-03-05	1	07단	秩父宮殿下の台臨と競技種目事務打合から歸った諸岡體育協會主事談
185660	朝鮮朝日	南鮮版	1930-03-05	1	08단	屋根の替を中止し叭の製作に旱害美談
185661	朝鮮朝日	南鮮版	1930-03-05	1	08단	お茶のあと
185662	朝鮮朝日	南鮮版	1930-03-05	1	09단	官鹽建値引上げ
185663	朝鮮朝日	南鮮版	1930-03-05	1	09단	前途幾多の暗礁で運合會社生みの惱みを續く
185664	朝鮮朝日	南鮮版	1930-03-05	1	10단	松毛蟲から飛行機の油をとるべく中央試驗所で研究中
185665	朝鮮朝日	南鮮版	1930-03-05	1	10단	爲贅を改窮釣錢を詐取
185666	朝鮮朝日	南鮮版	1930-03-05	1	10단	人(山縣割香氏(京城商工助教授))
185667	朝鮮朝日	南鮮版	1930-03-05	1	10단	半島茶話
185668	朝鮮朝日	西北・南鮮版	1930-03-05	2	01단	歡迎され出した傳記文學出版界最近の傾向
185669	朝鮮朝日	西北・南鮮版	1930-03-05	2	02단	蛆蟲の驅除に砒酸石灰を使用砒酸鉛に比較すれば値段がよほどやすい
185670	朝鮮朝日	西北・南鮮版	1930-03-05	2	02단	小農生業資金資付好成績を收む優良部落を視察する本府から委員派遣
185671	朝鮮朝日	西北・南鮮版	1930-03-05	2	02단	ゴム靴の在庫品消化に營業者惱み續く
185672	朝鮮朝日	西北・南鮮版	1930-03-05	2	03단	昨年末現在慶北家畜數
185673	朝鮮朝日	西北・南鮮版	1930-03-05	2	04단	各地だより(京城/群山)
185674	朝鮮朝日	西北・南鮮版	1930-03-05	2	04단	零の聲
185675	朝鮮朝日	西北版	1930-03-06	1	01단	七千萬圓を投じ八萬町に沙防工事十二道に施行の結果は良好力をそゝぐ總督府
185676	朝鮮朝日	西北版	1930-03-06	1	01단	私立學校の補助金增額は緊要だが實現困難か總督府の教育改革案
185677	朝鮮朝日	西北版	1930-03-06	1	01단	俳句/鈴木花蓑選
185678	朝鮮朝日	西北版	1930-03-06	1	02단	空から見た平壤(三)
185679	朝鮮朝日	西北版	1930-03-06	1	04단	お土産建議案五十九件に上るその何れも可決ざる平安北道評議會

일련번호	판명		간행일	면	단수	기사명
185680	朝鮮朝日	西北版	1930-03-06	1	05단	平壤府豫算內示前年度より五十萬圓減
185681	朝鮮朝日	西北版	1930-03-06	1	05단	空の旅用事を濟まして日歸り出來る京城福岡、大連間四月一日から便利になる
185682	朝鮮朝日	西北版	1930-03-06	1	05단	京城、仁川上空の遊覽飛行は二十日頃から行ふしかしまだ許可がない
185683	朝鮮朝日	西北版	1930-03-06	1	06단	命令航路の補助更新期間は三ヶ年に決まる模樣補助額も減ずるか
185684	朝鮮朝日	西北版	1930-03-06	1	06단	咸興商業の敷地買收成る
185685	朝鮮朝日	西北版	1930-03-06	1	06단	咸興電氣の料金引下計劃
185686	朝鮮朝日	西北版	1930-03-06	1	07단	平北各中學校卒業式日割
185687	朝鮮朝日	西北版	1930-03-06	1	07단	平壤本年の就學兒童數一學級增設
185688	朝鮮朝日	西北版	1930-03-06	1	07단	安東中學校入學志願者
185689	朝鮮朝日	西北版	1930-03-06	1	07단	羅南の國防記念日
185690	朝鮮朝日	西北版	1930-03-06	1	07단	陸軍記念日と咸興の催し
185691	朝鮮朝日	西北版	1930-03-06	1	08단	平壤會議所に警告を總督府から
185692	朝鮮朝日	西北版	1930-03-06	1	08단	カラス貝から眞珠を採取大同江で試驗
185693	朝鮮朝日	西北版	1930-03-06	1	08단	鎭江山公園に櫻楓を增植
185694	朝鮮朝日	西北版	1930-03-06	1	08단	咸南の戶口
185695	朝鮮朝日	西北版	1930-03-06	1	08단	簡單な語學其他を課す妓生學校へ試驗
185696	朝鮮朝日	西北版	1930-03-06	1	08단	牡丹台野話
185697	朝鮮朝日	西北版	1930-03-06	1	09단	平壤ゴルフ俱樂部總會
185698	朝鮮朝日	西北版	1930-03-06	1	09단	素晴しく殖えた注文取物價漸落に應ずる商戰術深刻となった平壤
185699	朝鮮朝日	西北版	1930-03-06	1	09단	鴨綠江解氷迫る
185700	朝鮮朝日	西北版	1930-03-06	1	09단	二人組強盜
185701	朝鮮朝日	西北版	1930-03-06	1	10단	鎭南浦に漁船初入港
185702	朝鮮朝日	西北版	1930-03-06	1	10단	五人組強盜
185703	朝鮮朝日	西北版	1930-03-06	1	10단	食刀で脅し金品を強奪
185704	朝鮮朝日	西北版	1930-03-06	1	10단	雪で列車見えず無慙な轢死
185705	朝鮮朝日	西北版	1930-03-06	1	10단	半島茶話
185706	朝鮮朝日	南鮮版	1930-03-06	1	01단	七千萬圓を投じ八萬町に沙防工事十二道に施行の結果は良好力をそゝぐ總督府
185707	朝鮮朝日	南鮮版	1930-03-06	1	01단	私立學校の補助金增額は緊要だが實現困難か總督府の教育改革案
185708	朝鮮朝日	南鮮版	1930-03-06	1	01단	三十年後の大京城のすがた(２)/高架線と地下線は主要地を橫斷し高速度電車が王座を占めるベラボーな幹線道路

일련번호	판명		간행일	면	단수	기사명
185709	朝鮮朝日	南鮮版	1930-03-06	1	03단	合銀重役改選で泥試合の幕いよいよ憂鬱となる
185710	朝鮮朝日	南鮮版	1930-03-06	1	04단	俳句/鈴木花蓑選
185711	朝鮮朝日	南鮮版	1930-03-06	1	05단	京城公普移轉問題今後は評議會で論究される
185712	朝鮮朝日	南鮮版	1930-03-06	1	05단	可憐な兒童に救ひの手が伸る授業料の免除や或は學用品の支給などで
185713	朝鮮朝日	南鮮版	1930-03-06	1	05단	露國の搾取主義から在露朝鮮人支那へそこでも同樣搾取に苦しめらる在滿朝鮮人も續々歸鮮
185714	朝鮮朝日	南鮮版	1930-03-06	1	06단	十餘頭の獐を放飼し昌德宮祕苑を更に大自然化する計劃
185715	朝鮮朝日	南鮮版	1930-03-06	1	07단	京電街燈の値下げ問題調停抄らす
185716	朝鮮朝日	南鮮版	1930-03-06	1	07단	空の旅用事を濟まして日歸り出來る京城福岡、大連間四月一日から便利になる
185717	朝鮮朝日	南鮮版	1930-03-06	1	08단	魔のカーブで電車が脱線顛覆乘客には奇蹟的に傷害がなかった
185718	朝鮮朝日	南鮮版	1930-03-06	1	08단	京城、仁川上空の遊覽飛行は二十日頃から行ふしかしまだ許可がない
185719	朝鮮朝日	南鮮版	1930-03-06	1	09단	勞動救濟資金の支出促進に總督を應援
185720	朝鮮朝日	南鮮版	1930-03-06	1	10단	朝鮮行は息拔だ鳩山一郎氏談
185721	朝鮮朝日	南鮮版	1930-03-06	1	10단	戀愛ものよりも喜活劇物陽春三月の映畫
185722	朝鮮朝日	南鮮版	1930-03-06	1	10단	半島茶話
185723	朝鮮朝日	西北・南鮮版	1930-03-06	2	01단	三萬餘戶に種籾を給與四月の苗代時から慶南の旱害民救濟
185724	朝鮮朝日	西北・南鮮版	1930-03-06	2	01단	大喜び
185725	朝鮮朝日	西北・南鮮版	1930-03-06	2	02단	輸移出の平南栗檢査施行か
185726	朝鮮朝日	西北・南鮮版	1930-03-06	2	03단	極東露領の鰊漁は今年は絶望か
185727	朝鮮朝日	西北・南鮮版	1930-03-06	2	03단	漁業權登錄の事務を開始
185728	朝鮮朝日	西北・南鮮版	1930-03-06	2	03단	DKの放送で殖えた求人
185729	朝鮮朝日	西北・南鮮版	1930-03-06	2	04단	邦貨と露貨の比率を調査
185730	朝鮮朝日	西北・南鮮版	1930-03-06	2	04단	信託同業大會
185731	朝鮮朝日	西北・南鮮版	1930-03-06	2	04단	各地だより(間島/淸州/平壤)
185732	朝鮮朝日	西北版	1930-03-07	1	01단	『娛樂設備は勿論日用品を官給とし古い兵舍の改築を行ふ』國境守備隊優遇案を師團長會談へ
185733	朝鮮朝日	西北版	1930-03-07	1	01단	昭和製鋼所の設置を要請新義州公職者大會の決議に本づき政府に

일련번호	판명		간행일	면	단수	기사명
185734	朝鮮朝日	西北版	1930-03-07	1	01단	町洞の區域や洞名を變更近く協議會できめる元山府の都市計劃
185735	朝鮮朝日	西北版	1930-03-07	1	02단	相當廣汎な初等教員の異動平南道で近く斷行人心一新の意味で
185736	朝鮮朝日	西北版	1930-03-07	1	03단	新事業は殆ど絶望苦しい新義州の五年度豫算
185737	朝鮮朝日	西北版	1930-03-07	1	03단	短歌/橋田東聲選
185738	朝鮮朝日	西北版	1930-03-07	1	03단	新義州の學議選擧府營擴張で定員二名を增す
185739	朝鮮朝日	西北版	1930-03-07	1	03단	金組設置の要請書提出
185740	朝鮮朝日	西北版	1930-03-07	1	04단	咸南署長會談
185741	朝鮮朝日	西北版	1930-03-07	1	04단	社會事業協會咸南支部發會式擧行
185742	朝鮮朝日	西北版	1930-03-07	1	04단	軍事教育は單に軍事訓練とみるか又は精神訓練とみるか問題解決の岐路に立ち當局苦慮す
185743	朝鮮朝日	西北版	1930-03-07	1	04단	空から見た平壤(四)
185744	朝鮮朝日	西北版	1930-03-07	1	05단	喧しくなった女高普問題各地方の誘置運動はいよいよ激しくなる
185745	朝鮮朝日	西北版	1930-03-07	1	07단	平北道各中學校卒業式
185746	朝鮮朝日	西北版	1930-03-07	1	07단	氣候の變調による道路の變化など砲隊として研究すべきこと坂部中將平壤で語る
185747	朝鮮朝日	西北版	1930-03-07	1	07단	父兄も承知で怠業を行ふ咸北の學校騷ぎ
185748	朝鮮朝日	西北版	1930-03-07	1	07단	モヒ中の指定面平北道が設け撲滅を期する
185749	朝鮮朝日	西北版	1930-03-07	1	07단	モヒ登錄と衛生主任會議
185750	朝鮮朝日	西北版	1930-03-07	1	08단	安東中學の校旗推戴式
185751	朝鮮朝日	西北版	1930-03-07	1	08단	妓生演奏會
185752	朝鮮朝日	西北版	1930-03-07	1	08단	精米所の火災子供燒死す
185753	朝鮮朝日	西北版	1930-03-07	1	08단	頭部に斬傷ある奇怪な轢死體犯罪隱蔽のため自殺を裝はす平壤署俄然活動を開始
185754	朝鮮朝日	西北版	1930-03-07	1	09단	牡丹台野話
185755	朝鮮朝日	西北版	1930-03-07	1	09단	損害は全部飛行隊で辨償まづ煙突に衝突し其重さで家屋倒壞
185756	朝鮮朝日	西北版	1930-03-07	1	09단	匪賊よけの偵緯隊を組織在滿朝鮮人有志から安東關係方面に請願
185757	朝鮮朝日	西北版	1930-03-07	1	09단	映寫機のみを持つ少年の所爲と判明フキルム盜難
185758	朝鮮朝日	西北版	1930-03-07	1	10단	幽靈證書で四千圓騙取

일련번호	판명		간행일	면	단수	기사명
185759	朝鮮朝日	西北版	1930-03-07	1	10단	列車に投石
185760	朝鮮朝日	西北版	1930-03-07	1	10단	電車脱線し電柱に衝突
185761	朝鮮朝日	南鮮版	1930-03-07	1	01단	京城府の小賣商人は百貨店に壓倒され自滅をまつより外ない商業會議所では對策を研究中
185762	朝鮮朝日	南鮮版	1930-03-07	1	01단	軍事教育は單に軍事訓練とみるか又は精神訓練とみるか問題解決の岐路に立ち當局苦慮す
185763	朝鮮朝日	南鮮版	1930-03-07	1	01단	運合創立總會開催不能か鐵道局側と會社の條件の懸隔甚しく
185764	朝鮮朝日	南鮮版	1930-03-07	1	01단	短歌/橋田東聲選
185765	朝鮮朝日	南鮮版	1930-03-07	1	02단	三十年後の大京城のすがた(2)/國有林野を貰って無から有を産み電氣瓦斯事業で收益をあげる府民の責任は重大だ
185766	朝鮮朝日	南鮮版	1930-03-07	1	03단	大將に昇進した南軍司令官
185767	朝鮮朝日	南鮮版	1930-03-07	1	04단	金泉學議辭表を撤回
185768	朝鮮朝日	南鮮版	1930-03-07	1	04단	初等校長會
185769	朝鮮朝日	南鮮版	1930-03-07	1	04단	慶南の春蠶掃立數
185770	朝鮮朝日	南鮮版	1930-03-07	1	04단	新羅王朝最後の遺趾や遺物蒐集興味ある發見を期待さる加藤氏調査を開始
185771	朝鮮朝日	南鮮版	1930-03-07	1	05단	遊戲や活寫で賑ふ他久節と京城
185772	朝鮮朝日	南鮮版	1930-03-07	1	06단	早くも準備に忙殺される慶南當局漁業權登錄實施で
185773	朝鮮朝日	南鮮版	1930-03-07	1	07단	沙防その他植栽を開始
185774	朝鮮朝日	南鮮版	1930-03-07	1	08단	府營任宅家賃値下斷行に決定
185775	朝鮮朝日	南鮮版	1930-03-07	1	08단	儒達山に不動尊建立
185776	朝鮮朝日	南鮮版	1930-03-07	1	08단	道立醫院の藥價値下げ診察、入院料ともに總督府で機をまつ
185777	朝鮮朝日	南鮮版	1930-03-07	1	08단	流氷の被害で海苔漁撈は全滅の危機に瀕す洛東江河口の漁場
185778	朝鮮朝日	南鮮版	1930-03-07	1	08단	囚人の食物を幾分でも美味に一日三錢の增額を法務局で目下計劃中
185779	朝鮮朝日	南鮮版	1930-03-07	1	09단	慶北の等外米內地市場で歡迎軍部方面に新版路
185780	朝鮮朝日	南鮮版	1930-03-07	1	10단	氣腫疽の撲滅に各道に勵行
185781	朝鮮朝日	南鮮版	1930-03-07	1	10단	寒さぶり返し海上大時化各連絡船延着
185782	朝鮮朝日	南鮮版	1930-03-07	1	10단	京城の火事
185783	朝鮮朝日	南鮮版	1930-03-07	1	10단	鎭海の驅遂隊西海岸巡航
185784	朝鮮朝日	南鮮版	1930-03-07	1	10단	驅遂艦木浦入港

일련번호	판명		간행일	면	단수	기사명
185785	朝鮮朝日	南鮮版	1930-03-07	1	10단	人(鳩山一郎氏(代議士)/佐久間種次郎氏(朝鮮瓦斯電氣當務)/志岐信太郎氏(京城實業家)/井上鐵之氏(門鐵釜山營業所主任))
185786	朝鮮朝日	西北・南鮮版	1930-03-07	2	01단	團體や會社に係官を派し交通法規を說明さす京畿道の事故防止策
185787	朝鮮朝日	西北・南鮮版	1930-03-07	2	01단	家屋の建築は增すばかり家賃が餘り高いので續々と住宅を建てる
185788	朝鮮朝日	西北・南鮮版	1930-03-07	2	01단	支那馬を購ひ農耕に使役
185789	朝鮮朝日	西北・南鮮版	1930-03-07	2	01단	手當めがけて受驗者殺到朝鮮語の試驗
185790	朝鮮朝日	西北・南鮮版	1930-03-07	2	02단	底知らずに奉天票慘落
185791	朝鮮朝日	西北・南鮮版	1930-03-07	2	02단	當業者相當の打擊を受く大豆の値下りで
185792	朝鮮朝日	西北・南鮮版	1930-03-07	2	03단	新義州延市場總出來米高
185793	朝鮮朝日	西北・南鮮版	1930-03-07	2	03단	中々減らぬ漫然渡航者昨年中平壤から四百人
185794	朝鮮朝日	西北・南鮮版	1930-03-07	2	03단	公魚の採卵五十萬粒の豫定
185795	朝鮮朝日	西北・南鮮版	1930-03-07	2	03단	咸南道の昨年の火災
185796	朝鮮朝日	西北・南鮮版	1930-03-07	2	04단	元山警察署の犯罪檢擧發生數
185797	朝鮮朝日	西北・南鮮版	1930-03-07	2	04단	各地だより(淸州/春川/裡里/平壤)
185798	朝鮮朝日	西北版	1930-03-08	1	01단	無線による內鮮間の通話遞信局が調査に着手有線より經費は少い/結局六年度に實現するか明年度計上は難しい朝鮮本土間の電話線
185799	朝鮮朝日	西北版	1930-03-08	1	01단	朝鮮米移出統制に關し官民合同懇談會から兒玉總監への答申/農商業倉庫に對する金融三百萬圓程度の模樣總督府から大藏省に折衝
185800	朝鮮朝日	西北版	1930-03-08	1	03단	總督府土木會議審議の議題
185801	朝鮮朝日	西北版	1930-03-08	1	03단	高小問題持越し釜山學組評議會大詰となる
185802	朝鮮朝日	西北版	1930-03-08	1	03단	樂觀を許さぬ昭和製鋼所安東縣で市民大會を開き氣勢をあげるか
185803	朝鮮朝日	西北版	1930-03-08	1	03단	訪日機の飛來と京城の歡迎
185804	朝鮮朝日	西北版	1930-03-08	1	03단	新憲兵隊司令官
185805	朝鮮朝日	西北版	1930-03-08	1	04단	檢斤省略の存續を安義兩地の木材商人が運動
185806	朝鮮朝日	西北版	1930-03-08	1	04단	初等校授業に映畵を利用平壤で計劃中
185807	朝鮮朝日	西北版	1930-03-08	1	04단	經營難の寺洞線運命注目さる

일련번호	판명		간행일	면	단수	기사명
185808	朝鮮朝日	西北版	1930-03-08	1	05단	定員一名に十九名出馬平北道評議員選擧迫る
185809	朝鮮朝日	西北版	1930-03-08	1	05단	區長の功勞に酬ゆる部落民
185810	朝鮮朝日	西北版	1930-03-08	1	05단	高原地向の稻作の品種選定咸南北で試植する混農制度の研究
185811	朝鮮朝日	西北版	1930-03-08	1	05단	短歌/橋田東聲選
185812	朝鮮朝日	西北版	1930-03-08	1	05단	電氣條例の改正を遞信局と打合平壤府で
185813	朝鮮朝日	西北版	1930-03-08	1	06단	百花姸をきそひ極樂世界を現出各動物も活動を始む昌慶苑の植物園と動物園
185814	朝鮮朝日	西北版	1930-03-08	1	06단	普校卒業生で靑年團組織機關紙も發行
185815	朝鮮朝日	西北版	1930-03-08	1	06단	安東驛の倉庫が不足豆粕の出廻活況を呈し
185816	朝鮮朝日	西北版	1930-03-08	1	06단	一千名を乘せ德壽丸出帆なほ數百名の客は下關にとりのこさる/旅客六百名取殘さる釜山大混亂
185817	朝鮮朝日	西北版	1930-03-08	1	07단	日本海の横斷航路いよいよ四月一日から開始
185818	朝鮮朝日	西北版	1930-03-08	1	07단	釜山給水一時間延長
185819	朝鮮朝日	西北版	1930-03-08	1	08단	渡航者の家庭を荒す新手詐欺
185820	朝鮮朝日	西北版	1930-03-08	1	08단	嫌はれた夫が仲介人をなぐり殺す
185821	朝鮮朝日	西北版	1930-03-08	1	08단	國境漫語
185822	朝鮮朝日	西北版	1930-03-08	1	09단	鴨綠江對岸の斃死牛百餘頭に上る輸入禁止さる
185823	朝鮮朝日	西北版	1930-03-08	1	09단	最優等で大阪商大卒業慶南出身の林君教授、學友も驚く
185824	朝鮮朝日	西北版	1930-03-08	1	09단	內地渡航を種に詐欺空船の乘せなまゝ逃走
185825	朝鮮朝日	西北版	1930-03-08	1	10단	平壤中學志願者
185826	朝鮮朝日	西北版	1930-03-08	1	10단	馬山知名の士取調べらる不正事件發覺か
185827	朝鮮朝日	西北版	1930-03-08	1	10단	仲の悪い隣家へ親族の娘が嫁に入ったが贋だと放火
185828	朝鮮朝日	西北版	1930-03-08	1	10단	猩紅熱流行で試驗後臨休か釜山公立高女
185829	朝鮮朝日	西北版	1930-03-08	1	10단	海苔養殖場仁川に設置
185830	朝鮮朝日	南鮮版	1930-03-08	1	01단	無線による內鮮間の通話遞信局が調査に着手有線より經費は少い/結局六年度に實現するか明年度計上は難しい朝鮮本土間の電話線

일련번호	판명		간행일	면	단수	기사명
185831	朝鮮朝日	南鮮版	1930-03-08	1	01단	朝鮮米移出統制に關し官民合同懇談會から兒玉總監への答申/農商業倉庫に對する金融三百萬圓程度の模樣總督府から大藏省に折衝
185832	朝鮮朝日	南鮮版	1930-03-08	1	03단	總督府土木會議審議の議題
185833	朝鮮朝日	南鮮版	1930-03-08	1	03단	高小問題持越し釜山學組評議會大詰となる
185834	朝鮮朝日	南鮮版	1930-03-08	1	03단	樂觀を許さぬ昭和製鋼所安東縣で市民大會を開き氣勢をあげるか
185835	朝鮮朝日	南鮮版	1930-03-08	1	03단	訪日機の飛來と京城の歡迎
185836	朝鮮朝日	南鮮版	1930-03-08	1	03단	新憲兵隊司令官
185837	朝鮮朝日	南鮮版	1930-03-08	1	04단	檢斤省略の存續を安義兩地の木材商人が運動
185838	朝鮮朝日	南鮮版	1930-03-08	1	04단	初等校授業に映畵を利用平壤で計劃中
185839	朝鮮朝日	南鮮版	1930-03-08	1	04단	經營難の寺洞線運命注目さる
185840	朝鮮朝日	南鮮版	1930-03-08	1	05단	定員一名に十九名出馬平北道評議員選擧迫る
185841	朝鮮朝日	南鮮版	1930-03-08	1	05단	區長の功勞に酬ゆる部落民
185842	朝鮮朝日	南鮮版	1930-03-08	1	05단	高原地向の稻作の品種選定咸南北で試植する混農制度の研究
185843	朝鮮朝日	南鮮版	1930-03-08	1	05단	短歌/橋田東聲選
185844	朝鮮朝日	南鮮版	1930-03-08	1	05단	電氣條例の改正を遞信局と打合平壤府で
185845	朝鮮朝日	南鮮版	1930-03-08	1	06단	百花姸をきそひ極樂世界を現出各動物も活動を始む昌慶苑の植物園と動物園
185846	朝鮮朝日	南鮮版	1930-03-08	1	06단	普校卒業生で青年團組織機關紙も發行
185847	朝鮮朝日	南鮮版	1930-03-08	1	06단	安東驛の倉庫が不足豆粕の出廻活況を呈し
185848	朝鮮朝日	南鮮版	1930-03-08	1	06단	一千名を乘せ德壽丸出帆なほ數百名の客は下關にとりのこる/旅客六百名取殘さる釜山大混亂
185849	朝鮮朝日	南鮮版	1930-03-08	1	07단	日本海の橫斷航路いよいよ四月一日から開始
185850	朝鮮朝日	南鮮版	1930-03-08	1	07단	釜山給水一時間延長
185851	朝鮮朝日	南鮮版	1930-03-08	1	08단	渡航者の家庭を荒す新手詐欺
185852	朝鮮朝日	南鮮版	1930-03-08	1	08단	嫌はれた夫が仲介人をなぐり殺す
185853	朝鮮朝日	南鮮版	1930-03-08	1	08단	國境漫語
185854	朝鮮朝日	南鮮版	1930-03-08	1	09단	鴨綠江對岸の斃死牛百餘頭に上る輸入禁止さる

일련번호	판명		간행일	면	단수	기사명
185855	朝鮮朝日	南鮮版	1930-03-08	1	09단	最優等で大阪商大卒業慶南出身の林君教授、學友も驚く
185856	朝鮮朝日	南鮮版	1930-03-08	1	09단	內地渡航を種に詐欺空船の乗せなまゝ逃走
185857	朝鮮朝日	南鮮版	1930-03-08	1	10단	平壤中學志願者
185858	朝鮮朝日	南鮮版	1930-03-08	1	10단	馬山知名の士取調べらる不正事件發覺か
185859	朝鮮朝日	南鮮版	1930-03-08	1	10단	仲の悪い隣家へ親族の娘が嫁に入ったが贋だと放火
185860	朝鮮朝日	南鮮版	1930-03-08	1	10단	猩紅熱流行で試驗後臨休か釜山公立高女
185861	朝鮮朝日	南鮮版	1930-03-08	1	10단	海苔養殖場仁川に設置
185862	朝鮮朝日	西北・南鮮版	1930-03-08	2	01단	脚氣は菌から病原體の新發見醫學博士松村泰
185863	朝鮮朝日	西北・南鮮版	1930-03-08	2	01단	春のリーグ戰の霸權を目ざして陣容を整へる實業團新選手の招聘ぶりと練習
185864	朝鮮朝日	西北・南鮮版	1930-03-08	2	01단	三十年計劃で耕牛の增殖殖産局で具體案作成
185865	朝鮮朝日	西北・南鮮版	1930-03-08	2	03단	各地だより(淸州/裡里)
185866	朝鮮朝日	西北版	1930-03-09	1	01단	普通學校兒童の養蠶熱がたかまり素晴しい好成績を擧ぐ京畿道當局の獎勵成功を收む
185867	朝鮮朝日	西北版	1930-03-09	1	01단	鄕校財産を財源として一面一校實現陳情但し困難な事情が件ふ
185868	朝鮮朝日	西北版	1930-03-09	1	01단	昭和水利の事業着手は明年五、六月頃の豫定事務所は結局平壤か
185869	朝鮮朝日	西北版	1930-03-09	1	01단	優良農民講習の期間を短縮定員を増加
185870	朝鮮朝日	西北版	1930-03-09	1	02단	鳩山一郎氏を迎へて官民の出迎へなく寂しい朝鮮入り終始ほがらかな態度で應接し會ふ人に好感を抱かす
185871	朝鮮朝日	西北版	1930-03-09	1	03단	俳句/鈴木花蓑選
185872	朝鮮朝日	西北版	1930-03-09	1	03단	沿道住民が街道美化の運動を起す
185873	朝鮮朝日	西北版	1930-03-09	1	04단	相當懸隔がある新店防止の保證中野氏ら委員と會見創立總會は愈絶望か
185874	朝鮮朝日	西北版	1930-03-09	1	04단	災害時の食料に甘露の栽培を京畿道が獎勵
185875	朝鮮朝日	西北版	1930-03-09	1	05단	陸軍記念日標語入選者
185876	朝鮮朝日	西北版	1930-03-09	1	05단	大邱バス値下げ
185877	朝鮮朝日	西北版	1930-03-09	1	05단	中等專門校入試の日割/平壤高女の入試は延期
185878	朝鮮朝日	西北版	1930-03-09	1	05단	連絡船の杜絶で釜山の停滯客は一千數百名にのぼり鐵道當局悲鳴をあぐ

일련번호	판명		간행일	면	단수	기사명
185879	朝鮮朝日	西北版	1930-03-09	1	06단	飛行機墜落で破壊した平壤の金泉湯
185880	朝鮮朝日	西北版	1930-03-09	1	07단	大同郡廳舍新築と決定
185881	朝鮮朝日	西北版	1930-03-09	1	08단	金肥共同購入々礼
185882	朝鮮朝日	西北版	1930-03-09	1	08단	平壤五年度學校費豫算
185883	朝鮮朝日	西北版	1930-03-09	1	08단	重要公務の打合を終り大島府尹歸壤
185884	朝鮮朝日	西北版	1930-03-09	1	09단	裁判スピード化の齎した弊害控訴增加で判事大多忙判決をやたらに急ぐ
185885	朝鮮朝日	西北版	1930-03-09	1	09단	仁川の造船所工場の火災機械、鑄物兩部燒失原因は漏電らしい
185886	朝鮮朝日	西北版	1930-03-09	1	09단	江界の火事
185887	朝鮮朝日	西北版	1930-03-09	1	09단	新義州上水給水を停止
185888	朝鮮朝日	西北版	1930-03-09	1	10단	新義州高普の不良生一掃
185889	朝鮮朝日	西北版	1930-03-09	1	10단	印章を僞造し兄の田地を賣りまはる
185890	朝鮮朝日	西北版	1930-03-09	1	10단	病苦の自殺
185891	朝鮮朝日	西北版	1930-03-09	1	10단	人(邊山道氏(陸軍主計監)/日下部道德氏(陸軍小將)/森岡警務局長)
185892	朝鮮朝日	西北版	1930-03-09	1	10단	半島茶話
185893	朝鮮朝日	南鮮版	1930-03-09	1	01단	普通學校兒童の養蠶熱がたかまり素晴しい好成績を擧ぐ京畿道當局の獎勵成功を收む
185894	朝鮮朝日	南鮮版	1930-03-09	1	01단	鄉校財産を財源として一面一校實現陳情但し困難な事情が件ふ
185895	朝鮮朝日	南鮮版	1930-03-09	1	01단	昭和水利の事業着手は明年五、六月頃の豫定事務所は結局平壤か
185896	朝鮮朝日	南鮮版	1930-03-09	1	01단	優良農民講習の期間を短縮定員を增加
185897	朝鮮朝日	南鮮版	1930-03-09	1	02단	鳩山一郎氏を迎へて官民の出迎へなく寂しい朝鮮入り終始ほがらかな態度で應接し會ふ人に好感を抱かす
185898	朝鮮朝日	南鮮版	1930-03-09	1	03단	俳句/鈴木花蓑選
185899	朝鮮朝日	南鮮版	1930-03-09	1	03단	沿道住民が街道美化の運動を起す
185900	朝鮮朝日	南鮮版	1930-03-09	1	04단	相當懸隔がある新店防止の保證中野氏ら委員と會見創立總會は愈絶望か
185901	朝鮮朝日	南鮮版	1930-03-09	1	04단	災害時の食料に廿露の栽培を京畿道が獎勵
185902	朝鮮朝日	南鮮版	1930-03-09	1	05단	陸軍記念日標語入選者
185903	朝鮮朝日	南鮮版	1930-03-09	1	05단	大邱バス値下げ
185904	朝鮮朝日	南鮮版	1930-03-09	1	05단	中等專門校入試の日割/平壤高女の入試は延期

일련번호	판명		간행일	면	단수	기사명
185905	朝鮮朝日	南鮮版	1930-03-09	1	05단	連絡船の杜絶で釜山の停滞客は一千數百名にのぼり鐵道當局悲鳴をあぐ
185906	朝鮮朝日	南鮮版	1930-03-09	1	06단	飛行機墜落で破壊した平壌の金泉湯
185907	朝鮮朝日	南鮮版	1930-03-09	1	07단	大同郡廳舍新築と決定
185908	朝鮮朝日	南鮮版	1930-03-09	1	08단	金肥共同購入々礼
185909	朝鮮朝日	南鮮版	1930-03-09	1	08단	平壌五年度學校費豫算
185910	朝鮮朝日	南鮮版	1930-03-09	1	08단	重要公務の打合を終り大島府尹歸壌
185911	朝鮮朝日	南鮮版	1930-03-09	1	09단	裁判スピード化の齎した弊害控訴增加で判事大多忙判決をやたらに急ぐ
185912	朝鮮朝日	南鮮版	1930-03-09	1	09단	仁川の造船所工場の火災機械、鑄物兩部燒失原因は漏電らしい
185913	朝鮮朝日	南鮮版	1930-03-09	1	09단	江界の火事
185914	朝鮮朝日	南鮮版	1930-03-09	1	09단	新義州上水給水を停止
185915	朝鮮朝日	南鮮版	1930-03-09	1	10단	新義州高普の不良生一掃
185916	朝鮮朝日	南鮮版	1930-03-09	1	10단	印章を偽造し兄の田地を賣りまはる
185917	朝鮮朝日	南鮮版	1930-03-09	1	10단	病苦の自殺
185918	朝鮮朝日	南鮮版	1930-03-09	1	10단	人(邊山道氏(陸軍主計監)/日下部道德氏(陸軍小將)/森岡警務局長)
185919	朝鮮朝日	南鮮版	1930-03-09	1	10단	半島茶話
185920	朝鮮朝日	西北・南鮮版	1930-03-09	2	01단	嚴罰主義の痲藥類取締令愈よ近く發布される
185921	朝鮮朝日	西北・南鮮版	1930-03-09	2	01단	見物に行って一線に迷ひ込み敵に一齊射撃された陸軍記念日に當り兒玉總監の談
185922	朝鮮朝日	西北・南鮮版	1930-03-09	2	01단	お茶のあと
185923	朝鮮朝日	西北・南鮮版	1930-03-09	2	01단	標語入り鉛筆で學童貯金宣傳今度淸津局が
185924	朝鮮朝日	西北・南鮮版	1930-03-09	2	02단	昭和製鋼誘致市民大會は荒川會頭歸滿後對策を考究/安義兩會頭は一先づ歸來
185925	朝鮮朝日	西北・南鮮版	1930-03-09	2	03단	野菜を漂白し傳染病豫防
185926	朝鮮朝日	西北・南鮮版	1930-03-09	2	03단	牛疫終熄し市場の閉場解禁さる
185927	朝鮮朝日	西北・南鮮版	1930-03-09	2	04단	嘆願書と要請書金組設置について提出する
185928	朝鮮朝日	西北・南鮮版	1930-03-09	2	04단	獻穀田耕作者
185929	朝鮮朝日	西北・南鮮版	1930-03-09	2	04단	檢斤省略制廢止時期延期を陳情
185930	朝鮮朝日	西北・南鮮版	1930-03-09	2	04단	小作慣行改善に小作慣行脚
185931	朝鮮朝日	西北・南鮮版	1930-03-09	2	04단	合同油脂の貯油タンクーケ所增設
185932	朝鮮朝日	西北版	1930-03-11	1	01단	ガス爆發映畵見物中に小學兒童百餘名燒死鎭海海軍要港部の演武場燒失陸軍

일련번호	판명		간행일	면	단수	기사명
185932	朝鮮朝日	西北版	1930-03-11	1	01단	*記念日に未曾有の惨事/眞黒焦げに折重った惨死體全部を掘出す實に酸鼻を極む/現場や家庭で悲しき通夜を營む總督府から現場へ急行それぞれ善後策を協議/一度に三名の愛兒を失なひ失神してる者など悲惨な家庭さへある/乃木大將映寫中フヰルムに引火手を下す暇もなく一帶に燃え擴がる/命拾ひした者僅に廿餘名/技術の未熟から遂にこの惨事に責任者も生命危篤/煙は高く天に沖す水中爆破の壯烈さ各種の催しに人出が多かった陸軍記念日と京城/目拔通りは旗の海と化す大模擬戰を行なひ大賑ひを見た安東/煙幕用の火藥爆發し兵卒一名卽死す大田模擬戰の珍事*
185933	朝鮮朝日	西北版	1930-03-11	1	04단	救世軍士官を平壤に派し活躍させたい山室少將語る
185934	朝鮮朝日	西北版	1930-03-11	1	05단	初筏式
185935	朝鮮朝日	西北版	1930-03-11	1	06단	咸南道廳異動行はる
185936	朝鮮朝日	西北版	1930-03-11	1	07단	藏相と總裁の意見に種々の相達がありまだ位置が決ってゐぬ製鋼所問題につき渡邊氏は語る
185937	朝鮮朝日	西北版	1930-03-11	1	08단	卒業式
185938	朝鮮朝日	西北版	1930-03-11	1	08단	强盜現はる一夜二ヶ所に
185939	朝鮮朝日	西北版	1930-03-11	1	09단	一瀉千里で原案を可決平凡な結末を告ぐ掉尾の慶南評議會
185940	朝鮮朝日	西北版	1930-03-11	1	10단	養母とガス心中若い養子が
185941	朝鮮朝日	西北版	1930-03-11	1	10단	內鮮人二名銃殺夢灘驛附近で大工兇行
185942	朝鮮朝日	西北版	1930-03-11	1	10단	出刃を揮ひ內妻を刺す痴話が嵩じ
185943	朝鮮朝日	西北版	1930-03-11	1	10단	馬狂奔し幼兒が卽死二名に重傷
185944	朝鮮朝日	西北版	1930-03-11	1	10단	人(日下部少將(前朝鮮憲兵隊司令官))
185945	朝鮮朝日	南鮮版	1930-03-11	1	01단	*ガス爆發映畵見物中に小學兒童百餘名燒死鎮海海軍要港部の演武場燒失陸軍記念日に未曾有の惨事/眞黑焦げに折重った惨死體全部を掘出す實に酸鼻を極む/現場や家庭で悲しき通夜を營む總督府から現場へ急行それぞれ善後策を協議/一度に三名の愛兒を失なひ失神してる者など悲惨な家庭さへある/乃木大將映寫中フヰルムに引火手を下す暇もなく一帶に燃*

일련번호	판명		간행일	면	단수	기사명
185945	朝鮮朝日	南鮮版	1930-03-11	1	01단	え擴がる/命拾ひした者僅に廿餘名/技術の未熟から遂にこの慘事に責任者も生命危篤/煙は高く天に沖す水中爆破の壯烈さ各種の催しに人出が多かった陸軍記念日と京城/目拔通りは旗の海と化す大模擬戰を行なひ大賑ひを見た安東/煙幕用の火藥爆發し兵卒一名卽死す大田模擬戰の珍事
185946	朝鮮朝日	南鮮版	1930-03-11	1	04단	救世軍士官を平壤に派し活躍させたい山室少將語る
185947	朝鮮朝日	南鮮版	1930-03-11	1	05단	初筏式
185948	朝鮮朝日	南鮮版	1930-03-11	1	06단	咸南道廳異動行はる
185949	朝鮮朝日	南鮮版	1930-03-11	1	07단	藏相と總裁の意見に種々の相達がありまだ位置が決ってゐぬ製鋼所問題につき渡邊氏は語る
185950	朝鮮朝日	南鮮版	1930-03-11	1	08단	卒業式
185951	朝鮮朝日	南鮮版	1930-03-11	1	08단	强盗現はる一夜二ヶ所に
185952	朝鮮朝日	南鮮版	1930-03-11	1	09단	一瀉千里で原案を可決平凡な結末を告ぐ掉尾の慶南評議會
185953	朝鮮朝日	南鮮版	1930-03-11	1	10단	養母とガス心中若い養子が
185954	朝鮮朝日	南鮮版	1930-03-11	1	10단	內鮮人二名銃殺夢灘驛附近で大工兇行
185955	朝鮮朝日	南鮮版	1930-03-11	1	10단	出刃を揮ひ內妻を刺す痴話が嵩じ
185956	朝鮮朝日	南鮮版	1930-03-11	1	10단	馬狂奔し幼兒が卽死二名に重傷
185957	朝鮮朝日	南鮮版	1930-03-11	1	10단	人(日下部少將(前朝鮮憲兵隊司令官))
185958	朝鮮朝日	西北・南鮮版	1930-03-11	2	01단	火曜のペーヂチャップリンが來る
185959	朝鮮朝日	西北・南鮮版	1930-03-11	2	01단	チャップリンの笑ひホリウッドの撮影所で「街の灯」の指揮振りを見る/鈴木重吉
185960	朝鮮朝日	西北・南鮮版	1930-03-11	2	04단	悲劇王「チャプ」世界の損失？
185961	朝鮮朝日	西北・南鮮版	1930-03-11	2	04단	新義州の對支貿易極度に萎縮
185962	朝鮮朝日	西北・南鮮版	1930-03-11	2	05단	例年にない不景氣平壤鐵道管內本年度の成績
185963	朝鮮朝日	西北・南鮮版	1930-03-11	2	05단	湖南線の方面に多い窒素の發送
185964	朝鮮朝日	西北・南鮮版	1930-03-11	2	05단	林檎檢査規則改正を斷行
185965	朝鮮朝日	西北・南鮮版	1930-03-11	2	05단	國有地の拂下げ陳情
185966	朝鮮朝日	西北・南鮮版	1930-03-11	2	06단	新義州の金肥購入高
185967	朝鮮朝日	西北・南鮮版	1930-03-11	2	06단	新義州の本年出材量
185968	朝鮮朝日	西北・南鮮版	1930-03-11	2	06단	ガソリン車近く運轉する
185969	朝鮮朝日	西北・南鮮版	1930-03-11	2	07단	清津の公設市場六月頃開店

일련번호	판명		간행일	면	단수	기사명
185970	朝鮮朝日	西北・南鮮版	1930-03-11	2	07단	雪の聲
185971	朝鮮朝日	西北・南鮮版	1930-03-11	2	07단	大阪西湖津間運賃引下げ咸興商工會の運動奏功
185972	朝鮮朝日	西北・南鮮版	1930-03-11	2	07단	箕林里より西平壤驛へ電車は單線
185973	朝鮮朝日	西北・南鮮版	1930-03-11	2	07단	各地だより(平壤)
185974	朝鮮朝日	西北版	1930-03-12	1	01단	鎭海の大慘事詳報死者は子供だけに特に兩親の哀愁は深く今はなにもかも涙の種となる愛兒を喪った氣の毒な人々/逃げ場を失ひ僅か三四分で窒息軍服でもみ消さんとした軍曹難を免れた目撃者のはなし/十四日面主催で合同葬を營む軒並みに「忌中」の貼札今後授業には異狀はない/嘆きの街と化し去った鎭海主なる犧牲者氏名/弔慰を終へて調査します急遽鎭海に出發した杉山軍務局長は語る/兒玉政務總監葬儀に參列/死傷者都合百二十二名/軍部と打合せ方法を講ずる兒玉總監談/弔慰方法に就てはよく法規に照し出來るだけの事をしたいと思ふ宇垣陸相は暗然と語る/厚き禮を以て死者を弔ひ涙で遺族を慰めたい南軍司令官はかたる/陸軍關係から弔慰金贈與葬儀に參列のため南軍司令官鎭海へ/拓相より弔電/現場には弔魂碑軍部で建立/救護材料を携へて急行五師團軍醫部から/弔慰金を携へ谷知事急行
185975	朝鮮朝日	西北版	1930-03-12	1	05단	短歌/橋田東聲選
185976	朝鮮朝日	西北版	1930-03-12	1	06단	ラヂオで追悼會京城と東京の二放送局から
185977	朝鮮朝日	西北版	1930-03-12	1	07단	自治擴張の趣旨を體し向上發展をのぞむ兒玉政務總監語る
185978	朝鮮朝日	西北版	1930-03-12	1	08단	産業調査委員會常設
185979	朝鮮朝日	西北版	1930-03-12	1	08단	師團對抗演習十月中旬擧行
185980	朝鮮朝日	西北版	1930-03-12	1	08단	廿四名に執行猶豫赤友事件判決
185981	朝鮮朝日	西北版	1930-03-12	1	09단	運送合同の成立絶望か愈よ淸算に直面した半島の運送界
185982	朝鮮朝日	西北版	1930-03-12	1	09단	光州事件被告らー控部訴す
185983	朝鮮朝日	西北版	1930-03-12	1	10단	出版法違反六名に禁錮
185984	朝鮮朝日	西北版	1930-03-12	1	10단	十三戸を全半燒死傷者を出す平北道の火事

일련번호	판명		간행일	면	단수	기사명
185985	朝鮮朝日	西北版	1930-03-12	1	10단	製材所燒く
185986	朝鮮朝日	西北版	1930-03-12	1	10단	總督府の映畫を興味本位に
185987	朝鮮朝日	西北版	1930-03-12	1	10단	人(宮尾東拓總裁/石塚峻氏(殖産局技師)/玄總督府視學官/高稿濱吉氏(總督府視學官)/土師貞盛氏(本府商工課長))
185988	朝鮮朝日	南鮮版	1930-03-12	1	01단	鎮海の大慘事詳報死者は子供だけに特に兩親の哀愁は深く今はなにもかも涙の種となる愛兒を喪った氣の毒な人々/逃げ場を失ひ僅か三四分で窒息軍服でもみ消さんとした軍曹難を免れた目擊者のはなし/十四日面主催で合同葬を營む軒並みに「忌中」の貼礼今後授業には異狀はない/嘆きの街と化し去った鎮海主なる犠牲者氏名/弔慰を終へて調査します急遽鎮海に出發した杉山軍務局長は語る/兒玉政務總監葬儀に參列/死傷者都合百二十二名/軍部と打合せ方法を講ずる兒玉總監談/弔慰方法に就てはよく法規に照し出來るだけの事をしたいと思ふ宇垣陸相は暗然と語る/厚き禮を以て死者を弔ひ涙で遺族を慰めたい南軍司令官はかたる/陸軍關係から弔慰金贈與葬儀に參列のため南軍司令官鎮海へ/拓相より弔電/現場には弔魂碑軍部で建立/救護材料を攜へて急行五師團軍醫部から/弔慰金を攜へ谷知事急行
185989	朝鮮朝日	南鮮版	1930-03-12	1	05단	短歌/橋田東聲選
185990	朝鮮朝日	南鮮版	1930-03-12	1	06단	ラヂオで追悼會京城と東京の二放送局から
185991	朝鮮朝日	南鮮版	1930-03-12	1	07단	自治擴張の趣旨を體し向上發展をのぞむ兒玉政務總監語る
185992	朝鮮朝日	南鮮版	1930-03-12	1	08단	産業調査委員會常設
185993	朝鮮朝日	南鮮版	1930-03-12	1	08단	師團對抗演習十月中旬舉行
185994	朝鮮朝日	南鮮版	1930-03-12	1	08단	廿四名に執行猶豫赤友事件判決
185995	朝鮮朝日	南鮮版	1930-03-12	1	09단	運送合同の成立絶望か愈よ清算に直面した半島の運送界
185996	朝鮮朝日	南鮮版	1930-03-12	1	09단	光州事件被告ら一控部訴す
185997	朝鮮朝日	南鮮版	1930-03-12	1	10단	出版法違反六名に禁錮
185998	朝鮮朝日	南鮮版	1930-03-12	1	10단	十三戶を全半燒死傷者を出す平北道の火事

일련번호	판명		간행일	면	단수	기사명
185999	朝鮮朝日	南鮮版	1930-03-12	1	10단	製材所燒く
186000	朝鮮朝日	南鮮版	1930-03-12	1	10단	總督府の映畫を興味本位に
186001	朝鮮朝日	南鮮版	1930-03-12	1	10단	人(宮尾東拓總裁/石塚晙氏(殖産局技師)/玄總督府視學官/高稿濱吉氏(總督府視學官)/土師貞盛氏(本府商工課長))
186002	朝鮮朝日	西北・南鮮版	1930-03-12	2	01단	實害ばかりの材檎の生産檢査飽くまで撤廢を期し期成同盟會の陳情
186003	朝鮮朝日	西北・南鮮版	1930-03-12	2	01단	肥料資金回收はなかなか困難
186004	朝鮮朝日	西北・南鮮版	1930-03-12	2	01단	慶北道農會聯合會總會
186005	朝鮮朝日	西北・南鮮版	1930-03-12	2	01단	仁川造船所再興に決定然し資金の調達困難か
186006	朝鮮朝日	西北・南鮮版	1930-03-12	2	02단	電氣條例の一部を改正
186007	朝鮮朝日	西北・南鮮版	1930-03-12	2	02단	慶南の早害兒童救濟の實情
186008	朝鮮朝日	西北・南鮮版	1930-03-12	2	02단	支店長の雲隱れやバイブルの差押大商店、大會社に多い京城の税金の滞納
186009	朝鮮朝日	西北・南鮮版	1930-03-12	2	03단	平壤の宗教は現狀を維持
186010	朝鮮朝日	西北・南鮮版	1930-03-12	2	04단	鮮銀異動
186011	朝鮮朝日	西北・南鮮版	1930-03-12	2	04단	司法代書人も試驗地獄現出
186012	朝鮮朝日	西北・南鮮版	1930-03-12	2	04단	簡單になった結婚式京城の新傾向
186013	朝鮮朝日	西北・南鮮版	1930-03-12	2	04단	鴨綠江弗々と解氷し初む
186014	朝鮮朝日	西北版	1930-03-13	1	01단	哀しみの街と化した鎭海漏れ來る讀經の聲に默禱を捧げる行人懇ろに弔問の武部學務局長等涙の雨に哀愁深し/まづ責任ある所を明にせねばならぬ出來る限りの慰問をする積り杉山軍務局長下關で語る/責任の範圍は當面の二人『早急には行かぬ』と武藤大邱憲兵隊長代理語る/本社から弔慰金鎭海慘事に三百圓贈呈/南軍司令官遺族を慰問/京城で合同追悼會/一般からの弔慰金募集取扱場所も決定したゞちに着手する
186015	朝鮮朝日	西北版	1930-03-13	1	02단	明年四月に府面協議員總改選自治權擴張の實施で制令の起案をいそぐ/選擧權をも擴張納税資格を低下する
186016	朝鮮朝日	西北版	1930-03-13	1	03단	井尾憲兵副官秋田へ榮轉
186017	朝鮮朝日	西北版	1930-03-13	1	04단	忠北道警官の異動
186018	朝鮮朝日	西北版	1930-03-13	1	04단	撞球選手權大會
186019	朝鮮朝日	西北版	1930-03-13	1	05단	二萬圓の滯納處分一掃を期する平壤府當局
186020	朝鮮朝日	西北版	1930-03-13	1	05단	慶北道の增設校豫定通りか

일련번호	판명		간행일	면	단수	기사명
186021	朝鮮朝日	西北版	1930-03-13	1	05단	關門地方大荒れで關釜連絡入港不能六連沖に假泊し出港また不能十數年來の暴風雨/關釜連絡船無電も通じず陸上との通信不能入港の見込み全くたゝず/どうなることかと不安な乘客たち凪げば今朝入港する無電で慶福丸と話す
186022	朝鮮朝日	西北版	1930-03-13	1	06단	洋服屋さんの勉强競爭昨年の半額位の安値惡くても安いものをの主義
186023	朝鮮朝日	西北版	1930-03-13	1	06단	群山府の道議選今のところ沈默の狀態
186024	朝鮮朝日	西北版	1930-03-13	1	06단	朝鮮の工業は經營が困難總督府商工課では徹底的に原因調査
186025	朝鮮朝日	西北版	1930-03-13	1	07단	凍結採鹹の裝置に成功す
186026	朝鮮朝日	西北版	1930-03-13	1	07단	短歌/橋田東聲選
186027	朝鮮朝日	西北版	1930-03-13	1	08단	特惠關稅廢止で蒙むる影響甚大朝鮮農民の生活に迄綿織等の一部は海路によるか
186028	朝鮮朝日	西北版	1930-03-13	1	08단	料金値下迄は點燈を拒否工事は完成したが送電出來ぬ大興電氣
186029	朝鮮朝日	西北版	1930-03-13	1	09단	敎科書の古本を賣る學生が增加
186030	朝鮮朝日	西北版	1930-03-13	1	09단	取調中に自殺を圖る
186031	朝鮮朝日	西北版	1930-03-13	1	10단	山根海事課長燈台を巡視
186032	朝鮮朝日	西北版	1930-03-13	1	10단	半島茶話
186033	朝鮮朝日	南鮮版	1930-03-13	1	01단	哀しみの街と化した鎭海漏れ來る讀經の聲に默禱を捧げる行人懇ろに弔問の武部學務局長等涙の雨に哀愁深し/まづ責任ある所を明にせねばならぬ出來る限りの慰問をする積り杉山軍務局長下關で語る/責任の範圍は當面の二人『早急には行かぬ』と武藤大邱憲兵隊長代理語る/本社から弔慰金鎭海慘事に三百圓贈呈/南軍司令官遺族を慰問/京城で合同追悼會/一般からの弔慰金募集取扱場所も決定したゝちに着手する
186034	朝鮮朝日	南鮮版	1930-03-13	1	02단	明年四月に府面協議員總改選自治權擴張の實施で制令の起案をいそぐ/選擧權をも擴張納稅資格を低下する
186035	朝鮮朝日	南鮮版	1930-03-13	1	03단	井尾憲兵副官秋田へ榮轉
186036	朝鮮朝日	南鮮版	1930-03-13	1	04단	忠北道警官の異動
186037	朝鮮朝日	南鮮版	1930-03-13	1	04단	撞球選手權大會
186038	朝鮮朝日	南鮮版	1930-03-13	1	05단	二萬圓の滯納處分一掃を期する平壤府當局

일련번호	판명		간행일	면	단수	기사명
186039	朝鮮朝日	南鮮版	1930-03-13	1	05단	慶北道の増設校豫定通りか
186040	朝鮮朝日	南鮮版	1930-03-13	1	05단	關門地方大荒れで關釜連絡入港不能六連沖に假泊し出港また不能十數年來の暴風雨/關釜連絡船無電も通じず陸上との通信不能入港の見込み全くたゝず/どうなることかと不安な乘客たち凪げば今朝入港する無電で慶福丸と話す
186041	朝鮮朝日	南鮮版	1930-03-13	1	06단	洋服屋さんの勉強競爭昨年の半額位の安値惡くても安いものをの主義
186042	朝鮮朝日	南鮮版	1930-03-13	1	06단	群山府の道議選今のところ沈默の狀態
186043	朝鮮朝日	南鮮版	1930-03-13	1	06단	朝鮮の工業は經營が困難總督府商工課では徹底的に原因調査
186044	朝鮮朝日	南鮮版	1930-03-13	1	07단	凍結採鹹の裝置に成功す
186045	朝鮮朝日	南鮮版	1930-03-13	1	07단	短歌/橋田東聲選
186046	朝鮮朝日	南鮮版	1930-03-13	1	08단	特惠關稅廢止で蒙むる影響甚大朝鮮農民の生活に迄綿織等の一部は海路によるか
186047	朝鮮朝日	南鮮版	1930-03-13	1	08단	料金値下迄は點燈を拒否工事は完城したが送電出來ぬ大興電氣
186048	朝鮮朝日	南鮮版	1930-03-13	1	09단	教科書の古本を賣る學生が増加
186049	朝鮮朝日	南鮮版	1930-03-13	1	09단	取調中に自殺を圖る
186050	朝鮮朝日	南鮮版	1930-03-13	1	10단	山根海事課長燈台を巡視
186051	朝鮮朝日	南鮮版	1930-03-13	1	10단	半島茶話
186052	朝鮮朝日	西北・南鮮版	1930-03-13	2	01단	鹽配給所を群山に設置取敢ず一千萬斤を收容する倉庫を建築
186053	朝鮮朝日	西北・南鮮版	1930-03-13	2	01단	運送合同に不參加を聲明す中野社長が鐵道局へ成行きを注目さる
186054	朝鮮朝日	西北・南鮮版	1930-03-13	2	01단	花輪の材料が不足
186055	朝鮮朝日	西北・南鮮版	1930-03-13	2	01단	腹チフスが首位を占め痘瘡これに次ぐ
186056	朝鮮朝日	西北・南鮮版	1930-03-13	2	01단	朝鮮人の兒童激増緩和方法に府當局惱む
186057	朝鮮朝日	西北・南鮮版	1930-03-13	2	02단	昨年中の傳染病一萬四千餘人
186058	朝鮮朝日	西北・南鮮版	1930-03-13	2	02단	平壤組銀二月の帳尻
186059	朝鮮朝日	西北・南鮮版	1930-03-13	2	03단	種畜場設置計劃を立てる
186060	朝鮮朝日	西北・南鮮版	1930-03-13	2	03단	柞蠶需要高二月は減少
186061	朝鮮朝日	西北・南鮮版	1930-03-13	2	03단	昭和水利の貯水池測量大體に終了大同江のボーリング作業は來月初旬から着手
186062	朝鮮朝日	西北・南鮮版	1930-03-13	2	04단	ビート増收に耕組を組織優良組合に補助金授與平壤、黃海南道で
186063	朝鮮朝日	西北・南鮮版	1930-03-13	2	04단	朝鮮色豊かなプロを作りDKの放送

일련번호	판명		간행일	면	단수	기사명
186064	朝鮮朝日	西北・南鮮版	1930-03-13	2	04단	平壤糖輸移出高
186065	朝鮮朝日	西北・南鮮版	1930-03-13	2	04단	景品付畜牛大市
186066	朝鮮朝日	西北版	1930-03-14	1	01단	兒童にせがまれて獨斷で映寫を始め數分後あの慘事を起す中村朝鮮軍參謀長の調査報告/生殘った兒童を當時の儘に鎭海小學校の一教室で行はれた實施檢證/南司令官の實地檢證軍務局長來着後協議を行ふ/涙乍らに大活動愛兒を喪った鎭海郵便局員/二團體から見舞金を贈る/首相から見舞電報慶尙北道知事へ/各國領事も深甚な同情領事團首席總監を訪問し弔辭を述ぶ/葬儀參列の名士の來往で乘物は全部契約濟ごった返す昨今の鎭海/平南道から弔電を發す義損金をも募集/兒玉總監鎭海へ/DKで追悼の夕十六日に放送/いじらしい小學生友の靈前に花輪を捧ぐ/釜山の追悼會/谷慶南知事慘狀を視察弔慰金を贈る釜山教育會も/電報輻湊と郵便局の措置/統營で弔慰金募集を行ふ/小學生から弔慰金募集/咸北各團體が義損金募集
186067	朝鮮朝日	西北版	1930-03-14	1	01단	杉山軍務局長鎭海に向って急行す
186068	朝鮮朝日	西北版	1930-03-14	1	05단	鎭海慘事の弔慰金募集
186069	朝鮮朝日	西北版	1930-03-14	1	05단	俳句/鈴木花蓑選
186070	朝鮮朝日	西北版	1930-03-14	1	06단	五十軒を收容する合同百貨店京城に建設を計劃中小商店を救濟する
186071	朝鮮朝日	西北版	1930-03-14	1	06단	二博覽會に特設館多數出品し朝鮮を宣傳
186072	朝鮮朝日	西北版	1930-03-14	1	06단	農業指導の教科書をつくり普通、補習兩學校の實業教育に努める
186073	朝鮮朝日	西北版	1930-03-14	1	07단	漁組の登記規則を發布五月から施行
186074	朝鮮朝日	西北版	1930-03-14	1	08단	咸南丸繫船海運界不況で
186075	朝鮮朝日	西北版	1930-03-14	1	08단	吹雪のため列車立往生洗浦、三防間第一隧道附近で機關車四輛で漸く動く
186076	朝鮮朝日	西北版	1930-03-14	1	08단	釜山驛は大混亂暗黑と化した暴風雨の釜山
186077	朝鮮朝日	西北版	1930-03-14	1	08단	叭や繩の特定運賃を新設
186078	朝鮮朝日	西北版	1930-03-14	1	08단	京南鐵建設工事
186079	朝鮮朝日	西北版	1930-03-14	1	08단	二月中の對內貿易高
186080	朝鮮朝日	西北版	1930-03-14	1	08단	全北喇酒會
186081	朝鮮朝日	西北版	1930-03-14	1	09단	一月中府內取組爲替高

일련번호	판명		간행일	면	단수	기사명
186082	朝鮮朝日	西北版	1930-03-14	1	09단	學校組合豫算會議第二日目
186083	朝鮮朝日	西北版	1930-03-14	1	09단	支那人鐵職工一齊に罷業勞銀と時間延長で
186084	朝鮮朝日	西北版	1930-03-14	1	10단	空輸會社の遊覽飛行愈來月三日から開始/四月一日から實施可能東京、京城間の連絡飛行
186085	朝鮮朝日	西北版	1930-03-14	1	10단	半島の春を訪れる內地の觀光團
186086	朝鮮朝日	西北版	1930-03-14	1	10단	騷擾學生六名に禁錮うち三名は執行猶豫
186087	朝鮮朝日	西北版	1930-03-14	1	10단	鮮銀淸津支店長の更迭
186088	朝鮮朝日	南鮮版	1930-03-14	1	01단	兒童にせがまれて獨斷で映寫を始め數分後あの慘事を起す中村朝鮮軍參謀長の調査報告/生殘った兒童を當時の儘に鎭海小學校の一教室で行はれた實施檢證/南司令官の實地檢證軍務局長來着後協議を行ふ/涙乍らに大活動愛兒を喪った鎭海郵便局員/二團體から見舞金を贈る/首相から見舞電報慶尙北道知事へ/各國領事も深甚な同情領事團首席總監を訪問し弔辭を述ぶ/葬儀參列の名士の來往で乘物は全部契約濟ごった返す昨今の鎭海/平南道から弔電を發す義捐金をも募集/兒玉總監鎭海へ/DKで追悼の夕十六日に放送/いじらしい小學生友の靈前に花輪を捧ぐ/釜山の追悼會/谷慶南知事慘狀を視察弔慰金を贈る釜山教育會も/電報輻湊と郵便局の措置/統營で弔慰金募集を行ふ/小學生から弔慰金募集/咸北各團體が義捐金募集
186089	朝鮮朝日	南鮮版	1930-03-14	1	01단	杉山軍務局長鎭海に向って急行す
186090	朝鮮朝日	南鮮版	1930-03-14	1	05단	鎭海慘事の弔慰金募集
186091	朝鮮朝日	南鮮版	1930-03-14	1	05단	俳句/鈴木花蓑選
186092	朝鮮朝日	南鮮版	1930-03-14	1	06단	五十軒を收容する合同百貨店京城に建設を計劃中小商店を救濟する
186093	朝鮮朝日	南鮮版	1930-03-14	1	06단	二博覽會に特設館多數出品し朝鮮を宣傳
186094	朝鮮朝日	南鮮版	1930-03-14	1	06단	農業指導の教科書をつくり普通、補習兩學校の實業教育に努める
186095	朝鮮朝日	南鮮版	1930-03-14	1	07단	漁組の登記規則を發布五月から施行
186096	朝鮮朝日	南鮮版	1930-03-14	1	08단	咸南丸繫船海運界不況で
186097	朝鮮朝日	南鮮版	1930-03-14	1	08단	吹雪のため列車立往生洗浦、三防間第一隧道附近で機關車四輛で漸く動く

일련번호	판명		간행일	면	단수	기사명
186098	朝鮮朝日	南鮮版	1930-03-14	1	08단	釜山驛は大混亂暗黑と化した暴風雨の釜山
186099	朝鮮朝日	南鮮版	1930-03-14	1	08단	叺や繩の特定運賃を新設
186100	朝鮮朝日	南鮮版	1930-03-14	1	08단	京南鐵建設工事
186101	朝鮮朝日	南鮮版	1930-03-14	1	08단	二月中の對內貿易高
186102	朝鮮朝日	南鮮版	1930-03-14	1	08단	全北喇酒會
186103	朝鮮朝日	南鮮版	1930-03-14	1	09단	一月中府內取組爲替高
186104	朝鮮朝日	南鮮版	1930-03-14	1	09단	學校組合豫算會議第二日目
186105	朝鮮朝日	南鮮版	1930-03-14	1	09단	支那人鐵職工一齊に罷業勞銀と時間延長で
186106	朝鮮朝日	南鮮版	1930-03-14	1	10단	空輸會社の遊覽飛行愈來月三日から開始/四月一日から實施可能東京、京城間の連絡飛行
186107	朝鮮朝日	南鮮版	1930-03-14	1	10단	半島の春を訪れる內地の觀光團
186108	朝鮮朝日	南鮮版	1930-03-14	1	10단	騷擾學生六名に禁錮うち三名は執行猶豫
186109	朝鮮朝日	南鮮版	1930-03-14	1	10단	鮮銀清津支店長の更迭
186110	朝鮮朝日	西北・南鮮版	1930-03-14	2	01단	減衰、不減衰の根本を覆す學說城大大塚博士が研究の結果を日本醫學會總會で講演
186111	朝鮮朝日	西北・南鮮版	1930-03-14	2	01단	釜山の豫算は緊縮の標本結局豫算評議會は平凡に終る見込み
186112	朝鮮朝日	西北・南鮮版	1930-03-14	2	01단	林業試驗の實際化や造林補助等協議各道林務主任官會議
186113	朝鮮朝日	西北・南鮮版	1930-03-14	2	01단	養蠶綿作の增産計劃肥培管理を徹底化する
186114	朝鮮朝日	西北・南鮮版	1930-03-14	2	02단	隆骨山一帶に豊富な金鑛このほど發見
186115	朝鮮朝日	西北・南鮮版	1930-03-14	2	03단	一郡五名出馬で激戰を豫想慶南道議員選擧
186116	朝鮮朝日	西北・南鮮版	1930-03-14	2	03단	農會や組合を一團體とし事務を處理せよと希望する向が多い
186117	朝鮮朝日	西北・南鮮版	1930-03-14	2	04단	平北道內の犯罪發生數
186118	朝鮮朝日	西北・南鮮版	1930-03-14	2	04단	二千年前の釣鐘を發掘
186119	朝鮮朝日	西北版	1930-03-15	1	01단	百餘の尊き靈を弔ふ盛大なる合同葬儀なつかしき鎭海校內で行はる讀經の聲も悲しく一入哀愁をそゝる/涙にむせんで讀み敢へぬ弔辭泣みるる人も貰ひ泣く鎭海校の三浦少年の弔辭/兒童の弔辭に泣かされた同情者に御禮申上る南司令官暗然と語る/亡妻のため乳兒を懷に燒香する氣の毒な姿に參列者泣かさる/物寂びに讀經にあ

일련번호	판명		간행일	면	단수	기사명
186119	朝鮮朝日	西北版	1930-03-15	1	01단	らたな思出京城の追悼會/南軍司令官弔辭/愛兒の骸を示されて『うむ』とたった一言不幸を顧みず公務に従事する雄々しき會野憲兵隊長/釜山の追悼會/續々集る遭難弔慰金/責任者の處罰はなされぬやうと罹災者の一人が陳情軍司令官出發の際の劇的シーン
186120	朝鮮朝日	西北版	1930-03-15	1	05단	咸南道議選立候補者簇出
186121	朝鮮朝日	西北版	1930-03-15	1	05단	短歌/橋田東聲選
186122	朝鮮朝日	西北版	1930-03-15	1	05단	秩父宮殿下五月に御來安
186123	朝鮮朝日	西北版	1930-03-15	1	06단	黎明を歌ふ文壇人(1)/朱耀翰氏
186124	朝鮮朝日	西北版	1930-03-15	1	08단	仙石線裁の視察說安義兩地の注意を惹く
186125	朝鮮朝日	西北版	1930-03-15	1	09단	平北の道路改修
186126	朝鮮朝日	西北版	1930-03-15	1	09단	朝鮮人娼妓の抱入れ問題解決來年頃朝鮮人娼妓は內地人遊廓に現はれる
186127	朝鮮朝日	西北版	1930-03-15	1	10단	辭令
186128	朝鮮朝日	西北版	1930-03-15	1	10단	新顔候補は頗る多い平北道議選擧
186129	朝鮮朝日	西北版	1930-03-15	1	10단	人(吉成重成氏(元鐵道電氣局長)/梶五雄氏(大阪府小作官)/山形部智氏(中央試驗所技師))
186130	朝鮮朝日	南鮮版	1930-03-15	1	01단	百餘の尊き靈を弔ふ盛大なる合同葬儀なつかしき鎭海校內で行はる讀經の聲も悲しく一入哀愁をそゝる/涙にむせんで讀み敢へぬ弔辭竝みゐる人も貰ひ泣く鎭海校の三浦少年の弔辭/兒童の弔辭に泣かされた同情者に御禮申上る南司令官暗然と語る/亡妻のため乳兒を懷に燒香する氣の毒な姿に參列者泣かさる/物寂びに讀經にあらたな思出京城の追悼會/南軍司令官弔辭/愛兒の骸を示されて『うむ』とたった一言不幸を顧みず公務に従事する雄々しき會野憲兵隊長/釜山の追悼會/續々集る遭難弔慰金/責任者の處罰はなされぬやうと罹災者の一人が陳情軍司令官出發の際の劇的シーン
186131	朝鮮朝日	南鮮版	1930-03-15	1	05단	咸南道議選立候補者簇出
186132	朝鮮朝日	南鮮版	1930-03-15	1	05단	短歌/橋田東聲選
186133	朝鮮朝日	南鮮版	1930-03-15	1	05단	秩父宮殿下五月に御來安
186134	朝鮮朝日	南鮮版	1930-03-15	1	06단	黎明を歌ふ文壇人(1)/朱耀翰氏
186135	朝鮮朝日	南鮮版	1930-03-15	1	08단	仙石線裁の視察說安義兩地の注意を惹く

일련번호	판명		간행일	면	단수	기사명
186136	朝鮮朝日	南鮮版	1930-03-15	1	09단	平北の道路改修
186137	朝鮮朝日	南鮮版	1930-03-15	1	09단	朝鮮人娼妓の抱入れ問題解決來年頃朝鮮人娼妓は內地人遊廓に現はれる
186138	朝鮮朝日	南鮮版	1930-03-15	1	10단	辭令
186139	朝鮮朝日	南鮮版	1930-03-15	1	10단	新顔候補は頗る多い平北道議選擧
186140	朝鮮朝日	南鮮版	1930-03-15	1	10단	人(吉成重成氏(元鐵道電氣局長)/梶五雄氏(大阪府小作官)/山形部智氏(中央試驗所技師))
186141	朝鮮朝日	西北・南鮮版	1930-03-15	2	01단	朝鮮側に有利に運動を斷續昭和製鋼問題につき加藤新義州商議會頭談
186142	朝鮮朝日	西北・南鮮版	1930-03-15	2	01단	朝郵重役大異動次回の總會で行ふ事に決る
186143	朝鮮朝日	西北・南鮮版	1930-03-15	2	01단	創立委員會を新に組織運送合同の完成を期す
186144	朝鮮朝日	西北・南鮮版	1930-03-15	2	01단	船舶職員試驗受驗者
186145	朝鮮朝日	西北・南鮮版	1930-03-15	2	01단	滿洲粟の鮮內輸入前年より減少
186146	朝鮮朝日	西北・南鮮版	1930-03-15	2	02단	半圓タクの運命は櫻時にきまる
186147	朝鮮朝日	西北・南鮮版	1930-03-15	2	02단	蠶絲業組合の建議案提出
186148	朝鮮朝日	西北・南鮮版	1930-03-15	2	02단	木材業者を救濟のため請願書を提出
186149	朝鮮朝日	西北・南鮮版	1930-03-15	2	03단	民間倉庫業者態度を決定鮮米統制問題
186150	朝鮮朝日	西北・南鮮版	1930-03-15	2	03단	解氷期の泥濘で自動車休業
186151	朝鮮朝日	西北・南鮮版	1930-03-15	2	03단	自動車學校設立の準備
186152	朝鮮朝日	西北・南鮮版	1930-03-15	2	04단	モヒ患者登錄制平南で實施
186153	朝鮮朝日	西北・南鮮版	1930-03-15	2	04단	平北道昨年施肥量
186154	朝鮮朝日	西北・南鮮版	1930-03-15	2	04단	京元線は大延着吹雪と積雪で線路が凝結し
186155	朝鮮朝日	西北・南鮮版	1930-03-15	2	04단	太田關東長官安東新義州視察
186156	朝鮮朝日	西北・南鮮版	1930-03-15	2	04단	北鮮で見本市
186157	朝鮮朝日	西北版	1930-03-16	1	01단	今後は專ら遺族を慰める心算である葬儀はたゞ涙であった兒玉總監は眼に淚して語る
186158	朝鮮朝日	西北版	1930-03-16	1	01단	木魚や讀經の聲に抹香の香ひ漂ひ一入の哀れさを催した初七日忌の鎭海の町/痛ましきこの情景/軍務局長遺族を軒別に慰問/亡き子を思っては泣く者が多い葬儀から歸る綠者達痳しい鎭海驛の一情景/遺族慰問方法協議關係者集まり/責任者の少ないやう遺族達から近く嘆願する/愛兒の死を他に救助に努む憲兵や訓導の

일련번호	판명		간행일	면	단수	기사명
186158	朝鮮朝日	西北版	1930-03-16	1	01단	美談寺垣御用掛語る/小學生や教員に與へた大きな衝動樂しい集會の際の突發事件に對する訓練の問題研究さる/大邱の弔慰金募集/鎭海小學校十七日開校
186159	朝鮮朝日	西北版	1930-03-16	1	05단	永遠の冥福を祈る記念碑を建てる要塞司令部內の遭難現場に早くも建設獻金集る
186160	朝鮮朝日	西北版	1930-03-16	1	08단	通信交通機關は大吹雪で故障續出元山は孤立無援となる明治三十九年以來の大被害/朝鮮海峽は珍らしい濃霧
186161	朝鮮朝日	西北版	1930-03-16	1	10단	自動車轉落二名卽死す
186162	朝鮮朝日	南鮮版	1930-03-16	1	01단	今後は專ら遺族を慰める心算である葬儀はたゞ淚であった兒玉總監は眼に淚して語る
186163	朝鮮朝日	南鮮版	1930-03-16	1	01단	木魚や讀經の聲に抹香の香ひ漂ひ一入の哀れさを催した初七日忌の鎭海の町/痛ましきこの情景/軍務局長遺族を軒別に慰問/亡き子を思っては泣く者が多い葬儀から歸る綠者達麻しい鎭海驛の一情景/遺族慰問方法協議關係者集まり/責任者の少ないやう遺族達から近く嘆願する/愛兒の死を他に救助に努む憲兵や訓導の美談寺垣御用掛語る/小學生や教員に與へた大きな衝動樂しい集會の際の突發事件に對する訓練の問題研究さる/大邱の弔慰金募集/鎭海小學校十七日開校
186164	朝鮮朝日	南鮮版	1930-03-16	1	05단	永遠の冥福を祈る記念碑を建てる要塞司令部內の遭難現場に早くも建設獻金集る
186165	朝鮮朝日	南鮮版	1930-03-16	1	08단	通信交通機關は大吹雪で故障續出元山は孤立無援となる明治三十九年以來の大被害/朝鮮海峽は珍らしい濃霧
186166	朝鮮朝日	南鮮版	1930-03-16	1	10단	自動車轉落二名卽死す
186167	朝鮮朝日	西北・南鮮版	1930-03-16	2	01단	米作多收穫表彰參加の援助方を各道農會に殖產助成團から依賴
186168	朝鮮朝日	西北・南鮮版	1930-03-16	2	01단	堆肥の使用を大に獎勵し耕地をふとらせて倍以上の增收を計る
186169	朝鮮朝日	西北・南鮮版	1930-03-16	2	01단	毛ガニ漁業の取締規則を發しその快獲をふせいで罐詰事業を保護する

일련번호	판명		간행일	면	단수	기사명
186170	朝鮮朝日	西北・南鮮版	1930-03-16	2	01단	龍巖浦では渡船を始む
186171	朝鮮朝日	西北・南鮮版	1930-03-16	2	01단	茂山の國立資源調査所
186172	朝鮮朝日	西北・南鮮版	1930-03-16	2	02단	鎮南浦貿易額輸移出增加
186173	朝鮮朝日	西北・南鮮版	1930-03-16	2	03단	郵便所新設
186174	朝鮮朝日	西北・南鮮版	1930-03-16	2	03단	失業者が八千七百廿六名咸南道の主要都市に特に哀れな者三百名
186175	朝鮮朝日	西北・南鮮版	1930-03-16	2	03단	漁業稅改正
186176	朝鮮朝日	西北・南鮮版	1930-03-16	2	03단	不合理な運送合同中止を嚴命されたき旨を中立業者から陳情
186177	朝鮮朝日	西北・南鮮版	1930-03-16	2	04단	三月上旬の鮮米移出高
186178	朝鮮朝日	西北・南鮮版	1930-03-16	2	04단	各地だより(公州/城津)
186179	朝鮮朝日	西北版	1930-03-18	1	01단	會社を創立して商倉を經營させる堅實な倉庫は買收する資本金は五百萬圓から二千萬圓
186180	朝鮮朝日	西北版	1930-03-18	1	01단	昌德宮を初め李王職に喜色漲る王妃殿下御姙婦の喜びの報に接して
186181	朝鮮朝日	西北版	1930-03-18	1	01단	朝夕二回必ず燒跡を訪ひ燒香して靈を弔ふ勤愼中の櫻井司令官/行政警察權の行使上にも疑ひ不行届との聲もありその範圍の考究を命令/內地から見舞や弔慰金が集る/十歲の兒童が一番多い慘死者の年齡別しらべ/兄姉二人が美しい同情小遣錢を贈る/鎮海事件寫眞說明/責任者三氏を豫審に廻付/開校の日全校追悼文をつゞる犧牲兒の空席を見て涙ぐみ授業が出來ぬ/江原道も義損金募集/弔慰金募集小學兒童から
186182	朝鮮朝日	西北版	1930-03-18	1	05단	原案を可決仁川學組豫算
186183	朝鮮朝日	西北版	1930-03-18	1	05단	調停委員に八氏を推薦一氣に解決を圖る平壤商議の蘇生運動
186184	朝鮮朝日	西北版	1930-03-18	1	06단	雅樂の譜を西洋式に作りこれを後世に傳ふ白雅樂部長の努力
186185	朝鮮朝日	西北版	1930-03-18	1	07단	功績多い優良部落三ヶ所表彰
186186	朝鮮朝日	西北版	1930-03-18	1	07단	活寫を利用し知識を普及牛疫豫防に努る平北道
186187	朝鮮朝日	西北版	1930-03-18	1	08단	昭和製鋼所設置問題新義州設置には前途波瀾を豫想加藤會頭歸來談
186188	朝鮮朝日	西北版	1930-03-18	1	08단	學校騷擾事件黑幕の一味送局治維法、保安法違反で
186189	朝鮮朝日	西北版	1930-03-18	1	09단	普通校生に恩典の判決學生事件の

일련번호	판명		간행일	면	단수	기사명
186190	朝鮮朝日	西北版	1930-03-18	1	09단	新義州府協議會
186191	朝鮮朝日	西北版	1930-03-18	1	09단	全國商議理事會
186192	朝鮮朝日	西北版	1930-03-18	1	10단	仁川春競馬
186193	朝鮮朝日	西北版	1930-03-18	1	10단	寄生蟲の撲滅を期す平南道當局
186194	朝鮮朝日	西北版	1930-03-18	1	10단	痲藥中毒者の届出が少い平壤署大弱り
186195	朝鮮朝日	西北版	1930-03-18	1	10단	平壤中學の合格者發表
186196	朝鮮朝日	西北版	1930-03-18	1	10단	もよほし(滿洲商工會議所書記長會談)
186197	朝鮮朝日	西北版	1930-03-18	1	10단	人(外山豊造少將(新任朝鮮憲兵司令官))
186198	朝鮮朝日	西北版	1930-03-18	1	10단	半島茶話
186199	朝鮮朝日	南鮮版	1930-03-18	1	01단	會社を創立して商倉を經營させる堅實な倉庫は買收する資本金は五百萬圓から二千萬圓
186200	朝鮮朝日	南鮮版	1930-03-18	1	01단	昌德宮を初め李王職に喜色漲る王妃殿下御姙婦の喜びの報に接して
186201	朝鮮朝日	南鮮版	1930-03-18	1	01단	朝夕二回必ず燒跡を訪ひ燒香して靈を弔ふ勤愼中の櫻井司令官/行政警察權の行使上にも疑ひ不行届との聲もありその範圍の考究を命令/內地から見舞や弔慰金が集る/熱誠こもった同情金殺到/弔慰金募集小學兒童から/江原道も義捐金募集/鎮海事件寫眞說明/責任者三氏を豫審に廻付/開校の日全校追悼文をつゞる犠牲兒の空席を見て涙ぐみ授業が出來ぬ/十歳の兒童が一番多い慘死者の年齡別しらべ/互角の努力を保って戰ふ釜山の立候補
186202	朝鮮朝日	南鮮版	1930-03-18	1	04단	七十餘名の闘士は爭ふ後一週間に迫った慶南道評議員選擧
186203	朝鮮朝日	南鮮版	1930-03-18	1	06단	雅樂の譜を西洋式に作りこれを後世に傳ふ白雅樂部長の努力
186204	朝鮮朝日	南鮮版	1930-03-18	1	07단	新顔も現はれ激戰を豫想內鮮とも二三名超過釜山商議評議員改選
186205	朝鮮朝日	南鮮版	1930-03-18	1	08단	朝鮮酒の値下要求飲食組合から醸造元に對し
186206	朝鮮朝日	南鮮版	1930-03-18	1	08단	賣店は引續き協和會で經營小賣商人は改善の種を失ひ更に苦惱
186207	朝鮮朝日	南鮮版	1930-03-18	1	09단	海美地方に水組設置有望
186208	朝鮮朝日	南鮮版	1930-03-18	1	09단	學校騷擾事件黑幕の一味送局治維法、保安法違反で
186209	朝鮮朝日	南鮮版	1930-03-18	1	10단	京城織物倶樂部

일련번호	판명		간행일	면	단수	기사명
186210	朝鮮朝日	南鮮版	1930-03-18	1	10단	發動船沈沒乘組員の生死は不明
186211	朝鮮朝日	南鮮版	1930-03-18	1	10단	食刀で斬って金を强奪す
186212	朝鮮朝日	南鮮版	1930-03-18	1	10단	人(斎藤朝鮮總督/小田垣當夫氏(鎮海要港部法務長)/杉山軍務局長/川島義之中將(羅南第十九師團長))
186213	朝鮮朝日	南鮮版	1930-03-18	1	10단	半島茶話
186214	朝鮮朝日	西北・南鮮版	1930-03-18	2	01단	日本一の健脚家と薩摩芋傳播の話文學博士沼田賴輔
186215	朝鮮朝日	西北・南鮮版	1930-03-18	2	01단	赤い甍靑い甍のモダン住宅地を建設する南山山麓の五十萬坪に大京城建設第一步の計劃
186216	朝鮮朝日	西北・南鮮版	1930-03-18	2	01단	金解禁以來の景氣が惡く貿易品は殆ど動かず花柳界に閑古鳥啼く
186217	朝鮮朝日	西北・南鮮版	1930-03-18	2	03단	今度は奧地に醫官を派し急救藥配給をも增す平安北道の巡回診療
186218	朝鮮朝日	西北・南鮮版	1930-03-18	2	03단	失業救濟や內地渡航阻止の土木事業の具體計劃勞銀の撒布が得策
186219	朝鮮朝日	西北・南鮮版	1930-03-18	2	03단	國境警備の勇敢な警官達警視廳をおとづれ京城、大阪等も視察
186220	朝鮮朝日	西北・南鮮版	1930-03-18	2	05단	配蜀將校の敎練打合會
186221	朝鮮朝日	西北・南鮮版	1930-03-18	2	05단	淸津、雄基間定期航路を通運に讓渡
186222	朝鮮朝日	西北・南鮮版	1930-03-18	2	07단	在滿朝鮮人救濟陳情有志から本府の外事課長に
186223	朝鮮朝日	西北・南鮮版	1930-03-18	2	07단	役馬共進會開催は變更
186224	朝鮮朝日	西北・南鮮版	1930-03-18	2	07단	忠南道の叺各方面に移出
186225	朝鮮朝日	西北・南鮮版	1930-03-18	2	07단	慈惠醫院の看護婦卒業
186226	朝鮮朝日	西北・南鮮版	1930-03-18	2	07단	道路上で行ふ遊戲を禁じ場所を統一する
186227	朝鮮朝日	西北版	1930-03-19	1	01단	師範卒業生の捌きがつかず全部の就職は遲れる敎員受難時代きたる
186228	朝鮮朝日	西北版	1930-03-19	1	01단	醫術開業試驗愈近く廢止猶豫期間その他の具體案作成を急ぐ
186229	朝鮮朝日	西北版	1930-03-19	1	01단	空から見た平壤(五)
186230	朝鮮朝日	西北版	1930-03-19	1	03단	鎮南浦農業者道令撤廢運動
186231	朝鮮朝日	西北版	1930-03-19	1	04단	自動車の車體檢査解氷直後に
186232	朝鮮朝日	西北版	1930-03-19	1	04단	俳句/鈴木花蓑選
186233	朝鮮朝日	西北版	1930-03-19	1	04단	定員一名に十六名が立候補最も激戰を豫想さる平南陽德郡の道評議員選擧
186234	朝鮮朝日	西北版	1930-03-19	1	04단	川越校長留任の運動
186235	朝鮮朝日	西北版	1930-03-19	1	05단	黎明を歌ふ文壇人(２)/廉想渉氏

일련번호	판명		간행일	면	단수	기사명
186236	朝鮮朝日	西北版	1930-03-19	1	05단	平壤外人學校の盛んな演樂會
186237	朝鮮朝日	西北版	1930-03-19	1	05단	版畫の鮮展出品を陣情
186238	朝鮮朝日	西北版	1930-03-19	1	06단	無料診療所赤十字安東支部に新設
186239	朝鮮朝日	西北版	1930-03-19	1	06단	新義州の遊覽飛行試乘者が多い
186240	朝鮮朝日	西北版	1930-03-19	1	07단	春の晴れた空に線香の煙がたえぬ誰が捧げたか玩具が二つ三つ哀れにも悲しき祭壇/『神よ守り給へ幸あり給へ』石邊軍曹自殺の報に實兄は只管神に祈る/寫眞屋繁昌鎭海遭難餘談
186241	朝鮮朝日	西北版	1930-03-19	1	08단	河村評議員辭職
186242	朝鮮朝日	西北版	1930-03-19	1	08단	春や春！巡り来た春溫みそめた大同江外套を捨てた散策人
186243	朝鮮朝日	西北版	1930-03-19	1	08단	牡丹台野話
186244	朝鮮朝日	西北版	1930-03-19	1	10단	今年は議政府で記念植樹特に盛大にやる
186245	朝鮮朝日	西北版	1930-03-19	1	10단	二醫學講習所指定に昇格
186246	朝鮮朝日	西北版	1930-03-19	1	10단	平壤から羅南へ西尾機一氣に飛行しきたる
186247	朝鮮朝日	西北版	1930-03-19	1	10단	自動車墜落し三名卽死し七名重輕傷
186248	朝鮮朝日	西北版	1930-03-19	1	10단	ノ口狩中に三名卽死す雪崩にあって
186249	朝鮮朝日	南鮮版	1930-03-19	1	01단	師範卒業生の捌きがつかず全部の就職は遲れる教員受難時代きたる
186250	朝鮮朝日	南鮮版	1930-03-19	1	01단	釜山府新豫算百七十六萬餘圓前年度に比し實に六十八萬九千圓の減
186251	朝鮮朝日	南鮮版	1930-03-19	1	01단	醫術開業試驗愈近く廢止猶豫期間その他の具體案作成を急ぐ
186252	朝鮮朝日	南鮮版	1930-03-19	1	01단	鎭南浦農業者道令撤廢運動
186253	朝鮮朝日	南鮮版	1930-03-19	1	02단	版畫の鮮展出品を陣情
186254	朝鮮朝日	南鮮版	1930-03-19	1	03단	內地からの苗木の移入今年は一段の增加釜山棧橋は苗の山
186255	朝鮮朝日	南鮮版	1930-03-19	1	03단	俳句/鈴木花蓑選
186256	朝鮮朝日	南鮮版	1930-03-19	1	04단	無料診療所赤十字安東支部に新設
186257	朝鮮朝日	南鮮版	1930-03-19	1	04단	新義州の遊覽飛行試乘者が多い
186258	朝鮮朝日	南鮮版	1930-03-19	1	04단	京城高商卒業式
186259	朝鮮朝日	南鮮版	1930-03-19	1	04단	春の晴れた空に線香の煙がたえぬ誰が捧げたか玩具が二つ三つ哀れにも悲しき祭壇/『神よ守り給へ幸あり給へ』石邊軍曹自殺の報に實兄は只管神に祈る/寫眞屋繁昌鎭海遭難餘談
186260	朝鮮朝日	南鮮版	1930-03-19	1	05단	黎明を歌ふ文壇人（２）/廉想涉氏

일련번호	판명		간행일	면	단수	기사명
186261	朝鮮朝日	南鮮版	1930-03-19	1	05단	春や春！巡り来た春溫みそめた大同江外套を捨てた散策人
186262	朝鮮朝日	南鮮版	1930-03-19	1	05단	兩切たばこに木製パイフ
186263	朝鮮朝日	南鮮版	1930-03-19	1	06단	總督の歸鮮遲る
186264	朝鮮朝日	南鮮版	1930-03-19	1	06단	松村、有賀兩氏米穀調査會出席
186265	朝鮮朝日	南鮮版	1930-03-19	1	07단	大建築物の非常設備調査不完全なのに對し相當の施設を命令
186266	朝鮮朝日	南鮮版	1930-03-19	1	07단	生活苦から妻女の縊死
186267	朝鮮朝日	南鮮版	1930-03-19	1	07단	*面事務所襲擊事件十六名に各懲役を求刑/鎭海事件同情金*
186268	朝鮮朝日	南鮮版	1930-03-19	1	08단	二醫學講習所指定に昇格
186269	朝鮮朝日	南鮮版	1930-03-19	1	08단	今年は議政府で記念植樹特に盛大にやる
186270	朝鮮朝日	南鮮版	1930-03-19	1	08단	僞形事に金を奪はる
186271	朝鮮朝日	南鮮版	1930-03-19	1	09단	自動車が二人轢逃げ
186272	朝鮮朝日	南鮮版	1930-03-19	1	09단	少年ばかりの竊盜團檢擧大邱の內地人を專門に荒す
186273	朝鮮朝日	南鮮版	1930-03-19	1	09단	一ケ月の生活費が五圓から七圓旱害農村を視察した多賀慶北財務部長談
186274	朝鮮朝日	南鮮版	1930-03-19	1	10단	湖南麻雀大會
186275	朝鮮朝日	南鮮版	1930-03-19	1	10단	女嬰兒死體遺棄
186276	朝鮮朝日	南鮮版	1930-03-19	1	10단	事務員の拐帶
186277	朝鮮朝日	南鮮版	1930-03-19	1	10단	もよほし(大邱醫學講習所開所式)
186278	朝鮮朝日	南鮮版	1930-03-19	1	10단	人(古仁所豊氏(滿鐵奉天公所長)/釘本藤次郞氏(京城實業家)/岸本道夫博士(釜山病院長)/有賀朝鮮殖銀額取/千葉凱雄氏(安東驛貨物主任))
186279	朝鮮朝日	南鮮版	1930-03-19	1	10단	半島茶話
186280	朝鮮朝日	西北・南鮮版	1930-03-19	2	01단	七百名が憂日を見る相變らず試驗地獄の釜山中等校入學試驗
186281	朝鮮朝日	西北・南鮮版	1930-03-19	2	01단	朝鮮で最初の養鼈小作制許可主義を改めねば斷行すると館石氏頑張る
186282	朝鮮朝日	西北・南鮮版	1930-03-19	2	01단	自治制實施は一寸考へものだ議會と朝鮮問題について鳩山一郞氏語る
186283	朝鮮朝日	西北・南鮮版	1930-03-19	2	01단	國有林の拂下を都市研究會から總督に交涉
186284	朝鮮朝日	西北・南鮮版	1930-03-19	2	02단	運合參加店十八店となる
186285	朝鮮朝日	西北・南鮮版	1930-03-19	2	02단	警部補教育召集
186286	朝鮮朝日	西北・南鮮版	1930-03-19	2	03단	鎭海慘事で學校へ主意慶南學務課
186287	朝鮮朝日	西北・南鮮版	1930-03-19	2	03단	活動館劇場の設備改善を嚴重に取締る

일련번호	판명		간행일	면	단수	기사명
186288	朝鮮朝日	西北・南鮮版	1930-03-19	2	03단	惱ましの春・春・春家出が多い九分迄は少年と婦人原因は殆んど家庭の不和警察も追々と多忙になる
186289	朝鮮朝日	西北・南鮮版	1930-03-19	2	04단	定員の六倍で激戰を現出慶北道議選
186290	朝鮮朝日	西北・南鮮版	1930-03-19	2	04단	鐵道工事の促進を陳情
186291	朝鮮朝日	西北・南鮮版	1930-03-19	2	04단	結核療養病院計劃
186292	朝鮮朝日	西北・南鮮版	1930-03-19	2	04단	沙里院農學入學志望者
186293	朝鮮朝日	西北版	1930-03-20	1	01단	化學的諸現象の素晴しい論文京城高工應用化學科卒業生から提出さる
186294	朝鮮朝日	西北版	1930-03-20	1	01단	平壤商議問題調停案の內容次期評議員選擧の率は內地人十六名、朝鮮人十四名
186295	朝鮮朝日	西北版	1930-03-20	1	01단	産業部長任命で一般異動はせぬ兒玉總監かたる
186296	朝鮮朝日	西北版	1930-03-20	1	02단	咸北道議選立候補七十三名
186297	朝鮮朝日	西北版	1930-03-20	1	02단	仙石滿鐵總裁新義州視察昭和製鋼問題
186298	朝鮮朝日	西北版	1930-03-20	1	03단	豫算審議の平壤府協議會
186299	朝鮮朝日	西北版	1930-03-20	1	03단	大同江の改修
186300	朝鮮朝日	西北版	1930-03-20	1	04단	新義州の公益質屋年度なかばから店開きする
186301	朝鮮朝日	西北版	1930-03-20	1	04단	鐵道局部內に黃金の洪水滿鐵からもらった退職金を分配する
186302	朝鮮朝日	西北版	1930-03-20	1	04단	前年度よりも十一萬餘圓增す新義州の五年度豫算
186303	朝鮮朝日	西北版	1930-03-20	1	05단	黎明を歌ふ文壇人(3)/玄鎭健氏
186304	朝鮮朝日	西北版	1930-03-20	1	05단	原案を可決元山府豫算
186305	朝鮮朝日	西北版	1930-03-20	1	06단	朝鮮全體の人に職を與へ國を潤すにある失業救濟問題について今村內務局長語る
186306	朝鮮朝日	西北版	1930-03-20	1	06단	失業救濟事業の具體的計劃を協議各道當事者會議を開く
186307	朝鮮朝日	西北版	1930-03-20	1	06단	總て公文書は飛行機を利用總督府は大乘機だ本プラは完全に銀プラの延長となる時代が愈來た
186308	朝鮮朝日	西北版	1930-03-20	1	07단	姦夫が本夫の殺害を企つ
186309	朝鮮朝日	西北版	1930-03-20	1	08단	馬鹿を見た咸南の漁業家明太漁取締が嚴重で北海道にしてやらる
186310	朝鮮朝日	西北版	1930-03-20	1	09단	今後桝自慢は出來ない鮮米兜をぬぐ
186311	朝鮮朝日	西北版	1930-03-20	1	09단	鎭海慘事の弔慰供養
186312	朝鮮朝日	西北版	1930-03-20	1	10단	神州丸が閘門に激突門扉に大穴

일련번호	판명		간행일	면	단수	기사명
186313	朝鮮朝日	西北版	1930-03-20	1	10단	機關車と鑛車脱線顚覆す
186314	朝鮮朝日	西北版	1930-03-20	1	10단	坑內に浸水六名難を免る
186315	朝鮮朝日	西北版	1930-03-20	1	10단	平壤の春季淸潔
186316	朝鮮朝日	西北版	1930-03-20	1	10단	貨軍に俠まれ卽死
186317	朝鮮朝日	西北版	1930-03-20	1	10단	半島茶話
186318	朝鮮朝日	南鮮版	1930-03-20	1	01단	化學的諸現象の素晴しい論文京城高工應用化學科卒業生から提出さる
186319	朝鮮朝日	南鮮版	1930-03-20	1	01단	自治制實施を見越しての亂立慶南道評議員候補者早くも九十名に達す
186320	朝鮮朝日	南鮮版	1930-03-20	1	01단	慶南道の明年度新設校總數十四校に決定建築寄附金も集る
186321	朝鮮朝日	南鮮版	1930-03-20	1	01단	産業部長任命で一般異動はせぬ兒玉總監かたる
186322	朝鮮朝日	南鮮版	1930-03-20	1	03단	京城府の明年度豫算前年より百九十萬減豫算內示會に提示
186323	朝鮮朝日	南鮮版	1930-03-20	1	03단	朝鮮全體の人に職を與へ國を潤すにある失業救濟問題について今村內務局長語る
186324	朝鮮朝日	南鮮版	1930-03-20	1	04단	統營の政戰愈よ白熱化
186325	朝鮮朝日	南鮮版	1930-03-20	1	04단	全南郵便所長會議
186326	朝鮮朝日	南鮮版	1930-03-20	1	05단	驅遂隊仁川に入港京城を見學
186327	朝鮮朝日	南鮮版	1930-03-20	1	05단	産業部長は當分內務部長兼任か財務の關係によって
186328	朝鮮朝日	南鮮版	1930-03-20	1	05단	失業者救濟の釜山牧ノ島埋築工事の起債認可さる人夫賃に十萬六千圓を支出
186329	朝鮮朝日	南鮮版	1930-03-20	1	05단	全朝鮮卓球大會
186330	朝鮮朝日	南鮮版	1930-03-20	1	06단	佛領事代理總監の送別宴
186331	朝鮮朝日	南鮮版	1930-03-20	1	06단	列車給仕に少女を採用
186332	朝鮮朝日	南鮮版	1930-03-20	1	06단	京仁往復驛傳競走四月三日擧行
186333	朝鮮朝日	南鮮版	1930-03-20	1	06단	失業救濟事業の具體的計劃を協議各道當事者會議を開く
186334	朝鮮朝日	南鮮版	1930-03-20	1	06단	燒跡から白い骨が出て遺族の涙を新たに悲しみの場面を見せたきのふ大施餓鬼後の灰浚ひ
186335	朝鮮朝日	南鮮版	1930-03-20	1	06단	京城の同情金
186336	朝鮮朝日	南鮮版	1930-03-20	1	07단	購買組合總賣上高年間に四百萬圓筆頭はやはり鐵道京城小賣商人の目の敵
186337	朝鮮朝日	南鮮版	1930-03-20	1	07단	卒業式
186338	朝鮮朝日	南鮮版	1930-03-20	1	07단	今後桝自慢は出來ない鮮米兜をぬぐ

일련번호	판명		간행일	면	단수	기사명
186339	朝鮮朝日	南鮮版	1930-03-20	1	08단	賃金値下から職工が罷業東洋染織工場
186340	朝鮮朝日	南鮮版	1930-03-20	1	08단	發疹チフス京城に流行
186341	朝鮮朝日	南鮮版	1930-03-20	1	08단	金平丸遭難
186342	朝鮮朝日	南鮮版	1930-03-20	1	09단	珠丸の缺航
186343	朝鮮朝日	南鮮版	1930-03-20	1	09단	微笑さへ浮べ運動經過を陳述「光明事件に同情して騷いだ」京城女學生騷擾公判/女學生事件懲役を求刑
186344	朝鮮朝日	南鮮版	1930-03-20	1	09단	女流柔道家老婆を投飛ばし現金數十圓を強奪治療費請求のことから
186345	朝鮮朝日	南鮮版	1930-03-20	1	09단	つばめ丸から投身自殺す
186346	朝鮮朝日	南鮮版	1930-03-20	1	09단	シネマ便り
186347	朝鮮朝日	南鮮版	1930-03-20	1	10단	十萬圓出せと當豪に脅迫狀
186348	朝鮮朝日	南鮮版	1930-03-20	1	10단	人(中島友輔氏(朝鮮水原高農教授))
186349	朝鮮朝日	南鮮版	1930-03-20	1	10단	半島茶話
186350	朝鮮朝日	西北・南鮮版	1930-03-20	2	01단	新義州で十六日行った鎭海慘事の追悼會
186351	朝鮮朝日	西北・南鮮版	1930-03-20	2	01단	五月限から鮮米の格付改正東京米穀取引所で內地米に著しく接近
186352	朝鮮朝日	西北・南鮮版	1930-03-20	2	01단	鰊漁業は好景氣豊漁を見越して相場下がる
186353	朝鮮朝日	西北・南鮮版	1930-03-20	2	01단	銃砲火藥犯罪遂年增加す防止に專念(警務當局)
186354	朝鮮朝日	西北・南鮮版	1930-03-20	2	02단	畜産品評會審査を終る
186355	朝鮮朝日	西北・南鮮版	1930-03-20	2	03단	段當り一石餘增收の大豆耕作法普及京畿道內の全般に當局が力を注ぐ
186356	朝鮮朝日	西北・南鮮版	1930-03-20	2	04단	法要を放送
186357	朝鮮朝日	西北・南鮮版	1930-03-20	2	04단	近く再び鐵道局異動
186358	朝鮮朝日	西北・南鮮版	1930-03-20	2	04단	沙里院の就學兒增加
186359	朝鮮朝日	西北・南鮮版	1930-03-20	2	04단	變化に富んだ二月中の銀相場
186360	朝鮮朝日	西北版	1930-03-21	1	01단	よく一致する村人達貧困な一寒村から富裕な農村となる先覺者の涙ぐましい鄕土愛と
186361	朝鮮朝日	西北版	1930-03-21	1	01단	總督指令次第直ちに選擧平壤商議復活の書類を携へ道産業課長出府
186362	朝鮮朝日	西北版	1930-03-21	1	01단	靜海門の消防詰所を移轉新築し大平壤にふさはしい消防機關充實を計劃
186363	朝鮮朝日	西北版	1930-03-21	1	01단	平南道議選平壤の當選者
186364	朝鮮朝日	西北版	1930-03-21	1	02단	京城府の新規事業主なるもの(青年訓練所の合併/國勢調査費用/南場新設/孝風團道路/無料宿泊所新築)

일련번호	판명		간행일	면	단수	기사명
186365	朝鮮朝日	西北版	1930-03-21	1	03단	木浦の道評議選擧二十二日執行
186366	朝鮮朝日	西北版	1930-03-21	1	03단	窮民の勞銀を引上ぐべく大藏省に諒解を求む咸北道の窮民救濟費
186367	朝鮮朝日	西北版	1930-03-21	1	03단	黎明を歌ふ文壇人(4)/尹白南氏
186368	朝鮮朝日	西北版	1930-03-21	1	04단	短歌/橋田東聲選
186369	朝鮮朝日	西北版	1930-03-21	1	04단	金德翁氏當選す
186370	朝鮮朝日	西北版	1930-03-21	1	05단	古橋咸北知事茂山初巡視
186371	朝鮮朝日	西北版	1930-03-21	1	05단	各同業組合が大同團結し權益擁護のために平壤に聯合會を組織
186372	朝鮮朝日	西北版	1930-03-21	1	05단	城津市街低空飛行空研所の飛機
186373	朝鮮朝日	西北版	1930-03-21	1	06단	金融制度準備委員會
186374	朝鮮朝日	西北版	1930-03-21	1	06단	鎭海大慘事の弔慰金集る
186375	朝鮮朝日	西北版	1930-03-21	1	07단	二大勢力が對立抗爭か國際通運の脫退で危機に瀕した運合
186376	朝鮮朝日	西北版	1930-03-21	1	07단	映寫技術者を免許制とし第二の鎭海大慘事を未然に防ぐべく努む
186377	朝鮮朝日	西北版	1930-03-21	1	07단	他村者が村の娘に戀したとて私刑打つ蹴るの暴行で死に至らす內濟にしたが遂に發覺
186378	朝鮮朝日	西北版	1930-03-21	1	08단	鎭海慘事遭難者大施餓鬼
186379	朝鮮朝日	西北版	1930-03-21	1	09단	郵便所新設を元山局に請願
186380	朝鮮朝日	西北版	1930-03-21	1	10단	上屋倉庫の建設を新義州稅關へ穀協から要望
186381	朝鮮朝日	西北版	1930-03-21	1	10단	解氷のため自動車不通
186382	朝鮮朝日	西北版	1930-03-21	1	10단	飽迄殺意を否認す怪朝鮮人殺害事件公判
186383	朝鮮朝日	西北版	1930-03-21	1	10단	牡丹台野話
186384	朝鮮朝日	南鮮版	1930-03-21	1	01단	よく一致する村人達貧困な一寒村から富裕な農村となる先覺者の涙ぐましい鄕士愛と
186385	朝鮮朝日	南鮮版	1930-03-21	1	01단	異動範圍は極く局部的老朽淘汰などはない慶南の初等教員異動
186386	朝鮮朝日	南鮮版	1930-03-21	1	01단	鐵道局部內に黃金の洪水滿鐵からもらった退職金を分配する
186387	朝鮮朝日	南鮮版	1930-03-21	1	02단	京城府の新規事業主なるもの
186388	朝鮮朝日	南鮮版	1930-03-21	1	02단	二大勢力が對立抗爭か國際通運の脫退で危機に瀕した運合
186389	朝鮮朝日	南鮮版	1930-03-21	1	03단	短歌/橋田東聲選
186390	朝鮮朝日	南鮮版	1930-03-21	1	03단	倉庫を學組に寄附
186391	朝鮮朝日	南鮮版	1930-03-21	1	04단	すでに定員超過大邱學議選擧の候補者

일련번호	판명		간행일	면	단수	기사명
186392	朝鮮朝日	南鮮版	1930-03-21	1	04단	映寫技術者を免許制とし第二の鎭海大慘事を未然に防ぐべく努む
186393	朝鮮朝日	南鮮版	1930-03-21	1	04단	黎明を歌ふ文壇人(3)/玄鎭健氏
186394	朝鮮朝日	南鮮版	1930-03-21	1	05단	鎭海慘事遭難者大施餓鬼
186395	朝鮮朝日	南鮮版	1930-03-21	1	06단	困難な貸金回收慶北道內の各金融組合
186396	朝鮮朝日	南鮮版	1930-03-21	1	07단	松の內皮や畫顔の根まで慶北旱害農民の食物滿洲粟等買手がよい
186397	朝鮮朝日	南鮮版	1930-03-21	1	07단	仙石總裁新義州視察
186398	朝鮮朝日	南鮮版	1930-03-21	1	07단	古典的な望樓を保存
186399	朝鮮朝日	南鮮版	1930-03-21	1	08단	群山における道議當選者
186400	朝鮮朝日	南鮮版	1930-03-21	1	09단	總て公文書は飛行機を利用總督府は大乘氣だ本ブラは完全に銀ブラの延長となる時代が愈來た
186401	朝鮮朝日	南鮮版	1930-03-21	1	09단	日本一の健康兒殆ど決定を見る慶南各校嚴選の結果本社の優良兒表彰會
186402	朝鮮朝日	南鮮版	1930-03-21	1	09단	實業野球のリーグ戰決定
186403	朝鮮朝日	南鮮版	1930-03-21	1	10단	巡航船中で自殺を圖る精神異狀から
186404	朝鮮朝日	南鮮版	1930-03-21	1	10단	半島茶話
186405	朝鮮朝日	西北・南鮮版	1930-03-21	2	01단	咸南新浦における毛ガニ罐詰製造
186406	朝鮮朝日	西北・南鮮版	1930-03-21	2	01단	死線を彷徨ふ年二回の困窮期これを突破するには勤勞主義に待たねばならぬ
186407	朝鮮朝日	西北・南鮮版	1930-03-21	2	01단	洛東江から引水の遠大な計劃
186408	朝鮮朝日	西北・南鮮版	1930-03-21	2	02단	電氣事業法規調査委員會
186409	朝鮮朝日	西北・南鮮版	1930-03-21	2	02단	特産製品の共同販賣所安東驛前に設置
186410	朝鮮朝日	西北・南鮮版	1930-03-21	2	02단	全南農事の講習會日程
186411	朝鮮朝日	西北・南鮮版	1930-03-21	2	03단	鐵道會社が自動車經營
186412	朝鮮朝日	西北・南鮮版	1930-03-21	2	03단	切手印紙賣捌規則改正四月一日から實施する
186413	朝鮮朝日	西北・南鮮版	1930-03-21	2	03단	昭和四年度の家蠶繭販賣
186414	朝鮮朝日	西北・南鮮版	1930-03-21	2	04단	鐵道用地の買收で紛糾
186415	朝鮮朝日	西北・南鮮版	1930-03-21	2	04단	雩の聲
186416	朝鮮朝日	西北・南鮮版	1930-03-21	2	04단	全南の人口
186417	朝鮮朝日	西北・南鮮版	1930-03-21	2	04단	倭館の點燈問題解決す
186418	朝鮮朝日	西北・南鮮版	1930-03-21	2	04단	道路賊役工事
186419	朝鮮朝日	西北版	1930-03-22	1	01단	一大農事試驗場を北鮮に設置と決る寶庫の資源開發のため鮮內農事試驗場設置の前提
186420	朝鮮朝日	西北版	1930-03-22	1	01단	教員就職の申込み殺到二百四十七名に對し採用はわづか十五名

일련번호	판명		간행일	면	단수	기사명
186421	朝鮮朝日	西北版	1930-03-22	1	01단	空から見た平壌(六)
186422	朝鮮朝日	西北版	1930-03-22	1	02단	學年の延長や學級増加を希望の向が多い
186423	朝鮮朝日	西北版	1930-03-22	1	03단	短歌/橋田東聲選
186424	朝鮮朝日	西北版	1930-03-22	1	03단	平壌醫學講習所會生徒志願者
186425	朝鮮朝日	西北版	1930-03-22	1	04단	普通學校は依然入學難學級の増加その他の方法で辛うじて緩和
186426	朝鮮朝日	西北版	1930-03-22	1	04단	慶興郡の道議當選者
186427	朝鮮朝日	西北版	1930-03-22	1	04단	仁川港擴張答申案追補總監に提出
186428	朝鮮朝日	西北版	1930-03-22	1	04단	黎明を歌ふ文壇人(5)/トルストイアン李光洙氏
186429	朝鮮朝日	西北版	1930-03-22	1	05단	平南評議當選者
186430	朝鮮朝日	西北版	1930-03-22	1	05단	支那苦力の渡來で大脅威を受ける朝鮮都會地の勞働者國際關係もあって重視さる
186431	朝鮮朝日	西北版	1930-03-22	1	06단	映畵會開催の危險豫防に取締の方法を命令京畿道警察部から
186432	朝鮮朝日	西北版	1930-03-22	1	07단	都市計劃令近く脱稿し審議室に回付
186433	朝鮮朝日	西北版	1930-03-22	1	08단	寺洞線電車補助打切り問題
186434	朝鮮朝日	西北版	1930-03-22	1	08단	國際阿片委員五名が來鮮各地を視察
186435	朝鮮朝日	西北版	1930-03-22	1	08단	指導分子十三名有罪ときまりいづれも公判に附せらる京畿道共産黨事件豫審終結
186436	朝鮮朝日	西北版	1930-03-22	1	09단	水組創立委員會
186437	朝鮮朝日	西北版	1930-03-22	1	09단	自動車運轉手合格者發表
186438	朝鮮朝日	西北版	1930-03-22	1	09단	少年の家出平壌に多い
186439	朝鮮朝日	西北版	1930-03-22	1	10단	仁川春季競馬開かる
186440	朝鮮朝日	西北版	1930-03-22	1	10단	少年七名共謀し盗みまはる
186441	朝鮮朝日	西北版	1930-03-22	1	10단	縊死者の用ひた紐を癲癇に呑ます迷信の取締り
186442	朝鮮朝日	西北版	1930-03-22	1	10단	半島茶話
186443	朝鮮朝日	南鮮版	1930-03-22	1	01단	一大農事試驗場を北鮮に設置と決る寶庫の資源開發のため鮮內農事試驗場設置の前提
186444	朝鮮朝日	南鮮版	1930-03-22	1	01단	慶北官界の大嵐近づく高給者を整理して人心を一新する
186445	朝鮮朝日	南鮮版	1930-03-22	1	01단	遂に特別委員に附託して審議釜山府立病院改善案
186446	朝鮮朝日	南鮮版	1930-03-22	1	01단	短歌/橋田東聲選
186447	朝鮮朝日	南鮮版	1930-03-22	1	01단	大正天皇御野立標石

일련번호	판명		간행일	면	단수	기사명
186448	朝鮮朝日	南鮮版	1930-03-22	1	02단	福士氏の壽像を建設
186449	朝鮮朝日	南鮮版	1930-03-22	1	02단	既設學校には兒童が不足一面一校計劃の裏にこれは又皮肉な現象
186450	朝鮮朝日	南鮮版	1930-03-22	1	02단	國際阿片委員五名が來鮮各地を視察
186451	朝鮮朝日	南鮮版	1930-03-22	1	03단	都市計劃令近く脱稿し審議室に回付
186452	朝鮮朝日	南鮮版	1930-03-22	1	03단	釜山清酒品評會授賞
186453	朝鮮朝日	南鮮版	1930-03-22	1	03단	黎明を歌ふ文壇人(4)/尹白南氏
186454	朝鮮朝日	南鮮版	1930-03-22	1	04단	朝博協贊會剰餘金寄附
186455	朝鮮朝日	南鮮版	1930-03-22	1	04단	東北帝大見學團
186456	朝鮮朝日	南鮮版	1930-03-22	1	04단	支那苦力の渡來で大脅威を受ける朝鮮都會地の勞働者國際關係もあって重視さる
186457	朝鮮朝日	南鮮版	1930-03-22	1	05단	季節外れの雨に祟られ麥作も憂慮の狀態對策講ずをるやう道から督勵
186458	朝鮮朝日	南鮮版	1930-03-22	1	05단	映畫會開催の危險豫防に取締の方法を命令京畿道警察部から/フィルム引火の狀況を實驗/鎭海事件の救助者表章すべく目下調査中/鎭海事件の部審劇大邱辯護士會で催す計劃
186459	朝鮮朝日	南鮮版	1930-03-22	1	08단	東洋染織爭議解決雙方の互讓で
186460	朝鮮朝日	南鮮版	1930-03-22	1	08단	蔚山水利と地元の紛擾前途注目さる
186461	朝鮮朝日	南鮮版	1930-03-22	1	08단	指導分子十三名有罪ときまりいづれも公判に附せらる京畿道共産黨事件豫審終結
186462	朝鮮朝日	南鮮版	1930-03-22	1	09단	連絡船から投身自殺光州の商人
186463	朝鮮朝日	南鮮版	1930-03-22	1	09단	貨車の火事
186464	朝鮮朝日	南鮮版	1930-03-22	1	10단	仁川港擴張答申案追補總監に提出
186465	朝鮮朝日	南鮮版	1930-03-22	1	10단	鹿商對大商
186466	朝鮮朝日	南鮮版	1930-03-22	1	10단	京城齒醫專卒業式
186467	朝鮮朝日	南鮮版	1930-03-22	1	10단	人(齋藤總督夫妻/廿蔗義那氏(總督府衛生課長)/神谷慶南財務部長/小山田潔大佐(京城憲兵隊長)/京城齒醫專卒業式)
186468	朝鮮朝日	南鮮版	1930-03-22	1	10단	半島茶話
186469	朝鮮朝日	西北・南鮮版	1930-03-22	2	01단	フ井ルムの危險とその防止方法鎭海事件に鑑みて/大阪府工場監督官官菅野久一
186470	朝鮮朝日	西北・南鮮版	1930-03-22	2	01단	勞働者無料宿伯所京城に設置
186471	朝鮮朝日	西北・南鮮版	1930-03-22	2	01단	釜山遊廓の道路を鋪裝
186472	朝鮮朝日	西北・南鮮版	1930-03-22	2	01단	お茶のあと
186473	朝鮮朝日	西北・南鮮版	1930-03-22	2	02단	農家生活狀態を調査

일련번호	판명		간행일	면	단수	기사명
186474	朝鮮朝日	西北・南鮮版	1930-03-22	2	02단	電燈電話線漸く復舊す
186475	朝鮮朝日	西北・南鮮版	1930-03-22	2	02단	大邱醫院の看護婦申込が殺到
186476	朝鮮朝日	西北・南鮮版	1930-03-22	2	03단	安義兩地間の渡航を開始
186477	朝鮮朝日	西北・南鮮版	1930-03-22	2	03단	馬山の櫻薔ふくらむ
186478	朝鮮朝日	西北・南鮮版	1930-03-22	2	04단	各地だより(公州/平壤)
186479	朝鮮朝日	西北版	1930-03-23	1	01단	教育者の重責を鎮海事件に直面ししみじみ感ぜさせられた時事問題につき高橋視學官語る
186480	朝鮮朝日	西北版	1930-03-23	1	01단	モヒ中毒の登錄申告者平安南道で百六名順次登錄證を交付
186481	朝鮮朝日	西北版	1930-03-23	1	01단	空から見た平壤(七)
186482	朝鮮朝日	西北版	1930-03-23	1	02단	李堈公殿下御歸城御延期
186483	朝鮮朝日	西北版	1930-03-23	1	03단	仁川花町地先海面埋立工事は認可
186484	朝鮮朝日	西北版	1930-03-23	1	04단	江界學組豫算確定
186485	朝鮮朝日	西北版	1930-03-23	1	04단	勅語謄本を下賜
186486	朝鮮朝日	西北版	1930-03-23	1	04단	爲替取扱の時間を變更
186487	朝鮮朝日	西北版	1930-03-23	1	04단	審議不可能として返上に意見傾く平壤府電氣事業豫算委員會の空氣は極めて險惡
186488	朝鮮朝日	西北版	1930-03-23	1	05단	試驗なしで開業できる平壤醫學講習所の卒業生有卦に入る
186489	朝鮮朝日	西北版	1930-03-23	1	05단	各地道議員當選者(平南道/風山郡/新義州/城津郡/元山/仁川)
186490	朝鮮朝日	西北版	1930-03-23	1	05단	咸興軍旗祭特に盛に行ふ
186491	朝鮮朝日	西北版	1930-03-23	1	05단	昨年は朝鮮博で多少は潤ったが今年は沈滯の最高潮京城經濟界の不景氣
186492	朝鮮朝日	西北版	1930-03-23	1	06단	國際通運が脫退理由の聲明書配布
186493	朝鮮朝日	西北版	1930-03-23	1	07단	ガソリン車運轉
186494	朝鮮朝日	西北版	1930-03-23	1	07단	安東高女の寄宿舍建築
186495	朝鮮朝日	西北版	1930-03-23	1	07단	檢斤省略制の存廢可否を實際に就て調査しその上で決定する
186496	朝鮮朝日	西北版	1930-03-23	1	07단	俳句/鈴木花蓑選
186497	朝鮮朝日	西北版	1930-03-23	1	07단	司令部附近に記念塚建設鎮海事件の遺族の間によりより協議さる
186498	朝鮮朝日	西北版	1930-03-23	1	08단	安東の電氣週間
186499	朝鮮朝日	西北版	1930-03-23	1	08단	禁酒同盟會
186500	朝鮮朝日	西北版	1930-03-23	1	09단	また殖えた漫然渡航者一日平均六、七百人旱害の影響深刻化
186501	朝鮮朝日	西北版	1930-03-23	1	09단	汚物掃除を請負制度に

일련번호	판명		간행일	면	단수	기사명
186502	朝鮮朝日	西北版	1930-03-23	1	09단	賭博被疑者贈賄で起訴
186503	朝鮮朝日	西北版	1930-03-23	1	09단	支那人殺しの容疑者捕る
186504	朝鮮朝日	西北版	1930-03-23	1	10단	運搬人夫の貨物拔取り
186505	朝鮮朝日	西北版	1930-03-23	1	10단	染物屋の主人空巢を働く
186506	朝鮮朝日	西北版	1930-03-23	1	10단	大火傷して女房死亡す
186507	朝鮮朝日	西北版	1930-03-23	1	10단	不良支那人を嚴重取締る
186508	朝鮮朝日	西北版	1930-03-23	1	10단	變造紙幣を使用
186509	朝鮮朝日	南鮮版	1930-03-23	1	01단	昨年は朝鮮博で多少は潤ったが今年は沈滯の最高潮京城經濟界の不景氣
186510	朝鮮朝日	南鮮版	1930-03-23	1	01단	水利地區の能否の調査將來の參考とする慶北道の旱害對策
186511	朝鮮朝日	南鮮版	1930-03-23	1	01단	各地道議員當選者(忠南/大邱/益山郡)
186512	朝鮮朝日	南鮮版	1930-03-23	1	01단	俳句/鈴木花蓑選
186513	朝鮮朝日	南鮮版	1930-03-23	1	01단	李堈公殿下御歸城御延期
186514	朝鮮朝日	南鮮版	1930-03-23	1	02단	アクセル殿下朝鮮御通過
186515	朝鮮朝日	南鮮版	1930-03-23	1	02단	慶北道視學增員
186516	朝鮮朝日	南鮮版	1930-03-23	1	02단	黎明を歌ふ文壇人(5)/トルストイアン李光洙氏
186517	朝鮮朝日	南鮮版	1930-03-23	1	03단	工業所有權實地狀況視察
186518	朝鮮朝日	南鮮版	1930-03-23	1	03단	漢江通鋪裝と元町通りの擴張龍山發展會から要望
186519	朝鮮朝日	南鮮版	1930-03-23	1	04단	城大卒業式
186520	朝鮮朝日	南鮮版	1930-03-23	1	05단	まづ春は南から京城を訪れる
186521	朝鮮朝日	南鮮版	1930-03-23	1	05단	試驗なしで開業できる平壤醫學講習會の卒業生有卦に入る
186522	朝鮮朝日	南鮮版	1930-03-23	1	07단	公金詐欺犯人下關署に自首
186523	朝鮮朝日	南鮮版	1930-03-23	1	07단	東北帝大出の法學士の紅一點京城うまれの辛義敬さん溢る〻喜びを語る
186524	朝鮮朝日	南鮮版	1930-03-23	1	08단	また殖えた漫然渡航者一日平均六、七百人旱害の影響深刻化
186525	朝鮮朝日	南鮮版	1930-03-23	1	08단	司令部附近に記念塚建設鎭海事件の遺族の間によりより協議さる/陸軍省の弔慰金傳達を了る
186526	朝鮮朝日	南鮮版	1930-03-23	1	09단	また嬰兒の死體を遺棄
186527	朝鮮朝日	南鮮版	1930-03-23	1	09단	强盜二名つひに捕る
186528	朝鮮朝日	南鮮版	1930-03-23	1	10단	毆って强奪
186529	朝鮮朝日	南鮮版	1930-03-23	1	10단	讀者慰安映畵會

일련번호	판명		간행일	면	단수	기사명
186530	朝鮮朝日	南鮮版	1930-03-23	1	10단	人(有賀光豐氏(殖銀頭取)/八竝武治氏(代議士)/澤田東拓理事/津末良介氏(東京辯護士)/廣田隆治氏(新京城驛長)/荒井八郎氏(新釜山驛長)/森五六氏(第二十師團參謀長)/高橋本府視學官/外山豐造少將)
186531	朝鮮朝日	南鮮版	1930-03-23	1	10단	半島茶話
186532	朝鮮朝日	西北・南鮮版	1930-03-23	2	01단	カンバスに躍動する潑溂たる味流石に鮮展の前奏曲第八回虹原社展
186533	朝鮮朝日	西北・南鮮版	1930-03-23	2	01단	「癩」研究その他材料を携へ六十餘氏が出席する日本醫學會大會へ
186534	朝鮮朝日	西北・南鮮版	1930-03-23	2	01단	購買組合の存在と百貨店の壓迫で打擊を蒙る中小商店自覺喚起の申合せ
186535	朝鮮朝日	西北・南鮮版	1930-03-23	2	02단	旱害兒童の授業料免除
186536	朝鮮朝日	西北・南鮮版	1930-03-23	2	03단	DK大學講座講演集を發刊
186537	朝鮮朝日	西北・南鮮版	1930-03-23	2	03단	朝日新聞映畫の會
186538	朝鮮朝日	西北・南鮮版	1930-03-23	2	04단	鯛のトマト漬新嘉坡へ移出
186539	朝鮮朝日	西北・南鮮版	1930-03-23	2	04단	慶北肥料購入高
186540	朝鮮朝日	西北版	1930-03-25	1	01단	次の改選までに自治を實施したい總監辭任なんか知らぬ齋藤總督歸任の途釜山で語る
186541	朝鮮朝日	西北版	1930-03-25	1	01단	火田民整理は當分困難か委員會の殘骸だけは當時の大組織を偲ばす
186542	朝鮮朝日	西北版	1930-03-25	1	01단	物産陳列場に郡廳を移轉の噂愚弄も甚だしいとて沙里院面民大に憤る
186543	朝鮮朝日	西北版	1930-03-25	1	02단	仙石滿鐵總裁滯鮮の日程
186544	朝鮮朝日	西北版	1930-03-25	1	02단	石川知事の初巡視至るところで陳情攻にあふ
186545	朝鮮朝日	西北版	1930-03-25	1	03단	兒童保護に訓令を發す凡ゆる場合の主意について京畿道學務課から
186546	朝鮮朝日	西北版	1930-03-25	1	03단	咸興面新豫算四十五萬圓
186547	朝鮮朝日	西北版	1930-03-25	1	03단	北靑へ飛行機
186548	朝鮮朝日	西北版	1930-03-25	1	04단	鮮展きまる
186549	朝鮮朝日	西北版	1930-03-25	1	04단	鳳山郡農會總會
186550	朝鮮朝日	西北版	1930-03-25	1	04단	傳染病激增で恐怖時代を現出關係官廳色めき立ち必死となって防疫につとむ
186551	朝鮮朝日	西北版	1930-03-25	1	05단	日本一の健康兒に誰がなるか各道から二名づつ候補者があつまる
186552	朝鮮朝日	西北版	1930-03-25	1	05단	海州學校組合會議員
186553	朝鮮朝日	西北版	1930-03-25	1	05단	各地道評議員當選者(咸鏡南道/黃海道)

일련번호	판명		간행일	면	단수	기사명
186554	朝鮮朝日	西北版	1930-03-25	1	05단	東京、大連間の發着時間を改正東京、京城間を一日で翔破する關係上から
186555	朝鮮朝日	西北版	1930-03-25	1	06단	昭和製鋼所登錄商標既に登錄濟み
186556	朝鮮朝日	西北版	1930-03-25	1	07단	平壤商議所愈よ復活す內鮮議員比率十六を十四で評議員選擧は卅一日
186557	朝鮮朝日	西北版	1930-03-25	1	07단	防煙マスクや消防自動車到着平壤府の消防機關はやうやく充實を見る
186558	朝鮮朝日	西北版	1930-03-25	1	07단	飲まず食はず海州から平壤へ
186559	朝鮮朝日	西北版	1930-03-25	1	07단	國境漫語
186560	朝鮮朝日	西北版	1930-03-25	1	08단	藝妓酌婦の公休日統一
186561	朝鮮朝日	西北版	1930-03-25	1	08단	追剝にあふ
186562	朝鮮朝日	西北版	1930-03-25	1	08단	モルヒネを密輸し損ふ
186563	朝鮮朝日	西北版	1930-03-25	1	08단	家族を追出し自宅に放火
186564	朝鮮朝日	西北版	1930-03-25	1	08단	俄大盡から搔拂ひ判明鮮銀淸津支店窓口で大金を盜んだ犯人は漁夫
186565	朝鮮朝日	西北版	1930-03-25	1	09단	牡丹台野話
186566	朝鮮朝日	西北版	1930-03-25	1	09단	强盜石塊で面長を毆打
186567	朝鮮朝日	西北版	1930-03-25	1	10단	病死した嬰兒を棄つ
186568	朝鮮朝日	西北版	1930-03-25	1	10단	興南に腦脊髓膜炎
186569	朝鮮朝日	西北版	1930-03-25	1	10단	證書僞造や橫領を働く
186570	朝鮮朝日	西北版	1930-03-25	1	10단	五人組强盜判決
186571	朝鮮朝日	南鮮版	1930-03-25	1	01단	鮮內の失業救濟に各種の事業を起し併せて漫然內地渡航を防止具體案拓務省で審議
186572	朝鮮朝日	南鮮版	1930-03-25	1	01단	次の改選までに自治を實施したい總監辭任なんか知らぬ齋藤總督歸任の途釜山で語る
186573	朝鮮朝日	南鮮版	1930-03-25	1	01단	丁抹皇族御一行
186574	朝鮮朝日	南鮮版	1930-03-25	1	03단	苗木を安く提供し京城市街の綠化を圖る
186575	朝鮮朝日	南鮮版	1930-03-25	1	03단	*各地道評議員當選者忠淸北道/慶尙北道の評議員選擧/慶北道/京畿道の道議當選者*
186576	朝鮮朝日	南鮮版	1930-03-25	1	04단	仙石滿鐵總裁滯鮮の日程
186577	朝鮮朝日	南鮮版	1930-03-25	1	04단	東京、大連間の發着時間を改正東京、京城間を一日で翔破する關係上から
186578	朝鮮朝日	南鮮版	1930-03-25	1	04단	大邱で遊覽飛行廿五六の兩日料金一人五圓
186579	朝鮮朝日	南鮮版	1930-03-25	1	05단	立退きを命ぜられた穴居民騷ぐ

일련번호	판명		간행일	면	단수	기사명
186580	朝鮮朝日	南鮮版	1930-03-25	1	05단	不平等取扱の決議を提出仁川府協議會員懇談會
186581	朝鮮朝日	南鮮版	1930-03-25	1	05단	ホロリとして齋藤總督鎭海へ『僕は新義州だが種は向ふに』昭和製鋼問題その他を語る
186582	朝鮮朝日	南鮮版	1930-03-25	1	06단	日本一の健康兒に誰がなるか各道から二名づつ候補者があつまる
186583	朝鮮朝日	南鮮版	1930-03-25	1	06단	就學兒童の狩集め旱害が崇った慶南の普通校
186584	朝鮮朝日	南鮮版	1930-03-25	1	07단	兒童保護に訓令を發す凡ゆる場合の主意について京畿道學務課から
186585	朝鮮朝日	南鮮版	1930-03-25	1	07단	總督主催弔慰祭
186586	朝鮮朝日	南鮮版	1930-03-25	1	08단	火田民整理は當分困難か委員會の殘骸だけは當時の大組織を偲ばす
186587	朝鮮朝日	南鮮版	1930-03-25	1	08단	傳染病激增で恐怖時代を現出關係官廳色めき立ち必死となって防疫につとむ
186588	朝鮮朝日	南鮮版	1930-03-25	1	09단	肌着のポケットにマイトを祕し密輸菓子罐の底にも隱匿仁川稅關で發見さる
186589	朝鮮朝日	南鮮版	1930-03-25	1	09단	外山憲兵司令官慰問に來鎭
186590	朝鮮朝日	南鮮版	1930-03-25	1	09단	鮮展きまる
186591	朝鮮朝日	南鮮版	1930-03-25	1	09단	ラグビー
186592	朝鮮朝日	南鮮版	1930-03-25	1	10단	昭和製鋼所の登錄商標既に登錄濟み
186593	朝鮮朝日	南鮮版	1930-03-25	1	10단	合銀の騷動妥協成立す
186594	朝鮮朝日	南鮮版	1930-03-25	1	10단	人(高橋濱吉氏(總督府視學官)/陣內利夫氏(平北財務部長))
186595	朝鮮朝日	南鮮版	1930-03-25	1	10단	半島茶話
186596	朝鮮朝日	西北・南鮮版	1930-03-25	2	01단	火曜のペーヂ版畫・人形(素人に出來る版畫の妙味思地子四郎/わたしの人形伸田菊代)
186597	朝鮮朝日	西北・南鮮版	1930-03-25	2	02단	弔慰金の募集方協議
186598	朝鮮朝日	西北・南鮮版	1930-03-25	2	03단	豆滿江解氷
186599	朝鮮朝日	西北・南鮮版	1930-03-25	2	03단	朝鐵の決算
186600	朝鮮朝日	西北・南鮮版	1930-03-25	2	05단	德丸觀音寺に記念碑建設
186601	朝鮮朝日	西北・南鮮版	1930-03-25	2	05단	全南初等學校職業科實施
186602	朝鮮朝日	西北・南鮮版	1930-03-25	2	05단	南鮮沿海の春鯖は大漁蔚山沖に數十隻の漁船が出動し活躍
186603	朝鮮朝日	西北・南鮮版	1930-03-25	2	06단	安東醫院長決定
186604	朝鮮朝日	西北・南鮮版	1930-03-25	2	06단	道路使用料徵收規程を設く
186605	朝鮮朝日	西北・南鮮版	1930-03-25	2	07단	衛生課の新事業補助金增額や建築など

일련번호	판명		간행일	면	단수	기사명
186606	朝鮮朝日	西北・南鮮版	1930-03-25	2	07단	運賃改正を荷主に說明
186607	朝鮮朝日	西北・南鮮版	1930-03-25	2	07단	お茶のあと
186608	朝鮮朝日	西北・南鮮版	1930-03-25	2	07단	全南の民營沙防
186609	朝鮮朝日	西北・南鮮版	1930-03-25	2	07단	各地だより(京城)
186610	朝鮮朝日	西北版	1930-03-26	1	01단	府會と邑會とは是を決議機關とし都會には決議權を認む發表された地方制度改正要旨
186611	朝鮮朝日	西北版	1930-03-26	1	01단	空から見た平壤(八)
186612	朝鮮朝日	西北版	1930-03-26	1	03단	平壤公設宿泊所成績
186613	朝鮮朝日	西北版	1930-03-26	1	04단	在滿邦人の福祉增進に力をそゝぐ滿鐵社會係
186614	朝鮮朝日	西北版	1930-03-26	1	04단	寧遠郡廳の移轉猛運動
186615	朝鮮朝日	西北版	1930-03-26	1	04단	安東健兒團近く結團式
186616	朝鮮朝日	西北版	1930-03-26	1	04단	純眞であり率直な子供の英雄崇拜乃木將軍と和氣淸麿が一番野口博士や宗五郎迄飛出す龍中の入學試驗問題
186617	朝鮮朝日	西北版	1930-03-26	1	05단	平壤の野球界活躍期待さる
186618	朝鮮朝日	西北版	1930-03-26	1	05단	春川の櫻綻び初む
186619	朝鮮朝日	西北版	1930-03-26	1	05단	鎮南浦の三和花園府に寄附す
186620	朝鮮朝日	西北版	1930-03-26	1	06단	各地道評議員當選者(咸北道/慶南道/全北道/平北道五郡/鎭南浦)
186621	朝鮮朝日	西北版	1930-03-26	1	06단	陸軍演習に使役された地方民から感謝狀送付
186622	朝鮮朝日	西北版	1930-03-26	1	06단	打合會で其方法を練る靑少年の力によって農村を救濟する量よりも質の實科敎育を施して
186623	朝鮮朝日	西北版	1930-03-26	1	07단	京城現物取引社長天日氏重體/各方面に打擊が多い
186624	朝鮮朝日	西北版	1930-03-26	1	09단	牡丹台野話
186625	朝鮮朝日	西北版	1930-03-26	1	09단	大和小學兒童近眼虎眼調査
186626	朝鮮朝日	西北版	1930-03-26	1	09단	花柳病豫防徹底を圖る
186627	朝鮮朝日	西北版	1930-03-26	1	10단	蛔蟲が小腸を喰ひ破る珍らしい病氣
186628	朝鮮朝日	西北版	1930-03-26	1	10단	心中を圖る
186629	朝鮮朝日	西北版	1930-03-26	1	10단	元山の火事
186630	朝鮮朝日	西北版	1930-03-26	1	10단	人(丹波百藤氏(本社全州通信員))
186631	朝鮮朝日	南鮮版	1930-03-26	1	01단	府會と邑會とは是を決議機關とし都會には決議權を認む發表された地方制度改正要旨

일련번호	판명		간행일	면	단수	기사명
186632	朝鮮朝日	南鮮版	1930-03-26	1	01단	各地道評議員當選者(咸北道/慶南道/全北道/平北道五郡/鎭南浦)
186633	朝鮮朝日	南鮮版	1930-03-26	1	02단	警部級異動
186634	朝鮮朝日	南鮮版	1930-03-26	1	02단	深刻な不景氣で産業豫備軍の洪水その割に就職率は少く失業者の惱みは愈よ骨身に徹す
186635	朝鮮朝日	南鮮版	1930-03-26	1	04단	平壤公設宿泊所成績
186636	朝鮮朝日	南鮮版	1930-03-26	1	05단	春スポーツ(上)/實業野球のシーズン開く各チーム新陳容を整へ虎視眈々たる古豪新銳
186637	朝鮮朝日	南鮮版	1930-03-26	1	05단	大邱學校組合會議
186638	朝鮮朝日	南鮮版	1930-03-26	1	05단	初等學校に職業科新設江原道の計劃完成す
186639	朝鮮朝日	南鮮版	1930-03-26	1	06단	自發的に藥價等の引下を協議釜山醫師會
186640	朝鮮朝日	南鮮版	1930-03-26	1	06단	平壤の野球界活躍期待さる
186641	朝鮮朝日	南鮮版	1930-03-26	1	06단	不燃裝置完成までは映寫を禁止
186642	朝鮮朝日	南鮮版	1930-03-26	1	07단	外米輸入許可制度を一層嚴重に取締り內地側と步調を共にす農林省と協議の結果決定を見る
186643	朝鮮朝日	南鮮版	1930-03-26	1	07단	寧遠郡廳の移轉猛運動
186644	朝鮮朝日	南鮮版	1930-03-26	1	08단	在滿邦人の福祉增進に力をそゝぐ滿鐵社會係
186645	朝鮮朝日	南鮮版	1930-03-26	1	08단	京城現物取引社長天日氏重體/各方面に打擊が多い
186646	朝鮮朝日	南鮮版	1930-03-26	1	08단	蛔蟲が小腸を喰ひ破る珍らしい病氣
186647	朝鮮朝日	南鮮版	1930-03-26	1	09단	居直り强盜
186648	朝鮮朝日	南鮮版	1930-03-26	1	09단	四人組强盜
186649	朝鮮朝日	南鮮版	1930-03-26	1	10단	每夜ぬすむ
186650	朝鮮朝日	南鮮版	1930-03-26	1	10단	籾摺工場燒く
186651	朝鮮朝日	南鮮版	1930-03-26	1	10단	もよほし(金剛山保勝經營打合會/林野調査會委員會/金融制度準備調査會)
186652	朝鮮朝日	南鮮版	1930-03-26	1	10단	人(丁抹皇族アクセル殿下御一行/大村鐵道局長/仙石滿鐵總裁/後藤連平氏(朝鮮每日社長)/重月瀧三氏(前皿淸製造所長)/佐久間權次郎氏(朝鮮瓦斯電氣常務)/廣瀨傳氏(朝郵釜山支店長)/中村富一氏)
186653	朝鮮朝日	南鮮版	1930-03-26	1	10단	半島茶話
186654	朝鮮朝日	西北・南鮮版	1930-03-26	2	01단	春にそむいて痛々しい情景閉店、休業、店仕舞等等惱みの京城商店街

일련번호	판명		간행일	면	단수	기사명
186655	朝鮮朝日	西北・南鮮版	1930-03-26	2	01단	三年間府稅の免除を陳情龍山住民大會で決議龍山が繼子扱ひにされるとて/餘りに無理な要求關水府尹談
186656	朝鮮朝日	西北・南鮮版	1930-03-26	2	01단	工船漁業續出期待さる新漁業令の實施で
186657	朝鮮朝日	西北・南鮮版	1930-03-26	2	01단	防火の宣傳中釜山の火事
186658	朝鮮朝日	西北・南鮮版	1930-03-26	2	03단	安東産豆粕聲價向上す
186659	朝鮮朝日	西北・南鮮版	1930-03-26	2	03단	東海線本年度の起工は不可能豫定地を視察した大村鐵道局長語る
186660	朝鮮朝日	西北・南鮮版	1930-03-26	2	03단	朝日新聞映畫の會
186661	朝鮮朝日	西北・南鮮版	1930-03-26	2	04단	各地だより(裡里/京城)
186662	朝鮮朝日	西北版	1930-03-27	1	01단	實習に力を入れ勤勞で人格を陶冶四月から實施される初等學校の職業教育
186663	朝鮮朝日	西北版	1930-03-27	1	01단	都會よりも地方を主に失業救濟事業を起す上內社會課長歸來談
186664	朝鮮朝日	西北版	1930-03-27	1	01단	空から見た平壤(九)
186665	朝鮮朝日	西北版	1930-03-27	1	04단	平北の道議當選者
186666	朝鮮朝日	西北版	1930-03-27	1	04단	『兒玉總監の進退問題は嘘仙石が來たら飲むませさ』落ちついた總督語る
186667	朝鮮朝日	西北版	1930-03-27	1	04단	總額の八割を勞銀化する五年度土地改良事業主任官會議で協議す
186668	朝鮮朝日	西北版	1930-03-27	1	04단	村井旅團長着任
186669	朝鮮朝日	西北版	1930-03-27	1	04단	雄基商工會評議員會
186670	朝鮮朝日	西北版	1930-03-27	1	04단	咸興面豫算
186671	朝鮮朝日	西北版	1930-03-27	1	05단	咸南道の道議選擧
186672	朝鮮朝日	西北版	1930-03-27	1	05단	下村警察部長豆滿江岸を視察
186673	朝鮮朝日	西北版	1930-03-27	1	05단	四月一日から鐵道はメートル制採用一般への主な注意
186674	朝鮮朝日	西北版	1930-03-27	1	06단	平壤商議の復活
186675	朝鮮朝日	西北版	1930-03-27	1	06단	五年度は五ケ所公設市場設置
186676	朝鮮朝日	西北版	1930-03-27	1	06단	辭令
186677	朝鮮朝日	西北版	1930-03-27	1	06단	消防手に表彰金
186678	朝鮮朝日	西北版	1930-03-27	1	07단	次第に意識も明瞭頃調に行けば大丈夫天日常次郎氏
186679	朝鮮朝日	西北版	1930-03-27	1	07단	讀者優待活寫會平壤偕樂館で開催する
186680	朝鮮朝日	西北版	1930-03-27	1	07단	橫領事件から紛糾を生じ血の雨降らさんとす大同江水上運搬勞役組合
186681	朝鮮朝日	西北版	1930-03-27	1	08단	牡丹台野話
186682	朝鮮朝日	西北版	1930-03-27	1	08단	支那勞働者續々と入鮮朝鮮人勞働者救濟で當局は頭をなやます

일련번호	판명		간행일	면	단수	기사명
186683	朝鮮朝日	西北版	1930-03-27	1	08단	羅南の追卓會
186684	朝鮮朝日	西北版	1930-03-27	1	08단	高麗時代の壁畫を削取る迷信からの所爲か平南順川郡北倉の
186685	朝鮮朝日	西北版	1930-03-27	1	08단	帆船の沈沒
186686	朝鮮朝日	西北版	1930-03-27	1	09단	神社へ寄附
186687	朝鮮朝日	西北版	1930-03-27	1	09단	手足が四本宛の畸形兒生る
186688	朝鮮朝日	西北版	1930-03-27	1	09단	愛兒を抱いて投身自殺す夫の拘留から
186689	朝鮮朝日	西北版	1930-03-27	1	10단	二人組强盜
186690	朝鮮朝日	西北版	1930-03-27	1	10단	不逞漢捕る
186691	朝鮮朝日	西北版	1930-03-27	1	10단	病苦の自殺
186692	朝鮮朝日	西北版	1930-03-27	1	10단	子供を崖下に蹴り込む
186693	朝鮮朝日	西北版	1930-03-27	1	10단	半島茶話
186694	朝鮮朝日	南鮮版	1930-03-27	1	01단	實習に力を入れ勤勞で人格を陶冶四月から實施される初等學校の職業教育
186695	朝鮮朝日	南鮮版	1930-03-27	1	01단	『兒玉總監の進退問題は嘘仙石が來たら飲むませさ』落ちついた總督語る
186696	朝鮮朝日	南鮮版	1930-03-27	1	01단	都會よりも地方を主に失業救濟事業を起す上內社會課長歸來談
186697	朝鮮朝日	南鮮版	1930-03-27	1	02단	辭令
186698	朝鮮朝日	南鮮版	1930-03-27	1	02단	仁川府明年度豫算大縮減を見る
186699	朝鮮朝日	南鮮版	1930-03-27	1	03단	三坂小學校建築の修正案を提出京城學組會議
186700	朝鮮朝日	南鮮版	1930-03-27	1	03단	穴居から地上へそして人間生活へ土幕民をみちびくため彼等の父平山政十氏の獻身的盡力
186701	朝鮮朝日	南鮮版	1930-03-27	1	04단	五年度は五ヶ所公設市場設置
186702	朝鮮朝日	南鮮版	1930-03-27	1	04단	慶南道の評議當選者
186703	朝鮮朝日	南鮮版	1930-03-27	1	04단	蔚山郡道評議
186704	朝鮮朝日	南鮮版	1930-03-27	1	04단	惡道路の改修を龍山繁榮會から府尹に陳情
186705	朝鮮朝日	南鮮版	1930-03-27	1	05단	春スポーツ(下)/新人の入部で充實した投手團バックの活躍も光輝を添へる府廳軍は選手の都合で不參加
186706	朝鮮朝日	南鮮版	1930-03-27	1	05단	齋藤總督府催の鎭海事件遭難者弔慰祭場で總督の玉串奉奠(二十四日)
186707	朝鮮朝日	南鮮版	1930-03-27	1	07단	總額の八割を勞銀化する五年度土地改良事業主任官會議で協議す
186708	朝鮮朝日	南鮮版	1930-03-27	1	07단	旱害民に種籾給與慶南の配給數
186709	朝鮮朝日	南鮮版	1930-03-27	1	08단	消防手に表彰金

일련번호	판명		간행일	면	단수	기사명
186710	朝鮮朝日	南鮮版	1930-03-27	1	08단	次第に意識も明瞭頃調に行けば大丈夫天日常次郎氏
186711	朝鮮朝日	南鮮版	1930-03-27	1	08단	普通校卒業生に農業の實習的教育慶南の新しい試み
186712	朝鮮朝日	南鮮版	1930-03-27	1	09단	鎭海事件同情金
186713	朝鮮朝日	南鮮版	1930-03-27	1	09단	裡里の慈善諸藝會
186714	朝鮮朝日	南鮮版	1930-03-27	1	09단	四月一日から鐵道はメートル制採用一般への主な注意
186715	朝鮮朝日	南鮮版	1930-03-27	1	10단	手足が四本宛の畸形兒生る
186716	朝鮮朝日	南鮮版	1930-03-27	1	10단	不穩文書事件の求刑
186717	朝鮮朝日	南鮮版	1930-03-27	1	10단	傷害致死に懲役を求刑
186718	朝鮮朝日	南鮮版	1930-03-27	1	10단	もよほし(廣田驛長送別宴)
186719	朝鮮朝日	南鮮版	1930-03-27	1	10단	人(戶澤又次郎氏(本府林業試驗場長)/上山彦策氏(本府社會課長))
186720	朝鮮朝日	南鮮版	1930-03-27	1	10단	半島茶話
186721	朝鮮朝日	西北·南鮮版	1930-03-27	2	01단	菓子屋まで街頭に進出目指すお得意様はいづれも月給とり
186722	朝鮮朝日	西北·南鮮版	1930-03-27	2	01단	盛んになった藥草の採取顧みられなかったが道當局も獎勵に努む
186723	朝鮮朝日	西北·南鮮版	1930-03-27	2	01단	公設市場の物價値下げ
186724	朝鮮朝日	西北·南鮮版	1930-03-27	2	01단	移轉後に賣拂ふ三越京城支店の現在の建設
186725	朝鮮朝日	西北·南鮮版	1930-03-27	2	02단	小住宅增加
186726	朝鮮朝日	西北·南鮮版	1930-03-27	2	02단	乘船賃値下
186727	朝鮮朝日	西北·南鮮版	1930-03-27	2	02단	京畿道內の戶數と人口
186728	朝鮮朝日	西北·南鮮版	1930-03-27	2	03단	春川に製絲場設置
186729	朝鮮朝日	西北·南鮮版	1930-03-27	2	03단	新義州小學校卒業生進路
186730	朝鮮朝日	西北·南鮮版	1930-03-27	2	03단	朝日新聞映畫の會
186731	朝鮮朝日	西北·南鮮版	1930-03-27	2	04단	安東の輸入貨物激增す
186732	朝鮮朝日	西北·南鮮版	1930-03-27	2	04단	平北警部試驗合格者發表
186733	朝鮮朝日	西北·南鮮版	1930-03-27	2	04단	金組出張所副理事を任命
186734	朝鮮朝日	西北·南鮮版	1930-03-27	2	04단	プロペラ裝置快速警備船
186735	朝鮮朝日	西北·南鮮版	1930-03-27	2	04단	警部試驗合格者
186736	朝鮮朝日	西北版	1930-03-28	1	01단	空から見た新義州(一)
186737	朝鮮朝日	西北版	1930-03-28	1	01단	在沿海州鮮農の越境を禁止か極端な産業政策から鮮農續々北滿に移住
186738	朝鮮朝日	西北版	1930-03-28	1	01단	詩/北原白秋選
186739	朝鮮朝日	西北版	1930-03-28	1	02단	鎭南浦府議朝鮮人側總辭職金氏の無資格決定で推移如何で重大化か

일련번호	판명		간행일	면	단수	기사명
186740	朝鮮朝日	西北版	1930-03-28	1	04단	新義州學議選
186741	朝鮮朝日	西北版	1930-03-28	1	04단	仙石總裁に陳情くらべ運合會社を中心に運送界俄然緊張す
186742	朝鮮朝日	西北版	1930-03-28	1	04단	總督以下一千名が記念植樹する
186743	朝鮮朝日	西北版	1930-03-28	1	05단	北鮮點描(１)/桂榮翁
186744	朝鮮朝日	西北版	1930-03-28	1	06단	警部補級の異動
186745	朝鮮朝日	西北版	1930-03-28	1	07단	暗中飛躍が相當激しい平壤商議の議員選擧
186746	朝鮮朝日	西北版	1930-03-28	1	07단	消防手採用試驗
186747	朝鮮朝日	西北版	1930-03-28	1	07단	大雪崩れで五名壓死す家屋倒壞し
186748	朝鮮朝日	西北版	1930-03-28	1	07단	新義州で女の衣類切
186749	朝鮮朝日	西北版	1930-03-28	1	07단	通帳を利用し詐欺を働く
186750	朝鮮朝日	西北版	1930-03-28	1	08단	日本最初の在鄕航空兵會近く平壤に生れる
186751	朝鮮朝日	西北版	1930-03-28	1	08단	十四才を頭に朝鮮少年掏摸團大阪中本署で捕はる盜安い女ばかり覗ふ
186752	朝鮮朝日	西北版	1930-03-28	1	09단	自動車墜落藝妓等重傷
186753	朝鮮朝日	西北版	1930-03-28	1	10단	平壤の火事
186754	朝鮮朝日	西北版	1930-03-28	1	10단	鴨緑江で溺死
186755	朝鮮朝日	西北版	1930-03-28	1	10단	もよほし(鎭南浦商業會議所臨時評議員會/第一普通學校證書授與式)
186756	朝鮮朝日	西北版	1930-03-28	1	10단	半島茶話
186757	朝鮮朝日	西北版	1930-03-28	1	10단	牡丹台野話
186758	朝鮮朝日	南鮮版	1930-03-28	1	01단	在沿海州鮮農の越境を禁止か極端な産業政策から鮮農續々北滿に移住
186759	朝鮮朝日	南鮮版	1930-03-28	1	01단	土地管理組合設立を慶北道當局が計劃舍音制度の弊を矯正のため
186760	朝鮮朝日	南鮮版	1930-03-28	1	01단	候補者の數定員に達せず氣乘らぬ事夥しい釜山商議の選擧
186761	朝鮮朝日	南鮮版	1930-03-28	1	01단	詩/北原白秋選
186762	朝鮮朝日	南鮮版	1930-03-28	1	02단	御救恤金傳達
186763	朝鮮朝日	南鮮版	1930-03-28	1	02단	工務課關係の異動を斷行病氣缺勤も制限
186764	朝鮮朝日	南鮮版	1930-03-28	1	03단	京城釜山間の電信線改善
186765	朝鮮朝日	南鮮版	1930-03-28	1	03단	總督以下一千名が記念植樹する
186766	朝鮮朝日	南鮮版	1930-03-28	1	04단	仙石總裁に陳情くらべ運合會社を中心に運送界俄然緊張す
186767	朝鮮朝日	南鮮版	1930-03-28	1	05단	小作慣行調査を實施

일련번호	판명		간행일	면	단수	기사명
186768	朝鮮朝日	南鮮版	1930-03-28	1	05단	豫算案を全部撤回京城學組の五年度豫算會議
186769	朝鮮朝日	南鮮版	1930-03-28	1	06단	隕石宙に迷ふ結局どこへ墜落する？
186770	朝鮮朝日	南鮮版	1930-03-28	1	06단	十萬町歩の畓田に堆肥の施用を總動員で奬勵する慶北道の農家指導大計劃
186771	朝鮮朝日	南鮮版	1930-03-28	1	06단	無免許で不正の漁撈
186772	朝鮮朝日	南鮮版	1930-03-28	1	07단	大邱高女の道營移管は不可能でない空氣
186773	朝鮮朝日	南鮮版	1930-03-28	1	07단	刑務所製品も値下を行ひ市中小賣商人達の廉賣勉强に對抗す
186774	朝鮮朝日	南鮮版	1930-03-28	1	08단	交通取締を一層嚴重に
186775	朝鮮朝日	南鮮版	1930-03-28	1	08단	光州で貝穀一平を上映
186776	朝鮮朝日	南鮮版	1930-03-28	1	08단	金堤の火事
186777	朝鮮朝日	南鮮版	1930-03-28	1	09단	櫻ほころぶ見頃は四五日早い
186778	朝鮮朝日	南鮮版	1930-03-28	1	09단	十四才を頭に朝鮮少年掏摸團大阪中本署で捕はる盜安い女ばかり覘ふ
186779	朝鮮朝日	南鮮版	1930-03-28	1	09단	列車に惡戲し子供刎らる
186780	朝鮮朝日	南鮮版	1930-03-28	1	09단	妻の連子を生埋めにす
186781	朝鮮朝日	南鮮版	1930-03-28	1	10단	船中に忍ぶ
186782	朝鮮朝日	南鮮版	1930-03-28	1	10단	湖南線で貨車の火事一名生命危篤
186783	朝鮮朝日	南鮮版	1930-03-28	1	10단	もよほし(慶北原蠶種製造所新築落成式)
186784	朝鮮朝日	南鮮版	1930-03-28	1	10단	人(セドセン氏(國際聯盟醫務部長)/杉谷草梁土木出張所長/白石殖銀釜山支店長)
186785	朝鮮朝日	南鮮版	1930-03-28	1	10단	半島茶話
186786	朝鮮朝日	西北・南鮮版	1930-03-28	2	01단	內地に比し三、四十年は遲れてゐる小作關係梶大阪府小作官談
186787	朝鮮朝日	西北・南鮮版	1930-03-28	2	01단	雷雨季を控へ雜音防止を研究中繼放送繼續のため
186788	朝鮮朝日	西北・南鮮版	1930-03-28	2	01단	幹部派の大捷合銀新重役投票の總會
186789	朝鮮朝日	西北・南鮮版	1930-03-28	2	01단	派出制度の日華組支那勞働者達が新しく創立
186790	朝鮮朝日	西北・南鮮版	1930-03-28	2	01단	師範卒業生の京畿道配置
186791	朝鮮朝日	西北・南鮮版	1930-03-28	2	02단	國境兩軍戰備を急ぐ再び動搖の兆
186792	朝鮮朝日	西北・南鮮版	1930-03-28	2	02단	茂山出張所に專任稅關史
186793	朝鮮朝日	西北・南鮮版	1930-03-28	2	02단	航空無電の準備を急ぐ
186794	朝鮮朝日	西北・南鮮版	1930-03-28	2	03단	例年にない不漁で漁村大寂れ
186795	朝鮮朝日	西北・南鮮版	1930-03-28	2	03단	出來るだけ勉强し支那側に對抗平壤蔬菜組合
186796	朝鮮朝日	西北・南鮮版	1930-03-28	2	03단	淸津港二月の貿易額減る
186797	朝鮮朝日	西北・南鮮版	1930-03-28	2	03단	朝日新聞映畵の會

일련번호	판명		간행일	면	단수	기사명
186798	朝鮮朝日	西北・南鮮版	1930-03-28	2	04단	咸南警部補試驗合格者
186799	朝鮮朝日	西北・南鮮版	1930-03-28	2	04단	種痘を開始
186800	朝鮮朝日	西北・南鮮版	1930-03-28	2	04단	公設質屋の成績
186801	朝鮮朝日	西北・南鮮版	1930-03-28	2	04단	新義州の靑訓修業式
186802	朝鮮朝日	西北・南鮮版	1930-03-28	2	04단	各地だより(咸興)
186803	朝鮮朝日	西北版	1930-03-29	1	01단	空から見た新義州(二)/鴨綠江と鐵橋
186804	朝鮮朝日	西北版	1930-03-29	1	01단	預金の增加率は記錄をやぶる緊縮節約のかけ聲は全鮮の隅まで行渡る
186805	朝鮮朝日	西北版	1930-03-29	1	02단	候補者の顔觸も決しスピード時代に相應しく平壤商議の總改選
186806	朝鮮朝日	西北版	1930-03-29	1	04단	鴨綠江の艀統一問題で通運、朝郵に同意をもとむ安、義兩商議所から
186807	朝鮮朝日	西北版	1930-03-29	1	04단	詩/北原白秋選
186808	朝鮮朝日	西北版	1930-03-29	1	04단	北鮮點描(２)/大陸つゞきで博物研究の樂土歐洲ものなど珍奇種が多い內地ものは僅かに三分の一
186809	朝鮮朝日	西北版	1930-03-29	1	05단	鎭海面區長辭表を提出大慘事の責任を負うて
186810	朝鮮朝日	西北版	1930-03-29	1	05단	總裁自から敷地を視察するのだから大體見當はつくだらう昭和製鋼所に關し兒玉總監語る
186811	朝鮮朝日	西北版	1930-03-29	1	05단	各河川も解氷し國境地方も漸く春めく
186812	朝鮮朝日	西北版	1930-03-29	1	06단	總督府新豫算二億三千餘萬圓四年度に比して二百四十萬圓の增
186813	朝鮮朝日	西北版	1930-03-29	1	06단	異國の空から母校に援助
186814	朝鮮朝日	西北版	1930-03-29	1	06단	平壤の記念植樹恒例により來月三日に
186815	朝鮮朝日	西北版	1930-03-29	1	07단	雄基修養會講演
186816	朝鮮朝日	西北版	1930-03-29	1	07단	三十ヶ面に百廿組合を勤農救濟組新設の計劃
186817	朝鮮朝日	西北版	1930-03-29	1	08단	移住朝鮮人の歸鮮を防止
186818	朝鮮朝日	西北版	1930-03-29	1	08단	優勝校にはカップを授與道府體協會長から大カップ寄贈さる
186819	朝鮮朝日	西北版	1930-03-29	1	08단	平南道のチフス一月以來二百四十六名
186820	朝鮮朝日	西北版	1930-03-29	1	08단	不穩な科白上演を中止
186821	朝鮮朝日	西北版	1930-03-29	1	09단	牡丹台野話
186822	朝鮮朝日	西北版	1930-03-29	1	09단	僞造銀貨で命乞ひ馬賊襲來の際
186823	朝鮮朝日	西北版	1930-03-29	1	09단	一尺の短刀で看護婦脅迫强盜未遂捕る
186824	朝鮮朝日	西北版	1930-03-29	1	10단	嫉妬から傴僂女斬る浮氣な夫を
186825	朝鮮朝日	西北版	1930-03-29	1	10단	騷擾學生判決

일련번호	판명		간행일	면	단수	기사명
186826	朝鮮朝日	西北版	1930-03-29	1	10단	拐帶行員捜査
186827	朝鮮朝日	西北版	1930-03-29	1	10단	會(雄基麻雀大會)
186828	朝鮮朝日	西北版	1930-03-29	1	10단	人(外山豊造少將(朝鮮憲兵隊司令官)/石川登盛氏(平北道知事)/清川恭司氏(新義州府內務主任))
186829	朝鮮朝日	西北版	1930-03-29	1	10단	半島茶話
186830	朝鮮朝日	南鮮版	1930-03-29	1	01단	預金の増加率は記録をやぶる緊縮節約のかけ聲は全鮮の隅まで行渡る
186831	朝鮮朝日	南鮮版	1930-03-29	1	01단	在滿朝鮮人の優遇を運動歸化手數料の免除と學校の増設を提げて
186832	朝鮮朝日	南鮮版	1930-03-29	1	01단	土地改良事業の職員を増員補助額増額は考慮技術官會議と意見
186833	朝鮮朝日	南鮮版	1930-03-29	1	01단	裡里面長辭表を提出
186834	朝鮮朝日	南鮮版	1930-03-29	1	02단	總督府新豫算二億三千餘萬圓四年度に比して二百四十萬圓の増
186835	朝鮮朝日	南鮮版	1930-03-29	1	03단	揚水場で水原祭釜山府當局計劃
186836	朝鮮朝日	南鮮版	1930-03-29	1	03단	鴨綠江の孵統一問題で通運、朝郵に同意をもとむ安、義兩商議所から
186837	朝鮮朝日	南鮮版	1930-03-29	1	04단	詩/北原白秋選
186838	朝鮮朝日	南鮮版	1930-03-29	1	04단	鎮海面區長辭表を提出大慘事の責任を負うて
186839	朝鮮朝日	南鮮版	1930-03-29	1	04단	總裁自から敷地を視察するのだから大體見當はつくだろう昭和製鋼所に關し兒玉總監語る
186840	朝鮮朝日	南鮮版	1930-03-29	1	05단	鎬をけづるビール合戰キリンは素晴しい勢ひで躍進を續く
186841	朝鮮朝日	南鮮版	1930-03-29	1	05단	各地の狀況に適合した副業を調査研究して獎勵慶北道の不況對策
186842	朝鮮朝日	南鮮版	1930-03-29	1	05단	移住朝鮮人の歸鮮を防止
186843	朝鮮朝日	南鮮版	1930-03-29	1	05단	鎮海事件遺族懇談會
186844	朝鮮朝日	南鮮版	1930-03-29	1	06단	意外に早く紛糾解決京城府學組の三坂小學問題
186845	朝鮮朝日	南鮮版	1930-03-29	1	06단	鎮海事件同情金
186846	朝鮮朝日	南鮮版	1930-03-29	1	06단	四月三日に記念の植樹
186847	朝鮮朝日	南鮮版	1930-03-29	1	07단	鎮海大慘事の下賜金傳達
186848	朝鮮朝日	南鮮版	1930-03-29	1	07단	京城各商店が通信販賣を開始不景氣の打開策に各簿を賴って勸誘
186849	朝鮮朝日	南鮮版	1930-03-29	1	07단	益山面の極貧者施與
186850	朝鮮朝日	南鮮版	1930-03-29	1	07단	異國の空から母校に援助

일련번호	판명		간행일	면	단수	기사명
186851	朝鮮朝日	南鮮版	1930-03-29	1	08단	各河川も解氷し國境地方も漸く春めく
186852	朝鮮朝日	南鮮版	1930-03-29	1	08단	四十棟を全燒し山林をも燒く
186853	朝鮮朝日	南鮮版	1930-03-29	1	08단	街頭へ進出する女性殖える貯金管理所は履歴書の山
186854	朝鮮朝日	南鮮版	1930-03-29	1	08단	連子生埋は妻女の仕業夫の愛をつなぐための
186855	朝鮮朝日	南鮮版	1930-03-29	1	09단	集配人の爲替拔取り
186856	朝鮮朝日	南鮮版	1930-03-29	1	09단	風呂敷包から嬰兒の死體發見列車內の荷物棚から釜山署で犯人捜査中
186857	朝鮮朝日	南鮮版	1930-03-29	1	09단	元山で野犬の掃蕩
186858	朝鮮朝日	南鮮版	1930-03-29	1	09단	債券詐欺殖産商事員十數名を檢擧
186859	朝鮮朝日	南鮮版	1930-03-29	1	09단	投身して果さず
186860	朝鮮朝日	南鮮版	1930-03-29	1	10단	强盗捕る
186861	朝鮮朝日	南鮮版	1930-03-29	1	10단	贈賄事件公判
186862	朝鮮朝日	南鮮版	1930-03-29	1	10단	山田氏作品展
186863	朝鮮朝日	南鮮版	1930-03-29	1	10단	人(志賀城大總長/恩田朝郵社長/成富全南衛生課長/原弘穀氏(城大敎授)/外山豊造少將(朝鮮憲兵隊司令官))
186864	朝鮮朝日	南鮮版	1930-03-29	1	10단	半島茶話
186865	朝鮮朝日	西北・南鮮版	1930-03-29	2	01단	高麗時代の研究に根本的樹て直し從來の資料な眞實にとほい朝鮮史編修會の發見
186866	朝鮮朝日	西北・南鮮版	1930-03-29	2	01단	だぶつく金の貨殖に苦心鐵道局の貯金激增に社會係が目下考究
186867	朝鮮朝日	西北・南鮮版	1930-03-29	2	01단	御下賜金で優良兒表彰貧困兒救濟
186868	朝鮮朝日	西北・南鮮版	1930-03-29	2	01단	平南道警察官共濟組合の給與該當者
186869	朝鮮朝日	西北・南鮮版	1930-03-29	2	02단	元山の植樹
186870	朝鮮朝日	西北・南鮮版	1930-03-29	2	02단	內地仕向の鰯締粕數量
186871	朝鮮朝日	西北・南鮮版	1930-03-29	2	02단	全南繰綿移出新記錄
186872	朝鮮朝日	西北・南鮮版	1930-03-29	2	03단	釜山地方稀有の豪雨快復すれば愈々櫻滿開
186873	朝鮮朝日	西北・南鮮版	1930-03-29	2	03단	馬山商工役員會
186874	朝鮮朝日	西北・南鮮版	1930-03-29	2	03단	朝鮮巡査募集
186875	朝鮮朝日	西北・南鮮版	1930-03-29	2	03단	朝日新聞映畫の會
186876	朝鮮朝日	西北・南鮮版	1930-03-29	2	04단	各地だより(京城/鎭南浦/平壤)
186877	朝鮮朝日	西北・南鮮版	1930-03-29	2	04단	雰の聲

일련번호	판명		간행일	면	단수	기사명
186878	朝鮮朝日	西北版	1930-03-30	1	01단	製鋼所問題を避けてお酒の漫談に耽る七十の老人とも見えぬ若さで元氣よく豫定地視察/仙石總裁の視察を意義あらしむべくごく少數の人達が同行安義兩地は愼重の態度をとる/事業その物がまだ決ってゐぬ同行の伍堂中將語る
186879	朝鮮朝日	西北版	1930-03-30	1	01단	總督府辭令
186880	朝鮮朝日	西北版	1930-03-30	1	01단	鐵道局辭令
186881	朝鮮朝日	西北版	1930-03-30	1	02단	在庫品の處分に平壤の商人がやつ起となる
186882	朝鮮朝日	西北版	1930-03-30	1	02단	檢斤省略制は存續と決る鐵道當局と當業者が新義州で協議の結果/檢斤省略の事項嚴守
186883	朝鮮朝日	西北版	1930-03-30	1	03단	民謠/北原白秋選
186884	朝鮮朝日	西北版	1930-03-30	1	03단	教員の異動中等校の分は遅れる
186885	朝鮮朝日	西北版	1930-03-30	1	04단	學組豫算賦課等級査定を當局が勝手に變更面會議に附して可決
186886	朝鮮朝日	西北版	1930-03-30	1	04단	成案を得た電氣事業令今秋十月ごろ發布
186887	朝鮮朝日	西北版	1930-03-30	1	04단	崇仁校組織を變更
186888	朝鮮朝日	西北版	1930-03-30	1	04단	安東會議所の豫算
186889	朝鮮朝日	西北版	1930-03-30	1	04단	目に立った新人の進出平北道評議員近く任命さる
186890	朝鮮朝日	西北版	1930-03-30	1	05단	清津開港記念式
186891	朝鮮朝日	西北版	1930-03-30	1	05단	１９３０年型の新職業ガイド今年から平壤に現はる案内人取締規則を制定
186892	朝鮮朝日	西北版	1930-03-30	1	06단	三防假停車場
186893	朝鮮朝日	西北版	1930-03-30	1	06단	設置すれば乙種程度だ商業學校設置に關し藤原內務部長は語る
186894	朝鮮朝日	西北版	1930-03-30	1	06단	夜間演習と實彈射擊演習
186895	朝鮮朝日	西北版	1930-03-30	1	06단	惡辣な客引を嚴重に取締る
186896	朝鮮朝日	西北版	1930-03-30	1	06단	緊縮の春の物價は底無しにさがる菓子一割七分が筆頭平壤各公設市場の物價しらべ
186897	朝鮮朝日	西北版	1930-03-30	1	07단	隣同志の下水爭議平壤署多忙をきはめる
186898	朝鮮朝日	西北版	1930-03-30	1	07단	文學的趣味も多分にとり入れやはらかく編纂した高普校用國語教科書
186899	朝鮮朝日	西北版	1930-03-30	1	07단	時計貴金屬を專門に盜む
186900	朝鮮朝日	西北版	1930-03-30	1	08단	國境漫語
186901	朝鮮朝日	西北版	1930-03-30	1	08단	訓戒下流は渡船を開始

일련번호	판명		간행일	면	단수	기사명
186902	朝鮮朝日	西北版	1930-03-30	1	08단	新義州に馬鼻疽發生奉天から輸入
186903	朝鮮朝日	西北版	1930-03-30	1	08단	鴨綠江船舶の發着場所限定
186904	朝鮮朝日	西北版	1930-03-30	1	08단	前川でも材木を流失本年では最初
186905	朝鮮朝日	西北版	1930-03-30	1	09단	南支、天津へ江材の販路開拓近く實情調査に出張安東木商組合で決定
186906	朝鮮朝日	西北版	1930-03-30	1	09단	幽靈興行團で詐欺を働く
186907	朝鮮朝日	西北版	1930-03-30	1	09단	囚人が同性愛から自殺を圖る所長は否認
186908	朝鮮朝日	西北版	1930-03-30	1	09단	牡丹台野話
186909	朝鮮朝日	西北版	1930-03-30	1	10단	傷害致死事件執行猶豫となる
186910	朝鮮朝日	西北版	1930-03-30	1	10단	平壤の洋畫展覽會
186911	朝鮮朝日	西北版	1930-03-30	1	10단	人(園田貢氏(平南知事)/荒井八郎氏(新釜山驛長)/巖山一雄氏(平壤慈惠醫院醫員))
186912	朝鮮朝日	西北版	1930-03-30	1	10단	半島茶話
186913	朝鮮朝日	南鮮版	1930-03-30	1	01단	年度末の支出を極度に手控へ歲入感少の緩和方を本府から各道に通牒
186914	朝鮮朝日	南鮮版	1930-03-30	1	01단	朝鮮の事情をよく諒解して貰ひ非常に好結果を收めた三井技師の米調委員會土産話
186915	朝鮮朝日	南鮮版	1930-03-30	1	01단	郵便所新設の請願ふえる每年度十ヶ所以上の新設は經費が許さぬ
186916	朝鮮朝日	南鮮版	1930-03-30	1	01단	總督府辭令
186917	朝鮮朝日	南鮮版	1930-03-30	1	02단	成案を得た電氣事業令今秋十月ごろ發布
186918	朝鮮朝日	南鮮版	1930-03-30	1	02단	三防假停車場
186919	朝鮮朝日	南鮮版	1930-03-30	1	03단	鐵道局辭令
186920	朝鮮朝日	南鮮版	1930-03-30	1	03단	不景氣と共に供託金增加
186921	朝鮮朝日	南鮮版	1930-03-30	1	03단	新漁業令取扱の打合講習會も開く
186922	朝鮮朝日	南鮮版	1930-03-30	1	04단	野砲兵廿六聯隊軍旗祭
186923	朝鮮朝日	南鮮版	1930-03-30	1	04단	事情なき限り舊議員を再任命或程度の更新も必要慶南道評議近く任命
186924	朝鮮朝日	南鮮版	1930-03-30	1	04단	段あたりの收量を增す昭和四年中の雜穀作
186925	朝鮮朝日	南鮮版	1930-03-30	1	04단	大阪本社訪問の忠淸南道警官一行
186926	朝鮮朝日	南鮮版	1930-03-30	1	05단	放課後生徒に草履をつくらせ學費の一部に充當勤勉節約デーを定め
186927	朝鮮朝日	南鮮版	1930-03-30	1	05단	メートルの大宣傳京城府が行ふ
186928	朝鮮朝日	南鮮版	1930-03-30	1	06단	道の幹旋で解決の曙光東拓對靈巖水利の紛擾
186929	朝鮮朝日	南鮮版	1930-03-30	1	06단	金剛山探乘客を誘致し案內する官民合同の財團法人を組織金剛山協會創立に決定

일련번호	판명		간행일	면	단수	기사명
186930	朝鮮朝日	南鮮版	1930-03-30	1	06단	文學的趣味も多分にとり入れやはらかく編纂した高普校用國語教科書
186931	朝鮮朝日	南鮮版	1930-03-30	1	07단	至るところ高い養鰻熱十萬石計劃實現可能林慶北知事歸任して語る
186932	朝鮮朝日	南鮮版	1930-03-30	1	07단	洛東江口の海苔全滅に瀕す漁撈期を控へ大恐慌慶南道地方の豪雨で
186933	朝鮮朝日	南鮮版	1930-03-30	1	07단	鎭海慘事御下賜金傳達式
186934	朝鮮朝日	南鮮版	1930-03-30	1	08단	運合問題で十軒脫退す木浦の當業者
186935	朝鮮朝日	南鮮版	1930-03-30	1	08단	民謠/北原白秋選
186936	朝鮮朝日	南鮮版	1930-03-30	1	08단	鎭海事件弔慰金
186937	朝鮮朝日	南鮮版	1930-03-30	1	08단	京城の柔道試合
186938	朝鮮朝日	南鮮版	1930-03-30	1	08단	救濟事業殖産債券募集を交涉
186939	朝鮮朝日	南鮮版	1930-03-30	1	09단	南山々麓國有地拂下げ陳情
186940	朝鮮朝日	南鮮版	1930-03-30	1	09단	高崎副官ら豫審に回府慘事の責任者として鎭海憲兵隊で審理中/責任者處分に硬論者も現る遺族の減刑運動に成行きを憂慮さる
186941	朝鮮朝日	南鮮版	1930-03-30	1	09단	外交員の名刺を振廻して騙取
186942	朝鮮朝日	南鮮版	1930-03-30	1	10단	京城府廳の體育後援會生る
186943	朝鮮朝日	南鮮版	1930-03-30	1	10단	鎭海の櫻咲き初める慘事慰安の客で賑はう
186944	朝鮮朝日	南鮮版	1930-03-30	1	10단	人(園田貫氏(平南知事)/綿引朝光博士(城大敎授))
186945	朝鮮朝日	南鮮版	1930-03-30	1	10단	半島茶話
186946	朝鮮朝日	西北・南鮮版	1930-03-30	2	01단	十七組合は聯合會を組織權益の擁護と經濟的團結をはかる目的で
186947	朝鮮朝日	西北・南鮮版	1930-03-30	2	01단	橋梁流失や堤防の決潰被害多數の鴨綠江岸二十五、六日の豪雨で
186948	朝鮮朝日	西北・南鮮版	1930-03-30	2	01단	林檎檢査規則撤廢の陳情善後策
186949	朝鮮朝日	西北・南鮮版	1930-03-30	2	01단	咸南大豆の銘納變更は檢査所昇格の上で決定
186950	朝鮮朝日	西北・南鮮版	1930-03-30	2	01단	民意を聽く言事箱設備
186951	朝鮮朝日	西北・南鮮版	1930-03-30	2	01단	滿鐵米突制で賃金の引上三等は不變
186952	朝鮮朝日	西北・南鮮版	1930-03-30	2	02단	支那の壓迫で歸還者激增平北の移住者
186953	朝鮮朝日	西北・南鮮版	1930-03-30	2	02단	生牛氣腫疽の豫防に努む
186954	朝鮮朝日	西北・南鮮版	1930-03-30	2	02단	滿洲移住農民續々歸鮮す
186955	朝鮮朝日	西北・南鮮版	1930-03-30	2	03단	窒素會社の除隊兵採用
186956	朝鮮朝日	西北・南鮮版	1930-03-30	2	03단	平壤府の賦課金査定

일련번호	판명		간행일	면	단수	기사명
186957	朝鮮朝日	西北・南鮮版	1930-03-30	2	03단	野外の催物も放送するアナウンサーを養成
186958	朝鮮朝日	西北・南鮮版	1930-03-30	2	03단	朝日新聞映畫の會
186959	朝鮮朝日	西北・南鮮版	1930-03-30	2	04단	下水設備の測量に着手
186960	朝鮮朝日	西北・南鮮版	1930-03-30	2	04단	清津雄基間の道路改修を陳情
186961	朝鮮朝日	西北・南鮮版	1930-03-30	2	04단	看護婦を配置
186962	朝鮮朝日	西北・南鮮版	1930-03-30	2	04단	新刊紹介

1930년 4월 (조선아사히)

일련번호	판명		간행일	면	단수	기사명
186963	朝鮮朝日	西北版	1930-04-01	1	01단	空から見た新義州(三)
186964	朝鮮朝日	西北版	1930-04-01	1	01단	成績不良の者から先に就職の斡旋實力ある者は將來があるから京城大學法文學部の新方針
186965	朝鮮朝日	西北版	1930-04-01	1	01단	拜み倒しての募集はせぬ入學希望者の少い普通學校でも
186966	朝鮮朝日	西北版	1930-04-01	1	03단	北鮮點描(３)/豫想を裏切って多數の籾を收穫多年捨てゝ顧られなかった五千石を收納する鳩山農場
186967	朝鮮朝日	西北版	1930-04-01	1	04단	恩田朝郵社長圓滿辭職か後任は森氏?
186968	朝鮮朝日	西北版	1930-04-01	1	04단	期成會を組織して運動昭和製鋼所問題で新義州、安東縣兩地
186969	朝鮮朝日	西北版	1930-04-01	1	04단	工業協會許可さる
186970	朝鮮朝日	西北版	1930-04-01	1	04단	土地改良三團體表彰
186971	朝鮮朝日	西北版	1930-04-01	1	04단	來年度の架橋工事十六ヶ所を
186972	朝鮮朝日	西北版	1930-04-01	1	04단	北海道航路の就航船變更
186973	朝鮮朝日	西北版	1930-04-01	1	05단	收入減から汽動車運轉各私鐵會社
186974	朝鮮朝日	西北版	1930-04-01	1	05단	優良模範農村建設のため訓練會年中行事の具體案を研究中
186975	朝鮮朝日	西北版	1930-04-01	1	05단	無煙炭の內地輸送を開始
186976	朝鮮朝日	西北版	1930-04-01	1	05단	兒童の蛔蟲驅除好成績
186977	朝鮮朝日	西北版	1930-04-01	1	06단	全鮮公職者大會來る二十六、七兩日平壤公會堂で開催
186978	朝鮮朝日	西北版	1930-04-01	1	06단	平壤靑訓終了式
186979	朝鮮朝日	西北版	1930-04-01	1	06단	讀者優待盛況
186980	朝鮮朝日	西北版	1930-04-01	1	07단	家庭研究所來る中旬開所
186981	朝鮮朝日	西北版	1930-04-01	1	07단	早い暖氣で鴨綠江解氷氷上通過不能
186982	朝鮮朝日	西北版	1930-04-01	1	07단	鎭海事件弔獻金
186983	朝鮮朝日	西北版	1930-04-01	1	07단	道議選の違反發覺平南咸川郡で
186984	朝鮮朝日	西北版	1930-04-01	1	07단	獸疫豫防に力をそゝぐ本年に入ってから發生者が特に多い
186985	朝鮮朝日	西北版	1930-04-01	1	08단	牡丹台野話
186986	朝鮮朝日	西北版	1930-04-01	1	08단	株賭博檢擧
186987	朝鮮朝日	西北版	1930-04-01	1	08단	巡察箱に不穩な文書
186988	朝鮮朝日	西北版	1930-04-01	1	09단	一家二人眞性痘瘡防疫に努む
186989	朝鮮朝日	西北版	1930-04-01	1	09단	四人組の强盜現金と白絹を强奪逃走
186990	朝鮮朝日	西北版	1930-04-01	1	09단	馬の鼻疽發生
186991	朝鮮朝日	西北版	1930-04-01	1	09단	療養費を得んと强盜
186992	朝鮮朝日	西北版	1930-04-01	1	10단	泥醉して汽車を止む

일련번호	판명		간행일	면	단수	기사명
186993	朝鮮朝日	西北版	1930-04-01	1	10단	瓦斯タンク爆發
186994	朝鮮朝日	西北版	1930-04-01	1	10단	溺死體漂着
186995	朝鮮朝日	西北版	1930-04-01	1	10단	半島茶話
186996	朝鮮朝日	南鮮版	1930-04-01	1	01단	成績不良の者から先に就職の斡旋實力ある者は將來があるから京城大學法文學部の新方針
186997	朝鮮朝日	南鮮版	1930-04-01	1	01단	慶南道内の初等教員大異動卅餘名は就職を延期近く第二の異動か
186998	朝鮮朝日	南鮮版	1930-04-01	1	01단	ブラック機京城に着く直ちに歡迎宴を開き總督らの花環を贈る/歡迎を感謝するヴ祕書語る
186999	朝鮮朝日	南鮮版	1930-04-01	1	02단	期成會を組織して運動昭和製鋼所問題で新義州、安東縣兩地
187000	朝鮮朝日	南鮮版	1930-04-01	1	03단	工業協會
187001	朝鮮朝日	南鮮版	1930-04-01	1	03단	馬山上水道水源地竣工盛大な配水式擧行
187002	朝鮮朝日	南鮮版	1930-04-01	1	03단	國際聯盟阿片委員二日に入城
187003	朝鮮朝日	南鮮版	1930-04-01	1	04단	蠶種製造講習會
187004	朝鮮朝日	南鮮版	1930-04-01	1	04단	來年度の架橋工事十六ケ所を
187005	朝鮮朝日	南鮮版	1930-04-01	1	04단	防火用の貯水タンク京城高地に入ケ所設置
187006	朝鮮朝日	南鮮版	1930-04-01	1	05단	春の生命は踊る！をどる萌える若芽に櫻のたよりに！！氣まぐれな踊り子のやうな寒さもゝう逃げてゆかう
187007	朝鮮朝日	南鮮版	1930-04-01	1	05단	個人々々で處分を決定學生事件の出所學生
187008	朝鮮朝日	南鮮版	1930-04-01	1	05단	雨が非常に多く麥の播種が出來ぬ全滅の悲鳴さへきこゆ慶北道當局排水に大童となる
187009	朝鮮朝日	南鮮版	1930-04-01	1	06단	統營郵便局新築落成式
187010	朝鮮朝日	南鮮版	1930-04-01	1	06단	受驗の難關を空から突破飛行機を利用して三校に見事パスす
187011	朝鮮朝日	南鮮版	1930-04-01	1	07단	市民大會で會社に警告慶北倭館の點燈拒否問題
187012	朝鮮朝日	南鮮版	1930-04-01	1	07단	鎮海事件弔獻金
187013	朝鮮朝日	南鮮版	1930-04-01	1	08단	運動界(京電勝つ/コート開き)
187014	朝鮮朝日	南鮮版	1930-04-01	1	08단	解雇されて自殺を企つ
187015	朝鮮朝日	南鮮版	1930-04-01	1	09단	重要書類を全部烏有に歸す暖爐の不始未からか陜川普通學校の火事/新學期を控へ途方に暮る演武場は民家を借り二部教授校長は辭表を提出す/二週間後に授業を開始勅語の燒失は畏多い慶南學務當局は語る

일련번호	판명		간행일	면	단수	기사명
187016	朝鮮朝日	南鮮版	1930-04-01	1	09단	巡察箱に不穩な文書
187017	朝鮮朝日	南鮮版	1930-04-01	1	09단	もよほし(故池上織監追悼式)
187018	朝鮮朝日	南鮮版	1930-04-01	1	09단	人(加藤殖銀總裁/坂井團氏(鮮銀大邱支店支配人)/立教大學ラグビー選手一行/恩田朝郵社長/大谷勝眞氏(城大教授))
187019	朝鮮朝日	南鮮版	1930-04-01	1	10단	半島茶話
187020	朝鮮朝日	西北・南鮮版	1930-04-01	2	01단	巴里風景/山田新一
187021	朝鮮朝日	西北・南鮮版	1930-04-01	2	01단	生物の變愛鬪爭ほんだはらの雌雄/田原正人
187022	朝鮮朝日	西北・南鮮版	1930-04-01	2	01단	大衆文藝といふもの/尾山篤二郎
187023	朝鮮朝日	西北・南鮮版	1930-04-01	2	05단	簡單とオシャレピクニックの用品
187024	朝鮮朝日	西北・南鮮版	1930-04-01	2	06단	慶北勤農組合各地に設置好成績を取む
187025	朝鮮朝日	西北・南鮮版	1930-04-01	2	06단	朝日新聞映畫の會
187026	朝鮮朝日	西北・南鮮版	1930-04-01	2	07단	トラック積載貨物の數量改正陳情
187027	朝鮮朝日	西北・南鮮版	1930-04-01	2	07단	近年稀な凶作慶南の海苔相場も高値
187028	朝鮮朝日	西北・南鮮版	1930-04-01	2	07단	雫の聲
187029	朝鮮朝日	西北・南鮮版	1930-04-01	2	07단	木浦海苔販賣高
187030	朝鮮朝日	西北・南鮮版	1930-04-01	2	07단	各地だより(京城)
187031	朝鮮朝日	西北版	1930-04-02	1	01단	櫻を食ふ木喰蟲栗を荒す胴枯病蟲優秀なる枕木用材など有益な三つの研究材料を發表
187032	朝鮮朝日	西北版	1930-04-02	1	01단	重なる御慶事にこよなき御滿悅和氣靄々の李王家篠田李王職次官謹話
187033	朝鮮朝日	西北版	1930-04-02	1	01단	平壤商議の評議當選者最低二票のレコード內地人の棄權が多い/平壤會議所評議員四名の辭意
187034	朝鮮朝日	西北版	1930-04-02	1	03단	各道の評議員任命發表さる(平南道/咸北道/黃海道)
187035	朝鮮朝日	西北版	1930-04-02	1	03단	咸北教職員の異動行はる新師範出は僅か四名採用更に多少の異動か/平南道教員の異動
187036	朝鮮朝日	西北版	1930-04-02	1	04단	忠北下忠州學議當選者
187037	朝鮮朝日	西北版	1930-04-02	1	05단	空から見た新義州(四)
187038	朝鮮朝日	西北版	1930-04-02	1	06단	牡丹台野話
187039	朝鮮朝日	西北版	1930-04-02	1	06단	辭令
187040	朝鮮朝日	西北版	1930-04-02	1	07단	滿洲各地の戰蹟御見學秋父宮殿下
187041	朝鮮朝日	西北版	1930-04-02	1	08단	國産愛用の二つの催し櫻南開の二十六日から廉賣會や生産品振興展平壤で賑やかに

일련번호	판명		간행일	면	단수	기사명
187042	朝鮮朝日	西北版	1930-04-02	1	08단	詩/北原白秋選
187043	朝鮮朝日	西北版	1930-04-02	1	08단	昭和水利組合創立委員會
187044	朝鮮朝日	西北版	1930-04-02	1	08단	清津公設市場工事に着手
187045	朝鮮朝日	西北版	1930-04-02	1	08단	城津、京城間直通電話一日から實施
187046	朝鮮朝日	西北版	1930-04-02	1	08단	淸州で慈善演藝會鎭海慘事の
187047	朝鮮朝日	西北版	1930-04-02	1	08단	土地改良の設計に着手平安北道で
187048	朝鮮朝日	西北版	1930-04-02	1	09단	安東の徵兵檢査
187049	朝鮮朝日	西北版	1930-04-02	1	09단	刑務所內で中心を圖る强竊盜犯人が同性愛から
187050	朝鮮朝日	西北版	1930-04-02	1	09단	兇行後素知らぬ顔で家族を弔慰兇器は草叢で發見溜池の殺人强盜犯人
187051	朝鮮朝日	西北版	1930-04-02	1	09단	男がもてる島女房に養はれる亭主女の多い濟州島の珍話
187052	朝鮮朝日	西北版	1930-04-02	1	10단	安東に排球場設置
187053	朝鮮朝日	西北版	1930-04-02	1	10단	迷子が多い
187054	朝鮮朝日	西北版	1930-04-02	1	10단	電線を盜む
187055	朝鮮朝日	西北版	1930-04-02	1	10단	質屋に覆面の强盜
187056	朝鮮朝日	西北版	1930-04-02	1	10단	もよほし(全南自動車營業者定期總會/木浦店員表彰式)
187057	朝鮮朝日	南鮮版	1930-04-02	1	01단	櫻を食ふ木喰蟲栗を荒す胴枯病蟲優秀なる枕木用材など有益な三つの研究材料を發表
187058	朝鮮朝日	南鮮版	1930-04-02	1	01단	重なる御慶事にこよなき御滿悅和氣靄々の李王家篠田李王職次官謹話
187059	朝鮮朝日	南鮮版	1930-04-02	1	01단	旱害の對策として麥の多收穫を獎勵優良品種を普及して慶南道當局の計劃
187060	朝鮮朝日	南鮮版	1930-04-02	1	02단	各道の評議員任命發表さる(江原道(民選)/慶北道(官選)/慶南道(官選評議員(十一名)/民選評議員(二十二名))
187061	朝鮮朝日	南鮮版	1930-04-02	1	04단	慶北教育界空前の大異動勇退更迭等五百名師範卒業者配置も發表
187062	朝鮮朝日	南鮮版	1930-04-02	1	05단	東拓京城支店の權限を擴張して積極的に事業の進捗を圖るいよいよ近く具體案決定の模樣
187063	朝鮮朝日	南鮮版	1930-04-02	1	06단	明年度豫算修正案通り可決病院新築案繰延べ釜山府協議會委員會
187064	朝鮮朝日	南鮮版	1930-04-02	1	06단	日本空輪の旅客機引返す
187065	朝鮮朝日	南鮮版	1930-04-02	1	06단	關稅の生字引稅田地師退職
187066	朝鮮朝日	南鮮版	1930-04-02	1	07단	辭令

일련번호	판명		간행일	면	단수	기사명
187067	朝鮮朝日	南鮮版	1930-04-02	1	07단	裡里高沙會例會
187068	朝鮮朝日	南鮮版	1930-04-02	1	07단	全裡里の俸給生活者起つ戸別割引下問題から近く大會を開き抗爭
187069	朝鮮朝日	南鮮版	1930-04-02	1	08단	慶北の肥料檢査所ちかく開始
187070	朝鮮朝日	南鮮版	1930-04-02	1	08단	裡里からの內地渡航熱容易に冷めぬ
187071	朝鮮朝日	南鮮版	1930-04-02	1	08단	滿洲各地の戰蹟御見學秩父宮殿下
187072	朝鮮朝日	南鮮版	1930-04-02	1	08단	城津、京城間直通電話一日から實施
187073	朝鮮朝日	南鮮版	1930-04-02	1	08단	釜山水源地の櫻見お斷り萬一を慮って
187074	朝鮮朝日	南鮮版	1930-04-02	1	08단	慶商勝つ
187075	朝鮮朝日	南鮮版	1930-04-02	1	08단	電線を盜む
187076	朝鮮朝日	南鮮版	1930-04-02	1	09단	質屋に覆面の强盜
187077	朝鮮朝日	南鮮版	1930-04-02	1	09단	南山麓國有地拂下陳情を總督府では大體容れる意向都計實行上必要と見て
187078	朝鮮朝日	南鮮版	1930-04-02	1	09단	兇行後素知らぬ顔で家族を弔慰兇器は草叢で發見溜池の殺人强盜犯人
187079	朝鮮朝日	南鮮版	1930-04-02	1	09단	男がもてる島女房に養はれる亭主女の多い濟州島の珍話
187080	朝鮮朝日	南鮮版	1930-04-02	1	10단	慶北特産宣傳會
187081	朝鮮朝日	南鮮版	1930-04-02	1	10단	京城の火事
187082	朝鮮朝日	南鮮版	1930-04-02	1	10단	刑務所內で中心を圖る强竊盜犯人が同性愛から
187083	朝鮮朝日	南鮮版	1930-04-02	1	10단	詩/北原白秋選
187084	朝鮮朝日	南鮮版	1930-04-02	1	10단	人(香椎源大郎氏(釜山商業會讀所會頭)/佐木克己氏(朝紡工場長))
187085	朝鮮朝日	西北・南鮮版	1930-04-02	2	01단	馬山の櫻
187086	朝鮮朝日	西北・南鮮版	1930-04-02	2	01단	鮮運同友を中心にメンバー爭奪戰春をよそに殺氣立つ朝鮮の運送界
187087	朝鮮朝日	西北・南鮮版	1930-04-02	2	01단	銀塊暴落で金利を制限安東でも調査
187088	朝鮮朝日	西北・南鮮版	1930-04-02	2	01단	平壤職紹所利用者增加
187089	朝鮮朝日	西北・南鮮版	1930-04-02	2	02단	羅南で食料品値下
187090	朝鮮朝日	西北・南鮮版	1930-04-02	2	02단	二十五日發賣昭和五年運動年鑑
187091	朝鮮朝日	西北・南鮮版	1930-04-02	2	03단	朝日新聞映畫の會
187092	朝鮮朝日	西北・南鮮版	1930-04-02	2	04단	國境地方宮使特別手當減額
187093	朝鮮朝日	西北版	1930-04-03	1	01단	勞働農民尊重の國を食詰て引揚る鮮農慘狀は見るにしのびぬ下村咸北道警察部長の視察談
187094	朝鮮朝日	西北版	1930-04-03	1	01단	時間締切前に投票函を開けて選擧人の投票を拒絶平北龍林面道議選に絡る奇怪事/全投票を無效とし選擧のやり直しを公告

일련번호	판명		간행일	면	단수	기사명
187095	朝鮮朝日	西北版	1930-04-03	1	01단	空から見た新義州(5)/道廳附近を望む
187096	朝鮮朝日	西北版	1930-04-03	1	04단	初等教員大異動咸南で發表
187097	朝鮮朝日	西北版	1930-04-03	1	04단	咸興平野を中心に最新の作戰で行ふ師團對抗演習その他につき下關で南軍司令官語る
187098	朝鮮朝日	西北版	1930-04-03	1	05단	平北道評議員任命
187099	朝鮮朝日	西北版	1930-04-03	1	05단	多獅島築港詳細に視察新義州の印象もよい國境に於る仙石總裁
187100	朝鮮朝日	西北版	1930-04-03	1	05단	應急策として前年度豫算踏襲新役員選擧後更に編成平壤商議評議員會で決議
187101	朝鮮朝日	西北版	1930-04-03	1	06단	平壤府の新年度豫算編成替へ漸く確定す百十八萬二千餘圓
187102	朝鮮朝日	西北版	1930-04-03	1	07단	鮮銀支店長會議
187103	朝鮮朝日	西北版	1930-04-03	1	07단	豆類實收高
187104	朝鮮朝日	西北版	1930-04-03	1	07단	俳句/鈴木花蓑選
187105	朝鮮朝日	西北版	1930-04-03	1	07단	平安北道教員の異動
187106	朝鮮朝日	西北版	1930-04-03	1	07단	漢川漁港工事に着手
187107	朝鮮朝日	西北版	1930-04-03	1	07단	モヒ及ヘロの定價を公示
187108	朝鮮朝日	西北版	1930-04-03	1	07단	過般の豪雨で大同江が增水し材木、橋梁の流失や河川交通杜絶の騒ぎ
187109	朝鮮朝日	西北版	1930-04-03	1	07단	肺ヂストマの撲滅を圖る
187110	朝鮮朝日	西北版	1930-04-03	1	07단	馬賊の襲來で相當な損害
187111	朝鮮朝日	西北版	1930-04-03	1	08단	牡丹台野話
187112	朝鮮朝日	西北版	1930-04-03	1	09단	帆船沈沒す
187113	朝鮮朝日	西北版	1930-04-03	1	09단	居直り強盗親子三人を斬る質屋や米屋を襲ひ犯人平壤署に捕る
187114	朝鮮朝日	西北版	1930-04-03	1	10단	京城東京間旅客機出發
187115	朝鮮朝日	西北版	1930-04-03	1	10단	平北道の狂犬が增加注射を勵行
187116	朝鮮朝日	西北版	1930-04-03	1	10단	半島茶話
187117	朝鮮朝日	西北版	1930-04-03	1	10단	功勞小頭に感狀を授與
187118	朝鮮朝日	西北版	1930-04-03	1	10단	人(陸兆民氏(新義州中華領事))
187119	朝鮮朝日	南鮮版	1930-04-03	1	01단	モヒ類專賣の利益金の處分方針患者施療所補助增加や密輸移入防止の徹底的取締に
187120	朝鮮朝日	南鮮版	1930-04-03	1	01단	慶北警察界空前の勇退に伴ひ一日午後發表さる/公正な新政策新人の擡頭
187121	朝鮮朝日	南鮮版	1930-04-03	1	02단	慶北官界の大異動發表勇退者都合十一名更に第二次の異動

일련번호	판명		간행일	면	단수	기사명
187122	朝鮮朝日	南鮮版	1930-04-03	1	03단	京畿道の教員異動相當英斷だと評せらる
187123	朝鮮朝日	南鮮版	1930-04-03	1	03단	鮮銀支店長會議
187124	朝鮮朝日	南鮮版	1930-04-03	1	04단	牧ノ島を新に編入釜山局に
187125	朝鮮朝日	南鮮版	1930-04-03	1	04단	街燈料金値下圓滿に解決三本のうち一本だけ永久無料の條件附で
187126	朝鮮朝日	南鮮版	1930-04-03	1	04단	お茶のあと
187127	朝鮮朝日	南鮮版	1930-04-03	1	04단	一票の棄權もなく釜山學議選
187128	朝鮮朝日	南鮮版	1930-04-03	1	05단	大邱學校費評議當選者
187129	朝鮮朝日	南鮮版	1930-04-03	1	05단	咸興平野を中心に最新の作戰で行ふ師團對抗演習その他につき下關で南軍司令官語る
187130	朝鮮朝日	南鮮版	1930-04-03	1	06단	豆類實收高
187131	朝鮮朝日	南鮮版	1930-04-03	1	06단	命令航路に補助金交付
187132	朝鮮朝日	南鮮版	1930-04-03	1	06단	穀運協定復活す鮮航會で決定
187133	朝鮮朝日	南鮮版	1930-04-03	1	06단	モヒ及ヘロの定價を公示
187134	朝鮮朝日	南鮮版	1930-04-03	1	06단	馬賊の襲來で相當な損害
187135	朝鮮朝日	南鮮版	1930-04-03	1	07단	鱈、あま鯛石首魚の加工漸次名産品事業化す慶南道で講習會開催
187136	朝鮮朝日	南鮮版	1930-04-03	1	07단	漢川漁港工事に着手
187137	朝鮮朝日	南鮮版	1930-04-03	1	07단	釜山地方の花に嵐寒さぶり返す
187138	朝鮮朝日	南鮮版	1930-04-03	1	07단	見限った妻を減多打つひに到死
187139	朝鮮朝日	南鮮版	1930-04-03	1	07단	過般の豪雨で大同江が增水し材木、橋梁の流失や河川交通杜絶の騷ぎ
187140	朝鮮朝日	南鮮版	1930-04-03	1	08단	寝込を襲ひ短刀で刺す
187141	朝鮮朝日	南鮮版	1930-04-03	1	08단	治安維持法の舊法を用ひ實大に處分さる
187142	朝鮮朝日	南鮮版	1930-04-03	1	08단	俳句/鈴木花藝選
187143	朝鮮朝日	南鮮版	1930-04-03	1	09단	平北道の狂犬が增加注射を勵行
187144	朝鮮朝日	南鮮版	1930-04-03	1	09단	居直り强盗親子三人を斬る質屋や米屋を襲ひ犯人平壤署に捕る
187145	朝鮮朝日	南鮮版	1930-04-03	1	09단	京城東京間旅客機出發
187146	朝鮮朝日	南鮮版	1930-04-03	1	09단	東京高師の柔道部遠征
187147	朝鮮朝日	南鮮版	1930-04-03	1	10단	病室にラヂオ
187148	朝鮮朝日	南鮮版	1930-04-03	1	10단	大邱勝つ
187149	朝鮮朝日	南鮮版	1930-04-03	1	10단	少女を殺害す犯人は判らぬ
187150	朝鮮朝日	南鮮版	1930-04-03	1	10단	人(小松京城本町署長/西原八十八氏(全南水産課長)/松村殖産局長/南朝鮮軍司令官))
187151	朝鮮朝日	南鮮版	1930-04-03	1	10단	半島茶話

일련번호	판명		간행일	면	단수	기사명
187152	朝鮮朝日	西北・南鮮版	1930-04-03	2	01단	戎祭の客滿載の渡船顚覆の大珍事溺死行方不明九十餘名關係者押よせ大混雜を呈す悽慘の氣漲る若戶の渡し/アツといふ間に船首から沈んだ流れゆく人の足の下を潛って危く助かった遭難者の一人語り/船內に飛沫で乘客が片寄りつひに顚覆の大慘事/兩市長も驅けつけ死體捜査指揮/總ては取調中基だ遺憾だ塚本水上署長談/若松驛は一時大混亂
187153	朝鮮朝日	西北版	1930-04-04	1		休刊
187154	朝鮮朝日	南鮮版	1930-04-04	1		休刊
187155	朝鮮朝日	西北・南鮮版	1930-04-04	2		休刊
187156	朝鮮朝日	西北版	1930-04-05	1	01단	王家の御慶事は九月上旬と拜する御滿悅の程察し入る韓李王職長官談
187157	朝鮮朝日	西北版	1930-04-05	1	01단	繭絲の暴落で死活の岐路に立つ鮮內の製絲業者等總督へ打開策を要望
187158	朝鮮朝日	西北版	1930-04-05	1	02단	各道の評議員定式に任命された分(全北道/全南道/忠南道/咸南道/忠北道)
187159	朝鮮朝日	西北版	1930-04-05	1	02단	農業商業兩倉庫を主要地に設置する鮮米の移出調節の爲松村殖産局長歸來談
187160	朝鮮朝日	西北版	1930-04-05	1	04단	新義州學校費評議當選者
187161	朝鮮朝日	西北版	1930-04-05	1	04단	元山の學議當選者
187162	朝鮮朝日	西北版	1930-04-05	1	05단	平壤の學議選擧半數の棄權
187163	朝鮮朝日	西北版	1930-04-05	1	05단	五十錢タクシーの組織を改め窮境を切り拔ける平壤の當業者が腐心
187164	朝鮮朝日	西北版	1930-04-05	1	05단	俳句/鈴木花藝選
187165	朝鮮朝日	西北版	1930-04-05	1	05단	四年越しで生れた朝鮮運送株式會社百萬圓拂込や役員等株主總會で決定さる
187166	朝鮮朝日	西北版	1930-04-05	1	06단	警備の充實を圖る爲警官百名を增す監察官をも設く本年度豫算に計上
187167	朝鮮朝日	西北版	1930-04-05	1	06단	山本提督來壤の豫定
187168	朝鮮朝日	西北版	1930-04-05	1	06단	電氣條例の效力延期を平壤から申請
187169	朝鮮朝日	西北版	1930-04-05	1	06단	三名を救助
187170	朝鮮朝日	西北版	1930-04-05	1	06단	盜んだ庖丁で强盜を企つ
187171	朝鮮朝日	西北版	1930-04-05	1	07단	天道大會の建議案協議
187172	朝鮮朝日	西北版	1930-04-05	1	07단	北鮮沿岸に大工船愈よ乘出す
187173	朝鮮朝日	西北版	1930-04-05	1	07단	平壤で迷子が多い
187174	朝鮮朝日	西北版	1930-04-05	1	07단	陶器原料の高嶺土發見約三百五十萬坪を近く大々的に採掘
187175	朝鮮朝日	西北版	1930-04-05	1	08단	僞造白銅貨頻々と發見

일련번호	판명		간행일	면	단수	기사명
187176	朝鮮朝日	西北版	1930-04-05	1	08단	通帳を改竄し貯金を詐取
187177	朝鮮朝日	西北版	1930-04-05	1	08단	一千圓を交換條件で起訴猶豫となる元檢事の瀆職事件公判に
187178	朝鮮朝日	西北版	1930-04-05	1	09단	牡丹台野話
187179	朝鮮朝日	西北版	1930-04-05	1	09단	保護中の免囚が種々の惡事内部の規律亂れた平壤保護會を改革
187180	朝鮮朝日	西北版	1930-04-05	1	09단	元巡査の詐欺
187181	朝鮮朝日	西北版	1930-04-05	1	10단	不義の子を殺す
187182	朝鮮朝日	西北版	1930-04-05	1	10단	拐帶主任捕る
187183	朝鮮朝日	西北版	1930-04-05	1	10단	取消申込
187184	朝鮮朝日	西北版	1930-04-05	1	10단	半島茶話
187185	朝鮮朝日	南鮮版	1930-04-05	1	01단	王家の御慶事は九月上旬と拜する御滿悅の程察し入る韓李王職長官談
187186	朝鮮朝日	南鮮版	1930-04-05	1	01단	農業商業兩倉庫を主要地に設置する鮮米の移出調節の爲松村殖産局長歸來談
187187	朝鮮朝日	南鮮版	1930-04-05	1	01단	議員側の態度如何で總辭職にまで持ち來される模樣裡里俸給生活者對學組問題
187188	朝鮮朝日	南鮮版	1930-04-05	1	01단	北海道移住の補助を願出旱害のため慶北農民が
187189	朝鮮朝日	南鮮版	1930-04-05	1	02단	群山郵便局の電話改善好轉
187190	朝鮮朝日	南鮮版	1930-04-05	1	02단	記念植樹祭
187191	朝鮮朝日	南鮮版	1930-04-05	1	03단	商議所聯合會五月に催す
187192	朝鮮朝日	南鮮版	1930-04-05	1	03단	第一艦隊十數隻九日仁川へ
187193	朝鮮朝日	南鮮版	1930-04-05	1	04단	全北道教員の異動殆んど總替へ
187194	朝鮮朝日	南鮮版	1930-04-05	1	04단	各道の評議員定式に任命された分(全北道/全南道/忠南道/咸南道/忠北道)
187195	朝鮮朝日	南鮮版	1930-04-05	1	05단	警備の充實を圖る爲警官百名を增す監察官をも設く本年度豫算に計上
187196	朝鮮朝日	南鮮版	1930-04-05	1	05단	裡里の櫻綻ぶ
187197	朝鮮朝日	南鮮版	1930-04-05	1	05단	四年越しで生れた朝鮮運送株式會社百萬圓拂込や役員等株主總會で決定さる
187198	朝鮮朝日	南鮮版	1930-04-05	1	06단	釜山商議當選者高點爭ひ
187199	朝鮮朝日	南鮮版	1930-04-05	1	06단	俳句/鈴木花蓑選
187200	朝鮮朝日	南鮮版	1930-04-05	1	07단	忠魂碑着工羅南神社の
187201	朝鮮朝日	南鮮版	1930-04-05	1	07단	京城聯盟野球番組いよいよ決定/鐵道慘敗す
187202	朝鮮朝日	南鮮版	1930-04-05	1	08단	完備した寄宿舍を設ける京城府內各學校生徒のために學校組合で計劃
187203	朝鮮朝日	南鮮版	1930-04-05	1	08단	尾間立親氏取調べ別の事件か

일련번호	판명		간행일	면	단수	기사명
187204	朝鮮朝日	南鮮版	1930-04-05	1	08단	就寢中を減多斬り離緣された男が舅を
187205	朝鮮朝日	南鮮版	1930-04-05	1	08단	大邱署が元訓導檢擧不穩計劃暴露か
187206	朝鮮朝日	南鮮版	1930-04-05	1	09단	京仁驛傳競走
187207	朝鮮朝日	南鮮版	1930-04-05	1	09단	八戶を全半燒三名負傷す木浦の火事
187208	朝鮮朝日	南鮮版	1930-04-05	1	09단	忠南道廳移轉疑獄の公判廿八日と決定
187209	朝鮮朝日	南鮮版	1930-04-05	1	09단	家人に泣かれ盜品を返す三人組の强盜
187210	朝鮮朝日	南鮮版	1930-04-05	1	09단	天然痘發生
187211	朝鮮朝日	南鮮版	1930-04-05	1	09단	檄文事件に懲役
187212	朝鮮朝日	南鮮版	1930-04-05	1	10단	元巡査に三年の懲役
187213	朝鮮朝日	南鮮版	1930-04-05	1	10단	社金を拐帶逃走
187214	朝鮮朝日	南鮮版	1930-04-05	1	10단	酌婦を殺す
187215	朝鮮朝日	南鮮版	1930-04-05	1	10단	現職巡査の萬引
187216	朝鮮朝日	南鮮版	1930-04-05	1	10단	もよほし(池上前總督追悼會)
187217	朝鮮朝日	南鮮版	1930-04-05	1	10단	人(韓昌洙男(李王職長官)/松村松盛氏(殖産局長)/大池源二氏(釜山實業家)/東條正平氏(朝鐵重役)/武部學務局長/茨原彥三氏(總督府文書課長)/中川新一君(鐵道局庭球部主將))
187218	朝鮮朝日	南鮮版	1930-04-05	1	10단	半島茶話
187219	朝鮮朝日	西北・南鮮版	1930-04-05	2	01단	北鮮交通綱面目を一新旅客貨物を連絡輸送圖們鐵と自動車提携
187220	朝鮮朝日	西北・南鮮版	1930-04-05	2	01단	平北生牛の新販路を開拓改良增殖とゝもに內地電給には特に留意
187221	朝鮮朝日	西北・南鮮版	1930-04-05	2	01단	折角の歡待が終始退屈だった興味ある「海游錄」と爲政者への一針
187222	朝鮮朝日	西北・南鮮版	1930-04-05	2	02단	モヒ患者二千名全南が最多
187223	朝鮮朝日	西北・南鮮版	1930-04-05	2	03단	水力調査課三月末廢止
187224	朝鮮朝日	西北・南鮮版	1930-04-05	2	03단	三月中元山の手形交換高
187225	朝鮮朝日	西北・南鮮版	1930-04-05	2	03단	實需期に入り買付がなく肥料商大恐慌を來す共同購入が多くて
187226	朝鮮朝日	西北・南鮮版	1930-04-05	2	03단	朝日新聞映畫の會
187227	朝鮮朝日	西北・南鮮版	1930-04-05	2	04단	咸北の記念植樹
187228	朝鮮朝日	西北・南鮮版	1930-04-05	2	04단	各地だより(鎭南浦/京城/平壤)
187229	朝鮮朝日	西北版	1930-04-06	1	01단	空から見た新義州(六)/王子製紙工場を望む
187230	朝鮮朝日	西北版	1930-04-06	1	01단	兒童の人格尊重を根本方針としたあらたに編纂された普通學校の修身書
187231	朝鮮朝日	西北版	1930-04-06	1	01단	朝鮮の制度改正は相當難かしい拓務省の計劃に對し總督府關係課の意見

일련번호	판명		간행일	면	단수	기사명
187232	朝鮮朝日	西北版	1930-04-06	1	02단	總督府異動全南警察部長等
187233	朝鮮朝日	西北版	1930-04-06	1	03단	平北の校長異動
187234	朝鮮朝日	西北版	1930-04-06	1	04단	平壤府立圖書館增築して擴張開館以來閱覽者が豫想の外に多い
187235	朝鮮朝日	西北版	1930-04-06	1	04단	積極的に事業を進む結核豫防會安東支部で
187236	朝鮮朝日	西北版	1930-04-06	1	04단	第一艦隊仁川へ九日の午後
187237	朝鮮朝日	西北版	1930-04-06	1	04단	北鮮點描(4)/鳩山氏
187238	朝鮮朝日	西北版	1930-04-06	1	05단	獻穀耕作者
187239	朝鮮朝日	西北版	1930-04-06	1	05단	三十歲で醫學博士に城大の武田氏
187240	朝鮮朝日	西北版	1930-04-06	1	05단	服らかな春の裏にみじめな不景氣風大商店などが四苦八苦新しい犯罪も現はれてくる(司法係の話/高等係の話)
187241	朝鮮朝日	西北版	1930-04-06	1	06단	優良國産品宣傳卽賣會二十六日から一週間花の牡丹台で開催
187242	朝鮮朝日	西北版	1930-04-06	1	06단	電氣料値下の運動方法協議
187243	朝鮮朝日	西北版	1930-04-06	1	07단	平南の警官增員差當り十五名
187244	朝鮮朝日	西北版	1930-04-06	1	08단	故池上氏追悼會盛大に執行さる
187245	朝鮮朝日	西北版	1930-04-06	1	08단	俳句/鈴木花蓑選
187246	朝鮮朝日	西北版	1930-04-06	1	08단	安寧保安に活躍をなす平壤署の充實
187247	朝鮮朝日	西北版	1930-04-06	1	08단	簡易保險好成績六ヶ月間に十二萬餘件
187248	朝鮮朝日	西北版	1930-04-06	1	09단	緩漫な計劃を待ち切れず各道は地方費を投じ續々架橋工事を起す
187249	朝鮮朝日	西北版	1930-04-06	1	09단	兒童廿餘名が列車に投石乘客一名負傷す片つ端から引致取調中
187250	朝鮮朝日	西北版	1930-04-06	1	09단	矢張り成績のよい者から就職の幹旋
187251	朝鮮朝日	西北版	1930-04-06	1	10단	馬賊の曝し首今後は禁止
187252	朝鮮朝日	西北版	1930-04-06	1	10단	平壤の强盜
187253	朝鮮朝日	南鮮版	1930-04-06	1	01단	昌慶苑の櫻見頃近づく
187254	朝鮮朝日	南鮮版	1930-04-06	1	01단	各初等學校に題目を與へ教育各方面の研究慶南道の新しい試み
187255	朝鮮朝日	南鮮版	1930-04-06	1	01단	俳句/鈴木花蓑選
187256	朝鮮朝日	南鮮版	1930-04-06	1	02단	朝鮮の制度改正は相當難かしい拓務省の計劃に對し總督府關係課の意見
187257	朝鮮朝日	南鮮版	1930-04-06	1	02단	兒童の人格尊重を根本方針としたあらたに編纂された普通學校の修身書
187258	朝鮮朝日	南鮮版	1930-04-06	1	03단	釜山商議正副會頭其他役員決定
187259	朝鮮朝日	南鮮版	1930-04-06	1	04단	總督府異動全南警察部長等
187260	朝鮮朝日	南鮮版	1930-04-06	1	04단	獻穀耕作者

일련번호	판명		간행일	면	단수	기사명
187261	朝鮮朝日	南鮮版	1930-04-06	1	05단	緩慢な計劃を待ち切れず各道は地方費を投じ續々架橋工事を起す
187262	朝鮮朝日	南鮮版	1930-04-06	1	05단	脹らかな春の裏にみじめな不景氣風大商店などが四苦八苦新しい犯罪も現はれてくる(司法係の話/高等係の話)
187263	朝鮮朝日	南鮮版	1930-04-06	1	06단	三十歳で醫學博士に城大の武田氏
187264	朝鮮朝日	南鮮版	1930-04-06	1	06단	大邱運合支店五月から開業
187265	朝鮮朝日	南鮮版	1930-04-06	1	06단	鎮海遭難兒童追悼音樂會
187266	朝鮮朝日	南鮮版	1930-04-06	1	07단	第一艦隊仁川へ九日の午後
187267	朝鮮朝日	南鮮版	1930-04-06	1	07단	各地の記念植樹(咸鏡北道/羅南面/出生植樹を奬勵)
187268	朝鮮朝日	南鮮版	1930-04-06	1	07단	牧島渡船に改善を促す若戸渡船顚覆に鑑み府に對して警告
187269	朝鮮朝日	南鮮版	1930-04-06	1	08단	故池上氏追悼會盛大に執行さる
187270	朝鮮朝日	南鮮版	1930-04-06	1	08단	矢張り成績のよい者から就職の斡旋
187271	朝鮮朝日	南鮮版	1930-04-06	1	08단	簡易保險好成績六ヶ月間に十二萬餘件
187272	朝鮮朝日	南鮮版	1930-04-06	1	09단	謄寫板刷りの教科書を急製間に合はせの慘狀陝川普校の燒失/永久校舍建設立案か/放火の疑ひで取調べ中
187273	朝鮮朝日	南鮮版	1930-04-06	1	10단	馬山の火事
187274	朝鮮朝日	南鮮版	1930-04-06	1	10단	人(兒玉政務總監)
187275	朝鮮朝日	南鮮版	1930-04-06	1	10단	半島茶話
187276	朝鮮朝日	西北・南鮮版	1930-04-06	2	01단	八尋農務課長の一言に激怒し糺彈の火の手をあぐ富平水利の地主連中
187277	朝鮮朝日	西北・南鮮版	1930-04-06	2	01단	釣魚の餌料蓄養の試驗慶南で本年度から實施當業者を指導する
187278	朝鮮朝日	西北・南鮮版	1930-04-06	2	01단	椎茸の培養試驗咸北道內で
187279	朝鮮朝日	西北・南鮮版	1930-04-06	2	01단	木材特定運賃を廢止
187280	朝鮮朝日	西北・南鮮版	1930-04-06	2	02단	引込線工事入札
187281	朝鮮朝日	西北・南鮮版	1930-04-06	2	02단	南支方面の需要が多く豆粕類活況
187282	朝鮮朝日	西北・南鮮版	1930-04-06	2	03단	活況を呈し初む安東棉絲布界
187283	朝鮮朝日	西北・南鮮版	1930-04-06	2	03단	放任された溜池の養魚場化先づ鯉の稚魚を放養慶北道で利用を奬勵
187284	朝鮮朝日	西北・南鮮版	1930-04-06	2	03단	咸北水産副會長
187285	朝鮮朝日	西北・南鮮版	1930-04-06	2	03단	朝日新聞映畵の會
187286	朝鮮朝日	西北・南鮮版	1930-04-06	2	04단	平北道の豆類の作付
187287	朝鮮朝日	西北・南鮮版	1930-04-06	2	04단	叺製造競技
187288	朝鮮朝日	西北・南鮮版	1930-04-06	2	04단	各地だより(淸州/羅南/裡里)

일련번호	판명		간행일	면	단수	기사명
187289	朝鮮朝日	西北版	1930-04-08	1	01단	商、農兩倉庫を適地に建設し補助金や低資の融通朝鮮米移出調節問題
187290	朝鮮朝日	西北版	1930-04-08	1	01단	南浦産組の業積振はず職員も浮腰となる結局は他に移管か
187291	朝鮮朝日	西北版	1930-04-08	1	01단	昭和製鋼の新義州設を裏書する材料蒐集總督府の某技師が
187292	朝鮮朝日	西北版	1930-04-08	1	01단	安東の公費滯納額減る
187293	朝鮮朝日	西北版	1930-04-08	1	02단	本年度中に十三校新設平北の普通校
187294	朝鮮朝日	西北版	1930-04-08	1	02단	各花とうたはれた盧銀紅姿を消す謎の大盡客に連れられ憧れの內地見物に出かけたか
187295	朝鮮朝日	西北版	1930-04-08	1	03단	平壤商議正副會頭常務委員選出
187296	朝鮮朝日	西北版	1930-04-08	1	03단	稅關管轉區域を改正
187297	朝鮮朝日	西北版	1930-04-08	1	03단	江岸支那地の改良書堂朝鮮普通校と少しも變らぬ
187298	朝鮮朝日	西北版	1930-04-08	1	04단	各府縣合同見本市大連で開催す
187299	朝鮮朝日	西北版	1930-04-08	1	04단	國境警備の守備隊の大福音通信改善や兵營宿舍の改良各隊に軍醫を配屬
187300	朝鮮朝日	西北版	1930-04-08	1	05단	平壤飛行友會産聲を擧ぐ今後新兵器の見學や講演會などもよほす
187301	朝鮮朝日	西北版	1930-04-08	1	05단	公有水面取締規制規定の港灣を指定
187302	朝鮮朝日	西北版	1930-04-08	1	05단	普通校設立の認可を申請平壤箕林里に
187303	朝鮮朝日	西北版	1930-04-08	1	06단	鎭南浦商議後任會頭選擧
187304	朝鮮朝日	西北版	1930-04-08	1	06단	羅南靑訓開所式
187305	朝鮮朝日	西北版	1930-04-08	1	06단	實業講習會
187306	朝鮮朝日	西北版	1930-04-08	1	06단	平壤兼二浦間モダン發動機船航行許可願ひを出す
187307	朝鮮朝日	西北版	1930-04-08	1	07단	鴨綠江の鐵橋開閉十五日から
187308	朝鮮朝日	西北版	1930-04-08	1	07단	製菓業大會
187309	朝鮮朝日	西北版	1930-04-08	1	07단	飛行隊道路に植樹を行ふ
187310	朝鮮朝日	西北版	1930-04-08	1	07단	御眞影下賜
187311	朝鮮朝日	西北版	1930-04-08	1	07단	巡査部長試驗の合格者
187312	朝鮮朝日	西北版	1930-04-08	1	07단	馬轉嶺附近は積雪一丈餘除雪作業に着手
187313	朝鮮朝日	西北版	1930-04-08	1	07단	安東の强盜
187314	朝鮮朝日	西北版	1930-04-08	1	08단	不穩計劃の防止に努む
187315	朝鮮朝日	西北版	1930-04-08	1	08단	鶴群きたる
187316	朝鮮朝日	西北版	1930-04-08	1	08단	支那人と朝鮮人夫の亂鬪負傷者數名を出す些細な喧嘩が因で
187317	朝鮮朝日	西北版	1930-04-08	1	08단	井水を飲めば血を吐いて死亡者を出す

일련번호	판명		간행일	면	단수	기사명
187318	朝鮮朝日	西北版	1930-04-08	1	08단	賃金の不拂から男女工押寄す
187319	朝鮮朝日	西北版	1930-04-08	1	09단	牡丹台野話
187320	朝鮮朝日	西北版	1930-04-08	1	09단	朝鮮人二名を殺傷匪賊現はる
187321	朝鮮朝日	西北版	1930-04-08	1	09단	十六名共謀し杭木を盜む
187322	朝鮮朝日	西北版	1930-04-08	1	10단	野笠のため轢死をとぐ
187323	朝鮮朝日	西北版	1930-04-08	1	10단	安東の火事
187324	朝鮮朝日	西北版	1930-04-08	1	10단	咸興の火事
187325	朝鮮朝日	西北版	1930-04-08	1	10단	會社の金を拐帶
187326	朝鮮朝日	西北版	1930-04-08	1	10단	出前持の許欺
187327	朝鮮朝日	西北版	1930-04-08	1	10단	もよほし(春季射撃大會/修養團の講演會)
187328	朝鮮朝日	西北版	1930-04-08	1	10단	人(內藤政光子傅(東京帝室博物館歷史課))
187329	朝鮮朝日	南鮮版	1930-04-08	1	01단	商、農兩倉庫を適地に建設し補助金や低資の融通朝鮮米移出調節問題
187330	朝鮮朝日	南鮮版	1930-04-08	1	01단	昭和製鋼の新義州設を裏書する材料蒐集總督府の某技師が
187331	朝鮮朝日	南鮮版	1930-04-08	1	01단	釜山高小獨立問題解決の曙光
187332	朝鮮朝日	南鮮版	1930-04-08	1	02단	全部引替で問題片付く不良肥料購入問題
187333	朝鮮朝日	南鮮版	1930-04-08	1	02단	各花とうたはれた盧銀紅姿を消す謎の大盡客に連れられ憧れの內地見物に出かけたか
187334	朝鮮朝日	南鮮版	1930-04-08	1	03단	稅關管轄區域を改正
187335	朝鮮朝日	南鮮版	1930-04-08	1	03단	初顔合に相應しく異常に緊張巖橋議員改造を痛論釜山商議評議員會
187336	朝鮮朝日	南鮮版	1930-04-08	1	03단	陜川普校の再建を陳情
187337	朝鮮朝日	南鮮版	1930-04-08	1	04단	朝鮮化學會例會
187338	朝鮮朝日	南鮮版	1930-04-08	1	04단	耐旱性稻奬勵品種二種を追加
187339	朝鮮朝日	南鮮版	1930-04-08	1	04단	國境警備の守備隊の大福音通信改善や兵營宿舍の改良各隊に軍醫を配屬
187340	朝鮮朝日	南鮮版	1930-04-08	1	05단	立教對全京城ラクビ－戰(六日京城運動場で擧行)
187341	朝鮮朝日	南鮮版	1930-04-08	1	05단	釜山港口燈標の燈質を區分
187342	朝鮮朝日	南鮮版	1930-04-08	1	07단	平壤飛行友會産聲を擧ぐ今後新兵器の見學や講演會などもよほす
187343	朝鮮朝日	南鮮版	1930-04-08	1	07단	京城商議役員會
187344	朝鮮朝日	南鮮版	1930-04-08	1	07단	公有水面取締規制規定の港灣を指定
187345	朝鮮朝日	南鮮版	1930-04-08	1	07단	鎭南浦商議後任會頭選擧
187346	朝鮮朝日	南鮮版	1930-04-08	1	07단	羅南靑訓開所式
187347	朝鮮朝日	南鮮版	1930-04-08	1	07단	DKの求人求職放送が增加

일련번호	판명		간행일	면	단수	기사명
187348	朝鮮朝日	南鮮版	1930-04-08	1	08단	全鮮商議聯合會京城で開催
187349	朝鮮朝日	南鮮版	1930-04-08	1	08단	仲買人を許可制とし不正者を一掃す繭取引の安全を期するため蠶業令一部を改正
187350	朝鮮朝日	南鮮版	1930-04-08	1	08단	急ぎの旅は飛行機に限る非常な人氣を博した京城の遊覽飛行
187351	朝鮮朝日	南鮮版	1930-04-08	1	08단	鴨綠江の鐵橋開閉五十日から
187352	朝鮮朝日	南鮮版	1930-04-08	1	09단	櫻の各所淸州櫻馬場や無心河畔見頃近づく
187353	朝鮮朝日	南鮮版	1930-04-08	1	09단	飛行隊道路に植樹を行ふ
187354	朝鮮朝日	南鮮版	1930-04-08	1	09단	製菓業大會
187355	朝鮮朝日	南鮮版	1930-04-08	1	10단	巡査部長試驗の合格者
187356	朝鮮朝日	南鮮版	1930-04-08	1	10단	御眞影下賜
187357	朝鮮朝日	南鮮版	1930-04-08	1	10단	鎭海遭難者追善の寄贈
187358	朝鮮朝日	南鮮版	1930-04-08	1	10단	水上機仁川へ
187359	朝鮮朝日	南鮮版	1930-04-08	1	10단	鎭海遭難者弔慰金
187360	朝鮮朝日	南鮮版	1930-04-08	1	10단	呂運亭の公判九日に開延
187361	朝鮮朝日	南鮮版	1930-04-08	1	10단	鮮銀爆破事件公判
187362	朝鮮朝日	南鮮版	1930-04-08	1	10단	誤って服毒
187363	朝鮮朝日	南鮮版	1930-04-08	1	10단	人(內藤政光子爵(東京帝室博物館歷史課)/吉田秀次郎氏(仁川商議會頭)/新任淸州醫院長醫學博士中原養樹氏/內田貢作氏(大邱八十聯隊副官中佐))
187364	朝鮮朝日	西北・南鮮版	1930-04-08	2	01단	近代美と古典美火曜のペーヂ女の顔、その他/丸木沙土
187365	朝鮮朝日	西北・南鮮版	1930-04-08	2	02단	男性美とは？/ささきふさ
187366	朝鮮朝日	西北・南鮮版	1930-04-08	2	05단	織物檢查所の移轉に反對
187367	朝鮮朝日	西北・南鮮版	1930-04-08	2	05단	鐵道局の收入減少す
187368	朝鮮朝日	西北・南鮮版	1930-04-08	2	05단	綿織物の移入稅免除
187369	朝鮮朝日	西北・南鮮版	1930-04-08	2	06단	航空郵便の締切時間變更
187370	朝鮮朝日	西北・南鮮版	1930-04-08	2	06단	醫學講習所の入學者發表
187371	朝鮮朝日	西北・南鮮版	1930-04-08	2	06단	全國の産業放送
187372	朝鮮朝日	西北・南鮮版	1930-04-08	2	06단	各地だより(仁川/平壤/元山/咸興/裡里/大邱)
187373	朝鮮朝日	西北・南鮮版	1930-04-08	2	06단	朝日新聞映畫の會
187374	朝鮮朝日	西北版	1930-04-09	1	01단	爲すべき仕事もなく囚人徒らに遊食す久留米絣の注文がなく忽ちにして慘めなこの始末

일련번호	판명		간행일	면	단수	기사명
187375	朝鮮朝日	西北版	1930-04-09	1	01단	十二月末頃に開通の豫定東京、京城間直通電話工事の實施期を早む
187376	朝鮮朝日	西北版	1930-04-09	1	01단	朝鮮人側が著しく進出內地人は影を潛む各道評議員の選擧
187377	朝鮮朝日	西北版	1930-04-09	1	01단	葉煙草取引
187378	朝鮮朝日	西北版	1930-04-09	1	02단	海軍側では補助の模樣平壤寺洞間の電車
187379	朝鮮朝日	西北版	1930-04-09	1	02단	自動車が開通し義州慈城間住民大喜び
187380	朝鮮朝日	西北版	1930-04-09	1	03단	朝鮮人の入學が多數新義州小學校
187381	朝鮮朝日	西北版	1930-04-09	1	03단	新陽里市場直營に附近住民反對
187382	朝鮮朝日	西北版	1930-04-09	1	03단	他道に比し女工が多い待遇改善資料の平南道工場各方面の調査
187383	朝鮮朝日	西北版	1930-04-09	1	04단	新義州の電話便用料一圓値上か
187384	朝鮮朝日	西北版	1930-04-09	1	04단	俳句/鈴木花藝選
187385	朝鮮朝日	西北版	1930-04-09	1	04단	平北道に十三校設立
187386	朝鮮朝日	西北版	1930-04-09	1	05단	力二罐詰水産會組織
187387	朝鮮朝日	西北版	1930-04-09	1	05단	緊縮方針に順應した餘興を十八日盛大に行ふ平壤步兵聯隊軍旗祭
187388	朝鮮朝日	西北版	1930-04-09	1	05단	江岸警備に飛行船つばめ丸近く溯江する
187389	朝鮮朝日	西北版	1930-04-09	1	06단	平南道の移出牛聲價を高む
187390	朝鮮朝日	西北版	1930-04-09	1	06단	火田民から救濟の陳情
187391	朝鮮朝日	西北版	1930-04-09	1	06단	渡來者の九割までが殆と密輸入者
187392	朝鮮朝日	西北版	1930-04-09	1	07단	兒童が足らず普通校の經營難學校新設の反面に對策に惱む慶南道當局
187393	朝鮮朝日	西北版	1930-04-09	1	07단	辭令(東京電話)
187394	朝鮮朝日	西北版	1930-04-09	1	07단	農村の惡弊打破平南道社會課から通牒
187395	朝鮮朝日	西北版	1930-04-09	1	07단	海軍攻擊機平壤に飛來卽日歸艦す
187396	朝鮮朝日	西北版	1930-04-09	1	07단	富平水利問題圓滿に解決
187397	朝鮮朝日	西北版	1930-04-09	1	08단	麥作段別擴張と增收を圖る
187398	朝鮮朝日	西北版	1930-04-09	1	08단	旺んな愛犬熱最近の京城
187399	朝鮮朝日	西北版	1930-04-09	1	08단	法廷で證人の巡査を袋叩き噓をついたと憤慨出版法違反の公判
187400	朝鮮朝日	西北版	1930-04-09	1	08단	牡丹台野話
187401	朝鮮朝日	西北版	1930-04-09	1	09단	稅關倉庫から拳銃盜まる
187402	朝鮮朝日	西北版	1930-04-09	1	09단	幹部の奪合で烈しい抗爭左右兩派の睨み合ひ新幹會の大きな惱み
187403	朝鮮朝日	西北版	1930-04-09	1	10단	鴨綠江全江解水
187404	朝鮮朝日	西北版	1930-04-09	1	10단	半島茶話

일련번호	판명		간행일	면	단수	기사명
187405	朝鮮朝日	南鮮版	1930-04-09	1	01단	爲すべき仕事もなく囚人徒らに遊食す久留米絣の注文がなく忽ちにして慘めなこの始末
187406	朝鮮朝日	南鮮版	1930-04-09	1	01단	朝鮮人側が著しく進出內地人は影を潛む各道評議員の選擧
187407	朝鮮朝日	南鮮版	1930-04-09	1	01단	慶北道郡守七名異動す知事の腕の冴を見せ一般に好評を博す
187408	朝鮮朝日	南鮮版	1930-04-09	1	02단	麥作段別擴張と增收を圖る
187409	朝鮮朝日	南鮮版	1930-04-09	1	03단	釜山の本年度競技計劃きまる
187410	朝鮮朝日	南鮮版	1930-04-09	1	03단	春の自由詩(A)/慶法術師のやうに明滅の電燈サイン 夜・京城の大空にエロティックな光りを放つ
187411	朝鮮朝日	南鮮版	1930-04-09	1	04단	富平水利問題圓滿に解決
187412	朝鮮朝日	南鮮版	1930-04-09	1	05단	慶尙合同銀行幹部級異動
187413	朝鮮朝日	南鮮版	1930-04-09	1	05단	地方色をとり入れた職業教育を施す非常の好成績を收む慶北道內の初等校
187414	朝鮮朝日	南鮮版	1930-04-09	1	06단	十二月末頃に開通の豫定東京、京城間直通電話工事の實施期を早む
187415	朝鮮朝日	南鮮版	1930-04-09	1	07단	兒童が足らず普通校の經營難學校新設の反面に對策に惱む慶南道當局
187416	朝鮮朝日	南鮮版	1930-04-09	1	08단	金融組合大會
187417	朝鮮朝日	南鮮版	1930-04-09	1	08단	俳句/鈴木花蓑選
187418	朝鮮朝日	南鮮版	1930-04-09	1	08단	咸安電氣の工事施行認可
187419	朝鮮朝日	南鮮版	1930-04-09	1	08단	鎭海事件で謝意を表す
187420	朝鮮朝日	南鮮版	1930-04-09	1	08단	幹部の奪合で烈しい抗爭左右兩派の睨み合ひ新幹會の大きな惱み
187421	朝鮮朝日	南鮮版	1930-04-09	1	09단	海軍々樂隊DKから放送
187422	朝鮮朝日	南鮮版	1930-04-09	1	09단	第一艦隊將卒京城を見物
187423	朝鮮朝日	南鮮版	1930-04-09	1	09단	第一艦隊艦載四機飛來す
187424	朝鮮朝日	南鮮版	1930-04-09	1	09단	列車に刎飛さる
187425	朝鮮朝日	南鮮版	1930-04-09	1	09단	大金を盜む
187426	朝鮮朝日	南鮮版	1930-04-09	1	10단	痴遊獨演會
187427	朝鮮朝日	南鮮版	1930-04-09	1	10단	もよほし(天長簡京城祝賀會)
187428	朝鮮朝日	南鮮版	1930-04-09	1	10단	人(石用淸人少將(朝鮮軍團部長)/丹下京畿道警察課長/蔡咸章氏(新任中華民國駐釜山領事館領事)/松田眞治郎氏(三菱當務取締役)/倉知鐵吉氏(貴族院議員)/靑村慶南昌原郡守/山崎繁吉氏(城大教授))
187429	朝鮮朝日	南鮮版	1930-04-09	1	10단	半島茶話

일련번호	판명		간행일	면	단수	기사명
187430	朝鮮朝日	西北·南鮮版	1930-04-09	2	01단	米國の農法は實に立派だ英國は餘り感心せぬ石塚技師のお土産話
187431	朝鮮朝日	西北·南鮮版	1930-04-09	2	01단	修養會館落成式同時に盛な記念大會も催す
187432	朝鮮朝日	西北·南鮮版	1930-04-09	2	01단	お茶のあと
187433	朝鮮朝日	西北·南鮮版	1930-04-09	2	01단	俸給生活者に聲明す裡里學校費問題の紛糾
187434	朝鮮朝日	西北·南鮮版	1930-04-09	2	02단	煙草賣上の成績が惡い
187435	朝鮮朝日	西北·南鮮版	1930-04-09	2	02단	獻穀の光榮に恐懼してます金炳奎氏語る
187436	朝鮮朝日	西北·南鮮版	1930-04-09	2	03단	對外貿易高
187437	朝鮮朝日	西北·南鮮版	1930-04-09	2	03단	鹽賣捌人の指定申請手續
187438	朝鮮朝日	西北·南鮮版	1930-04-09	2	03단	台灣製棄卷ダイトン販賣
187439	朝鮮朝日	西北·南鮮版	1930-04-09	2	03단	紫電英品評會
187440	朝鮮朝日	西北·南鮮版	1930-04-09	2	04단	各地だより(雄基/城津/咸興/間島)
187441	朝鮮朝日	西北版	1930-04-10	1	01단	今秋の對抗演習に李王殿下御歸鮮志願兵教導の任務に當られ御元氣に在らせらる
187442	朝鮮朝日	西北版	1930-04-10	1	01단	愈よ新設の産業部長制道參與官が兼務實施は來月上旬頃
187443	朝鮮朝日	西北版	1930-04-10	1	01단	昌慶苑の夜櫻公開
187444	朝鮮朝日	西北版	1930-04-10	1	02단	安東縣に飛行場設置國民政府が
187445	朝鮮朝日	西北版	1930-04-10	1	03단	多獅島に稅關出張所
187446	朝鮮朝日	西北版	1930-04-10	1	03단	平壤の消防機關やうやく充實
187447	朝鮮朝日	西北版	1930-04-10	1	04단	平壤ゴルフ俱本年の事業
187448	朝鮮朝日	西北版	1930-04-10	1	04단	修養團の講習講演や映畫の會平南道各地で開催汗愛主義普及の計劃
187449	朝鮮朝日	西北版	1930-04-10	1	04단	魚群探檢飛行本年も中止議會解散で計劃がフイ實用期を控へ惜まる
187450	朝鮮朝日	西北版	1930-04-10	1	04단	俳句/鈴木花藝選
187451	朝鮮朝日	西北版	1930-04-10	1	04단	商議聯合會へ新義州の提案
187452	朝鮮朝日	西北版	1930-04-10	1	05단	平北道の記念植樹
187453	朝鮮朝日	西北版	1930-04-10	1	05단	沙里阮金組評議員補缺選
187454	朝鮮朝日	西北版	1930-04-10	1	05단	三萬數千町步が立枯の慘狀全北平野部の二毛作
187455	朝鮮朝日	西北版	1930-04-10	1	05단	沙里阮の物産陳列場どう處分さる
187456	朝鮮朝日	西北版	1930-04-10	1	06단	國境地方に訪れた春
187457	朝鮮朝日	西北版	1930-04-10	1	06단	頗る珍奇な蟲や蝶の蒐集につとめ科學知識の普及に精進する恩賜科學館

일련번호	판명		간행일	면	단수	기사명
187458	朝鮮朝日	西北版	1930-04-10	1	06단	關釜連絡船大型就航で釜山棧橋改造昭和七年度に
187459	朝鮮朝日	西北版	1930-04-10	1	07단	癩患者廿七名を無斷で大邱へ釜山警察署非難さる結局は逆送と決定す
187460	朝鮮朝日	西北版	1930-04-10	1	07단	不穩抗議書發送の犯人檢查局送り
187461	朝鮮朝日	西北版	1930-04-10	1	08단	牡丹台野話
187462	朝鮮朝日	西北版	1930-04-10	1	08단	咸南警察演武會成績
187463	朝鮮朝日	西北版	1930-04-10	1	08단	牛疫益々猖獗
187464	朝鮮朝日	西北版	1930-04-10	1	08단	護送の途中逃走を企つ巡査と格鬪
187465	朝鮮朝日	西北版	1930-04-10	1	08단	道議選違反各地に續々發覺平南警察部の活動
187466	朝鮮朝日	西北版	1930-04-10	1	09단	三棟を燒く
187467	朝鮮朝日	西北版	1930-04-10	1	09단	受驗生溺死
187468	朝鮮朝日	西北版	1930-04-10	1	10단	二頭の畸形牛
187469	朝鮮朝日	西北版	1930-04-10	1	10단	平北博川郡のチフス小康
187470	朝鮮朝日	西北版	1930-04-10	1	10단	奉天票を偽造すると千餘圓詐欺
187471	朝鮮朝日	西北版	1930-04-10	1	10단	藝妓自殺を圖る
187472	朝鮮朝日	西北版	1930-04-10	1	10단	半島茶話
187473	朝鮮朝日	南鮮版	1930-04-10	1	01단	今秋の對抗演習に李王殿下御歸鮮志願兵教導の任務に當られ御元氣に在らせらる
187474	朝鮮朝日	南鮮版	1930-04-10	1	01단	愈よ新設の産業部長制道參與官が兼務實施は來月上旬頃
187475	朝鮮朝日	南鮮版	1930-04-10	1	01단	昌慶苑の夜櫻公開
187476	朝鮮朝日	南鮮版	1930-04-10	1	02단	役馬共進會
187477	朝鮮朝日	南鮮版	1930-04-10	1	03단	龍鐵對大商俱
187478	朝鮮朝日	南鮮版	1930-04-10	1	03단	晉州電氣電料値下十燭は五十錢
187479	朝鮮朝日	南鮮版	1930-04-10	1	03단	馬山埋築會社
187480	朝鮮朝日	南鮮版	1930-04-10	1	04단	慶南の初等學校に加設した職業科成績は至って良好で着々と效果を收めてゐる
187481	朝鮮朝日	南鮮版	1930-04-10	1	04단	板井案を撤回し組合原案で審査裡里學組問題漸く解決の曙光を認む
187482	朝鮮朝日	南鮮版	1930-04-10	1	04단	俳句/鈴木花藝選
187483	朝鮮朝日	南鮮版	1930-04-10	1	04단	月尾島だより
187484	朝鮮朝日	南鮮版	1930-04-10	1	05단	魚群探檢飛行本年も中止議會解散で計劃がフイ實用期を控へ惜まる
187485	朝鮮朝日	南鮮版	1930-04-10	1	05단	ぐつと碎けて本町署で民衆警察に努力

일련번호	판명		간행일	면	단수	기사명
187486	朝鮮朝日	南鮮版	1930-04-10	1	05단	李朝時代の京城の都計を知る『四山禁標圖』を發見す京城府史研究上幾多有益な收獲を得て岡田氏は大喜び
187487	朝鮮朝日	南鮮版	1930-04-10	1	06단	犯罪捜査のスピード化逮捕手當を飛行郵便で
187488	朝鮮朝日	南鮮版	1930-04-10	1	07단	官公吏から義捐金慶北旱害民の
187489	朝鮮朝日	南鮮版	1930-04-10	1	07단	お茶のあと
187490	朝鮮朝日	南鮮版	1930-04-10	1	07단	癩患者廿七名を無斷で大邱へ釜山警察署非難さる結局は逆送と決定す
187491	朝鮮朝日	南鮮版	1930-04-10	1	08단	三萬數千町步が立枯の慘狀全北平野部の二毛作
187492	朝鮮朝日	南鮮版	1930-04-10	1	08단	衛生施設を擴大し徹底的に傳染病を豫防する
187493	朝鮮朝日	南鮮版	1930-04-10	1	09단	大掛りな煙草の密造
187494	朝鮮朝日	南鮮版	1930-04-10	1	10단	留置場破りの五少年捕る
187495	朝鮮朝日	南鮮版	1930-04-10	1	10단	倉庫居宅全燒
187496	朝鮮朝日	南鮮版	1930-04-10	1	10단	人(山根政治博士(道立大邱醫院長))
187497	朝鮮朝日	南鮮版	1930-04-10	1	10단	半島茶話
187498	朝鮮朝日	西北・南鮮版	1930-04-10	2	01단	裳とズボン/森口大里
187499	朝鮮朝日	西北・南鮮版	1930-04-10	2	02단	外米輸入で陳情書提出
187500	朝鮮朝日	西北・南鮮版	1930-04-10	2	02단	犯罪の捜査上に手口の調査をカードに作製して有效な資料とする
187501	朝鮮朝日	西北・南鮮版	1930-04-10	2	02단	三月中の入鮮外國人百七十二名
187502	朝鮮朝日	西北・南鮮版	1930-04-10	2	03단	內鮮滿の航空郵便漸次增加す
187503	朝鮮朝日	西北・南鮮版	1930-04-10	2	03단	遞信局光濟丸海軍に讓渡豫算關係で
187504	朝鮮朝日	西北・南鮮版	1930-04-10	2	04단	各地だより(鎭南浦/馬山/平壤)
187505	朝鮮朝日	西北版	1930-04-11	1	01단	煙幕演習
187506	朝鮮朝日	西北版	1930-04-11	1	01단	各種水産罐詰の粗製濫造を防止す製造の取締り規則を制定して品種の向上をはかる
187507	朝鮮朝日	西北版	1930-04-11	1	01단	ワクチン注射を廿萬頭の牛に施す百五十萬グラム製造し氣腫疽の徹底驅逐を行ふ事し決る
187508	朝鮮朝日	西北版	1930-04-11	1	01단	新義州の軍旗祭十八日に催す
187509	朝鮮朝日	西北版	1930-04-11	1	02단	木浦水道擴張竣工式十日擧行
187510	朝鮮朝日	西北版	1930-04-11	1	02단	華かなるべき卒業も惱みの種 官廳にはただ履歴書の山就職口がない卒業生/女醫の志願者三十名に上る/上級校進出羅南中好成績

일련번호	판명		간행일	면	단수	기사명
187511	朝鮮朝日	西北版	1930-04-11	1	03단	電話架設料元山は引上ぐ
187512	朝鮮朝日	西北版	1930-04-11	1	04단	丙子の亂の宣戰布告狀發見論旨は堂々たるもの中村修史官が旅順に出張して得難い史料をにぎってかへる
187513	朝鮮朝日	西北版	1930-04-11	1	05단	埴輪に二つの説墳墓の土崩れを防ぐのと墳墓の前を裝飾するもの朝鮮で古墳調査中の內藤子
187514	朝鮮朝日	西北版	1930-04-11	1	05단	優良品の販賣所安東驛前に工事に着手
187515	朝鮮朝日	西北版	1930-04-11	1	05단	俳句/鈴木花養選
187516	朝鮮朝日	西北版	1930-04-11	1	05단	獻穀田地鎮祭
187517	朝鮮朝日	西北版	1930-04-11	1	06단	通信教育實地演習
187518	朝鮮朝日	西北版	1930-04-11	1	06단	雄基青年團總會
187519	朝鮮朝日	西北版	1930-04-11	1	06단	犯人よりお先に空から逮捕手配一萬餘圓の行金拐帶事件に大阪から京城へ飛行郵便で
187520	朝鮮朝日	西北版	1930-04-11	1	07단	住宅料一割値下清津府當局
187521	朝鮮朝日	西北版	1930-04-11	1	08단	加藤清正公の史蹟を研究雄基の有志等
187522	朝鮮朝日	西北版	1930-04-11	1	08단	清州讀者慰安映畫大會盛況
187523	朝鮮朝日	西北版	1930-04-11	1	08단	鎮江山の櫻見頃天長節の前後
187524	朝鮮朝日	西北版	1930-04-11	1	08단	お茶のあと
187525	朝鮮朝日	西北版	1930-04-11	1	09단	感心な青年
187526	朝鮮朝日	西北版	1930-04-11	1	09단	突然發狂し獵銃で射殺山中で取押へられた浦項署の若い警官
187527	朝鮮朝日	西北版	1930-04-11	1	09단	坑內で爆藥爆發坑夫四名死傷
187528	朝鮮朝日	西北版	1930-04-11	1	09단	昭文社印刷工七十六名罷業
187529	朝鮮朝日	西北版	1930-04-11	1	09단	髑髏九個が轉がり出る紙包みの中から
187530	朝鮮朝日	西北版	1930-04-11	1	10단	鎮海弔慰金千七百五十圓
187531	朝鮮朝日	西北版	1930-04-11	1	10단	配偶者と離婚數
187532	朝鮮朝日	西北版	1930-04-11	1	10단	元北鎮署長瀆職で拘引
187533	朝鮮朝日	西北版	1930-04-11	1	10단	阿片煙を作りつひに御用
187534	朝鮮朝日	西北版	1930-04-11	1	10단	無理心中
187535	朝鮮朝日	西北版	1930-04-11	1	10단	泥醉男亂打さる
187536	朝鮮朝日	西北版	1930-04-11	1	10단	平北の自動車激增
187537	朝鮮朝日	南鮮版	1930-04-11	1	01단	煙幕演習
187538	朝鮮朝日	南鮮版	1930-04-11	1	01단	各種水産罐詰の粗製快造を防止す製造の取締り規則を制定して品種の向上をはかる

일련번호	판명		간행일	면	단수	기사명
187539	朝鮮朝日	南鮮版	1930-04-11	1	01단	ワクチン注射を廿萬頭の牛に施す百五十萬グラム製造し氣腫疽の徹底驅逐を行ふ事に決る
187540	朝鮮朝日	南鮮版	1930-04-11	1	01단	朝鮮瓦電送電區域擴張の計劃
187541	朝鮮朝日	南鮮版	1930-04-11	1	02단	閑職視された道參與官の活用道産業部長の任命朝鮮人官吏に好評
187542	朝鮮朝日	南鮮版	1930-04-11	1	03단	産業合理化展覽會總督府で開催
187543	朝鮮朝日	南鮮版	1930-04-11	1	04단	慶南辭令
187544	朝鮮朝日	南鮮版	1930-04-11	1	04단	俳句/鈴木花蓑選
187545	朝鮮朝日	南鮮版	1930-04-11	1	04단	電力統制の調査費計上
187546	朝鮮朝日	南鮮版	1930-04-11	1	04단	甘浦電氣の料金値下げ
187547	朝鮮朝日	南鮮版	1930-04-11	1	05단	埴輪に二つの説墳墓の土崩れを防ぐのと墳墓の前を裝飾するもの朝鮮で古墳調査中內藤子
187548	朝鮮朝日	南鮮版	1930-04-11	1	05단	富平水利の懇談會紛糾諸問題の解決策を協議
187549	朝鮮朝日	南鮮版	1930-04-11	1	05단	牧島防波堤築造速成陳情書提出
187550	朝鮮朝日	南鮮版	1930-04-11	1	05단	不況が續けば減給もやむを得ぬ然しいま具體的には考へてゐぬ齋藤朝紡常務釜山で語る
187551	朝鮮朝日	南鮮版	1930-04-11	1	06단	鋪裝工事が案外手間どり沿道商店不平爆發近く釜山府當局に膝詰談判
187552	朝鮮朝日	南鮮版	1930-04-11	1	06단	朝鮮船舶職員法改正五月から實施
187553	朝鮮朝日	南鮮版	1930-04-11	1	07단	京城府營バス路線を變更窮狀打開策に
187554	朝鮮朝日	南鮮版	1930-04-11	1	07단	配水池附近を春秋ともに名所たらしめる大邱府の計劃
187555	朝鮮朝日	南鮮版	1930-04-11	1	08단	面目を一新する大邱驛前附近官舍の移轉後
187556	朝鮮朝日	南鮮版	1930-04-11	1	08단	運動統一から激論となりはては亂鬪を演ず天道教またも內訌
187557	朝鮮朝日	南鮮版	1930-04-11	1	08단	犯人よりお先に空から逮捕手配一萬餘圓の行金拐帶事件に大阪から京城へ飛行郵便で
187558	朝鮮朝日	南鮮版	1930-04-11	1	09단	二十名を釜山署に送還癩患放棄問題解決
187559	朝鮮朝日	南鮮版	1930-04-11	1	09단	突然發狂し獵銃で射殺山中で取押へられた浦項署の若い警官
187560	朝鮮朝日	南鮮版	1930-04-11	1	09단	世間並に不況を唧つ減收の大邱刑務所然し就業には差支へぬ
187561	朝鮮朝日	南鮮版	1930-04-11	1	10단	劇と映畫(釜山幸館)
187562	朝鮮朝日	西北・南鮮版	1930-04-11	2	01단	裳とズボン/森口多里

일련번호	판명		간행일	면	단수	기사명
187563	朝鮮朝日	西北・南鮮版	1930-04-11	2	01단	あらゆる産業の中で最も引合はぬ農業疲弊もその原因の一つ全北農家の米穀生産費調査(自作農/小作農)
187564	朝鮮朝日	西北・南鮮版	1930-04-11	2	02단	優良牛の增殖を計劃特に優良飼料を普及平北畜産組合聯合會
187565	朝鮮朝日	西北・南鮮版	1930-04-11	2	02단	多收競作に出演
187566	朝鮮朝日	西北・南鮮版	1930-04-11	2	03단	緣故林處分
187567	朝鮮朝日	西北・南鮮版	1930-04-11	2	04단	全南の米檢査特に不統一當業者對策協議
187568	朝鮮朝日	西北・南鮮版	1930-04-11	2	04단	そろそろ魚群現る江原道沿岸
187569	朝鮮朝日	西北・南鮮版	1930-04-11	2	04단	殖銀支店の帳尻
187570	朝鮮朝日	西北版	1930-04-12	1	01단	時機を見たうへ全鮮に及ぼしたい産業部長新設につき兒玉政務總監語る
187571	朝鮮朝日	西北版	1930-04-12	1	01단	京城帝大の學位令授與權限の諒解が成り前途を樂觀さる
187572	朝鮮朝日	西北版	1930-04-12	1	01단	新義州の各方面活氣づく昭和製鋼設置說の再燃の齎した現象
187573	朝鮮朝日	西北版	1930-04-12	1	01단	靑津府へ御眞影下賜される
187574	朝鮮朝日	西北版	1930-04-12	1	02단	憲兵分隊長會議
187575	朝鮮朝日	西北版	1930-04-12	1	03단	新義州金組總會
187576	朝鮮朝日	西北版	1930-04-12	1	03단	俳句/鈴木花蓑選
187577	朝鮮朝日	西北版	1930-04-12	1	03단	雄基普通校が入學難朝鮮人側不平
187578	朝鮮朝日	西北版	1930-04-12	1	04단	滿鐵運動會安東支部役員
187579	朝鮮朝日	西北版	1930-04-12	1	04단	平壤工實習いよいよ開校
187580	朝鮮朝日	西北版	1930-04-12	1	04단	國境地移住の醫師を優遇分布率を向上さす
187581	朝鮮朝日	西北版	1930-04-12	1	04단	陸軍用地雜草拂下に絡んで面長排斥の聲注目されるその成行き
187582	朝鮮朝日	西北版	1930-04-12	1	05단	今夏大會を目ざし新陳容を整へた羅南中學チーム將來を刮目さる
187583	朝鮮朝日	西北版	1930-04-12	1	05단	小作制度調査
187584	朝鮮朝日	西北版	1930-04-12	1	06단	柞蠶の內地輸出引續き好況
187585	朝鮮朝日	西北版	1930-04-12	1	06단	酒精の陸揚料値下を陳情
187586	朝鮮朝日	西北版	1930-04-12	1	06단	新義州の軍旗祭十八日に賑かに
187587	朝鮮朝日	西北版	1930-04-12	1	06단	こゝ二、三年後にはトーキー時代現出一日も早く映畫設備をしたい岡檢閱官の內地トーキー行脚
187588	朝鮮朝日	西北版	1930-04-12	1	07단	新義州が流石に最多一年一人の喫煙量平北の煙草消費量しらべ

일련번호	판명		간행일	면	단수	기사명
187589	朝鮮朝日	西北版	1930-04-12	1	07단	籠を放たれた翼のない鳥就職に東奔西走の大學、專門卒業者の賣殘り(大學/高商/高工/法專)
187590	朝鮮朝日	西北版	1930-04-12	1	08단	鴨綠江の初筏
187591	朝鮮朝日	西北版	1930-04-12	1	09단	牡丹台野話
187592	朝鮮朝日	西北版	1930-04-12	1	09단	押し寄せる失業者の群各方面に認められた新義州の職業紹介所
187593	朝鮮朝日	西北版	1930-04-12	1	09단	延平島附近漁船で賑ふ
187594	朝鮮朝日	西北版	1930-04-12	1	10단	五人組强竊盜團平壤で逮捕
187595	朝鮮朝日	西北版	1930-04-12	1	10단	高句麗時代の瓦當を發掘
187596	朝鮮朝日	西北版	1930-04-12	1	10단	半島茶話
187597	朝鮮朝日	南鮮版	1930-04-12	1	01단	*時機を見たうへ全鮮に及ぼしたい産業部長新設につき兒玉政務總監語る/兒玉總監東上*
187598	朝鮮朝日	南鮮版	1930-04-12	1	01단	京城帝大の學位令授與權限の諒解が成り前途を樂觀さる
187599	朝鮮朝日	南鮮版	1930-04-12	1	01단	釜山水産會社改善が急務行詰り打開のために香椎社長の手腕を期待
187600	朝鮮朝日	南鮮版	1930-04-12	1	02단	釜山商議所臨時評議員會
187601	朝鮮朝日	南鮮版	1930-04-12	1	02단	國境地移住の醫師を優遇分布率を向上さす
187602	朝鮮朝日	南鮮版	1930-04-12	1	03단	秩父宮樣の御來邱を願ひ出る
187603	朝鮮朝日	南鮮版	1930-04-12	1	03단	俳句/鈴木花蓑選
187604	朝鮮朝日	南鮮版	1930-04-12	1	03단	官米の拂下げ對策考究中
187605	朝鮮朝日	南鮮版	1930-04-12	1	04단	大興電氣總會
187606	朝鮮朝日	南鮮版	1930-04-12	1	04단	女子教員の視察團出發
187607	朝鮮朝日	南鮮版	1930-04-12	1	04단	ドルの客三百名京城を見物
187608	朝鮮朝日	南鮮版	1930-04-12	1	04단	第一艦隊仁川に入港
187609	朝鮮朝日	南鮮版	1930-04-12	1	04단	全南各署の優勝射擊會各地の日割
187610	朝鮮朝日	南鮮版	1930-04-12	1	04단	騎馬巡查五頭釜山に配置
187611	朝鮮朝日	南鮮版	1930-04-12	1	05단	檻の中から暮らしい喜びライオンも猿も姙娠動物園だより(愛兒/母豹/河馬)
187612	朝鮮朝日	南鮮版	1930-04-12	1	05단	素晴らしい春競馬まさに勝馬投票狂時代
187613	朝鮮朝日	南鮮版	1930-04-12	1	05단	籠を放たれた翼のない鳥就職に東奔西走の大學、專門卒業者の賣殘り(大學/高商/高工/法專)
187614	朝鮮朝日	南鮮版	1930-04-12	1	05단	ロシヤ漁船五十隻を盜まれたと京城露國領事館から嚴重に抗議し來る

일련번호	판명		간행일	면	단수	기사명
187615	朝鮮朝日	南鮮版	1930-04-12	1	07단	紙幣の裏へ不穩な文句ローマ字で記入はじめて發見さる
187616	朝鮮朝日	南鮮版	1930-04-12	1	07단	こゝニ、三年後にはトーキー時代現出一日も早く映畫設備をしたい岡檢閲官の內地トーキー行脚
187617	朝鮮朝日	南鮮版	1930-04-12	1	07단	癩患者は本籍地に送還す放逐事件を動機とし釜山、大邱兩者の協定
187618	朝鮮朝日	南鮮版	1930-04-12	1	08단	木浦から警備船急行乘組八十一名ラ島に避難中/乘組員は大半英國人孤島のため宿や食料に困る/全南道から慰問に急行救恤品を携へ
187619	朝鮮朝日	南鮮版	1930-04-12	1	09단	自動車と荷車衝突
187620	朝鮮朝日	南鮮版	1930-04-12	1	09단	一足十三圓のものが五六圓でゝきる靴屋の內幕を暴露し釜山の靴屋爭議惡化
187621	朝鮮朝日	南鮮版	1930-04-12	1	10단	玉女峰は櫻滿開花見客で賑ふ
187622	朝鮮朝日	南鮮版	1930-04-12	1	10단	安飛行士墜落慘死支那の戰地で
187623	朝鮮朝日	南鮮版	1930-04-12	1	10단	權友會大會は禁止となる
187624	朝鮮朝日	南鮮版	1930-04-12	1	10단	トンネル內で列車立往生貨車脫線で
187625	朝鮮朝日	南鮮版	1930-04-12	1	10단	人(倉知鐵吉氏(貴族院議員)/櫻內辰郎氏(代議士)/山內伊平氏(金剛山電鐵專務)/大澤鐵道局機械課長/立石良雄氏(釜山實業家)/根田象男氏(新安田銀行釜山支店長))
187626	朝鮮朝日	南鮮版	1930-04-12	1	10단	半島茶話
187627	朝鮮朝日	西北・南鮮版	1930-04-12	2	01단	優勝旗爭奪試合
187628	朝鮮朝日	西北・南鮮版	1930-04-12	2	01단	絲價安も影響はない大邱の金融狀況につき坂井鮮銀支店長談
187629	朝鮮朝日	西北・南鮮版	1930-04-12	2	01단	小商工業者の利用が多い鮮內の公益質屋
187630	朝鮮朝日	西北・南鮮版	1930-04-12	2	01단	お茶のあと
187631	朝鮮朝日	西北・南鮮版	1930-04-12	2	01단	旱魃のため苗木が減る
187632	朝鮮朝日	西北・南鮮版	1930-04-12	2	02단	賣行好い馬山酒ビールも征服
187633	朝鮮朝日	西北・南鮮版	1930-04-12	2	03단	北鮮の鰯漁豊漁を豫想魚油暴落で相當打擊か
187634	朝鮮朝日	西北・南鮮版	1930-04-12	2	03단	春蒔麥二毛作一萬餘町步全滅豊作期待覺束ない慶北本年の麥作
187635	朝鮮朝日	西北・南鮮版	1930-04-12	2	04단	白魚が出盛る百匁が十錢
187636	朝鮮朝日	西北・南鮮版	1930-04-12	2	04단	佛敎專習校昇格は認可
187637	朝鮮朝日	西北・南鮮版	1930-04-12	2	04단	釜山
187638	朝鮮朝日	西北版	1930-04-13	1	01단	半島の運動競技を親しく台覽遊ばすラグビーとリレーレースを御來鮮の秩父宮殿下

일련번호	판명		간행일	면	단수	기사명
187639	朝鮮朝日	西北版	1930-04-13	1	01단	全鮮にわたる警察署長の大異動新進拔擢古老署長淘汰月末頃一齊發表か
187640	朝鮮朝日	西北版	1930-04-13	1	01단	減稅や値下は愈五月一日から手續その他の關係で實施期一ヶ月遲れる
187641	朝鮮朝日	西北版	1930-04-13	1	01단	營業稅引下を旅館業者要望
187642	朝鮮朝日	西北版	1930-04-13	1	02단	國調講習會
187643	朝鮮朝日	西北版	1930-04-13	1	02단	內地人よりも朝鮮人に多い府および指定面の失業者狀態しらべ
187644	朝鮮朝日	西北版	1930-04-13	1	03단	朝鮮神宮から修身書授與新入兒童へ
187645	朝鮮朝日	西北版	1930-04-13	1	03단	俳句/鈴木花蓑選
187646	朝鮮朝日	西北版	1930-04-13	1	04단	警察部講習
187647	朝鮮朝日	西北版	1930-04-13	1	04단	國勢調査の役員を任命
187648	朝鮮朝日	西北版	1930-04-13	1	04단	雄基學組豫算會
187649	朝鮮朝日	西北版	1930-04-13	1	04단	農村青年の指導連絡に團報を發行
187650	朝鮮朝日	西北版	1930-04-13	1	04단	ハドソン號放水試驗大成功を收む
187651	朝鮮朝日	西北版	1930-04-13	1	05단	岐陽同窓青年團製叺競技會
187652	朝鮮朝日	西北版	1930-04-13	1	05단	卅九旅團の諸兵聯合演習平壤を中心に行ふ
187653	朝鮮朝日	西北版	1930-04-13	1	06단	全鮮辯護士大會
187654	朝鮮朝日	西北版	1930-04-13	1	06단	豆粕斤量問題當分見送る
187655	朝鮮朝日	西北版	1930-04-13	1	06단	全鮮學生美術展平壤で開催
187656	朝鮮朝日	西北版	1930-04-13	1	07단	殉職警官の忠魂碑除幕式
187657	朝鮮朝日	西北版	1930-04-13	1	07단	第二回西鮮女子オリムピック大會と初等女子競技五月十八日平壤で
187658	朝鮮朝日	西北版	1930-04-13	1	07단	フォードの宣傳飛行機朝鮮着陸地
187659	朝鮮朝日	西北版	1930-04-13	1	07단	流筏豫定數
187660	朝鮮朝日	西北版	1930-04-13	1	07단	將校團が朝鮮語研究
187661	朝鮮朝日	西北版	1930-04-13	1	07단	よくもまあ一徹底した大間違ひ開いた口がふさがらぬ大失敗した朝水工事の統計書
187662	朝鮮朝日	西北版	1930-04-13	1	07단	肺ヂストマの夥しい患者ザリガ二の食用から血を吐く井水問題の正體
187663	朝鮮朝日	西北版	1930-04-13	1	08단	青年武道發會式
187664	朝鮮朝日	西北版	1930-04-13	1	08단	移住鮮農を間接に壓迫
187665	朝鮮朝日	西北版	1930-04-13	1	08단	密輸入の防止に和船で監視
187666	朝鮮朝日	西北版	1930-04-13	1	09단	牡丹台野話
187667	朝鮮朝日	西北版	1930-04-13	1	09단	種痘に關する奇拔な迷信腹部に接種
187668	朝鮮朝日	西北版	1930-04-13	1	10단	禁酒講演中檢束されて拘留
187669	朝鮮朝日	西北版	1930-04-13	1	10단	金欲しさに狂言の強盗

일련번호	판명		간행일	면	단수	기사명
187670	朝鮮朝日	西北版	1930-04-13	1	10단	三棟全燒し馬十頭燒死鎭南浦の火事
187671	朝鮮朝日	西北版	1930-04-13	1	10단	强盜押入り四百强奪す
187672	朝鮮朝日	西北版	1930-04-13	1	10단	居眠り自動車電柱に衝突運轉手重傷
187673	朝鮮朝日	西北版	1930-04-13	1	10단	煙草、燒酎の密輸を嚴戒
187674	朝鮮朝日	南鮮版	1930-04-13	1	01단	緊縮は伸びる日本の旗章遞信局の貯金宣傳
187675	朝鮮朝日	南鮮版	1930-04-13	1	01단	半島の運動競技を親しく台覽遊ばすラグビーとリレーレースを御來鮮の秩父宮殿下
187676	朝鮮朝日	南鮮版	1930-04-13	1	01단	全鮮にわたる警察署長の大異動新進拔擢古老署長淘汰月末頃一齊發表か
187677	朝鮮朝日	南鮮版	1930-04-13	1	02단	內地人よりも朝鮮人に多い府および指定面の失業者狀態しらべ
187678	朝鮮朝日	南鮮版	1930-04-13	1	04단	營業稅引下を旅館業者要望
187679	朝鮮朝日	南鮮版	1930-04-13	1	04단	俳句/鈴木花蓑選
187680	朝鮮朝日	南鮮版	1930-04-13	1	04단	朝鮮神宮から修身書授與新入兒童へ
187681	朝鮮朝日	南鮮版	1930-04-13	1	05단	府の工事は府民の手に大邱の職人が大擧して陳情
187682	朝鮮朝日	南鮮版	1930-04-13	1	05단	各貿易港に商業倉庫を農業倉庫を共資で五ヶ年繼續で行ふ
187683	朝鮮朝日	南鮮版	1930-04-13	1	05단	京城府の交通安全デー六百餘名の警官が街頭に立つ來る十九日の土曜/運轉手協會のビラで宣傳
187684	朝鮮朝日	南鮮版	1930-04-13	1	05단	よくもまあ一徹底した大間違ひ開いた口がふさがらぬ大失敗した朝水工事の統計書
187685	朝鮮朝日	南鮮版	1930-04-13	1	05단	お茶のあと
187686	朝鮮朝日	南鮮版	1930-04-13	1	06단	巨文島沖英船遭難事件霧深き異國の孤島に不安の一夜を明す羅老島住民の手あつい待遇遭難船はマストさへ見えぬ
187687	朝鮮朝日	南鮮版	1930-04-13	1	07단	臨時議會に飛機で出席總督府の政府委員ら説明材料も航空便で
187688	朝鮮朝日	南鮮版	1930-04-13	1	07단	咸安電氣の工事は許可
187689	朝鮮朝日	南鮮版	1930-04-13	1	07단	肝臟新機能發見學位を受けた兼明學氏
187690	朝鮮朝日	南鮮版	1930-04-13	1	07단	印刷職工罷業
187691	朝鮮朝日	南鮮版	1930-04-13	1	08단	龍山聯隊軍旗祭十八日に催す
187692	朝鮮朝日	南鮮版	1930-04-13	1	08단	安飛行士從軍中慘死の報
187693	朝鮮朝日	南鮮版	1930-04-13	1	08단	初等學校で養蠶を普及簡易養蠶室を新設して

일련번호	판명		간행일	면	단수	기사명
187694	朝鮮朝日	南鮮版	1930-04-13	1	09단	不穩文書撒布犯人七名を送局
187695	朝鮮朝日	南鮮版	1930-04-13	1	09단	失業救濟の海面埋立と浚渫釜山で月末から着工早くも人夫志願殺到
187696	朝鮮朝日	南鮮版	1930-04-13	1	09단	早害地窮民がにはか強盜全北道の至る處にこれら窮民が出沒
187697	朝鮮朝日	南鮮版	1930-04-13	1	09단	堤防の決潰で家屋の倒壞浸水四橋梁をも流失す進鳳面の大被害
187698	朝鮮朝日	南鮮版	1930-04-13	1	09단	小作權を返して紛擾
187699	朝鮮朝日	南鮮版	1930-04-13	1	10단	半島茶話
187700	朝鮮朝日	西北・南鮮版	1930-04-13	2	01단	滿洲産豆粕の前途を憂慮滿鐵と總督府の間に意見の相違をきたし
187701	朝鮮朝日	西北・南鮮版	1930-04-13	2	01단	外國製を逐ひ鮮産が進出頗る廉價な液體酸素佛會社も對策を講す
187702	朝鮮朝日	西北・南鮮版	1930-04-13	2	01단	雫の聲
187703	朝鮮朝日	西北・南鮮版	1930-04-13	2	01단	病牛の診察に獸醫規則の施行を望む
187704	朝鮮朝日	西北・南鮮版	1930-04-13	2	02단	大連商議の對抗策滿鐵消費組合に對する
187705	朝鮮朝日	西北・南鮮版	1930-04-13	2	02단	大豆の上場有望視さる
187706	朝鮮朝日	西北・南鮮版	1930-04-13	2	03단	商工獎勵館三月の成績
187707	朝鮮朝日	西北・南鮮版	1930-04-13	2	03단	電話加入登記料還付
187708	朝鮮朝日	西北・南鮮版	1930-04-13	2	03단	仁川局の貯金と爲替受拂ひ狀況
187709	朝鮮朝日	西北・南鮮版	1930-04-13	2	04단	登簿船積數
187710	朝鮮朝日	西北・南鮮版	1930-04-13	2	04단	各地だより(平壤/裡里/羅南)
187711	朝鮮朝日	西北版	1930-04-15	1	01단	魚貝類の保護を積極的に行ひ繁殖の趣旨を徹底せしめる總督府が基礎調査
187712	朝鮮朝日	西北版	1930-04-15	1	01단	二百萬圓で新會社設立有賀殖銀頭取が準備商業倉庫の經營
187713	朝鮮朝日	西北版	1930-04-15	1	01단	基地新設に地元民が大反對土地買收に應ぜぬ平壤府當局手古摺る
187714	朝鮮朝日	西北版	1930-04-15	1	01단	女子職業校の設置を通牒
187715	朝鮮朝日	西北版	1930-04-15	1	02단	各警察に寫眞機新に平南道て
187716	朝鮮朝日	西北版	1930-04-15	1	02단	料金は高いが利用が多い値下げ方を考慮中平安北道の自動車
187717	朝鮮朝日	西北版	1930-04-15	1	03단	江界の發筏式盛大に行はる
187718	朝鮮朝日	西北版	1930-04-15	1	03단	咸南鐵道に汽動車運轉來る廿日から
187719	朝鮮朝日	西北版	1930-04-15	1	03단	乘合自動車開業
187720	朝鮮朝日	西北版	1930-04-15	1	04단	平壤の對內外貿易
187721	朝鮮朝日	西北版	1930-04-15	1	04단	半圓タクの値上げ許可陳情業態すこぶる不振な平壤の當業者から

일련번호	판명		간행일	면	단수	기사명
187722	朝鮮朝日	西北版	1930-04-15	1	04단	朝鮮と日本の古墳から見た考古學上の系統研究に內藤子爵平壤で語る
187723	朝鮮朝日	西北版	1930-04-15	1	04단	鴨綠江鐵橋開閉
187724	朝鮮朝日	西北版	1930-04-15	1	05단	貧窮貴族の救濟に三萬圓の借入れ殖銀から昌德會が基金の利子が手に入らぬ爲
187725	朝鮮朝日	西北版	1930-04-15	1	06단	雹害による救濟事業費五萬五千圓を責任支出さる
187726	朝鮮朝日	西北版	1930-04-15	1	06단	利用驪州間測量に着手京東鐵道會社
187727	朝鮮朝日	西北版	1930-04-15	1	06단	朝鮮人學生の給費制廢止總督府財源難から非難の聲と當局の辯
187728	朝鮮朝日	西北版	1930-04-15	1	07단	出生記念植樹咸北山林課で獎勵する
187729	朝鮮朝日	西北版	1930-04-15	1	07단	咸北の巡査募集
187730	朝鮮朝日	西北版	1930-04-15	1	07단	新義州夜學十六日から開校
187731	朝鮮朝日	西北版	1930-04-15	1	07단	普通學校の六年制認可
187732	朝鮮朝日	西北版	1930-04-15	1	07단	艀船の統一は尙研究する
187733	朝鮮朝日	西北版	1930-04-15	1	07단	鎭南浦金組總會
187734	朝鮮朝日	西北版	1930-04-15	1	08단	牡丹台野話
187735	朝鮮朝日	西北版	1930-04-15	1	08단	朝鮮私設鐵道の補助法改正案を今期特別議會に提案失業者救濟のため
187736	朝鮮朝日	西北版	1930-04-15	1	08단	羅南軍旗祭大賑ひ計劃/咸興の軍旗祭
187737	朝鮮朝日	西北版	1930-04-15	1	08단	鮮內織物業の進展を圖る各道機業技術官會議二十三日から開く(諮問事項/協議事項)
187738	朝鮮朝日	西北版	1930-04-15	1	09단	多田氏の光榮
187739	朝鮮朝日	西北版	1930-04-15	1	09단	陸上競技場安東に設置
187740	朝鮮朝日	西北版	1930-04-15	1	09단	朝日新聞映畫の會
187741	朝鮮朝日	西北版	1930-04-15	1	10단	瀆職檢査の公判きまる
187742	朝鮮朝日	西北版	1930-04-15	1	10단	大工助手の奇禍
187743	朝鮮朝日	西北版	1930-04-15	1	10단	夫に毒を盛る情夫に睡かされて
187744	朝鮮朝日	西北版	1930-04-15	1	10단	崖から墜死
187745	朝鮮朝日	西北版	1930-04-15	1	10단	親の金を拐帶
187746	朝鮮朝日	西北版	1930-04-15	1	10단	家庭の不和で縊死
187747	朝鮮朝日	西北版	1930-04-15	1	10단	新婚の妻を殘し正直者自殺す
187748	朝鮮朝日	西北版	1930-04-15	1	10단	生徒五名を收容
187749	朝鮮朝日	南鮮版	1930-04-15	1	01단	魚貝類の保護を積極的に行ひ繁殖の趣旨を徹底せしめる總督府が基礎調査
187750	朝鮮朝日	南鮮版	1930-04-15	1	01단	朝鮮人漁夫の御恩は終生忘れぬ命からがら釜山に上陸した遭難英船のス船長かたる/朝鮮人漁夫を表彰の手續

일련번호	판명		간행일	면	단수	기사명
187751	朝鮮朝日	南鮮版	1930-04-15	1	04단	衛生課長に西龜氏就任
187752	朝鮮朝日	南鮮版	1930-04-15	1	04단	慶北道の官房主事任命
187753	朝鮮朝日	南鮮版	1930-04-15	1	04단	鎭海金組新役員
187754	朝鮮朝日	南鮮版	1930-04-15	1	04단	二百萬圓で新會社設立有賀殖銀頭取が準備商業倉庫の經營
187755	朝鮮朝日	南鮮版	1930-04-15	1	04단	朝鮮私設鐵道の補助法改正案を今期特別議會に提案失業者救濟のため
187756	朝鮮朝日	南鮮版	1930-04-15	1	05단	昌慶苑へ昌慶苑へと觀櫻客は殺到
187757	朝鮮朝日	南鮮版	1930-04-15	1	05단	貧窮貴族の救濟に三萬圓の借入れ殖銀から昌德會が基金の利子が手に入らぬ爲
187758	朝鮮朝日	南鮮版	1930-04-15	1	06단	極東大會の第一次豫選五月四日開催
187759	朝鮮朝日	南鮮版	1930-04-15	1	06단	朝鮮人學生の給費制廢止總督府財源難から非難の聲と當局の辯
187760	朝鮮朝日	南鮮版	1930-04-15	1	07단	製鐵野球團十八日入城
187761	朝鮮朝日	南鮮版	1930-04-15	1	07단	龍山鐵道勝つ
187762	朝鮮朝日	南鮮版	1930-04-15	1	07단	鮮內織物業の進展を圖る各道機業技術官會議二十三日から開く(諮問事項/協議事項)
187763	朝鮮朝日	南鮮版	1930-04-15	1	08단	網を振ほどき金を强奪潛伏中捕る
187764	朝鮮朝日	南鮮版	1930-04-15	1	08단	拐帶店員捕る
187765	朝鮮朝日	南鮮版	1930-04-15	1	08단	八人組の少年竊盜團裡里署に捕る
187766	朝鮮朝日	南鮮版	1930-04-15	1	09단	靴店を買收し營業を開始飽くまで雇主に對抗釜山洋靴職工の罷業
187767	朝鮮朝日	南鮮版	1930-04-15	1	09단	七百の職工は平常どほりおとなしく就業す鐘紡京城製絲工場
187768	朝鮮朝日	南鮮版	1930-04-15	1	10단	大邱劇場の緞張を燒く四名負傷す
187769	朝鮮朝日	南鮮版	1930-04-15	1	10단	會飮の揚句殺されたか仁川の謎の死體
187770	朝鮮朝日	南鮮版	1930-04-15	1	10단	もよほし(第一回全鮮蹴球大會/殖産局機業技術員會議)
187771	朝鮮朝日	南鮮版	1930-04-15	1	10단	人(河野節夫氏(總督府官房國勢調查課長)/湯村辰二郎氏(本府農務課長)/武部欽一氏(學務局長)/吉原重成氏(總督府鐵道囑託)/藤原慶南高等課長)
187772	朝鮮朝日	西北・南鮮版	1930-04-15	2	01단	住宅の建築構造に新しい表現と美近代的の色調と相まって工學士葛野壯一郎(建築の新表現/鐵と硝子の詩人/新樣式の進展)
187773	朝鮮朝日	西北・南鮮版	1930-04-15	2	01단	家庭かあいゝ子供の夏服
187774	朝鮮朝日	西北・南鮮版	1930-04-15	2	02단	動物諸君の音樂試驗流行のジャズにどんな批判を下す？

일련번호	판명		간행일	면	단수	기사명
187775	朝鮮朝日	西北・南鮮版	1930-04-15	2	03단	カットグラス直線的な清涼味國産品も盛んに進出
187776	朝鮮朝日	西北・南鮮版	1930-04-15	2	04단	雰の聲
187777	朝鮮朝日	西北・南鮮版	1930-04-15	2	04단	貿易額大激減三月中の仁川
187778	朝鮮朝日	西北・南鮮版	1930-04-15	2	05단	ガソリン汽動車八輛を新造京城鐵道局
187779	朝鮮朝日	西北・南鮮版	1930-04-15	2	05단	三月中の銀相場銀輸禁止の噂で活氣を呈す
187780	朝鮮朝日	西北・南鮮版	1930-04-15	2	05단	鎮海慘死者の五十日祭遺族の申合せ
187781	朝鮮朝日	西北・南鮮版	1930-04-15	2	06단	料金値下げ府尹に陳情仁川理髮組合
187782	朝鮮朝日	西北・南鮮版	1930-04-15	2	06단	京城齒專校近く昇格か設備內容調査
187783	朝鮮朝日	西北・南鮮版	1930-04-15	2	06단	釜山商議の各部長決る
187784	朝鮮朝日	西北・南鮮版	1930-04-15	2	07단	ルーサンの試驗的栽培
187785	朝鮮朝日	西北・南鮮版	1930-04-15	2	07단	安東木材の販路を擴張
187786	朝鮮朝日	西北・南鮮版	1930-04-15	2	07단	軍艦入港で仁川の賑ひ
187787	朝鮮朝日	西北・南鮮版	1930-04-15	2	07단	仁川入港船漸增
187788	朝鮮朝日	西北・南鮮版	1930-04-15	2	07단	朝牛移出數
187789	朝鮮朝日	西北・南鮮版	1930-04-15	2	07단	平壤
187790	朝鮮朝日	西北版	1930-04-16	1	01단	賑ふ城津燈台附近
187791	朝鮮朝日	西北版	1930-04-16	1	01단	國産燃料として期待すべきもの朝鮮褐炭の揮發油陸軍自動車學校からの研究報告
187792	朝鮮朝日	西北版	1930-04-16	1	01단	昭和製鋼所は是非鮮內に朝鮮會議所聯合會の決議を新義州商議から要望
187793	朝鮮朝日	西北版	1930-04-16	1	04단	平北の記念植樹
187794	朝鮮朝日	西北版	1930-04-16	1	04단	平壤醫學講習所昇格
187795	朝鮮朝日	西北版	1930-04-16	1	04단	咸北靑年總同盟總會十九日から清津で開催
187796	朝鮮朝日	西北版	1930-04-16	1	04단	郵便車の統一と改造鮮滿鐵技會議
187797	朝鮮朝日	西北版	1930-04-16	1	04단	牡丹台の櫻咲く見頃は廿日頃/つゝじ列車清津から出す
187798	朝鮮朝日	西北版	1930-04-16	1	04단	多獅島築港の內容(上)/富源開發に最も緊要な天惠ゆたかに滿鮮物資の呑吐港
187799	朝鮮朝日	西北版	1930-04-16	1	05단	清水氏の藝術寫眞展
187800	朝鮮朝日	西北版	1930-04-16	1	05단	獨り朝鮮のみに適用せぬは不都合生絲安定補償法案に對して製絲協會で對策考究生絲業者側の談
187801	朝鮮朝日	西北版	1930-04-16	1	06단	咸興、開城の府制施行は愈よ十月一日に實施經費やうやく閣議を通過
187802	朝鮮朝日	西北版	1930-04-16	1	08단	DKでも放送時間に大改正斷行

일련번호	판명		간행일	면	단수	기사명
187803	朝鮮朝日	西北版	1930-04-16	1	08단	自動車の番號板取替
187804	朝鮮朝日	西北版	1930-04-16	1	08단	旅館で心中を圖る
187805	朝鮮朝日	西北版	1930-04-16	1	08단	八漂溫泉復興で早くも發展策を講ずる
187806	朝鮮朝日	西北版	1930-04-16	1	09단	牡丹台野話
187807	朝鮮朝日	西北版	1930-04-16	1	09단	西鮮女子競技大會種目きまる本社より優勝旗とカップを授與する(中等校競技種目/初等校競技種目)
187808	朝鮮朝日	西北版	1930-04-16	1	09단	學校組合本會議
187809	朝鮮朝日	西北版	1930-04-16	1	10단	金組長親子が僞造紙幣を行使
187810	朝鮮朝日	西北版	1930-04-16	1	10단	劇と映畫(京城(喜樂館))
187811	朝鮮朝日	西北版	1930-04-16	1	10단	人(藤田順主計監(關東軍經理部長)/松田當次郎代議士/小倉武之助氏(大興電氣社長))
187812	朝鮮朝日	西北版	1930-04-16	1	10단	半島茶話
187813	朝鮮朝日	南鮮版	1930-04-16	1	01단	文明都市を裏切る傳染病が多い京城各自に衛生的自覺が足らぬこれから愈々ご注意
187814	朝鮮朝日	南鮮版	1930-04-16	1	01단	國産燃料として期待すべきもの朝鮮褐炭の揮發油陸軍自動車學校からの研究報告
187815	朝鮮朝日	南鮮版	1930-04-16	1	01단	總督府補助の廢否如何で前途に重大な影響折衝に入城する齋藤鮮紡常務
187816	朝鮮朝日	南鮮版	1930-04-16	1	01단	自分の體を實驗材料に刑務所の食物研究城大の廣川博士が
187817	朝鮮朝日	南鮮版	1930-04-16	1	03단	少年達を督勵して酒と賭博の部落を救ひ上げた校長の獻身的努力榮轉の荷を運ぶ少年達淚ぐましい教育美談
187818	朝鮮朝日	南鮮版	1930-04-16	1	04단	郵便車の統一と改造鮮滿鐵技會議
187819	朝鮮朝日	南鮮版	1930-04-16	1	04단	學校組合本會議
187820	朝鮮朝日	南鮮版	1930-04-16	1	04단	裡里の上水道敷設に決る明年度から三箇年繼續工費三十五萬圓で
187821	朝鮮朝日	南鮮版	1930-04-16	1	05단	等級を定めて課税したい女給、仲居税について中村京城府稅務課長談
187822	朝鮮朝日	南鮮版	1930-04-16	1	05단	DKでも放送時間に大改正斷行
187823	朝鮮朝日	南鮮版	1930-04-16	1	06단	道廳對記者團
187824	朝鮮朝日	南鮮版	1930-04-16	1	06단	近づいた端午の節句人形・幟の値段は？
187825	朝鮮朝日	南鮮版	1930-04-16	1	06단	獨り朝鮮のみに適用せぬは不都合生絲安定補償法案に對して製絲協會で對策考究(生絲業者側の談)
187826	朝鮮朝日	南鮮版	1930-04-16	1	07단	需要期に入りビール戰激烈カスケードも入亂れて小賣商が困るサクラ

일련번호	판명		간행일	면	단수	기사명
187827	朝鮮朝日	南鮮版	1930-04-16	1	08단	保險金欲しさに自宅に放火か元道警視が
187828	朝鮮朝日	南鮮版	1930-04-16	1	09단	他人の胤を宿しながら法廷で夫を論難し堂々と離婚を請求
187829	朝鮮朝日	南鮮版	1930-04-16	1	10단	劇と映畵(京城(喜樂館))
187830	朝鮮朝日	南鮮版	1930-04-16	1	10단	半島茶話
187831	朝鮮朝日	西北・南鮮版	1930-04-16	2	01단	釜山を去る朝鮮牛の大恩人望月博士が東京で研究所を設立する
187832	朝鮮朝日	西北・南鮮版	1930-04-16	2	01단	林野の基礎調査慶南道で行ふ
187833	朝鮮朝日	西北・南鮮版	1930-04-16	2	01단	漁種登錄規則施行で登錄簿整理
187834	朝鮮朝日	西北・南鮮版	1930-04-16	2	01단	雩の聲
187835	朝鮮朝日	西北・南鮮版	1930-04-16	2	02단	煙草の密耕を嚴重に取締る監稅員が野宿
187836	朝鮮朝日	西北・南鮮版	1930-04-16	2	02단	外鹽輸入取扱人指定
187837	朝鮮朝日	西北・南鮮版	1930-04-16	2	02단	三井物産の人蔘貯藏所開城に設置
187838	朝鮮朝日	西北・南鮮版	1930-04-16	2	02단	三月中の城津貿易額
187839	朝鮮朝日	西北・南鮮版	1930-04-16	2	02단	慶山水利組合面目を一新
187840	朝鮮朝日	西北・南鮮版	1930-04-16	2	03단	航路標識傳習生增加
187841	朝鮮朝日	西北・南鮮版	1930-04-16	2	03단	小作地引揚げその儘放置小作人から當局へ陳情
187842	朝鮮朝日	西北・南鮮版	1930-04-16	2	03단	朝日新聞映畵の會
187843	朝鮮朝日	西北・南鮮版	1930-04-16	2	04단	水産法講習
187844	朝鮮朝日	西北・南鮮版	1930-04-16	2	04단	大田旅倶の京城見學團素晴しい人氣
187845	朝鮮朝日	西北・南鮮版	1930-04-16	2	04단	新刊紹介(『朝鮮雜記』)
187846	朝鮮朝日	西北・南鮮版	1930-04-16	2	04단	木浦
187847	朝鮮朝日	西北版	1930-04-17	1	01단	朝鮮の誇り！六名の優良兒嚴選に嚴選の結果やうやく選出さる/示された最高の水準興味深い參考資料
187848	朝鮮朝日	西北版	1930-04-17	1	02단	多獅島築港の內容(中)/滿蒙物資の大呑吐港不凍港の折紙付廿五年來變らぬ水路
187849	朝鮮朝日	西北版	1930-04-17	1	04단	平壤の案內業者の資格料金決定
187850	朝鮮朝日	西北版	1930-04-17	1	04단	秩父宮殿下御着の光景を放送
187851	朝鮮朝日	西北版	1930-04-17	1	04단	何等の通知もせず小作權を取上ぐ水田管理人が勝手に問題は擴大するか
187852	朝鮮朝日	西北版	1930-04-17	1	05단	哀れ亡びゆく朝鮮古有の面劇新興劇に壓倒されて唯一の面劇團も解散
187853	朝鮮朝日	西北版	1930-04-17	1	05단	蟹罐詰組合設立
187854	朝鮮朝日	西北版	1930-04-17	1	06단	體協スケヂュール

일련번호	판명		간행일	면	단수	기사명
187855	朝鮮朝日	西北版	1930-04-17	1	07단	トンネル内を列車、燃えつゝ走る客貨車四輛を燒失重輕傷十五名鎭海線鎭海驛附近の大珍事/乘務員必死の消火も遂に及ばず火は見る見る全車輛に移る負傷者は飛降りの爲/機關車の火の粉が飛火貨車に積んだ木炭に/避難者の救助中大火傷を負ひ憲兵上等兵遂に仆る/鎭海病院に負傷者收容/遞送郵便物は全部燒失す車輛の損害は五萬圓炊出し百人分を輸送/馬山から醫師急派戶田理事も實情調査に急行
187856	朝鮮朝日	西北版	1930-04-17	1	10단	工場視察團
187857	朝鮮朝日	西北版	1930-04-17	1	10단	運動界(ラグビー練習/中等校野球)
187858	朝鮮朝日	西北版	1930-04-17	1	10단	牡丹台野話
187859	朝鮮朝日	南鮮版	1930-04-17	1	01단	トンネル内を進行中の列車火事客貨車四輛を燒失重輕傷十五名鎭海線鎭海驛附近の大珍事/乘務員必死の消火も遂に及ばず火は見る見る全車輛に移る負傷者は飛降りの爲/機關車の火の粉が飛火貨車に積んだ木炭に/避難者の救助中大火傷を負ひ憲兵上等兵遂に仆る/鎭海病院に負傷者收容/遞送郵便物は全部燒失す車輛の損害は五萬圓炊出し百人分を輸送/馬山から醫師急派戶田理事も實情調査に急行/二名は生命危篤/乘務員取調/機關手は應急の處置
187860	朝鮮朝日	南鮮版	1930-04-17	1	03단	朝鮮の誇り！六名の優良兒嚴選に嚴選の結果やうやく選出さる/選ばれた健康優良兒/示された最高の水準興味深い參考資料
187861	朝鮮朝日	南鮮版	1930-04-17	1	04단	大妃殿下御招待のお花見の集ひ大官貴族婦人など多數御召にあづかる
187862	朝鮮朝日	南鮮版	1930-04-17	1	05단	釜山鎭工場作業を開始職工家族收容に借家が拂底
187863	朝鮮朝日	南鮮版	1930-04-17	1	05단	秩父宮殿下御着の光景を放送
187864	朝鮮朝日	南鮮版	1930-04-17	1	05단	大邱商議後任書記長決る
187865	朝鮮朝日	南鮮版	1930-04-17	1	06단	小作慣行調査打合會
187866	朝鮮朝日	南鮮版	1930-04-17	1	06단	辭任の噂など一笑に附す東上にさきだって兒玉總監はかたる
187867	朝鮮朝日	南鮮版	1930-04-17	1	06단	釜山の運動界シーズンに入る

일련번호	판명		간행일	면	단수	기사명
187868	朝鮮朝日	南鮮版	1930-04-17	1	07단	花の日決る
187869	朝鮮朝日	南鮮版	1930-04-17	1	07단	釜山南港の防波堤が沈下す打ち續いた大時化で會社側は却って樂觀
187870	朝鮮朝日	南鮮版	1930-04-17	1	08단	慶北體協スケヂュール
187871	朝鮮朝日	南鮮版	1930-04-17	1	08단	學生事件控訴公判
187872	朝鮮朝日	南鮮版	1930-04-17	1	08단	女生徒が突然盟休す女教員の排斥を企て統營普通校の六年生/安城普通校も盟休を企つ/小學校長の排斥を企て素沙學組騷ぐ
187873	朝鮮朝日	南鮮版	1930-04-17	1	09단	お伽家庭講演會
187874	朝鮮朝日	南鮮版	1930-04-17	1	09단	辯護士の息無斷家出四千圓持出し
187875	朝鮮朝日	南鮮版	1930-04-17	1	10단	煙草賣上金を拐帶高飛び
187876	朝鮮朝日	南鮮版	1930-04-17	1	10단	自宅放火の實地檢證時日の經過で物的證據なし
187877	朝鮮朝日	南鮮版	1930-04-17	1	10단	各官廳庭球リーグ戰
187878	朝鮮朝日	西北・南鮮版	1930-04-17	2	01단	叺製造は顧みられず副業による旱害民救濟策はいまや全く行詰り
187879	朝鮮朝日	西北・南鮮版	1930-04-17	2	01단	氣候の激變がない限り豊作の見込農務課當局の談
187880	朝鮮朝日	西北・南鮮版	1930-04-17	2	01단	木炭の製造を農村に獎勵
187881	朝鮮朝日	西北・南鮮版	1930-04-17	2	01단	年と共に增額する黃海道の水産
187882	朝鮮朝日	西北・南鮮版	1930-04-17	2	02단	旱害救濟沙防工事着手の箇所
187883	朝鮮朝日	西北・南鮮版	1930-04-17	2	02단	悲鳴をあげる請負業者等豫算削減から鐵道工事減じ
187884	朝鮮朝日	西北・南鮮版	1930-04-17	2	03단	採用二十名に七百名志願總督府の給仕
187885	朝鮮朝日	西北・南鮮版	1930-04-17	2	03단	米增收に薄播法慶南で獎勵
187886	朝鮮朝日	西北・南鮮版	1930-04-17	2	03단	朝日新聞映畫の會
187887	朝鮮朝日	西北・南鮮版	1930-04-17	2	04단	養鼈を行ふ大邱女高普で
187888	朝鮮朝日	西北・南鮮版	1930-04-17	2	04단	各地だより(木浦/裡里/鎭海)
187889	朝鮮朝日	西北版	1930-04-18	1	01단	全鮮を襲うた兒童の就學難時代加速度の教育熱から不平の聲々として起る/學校も學級も增加は困難愼重に考究を要す高橋視學官語る
187890	朝鮮朝日	西北版	1930-04-18	1	01단	機關車爆發事件寫眞說明((上)遭難列車の機關車をトンネル內で取除け脫出したところ/(中)燃れつゝある郵便手小荷物炭水車を慶和驛で消火してゐる現場/(下)燃れた列車の殘骸/(圓內)勇敢な犧牲者渡邊憲兵伍長)
187891	朝鮮朝日	西北版	1930-04-18	1	03단	平壤女高普新校舍建築舊敷地に決る

일련번호	판명		간행일	면	단수	기사명
187892	朝鮮朝日	西北版	1930-04-18	1	04단	載寧江改修の陳情書提出
187893	朝鮮朝日	西北版	1930-04-18	1	04단	朝立候補して見事當選す存外だれ氣味だった清津學組議員の選擧
187894	朝鮮朝日	西北版	1930-04-18	1	05단	平壌商議の特別議員決る
187895	朝鮮朝日	西北版	1930-04-18	1	05단	新關稅協定で影響が多い國境方面の人々
187896	朝鮮朝日	西北版	1930-04-18	1	05단	平壌の野球大會
187897	朝鮮朝日	西北版	1930-04-18	1	06단	支那人勞働者續々入鮮す三月中六百名に上る龍川郡行が最も多い
187898	朝鮮朝日	西北版	1930-04-18	1	06단	國勢調査事務打合せ
187899	朝鮮朝日	西北版	1930-04-18	1	06단	京釜鎭海線の列車火災事件後報猛焔を冒して六十名を救ひ出し遂に窒息した勇敢な線路工夫一列車全部燒失す
187900	朝鮮朝日	西北版	1930-04-18	1	07단	義州統軍亭の櫻の見頃は天長節前後
187901	朝鮮朝日	西北版	1930-04-18	1	08단	臨江撫松に馬賊出沒す江岸各署警戒
187902	朝鮮朝日	西北版	1930-04-18	1	08단	廿五日迄蠅取デー十匹一錢で買ふ
187903	朝鮮朝日	西北版	1930-04-18	1	08단	長潤電氣配電擴張の工事認可さる
187904	朝鮮朝日	西北版	1930-04-18	1	09단	咸北靑年同盟總會を禁止
187905	朝鮮朝日	西北版	1930-04-18	1	09단	北鮮を股の大スリ團捕はる被害多額に上る見込み羅南署の大手柄
187906	朝鮮朝日	西北版	1930-04-18	1	09단	內緣の妻と情夫を刺殺し猫いらず自殺を圖る
187907	朝鮮朝日	西北版	1930-04-18	1	09단	もよほし(春季射擊大會/鎭南浦五日會春季俳句大會)
187908	朝鮮朝日	西北版	1930-04-18	1	10단	讀書會員に懲役を求刑
187909	朝鮮朝日	西北版	1930-04-18	1	10단	半島茶話
187910	朝鮮朝日	南鮮版	1930-04-19	1	01단	朝鮮大疑獄事件一部の豫審終結す山梨前總督の取卷たる肥田、增原は有罪よ決定(山梨大將のため政界の裏面に活躍政治的に援助した肥田增原は肥田の紹介で大將と識る/肥田の行動を嚴重戒しめ最後に遠ざけんとす山梨大將も持て餘す/肥田理吉らの罪狀　中樞院參議を好餌として運動費の提供を要求本人が應ぜぬため失敗す/諸株券とりまぜて四萬一千圓詐取加藤新義州商議會頭だまさる黃草坪島拂下げの關係/郡守にしてやると銀行預金證書一萬圓記入を詐取す/約手で五千圓小切手で五千圓合計一萬圓を詐取す未開墾地拂下の關係/廢川地拂下で巧に五千圓詐取最初二萬圓と吹かく/二回に亙り一萬圓詐取す國

일련번호	판명		간행일	면	단수	기사명
187910	朝鮮朝日	南鮮版	1930-04-19	1	01단	有未開墾地拂下げ/小切手を以て二千五百圓義州金鐘事件/騙取の株を擔保に商銀より金を借る山梨總督の名を濫用し尾間立顯を巧みに手先に使ふ/威力を誤信せしめ最初から犯意を繼續す肥田らにからまる巧妙な犯罪/京東鐵道の乘取を策し其資金を得んがため爲替や土地權利證を騙取)
187911	朝鮮朝日	南鮮版	1930-04-19	1	01단	來週中には豫審終結山梨大將の分
187912	朝鮮朝日	南鮮版	1930-04-19	1	05단	鯛や犬が大空を驅ける盛んに利用される內鮮間の航空輸送
187913	朝鮮朝日	南鮮版	1930-04-19	1	05단	釜山商議の要望部長會議で
187914	朝鮮朝日	南鮮版	1930-04-19	1	06단	社長專務の俸給半減し從業員給增咸興自動車會社
187915	朝鮮朝日	南鮮版	1930-04-19	1	07단	京城電氣仁川變電所全燒全市は暗黑と化して青年團は夜警を行ふ
187916	朝鮮朝日	南鮮版	1930-04-19	1	08단	大邱の自動車事故死者が二人
187917	朝鮮朝日	南鮮版	1930-04-19	1	09단	五浬四方も掃海したが遂に發見せず沈没の英國艦
187918	朝鮮朝日	南鮮版	1930-04-19	1	10단	強竊盜四十數件學校も荒す五人組强盜
187919	朝鮮朝日	西北・南鮮版	1930-04-19	2	01단	昭和製鋼所は新義州說有力で思惑熱次第に高まる全鮮商議聯合大會にも提案
187920	朝鮮朝日	西北・南鮮版	1930-04-19	2	01단	古味吞川に發電所計劃資本金一千萬圓で目下本府に認可申請
187921	朝鮮朝日	西北・南鮮版	1930-04-19	2	01단	年八分配當の維持に苦心整理の餘地はない新田朝鐵常務の歸來談
187922	朝鮮朝日	西北・南鮮版	1930-04-19	2	01단	童話と家庭講演村上本社記者各地の日割
187923	朝鮮朝日	西北・南鮮版	1930-04-19	2	02단	朝鮮體育協會本年の事業決定(陸上競技/庭球/排龍球/水上競技/蹴球/卓球)
187924	朝鮮朝日	西北・南鮮版	1930-04-19	2	03단	朝日新聞映畫の會
187925	朝鮮朝日	西北・南鮮版	1930-04-19	2	04단	大邱招魂祭
187926	朝鮮朝日	西北・南鮮版	1930-04-19	2	04단	各地だより(平壤/鎭海/淸州)
187927	朝鮮朝日	西北・南鮮版	1930-04-19	2	04단	雩の聲
187928	朝鮮朝日	西北版	1930-04-20	1	01단	往時の大勢力李王家の女官整理古き傳統を破って大英斷を必要とする李王職
187929	朝鮮朝日	西北版	1930-04-20	1	01단	あらゆる新兵器を內地から取寄せ全鮮を舞臺に實施今秋の師團對抗演習につき中村軍參謀長談
187930	朝鮮朝日	西北版	1930-04-20	1	01단	製鋼所工場は新義州が好適地大連から歸途來新の野田製鐵所技監の談
187931	朝鮮朝日	西北版	1930-04-20	1	01단	全鮮公職者大會提出案咸興面から

일련번호	판명		간행일	면	단수	기사명
187932	朝鮮朝日	西北版	1930-04-20	1	02단	小作問題の根本對策を樹立愈よ五月から調査を開始する平南の小作慣行調査
187933	朝鮮朝日	西北版	1930-04-20	1	03단	平壤に迷子が多い
187934	朝鮮朝日	西北版	1930-04-20	1	03단	聯合見本市に安東から出席
187935	朝鮮朝日	西北版	1930-04-20	1	04단	銅貨の朝鮮輸出を嚴重に取締る
187936	朝鮮朝日	西北版	1930-04-20	1	04단	道路を改修
187937	朝鮮朝日	西北版	1930-04-20	1	04단	新義州電氣專務
187938	朝鮮朝日	西北版	1930-04-20	1	04단	私立西明學院廢校となる
187939	朝鮮朝日	西北版	1930-04-20	1	04단	奇妙な迷信が平南道內に傳はる
187940	朝鮮朝日	西北版	1930-04-20	1	05단	忠北郡守異動
187941	朝鮮朝日	西北版	1930-04-20	1	05단	辯護士大會の出席者招待
187942	朝鮮朝日	西北版	1930-04-20	1	05단	露領からの歸還朝鮮人旣に七十名
187943	朝鮮朝日	西北版	1930-04-20	1	05단	强腰でやったならこれ位では濟まない肥田は拘留停止となり京城府內に限り自由を許さる
187944	朝鮮朝日	西北版	1930-04-20	1	06단	平北産米豆の品質を改善
187945	朝鮮朝日	西北版	1930-04-20	1	06단	吾等が健康兒の順位きまる第一回中央審査會東朝に於て開かる
187946	朝鮮朝日	西北版	1930-04-20	1	06단	四十名募集に七百名應募猛烈な巡査採用試驗こゝにも就職難の現れ
187947	朝鮮朝日	西北版	1930-04-20	1	06단	胃腸病等に效能がある松葉の粉末
187948	朝鮮朝日	西北版	1930-04-20	1	07단	元山教育會總會
187949	朝鮮朝日	西北版	1930-04-20	1	07단	昭和製鋼の實現に努力安東公友會意見一致す
187950	朝鮮朝日	西北版	1930-04-20	1	08단	隊伍を整へ淸進署に押寄す檢束者釋放を迫る益々惡化の靑年同盟
187951	朝鮮朝日	西北版	1930-04-20	1	08단	貧民に給與
187952	朝鮮朝日	西北版	1930-04-20	1	08단	新義州商業の配屬將校決る
187953	朝鮮朝日	西北版	1930-04-20	1	08단	牡丹台野話
187954	朝鮮朝日	西北版	1930-04-20	1	09단	「思ったほど變らぬ平壤」支那から歸った竹下大將語る
187955	朝鮮朝日	西北版	1930-04-20	1	09단	江岸地帶に馬賊盛んに進出至る處で討伐隊と衝突多數の死傷者を出す
187956	朝鮮朝日	西北版	1930-04-20	1	10단	老婆を殺し自宅に隱匿行方を晦ます
187957	朝鮮朝日	西北版	1930-04-20	1	10단	三戸を燒く
187958	朝鮮朝日	西北版	1930-04-20	1	10단	時局標榜の强盜現はる
187959	朝鮮朝日	西北版	1930-04-20	1	10단	棍棒で毆り現金を强奪
187960	朝鮮朝日	西北版	1930-04-20	1	10단	朝鮮教育會大田で總會

일련번호	판명		간행일	면	단수	기사명
187961	朝鮮朝日	西北・南鮮版	1930-04-20	2	01단	京城酒類商組合が麥酒値下を發表一本を三十錢で賣る急に狼狽する三會社
187962	朝鮮朝日	西北・南鮮版	1930-04-20	2	01단	運送店の合同參加は結局十九店元山の狀態
187963	朝鮮朝日	西北・南鮮版	1930-04-20	2	01단	鍵盤鑿孔機三局に配置
187964	朝鮮朝日	西北・南鮮版	1930-04-20	2	02단	電協評議員會
187965	朝鮮朝日	西北・南鮮版	1930-04-20	2	02단	白馬の模範林年々植栽す
187966	朝鮮朝日	西北・南鮮版	1930-04-20	2	02단	移住朝鮮人の動靜を調査す
187967	朝鮮朝日	西北・南鮮版	1930-04-20	2	02단	牛疫の豫防に力をそゝぐ平安北道當局
187968	朝鮮朝日	西北・南鮮版	1930-04-20	2	03단	新義州市場大豆出來高
187969	朝鮮朝日	西北・南鮮版	1930-04-20	2	03단	無電材料輸入制限を廢止
187970	朝鮮朝日	西北・南鮮版	1930-04-20	2	03단	各地だより(裡里/京城/平壤/春川/雄基/城津)
187971	朝鮮朝日	西北・南鮮版	1930-04-20	2	03단	朝日新聞映畫の會
187972	朝鮮朝日	西北版	1930-04-22	1	01단	今年の夏は鮮內至る所大潤ひ八百四十萬圓の金が勞銀としてばら撒かれる
187973	朝鮮朝日	西北版	1930-04-22	1	01단	主要地倉庫を合併新會社を組織し漸次增資する方法をとるか鮮內商業倉庫の統制
187974	朝鮮朝日	西北版	1930-04-22	1	01단	本年度の建設倉庫は十五六ヶ所くらゐか
187975	朝鮮朝日	西北版	1930-04-22	1	01단	公職者大會出席申込者
187976	朝鮮朝日	西北版	1930-04-22	1	02단	見るから明るい公設市場設置清津府の計劃
187977	朝鮮朝日	西北版	1930-04-22	1	03단	總督平壤視察
187978	朝鮮朝日	西北版	1930-04-22	1	03단	乘合自動車六線を認可
187979	朝鮮朝日	西北版	1930-04-22	1	03단	朝鮮婦人のすばらしい職業的進出！！醫師試驗を目ざし近年珍しい受驗者
187980	朝鮮朝日	西北版	1930-04-22	1	04단	清津の公會堂水産品評會場にあてる
187981	朝鮮朝日	西北版	1930-04-22	1	04단	平鐵の業績
187982	朝鮮朝日	西北版	1930-04-22	1	04단	崇仁商業認可
187983	朝鮮朝日	西北版	1930-04-22	1	04단	黃海道近海の捕鯨
187984	朝鮮朝日	西北版	1930-04-22	1	04단	粟多收穫地三箇所を推薦
187985	朝鮮朝日	西北版	1930-04-22	1	04단	清津小學校と端午の節句
187986	朝鮮朝日	西北版	1930-04-22	1	05단	結核豫防に安東の活動
187987	朝鮮朝日	西北版	1930-04-22	1	05단	雅樂の音譜新に作製し世界的に紹介
187988	朝鮮朝日	西北版	1930-04-22	1	05단	非常に殖えた朝鮮人の就職巡査や自動車の運轉手に若い朝鮮婦人も交る
187989	朝鮮朝日	西北版	1930-04-22	1	05단	紊亂せる山梨政治の當然の歸結として多數の人は格別驚いてゐない瀆職事件の結審と世評

일련번호	판명		간행일	면	단수	기사명
187990	朝鮮朝日	西北版	1930-04-22	1	06단	放送される妓生の音樂廣島放送局から尹白南氏が說明
187991	朝鮮朝日	西北版	1930-04-22	1	06단	三つの試驗(理髮試驗/産婆試驗/看護婦試驗)
187992	朝鮮朝日	西北版	1930-04-22	1	06단	牡丹台野話
187993	朝鮮朝日	西北版	1930-04-22	1	07단	平壤聯隊除隊式
187994	朝鮮朝日	西北版	1930-04-22	1	07단	七三聯隊の軍旗祭盛大に催さる
187995	朝鮮朝日	西北版	1930-04-22	1	08단	關大山岳部員新義州到着更に滿洲へ
187996	朝鮮朝日	西北版	1930-04-22	1	08단	列車火災に鑑み安全燃屑機關車隧道の多い線に運轉
187997	朝鮮朝日	西北版	1930-04-22	1	09단	前北鎭署長近く起訴か關係者三名强制處分に
187998	朝鮮朝日	西北版	1930-04-22	1	09단	運動界(市民陸上競技/蹴球大會)
187999	朝鮮朝日	西北版	1930-04-22	1	09단	頻發する小作爭議の解決方法調査平北道當局が
188000	朝鮮朝日	西北版	1930-04-22	1	09단	平壤驛構內に狂犬現はれ盛に咬み廻る
188001	朝鮮朝日	西北版	1930-04-22	1	09단	市街地襲擊の隙を窺ふ間島の馬賊團
188002	朝鮮朝日	西北版	1930-04-22	1	10단	猫自殺を企て果さず蘇生新義州の二人殺し犯人送局
188003	朝鮮朝日	西北版	1930-04-22	1	10단	跡を絶たぬ列車の妨害安東線で又發見
188004	朝鮮朝日	西北版	1930-04-22	1	10단	仁川へ航行中濃霧で坐礁尼崎の隆光丸
188005	朝鮮朝日	西北版	1930-04-22	1	10단	暴行事件公判
188006	朝鮮朝日	西北版	1930-04-22	1	10단	人(汪淸縣百草溝公安局長田茂惠氏/古橋咸鏡北道知事/川島十九師團長、村井步兵第三十八旅團長)
188007	朝鮮朝日	西北版	1930-04-23	1	01단	聲を大にして『鮮産愛用』を叫ぶ總督府が率先して國産使用建築用材も鮮材に
188008	朝鮮朝日	西北版	1930-04-23	1	01단	*憂慮すべき事實なく關係者は安心してよい絲價安定補償法問題について松村殖産局長は語る/朝鮮産の生絲が內地産と同一水準農務課田中技師談*
188009	朝鮮朝日	西北版	1930-04-23	1	01단	路頭に迷ふ婦人達を幸福へみちびく各種の職をあたへて觀水洞の「母と子の家」
188010	朝鮮朝日	西北版	1930-04-23	1	02단	癩豫防法の施行を希望各道が處置に全く大こまり
188011	朝鮮朝日	西北版	1930-04-23	1	03단	內地毛織物の販路を開拓滿洲方面へ
188012	朝鮮朝日	西北版	1930-04-23	1	03단	基教靑年會が農村振興を各方面にわたって可成り眞劍に運動
188013	朝鮮朝日	西北版	1930-04-23	1	04단	東三省政府防穀令施行粟、高粱等の
188014	朝鮮朝日	西北版	1930-04-23	1	04단	汪淸教育局長辭表を提出

일련번호	판명		간행일	면	단수	기사명
188015	朝鮮朝日	西北版	1930-04-23	1	04단	安東の交通整理
188016	朝鮮朝日	西北版	1930-04-23	1	05단	流す筏も流れかねる音頭にも籠る「不景氣」營林署費削減から
188017	朝鮮朝日	西北版	1930-04-23	1	05단	お茶のあと
188018	朝鮮朝日	西北版	1930-04-23	1	06단	順調な鴨江流筏
188019	朝鮮朝日	西北版	1930-04-23	1	06단	生活窮迫の在露朝鮮人露政府の壓迫で
188020	朝鮮朝日	西北版	1930-04-23	1	06단	航空學校や大學を設置遠東邊境內に露政府で決定
188021	朝鮮朝日	西北版	1930-04-23	1	06단	嚴原を中心とし長距離電話の試驗その結果を參考とする內地朝鮮間の長距離直通電話
188022	朝鮮朝日	西北版	1930-04-23	1	07단	朝鮮經由の鐵道施行こそまっすぐな愉快な旅程だ歐米各主要都市へ宣傳
188023	朝鮮朝日	西北版	1930-04-23	1	07단	離婚したさに自宅に放火
188024	朝鮮朝日	西北版	1930-04-23	1	07단	水利組合創立反對の地主ら憤慨
188025	朝鮮朝日	西北版	1930-04-23	1	08단	運動界(平鐵勝つ/春季射擊大會)
188026	朝鮮朝日	西北版	1930-04-23	1	09단	實業團對鐵道定期野球本社平壤通信部が後援
188027	朝鮮朝日	西北版	1930-04-23	1	09단	お伽、話術家庭講演會村上本社記者
188028	朝鮮朝日	西北版	1930-04-23	1	09단	牡丹台野話
188029	朝鮮朝日	西北版	1930-04-23	1	10단	人出が多い牡丹台の櫻夜更まで賑ふ
188030	朝鮮朝日	西北版	1930-04-23	1	10단	內地人娼妓の素姓しらべ
188031	朝鮮朝日	西北版	1930-04-23	1	10단	落盤で壓死
188032	朝鮮朝日	西北版	1930-04-23	1	10단	學生の家出
188033	朝鮮朝日	西北版	1930-04-23	1	10단	もよほし(新義州天長節祝賀會)
188034	朝鮮朝日	西北版	1930-04-23	1	10단	人(古橋咸北知事/秋月榮次氏(平壤土木出張所長))
188035	朝鮮朝日	西北・南鮮版	1930-04-23	2	01단	漁業の合理化を圖り行詰れる漁撈を助長まづ海洋觀測に着手す力を入れる慶南道當局
188036	朝鮮朝日	西北・南鮮版	1930-04-23	2	01단	朝鮮産業界に目覺しい發展北鮮のカニ罐詰製造工場等も漸次完備
188037	朝鮮朝日	西北・南鮮版	1930-04-23	2	01단	慶北金融組合聯合會總會
188038	朝鮮朝日	西北・南鮮版	1930-04-23	2	02단	專賣局で精製鹽發賣
188039	朝鮮朝日	西北・南鮮版	1930-04-23	2	03단	人蔘優良耕作者表彰
188040	朝鮮朝日	西北・南鮮版	1930-04-23	2	03단	一月に一台は苦もなく賣れて不景氣を蹴飛ばす三十年型の自動車
188041	朝鮮朝日	西北・南鮮版	1930-04-23	2	03단	朝日新聞映畫の會
188042	朝鮮朝日	西北・南鮮版	1930-04-23	2	04단	各地だより(京城/平壤)

일련번호	판명		간행일	면	단수	기사명
188043	朝鮮朝日	西北版	1930-04-24	1	01단	人生地獄に喘ぐ藝娼妓の大福音年期契約を絶對に廢止し步合契約のみを許可
188044	朝鮮朝日	西北版	1930-04-24	1	01단	『試驗制度は速に廢止するが至當だ』專門家の意見は一致す心細い醫師、齒科醫、藥劑師の卵/猶豫期間を十年間與へ斷然廢止する考へだ西龜衛生課長は語る
188045	朝鮮朝日	西北版	1930-04-24	1	02단	三新設校の校長を任命
188046	朝鮮朝日	西北版	1930-04-24	1	02단	平壤勞働聯盟大會當選役員と當日の決議
188047	朝鮮朝日	西北版	1930-04-24	1	03단	天長節奉祝會
188048	朝鮮朝日	西北版	1930-04-24	1	03단	自發的に屆出增加平北モヒ患者
188049	朝鮮朝日	西北版	1930-04-24	1	04단	教育會代議員總會出席者
188050	朝鮮朝日	西北版	1930-04-24	1	04단	難工區多い平元線工事土嶺には長さ一哩半の朝鮮一のトンネル
188051	朝鮮朝日	西北版	1930-04-24	1	04단	多獅島築港の內容(下)/滿蒙物資の大呑吐港海陸連絡すれば貨物八十萬噸を集散
188052	朝鮮朝日	西北版	1930-04-24	1	05단	鎮海事件の軍法會議(右から高崎、芝崎、石邊三被告)
188053	朝鮮朝日	西北版	1930-04-24	1	05단	産業組合總會
188054	朝鮮朝日	西北版	1930-04-24	1	06단	辨當を出し花見客吸收
188055	朝鮮朝日	西北版	1930-04-24	1	06단	平南道內の養魚熱いよいよ盛ん
188056	朝鮮朝日	西北版	1930-04-24	1	07단	收賄罪で豫審に廻付阿比留前署長
188057	朝鮮朝日	西北版	1930-04-24	1	08단	行詰り狀態の平南の漁業改良鮫鱇網を試用し打開策を講じる計劃
188058	朝鮮朝日	西北版	1930-04-24	1	08단	これは不思議禁酒禁煙部落に煙草の賣行き年を遂うて增加筏夫たちにさそはれてか
188059	朝鮮朝日	西北版	1930-04-24	1	08단	討伐隊と馬賊交戰副頭目の首を土城門で曝す
188060	朝鮮朝日	西北版	1930-04-24	1	09단	六棟三戶を燒く
188061	朝鮮朝日	西北版	1930-04-24	1	09단	鷄五十羽を盜む
188062	朝鮮朝日	西北版	1930-04-24	1	09단	東京京城間聲の聯絡は明年の六七月頃から中繼地は大阪福岡釜山名古屋
188063	朝鮮朝日	西北版	1930-04-24	1	10단	牡丹台野話
188064	朝鮮朝日	西北版	1930-04-24	1	10단	男の溺死體
188065	朝鮮朝日	西北版	1930-04-24	1	10단	元山の火事
188066	朝鮮朝日	西北版	1930-04-24	1	10단	半島茶話
188067	朝鮮朝日	西北・南鮮版	1930-04-24	2	01단	學位審査の權能附與は今年中にかゝるまい志賀城大總長歸來談

일련번호	판명		간행일	면	단수	기사명
188068	朝鮮朝日	西北・南鮮版	1930-04-24	2	01단	３０年型の商戰空輸を利用しお客に滿足させるそれが近頃多くなって空輸會社も大よろこび
188069	朝鮮朝日	西北・南鮮版	1930-04-24	2	01단	馬山米改善懇談會
188070	朝鮮朝日	西北・南鮮版	1930-04-24	2	02단	蘋果の花盛り昨今の大邱市外
188071	朝鮮朝日	西北・南鮮版	1930-04-24	2	02단	平北體育協會本年度事業
188072	朝鮮朝日	西北・南鮮版	1930-04-24	2	03단	平南の鑛山
188073	朝鮮朝日	西北・南鮮版	1930-04-24	2	03단	陽德元山間車馬開通す
188074	朝鮮朝日	西北・南鮮版	1930-04-24	2	03단	京城商工獎勵館のバルコニー開設市民の遊步場として食堂希望者に貸す
188075	朝鮮朝日	西北・南鮮版	1930-04-24	2	03단	朝日新聞映畫の會
188076	朝鮮朝日	西北・南鮮版	1930-04-24	2	04단	平南の松毛蟲驅除
188077	朝鮮朝日	西北・南鮮版	1930-04-24	2	04단	各地だより(鎭南浦/雄基/城津)
188078	朝鮮朝日	西北版	1930-04-25	1	01단	單級學校での教授法改善に近く全鮮で內容調査その結果は囑目さる
188079	朝鮮朝日	西北版	1930-04-25	1	01단	鴨綠江の筏流し
188080	朝鮮朝日	西北版	1930-04-25	1	02단	全鮮警察官の大整理斷行老朽者をまづ槍玉に森岡局長の腕が鳴る
188081	朝鮮朝日	西北版	1930-04-25	1	03단	平南初等教員第二次異動
188082	朝鮮朝日	西北版	1930-04-25	1	04단	健康增進安東の運動
188083	朝鮮朝日	西北版	1930-04-25	1	04단	マラリヤの撲滅に努む
188084	朝鮮朝日	西北版	1930-04-25	1	04단	紙幣類似のクーポン取締り平南の各地商店で大流行し剩錢詐取も現はる
188085	朝鮮朝日	西北版	1930-04-25	1	04단	役員の辭任で平壤商議の評議員會混亂
188086	朝鮮朝日	西北版	1930-04-25	1	05단	沿海州を追はるゝ朝鮮人その數は夥しいが救濟策は何等ない
188087	朝鮮朝日	西北版	1930-04-25	1	05단	揮毫や扁額の處置に困る朝鮮人方面で非常に評判の惡い山梨大將
188088	朝鮮朝日	西北版	1930-04-25	1	05단	水稻優良品種を普及
188089	朝鮮朝日	西北版	1930-04-25	1	05단	金銀鑛採掘開始寺洞山鑛山
188090	朝鮮朝日	西北版	1930-04-25	1	06단	家具や玩具を實業學校で製作を獎勵
188091	朝鮮朝日	西北版	1930-04-25	1	06단	『その態度は實に立派だ』公判に干與した判士長周山大佐語る/『罰するのみが法の精神でないこれで打切りたい』南軍司令官語る/三名とも上告せぬか石邊軍曹も自由の身に/冥福を祈る誠意で一杯高崎大尉感激の涙にむせぶ
188092	朝鮮朝日	西北版	1930-04-25	1	07단	牡丹台野話

일련번호	판명		간행일	면	단수	기사명
188093	朝鮮朝日	西北版	1930-04-25	1	07단	山十製絲罷業解決工場側一切の要求を容れて
188094	朝鮮朝日	西北版	1930-04-25	1	07단	安東新義州行五割引列車二十七日運轉
188095	朝鮮朝日	西北版	1930-04-25	1	07단	引火物取締規則を改正目下起草中
188096	朝鮮朝日	西北版	1930-04-25	1	07단	赤十字社の巡回診療班
188097	朝鮮朝日	西北版	1930-04-25	1	08단	また映寫中フヰルムに引火兼二浦公會堂に於て五名の輕傷者を出す/何れも輕傷
188098	朝鮮朝日	西北版	1930-04-25	1	08단	教育勅語盜難事件意趣晴しか
188099	朝鮮朝日	西北版	1930-04-25	1	09단	高等女學校を道に移管要望全鮮公職者大會で
188100	朝鮮朝日	西北版	1930-04-25	1	10단	新義州高普生一部保釋祕密結社事件近く豫審終結
188101	朝鮮朝日	西北版	1930-04-25	1	10단	十四名のスリ團捕る
188102	朝鮮朝日	西北版	1930-04-25	1	10단	鑛夫の惡事
188103	朝鮮朝日	西北版	1930-04-25	1	10단	妻を刺して自殺を圖る
188104	朝鮮朝日	西北版	1930-04-25	1	10단	人(篠田治策氏(李王職次官))
188105	朝鮮朝日	西北版	1930-04-25	1	10단	半島茶話
188106	朝鮮朝日	南鮮版	1930-04-25	1	01단	單級學校での教授法改善に近く全鮮で內容調査その結果は囑目さる
188107	朝鮮朝日	南鮮版	1930-04-25	1	01단	さあ早く早く(交通のおぢさん本町署の小原巡査)
188108	朝鮮朝日	南鮮版	1930-04-25	1	02단	全鮮警察官の大整理斷行老朽者をまづ槍玉に森岡局長の腕が鳴る
188109	朝鮮朝日	南鮮版	1930-04-25	1	02단	助興稅と電柱稅引上府協議會に提出する財源に惱む京城府で
188110	朝鮮朝日	南鮮版	1930-04-25	1	04단	同民會總會役員を決定
188111	朝鮮朝日	南鮮版	1930-04-25	1	04단	故渡邊伍長の遺骨故鄉へ
188112	朝鮮朝日	南鮮版	1930-04-25	1	04단	沿海州を追はるゝ朝鮮人その數は夥しいが救濟策は何等ない
188113	朝鮮朝日	南鮮版	1930-04-25	1	05단	揮毫や扁額の處置に困る朝鮮人方面で非常に評判の惡い山梨大將
188114	朝鮮朝日	南鮮版	1930-04-25	1	05단	旱害罹災民の生活は安定星州、漆谷兩郡を視察して吉永慶北社會主事談
188115	朝鮮朝日	南鮮版	1930-04-25	1	05단	『その態度は實に立派だ』公判に干與した判士長周山大佐語る/『罰するのみが法の精神でないこれで打切りたい』南軍司令官語る/三名とも上告せぬか石邊軍曹も自由の身に/冥福を祈る誠意で一杯高崎大尉感激の涙にむせぶ

일련번호	판명		간행일	면	단수	기사명
188116	朝鮮朝日	南鮮版	1930-04-25	1	07단	李王職長官の東京官邸落成
188117	朝鮮朝日	南鮮版	1930-04-25	1	07단	釜山第七小學校に猩紅熱が續發しすでに十餘名に上る當局は成行を憂慮
188118	朝鮮朝日	南鮮版	1930-04-25	1	07단	赤十字社の巡回診療班
188119	朝鮮朝日	南鮮版	1930-04-25	1	07단	また映寫中フヰルムに引火兼二浦公會堂に於て五名の輕傷者を出す
188120	朝鮮朝日	南鮮版	1930-04-25	1	07단	鎭海遭難者大法會廿七日に催す
188121	朝鮮朝日	南鮮版	1930-04-25	1	08단	英軍艦仁川入港
188122	朝鮮朝日	南鮮版	1930-04-25	1	08단	鮮銀支店長會議
188123	朝鮮朝日	南鮮版	1930-04-25	1	08단	同盟休校し訓導を排斥生徒毆打から豊基普通學校
188124	朝鮮朝日	南鮮版	1930-04-25	1	08단	教育界の美談集刊行
188125	朝鮮朝日	南鮮版	1930-04-25	1	08단	朝郵總會へ重役等渡鮮
188126	朝鮮朝日	南鮮版	1930-04-25	1	08단	陜川普校校舍新築一學期中に竣工の豫定
188127	朝鮮朝日	南鮮版	1930-04-25	1	09단	引火物取締規則を改正目下起草中
188128	朝鮮朝日	南鮮版	1930-04-25	1	09단	證書や印章を僞造し恩給詐欺を働く今日迄の被害三千圓東京生れの男捕まる
188129	朝鮮朝日	南鮮版	1930-04-25	1	09단	密航料詐取
188130	朝鮮朝日	南鮮版	1930-04-25	1	09단	大邱市街の靑桐の皮を剝ぐ淋疾の妙藥だとて當局で嚴重取締る
188131	朝鮮朝日	南鮮版	1930-04-25	1	09단	列車に刎飛さる
188132	朝鮮朝日	南鮮版	1930-04-25	1	09단	濁流に押流さる
188133	朝鮮朝日	南鮮版	1930-04-25	1	09단	もよほし(京城府招魂祭/柔道大會)
188134	朝鮮朝日	南鮮版	1930-04-25	1	10단	保險金を橫領し妾まで置く釜山署で取調
188135	朝鮮朝日	南鮮版	1930-04-25	1	10단	前審通り死刑に鮮銀爆破事件の張鎭弘に對し
188136	朝鮮朝日	南鮮版	1930-04-25	1	10단	放火元警視豫審に廻付
188137	朝鮮朝日	南鮮版	1930-04-25	1	10단	半島茶話
188138	朝鮮朝日	西北版	1930-04-26	1	01단	大暴雨風襲ひ來る/金江支流の鐵橋浸水し南北鮮の連絡杜絶列車はいづれも立往生京釜線各驛は大混雜/豪雨は止みさうになく旅客は不安に襲はる今の處復舊の見込なし/沿海航路は全部杜絶す家屋田畑の浸水夥し釜山や慶南道各地
188139	朝鮮朝日	西北版	1930-04-26	1	01단	道廳移轉は果して可能性あったか否かゞ本件の重要點興味を呼ぶ道廳移轉事件公判

일련번호	판명		간행일	면	단수	기사명
188140	朝鮮朝日	西北版	1930-04-26	1	04단	本年開通至急電話百個に決定(京城中央局)
188141	朝鮮朝日	西北版	1930-04-26	1	04단	朝郵總會
188142	朝鮮朝日	西北版	1930-04-26	1	04단	齋藤勳博士
188143	朝鮮朝日	西北版	1930-04-26	1	05단	平壤神社春の大祭一日から
188144	朝鮮朝日	西北版	1930-04-26	1	05단	咸興聯隊觀兵式
188145	朝鮮朝日	西北版	1930-04-26	1	05단	京城に連繫店五十軒設置
188146	朝鮮朝日	西北版	1930-04-26	1	05단	西鮮女子中等オリムピックに黃海道體協からも見事なカップ寄贈/平壤署射擊成績
188147	朝鮮朝日	西北版	1930-04-26	1	05단	從來の半額で入苑を許す愛護デー當日李王家昌慶苑
188148	朝鮮朝日	西北版	1930-04-26	1	05단	運動界(平壤體協スケジュール)
188149	朝鮮朝日	西北版	1930-04-26	1	05단	三千餘名を招待し盛大なる奉祝宴天長節當日總督府で種々の餘興も催さる
188150	朝鮮朝日	西北版	1930-04-26	1	06단	故渡邊伍長の弔慰金募集
188151	朝鮮朝日	西北版	1930-04-26	1	06단	一割五分を整理し約十萬圓浮ばす森林收入減を取り返す爲總督府の林産課
188152	朝鮮朝日	西北版	1930-04-26	1	07단	續々引揚げる沿海州の朝鮮人旣に七十家族に及ぶ宗教撲滅運動の犧牲
188153	朝鮮朝日	西北版	1930-04-26	1	07단	公設市場改築目下設計中
188154	朝鮮朝日	西北版	1930-04-26	1	07단	消防殉職者の招魂碑建設
188155	朝鮮朝日	西北版	1930-04-26	1	08단	株主總會の無效を告訴慶尙合銀で又泥試合か
188156	朝鮮朝日	西北版	1930-04-26	1	08단	飲食店やカフェー大恐慌を來たす雇女の制限や改善を釜山でちかく實施
188157	朝鮮朝日	西北版	1930-04-26	1	08단	キヨク黨一味の判決謹嚴そのものゝ如き態度で判決を聽く
188158	朝鮮朝日	西北版	1930-04-26	1	09단	花見客の亂暴や不良を取締る
188159	朝鮮朝日	西北版	1930-04-26	1	09단	二ヶ所に放火を企つ
188160	朝鮮朝日	西北版	1930-04-26	1	09단	山火事の豫防方一般に周知通牒を發す
188161	朝鮮朝日	西北版	1930-04-26	1	10단	老婆殺しに無期の判決
188162	朝鮮朝日	西北版	1930-04-26	1	10단	乘合自動車汽動車衝突二名は重傷
188163	朝鮮朝日	西北版	1930-04-26	1	10단	船客の行方不明
188164	朝鮮朝日	西北版	1930-04-26	1	10단	運動界(京鐵慘敗)
188165	朝鮮朝日	西北版	1930-04-26	1	10단	もよほし(馬山商工會主催奧地視察團)
188166	朝鮮朝日	西北版	1930-04-26	1	10단	人(久山平南警務課長)
188167	朝鮮朝日	西北版	1930-04-26	1	10단	牡丹台野話
188168	朝鮮朝日	西北・南鮮版	1930-04-26	2	01단	土工にも馴れたお百姓

일련번호	판명		간행일	면	단수	기사명
188169	朝鮮朝日	西北・南鮮版	1930-04-26	2	01단	都會地方は向學熱擡頭郡部は矢張り少ない慶北道內入學兒調べ
188170	朝鮮朝日	西北・南鮮版	1930-04-26	2	01단	稻優良品種の第二次更新慶北道が三年計劃で一層の效果を擧げよう
188171	朝鮮朝日	西北・南鮮版	1930-04-26	2	01단	平南道の食鹽消費高
188172	朝鮮朝日	西北・南鮮版	1930-04-26	2	02단	大豆の品種改良平安北道で
188173	朝鮮朝日	西北・南鮮版	1930-04-26	2	02단	地下足袋の滿洲輸入は稅率引下で漸次增加か
188174	朝鮮朝日	西北・南鮮版	1930-04-26	2	02단	馬山の酒造狀況
188175	朝鮮朝日	西北・南鮮版	1930-04-26	2	03단	朝日新聞映畫の會
188176	朝鮮朝日	西北・南鮮版	1930-04-26	2	03단	慶北畜牛保險
188177	朝鮮朝日	西北・南鮮版	1930-04-26	2	03단	各地だより(木浦/新義州/雄基/平壤)
188178	朝鮮朝日	南鮮版	1930-04-26	1	01단	大暴雨風襲ひ來る 金江支流の鐵橋浸水し南北鮮の連絡杜絶列車はいづれも立往生京釜線各驛は大混雜/豪雨は止みさうになく旅客は不安に襲はる今の處復舊の見込なし/沿海航路は全部杜絶す家屋田畑の浸水夥し釜山や慶南道各地
188179	朝鮮朝日	南鮮版	1930-04-26	1	01단	道廳移轉は果して可能性あったか否かゞ本件の重要點興味を呼ぶ道廳移轉事件公判
188180	朝鮮朝日	南鮮版	1930-04-26	1	04단	本年開通至急電話百個に決定(京城中央局)
188181	朝鮮朝日	南鮮版	1930-04-26	1	04단	朝郵總會
188182	朝鮮朝日	南鮮版	1930-04-26	1	04단	齋藤勳博士
188183	朝鮮朝日	南鮮版	1930-04-26	1	05단	平壤神社春の大祭一日から
188184	朝鮮朝日	南鮮版	1930-04-26	1	05단	咸興聯隊觀兵式
188185	朝鮮朝日	南鮮版	1930-04-26	1	05단	京城に連繫店五十軒設置
188186	朝鮮朝日	南鮮版	1930-04-26	1	05단	西鮮女子中等オリムピックに黃海道體協からも見事なカップ寄贈/平壤署射擊成績
188187	朝鮮朝日	南鮮版	1930-04-26	1	05단	從來の半額で入苑を許す愛護デー當日李王家昌慶苑
188188	朝鮮朝日	南鮮版	1930-04-26	1	05단	運動界(平壤體協スケジュール)
188189	朝鮮朝日	南鮮版	1930-04-26	1	05단	三千餘名を招待し盛大なる奉祝宴天長節當日總督府で種々の餘興も催さる
188190	朝鮮朝日	南鮮版	1930-04-26	1	06단	故渡邊伍長の弔慰金募集
188191	朝鮮朝日	南鮮版	1930-04-26	1	06단	一割五分を整理し約十萬圓浮ばす森林收入減を取り返す爲總督府の林産課
188192	朝鮮朝日	南鮮版	1930-04-26	1	07단	續々引揚げる沿海州の朝鮮人旣に七十家族に及ぶ宗敎撲滅運動の犧牲

일련번호	판명		간행일	면	단수	기사명
188193	朝鮮朝日	南鮮版	1930-04-26	1	07단	公設市場改築目下設計中
188194	朝鮮朝日	南鮮版	1930-04-26	1	07단	消防殉職者の招魂碑建設
188195	朝鮮朝日	南鮮版	1930-04-26	1	08단	株主總會の無效を告訴慶尙合銀で又泥試合か
188196	朝鮮朝日	南鮮版	1930-04-26	1	08단	飮食店やカフエー大恐慌を來たす雇女の制限や改善を釜山でちかく實施
188197	朝鮮朝日	南鮮版	1930-04-26	1	08단	キヨク黨一味の判決謹嚴そのものゝ如き態度で判決を聽く
188198	朝鮮朝日	南鮮版	1930-04-26	1	09단	花見客の亂暴や不良を取締る
188199	朝鮮朝日	南鮮版	1930-04-26	1	09단	二ヶ所に放火を企つ
188200	朝鮮朝日	南鮮版	1930-04-26	1	09단	山火事の豫防方一般に周知通牒を發す
188201	朝鮮朝日	南鮮版	1930-04-26	1	10단	老婆殺しに無期の判決
188202	朝鮮朝日	南鮮版	1930-04-26	1	10단	乘合自動車汽動車衝突二名は重傷
188203	朝鮮朝日	南鮮版	1930-04-26	1	10단	船客の行方不明
188204	朝鮮朝日	南鮮版	1930-04-26	1	10단	運動界(京鐵慘敗)
188205	朝鮮朝日	南鮮版	1930-04-26	1	10단	もよほし(馬山商工會主催奧地視察團)
188206	朝鮮朝日	南鮮版	1930-04-26	1	10단	人(久山平南警務課長)
188207	朝鮮朝日	南鮮版	1930-04-26	1	10단	牡丹台野話
188208	朝鮮朝日	西北版	1930-04-27	1	01단	在鮮官公吏の加俸の減額や自治制に關する要望全鮮公職者大會で/朝鮮に特別立法機關を設くるやうの要望は贊成多數で可決さる
188209	朝鮮朝日	西北版	1930-04-27	1	01단	朝鮮自治權擴張を決議甲子クラブ總會で
188210	朝鮮朝日	西北版	1930-04-27	1	02단	河本益山面長辭職の意向
188211	朝鮮朝日	西北版	1930-04-27	1	03단	新設さるゝ産業部長それぞれ任命さる(全南參與官 朴容九/咸北內務部長 金東勳/全北參與官 鄭僑源/平北參與官 兪萬兼/京畿參與官 高元勳/慶北參與官 柳基浩/慶南道參與官 南官營/京畿道産業課長 尹泰彬/後藤郡守 申基德/平南參與官 朴勝鳳)
188212	朝鮮朝日	西北版	1930-04-27	1	04단	學務局の專任視學官高木氏任命
188213	朝鮮朝日	西北版	1930-04-27	1	04단	商工會議所令の發令も近からう定款も內地のとは異る松村殖産局長語る
188214	朝鮮朝日	西北版	1930-04-27	1	04단	絲價補償法案の實施は除外か目下のところ急ぐことはない湯村農務課長歸來談
188215	朝鮮朝日	西北版	1930-04-27	1	04단	宗教の花園に咲く內鮮融和の美談殘燭のやうな慘めな餘生を送る西教受難の生殘りの勇者を慰む
188216	朝鮮朝日	西北版	1930-04-27	1	05단	京城、全州間警備電話開通本年度內には更に全州、光州間も開通

일련번호	판명		간행일	면	단수	기사명
188217	朝鮮朝日	西北版	1930-04-27	1	05단	長興里市街ちかく出現群山對策研究
188218	朝鮮朝日	西北版	1930-04-27	1	06단	薄倖な朝鮮人の隣保事業につくす投げ出した金十三萬圓世に隱れた美しい話
188219	朝鮮朝日	西北版	1930-04-27	1	07단	農藝專修學校を金海に建設
188220	朝鮮朝日	西北版	1930-04-27	1	07단	群山郵便局の複式改善に猛運動を起す
188221	朝鮮朝日	西北版	1930-04-27	1	07단	自動車激流の中に乘入れて顚覆し遂に死傷者六名を出す唐津、公州間明川での出來ごと
188222	朝鮮朝日	西北版	1930-04-27	1	09단	大田發列車八輛突然脫線す長城新興里の中間で原因は目下調査中
188223	朝鮮朝日	西北版	1930-04-27	1	09단	京釜線漸く復舊徒步連絡で輸送す
188224	朝鮮朝日	西北版	1930-04-27	1	09단	鎭海招魂祭
188225	朝鮮朝日	西北版	1930-04-27	1	09단	稀な豪雨で各河川氾濫農作物は全滅の形慶北各地方の被害/豪雨で漢江增水浸水家屋夥し
188226	朝鮮朝日	西北版	1930-04-27	1	10단	小作人宅に地主が放火暴行されて
188227	朝鮮朝日	西北版	1930-04-27	1	10단	牛のことから遂に蹴殺す
188228	朝鮮朝日	西北版	1930-04-27	1	10단	慶熙勝つ
188229	朝鮮朝日	南鮮版	1930-04-27	1	01단	在鮮官公吏の加俸の減額や自治制に關する要望全鮮公職者大會で/朝鮮に特別立法機關を設くるやうの要望は贊成多數で可決さる
188230	朝鮮朝日	南鮮版	1930-04-27	1	01단	朝鮮自治權擴張を決議甲子クラブ總會で
188231	朝鮮朝日	南鮮版	1930-04-27	1	02단	河本益山面長辭職の意向
188232	朝鮮朝日	南鮮版	1930-04-27	1	03단	新設さる〉産業部長それぞれ任命さる(全南參與官 朴容九/咸北內務部長 金東勳/全北參與官 鄭僑源/平北參與官 兪萬兼/京畿參與官 高元勳/慶北參與官 柳基浩/慶南道參與官 南官營/京畿道産業課長 尹泰彬/後藤郡守 申基德/平南參與官 朴勝鳳)
188233	朝鮮朝日	南鮮版	1930-04-27	1	04단	學務局の專任視學官高木氏任命
188234	朝鮮朝日	南鮮版	1930-04-27	1	04단	商工會議所令の發令も近からう定款も內地のとは異る松村殖産局長語る
188235	朝鮮朝日	南鮮版	1930-04-27	1	04단	絲價補償法案の實施は除外か目下のところ急ぐことはない湯村農務課長歸來談
188236	朝鮮朝日	南鮮版	1930-04-27	1	04단	宗教の花園に咲く內鮮融和の美談殘燭のやうな慘めな餘生を送る西教受難の生殘りの勇者を慰む
188237	朝鮮朝日	南鮮版	1930-04-27	1	05단	京城、全州間警備電話開通本年度內には更に全州、光州間も開通

일련번호	판명		간행일	면	단수	기사명
188238	朝鮮朝日	南鮮版	1930-04-27	1	05단	長興里市街ちかく出現群山對策研究
188239	朝鮮朝日	南鮮版	1930-04-27	1	06단	薄倖な朝鮮人の隣保事業につくす投げ出した金十三萬圓世に隱れた美しい話
188240	朝鮮朝日	南鮮版	1930-04-27	1	07단	農藝專修學校を金海に建設
188241	朝鮮朝日	南鮮版	1930-04-27	1	07단	群山郵便局の複式改善に猛運動を起す
188242	朝鮮朝日	南鮮版	1930-04-27	1	07단	自動車激流の中に乘入れて顚覆し遂に死傷者六名を出す唐津、公州間明川での出來ごと
188243	朝鮮朝日	南鮮版	1930-04-27	1	09단	大田發列車八輛突然脫線す長城新興里の中間で原因は目下調査中
188244	朝鮮朝日	南鮮版	1930-04-27	1	09단	京釜線漸く復舊徒步連絡で輸送す
188245	朝鮮朝日	南鮮版	1930-04-27	1	09단	鎭海招魂祭
188246	朝鮮朝日	南鮮版	1930-04-27	1	09단	稀な豪雨で各河川氾濫農作物は全滅の形慶北各地方の被害/豪雨で漢江增水浸水家屋夥し
188247	朝鮮朝日	南鮮版	1930-04-27	1	10단	小作人宅に地主が放火暴行されて
188248	朝鮮朝日	南鮮版	1930-04-27	1	10단	牛のことから遂に蹴殺す
188249	朝鮮朝日	南鮮版	1930-04-27	1	10단	慶熙勝つ
188250	朝鮮朝日	南鮮版	1930-04-29	1	01단	早害救濟事業の水利工事行き詰り地主の不贊成から生活に窮した農民
188251	朝鮮朝日	南鮮版	1930-04-29	1	01단	鎭海要塞司令官更送櫻井少將は豫備編入/櫻井小將は好個の武人だその引退を惜しむ南軍司令官は語る
188252	朝鮮朝日	南鮮版	1930-04-29	1	01단	第四回全鮮辯護士大會平壤において開催
188253	朝鮮朝日	南鮮版	1930-04-29	1	03단	道路使用報償金制を協議會に持出し府稅の增收を圖る電柱稅値上撤回の代りに
188254	朝鮮朝日	南鮮版	1930-04-29	1	03단	運輸計算會社の運命に影響運送界の對立抗爭が
188255	朝鮮朝日	南鮮版	1930-04-29	1	03단	內地人受刑者に朝鮮食を與ふれば體力は非常に增進する城大廣川博士が研究の結果發見
188256	朝鮮朝日	南鮮版	1930-04-29	1	04단	鮮運協會陳情書總督に提出
188257	朝鮮朝日	南鮮版	1930-04-29	1	05단	崖崩れの復舊を急ぐ京元線西氷庫往十里間
188258	朝鮮朝日	南鮮版	1930-04-29	1	05단	朝鮮運送增資決議臨時株主總會
188259	朝鮮朝日	南鮮版	1930-04-29	1	05단	日赤愛婦總會出席者決る
188260	朝鮮朝日	南鮮版	1930-04-29	1	06단	連日の疲勞からついに不覺をとる壯烈極まる最後をとぐ夜盜のため殉職した沈萬福巡査
188261	朝鮮朝日	南鮮版	1930-04-29	1	07단	全大邱敗る

일련번호	판명		간행일	면	단수	기사명
188262	朝鮮朝日	南鮮版	1930-04-29	1	07단	主人公尾間の缺席にムッとした裁判長さっさと公判打切り忠南道廳移轉に絡む詐欺事件公判
188263	朝鮮朝日	南鮮版	1930-04-29	1	08단	朝鮮瓦電が晉州電氣を買收地方進出の前提にいよいよ商談成立
188264	朝鮮朝日	南鮮版	1930-04-29	1	08단	山本式刎上橋架設を計劃その實現は期待さる釜山牧ノ島の渡津橋
188265	朝鮮朝日	南鮮版	1930-04-29	1	08단	木浦の水道八時間給水五月一日から
188266	朝鮮朝日	南鮮版	1930-04-29	1	08단	動脈を切斷自殺を企つ
188267	朝鮮朝日	南鮮版	1930-04-29	1	08단	狂犬現はれ四名を咬む
188268	朝鮮朝日	南鮮版	1930-04-29	1	09단	土幕民を嚴重取締る警官四名を增員し見張り台を新設する
188269	朝鮮朝日	南鮮版	1930-04-29	1	10단	京釜線開通す遲延は免れぬ
188270	朝鮮朝日	南鮮版	1930-04-29	1	10단	鎭海慘死者合同法要嚴かに執行
188271	朝鮮朝日	南鮮版	1930-04-29	1	10단	人(加藤水原農事試驗場長/萩原彦三氏(本府文書課長)/韓李王職長官/松村殖産局長/仁川高女生七十名)
188272	朝鮮朝日	南鮮版	1930-04-29	1	10단	半島茶話
188273	朝鮮朝日	西北版	1930-04-29	1	01단	旱害救濟事業の水利工事行き詰り地主の不贊成から生活に窮した農民
188274	朝鮮朝日	西北版	1930-04-29	1	01단	鎭海要塞司令官更迭櫻井少將は豫備編入
188275	朝鮮朝日	西北版	1930-04-29	1	01단	口頭辯論準備室このほど落成平壤地方法院
188276	朝鮮朝日	西北版	1930-04-29	1	01단	木材運賃の値下案提出商議聯合會に
188277	朝鮮朝日	西北版	1930-04-29	1	01단	木材運賃檢斤廢止の陳情を行ふ
188278	朝鮮朝日	西北版	1930-04-29	1	02단	鎭江山公園の櫻觀櫻客で連日大賑ひ
188279	朝鮮朝日	西北版	1930-04-29	1	03단	憲友會發會式
188280	朝鮮朝日	西北版	1930-04-29	1	03단	運輸計算會社の運命に影響運送界の對立抗爭が
188281	朝鮮朝日	西北版	1930-04-29	1	04단	獸疫豫防宣傳塔市場に建設
188282	朝鮮朝日	西北版	1930-04-29	1	04단	司法官會議
188283	朝鮮朝日	西北版	1930-04-29	1	04단	千佛山金鑛採掘を開始
188284	朝鮮朝日	西北版	1930-04-29	1	04단	差別敎育撤廢問題で大いに議論沸騰し一時議場大混亂に陷る全鮮公職者大會終る
188285	朝鮮朝日	西北版	1930-04-29	1	05단	安東市場に公定相場表
188286	朝鮮朝日	西北版	1930-04-29	1	05단	憲兵創設記念祝賀會
188287	朝鮮朝日	西北版	1930-04-29	1	05단	第四回全鮮辯護士大會平壤において開催

일련번호	판명		간행일	면	단수	기사명
188288	朝鮮朝日	西北版	1930-04-29	1	06단	國際通運は不贊成表明鴨綠江の艀船統一に
188289	朝鮮朝日	西北版	1930-04-29	1	06단	少年赤十字團發團式擧行
188290	朝鮮朝日	西北版	1930-04-29	1	07단	かつて裁いた身が今では裁かるゝ身刑務所內の苦痛を述ぶ前檢事羅在昇氏に懲役一年を求刑
188291	朝鮮朝日	西北版	1930-04-29	1	07단	同窓青年團に修養團式の教育講習にも講演にも平南道教育會の試み
188292	朝鮮朝日	西北版	1930-04-29	1	08단	陸軍大學學生受驗者十九師管下
188293	朝鮮朝日	西北版	1930-04-29	1	08단	鴨綠江下流警備
188294	朝鮮朝日	西北版	1930-04-29	1	09단	山中で子供を絞殺
188295	朝鮮朝日	西北版	1930-04-29	1	09단	元巡査が公金を費消
188296	朝鮮朝日	西北版	1930-04-29	1	09단	一萬米マラソン
188297	朝鮮朝日	西北版	1930-04-29	1	09단	平壤中優勝
188298	朝鮮朝日	西北版	1930-04-29	1	09단	婦人の來聽を歡迎村上記者の家庭講演會
188299	朝鮮朝日	西北版	1930-04-29	1	10단	平南の松茸を內地に空輸
188300	朝鮮朝日	西北版	1930-04-29	1	10단	羅南中學新築工事ちかく入札
188301	朝鮮朝日	西北版	1930-04-29	1	10단	安東の春競馬五月三日から
188302	朝鮮朝日	西北版	1930-04-29	1	10단	朝鮮人囚の假出所天長節當日に新義州刑務所
188303	朝鮮朝日	西北版	1930-04-29	1	10단	僞刑事現金强奪
188304	朝鮮朝日	西北版	1930-04-29	1	10단	半島茶話
188305	朝鮮朝日	西北・南鮮版	1930-04-29	2	01단	火曜のペーヂ五月の光と空想(五月の光り 吉田絃二郎)
188306	朝鮮朝日	西北・南鮮版	1930-04-29	2	02단	舞台は廻る(１)/本社記者 村上寬
188307	朝鮮朝日	西北・南鮮版	1930-04-29	2	03단	驅ける、驅ける四月よ、さよなら/津田青楓
188308	朝鮮朝日	西北・南鮮版	1930-04-29	2	05단	全鮮金融組合の成績
188309	朝鮮朝日	西北・南鮮版	1930-04-29	2	06단	中小商業者救濟に少額資金貸付
188310	朝鮮朝日	西北・南鮮版	1930-04-29	2	06단	平壤を目指し失業者え入込む
188311	朝鮮朝日	西北・南鮮版	1930-04-29	2	06단	勤勞組合講習會
188312	朝鮮朝日	西北・南鮮版	1930-04-29	2	07단	各地だより(元山/咸興/仁川/統營/天安)
188313	朝鮮朝日	西北版	1930-04-30	1	01단	朝鮮在住者にも參政の權を與へよ差當り各都會地から請願書を衆議院に提出
188314	朝鮮朝日	西北版	1930-04-30	1	01단	道警視の異動五月上旬に發表か噂にのぼる顔ぶれ
188315	朝鮮朝日	西北版	1930-04-30	1	01단	總督府辭令
188316	朝鮮朝日	西北版	1930-04-30	1	01단	平壤公會堂で二十六日開いた全鮮公職者大會

일련번호	판명		간행일	면	단수	기사명
188317	朝鮮朝日	西北版	1930-04-30	1	03단	絲價補償法施行は有望この際當業者達は沈默を守るが利益
188318	朝鮮朝日	西北版	1930-04-30	1	04단	肺ヂストマ治療好成績
188319	朝鮮朝日	西北版	1930-04-30	1	04단	淸津公設市場愈よ着工九月上旬竣工
188320	朝鮮朝日	西北版	1930-04-30	1	04단	安東地方區の本年度豫算總額卅二萬圓
188321	朝鮮朝日	西北版	1930-04-30	1	04단	犯罪激增に惱む檢事連酒見檢事遂に病臥思想犯が殊に多い
188322	朝鮮朝日	西北版	1930-04-30	1	05단	體協會長カップ
188323	朝鮮朝日	西北版	1930-04-30	1	05단	平壤の優良品展連日大盛況
188324	朝鮮朝日	西北版	1930-04-30	1	05단	對外貿易と特惠廢止問題安東商議研究
188325	朝鮮朝日	西北版	1930-04-30	1	06단	漁業繁忙期に託兒所開設最初は五十名くらゐ淸津府で調査開始
188326	朝鮮朝日	西北版	1930-04-30	1	06단	早くも「遊船情緒」大同江に漂ふ
188327	朝鮮朝日	西北版	1930-04-30	1	07단	平壤商議臨時評議會
188328	朝鮮朝日	西北版	1930-04-30	1	08단	牡丹台野話
188329	朝鮮朝日	西北版	1930-04-30	1	08단	銅像除幕式五山高普で
188330	朝鮮朝日	西北版	1930-04-30	1	08단	平壤飛行隊記念祝典順序きまる
188331	朝鮮朝日	西北版	1930-04-30	1	08단	金融組總代會
188332	朝鮮朝日	西北版	1930-04-30	1	08단	多大の感銘を與ふ材上記者の兒童家庭講演會
188333	朝鮮朝日	西北版	1930-04-30	1	08단	第二回西鮮女子中等學校オリムピック大會初等學校女子部陸上競技大會
188334	朝鮮朝日	西北版	1930-04-30	1	09단	海軍記念日に驅逐艦配置
188335	朝鮮朝日	西北版	1930-04-30	1	09단	安東全市に結核豫防宣傳
188336	朝鮮朝日	西北版	1930-04-30	1	09단	新義州公會堂五百名收容にちかく增築
188337	朝鮮朝日	西北版	1930-04-30	1	10단	平壤府電本町出張所
188338	朝鮮朝日	西北版	1930-04-30	1	10단	兪萬兼氏榮轉
188339	朝鮮朝日	西北版	1930-04-30	1	10단	半島茶話

1930년 5월 (조선아사히)

일련번호	판명		간행일	면	단수	기사명
188340	朝鮮朝日	南鮮版	1930-05-01	1	01단	道府面會を議決機關とする議會參政權實施は重大問題多木代議士の質問に松田拓相の言明
188341	朝鮮朝日	南鮮版	1930-05-01	1	01단	樞府で否決された勅任參與官新設その理由について行はれる二の意見
188342	朝鮮朝日	南鮮版	1930-05-01	1	01단	天長節の奉祝宴景福宮慶會樓で擧行
188343	朝鮮朝日	南鮮版	1930-05-01	1	03단	女教員見學團議會を傍聽
188344	朝鮮朝日	南鮮版	1930-05-01	1	03단	郵便所の交付金整理
188345	朝鮮朝日	南鮮版	1930-05-01	1	04단	晉電身賣額七十一萬圓？
188346	朝鮮朝日	南鮮版	1930-05-01	1	04단	國勢調査は百政の基應募標語の當選者きまる
188347	朝鮮朝日	南鮮版	1930-05-01	1	05단	下水溝改修工事進まず幸、本兩町民全く大困り
188348	朝鮮朝日	南鮮版	1930-05-01	1	05단	朝鮮私鐵補助法改正法案三十日衆議院に提出補助額の限度を增額
188349	朝鮮朝日	南鮮版	1930-05-01	1	05단	仁川稅關の執務時變更
188350	朝鮮朝日	南鮮版	1930-05-01	1	05단	凡ゆる事業の從業者と下級俸給者移動狀態や需給狀況全鮮にわたって調査
188351	朝鮮朝日	南鮮版	1930-05-01	1	06단	內鮮共學制は考慮してゐない道視學增員は提案中武部學務局長談
188352	朝鮮朝日	南鮮版	1930-05-01	1	06단	石彫藝術十二支完なるもの遠源寺跡で發見
188353	朝鮮朝日	南鮮版	1930-05-01	1	07단	高崎大尉は轉任し石邊軍曹は依願退役となる
188354	朝鮮朝日	南鮮版	1930-05-01	1	07단	取引所令の公布促進運動を會議所と相呼應し群山振興會の活動
188355	朝鮮朝日	南鮮版	1930-05-01	1	07단	周圍約十里の大貯水池を造る灌漑池まで四里の直線トンネル愈よ着工の昭和水組
188356	朝鮮朝日	南鮮版	1930-05-01	1	08단	慶州の博物館擴張を行ふ
188357	朝鮮朝日	南鮮版	1930-05-01	1	08단	俳句/鈴木花蓑選
188358	朝鮮朝日	南鮮版	1930-05-01	1	08단	巖左事件判決府廳の敗訴
188359	朝鮮朝日	南鮮版	1930-05-01	1	09단	殖銀木浦支店の金庫破壞を企つ六貫目もある錨で遂に果さず逃走す
188360	朝鮮朝日	南鮮版	1930-05-01	1	10단	新設無電竣成す
188361	朝鮮朝日	南鮮版	1930-05-01	1	10단	雄基漁組豫算可決
188362	朝鮮朝日	南鮮版	1930-05-01	1	10단	奇拔な迷信二つ
188363	朝鮮朝日	南鮮版	1930-05-01	1	10단	人(武部學務局長)
188364	朝鮮朝日	南鮮版	1930-05-01	1	10단	半島茶話

일련번호	판명		간행일	면	단수	기사명
188365	朝鮮朝日	西北版	1930-05-01	1	01단	道府面會を議決機關とする議會參政權實施は重大問題多木代議士の質問に松田拓相の言明
188366	朝鮮朝日	西北版	1930-05-01	1	01단	樞府で否決された勅任參與官新設その理由について行はれる二の意見
188367	朝鮮朝日	西北版	1930-05-01	1	01단	天長節の奉祝宴景福宮慶會樓で擧行
188368	朝鮮朝日	西北版	1930-05-01	1	03단	御大禮記念章傳達
188369	朝鮮朝日	西北版	1930-05-01	1	03단	郵便所の交付金整理
188370	朝鮮朝日	西北版	1930-05-01	1	04단	除隊兵歸國
188371	朝鮮朝日	西北版	1930-05-01	1	04단	國勢調査は百政の基應募標語の當選者きまる
188372	朝鮮朝日	西北版	1930-05-01	1	05단	晉電身賣額七十一萬圓？
188373	朝鮮朝日	西北版	1930-05-01	1	05단	高崎大尉は轉任し石邊軍曹は依願退役となる
188374	朝鮮朝日	西北版	1930-05-01	1	05단	朝鮮私鐵補助法改正法案三十日衆議院に提出補助額の限度を增額
188375	朝鮮朝日	西北版	1930-05-01	1	05단	機關銃射擊大會
188376	朝鮮朝日	西北版	1930-05-01	1	05단	凡ゆる事業の從業者と下級俸給者移動狀態や需給狀況全鮮にわたって調査
188377	朝鮮朝日	西北版	1930-05-01	1	06단	觀櫻客で賑ふ鎮江山公園安東を紹介宣傳
188378	朝鮮朝日	西北版	1930-05-01	1	06단	安東の徵兵檢査
188379	朝鮮朝日	西北版	1930-05-01	1	06단	不逞輩の出沒は漸く跡をたつ永島檢事正談
188380	朝鮮朝日	西北版	1930-05-01	1	07단	茂山普通校で二十六日午後から催された第十八回茂山金融組合定時廳會で優勝旗を受けた許其彦氏と團體員
188381	朝鮮朝日	西北版	1930-05-01	1	07단	緊縮宣傳の圖案を募集滿洲公私經濟緊縮委員會が
188382	朝鮮朝日	西北版	1930-05-01	1	07단	周圍約十里の大貯水池を造る灌漑池まで四里の直線トンネル愈よ着工の昭和水組
188383	朝鮮朝日	西北版	1930-05-01	1	08단	義父を足蹴やがて死亡す
188384	朝鮮朝日	西北版	1930-05-01	1	08단	母親と共謀し嬰兒を壓殺
188385	朝鮮朝日	西北版	1930-05-01	1	08단	女教員見學團議會を傍聽
188386	朝鮮朝日	西北版	1930-05-01	1	09단	牡丹台野話
188387	朝鮮朝日	西北版	1930-05-01	1	09단	保證金千圓を詐取
188388	朝鮮朝日	西北版	1930-05-01	1	09단	奇拔な迷信二つ
188389	朝鮮朝日	西北版	1930-05-01	1	10단	俳句/鈴木花蓑選
188390	朝鮮朝日	西北版	1930-05-01	1	10단	人(石川平北道知事)

일련번호	판명		간행일	면	단수	기사명
188391	朝鮮朝日	西北版	1930-05-01	1	10단	半島茶話
188392	朝鮮朝日	西北・南鮮版	1930-05-01	2	01단	猩紅熱病原は變移性連鎖球菌九大の加藤氏の研究治療豫防上に大奇與
188393	朝鮮朝日	西北・南鮮版	1930-05-01	2	01단	耕地事業大會議決の事項
188394	朝鮮朝日	西北・南鮮版	1930-05-01	2	01단	莫大小輸出組合を組織
188395	朝鮮朝日	西北・南鮮版	1930-05-01	2	02단	縣下少年演武大會武德會主催で今秋開催さる
188396	朝鮮朝日	西北・南鮮版	1930-05-01	2	02단	八女茶のはしり市場に現はる二圓四十錢位
188397	朝鮮朝日	西北・南鮮版	1930-05-01	2	02단	産組大會大福引
188398	朝鮮朝日	西北・南鮮版	1930-05-01	2	03단	新刊の栞
188399	朝鮮朝日	西北・南鮮版	1930-05-01	2	03단	入港豫定船(一日)
188400	朝鮮朝日	西北・南鮮版	1930-05-01	2	03단	博多株式出來値(三十日)
188401	朝鮮朝日	西北・南鮮版	1930-05-01	2	04단	關門商況(三十日)
188402	朝鮮朝日	西北・南鮮版	1930-05-01	2	04단	各地期米(三十日)
188403	朝鮮朝日	西北・南鮮版	1930-05-01	2	04단	各地正米(三十日)
188404	朝鮮朝日	西北・南鮮版	1930-05-01	2	04단	關門諸物價(三十日)
188405	朝鮮朝日	南鮮版	1930-05-02	1	01단	職業教育をより有效ならしむべく京城府の教員を集め隔意なき意見の交換を行ふ
188406	朝鮮朝日	南鮮版	1930-05-02	1	01단	質問もなく委員に附託朝鮮私鐵補助改正案衆議院本會議に上程
188407	朝鮮朝日	南鮮版	1930-05-02	1	01단	東亞保民會援助の請願請願委員分科會に上程され採擇さる
188408	朝鮮朝日	南鮮版	1930-05-02	1	01단	鮮展愈よ近づく作品搬入は九日から彩管に祕めらるゝ苦心の跡
188409	朝鮮朝日	南鮮版	1930-05-02	1	03단	朝鮮に參政權實施の請願
188410	朝鮮朝日	南鮮版	1930-05-02	1	03단	釜山の西部市街地價が騰貴
188411	朝鮮朝日	南鮮版	1930-05-02	1	04단	頗る便利な山本式水門宿願叶ひ特許さる開墾事業に大革命を齎す
188412	朝鮮朝日	南鮮版	1930-05-02	1	04단	鎭南浦の築港起工式十五日に擧行
188413	朝鮮朝日	南鮮版	1930-05-02	1	04단	鎭海を去るに臨み櫻井少將談
188414	朝鮮朝日	南鮮版	1930-05-02	1	05단	世界早廻機メーアス號京城に飛來
188415	朝鮮朝日	南鮮版	1930-05-02	1	05단	兄弟共謀して財産を横領未亡人の訴により惡人三名逮捕さる
188416	朝鮮朝日	南鮮版	1930-05-02	1	06단	鎭海漁組員さわぐ郡廳に押かけ
188417	朝鮮朝日	南鮮版	1930-05-02	1	06단	料理屋飲食店雇女の待遇改善契約取締りの要項

일련번호	판명		간행일	면	단수	기사명
188418	朝鮮朝日	南鮮版	1930-05-02	1	07단	命がけの密航關釜連絡船の數十尺のマストによぢ登り
188419	朝鮮朝日	南鮮版	1930-05-02	1	07단	治維法違反豫審に回付四名は不起訴
188420	朝鮮朝日	南鮮版	1930-05-02	1	07단	鳩丸は破損乘組員は助る
188421	朝鮮朝日	南鮮版	1930-05-02	1	08단	湖西銀行支店から五萬八千圓を詐取米穀商ら四名共謀しうち二名は北京で逮捕さる
188422	朝鮮朝日	南鮮版	1930-05-02	1	08단	毒彈のため巡査發狂あはれな國境警備の犠牲者
188423	朝鮮朝日	南鮮版	1930-05-02	1	09단	官廳執務時變更
188424	朝鮮朝日	南鮮版	1930-05-02	1	09단	京城招魂祭盛大に催さる
188425	朝鮮朝日	南鮮版	1930-05-02	1	09단	內地渡航ブローカー門司で捕る
188426	朝鮮朝日	南鮮版	1930-05-02	1	09단	若戸渡船で死んだ子の弔慰金を貰ひ悲喜交々の父
188427	朝鮮朝日	南鮮版	1930-05-02	1	09단	電車顚覆し四名が重輕傷京城南大門附近で
188428	朝鮮朝日	南鮮版	1930-05-02	1	10단	朝鮮の婦人に副業を獎勵十五日頃講習會
188429	朝鮮朝日	南鮮版	1930-05-02	1	10단	人(米國雜誌記者團一行)
188430	朝鮮朝日	南鮮版	1930-05-02	1	10단	半島茶話
188431	朝鮮朝日	西北版	1930-05-02	1	01단	質問もなく委員に附託朝鮮私鐵補助改正案衆議院本會議に上程
188432	朝鮮朝日	西北版	1930-05-02	1	01단	東亞保民會援助の請願請願委員分科會に上程され採擇さる
188433	朝鮮朝日	西北版	1930-05-02	1	01단	朝鮮に參政權實施の請願
188434	朝鮮朝日	西北版	1930-05-02	1	01단	鮮展愈よ近づく作品搬入は九日から彩管に祕めらるゝ苦心の跡
188435	朝鮮朝日	西北版	1930-05-02	1	02단	中華民國淸津領事館設置に決る
188436	朝鮮朝日	西北版	1930-05-02	1	02단	官廳執務時變更
188437	朝鮮朝日	西北版	1930-05-02	1	02단	副會頭問題で一時大混亂平壤商議評議會
188438	朝鮮朝日	西北版	1930-05-02	1	03단	京城奉天間無線連絡試驗は好績
188439	朝鮮朝日	西北版	1930-05-02	1	03단	朝鮮の婦人に副業を獎勵十五日頃講習會
188440	朝鮮朝日	西北版	1930-05-02	1	03단	頗る便利な山本式水門宿願叶ひ特許さる開墾事業に大革命を齎す
188441	朝鮮朝日	西北版	1930-05-02	1	04단	野球、庭球の大會開かる平壤運動場で
188442	朝鮮朝日	西北版	1930-05-02	1	04단	警官の服装をスマートにちかく改良する當局で目下考究中
188443	朝鮮朝日	西北版	1930-05-02	1	05단	世界早廻機メーアス號京城に飛來

일련번호	판명		간행일	면	단수	기사명
188444	朝鮮朝日	西北版	1930-05-02	1	05단	いよいよ近づいた二つの大競技會西鮮女子中等オリムピック大會初等學校女子部の競技大會各校とも目下猛練習
188445	朝鮮朝日	西北版	1930-05-02	1	06단	平壤七七聯隊二百餘名除隊
188446	朝鮮朝日	西北版	1930-05-02	1	06단	お伽話術家庭講演會
188447	朝鮮朝日	西北版	1930-05-02	1	06단	中元歳暮の贈答も場合では贈賄罪パンフレットを配布各方面の官廳に對し
188448	朝鮮朝日	西北版	1930-05-02	1	07단	各種の催しは一般に公開する空前の賑ひを豫想さるゝ平壤飛行隊記念祭
188449	朝鮮朝日	西北版	1930-05-02	1	08단	湖西銀行支店から五萬八千圓を詐取米穀商ら四名共謀しうち二名は北京で逮捕さる
188450	朝鮮朝日	西北版	1930-05-02	1	08단	命がけの密航關釜連絡船の數十尺のマストによぢ登り
188451	朝鮮朝日	西北版	1930-05-02	1	09단	毒彈のため巡査發狂あはれな國境警備の犠牲者
188452	朝鮮朝日	西北版	1930-05-02	1	09단	現金手形盗まる
188453	朝鮮朝日	西北版	1930-05-02	1	09단	牡丹台野話
188454	朝鮮朝日	西北版	1930-05-02	1	10단	平壤に強盗食刀で脅迫し現金等を強奪
188455	朝鮮朝日	西北版	1930-05-02	1	10단	治維法違反豫審に回付四名は不起訴
188456	朝鮮朝日	西北版	1930-05-02	1	10단	半島茶話
188457	朝鮮朝日	西北・南鮮版	1930-05-02	2	01단	婦人公民權附與の件請願採擇さる/婦人公民權小倉の概數/久留米市の女子參政權有權者の數
188458	朝鮮朝日	西北・南鮮版	1930-05-02	2	01단	中等教員異動は廿二三名で愈よ一段落
188459	朝鮮朝日	西北・南鮮版	1930-05-02	2	02단	八幡市に同情鍋鐘紡應援資金調達のため
188460	朝鮮朝日	西北・南鮮版	1930-05-02	2	02단	門司市の税滯納處分
188461	朝鮮朝日	西北・南鮮版	1930-05-02	2	02단	製鋼勞働小倉支部總會
188462	朝鮮朝日	西北・南鮮版	1930-05-02	2	02단	水谷八重子九州巡業本紙愛讀者を優待する
188463	朝鮮朝日	西北・南鮮版	1930-05-02	2	03단	入港豫定船(二日)
188464	朝鮮朝日	西北・南鮮版	1930-05-02	2	03단	關門商況(一日)
188465	朝鮮朝日	西北・南鮮版	1930-05-02	2	04단	各地期米(一日)
188466	朝鮮朝日	西北・南鮮版	1930-05-02	2	04단	各地正米(一日)
188467	朝鮮朝日	西北・南鮮版	1930-05-02	2	04단	關門諸物價(一日)
188468	朝鮮朝日	南鮮版	1930-05-03	1	01단	象の鼻のやうに會議をながびかせ費用の大半をつひやす心細くなった京城府協議會の費用

일련번호	판명		간행일	면	단수	기사명
188469	朝鮮朝日	南鮮版	1930-05-03	1	01단	四十四名に及ぶ警視級異動依願免署長は十五名きのふ發表さる
188470	朝鮮朝日	南鮮版	1930-05-03	1	01단	各道に一名宛道視學官を增員學務行政大刷新の爲武部學務局長歸來談
188471	朝鮮朝日	南鮮版	1930-05-03	1	01단	總督府辭令(三十日府)
188472	朝鮮朝日	南鮮版	1930-05-03	1	02단	事務分掌の規程を改正慶南道當局
188473	朝鮮朝日	南鮮版	1930-05-03	1	02단	各委員から質問が續出次回に決定で散會朝鮮私鐵補助費增額委員會
188474	朝鮮朝日	南鮮版	1930-05-03	1	03단	急所を突かれて冷汗を流しながらあやふやな答辯をする尾間立顯らの道廳移轉事件の公判/證人二名を次回に喚問する被告尾間の陳述ぶり
188475	朝鮮朝日	南鮮版	1930-05-03	1	04단	オリムピック朝鮮豫選大會四日に催す
188476	朝鮮朝日	南鮮版	1930-05-03	1	04단	益山面長後任は他から輸入
188477	朝鮮朝日	南鮮版	1930-05-03	1	05단	朝鮮人蔘の組成を研究しみごとに完成した野々村女史の功績
188478	朝鮮朝日	南鮮版	1930-05-03	1	05단	運動界(鎭海聯合運動會/蹴球大會)
188479	朝鮮朝日	南鮮版	1930-05-03	1	06단	光州の學生事件前審通り求刑
188480	朝鮮朝日	南鮮版	1930-05-03	1	07단	日本室と溫突は風紀上面白くない赤い灯青い灯も廢止させる全鮮のカフェー近く改善
188481	朝鮮朝日	南鮮版	1930-05-03	1	07단	顚覆した電車(一日京城南大門附近の現場)
188482	朝鮮朝日	南鮮版	1930-05-03	1	08단	二十八名を密航させて手數料を取った三名遂に捕る
188483	朝鮮朝日	南鮮版	1930-05-03	1	09단	猩紅熱とチフス最近釜山府內に頻發當局は神經を尖らす
188484	朝鮮朝日	南鮮版	1930-05-03	1	10단	治維法違反豫審へ金綴洙ら十九名に係る事件
188485	朝鮮朝日	南鮮版	1930-05-03	1	10단	張鎭弘上告
188486	朝鮮朝日	南鮮版	1930-05-03	1	10단	人(權藤四郎介氏(朝鮮新聞副社長)/三重縣師範生一行/柳基造氏(新任平南參與官)/兪萬兼氏(新任慶北參與官兼產業部長))
188487	朝鮮朝日	南鮮版	1930-05-03	1	10단	半島茶話
188488	朝鮮朝日	西北版	1930-05-03	1	01단	象の鼻のやうに會議をながびかせ費用の大半をつひやす心細くなった京城府協議會の費用
188489	朝鮮朝日	西北版	1930-05-03	1	01단	各道に一名宛道視學官を增員學務行政大刷新の爲武部學務局長歸來談
188490	朝鮮朝日	西北版	1930-05-03	1	02단	各委員から質問が續出次回に決定で散會朝鮮私鐵補助費增額委員會

일련번호	판명		간행일	면	단수	기사명
188491	朝鮮朝日	西北版	1930-05-03	1	03단	正義女高普校舍を新築
188492	朝鮮朝日	西北版	1930-05-03	1	04단	總督府辭令(三十日付)
188493	朝鮮朝日	西北版	1930-05-03	1	04단	鹽賣捌指定商陳情者續出
188494	朝鮮朝日	西北版	1930-05-03	1	05단	朝鮮博の賞牌を發送
188495	朝鮮朝日	西北版	1930-05-03	1	05단	改良鮍鰊網の漁撈法を採用し平南道の漁業家に普及徹底せしめる
188496	朝鮮朝日	西北版	1930-05-03	1	06단	朝鮮人蔘の組成を研究しみごとに完成した野々村女史の功績
188497	朝鮮朝日	西北版	1930-05-03	1	06단	平壤工業實習授業を開始
188498	朝鮮朝日	西北版	1930-05-03	1	06단	花時に氷平北の寒さ
188499	朝鮮朝日	西北版	1930-05-03	1	06단	オリムピック朝鮮豫選大會四日に催す
188500	朝鮮朝日	西北版	1930-05-03	1	07단	船で航行中强盗に逢ふ縛上げられ
188501	朝鮮朝日	西北版	1930-05-03	1	07단	日本室と溫突は風紀上面白くない赤い灯青い灯も廢止させる全鮮のカフェー近く改善
188502	朝鮮朝日	西北版	1930-05-03	1	07단	顚覆した電車(一日京城南大門附近の現場)
188503	朝鮮朝日	西北版	1930-05-03	1	08단	僞造紙幣で釣錢を詐取
188504	朝鮮朝日	西北版	1930-05-03	1	10단	煙草密輸密告に賞與金を出す
188505	朝鮮朝日	西北版	1930-05-03	1	10단	密漁取締船新造
188506	朝鮮朝日	西北版	1930-05-03	1	10단	治維法違反豫審へ金綴洙ら十八名に係る事件
188507	朝鮮朝日	西北版	1930-05-03	1	10단	半島茶話
188508	朝鮮朝日	西北・南鮮版	1930-05-03	2	01단	沸返る人氣の裡に愈よあすから蓋開大牟田市の全商店が參加し國産愛用廉賣デー
188509	朝鮮朝日	西北・南鮮版	1930-05-03	2	01단	手足が萎える奇妙な病氣福岡地方でも流行幼兒に最も多い
188510	朝鮮朝日	西北・南鮮版	1930-05-03	2	01단	縣産組大會六、七の兩日久留米で開催
188511	朝鮮朝日	西北・南鮮版	1930-05-03	2	02단	縣下各都市衛生組大會
188512	朝鮮朝日	西北・南鮮版	1930-05-03	2	02단	少年航空兵本縣の合格者
188513	朝鮮朝日	西北・南鮮版	1930-05-03	2	03단	門司入港豫定船(三日)
188514	朝鮮朝日	西北・南鮮版	1930-05-03	2	03단	博多株式出來値(二日)
188515	朝鮮朝日	西北・南鮮版	1930-05-03	2	04단	關門商況(二日)
188516	朝鮮朝日	西北・南鮮版	1930-05-03	2	04단	各地期米(二日)
188517	朝鮮朝日	西北・南鮮版	1930-05-03	2	04단	各地正米(二日)
188518	朝鮮朝日	西北・南鮮版	1930-05-03	2	04단	慶島黑糖(二日)
188519	朝鮮朝日	西北・南鮮版	1930-05-03	2	04단	關門諸物價(二日)

일련번호	판명		간행일	면	단수	기사명
188520	朝鮮朝日	南鮮版	1930-05-04	1	01단	警視級署長の全鮮に亙る大異動新進拔擢老朽者を整理森岡警務局長就任最初の大嵐/藤原、齋藤兩氏の引退ををしまる警察界に奉職すること二十餘年の古參者
188521	朝鮮朝日	南鮮版	1930-05-04	1	01단	峰々溪々早くも新緑にいろどられ山びらきをまつ金剛山週末には特に探勝列車を出す
188522	朝鮮朝日	南鮮版	1930-05-04	1	03단	全北內務部異動
188523	朝鮮朝日	南鮮版	1930-05-04	1	03단	釜山交通事故防止會創立總會
188524	朝鮮朝日	南鮮版	1930-05-04	1	03단	原案通り可決となる朝鮮私鐵補償法改正衆議院本會議にて
188525	朝鮮朝日	南鮮版	1930-05-04	1	04단	森林鐵道の工事入札前田組に落札
188526	朝鮮朝日	南鮮版	1930-05-04	1	04단	航空無電の連絡は好成績
188527	朝鮮朝日	南鮮版	1930-05-04	1	04단	小賣市場の保護取締りに日用品市場規則を京畿道で新に制定
188528	朝鮮朝日	南鮮版	1930-05-04	1	05단	修學旅行の學生團が多い緊縮もヘチマもない鐵道局は非常な喜び
188529	朝鮮朝日	南鮮版	1930-05-04	1	05단	彰德家庭女學選科は好績
188530	朝鮮朝日	南鮮版	1930-05-04	1	05단	活動寫眞を應用し簡易生命保險の宣傳を行ふ
188531	朝鮮朝日	南鮮版	1930-05-04	1	06단	ビールの濫賣戰止む一本の小賣價格を三十五錢に協定し
188532	朝鮮朝日	南鮮版	1930-05-04	1	06단	警察官に對し航空知識を普及警官講習所において航空講座を開設する
188533	朝鮮朝日	南鮮版	1930-05-04	1	06단	短歌/橋田東聲選
188534	朝鮮朝日	南鮮版	1930-05-04	1	06단	陸地棉等級標準品買入
188535	朝鮮朝日	南鮮版	1930-05-04	1	07단	釜山商議所特別評議員六氏を任命
188536	朝鮮朝日	南鮮版	1930-05-04	1	07단	假拂金の質問で遂に不始末を暴露猛烈なる質問が續出し鎭南浦金組定時總代會混亂に陷る
188537	朝鮮朝日	南鮮版	1930-05-04	1	08단	乳幼兒の愛護デー群山の催し
188538	朝鮮朝日	南鮮版	1930-05-04	1	08단	腦膜炎に新治療外科的手術で加藤博士成功
188539	朝鮮朝日	南鮮版	1930-05-04	1	08단	家畜傳染病豫防令六月中に發令か
188540	朝鮮朝日	南鮮版	1930-05-04	1	09단	消防手服裝の統一を圖る
188541	朝鮮朝日	南鮮版	1930-05-04	1	09단	メーデーは平穩に終る
188542	朝鮮朝日	南鮮版	1930-05-04	1	09단	豪雨被害の四千餘町步慘狀を呈す
188543	朝鮮朝日	南鮮版	1930-05-04	1	09단	自動車二名轢傷
188544	朝鮮朝日	南鮮版	1930-05-04	1	10단	慘死者の百ヶ日祭鎭海で催す

일련번호	판명		간행일	면	단수	기사명
188545	朝鮮朝日	南鮮版	1930-05-04	1	10단	櫻井前司令官三團體へ寄附
188546	朝鮮朝日	南鮮版	1930-05-04	1	10단	稚鯉百萬尾全鮮へ配布鎭海養魚場が
188547	朝鮮朝日	南鮮版	1930-05-04	1	10단	主人を毆り金品を强奪
188548	朝鮮朝日	南鮮版	1930-05-04	1	10단	もよほし(釜山選友野遊會)
188549	朝鮮朝日	南鮮版	1930-05-04	1	10단	人(吉田秀次郎氏(仁川商議會頭)/安藤又三郎氏(前鐵道局長))
188550	朝鮮朝日	南鮮版	1930-05-04	1	10단	半島茶話
188551	朝鮮朝日	西北版	1930-05-04	1	01단	警視級署長の全鮮に亘る大異動新進拔擢老朽者を整理森岡警務局長就任最初の大嵐/藤原、齋藤兩氏の引退ををしまる警察界に奉職すること二十餘年の古參者
188552	朝鮮朝日	西北版	1930-05-04	1	01단	峰々溪々早くも新綠にいろどられ山びらきをまつ金剛山週末には特に探勝列車を出す
188553	朝鮮朝日	西北版	1930-05-04	1	03단	特惠廢止の對策を三會議所から總督府に陳情
188554	朝鮮朝日	西北版	1930-05-04	1	03단	原案通り可決となる朝鮮私鐵補償法改正衆議院本會議にて
188555	朝鮮朝日	西北版	1930-05-04	1	04단	木材工業の發展策提議
188556	朝鮮朝日	西北版	1930-05-04	1	04단	森林鐵道の工事入札前田組に落札
188557	朝鮮朝日	西北版	1930-05-04	1	04단	吳鎭長官一行鑛業部視察
188558	朝鮮朝日	西北版	1930-05-04	1	04단	檢査規則の撤廢は當業者に不利だ總督府からの照會で平南道からの回答
188559	朝鮮朝日	西北版	1930-05-04	1	05단	夜間飛行演習
188560	朝鮮朝日	西北版	1930-05-04	1	05단	乳幼兒審査の資格を調査
188561	朝鮮朝日	西北版	1930-05-04	1	05단	平壤の春祭
188562	朝鮮朝日	西北版	1930-05-04	1	05단	活動寫眞を應用し簡易生命保險の宣傳を行ふ
188563	朝鮮朝日	西北版	1930-05-04	1	06단	輸城川改修費を六年度豫算に計上三箇年計劃で施工するいよいよ近く測量にとりか〉る
188564	朝鮮朝日	西北版	1930-05-04	1	06단	警察官に對し航空知識を普及警官講習所において航空講座を開設する
188565	朝鮮朝日	西北版	1930-05-04	1	06단	短歌/橋田東聲選
188566	朝鮮朝日	西北版	1930-05-04	1	06단	一審多いのは基督教平安北道の宗教しらべ
188567	朝鮮朝日	西北版	1930-05-04	1	07단	不景氣に惱み取引改善を要請安東木材商組合から採木公司にもち込む
188568	朝鮮朝日	西北版	1930-05-04	1	07단	家畜傳染病豫防令六月中に發令か

일련번호	판명		간행일	면	단수	기사명
188569	朝鮮朝日	西北版	1930-05-04	1	07단	假拂金の質問で遂に不始末を暴露猛烈なる質問が續出し鎭南浦金組定時總代會混亂に陷る
188570	朝鮮朝日	西北版	1930-05-04	1	08단	櫻井前司令官三團體へ寄附
188571	朝鮮朝日	西北版	1930-05-04	1	08단	消防手服裝の統一を圖る
188572	朝鮮朝日	西北版	1930-05-04	1	09단	間島の映畫大會
188573	朝鮮朝日	西北版	1930-05-04	1	09단	子供を監禁
188574	朝鮮朝日	西北版	1930-05-04	1	09단	他人名義の揭載料減收
188575	朝鮮朝日	西北版	1930-05-04	1	09단	愈よ六月から營業を開始無産階級を喜ばす淸津府營公益質屋
188576	朝鮮朝日	西北版	1930-05-04	1	10단	慘死者の百ヶ日祭鎭海で催す
188577	朝鮮朝日	西北版	1930-05-04	1	10단	メーデーは平穩に終る
188578	朝鮮朝日	西北版	1930-05-04	1	10단	僞刑事强奪
188579	朝鮮朝日	西北版	1930-05-04	1	10단	舊主家の金を盜む
188580	朝鮮朝日	西北版	1930-05-04	1	10단	もよほし(春季弓道優勝旗爭奪戰)
188581	朝鮮朝日	西北版	1930-05-04	1	10단	半島茶話
188582	朝鮮朝日	西北・南鮮版	1930-05-04	2	01단	都市には多いが農漁村は激減募集難に陷った五校縣立高女の本年度の入試狀況
188583	朝鮮朝日	西北・南鮮版	1930-05-04	2	01단	全村學校指定地福吉村に決定
188584	朝鮮朝日	西北・南鮮版	1930-05-04	2	01단	久留米の市道改修いよいよ着工
188585	朝鮮朝日	西北・南鮮版	1930-05-04	2	02단	滿洲軍選手は九日に來福對福岡柔道試合
188586	朝鮮朝日	西北・南鮮版	1930-05-04	2	02단	新刊の栞
188587	朝鮮朝日	西北・南鮮版	1930-05-04	2	02단	門司入港豫定船(四日)
188588	朝鮮朝日	西北・南鮮版	1930-05-04	2	03단	博多株式出來値(三日)
188589	朝鮮朝日	西北・南鮮版	1930-05-04	2	04단	關門商況(三日)
188590	朝鮮朝日	西北・南鮮版	1930-05-04	2	04단	各地期米(三日)
188591	朝鮮朝日	西北・南鮮版	1930-05-04	2	04단	各地正米(三日)
188592	朝鮮朝日	西北・南鮮版	1930-05-04	2	04단	魔島黑糖(三日)
188593	朝鮮朝日	西北・南鮮版	1930-05-04	2	04단	關門諸物價(三日)
188594	朝鮮朝日	南鮮版	1930-05-06	1	01단	朝鮮統治上の劃期的な改革新たに制定の三制令選擧資格につき愼重に考究
188595	朝鮮朝日	南鮮版	1930-05-06	1	01단	朝鮮都計法の公布は年末頃か重點は舊市街の整理岡崎大阪市都計課長歸來談
188596	朝鮮朝日	南鮮版	1930-05-06	1	01단	連絡切符を蔚山で發賣
188597	朝鮮朝日	南鮮版	1930-05-06	1	01단	村上本社記者木浦で講演
188598	朝鮮朝日	南鮮版	1930-05-06	1	01단	浪花座の改築を行ふ
188599	朝鮮朝日	南鮮版	1930-05-06	1	02단	木浦地方の簡閱點呼は七月二日執行
188600	朝鮮朝日	南鮮版	1930-05-06	1	02단	海軍々縮條約に調印する我が若槻全權
188601	朝鮮朝日	南鮮版	1930-05-06	1	03단	慶北の植桑數增加

일련번호	판명		간행일	면	단수	기사명
188602	朝鮮朝日	南鮮版	1930-05-06	1	03단	傳染病の脅威から脱れた京城府民のよろこび當局の豫防奏功し
188603	朝鮮朝日	南鮮版	1930-05-06	1	04단	浦項避病院新築落成す
188604	朝鮮朝日	南鮮版	1930-05-06	1	04단	京城少年團の少年デー府內を行進
188605	朝鮮朝日	南鮮版	1930-05-06	1	05단	漁場登錄申請殺到慶北道內で旣に五百餘
188606	朝鮮朝日	南鮮版	1930-05-06	1	05단	朝鐵慶南線買收內定價額を査定
188607	朝鮮朝日	南鮮版	1930-05-06	1	05단	金剛山の登山客誘致に努む
188608	朝鮮朝日	南鮮版	1930-05-06	1	05단	闊葉樹下枝刈取り禁止早急實施は社會問題をひき起すものと農務課から反對が出て行惱み
188609	朝鮮朝日	南鮮版	1930-05-06	1	05단	申分のない美術の殿堂が愈よ出來あがる會場、審査員、審査日もきまり蓋明の日をまつ鮮展
188610	朝鮮朝日	南鮮版	1930-05-06	1	06단	模範的な農村建設に相愛共勵會を組織慶南道の指導計劃
188611	朝鮮朝日	南鮮版	1930-05-06	1	06단	乘客本位の關釜連絡船新造釜山棧橋をも改造森澤船舶課長の談
188612	朝鮮朝日	南鮮版	1930-05-06	1	07단	朝鮮消防協會基本金募集
188613	朝鮮朝日	南鮮版	1930-05-06	1	08단	蔚山飛行場豪雨で浸水
188614	朝鮮朝日	南鮮版	1930-05-06	1	08단	雷鳴とどろく大爆風雨が襲來し沿岸各地の田畑は浸水釜山や慶南洛東江地方
188615	朝鮮朝日	南鮮版	1930-05-06	1	08단	理想的な傳染病舍を新築最新式の設備をなす城大附屬醫院內に
188616	朝鮮朝日	南鮮版	1930-05-06	1	08단	雨も物かは新記錄續出第二次派遣選決る極東選手權朝鮮豫選
188617	朝鮮朝日	南鮮版	1930-05-06	1	09단	百餘名押かけ警官と亂鬪八十餘名檢束さる三嶺近農場小作人
188618	朝鮮朝日	南鮮版	1930-05-06	1	09단	長安寺郵便所開設
188619	朝鮮朝日	南鮮版	1930-05-06	1	10단	泥にまみれ奮戰す英艦乘組員ラグビーに勝つ
188620	朝鮮朝日	南鮮版	1930-05-06	1	10단	八十名亂鬪し檢束さる
188621	朝鮮朝日	南鮮版	1930-05-06	1	10단	三棟五戸全燒裡里の火事
188622	朝鮮朝日	南鮮版	1930-05-06	1	10단	檢事控訴す呂運亭事件
188623	朝鮮朝日	南鮮版	1930-05-06	1	10단	童話と家庭講演
188624	朝鮮朝日	西北版	1930-05-06	1	01단	朝鮮統治上の劃期的な改革新たに制定の三制令選擧資格につき愼重に考究
188625	朝鮮朝日	西北版	1930-05-06	1	01단	朝鮮都計法の公布は年末頃か重點は舊市街の整理岡崎大阪市都計課長歸來談

일련번호	판명		간행일	면	단수	기사명
188626	朝鮮朝日	西北版	1930-05-06	1	01단	咸鏡南道の警察官大異動三日付で發表さる/退官者なくみな榮轉平北道の警視/指導を受けて勉强したい萩原警視の談
188627	朝鮮朝日	西北版	1930-05-06	1	02단	海軍々縮條約に調印する我が若槻全權
188628	朝鮮朝日	西北版	1930-05-06	1	03단	申分のない美術の殿堂が愈よ出來あがる會場、審査員、審査日もきまり蓋明の日をまつ鮮展
188629	朝鮮朝日	西北版	1930-05-06	1	04단	高級船員に嚴しい達示
188630	朝鮮朝日	西北版	1930-05-06	1	05단	朝鮮消防協會基本金募集
188631	朝鮮朝日	西北版	1930-05-06	1	05단	仁川の少年デー
188632	朝鮮朝日	西北版	1930-05-06	1	05단	乘馬倶樂部雄基で組織
188633	朝鮮朝日	西北版	1930-05-06	1	05단	特惠廢止問題で三商議は相呼應し運動を行ふ事にきまる朝鮮鐵道の運賃引下にも努める
188634	朝鮮朝日	西北版	1930-05-06	1	06단	長安寺郵便所開設
188635	朝鮮朝日	西北版	1930-05-06	1	06단	金剛山の登山客誘致に努む
188636	朝鮮朝日	西北版	1930-05-06	1	06단	新開航路に補助金交付
188637	朝鮮朝日	西北版	1930-05-06	1	06단	傷病將卒の慰問を行ふ羅南將校婦人會
188638	朝鮮朝日	西北版	1930-05-06	1	06단	合同招魂祭
188639	朝鮮朝日	西北版	1930-05-06	1	07단	陸士の滿鮮戰跡見學團
188640	朝鮮朝日	西北版	1930-05-06	1	07단	寧邊農實學校開校に決る
188641	朝鮮朝日	西北版	1930-05-06	1	07단	新義州米穀市場出來高
188642	朝鮮朝日	西北版	1930-05-06	1	07단	雨も物かは新記錄續出第二次派遣遺選決る極東選手權朝鮮豫選
188643	朝鮮朝日	西北版	1930-05-06	1	07단	祕密結社事件豫審終結し新義州高普校の生徒十八名は有罪となる
188644	朝鮮朝日	西北版	1930-05-06	1	08단	松皮を剝いで團子を作り市場に持出して賣る當局は取締にこまる
188645	朝鮮朝日	西北版	1930-05-06	1	08단	金組理事の朝鮮語試驗
188646	朝鮮朝日	西北版	1930-05-06	1	08단	村上寬氏の講演會至るところ好評を博す
188647	朝鮮朝日	西北版	1930-05-06	1	09단	對岸の匪賊船內侵入を企つ
188648	朝鮮朝日	西北版	1930-05-06	1	09단	朝鐵慶南線買收內定價額を査定
188649	朝鮮朝日	西北版	1930-05-06	1	10단	自動車墜落
188650	朝鮮朝日	西北版	1930-05-06	1	10단	羅元檢事は懲役八箇月
188651	朝鮮朝日	西北版	1930-05-06	1	10단	牛車諸共に川中に墜落
188652	朝鮮朝日	西北版	1930-05-06	1	10단	檢事控訴す呂運亭事件
188653	朝鮮朝日	西北版	1930-05-06	1	10단	放火の疑ひ元山の火事
188654	朝鮮朝日	西北版	1930-05-06	1	10단	倉庫を燒く
188655	朝鮮朝日	西北版	1930-05-06	1	10단	三人燒死

일련번호	판명		간행일	면	단수	기사명
188656	朝鮮朝日	西北版	1930-05-06	1	10단	もよほし(榮轉兩部長の送別會)
188657	朝鮮朝日	南鮮版	1930-05-07	1	01단	愈々草案がなった朝鮮の都市計劃令明年頃から施行される各地とも明るい近代都市を建設
188658	朝鮮朝日	南鮮版	1930-05-07	1	01단	各地提出の議案を可決京城で開催された全鮮會議所聯合會
188659	朝鮮朝日	南鮮版	1930-05-07	1	03단	專賣局の諸規程改正出張所を支局に
188660	朝鮮朝日	南鮮版	1930-05-07	1	03단	平安南道の署長級異動二、三日付で發表さる
188661	朝鮮朝日	南鮮版	1930-05-07	1	03단	二等局長の異動を行ふ
188662	朝鮮朝日	南鮮版	1930-05-07	1	04단	衆議院への請願と採擇
188663	朝鮮朝日	南鮮版	1930-05-07	1	04단	朝鮮美術展ポスター
188664	朝鮮朝日	南鮮版	1930-05-07	1	05단	近く署長級の異動を行ひ沈滯した空氣を一掃慶南道警察部の計劃
188665	朝鮮朝日	南鮮版	1930-05-07	1	05단	朝鮮の音樂を中繼で放送外國の放送をも中繼牟田DK放送主任談
188666	朝鮮朝日	南鮮版	1930-05-07	1	05단	藤原前警視は內鮮融和に盡力
188667	朝鮮朝日	南鮮版	1930-05-07	1	05단	各地の要港に驅逐艦派遣海軍記念日に
188668	朝鮮朝日	南鮮版	1930-05-07	1	06단	要求をはねられ斷食同盟斷行不二西鮮農場の爭議またもやぶりかへす
188669	朝鮮朝日	南鮮版	1930-05-07	1	06단	料理屋飲食店雇女の待遇取締命令事項に反對氣勢
188670	朝鮮朝日	南鮮版	1930-05-07	1	07단	長楊公立工業實習開校式
188671	朝鮮朝日	南鮮版	1930-05-07	1	07단	慶南治爐請願郵便所落成祝賀會
188672	朝鮮朝日	南鮮版	1930-05-07	1	07단	京城順化院の改築を行ひ名實共に全鮮一の傳染病院をつくる
188673	朝鮮朝日	南鮮版	1930-05-07	1	07단	鮮運同友會の姜專務召喚さる幹部は釋放方を交涉運送合同問題紛糾す
188674	朝鮮朝日	南鮮版	1930-05-07	1	07단	自動車運轉手にも就職難時代來るそれでも志望者は夥しい數にのぼる
188675	朝鮮朝日	南鮮版	1930-05-07	1	08단	鎭南浦消防演習
188676	朝鮮朝日	南鮮版	1930-05-07	1	09단	釜山チフス一度に六名發生共同井戶の汚水が原因らしく取調中
188677	朝鮮朝日	南鮮版	1930-05-07	1	09단	都計區域に永登浦を編入計劃案の作成を急ぐ
188678	朝鮮朝日	南鮮版	1930-05-07	1	09단	兄山江の鮎今年は豊魚か
188679	朝鮮朝日	南鮮版	1930-05-07	1	09단	僞造紙幣で釣錢を詐欺平壤附近で被害頻出す
188680	朝鮮朝日	南鮮版	1930-05-07	1	10단	俳句/鈴木花蓑選

일련번호	판명		간행일	면	단수	기사명
188681	朝鮮朝日	南鮮版	1930-05-07	1	10단	主家の大金を横領逃走す
188682	朝鮮朝日	南鮮版	1930-05-07	1	10단	解雇された小使の所爲勅語紛失事件
188683	朝鮮朝日	南鮮版	1930-05-07	1	10단	子供を壓殺
188684	朝鮮朝日	南鮮版	1930-05-07	1	10단	人(南宮營氏(慶南道産業部長)/楢原弘氏(新咸南地方課長)/古市金彌氏(釜山署長)/小島孝氏(釜山水上署長)/田中緑氏(新群山署長)/宮川長助氏(新慶南晉州郡守))
188685	朝鮮朝日	西北版	1930-05-07	1	01단	愈々草案がなった朝鮮の都市計劃令明年頃から施行される各地とも明るい近代都市を建設
188686	朝鮮朝日	西北版	1930-05-07	1	01단	各地提出の議案を可決京城で開催された全鮮會議所聯合會
188687	朝鮮朝日	西北版	1930-05-07	1	03단	專賣局の諸規程改正出張所を支局に
188688	朝鮮朝日	西北版	1930-05-07	1	03단	平安南道の署長級異動二、三日付で發表さる
188689	朝鮮朝日	西北版	1930-05-07	1	03단	二等局長の異動を行ふ
188690	朝鮮朝日	西北版	1930-05-07	1	04단	衆議院への請願と採擇
188691	朝鮮朝日	西北版	1930-05-07	1	04단	朝鮮美術展ポスター
188692	朝鮮朝日	西北版	1930-05-07	1	05단	慶南治爐請願郵便所落成祝賀會
188693	朝鮮朝日	西北版	1930-05-07	1	05단	朝鮮の音樂を中繼で放送外國の放送をも中繼牟田DK放送主任談
188694	朝鮮朝日	西北版	1930-05-07	1	05단	お茶のあと
188695	朝鮮朝日	西北版	1930-05-07	1	06단	長楊公立工業實習開校式
188696	朝鮮朝日	西北版	1930-05-07	1	06단	平壤飛行隊の開隊記念祭盛大に催さる
188697	朝鮮朝日	西北版	1930-05-07	1	06단	要求をはねられ斷食同盟斷行不二西鮮農場の爭議またもやぶりかへす
188698	朝鮮朝日	西北版	1930-05-07	1	06단	料理屋飲食店雇女の待遇取締命令事項に反對氣勢
188699	朝鮮朝日	西北版	1930-05-07	1	07단	牡丹台野話
188700	朝鮮朝日	西北版	1930-05-07	1	07단	平安南道の簡閱點呼
188701	朝鮮朝日	西北版	1930-05-07	1	07단	出張寫眞屋の統一を計劃撮影料が一定せぬ牡丹台の寫眞屋さん
188702	朝鮮朝日	西北版	1930-05-07	1	07단	自動車運轉手にも就職難時代來るそれでも志望者は夥しい數にのぼる
188703	朝鮮朝日	西北版	1930-05-07	1	08단	安東における徵兵檢查
188704	朝鮮朝日	西北版	1930-05-07	1	09단	鮮運同友會の姜專務召喚さる幹部は釋放方を交涉運送合同問題紛糾す
188705	朝鮮朝日	西北版	1930-05-07	1	09단	國外脫出の鮮農を警戒三千三百名を拘留す勞農露國政府の狼狽

일련번호	판명		간행일	면	단수	기사명
188706	朝鮮朝日	西北版	1930-05-07	1	09단	僞造紙幣で釣錢を詐欺平壤附近で被害頻出す
188707	朝鮮朝日	西北版	1930-05-07	1	10단	鎭南浦消防演習
188708	朝鮮朝日	西北版	1930-05-07	1	10단	俳句/鈴木花養選
188709	朝鮮朝日	西北版	1930-05-07	1	10단	主家の大金を橫領逃走す
188710	朝鮮朝日	西北版	1930-05-07	1	10단	解雇された小使の所爲勅語紛失事件
188711	朝鮮朝日	西北版	1930-05-07	1	10단	もよほし(池くら子刀自追悼演奏會)
188712	朝鮮朝日	西北版	1930-05-07	1	10단	人(小倉大興電氣社長/大分商業生一行五十五名/廣島縣福山師範一行六十五名)
188713	朝鮮朝日	南鮮版	1930-05-08	1	01단	藝妓百名を乘せた發動船群山沖で沈沒全部行方不明となる？警備船を出して目下取調べ中
188714	朝鮮朝日	南鮮版	1930-05-08	1	01단	都市計劃令出鼻を挫かる疲弊の農村を殘しては當分實行は困難の狀態
188715	朝鮮朝日	南鮮版	1930-05-08	1	01단	一箇年にわたる初等教育の講習會愈よ本年度より開設し初等教員の素質向上をはかる
188716	朝鮮朝日	南鮮版	1930-05-08	1	01단	鮮支貿易への影響比較的輕微日支關稅協定成立と朝鮮總督府の發表
188717	朝鮮朝日	南鮮版	1930-05-08	1	03단	總監の進退問題で家財の跡始末か突然歸城した服部屬
188718	朝鮮朝日	南鮮版	1930-05-08	1	04단	慶南教育總會
188719	朝鮮朝日	南鮮版	1930-05-08	1	04단	辭令
188720	朝鮮朝日	南鮮版	1930-05-08	1	04단	全鮮商議聯合會諸問題協議
188721	朝鮮朝日	南鮮版	1930-05-08	1	05단	鮮展の出品數前年より減少
188722	朝鮮朝日	南鮮版	1930-05-08	1	05단	奏任官視學官新設實施は七月下旬とならう教員異動もその頃
188723	朝鮮朝日	南鮮版	1930-05-08	1	05단	忠南道の署長級異動
188724	朝鮮朝日	南鮮版	1930-05-08	1	06단	京城の花まつり稚兒行列などで大賑ひ
188725	朝鮮朝日	南鮮版	1930-05-08	1	06단	行き詰らんとする朝鮮人蔘の飛躍に各方面の調査をなす杉原博士上海へ
188726	朝鮮朝日	南鮮版	1930-05-08	1	07단	地主さんの頌德碑建設
188727	朝鮮朝日	南鮮版	1930-05-08	1	07단	東朝社見學京城女子實業生
188728	朝鮮朝日	南鮮版	1930-05-08	1	08단	珍奇な熱目魚鴨綠江上流で繁殖法を研究
188729	朝鮮朝日	南鮮版	1930-05-08	1	08단	お茶のあと
188730	朝鮮朝日	南鮮版	1930-05-08	1	08단	實彈射擊危險區域
188731	朝鮮朝日	南鮮版	1930-05-08	1	08단	平北簡閱點呼

일련번호	판명		간행일	면	단수	기사명
188732	朝鮮朝日	南鮮版	1930-05-08	1	08단	自動車交通杜絶し麥も殆ど全滅慶北道の豪雨
188733	朝鮮朝日	南鮮版	1930-05-08	1	09단	朝鮮取引所令立案を急ぐ拓務省との諒解も得案外急速に運ぶか
188734	朝鮮朝日	南鮮版	1930-05-08	1	09단	滯納稅金の督促を開始このの成績によって賦課に手心を加ふ
188735	朝鮮朝日	南鮮版	1930-05-08	1	09단	肥田理吉廣島に護送
188736	朝鮮朝日	南鮮版	1930-05-08	1	09단	姑に面當に嬰兒を壓殺
188737	朝鮮朝日	南鮮版	1930-05-08	1	09단	遞送人殺し主犯捕はる
188738	朝鮮朝日	南鮮版	1930-05-08	1	10단	人(古市釜山署長/高崎季雄大尉(大阪野砲兵四聯隊附)/朝鮮女敎員內地視察團一行/松本專賣局長)
188739	朝鮮朝日	南鮮版	1930-05-08	1	10단	半島茶話
188740	朝鮮朝日	西北版	1930-05-08	1	01단	藝妓百名を乘せた發動船群山沖で沈沒全部行方不明となる？警備船を出して目下取調べ中
188741	朝鮮朝日	西北版	1930-05-08	1	01단	都市計劃令出鼻を挫かる疲弊の農村を殘しては當分實行は困難の狀態
188742	朝鮮朝日	西北版	1930-05-08	1	01단	總監の進退問題で家財の跡始末か突然歸城した服部屬
188743	朝鮮朝日	西北版	1930-05-08	1	01단	鮮支貿易への影響比較的輕微日支關稅協定成立と朝鮮總督府の發表
188744	朝鮮朝日	西北版	1930-05-08	1	03단	新義州府協議會五日から開會
188745	朝鮮朝日	西北版	1930-05-08	1	03단	全鮮商議聯合會諸問題協議
188746	朝鮮朝日	西北版	1930-05-08	1	03단	旗の波火の海で一大歡樂鄕と化すいよいよ來る十五日擧行する鎭南浦築港起工式
188747	朝鮮朝日	西北版	1930-05-08	1	04단	奏任官視學官新設實施は七月下旬とならう敎員異動もその頃
188748	朝鮮朝日	西北版	1930-05-08	1	04단	國産品宣傳卽賣店好績ををさむ
188749	朝鮮朝日	西北版	1930-05-08	1	05단	修養團支部總會平讓で開く
188750	朝鮮朝日	西北版	1930-05-08	1	05단	辭令
188751	朝鮮朝日	西北版	1930-05-08	1	06단	至急架設電話申請激增新義州郵便局
188752	朝鮮朝日	西北版	1930-05-08	1	06단	朝鮮取引所令立案を急ぐ拓務省との諒解も得案外急速に運ぶか
188753	朝鮮朝日	西北版	1930-05-08	1	06단	軍旗祭
188754	朝鮮朝日	西北版	1930-05-08	1	06단	魚介の棲息と分布を調査禿魯江に於て藤木氏が着手
188755	朝鮮朝日	西北版	1930-05-08	1	06단	行き詰らんとする朝鮮人蔘の飛躍に各方面の調査をなす杉原博士上海へ

일련번호	판명		간행일	면	단수	기사명
188756	朝鮮朝日	西北版	1930-05-08	1	07단	珍奇な熱目魚鴨綠江上流で繁殖法を研究
188757	朝鮮朝日	西北版	1930-05-08	1	07단	滿鐵社會課が副業を獎勵
188758	朝鮮朝日	西北版	1930-05-08	1	07단	滿鮮一の公園化鎭江山公園を準備着々進む
188759	朝鮮朝日	西北版	1930-05-08	1	08단	平北自動車運轉手試驗婦人も受驗
188760	朝鮮朝日	西北版	1930-05-08	1	08단	鐵道の警備演習
188761	朝鮮朝日	西北版	1930-05-08	1	08단	新義州花祭
188762	朝鮮朝日	西北版	1930-05-08	1	08단	卅數時間降雨續く仁川地方
188763	朝鮮朝日	西北版	1930-05-08	1	08단	平北簡閱點呼
188764	朝鮮朝日	西北版	1930-05-08	1	08단	牡丹台野話
188765	朝鮮朝日	西北版	1930-05-08	1	09단	鴨綠江支流禿魯江の魚介類四十餘種にのぼる藤木氏が調査研究
188766	朝鮮朝日	西北版	1930-05-08	1	09단	平壤鎭南浦間軌道車愈よ近く運轉
188767	朝鮮朝日	西北版	1930-05-08	1	09단	安東勝つ
188768	朝鮮朝日	西北版	1930-05-08	1	10단	兒童デーに種々の催し安東の各學校
188769	朝鮮朝日	西北版	1930-05-08	1	10단	癩患者隔離場所の申請
188770	朝鮮朝日	西北版	1930-05-08	1	10단	遞送人殺し主犯捕はる
188771	朝鮮朝日	西北版	1930-05-08	1	10단	半島茶話
188772	朝鮮朝日	南鮮版	1930-05-09	1	01단	朝鮮生産工業界に貢獻する二つの研究訪れの夏と共に見事完成中央試驗所室田技師の麻布の製織改良志田技師のリソホンの生産
188773	朝鮮朝日	南鮮版	1930-05-09	1	01단	收容力百萬石の農業及び商業倉庫五ケ年に建設する計劃鮮米統制の根本案
188774	朝鮮朝日	南鮮版	1930-05-09	1	01단	私鐵補助金五百萬圓に增額失業者救濟策として朝鐵線愈々起工す/衆議院で滿場一致可決の朝鮮私鐵補助增額案
188775	朝鮮朝日	南鮮版	1930-05-09	1	03단	鐵道局異動
188776	朝鮮朝日	南鮮版	1930-05-09	1	03단	釜山、慶州間東海南部線工事に着手
188777	朝鮮朝日	南鮮版	1930-05-09	1	04단	道路使用料徵收に決定愈々今年から大邱府當局
188778	朝鮮朝日	南鮮版	1930-05-09	1	04단	京城の下水溝改修行惱み
188779	朝鮮朝日	南鮮版	1930-05-09	1	04단	『總ては公判廷で洗ひ立てる積り』病氣には勝てぬと悲鳴を擧ぐ護送途中の肥田理吉
188780	朝鮮朝日	南鮮版	1930-05-09	1	05단	お茶のあと
188781	朝鮮朝日	南鮮版	1930-05-09	1	05단	專賣局に鹽蔘課新設
188782	朝鮮朝日	南鮮版	1930-05-09	1	06단	飛行場設置市民大會與論を喚起す
188783	朝鮮朝日	南鮮版	1930-05-09	1	06단	俳句/鈴木花蓑選

일련번호	판명		간행일	면	단수	기사명
188784	朝鮮朝日	南鮮版	1930-05-09	1	06단	鎮海鱈漁場の委讓が問題吉村昌原郡守調停に立つ
188785	朝鮮朝日	南鮮版	1930-05-09	1	06단	第四回全鮮ア式蹴球大會
188786	朝鮮朝日	南鮮版	1930-05-09	1	07단	文盲な人達に諺文講習會
188787	朝鮮朝日	南鮮版	1930-05-09	1	07단	下級職員の大整理を斷行地方行政の革新を圖る慶南道の方針
188788	朝鮮朝日	南鮮版	1930-05-09	1	07단	德壽丸入渠
188789	朝鮮朝日	南鮮版	1930-05-09	1	07단	子供の遊園地昌慶苑内に
188790	朝鮮朝日	南鮮版	1930-05-09	1	08단	農蠶業改良の觀念を喚起農事參觀デーを催し慶北産業部の試み
188791	朝鮮朝日	南鮮版	1930-05-09	1	08단	酌婦百名乘組の發動機船は無事延坪島に到着の旨判明章魚船顚覆三名死亡
188792	朝鮮朝日	南鮮版	1930-05-09	1	09단	空船を根城に空巢を働く七人組少年
188793	朝鮮朝日	南鮮版	1930-05-09	1	09단	醫生の誤診で傳染病蔓延龜山面玉溪里
188794	朝鮮朝日	南鮮版	1930-05-09	1	09단	童話と家庭講演
188795	朝鮮朝日	南鮮版	1930-05-09	1	10단	釜山のチフス豫防檢病的調査
188796	朝鮮朝日	南鮮版	1930-05-09	1	10단	虹雉と靑鸞鳥動物園の珍客
188797	朝鮮朝日	南鮮版	1930-05-09	1	10단	人(西鄉豐彦大佐(新任鎮海要塞司令官)/小室翠雲畵伯一行五名/吉崎達美氏(木浦警察署長))
188798	朝鮮朝日	南鮮版	1930-05-09	1	10단	半島茶話
188799	朝鮮朝日	西北版	1930-05-09	1	01단	朝鮮生産工業界に貢獻する二つの研究訪れの夏と共に見事完成中央試驗所室田技師の麻布の製織改良志田技師のリソホンの生産
188800	朝鮮朝日	西北版	1930-05-09	1	01단	收容力百萬石の農業及び商業倉庫五ヶ年に建設する計劃鮮米統制の根本案
188801	朝鮮朝日	西北版	1930-05-09	1	01단	朝鮮私鐵補助金增額は可決八日の貴院本會議で
188802	朝鮮朝日	西北版	1930-05-09	1	01단	元山開港記念祝賀の方法決定を見る
188803	朝鮮朝日	西北版	1930-05-09	1	02단	城津懇話會新しく組織さる
188804	朝鮮朝日	西北版	1930-05-09	1	03단	咸興郡内の面廢合促進
188805	朝鮮朝日	西北版	1930-05-09	1	03단	私鐵補助金五百萬圓に增額失業者救濟策として朝鐵線愈々起工す
188806	朝鮮朝日	西北版	1930-05-09	1	04단	咸興面の健康兒審査會で決る
188807	朝鮮朝日	西北版	1930-05-09	1	05단	貨物輸送時間短縮具體化九月中旬ごろから愈よ實施されるか
188808	朝鮮朝日	西北版	1930-05-09	1	05단	俳句/鈴木花蓑選
188809	朝鮮朝日	西北版	1930-05-09	1	06단	鐵道局異動

일련번호	판명		간행일	면	단수	기사명
188810	朝鮮朝日	西北版	1930-05-09	1	06단	健康相談所大連に設ける
188811	朝鮮朝日	西北版	1930-05-09	1	06단	電力電燈料の値下を斷行馬山商工會協議
188812	朝鮮朝日	西北版	1930-05-09	1	06단	安東の春競馬成功を收む
188813	朝鮮朝日	西北版	1930-05-09	1	06단	櫻花滿開の松興里溫泉
188814	朝鮮朝日	西北版	1930-05-09	1	06단	『總ては公判延で洗ひ立てる積り』病氣には勝てぬと悲鳴を擧ぐ護送途中の肥田理吉
188815	朝鮮朝日	西北版	1930-05-09	1	07단	長豊炭鑛の坑外人夫盟休次第に軟化し出し結局圓滿に解決か
188816	朝鮮朝日	西北版	1930-05-09	1	07단	助憲兵教育實施
188817	朝鮮朝日	西北版	1930-05-09	1	07단	若葉靑葉時に咸南に降雪
188818	朝鮮朝日	西北版	1930-05-09	1	07단	第四回全鮮ア式蹴球大會
188819	朝鮮朝日	西北版	1930-05-09	1	07단	惡宣傳から又も紛糾平壤府鷄里の小作爭議
188820	朝鮮朝日	西北版	1930-05-09	1	08단	羅南中マラソン
188821	朝鮮朝日	西北版	1930-05-09	1	08단	今度は新地主と小作人があらそふ解雇問題がもちあがり平北道不二農場の小作爭議紛糾
188822	朝鮮朝日	西北版	1930-05-09	1	09단	警戒線を潛り馬賊横行す
188823	朝鮮朝日	西北版	1930-05-09	1	09단	年下の夫を嫌って毒殺をはかる早婚に伴ふ悲劇
188824	朝鮮朝日	西北版	1930-05-09	1	09단	逃亡娼妓を袋叩き明輩への見せしめのために
188825	朝鮮朝日	西北版	1930-05-09	1	10단	羅元檢事々件檢事控訴となる
188826	朝鮮朝日	西北版	1930-05-09	1	10단	醫生の誤診で傳染病蔓延龜山面玉溪里
188827	朝鮮朝日	西北版	1930-05-09	1	10단	藝妓の自殺
188828	朝鮮朝日	西北版	1930-05-09	1	10단	もよほし(佐藤氏の送別會)
188829	朝鮮朝日	西北版	1930-05-09	1	10단	人(横田五郎氏(京城高等法院長)/兪萬兼氏(慶北參與官)/高元勳氏(平北參與官)/植村良男氏(撫順高女校長))
188830	朝鮮朝日	西北版	1930-05-09	1	10단	半島茶話
188831	朝鮮朝日	南鮮版	1930-05-10	1	01단	死物狂ひの形で凡ゆる知識を傾注し金に飽かして工事を行ふ安寧水利組合潛管工事竣成す
188832	朝鮮朝日	南鮮版	1930-05-10	1	01단	舊惡に對して勇敢な暴露戰術を用ひる歷史の皮肉には微苦笑させらる領事館時代の記錄調べ
188833	朝鮮朝日	南鮮版	1930-05-10	1	01단	電車賃金均一制と延長線の實施方瓦電へ決議を突っく釜山市民大會を開き/警察部長へ懇談をとぐ/電車收入は減退の傾向

일련번호	판명		간행일	면	단수	기사명
188834	朝鮮朝日	南鮮版	1930-05-10	1	02단	生絲安から掃立を控へ結局豫定増收量だけ産繭の減收を見るか
188835	朝鮮朝日	南鮮版	1930-05-10	1	03단	「調査月報」發刊
188836	朝鮮朝日	南鮮版	1930-05-10	1	04단	禁酒禁煙法の施行を要望教科書改訂も陳情基教各派の幹部會
188837	朝鮮朝日	南鮮版	1930-05-10	1	05단	釜山棧橋大改造突堤を築ぐ
188838	朝鮮朝日	南鮮版	1930-05-10	1	05단	非常な好成績京畿道の職業指導學校
188839	朝鮮朝日	南鮮版	1930-05-10	1	05단	小田鎭海面長辭表を提出
188840	朝鮮朝日	南鮮版	1930-05-10	1	05단	都會人向の園藝作物を奬勵各校に巡回教授して力を注ぐ京畿道學務課
188841	朝鮮朝日	南鮮版	1930-05-10	1	06단	大邱消防隊移轉決定近く工事着手
188842	朝鮮朝日	南鮮版	1930-05-10	1	06단	金融組合聯合會
188843	朝鮮朝日	南鮮版	1930-05-10	1	06단	河豚を食ひ四名死亡三名は生命危篤に陷る
188844	朝鮮朝日	南鮮版	1930-05-10	1	06단	俸給を請求細田博士から
188845	朝鮮朝日	南鮮版	1930-05-10	1	06단	井戶に母子投身自宅に放火し姑との不仲で
188846	朝鮮朝日	南鮮版	1930-05-10	1	07단	憂慮すべき狀態でない慶北道の麥作收穫林知事の管内視察談
188847	朝鮮朝日	南鮮版	1930-05-10	1	07단	南鮮地方に又も暴風雨襲來交通杜絶麥作は全滅各地とも被害多い見込
188848	朝鮮朝日	南鮮版	1930-05-10	1	07단	憲兵制度創設五十年記念祭典殉職者の靈を慰む
188849	朝鮮朝日	南鮮版	1930-05-10	1	07단	遭難船客を救うた三兵士表彰
188850	朝鮮朝日	南鮮版	1930-05-10	1	08단	トラックと荷車が衝突
188851	朝鮮朝日	南鮮版	1930-05-10	1	08단	辯論が崇り李仁辯護士に職務停止
188852	朝鮮朝日	南鮮版	1930-05-10	1	08단	第四回全鮮ア式蹴球大會
188853	朝鮮朝日	南鮮版	1930-05-10	1	09단	老人を轢く
188854	朝鮮朝日	南鮮版	1930-05-10	1	09단	拳銃所持の怪青年逮捕
188855	朝鮮朝日	南鮮版	1930-05-10	1	10단	五人組不良少年捕まる
188856	朝鮮朝日	南鮮版	1930-05-10	1	10단	野球試合
188857	朝鮮朝日	南鮮版	1930-05-10	1	10단	もよほし(鎭南浦神社春季大祭)
188858	朝鮮朝日	南鮮版	1930-05-10	1	10단	人(大倉喜七郎男(大倉組社長)/沖田信四郎氏(三麥航空技師)/小田正義氏(慶南學務課長)/松本誠氏(專賣局長)/釜山公立高女生/長尾雨山氏(鮮展審査員))
188859	朝鮮朝日	南鮮版	1930-05-10	1	10단	半島茶話

일련번호	판명		간행일	면	단수	기사명
188860	朝鮮朝日	西北版	1930-05-10	1	01단	死物狂ひの形で凡ゆる知識を傾注し金に飽かして工事を行ふ安寧水利組合潛管工事竣成す
188861	朝鮮朝日	西北版	1930-05-10	1	01단	西鮮女子オリムピック前記(1)新種目の勃興振は驚嘆のほかないいまは時機尚早ではあるが近き將來種目に加へられる/會期せまり人氣高潮す本社主催西鮮女子オリムピック初等女子陸上競技大會
188862	朝鮮朝日	西北版	1930-05-10	1	02단	生絲安から掃立を控へ結局豫定增收量だけ産繭の減收を見るか
188863	朝鮮朝日	西北版	1930-05-10	1	03단	大正水利組合擴張竣工す
188864	朝鮮朝日	西北版	1930-05-10	1	04단	黃海憲兵分隊記念式擧行
188865	朝鮮朝日	西北版	1930-05-10	1	04단	朝鮮では最初の試み奉平農業實修
188866	朝鮮朝日	西北版	1930-05-10	1	04단	禁酒禁煙法の施行を要望教科書改訂も陳情基教各派の幹部會
188867	朝鮮朝日	西北版	1930-05-10	1	05단	平實對平鐵野球に優勝旗を贈る
188868	朝鮮朝日	西北版	1930-05-10	1	05단	朝郵定期船安東に奇港
188869	朝鮮朝日	西北版	1930-05-10	1	06단	安寧水利の潛管工事竣工
188870	朝鮮朝日	西北版	1930-05-10	1	07단	大規模な夜間防空演習十二日から瑞氣山を中心に平壤飛行聯隊で
188871	朝鮮朝日	西北版	1930-05-10	1	07단	野外天幕傳道會
188872	朝鮮朝日	西北版	1930-05-10	1	07단	可愛い坊ちゃん方が學校で土俵開き
188873	朝鮮朝日	西北版	1930-05-10	1	08단	新義州で獸魂祭執行
188874	朝鮮朝日	西北版	1930-05-10	1	08단	二人殺しに十五年求刑
188875	朝鮮朝日	西北版	1930-05-10	1	08단	第二回西鮮女子中等學校オリムピック大會初等學校女子部陸上競技大會
188876	朝鮮朝日	西北版	1930-05-10	1	09단	井戶に母子投身自宅に放火し姑との不仲で/不景氣が生んだ診話一錢五釐の酒代差押へ費用だけで七圓餘執達吏もはたこ當惑
188877	朝鮮朝日	西北版	1930-05-10	1	09단	遭難船客を救うた三兵士表彰
188878	朝鮮朝日	西北版	1930-05-10	1	10단	半島茶話
188879	朝鮮朝日	南鮮版	1930-05-11	1	01단	內地法に朝鮮の特殊事情を加味し議決尊重に重きを置く十日發布された朝鮮商工會議所令
188880	朝鮮朝日	南鮮版	1930-05-11	1	01단	社會事業へ補助金を增額生活苦や住宅苦の續出に對して力を入れる總督府
188881	朝鮮朝日	南鮮版	1930-05-11	1	01단	俳句/鈴木花蓑選

일련번호	판명		간행일	면	단수	기사명
188882	朝鮮朝日	南鮮版	1930-05-11	1	02단	寫眞說明(八日午前八時半在留邦人の歡迎裡にハルビンに到着した財部全權一行)
188883	朝鮮朝日	南鮮版	1930-05-11	1	03단	交通巡査を增員し事故を防止
188884	朝鮮朝日	南鮮版	1930-05-11	1	04단	極渡前仁川署長商工社長に推薦を受く
188885	朝鮮朝日	南鮮版	1930-05-11	1	04단	中央首腦部に反對を陳情運送合同に反對の三團體が上京して
188886	朝鮮朝日	南鮮版	1930-05-11	1	04단	宿賃に比べ待遇が惡い鮮內旅館の不評に鐵道局から警告(旅館側の話)
188887	朝鮮朝日	南鮮版	1930-05-11	1	05단	鎭海事件の弔慰金發送
188888	朝鮮朝日	南鮮版	1930-05-11	1	05단	賦課金天引撤廢と免稅點引下げ案釜山府學校組合の査定委員會で問題となる
188889	朝鮮朝日	南鮮版	1930-05-11	1	05단	望ましきは赤!赤!赤!警官の數は少い內地の警備力が一であれば朝鮮は僅か○・七しかない
188890	朝鮮朝日	南鮮版	1930-05-11	1	06단	職業敎育問題で議論續出し賑はふ結局委員附託となる第八回朝鮮敎育總會
188891	朝鮮朝日	南鮮版	1930-05-11	1	07단	高山氏を推薦に決る後任裡里面長
188892	朝鮮朝日	南鮮版	1930-05-11	1	08단	殖銀勝つ
188893	朝鮮朝日	南鮮版	1930-05-11	1	08단	中小市民の金融機關と化す下層民の手から離れ五月を經た公益質屋
188894	朝鮮朝日	南鮮版	1930-05-11	1	08단	朝鮮人子弟を農業實習に選拔して內地へ送る慶北道が大乘氣
188895	朝鮮朝日	南鮮版	1930-05-11	1	09단	お役人間にも野球狂時代京城の流行
188896	朝鮮朝日	南鮮版	1930-05-11	1	09단	牛の氣腫疽病絶滅を期す豫防注射を嚴行して徹底を期する當局
188897	朝鮮朝日	南鮮版	1930-05-11	1	09단	鐵塔の衛で列車顚覆を企つ急停車し事なきを得犯人目下嚴探中
188898	朝鮮朝日	南鮮版	1930-05-11	1	10단	人(多田榮吉氏(新義州實業家)/山田新吉氏(釜山鐵道病院長)/上田値三氏(電通取締役))
188899	朝鮮朝日	西北版	1930-05-11	1	01단	內地法に朝鮮の特殊事情を加味し議決尊重に重きを置く十日發布された朝鮮商工會議所令
188900	朝鮮朝日	西北版	1930-05-11	1	01단	社會事業へ補助金を增額生活苦や住宅苦の續出に對して力を入れる總督府
188901	朝鮮朝日	西北版	1930-05-11	1	01단	俳句/鈴木花蓑選
188902	朝鮮朝日	西北版	1930-05-11	1	02단	貿易には大打擊關稅の協定で安東商人考究

일련번호	판명		간행일	면	단수	기사명
188903	朝鮮朝日	西北版	1930-05-11	1	02단	西鮮女子オリムピック前記(2) 美麗な優勝カップ三個を特に授與優勝旗とカップを目指して各學校は猛烈な練習を續く/海州高女も出場するバレーとバスケットが得意
188904	朝鮮朝日	西北版	1930-05-11	1	03단	西鮮地方に職業を求め各地方から失業者ぞくぞくあつまる
188905	朝鮮朝日	西北版	1930-05-11	1	04단	友人知己の指導を乞ふ高參與官語る
188906	朝鮮朝日	西北版	1930-05-11	1	04단	宿賃に比べ待遇が惡い鮮內旅館の不評に鐵道局から警告(旅館側の話)
188907	朝鮮朝日	西北版	1930-05-11	1	05단	滿鐵消費組合の對策協議會大連で開く
188908	朝鮮朝日	西北版	1930-05-11	1	05단	全北警察部に刑事課新設
188909	朝鮮朝日	西北版	1930-05-11	1	05단	職業教育問題で議論續出し賑はふ結局委員附託となる第八回朝鮮教育總會
188910	朝鮮朝日	西北版	1930-05-11	1	06단	祥原家畜市場愈近く移轉
188911	朝鮮朝日	西北版	1930-05-11	1	06단	鎭海事件の弔慰金發送
188912	朝鮮朝日	西北版	1930-05-11	1	06단	造林豫定地の調査を行ふ
188913	朝鮮朝日	西北版	1930-05-11	1	06단	憲兵制度創設記念祝賀式
188914	朝鮮朝日	西北版	1930-05-11	1	07단	非合同派は組合を組織運合會社に對抗する新義州運送店の競爭
188915	朝鮮朝日	西北版	1930-05-11	1	07단	春季陸上競技大會
188916	朝鮮朝日	西北版	1930-05-11	1	07단	平壤飛行隊に劍道を新設
188917	朝鮮朝日	西北版	1930-05-11	1	07단	營林署の材木を盜む
188918	朝鮮朝日	西北版	1930-05-11	1	08단	傳染病は增發の傾向物騷な咸北道
188919	朝鮮朝日	西北版	1930-05-11	1	08단	朝鮮炭業會社職工罷業要求を拒絕され
188920	朝鮮朝日	西北版	1930-05-11	1	09단	自動車自轉車と衝突す
188921	朝鮮朝日	西北版	1930-05-11	1	09단	蠅の驅除は相當よい成績普通學校は兒童に懸賞つきで捕獲さす
188922	朝鮮朝日	西北版	1930-05-11	1	09단	牛の氣腫疽病絶滅を期す豫防注射を嚴行して徹底を期する當局
188923	朝鮮朝日	西北版	1930-05-11	1	09단	斷食同盟や不耕同盟で形勢ますます惡化不二農場の小作爭議
188924	朝鮮朝日	西北版	1930-05-11	1	10단	畜犬に注射し野犬を撲滅
188925	朝鮮朝日	西北版	1930-05-11	1	10단	牡丹台野話
188926	朝鮮朝日	西北・南鮮版	1930-05-11	2	01단	慶北道產米の檢查成績
188927	朝鮮朝日	西北・南鮮版	1930-05-11	2	01단	苗代の種拔一般に勵行當局が大獎勵
188928	朝鮮朝日	西北・南鮮版	1930-05-11	2	01단	柞蠶品種の試驗を行ふ滿鐵蠶試場
188929	朝鮮朝日	西北・南鮮版	1930-05-11	2	01단	江原道の春蠶掃立は增加桑葉も十分
188930	朝鮮朝日	西北・南鮮版	1930-05-11	2	01단	火災の損害六十八萬圓昨年下半期間

일련번호	판명		간행일	면	단수	기사명
188931	朝鮮朝日	西北・南鮮版	1930-05-11	2	01단	鰯締粕の共同販賣朝鮮物産大阪販賣所で計劃
188932	朝鮮朝日	西北・南鮮版	1930-05-11	2	02단	春蠶の掃立は增加を豫想
188933	朝鮮朝日	西北・南鮮版	1930-05-11	2	02단	慶北道の二毛作麥は霖雨で減收
188934	朝鮮朝日	西北・南鮮版	1930-05-11	2	02단	元山港貿易四月中の成績
188935	朝鮮朝日	西北・南鮮版	1930-05-11	2	02단	菓子商大會平壤で開く
188936	朝鮮朝日	西北・南鮮版	1930-05-11	2	03단	朝鮮銀行の建物を撮影新銀行券の原圖とするため
188937	朝鮮朝日	西北・南鮮版	1930-05-11	2	03단	狂犬豫防注射不成績に終る
188938	朝鮮朝日	西北・南鮮版	1930-05-11	2	03단	童話と家庭講演
188939	朝鮮朝日	西北・南鮮版	1930-05-11	2	04단	各地だより(裡里/全州/鎭海)
188940	朝鮮朝日	南鮮版	1930-05-13	1	01단	鐵道運賃が高くて外材と太刀打出來ぬ手も足も出ぬ朝鮮木材運賃引下げ交渉は前途遼遠か
188941	朝鮮朝日	南鮮版	1930-05-13	1	01단	實習本位として優秀職業人を養成實業學校規定改正され修業年限を二年に短縮できる
188942	朝鮮朝日	南鮮版	1930-05-13	1	01단	西鮮電氣と妥協成立か沙里院面電の打開は希望通り行はれるか
188943	朝鮮朝日	南鮮版	1930-05-13	1	02단	宇佐美領事歸朝を命ぜらる
188944	朝鮮朝日	南鮮版	1930-05-13	1	02단	浦項面豫算
188945	朝鮮朝日	南鮮版	1930-05-13	1	03단	可愛らしい鶴の雛
188946	朝鮮朝日	南鮮版	1930-05-13	1	04단	徵稅範圍は現狀維持に釜山府學組合
188947	朝鮮朝日	南鮮版	1930-05-13	1	04단	地方行政事務講習會慶南各地で開く
188948	朝鮮朝日	南鮮版	1930-05-13	1	05단	金剛山電鐵決算
188949	朝鮮朝日	南鮮版	1930-05-13	1	05단	外國軍艦の碇泊區域變更
188950	朝鮮朝日	南鮮版	1930-05-13	1	05단	洛東江揚水事業を調査三ヶ年繼續で着手す力をそゝぐ釜山府
188951	朝鮮朝日	南鮮版	1930-05-13	1	06단	歐亞連絡車時間の改正
188952	朝鮮朝日	南鮮版	1930-05-13	1	06단	電車の速力制限事故を防止
188953	朝鮮朝日	南鮮版	1930-05-13	1	06단	金剛山行割引切符各驛で發賣京城からは日歸り出來る
188954	朝鮮朝日	南鮮版	1930-05-13	1	07단	簡易保險積立金事業に運用
188955	朝鮮朝日	南鮮版	1930-05-13	1	07단	自動車取締規則を改正
188956	朝鮮朝日	南鮮版	1930-05-13	1	07단	天候に祟られ計劃が狂ふ旱害民救濟事業がまるで出來ぬ慶北/旱害民の戶稅を代納
188957	朝鮮朝日	南鮮版	1930-05-13	1	08단	六ヶ所に雨量測候所營農漁業者に福音釜山測候所の計劃

일련번호	판명		간행일	면	단수	기사명
188958	朝鮮朝日	南鮮版	1930-05-13	1	08단	レールのさび
188959	朝鮮朝日	南鮮版	1930-05-13	1	08단	釜山産婆會總會
188960	朝鮮朝日	南鮮版	1930-05-13	1	08단	朝鮮歌謠を內地で放送
188961	朝鮮朝日	南鮮版	1930-05-13	1	08단	突然小作權の移動を通牒しいよいよ爭議に入る
188962	朝鮮朝日	南鮮版	1930-05-13	1	09단	鮮展の作品鑑査相當に嚴重
188963	朝鮮朝日	南鮮版	1930-05-13	1	09단	モヒ治療所の改築を行ふ
188964	朝鮮朝日	南鮮版	1930-05-13	1	10단	髪結さんを試驗制度に
188965	朝鮮朝日	南鮮版	1930-05-13	1	10단	運動界(平壤の野球聯盟戰期日愈きまる/久保庭氏出場極東大會へ/遞信勝つ/釜山軍勝つ)
188966	朝鮮朝日	南鮮版	1930-05-13	1	10단	二兒を誘拐
188967	朝鮮朝日	南鮮版	1930-05-13	1	10단	喧嘩の相手を細紐で絞殺
188968	朝鮮朝日	南鮮版	1930-05-13	1	10단	人(李鍵公殿下/吉原重成氏(總督府囑託)/齋藤鐵道局工務課長/森悟一氏/中村海軍大佐/谷口尚眞中將(吳鎭守府長官))
188969	朝鮮朝日	西北版	1930-05-13	1	01단	鐵道運賃が高くて外材と太刀打出來ぬ手も足も出ぬ朝鮮木材運賃引下げ交渉は前途遼遠か
188970	朝鮮朝日	西北版	1930-05-13	1	01단	實習本位として優秀職業人を養成實業學校規定改正され修業年限を二年に短縮できる
188971	朝鮮朝日	西北版	1930-05-13	1	01단	西鮮女子オリムピック前記(3) 白熱的競技氣分でその日を待佗ぶ參加は九校五百名にのぼる修學旅行生徒の參觀も多い/平壤の野球聯盟戰期日愈きまる/海州高女は猛練習開始
188972	朝鮮朝日	西北版	1930-05-13	1	02단	宇佐美領事歸朝を命ぜらる
188973	朝鮮朝日	西北版	1930-05-13	1	03단	增員警官の配置
188974	朝鮮朝日	西北版	1930-05-13	1	03단	新義州憲友會創立總會
188975	朝鮮朝日	西北版	1930-05-13	1	04단	黃海道醫生試驗
188976	朝鮮朝日	西北版	1930-05-13	1	04단	警官を集めて海事講習會
188977	朝鮮朝日	西北版	1930-05-13	1	04단	安東商議が中心となり關稅特例廢止問題を日本會議所大會に持出す
188978	朝鮮朝日	西北版	1930-05-13	1	05단	兒童慰安活寫會
188979	朝鮮朝日	西北版	1930-05-13	1	05단	歐亞連絡車時間の改正
188980	朝鮮朝日	西北版	1930-05-13	1	05단	二百七十萬圓を投じ鎭南浦港を大擴張決定した主要工事の大要
188981	朝鮮朝日	西北版	1930-05-13	1	06단	西鮮電氣と妥協成立か沙里院面電の打開は希望通り行はれるか

일련번호	판명		간행일	면	단수	기사명
188982	朝鮮朝日	西北版	1930-05-13	1	07단	人口一萬に對し醫者は一人の割合お話にならぬ咸鏡北道道も經費關係で手出しが出來ぬ
188983	朝鮮朝日	西北版	1930-05-13	1	08단	横領巡査を起訴
188984	朝鮮朝日	西北版	1930-05-13	1	08단	喧嘩の相手を細紐で絞殺
188985	朝鮮朝日	西北版	1930-05-13	1	09단	煉瓦に打たれ生命危篤
188986	朝鮮朝日	西北版	1930-05-13	1	09단	自動車運轉手試驗
188987	朝鮮朝日	西北版	1930-05-13	1	09단	鐵棒で毆り重傷を負はす
188988	朝鮮朝日	西北版	1930-05-13	1	09단	十八の小娘が雇人を毒殺
188989	朝鮮朝日	西北版	1930-05-13	1	09단	輸城川改修は痛しかゆし完成すれば上水道の水の取入れが出來ぬ
188990	朝鮮朝日	西北版	1930-05-13	1	10단	魚油不正に一名懲役一名は罰金
188991	朝鮮朝日	西北版	1930-05-13	1	10단	少年スリ團長懲役に處さる
188992	朝鮮朝日	西北版	1930-05-13	1	10단	清津の種痘
188993	朝鮮朝日	西北版	1930-05-13	1	10단	沙里院に天然痘
188994	朝鮮朝日	西北版	1930-05-13	1	10단	道模範林の火事
188995	朝鮮朝日	西北版	1930-05-13	1	10단	會(全北道金融組合聯合會總會)
188996	朝鮮朝日	西北版	1930-05-13	1	10단	人(李鍵公殿下/高野平壤憲兵隊長/山下新任平壤署長/高橋金明氏(慶源警察署長)/今井眞太郎氏(本社記者)/谷口尚眞中將(吳鎭守府長官))
188997	朝鮮朝日	西北・南鮮版	1930-05-13	2	01단	音樂隨想/永井郁子
188998	朝鮮朝日	西北・南鮮版	1930-05-13	2	01단	大沙金鑛の採掘に着手移動式浚渫船式で頗る珍しい採掘法(朝鮮鑛業界へ刺戟を與ふ亥角氏語る)
188999	朝鮮朝日	西北・南鮮版	1930-05-13	2	03단	特惠關稅の廢止により安東經由の貨物は一層減ずるだらう
189000	朝鮮朝日	西北・南鮮版	1930-05-13	2	03단	鐘紡の爭議で小締りをしめす然しすぐ銀安に傾く四月中の鎭平銀相場
189001	朝鮮朝日	西北・南鮮版	1930-05-13	2	04단	龍江水利組合認可となる
189002	朝鮮朝日	西北・南鮮版	1930-05-13	2	05단	勞働者の罹災病狀況各道報告纏る
189003	朝鮮朝日	西北・南鮮版	1930-05-13	2	05단	授業料を自ら稼いで勉學普通學校における徹底した實科教育
189004	朝鮮朝日	西北・南鮮版	1930-05-13	2	06단	童話と家庭講演
189005	朝鮮朝日	西北・南鮮版	1930-05-13	2	06단	平北畑作物の發育は順調
189006	朝鮮朝日	西北・南鮮版	1930-05-13	2	07단	桑田品評會
189007	朝鮮朝日	西北・南鮮版	1930-05-13	2	07단	各地だより(木浦/淸州)

일련번호	판명		간행일	면	단수	기사명
189008	朝鮮朝日	南鮮版	1930-05-14	1	01단	食料品から見た朝鮮人の生活狀態上流階級や都會人は內地人より多量攝取城大の佐藤博士が研究調査
189009	朝鮮朝日	南鮮版	1930-05-14	1	01단	淸津府直營で愈々船舶に給水きたる七月から沖合給水料八十五錢
189010	朝鮮朝日	南鮮版	1930-05-14	1	01단	旱害民救濟事業打切り延期麥作收納の豫想が芳ばしくないので
189011	朝鮮朝日	南鮮版	1930-05-14	1	03단	江原道の郡守大異動
189012	朝鮮朝日	南鮮版	1930-05-14	1	04단	會議一束(農業技術官會議/肥料獎勵打合會/財務部長稅關長會議)
189013	朝鮮朝日	南鮮版	1930-05-14	1	04단	請願用紙を印刷し配布奇特な道評議員
189014	朝鮮朝日	南鮮版	1930-05-14	1	04단	崔家の一族配水池に反對宗家の墓を壞すは以てのほかだとし
189015	朝鮮朝日	南鮮版	1930-05-14	1	04단	德惠姬十八日御歸城
189016	朝鮮朝日	南鮮版	1930-05-14	1	05단	産業開發に力を盡す兪慶北道産業部長はかたる
189017	朝鮮朝日	南鮮版	1930-05-14	1	05단	釜山學祖費賦課金前年より減
189018	朝鮮朝日	南鮮版	1930-05-14	1	05단	抵當權設定や權利移轉も多い漁業令の實施により慶南水産當局の昨今
189019	朝鮮朝日	南鮮版	1930-05-14	1	05단	福浦の移出牛檢留所當局へ擴張陳情收容難の大打擊に對して上杉組合長近く上京
189020	朝鮮朝日	南鮮版	1930-05-14	1	06단	レールのさび
189021	朝鮮朝日	南鮮版	1930-05-14	1	06단	貧困者施療券ちかく發送
189022	朝鮮朝日	南鮮版	1930-05-14	1	06단	童謠/北原白秋選
189023	朝鮮朝日	南鮮版	1930-05-14	1	06단	谷口大將ら平壤燃料鑛業所を檢閱
189024	朝鮮朝日	南鮮版	1930-05-14	1	06단	學組議員の補選
189025	朝鮮朝日	南鮮版	1930-05-14	1	07단	羅在昇前檢事平壤に護送さる
189026	朝鮮朝日	南鮮版	1930-05-14	1	07단	生きながら自分の葬式棺の中に仕掛けた花火を合圖に訣別園遊會
189027	朝鮮朝日	南鮮版	1930-05-14	1	07단	罷業愈々惡化し八十九名を解雇す會社側は荒療法を斷行朝鮮炭業長豐炭坑の同盟罷業
189028	朝鮮朝日	南鮮版	1930-05-14	1	07단	赤裸々の朝鮮を觀光さす米國雜誌記者團に
189029	朝鮮朝日	南鮮版	1930-05-14	1	07단	人夫監督の惡事
189030	朝鮮朝日	南鮮版	1930-05-14	1	08단	木箱から彈丸現る日露戰爭當時の軍用品か
189031	朝鮮朝日	南鮮版	1930-05-14	1	09단	旱害民救濟に三千圓寄附

일련번호	판명		간행일	면	단수	기사명
189032	朝鮮朝日	南鮮版	1930-05-14	1	09단	府營宿泊所で賭博を開帳
189033	朝鮮朝日	南鮮版	1930-05-14	1	09단	猛虎現はれ娘をさらふ白晝蔚山郡の山奧で
189034	朝鮮朝日	南鮮版	1930-05-14	1	09단	キネマ便より(喜樂館)
189035	朝鮮朝日	南鮮版	1930-05-14	1	10단	何者かのため殺害さる
189036	朝鮮朝日	南鮮版	1930-05-14	1	10단	放蕩の結果自殺を遂ぐ
189037	朝鮮朝日	南鮮版	1930-05-14	1	10단	强盗押入る
189038	朝鮮朝日	南鮮版	1930-05-14	1	10단	ピストル携帯二人組强盗四對社に現る
189039	朝鮮朝日	南鮮版	1930-05-14	1	10단	人(東川茂氏(新任仁川警察署長)/佐々木忠右衛門氏(本府警察官講習所長))
189040	朝鮮朝日	南鮮版	1930-05-14	1	10단	半島茶話
189041	朝鮮朝日	西北版	1930-05-14	1	01단	食料品から見た朝鮮人の生活狀態上流階級や都會人は內地人より多量攝取城大の佐藤博士が研究調査
189042	朝鮮朝日	西北版	1930-05-14	1	01단	淸津府直營で愈々船舶に給水きたる七月から沖合給水料八十五錢
189043	朝鮮朝日	西北版	1930-05-14	1	01단	抵當權設定や權利移轉も多い漁業令の實施により慶南水産當局の昨今
189044	朝鮮朝日	西北版	1930-05-14	1	01단	*西鮮女子オリムピック前記(4) 折紙つきの選手は皆低學年生のみ斃れて後やむの決心を以て母校の名譽のため戰ふ彼女達/大會プログラムの決定を見る出場校は中等四校初等校五校と決る*
189045	朝鮮朝日	西北版	1930-05-14	1	03단	德惠姬十八日御歸城
189046	朝鮮朝日	西北版	1930-05-14	1	03단	谷口吳鎭長官鑛業部巡閲
189047	朝鮮朝日	西北版	1930-05-14	1	03단	在鄉の將校と現役將校懇親會
189048	朝鮮朝日	西北版	1930-05-14	1	04단	會議一束(農業技術官會議/肥料獎勵打合會/財務部長稅關長會議)
189049	朝鮮朝日	西北版	1930-05-14	1	04단	崔家の一族配水池に反對宗家の墓を壞すは以てのほかだとし
189050	朝鮮朝日	西北版	1930-05-14	1	04단	生きながら自分の葬式棺の中に仕掛けた花火を合圖に訣別園遊會
189051	朝鮮朝日	西北版	1930-05-14	1	05단	安東豆粕の日本輸出二十倍に激增
189052	朝鮮朝日	西北版	1930-05-14	1	06단	福浦の移出牛檢留所當局へ擴張陳情收容難の大打擊に對して上杉組合長近く上京
189053	朝鮮朝日	西北版	1930-05-14	1	06단	童謠/北原白秋選
189054	朝鮮朝日	西北版	1930-05-14	1	06단	罷業愈よ惡化し八十九名を解雇す會社側は荒療法を斷行朝鮮炭業長豊炭坑の同盟罷業

일련번호	판명		간행일	면	단수	기사명
189055	朝鮮朝日	西北版	1930-05-14	1	07단	羅在昇前檢事平壤に護送さる
189056	朝鮮朝日	西北版	1930-05-14	1	07단	赤裸々の朝鮮を觀光さす米國雜誌記者團に
189057	朝鮮朝日	西北版	1930-05-14	1	08단	レールのさび
189058	朝鮮朝日	西北版	1930-05-14	1	08단	放蕩の結果自殺を遂ぐ
189059	朝鮮朝日	西北版	1930-05-14	1	09단	新義州商業勝つ
189060	朝鮮朝日	西北版	1930-05-14	1	09단	工船の出現に反對の烽火鰯漁期を目前に控へ勞働者の生活脅威と
189061	朝鮮朝日	西北版	1930-05-14	1	09단	何者かのため殺害さる
189062	朝鮮朝日	西北版	1930-05-14	1	10단	牛の狂犬病
189063	朝鮮朝日	西北版	1930-05-14	1	10단	强盜押入る
189064	朝鮮朝日	西北版	1930-05-14	1	10단	ピストル携帯二人組强盜四對社に現る
189065	朝鮮朝日	西北版	1930-05-14	1	10단	木箱から彈丸現る日露戰爭當時の軍用品か
189066	朝鮮朝日	西北版	1930-05-14	1	10단	半島茶話
189067	朝鮮朝日	西北・南鮮版	1930-05-14	2	01단	トーキー一年/松竹座チェーン總支配人千葉吉造
189068	朝鮮朝日	西北・南鮮版	1930-05-14	2	02단	村上寛氏の家庭講演十七日大邱で/村上寛氏の家庭講演會
189069	朝鮮朝日	西北・南鮮版	1930-05-14	2	02단	全州商工會の店員表彰式
189070	朝鮮朝日	西北・南鮮版	1930-05-14	2	03단	鮮米運賃は安定するか
189071	朝鮮朝日	西北・南鮮版	1930-05-14	2	03단	仁川四月中の貿易狀況
189072	朝鮮朝日	西北・南鮮版	1930-05-14	2	03단	童話と家庭講演
189073	朝鮮朝日	西北・南鮮版	1930-05-14	2	04단	水産製品の輸移出狀況南浦昨年中の
189074	朝鮮朝日	西北・南鮮版	1930-05-14	2	04단	乾繭場增設
189075	朝鮮朝日	西北・南鮮版	1930-05-14	2	04단	(木浦)
189076	朝鮮朝日	南鮮版	1930-05-15	1	01단	綿絲類と沙糖の影響は相當大きい其他にも打擊を與へる陸接國境特例關稅問題と新義州
189077	朝鮮朝日	南鮮版	1930-05-15	1	01단	味覺の總量昨年中に京城市民が食った果物代百卅三萬圓
189078	朝鮮朝日	南鮮版	1930-05-15	1	01단	初夏をおごる牡丹昌慶苑にて
189079	朝鮮朝日	南鮮版	1930-05-15	1	02단	海相と總督の會見京城で行はる
189080	朝鮮朝日	南鮮版	1930-05-15	1	03단	釜山の未許可機船二百件くらゐ
189081	朝鮮朝日	南鮮版	1930-05-15	1	03단	紛糾しつゞけた運送合同愈々成立朝鮮運送會社總會終了十六日から營業を開始
189082	朝鮮朝日	南鮮版	1930-05-15	1	04단	泥棒生捕りの催淚ガス拳銃近く慶南警察部で購入して試みさす
189083	朝鮮朝日	南鮮版	1930-05-15	1	04단	鎭海面長の輸入は排斥

일련번호	판명		간행일	면	단수	기사명
189084	朝鮮朝日	南鮮版	1930-05-15	1	04단	商工會議所令施行と釜山有權者
189085	朝鮮朝日	南鮮版	1930-05-15	1	04단	けなげな朝鮮研究家横濱の小學生總督府へ注文
189086	朝鮮朝日	南鮮版	1930-05-15	1	05단	通俗化學講演會
189087	朝鮮朝日	南鮮版	1930-05-15	1	05단	學生主事新設
189088	朝鮮朝日	南鮮版	1930-05-15	1	05단	慶南會計課長
189089	朝鮮朝日	南鮮版	1930-05-15	1	05단	豪雨のため麥作の被害五十萬圓に上るか慶南道で目下調査中
189090	朝鮮朝日	南鮮版	1930-05-15	1	05단	旱害罹災民が山を食潰す松の皮をはぎとり全山悉く赤枯れに
189091	朝鮮朝日	南鮮版	1930-05-15	1	06단	制限も物かは盛んに行ふ中等校入學準備教育取締の方法を講ずる
189092	朝鮮朝日	南鮮版	1930-05-15	1	06단	電話開通の申込者殺到
189093	朝鮮朝日	南鮮版	1930-05-15	1	07단	春蒔麥は全滅の狀態慶北の雨害
189094	朝鮮朝日	南鮮版	1930-05-15	1	07단	國境荒しの馬賊跡を絶つ警官の決死的努力で朝鮮警備とその內容
189095	朝鮮朝日	南鮮版	1930-05-15	1	07단	醫師の誤診から發疹チフス蔓延す誤診訂正の暴露戰術を斷行すると京畿道當局いきまく
189096	朝鮮朝日	南鮮版	1930-05-15	1	07단	强豪ぞろひとて優劣は定めがたい出場チーム十一に上る十六日から擧行の第四回蹴球大會
189097	朝鮮朝日	南鮮版	1930-05-15	1	08단	田中丸病院つひに移轉一般の反對から
189098	朝鮮朝日	南鮮版	1930-05-15	1	09단	大邱の强盜
189099	朝鮮朝日	南鮮版	1930-05-15	1	09단	汽動車人を轢殺
189100	朝鮮朝日	南鮮版	1930-05-15	1	10단	野菜類の消毒を極力奬勵する
189101	朝鮮朝日	南鮮版	1930-05-15	1	10단	二人殺しに十年の判決
189102	朝鮮朝日	南鮮版	1930-05-15	1	10단	松島釜山局長
189103	朝鮮朝日	南鮮版	1930-05-15	1	10단	人(西鄕豊彦大佐(新任鎭海要塞司令官)/土師盛貞氏(本府海事課長)/賀屋興宣氏(大藏省主計課長)/高木利太氏(大每專務))
189104	朝鮮朝日	西北版	1930-05-15	1	01단	綿絲類と沙糖の影響は相當大きい其他にも打擊を與へる陸接國境特例關稅問題と新義州
189105	朝鮮朝日	西北版	1930-05-15	1	01단	八景以外の景勝地を物色安東沿線に亙って滿洲景勝地の宣傳
189106	朝鮮朝日	西北版	1930-05-15	1	01단	講師の怠慢で講習員憤慨辛うじて開催した資源調査の講習會

일련번호	판명		간행일	면	단수	기사명
189107	朝鮮朝日	西北版	1930-05-15	1	01단	西鮮女子オリムピック前記(5) 一般の興味を惹く排球籃球の進歩一星霜の苦錬を經た事とて一段の冴を見せるであらう/正副會長は婦人を推薦大會一切の準備整ひその日の來るをまつ
189108	朝鮮朝日	西北版	1930-05-15	1	02단	迷ひ郵便物ふえるばかり
189109	朝鮮朝日	西北版	1930-05-15	1	03단	電話開通の申込者殺到
189110	朝鮮朝日	西北版	1930-05-15	1	03단	初夏をおごる牡丹昌慶苑にて
189111	朝鮮朝日	西北版	1930-05-15	1	04단	けなげな朝鮮研究家横濱の小學生總督府へ注文
189112	朝鮮朝日	西北版	1930-05-15	1	05단	雙方讓らずつひに持久戰に入る久田ゴムの同盟罷業
189113	朝鮮朝日	西北版	1930-05-15	1	06단	日曜祭日にも圖書館無休
189114	朝鮮朝日	西北版	1930-05-15	1	06단	紛糾しつゞけた運送合同愈々成立朝鮮運送會社總會終了十六日から營業を開始
189115	朝鮮朝日	西北版	1930-05-15	1	06단	平實軍勝つ
189116	朝鮮朝日	西北版	1930-05-15	1	06단	三人殺しに十年の判決
189117	朝鮮朝日	西北版	1930-05-15	1	07단	制限も物かは盛んに行ふ中等校入學準備教育取締の方法を講ずる
189118	朝鮮朝日	西北版	1930-05-15	1	07단	二人組強盗
189119	朝鮮朝日	西北版	1930-05-15	1	07단	醫師の誤診から發疹チフス蔓延す誤診訂正の暴露戰術を斷行すると京畿道當局いきまく
189120	朝鮮朝日	西北版	1930-05-15	1	08단	汽動車人を轢殺
189121	朝鮮朝日	西北版	1930-05-15	1	08단	互惠的の特例を設定すべしとて要請書提出
189122	朝鮮朝日	西北版	1930-05-15	1	09단	レールのさび
189123	朝鮮朝日	西北版	1930-05-15	1	09단	國境荒しの馬賊跡を絶つ警官の決死的努力で朝鮮警備とその内容
189124	朝鮮朝日	西北版	1930-05-15	1	10단	大邱の強盗
189125	朝鮮朝日	西北版	1930-05-15	1	10단	人(山下正藏氏(平壤警察署長)/石川登盛氏(平北道知事)/田中嘉一氏(新義州警察署長))
189126	朝鮮朝日	西北・南鮮版	1930-05-15	2	01단	色彩、立體、大型トーキーの次の映畵/飯島正
189127	朝鮮朝日	西北・南鮮版	1930-05-15	2	01단	兒童學資金補助と警察會館建設是非實現せしむべく警務當局頭をひねる
189128	朝鮮朝日	西北・南鮮版	1930-05-15	2	01단	普通校卒業生や在校生徒に養鯉の實習をさす將來は農家副業とする目的
189129	朝鮮朝日	西北・南鮮版	1930-05-15	2	01단	府や指定面で實施される結核豫防デー

일련번호	판명		간행일	면	단수	기사명
189130	朝鮮朝日	西北・南鮮版	1930-05-15	2	03단	船舶登錄數
189131	朝鮮朝日	西北・南鮮版	1930-05-15	2	03단	童話と家庭講演
189132	朝鮮朝日	西北・南鮮版	1930-05-15	2	04단	至急開通電話申込締切る
189133	朝鮮朝日	南鮮版	1930-05-16	1	01단	時の人軍縮全權財部海相一行歸る總督夫人の出迎を受け京城驛頭で美しい情景を現出/國際會議には夫人帶同が必要美人の祕書を連れた米國全權諧謔亂舞の全權列車/全權夫妻新義州通過頗る元氣で
189134	朝鮮朝日	南鮮版	1930-05-16	1	01단	初夏の接吻ストローの感觸
189135	朝鮮朝日	南鮮版	1930-05-16	1	04단	後任面長で道當局へ陳情
189136	朝鮮朝日	南鮮版	1930-05-16	1	04단	第九回鮮展入選者發表　豫想を裏切って新人が著しく擡頭非常な嚴選ぶりを示す/朝鮮人の作品に特に力作が多い努力の跡が窺はれる洋畫審査員小林萬吾氏語る
189137	朝鮮朝日	南鮮版	1930-05-16	1	05단	釜山漁港の調査は進捗第一候補地は何處南港埋築地が有力
189138	朝鮮朝日	南鮮版	1930-05-16	1	05단	滿浦鎭線の促進を運動平壤、鎭南浦兩地の有志により具體化す
189139	朝鮮朝日	南鮮版	1930-05-16	1	05단	今後さらに活動をなす群山振興會
189140	朝鮮朝日	南鮮版	1930-05-16	1	06단	國勢調査の準備を進む仁川府當局
189141	朝鮮朝日	南鮮版	1930-05-16	1	06단	元山商議評議員會
189142	朝鮮朝日	南鮮版	1930-05-16	1	06단	花房町の護岸工事一部崩壞す
189143	朝鮮朝日	南鮮版	1930-05-16	1	07단	十人の子福者で氣持の好い人南鮮地方は初めてだ西鄕新鎭海灣要塞司令官
189144	朝鮮朝日	南鮮版	1930-05-16	1	07단	短歌/橋田東聲選
189145	朝鮮朝日	南鮮版	1930-05-16	1	07단	李昇勳の社會葬有志の手によって行はれる
189146	朝鮮朝日	南鮮版	1930-05-16	1	07단	銃殺や火あぶり強盜放火など働く不逞漢新義州に潛入し難なく逮捕され檢事局に送らる
189147	朝鮮朝日	南鮮版	1930-05-16	1	08단	群山府の町名ちかく改正
189148	朝鮮朝日	南鮮版	1930-05-16	1	08단	善山郡の小作爭議さらに尖銳化
189149	朝鮮朝日	南鮮版	1930-05-16	1	09단	競馬々脫柵し三名負傷す
189150	朝鮮朝日	南鮮版	1930-05-16	1	09단	炭坑の罷業無條件復職
189151	朝鮮朝日	南鮮版	1930-05-16	1	09단	全州に猩紅熱ますます蔓延當局で大警戒
189152	朝鮮朝日	南鮮版	1930-05-16	1	10단	平壤の火事
189153	朝鮮朝日	南鮮版	1930-05-16	1	10단	爲替拔取り集配人判決
189154	朝鮮朝日	南鮮版	1930-05-16	1	10단	心中を圖る

일련번호	판명		간행일	면	단수	기사명
189155	朝鮮朝日	南鮮版	1930-05-16	1	10단	傷害罪起訴
189156	朝鮮朝日	南鮮版	1930-05-16	1	10단	專門學校運動會小學生幼稚園兒も參加さす
189157	朝鮮朝日	南鮮版	1930-05-16	1	10단	もよほし(金融組合臨時總會/群山流尺八演奏會/全鮮自動車協會/第九回鮮展招待會)
189158	朝鮮朝日	南鮮版	1930-05-16	1	10단	人(李鍝公殿下/谷口大將(吳鎭守府司令長官)/南軍司令官/西鄕豊彦大佐(鎭海要塞司令官)/松村殖産局長/三橋本府警務課長/齋藤吾吉氏(朝鮮商工新聞社長)/萩原八十盛氏(新慶南高等警察課長))
189159	朝鮮朝日	西北版	1930-05-16	1	01단	可憐な乙女たちが母校の名譽を雙肩に必勝を期して技を競ふ西鮮女子オリムピック近づく/大會役員男子を廢して婦人制をとる
189160	朝鮮朝日	西北版	1930-05-16	1	01단	西鮮女子オリムピック前記(6)/すべて秩序整然と規則を重んずる約一千の女生徒が參集して行ふマスゲーム呼物となる
189161	朝鮮朝日	西北版	1930-05-16	1	02단	第九回鮮展入選者發表 豫想を裏切って新人が著しく擡頭非常な嚴選ぶりを示す/朝鮮人の作品に特に力作が多い努力の跡が窺はれる洋畫審査員小林萬吾氏語る
189162	朝鮮朝日	西北版	1930-05-16	1	05단	時の人軍縮全權財部海相一行歸る總督夫人の出迎を受け京城驛頭で美しい情景を現出/國際會議には夫人帶同が必要美人の祕書を連れた米國全權諧謔亂舞の全權列車
189163	朝鮮朝日	西北版	1930-05-16	1	06단	李昇勳の社會葬有志の手によって行はれる
189164	朝鮮朝日	西北版	1930-05-16	1	07단	群山府の町名ちかく改正
189165	朝鮮朝日	西北版	1930-05-16	1	08단	短歌/橋田東聲選
189166	朝鮮朝日	西北版	1930-05-16	1	08단	銃殺や火あぶり强盜放火など働く不逞漢新義州に潛入し難なく逮捕され檢事局に送らる
189167	朝鮮朝日	西北版	1930-05-16	1	09단	頗る元氣で新義州通過多數の出迎へを受け鴨江の帆船を眺めて語合ふ
189168	朝鮮朝日	西北版	1930-05-16	1	09단	滿浦鎭線の促進を運動平壤、鎭南浦兩地の有志により具體化す

일련번호	판명		간행일	면	단수	기사명
189169	朝鮮朝日	西北版	1930-05-16	1	09단	全州に猩紅熱ますます蔓延當局で大警戒
189170	朝鮮朝日	西北版	1930-05-16	1	10단	平壤の火事
189171	朝鮮朝日	西北版	1930-05-16	1	10단	傷害罪起訴
189172	朝鮮朝日	西北版	1930-05-16	1	10단	もよほし(金融組合臨時總會)
189173	朝鮮朝日	西北版	1930-05-16	1	10단	人(谷口大將(吳鎭守府司令長官)/南軍司令官)
189174	朝鮮朝日	西北・南鮮版	1930-05-16	2	01단	南鮮方面の失業者を使用圖們西部線延長と人夫の雇入れ方針
189175	朝鮮朝日	西北・南鮮版	1930-05-16	2	01단	あまりに慘めな海女の收入新漁業令の精神に則り福音が齎されるか
189176	朝鮮朝日	西北・南鮮版	1930-05-16	2	01단	施療人員の增加を計劃各道々立病院
189177	朝鮮朝日	西北・南鮮版	1930-05-16	2	01단	慶北金組聯合會
189178	朝鮮朝日	西北・南鮮版	1930-05-16	2	02단	稻作の正條植平南で總面積の八割に達す
189179	朝鮮朝日	西北・南鮮版	1930-05-16	2	02단	延平島石首魚漁期で賑ふ
189180	朝鮮朝日	西北・南鮮版	1930-05-16	2	03단	成績のよいワカサギ養殖
189181	朝鮮朝日	西北・南鮮版	1930-05-16	2	03단	村上氏講演全州でも盛況
189182	朝鮮朝日	西北・南鮮版	1930-05-16	2	03단	童話と家庭講演
189183	朝鮮朝日	西北・南鮮版	1930-05-16	2	04단	各地だより(裡里/仁川/全州)
189184	朝鮮朝日	南鮮版	1930-05-17	1	01단	總督は全權に對し好意ある注意を與ふ十六日正式に兩氏會見軍縮會議についてかたりあふ/全權は徹頭徹尾面會謝絶で押通す官邸には緊張の氣漂ふ總督夫人は全權夫人をねぎらふ
189185	朝鮮朝日	南鮮版	1930-05-17	1	01단	氣分勝れぬ全權と總督それぞれ靜養に努む重苦しい空氣漂ふ/矢吹政務次官全權出迎へ
189186	朝鮮朝日	南鮮版	1930-05-17	1	01단	直轄店の營業を開始代行權の獲得を急ぐ生れ出た朝鮮運送
189187	朝鮮朝日	南鮮版	1930-05-17	1	03단	第九回鮮展入選者(無鑑査の部/入選者)
189188	朝鮮朝日	南鮮版	1930-05-17	1	04단	紋服姿お札博士朝鮮に向ふ
189189	朝鮮朝日	南鮮版	1930-05-17	1	04단	本年度土木費補助百七十五萬餘圓新規事業補助額も決定繼續事業は減額さる
189190	朝鮮朝日	南鮮版	1930-05-17	1	05단	京城以外の他都市にも適用市街地建築物取締規則の實施を改正
189191	朝鮮朝日	南鮮版	1930-05-17	1	05단	自動車取締り嚴重に改正市外の最高速力緩和警務局で目下作成中
189192	朝鮮朝日	南鮮版	1930-05-17	1	07단	精神病者數
189193	朝鮮朝日	南鮮版	1930-05-17	1	07단	廳員の身元を嚴重に調査不正事件の防止に京城府廳で勵行す

일련번호	판명		간행일	면	단수	기사명
189194	朝鮮朝日	南鮮版	1930-05-17	1	07단	漢江の流域に浮標を設置
189195	朝鮮朝日	南鮮版	1930-05-17	1	07단	婦女誘拐の一味捕まる
189196	朝鮮朝日	南鮮版	1930-05-17	1	08단	腸チフス發生
189197	朝鮮朝日	南鮮版	1930-05-17	1	08단	金色燦たる遺物を盜掘薪取農夫が賣步く松林中で發見した古墳から
189198	朝鮮朝日	南鮮版	1930-05-17	1	09단	光州學生事件控訴審判決
189199	朝鮮朝日	南鮮版	1930-05-17	1	09단	少年殺しに無期懲役求刑
189200	朝鮮朝日	南鮮版	1930-05-17	1	10단	庭球戰
189201	朝鮮朝日	南鮮版	1930-05-17	1	10단	人(李鍵公殿下/洪忠北知事/水野重巧氏(京城高等法院檢事)/谷慶南知事/樫谷政鶴氏(朝水副會長))
189202	朝鮮朝日	南鮮版	1930-05-17	1	10단	半島茶話
189203	朝鮮朝日	西北版	1930-05-17	1	01단	本年度土木費補助百七十五萬餘圓新規事業補助額も決定繼續事業は減額さる
189204	朝鮮朝日	西北版	1930-05-17	1	01단	直轄店の營業を開始代行權の獲得を急ぐ生れ出た朝鮮運送
189205	朝鮮朝日	西北版	1930-05-17	1	01단	第九回鮮展入選者(無鑑査の部/入選者)
189206	朝鮮朝日	西北版	1930-05-17	1	02단	咸北木炭の聲價を挽回規格統一や實地指導で
189207	朝鮮朝日	西北版	1930-05-17	1	03단	平北春蠶掃立豫定數
189208	朝鮮朝日	西北版	1930-05-17	1	03단	新義州會議所評議員會
189209	朝鮮朝日	西北版	1930-05-17	1	03단	順川郡の製紙業副業の獎勵
189210	朝鮮朝日	西北版	1930-05-17	1	04단	防疫のため野菜類消毒
189211	朝鮮朝日	西北版	1930-05-17	1	04단	平壤驛についた財部全權夫妻
189212	朝鮮朝日	西北版	1930-05-17	1	04단	氣分勝れぬ全權と總督それぞれ靜養に努む重苦しい空氣漂ふ
189213	朝鮮朝日	西北版	1930-05-17	1	05단	請願巡査認可
189214	朝鮮朝日	西北版	1930-05-17	1	05단	木材仕向額
189215	朝鮮朝日	西北版	1930-05-17	1	06단	支那人敎化行軍
189216	朝鮮朝日	西北版	1930-05-17	1	06단	京城以外の他都市にも適用市街地建築物取締規則の實施を改正
189217	朝鮮朝日	西北版	1930-05-17	1	06단	道路愛護の精神が强い勤勉の風が賴母しい平北知事奧地巡視談
189218	朝鮮朝日	西北版	1930-05-17	1	07단	鳳凰城附近の煙草耕作視察
189219	朝鮮朝日	西北版	1930-05-17	1	07단	牛疫の免疫地設置を計劃豫注を勵行
189220	朝鮮朝日	西北版	1930-05-17	1	08단	自動車取締り嚴重に改正市外の最高速力緩和警務局で目下作成中
189221	朝鮮朝日	西北版	1930-05-17	1	08단	守備隊入營兵
189222	朝鮮朝日	西北版	1930-05-17	1	08단	橫領巡查判決

일련번호	판명		간행일	면	단수	기사명
189223	朝鮮朝日	西北版	1930-05-17	1	08단	精神病者數
189224	朝鮮朝日	西北版	1930-05-17	1	09단	女房が恐く强盗の狂言
189225	朝鮮朝日	西北版	1930-05-17	1	09단	厭世自殺
189226	朝鮮朝日	西北版	1930-05-17	1	09단	土沙流しの詐欺に失敗
189227	朝鮮朝日	西北版	1930-05-17	1	09단	書堂を指導し普校不足を補ふ情勢により分校ともする平北の學校普及計劃
189228	朝鮮朝日	西北版	1930-05-17	1	10단	中毒者收容成績は良好
189229	朝鮮朝日	西北版	1930-05-17	1	10단	招魂碑建設
189230	朝鮮朝日	西北版	1930-05-17	1	10단	陸上競技大會
189231	朝鮮朝日	西北版	1930-05-17	1	10단	人(多山榮吉氏(平安北道評議員)/木村與總吉氏(平北保安課長)/洪忠北知事/水野重巧氏(京城高等法院檢事))
189232	朝鮮朝日	西北版	1930-05-17	1	10단	半島茶話
189233	朝鮮朝日	西北・南鮮版	1930-05-17	2	01단	サモタンクを連絡船に備付け三等客室を淨化する夏は凉しく冬は暖い通風機
189234	朝鮮朝日	西北・南鮮版	1930-05-17	2	01단	釜山牧ノ島沿海の埋築と浚渫工事六月から愈々着手す失業者救濟の事業
189235	朝鮮朝日	西北・南鮮版	1930-05-17	2	01단	理髮賃値下の補助を拒絶仁川理髮組合
189236	朝鮮朝日	西北・南鮮版	1930-05-17	2	01단	航空郵便利用者日增に增加
189237	朝鮮朝日	西北・南鮮版	1930-05-17	2	01단	群山商議の改選期迫る下馬評による新人の顔觸れ
189238	朝鮮朝日	西北・南鮮版	1930-05-17	2	02단	運合會社仁川支店開設
189239	朝鮮朝日	西北・南鮮版	1930-05-17	2	02단	不景氣から減燈ふえる
189240	朝鮮朝日	西北・南鮮版	1930-05-17	2	02단	齒科醫師試驗
189241	朝鮮朝日	西北・南鮮版	1930-05-17	2	02단	殉職伍長へ賞與金贈呈
189242	朝鮮朝日	西北・南鮮版	1930-05-17	2	03단	香しくない甘藷の栽培
189243	朝鮮朝日	西北・南鮮版	1930-05-17	2	03단	富豪の美擧
189244	朝鮮朝日	西北・南鮮版	1930-05-17	2	03단	阿武隈鎭海入港
189245	朝鮮朝日	西北・南鮮版	1930-05-17	2	03단	各地だより(釜山/咸興/茂山/群山)
189246	朝鮮朝日	西北・南鮮版	1930-05-17	2	03단	童話と家庭講演
189247	朝鮮朝日	西北・南鮮版	1930-05-17	2	04단	レールのさび
189248	朝鮮朝日	南鮮版	1930-05-18	1	01단	矢吹次官らと感慨深い握手歡迎の渦の中に釜山着船内食堂に記者團引見財部全權一行內地へ/京城出發/親父の歸朝を出迎へるのは當然の禮儀にすぎぬ矢吹、粟山の御兩人

일련번호	판명		간행일	면	단수	기사명
189249	朝鮮朝日	南鮮版	1930-05-18	1	02단	*總力量を傾けて接戰に次ぐに接戰數千の觀衆をうならす盛んだった第四回全鮮蹴球大會/二日目試合セブランス對徽新の優勝試合は十九日*
189250	朝鮮朝日	南鮮版	1930-05-18	1	04단	俳句/鈴木花蓑選
189251	朝鮮朝日	南鮮版	1930-05-18	1	05단	瓦電臨時總會普電買收附議
189252	朝鮮朝日	南鮮版	1930-05-18	1	05단	慶南の署長級第一次異動(蔚山 余座豊次郎/釜山 上木喜左衛門/衛生課 野口恒三/晉州 雀季敏)
189253	朝鮮朝日	南鮮版	1930-05-18	1	05단	釜山で開く朝鮮銀行大會各地から有力者出席時節柄重要視さる
189254	朝鮮朝日	南鮮版	1930-05-18	1	05단	城大對九大の陸競定期戰
189255	朝鮮朝日	南鮮版	1930-05-18	1	06단	第九回鮮展合評(京城支局同人)
189256	朝鮮朝日	南鮮版	1930-05-18	1	06단	暑さが加り傳染病發生
189257	朝鮮朝日	南鮮版	1930-05-18	1	07단	拷問の事實なく群衆も納得して全く鎭靜に歸した靈泉面の被疑者自殺さはぎ
189258	朝鮮朝日	南鮮版	1930-05-18	1	07단	第二回京城九州兩帝大對抗陸上競技大會
189259	朝鮮朝日	南鮮版	1930-05-18	1	08단	暴行傷害で警官を告訴
189260	朝鮮朝日	南鮮版	1930-05-18	1	10단	殺人未遂で女房を夫から訴ふ
189261	朝鮮朝日	南鮮版	1930-05-18	1	10단	子供を使って市場を荒す
189262	朝鮮朝日	南鮮版	1930-05-18	1	10단	僞造貨幣激增す咸北道內で四百四十件
189263	朝鮮朝日	南鮮版	1930-05-18	1	10단	谷口吳鎭長官歸る
189264	朝鮮朝日	南鮮版	1930-05-18	1	10단	人(李鍵公殿下/德惠姬/矢吹海軍政務次官/粟山海軍參與官/池尻李王職事務官)
189265	朝鮮朝日	南鮮版	1930-05-18	1	10단	半島茶話
189266	朝鮮朝日	西北版	1930-05-18	1	01단	*矢吹次官らと感慨深い握手歡迎の渦の中に釜山着船內食堂に記者團引見財部全權一行內地へ/京城出發/親父の歸朝を出迎へるのは當然の禮儀にすぎぬ矢吹、粟山の御兩人*
189267	朝鮮朝日	西北版	1930-05-18	1	04단	嚴かに行はれた南浦築港の起工式基石の沈下無事に終る市中はわき返る如き賑ひを呈す
189268	朝鮮朝日	西北版	1930-05-18	1	04단	俳句/鈴木花蓑選
189269	朝鮮朝日	西北版	1930-05-18	1	05단	第九回鮮展合評(京城支局同人)
189270	朝鮮朝日	西北版	1930-05-18	1	06단	運賃割引率の適用を提議
189271	朝鮮朝日	西北版	1930-05-18	1	06단	隔離病舍の設置を奬勵樞要地に對しては道から補助金交付
189272	朝鮮朝日	西北版	1930-05-18	1	07단	守備隊の滿期兵

일련번호	판명		간행일	면	단수	기사명
189273	朝鮮朝日	西北版	1930-05-18	1	07단	逃走漁船を嚴重監視朝鮮人漁夫の乘逃から
189274	朝鮮朝日	西北版	1930-05-18	1	07단	拷問の事實なく群衆も納得して全く鎭靜に歸した靈泉面の被疑者自殺さはぎ
189275	朝鮮朝日	西北版	1930-05-18	1	07단	大手搦手から盜水を防禦共用栓にも計量器を取つく淸津府內の上水道
189276	朝鮮朝日	西北版	1930-05-18	1	08단	最も短時間で效果を發揮する靑訓生指導について關係者集合して協議
189277	朝鮮朝日	西北版	1930-05-18	1	08단	妓生學校の一部を改築
189278	朝鮮朝日	西北版	1930-05-18	1	09단	釜山で開く朝鮮銀行大會各地から有力者出席時節柄重要視さる
189279	朝鮮朝日	西北版	1930-05-18	1	09단	谷口吳鎭長官歸る
189280	朝鮮朝日	西北版	1930-05-18	1	09단	海州高女選手平壤に入る
189281	朝鮮朝日	西北版	1930-05-18	1	10단	宴會を省いて費用を寄附
189282	朝鮮朝日	西北版	1930-05-18	1	10단	僞造貨幣激增す咸北道內で四百四十件
189283	朝鮮朝日	西北版	1930-05-18	1	10단	支那軍人泥棒を働く
189284	朝鮮朝日	西北版	1930-05-18	1	10단	半島茶話
189285	朝鮮朝日	西北・南鮮版	1930-05-18	2	01단	漁村初等校の進んだ職業敎育斷然他道を壓倒して豫想外の成績を擧ぐ
189286	朝鮮朝日	西北・南鮮版	1930-05-18	2	01단	シンチンクの開拓方針を改む穀物買收實施失敗の埋合せのために行ふ
189287	朝鮮朝日	西北・南鮮版	1930-05-18	2	01단	釜山海事課出張所移築
189288	朝鮮朝日	西北・南鮮版	1930-05-18	2	01단	日本軍奮戰の寫眞を蒐集
189289	朝鮮朝日	西北・南鮮版	1930-05-18	2	02단	農業倉庫の候補地調査
189290	朝鮮朝日	西北・南鮮版	1930-05-18	2	02단	朝鮮人漁夫の內地渡航に除外例を陳情慶南道知事へ
189291	朝鮮朝日	西北・南鮮版	1930-05-18	2	03단	氣遺はれた咸北唐松苗漸く實を結ぶ
189292	朝鮮朝日	西北・南鮮版	1930-05-18	2	03단	黃海道內の工場勞働者
189293	朝鮮朝日	西北・南鮮版	1930-05-18	2	03단	蠶業振興大會
189294	朝鮮朝日	西北・南鮮版	1930-05-18	2	03단	童話と家庭講演
189295	朝鮮朝日	西北・南鮮版	1930-05-18	2	04단	各地だより(木浦/鎭海/裡里)
189296	朝鮮朝日	西北・南鮮版	1930-05-18	2	04단	レールのさび
189297	朝鮮朝日	南鮮版	1930-05-20	1	01단	第四回全鮮ア式蹴球大會 大接戰のゝち敬新三度優勝セヴランス軍惜敗す
189298	朝鮮朝日	南鮮版	1930-05-20	1	01단	第九回鮮展合評(A記者の批評)
189299	朝鮮朝日	南鮮版	1930-05-20	1	03단	日本海々戰二十五周年記念祝賀會や種々の餘興鎭海要港部の催し
189300	朝鮮朝日	南鮮版	1930-05-20	1	05단	辭令(東京電話)
189301	朝鮮朝日	南鮮版	1930-05-20	1	05단	慶州古蹟保存會豫算

일련번호	판명		간행일	면	단수	기사명
189302	朝鮮朝日	南鮮版	1930-05-20	1	05단	慶南土木課に絡む收賄事件發覺三名を引致取調ぶ釜山署大活動開始
189303	朝鮮朝日	南鮮版	1930-05-20	1	05단	大地主を中に小作權爭ひ夫に相續爭ひが伴奏訴訟の結果注目さる
189304	朝鮮朝日	南鮮版	1930-05-20	1	05단	山間に降霜
189305	朝鮮朝日	南鮮版	1930-05-20	1	06단	村上記者大邱の講演
189306	朝鮮朝日	南鮮版	1930-05-20	1	06단	裡里の苺出初む目下廿三錢位
189307	朝鮮朝日	南鮮版	1930-05-20	1	07단	尾間と谷野に懲役三年求刑兩人の否認覆へさる忠南道廳移轉事件の第三回公判(二つの公訴事實統治の歷史を汚した福田檢事の論告要旨)
189308	朝鮮朝日	南鮮版	1930-05-20	1	07단	釜山地方に暴風雨襲來一般に警戒を要す
189309	朝鮮朝日	南鮮版	1930-05-20	1	08단	日用品の値下を斷行最高三割六分最低四分好評の釜山府營市場
189310	朝鮮朝日	南鮮版	1930-05-20	1	08단	九百の雇女漸く安定を得優遇法の實施により釜山府內の料理屋等
189311	朝鮮朝日	南鮮版	1930-05-20	1	10단	木浦府內に狂犬が橫行豫防注射を行ふ
189312	朝鮮朝日	南鮮版	1930-05-20	1	10단	群山の春競馬廿一日から
189313	朝鮮朝日	南鮮版	1930-05-20	1	10단	銃を携へた强盜が侵入
189314	朝鮮朝日	南鮮版	1930-05-20	1	10단	もよほし(森朝郵新社長披露宴/釜山敬老會)
189315	朝鮮朝日	南鮮版	1930-05-20	1	10단	人(谷口尚眞大將(吳鎭守府司令長官))
189316	朝鮮朝日	南鮮版	1930-05-20	1	10단	半島茶話
189317	朝鮮朝日	西北版	1930-05-20	1	01단	名譽ある優勝旗は再び平壤女子高普へ各校の選手よく奮闘す西鮮女子オリムピック大會
189318	朝鮮朝日	西北版	1930-05-20	1	01단	第九回鮮展合評(A記者の批評)
189319	朝鮮朝日	西北版	1930-05-20	1	03단	事務補助費を面に支給し返濟成績により表彰小農救濟金貸付方針
189320	朝鮮朝日	西北版	1930-05-20	1	05단	羅南學組議員改選氣乘薄
189321	朝鮮朝日	西北版	1930-05-20	1	05단	全鮮各地紹介所の相互連絡によって失業者の救濟を圖る本府社會課の試み
189322	朝鮮朝日	西北版	1930-05-20	1	05단	矢萩中尉卒倒死亡す檢閱急行軍に非常に惜まる
189323	朝鮮朝日	西北版	1930-05-20	1	06단	辭令(東京電話)
189324	朝鮮朝日	西北版	1930-05-20	1	06단	少年商業生の日支親善振
189325	朝鮮朝日	西北版	1930-05-20	1	06단	尾間と谷野に懲役三年求刑兩人の否認覆へさる忠南道廳移轉事件の第三回公判
189326	朝鮮朝日	西北版	1930-05-20	1	07단	長春も起って運動に參加關稅三分の一減廢止特例設定運動擴大す

일련번호	판명		간행일	면	단수	기사명
189327	朝鮮朝日	西北版	1930-05-20	1	07단	金銀輸出入の禁止を布告
189328	朝鮮朝日	西北版	1930-05-20	1	07단	殺したくなり子供を殺す
189329	朝鮮朝日	西北版	1930-05-20	1	08단	不義の嬰兒三名を殺す
189330	朝鮮朝日	西北版	1930-05-20	1	08단	十圓僞造紙幣
189331	朝鮮朝日	西北版	1930-05-20	1	08단	反對側危ふく強制編入を免る問題のオシトン水利やうやく圓滿に解決
189332	朝鮮朝日	西北版	1930-05-20	1	09단	姦夫姦婦を石で毆り殺し死體を川に投込む二人がかりで兇行
189333	朝鮮朝日	西北版	1930-05-20	1	09단	飮友達を慘殺し葦原にかくす
189334	朝鮮朝日	西北版	1930-05-20	1	10단	土工の盟休
189335	朝鮮朝日	西北版	1930-05-20	1	10단	委託品を入質
189336	朝鮮朝日	西北版	1930-05-20	1	10단	半島茶話
189337	朝鮮朝日	西北・南鮮版	1930-05-20	2	01단	肥料叺運賃の引下を交渉農務課から鐵道局へ肥料叺增産の助成に
189338	朝鮮朝日	西北・南鮮版	1930-05-20	2	01단	黃海道內の水利組合事業計劃中に係るもの十四組合にのぼる
189339	朝鮮朝日	西北・南鮮版	1930-05-20	2	01단	看守の服裝改善を法制局に提出
189340	朝鮮朝日	西北・南鮮版	1930-05-20	2	02단	安奉線八景大宣傳
189341	朝鮮朝日	西北・南鮮版	1930-05-20	2	02단	普通農家の卅倍に上る非常な好成績を擧ぐ咸北普校の實科敎育
189342	朝鮮朝日	西北・南鮮版	1930-05-20	2	02단	水産品評會
189343	朝鮮朝日	西北・南鮮版	1930-05-20	2	02단	煙草の賣上高減少を示す
189344	朝鮮朝日	西北・南鮮版	1930-05-20	2	03단	素人下宿の取締を勵行不良の跋扈で
189345	朝鮮朝日	西北・南鮮版	1930-05-20	2	03단	モヒ中毒者の治療を開始
189346	朝鮮朝日	西北・南鮮版	1930-05-20	2	03단	和昌渭原間の道路開通す
189347	朝鮮朝日	西北・南鮮版	1930-05-20	2	04단	印紙僞造の資金融通か
189348	朝鮮朝日	西北・南鮮版	1930-05-20	2	04단	十九師團管下簡閱點呼
189349	朝鮮朝日	西北・南鮮版	1930-05-20	2	04단	追へば散り散ればすぐ集る全く蠅のやうな乞食當局の救濟も水の泡
189350	朝鮮朝日	西北・南鮮版	1930-05-20	2	04단	お茶のあと
189351	朝鮮朝日	西北・南鮮版	1930-05-20	2	05단	朝鮮運輸會社新義州支店營業を開始
189352	朝鮮朝日	西北・南鮮版	1930-05-20	2	05단	淸州驛改築
189353	朝鮮朝日	西北・南鮮版	1930-05-20	2	05단	羅中生間島に旅行
189354	朝鮮朝日	西北・南鮮版	1930-05-20	2	06단	童話と家庭講演
189355	朝鮮朝日	西北・南鮮版	1930-05-20	2	06단	朝日巡回活動寫眞
189356	朝鮮朝日	西北・南鮮版	1930-05-20	2	06단	新義州商業バザー開催
189357	朝鮮朝日	西北・南鮮版	1930-05-20	2	06단	鯖大漁で大景氣昨今の鬱陵島
189358	朝鮮朝日	西北・南鮮版	1930-05-20	2	06단	傳染病の豫防撲滅直接または間接に行ふ
189359	朝鮮朝日	西北・南鮮版	1930-05-20	2	07단	飛行郵便の利用を宣傳

일련번호	판명		간행일	면	단수	기사명
189360	朝鮮朝日	西北·南鮮版	1930-05-20	2	07단	各地だより(鎭南浦/淸州/大田)
189361	朝鮮朝日	南鮮版	1930-05-21	1	01단	新舊馬山の中央部に新市街をつくる總工費五十萬圓を投じ近く海面埋築に着手
189362	朝鮮朝日	南鮮版	1930-05-21	1	01단	一面一校案の實現年度は延長餘儀なき狀態本年度の增設豫定數
189363	朝鮮朝日	南鮮版	1930-05-21	1	01단	全鮮ア式蹴球大會グラフ((上)敬新對セブランスの決勝戰(下)優勝した敬新チーム)
189364	朝鮮朝日	南鮮版	1930-05-21	1	02단	無修正で兩院を通過の本府豫算總額二億三千餘萬圓
189365	朝鮮朝日	南鮮版	1930-05-21	1	03단	齋藤總督仁川別邸で暫く靜養
189366	朝鮮朝日	南鮮版	1930-05-21	1	03단	慶北理財課長平本氏勇退
189367	朝鮮朝日	南鮮版	1930-05-21	1	04단	釜山電車の軌幅擴張はやうやく認可
189368	朝鮮朝日	南鮮版	1930-05-21	1	04단	セブランスの奮鬪效なく敬新が優勝の記錄本社主催ア式蹴球
189369	朝鮮朝日	南鮮版	1930-05-21	1	05단	第九回鮮展合評(B記者の批評)
189370	朝鮮朝日	南鮮版	1930-05-21	1	05단	天草石に優る陶器原料を發見鮮內製陶界飛躍せん平壤附近の「平壤磁石」
189371	朝鮮朝日	南鮮版	1930-05-21	1	06단	辭令(東京電話)
189372	朝鮮朝日	南鮮版	1930-05-21	1	07단	辭令
189373	朝鮮朝日	南鮮版	1930-05-21	1	07단	短歌/橋田東聲選
189374	朝鮮朝日	南鮮版	1930-05-21	1	07단	オリムピックの放送を中繼DKの試驗好績
189375	朝鮮朝日	南鮮版	1930-05-21	1	08단	耐火煉瓦の製造試驗を行ひ經濟的關係をも調査本府中央試驗場
189376	朝鮮朝日	南鮮版	1930-05-21	1	08단	成り行を重大視さる慶南土木課の收賄事件
189377	朝鮮朝日	南鮮版	1930-05-21	1	08단	城大病院の病室にラヂオ設置
189378	朝鮮朝日	南鮮版	1930-05-21	1	09단	密航朝鮮人を船中で脅迫所持金を全部捲上ぐ海賊同樣の密航ブローカー
189379	朝鮮朝日	南鮮版	1930-05-21	1	09단	春川小作爭議圓滿に解決
189380	朝鮮朝日	南鮮版	1930-05-21	1	10단	三港に軍艦を派遣海軍記念日
189381	朝鮮朝日	南鮮版	1930-05-21	1	10단	居直り强盜誰何されて斬る
189382	朝鮮朝日	南鮮版	1930-05-21	1	10단	もよほし(釜山金融長宴)
189383	朝鮮朝日	南鮮版	1930-05-21	1	10단	人(淺野總一郎氏(東京實業家)/白石甚吉氏(殖銀釜山支店長)/山本慶南保安課長)
189384	朝鮮朝日	西北版	1930-05-21	1	01단	道からの補助も斷り檢查も受けぬ愈よ蘋果檢查規則の撤廢運動に邁進す
189385	朝鮮朝日	西北版	1930-05-21	1	01단	一面一校案の實現年度は延長餘儀なき狀態本年度の增設豫定數

일련번호	판명		간행일	면	단수	기사명
189386	朝鮮朝日	西北版	1930-05-21	1	01단	西鮮女子中等オリムピックグラフ((上)平壤公設運動場における入場式(中)鎭南浦高女對平壤高女の排球戰(下)海州高女對平壤高女の籠球戰(圓內)大會長藤原夫人の訓示朗讀)
189387	朝鮮朝日	西北版	1930-05-21	1	03단	辭令(東京電話)
189388	朝鮮朝日	西北版	1930-05-21	1	03단	辭令
189389	朝鮮朝日	西北版	1930-05-21	1	04단	李鍵公殿下平壤に御着市內を御見學
189390	朝鮮朝日	西北版	1930-05-21	1	04단	短歌/橋田東聲選
189391	朝鮮朝日	西北版	1930-05-21	1	04단	金融組合聯合會總會
189392	朝鮮朝日	西北版	1930-05-21	1	04단	無修正で兩院を通過の本府豫算總額二億三千餘萬圓
189393	朝鮮朝日	西北版	1930-05-21	1	05단	第九回鮮展合評(B記者の批評)
189394	朝鮮朝日	西北版	1930-05-21	1	05단	齋藤總督仁川別邸で暫く靜養
189395	朝鮮朝日	西北版	1930-05-21	1	06단	遼豐省禁酒禁煙
189396	朝鮮朝日	西北版	1930-05-21	1	06단	安東木材界需要期に入る
189397	朝鮮朝日	西北版	1930-05-21	1	06단	天草石に優る陶器原料を發見鮮內製陶界飛躍せん平壤附近の「平壤磁石」
189398	朝鮮朝日	西北版	1930-05-21	1	07단	巡査部長試驗
189399	朝鮮朝日	西北版	1930-05-21	1	07단	耐火煉瓦の製造試驗を行ひ經濟的關係をも調査本府中央試驗場
189400	朝鮮朝日	西北版	1930-05-21	1	08단	鴨綠江沿岸に飛行場新設佐藤航空官が視察
189401	朝鮮朝日	西北版	1930-05-21	1	08단	運動界(國境軟式野球/紅軍勝つ)
189402	朝鮮朝日	西北版	1930-05-21	1	09단	三港に軍艦を派遣海軍記念日
189403	朝鮮朝日	西北版	1930-05-21	1	09단	家具と裝飾品展覽會平南商陳で
189404	朝鮮朝日	西北版	1930-05-21	1	09단	オリムピックの放送を中繼DKの試驗好績
189405	朝鮮朝日	西北版	1930-05-21	1	10단	城大病院の病室にラヂオ設置
189406	朝鮮朝日	西北版	1930-05-21	1	10단	孫を殺し山に埋めた老婆檢擧さる
189407	朝鮮朝日	西北版	1930-05-21	1	10단	列車客を客引が袋叩
189408	朝鮮朝日	西北・南鮮版	1930-05-21	2	01단	李王家の漁場貸借更新で種々の臆測行はる當局でも內容調査
189409	朝鮮朝日	西北・南鮮版	1930-05-21	2	01단	血で血を洗ふ泥試合を出現す成り行を注目される慶尙合銀のごたごた
189410	朝鮮朝日	西北・南鮮版	1930-05-21	2	01단	鐵道運輸連絡會議釜山で開く
189411	朝鮮朝日	西北・南鮮版	1930-05-21	2	01단	命令航路以外の船舶出入數
189412	朝鮮朝日	西北・南鮮版	1930-05-21	2	01단	植付人蔘檢査の面積
189413	朝鮮朝日	西北・南鮮版	1930-05-21	2	02단	事務監査の不意打慶北道が行ふ
189414	朝鮮朝日	西北・南鮮版	1930-05-21	2	02단	大羽鹽鰯を上海へ輸出朝鮮水産組合

일련번호	판명		간행일	면	단수	기사명
189415	朝鮮朝日	西北・南鮮版	1930-05-21	2	02단	大邱の蘋果九萬箱搬出七ヶ月間に
189416	朝鮮朝日	西北・南鮮版	1930-05-21	2	03단	花柳病患者等年々減退し好成績を示す慶南道の壯丁
189417	朝鮮朝日	西北・南鮮版	1930-05-21	2	03단	茂山對岸に牛疫の疑ひ免疫地帶の設置方調査
189418	朝鮮朝日	西北・南鮮版	1930-05-21	2	03단	朝日巡回活動寫眞
189419	朝鮮朝日	西北・南鮮版	1930-05-21	2	04단	各地だより(咸興/木浦/羅南)
189420	朝鮮朝日	南鮮版	1930-05-22	1	01단	『後釜を多數覘ふが僕は中々辭めぬよ』歸鮮中の兒玉政務總監小郡驛まで出迎へた記者に語る
189421	朝鮮朝日	南鮮版	1930-05-22	1	01단	産米增殖資金として八百五十萬圓融通既定計劃を進むる方針古莊府土地改良課長歸來談
189422	朝鮮朝日	南鮮版	1930-05-22	1	01단	慶北本年度の普通校新設豫定地夫々きまる全部で十六ヶ面に
189423	朝鮮朝日	南鮮版	1930-05-22	1	01단	最初の分科會道農務課長會議を開催する
189424	朝鮮朝日	南鮮版	1930-05-22	1	02단	全州市民會廿五日總會
189425	朝鮮朝日	南鮮版	1930-05-22	1	02단	差別的待遇を嚴重に抗議鮮運協會から鐵道局へ成り行きを注目さる
189426	朝鮮朝日	南鮮版	1930-05-22	1	03단	自動車新線は結局不許可
189427	朝鮮朝日	南鮮版	1930-05-22	1	03단	統營の市區改正いよいよ實施
189428	朝鮮朝日	南鮮版	1930-05-22	1	04단	仁川聯靑團役員を改選
189429	朝鮮朝日	南鮮版	1930-05-22	1	04단	注目される李堈公家の漁場借用料を値上げして香椎氏に繼續貸付か
189430	朝鮮朝日	南鮮版	1930-05-22	1	04단	普通校卒業生を農村に踏止まらせ中堅靑年に仕上ぐべく職業指導教育の打合會を開く
189431	朝鮮朝日	南鮮版	1930-05-22	1	05단	全鮮中等學校對抗陸上競技大會來月八日京城運動場で近來にない盛況を豫想さる/幼少年團運動會/遞信軍勝つ/醫專勝つ
189432	朝鮮朝日	南鮮版	1930-05-22	1	05단	本田、今村兩氏醫學博士に
189433	朝鮮朝日	南鮮版	1930-05-22	1	06단	贊否兩派の空氣俄かに硬化面評議會は大混亂か慶南密陽水道問題
189434	朝鮮朝日	南鮮版	1930-05-22	1	06단	猩紅熱大邱で流行
189435	朝鮮朝日	南鮮版	1930-05-22	1	06단	雄辯大會
189436	朝鮮朝日	南鮮版	1930-05-22	1	06단	晉州電氣買收の瓦電總會
189437	朝鮮朝日	南鮮版	1930-05-22	1	07단	ガソリン汽動車を大規模に用ふ
189438	朝鮮朝日	南鮮版	1930-05-22	1	07단	聯合艦隊根據地記念碑建設海軍記念日に地鎭祭を執行

일련번호	판명		간행일	면	단수	기사명
189439	朝鮮朝日	南鮮版	1930-05-22	1	08단	中堅青年指導獎勵慶南地方改良
189440	朝鮮朝日	南鮮版	1930-05-22	1	08단	死體埋め事件二名に求刑
189441	朝鮮朝日	南鮮版	1930-05-22	1	08단	自動車が河中に墜落運轉手乘客卽死
189442	朝鮮朝日	南鮮版	1930-05-22	1	08단	電燈料金の不合理な改訂に全州市民が憤慨し遞信當局に電請す
189443	朝鮮朝日	南鮮版	1930-05-22	1	09단	小作權移動で小作人不穩
189444	朝鮮朝日	南鮮版	1930-05-22	1	09단	名刹境內の樹木を濫伐風致を害ふ
189445	朝鮮朝日	南鮮版	1930-05-22	1	09단	現金を强奪
189446	朝鮮朝日	南鮮版	1930-05-22	1	09단	土木課書記瀆職の嫌疑
189447	朝鮮朝日	南鮮版	1930-05-22	1	10단	密漁船二隻を捕ふ
189448	朝鮮朝日	南鮮版	1930-05-22	1	10단	慶北道內で製炭を開始
189449	朝鮮朝日	南鮮版	1930-05-22	1	10단	もよほし(永生女高普落成式)
189450	朝鮮朝日	南鮮版	1930-05-22	1	10단	人(韓昌洙男(李王職長官)/田中館愛橘博士/下田光造博士(九大醫學部精神科長)/中山貞雄代議士/佐々木忠左衛門氏(本府警察官講習所長)/志岐信太郞氏(實業家)/吉莊逸夫氏(本府土地敗良課長)/中村健吾氏(鐵道省工作局長)/森田茂代議士)
189451	朝鮮朝日	南鮮版	1930-05-22	1	10단	半島茶話
189452	朝鮮朝日	西北版	1930-05-22	1	01단	『後釜を多數覘ふが僕は中々辭めぬよ』歸鮮中の兒玉政務總監小郡驛まで出迎へた記者に語る
189453	朝鮮朝日	西北版	1930-05-22	1	01단	産米增殖資金として八百五十萬圓融通旣定計劃を進むる方針古莊府土地改良課長歸來談
189454	朝鮮朝日	西北版	1930-05-22	1	01단	西鮮女子オリムピック畵報(1優勝した平壤女高普チーム2釜長藤原夫人の優勝旗授與3副會長大島夫人の優勝カップ授與4會場に特設の飛行聯隊の通信班の活動)
189455	朝鮮朝日	西北版	1930-05-22	1	02단	內地の産業を視察
189456	朝鮮朝日	西北版	1930-05-22	1	03단	中等校生徒の個性しらべ
189457	朝鮮朝日	西北版	1930-05-22	1	04단	最初の分科會道農務課長會議を開催する
189458	朝鮮朝日	西北版	1930-05-22	1	05단	差別的待遇を嚴重に抗議鮮運協會から鐵道局へ成り行きを注目さる
189459	朝鮮朝日	西北版	1930-05-22	1	05단	普通校卒業生を農村に踏止まらせ中堅青年に仕上ぐべく職業指導教育の打合會を開く

일련번호	판명		간행일	면	단수	기사명
189460	朝鮮朝日	西北版	1930-05-22	1	06단	平壤府の電氣料値下愈よ六月一日から實施は確實となる/咸興でも電料値下十燭光に對し六十九錢に
189461	朝鮮朝日	西北版	1930-05-22	1	06단	會計檢査を恐れて證據書類を燒くべく府廳に放火全燒せしむ清津府の疑獄事件豫審終結す
189462	朝鮮朝日	西北版	1930-05-22	1	07단	共産教育に吃驚し露領移住朝鮮人續々と歸る
189463	朝鮮朝日	西北版	1930-05-22	1	08단	全鮮中等學校對抗陸上競技大會來月八日京城運動場で近來にない盛況を豫想さる
189464	朝鮮朝日	西北版	1930-05-22	1	08단	不良朝鮮人の巨魁を逮捕晝間は紳士を裝うて夜間強盜を働く一味
189465	朝鮮朝日	西北版	1930-05-22	1	08단	ナイフで殺す
189466	朝鮮朝日	西北版	1930-05-22	1	09단	女子庭球大會
189467	朝鮮朝日	西北版	1930-05-22	1	10단	ガソリン汽動車を大規模に用ふ
189468	朝鮮朝日	西北版	1930-05-22	1	10단	五戸を燒き人妻の重傷
189469	朝鮮朝日	西北版	1930-05-22	1	10단	もよほし(新義州青年修養講演會/安東高女同窓會の音樂會/永生女高普落成式)
189470	朝鮮朝日	西北版	1930-05-22	1	10단	半島茶話
189471	朝鮮朝日	西北・南鮮版	1930-05-22	2	01단	産地に農倉集散地に商倉米穀倉庫の建設案
189472	朝鮮朝日	西北・南鮮版	1930-05-22	2	01단	娘を三人もてば氣樂に暮せる珍しい火田民の生活鴨緑江の上流を踏査した渡邊山林部長のお土産話
189473	朝鮮朝日	西北・南鮮版	1930-05-22	2	01단	惡舍音跳梁は朝鮮農民の癌腫爭議の激發を防ぐ爲當局で嚴重に取締る
189474	朝鮮朝日	西北・南鮮版	1930-05-22	2	02단	肥料叺の製造中止生産過剰の全北農家で
189475	朝鮮朝日	西北・南鮮版	1930-05-22	2	03단	朝日巡回活動寫眞
189476	朝鮮朝日	西北・南鮮版	1930-05-22	2	03단	旱害民救濟の東海岸線着工
189477	朝鮮朝日	西北・南鮮版	1930-05-22	2	03단	窮民に施與辛延植氏
189478	朝鮮朝日	西北・南鮮版	1930-05-22	2	03단	村上記者馬山で講演
189479	朝鮮朝日	西北・南鮮版	1930-05-22	2	04단	レールのさび
189480	朝鮮朝日	西北・南鮮版	1930-05-22	2	04단	朝鮮運輸計算會社解散は時日の問題
189481	朝鮮朝日	西北・南鮮版	1930-05-22	2	04단	各地だより(咸興/裡里/統營)
189482	朝鮮朝日	南鮮版	1930-05-23	1	01단	李鍵公殿下平壤を御視察
189483	朝鮮朝日	南鮮版	1930-05-23	1	01단	盜犯防止令を朝鮮にも實施法務局長が近く東上法制局と打合を行ふ
189484	朝鮮朝日	南鮮版	1930-05-23	1	01단	國境資源の開發をなす北鮮農事試驗場を白頭山の麓に設置

일련번호	판명		간행일	면	단수	기사명
189485	朝鮮朝日	南鮮版	1930-05-23	1	02단	京城市街防空演習ラヂオで通報
189486	朝鮮朝日	南鮮版	1930-05-23	1	03단	官廳昇給見合せの心配はない
189487	朝鮮朝日	南鮮版	1930-05-23	1	04단	辭令(二十日付)
189488	朝鮮朝日	南鮮版	1930-05-23	1	04단	第九回鮮展合評(B記者の批評)
189489	朝鮮朝日	南鮮版	1930-05-23	1	05단	水産市場に漁獲物拂底朝鮮漁業令施行で各漁撈を制限され
189490	朝鮮朝日	南鮮版	1930-05-23	1	05단	釜山、牧ノ島間に刎上式鐵橋を架設電車線路も敷設する池田氏の手で實現を期する
189491	朝鮮朝日	南鮮版	1930-05-23	1	06단	在郷軍人表彰
189492	朝鮮朝日	南鮮版	1930-05-23	1	07단	公職者や官吏に滯納者が多い
189493	朝鮮朝日	南鮮版	1930-05-23	1	07단	事件はふえる檢査は手不足目もあてられない氣の毒な京城地方檢事局檢査達神經衰弱にかゝる
189494	朝鮮朝日	南鮮版	1930-05-23	1	08단	湖南地方の最低料金迄電燈料値下か遞信局が言明
189495	朝鮮朝日	南鮮版	1930-05-23	1	08단	俳句/鈴木花蓑選
189496	朝鮮朝日	南鮮版	1930-05-23	1	08단	家庭講演會釜山の盛況
189497	朝鮮朝日	南鮮版	1930-05-23	1	08단	高敞郡廳の公金盜人四年目に捕まる犯人は元高敞面書記
189498	朝鮮朝日	南鮮版	1930-05-23	1	09단	毆る蹴る等の大亂鬪を演ず土地引渡し要求から高牙龜尾の小作爭議
189499	朝鮮朝日	南鮮版	1930-05-23	1	09단	赤痢豫防藥を鐵道官舍に配る
189500	朝鮮朝日	南鮮版	1930-05-23	1	09단	帆船顚覆して八名溺死し十五名だけ救助さる
189501	朝鮮朝日	南鮮版	1930-05-23	1	10단	功績者表彰忠北金組總會
189502	朝鮮朝日	南鮮版	1930-05-23	1	10단	呂運亨の公判きまる
189503	朝鮮朝日	南鮮版	1930-05-23	1	10단	半島茶話
189504	朝鮮朝日	西北版	1930-05-23	1	01단	李鍵公殿下平壤を御視察
189505	朝鮮朝日	西北版	1930-05-23	1	01단	盜犯防止令を朝鮮にも實施法務局長が近く東上法制局と打合を行ふ
189506	朝鮮朝日	西北版	1930-05-23	1	01단	國境資源の開發をなす北鮮農事試驗場を白頭山の麓に設置
189507	朝鮮朝日	西北版	1930-05-23	1	02단	支那側防穀令實施の影響
189508	朝鮮朝日	西北版	1930-05-23	1	03단	朝鮮語の合格者
189509	朝鮮朝日	西北版	1930-05-23	1	03단	農村振興映畫
189510	朝鮮朝日	西北版	1930-05-23	1	04단	辭令(二十日付)
189511	朝鮮朝日	西北版	1930-05-23	1	04단	傳染病患者數
189512	朝鮮朝日	西北版	1930-05-23	1	04단	第九回鮮展合評(B記者の批評)

일련번호	판명		간행일	면	단수	기사명
189513	朝鮮朝日	西北版	1930-05-23	1	05단	安東會議所常議員會
189514	朝鮮朝日	西北版	1930-05-23	1	05단	消費組合問題對策案
189515	朝鮮朝日	西北版	1930-05-23	1	05단	全鮮學生美術展覽會
189516	朝鮮朝日	西北版	1930-05-23	1	05단	貧弱極る醫療機關の設備人口一萬餘人に對しやっと醫師が一名
189517	朝鮮朝日	西北版	1930-05-23	1	06단	遊戲音樂研究例會
189518	朝鮮朝日	西北版	1930-05-23	1	06단	さらに時間の短縮を行ふため歐亞連絡列車時刻表會議を開く事に決定
189519	朝鮮朝日	西北版	1930-05-23	1	07단	俳句/鈴木花蓑選
189520	朝鮮朝日	西北版	1930-05-23	1	07단	平壤電氣課工夫の罷業
189521	朝鮮朝日	西北版	1930-05-23	1	07단	事件はふえる檢査は手不足目もあてられない氣の毒な京城地方檢事局檢查達神經衰弱にかゝる
189522	朝鮮朝日	西北版	1930-05-23	1	08단	十六日開催の咸北茂山郡面長會議
189523	朝鮮朝日	西北版	1930-05-23	1	08단	組合金費消
189524	朝鮮朝日	西北版	1930-05-23	1	08단	呂運亨の公判きまる
189525	朝鮮朝日	西北版	1930-05-23	1	09단	蒸し暑くて罹病者多く病院は混雜昨今の平壤
189526	朝鮮朝日	西北版	1930-05-23	1	09단	高敞郡廳の公金盜人四年目に捕まる犯人は元高敞面書記
189527	朝鮮朝日	西北版	1930-05-23	1	09단	帆船顛覆して八名溺死し十五名だけ救助さる
189528	朝鮮朝日	西北版	1930-05-23	1	10단	酒宴中毆る
189529	朝鮮朝日	西北版	1930-05-23	1	10단	四人組の大詐欺元警部も交る
189530	朝鮮朝日	西北版	1930-05-23	1	10단	人(川島第十九師團長)
189531	朝鮮朝日	西北版	1930-05-23	1	10단	半島茶話
189532	朝鮮朝日	西北・南鮮版	1930-05-23	2	01단	事業は矢張り製繩作業に決定愈よ敷地もきまり一般から囑目される京城授産場
189533	朝鮮朝日	西北・南鮮版	1930-05-23	2	01단	高工出身や學士さんが警官教習所で眞劍な勉强來月末には第一線へ
189534	朝鮮朝日	西北・南鮮版	1930-05-23	2	01단	安價な土炭面民裕福に暮す
189535	朝鮮朝日	西北・南鮮版	1930-05-23	2	02단	鬱陵島に電氣會社許可を出願
189536	朝鮮朝日	西北・南鮮版	1930-05-23	2	02단	レールのさび
189537	朝鮮朝日	西北・南鮮版	1930-05-23	2	03단	工場移轉方陳情
189538	朝鮮朝日	西北・南鮮版	1930-05-23	2	03단	各地だより(鎭海/淸州/海州/馬山/公州/大邱)
189539	朝鮮朝日	西北・南鮮版	1930-05-23	2	03단	朝日巡回活動寫眞
189540	朝鮮朝日	南鮮版	1930-05-24	1	01단	自動車の取締に進步的規則を制定各道の意見を參考とし近く警務局で規則の改正を行ふ

일련번호	판명		간행일	면	단수	기사명
189541	朝鮮朝日	南鮮版	1930-05-24	1	01단	鮮內の私鐵は共同戰線を張り補助交付期間延長の運動を起すべく計劃
189542	朝鮮朝日	南鮮版	1930-05-24	1	01단	來年度は是非刑務所を增設し非文明的人道問題を解決すべくつとめる
189543	朝鮮朝日	南鮮版	1930-05-24	1	01단	第九回鮮展合評(C記者の批評)
189544	朝鮮朝日	南鮮版	1930-05-24	1	03단	三國時代の古墳發掘大邱回生病院裏手の畑から
189545	朝鮮朝日	南鮮版	1930-05-24	1	03단	大田電氣は料金値下げ定額燈は一割
189546	朝鮮朝日	南鮮版	1930-05-24	1	03단	群山體育協會陣容を改む今後一層活動
189547	朝鮮朝日	南鮮版	1930-05-24	1	04단	蘋果檢査規則撤廢を陳情組合の機能を阻害し收入の道を失ふとて
189548	朝鮮朝日	南鮮版	1930-05-24	1	04단	漢江畔穴居民部落の移轉を計劃移轉先の場所で一苦勞
189549	朝鮮朝日	南鮮版	1930-05-24	1	05단	群山春競馬盛況を呈す
189550	朝鮮朝日	南鮮版	1930-05-24	1	05단	紡織工場を馬山に新設
189551	朝鮮朝日	南鮮版	1930-05-24	1	05단	怠業狀態の內地人職工賃金値下から
189552	朝鮮朝日	南鮮版	1930-05-24	1	06단	レールのさび
189553	朝鮮朝日	南鮮版	1930-05-24	1	06단	*全州の電料値下を運動委員が上城/大電總會*
189554	朝鮮朝日	南鮮版	1930-05-24	1	06단	運送店利用の新手の竊盜現る蜂蜜と沙と取替へる大邱署で三名を逮捕
189555	朝鮮朝日	南鮮版	1930-05-24	1	07단	米國記者團京城を視察
189556	朝鮮朝日	南鮮版	1930-05-24	1	07단	全北道の山が荒れる山林濫盜伐で取締りを勵行
189557	朝鮮朝日	南鮮版	1930-05-24	1	07단	牛の輸送一時中止で牛肉騰貴か
189558	朝鮮朝日	南鮮版	1930-05-24	1	07단	十萬圓食潰し事件の一味の惡事續々發覺
189559	朝鮮朝日	南鮮版	1930-05-24	1	08단	收賄容疑で土木書記休職
189560	朝鮮朝日	南鮮版	1930-05-24	1	08단	子供品展覽會や浴衣帽子の卽賣會引續き各種の催しをなす慶南道當局の試み
189561	朝鮮朝日	南鮮版	1930-05-24	1	08단	ダイナマイト三百本紛失
189562	朝鮮朝日	南鮮版	1930-05-24	1	08단	自動車が河へ墜落一名は卽死し二名は重傷す
189563	朝鮮朝日	南鮮版	1930-05-24	1	09단	人夫賃銀の僞造傳票現はる萬頃江改修工事場で裡里各商店は大被害
189564	朝鮮朝日	南鮮版	1930-05-24	1	09단	質屋の怪漢便所で逮捕
189565	朝鮮朝日	南鮮版	1930-05-24	1	09단	强盜捕はる
189566	朝鮮朝日	南鮮版	1930-05-24	1	10단	女兒の分娩を悲觀し壓殺
189567	朝鮮朝日	南鮮版	1930-05-24	1	10단	もよほし(京畿道師範運動會)

일련번호	판명		간행일	면	단수	기사명
189568	朝鮮朝日	南鮮版	1930-05-24	1	10단	人(小室翠雲畫伯/森辨治郎氏(朝郵社長)/關口半氏(前平壤覆審法院檢事長))
189569	朝鮮朝日	南鮮版	1930-05-24	1	10단	半島茶話
189570	朝鮮朝日	西北版	1930-05-24	1	01단	自動車の取締に進步的規則を制定各道の意見を參考とし近く警務局で規則の改正を行ふ
189571	朝鮮朝日	西北版	1930-05-24	1	01단	鮮內の私鐵は共同戰線を張り補助交付期間延長の運動を起すべく計劃
189572	朝鮮朝日	西北版	1930-05-24	1	01단	來年度は是非刑務所を增設し非文明的人道問題を解決すべくつとめる
189573	朝鮮朝日	西北版	1930-05-24	1	01단	第九回鮮展合評(C記者の批評)
189574	朝鮮朝日	西北版	1930-05-24	1	03단	道令の撤廢を要路に陳情蘋果檢査規則問題で組合の腰愈强くなる
189575	朝鮮朝日	西北版	1930-05-24	1	03단	漢江畔穴居民部落の移轉を計劃移轉先の場所で一苦勞
189576	朝鮮朝日	西北版	1930-05-24	1	04단	羅南商業會評議員選擧
189577	朝鮮朝日	西北版	1930-05-24	1	04단	戰跡見學團
189578	朝鮮朝日	西北版	1930-05-24	1	04단	平鐵平實を破る
189579	朝鮮朝日	西北版	1930-05-24	1	04단	海軍記念日と鑛業部の催し
189580	朝鮮朝日	西北版	1930-05-24	1	05단	銅佛寺稅捐分局長更迭
189581	朝鮮朝日	西北版	1930-05-24	1	05단	競技の狀況を活寫に撮影
189582	朝鮮朝日	西北版	1930-05-24	1	05단	工夫の罷業圓滿に解決
189583	朝鮮朝日	西北版	1930-05-24	1	05단	道界管轄替へ面の廢合は種々の困難な事情で本年度中に実現せぬ
189584	朝鮮朝日	西北版	1930-05-24	1	06단	新築の安州校
189585	朝鮮朝日	西北版	1930-05-24	1	06단	平南道議の選擧違反全部處罰終る
189586	朝鮮朝日	西北版	1930-05-24	1	07단	小作人の八割農耕に從事不二農場爭議
189587	朝鮮朝日	西北版	1930-05-24	1	07단	朝鮮の赤化を企てた主義者の豫審終結二人とも有罪ときまり平壤地方法院の公判に附せらる(鄭碩行/金度燁)
189588	朝鮮朝日	西北版	1930-05-24	1	07단	三名の馬賊に襲はれ二萬四千元を强奪さる長白縣の採木公司王永喜臨江縣八道溝での出來ごと
189589	朝鮮朝日	西北版	1930-05-24	1	08단	各地に牛疫續發警戒に大童咸北道當局/牛疫の警戒/益々蔓延の間島の牛疫豫防注射勵行/牛の輸送一時中止で牛肉騰貴か
189590	朝鮮朝日	西北版	1930-05-24	1	09단	公設質屋の設置に脅威を感じ民間の質屋さん達が業域を冒さぬやう陳情す
189591	朝鮮朝日	西北版	1930-05-24	1	09단	平壤の火事

일련번호	판명		간행일	면	단수	기사명
189592	朝鮮朝日	西北版	1930-05-24	1	09단	强盗捕はる
189593	朝鮮朝日	西北版	1930-05-24	1	10단	女兒の分娩を悲觀し壓殺
189594	朝鮮朝日	西北版	1930-05-24	1	10단	龍井にチフス發生
189595	朝鮮朝日	西北版	1930-05-24	1	10단	土間が陷沒し家屋崩壞す
189596	朝鮮朝日	西北版	1930-05-24	1	10단	もよほし(平壤の音樂會)
189597	朝鮮朝日	西北版	1930-05-24	1	10단	半島茶話
189598	朝鮮朝日	西北・南鮮版	1930-05-24	2	01단	地方郡面事務員の廓淸を期する種々の陳情が多いので徹底を期す慶南當局
189599	朝鮮朝日	西北・南鮮版	1930-05-24	2	01단	國語を解する朝鮮人年每にふえる
189600	朝鮮朝日	西北・南鮮版	1930-05-24	2	01단	權威者を招聘し金剛山の實地踏査を乞ふ
189601	朝鮮朝日	西北・南鮮版	1930-05-24	2	01단	朝鮮物映畫飛機で物色
189602	朝鮮朝日	西北・南鮮版	1930-05-24	2	02단	映畫研究聯盟
189603	朝鮮朝日	西北・南鮮版	1930-05-24	2	02단	京畿道春蠶は一割餘增加
189604	朝鮮朝日	西北・南鮮版	1930-05-24	2	02단	規律的生活で體重を增す朝鮮人の巡査
189605	朝鮮朝日	西北・南鮮版	1930-05-24	2	02단	春川電氣の募株打切り
189606	朝鮮朝日	西北・南鮮版	1930-05-24	2	03단	小學兒童の小唄を禁止全羅北道で
189607	朝鮮朝日	西北・南鮮版	1930-05-24	2	03단	仁川商業者が仁友會組織
189608	朝鮮朝日	西北・南鮮版	1930-05-24	2	03단	朝日巡回活動寫眞
189609	朝鮮朝日	西北・南鮮版	1930-05-24	2	04단	平南巡査教習所卒業式
189610	朝鮮朝日	西北・南鮮版	1930-05-24	2	04단	お茶のあと
189611	朝鮮朝日	西北・南鮮版	1930-05-24	2	04단	各地だより(咸興/大田/京城)
189612	朝鮮朝日	南鮮版	1930-05-25	1	01단	取引所問題は遠からず具體化殖銀頭取の後任は言へぬ兒玉政務總監語る(敕任參與官/殖銀頭取問題/取引所問題)
189613	朝鮮朝日	南鮮版	1930-05-25	1	01단	愈よ明年度に新築着手か有利になってきた平南道立慈惠醫院
189614	朝鮮朝日	南鮮版	1930-05-25	1	01단	齒科醫受驗生記錄破りの多數九分通りは內地の技工や獨學の人々
189615	朝鮮朝日	南鮮版	1930-05-25	1	01단	朝鮮汽船社長石垣氏逝く
189616	朝鮮朝日	南鮮版	1930-05-25	1	02단	拓務次官夫妻鮮滿を視察
189617	朝鮮朝日	南鮮版	1930-05-25	1	02단	總額一千萬圓の失業救濟事業は七月頃から起工の豫定いよいよ具體案決定
189618	朝鮮朝日	南鮮版	1930-05-25	1	03단	公州高普校長京城に榮轉
189619	朝鮮朝日	南鮮版	1930-05-25	1	03단	引火性取締規則を改正
189620	朝鮮朝日	南鮮版	1930-05-25	1	04단	五山里學議補選當選者
189621	朝鮮朝日	南鮮版	1930-05-25	1	04단	職業教育研究會商業を中心として開催する
189622	朝鮮朝日	南鮮版	1930-05-25	1	04단	平壤高普の音樂部刷新

일련번호	판명		간행일	면	단수	기사명
189623	朝鮮朝日	南鮮版	1930-05-25	1	04단	京城府營順化院に漢藥科を新設し朝鮮人醫師を雇入れる世界中その例を見ぬ試み
189624	朝鮮朝日	南鮮版	1930-05-25	1	05단	多く賣れる驛ほど內容が貧弱永登浦のが一番いゝ四十八驛の驛辨調べ
189625	朝鮮朝日	南鮮版	1930-05-25	1	05단	刑務所內に太陽燈を据ゑ囚人をして光線に浴せしめ健康をたもつ
189626	朝鮮朝日	南鮮版	1930-05-25	1	05단	現地醫業者技倆審査試驗
189627	朝鮮朝日	南鮮版	1930-05-25	1	05단	中等學校學資調査慶北學務課
189628	朝鮮朝日	南鮮版	1930-05-25	1	06단	現狀維持を極力主張す賃金値下に造船職工側
189629	朝鮮朝日	南鮮版	1930-05-25	1	06단	燈台守を慰める海雀の話絶海の孤島に棲息
189630	朝鮮朝日	南鮮版	1930-05-25	1	07단	孔巖と丹書を仁王山で發見す今から六百年以前に儒者が豫言したもの
189631	朝鮮朝日	南鮮版	1930-05-25	1	07단	國際的モヒ大密輸團一味五名を檢擧すトランク三個一萬圓を押收慶北警察部の大活動
189632	朝鮮朝日	南鮮版	1930-05-25	1	08단	マイトを發見
189633	朝鮮朝日	南鮮版	1930-05-25	1	08단	短歌/橋田東聲選
189634	朝鮮朝日	南鮮版	1930-05-25	1	08단	還金術を種に詐欺を働く
189635	朝鮮朝日	南鮮版	1930-05-25	1	09단	レールのさび
189636	朝鮮朝日	南鮮版	1930-05-25	1	10단	職を求める朝鮮女誘拐支那人に仕立て
189637	朝鮮朝日	南鮮版	1930-05-25	1	10단	支那海關官吏姿をかくす殺害事件から
189638	朝鮮朝日	南鮮版	1930-05-25	1	10단	もよほし(稅關長會議/財務局長會議/司法官會議/京城女子實業展覽會/崇仁商業開校式)
189639	朝鮮朝日	南鮮版	1930-05-25	1	10단	半島茶話
189640	朝鮮朝日	西北版	1930-05-25	1	01단	取引所問題は遠からず具體化殖銀頭取の後任は言へぬ兒玉政務總監語る(敕任參與官/殖銀頭取問題/取引所問題)
189641	朝鮮朝日	西北版	1930-05-25	1	01단	愈よ明年度に新築着手か有利になってきた平南道立慈惠醫院
189642	朝鮮朝日	西北版	1930-05-25	1	01단	齒科醫受驗生記錄破りの多數九分通りは內地の技工や獨學の人々
189643	朝鮮朝日	西北版	1930-05-25	1	01단	朝鮮汽船社長石垣氏逝く
189644	朝鮮朝日	西北版	1930-05-25	1	02단	拓務次官夫妻鮮滿を視察
189645	朝鮮朝日	西北版	1930-05-25	1	02단	總額一千萬圓の失業救濟事業は七月頃から起工の豫定いよいよ具體的決定
189646	朝鮮朝日	西北版	1930-05-25	1	03단	五山里學議補選當選者

일련번호	판명		간행일	면	단수	기사명
189647	朝鮮朝日	西北版	1930-05-25	1	03단	鎮南浦商議定期評議員會
189648	朝鮮朝日	西北版	1930-05-25	1	03단	諮問案可決南浦府協議會
189649	朝鮮朝日	西北版	1930-05-25	1	04단	全滿商議聯合會
189650	朝鮮朝日	西北版	1930-05-25	1	04단	大同江下流に護岸工事
189651	朝鮮朝日	西北版	1930-05-25	1	04단	平壤高普の音樂部刷新
189652	朝鮮朝日	西北版	1930-05-25	1	04단	京城府營順化院に漢藥科を新設し朝鮮人醫師を雇入れる世界中その例を見ぬ試み
189653	朝鮮朝日	西北版	1930-05-25	1	05단	多く賣れる驛ほど內容が貧弱永登浦のが一番いゝ四十八驛の驛辨調べ
189654	朝鮮朝日	西北版	1930-05-25	1	05단	刑務所內に太陽燈を据ゑ囚人をして光線に浴せしめ健康をたもつ
189655	朝鮮朝日	西北版	1930-05-25	1	05단	現地醫業者技倆審査試驗
189656	朝鮮朝日	西北版	1930-05-25	1	05단	中等學校學資調査慶北學務課
189657	朝鮮朝日	西北版	1930-05-25	1	06단	道立馬山醫院擴張の計劃
189658	朝鮮朝日	西北版	1930-05-25	1	06단	圓タクも遂に悲鳴をあげ區間制度に改めて持直すべくあせる
189659	朝鮮朝日	西北版	1930-05-25	1	07단	三崇校昇格
189660	朝鮮朝日	西北版	1930-05-25	1	07단	短歌/橋田東聲選
189661	朝鮮朝日	西北版	1930-05-25	1	07단	人夫給料支拂はず鐵道工事の請負人逃走
189662	朝鮮朝日	西北版	1930-05-25	1	07단	國際的モヒ大密輸團一味五名を檢擧すトランク三個一萬圓を押收慶北警察部の大活動
189663	朝鮮朝日	西北版	1930-05-25	1	08단	當業者に對し脅威を與へない鰯工船の反對につき阿部、塚崎兩氏は語る
189664	朝鮮朝日	西北版	1930-05-25	1	08단	搔攫ひ捕る
189665	朝鮮朝日	西北版	1930-05-25	1	08단	還金術を種に詐欺を働く
189666	朝鮮朝日	西北版	1930-05-25	1	08단	淸津疑獄事件公判きまる
189667	朝鮮朝日	西北版	1930-05-25	1	08단	支那海關官吏姿をかくす殺害事件から
189668	朝鮮朝日	西北版	1930-05-25	1	09단	縊死を遂ぐ
189669	朝鮮朝日	西北版	1930-05-25	1	09단	鮮滿各地から選手が集り盛會を豫想される安東縣の相撲大會
189670	朝鮮朝日	西北版	1930-05-25	1	10단	嫉妬の放火
189671	朝鮮朝日	西北版	1930-05-25	1	10단	もよほし(新義州高女創立一周年記念式/鎮南浦茶話會の歡迎會/基督教特別講演會)
189672	朝鮮朝日	西北版	1930-05-25	1	10단	人(片桐少佐(警務局囑託)/金全北知事)
189673	朝鮮朝日	西北版	1930-05-25	1	10단	半島茶話

일련번호	판명		간행일	면	단수	기사명
189674	朝鮮朝日	西北・南鮮版	1930-05-25	2	01단	『蘋果を腐らせても目的を貫徹する』當業者の態度硬化し蘋果檢査問題ますますこじれる
189675	朝鮮朝日	西北・南鮮版	1930-05-25	2	01단	倉庫經營の代行許可は反對の聲を喚起すか鐵道では既に準備中
189676	朝鮮朝日	西北・南鮮版	1930-05-25	2	01단	續々と朝鮮へ乾明太輸入北海道と樺太から
189677	朝鮮朝日	西北・南鮮版	1930-05-25	2	01단	春窮期の滿洲粟輸入量昨年より一萬五千噸增加旱害地には全然購買力ない
189678	朝鮮朝日	西北・南鮮版	1930-05-25	2	03단	二ヶ月每に賃銀を調査する百人以上の使役の工場等で勞働者需給資料の爲
189679	朝鮮朝日	西北・南鮮版	1930-05-25	2	03단	朝日巡回活動寫眞
189680	朝鮮朝日	西北・南鮮版	1930-05-25	2	04단	メキシコ銀貨輸入を禁止
189681	朝鮮朝日	西北・南鮮版	1930-05-25	2	04단	咸北の牛肺で移出を禁止京城の肉屋に大打擊
189682	朝鮮朝日	南鮮版	1930-05-27	1	01단	二十二日に亘る鮮滿御旅行を恙なく終らせらる秩父宮殿下御歸東/お疲れの中にも鮮滿事情をいと御熱心に御研究菰田陸大教官謹話/鎭海事件につきお言葉を賜る竹內內務部長からちかく遺族に傳達/慶南道の獻上品空輸/朝鮮古代史を御傾聽小旧中村兩氏を召され
189683	朝鮮朝日	南鮮版	1930-05-27	1	05단	仁川花防町埋立工事設計一部變更
189684	朝鮮朝日	南鮮版	1930-05-27	1	06단	支那に牛疫發生蔓延の兆あり當局で大警戒
189685	朝鮮朝日	南鮮版	1930-05-27	1	06단	金庫から一萬圓を取出して强制執行いよいよ尖銳的となった慶尚合同銀行の抗爭
189686	朝鮮朝日	南鮮版	1930-05-27	1	07단	白衣から色物の使用に朝鮮婦人に喜ばれる平壤の染色講習會
189687	朝鮮朝日	南鮮版	1930-05-27	1	07단	殖銀勝つ
189688	朝鮮朝日	南鮮版	1930-05-27	1	07단	留置場破り捕る
189689	朝鮮朝日	南鮮版	1930-05-27	1	08단	釜山牧ノ島間刎上橋架設池田氏擔當を申出づ案外速かに實現か
189690	朝鮮朝日	南鮮版	1930-05-27	1	08단	千四五百年前の貴重な考古品大邱の發掘品について白神女高普校長談
189691	朝鮮朝日	南鮮版	1930-05-27	1	09단	サイダーの不穩物撒布
189692	朝鮮朝日	南鮮版	1930-05-27	1	09단	僞醫者の藥で人妻の怪死
189693	朝鮮朝日	南鮮版	1930-05-27	1	10단	旋風で家屋倒る
189694	朝鮮朝日	南鮮版	1930-05-27	1	10단	覆面の强盜

일련번호	판명		간행일	면	단수	기사명
189695	朝鮮朝日	南鮮版	1930-05-27	1	10단	帆船衝突し船夫溺死す
189696	朝鮮朝日	南鮮版	1930-05-27	1	10단	もよほし(朝鮮鐵道協會總會)
189697	朝鮮朝日	南鮮版	1930-05-27	1	10단	人(重村義一氏(總督府科學館長)/井上匡四郎子/兒島本府理財課長)
189698	朝鮮朝日	南鮮版	1930-05-27	1	10단	半島茶話
189699	朝鮮朝日	西北版	1930-05-27	1	01단	二十二日に亘る鮮滿御旅行を恙なく終らせらる秩父宮殿下御歸東/お疲れの中にも鮮滿事情をいと御熱心に御研究菰田陸大教官謹話/鎭海事件につきお言葉を賜る竹內內務部長からちかく遺族に傳達/慶南道の獻上品空輸/朝鮮古代史を御傾聽小田中村兩氏を召され
189700	朝鮮朝日	西北版	1930-05-27	1	05단	平南道の林務主任會
189701	朝鮮朝日	西北版	1930-05-27	1	05단	平壤師範學校工事に着手
189702	朝鮮朝日	西北版	1930-05-27	1	06단	龍江水利工事に着手
189703	朝鮮朝日	西北版	1930-05-27	1	06단	新義州の職紹所移轉內容も充實
189704	朝鮮朝日	西北版	1930-05-27	1	06단	福浦檢牛所の增設が駄目なら仁川から直接輸送の外ない上杉釜山組合長の歸來談
189705	朝鮮朝日	西北版	1930-05-27	1	07단	白衣から色物の使用に朝鮮婦人に喜ばれる平壤の染色講習會
189706	朝鮮朝日	西北版	1930-05-27	1	08단	浦項築港工事竣工祝賀會
189707	朝鮮朝日	西北版	1930-05-27	1	08단	平北金組表彰式
189708	朝鮮朝日	西北版	1930-05-27	1	08단	平壤靑訓入所式
189709	朝鮮朝日	西北版	1930-05-27	1	08단	平北のチフスますます蔓延
189710	朝鮮朝日	西北版	1930-05-27	1	09단	僞醫者の藥で人妻の怪死
189711	朝鮮朝日	西北版	1930-05-27	1	09단	五十町步の松林燒く
189712	朝鮮朝日	西北版	1930-05-27	1	09단	支那に牛疫發生蔓延の兆あり當局で大警戒
189713	朝鮮朝日	西北版	1930-05-27	1	10단	殖銀勝つ
189714	朝鮮朝日	西北版	1930-05-27	1	10단	旅風で家屋倒る
189715	朝鮮朝日	西北版	1930-05-27	1	10단	覆面の強盜
189716	朝鮮朝日	西北版	1930-05-27	1	10단	帆船衝突し船夫溺死す
189717	朝鮮朝日	西北版	1930-05-27	1	10단	人(毛利此吉氏(間島總領事館頭道溝分館主任))
189718	朝鮮朝日	西北版	1930-05-27	1	10단	半島茶話
189719	朝鮮朝日	西北・南鮮版	1930-05-27	2	01단	明眸の美學/醫學博士有澤潤
189720	朝鮮朝日	西北・南鮮版	1930-05-27	2	02단	『香り』の藝術/藥學博士刈米達夫

일련번호	판명		간행일	면	단수	기사명
189721	朝鮮朝日	西北・南鮮版	1930-05-27	2	04단	慶南の麥作降雨のため前年より減收豫想作況は全般的に不良
189722	朝鮮朝日	西北・南鮮版	1930-05-27	2	04단	畜牛飼養の共濟制度實施經營主體は決らぬ實施期は七月ごろ
189723	朝鮮朝日	西北・南鮮版	1930-05-27	2	04단	米作集團地誘蛾燈螟蟲驅除獎勵
189724	朝鮮朝日	西北・南鮮版	1930-05-27	2	05단	南鮮水稻試驗場寄金募集成績不良
189725	朝鮮朝日	西北・南鮮版	1930-05-27	2	05단	近く解決か善山小作爭議
189726	朝鮮朝日	西北・南鮮版	1930-05-27	2	06단	慶北春繭價協定難に陷り蠶業獎勵上に支障當局も大いに憂慮
189727	朝鮮朝日	西北・南鮮版	1930-05-27	2	06단	瓦斯事業の目論見書訂正
189728	朝鮮朝日	西北・南鮮版	1930-05-27	2	06단	牛檢所を浦項に新設して貰ひたいと交涉す
189729	朝鮮朝日	西北・南鮮版	1930-05-27	2	06단	各地だより(全州/新義州/公州/平壤/裡里/淸州)
189730	朝鮮朝日	西北・南鮮版	1930-05-27	2	06단	朝日巡回活動寫眞
189731	朝鮮朝日	南鮮版	1930-05-28	1	01단	朝鮮にも內地同樣に盜犯防止令適用か生命と貞操保護の爲近く愈よ實施されん
189732	朝鮮朝日	南鮮版	1930-05-28	1	01단	中樞院參議仰付けらる廿七日の閣議で決定
189733	朝鮮朝日	南鮮版	1930-05-28	1	01단	在滿朝鮮人の歸化權問題まだ決定的でない生活の安定も疑問
189734	朝鮮朝日	南鮮版	1930-05-28	1	02단	發電所と水道設備慈惠病院に六年度實現か
189735	朝鮮朝日	南鮮版	1930-05-28	1	02단	第九回鮮展合評(D記者の批評)
189736	朝鮮朝日	南鮮版	1930-05-28	1	03단	滿開の芍藥
189737	朝鮮朝日	南鮮版	1930-05-28	1	04단	釜山の海戰記念疾風の教練
189738	朝鮮朝日	南鮮版	1930-05-28	1	05단	戰鬪演習見學さす仁川に派遣の驅逐艦朝凪が
189739	朝鮮朝日	南鮮版	1930-05-28	1	05단	近距離輸送に改善を圖る各線にガソリン車配屬鐵道當局で目下計劃
189740	朝鮮朝日	南鮮版	1930-05-28	1	06단	農商倉庫の設置を請願仁川穀物協會
189741	朝鮮朝日	南鮮版	1930-05-28	1	06단	米穀倉庫の具體案を決する道農務課長會議とその諮問事項(諮問事項)
189742	朝鮮朝日	南鮮版	1930-05-28	1	06단	運送合同が政治的の色彩に總監の調停の意向から成り行きを注目さる
189743	朝鮮朝日	南鮮版	1930-05-28	1	06단	慶南山林組合實施事業の內容積極的の活動計劃
189744	朝鮮朝日	南鮮版	1930-05-28	1	07단	失業救濟の牧ノ島埋立工事請負者決定近く着工人夫は職紹所で幹旋

일련번호	판명		간행일	면	단수	기사명
189745	朝鮮朝日	南鮮版	1930-05-28	1	08단	城大と總督府をつなぐ新線道路を設く本年度中には實現か大打擊の昌慶苑動物園
189746	朝鮮朝日	南鮮版	1930-05-28	1	08단	東海線用地買收に側面的の援助鐵道促進期成會から當局も穩便解決希望
189747	朝鮮朝日	南鮮版	1930-05-28	1	08단	牧ノ島造船工遂に總罷業
189748	朝鮮朝日	南鮮版	1930-05-28	1	08단	春川の小作爭議再燃か
189749	朝鮮朝日	南鮮版	1930-05-28	1	09단	俳句/鈴木花蓑選
189750	朝鮮朝日	南鮮版	1930-05-28	1	09단	鮮産賣藥の助長を圖る優秀藥には證明書を本府衛生課から與ふ
189751	朝鮮朝日	南鮮版	1930-05-28	1	10단	全鮮各地でモヒを密輸關釜連絡のボーイを買收し
189752	朝鮮朝日	南鮮版	1930-05-28	1	10단	もよほし(小野田セメント運動會)
189753	朝鮮朝日	南鮮版	1930-05-28	1	10단	半島茶話
189754	朝鮮朝日	西北版	1930-05-28	1	01단	朝鮮にも內地同樣に盜犯防止令適用か生命と貞操保護の爲近く愈よ實施されん
189755	朝鮮朝日	西北版	1930-05-28	1	01단	中樞院參議仰付けらる廿七日の閣議で決定
189756	朝鮮朝日	西北版	1930-05-28	1	01단	在滿朝鮮人の歸化權問題まだ決定的でない生活の安定も疑問
189757	朝鮮朝日	西北版	1930-05-28	1	02단	平壤商議評議員會
189758	朝鮮朝日	西北版	1930-05-28	1	02단	運送合同が政治的の色彩に總監の調停の意向から成り行きを注目さる
189759	朝鮮朝日	西北版	1930-05-28	1	03단	黃海道の警察官異動
189760	朝鮮朝日	西北版	1930-05-28	1	03단	俳句/鈴木花蓑選
189761	朝鮮朝日	西北版	1930-05-28	1	03단	國境春競馬
189762	朝鮮朝日	西北版	1930-05-28	1	03단	檢事增員を當局へ要望新義州檢事局
189763	朝鮮朝日	西北版	1930-05-28	1	04단	米穀倉庫の具體案を決する道農務課長會議とその諮問事項(諮問事項)
189764	朝鮮朝日	西北版	1930-05-28	1	04단	近距離輸送に改善を圖る各線にガソリン車配屬鐵道當局で目下計劃
189765	朝鮮朝日	西北版	1930-05-28	1	04단	第九回鮮展合評(D記者の批評)
189766	朝鮮朝日	西北版	1930-05-28	1	05단	六月中旬頃實施か支那側の輸出稅附加稅
189767	朝鮮朝日	西北版	1930-05-28	1	05단	滿鐵中等校第一回委員會
189768	朝鮮朝日	西北版	1930-05-28	1	05단	平南江西邑に電燈がつく
189769	朝鮮朝日	西北版	1930-05-28	1	06단	運動界(平壤女子高普優勝/全新義州勝つ/元出中勝つ本社優勝旗獲得)
189770	朝鮮朝日	西北版	1930-05-28	1	06단	不層組合員を多數抱擁し生活の安定をはかる平安北道の金融組合

일련번호	판명		간행일	면	단수	기사명
189771	朝鮮朝日	西北版	1930-05-28	1	06단	一萬餘圓の地金を盜む
189772	朝鮮朝日	西北版	1930-05-28	1	06단	競爭激しきため工事を安く請負ひ人夫を割安で使ふため勞資の間に絶えず軋着を起す
189773	朝鮮朝日	西北版	1930-05-28	1	07단	牡丹台野話
189774	朝鮮朝日	西北版	1930-05-28	1	07단	神社參拜を拒絶し安東高女生四名に出校停止
189775	朝鮮朝日	西北版	1930-05-28	1	08단	鮮産賣藥の助長を圖る優秀藥には證明書を本府衛生課から與ふ
189776	朝鮮朝日	西北版	1930-05-28	1	08단	興南禁酒同盟元山に支部
189777	朝鮮朝日	西北版	1930-05-28	1	08단	刺網を騙取
189778	朝鮮朝日	西北版	1930-05-28	1	09단	對岸の牛疫が羅南に侵入三頭眞性と診定され豫防に死力をつくす
189779	朝鮮朝日	西北版	1930-05-28	1	09단	平安南道の傳染病患者チフスの豫防注射は徹底して罹病率減る
189780	朝鮮朝日	西北版	1930-05-28	1	10단	もよほし(小野田セメント運動會)
189781	朝鮮朝日	西北版	1930-05-28	1	10단	人(上野沙里院署長)
189782	朝鮮朝日	西北版	1930-05-28	1	10단	半島茶話
189783	朝鮮朝日	西北・南鮮版	1930-05-28	2	01단	緊縮節約の繪葉書作製全鮮に配布
189784	朝鮮朝日	西北・南鮮版	1930-05-28	2	01단	職業教育に好成績をしめす京畿道學務課の指導本年度も農業實習生養成
189785	朝鮮朝日	西北・南鮮版	1930-05-28	2	01단	乘馬用として朝鮮馬の需要がだんだん增加の傾向
189786	朝鮮朝日	西北・南鮮版	1930-05-28	2	01단	レールのさび
189787	朝鮮朝日	西北・南鮮版	1930-05-28	2	02단	福岡縣の特産品京城で卽賣二十九日から
189788	朝鮮朝日	西北・南鮮版	1930-05-28	2	02단	金泉郡內の隔離病舍を全部合倂す
189789	朝鮮朝日	西北・南鮮版	1930-05-28	2	03단	産めよ殖えよお日出度が續く河馬、ライオン、鹿もお産昨今の昌慶苑動物園
189790	朝鮮朝日	西北・南鮮版	1930-05-28	2	03단	各地だより(馬山/平壤/裡里/淸州)
189791	朝鮮朝日	西北・南鮮版	1930-05-28	2	03단	朝日巡回活動寫眞
189792	朝鮮朝日	南鮮版	1930-05-29	1	01단	鮮內の禿山が數年後には消える造林熱は益々高まり半島綠化の政策絶頂
189793	朝鮮朝日	南鮮版	1930-05-29	1	01단	貨物取扱の改善を協議二十九日から開かる內鮮滿鐵道連絡會議
189794	朝鮮朝日	南鮮版	1930-05-29	1	01단	咸南靈武に飛行場設置方を陳情近く調査する
189795	朝鮮朝日	南鮮版	1930-05-29	1	01단	郵便局長異動
189796	朝鮮朝日	南鮮版	1930-05-29	1	01단	絹織組合聯合會總會
189797	朝鮮朝日	南鮮版	1930-05-29	1	02단	仁川海産商の合同具體化

일련번호	판명		간행일	면	단수	기사명
189798	朝鮮朝日	南鮮版	1930-05-29	1	02단	せつめい(寫眞上は去る二十七日の海軍記念日に仁川に派遣された驅逐艦「朝凪」の戰鬪演習、下は壯烈な水中爆發演習)
189799	朝鮮朝日	南鮮版	1930-05-29	1	03단	合銀の泥試合愈よ深刻化
189800	朝鮮朝日	南鮮版	1930-05-29	1	03단	映畫界夏枯れ古物ばかり
189801	朝鮮朝日	南鮮版	1930-05-29	1	04단	銀行取引の改善案協議廿九日釜山で開かる朝鮮銀行聯合會
189802	朝鮮朝日	南鮮版	1930-05-29	1	04단	全道をあげて松毛蟲一齊驅除優秀な面は表彰する忠北道のこゝろみ
189803	朝鮮朝日	南鮮版	1930-05-29	1	05단	標札を作り實費で賣る
189804	朝鮮朝日	南鮮版	1930-05-29	1	05단	改良苗代の普及に努力驚くべき苗代の效果慶北道當局は大童
189805	朝鮮朝日	南鮮版	1930-05-29	1	06단	京電の調査は杜撰と判る愈よ喧ましくなった郊外の區間廢止問題
189806	朝鮮朝日	南鮮版	1930-05-29	1	06단	窮民八百戶の戶稅を代納
189807	朝鮮朝日	南鮮版	1930-05-29	1	06단	國勢調査打合會
189808	朝鮮朝日	南鮮版	1930-05-29	1	06단	萬頃江岸に婦人の裸形群端午節に解放され沙浴に一日をたのしむ
189809	朝鮮朝日	南鮮版	1930-05-29	1	07단	慶北沿岸鯖豊漁一日廿五萬尾の水揚げ
189810	朝鮮朝日	南鮮版	1930-05-29	1	07단	殖銀に損させば背任罪は免れない金組理事オゾ毛を振ふ忠南牙山金組事件で衝動を受く
189811	朝鮮朝日	南鮮版	1930-05-29	1	08단	全北の造林は好績
189812	朝鮮朝日	南鮮版	1930-05-29	1	08단	癩療養所演劇場補助を申請
189813	朝鮮朝日	南鮮版	1930-05-29	1	08단	廣池佐井治氏自殺す神經衰弱が嵩じ
189814	朝鮮朝日	南鮮版	1930-05-29	1	09단	傷害致死と判明
189815	朝鮮朝日	南鮮版	1930-05-29	1	09단	負傷しながら鷄泥棒を捕ふ
189816	朝鮮朝日	南鮮版	1930-05-29	1	09단	女を河に突落し遂に殺害す
189817	朝鮮朝日	南鮮版	1930-05-29	1	10단	中東學校の騷動惡化す
189818	朝鮮朝日	南鮮版	1930-05-29	1	10단	鍼術で少年を殺す逃走中逮捕
189819	朝鮮朝日	南鮮版	1930-05-29	1	10단	三名共謀し機械を盜む
189820	朝鮮朝日	南鮮版	1930-05-29	1	10단	人(川崎卓吉氏(法制局長官)/草間秀雄氏(前朝鮮財務局長)/中山貞雄代議士/織田萬博士(國際裁判所判事)/張稷相氏(大邱實業家)/藤原八十八氏(相愛會福岡支部顧問)/山本阪太郎氏(江原道警察部長)/石田平南道警察部長)
189821	朝鮮朝日	南鮮版	1930-05-29	1	10단	半島茶話

일련번호	판명		간행일	면	단수	기사명
189822	朝鮮朝日	西北版	1930-05-29	1	01단	鮮內の禿山が數年後には消える造林熱は益々高まり半島綠化の政策絶頂
189823	朝鮮朝日	西北版	1930-05-29	1	01단	貨物取扱の改善を協議二十九日から開かる內鮮滿鐵道連絡會議
189824	朝鮮朝日	西北版	1930-05-29	1	01단	咸南靈武に飛行場設置方を陳情近く調査する
189825	朝鮮朝日	西北版	1930-05-29	1	01단	郵便局長異動
189826	朝鮮朝日	西北版	1930-05-29	1	01단	支那筏二百台鴨綠江岸到着
189827	朝鮮朝日	西北版	1930-05-29	1	02단	講演會や海軍祭間島の記念日
189828	朝鮮朝日	西北版	1930-05-29	1	02단	せつめい(寫眞上は去る二十七日の海軍記念日に仁川に派遣された驅逐艦「朝凪」の戰鬪演習、下は壯烈な水中爆發演習)
189829	朝鮮朝日	西北版	1930-05-29	1	03단	傳染病豫防活動寫眞會安東で催す
189830	朝鮮朝日	西北版	1930-05-29	1	03단	教育研究會總會
189831	朝鮮朝日	西北版	1930-05-29	1	03단	貯水池視察
189832	朝鮮朝日	西北版	1930-05-29	1	03단	南軍司令官巡視
189833	朝鮮朝日	西北版	1930-05-29	1	04단	新義州第一公普校設立期成會組織
189834	朝鮮朝日	西北版	1930-05-29	1	04단	改良苗代の普及に努力驚くべき苗代の效果慶北道當局は大童
189835	朝鮮朝日	西北版	1930-05-29	1	04단	實習から生產への勤勞授業料までも稼ぐ模範的な大同普通校
189836	朝鮮朝日	西北版	1930-05-29	1	05단	大連星ヶ浦の海濱聚落七月十六日から
189837	朝鮮朝日	西北版	1930-05-29	1	06단	新義州市街整理工事調査
189838	朝鮮朝日	西北版	1930-05-29	1	06단	除隊と入營
189839	朝鮮朝日	西北版	1930-05-29	1	06단	中等教員研究會
189840	朝鮮朝日	西北版	1930-05-29	1	06단	古平面望月里で四百八棟を全燒原因は子供の弄火から
189841	朝鮮朝日	西北版	1930-05-29	1	06단	咸南道廳員の慰安運動會修羅場と化す
189842	朝鮮朝日	西北版	1930-05-29	1	06단	萬頃江岸に婦人の裸形群端午節に解放され沙浴に一日をたのしむ
189843	朝鮮朝日	西北版	1930-05-29	1	07단	ナンダイモン
189844	朝鮮朝日	西北版	1930-05-29	1	07단	鎭南浦近海鮫鱇漁獲高
189845	朝鮮朝日	西北版	1930-05-29	1	07단	肺ヂストマ研究資料にザリ蟹空輸
189846	朝鮮朝日	西北版	1930-05-29	1	07단	殖銀に損させば背任罪は免れない金組理事オゾ毛を振ふ忠南牙山金組事件で衝動を受く
189847	朝鮮朝日	西北版	1930-05-29	1	08단	絹綿布の增產に機織の改善
189848	朝鮮朝日	西北版	1930-05-29	1	08단	寶石類密輸正式裁判公判
189849	朝鮮朝日	西北版	1930-05-29	1	09단	無免許で入齒

일련번호	판명		간행일	면	단수	기사명
189850	朝鮮朝日	西北版	1930-05-29	1	09단	不正偶で詐欺を働く六名の薪炭商
189851	朝鮮朝日	西北版	1930-05-29	1	10단	通行人を棍棒で毆り所持金を強奪
189852	朝鮮朝日	西北版	1930-05-29	1	10단	三名共謀し機械を盗む
189853	朝鮮朝日	西北版	1930-05-29	1	10단	鍼術で少年を殺す逃走中逮捕
189854	朝鮮朝日	西北版	1930-05-29	1	10단	人(石田平南道警察部長/藤原喜藏氏(平南內務部長))
189855	朝鮮朝日	西北版	1930-05-29	1	10단	半島茶話
189856	朝鮮朝日	西北・南鮮版	1930-05-29	2	01단	朝鮮關係豫算は編成に骨が折れる政府が矢張り緊縮方針のため林財務局長歸來談
189857	朝鮮朝日	西北・南鮮版	1930-05-29	2	01단	單級小學校の改善が急務愈よ內容調査を行ひ其上プランをたてる
189858	朝鮮朝日	西北・南鮮版	1930-05-29	2	01단	農業講習會を各道で開き會員も增加す
189859	朝鮮朝日	西北・南鮮版	1930-05-29	2	01단	航空無線局工事進捗す
189860	朝鮮朝日	西北・南鮮版	1930-05-29	2	02단	東海線の釜山側工事に便宜を圖る
189861	朝鮮朝日	西北・南鮮版	1930-05-29	2	02단	レールのさび
189862	朝鮮朝日	西北・南鮮版	1930-05-29	2	03단	各地だより(平壤/沙里院/江界/群山/裡里)
189863	朝鮮朝日	西北・南鮮版	1930-05-29	2	03단	朝日巡回活動寫眞
189864	朝鮮朝日	西北・南鮮版	1930-05-29	2	03단	童話と家庭講演
189865	朝鮮朝日	南鮮版	1930-05-30	1	01단	口約を楯にとって營業稅の撤廢を迫る全鮮の商議一齊に起ち近く京城でその第一聲を擧ぐ
189866	朝鮮朝日	南鮮版	1930-05-30	1	01단	鮮內に少い育英補助事業秩父宮の御耳に達し關係當局も思案投首
189867	朝鮮朝日	南鮮版	1930-05-30	1	01단	不景氣といふのに新築住宅が續出材木の下落と賃銀の低落から昨今の京城地方
189868	朝鮮朝日	南鮮版	1930-05-30	1	03단	麥稈眞田用の大麥の栽培今度始めて成功し京畿道で獎勵する
189869	朝鮮朝日	南鮮版	1930-05-30	1	03단	短歌/橋田東聲選
189870	朝鮮朝日	南鮮版	1930-05-30	1	04단	鼇絲業懇談會官民合同のもとに開く
189871	朝鮮朝日	南鮮版	1930-05-30	1	04단	入退營兵去來
189872	朝鮮朝日	南鮮版	1930-05-30	1	04단	京城劇場の再建難から中央館を改造
189873	朝鮮朝日	南鮮版	1930-05-30	1	05단	松茸出盛る
189874	朝鮮朝日	南鮮版	1930-05-30	1	05단	還金詐欺に絡む怪事件新たに摘發さる或は瀆職も潛むか
189875	朝鮮朝日	南鮮版	1930-05-30	1	05단	全鮮にわたり職業紹介六月一日から(DKで放送する)
189876	朝鮮朝日	南鮮版	1930-05-30	1	06단	賃銀値下から總罷業決行牧ノ島造船組合職工組合側の態度も強硬

일련번호	판명		간행일	면	단수	기사명
189877	朝鮮朝日	南鮮版	1930-05-30	1	06단	辭令
189878	朝鮮朝日	南鮮版	1930-05-30	1	06단	全鮮各銀行の首腦者一堂に會し取引改善を愼重審議朝鮮銀行聯合大會無事終る
189879	朝鮮朝日	南鮮版	1930-05-30	1	07단	熱湯を浴び幼兒死亡す
189880	朝鮮朝日	南鮮版	1930-05-30	1	07단	正義府の幹部射殺さる
189881	朝鮮朝日	南鮮版	1930-05-30	1	07단	大北丸沈沒か濃霧で坐礁/西山丸船員談
189882	朝鮮朝日	南鮮版	1930-05-30	1	07단	大豹現はれて少女を食ひ殺す實父は大いに憤慨し毎日豹の行方を探索
189883	朝鮮朝日	南鮮版	1930-05-30	1	08단	レールのさび
189884	朝鮮朝日	南鮮版	1930-05-30	1	08단	船體見當らずばいかる丸無電
189885	朝鮮朝日	南鮮版	1930-05-30	1	08단	夫婦斬公判
189886	朝鮮朝日	南鮮版	1930-05-30	1	09단	強盜捕はる
189887	朝鮮朝日	南鮮版	1930-05-30	1	09단	またまた一頭牛疫に罹る文字通り不眠不休で豫防と警戒につとむ
189888	朝鮮朝日	南鮮版	1930-05-30	1	09단	三人組強盜
189889	朝鮮朝日	南鮮版	1930-05-30	1	09단	もよほし(記念演奏會/落成演奏會)
189890	朝鮮朝日	南鮮版	1930-05-30	1	09단	集刷地方版發行
189891	朝鮮朝日	南鮮版	1930-05-30	1	10단	家出男の溺死體
189892	朝鮮朝日	南鮮版	1930-05-30	1	10단	人(森岡警務局長/和田大藏省普通銀行課長/永井拓務書記官)
189893	朝鮮朝日	南鮮版	1930-05-30	1	10단	半島茶話
189894	朝鮮朝日	西北版	1930-05-30	1	01단	口約を楯にとって營業稅の撤廢を迫る全鮮の商議一齊に起ち近く京城でその第一聲を擧ぐ
189895	朝鮮朝日	西北版	1930-05-30	1	01단	節水するより方法はない瘦世帶で擴張できぬ心細い新義州上水道
189896	朝鮮朝日	西北版	1930-05-30	1	01단	大豆の市場を江界に設置新義州穀物市場から總督府に認可を申請
189897	朝鮮朝日	西北版	1930-05-30	1	01단	煙草小賣資金貸付者增員
189898	朝鮮朝日	西北版	1930-05-30	1	02단	鼈絲業懇談會官民合同のもとに開く
189899	朝鮮朝日	西北版	1930-05-30	1	03단	辭令
189900	朝鮮朝日	西北版	1930-05-30	1	03단	鮮內に少い育英補助事業秩父宮の御耳に達し關係當局も思案投首
189901	朝鮮朝日	西北版	1930-05-30	1	03단	短歌/橋田東聲選
189902	朝鮮朝日	西北版	1930-05-30	1	04단	松茸出盛る
189903	朝鮮朝日	西北版	1930-05-30	1	04단	愈よ一日から實施される平壤の電氣條例改正能率增進と料金低減

일련번호	판명		간행일	면	단수	기사명
189904	朝鮮朝日	西北版	1930-05-30	1	04단	全鮮各銀行の首脳者一堂に會し取引改善を愼重審議朝鮮銀行聯合大會無事終る
189905	朝鮮朝日	西北版	1930-05-30	1	05단	牧師の言を信じ神社參拜を拒絶
189906	朝鮮朝日	西北版	1930-05-30	1	05단	夏の訪れ氷屋の店開き暑い平壤附近
189907	朝鮮朝日	西北版	1930-05-30	1	06단	傳染病豫防を川柳で宣傳す平南道で懸賞募集
189908	朝鮮朝日	西北版	1930-05-30	1	06단	佐藤氏個人展
189909	朝鮮朝日	西北版	1930-05-30	1	06단	安東傳染病舍新築を行ふ
189910	朝鮮朝日	西北版	1930-05-30	1	06단	全鮮にわたり職業紹介六月一日から(DKで放送する)
189911	朝鮮朝日	西北版	1930-05-30	1	06단	共産薰員公判
189912	朝鮮朝日	西北版	1930-05-30	1	07단	通信にエポックを劃す京城大阪間の電話いよいよ準備に着手す六十萬圓の豫算を計上
189913	朝鮮朝日	西北版	1930-05-30	1	07단	大豹現はれて少女を食ひ殺す實父は大いに憤慨し每日豹の行方を探索
189914	朝鮮朝日	西北版	1930-05-30	1	07단	北鮮の牛疫蔓延密輸牛から
189915	朝鮮朝日	西北版	1930-05-30	1	08단	牡丹台野話
189916	朝鮮朝日	西北版	1930-05-30	1	08단	天然痘發生
189917	朝鮮朝日	西北版	1930-05-30	1	08단	二萬圓の慰藉料離緣した妻女から請求さる
189918	朝鮮朝日	西北版	1930-05-30	1	09단	三人組强盗
189919	朝鮮朝日	西北版	1930-05-30	1	09단	またまた一頭牛疫に罹る文字通り不眠不休で豫防と警戒につとむ
189920	朝鮮朝日	西北版	1930-05-30	1	10단	熱湯を浴び幼兒死亡す
189921	朝鮮朝日	西北版	1930-05-30	1	10단	レールのさび
189922	朝鮮朝日	西北版	1930-05-30	1	10단	正義府の幹部射殺さる
189923	朝鮮朝日	西北版	1930-05-30	1	10단	もよほし(宇佐美安東領事送別會)
189924	朝鮮朝日	西北版	1930-05-30	1	10단	半島茶話
189925	朝鮮朝日	西北・南鮮版	1930-05-30	2	01단	內地の牛疫で移出激減四年度中の釜山檢疫數
189926	朝鮮朝日	西北・南鮮版	1930-05-30	2	01단	造船業界は極度の不振主なる原因
189927	朝鮮朝日	西北・南鮮版	1930-05-30	2	01단	豫想に反し豊作の見込慶北の麥作
189928	朝鮮朝日	西北・南鮮版	1930-05-30	2	01단	鮮內八都市の物價と賃銀
189929	朝鮮朝日	西北・南鮮版	1930-05-30	2	01단	鮮內各地の電話申請數千三百に上る
189930	朝鮮朝日	西北・南鮮版	1930-05-30	2	02단	國境の森林鐵道第二期着工
189931	朝鮮朝日	西北・南鮮版	1930-05-30	2	02단	お茶のあと
189932	朝鮮朝日	西北・南鮮版	1930-05-30	2	02단	平安北道の穀物檢査成績

일련번호	판명		간행일	면	단수	기사명
189933	朝鮮朝日	西北・南鮮版	1930-05-30	2	03단	新延江鐵橋六月廿日頃竣工
189934	朝鮮朝日	西北・南鮮版	1930-05-30	2	03단	戰技訓練
189935	朝鮮朝日	西北・南鮮版	1930-05-30	2	03단	各地だより(平壤/馬山/裡里)
189936	朝鮮朝日	西北・南鮮版	1930-05-30	2	03단	童話と家庭講演
189937	朝鮮朝日	西北・南鮮版	1930-05-30	2	03단	朝日巡回活動寫眞
189938	朝鮮朝日	西北・南鮮版	1930-05-30	2	04단	新刊紹介(『東亞法政新聞』『朝鮮の畜産』)
189939	朝鮮朝日	南鮮版	1930-05-31	1	01단	年收金四萬圓を目あてに殺到する殖産銀行頭取の志願者有賀さんは果して辭めるか
189940	朝鮮朝日	南鮮版	1930-05-31	1	01단	麗水、下關間に日發の連絡船南鮮鐵道が運航し物資、旅客を吸收計劃
189941	朝鮮朝日	南鮮版	1930-05-31	1	01단	納稅成績の向上を圖り納稅組合を大いに獎勵京城府が大童で
189942	朝鮮朝日	南鮮版	1930-05-31	1	03단	群山商議の評議員選擧漸く色めく
189943	朝鮮朝日	南鮮版	1930-05-31	1	03단	初夏の味覺をそゝる果物今年は何も彼も豐作値段も去年より安い(枇杷/バナナ/櫻んぼう/夏蜜柑)
189944	朝鮮朝日	南鮮版	1930-05-31	1	04단	鎭海事件弔慰金處分
189945	朝鮮朝日	南鮮版	1930-05-31	1	04단	航空郵便物の便利を圖り取集めと配達は特に迅速親切を以て行ふ
189946	朝鮮朝日	南鮮版	1930-05-31	1	05단	日が暮れても着陸出來るやう飛行機燈火を設ける日が短かくなった時の備へ
189947	朝鮮朝日	南鮮版	1930-05-31	1	05단	産米增殖計劃實績が擧らぬ資金調達困難から工事の完成も遲延
189948	朝鮮朝日	南鮮版	1930-05-31	1	05단	秩父宮殿下から酒肴料を御下賜遊ばす
189949	朝鮮朝日	南鮮版	1930-05-31	1	06단	群山東部金組の小切手發行問題認容方を各銀行に交渉は相當困難か
189950	朝鮮朝日	南鮮版	1930-05-31	1	07단	リーグ戰金融優勝
189951	朝鮮朝日	南鮮版	1930-05-31	1	07단	愈よ値下は斷行するが地方によって差異南朝鮮電氣電燈料
189952	朝鮮朝日	南鮮版	1930-05-31	1	08단	牧ノ島の造船爭議形勢依然險惡
189953	朝鮮朝日	南鮮版	1930-05-31	1	08단	レールのさび
189954	朝鮮朝日	南鮮版	1930-05-31	1	08단	奇怪なる遺書を殘し轢死を遂ぐ
189955	朝鮮朝日	南鮮版	1930-05-31	1	09단	大型行李にモルヒネが一杯昌慶丸の船中で發見し一味を釜山で捕ふ
189956	朝鮮朝日	南鮮版	1930-05-31	1	09단	出刃を突つけ七百圓を强奪す密航途中の朝鮮海峽で一味七名檢擧さる
189957	朝鮮朝日	南鮮版	1930-05-31	1	09단	贈收賄事件
189958	朝鮮朝日	南鮮版	1930-05-31	1	09단	盟休事件で官憲壓迫す罰金に父兄弱る

일련번호	판명		간행일	면	단수	기사명
189959	朝鮮朝日	南鮮版	1930-05-31	1	10단	大邱の火事
189960	朝鮮朝日	南鮮版	1930-05-31	1	10단	もよほし(春季射擊大會)
189961	朝鮮朝日	南鮮版	1930-05-31	1	10단	人(大平滿鐵副總裁/肝付兼英氏(貴族院議員)/有賀殖銀頭取/兒島本府理財課長/佐々木朝紡工場長)
189962	朝鮮朝日	南鮮版	1930-05-31	1	10단	半島茶話
189963	朝鮮朝日	西北版	1930-05-31	1	01단	年收金四萬圓を目あてに殺到する殖産銀行頭取の志願者有賀さんは果して辭めるか
189964	朝鮮朝日	西北版	1930-05-31	1	01단	産米增殖計劃實績が擧らぬ資金調達困難から工事の完成も遲延
189965	朝鮮朝日	西北版	1930-05-31	1	01단	納稅成績の向上を圖り納稅組合を大いに獎勵京城府が大童で
189966	朝鮮朝日	西北版	1930-05-31	1	02단	總監北鮮を巡視
189967	朝鮮朝日	西北版	1930-05-31	1	02단	新義州府廳舍改築と決定
189968	朝鮮朝日	西北版	1930-05-31	1	03단	何もならぬ歸化權在滿有議朝鮮人の意見一致
189969	朝鮮朝日	西北版	1930-05-31	1	04단	スタール博士古墳を視察
189970	朝鮮朝日	西北版	1930-05-31	1	04단	佐世保の二機元山に着く
189971	朝鮮朝日	西北版	1930-05-31	1	05단	オリムピック役員慰勞茶話會を開く
189972	朝鮮朝日	西北版	1930-05-31	1	05단	航空郵便物の便利を圖り取集めと配達は特に迅速親切を以て行ふ
189973	朝鮮朝日	西北版	1930-05-31	1	05단	仁川の支那領事館いよいよ廢止さる二十九日黃領事本國に引揚ぐ朝鮮最古の領事館
189974	朝鮮朝日	西北版	1930-05-31	1	06단	朝鮮銀行大會
189975	朝鮮朝日	西北版	1930-05-31	1	06단	三警察署の聯合武道會
189976	朝鮮朝日	西北版	1930-05-31	1	06단	嬰兒を壓殺し川に投込む
189977	朝鮮朝日	西北版	1930-05-31	1	06단	交通を妨げる斷崖開鑿平北道と咸南道を繫ぐ道路
189978	朝鮮朝日	西北版	1930-05-31	1	07단	楊井公普の盟休解決學校の說得で
189979	朝鮮朝日	西北版	1930-05-31	1	07단	茂山郡內に優良な化粧柳下駄製造を獎勵し全鮮にも移出さす
189980	朝鮮朝日	西北版	1930-05-31	1	08단	牡丹台野話
189981	朝鮮朝日	西北版	1930-05-31	1	08단	失業者を調べ職を與へる南鮮地方から續々職を求めて來壤す
189982	朝鮮朝日	西北版	1930-05-31	1	08단	出刃を突つけ七百圓を强奪す密航途中の朝鮮海峽で一味七名檢擧さる
189983	朝鮮朝日	西北版	1930-05-31	1	08단	レールのさび

일련번호	판명		간행일	면	단수	기사명
189984	朝鮮朝日	西北版	1930-05-31	1	08단	五名を起訴署材竊取事件
189985	朝鮮朝日	西北版	1930-05-31	1	09단	盟休事件で官憲壓迫す罰金に父兄弱る
189986	朝鮮朝日	西北版	1930-05-31	1	09단	集刷地方版發行
189987	朝鮮朝日	西北版	1930-05-31	1	10단	夫に面當てに縊死を遂ぐ
189988	朝鮮朝日	西北版	1930-05-31	1	10단	人(朝鮮新聞安東支局長更迭)
189989	朝鮮朝日	西北版	1930-05-31	1	10단	半島茶話
189990	朝鮮朝日	西北・南鮮版	1930-05-31	2	01단	小作權復活の陳情が續々現はる田植時を前に控へて慶南道の各地から
189991	朝鮮朝日	西北・南鮮版	1930-05-31	2	01단	野趣ゆたかな農村娛樂の調査優秀なものを獎勵し農村疲弊を間接的に救ふ
189992	朝鮮朝日	西北・南鮮版	1930-05-31	2	02단	七月中旬なは決定しよう昭和製鋼問題につき大平滿鐵副總裁語る
189993	朝鮮朝日	西北・南鮮版	1930-05-31	2	03단	朝日巡回活動寫眞
189994	朝鮮朝日	西北・南鮮版	1930-05-31	2	03단	童話と家庭講演
189995	朝鮮朝日	西北・南鮮版	1930-05-31	2	04단	天道敎農民社創立を計劃
189996	朝鮮朝日	西北・南鮮版	1930-05-31	2	04단	仁川府の理髮賃補助問題大に反對
189997	朝鮮朝日	西北・南鮮版	1930-05-31	2	04단	新義州の獸魂祭

1930년 6월 (조선아사히)

일련번호	판명		간행일	면	단수	기사명
189998	朝鮮朝日	南鮮版	1930-06-01	1	01단	*豫算編成上の財源には苦まぬ農作物も豊作を樂觀林總督府財務局長談/公債發行額を前年通りに復活を要求するが積極豫算編成方針*
189999	朝鮮朝日	南鮮版	1930-06-01	1	01단	朝鮮側からも色々提案される思想、失業問題など全國警部察長會談
190000	朝鮮朝日	南鮮版	1930-06-01	1	01단	監蔘課の新設と異動
190001	朝鮮朝日	南鮮版	1930-06-01	1	01단	金剛山施設根本的調査
190002	朝鮮朝日	南鮮版	1930-06-01	1	02단	朝鮮汽船社長有力な候補山田、廣瀨兩氏
190003	朝鮮朝日	南鮮版	1930-06-01	1	02단	動力工業界に大きな波絞簡單な裝置で強い動力市山氏の新發明
190004	朝鮮朝日	南鮮版	1930-06-01	1	03단	生活樣式が非常に變った朝鮮人生活につきスタール博士語る
190005	朝鮮朝日	南鮮版	1930-06-01	1	03단	俳句/鈴木花蓑選
190006	朝鮮朝日	南鮮版	1930-06-01	1	03단	光麗間は十月に開通別府博士視察
190007	朝鮮朝日	南鮮版	1930-06-01	1	04단	辭令(東京電話)
190008	朝鮮朝日	南鮮版	1930-06-01	1	04단	生活の中心機關たる面市場を大改善衛生や營業方面につき慶南當局で考究中
190009	朝鮮朝日	南鮮版	1930-06-01	1	04단	定時通話の利用者皆無
190010	朝鮮朝日	南鮮版	1930-06-01	1	05단	赤松麟作畵伯鮮滿を行脚京城で作品展
190011	朝鮮朝日	南鮮版	1930-06-01	1	05단	馬山地方の鮎發育は好い
190012	朝鮮朝日	南鮮版	1930-06-01	1	05단	百貨店の理髮部開業反對猛運動
190013	朝鮮朝日	南鮮版	1930-06-01	1	06단	すっぽんを關西に空輸日本空輸で計劃實現近い見込み
190014	朝鮮朝日	南鮮版	1930-06-01	1	06단	井戶を埋めて上水道を使用か給水の申込みが少く馬山府は業をにやす
190015	朝鮮朝日	南鮮版	1930-06-01	1	07단	戶口調査でチフス患者十二名を發見
190016	朝鮮朝日	南鮮版	1930-06-01	1	07단	盟休生の結束固く缺席四百名
190017	朝鮮朝日	南鮮版	1930-06-01	1	07단	龜尾の小作爭議愈よ深刻化
190018	朝鮮朝日	南鮮版	1930-06-01	1	08단	珍らしくも縊死二件
190019	朝鮮朝日	南鮮版	1930-06-01	1	08단	百萬長者の家に起った父殺しの悲劇公判淚の場面を演ず
190020	朝鮮朝日	南鮮版	1930-06-01	1	08단	日本大相撲
190021	朝鮮朝日	南鮮版	1930-06-01	1	09단	モルヒネ密賣團の首魁を遂に捕ふ犯人の名で呼び寄せ釜山署の活動により
190022	朝鮮朝日	南鮮版	1930-06-01	1	09단	社宅に强盗
190023	朝鮮朝日	南鮮版	1930-06-01	1	10단	もよほし(家畜病理實驗講習會)

일련번호	판명		간행일	면	단수	기사명
190024	朝鮮朝日	南鮮版	1930-06-01	1	10단	人(谷慶南知事/古田仁川商議會頭/東條正平氏(朝鐵取締役)/永野淸氏(元江原道內務部長)/高見之通氏(代議士)/森田茂代議士/木下東作氏一行/別府丑太郎氏(南鮮鐵專務))
190025	朝鮮朝日	南鮮版	1930-06-01	1	10단	半島茶話
190026	朝鮮朝日	西北版	1930-06-01	1	01단	豫算編成上の財源には苦まぬ農作物も豊作を樂觀林總督府財務局長談/公債發行額を前年通りに復活を要求するが積極豫算編成方針
190027	朝鮮朝日	西北版	1930-06-01	1	01단	結局は郡守に無條件一任工事の承諾をなす翠野水利の堰堤問題
190028	朝鮮朝日	西北版	1930-06-01	1	01단	朝鮮汽船社長有力な候補山田、廣瀬兩氏
190029	朝鮮朝日	西北版	1930-06-01	1	02단	羅南面第一期營業稅完納
190030	朝鮮朝日	西北版	1930-06-01	1	02단	電氣事業の大改善斷行重要改善事項きまる
190031	朝鮮朝日	西北版	1930-06-01	1	03단	辭令(東京電話)
190032	朝鮮朝日	西北版	1930-06-01	1	03단	寧邊農學校の盛な祝賀會
190033	朝鮮朝日	西北版	1930-06-01	1	03단	一週間にわたり空中實彈射擊演習空軍最初のくはだて
190034	朝鮮朝日	西北版	1930-06-01	1	04단	樂浪時代の井戸か殷栗郡で發掘
190035	朝鮮朝日	西北版	1930-06-01	1	04단	實行期に入った職業敎育各地とも大意氣込み研究討論會も開く
190036	朝鮮朝日	西北版	1930-06-01	1	04단	愈明るくなる沙里院面電西電との交涉纏まり十月から實行に着手
190037	朝鮮朝日	西北版	1930-06-01	1	04단	俳句/鈴木花蓑選
190038	朝鮮朝日	西北版	1930-06-01	1	05단	最初新義州に移住者激增製鍊所設置說で
190039	朝鮮朝日	西北版	1930-06-01	1	05단	一日開港三十周年記念日を迎へた城津港全景
190040	朝鮮朝日	西北版	1930-06-01	1	06단	安東守備隊の滿期兵歸鄕
190041	朝鮮朝日	西北版	1930-06-01	1	06단	赤松麟作畵伯鮮滿を行脚京城で作品展
190042	朝鮮朝日	西北版	1930-06-01	1	06단	生活樣式が非常に變った朝鮮人生活につきスタール博士語る
190043	朝鮮朝日	西北版	1930-06-01	1	06단	大同橋上流に公設水泳場
190044	朝鮮朝日	西北版	1930-06-01	1	07단	咸北の牛疫はますます猖獗/牛疫發生は密輸入から原因漸く判る
190045	朝鮮朝日	西北版	1930-06-01	1	07단	道線の敷設に反對を唱へ黃海道當局に陳情す金化南川店道路問題
190046	朝鮮朝日	西北版	1930-06-01	1	07단	馬賊團の頭目會地盤割その他の協定を行ふ

일련번호	판명		간행일	면	단수	기사명
190047	朝鮮朝日	西北版	1930-06-01	1	08단	雇まれる度に主家の金を横領
190048	朝鮮朝日	西北版	1930-06-01	1	08단	今年の全關西寫眞競技大會
190049	朝鮮朝日	西北版	1930-06-01	1	09단	古墳を發く
190050	朝鮮朝日	西北版	1930-06-01	1	09단	百萬長者の家に起った父殺しの悲劇公判涙の場面を演ず
190051	朝鮮朝日	西北版	1930-06-01	1	10단	社宅に强盜
190052	朝鮮朝日	西北版	1930-06-01	1	10단	もよほし(家畜病理實驗講習會)
190053	朝鮮朝日	西北版	1930-06-01	1	10단	半島茶話
190054	朝鮮朝日	西北・南鮮版	1930-06-01	2	01단	電流による自動報時機京城中央電話局の大西技師が發明す
190055	朝鮮朝日	西北・南鮮版	1930-06-01	2	02단	命令航路改訂答申仁川商議から總督府へ
190056	朝鮮朝日	西北・南鮮版	1930-06-01	2	02단	桝切れ問題圓滿解決辨償によって
190057	朝鮮朝日	西北・南鮮版	1930-06-01	2	03단	各地だより(天安/公州/平壤/仁川)
190058	朝鮮朝日	西北・南鮮版	1930-06-01	2	03단	朝日巡回活動寫眞
190059	朝鮮朝日	西北・南鮮版	1930-06-01	2	03단	童話と家庭講演
190060	朝鮮朝日	南鮮版	1930-06-03	1	01단	學校費をなんとかうまく解決せぬ限り自治制の實施は出來ぬ面倒な內鮮人間の學校費關係
190061	朝鮮朝日	南鮮版	1930-06-03	1	01단	百四十萬圓を投じ一大荷役港となす仁川港の設備を擴張しけふ起工式を擧行
190062	朝鮮朝日	南鮮版	1930-06-03	1	03단	馬賊團百餘名頭道構に押寄せ市民は不安に襲はる我警官決死的に警備/破壞された壁に夥だしい彈の痕入倉東拓支店長の遭難談/危險を冒して頭道構市街に入る栗原特派員視察記/調査の上警備の法を講す岡田間島總領事談/行方不明の郵便局長は妓生と道行き
190063	朝鮮朝日	南鮮版	1930-06-03	1	04단	學校を整理す經費節約から慶北の學務課
190064	朝鮮朝日	南鮮版	1930-06-03	1	05단	溫かい家庭の味を十分に味はゝせ一人前の經濟人に仕上げる捨子の養育方針變る
190065	朝鮮朝日	南鮮版	1930-06-03	1	05단	內鮮滿連絡荷物取扱會議取引上の改善事項鐵道當局で考慮
190066	朝鮮朝日	南鮮版	1930-06-03	1	06단	兒玉總監の元山視察日程
190067	朝鮮朝日	南鮮版	1930-06-03	1	06단	鮮展出品の美術品買上
190068	朝鮮朝日	南鮮版	1930-06-03	1	07단	繭生産費協定打合會物別れとなる
190069	朝鮮朝日	南鮮版	1930-06-03	1	07단	鮮內各地でモヒを密賣手分して密輸した上一味九名送局さる
190070	朝鮮朝日	南鮮版	1930-06-03	1	08단	ヂストマの調査を行ふ慶北衛生課

일련번호	판명		간행일	면	단수	기사명
190071	朝鮮朝日	南鮮版	1930-06-03	1	09단	京城理髮業者大恐慌來し當局へ陳情す
190072	朝鮮朝日	南鮮版	1930-06-03	1	09단	牧ノ島造船爭議團軟化か古市釜山署長から懇談的に戒告か/硬派は解職に意見が一致/女工全部罷業す賃銀値下から牧島撚絲工場
190073	朝鮮朝日	南鮮版	1930-06-03	1	10단	鐵道病院會計係の構領
190074	朝鮮朝日	南鮮版	1930-06-03	1	10단	もよほし(培材高普の運動會)
190075	朝鮮朝日	南鮮版	1930-06-03	1	10단	人(矢鍋殖銀理事)
190076	朝鮮朝日	西北版	1930-06-03	1	01단	學校費をなんとかうまく解決せぬ限り自治制の實施は出來ぬ面倒な內鮮人間の學校費關係
190077	朝鮮朝日	西北版	1930-06-03	1	01단	總裁と政府の態度を注視昭和製鋼所問題と新義州方面の觀測
190078	朝鮮朝日	西北版	1930-06-03	1	01단	內鮮滿連絡荷物取扱會議取引上の改善事項鐵道當局で考慮
190079	朝鮮朝日	西北版	1930-06-03	1	01단	金融座談會
190080	朝鮮朝日	西北版	1930-06-03	1	02단	小作權に關し陳情をなす
190081	朝鮮朝日	西北版	1930-06-03	1	02단	日本海港灣共榮會出席者
190082	朝鮮朝日	西北版	1930-06-03	1	03단	兒玉總監の元山視察日程
190083	朝鮮朝日	西北版	1930-06-03	1	03단	咸南道遮湖灣の美いし玉石賀陽宮樣の御氣に召す
190084	朝鮮朝日	西北版	1930-06-03	1	04단	不合格を嘆き歎願書を提出すめづらしい報國美談
190085	朝鮮朝日	西北版	1930-06-03	1	04단	馬賊團百餘名頭道構に押寄せ市民は不安に襲はる我警官決死的に警備/破壞された壁に夥たゞしい彈の痕入倉東拓支店長の遭難談/危險を冒して頭道構市街に入る栗原特派員視察記/調査の上警備の法を講す岡田間島總領事談/行方不明の郵便局長は妓生と道行き
190086	朝鮮朝日	西北版	1930-06-03	1	05단	官吏の賞與を一定收入と見做して課稅
190087	朝鮮朝日	西北版	1930-06-03	1	05단	新義州署射擊大會
190088	朝鮮朝日	西北版	1930-06-03	1	05단	花房町埋立成行注目さる
190089	朝鮮朝日	西北版	1930-06-03	1	06단	モヒ密賣者を嚴重取締り一方中毒全治者の行動をも監視する
190090	朝鮮朝日	西北版	1930-06-03	1	06단	夫を恨んで毒殺を企つ
190091	朝鮮朝日	西北版	1930-06-03	1	06단	水門を破り石合戰多數の負傷者をいだす
190092	朝鮮朝日	西北版	1930-06-03	1	07단	巫女の言を信じて愛妻を賣飛す同棲をつゞければ妻は死亡するとて
190093	朝鮮朝日	西北版	1930-06-03	1	07단	死刑と稱し詐欺を働く

일련번호	판명		간행일	면	단수	기사명
190094	朝鮮朝日	西北版	1930-06-03	1	08단	牡丹台野話
190095	朝鮮朝日	西北版	1930-06-03	1	08단	墮胎の種に恐喝を働く
190096	朝鮮朝日	西北版	1930-06-03	1	08단	泥醉して妻を斬る
190097	朝鮮朝日	西北版	1930-06-03	1	09단	猛火の中から子供を救ふ
190098	朝鮮朝日	西北版	1930-06-03	1	10단	嬰兒の死體江岸に棄つ
190099	朝鮮朝日	西北版	1930-06-03	1	10단	署材竊取の一味に求刑
190100	朝鮮朝日	西北版	1930-06-03	1	10단	山中で嬰兒を壓殺
190101	朝鮮朝日	西北版	1930-06-03	1	10단	もよほし(朝日平壤支局落成式)
190102	朝鮮朝日	西北・南鮮版	1930-06-03	2	01단	萬葉人の戀愛(一)山田淖實
190103	朝鮮朝日	西北・南鮮版	1930-06-03	2	02단	本年度に行ふ水利事業の概況土地改良部長の說明
190104	朝鮮朝日	西北・南鮮版	1930-06-03	2	04단	滿洲輸入組合聯合總會
190105	朝鮮朝日	西北・南鮮版	1930-06-03	2	04단	蟹罐詰業者は組合を作り品質の改善につとめ朝鮮産の聲價を維持
190106	朝鮮朝日	西北・南鮮版	1930-06-03	2	04단	松毛蟲驅除
190107	朝鮮朝日	西北・南鮮版	1930-06-03	2	05단	朱乙川上流山林を調査
190108	朝鮮朝日	西北・南鮮版	1930-06-03	2	05단	掃立數增加
190109	朝鮮朝日	西北・南鮮版	1930-06-03	2	05단	粟と麥の栽培を獎勵
190110	朝鮮朝日	西北・南鮮版	1930-06-03	2	05단	公營山林の統一を行ひ山林より得る收入で면비を償はしめる
190111	朝鮮朝日	西北・南鮮版	1930-06-03	2	05단	平壤聯隊の徵兵檢査成績頗るよい
190112	朝鮮朝日	西北・南鮮版	1930-06-03	2	06단	間島地方穀物は增加
190113	朝鮮朝日	西北・南鮮版	1930-06-03	2	06단	朝日巡回活動寫眞
190114	朝鮮朝日	西北・南鮮版	1930-06-03	2	06단	童話と家庭講演
190115	朝鮮朝日	西北・南鮮版	1930-06-03	2	07단	咸南の人口
190116	朝鮮朝日	西北・南鮮版	1930-06-03	2	07단	平壤府內に竊盜橫行警官を增加し警戒に努む
190117	朝鮮朝日	西北・南鮮版	1930-06-03	2	07단	國語を解する朝鮮人は少ない
190118	朝鮮朝日	西北・南鮮版	1930-06-03	2	07단	十九師團管下少尉候補生試驗
190119	朝鮮朝日	南鮮版	1930-06-04	1	01단	農學校卒業生に耕地を小作せしめ俸給取の收入と比べる京畿道農會の思ひ切った計劃
190120	朝鮮朝日	南鮮版	1930-06-04	1	01단	女裝した密偵が市街に潛入が信ずべき情報に接して支那側警備機關を督勵
190121	朝鮮朝日	南鮮版	1930-06-04	1	02단	赤崎半島の新砲台完成實彈射擊演習擧行全國稀な新威力
190122	朝鮮朝日	南鮮版	1930-06-04	1	04단	上水道問題で頗る緊張馬山府協議會
190123	朝鮮朝日	南鮮版	1930-06-04	1	04단	小坂拓務次官一行の視察日程きまる
190124	朝鮮朝日	南鮮版	1930-06-04	1	05단	短歌/橋田東聲選

일련번호	판명		간행일	면	단수	기사명
190125	朝鮮朝日	南鮮版	1930-06-04	1	06단	お得意さんに對し遊覽飛行券御機嫌とりに贈る
190126	朝鮮朝日	南鮮版	1930-06-04	1	06단	秋風嶺に貯水池避暑地にする
190127	朝鮮朝日	南鮮版	1930-06-04	1	06단	貸付を受けた肥料を賣り米代に替へる小農全北道當局手をやく
190128	朝鮮朝日	南鮮版	1930-06-04	1	07단	第四回全鮮中等學校對抗陸上競技大會
190129	朝鮮朝日	南鮮版	1930-06-04	1	07단	慶北の普通學校に簡易な養蠶室
190130	朝鮮朝日	南鮮版	1930-06-04	1	07단	尾間立顯廣島に向ふ
190131	朝鮮朝日	南鮮版	1930-06-04	1	08단	慶南教育會第七回總會功勞者を表彰
190132	朝鮮朝日	南鮮版	1930-06-04	1	09단	圈外船主らが居中幹旋し和解の機運動き初む釜山牧ノ島朝鮮爭議
190133	朝鮮朝日	南鮮版	1930-06-04	1	09단	百萬長者が桑をぬすむ
190134	朝鮮朝日	南鮮版	1930-06-04	1	09단	連絡船から苦い女投身
190135	朝鮮朝日	南鮮版	1930-06-04	1	10단	咸北の牛疫は猖獗を極む
190136	朝鮮朝日	南鮮版	1930-06-04	1	10단	もよほし(音樂會)
190137	朝鮮朝日	南鮮版	1930-06-04	1	10단	半島茶話
190138	朝鮮朝日	西北版	1930-06-04	1	01단	女裝した密偵が市街に潜入が信ずべき情報に接して支那側警備機關を督勵/祕密會の噂で嚴重に警戒蹴毬大會は許可さる籠球附近は割に平穩/間島事件も鎭靜し二十師團も咸北も鳴を鎭む
190139	朝鮮朝日	西北版	1930-06-04	1	04단	開城咸興の府制實施十一月ごろまでに實現
190140	朝鮮朝日	西北版	1930-06-04	1	05단	小商工業者救濟資金を貸しつける
190141	朝鮮朝日	西北版	1930-06-04	1	05단	短歌/橋田東聲選
190142	朝鮮朝日	西北版	1930-06-04	1	05단	小坂拓務次官一行の視察日程きまる
190143	朝鮮朝日	西北版	1930-06-04	1	06단	通運と運送會社の今後の競爭益々白熱化するか鐵道と運送との新締結で
190144	朝鮮朝日	西北版	1930-06-04	1	06단	遂年增加する自動車事故事故の防止に關し具體案を立案中
190145	朝鮮朝日	西北版	1930-06-04	1	06단	總監咸南北視察
190146	朝鮮朝日	西北版	1930-06-04	1	06단	平南道の特産品內地進出計劃
190147	朝鮮朝日	西北版	1930-06-04	1	07단	平壤府の印紙稅檢查
190148	朝鮮朝日	西北版	1930-06-04	1	07단	心當りがなく全く夢のやうだ拂戻し金訴訟に關し弟一銀行京城支店長は語る
190149	朝鮮朝日	西北版	1930-06-04	1	08단	牡丹台野話
190150	朝鮮朝日	西北版	1930-06-04	1	08단	木材船運賃低下
190151	朝鮮朝日	西北版	1930-06-04	1	08단	久し振の降雨で農家は蘇る
190152	朝鮮朝日	西北版	1930-06-04	1	08단	間島奬學會評議員改選

일련번호	판명		간행일	면	단수	기사명
190153	朝鮮朝日	西北版	1930-06-04	1	08단	鄕軍安東分會の射擊會
190154	朝鮮朝日	西北版	1930-06-04	1	09단	安東取引所增配の程度一般に注目さる
190155	朝鮮朝日	西北版	1930-06-04	1	09단	江界學議選當選者決定
190156	朝鮮朝日	西北版	1930-06-04	1	09단	平壤體協陸上競技會
190157	朝鮮朝日	西北版	1930-06-04	1	09단	金持後家殺さる犯人は不明
190158	朝鮮朝日	西北版	1930-06-04	1	10단	元山騷擾事件一味の判決
190159	朝鮮朝日	西北版	1930-06-04	1	10단	素麵箱から拳銃と彈丸
190160	朝鮮朝日	西北版	1930-06-04	1	10단	人(宇佐美珍産氏(前安東領事))
190161	朝鮮朝日	西北版	1930-06-04	1	10단	半島茶話
190162	朝鮮朝日	西北・南鮮版	1930-06-04	2	01단	遲くとも八月までに設立鮮米倉庫株式會社準備着々と進む
190163	朝鮮朝日	西北・南鮮版	1930-06-04	2	01단	朝鮮から內地へ流出する金高は非常に多い
190164	朝鮮朝日	西北・南鮮版	1930-06-04	2	01단	缺損つゞきのホテルと食堂車鐵道局惱もの種
190165	朝鮮朝日	西北・南鮮版	1930-06-04	2	01단	春川の製絲工場六月中竣工
190166	朝鮮朝日	西北・南鮮版	1930-06-04	2	02단	群山體育協會內容を改善
190167	朝鮮朝日	西北・南鮮版	1930-06-04	2	02단	國産品の煙草包裝紙
190168	朝鮮朝日	西北・南鮮版	1930-06-04	2	02단	航路標識の完備を請願
190169	朝鮮朝日	西北・南鮮版	1930-06-04	2	03단	各地だより(平壤/春川/鎭南浦/新義州/公州)
190170	朝鮮朝日	西北・南鮮版	1930-06-04	2	03단	朝日巡回活動寫眞
190171	朝鮮朝日	西北・南鮮版	1930-06-04	2	03단	童話と家庭講演
190172	朝鮮朝日	南鮮版	1930-06-05	1	01단	朝鮮人側は擧げて歸化權問題をきらふ迂濶に歸化でもすればひどい目にあふと逃げを張る
190173	朝鮮朝日	南鮮版	1930-06-05	1	01단	仁川港海陸連絡設備擴張起工式
190174	朝鮮朝日	南鮮版	1930-06-05	1	02단	資本家に不利な勞動組合法は朝鮮産業開發上支障同案施行反對の回答
190175	朝鮮朝日	南鮮版	1930-06-05	1	05단	勞動生活の第一線に立ち莫大な基本金蓄積內房蟄居を廢した婦人達
190176	朝鮮朝日	南鮮版	1930-06-05	1	05단	釜山府民の飛機利用に種々の便宜を與へる施設につき道に陳情
190177	朝鮮朝日	南鮮版	1930-06-05	1	05단	六航路の改善を要望釜山商業會議所から
190178	朝鮮朝日	南鮮版	1930-06-05	1	05단	農民デーに總督ら田植
190179	朝鮮朝日	南鮮版	1930-06-05	1	06단	繭相場の協定成らず
190180	朝鮮朝日	南鮮版	1930-06-05	1	06단	禁止施行期日の明記がなく疫牛が道外へ出る咸北道當局の非難の聲

일련번호	판명		간행일	면	단수	기사명
190181	朝鮮朝日	南鮮版	1930-06-05	1	06단	朝鮮映畫界に喜ばしい計劃プロ專門映畫を作りファンの渴を癒やす計劃安碩柱氏らによって實現
190182	朝鮮朝日	南鮮版	1930-06-05	1	07단	中堅人物を養成し理想鄕建設慶北の試み
190183	朝鮮朝日	南鮮版	1930-06-05	1	07단	古墳を調査
190184	朝鮮朝日	南鮮版	1930-06-05	1	08단	時の記念日と京城の催し
190185	朝鮮朝日	南鮮版	1930-06-05	1	08단	組合、罷業團ともに作業を始め解決はいよいよ困難釜山牧ノ島朝鮮爭議
190186	朝鮮朝日	南鮮版	1930-06-05	1	08단	運動界(鐵道軍優勝)
190187	朝鮮朝日	南鮮版	1930-06-05	1	08단	慈雨に大喜び全北の農村
190188	朝鮮朝日	南鮮版	1930-06-05	1	09단	鮮展入場者昨年より少し
190189	朝鮮朝日	南鮮版	1930-06-05	1	09단	三戸をやく
190190	朝鮮朝日	南鮮版	1930-06-05	1	09단	羅南の牛疫なほ油斷ならず當局は嚴重に警戒中
190191	朝鮮朝日	南鮮版	1930-06-05	1	10단	乞食を裝ふ不良鮮支人
190192	朝鮮朝日	南鮮版	1930-06-05	1	10단	僞の吉川英治つひに捕る
190193	朝鮮朝日	南鮮版	1930-06-05	1	10단	人(拓務省永井書記官/谷多喜底氏(慶南知事)/後藤削香氏(希望社主幹)/湯村辰二郎氏(本府農務課長))
190194	朝鮮朝日	南鮮版	1930-06-05	1	10단	半島茶話
190195	朝鮮朝日	西北版	1930-06-05	1	01단	朝鮮人側は擧げて歸化權問題をきらふ迂濶に歸化でもすればひどい目にあふと逃げを張る
190196	朝鮮朝日	西北版	1930-06-05	1	01단	一流妓生を落籍し各地を飛び廻る謎の銀五萬圓の行方龍井支那郵便局長の奇怪な行動
190197	朝鮮朝日	西北版	1930-06-05	1	02단	穩城守備隊警備を解き任地に歸還す
190198	朝鮮朝日	西北版	1930-06-05	1	02단	資本家に不利な勞動組合法は朝鮮産業開發上支障同案施行反對の回答
190199	朝鮮朝日	西北版	1930-06-05	1	03단	咸興商工會臨時總會
190200	朝鮮朝日	西北版	1930-06-05	1	04단	察藤總督の黃海道視察
190201	朝鮮朝日	西北版	1930-06-05	1	04단	日曜祭日の開館は好績安東の圖書館
190202	朝鮮朝日	西北版	1930-06-05	1	05단	水利事業補助金割當額決定
190203	朝鮮朝日	西北版	1930-06-05	1	05단	大豆の出廻り急に激增し元山稅關構內に出積持越品手放しのため
190204	朝鮮朝日	西北版	1930-06-05	1	05단	平壤地方端午の節句で賑ふ
190205	朝鮮朝日	西北版	1930-06-05	1	05단	戰鬪機を奉天に空輸平壤から

일련번호	판명		간행일	면	단수	기사명
190206	朝鮮朝日	西北版	1930-06-05	1	06단	農商倉庫の設置は尚早苦し設置するとしても極めて小規模のものか
190207	朝鮮朝日	西北版	1930-06-05	1	06단	安東取引所の仲買店表彰
190208	朝鮮朝日	西北版	1930-06-05	1	06단	修養團支部の役員きまる
190209	朝鮮朝日	西北版	1930-06-05	1	06단	附加稅賦課の通達きたる邦人の影響大きく相當に重大視さる/豆粕油粕の附加稅免除は取消か一部で實施の徹底を期するむきがあって
190210	朝鮮朝日	西北版	1930-06-05	1	06단	脚戲大會は雨天で振はず
190211	朝鮮朝日	西北版	1930-06-05	1	07단	咸興地方の陸上競技會
190212	朝鮮朝日	西北版	1930-06-05	1	07단	滿鐵中等校の武道大會
190213	朝鮮朝日	西北版	1930-06-05	1	07단	天然痘患者の戶別的檢病
190214	朝鮮朝日	西北版	1930-06-05	1	08단	學生二名檢擧す不穩の局子街も平穩に歸す
190215	朝鮮朝日	西北版	1930-06-05	1	08단	禁止施行期日の明記がなく疫牛が道外へ出る咸北道當局の非難の聲/羅南の牛疫なほ油斷ならず當局は嚴重に警戒中/牛疫突發と獸醫の補充
190216	朝鮮朝日	西北版	1930-06-05	1	08단	僞造紙幣を少年は行使
190217	朝鮮朝日	西北版	1930-06-05	1	09단	自動車顚覆
190218	朝鮮朝日	西北版	1930-06-05	1	09단	十四ヶ條の歎願書を出し同時に盟休に入る義州農學校生徒が
190219	朝鮮朝日	西北版	1930-06-05	1	10단	不二西鮮農場水喧譁鎭靜
190220	朝鮮朝日	西北版	1930-06-05	1	10단	署材竊取事件一味の判決
190221	朝鮮朝日	西北版	1930-06-05	1	10단	支那巡察の銃器持逃げ馬賊と通謀し
190222	朝鮮朝日	西北版	1930-06-05	1	10단	乞食を裝ふ不良鮮支人
190223	朝鮮朝日	西北版	1930-06-05	1	10단	時局を標榜し強盜を働く女を賣飛す
190224	朝鮮朝日	西北・南鮮版	1930-06-05	2	01단	極貧生活から浮びあがる相當な生活を續ける叺製造に惠れた農民
190225	朝鮮朝日	西北・南鮮版	1930-06-05	2	01단	肥料改善には特に力を入れる肥料たまりの増設やその他いろんな施設をする
190226	朝鮮朝日	西北・南鮮版	1930-06-05	2	01단	釜木連絡船八月に進水關釜連絡船形の優秀船
190227	朝鮮朝日	西北・南鮮版	1930-06-05	2	02단	蜈蟲退治に力をそゝぐ全北の各農村
190228	朝鮮朝日	西北・南鮮版	1930-06-05	2	02단	羅南師團除隊兵出動
190229	朝鮮朝日	西北・南鮮版	1930-06-05	2	02단	羅南入營兵
190230	朝鮮朝日	西北・南鮮版	1930-06-05	2	03단	黑蝦の豊漁
190231	朝鮮朝日	西北・南鮮版	1930-06-05	2	03단	平南の春繭昨年より増收
190232	朝鮮朝日	西北・南鮮版	1930-06-05	2	03단	朝日巡回活動寫眞

일련번호	판명		간행일	면	단수	기사명
190233	朝鮮朝日	西北・南鮮版	1930-06-05	2	03단	童話と家庭講演
190234	朝鮮朝日	西北・南鮮版	1930-06-05	2	04단	五月中の貨物輸送量
190235	朝鮮朝日	西北・南鮮版	1930-06-05	2	04단	航空係員加俸
190236	朝鮮朝日	西北・南鮮版	1930-06-05	2	04단	各地だより(平壤/羅南)
190237	朝鮮朝日	南鮮版	1930-06-06	1	01단	營業者と問屋の間に立って斡旋し安い商品を購入せしめ公私設市場利用者の便を圖る
190238	朝鮮朝日	南鮮版	1930-06-06	1	01단	道路收益稅に反對が多く本府は許可をしぶる結局は計劃案を變更
190239	朝鮮朝日	南鮮版	1930-06-06	1	01단	蔚山、釜山間の連絡自動車増設釜山市內に専用ポスト設置飛機利用の諸設備
190240	朝鮮朝日	南鮮版	1930-06-06	1	01단	旱水害の對策を指示昨年の大旱害に鑑み插秧期を控へて慶南道で
190241	朝鮮朝日	南鮮版	1930-06-06	1	03단	木浦武道大會
190242	朝鮮朝日	南鮮版	1930-06-06	1	03단	靑訓生と在營年限の特與標準
190243	朝鮮朝日	南鮮版	1930-06-06	1	03단	頭道溝普校の朝鮮人職員たち連袂辭職說が傳はる原因は左傾派の脅迫によるから
190244	朝鮮朝日	南鮮版	1930-06-06	1	04단	朝鮮への補助金いよいよ打切り紡織界不況の折柄營業上相部の打撃
190245	朝鮮朝日	南鮮版	1930-06-06	1	05단	釜山公益質屋愈よ店開き來る十日から
190246	朝鮮朝日	南鮮版	1930-06-06	1	05단	應北春繭基値協定成る卅一掛に決定
190247	朝鮮朝日	南鮮版	1930-06-06	1	06단	金剛探勝者お爲にキャンプ村建設本年は試驗的に內金剛のみへ百人收容のものを
190248	朝鮮朝日	南鮮版	1930-06-06	1	06단	釜山港內に巡航船を浮べる計劃認可があり次第來月上旬から就航
190249	朝鮮朝日	南鮮版	1930-06-06	1	06단	不老不死の靈藥鹿の角支那に輸出さる
190250	朝鮮朝日	南鮮版	1930-06-06	1	06단	思ひ出したやうに散步でもするつもりで突然黃海道巡察に出かけてみんなを面喰はした齋藤總監
190251	朝鮮朝日	南鮮版	1930-06-06	1	07단	大田の道立醫院開院式擧行
190252	朝鮮朝日	南鮮版	1930-06-06	1	07단	疑惑を恐れ自殺を企てたと奇怪な陳述をなす強盜殺人事件の公判
190253	朝鮮朝日	南鮮版	1930-06-06	1	09단	發動船沈沒乘組員は無事
190254	朝鮮朝日	南鮮版	1930-06-06	1	09단	文書と活寫で簡保を宣傳本月から第二段の計劃にとりかゝる
190255	朝鮮朝日	南鮮版	1930-06-06	1	10단	五棟を燒く
190256	朝鮮朝日	南鮮版	1930-06-06	1	10단	城津地方に降雨

일련번호	판명		간행일	면	단수	기사명
190257	朝鮮朝日	南鮮版	1930-06-06	1	10단	人(兒玉政務總監/伊勝正愍氏(新義州府尹)/元山新舊郵便局長/岸幸一少將(陸軍運輸部附)/守屋榮夫代議士/靜岡運輸事務所一行/佐久間權次郎氏(朝紡常務)/山本遞信局長)
190258	朝鮮朝日	南鮮版	1930-06-06	1	10단	半島茶話
190259	朝鮮朝日	西北版	1930-06-06	1	01단	*頭道溝普校の朝鮮人職員たち連袂辭職説が傳はる原因は左傾派の脅迫によるから/間島琿春の民會聯合會朝鮮人側は除いて十月龍井にひらく*
190260	朝鮮朝日	西北版	1930-06-06	1	02단	朝鮮側着筏は二三割減少
190261	朝鮮朝日	西北版	1930-06-06	1	02단	共同基地内に埋葬を厭ひ私有地に竊かに埋葬今後は嚴重に取締る
190262	朝鮮朝日	西北版	1930-06-06	1	03단	輸出附加稅の徵收を布告
190263	朝鮮朝日	西北版	1930-06-06	1	03단	城大陸競部元山遠征交涉
190264	朝鮮朝日	西北版	1930-06-06	1	03단	守備隊檢査
190265	朝鮮朝日	西北版	1930-06-06	1	04단	安東産豆粕の檢査數增す
190266	朝鮮朝日	西北版	1930-06-06	1	04단	移住朝鮮人の優遇を協議
190267	朝鮮朝日	西北版	1930-06-06	1	04단	俳句/鈴木花蓑選
190268	朝鮮朝日	西北版	1930-06-06	1	04단	兒玉總監の咸興初視察
190269	朝鮮朝日	西北版	1930-06-06	1	04단	思ひ出したやうに散歩でもするつもりで突然黃海道巡察に出かけてみんなを面喰はした齋藤總監
190270	朝鮮朝日	西北版	1930-06-06	1	05단	金剛探勝者お爲にキャンプ村建設本年は試驗的に內金剛のみへ百人收容のものを
190271	朝鮮朝日	西北版	1930-06-06	1	05단	地方民協力しザリ蟹採取平安南道における肺ヂストマ驅除策
190272	朝鮮朝日	西北版	1930-06-06	1	05단	平南の自動車運轉手試驗
190273	朝鮮朝日	西北版	1930-06-06	1	05단	國債償還獻金
190274	朝鮮朝日	西北版	1930-06-06	1	06단	平壤府お時の宣傳諸計劃きまる
190275	朝鮮朝日	西北版	1930-06-06	1	07단	平壤、南浦で狂犬豫防注射徹底的の豫防から狂犬は割合少ない
190276	朝鮮朝日	西北版	1930-06-06	1	07단	豹狼の猛獸が時々出沒し人畜に危害を加へる罠を設け絕滅を期す
190277	朝鮮朝日	西北版	1930-06-06	1	07단	平壤府電氣課長勇退す
190278	朝鮮朝日	西北版	1930-06-06	1	08단	ポーリネス教會と福音使退去を安東神社氏子から迫ることにきまる
190279	朝鮮朝日	西北版	1930-06-06	1	09단	牡丹台野話

일련번호	판명		간행일	면	단수	기사명
190280	朝鮮朝日	西北版	1930-06-06	1	09단	文書と活寫で簡保を宣傳本月から第二段の計劃にとりかゝる
190281	朝鮮朝日	西北版	1930-06-06	1	09단	五棟を燒く
190282	朝鮮朝日	西北版	1930-06-06	1	10단	ジャンク顚覆し三名行方不明
190283	朝鮮朝日	西北版	1930-06-06	1	10단	城津地方に降雨
190284	朝鮮朝日	西北版	1930-06-06	1	10단	人(兒玉政務總監/伊勝正慤氏(新義州府尹)/元山新舊郵便局長/鎭海漁業組合理事更迭)
190285	朝鮮朝日	西北版	1930-06-06	1	10단	半島茶話
190286	朝鮮朝日	西北・南鮮版	1930-06-06	2	01단	萬葉人の戀愛(二)山田淖實
190287	朝鮮朝日	西北・南鮮版	1930-06-06	2	03단	DKの聽取者朝鮮人が少く對策に苦慮中
190288	朝鮮朝日	西北・南鮮版	1930-06-06	2	03단	豆粕の輸入好調を續く
190289	朝鮮朝日	西北・南鮮版	1930-06-06	2	03단	朝日巡回活動寫眞
190290	朝鮮朝日	西北・南鮮版	1930-06-06	2	03단	童話と家庭講演
190291	朝鮮朝日	西北・南鮮版	1930-06-06	2	04단	端午節句用の獸類屠殺數
190292	朝鮮朝日	西北・南鮮版	1930-06-06	2	04단	各地だより(木浦/春川/平壤)
190293	朝鮮朝日	南鮮版	1930-06-07	1	01단	連日連夜の苦勞も結局水泡に歸るか農民の自暴自棄を憂ふ全くお話にならぬ繭お安相場
190294	朝鮮朝日	南鮮版	1930-06-07	1	01단	大した用もない單なる民情視察だ細大洩らさず見て來る小坂拓務政務次官鮮滿視察に向ふ/拓務次官來邸
190295	朝鮮朝日	南鮮版	1930-06-07	1	02단	東拓技師長辭表を提出この經緯に端を發し駒場閥對土木技術官確執
190296	朝鮮朝日	南鮮版	1930-06-07	1	04단	上瀧鑛務課長毆米を視察
190297	朝鮮朝日	南鮮版	1930-06-07	1	04단	三名だけ立候補群山商議評議員の選擧
190298	朝鮮朝日	南鮮版	1930-06-07	1	05단	群山西濱海岸地先埋立案愈よ認可申請
190299	朝鮮朝日	南鮮版	1930-06-07	1	05단	艀債附帶費の引下を提唱
190300	朝鮮朝日	南鮮版	1930-06-07	1	05단	發電所建設は料金値下の前提輪廓はほゞ出來上る
190301	朝鮮朝日	南鮮版	1930-06-07	1	06단	赤松麟作畫伯の個人展覽會
190302	朝鮮朝日	南鮮版	1930-06-07	1	06단	釜山の交通事故防止會役員きまる
190303	朝鮮朝日	南鮮版	1930-06-07	1	06단	蔚山飛行場活用のため日本航空會社營業所を釜山に設置のこゝ/活用の意見交換移轉防止陳情/大邱移轉反對の陳情
190304	朝鮮朝日	南鮮版	1930-06-07	1	07단	三等客優遇のサモタンク成績頗るよい
190305	朝鮮朝日	南鮮版	1930-06-07	1	07단	平北苗代は近年稀な好成績四年越の旱害に泣かされた農民は非常な意氣込

일련번호	판명		간행일	면	단수	기사명
190306	朝鮮朝日	南鮮版	1930-06-07	1	08단	春繭販賣所に農民が押し寄せ繭代金の支拂を迫る基値決定で支拂遲れ
190307	朝鮮朝日	南鮮版	1930-06-07	1	08단	農民デーに慶南の催し
190308	朝鮮朝日	南鮮版	1930-06-07	1	08단	運動界(鐵道優勝す)
190309	朝鮮朝日	南鮮版	1930-06-07	1	08단	罷業團が折れ近く解決か牧ノ島朝鮮爭議
190310	朝鮮朝日	南鮮版	1930-06-07	1	09단	道議選妨害は有罪と決定朝鮮では最初の選擧妨害第一回公判開かる
190311	朝鮮朝日	南鮮版	1930-06-07	1	09단	暴力行爲の判決
190312	朝鮮朝日	南鮮版	1930-06-07	1	10단	牧ノ島撚絲網工場無期休業
190313	朝鮮朝日	南鮮版	1930-06-07	1	10단	稀代の山窩團檢事局送り
190314	朝鮮朝日	南鮮版	1930-06-07	1	10단	もよほし(釜山化粧品組合總會)
190315	朝鮮朝日	南鮮版	1930-06-07	1	10단	人(山本遞信局長/鈴木融氏(新大邱郵便局長)/佐藤弘氏(福岡縣商品陣列所長)/靑田豊産中將(陸軍技術本部長)/脇谷洋次郎博士/後睡靜香氏(希望社々主)/後睡一郎氏(仁川觀測所長)/小坂拓務次官)
190316	朝鮮朝日	南鮮版	1930-06-07	1	10단	半島茶話
190317	朝鮮朝日	西北版	1930-06-07	1	01단	連日連夜の苦勞も結局水泡に歸するか農民の自暴自棄を憂ふ全くお話にならぬ繭お安相場
190318	朝鮮朝日	西北版	1930-06-07	1	01단	行政區域變更や師範學校設置など兒玉總監に陳情を試む元山の公職者會議で大體きまる
190319	朝鮮朝日	西北版	1930-06-07	1	01단	今後は産業の振興を奬勵新たに主事を置く平壤府で大々的に
190320	朝鮮朝日	西北版	1930-06-07	1	01단	兒玉總監羅南視察/淸津を視察
190321	朝鮮朝日	西北版	1930-06-07	1	03단	鎭南浦の林檎半減木の疲れから
190322	朝鮮朝日	西北版	1930-06-07	1	03단	大豆が少なく作業に困る安東油房工場
190323	朝鮮朝日	西北版	1930-06-07	1	04단	安東通過の外人
190324	朝鮮朝日	西北版	1930-06-07	1	04단	朝鮮人授産會街頭に進出安東地方事務所がこれが宣傳を行ふ
190325	朝鮮朝日	西北版	1930-06-07	1	04단	夏の大同江(一)
190326	朝鮮朝日	西北版	1930-06-07	1	05단	三等客優遇のサモタンク成績頗るよい
190327	朝鮮朝日	西北版	1930-06-07	1	06단	煙草の密輸が巧妙となる
190328	朝鮮朝日	西北版	1930-06-07	1	06단	保安課員總動員で自動車お速度を嚴密に調べて處罰平壤の事故防止策
190329	朝鮮朝日	西北版	1930-06-07	1	07단	豆油附加稅は從來どほり免稅重光上海總領事から國民政府に照會の結果判明
190330	朝鮮朝日	西北版	1930-06-07	1	07단	運動界(全鮮庭球豫選/春季競馬大會)

일련번호	판명		간행일	면	단수	기사명
190331	朝鮮朝日	西北版	1930-06-07	1	07단	傳染病流行期に平南道內で患者が續發
190332	朝鮮朝日	西北版	1930-06-07	1	07단	マラリヤの撲滅を圖る
190333	朝鮮朝日	西北版	1930-06-07	1	07단	大した用もない單なる民情視察だ細大洩らさず見て來る小坂拓務政務次官鮮滿視察に向ふ
190334	朝鮮朝日	西北版	1930-06-07	1	08단	金庫に收納の三千圓盜難
190335	朝鮮朝日	西北版	1930-06-07	1	08단	一戶商店主が三萬餘圓を騙取起訴公判に附せらる
190336	朝鮮朝日	西北版	1930-06-07	1	09단	牡丹台野話
190337	朝鮮朝日	西北版	1930-06-07	1	09단	倉庫から發火
190338	朝鮮朝日	西北版	1930-06-07	1	09단	幸運の手紙を嚴重取締る
190339	朝鮮朝日	西北版	1930-06-07	1	10단	咸北第一次共産黨事件來る十二日公判を開廷
190340	朝鮮朝日	西北版	1930-06-07	1	10단	もよほし(鎭南浦築港平南聯合期成會)
190341	朝鮮朝日	西北版	1930-06-07	1	10단	人(藤原喜藏氏(平南內務部長)
190342	朝鮮朝日	西北版	1930-06-07	1	10단	半島茶話
190343	朝鮮朝日	西北・南鮮版	1930-06-07	2	01단	萬葉人の戀愛(三)山田淖實
190344	朝鮮朝日	西北・南鮮版	1930-06-07	2	03단	全鮮各工場勞動調査勤務時間は長く勞銀は安い
190345	朝鮮朝日	西北・南鮮版	1930-06-07	2	03단	朝鮮內のかくれた産物鐵道局で細農調査
190346	朝鮮朝日	西北・南鮮版	1930-06-07	2	03단	童話と家庭講演
190347	朝鮮朝日	西北・南鮮版	1930-06-07	2	04단	各地だより(木浦/元山/仁川)
190348	朝鮮朝日	南鮮版	1930-06-08	1	01단	今後私立學校の設立は難しくなる同盟休校騷ぎに懲りて嚴しく制限することにきまる
190349	朝鮮朝日	南鮮版	1930-06-08	1	01단	*前年に比し三分の增收麥作の收穫豫想高六月一日現在殖産局調査/平年作より減收の見込慶北今年の麥作豫想/前年より約二百萬圓減收降雨量が多かった爲慶南麥作收穫豫想*
190350	朝鮮朝日	南鮮版	1930-06-08	1	02단	京城三公園の松毛蟲退治
190351	朝鮮朝日	南鮮版	1930-06-08	1	03단	蔚山飛行場移轉反對遞信局長に陳情
190352	朝鮮朝日	南鮮版	1930-06-08	1	03단	取引所問題で次官に陳情釜山商議員ら
190353	朝鮮朝日	南鮮版	1930-06-08	1	03단	活動寫眞のクーポン發行不景氣切拔のため京城商人が聯合し
190354	朝鮮朝日	南鮮版	1930-06-08	1	04단	赤崎新砲台實彈射擊第一次試驗
190355	朝鮮朝日	南鮮版	1930-06-08	1	04단	釜山、鎭海、雲台間鐵道工事は愈よ十五日ごろ着手土地買收相當困難か
190356	朝鮮朝日	南鮮版	1930-06-08	1	04단	短歌/橋田東聲選

일련번호	판명		간행일	면	단수	기사명
190357	朝鮮朝日	南鮮版	1930-06-08	1	04단	達城古墳の調査を行ふ古器物を發掘
190358	朝鮮朝日	南鮮版	1930-06-08	1	05단	新羅時代の古墳を發見慶北榮州郡で
190359	朝鮮朝日	南鮮版	1930-06-08	1	05단	無智な醫生の向上をはかり講話會など で指導人を食った診斷ぶりに當局も今 更呆れかへる
190360	朝鮮朝日	南鮮版	1930-06-08	1	05단	綠肥增收に慶南の飛躍
190361	朝鮮朝日	南鮮版	1930-06-08	1	06단	晉州の下水溝改修緊急事業として叫ばる
190362	朝鮮朝日	南鮮版	1930-06-08	1	06단	無線電話の沈默時間を今後嚴守する
190363	朝鮮朝日	南鮮版	1930-06-08	1	06단	京城、水原を背景に農村善導の映畵「嚴 裂く松」撮影總督府社會課で
190364	朝鮮朝日	南鮮版	1930-06-08	1	07단	設備不完全な旅館と百貨店京城に隨分 多い惡い部分に改善を命ず
190365	朝鮮朝日	南鮮版	1930-06-08	1	07단	强制的に正札を公私設市場の品に付け さす
190366	朝鮮朝日	南鮮版	1930-06-08	1	07단	大邱府營プール
190367	朝鮮朝日	南鮮版	1930-06-08	1	07단	最高選手を迎へて一戰を交へる歐洲派 遣選手一行來る二十日に入城
190368	朝鮮朝日	南鮮版	1930-06-08	1	08단	求職者激增す釜山職紹に
190369	朝鮮朝日	南鮮版	1930-06-08	1	08단	預金差押へに對し聲明書を發す合銀の お家騷動は愈よ尖鋭的となる
190370	朝鮮朝日	南鮮版	1930-06-08	1	08단	大學病院分院入院料値下
190371	朝鮮朝日	南鮮版	1930-06-08	1	09단	學校兒童蜈蟲を驅除
190372	朝鮮朝日	南鮮版	1930-06-08	1	09단	通帳を改竄し物品を詐欺
190373	朝鮮朝日	南鮮版	1930-06-08	1	10단	平北別館を總督官邸に寄贈
190374	朝鮮朝日	南鮮版	1930-06-08	1	10단	暴力を用ひ登校生を脅かす
190375	朝鮮朝日	南鮮版	1930-06-08	1	10단	毒殺を圖る十七の女房
190376	朝鮮朝日	南鮮版	1930-06-08	1	10단	幼女列車に刎飛ばさる
190377	朝鮮朝日	南鮮版	1930-06-08	1	10단	マラリヤ病に奇妙な迷信
190378	朝鮮朝日	南鮮版	1930-06-08	1	10단	大學生と稱そ無錢で豪遊
190379	朝鮮朝日	南鮮版	1930-06-08	1	10단	人(永井十太郎氏(新任釜山郵便局長)/松山 常次郎代議士/山內靜夫中將(築城本部長))
190380	朝鮮朝日	西北版	1930-06-08	1	01단	今後私立學校の設立は難しくなる同盟 休校騷ぎに懲りて嚴しく制限すること にきまる
190381	朝鮮朝日	西北版	1930-06-08	1	01단	前年に比し三分の增收麥作の收穫豫想 高六月一日現在殖産局調査
190382	朝鮮朝日	西北版	1930-06-08	1	01단	天狗巢病の桐樹に注射桐樹の生育に及 ぼす藥品の影響を試驗
190383	朝鮮朝日	西北版	1930-06-08	1	01단	人命救助者の表彰を上申

일련번호	판명		간행일	면	단수	기사명
190384	朝鮮朝日	西北版	1930-06-08	1	02단	附加税の實施前安東驛の取扱
190385	朝鮮朝日	西北版	1930-06-08	1	03단	平壤府廳舍改築安着工の年度はまだきまらぬ
190386	朝鮮朝日	西北版	1930-06-08	1	03단	夏の大同江(二)
190387	朝鮮朝日	西北版	1930-06-08	1	04단	清津海員倶樂部落成式を擧行
190388	朝鮮朝日	西北版	1930-06-08	1	04단	雄基に鰯工場新設を計劃
190389	朝鮮朝日	西北版	1930-06-08	1	04단	森岡領事歡迎會
190390	朝鮮朝日	西北版	1930-06-08	1	05단	柞蠶絲取引は不況を呈す
190391	朝鮮朝日	西北版	1930-06-08	1	05단	新義州の外鹽買收高
190392	朝鮮朝日	西北版	1930-06-08	1	05단	無智な醫生の向上をはかり講話會などで指導人を食った診斷ぶりに當局も今更呆れかへる
190393	朝鮮朝日	西北版	1930-06-08	1	06단	中學生の兵營生活
190394	朝鮮朝日	西北版	1930-06-08	1	06단	小坂拓務次官の來壤期
190395	朝鮮朝日	西北版	1930-06-08	1	06단	佐藤中佐新義州視察
190396	朝鮮朝日	西北版	1930-06-08	1	06단	白色の篝星惡疫流行の北だと住民はひどく怯ゆ
190397	朝鮮朝日	西北版	1930-06-08	1	06단	京城、水原を背景に農村善導の映畫「巖裂く松」撮影總督府社會課で
190398	朝鮮朝日	西北版	1930-06-08	1	07단	牡丹台野話
190399	朝鮮朝日	西北版	1930-06-08	1	07단	義州農の盟休生司法處分か
190400	朝鮮朝日	西北版	1930-06-08	1	07단	短歌/橋田東聲選
190401	朝鮮朝日	西北版	1930-06-08	1	07단	平鐵軍勝つ
190402	朝鮮朝日	西北版	1930-06-08	1	07단	北鮮日々十周年祝賀會
190403	朝鮮朝日	西北版	1930-06-08	1	08단	清津の強盗
190404	朝鮮朝日	西北版	1930-06-08	1	08단	支那海關汽艇船に衝き當り一人行方不明となる
190405	朝鮮朝日	西北版	1930-06-08	1	08단	病院半燒し三名負傷す
190406	朝鮮朝日	西北版	1930-06-08	1	08단	寡婦斬り犯人常態に復す
190407	朝鮮朝日	西北版	1930-06-08	1	09단	ヘヤネットの密輸を檢擧
190408	朝鮮朝日	西北版	1930-06-08	1	09단	萬引男逮捕
190409	朝鮮朝日	西北版	1930-06-08	1	09단	平北別館を總督官邸に寄贈
190410	朝鮮朝日	西北版	1930-06-08	1	09단	大學病院分院入院料値下
190411	朝鮮朝日	西北版	1930-06-08	1	10단	寄食を拒まれ實況を斬る失業者の兇行
190412	朝鮮朝日	西北版	1930-06-08	1	10단	マラリヤ病に奇妙な迷信
190413	朝鮮朝日	西北版	1930-06-08	1	10단	大學生と稱そ無錢で豪遊
190414	朝鮮朝日	西北版	1930-06-08	1	10단	寄附帳を作り詐欺を働く
190415	朝鮮朝日	西北版	1930-06-08	1	10단	可愛らしい捨子
190416	朝鮮朝日	西北版	1930-06-08	1	10단	學校兒童蜈蟲を驅除

일련번호	판명		간행일	면	단수	기사명
190417	朝鮮朝日	西北・南鮮版	1930-06-08	2	01단	萬葉人の戀愛(四)山田淖實
190418	朝鮮朝日	西北・南鮮版	1930-06-08	2	03단	各地だより(平壤/裡里/公州/統營/新義州/羅南/鎭海)
190419	朝鮮朝日	西北・南鮮版	1930-06-08	2	03단	童話と家庭講演
190420	朝鮮朝日	南鮮版	1930-06-10	1	01단	銀塊大慘落で對支輸出全く杜絶上海航路は採算難なほ前途は暗澹たるもの
190421	朝鮮朝日	南鮮版	1930-06-10	1	01단	政府と全然別の立場から調査豫算の節約に就て林財務局長の談
190422	朝鮮朝日	南鮮版	1930-06-10	1	01단	農民デー總督總監も臨場し盛大な田植を水原模範場で擧行記念放送もやる
190423	朝鮮朝日	南鮮版	1930-06-10	1	01단	朝鮮工業界の大恩人三山試驗所技師榮轉す
190424	朝鮮朝日	南鮮版	1930-06-10	1	02단	獻穀田御田植式
190425	朝鮮朝日	南鮮版	1930-06-10	1	02단	最新式の警備電話京城に備付
190426	朝鮮朝日	南鮮版	1930-06-10	1	03단	吉岡少將視察
190427	朝鮮朝日	南鮮版	1930-06-10	1	03단	早くも金剛山登山隊來鮮
190428	朝鮮朝日	南鮮版	1930-06-10	1	03단	時の標語審査の結果
190429	朝鮮朝日	南鮮版	1930-06-10	1	03단	刑務所製品を捨て値で賣り捌く今秋京城他數ヶ所で商人の反對運動は取り合はぬ
190430	朝鮮朝日	南鮮版	1930-06-10	1	04단	三十日目に圓滿に解決古市釜山署長の斡旋が春功牧ノ島朝鮮總罷業
190431	朝鮮朝日	南鮮版	1930-06-10	1	04단	お茶のあと
190432	朝鮮朝日	南鮮版	1930-06-10	1	05단	安氏送別獨奏會
190433	朝鮮朝日	南鮮版	1930-06-10	1	05단	署長及の異動が又蹲に上る
190434	朝鮮朝日	南鮮版	1930-06-10	1	06단	聯合期成會を組織して釜山間山間の道路敷設促進
190435	朝鮮朝日	南鮮版	1930-06-10	1	06단	名譽毀損と選擧違反の道議に禁鋼
190436	朝鮮朝日	南鮮版	1930-06-10	1	06단	移出牛檢疫の取締規則を改正再び問題を生じぬやう本年中には實現の豫定
190437	朝鮮朝日	南鮮版	1930-06-10	1	06단	鐵道官舍街に降る黃金の雨久しく待望された滿鐵の退職手當が渡される
190438	朝鮮朝日	南鮮版	1930-06-10	1	06단	全鮮中學校校陸上競技大會京城師範優勝す/全鮮武道大會來月四日から三日間/醫專勝つ/籃球リーグ戰
190439	朝鮮朝日	南鮮版	1930-06-10	1	07단	寫眞競技會
190440	朝鮮朝日	南鮮版	1930-06-10	1	08단	金製品は盜まる達城古墳の發掘一段落
190441	朝鮮朝日	南鮮版	1930-06-10	1	09단	仕事がなく喘ぐ土木業者儲せたのは鐵道當局競爭が甚しいため

일련번호	판명		간행일	면	단수	기사명
190442	朝鮮朝日	南鮮版	1930-06-10	1	10단	强盜殺人に死刑の判決
190443	朝鮮朝日	南鮮版	1930-06-10	1	10단	人(靑口直畫伯/加藤直吉博士(釜山府立病院耳鼻咽喉科長)/定行人郎氏(前代議士)/池見辰次郎氏(大日本酒類製造社長)/西龜本府衛生課長/周房止李氏(京畿道衛生課長)/井上慶北衛生課長)
190444	朝鮮朝日	西北版	1930-06-10	1	01단	銀塊大慘落で對支輸出全く杜絶上海航路は採算難なほ前途は暗澹たるもの
190445	朝鮮朝日	西北版	1930-06-10	1	01단	この狀勢が續けば打擊は相當甚大銀の暴落と安東縣
190446	朝鮮朝日	西北版	1930-06-10	1	01단	政府と全然別の立場から調査豫算の節約に就て林財務局長の談
190447	朝鮮朝日	西北版	1930-06-10	1	01단	實現すれば郵便のみでなく旅客の輸送もしたい佐藤航空官の國境線視察談
190448	朝鮮朝日	西北版	1930-06-10	1	01단	道路、公園の使用料改正
190449	朝鮮朝日	西北版	1930-06-10	1	02단	疾風西海岸警備
190450	朝鮮朝日	西北版	1930-06-10	1	02단	平北道の署長級異動
190451	朝鮮朝日	西北版	1930-06-10	1	03단	肺ヂストマ中間宿主の蟹を採取す
190452	朝鮮朝日	西北版	1930-06-10	1	03단	刑務所製品を捨て値で賣り捌く今秋京城他數ヶ所で商人の反對運動は取り合はぬ
190453	朝鮮朝日	西北版	1930-06-10	1	03단	內地人貸座敷の朝鮮娼妓抱入れ再び反對の烽火揚る近く解決の見込み
190454	朝鮮朝日	西北版	1930-06-10	1	04단	平壤聯隊入營兵
190455	朝鮮朝日	西北版	1930-06-10	1	04단	蠅取紙を配布し驅除に努む
190456	朝鮮朝日	西北版	1930-06-10	1	04단	鰯工船が咸南北の沖合へ七月から姿を現すちかく許可の指令
190457	朝鮮朝日	西北版	1930-06-10	1	05단	齋藤總督沙里院視察
190458	朝鮮朝日	西北版	1930-06-10	1	05단	兒玉總監城津を視察
190459	朝鮮朝日	西北版	1930-06-10	1	05단	巖谷氏講演會
190460	朝鮮朝日	西北版	1930-06-10	1	05단	農民デー總督總監も臨場し盛大な田植を水原模範場で擧行記念放送もやる
190461	朝鮮朝日	西北版	1930-06-10	1	06단	眞劍となった鰯工船反對運動約一萬人の調印を集めて道知事に陳情する
190462	朝鮮朝日	西北版	1930-06-10	1	06단	不景氣で大減收圖們線の成績
190463	朝鮮朝日	西北版	1930-06-10	1	06단	ガソリン孃平壤に現る近く營業を開始
190464	朝鮮朝日	西北版	1930-06-10	1	06단	不良朝鮮人元山に徘徊家庭を襲ふ
190465	朝鮮朝日	西北版	1930-06-10	1	06단	同大院里の競馬大會素晴しい景氣

일련번호	판명		간행일	면	단수	기사명
190466	朝鮮朝日	西北版	1930-06-10	1	07단	移出牛檢疫の取締規則を改正再び問題を生じぬやう本年中には實現の豫定
190467	朝鮮朝日	西北版	1930-06-10	1	07단	仕事がなく喘ぐ土木業者儲せたのは鐵道當局競爭が甚しいため
190468	朝鮮朝日	西北版	1930-06-10	1	07단	鐵道官舍街に降る黃金の雨久しく待望された滿鐵の退職手當が渡される
190469	朝鮮朝日	西北版	1930-06-10	1	07단	全鮮中學校校陸上競技大會京城師範優勝す/全鮮武道大會來月四日から三日間/國境中等校對抗陸上競技/神宮競技豫選
190470	朝鮮朝日	西北版	1930-06-10	1	08단	短刀で斬る
190471	朝鮮朝日	西北版	1930-06-10	1	09단	小坂次官元山へ
190472	朝鮮朝日	西北版	1930-06-10	1	09단	質屋を襲うた强盗捕はる
190473	朝鮮朝日	西北版	1930-06-10	1	09단	精神異狀の暴死
190474	朝鮮朝日	西北・南鮮版	1930-06-10	2	01단	萬葉人の戀愛(五)山田淖實
190475	朝鮮朝日	西北・南鮮版	1930-06-10	2	01단	生殖腺を移植し古返り法は可能人間普通の壽命を百歲にする佛國ウォルノフ博士の講演
190476	朝鮮朝日	西北・南鮮版	1930-06-10	2	03단	南朝鮮電氣電燈料改訂
190477	朝鮮朝日	西北・南鮮版	1930-06-10	2	04단	達城古墳の發掘愈よ進む鈍金製ハート型耳飾馬具飾などを發見
190478	朝鮮朝日	西北・南鮮版	1930-06-10	2	05단	元山海面の埋立を出願昭和工業會社
190479	朝鮮朝日	西北・南鮮版	1930-06-10	2	06단	各地だより(仁川/木浦/群山/京城/裡里)
190480	朝鮮朝日	西北・南鮮版	1930-06-10	2	06단	童話と家庭講演
190481	朝鮮朝日	南鮮版	1930-06-11	1	01단	農産物の暴落から農村は全く行つまる秋の米價如何では一層の恐慌/農業經營は多角的であれ農村子弟指導教育を根本的に樹て直す/未曾有お安値で慘澹たる有樣産繭增殖計劃にも暗影慶北本年度お春繭
190482	朝鮮朝日	南鮮版	1930-06-11	1	01단	一部の反感に辯解はせぬ軍縮會議の論斷に對し齋藤總督は語る
190483	朝鮮朝日	南鮮版	1930-06-11	1	03단	マコーの太卷近く市場に出る
190484	朝鮮朝日	南鮮版	1930-06-11	1	03단	樂になる三等寢台新たに製造
190485	朝鮮朝日	南鮮版	1930-06-11	1	04단	慶南農業技術員會議
190486	朝鮮朝日	南鮮版	1930-06-11	1	04단	兒玉總監一行
190487	朝鮮朝日	南鮮版	1930-06-11	1	05단	大々的に聯合に反對國際通運朝鮮同盟會聲明書を發表す
190488	朝鮮朝日	南鮮版	1930-06-11	1	05단	出來得る限り補助を增加命令航路補助問題で山根海事課長語る

일련번호	판명		간행일	면	단수	기사명
190489	朝鮮朝日	南鮮版	1930-06-11	1	06단	插秧は全部婦女の手で京畿道安城郡勤勞婦人團の雄々しい意氣込み
190490	朝鮮朝日	南鮮版	1930-06-11	1	06단	鰯工船が咸南北の沖合へ七月から姿を現すちかく許可の指令
190491	朝鮮朝日	南鮮版	1930-06-11	1	06단	南鮮沿海に密漁船が出沒し漁民は少からず脅威關門方面の取締嚴重から
190492	朝鮮朝日	南鮮版	1930-06-11	1	07단	五百年前の日時計台
190493	朝鮮朝日	南鮮版	1930-06-11	1	07단	大邱の家賃値下運動再燃す
190494	朝鮮朝日	南鮮版	1930-06-11	1	08단	不景氣切拔策から百貨廉賣市を開く京城の商工獎勵館において二十四日から二十八日まで
190495	朝鮮朝日	南鮮版	1930-06-11	1	08단	百萬長者のお家騷動は本妻、妾兩派の策動でいよいよ複雜化す
190496	朝鮮朝日	南鮮版	1930-06-11	1	08단	俳句/鈴木花蓑選
190497	朝鮮朝日	南鮮版	1930-06-11	1	09단	四千圓詐取の一味に懲役檢事の求刑
190498	朝鮮朝日	南鮮版	1930-06-11	1	09단	三戶を燒く
190499	朝鮮朝日	南鮮版	1930-06-11	1	09단	またもヌクテ現れ山羊三頭咬殺
190500	朝鮮朝日	南鮮版	1930-06-11	1	10단	德壽丸就航
190501	朝鮮朝日	南鮮版	1930-06-11	1	10단	昭和丸航行不能
190502	朝鮮朝日	南鮮版	1930-06-11	1	10단	自動車で轢殺す
190503	朝鮮朝日	南鮮版	1930-06-11	1	10단	もよほし(釜山港友會例會)
190504	朝鮮朝日	南鮮版	1930-06-11	1	10단	人(山根貞一氏(遞信局海事課長)/足立丈次郎氏(朝鮮莨會社理事)/關口養亮氏(新釜山局監督課長)/具野槌藏氏(同上郵便課長))
190505	朝鮮朝日	西北版	1930-06-11	1	01단	農産物の暴落から農村は全く行つまる秋の米價如何では一層の恐慌/農業經營は多角的であれ農村子弟指導教育を根本的に樹て直す
190506	朝鮮朝日	西北版	1930-06-11	1	01단	一部の反感に辯解はせぬ軍縮會議の論斷に對し齋藤總督は語る
190507	朝鮮朝日	西北版	1930-06-11	1	01단	羅南學議員選擧
190508	朝鮮朝日	西北版	1930-06-11	1	02단	樂になる三等寢台新たに製造
190509	朝鮮朝日	西北版	1930-06-11	1	03단	五百年前の日時計台
190510	朝鮮朝日	西北版	1930-06-11	1	04단	江界に金組いよいよ設置
190511	朝鮮朝日	西北版	1930-06-11	1	04단	鴨綠江岸の飛行場は中江鎭が理想的佐藤航空官が實地視察ちかく試驗飛行を行ふ
190512	朝鮮朝日	西北版	1930-06-11	1	05단	大々的に聯合に反對國際通運朝鮮同盟會聲明書を發表す

일련번호	판명		간행일	면	단수	기사명
190513	朝鮮朝日	西北版	1930-06-11	1	05단	自動車を廻る職業最近平壤府内に著しく増加す
190514	朝鮮朝日	西北版	1930-06-11	1	05단	俳句/鈴木花蓑選
190515	朝鮮朝日	西北版	1930-06-11	1	06단	マコーの太卷近く市場に出る
190516	朝鮮朝日	西北版	1930-06-11	1	06단	日本間は廢す方針仁川カフェーの申合せ
190517	朝鮮朝日	西北版	1930-06-11	1	06단	百萬長者のお家騷動は本妻、妾兩派の策動でいよいよ複雜化す
190518	朝鮮朝日	西北版	1930-06-11	1	07단	牡丹台野話
190519	朝鮮朝日	西北版	1930-06-11	1	07단	普通校生徒に「標語入栞」を配布蠅の驅除につとめる平南道衛生課の詩み
190520	朝鮮朝日	西北版	1930-06-11	1	07단	若妻が行方不明
190521	朝鮮朝日	西北版	1930-06-11	1	08단	奧地では無警察狀態共産黨員等がばつこ金融事業は閉鎖同樣
190522	朝鮮朝日	西北版	1930-06-11	1	08단	今年は少い支那苦力郡例年の三分の一にも達せぬ財界不振の影響
190523	朝鮮朝日	西北版	1930-06-11	1	08단	一向に下らぬ元山の物價
190524	朝鮮朝日	西北版	1930-06-11	1	09단	規定外速力の自動車を處分交通巡查總動員で平壤府内八ヶ所に關所
190525	朝鮮朝日	西北版	1930-06-11	1	10단	三戸を燒く
190526	朝鮮朝日	西北版	1930-06-11	1	10단	暴動關與の生徒を檢束
190527	朝鮮朝日	西北版	1930-06-11	1	10단	間島に猩紅熱續々發生す
190528	朝鮮朝日	西北版	1930-06-11	1	10단	自動車で轢殺す
190529	朝鮮朝日	西北版	1930-06-11	1	10단	運動界(三菱勝つ/電氣優勝/全滿憲兵武道大會)
190530	朝鮮朝日	西北版	1930-06-11	1	10단	人(馬領事)
190531	朝鮮朝日	西北・南鮮版	1930-06-11	2	01단	大量貨物が郵便物より速く素晴しいスピード記錄貨物の少いのも原因
190532	朝鮮朝日	西北・南鮮版	1930-06-11	2	01단	煙草耕作者へ資金の融通九十九萬餘圓
190533	朝鮮朝日	西北・南鮮版	1930-06-11	2	01단	特定以外は繭賣買禁止
190534	朝鮮朝日	西北・南鮮版	1930-06-11	2	01단	馬山貿易額
190535	朝鮮朝日	西北・南鮮版	1930-06-11	2	01단	田植が始まる南鮮方面は十五日から
190536	朝鮮朝日	西北・南鮮版	1930-06-11	2	02단	全南博覽會光州で開く
190537	朝鮮朝日	西北・南鮮版	1930-06-11	2	02단	松毛蟲驅除好成績を收む
190538	朝鮮朝日	西北・南鮮版	1930-06-11	2	02단	カルキ消毒で傳染病減少
190539	朝鮮朝日	西北・南鮮版	1930-06-11	2	02단	塵埃の對策裡里で講ず
190540	朝鮮朝日	西北・南鮮版	1930-06-11	2	03단	酒類釀造釜山工場獨立
190541	朝鮮朝日	西北・南鮮版	1930-06-11	2	03단	新刊紹介(『貨物輸送月報』/『朝鮮および滿洲』)
190542	朝鮮朝日	西北・南鮮版	1930-06-11	2	03단	童話と家庭講演

일련번호	판명		간행일	면	단수	기사명
190543	朝鮮朝日	西北・南鮮版	1930-06-11	2	04단	各地だより(平壤/鎭南浦/元山/木浦/裡里)
190544	朝鮮朝日	南鮮版	1930-06-12	1	01단	*新規則撤廢を叫び大擧鐵道局へ押寄す運合反對派二百餘名警官隊も繰出して大さわぎ/朝運との對抗を堅く申合す*
190545	朝鮮朝日	南鮮版	1930-06-12	1	01단	夏・京城の裏ばなし(1)/水もの稼業深刻な不景氣が氷にも累を及し敢然危險品を賣らす本町ブラ連に一大脅威を與ふ
190546	朝鮮朝日	南鮮版	1930-06-12	1	02단	異動の範圍は相當擴大か噂に上る勇退署長級慶南警察界の地震
190547	朝鮮朝日	南鮮版	1930-06-12	1	03단	後任裡里面長
190548	朝鮮朝日	南鮮版	1930-06-12	1	03단	益山面長更送す
190549	朝鮮朝日	南鮮版	1930-06-12	1	03단	農村にも擴充し産組を振興
190550	朝鮮朝日	南鮮版	1930-06-12	1	04단	又復基礎工事に緩みを生ず前途多難を豫想さる釜山港北濱埋立工事
190551	朝鮮朝日	南鮮版	1930-06-12	1	04단	繭價の値開き餘り甚しく製絲家は工場閉鎖も辭せぬと强硬な態度
190552	朝鮮朝日	南鮮版	1930-06-12	1	05단	金剛山の電話と郵便所增設
190553	朝鮮朝日	南鮮版	1930-06-12	1	06단	仁川米豆取引所と京城市場合併や移轉の噂又も擡頭す成り行きを注目さる
190554	朝鮮朝日	南鮮版	1930-06-12	1	06단	列車博覽會
190555	朝鮮朝日	南鮮版	1930-06-12	1	06단	運動界(殖銀優勝/二商優勝/滿洲倶來城)
190556	朝鮮朝日	南鮮版	1930-06-12	1	07단	夏物百貨廉賣會京城商工聯合會で開催
190557	朝鮮朝日	南鮮版	1930-06-12	1	07단	朝鮮音樂を妓生が放送出演者の人選中
190558	朝鮮朝日	南鮮版	1930-06-12	1	07단	道立病院の藥價入院料を値下各官營事業の値下に先だって影響は頗る大きい
190559	朝鮮朝日	南鮮版	1930-06-12	1	08단	三十萬圓の慰藉料取り損ね富豪相手に二つの貞操蹂躪の訴訟
190560	朝鮮朝日	南鮮版	1930-06-12	1	09단	群山商議の評議當選者
190561	朝鮮朝日	南鮮版	1930-06-12	1	09단	南朝鮮電氣料金を改訂定額は最高二割値下
190562	朝鮮朝日	南鮮版	1930-06-12	1	10단	過って擊つ
190563	朝鮮朝日	南鮮版	1930-06-12	1	10단	煙草元賣會社支店長殺し三名に判決一名は死刑
190564	朝鮮朝日	南鮮版	1930-06-12	1	10단	校庭に草花園教員たちに栽培講習會
190565	朝鮮朝日	南鮮版	1930-06-12	1	10단	飛行事務打合
190566	朝鮮朝日	南鮮版	1930-06-12	1	10단	少女を轢く
190567	朝鮮朝日	南鮮版	1930-06-12	1	10단	電信線切斷さる局子街附近で

일련번호	판명		간행일	면	단수	기사명
190568	朝鮮朝日	西北版	1930-06-12	1	01단	治安問題に關し愼重に對策を協議悲壯裡に陳情書決議間島琿春內地人民會聯合大會(陳情書全文)
190569	朝鮮朝日	西北版	1930-06-12	1	01단	夏の大同江(三)
190570	朝鮮朝日	西北版	1930-06-12	1	04단	道立病院の藥價入院料を値下各官營事業の値下に先だって影響は頗る大きい
190571	朝鮮朝日	西北版	1930-06-12	1	04단	繭價の値開き餘り甚しく製絲家は工場閉鎖も辭せぬと强硬な態度
190572	朝鮮朝日	西北版	1930-06-12	1	05단	時の功勞者二氏を表彰
190573	朝鮮朝日	西北版	1930-06-12	1	05단	新義州の時の記念日
190574	朝鮮朝日	西北版	1930-06-12	1	05단	學校附設經濟農家調査完了す
190575	朝鮮朝日	西北版	1930-06-12	1	06단	牡丹台野話
190576	朝鮮朝日	西北版	1930-06-12	1	06단	安東簡閱點呼
190577	朝鮮朝日	西北版	1930-06-12	1	06단	東京、京城間の距離に等しい東京、鹿兒島間の試驗通話十五日ごろに行ふ
190578	朝鮮朝日	西北版	1930-06-12	1	07단	前年に比し九百餘萬圓の增昨年中平壤府內の工業生産高しらべ
190579	朝鮮朝日	西北版	1930-06-12	1	07단	宮城山一行來壤
190580	朝鮮朝日	西北版	1930-06-12	1	07단	朝鮮人巡査試驗合格者
190581	朝鮮朝日	西北版	1930-06-12	1	07단	運動界(警察官武道大會の豫選/平壤勝つ)
190582	朝鮮朝日	西北版	1930-06-12	1	08단	大搭闘後漸く逮捕平壤の豪商荒しの共犯
190583	朝鮮朝日	西北版	1930-06-12	1	08단	中等學校聯合野外演習
190584	朝鮮朝日	西北版	1930-06-12	1	08단	新規則撤廢を叫び鐵道局へ押し寄す聯合反對派が大擧して警官隊を繰り出し警戒
190585	朝鮮朝日	西北版	1930-06-12	1	09단	牛疫又發生
190586	朝鮮朝日	西北版	1930-06-12	1	09단	金の延べ棒密輸を企つ
190587	朝鮮朝日	西北版	1930-06-12	1	09단	密漁中捕る
190588	朝鮮朝日	西北版	1930-06-12	1	09단	留置場破り潛伏中を逮捕
190589	朝鮮朝日	西北版	1930-06-12	1	10단	朝鮮音樂を妓生が放送出演者の人選中
190590	朝鮮朝日	西北版	1930-06-12	1	10단	女世帶へ强盗押入る
190591	朝鮮朝日	西北版	1930-06-12	1	10단	少女を轢く
190592	朝鮮朝日	西北版	1930-06-12	1	10단	食器で毆打
190593	朝鮮朝日	西北版	1930-06-12	1	10단	過って撃つ
190594	朝鮮朝日	西北・南鮮版	1930-06-12	2	01단	世界舞踊行脚その頂角をゆくもの/久保富次郎(ドイツの裡舞踊/近代的集團舞踊/タップ・ダンス/タンゴの全盛)
190595	朝鮮朝日	西北・南鮮版	1930-06-12	2	02단	全北道內螟蟲驅除係員が總出で强制的にやる

일련번호	판명		간행일	면	단수	기사명
190596	朝鮮朝日	西北・南鮮版	1930-06-12	2	03단	稻插秧は延期せよ道當局が宣傳
190597	朝鮮朝日	西北・南鮮版	1930-06-12	2	03단	農民デーに盛大に田植
190598	朝鮮朝日	西北・南鮮版	1930-06-12	2	03단	童話と家庭講演
190599	朝鮮朝日	西北・南鮮版	1930-06-12	2	04단	豊國製粉操短を行ふ
190600	朝鮮朝日	西北・南鮮版	1930-06-12	2	04단	牛馬飼料の埋草庫建設
190601	朝鮮朝日	西北・南鮮版	1930-06-12	2	04단	海苔養殖や延繩漁撈試驗
190602	朝鮮朝日	西北・南鮮版	1930-06-12	2	04단	各地だより(淸州)
190603	朝鮮朝日	南鮮版	1930-06-13	1	01단	豫算歳入減の憂ひが少いさうで事業繰延の必要はあるまい小坂拓務次官の談
190604	朝鮮朝日	南鮮版	1930-06-13	1	01단	相ついで出る失業者の群當局の救ひの手も行つまりの有様
190605	朝鮮朝日	南鮮版	1930-06-13	1	01단	百人以上使用の土木事業
190606	朝鮮朝日	南鮮版	1930-06-13	1	02단	夏・京城の裏ばなし(２)/勞働セリ賣脈かな大都市も失業者群が充滿精根盡きた貧農は潮の如く流入し市場を攪亂
190607	朝鮮朝日	南鮮版	1930-06-13	1	03단	森騎兵監檢閲
190608	朝鮮朝日	南鮮版	1930-06-13	1	04단	代書業の取締り規則改正を計劃
190609	朝鮮朝日	南鮮版	1930-06-13	1	04단	檢束した暴徒四十名にのぼる間島朝鮮人の不穏行動につき外務省へ到着の報告/間島騷擾は事實以上に報道された氣味だ穂積外事課長談
190610	朝鮮朝日	南鮮版	1930-06-13	1	05단	大邱商議の副書記長決る
190611	朝鮮朝日	南鮮版	1930-06-13	1	05단	雄基電氣慶源に支店
190612	朝鮮朝日	南鮮版	1930-06-13	1	06단	簡保宣傳映畫應募數
190613	朝鮮朝日	南鮮版	1930-06-13	1	06단	レールのさび
190614	朝鮮朝日	南鮮版	1930-06-13	1	06단	釜山署の印紙脱稅者
190615	朝鮮朝日	南鮮版	1930-06-13	1	06단	物々しい警戒裡に第二次會見行はる非合同派の代表大村鐵道局長に指定運送人規則撤廢を要望
190616	朝鮮朝日	南鮮版	1930-06-13	1	07단	赤松の種子を播いて禿山を緑化する沙防の萩は特に好成績力をそゝぐ平南當局
190617	朝鮮朝日	南鮮版	1930-06-13	1	07단	二頭の畸形兒産後の肥立よく母子ともに健全
190618	朝鮮朝日	南鮮版	1930-06-13	1	08단	母子共溺死
190619	朝鮮朝日	南鮮版	1930-06-13	1	08단	大邱蘋果の走り出る作況は平年作
190620	朝鮮朝日	南鮮版	1930-06-13	1	08단	粟屋氏は不起訴濱職被疑事件
190621	朝鮮朝日	南鮮版	1930-06-13	1	09단	夜陰に乗じ密航を企つ
190622	朝鮮朝日	南鮮版	1930-06-13	1	09단	賭博常習の暴力團檢擧釜山署の取締

일련번호	판명		간행일	면	단수	기사명
190623	朝鮮朝日	南鮮版	1930-06-13	1	09단	臨時株主總會召集認可申請の訴へを大邱地方法院に合銀反幹部派から提起
190624	朝鮮朝日	南鮮版	1930-06-13	1	10단	短歌/橋田東聲選
190625	朝鮮朝日	南鮮版	1930-06-13	1	10단	夫婦斬りに死刑の言渡
190626	朝鮮朝日	南鮮版	1930-06-13	1	10단	漏電から電車の火事
190627	朝鮮朝日	南鮮版	1930-06-13	1	10단	祕密で妓生を養成老婆に嚴重說諭
190628	朝鮮朝日	南鮮版	1930-06-13	1	10단	人(堂木貞一氏(仁川稅關長)/井上主計氏(新義州稅關長)/石井俊治氏(釜山府立病院耳鼻咽喉科長)/齋藤十郎氏(朝紡常務))
190629	朝鮮朝日	西北版	1930-06-13	1	01단	赤松の種子を播いて禿山を綠化する沙防の萩は特に好成績力をそゝぐ平南當局
190630	朝鮮朝日	西北版	1930-06-13	1	01단	豫算歲入減の憂ひが少いさうで事業繰延の必要はあるまい小阪拓務次官の談
190631	朝鮮朝日	西北版	1930-06-13	1	01단	短歌/橋田東聲選
190632	朝鮮朝日	西北版	1930-06-13	1	01단	鎭南浦商議所會頭問題
190633	朝鮮朝日	西北版	1930-06-13	1	02단	夏の大同江(四)
190634	朝鮮朝日	西北版	1930-06-13	1	03단	藝妓芝居開演
190635	朝鮮朝日	西北版	1930-06-13	1	04단	拓務次官に特惠關稅の立場を陳情
190636	朝鮮朝日	西北版	1930-06-13	1	04단	降雹
190637	朝鮮朝日	西北版	1930-06-13	1	04단	木材の過剩頓數に增賃銀徵收
190638	朝鮮朝日	西北版	1930-06-13	1	05단	平壤府內の保安警察に充實を期す
190639	朝鮮朝日	西北版	1930-06-13	1	05단	檢束した暴徒四十名にのぼる間島朝鮮人の不穩行動につき外務省へ到着の報告/間島騷擾は事實以上に報道された氣味だ穗積外事課長談
190640	朝鮮朝日	西北版	1930-06-13	1	05단	二十餘名の密輸團一味捕まる
190641	朝鮮朝日	西北版	1930-06-13	1	06단	銀暴落で日本商品の仕入れ控へ
190642	朝鮮朝日	西北版	1930-06-13	1	06단	物々しい警戒裡に第二次會見行はる非合同派の代表大村鐵道局長に指定運送人規則撤廢を要望
190643	朝鮮朝日	西北版	1930-06-13	1	07단	滿鐵關係の上半期賞與十一萬餘圓
190644	朝鮮朝日	西北版	1930-06-13	1	07단	天下一の忍術使に修業を志した四名は不起訴
190645	朝鮮朝日	西北版	1930-06-13	1	07단	二頭の畸形兒産後の肥立よく母子ともに健全
190646	朝鮮朝日	西北版	1930-06-13	1	08단	牡丹台野話
190647	朝鮮朝日	西北版	1930-06-13	1	08단	母子共溺死
190648	朝鮮朝日	西北版	1930-06-13	1	08단	淫奔女雇人を殺す
190649	朝鮮朝日	西北版	1930-06-13	1	08단	治安違反公判傍聽禁止す

일련번호	판명		간행일	면	단수	기사명
190650	朝鮮朝日	西北版	1930-06-13	1	09단	漏電から電車の火事
190651	朝鮮朝日	西北版	1930-06-13	1	09단	義州農學校盟休解決す
190652	朝鮮朝日	西北版	1930-06-13	1	09단	祕密で妓生を養成老婆に嚴重說諭
190653	朝鮮朝日	西北版	1930-06-13	1	09단	朝鮮人娼妓抱入れ認可さる內地娼妓の十分の二だけ平壤の賑町遊廓
190654	朝鮮朝日	西北版	1930-06-13	1	10단	淸津に猩紅熱目下六名罹病
190655	朝鮮朝日	西北版	1930-06-13	1	10단	レールのさび
190656	朝鮮朝日	西北版	1930-06-13	1	10단	樂浪時代の瓦を盜掘す三名を捕ふ
190657	朝鮮朝日	西北版	1930-06-13	1	10단	夜陰に乘じ密航を企つ
190658	朝鮮朝日	西北・南鮮版	1930-06-13	2	01단	木浦の鈴蘭燈
190659	朝鮮朝日	西北・南鮮版	1930-06-13	2	01단	各官廳用品の輸入品調査國産愛用獎勵上に資すため申告命令
190660	朝鮮朝日	西北・南鮮版	1930-06-13	2	01단	京畿道の會社數前年より增加
190661	朝鮮朝日	西北・南鮮版	1930-06-13	2	02단	五月中の仁川貿易高
190662	朝鮮朝日	西北・南鮮版	1930-06-13	2	03단	農倉の成績は槪して良好
190663	朝鮮朝日	西北・南鮮版	1930-06-13	2	03단	水利組合認可
190664	朝鮮朝日	西北・南鮮版	1930-06-13	2	03단	各地だより(仁川/平壤/裡里/咸興/光州)
190665	朝鮮朝日	西北・南鮮版	1930-06-13	2	03단	童話と家庭講演
190666	朝鮮朝日	南鮮版	1930-06-14	1	01단	生絲の値下から繭共販制度に暗影資金難に惱む製絲家更に痛苦深刻な農民
190667	朝鮮朝日	南鮮版	1930-06-14	1	01단	大阪築港の岸壁利用が出來ず不便と冗費を免れぬ鮮米を始め朝鮮からの貨物總督府でも不合理除去に努力
190668	朝鮮朝日	南鮮版	1930-06-14	1	01단	農商倉庫の本年建設地決る統制會社の計劃案も決定近く創立されん
190669	朝鮮朝日	南鮮版	1930-06-14	1	01단	釜山港の上半期貿易額に現はれた財界不況自動車移入のみが巨額
190670	朝鮮朝日	南鮮版	1930-06-14	1	03단	小賣商店が百貨店對抗策キネマクーポン發行顧客の誘引に努力
190671	朝鮮朝日	南鮮版	1930-06-14	1	04단	新彗星觀測
190672	朝鮮朝日	南鮮版	1930-06-14	1	04단	裡里市民の惱みが二つ土埃り防止と撒き水の不足
190673	朝鮮朝日	南鮮版	1930-06-14	1	05단	稅關長會議
190674	朝鮮朝日	南鮮版	1930-06-14	1	05단	慶南道の勸農共濟組合一面一組合を計劃低利資金を融通
190675	朝鮮朝日	南鮮版	1930-06-14	1	05단	价川の鍾乳洞鐵道で宣傳
190676	朝鮮朝日	南鮮版	1930-06-14	1	06단	石首魚漁場郵便所廻航本年の成績
190677	朝鮮朝日	南鮮版	1930-06-14	1	06단	螟蟲驅除に係員大活動捕蛾二百萬匹
190678	朝鮮朝日	南鮮版	1930-06-14	1	06단	新義州春競馬

일련번호	판명		간행일	면	단수	기사명
190679	朝鮮朝日	南鮮版	1930-06-14	1	06단	寝てゐる間に京城から金剛へ週末列車に新に三等寝台車を連結
190680	朝鮮朝日	南鮮版	1930-06-14	1	07단	洗張り注文で名流婦人を專門に詐取
190681	朝鮮朝日	南鮮版	1930-06-14	1	07단	金剛山のキャンプ村愈よ實現のはこび目下場所を選定中
190682	朝鮮朝日	南鮮版	1930-06-14	1	07단	暴行學生を放校と停學
190683	朝鮮朝日	南鮮版	1930-06-14	1	07단	溝の中に嬰兒の死體
190684	朝鮮朝日	南鮮版	1930-06-14	1	07단	本社主催第十六回全國中等學校優勝野球大會第九回朝鮮豫選大會
190685	朝鮮朝日	南鮮版	1930-06-14	1	08단	間島で檢擧された十八名を護送京城刑務所に收容ちかく審理を開始
190686	朝鮮朝日	南鮮版	1930-06-14	1	08단	トラックと自動車衝突一名負傷す
190687	朝鮮朝日	南鮮版	1930-06-14	1	08단	萬歳騒ぎ一味に求刑
190688	朝鮮朝日	南鮮版	1930-06-14	1	09단	京畿道の春蠶共販協定値段
190689	朝鮮朝日	南鮮版	1930-06-14	1	09단	楊州郡內に牛疫が發生なほ蔓延の恐れあり當局防疫になやむ
190690	朝鮮朝日	南鮮版	1930-06-14	1	10단	痘瘡患者九名を發見
190691	朝鮮朝日	南鮮版	1930-06-14	1	10단	モヒ密輸事件に懲役禁錮求刑
190692	朝鮮朝日	南鮮版	1930-06-14	1	10단	人(篠崎神戸稅關長/谷慶南知事)
190693	朝鮮朝日	西北版	1930-06-14	1	01단	生絲の値下から繭共販制度に暗影資金難に悩む製絲家更に痛苦深刻な農民
190694	朝鮮朝日	西北版	1930-06-14	1	01단	大阪築港の岸壁利用が出來ず不便と冗費を免れぬ鮮米を始め朝鮮からの貨物總督府でも不合理除去に努力
190695	朝鮮朝日	西北版	1930-06-14	1	01단	*兒玉總監雄基を視察/十一日元山へ*
190696	朝鮮朝日	西北版	1930-06-14	1	02단	夏の大同江(五)
190697	朝鮮朝日	西北版	1930-06-14	1	05단	川島師團長間島を視察
190698	朝鮮朝日	西北版	1930-06-14	1	05단	朝鮮語獎勵試驗
190699	朝鮮朝日	西北版	1930-06-14	1	05단	農商倉庫の本年建設地決る統制會社の計劃案も決定近く創立されん
190700	朝鮮朝日	西北版	1930-06-14	1	06단	稅關長會議
190701	朝鮮朝日	西北版	1930-06-14	1	06단	鎭南浦商議評議員會
190702	朝鮮朝日	西北版	1930-06-14	1	06단	古墳を發見
190703	朝鮮朝日	西北版	1930-06-14	1	06단	金剛山のキャンプ村愈よ實現のはこび目下場所を選定中
190704	朝鮮朝日	西北版	1930-06-14	1	07단	本社主催第十六回全國中等學校優勝野球大會第九回朝鮮豫選大會
190705	朝鮮朝日	西北版	1930-06-14	1	07단	軟材料に崩落安東銀相場
190706	朝鮮朝日	西北版	1930-06-14	1	07단	新義州春競馬

일련번호	판명		간행일	면	단수	기사명
190707	朝鮮朝日	西北版	1930-06-14	1	07단	優良教員に特別增俸か
190708	朝鮮朝日	西北版	1930-06-14	1	07단	間島で檢擧された十八名を護送京城刑務所に收容ちかく審理を開始
190709	朝鮮朝日	西北版	1930-06-14	1	08단	跳梁期に入り各地に出沒撫松、寬旬縣等に潛在する馬賊の群
190710	朝鮮朝日	西北版	1930-06-14	1	08단	怪漢を射殺す時局標榜の强盜らしい
190711	朝鮮朝日	西北版	1930-06-14	1	09단	內地人側の妓生抱入に問題朝鮮人側の反對から平南道當局で調査
190712	朝鮮朝日	西北版	1930-06-14	1	09단	平南の安州郡にヂストマ發生すザリ蟹の常食から大々的に豫防警戒
190713	朝鮮朝日	西北版	1930-06-14	1	10단	二名の自轉車泥
190714	朝鮮朝日	西北版	1930-06-14	1	10단	毒藥で自殺
190715	朝鮮朝日	西北版	1930-06-14	1	10단	春繭は增收見込平北農務課調査
190716	朝鮮朝日	西北・南鮮版	1930-06-14	2	01단	酒稅令改正の陳情書を提出拓相、總督などに對し全鮮釀造業者大會
190717	朝鮮朝日	西北・南鮮版	1930-06-14	2	01단	米法實施で關釜連絡船の米の運賃が値上り釜山商議から値下を請願
190718	朝鮮朝日	西北・南鮮版	1930-06-14	2	01단	內地の八割が鮮米を喰ふ內地に商工視察した土師商工課長土産話
190719	朝鮮朝日	西北・南鮮版	1930-06-14	2	01단	京城專賣局の職工の素質すこぶる向上す能率もうんと上る
190720	朝鮮朝日	西北・南鮮版	1930-06-14	2	03단	德望ある地主小作人が頌德碑を相はかって建設
190721	朝鮮朝日	西北・南鮮版	1930-06-14	2	03단	下宿屋の設備に嚴重な取締
190722	朝鮮朝日	西北・南鮮版	1930-06-14	2	03단	童話と家庭講演
190723	朝鮮朝日	西北・南鮮版	1930-06-14	2	04단	就職率は良くない新義州職業紹介所成績
190724	朝鮮朝日	西北・南鮮版	1930-06-14	2	04단	經濟的實利養鷄法講習會
190725	朝鮮朝日	南鮮版	1930-06-15	1	01단	鮮支の貿易は全く慘めな閑散銀塊暴落にたゝられて船腹過剩と輸出警戒も原因/水産品など殆ど休商同樣の有樣水産界は惱みの種
190726	朝鮮朝日	南鮮版	1930-06-15	1	02단	隧道開鑿の促進を陳情
190727	朝鮮朝日	南鮮版	1930-06-15	1	03단	群山商議會頭問題重大視さる
190728	朝鮮朝日	南鮮版	1930-06-15	1	04단	馬山夏季大學
190729	朝鮮朝日	南鮮版	1930-06-15	1	04단	釜山に鹽會社設立
190730	朝鮮朝日	南鮮版	1930-06-15	1	04단	史蹟や國寶がうんと增加の見込改正法規を明年度から實施保存は公共團體に當らす方針

일련번호	판명		간행일	면	단수	기사명
190731	朝鮮朝日	南鮮版	1930-06-15	1	04단	咸南北地方は生氣潑溂だ殊に咸興と雄基は活況兒玉總監歸來談
190732	朝鮮朝日	南鮮版	1930-06-15	1	05단	榮山浦に發電所新設
190733	朝鮮朝日	南鮮版	1930-06-15	1	05단	二つの小作爭議圓滿に解決
190734	朝鮮朝日	南鮮版	1930-06-15	1	05단	光州附近に飛機着陸場新設上申協議
190735	朝鮮朝日	南鮮版	1930-06-15	1	06단	慶尙合銀に絡まる紛糾つゞく
190736	朝鮮朝日	南鮮版	1930-06-15	1	06단	住宅資金を月賦で融通する千圓から一萬圓位朝鮮貯蓄行から(家賃の高い/月賦償還期)
190737	朝鮮朝日	南鮮版	1930-06-15	1	06단	牛疫又發生/牛肺疫三頭
190738	朝鮮朝日	南鮮版	1930-06-15	1	07단	暑さに向ひ水の使用量增す當分斷水の恐はない昨今の京城上水道
190739	朝鮮朝日	南鮮版	1930-06-15	1	07단	航空事務打合會京城で開かる
190740	朝鮮朝日	南鮮版	1930-06-15	1	07단	俳句/鈴木花蓑選
190741	朝鮮朝日	南鮮版	1930-06-15	1	07단	本社主催第十六回全國中等學校優勝野球大會第九回朝鮮豫選大會
190742	朝鮮朝日	南鮮版	1930-06-15	1	08단	胡桃から上等の油を製出慶北でちかく大量生産し內地方面に賣出す
190743	朝鮮朝日	南鮮版	1930-06-15	1	08단	兒童の瘦腕で千圓を稼ぐ放課後の蛔蟲驅除で
190744	朝鮮朝日	南鮮版	1930-06-15	1	09단	選擧違反は無罪となり名譽毀損罰金
190745	朝鮮朝日	南鮮版	1930-06-15	1	09단	自殺未遂二人
190746	朝鮮朝日	南鮮版	1930-06-15	1	10단	共産黨事件の古傷發覺か
190747	朝鮮朝日	南鮮版	1930-06-15	1	10단	叱られて校舍に放火大事に至らず消し止む
190748	朝鮮朝日	南鮮版	1930-06-15	1	10단	人(恩田銅吉氏(前朝郵社長)/長野網良氏(代議士)/神谷慶南財務部長/山本江原道警察部長)
190749	朝鮮朝日	南鮮版	1930-06-15	1	10단	半島茶話
190750	朝鮮朝日	西北版	1930-06-15	1	01단	鮮支の貿易は全く慘めな閑散銀塊暴落にたゝられて船腹過剩と輸出警戒も原因
190751	朝鮮朝日	西北版	1930-06-15	1	01단	水産品など殆ど休商同樣の有樣水産界は惱みの種
190752	朝鮮朝日	西北版	1930-06-15	1	01단	夏の大同江(六)
190753	朝鮮朝日	西北版	1930-06-15	1	03단	普通校敎員試驗
190754	朝鮮朝日	西北版	1930-06-15	1	04단	咸興商工會部制を改む
190755	朝鮮朝日	西北版	1930-06-15	1	04단	安東機關區無事故表彰

일련번호	판명		간행일	면	단수	기사명
190756	朝鮮朝日	西北版	1930-06-15	1	04단	咸南北地方は生氣潑剌だ殊に咸興と雄基は活況兒玉總監歸來談
190757	朝鮮朝日	西北版	1930-06-15	1	04단	乾電池製作中毒ガス發見暴徒鎭壓にもって來いの藥平壤相澤氏の研究
190758	朝鮮朝日	西北版	1930-06-15	1	05단	鳳山郡農會作業を實施
190759	朝鮮朝日	西北版	1930-06-15	1	05단	黃海鼈繭の基値決定す十六日から取引
190760	朝鮮朝日	西北版	1930-06-15	1	05단	平南の十一校新設着々と進む
190761	朝鮮朝日	西北版	1930-06-15	1	05단	郡廳舍の移轉を陳情
190762	朝鮮朝日	西北版	1930-06-15	1	06단	內地と同樣に平南警官の服裝の希望
190763	朝鮮朝日	西北版	1930-06-15	1	06단	昭和製鋼所誘致の運動新義州と安東縣が今後提携して續ける
190764	朝鮮朝日	西北版	1930-06-15	1	06단	俳句/鈴木花蓑選
190765	朝鮮朝日	西北版	1930-06-15	1	06단	松毛蟲の一齊驅除成績を期待
190766	朝鮮朝日	西北版	1930-06-15	1	06단	先輩の手紙が盟休を速かに解決さす
190767	朝鮮朝日	西北版	1930-06-15	1	07단	平南の春繭出廻り初む
190768	朝鮮朝日	西北版	1930-06-15	1	07단	交換孃の服裝輕快に平壤郵便局で
190769	朝鮮朝日	西北版	1930-06-15	1	07단	三千圓盜難の主犯者捕る
190770	朝鮮朝日	西北版	1930-06-15	1	07단	本社主催第十六回全國中等學校優勝野球大會第九回朝鮮豫選大會
190771	朝鮮朝日	西北版	1930-06-15	1	08단	落選議員の運動員が違反を密告新義州檢事局では徹底的に取調べる
190772	朝鮮朝日	西北版	1930-06-15	1	08단	羅南の牛疫一先づ終熄
190773	朝鮮朝日	西北版	1930-06-15	1	08단	同宿者を食刀で斬る
190774	朝鮮朝日	西北版	1930-06-15	1	08단	本社から優勝旗國境中等陸上競技會に寄贈
190775	朝鮮朝日	西北版	1930-06-15	1	08단	旅館官舍を專門に荒す
190776	朝鮮朝日	西北版	1930-06-15	1	09단	淸津の海水浴場浴客の便宜を圖る計劃
190777	朝鮮朝日	西北版	1930-06-15	1	09단	小切手で騙取を企つ
190778	朝鮮朝日	西北版	1930-06-15	1	10단	叱られて校舍に放火大事に至らず消し止む
190779	朝鮮朝日	西北版	1930-06-15	1	10단	水喧譁の首謀者送局
190780	朝鮮朝日	西北版	1930-06-15	1	10단	水泳中溺死
190781	朝鮮朝日	西北版	1930-06-15	1	10단	半島茶話
190782	朝鮮朝日	西北・南鮮版	1930-06-15	2	01단	愈よ修築工事を施す漁大津港の起工式十五日に盛大に擧行
190783	朝鮮朝日	西北・南鮮版	1930-06-15	2	02단	産業團體事務成績品評會海州で開く
190784	朝鮮朝日	西北・南鮮版	1930-06-15	2	02단	江界に金融組合設立に決す
190785	朝鮮朝日	西北・南鮮版	1930-06-15	2	03단	差入辨當の統一を圖る
190786	朝鮮朝日	西北・南鮮版	1930-06-15	2	03단	淸津小學校增築工事入札

일련번호	판명		간행일	면	단수	기사명
190787	朝鮮朝日	西北・南鮮版	1930-06-15	2	03단	六月上旬元山港成績
190788	朝鮮朝日	西北・南鮮版	1930-06-15	2	03단	童話と家庭講演
190789	朝鮮朝日	西北・南鮮版	1930-06-15	2	04단	各地だより(江界/裡里/群山/咸興/海州/馬山/鎭南浦)
190790	朝鮮朝日	南鮮版	1930-06-17	1	01단	曠野をさまよふ露國移住朝鮮人戀愛に迄干涉し愛兒さへ奪ひ去る極端な政策に堪へかね短期間に六萬人國外に去る
190791	朝鮮朝日	南鮮版	1930-06-17	1	01단	總督府廳舍の增築を計劃八十萬圓の工費を來年度豫算に計上
190792	朝鮮朝日	南鮮版	1930-06-17	1	02단	澤林務課長歐米を視察
190793	朝鮮朝日	南鮮版	1930-06-17	1	03단	『植民地法官の獨立に努力する』司法官招待の席上で松田拓務大臣言明す
190794	朝鮮朝日	南鮮版	1930-06-17	1	03단	李王兩殿下は今秋御歸鮮李堈殿下は別府で御保養篠田次官の謹話
190795	朝鮮朝日	南鮮版	1930-06-17	1	04단	辭令(十三日付)
190796	朝鮮朝日	南鮮版	1930-06-17	1	04단	六勝一敗で殖銀優勝す鐵道對遞信の試合は二對零で遞信軍勝つ
190797	朝鮮朝日	南鮮版	1930-06-17	1	05단	釜山商議役員會
190798	朝鮮朝日	南鮮版	1930-06-17	1	06단	少年四名の竊盜團捕る南鮮各地をあらし織物工場で三百反を盜む
190799	朝鮮朝日	南鮮版	1930-06-17	1	06단	南鮮地方一帶に稀有の暴風雨襲ひ連絡船、沿海航路缺航/麥作に大被害すこぶる憂慮さる/水不足の聲もケシ飛んで田植始まる/密航を企て大時化に逢ふ/壁が倒壞し人妻の重傷
190800	朝鮮朝日	南鮮版	1930-06-17	1	07단	日本大相撲の取組を放送
190801	朝鮮朝日	南鮮版	1930-06-17	1	07단	本社主催第十六回全國中等學校優勝野球大會第九回朝鮮豫選大會
190802	朝鮮朝日	南鮮版	1930-06-17	1	08단	大邱中學の土俵びらき宮城山を迎へ
190803	朝鮮朝日	南鮮版	1930-06-17	1	08단	南大門通に夜店を計劃
190804	朝鮮朝日	南鮮版	1930-06-17	1	08단	羅南中第二期工事の請負入札
190805	朝鮮朝日	南鮮版	1930-06-17	1	08단	時局標榜の賊
190806	朝鮮朝日	南鮮版	1930-06-17	1	09단	恐喝に判決
190807	朝鮮朝日	南鮮版	1930-06-17	1	09단	面長にしてやると騙まされて自殺三百圓を卷上げらる
190808	朝鮮朝日	南鮮版	1930-06-17	1	09단	カンテラの火が蚊帳に燃え移り幼兒三名燒死し一名は生命危篤/三戸を燒く
190809	朝鮮朝日	南鮮版	1930-06-17	1	09단	牛疫の豫防に大童となる
190810	朝鮮朝日	南鮮版	1930-06-17	1	10단	人(江頭六郎氏(京城第二高普校長))

일련번호	판명		간행일	면	단수	기사명
190811	朝鮮朝日	南鮮版	1930-06-17	1	10단	半島茶話
190812	朝鮮朝日	西北版	1930-06-17	1	01단	曠野をさまよふ露國移住朝鮮人戀愛に迄干渉し愛兒さへ奪ひ去る極端な政策に堪へかね短期間に六萬人國外に去る
190813	朝鮮朝日	西北版	1930-06-17	1	01단	總督府廳舍の增築を計劃八十萬圓の工費を來年度豫算に計上
190814	朝鮮朝日	西北版	1930-06-17	1	02단	澤林務課長歐米を視察
190815	朝鮮朝日	西北版	1930-06-17	1	03단	『植民地法官の獨立に努力する』司法官招待の席上で松田拓務大臣言明す
190816	朝鮮朝日	西北版	1930-06-17	1	03단	李王兩殿下は今秋御歸鮮李堈殿下は別府で御保養篠田次官の謹話
190817	朝鮮朝日	西北版	1930-06-17	1	04단	お茶のあと
190818	朝鮮朝日	西北版	1930-06-17	1	04단	漁大津港の修築起工式いと盛大に擧行さる市中は餘興で大賑ひ
190819	朝鮮朝日	西北版	1930-06-17	1	05단	成績のよい職紹放送今後も一層力こぶを入れる
190820	朝鮮朝日	西北版	1930-06-17	1	06단	失業者救濟事業は河川道路工事來年度豫算編成は一般から注意さる
190821	朝鮮朝日	西北版	1930-06-17	1	06단	本社主催第十六回全國中等學校優勝野球大會第十回朝鮮豫選大會
190822	朝鮮朝日	西北版	1930-06-17	1	07단	誓約書を作り血判を押す不敵の不良少年團の巨魁つひに逮捕さる
190823	朝鮮朝日	西北版	1930-06-17	1	07단	羅南中第二期工事の請負入札
190824	朝鮮朝日	西北版	1930-06-17	1	07단	漁船乘組員に生活の安定海員の失業調査と漁船の給料支給方法調査
190825	朝鮮朝日	西北版	1930-06-17	1	08단	面長にしてやると騙まされて自殺三百圓を卷上げらる
190826	朝鮮朝日	西北版	1930-06-17	1	08단	機業を奬勵し農家を救ふ繭の大値下りから咸北の農家は大弱り
190827	朝鮮朝日	西北版	1930-06-17	1	09단	日本大相撲の取組を放送
190828	朝鮮朝日	西北版	1930-06-17	1	10단	辭令(十三日付)
190829	朝鮮朝日	西北版	1930-06-17	1	10단	南大門通に夜店を計劃
190830	朝鮮朝日	西北版	1930-06-17	1	10단	國境に流感
190831	朝鮮朝日	西北版	1930-06-17	1	10단	生活難から妻を絞殺す
190832	朝鮮朝日	西北版	1930-06-17	1	10단	恐喝に判決
190833	朝鮮朝日	西北版	1930-06-17	1	10단	人(江頭六郎氏(京城第二高普校長)/岡田蟲高氏(公州高普校長)/藤村喜一氏(公州刑務所長))
190834	朝鮮朝日	西北版	1930-06-17	1	10단	半島茶話

일련번호	판명		간행일	면	단수	기사명
190835	朝鮮朝日	西北・南鮮版	1930-06-17	2	01단	山を懷ふ心/浦松佐美太郎
190836	朝鮮朝日	西北・南鮮版	1930-06-17	2	02단	キャムプ場風景/茂木愼雄
190837	朝鮮朝日	西北・南鮮版	1930-06-17	2	04단	各地だより(仁川/公州)
190838	朝鮮朝日	西北・南鮮版	1930-06-17	2	06단	電力統制の委員を詮衡
190839	朝鮮朝日	西北・南鮮版	1930-06-17	2	06단	北九州地方に朝鮮米を紹介し販路の擴張に努める
190840	朝鮮朝日	西北・南鮮版	1930-06-17	2	06단	朝日巡回活動寫眞
190841	朝鮮朝日	西北・南鮮版	1930-06-17	2	06단	童話と家庭講演
190842	朝鮮朝日	西北・南鮮版	1930-06-17	2	07단	捕獲した螟蛾二百十八萬匹
190843	朝鮮朝日	西北・南鮮版	1930-06-17	2	07단	裡里高女寄宿舍
190844	朝鮮朝日	南鮮版	1930-06-18	1	01단	外國品に代る鮮産品は何一つなく「鮮産愛用」も空念佛に調査の結果當局もいたく恐縮
190845	朝鮮朝日	南鮮版	1930-06-18	1	01단	釜山漁港計劃の調査も愈よ完成し實施案の作成を急ぐ本府との交渉も促進
190846	朝鮮朝日	南鮮版	1930-06-18	1	01단	金組の活動範圍を擴張小産階級にも及ぼせ道財務部長會議で齋藤總督の訓示(稅務事務/理財事務/總督訓示要旨)
190847	朝鮮朝日	南鮮版	1930-06-18	1	03단	全南警察異動
190848	朝鮮朝日	南鮮版	1930-06-18	1	03단	春蠶の收繭豫想前年より增加
190849	朝鮮朝日	南鮮版	1930-06-18	1	03단	穀物運賃の比率改定方仁州穀物協會から鮮航會支部に交渉
190850	朝鮮朝日	南鮮版	1930-06-18	1	04단	春蠶の痛手を秋蠶で補ふ慶北で獎勵
190851	朝鮮朝日	南鮮版	1930-06-18	1	04단	群山會議所評議員改選
190852	朝鮮朝日	南鮮版	1930-06-18	1	05단	鐵道局員昇給で景氣が好い
190853	朝鮮朝日	南鮮版	1930-06-18	1	05단	五分增販賣を廢し定價賣實行の機運一部書籍商間に擡頭九月の組合總會に諮る
190854	朝鮮朝日	南鮮版	1930-06-18	1	05단	金剛山にキャンプ旅館來月十五日から開く
190855	朝鮮朝日	南鮮版	1930-06-18	1	05단	短歌/橋田東聲選
190856	朝鮮朝日	南鮮版	1930-06-18	1	06단	光州の農民日田植/春川の農民デー
190857	朝鮮朝日	南鮮版	1930-06-18	1	06단	仁川に蜃氣樓現る
190858	朝鮮朝日	南鮮版	1930-06-18	1	06단	本社主催第十六回全國中等學校優勝野球大會第十回朝鮮豫選大會
190859	朝鮮朝日	南鮮版	1930-06-18	1	07단	レールのさび
190860	朝鮮朝日	南鮮版	1930-06-18	1	07단	群山渡船の身賣り問題圓滿解決困難
190861	朝鮮朝日	南鮮版	1930-06-18	1	08단	人夫募集にあてがはづれ慶北道當局大弱り應募者側から苦情
190862	朝鮮朝日	南鮮版	1930-06-18	1	08단	日時計台公園に保存

일련번호	판명		간행일	면	단수	기사명
190863	朝鮮朝日	南鮮版	1930-06-18	1	09단	京城櫻井町で四棟全半燒一時は大騷ぎ
190864	朝鮮朝日	南鮮版	1930-06-18	1	09단	江原道の薄蒔き改良本年から實施
190865	朝鮮朝日	南鮮版	1930-06-18	1	10단	慶北の保安林調査
190866	朝鮮朝日	南鮮版	1930-06-18	1	10단	畜牛增殖計劃着々と進む
190867	朝鮮朝日	南鮮版	1930-06-18	1	10단	蟹の燈火油の臭氣を拔く研究を續ける
190868	朝鮮朝日	南鮮版	1930-06-18	1	10단	京電仁川支店落成祝賀式
190869	朝鮮朝日	南鮮版	1930-06-18	1	10단	モヒを密輸
190870	朝鮮朝日	南鮮版	1930-06-18	1	10단	人(朴泳孝侯/松本專賣局長/篠田李王職次官/巖谷小波氏/石川定俊氏(新竹州警務部長))
190871	朝鮮朝日	西北版	1930-06-18	1	01단	外國品に代る鮮産品は何一つなく「鮮産愛用」も空念佛に調査の結果當局もいたく恐縮
190872	朝鮮朝日	西北版	1930-06-18	1	01단	料金の統一には自動車業者は反對近く反對氣勢をあげる道當局は反對を押し通して斷行か
190873	朝鮮朝日	西北版	1930-06-18	1	01단	工事區事務所
190874	朝鮮朝日	西北版	1930-06-18	1	01단	平壤府條例改正は認可
190875	朝鮮朝日	西北版	1930-06-18	1	04단	飛行機三機が近く奉天へ
190876	朝鮮朝日	西北版	1930-06-18	1	04단	滿浦線速成の實現を陳情
190877	朝鮮朝日	西北版	1930-06-18	1	04단	春鬘の收繭豫想前年より增加
190878	朝鮮朝日	西北版	1930-06-18	1	05단	公設市場の商品値下げ
190879	朝鮮朝日	西北版	1930-06-18	1	05단	鎭南浦高女に運動場假設
190880	朝鮮朝日	西北版	1930-06-18	1	05단	各守備隊の冬季聯合演習
190881	朝鮮朝日	西北版	1930-06-18	1	05단	金組の活動範圍を擴張小産階級にも及ぼせ道財務部長會議で齋藤總督の訓示(稅務事務/總督訓示要旨)
190882	朝鮮朝日	西北版	1930-06-18	1	05단	短歌/橋田東聲選
190883	朝鮮朝日	西北版	1930-06-18	1	06단	日支學生の交驩
190884	朝鮮朝日	西北版	1930-06-18	1	06단	庭球選手權西鮮豫選會
190885	朝鮮朝日	西北版	1930-06-18	1	06단	國境中等學校對抗陸競會
190886	朝鮮朝日	西北版	1930-06-18	1	06단	聯合陸上競技會
190887	朝鮮朝日	西北版	1930-06-18	1	06단	平南農會の盛な田植祭
190888	朝鮮朝日	西北版	1930-06-18	1	06단	仁川に蜃氣樓現る
190889	朝鮮朝日	西北版	1930-06-18	1	07단	沖田安東驛長本社に榮轉
190890	朝鮮朝日	西北版	1930-06-18	1	07단	江界地方に黃金の降雨
190891	朝鮮朝日	西北版	1930-06-18	1	07단	陳情小作人等面會を拒絕され一隊は途中食止らる不二西鮮農場の爭議
190892	朝鮮朝日	西北版	1930-06-18	1	07단	元山府の大火事十一戶を全燒/倉庫の火事/安東の火事九戶を全半燒/サイドカーの火事

일련번호	판명		간행일	면	단수	기사명
190893	朝鮮朝日	西北版	1930-06-18	1	07단	本社主催第十六回全國中等學校優勝野球大會第十回朝鮮豫選大會
190894	朝鮮朝日	西北版	1930-06-18	1	08단	牡丹台野話
190895	朝鮮朝日	西北版	1930-06-18	1	08단	水泳中溺死
190896	朝鮮朝日	西北版	1930-06-18	1	08단	留守宅を訪ねて巧みに騙る
190897	朝鮮朝日	西北版	1930-06-18	1	09단	外人宣敎師の夫人を襲ひ手提を强奪
190898	朝鮮朝日	西北版	1930-06-18	1	09단	線路上に寝て轢殺さる
190899	朝鮮朝日	西北版	1930-06-18	1	09단	小學敎員を收容
190900	朝鮮朝日	西北版	1930-06-18	1	10단	家出靑年捕まる
190901	朝鮮朝日	西北版	1930-06-18	1	10단	支那人の壓世自殺
190902	朝鮮朝日	西北版	1930-06-18	1	10단	强盜捕はる
190903	朝鮮朝日	西北版	1930-06-18	1	10단	蠅と鉛筆と交換
190904	朝鮮朝日	西北版	1930-06-18	1	10단	もよほし(故張作霖氏の追悼會)
190905	朝鮮朝日	西北版	1930-06-18	1	10단	人(高山聰郎氏(新任裡里面長))
190906	朝鮮朝日	西北・南鮮版	1930-06-18	2	01단	ゴム生産品の販路擴がる銀安と密輸取締りで安東縣は割合に惡い
190907	朝鮮朝日	西北・南鮮版	1930-06-18	2	01단	小農救濟資金融通のため本年度に卅七組合の勤農共濟組合を組織
190908	朝鮮朝日	西北・南鮮版	1930-06-18	2	01단	失業者の捌け口を朝鮮に目をつけた社會局總督府で調査開始
190909	朝鮮朝日	西北・南鮮版	1930-06-18	2	01단	江界營林署の流筏は順調
190910	朝鮮朝日	西北・南鮮版	1930-06-18	2	02단	支那の銀安で影響大きい
190911	朝鮮朝日	西北・南鮮版	1930-06-18	2	02단	新義州局の電話割當申込者大喜び
190912	朝鮮朝日	西北・南鮮版	1930-06-18	2	03단	古物商人の記章を制定
190913	朝鮮朝日	西北・南鮮版	1930-06-18	2	03단	耕牛を餘りに酷使これが爲早く老衰に全羅北道で調査判明
190914	朝鮮朝日	西北・南鮮版	1930-06-18	2	03단	朝日巡回活動寫眞
190915	朝鮮朝日	西北・南鮮版	1930-06-18	2	03단	童話と家庭講演
190916	朝鮮朝日	西北・南鮮版	1930-06-18	2	04단	實行委員を選定し寄附金を募集普校設立問題
190917	朝鮮朝日	西北・南鮮版	1930-06-18	2	04단	豚の增殖を奬勵
190918	朝鮮朝日	南鮮版	1930-06-19	1	01단	間島共産黨事件の一味四十九名は有罪殘る十二名免訴となる一年八ヶ月ぶりで豫審終結す/少年少女に迄も不穩思想を注入し靑年に軍事敎練を施す行きとどいた彼等の策謀/巢窟を包圍し幹部を逮捕證據品押收によって黨員を一齊に檢擧す/時事問題を巧みにつかんで惡宣傳に汲々とす

일련번호	판명		간행일	면	단수	기사명
190919	朝鮮朝日	南鮮版	1930-06-19	1	01단	萩と竹林造成で禿山を綠林化す實驗いづれも大成功補助費を出して獎勵
190920	朝鮮朝日	南鮮版	1930-06-19	1	04단	今年こそ豊作か例年に比べ條件は頗るよい
190921	朝鮮朝日	南鮮版	1930-06-19	1	04단	お巡りさんを志願して內地から殺到大學卒業生が
190922	朝鮮朝日	南鮮版	1930-06-19	1	05단	釜山鎭蔚山間工區の入札七月下旬着工
190923	朝鮮朝日	南鮮版	1930-06-19	1	05단	運動界(遠征學生團と對抗陸競全朝鮮選手が廿二日京城で/木浦公設グラウンド開き)
190924	朝鮮朝日	南鮮版	1930-06-19	1	05단	鎭海大慘事の百ヶ日追悼法要數百名參列のもとに莊嚴裡に執り行はる
190925	朝鮮朝日	南鮮版	1930-06-19	1	07단	沙防工事の積芝の上段に薩摩芋や落花生の栽培方を極力獎勵
190926	朝鮮朝日	南鮮版	1930-06-19	1	07단	壽城東部水組近く竣成式
190927	朝鮮朝日	南鮮版	1930-06-19	1	07단	朝鮮漁業家金融難時代農家經濟逼迫以上不況のドン底に喘ぐ
190928	朝鮮朝日	南鮮版	1930-06-19	1	08단	慶北の田植順調に進む
190929	朝鮮朝日	南鮮版	1930-06-19	1	08단	慶山水利組合漸やく更生
190930	朝鮮朝日	南鮮版	1930-06-19	1	08단	産婆規則の改正に着手
190931	朝鮮朝日	南鮮版	1930-06-19	1	08단	釜山埋築地の鐵矢板が曲る工事の前途を憂慮
190932	朝鮮朝日	南鮮版	1930-06-19	1	09단	嬰兒殺し
190933	朝鮮朝日	南鮮版	1930-06-19	1	09단	朝鮮は節約の圈外だとて大藏省に諒解を求む豫算編成に對して
190934	朝鮮朝日	南鮮版	1930-06-19	1	10단	蚊帳火事で二人が燒死
190935	朝鮮朝日	南鮮版	1930-06-19	1	10단	肥田再び京城へ護送
190936	朝鮮朝日	南鮮版	1930-06-19	1	10단	鎭海慘事弔慰金傳達を急ぐ
190937	朝鮮朝日	南鮮版	1930-06-19	1	10단	人夫が亂鬪し數名重輕傷
190938	朝鮮朝日	南鮮版	1930-06-19	1	10단	人(岡本至德氏(大邱豫審法院長)/士居寬申氏(本府行刑課長)/淸水槌太郎氏(釜山鎭埋築社長)/赤澤平南高等課長)
190939	朝鮮朝日	西北版	1930-06-19	1	01단	間島共産黨事件の一味四十九名は有罪殘る十二名免訴となる一年八ヶ月ぶりで豫審終結す/少年少女に迄も不穩思想を注入し靑年に軍事敎練を施す行きとどいた彼等の策謀/巢窟を包圍し幹部を逮捕證據品押收によって黨員を一齊に檢擧す/時事問題を巧みにつかんで惡宣傳に汲々とす

일련번호	판명		간행일	면	단수	기사명
190940	朝鮮朝日	西北版	1930-06-19	1	01단	夏の鴨緑江(1)
190941	朝鮮朝日	西北版	1930-06-19	1	04단	納税に關する美談を集め教授資料に
190942	朝鮮朝日	西北版	1930-06-19	1	04단	賃金引下げや解雇が相つぎ不況に埋もるゝ炭坑休鑛や廢坑も數多い
190943	朝鮮朝日	西北版	1930-06-19	1	04단	鎮南浦會議所會頭以下の役員評議員會で決定
190944	朝鮮朝日	西北版	1930-06-19	1	05단	咸南道種苗で知事さん達の田植
190945	朝鮮朝日	西北版	1930-06-19	1	05단	職業教育の講習會開催
190946	朝鮮朝日	西北版	1930-06-19	1	06단	代用社宅家賃値下を交渉
190947	朝鮮朝日	西北版	1930-06-19	1	06단	野菜を消毒
190948	朝鮮朝日	西北版	1930-06-19	1	06단	職を求めて都會へ落ちつく先は哀れ浮浪の群や竊盗等に平壤署では極力阻止に努む
190949	朝鮮朝日	西北版	1930-06-19	1	07단	林奉天總領事琿春に向ふ
190950	朝鮮朝日	西北版	1930-06-19	1	07단	東拓會社の土地買收に吉林省政府の密令
190951	朝鮮朝日	西北版	1930-06-19	1	07단	將來に對する市街計劃を樹立山岡技師が來壤して平壤全市を視察調査
190952	朝鮮朝日	西北版	1930-06-19	1	07단	本年は豊作か平北各郡稲作
190953	朝鮮朝日	西北版	1930-06-19	1	07단	模範生徒に學費を出す新義州の美談
190954	朝鮮朝日	西北版	1930-06-19	1	08단	牡丹台野話
190955	朝鮮朝日	西北版	1930-06-19	1	08단	新義州春季競馬
190956	朝鮮朝日	西北版	1930-06-19	1	08단	六道溝の船舶引揚場鴨緑江に移轉
190957	朝鮮朝日	西北版	1930-06-19	1	09단	ザリガ二の賞味や變った迷信から住民の三割までが肺ヂストマに罹る
190958	朝鮮朝日	西北版	1930-06-19	1	09단	鎮南浦貿易額
190959	朝鮮朝日	西北版	1930-06-19	1	09단	八戸を全燒す安東縣の火事
190960	朝鮮朝日	西北版	1930-06-19	1	10단	四人組強盗碇泊船を襲ふ
190961	朝鮮朝日	西北版	1930-06-19	1	10단	德川邑內の排水工事はいよいよ着手
190962	朝鮮朝日	西北版	1930-06-19	1	10단	人夫が亂闘し數名重輕傷
190963	朝鮮朝日	西北版	1930-06-19	1	10단	平鐵優勝
190964	朝鮮朝日	西北版	1930-06-19	1	10단	劇と映畫(平壤偕樂館)
190965	朝鮮朝日	西北・南鮮版	1930-06-19	2	01단	風土病の豫防藥に常用するため朝鮮人蔘が賣れる杉原博士の視察談
190966	朝鮮朝日	西北・南鮮版	1930-06-19	2	01단	平南道沿海は近來にない不漁活氣のない漁業者然し鮫のみは相當漁獲
190967	朝鮮朝日	西北・南鮮版	1930-06-19	2	01단	牛疫の侵入を極度に警戒
190968	朝鮮朝日	西北・南鮮版	1930-06-19	2	01단	江華島に製陶會社甕類を作る
190969	朝鮮朝日	西北・南鮮版	1930-06-19	2	02단	ボーリング式井戸增置平南で普及

일련번호	판명		간행일	면	단수	기사명
190970	朝鮮朝日	西北・南鮮版	1930-06-19	2	03단	朝日巡回活動寫眞
190971	朝鮮朝日	西北・南鮮版	1930-06-19	2	03단	童話と家庭講演
190972	朝鮮朝日	西北・南鮮版	1930-06-19	2	04단	慶北の春繭出廻り一巡非常な不成績
190973	朝鮮朝日	西北・南鮮版	1930-06-19	2	04단	各地だより(咸興/平壤)
190974	朝鮮朝日	南鮮版	1930-06-20	1	01단	三年後には完全な農村經濟人に仕立る他道に先行し進步的な卒業生の指導を慶北道が行ふ/總督らが視察獎勵職業指導學校
190975	朝鮮朝日	南鮮版	1930-06-20	1	02단	政府の緊縮方針至る處不滿の聲特殊事情の當て外れ失業者の始末をどうする(特殊事情を度外視はされぬ兒玉政務總監談/節約額大體の見積水田司計課長談/事情を力說に渡邊氏東上)
190976	朝鮮朝日	南鮮版	1930-06-20	1	03단	釜山背面地帶連絡道路敷設促進と反對の運動
190977	朝鮮朝日	南鮮版	1930-06-20	1	04단	國産品愛用標語展覽會卽賣會も催す
190978	朝鮮朝日	南鮮版	1930-06-20	1	04단	雇員の三分の一はうら若い女性俸給が安く能率があがるので喜ばる
190979	朝鮮朝日	南鮮版	1930-06-20	1	05단	營業稅撤廢の善後策協議
190980	朝鮮朝日	南鮮版	1930-06-20	1	05단	俳句/鈴木花蓑選
190981	朝鮮朝日	南鮮版	1930-06-20	1	05단	退職金を纏めて投資に振り向ける貰った人々が寄々協議京東鐵道では旣に內交涉中
190982	朝鮮朝日	南鮮版	1930-06-20	1	06단	釜山港內に巡航船計劃
190983	朝鮮朝日	南鮮版	1930-06-20	1	06단	慶北春繭は增收を豫想値安を緩和か
190984	朝鮮朝日	南鮮版	1930-06-20	1	06단	大邱醫學講習所校舍を新築來年度に着工
190985	朝鮮朝日	南鮮版	1930-06-20	1	06단	初等校兒童に國調申告の樣式を敎へる
190986	朝鮮朝日	南鮮版	1930-06-20	1	07단	藤公菩提寺設計
190987	朝鮮朝日	南鮮版	1930-06-20	1	07단	癩患者の收容所擴張西龜衛生課長語る
190988	朝鮮朝日	南鮮版	1930-06-20	1	08단	鎭海犠牲者の供養塔建設
190989	朝鮮朝日	南鮮版	1930-06-20	1	08단	宇佐美氏視察
190990	朝鮮朝日	南鮮版	1930-06-20	1	08단	吉原飛行士京城を出發
190991	朝鮮朝日	南鮮版	1930-06-20	1	08단	『くやしくて仕方がない』懲役を言渡された肥田痲しく京城へ
190992	朝鮮朝日	南鮮版	1930-06-20	1	09단	釜山、博多間を命令航路に總督府に懇請
190993	朝鮮朝日	南鮮版	1930-06-20	1	09단	運動界(京電勝つ/滿鐵京鐵を破る/道廳勝つ)
190994	朝鮮朝日	南鮮版	1930-06-20	1	09단	光州の競馬
190995	朝鮮朝日	南鮮版	1930-06-20	1	09단	光州の日本相撲
190996	朝鮮朝日	南鮮版	1930-06-20	1	10단	ML派共産黨幹部の判決

일련번호	판명		간행일	면	단수	기사명
190997	朝鮮朝日	南鮮版	1930-06-20	1	10단	二棟を燒く
190998	朝鮮朝日	南鮮版	1930-06-20	1	10단	もよほし(永井釜山局長新任披露/京城映畫研究聯盟第一會鐵賞會)
190999	朝鮮朝日	南鮮版	1930-06-20	1	10단	人(町野武馬氏(元張作霖軍事顧問)/望月瀧三氏(前血淸所長)/西龜本府衛生課長/西鄕豊彦少將(鎭海要塞司令官)/杉野多市氏(元山實業家)/上杉古太郎氏(釜山移出牛組合長)/上原二十師團長)
191000	朝鮮朝日	南鮮版	1930-06-20	1	10단	半島茶話
191001	朝鮮朝日	西北版	1930-06-20	1	01단	政府の緊縮方針至る處不滿の聲特殊事情の當て外れ失業者の始末をどうする(特殊事情を度外視はされぬ兒玉政務總監談/節約額大體の見積水田司計課長談/事情を力說に渡邊氏東上)
191002	朝鮮朝日	西北版	1930-06-20	1	01단	蘋果の屑物を生かすため加工會社設立を計劃生產過剩に惱む南浦
191003	朝鮮朝日	西北版	1930-06-20	1	01단	平南と山十の繭掛目協定成る品質佳良の故を以て三十二掛五ときまる
191004	朝鮮朝日	西北版	1930-06-20	1	03단	警察官の優遇案平南道警察部で立案を急ぐ
191005	朝鮮朝日	西北版	1930-06-20	1	03단	夏の鴨綠江(２)
191006	朝鮮朝日	西北版	1930-06-20	1	04단	金融組合聯合理事會
191007	朝鮮朝日	西北版	1930-06-20	1	04단	普通校開校
191008	朝鮮朝日	西北版	1930-06-20	1	04단	漢詩と作法を正課に加ふ平壤妓生學校
191009	朝鮮朝日	西北版	1930-06-20	1	04단	退職金を纏めて投資に振り向ける貰った人々が寄々協議京東鐵道では既に內交涉中
191010	朝鮮朝日	西北版	1930-06-20	1	05단	當分の間は夜間は斷水新義州の上水
191011	朝鮮朝日	西北版	1930-06-20	1	05단	昭和製鋼協議會新義州の公職者有志集合し
191012	朝鮮朝日	西北版	1930-06-20	1	05단	金の延棒や塊りを支那から持込み鮮內で現金に引換へる金輸出禁止が生んだ珍商賣
191013	朝鮮朝日	西北版	1930-06-20	1	06단	雇員の三分の一はうら若い女性俸給が安く能率があがるので喜ばる
191014	朝鮮朝日	西北版	1930-06-20	1	06단	在露朝鮮農民北滿に流れ込む哀憐の情をそゝる
191015	朝鮮朝日	西北版	1930-06-20	1	06단	平南の農業は面目一新本年の作柄も頗るよい

일련번호	판명		간행일	면	단수	기사명
191016	朝鮮朝日	西北版	1930-06-20	1	07단	對抗的競技はこれが最初國境中等陸競大會を期待を以て迎へらる
191017	朝鮮朝日	西北版	1930-06-20	1	08단	現地開業と醫生の試驗
191018	朝鮮朝日	西北版	1930-06-20	1	08단	俳句/鈴木花蓑選
191019	朝鮮朝日	西北版	1930-06-20	1	09단	鴨綠江に身投げ
191020	朝鮮朝日	西北版	1930-06-20	1	09단	副作用の弱いチフス・ワクチン內服藥を製劑配布
191021	朝鮮朝日	西北版	1930-06-20	1	09단	牡丹台野話
191022	朝鮮朝日	西北版	1930-06-20	1	10단	國境庭球豫選
191023	朝鮮朝日	西北版	1930-06-20	1	10단	半島茶話
191024	朝鮮朝日	西北・南鮮版	1930-06-20	2	01단	水産學校實習船
191025	朝鮮朝日	西北・南鮮版	1930-06-20	2	01단	銀安の影響で不振だった新義州五月中の貿易
191026	朝鮮朝日	西北・南鮮版	1930-06-20	2	01단	深刻な不況を喞つ大學生授業料の滯納が多く京城大學當局も驚く
191027	朝鮮朝日	西北・南鮮版	1930-06-20	2	03단	群山で魚を冷凍し內地に積出す
191028	朝鮮朝日	西北・南鮮版	1930-06-20	2	03단	朝日巡回活動寫眞
191029	朝鮮朝日	西北・南鮮版	1930-06-20	2	03단	童話と家庭講演
191030	朝鮮朝日	西北・南鮮版	1930-06-20	2	04단	お茶のあと
191031	朝鮮朝日	西北・南鮮版	1930-06-20	2	04단	各地だより(平壤/淸州)
191032	朝鮮朝日	南鮮版	1930-06-21	1	01단	朝鮮に盜犯防止令早晩實現はしよう特殊事情參酌などない深澤法務局長の歸來談
191033	朝鮮朝日	南鮮版	1930-06-21	1	01단	警察行政の法規を改正大正八年前の立案で時代性に適應しない
191034	朝鮮朝日	南鮮版	1930-06-21	1	01단	警察官に航空知識講話を行う
191035	朝鮮朝日	南鮮版	1930-06-21	1	01단	沙里院土木出張所平壤に所屬
191036	朝鮮朝日	南鮮版	1930-06-21	1	02단	東京、京城間通話試驗好成績を收む
191037	朝鮮朝日	南鮮版	1930-06-21	1	02단	釜山漁港の開設計劃案四ヶ月振りに完成す近く實行促進を協議
191038	朝鮮朝日	南鮮版	1930-06-21	1	02단	電燈動力料は結局値下か電車賃は値下しない京電査定準備に着手
191039	朝鮮朝日	南鮮版	1930-06-21	1	03단	上海銀行代理店設置
191040	朝鮮朝日	南鮮版	1930-06-21	1	04단	朝鮮人失業者に對し就職資金を融通すまづ二十圓を限度とし救濟に力を注ぐ慶南社會事業協會
191041	朝鮮朝日	南鮮版	1930-06-21	1	04단	失業者救濟事業は河川道路工事來年度豫算編成は一般から注目さる
191042	朝鮮朝日	南鮮版	1930-06-21	1	04단	慶北教育夏季講習會

일련번호	판명		간행일	면	단수	기사명
191043	朝鮮朝日	南鮮版	1930-06-21	1	05단	慶北永川里の肝臓ヂストマ四十パーセントを越す罹病率をしめす
191044	朝鮮朝日	南鮮版	1930-06-21	1	05단	お話にならぬおまじなひ「阿呆らしい」の一言で盡きる朝鮮の迷信
191045	朝鮮朝日	南鮮版	1930-06-21	1	06단	順化院の漢藥部好評を博す
191046	朝鮮朝日	南鮮版	1930-06-21	1	06단	妓生の減税陳情府では拒絶
191047	朝鮮朝日	南鮮版	1930-06-21	1	07단	美術講習會來年から開く
191048	朝鮮朝日	南鮮版	1930-06-21	1	07단	公醫の増置を極力はかる平南道巡回診療班も改善
191049	朝鮮朝日	南鮮版	1930-06-21	1	08단	慶北校長會
191050	朝鮮朝日	南鮮版	1930-06-21	1	08단	漢江の水難防止打合會開催
191051	朝鮮朝日	南鮮版	1930-06-21	1	08단	釜山沿海警戒せよ天候は惡化
191052	朝鮮朝日	南鮮版	1930-06-21	1	08단	南大門の夜店許可となる
191053	朝鮮朝日	南鮮版	1930-06-21	1	09단	副作用の弱いチフス・ワクチン內服藥を製劑配布
191054	朝鮮朝日	南鮮版	1930-06-21	1	09단	朝鮮煙管で眼球を貫きつひに死亡さす
191055	朝鮮朝日	南鮮版	1930-06-21	1	09단	重役らの背任横領
191056	朝鮮朝日	南鮮版	1930-06-21	1	09단	市民總動員で市街の美化運動平壤市內を三區分月に一二回宛行ふ
191057	朝鮮朝日	南鮮版	1930-06-21	1	09단	人(守屋榮夫氏(代議士)/名和長正氏(奉天中學校長)/伊東淳吉氏(京城地方法院長)/深澤法務局長/吉田平次郎氏(咸興地方法院長)/中部幾次郎氏(下關林兼商店社長)/日本學生聯合競技選手織田幹雄氏一行/加藤直吉博士(釜山府立病院耳鼻咽喉科長))
191058	朝鮮朝日	南鮮版	1930-06-21	1	10단	保安法違反事件の判決
191059	朝鮮朝日	南鮮版	1930-06-21	1	10단	滿鐵對殖銀野球無勝負
191060	朝鮮朝日	西北版	1930-06-21	1	01단	朝鮮に盜犯防止令早晩實現はしよう特殊事情參酌などない深澤法務局長の歸來談
191061	朝鮮朝日	西北版	1930-06-21	1	01단	警察行政の法規を改正大正八年前の立案で時代性に適應しない
191062	朝鮮朝日	西北版	1930-06-21	1	01단	夏の鴨綠江(3)
191063	朝鮮朝日	西北版	1930-06-21	1	02단	警察官に航空知識講話を行ふ
191064	朝鮮朝日	西北版	1930-06-21	1	03단	沙里院土木出張所平壤に所屬
191065	朝鮮朝日	西北版	1930-06-21	1	03단	間島には難しい事情が潜在し誤解されてゐるやうだ林奉天總領事祝祭視察の途次かたる/南滿と間島は同視出來ぬ歸化權には影響ない小坂拓務次官は語る

일련번호	판명		간행일	면	단수	기사명
191066	朝鮮朝日	西北版	1930-06-21	1	04단	上海銀行代理店設置
191067	朝鮮朝日	西北版	1930-06-21	1	04단	列車內で見本市大阪の雑貨商人が進出
191068	朝鮮朝日	西北版	1930-06-21	1	05단	お話にならぬおまじなひ「阿呆らしい」の一言で盡きる朝鮮の迷信
191069	朝鮮朝日	西北版	1930-06-21	1	05단	消組問題で總裁に陳情
191070	朝鮮朝日	西北版	1930-06-21	1	06단	府尹に交涉して公職者大會を開き製鋼所誘致運動を協議新義州商業會議所の方針決る
191071	朝鮮朝日	西北版	1930-06-21	1	06단	獨立守備隊の現地戰術
191072	朝鮮朝日	西北版	1930-06-21	1	06단	夏季修養會
191073	朝鮮朝日	西北版	1930-06-21	1	06단	運賃問題で南浦商議起つ
191074	朝鮮朝日	西北版	1930-06-21	1	06단	咸興驛に地下道
191075	朝鮮朝日	西北版	1930-06-21	1	06단	平壤大和町に照明燈設備
191076	朝鮮朝日	西北版	1930-06-21	1	07단	崇仁商業法人組織に
191077	朝鮮朝日	西北版	1930-06-21	1	07단	成績のよい同窓靑年團朝野道視學談
191078	朝鮮朝日	西北版	1930-06-21	1	07단	公醫の增置を極力はかる平南道巡回診療班も改善
191079	朝鮮朝日	西北版	1930-06-21	1	07단	婦人選手も拳銃をにぎる時節柄盛況だった間島の實彈射擊會
191080	朝鮮朝日	西北版	1930-06-21	1	08단	平安南道の銃器所有者
191081	朝鮮朝日	西北版	1930-06-21	1	09단	平南地方五月中犯罪
191082	朝鮮朝日	西北版	1930-06-21	1	09단	市民總動員で市街の美化運動平壤市內を三區分月に一二回宛行ふ
191083	朝鮮朝日	西北版	1930-06-21	1	09단	平壤署の風紀取締嚴重になる
191084	朝鮮朝日	西北版	1930-06-21	1	10단	撫順勝つ
191085	朝鮮朝日	西北版	1930-06-21	1	10단	結婚詐欺の三十女捕る
191086	朝鮮朝日	西北版	1930-06-21	1	10단	戰禍を恐れて續々と避難
191087	朝鮮朝日	西北版	1930-06-21	1	10단	強盗に襲はれ重傷を負ひ所持金を奪はる
191088	朝鮮朝日	西北版	1930-06-21	1	10단	人(齋藤茂一郎氏(鮮銀南浦支店長)/巖谷小波氏)
191089	朝鮮朝日	西北・南鮮版	1930-06-21	2	01단	朝紡に對する補助金の廢止で經營上に重大影響相當の整理改革か
191090	朝鮮朝日	西北・南鮮版	1930-06-21	2	01단	有名無實の東北四省防穀令安東經由どしどし輸入され相場も依然漸落步調
191091	朝鮮朝日	西北・南鮮版	1930-06-21	2	01단	習字用の紙の自給自足を實行職工教育の尖端を行く慶北の義谷普校
191092	朝鮮朝日	西北・南鮮版	1930-06-21	2	01단	新大麥の走り出廻る相場は安い
191093	朝鮮朝日	西北・南鮮版	1930-06-21	2	02단	東藩浦湖牡蠣養殖場掘鑿を計劃

일련번호	판명		간행일	면	단수	기사명
191094	朝鮮朝日	西北・南鮮版	1930-06-21	2	02단	豆滿江流筏非常に減少
191095	朝鮮朝日	西北・南鮮版	1930-06-21	2	03단	南浦果實會社總會
191096	朝鮮朝日	西北・南鮮版	1930-06-21	2	03단	中川組創立
191097	朝鮮朝日	西北・南鮮版	1930-06-21	2	03단	安東積出しの木材は不振
191098	朝鮮朝日	西北・南鮮版	1930-06-21	2	03단	朝鮮巡回活動寫眞
191099	朝鮮朝日	西北・南鮮版	1930-06-21	2	03단	童話と家庭講演
191100	朝鮮朝日	西北・南鮮版	1930-06-21	2	04단	綿絲布暴落で取引は不振
191101	朝鮮朝日	西北・南鮮版	1930-06-21	2	04단	各種講習會
191102	朝鮮朝日	西北・南鮮版	1930-06-21	2	04단	各地だより(平壤/海州)
191103	朝鮮朝日	南鮮版	1930-06-22	1	01단	『節約は困難』と意見纏まらず更に協議のうへ決める總督府緊急局部長會議/行政整理は絶對やらぬ政府の方針は鵜呑み出來ぬ 林財務局長語る/出張費を極力節減する 水田司計課長語る
191104	朝鮮朝日	南鮮版	1930-06-22	1	01단	司法官會議卅日から開催
191105	朝鮮朝日	南鮮版	1930-06-22	1	02단	忠淸北道の警察官異動
191106	朝鮮朝日	南鮮版	1930-06-22	1	02단	クラブハウス建築のお金を出し澁る富豪連結局は會費の値上げを斷行し不足分は他から御報謝を願ふ
191107	朝鮮朝日	南鮮版	1930-06-22	1	03단	辭令(東京電話)
191108	朝鮮朝日	南鮮版	1930-06-22	1	03단	總督府辭令
191109	朝鮮朝日	南鮮版	1930-06-22	1	03단	合銀に絡む泥試合續く反幹部派は總會を召集新戰術に出るか
191110	朝鮮朝日	南鮮版	1930-06-22	1	04단	東海岸線起工祝賀會開催の計劃
191111	朝鮮朝日	南鮮版	1930-06-22	1	04단	列車の運轉速度を增大朝鐵黃海線で
191112	朝鮮朝日	南鮮版	1930-06-22	1	05단	貨車相互連帶運轉を實施
191113	朝鮮朝日	南鮮版	1930-06-22	1	05단	鮮産愛用を高唱國産愛用と同意義全鮮的に運動する/「マコー」の竹のパイプ白樺製に變更
191114	朝鮮朝日	南鮮版	1930-06-22	1	05단	俳句/鈴木花蓑選
191115	朝鮮朝日	南鮮版	1930-06-22	1	06단	こゝばかりは産めよ殖えよの樂園一度に孫子ができる河馬君お目出た續きの昌慶苑動物園
191116	朝鮮朝日	南鮮版	1930-06-22	1	06단	妓生校生徒盟休を斷行生徒毆打事件から態度は非常に强硬
191117	朝鮮朝日	南鮮版	1930-06-22	1	06단	競馬法制度促進部長會議に提案
191118	朝鮮朝日	南鮮版	1930-06-22	1	06단	日本硬質陶器操短を行ふ
191119	朝鮮朝日	南鮮版	1930-06-22	1	07단	淸州野球團生る

일련번호	판명		간행일	면	단수	기사명
191120	朝鮮朝日	南鮮版	1930-06-22	1	07단	鰯工船許可の防止を陳情咸北道沿岸漁民の生活を脅かすとて
191121	朝鮮朝日	南鮮版	1930-06-22	1	07단	第二回九州大學京城大學對抗陸上競技大會
191122	朝鮮朝日	南鮮版	1930-06-22	1	08단	自殺を企つ
191123	朝鮮朝日	南鮮版	1930-06-22	1	09단	慶南の春鼈は收繭高增加
191124	朝鮮朝日	南鮮版	1930-06-22	1	09단	朝鮮歌謠の放送妓生決る理解しよい歌曲をDKで特にえらぶ
191125	朝鮮朝日	南鮮版	1930-06-22	1	10단	軍用電話線竊取犯人捕る
191126	朝鮮朝日	南鮮版	1930-06-22	1	10단	半島茶話
191127	朝鮮朝日	西北版	1930-06-22	1	01단	『節約は困難』と意見纏まらず更に協議のうへ決める總督府緊急局部長會議/行政整理は絶對やらぬ政府の方針は鵜呑み出來ぬ 林財務局長語る/出張費を極力節減する 水田司計課長語る
191128	朝鮮朝日	西北版	1930-06-22	1	01단	司法官會議卅日から開催
191129	朝鮮朝日	西北版	1930-06-22	1	02단	辭令(東京電話)
191130	朝鮮朝日	西北版	1930-06-22	1	02단	教員の增俸
191131	朝鮮朝日	西北版	1930-06-22	1	02단	全滿領事會議
191132	朝鮮朝日	西北版	1930-06-22	1	03단	師團長の檢閱
191133	朝鮮朝日	西北版	1930-06-22	1	03단	偵察機を更改し八八式を採用
191134	朝鮮朝日	西北版	1930-06-22	1	03단	鮮産愛用を高唱國産愛用と同意義全鮮的に運動する/「マコー」の竹のパイプ白樺製に變更
191135	朝鮮朝日	西北版	1930-06-22	1	03단	餘り表面立てず事業縮小を行ふ勞働者はこの際努めて妥協主義で進んで行く
191136	朝鮮朝日	西北版	1930-06-22	1	04단	列車の運轉速度を增大朝鐵黃海線で
191137	朝鮮朝日	西北版	1930-06-22	1	04단	俳句/鈴木花蓑選
191138	朝鮮朝日	西北版	1930-06-22	1	05단	三十圓餘りで一年間生活する哀れな火田民の暮し井上司法主任視察談
191139	朝鮮朝日	西北版	1930-06-22	1	05단	商工振興貯蓄組合を創立
191140	朝鮮朝日	西北版	1930-06-22	1	05단	氷屋續出し早くも夏氣分
191141	朝鮮朝日	西北版	1930-06-22	1	05단	小麥は暴落先物取引開始
191142	朝鮮朝日	西北版	1930-06-22	1	06단	夫の陳述に妻は法廷で泣き崩れる醜行は悉くあかるみへ淸津疑獄事件第一回公判開かる
191143	朝鮮朝日	西北版	1930-06-22	1	06단	萬難を排して校舍を增築狹隘で手も足も出ぬ平壤若松山手の兩校

일련번호	판명		간행일	면	단수	기사명
191144	朝鮮朝日	西北版	1930-06-22	1	06단	鰯工船許可の防止を陳情咸北道沿岸漁民の生活を脅かすとて
191145	朝鮮朝日	西北版	1930-06-22	1	07단	養雞講習會
191146	朝鮮朝日	西北版	1930-06-22	1	07단	庭球大會
191147	朝鮮朝日	西北版	1930-06-22	1	07단	以前に比して著しく緩和蘋果檢査規則改正は十六日付で認可となる
191148	朝鮮朝日	西北版	1930-06-22	1	08단	白巖山上の山櫻が滿開
191149	朝鮮朝日	西北版	1930-06-22	1	08단	お茶のあと
191150	朝鮮朝日	西北版	1930-06-22	1	09단	東京、京城間通話試驗好成績を收む
191151	朝鮮朝日	西北版	1930-06-22	1	09단	妓生校生徒盟休を斷行生徒毆打事件から態度は非常に強硬
191152	朝鮮朝日	西北版	1930-06-22	1	09단	憲兵制度の創設記念祭
191153	朝鮮朝日	西北版	1930-06-22	1	09단	馬賊江岸に進出を企つ
191154	朝鮮朝日	西北版	1930-06-22	1	09단	牡丹台野話
191155	朝鮮朝日	西北版	1930-06-22	1	10단	法廷に扇風機暑休を廢しスピードを增す
191156	朝鮮朝日	西北版	1930-06-22	1	10단	自殺を企つ
191157	朝鮮朝日	西北版	1930-06-22	1	10단	漢字新聞に阿片を包み密送を企つ
191158	朝鮮朝日	西北版	1930-06-22	1	10단	半島茶話
191159	朝鮮朝日	西北・南鮮版	1930-06-22	2	01단	純眞な農民の心を物語る彼等のモノトナス農民小唄調査
191160	朝鮮朝日	西北・南鮮版	1930-06-22	2	01단	ビタミンACを多量に含む松毛蟲からの製油近く九大で再試驗
191161	朝鮮朝日	西北・南鮮版	1930-06-22	2	01단	海への誘惑ボートや海水浴場の早くも準備ができた賑ひ始めた漢江地方
191162	朝鮮朝日	西北・南鮮版	1930-06-22	2	02단	乞食の取締を嚴重にする
191163	朝鮮朝日	西北・南鮮版	1930-06-22	2	03단	病弱兒童の林間聚落赤十字社支部で今年も行ふ
191164	朝鮮朝日	西北・南鮮版	1930-06-22	2	03단	朝日巡回活動寫眞
191165	朝鮮朝日	西北・南鮮版	1930-06-22	2	03단	童話と家庭講演
191166	朝鮮朝日	西北・南鮮版	1930-06-22	2	04단	各地だより(平壤/光州)
191167	朝鮮朝日	南鮮版	1930-06-24	1	01단	歐洲派遣選手團悠々全朝鮮軍を破る新記錄で觀衆を唸らす學生團對全朝鮮の陸上競技會(兩軍の得點)
191168	朝鮮朝日	南鮮版	1930-06-24	1	02단	犯罪搜査に鑑識係新設愈よ京畿道警察部に頗る大規摸なもの
191169	朝鮮朝日	南鮮版	1930-06-24	1	04단	時代の寵兒のカフェーも採算が立たず遣繰り算段の狀態京城の深刻な不景氣
191170	朝鮮朝日	南鮮版	1930-06-24	1	04단	牛疫豫防法講演會開催
191171	朝鮮朝日	南鮮版	1930-06-24	1	05단	大邱府營バス郊外に進出

일련번호	판명		간행일	면	단수	기사명
191172	朝鮮朝日	南鮮版	1930-06-24	1	05단	棉作地視察
191173	朝鮮朝日	南鮮版	1930-06-24	1	05단	鐵道工事入札
191174	朝鮮朝日	南鮮版	1930-06-24	1	05단	これからが忌むべき傳染病の跳梁期系統が判明せぬので京城府衛生課は思案投げ首
191175	朝鮮朝日	南鮮版	1930-06-24	1	06단	國境森林の更新保存に林業試驗地を設ける力をそゝぐ總督府
191176	朝鮮朝日	南鮮版	1930-06-24	1	06단	運動界(柔劍道試合/殖銀敗る/滿俱京電を破る/大邱再勝)
191177	朝鮮朝日	南鮮版	1930-06-24	1	06단	朝鮮鐵道宣傳と寢台券發賣
191178	朝鮮朝日	南鮮版	1930-06-24	1	07단	簡閱點呼は好成績喜んでゐる周山大佐談
191179	朝鮮朝日	南鮮版	1930-06-24	1	07단	他人の土地で大金の騙取を企つ
191180	朝鮮朝日	南鮮版	1930-06-24	1	08단	帶方郡時代の基石を發見
191181	朝鮮朝日	南鮮版	1930-06-24	1	08단	うどん、そばの値下を慫憑漸次他にも及ぼす大邱署物價値下に乘出す
191182	朝鮮朝日	南鮮版	1930-06-24	1	08단	仁川の強盜
191183	朝鮮朝日	南鮮版	1930-06-24	1	09단	投げ飛され遂に死亡す
191184	朝鮮朝日	南鮮版	1930-06-24	1	09단	勘定日と知り妓生を襲ふ
191185	朝鮮朝日	南鮮版	1930-06-24	1	09단	醫務室燒く二名大火傷
191186	朝鮮朝日	南鮮版	1930-06-24	1	10단	不二農場の水騷動事件豫審に廻付
191187	朝鮮朝日	南鮮版	1930-06-24	1	10단	人(上原二十師團長/望月瀧三氏(前總督府血淸製造所長)/槇藤哲藏氏(本派本願寺釜山別院住職)/宇佐美資源局長官)
191188	朝鮮朝日	南鮮版	1930-06-24	1	10단	半島茶話
191189	朝鮮朝日	西北版	1930-06-24	1	01단	歐洲派遺選手團悠々全朝鮮軍を破る新記錄で觀衆を唸らす學生團對全朝鮮の陸上競技會(兩軍の得點)
191190	朝鮮朝日	西北版	1930-06-24	1	01단	各種機械工場の心臟部を破壞犯人八十二名檢擧さる咸興炭坑の暴動的騷擾
191191	朝鮮朝日	西北版	1930-06-24	1	01단	國境森林の更新保存に林業試驗地を設ける力をそゝぐ總督府
191192	朝鮮朝日	西北版	1930-06-24	1	03단	朝鮮鐵道宣傳と寢台券發賣
191193	朝鮮朝日	西北版	1930-06-24	1	04단	普通學校增設は計劃を變更
191194	朝鮮朝日	西北版	1930-06-24	1	04단	農村講習會
191195	朝鮮朝日	西北版	1930-06-24	1	05단	新義州商業優勝す第一回國境中等校陸上競技會
191196	朝鮮朝日	西北版	1930-06-24	1	05단	咸興體協新役員
191197	朝鮮朝日	西北版	1930-06-24	1	05단	燃料廠鑛夫の解雇は誤傳

일련번호	판명		간행일	면	단수	기사명
191198	朝鮮朝日	西北版	1930-06-24	1	05단	無資格者を會員と認定して賦課金を徴收したと會議所を相手に返還訴訟
191199	朝鮮朝日	西北版	1930-06-24	1	05단	新義州の本社映畫會
191200	朝鮮朝日	西北版	1930-06-24	1	06단	牡丹台野話
191201	朝鮮朝日	西北版	1930-06-24	1	06단	有望な水銀鑛脈新たに發見
191202	朝鮮朝日	西北版	1930-06-24	1	06단	不振を續ける元山穀類移出
191203	朝鮮朝日	西北版	1930-06-24	1	06단	平壤府電氣課長
191204	朝鮮朝日	西北版	1930-06-24	1	06단	鮮農誘導に方針を變更
191205	朝鮮朝日	西北版	1930-06-24	1	07단	三十名が豹に殺傷茂山地方で
191206	朝鮮朝日	西北版	1930-06-24	1	07단	風說を信じ失業者押し寄す賃銀がいゝとて平安水利の事務所に
191207	朝鮮朝日	西北版	1930-06-24	1	07단	巧妙な手段で少女を賣買
191208	朝鮮朝日	西北版	1930-06-24	1	07단	銅線專門の竊盜團搯鬪の後捕る
191209	朝鮮朝日	西北版	1930-06-24	1	08단	天井が墜落坑夫卽死す
191210	朝鮮朝日	西北版	1930-06-24	1	08단	醫務室燒く二名大火傷
191211	朝鮮朝日	西北版	1930-06-24	1	08단	平壤の火事
191212	朝鮮朝日	西北版	1930-06-24	1	08단	三派聯合馬賊團組織の模樣
191213	朝鮮朝日	西北版	1930-06-24	1	09단	不二農場の水騷動事件豫審に廻付
191214	朝鮮朝日	西北版	1930-06-24	1	09단	僞金指輪で金を捲上ぐ
191215	朝鮮朝日	西北版	1930-06-24	1	09단	京染外交員の惡事
191216	朝鮮朝日	西北版	1930-06-24	1	10단	恨みの放火
191217	朝鮮朝日	西北版	1930-06-24	1	10단	公金費消送局
191218	朝鮮朝日	西北版	1930-06-24	1	10단	もよほし(瓦斯展覽會)
191219	朝鮮朝日	西北版	1930-06-24	1	10단	半島茶話
191220	朝鮮朝日	西北・南鮮版	1930-06-24	2	01단	二箇所で洞窟發見探勝が頗る樂に出來る
191221	朝鮮朝日	西北・南鮮版	1930-06-24	2	01단	資源局としても朝鮮は重大視數量本位で調査宇佐美長官釜山で語る
191222	朝鮮朝日	西北・南鮮版	1930-06-24	2	01단	林檎の廢物でおいしい食料品鮮産振興の意味から國庫補助下付を申請
191223	朝鮮朝日	西北・南鮮版	1930-06-24	2	03단	安東附屬地商務會役員
191224	朝鮮朝日	西北・南鮮版	1930-06-24	2	03단	備品共同取扱ひ規定
191225	朝鮮朝日	西北・南鮮版	1930-06-24	2	04단	二三ヶ月中にロケーションにローマへ出かけるキリスト教傳來映畫を作製の平山政十氏談
191226	朝鮮朝日	西北・南鮮版	1930-06-24	2	04단	慶北棉作は豊作か生育は頗る順調に進む
191227	朝鮮朝日	西北・南鮮版	1930-06-24	2	04단	海女の入漁料その他を協定
191228	朝鮮朝日	西北・南鮮版	1930-06-24	2	04단	大陳島の貸與方出願
191229	朝鮮朝日	西北・南鮮版	1930-06-24	2	05단	朝鮮輸出の豆粕增加す

일련번호	판명		간행일	면	단수	기사명
191230	朝鮮朝日	西北・南鮮版	1930-06-24	2	05단	痲藥類中毒患者の登錄新たに指定
191231	朝鮮朝日	西北・南鮮版	1930-06-24	2	05단	國勢調査講演會
191232	朝鮮朝日	西北・南鮮版	1930-06-24	2	05단	朝鮮機業協會創立準備會
191233	朝鮮朝日	西北・南鮮版	1930-06-24	2	06단	雜音妨害電波を襲ふDK大恐慌
191234	朝鮮朝日	西北・南鮮版	1930-06-24	2	06단	全北衛生課長
191235	朝鮮朝日	西北・南鮮版	1930-06-24	2	06단	滿鐵夏季大學
191236	朝鮮朝日	西北・南鮮版	1930-06-24	2	06단	童話と家庭講演
191237	朝鮮朝日	西北・南鮮版	1930-06-24	2	07단	各地だより(京城/平壤/淸州)
191238	朝鮮朝日	南鮮版	1930-06-25	1	01단	齋藤總督に樞密院の空氣緩和方斡旋を依賴上京を電請したとの說總督は否認しつゝ語る
191239	朝鮮朝日	南鮮版	1930-06-25	1	01단	釜山定住失業者に少額資金を融通郡部にも及ぼすため失業者狀態調査を開始
191240	朝鮮朝日	南鮮版	1930-06-25	1	01단	左傾運動に幻滅を感じ病床で「懺悔」を執筆朝鮮共產黨で活躍した靑年
191241	朝鮮朝日	南鮮版	1930-06-25	1	01단	二日に互り紛糾を重ね遂に決選投票で決す群山商議の役員
191242	朝鮮朝日	南鮮版	1930-06-25	1	03단	下水溝改修と農倉建設で陳情を行ふ
191243	朝鮮朝日	南鮮版	1930-06-25	1	03단	昨年よりも四校を增加して參加校二十八校に達す第十回朝鮮中等野球豫選大會
191244	朝鮮朝日	南鮮版	1930-06-25	1	04단	短歌/橋田東聲選
191245	朝鮮朝日	南鮮版	1930-06-25	1	04단	電力料値下に努力を申合馬山商工會總會
191246	朝鮮朝日	南鮮版	1930-06-25	1	04단	自動車の出願が殺到乘合のみで二十一線京畿道では不許可の方針
191247	朝鮮朝日	南鮮版	1930-06-25	1	05단	光州面の豫算膨脹す
191248	朝鮮朝日	南鮮版	1930-06-25	1	05단	莊河附近に無線局新設航空路の天氣通報を完成す
191249	朝鮮朝日	南鮮版	1930-06-25	1	05단	朝郵釜山支店長更迭
191250	朝鮮朝日	南鮮版	1930-06-25	1	06단	中樞院參議指導校視察
191251	朝鮮朝日	南鮮版	1930-06-25	1	06단	釜山港內の巡航船認可
191252	朝鮮朝日	南鮮版	1930-06-25	1	06단	受益稅による道路網完成計劃は本府で不許可の方針新稅による事業は面白くないと
191253	朝鮮朝日	南鮮版	1930-06-25	1	06단	釜山北濱埋築補修作業に着手工事失態を云爲され工費支出に波瀾は免れぬ?
191254	朝鮮朝日	南鮮版	1930-06-25	1	06단	竹のパイプより斷然進步した白樺製マコーパイプ
191255	朝鮮朝日	南鮮版	1930-06-25	1	07단	殉職警官合祀祭

일련번호	판명		간행일	면	단수	기사명
191256	朝鮮朝日	南鮮版	1930-06-25	1	07단	勞農ロシヤから赤い宣傳ラヂオにはいる總督府では取締にしきりに頭をひねる
191257	朝鮮朝日	南鮮版	1930-06-25	1	08단	光州公設グラウンド新設工事着手
191258	朝鮮朝日	南鮮版	1930-06-25	1	08단	收容中の光州學生が夜中に騷ぐ
191259	朝鮮朝日	南鮮版	1930-06-25	1	08단	三萬餘圓の講金橫領に懲役二年半
191260	朝鮮朝日	南鮮版	1930-06-25	1	09단	炭坑騷擾は平穩に歸し從業員は作業を開始檢擧者は七十六名/ぼつぼつ復舊の途上にある咸興の炭坑
191261	朝鮮朝日	南鮮版	1930-06-25	1	09단	「ヒソ」を飮み自殺を企つ
191262	朝鮮朝日	南鮮版	1930-06-25	1	09단	瀆職事件公判
191263	朝鮮朝日	南鮮版	1930-06-25	1	09단	大金を拐帶
191264	朝鮮朝日	南鮮版	1930-06-25	1	09단	七戶全半燒
191265	朝鮮朝日	南鮮版	1930-06-25	1	10단	炭鑛火事の負傷者絶命
191266	朝鮮朝日	南鮮版	1930-06-25	1	10단	永井氏一行の自動車顚覆大木に支へられ墜落を免る
191267	朝鮮朝日	南鮮版	1930-06-25	1	10단	屋形船顚覆し五名が溺死
191268	朝鮮朝日	南鮮版	1930-06-25	1	10단	朝鮮人の竊盜團京阪を荒し一味捕まる
191269	朝鮮朝日	西北版	1930-06-25	1	01단	昨年よりも四校を增加して參加校二十八校に達す第十回朝鮮中等野球豫選大會/斷然他を壓し新商優勝す豫期以上の成績を示す國境中等陸上競技大會/對龍鐵陸上競技の平南選手決る/平鐵勝つ/全新義州大勝
191270	朝鮮朝日	西北版	1930-06-25	1	04단	安州郡農會の繭の公判いよいよ開始
191271	朝鮮朝日	西北版	1930-06-25	1	04단	莊河附近に無線局新設航空路の天氣通報を完成す
191272	朝鮮朝日	西北版	1930-06-25	1	04단	耶蘇敎南北監理派合同を決議南監理派年會總會で具體化は當分困難か
191273	朝鮮朝日	西北版	1930-06-25	1	04단	釜山定住失業者に少額資金を融通軍部にも及ぼすため失業者狀態調査を開始
191274	朝鮮朝日	西北版	1930-06-25	1	05단	夏の鴨綠江(4)
191275	朝鮮朝日	西北版	1930-06-25	1	06단	平壤の傳染病今年は少い
191276	朝鮮朝日	西北版	1930-06-25	1	06단	基督敎靑年會夏季傳導行脚
191277	朝鮮朝日	西北版	1930-06-25	1	06단	平壤憲兵分隊副官
191278	朝鮮朝日	西北版	1930-06-25	1	07단	吉會線敷設の促進を陳情內鮮兩民會で
191279	朝鮮朝日	西北版	1930-06-25	1	07단	竹のパイプより斷然進步した白樺製マコーパイプ
191280	朝鮮朝日	西北版	1930-06-25	1	07단	平壤府內の七十錢タク七月一日から實現か觀光者に非常に便利

일련번호	판명		간행일	면	단수	기사명
191281	朝鮮朝日	西北版	1930-06-25	1	07단	短歌/橋田東聲選
191282	朝鮮朝日	西北版	1930-06-25	1	07단	中樞院參議指導校視察
191283	朝鮮朝日	西北版	1930-06-25	1	07단	廣梁灣專賣局管內採鹽高
191284	朝鮮朝日	西北版	1930-06-25	1	08단	牡丹台野話
191285	朝鮮朝日	西北版	1930-06-25	1	08단	殉職警官合祀祭
191286	朝鮮朝日	西北版	1930-06-25	1	08단	炭坑騷擾は平穩に歸し從業員は作業を開始檢擧者は七十六名/ぼつぼつ復舊の途上のある咸興の炭坑
191287	朝鮮朝日	西北版	1930-06-25	1	09단	穀物專門の賊
191288	朝鮮朝日	西北版	1930-06-25	1	09단	朝鮮人の竊盜團京阪を荒し一味捕まる
191289	朝鮮朝日	西北版	1930-06-25	1	09단	老人を轢殺
191290	朝鮮朝日	西北版	1930-06-25	1	10단	竊盜十六回
191291	朝鮮朝日	西北版	1930-06-25	1	10단	十三棟全半燒二名負傷す
191292	朝鮮朝日	西北版	1930-06-25	1	10단	七戶全半燒
191293	朝鮮朝日	西北版	1930-06-25	1	10단	炭鑛火事の負傷者絶命
191294	朝鮮朝日	西北版	1930-06-25	1	10단	死牛を掘り出して食ふ
191295	朝鮮朝日	西北版	1930-06-25	1	10단	屋形船顛覆し五名が溺死
191296	朝鮮朝日	西北・南鮮版	1930-06-25	2	01단	總督と總監が農村少年を泣かす指導教育卒業少年の家庭を訪ねて激勵
191297	朝鮮朝日	西北・南鮮版	1930-06-25	2	01단	城大對九大對抗陸競會愈よ廿九日京城で花々しく擧行する(競技種目)
191298	朝鮮朝日	西北・南鮮版	1930-06-25	2	02단	同大演劇部員鮮滿で公演「生ける人形」等
191299	朝鮮朝日	西北・南鮮版	1930-06-25	2	03단	命令航路の實現運動に福岡市産業課長ら來鮮
191300	朝鮮朝日	西北・南鮮版	1930-06-25	2	03단	堆肥大增産計劃打合會
191301	朝鮮朝日	西北・南鮮版	1930-06-25	2	03단	童話と家庭講演
191302	朝鮮朝日	西北・南鮮版	1930-06-25	2	04단	教員受驗準備講習會
191303	朝鮮朝日	西北・南鮮版	1930-06-25	2	04단	各地だり(馬山/平壤/鎭海)
191304	朝鮮朝日	南鮮版	1930-06-26	1	01단	朝鮮紡織でも愈よ操短實施か旣に晝食時に運轉休止斷行期は七月の定時總會前後
191305	朝鮮朝日	南鮮版	1930-06-26	1	01단	麥減收による免稅總額は一萬三千圓に上る見込慶南道六郡に互り
191306	朝鮮朝日	南鮮版	1930-06-26	1	01단	李王殿下御歸鮮八月下旬ごろ御滯在は短い
191307	朝鮮朝日	南鮮版	1930-06-26	1	01단	慶南麥作增收の根本計劃に麥種の改良
191308	朝鮮朝日	南鮮版	1930-06-26	1	02단	慶南の警察異動來月十日頃發表の運び
191309	朝鮮朝日	南鮮版	1930-06-26	1	03단	釜山、博多間定期航路の補助を陳情

일련번호	판명		간행일	면	단수	기사명
191310	朝鮮朝日	南鮮版	1930-06-26	1	03단	朝鮮の林相を一變させるナラ、クヌギの播種增林に愈よ着手す
191311	朝鮮朝日	南鮮版	1930-06-26	1	04단	牧ノ島の海面專用問題は解決
191312	朝鮮朝日	南鮮版	1930-06-26	1	05단	旅客飛行の宣傳に努む
191313	朝鮮朝日	南鮮版	1930-06-26	1	05단	グロテスクな味覺時代牛肉よりうまい不氣味な松毛蟲神經衰弱には一番よくきく調理法のパンフレット刊行
191314	朝鮮朝日	南鮮版	1930-06-26	1	06단	散卵蠶種出願
191315	朝鮮朝日	南鮮版	1930-06-26	1	06단	各驛停車は三十秒に短縮ガソリン動車や汽動車を用ひて
191316	朝鮮朝日	南鮮版	1930-06-26	1	07단	大邱市場物價引下げ
191317	朝鮮朝日	南鮮版	1930-06-26	1	07단	東萊建設工事係を新設
191318	朝鮮朝日	南鮮版	1930-06-26	1	08단	高等法院の判決は覆へらんとす再審公判において檢査が堂々と論告
191319	朝鮮朝日	南鮮版	1930-06-26	1	08단	傍聽を禁じ祕密裡に審理一流の法延示威も展開せず第三次共産黨の公判
191320	朝鮮朝日	南鮮版	1930-06-26	1	08단	問題の教師辭職し平壤妓生學校の盟休解決す
191321	朝鮮朝日	南鮮版	1930-06-26	1	09단	鎭海慘死者の遺族總會
191322	朝鮮朝日	南鮮版	1930-06-26	1	09단	その昔黑船の渡來にも似て漁業者の恐慌裡に鰯工船愈よ釜山へ
191323	朝鮮朝日	南鮮版	1930-06-26	1	10단	綠肥によって土性を變更
191324	朝鮮朝日	南鮮版	1930-06-26	1	10단	釜山地方豪雨浸水家屋
191325	朝鮮朝日	南鮮版	1930-06-26	1	10단	人(紀孫治氏(釜山公立第二商業校長))
191326	朝鮮朝日	南鮮版	1930-06-26	1	10단	半島茶話
191327	朝鮮朝日	西北版	1930-06-26	1	01단	桑園をつぶし他の農作物を栽培極端な蠶繭の安値から平安南道の農民自衛策を講す
191328	朝鮮朝日	西北版	1930-06-26	1	01단	警官療養所を溫豊溫泉に設置共濟組合が經營する
191329	朝鮮朝日	西北版	1930-06-26	1	01단	汽動車運轉で列車時刻を改正平壤運事管內の支線
191330	朝鮮朝日	西北版	1930-06-26	1	03단	李王殿下御歸鮮八月下旬ごろ御滯在は短い
191331	朝鮮朝日	西北版	1930-06-26	1	03단	小坂拓務次官羅南を視察
191332	朝鮮朝日	西北版	1930-06-26	1	04단	平元線の工事進む第十工區も工事に着手
191333	朝鮮朝日	西北版	1930-06-26	1	04단	道內の各署に寫眞機を備へる將來指紋も集錄する平南道の新しき試み
191334	朝鮮朝日	西北版	1930-06-26	1	05단	腐朽甚しく新築を要す新義州府廳舍

일련번호	판명		간행일	면	단수	기사명
191335	朝鮮朝日	西北版	1930-06-26	1	05단	安東憲兵分隊長の更迭
191336	朝鮮朝日	西北版	1930-06-26	1	05단	郵便試驗飛行
191337	朝鮮朝日	西北版	1930-06-26	1	06단	夏季飛行演習
191338	朝鮮朝日	西北版	1930-06-26	1	06단	高等法院の判決は覆へらんとす再審公判において檢査が堂々と論告
191339	朝鮮朝日	西北版	1930-06-26	1	06단	平南の田植
191340	朝鮮朝日	西北版	1930-06-26	1	07단	牡丹台野話
191341	朝鮮朝日	西北版	1930-06-26	1	07단	小荷物の無料通關問題は有利に解決か
191342	朝鮮朝日	西北版	1930-06-26	1	07단	オートバイと警備船購入
191343	朝鮮朝日	西北版	1930-06-26	1	07단	平安北道の春繭初取引/春蠶取引の不振に惱む
191344	朝鮮朝日	西北版	1930-06-26	1	07단	馬の種付を無料で行ふ
191345	朝鮮朝日	西北版	1930-06-26	1	08단	綠肥によって土性を變更
191346	朝鮮朝日	西北版	1930-06-26	1	08단	咸南都市對抗競技二回戰
191347	朝鮮朝日	西北版	1930-06-26	1	08단	運動界(九州齒專勝つ/春季老童庭球大會)
191348	朝鮮朝日	西北版	1930-06-26	1	08단	猛虎現はれ片端から牛舍を襲ふ虎退治は失敗に終る
191349	朝鮮朝日	西北版	1930-06-26	1	08단	京城府の傳染病暑氣加はるに從って激增す
191350	朝鮮朝日	西北版	1930-06-26	1	09단	運送人夫の罷業解決新安州驛長の調停にて
191351	朝鮮朝日	西北版	1930-06-26	1	09단	問題の教師辭職し平壤妓生學校の盟休解決す
191352	朝鮮朝日	西北版	1930-06-26	1	10단	身賣を拒んだ女房を嚙む
191353	朝鮮朝日	西北版	1930-06-26	1	10단	軍用品竊取
191354	朝鮮朝日	西北版	1930-06-26	1	10단	散卵蠶種出願
191355	朝鮮朝日	西北版	1930-06-26	1	10단	大邱市場物價引下げ
191356	朝鮮朝日	西北版	1930-06-26	1	10단	もよほし(沙里院病院上棟式)
191357	朝鮮朝日	西北版	1930-06-26	1	10단	人(吉山文四郎氏(新任平壤府電氣課長)/古賀平壤工務事務所長)
191358	朝鮮朝日	西北版	1930-06-26	1	10단	半島茶話
191359	朝鮮朝日	西北・南鮮版	1930-06-26	2	01단	朝鮮農村の姿を物語る農民の俚諺と口碑酒井氏の面白い研究
191360	朝鮮朝日	西北・南鮮版	1930-06-26	2	01단	黃金の雨に惠まれ田植の眞盛り早くも農作を豫想慶南各地ほくほく
191361	朝鮮朝日	西北・南鮮版	1930-06-26	2	01단	鴨江減水で資材薄流筏困難から
191362	朝鮮朝日	西北・南鮮版	1930-06-26	2	01단	成川産組の家屋落成す
191363	朝鮮朝日	西北・南鮮版	1930-06-26	2	01단	コム靴と靴下賣行が惡く挽回策に腐心
191364	朝鮮朝日	西北・南鮮版	1930-06-26	2	02단	安東邦商の取引不活潑

일련번호	판명		간행일	면	단수	기사명
191365	朝鮮朝日	西北・南鮮版	1930-06-26	2	02단	光濟號がお嫁入り今度海軍省へ
191366	朝鮮朝日	西北・南鮮版	1930-06-26	2	03단	鮮內の鑛業界著しく躍進
191367	朝鮮朝日	西北・南鮮版	1930-06-26	2	03단	野菜や果實の入荷が多い
191368	朝鮮朝日	西北・南鮮版	1930-06-26	2	03단	童話と家庭講演
191369	朝鮮朝日	西北・南鮮版	1930-06-26	2	04단	鎭海事件の弔慰金處分方法決まる
191370	朝鮮朝日	西北・南鮮版	1930-06-26	2	04단	貨物自動車の運送營業は自由に出來る
191371	朝鮮朝日	西北・南鮮版	1930-06-26	2	04단	元山名物の雲丹は好評
191372	朝鮮朝日	西北・南鮮版	1930-06-26	2	04단	各地だより(平壤)
191373	朝鮮朝日	南鮮版	1930-06-27	1	01단	禍根を絶つために極端なる彈壓を加へ遂にあの騷動を惹起す咸興炭坑暴動騷擾事件の原因
191374	朝鮮朝日	南鮮版	1930-06-27	1	01단	府民の實際生活の內情を知る調査や統計が京城には未だ全くないこれも費用の關係から(例の一生計調査/例の二家賃統計/例の三失業統計)
191375	朝鮮朝日	南鮮版	1930-06-27	1	01단	學用品給與や授業料免除相當多數に上るか慶南の旱害救濟
191376	朝鮮朝日	南鮮版	1930-06-27	1	01단	表面豊かだが內面は苦い商人までが靑息吐息京畿道の農民困窮す
191377	朝鮮朝日	南鮮版	1930-06-27	1	03단	漁業組合の聯合會組織を奬勵して共同施設や資金難緩和を圖る
191378	朝鮮朝日	南鮮版	1930-06-27	1	04단	お茶のあと
191379	朝鮮朝日	南鮮版	1930-06-27	1	05단	大村、大連間の長距離飛行十三機を使用して七月二十一日に出發
191380	朝鮮朝日	南鮮版	1930-06-27	1	05단	滿浦鎭線敷設の促進は急務と思ふ漫然渡航は依然取締る平壤にて小坂拓務次官はかたる
191381	朝鮮朝日	南鮮版	1930-06-27	1	06단	東京市の後任電氣局長に噂さる〉戸田鐵道局理事交涉はまだない模樣
191382	朝鮮朝日	南鮮版	1930-06-27	1	06단	朝鮮運輸計算の解散は免れぬ合同、非合同雙方の深刻化した對立から
191383	朝鮮朝日	南鮮版	1930-06-27	1	06단	內務産業兩部長會議
191384	朝鮮朝日	南鮮版	1930-06-27	1	06단	森林鐵道の開通は明後年悠々たる筏流しもスピードを加へる
191385	朝鮮朝日	南鮮版	1930-06-27	1	07단	俳句/鈴木花蓑選
191386	朝鮮朝日	南鮮版	1930-06-27	1	07단	庭球大會豫選
191387	朝鮮朝日	南鮮版	1930-06-27	1	08단	臨時費支出か果然問題となる釜山北濱埋築補修の各議員實地を視察
191388	朝鮮朝日	南鮮版	1930-06-27	1	08단	濟州島の海女問題協定水産會紛擾の癌種掃滅根本策として重大視

일련번호	판명		간행일	면	단수	기사명
191389	朝鮮朝日	南鮮版	1930-06-27	1	08단	商品を擔保に資金貸出し倭城金組が
191390	朝鮮朝日	南鮮版	1930-06-27	1	09단	害毒をながす暴力團退治正義の觀念に強い專任の警官を選び
191391	朝鮮朝日	南鮮版	1930-06-27	1	10단	腹が減ると暴れる奇病癲癎の一種
191392	朝鮮朝日	南鮮版	1930-06-27	1	10단	連判狀を作り同盟休校學校に要求
191393	朝鮮朝日	南鮮版	1930-06-27	1	10단	借金踏倒しの目的で自廢娼妓情夫と逃走
191394	朝鮮朝日	南鮮版	1930-06-27	1	10단	實行豫算節減
191395	朝鮮朝日	南鮮版	1930-06-27	1	10단	もよほし(大邱郵便局管內所長會議)
191396	朝鮮朝日	南鮮版	1930-06-27	1	10단	人(廣瀨參謀本部第三部長/澤山寅彥氏(釜山實業家))
191397	朝鮮朝日	西北版	1930-06-27	1	01단	禍根を絶つために極端なる彈壓を加へ遂にあの騷動を惹起す咸興炭坑暴動騷擾事件の原因
191398	朝鮮朝日	西北版	1930-06-27	1	01단	滿浦鎭線敷設の促進は急務と思ふ漫然渡航は依然取締る平壤にて小坂拓務次官はかたる/小坂拓務次官平壤を視察/新義州視察
191399	朝鮮朝日	西北版	1930-06-27	1	02단	安東の國調準備
191400	朝鮮朝日	西北版	1930-06-27	1	02단	鴨綠江の水力發電所滿鐵で調査の結果狼虎哨最も有望視
191401	朝鮮朝日	西北版	1930-06-27	1	02단	新築の腹で調査を進むお粗末でかつせまい平壤驛と運輸事務所
191402	朝鮮朝日	西北版	1930-06-27	1	03단	電車を敷設西平壤驛から箕林里迄
191403	朝鮮朝日	西北版	1930-06-27	1	04단	製材從業員の一割減給を新義州の組合が決議從業員に不平はない
191404	朝鮮朝日	西北版	1930-06-27	1	04단	貧富の懸隔は甚しいと思ふ赤澤氏視察談
191405	朝鮮朝日	西北版	1930-06-27	1	05단	鎭江山公園の擴張を行ひ遊覽客を誘致
191406	朝鮮朝日	西北版	1930-06-27	1	05단	平壤土木出張所長きまる
191407	朝鮮朝日	西北版	1930-06-27	1	05단	漁業組合の聯合會組織を獎勵して共同施設や資金難緩和を圖る
191408	朝鮮朝日	西北版	1930-06-27	1	06단	雜貨滿鮮巡回列車見本市
191409	朝鮮朝日	西北版	1930-06-27	1	06단	豚の屠殺は全鮮一牛は割合少い素晴らしい平南
191410	朝鮮朝日	西北版	1930-06-27	1	06단	俳句/鈴木花蓑選
191411	朝鮮朝日	西北版	1930-06-27	1	06단	小學校兒童の服裝を統一
191412	朝鮮朝日	西北版	1930-06-27	1	06단	春競馬終る
191413	朝鮮朝日	西北版	1930-06-27	1	07단	大村、大連間の長距離飛行十三機を使用して七月二十一日に出發

일련번호	판명		간행일	면	단수	기사명
191414	朝鮮朝日	西北版	1930-06-27	1	07단	順和江改修は是非共やりたい藤原平南內務部長談
191415	朝鮮朝日	西北版	1930-06-27	1	07단	腹が減ると暴れる奇病癲癇の一種
191416	朝鮮朝日	西北版	1930-06-27	1	07단	平壤警察署の勤務時間を變更
191417	朝鮮朝日	西北版	1930-06-27	1	08단	牡丹台野話
191418	朝鮮朝日	西北版	1930-06-27	1	08단	朝鮮運輸計算の解散は免れぬ合同、非合同雙方の深刻化した對立から
191419	朝鮮朝日	西北版	1930-06-27	1	08단	連判狀を作り同盟休校學校に要求
191420	朝鮮朝日	西北版	1930-06-27	1	08단	校舍新築費寄附金募集
191421	朝鮮朝日	西北版	1930-06-27	1	09단	借金踏倒しの目的で自廢娼妓情夫と逃走
191422	朝鮮朝日	西北版	1930-06-27	1	09단	國境の競馬大會
191423	朝鮮朝日	西北版	1930-06-27	1	09단	嬰兒を壓殺
191424	朝鮮朝日	西北版	1930-06-27	1	09단	害毒をながす暴力團退治正義の觀念に強い專任の警官を選び
191425	朝鮮朝日	西北版	1930-06-27	1	10단	陸境關稅三分一減の廢止を通告
191426	朝鮮朝日	西北版	1930-06-27	1	10단	チョッキを專門に盜む
191427	朝鮮朝日	西北版	1930-06-27	1	10단	少年を誘拐
191428	朝鮮朝日	西北版	1930-06-27	1	10단	平壤の火事三棟を全燒
191429	朝鮮朝日	西北版	1930-06-27	1	10단	大豆大の雹降る
191430	朝鮮朝日	西北・南鮮版	1930-06-27	2	01단	書堂本來の目的に復歸せしむべく許可制度に改正する
191431	朝鮮朝日	西北・南鮮版	1930-06-27	2	01단	變な噂さへ生じ花房町の埋立工事は府民注目の的となる
191432	朝鮮朝日	西北・南鮮版	1930-06-27	2	01단	濟州大阪間の航路を延長群山に寄港
191433	朝鮮朝日	西北・南鮮版	1930-06-27	2	01단	慶北地方に惠の雨降る植付も一安心
191434	朝鮮朝日	西北・南鮮版	1930-06-27	2	02단	愛護觀念薄い京城の街路樹完全なものはない
191435	朝鮮朝日	西北・南鮮版	1930-06-27	2	03단	仁川港浚渫
191436	朝鮮朝日	西北・南鮮版	1930-06-27	2	03단	東海岸線工事京城土木に落札
191437	朝鮮朝日	西北・南鮮版	1930-06-27	2	03단	各地だより(元山/平壤/淸州)
191438	朝鮮朝日	西北・南鮮版	1930-06-27	2	03단	童話と家庭講演
191439	朝鮮朝日	西北・南鮮版	1930-06-27	2	04단	レールのさひ
191440	朝鮮朝日	南鮮版	1930-06-28	1	01단	預入に比しうんと拂出が增加近年に稀れな現象不景氣を物語る郵貯の狀況
191441	朝鮮朝日	南鮮版	1930-06-28	1	01단	實業校以外の學校設立は今のところ認可せぬ學務局で申請書却下
191442	朝鮮朝日	南鮮版	1930-06-28	1	01단	開墾地への移住を獎勵し企業者との融和や意思の疏通を計る
191443	朝鮮朝日	南鮮版	1930-06-28	1	01단	豪雨で殆と完了全鮮の植付

일련번호	판명		간행일	면	단수	기사명
191444	朝鮮朝日	南鮮版	1930-06-28	1	02단	大邱道立醫院藥價を値下
191445	朝鮮朝日	南鮮版	1930-06-28	1	02단	母國訪問の二人の飛行家遞信局でも大いに歡迎の準備を進む
191446	朝鮮朝日	南鮮版	1930-06-28	1	03단	夏枯を控へて傾向物の洪水これでもかこれでもかと京城映畫界の嵐
191447	朝鮮朝日	南鮮版	1930-06-28	1	03단	景氣良い話鉛、亞鉛の大鑛脈を發見平南成川郡下で時價三億圓に相當
191448	朝鮮朝日	南鮮版	1930-06-28	1	04단	YMCAの丹羽總務退任
191449	朝鮮朝日	南鮮版	1930-06-28	1	04단	當の竹本組が引受ぬため北濱埋築補修工事で釜山府は苦境に立つ
191450	朝鮮朝日	南鮮版	1930-06-28	1	05단	就職戰線珍風景ナンセンス味も多分に加った實話の一、二、三例(實話の一/實話の二/實話の三)
191451	朝鮮朝日	南鮮版	1930-06-28	1	05단	洋畫講習會
191452	朝鮮朝日	南鮮版	1930-06-28	1	05단	全鮮實業野球
191453	朝鮮朝日	南鮮版	1930-06-28	1	05단	わたしの身を賣って馬を買って下さいそして弟に學校の辨當を健氣な朝鮮少女の教育美談
191454	朝鮮朝日	南鮮版	1930-06-28	1	06단	料理屋倒壊し男女八名惨死崖崩れで巨文島の珍事
191455	朝鮮朝日	南鮮版	1930-06-28	1	06단	總督府辭令
191456	朝鮮朝日	南鮮版	1930-06-28	1	06단	小規模な土地改善に補助を交付
191457	朝鮮朝日	南鮮版	1930-06-28	1	07단	南鮮一帶に豪雨襲來し洛東江は增水して危險刻々とせまる
191458	朝鮮朝日	南鮮版	1930-06-28	1	07단	警察部長打合會
191459	朝鮮朝日	南鮮版	1930-06-28	1	07단	大邱江口校休校チフス發生で
191460	朝鮮朝日	南鮮版	1930-06-28	1	08단	モヒ、コカイン大密輸一味九名捕る
191461	朝鮮朝日	南鮮版	1930-06-28	1	09단	追跡した男を二人で殺す
191462	朝鮮朝日	南鮮版	1930-06-28	1	09단	遺書を持つ女
191463	朝鮮朝日	南鮮版	1930-06-28	1	09단	朝日新聞優勝旗爭奪第二回湖南中等學校野球大會
191464	朝鮮朝日	南鮮版	1930-06-28	1	10단	鮮銀爆彈事件上告棄却
191465	朝鮮朝日	南鮮版	1930-06-28	1	10단	牛車が列車に刎ね飛され人も牛も死ぬ
191466	朝鮮朝日	南鮮版	1930-06-28	1	10단	妙藥と稱しモヒを飲まし遂に死亡さす
191467	朝鮮朝日	南鮮版	1930-06-28	1	10단	運動界(諸戸北郎氏(東京帝大教授)/田中八百人氏(農林省林務課長)/吉岡豊輔少將(陸軍々馬補充部本部長)/岡本正夫氏(平壤地方院長))
191468	朝鮮朝日	南鮮版	1930-06-28	1	10단	半島茶話

일련번호	판명		간행일	면	단수	기사명
191469	朝鮮朝日	西北版	1930-06-28	1	01단	主要自動車網の乘車賃二割値下げ質屋の金利にも及ぼす咸鏡北道保安課の物價値下げ策
191470	朝鮮朝日	西北版	1930-06-28	1	01단	『威信をたもつ前に何者もなし』道のやり方に對して南浦蘋果業者は憤る
191471	朝鮮朝日	西北版	1930-06-28	1	01단	預入に比しうんと拂出が增加近年に稀れな現象不景氣を物語る郵貯の狀況
191472	朝鮮朝日	西北版	1930-06-28	1	01단	小規模な土地改善に補助を交付
191473	朝鮮朝日	西北版	1930-06-28	1	02단	非運合派が次官に陳情
191474	朝鮮朝日	西北版	1930-06-28	1	02단	總督府辭令
191475	朝鮮朝日	西北版	1930-06-28	1	03단	陸接國境關稅特例を廢止
191476	朝鮮朝日	西北版	1930-06-28	1	03단	大同郡廳舍の新築きまる
191477	朝鮮朝日	西北版	1930-06-28	1	03단	警察部長打合會
191478	朝鮮朝日	西北版	1930-06-28	1	03단	蝀龍鐘乳洞の宣傳を行ひ觀光團をひきつけて減收の埋合せを計劃
191479	朝鮮朝日	西北版	1930-06-28	1	03단	料理屋倒壞し男女八名慘死崖崩れで巨文島の珍事
191480	朝鮮朝日	西北版	1930-06-28	1	04단	咸北における炭田を調査
191481	朝鮮朝日	西北版	1930-06-28	1	04단	白馬水泳場七月一日から
191482	朝鮮朝日	西北版	1930-06-28	1	04단	持田範士きたる
191483	朝鮮朝日	西北版	1930-06-28	1	04단	個人庭球大會
191484	朝鮮朝日	西北版	1930-06-28	1	05단	鯖獲れ出す
191485	朝鮮朝日	西北版	1930-06-28	1	05단	ルーサン栽培のぼろいことを知りわれもわれもと栽培す今や平南は綠肥王國を現出
191486	朝鮮朝日	西北版	1930-06-28	1	05단	收賄の事實を極力否認す檢事は懲役一年求刑李元檢事の控訴公判
191487	朝鮮朝日	西北版	1930-06-28	1	06단	豫防注射で氣腫疽を撲滅成績は頗る良好でこの分ならすぐ跡を絶つ
191488	朝鮮朝日	西北版	1930-06-28	1	06단	全鮮實業野球
191489	朝鮮朝日	西北版	1930-06-28	1	06단	三十餘名大亂鬪數名負傷す
191490	朝鮮朝日	西北版	1930-06-28	1	07단	府民各位の反省を切に希望する麻雀賭博に付
191491	朝鮮朝日	西北版	1930-06-28	1	07단	大ヌクテ現れ女兒を浚ふ
191492	朝鮮朝日	西北版	1930-06-28	1	07단	わたしの身を賣って馬を買って下さいそして弟らに學校の辨當を健氣な朝鮮少女の教育美談
191493	朝鮮朝日	西北版	1930-06-28	1	08단	牛車が列車に刎ね飛され人も牛も死ぬ
191494	朝鮮朝日	西北版	1930-06-28	1	08단	賊物故買の公判

일련번호	판명		간행일	면	단수	기사명
191495	朝鮮朝日	西北版	1930-06-28	1	08단	道評議選擧違反の公判
191496	朝鮮朝日	西北版	1930-06-28	1	09단	巡査部長收容さる收賄事件發覺
191497	朝鮮朝日	西北版	1930-06-28	1	09단	密輸の嫌疑
191498	朝鮮朝日	西北版	1930-06-28	1	10단	牡丹台野話
191499	朝鮮朝日	西北版	1930-06-28	1	10단	安東の日本相撲
191500	朝鮮朝日	西北版	1930-06-28	1	10단	普校卒業生の指導訓練を一層奬勵する
191501	朝鮮朝日	西北版	1930-06-28	1	10단	人(秋月榮次氏(元平壤土木出張所長))
191502	朝鮮朝日	西北版	1930-06-28	1	10단	半島茶話
191503	朝鮮朝日	西北・南鮮版	1930-06-28	2	01단	魚油と搾粕の運賃引下を交涉運送店から近く回答
191504	朝鮮朝日	西北・南鮮版	1930-06-28	2	01단	朝鮮蟹罐詰業水産組合設立認可さる
191505	朝鮮朝日	西北・南鮮版	1930-06-28	2	01단	靑年訓練所指導講習會
191506	朝鮮朝日	西北・南鮮版	1930-06-28	2	01단	平北の漁獲は三割減少か
191507	朝鮮朝日	西北・南鮮版	1930-06-28	2	01단	天津海關の廢止で安東縣の蒙る損害は大きい
191508	朝鮮朝日	西北・南鮮版	1930-06-28	2	01단	平壤栗は豊作か
191509	朝鮮朝日	西北・南鮮版	1930-06-28	2	01단	煙草賣上高の增收に努む
191510	朝鮮朝日	西北・南鮮版	1930-06-28	2	02단	慶北の春繭は非常な安値昨年の半額
191511	朝鮮朝日	西北・南鮮版	1930-06-28	2	02단	貧困兒童の授業料代納朝鮮酒醸造會社の美擧
191512	朝鮮朝日	西北・南鮮版	1930-06-28	2	02단	森林技術員講習會
191513	朝鮮朝日	西北・南鮮版	1930-06-28	2	02단	實習教育に鯉の養殖慶南で奬勵
191514	朝鮮朝日	西北・南鮮版	1930-06-28	2	03단	自動車賃値下
191515	朝鮮朝日	西北・南鮮版	1930-06-28	2	03단	私費を投じて門標を作り民家にくばる
191516	朝鮮朝日	西北・南鮮版	1930-06-28	2	03단	各地だより(平壤/公州/木浦/鎭海/全州/淸州)
191517	朝鮮朝日	南鮮版	1930-06-29	1	01단	實習教育を廣く全鮮に及ぼすべく內務部長連實地を視察中樞院のお歷々も近く視察する
191518	朝鮮朝日	南鮮版	1930-06-29	1	01단	五百頭收容する牛舍を增築彦島繫牛舍の擴張釜山移出牛組合の要望奏功
191519	朝鮮朝日	南鮮版	1930-06-29	1	01단	釜山校長異動
191520	朝鮮朝日	南鮮版	1930-06-29	1	01단	慶北道內の新設普通校工事に着手
191521	朝鮮朝日	南鮮版	1930-06-29	1	02단	慶北麻布の新販路開拓
191522	朝鮮朝日	南鮮版	1930-06-29	1	02단	今年の國勢調査による朝鮮の總人口豫想懸賞答案を募集
191523	朝鮮朝日	南鮮版	1930-06-29	1	03단	慶北米の內地移出豫想外の好績
191524	朝鮮朝日	南鮮版	1930-06-29	1	03단	布帛講習會

일련번호	판명		간행일	면	단수	기사명
191525	朝鮮朝日	南鮮版	1930-06-29	1	04단	慶南の插秧は既に五割九分一釐にのぼる
191526	朝鮮朝日	南鮮版	1930-06-29	1	04단	辯護士の鑑定を求めた者は二、三名大部分は滿足してゐる鎭海事件慰藉料に關し大邱憲兵隊長の聲明
191527	朝鮮朝日	南鮮版	1930-06-29	1	05단	水道使用量は水銀柱と競爭し日一日とたかくなり京城府悲鳴をあげる
191528	朝鮮朝日	南鮮版	1930-06-29	1	05단	慶南一帶の豪雨一週間降り續く交通杜絶、浸水家屋多く鐵道線路も大警戒中/水飢饉に惱んだ水源地が滿水商家は浸水で悲鳴八日間降續けた釜山府/雨を待ち望む京畿道の農村地方今迄は稀に見る順調さ/浸水家屋五十戸倒壞家屋や壓死者をも出す
191529	朝鮮朝日	南鮮版	1930-06-29	1	07단	釜山醫師會藥價の値下實施はやらぬ方針
191530	朝鮮朝日	南鮮版	1930-06-29	1	07단	土屋校長慶南道へ
191531	朝鮮朝日	南鮮版	1930-06-29	1	08단	刑務所の獨房で呻吟する肥田理吉一件記錄が尨大なため公判開廷の豫想つかぬ
191532	朝鮮朝日	南鮮版	1930-06-29	1	08단	朝鮮近海が濃霧に襲はれ景福九は三十五分遲着沿海各航路も難航
191533	朝鮮朝日	南鮮版	1930-06-29	1	08단	婦人の街頭進出は非常に多い不景氣と正比例し
191534	朝鮮朝日	南鮮版	1930-06-29	1	09단	慶南漁業聯合組合組織を斡旋
191535	朝鮮朝日	南鮮版	1930-06-29	1	09단	短歌/橋田東聲選
191536	朝鮮朝日	南鮮版	1930-06-29	1	10단	時計を密輸
191537	朝鮮朝日	南鮮版	1930-06-29	1	10단	人妻と無理心中女は既死す
191538	朝鮮朝日	南鮮版	1930-06-29	1	10단	人(林繁藏氏(財務局長)/河村釜山地方檢事正/大塚一矩氏(農林技師)/土屋善市氏(元公州高女校長))
191539	朝鮮朝日	南鮮版	1930-06-29	1	10단	半島茶話
191540	朝鮮朝日	西北版	1930-06-29	1	01단	實習教育を廣く全鮮に及ぼすべく內務部長連實地を視察中樞院のお歷々も近く視察する
191541	朝鮮朝日	西北版	1930-06-29	1	01단	五百頭收容する牛舍を增築彥島繫牛舍の擴張釜山移出牛組合の要望奏功
191542	朝鮮朝日	西北版	1930-06-29	1	01단	朝鮮燒酎生産高減る
191543	朝鮮朝日	西北版	1930-06-29	1	01단	水産法規講習會
191544	朝鮮朝日	西北版	1930-06-29	1	01단	學校設立資金を三千圓寄附
191545	朝鮮朝日	西北版	1930-06-29	1	02단	夏の鴨綠江(5)
191546	朝鮮朝日	西北版	1930-06-29	1	03단	金を貸し回收出來す强盜の申立て
191547	朝鮮朝日	西北版	1930-06-29	1	03단	賞與制復舊で大同運輸の爭議解決す

일련번호	판명		간행일	면	단수	기사명
191548	朝鮮朝日	西北版	1930-06-29	1	04단	中小商工業者資金難對策
191549	朝鮮朝日	西北版	1930-06-29	1	04단	今年の國勢調査による朝鮮の總人口豫想懸賞答案を募集
191550	朝鮮朝日	西北版	1930-06-29	1	04단	小坂拓務次官多獅島を視察代表者らの陳情に如才なく應待して北上
191551	朝鮮朝日	西北版	1930-06-29	1	05단	製材業組合給與金減額七月から實施
191552	朝鮮朝日	西北版	1930-06-29	1	05단	新義州府廳改築は困難
191553	朝鮮朝日	西北版	1930-06-29	1	05단	家出人がまた增える
191554	朝鮮朝日	西北版	1930-06-29	1	06단	大人氣の家具指物展平壤商品陳列所では引續き夜間開場
191555	朝鮮朝日	西北版	1930-06-29	1	06단	刑務所の獨房で呻吟する肥田理吉一件記錄が尨大なため公判開廷の豫想つかぬ
191556	朝鮮朝日	西北版	1930-06-29	1	07단	价川軍隅里電燈問題で地元民陳情
191557	朝鮮朝日	西北版	1930-06-29	1	07단	新義州公會堂入札
191558	朝鮮朝日	西北版	1930-06-29	1	07단	新義州の電話申込數
191559	朝鮮朝日	西北版	1930-06-29	1	07단	平南道衛生課のザリ蟹の驅除每月一回づつ行ふ
191560	朝鮮朝日	西北版	1930-06-29	1	08단	牡丹台野話
191561	朝鮮朝日	西北版	1930-06-29	1	08단	寡婦斬り公判
191562	朝鮮朝日	西北版	1930-06-29	1	08단	短歌/橋田東聲選
191563	朝鮮朝日	西北版	1930-06-29	1	08단	酒飮の父を諫めて自殺
191564	朝鮮朝日	西北版	1930-06-29	1	09단	朝鮮近海が濃霧に襲はれ景福九は三十五分遲着沿海各航路も難航
191565	朝鮮朝日	西北版	1930-06-29	1	09단	時計を密輸
191566	朝鮮朝日	西北版	1930-06-29	1	09단	ヌクテ緬羊を喰ふ
191567	朝鮮朝日	西北版	1930-06-29	1	09단	平壤署の風紀取締り係警官任命
191568	朝鮮朝日	西北版	1930-06-29	1	10단	釜山醫師會藥價の値下實施はやらぬ方針
191569	朝鮮朝日	西北版	1930-06-29	1	10단	半島茶話
191570	朝鮮朝日	西北・南鮮版	1930-06-29	2	01단	北濱埋築追加豫算附議協議會混亂を豫想
191571	朝鮮朝日	西北・南鮮版	1930-06-29	2	01단	近く二博士が實地調査金剛山の國立公園計劃進む
191572	朝鮮朝日	西北・南鮮版	1930-06-29	2	01단	就職させたさから出鱈目推薦雇入先では困る
191573	朝鮮朝日	西北・南鮮版	1930-06-29	2	02단	自家用煙草の制限を行ふ
191574	朝鮮朝日	西北・南鮮版	1930-06-29	2	02단	公設市場の物價値下げ
191575	朝鮮朝日	西北・南鮮版	1930-06-29	2	02단	放電裝置で雜音が混る

일련번호	판명		간행일	면	단수	기사명
191576	朝鮮朝日	西北·南鮮版	1930-06-29	2	03단	童話と家庭講演
191577	朝鮮朝日	西北·南鮮版	1930-06-29	2	03단	浮浪人の簡易授産所
191578	朝鮮朝日	西北·南鮮版	1930-06-29	2	03단	安東取引所總會
191579	朝鮮朝日	西北·南鮮版	1930-06-29	2	03단	各地だより(平壤/元山/沙里院/木浦/浦項)

1930년 7월 (조선아사히)

일련번호	판명		간행일	면	단수	기사명
191580	朝鮮朝日	南鮮版	1930-07-01	1	01단	金剛の奇巖峻嶺を廣く天下に紹介す二卷の映畫に撮影して登攀隊きのふ出發す/爽快な山の氣分を滿喫するテント村開設內金剛掛弓亭の林間に愈よ十三日から
191581	朝鮮朝日	南鮮版	1930-07-01	1	01단	道路や橋梁破壞され各地とも交通杜絕/復舊の見込み立たず慶南全南の大水害/朝鮮海峽一帶に稀有の濃霧が襲來/洛東江沿線の水田は全部浸水目下の所被害はない執拗な釜山の降雨/雨量なほ不足
191582	朝鮮朝日	南鮮版	1930-07-01	1	02단	北濱岸壁補强工事に押問答で緊張す委員を擧げて實地に調査釜山府の協議會/根本的な改修を主張一部强硬論者
191583	朝鮮朝日	南鮮版	1930-07-01	1	04단	一日の閣議で決定せば朝鮮も當然實施す郵便貯金の利下につき山本遞信局長の話
191584	朝鮮朝日	南鮮版	1930-07-01	1	05단	日本大相撲
191585	朝鮮朝日	南鮮版	1930-07-01	1	05단	全鮮一のモダンな警察署大邱署の新築落成す
191586	朝鮮朝日	南鮮版	1930-07-01	1	06단	蔚山飛行場の航空無電局一日開局式を擧行す
191587	朝鮮朝日	南鮮版	1930-07-01	1	06단	昭和製鋼所の位置は未定極力誘致運動をなす新義州の商議等
191588	朝鮮朝日	南鮮版	1930-07-01	1	06단	受益稅條例善後策協議京城府協議員
191589	朝鮮朝日	南鮮版	1930-07-01	1	06단	武德祭七月四日から
191590	朝鮮朝日	南鮮版	1930-07-01	1	07단	全朝鮮の穀物商大會今秋淸州で目下準備進む
191591	朝鮮朝日	南鮮版	1930-07-01	1	07단	本年度も設ける五ヶ所に公設質屋新義州、淸津、元山、咸興などに本府社會課が力を注ぐ
191592	朝鮮朝日	南鮮版	1930-07-01	1	07단	小川で溺死
191593	朝鮮朝日	南鮮版	1930-07-01	1	08단	陰謀を企らんだ無政府主義者百卅八名の豫審終結五名は有罪、近く公判に
191594	朝鮮朝日	南鮮版	1930-07-01	1	08단	廿五名の募集に五百名も押寄す不景氣の影響で粒揃慶北巡査敎習所の採用試驗
191595	朝鮮朝日	南鮮版	1930-07-01	1	08단	檄文事件に體刑の求刑
191596	朝鮮朝日	南鮮版	1930-07-01	1	09단	列車顚覆を少年が企つ
191597	朝鮮朝日	南鮮版	1930-07-01	1	09단	また大仕掛のモヒ密輸を發見一名釜山で捕まる湖南地方の事件にも關係か

일련번호	판명		간행일	면	단수	기사명
191598	朝鮮朝日	南鮮版	1930-07-01	1	10단	支那饅頭等に藥品を混入嚴重に處罰
191599	朝鮮朝日	南鮮版	1930-07-01	1	10단	鹿兒島汽船木浦群山へ航路を延長
191600	朝鮮朝日	西北版	1930-07-01	1	01단	四千の失業者に救濟の途を樹つ資金も貸し付け手内職も授く平壤府職業紹介所が活動
191601	朝鮮朝日	西北版	1930-07-01	1	01단	本年度も設ける五ヶ所に公設質屋新義州、淸津、元山、咸興などに本府社會課が力を注ぐ
191602	朝鮮朝日	西北版	1930-07-01	1	01단	金剛の奇巖峻嶺を廣く天下に紹介す二卷の映畫に撮影して登攀隊きのふ出發す/爽快な山の氣分を滿喫するテント村開設内金剛掛弓亭の林間に愈よ十三日から
191603	朝鮮朝日	西北版	1930-07-01	1	02단	黃海道内の農業功勞者各地で調査
191604	朝鮮朝日	西北版	1930-07-01	1	02단	昭和製鋼所の位置は未定極力誘致運動をなす新義州の商議等
191605	朝鮮朝日	西北版	1930-07-01	1	04단	緊縮宣傳展安東でも開く
191606	朝鮮朝日	西北版	1930-07-01	1	04단	兒童慰安映畫會
191607	朝鮮朝日	西北版	1930-07-01	1	04단	病菌を滅し無毒の尿水に阿峴里屎尿流送設備當局で設備を研究
191608	朝鮮朝日	西北版	1930-07-01	1	05단	牡丹台野話
191609	朝鮮朝日	西北版	1930-07-01	1	05단	陰謀を企らんだ無政府主義者百卅八名の豫審終結す五名は有罪、近く公判に
191610	朝鮮朝日	西北版	1930-07-01	1	06단	西北鮮は旱魃に南鮮は豪雨に惱む中部は黃金の雨と喜び理想的な出來榮を豫想/道路や橋梁破壞され各地とも交通杜絶復舊の見込み立たず慶南全南の大水害
191611	朝鮮朝日	西北版	1930-07-01	1	07단	武德祭七月四日から
191612	朝鮮朝日	西北版	1930-07-01	1	08단	けふの閣議で決定せば朝鮮も當然實施す郵便貯金の利下につき山本遞信局長の話
191613	朝鮮朝日	西北版	1930-07-01	1	08단	關門連絡船の時間を改正回數の增減はやらぬ關釜連船は其まゝ
191614	朝鮮朝日	西北版	1930-07-01	1	09단	平元線視察
191615	朝鮮朝日	西北版	1930-07-01	1	09단	平南の物價漸次下落をたどる
191616	朝鮮朝日	西北版	1930-07-01	1	09단	鹿兒島汽船木浦群山へ航路を延長
191617	朝鮮朝日	西北版	1930-07-01	1	10단	全朝鮮の穀物商大會今秋淸州で目下準備進む
191618	朝鮮朝日	西北版	1930-07-01	1	10단	保險詐欺の絶滅を期す取締方針決定

일련번호	판명		간행일	면	단수	기사명
191619	朝鮮朝日	西北版	1930-07-01	1	10단	市場を改善する平壤府で企圖
191620	朝鮮朝日	西北・南鮮版	1930-07-01	2	01단	よく健闘し九大ふたゝび優勝本社の優勝楯を獲得す城大九大對抗陸上競技會
191621	朝鮮朝日	西北・南鮮版	1930-07-01	2	01단	洛東江の沿岸にヂストマ蔓延罹病者既に數萬を越ゆ科學的豫防に着手す
191622	朝鮮朝日	西北・南鮮版	1930-07-01	2	02단	慶北道で優良種養鷄に今後力瘤を入れる
191623	朝鮮朝日	西北・南鮮版	1930-07-01	2	03단	選手茶話會
191624	朝鮮朝日	西北・南鮮版	1930-07-01	2	04단	外米や粟等需要が激增各地漁場へ
191625	朝鮮朝日	西北・南鮮版	1930-07-01	2	04단	醫專診察室六萬圓で新築
191626	朝鮮朝日	西北・南鮮版	1930-07-01	2	04단	鰯油の大暴落から十萬漁民に大脅威七月十四日關係者を招致して本府で對策を協議
191627	朝鮮朝日	西北・南鮮版	1930-07-01	2	04단	羅南の牛疫やっと終熄
191628	朝鮮朝日	西北・南鮮版	1930-07-01	2	05단	昨年同樣豐作か平南の田植進む
191629	朝鮮朝日	西北・南鮮版	1930-07-01	2	05단	金融組合を各地に普及まづ出張所を增設す平南道の主要地に
191630	朝鮮朝日	西北・南鮮版	1930-07-01	2	05단	朝鮮一の大牧場八峰山で經營
191631	朝鮮朝日	西北・南鮮版	1930-07-01	2	05단	各地だより(平壤/仁川/羅南/元山/咸興)
191632	朝鮮朝日	西北・南鮮版	1930-07-01	2	06단	妻帶者が增加國境の警官
191633	朝鮮朝日	西北・南鮮版	1930-07-01	2	06단	童話と家庭講演
191634	朝鮮朝日	南鮮版	1930-07-02	1	01단	李王同妃兩殿下御歸鮮御墓參のために五日夜京城御着
191635	朝鮮朝日	南鮮版	1930-07-02	1	01단	鰯油の市價吊上げ容易に解決するか近く漁業家の有力者を集め對策を協議する
191636	朝鮮朝日	南鮮版	1930-07-02	1	01단	水に呪はれる南鮮地方大田川增水し浸水家屋多數を出す湖南線數ヶ所崩壞し列車遂に不通となる/京釜線の運轉系統もメチャメチャとなる/線路の被害京釜、潮南線に頻出/洛東江刻々增水倭館、若木の兩地は危險/發電所に浸水し榮山浦暗黑/朝鮮人部落に自警團組織釜山の水害防止對策/錦江增水で交通杜絶/連絡船がら明きで釜山を發航
191637	朝鮮朝日	南鮮版	1930-07-02	1	04단	慶南道定期增俸
191638	朝鮮朝日	南鮮版	1930-07-02	1	04단	俳句/鈴木花蓑選
191639	朝鮮朝日	南鮮版	1930-07-02	1	04단	食料飲料水の檢査を行ふ
191640	朝鮮朝日	南鮮版	1930-07-02	1	05단	京城を包む綠の連山哀れにも枯野原に心喰蟲の被害は甚大大々的に驅除に努む

일련번호	판명		간행일	면	단수	기사명
191641	朝鮮朝日	南鮮版	1930-07-02	1	06단	平安水利工事大部分竣工
191642	朝鮮朝日	南鮮版	1930-07-02	1	06단	空の郵便局蔚山無電局きのふ盛大な開局式朝鮮では最初のもの
191643	朝鮮朝日	南鮮版	1930-07-02	1	06단	箕林里方面に住宅組合を組織住宅拂底を緩和する平壤府で計劃を進む
191644	朝鮮朝日	南鮮版	1930-07-02	1	07단	平壤郵便局の急設電話申込
191645	朝鮮朝日	南鮮版	1930-07-02	1	07단	昭和製鋼所誘致の運動一先づ中止
191646	朝鮮朝日	南鮮版	1930-07-02	1	07단	生活改善上新しき轉向を示し生産界に大變化
191647	朝鮮朝日	南鮮版	1930-07-02	1	08단	運動界(平鐵勝つ/體育會優勝庭球リーグ戰)
191648	朝鮮朝日	南鮮版	1930-07-02	1	08단	墮胎事件擴大し龍山にも及ぶ
191649	朝鮮朝日	南鮮版	1930-07-02	1	08단	挌鬪中矢庭に斬付けられひるむ隙に賊は逃走吉野巡査の遭難詳報
191650	朝鮮朝日	南鮮版	1930-07-02	1	09단	撫順炭を凌ぐ新發見の遊仙炭試驗結果如何により鐵道局でも使用する
191651	朝鮮朝日	南鮮版	1930-07-02	1	09단	魔の海岸で巡査の溺死
191652	朝鮮朝日	南鮮版	1930-07-02	1	10단	不穩なビラを撒布
191653	朝鮮朝日	南鮮版	1930-07-02	1	10단	電車投石の犯人は狂人
191654	朝鮮朝日	南鮮版	1930-07-02	1	10단	人(菱刈大將(新任關東軍司令官))
191655	朝鮮朝日	西北版	1930-07-02	1	01단	李王同妃兩殿下御歸鮮御墓參のために五日夜京城御着
191656	朝鮮朝日	西北版	1930-07-02	1	01단	鰯油の市價吊上げ容易に解決するか近く漁業家の有力者を集め對策を協議する
191657	朝鮮朝日	西北版	1930-07-02	1	01단	水に呪はれる南鮮地方大田川增水し浸水家屋多數を出す湖南線數ヶ所崩壞し列車遂に不通となる/京釜線の運轉系統もメチャメチャとなる/線路の被害京釜、潮南線に頻出/洛東江刻々增水倭館、若木の兩地は危險/發電所に浸水し榮山浦暗黑/朝鮮人部落に自警團組織釜山の水害防止對策/錦江增水で交通杜絶/連絡船がら明きで釜山を發航
191658	朝鮮朝日	西北版	1930-07-02	1	04단	慶南道定期增俸
191659	朝鮮朝日	西北版	1930-07-02	1	04단	俳句/鈴木花蓑選
191660	朝鮮朝日	西北版	1930-07-02	1	04단	食料飲料水の檢査を行ふ
191661	朝鮮朝日	西北版	1930-07-02	1	05단	京城を包む緑の連山哀れにも枯野原に心喰蟲の被害は甚大大々的に驅除に努む

일련번호	판명		간행일	면	단수	기사명
191662	朝鮮朝日	西北版	1930-07-02	1	06단	平安水利工事大部分竣工
191663	朝鮮朝日	西北版	1930-07-02	1	06단	空の郵便局蔚山無電局きのふ盛大な開局式朝鮮では最初のもの
191664	朝鮮朝日	西北版	1930-07-02	1	06단	箕林里方面に住宅組合を組織住宅拂底を緩和する平壤府で計劃を進む
191665	朝鮮朝日	西北版	1930-07-02	1	07단	平壤郵便局の急設電話申込
191666	朝鮮朝日	西北版	1930-07-02	1	07단	昭和製鋼所誘致の運動一先づ中止
191667	朝鮮朝日	西北版	1930-07-02	1	07단	生活改善上新しき轉向を示し生産界に大變化
191668	朝鮮朝日	西北版	1930-07-02	1	08단	運動界(平鐵勝つ/體育會優勝庭球リーグ戰)
191669	朝鮮朝日	西北版	1930-07-02	1	08단	墮胎事件擴大し龍山にも及ぶ
191670	朝鮮朝日	西北版	1930-07-02	1	08단	搭鬪中矢庭に斬付けられひるむ隙に賊は逃走吉野巡査の遭難詳報
191671	朝鮮朝日	西北版	1930-07-02	1	09단	撫順炭を凌ぐ新發見の遊仙炭試驗結果如何により鐵道局でも使用する
191672	朝鮮朝日	西北版	1930-07-02	1	09단	魔の海岸で巡査の溺死
191673	朝鮮朝日	西北版	1930-07-02	1	10단	不穩なビラを撒布
191674	朝鮮朝日	西北版	1930-07-02	1	10단	電車投石の犯人は狂人
191675	朝鮮朝日	西北版	1930-07-02	1	10단	人(菱刈大將(新任關東軍司令官))
191676	朝鮮朝日	西北・南鮮版	1930-07-02	2	01단	優勝の安東市中チーム
191677	朝鮮朝日	西北・南鮮版	1930-07-02	2	01단	移出無煙炭は餘り振はぬきたるべき需要期を唯一のたのみとする
191678	朝鮮朝日	西北・南鮮版	1930-07-02	2	01단	統營太閤堀地下道問題
191679	朝鮮朝日	西北・南鮮版	1930-07-02	2	01단	普校卒業生指導の指定校をつくり力を入れる
191680	朝鮮朝日	西北・南鮮版	1930-07-02	2	01단	店頭裝飾と廉賣市平壤の市況振興のため行ふ
191681	朝鮮朝日	西北・南鮮版	1930-07-02	2	02단	安東の二銀行預金利率を改正
191682	朝鮮朝日	西北・南鮮版	1930-07-02	2	02단	茂山守備隊白頭山登山
191683	朝鮮朝日	西北・南鮮版	1930-07-02	2	03단	電信電話線開通
191684	朝鮮朝日	西北・南鮮版	1930-07-02	2	03단	慘死者納骨堂建設許可陳情鎭海司令部へ
191685	朝鮮朝日	西北・南鮮版	1930-07-02	2	03단	童話と家庭講演
191686	朝鮮朝日	西北・南鮮版	1930-07-02	2	04단	日本大相撲の放送好成績

일련번호	판명		간행일	면	단수	기사명
191687	朝鮮朝日	西北・南鮮版	1930-07-02	2	04단	雨がふらず咸北の農民弱る
191688	朝鮮朝日	西北・南鮮版	1930-07-02	2	04단	各地だより(茂山/馬山)
191689	朝鮮朝日	南鮮版	1930-07-03	1	01단	各地とも出水被害甚し天山、江景地方は浸水家屋三百戸七戸はつひに流失す/眉川鎮南
191689	朝鮮朝日	南鮮版	1930-07-03	1	01단	両橋流失一名は家屋倒壊し壓死/錦江増水で堤防決潰し蒙利面積殆んど浸水損害數萬圓に上る?/浸水家屋は百五十戸に上り道路の浸水破壊も夥しい朝鮮人一名溺死す/水害で殉職鎮海の警官/湖南線開通/群山地方大被害道路堤防決潰浸水家屋續出
191690	朝鮮朝日	南鮮版	1930-07-03	1	02단	御眞影を御下賜各部隊へ
191691	朝鮮朝日	南鮮版	1930-07-03	1	02단	總督府辭令
191692	朝鮮朝日	南鮮版	1930-07-03	1	03단	朝鮮地方は地震の安全地帯今村明恒博士語る
191693	朝鮮朝日	南鮮版	1930-07-03	1	03단	金をもらってほっと一息滿鐵の退職手當は一日一齊に渡さる
191694	朝鮮朝日	南鮮版	1930-07-03	1	04단	京城府の電話廿七個開通
191695	朝鮮朝日	南鮮版	1930-07-03	1	05단	鰯の群を追うて北鮮沿海に出發大型の發動漁船三隻笠戸丸は釜山港へ/鰯工船笠戸丸は脅威を與へない反對した漁民に對し種々な方法で說明す
191696	朝鮮朝日	南鮮版	1930-07-03	1	05단	慶南の署長級ちかく大異動斷行退職は六七名に上らん警察部長等極祕に協議
191697	朝鮮朝日	南鮮版	1930-07-03	1	06단	滿洲粟の輸入增加を示す
191698	朝鮮朝日	南鮮版	1930-07-03	1	07단	慶北道の定期增俸
191699	朝鮮朝日	南鮮版	1930-07-03	1	07단	お茶のあと
191700	朝鮮朝日	南鮮版	1930-07-03	1	07단	明沙等の海水浴場へ公衆電話設置
191701	朝鮮朝日	南鮮版	1930-07-03	1	07단	大邱公設市場値下げ斷行
191702	朝鮮朝日	南鮮版	1930-07-03	1	08단	専門家を招き意見聽取に決定當局不信任の空氣漂ふ不良岸壁調査委員會
191703	朝鮮朝日	南鮮版	1930-07-03	1	08단	黑戰事件の五名有罪に二名は逸訴となる近く公判に回付さる
191704	朝鮮朝日	南鮮版	1930-07-03	1	08단	慶南沿海に鯖群の來游
191705	朝鮮朝日	南鮮版	1930-07-03	1	08단	任畫伯夫妻歸朝す彼地の名聲をみやげに
191706	朝鮮朝日	南鮮版	1930-07-03	1	09단	金綱に觸れて痙攣を起す漏電した結果
191707	朝鮮朝日	南鮮版	1930-07-03	1	09단	橫領して店員の遊興
191708	朝鮮朝日	南鮮版	1930-07-03	1	09단	嬰兒殺し
191709	朝鮮朝日	南鮮版	1930-07-03	1	10단	平壤の火事二件

일련번호	판명		간행일	면	단수	기사명
191710	朝鮮朝日	南鮮版	1930-07-03	1	10단	旱天續きで灌漑水不足鴨綠江上流
191711	朝鮮朝日	南鮮版	1930-07-03	1	10단	半島茶話
191712	朝鮮朝日	西北版	1930-07-03	1	01단	各地とも出水被害甚し天山、江景地方は浸水家屋三百戶七戶はつひに流失す/眉川鎭南兩橋流失一名は家屋倒壞し壓死/錦江增水で堤防決潰し蒙利面積殆んど浸水損害數萬圓に上る？/浸水家屋は百五十戶に上り道路の浸水破壞も夥しい朝鮮人一名溺死す/水害で殉職鎭海の警官/湖南線開通/群山地方大被害道路堤防決潰浸水家屋續出
191713	朝鮮朝日	西北版	1930-07-03	1	02단	御眞影を御下賜各部隊へ
191714	朝鮮朝日	西北版	1930-07-03	1	02단	總督府辭令
191715	朝鮮朝日	西北版	1930-07-03	1	03단	朝鮮地方は地震の安全地帶今村明恒博士語る
191716	朝鮮朝日	西北版	1930-07-03	1	03단	立消を懸念される新義州への設置商議一齊に猛運動樂觀を許さぬ昭和製鋼所問題
191717	朝鮮朝日	西北版	1930-07-03	1	04단	平南道署長會議
191718	朝鮮朝日	西北版	1930-07-03	1	05단	重要案件を携へて總督府と折衝石田警察部長
191719	朝鮮朝日	西北版	1930-07-03	1	05단	鰯の群を追うて北鮮沿海に出發大型の發動漁船三隻笠戶丸は釜山港へ
191720	朝鮮朝日	西北版	1930-07-03	1	05단	金をもらってほっと一息滿鐵の退職手當は一日一齊に渡さる
191721	朝鮮朝日	西北版	1930-07-03	1	06단	平壤の七十錢タクシー愈よ一日から實現純然たる時間制確立
191722	朝鮮朝日	西北版	1930-07-03	1	06단	道路改修箇所通過の注意自動車業者に通牒す
191723	朝鮮朝日	西北版	1930-07-03	1	07단	僻陬の地に衛生思想普及活寫班巡回
191724	朝鮮朝日	西北版	1930-07-03	1	07단	平壤府で靑訓所經營
191725	朝鮮朝日	西北版	1930-07-03	1	07단	平壤府體協庭球部遠征
191726	朝鮮朝日	西北版	1930-07-03	1	07단	風土病流行地で座談會をひらき土地有力者と防疫意見交換まづ肺ヂストマで效果收む
191727	朝鮮朝日	西北版	1930-07-03	1	07단	平壤府內の學生風紀紊る賭博の事實も擧る
191728	朝鮮朝日	西北版	1930-07-03	1	08단	優勝旗授與
191729	朝鮮朝日	西北版	1930-07-03	1	08단	旱天續きで灌漑水不足鴨綠江上流
191730	朝鮮朝日	西北版	1930-07-03	1	08단	鴨綠江は水涸れ筏流し不能

일련번호	판명		간행일	면	단수	기사명
191731	朝鮮朝日	西北版	1930-07-03	1	08단	黑戰事件の五名有罪に二名は免訴となる近く公判に回付さる
191732	朝鮮朝日	西北版	1930-07-03	1	09단	牡丹台野話
191733	朝鮮朝日	西北版	1930-07-03	1	09단	平壤の火事二件
191734	朝鮮朝日	西北版	1930-07-03	1	09단	製材組合の盟休解決す
191735	朝鮮朝日	西北版	1930-07-03	1	10단	野菜類竊取
191736	朝鮮朝日	西北版	1930-07-03	1	10단	人(待山義雄氏(新任平壤土木出張所長))
191737	朝鮮朝日	西北版	1930-07-03	1	10단	半島茶話
191738	朝鮮朝日	西北・南鮮版	1930-07-03	2	01단	繭價暴落の影響は甚大桑苗を拔かんとする傾向平南德川郡地方
191739	朝鮮朝日	西北・南鮮版	1930-07-03	2	01단	移出牛業者は今後が心配なく取引される事となる獸疫豫防令の改正で
191740	朝鮮朝日	西北・南鮮版	1930-07-03	2	01단	朝鮮材の運賃引下げ七驛發送の分を外材等の壓迫から
191741	朝鮮朝日	西北・南鮮版	1930-07-03	2	02단	內容を改善し聽取者勸誘京城放送局で
191742	朝鮮朝日	西北・南鮮版	1930-07-03	2	03단	京城以南にも竹の植栽が可能仁川月尾島の破竹は氣持よいほどのびる
191743	朝鮮朝日	西北・南鮮版	1930-07-03	2	03단	馬山校で夏季大學廿五日から
191744	朝鮮朝日	西北・南鮮版	1930-07-03	2	03단	童畫と家庭講演
191745	朝鮮朝日	西北・南鮮版	1930-07-03	2	04단	靑訓所主事指導員講習
191746	朝鮮朝日	西北・南鮮版	1930-07-03	2	04단	水産界の救濟を知事に陳情す
191747	朝鮮朝日	南鮮版	1930-07-04	1	01단	媒介貸付金融の利率引下げ實現か希望者の福音として待たるゝ時節柄機宜に適した試み
191748	朝鮮朝日	南鮮版	1930-07-04	1	01단	豫算の大節約も此處ばかり無風帶增加額は實に七百萬圓とても景氣のよい本府の水利課
191749	朝鮮朝日	南鮮版	1930-07-04	1	01단	電報規則中の一部を改正名宛の記載方法や其他は便利となる
191750	朝鮮朝日	南鮮版	1930-07-04	1	02단	藥價の値下げ各道立病院續々と行ふ
191751	朝鮮朝日	南鮮版	1930-07-04	1	03단	李王兩殿下の御歸鮮變更
191752	朝鮮朝日	南鮮版	1930-07-04	1	03단	慶南道の署長異動
191753	朝鮮朝日	南鮮版	1930-07-04	1	03단	光州局勤續者表彰
191754	朝鮮朝日	南鮮版	1930-07-04	1	03단	受驗哀話財産を入れ揚げて受驗する事七回悉く失敗に終って自殺を企つ悲慘な自動車運轉手の志願者
191755	朝鮮朝日	南鮮版	1930-07-04	1	04단	六百萬枚に上る國勢調査の用紙距離にすると釜山奉天間往復に等しい

일련번호	판명		간행일	면	단수	기사명
191756	朝鮮朝日	南鮮版	1930-07-04	1	04단	殺人と死體遺棄の事實を認む恐ろしい親子四人に無期と十年を求刑
191757	朝鮮朝日	南鮮版	1930-07-04	1	05단	蔚山飛行場の修理を陳情
191758	朝鮮朝日	南鮮版	1930-07-04	1	06단	吳元錫氏は醫博となる
191759	朝鮮朝日	南鮮版	1930-07-04	1	06단	囚人に讀ます雜誌『みと』を增刊月二回發行と決る
191760	朝鮮朝日	南鮮版	1930-07-04	1	06단	京畿道に女子師範校設置する事に內定明年四月に開校か
191761	朝鮮朝日	南鮮版	1930-07-04	1	06단	『痘瘡を速かに撲滅すべく』患者の激發に驚き各道に通牒を發す
191762	朝鮮朝日	南鮮版	1930-07-04	1	07단	不景氣退治に納凉マーケットストック品も一掃に意氣込む大邱商店街
191763	朝鮮朝日	南鮮版	1930-07-04	1	07단	一齊に蠅退治
191764	朝鮮朝日	南鮮版	1930-07-04	1	07단	短歌/橋田東聲選
191765	朝鮮朝日	南鮮版	1930-07-04	1	08단	沃川地方の河川氾濫し倒壞浸水家屋夥し沃川、報恩間は交通杜絶/榮山江は氾濫し數千町步全く水浸りとなる/一時の小康狀態まだ降るか/豪雨の被害輕微稻作は大丈夫/降雨被害で郵便物迂回連絡配達
191766	朝鮮朝日	南鮮版	1930-07-04	1	09단	專賣局優勝
191767	朝鮮朝日	南鮮版	1930-07-04	1	09단	過って殺す
191768	朝鮮朝日	南鮮版	1930-07-04	1	09단	飛行機を利用し人妻と驅落し大連で愛の巢を營む四十女と高等女學校の教諭
191769	朝鮮朝日	南鮮版	1930-07-04	1	10단	野球應援團と群衆と衝突
191770	朝鮮朝日	南鮮版	1930-07-04	1	10단	妾の實家で阿片を嚙む十年の刑を終へた男
191771	朝鮮朝日	南鮮版	1930-07-04	1	10단	人(石田平南警察部長)
191772	朝鮮朝日	南鮮版	1930-07-04	1	10단	半島茶話
191773	朝鮮朝日	西北版	1930-07-04	1	01단	媒介貸付金融の利率引下げ實現か希望者の福音として待たるゝ時節柄機宜に適した試み
191774	朝鮮朝日	西北版	1930-07-04	1	01단	『旣定計劃の貫徹を期す』製鋼所問題に關する新義州市民大會決議
191775	朝鮮朝日	西北版	1930-07-04	1	01단	府民全般の確實な收入調査合理的に課稅する爲力を注ぐ平壤府當局
191776	朝鮮朝日	西北版	1930-07-04	1	01단	藥價の値下げ各道立病院續々と行ふ
191777	朝鮮朝日	西北版	1930-07-04	1	02단	豫算の大節約も此處ばかり無風帶增加額は實に七百萬圓とても景氣のよい本府の水利課

일련번호	판명		간행일	면	단수	기사명
191778	朝鮮朝日	西北版	1930-07-04	1	03단	卅名の募集に應募者十倍巡査採用試驗
191779	朝鮮朝日	西北版	1930-07-04	1	03단	鞍山設置は百年の大計を誤るもの新義州公職者大會の決議で要路に發電
191780	朝鮮朝日	西北版	1930-07-04	1	03단	府尹郡守の會議
191781	朝鮮朝日	西北版	1930-07-04	1	03단	平壤府の電料値下去る一日から
191782	朝鮮朝日	西北版	1930-07-04	1	04단	お茶のあと
191783	朝鮮朝日	西北版	1930-07-04	1	04단	有毒物含有の陶器着色を嚴重に取締る
191784	朝鮮朝日	西北版	1930-07-04	1	05단	安東驛で名物を賣る
191785	朝鮮朝日	西北版	1930-07-04	1	05단	電報規則中の一部を改正名宛の記載方法や其他は便利となる
191786	朝鮮朝日	西北版	1930-07-04	1	05단	炎天に帽子もなく飯も滿足に食へぬ平南道奧地の兒童達折笠道學務課視學の視察談
191787	朝鮮朝日	西北版	1930-07-04	1	05단	六百萬枚に上る國勢調査の用紙距離にすると釜山奉天間往復に等しい
191788	朝鮮朝日	西北版	1930-07-04	1	06단	飲食物を嚴重に檢査天候急變からの惡疫流行を極力警戒
191789	朝鮮朝日	西北版	1930-07-04	1	06단	大同江地方に鷄病が流行當業者大恐慌
191790	朝鮮朝日	西北版	1930-07-04	1	06단	生活難から雙生兒殺害若い女捕まる
191791	朝鮮朝日	西北版	1930-07-04	1	07단	巡査刺傷犯人まだ捕らぬなほ嚴重搜査
191792	朝鮮朝日	西北版	1930-07-04	1	07단	夏の鴨綠江(6)
191793	朝鮮朝日	西北版	1930-07-04	1	08단	城津の火事
191794	朝鮮朝日	西北版	1930-07-04	1	08단	材木倉庫燒く
191795	朝鮮朝日	西北版	1930-07-04	1	08단	『痘瘡を速かに撲滅すべく』患者の激發に驚き各道に通牒を發す
191796	朝鮮朝日	西北版	1930-07-04	1	08단	短歌/橋田東聲選
191797	朝鮮朝日	西北版	1930-07-04	1	09단	妾の實家で阿片を嚥む十年の刑を終へた男
191798	朝鮮朝日	西北版	1930-07-04	1	09단	平壤機故障
191799	朝鮮朝日	西北版	1930-07-04	1	09단	元檢事に八ヶ月
191800	朝鮮朝日	西北版	1930-07-04	1	09단	牡丹台野話
191801	朝鮮朝日	西北版	1930-07-04	1	10단	崖崩れで苦力卽死
191802	朝鮮朝日	西北版	1930-07-04	1	10단	運動界(全鮮武道大會平南道の選手/專賣局優勝)
191803	朝鮮朝日	西北版	1930-07-04	1	10단	吳元錫氏は醫博となる
191804	朝鮮朝日	西北版	1930-07-04	1	10단	人(石田平南警察部長)
191805	朝鮮朝日	西北版	1930-07-04	1	10단	半島茶話
191806	朝鮮朝日	西北・南鮮版	1930-07-04	2	01단	用地買收は約十一萬坪東海岸線鐵道敷設驛敷地買收は時日を要する

일련번호	판명		간행일	면	단수	기사명
191807	朝鮮朝日	西北・南鮮版	1930-07-04	2	01단	乘合自動車値下げをちかく警告
191808	朝鮮朝日	西北・南鮮版	1930-07-04	2	01단	大邱府營バス營業一周年收入五萬九千圓
191809	朝鮮朝日	西北・南鮮版	1930-07-04	2	01단	水害地から水稻苗の斡旋方を依賴
191810	朝鮮朝日	西北・南鮮版	1930-07-04	2	01단	稚鯉百萬尾を全鮮に配布鎭海養魚場の
191811	朝鮮朝日	西北・南鮮版	1930-07-04	2	01단	旅客機の着水場蔚山附近にちかく設備
191812	朝鮮朝日	西北・南鮮版	1930-07-04	2	02단	便所汲取口の消毒を行ふ
191813	朝鮮朝日	西北・南鮮版	1930-07-04	2	02단	不況から棄兒が激增慶北救濟會收容孤兒現在五十九名に上る
191814	朝鮮朝日	西北・南鮮版	1930-07-04	2	02단	海の馬山七日海開き種々の催し
191815	朝鮮朝日	西北・南鮮版	1930-07-04	2	03단	慶北の西瓜不作を豫想霖雨のため
191816	朝鮮朝日	西北・南鮮版	1930-07-04	2	03단	九龍浦沖に鯖群が襲來漁獲に努む
191817	朝鮮朝日	西北・南鮮版	1930-07-04	2	04단	西鮮から內地へ牛移出開始
191818	朝鮮朝日	西北・南鮮版	1930-07-04	2	04단	鎭海要港曳船進水
191819	朝鮮朝日	西北・南鮮版	1930-07-04	2	04단	各地だより(平壤/安東縣/馬山)
191820	朝鮮朝日	南鮮版	1930-07-05	1	01단	國外放浪貧民やなほ殘存の無籍者多方面に互る專門的知識を必要とする朝鮮の人口豫想/國勢調査の槪念を徹底さすものと總督府では大喜び本社の朝鮮總人口豫想懸賞
191821	朝鮮朝日	南鮮版	1930-07-05	1	01단	夏・京城の裏ばなし(3)/女給の衣裳雇主からの借着で小濱金紗の艷姿宛然衣裳地獄を現出斷然「銘仙以下」を叫ぶ本町署
191822	朝鮮朝日	南鮮版	1930-07-05	1	05단	沿岸貿易航路補助金問題を協議
191823	朝鮮朝日	南鮮版	1930-07-05	1	05단	京城商議員仁川を視察
191824	朝鮮朝日	南鮮版	1930-07-05	1	05단	京畿道の定期增俸平均十圓餘
191825	朝鮮朝日	南鮮版	1930-07-05	1	05단	失業勞働者が最近續々と歸鮮三日君ヶ代丸でも七百七十名暗い影を纏うて歸鄕
191826	朝鮮朝日	南鮮版	1930-07-05	1	06단	金剛山登攀隊短信
191827	朝鮮朝日	南鮮版	1930-07-05	1	06단	ゴルフマッチ
191828	朝鮮朝日	南鮮版	1930-07-05	1	06단	蝀龍窟の探勝連絡切符新たに發賣
191829	朝鮮朝日	南鮮版	1930-07-05	1	06단	合理的な三方協調案で解決の曙光を認む群山港艀賃輕減問題
191830	朝鮮朝日	南鮮版	1930-07-05	1	07단	大邱府協議會七日に開く
191831	朝鮮朝日	南鮮版	1930-07-05	1	07단	木浦簡閱點呼
191832	朝鮮朝日	南鮮版	1930-07-05	1	08단	統營、山陽間海底道路堀鑿兩地に於て計劃さる總工費は十八萬圓

일련번호	판명		간행일	면	단수	기사명
191833	朝鮮朝日	南鮮版	1930-07-05	1	08단	土沙崩壞し列車一時不通黃海線の一部 黃海道に豪雨の被害多い見込
191834	朝鮮朝日	南鮮版	1930-07-05	1	08단	豪雨のため電話が不通
191835	朝鮮朝日	南鮮版	1930-07-05	1	08단	水門を破り灌漑水を盜む
191836	朝鮮朝日	南鮮版	1930-07-05	1	09단	官吏の旅費から二萬七千圓浮く一割減 が斷行されたら慶北道廳員大恐慌
191837	朝鮮朝日	南鮮版	1930-07-05	1	09단	釜山で盛桝を嚴禁
191838	朝鮮朝日	南鮮版	1930-07-05	1	09단	「凉をもとめて線路を枕に高鼾」事故の頻 出に鑑みて慶北當局防止に大童
191839	朝鮮朝日	南鮮版	1930-07-05	1	10단	植林用苗木品評會今秋晉州で開催
191840	朝鮮朝日	南鮮版	1930-07-05	1	10단	戰鬪機空輸
191841	朝鮮朝日	南鮮版	1930-07-05	1	10단	一兩日は暴れる釜山測候所の觀測
191842	朝鮮朝日	西北版	1930-07-05	1	01단	國外放浪貧民やなほ殘存の無籍者多方 面に亙る專門的知識を必要とする朝鮮 の人口豫想/國勢調查の槪念を徹底さす ものと總督府では大喜び本社の朝鮮總 人口豫想懸賞
191843	朝鮮朝日	西北版	1930-07-05	1	02단	夏の鴨綠江(7)
191844	朝鮮朝日	西北版	1930-07-05	1	04단	送金制限令の取締を勵行勞農政府が
191845	朝鮮朝日	西北版	1930-07-05	1	04단	失業勞働者が最近續々と歸鮮三日 君ヶ代丸でも七百七十名暗い影を纏 うて歸鄕
191846	朝鮮朝日	西北版	1930-07-05	1	05단	平壤運動場脇に水禽舍を設置
191847	朝鮮朝日	西北版	1930-07-05	1	05단	安東市場物價を發表
191848	朝鮮朝日	西北版	1930-07-05	1	05단	服裝雜貨の列車見本市
191849	朝鮮朝日	西北版	1930-07-05	1	06단	灌漑事業促進を陳情
191850	朝鮮朝日	西北版	1930-07-05	1	06단	戰鬪機空輸
191851	朝鮮朝日	西北版	1930-07-05	1	06단	大連見本市に安東から出席
191852	朝鮮朝日	西北版	1930-07-05	1	07단	スナメリを城大に送付
191853	朝鮮朝日	西北版	1930-07-05	1	07단	順安義明校暑休を聲明
191854	朝鮮朝日	西北版	1930-07-05	1	07단	藥水を發見
191855	朝鮮朝日	西北版	1930-07-05	1	07단	水産品評會の延期を陳情業界の不振を 理由に淸津の水産業者から
191856	朝鮮朝日	西北版	1930-07-05	1	07단	群小馬賊團が都市襲擊を策動安圖縣大 馬鹿溝の實勢力は二百餘位か
191857	朝鮮朝日	西北版	1930-07-05	1	07단	學童と主婦貯金高
191858	朝鮮朝日	西北版	1930-07-05	1	08단	金剛山登攀隊短信
191859	朝鮮朝日	西北版	1930-07-05	1	08단	「凉をもとめて線路を枕に高鼾」事故の 頻出に鑑みて慶北當局防止に大童

일련번호	판명		간행일	면	단수	기사명
191860	朝鮮朝日	西北版	1930-07-05	1	08단	犬皮を頭に巻く奇妙な迷信
191861	朝鮮朝日	西北版	1930-07-05	1	09단	衛生講習會
191862	朝鮮朝日	西北版	1930-07-05	1	09단	妻や養女を麻繩で絞殺就職口無きを罵られ靜岡生れの四十男
191863	朝鮮朝日	西北版	1930-07-05	1	10단	洋襪職工突如罷業
191864	朝鮮朝日	西北版	1930-07-05	1	10단	朝鮮人鑛夫確執を生ず上舞村金鑛の
191865	朝鮮朝日	西北・南鮮版	1930-07-05	2	01단	不況の深刻から酒煙草の密造激增不時に臨檢を行なひ一掃に努むる慶北當局
191866	朝鮮朝日	西北・南鮮版	1930-07-05	2	01단	恐ろしい暑さで囚人が焦熱の苦み狹隘な京城の二刑務所囚人の手で擴張に着手
191867	朝鮮朝日	西北・南鮮版	1930-07-05	2	01단	好成績稻植付(慶北道內)
191868	朝鮮朝日	西北・南鮮版	1930-07-05	2	02단	新線延長の資金を借入共濟組合から
191869	朝鮮朝日	西北・南鮮版	1930-07-05	2	02단	本年の雨量は珍しく順調
191870	朝鮮朝日	西北・南鮮版	1930-07-05	2	03단	童畵と家庭講演
191871	朝鮮朝日	西北・南鮮版	1930-07-05	2	04단	水産業者の救濟を陳情
191872	朝鮮朝日	西北・南鮮版	1930-07-05	2	04단	木浦港の移出米減少昨年の旱害で
191873	朝鮮朝日	西北・南鮮版	1930-07-05	2	04단	「阿武隈」浦項へ
191874	朝鮮朝日	西北・南鮮版	1930-07-05	2	04단	各地だより(平壤)
191875	朝鮮朝日	南鮮版	1930-07-06	1	01단	勤農共濟組合が細農階級に大もて回收成績も非常に良好慶北道で百組合を增設する
191876	朝鮮朝日	南鮮版	1930-07-06	1	01단	漫然內地渡航に代って漫然渡鮮者京城職紹所に多數押しかく何れも內地での失業者
191877	朝鮮朝日	南鮮版	1930-07-06	1	01단	警察部異動よりもっと大きな嵐が慶南內務部を襲ふか發表は二十日前後
191878	朝鮮朝日	南鮮版	1930-07-06	1	01단	府政調查會大邱府で設置し府勢の大刷新を圖る
191879	朝鮮朝日	南鮮版	1930-07-06	1	02단	簡易保險課京電に移轉
191880	朝鮮朝日	南鮮版	1930-07-06	1	03단	京城鐵郵便局新廳舍建築
191881	朝鮮朝日	南鮮版	1930-07-06	1	04단	沙防工事の技術向上に講演會を開く
191882	朝鮮朝日	南鮮版	1930-07-06	1	04단	殉職警官招魂祭六日に催さる
191883	朝鮮朝日	南鮮版	1930-07-06	1	04단	春川地方は豪雨各方面は交通杜絶各地の河川刻々に增水萬一に救護準備を整ふ/湖南沿線を中心に浸水田は十萬町步相當の被害は免れぬしかし農作物には慈雨/京義、京元兩線の各所に被害列車一時不通となる四日朝來の豪雨で

일련번호	판명		간행일	면	단수	기사명
191884	朝鮮朝日	南鮮版	1930-07-06	1	05단	忠南道の署長會議來る廿四日
191885	朝鮮朝日	南鮮版	1930-07-06	1	05단	妓生一行放送のため廣島へ向ふ
191886	朝鮮朝日	南鮮版	1930-07-06	1	05단	日本硬質陶器操短を斷行鮮內機械工業界にトップを切って一日から
191887	朝鮮朝日	南鮮版	1930-07-06	1	05단	俳句/鈴木花蓑選
191888	朝鮮朝日	南鮮版	1930-07-06	1	06단	辭令(三日付)
191889	朝鮮朝日	南鮮版	1930-07-06	1	06단	湖南銀行の總會
191890	朝鮮朝日	南鮮版	1930-07-06	1	07단	鎭海署異動
191891	朝鮮朝日	南鮮版	1930-07-06	1	07단	釜山の新夜店許可
191892	朝鮮朝日	南鮮版	1930-07-06	1	07단	これはまた凉しい話冷氣俄かに加はり茂山郡地方に降霜一部農作物に被害
191893	朝鮮朝日	南鮮版	1930-07-06	1	07단	運動界(鮮滿對抗硬球試合八月大連で催す/南鮮庭球大會來る廿日頃群山で開催)
191894	朝鮮朝日	南鮮版	1930-07-06	1	08단	豫想外に少いモヒ中毒者五年內に根絶をと大意氣込みの總督府
191895	朝鮮朝日	南鮮版	1930-07-06	1	08단	女溺死體
191896	朝鮮朝日	南鮮版	1930-07-06	1	08단	物價や料金の値下を促す釜山警察署が動く
191897	朝鮮朝日	南鮮版	1930-07-06	1	09단	橫領嫌疑の橋本支配人雄基に護送
191898	朝鮮朝日	南鮮版	1930-07-06	1	09단	高橋章之助氏
191899	朝鮮朝日	南鮮版	1930-07-06	1	10단	水難者の追悼法要は廿日頃執行
191900	朝鮮朝日	南鮮版	1930-07-06	1	10단	第三次共産黨審理暇取る
191901	朝鮮朝日	南鮮版	1930-07-06	1	10단	安東の小學生販賣を實習非常な好成績
191902	朝鮮朝日	南鮮版	1930-07-06	1	10단	半島茶話
191903	朝鮮朝日	西北版	1930-07-06	1	01단	勤農共濟組合が細農階級に大もて回收成績も非常に良好慶北道で百組合を增設する
191904	朝鮮朝日	西北版	1930-07-06	1	01단	漫然內地渡航に代って漫然渡鮮者京城職紹所に多數押しかく何れも內地での失業者
191905	朝鮮朝日	西北版	1930-07-06	1	01단	夏の鴨綠江(8)
191906	朝鮮朝日	西北版	1930-07-06	1	03단	平南道の府尹郡守會議八、九の兩日/平安北道の府尹郡守會議
191907	朝鮮朝日	西北版	1930-07-06	1	03단	春川地方は豪雨各方面は交通杜絶各地の河川刻々に增水萬一に救護準備を整ふ/湖南沿線を中心に浸水田は十萬町步相當の被害は免れぬしかし農作物には慈雨/平南地方に豪雨を見る/旱天續きで雨乞ひが盛ん植付後の成育は不良黃海道西部地方

일련번호	판명		간행일	면	단수	기사명
191908	朝鮮朝日	西北版	1930-07-06	1	04단	沙防工事の技術向上に講演會を開く
191909	朝鮮朝日	西北版	1930-07-06	1	04단	全市を擧げて目的達成に努む昭和製鋼設置誘致に力をそゝぐ新義州
191910	朝鮮朝日	西北版	1930-07-06	1	05단	平北署長會議日程決まる武道大會や招魂祭も催す
191911	朝鮮朝日	西北版	1930-07-06	1	05단	辭令(三日付)
191912	朝鮮朝日	西北版	1930-07-06	1	05단	鳳山郡廳舍上棟式擧行
191913	朝鮮朝日	西北版	1930-07-06	1	06단	外國品の使用高年に一萬八千圓平南道の調査
191914	朝鮮朝日	西北版	1930-07-06	1	06단	これはまた涼しい話冷氣俄かに加はり茂山郡地方に降霜一部農作物に被害
191915	朝鮮朝日	西北版	1930-07-06	1	06단	簡易保險課京電に移轉
191916	朝鮮朝日	西北版	1930-07-06	1	07단	就職難は深刻味を加へる各地の求職者が增加DKの求人求職放送
191917	朝鮮朝日	西北版	1930-07-06	1	07단	惠れぬ酌婦に小使を與へる！同情した元山署から府內飲食店に勤める
191918	朝鮮朝日	西北版	1930-07-06	1	07단	社會教化活寫會
191919	朝鮮朝日	西北版	1930-07-06	1	07단	鮮滿對抗硬球試合八月大連で催す
191920	朝鮮朝日	西北版	1930-07-06	1	08단	國勢調査の趣旨徹底に講演會を開く
191921	朝鮮朝日	西北版	1930-07-06	1	08단	日本大相撲
191922	朝鮮朝日	西北版	1930-07-06	1	08단	密偵を派して江岸を窺ひ鮮內侵入の機を覘ふ頭目九山らの馬賊團
191923	朝鮮朝日	西北版	1930-07-06	1	09단	安東の小學生販賣を實習非常な好成績
191924	朝鮮朝日	西北版	1930-07-06	1	09단	傳染病患者二百卅名に上る最も多いのは腸チフス黃海道昨今の情勢
191925	朝鮮朝日	西北版	1930-07-06	1	09단	高橋章之助氏
191926	朝鮮朝日	西北版	1930-07-06	1	09단	國民軍兵逮捕さる
191927	朝鮮朝日	西北版	1930-07-06	1	09단	輸入沙糖の免稅斤數變更
191928	朝鮮朝日	西北版	1930-07-06	1	10단	阿片を兩足に靴形に穿き密輸を企つ
191929	朝鮮朝日	西北版	1930-07-06	1	10단	第三次共産黨審理暇取る
191930	朝鮮朝日	西北版	1930-07-06	1	10단	俳句/鈴木花蓑選
191931	朝鮮朝日	西北版	1930-07-06	1	10단	人(宇佐美資源局長官)
191932	朝鮮朝日	西北版	1930-07-06	1	10단	半島茶話
191933	朝鮮朝日	西北・南鮮版	1930-07-06	2	01단	慶北道各郡に「棉の日」を設け棉作の增産につとむ知事以下總動員して
191934	朝鮮朝日	西北・南鮮版	1930-07-06	2	01단	パテンレースや陶型の製造獎勵中流以下の家庭副業に平壤府の失業救濟策
191935	朝鮮朝日	西北・南鮮版	1930-07-06	2	01단	積極的養鷄獎勵平南道七郡に
191936	朝鮮朝日	西北・南鮮版	1930-07-06	2	01단	鎭海鮮魚市場水揚六萬圓本年上半期の

일련번호	판명		간행일	면	단수	기사명
191937	朝鮮朝日	西北・南鮮版	1930-07-06	2	01단	新義州の外鹽買收當分中止する
191938	朝鮮朝日	西北・南鮮版	1930-07-06	2	02단	平南道の棉蟲驅除斷行
191939	朝鮮朝日	西北・南鮮版	1930-07-06	2	02단	レールのさび
191940	朝鮮朝日	西北・南鮮版	1930-07-06	2	02단	短冊苗代を普及
191941	朝鮮朝日	西北・南鮮版	1930-07-06	2	03단	平北道水稻作付總面積千五百町步增
191942	朝鮮朝日	西北・南鮮版	1930-07-06	2	03단	自動車營業は從前通りに許可を要する
191943	朝鮮朝日	西北・南鮮版	1930-07-06	2	03단	童話と家庭講演
191944	朝鮮朝日	西北・南鮮版	1930-07-06	2	04단	各地だより(公州/沙里院/平壤/浦項/兼二浦/咸興)
191945	朝鮮朝日	南鮮版	1930-07-08	1	01단	田畑流失三百餘町步流失家屋百七十戶死者二十一名を出す中部朝鮮の豪雨被害甚し/萬項江堤防決潰し五萬町步が泥海に浸水家屋五百戶に上る湖南線の被害甚し/洛東江の增水で各地に被害續出列車一時立往生し運轉系統全く亂れる/濁流は路上に溢れ渡涉せんとして一名押流さる靈泉池は悽じく流下大邱附近の被害/約百戶浸水堤防三十間を決潰し道路の流出も多い/築堤二百米崩壞し列車の運行見込立たず/麗水川沿岸大部分浸水/京春間道路開通
191946	朝鮮朝日	南鮮版	1930-07-08	1	04단	御眞影奉戴式
191947	朝鮮朝日	南鮮版	1930-07-08	1	04단	第十回全鮮武道大會優勝柔道慶北劍道京畿
191948	朝鮮朝日	南鮮版	1930-07-08	1	04단	李王兩殿下御歸鮮遊ばさる御機嫌麗しく京城へ/御多忙な御日常高階事務官謹んで語る/昌德宮に御歸着多數官民奉迎
191949	朝鮮朝日	南鮮版	1930-07-08	1	05단	自治權擴張と同時に訴願法を施行する總監ははっきりと言明岸事務官もこれが必要を說く
191950	朝鮮朝日	南鮮版	1930-07-08	1	06단	十月頃から旅客機就航か新義州中江鎮間京城江陵間十日から試驗飛行
191951	朝鮮朝日	南鮮版	1930-07-08	1	08단	多少改めて實施するか總督府審議室で研鑽中の盜犯防止令
191952	朝鮮朝日	南鮮版	1930-07-08	1	08단	白米三千石の取引契約を持込む愛知縣商工協會購買部から決濟方法で折衝中
191953	朝鮮朝日	南鮮版	1930-07-08	1	08단	僞造鮮貨證券で湖西銀行から詐取犯人二名北平で逮捕し八日忠南へ押送し來る
191954	朝鮮朝日	南鮮版	1930-07-08	1	09단	半島統治の貴き犧牲者盛大な招魂祭

일련번호	판명		간행일	면	단수	기사명
191955	朝鮮朝日	南鮮版	1930-07-08	1	09단	製鋼所設置で輿論を喚起鋼業者大會をひらき總督から決定延期方を電請
191956	朝鮮朝日	南鮮版	1930-07-08	1	10단	線路內から子供を救ひ母親は死亡
191957	朝鮮朝日	南鮮版	1930-07-08	1	10단	昌慶丸修理
191958	朝鮮朝日	西北版	1930-07-08	1	01단	普通學校卒業生の女子同窓青年團明倫女子普校が組織漸次道內の各地方に設置する
191959	朝鮮朝日	西北版	1930-07-08	1	01단	多少改めて實施するか總督府審議室で研鑽中の盜犯防止令
191960	朝鮮朝日	西北版	1930-07-08	1	01단	李王兩殿下御歸鮮遊ばさる御機嫌麗しく京城へ/御多忙な御日常高階事務官謹んで語る
191961	朝鮮朝日	西北版	1930-07-08	1	03단	平南の府尹郡守會議
191962	朝鮮朝日	西北版	1930-07-08	1	04단	好成績の五萬圓造成貯金目下の會員二萬餘人
191963	朝鮮朝日	西北版	1930-07-08	1	04단	白米三千石の取引契約を持込む愛知縣商工協會購買部から決濟方法で折衝中
191964	朝鮮朝日	西北版	1930-07-08	1	04단	東興への森林鐵道本年は十二哩ちかく着工す
191965	朝鮮朝日	西北版	1930-07-08	1	05단	昭和製鋼設置代表委員を各道に派遣
191966	朝鮮朝日	西北版	1930-07-08	1	05단	半島統治の貴き犧牲者盛大な招魂祭
191967	朝鮮朝日	西北版	1930-07-08	1	06단	平北穀物協會總會と新義州提案
191968	朝鮮朝日	西北版	1930-07-08	1	06단	忠北官房主事
191969	朝鮮朝日	西北版	1930-07-08	1	06단	田を賣って圖書館建設
191970	朝鮮朝日	西北版	1930-07-08	1	06단	平壤の失業者二千四百餘名
191971	朝鮮朝日	西北版	1930-07-08	1	07단	十月頃から旅客機就航か新義州中江鎮間京城江陵間十日から試驗飛行
191972	朝鮮朝日	西北版	1930-07-08	1	07단	今後は嚴重取締弊害の多い自動車學校
191973	朝鮮朝日	西北版	1930-07-08	1	07단	自動車線豪雨で休止
191974	朝鮮朝日	西北版	1930-07-08	1	07단	僞造鮮貨證券で湖西銀行から詐取犯人二名北京で逮捕し八日忠南へ押送し來る
191975	朝鮮朝日	西北版	1930-07-08	1	08단	第十回全鮮武道大會優勝柔道慶北劍道京畿
191976	朝鮮朝日	西北版	1930-07-08	1	08단	三錢切手を飲めばマラリヤが治る人を食った平南地方の迷信
191977	朝鮮朝日	西北版	1930-07-08	1	08단	痴情の妾斬り
191978	朝鮮朝日	西北版	1930-07-08	1	08단	盜んでは豪遊す大犯人捕る

일련번호	판명		간행일	면	단수	기사명
191979	朝鮮朝日	西北版	1930-07-08	1	09단	警察官の麻雀を禁止
191980	朝鮮朝日	西北版	1930-07-08	1	10단	螺中毒事件眞相わかる三名は死亡
191981	朝鮮朝日	西北版	1930-07-08	1	10단	農家の強盜
191982	朝鮮朝日	西北版	1930-07-08	1	10단	腹を蹴られて死亡
191983	朝鮮朝日	西北版	1930-07-08	1	10단	生命に別條ない母子絞殺犯人
191984	朝鮮朝日	西北版	1930-07-08	1	10단	花柳病豫防を映畵で宣傳平南の試み
191985	朝鮮朝日	西北版	1930-07-08	1	10단	昌慶丸修理
191986	朝鮮朝日	西北版	1930-07-08	1	10단	人(松村殖産局長)
191987	朝鮮朝日	西北・南鮮版	1930-07-08	2	01단	小場恒吉氏が古墳壁畵を模寫實物と殆ど變りない見事な出來榮を示す
191988	朝鮮朝日	西北・南鮮版	1930-07-08	2	01단	深刻な不況に喘へぐ鐵道貨物四列車の運轉を休止して難關切拔け
191989	朝鮮朝日	西北・南鮮版	1930-07-08	2	01단	釜山北濱補强工事改修を行ふ
191990	朝鮮朝日	西北・南鮮版	1930-07-08	2	01단	取引所の設置運動群山で協議
191991	朝鮮朝日	西北・南鮮版	1930-07-08	2	02단	府營渡船讓渡問題近く解決か
191992	朝鮮朝日	西北・南鮮版	1930-07-08	2	02단	市場の利用は農民間に有效
191993	朝鮮朝日	西北・南鮮版	1930-07-08	2	03단	公設質屋の利用者不景氣と共に漸增して行く
191994	朝鮮朝日	西北・南鮮版	1930-07-08	2	03단	光州晝間電力供給認可
191995	朝鮮朝日	西北・南鮮版	1930-07-08	2	03단	安康水利組合設立は認可
191996	朝鮮朝日	西北・南鮮版	1930-07-08	2	04단	東海岸線起工實現祝賀會十三日釜山で
191997	朝鮮朝日	西北・南鮮版	1930-07-08	2	04단	不就學兒童の教育に從事金玉技孃
191998	朝鮮朝日	西北・南鮮版	1930-07-08	2	04단	殉職伍長へ義捐金を贈る
191999	朝鮮朝日	西北・南鮮版	1930-07-08	2	04단	病弱兒童を林間聚落に收容
192000	朝鮮朝日	西北・南鮮版	1930-07-08	2	05단	南鮮に誇る木浦海水浴場設備全くなる/木浦水泳大會
192001	朝鮮朝日	西北・南鮮版	1930-07-08	2	05단	平北道內の水稻植付は殆んど終る
192002	朝鮮朝日	西北・南鮮版	1930-07-08	2	05단	豆粕共通混合保管實施の事項
192003	朝鮮朝日	西北・南鮮版	1930-07-08	2	06단	童話と家庭講演
192004	朝鮮朝日	西北・南鮮版	1930-07-08	2	06단	咸南道內の稻植付狀況
192005	朝鮮朝日	西北・南鮮版	1930-07-08	2	06단	果樹の害蟲驅除に努む
192006	朝鮮朝日	西北・南鮮版	1930-07-08	2	06단	京城發着の航空郵便數
192007	朝鮮朝日	西北・南鮮版	1930-07-08	2	06단	殖銀沙里院支店行舍を改築
192008	朝鮮朝日	西北・南鮮版	1930-07-08	2	07단	沙里院市街や下水溝改築
192009	朝鮮朝日	西北・南鮮版	1930-07-08	2	07단	各地だより(元山/仁川/江界/平壤)
192010	朝鮮朝日	西北・南鮮版	1930-07-08	2	07단	レールのさび
192011	朝鮮朝日	南鮮版	1930-07-09	1	01단	五萬町步の水田はまったく泥海と化す列車も各地方で立往生慶北道を見舞うた豪

일련번호	판명		간행일	면	단수	기사명
192011	朝鮮朝日	南鮮版	1930-07-09	1	01단	*雨の被害/再度の豪雨で水田殆んど浸水家屋浸水、決潰も相當多く被害夥しい群山地方/堤防の一方を人爲的に決潰し農民が總出で警戒す減水の見込はたゝぬ/土方驛構內浸水し上下列車立往生開通の見込みたゝず各線路に被害續出/琴湖江が氾濫し數千町步の田は泥海と化す/慶北線全部開通/各地の雨量/貯水池の堤防續々と決潰危險なものもある各水利組合の被害/豪雨のため各河川氾濫鐵道も浸水/麻浦普通學校豪雨で休校*
192012	朝鮮朝日	南鮮版	1930-07-09	1	01단	七日夜京城驛に御到着の李王殿下・同妃殿下
192013	朝鮮朝日	南鮮版	1930-07-09	1	05단	短歌/橋田東聲選
192014	朝鮮朝日	南鮮版	1930-07-09	1	05단	金剛山登攀隊短信
192015	朝鮮朝日	南鮮版	1930-07-09	1	06단	貯金を割いて兒童に贈物感心な軍人
192016	朝鮮朝日	南鮮版	1930-07-09	1	07단	漸く赤字だけ食ひ止める剩餘金は例年の半分心細い四年度の豫算
192017	朝鮮朝日	南鮮版	1930-07-09	1	07단	李王兩殿下を御請待盛大なる午餐會を開催する
192018	朝鮮朝日	南鮮版	1930-07-09	1	07단	昭和製鋼所の鮮內設置を陳情『總裁の心は判らぬ』と多田榮吉氏は鮮內設置說を說く
192019	朝鮮朝日	南鮮版	1930-07-09	1	08단	暑休を利用し生活戰線へ灼熱の下で筋肉勞働大邱農林校生百餘名
192020	朝鮮朝日	南鮮版	1930-07-09	1	08단	大邱署の新築落成が遲る
192021	朝鮮朝日	南鮮版	1930-07-09	1	09단	漁夫四十五名行方不明出漁中暴風雨に襲はれ
192022	朝鮮朝日	南鮮版	1930-07-09	1	10단	濟州島海女の入漁問題協議議論百出してつひに未解決
192023	朝鮮朝日	南鮮版	1930-07-09	1	10단	日常品の値下斷行羅南市內の商店申合せ
192024	朝鮮朝日	南鮮版	1930-07-09	1	10단	腸チフス蔓延の兆大邱で大警戒
192025	朝鮮朝日	南鮮版	1930-07-09	1	10단	三名の强盜立巖面に現る
192026	朝鮮朝日	南鮮版	1930-07-09	1	10단	人(菊池廣吉氏(第二十師團法務部長))
192027	朝鮮朝日	西北版	1930-07-09	1	01단	七日夜京城驛に御到着の李王殿下・同妃殿下
192028	朝鮮朝日	西北版	1930-07-09	1	01단	*昭和製鋼所の鮮內設置を陳情『總裁の心は判らぬ』と多田榮吉氏は鮮內設置說を說く/昭和製鋼は新義州が好適地すべての條件を備ふ商議所が猛運動開始/*

일련번호	판명		간행일	면	단수	기사명
192028	朝鮮朝日	西北版	1930-07-09	1	01단	既定方針の遂行を羅南公職者會から要望する/鎮南浦の應援を求む
192029	朝鮮朝日	西北版	1930-07-09	1	03단	江面古墳の壁畵模寫圖
192030	朝鮮朝日	西北版	1930-07-09	1	04단	陳東山討伐に保衛團出動
192031	朝鮮朝日	西北版	1930-07-09	1	05단	十九師團へ御眞影奉安室へ安置
192032	朝鮮朝日	西北版	1930-07-09	1	05단	諸物價の値下を清津署長から營業者に懇談
192033	朝鮮朝日	西北版	1930-07-09	1	05단	漸く赤字だけ食ひ止める剰餘金は例年の半分心細い四年度の豫算
192034	朝鮮朝日	西北版	1930-07-09	1	05단	短歌/橋田東聲選
192035	朝鮮朝日	西北版	1930-07-09	1	05단	金剛山登攀隊短信
192036	朝鮮朝日	西北版	1930-07-09	1	06단	羅南地方に水飢饉襲ふ貯水池は甚だ減水節水を獎勵させる
192037	朝鮮朝日	西北版	1930-07-09	1	06단	警察官異動
192038	朝鮮朝日	西北版	1930-07-09	1	06단	配車變更方鐵道へ懇請鎮南浦商議が
192039	朝鮮朝日	西北版	1930-07-09	1	06단	平壤の夏を飾る納凉マーケット廿一日から十日間賑やかに開催する
192040	朝鮮朝日	西北版	1930-07-09	1	07단	日常品の値下斷行羅南市內の商店申合せ
192041	朝鮮朝日	西北版	1930-07-09	1	07단	貯金を割いて兒童に贈物感心な軍人
192042	朝鮮朝日	西北版	1930-07-09	1	08단	泥海と化し浸水一千戶安東の豪雨
192043	朝鮮朝日	西北版	1930-07-09	1	08단	新編入區域に愈よ上水道敷設明年度から着工する平壤府の懸案片づく
192044	朝鮮朝日	西北版	1930-07-09	1	08단	平南庶務財務主任級異動
192045	朝鮮朝日	西北版	1930-07-09	1	08단	安東滿俱勝つ
192046	朝鮮朝日	西北版	1930-07-09	1	08단	農作物は立枯れ打續く旱天に羅南地方惨狀
192047	朝鮮朝日	西北版	1930-07-09	1	09단	お茶のあと
192048	朝鮮朝日	西北版	1930-07-09	1	09단	支那富豪から盛に掠奪陳東山輩下の馬賊團討伐を受け死者五名を出す
192049	朝鮮朝日	西北版	1930-07-09	1	10단	琿春に潜入し脅迫をなす不良朝鮮人國民府員が
192050	朝鮮朝日	西北版	1930-07-09	1	10단	阿片その他の密輸を企つ
192051	朝鮮朝日	西北版	1930-07-09	1	10단	濟州島海女の入漁問題協議議論百出してつひに未解決
192052	朝鮮朝日	西北・南鮮版	1930-07-09	2	01단	水引けが惡ければ南鮮は稲作に被害西鮮地方は却って慈雨豪雨と殖産局の觀測
192053	朝鮮朝日	西北・南鮮版	1930-07-09	2	01단	釜山市在住の失業者救濟生業資金の貸付けに五萬圓の寄附募集
192054	朝鮮朝日	西北・南鮮版	1930-07-09	2	01단	煙草の移植狀況

일련번호	판명		간행일	면	단수	기사명
192055	朝鮮朝日	西北・南鮮版	1930-07-09	2	01단	新義州設置の電報を阪田男爵に發す/木浦商議に應援を依頼
192056	朝鮮朝日	西北・南鮮版	1930-07-09	2	02단	造林補助の規定を改正慶南道當局
192057	朝鮮朝日	西北・南鮮版	1930-07-09	2	02단	漢江鐵橋下の土幕民移轉增水避難を機會に立退料を交付して
192058	朝鮮朝日	西北・南鮮版	1930-07-09	2	04단	全鮮各燈台の船舶通過數
192059	朝鮮朝日	西北・南鮮版	1930-07-09	2	04단	朝鮮物産見本市鮮外を巡回してひらく
192060	朝鮮朝日	西北・南鮮版	1930-07-09	2	04단	木浦の公設グラウンド開き
192061	朝鮮朝日	西北・南鮮版	1930-07-09	2	04단	各地だより(間島)
192062	朝鮮朝日	南鮮版	1930-07-10	1	01단	神祕境黑部に勝る見事な溪谷美をもつ金剛の千佛洞と千窓谷/山林部員は苦難を冒して踏査
192063	朝鮮朝日	南鮮版	1930-07-10	1	01단	御歸鮮の殿下を御中心に御六方がお睦じく御會食お物語遊ばす/總督以下を御引見の後宗廟永寧殿に御展謁朝鮮神宮へも御參拜
192064	朝鮮朝日	南鮮版	1930-07-10	1	02단	郵便貯金は五百萬圓增加吹募る不景氣風は台帳を分厚くする
192065	朝鮮朝日	南鮮版	1930-07-10	1	02단	城大の李氏學位を獲得
192066	朝鮮朝日	南鮮版	1930-07-10	1	03단	鮮滿列車見本市十五日釜山驛を振出しに主要驛で開催する
192067	朝鮮朝日	南鮮版	1930-07-10	1	04단	學生團が續々來鮮
192068	朝鮮朝日	南鮮版	1930-07-10	1	04단	客車連結緩解裝置吉宗氏發明
192069	朝鮮朝日	南鮮版	1930-07-10	1	04단	地方農村に羽振りをきかす實業學校卒業生の就職は極めてよい
192070	朝鮮朝日	南鮮版	1930-07-10	1	05단	全鮮相呼應し愈よ實現の猛運動釜山でも有志大會開催昭和製鋼所新義州設置問題
192071	朝鮮朝日	南鮮版	1930-07-10	1	05단	平壤地方は猛烈な降雨大同江は刻々に增水當局で萬一を警戒/清州市內は五十四戶浸水す清忠間鐵道は不通/慘死者續出就寢中家屋倒壞壓死四名は濁流に呑まる/慶北奧地被害甚し死亡者七名出す/各地とも交通杜絶各線の被害狀況/天安溫陽間線路浸水し列車運轉不能/漢江增水し嚴重警戒中/濁流に呑まれ二名が溺死/京畿道管內主なる被害/水難死亡者追悼會執行
192072	朝鮮朝日	南鮮版	1930-07-10	1	06단	妥協成らず遂に物別れ今後の成行注目さる海女入漁の大評定

일련번호	판명		간행일	면	단수	기사명
192073	朝鮮朝日	南鮮版	1930-07-10	1	06단	お茶のあと
192074	朝鮮朝日	南鮮版	1930-07-10	1	08단	現狀を打破し物語り映畫を撮影「嚴さく松」と「麗しき農村」總督府社會課の試み
192075	朝鮮朝日	南鮮版	1930-07-10	1	09단	「かや」「けやき」等で漆器の大量生産/慶南の特産とする
192076	朝鮮朝日	南鮮版	1930-07-10	1	09단	車輪に挟まれ遂に死亡す
192077	朝鮮朝日	南鮮版	1930-07-10	1	09단	見習看護婦の溺死體發見
192078	朝鮮朝日	南鮮版	1930-07-10	1	10단	卅錢値下で折合ふか慶北道の蠶種値下問題
192079	朝鮮朝日	南鮮版	1930-07-10	1	10단	親子四人の殺人事件にそれぞれ求刑
192080	朝鮮朝日	南鮮版	1930-07-10	1	10단	收賄事件上告す
192081	朝鮮朝日	南鮮版	1930-07-10	1	10단	人(宇都宮釜山第一商校長/西岡本府水産課長/宮館貞一氏)
192082	朝鮮朝日	西北版	1930-07-10	1	01단	神祕境黑部に勝る見事な溪谷美をもつ金剛の千佛洞と千窓谷山林部員は苦難を冒して踏査
192083	朝鮮朝日	西北版	1930-07-10	1	01단	御歸鮮の殿下を御中心に御六方がお睦じく御會食お物語遊ばす/總督以下を御引見の後宗廟永寧殿に御展謁朝鮮神宮へも御參拜
192084	朝鮮朝日	西北版	1930-07-10	1	02단	平壤商議益々粉糾す告訴問題も持上り書記長辭表を提出
192085	朝鮮朝日	西北版	1930-07-10	1	03단	平壤府の廳內刷新實行に着手/平壤府の電氣課改革いよいよ斷行
192086	朝鮮朝日	西北版	1930-07-10	1	04단	平壤地方は猛烈な降雨大同江は刻々に增水當局で萬一を警戒
192087	朝鮮朝日	西北版	1930-07-10	1	04단	お茶のあと
192088	朝鮮朝日	西北版	1930-07-10	1	04단	淸州市內は五十四戶浸水す淸忠間鐵道は不通
192089	朝鮮朝日	西北版	1930-07-10	1	04단	學生團が續々來鮮
192090	朝鮮朝日	西北版	1930-07-10	1	05단	平壤府に道立商業の設置を希望
192091	朝鮮朝日	西北版	1930-07-10	1	05단	昭和製鋼所設置要望を平壤公職者大會で決議
192092	朝鮮朝日	西北版	1930-07-10	1	05단	客車連結緩解裝置吉宗氏發明
192093	朝鮮朝日	西北版	1930-07-10	1	06단	二の足を踏む電話架設當籤者製鋼所問題が響く新義州市內の電話
192094	朝鮮朝日	西北版	1930-07-10	1	06단	平壤飛行隊航法演習實施/平壤飛行五機羅針盤飛行演習

일련번호	판명		간행일	면	단수	기사명
192095	朝鮮朝日	西北版	1930-07-10	1	06단	平北體協の學童庭球大會
192096	朝鮮朝日	西北版	1930-07-10	1	06단	お伽、家庭講演會盛況
192097	朝鮮朝日	西北版	1930-07-10	1	07단	無利子で資金を貸付普通校卒業生に對し平壤の産業獎勵計劃
192098	朝鮮朝日	西北版	1930-07-10	1	07단	郵便貯金は五百萬圓增加吹募る不景氣風は台帳を分厚くする
192099	朝鮮朝日	西北版	1930-07-10	1	08단	元山松濤園海水浴場設備が整ひ大賑を呈す
192100	朝鮮朝日	西北版	1930-07-10	1	08단	交換事務員の午睡を計劃新義州局で
192101	朝鮮朝日	西北版	1930-07-10	1	09단	新延江鐵橋廿日落成式
192102	朝鮮朝日	西北版	1930-07-10	1	09단	海州廣石川改修工事六年度に着手
192103	朝鮮朝日	西北版	1930-07-10	1	09단	角男を誘拐仁川で興行中
192104	朝鮮朝日	西北版	1930-07-10	1	09단	仁川府廳舍が白蟻に食荒さる由緒つきの建物も甚しく腐朽危險に
192105	朝鮮朝日	西北版	1930-07-10	1	10단	覆面賊出沒
192106	朝鮮朝日	西北版	1930-07-10	1	10단	姑に虐められ自宅に放火
192107	朝鮮朝日	西北版	1930-07-10	1	10단	收賄事件上告す
192108	朝鮮朝日	西北版	1930-07-10	1	10단	「かや」「けやき」等で漆器の大量生産/慶南の特産とする
192109	朝鮮朝日	西北・南鮮版	1930-07-10	2	01단	金融組合の更生策を講ず慶北財務部の試み非常に期待かけらる
192110	朝鮮朝日	西北・南鮮版	1930-07-10	2	01단	市價暴落で鰯油や締粕の製造を中止する者もある鰯は近年にない豊漁
192111	朝鮮朝日	西北・南鮮版	1930-07-10	2	01단	『自動車濫用を愼んで貰ひたい』本府會計課が各課に嚴重なる通牒を發す
192112	朝鮮朝日	西北・南鮮版	1930-07-10	2	01단	蘋果「祝」の移出今年は增加
192113	朝鮮朝日	西北・南鮮版	1930-07-10	2	02단	魚油鰯締粕內地移出高元山六月中の
192114	朝鮮朝日	西北・南鮮版	1930-07-10	2	02단	陸地棉作付前年より增す
192115	朝鮮朝日	西北・南鮮版	1930-07-10	2	03단	職員や生徒が野菜を賣る光州農學校實習を街頭に立って提供
192116	朝鮮朝日	西北・南鮮版	1930-07-10	2	03단	無立木山地に櫟を植ゆ京畿道の計劃
192117	朝鮮朝日	西北・南鮮版	1930-07-10	2	04단	平南の夏秋蠶掃立昨年より減る
192118	朝鮮朝日	西北・南鮮版	1930-07-10	2	04단	土幕民移轉の癌種も存外易易とかたづく
192119	朝鮮朝日	西北・南鮮版	1930-07-10	2	04단	レールのさび
192120	朝鮮朝日	南鮮版	1930-07-11	1	01단	經濟的苦悶から京城府民を救出す金融の改善や米倉庫建設等極力實現に努める

일련번호	판명		간행일	면	단수	기사명
192121	朝鮮朝日	南鮮版	1930-07-11	1	01단	昭和製鋼所は鞍山に設置かまだ報告に接しない齋藤總督は語る/新義州設置の決議を可決實行委員を東上さす全鮮國民大會で/鮮内に設置を釜山でも決議たゞちに電送
192122	朝鮮朝日	南鮮版	1930-07-11	1	03단	失業救濟に總督府の起債を認めてもらひたい極力大藏省に諒解を求める
192123	朝鮮朝日	南鮮版	1930-07-11	1	03단	又々豪雨襲來し各地に夥しい被害氾濫、決潰、浸水、倒壞、杜絶等々死者も多數に上る模樣/慶北地方の死者は十二名洛東江は尚増水し罹災民は戰々競々/各線復舊す/洛東江大増水浸水夥しく附近大混亂/裡里署管内豪雨の被害/雨のためのあぶれ勞働者三千名から五千名一箸の飯さへ食へぬ/促成栽培の蔬菜全滅/朝鮮家屋の流失を
192123	朝鮮朝日	南鮮版	1930-07-11	1	03단	目撃釜山驛着の一乘客の談/不通鐵道全部復舊/春川地方はなほ杜絶降雨止まず
192124	朝鮮朝日	南鮮版	1930-07-11	1	04단	麻雀の取締り規則制定か
192125	朝鮮朝日	南鮮版	1930-07-11	1	05단	地方自治擴張案法制局審議の圓滑をはかるべく富永地方課長東上
192126	朝鮮朝日	南鮮版	1930-07-11	1	05단	俳句/鈴木花蓑選
192127	朝鮮朝日	南鮮版	1930-07-11	1	05단	アサヒグラフや週間朝日を旅客機に備付
192128	朝鮮朝日	南鮮版	1930-07-11	1	07단	拳銃賊は元飛行教官
192129	朝鮮朝日	南鮮版	1930-07-11	1	08단	お茶のあと
192130	朝鮮朝日	南鮮版	1930-07-11	1	09단	五年以上に朝鮮語教授
192131	朝鮮朝日	南鮮版	1930-07-11	1	09단	一萬五、六千圓の印紙橫領局員京城署員に捕はる
192132	朝鮮朝日	南鮮版	1930-07-11	1	09단	收容中の學生さわぐ
192133	朝鮮朝日	南鮮版	1930-07-11	1	10단	機關車脫線
192134	朝鮮朝日	南鮮版	1930-07-11	1	10단	狂犬狩り
192135	朝鮮朝日	南鮮版	1930-07-11	1	10단	樂器を盜む
192136	朝鮮朝日	南鮮版	1930-07-11	1	10단	人(吉田秀次郎氏(仁川商議會頭)/六角仲藏氏/慶大野球部選手一行/美座流石氏(慶南警察部長)/高井春五郎氏)
192137	朝鮮朝日	南鮮版	1930-07-11	1	10단	半島茶話
192138	朝鮮朝日	西北版	1930-07-11	1	01단	昭和製鋼所は鞍山に設置かまだ報告に接しない齋藤總督は語る

일련번호	판명		간행일	면	단수	기사명
192139	朝鮮朝日	西北版	1930-07-11	1	01단	失業救濟に總督府の起債を認めてもらひたい極力大藏省に諒解を求める
192140	朝鮮朝日	西北版	1930-07-11	1	01단	全國中等野球朝鮮豫選前記(1)/朝鮮球界も今や爛熟期に！燃える意氣と技倆さて各チームの準備は？
192141	朝鮮朝日	西北版	1930-07-11	1	02단	平南道の府尹郡守會
192142	朝鮮朝日	西北版	1930-07-11	1	03단	麻雀の取締り規則制定か
192143	朝鮮朝日	西北版	1930-07-11	1	04단	競馬大會の馬券賣上高
192144	朝鮮朝日	西北版	1930-07-11	1	04단	安東の通關簡易化その他當面問題研究國境關稅減特例廢止に伴うて
192145	朝鮮朝日	西北版	1930-07-11	1	04단	地方自治擴張案法制局審議の圓滑をはかるべく富永地方課長東上
192146	朝鮮朝日	西北版	1930-07-11	1	05단	アサヒグラフや週間朝日を旅客機に備付
192147	朝鮮朝日	西北版	1930-07-11	1	05단	肺ヂストマの中間宿主ザリ蟹驅除
192148	朝鮮朝日	西北版	1930-07-11	1	06단	山田、金の兩名に檢事は死刑を求刑金の家族は泣き崩れる淸津府廳疑獄事件の第二回公判
192149	朝鮮朝日	西北版	1930-07-11	1	06단	又々豪雨襲來し各地に夥しい被害氾濫、決潰、浸水、倒壞、杜絶等々死者も多數に上る模樣/道路決潰や橋梁流失平南の雨害/道路の崩壞數箇所に上る平壤豪雨被害/春川地方はなほ杜絶降雨止まず
192150	朝鮮朝日	西北版	1930-07-11	1	07단	お茶のあと
192151	朝鮮朝日	西北版	1930-07-11	1	08단	平壤に納稅組合明年度から設立計劃まづ官廳や會社から
192152	朝鮮朝日	西北版	1930-07-11	1	09단	大がかりの詐欺團檢擧被害三萬圓に上る平壤署で目下十七名取調中
192153	朝鮮朝日	西北版	1930-07-11	1	10단	發作的轢死
192154	朝鮮朝日	西北版	1930-07-11	1	10단	俳句/鈴木花蓑選
192155	朝鮮朝日	西北版	1930-07-11	1	10단	狂犬狩り
192156	朝鮮朝日	西北版	1930-07-11	1	10단	樂器を盜む
192157	朝鮮朝日	西北版	1930-07-11	1	10단	人(石本惠吉男/中村朝鮮軍參謀長/野村子爵(貴族院議員))
192158	朝鮮朝日	西北版	1930-07-11	1	10단	半島茶話
192159	朝鮮朝日	西北・南鮮版	1930-07-11	2	01단	海水浴場ゆき特別割引乘車券鐵道局で發賣す
192160	朝鮮朝日	西北・南鮮版	1930-07-11	2	01단	未解決のま〻物分れとなる濟州島海女入漁料に關する全南慶南の大評定

일련번호	판명		간행일	면	단수	기사명
192161	朝鮮朝日	西北・南鮮版	1930-07-11	2	01단	大田電氣の料金直下げ
192162	朝鮮朝日	西北・南鮮版	1930-07-11	2	02단	擴聲蓄音機を廢して音樂手復活
192163	朝鮮朝日	西北・南鮮版	1930-07-11	2	03단	櫻桃の移出檢査を來年から實施
192164	朝鮮朝日	西北・南鮮版	1930-07-11	2	03단	元山手形交換高
192165	朝鮮朝日	西北・南鮮版	1930-07-11	2	03단	平壤魚市場六月中成績
192166	朝鮮朝日	西北・南鮮版	1930-07-11	2	03단	隧道內煤煙防止の列車試運轉
192167	朝鮮朝日	西北・南鮮版	1930-07-11	2	04단	各地だより(元山/仁川/安東縣/平壤)
192168	朝鮮朝日	南鮮版	1930-07-12	1	01단	朝鮮でも愈よ郵貯を利下げ內地同樣二分の模樣時期も內地に順應す
192169	朝鮮朝日	南鮮版	1930-07-12	1	01단	秋風嶺にも航空無電局設置の準備を進む蔚山局は初手柄
192170	朝鮮朝日	南鮮版	1930-07-12	1	01단	京城の空で空中分列式大村海軍機の大連往復飛行愈よ廿一日から/內鮮滿連絡飛行の運行時間改正/所澤機出發/日本空輸機大邱に不時着陸
192171	朝鮮朝日	南鮮版	1930-07-12	1	02단	一部改造して補强工事か北濱岸壁問題
192172	朝鮮朝日	南鮮版	1930-07-12	1	03단	九年振りに制限撤廢木浦上水道
192173	朝鮮朝日	南鮮版	1930-07-12	1	03단	再度交涉し解決を急ぐ海女入漁問題
192174	朝鮮朝日	南鮮版	1930-07-12	1	03단	全國中等野球朝鮮豫選前記(1)/朝鮮球界も今や爛熟期に！燃える意氣と技倆さて各チームの準備は？
192175	朝鮮朝日	南鮮版	1930-07-12	1	04단	製鋼所問題で公職者大會/大邱も蹶起
192176	朝鮮朝日	南鮮版	1930-07-12	1	04단	金剛山の處女峰を征服し大氣焰あげながらクライミング一行歸る
192177	朝鮮朝日	南鮮版	1930-07-12	1	05단	水害自營團の組織を計劃豪雨の大慘害に鑑み古市釜山署長の手で
192178	朝鮮朝日	南鮮版	1930-07-12	1	05단	家屋の流失倒壞千五百餘戶に上り死亡者二十二名を出す全羅北道裡里附近の大水害/湖南地方は一面泥海と化し列車の運轉不能續出開通の見込が立たぬ
192179	朝鮮朝日	南鮮版	1930-07-12	1	07단	全南中等校長會議
192180	朝鮮朝日	南鮮版	1930-07-12	1	07단	納凉煙火大會
192181	朝鮮朝日	南鮮版	1930-07-12	1	08단	運動界(南鮮庭球大會群山で開催/京城醫專對釜山)
192182	朝鮮朝日	南鮮版	1930-07-12	1	08단	洛東江は漸く減水部落民は愁眉を開く/谷慶北知事ら水害を視察/浸水稻田三千町步洛東江出水で/芙蓉金堤間漸く開通す
192183	朝鮮朝日	南鮮版	1930-07-12	1	09단	大雷雨で電信が不通
192184	朝鮮朝日	南鮮版	1930-07-12	1	10단	學級經營の實際案懸賞募集

일련번호	판명		간행일	면	단수	기사명
192185	朝鮮朝日	南鮮版	1930-07-12	1	10단	發動機船で密航を企つ
192186	朝鮮朝日	南鮮版	1930-07-12	1	10단	鮮內第一流の請負師自殺
192187	朝鮮朝日	南鮮版	1930-07-12	1	10단	長春地方に肺疫蔓延す
192188	朝鮮朝日	南鮮版	1930-07-12	1	10단	公判だより
192189	朝鮮朝日	南鮮版	1930-07-12	1	10단	半島茶話
192190	朝鮮朝日	西北版	1930-07-12	1	01단	朝鮮でも愈よ郵貯を利下げ內地同樣二分の模樣時期も內地に順應す
192191	朝鮮朝日	西北版	1930-07-12	1	01단	百五十萬圓の激減を見る本年の森林收入對策を語る山林部長/大邱も蹶起
192192	朝鮮朝日	西北版	1930-07-12	1	01단	昭和製鋼所新義州設置城津でも決議/製鋼所問題で公職者大會
192193	朝鮮朝日	西北版	1930-07-12	1	02단	京城の空で空中分列式大村海軍機の大連往復飛行愈よ廿一日から
192194	朝鮮朝日	西北版	1930-07-12	1	02단	全國中等野球朝鮮豫選前記(２)/確實一點張の打擊で攻立てるガッチリした戰法が大得意善隣商業チーム
192195	朝鮮朝日	西北版	1930-07-12	1	03단	教員講習會
192196	朝鮮朝日	西北版	1930-07-12	1	03단	朝鮮各地で地球引力と磁力を測定
192197	朝鮮朝日	西北版	1930-07-12	1	03단	內鮮滿連絡飛行の運行時間改正
192198	朝鮮朝日	西北版	1930-07-12	1	04단	羅針盤飛行中止
192199	朝鮮朝日	西北版	1930-07-12	1	04단	水害自營團の組織を計劃豪雨の大慘害に鑑み古市釜山署長の手で
192200	朝鮮朝日	西北版	1930-07-12	1	05단	謎の三前局長落付く先は何處退官してすでに一週年總督、總監が頭痛の種
192201	朝鮮朝日	西北版	1930-07-12	1	05단	所澤機出發
192202	朝鮮朝日	西北版	1930-07-12	1	05단	「春日」元山へ
192203	朝鮮朝日	西北版	1930-07-12	1	05단	就職の近道から運轉手志願非常に增加
192204	朝鮮朝日	西北版	1930-07-12	1	06단	通川附近に赤痢が蔓延
192205	朝鮮朝日	西北版	1930-07-12	1	06단	鮮內第一流の請負師自殺
192206	朝鮮朝日	西北版	1930-07-12	1	06단	家屋の流失倒壞千五百餘戶に上り死亡者二十二名を出す全羅北道裡里附近の大水害/洛東江は漸やく減水部落民は愁眉を開く/浸水々田三千町步洛東江出水で/大した被害はない鴨綠江上流/芙蓉金堤間漸く開通す
192207	朝鮮朝日	西北版	1930-07-12	1	07단	金剛山の處女峰を征服し大氣焰あげながらクライミング一行歸る

일련번호	판명		간행일	면	단수	기사명
192208	朝鮮朝日	西北版	1930-07-12	1	08단	被告十三名に懲役を言渡し三名は無罪となる咸北共産黨事件の判決
192209	朝鮮朝日	西北版	1930-07-12	1	09단	海濱聚落へ各校が參加
192210	朝鮮朝日	西北版	1930-07-12	1	09단	長春地方に肺疫蔓延す
192211	朝鮮朝日	西北版	1930-07-12	1	10단	公判だより
192212	朝鮮朝日	西北版	1930-07-12	1	10단	人(若林咸興憲兵分隊長/井上面長)
192213	朝鮮朝日	西北版	1930-07-12	1	10단	半島茶話
192214	朝鮮朝日	西北・南鮮版	1930-07-12	2	01단	夏休學習帳出版される
192215	朝鮮朝日	西北・南鮮版	1930-07-12	2	01단	醬油がうんと安く出來る製造法の傳習會を各地で開く計劃
192216	朝鮮朝日	西北・南鮮版	1930-07-12	2	01단	緬羊の飼育に道から援助
192217	朝鮮朝日	西北・南鮮版	1930-07-12	2	01단	淸州穀物大會第一回委員會
192218	朝鮮朝日	西北・南鮮版	1930-07-12	2	01단	慶北の植付面積昨年同樣か
192219	朝鮮朝日	西北・南鮮版	1930-07-12	2	02단	高い!大邱の物價
192220	朝鮮朝日	西北・南鮮版	1930-07-12	2	02단	牛皮の輸出入激減銀暴落の關係
192221	朝鮮朝日	西北・南鮮版	1930-07-12	2	03단	仁川港の貿易激減を見る六月中の成績
192222	朝鮮朝日	西北・南鮮版	1930-07-12	2	03단	煙草賣上高
192223	朝鮮朝日	西北・南鮮版	1930-07-12	2	03단	鰯締粕の元山移出高
192224	朝鮮朝日	西北・南鮮版	1930-07-12	2	04단	飛行操縱士の試驗に合格釜山出身の崔旦守君
192225	朝鮮朝日	西北・南鮮版	1930-07-12	2	04단	各地だより(元山/咸興/群山/木浦/新義州)
192226	朝鮮朝日	南鮮版	1930-07-13	1	01단	國策の見地から決定し運動で左右されぬ昭和製鋼所設置問題に對して中央朝鮮協會總會で松田拓相は語る
192227	朝鮮朝日	南鮮版	1930-07-13	1	01단	內地のものと十分連絡をとり海外に大宣傳をする國立公園としての金剛山
192228	朝鮮朝日	南鮮版	1930-07-13	1	01단	全國中等野球朝鮮豫選前記(2)/確實一點張の打擊で攻立てるガッチリした戰法が大得意善隣商業チーム
192229	朝鮮朝日	南鮮版	1930-07-13	1	02단	金谷御陵に御展謁崇仁園にも御參拜あそばす/總督夫妻主催午餐會御臨席/御茶話會
192230	朝鮮朝日	南鮮版	1930-07-13	1	03단	東京行旅客機大邱に不時着陸
192231	朝鮮朝日	南鮮版	1930-07-13	1	04단	金組の增設と組合員增募
192232	朝鮮朝日	南鮮版	1930-07-13	1	05단	謎の三前局長落付く先は何處?退官してすでに一週年總督、總監が頭痛の種
192233	朝鮮朝日	南鮮版	1930-07-13	1	05단	工業懇談會
192234	朝鮮朝日	南鮮版	1930-07-13	1	05단	短歌/橋田東聲選
192235	朝鮮朝日	南鮮版	1930-07-13	1	05단	持田範士東京へ赴任

일련번호	판명		간행일	면	단수	기사명
192236	朝鮮朝日	南鮮版	1930-07-13	1	06단	鰯工船釜山入港見物人で混雜
192237	朝鮮朝日	南鮮版	1930-07-13	1	06단	路上五尺に達する濁流が渦まき見渡すかぎりの泥海と化す全北の豪雨被害甚大/判明した被害溺死者廿七名に上る/大洪水の犧牲者續々と判明す/稻田の浸水三千餘町步/京釜線中の鐵橋流失す/湖南線復舊
192238	朝鮮朝日	南鮮版	1930-07-13	1	07단	水上對抗競技會
192239	朝鮮朝日	南鮮版	1930-07-13	1	08단	盟休の首謀者處分
192240	朝鮮朝日	南鮮版	1930-07-13	1	08단	水害の復舊に農校生徒を使用朝鮮始めての試み
192241	朝鮮朝日	南鮮版	1930-07-13	1	09단	校長さんに農業獎勵方針と施設を知らせる慶南の農業講習會
192242	朝鮮朝日	南鮮版	1930-07-13	1	09단	平壤に感冒流行
192243	朝鮮朝日	南鮮版	1930-07-13	1	10단	內鮮高等警察事務連絡會
192244	朝鮮朝日	南鮮版	1930-07-13	1	10단	行方不明は十七名沈沒の帆船は廿三隻か
192245	朝鮮朝日	南鮮版	1930-07-13	1	10단	もよほし(京畿道府尹郡守會議)
192246	朝鮮朝日	南鮮版	1930-07-13	1	10단	人(湯村辰次郎氏(本府農務課長)/松村松盛氏(殖産局長))
192247	朝鮮朝日	南鮮版	1930-07-13	1	10단	半島茶話
192248	朝鮮朝日	西北版	1930-07-13	1	01단	國策の見地から決定し運動で左右されぬ昭和製鋼所設置問題に對して中央朝鮮協會總會で松田拓相は語る/昭和製鋼を朝鮮に設置方關係要路へ電請す平壤の公職者大會/昭和製鋼所鮮內設置運動益々熾ん
192249	朝鮮朝日	西北版	1930-07-13	1	01단	短歌/橋田東聲選
192250	朝鮮朝日	西北版	1930-07-13	1	02단	教員夏季講習會平安南道の日割きまる
192251	朝鮮朝日	西北版	1930-07-13	1	02단	全國中等野球朝鮮豫選前記(３)/フレッシュメンの潑剌たる元氣！守備には些かの不安もない黃金時代の木浦商業
192252	朝鮮朝日	西北版	1930-07-13	1	03단	雄基市街整理委員會設立
192253	朝鮮朝日	西北版	1930-07-13	1	03단	業績よければ値下させる電氣料金改訂に際し遞信局の眼がひかる
192254	朝鮮朝日	西北版	1930-07-13	1	04단	出張旅費節減は十五日から實施
192255	朝鮮朝日	西北版	1930-07-13	1	05단	平壤道立醫院新築明年度に實現か警官の增員が全鮮の問題石田平南警察部長談
192256	朝鮮朝日	西北版	1930-07-13	1	05단	鷄卵の現物を金組が捌き金は貯金に繰入れる頗る便利な養鷄組合

일련번호	판명		간행일	면	단수	기사명
192257	朝鮮朝日	西北版	1930-07-13	1	05단	城津上水制限給水一日五時間
192258	朝鮮朝日	西北版	1930-07-13	1	06단	天然痘の撲滅を期す
192259	朝鮮朝日	西北版	1930-07-13	1	06단	小作慣行の改善を圖り平南道から各郡守に改善の方針を指示す
192260	朝鮮朝日	西北版	1930-07-13	1	07단	公設質屋の利用ふえる
192261	朝鮮朝日	西北版	1930-07-13	1	07단	汽船運賃の引下を交渉
192262	朝鮮朝日	西北版	1930-07-13	1	07단	高麗芝を米國に移植
192263	朝鮮朝日	西北版	1930-07-13	1	08단	大同江增水し危險に瀕す萬一の事を氣遣って沿岸一帶を警戒す/京釜線中の鐵橋流失す/豪雨で郵便の遞送杜絶す/水害の防止に努む
192264	朝鮮朝日	西北版	1930-07-13	1	08단	質物の引下を當業者に交渉
192265	朝鮮朝日	西北版	1930-07-13	1	08단	涙を催させるピストル平南で使用
192266	朝鮮朝日	西北版	1930-07-13	1	09단	寺院荒し捕まる
192267	朝鮮朝日	西北版	1930-07-13	1	09단	臨時客車扱は當分中止す
192268	朝鮮朝日	西北版	1930-07-13	1	09단	保險金詐取の目的で放火城津の火災
192269	朝鮮朝日	西北版	1930-07-13	1	09단	娼妓の血液を嚴重檢査し花柳病の有無を調る平南道の新しい試み
192270	朝鮮朝日	西北版	1930-07-13	1	10단	平壤に感冒流行
192271	朝鮮朝日	西北版	1930-07-13	1	10단	鎭南浦の傳染病增加
192272	朝鮮朝日	西北版	1930-07-13	1	10단	支那人誘拐團入壤の流言
192273	朝鮮朝日	西北版	1930-07-13	1	10단	同盟休校の首謀者處分
192274	朝鮮朝日	西北版	1930-07-13	1	10단	半島茶話
192275	朝鮮朝日	西北・南鮮版	1930-07-13	2	01단	江西邑高勾麗王陵壁畫の模寫二ヶ月の日子を費しやうやく完成す
192276	朝鮮朝日	西北・南鮮版	1930-07-13	2	01단	私鐵の社債借入金利率七分五釐以下となる改善を非常に喜ばる
192277	朝鮮朝日	西北・南鮮版	1930-07-13	2	01단	米國から二團體視察に來鮮
192278	朝鮮朝日	西北・南鮮版	1930-07-13	2	02단	醫師試驗
192279	朝鮮朝日	西北・南鮮版	1930-07-13	2	02단	養蠣事業は活氣を呈す補助申請增加
192280	朝鮮朝日	西北・南鮮版	1930-07-13	2	03단	平北六月中の穀物檢査高
192281	朝鮮朝日	西北・南鮮版	1930-07-13	2	03단	萩材利用の生産工業を平南道で研究
192282	朝鮮朝日	西北・南鮮版	1930-07-13	2	04단	手工遊戲講習會
192283	朝鮮朝日	西北・南鮮版	1930-07-13	2	04단	各地だより(平壤)
192284	朝鮮朝日	西北・南鮮版	1930-07-13	2	04단	レールのさび
192285	朝鮮朝日	南鮮版	1930-07-15	1	01단	李王同妃兩殿下昌慶苑で御名殘の一日を惜れ十四日御歸京遊ばさる/李王殿下御歸東在釜官民多數奉迎送申上ぐ

일련번호	판명		간행일	면	단수	기사명
192286	朝鮮朝日	南鮮版	1930-07-15	1	01단	山津浪が襲ひ百餘名が行方不明死者も數十名に上る報告慶北道四郡に亙る慘害/現場に急行した別宮警部補からの報告達城郡のみの死者三十名悲慘を極めた中大洞握溪寺/漆谷面は全滅/一瞬にして死の曠野と化した大慘害の現場を視る握溪寺は無事なる事が判明福澤特派員發電/言語に絶する豪雨の被害十四日迄に判明の分/軍威郡岳溪面被害/連日の豪雨で草浦面は大慘害喰ふに食なき有樣當局へ救助を求む/悲慘な水害被害者を徹底的に救助するまづ二三萬圓を支出し本府社會課で調査中/五百餘名を救うた勇敢な消防手の話水害にまつはる美事/原州川增水し六百戶浸水/咸陽郡內の出水被害/土沙崩壞して現場監督死亡す/貨車の脫線
192287	朝鮮朝日	南鮮版	1930-07-15	1	05단	朝鮮中等學校陸上選手權大會京城グラウンドで愈々八月三日に催す/朝鮮神宮競技大會期日種目決る/陸競選手權大會/內鮮中等學校選拔野球/釜山軍快勝/大邱側勝つ
192288	朝鮮朝日	南鮮版	1930-07-15	1	06단	笠戶丸出動
192289	朝鮮朝日	南鮮版	1930-07-15	1	07단	東海岸線鍬入式十三日盛大に擧行さる
192290	朝鮮朝日	南鮮版	1930-07-15	1	08단	雄基電氣電料値下愈々認可さる
192291	朝鮮朝日	南鮮版	1930-07-15	1	08단	自動車業者も不景氣に大弱り營業權賣買が續出す不正行爲は嚴重取締る
192292	朝鮮朝日	南鮮版	1930-07-15	1	08단	各學校に盟休續出當局で大警戒
192293	朝鮮朝日	南鮮版	1930-07-15	1	08단	女敎員排斥同盟休校
192294	朝鮮朝日	南鮮版	1930-07-15	1	09단	國勢調査の標語を書いた團扇八萬本京城府で配布
192295	朝鮮朝日	南鮮版	1930-07-15	1	09단	檢事控訴し懲役八ヶ月學生騷擾首謀者
192296	朝鮮朝日	南鮮版	1930-07-15	1	10단	强盜押入り二百圓强奪す
192297	朝鮮朝日	南鮮版	1930-07-15	1	10단	金泉郡にチフス發生
192298	朝鮮朝日	南鮮版	1930-07-15	1	10단	倉庫を半燒
192299	朝鮮朝日	南鮮版	1930-07-15	1	10단	一萬圓を費消
192300	朝鮮朝日	南鮮版	1930-07-15	1	10단	弔慰金分配
192301	朝鮮朝日	南鮮版	1930-07-15	1	10단	人(新田留次郎氏(朝鐵專務)/丸山芳樹氏(前釜山土木出張所長)/大阪貿易振興會一行/松村殖產局長)

일련번호	판명		간행일	면	단수	기사명
192302	朝鮮朝日	南鮮版	1930-07-15	1	10단	半島茶話
192303	朝鮮朝日	西北版	1930-07-15	1	01단	山津浪が襲ひ百餘名が行方不明死者も數十名に上る報告慶北道四郡に互る慘害/現場に急行した別宮警部補からの報告達城郡のみの死者三十名悲慘を極めた中大洞握溪寺/漆谷面は全滅
192304	朝鮮朝日	西北版	1930-07-15	1	01단	新義州の防水設備會議で決る
192305	朝鮮朝日	西北版	1930-07-15	1	01단	全國中等野球朝鮮豫選前記(4)/力量未知數と實力謎の兩校進境著しい羅南中學と再び興隆した大田中學
192306	朝鮮朝日	西北版	1930-07-15	1	02단	悲慘な水害被害者を徹底的に救助するまづ二三萬圓を支出し本府社會課で調査中
192307	朝鮮朝日	西北版	1930-07-15	1	05단	金剛山登攀隊短信
192308	朝鮮朝日	西北版	1930-07-15	1	05단	李王同妃兩殿下昌慶苑で御名殘の一日を惜まれ十四日御歸京遊ばさる
192309	朝鮮朝日	西北版	1930-07-15	1	05단	朝鮮中等學校陸上選手權大會京城グラウンドで愈々八月三日に催す/朝鮮神宮競技大會期日種目決る/陸競選手權大會
192310	朝鮮朝日	西北版	1930-07-15	1	05단	五百餘名を救うた勇敢な消防手の話水害にまつはる美事
192311	朝鮮朝日	西北版	1930-07-15	1	07단	もよほし(教員講習會)
192312	朝鮮朝日	西北版	1930-07-15	1	08단	農村美談組合のため土地を擔保に附近の人々を感化した一農民の集約的農業
192313	朝鮮朝日	西北版	1930-07-15	1	08단	昭和製鋼所の鮮內設置を要望平北江界でも大會を開き各要路へ電請す
192314	朝鮮朝日	西北版	1930-07-15	1	08단	國勢調查の標語を書いた團扇八萬本京城府で配布
192315	朝鮮朝日	西北版	1930-07-15	1	08단	自動車業者も不景氣に大弱り營業權賣買が續出す不正行爲は嚴重取締る
192316	朝鮮朝日	西北版	1930-07-15	1	10단	經營資金を橫領し鳩山農場の支配人送局さる
192317	朝鮮朝日	西北版	1930-07-15	1	10단	公金一萬圓費消
192318	朝鮮朝日	西北版	1930-07-15	1	10단	半島茶話
192319	朝鮮朝日	西北・南鮮版	1930-07-15	2	01단	旅芝居漫談火曜のペーヂ(幽靈と詫證文曾我乃家五郎/同性愛その他 五月信子 高橋義信)
192320	朝鮮朝日	西北・南鮮版	1930-07-15	2	04단	『話の劇場』(上)生田葵
192321	朝鮮朝日	西北・南鮮版	1930-07-15	2	06단	物價の下落で工事も樂だ運賃もやがて下げる新田朝鐵專務歸來談

일련번호	판명		간행일	면	단수	기사명
192322	朝鮮朝日	西北・南鮮版	1930-07-15	2	06단	小鹿島慈惠醫院の癩患者の食費を減額に就いて憂慮
192323	朝鮮朝日	西北・南鮮版	1930-07-15	2	07단	修身書の編纂に力を入れる鎌塚氏榮轉
192324	朝鮮朝日	西北・南鮮版	1930-07-15	2	07단	各地だより(雄基/鎭海)
192325	朝鮮朝日	南鮮版	1930-07-16	1	01단	山津浪の慘害後報山鳴と共に沙煙をあげ大栗洞を押し流す/わづか二十分の間に死者卅六名、行方不明七十五名/逃ぐる間もなく百餘名濁流に呑まる各地の慘狀目もあてられず/災害復舊費支出の對策を講ず/全鮮に互る鐵道被害復舊費約二十萬圓に上る/稻作被害の善後策通牒/增水による警戒を要す自警團組織
192326	朝鮮朝日	南鮮版	1930-07-16	1	07단	降雨後の暑熱に惡疫蔓延の兆釜山全市にわたって臨時淸潔法を施行
192327	朝鮮朝日	南鮮版	1930-07-16	1	07단	官吏の旅費減額影響は輕微
192328	朝鮮朝日	南鮮版	1930-07-16	1	08단	府の條件を入れゝば繼續は不可能と補助方を請負者から陳情釜山繫船壁の工事/止むを得ねば他に求める當局の意向
192329	朝鮮朝日	南鮮版	1930-07-16	1	09단	五井豫審判事高等法院へ後任は脇氏
192330	朝鮮朝日	南鮮版	1930-07-16	1	09단	齋藤總督夫人同伴上京
192331	朝鮮朝日	南鮮版	1930-07-16	1	10단	京城の給水制限水の苦勞續き
192332	朝鮮朝日	南鮮版	1930-07-16	1	10단	沙里院の電燈料値下
192333	朝鮮朝日	南鮮版	1930-07-16	1	10단	短刀で斬る
192334	朝鮮朝日	南鮮版	1930-07-16	1	10단	劇と映畫(京城喜樂館)
192335	朝鮮朝日	南鮮版	1930-07-16	1	10단	もよほし(列車見本市張宴)
192336	朝鮮朝日	南鮮版	1930-07-16	1	10단	人(村井基一氏(大阪貿易振興聯盟會會長)/松本鐘一氏)
192337	朝鮮朝日	西北版	1930-07-16	1	01단	山津浪の慘害後報山鳴と共に沙煙をあげ大栗洞を押し流すわづか二十分の間に死者卅六名、行方不明七十五名/逃ぐる間もなく百餘名濁流に呑まる各地の慘狀目もあてられず/災害復舊費支出の對策を講ず/全鮮に互る鐵道被害復舊費約二十萬圓に上る/稻作被害の善後策通牒/農家にとって全くの慈雨灌漑もうまく行き豐作を豫想さる/大同江は漸次減水奧地の被害は相當にひどい

일련번호	판명		간행일	면	단수	기사명
192338	朝鮮朝日	西北版	1930-07-16	1	08단	高いものには値下を慫慂組合の意見纏まらず値下できぬ平壌商人/各營業者が自發的に値下す牛乳も十二錢を十錢にこのごろの清津府內
192339	朝鮮朝日	西北版	1930-07-16	1	08단	五井豫審判事高等法院へ後任は脇氏
192340	朝鮮朝日	西北版	1930-07-16	1	09단	乘員の半數は溺死したか家族ら悲嘆に暮れる黃海道沖で行方不明の漁船
192341	朝鮮朝日	西北版	1930-07-16	1	09단	兵士百六十名腹痛を起し枕を並べて病臥す平壌飛行六聯隊で
192342	朝鮮朝日	西北版	1930-07-16	1	10단	齋藤總督夫人同伴上京
192343	朝鮮朝日	西北版	1930-07-16	1	10단	鎭南浦驛に賊忍び入る
192344	朝鮮朝日	西北版	1930-07-16	1	10단	賭博ばれる
192345	朝鮮朝日	西北版	1930-07-16	1	10단	妾斬り逮捕
192346	朝鮮朝日	西北版	1930-07-16	1	10단	老婆を轢く
192347	朝鮮朝日	西北版	1930-07-16	1	10단	偕樂館(平壌)
192348	朝鮮朝日	西北版	1930-07-16	1	10단	河豚に中毒
192349	朝鮮朝日	西北・南鮮版	1930-07-16	2	01단	これはまた驚異的な作柄電柱よりも高い草丈佐々木氏の胡瓜栽培
192350	朝鮮朝日	西北・南鮮版	1930-07-16	2	01단	水稻植付順調に進捗面積も增加
192351	朝鮮朝日	西北・南鮮版	1930-07-16	2	01단	北海道産明太魚咸南産を壓迫
192352	朝鮮朝日	西北・南鮮版	1930-07-16	2	02단	支那側の鴨綠江材は相當着筏か
192353	朝鮮朝日	西北・南鮮版	1930-07-16	2	02단	鐵橋下の土幕民移轉
192354	朝鮮朝日	西北・南鮮版	1930-07-16	2	03단	七郡酒類品評會
192355	朝鮮朝日	西北・南鮮版	1930-07-16	2	03단	全滿見本市
192356	朝鮮朝日	西北・南鮮版	1930-07-16	2	03단	各地だより(平壌/海州/元山/咸興/新義州/公州)
192357	朝鮮朝日	南鮮版	1930-07-17	1	01단	未曾有の大山津浪の慘狀死線を越えて荒凉たる跡を訪ふ痛ましい葬列は續くたちまち洗ひ浚はれた大部落/死者七十四行方不明卅一名流失家屋三百餘戶十六日午後慶北警察部發表/死傷者七名家屋の損壞四十戶稻作全滅千二、三百町步慶南道內の被害/死者三名浸水七百戶原昌川の增水/罹災民救濟は着々進んでゐる涙ぐましい數々の情景林知事の現場を視察/十五の死體發見公山面內で/土沙崩壞し列車顛覆す/列車延着す/京城府斷水す豪雨の汚水が配水池に浸入

일련번호	판명		간행일	면	단수	기사명
192358	朝鮮朝日	南鮮版	1930-07-17	1	05단	*炎天下に花々しい快技高專野球西部豫選第一日目の記錄/１０Ａー４敵失を利し明專城大豫科をやぶる/１１Ａー３　慶應勝つよく戰った殖銀/實業野球戰/全釜山對城大*
192359	朝鮮朝日	南鮮版	1930-07-17	1	08단	俳句/鈴木花養選
192360	朝鮮朝日	南鮮版	1930-07-17	1	09단	朝鮮未曾有の師團對抗演習關係方面との打合終る愈よ十月七日から
192361	朝鮮朝日	南鮮版	1930-07-17	1	09단	傳染病愈よ京城を襲ふ赤痢チフスなどが最近續々くと發生
192362	朝鮮朝日	南鮮版	1930-07-17	1	10단	片倉製絲臨時休業盟休の兆に先手を打ち
192363	朝鮮朝日	南鮮版	1930-07-17	1	10단	專賣局技師村場氏墜死東京のホテルで
192364	朝鮮朝日	南鮮版	1930-07-17	1	10단	治維法違反懲役を求刑二十八名に
192365	朝鮮朝日	西北版	1930-07-17	1	01단	資金を貸付け生業を營ませる外來者と在住者に區分して平壤の失業救濟策
192366	朝鮮朝日	西北版	1930-07-17	1	01단	平壤市場の賣價引下げ日用品五十餘種を
192367	朝鮮朝日	西北版	1930-07-17	1	01단	全鮮穀物商大會へ約五百餘名參加遠來の客優待に淸州協贊會で準備
192368	朝鮮朝日	西北版	1930-07-17	1	01단	新義州府廳舍移轉を行ふ
192369	朝鮮朝日	西北版	1930-07-17	1	01단	淸州の衛生座談會盛況を呈した
192370	朝鮮朝日	西北版	1930-07-17	1	02단	輸入は增加し輸出は減る輸出入共前年よりも減退す新義州六月中の貿易
192371	朝鮮朝日	西北版	1930-07-17	1	03단	東海岸沿海州警備驅逐艦二隻を派遣
192372	朝鮮朝日	西北版	1930-07-17	1	03단	奧地警官の都會見學團平南道で實現さす一署四、五名宛を選定
192373	朝鮮朝日	西北版	1930-07-17	1	03단	朝鮮芝は飛行場用に最適米國からの注文により江界から卅封度輸出
192374	朝鮮朝日	西北版	1930-07-17	1	04단	度量衡取締
192375	朝鮮朝日	西北版	1930-07-17	1	04단	水源地の水道破損給水全く杜絶淸州民大弱り
192376	朝鮮朝日	西北版	1930-07-17	1	05단	*死者三名浸水七百戶原昌川の增水/土沙崩壞し列車顚覆す/水害は輕微で濟む今年の平南*
192377	朝鮮朝日	西北版	1930-07-17	1	05단	俳句/鈴木花養選
192378	朝鮮朝日	西北版	1930-07-17	1	06단	朝鮮未曾有の師團對抗演習關係方面との打合終る愈よ十月七日から

일련번호	판명		간행일	면	단수	기사명
192379	朝鮮朝日	西北版	1930-07-17	1	06단	炎天下に花々しい快技高專野球西部豫選第一日目の記錄/１０A－４敵失を利し明專城大豫科をやぶる
192380	朝鮮朝日	西北版	1930-07-17	1	08단	刑罰の點は自由に妻子殺し法廷でうそぶく
192381	朝鮮朝日	西北版	1930-07-17	1	08단	列車を妨害鮮童の惡戲
192382	朝鮮朝日	西北版	1930-07-17	1	08단	翡翠寶石類の密輸を企て遂に發見さる
192383	朝鮮朝日	西北版	1930-07-17	1	09단	竊盜廿三件や强盜を自白
192384	朝鮮朝日	西北版	1930-07-17	1	09단	應急修理に赴く途中溺死淸州局の技工
192385	朝鮮朝日	西北版	1930-07-17	1	10단	專賣局技師村場氏墜死東京のホテルで
192386	朝鮮朝日	西北版	1930-07-17	1	10단	精巧な僞造貨幣
192387	朝鮮朝日	西北版	1930-07-17	1	10단	實業野球戰/安東劍道大會
192388	朝鮮朝日	西北・南鮮版	1930-07-17	2	01단	『話の劇場』(下)生田葵
192389	朝鮮朝日	西北・南鮮版	1930-07-17	2	01단	ゴム靴工場が續々く休業輸出の不振と一般の不況に祟られた結果
192390	朝鮮朝日	西北・南鮮版	1930-07-17	2	01단	畜牛が斃死したら購入資金を交付畜牛の生命保險創設力を注ぐ全南道農務課
192391	朝鮮朝日	西北・南鮮版	1930-07-17	2	02단	警備機關充實案平南警察部長本府と打合す
192392	朝鮮朝日	西北・南鮮版	1930-07-17	2	03단	新義州と楚山間郵便物遞送
192393	朝鮮朝日	西北・南鮮版	1930-07-17	2	03단	鎭南浦港貿易高
192394	朝鮮朝日	西北・南鮮版	1930-07-17	2	04단	鮮滿列車見本市釜山で歡迎さる
192395	朝鮮朝日	西北・南鮮版	1930-07-17	2	04단	新義州渭原間郵便物遞送統一
192396	朝鮮朝日	西北・南鮮版	1930-07-17	2	04단	衛生展と活寫會
192397	朝鮮朝日	西北・南鮮版	1930-07-17	2	04단	遊戲音樂講習會
192398	朝鮮朝日	南鮮版	1930-07-18	1	01단	失業救濟事業に一億圓の公債發行果して大藏省の金城を破るか井上藏相と齋藤總督の取組みが見もの/そんな計劃は未だ知らぬ公債發行は實現困難松田拓相かたる
192399	朝鮮朝日	南鮮版	1930-07-18	1	01단	朝鮮産業の開發は完全な治山にあるまづ山を愛せよ山が荒れると水害
192400	朝鮮朝日	南鮮版	1930-07-18	1	01단	斷然漁場の開放を行ひ得たる金は基本財産とする李堈公家から聲明書
192401	朝鮮朝日	南鮮版	1930-07-18	1	03단	市內郊外線の電車賃均一を京電へ要求
192402	朝鮮朝日	南鮮版	1930-07-18	1	04단	大會氣分愈よ濃厚に觀衆もまた熱狂す高專野球第二日目/6－4 京城醫專堂々と勝つ山高の健鬪空し/內鮮中等校選拔野球大會八月釜山でひらく/湖南中等野球大會/南鮮庭球大會

일련번호	판명		간행일	면	단수	기사명
192403	朝鮮朝日	南鮮版	1930-07-18	1	04단	全國中等野球朝鮮豫選前記(3)/フレッシュメンの潑剌たる元氣！守備には些かの不安もない黄金時代の木浦商業
192404	朝鮮朝日	南鮮版	1930-07-18	1	05단	お茶のあと
192405	朝鮮朝日	南鮮版	1930-07-18	1	05단	李鍵公家漁場の免許
192406	朝鮮朝日	南鮮版	1930-07-18	1	07단	全國中等野球朝鮮豫選の番組愈よ決定
192407	朝鮮朝日	南鮮版	1930-07-18	1	07단	京城に新に延市場設置米俱樂部の廢止で
192408	朝鮮朝日	南鮮版	1930-07-18	1	07단	二十八名にそれぞれ求刑す第三次共産黨事件公判
192409	朝鮮朝日	南鮮版	1930-07-18	1	07단	群山第二停車場問題
192410	朝鮮朝日	南鮮版	1930-07-18	1	08단	山津浪による死亡は八十八名行方のわからぬ者は死亡したものと認定/金剛山電軌の線路流失す江原道の豪雨
192411	朝鮮朝日	南鮮版	1930-07-18	1	10단	光州の學生事件豫審終結す
192412	朝鮮朝日	南鮮版	1930-07-18	1	10단	人(岡本連一郎中將(參謀次長)/有賀殖銀頭取)
192413	朝鮮朝日	南鮮版	1930-07-18	1	10단	半島茶話
192414	朝鮮朝日	西北版	1930-07-18	1	01단	失業救濟事業に一億圓の公債發行果して大藏省の金城を破るか井上藏相と齋藤總督の取組みが見もの
192415	朝鮮朝日	西北版	1930-07-18	1	01단	製鋼所の位置は新義州を最適とし運動の手を飽迄緩めず新義州府民は目的の貫徹に努める
192416	朝鮮朝日	西北版	1930-07-18	1	01단	實業教育の臨地講習會
192417	朝鮮朝日	西北版	1930-07-18	1	01단	海州面人口
192418	朝鮮朝日	西北版	1930-07-18	1	02단	地球の引力と磁力を觀測
192419	朝鮮朝日	西北版	1930-07-18	1	02단	全國中等野球朝鮮豫選の番組愈よ決定
192420	朝鮮朝日	西北版	1930-07-18	1	03단	咸興の簡保增加
192421	朝鮮朝日	西北版	1930-07-18	1	03단	平南の酒造高
192422	朝鮮朝日	西北版	1930-07-18	1	04단	朝鮮産業の開發は完全な治山にあるまづ山を愛せよ山が荒れると水害
192423	朝鮮朝日	西北版	1930-07-18	1	05단	海州醫院醫員缺勤者續出市民不安にかられる
192424	朝鮮朝日	西北版	1930-07-18	1	05단	鰯工船笠戶丸來津
192425	朝鮮朝日	西北版	1930-07-18	1	05단	其地方特有の事情を基礎とし産業の開發に努めるまづ實科教育講習會を開く
192426	朝鮮朝日	西北版	1930-07-18	1	06단	朝鮮芝の種を米國に輸出
192427	朝鮮朝日	西北版	1930-07-18	1	06단	殉職警察官招魂祭

일련번호	판명		간행일	면	단수	기사명
192428	朝鮮朝日	西北版	1930-07-18	1	06단	講習會出席者
192429	朝鮮朝日	西北版	1930-07-18	1	06단	基督教の信者が次第に減って行く色んな施設も效果ない現在の信者はわづかに一萬人
192430	朝鮮朝日	西北版	1930-07-18	1	07단	大會氣分愈よ濃厚に觀衆もまた熱狂す高專野球第二日目/6-4 京城醫專堂々と勝つ山高の健闘空し
192431	朝鮮朝日	西北版	1930-07-18	1	07단	鴨緑江流域又復増水し橋梁の破損流失が多い交通杜絶で損害不明
192432	朝鮮朝日	西北版	1930-07-18	1	07단	傳染病の豫防警戒各戸大掃除海州署管内
192433	朝鮮朝日	西北版	1930-07-18	1	08단	咸興の痘瘡依然終熄せぬ
192434	朝鮮朝日	西北版	1930-07-18	1	08단	二十八名にそれぞれ求刑す第三次共産黨事件公判
192435	朝鮮朝日	西北版	1930-07-18	1	09단	清津府疑獄の判決言渡し檢事控訴す
192436	朝鮮朝日	西北版	1930-07-18	1	09단	こゝだけは全く別世界箕城券番の稼ぎ高六箇月間で七萬圓
192437	朝鮮朝日	西北版	1930-07-18	1	10단	巡査斬りは信じられぬ曖昧なる自白
192438	朝鮮朝日	西北版	1930-07-18	1	10단	腹を蹴って死に致らす
192439	朝鮮朝日	西北版	1930-07-18	1	10단	人(伊藤正慤氏(新義州府尹)/園田寛氏(平南知事))
192440	朝鮮朝日	西北版	1930-07-18	1	10단	半島茶話
192441	朝鮮朝日	西北・南鮮版	1930-07-18	2	01단	東京、京城間の直通電話開通は來年七月頃となるか對馬、釜山間の海底線工事延期
192442	朝鮮朝日	西北・南鮮版	1930-07-18	2	01단	ボーリング式井戸掘鑿を奬勵平南道各地の井戸は水質は餘りよくない
192443	朝鮮朝日	西北・南鮮版	1930-07-18	2	01단	朝鮮米の輸移出減少の見込み
192444	朝鮮朝日	西北・南鮮版	1930-07-18	2	01단	釜山市場第二次値下
192445	朝鮮朝日	西北・南鮮版	1930-07-18	2	01단	木浦夏季大學講演會
192446	朝鮮朝日	西北・南鮮版	1930-07-18	2	02단	新義州港貿易高輸出入減退
192447	朝鮮朝日	西北・南鮮版	1930-07-18	2	02단	七月に入って晴天は一日だけ商店街は大弱り昨今の京城府内
192448	朝鮮朝日	西北・南鮮版	1930-07-18	2	03단	衛生竝に貯蓄奬勵映畵道府金組などが主催となり
192449	朝鮮朝日	西北・南鮮版	1930-07-18	2	04단	京東鐵道上半期の決算
192450	朝鮮朝日	西北・南鮮版	1930-07-18	2	04단	各地だより(兼二浦/城津/海州)
192451	朝鮮朝日	南鮮版	1930-07-19	1		缺號
192452	朝鮮朝日	西北版	1930-07-19	1		缺號
192453	朝鮮朝日	西北・南鮮版	1930-07-19	2		缺號

일련번호	판명		간행일	면	단수	기사명
192454	朝鮮朝日	南鮮版	1930-07-20	1	01단	言語に絶する大風水の被害死傷行方不明夥しくその他の被害も甚大/防波堤や築港を激浪が打碎く船舶の沈沒大破無數倒壞家屋も夥しい慶北大暴風雨の被害/總損害額は百五十萬圓に達す朝鮮人街の夥しい家屋倒壞判明した釜山の被害/漁夫八名海に沒はる慘澹たる甘浦の被害/警察部への報告/達城郡罹災民救助の方法/帆船の沈沒廿隻に上る行方不明者が五名釜山水上署の調査/釜山では負傷者數名死亡者はない/天候回復し不安一掃/一瞬にして部落が埋沒二度の豪雨の山崩れで江原道水周面の慘狀/大水害の慰問金募集
192455	朝鮮朝日	南鮮版	1930-07-20	1	04단	稻の被害は廣範圍應急處置は起債に各地の實情を調査す中村土地改良部長語る/果樹類は殆んど全滅激甚をきはむる慶南郡部の被害/廿五名の生死はまだ不明去る四日遭難の漁船六隻仁川署でなほ搜査中/罹災民慰問義損金募集
192456	朝鮮朝日	南鮮版	1930-07-20	1	05단	金剛山登攀隊短信
192457	朝鮮朝日	南鮮版	1930-07-20	1	06단	短歌/橋田東聲選
192458	朝鮮朝日	南鮮版	1930-07-20	1	07단	酒肴料を値下げ釜山遊廓で
192459	朝鮮朝日	南鮮版	1930-07-20	1	07단	まかりならぬ
192460	朝鮮朝日	南鮮版	1930-07-20	1	07단	金組の異動
192461	朝鮮朝日	南鮮版	1930-07-20	1	08단	簡易保險積立金創業以來の好績を收む
192462	朝鮮朝日	南鮮版	1930-07-20	1	08단	惡天候で傳染病流行
192463	朝鮮朝日	南鮮版	1930-07-20	1	08단	本年度豫算の節約額諒解拓務省と折衝の結果六百六十二萬圓を
192464	朝鮮朝日	南鮮版	1930-07-20	1	09단	雨にたゝられ生活難の勞働者四十名へ私財を提供救濟土井儀八氏の美擧
192465	朝鮮朝日	南鮮版	1930-07-20	1	09단	下層階級の爲に四等病室を京畿道で計劃中の道立病院の民衆化
192466	朝鮮朝日	南鮮版	1930-07-20	1	09단	朝鮮の匂ひある唱歌を歌はせる鮮內の民謠小唄蒐集京城師研究會の試み
192467	朝鮮朝日	南鮮版	1930-07-20	1	10단	七年の求刑が罰金三十圓
192468	朝鮮朝日	南鮮版	1930-07-20	1	10단	修養團講習會
192469	朝鮮朝日	南鮮版	1930-07-20	1	10단	日本大相撲

일련번호	판명		간행일	면	단수	기사명
192470	朝鮮朝日	西北版	1930-07-20	1	01단	防波堤や築港を激浪が打碎く船舶の沈沒大破無數倒壞家屋も夥しい慶北大暴風雨の被害/暴風雨益々つのり船舶九十餘隻全滅浸水家屋五百戶に上る被害甚しき元山地方/漁夫八名海に浚はる慘澹たる甘浦の被害/增水や道路崩壞で各地の交通杜絶新義州地方暴風被害/罹災民慰問義捐金募集/大水害の慰問金募集
192471	朝鮮朝日	西北版	1930-07-20	1	01단	稻の被害は廣範圍應急處置は起債に各地の實情を調査す中村土地改良部長語る/果樹類は殆んど全滅激甚をきはむる慶南郡部の被害/一瞬にして部落が埋沒二度の豪雨の山崩れで江原道水周面の慘狀
192472	朝鮮朝日	西北版	1930-07-20	1	04단	本年度豫算の節約額諒解拓務省と折衝の結果六百六十二萬圓を
192473	朝鮮朝日	西北版	1930-07-20	1	04단	金組の異動
192474	朝鮮朝日	西北版	1930-07-20	1	04단	簡易保險積立金創業以來の好或績を收む
192475	朝鮮朝日	西北版	1930-07-20	1	05단	藝妓線香代や酒も値下げ新義州料理屋
192476	朝鮮朝日	西北版	1930-07-20	1	05단	廿五日から夏季大學馬山校で開く
192477	朝鮮朝日	西北版	1930-07-20	1	05단	箱用仕立材を普通製材に申告は違反
192478	朝鮮朝日	西北版	1930-07-20	1	05단	朝鮮の匂ひある唱歌を歌はせる鮮內の民謠小唄蒐集京城師硏究會の試み
192479	朝鮮朝日	西北版	1930-07-20	1	06단	暑休を利用し實務に從事大和校の兒童
192480	朝鮮朝日	西北版	1930-07-20	1	06단	汗愛勤勞の精神を養成農村靑年講習
192481	朝鮮朝日	西北版	1930-07-20	1	07단	金剛山登攀隊短信
192482	朝鮮朝日	西北版	1930-07-20	1	07단	朝鮮語講習
192483	朝鮮朝日	西北版	1930-07-20	1	07단	平南道の衛生狀態昨年より良好
192484	朝鮮朝日	西北版	1930-07-20	1	07단	短歌/橋田東聲選
192485	朝鮮朝日	西北版	1930-07-20	1	07단	平南消協支部內容充實す本秋發會式
192486	朝鮮朝日	西北版	1930-07-20	1	07단	國勢調査の宣傳歌を募集
192487	朝鮮朝日	西北版	1930-07-20	1	08단	馬賊團十餘名富豪七名を襲擊金品强奪三戶に放火三名を人質に拉致す/徹底的に馬賊掃蕩討伐隊編成
192488	朝鮮朝日	西北版	1930-07-20	1	08단	淚を催すピストル試驗成績良好
192489	朝鮮朝日	西北版	1930-07-20	1	09단	國産品愛用宣傳
192490	朝鮮朝日	西北版	1930-07-20	1	09단	平壤府民生活改善着々實行さす
192491	朝鮮朝日	西北版	1930-07-20	1	09단	女ばかりの新手の詐欺團田舍者の無智な女を相手に一味五名平壤署へ

일련번호	판명		간행일	면	단수	기사명
192492	朝鮮朝日	西北版	1930-07-20	1	10단	少年自轉車隊金剛山探勝
192493	朝鮮朝日	西北版	1930-07-20	1	10단	平壤靑訓所認可
192494	朝鮮朝日	西北版	1930-07-20	1	10단	日本大相撲
192495	朝鮮朝日	西北版	1930-07-20	1	10단	財産分配から毆打死亡さす
192496	朝鮮朝日	西北版	1930-07-20	1	10단	七年の求刑が罰金三十圓
192497	朝鮮朝日	西北・南鮮版	1930-07-20	2	01단	學校生徒を動員し螟蟲の驅除
192498	朝鮮朝日	西北・南鮮版	1930-07-20	2	01단	繭價暴落の對策を協議平南の當業者
192499	朝鮮朝日	西北・南鮮版	1930-07-20	2	01단	氣腫疽豫防成績は良好平南道各地
192500	朝鮮朝日	西北・南鮮版	1930-07-20	2	01단	降雨後の傳染病豫防各署で宣傳
192501	朝鮮朝日	西北・南鮮版	1930-07-20	2	02단	鎭南浦から林檎の走り三貫入四圓餘
192502	朝鮮朝日	西北・南鮮版	1930-07-20	2	02단	小包配達早くなる二日乃至五日京城局管內
192503	朝鮮朝日	西北・南鮮版	1930-07-20	2	02단	新造の無側貨車木材を運搬
192504	朝鮮朝日	西北・南鮮版	1930-07-20	2	02단	預金貸出激減仁川組合銀行
192505	朝鮮朝日	西北・南鮮版	1930-07-20	2	03단	各地だより(京城/淸州/咸興/鎭南浦/新義州/平壤)
192506	朝鮮朝日	南鮮版	1930-07-22	1	01단	死者一千七百餘名家屋倒壞流失八千餘戶全鮮にわたる風水被害/百六十五隻の船舶が難破や流失釜山港內の暴風の被害/死傷三十二名釜山署管內の被害夥しい額にのぼる/言語に絶する沿海地方の被害慶南警察部到着の各郡部の損害狀況/九龍浦海岸の家屋烈風と波浪で全滅五十隻が岸に打揚らる慘澹たる慶北東海岸/倒壞家屋も多く死者行方不明夥し判明と共に被害は甚大/一家九名壓死す山崩れのため/京元線復舊す/淸津、城津へ避難船千隻/義損金募集/風水害救濟費支出の方法/定置網被害/甘浦港の被害も激甚/蔬菜煙草を除き大體に豊作見込蘋果の被害は四萬圓/今回の風雨慘害は全く痛嘆に堪ぬ慰問救護に力を注ぐ兒玉政務總監語る/勞力等を見込んで約百萬圓の損害全北農耕地の水害山本本府技師談
192507	朝鮮朝日	南鮮版	1930-07-22	1	06단	暴民、警官と衝突死傷六十餘名を出す建物を破壞、警察を占領端川森林組合の設置反對から
192508	朝鮮朝日	南鮮版	1930-07-22	1	07단	朝鮮豫選大會
192509	朝鮮朝日	南鮮版	1930-07-22	1	09단	總督府航空官濱名氏榮轉

일련번호	판명		간행일	면	단수	기사명
192510	朝鮮朝日	南鮮版	1930-07-22	1	09단	道に就寢中を自動車が轢き死傷者五名を出す加害運轉手は自首
192511	朝鮮朝日	南鮮版	1930-07-22	1	10단	大好評の列車見本市京城でも好成績
192512	朝鮮朝日	南鮮版	1930-07-22	1	10단	半島茶話
192513	朝鮮朝日	西北版	1930-07-22	1	01단	死者一千七百餘名家屋倒壞流失八千餘戶全鮮にわたる風水被害/大津浪に洗はれ悲慘な西湖津家屋の流失、倒壞百卅戶に上る難破船百四十八隻/百六十五隻の船舶が難破や流失釜山港內の暴風の被害/倒壞家屋卅漁夫五名溺死し行方不明六十一名羅南地方の水害/國境地方交通杜絕被害は甚し/一家九名壓死す山崩れのため/京元線復舊す/甘浦港の被害も激甚/義損金募集/今回の風雨慘害は全く痛嘆に堪ぬ慰問救護に力を注ぐ兒玉政務總監語る/慘澹たる跡に顏をそむけつゝ原州から水週面へ/濁流と巨巖に沿岸部落包まる死者六十五名に達す金剛山の大水害/淸津、城津へ避難船千隻
192514	朝鮮朝日	西北版	1930-07-22	1	06단	昭和水利の堰堤部試錐工事一頓挫との說成行き注目さる
192515	朝鮮朝日	西北版	1930-07-22	1	06단	總督府航空官濱名氏榮轉
192516	朝鮮朝日	西北版	1930-07-22	1	06단	暴民、警官と衝突死傷六十餘名を出す建物を破壞、警察を占領端川森林組合の設置反對から
192517	朝鮮朝日	西北版	1930-07-22	1	07단	平安北道府尹郡守會議
192518	朝鮮朝日	西北版	1930-07-22	1	07단	小學生の手で全部を經營夏季休暇を利用して文房具その他を販賣
192519	朝鮮朝日	西北版	1930-07-22	1	07단	自動車と列車衝突四名死傷す競走したゝめ
192520	朝鮮朝日	西北版	1930-07-22	1	08단	朝鮮豫選大會
192521	朝鮮朝日	西北版	1930-07-22	1	08단	赤行囊を拔取り逃走して浦りまたも逃走す
192522	朝鮮朝日	西北版	1930-07-22	1	08단	富士紡安東工場職工を整理
192523	朝鮮朝日	西北版	1930-07-22	1	09단	賭博類似の麻雀行爲取締り弊害が甚しいので各署へ嚴重通達
192524	朝鮮朝日	西北版	1930-07-22	1	10단	溺死二件
192525	朝鮮朝日	西北版	1930-07-22	1	10단	定置網被害
192526	朝鮮朝日	西北版	1930-07-22	1	10단	人(長谷川太郎氏(平壤慈惠醫院事務官)/今村武志氏(總督府內務局長))

일련번호	판명		간행일	면	단수	기사명
192527	朝鮮朝日	西北版	1930-07-22	1	10단	半島茶話
192528	朝鮮朝日	西北・南鮮版	1930-07-22	2	01단	普校卒業生が勤勞組合を作り農村の中堅として修養改善につとむ
192529	朝鮮朝日	西北・南鮮版	1930-07-22	2	01단	*就職ができず失業者浮浪化す不良分子は一掃し平壤府で善導に努む/新義州の失業者百七十餘名*
192530	朝鮮朝日	西北・南鮮版	1930-07-22	2	01단	職業教育講習會春川で開催
192531	朝鮮朝日	西北・南鮮版	1930-07-22	2	02단	林相の改善に立木地を取締る森林組合を督勵して平安北道の計劃
192532	朝鮮朝日	西北・南鮮版	1930-07-22	2	02단	責任耕作地を持って熱心耕作素晴しい成績を擧ぐ順川公立農業補校
192533	朝鮮朝日	西北・南鮮版	1930-07-22	2	03단	平南の水稻植付は前年より增加
192534	朝鮮朝日	西北・南鮮版	1930-07-22	2	03단	煙草作密耕嚴重に取締る
192535	朝鮮朝日	西北・南鮮版	1930-07-22	2	03단	衛生思想を普及させる標語入り栞を兒童へ配布す
192536	朝鮮朝日	西北・南鮮版	1930-07-22	2	04단	內容の貧弱な運轉手養成所平壤に雨後の筍の如く設立道で精査の上制限
192537	朝鮮朝日	西北・南鮮版	1930-07-22	2	04단	不景氣に拘らず犯罪が少い今夏の平壤府內
192538	朝鮮朝日	西北・南鮮版	1930-07-22	2	04단	門橋架設渡江演習平壤步兵聯隊龍山工兵聯合
192539	朝鮮朝日	西北・南鮮版	1930-07-22	2	05단	新義州鹽販賣高
192540	朝鮮朝日	西北・南鮮版	1930-07-22	2	05단	平壤にバス運轉を計劃
192541	朝鮮朝日	西北・南鮮版	1930-07-22	2	05단	中和郡地方鷄疫大流行斃死したもの三百羽當業者は全く大恐慌
192542	朝鮮朝日	西北・南鮮版	1930-07-22	2	06단	平壤と釜山に航空郵便のポストを設置
192543	朝鮮朝日	西北・南鮮版	1930-07-22	2	06단	六月中の平壤對外貿易
192544	朝鮮朝日	西北・南鮮版	1930-07-22	2	06단	納涼バザー
192545	朝鮮朝日	西北・南鮮版	1930-07-22	2	06단	各地だより(間島/安東縣/新義州/春川/鎭海/海州/淸州/平壤)
192546	朝鮮朝日	西北・南鮮版	1930-07-22	2	07단	新刊紹介(『朝鮮鐵道協會雜誌』/『朝鮮經濟雜誌』)
192547	朝鮮朝日	南鮮版	1930-07-23	1	01단	*土木工作物のみで約一千二百萬圓調査の進むにつれ慘狀甚し未曾有の出水被害/復舊の見込立たぬ悲痛な電報道當局へ慶北東海岸の漁民は激甚な風害で茫然自失の態/家屋流失や全壞家屋も夥し各地に死者多數を出す慶南警察部の調査/釜山府營事業大部分被害復舊方法調*

일련번호	판명		간행일	면	단수	기사명
192547	朝鮮朝日	南鮮版	1930-07-23	1	01단	査/梨や蘋果大被害當業者大弱り/義損金募集/死者七十名を超え家屋流失二百卅戸內金剛の被害判明/廣い範圍に互り罹災者を救濟する地方費から救濟金支出竹內々務部長語る/引續く風水害で土木の損害百六十餘萬圓に上る對策に頭を痛める慶北道/長安寺、表訓寺の御堂等流失內金剛の美殺がる/各被害地で詳細に調査/救護班急行
192548	朝鮮朝日	南鮮版	1930-07-23	1	01단	全國中等野球朝鮮豫選前記力量未知數と實力謎の兩校進境著しい羅南中學と再び興隆した大田中學(羅南中學/大田中學)
192549	朝鮮朝日	南鮮版	1930-07-23	1	04단	俳句/鈴木花蓑選
192550	朝鮮朝日	南鮮版	1930-07-23	1	05단	世界に誇る溪谷美は全く一變漂着死體の近くに鳥のむれ慘澹たる金剛山を視る
192551	朝鮮朝日	南鮮版	1930-07-23	1	07단	不良徒輩の煽動による暴擧か死亡者十名、廿餘名手當中端川暴動事件續報
192552	朝鮮朝日	南鮮版	1930-07-23	1	08단	訪日伊機釜山要塞を通過航空法違反として憲兵隊では重大視
192553	朝鮮朝日	南鮮版	1930-07-23	1	09단	自動車と機關車衝突運轉手卽死
192554	朝鮮朝日	南鮮版	1930-07-23	1	09단	朝鮮産業の合理的發展研究と應用のために産業合理委員會設置
192555	朝鮮朝日	南鮮版	1930-07-23	1	10단	沈沒船引揚げ掃海作業開始
192556	朝鮮朝日	南鮮版	1930-07-23	1	10단	天鴨丸坐礁
192557	朝鮮朝日	南鮮版	1930-07-23	1	10단	釜山軍勝つ
192558	朝鮮朝日	南鮮版	1930-07-23	1	10단	公判だより
192559	朝鮮朝日	西北版	1930-07-23	1	01단	土木工作物のみで約一千二百萬圓調査の進むにつれ慘狀甚し未曾有の出水被害/復舊の見込立ため悲痛な電報道當局へ慶北東海岸の漁民は激甚な風害で茫然自失の態/家屋流失や全壞家屋も夥し各地に死者多數を出す慶南警察部の調査/明川郡沿岸の水害/各被害地で詳細に調査/流失家屋百戸全壞家屋六十戸壓死十一名行方不明九十名咸南道の風水害/廣い範圍に互り罹災者を救濟する地方費から救濟金支出竹々內々務部長語る/引續く風水害で土木の損害百六十餘萬圓に上る對策に頭を痛める慶北道/梨や蘋果大被害當業者大弱り/釜山府營事業大部分被害復舊方法調査/無惷

일련번호	판명		간행일	면	단수	기사명
192559	朝鮮朝日	西北版	1930-07-23	1	01단	な溺死體五名漂着す/救護班急行/長安寺、表訓寺の御堂等流失內金剛の美殺がる/義損金募集
192560	朝鮮朝日	西北版	1930-07-23	1	04단	俳句/鈴木花蓑選
192561	朝鮮朝日	西北版	1930-07-23	1	06단	命令航路開設の要望平壤、鎮南浦から
192562	朝鮮朝日	西北版	1930-07-23	1	07단	海州電氣値下げいよいよ實施
192563	朝鮮朝日	西北版	1930-07-23	1	07단	漁業令打合會
192564	朝鮮朝日	西北版	1930-07-23	1	07단	金融不活潑平壤組銀帳尻
192565	朝鮮朝日	西北版	1930-07-23	1	07단	朝鮮産業の合理的發展研究と應用のために産業合理委員會設置
192566	朝鮮朝日	西北版	1930-07-23	1	08단	朝鮮豫選大會
192567	朝鮮朝日	西北版	1930-07-23	1	08단	*不良徒輩の煽動による暴擧か死亡者十名、廿餘名手當中端川暴動事件續報/市內各商店は休業を續く警官隊の疲勞甚し*
192568	朝鮮朝日	西北版	1930-07-23	1	09단	信義普通校盟休を斷行
192569	朝鮮朝日	西北版	1930-07-23	1	09단	巡査斬りの容疑者釋放
192570	朝鮮朝日	西北版	1930-07-23	1	10단	平壤署の風紀取締り
192571	朝鮮朝日	西北版	1930-07-23	1	10단	公判だより
192572	朝鮮朝日	西北・南鮮版	1930-07-23	2	01단	生産費の低減運賃の輕減等解決を進めるに決定鰮油問題の大評定
192573	朝鮮朝日	西北・南鮮版	1930-07-23	2	01단	棉花增收の大々的作業實施八月一日を棉作日とし慶南道の大意氣込み
192574	朝鮮朝日	西北・南鮮版	1930-07-23	2	01단	滿洲粟の輸入が著しく減る
192575	朝鮮朝日	西北・南鮮版	1930-07-23	2	01단	海州電氣の電燈料値下
192576	朝鮮朝日	西北・南鮮版	1930-07-23	2	02단	果樹園綿蟲徹底的驅除
192577	朝鮮朝日	西北・南鮮版	1930-07-23	2	02단	郵便切手葉書賣捌高增す
192578	朝鮮朝日	西北・南鮮版	1930-07-23	2	02단	海邊や林間に兒童の聚落京城各校の試み
192579	朝鮮朝日	西北・南鮮版	1930-07-23	2	03단	高麗野球團新たに組織
192580	朝鮮朝日	西北・南鮮版	1930-07-23	2	03단	各地だより(平壤/海州/新義州)
192581	朝鮮朝日	西北・南鮮版	1930-07-23	2	04단	レールのさび
192582	朝鮮朝日	南鮮版	1930-07-24	1	01단	哀れ朝鮮の顔に醜惡な泥土を塗る狂躁病者やレプラ患者府衛生課で收容方法を講ず
192583	朝鮮朝日	南鮮版	1930-07-24	1	01단	東京、京城間直通電話を大連まで延長する京城に中繼機設置
192584	朝鮮朝日	南鮮版	1930-07-24	1	01단	大阪中央市場に更に冷藏庫新設朝鮮物産販路開拓に好成績を擧げるため

일련번호	판명		간행일	면	단수	기사명
192585	朝鮮朝日	南鮮版	1930-07-24	1	01단	全國中等野球朝鮮豫選前記湖南の雄光州中や優勝候補の龍中試合度胸の据った釜山一商初陳ながら巧い龍山鐵道校(光州中學/釜山一商/龍山鐵道校/龍山中學/東萊高普)
192586	朝鮮朝日	南鮮版	1930-07-24	1	03단	横濱市で鮮産品陳列
192587	朝鮮朝日	南鮮版	1930-07-24	1	03단	品評會、展覽會卽賣宣傳會プログラムきまる實質的な眞劍の催し
192588	朝鮮朝日	南鮮版	1930-07-24	1	03단	お茶のあと
192589	朝鮮朝日	南鮮版	1930-07-24	1	04단	三十三個の死體を發見行方不明なほ百四十餘名水周面の水害罹災者/金剛山電鐵發電所復舊京城も常態に/京元線復舊/松田拓相から見舞の電報/貴い同情金
192590	朝鮮朝日	南鮮版	1930-07-24	1	05단	金剛山登攀隊短信(第四便)
192591	朝鮮朝日	南鮮版	1930-07-24	1	06단	郡や警察の治療を拒み死亡十四名に上る端川暴動の面民達
192592	朝鮮朝日	南鮮版	1930-07-24	1	06단	避難船の遭難は漁港設備に缺けてゐた爲めと設備促進を釜山商議が運動
192593	朝鮮朝日	南鮮版	1930-07-24	1	08단	訪日伊機の要塞通過は明瞭軍部の態度俄に硬化故意か過失かはなほ不明/要塞地干犯事件の打合
192594	朝鮮朝日	南鮮版	1930-07-24	1	09단	專賣局員に散々重傷を負す煙草密耕者檢擧に出張したところを
192595	朝鮮朝日	南鮮版	1930-07-24	1	10단	癩患者が紛れて乘る
192596	朝鮮朝日	南鮮版	1930-07-24	1	10단	拳隊事件豫審終結四名全部有罪
192597	朝鮮朝日	南鮮版	1930-07-24	1	10단	列車轢く
192598	朝鮮朝日	南鮮版	1930-07-24	1	10단	上原林學博士
192599	朝鮮朝日	南鮮版	1930-07-24	1	10단	もよほし(殉職警察官招魂祭)
192600	朝鮮朝日	南鮮版	1930-07-24	1	10단	人(東大文學部學生十五名)
192601	朝鮮朝日	西北版	1930-07-24	1	01단	哀れ朝鮮の顔に醜惡な泥土を塗る狂躁病者やレプラ患者府衛生課で收容方法を講ず
192602	朝鮮朝日	西北版	1930-07-24	1	01단	東京、京城間直通電話を大連まで延長する京城に中繼機設置
192603	朝鮮朝日	西北版	1930-07-24	1	01단	大阪中央市場に更に冷藏庫新設朝鮮物産販路開拓に好成績を擧げるため
192604	朝鮮朝日	西北版	1930-07-24	1	01단	全國中等野球朝鮮豫選前記湖南の雄光州中や優勝候補の龍中試合度胸の据った釜山一商初陳ながら巧い龍山鐵道校(光州中學/釜山一商/龍山鐵道校/龍山中學/東萊高普)

일련번호	판명		간행일	면	단수	기사명
192605	朝鮮朝日	西北版	1930-07-24	1	03단	橫濱市で鮮産品陳列
192606	朝鮮朝日	西北版	1930-07-24	1	03단	品評會、展覽會卽賣宣傳會プログラムきまる實質的な眞劍の催し
192607	朝鮮朝日	西北版	1930-07-24	1	04단	平壤の夏を飾るマーケット非常の好人氣
192608	朝鮮朝日	西北版	1930-07-24	1	05단	新義州活氣づく製鋼所問題で
192609	朝鮮朝日	西北版	1930-07-24	1	05단	富豪の息子を騙し五千圓を詐取す高飛びせんとするところを八人組詐欺團捕まる
192610	朝鮮朝日	西北版	1930-07-24	1	05단	三十三個の死體を發見行方不明なほ百四十餘名水周面の水害罹災者/金剛山電鐵發電所復舊京城も常態に/京元線復舊/松田拓相から見舞の電報
192611	朝鮮朝日	西北版	1930-07-24	1	06단	カフェー飲食店の醜惡な裏面暴露惡辣な店主に對して平壤署が嚴重警告
192612	朝鮮朝日	西北版	1930-07-24	1	06단	溫泉聚落
192613	朝鮮朝日	西北版	1930-07-24	1	06단	生徒募集
192614	朝鮮朝日	西北版	1930-07-24	1	07단	お茶のあと
192615	朝鮮朝日	西北版	1930-07-24	1	08단	庭球大會
192616	朝鮮朝日	西北版	1930-07-24	1	08단	郡や警察の治療を拒み死亡十四名に上る端川暴動の面民達
192617	朝鮮朝日	西北版	1930-07-24	1	08단	專賣局員に散々重傷を負す煙草密耕者檢擧に出張したところを
192618	朝鮮朝日	西北版	1930-07-24	1	08단	府協議會で一揉めするか渡船讓渡問題
192619	朝鮮朝日	西北版	1930-07-24	1	09단	水泳講習會
192620	朝鮮朝日	西北版	1930-07-24	1	10단	怪奇的犯罪に刑執行猶豫
192621	朝鮮朝日	西北版	1930-07-24	1	10단	大代面地方に肺ヂストマ相當蔓延か
192622	朝鮮朝日	西北版	1930-07-24	1	10단	中小校生徒が果樹園荒し今後嚴重取締る
192623	朝鮮朝日	西北版	1930-07-24	1	10단	訪日伊機の要塞地干犯事件の打合
192624	朝鮮朝日	西北版	1930-07-24	1	10단	上原林學博士
192625	朝鮮朝日	西北・南鮮版	1930-07-24	2	01단	內外商品の比較展覽會國産品獎勵のため目下商工課で準備中
192626	朝鮮朝日	西北・南鮮版	1930-07-24	2	01단	郡島農會の豫算と事業
192627	朝鮮朝日	西北・南鮮版	1930-07-24	2	01단	下級煙草の賣行が良い/新煙草輸入
192628	朝鮮朝日	西北・南鮮版	1930-07-24	2	02단	漁民たちに簡保を獎勵資金を補助
192629	朝鮮朝日	西北・南鮮版	1930-07-24	2	02단	電話の差押へめっきり增加
192630	朝鮮朝日	西北・南鮮版	1930-07-24	2	03단	マ氏經營の癩收容所に補助金增額

일련번호	판명		간행일	면	단수	기사명
192631	朝鮮朝日	西北・南鮮版	1930-07-24	2	03단	教員試驗
192632	朝鮮朝日	西北・南鮮版	1930-07-24	2	03단	鮮滿見學團
192633	朝鮮朝日	西北・南鮮版	1930-07-24	2	04단	各地短信(群山/公州/平壤/新義州/鎭海)
192634	朝鮮朝日	西北・南鮮版	1930-07-24	2	04단	「踊る幻影」二十五日から京城中央館で
192635	朝鮮朝日	南鮮版	1930-07-25	1	01단	風水害慘禍の跡に惡疫流行の傾き各道當局を督勵して急遽防疫を講ずる
192636	朝鮮朝日	南鮮版	1930-07-25	1	01단	『この雷がとうとう勝った』昭和製鋼の土産を持って歸鮮中の渡邊氏語る
192637	朝鮮朝日	南鮮版	1930-07-25	1	01단	金剛山水害グラフ( )
192638	朝鮮朝日	南鮮版	1930-07-25	1	03단	各漁港の復舊策協議ちかく慶北道廳に漁業關係者を召致/蔚山群の風水害被害の累計/江原道內被害二十一日知事發表/死者や難破船搜査に活動驅逐艦「夕風」
192639	朝鮮朝日	南鮮版	1930-07-25	1	04단	お茶のあと
192640	朝鮮朝日	南鮮版	1930-07-25	1	05단	全國中等野球朝鮮豫選前記超弩級の投捕手で榮冠を覘ふ邱商作戰上手の淸州高普や仁南商完璧に近い釜二商、南浦商工(大邱商業/仁川南商/淸州高普/釜山二商/鎭南浦商工)
192641	朝鮮朝日	南鮮版	1930-07-25	1	07단	短歌/橋田東聲選
192642	朝鮮朝日	南鮮版	1930-07-25	1	07단	慶南の災害復舊費六十五萬圓本府に要求
192643	朝鮮朝日	南鮮版	1930-07-25	1	07단	元釜山署長の息心中をしおくれて女を絞殺して逃亡す
192644	朝鮮朝日	南鮮版	1930-07-25	1	08단	運動界(木浦商業再び優勝湖南中等野球/慶北署長會議)
192645	朝鮮朝日	南鮮版	1930-07-25	1	09단	滿鮮列車見本市各地共好成績
192646	朝鮮朝日	南鮮版	1930-07-25	1	10단	もよほし(故村場榮助氏告別式)
192647	朝鮮朝日	南鮮版	1930-07-25	1	10단	人(岡田間島總領事)
192648	朝鮮朝日	南鮮版	1930-07-25	1	10단	半島茶話
192649	朝鮮朝日	西北版	1930-07-25	1	01단	風水害慘禍の跡に惡疫流行の傾き各道當局を督勵して急遽防疫を講ずる/京元咸鏡兩鐵道復舊/暴風雨で七割は落果咸南道の果樹/電信電話線全部開通す
192650	朝鮮朝日	西北版	1930-07-25	1	01단	短歌/橋田東聲選
192651	朝鮮朝日	西北版	1930-07-25	1	01단	全國中等野球朝鮮豫選前記超弩級の投捕手で榮冠を覘ふ邱商作戰上手の淸州高普や仁南商完璧に近い釜二商、南浦商工(大邱商業/淸州高普/仁川南商/釜山二商/鎭南浦商工)

일련번호	판명		간행일	면	단수	기사명
192652	朝鮮朝日	西北版	1930-07-25	1	02단	決定迄には相當曲折かしかし前途は有望新義州と製鋼所問題
192653	朝鮮朝日	西北版	1930-07-25	1	02단	『この雷がとうとう勝った』昭和製鋼の土産を持って歸鮮中の渡邊氏語る
192654	朝鮮朝日	西北版	1930-07-25	1	04단	警官の體質を極力向上させる共濟金の給與增加に鑑み平南道當局で考究
192655	朝鮮朝日	西北版	1930-07-25	1	04단	麻雀競技は警官に絶對禁止風教上面白くないと警察部長から嚴達
192656	朝鮮朝日	西北版	1930-07-25	1	05단	昭和製鋼所鮮內設置に寄附金募集
192657	朝鮮朝日	西北版	1930-07-25	1	05단	公醫講習會
192658	朝鮮朝日	西北版	1930-07-25	1	06단	滿鮮列車見本市各地共好成績
192659	朝鮮朝日	西北版	1930-07-25	1	06단	賭博防止會組織
192660	朝鮮朝日	西北版	1930-07-25	1	06단	前人未踏の朝鮮アルプスへ天候回復次第に決行鐵道局山岳部で計劃
192661	朝鮮朝日	西北版	1930-07-25	1	06단	日本人倶樂部新たに經營兩氏會で考究
192662	朝鮮朝日	西北版	1930-07-25	1	07단	本年度に十三校中九校は旣に新設三校は近く認可の運び平安北道普通校增設
192663	朝鮮朝日	西北版	1930-07-25	1	07단	新しい葉書八月ごろ發賣
192664	朝鮮朝日	西北版	1930-07-25	1	07단	白頭山登山の參加者多數
192665	朝鮮朝日	西北版	1930-07-25	1	08단	馬賊や匪賊の防衛に努む輯安縣第二區
192666	朝鮮朝日	西北版	1930-07-25	1	08단	檢束者は八十名に上る事件は漸く終熄端川の部落民暴動
192667	朝鮮朝日	西北版	1930-07-25	1	09단	鰯工船笠戶丸淸津で午餐會
192668	朝鮮朝日	西北版	1930-07-25	1	09단	二人組強盜
192669	朝鮮朝日	西北版	1930-07-25	1	09단	平壤府內に盜難が增加戶締りに注意
192670	朝鮮朝日	西北版	1930-07-25	1	09단	マラリヤ大流行十七道溝に迷信大流行
192671	朝鮮朝日	西北版	1930-07-25	1	10단	馬賊十五名が一千圓強要少年拉致さる
192672	朝鮮朝日	西北版	1930-07-25	1	10단	腸チフス蔓延す立巖村地方
192673	朝鮮朝日	西北版	1930-07-25	1	10단	匪賊取締嚴重に兵員を增置
192674	朝鮮朝日	西北版	1930-07-25	1	10단	白系露人漂流中救助
192675	朝鮮朝日	西北版	1930-07-25	1	10단	半島茶話
192676	朝鮮朝日	西北・南鮮版	1930-07-25	2	01단	愛兒の試鍊場として生れ出た鰯工船笠戶丸この不況に百萬圓を投げ出しキャビンで鹽崎吉雄君は語る
192677	朝鮮朝日	西北・南鮮版	1930-07-25	2	01단	京城江陵間試驗飛行準備に出張
192678	朝鮮朝日	西北・南鮮版	1930-07-25	2	01단	鮮內主要地の事情を紹介DKで計劃
192679	朝鮮朝日	西北・南鮮版	1930-07-25	2	01단	水産業用の船舶數調べ

일련번호	판명		간행일	면	단수	기사명
192680	朝鮮朝日	西北・南鮮版	1930-07-25	2	02단	統制力を持つ水産組合近く創立總會
192681	朝鮮朝日	西北・南鮮版	1930-07-25	2	02단	運賃差額十圓位に鮮航仁川支部
192682	朝鮮朝日	西北・南鮮版	1930-07-25	2	02단	不況と惡天候で貨物輸送減
192683	朝鮮朝日	西北・南鮮版	1930-07-25	2	03단	産業振興と實地の指導講習會を開く
192684	朝鮮朝日	西北・南鮮版	1930-07-25	2	03단	婦人の絞殺死體溜池に浮く
192685	朝鮮朝日	西北・南鮮版	1930-07-25	2	04단	鐵原花溪間電車運轉開始
192686	朝鮮朝日	西北・南鮮版	1930-07-25	2	04단	各地短信(咸興/平壤/茂山)
192687	朝鮮朝日	南鮮版	1930-07-26	1	01단	豪雨氾濫の慘害地たゞ更生の途へ願ふは溫かい人の情/寢食を忘れて罹災民救助に努む救濟金に弔慰金などに本府や各道の社會課/大邱地方にまたも豪雨列車も不通となる/京畿道管內土木の被害百萬圓に上る/流れゆく家の屋根から親子が救ひを求めるなど目もあてられぬ悲慘さ兵頭事務官の現場視察談
192688	朝鮮朝日	南鮮版	1930-07-26	1	01단	愈々二十八日花々しき幕を切る『榮冠』を中に興味津々と湧く全國中等優勝野球朝鮮野球大會/感激のひと時を一堂に會して互ひに歡を交はす廿七日夜選手茶話會
192689	朝鮮朝日	南鮮版	1930-07-26	1	07단	今村內務局長國境初巡視
192690	朝鮮朝日	南鮮版	1930-07-26	1	07단	多獅島築港計劃いよいよ確立す總工費五百四十萬圓年間百萬圓の貨物が取扱へる
192691	朝鮮朝日	南鮮版	1930-07-26	1	09단	モダーンな大邱警察署
192692	朝鮮朝日	南鮮版	1930-07-26	1	09단	通帳を盗み銀行で詐取三名共謀し
192693	朝鮮朝日	南鮮版	1930-07-26	1	09단	自棄で自家に放火
192694	朝鮮朝日	南鮮版	1930-07-26	1	10단	金剛山のキャンプは再擧不可能
192695	朝鮮朝日	南鮮版	1930-07-26	1	10단	馬山の夏季大學廿五日から
192696	朝鮮朝日	南鮮版	1930-07-26	1	10단	鬱陵島に山葵の試作
192697	朝鮮朝日	南鮮版	1930-07-26	1	10단	人(渡邊京城商議會頭/安藤金剛山電鐵專務同時釜山上陸北行)
192698	朝鮮朝日	西北版	1930-07-26	1	01단	豪雨氾濫の慘害地たゞ更生の途へ願ふは溫かい人の情/寢食を忘れて罹災民救助に努む救濟金に弔慰金などに本府や各道の社會課/農作物被害激甚地と對應策各道知事からの報告/百六十一萬町歩の水稻植付を完了一萬町歩は收穫皆無殖産局から發表/流れゆく家の屋根から親子が救ひを求めるなど目もあてられぬ悲慘さ兵頭事務官の現場視察談/金融組合の被害

일련번호	판명		간행일	면	단수	기사명
192699	朝鮮朝日	西北版	1930-07-26	1	01단	愈々二十八日花々しき幕を切る『榮冠』を中に興味津々と湧く全國中等優勝野球朝鮮野球大會/感激のひと時を一堂に會して互ひに歡を交はす廿七日夜選手茶話會
192700	朝鮮朝日	西北版	1930-07-26	1	06단	多獅島築港計劃いよいよ確立す總工費五百四十萬圓年間百萬圓の貨物が取扱へる
192701	朝鮮朝日	西北版	1930-07-26	1	09단	今村內務部長國境初巡視
192702	朝鮮朝日	西北版	1930-07-26	1	09단	第二豫備金で不足だらうから剩餘金を支出する兒玉政務總監談
192703	朝鮮朝日	西北版	1930-07-26	1	09단	多獅島築港を中心に賑ふ昭和製鋼所新義州に設置が有利となり
192704	朝鮮朝日	西北版	1930-07-26	1	09단	平壤府協議會
192705	朝鮮朝日	西北版	1930-07-26	1	10단	通帳を盜み銀行で詐取三名共謀し
192706	朝鮮朝日	西北・南鮮版	1930-07-26	2	01단	米や粟の最盛期が早まる農村極度の不況から賣り急ぎをするため
192707	朝鮮朝日	西北・南鮮版	1930-07-26	2	01단	昭和水利第二案の堰堤工事に反對愈よ猛運動を起す地主らが宣言決議
192708	朝鮮朝日	西北・南鮮版	1930-07-26	2	01단	滿洲粟の輸入を防ぐ
192709	朝鮮朝日	西北・南鮮版	1930-07-26	2	02단	桑園に病蟲
192710	朝鮮朝日	西北・南鮮版	1930-07-26	2	02단	有害な蕎麥工業用炭酸ナトリウムの使用を絶對に禁止
192711	朝鮮朝日	西北・南鮮版	1930-07-26	2	03단	農業技術員會議
192712	朝鮮朝日	西北・南鮮版	1930-07-26	2	03단	「龜の尾」は等級未定格
192713	朝鮮朝日	西北・南鮮版	1930-07-26	2	03단	各地短信(平壤/鎭南浦/羅南/公州)
192714	朝鮮朝日	西北・南鮮版	1930-07-26	2	04단	レールのさび
192715	朝鮮朝日	南鮮版	1930-07-27	1	01단	若人の血潮は怒濤の如く高鳴るいよいよ戰端を開く中等學校野球朝鮮豫選大會/ファンの血を更に湧せる二日目の試合取組何れも技倆は伯仲/戰績を刻々速報DKからも放送/羅南中學出發/平壤チーム出發/平鐵３A殖銀２全鮮實業聯盟試合/殖銀１２大邱４/京城大勝つ對九大水泳
192716	朝鮮朝日	南鮮版	1930-07-27	1	02단	野球豫選大會注意
192717	朝鮮朝日	南鮮版	1930-07-27	1	03단	漸進的救濟を圖るより外にない道別に組合を組織の上鰯油暴落の善後策
192718	朝鮮朝日	南鮮版	1930-07-27	1	03단	俳句/鈴木花蓑選
192719	朝鮮朝日	南鮮版	1930-07-27	1	05단	梅毒菌が空を飛ぶ九大から城大へ飛行便を利用

일련번호	판명		간행일	면	단수	기사명
192720	朝鮮朝日	南鮮版	1930-07-27	1	05단	木浦農試場長三原氏勇退
192721	朝鮮朝日	南鮮版	1930-07-27	1	05단	寫眞說明( )
192722	朝鮮朝日	南鮮版	1930-07-27	1	06단	水産組合組織
192723	朝鮮朝日	南鮮版	1930-07-27	1	06단	電力統制調査委員會いよいよ官制を決定會長には兒玉總監
192724	朝鮮朝日	南鮮版	1930-07-27	1	06단	リレー式の新手の密輸發見卅六名を一團とし安東新義州間で行はる
192725	朝鮮朝日	南鮮版	1930-07-27	1	06단	判任官級異動は至って平凡
192726	朝鮮朝日	南鮮版	1930-07-27	1	07단	お茶のあと
192727	朝鮮朝日	南鮮版	1930-07-27	1	07단	航空パイロットを飛機に同乘さし要塞地帶干犯を極力防止する方針/訪日伊機の要塞地飛行處分問題考究
192728	朝鮮朝日	南鮮版	1930-07-27	1	08단	天日常次郎氏つひに逝去/朝鮮米穀界に大きな波紋/總監から弔電
192729	朝鮮朝日	南鮮版	1930-07-27	1	09단	民衆の團體行動は嚴に注意を要す警官の發射は考慮の結果森岡警務局長語る
192730	朝鮮朝日	南鮮版	1930-07-27	1	09단	傳染病が續々發生し順化院は漸く滿員京城防疫係が狼狽
192731	朝鮮朝日	南鮮版	1930-07-27	1	09단	半島茶話
192732	朝鮮朝日	南鮮版	1930-07-27	1	10단	拐帶吏員城崎で捕る
192733	朝鮮朝日	西北版	1930-07-27	1	01단	若人の血潮は怒濤の如く高鳴るいよいよ戰端を開く中等學校野球朝鮮豫選大會/ファンの血を更に湧せる二日目の試合取組何れも技倆は伯仲/羅南中學出發/平壤チーム出發/平鐵３A殖銀２全鮮實業聯盟試合/演武大會/京城大勝つ對九大水泳
192734	朝鮮朝日	西北版	1930-07-27	1	01단	俳句/鈴木花蓑選
192735	朝鮮朝日	西北版	1930-07-27	1	01단	野球豫選大會注意
192736	朝鮮朝日	西北版	1930-07-27	1	03단	昭和製鋼所を滿洲內設置に大いに氣勢をあげる近く大連に全滿大會
192737	朝鮮朝日	西北版	1930-07-27	1	03단	朝鮮人が激增す平壤の人口
192738	朝鮮朝日	西北版	1930-07-27	1	04단	平南道內警察事務の巡閲を實施
192739	朝鮮朝日	西北版	1930-07-27	1	04단	面電燈擴張し電料の値下
192740	朝鮮朝日	西北版	1930-07-27	1	05단	寫眞說明( )
192741	朝鮮朝日	西北版	1930-07-27	1	05단	漸進的救濟を圖るより外にない道別に組合を組織の上鰯油暴落の善後策
192742	朝鮮朝日	西北版	1930-07-27	1	05단	電力統制調査委員會いよいよ官制を決定會長には兒玉總監
192743	朝鮮朝日	西北版	1930-07-27	1	06단	幸町市場も大改築を行ひ刑務所製品も賣出す大人氣の平壤府の公設市場

일련번호	판명		간행일	면	단수	기사명
192744	朝鮮朝日	西北版	1930-07-27	1	07단	*天日常次郎氏つひに逝去/朝鮮米穀界に大きな波紋/總監から弔電*
192745	朝鮮朝日	西北版	1930-07-27	1	08단	南鮮風害の救濟會組織平壤で計劃
192746	朝鮮朝日	西北版	1930-07-27	1	08단	施設の不十分な乘合やトラック平南道で各署に命じ調査の上改善を圖る
192747	朝鮮朝日	西北版	1930-07-27	1	08단	お茶のあと
192748	朝鮮朝日	西北版	1930-07-27	1	08단	市內に散在する妓生を他に移轉か一區域に指定して住まはせよ平壤で聲が高まる
192749	朝鮮朝日	西北版	1930-07-27	1	09단	リレー式の新手の密輸發見卅六名を一團とし安東新義州間で行はる
192750	朝鮮朝日	西北版	1930-07-27	1	10단	放火を企つ
192751	朝鮮朝日	西北版	1930-07-27	1	10단	半島茶話
192752	朝鮮朝日	西北・南鮮版	1930-07-27	2	01단	*雨後の酷暑から傳染病が大流行飲料水果物に特に注意/雄基方面の天然痘終熄*
192753	朝鮮朝日	西北・南鮮版	1930-07-27	2	01단	無料患者を收容し都市衛生の實を擧ぐ順化院の擴張を行ひ京城府の劃期的計劃
192754	朝鮮朝日	西北・南鮮版	1930-07-27	2	01단	風害各漁村復興の對策低利資金をも貸與慶南道當局で研究中
192755	朝鮮朝日	西北・南鮮版	1930-07-27	2	02단	筏流下し始め油房活氣づく
192756	朝鮮朝日	西北・南鮮版	1930-07-27	2	03단	百パーセント蛔蟲を持つ平南北倉幼稚園兒と九十八パーセントの普校兒童
192757	朝鮮朝日	西北・南鮮版	1930-07-27	2	04단	各地短信(鎭南浦/新義州/平壤/沙里院)
192758	朝鮮朝日	南鮮版	1930-07-29	1	01단	*百度の炎天下に花々しく火蓋を切る榮冠は果して何校に？全國中等優勝野球朝鮮豫選大會/京城グラウンド4A―2バント攻で京師を壓迫し鎭南浦商工勝つ*
192759	朝鮮朝日	南鮮版	1930-07-29	1	03단	*公山面一帶が瞬時にして水地獄濁流と巖石に叩き潰され家屋倒壞流失等夥し/國庫救濟費廿萬圓の支出方本府から政府へ要望/元山府內の暴風被害額三十二萬圓/京畿道管內農作物被害九十萬圓に達す/朝鮮水産業に頓挫を來す未曾有の大被害から西岡水産課長語る/不景氣で遊んでる漁船を內地から買ひ取って漁業者へ林慶北知事視察談/罹災者の救濟金それぞれ給與/罹災者に三百圓寄附本社から/水害慰問金*
192760	朝鮮朝日	南鮮版	1930-07-29	1	05단	朝鮮人の國籍法施行は中止に決まる囂々たる世上の議論や小坂次官の實情視察て

일련번호	판명		간행일	면	단수	기사명
192761	朝鮮朝日	南鮮版	1930-07-29	1	07단	節約のお觸れこまごまと總督府員に
192762	朝鮮朝日	南鮮版	1930-07-29	1	07단	避難港の增設と漁港修築を獎勵し罹災者に對し資金を融通本府の漁業者救濟案成る
192763	朝鮮朝日	南鮮版	1930-07-29	1	09단	米櫃の中で四名が窒息錠が下りて開かぬ爲隱れん坊の珍事
192764	朝鮮朝日	南鮮版	1930-07-29	1	09단	金剛山の國際公園計劃に上原、田村兩博士實地調査に向ふその結果を期待さる
192765	朝鮮朝日	南鮮版	1930-07-29	1	10단	庭球大會
192766	朝鮮朝日	南鮮版	1930-07-29	1	10단	半島茶話
192767	朝鮮朝日	西北版	1930-07-29	1	01단	百度の炎天下に花々しく火蓋を切る榮冠は果して何校か？全國中等優勝野球朝鮮豫選大會/京城グラウンド4A－2バント攻で京師を壓迫し鎭南浦商工勝つ
192768	朝鮮朝日	西北版	1930-07-29	1	03단	公山面一帶が瞬時にして水地獄濁流と巖石に叩き潰され家屋倒壞流失等夥し/國庫救濟費廿萬圓の支出方本府から政府へ要望/元山府內の暴風被害額三十二萬圓/京畿道管內農作物被害九十萬圓に達す/朝鮮水産業に頓挫を來す未曾有の大被害から西岡水産課長語る/不景氣で遊んでる漁船を內地から買ひ取って漁業者へ林慶北知事視察談/罹災者の救濟金それぞれ給與/罹災者に三百圓寄附本社から/水害慰問金
192769	朝鮮朝日	西北版	1930-07-29	1	05단	朝鮮人の國籍法施行は中止に決まる囂々たる世上の議論や小坂次官の實情視察て
192770	朝鮮朝日	西北版	1930-07-29	1	07단	節約のお觸れこまごまと總督府員に
192771	朝鮮朝日	西北版	1930-07-29	1	07단	避難港の增設と漁港修築を獎勵し罹災者に對し資金を融通本府の漁業者救濟案成る
192772	朝鮮朝日	西北版	1930-07-29	1	09단	米櫃の中で四名が窒息錠が下りて開かぬ爲隱れん坊の珍事
192773	朝鮮朝日	西北版	1930-07-29	1	09단	金剛山の國際公園計劃に上原、田村兩博士實地調査に向ふその結果を期待さる
192774	朝鮮朝日	西北版	1930-07-29	1	10단	庭球大會
192775	朝鮮朝日	西北版	1930-07-29	1	10단	半島茶話
192776	朝鮮朝日	西北・南鮮版	1930-07-29	2	01단	農家果樹園等に捌け口を見つけ魚油を救濟したい金內務部長語る

일련번호	판명		간행일	면	단수	기사명
192777	朝鮮朝日	西北・南鮮版	1930-07-29	2	01단	貨車百五十餘輛が各線の驛で欠伸不況と夏枯れ等から大減收の朝鮮鐵道
192778	朝鮮朝日	西北・南鮮版	1930-07-29	2	01단	全鮮の記念植樹成育は良好
192779	朝鮮朝日	西北・南鮮版	1930-07-29	2	01단	各地短信(間島/淸州/羅南/新義州/安東縣/平壤/仁川/沙里院)
192780	朝鮮朝日	西北・南鮮版	1930-07-29	2	02단	國勢調査の標語や童謠一般から募集
192781	朝鮮朝日	西北・南鮮版	1930-07-29	2	03단	西江改修促進の請願書提出
192782	朝鮮朝日	西北・南鮮版	1930-07-29	2	04단	平壤市內に航空郵便ポスト
192783	朝鮮朝日	西北・南鮮版	1930-07-29	2	04단	豊作を豫想平北の水稻
192784	朝鮮朝日	西北・南鮮版	1930-07-29	2	04단	平壤上水道料金を値下八月一日から
192785	朝鮮朝日	西北・南鮮版	1930-07-29	2	04단	內外金剛に優る天下の絶勝發見された新谿谷
192786	朝鮮朝日	西北・南鮮版	1930-07-29	2	05단	仁川穀物協會運賃引上げ一部では反對
192787	朝鮮朝日	西北・南鮮版	1930-07-29	2	05단	水産組合の設立打合會/水産品評會結局お流れか/釜山水産總會
192788	朝鮮朝日	西北・南鮮版	1930-07-29	2	06단	三百貫の怪魚(準丸が捕獲す)漁名は「海神」
192789	朝鮮朝日	西北・南鮮版	1930-07-29	2	06단	專門校檢定試驗
192790	朝鮮朝日	西北・南鮮版	1930-07-29	2	07단	慶北東海岸の悲慘な漁業者景氣の好いは只船大工さん
192791	朝鮮朝日	西北・南鮮版	1930-07-29	2	07단	レールのさび
192792	朝鮮朝日	西北・南鮮版	1930-07-29	2	07단	慶南保安課長山本氏昇任
192793	朝鮮朝日	西北・南鮮版	1930-07-29	2	07단	夏季講習會
192794	朝鮮朝日	南鮮版	1930-07-30	1	01단	二百の健兒が力の限り打ち守る一流の顔合せでファンも熱狂全國中等優勝野球朝鮮豫選第二日/京城グラウンド12-0七回コールドゲーム京城商快打し淸州を破る/龍山グラウンド5-1龍山中快勝す釜商と接戰
192795	朝鮮朝日	南鮮版	1930-07-30	1	04단	俳句/鈴木花蓑選
192796	朝鮮朝日	南鮮版	1930-07-30	1	05단	癩病患者五十名全治して解放さる入れ替に五十名を收容釜山をうろつく癩病患者減る
192797	朝鮮朝日	南鮮版	1930-07-30	1	06단	今年の煙草作概して良好
192798	朝鮮朝日	南鮮版	1930-07-30	1	06단	輸城河改修明年から着手か失業救濟大捌口として一般から期待さる
192799	朝鮮朝日	南鮮版	1930-07-30	1	07단	總督府辭令(二十六日付)
192800	朝鮮朝日	南鮮版	1930-07-30	1	07단	優勝楯の爭奪庭球
192801	朝鮮朝日	南鮮版	1930-07-30	1	07단	夜間の防空演習好成績を收む

일련번호	판명		간행일	면	단수	기사명
192802	朝鮮朝日	南鮮版	1930-07-30	1	07단	造園講演會
192803	朝鮮朝日	南鮮版	1930-07-30	1	08단	鐵道局辭令
192804	朝鮮朝日	南鮮版	1930-07-30	1	08단	釜山の淸溪法
192805	朝鮮朝日	南鮮版	1930-07-30	1	08단	訪日伊機に輸入稅徵收平壤稅關で協議中飛行機輸入稅は最初
192806	朝鮮朝日	南鮮版	1930-07-30	1	08단	復舊に廿萬圓平北道風水害
192807	朝鮮朝日	南鮮版	1930-07-30	1	08단	夕凪平海へ
192808	朝鮮朝日	南鮮版	1930-07-30	1	08단	重役賞與金や不良貸出で議論沸騰す釜山水産總會
192809	朝鮮朝日	南鮮版	1930-07-30	1	09단	生徒四十六名乘せた渡船顛覆大騷ぎ幸ひに全部救助さる新興西新興間での珍事
192810	朝鮮朝日	南鮮版	1930-07-30	1	10단	强盜殺人說が最も有力だ婦人絞殺事件
192811	朝鮮朝日	南鮮版	1930-07-30	1	10단	黑黃金蟲大群發生慶北三郡に櫻桑大被害
192812	朝鮮朝日	南鮮版	1930-07-30	1	10단	交換手たちに涼しい慰安
192813	朝鮮朝日	南鮮版	1930-07-30	1	10단	火元のほかに五戶を全燒
192814	朝鮮朝日	南鮮版	1930-07-30	1	10단	落雷で女卽死す
192815	朝鮮朝日	西北版	1930-07-30	1	01단	二百の健兒が力の限り打ち守る一流の顔合せでファンも熱狂全國中等優勝野球朝鮮豫選第二日/京城グラウンド12-0七回コールドゲーム京城商快打し淸州を破る/龍山グラウンド5-1龍山中快勝す釜商と接戰
192816	朝鮮朝日	西北版	1930-07-30	1	04단	俳句/鈴木花蓑選
192817	朝鮮朝日	西北版	1930-07-30	1	05단	癩病患者五十名全治して解放さる入れ替に五十名を收容釜山をうろつく癩病患者減る
192818	朝鮮朝日	西北版	1930-07-30	1	06단	今年の煙草作槪して良好
192819	朝鮮朝日	西北版	1930-07-30	1	06단	輸城河改修明年から着手か失業救濟大捌口として一般から期待さる
192820	朝鮮朝日	西北版	1930-07-30	1	07단	總督府辭令(二十六日付)
192821	朝鮮朝日	西北版	1930-07-30	1	07단	優勝楯の爭奪庭球
192822	朝鮮朝日	西北版	1930-07-30	1	07단	夜間の防空演習好成績を收む
192823	朝鮮朝日	西北版	1930-07-30	1	07단	造園講演會
192824	朝鮮朝日	西北版	1930-07-30	1	08단	鐵道局辭令
192825	朝鮮朝日	西北版	1930-07-30	1	08단	釜山の淸溪法
192826	朝鮮朝日	西北版	1930-07-30	1	08단	訪日伊機に輸入稅徵收平壤稅關で協議中飛行機輸入稅は最初

일련번호	판명		간행일	면	단수	기사명
192827	朝鮮朝日	西北版	1930-07-30	1	08단	復舊に廿萬圓平北道風水害
192828	朝鮮朝日	西北版	1930-07-30	1	08단	夕凪平海へ
192829	朝鮮朝日	西北版	1930-07-30	1	08단	重役賞與金や不良貸出で議論沸騰す釜山水産總會
192830	朝鮮朝日	西北版	1930-07-30	1	09단	生徒四十六名乘せた渡船顚覆大騒ぎ幸ひに全部救助さる新興西新興間での珍事
192831	朝鮮朝日	西北版	1930-07-30	1	10단	强盜殺人說が最も有力だ婦人絞殺事件
192832	朝鮮朝日	西北版	1930-07-30	1	10단	黑黃金蟲大群發生慶北三郡に櫻桑大被害
192833	朝鮮朝日	西北版	1930-07-30	1	10단	交換手たちに凉しい慰安
192834	朝鮮朝日	西北版	1930-07-30	1	10단	火元のほかに五戶を全燒
192835	朝鮮朝日	西北版	1930-07-30	1	10단	落雷で女卽死す
192836	朝鮮朝日	西北・南鮮版	1930-07-30	2	01단	失業者救濟の行商は好成績だ四名に對して試驗の結果意氣込む平壤當局
192837	朝鮮朝日	西北・南鮮版	1930-07-30	2	01단	ヂストマ驅除デー每月八日に价川地方施行
192838	朝鮮朝日	西北・南鮮版	1930-07-30	2	01단	八公山に沙防工事必要を痛感大場技師談
192839	朝鮮朝日	西北・南鮮版	1930-07-30	2	01단	好成績だった慶南商工品宣傳卽賣會
192840	朝鮮朝日	西北・南鮮版	1930-07-30	2	02단	救濟金給與釜山の罹災者へ
192841	朝鮮朝日	西北・南鮮版	1930-07-30	2	02단	曖昧なる自動車講習所研究所などを嚴重に取締る
192842	朝鮮朝日	西北・南鮮版	1930-07-30	2	03단	咸北道の農業講習好成績を收む
192843	朝鮮朝日	西北・南鮮版	1930-07-30	2	03단	哀れな學童へ寄附金中から教科書を購入
192844	朝鮮朝日	西北・南鮮版	1930-07-30	2	04단	各地短信(新義州/咸興/平壤/茂山/大邱/釜山)
192845	朝鮮朝日	南鮮版	1930-07-31	1	01단	選手の意氣物凄く試合は愈白熱化す大會氣分はいやが上に高潮全國中等優勝野球朝鮮豫選第三日(京城グラウンド6A－2大接戰を演出し大邱商勝つ鎭南浦敗る/10－6敵失と安打に木浦商振ひ裡里を降す/10－1新義州の好守に善隣及ばずつひに敗退/龍山グラウンド4－3平壤中學惜敗す京城商勝つ/14－2劈頭から安打を集中して全州快勝/8－6シーソーゲーム形勢逆轉し仁川軍勝つ)
192846	朝鮮朝日	南鮮版	1930-07-31	1	02단	球場點景(A)/二日目京城グラウンド

일련번호	판명		간행일	면	단수	기사명
192847	朝鮮朝日	南鮮版	1930-07-31	1	06단	*天恩の優渥なるに只恐懼してゐます海江田侍從御差遣に對して兒玉政務總監謹話/海江田侍從を風水害地へ慰問使として御差遣*
192848	朝鮮朝日	南鮮版	1930-07-31	1	06단	球場點景(B)/龍山グラウンド
192849	朝鮮朝日	南鮮版	1930-07-31	1	06단	辭令
192850	朝鮮朝日	南鮮版	1930-07-31	1	06단	咸南に榮轉岡田農務課長
192851	朝鮮朝日	南鮮版	1930-07-31	1	07단	巡査部長級慶南大異動
192852	朝鮮朝日	南鮮版	1930-07-31	1	07단	慶南保安課長に朴根壽氏榮轉朴氏の後任注目さる
192853	朝鮮朝日	南鮮版	1930-07-31	1	08단	訪日佛飛行家
192854	朝鮮朝日	南鮮版	1930-07-31	1	08단	第一艦隊釜山に入港
192855	朝鮮朝日	南鮮版	1930-07-31	1	08단	三十七名の紳士賭博團芋蔓的に平壤署へ數日中に檢事局送り
192856	朝鮮朝日	南鮮版	1930-07-31	1	08단	中心教の連累者全鮮各地に多數ある見込み
192857	朝鮮朝日	南鮮版	1930-07-31	1	09단	新暗礁發見
192858	朝鮮朝日	南鮮版	1930-07-31	1	09단	還金術で新手な詐欺モヒ男捕まる
192859	朝鮮朝日	南鮮版	1930-07-31	1	10단	死刑の求刑
192860	朝鮮朝日	南鮮版	1930-07-31	1	10단	まだ解決せぬゴム工場爭議
192861	朝鮮朝日	南鮮版	1930-07-31	1	10단	選擧違反無罪
192862	朝鮮朝日	南鮮版	1930-07-31	1	10단	心中未遂靑年送局
192863	朝鮮朝日	南鮮版	1930-07-31	1	10단	人(今村內務局長/堤永市氏(漢銀專務)/權藤朝鮮新聞副社長/田村剛博士/加藤銕治郎氏(新義州商議會頭))
192864	朝鮮朝日	西北版	1930-07-31	1	01단	選手の意氣物凄く試合は愈白熱化す大會氣分はいやが上に高潮全國中等優勝野球朝鮮豫選第三日(京城グラウンド6A-2大接戰を演出し大邱商勝つ鎭南浦敗る/10-6敵失と安打に木浦商振ひ裡里を降す/10-1新義州の好守に善隣及ばずつひに敗退/龍山グラウンド4-3平壤中學惜敗す京城商勝つ/14-2劈頭から安打を集中して全州快勝/8-6シーソーゲーム形勢逆轉し仁川軍勝つ)
192865	朝鮮朝日	西北版	1930-07-31	1	02단	球場點景(A)/二日目京城グラウンド
192866	朝鮮朝日	西北版	1930-07-31	1	06단	*天恩の優渥なるに只恐懼してゐます海江田侍從御差遣に對して兒玉政務總監謹話/海江田侍從を風水害地へ慰問使として御差遣*

일련번호	판명		간행일	면	단수	기사명
192867	朝鮮朝日	西北版	1930-07-31	1	06단	球場點景(B)/龍山グラウンド
192868	朝鮮朝日	西北版	1930-07-31	1	06단	辭令
192869	朝鮮朝日	西北版	1930-07-31	1	06단	咸南に榮轉岡田農務課長
192870	朝鮮朝日	西北版	1930-07-31	1	07단	巡査部長級慶南大異動
192871	朝鮮朝日	西北版	1930-07-31	1	07단	慶南保安課長に朴根壽氏榮轉朴氏の後任注目さる
192872	朝鮮朝日	西北版	1930-07-31	1	08단	訪日佛飛行家
192873	朝鮮朝日	西北版	1930-07-31	1	08단	第一艦隊釜山に入港
192874	朝鮮朝日	西北版	1930-07-31	1	08단	三十七名の紳士賭博團芋蔓的に平壤署へ數日中に檢事局送り
192875	朝鮮朝日	西北版	1930-07-31	1	08단	中心教の連累者全鮮各地に多數ある見込み
192876	朝鮮朝日	西北版	1930-07-31	1	09단	新暗礁發見
192877	朝鮮朝日	西北版	1930-07-31	1	09단	還金術で新手な詐欺モヒ男捕まる
192878	朝鮮朝日	西北版	1930-07-31	1	10단	死刑の求刑
192879	朝鮮朝日	西北版	1930-07-31	1	10단	まだ解決せぬゴム工場爭議
192880	朝鮮朝日	西北版	1930-07-31	1	10단	選擧違反無罪
192881	朝鮮朝日	西北版	1930-07-31	1	10단	心中未遂靑年送局
192882	朝鮮朝日	西北版	1930-07-31	1	10단	人(今村內務局長/堤永市氏(漢銀專務)/權藤朝鮮新聞副社長/田村剛博士/加藤銕治郎氏(新義州商議會頭))
192883	朝鮮朝日	西北・南鮮版	1930-07-31	2	01단	風水害の漁村復興計劃を協議
192884	朝鮮朝日	西北・南鮮版	1930-07-31	2	01단	自動車に速度計取付
192885	朝鮮朝日	西北・南鮮版	1930-07-31	2	01단	江岸一帶の密輸を警戒組合を組織
192886	朝鮮朝日	西北・南鮮版	1930-07-31	2	02단	小麥は豊作前年より四割
192887	朝鮮朝日	西北・南鮮版	1930-07-31	2	02단	勝湖里江東間鐵道を敷設朝鐵から出願
192888	朝鮮朝日	西北・南鮮版	1930-07-31	2	02단	棉蟲驅除に林檎樹伐採補償金を出す
192889	朝鮮朝日	西北・南鮮版	1930-07-31	2	03단	牡丹台野話
192890	朝鮮朝日	西北・南鮮版	1930-07-31	2	04단	內外金剛山の探勝團募集
192891	朝鮮朝日	西北・南鮮版	1930-07-31	2	04단	各地短信(平壤/鎭海/沙里院/新義州)

1930년 8월 (조선아사히)

일련번호	판명		간행일	면	단수	기사명
192892	朝鮮朝日	南鮮版	1930-08-01	1	01단	烈日の意氣高く若き精銳の快試合觀衆の血潮また躍る中等野球朝鮮豫選准々決勝(１１－３大邱商業悠々勝つ木商振はず/７Ａ－６投手戰を演じ京城商辛勝/８Ａ－２龍山中快勝す振はぬ全州)
192893	朝鮮朝日	南鮮版	1930-08-01	1	05단	內鮮中等選拔野球十五日から釜山で擧行/慶北武道大會
192894	朝鮮朝日	南鮮版	1930-08-01	1	06단	海江田侍從慶北における日程
192895	朝鮮朝日	南鮮版	1930-08-01	1	06단	教科書の誤謬發見總督府へ報告
192896	朝鮮朝日	南鮮版	1930-08-01	1	06단	詩/北原白秋選
192897	朝鮮朝日	南鮮版	1930-08-01	1	06단	昭和製鋼問題報告會
192898	朝鮮朝日	南鮮版	1930-08-01	1	06단	復活された平壤府警會懇談の事項
192899	朝鮮朝日	南鮮版	1930-08-01	1	07단	いやがらせは覺悟の前斷じて辭任はせぬ後釜に丸山警祝總監の報に對し兒玉政務總監語る
192900	朝鮮朝日	南鮮版	1930-08-01	1	07단	慶北漁民の救濟案成る漁船漁具の流失破損五十餘萬圓に上る
192901	朝鮮朝日	南鮮版	1930-08-01	1	08단	不況に喘ぐ朝鮮無煙炭採炭制限と販路の擴張で救濟策を講ずる
192902	朝鮮朝日	南鮮版	1930-08-01	1	08단	京城洪城間電信線新設京大間も增設
192903	朝鮮朝日	南鮮版	1930-08-01	1	09단	燈籠流し釜山の賑ひ
192904	朝鮮朝日	南鮮版	1930-08-01	1	10단	「踊る幻影」釜山で上映內田氏挨拶
192905	朝鮮朝日	南鮮版	1930-08-01	1	10단	中堅青年講習會
192906	朝鮮朝日	南鮮版	1930-08-01	1	10단	張鎭弘死す
192907	朝鮮朝日	南鮮版	1930-08-01	1	10단	損害賠償の訴訟を提起
192908	朝鮮朝日	南鮮版	1930-08-01	1	10단	無免許運轉手二名を轢く
192909	朝鮮朝日	南鮮版	1930-08-01	1	10단	人(平壤鐵道野球團一行/山本助三郎氏(前慶南保安課長))
192910	朝鮮朝日	南鮮版	1930-08-01	1	10단	半島茶話
192911	朝鮮朝日	西北版	1930-08-01	1	01단	烈日の意氣高く若き精銳の快試合觀衆の血潮また躍る中等野球朝鮮豫選准々決勝(１１－３大邱商業悠々勝つ木商振はず/７Ａ－６投手戰を演じ京城商辛勝/８Ａ－２龍山中快勝す振はぬ全州)
192912	朝鮮朝日	西北版	1930-08-01	1	05단	內鮮中等選拔野球十五日から釜山で擧行/慶北武道大會
192913	朝鮮朝日	西北版	1930-08-01	1	06단	海江田侍從慶北における日程
192914	朝鮮朝日	西北版	1930-08-01	1	06단	教科書の誤謬發見總督府へ報告
192915	朝鮮朝日	西北版	1930-08-01	1	06단	詩/北原白秋選

일련번호	판명		간행일	면	단수	기사명
192916	朝鮮朝日	西北版	1930-08-01	1	06단	昭和製鋼問題報告會
192917	朝鮮朝日	西北版	1930-08-01	1	06단	復活された平壤府警會懇談の事項
192918	朝鮮朝日	西北版	1930-08-01	1	07단	いやがらせは覺悟の前斷じて辭任はせぬ後釜に丸山警祝總監の報に對し兒玉政務總監語る
192919	朝鮮朝日	西北版	1930-08-01	1	07단	慶北漁民の救濟案成る漁船漁具の流失破損五十餘萬圓に上る
192920	朝鮮朝日	西北版	1930-08-01	1	08단	不況に喘ぐ朝鮮無煙炭採炭制限と販路の擴張で救濟策を講ずる
192921	朝鮮朝日	西北版	1930-08-01	1	08단	京城洪城間電信線新設京大間も增設
192922	朝鮮朝日	西北版	1930-08-01	1	09단	燈籠流し釜山の賑ひ
192923	朝鮮朝日	西北版	1930-08-01	1	10단	「踊る幻影」釜山で上映內田氏挨拶
192924	朝鮮朝日	西北版	1930-08-01	1	10단	中堅靑年講習會
192925	朝鮮朝日	西北版	1930-08-01	1	10단	張鎭弘死す
192926	朝鮮朝日	西北版	1930-08-01	1	10단	損害賠償の訴訟を提起
192927	朝鮮朝日	西北版	1930-08-01	1	10단	無免許運轉手二名を轢く
192928	朝鮮朝日	西北版	1930-08-01	1	10단	人(平壤鐵道野球團一行/山本助三郎氏(前慶南保安課長))
192929	朝鮮朝日	西北版	1930-08-01	1	10단	半島茶話
192930	朝鮮朝日	西北・南鮮版	1930-08-01	2	01단	大體順調な進捗を示す鮮內の水利事業
192931	朝鮮朝日	西北・南鮮版	1930-08-01	2	01단	朝鮮一の大放牧場を建設國有林野一千町步を借受け高原畜産組合で
192932	朝鮮朝日	西北・南鮮版	1930-08-01	2	01단	新義州の米穀市場八月末復活
192933	朝鮮朝日	西北・南鮮版	1930-08-01	2	01단	正昌ゴム工場爭議は解決
192934	朝鮮朝日	西北・南鮮版	1930-08-01	2	01단	豫想外の好成績列車見本市
192935	朝鮮朝日	西北・南鮮版	1930-08-01	2	02단	朝鮮紡績株崩落極度の不振て
192936	朝鮮朝日	西北・南鮮版	1930-08-01	2	02단	沿海州沖は無茶苦茶に豊漁再び露領に出漁する鰯工船の笠戸丸
192937	朝鮮朝日	西北・南鮮版	1930-08-01	2	03단	馬山電氣料値下要望は有利に展開
192938	朝鮮朝日	西北・南鮮版	1930-08-01	2	04단	原木値下げ
192939	朝鮮朝日	西北・南鮮版	1930-08-01	2	04단	綿蟲發生の蘋果樹伐採補償金支出
192940	朝鮮朝日	西北・南鮮版	1930-08-01	2	04단	咸興の競馬
192941	朝鮮朝日	西北・南鮮版	1930-08-01	2	04단	各地短信(平壤)
192942	朝鮮朝日	南鮮版	1930-08-02	1	01단	烈々たる太陽の下新銳古豪の大爭霸躍る白球に觀衆又熱狂中等野球朝鮮豫選准決勝試合(2A一1接戰を演じ大邱商辛勝新進京商惜くも敗る美技續出に觀衆喜ぶ/15一1長打を放ち龍山中大勝仁川屢々機を逸す)

일련번호	판명		간행일	면	단수	기사명
192943	朝鮮朝日	南鮮版	1930-08-02	1	05단	試合槪評
192944	朝鮮朝日	南鮮版	1930-08-02	1	05단	試合槪評
192945	朝鮮朝日	南鮮版	1930-08-02	1	06단	海江田侍從の聖旨傳達式/海江田侍從聖旨傳達江原道知事に/海江田侍從日程
192946	朝鮮朝日	南鮮版	1930-08-02	1	06단	朝鮮軍管下陸軍定期異動/新任咸興步兵第三十七師團長武田秀一少將/書畫は專門家の城に二十團長に榮轉の室中將/思出が深い近衛師團に榮轉の周山大佐談/『思出の土地』龍山旅團長に榮轉の嘉村少將
192947	朝鮮朝日	南鮮版	1930-08-02	1	07단	出場チーム決定す內鮮中等野球
192948	朝鮮朝日	南鮮版	1930-08-02	1	07단	大豹を射殺
192949	朝鮮朝日	南鮮版	1930-08-02	1	09단	郡守六名を筆頭に第二次異動斷行慶南道當局發表/總督府異動
192950	朝鮮朝日	南鮮版	1930-08-02	1	09단	四十八名を起訴二十名は不起訴に間島の共産黨事件
192951	朝鮮朝日	南鮮版	1930-08-02	1	09단	單級敎育の改善を圖る平安北道當局
192952	朝鮮朝日	南鮮版	1930-08-02	1	10단	輕油動車を運轉
192953	朝鮮朝日	南鮮版	1930-08-02	1	10단	藝妓の中元贈答廢止を通達
192954	朝鮮朝日	南鮮版	1930-08-02	1	10단	人(和田一郎氏(商銀頭取)/稻垣生起中佐(軍縮會議隨員)/佐世保鎭守府長官鳥巢中將/瀨ノ口藤太郎氏(安東商議副會頭)/井上芳雄氏(安東驛長))
192955	朝鮮朝日	西北版	1930-08-02	1	01단	烈々たる太陽の下新銳古豪の大爭霸躍る白球に觀衆又熱狂中等野球朝鮮豫選准決勝試合(2A―1接戰を演じ大邱商辛勝新進京商惜くも敗る美技續出に觀衆喜ぶ/15―1長打を放ち龍山中大勝仁川屢々機を逸す)
192956	朝鮮朝日	西北版	1930-08-02	1	05단	試合槪評
192957	朝鮮朝日	西北版	1930-08-02	1	05단	試合槪評
192958	朝鮮朝日	西北版	1930-08-02	1	06단	海江田侍從の聖旨傳達式/海江田侍從聖旨傳達江原道知事に/海江田侍從日程
192959	朝鮮朝日	西北版	1930-08-02	1	06단	朝鮮軍管下陸軍定期異動/新任咸興步兵第三十七師團長武田秀一少將/書畫は專門家の城に二十團長に榮轉の室中將/思出が深い近衛師團に榮轉の周山大佐談/『思出の土地』龍山旅團長に榮轉の嘉村少將
192960	朝鮮朝日	西北版	1930-08-02	1	07단	出場チーム決定す內鮮中等野球

일련번호	판명		간행일	면	단수	기사명
192961	朝鮮朝日	西北版	1930-08-02	1	07단	大豺を射殺
192962	朝鮮朝日	西北版	1930-08-02	1	09단	郡守六名を筆頭に第二次異動斷行慶南道當局發表/總督府異動
192963	朝鮮朝日	西北版	1930-08-02	1	09단	四十八名を起訴二十名は不起訴に間島の共産黨事件
192964	朝鮮朝日	西北版	1930-08-02	1	09단	單級教育の改善を圖る平安北道當局
192965	朝鮮朝日	西北版	1930-08-02	1	10단	輕油動車を運轉
192966	朝鮮朝日	西北版	1930-08-02	1	10단	藝妓の中元贈答廢止を通達
192967	朝鮮朝日	西北版	1930-08-02	1	10단	人(和田一郎氏(商銀頭取)/稻垣生起中佐(軍縮會議隨員)/佐世保鎮守府長官鳥巢中將/瀨ノ口藤太郎氏(安東商議副會頭)/井上芳雄氏(安東驛長))
192968	朝鮮朝日	西北・南鮮版	1930-08-02	2	01단	漁船の復舊を中心に漁村復興計劃なる一府三郡の關係者を集めて慶南道廳で協議の結果
192969	朝鮮朝日	西北・南鮮版	1930-08-02	2	01단	旱魃の上に浮塵子が發生し粟、大豆は三割の被害大痛手の成川郡地方
192970	朝鮮朝日	西北・南鮮版	1930-08-02	2	01단	水産組合の設置に反對
192971	朝鮮朝日	西北・南鮮版	1930-08-02	2	01단	上京委員の慰勞歡迎會
192972	朝鮮朝日	西北・南鮮版	1930-08-02	2	01단	群山府營の渡船讓渡問題なほ交渉中
192973	朝鮮朝日	西北・南鮮版	1930-08-02	2	02단	平壤會議所評議員會
192974	朝鮮朝日	西北・南鮮版	1930-08-02	2	02단	殖銀總會
192975	朝鮮朝日	西北・南鮮版	1930-08-02	2	02단	平北學校長會議
192976	朝鮮朝日	西北・南鮮版	1930-08-02	2	02단	全鮮水産場長會
192977	朝鮮朝日	西北・南鮮版	1930-08-02	2	03단	箕林里より電車を延長
192978	朝鮮朝日	西北・南鮮版	1930-08-02	2	03단	信川水利組合ちかく着工
192979	朝鮮朝日	西北・南鮮版	1930-08-02	2	03단	放鳩演習
192980	朝鮮朝日	西北・南鮮版	1930-08-02	2	04단	普通校三校增設は認可
192981	朝鮮朝日	西北・南鮮版	1930-08-02	2	04단	各地短信(平壤/咸興/仁川/井邑)
192982	朝鮮朝日	南鮮版	1930-08-03	1	01단	大邱商業優勝し吾等の代表決定す接戰また接戰でファンを魅了第十回朝鮮豫選大會終る/エールを高唱し大商の勝利を祝福敗れて雄々しい龍中が莊嚴を極めた優勝旗授與式/DKの優勝校投票
192983	朝鮮朝日	南鮮版	1930-08-03	1	05단	陸軍定期異動昨紙所報後の分/內地を去るは今回が始め新任龍山衛戍病院長松野繁隆氏談
192984	朝鮮朝日	南鮮版	1930-08-03	1	06단	辭令(三十日付)

일련번호	판명		간행일	면	단수	기사명
192985	朝鮮朝日	南鮮版	1930-08-03	1	06단	雜穀は白米より榮養が豊富だ朝鮮受刑者食につき廣川博士が研究發表
192986	朝鮮朝日	南鮮版	1930-08-03	1	07단	大變な脚色で泣笑ひしました別れ話は全く知らぬ釜山て愛子夫人語る
192987	朝鮮朝日	南鮮版	1930-08-03	1	09단	慶北地方の風水害被害三百五十餘萬圓
192988	朝鮮朝日	南鮮版	1930-08-03	1	10단	海江田侍從
192989	朝鮮朝日	南鮮版	1930-08-03	1	10단	咸興と開城に府制を實施
192990	朝鮮朝日	南鮮版	1930-08-03	1	10단	全北慶南兩道地方課長は理事官を任命
192991	朝鮮朝日	南鮮版	1930-08-03	1	10단	第一艦隊鎭海に入港
192992	朝鮮朝日	西北版	1930-08-03	1	01단	大邱商業優勝し吾等の代表決定す接戰また接戰でファンを魅了第十回朝鮮豫選大會終る/2-0文字どほりの大熱戰を演じ大邱遂に龍中を破る打擊を封ぜられた龍中/エールを高唱し大商の勝利を祝福敗れて雄々しい龍中が莊嚴を極めた優勝旗授與式/DKの優勝校投票
192993	朝鮮朝日	西北版	1930-08-03	1	05단	陸軍定期異動昨紙所報後の分/内地を去るは今回が始め新任龍山衛戍病院長松野繁隆氏談
192994	朝鮮朝日	西北版	1930-08-03	1	06단	辭令(三十日付)
192995	朝鮮朝日	西北版	1930-08-03	1	06단	雜穀は白米より榮養が豊富だ朝鮮受刑者食につき廣川博士が研究發表
192996	朝鮮朝日	西北版	1930-08-03	1	07단	大變な脚色で泣笑ひしました別れ話は全く知らぬ釜山て愛子夫人語る
192997	朝鮮朝日	西北版	1930-08-03	1	09단	慶北地方の風水害被害三百五十餘萬圓
192998	朝鮮朝日	西北版	1930-08-03	1	10단	海江田侍從
192999	朝鮮朝日	西北版	1930-08-03	1	10단	咸興と開城に府制を實施
193000	朝鮮朝日	西北版	1930-08-03	1	10단	全北慶南兩道地方課長は理事官を任命
193001	朝鮮朝日	西北版	1930-08-03	1	10단	第一艦隊鎭海に入港
193002	朝鮮朝日	西北・南鮮版	1930-08-03	2	01단	暑さを忘れる月の浦海水浴場講習會等で大賑ひ
193003	朝鮮朝日	西北・南鮮版	1930-08-03	2	01단	中産以下の農家に歡迎さる少額生業資金貸付に勸農共濟組合大好評
193004	朝鮮朝日	西北・南鮮版	1930-08-03	2	02단	第一回全鮮酒類品評會十月に開催
193005	朝鮮朝日	西北・南鮮版	1930-08-03	2	03단	思想團體の義捐金募集許可を考究
193006	朝鮮朝日	西北・南鮮版	1930-08-03	2	03단	西江の沙防工事好成績を收む
193007	朝鮮朝日	西北・南鮮版	1930-08-03	2	03단	京城工學院法人組織に
193008	朝鮮朝日	西北・南鮮版	1930-08-03	2	04단	靑龍驛の貨物取扱方當局へ陳情
193009	朝鮮朝日	西北・南鮮版	1930-08-03	2	04단	綠町遊廓が飮食代値下

일련번호	판명		간행일	면	단수	기사명
193010	朝鮮朝日	西北・南鮮版	1930-08-03	2	04단	郵便配達回數を減ず大邱の酷暑
193011	朝鮮朝日	西北・南鮮版	1930-08-03	2	04단	各地短信(木浦/間島)
193012	朝鮮朝日	南鮮版	1930-08-05	1	01단	殺人的暑さから血腥い事件が續出慘殺！傷害！自殺等々/人を殺害して山に逃込み兇器を攜へ時々下山平南道大同郡の鬼熊/護送の途中自殺を遂ぐ/絞殺死體の身許わかる慘殺されたうへに金品を強奪されたか/慘殺死體/專賣局員の殺害を企つ密輸を發見され/仲裁と欺いて棍棒で撲殺/溺れる從弟を救はんとし九州齒科醫轉學生と龍山中學生徒溺死す/脱獄強盗犯人二名捕まる三名行方不明/貨幣を僞造/大虎現はれ牛に咬みつく/墓標を引拔き燃料に用ひる/ラヂオ妨害の原因わかる/同じ箇所で二度も火事/線路を枕に覺悟の自殺/二萬五千圓の通帳を所持怪しい男/金融組合書記六千圓橫領
193013	朝鮮朝日	南鮮版	1930-08-05	1	01단	意氣揚々と大邱商歸る驛頭は歡迎で人の波盛大な歡迎會開かる
193014	朝鮮朝日	南鮮版	1930-08-05	1	04단	地方官の增員內容
193015	朝鮮朝日	南鮮版	1930-08-05	1	05단	忠南道の警察異動
193016	朝鮮朝日	南鮮版	1930-08-05	1	06단	全羅北道に侍從御差遣
193017	朝鮮朝日	南鮮版	1930-08-05	1	06단	天保錢組の落伍を尻目にかけどしどしと出世する無天保組の小林少將
193018	朝鮮朝日	南鮮版	1930-08-05	1	07단	殺人的炎熱が毎日つづく海水浴客增加して列車はすし詰め滿員
193019	朝鮮朝日	南鮮版	1930-08-05	1	08단	副業獎勵に獎勵金交付京城府當局
193020	朝鮮朝日	南鮮版	1930-08-05	1	09단	組合を起して事業を行ふ若し駄目なら民營に太閤掘開鑿問題進む
193021	朝鮮朝日	南鮮版	1930-08-05	1	09단	漁村復興の對策を進む計劃案に本づいて
193022	朝鮮朝日	南鮮版	1930-08-05	1	09단	醫師や牧師が取調を受く
193023	朝鮮朝日	南鮮版	1930-08-05	1	10단	井戶に投身自殺
193024	朝鮮朝日	南鮮版	1930-08-05	1	10단	大邱飛行場の設置を陳情
193025	朝鮮朝日	南鮮版	1930-08-05	1	10단	共產系の襲擊說に警官家族避難頭道溝市街へ
193026	朝鮮朝日	南鮮版	1930-08-05	1	10단	迷信團體中心敎人間が降るなど言ひふらす

일련번호	판명		간행일	면	단수	기사명
193027	朝鮮朝日	西北版	1930-08-05	1	01단	殺人的暑さから血腥い事件が續出慘殺！傷害！自殺等々/人を殺害して山に逃込み兇器を携へ時々下山平南道大同郡の鬼熊/護送の途中自殺を遂ぐ/絞殺死體の身許わかる慘殺されたうへに金品を强奪されたか/慘殺死體/專賣局員の殺害を企つ密輸を發見され/仲裁と欺いて棍棒で撲殺/溺れる從弟を救はんとし福岡齒科醫轉學生と龍山中學生徒溺死す/脫獄强盜犯人二名捕まる三名行方不明/貨幣を僞造/大虎現はれ牛に咬みつく/基標を引拔き燃料に用ひる/ラヂオ妨害の原因わかる/同じ箇所で二度も火事/線路を枕に覺悟の自殺
193028	朝鮮朝日	西北版	1930-08-05	1	01단	意氣揚々と大邱商歸る驛頭は歡迎で人の波盛大な歡迎會開かる
193029	朝鮮朝日	西北版	1930-08-05	1	04단	地方官の增員內容
193030	朝鮮朝日	西北版	1930-08-05	1	04단	佛艦元山へ
193031	朝鮮朝日	西北版	1930-08-05	1	06단	平南警察部新事業豫算を總督府に要請す
193032	朝鮮朝日	西北版	1930-08-05	1	06단	天保錢組の落伍を尻目にかけどしどしと出世する無天保組の小林少將
193033	朝鮮朝日	西北版	1930-08-05	1	07단	殺人的炎熱が每日つゞく海水浴客增加して列車はすし詰め滿員
193034	朝鮮朝日	西北版	1930-08-05	1	08단	牡丹台野話
193035	朝鮮朝日	西北版	1930-08-05	1	08단	立大平壤に遠征
193036	朝鮮朝日	西北版	1930-08-05	1	08단	生活必要品巡回販賣順川を振出しに各郡で開催
193037	朝鮮朝日	西北版	1930-08-05	1	09단	副業獎勵に獎勵金交付京城府當局
193038	朝鮮朝日	西北版	1930-08-05	1	09단	多獅島築港の水深を調査測量技術員の一行六十餘名船で到着
193039	朝鮮朝日	西北版	1930-08-05	1	09단	婦人問題講演會
193040	朝鮮朝日	西北版	1930-08-05	1	09단	新聞の公德販賣
193041	朝鮮朝日	西北版	1930-08-05	1	10단	迷信團體中心敎人間が降るなど言ひふらす
193042	朝鮮朝日	西北版	1930-08-05	1	10단	もよほし(平壤の觀世素謠會)
193043	朝鮮朝日	西北版	1930-08-05	1	10단	半島茶話
193044	朝鮮朝日	西北・南鮮版	1930-08-05	2	01단	中等野球戰後座談會まづ決勝戰の批評から(一)
193045	朝鮮朝日	西北・南鮮版	1930-08-05	2	01단	農作物風害の對策きまる種子配給副業獎勵や其他の方法を講ずる

일련번호	판명		간행일	면	단수	기사명
193046	朝鮮朝日	西北・南鮮版	1930-08-05	2	01단	水稻は豊作で畑作は駄目土用に入ってからの元山近在の農作狀況
193047	朝鮮朝日	西北・南鮮版	1930-08-05	2	01단	夏秋蠶掃立卅三萬五千枚
193048	朝鮮朝日	西北・南鮮版	1930-08-05	2	01단	全釜山軍陣容整ふ名古屋高商をむかへて戰ふ
193049	朝鮮朝日	西北・南鮮版	1930-08-05	2	02단	レールのさび
193050	朝鮮朝日	西北・南鮮版	1930-08-05	2	02단	理髮料金の値下を行ふ
193051	朝鮮朝日	西北・南鮮版	1930-08-05	2	02단	學校組合議員
193052	朝鮮朝日	西北・南鮮版	1930-08-05	2	02단	黃海道の農作物は豊作
193053	朝鮮朝日	西北・南鮮版	1930-08-05	2	03단	積立貯蓄は良好の成績
193054	朝鮮朝日	西北・南鮮版	1930-08-05	2	03단	虛弱兒童に林間保養實施
193055	朝鮮朝日	西北・南鮮版	1930-08-05	2	03단	二十六聖人映畫撮影に平山氏羅馬へ
193056	朝鮮朝日	西北・南鮮版	1930-08-05	2	03단	防波堤築造その他を促進
193057	朝鮮朝日	西北・南鮮版	1930-08-05	2	03단	平壤の納涼台涼しい夏の夜の大同橋上から
193058	朝鮮朝日	西北・南鮮版	1930-08-05	2	04단	朝鮮神宮の松毛蟲退治
193059	朝鮮朝日	西北・南鮮版	1930-08-05	2	04단	實習販賣で大勉强商店はだしの盆賣出し準備
193060	朝鮮朝日	西北・南鮮版	1930-08-05	2	05단	咸南の種牛大市
193061	朝鮮朝日	西北・南鮮版	1930-08-05	2	05단	病室に應じ入院料を減額
193062	朝鮮朝日	西北・南鮮版	1930-08-05	2	05단	各地短信(新義州/咸興/間島/平壤/元山)
193063	朝鮮朝日	南鮮版	1930-08-06	1	01단	昭和製鋼所は調査やり直し農倉建設資金借入は承認を得た歸鮮途中の齋藤總督語る
193064	朝鮮朝日	南鮮版	1930-08-06	1	01단	取引所類似には嚴重な罰則を設け旣設取引所を保護する取引所令は審議室に回付さる
193065	朝鮮朝日	南鮮版	1930-08-06	1	01단	各方面に長距離の自動車線を新設收入減の鐵道局が早くも反對の聲起る
193066	朝鮮朝日	南鮮版	1930-08-06	1	01단	俳句/鈴木花蓑選
193067	朝鮮朝日	南鮮版	1930-08-06	1	02단	殺人的暑さに騷ぐ囚人たち『過多の雜居から』だと刑務所の大增築計劃
193068	朝鮮朝日	南鮮版	1930-08-06	1	03단	多獅島の築港調査一般に注目さる
193069	朝鮮朝日	南鮮版	1930-08-06	1	04단	トラックを朝運へ貸付け運送の迅速をはかる
193070	朝鮮朝日	南鮮版	1930-08-06	1	04단	海江田侍從大栗洞を視察/海江田侍從十日釜山へ
193071	朝鮮朝日	南鮮版	1930-08-06	1	04단	水銀は躍るアスフアルトは熔け人も馬も喘ぐ！

일련번호	판명		간행일	면	단수	기사명
193072	朝鮮朝日	南鮮版	1930-08-06	1	05단	「身長七尺三寸の雲つく大男一日米三升五合を平げる恐ろしい坊さん」
193073	朝鮮朝日	南鮮版	1930-08-06	1	05단	水産組合設立反對陳情書提出
193074	朝鮮朝日	南鮮版	1930-08-06	1	06단	著しい生産増加慶南昨年中の特別工産品
193075	朝鮮朝日	南鮮版	1930-08-06	1	06단	暴風と水の農産物への被害實に百四萬五千圓慶南道當局の調査
193076	朝鮮朝日	南鮮版	1930-08-06	1	07단	鯖鰺の大豊漁南鮮沿海は活氣を呈す
193077	朝鮮朝日	南鮮版	1930-08-06	1	07단	咸北共産黨を根こそぎに檢擧關係者は清津京城の二ケ所の豫審に廻付
193078	朝鮮朝日	南鮮版	1930-08-06	1	08단	支那官憲と共同し牛疫豫防に努力計劃中の衛生課ちかく正式に交渉
193079	朝鮮朝日	南鮮版	1930-08-06	1	08단	お茶のあと
193080	朝鮮朝日	南鮮版	1930-08-06	1	08단	泥棒の品物を泥棒が盗み本人へ舞戻る
193081	朝鮮朝日	南鮮版	1930-08-06	1	08단	騒ぐのが面白く度々放火す此頃の暑さで狂うた若い男
193082	朝鮮朝日	南鮮版	1930-08-06	1	09단	農村の婦女を廿餘名賣り飛す各地の一味と連絡をとって二名を大邱署に檢擧
193083	朝鮮朝日	南鮮版	1930-08-06	1	09단	病死した牛を食うて五名中毒二名はつひに死ぬ
193084	朝鮮朝日	南鮮版	1930-08-06	1	09단	自動車と列車衝突
193085	朝鮮朝日	南鮮版	1930-08-06	1	09단	大ヌクテ幼兒を攫ふ
193086	朝鮮朝日	南鮮版	1930-08-06	1	10단	學用品を装うてモヒ類密輸
193087	朝鮮朝日	南鮮版	1930-08-06	1	10단	渡船者から詐取
193088	朝鮮朝日	南鮮版	1930-08-06	1	10단	人(松山基範京)
193089	朝鮮朝日	西北版	1930-08-06	1	01단	昭和製鋼所は調査やり直し農倉建設資金借入は承認を得た歸鮮途中の齋藤總督語る
193090	朝鮮朝日	西北版	1930-08-06	1	01단	取引所類似には嚴重な罰則を設け既設取引所を保護する取引所令は審議室に回付さる
193091	朝鮮朝日	西北版	1930-08-06	1	01단	各方面に長距離の自動車線を新設收入減の鐵道局が早くも反對の聲起る
193092	朝鮮朝日	西北版	1930-08-06	1	01단	俳句/鈴木花蓑選
193093	朝鮮朝日	西北版	1930-08-06	1	02단	殺人的暑さに騒ぐ囚人たち『過多の雑居から』だと刑務所の大增築計劃
193094	朝鮮朝日	西北版	1930-08-06	1	03단	多獅島の築港調査一般に注目さる
193095	朝鮮朝日	西北版	1930-08-06	1	04단	トラックを朝運へ貸付け運送の迅速をはかる

일련번호	판명		간행일	면	단수	기사명
193096	朝鮮朝日	西北版	1930-08-06	1	04단	不完全な井戸が多い改善を要する平南中和地方
193097	朝鮮朝日	西北版	1930-08-06	1	04단	鰯漁船抑留さる露國官憲に
193098	朝鮮朝日	西北版	1930-08-06	1	04단	平南産の林檎を加工して輸移出内地、ハルビン方面で次第に他に壓倒されるので
193099	朝鮮朝日	西北版	1930-08-06	1	05단	平壤の納凉台涼しい夏の夜の大同橋上から
193100	朝鮮朝日	西北版	1930-08-06	1	05단	泥棒の品物を泥棒が盗み本人へ舞戻る
193101	朝鮮朝日	西北版	1930-08-06	1	06단	咸北共産黨を根こそぎに檢擧關係者は清津京城の二ケ所の豫審に廻付
193102	朝鮮朝日	西北版	1930-08-06	1	07단	賃金一割値下に職工は反對を唱へ總會を開き對策を協議平壤ゴム靴製造工場に爭議勃發
193103	朝鮮朝日	西北版	1930-08-06	1	07단	危い線路の遊び幼兒二人轢殺さる
193104	朝鮮朝日	西北版	1930-08-06	1	07단	浴場で大亂鬪三名重經傷飮代の事で
193105	朝鮮朝日	西北版	1930-08-06	1	07단	大ヌクテ幼兒を攫ふ
193106	朝鮮朝日	西北版	1930-08-06	1	08단	食刀携へて强盜押入る
193107	朝鮮朝日	西北版	1930-08-06	1	08단	無理心中
193108	朝鮮朝日	西北版	1930-08-06	1	09단	自動車と列車衝突
193109	朝鮮朝日	西北版	1930-08-06	1	09단	騒ぐのが面白く度々放火す此頃の暑さで狂うた若い男
193110	朝鮮朝日	西北版	1930-08-06	1	09단	病死した牛を食うて五名中毒二名はつひに死ぬ
193111	朝鮮朝日	西北版	1930-08-06	1	10단	お茶のあと
193112	朝鮮朝日	西北版	1930-08-06	1	10단	佛像泥棒は僧侶と判明す
193113	朝鮮朝日	西北版	1930-08-06	1	10단	人(式村茂氏)
193114	朝鮮朝日	西北版	1930-08-06	1	10단	牡丹台野話
193115	朝鮮朝日	西北・南鮮版	1930-08-06	2	01단	朝鮮中等校野球座談會各チームの批判(2)
193116	朝鮮朝日	西北・南鮮版	1930-08-06	2	01단	理想實現に努力してゐるロシヤを視察した松井參謀の土産話
193117	朝鮮朝日	西北・南鮮版	1930-08-06	2	01단	すばらしい外國品使用慶南の調べ
193118	朝鮮朝日	西北・南鮮版	1930-08-06	2	01단	海水浴場の適地を調査平南地方に當局で着手
193119	朝鮮朝日	西北・南鮮版	1930-08-06	2	02단	金剛山保勝計劃案樹立委員會を開く
193120	朝鮮朝日	西北・南鮮版	1930-08-06	2	02단	外鹽購入見積高
193121	朝鮮朝日	西北・南鮮版	1930-08-06	2	02단	緊縮時代安い煙草の賣行增加す
193122	朝鮮朝日	西北・南鮮版	1930-08-06	2	03단	各地短信(咸興/平壤/新義州/江界)

일련번호	판명		간행일	면	단수	기사명
193123	朝鮮朝日	南鮮版	1930-08-07	1	01단	ゴールドラッシュ時代來る鮮内の金鑛を繞り大小山師連の大狂踏百圓の資本で六百萬圓から巨利を得た坑夫さんもある
193124	朝鮮朝日	南鮮版	1930-08-07	1	01단	慶北漁村の復興案決る未解決の國費補助を除き九月末までに完成
193125	朝鮮朝日	南鮮版	1930-08-07	1	01단	釜山で下宿料値下げ三圓から十圓まで
193126	朝鮮朝日	南鮮版	1930-08-07	1	01단	多獅島の水深と海底地質調査
193127	朝鮮朝日	南鮮版	1930-08-07	1	02단	昭和製鋼所問題報告會
193128	朝鮮朝日	南鮮版	1930-08-07	1	02단	安東の水防計劃委員會で決定
193129	朝鮮朝日	南鮮版	1930-08-07	1	03단	南原潭陽間鐵道速成の運動頗る熱心
193130	朝鮮朝日	南鮮版	1930-08-07	1	03단	元山港貿易前年より減少
193131	朝鮮朝日	南鮮版	1930-08-07	1	03단	關釜連絡船貨物運賃の値下げ陳情
193132	朝鮮朝日	南鮮版	1930-08-07	1	03단	酷熱とたゝかひ少年の土器製作販賣して卒業迄に千圓を新らしい自作農創定法
193133	朝鮮朝日	南鮮版	1930-08-07	1	04단	森林收入減百萬圓を豫想さる經費節約や事業中止で埋め合す大弱りの本府山林部
193134	朝鮮朝日	南鮮版	1930-08-07	1	05단	水利組合の工費支拂ひ幹旋方陳情
193135	朝鮮朝日	南鮮版	1930-08-07	1	05단	咸南道知事に聖旨を傳達海江田侍從/海江田侍從慶尙南北へ
193136	朝鮮朝日	南鮮版	1930-08-07	1	06단	牧ノ島防波堤築造促進猛運動を起す
193137	朝鮮朝日	南鮮版	1930-08-07	1	06단	遊戲講習會
193138	朝鮮朝日	南鮮版	1930-08-07	1	06단	困苦と戰ふ奥地の警官想像以上のひどい生活久山警務課長視察談
193139	朝鮮朝日	南鮮版	1930-08-07	1	07단	大水害の義損金各方面から續々と集る
193140	朝鮮朝日	南鮮版	1930-08-07	1	07단	觀世流演能會
193141	朝鮮朝日	南鮮版	1930-08-07	1	07단	仁川の競馬十六日から
193142	朝鮮朝日	南鮮版	1930-08-07	1	08단	全國少年野球組合せ決る關係出場校の
193143	朝鮮朝日	南鮮版	1930-08-07	1	08단	勞銀撒布計劃は鰻香を嗅いだゝけ大藏省から突き込まれ一千三百萬圓の低資は煙となる
193144	朝鮮朝日	南鮮版	1930-08-07	1	08단	大邱聯隊の敵前渡河演習
193145	朝鮮朝日	南鮮版	1930-08-07	1	08단	看護婦に亂暴した巡査を解職
193146	朝鮮朝日	南鮮版	1930-08-07	1	08단	李鍵公家の漁場佛下と貸與の折衝
193147	朝鮮朝日	南鮮版	1930-08-07	1	09단	神宮水泳選手慶北代表決る
193148	朝鮮朝日	南鮮版	1930-08-07	1	09단	夫婦斬犯人死刑の言渡
193149	朝鮮朝日	南鮮版	1930-08-07	1	09단	收穫の新記錄を作る見込み申分のない稻の出來三井總督府技師談

일련번호	판명		간행일	면	단수	기사명
193150	朝鮮朝日	南鮮版	1930-08-07	1	10단	立教軍勝つ
193151	朝鮮朝日	南鮮版	1930-08-07	1	10단	京城府の火事放火の疑ひ
193152	朝鮮朝日	南鮮版	1930-08-07	1	10단	七十錢タク非常に好評時間待ち賃金今後は統一す
193153	朝鮮朝日	南鮮版	1930-08-07	1	10단	またも放火騒ぎこれで五度目昨今の平壤
193154	朝鮮朝日	西北版	1930-08-07	1	01단	ゴールドラッシュ時代來る鮮內の金鑛を繞り大小山師連の大狂踏百圓の資本で六百萬圓から巨利を得た坑夫さんもある
193155	朝鮮朝日	西北版	1930-08-07	1	01단	慶北漁村の復興案決る未解決の國費補助を除き九月末までに完成
193156	朝鮮朝日	西北版	1930-08-07	1	01단	釜山で下宿料値下げ三圓から十圓まで
193157	朝鮮朝日	西北版	1930-08-07	1	01단	多獅島の水深と海底地質調査
193158	朝鮮朝日	西北版	1930-08-07	1	02단	昭和製鋼所問題報告會
193159	朝鮮朝日	西北版	1930-08-07	1	02단	安東の水防計劃委員會で決定
193160	朝鮮朝日	西北版	1930-08-07	1	03단	南原潭陽間鐵道速成の運動頗る熱心
193161	朝鮮朝日	西北版	1930-08-07	1	03단	元山港貿易前年より減少
193162	朝鮮朝日	西北版	1930-08-07	1	03단	關釜連絡船貨物運賃の値下げ陳情
193163	朝鮮朝日	西北版	1930-08-07	1	03단	酷熱とたゝかひ少年の土器製作販賣して卒業迄に千圓を新らしい自作農創定法
193164	朝鮮朝日	西北版	1930-08-07	1	04단	森林收入減百萬圓を豫想さる經費節約や事業中止で埋め合す大弱りの本府山林部
193165	朝鮮朝日	西北版	1930-08-07	1	05단	水利組合の工費支拂ひ斡旋方陳情
193166	朝鮮朝日	西北版	1930-08-07	1	05단	咸南道知事に聖旨を傳達海江田侍從/海江田侍從慶尙南北へ
193167	朝鮮朝日	西北版	1930-08-07	1	06단	牧ノ島防波堤築造促進猛運動を起す
193168	朝鮮朝日	西北版	1930-08-07	1	06단	遊戲講習會
193169	朝鮮朝日	西北版	1930-08-07	1	06단	困苦と戰ふ奧地の警官想像以上のひどい生活久山警務課長視察談
193170	朝鮮朝日	西北版	1930-08-07	1	07단	大水害の義損金各方面から續々と集る
193171	朝鮮朝日	西北版	1930-08-07	1	07단	觀世流演能會
193172	朝鮮朝日	西北版	1930-08-07	1	07단	仁川の競馬十六日から
193173	朝鮮朝日	西北版	1930-08-07	1	08단	全國少年野球組合せ決る關係出場校の
193174	朝鮮朝日	西北版	1930-08-07	1	08단	勞銀撒布計劃は鰻香を嗅いだゝけ大藏省から突き込まれ一千三百萬圓の低資は煙となる
193175	朝鮮朝日	西北版	1930-08-07	1	08단	大邱聯隊の敵前渡河演習

일련번호	판명		간행일	면	단수	기사명
193176	朝鮮朝日	西北版	1930-08-07	1	08단	看護婦に亂暴した巡査を解職
193177	朝鮮朝日	西北版	1930-08-07	1	08단	李鍵公家の漁場佛下と貸與の折衝
193178	朝鮮朝日	西北版	1930-08-07	1	09단	神宮水泳選手慶北代表決る
193179	朝鮮朝日	西北版	1930-08-07	1	09단	夫婦斬犯人死刑の言渡
193180	朝鮮朝日	西北版	1930-08-07	1	09단	收穫の新記録を作る見込み申分のない稲の出來三井總督府技師談
193181	朝鮮朝日	西北版	1930-08-07	1	10단	立教軍勝つ
193182	朝鮮朝日	西北版	1930-08-07	1	10단	京城府の火事放火の疑ひ
193183	朝鮮朝日	西北版	1930-08-07	1	10단	七十錢タク非常に好評時間待ち賃金今後は統一す
193184	朝鮮朝日	西北版	1930-08-07	1	10단	またも放火騒ぎこれで五度目昨今の平壤
193185	朝鮮朝日	西北・南鮮版	1930-08-07	2	01단	朝鮮中等校野球座談會打擊は內地に劣る(３)
193186	朝鮮朝日	西北・南鮮版	1930-08-07	2	01단	豊作であれば農民は蘇生する間島方面を視察した三井技師のお土産話
193187	朝鮮朝日	西北・南鮮版	1930-08-07	2	01단	梁山郡廳移轉を當局に陳情
193188	朝鮮朝日	西北・南鮮版	1930-08-07	2	01단	京城に比し大部分高い仁川の物價
193189	朝鮮朝日	西北・南鮮版	1930-08-07	2	02단	平南農作物例年より豊作
193190	朝鮮朝日	西北・南鮮版	1930-08-07	2	02단	天候回復せば棉作は豊作
193191	朝鮮朝日	西北・南鮮版	1930-08-07	2	03단	韓國時代の軍艦光濟丸海軍直屬となる
193192	朝鮮朝日	西北・南鮮版	1930-08-07	2	03단	北鮮産業社創立
193193	朝鮮朝日	西北・南鮮版	1930-08-07	2	04단	各地短信(咸興/江界/安東縣)
193194	朝鮮朝日	南鮮版	1930-08-08	1	01단	民間貨物自動車線の壓迫などはしない實は鐵道側の自衛策問題の鐵道局自動車網直營
193195	朝鮮朝日	南鮮版	1930-08-08	1	01단	風水害救濟費は結局廿萬圓以內に最初の豫定より十三萬圓少く間接救濟費は多額か
193196	朝鮮朝日	南鮮版	1930-08-08	1	01단	失業勞働者に耳寄りな話水利組合や鐵道工事に八百名を募集する
193197	朝鮮朝日	南鮮版	1930-08-08	1	01단	組合に加入せぬ漁業者の救濟は手のつけやうもない慶南道當局で考究
193198	朝鮮朝日	南鮮版	1930-08-08	1	03단	林知事に聖旨を傳達海江田侍從
193199	朝鮮朝日	南鮮版	1930-08-08	1	03단	台灣支那地方學事視察團加入者取纏め
193200	朝鮮朝日	南鮮版	1930-08-08	1	03단	國勢調査の大宣傳を行ふ來月の舊盆の日に小旗ビラ講演等で
193201	朝鮮朝日	南鮮版	1930-08-08	1	04단	短歌/橋田東聲選

일련번호	판명		간행일	면	단수	기사명
193202	朝鮮朝日	南鮮版	1930-08-08	1	05단	十年程以前に一寸見物したがなにもかも分らぬ下關で室廿師團長語る
193203	朝鮮朝日	南鮮版	1930-08-08	1	05단	東京大阪大連間の旅客空輸を計劃大阪市の丹藤白郎氏が釜山に飛行場設置
193204	朝鮮朝日	南鮮版	1930-08-08	1	05단	佛戰艦釜山へ
193205	朝鮮朝日	南鮮版	1930-08-08	1	05단	伊藤大輔氏を理事に交渉京城穀物商組合臨時總會
193206	朝鮮朝日	南鮮版	1930-08-08	1	06단	看護婦の料金を値下
193207	朝鮮朝日	南鮮版	1930-08-08	1	06단	自分の思想に多大の疑問を抱くに至り裁判長に陳情書を提出共産黨幹部が判決の延期を願ふ
193208	朝鮮朝日	南鮮版	1930-08-08	1	07단	不況の鬱憤から紅燈の巷へ一寸景氣が立直る京城花柳界の珍現象
193209	朝鮮朝日	南鮮版	1930-08-08	1	07단	*祕密倉庫に納めた火藥全部盜まる何者の仕業か判らず日支官憲極度に神經を尖らす/犯人について三樣の解釋事件は重大性を帶び日支官憲搜査に努む*
193210	朝鮮朝日	南鮮版	1930-08-08	1	08단	新米出廻る馬山から釜山へ
193211	朝鮮朝日	南鮮版	1930-08-08	1	08단	苦熱の監房で未決囚喘ぐ犯罪事件の激增から一月も二月も取調がおくれ
193212	朝鮮朝日	南鮮版	1930-08-08	1	09단	必勝を誓って晴れの甲子園へ大邱商業選手出發
193213	朝鮮朝日	南鮮版	1930-08-08	1	10단	弘濟號が身賣り海軍省へ
193214	朝鮮朝日	南鮮版	1930-08-08	1	10단	斷崖で縊死麻紐を吊し
193215	朝鮮朝日	南鮮版	1930-08-08	1	10단	ヌクテ現れ幼兒を攫ふ遂に喰ひ殺す
193216	朝鮮朝日	南鮮版	1930-08-08	1	10단	天安署武道大會
193217	朝鮮朝日	南鮮版	1930-08-08	1	10단	人(松村殖産局長/伊知地平壤工業所長/上原前二十師團長/室新任第二十師團長)
193218	朝鮮朝日	西北版	1930-08-08	1	01단	民間貨物自動車線の壓迫などはしない實は鐵道側の自衛策問題の鐵道局自動車網直營
193219	朝鮮朝日	西北版	1930-08-08	1	01단	風水害救濟費は結局廿萬圓以內に最初の豫定より十三萬圓少く間接救濟費は多額か
193220	朝鮮朝日	西北版	1930-08-08	1	01단	山の沙防工事に力をそゝぐ端川事件打合に入城した松井咸南知事語る
193221	朝鮮朝日	西北版	1930-08-08	1	02단	國勢と國稅の區別につき咸北當局大弱り
193222	朝鮮朝日	西北版	1930-08-08	1	03단	圖們西部線改築工事は明年度から
193223	朝鮮朝日	西北版	1930-08-08	1	03단	台灣支那地方學事視察團加入者取纏め

일련번호	판명		간행일	면	단수	기사명
193224	朝鮮朝日	西北版	1930-08-08	1	03단	國勢調査の大宣傳を行ふ來月の舊盆の日に小旗ビラ講演等で
193225	朝鮮朝日	西北版	1930-08-08	1	04단	短歌/橋田東聲選
193226	朝鮮朝日	西北版	1930-08-08	1	05단	十年程以前に一寸見物したがなにもかも分らぬ下關で室廿師團長語る
193227	朝鮮朝日	西北版	1930-08-08	1	05단	東京大阪大連間の旅客空輸を計劃大阪市の舟藤白郎氏が釜山に飛行場設置
193228	朝鮮朝日	西北版	1930-08-08	1	05단	一戸當り三十圓咸興面の借金
193229	朝鮮朝日	西北版	1930-08-08	1	06단	新米出廻る馬山から釜山へ
193230	朝鮮朝日	西北版	1930-08-08	1	06단	自分の思想に多大の疑問を抱くに至り裁判長に陳情書を提出共産黨幹部が判決の延期を願ふ
193231	朝鮮朝日	西北版	1930-08-08	1	07단	婦人の髮飾用月子を廢する生活改善の第一歩として同盟會まで組織し
193232	朝鮮朝日	西北版	1930-08-08	1	07단	祕密倉庫に納めた火藥全部盜まる何者の仕業か判らず日支官憲極度に神經を尖らす/犯人について三樣の解釋事件は重大性を帶び日支官憲捜査に努む
193233	朝鮮朝日	西北版	1930-08-08	1	08단	繭値下りに影響はない咸北の養蠶
193234	朝鮮朝日	西北版	1930-08-08	1	08단	近年稀な豊作か平南の稻作
193235	朝鮮朝日	西北版	1930-08-08	1	09단	必勝を誓って晴れの甲子園へ大邱商業選手出發
193236	朝鮮朝日	西北版	1930-08-08	1	09단	牡丹台に松茸を栽培
193237	朝鮮朝日	西北版	1930-08-08	1	09단	馬魂碑建設
193238	朝鮮朝日	西北版	1930-08-08	1	10단	移動納凉マーケット平南で開催
193239	朝鮮朝日	西北版	1930-08-08	1	10단	平壤府電車收入が減る
193240	朝鮮朝日	西北版	1930-08-08	1	10단	鰯漁業船拿捕され露國官憲のために抑留さる
193241	朝鮮朝日	西北版	1930-08-08	1	10단	人(上原中將(前第二十師團長)/室新任第二十師團長))
193242	朝鮮朝日	西北版	1930-08-08	1	10단	牡丹台野話
193243	朝鮮朝日	西北・南鮮版	1930-08-08	2	01단	朝鮮中等校野球座談會ピックアップチーム(4)
193244	朝鮮朝日	西北・南鮮版	1930-08-08	2	01단	新義州說が有力となる製鋼所問題につき野田八幡製鐵所技監の談
193245	朝鮮朝日	西北・南鮮版	1930-08-08	2	01단	京城、平壤兩局搬送式電話十五日開通
193246	朝鮮朝日	西北・南鮮版	1930-08-08	2	01단	全鮮穀物大會開催準備會
193247	朝鮮朝日	西北・南鮮版	1930-08-08	2	01단	朝鮮聚落總督府で編纂
193248	朝鮮朝日	西北・南鮮版	1930-08-08	2	02단	慶北に稻熱病發生して蔓延

일련번호	판명		간행일	면	단수	기사명
193249	朝鮮朝日	西北・南鮮版	1930-08-08	2	02단	蠶種値下げ
193250	朝鮮朝日	西北・南鮮版	1930-08-08	2	02단	牛疫の損害
193251	朝鮮朝日	西北・南鮮版	1930-08-08	2	03단	棉作主任官會議
193252	朝鮮朝日	西北・南鮮版	1930-08-08	2	03단	機業染色講習會
193253	朝鮮朝日	西北・南鮮版	1930-08-08	2	03단	平南織物の販路を擴張
193254	朝鮮朝日	西北・南鮮版	1930-08-08	2	04단	平壤の淸潔法
193255	朝鮮朝日	西北・南鮮版	1930-08-08	2	04단	手形交換高
193256	朝鮮朝日	西北・南鮮版	1930-08-08	2	04단	各地短信(平壤/鎭南浦)
193257	朝鮮朝日	南鮮版	1930-08-09	1	01단	近頃化學肥料が次第に發達し豆粕肥料は影を潜む資力豊かな南鮮に硫安が進出
193258	朝鮮朝日	南鮮版	1930-08-09	1	01단	大資本企業に征服される鮮內群小の經營者運送界に現れた現象
193259	朝鮮朝日	南鮮版	1930-08-09	1	01단	李鍵公家と香椎氏の漁場交渉は決裂一般の公入札に附す公家から聲明書發表
193260	朝鮮朝日	南鮮版	1930-08-09	1	02단	辭令(六日付)
193261	朝鮮朝日	南鮮版	1930-08-09	1	02단	けふこの頃の動物諸公さすが大象君タンクで藥のむあはれカンガルー女史逝くライオン君食慾減る
193262	朝鮮朝日	南鮮版	1930-08-09	1	03단	風水害郡守に聖旨を傳達
193263	朝鮮朝日	南鮮版	1930-08-09	1	03단	救恤金傳達
193264	朝鮮朝日	南鮮版	1930-08-09	1	03단	水害罹災民に衣服を贈る婦人團體から
193265	朝鮮朝日	南鮮版	1930-08-09	1	03단	秋風嶺に無電局設置二十萬圓を投じて明年度に實現さす
193266	朝鮮朝日	南鮮版	1930-08-09	1	04단	改良廳舎建設
193267	朝鮮朝日	南鮮版	1930-08-09	1	04단	日本海で戰技訓練の上第一艦隊鎭海へ
193268	朝鮮朝日	南鮮版	1930-08-09	1	04단	これから手習ひ二十師團長室中將語る
193269	朝鮮朝日	南鮮版	1930-08-09	1	05단	新米の走り
193270	朝鮮朝日	南鮮版	1930-08-09	1	05단	産業團體へ資金を貸付ける無利子で半年賦に平壤の商工業者救濟策
193271	朝鮮朝日	南鮮版	1930-08-09	1	05단	水田の涸渇で各地に雨乞昨今の慶北
193272	朝鮮朝日	南鮮版	1930-08-09	1	06단	山容は雄大で實に見事だ白頭山の頂上を極め下郡山技師はかたる
193273	朝鮮朝日	南鮮版	1930-08-09	1	06단	機體は眞二つに折れて破壊し搭乘者二名は慘死す遭難の二人は前途有望の青年
193274	朝鮮朝日	南鮮版	1930-08-09	1	07단	九十九度三で市民悲鳴をあぐ咸興は記錄破りの暑さ
193275	朝鮮朝日	南鮮版	1930-08-09	1	07단	不景氣から歸鮮者漸增木浦港の現狀
193276	朝鮮朝日	南鮮版	1930-08-09	1	08단	心中未遂

일련번호	판명		간행일	면	단수	기사명
193277	朝鮮朝日	南鮮版	1930-08-09	1	08단	百五十名に包圍され巡査を袋たゝき定平を距る二里の所で目下暴行犯人捜査中
193278	朝鮮朝日	南鮮版	1930-08-09	1	09단	鮮支共産黨員間島を狙ふ日支官憲の隙を窺ひしきりに策動を續く
193279	朝鮮朝日	南鮮版	1930-08-09	1	09단	國産品獎勵展
193280	朝鮮朝日	南鮮版	1930-08-09	1	09단	問題の巨人僧侶行方不明興行師が連出す
193281	朝鮮朝日	南鮮版	1930-08-09	1	10단	忠北中堅青年實科夏季講習會
193282	朝鮮朝日	南鮮版	1930-08-09	1	10단	斷崖から自動車墜落重輕傷五名
193283	朝鮮朝日	南鮮版	1930-08-09	1	10단	實弟殺しに三年の求刑
193284	朝鮮朝日	南鮮版	1930-08-09	1	10단	狂犬のために幼兒咬まる豫防注射勵行
193285	朝鮮朝日	南鮮版	1930-08-09	1	10단	人(室兼次中將(新任第二十師團長)/中山貞雄代議士/岡田兼一氏(間島總領事)/小山朝鮮軍々醫部長/淸田信一氏(新任慶北農務課長))
193286	朝鮮朝日	西北版	1930-08-09	1	01단	近頃化學肥料が次第に發達し豆粕肥料は影を潛む資力豊かな南鮮に硫安が進出
193287	朝鮮朝日	西北版	1930-08-09	1	01단	大資本企業に征服される鮮内群小の經營者運送界に現れた現象
193288	朝鮮朝日	西北版	1930-08-09	1	01단	李鍵公家と香椎氏の漁場交渉は決裂一般の公入札に附す公家から聲明書發表
193289	朝鮮朝日	西北版	1930-08-09	1	02단	辭令(六日付)
193290	朝鮮朝日	西北版	1930-08-09	1	02단	けふこの頃の動物諸公さすが大象君タンクで藥のむあはれカンガルー女史逝くライオン君食慾減る
193291	朝鮮朝日	西北版	1930-08-09	1	03단	風水害郡守に聖旨を傳達
193292	朝鮮朝日	西北版	1930-08-09	1	03단	救恤金傳達
193293	朝鮮朝日	西北版	1930-08-09	1	03단	水害罹災民に衣服を贈る婦人團體から
193294	朝鮮朝日	西北版	1930-08-09	1	03단	秋風嶺に無電局設置二十萬圓を投じて明年度に實現さす
193295	朝鮮朝日	西北版	1930-08-09	1	04단	改良廳舍建設
193296	朝鮮朝日	西北版	1930-08-09	1	04단	平安水組へ十萬圓請求損害賠償提起
193297	朝鮮朝日	西北版	1930-08-09	1	04단	これから手習ひ二十師團長室中將語る
193298	朝鮮朝日	西北版	1930-08-09	1	05단	新米の走り
193299	朝鮮朝日	西北版	1930-08-09	1	05단	産業團體へ資金を貸付ける無利子で半年賦に平壤の商工業者救濟策
193300	朝鮮朝日	西北版	1930-08-09	1	05단	水田の涸渴で各地に雨乞昨今の慶北
193301	朝鮮朝日	西北版	1930-08-09	1	06단	山容は雄大で實に見事だ白頭山の頂上を極め下郡山技師はかたる

일련번호	판명		간행일	면	단수	기사명
193302	朝鮮朝日	西北版	1930-08-09	1	06단	機體は眞二つに折れて破壊し搭乗者二名は惨死す遭難の二人は前途有望の青年
193303	朝鮮朝日	西北版	1930-08-09	1	07단	九十九度三で市民悲鳴をあぐ咸興は記錄破りの暑さ
193304	朝鮮朝日	西北版	1930-08-09	1	07단	不景氣から歸鮮者漸增木浦港の現狀
193305	朝鮮朝日	西北版	1930-08-09	1	08단	船夫が船夫を三又で刺殺
193306	朝鮮朝日	西北版	1930-08-09	1	08단	百五十名に包圍され巡査を袋たゝき定平を距る二里の所で目下暴行犯人捜査中
193307	朝鮮朝日	西北版	1930-08-09	1	09단	牡丹台野話
193308	朝鮮朝日	西北版	1930-08-09	1	09단	日本海で戰技訓練の上第一艦隊鎮海へ
193309	朝鮮朝日	西北版	1930-08-09	1	09단	國産品獎勵展
193310	朝鮮朝日	西北版	1930-08-09	1	09단	一千圓を貸せと脅迫文を送る失業苦の若者
193311	朝鮮朝日	西北版	1930-08-09	1	10단	問題の巨人僧侶行方不明興行師が連出す
193312	朝鮮朝日	西北版	1930-08-09	1	10단	狂犬のために幼兒咬まる豫防注射勵行
193313	朝鮮朝日	西北版	1930-08-09	1	10단	賣られる所を人妻二名救はる
193314	朝鮮朝日	西北版	1930-08-09	1	10단	柔道試合
193315	朝鮮朝日	西北版	1930-08-09	1	10단	人(室兼次中將(新任第二十師團長)/中山貞雄代議士/岡田兼一氏(間島總領事)/小山朝鮮軍々醫部長/淸田信一氏(新任慶北農務課長))
193316	朝鮮朝日	西北・南鮮版	1930-08-09	2	01단	各地短信(仁川/間島/咸興/鎮南浦/光州/群山/公州/新義州)
193317	朝鮮朝日	西北・南鮮版	1930-08-09	2	01단	中小工業者の業態を精査して振興策を講ずる(平南道の産業課)
193318	朝鮮朝日	西北・南鮮版	1930-08-09	2	01단	金剛山の復舊成る山容に一新味を加へて宣傳
193319	朝鮮朝日	西北・南鮮版	1930-08-09	2	01단	農事改良の根本的調査慶南で行ふ
193320	朝鮮朝日	西北・南鮮版	1930-08-09	2	02단	簡易理科器械製作講習會
193321	朝鮮朝日	西北・南鮮版	1930-08-09	2	02단	不況に喘ぐ世相を示す仁川局の業績
193322	朝鮮朝日	西北・南鮮版	1930-08-09	2	03단	冬物仕入資金は活潑平壤の金融界
193323	朝鮮朝日	西北・南鮮版	1930-08-09	2	04단	レールのさび
193324	朝鮮朝日	西北・南鮮版	1930-08-09	2	04단	在庫品の整理に頭痛新義州木林界
193325	朝鮮朝日	西北・南鮮版	1930-08-09	2	04단	大豆檢査數
193326	朝鮮朝日	西北・南鮮版	1930-08-09	2	04단	東萊の盆踊
193327	朝鮮朝日	南鮮版	1930-08-10	1	01단	明年度の豫算は未曾有の編成難だ實行豫算は近くきまる打合から歸った林財務局長語る

일련번호	판명		간행일	면	단수	기사명
193328	朝鮮朝日	南鮮版	1930-08-10	1	01단	米倉低資の融通大體五百八十萬圓大藏省の承認を得た湯村本府農務課長歸來談
193329	朝鮮朝日	南鮮版	1930-08-10	1	03단	李殷慶氏逝く
193330	朝鮮朝日	南鮮版	1930-08-10	1	03단	大邱地方は殺人的暑熱日射病續出の有樣
193331	朝鮮朝日	南鮮版	1930-08-10	1	03단	警察電話網の充實をはかる六ヶ年計劃のもとに總額七百萬圓を支出す
193332	朝鮮朝日	南鮮版	1930-08-10	1	04단	遞信惜敗
193333	朝鮮朝日	南鮮版	1930-08-10	1	04단	現行料金より三割値下を要望京城電氣會社に對し京城府民大會で決議
193334	朝鮮朝日	南鮮版	1930-08-10	1	04단	物産會社と契約を結び農産物を賣り捌く仁川府の中華農業會
193335	朝鮮朝日	南鮮版	1930-08-10	1	05단	仁川の夕べ
193336	朝鮮朝日	南鮮版	1930-08-10	1	06단	男は汗だくだくに鯉は涼しい旅行冷藏貨車に乘って
193337	朝鮮朝日	南鮮版	1930-08-10	1	06단	公家對總督府の感情問題に轉化し成り行きを注目さる李鍵公家の漁場問題/公家と香椎氏の折衝どう落ちつくか裏面に二三有力當業者が暗中策動の模樣/相當に重大化す不成立の場合
193338	朝鮮朝日	南鮮版	1930-08-10	1	06단	元親睦會委員制令違反で送局
193339	朝鮮朝日	南鮮版	1930-08-10	1	07단	京城市區改修工事計劃方針を變更す繼續事業の不許可で府當局で對策を考究
193340	朝鮮朝日	南鮮版	1930-08-10	1	08단	短歌/橋田東聲選
193341	朝鮮朝日	南鮮版	1930-08-10	1	08단	トラック正面衝突
193342	朝鮮朝日	南鮮版	1930-08-10	1	08단	寺に潛伏して不穩の計劃
193343	朝鮮朝日	南鮮版	1930-08-10	1	08단	突然鑛山陷沒六名生埋め全部卽死したらしい慶北利安面の珍事
193344	朝鮮朝日	南鮮版	1930-08-10	1	09단	今樣鬼熊を逮捕のため山を包圍して搜査數日中に逮捕の豫定
193345	朝鮮朝日	南鮮版	1930-08-10	1	09단	日射病で兵士仆る行軍中の七名
193346	朝鮮朝日	南鮮版	1930-08-10	1	09단	雷に打たれ老婆死亡す
193347	朝鮮朝日	南鮮版	1930-08-10	1	09단	桑畑を掘り返す
193348	朝鮮朝日	南鮮版	1930-08-10	1	10단	モヒ、コカイン密輸入現品を押收し犯人を搜査中
193349	朝鮮朝日	南鮮版	1930-08-10	1	10단	毒殺した內緣の妻京城檢事局で嚴重に取調ぶ
193350	朝鮮朝日	南鮮版	1930-08-10	1	10단	人(李鍝公殿下/周山滿藏大佐(元步兵七十八聯隊長)/馬場龜格中佐(元龍山憲兵分隊長)/林財務局長/湯村辰二郎氏(本府農務課長))

일련번호	판명		간행일	면	단수	기사명
193351	朝鮮朝日	西北版	1930-08-10	1	01단	明年度の豫算は未曾有の編成難だ實行豫算は近くきまる打合から歸った林財務局長語る
193352	朝鮮朝日	西北版	1930-08-10	1	01단	米倉低資の融通大體五百八十萬圓大藏省の承認を得た湯村本府農務課長歸來談
193353	朝鮮朝日	西北版	1930-08-10	1	03단	國調に用ふる臨時雇員試驗
193354	朝鮮朝日	西北版	1930-08-10	1	03단	多獅島築港の調査は不能風つよきため
193355	朝鮮朝日	西北版	1930-08-10	1	03단	警察電話の網充實をはかる六ヶ年計劃のもとに總額七百萬圓を支出す
193356	朝鮮朝日	西北版	1930-08-10	1	04단	道路選獎會國勢調査の關係で時期をはやめて行ふ
193357	朝鮮朝日	西北版	1930-08-10	1	04단	短歌/橋田東聲選
193358	朝鮮朝日	西北版	1930-08-10	1	04단	遞信慘敗
193359	朝鮮朝日	西北版	1930-08-10	1	05단	兪城川附替促進猛運動
193360	朝鮮朝日	西北版	1930-08-10	1	05단	李殷慶氏逝く
193361	朝鮮朝日	西北版	1930-08-10	1	05단	仁川の夕べ
193362	朝鮮朝日	西北版	1930-08-10	1	05단	中心教關係者檢事局送り
193363	朝鮮朝日	西北版	1930-08-10	1	06단	中等學校の授業料滯納非常に多い
193364	朝鮮朝日	西北版	1930-08-10	1	06단	腐敗や有害の不良品を平氣で販賣する商人が多いあぶない淸涼飮料水
193365	朝鮮朝日	西北版	1930-08-10	1	06단	お茶のあと
193366	朝鮮朝日	西北版	1930-08-10	1	06단	公家對總督府の感情問題に轉化し成り行きを注目さる李鍵公家の漁場問題/公家と香椎氏の折衝どう落ちつくか裏面に二三有力當業者が暗中策動の模樣/相當に重大化す不成立の場合
193367	朝鮮朝日	西北版	1930-08-10	1	07단	大邱地方は殺人的暑熱日射病續出の有樣
193368	朝鮮朝日	西北版	1930-08-10	1	07단	肺ヂストマ三十六名發生
193369	朝鮮朝日	西北版	1930-08-10	1	08단	桑畑を掘り返す
193370	朝鮮朝日	西北版	1930-08-10	1	08단	當豪に脅迫書不穩文字を並べておどす
193371	朝鮮朝日	西北版	1930-08-10	1	08단	牡丹台野話
193372	朝鮮朝日	西北版	1930-08-10	1	09단	不況から資金の需要激減朝鮮銀行券發行高遂に七千萬圓台割る
193373	朝鮮朝日	西北版	1930-08-10	1	09단	今樣鬼熊を逮捕のため山を包圍して搜査數日中に逮捕の豫定
193374	朝鮮朝日	西北版	1930-08-10	1	09단	突然鑛山陷沒六名生埋め全部卽死したらしい慶北利安面の珍事
193375	朝鮮朝日	西北版	1930-08-10	1	10단	毒殺した內緣の妻京城檢事局で嚴重に取調ぶ

일련번호	판명		간행일	면	단수	기사명
193376	朝鮮朝日	西北版	1930-08-10	1	10단	人(趙鍾春氏(平南道保安課長))
193377	朝鮮朝日	西北版	1930-08-10	1	10단	トラック正面衝突
193378	朝鮮朝日	西北版	1930-08-10	1	10단	寺に潜伏して不穏の計畫
193379	朝鮮朝日	西北・南鮮版	1930-08-10	2	01단	見込が立てば第二案實行ボーリングは遅れる昭和水利組合の事業
193380	朝鮮朝日	西北・南鮮版	1930-08-10	2	01단	金融組合規程改正副理事を置く
193381	朝鮮朝日	西北・南鮮版	1930-08-10	2	01단	平南栗を檢査し品質の向上につとめる
193382	朝鮮朝日	西北・南鮮版	1930-08-10	2	01단	第二咸安水利整理斷行か
193383	朝鮮朝日	西北・南鮮版	1930-08-10	2	02단	不況に喘へぐ京城府内の劇場映畫館
193384	朝鮮朝日	西北・南鮮版	1930-08-10	2	02단	レールのさび
193385	朝鮮朝日	西北・南鮮版	1930-08-10	2	02단	移出入漸減仁川七月貿易
193386	朝鮮朝日	西北・南鮮版	1930-08-10	2	03단	雨が降らず山間部弱る
193387	朝鮮朝日	西北・南鮮版	1930-08-10	2	03단	慶北地方に浮塵子發生
193388	朝鮮朝日	西北・南鮮版	1930-08-10	2	03단	漁業法規講習會
193389	朝鮮朝日	西北・南鮮版	1930-08-10	2	04단	獸肉の持込み漸く許さる但自家用だけ
193390	朝鮮朝日	西北・南鮮版	1930-08-10	2	04단	鎭海惨死者の精靈ながし
193391	朝鮮朝日	西北・南鮮版	1930-08-10	2	04단	各地短信(釜山/仁川/木浦)
193392	朝鮮朝日	南鮮版	1930-08-12	1	01단	手落ちはないいや手落だと漁場協商決裂をめぐって李鍵公家、總督府の權力爭ひ/總督府が斡旋する等そんなことはない然し事情如何では考慮松村殖産局長の談
193393	朝鮮朝日	南鮮版	1930-08-12	1	01단	二週日に互り炎天下を具さに風害地視察を終る海江田侍從歸東す/九龍浦視察
193394	朝鮮朝日	南鮮版	1930-08-12	1	03단	朝鮮一の大水利組合明年解氷期から着工工事費は三千萬圓
193395	朝鮮朝日	南鮮版	1930-08-12	1	03단	生活費を與へ急場を救ふ東海岸一帶の漁業者總督府の救濟策
193396	朝鮮朝日	南鮮版	1930-08-12	1	04단	御下賜金傳達
193397	朝鮮朝日	南鮮版	1930-08-12	1	04단	內外品の對比展京城商議所で九月頃に開く
193398	朝鮮朝日	南鮮版	1930-08-12	1	04단	群山府營渡船の讓渡原案に決定
193399	朝鮮朝日	南鮮版	1930-08-12	1	05단	慶北の大豆作本年は順調收穫七十萬石突破か
193400	朝鮮朝日	南鮮版	1930-08-12	1	05단	要求額の八割は承認されよう災害復舊費につき谷慶北土木課長談
193401	朝鮮朝日	南鮮版	1930-08-12	1	05단	病める細民救濟に蹶起大邱署と大邱病院協力して巡回診療

일련번호	판명		간행일	면	단수	기사명
193402	朝鮮朝日	南鮮版	1930-08-12	1	05단	*肥田、增原兩名の大詐欺事件の公判愈十五日から京城地方法院で一般に非常の興味を惹く/肥田理吉保釋となる神經病が昂じ*
193403	朝鮮朝日	南鮮版	1930-08-12	1	06단	驛長異動
193404	朝鮮朝日	南鮮版	1930-08-12	1	06단	阿片窟を襲ひ五名を逮捕
193405	朝鮮朝日	南鮮版	1930-08-12	1	06단	傳馬船に乗り十五日間漂流しやうやく命拾ひする
193406	朝鮮朝日	南鮮版	1930-08-12	1	07단	豊年ぢや滿作ぢやで農民達は大喜び京畿道內の稻作柄
193407	朝鮮朝日	南鮮版	1930-08-12	1	07단	思想團員と稱して恐喝を働く
193408	朝鮮朝日	南鮮版	1930-08-12	1	08단	*雇主の聲明に衝動を受け軟化職工を出すかゴム靴工場の爭議/定給職工も加はり完全に休業狀態雙方愈よ持久戰に成り行き注目さる*
193409	朝鮮朝日	南鮮版	1930-08-12	1	09단	他殺と判明
193410	朝鮮朝日	南鮮版	1930-08-12	1	09단	詐欺橫領の高女校々長一件記錄と共に檢事局に送致
193411	朝鮮朝日	南鮮版	1930-08-12	1	09단	賊と格鬪
193412	朝鮮朝日	南鮮版	1930-08-12	1	09단	內鮮中等學校選拔野球組合せ參加校十一に上る
193413	朝鮮朝日	南鮮版	1930-08-12	1	10단	大神面でヌクテ狩近く行ふ筈
193414	朝鮮朝日	南鮮版	1930-08-12	1	10단	飛込み自殺
193415	朝鮮朝日	南鮮版	1930-08-12	1	10단	竊盜捕はる
193416	朝鮮朝日	南鮮版	1930-08-12	1	10단	狂犬發生す
193417	朝鮮朝日	南鮮版	1930-08-12	1	10단	人(松村殖産局長/嘉村平壤第三十九旅團長/谷慶南知事、美座同警察部長)
193418	朝鮮朝日	西北版	1930-08-12	1	01단	*手落ちはないいや手落だと漁場協商決裂をめぐって李鍵公家、總督府の權力爭ひ/總督府が斡旋する等そんなことはない然し事情如何では考慮松村殖産局長の談*
193419	朝鮮朝日	西北版	1930-08-12	1	01단	朝鮮一の大水利組合明年解氷期から着エ工事費は三千萬圓
193420	朝鮮朝日	西北版	1930-08-12	1	03단	水利課獨立
193421	朝鮮朝日	西北版	1930-08-12	1	03단	視學を增員
193422	朝鮮朝日	西北版	1930-08-12	1	03단	沿海州の警備打合せ寺垣氏北鮮へ
193423	朝鮮朝日	西北版	1930-08-12	1	03단	生活費を與へ急場を救ふ東海岸一帶の漁業者總督府の救濟策
193424	朝鮮朝日	西北版	1930-08-12	1	04단	新義州の延市場開場

일련번호	판명		간행일	면	단수	기사명
193425	朝鮮朝日	西北版	1930-08-12	1	04단	驛長異動
193426	朝鮮朝日	西北版	1930-08-12	1	04단	酒豪で聞えた武田旅團長十二日に着任
193427	朝鮮朝日	西北版	1930-08-12	1	04단	故室曹長は孝心厚き人
193428	朝鮮朝日	西北版	1930-08-12	1	05단	堤防決潰は賠償金で落着
193429	朝鮮朝日	西北版	1930-08-12	1	05단	線香代値下を券番に交涉妓生の進出によって藝妓は全くはやらぬ
193430	朝鮮朝日	西北版	1930-08-12	1	05단	傳馬船に乘り十五日間漂流しやうやく命拾ひする
193431	朝鮮朝日	西北版	1930-08-12	1	05단	天候都合ではお米は豊作作付段別も增してゐるため收穫量も增加しよう
193432	朝鮮朝日	西北版	1930-08-12	1	05단	孤獨老人の救濟を行ふ
193433	朝鮮朝日	西北版	1930-08-12	1	05단	泥中の蓮花貸座敷主人の仁俠美談
193434	朝鮮朝日	西北版	1930-08-12	1	06단	記念栞配布
193435	朝鮮朝日	西北版	1930-08-12	1	06단	肥田、增原兩名の大詐欺事件の公判愈十五日から京城地方法院で一般に非常の興味を惹く/肥田理吉保釋となる神經病が昂じ
193436	朝鮮朝日	西北版	1930-08-12	1	07단	列車妨害に二年の求刑
193437	朝鮮朝日	西北版	1930-08-12	1	07단	お寺をだした詐欺を働く
193438	朝鮮朝日	西北版	1930-08-12	1	07단	雇主の聲明に衝動を受け軟化職工を出すかゴム靴工場の爭議/定給職工も加はり完全に休業狀態雙方愈よ持久戰に成り行き注目さる
193439	朝鮮朝日	西北版	1930-08-12	1	08단	牡丹台野話
193440	朝鮮朝日	西北版	1930-08-12	1	08단	脱獄因捕る
193441	朝鮮朝日	西北版	1930-08-12	1	08단	鷄コレラ平南道に發生
193442	朝鮮朝日	西北版	1930-08-12	1	08단	用水路に身を投じて水の流れに任し駐在所にたどりつく袋叩された巡査の話
193443	朝鮮朝日	西北版	1930-08-12	1	09단	支那の官憲が平氣で鹽を密輸あまりの圖々しさに新義州府民あきれる
193444	朝鮮朝日	西北版	1930-08-12	1	10단	竊盜捕はる
193445	朝鮮朝日	西北版	1930-08-12	1	10단	狂犬發生す
193446	朝鮮朝日	西北版	1930-08-12	1	10단	牛や魚族が酷暑で斃死
193447	朝鮮朝日	西北版	1930-08-12	1	10단	他殺と判明
193448	朝鮮朝日	西北・南鮮版	1930-08-12	2	01단	火曜のベーヂ(一、ニィ、ちゃん中河幹子/子等の疑問らいてう)
193449	朝鮮朝日	西北・南鮮版	1930-08-12	2	02단	伊藤博文公のお寺を建立する兒玉總監の發案で京城南山に十月から着工

일련번호	판명		간행일	면	단수	기사명
193450	朝鮮朝日	西北・南鮮版	1930-08-12	2	03단	昔の豆粕萬能は化學肥料の進出で地位を奪はれる狀態
193451	朝鮮朝日	西北・南鮮版	1930-08-12	2	06단	ソウエートの壓制に堪へかね逃歸る朝鮮人農夫
193452	朝鮮朝日	西北・南鮮版	1930-08-12	2	06단	小作料の重荷に耐へず東拓や總督府へ陳情全南宮三面の小作人
193453	朝鮮朝日	西北・南鮮版	1930-08-12	2	07단	忠北宣傳歌當選者決定
193454	朝鮮朝日	南鮮版	1930-08-13	1	01단	またまた颱風襲來朝鮮海峽は大時化各連絡船は缺航して大混雜極度に不安の釜山市民/送電線の故障で下關は暗黑化關釜關門兩連絡船杜絶市民は極度の不安にをのゝく/門司市各工場等の被害は甚大に上り九軌電車も不通となる附近海岸では多數帆船が難破
193455	朝鮮朝日	南鮮版	1930-08-13	1	05단	全國中等學校優勝大會相手の米子中學は怖いとは思はない短打主義で大いに自信がある大邱商主將杉原君語る/全新義州軍敗る/興南勝つ/平實惜敗
193456	朝鮮朝日	南鮮版	1930-08-13	1	05단	外務省との交渉纏らぬ中華領事館の清津設置成り行きを注目さる
193457	朝鮮朝日	南鮮版	1930-08-13	1	06단	二十ケ條の要求條件を決議愈よ解決は困難かゴム工場職工の罷業
193458	朝鮮朝日	南鮮版	1930-08-13	1	07단	魚油暴落に刺戟され咸北に水産組合加入者六百名に上る近く認可の申請
193459	朝鮮朝日	南鮮版	1930-08-13	1	08단	職工の要求は斷然拒絶出勤せねば解雇すると決る
193460	朝鮮朝日	南鮮版	1930-08-13	1	08단	臨時入港船は一隻もない寂寥々たる新義州海運界
193461	朝鮮朝日	南鮮版	1930-08-13	1	09단	平壤地方は殺人的暑さ牛は日射病に罹って町中でころりと斃死
193462	朝鮮朝日	南鮮版	1930-08-13	1	09단	鎭海事件追悼會
193463	朝鮮朝日	南鮮版	1930-08-13	1	09단	各地短信(新義州/平壤/仁川)
193464	朝鮮朝日	南鮮版	1930-08-13	1	10단	貨物自動車顚覆し一名重輕傷
193465	朝鮮朝日	南鮮版	1930-08-13	1	10단	江原道の國調標語宣傳歌當選者發表
193466	朝鮮朝日	南鮮版	1930-08-13	1	10단	人(徐紀淳氏(忠南道查與官))
193467	朝鮮朝日	南鮮版	1930-08-14	1	01단	元山の移出牛は次第に減少し城津にお株を奪はれる豫防檢疫の撤廢を要望

일련번호	판명		간행일	면	단수	기사명
193468	朝鮮朝日	南鮮版	1930-08-14	1	01단	颱風は慶北道の東海岸一帶を襲ひ鬱陵島の被害は甚大か前回に比して風勢は稍弱い/もの凄き暴風雨夜にかけ暴れ狂ひ暗黑の巷と化した釜山や東萊地方/內鮮通信機關杜絶の狀態まったく稀有のこと關釜海底線復舊せず/相當の被害釜山府內/各連絡船復活す/慶南道へも御救恤金御下賜(二千七百二十三圓)拜受者二千三百餘名/風水被害總額二百五十一萬餘圓家屋水産農産等の被害夥し慶南道當局の調査
193469	朝鮮朝日	南鮮版	1930-08-14	1	01단	釜山驛は大混雜德壽丸滿員できのふ出帆す
193470	朝鮮朝日	南鮮版	1930-08-14	1	04단	白頭山の凉味(1)
193471	朝鮮朝日	南鮮版	1930-08-14	1	05단	運動界(神宮水上競技)
193472	朝鮮朝日	南鮮版	1930-08-14	1	05단	整理に非ざる整理を行ふ私鐵に對し人を委讓こんな事で經費を縮小する
193473	朝鮮朝日	南鮮版	1930-08-14	1	06단	海江田侍從退鮮
193474	朝鮮朝日	南鮮版	1930-08-14	1	06단	訓導溺死
193475	朝鮮朝日	南鮮版	1930-08-14	1	07단	連絡試驗調査や海洋調査等協議鮮內水産試驗場長會
193476	朝鮮朝日	南鮮版	1930-08-14	1	07단	市場の記念杯
193477	朝鮮朝日	南鮮版	1930-08-14	1	07단	森岡警務局長咸北方面巡視
193478	朝鮮朝日	南鮮版	1930-08-14	1	07단	新銳大邱商業天晴れ武者ぶり先づ米子中を屠り朝鮮球界のため氣を吐く
193479	朝鮮朝日	南鮮版	1930-08-14	1	08단	漁業組合から起債を行はせて組合に貸しつける慶南道の漁業者救濟
193480	朝鮮朝日	南鮮版	1930-08-14	1	09단	約三百名の不穩分子が忽然現はれ掠奪す賊軍の勢は強大
193481	朝鮮朝日	南鮮版	1930-08-14	1	09단	江原道竹邊に穩城丸避難
193482	朝鮮朝日	南鮮版	1930-08-14	1	09단	殘暑と共に傳染病の猛威京城府の發生累計千名を突破する
193483	朝鮮朝日	南鮮版	1930-08-14	1	10단	ゴム爭議持久戰職工側新要求
193484	朝鮮朝日	南鮮版	1930-08-14	1	10단	五年前の强盜犯人片割れ捕る
193485	朝鮮朝日	西北版	1930-08-14	1	01단	元山の移出牛は次第に減少し城津にお株を奪はれる豫防檢疫の撤廢を要望
193486	朝鮮朝日	西北版	1930-08-14	1	01단	颱風は慶北道の東海岸一帶を襲ひ鬱陵島の被害は甚大か前回に比して風勢は稍弱い/もの凄き暴風雨夜にかけ暴れ狂ひ暗黑の巷と化した釜山や東萊地方/內

일련번호	판명		간행일	면	단수	기사명
193486	朝鮮朝日	西北版	1930-08-14	1	01단	鮮通信機關杜絶の狀態まったく稀有のこと關釜海底線復舊せず/相當の被害釜山府內/各連絡船復活す/慶南道へも御救恤金御下賜(二千七百二十三圓)拜受者二千三百餘名/風水被害總額二百五十一萬餘圓家屋水産農産等の被害夥し慶南道當局の調査
193487	朝鮮朝日	西北版	1930-08-14	1	01단	釜山驛は大混雜德壽丸滿員できのふ出帆す
193488	朝鮮朝日	西北版	1930-08-14	1	04단	白頭山の凉味(1)
193489	朝鮮朝日	西北版	1930-08-14	1	05단	運動界(神宮水上競技)
193490	朝鮮朝日	西北版	1930-08-14	1	05단	整理に非ざる整理を行ふ私鐵に對し人を委讓こんな事で經費を縮小する
193491	朝鮮朝日	西北版	1930-08-14	1	06단	海江田侍從退鮮
193492	朝鮮朝日	西北版	1930-08-14	1	06단	訓導溺死
193493	朝鮮朝日	西北版	1930-08-14	1	07단	連絡試驗調査や海洋調査等協議鮮內水産試驗場長會
193494	朝鮮朝日	西北版	1930-08-14	1	07단	市場の記念杯
193495	朝鮮朝日	西北版	1930-08-14	1	07단	森岡警務局長咸北方面巡視
193496	朝鮮朝日	西北版	1930-08-14	1	07단	新銳大邱商業天晴れ武者ぶり先づ米子中を屠り朝鮮球界のため氣を吐く
193497	朝鮮朝日	西北版	1930-08-14	1	08단	漁業組合から起債を行はせて組合に貸しつける慶南道の漁業者救濟
193498	朝鮮朝日	西北版	1930-08-14	1	09단	約三百名の不穩分子が忽然現はれ掠奪す賊軍の勢は强大
193499	朝鮮朝日	西北版	1930-08-14	1	09단	江原道竹邊に穩城丸避難
193500	朝鮮朝日	西北版	1930-08-14	1	09단	殘暑と共に傳染病の猛威京城府の發生累計千名を突破する
193501	朝鮮朝日	西北版	1930-08-14	1	10단	ゴム爭議持久戰職工側新要求
193502	朝鮮朝日	西北版	1930-08-14	1	10단	五年前の强盜犯人片割れ捕る
193503	朝鮮朝日	西北・南鮮版	1930-08-14	2	01단	數度の失敗に鑑み落葉かきを嚴禁す貧しい人達には氣の毒だが京城と心喰ひ蟲驅除對策
193504	朝鮮朝日	西北・南鮮版	1930-08-14	2	01단	近頃自殺者の數がうんと殖えた平和鄕に遠慮なく文化の潮は押寄せきたる
193505	朝鮮朝日	西北・南鮮版	1930-08-14	2	01단	京城局に集信機電報の配達は餘程よくなる
193506	朝鮮朝日	西北・南鮮版	1930-08-14	2	01단	農民食料の榮養價値を醫化學的に研究
193507	朝鮮朝日	西北・南鮮版	1930-08-14	2	01단	荷馬車の積載量取締り勵行
193508	朝鮮朝日	西北・南鮮版	1930-08-14	2	02단	水害義金成績は思しくない

일련번호	판명		간행일	면	단수	기사명
193509	朝鮮朝日	西北・南鮮版	1930-08-14	2	02단	中元廢止を勸告
193510	朝鮮朝日	西北・南鮮版	1930-08-14	2	03단	貧民窟に巡回診療病人には無料診療券を交付
193511	朝鮮朝日	西北・南鮮版	1930-08-14	2	04단	軍艦三笠保存巡回講演映畫會
193512	朝鮮朝日	西北・南鮮版	1930-08-14	2	04단	初等教師講習會
193513	朝鮮朝日	西北・南鮮版	1930-08-14	2	04단	女事務員採用で大繁昌
193514	朝鮮朝日	西北・南鮮版	1930-08-14	2	04단	レールのさび
193515	朝鮮朝日	南鮮版	1930-08-15	1	01단	農村向雜貨類の仕入量俄然殖える不況時代に反する現象豊作豫想と生活の向上からか
193516	朝鮮朝日	南鮮版	1930-08-15	1	01단	金融組合の定疑を改正同時に理事見習の養成方法も改む
193517	朝鮮朝日	南鮮版	1930-08-15	1	01단	ああ！殺人的暑さ毎日三十六、七度を突破狂燥的犯罪激增の傾き/映畫を觀れば血を見たくなる吸血鬼に似た怪少女少年を咬んで大騷ぎ/流退の理髮人自殺を企つ/病苦の自殺/海上で亂闘巡査も毆らる/巡査溺死/洗濯棒で實父を毆殺/他殺の疑ひ大邱署活動
193518	朝鮮朝日	南鮮版	1930-08-15	1	02단	海底線故障で電報も中繼
193519	朝鮮朝日	南鮮版	1930-08-15	1	03단	向ふ十箇年の猶豫を與へ醫師試驗を廢止する藥劑師、齒科醫試驗も共に
193520	朝鮮朝日	南鮮版	1930-08-15	1	03단	罷業に絡むエピソード夫の軟化を憤って遂に夫婦別れし女乍らも奮闘を續く罷業に困り拔く工場もある/ゴム靴職工が愈持久戰に入る不穩ビラを壁に貼り警官のため剝取らる
193521	朝鮮朝日	南鮮版	1930-08-15	1	05단	この盛觀！
193522	朝鮮朝日	南鮮版	1930-08-15	1	07단	一勝者試合に古豪松山商と對戰早くもファンの血をそゝる大邱商の健闘振り/內鮮野球大會愈よけふ！集る新銳古豪十一校
193523	朝鮮朝日	南鮮版	1930-08-15	1	08단	家が倒壞し四名が下敷一名は死亡
193524	朝鮮朝日	南鮮版	1930-08-15	1	10단	一家全滅の家庭調べ全鮮で四十八戸に上る/獄中から義捐金教誨師から風水害を聞いて
193525	朝鮮朝日	南鮮版	1930-08-15	1	10단	料理屋側も値下斷行か
193526	朝鮮朝日	南鮮版	1930-08-15	1	10단	大ヌクテ現れ小娘を浚ふ
193527	朝鮮朝日	南鮮版	1930-08-15	1	10단	獸疫血淸製造所損害復舊を急ぐ

일련번호	판명		간행일	면	단수	기사명
193528	朝鮮朝日	西北版	1930-08-15	1	01단	農村向雜貨類の仕入量俄然殖える不況時代に反する現象豊作豫想と生活の向上からか
193529	朝鮮朝日	西北版	1930-08-15	1	01단	金融組合の定疑を改正同時に理事見習の養成方法も改む
193530	朝鮮朝日	西北版	1930-08-15	1	01단	ああ！殺人的暑さ毎日三十六、七度を突破狂燥的犯罪激増の傾き/映畫を觀れば血を見たくなる吸血鬼に似た怪少女少年を咬んで大騷ぎ/流退の理髪人自殺を企つ/病苦の自殺/海上で亂闘巡査も毆らる/白晝の強盜悪運つき逮捕/巡査溺死/洗濯棒で賣父を毆殺/他殺の疑ひ大邱署活動
193531	朝鮮朝日	西北版	1930-08-15	1	02단	海底線故障で電報も中斷
193532	朝鮮朝日	西北版	1930-08-15	1	03단	會社側も腹をきめて新規職工雇入れか平壤ゴム職工爭議/罷業に絡むエピソード夫の軟化を憤って遂に夫婦別れし女乍らも奮闘を續く罷業に困り拔く工場もある/ゴム靴職工が愈持久戰に入る不穩ビラを壁に貼り警官のため剝取らる
193533	朝鮮朝日	西北版	1930-08-15	1	05단	この盛觀！
193534	朝鮮朝日	西北版	1930-08-15	1	07단	新義州守備隊耐熱行軍
193535	朝鮮朝日	西北版	1930-08-15	1	08단	多獅島築港の測量班慰問
193536	朝鮮朝日	西北版	1930-08-15	1	08단	愈明年度から漁港を改修放任されてゐるたゝめ咸鏡北道當局の計劃
193537	朝鮮朝日	西北版	1930-08-15	1	08단	一勝者試合に古豪松山商と對戰早くもファンの血をそゝる大邱商の健闘振り
193538	朝鮮朝日	西北版	1930-08-15	1	10단	洋品店を繞る詐欺團送局
193539	朝鮮朝日	西北版	1930-08-15	1	10단	賣藥行商人が劇藥を賣るマラリヤ娘死亡
193540	朝鮮朝日	西北版	1930-08-15	1	10단	暴民の檢擧は容易でない
193541	朝鮮朝日	西北版	1930-08-15	1	10단	三人組強盜一目散に逃走
193542	朝鮮朝日	西北・南鮮版	1930-08-15	2	01단	稲作を初め一般農作物は待ち望んだ降雨で豊作を豫想さるゝ
193543	朝鮮朝日	西北・南鮮版	1930-08-15	2	01단	漁船復舊費の借入契約成立しいよいよ活氣づく慶北東海岸漁業者
193544	朝鮮朝日	西北・南鮮版	1930-08-15	2	01단	農事開發に講話と指導
193545	朝鮮朝日	西北・南鮮版	1930-08-15	2	01단	貨車は大欠伸待避線に惨な姿をさらす
193546	朝鮮朝日	西北・南鮮版	1930-08-15	2	01단	滿洲粟の輸入增加を示す
193547	朝鮮朝日	西北・南鮮版	1930-08-15	2	02단	平北の秋蠶掃立

일련번호	판명		간행일	면	단수	기사명
193548	朝鮮朝日	西北·南鮮版	1930-08-15	2	02단	蘋果の大敵蔓延當業者大警戒
193549	朝鮮朝日	西北·南鮮版	1930-08-15	2	02단	北海道農業を模範とするため影澤咸南産業技師が詳細に視察して歸る
193550	朝鮮朝日	西北·南鮮版	1930-08-15	2	03단	七月末現在の振替口座
193551	朝鮮朝日	西北·南鮮版	1930-08-15	2	03단	水利貯水池にニジ鱒養殖
193552	朝鮮朝日	西北·南鮮版	1930-08-15	2	04단	各地短信(公州/元山/平壤/茂山/仁川)
193553	朝鮮朝日	南鮮版	1930-08-16	1	01단	鮮銀が借入れ東拓と殖銀に分與借入れの諒解成立した米穀倉庫に對する資金五百萬圓
193554	朝鮮朝日	南鮮版	1930-08-16	1	01단	中央電話局の交換台が行詰る緊縮政策に崇られて二進も三進も出来ぬ
193555	朝鮮朝日	南鮮版	1930-08-16	1	01단	白頭山の高山植物
193556	朝鮮朝日	南鮮版	1930-08-16	1	03단	災害地の免税地調査すゝむ
193557	朝鮮朝日	南鮮版	1930-08-16	1	03단	朝鮮中央電氣創立を計劃
193558	朝鮮朝日	南鮮版	1930-08-16	1	04단	鮮銀の資金融通は慶一共同兩行の合併解を決
193559	朝鮮朝日	南鮮版	1930-08-16	1	04단	鹽受人總數
193560	朝鮮朝日	南鮮版	1930-08-16	1	04단	少女給仕に非難が起る
193561	朝鮮朝日	南鮮版	1930-08-16	1	04단	知事以下總出で堆肥增産を獎勵慶北農務課の大意氣込
193562	朝鮮朝日	南鮮版	1930-08-16	1	04단	警察官大異動慶南で發令
193563	朝鮮朝日	南鮮版	1930-08-16	1	05단	松山商業に一泡吹かすか元氣一杯の大邱商/强剛松山商業との乾坤一擲の戰に電報でコーチを依賴菅君早速祕策を打電/地元軍振ふ南鮮選拔野球
193564	朝鮮朝日	南鮮版	1930-08-16	1	05단	肥田理吉の公判九月三日まで延期元氣者も病魔に勝てず意氣悄然として幸くも出廷す
193565	朝鮮朝日	南鮮版	1930-08-16	1	06단	簡易保險の業務講習會
193566	朝鮮朝日	南鮮版	1930-08-16	1	06단	共榮自動車と手を切るか
193567	朝鮮朝日	南鮮版	1930-08-16	1	07단	咸興眞瓜釜山に出初む飛ぶやうな賣行き
193568	朝鮮朝日	南鮮版	1930-08-16	1	07단	關釜連絡船食堂も値下
193569	朝鮮朝日	南鮮版	1930-08-16	1	07단	大邱のバス値下十五日から
193570	朝鮮朝日	南鮮版	1930-08-16	1	08단	麵類や飲み物値下げ大邱署管內で
193571	朝鮮朝日	南鮮版	1930-08-16	1	08단	天日氏から一萬圓寄附
193572	朝鮮朝日	南鮮版	1930-08-16	1	08단	別れた夫へ面當に入水
193573	朝鮮朝日	南鮮版	1930-08-16	1	08단	鮮外から潜入した不逞團とにらみ犯人の搜査につとむ咸南道の巡査殺し四人組强盗

일련번호	판명		간행일	면	단수	기사명
193574	朝鮮朝日	南鮮版	1930-08-16	1	09단	釜山に流行病續發
193575	朝鮮朝日	南鮮版	1930-08-16	1	09단	夏枯になやみ拔く昨今の興行常設館の入激減
193576	朝鮮朝日	南鮮版	1930-08-16	1	10단	手術前の痲酔で少年死亡す/誤診による世間の不安をのぞき度い金司法主任の談
193577	朝鮮朝日	南鮮版	1930-08-16	1	10단	ピストルを強盗に發射氣丈な後家さん
193578	朝鮮朝日	南鮮版	1930-08-16	1	10단	人(橋本關雪畵伯/澤田豊丈氏(東拓理事)/重松宣雄氏(ハルピン駐在領事))
193579	朝鮮朝日	西北版	1930-08-16	1	01단	鮮銀が借入れ東拓と殖銀に分與借入れの諒解成立した米穀倉庫に對する資金五百萬圓
193580	朝鮮朝日	西北版	1930-08-16	1	01단	三上面編入を咸南に交涉いまだ回答に接せず行惱みの狀態にあるため
193581	朝鮮朝日	西北版	1930-08-16	1	01단	酒保の撤廢を軍部に要望他と事情が違ふとて羅南の商工會頑張る
193582	朝鮮朝日	西北版	1930-08-16	1	01단	千佛山金鑛は採掘に決る又も新たに金鑛發見不況時代に耳よりな話二つ
193583	朝鮮朝日	西北版	1930-08-16	1	02단	元山無盡新築
193584	朝鮮朝日	西北版	1930-08-16	1	03단	水源地の漏れ水を利用して養魚冬期でも新鮮な魚が食膳に上る
193585	朝鮮朝日	西北版	1930-08-16	1	03단	多獅島築港の調査進捗す
193586	朝鮮朝日	西北版	1930-08-16	1	03단	奥地警察官の都會地見學
193587	朝鮮朝日	西北版	1930-08-16	1	03단	平壤涼態くらべ(1)/涼味よどこにゐる？大同橋下の人・人・人
193588	朝鮮朝日	西北版	1930-08-16	1	04단	朝鮮中央電氣創立を計劃
193589	朝鮮朝日	西北版	1930-08-16	1	04단	元山對咸興の老童庭球試合
193590	朝鮮朝日	西北版	1930-08-16	1	04단	平壤ゴム爭議いよいよ惡化し職工千五百名は解雇罷業團も結束を固む
193591	朝鮮朝日	西北版	1930-08-16	1	05단	住民を督して假橋を架け勞働の便をはかる近頃珍らしい巡査
193592	朝鮮朝日	西北版	1930-08-16	1	05단	北鮮醬油專務が社金を費消
193593	朝鮮朝日	西北版	1930-08-16	1	06단	畜牛氣腫疽免疫指編入
193594	朝鮮朝日	西北版	1930-08-16	1	06단	暴動事件の善後策打合せ
193595	朝鮮朝日	西北版	1930-08-16	1	06단	溜池の絞殺事件の犯人嫌疑者
193596	朝鮮朝日	西北版	1930-08-16	1	06단	肥田理吉の公判九月三日まで延期元氣者も病魔に勝てず意氣悄然として幸くも出廷す

일련번호	판명		간행일	면	단수	기사명
193597	朝鮮朝日	西北版	1930-08-16	1	07단	牡丹台野話
193598	朝鮮朝日	西北版	1930-08-16	1	07단	鮮外から潜入した不逞團とにらみ犯人の捜査につとむ咸南道の巡査殺し四人組強盗
193599	朝鮮朝日	西北版	1930-08-16	1	07단	誤って溺死
193600	朝鮮朝日	西北版	1930-08-16	1	07단	粗惡品を賣り詐欺を働く
193601	朝鮮朝日	西北版	1930-08-16	1	08단	平南价川郡に猛獸出沒近く大々的に猛獸狩を行ふ
193602	朝鮮朝日	西北版	1930-08-16	1	08단	匪賊國民府が不穏の計劃
193603	朝鮮朝日	西北版	1930-08-16	1	09단	松山商業に一泡吹かすか元氣一杯の大邱商/強剛松山商業との乾坤一擲の戰に電報でコーチを依賴菅君早速祕策を打電
193604	朝鮮朝日	西北版	1930-08-16	1	10단	ピストルを強盗に發射氣丈な後家さん
193605	朝鮮朝日	西北版	1930-08-16	1	10단	レールのさび
193606	朝鮮朝日	西北版	1930-08-16	1	10단	鷄奇病流行
193607	朝鮮朝日	西北版	1930-08-16	1	10단	別れた夫へ面當に入水
193608	朝鮮朝日	西北・南鮮版	1930-08-16	2	01단	巨人武田少將堂々と着任いざ鎌倉となりやあ斗酒辭せずとかたる
193609	朝鮮朝日	西北・南鮮版	1930-08-16	2	01단	絶望ではないが要は工事費の問題白石東大講師を招聘し實地視察を乞ひ對策を密議す
193610	朝鮮朝日	西北・南鮮版	1930-08-16	2	01단	海底道路の開鑿に極力努めるこの機會を逸しては將來實現の機は來ぬ
193611	朝鮮朝日	西北・南鮮版	1930-08-16	2	01단	新穀期迄は舊運賃率迄低下を考慮五島氏歸來談
193612	朝鮮朝日	西北・南鮮版	1930-08-16	2	02단	平南の農作は稀有の豊作成育狀況極めてよく天候も順調にす〉む
193613	朝鮮朝日	西北・南鮮版	1930-08-16	2	03단	電話加入者調べ
193614	朝鮮朝日	西北・南鮮版	1930-08-16	2	04단	貨物自動車線開設を陳情
193615	朝鮮朝日	西北・南鮮版	1930-08-16	2	04단	統營郡內の稲作は好況
193616	朝鮮朝日	西北・南鮮版	1930-08-16	2	04단	大邱商議移轉
193617	朝鮮朝日	南鮮版	1930-08-17	1	01단	今なほ熱湯沸ぎる白頭山の火口湖
193618	朝鮮朝日	南鮮版	1930-08-17	1	01단	財界有力者を招き不況の打開策を懇談會を開いて考究殖産局の新しい試み
193619	朝鮮朝日	南鮮版	1930-08-17	1	01단	平南道郡部の自動車綱を充實なほ改善をも期する道內營業者と懇談
193620	朝鮮朝日	南鮮版	1930-08-17	1	02단	平壤に消防會館目下設計中

일련번호	판명		간행일	면	단수	기사명
193621	朝鮮朝日	南鮮版	1930-08-17	1	03단	箕林里に水道延長六萬圓を投じ目下準備中
193622	朝鮮朝日	南鮮版	1930-08-17	1	04단	室師團長初巡視
193623	朝鮮朝日	南鮮版	1930-08-17	1	04단	惠みの雨で今年は豊年雨の中を流れる踊りの太鼓の音
193624	朝鮮朝日	南鮮版	1930-08-17	1	04단	好材料重なり稻作は豊作か百六十萬石を豫想
193625	朝鮮朝日	南鮮版	1930-08-17	1	04단	どしどし値の下る慶北の田畑利廻りは多少よくなったが全鮮平均とはまだ開く
193626	朝鮮朝日	南鮮版	1930-08-17	1	04단	成歡眞瓜獻上す齊藤總督から
193627	朝鮮朝日	南鮮版	1930-08-17	1	05단	火災豫防の萬全を期す平壤消防隊
193628	朝鮮朝日	南鮮版	1930-08-17	1	05단	河津、大内兩氏國勢調査講演會
193629	朝鮮朝日	南鮮版	1930-08-17	1	05단	高い崖の上に人間の足・足・足グロテスク味横溢の平壤の納凉のポーズ
193630	朝鮮朝日	南鮮版	1930-08-17	1	06단	釜山府營岸壁工事十月から着工
193631	朝鮮朝日	南鮮版	1930-08-17	1	06단	京畿道警官異動(八月十五日付)
193632	朝鮮朝日	南鮮版	1930-08-17	1	06단	運動界(内鮮野球降雨で中止/野球試合/庭球試合/鎭海武道大試合)
193633	朝鮮朝日	南鮮版	1930-08-17	1	06단	釜山驛ホームに陣列棚を特設釜山物産陳列館が大いに活動を開始
193634	朝鮮朝日	南鮮版	1930-08-17	1	07단	平壤師範移轉跡に商業學校を設く校舍等を讓り受けて七年度には實現せん
193635	朝鮮朝日	南鮮版	1930-08-17	1	07단	土沙崩壞し一名は卽死二名は重輕傷
193636	朝鮮朝日	南鮮版	1930-08-17	1	08단	京畿道に傳染病續發當局防疫に努む
193637	朝鮮朝日	南鮮版	1930-08-17	1	08단	事態如何では應急策を講ずる東上打合を濟ませて岡田間島總領事語る
193638	朝鮮朝日	南鮮版	1930-08-17	1	08단	お茶のあと
193639	朝鮮朝日	南鮮版	1930-08-17	1	09단	德壽丸から投身
193640	朝鮮朝日	南鮮版	1930-08-17	1	09단	橫領店員捕まる
193641	朝鮮朝日	南鮮版	1930-08-17	1	09단	電管爆發し右手もぎとらる
193642	朝鮮朝日	南鮮版	1930-08-17	1	10단	レールのさび
193643	朝鮮朝日	南鮮版	1930-08-17	1	10단	内地からの昨年出漁船
193644	朝鮮朝日	南鮮版	1930-08-17	1	10단	もよほし(全鮮水産試驗場長會議)
193645	朝鮮朝日	南鮮版	1930-08-17	1	10단	牡丹台野話
193646	朝鮮朝日	西北版	1930-08-17	1	01단	今なほ熱湯沸ぎる白頭山の火口湖
193647	朝鮮朝日	西北版	1930-08-17	1	01단	財界有力者を招き不況の打開策を懇談會を開いて考究殖産局の新しい試み
193648	朝鮮朝日	西北版	1930-08-17	1	01단	平南道郡部の自動車網を充實なほ改善をも期する道内營業者と懇談

일련번호	판명		간행일	면	단수	기사명
193649	朝鮮朝日	西北版	1930-08-17	1	02단	平壤に消防會館目下設計中
193650	朝鮮朝日	西北版	1930-08-17	1	03단	箕林里に水道延長六萬圓を投じ目下準備中
193651	朝鮮朝日	西北版	1930-08-17	1	04단	室師團長初巡視
193652	朝鮮朝日	西北版	1930-08-17	1	04단	惠みの雨で今年は豊作雨の中を流れる踊りの太鼓の音
193653	朝鮮朝日	西北版	1930-08-17	1	04단	好材料重なり稲作は豊作か百六十萬石を豫想
193654	朝鮮朝日	西北版	1930-08-17	1	04단	どしどし値の下る慶北の田畑利廻りは多少よくなったが全鮮平均とはまだ開く
193655	朝鮮朝日	西北版	1930-08-17	1	04단	成歡眞瓜獻上す齊藤總督から
193656	朝鮮朝日	西北版	1930-08-17	1	05단	火災豫防の萬全を期す平壤消防隊
193657	朝鮮朝日	西北版	1930-08-17	1	05단	河津、大內兩氏國勢調査講演會
193658	朝鮮朝日	西北版	1930-08-17	1	05단	平壤凉態くらべ(2)/高い崖の上に人間の足・足・足正に超特作のポーズ
193659	朝鮮朝日	西北版	1930-08-17	1	06단	釜山府營岸壁工事十月から着工
193660	朝鮮朝日	西北版	1930-08-17	1	06단	京畿道警官異動(八月十五日付)
193661	朝鮮朝日	西北版	1930-08-17	1	06단	運動界(內鮮野球降雨で中止/野球試合/庭球試合/鎮海武道大試合)
193662	朝鮮朝日	西北版	1930-08-17	1	06단	釜山驛ホームに陳列棚を特設釜山物産陳列館が大いに活動を開始
193663	朝鮮朝日	西北版	1930-08-17	1	07단	平壤師範移轉跡に商業學校を設く校舎等を讓り受けて七年度には實現せん
193664	朝鮮朝日	西北版	1930-08-17	1	07단	土沙崩壞し一名は卽死二名は重輕傷
193665	朝鮮朝日	西北版	1930-08-17	1	08단	京畿道に傳染病續發當局防疫に努む
193666	朝鮮朝日	西北版	1930-08-17	1	08단	事態如何では應急策を講ずる東上打合を濟ませて岡田間島總領事語る
193667	朝鮮朝日	西北版	1930-08-17	1	08단	お茶のあと
193668	朝鮮朝日	西北版	1930-08-17	1	09단	德壽丸から投身
193669	朝鮮朝日	西北版	1930-08-17	1	09단	橫領店員捕まる
193670	朝鮮朝日	西北版	1930-08-17	1	09단	電管爆發し右手もぎたらる
193671	朝鮮朝日	西北版	1930-08-17	1	10단	レールのさび
193672	朝鮮朝日	西北版	1930-08-17	1	10단	內地からの昨年出漁船
193673	朝鮮朝日	西北版	1930-08-17	1	10단	もよほし(全鮮水産試驗場長會頭)
193674	朝鮮朝日	西北版	1930-08-17	1	10단	牡丹台野話
193675	朝鮮朝日	西北・南鮮版	1930-08-17	2	01단	各地短信(新義州/平壤/鎮南浦/仁川/咸興/公州)
193676	朝鮮朝日	西北・南鮮版	1930-08-17	2	01단	一般炭燒業者に樹根採取を嚴禁治山治水の目的から取締る平南道當局

일련번호	판명		간행일	면	단수	기사명
193677	朝鮮朝日	西北・南鮮版	1930-08-17	2	01단	多收競作會と平南道の出品
193678	朝鮮朝日	西北・南鮮版	1930-08-17	2	01단	平南道の農家經濟調査完了す
193679	朝鮮朝日	西北・南鮮版	1930-08-17	2	02단	三百町步蘇生の思ひ春川地方春川地方に喜雨
193680	朝鮮朝日	西北・南鮮版	1930-08-17	2	03단	京城貯金管理所保管證券の七月末在高
193681	朝鮮朝日	西北・南鮮版	1930-08-17	2	03단	「平北大麻」を出荷
193682	朝鮮朝日	西北・南鮮版	1930-08-17	2	03단	朝日活寫映畫の會
193683	朝鮮朝日	西北・南鮮版	1930-08-17	2	04단	燈台十ヶ所にラヂオ取付/ラヂオの手引遞信局で編築
193684	朝鮮朝日	南鮮版	1930-08-19	1	01단	約三萬町步の世界有數の大絶景國立公園の區域決る金剛山保勝經營いよいよ實現/總經費は百萬圓位の見當木谷造林課長談
193685	朝鮮朝日	南鮮版	1930-08-19	1	02단	風水害義金募集締切延期
193686	朝鮮朝日	南鮮版	1930-08-19	1	02단	多獅島の荷役設備工事竣成す
193687	朝鮮朝日	南鮮版	1930-08-19	1	03단	總督府辭令(十五日付)
193688	朝鮮朝日	南鮮版	1930-08-19	1	03단	訪日伊機に結局課税か
193689	朝鮮朝日	南鮮版	1930-08-19	1	04단	御救恤金傳達式慶南道當局
193690	朝鮮朝日	南鮮版	1930-08-19	1	04단	初陳に似ず大敵を脅かすわが大邱軍の出來ばえ鷄林代表に恥ぢぬ善戰ぶり
193691	朝鮮朝日	南鮮版	1930-08-19	1	05단	順天校組合議員
193692	朝鮮朝日	南鮮版	1930-08-19	1	05단	空中の凉味遊覽飛行は大變な盛況
193693	朝鮮朝日	南鮮版	1930-08-19	1	06단	道路改修や東萊溫泉橋竣成工費十二萬圓を投じ盛大に渡初式擧行さる
193694	朝鮮朝日	南鮮版	1930-08-19	1	06단	未教育兵の實際的講習好成績で終了
193695	朝鮮朝日	南鮮版	1930-08-19	1	06단	道立大邱醫院入院料値下平均二割を
193696	朝鮮朝日	南鮮版	1930-08-19	1	07단	鎭海遭難者新盆追悼會
193697	朝鮮朝日	南鮮版	1930-08-19	1	07단	大同江に鮎を放養
193698	朝鮮朝日	南鮮版	1930-08-19	1	07단	農村開發の最前線に立ち雄々しく奮鬪する美談をパンフレットに
193699	朝鮮朝日	南鮮版	1930-08-19	1	08단	舞踊講習會
193700	朝鮮朝日	南鮮版	1930-08-19	1	08단	上告理由なし控訴を棄却二氏恐喝事件
193701	朝鮮朝日	南鮮版	1930-08-19	1	08단	練習船昭和丸消息不明で沿海を捜査
193702	朝鮮朝日	南鮮版	1930-08-19	1	08단	群山鮮人市場移轉に內定
193703	朝鮮朝日	南鮮版	1930-08-19	1	08단	成歡甜瓜獻上
193704	朝鮮朝日	南鮮版	1930-08-19	1	08단	朝鮮瓦電の慶南電買收本府で認可
193705	朝鮮朝日	南鮮版	1930-08-19	1	09단	大玉洞に匪賊現はれ住家を燒く
	朝鮮朝日	南鮮版	1930-08-19	1	09단	浸水家屋や家屋の倒壞多く二ヶ所に山崩れ起る釜山地方の豪雨被害

일련번호	판명		간행일	면	단수	기사명
193707	朝鮮朝日	南鮮版	1930-08-19	1	09단	自轉車の盜難が頻々平壤府內で
193708	朝鮮朝日	南鮮版	1930-08-19	1	09단	迷信から人妻を凌辱
193709	朝鮮朝日	南鮮版	1930-08-19	1	10단	發明協會理事は曲者
193710	朝鮮朝日	南鮮版	1930-08-19	1	10단	二千餘圓を拐帶逃走す
193711	朝鮮朝日	南鮮版	1930-08-19	1	10단	遞信局內で給仕の喧譁撲り殺さる
193712	朝鮮朝日	南鮮版	1930-08-19	1	10단	モヒを密賣
193713	朝鮮朝日	南鮮版	1930-08-19	1	10단	僞刑事捕る
193714	朝鮮朝日	南鮮版	1930-08-19	1	10단	人(李鍝公殿下/中村嘉壽代議士/松田咸南衛生課長嚴父)
193715	朝鮮朝日	西北版	1930-08-19	1	01단	約三萬町步の世界有數の大絶景國立公園の區域決る金剛山保勝經營いよいよ實現/總經費は百萬圓位の見當木谷造林課長談
193716	朝鮮朝日	西北版	1930-08-19	1	02단	風水害義金募集締切延期
193717	朝鮮朝日	西北版	1930-08-19	1	02단	多獅島の荷役設備工事竣成す
193718	朝鮮朝日	西北版	1930-08-19	1	03단	總督府辭令(十五日付)
193719	朝鮮朝日	西北版	1930-08-19	1	03단	初陣に似ず大敵を脅かすわが大邱軍の出來ばえ鷄林代表に恥ぢぬ善戰ぶり
193720	朝鮮朝日	西北版	1930-08-19	1	04단	警務局長の巡視
193721	朝鮮朝日	西北版	1930-08-19	1	05단	平壤凉態くらべ(3)/弱蒲團にもまさるベッド材木の上に結ぶ夢
193722	朝鮮朝日	西北版	1930-08-19	1	05단	普通校設立賦金で陳情
193723	朝鮮朝日	西北版	1930-08-19	1	06단	平壤公設質屋を增設
193724	朝鮮朝日	西北版	1930-08-19	1	06단	空前の人出平壤の精靈流し
193725	朝鮮朝日	西北版	1930-08-19	1	06단	船匠講習會終了
193726	朝鮮朝日	西北版	1930-08-19	1	07단	大同江に鮎を放養
193727	朝鮮朝日	西北版	1930-08-19	1	07단	高麗嶺に九名の馬賊教師二名襲はる
193728	朝鮮朝日	西北版	1930-08-19	1	07단	急轉直下解決するか雙方の步寄りから平壤ゴムの爭議/新規雇入職工で操業を開始平壤ゴム靴會社
193729	朝鮮朝日	西北版	1930-08-19	1	08단	大玉洞に匪賊現はれ住家を燒く
193730	朝鮮朝日	西北版	1930-08-19	1	09단	自轉車の盜難が頻々平壤府內で
193731	朝鮮朝日	西北版	1930-08-19	1	09단	牡丹台野話
193732	朝鮮朝日	西北版	1930-08-19	1	10단	二人溺死す
193733	朝鮮朝日	西北版	1930-08-19	1	10단	迷信から人妻を凌辱
193734	朝鮮朝日	西北版	1930-08-19	1	10단	二千餘圓を拐帶逃走す
193735	朝鮮朝日	西北版	1930-08-19	1	10단	醬油二百石火事で燒く
193736	朝鮮朝日	西北版	1930-08-19	1	10단	薪束に放火

일련번호	판명		간행일	면	단수	기사명
193737	朝鮮朝日	西北版	1930-08-19	1	10단	僞刑事捕る
193738	朝鮮朝日	西北版	1930-08-19	1	10단	人(李鍝公殿下/中村嘉壽代議士)
193739	朝鮮朝日	西北・南鮮版	1930-08-19	2	01단	ロダンを語る『接吻』のモデル名彫刻に殘る祕話
193740	朝鮮朝日	西北・南鮮版	1930-08-19	2	01단	慶應對全朝鮮陸上競技成績/遠來軍全く潰ゆ內鮮中等選拔野球/入敎大勝す/遞信勝つ
193741	朝鮮朝日	西北・南鮮版	1930-08-19	2	03단	電報發着に要する時間
193742	朝鮮朝日	西北・南鮮版	1930-08-19	2	03단	西江改修に期成會組織
193743	朝鮮朝日	西北・南鮮版	1930-08-19	2	03단	各地短信(平壤/咸興/間島/元山/仁川/沙里院)
193744	朝鮮朝日	西北・南鮮版	1930-08-19	2	04단	旱害のため畑作物被害咸南道地方
193745	朝鮮朝日	西北・南鮮版	1930-08-19	2	04단	忠南財務主任異動
193746	朝鮮朝日	西北・南鮮版	1930-08-19	2	05단	春日丸就航
193747	朝鮮朝日	西北・南鮮版	1930-08-19	2	05단	近海貿易航路補助問題決定
193748	朝鮮朝日	西北・南鮮版	1930-08-19	2	05단	織物檢查規則違反取締り
193749	朝鮮朝日	西北・南鮮版	1930-08-19	2	06단	朝鮮活寫映畫の會
193750	朝鮮朝日	西北・南鮮版	1930-08-19	2	07단	「財政講座」刊行
193751	朝鮮朝日	南鮮版	1930-08-20	1	01단	補助金は整理し新規の事業は駄目望むは豊作による農村の景氣豫算編成を前に林財務局長談/緊縮で手も足も出ぬ然し相當に考慮中水田司計課長談
193752	朝鮮朝日	南鮮版	1930-08-20	1	01단	電氣事業調查會の官制愈よ公布さる併せて委員も任命委員長は兒玉總監
193753	朝鮮朝日	南鮮版	1930-08-20	1	01단	圖們東部線第七工區着工す明年秋には開通豫定
193754	朝鮮朝日	南鮮版	1930-08-20	1	01단	桂蘭秀警部に功勞記章受與さる
193755	朝鮮朝日	南鮮版	1930-08-20	1	03단	東拓の職制改正增員はせぬ
193756	朝鮮朝日	南鮮版	1930-08-20	1	04단	安州電氣料金改訂限定して認可
193757	朝鮮朝日	南鮮版	1930-08-20	1	04단	豪雨の被害
193758	朝鮮朝日	南鮮版	1930-08-20	1	05단	面目を改める大金剛圖繪實地調查の上近く吉田畵伯來鮮
193759	朝鮮朝日	南鮮版	1930-08-20	1	06단	思想善導と取締に力を注ぐ學生主事等を置いて京城大學で目下計劃
193760	朝鮮朝日	南鮮版	1930-08-20	1	06단	鎭海面長の後任者物色
193761	朝鮮朝日	南鮮版	1930-08-20	1	06단	慶南の異動
193762	朝鮮朝日	南鮮版	1930-08-20	1	06단	兩校長轉任慘事責任から
193763	朝鮮朝日	南鮮版	1930-08-20	1	07단	四健康兒に本社の表彰狀
193764	朝鮮朝日	南鮮版	1930-08-20	1	07단	大邱飛行揚建設の猛運動を起す

일련번호	판명		간행일	면	단수	기사명
193765	朝鮮朝日	南鮮版	1930-08-20	1	07단	洛東江治水の二川式復活を總督府に陳情する陳情委員らが出城
193766	朝鮮朝日	南鮮版	1930-08-20	1	07단	滿山を飾る高山植物のお花畑朱乙奧の神祕境を探った鐵道局旅客課員の歸來談
193767	朝鮮朝日	南鮮版	1930-08-20	1	08단	國産品の愛用デー準備打合協議
193768	朝鮮朝日	南鮮版	1930-08-20	1	08단	短歌/橋田東聲選
193769	朝鮮朝日	南鮮版	1930-08-20	1	08단	慶一銀行の共立銀買收順調に進捗
193770	朝鮮朝日	南鮮版	1930-08-20	1	08단	墓地を發掘し脅迫狀を送る
193771	朝鮮朝日	南鮮版	1930-08-20	1	09단	共産農民軍と支那官憲と交戰間島天寶山驛附近で住民は全く戰々兢々
193772	朝鮮朝日	南鮮版	1930-08-20	1	09단	部落民を威嚇し米や現金を掠奪稀代の四人組兇漢咸南署必死で捜査
193773	朝鮮朝日	南鮮版	1930-08-20	1	09단	京城の臨時種痘
193774	朝鮮朝日	南鮮版	1930-08-20	1	10단	家屋倒壞す
193775	朝鮮朝日	南鮮版	1930-08-20	1	10단	十名を送局四名釋放さる第三次共産黨
193776	朝鮮朝日	南鮮版	1930-08-20	1	10단	築堤決潰で咸鏡線一時不通
193777	朝鮮朝日	南鮮版	1930-08-20	1	10단	人(水田本府司計課長/佐久間權次郎氏(朝鮮瓦斯電氣常務)/堀內十朔氏(新義州ホテル支配人)/眞芩淸之助氏(觀光社總務)/曾野金澤憲兵隊長/森岡警務局長))
193778	朝鮮朝日	南鮮版	1930-08-20	1	10단	萬瀑洞で墜落慘死崇實中學生
193779	朝鮮朝日	西北版	1930-08-20	1	01단	補助金は整理し新規の事業は駄目望むは豊作による農村の景氣豫算編成を前に林財務局長談/緊縮で手も足も出ぬ然し相當に考慮中水田司計課長談
193780	朝鮮朝日	西北版	1930-08-20	1	01단	電氣事業調査會の官制愈よ公布さる併せて委員も任命委員長は兒玉總監
193781	朝鮮朝日	西北版	1930-08-20	1	01단	圖們東部線第七工區着工す明年秋には開通豫定
193782	朝鮮朝日	西北版	1930-08-20	1	01단	桂蘭秀警部に功勞記章受與さる
193783	朝鮮朝日	西北版	1930-08-20	1	03단	東拓の職制改正增員はせぬ
193784	朝鮮朝日	西北版	1930-08-20	1	04단	安州電氣料金改訂限定して認可
193785	朝鮮朝日	西北版	1930-08-20	1	04단	豪雨の被害
193786	朝鮮朝日	西北版	1930-08-20	1	05단	面目を改める大金剛圖繪實地調査の上近く吉田畵伯來鮮
193787	朝鮮朝日	西北版	1930-08-20	1	06단	平壤凉態くらべ(4)/大八車を理想的の寢台に扇風機にも優る凉風
193788	朝鮮朝日	西北版	1930-08-20	1	06단	建議案提出で紛擾を惹起群山商業會議所の暗流遂に表面化す

일련번호	판명		간행일	면	단수	기사명
193789	朝鮮朝日	西北版	1930-08-20	1	07단	短歌/橋田東聲選
193790	朝鮮朝日	西北版	1930-08-20	1	07단	滿山を飾る高山植物のお花畑朱乙奧の神祕境を探った鐵道局旅客課員の歸來談
193791	朝鮮朝日	西北版	1930-08-20	1	08단	目覺しい發展振り昨今の西平壤
193792	朝鮮朝日	西北版	1930-08-20	1	08단	聯合演習
193793	朝鮮朝日	西北版	1930-08-20	1	08단	雲行はなほ險惡の狀態警察當局の調停に對し平壤のゴム爭議
193794	朝鮮朝日	西北版	1930-08-20	1	09단	開城、咸興府制實施は十月一日から
193795	朝鮮朝日	西北版	1930-08-20	1	10단	罷業工場を種に詐欺を働いた男捕る
193796	朝鮮朝日	西北版	1930-08-20	1	10단	赤ちゃん會
193797	朝鮮朝日	西北版	1930-08-20	1	10단	平壤高女で傳書鳩飼育
193798	朝鮮朝日	西北版	1930-08-20	1	10단	堆肥製造審査會
193799	朝鮮朝日	西北版	1930-08-20	1	10단	人(森岡警務局長)
193800	朝鮮朝日	西北版	1930-08-20	1	10단	萬瀑洞で墜落慘死崇實中學校
193801	朝鮮朝日	西北・南鮮版	1930-08-20	2	01단	『鎭南浦港の死活に關る問題』仁川、鎭南浦間の穀物運賃値上に猛然起って反對運動
193802	朝鮮朝日	西北・南鮮版	1930-08-20	2	01단	悲しき思ひ出百七つの精靈流し
193803	朝鮮朝日	西北・南鮮版	1930-08-20	2	02단	快技好打に觀衆は熱狂きのふの准優勝試合內鮮中等野球大會/名高商勝つ/准優勝チーム二組を招聘釜山で大試合
193804	朝鮮朝日	西北・南鮮版	1930-08-20	2	03단	朝日活寫映畫の會
193805	朝鮮朝日	西北・南鮮版	1930-08-20	2	04단	人蔘移出高
193806	朝鮮朝日	西北・南鮮版	1930-08-20	2	04단	京城府內の諸車と稅金
193807	朝鮮朝日	西北・南鮮版	1930-08-20	2	04단	各地だより(京城)
193808	朝鮮朝日	南鮮版	1930-08-21	1	01단	全鮮にわたり農民の保健調査衛生施設の根本的改善と共に地方病撲滅方針確立
193809	朝鮮朝日	南鮮版	1930-08-21	1	01단	鮮産國産の愛用大運動殖産局が馬力をかけ來月十二日から催す
193810	朝鮮朝日	南鮮版	1930-08-21	1	03단	市區改修工事計劃の受益稅令練直し一部の負擔過重から京城府當局更に研究
193811	朝鮮朝日	南鮮版	1930-08-21	1	04단	總督や總監等仁川に魚釣
193812	朝鮮朝日	南鮮版	1930-08-21	1	04단	東海岸線工事で旱害罹災民安定人夫の延人員二十八萬五千人勞銀の普遍的撒布を期す當局
193813	朝鮮朝日	南鮮版	1930-08-21	1	04단	指導學校生の多收穫試驗今年は大豊作豫想農耕法改良に影響
193814	朝鮮朝日	南鮮版	1930-08-21	1	05단	世界最小の發電所の計劃鬱陵島內に設ける工事費は僅か四千圓餘

일련번호	판명		간행일	면	단수	기사명
193815	朝鮮朝日	南鮮版	1930-08-21	1	05단	九州中國朝鮮職紹協議會大邱で開催
193816	朝鮮朝日	南鮮版	1930-08-21	1	05단	電氣課の人員を整理
193817	朝鮮朝日	南鮮版	1930-08-21	1	05단	東京、京城間空輸連絡の時間を改正
193818	朝鮮朝日	南鮮版	1930-08-21	1	06단	洛東江の一川式反對の陳情
193819	朝鮮朝日	南鮮版	1930-08-21	1	06단	國勢調査標語
193820	朝鮮朝日	南鮮版	1930-08-21	1	06단	水害の義損金既に三萬餘圓
193821	朝鮮朝日	南鮮版	1930-08-21	1	06단	秋繭の建値春繭より一層安いか養蠶家に生色なし
193822	朝鮮朝日	南鮮版	1930-08-21	1	07단	慶南の煮干鰯改良生産計劃
193823	朝鮮朝日	南鮮版	1930-08-21	1	07단	お茶のあと
193824	朝鮮朝日	南鮮版	1930-08-21	1	07단	祕密結社の青年團員檢擧
193825	朝鮮朝日	南鮮版	1930-08-21	1	07단	自動車轉落し乗客三名重傷
193826	朝鮮朝日	南鮮版	1930-08-21	1	08단	主要驛を中心として貨物集配完全にトラック十五台活動鐵道局が愈よ實施
193827	朝鮮朝日	南鮮版	1930-08-21	1	08단	運賃の低減が却って値上鐵道のメートル實施で當業者が運賃修正陳情
193828	朝鮮朝日	南鮮版	1930-08-21	1	08단	數百名の爭議團警察署へ押し寄す檢束者の返還を叫び平壤ゴム職工大會の大さわぎ
193829	朝鮮朝日	南鮮版	1930-08-21	1	08단	深刻なる鑛毒問題會社側でも善後策考究
193830	朝鮮朝日	南鮮版	1930-08-21	1	09단	六十名の馬賊團鮮內侵入の報に滿浦、江界兩署から武裝警官土城へ
193831	朝鮮朝日	南鮮版	1930-08-21	1	10단	身投靑年身許
193832	朝鮮朝日	南鮮版	1930-08-21	1	10단	四十回も強竊盜活動寫眞の惡影響から
193833	朝鮮朝日	南鮮版	1930-08-21	1	10단	漁夫を撲殺
193834	朝鮮朝日	南鮮版	1930-08-21	1	10단	運動界(龍山中優勝內鮮選拔野球)
193835	朝鮮朝日	南鮮版	1930-08-21	1	10단	人(室伏高信氏(評論家)/張穉相氏(大邱實業家))
193836	朝鮮朝日	西北版	1930-08-21	1	01단	全鮮にわたり農民の保健調査衛生施設の根本的改善と共に地方病撲滅方針確立
193837	朝鮮朝日	西北版	1930-08-21	1	01단	鮮産國産の愛用大運動殖産局が馬力をかけ來月十二日から催す
193838	朝鮮朝日	西北版	1930-08-21	1	01단	電氣課の人員を整理
193839	朝鮮朝日	西北版	1930-08-21	1	01단	總督や總監等仁川に魚釣
193840	朝鮮朝日	西北版	1930-08-21	1	02단	運賃低減方種々協議す平北穀物協會
193841	朝鮮朝日	西北版	1930-08-21	1	02단	夏の涼態くらべ(5)/レール枕にのんきな納涼こづら憎い高靬
193842	朝鮮朝日	西北版	1930-08-21	1	03단	淸川江の護岸工事施設を陳情

일련번호	판명		간행일	면	단수	기사명
193843	朝鮮朝日	西北版	1930-08-21	1	03단	運賃の低減が却って値上鐵道のメートル實施で當業者が運賃修正陳情
193844	朝鮮朝日	西北版	1930-08-21	1	04단	花房町の埋立工事迂餘曲折で竣工遲延す
193845	朝鮮朝日	西北版	1930-08-21	1	05단	主要驛を中心として貨物集配完全にトラック十五台活動鐵道局が愈よ實施
193846	朝鮮朝日	西北版	1930-08-21	1	05단	質の良い無煙炭採掘を開始
193847	朝鮮朝日	西北版	1930-08-21	1	05단	葉煙草の豊作で農家は蘇へる
193848	朝鮮朝日	西北版	1930-08-21	1	05단	水害の義損金既に三萬餘圓
193849	朝鮮朝日	西北版	1930-08-21	1	06단	屯浦消防組知事より表彰
193850	朝鮮朝日	西北版	1930-08-21	1	06단	指導學校生の多收穫試驗今年は大豊作豫想農耕法改良に影響
193851	朝鮮朝日	西北版	1930-08-21	1	06단	平北陸上競技選手權大會新義州で催す
193852	朝鮮朝日	西北版	1930-08-21	1	07단	お茶のあと
193853	朝鮮朝日	西北版	1930-08-21	1	07단	入浴料値下
193854	朝鮮朝日	西北版	1930-08-21	1	07단	平壤軍勝つ
193855	朝鮮朝日	西北版	1930-08-21	1	07단	庭球試合
193856	朝鮮朝日	西北版	1930-08-21	1	07단	平壤羅南間長距離飛行
193857	朝鮮朝日	西北版	1930-08-21	1	07단	數百名の爭議團警察署へ押し寄す檢束者の返還の叫び平壤ゴム職工大會の大さわぎ
193858	朝鮮朝日	西北版	1930-08-21	1	08단	牡丹台野話
193859	朝鮮朝日	西北版	1930-08-21	1	08단	平壤飛行四機城津を通過
193860	朝鮮朝日	西北版	1930-08-21	1	08단	夏季大學
193861	朝鮮朝日	西北版	1930-08-21	1	08단	警部警部補考試々驗施行
193862	朝鮮朝日	西北版	1930-08-21	1	08단	宿料を一齊値下忠南道管內
193863	朝鮮朝日	西北版	1930-08-21	1	08단	深刻なる鑛毒問題會社側でも善後策考究
193864	朝鮮朝日	西北版	1930-08-21	1	09단	六十名の馬賊團鮮內侵入の報に滿浦、江界兩署から武裝警官土城へ
193865	朝鮮朝日	西北版	1930-08-21	1	09단	銀貨僞造の犯人捕まる
193866	朝鮮朝日	西北版	1930-08-21	1	10단	ゴム爭議に絡まる暴行沙汰頻發
193867	朝鮮朝日	西北版	1930-08-21	1	10단	四十回も强竊盜活動寫眞の惡影響から
193868	朝鮮朝日	西北版	1930-08-21	1	10단	拇指大の雹が降る
193869	朝鮮朝日	西北版	1930-08-21	1	10단	人(益野方産少佐(金澤憲兵隊長)/外山憲兵司令官)
193870	朝鮮朝日	西北・南鮮版	1930-08-21	2	01단	各地短信(咸興/淸州/新義州)
193871	朝鮮朝日	西北・南鮮版	1930-08-21	2	01단	蛇使ひのはなしささきふさ
193872	朝鮮朝日	西北・南鮮版	1930-08-21	2	01단	詐取洋畫家齋藤與里
193873	朝鮮朝日	西北・南鮮版	1930-08-21	2	02단	道外搬出の認可を申請江界の大豆
193874	朝鮮朝日	西北・南鮮版	1930-08-21	2	03단	畜産講習會

일련번호	판명		간행일	면	단수	기사명
193875	朝鮮朝日	西北・南鮮版	1930-08-21	2	03단	電力供給認可
193876	朝鮮朝日	西北・南鮮版	1930-08-21	2	03단	航海科生募集
193877	朝鮮朝日	西北・南鮮版	1930-08-21	2	03단	朝日活寫映畫の會
193878	朝鮮朝日	西北・南鮮版	1930-08-21	2	04단	度量衡器の檢査
193879	朝鮮朝日	西北・南鮮版	1930-08-21	2	04단	平南道の癩疹患者數
193880	朝鮮朝日	西北・南鮮版	1930-08-21	2	04단	レールのさび
193881	朝鮮朝日	西北・南鮮版	1930-08-21	2	04단	箕林里に牡丹園造成
193882	朝鮮朝日	南鮮版	1930-08-22	1	01단	完全な定期航空實行の計劃を進む不時着場や布板標示など十月までに準備を整へる日本空輸會社の內鮮滿連絡飛行
193883	朝鮮朝日	南鮮版	1930-08-22	1	01단	電氣事業令の調査整備は實に喜ばしいこと見目京電監査課長談
193884	朝鮮朝日	南鮮版	1930-08-22	1	02단	慶一銀行の共銀買收契約成立す
193885	朝鮮朝日	南鮮版	1930-08-22	1	03단	水道料金の引下を陳情
193886	朝鮮朝日	南鮮版	1930-08-22	1	03단	三笠保有映畫會
193887	朝鮮朝日	南鮮版	1930-08-22	1	03단	失業勞働者救濟に少額資金を融通し生業の途を與へる慶南社會事業協會で準備
193888	朝鮮朝日	南鮮版	1930-08-22	1	04단	不況と夏枯で貨物輸送は閑散各驛に放置の空車はつひに九百輛を突破
193889	朝鮮朝日	南鮮版	1930-08-22	1	05단	經營方法と改善を協議農校長打合會
193890	朝鮮朝日	南鮮版	1930-08-22	1	05단	穀物市場振興の協議
193891	朝鮮朝日	南鮮版	1930-08-22	1	05단	教育向上の振興に資す校長會を催し意見を交換す
193892	朝鮮朝日	南鮮版	1930-08-22	1	05단	外國軍艦や王公の殿邸國勢調査に際して興味を引く例の二三
193893	朝鮮朝日	南鮮版	1930-08-22	1	06단	米も粟も何も彼も大豐作すばらしい好景氣にほくほくの慶北農村
193894	朝鮮朝日	南鮮版	1930-08-22	1	06단	俳句/鈴木花蓑選
193895	朝鮮朝日	南鮮版	1930-08-22	1	06단	多獅島築港の調査班到着
193896	朝鮮朝日	南鮮版	1930-08-22	1	06단	吉原機は九月中旬に京城を通過
193897	朝鮮朝日	南鮮版	1930-08-22	1	07단	佐賀中勝つ
193898	朝鮮朝日	南鮮版	1930-08-22	1	07단	辰馬も割込み愈よ複雜となる朝鮮、台灣間の連絡蓬萊米運賃が切崩されるか
193899	朝鮮朝日	南鮮版	1930-08-22	1	07단	母指大の降雹
193900	朝鮮朝日	南鮮版	1930-08-22	1	08단	國産愛用運動と各種の催し
193901	朝鮮朝日	南鮮版	1930-08-22	1	08단	交通取締の騎馬巡査釜山で殖す
193902	朝鮮朝日	南鮮版	1930-08-22	1	08단	連類者を續々送局祕密結社事件
193903	朝鮮朝日	南鮮版	1930-08-22	1	08단	發動船沈沒六名溺死す淸津沖合を航行中二曳船が衝突して

일련번호	판명		간행일	면	단수	기사명
193904	朝鮮朝日	南鮮版	1930-08-22	1	08단	安東だけで赤痢四十餘名豫防宣傳に大童
193905	朝鮮朝日	南鮮版	1930-08-22	1	09단	郵便所に二人強盜所長を脅迫し四十二圓強奪
193906	朝鮮朝日	南鮮版	1930-08-22	1	09단	水泳中溺死
193907	朝鮮朝日	南鮮版	1930-08-22	1	10단	自動車全盛の時代に薄穢ないバス京城府營バスは缺損
193908	朝鮮朝日	南鮮版	1930-08-22	1	10단	盛んに豺が出沒住民戰々競々近く害獸狩り
193909	朝鮮朝日	南鮮版	1930-08-22	1	10단	狂犬に咬まれ慰藉料請求
193910	朝鮮朝日	南鮮版	1930-08-22	1	10단	人(加藤咄堂博士(東洋大學敎授)/志賀潔博士/瀧川儀作氏(大同マッチ社長)/佐々木文平少佐(釜山憲兵分隊長)/美座慶南警察部長)
193911	朝鮮朝日	西北版	1930-08-22	1	01단	完全な定期航空實行の計劃を進む不時着場や布板標示など十月までに準備を整へる日本空輸會社の內鮮滿連絡飛行
193912	朝鮮朝日	西北版	1930-08-22	1	01단	電氣事業令の調査整備は實に喜ばしいこと見目京電監査課長談
193913	朝鮮朝日	西北版	1930-08-22	1	02단	咸興に府制施行十月一日からいよいよ確定
193914	朝鮮朝日	西北版	1930-08-22	1	03단	永興羽二重地飛機に使用品質良好で取引を協議
193915	朝鮮朝日	西北版	1930-08-22	1	03단	俳句/鈴木花蓑選
193916	朝鮮朝日	西北版	1930-08-22	1	03단	平壤府職員整理
193917	朝鮮朝日	西北版	1930-08-22	1	03단	萩細工の講習會
193918	朝鮮朝日	西北版	1930-08-22	1	04단	家事講習會
193919	朝鮮朝日	西北版	1930-08-22	1	04단	浦項洞に溫泉場遊園地も設く
193920	朝鮮朝日	西北版	1930-08-22	1	04단	不況と夏枯で貨物輸送は閑散各驛に放置の空車はつひに九百輛を突破
193921	朝鮮朝日	西北版	1930-08-22	1	05단	牡丹台野話
193922	朝鮮朝日	西北版	1930-08-22	1	05단	九月七日は國調宣傳日周知に努めよ平安北道當局
193923	朝鮮朝日	西北版	1930-08-22	1	05단	多獅島築港の調査班到着
193924	朝鮮朝日	西北版	1930-08-22	1	05단	外國軍艦や王公の殿邸國勢調査に際して興味を引く例の二三
193925	朝鮮朝日	西北版	1930-08-22	1	06단	平壤府規程改正
193926	朝鮮朝日	西北版	1930-08-22	1	06단	辰馬も割込み愈よ複雜となる朝鮮、台灣間の連絡蓬萊米運賃が切崩されるか
193927	朝鮮朝日	西北版	1930-08-22	1	06단	盛んに豺が出沒住民戰々競々近く害獸狩り

일련번호	판명		간행일	면	단수	기사명
193928	朝鮮朝日	西北版	1930-08-22	1	07단	三笠保有映畵會
193929	朝鮮朝日	西北版	1930-08-22	1	07단	平壤機演習
193930	朝鮮朝日	西北版	1930-08-22	1	07단	母指大の降雹
193931	朝鮮朝日	西北版	1930-08-22	1	07단	連類者を續々送局祕密結社事件
193932	朝鮮朝日	西北版	1930-08-22	1	07단	全權委員も遂に居たまらず半數以上は姿をくらます愈よ惡化の平壤ゴム爭議
193933	朝鮮朝日	西北版	1930-08-22	1	08단	國産愛用運動と各種の催し
193934	朝鮮朝日	西北版	1930-08-22	1	08단	平實軍勝つ
193935	朝鮮朝日	西北版	1930-08-22	1	08단	放火して二棟を燒く
193936	朝鮮朝日	西北版	1930-08-22	1	08단	密輸故買一齊檢擧新義州稅關が市場に對し
193937	朝鮮朝日	西北版	1930-08-22	1	09단	發動船沈沒六名溺死す清津沖合を航行中二曳船が衝突して
193938	朝鮮朝日	西北版	1930-08-22	1	09단	安東だけで赤痢四十餘名豫防宣傳に大童
193939	朝鮮朝日	西北版	1930-08-22	1	09단	公金六萬圓橫領して逃走
193940	朝鮮朝日	西北版	1930-08-22	1	09단	中韓共産黨不穩の計劃嚴重に警戒
193941	朝鮮朝日	西北版	1930-08-22	1	10단	自動車全盛の時代に薄穢ないバス京城府營バスは缺損
193942	朝鮮朝日	西北版	1930-08-22	1	10단	郵便所に二人强盜所長を脅迫し四十二圓强奪
193943	朝鮮朝日	西北版	1930-08-22	1	10단	水泳中溺死
193944	朝鮮朝日	西北・南鮮版	1930-08-22	2	01단	秋啼く蟲の飼ひ方となかせ方
193945	朝鮮朝日	西北・南鮮版	1930-08-22	2	01단	遞信局の簡易保險課移轉先決定
193946	朝鮮朝日	西北・南鮮版	1930-08-22	2	01단	私鐵は營業不振特等車廢止か
193947	朝鮮朝日	西北・南鮮版	1930-08-22	2	01단	畜牛の斃死續出江岸一帶警戒
193948	朝鮮朝日	西北・南鮮版	1930-08-22	2	01단	虛川江に水電を計劃野口遵氏が
193949	朝鮮朝日	西北・南鮮版	1930-08-22	2	01단	燈台調査の汽船入港數
193950	朝鮮朝日	西北・南鮮版	1930-08-22	2	02단	度量衡集合檢査
193951	朝鮮朝日	西北・南鮮版	1930-08-22	2	02단	平壤銀八月成績
193952	朝鮮朝日	西北・南鮮版	1930-08-22	2	02단	靑年講習會終了
193953	朝鮮朝日	西北・南鮮版	1930-08-22	2	03단	朝鮮鰯油近況
193954	朝鮮朝日	西北・南鮮版	1930-08-22	2	03단	朝日活寫映畵の會
193955	朝鮮朝日	西北・南鮮版	1930-08-22	2	04단	各地短信(平壤/春川/安東縣/鎭南浦)
193956	朝鮮朝日	南鮮版	1930-08-23	1	01단	結局江原道だけ一般と切放す災害復舊費の要求額はあまりに多過ぎて總督府惱む
193957	朝鮮朝日	南鮮版	1930-08-23	1	01단	公入札の案は中々に困難香椎氏側交涉を重ぬ李鍵公家の漁場問題

일련번호	판명		간행일	면	단수	기사명
193958	朝鮮朝日	南鮮版	1930-08-23	1	01단	寫眞說明(木紙旣報/檢束者を奪還せんとして二十日午後二時平壤署に押寄せた總罷業中の平壤ゴム靴女工と警官隊の小競合)
193959	朝鮮朝日	南鮮版	1930-08-23	1	02단	和歌山縣で朝鮮近海へ出漁を獎勵視察員派遣
193960	朝鮮朝日	南鮮版	1930-08-23	1	03단	大小貨物の吸收に努む
193961	朝鮮朝日	南鮮版	1930-08-23	1	03단	買收の交涉は殆んど成立丸山氏專務に就任か慶一の共立買收問題
193962	朝鮮朝日	南鮮版	1930-08-23	1	04단	鎭海面長後任選定懇談會
193963	朝鮮朝日	南鮮版	1930-08-23	1	04단	近年稀な豐作で慶北活氣づく
193964	朝鮮朝日	南鮮版	1930-08-23	1	04단	警視廳よりも一足早く犯罪手口法の硏究を行ひすでに十數件檢擧の成績をあぐ新戰術を生み出した本町警察署
193965	朝鮮朝日	南鮮版	1930-08-23	1	05단	京城府民の聲が通るか京電の橫車が通るか電料問題注意を惹く
193966	朝鮮朝日	南鮮版	1930-08-23	1	05단	米價調節を圖る農業倉庫の設置農家に期待をかけられ作ら米收納期までは開始困難か
193967	朝鮮朝日	南鮮版	1930-08-23	1	05단	蔚山水利の實情視察に加藤內務局技師出張技術上の解決を與へる
193968	朝鮮朝日	南鮮版	1930-08-23	1	06단	アスファルト耐久試驗釜山府當局
193969	朝鮮朝日	南鮮版	1930-08-23	1	07단	運動競技講習
193970	朝鮮朝日	南鮮版	1930-08-23	1	07단	錦江增水し交通遂に杜絶
193971	朝鮮朝日	南鮮版	1930-08-23	1	07단	馬山料理屋酒肴料値下
193972	朝鮮朝日	南鮮版	1930-08-23	1	07단	またまた豪雨に慶北線の線路流失自動車交通も杜絶す被害多い慶北地方
193973	朝鮮朝日	南鮮版	1930-08-23	1	08단	主犯を除き三名は免訴半年振りに漸く決審文書僞造詐欺事件
193974	朝鮮朝日	南鮮版	1930-08-23	1	08단	銀行員の橫領發覺
193975	朝鮮朝日	南鮮版	1930-08-23	1	08단	趙巡査の拔劍は正當防衛で不問に附す
193976	朝鮮朝日	南鮮版	1930-08-23	1	09단	平壤飛機羅南へ
193977	朝鮮朝日	南鮮版	1930-08-23	1	09단	平鐵軍惜敗
193978	朝鮮朝日	南鮮版	1930-08-23	1	09단	鎭海事變の芝崎氏に同期生が同情し八十一圓卅錢を送金精靈の冥福を祈る
193979	朝鮮朝日	南鮮版	1930-08-23	1	10단	妻を毆殺す僅か口論の末
193980	朝鮮朝日	南鮮版	1930-08-23	1	10단	現職京官心中未遂洋裝の美人と海印寺山林で
193981	朝鮮朝日	南鮮版	1930-08-23	1	10단	一圓紙幣を五圓に變造驛で行使す

일련번호	판명		간행일	면	단수	기사명
193982	朝鮮朝日	南鮮版	1930-08-23	1	10단	人(蠟崎千晴博士(血淸製造所長)/丸山芳樹氏(元釜山土木出張所長)/河津暹博士(東大教授))
193983	朝鮮朝日	西北版	1930-08-23	1	01단	結局江原道だけ一般と切放す災害復舊費の要求額はあまりに多過ぎて總督府惱む
193984	朝鮮朝日	西北版	1930-08-23	1	01단	モヒ全快者を嚴重に監視再びモヒ中毒とならぬやう平南道の絶滅策
193985	朝鮮朝日	西北版	1930-08-23	1	01단	丹羽博士ら多獅島視察
193986	朝鮮朝日	西北版	1930-08-23	1	01단	寫眞說明(木紙旣報/檢束者を奪選せんとして二十日午後二時平壤署に押寄せた總罷業中の平壤ゴム靴女工と警官隊の小競合)
193987	朝鮮朝日	西北版	1930-08-23	1	02단	淸津無電局設備を改善
193988	朝鮮朝日	西北版	1930-08-23	1	03단	附添看護婦の料金を値下九月一日から
193989	朝鮮朝日	西北版	1930-08-23	1	03단	買收の交涉は殆んど成立丸山氏專務に就任か慶一の共立買收問題
193990	朝鮮朝日	西北版	1930-08-23	1	04단	大小貨物の吸收に努む
193991	朝鮮朝日	西北版	1930-08-23	1	04단	稻の作柄は平年作以上咸南道管內
193992	朝鮮朝日	西北版	1930-08-23	1	04단	警視廳よりも一足早く犯罪手口法の研究を行ひすでに十數件檢擧の成績をあぐ新戰術を生み出した本町警察署
193993	朝鮮朝日	西北版	1930-08-23	1	05단	平壤の妓生連取締役排斥陳情書提出
193994	朝鮮朝日	西北版	1930-08-23	1	05단	米價調節を圖る農業倉庫の設置農家に期待をかけられ作ら米收納期までは開始困難か
193995	朝鮮朝日	西北版	1930-08-23	1	05단	鎭海面長後任選定懇談會
193996	朝鮮朝日	西北版	1930-08-23	1	06단	牡丹台野話
193997	朝鮮朝日	西北版	1930-08-23	1	06단	馬山料理屋酒肴料値下
193998	朝鮮朝日	西北版	1930-08-23	1	06단	露店市場を安東で開設
193999	朝鮮朝日	西北版	1930-08-23	1	06단	またまた豪雨に慶北線の線路流失自動車交通も杜絶す被害多い慶北地方
194000	朝鮮朝日	西北版	1930-08-23	1	06단	銀行員橫領
194001	朝鮮朝日	西北版	1930-08-23	1	07단	錦江增水し交通遂に杜絶
194002	朝鮮朝日	西北版	1930-08-23	1	07단	亂鬪選手の書類局送り
194003	朝鮮朝日	西北版	1930-08-23	1	07단	銀行員の橫領發覺
194004	朝鮮朝日	西北版	1930-08-23	1	08단	淸津府營市場竣工近づく舊市場營業者に對し優先權を附與の方針
194005	朝鮮朝日	西北版	1930-08-23	1	08단	馬賊に早變

일련번호	판명		간행일	면	단수	기사명
194006	朝鮮朝日	西北版	1930-08-23	1	08단	頭目不詳の馬賊を警戒
194007	朝鮮朝日	西北版	1930-08-23	1	08단	一圓紙幣を五圓に變造驛で行使す
194008	朝鮮朝日	西北版	1930-08-23	1	08단	家庭愛の缺陷から娘の鐵道自殺
194009	朝鮮朝日	西北版	1930-08-23	1	08단	鎭海事變の芝崎氏に同期生が同情し八十一圓卅錢を送金精靈の冥福を祈る
194010	朝鮮朝日	西北版	1930-08-23	1	09단	趙巡査の拔劍は正當防衛で不問に附す
194011	朝鮮朝日	西北版	1930-08-23	1	10단	平壤飛機羅南へ
194012	朝鮮朝日	西北版	1930-08-23	1	10단	ボートレース
194013	朝鮮朝日	西北版	1930-08-23	1	10단	名高商勝つ
194014	朝鮮朝日	西北版	1930-08-23	1	10단	平鐵軍惜敗
194015	朝鮮朝日	西北版	1930-08-23	1	10단	富豪等に金品强要不都合な乞食平壤署取締る
194016	朝鮮朝日	西北版	1930-08-23	1	10단	酸素ガス筒破裂して船橋里驛大騷ぎ
194017	朝鮮朝日	西北版	1930-08-23	1	10단	人(江頭茂雄氏(慶南産業技師))
194018	朝鮮朝日	西北・南鮮版	1930-08-23	2	01단	各地短信(咸興/仁川/新義州/浦項)
194019	朝鮮朝日	西北・南鮮版	1930-08-23	2	01단	東拓職制改正鮮內で好評理事職員の異動發表
194020	朝鮮朝日	西北・南鮮版	1930-08-23	2	01단	朝鮮牛の內地移出頓に減少す
194021	朝鮮朝日	西北・南鮮版	1930-08-23	2	02단	四年度の電話料總計
194022	朝鮮朝日	西北・南鮮版	1930-08-23	2	02단	京城府內の勞銀平均指數前月より大低落なほ漸落の一途を辿る
194023	朝鮮朝日	西北・南鮮版	1930-08-23	2	03단	郵便爲替送金高
194024	朝鮮朝日	西北・南鮮版	1930-08-23	2	03단	朝日活寫映畫の會
194025	朝鮮朝日	西北・南鮮版	1930-08-23	2	04단	建築取締規則制定朝鮮の事情を加味して
194026	朝鮮朝日	西北・南鮮版	1930-08-23	2	04단	お茶のあと
194027	朝鮮朝日	西北・南鮮版	1930-08-23	2	04단	元山の埋立て請願
194028	朝鮮朝日	南鮮版	1930-08-24	1	01단	全鮮教育機關の總動員をなし民風の作興につとめる教育勅語煥發記念と本府の催し
194029	朝鮮朝日	南鮮版	1930-08-24	1	01단	鐵道局の貨物自動車兩線愈よ營業開始運賃率で一問題か
194030	朝鮮朝日	南鮮版	1930-08-24	1	02단	國勢調査の宣傳を行ふ/國勢調査趣旨を普及仁川で講演會
194031	朝鮮朝日	南鮮版	1930-08-24	1	03단	仁川貿易地帶擴張が必要明年度實現か
194032	朝鮮朝日	南鮮版	1930-08-24	1	03단	鮮內生産品の使用につき京城商業會議所から請願書を提出陳情
194033	朝鮮朝日	南鮮版	1930-08-24	1	04단	集配人募集に卅名も應募不景氣は深刻
194034	朝鮮朝日	南鮮版	1930-08-24	1	04단	短歌/橋田東聲選
194035	朝鮮朝日	南鮮版	1930-08-24	1	04단	美しい同情金北海道から

일련번호	판명		간행일	면	단수	기사명
194036	朝鮮朝日	南鮮版	1930-08-24	1	04단	北鮮アルプスに登山路や山小屋鐵道局で施設するアルピニストのよろこび
194037	朝鮮朝日	南鮮版	1930-08-24	1	05단	こじれ出した運賃差格の更改仁川と鎮南浦對抗し成り行き注目さる
194038	朝鮮朝日	南鮮版	1930-08-24	1	05단	峻烈なる會計檢査鮮銀ウラジオ支店惱まさる
194039	朝鮮朝日	南鮮版	1930-08-24	1	05단	各地より高い大邱の物價調査の結果判明
194040	朝鮮朝日	南鮮版	1930-08-24	1	06단	御救恤金の傳達式擧行罹災者四百餘名へ
194041	朝鮮朝日	南鮮版	1930-08-24	1	06단	七尺餘卅貫の朝鮮一の大男手の掌が扇子より長い近く鮮内無錢旅行
194042	朝鮮朝日	南鮮版	1930-08-24	1	06단	黃金目指して矢鱈に掘り返す合理的に經營すれば金山も割合にボロい/採堀の出願數多數に上る
194043	朝鮮朝日	南鮮版	1930-08-24	1	07단	鰯油大暴落對策の水産組合に反對當業者の一部から成り行きを注目さる
194044	朝鮮朝日	南鮮版	1930-08-24	1	07단	電料引下げ請願書提出
194045	朝鮮朝日	南鮮版	1930-08-24	1	07단	警察署前の郵便所に怪賊夫妻に重傷を負はせ悠々と立ち去る
194046	朝鮮朝日	南鮮版	1930-08-24	1	08단	操短實施など考へてもゐない釜山の朝鮮紡織會社二千の職工は一安心
194047	朝鮮朝日	南鮮版	1930-08-24	1	08단	慶南地方にまたも豪雨各方面の交通は杜絶農作物に被害
194048	朝鮮朝日	南鮮版	1930-08-24	1	09단	市場あらし
194049	朝鮮朝日	南鮮版	1930-08-24	1	09단	梅谷洞にヌクテ豚を浚って行く
194050	朝鮮朝日	南鮮版	1930-08-24	1	09단	旗亭の火事放火疑ひ濃厚
194051	朝鮮朝日	南鮮版	1930-08-24	1	09단	龍井の火事種々取沙汰福井署長語る
194052	朝鮮朝日	南鮮版	1930-08-24	1	10단	馬賊團は支離滅裂頭目中の一部部下全部解散/馬賊潛入を嚴重に警戒支那側當局
194053	朝鮮朝日	南鮮版	1930-08-24	1	10단	四名に對し五年を求刑拳隊事件公判
194054	朝鮮朝日	南鮮版	1930-08-24	1	10단	滿鐵運動會
194055	朝鮮朝日	南鮮版	1930-08-24	1	10단	もよほし(京龍鄕軍の射擊大會/洋畫講習會)
194056	朝鮮朝日	南鮮版	1930-08-24	1	10단	人(中澤米太郎氏(大阪商大助教授)/里見岸雄氏(著作家)/丸岐英一氏(大連中學校長)/岡田間島總領事/佐々木文雄少佐(釜山憲兵分隊長))
194057	朝鮮朝日	西北版	1930-08-24	1	01단	全鮮教育機關の總動員をなし民風の作興につとめる教育勅語渙發記念と本府の催し

일련번호	판명		간행일	면	단수	기사명
194058	朝鮮朝日	西北版	1930-08-24	1	01단	多獅島の築港を調査丹羽、原田兩博士一行すこぶる大がゝりで
194059	朝鮮朝日	西北版	1930-08-24	1	01단	鮮內生産品の使用につき京城商業會議所から請願書を提出陳情
194060	朝鮮朝日	西北版	1930-08-24	1	01단	美しい同情金北海道から
194061	朝鮮朝日	西北版	1930-08-24	1	02단	咸北道內の橋梁と道路修理を急ぐ
194062	朝鮮朝日	西北版	1930-08-24	1	03단	巡査講習所新築候補地
194063	朝鮮朝日	西北版	1930-08-24	1	03단	國調員を視察督勵係員を派遣平北道當局
194064	朝鮮朝日	西北版	1930-08-24	1	03단	平南安州電氣料金を改正改善につとむ
194065	朝鮮朝日	西北版	1930-08-24	1	03단	こじれ出した運賃差格の更改仁川と鎭南浦對抗し成り行き注目さる
194066	朝鮮朝日	西北版	1930-08-24	1	04단	全鮮主要地に模範少年團設置を計劃
194067	朝鮮朝日	西北版	1930-08-24	1	04단	溫突改良の普及に努む江原森林組合
194068	朝鮮朝日	西北版	1930-08-24	1	04단	短歌/橋田東聲選
194069	朝鮮朝日	西北版	1930-08-24	1	04단	繭價不振對策協議平北技術員會
194070	朝鮮朝日	西北版	1930-08-24	1	04단	間島地方は大豊作貿易も大賑ひと豫想される
194071	朝鮮朝日	西北版	1930-08-24	1	05단	連絡防空演習實施平壤機四機が羅南において
194072	朝鮮朝日	西北版	1930-08-24	1	05단	峻烈なる會計檢查鮮銀ウラジオ支店惱まさる
194073	朝鮮朝日	西北版	1930-08-24	1	05단	七尺餘卅貫の朝鮮一の大男手の掌が扇子より長い近く鮮內無錢旅行
194074	朝鮮朝日	西北版	1930-08-24	1	05단	道路河川港灣被害決定す江原道各郡
194075	朝鮮朝日	西北版	1930-08-24	1	06단	佛教信者はあまり增加せず天理、金光、大本敎等が優勢平南の宗教しらべ
194076	朝鮮朝日	西北版	1930-08-24	1	06단	お茶のあと
194077	朝鮮朝日	西北版	1930-08-24	1	06단	滿鐵運動會
194078	朝鮮朝日	西北版	1930-08-24	1	06단	北鮮アルプスに登山路や山小屋鐵道局で施設するアルピニストのよろこび
194079	朝鮮朝日	西北版	1930-08-24	1	07단	優良健康兒表彰
194080	朝鮮朝日	西北版	1930-08-24	1	07단	工場入口に頑張り新職工を威嚇遂に操業不能に陷る平壤ゴム爭議益々惡化/新職工を雇ひ入れ七工場操業開始製品値下を小賣店から要求罷業中の平壤ゴム會社
194081	朝鮮朝日	西北版	1930-08-24	1	08단	旗亭の火事放火疑ひ濃厚
194082	朝鮮朝日	西北版	1930-08-24	1	08단	市場あらし

일련번호	판명		간행일	면	단수	기사명
194083	朝鮮朝日	西北版	1930-08-24	1	08단	鰯油大暴落對策の水産組合に反對當業者の一部から成り行きを注目さる
194084	朝鮮朝日	西北版	1930-08-24	1	08단	馬賊團は支離滅裂頭目中の一部部下全部解散/馬賊潛入を嚴重に警戒支那側當局
194085	朝鮮朝日	西北版	1930-08-24	1	09단	黃金目指して矢鱈に掘り返す合理的に經營すれば釜山も割合にボロい/採掘の出願數多數に上る
194086	朝鮮朝日	西北版	1930-08-24	1	10단	龍井の火事種々取沙汰福井署長語る
194087	朝鮮朝日	西北版	1930-08-24	1	10단	四名に對し五年を求刑拳隊事件公判
194088	朝鮮朝日	西北版	1930-08-24	1	10단	もよほし(京龍鄉軍の射擊大會)
194089	朝鮮朝日	西北版	1930-08-24	1	10단	人(中澤米太郎氏(大阪商大助敎授)/里見岸雄氏(著作家)/丸岐英一氏(大連中學校長))
194090	朝鮮朝日	西北・南鮮版	1930-08-24	2	01단	鮮銀券發行は漸增を示す一時は漸減を辿って七千萬圓台を割る
194091	朝鮮朝日	西北・南鮮版	1930-08-24	2	01단	鮮台航路三社入亂れて競爭を演ずる模樣近郵も新船を配船
194092	朝鮮朝日	西北・南鮮版	1930-08-24	2	01단	簡易保險支拂高七月中に一萬八千二百七圓
194093	朝鮮朝日	西北・南鮮版	1930-08-24	2	01단	生産品展示會役員割當て
194094	朝鮮朝日	西北・南鮮版	1930-08-24	2	02단	レールのさび
194095	朝鮮朝日	西北・南鮮版	1930-08-24	2	02단	農事改良低資の配當
194096	朝鮮朝日	西北・南鮮版	1930-08-24	2	03단	漁具の復舊費殖銀で融通
194097	朝鮮朝日	西北・南鮮版	1930-08-24	2	03단	京城運動場七月入場者
194098	朝鮮朝日	西北・南鮮版	1930-08-24	2	03단	朝日活寫映畵の會
194099	朝鮮朝日	西北・南鮮版	1930-08-24	2	04단	製材賣行頗る不振
194100	朝鮮朝日	西北・南鮮版	1930-08-24	2	04단	護謨陶器製造會社韓時殷氏等計劃
194101	朝鮮朝日	西北・南鮮版	1930-08-24	2	04단	各地短信(仁川/平壤)
194102	朝鮮朝日	南鮮版	1930-08-26	1	01단	艱難のひかり兄のために失はれた家運の挽回を圖り苦心慘憺目的を達しおまけに兄を改心せしむ
194103	朝鮮朝日	南鮮版	1930-08-26	1	01단	內地の失業者が續々と歸鮮し不景氣になやむ朝鮮に更に失業群の渦を卷く
194104	朝鮮朝日	南鮮版	1930-08-26	1	01단	夏休を利用して農場や農家で實習非常によい成績をあぐ百聞一見に如かずを如實に示す
194105	朝鮮朝日	南鮮版	1930-08-26	1	02단	豊作による增收を計劃運賃減收に困り拔く鐵道局の心細い願ひ

일련번호	판명		간행일	면	단수	기사명
194106	朝鮮朝日	南鮮版	1930-08-26	1	04단	都計係の活動沈滯現在全く休止の狀態に陷る
194107	朝鮮朝日	南鮮版	1930-08-26	1	04단	老總督がひょっこり農業學校に現はれ校長さんの作業を見學激勵をあたへて感激させる
194108	朝鮮朝日	南鮮版	1930-08-26	1	05단	後任鎭海面長詮衡祕密會
194109	朝鮮朝日	南鮮版	1930-08-26	1	05단	鎭海要港部原司令官榮轉說
194110	朝鮮朝日	南鮮版	1930-08-26	1	05단	算定の基礎は何によるか漁場の公入札は注意を惹く
194111	朝鮮朝日	南鮮版	1930-08-26	1	05단	各金融組合の資金需要は旺盛各聯合會の借入金は二千五百萬圓に上る
194112	朝鮮朝日	南鮮版	1930-08-26	1	05단	鹿兒島郵船の割込に弱る
194113	朝鮮朝日	南鮮版	1930-08-26	1	06단	七ヶ所の郵便所新設の計劃
194114	朝鮮朝日	南鮮版	1930-08-26	1	06단	お茶のあと
194115	朝鮮朝日	南鮮版	1930-08-26	1	06단	湯屋給水料は値下となる
194116	朝鮮朝日	南鮮版	1930-08-26	1	07단	好成績の卒業生指導各校とも力を盡す小池學務課長談
194117	朝鮮朝日	南鮮版	1930-08-26	1	07단	奧地の豪雨で被害は多い然し各河川の水は減退し愁眉を開く/慶北の豪雨一人溺死す
194118	朝鮮朝日	南鮮版	1930-08-26	1	08단	景福丸入渠
194119	朝鮮朝日	南鮮版	1930-08-26	1	08단	釜山の惡客引徹底的取締る
194120	朝鮮朝日	南鮮版	1930-08-26	1	09단	物盜り說が有力となる犯人は朝鮮人男か郵便所長夫婦斬り事件
194121	朝鮮朝日	南鮮版	1930-08-26	1	10단	共謀で僞印し數萬圓騙取
194122	朝鮮朝日	南鮮版	1930-08-26	1	10단	心中未遂の元署長の息一年半を求刑
194123	朝鮮朝日	南鮮版	1930-08-26	1	10단	細紐で縊死
194124	朝鮮朝日	南鮮版	1930-08-26	1	10단	理髮料金値下げ
194125	朝鮮朝日	南鮮版	1930-08-26	1	10단	人(加藤咄堂氏(東洋大學教授)/室兼次中將)
194126	朝鮮朝日	西北版	1930-08-26	1	01단	鎭南浦電氣會社乘取の策動やまず頻りに暗中飛躍を試む株價は一躍九十六圓をしめす
194127	朝鮮朝日	西北版	1930-08-26	1	01단	海運賃低減に意見一致し鮮航會其他に要望す新義州商議評議員會で決議
194128	朝鮮朝日	西北版	1930-08-26	1	01단	多獅島の築港調査丹羽博士一行
194129	朝鮮朝日	西北版	1930-08-26	1	02단	御下賜金傳達式
194130	朝鮮朝日	西北版	1930-08-26	1	03단	米檢問題は解決を見ぬ
194131	朝鮮朝日	西北版	1930-08-26	1	03단	岐灘川の架橋を熱望

일련번호	판명		간행일	면	단수	기사명
194132	朝鮮朝日	西北版	1930-08-26	1	04단	平安南道の警察官異動
194133	朝鮮朝日	西北版	1930-08-26	1	04단	活動寫眞撮影所平壤に出來る
194134	朝鮮朝日	西北版	1930-08-26	1	04단	江岸を迂廻か隧道掘鑿か愼重研究の上きめる圖們西部線廣軌改築/新阿山訓戎間圖們東部線今秋營業開始
194135	朝鮮朝日	西北版	1930-08-26	1	05단	咸南江原鄕軍分會長總會
194136	朝鮮朝日	西北版	1930-08-26	1	05단	清津地方法院法廷を增築
194137	朝鮮朝日	西北版	1930-08-26	1	05단	水難者大施餓鬼
194138	朝鮮朝日	西北版	1930-08-26	1	05단	平壤平康間の長距離飛行
194139	朝鮮朝日	西北版	1930-08-26	1	05단	新義州中江鎮飛行の準備
194140	朝鮮朝日	西北版	1930-08-26	1	06단	演習參加機歸還
194141	朝鮮朝日	西北版	1930-08-26	1	06단	咸北道の風水害七十五萬圓にのぼる元山會寧線がひどい
194142	朝鮮朝日	西北版	1930-08-26	1	06단	運轉競技會
194143	朝鮮朝日	西北版	1930-08-26	1	06단	安東の競馬大會
194144	朝鮮朝日	西北版	1930-08-26	1	06단	滿洲風物を映畫化內外各地に宣傳紹介の計劃
194145	朝鮮朝日	西北版	1930-08-26	1	06단	內地の失業者は續々と歸鮮し不景氣になやむ朝鮮に更に失業群の渦を卷く
194146	朝鮮朝日	西北版	1930-08-26	1	07단	大同江に鮎棲息稚魚を放流し大々的に養殖
194147	朝鮮朝日	西北版	1930-08-26	1	07단	俄然結束崩れ殆ど就業を見る新舊職工間に小競合を演ず平壤ゴム爭議解決か
194148	朝鮮朝日	西北版	1930-08-26	1	07단	馬賊歸順す
194149	朝鮮朝日	西北版	1930-08-26	1	07단	早大劍道部遠征
194150	朝鮮朝日	西北版	1930-08-26	1	07단	逃信の强い老人を集む清林敎の一味
194151	朝鮮朝日	西北版	1930-08-26	1	08단	牡丹台野話
194152	朝鮮朝日	西北版	1930-08-26	1	08단	理髮料金値下げ
194153	朝鮮朝日	西北版	1930-08-26	1	08단	債券を詐取
194154	朝鮮朝日	西北版	1930-08-26	1	08단	馬賊の一團入鮮を企つ
194155	朝鮮朝日	西北版	1930-08-26	1	09단	公金拐帶犯人大連で捕る
194156	朝鮮朝日	西北版	1930-08-26	1	09단	豆滿江沿岸の不逞の徒には思想的色彩が濃厚森岡警務局長談
194157	朝鮮朝日	西北版	1930-08-26	1	09단	平壤の放火
194158	朝鮮朝日	西北版	1930-08-26	1	09단	傷害致死の犯人は逃走
194159	朝鮮朝日	西北版	1930-08-26	1	10단	お茶のあと
194160	朝鮮朝日	西北版	1930-08-26	1	10단	プロペラ船鴨江で坐礁
194161	朝鮮朝日	西北版	1930-08-26	1	10단	水泳場荒し
194162	朝鮮朝日	西北版	1930-08-26	1	10단	もよほし(水害義捐金募集演藝會)

일련번호	판명		간행일	면	단수	기사명
194163	朝鮮朝日	西北・南鮮版	1930-08-26	2	01단	空の神祕火曜の頁雄大な銀河の銀河の廣がり古今を絶した驚異山本一淸
194164	朝鮮朝日	西北・南鮮版	1930-08-26	2	03단	形と色との蒸溜田邊信太郎
194165	朝鮮朝日	西北・南鮮版	1930-08-26	2	04단	各地短信(咸興/平壤/釜山/木浦/海州/羅南)
194166	朝鮮朝日	西北・南鮮版	1930-08-26	2	06단	霧笛信號を雄基に新設
194167	朝鮮朝日	西北・南鮮版	1930-08-26	2	06단	朝日活動寫眞
194168	朝鮮朝日	西北・南鮮版	1930-08-26	2	07단	消費組合を創立
194169	朝鮮朝日	西北・南鮮版	1930-08-26	2	07단	サイレンを設備
194170	朝鮮朝日	西北・南鮮版	1930-08-26	2	07단	屠場を整理
194171	朝鮮朝日	西北・南鮮版	1930-08-26	2	07단	中隊兵舍完成
194172	朝鮮朝日	南鮮版	1930-08-27	1	01단	鴨綠江に沿ふ國境航空路開拓九月から編隊飛行で具さに研究を開始
194173	朝鮮朝日	南鮮版	1930-08-27	1	01단	農民に製絲知識の徹底が必要秋繭出廻期を前に今井製絲協議理事談
194174	朝鮮朝日	南鮮版	1930-08-27	1	03단	蠶絲業將來の對策に關し懸賞論文を募集す賞金は一篇に百圓
194175	朝鮮朝日	南鮮版	1930-08-27	1	03단	京仁取引所は合倂のほかない急轉直下進展するか現物市場警告相當こたへる
194176	朝鮮朝日	南鮮版	1930-08-27	1	04단	大邱飛行場期成會創立
194177	朝鮮朝日	南鮮版	1930-08-27	1	04단	總督府編纂の調査資料を一般に販賣
194178	朝鮮朝日	南鮮版	1930-08-27	1	04단	司法官增員同時に異動
194179	朝鮮朝日	南鮮版	1930-08-27	1	04단	異國の空に親を慕ひつゝ哀れな酌婦生活に浮世をかこつ物語
194180	朝鮮朝日	南鮮版	1930-08-27	1	05단	大水害の滿鐵義捐金一萬五千圓
194181	朝鮮朝日	南鮮版	1930-08-27	1	05단	俳句/鈴木花蓑選
194182	朝鮮朝日	南鮮版	1930-08-27	1	05단	專賣局增員
194183	朝鮮朝日	南鮮版	1930-08-27	1	05단	朝鮮煙草は整理しない
194184	朝鮮朝日	南鮮版	1930-08-27	1	05단	現物市場の營業繼續に警告朝鮮取引所令の公布を前に總督府の大英斷
194185	朝鮮朝日	南鮮版	1930-08-27	1	06단	國調講演會
194186	朝鮮朝日	南鮮版	1930-08-27	1	06단	料理屋の値下要求は拒絶に決る
194187	朝鮮朝日	南鮮版	1930-08-27	1	06단	盲腸內に蛔蟲が棲息世界的に珍らしい患者が大邱の病院に
194188	朝鮮朝日	南鮮版	1930-08-27	1	07단	酒や煙草に響かぬ不景氣簡易保險も好成績咸北地方の世相
194189	朝鮮朝日	南鮮版	1930-08-27	1	07단	反對派が全部棄權慶南密陽の補缺選擧
194190	朝鮮朝日	南鮮版	1930-08-27	1	08단	大商松商對戰

일련번호	판명		간행일	면	단수	기사명
194191	朝鮮朝日	南鮮版	1930-08-27	1	08단	社金一萬圓橫領發覺扶桑海上保險出張所長
194192	朝鮮朝日	南鮮版	1930-08-27	1	08단	羅業職工が工場に妨害新職工は戰々競々平壤のゴム工場/東洋ゴム工場を羅業團員が襲ひ散々に亂暴を働く操業開始を憤慨してか
194193	朝鮮朝日	南鮮版	1930-08-27	1	09단	彈丸運搬中取落して爆發兵卒三名死傷す
194194	朝鮮朝日	南鮮版	1930-08-27	1	09단	餘りに貧弱な時勢順應策釜山醫師會の發表に非難の聲おこる/一律一遍の値下より有意義と思ふ西村醫師會長談
194195	朝鮮朝日	南鮮版	1930-08-27	1	10단	人(佐々木文雄中佐(釜山憲兵分隊長)/和田一郎氏(朝鮮商銀頭取)/佐々木志賀二氏(貴族院議員))
194196	朝鮮朝日	西北版	1930-08-27	1	01단	鴨綠江に沿ふ國境航空路開拓九月から編隊飛行で具さに研究を開始
194197	朝鮮朝日	西北版	1930-08-27	1	01단	蠶絲業將來の對策に關し懸賞論文を募集す賞金は一篇に百圓
194198	朝鮮朝日	西北版	1930-08-27	1	01단	農民に製絲知識の徹底が必要秋繭出廻期を前に今井製絲協會理事談
194199	朝鮮朝日	西北版	1930-08-27	1	01단	俳句/鈴木花蓑選
194200	朝鮮朝日	西北版	1930-08-27	1	02단	寫眞說明(旣報/二十四日昭和製鋼所敷地決定のため丹羽博士一行の多獅島視察)
194201	朝鮮朝日	西北版	1930-08-27	1	03단	淸津の公會堂建設に着手
194202	朝鮮朝日	西北版	1930-08-27	1	03단	咸北農家は食糧難調査で判る
194203	朝鮮朝日	西北版	1930-08-27	1	04단	平壤會議所臨時評議員
194204	朝鮮朝日	西北版	1930-08-27	1	04단	總督府編纂の調査資料を一般に販賣
194205	朝鮮朝日	西北版	1930-08-27	1	04단	酒や煙草に響かぬ不景氣簡易保險も好成績咸北地方の世相
194206	朝鮮朝日	西北版	1930-08-27	1	05단	司法官增員同時に異動
194207	朝鮮朝日	西北版	1930-08-27	1	05단	朝鮮人の勞働團體調査を開始
194208	朝鮮朝日	西北版	1930-08-27	1	05단	大連經由の貨物を吸收安東で宣傳
194209	朝鮮朝日	西北版	1930-08-27	1	05단	異國の空に親を慕ひつゝ哀れな酌婦生活に浮世をかこつ物語
194210	朝鮮朝日	西北版	1930-08-27	1	06단	好成績の巡回衛生展平南道奧地での入場者が頗る多い
194211	朝鮮朝日	西北版	1930-08-27	1	06단	刑務所に賣店を設け製品を賣る
194212	朝鮮朝日	西北版	1930-08-27	1	07단	初等學校長會

일련번호	판명		간행일	면	단수	기사명
194213	朝鮮朝日	西北版	1930-08-27	1	07단	大水害の滿鐵義捐金一萬五千圓
194214	朝鮮朝日	西北版	1930-08-27	1	08단	牡丹台野話
194215	朝鮮朝日	西北版	1930-08-27	1	08단	羅業職工が工場に妨害新職工は戰々競々平壤のゴム工場/東洋ゴム工場を羅業團員が襲ひ散々に亂暴を働く操業開始を憤慨してか
194216	朝鮮朝日	西北版	1930-08-27	1	08단	餘りに貧弱な時勢順應策釜山醫師會の發表に非難の聲おこる
194217	朝鮮朝日	西北版	1930-08-27	1	09단	箕城券番の取締後任に希望者が非常に多い愼重に行ふ樣警告
194218	朝鮮朝日	西北版	1930-08-27	1	10단	銀行出納係が大金を拐帶
194219	朝鮮朝日	西北版	1930-08-27	1	10단	社金一萬圓橫領發覺扶桑海上保險出張所長
194220	朝鮮朝日	西北版	1930-08-27	1	10단	巡査斬の嫌疑もある
194221	朝鮮朝日	西北版	1930-08-27	1	10단	人(佐々木文雄中佐(釜山憲兵分隊長)/和田一郎氏(朝鮮商銀頭取)/佐々木志賀二氏(貴族院議員))
194222	朝鮮朝日	西北・南鮮版	1930-08-27	2	01단	寺刹の經營豫算に關し住職たちを集めて講習會をひらく
194223	朝鮮朝日	西北・南鮮版	1930-08-27	2	01단	豊作の豫想で農村は歡喜二百二十萬石突破の時は豊年祝賀會開催計劃
194224	朝鮮朝日	西北・南鮮版	1930-08-27	2	01단	甘浦港の增築で種々陳情す
194225	朝鮮朝日	西北・南鮮版	1930-08-27	2	01단	生果の公正な相場を望み規則改正を要望
194226	朝鮮朝日	西北・南鮮版	1930-08-27	2	02단	銀相場暴落で九十萬圓收入減本年度紅蔘販賣協定成行き注目さる
194227	朝鮮朝日	西北・南鮮版	1930-08-27	2	03단	內外商品比較展全鮮一帶に國産愛用を宣傳
194228	朝鮮朝日	西北・南鮮版	1930-08-27	2	03단	朝日活動寫眞會
194229	朝鮮朝日	西北・南鮮版	1930-08-27	2	04단	臨津江電力株式會社創立
194230	朝鮮朝日	西北・南鮮版	1930-08-27	2	04단	海苔養殖を三年間試驗
194231	朝鮮朝日	南鮮版	1930-08-28	1	01단	統營、彌勒島間に海底道掘鑿を計劃慶南知事補助をせびるさて今樣浦島は實現するか
194232	朝鮮朝日	南鮮版	1930-08-28	1	01단	失業救濟事業に凄文句を竝べ阻止內務局の役人を驚かす洛東江改修工事の一川式に反對
194233	朝鮮朝日	南鮮版	1930-08-28	1	04단	慶北道の新設普通校九月から十校開設に決まる
194234	朝鮮朝日	南鮮版	1930-08-28	1	04단	鎭海面長の候補者二名を選び郡守に選定一任

일련번호	판명		간행일	면	단수	기사명
194235	朝鮮朝日	南鮮版	1930-08-28	1	04단	取引所外での類似行爲を嚴禁す朝鮮取引所令の公布を前に米穀現物市場に聲明
194236	朝鮮朝日	南鮮版	1930-08-28	1	04단	谷慶南知事に居中調停依賴か本府當局招電を發す李公家漁場公入札問題
194237	朝鮮朝日	南鮮版	1930-08-28	1	05단	國産愛用を大々的宣傳慶北道當局が
194238	朝鮮朝日	南鮮版	1930-08-28	1	05단	貯藏の天然氷今年は不足か
194239	朝鮮朝日	南鮮版	1930-08-28	1	05단	國勢調査の宣傳旗行列仁川で行ふ
194240	朝鮮朝日	南鮮版	1930-08-28	1	05단	慶尙合銀愈々救濟か鮮銀から內容調査に來邱
194241	朝鮮朝日	南鮮版	1930-08-28	1	06단	自動車開通
194242	朝鮮朝日	南鮮版	1930-08-28	1	06단	假堤防決潰し豊作物全滅
194243	朝鮮朝日	南鮮版	1930-08-28	1	06단	航空に關する講演と映畫の會
194244	朝鮮朝日	南鮮版	1930-08-28	1	06단	大邱公設市場値下は好評近く更に値下/大邱の料理屋愈々値下げ
194245	朝鮮朝日	南鮮版	1930-08-28	1	07단	京城小劇場尹氏等が創立
194246	朝鮮朝日	南鮮版	1930-08-28	1	07단	慶南密陽の面議補缺選擧選擧權を行使せず面行政上の暗礁となるか
194247	朝鮮朝日	南鮮版	1930-08-28	1	07단	富田儀作氏逝く朝鮮産業界の大恩人/立派な人を失ったもの兒玉總監語る
194248	朝鮮朝日	南鮮版	1930-08-28	1	08단	自殺幫助に猶豫の判決
194249	朝鮮朝日	南鮮版	1930-08-28	1	08단	ラヂオ聽取は官吏が多い
194250	朝鮮朝日	南鮮版	1930-08-28	1	08단	死場所を探す男釜山で取押長崎市の實子殺しか
194251	朝鮮朝日	南鮮版	1930-08-28	1	08단	三中等校を招聘し野球試合擧行
194252	朝鮮朝日	南鮮版	1930-08-28	1	09단	群山商議の醜事實愈よ明るみへ
194253	朝鮮朝日	南鮮版	1930-08-28	1	09단	僞金綠眼鏡で詐欺を働く
194254	朝鮮朝日	南鮮版	1930-08-28	1	09단	男女二體の地藏を盜む不景氣が生んだ珍盜難事件
194255	朝鮮朝日	南鮮版	1930-08-28	1	10단	行金を拐帶
194256	朝鮮朝日	南鮮版	1930-08-28	1	10단	支那人の強盜團それぞれ求刑
194257	朝鮮朝日	南鮮版	1930-08-28	1	10단	レールのさび
194258	朝鮮朝日	南鮮版	1930-08-28	1	10단	劇映畫(京城)
194259	朝鮮朝日	南鮮版	1930-08-28	1	10단	人(荒井初太郎氏(京城實業家)/池見大鮮燒酎會社長/渡邊釜山稅關長/大邱商議蹴球チーム一行)
194260	朝鮮朝日	西北版	1930-08-28	1	01단	統營、彌勒島間に海底道掘鑿を計劃慶南知事補助をせびるさて今樣浦島は實現するか

일련번호	판명		간행일	면	단수	기사명
194261	朝鮮朝日	西北版	1930-08-28	1	01단	教員給料の支拂が遲れて學校費や授業料の滯納はとても多い
194262	朝鮮朝日	西北版	1930-08-28	1	02단	咸興郡の呼稱を變更か
194263	朝鮮朝日	西北版	1930-08-28	1	03단	元山神社の移轉協議會
194264	朝鮮朝日	西北版	1930-08-28	1	03단	咸興練兵場に見事に着陸着上好轉か
194265	朝鮮朝日	西北版	1930-08-28	1	04단	『西湖の月』には十分注意し教育上萬全を期する谷崎氏と平壤高女の態度
194266	朝鮮朝日	西北版	1930-08-28	1	04단	取引所外での類似行爲を嚴禁す朝鮮取引所令の公布を前に米穀現物市場に聲明
194267	朝鮮朝日	西北版	1930-08-28	1	04단	淸津公會堂は建設に決る大口寄附金があり府民の頭割は免る
194268	朝鮮朝日	西北版	1930-08-28	1	05단	淸津府營公設市場池本氏を囑託し指導させる
194269	朝鮮朝日	西北版	1930-08-28	1	05단	咸興少年團近く生れ出る
194270	朝鮮朝日	西北版	1930-08-28	1	05단	富田儀作氏逝く朝鮮産業界の大恩人/立派な人を失ったもの兒玉總監語る
194271	朝鮮朝日	西北版	1930-08-28	1	06단	森岡警務局長間島を視察
194272	朝鮮朝日	西北版	1930-08-28	1	07단	平南に降雹
194273	朝鮮朝日	西北版	1930-08-28	1	07단	大會を目指し練習に精進進境著しきものある平壤高女排球チーム
194274	朝鮮朝日	西北版	1930-08-28	1	08단	牡丹台野話
194275	朝鮮朝日	西北版	1930-08-28	1	08단	野獸出沒し作物を荒す
194276	朝鮮朝日	西北版	1930-08-28	1	08단	巖の下敷となって重傷
194277	朝鮮朝日	西北版	1930-08-28	1	08단	馬賊押入る
194278	朝鮮朝日	西北版	1930-08-28	1	08단	城大對全元山陸上競技會
194279	朝鮮朝日	西北版	1930-08-28	1	09단	男女二體の地藏を盜む不景氣が生んだ珍盜難事件
194280	朝鮮朝日	西北版	1930-08-28	1	09단	ラヂオ聽取は官吏が多い
194281	朝鮮朝日	西北版	1930-08-28	1	09단	安圖縣城を襲擊の情報
194282	朝鮮朝日	西北版	1930-08-28	1	10단	支那人の强盜團それぞれ求刑
194283	朝鮮朝日	西北版	1930-08-28	1	10단	レールのさび
194284	朝鮮朝日	西北版	1930-08-28	1	10단	僞金綠眼鏡で詐欺を働く
194285	朝鮮朝日	西北版	1930-08-28	1	10단	行金を拐帶
194286	朝鮮朝日	西北版	1930-08-28	1	10단	人(安藤鐐吉氏(新任早原署長))
194287	朝鮮朝日	西北・南鮮版	1930-08-28	2	01단	經濟コンド
194288	朝鮮朝日	西北・南鮮版	1930-08-28	2	01단	佛教の批判へ安永一
194289	朝鮮朝日	西北・南鮮版	1930-08-28	2	02단	稻作はまあ平年作以上畑作もすべてよい殖産局山本技師談
194290	朝鮮朝日	西北・南鮮版	1930-08-28	2	02단	振替貯金受拂狀況

일련번호	판명		간행일	면	단수	기사명
194291	朝鮮朝日	西北・南鮮版	1930-08-28	2	03단	朝日活動寫眞會
194292	朝鮮朝日	西北・南鮮版	1930-08-28	2	04단	忠南唐津郡の堆肥共進會
194293	朝鮮朝日	西北・南鮮版	1930-08-28	2	04단	各地短信(咸興/鎭海)
194294	朝鮮朝日	南鮮版	1930-08-29	1	01단	*母國歸還の吉原機無事汝矣島に着陸し母國への第一步を踏むシベリアの難航を詳さに語る/平壤の上空を吉原機通過*
194295	朝鮮朝日	南鮮版	1930-08-29	1	01단	貨物自動車網を隅々まで張り鐵道や牛馬を追ひ捲る貨物不足を喞つ事なき盛況振
194296	朝鮮朝日	南鮮版	1930-08-29	1	01단	短歌/橋田東聲選
194297	朝鮮朝日	南鮮版	1930-08-29	1	02단	*多獅島築港の調査を終へ三博士の一行入城漢江の河口を視察/有利か否かは斷定出來ぬ丹羽博士談/立場により意見も異る原田博士談/意見は開陳出來ぬ直木博士談*
194298	朝鮮朝日	南鮮版	1930-08-29	1	03단	豊作豫想で景氣恢復の聲酒造業界の一角から膿らかに流れ初む
194299	朝鮮朝日	南鮮版	1930-08-29	1	04단	釜山醫師會診療費値下げ調査
194300	朝鮮朝日	南鮮版	1930-08-29	1	04단	電車區城の撤廢を要望
194301	朝鮮朝日	南鮮版	1930-08-29	1	05단	旅客貨物混合列車を廢し汽動車を運轉するスピードアップを企つ
194302	朝鮮朝日	南鮮版	1930-08-29	1	05단	接客業者健康診斷成績は良い
194303	朝鮮朝日	南鮮版	1930-08-29	1	05단	京城地方法院に持込む犯罪は激增詐欺と竊盜は最も多いそれが一箇月五百件平均に上る
194304	朝鮮朝日	南鮮版	1930-08-29	1	05단	全南實業大會木浦提案決る
194305	朝鮮朝日	南鮮版	1930-08-29	1	06단	白米値下げ
194306	朝鮮朝日	南鮮版	1930-08-29	1	06단	檢査方法が苛酷だとて決議をなし實行運動釜山の穀物業者が
194307	朝鮮朝日	南鮮版	1930-08-29	1	06단	江原道水害罹災民救濟
194308	朝鮮朝日	南鮮版	1930-08-29	1	06단	運動界(大邱商業チイン歸る/大連商勝つ)
194309	朝鮮朝日	南鮮版	1930-08-29	1	07단	國境拓殖鐵道第二次調査
194310	朝鮮朝日	南鮮版	1930-08-29	1	07단	伊藤公菩提寺建立資金募集
194311	朝鮮朝日	南鮮版	1930-08-29	1	07단	密陽面の上水道敷設起債はちかく認可か反對民の對策が問題
194312	朝鮮朝日	南鮮版	1930-08-29	1	08단	朝鮮事業界の打擊は輕い會社銀行の配當は寧ろ增配が多い
194313	朝鮮朝日	南鮮版	1930-08-29	1	08단	*富田翁の遺骸南浦に向ふ/故富田翁の追悼會擧行*
194314	朝鮮朝日	南鮮版	1930-08-29	1	09단	風水害の義捐金成績は不良

일련번호	판명		간행일	면	단수	기사명
194315	朝鮮朝日	南鮮版	1930-08-29	1	09단	鐵橋流失し列車不通となる圖們江沿岸の豪雨
194316	朝鮮朝日	南鮮版	1930-08-29	1	09단	多量の阿片を密送して捕る
194317	朝鮮朝日	南鮮版	1930-08-29	1	10단	新らしい妓生券番不許可方針
194318	朝鮮朝日	南鮮版	1930-08-29	1	10단	釜山棧橋の朦朧客引一掃を企つ
194319	朝鮮朝日	南鮮版	1930-08-29	1	10단	線路に大石
194320	朝鮮朝日	南鮮版	1930-08-29	1	10단	劇映畫(京山達枝)
194321	朝鮮朝日	西北版	1930-08-29	1	01단	母國歸還の吉原機無事汝矣島に着陸し母國への第一步を踏むシベリアの難航を詳さに語る/平壤の上空を吉原機通過
194322	朝鮮朝日	西北版	1930-08-29	1	01단	平壤陸軍機見事な着陸振
194323	朝鮮朝日	西北版	1930-08-29	1	02단	平壤の上空を吉原機通過
194324	朝鮮朝日	西北版	1930-08-29	1	02단	國勢調査調査區數平北道決定
194325	朝鮮朝日	西北版	1930-08-29	1	02단	貨物自動車網を隅々まで張り鐵道や牛馬を追ひ捲る貨物不足を啣つ事なき盛況振
194326	朝鮮朝日	西北版	1930-08-29	1	03단	多獅島築港の調査を終へ三博士の一行入城漢江の河口を視察/有利か否かは斷定出來ぬ丹羽博士談/立場により意見も異る原田博士談/意見は開陳出來ぬ直木博士談
194327	朝鮮朝日	西北版	1930-08-29	1	04단	警察官異動
194328	朝鮮朝日	西北版	1930-08-29	1	05단	チブスの豫防錠劑を安東で分配
194329	朝鮮朝日	西北版	1930-08-29	1	05단	平元線工事缺損のため請負者が賃金不拂當局で嚴重取締る
194330	朝鮮朝日	西北版	1930-08-29	1	05단	京城地方法院に持込む犯罪は激增詐欺と竊盜は最も多いそれが一箇月五百件平均に上る
194331	朝鮮朝日	西北版	1930-08-29	1	06단	平南道で種痘を勵行する
194332	朝鮮朝日	西北版	1930-08-29	1	06단	貧困兒童に學用品給與
194333	朝鮮朝日	西北版	1930-08-29	1	06단	運動界(全滿野球大會/劍道試合選手)
194334	朝鮮朝日	西北版	1930-08-29	1	06단	豊作豫想で景氣恢復の聲酒造業界の一角から朋らかに流れ初む
194335	朝鮮朝日	西北版	1930-08-29	1	07단	牡丹台野話
194336	朝鮮朝日	西北版	1930-08-29	1	07단	新らしい妓生券番不許可方針
194337	朝鮮朝日	西北版	1930-08-29	1	07단	富田翁の遺骸南浦に向ふ
194338	朝鮮朝日	西北版	1930-08-29	1	08단	鐵橋流失し列車不通となる圖們江沿岸の豪雨/咸北道の豪雨被害家屋倒壞し死傷者まで出す/鴨綠江上流降雨で增水筏漸く動く

일련번호	판명		간행일	면	단수	기사명
194339	朝鮮朝日	西北版	1930-08-29	1	08단	多量の阿片を密送して捕る
194340	朝鮮朝日	西北版	1930-08-29	1	09단	群衆大擧して駐在所を襲撃し不穩の形勢をしめす橫領犯人の縊死から
194341	朝鮮朝日	西北版	1930-08-29	1	09단	旅客貨物混合列車を廢し汽動車を運轉するスピードアップを企つ
194342	朝鮮朝日	西北版	1930-08-29	1	10단	密輸沒收品廉賣好景氣
194343	朝鮮朝日	西北版	1930-08-29	1	10단	短歌/橋田東聲選
194344	朝鮮朝日	西北版	1930-08-29	1	10단	沙里院の火事
194345	朝鮮朝日	西北版	1930-08-29	1	10단	もよほし(新任披露宴)
194346	朝鮮朝日	西北版	1930-08-29	1	10단	人(室兼次氏(第二十師團長)/森岡警務局長)
194347	朝鮮朝日	西北・南鮮版	1930-08-29	2	01단	各地短信(咸興/全州/平壤/安東縣/群山/淸州)
194348	朝鮮朝日	西北・南鮮版	1930-08-29	2	01단	穀物積取は競爭かプール制實施は實現の模樣
194349	朝鮮朝日	西北・南鮮版	1930-08-29	2	01단	封書よりも寧ろ葉書で郵便にも不況風
194350	朝鮮朝日	西北・南鮮版	1930-08-29	2	01단	奧地警官都市見學十九名選拔
194351	朝鮮朝日	西北・南鮮版	1930-08-29	2	02단	養蜂講習會
194352	朝鮮朝日	西北・南鮮版	1930-08-29	2	02단	人夫を募集
194353	朝鮮朝日	西北・南鮮版	1930-08-29	2	03단	鰯油問屋筋の水産組合組織
194354	朝鮮朝日	西北・南鮮版	1930-08-29	2	03단	朝日活動寫眞會
194355	朝鮮朝日	西北・南鮮版	1930-08-29	2	04단	山人蔘安値正に受難時代
194356	朝鮮朝日	西北・南鮮版	1930-08-29	2	04단	植木博士植物の調査
194357	朝鮮朝日	南鮮版	1930-08-30	1	01단	金剛山國立公園實現は遲延か失業者救濟が急を要し國立公園まで手が延ばされぬ
194358	朝鮮朝日	南鮮版	1930-08-30	1	01단	慶南に一箇所農倉設置か場所はまだ未定で當局で銳意考慮中
194359	朝鮮朝日	南鮮版	1930-08-30	1	01단	値下に充當の財源は貧弱さりと減配できぬ京電料金改訂に惱む
194360	朝鮮朝日	南鮮版	1930-08-30	1	01단	實業學校配屬將校打合會
194361	朝鮮朝日	南鮮版	1930-08-30	1	02단	二十八日京城汝矣島に着陸した吉原報知機
194362	朝鮮朝日	南鮮版	1930-08-30	1	03단	北鮮農試場の官制を公布
194363	朝鮮朝日	南鮮版	1930-08-30	1	03단	調査委員の意見決定は一ケ月後にならう丹羽博士多獅島視察談
194364	朝鮮朝日	南鮮版	1930-08-30	1	04단	風水被害救濟資金貸出し
194365	朝鮮朝日	南鮮版	1930-08-30	1	05단	庶務主任會

일련번호	판명		간행일	면	단수	기사명
194366	朝鮮朝日	南鮮版	1930-08-30	1	05단	運動界(新義州遂に敗退す十對二を以て遞信軍大勝)
194367	朝鮮朝日	南鮮版	1930-08-30	1	05단	兒玉政務總監國境を巡視誰も巡視せぬだけに順路の發表を差控ふ
194368	朝鮮朝日	南鮮版	1930-08-30	1	05단	病苦と失業に苛まれて犯した罪の男に絡む美談釜山港埠頭の悲劇
194369	朝鮮朝日	南鮮版	1930-08-30	1	06단	共榮自動車と愈よ緣切り內務部長より聲明書
194370	朝鮮朝日	南鮮版	1930-08-30	1	06단	お客がキーサンの御機嫌とり取締選擧の一插話
194371	朝鮮朝日	南鮮版	1930-08-30	1	06단	不穩文書を貼付
194372	朝鮮朝日	南鮮版	1930-08-30	1	07단	賦課率査定の更改を行ひ稅金の滯納をふせぐ平壤府財務課の計劃
194373	朝鮮朝日	南鮮版	1930-08-30	1	07단	福の神の出現をひたすら待わびる諸工事は次第に完城し昔日の面影なくなった咸興地方
194374	朝鮮朝日	南鮮版	1930-08-30	1	07단	九州炭のため鮮炭押さる競爭すればするほど炭坑經營は苦くなる
194375	朝鮮朝日	南鮮版	1930-08-30	1	07단	認可の可能性ある水力發電所わづか三箇所だけ山內氏一派のは最も有望
194376	朝鮮朝日	南鮮版	1930-08-30	1	08단	東機平壤着
194377	朝鮮朝日	南鮮版	1930-08-30	1	09단	會( )
194378	朝鮮朝日	南鮮版	1930-08-30	1	09단	人(神尾戈春氏(本府學務課長)/井上圓治氏(赤十字社部長)/山脇とし子女史(山脇高女敎諭))
194379	朝鮮朝日	南鮮版	1930-08-30	1	09단	耕牛を預かり經濟的に育てる預かり料も頗る安い高原畜產組合の計劃
194380	朝鮮朝日	南鮮版	1930-08-30	1	10단	蔚山水利解決の曙光見ゆ
194381	朝鮮朝日	南鮮版	1930-08-30	1	10단	大邱驛の貨物拔取りつひに捕まる
194382	朝鮮朝日	南鮮版	1930-08-30	1	10단	竊盜團の手先捕まる
194383	朝鮮朝日	南鮮版	1930-08-30	1	10단	叔父の虎の子拐帶
194384	朝鮮朝日	西北版	1930-08-30	1	01단	金剛山國立公園實現は遲延か失業者救濟が急を要し國立公園まで手が延ばされぬ
194385	朝鮮朝日	西北版	1930-08-30	1	01단	福の神の出現をひたすら待わびる諸工事は次第に完城し昔日の面影なくなった咸興地方
194386	朝鮮朝日	西北版	1930-08-30	1	01단	朝鮮人の有力者が自動車會社資本金三十萬圓で創立すべく願書提出

일련번호	판명		간행일	면	단수	기사명
194387	朝鮮朝日	西北版	1930-08-30	1	01단	調査委員の意見決定は一ヶ月後にならう丹羽博士多獅島視察談
194388	朝鮮朝日	西北版	1930-08-30	1	03단	北鮮農試場の官制を公布
194389	朝鮮朝日	西北版	1930-08-30	1	03단	二十八日京城汝矣島に着陸した吉原報知機
194390	朝鮮朝日	西北版	1930-08-30	1	04단	鎭南浦初等校校長の異動
194391	朝鮮朝日	西北版	1930-08-30	1	04단	稻作は近年稀な豊作農民は水利組合施設に感謝
194392	朝鮮朝日	西北版	1930-08-30	1	04단	賦課率査定の更改を行ひ稅金の滯納をふせぐ平壤府財務課の計劃
194393	朝鮮朝日	西北版	1930-08-30	1	05단	兒玉政務總監國境を巡視誰も巡視せぬだけに順路の發表を差控ふ
194394	朝鮮朝日	西北版	1930-08-30	1	05단	畜産品評會
194395	朝鮮朝日	西北版	1930-08-30	1	06단	教育協進會反對の運動
194396	朝鮮朝日	西北版	1930-08-30	1	06단	九州炭のため鮮炭押さる競爭すればするほど炭坑經營は苦くなる
194397	朝鮮朝日	西北版	1930-08-30	1	06단	鳳凰黃煙組合內地と取引
194398	朝鮮朝日	西北版	1930-08-30	1	06단	數日來舊職工はぼつぼつと出勤し威勢よく作業をはじむ大ストライキも自然的に解決か
194399	朝鮮朝日	西北版	1930-08-30	1	06단	ゴム爭議句作のこと
194400	朝鮮朝日	西北版	1930-08-30	1	07단	鎭南浦商議の評議員會議
194401	朝鮮朝日	西北版	1930-08-30	1	07단	運動界(新義州遂に敗退す十對二を以て遞信軍大勝/陸上運動會の種目きまる)
194402	朝鮮朝日	西北版	1930-08-30	1	07단	公立學校長會議
194403	朝鮮朝日	西北版	1930-08-30	1	08단	牡丹台野話
194404	朝鮮朝日	西北版	1930-08-30	1	08단	南浦果實會社總會もめる
194405	朝鮮朝日	西北版	1930-08-30	1	08단	鎭南浦の猩紅熱蔓延の兆あり警戒につとむ
194406	朝鮮朝日	西北版	1930-08-30	1	09단	東機平壤着
194407	朝鮮朝日	西北版	1930-08-30	1	09단	耕牛を預かり經濟的に育てる預かり料も頗る安い高原畜産組合の計劃
194408	朝鮮朝日	西北版	1930-08-30	1	09단	認可の可能性ある水力發電所わづか三箇所だけ山內氏一派のは最も有望
194409	朝鮮朝日	西北版	1930-08-30	1	10단	叔父の虎の子拐帶
194410	朝鮮朝日	西北版	1930-08-30	1	10단	叔父を毆って死に至らす犬の喧譁から
194411	朝鮮朝日	西北版	1930-08-30	1	10단	お客がキーサンの御機嫌とり取締選擧の一插話
194412	朝鮮朝日	西北版	1930-08-30	1	10단	もよほし(大同老の秋季射擊大會)

일련번호	판명		간행일	면	단수	기사명
194413	朝鮮朝日	西北・南鮮版	1930-08-30	2	01단	アメリカ・ナンセンス珍耐久競爭とその世界的レコード
194414	朝鮮朝日	西北・南鮮版	1930-08-30	2	02단	朝日活動寫眞會
194415	朝鮮朝日	西北・南鮮版	1930-08-30	2	03단	淸津、敦賀線の補助を計上
194416	朝鮮朝日	西北・南鮮版	1930-08-30	2	03단	電話加入者全鮮の普及率
194417	朝鮮朝日	西北・南鮮版	1930-08-30	2	03단	國有未開墾地貸付の狀況
194418	朝鮮朝日	西北・南鮮版	1930-08-30	2	04단	農事改良低利資金
194419	朝鮮朝日	西北・南鮮版	1930-08-30	2	04단	慶北道の春繭總決算
194420	朝鮮朝日	西北・南鮮版	1930-08-30	2	04단	各地短信(間島/安東縣/咸興/鎭海)
194421	朝鮮朝日	南鮮版	1930-08-31	1	01단	東機無事京城に着く北半球一周の壯擧成る/『朝鮮は懷かしい思ひ出の土地です』「同行二人」のマスコットを示しつゝ東氏元氣で語る/蔚山へ向ふ
194422	朝鮮朝日	南鮮版	1930-08-31	1	01단	二千五百萬圓程度に要求額はガタ落ち新規事業差控へから大編成難に陷った明年度豫算/農村救濟に全力を注ぐ具體的計劃をたて/機密費節約/四年度の剩餘金三分の一に激減
194423	朝鮮朝日	南鮮版	1930-08-31	1	03단	思想犯罪の激增で未決監狹隘を告ぐ嚴正な裁判は望まれぬさりとて增築は實現困難
194424	朝鮮朝日	南鮮版	1930-08-31	1	04단	驛長異動
194425	朝鮮朝日	南鮮版	1930-08-31	1	04단	舊道路の改修で話がほゝ纒る京城府を惱ませ續けた島德土地問題解決の一步を踏む
194426	朝鮮朝日	南鮮版	1930-08-31	1	04단	法延で放尿
194427	朝鮮朝日	南鮮版	1930-08-31	1	05단	總督府で異動斷行か理事官、事務官等の新設增員に伴うて
194428	朝鮮朝日	南鮮版	1930-08-31	1	05단	米穀檢査が苛酷に過ぐその改善方を陳情當局は苛酷でないといふ
194429	朝鮮朝日	南鮮版	1930-08-31	1	06단	大通丸の引卸作業に地元失業者を使用門司中原氏の義擧
194430	朝鮮朝日	南鮮版	1930-08-31	1	07단	俳句/鈴木花蓑選
194431	朝鮮朝日	南鮮版	1930-08-31	1	07단	朝鮮郵船缺損續きで相當な打擊
194432	朝鮮朝日	南鮮版	1930-08-31	1	08단	土日間海上を漂流し續け漸く漁船に救はる鬱陵島からの便り
194433	朝鮮朝日	南鮮版	1930-08-31	1	08단	酒の專賣制實施根本方針愈よ決る明年度豫算に調査費を計上
194434	朝鮮朝日	南鮮版	1930-08-31	1	08단	第三次共産黨事件の判決二十八名に懲役

일련번호	판명		간행일	면	단수	기사명
194435	朝鮮朝日	南鮮版	1930-08-31	1	08단	刑事の宅に曲者が侵入誰何され刑事を斬る怯まず犯人を捕ふ
194436	朝鮮朝日	南鮮版	1930-08-31	1	09단	衝突して重傷を負ふ
194437	朝鮮朝日	南鮮版	1930-08-31	1	10단	故富田翁の盛大な葬儀
194438	朝鮮朝日	南鮮版	1930-08-31	1	10단	埋葬した斃死牛を掘出して食ふ
194439	朝鮮朝日	南鮮版	1930-08-31	1	10단	三名共謀し留守宅荒し
194440	朝鮮朝日	南鮮版	1930-08-31	1	10단	鮮米積出プールいよいよ組織
194441	朝鮮朝日	西北版	1930-08-31	1	01단	東機無事京城に着く北半球一周の壯擧成る/『朝鮮は懐かしい思ひ出の土地です』「同行二人」のマスコットを示しつゝ東氏元氣で語る/蔚山へ向ふ
194442	朝鮮朝日	西北版	1930-08-31	1	01단	二千五百萬圓程度に要求額はガタ落ち新規事業差控へから大編成難に陷った明年度豫算/農村救濟に全力を注ぐ具體的計劃をたて/機密費節約/四年度の剰餘金三分の一に激減
194443	朝鮮朝日	西北版	1930-08-31	1	03단	驛長異動
194444	朝鮮朝日	西北版	1930-08-31	1	03단	平壤商議評議員會
194445	朝鮮朝日	西北版	1930-08-31	1	04단	總監來新期
194446	朝鮮朝日	西北版	1930-08-31	1	04단	俳句/鈴木花蓑選
194447	朝鮮朝日	西北版	1930-08-31	1	04단	朝鮮郵船缺損續きで相當な打擊
194448	朝鮮朝日	西北版	1930-08-31	1	04단	ゆく夏のピエロ
194449	朝鮮朝日	西北版	1930-08-31	1	05단	國産品愛用運動の方法/平北道も國産愛用の運動に參加
194450	朝鮮朝日	西北版	1930-08-31	1	05단	酒の專賣制實施根本方針愈よ決る明年度豫算に調査費を計上
194451	朝鮮朝日	西北版	1930-08-31	1	05단	總督府で異動斷行か理事官、事務官等の新設增員に伴うて
194452	朝鮮朝日	西北版	1930-08-31	1	06단	料理屋旅館が値下を斷行カフェーも近く行ふ平壤府の物價は漸落
194453	朝鮮朝日	西北版	1930-08-31	1	06단	妓生連中が李氏を推す箕城券の取締
194454	朝鮮朝日	西北版	1930-08-31	1	07단	錢莊營業規制改正
194455	朝鮮朝日	西北版	1930-08-31	1	07단	腸寄生蟲の徹底的驅除
194456	朝鮮朝日	西北版	1930-08-31	1	08단	新義州中江鎭飛行準備に出發
194457	朝鮮朝日	西北版	1930-08-31	1	08단	舊職工の大半工場に歸り被檢束者も釋放さる平壤のゴム職工罷業
194458	朝鮮朝日	西北版	1930-08-31	1	08단	故富田翁の盛大な葬儀
194459	朝鮮朝日	西北版	1930-08-31	1	08단	石で毆って死に致らす

일련번호	판명		간행일	면	단수	기사명
194460	朝鮮朝日	西北版	1930-08-31	1	08단	第三次共産黨事件の判決二十八名に懲役
194461	朝鮮朝日	西北版	1930-08-31	1	09단	聯合庭球試合
194462	朝鮮朝日	西北版	1930-08-31	1	09단	竊盜捕まる
194463	朝鮮朝日	西北版	1930-08-31	1	09단	鮮米積出プールいよいよ組織
194464	朝鮮朝日	西北版	1930-08-31	1	09단	斬りかゝった覺えなしと强辯取調べになやまさる金漢益の負傷全治す
194465	朝鮮朝日	西北版	1930-08-31	1	10단	自動車崖から墜落
194466	朝鮮朝日	西北版	1930-08-31	1	10단	平壤の捨子
194467	朝鮮朝日	西北版	1930-08-31	1	10단	無煙炭泥棒
194468	朝鮮朝日	西北版	1930-08-31	1	10단	三名共謀し留守宅荒し
194469	朝鮮朝日	西北版	1930-08-31	1	10단	發動船沈沒
194470	朝鮮朝日	西北版	1930-08-31	1	10단	水泳中溺死
194471	朝鮮朝日	西北・南鮮版	1930-08-31	2	01단	經濟コント
194472	朝鮮朝日	西北・南鮮版	1930-08-31	2	01단	アメリカ・ナンセンス珍耐久競爭とその世界的レコード
194473	朝鮮朝日	西北・南鮮版	1930-08-31	2	01단	慶北産業部の堆肥增産計劃豫想以上の好成績
194474	朝鮮朝日	西北・南鮮版	1930-08-31	2	01단	金組理事大異動慶北道が近く斷行にきまる
194475	朝鮮朝日	西北・南鮮版	1930-08-31	2	02단	郵便電信電話七月の收入
194476	朝鮮朝日	西北・南鮮版	1930-08-31	2	03단	刀と髷の時代物が暴露小說へ讀書界近頃の傾向
194477	朝鮮朝日	西北・南鮮版	1930-08-31	2	03단	朝日活動寫眞會
194478	朝鮮朝日	西北・南鮮版	1930-08-31	2	04단	各地短信(馬山/仁川/木浦)

1930년 9월 (조선아사히)

일련번호	판명		간행일	면	단수	기사명
194479	朝鮮朝日	南鮮版	1930-09-02	1	01단	盜犯防止令愈よ九月十日頃に實施相當長期の刑を科し強竊盜の常習者を撲滅する
194480	朝鮮朝日	南鮮版	1930-09-02	1	01단	三十日に京城汝矣島に着陸した東京號
194481	朝鮮朝日	南鮮版	1930-09-02	1	02단	李公家讓步し大體解決を見る？ちかく最後的の決定李公家漁場拂下問題
194482	朝鮮朝日	南鮮版	1930-09-02	1	03단	兒玉總監の出發きまる
194483	朝鮮朝日	南鮮版	1930-09-02	1	04단	朝鮮米積取のプール制度不景氣切拔のために確立を圖る事に決定
194484	朝鮮朝日	南鮮版	1930-09-02	1	05단	盜んだ物を仲間に盜まれ訴へ出てつかまるナンセンス式泥棒ゴッゴ
194485	朝鮮朝日	南鮮版	1930-09-02	1	05단	上水道米突制認可となる
194486	朝鮮朝日	南鮮版	1930-09-02	1	05단	遞信局保險課新廳舍移轉
194487	朝鮮朝日	南鮮版	1930-09-02	1	06단	後任社長問題で殺氣立つ大論爭京取臨時株主總會
194488	朝鮮朝日	南鮮版	1930-09-02	1	06단	運動界(招聘中等野球試合/朝鮮神宮競技慶北豫選會/朝鮮神宮端艇競漕會十月五日擧行)
194489	朝鮮朝日	南鮮版	1930-09-02	1	07단	のどかな雨に閉され平穩無事な大厄日南鮮の稻作は豊年萬作
194490	朝鮮朝日	南鮮版	1930-09-02	1	08단	群山商議の正副會頭ら辭表を提出
194491	朝鮮朝日	南鮮版	1930-09-02	1	08단	種牡牛の購入に補助
194492	朝鮮朝日	南鮮版	1930-09-02	1	09단	大邱公設市場値下を斷行
194493	朝鮮朝日	南鮮版	1930-09-02	1	09단	倂合記念日の不穩ビラ撒布の靑年當局焦立つ/釜山でも發見
194494	朝鮮朝日	南鮮版	1930-09-02	1	10단	『金がなくば歸らう』哀願されて強盜素直に歸る
194495	朝鮮朝日	南鮮版	1930-09-02	1	10단	釜山棧橋の案內人手入
194496	朝鮮朝日	南鮮版	1930-09-02	1	10단	交換手二人家出
194497	朝鮮朝日	南鮮版	1930-09-02	1	10단	人(加藤當美氏(三越京城支店長)/伊藤奉天醫大敎授)
194498	朝鮮朝日	西北版	1930-09-02	1	01단	盜犯防止令愈よ九月十日頃に實施相當長期の刑を科し強竊盜の常習者を撲滅する
194499	朝鮮朝日	西北版	1930-09-02	1	01단	二十九日平壤に飛來、母國に第一步を印した東善作氏と愛機東京號
194500	朝鮮朝日	西北版	1930-09-02	1	02단	北鮮農業試驗場設置場所きまる利用出來る四十萬町步の沃野視察から歸った石塚技師の談
194501	朝鮮朝日	西北版	1930-09-02	1	03단	兒玉總監の出發きまる

일련번호	판명		간행일	면	단수	기사명
194502	朝鮮朝日	西北版	1930-09-02	1	04단	水産品評會開催を延期
194503	朝鮮朝日	西北版	1930-09-02	1	04단	兇漢逮捕の警官を應援した青年が意外！平壤荒しの大泥棒探偵小品を地で行った實話
194504	朝鮮朝日	西北版	1930-09-02	1	05단	滯納緒稅を八分通り整理す明年度に新稅を計劃目下準備中の平壤府
194505	朝鮮朝日	西北版	1930-09-02	1	05단	朝鮮米積取のプール制度不景氣切拔のために確立を圖る事に決定
194506	朝鮮朝日	西北版	1930-09-02	1	05단	水晶鑛發見
194507	朝鮮朝日	西北版	1930-09-02	1	06단	朝鮮神宮端艇競漕會十月五日擧行
194508	朝鮮朝日	西北版	1930-09-02	1	06단	內外生産品比較展平壤商品陳列所で開催
194509	朝鮮朝日	西北版	1930-09-02	1	06단	支那らしい話(官兵が馬賊になり/馬賊が軍警に採用され馬賊討伐に出かく)
194510	朝鮮朝日	西北版	1930-09-02	1	07단	秋風が吹くと共に社會相もかはる犬泥に、狐娘に、泣落し最近平壤署管內に起った珍事件
194511	朝鮮朝日	西北版	1930-09-02	1	07단	獻穀は見事な出來
194512	朝鮮朝日	西北版	1930-09-02	1	07단	道評議員解除
194513	朝鮮朝日	西北版	1930-09-02	1	07단	城津の厄日は平穩
194514	朝鮮朝日	西北版	1930-09-02	1	08단	羅南附近にまた豪雨被害多いか
194515	朝鮮朝日	西北版	1930-09-02	1	08단	生活苦の自殺
194516	朝鮮朝日	西北版	1930-09-02	1	09단	ゴム爭議全く落着を見る罷業職工續々と歸り爭議前より職工數が多い
194517	朝鮮朝日	西北版	1930-09-02	1	09단	金をとって事件を默殺前平北々鎭署長らいよいよ起訴さる
194518	朝鮮朝日	西北版	1930-09-02	1	10단	他愛ない失業者詐欺
194519	朝鮮朝日	西北版	1930-09-02	1	10단	匪賊團員逮捕
194520	朝鮮朝日	西北版	1930-09-02	1	10단	坑夫壓死
194521	朝鮮朝日	西北・南鮮版	1930-09-02	2	01단	火曜の頁(今秋の映畫戰線名歌手の進出と大レヴュートーキー全盛の米國映畫/日本ものも百花燎亂トーキーは例の「子守唄」だけ特作・超特作の洪水/無聲映畫の末期を飾る歐洲映畫)
194522	朝鮮朝日	西北・南鮮版	1930-09-02	2	04단	各地短信(蔚山/咸興/平壤/海州)
194523	朝鮮朝日	西北・南鮮版	1930-09-02	2	06단	國勢調査の記念スタンプ
194524	朝鮮朝日	西北・南鮮版	1930-09-02	2	06단	朝日活動寫眞會
194525	朝鮮朝日	西北・南鮮版	1930-09-02	2	07단	重要案決定穀物聯合會幹事會
194526	朝鮮朝日	西北・南鮮版	1930-09-02	2	07단	廣告郵便の發送が增加
194527	朝鮮朝日	西北・南鮮版	1930-09-02	2	07단	製材事業を重要物産に新たに認定

일련번호	판명		간행일	면	단수	기사명
194528	朝鮮朝日	南鮮版	1930-09-03	1	01단	穀物聯合會から生産の調節を建議米價のがた落を食ひ豊作のよろこびもけし飛ぶ
194529	朝鮮朝日	南鮮版	1930-09-03	1	01단	刑務所擴張費に六十萬圓計上極力通過に努力する然し燒石に水程の效果もない
194530	朝鮮朝日	南鮮版	1930-09-03	1	01단	中等學校夏服に麻布服を普及國産品愛用は先づ道內産愛用の趣旨
194531	朝鮮朝日	南鮮版	1930-09-03	1	01단	水産組合の設置に反對前途に暗影を投ず道當局は準備を進む
194532	朝鮮朝日	南鮮版	1930-09-03	1	03단	船運賃の大値下囊郵の割込で兩會社の脅威
194533	朝鮮朝日	南鮮版	1930-09-03	1	03단	秋の動物園家族が殖えてライオン家繁榮可愛い孔雀も生れた子を思ふ赤しか君の愛情振
194534	朝鮮朝日	南鮮版	1930-09-03	1	04단	*釘本氏辭退せば重役中から互選近く重役會で正式決定す京取後任社長問題/或は小林氏を推薦するか固辭に決意した釘本氏*
194535	朝鮮朝日	南鮮版	1930-09-03	1	05단	本府の旅費五分減一日から斷行
194536	朝鮮朝日	南鮮版	1930-09-03	1	05단	專賣局事務規程を改正鹽蔘課新設で
194537	朝鮮朝日	南鮮版	1930-09-03	1	05단	李公家の漁場讓渡問題圓滿解決公家から聲明書發表社會の諒解をもとむ
194538	朝鮮朝日	南鮮版	1930-09-03	1	06단	漁舟購入の資金起債に殖銀側が氣乘うす當業者大いに焦慮
194539	朝鮮朝日	南鮮版	1930-09-03	1	07단	慶北の「棉の日」
194540	朝鮮朝日	南鮮版	1930-09-03	1	07단	仁川港船渠の修理を行ふ
194541	朝鮮朝日	南鮮版	1930-09-03	1	07단	慶北の教員異動五十餘名を
194542	朝鮮朝日	南鮮版	1930-09-03	1	08단	四十萬圓で折合か公家に對する謝恩的意味で
194543	朝鮮朝日	南鮮版	1930-09-03	1	08단	意に背いた妾を部下に命じて慘殺惡虐の限りをつくした怪教白々教々主等の豫審終結す
194544	朝鮮朝日	南鮮版	1930-09-03	1	09단	海軍機の夜間飛行佐世保鎭海間
194545	朝鮮朝日	南鮮版	1930-09-03	1	09단	本年も二科へ二點入選喜びを語る三木弘君
194546	朝鮮朝日	南鮮版	1930-09-03	1	10단	當田儀作翁追悼會しめやかに執行
194547	朝鮮朝日	南鮮版	1930-09-03	1	10단	肥田、增原の第二回公判延期となる
194548	朝鮮朝日	南鮮版	1930-09-03	1	10단	煙草さへも喫めぬ農民
194549	朝鮮朝日	南鮮版	1930-09-03	1	10단	鐵道局競技部大連へ遠征

일련번호	판명		간행일	면	단수	기사명
194550	朝鮮朝日	南鮮版	1930-09-03	1	10단	人(谷慶南知事)
194551	朝鮮朝日	西北版	1930-09-03	1	01단	穀物聯合會から生産の調節を建議米價のがた落を食ひ豊作のよろこびもけし飛ぶ
194552	朝鮮朝日	西北版	1930-09-03	1	01단	刑務所擴張費に六十萬圓計上極力通過に努力する然し燒石に水程の效果もない
194553	朝鮮朝日	西北版	1930-09-03	1	01단	水害復舊費の大部分一蹴さる結局は知事の責任で復舊工事施行するか
194554	朝鮮朝日	西北版	1930-09-03	1	01단	安東材の輸移出激減支那の外材輸入增と銀安とによって
194555	朝鮮朝日	西北版	1930-09-03	1	02단	淸敦間航路の促進を運動
194556	朝鮮朝日	西北版	1930-09-03	1	03단	朝鮮材の使用を官廳に陳情
194557	朝鮮朝日	西北版	1930-09-03	1	03단	秋の動物園家族が殖えてライオン家繁榮可愛い孔雀も生れた子を思ふ赤しか君の愛情振
194558	朝鮮朝日	西北版	1930-09-03	1	04단	就職難時代の平壤へ職を求めて續々入り込む內地人警察の斡旋も實現せぬ/これはまた根の强い男仕事を探して東京から平壤までテクテクと步いて
194559	朝鮮朝日	西北版	1930-09-03	1	05단	室師團長初巡視
194560	朝鮮朝日	西北版	1930-09-03	1	06단	牡丹台野話
194561	朝鮮朝日	西北版	1930-09-03	1	06단	無煙炭築港の施設を實現是非明年度にはと平南道當局で硏究
194562	朝鮮朝日	西北版	1930-09-03	1	06단	咸北道の國調豫備調査上海生活者に
194563	朝鮮朝日	西北版	1930-09-03	1	06단	朝鮮協會活寫會
194564	朝鮮朝日	西北版	1930-09-03	1	07단	鴨綠江岸の試驗飛行いよいよ五日から決行注目さる〉その結果
194565	朝鮮朝日	西北版	1930-09-03	1	07단	咸南三防で新藥水發見
194566	朝鮮朝日	西北版	1930-09-03	1	08단	重要問題を總監に陳情新義州から
194567	朝鮮朝日	西北版	1930-09-03	1	08단	淸津上水道のメートル制反對者が多い
194568	朝鮮朝日	西北版	1930-09-03	1	08단	百餘名が入亂れて大亂鬪遂に數名の重輕傷者を出す關係者引致取調中
194569	朝鮮朝日	西北版	1930-09-03	1	09단	鰯の賣買から人ごろし
194570	朝鮮朝日	西北版	1930-09-03	1	09단	狐娘をとり卷き派出所に投石『狐の正體を現はせ』と初秋のナンセンス
194571	朝鮮朝日	西北版	1930-09-03	1	10단	咸南に降雹農作は全滅か
194572	朝鮮朝日	西北版	1930-09-03	1	10단	麻雀の賣物とみに增加平南の取締嚴から
194573	朝鮮朝日	西北版	1930-09-03	1	10단	八十二歲の老翁が縊死孤獨と貧乏で

일련번호	판명		간행일	면	단수	기사명
194574	朝鮮朝日	西北版	1930-09-03	1	10단	鐵棒で重傷を與へ強盜在金を强奪逃走す
194575	朝鮮朝日	西北版	1930-09-03	1	10단	*北鮮野球大會/局友端艇競漕會*
194576	朝鮮朝日	西北・南鮮版	1930-09-03	2	01단	經濟コント(軌道上の競爭)
194577	朝鮮朝日	西北・南鮮版	1930-09-03	2	01단	九州地方で移動見本市今秋大々的に開催初めての試みで注目
194578	朝鮮朝日	西北・南鮮版	1930-09-03	2	01단	電信回線の監査狀況極めて良好
194579	朝鮮朝日	西北・南鮮版	1930-09-03	2	01단	九月中の煙草製造豫定高
194580	朝鮮朝日	西北・南鮮版	1930-09-03	2	01단	赤字を免れ剩餘を出す特別會計の四年度決算
194581	朝鮮朝日	西北・南鮮版	1930-09-03	2	02단	專賣局鹽田の採鹽はやゝ良好天候に變化ない限り二億三千萬斤突破か
194582	朝鮮朝日	西北・南鮮版	1930-09-03	2	02단	商工會社と朝鐵の競爭更に激甚をきはめるか
194583	朝鮮朝日	西北・南鮮版	1930-09-03	2	03단	豆滿江沖へ朝風丸出發鰯漁船警備に
194584	朝鮮朝日	西北・南鮮版	1930-09-03	2	03단	朝日活動寫眞會
194585	朝鮮朝日	西北・南鮮版	1930-09-03	2	04단	各地短信(海州/羅南)
194586	朝鮮朝日	南鮮版	1930-09-04	1	01단	生絲の大暴落から繭相場の協定成らず貫一圓餘の假拂で取引泣くにも泣かれぬ昨今の農民
194587	朝鮮朝日	南鮮版	1930-09-04	1	01단	京城、仁川間に專用貨車の運轉時勢に適合した企て好意を以て迎へらる
194588	朝鮮朝日	南鮮版	1930-09-04	1	01단	無緣墓地の移轉を迫る桃花洞に移轉させた土幕民の代表者から
194589	朝鮮朝日	南鮮版	1930-09-04	1	01단	*三井殖産局技師不二興業專務に就任する事に決定/鮮農界の大立物退官を惜まる*
194590	朝鮮朝日	南鮮版	1930-09-04	1	03단	胡瓜のお化け
194591	朝鮮朝日	南鮮版	1930-09-04	1	04단	朝鮮運送人員整理は行惱み狀態
194592	朝鮮朝日	南鮮版	1930-09-04	1	04단	雇女や家族等の健康診斷を實施料理屋飲食店改善に釜山署で着手す
194593	朝鮮朝日	南鮮版	1930-09-04	1	05단	仁川府廳舍新築設計成る
194594	朝鮮朝日	南鮮版	1930-09-04	1	05단	新規事業の財源は絶無今までにない難關來年度豫算査定中の林財務局長談
194595	朝鮮朝日	南鮮版	1930-09-04	1	06단	咸平學議選終る
194596	朝鮮朝日	南鮮版	1930-09-04	1	06단	專檢受驗者增加
194597	朝鮮朝日	南鮮版	1930-09-04	1	06단	酒肴料の値下を促す平均二割程度
194598	朝鮮朝日	南鮮版	1930-09-04	1	06단	近海航路補助は減額または廢止し有望なる新航路を開拓命令航路改訂と遞信局の方針

일련번호	판명		간행일	면	단수	기사명
194599	朝鮮朝日	南鮮版	1930-09-04	1	07단	齋藤灣棧橋に臨時郵便局設置
194600	朝鮮朝日	南鮮版	1930-09-04	1	07단	二女史講演旅行
194601	朝鮮朝日	南鮮版	1930-09-04	1	07단	オー映畵會社が朝鮮進出を試み古典的トーキ-製作
194602	朝鮮朝日	南鮮版	1930-09-04	1	07단	俳句/鈴木花蓑選
194603	朝鮮朝日	南鮮版	1930-09-04	1	08단	上戶黨喜べお酒飲み放題但し醉うてはならぬ酒類品評會の宣傳
194604	朝鮮朝日	南鮮版	1930-09-04	1	08단	艦隊の入港で衛生に注意
194605	朝鮮朝日	南鮮版	1930-09-04	1	08단	模範學校の設備を見學
194606	朝鮮朝日	南鮮版	1930-09-04	1	09단	朝鮮神宮競技慶南の豫選
194607	朝鮮朝日	南鮮版	1930-09-04	1	09단	支那强盜團一味の判決
194608	朝鮮朝日	南鮮版	1930-09-04	1	09단	買受價格は發表はできない李公家漁場拂下問題につき香椎氏歸來談
194609	朝鮮朝日	南鮮版	1930-09-04	1	10단	不良客引に女泣かさる釜山署取調中
194610	朝鮮朝日	南鮮版	1930-09-04	1	10단	列車脫線死傷者なし
194611	朝鮮朝日	南鮮版	1930-09-04	1	10단	劇と映畵
194612	朝鮮朝日	南鮮版	1930-09-04	1	10단	群山軍連勝
194613	朝鮮朝日	南鮮版	1930-09-04	1	10단	人(李鍝公殿下/佐藤作郎氏(鐵道局旅客課長)/中山貞雄代議士/藤井實太郎氏(京城實業家)/宮崎釜山府尹)
194614	朝鮮朝日	西北版	1930-09-04	1	01단	生絲の大暴落から繭相場の協定成らず貫一圓餘の假拂で取引泣くにも泣かれぬ昨今の農民
194615	朝鮮朝日	西北版	1930-09-04	1	01단	近海航路補助は減額または廢止し有望なる新航路を開拓命令航路改訂と遞信局の方針
194616	朝鮮朝日	西北版	1930-09-04	1	01단	新規事業の財源は絶無今までにない難關來年度豫算査定中の林財務局長談
194617	朝鮮朝日	西北版	1930-09-04	1	03단	憲兵隊所管區域を變更
194618	朝鮮朝日	西北版	1930-09-04	1	03단	ビール箱から肺ヂストマの保菌御本尊がゾロゾロと出る
194619	朝鮮朝日	西北版	1930-09-04	1	03단	胡瓜のお化け
194620	朝鮮朝日	西北版	1930-09-04	1	04단	教育勅語煥發記念の催しを協議
194621	朝鮮朝日	西北版	1930-09-04	1	04단	支那人を雇ひ農法を研究祕密の肥料を知りたいと平南道當局でも必死
194622	朝鮮朝日	西北版	1930-09-04	1	05단	咸興に大ホテル建設計劃進む
194623	朝鮮朝日	西北版	1930-09-04	1	05단	薪炭の量目を誤魔化す商人が平壤府內に盛んに徘徊一般家庭の注目が肝要
194624	朝鮮朝日	西北版	1930-09-04	1	06단	咸興の秋鮎

일련번호	판명		간행일	면	단수	기사명
194625	朝鮮朝日	西北版	1930-09-04	1	06단	巡査敎習所入所式
194626	朝鮮朝日	西北版	1930-09-04	1	06단	馬賊の鮮內侵入の計劃は挫折
194627	朝鮮朝日	西北版	1930-09-04	1	06단	平壤農學校校舍を增築
194628	朝鮮朝日	西北版	1930-09-04	1	06단	社會事業と授産事業に努力新規事業は出來ぬ平壤府明年度の計劃
194629	朝鮮朝日	西北版	1930-09-04	1	06단	萬難を排して明年度に實現計劃大同江船橋里側の堤防築造總督府に交渉する
194630	朝鮮朝日	西北版	1930-09-04	1	07단	一面に一洞の模範部落を平北道で明年度から繼續事業として設ける計劃
194631	朝鮮朝日	西北版	1930-09-04	1	07단	平南警察部部員講習會
194632	朝鮮朝日	西北版	1930-09-04	1	07단	運動界(平中勝つ/全鮮ゴルフ大會/早大劍道部勝つ/敎員陸競庭球大會/小學校陸競大會)
194633	朝鮮朝日	西北版	1930-09-04	1	08단	俳句/鈴木花蓑選
194634	朝鮮朝日	西北版	1930-09-04	1	08단	集金を橫領
194635	朝鮮朝日	西北版	1930-09-04	1	08단	時局標榜の强盜
194636	朝鮮朝日	西北版	1930-09-04	1	08단	トラック轉落
194637	朝鮮朝日	西北版	1930-09-04	1	09단	巡査押流さる
194638	朝鮮朝日	西北版	1930-09-04	1	09단	平壤のゴム工場活氣を呈す
194639	朝鮮朝日	西北版	1930-09-04	1	09단	巡査部長を射殺した兇賊團さらに巡査を倒し遂に全部逮捕さる
194640	朝鮮朝日	西北版	1930-09-04	1	09단	僞十圓札發見
194641	朝鮮朝日	西北版	1930-09-04	1	10단	盛り場荒しの竊盜團檢擧に着手
194642	朝鮮朝日	西北版	1930-09-04	1	10단	誘拐されたか
194643	朝鮮朝日	西北版	1930-09-04	1	10단	人(李鍝公殿下/佐藤作郎氏(鐵道局旅客課長)/中山貞雄代議士/藤井實太郎氏(京城實業家)/宮崎釜山府尹)
194644	朝鮮朝日	西北版	1930-09-04	1	10단	牡丹台野話
194645	朝鮮朝日	西北・南鮮版	1930-09-04	2	01단	經濟コント(鮮米積取プール)
194646	朝鮮朝日	西北・南鮮版	1930-09-04	2	01단	旅館業者の營業稅遞減運動を開始して陳情釜山の同業組合
194647	朝鮮朝日	西北・南鮮版	1930-09-04	2	01단	餘に狹すぎる小賣商店の賣場百貨店二軒が小賣店八十軒の面積と同數
194648	朝鮮朝日	西北・南鮮版	1930-09-04	2	01단	アナウンス
194649	朝鮮朝日	西北・南鮮版	1930-09-04	2	02단	調劑用の秤檢査不正品がある
194650	朝鮮朝日	西北・南鮮版	1930-09-04	2	03단	モヒ患者激減か平南道內で
194651	朝鮮朝日	西北・南鮮版	1930-09-04	2	03단	朝日活動寫眞會
194652	朝鮮朝日	西北・南鮮版	1930-09-04	2	04단	秋蠶の掃立數增加
194653	朝鮮朝日	西北・南鮮版	1930-09-04	2	04단	平穩だった元山の厄日

일련번호	판명		간행일	면	단수	기사명
194654	朝鮮朝日	西北・南鮮版	1930-09-04	2	04단	各地短信(元山/木浦)
194655	朝鮮朝日	南鮮版	1930-09-05	1	01단	兩宮殿下を初め諸名士の觀戰多く六百五十名にのぼる今秋行はれる師團對抗演習/その大仕掛な事は大演習に匹敵する新兵器部隊は六日ごろ入城し二十日頃から準備に着手
194656	朝鮮朝日	南鮮版	1930-09-05	1	01단	釜山當面の問題打合に宮崎府尹の上城は時節柄注目さる
194657	朝鮮朝日	南鮮版	1930-09-05	1	01단	電料改訂は簡單に解決は出来ぬ
194658	朝鮮朝日	南鮮版	1930-09-05	1	02단	財布から一錢も出ぬ窮乏にあへぐ農村多賀慶北財務部長も驚き救濟策に力を注ぐ/既製洋服の受難時代三割値下りでも更に賣れぬ/授産事業や富民館建設慶南道が失業者救濟に/釜山飲食組合が酒肴料を値下げなほ杜撰な點があり一般は餘り歡迎せぬ
194659	朝鮮朝日	南鮮版	1930-09-05	1	03단	朝鮮人の參政問題等議論沸騰か中樞院會議
194660	朝鮮朝日	南鮮版	1930-09-05	1	04단	國境方面試驗飛行郵便物搭載
194661	朝鮮朝日	南鮮版	1930-09-05	1	04단	愈よ世に現はれる朝鮮史の第一卷本府も力瘤を入れる來年度から印刷にとりかゝる
194662	朝鮮朝日	南鮮版	1930-09-05	1	05단	蔚山飛行場使用は不能降雨のため
194663	朝鮮朝日	南鮮版	1930-09-05	1	05단	佐世保六機鎮海に到着直ちに歸還
194664	朝鮮朝日	南鮮版	1930-09-05	1	05단	圖們東部線の新阿山訓戎間開通いよいよ十月一日から國境地方開發されん
194665	朝鮮朝日	南鮮版	1930-09-05	1	07단	辭令(三日付)
194666	朝鮮朝日	南鮮版	1930-09-05	1	08단	台灣支那地方學事視察團
194667	朝鮮朝日	南鮮版	1930-09-05	1	08단	釜山の下水改修施行方法を改善の研究
194668	朝鮮朝日	南鮮版	1930-09-05	1	08단	秋深まる朝夕の氣溫めっきり低下本月中旬になれば國境に霜がおりる
194669	朝鮮朝日	南鮮版	1930-09-05	1	09단	債券を盜まる
194670	朝鮮朝日	南鮮版	1930-09-05	1	09단	內鮮融和の橋渡した妓生內地各地に妓樓をひらく計劃がある
194671	朝鮮朝日	南鮮版	1930-09-05	1	09단	龍中か慶熙か興味はすこぶる多大六、七兩日定期戰/秋季野球リーグ戰/平壤ゴルフ大會
194672	朝鮮朝日	南鮮版	1930-09-05	1	10단	飛降り怪我
194673	朝鮮朝日	南鮮版	1930-09-05	1	10단	もよほし(トマス牧師殉教講演會)

일련번호	판명		간행일	면	단수	기사명
194674	朝鮮朝日	南鮮版	1930-09-05	1	10단	人(上衫古太郎氏(釜山實業家)/大澤安次郎氏(鐵道省技師)/速水滉氏(城大敎授)/久野寧氏(奉天醫大敎授)/山本鶴一中將(滿洲獨立守備隊司令官)/野口遵氏(朝鮮窒素社長))
194675	朝鮮朝日	西北版	1930-09-05	1	01단	両宮殿下を初め諸名士の觀戰多く六百五十名にのぼる今秋行はれる師團對抗演習/その大仕掛な事は大演習に匹敵する新兵器部隊は六日ごろ入城し二十日頃から準備に着手
194676	朝鮮朝日	西北版	1930-09-05	1	01단	臨時費を府民が負擔せば或ひは實現可能か平壤に公立商業建設
194677	朝鮮朝日	西北版	1930-09-05	1	01단	收益稅制の採用が妥當新義州商議の改正意見
194678	朝鮮朝日	西北版	1930-09-05	1	02단	狐娘の實話手首を斬られても平氣で笑を泛べ少しも苦痛と思はぬ彼女こそ一體どうなるのか
194679	朝鮮朝日	西北版	1930-09-05	1	03단	商工會議所令實施の準備新義州商議所
194680	朝鮮朝日	西北版	1930-09-05	1	04단	異動を行ふ咸南道府郡屬
194681	朝鮮朝日	西北版	1930-09-05	1	04단	圖們東部線の新阿山訓戎間開通いよいよ十月一日から國境地方開發されん
194682	朝鮮朝日	西北版	1930-09-05	1	05단	咸南警察部異動
194683	朝鮮朝日	西北版	1930-09-05	1	06단	辭令(三日付)
194684	朝鮮朝日	西北版	1930-09-05	1	06단	國境方面試驗飛行郵便物搭載
194685	朝鮮朝日	西北版	1930-09-05	1	07단	滯稅取立に轉手古舞ひ咸興の府制實施を前に
194686	朝鮮朝日	西北版	1930-09-05	1	07단	內鮮融和の橋渡した妓生內地各地に妓樓をひらく計劃がある
194687	朝鮮朝日	西北版	1930-09-05	1	07단	平南道署長會議
194688	朝鮮朝日	西北版	1930-09-05	1	07단	愈よ世に現はれる朝鮮史の第一卷本府も力瘤を入れる來年度から印刷にとりかゝる
194689	朝鮮朝日	西北版	1930-09-05	1	08단	牡丹台野話
194690	朝鮮朝日	西北版	1930-09-05	1	08단	また咸南に金鑛を發見非常に有望
194691	朝鮮朝日	西北版	1930-09-05	1	08단	朝鮮協會映畫會
194692	朝鮮朝日	西北版	1930-09-05	1	08단	好成績だった平壤圖書館學生の暑休で
194693	朝鮮朝日	西北版	1930-09-05	1	09단	百五十戶が飢餓に瀕す交通復舊で判明した明澗川地方の水害
194694	朝鮮朝日	西北版	1930-09-05	1	10단	平南道の警備船新造を計劃
194695	朝鮮朝日	西北版	1930-09-05	1	10단	平壤ゴルフ大會

일련번호	판명		간행일	면	단수	기사명
194696	朝鮮朝日	西北版	1930-09-05	1	10단	新義州の秋季競馬二十日から
194697	朝鮮朝日	西北版	1930-09-05	1	10단	新義州府內に頻發の盜難犯人は二人か
194698	朝鮮朝日	西北・南鮮版	1930-09-05	2	01단	經濟コント(京仁間專用貨車)
194699	朝鮮朝日	西北・南鮮版	1930-09-05	2	01단	奥地山間部も稻作に好適寧遠地方を調査した笹葉平南道技師語る
194700	朝鮮朝日	西北・南鮮版	1930-09-05	2	01단	朝鮮もの〻內地紹介に各地で商品見本市九州五市で開催
194701	朝鮮朝日	西北・南鮮版	1930-09-05	2	01단	穀商大會と大邱の要望事項
194702	朝鮮朝日	西北・南鮮版	1930-09-05	2	01단	慶南秋蠶共同販賣懇談會開催
194703	朝鮮朝日	西北・南鮮版	1930-09-05	2	02단	秋蠶掃立と値段を協定京畿道當業者
194704	朝鮮朝日	西北・南鮮版	1930-09-05	2	03단	平南安州郡の養蠶業者大會
194705	朝鮮朝日	西北・南鮮版	1930-09-05	2	03단	慶南釀造品評會
194706	朝鮮朝日	西北・南鮮版	1930-09-05	2	03단	平南道産婆看護婦試驗
194707	朝鮮朝日	西北・南鮮版	1930-09-05	2	03단	朝日活動寫眞會
194708	朝鮮朝日	西北・南鮮版	1930-09-05	2	04단	各地短信(平壤/馬山/咸興/鎮海)
194709	朝鮮朝日	南鮮版	1930-09-06	1	01단	本府は許可を澁り京城府は催促せぬ行惱みの道路受益稅其ため諸工事は頓と進まぬ
194710	朝鮮朝日	南鮮版	1930-09-06	1	01단	朝鮮産業戰線に花々しく返り咲く期待さる〻東拓會社總督府でも力瘤を入れて援助
194711	朝鮮朝日	南鮮版	1930-09-06	1	01단	我々の立場を無視も甚だしい李公家漁場拂下げ問題で兩氏憤慨して語る
194712	朝鮮朝日	南鮮版	1930-09-06	1	02단	不二興業に取締役會を設置にきまる
194713	朝鮮朝日	南鮮版	1930-09-06	1	03단	利用價値の多い環狀郊外線を建設土地買收も大部分濟み今月中旬過ぎに請負入札を行ふ
194714	朝鮮朝日	南鮮版	1930-09-06	1	04단	電氣事業經營許可となる
194715	朝鮮朝日	南鮮版	1930-09-06	1	04단	神功皇后三韓征伐の新たな史實を發見僧俊嶽の卷物から
194716	朝鮮朝日	南鮮版	1930-09-06	1	05단	プロ陣營に歡聲があがるいよいよ斷行する釜山の飲食代値下
194717	朝鮮朝日	南鮮版	1930-09-06	1	06단	三自動車會社の合併近く實現か
194718	朝鮮朝日	南鮮版	1930-09-06	1	06단	領事館の分註辯事處仁川に設置
194719	朝鮮朝日	南鮮版	1930-09-06	1	06단	備荒貯蓄の半强制的獎勵に全力を注ぐ慶北道農作も高利貸の犠牲となるので
194720	朝鮮朝日	南鮮版	1930-09-06	1	06단	お茶のあと
194721	朝鮮朝日	南鮮版	1930-09-06	1	07단	金剛山國立公園事業豫算計上

일련번호	판명		간행일	면	단수	기사명
194722	朝鮮朝日	南鮮版	1930-09-06	1	07단	生活に窮し資金名義で富豪から金錢奪取を計劃警官狙擊の三名
194723	朝鮮朝日	南鮮版	1930-09-06	1	07단	慶南産米に蓬萊米混入遂に問題化し當業者大狼狽
194724	朝鮮朝日	南鮮版	1930-09-06	1	08단	金剛山探勝團員を募集
194725	朝鮮朝日	南鮮版	1930-09-06	1	08단	臨時的の通信網師團對抗演習に際し
194726	朝鮮朝日	南鮮版	1930-09-06	1	08단	旗、提燈行列で京城の國勢調査の宣傳/國勢調査の宣傳ビラ撒布/黃海道國勢調査宣の傳の歌
194727	朝鮮朝日	南鮮版	1930-09-06	1	09단	一萬餘圓の社金を橫領して逃走
194728	朝鮮朝日	南鮮版	1930-09-06	1	09단	京城府の傳染病チフス赤痢は注意を要する
194729	朝鮮朝日	南鮮版	1930-09-06	1	10단	大邱聯隊に今度は赤痢三名發生す
194730	朝鮮朝日	南鮮版	1930-09-06	1	10단	列車火災事件公判を開廷近く實地檢證
194731	朝鮮朝日	南鮮版	1930-09-06	1	10단	人(武部學務局長/池尻萬壽夫氏(李王職事務官)/前田昇氏(同顧問)/木村雄次氏(東京實業家)/佐久間朝鮮瓦電常務/吉原重成氏(鐵道局囑託)/齋藤龜三郎氏(東拓理事)/奈良好三氏(釜山日報社理事))
194732	朝鮮朝日	西北版	1930-09-06	1	01단	朝鮮産業戰線に花々しく返り咲く期待さるゝ東拓會社總督府でも力瘤を入れて援助
194733	朝鮮朝日	西北版	1930-09-06	1	01단	定期自動車の回數を增し奧地交通の合理化平南道保安課の計劃
194734	朝鮮朝日	西北版	1930-09-06	1	01단	兒玉總監江界へ
194735	朝鮮朝日	西北版	1930-09-06	1	01단	小杉謹八氏京取社長當選
194736	朝鮮朝日	西北版	1930-09-06	1	01단	平壤圖書館擴張隣接地を買收書庫建設
194737	朝鮮朝日	西北版	1930-09-06	1	02단	我々の立場を無視も甚だしい李公家漁場拂下げ問題で兩氏憤慨して語る
194738	朝鮮朝日	西北版	1930-09-06	1	02단	利用價値の多い環狀郊外線を建設土地買取も大部分濟み今月中旬過ぎに請負入札を行ふ
194739	朝鮮朝日	西北版	1930-09-06	1	03단	本年に入り取引減箕林里牛市場
194740	朝鮮朝日	西北版	1930-09-06	1	04단	備荒貯蓄の半強制的獎勵に全力を注ぐ慶北道農作も高利貸の犧牲となるので
194741	朝鮮朝日	西北版	1930-09-06	1	04단	お茶のあと
194742	朝鮮朝日	西北版	1930-09-06	1	05단	臨時的の通信網師團對抗の演習に際し
194743	朝鮮朝日	西北版	1930-09-06	1	05단	國境警備將卒の慰安には努力室廿師團長談

일련번호	판명		간행일	면	단수	기사명
194744	朝鮮朝日	西北版	1930-09-06	1	06단	本月中に竣工の豫定三嘉水利組合の工事
194745	朝鮮朝日	西北版	1930-09-06	1	06단	師團對抗演習參加部隊出發は二十五日ごろ
194746	朝鮮朝日	西北版	1930-09-06	1	06단	明滅燈や行列で平壤府の國勢調査宣傳/豫想もせぬ問題があり國調員も實地豫習で面喰ふ
194747	朝鮮朝日	西北版	1930-09-06	1	06단	プロ陣營に歡聲があがるいよいよ斷行する釜山の飲食代値下
194748	朝鮮朝日	西北版	1930-09-06	1	07단	滿洲特産物の狀況を放送東京放送局
194749	朝鮮朝日	西北版	1930-09-06	1	07단	桑桃等の葉を煙草代用に平南の貧困者が
194750	朝鮮朝日	西北版	1930-09-06	1	07단	初霜
194751	朝鮮朝日	西北版	1930-09-06	1	07단	陸上競技と男子庭球大會
194752	朝鮮朝日	西北版	1930-09-06	1	07단	神功皇后三韓征伐の新たな史實を發見僧俊嶽の卷物から
194753	朝鮮朝日	西北版	1930-09-06	1	08단	平壤に子供遊園地箕林里挹翠閣前庭に目下當局で設計中
194754	朝鮮朝日	西北版	1930-09-06	1	08단	着陸の際機體破損國境試驗飛行
194755	朝鮮朝日	西北版	1930-09-06	1	08단	配達夫側の就業を雇主一蹴す鎭南浦ソバ爭議
194756	朝鮮朝日	西北版	1930-09-06	1	09단	共匪の襲擊に怯える間島同地の治安維持に總督府でも腐心
194757	朝鮮朝日	西北版	1930-09-06	1	09단	一萬餘圓の社金を橫領して逃走
194758	朝鮮朝日	西北版	1930-09-06	1	09단	三人組の強盜棍棒を携へて押し入る
194759	朝鮮朝日	西北版	1930-09-06	1	10단	登錄者の移動甚しく手を燒く當局
194760	朝鮮朝日	西北版	1930-09-06	1	10단	牛疫の警戒
194761	朝鮮朝日	西北版	1930-09-06	1	10단	竊盜誘拐の犯人捕はる
194762	朝鮮朝日	西北・南鮮版	1930-09-06	2	01단	關釜連絡船の積荷が百噸足らず滿鮮への陸路輸送が激減經濟界の沈滯を物語る事實
194763	朝鮮朝日	西北・南鮮版	1930-09-06	2	01단	普通學校卒業生を種苗場に送り農事全般に亙ってみっちりと仕込む
194764	朝鮮朝日	西北・南鮮版	1930-09-06	2	01단	興南硫安八月積出高
194765	朝鮮朝日	西北・南鮮版	1930-09-06	2	01단	滿鐵から運賃割戻し安東輸出組合へ
194766	朝鮮朝日	西北・南鮮版	1930-09-06	2	02단	私書函の利用募集
194767	朝鮮朝日	西北・南鮮版	1930-09-06	2	02단	電信線增設
194768	朝鮮朝日	西北・南鮮版	1930-09-06	2	02단	釜山牧ノ島に大衆向き遊園地工費二萬圓で計劃十一月頃から着工
194769	朝鮮朝日	西北・南鮮版	1930-09-06	2	03단	燐寸使用量
194770	朝鮮朝日	西北・南鮮版	1930-09-06	2	03단	普通學校用の國語讀本配布

일련번호	판명		간행일	면	단수	기사명
194771	朝鮮朝日	西北・南鮮版	1930-09-06	2	03단	朝日活動寫眞會
194772	朝鮮朝日	西北・南鮮版	1930-09-06	2	04단	海港博覽會と平壤の出品
194773	朝鮮朝日	西北・南鮮版	1930-09-06	2	04단	時局標榜の脅迫文舞込む
194774	朝鮮朝日	西北・南鮮版	1930-09-06	2	04단	各地短信(平壤/仁川/咸興)
194775	朝鮮朝日	南鮮版	1930-09-07	1	01단	學生事件を好機に一大民衆運動を企劃した新幹會幹部六名全部有罪と決定す
194776	朝鮮朝日	南鮮版	1930-09-07	1	01단	産業組合の經營合理化中央會設置を認可理事道主任打合せ
194777	朝鮮朝日	南鮮版	1930-09-07	1	01단	廿二掛で纏るか慶南絲價協定
194778	朝鮮朝日	南鮮版	1930-09-07	1	01단	鮮滿商業校長會議元山で開催
194779	朝鮮朝日	南鮮版	1930-09-07	1	01단	多數の條件附許可に決すトーキ撮影
194780	朝鮮朝日	南鮮版	1930-09-07	1	02단	大邱蘋果の王「紅玉」の走り値段は案外に高い但し風害で減收か
194781	朝鮮朝日	南鮮版	1930-09-07	1	02단	今秋開かるゝ學理の殿堂第十八回朝鮮道學會總會幾多の研究發表
194782	朝鮮朝日	南鮮版	1930-09-07	1	03단	朝鮮神宮早起會四周年記念
194783	朝鮮朝日	南鮮版	1930-09-07	1	04단	迎日郡九龍浦の櫻の狂ひ咲き大豊作の瑞兆か
194784	朝鮮朝日	南鮮版	1930-09-07	1	04단	京城春川間貨物自動車各業者協同の會議開催
194785	朝鮮朝日	南鮮版	1930-09-07	1	04단	朝鮮の金は內地へどしどしと流れ出して行く
194786	朝鮮朝日	南鮮版	1930-09-07	1	05단	短歌/橋田東聲選
194787	朝鮮朝日	南鮮版	1930-09-07	1	05단	獻上穀物の成育は良好
194788	朝鮮朝日	南鮮版	1930-09-07	1	05단	星は亂れ飛ぶ同期生を語る(1)/總督理財課長兒島高信
194789	朝鮮朝日	南鮮版	1930-09-07	1	06단	漁撈作業や不正漁業取締に傳書鳩を使用する慶南水産課の計劃
194790	朝鮮朝日	南鮮版	1930-09-07	1	06단	釜山體協秋季野球リーグ試合
194791	朝鮮朝日	南鮮版	1930-09-07	1	07단	釜山繁榮會總會
194792	朝鮮朝日	南鮮版	1930-09-07	1	07단	仁川府の國勢調査員講習會
194793	朝鮮朝日	南鮮版	1930-09-07	1	07단	第一艦隊釜山入港で飲食店遊廓などの割引
194794	朝鮮朝日	南鮮版	1930-09-07	1	08단	念願がとゞいて刑務所入り失業者の苦肉策
194795	朝鮮朝日	南鮮版	1930-09-07	1	08단	詐欺行爲とし遂に司直の手へ非難と糺彈の聲高まった釜山不正米搬出事件/所員の結託など思ひもよらぬしかし遺憾の極み檢査所久米主事談/當局として一

일련번호	판명		간행일	면	단수	기사명
194795	朝鮮朝日	南鮮版	1930-09-07	1	08단	應取調ぶ釜山署員語る/眞相を調査し對策を講ず當業者達協議
194796	朝鮮朝日	南鮮版	1930-09-07	1	09단	進明女學生遭難の電車顛覆損害賠償問題解決
194797	朝鮮朝日	南鮮版	1930-09-07	1	09단	朝鮮人大擧し支那兵營を襲撃殘酷な取扱ひを恨み却って擊退され數名負傷
194798	朝鮮朝日	南鮮版	1930-09-07	1	10단	釜山驛前の立賣り檢擧
194799	朝鮮朝日	南鮮版	1930-09-07	1	10단	列車火災の實地檢證
194800	朝鮮朝日	南鮮版	1930-09-07	1	10단	強盜捕まる
194801	朝鮮朝日	南鮮版	1930-09-07	1	10단	人(內田眞吾氏(大阪朝日新聞通信部次長)/睦本菊一氏(同新聞京城支局長))
194802	朝鮮朝日	西北版	1930-09-07	1	01단	學生事件を好機に一大民衆運動を企劃した新幹會幹部六名全部有罪と決定す
194803	朝鮮朝日	西北版	1930-09-07	1	01단	一日一圓の資金を貸し失業者に行商せしむ平南の救濟案近く實施か
194804	朝鮮朝日	西北版	1930-09-07	1	01단	鮮滿商業校長會議元山で開催
194805	朝鮮朝日	西北版	1930-09-07	1	01단	國產品愛用獎勵の宣傳
194806	朝鮮朝日	西北版	1930-09-07	1	01단	琿春地方の視察團を募集
194807	朝鮮朝日	西北版	1930-09-07	1	01단	間島大豆は豊作を豫想
194808	朝鮮朝日	西北版	1930-09-07	1	02단	豆滿江の流筏順調に進捗
194809	朝鮮朝日	西北版	1930-09-07	1	02단	新義州中江鎭間試驗飛行郵便物
194810	朝鮮朝日	西北版	1930-09-07	1	02단	咸北警察署長會議
194811	朝鮮朝日	西北版	1930-09-07	1	03단	道立平壤醫院名稱を改む
194812	朝鮮朝日	西北版	1930-09-07	1	03단	産業組合の經營合理化中央會設置を認可理事道主任打合せ
194813	朝鮮朝日	西北版	1930-09-07	1	04단	多數の條件附許可に決すトーキ撮影
194814	朝鮮朝日	西北版	1930-09-07	1	04단	縣長を怨んで不賣同盟
194815	朝鮮朝日	西北版	1930-09-07	1	05단	裏通りの街燈增加を極力はかる平壤府內で
194816	朝鮮朝日	西北版	1930-09-07	1	05단	豊作見越しの平南の稻作米價の暴落を憂慮さる
194817	朝鮮朝日	西北版	1930-09-07	1	05단	娛樂機關の充實を圖る管內巡視に來新した室二十師團長語る
194818	朝鮮朝日	西北版	1930-09-07	1	06단	平南成川郡に大理石工場建設を計劃
194819	朝鮮朝日	西北版	1930-09-07	1	06단	淸津府公會堂十一月末までに竣工の豫定
194820	朝鮮朝日	西北版	1930-09-07	1	06단	釣魚競技大會
194821	朝鮮朝日	西北版	1930-09-07	1	07단	百靈山でも花房草發見植木博士が
194822	朝鮮朝日	西北版	1930-09-07	1	07단	拳銃發射の三人組強盜大體目星はついた現場附近で拳銃一挺發見

일련번호	판명		간행일	면	단수	기사명
194823	朝鮮朝日	西北版	1930-09-07	1	07단	短歌/橋田東聲選
194824	朝鮮朝日	西北版	1930-09-07	1	07단	グラウンド開設記念野球大會
194825	朝鮮朝日	西北版	1930-09-07	1	08단	牡丹台野話
194826	朝鮮朝日	西北版	1930-09-07	1	08단	初茸狩りの人々で賑ふ平壤の近郊
194827	朝鮮朝日	西北版	1930-09-07	1	08단	平壤體協の秋季スケヂウル
194828	朝鮮朝日	西北版	1930-09-07	1	08단	朝鮮人大擧し支那兵營を襲撃殘酷な取扱ひを恨み却って撃退され數名負傷
194829	朝鮮朝日	西北版	1930-09-07	1	08단	死亡妊婦を解剖し死兒を取出して別々に埋葬
194830	朝鮮朝日	西北版	1930-09-07	1	09단	岡代巡査の經過は良好
194831	朝鮮朝日	西北版	1930-09-07	1	09단	ノロ二頭捕獲
194832	朝鮮朝日	西北版	1930-09-07	1	09단	留置場・息子放蕩ナンセンス
194833	朝鮮朝日	西北版	1930-09-07	1	10단	船員の賃金不拂解決方の依願續發
194834	朝鮮朝日	西北版	1930-09-07	1	10단	船橋里果樹園果實の盜難ひんぴん現れ業者は大恐慌
194835	朝鮮朝日	西北版	1930-09-07	1	10단	強盜捕まる
194836	朝鮮朝日	西北版	1930-09-07	1	10단	自轉車傳門賊
194837	朝鮮朝日	西北版	1930-09-07	1	10단	巡査の懷を覘ふ
194838	朝鮮朝日	西北版	1930-09-07	1	10단	竊盜捕る
194839	朝鮮朝日	西北版	1930-09-07	1	10단	醫師法違反
194840	朝鮮朝日	西北版	1930-09-07	1	10단	人(石田平南警察部長)
194841	朝鮮朝日	西北・南鮮版	1930-09-07	2	01단	經濟コント(中間搾取の排撃)
194842	朝鮮朝日	西北・南鮮版	1930-09-07	2	01단	農業倉庫の設置を陳情
194843	朝鮮朝日	西北・南鮮版	1930-09-07	2	01단	平南道の夏秋蠶共販賣行が惡い
194844	朝鮮朝日	西北・南鮮版	1930-09-07	2	01단	柞蠶繭增收
194845	朝鮮朝日	西北・南鮮版	1930-09-07	2	01단	各地短信(平壤/安東縣/咸興/沙里院/鎭南浦/仁川/元山/城津)
194846	朝鮮朝日	西北・南鮮版	1930-09-07	2	03단	朝日活動寫眞會
194847	朝鮮朝日	南鮮版	1930-09-09	1	01단	艨艟實に卅八隻釜山灣を壓し一大浮城の壯觀を呈す第一艦隊舳艫相ふくんで入港/上陸の海兵や軍艦拜觀で時ならぬ賑ひを呈し釜山は軍港街と化す/知事府尹の歡迎會一般歡迎會は艦隊側で遠慮で遠慮
194848	朝鮮朝日	南鮮版	1930-09-09	1	01단	國調日當日の人口數豫想大邱府が縣賞募集/大邱の國調大宣傳
194849	朝鮮朝日	南鮮版	1930-09-09	1	02단	米穀倉庫建設官民懇談會
194850	朝鮮朝日	南鮮版	1930-09-09	1	02단	飽くまでも反對で進む仁京兩取引所合併に仁川府勢振興會態度

일련번호	판명		간행일	면	단수	기사명
194851	朝鮮朝日	南鮮版	1930-09-09	1	03단	故富田氏に特旨陞敍位
194852	朝鮮朝日	南鮮版	1930-09-09	1	03단	慶北の稻作收穫豫想二百五十萬石以上始政以來の新記錄をつくる農家も商人も大喜び
194853	朝鮮朝日	南鮮版	1930-09-09	1	03단	家賃値下げ促進の機運釜山でやうやく擡頭各方面で材料蒐集
194854	朝鮮朝日	南鮮版	1930-09-09	1	04단	南洋に行く大邱の蘋果今年は見本程度で廿箱內外試送
194855	朝鮮朝日	南鮮版	1930-09-09	1	05단	忠北の米作大豊作豫想
194856	朝鮮朝日	南鮮版	1930-09-09	1	05단	京城府の簡易授産所上棟式擧行
194857	朝鮮朝日	南鮮版	1930-09-09	1	05단	統計會議出席の各國諸名士視察に來城
194858	朝鮮朝日	南鮮版	1930-09-09	1	05단	京城の秋をかざる競馬始まるボロイ儲けを夢みるファン殺到し大賑ひ
194859	朝鮮朝日	南鮮版	1930-09-09	1	06단	星は亂れ飛ぶ同期生を語る(２)/總督府文書處長萩原彦三
194860	朝鮮朝日	南鮮版	1930-09-09	1	06단	不正米搬出問題混入してゐたのは慶南の長粒米で誤解も甚だしいと當業者側では極力否認/相場が落ちると受渡しに苦情が得てしてつくもの井谷釜山穀物組合長談
194861	朝鮮朝日	南鮮版	1930-09-09	1	07단	『君』よばはりは怪しからぬと兩班連が押寄せ暴行十六名は起訴さる
194862	朝鮮朝日	南鮮版	1930-09-09	1	09단	これからが犯罪の季節食ふに食へぬのでせっぱ詰って强竊盜
194863	朝鮮朝日	南鮮版	1930-09-09	1	09단	朝鮮體育デー國勢調査の關係で今年は來月二、三日/龍中慶煕兩倶定期試合
194864	朝鮮朝日	南鮮版	1930-09-09	1	10단	萬歲騷擾記念檄文撒布の五名に懲役/檄文撒布に一年
194865	朝鮮朝日	南鮮版	1930-09-09	1	10단	スリ廻る
194866	朝鮮朝日	南鮮版	1930-09-09	1	10단	人(富田愛次郎氏(社會局勞働部長)/美座慶南警察部長)
194867	朝鮮朝日	西北版	1930-09-09	1	01단	警官を毆打して官衙を襲擊し窓硝子その他を破壞す主義者の爲に煽動された部落民
194868	朝鮮朝日	西北版	1930-09-09	1	01단	何れも怪しい明年度計劃平壤府の敎育諸事業財源の捻出困難から
194869	朝鮮朝日	西北版	1930-09-09	1	01단	六十四名勇退す經費節減から鴨綠江採木公司
194870	朝鮮朝日	西北版	1930-09-09	1	01단	鑛毒問題の損害程度を調査に出張
194871	朝鮮朝日	西北版	1930-09-09	1	02단	國境自動車賃金値下を當局に陳情

일련번호	판명		간행일	면	단수	기사명
194872	朝鮮朝日	西北版	1930-09-09	1	02단	咸南の國産宣傳
194873	朝鮮朝日	西北版	1930-09-09	1	02단	立派な學校園色んな草花を植ゑ情操の陶冶を行ふ
194874	朝鮮朝日	西北版	1930-09-09	1	03단	兒玉政務總監厚昌を視察/七日江界へ順次江岸視察/總監へ陳情
194875	朝鮮朝日	西北版	1930-09-09	1	03단	羽が生えて飛ぶ刑務所製品明年度は更に多量の生産をして市場進出
194876	朝鮮朝日	西北版	1930-09-09	1	04단	師團對抗演習に新兵器の偉力發揮を準備中
194877	朝鮮朝日	西北版	1930-09-09	1	05단	勅語謄本傳達式
194878	朝鮮朝日	西北版	1930-09-09	1	05단	八割までは寄生蟲保持者平南道內の學童等當局で絶滅に努力
194879	朝鮮朝日	西北版	1930-09-09	1	05단	牛疫の防疫嚴重に行ふ
194880	朝鮮朝日	西北版	1930-09-09	1	05단	平南道の警察官異動
194881	朝鮮朝日	西北版	1930-09-09	1	05단	ゴム職工三百名が合理的新工場設立資本金二萬圓をもって平壤に爭議の犧牲者たち
194882	朝鮮朝日	西北版	1930-09-09	1	06단	小商工業者に資金貸付出願者調査中
194883	朝鮮朝日	西北版	1930-09-09	1	06단	ちかづく狩獵期當局で準備
194884	朝鮮朝日	西北版	1930-09-09	1	06단	運動界(全鮮蹴球大會/奉天勝つ)
194885	朝鮮朝日	西北版	1930-09-09	1	06단	明年度から遊興稅徵收土地重加稅は考慮
194886	朝鮮朝日	西北版	1930-09-09	1	06단	豚の傳染病新倉で猖獗廿餘頭斃死
194887	朝鮮朝日	西北版	1930-09-09	1	07단	これからが犯罪の季節食ふに食へぬのでせっぱ詰って強竊盜
194888	朝鮮朝日	西北版	1930-09-09	1	07단	崖下の家を潰す自動車轉落
194889	朝鮮朝日	西北版	1930-09-09	1	07단	腹を蹴られ死産し危篤
194890	朝鮮朝日	西北版	1930-09-09	1	08단	平南短銃强盜何等手懸りなく犯人は高飛びしたか道警察部躍起となる
194891	朝鮮朝日	西北版	1930-09-09	1	08단	作業場の增築を行ひたい刑務所改築につき岡平壤所長かたる
194892	朝鮮朝日	西北版	1930-09-09	1	08단	染物を橫領
194893	朝鮮朝日	西北版	1930-09-09	1	08단	土沙の下敷
194894	朝鮮朝日	西北版	1930-09-09	1	08단	匪賊又も越境侵入警戒に努める咸南道當局/茂山對岸に暴動起る支那官憲が討伐に向ふ
194895	朝鮮朝日	西北版	1930-09-09	1	09단	金の延棒百二十五本密輸で競賣
194896	朝鮮朝日	西北版	1930-09-09	1	09단	死因不明の若者の死體
194897	朝鮮朝日	西北版	1930-09-09	1	09단	牡丹台野話
194898	朝鮮朝日	西北版	1930-09-09	1	10단	疑似牛疫猖獗石柱子地方に五十餘頭斃死

일련번호	판명		간행일	면	단수	기사명
194899	朝鮮朝日	西北版	1930-09-09	1	10단	スリ廻る
194900	朝鮮朝日	西北版	1930-09-09	1	10단	南洋に行く大邱の蘋果今年は見本程度で廿箱內外試送
194901	朝鮮朝日	西北・南鮮版	1930-09-09	2	01단	演習參觀諸名士に朝鮮を知らせる産業、教育狀態をはじめとして各方面にわたって
194902	朝鮮朝日	西北・南鮮版	1930-09-09	2	01단	一面一校計劃成績は頗る良好力を注ぐ平北道當局既に二十六校增加
194903	朝鮮朝日	西北・南鮮版	1930-09-09	2	01단	廿二掛に協定成立慶南の秋鼈取引の建値
194904	朝鮮朝日	西北・南鮮版	1930-09-09	2	01단	咸鏡北道の産馬品評會雄基で催さる
194905	朝鮮朝日	西北・南鮮版	1930-09-09	2	02단	元山八月中手形交換高
194906	朝鮮朝日	西北・南鮮版	1930-09-09	2	02단	武德殿建設に決定
194907	朝鮮朝日	西北・南鮮版	1930-09-09	2	02단	本年の平南生死數
194908	朝鮮朝日	西北・南鮮版	1930-09-09	2	02단	各地短信(平壤/淸州/間島/安東縣/元山/咸興/新義州/城津)
194909	朝鮮朝日	西北・南鮮版	1930-09-09	2	03단	お茶のあと
194910	朝鮮朝日	西北・南鮮版	1930-09-09	2	03단	巨濟電氣許可
194911	朝鮮朝日	西北・南鮮版	1930-09-09	2	03단	京城小學校兒童の國調宣傳旗行列
194912	朝鮮朝日	西北・南鮮版	1930-09-09	2	04단	石炭搬出の道路改修運動おこる
194913	朝鮮朝日	西北・南鮮版	1930-09-09	2	05단	朝日活動寫眞會
194914	朝鮮朝日	西北・南鮮版	1930-09-09	2	05단	平南財務協議會
194915	朝鮮朝日	西北・南鮮版	1930-09-09	2	05단	元山の料理代値下
194916	朝鮮朝日	西北・南鮮版	1930-09-09	2	05단	慶南米の不人氣は品種の多岐から統一必要の聲起り向上へ覺醒の手延ばさる
194917	朝鮮朝日	西北・南鮮版	1930-09-09	2	07단	奧地巡回診察
194918	朝鮮朝日	西北・南鮮版	1930-09-09	2	07단	安東産豆粕多數輸出さる
194919	朝鮮朝日	西北・南鮮版	1930-09-09	2	07단	感嘆させた船舶の模型兒童の手藝品
194920	朝鮮朝日	南鮮版	1930-09-10	1	01단	日支關稅協定廢止で打擊の甚大なのはまづ沙糖と鐵道收入愈よ十五日で猶豫期間滿了
194921	朝鮮朝日	南鮮版	1930-09-10	1	01단	新財源の捻出に苦慮の財務局大半は災害復舊費に豫算查定は來週から
194922	朝鮮朝日	南鮮版	1930-09-10	1	01단	資本金百萬圓で商業倉庫創立總督府で準備を急ぐ來月から開業出來るやう
194923	朝鮮朝日	南鮮版	1930-09-10	1	02단	香椎氏への漁場拂下調印はこゝ數日中に終る筈篠田李王職次官語る
194924	朝鮮朝日	南鮮版	1930-09-10	1	04단	內地の鮮米對策は實情に疎い議論新設米穀倉庫は微溫的農務課石塚技師談

일련번호	판명		간행일	면	단수	기사명
194925	朝鮮朝日	南鮮版	1930-09-10	1	04단	朝鮮で唯一の史、文學雜誌「春丘學叢」學者三十名の手で創刊堂々たるその內容
194926	朝鮮朝日	南鮮版	1930-09-10	1	05단	朔州溫泉の電信電話所十日から開設
194927	朝鮮朝日	南鮮版	1930-09-10	1	05단	春川の國調宣傳塔
194928	朝鮮朝日	南鮮版	1930-09-10	1	06단	日本詩壇を朝鮮に紹介黃錫禹君
194929	朝鮮朝日	南鮮版	1930-09-10	1	06단	深刻な不況支拂や差押命令三千件を突破未曾有の變態的現象裁判所でも驚く
194930	朝鮮朝日	南鮮版	1930-09-10	1	07단	獻穀田刈取廿日から行ふ/朝鮮神宮へ食鹽を獻納謹製に着手
194931	朝鮮朝日	南鮮版	1930-09-10	1	07단	岸本釜山病院長の辭意傳へらる府豫算會議委員會で高俸が問題となり
194932	朝鮮朝日	南鮮版	1930-09-10	1	07단	一ケ月の煙の價二百八十萬一千五百圓鮮內各地の煙草店で專賣局製造に大童
194933	朝鮮朝日	南鮮版	1930-09-10	1	07단	不正米搬出問題蓬萊米は混入してゐない道當局から發表し事件も漸く一段落/照會電報の返電に誠意なく當業者は頗る憤慨
194934	朝鮮朝日	南鮮版	1930-09-10	1	09단	これはまた恐ろしやヌクテ生牛一頭を咬殺す雲興里部落民不安
194935	朝鮮朝日	南鮮版	1930-09-10	1	09단	運動界(松商6-1大商/慶熙五勝)
194936	朝鮮朝日	南鮮版	1930-09-10	1	10단	袋叩きし一名死亡二十餘名引致大邱署取調中
194937	朝鮮朝日	南鮮版	1930-09-10	1	10단	短歌/橋田東聲選
194938	朝鮮朝日	南鮮版	1930-09-10	1	10단	人(韓李王職長官/篠田同次官/木村銳市氏(滿鐵理事)/京都在鄉軍人團/山本第一艦隊司令長官)
194939	朝鮮朝日	西北版	1930-09-10	1	01단	日支關稅協定廢止で打擊の甚大なのはまづ沙糖と鐵道收入愈よ十五日で猶豫期間滿了
194940	朝鮮朝日	西北版	1930-09-10	1	01단	新財源の捻出に苦慮の財務局大半は災害復舊費に豫算査定は來週から
194941	朝鮮朝日	西北版	1930-09-10	1	01단	資本金百萬圓で商業倉庫創立總督府で準備を急ぐ來月から開業出來るやう
194942	朝鮮朝日	西北版	1930-09-10	1	02단	香椎氏への漁場拂下調印はこゝ數日中に終る筈篠田李王職次官語る
194943	朝鮮朝日	西北版	1930-09-10	1	04단	內地の鮮米對策は實情に疎い議論新設米穀倉庫は微溫的農務課石塚技師談

일련번호	판명		간행일	면	단수	기사명
194944	朝鮮朝日	西北版	1930-09-10	1	04단	朝鮮で唯一の史、文學雜誌「春丘學叢」學者三十名の手で創刊堂々たるその內容
194945	朝鮮朝日	西北版	1930-09-10	1	05단	朔州溫泉の電信電話所十日から開設
194946	朝鮮朝日	西北版	1930-09-10	1	05단	樂浪關係の古書を蒐集近く平壤圖書館で貴重な叢書を完成せしめる/日本詩壇を朝鮮に紹介黃錫禹君
194947	朝鮮朝日	西北版	1930-09-10	1	06단	一ケ月の煙の價二百八十萬一千五百圓鮮內各地の煙草店で專賣局製造に大童
194948	朝鮮朝日	西北版	1930-09-10	1	06단	中江鎭新義州間郵便試驗飛行
194949	朝鮮朝日	西北版	1930-09-10	1	06단	短歌/橋田東聲選
194950	朝鮮朝日	西北版	1930-09-10	1	06단	平壤幸町公設市場改築竣工しちかく開業
194951	朝鮮朝日	西北版	1930-09-10	1	07단	深刻な不況支拂や差押命令三千件を突破未曾有の變態的現象裁判所でも驚く
194952	朝鮮朝日	西北版	1930-09-10	1	07단	平壤人の餘技(一)/文藝愛好の平南稅務課長
194953	朝鮮朝日	西北版	1930-09-10	1	08단	十月初旬までに全部が開校寄附金の集りがよい平南道の本年新設校
194954	朝鮮朝日	西北版	1930-09-10	1	08단	運動界(平北陸上競技選手權大會/元山體育デー/秋季滿洲野球大會/全元山對城大陸競試合)
194955	朝鮮朝日	西北版	1930-09-10	1	09단	十數萬圓騙取す殖銀支店から
194956	朝鮮朝日	西北版	1930-09-10	1	09단	滿鐵語學檢定試驗
194957	朝鮮朝日	西北版	1930-09-10	1	09단	豫定よりも實に廿五萬圓減平壤驛の鐵道收入旅行期を控へ大宣傳
194958	朝鮮朝日	西北版	1930-09-10	1	10단	袋叩きし一名死亡二十餘名引致大邱署取調中
194959	朝鮮朝日	西北版	1930-09-10	1	10단	水利組合出納係橫領發覺か
194960	朝鮮朝日	西北版	1930-09-10	1	10단	人(韓李王職長官/篠田同次官/木村銳市氏(滿鐵理事))
194961	朝鮮朝日	西北・南鮮版	1930-09-10	2	01단	朝鮮移住の問合せ激增これも失業時代相農務課では親切に回答
194962	朝鮮朝日	西北・南鮮版	1930-09-10	2	01단	漫然職を求め京城に來る內地の失業者の群インテリ級も多い
194963	朝鮮朝日	西北・南鮮版	1930-09-10	2	01단	平壤府內の酒造高朝鮮燒酎は前年より減
194964	朝鮮朝日	西北・南鮮版	1930-09-10	2	02단	人絹の大工場朝鮮窒素で工事に着手
194965	朝鮮朝日	西北・南鮮版	1930-09-10	2	02단	全鮮的に指導團設置三年後には二千ヶ所完成
194966	朝鮮朝日	西北・南鮮版	1930-09-10	2	03단	水蔘搬入の期日
194967	朝鮮朝日	西北・南鮮版	1930-09-10	2	03단	專賣局大田出張所竣工

일련번호	판명		간행일	면	단수	기사명
194968	朝鮮朝日	西北・南鮮版	1930-09-10	2	03단	平北の秋蠶非常な好況他道から移入
194969	朝鮮朝日	西北・南鮮版	1930-09-10	2	03단	薪炭を廢し無煙炭使用
194970	朝鮮朝日	西北・南鮮版	1930-09-10	2	03단	朝日活動寫眞會
194971	朝鮮朝日	西北・南鮮版	1930-09-10	2	04단	蘋果園に『たくそ病』被害相當甚大
194972	朝鮮朝日	西北・南鮮版	1930-09-10	2	04단	慈惠安滿線の自動車營業許可を申請
194973	朝鮮朝日	西北・南鮮版	1930-09-10	2	04단	通信生募集
194974	朝鮮朝日	西北・南鮮版	1930-09-10	2	04단	各地短信(淸州/元山/平壤)
194975	朝鮮朝日	南鮮版	1930-09-11	1	01단	移民會社を設立し十萬家族を移住さす先立つ金・金で行惱む尨大な北鮮開發計劃
194976	朝鮮朝日	南鮮版	1930-09-11	1	01단	睡眠貯金の覺醒を促す催告書送達の徹底を期し放棄をふせぐ
194977	朝鮮朝日	南鮮版	1930-09-11	1	01단	海雲台溫泉の地價がある東海岸線起工により投資家連大いに活躍
194978	朝鮮朝日	南鮮版	1930-09-11	1	01단	不二興業役員の顏觸
194979	朝鮮朝日	南鮮版	1930-09-11	1	02단	鎭海面長決る
194980	朝鮮朝日	南鮮版	1930-09-11	1	03단	辭令(八日付)
194981	朝鮮朝日	南鮮版	1930-09-11	1	03단	金剛山探勝寢台車連結
194982	朝鮮朝日	南鮮版	1930-09-11	1	03단	釜山牧ノ島間渡津橋實現運動牧ノ島地元民有志で促進期成會を組織
194983	朝鮮朝日	南鮮版	1930-09-11	1	04단	旅館營業稅の輕減を陳情
194984	朝鮮朝日	南鮮版	1930-09-11	1	04단	幅を利かすギャソリン動車年末迄に六十輛が半島各地で活躍
194985	朝鮮朝日	南鮮版	1930-09-11	1	05단	卸商聯合見本市釜山商議の主催で開催さる
194986	朝鮮朝日	南鮮版	1930-09-11	1	05단	三越支店舊館は何處へ行く
194987	朝鮮朝日	南鮮版	1930-09-11	1	05단	粟多收穫競作の成績
194988	朝鮮朝日	南鮮版	1930-09-11	1	06단	釜山棧橋の改築を立案歐亞連絡の要衝とし新連絡船も建造中
194989	朝鮮朝日	南鮮版	1930-09-11	1	06단	數度の風水害をもけし飛ばし『豊年ぢや滿作ぢや』と慶南の農民は大喜び
194990	朝鮮朝日	南鮮版	1930-09-11	1	06단	農村施設に手を延ばし傳道に全力をそゝぐ鮮內の基督敎會が
194991	朝鮮朝日	南鮮版	1930-09-11	1	06단	京畿平野で師團對抗演習漢江渡河戰が見もの新兵器部隊も活躍
194992	朝鮮朝日	南鮮版	1930-09-11	1	08단	證據調べ申請却下となる水産疑獄公判

일련번호	판명		간행일	면	단수	기사명
194993	朝鮮朝日	南鮮版	1930-09-11	1	08단	不正米搬出問題元山警察から取調べ移牒近く各關係者につき取調べを開始する/白米百叺を假差押一應化學的檢査を施行する
194994	朝鮮朝日	南鮮版	1930-09-11	1	08단	鎭海の海供養
194995	朝鮮朝日	南鮮版	1930-09-11	1	08단	財務係蜀を傷害で告訴
194996	朝鮮朝日	南鮮版	1930-09-11	1	09단	專賣官吏を襲うて暴行三名に重輕傷を負はす違反檢擧から住民が
194997	朝鮮朝日	南鮮版	1930-09-11	1	09단	艦隊來で大賑の釜山文字通り軍港街を現出す十一日出港鎭海へ/第一艦隊三艦馬山へ入港非常な歡迎振
194998	朝鮮朝日	南鮮版	1930-09-11	1	10단	鮮童警察を一杯喰はす
194999	朝鮮朝日	南鮮版	1930-09-11	1	10단	擬似牛疫で五十餘頭斃死
195000	朝鮮朝日	南鮮版	1930-09-11	1	10단	三千圓拐帶
195001	朝鮮朝日	南鮮版	1930-09-11	1	10단	人(內田眞吾氏(大阪朝日通信部次長)/色部鮮銀理事/中山頁雄代護士)
195002	朝鮮朝日	西北版	1930-09-11	1	01단	移民會社を設立し十萬家族を移住さす先立つ金・金で行惱む尨大な北鮮開發計劃
195003	朝鮮朝日	西北版	1930-09-11	1	01단	睡眠貯金の覺醒を促す催告書送達の徹底を期し放棄をふせぐ
195004	朝鮮朝日	西北版	1930-09-11	1	01단	平元線順川、殷山間來春までに着工地元では期成會を組織し用地の買收に着手
195005	朝鮮朝日	西北版	1930-09-11	1	01단	辭令(八日付)
195006	朝鮮朝日	西北版	1930-09-11	1	01단	兒玉總監を陳情攻いたるところで歡迎を受く
195007	朝鮮朝日	西北版	1930-09-11	1	02단	山本遞信局長へ電料問題等陳情
195008	朝鮮朝日	西北版	1930-09-11	1	03단	仁川の國産愛用デーと生産品評會
195009	朝鮮朝日	西北版	1930-09-11	1	03단	農村施設に手を延ばし傳道に全力をそゝぐ鮮內の基督教會が
195010	朝鮮朝日	西北版	1930-09-11	1	04단	お茶のあと
195011	朝鮮朝日	西北版	1930-09-11	1	04단	國勢調査の標語童謠の入選者發表
195012	朝鮮朝日	西北版	1930-09-11	1	04단	幅を利かすギャソリン動車年末迄に六十輛が半島各地で活躍
195013	朝鮮朝日	西北版	1930-09-11	1	05단	平壤に炭疽病
195014	朝鮮朝日	西北版	1930-09-11	1	05단	平實對平鐵定期野球試合/野球優勝旗は安東が預る/平實快勝す6A—4平鐵
195015	朝鮮朝日	西北版	1930-09-11	1	06단	安東の競馬
195016	朝鮮朝日	西北版	1930-09-11	1	06단	色んな事情で面長を排斥郡當局は事態を憂へ和解に八方手を盡す

일련번호	판명		간행일	면	단수	기사명
195017	朝鮮朝日	西北版	1930-09-11	1	06단	支那側官憲の同胞壓迫甚しく極度の不安に襲はる
195018	朝鮮朝日	西北版	1930-09-11	1	07단	釜山棧橋の改築を立案歐亞連絡の要衝とし新連絡船も建造中
195019	朝鮮朝日	西北版	1930-09-11	1	07단	强盗捕まる
195020	朝鮮朝日	西北版	1930-09-11	1	08단	賭博ナンセンス盲三人が珍な賭博場錢を覘ふ目明殿らる
195021	朝鮮朝日	西北版	1930-09-11	1	08단	平南順川郡に豚コレラが蔓延極力防疫につとむ/四、五頭宛毎日斃死益々蔓延/擬似牛疫で五十餘頭斃死
195022	朝鮮朝日	西北版	1930-09-11	1	09단	平壤人の餘技(二)/油繪に親しむ高野憲兵隊長
195023	朝鮮朝日	西北版	1930-09-11	1	09단	分署長射殺さる
195024	朝鮮朝日	西北版	1930-09-11	1	09단	運轉手の喧嘩
195025	朝鮮朝日	西北版	1930-09-11	1	09단	漁大津騷擾事件の犯人を檢擧子供や婦人が多く九十九名にのぼる
195026	朝鮮朝日	西北版	1930-09-11	1	10단	初て汽車に乗り振落されて死亡
195027	朝鮮朝日	西北版	1930-09-11	1	10단	釣魚競技會
195028	朝鮮朝日	西北版	1930-09-11	1	10단	希望社平南聯盟修養會
195029	朝鮮朝日	西北・南鮮版	1930-09-11	2	01단	經濟コント(擬態を警戒せよ)
195030	朝鮮朝日	西北・南鮮版	1930-09-11	2	01단	朝鮮への貨客が激減定期船も屢々取消頭痛鉢卷の門鐵局
195031	朝鮮朝日	西北・南鮮版	1930-09-11	2	01단	粟と大豆は相當增收を豫想作柄は槪して良好/粟と大豆は大豊作慶北道の調査/鴨綠江上流は降雨で豊作
195032	朝鮮朝日	西北・南鮮版	1930-09-11	2	01단	平南夏春蠶七割減見當
195033	朝鮮朝日	西北・南鮮版	1930-09-11	2	02단	平壤からの內地渡航者
195034	朝鮮朝日	西北・南鮮版	1930-09-11	2	02단	平南二ヶ所に金融組合出張所
195035	朝鮮朝日	西北・南鮮版	1930-09-11	2	03단	辯護士試驗
195036	朝鮮朝日	西北・南鮮版	1930-09-11	2	03단	光州順天間電話回線增設
195037	朝鮮朝日	西北・南鮮版	1930-09-11	2	03단	各地短信(咸興/仁川/平壤/鎭海)
195038	朝鮮朝日	西北・南鮮版	1930-09-11	2	03단	朝日活動寫眞會
195039	朝鮮朝日	南鮮版	1930-09-12	1	01단	咸興と開城の府制愈十月一日から實施兩地共懸案解決を喜び早くも昇格祝賀會を計劃さる
195040	朝鮮朝日	南鮮版	1930-09-12	1	01단	鮮米移出の激減を示し船會社積荷爭奪辰馬と尼ケ崎最も激烈
195041	朝鮮朝日	南鮮版	1930-09-12	1	01단	認容程度はまだ判らぬ慶北道の災害復舊費岡崎內務部長歸來談

일련번호	판명		간행일	면	단수	기사명
195042	朝鮮朝日	南鮮版	1930-09-12	1	01단	第一艦隊鎮海へ十八日まで同港に碇泊
195043	朝鮮朝日	南鮮版	1930-09-12	1	02단	師團演習に先だち大防疫施行
195044	朝鮮朝日	南鮮版	1930-09-12	1	02단	畜牛保險制の統一を計劃各道に共濟會を設け飼養家を會員とする
195045	朝鮮朝日	南鮮版	1930-09-12	1	03단	俳句/鈴木花蓑選
195046	朝鮮朝日	南鮮版	1930-09-12	1	03단	命令航絡の期間改訂の諒解を求む
195047	朝鮮朝日	南鮮版	1930-09-12	1	04단	客數は兎も角遊興費は激減京城の遊廓に反映した不景氣の半面
195048	朝鮮朝日	南鮮版	1930-09-12	1	04단	靑丘學會學術講演會
195049	朝鮮朝日	南鮮版	1930-09-12	1	04단	兩府大官連の密議物々しく果して雨か風か！樞府委員會の形勢
195050	朝鮮朝日	南鮮版	1930-09-12	1	05단	視學委員新たに任命
195051	朝鮮朝日	南鮮版	1930-09-12	1	05단	辭令(十一日付)
195052	朝鮮朝日	南鮮版	1930-09-12	1	05단	二百廿日も無事に濟んでよろこびの聲は農村にみなぎる
195053	朝鮮朝日	南鮮版	1930-09-12	1	06단	星は亂れ飛ぶ(3)/同期生は語る土師盛貞
195054	朝鮮朝日	南鮮版	1930-09-12	1	06단	全鮮消防組の服裝を統一
195055	朝鮮朝日	南鮮版	1930-09-12	1	06단	愈よ本舞台に乗り出した慶南堆肥增産計劃品評會をも催す
195056	朝鮮朝日	南鮮版	1930-09-12	1	07단	國産品愛用の宣傳
195057	朝鮮朝日	南鮮版	1930-09-12	1	07단	漁撈に傳書鳩いよいよ使用
195058	朝鮮朝日	南鮮版	1930-09-12	1	07단	タンソ病の被害の多いのに驚く野瀬技手視察
195059	朝鮮朝日	南鮮版	1930-09-12	1	08단	運動界(釜山野球リーグ試合/神宮競技仁川豫選會)
195060	朝鮮朝日	南鮮版	1930-09-12	1	08단	朝鮮全道の人口豫想懸賞答案募集
195061	朝鮮朝日	南鮮版	1930-09-12	1	09단	新幹會の班組織計劃また禁止命令を喰ふ突然の彈壓に協議
195062	朝鮮朝日	南鮮版	1930-09-12	1	10단	汝海津沖に暗巖を發見
195063	朝鮮朝日	南鮮版	1930-09-12	1	10단	獨酒の品質惡く營業者から損害賠償の要求
195064	朝鮮朝日	南鮮版	1930-09-12	1	10단	五卅事件首謀者京城へ護送
195065	朝鮮朝日	南鮮版	1930-09-12	1	10단	縊死未遂
195066	朝鮮朝日	西北版	1930-09-12	1	01단	咸興と開城の府制愈十月一日から實施兩地共懸案解決を喜び早くも昇格祝賀會を計劃さる
195067	朝鮮朝日	西北版	1930-09-12	1	01단	人絹工場の敷地買收漸く終る來春早々工事に着手し八年度から事業を開始

일련번호	판명		간행일	면	단수	기사명
195068	朝鮮朝日	西北版	1930-09-12	1	01단	支那側流筏は成績わるく結氷後の原木難を今から憂慮せらる
195069	朝鮮朝日	西北版	1930-09-12	1	01단	鮮米移出の激減を示し船會社積荷爭奪辰馬と尼ケ崎最も激烈
195070	朝鮮朝日	西北版	1930-09-12	1	03단	河川令を改正し十月一日から實施にきまる
195071	朝鮮朝日	西北版	1930-09-12	1	03단	日歸りできる奧地陽德行栗拾ひや芋掘列車を明年秋になれば出す
195072	朝鮮朝日	西北版	1930-09-12	1	04단	三和花園寄附採納を決意
195073	朝鮮朝日	西北版	1930-09-12	1	04단	辭令(十一日付)
195074	朝鮮朝日	西北版	1930-09-12	1	04단	學友追悼會
195075	朝鮮朝日	西北版	1930-09-12	1	04단	咸南道弓道大會
195076	朝鮮朝日	西北版	1930-09-12	1	05단	松井部長の署葬を營む
195077	朝鮮朝日	西北版	1930-09-12	1	05단	粟作も大豆もすばらしい豊作大正七年來かつて見ぬ出來榮で農民大喜び
195078	朝鮮朝日	西北版	1930-09-12	1	05단	元山公設質屋工事を急ぐ
195079	朝鮮朝日	西北版	1930-09-12	1	05단	昭和水利と違ひこちらは大丈夫だ然し念には念を入れる於之屯ダムにつき木村技師の談
195080	朝鮮朝日	西北版	1930-09-12	1	05단	貧農を訪うて老婆と話を交へ農民らを感激せしむ奧地視察の兒玉總監
195081	朝鮮朝日	西北版	1930-09-12	1	06단	平壤人の餘技(３)/ホト、ギス派の俳人龜山平壤府財務課長
195082	朝鮮朝日	西北版	1930-09-12	1	06단	文副領事の遺骸かへる
195083	朝鮮朝日	西北版	1930-09-12	1	06단	旅館料理業値下きまる
195084	朝鮮朝日	西北版	1930-09-12	1	07단	平壤雜俎
195085	朝鮮朝日	西北版	1930-09-12	1	07단	俳句/鈴木花蓑選
195086	朝鮮朝日	西北版	1930-09-12	1	07단	特惠關稅の廢止で日糖製品輸出に相當影響が
195087	朝鮮朝日	西北版	1930-09-12	1	07단	五卅事件首謀者京城へ護送
195088	朝鮮朝日	西北版	1930-09-12	1	08단	敦化縣事件は大虐殺ではない支那軍の共匪取締で五十名銃殺したのみ
195089	朝鮮朝日	西北版	1930-09-12	1	08단	豚コレラ猖獗を極む
195090	朝鮮朝日	西北版	1930-09-12	1	08단	兩府大官連の密議物々しく果して雨か風か！けふの樞府委員會
195091	朝鮮朝日	西北版	1930-09-12	1	09단	時局標榜の強盗
195092	朝鮮朝日	西北版	1930-09-12	1	09단	チフス發生
195093	朝鮮朝日	西北版	1930-09-12	1	10단	部落民多數が沙利を採取許可を得ずに
195094	朝鮮朝日	西北版	1930-09-12	1	10단	平壤神社の果實を盜む

일련번호	판명		간행일	면	단수	기사명
195095	朝鮮朝日	西北版	1930-09-12	1	10단	元山幸町の靑年團發會式
195096	朝鮮朝日	西北版	1930-09-12	1	10단	京城支局長更迭
195097	朝鮮朝日	西北版	1930-09-12	1	10단	人(山本遞信局長/古谷淸中將(陸軍航空本部長)/葬刈關東軍司令官)
195098	朝鮮朝日	西北・南鮮版	1930-09-12	2	01단	特惠關稅の廢止斷行で營業不振になやむ鐵道當局には打擊
195099	朝鮮朝日	西北・南鮮版	1930-09-12	2	01단	農業倉庫は總督府に一任商業倉庫會社は資本金百萬圓官民懇談會で決定
195100	朝鮮朝日	西北・南鮮版	1930-09-12	2	01단	仁川港八月貿易高入超を示す
195101	朝鮮朝日	西北・南鮮版	1930-09-12	2	02단	朝鮮産の麻布を支那へ輸出
195102	朝鮮朝日	西北・南鮮版	1930-09-12	2	03단	溜池の浚渫に十月から着手
195103	朝鮮朝日	西北・南鮮版	1930-09-12	2	03단	八月中仁川港の船舶出入狀況
195104	朝鮮朝日	西北・南鮮版	1930-09-12	2	03단	平北道八月の穀物檢査數
195105	朝鮮朝日	西北・南鮮版	1930-09-12	2	03단	朝日活動寫眞會
195106	朝鮮朝日	西北・南鮮版	1930-09-12	2	04단	コ會社工事で貿易大いに振ふ
195107	朝鮮朝日	西北・南鮮版	1930-09-12	2	04단	豫想を突破か慶北秋蠶掃立
195108	朝鮮朝日	西北・南鮮版	1930-09-12	2	04단	米穀倉庫の建設を要望
195109	朝鮮朝日	西北・南鮮版	1930-09-12	2	04단	各地短信(沙里阮)
195110	朝鮮朝日	南鮮版	1930-09-13	1	01단	火田民を整理し北鮮に山村を建設茂山に實地試驗地新設天然更新法による植林實施
195111	朝鮮朝日	南鮮版	1930-09-13	1	01단	內地移出米の調節は可能近く實現の商業倉庫米價調節も出來る
195112	朝鮮朝日	南鮮版	1930-09-13	1	01단	悲觀は禁物取越苦勞が多過る林財務局長の氣焰
195113	朝鮮朝日	南鮮版	1930-09-13	1	03단	當局の肝煎で局面を緩和蔚山水利設計變更は解決の曙光をみとむ
195114	朝鮮朝日	南鮮版	1930-09-13	1	03단	痲藥類の生産制限を希望若し決議さるれば密輸はぐっと減る
195115	朝鮮朝日	南鮮版	1930-09-13	1	03단	大田都計の委員會開催
195116	朝鮮朝日	南鮮版	1930-09-13	1	04단	思想善導助成と窮民授産事業補助明年度新規事業として社會課から要求する
195117	朝鮮朝日	南鮮版	1930-09-13	1	05단	秋繭を共販
195118	朝鮮朝日	南鮮版	1930-09-13	1	05단	藥分市移轉は泣寢入りか
195119	朝鮮朝日	南鮮版	1930-09-13	1	05단	養鼈經營基本調査を行ふ
195120	朝鮮朝日	南鮮版	1930-09-13	1	05단	お茶のあと
195121	朝鮮朝日	南鮮版	1930-09-13	1	05단	艦隊入港も空景氣黄金の雨降らず悄げかへる
195122	朝鮮朝日	南鮮版	1930-09-13	1	06단	迫力のある作「歌を歌ふ頃」Xキネマ作品

일련번호	판명		간행일	면	단수	기사명
195123	朝鮮朝日	南鮮版	1930-09-13	1	06단	消防用水槽十ヶ所に設置
195124	朝鮮朝日	南鮮版	1930-09-13	1	06단	商議特別評議員
195125	朝鮮朝日	南鮮版	1930-09-13	1	06단	大田市民運動會
195126	朝鮮朝日	南鮮版	1930-09-13	1	06단	龍山道路改修を陳情
195127	朝鮮朝日	南鮮版	1930-09-13	1	07단	化の皮が剝げた二セ高商教授結婚で大失敗
195128	朝鮮朝日	南鮮版	1930-09-13	1	07단	金剛山の施設に三百萬圓を投ずる緊縮方針の折柄でありどの程度迄承認されるか危まる/金剛山の公會堂濟藤總督は金剛閣と命名す
195129	朝鮮朝日	南鮮版	1930-09-13	1	08단	農村子弟の卒業後指導方針考究中
195130	朝鮮朝日	南鮮版	1930-09-13	1	08단	暴動囚人の公判開かる
195131	朝鮮朝日	南鮮版	1930-09-13	1	09단	慶南に農倉二箇所設置但その能力問題で當局はなやみ拔く
195132	朝鮮朝日	南鮮版	1930-09-13	1	10단	報酬金支拂の訴訟に勝つ
195133	朝鮮朝日	南鮮版	1930-09-13	1	10단	妻殺し犯人捕る
195134	朝鮮朝日	南鮮版	1930-09-13	1	10단	平山松太郎氏
195135	朝鮮朝日	南鮮版	1930-09-13	1	10단	京城支局長更迭
195136	朝鮮朝日	南鮮版	1930-09-13	1	10단	もよほし(青山本社員送別宴)
195137	朝鮮朝日	南鮮版	1930-09-13	1	10단	人(吉田秀次郎氏(仁川會議所會頭)/小倉武之助氏(大邱實業家))
195138	朝鮮朝日	西北版	1930-09-13	1	01단	火田民を整理し北鮮に山村を建設茂山に實地試驗地新設天然更新法による植林實施
195139	朝鮮朝日	西北版	1930-09-13	1	01단	內地移出米の調節は可能近く實現の商業倉庫米價調節も出來る
195140	朝鮮朝日	西北版	1930-09-13	1	01단	悲觀は禁物取越苦勞が多過る林財務局長の氣焰
195141	朝鮮朝日	西北版	1930-09-13	1	03단	當局の肝煎で局面を緩和蔚山水利設計變更は解決の曙光をみとむ
195142	朝鮮朝日	西北版	1930-09-13	1	03단	痲藥類の生産制限を希望若し決議さるれば密輸はぐっと減る
195143	朝鮮朝日	西北版	1930-09-13	1	03단	朝鐵淸州驛竣工を告ぐ
195144	朝鮮朝日	西北版	1930-09-13	1	04단	國境の包藏する無限の富に驚いた警察官の辛苦は實に想像以上新義州で兒玉總督談/兒玉總督多獅島視察
195145	朝鮮朝日	西北版	1930-09-13	1	05단	不衛生極る鮮內の井戶水質の不良もだが第一設備が不完全
195146	朝鮮朝日	西北版	1930-09-13	1	05단	思想善導助成と窮民授産事業補助明年度新規事業として社會課から要求する

일련번호	판명		간행일	면	단수	기사명
195147	朝鮮朝日	西北版	1930-09-13	1	05단	朝鮮電興軌道用地買收の協定成立す
195148	朝鮮朝日	西北版	1930-09-13	1	06단	平南財務主任會議
195149	朝鮮朝日	西北版	1930-09-13	1	06단	新栗の走り平南に現はる出廻は廿日頃
195150	朝鮮朝日	西北版	1930-09-13	1	06단	農村子弟の卒業後指導方針考究中
195151	朝鮮朝日	西北版	1930-09-13	1	07단	金剛山の施設に三百萬圓を投ずる緊縮方針の折柄でありどの程度迄承認されるか危まる/金剛山の公會堂齋藤總督は金剛閣と命名す
195152	朝鮮朝日	西北版	1930-09-13	1	07단	迫力のある作「歌を歌ふ頃」Ｘキネマ作品
195153	朝鮮朝日	西北版	1930-09-13	1	08단	國競秋競馬廿日から開く
195154	朝鮮朝日	西北版	1930-09-13	1	08단	需要期にも似ず新規仕入を手控ふ注文薄の平北木材界製材工場も一時操業中止か
195155	朝鮮朝日	西北版	1930-09-13	1	08단	横領以外に新事實發覺？定州の二地主取調らる
195156	朝鮮朝日	西北版	1930-09-13	1	09단	妻殺し犯人捕る
195157	朝鮮朝日	西北版	1930-09-13	1	10단	勅語下賜記念と安東の行事
195158	朝鮮朝日	西北版	1930-09-13	1	10단	滿洲教育會は論文を募集
195159	朝鮮朝日	西北版	1930-09-13	1	10단	平北朔州郡に金塊强盗二名押入る
195160	朝鮮朝日	西北版	1930-09-13	1	10단	三名共謀の土沙流捕る
195161	朝鮮朝日	西北版	1930-09-13	1	10단	主家の金を拐帶
195162	朝鮮朝日	西北版	1930-09-13	1	10단	人(朝郵社長森辯治郎氏招宴)
195163	朝鮮朝日	西北・南鮮版	1930-09-13	2	01단	經濟コント(貨物列車の速化)
195164	朝鮮朝日	西北・南鮮版	1930-09-13	2	01단	貨車の失業群簇出の有樣特定運賃割引率の引上で更にこたへる
195165	朝鮮朝日	西北・南鮮版	1930-09-13	2	01단	畜牛大市場
195166	朝鮮朝日	西北・南鮮版	1930-09-13	2	01단	守獵出願數
195167	朝鮮朝日	西北・南鮮版	1930-09-13	2	01단	染色衣着用宣傳を行ふ忠北道當局
195168	朝鮮朝日	西北・南鮮版	1930-09-13	2	02단	安東海關の內容檢查省略ちかく實施か
195169	朝鮮朝日	西北・南鮮版	1930-09-13	2	02단	煙草作に硫安の使用好成績を收む
195170	朝鮮朝日	西北・南鮮版	1930-09-13	2	02단	平壤府內に流込む失業者激增を示す
195171	朝鮮朝日	西北・南鮮版	1930-09-13	2	03단	新義州米檢の八月中檢査數
195172	朝鮮朝日	西北・南鮮版	1930-09-13	2	03단	京仁兩取合併反對株主が同盟會を組織
195173	朝鮮朝日	西北・南鮮版	1930-09-13	2	03단	朝日活動寫眞會
195174	朝鮮朝日	西北・南鮮版	1930-09-13	2	04단	各地だより(春川/咸興/平壤/沙里阮)
195175	朝鮮朝日	南鮮版	1930-09-14	1	01단	學生を蜂起せしめ大騷擾を惹き起した恐るべき陰謀あばかる黑幕だった一味の豫審終結す/學生達の指導は最も有利だと

일련번호	판명		간행일	면	단수	기사명
195175	朝鮮朝日	南鮮版	1930-09-14	1	01단	考へ各學校內に細胞を組織共産青年會の再結成とその活動/官憲の追跡を尻目にかけ學生前衛同盟を組織學生の赤化を實行す/光州、京城兩地の騷擾を計劃し檄文を各所に撒布して遂に第一次大騷擾事件を敢行/光州學生事件突發を好機とし新幹會の幹部と提携共産青年會の大陰謀/檄文二千枚を各所に送り學生騷擾事件を釀成學生前衛同盟の活躍
195176	朝鮮朝日	南鮮版	1930-09-14	1	07단	朝鮮全道の總人口は何人？素晴しい好評を博し本社支局へ投票の山
195177	朝鮮朝日	南鮮版	1930-09-14	1	08단	慶北府郡島庶務主任會
195178	朝鮮朝日	南鮮版	1930-09-14	1	08단	短歌/橋田東聲選
195179	朝鮮朝日	南鮮版	1930-09-14	1	08단	全北財務部長に信原氏榮轉
195180	朝鮮朝日	南鮮版	1930-09-14	1	09단	重役辭職で一波瀾慶尙合同銀行
195181	朝鮮朝日	南鮮版	1930-09-14	1	09단	重役五名改選する殖産銀總會
195182	朝鮮朝日	南鮮版	1930-09-14	1	09단	慶南の農商倉庫有力な候補地
195183	朝鮮朝日	南鮮版	1930-09-14	1	10단	朝鮮人の府尹を開城府に置く
195184	朝鮮朝日	南鮮版	1930-09-14	1	10단	京畿道警察部課署長會議
195185	朝鮮朝日	南鮮版	1930-09-14	1	10단	海事出張所の倉庫を燒く
195186	朝鮮朝日	西北版	1930-09-14	1	01단	學生を蜂起せしめ大騷擾を惹き起した恐るべき陰謀あばかる黑幕だった一味の豫審終結す/學生達の指導は最も有利だと考へ各學校內に細胞を組織共産青年會の再結成とその活動/官憲の追跡を尻目にかけ學生前衛同盟を組織學生の赤化を實行す/光州、京城兩地の騷擾を計劃し檄文を各所に撒布して遂に第一次大騷擾事件を敢行/光州學生事件突發を好機とし新幹會の幹部と提携共産青年會の大陰謀/檄文二千枚を各所に送り學生騷擾事件を釀成學生前衛同盟の活躍
195187	朝鮮朝日	西北版	1930-09-14	1	01단	新義州平安神社參拜の兒玉總督
195188	朝鮮朝日	西北版	1930-09-14	1	04단	各數有志と會見し陳情を聽取す
195189	朝鮮朝日	西北版	1930-09-14	1	05단	短歌/橋田東聲選
195190	朝鮮朝日	西北版	1930-09-14	1	07단	安東縣に四ケ所要塞地帶支那側が設く
195191	朝鮮朝日	西北版	1930-09-14	1	07단	平壤栗の出荷組合は大阪荷受組合設置後更に協議の上決定
195192	朝鮮朝日	西北版	1930-09-14	1	07단	昭和製鋼常務多獅島視察
195193	朝鮮朝日	西北版	1930-09-14	1	07단	配車事務講習會

일련번호	판명		간행일	면	단수	기사명
195194	朝鮮朝日	西北版	1930-09-14	1	07단	咸興面の府制施行と行政區劃擴大
195195	朝鮮朝日	西北版	1930-09-14	1	07단	三和面地方農作物出來が惡い
195196	朝鮮朝日	西北版	1930-09-14	1	08단	重役五名改選する殖産銀總會
195197	朝鮮朝日	西北版	1930-09-14	1	08단	平壤手形交換高
195198	朝鮮朝日	西北版	1930-09-14	1	08단	平元線の促進を陽德郡民が當局に陳情
195199	朝鮮朝日	西北版	1930-09-14	1	08단	日清役三十五周年平壤の招魂祭今年は盛大に執行
195200	朝鮮朝日	西北版	1930-09-14	1	08단	下層階級の悲惨を如實に物語る公益質屋成績
195201	朝鮮朝日	西北版	1930-09-14	1	09단	咸南府尹郡守會議
195202	朝鮮朝日	西北版	1930-09-14	1	09단	赤露の監獄部屋
195203	朝鮮朝日	西北版	1930-09-14	1	09단	寺院の僞印を造り數百圓詐取
195204	朝鮮朝日	西北版	1930-09-14	1	09단	靑年四十名が夜警團長を襲ふ毆られたのを憤慨し首謀者十名檢束さる
195205	朝鮮朝日	西北版	1930-09-14	1	10단	チフスをマラリヤと誤診の結果チフス蔓延
195206	朝鮮朝日	西北版	1930-09-14	1	10단	三谷活版所職工の罷業
195207	朝鮮朝日	西北版	1930-09-14	1	10단	運動界(平實軍優勝/神官競技咸南豫選/全滿馬術大會)
195208	朝鮮朝日	西北版	1930-09-14	1	10단	人(南朝鮮軍司令官/朴儀昌警部(新任鎮南浦署司法主任)/松寺高等法院檢査長)
195209	朝鮮朝日	西北・南鮮版	1930-09-14	2	01단	各地短信(木浦/咸興/城津/平壤/茂山/仁川/群山)
195210	朝鮮朝日	西北・南鮮版	1930-09-14	2	01단	薄給になやむ警官を優遇任用の範圍を擴大し特賞の規定をも設く
195211	朝鮮朝日	西北・南鮮版	1930-09-14	2	01단	官選理事を必要と認めた金組に就任させるか
195212	朝鮮朝日	西北・南鮮版	1930-09-14	2	02단	教育品展覽會
195213	朝鮮朝日	西北・南鮮版	1930-09-14	2	03단	記錄的な安金利四分四釐四毛の時代が來る
195214	朝鮮朝日	西北・南鮮版	1930-09-14	2	03단	朝日活動寫眞會
195215	朝鮮朝日	西北・南鮮版	1930-09-14	2	04단	轟島水源地ポンプ室竣工
195216	朝鮮朝日	南鮮版	1930-09-16	1	01단	*國家賠償法は內地に準じて施行總督府當局の意見すでに大體の準備も完了す/緊縮節約の各課豫算を語る/森林收入は二割減少か樺太材の鮮內進出で/新規事業は枕を並べて討死手も足も出ぬ土木課/警官優遇の舍宅費を要求せめてこれだけはと*
195217	朝鮮朝日	南鮮版	1930-09-16	1	03단	群山商議の補缺選擧二十三日執行

일련번호	판명		간행일	면	단수	기사명
195218	朝鮮朝日	南鮮版	1930-09-16	1	03단	京仁取合併反對同盟會結成を急ぐ
195219	朝鮮朝日	南鮮版	1930-09-16	1	03단	渡津橋と根幹道路の敷設計劃案を協議釜山府議の懇談會
195220	朝鮮朝日	南鮮版	1930-09-16	1	04단	京畿道署長會議第二日目
195221	朝鮮朝日	南鮮版	1930-09-16	1	04단	相愛會堺支部
195222	朝鮮朝日	南鮮版	1930-09-16	1	04단	全鮮女子中等校長會京城で開催
195223	朝鮮朝日	南鮮版	1930-09-16	1	04단	大興電氣發電所新設
195224	朝鮮朝日	南鮮版	1930-09-16	1	05단	白米値下げ
195225	朝鮮朝日	南鮮版	1930-09-16	1	05단	從業員を十二名整理赤字つゞきの大邱府營バス
195226	朝鮮朝日	南鮮版	1930-09-16	1	05단	第一艦隊入港に鎮海賑はふ豊年踊りや入港券を贈り乘組員を歡迎する/水陸數十の飛機が亂舞鎮海灣上空で
195227	朝鮮朝日	南鮮版	1930-09-16	1	05단	豊作の朝鮮米內地市場に押寄せ相當米價を壓迫しよう豊作の後に暗澹たる影
195228	朝鮮朝日	南鮮版	1930-09-16	1	06단	仁川の生産品展覽二十五日から
195229	朝鮮朝日	南鮮版	1930-09-16	1	06단	菊池寛氏一行空から來城講演行脚に
195230	朝鮮朝日	南鮮版	1930-09-16	1	06단	咸南の初霜
195231	朝鮮朝日	南鮮版	1930-09-16	1	07단	狩獵解禁早くも天狗の活躍獲物と獵場は？
195232	朝鮮朝日	南鮮版	1930-09-16	1	07단	釜山鎮海に鯖群襲來し活氣を呈す
195233	朝鮮朝日	南鮮版	1930-09-16	1	07단	辭令(十二日付)
195234	朝鮮朝日	南鮮版	1930-09-16	1	07단	釜山市場に松茸出初む
195235	朝鮮朝日	南鮮版	1930-09-16	1	07단	急激の氣溫低下で病氣が流行
195236	朝鮮朝日	南鮮版	1930-09-16	1	08단	大邱府內人力車賃錢値下げ
195237	朝鮮朝日	南鮮版	1930-09-16	1	08단	農村に引かへ漁村は沈滯追はるゝもの續出慶南地方の慘めさ
195238	朝鮮朝日	南鮮版	1930-09-16	1	08단	運動界(實業野球秋季リーグ第一日戰績/殖銀六一四京電/鐵道四一三信/送別野球試合)
195239	朝鮮朝日	南鮮版	1930-09-16	1	09단	光力不足から電燈爭議が金泉に勃發し繁爭中解決までには幾波瀾
195240	朝鮮朝日	南鮮版	1930-09-16	1	10단	不穩ビラ貼付の犯人捕まる
195241	朝鮮朝日	南鮮版	1930-09-16	1	10단	邪推からつひに慘殺少年殺しの犯人わかる
195242	朝鮮朝日	南鮮版	1930-09-16	1	10단	面書記二人公金を橫領
195243	朝鮮朝日	南鮮版	1930-09-16	1	10단	人(澤光範氏(眞言宗朝鮮布教監督))
195244	朝鮮朝日	西北版	1930-09-16	1	01단	國家賠償法は內地に準じて施行總督府當局の意見すでに大體の準備も完了す/

일련번호	판명		간행일	면	단수	기사명
195244	朝鮮朝日	西北版	1930-09-16	1	01단	*緊縮節約の各課豫算を語る/森林收入は二割減少か樺太材の鮮內進出で/新規事業は枕を竝べて討死手も足も出ぬ土木課/警官優遇の舍宅費を要求せめてこれだけはと*
195245	朝鮮朝日	西北版	1930-09-16	1	03단	漁港問題で請願書提出元山府議ら
195246	朝鮮朝日	西北版	1930-09-16	1	03단	相愛會堺支部
195247	朝鮮朝日	西北版	1930-09-16	1	03단	箕林里の上水道擴張着工は明年
195248	朝鮮朝日	西北版	1930-09-16	1	03단	國境道路改修成り自動車も通ず
195249	朝鮮朝日	西北版	1930-09-16	1	04단	全鮮女子中等校長會京城で開催
195250	朝鮮朝日	西北版	1930-09-16	1	04단	『國境警備の辛苦さに泣く』警備力の充實を痛感兒玉總督歸って語る
195251	朝鮮朝日	西北版	1930-09-16	1	04단	豊作の朝鮮米內地市場に押寄せ相當米價を壓迫しよう豊作の後に暗澹たる影
195252	朝鮮朝日	西北版	1930-09-16	1	05단	鮮滿商業學校校長會議
195253	朝鮮朝日	西北版	1930-09-16	1	05단	鮮鐵、滿鐵の運賃引下げ關係方面で實現を期す
195254	朝鮮朝日	西北版	1930-09-16	1	06단	狩獵解禁早くも天狗の活躍獲物と獵場は？
195255	朝鮮朝日	西北版	1930-09-16	1	06단	張店を廢止してカフェー式に平壤賑町遊廓の計劃飲食店組合は反對
195256	朝鮮朝日	西北版	1930-09-16	1	06단	辭令(十二日付)
195257	朝鮮朝日	西北版	1930-09-16	1	06단	元山小學校增築
195258	朝鮮朝日	西北版	1930-09-16	1	06단	神宮競技大會咸南豫選會
195259	朝鮮朝日	西北版	1930-09-16	1	07단	大たん瘤の珍らしいお婆さん鼻と口が橫になる
195260	朝鮮朝日	西北版	1930-09-16	1	07단	第一艦隊入港に鎭海賑はふ豊年踊りや入港券を贈り乘組員を歡迎する
195261	朝鮮朝日	西北版	1930-09-16	1	08단	國境方面試驗飛行成績は良好
195262	朝鮮朝日	西北版	1930-09-16	1	08단	咸南の初霜
195263	朝鮮朝日	西北版	1930-09-16	1	08단	四十九名の共匪を逮捕頭道滯管內
195264	朝鮮朝日	西北版	1930-09-16	1	08단	禁制のモクズ蟹を密送して發見
195265	朝鮮朝日	西北版	1930-09-16	1	09단	挹翠閣附近に花壇を設け花類を絶やさぬ計劃子供遊園地も設置
195266	朝鮮朝日	西北版	1930-09-16	1	09단	琿春縣下で二支人檢束馬賊の密偵か
195267	朝鮮朝日	西北版	1930-09-16	1	09단	周輯私隊長行方を晦す朝鮮人致死の處分を怖れて
195268	朝鮮朝日	西北版	1930-09-16	1	10단	公文書僞造送局
195269	朝鮮朝日	西北版	1930-09-16	1	10단	富豪の息を人質に拉去

일련번호	판명		간행일	면	단수	기사명
195270	朝鮮朝日	西北版	1930-09-16	1	10단	二人組強盜行方嚴探中
195271	朝鮮朝日	西北版	1930-09-16	1	10단	線路に寝て危ふく轢死
195272	朝鮮朝日	西北版	1930-09-16	1	10단	順川郡の豚虎疫續發
195273	朝鮮朝日	西北版	1930-09-16	1	10단	大石で毆殺す
195274	朝鮮朝日	西北版	1930-09-16	1	10단	人(安東新菊領事歡送迎會/石川興市氏(茂守附大尉)/後藤宏四郎氏(茂付隊副官大尉)/澤光範氏(眞言宗朝鮮布教監督))
195275	朝鮮朝日	西北·南鮮版	1930-09-16	2	01단	酒造米として內地で歡迎される飯米としても販路が相當開け出した朝鮮米
195276	朝鮮朝日	西北·南鮮版	1930-09-16	2	01단	全鮮の金融業者が一堂に會し協議金融梗塞の折からでその成果を注目さる
195277	朝鮮朝日	西北·南鮮版	1930-09-16	2	01단	移出直前再檢查勵行の聲が漸次高まる
195278	朝鮮朝日	西北·南鮮版	1930-09-16	2	02단	支那製麻袋使用防止の陳情書提出
195279	朝鮮朝日	西北·南鮮版	1930-09-16	2	03단	大豆と粟の收穫豫想高
195280	朝鮮朝日	西北·南鮮版	1930-09-16	2	03단	朝鮮婦人の養蠶への躍進素晴らしい熱心振り肥培管理までもそのプランで
195281	朝鮮朝日	西北·南鮮版	1930-09-16	2	04단	林業講演會研究の發表
195282	朝鮮朝日	西北·南鮮版	1930-09-16	2	04단	簡易保險支拂額その內譯
195283	朝鮮朝日	西北·南鮮版	1930-09-16	2	04단	消防組員の服裝統一いよいよ着手
195284	朝鮮朝日	西北·南鮮版	1930-09-16	2	05단	各地短信(鎭南浦/平壤/群山/咸興)
195285	朝鮮朝日	西北·南鮮版	1930-09-16	2	05단	京城府內學校數
195286	朝鮮朝日	西北·南鮮版	1930-09-16	2	05단	八月中の鎭平銀反動高續く氣迷裡に越月
195287	朝鮮朝日	西北·南鮮版	1930-09-16	2	05단	爭議の殆どが資本家の勝利に今後更に續出しよう頻發した勞動爭議の傾向
195288	朝鮮朝日	西北·南鮮版	1930-09-16	2	05단	朝日活動寫眞會
195289	朝鮮朝日	西北·南鮮版	1930-09-16	2	07단	國勢調查宣傳の提燈行列
195290	朝鮮朝日	西北·南鮮版	1930-09-16	2	07단	小作慣行の改善を勸說慶北道當局が
195291	朝鮮朝日	西北·南鮮版	1930-09-16	2	07단	馬賊の脅迫で警察隊增置
195292	朝鮮朝日	西北·南鮮版	1930-09-16	2	07단	會豐燒賣出し
195293	朝鮮朝日	南鮮版	1930-09-17	1	01단	滿洲粟輸入制限で今や贊否兩派に分れ雙方讓らず自說を固持問題が問題だけに注目を惹く
195294	朝鮮朝日	南鮮版	1930-09-17	1	01단	愈よ成案を得明年度から着手か總工費は三百六十萬圓釜山の根幹道路と牧島渡津橋/谷知事に諒解を求む計劃案に對し
195295	朝鮮朝日	南鮮版	1930-09-17	1	04단	鐵道局の豫算を一應突き返す收入減見積が多いため板挾になってよわる事業官廳

일련번호	판명		간행일	면	단수	기사명
195296	朝鮮朝日	南鮮版	1930-09-17	1	05단	生産費低減や飼育法改善いよいよたて直す慶南の産繭増收計劃
195297	朝鮮朝日	南鮮版	1930-09-17	1	05단	麥や籾を積立て災害時に備へる慶北の荒備貯蓄組合立案中のプラン立つ
195298	朝鮮朝日	南鮮版	1930-09-17	1	06단	俳句/鈴木花養選
195299	朝鮮朝日	南鮮版	1930-09-17	1	07단	累を總督に及ぼした罪重大と福田檢査の峻烈縱橫な論告朝鮮疑獄公判第二日
195300	朝鮮朝日	南鮮版	1930-09-17	1	07단	運動界(全州軍勝つ/送別庭球試合/第一商業勝つ/京畿道の警察武道大會)
195301	朝鮮朝日	南鮮版	1930-09-17	1	07단	店頭裝飾競技會
195302	朝鮮朝日	南鮮版	1930-09-17	1	08단	二人組の自轉車泥棒
195303	朝鮮朝日	南鮮版	1930-09-17	1	08단	新兵器部隊の活用が興味の中心兩師團長とも苦心を重ねる今秋の師團對抗演習/上原元師の如き入院してまでの熱心さで來鮮される南軍司令歸來談
195304	朝鮮朝日	南鮮版	1930-09-17	1	08단	海軍機訪邸
195305	朝鮮朝日	南鮮版	1930-09-17	1	09단	馬政統制の委員會設置朝鮮だけで自給自足南軍司令官の進言で
195306	朝鮮朝日	南鮮版	1930-09-17	1	09단	巡査が暴行
195307	朝鮮朝日	南鮮版	1930-09-17	1	10단	女房を慘殺
195308	朝鮮朝日	南鮮版	1930-09-17	1	10단	居眠って轢死
195309	朝鮮朝日	南鮮版	1930-09-17	1	10단	本社釜山通信部主任
195310	朝鮮朝日	西北版	1930-09-17	1	01단	滿洲粟輸入制限で今や贊否兩派に分れ雙方讓らず自說を固持問題が問題だけに注目を惹く
195311	朝鮮朝日	西北版	1930-09-17	1	01단	盜犯防止令の惡用を恐れる然しそれも運用次第だ松寺高等法院事長はかたる
195312	朝鮮朝日	西北版	1930-09-17	1	01단	國境航空路は一週間三往復位大いに利用されよう佐藤航空管はかたる
195313	朝鮮朝日	西北版	1930-09-17	1	01단	過剰生産を鮮內に捌く東洋隣寸會社
195314	朝鮮朝日	西北版	1930-09-17	1	03단	電話交換台の改善を陳情新義州公職者
195315	朝鮮朝日	西北版	1930-09-17	1	03단	平壤人の餘技(4)/明るい和歌の校長平壤高女の鹿島さん
195316	朝鮮朝日	西北版	1930-09-17	1	04단	道路橋梁の災害復舊平安南道では工事をいそぐ
195317	朝鮮朝日	西北版	1930-09-17	1	04단	鐵道局の豫算を一應突き返す收入減見積が多いため板挾になってよわる事業官廳
195318	朝鮮朝日	西北版	1930-09-17	1	05단	産繭増收の祝賀會開催平安北道で
195319	朝鮮朝日	西北版	1930-09-17	1	05단	俳句/鈴木花養選

일련번호	판명		간행일	면	단수	기사명
195320	朝鮮朝日	西北版	1930-09-17	1	05단	郵便局長會議
195321	朝鮮朝日	西北版	1930-09-17	1	05단	馬政統制の委員會設置朝鮮だけで自給自足南軍司令官の進言で
195322	朝鮮朝日	西北版	1930-09-17	1	06단	朝鮮全道の人口豫想懸賞答案募集
195323	朝鮮朝日	西北版	1930-09-17	1	07단	山口縣人が首位を占む平壤の內地人
195324	朝鮮朝日	西北版	1930-09-17	1	07단	累を總督に及ぼした罪重大と福田檢查の峻烈縱橫な論告朝鮮疑獄公判第二日
195325	朝鮮朝日	西北版	1930-09-17	1	08단	新兵器部隊の活用が興味の中心兩師團長とも苦心を重ねる今秋の師團對抗演習/上原元師の如き入院してまでの熱心さで來鮮される南軍司令歸來談
195326	朝鮮朝日	西北版	1930-09-17	1	08단	第四回平南體育大會新記錄續出す
195327	朝鮮朝日	西北版	1930-09-17	1	09단	二人組で強盜を企つ
195328	朝鮮朝日	西北版	1930-09-17	1	09단	復舊工事中の橋脚が倒壞人夫十名重輕傷
195329	朝鮮朝日	西北版	1930-09-17	1	10단	安東神社秋季祭典
195330	朝鮮朝日	西北・南鮮版	1930-09-17	2	01단	新兵器物語(今秋の師團對抗演習をひかへて/陸軍飛行機/偵察機/毒瓦斯/高射砲/裝甲自動車/照空燈と聽音機/戰車)
195331	朝鮮朝日	西北・南鮮版	1930-09-17	2	01단	前年に比し全額は減り口數は殆ど不變八月中の振替貯金
195332	朝鮮朝日	西北・南鮮版	1930-09-17	2	01단	二農倉設置を慶南で引受く
195333	朝鮮朝日	西北・南鮮版	1930-09-17	2	01단	慶北道の豚增產十年計劃
195334	朝鮮朝日	西北・南鮮版	1930-09-17	2	02단	人蔘拂下の價格が折合ず三井物產對策を講ず
195335	朝鮮朝日	西北・南鮮版	1930-09-17	2	02단	慶南の棉作今年は五割增收作柄も極めて良好
195336	朝鮮朝日	西北・南鮮版	1930-09-17	2	03단	全南及慶南に漁組聯合會組織認可申請
195337	朝鮮朝日	西北・南鮮版	1930-09-17	2	03단	人蔘收穫查定
195338	朝鮮朝日	西北・南鮮版	1930-09-17	2	04단	穀物商大會淸州で開催
195339	朝鮮朝日	西北・南鮮版	1930-09-17	2	04단	鎭南浦貿易額
195340	朝鮮朝日	西北・南鮮版	1930-09-17	2	04단	盜難豫防に非番員巡回
195341	朝鮮朝日	西北・南鮮版	1930-09-17	2	04단	各地だより(平壤)
195342	朝鮮朝日	南鮮版	1930-09-18	1	01단	中等學校の試驗制度廢止する男女學生にとっては一大福音近日中に愈々公表/不斷の努力が一層助長されよう高橋本府視學官の談
195343	朝鮮朝日	南鮮版	1930-09-18	1	01단	一面一校計劃完成慶北慶州郡
195344	朝鮮朝日	南鮮版	1930-09-18	1	01단	對抗演習に撮影班配屬/漢江渡河戰の觀戰者は多い/演習の觀戰者汽車賃割引

일련번호	판명		간행일	면	단수	기사명
195345	朝鮮朝日	南鮮版	1930-09-18	1	02단	音響電信機裝置
195346	朝鮮朝日	南鮮版	1930-09-18	1	02단	政府の聲明を信賴して承認樞府側の急激な轉身ロンドン海軍條約案
195347	朝鮮朝日	南鮮版	1930-09-18	1	03단	殉職巡査に功勞微章授與
195348	朝鮮朝日	南鮮版	1930-09-18	1	04단	鐵道軍勝つ鐵道7京電0
195349	朝鮮朝日	南鮮版	1930-09-18	1	04단	ジムバリスト氏演奏會
195350	朝鮮朝日	南鮮版	1930-09-18	1	05단	文祿役の研究日本兵を惱ました李如相は朝鮮人『世界大戰より先にタンクを失敬して晉州城をぶち壞す』ちかくこの珍書を刊行
195351	朝鮮朝日	南鮮版	1930-09-18	1	05단	一億五千萬圓を要する河川改修の具體案改修される十一河川の利益は一ヶ年千百八十萬圓に上る
195352	朝鮮朝日	南鮮版	1930-09-18	1	05단	大釜山建設の二大事業可決さる直に認可申請の手續き十五日の府協議會本會議/失業者救濟の意味も含み多額の勞銀が撒布されよう本府の諒解も得る
195353	朝鮮朝日	南鮮版	1930-09-18	1	07단	毒茸を食し五名が中毒一名は危篤
195354	朝鮮朝日	南鮮版	1930-09-18	1	08단	豚コレラ
195355	朝鮮朝日	南鮮版	1930-09-18	1	09단	現金を强奪見知らぬ男と會飲して
195356	朝鮮朝日	南鮮版	1930-09-18	1	09단	市民大會で氣勢を揚ぐ金泉商工會の態度に大興電氣側狼狽す
195357	朝鮮朝日	南鮮版	1930-09-18	1	10단	豫算編成難で明言出來ぬ來釜して林財務局長談
195358	朝鮮朝日	南鮮版	1930-09-18	1	10단	國産品愛用講演會や特價豫約提供
195359	朝鮮朝日	西北版	1930-09-18	1	01단	中等學校の試驗制度廢止さる男女學生にとっては一大福音近日中に愈々公表/不斷の努力が一層助長されよう高橋本府視學官の談
195360	朝鮮朝日	西北版	1930-09-18	1	01단	長期にわたる講演會をひらき機業の發展をはかる
195361	朝鮮朝日	西北版	1930-09-18	1	01단	有望視される孟山郡の水銀鑛事業を擴張すべく計劃
195362	朝鮮朝日	西北版	1930-09-18	1	01단	平北道公立學校長會議
195363	朝鮮朝日	西北版	1930-09-18	1	01단	教員檢定試驗期日を變更
195364	朝鮮朝日	西北版	1930-09-18	1	02단	鎮南浦商工が軍教に力瘤
195365	朝鮮朝日	西北版	1930-09-18	1	02단	アルミナの注文きたる
195366	朝鮮朝日	西北版	1930-09-18	1	03단	勝湖里江東間廣軌鐵道を敷設
195367	朝鮮朝日	西北版	1930-09-18	1	03단	政府の聲明を信賴して承認樞府側の急激な轉身ロンドン海軍條約案

일련번호	판명		간행일	면	단수	기사명
195368	朝鮮朝日	西北版	1930-09-18	1	04단	平壤の招魂祭盛大に執行
195369	朝鮮朝日	西北版	1930-09-18	1	04단	藥水シーズン終りを告ぐ
195370	朝鮮朝日	西北版	1930-09-18	1	05단	文祿役の研究日本兵を悩ました李如相は朝鮮人『世界大戰より先にタンクを失敬して晉州城をぶち壞す』ちかくこの珍書を刊行
195371	朝鮮朝日	西北版	1930-09-18	1	05단	殉職巡査に功勞微章授與
195372	朝鮮朝日	西北版	1930-09-18	1	05단	演習の觀戰者汽車賃割引
195373	朝鮮朝日	西北版	1930-09-18	1	06단	在露朝鮮農民又々引揚か毆露からの移住と收穫期をひかへて
195374	朝鮮朝日	西北版	1930-09-18	1	06단	就職口が無く自殺を企つ
195375	朝鮮朝日	西北版	1930-09-18	1	06단	一億五千萬圓を要する河川改修の具體案改修される十一河川の利益は一ヶ年千百八十萬圓に上る
195376	朝鮮朝日	西北版	1930-09-18	1	07단	茂山小學運動會
195377	朝鮮朝日	西北版	1930-09-18	1	07단	共産薰出沒し書堂は遂に休校道でも傍觀の外なし不安つのる間島各地
195378	朝鮮朝日	西北版	1930-09-18	1	08단	平壤人の餘技(5)/英學塾出の閨秀歌人藤原平南内務部長夫人
195379	朝鮮朝日	西北版	1930-09-18	1	08단	不穩ビラ貼付犯人送局
195380	朝鮮朝日	西北版	1930-09-18	1	10단	消防組合對策協議大連商議委員會
195381	朝鮮朝日	西北版	1930-09-18	1	10단	溺死馬賊の死體はあがらぬ
195382	朝鮮朝日	西北・南鮮版	1930-09-18	2	01단	各地短信(平壤/淸州/咸興/沙里阮)
195383	朝鮮朝日	西北・南鮮版	1930-09-18	2	01단	ホテルも食堂車も缺損つゞきこの上は好景氣の來るのをまつより外ない
195384	朝鮮朝日	西北・南鮮版	1930-09-18	2	01단	劃期的な豊作を豫想され農民はうんと潤ふ今年の慶北陸地棉
195385	朝鮮朝日	西北・南鮮版	1930-09-18	2	01단	公設市場の値下げ商人を壓迫せぬ範圍で行ふ
195386	朝鮮朝日	西北・南鮮版	1930-09-18	2	01단	釜山公設市場また値下げ
195387	朝鮮朝日	西北・南鮮版	1930-09-18	2	02단	增收の見込む安東の米作
195388	朝鮮朝日	西北・南鮮版	1930-09-18	2	02단	底曳網漁業禁止區域改訂を陳情
195389	朝鮮朝日	西北・南鮮版	1930-09-18	2	03단	黃海道の秋繭基本値
195390	朝鮮朝日	西北・南鮮版	1930-09-18	2	03단	釣魚競技會
195391	朝鮮朝日	西北・南鮮版	1930-09-18	2	03단	釜山農業倉庫設置を急ぐ豊作見越して
195392	朝鮮朝日	西北・南鮮版	1930-09-18	2	04단	品質劣る慶南の果物大風害のため
195393	朝鮮朝日	西北・南鮮版	1930-09-18	2	04단	圖書館開館
195394	朝鮮朝日	西北・南鮮版	1930-09-18	2	04단	鎭南浦港に假燈標設置
195395	朝鮮朝日	西北・南鮮版	1930-09-18	2	04단	航空映畫及講演の夕べ

일련번호	판명		간행일	면	단수	기사명
195396	朝鮮朝日	南鮮版	1930-09-19	1	01단	『朝鮮豫算を獨立し政府の干涉を避けよ』恩典激減から輿論昂る反對論者は沙上の樓閣と笑ふ
195397	朝鮮朝日	南鮮版	1930-09-19	1	01단	特惠關稅廢止の對抗策として貨物輸送のスピード化運賃割引率の引上げ
195398	朝鮮朝日	南鮮版	1930-09-19	1	01단	結局收入減の緩和を行ふ財務局のかけ合ひに鐵道局も遂に讓步す
195399	朝鮮朝日	南鮮版	1930-09-19	1	02단	「ほそくろば」發生し慶南梁山の竹林全滅に瀕す
195400	朝鮮朝日	南鮮版	1930-09-19	1	03단	京城金剛山間試驗飛行着陸場發見次第に實施する
195401	朝鮮朝日	南鮮版	1930-09-19	1	03단	京城の秋をかざる各種の音樂會續々として開かる
195402	朝鮮朝日	南鮮版	1930-09-19	1	04단	大邱下宿屋が値下を行ふ朝鮮飲食店も同時に大邱署の勸告により
195403	朝鮮朝日	南鮮版	1930-09-19	1	04단	洋燈を用意し或は消燈同盟か解決いよいよ至難の金泉の電氣爭議
195404	朝鮮朝日	南鮮版	1930-09-19	1	05단	農業者大會
195405	朝鮮朝日	南鮮版	1930-09-19	1	05단	短歌/橋田東聲選
195406	朝鮮朝日	南鮮版	1930-09-19	1	05단	第一艦隊佐世保へ
195407	朝鮮朝日	南鮮版	1930-09-19	1	05단	群山商議補選相當混亂か元老は不出馬
195408	朝鮮朝日	南鮮版	1930-09-19	1	06단	星は亂れ飛ぶ（4）/近藤常尚
195409	朝鮮朝日	南鮮版	1930-09-19	1	06단	二個師團の兵士が京城に宿泊する事に決る町總代會で對策を協議す
195410	朝鮮朝日	南鮮版	1930-09-19	1	06단	現行地方制で選擧期をきめる各種の公職者選擧は明年五月廿日に施行
195411	朝鮮朝日	南鮮版	1930-09-19	1	06단	溫泉取締り規則を改訂濫堀禁止の方針をこの際幾分か緩和
195412	朝鮮朝日	南鮮版	1930-09-19	1	07단	內外鮮産品比較展覽會群山で開く
195413	朝鮮朝日	南鮮版	1930-09-19	1	07단	麻雀俱樂部取締り實情を調査
195414	朝鮮朝日	南鮮版	1930-09-19	1	08단	體育デーの對抗リレーは今年は中止に決す昨年の紛擾の結果
195415	朝鮮朝日	南鮮版	1930-09-19	1	08단	同居人の子供を毒殺我兒の死から嫉妬を起して
195416	朝鮮朝日	南鮮版	1930-09-19	1	09단	角南面事務所燒く重要書類全燒
195417	朝鮮朝日	南鮮版	1930-09-19	1	09단	婦人も交る麻雀賭博群山で檢擧
195418	朝鮮朝日	南鮮版	1930-09-19	1	09단	姑を殺害し死體を密葬僞の診斷書を書かせ口論揚句の嫁の兇行
195419	朝鮮朝日	南鮮版	1930-09-19	1	10단	獨立運動の大立物京城へ護送

일련번호	판명		간행일	면	단수	기사명
195420	朝鮮朝日	南鮮版	1930-09-19	1	10단	三人組の靑年强盜に所持金を奪る
195421	朝鮮朝日	南鮮版	1930-09-19	1	10단	失戀の縊死
195422	朝鮮朝日	南鮮版	1930-09-19	1	10단	人(箕田賚博士(九大小兒科部長)/星喜進三郎氏(辯護士)/赤巖八郎博士(九大教授))
195423	朝鮮朝日	南鮮版	1930-09-19	1	10단	パラチフス十數名發生永興郡城里に
195424	朝鮮朝日	南鮮版	1930-09-19	1	10단	チフス患者十四名發見
195425	朝鮮朝日	西北版	1930-09-19	1	01단	『朝鮮豫算を獨立し政府の干涉を避けよ』恩典激減から輿論昻る反對論者は沙上の樓閣と笑ふ
195426	朝鮮朝日	西北版	1930-09-19	1	01단	特惠關稅廢止の對抗策として貨物輸送のスピード化運賃割引率の引上げ
195427	朝鮮朝日	西北版	1930-09-19	1	01단	元山近海に鰯の大群活況を呈す
195428	朝鮮朝日	西北版	1930-09-19	1	02단	平壤街燈增加を圖る
195429	朝鮮朝日	西北版	1930-09-19	1	03단	平南道の國産愛用品宣傳と催し
195430	朝鮮朝日	西北版	1930-09-19	1	04단	功勞記章授與式
195431	朝鮮朝日	西北版	1930-09-19	1	04단	結局收入減の緩和を行ふ財務局のかけ合ひに鐵道局も遂に讓步す
195432	朝鮮朝日	西北版	1930-09-19	1	05단	新義州中發火演習
195433	朝鮮朝日	西北版	1930-09-19	1	05단	短歌/橋田東聲選
195434	朝鮮朝日	西北版	1930-09-19	1	05단	咸興府議選擧前哨戰開始さる
195435	朝鮮朝日	西北版	1930-09-19	1	06단	全南初等學校陸上競技大會
195436	朝鮮朝日	西北版	1930-09-19	1	06단	平南大同郡に赤鐵鑛脈を發見七十％の鐵分を含み非常に有望視される
195437	朝鮮朝日	西北版	1930-09-19	1	06단	麻雀俱樂部取締り實情を調査
195438	朝鮮朝日	西北版	1930-09-19	1	06단	洋燈を用意し或は消燈同盟か解決いよいよ至難の金泉の電氣爭議
195439	朝鮮朝日	西北版	1930-09-19	1	07단	改良溫突焚口使用を獎勵平南道の山林課が治山の見地から
195440	朝鮮朝日	西北版	1930-09-19	1	07단	阿片所持の曲者捕まる
195441	朝鮮朝日	西北版	1930-09-19	1	07단	發動機船衝突し沈む
195442	朝鮮朝日	西北版	1930-09-19	1	07단	親子共謀で富豪を襲ふ
195443	朝鮮朝日	西北版	1930-09-19	1	08단	旣決囚脫獄
195444	朝鮮朝日	西北版	1930-09-19	1	08단	現行地方制で選擧期をきめる各種の公職者選擧は明年五月廿日に施行
195445	朝鮮朝日	西北版	1930-09-19	1	08단	借金を拒まれ二棟へ放火幼兒一名を燒死させる
195446	朝鮮朝日	西北版	1930-09-19	1	09단	獨立運動の大立物京城へ護送
195447	朝鮮朝日	西北版	1930-09-19	1	09단	朝鮮全道の人口豫想懸賞答案募集
195448	朝鮮朝日	西北版	1930-09-19	1	10단	パラチフス十數名發生永興郡城里に

일련번호	판명		간행일	면	단수	기사명
195449	朝鮮朝日	西北版	1930-09-19	1	10단	チフス患者十四名發見
195450	朝鮮朝日	西北版	1930-09-19	1	10단	腦脊髓膜炎平壤に發生
195451	朝鮮朝日	西北版	1930-09-19	1	10단	服毒自殺
195452	朝鮮朝日	西北版	1930-09-19	1	10단	永井郁子女史來鮮
195453	朝鮮朝日	西北・南鮮版	1930-09-19	2	01단	風害救濟金を未納會費と差引いて非難さる會當局は止むを得ぬといふ
195454	朝鮮朝日	西北・南鮮版	1930-09-19	2	01단	教科書改訂は朝鮮美風の維持と教材鄉土化を主眼として斷行する
195455	朝鮮朝日	西北・南鮮版	1930-09-19	2	01단	年金恩給扶助料支給額は四百二十七萬餘圓
195456	朝鮮朝日	西北・南鮮版	1930-09-19	2	01단	鐵道局も收入減頭痛鉢卷の態
195457	朝鮮朝日	西北・南鮮版	1930-09-19	2	02단	永年懸案の警察官服裝劍は短く夏服は色物にいよいよ改正に決定
195458	朝鮮朝日	西北・南鮮版	1930-09-19	2	02단	大阪朝日新聞社優勝旗爭奪第三回全鮮庭球大會
195459	朝鮮朝日	西北・南鮮版	1930-09-19	2	03단	木浦延市場面目を一新手數料改正で
195460	朝鮮朝日	西北・南鮮版	1930-09-19	2	04단	內國爲替の振出し口數
195461	朝鮮朝日	西北・南鮮版	1930-09-19	2	04단	各地短信(羅南)
195462	朝鮮朝日	南鮮版	1930-09-20	1	01단	鮮米々價維持に外米の輸入を制限豊作により米價低落を恐れ來る二十六日から當分の間
195463	朝鮮朝日	南鮮版	1930-09-20	1	01단	職業教育以外の研究發表を制限す職業教育の徹底をはかるため學課偏重主義すたれる
195464	朝鮮朝日	南鮮版	1930-09-20	1	01단	勤農共濟組合增設を計劃農事製良の指導講習を行ふ慶南の農村振興策
195465	朝鮮朝日	南鮮版	1930-09-20	1	02단	公營電氣事業地を視察
195466	朝鮮朝日	南鮮版	1930-09-20	1	02단	對抗演習に濟州馬活躍有望視さる
195467	朝鮮朝日	南鮮版	1930-09-20	1	03단	釜山府病院長辭職は流言
195468	朝鮮朝日	南鮮版	1930-09-20	1	03단	刑務所增築明年度百六十萬圓を投じ一部を實現
195469	朝鮮朝日	南鮮版	1930-09-20	1	04단	米穀倉庫會社發送人委囑
195470	朝鮮朝日	南鮮版	1930-09-20	1	04단	朝鮮古來の選擧の風習を變則的に暫く認めるか自治制度擴張による選擧に
195471	朝鮮朝日	南鮮版	1930-09-20	1	05단	慶山獻穀田鎌入式
195472	朝鮮朝日	南鮮版	1930-09-20	1	05단	慶北道の甘藷試作豫想外の好績
195473	朝鮮朝日	南鮮版	1930-09-20	1	05단	明治天皇御聖德を宣揚し奉るべく千葉胤氏來鮮鮮滿各地を巡歷す
195474	朝鮮朝日	南鮮版	1930-09-20	1	05단	全鮮金融組合大會盛況裡に終る

일련번호	판명		간행일	면	단수	기사명
195475	朝鮮朝日	南鮮版	1930-09-20	1	05단	運動界(ラ式蹴球試合/殖銀２A對１遞信)
195476	朝鮮朝日	南鮮版	1930-09-20	1	06단	星は亂れ飛ぶ(５)/今村武志
195477	朝鮮朝日	南鮮版	1930-09-20	1	06단	釜山の二大事業直營に決る道路埋築と架橋を切離して公入札
195478	朝鮮朝日	南鮮版	1930-09-20	1	06단	前年に比し六千六百石增加各道ともに良好夏秋蠶收繭豫想
195479	朝鮮朝日	南鮮版	1930-09-20	1	08단	勅語の德目一項を選ばしめて在學中實態躬行さす釜山高女の記念行事
195480	朝鮮朝日	南鮮版	1930-09-20	1	08단	單一高小學校建設起債の認可があれば直に着工釜山府から愈よ申請
195481	朝鮮朝日	南鮮版	1930-09-20	1	08단	舊盆前に多い酒の密造の取締を斷行慶北道當局
195482	朝鮮朝日	南鮮版	1930-09-20	1	08단	蛭子丸船長ら公判に回付
195483	朝鮮朝日	南鮮版	1930-09-20	1	09단	荷受人につき嚴重に調査不正白米搬出事件の眞相究明に釜山署努力
195484	朝鮮朝日	南鮮版	1930-09-20	1	10단	盜犯防止令最初の適用
195485	朝鮮朝日	南鮮版	1930-09-20	1	10단	十名を起訴治維法違反
195486	朝鮮朝日	南鮮版	1930-09-20	1	10단	お客を襲うて强盜押入る
195487	朝鮮朝日	南鮮版	1930-09-20	1	10단	もよほし(慶北道酒類品評會)
195488	朝鮮朝日	南鮮版	1930-09-20	1	10단	人(千葉胤明氏(宮內省御批所寄人)/美座慶南警察部長/藤浪東大敎授/武當濟氏(拓務省參與官)/松尾京大監學部敎授/本社釜山通信部新舊主任)
195489	朝鮮朝日	西北版	1930-09-20	1	01단	鮮米々價維持に外米の輸入を制限豐作により米價低落を恐れ來る二十六日から當分の間
195490	朝鮮朝日	西北版	1930-09-20	1	01단	警官五百名の增員の計劃田園窮民が流れ込み盛に害毒を流すため
195491	朝鮮朝日	西北版	1930-09-20	1	02단	飛んだ迷信から反物は暴騰慶事の繰上げて
195492	朝鮮朝日	西北版	1930-09-20	1	03단	商女建設に土地を賣却新義州學校組合所有の
195493	朝鮮朝日	西北版	1930-09-20	1	03단	刑務所增築明年度百六十萬圓を投じ一部を實現
195494	朝鮮朝日	西北版	1930-09-20	1	04단	多獅島沖合の地質を調査滿鐵測量班
195495	朝鮮朝日	西北版	1930-09-20	1	04단	圖們東部線初運轉を祝賀
195496	朝鮮朝日	西北版	1930-09-20	1	04단	驅逐艦朝風城津に入港
195497	朝鮮朝日	西北版	1930-09-20	1	04단	新兵器を携へ大いに活躍する花形の平壤高射砲隊來月六日に平壤出發

일련번호	판명		간행일	면	단수	기사명
195498	朝鮮朝日	西北版	1930-09-20	1	05단	鮮服を廢し靑年團服に平北奉川郡の節約ぶり
195499	朝鮮朝日	西北版	1930-09-20	1	05단	兵士美談免囚保護事業に寄附咸興聯隊の一兵卒から
195500	朝鮮朝日	西北版	1930-09-20	1	05단	朝鮮古來の選擧の風習を變則的に暫く認めるか自治制度擴張による選擧に
195501	朝鮮朝日	西北版	1930-09-20	1	06단	農民學校生徒校長を排斥
195502	朝鮮朝日	西北版	1930-09-20	1	06단	豫算の都合が旨く運べば淸津地方は一時に土木洪水時代を現出
195503	朝鮮朝日	西北版	1930-09-20	1	06단	小辻巡査退院
195504	朝鮮朝日	西北版	1930-09-20	1	06단	お茶のあと
195505	朝鮮朝日	西北版	1930-09-20	1	06단	咸興少年團組織
195506	朝鮮朝日	西北版	1930-09-20	1	07단	平壤人の餘技(7)/久山平壤警察課長
195507	朝鮮朝日	西北版	1930-09-20	1	07단	朝鮮全道の人口豫想懸賞答案募集
195508	朝鮮朝日	西北版	1930-09-20	1	08단	豚コレラの撲滅を期し大消毒を行ふ
195509	朝鮮朝日	西北版	1930-09-20	1	08단	麻雀が減って今度は野球平壤における賭博の傾向はかはってきた
195510	朝鮮朝日	西北版	1930-09-20	1	09단	ラ式蹴球試合
195511	朝鮮朝日	西北版	1930-09-20	1	09단	前年に比し六千六百石增加各道ともに良好夏秋蠶收繭豫想
195512	朝鮮朝日	西北版	1930-09-20	1	09단	洋刀を奪って斬りかゝる警察を逃げ出した二人組强盜の片割
195513	朝鮮朝日	西北版	1930-09-20	1	10단	印を僞造し多額を詐取
195514	朝鮮朝日	西北版	1930-09-20	1	10단	お客を襲うて强盜押入る
195515	朝鮮朝日	西北・南鮮版	1930-09-20	2	01단	小農救濟の成業資金は貸付狀態が不活潑補助と表彰を增額計劃
195516	朝鮮朝日	西北・南鮮版	1930-09-20	2	01단	早稻は未曾有の豊作中稻も惡くはない早く豊年祭準備
195517	朝鮮朝日	西北・南鮮版	1930-09-20	2	01단	水産物罐詰の取締規則を制定業界の健實な發展を圖るため嚴重取締る
195518	朝鮮朝日	西北・南鮮版	1930-09-20	2	01단	專用混載貨車制度を計劃
195519	朝鮮朝日	西北・南鮮版	1930-09-20	2	02단	大阪朝日新聞社優勝旗爭奪第三回全鮮庭球大會
195520	朝鮮朝日	西北・南鮮版	1930-09-20	2	03단	牛ペスト防疫に國境を警戒
195521	朝鮮朝日	西北・南鮮版	1930-09-20	2	04단	沙糖運賃の割引率引上
195522	朝鮮朝日	西北・南鮮版	1930-09-20	2	04단	各地だより(咸興/浦項/平壤/新義州)
195523	朝鮮朝日	南鮮版	1930-09-21	1	01단	研究心に燃ゆる全鮮の學徒が集り研究發表や討論を行ふ朝鮮醫學會の第十八回總會

일련번호	판명		간행일	면	단수	기사명
195524	朝鮮朝日	南鮮版	1930-09-21	1	01단	*移りゆく戰況を刻々に放送する師團對抗演習に際して目下京城放送局で準備/關釜連絡船を神戸に廻航觀艦式拜觀者の便乘者に供する計劃*
195525	朝鮮朝日	南鮮版	1930-09-21	1	03단	群山商議の評議員選出
195526	朝鮮朝日	南鮮版	1930-09-21	1	03단	米穀倉庫の創立準備は進捗近く第一回發起人會
195527	朝鮮朝日	南鮮版	1930-09-21	1	03단	京取合併移轉不合理を力說し阻止に邁進を決議す國粹會の仁川支部
195528	朝鮮朝日	南鮮版	1930-09-21	1	04단	*城大對九大の定期蹴球戰/南鮮選拔野球大會*
195529	朝鮮朝日	南鮮版	1930-09-21	1	04단	俳句/鈴木花蓑選
195530	朝鮮朝日	南鮮版	1930-09-21	1	05단	オルゴール(國産愛用時代/墓の戀愛地獄)
195531	朝鮮朝日	南鮮版	1930-09-21	1	05단	國産愛用の自覺を促す兒玉政務總監がDKから放送す
195532	朝鮮朝日	南鮮版	1930-09-21	1	05단	京電郊外線區制撤廢は實現不能か
195533	朝鮮朝日	南鮮版	1930-09-21	1	05단	總督府とも打合せ內鮮經濟的握手を一層緊密ならしめたい釜博連絡航路補助金交付の請願に久世福岡市長ら來鮮
195534	朝鮮朝日	南鮮版	1930-09-21	1	05단	月謝滯納で卅名に停學處分束來の日新女學校
195535	朝鮮朝日	南鮮版	1930-09-21	1	06단	北鮮新安面地方に大規模の移民計劃愈本年から實行する東京海外協會で着手
195536	朝鮮朝日	南鮮版	1930-09-21	1	06단	奏任待遇校長
195537	朝鮮朝日	南鮮版	1930-09-21	1	07단	出漁者の檢疫を實施虎疫患者水葬で釜山港緊張
195538	朝鮮朝日	南鮮版	1930-09-21	1	08단	京城府內に傳染病猖獗原因は主に野菜からカルキ消毒法を行へ
195539	朝鮮朝日	南鮮版	1930-09-21	1	08단	認可となるべき水利組合が少なく勞銀撒布もまーならぬ事業不振で各方面から憂慮さる
195540	朝鮮朝日	南鮮版	1930-09-21	1	09단	牛の繫留檢疫制度撤廢方を要望す活氣を城津に奪はれた元山商議所が運動
195541	朝鮮朝日	南鮮版	1930-09-21	1	09단	尾間立顯等の控訴公判きまる
195542	朝鮮朝日	南鮮版	1930-09-21	1	09단	賭博から大立廻り一名遂に絶命
195543	朝鮮朝日	南鮮版	1930-09-21	1	10단	お寺に怪賊
195544	朝鮮朝日	南鮮版	1930-09-21	1	10단	短期豫約通話制度近く開始する料金も低減す

일련번호	판명		간행일	면	단수	기사명
195545	朝鮮朝日	西北版	1930-09-21	1	01단	研究心に燃ゆる全鮮の學徒が集り研究發表や討論を行ふ朝鮮醫學會の第十八回總會
195546	朝鮮朝日	西北版	1930-09-21	1	01단	移りゆく戰況を刻々に放送する師團對抗演習に際して目下京城放送局で準備
195547	朝鮮朝日	西北版	1930-09-21	1	01단	俳句/鈴木花蓑選
195548	朝鮮朝日	西北版	1930-09-21	1	02단	米穀倉庫の創立準備は進捗近く第一回發起人會
195549	朝鮮朝日	西北版	1930-09-21	1	02단	北鮮新安面地方に大規模の移民計劃愈本年から實行する東京海外協會で着手
195550	朝鮮朝日	西北版	1930-09-21	1	04단	國産愛用の自覺を促す兒玉政務總監がDKから放送す
195551	朝鮮朝日	西北版	1930-09-21	1	04단	短期豫約通話制度近く開始する料金も低減す
195552	朝鮮朝日	西北版	1930-09-21	1	04단	認可となるべき水利組合が少なく勞銀撒布もまーならぬ事業不振で各方面から憂慮さる
195553	朝鮮朝日	西北版	1930-09-21	1	05단	オルゴール(國産愛用時代/墓の戀愛地獄)
195554	朝鮮朝日	西北版	1930-09-21	1	05단	平壤人の餘技(8)/藥草堂主森田さん
195555	朝鮮朝日	西北版	1930-09-21	1	05단	郡名を改む開城、咸興の府制施行で
195556	朝鮮朝日	西北版	1930-09-21	1	06단	平南道の視學を增員
195557	朝鮮朝日	西北版	1930-09-21	1	06단	平南道の警察署長會議十月六、七の兩日間道會議室で開く
195558	朝鮮朝日	西北版	1930-09-21	1	07단	振替貯金管理所設置を陳情
195559	朝鮮朝日	西北版	1930-09-21	1	07단	江界でも値下を實施一般の物價
195560	朝鮮朝日	西北版	1930-09-21	1	07단	朝鮮人向公設市場一箇所增設
195561	朝鮮朝日	西北版	1930-09-21	1	08단	不良青少年の感化善導につくす不良少年收容所設置平壤署で目下計劃
195562	朝鮮朝日	西北版	1930-09-21	1	08단	優勝の城津軍
195563	朝鮮朝日	西北版	1930-09-21	1	09단	利下げせぬ質屋に組合認可を取消清津ほか二地の業者貸出不能に陷る
195564	朝鮮朝日	西北版	1930-09-21	1	09단	執行猶豫中の女が嬰兒を壓殺して古井戶に投げ込む兇行はこれで二回
195565	朝鮮朝日	西北版	1930-09-21	1	09단	神宮野球試合日程きまる
195566	朝鮮朝日	西北版	1930-09-21	1	10단	お寺に怪賊
195567	朝鮮朝日	西北版	1930-09-21	1	10단	十三名の豫審終結す學生騷擾事件
195568	朝鮮朝日	西北版	1930-09-21	1	10단	もよほし(作品個人展覽會)
195569	朝鮮朝日	西北版	1930-09-21	1	10단	人(津島財務官)
195570	朝鮮朝日	西北・南鮮版	1930-09-21	2	01단	各地短信(馬山/仁川/公州/平壤/淸州/江界)

일련번호	판명		간행일	면	단수	기사명
195571	朝鮮朝日	西北・南鮮版	1930-09-21	2	01단	米價安でも影響は少く大豊作にホクホク平南道地方の農民
195572	朝鮮朝日	西北・南鮮版	1930-09-21	2	01단	來月に入り共同販賣南鮮六道の陸地棉作
195573	朝鮮朝日	西北・南鮮版	1930-09-21	2	02단	慶北陸地棉共同販賣いよいよ開始
195574	朝鮮朝日	西北・南鮮版	1930-09-21	2	02단	香しくない鰯工船の笠戸丸盛漁期にはどれだけ損失をとりかへすか
195575	朝鮮朝日	西北・南鮮版	1930-09-21	2	03단	前年に比し五割餘增收慶南棉作の收穫豫想高
195576	朝鮮朝日	西北・南鮮版	1930-09-21	2	04단	北鮮鰯の盛漁期愈よちかづく
195577	朝鮮朝日	西北・南鮮版	1930-09-21	2	04단	米穀倉庫設立打合會
195578	朝鮮朝日	南鮮版	1930-09-23	1		缺號
195579	朝鮮朝日	西北版	1930-09-23	1		缺號
195580	朝鮮朝日	西北・南鮮版	1930-09-23	2		缺號
195581	朝鮮朝日	南鮮版	1930-09-24	1	01단	遠盧も會釋もなく産業豫備軍を街上へどしどしおっぼり出す今尙整理期にある朝鮮の産業
195582	朝鮮朝日	南鮮版	1930-09-24	1	01단	鴨が葱を脊負ひ鍋にとび込むそれに似た一石二鳥案釜山の失業救濟事業うまく運ぶ
195583	朝鮮朝日	南鮮版	1930-09-24	1	01단	趣意書だけは文句を修正目論見書はなほ草案を練る米倉創立準備委員會
195584	朝鮮朝日	南鮮版	1930-09-24	1	02단	專賣局の財政難百二十六萬圓の減收見込み
195585	朝鮮朝日	南鮮版	1930-09-24	1	03단	本年度製造の紅蔘價格を協定銀相場暴落のために損害はかなり大きい
195586	朝鮮朝日	南鮮版	1930-09-24	1	03단	課長物語氣焰街を行く(2)/警務課長三橋孝一郎氏
195587	朝鮮朝日	南鮮版	1930-09-24	1	04단	高等小學校を大邱に建設
195588	朝鮮朝日	南鮮版	1930-09-24	1	04단	棉花荷造り運搬費節約
195589	朝鮮朝日	南鮮版	1930-09-24	1	05단	車掌さんをなくして列車を走らす釜山運事の際どい緊縮
195590	朝鮮朝日	南鮮版	1930-09-24	1	05단	覺書どほり契約を成立誠に愉快にたへない香椎源太郎氏は語る/無利息年賦償還を陳情
195591	朝鮮朝日	南鮮版	1930-09-24	1	05단	短歌/橋田東聲選
195592	朝鮮朝日	南鮮版	1930-09-24	1	06단	オールゴール(過ぎた六感/奧さん安心)
195593	朝鮮朝日	南鮮版	1930-09-24	1	06단	近海航路だけは景氣を盛りかへす絶好の氣配をしめす浦潮航路はもっとも景氣がよい
195594	朝鮮朝日	南鮮版	1930-09-24	1	07단	家屋倒壞し母子死傷す

일련번호	판명		간행일	면	단수	기사명
195595	朝鮮朝日	南鮮版	1930-09-24	1	07단	安東經油粟の輸入は增加滿洲粟輸入制限論の喧ましい折柄皮肉な現象
195596	朝鮮朝日	南鮮版	1930-09-24	1	07단	復興はしたが肝腎の漁が無くけふの米にもこまるあはれな慶北東海岸
195597	朝鮮朝日	南鮮版	1930-09-24	1	09단	コレラ保菌者二名を發見英國船マルワ號から更に大消毒檢鏡を行ふ
195598	朝鮮朝日	南鮮版	1930-09-24	1	09단	*両軍接戦して城大軍勝つ前半雙方妙技續出す城大對九大ア式蹴球試合/全馬山勝つ*
195599	朝鮮朝日	南鮮版	1930-09-24	1	10단	人(礁井忠平氏(新任專賣局鹽蔘課長)/藤本菊一氏(朝日新聞京城支局長)/青山鴨演氏(同上敦賀通信部主任)/津島財務官/鈴村吉一少將(兵器本廳長))
195600	朝鮮朝日	西北版	1930-09-24	1	01단	遠盧も會釋もなく産業豫備軍を街上へどしどしおつぼり出す今尚整理期にある朝鮮の産業
195601	朝鮮朝日	西北版	1930-09-24	1	01단	『南浦漁港修築は刻下の急務だ』繋船及陸揚場を失った水産業者等によって絶叫さる
195602	朝鮮朝日	西北版	1930-09-24	1	04단	專賣局の財政難百二十六萬圓の減收見込み
195603	朝鮮朝日	西北版	1930-09-24	1	04단	近海航路だけは景氣を盛りかへす絶好の氣配をしめす浦潮航路はもっとも景氣がよい
195604	朝鮮朝日	西北版	1930-09-24	1	04단	安東經由粟の輸入は增加滿洲粟輸入制限論の喧ましい折柄皮肉な現象
195605	朝鮮朝日	西北版	1930-09-24	1	05단	納稅者のため夜間金庫と出張取扱開始
195606	朝鮮朝日	西北版	1930-09-24	1	05단	*覺書どほり契約を成立誠に愉快にたへない香椎源太郎氏は語る/無利息年賦償還を陳情*
195607	朝鮮朝日	西北版	1930-09-24	1	05단	短歌/橋田東聲選
195608	朝鮮朝日	西北版	1930-09-24	1	06단	課長物語氣焰街を行く(2)/警務課長三橋孝一郎氏
195609	朝鮮朝日	西北版	1930-09-24	1	06단	鴨江對岸の牛疫は今なほ終熄せず警戒を要す
195610	朝鮮朝日	西北版	1930-09-24	1	07단	簡易保險の宣傳映畵會
195611	朝鮮朝日	西北版	1930-09-24	1	07단	本年度製造の紅蔘價格を協定銀相場暴落のために損害はかなり大きい
195612	朝鮮朝日	西北版	1930-09-24	1	07단	趣意書だけは文句を修正目論見書はなほ草案を練る米倉創立準備委員會

일련번호	판명		간행일	면	단수	기사명
195613	朝鮮朝日	西北版	1930-09-24	1	07단	平壤栗の不良取扱一掃のため同業組合を組織して各店毎に選別を嚴重にする
195614	朝鮮朝日	西北版	1930-09-24	1	08단	鳶職の喧嘩雙方重傷を負ふ
195615	朝鮮朝日	西北版	1930-09-24	1	08단	堆肥增産の入賞者決定
195616	朝鮮朝日	西北版	1930-09-24	1	09단	兩軍接戰して城大軍勝つ前半雙方妙技續出す城大對九大ア式蹴球試合/平壤高普組またも優勝
195617	朝鮮朝日	西北版	1930-09-24	1	10단	牛心山駐屯の支那兵歸還
195618	朝鮮朝日	西北版	1930-09-24	1	10단	馬賊押入る
195619	朝鮮朝日	西北版	1930-09-24	1	10단	車掌さんをなくして列車を走らす釜山運事の際どい緊縮
195620	朝鮮朝日	西北版	1930-09-24	1	10단	平北の初雪/咸南の初霜
195621	朝鮮朝日	西北・南鮮版	1930-09-24	2	01단	各地短信(間島/春川/平壤)
195622	朝鮮朝日	西北・南鮮版	1930-09-24	2	01단	金組の活躍を大いに期待大邱の地場銀行が鮮銀にリードされるため
195623	朝鮮朝日	西北・南鮮版	1930-09-24	2	01단	府と請負人で追加工費を折半花房町の埋立を續行協定案に非難の聲が起る/土工の人柱に自動車埋立負擔金の出處愈きまる
195624	朝鮮朝日	西北・南鮮版	1930-09-24	2	02단	人蔘の收納
195625	朝鮮朝日	西北・南鮮版	1930-09-24	2	03단	新利率に改正か咸北道の質屋
195626	朝鮮朝日	西北・南鮮版	1930-09-24	2	03단	露領から歸鮮し咸北道は貧乏な農民で充滿
195627	朝鮮朝日	西北・南鮮版	1930-09-24	2	04단	大田電氣が原州に進出
195628	朝鮮朝日	西北・南鮮版	1930-09-24	2	04단	內鮮航路博多寄港を陳情
195629	朝鮮朝日	西北・南鮮版	1930-09-24	2	04단	最後の解決を法律の力で金泉電氣爭議
195630	朝鮮朝日	西北・南鮮版	1930-09-24	2	04단	稻の大敵たる稻首稻熱病慶北道に發生
195631	朝鮮朝日	南鮮版	1930-09-25	1		休刊
195632	朝鮮朝日	西北版	1930-09-25	1		休刊
195633	朝鮮朝日	西北・南鮮版	1930-09-25	2		休刊
195634	朝鮮朝日	南鮮版	1930-09-26	1	01단	失業者救濟のため五千萬圓の土木事業三箇年繼續として行ふ齋藤總督再任初年度のお手際
195635	朝鮮朝日	南鮮版	1930-09-26	1	01단	大富源の開拓が愈具體化する北鮮開拓の調査班一行本月末ごろまでには赴任する
195636	朝鮮朝日	南鮮版	1930-09-26	1	01단	民衆の正しい申告をまつ國勢調査の準備は遺憾なくとーのふ/乞食浮浪者の調査班組織

일련번호	판명		간행일	면	단수	기사명
195637	朝鮮朝日	南鮮版	1930-09-26	1	03단	野球グラウンド開城に新設せらる
195638	朝鮮朝日	南鮮版	1930-09-26	1	04단	光州麗水間の南朝鐵工事大半を終了す
195639	朝鮮朝日	南鮮版	1930-09-26	1	04단	米倉に對する銀行の方針從來のそれに比して多少の相違をきたす
195640	朝鮮朝日	南鮮版	1930-09-26	1	05단	課長物語氣焔街を行く(3)/本府衛生課長西龜三圭氏
195641	朝鮮朝日	南鮮版	1930-09-26	1	05단	害獸の山狩
195642	朝鮮朝日	南鮮版	1930-09-26	1	05단	鮮産優良品特價販賣を行ふ/各種の催して大邱の賑ひ
195643	朝鮮朝日	南鮮版	1930-09-26	1	05단	兵隊サン約二萬が京城府內に宿泊演習休日二回に互り舍主に對して注意事項を配布/演習期間だけ臨時通信綱通信連絡の圓滑を圖るため豫算二萬圓を投じて
195644	朝鮮朝日	南鮮版	1930-09-26	1	05단	一一〇九大を屠り城大再び優勝ア式蹴球試合終了す/城大選手歸城期
195645	朝鮮朝日	南鮮版	1930-09-26	1	06단	年に二回も米を收穫とても成績がよく種の分讓希望者が多い
195646	朝鮮朝日	南鮮版	1930-09-26	1	07단	檄文貼付と官公吏脅迫
195647	朝鮮朝日	南鮮版	1930-09-26	1	08단	俳句/鈴木花蓑選
195648	朝鮮朝日	南鮮版	1930-09-26	1	08단	少年殺し犯人遂に捕まる
195649	朝鮮朝日	南鮮版	1930-09-26	1	09단	仁川德生院の書記を拘引
195650	朝鮮朝日	南鮮版	1930-09-26	1	09단	マイト所持の怪漢を逮捕
195651	朝鮮朝日	南鮮版	1930-09-26	1	09단	棍棒で毆って死に至らす
195652	朝鮮朝日	南鮮版	1930-09-26	1	09단	四人組怪賊押入る
195653	朝鮮朝日	南鮮版	1930-09-26	1	10단	自動車と衝突少年卽死
195654	朝鮮朝日	南鮮版	1930-09-26	1	10단	手當り次第に橫領を働く仁川新組理事
195655	朝鮮朝日	南鮮版	1930-09-26	1	10단	土木談合事件控訴公判
195656	朝鮮朝日	南鮮版	1930-09-26	1	10단	知事官邸に泥棒侵入す
195657	朝鮮朝日	南鮮版	1930-09-26	1	10단	人(川島第十九師團長/西本健次郎氏(貴族院議員)/坂本徹氏(北海道帝大敎授)/大阪府立女師七十三名一行/久世庸夫氏(福岡市長)/太田勘太郎氏(博多商工會議所會頭)/井上周氏(朝鐵重役)/嚴永忠北道土木課長)
195658	朝鮮朝日	西北版	1930-09-26	1	01단	失業者救濟のため五千萬圓の土木事業三箇年繼續で行ふ齋藤總督重任初年度のお手際
195659	朝鮮朝日	西北版	1930-09-26	1	01단	船橋里防水堤は本府も必要を認む病院新築も頗る有望だ打合せを濟ませて園田知事語る

일련번호	판명		간행일	면	단수	기사명
195660	朝鮮朝日	西北版	1930-09-26	1	01단	無用の競爭を避けるため淸津羅南間乘合自動車三營業者の合倂を提唱
195661	朝鮮朝日	西北版	1930-09-26	1	01단	精米所の移轉を總督府に陳情
195662	朝鮮朝日	西北版	1930-09-26	1	02단	米倉に對する銀行の方針從來のそれに比して多少の相違をきたす
195663	朝鮮朝日	西北版	1930-09-26	1	03단	俳句/鈴木花蓑選
195664	朝鮮朝日	西北版	1930-09-26	1	04단	咸北の米作は三割强增收
195665	朝鮮朝日	西北版	1930-09-26	1	04단	消防器具を充實
195666	朝鮮朝日	西北版	1930-09-26	1	04단	大漁の吉報豫想以上の漁獲あるか
195667	朝鮮朝日	西北版	1930-09-26	1	04단	一—〇九大を屠り城大再び優勝ア式蹴球試合終了す/神宮競技會の出場選手きまる平安南道の推薦終る/宣川軍勝つ庭球選手權大會/鎭南浦で陸上競技大會
195668	朝鮮朝日	西北版	1930-09-26	1	05단	一月以降の自動車事故
195669	朝鮮朝日	西北版	1930-09-26	1	05단	飛行機で國調宣傳平南道內主要地を飛行して
195670	朝鮮朝日	西北版	1930-09-26	1	05단	とても良質の無煙炭鑛を發見燃燒時間も相當長く非常に有望視さる
195671	朝鮮朝日	西北版	1930-09-26	1	05단	大富源の開拓が愈具體化する北鮮開拓の調査班一行本月末ごろまでには赴任する
195672	朝鮮朝日	西北版	1930-09-26	1	06단	課長物語氣焰街を行く(3)/本府衛生課長西龜三圭氏
195673	朝鮮朝日	西北版	1930-09-26	1	06단	平北道の犯罪發生と檢擧
195674	朝鮮朝日	西北版	1930-09-26	1	07단	平南中和郡は豊作を喜ぶ
195675	朝鮮朝日	西北版	1930-09-26	1	07단	驅逐艦安東縣へ
195676	朝鮮朝日	西北版	1930-09-26	1	07단	鴨綠江減水
195677	朝鮮朝日	西北版	1930-09-26	1	08단	御用心御用心！！傳染病が續發特に腸チフスが多い檢病的の戶口調査などで早期發見に極力つとめる
195678	朝鮮朝日	西北版	1930-09-26	1	08단	餘り頑張れば容赦をせず個人營業を取消す質屋問題と咸北道の方針/淸津公益質屋營業線上げ
195679	朝鮮朝日	西北版	1930-09-26	1	09단	新幹會を憎み彈壓を加ふ父兄達の怒り
195680	朝鮮朝日	西北版	1930-09-26	1	09단	實母の小便を頭から浴る
195681	朝鮮朝日	西北版	1930-09-26	1	10단	知事官邸に泥棒侵入す
195682	朝鮮朝日	西北版	1930-09-26	1	10단	强盜押入る
195683	朝鮮朝日	西北版	1930-09-26	1	10단	胸部を毆って死に至らす
195684	朝鮮朝日	西北版	1930-09-26	1	10단	馬賊を志願主家の金を拐帶

일련번호	판명		간행일	면	단수	기사명
195685	朝鮮朝日	西北版	1930-09-26	1	10단	害獸の山狩
195686	朝鮮朝日	西北版	1930-09-26	1	10단	檄文貼付と官公吏脅迫
195687	朝鮮朝日	西北版	1930-09-26	1	10단	總督府囑託の名刺をふり廻す
195688	朝鮮朝日	西北版	1930-09-26	1	10단	もよほし(南浦警察射擊會)
195689	朝鮮朝日	西北版	1930-09-26	1	10단	人(松村本府殖産局長)
195690	朝鮮朝日	西北・南鮮版	1930-09-26	2	01단	各地短信(大邱/淸州/仁川/平壤)
195691	朝鮮朝日	西北・南鮮版	1930-09-26	2	01단	多數漁民の移住を計劃愛地廣島の兩縣が全南道の根據地に
195692	朝鮮朝日	西北・南鮮版	1930-09-26	2	01단	漁業權抵當權設定の申請
195693	朝鮮朝日	西北・南鮮版	1930-09-26	2	01단	林奉天領事が總督と會見
195694	朝鮮朝日	西北・南鮮版	1930-09-26	2	01단	群山商議補選當選者決る
195695	朝鮮朝日	西北・南鮮版	1930-09-26	2	01단	教育勅語煥發記念懇談會
195696	朝鮮朝日	西北・南鮮版	1930-09-26	2	02단	埋立工費問題無事に解決
195697	朝鮮朝日	西北・南鮮版	1930-09-26	2	02단	慶南水産會に善處を促す滯納會費の督促に餘りに怠慢のため
195698	朝鮮朝日	西北・南鮮版	1930-09-26	2	03단	大阪築港の岸壁繫留愈よ認めらる條件は決らぬ
195699	朝鮮朝日	西北・南鮮版	1930-09-26	2	04단	貨物收入は減收の傾向
195700	朝鮮朝日	西北・南鮮版	1930-09-26	2	04단	改良次第ては賣行がよい朝鮮産の叺
195701	朝鮮朝日	西北・南鮮版	1930-09-26	2	04단	鍊免許出願は受付を中止
195702	朝鮮朝日	南鮮版	1930-09-27	1	01단	オルゴール(お歷一の山登り/英譯天下大將軍/負けずきらひ/洗濯百五十萬圓)
195703	朝鮮朝日	南鮮版	1930-09-27	1	01단	農倉の建設には各道も異議がなく計劃はやゝ順調に進む年內に十萬石收容ができる
195704	朝鮮朝日	南鮮版	1930-09-27	1	01단	播種造林の上に最も必要なる野鼠退治の新藥を發見山林業者にとっては天來の福音
195705	朝鮮朝日	南鮮版	1930-09-27	1	01단	內地の部隊が新銳を誇る兵器をたづさへて續々として來鮮す
195706	朝鮮朝日	南鮮版	1930-09-27	1	04단	城大へ本社寄贈の優勝楯授與
195707	朝鮮朝日	南鮮版	1930-09-27	1	04단	癩病患者救濟の運動を起す全國社會事業團に飛檄慶北の一角から雄々しき叫び
195708	朝鮮朝日	南鮮版	1930-09-27	1	05단	牧ノ島の地價暴騰將來の發展を見越して
195709	朝鮮朝日	南鮮版	1930-09-27	1	05단	粟の輸入制限は農民に苦痛を與へ生活を脅威するものだ各方面に有力な反對說あらはる
195710	朝鮮朝日	南鮮版	1930-09-27	1	07단	課長物語氣焰街を行く(4)/本府保安課長田中武雄氏

일련번호	판명		간행일	면	단수	기사명
195711	朝鮮朝日	南鮮版	1930-09-27	1	07단	朝鮮全道の人口豫想懸賞答案募集昭和五年十月一日國勢調査による朝鮮全道の總人口は幾人か
195712	朝鮮朝日	南鮮版	1930-09-27	1	07단	慶北の初氷
195713	朝鮮朝日	南鮮版	1930-09-27	1	07단	モルヒネ密輸暴露釜傳連絡船のボーイが
195714	朝鮮朝日	南鮮版	1930-09-27	1	08단	モヒを密賣
195715	朝鮮朝日	南鮮版	1930-09-27	1	08단	旅行季節に入り輸送計劃に忙殺さるこ一暫くは鐵道も昨秋同樣の賑ひを豫想
195716	朝鮮朝日	南鮮版	1930-09-27	1	09단	精神病者を殺す盜に入ったのを怒り親兄弟が力を合せて
195717	朝鮮朝日	南鮮版	1930-09-27	1	10단	辯護士控室で法服を盜む
195718	朝鮮朝日	南鮮版	1930-09-27	1	10단	靑年旅館で毒をあふる
195719	朝鮮朝日	南鮮版	1930-09-27	1	10단	納骨堂記念碑を破壞
195720	朝鮮朝日	南鮮版	1930-09-27	1	10단	人(牧野良三代議士/三重縣在滿部隊慰問團一行/新田唯一氏(本社前京城支局長))
195721	朝鮮朝日	西北版	1930-09-27	1	01단	農倉の建設には各道も異議がなく計劃はやゝ順調に進む年內に十萬石收容ができる
195722	朝鮮朝日	西北版	1930-09-27	1	01단	播種造林の上に最も必要なる野鼠退治の新藥を發見山林業者にとっては天來の福音
195723	朝鮮朝日	西北版	1930-09-27	1	01단	內地の部隊が新銳を誇る兵器をたづさへて續々として來鮮す
195724	朝鮮朝日	西北版	1930-09-27	1	01단	沙里院面電の擴張送電
195725	朝鮮朝日	西北版	1930-09-27	1	02단	宿泊料の値下を平壤署が計劃調査をいそぐ
195726	朝鮮朝日	西北版	1930-09-27	1	03단	平北七郡聯合酒類品評會
195727	朝鮮朝日	西北版	1930-09-27	1	03단	前科者の交際範圍や素行を調査し犯罪檢擧にそなへる
195728	朝鮮朝日	西北版	1930-09-27	1	04단	粟の輸入制限は農民に苦痛を與へ生活を脅威するものだ各方面に有力な反對說あらはる
195729	朝鮮朝日	西北版	1930-09-27	1	04단	平壤の水道をメートル制度に水の快費やら負擔の不公平などを考慮し
195730	朝鮮朝日	西北版	1930-09-27	1	05단	課長物語氣焰街を行く(4)/本府保安課長田中武雄氏
195731	朝鮮朝日	西北版	1930-09-27	1	05단	城大へ本社寄贈の優勝楯授與
195732	朝鮮朝日	西北版	1930-09-27	1	06단	運動界(七郡聯合庭球大會/平壤府公設運動場開き野球庭球大會/平壤署の射擊會)

일련번호	판명		간행일	면	단수	기사명
195733	朝鮮朝日	西北版	1930-09-27	1	07단	旅行季節に入り輸送計劃に忙殺さるこゝ暫くは鐵道も昨秋同樣の賑ひを豫想
195734	朝鮮朝日	西北版	1930-09-27	1	07단	ルーブル紙幣取戻し訴訟
195735	朝鮮朝日	西北版	1930-09-27	1	07단	貴金屬專門の怪盜か清津の宿屋に止宿中捕まる
195736	朝鮮朝日	西北版	1930-09-27	1	08단	敵將のため記念碑を建立その靈を慰さめる聞くも床しい物語
195737	朝鮮朝日	西北版	1930-09-27	1	08단	朝鮮全道の人口豫想懸賞答案募集昭和五年十月一日國勢調查による朝鮮全道の總人口は幾人か
195738	朝鮮朝日	西北版	1930-09-27	1	09단	林檎園の番人賊に斬らる
195739	朝鮮朝日	西北版	1930-09-27	1	09단	懲役四年が二年となり然も執行猶豫となる盜犯防止令を參酌されて
195740	朝鮮朝日	西北版	1930-09-27	1	10단	青年旅館で毒をあふる
195741	朝鮮朝日	西北版	1930-09-27	1	10단	モヒを密賣
195742	朝鮮朝日	西北版	1930-09-27	1	10단	辯護士控室で法服を盜む
195743	朝鮮朝日	西北・南鮮版	1930-09-27	2	01단	エヤーライン物語(1)/搖籃時代も遠に過ぎ早くも實用時代に
195744	朝鮮朝日	西北・南鮮版	1930-09-27	2	01단	棉の初取引
195745	朝鮮朝日	西北・南鮮版	1930-09-27	2	01단	不備の點が多い京城の準備國勢調查府民に心得書を配る
195746	朝鮮朝日	西北・南鮮版	1930-09-27	2	01단	全羅南道側の誠意を疑ひ組合强制加入說擡頭濟州島海女入漁問題
195747	朝鮮朝日	西北・南鮮版	1930-09-27	2	04단	京城延市場初立會六千九百石の取引が行はる
195748	朝鮮朝日	西北・南鮮版	1930-09-27	2	04단	郵便爲替と振替貯金
195749	朝鮮朝日	西北・南鮮版	1930-09-27	2	04단	白米値下げ
195750	朝鮮朝日	西北・南鮮版	1930-09-27	2	04단	各地短信(淸州/平壤)
195751	朝鮮朝日	南鮮版	1930-09-28	1	01단	オルゴール(ながい名前/總督の失望)
195752	朝鮮朝日	南鮮版	1930-09-28	1	01단	身體を痛めても何の補償もされぬあはれな職工達のため工場法と健康保險法を制定
195753	朝鮮朝日	南鮮版	1930-09-28	1	01단	香椎氏と同樣の條件を持出し總督と慶南知事に運動李鍵公家の漁場問題もつれる/契約の條件に不滿を抱き李鍵公家から總督に意見書を出して難詰
195754	朝鮮朝日	南鮮版	1930-09-28	1	03단	大邱公會堂の設計を終る
195755	朝鮮朝日	南鮮版	1930-09-28	1	03단	俳句/鈴木花蓑選
195756	朝鮮朝日	南鮮版	1930-09-28	1	03단	拂下の大砲で午砲を改む

일련번호	판명		간행일	면	단수	기사명
195757	朝鮮朝日	南鮮版	1930-09-28	1	04단	不正米事件は判然とせぬ慶北での鑑定の結果如何によって打切る
195758	朝鮮朝日	南鮮版	1930-09-28	1	04단	東大門外名物の牛市開かる
195759	朝鮮朝日	南鮮版	1930-09-28	1	04단	殺人的安相場で新米初取引地主は豊作をのろひ小作人は寧ろ大喜び
195760	朝鮮朝日	南鮮版	1930-09-28	1	05단	奏任待遇面長
195761	朝鮮朝日	南鮮版	1930-09-28	1	06단	金組増設箇所決定を見る
195762	朝鮮朝日	南鮮版	1930-09-28	1	06단	千八百年前の甕棺を發掘朝鮮ではこれで二回目博物館に保存する
195763	朝鮮朝日	南鮮版	1930-09-28	1	06단	授業料の滯納と退學缺席者が増加風水害や米價安のため手の施す術もなく當局も弱る
195764	朝鮮朝日	南鮮版	1930-09-28	1	07단	課長物語氣焰街を行く(5)/本府水利課長池田泰次郎氏
195765	朝鮮朝日	南鮮版	1930-09-28	1	07단	全馬山優勝南鮮野球大會
195766	朝鮮朝日	南鮮版	1930-09-28	1	08단	慶南の農倉はまだ決定を見ぬ敷地を提供する位でオイソレと建設せぬ
195767	朝鮮朝日	南鮮版	1930-09-28	1	09단	密漁船檢擧
195768	朝鮮朝日	南鮮版	1930-09-28	1	10단	詐欺罪で告訴す大興電氣會社長の小倉氏を
195769	朝鮮朝日	南鮮版	1930-09-28	1	10단	夫婦を斬る
195770	朝鮮朝日	南鮮版	1930-09-28	1	10단	朝鮮郵便船が汽船を購入
195771	朝鮮朝日	南鮮版	1930-09-28	1	10단	もよほし(京城師範および附圖の運動會)
195772	朝鮮朝日	南鮮版	1930-09-28	1	10단	人(西本健次郎氏(貴族院議員)/鈴村兵器本廳長/齋藤吉十郎氏(朝鮮紡織常務)/石田國助氏(新任鎭海面長))
195773	朝鮮朝日	西北版	1930-09-28	1	01단	愈よ十月一日から咸興に府制を施行何人も驚異の目を睜る最近のいちじるしい發展振/一名物となった素晴しい市場取引絶大な經濟力を抱擁し新興都市の面目躍如として現る/宏壯な樓亭が各所に聳立今はその形も止めぬ/工業地としての必然的運命をもつ故にその設備は急務だ府の將來につき各方面の意見/朝鮮窒素こそ咸興の背景二年前までは一寒村だった興南の地の大躍進振/咸興郡を改稱し面の合併斷行
195774	朝鮮朝日	西北版	1930-09-28	1	01단	喜びの咸興
195775	朝鮮朝日	西北版	1930-09-28	1	06단	課長物語氣焰街を行く(5)/本府水利課長池田泰次郎氏

일련번호	판명		간행일	면	단수	기사명
195776	朝鮮朝日	西北版	1930-09-28	1	08단	消費稅賦課で問題を起す態度が橫暴だとて安東稅捐局非難さる
195777	朝鮮朝日	西北版	1930-09-28	1	08단	俳句/鈴木花蓑選
195778	朝鮮朝日	西北版	1930-09-28	1	09단	滯納賦課金の徵收に困る特に中堅商人に多い平壤會議所のなやみ
195779	朝鮮朝日	西北版	1930-09-28	1	09단	鴨綠江上流に雪がつもる
195780	朝鮮朝日	西北版	1930-09-28	1	09단	普校卒業生點呼
195781	朝鮮朝日	西北版	1930-09-28	1	09단	モヒ中毒者の治療の成績
195782	朝鮮朝日	西北版	1930-09-28	1	10단	朝鮮語試驗合格者
195783	朝鮮朝日	西北版	1930-09-28	1	10단	馬賊子供を置いて逃走
195784	朝鮮朝日	西北版	1930-09-28	1	10단	强盜押入る
195785	朝鮮朝日	西北版	1930-09-28	1	10단	「あざらし」でなく「あしか」
195786	朝鮮朝日	西北版	1930-09-28	1	10단	豚コレラは下火
195787	朝鮮朝日	西北版	1930-09-28	1	10단	運動界(神宮競技出場咸南選手きまる)
195788	朝鮮朝日	西北・南鮮版	1930-09-28	2	01단	エヤーライン物語(2)/旅客機で戀の道行驅落者追跡もやる
195789	朝鮮朝日	西北・南鮮版	1930-09-28	2	01단	內地のよりも遙かにすぐれた無盡業條例をつくる信託令と同時に發布
195790	朝鮮朝日	西北・南鮮版	1930-09-28	2	02단	朝鮮米運賃の協定を行ふ
195791	朝鮮朝日	西北・南鮮版	1930-09-28	2	02단	府民大會を開催し電氣料値下の輿論を昂める/府民大會は中止となる/電燈料値下の最後的運動
195792	朝鮮朝日	西北・南鮮版	1930-09-28	2	04단	各地だより(仁川/咸興/天安)
195793	朝鮮朝日	南鮮版	1930-09-30	1	01단	高麗時代の舊都開城に府制を施行面の看板をとりはづし墨痕鮮かな新看板をかゝぐ/富める開城行商人は七千以上蓄財がなければ歸らぬ勤勉にしてかつ貯蓄心に富む/昔を偲ぶ數々の名所と舊跡/鮮內で有名な人蔘の苗地苗から人蔘になる迄/舊都としての面影を殘したい事業なども漸進的に立川面長希望を語る
195794	朝鮮朝日	南鮮版	1930-09-30	1	06단	慶北の降雹
195795	朝鮮朝日	南鮮版	1930-09-30	1	06단	近く理事長の大更迭を斷行し一方低資融通を交涉金融組合の改善と當局の方針/近日中三名を退職せしめ後任は本府から拔擢その顏觸ほゞきまる/非常なる熱意で一千萬圓の低資融通を交涉
195796	朝鮮朝日	南鮮版	1930-09-30	1	07단	馬山府民大會準備を中止
195797	朝鮮朝日	南鮮版	1930-09-30	1	07단	朝鮮紡績の慶北棉購入
195798	朝鮮朝日	南鮮版	1930-09-30	1	07단	藥價診療費の値下は中止醫師會に非難

일련번호	판명		간행일	면	단수	기사명
195799	朝鮮朝日	南鮮版	1930-09-30	1	07단	運動界(慶南陸上競技大會/全鮮軟式庭球大會)
195800	朝鮮朝日	南鮮版	1930-09-30	1	08단	ストライキの出鼻を挫く朝鮮紡織の不穏分子二十名を一齊に檢束
195801	朝鮮朝日	南鮮版	1930-09-30	1	09단	女學生十一名裁きの庭に立つ直に傍聽を禁止さる光州學生事件の公判
195802	朝鮮朝日	南鮮版	1930-09-30	1	10단	徽文高普校強硬に出る盟休生に對し
195803	朝鮮朝日	南鮮版	1930-09-30	1	10단	吸さし煙草を貧者に寄附仲居風の女から
195804	朝鮮朝日	南鮮版	1930-09-30	1	10단	煙草屋殺しに死刑の判決
195805	朝鮮朝日	南鮮版	1930-09-30	1	10단	談合事件と檢事の求刑
195806	朝鮮朝日	南鮮版	1930-09-30	1	10단	もよほし(釜山三島實習バザー/慶北金組書記珠算講習會)
195807	朝鮮朝日	西北版	1930-09-30	1	01단	近く理事長の大更迭を斷行し一方低資融通を交渉金融組合の改善と當局の方針/近日中三名を退職せしめ後任は本府から拔擢その顔觸ほゞきまる/非常なる熱意で一千萬圓の低資融通を交渉/咸南道金組の理事級異動/金組支所を設置
195808	朝鮮朝日	西北版	1930-09-30	1	01단	隔世の感ある咸興の變遷面の看板をはづして府廳の看板をかゝぐ
195809	朝鮮朝日	西北版	1930-09-30	1	03단	衛生模範部落設置各警察官內に一箇所宛設く
195810	朝鮮朝日	西北版	1930-09-30	1	03단	間島領事館に無電を設け萬一の場合に備へる
195811	朝鮮朝日	西北版	1930-09-30	1	03단	南市と批峴に送電を計劃
195812	朝鮮朝日	西北版	1930-09-30	1	04단	秋季競馬會
195813	朝鮮朝日	西北版	1930-09-30	1	04단	料理や理髮の値下を行ふ
195814	朝鮮朝日	西北版	1930-09-30	1	04단	長壽山遊覽の自動車運轉
195815	朝鮮朝日	西北版	1930-09-30	1	04단	納稅實行會の規約を改め活動を促す
195816	朝鮮朝日	西北版	1930-09-30	1	04단	降雹と落雷豚七頭慘死す
195817	朝鮮朝日	西北版	1930-09-30	1	05단	平壤に降雹
195818	朝鮮朝日	西北版	1930-09-30	1	05단	平南奧地の初雪
195819	朝鮮朝日	西北版	1930-09-30	1	05단	茂山守備隊の秋季運動會
195820	朝鮮朝日	西北版	1930-09-30	1	05단	秋の社會相職を失った孝行者の盜み不良輩と飮み步く虛榮女竊盜を働く/驅落者警察を逃げ出す/咸興商業の櫻返り咲く
195821	朝鮮朝日	西北版	1930-09-30	1	06단	課長物語氣焰街を行く(6)/開墾課長飯島寬一郎氏
195822	朝鮮朝日	西北版	1930-09-30	1	06단	登記證を僞造詐欺を働く

일련번호	판명		간행일	면	단수	기사명
195823	朝鮮朝日	西北版	1930-09-30	1	07단	木炭石炭などの運賃値下は不可能咸鏡線の時間短縮も見込はない咸北商工聯合會の問題
195824	朝鮮朝日	西北版	1930-09-30	1	07단	繭四萬五千石突破祝賀會功勞者五十餘名の表彰も同時に行ふ
195825	朝鮮朝日	西北版	1930-09-30	1	08단	刑事と稱して所持金詐取
195826	朝鮮朝日	西北版	1930-09-30	1	09단	平壤の火事
195827	朝鮮朝日	西北版	1930-09-30	1	09단	咸興にチフス發生
195828	朝鮮朝日	西北版	1930-09-30	1	09단	女學生十一名裁きの庭に立つ直に傍聽を禁止さる光州學生事件の公判
195829	朝鮮朝日	西北版	1930-09-30	1	10단	煙草屋殺しに死刑の判決
195830	朝鮮朝日	西北版	1930-09-30	1	10단	平安神社の秋祭
195831	朝鮮朝日	西北版	1930-09-30	1	10단	沙里院神社秋祭
195832	朝鮮朝日	西北版	1930-09-30	1	10단	防水堤工事促進の猛運動を起す
195833	朝鮮朝日	西北版	1930-09-30	1	10단	もよほし(殖銀沙里院支店上棟式/西鮮弓道大會)
195834	朝鮮朝日	西北版	1930-09-30	1	10단	人(大村卓一氏(總督府鐵道局長))
195835	朝鮮朝日	西北・南鮮版	1930-09-30	2	01단	經濟コント(京電の値下問題)
195836	朝鮮朝日	西北・南鮮版	1930-09-30	2	01단	低資利率問題は內地同樣の恩曲を朝鮮の米倉にも適用か山本殖産局技師のお土産話
195837	朝鮮朝日	西北・南鮮版	1930-09-30	2	01단	航路整理問題圓滿に解決仁川汽船と森信汽船兩社の獨占航路夫々きまる
195838	朝鮮朝日	西北・南鮮版	1930-09-30	2	01단	各地短信(平壤/間島/淸州/仁川/大邱/鎭南浦/雄基/羅南)
195839	朝鮮朝日	西北・南鮮版	1930-09-30	2	02단	昭和水利の工事方針必要に應じ設計を變更する
195840	朝鮮朝日	西北・南鮮版	1930-09-30	2	03단	蠶業講習會
195841	朝鮮朝日	西北・南鮮版	1930-09-30	2	03단	煙草押賣に小賣店泣く
195842	朝鮮朝日	西北・南鮮版	1930-09-30	2	04단	農家の懷に轉げ込むお金は大したものざっと見て七萬四千圓に上る然し物價安はこたへる
195843	朝鮮朝日	西北・南鮮版	1930-09-30	2	05단	稻の刈乾を十分にせよ
195844	朝鮮朝日	西北・南鮮版	1930-09-30	2	06단	慶尚共立銀を慶一銀行が買收鮮銀がこれを援助し重役もそれぞれ配置
195845	朝鮮朝日	西北・南鮮版	1930-09-30	2	07단	忠北道の消防歌
195846	朝鮮朝日	西北・南鮮版	1930-09-30	2	07단	風水害の義捐金十三萬圓を各道に對し分配
195847	朝鮮朝日	西北・南鮮版	1930-09-30	2	07단	米穀倉庫會社發起人總會

1930년 10월 (조선아사히)

일련번호	판명		간행일	면	단수	기사명
195848	朝鮮朝日	南鮮版	1930-10-01	1	01단	オールゴール(ローマから/頭の惡るさ)
195849	朝鮮朝日	南鮮版	1930-10-01	1	01단	*製絲界の不況で當業者顔色を失ふ同時に繭値の暴落から農家の懷工合も窮狀を告ぐ/他の事業と違ひ解雇は容易でなく己むなく事業を續ける最近漸く賃金値下の機運を醸成/農家に落ちる金が少なく産繭増殖上に影響を及ぼす點の多いのを憂慮す*
195850	朝鮮朝日	南鮮版	1930-10-01	1	03단	昌慶苑內植物溫室漸く竣工
195851	朝鮮朝日	南鮮版	1930-10-01	1	04단	失業者に福音來惹なからぬ金がころげ込む
195852	朝鮮朝日	南鮮版	1930-10-01	1	05단	住民の立退にまた一苦勞洛東江の改修工事は反對を押切って實施
195853	朝鮮朝日	南鮮版	1930-10-01	1	05단	朝鮮拓殖銀行總會
195854	朝鮮朝日	南鮮版	1930-10-01	1	05단	小作人と地主が興農社を起し惡感情を吹飛ばしお互い多大の利益を收む
195855	朝鮮朝日	南鮮版	1930-10-01	1	06단	小鹿島に在る癩療養所を擴張一千名收容を計劃す來年度豫算に是が非でも計上
195856	朝鮮朝日	南鮮版	1930-10-01	1	06단	咸興開城の新府尹一日發表さる
195857	朝鮮朝日	南鮮版	1930-10-01	1	06단	大邱と尚州に農倉を建設
195858	朝鮮朝日	南鮮版	1930-10-01	1	07단	徽文高普校の盟休解決す
195859	朝鮮朝日	南鮮版	1930-10-01	1	07단	第三回朝鮮朝日會三日平壤公會堂で開催
195860	朝鮮朝日	南鮮版	1930-10-01	1	07단	家宅搜索して證據物件を押收今の處では不穩の兆はない朝紡不穩分子の檢擧
195861	朝鮮朝日	南鮮版	1930-10-01	1	08단	*總本山國調課は大童の奮鬪緊張したその日/操短整理說は事實無根朝紡當務齋藤吉十郎氏の談*
195862	朝鮮朝日	南鮮版	1930-10-01	1	08단	俳句/鈴木花養選
195863	朝鮮朝日	南鮮版	1930-10-01	1	09단	運動界(慶南代表のピカー梁朴兩君の活躍は期待さる/奉天滿俱が殖銀を破る/神宮野球試合日割きまる/仁川府民競技會/城大豫科運動會)
195864	朝鮮朝日	南鮮版	1930-10-01	1	10단	人(原田棟一郎氏(大阪朝日新聞社主幹)/內田眞吾氏(同上通信部次長)/鎌田敬四郎氏(同上門司支局長)/中尾國太郎氏(同上販賣部次長))
195865	朝鮮朝日	西北版	1930-10-01	1	01단	*製絲界の不況で當業者顔色を失ふ同時に繭値の暴落から農家の懷工合も窮狀を告ぐ/他の事業と違ひ解雇は容易でなく己むなく事業を續ける最近漸く賃金値下の機運を醸成/農家に落ちる金が少なく産繭増殖上に影響を及ぼす點の多いのを憂慮す*

일련번호	판명		간행일	면	단수	기사명
195866	朝鮮朝日	西北版	1930-10-01	1	04단	種苗種畜場の落成記念式
195867	朝鮮朝日	西北版	1930-10-01	1	04단	貨物列車復活運轉夏枯の閑散期を過ぎた〉め
195868	朝鮮朝日	西北版	1930-10-01	1	04단	平南道の內地學事視察團
195869	朝鮮朝日	西北版	1930-10-01	1	05단	旱害救濟河川改修工事終了す
195870	朝鮮朝日	西北版	1930-10-01	1	05단	吉川參與官平壤を視察
195871	朝鮮朝日	西北版	1930-10-01	1	05단	ゴム製品工業多忙を極む注文一時に殺到してこんな事は珍らしい
195872	朝鮮朝日	西北版	1930-10-01	1	05단	俳句/鈴木花蓑選
195873	朝鮮朝日	西北版	1930-10-01	1	05단	課長物語氣焰街を行く(7)/本府社會課長上內彥策氏
195874	朝鮮朝日	西北版	1930-10-01	1	06단	平壤人の餘技(9)/三〇年型の感覺派阿部平南財務部長夫人
195875	朝鮮朝日	西北版	1930-10-01	1	06단	第三回朝鮮朝日會三日平壤公會堂で開催
195876	朝鮮朝日	西北版	1930-10-01	1	06단	堆肥增産の褒賞授與式
195877	朝鮮朝日	西北版	1930-10-01	1	06단	自動車運轉手試驗
195878	朝鮮朝日	西北版	1930-10-01	1	06단	小鹿島に在る癩療養所を擴張一千名收容を計劃す來年度豫算に是が非でも計上
195879	朝鮮朝日	西北版	1930-10-01	1	07단	武富參與官黃海道視察
195880	朝鮮朝日	西北版	1930-10-01	1	07단	咸興開城の新府尹一日發表さる
195881	朝鮮朝日	西北版	1930-10-01	1	07단	總督を迎へて竣工式擧行平安水利組合の工事みごとに竣工を告ぐ
195882	朝鮮朝日	西北版	1930-10-01	1	08단	松毛蟲の身體內に卵を産みつけ成長の後食ひ殺す新案松毛蟲退治を採用
195883	朝鮮朝日	西北版	1930-10-01	1	08단	製炭講習會
195884	朝鮮朝日	西北版	1930-10-01	1	09단	支那側陸軍の橫暴を糺彈間島民衆大會開から
195885	朝鮮朝日	西北版	1930-10-01	1	09단	犯罪の傾向殺伐な事件や賭博がめつぼう殖えて來た學生の風紀も次第に紊れる
195886	朝鮮朝日	西北版	1930-10-01	1	10단	お寺の境內で賭博を開帳
195887	朝鮮朝日	西北版	1930-10-01	1	10단	强盜押入る
195888	朝鮮朝日	西北版	1930-10-01	1	10단	直徑約一寸の雹が降る
195889	朝鮮朝日	西北版	1930-10-01	1	10단	神宮野球試合日割きまる
195890	朝鮮朝日	西北版	1930-10-01	1	10단	もよほし(平南道の手編物講習會)
195891	朝鮮朝日	西北・南鮮版	1930-10-01	2	01단	エヤー・ライン物語(3)/入學試驗の新戰術や尖端代議士の苦心
195892	朝鮮朝日	西北・南鮮版	1930-10-01	2	01단	經濟界の今日(米の實收高/鮮米プール/鮮航會運賃/朝郵の業績)
195893	朝鮮朝日	西北・南鮮版	1930-10-01	2	01단	全南自動車運轉手試驗

일련번호	판명		간행일	면	단수	기사명
195894	朝鮮朝日	西北・南鮮版	1930-10-01	2	02단	宿料値下の餘地無し慶北道の宿屋
195895	朝鮮朝日	西北・南鮮版	1930-10-01	2	02단	朝鮮で珍しい無花果空輸
195896	朝鮮朝日	西北・南鮮版	1930-10-01	2	03단	銀行券の制限外發行許可さる
195897	朝鮮朝日	西北・南鮮版	1930-10-01	2	04단	私立培英學校光州に生る
195898	朝鮮朝日	西北・南鮮版	1930-10-01	2	04단	各地だより(春川/平壤/仁川)
195899	朝鮮朝日	南鮮版	1930-10-02	1	01단	オールゴール(富豪の悩み/花より團子)
195900	朝鮮朝日	南鮮版	1930-10-02	1	01단	販賣量の制限もなんの効果もなく鰯油の相場はがた落ち目下の相場は僅か一圓五十錢/不漁續きの上にこの大慘落を食ひ腹背ともに脅威を受く踏んだり蹴ったりの昨今の漁民
195901	朝鮮朝日	南鮮版	1930-10-02	1	01단	三つの工場を取引指定人とし陸地棉の取引を行ふ同時に販賣所も設置
195902	朝鮮朝日	南鮮版	1930-10-02	1	03단	備荒貯蓄組合設立きまる
195903	朝鮮朝日	南鮮版	1930-10-02	1	03단	京城放送局の師團對抗演習實況放送ポスター
195904	朝鮮朝日	南鮮版	1930-10-02	1	04단	兩宮殿下の御渡鮮決定
195905	朝鮮朝日	南鮮版	1930-10-02	1	04단	神宮競技出場慶北道代表
195906	朝鮮朝日	南鮮版	1930-10-02	1	04단	癩患の頭分に日當を與へ部下を一所に集めて國調を完全に行ふ
195907	朝鮮朝日	南鮮版	1930-10-02	1	05단	理事三名を二名に減じ顧間常任監事を設置殖銀の總會できまる/動いた人々
195908	朝鮮朝日	南鮮版	1930-10-02	1	06단	總督府農事試驗場南鮮支場落成式
195909	朝鮮朝日	南鮮版	1930-10-02	1	07단	鎭海の火事
195910	朝鮮朝日	南鮮版	1930-10-02	1	07단	大邱の火事
195911	朝鮮朝日	南鮮版	1930-10-02	1	07단	課長物語氣焰街を行く(6)/開墾課長飯島寬一郎氏
195912	朝鮮朝日	南鮮版	1930-10-02	1	08단	待遇改善などの簡單な問題でなく背後の魔手に眼を注ぐ朝鮮紡織會社の不穩職工事件/朝紡の責任者急遽上城す本府に一應報告して善後策を考究のため/更に二名檢擧す出版法違反で片をつけるか
195913	朝鮮朝日	南鮮版	1930-10-02	1	09단	本社朝鮮通信會議京城で開かる/京城通信局長新任披露宴
195914	朝鮮朝日	南鮮版	1930-10-02	1	10단	もよほし(大邱商業秋李運動會)
195915	朝鮮朝日	南鮮版	1930-10-02	1	10단	時局標榜の強盜捕まる
195916	朝鮮朝日	南鮮版	1930-10-02	1	10단	人(近衛秀麿氏)
195917	朝鮮朝日	南鮮版	1930-10-02	1	10단	給仕を求む

일련번호	판명		간행일	면	단수	기사명
195918	朝鮮朝日	西北版	1930-10-02	1	01단	多獅島の將來は？猫も杓子も視察に押し寄せてまさにこのところ役人泣かせうらめしの昭和製鋼所
195919	朝鮮朝日	西北版	1930-10-02	1	01단	販賣量の制限もなんの效果もなく鰯油の相場はがた落ち目下の相場は僅か一圓五十錢/不漁續きの上にこの大慘落を食ひ腹背ともに脅威を受く踏んだり蹴ったりの昨今の漁民
195920	朝鮮朝日	西北版	1930-10-02	1	02단	本社朝鮮通信會議京城で開かる/京城通信局長新任披露宴
195921	朝鮮朝日	西北版	1930-10-02	1	03단	スポーツ便り(平鐵軍勝つ神宮競技に出場/總督盃爭奪のゴルフ大會/元山軍優勝/平北體協の民衆運動會/庭球紅白試合)
195922	朝鮮朝日	西北版	1930-10-02	1	04단	水産打合會と平南の提出事項
195923	朝鮮朝日	西北版	1930-10-02	1	04단	內地土地改良事業視察
195924	朝鮮朝日	西北版	1930-10-02	1	05단	鎮南浦の三和園を富田家から寄附
195925	朝鮮朝日	西北版	1930-10-02	1	05단	飛鋪咸興府尹取敢ず赴任
195926	朝鮮朝日	西北版	1930-10-02	1	05단	旅具の檢査官は僅か四名に過ぎぬトラブルの起るも道理稅關も苦情の多いのに惱み拔く
195927	朝鮮朝日	西北版	1930-10-02	1	07단	城津地方の豪雨
195928	朝鮮朝日	西北版	1930-10-02	1	07단	郵貯利下げの影響はない新義州郵便局
195929	朝鮮朝日	西北版	1930-10-02	1	07단	重要物産に認定された新義州製材組合
195930	朝鮮朝日	西北版	1930-10-02	1	07단	意見や希望が二百五十件平南道署長會議に盛り澤山な提出事項
195931	朝鮮朝日	西北版	1930-10-02	1	08단	大風に吹き飛ばされふらふらとなって家出どこをどうあるいたか夢中で慶北から平北に來て正氣づく
195932	朝鮮朝日	西北版	1930-10-02	1	08단	大連汽船朝鮮進出に反對群小汽船の壓迫だと躍起となって氣勢をあぐ
195933	朝鮮朝日	西北版	1930-10-02	1	08단	官民參列して開廳式擧行市民擧って早起して咸興府の萬歲を壽ぐ/興南面も開所式來年四月には指定面に昇格
195934	朝鮮朝日	西北版	1930-10-02	1	08단	繭增收祝賀で飛行機を飛ばすビラ十四萬枚を撒布
195935	朝鮮朝日	西北版	1930-10-02	1	09단	鹽輸入制限で戎克引返す
195936	朝鮮朝日	西北版	1930-10-02	1	10단	勤儉獎勵強調週間平北道が府郡に行事を通牒
195937	朝鮮朝日	西北版	1930-10-02	1	10단	妻子ある男が娘と驅落國境を通過せんとして捕る

일련번호	판명		간행일	면	단수	기사명
195938	朝鮮朝日	西北版	1930-10-02	1	10단	時局標榜の强盗捕まる
195939	朝鮮朝日	西北版	1930-10-02	1	10단	もよほし(平壤局員家族慰安會/武富參與官歡迎會)
195940	朝鮮朝日	西北版	1930-10-02	1	10단	人(築城龜鶴氏(平南价川署長))
195941	朝鮮朝日	西北・南鮮版	1930-10-02	2	01단	經濟コント(無盡業令改正問題)
195942	朝鮮朝日	西北・南鮮版	1930-10-02	2	01단	次第に廢れる安州刺繡を復興米國向輸出品として其前途を有望視さる
195943	朝鮮朝日	西北・南鮮版	1930-10-02	2	01단	鯖初漁の便りに漸く勇み立つ問題は密漁船の跳梁出來得る限り保護に努める慶尙北道東海岸一帶の漁村
195944	朝鮮朝日	西北・南鮮版	1930-10-02	2	01단	淸津富居間の郵便物速達
195945	朝鮮朝日	西北・南鮮版	1930-10-02	2	01단	農場經營は頗る困難米價安のため
195946	朝鮮朝日	西北・南鮮版	1930-10-02	2	02단	風水害の義損金決定額を通知
195947	朝鮮朝日	西北・南鮮版	1930-10-02	2	02단	八箇府の物價前年八月に比して八・七の下落を示す
195948	朝鮮朝日	西北・南鮮版	1930-10-02	2	03단	南朝鐵線の開通期決る
195949	朝鮮朝日	西北・南鮮版	1930-10-02	2	03단	女子遞信吏員養成一つの女子職業の途開から
195950	朝鮮朝日	西北・南鮮版	1930-10-02	2	04단	牛繫留期間の短縮を行ふ指定驛を設け
195951	朝鮮朝日	西北・南鮮版	1930-10-02	2	04단	モヒ患者の絶滅を期す
195952	朝鮮朝日	南鮮版	1930-10-03	1	01단	貯藏保管をなさしめ米價の暴落を防止する低資斡旋にも努める事に決定/米價調節の實を大に發揮する貯藏の資金も大丈夫だ米收豫想につき松村殖産局長談/本年度米收穫各道豫想高二日本府殖産局發表/最初の方針で進んで行く低資もうまく行った湯村農務課長歸來談/增收では新記錄昭和二年より二百萬石多い
195953	朝鮮朝日	南鮮版	1930-10-03	1	03단	平山氏ム首相と會見
195954	朝鮮朝日	南鮮版	1930-10-03	1	04단	京城電氣會社料金を改訂二日付で認可となる
195955	朝鮮朝日	南鮮版	1930-10-03	1	05단	短歌/橋田東聲選
195956	朝鮮朝日	南鮮版	1930-10-03	1	05단	瓦電會社はバスの計劃を進める
195957	朝鮮朝日	南鮮版	1930-10-03	1	05단	オールゴール
195958	朝鮮朝日	南鮮版	1930-10-03	1	06단	咸興及開城の兩府尹決定(慶北尙州郡守(金秉泰)/忠北道知事官(門脇默一)/馬山府尹(板垣只二)/木浦府尹(飛鋪秀一)/慶北道屬(河村廉平))
195959	朝鮮朝日	南鮮版	1930-10-03	1	06단	馬山晉州の兩地に農業倉庫建設にほゞきまる

일련번호	판명		간행일	면	단수	기사명
195960	朝鮮朝日	南鮮版	1930-10-03	1	06단	官立師範二校の新設は見込がない財務局はうんといはぬその成行は非常に憂慮さる
195961	朝鮮朝日	南鮮版	1930-10-03	1	07단	課長物語氣焰街を行く(7)/本府社會課長上內彦策氏
195962	朝鮮朝日	南鮮版	1930-10-03	1	07단	朝紡事件は近く一段落
195963	朝鮮朝日	南鮮版	1930-10-03	1	08단	大觀艦式拜觀船に昌慶丸を廻航廿日就航を打切り大阪に向けて出帆
195964	朝鮮朝日	南鮮版	1930-10-03	1	09단	群山商議の議員辭職でまた問題起る
195965	朝鮮朝日	南鮮版	1930-10-03	1	09단	百九十萬圓を取敢ず支出急を要する分だけの災害復舊工事を起す
195966	朝鮮朝日	南鮮版	1930-10-03	1	10단	熊本農場慰安會
195967	朝鮮朝日	南鮮版	1930-10-03	1	10단	興農會社稻作を視察
195968	朝鮮朝日	南鮮版	1930-10-03	1	10단	武富參與官沙里院視察
195969	朝鮮朝日	南鮮版	1930-10-03	1	10단	細民に白米施與
195970	朝鮮朝日	南鮮版	1930-10-03	1	10단	不穩文書を貼りつける
195971	朝鮮朝日	南鮮版	1930-10-03	1	10단	人(湯村辰次郎氏(本府農務課長)/東條正平氏(朝鐵重役)/東京工兵學生/今井源良氏(釜山辯護士)/村田武夫氏(本社京城支局員))
195972	朝鮮朝日	西北版	1930-10-03	1	01단	貯藏保管をなさしめ米價の暴落を防止する低資斡旋にも努める事に決定/米價調節の實を大に發揮する貯藏の資金も大丈夫だ米收豫想につき松村殖産局長談/增收では新記錄昭和二年より二百萬石多い/本年度米收穫各道豫想高二日本府殖産局發表
195973	朝鮮朝日	西北版	1930-10-03	1	04단	內容外觀共に立派に整ふ平壤常備消防隊
195974	朝鮮朝日	西北版	1930-10-03	1	04단	パテンレースの講習會を開き家庭の副業を獎勵
195975	朝鮮朝日	西北版	1930-10-03	1	05단	課長物語氣焰街を行く(8)/本府商工課長土師盛貞氏
195976	朝鮮朝日	西北版	1930-10-03	1	05단	短歌/橋田東聲選
195977	朝鮮朝日	西北版	1930-10-03	1	05단	咸興及開城の兩府尹決定
195978	朝鮮朝日	西北版	1930-10-03	1	06단	堆肥增産の最優秀部落に優勝旗と賞金を授與
195979	朝鮮朝日	西北版	1930-10-03	1	06단	平壤府電の延長工事
195980	朝鮮朝日	西北版	1930-10-03	1	06단	學童の寄生蟲檢査有卵者數は全員の八割二分强七八歲の初學年級に一番多い今後極力驅除に努める

일련번호	판명		간행일	면	단수	기사명
195981	朝鮮朝日	西北版	1930-10-03	1	07단	平山氏ム首相と會見
195982	朝鮮朝日	西北版	1930-10-03	1	07단	民會役員の辭表提出者續々と現はる
195983	朝鮮朝日	西北版	1930-10-03	1	07단	農民の懐も暖かく和龍縣石建坪は眞の平和境
195984	朝鮮朝日	西北版	1930-10-03	1	08단	調査の目印に靑旗と赤旗船の調査に手古摺る平安北道の國勢調査
195985	朝鮮朝日	西北版	1930-10-03	1	09단	愈よ本冬から移動マーケット民業の壓迫とならぬ範圍で各地方を廻る
195986	朝鮮朝日	西北版	1930-10-03	1	09단	艷書の目標家族名と年齡を標札にかゝぐ惡戲好きの靑年が娘達に目をつける
195987	朝鮮朝日	西北版	1930-10-03	1	09단	武富參與官沙里院視察
195988	朝鮮朝日	西北版	1930-10-03	1	09단	故富田翁の敍位報告祭
195989	朝鮮朝日	西北版	1930-10-03	1	10단	オートバイを主要警察にそなへつける
195990	朝鮮朝日	西北版	1930-10-03	1	10단	細民に白米施與
195991	朝鮮朝日	西北版	1930-10-03	1	10단	運動界(沙里院高女第三回運動會/新義州商業運動會)
195992	朝鮮朝日	西北版	1930-10-03	1	10단	不穩文書を貼りつける
195993	朝鮮朝日	西北・南鮮版	1930-10-03	2	01단	經濟界の今日(米價對策懇談會/米穀法改善論)
195994	朝鮮朝日	西北・南鮮版	1930-10-03	2	01단	工費の捻出には苦心してゐる吾等は本府を信賴する大同江改修につき松井氏歸來談
195995	朝鮮朝日	西北・南鮮版	1930-10-03	2	01단	張店を廢しカフェー式に平壤の一妓樓から許可を警察に出願
195996	朝鮮朝日	西北・南鮮版	1930-10-03	2	01단	粟と肥料の暴落を農民はひたすら待侘る
195997	朝鮮朝日	西北・南鮮版	1930-10-03	2	02단	大阪朝日新聞社優勝旗爭奪第三回全鮮庭球大會
195998	朝鮮朝日	西北・南鮮版	1930-10-03	2	03단	朝日巡回活寫會
195999	朝鮮朝日	西北・南鮮版	1930-10-03	2	04단	各地短信(光州/茂山/平壤)
196000	朝鮮朝日	南鮮版	1930-10-04	1	01단	オールゴール(『おやこれは？』/赤ちゃんの賭)
196001	朝鮮朝日	南鮮版	1930-10-04	1	01단	其日の糧に飢ゑた失業者のふところへ二千三百萬圓の金がはいる
196002	朝鮮朝日	南鮮版	1930-10-04	1	01단	京城の體育デー
196003	朝鮮朝日	南鮮版	1930-10-04	1	03단	郵便所設置の運動を起す
196004	朝鮮朝日	南鮮版	1930-10-04	1	03단	李王兩殿下は御健勝に在はす今度は御歸鮮遊さぬ篠田李王職次官謹話

일련번호	판명		간행일	면	단수	기사명
196005	朝鮮朝日	南鮮版	1930-10-04	1	03단	同盟休校事件は殆んどあとを絶ちだんだん潛行運動化す學生の思想運動に變化を來す
196006	朝鮮朝日	南鮮版	1930-10-04	1	04단	義勇消防組の詰所を新築
196007	朝鮮朝日	南鮮版	1930-10-04	1	05단	西鮮奧地と取引計劃平壤商業會議所目をつける
196008	朝鮮朝日	南鮮版	1930-10-04	1	05단	理髮料の値下慫憑釜山署管內郡部の同業者に
196009	朝鮮朝日	南鮮版	1930-10-04	1	06단	課長物語氣焰街を行く（９）/水産課長西岡芳次郎氏
196010	朝鮮朝日	南鮮版	1930-10-04	1	06단	馬山濠信校の盟休さわぎ首謀者を退學せしめ學校當局强硬に出る
196011	朝鮮朝日	南鮮版	1930-10-04	1	06단	肥えふとる月給取金融組合の預金は殖える一方反對に商人は痩せ細って行く不況が生む皮肉な現象
196012	朝鮮朝日	南鮮版	1930-10-04	1	06단	同窓靑年團の努力により所謂農村の合理化は着々として實施する
196013	朝鮮朝日	南鮮版	1930-10-04	1	07단	車輛稅を引下か平南道平壤府は調査に着手
196014	朝鮮朝日	南鮮版	1930-10-04	1	08단	不漁から大恐慌平南沿海の漁民不漁を唧つ
196015	朝鮮朝日	南鮮版	1930-10-04	1	08단	『勸農旗』と『興農旗を』農村に與へ表彰每に白線を引く
196016	朝鮮朝日	南鮮版	1930-10-04	1	09단	多獅島築港は技術上可能製鋼所の條件もよい實地調査の結果判る
196017	朝鮮朝日	南鮮版	1930-10-04	1	09단	帝國興信所員恐喝を働く負債に泣く商賣人を脅かして入會せしむ
196018	朝鮮朝日	南鮮版	1930-10-04	1	09단	暴動靑年等二十名起訴
196019	朝鮮朝日	南鮮版	1930-10-04	1	10단	神宮競技の日程決る
196020	朝鮮朝日	南鮮版	1930-10-04	1	10단	河村慶北道屬理事官に昇進
196021	朝鮮朝日	南鮮版	1930-10-04	1	10단	人(小川正儀氏(拓務省第一課長)/篠田治策氏(李王職次官)/下關林兼野球團/松田彦三郎氏(平壤測候所長))
196022	朝鮮朝日	西北版	1930-10-04	1	01단	オールゴール（『おやこれは？』/赤ちゃんの賭)
196023	朝鮮朝日	西北版	1930-10-04	1	01단	其日の糧に飢ゑた失業者のふところへ二千三百萬圓の金がはいる
196024	朝鮮朝日	西北版	1930-10-04	1	01단	京城の體育デー
196025	朝鮮朝日	西北版	1930-10-04	1	03단	郵便所設置の運動を起す

일련번호	판명		간행일	면	단수	기사명
196026	朝鮮朝日	西北版	1930-10-04	1	03단	李王兩殿下は御健勝に在はす今度は御歸鮮遊さぬ篠田李王職次官謹話
196027	朝鮮朝日	西北版	1930-10-04	1	03단	同盟休校事件は殆んどあとを絶ちだんだん潜行運動化す學生の思想運動に變化を來す
196028	朝鮮朝日	西北版	1930-10-04	1	04단	義勇消防組の詰所を新築
196029	朝鮮朝日	西北版	1930-10-04	1	05단	西鮮奧地と取引計劃平壤商業會議所目をつける
196030	朝鮮朝日	西北版	1930-10-04	1	05단	理髮料の値下慫憑釜山署管內郡部の同業者に
196031	朝鮮朝日	西北版	1930-10-04	1	06단	課長物語氣焰街を行く(9)/水産課長西岡芳次郎氏
196032	朝鮮朝日	西北版	1930-10-04	1	06단	馬山濠信校の盟休さわぎ首謀者を退學せしめ學校當局强硬に出る
196033	朝鮮朝日	西北版	1930-10-04	1	06단	肥えふとる月給取金融組合の預金は殖える一方反對に商人は痩せ細って行く不況が生む皮肉な現象
196034	朝鮮朝日	西北版	1930-10-04	1	06단	同窓青年團の努力により所謂農村の合理化は着々として實施する
196035	朝鮮朝日	西北版	1930-10-04	1	07단	車輛稅を引下か平南道平壤府は調査に着手
196036	朝鮮朝日	西北版	1930-10-04	1	08단	不漁から大恐慌平南沿海の漁民不漁を唧つ
196037	朝鮮朝日	西北版	1930-10-04	1	08단	『勸農旗』と『興農旗を』農村に與へ表彰毎に白線を引く
196038	朝鮮朝日	西北版	1930-10-04	1	09단	多獅島築港は技術上可能製鋼所の條件もよい實地調査の結果判る
196039	朝鮮朝日	西北版	1930-10-04	1	09단	帝國興信所員恐喝を働く負債に泣く商賣人を脅かして入會せしむ
196040	朝鮮朝日	西北版	1930-10-04	1	09단	暴動靑年等二十名起訴
196041	朝鮮朝日	西北版	1930-10-04	1	10단	神宮競技の日程決る
196042	朝鮮朝日	西北版	1930-10-04	1	10단	河村慶北道屬理事官に昇進
196043	朝鮮朝日	西北版	1930-10-04	1	10단	人(小川正儀氏(拓務省第一課長)/篠田治策氏(李王職次官)/下關林兼野球團/松田彥三郎氏(平壤測候所長))
196044	朝鮮朝日	西北・南鮮版	1930-10-04	2	01단	經濟界の今日(鮮米收穫豫想/滿洲粟輸入增加/京電料金値下/殖銀理事就任)
196045	朝鮮朝日	西北・南鮮版	1930-10-04	2	01단	一年七千人の割合で增加驚くべき釜山の人口十三萬八千名と判明/乞食は國調をよく理解し案外早く片づく

일련번호	판명		간행일	면	단수	기사명
196046	朝鮮朝日	西北・南鮮版	1930-10-04	2	01단	航路標識船に無電を裝置
196047	朝鮮朝日	西北・南鮮版	1930-10-04	2	01단	古跡の修繕費十萬圓計上
196048	朝鮮朝日	西北・南鮮版	1930-10-04	2	02단	富田家から五千圓寄附
196049	朝鮮朝日	西北・南鮮版	1930-10-04	2	02단	物價の値下は平均一割二三分釜山富平町市場の物價
196050	朝鮮朝日	西北・南鮮版	1930-10-04	2	02단	不正米搬出は一先打切る
196051	朝鮮朝日	西北・南鮮版	1930-10-04	2	03단	チフス增發
196052	朝鮮朝日	西北・南鮮版	1930-10-04	2	03단	朝日巡回活寫會
196053	朝鮮朝日	西北・南鮮版	1930-10-04	2	04단	內地出稼人が續々と歸鮮舊盆のために
196054	朝鮮朝日	西北・南鮮版	1930-10-04	2	04단	各地短信(平壤)
196055	朝鮮朝日	南鮮版	1930-10-05	1	01단	米價の調節は果して行はれるかこれが對策について湯村農務課長と記者の問答/滿洲粟の輸入を或程度まで制限し米の保管をなさしめるまづ百萬石の籾が貯藏できる/月割制限は完全に行はれる銀行や金組の融通に大して望みはかけぬ/五分四釐で貸出す米倉所要の低資金利きまる
196056	朝鮮朝日	南鮮版	1930-10-05	1	01단	大クレーンを用ひてタンクを積込む
196057	朝鮮朝日	南鮮版	1930-10-05	1	04단	俳句/鈴木花蓑選
196058	朝鮮朝日	南鮮版	1930-10-05	1	05단	健かな子供さんの表彰を行ふ朝鮮では珍らしい試み
196059	朝鮮朝日	南鮮版	1930-10-05	1	05단	對抗演習氣分彌が上にも高潮廣島電信隊が入城し電信架設工事を急ぐ/南北幹部と統監部愈決定を見る
196060	朝鮮朝日	南鮮版	1930-10-05	1	05단	支那勞働者の使用を制限失業救濟の意味から嚴重な規則を設ける
196061	朝鮮朝日	南鮮版	1930-10-05	1	06단	平壤女子高普遂に優勝す女子オリムピック大會
196062	朝鮮朝日	南鮮版	1930-10-05	1	06단	シャムの宮殿下御來鮮
196063	朝鮮朝日	南鮮版	1930-10-05	1	07단	慶北金組の理事異動沈滯空氣一掃のために行ふ
196064	朝鮮朝日	南鮮版	1930-10-05	1	07단	貝採取船顚覆して十四名行方不明十五名だけ救助さる忠淸南道元山島沖合の珍事
196065	朝鮮朝日	南鮮版	1930-10-05	1	07단	思想囚で大繁昌刑務所はその整理にこまる
196066	朝鮮朝日	南鮮版	1930-10-05	1	08단	一名は殺され一名は行方不明木浦無盡社員の奇禍加害者は土地仲介人か

일련번호	판명		간행일	면	단수	기사명
196067	朝鮮朝日	南鮮版	1930-10-05	1	10단	圖們西部線と天圖線不通豪雨に見舞はれ
196068	朝鮮朝日	南鮮版	1930-10-05	1	10단	手負猪のため三名傷つく內一名は死亡
196069	朝鮮朝日	南鮮版	1930-10-05	1	10단	七十九名解雇す日本硬質陶器に不穩の形勢
196070	朝鮮朝日	南鮮版	1930-10-05	1	10단	機關車故障で列車大遲着
196071	朝鮮朝日	西北版	1930-10-05	1	01단	大クレーンを用ひてタンクを積込む
196072	朝鮮朝日	西北版	1930-10-05	1	01단	平壤發着時間は午前中となり旅客には便利となる旅客飛行機の發着時間を改正
196073	朝鮮朝日	西北版	1930-10-05	1	01단	普通校設立の位置で紛擾官報で發表の土地は約束が違ふとて騷ぐ
196074	朝鮮朝日	西北版	1930-10-05	1	01단	多獅島築港の測量班歸連
196075	朝鮮朝日	西北版	1930-10-05	1	02단	警部補試驗
196076	朝鮮朝日	西北版	1930-10-05	1	02단	外勤巡査を總動員檢索的戶口調査を行ふ
196077	朝鮮朝日	西北版	1930-10-05	1	03단	飛行機の翼に羽二重使用
196078	朝鮮朝日	西北版	1930-10-05	1	03단	重松尚義氏醫博となる
196079	朝鮮朝日	西北版	1930-10-05	1	03단	咸北道商工聯合會雄基において開催さる各地提出重要議案を愼重に審議
196080	朝鮮朝日	西北版	1930-10-05	1	04단	平元線に汽動車を運轉旅客の便宜を圖る實施は明年春ごろ
196081	朝鮮朝日	西北版	1930-10-05	1	05단	朝鮮一の面長さんよろしいと快く承諾し朝室社長の野口老興南面長を引受る
196082	朝鮮朝日	西北版	1930-10-05	1	05단	圖們西部線と天圖線不通豪雨に見舞はれ
196083	朝鮮朝日	西北版	1930-10-05	1	05단	俳句/鈴木花蓑選
196084	朝鮮朝日	西北版	1930-10-05	1	06단	落雷と雹害
196085	朝鮮朝日	西北版	1930-10-05	1	06단	警官三百名の增員を行ひ國境の警備を嚴重に財政の如何に拘はらず計上
196086	朝鮮朝日	西北版	1930-10-05	1	06단	平壤女子高普遂に優勝す女子オリムピック大會
196087	朝鮮朝日	西北版	1930-10-05	1	07단	車夫の盜み
196088	朝鮮朝日	西北版	1930-10-05	1	08단	知らぬ間に前科がつく
196089	朝鮮朝日	西北版	1930-10-05	1	08단	貝採取船顚覆して十四名行方不明十五名だけ救助さる忠淸南道元山島沖合の珍事
196090	朝鮮朝日	西北版	1930-10-05	1	08단	一名は殺され一名は行方不明木浦無盡社員の奇禍加害者は土地仲介人か
196091	朝鮮朝日	西北版	1930-10-05	1	09단	祕密結社事件豫審終結す
196092	朝鮮朝日	西北版	1930-10-05	1	10단	女房を殺害し子供と共に川の中に投込む
196093	朝鮮朝日	西北版	1930-10-05	1	10단	お茶のあと

일련번호	판명		간행일	면	단수	기사명
196094	朝鮮朝日	西北版	1930-10-05	1	10단	インクライン脱線し二十數名重輕傷を負ふ
196095	朝鮮朝日	西北版	1930-10-05	1	10단	もよほし(京城の市民講座)
196096	朝鮮朝日	西北版	1930-10-05	1	10단	人(松本專賣局長/洪祐鎭氏(洪忠北道知事嚴父))
196097	朝鮮朝日	西北・南鮮版	1930-10-05	2	01단	米の大增收はどう影響するか經濟界各方面の觀測/米の買上げと粟輸入制限これは急務だ/米價は底値だ丸金を貸せそして寛大に/鐵道方面の影響は不明
196098	朝鮮朝日	西北・南鮮版	1930-10-05	2	02단	米價吊上げの對策きまる全北農友會總會開かる
196099	朝鮮朝日	西北・南鮮版	1930-10-05	2	03단	朝日巡回活寫會
196100	朝鮮朝日	西北・南鮮版	1930-10-05	2	04단	各地短信(淸州/鎭海/平壤)
196101	朝鮮朝日	南鮮版	1930-10-07	1	01단	梨本、朝香兩宮殿下御同列で御渡鮮演習氣分は下關からまづ濃度をくはへて行く/新兵器續々陸揚げ演習地にむかって輸送さる/國旗揭揚を通知
196102	朝鮮朝日	南鮮版	1930-10-07	1	01단	不振のうちにもやうやく活氣づき非常な好轉振を示す活潑になって來た對支貿易
196103	朝鮮朝日	南鮮版	1930-10-07	1	02단	穀物組合長に警告を發す釜山の市場方面では事態を非常に重視す
196104	朝鮮朝日	南鮮版	1930-10-07	1	04단	貨物列車の運轉を復活
196105	朝鮮朝日	南鮮版	1930-10-07	1	05단	安康水利起工式
196106	朝鮮朝日	南鮮版	1930-10-07	1	05단	群山競馬倶樂部の役員
196107	朝鮮朝日	南鮮版	1930-10-07	1	05단	取引所法は總督府に一任し本省は成案を審議するまで拓務省の小河氏語る
196108	朝鮮朝日	南鮮版	1930-10-07	1	05단	スポーツ便り(朝鮮神宮競技要項かはる八百米斷走をくはへ角力の人員に制限を附せぬ/神宮陸上競技日程/神宮競技競漕大會/仁川府民の運動競技會/硬球選手權大會/大邱の庭球試合/湖南弓道大會)
196109	朝鮮朝日	南鮮版	1930-10-07	1	06단	農業倉庫建設に寄附相當の難色がある
196110	朝鮮朝日	南鮮版	1930-10-07	1	06단	辭令
196111	朝鮮朝日	南鮮版	1930-10-07	1	06단	赤十字無料診療
196112	朝鮮朝日	南鮮版	1930-10-07	1	06단	優良部落を單位とし收穫貯金組合を組織す
196113	朝鮮朝日	南鮮版	1930-10-07	1	07단	朝鮮の今靑木昆陽弱い少年の力で堆肥を四千貫無言のうちに作り普通田畑の三倍以上を收穫

일련번호	판명		간행일	면	단수	기사명
196114	朝鮮朝日	南鮮版	1930-10-07	1	07단	全鮮に魁けて釜山で近く無憂華上映
196115	朝鮮朝日	南鮮版	1930-10-07	1	08단	六ケ月分の解雇手當を支給せよと要求
196116	朝鮮朝日	南鮮版	1930-10-07	1	10단	自家用煙草耕作の助力を求む
196117	朝鮮朝日	南鮮版	1930-10-07	1	10단	教員檢定合格者
196118	朝鮮朝日	南鮮版	1930-10-07	1	10단	乘合自動車が崖下に墜落四名死傷す
196119	朝鮮朝日	南鮮版	1930-10-07	1	10단	人(韓昌洙男(李王職長官)/小河正儀氏(拓務省第一課長)/門脇默一氏(忠北道地方課長))
196120	朝鮮朝日	西北版	1930-10-07	1	01단	梨本、朝香兩宮殿下御同列で御渡鮮演習氣分は下關からまづ濃度をくはへて行く
196121	朝鮮朝日	西北版	1930-10-07	1	01단	不振のうちにもやうやく活氣づき非常な好轉振を示す活潑になって來た對支貿易
196122	朝鮮朝日	西北版	1930-10-07	1	02단	新府の仕事は張合がある大いにやってみたい飛鋪咸興府尹は語る
196123	朝鮮朝日	西北版	1930-10-07	1	04단	寫眞說明((上)咸興早起會員一萬人が十月一日咸興府開廳式當日府廳前で萬歲を三唱(下)咸興神社における咸興府廳開廳奉告祭)
196124	朝鮮朝日	西北版	1930-10-07	1	05단	新義州公設質屋上棟式
196125	朝鮮朝日	西北版	1930-10-07	1	05단	平南道內の雹害相當甚大模樣
196126	朝鮮朝日	西北版	1930-10-07	1	05단	朝鮮見本市と平南の出品
196127	朝鮮朝日	西北版	1930-10-07	1	06단	辭令
196128	朝鮮朝日	西北版	1930-10-07	1	06단	理髮料値下
196129	朝鮮朝日	西北版	1930-10-07	1	06단	朝鮮の今靑木昆陽弱い少年の力で堆肥を四千貫無言のうちに作り普通田畑の三倍以上を收穫
196130	朝鮮朝日	西北版	1930-10-07	1	06단	無利子の産業資金貸出し第一回の詮衡終る合計約千九百圓
196131	朝鮮朝日	西北版	1930-10-07	1	07단	岸壁よりも架橋が好い多獅島を視察した武富參與官は語る
196132	朝鮮朝日	西北版	1930-10-07	1	07단	平壤高普校創立記念式
196133	朝鮮朝日	西北版	1930-10-07	1	07단	平壤淸潔法
196134	朝鮮朝日	西北版	1930-10-07	1	08단	第三回朝鮮朝日會の出席者
196135	朝鮮朝日	西北版	1930-10-07	1	08단	平壤ゴム共濟工場或は立消か資金募集が捗らず職工連不安にからる
196136	朝鮮朝日	西北版	1930-10-07	1	08단	咸興少年團産聲をあげる
196137	朝鮮朝日	西北版	1930-10-07	1	09단	平安北道の米作豫想高

일련번호	판명		간행일	면	단수	기사명
196138	朝鮮朝日	西北版	1930-10-07	1	09단	兵卒逃げる
196139	朝鮮朝日	西北版	1930-10-07	1	09단	線路巡察兵が射撃を受け怪支那人を射殺
196140	朝鮮朝日	西北版	1930-10-07	1	10단	婦人から強奪
196141	朝鮮朝日	西北版	1930-10-07	1	10단	野菜行商人にレプラ患者
196142	朝鮮朝日	西北版	1930-10-07	1	10단	競馬馬卽死
196143	朝鮮朝日	西北版	1930-10-07	1	10단	外國人のつり錢詐欺
196144	朝鮮朝日	西北版	1930-10-07	1	10단	運動界(新義州府民運動會中止/平壤女高普選手かへる)
196145	朝鮮朝日	西北版	1930-10-07	1	10단	もよほし(平壤專賣支局職工慰安會)
196146	朝鮮朝日	西北版	1930-10-07	1	10단	人(原田棟一郎氏(本社編輯主幹)/韓昌洙男(李王職長官)/小河正儀氏(拓務省第一課長))
196147	朝鮮朝日	西北・南鮮版	1930-10-07	2	01단	火曜のペーヂ(食物の硬さと味覺の關係 醫學博士湯川靖洋)
196148	朝鮮朝日	西北・南鮮版	1930-10-07	2	01단	失業は學童を虐げる少年時代にこの悲哀
196149	朝鮮朝日	西北・南鮮版	1930-10-07	2	03단	暴落も物かは盆決濟に追はれしきりに靑田を豫賣慶北道の農民大打擊を受く
196150	朝鮮朝日	西北・南鮮版	1930-10-07	2	03단	朝鮮貯蓄銀行重役の異動
196151	朝鮮朝日	西北・南鮮版	1930-10-07	2	04단	經濟界の今日(全鮮地主大會/米倉發起人會/白米の値下)
196152	朝鮮朝日	西北・南鮮版	1930-10-07	2	04단	米價調節策で經濟界は常態に事情が明かとなって
196153	朝鮮朝日	西北・南鮮版	1930-10-07	2	05단	全鮮穀物商大會出席者四百名を突破
196154	朝鮮朝日	西北・南鮮版	1930-10-07	2	06단	簡保貸付金の利率を發表
196155	朝鮮朝日	西北・南鮮版	1930-10-07	2	06단	朝日巡回活寫會
196156	朝鮮朝日	西北・南鮮版	1930-10-07	2	07단	鼈繭增收の祝賀飛行
196157	朝鮮朝日	西北・南鮮版	1930-10-07	2	07단	永井郁子女史獨唱の旅に出る
196158	朝鮮朝日	西北・南鮮版	1930-10-07	2	07단	各地短信(咸興/群山)
196159	朝鮮朝日	南鮮版	1930-10-08	1	01단	官民の奉迎送裡に御機嫌麗はしく京城にむかはせらる梨本大將、朝香少將兩宮殿下/兩軍は戰を前に悠々と英氣を養ふけふ聖旨の傳達行はる九日から始まる師團對抗演習/仙波部隊が仁川に宿營/相もかはらぬ鮮かな戰術ぶり愛嬌をふりまきつゝ金谷參謀總長北行す
196160	朝鮮朝日	南鮮版	1930-10-08	1	01단	わが警察官三名支那兵に射撃され二名卽死し一名は重傷支那間島における珍事/咸北から間島へ警官百名を急派す我警官と支那兵が對峙形勢は刻々として險惡して行く/朝鮮人を捉へ暴行を働く

일련번호	판명		간행일	면	단수	기사명
196160	朝鮮朝日	南鮮版	1930-10-08	1	01단	その遣方から見て全く計劃的射撃か/警察官の增員を總督府から外務省に要求す/應援警察官は乘車を拒絶され徒步で龍井村に向ふ一般乘客もその卷添を喫す/警官出動準備を總督から咸北道知事に電命/總督府の手で間島を保護警官を移動して
196161	朝鮮朝日	南鮮版	1930-10-08	1	05단	ピジョン萬能からマコー萬能に不況は嗜好にまで影響を及して行く
196162	朝鮮朝日	南鮮版	1930-10-08	1	07단	俳句/鈴木花蓑選
196163	朝鮮朝日	南鮮版	1930-10-08	1	08단	殖産銀行の幹部級異動
196164	朝鮮朝日	南鮮版	1930-10-08	1	08단	代書人組合大邱に生れる
196165	朝鮮朝日	南鮮版	1930-10-08	1	08단	大規模な沙防試驗合理的勞銀撒布を行ふため
196166	朝鮮朝日	南鮮版	1930-10-08	1	09단	大邱湯屋組合値下を斷行
196167	朝鮮朝日	南鮮版	1930-10-08	1	09단	慶尙北道の酒類品評會
196168	朝鮮朝日	南鮮版	1930-10-08	1	09단	道路損傷の代償を受く自動車會社から
196169	朝鮮朝日	南鮮版	1930-10-08	1	09단	運動界(硬球選手權のシングルス成績)
196170	朝鮮朝日	南鮮版	1930-10-08	1	10단	毆り倒して刺殺す賭博のことから喧嘩を始め
196171	朝鮮朝日	南鮮版	1930-10-08	1	10단	反省せねば無期休校瀍信學校强硬な態度に出る
196172	朝鮮朝日	南鮮版	1930-10-08	1	10단	相撲係と稱し詐欺を働く
196173	朝鮮朝日	南鮮版	1930-10-08	1	10단	强盜傷害の首魁捕まる
196174	朝鮮朝日	南鮮版	1930-10-08	1	10단	人(ロンバード・キー氏一行七名/坂垣只二氏(新任木浦府尹)/大阪府立天王寺男師百八十一名/日本旅行協會一行六十四名/群山有志慶州見學團十七名/全北男師三十一名/香椎源太郎氏(釜山商業會議所會頭))
196175	朝鮮朝日	西北版	1930-10-08	1	01단	わが警察官三名支那兵に射撃され二名卽死し一名は重傷支那間島における珍事/咸北から間島へ警官百名を急派す我警官と支那兵が對峙形勢は刻々として險惡して行く/朝鮮人を捉へ暴行を働くその遣方から見て全く計劃的射撃か/警察官の增員を總督府から外務省に要求す/警官出動準備を總督から咸北道知事に電命/總督府の手で間島を保護警官を移動して

일련번호	판명		간행일	면	단수	기사명
196176	朝鮮朝日	西北版	1930-10-08	1	03단	ピジョン萬能からマコー萬能に不況は嗜好にまで影響を及して行く
196177	朝鮮朝日	西北版	1930-10-08	1	04단	*両軍は戦を前に悠々と英氣を養ふけふ聖旨の傳達行はる九日から始まる師團對抗演習/對抗演習記念スタンプ/相もかはらぬ鮮かな戦術ぶり愛嬌をふりまきつゝ金谷參謀總長北行す*
196178	朝鮮朝日	西北版	1930-10-08	1	05단	粟、馬鈴薯は好成績古橋知事から耳よりな報告
196179	朝鮮朝日	西北版	1930-10-08	1	05단	殖産銀行の幹部級異動
196180	朝鮮朝日	西北版	1930-10-08	1	06단	スポーツ便り(平南警察官の武道大會開かる今年は弓道も加はる/沙里院署射擊會/平鐵軍京城醫專を破る)
196181	朝鮮朝日	西北版	1930-10-08	1	06단	兵隊さんの靴下を編む羅南普通兒童
196182	朝鮮朝日	西北版	1930-10-08	1	07단	俳句/鈴木花蓑選
196183	朝鮮朝日	西北版	1930-10-08	1	07단	他の農作物よりはるかに割がよく實情は評判ほどでない平南道當局の養蠶收支しらべ
196184	朝鮮朝日	西北版	1930-10-08	1	08단	沙里院消防の秋季演習
196185	朝鮮朝日	西北版	1930-10-08	1	08단	大規模な沙防試驗合理的勞銀撒布を行ふため
196186	朝鮮朝日	西北版	1930-10-08	1	09단	機業講習所擴張を行ふ
196187	朝鮮朝日	西北版	1930-10-08	1	09단	今回の低資は非常な福音利下げは六釐となり關係の團體は大喜び
196188	朝鮮朝日	西北版	1930-10-08	1	09단	繭增收祝ひ祝賀飛行機が亂舞し盛大な祝宴も催さる新義州府擧げてのにぎはひ
196189	朝鮮朝日	西北版	1930-10-08	1	10단	『眼と耳の旅』口が利けない(吉川參與官新義州へ)
196190	朝鮮朝日	西北版	1930-10-08	1	10단	朝鮮電興の郊外電化水利組合の動力に力を注ぐ
196191	朝鮮朝日	西北版	1930-10-08	1	10단	義兄の妻を斬る
196192	朝鮮朝日	西北・南鮮版	1930-10-08	2	01단	第三回穀物大會の準備大いに進み淸津はお祭氣分にみつ(山本穀物大會淸州協贊會長/田中忠北穀物組合聯合會長)
196193	朝鮮朝日	西北・南鮮版	1930-10-08	2	02단	十件だけは敗訴となる山田氏から提起した漁網特許權侵害訴訟
196194	朝鮮朝日	西北・南鮮版	1930-10-08	2	02단	九月中全鮮の簡保契約高
196195	朝鮮朝日	西北・南鮮版	1930-10-08	2	03단	釜山の見本市花々しくふたをあける
196196	朝鮮朝日	西北・南鮮版	1930-10-08	2	03단	洛東江上流に架橋を計劃
196197	朝鮮朝日	西北・南鮮版	1930-10-08	2	03단	朝日巡回活寫會

일련번호	판명		간행일	면	단수	기사명
196198	朝鮮朝日	西北・南鮮版	1930-10-08	2	04단	米價及米移出調節を陳情
196199	朝鮮朝日	西北・南鮮版	1930-10-08	2	04단	各地短信(木浦/馬山/平壤)
196200	朝鮮朝日	南鮮版	1930-10-09	1	01단	朝鮮はじめての師團對抗演習 両軍の主力部隊愈よ行動をはじむ南軍頻りに京城を狙ふあらゆる通信交通機關を利用/南軍の飛行機は京城の襲撃を敢行一氣に奪取すべく努むこれに對し北軍は極力防戰する/侍從武官から聖旨傳達南統監に對し/兩宮殿下の御日程
196201	朝鮮朝日	南鮮版	1930-10-09	1	01단	演習觀戰記煙幕をかすめて(1)/兩軍の幹部は額を集めて密議物凄い程の緊張ぶり一般方略のわたされたその日
196202	朝鮮朝日	南鮮版	1930-10-09	1	02단	各道鮮米調節聯合協議會京城において開催し種々の對策をきめる
196203	朝鮮朝日	南鮮版	1930-10-09	1	05단	米濫賣の防止に慶南金組聯合會はのり出す
196204	朝鮮朝日	南鮮版	1930-10-09	1	05단	『産米增殖計劃は永久かはる事なし土地改良事業に努めよ』總督府から各道に通牒を發す/高利の借錢を整理させるため一千萬圓融通する中村土地改良部長談
196205	朝鮮朝日	南鮮版	1930-10-09	1	06단	慶尚合銀の新陳容成る
196206	朝鮮朝日	南鮮版	1930-10-09	1	06단	大邱府協議會
196207	朝鮮朝日	南鮮版	1930-10-09	1	07단	鮮銀もちかく利下を行ふ財界の大勢からみて多くは期待出來ない
196208	朝鮮朝日	南鮮版	1930-10-09	1	07단	必勝を期し猛練習第三回全鮮庭球大會愈迫る
196209	朝鮮朝日	南鮮版	1930-10-09	1	07단	驛員に注意されて紛失に氣がつく貨物方取調べを受く列車內での二萬圓紛失事件
196210	朝鮮朝日	南鮮版	1930-10-09	1	08단	八十近い婆さんが人手をからず八反歩の畑を耕作馬山の中出さと子刀自
196211	朝鮮朝日	南鮮版	1930-10-09	1	09단	拘禁朝鮮人の釋放を承認
196212	朝鮮朝日	南鮮版	1930-10-09	1	10단	慶州新券番の設置はおじゃん
196213	朝鮮朝日	南鮮版	1930-10-09	1	10단	鎮海安興寺の本堂を全燒
196214	朝鮮朝日	南鮮版	1930-10-09	1	10단	渡船顚覆し乘客一名溺死
196215	朝鮮朝日	南鮮版	1930-10-09	1	10단	神宮競技野球抽籤行はる
196216	朝鮮朝日	南鮮版	1930-10-09	1	10단	强盜のため瀕死の重傷
196217	朝鮮朝日	南鮮版	1930-10-09	1	10단	人(伊東二郎丸氏(陸軍政務次官)/原敢二郎中將(鎮海要港部司令官))
196218	朝鮮朝日	西北版	1930-10-09	1	01단	鎮江漫語

일련번호	판명		간행일	면	단수	기사명
196219	朝鮮朝日	西北版	1930-10-09	1	01단	両軍の主力部隊愈よ行動をはじむ南軍頻りに京城を狙ふあらゆる通信交通機關を利用/南軍の飛行機は京城の襲撃を敢行一氣に奪取すべく努むこれに對し北軍は極力防戰する/侍從武官から聖旨傳達南統監に對し
196220	朝鮮朝日	西北版	1930-10-09	1	01단	鮮銀もちかく利下を行ふ財界の大勢からみて多くは期待出来ない
196221	朝鮮朝日	西北版	1930-10-09	1	02단	米價の暴落で海運界閑散
196222	朝鮮朝日	西北版	1930-10-09	1	03단	墳墓に抵觸し於之屯水利幹線水路行惱む
196223	朝鮮朝日	西北版	1930-10-09	1	03단	警官招魂祭
196224	朝鮮朝日	西北版	1930-10-09	1	03단	蠶業講習會新義州で開催
196225	朝鮮朝日	西北版	1930-10-09	1	04단	平北道の産繭四萬五千石視賀會
196226	朝鮮朝日	西北版	1930-10-09	1	04단	演習觀戰記煙幕をかすめて(1)/兩軍の幹部は額を集めて密議物凄い程の緊張ぶり一般方略のわたされたその日
196227	朝鮮朝日	西北版	1930-10-09	1	05단	商賣氣拔きで實習蔬菜を廉賣新義州小學校の催し
196228	朝鮮朝日	西北版	1930-10-09	1	05단	支那軍憲に對抗の意思は全然ない要は邦人保護のため應援隊派遣につき咸北道の聲明
196229	朝鮮朝日	西北版	1930-10-09	1	06단	『産米增殖計劃は永久かはる事なし土地改良事業に努めよ』總督府から各道に通牒を發す/高利の借錢を整理させるため一千萬圓融通する中村土地改良部長談
196230	朝鮮朝日	西北版	1930-10-09	1	07단	畜牛炭疽病撲滅を計劃
196231	朝鮮朝日	西北版	1930-10-09	1	08단	お盆の墓參で平壤の賑ひ
196232	朝鮮朝日	西北版	1930-10-09	1	08단	友人殺しの鬼熊捕はる
196233	朝鮮朝日	西北版	1930-10-09	1	08단	貧困者に施米
196234	朝鮮朝日	西北版	1930-10-09	1	09단	交通地獄から兒童を救ふべく學校や當業者に警告
196235	朝鮮朝日	西北版	1930-10-09	1	09단	袋小路の入口に鐵條網を張り住民の通路を斷つ土地賣買のもつれから地主はつむじをまげる
196236	朝鮮朝日	西北版	1930-10-09	1	10단	自分の血を母に飮ます
196237	朝鮮朝日	西北版	1930-10-09	1	10단	強盜のため瀕死の重傷
196238	朝鮮朝日	西北版	1930-10-09	1	10단	人(原敢二郎中將(鎭海要港部司令官))
196239	朝鮮朝日	西北・南鮮版	1930-10-09	2	01단	經濟コント(出廻期の前進)
196240	朝鮮朝日	西北・南鮮版	1930-10-09	2	01단	三者の意見が夫々異なり仁川花町埋立工事の前途はあやぶまれる

일련번호	판명		간행일	면	단수	기사명
196241	朝鮮朝日	西北・南鮮版	1930-10-09	2	01단	慶南水産漁業資金現在高
196242	朝鮮朝日	西北・南鮮版	1930-10-09	2	01단	酒類品評會京城でひらく
196243	朝鮮朝日	西北・南鮮版	1930-10-09	2	02단	全鮮初等教育研究大會
196244	朝鮮朝日	西北・南鮮版	1930-10-09	2	02단	第十八回朝鮮藥學會總會
196245	朝鮮朝日	西北・南鮮版	1930-10-09	2	02단	懸念なしで工事を繼續仁川花房町埋立
196246	朝鮮朝日	西北・南鮮版	1930-10-09	2	03단	九月末振替貯金
196247	朝鮮朝日	西北・南鮮版	1930-10-09	2	03단	仁川潮湯は營業を休止
196248	朝鮮朝日	西北・南鮮版	1930-10-09	2	03단	第九回南畫展(畫集)
196249	朝鮮朝日	西北・南鮮版	1930-10-09	2	03단	朝日巡回活寫會
196250	朝鮮朝日	西北・南鮮版	1930-10-09	2	04단	各地短信(海州/仁川/淸州)
196251	朝鮮朝日	南鮮版	1930-10-10	1	01단	朝鮮はじめての師團對抗演習　空には飛行機が入りみだれて戰ひ地には裝甲車が走る穰りの京畿平野修羅場と化す師團對抗演習梁川特派員發/援兵が遲れて北軍危險に陷ることを先途と奮戰し援軍到着とゝもに危機を脱す/南軍の奮起に北軍再び退却し彌勒堂附近で對峙す/南軍大いに振ふ北軍夜間攻擊を始め南軍も又各所に逆襲/南軍の飛行隊京城を襲擊/演習の實況を詳細放送實戰を見る感を與ふ
196252	朝鮮朝日	南鮮版	1930-10-10	1	04단	優秀取締船を一隻建造し對州と連絡をとる相澤慶南道水産課長の談
196253	朝鮮朝日	南鮮版	1930-10-10	1	05단	演習觀戰記煙幕をかすめて(2)/南軍戰鬪機が初の手柄を立つ騎兵軍の頑强な抵抗統監部の電話は大車輪の態
196254	朝鮮朝日	南鮮版	1930-10-10	1	06단	刑務所製綿を賣り擴める
196255	朝鮮朝日	南鮮版	1930-10-10	1	06단	專賣局表彰式及慰安會
196256	朝鮮朝日	南鮮版	1930-10-10	1	06단	食ひ繫ぎに繭を賣急ぐ
196257	朝鮮朝日	南鮮版	1930-10-10	1	06단	餘り急いだゝめ不備の點が多く更に案を練りなほす訴願令の實施は多少遲れるか
196258	朝鮮朝日	南鮮版	1930-10-10	1	07단	寫眞說明(慶北慶山郡押梁面獻穀田修祓式)
196259	朝鮮朝日	南鮮版	1930-10-10	1	07단	無盡社員の死體を發見
196260	朝鮮朝日	南鮮版	1930-10-10	1	08단	思想善導の書籍を販賣
196261	朝鮮朝日	南鮮版	1930-10-10	1	08단	失業者の數は殖えて行く
196262	朝鮮朝日	南鮮版	1930-10-10	1	08단	不正賣藥人の跋扈を防ぐため取締規則を制定する
196263	朝鮮朝日	南鮮版	1930-10-10	1	09단	フィルムに引火し釜山寶來館の火事騷ぎ
196264	朝鮮朝日	南鮮版	1930-10-10	1	10단	全鮮金融業者大會

일련번호	판명		간행일	면	단수	기사명
196265	朝鮮朝日	南鮮版	1930-10-10	1	10단	運動界(新宮競技の排籃球番組/硬球選手權シングルス決勝)
196266	朝鮮朝日	南鮮版	1930-10-10	1	10단	五名を殺傷し妻を伴って姿を晦ます
196267	朝鮮朝日	南鮮版	1930-10-10	1	10단	人(忠田大朝販賣部長/鎌田敬四郎氏(大阪朝日門司支局長)/脇谷洋次郎博士(本府水産試驗場長)/松山常次郎代議士/中山貞雄代議士/氏家清代議士/槇藤哲藏氏(釜山西本願寺別院輪番))
196268	朝鮮朝日	西北版	1930-10-10	1	01단	鎭江漫語
196269	朝鮮朝日	西北版	1930-10-10	1	01단	*朝鮮はじめての師團對抗演習 空には飛行機が入りみだれて戰ひ地には裝甲車が走る穫りの京畿平野修羅場と化す師團對抗演習梁川特派員發/援兵が遅れて北軍危險に陷るこゝを先途と奮戰し援軍到着とゝもに危機を脱す/南軍の奮起に北軍再び退却し彌勒堂附近で對峙す/南軍大いに振ふ北軍夜間攻擊を始め南軍も又各所に逆襲*
196270	朝鮮朝日	西北版	1930-10-10	1	05단	傳染病發生は頗る少ない成績のよい平壤
196271	朝鮮朝日	西北版	1930-10-10	1	05단	鳳山郡廳は袋の鼠入り口は他人の所有のため
196272	朝鮮朝日	西北版	1930-10-10	1	05단	演習觀戰記煙幕をかすめて(2)/南軍戰鬪機が初の手柄を立つ騎兵軍の頑強な抵抗統監部の電話は大車輪の態
196273	朝鮮朝日	西北版	1930-10-10	1	06단	元山漁港の設備を要望朝鮮人府民大會を開いて期成會の組織を決議
196274	朝鮮朝日	西北版	1930-10-10	1	06단	數だけ多くて一向金にならぬ淸津地方の魚油と豆
196275	朝鮮朝日	西北版	1930-10-10	1	07단	初等學校敎員試驗
196276	朝鮮朝日	西北版	1930-10-10	1	07단	米增收は却って水利組合には不利組合費の徵收は困難で經營は愈よ苦しくなって行く
196277	朝鮮朝日	西北版	1930-10-10	1	08단	道路開通と自動車運轉
196278	朝鮮朝日	西北版	1930-10-10	1	08단	邦語獨唱の夕べ
196279	朝鮮朝日	西北版	1930-10-10	1	09단	藝妓自殺を企つ
196280	朝鮮朝日	西北版	1930-10-10	1	09단	全鮮穀物商大會淸州において開かる出席者四百名で盛會を極む
196281	朝鮮朝日	西北版	1930-10-10	1	09단	*取敢ず嚴重に抗議して置いた賠償要求はあとから岡田間島總領事の談/殉職警官の葬儀きまる*

일련번호	판명		간행일	면	단수	기사명
196282	朝鮮朝日	西北版	1930-10-10	1	10단	平壤の仲秋を飾る內外比較展國產品愛用のため
196283	朝鮮朝日	西北版	1930-10-10	1	10단	もよほし(平壤無盡會社落成式)
196284	朝鮮朝日	西北・南鮮版	1930-10-10	2	01단	各地短信(平壤/元山/咸興/裡里/仁川)
196285	朝鮮朝日	西北・南鮮版	1930-10-10	2	01단	朝鮮の養鷄は好いほうだ企業價値を十分構成小曾戶慶北道技師の調査
196286	朝鮮朝日	西北・南鮮版	1930-10-10	2	01단	自動車賃を引下げ車體數を增す
196287	朝鮮朝日	西北・南鮮版	1930-10-10	2	01단	全鮮高普校長會議
196288	朝鮮朝日	西北・南鮮版	1930-10-10	2	02단	鰯工船笠戶丸好調に向ふ
196289	朝鮮朝日	西北・南鮮版	1930-10-10	2	02단	社會事業には一層力を入れる公益質屋及び託兒所副業奬勵など行ふ
196290	朝鮮朝日	西北・南鮮版	1930-10-10	2	03단	鳳翔生薑の組合を組織
196291	朝鮮朝日	西北・南鮮版	1930-10-10	2	03단	朝日巡回活寫會
196292	朝鮮朝日	西北・南鮮版	1930-10-10	2	04단	鎭南浦商議の臨時評議會
196293	朝鮮朝日	西北・南鮮版	1930-10-10	2	04단	米價維持を要路に懇請
196294	朝鮮朝日	南鮮版	1930-10-11	1	01단	濃霧たちこめて展望が利かぬため兩軍指揮に困難を來す拂曉安養里附近で戰を交ふ師團對抗演習梁川井塚兩特派員發/毒ガスを發散して敵の追擊を妨ぐ北軍利あらず退却し南軍の追擊急速度をくはへる/南軍の行動を手にとるごとく北軍の飛行機が偵察南軍京城爆擊を計劃/二個大隊鐵道輸送北軍の救助に當らしむ/聽音機や照明燈高射砲等で敵機襲來を防ぐ/演習慰勞園遊會
196295	朝鮮朝日	南鮮版	1930-10-11	1	04단	『本府と慶南に交涉すべし』漁業拂下條件陳情に李鍵公家つっぱなす
196296	朝鮮朝日	南鮮版	1930-10-11	1	05단	穀物大會終了す各地提出議案廿一件を可決
196297	朝鮮朝日	南鮮版	1930-10-11	1	05단	硬質陶器の不安去る被解雇職工の見切りにより
196298	朝鮮朝日	南鮮版	1930-10-11	1	06단	城壁見取圖入りの扁額を寄贈大邱府には得難い珍品
196299	朝鮮朝日	南鮮版	1930-10-11	1	06단	少年刑務所更に一箇所增す
196300	朝鮮朝日	南鮮版	1930-10-11	1	06단	鮮產品愛用の警鐘刑務所內からなり響く紡績苧布・擬麻布・西洋紙・ガーゼ脫脂綿・繃帶を製造して賣出す
196301	朝鮮朝日	南鮮版	1930-10-11	1	06단	演習觀戰記煙幕をかすめて(3)/南軍の煙幕は霧の深さを加ふ痛ましい廢兵の觀戰彈丸數の少ないのをこぼす

일련번호	판명		간행일	면	단수	기사명
196302	朝鮮朝日	南鮮版	1930-10-11	1	07단	暗い農村から明るい農村へ盛んになった養鷄京畿道の鷄卵だけでもすばらしい高にのぼる
196303	朝鮮朝日	南鮮版	1930-10-11	1	08단	犯人は意外の方面から現はれる模樣
196304	朝鮮朝日	南鮮版	1930-10-11	1	09단	一川式反對漸く解決補償金を與へ未墾地を貸與
196305	朝鮮朝日	南鮮版	1930-10-11	1	10단	釜山の火事
196306	朝鮮朝日	南鮮版	1930-10-11	1	10단	木浦の火事五戸を全燒す
196307	朝鮮朝日	南鮮版	1930-10-11	1	10단	元山の火事
196308	朝鮮朝日	南鮮版	1930-10-11	1	10단	土沙くづれて四名死傷す
196309	朝鮮朝日	南鮮版	1930-10-11	1	10단	運動界(龍中快勝)
196310	朝鮮朝日	南鮮版	1930-10-11	1	10단	もよほし(都山流尺八演奏大會/優勝旗爭奪射擊大會)
196311	朝鮮朝日	西北版	1930-10-11	1	01단	鎭江漫語
196312	朝鮮朝日	西北版	1930-10-11	1	01단	濃霧たちこめて展望が利かぬため兩軍指揮に困難を來す拂曉安養里附近で戰を交ふ師團對抗演習梁川井塚兩特派員發/毒ガスを發散して敵の追擊を妨ぐ北軍利あらず退却し南軍の追擊急速度をくはへる/南軍の行動を手にとるごとく北軍の飛行機が偵察南軍京城爆擊を計劃/二個大隊鐵道輸送北軍の救助に當らしむ/聽音機や照明燈高射砲等で敵機襲來を防ぐ
196313	朝鮮朝日	西北版	1930-10-11	1	05단	演習觀戰記煙幕をかすめて(3)/南軍の煙幕は霧の深さを加ふ痛ましい廢兵の觀戰彈丸數の少ないのをこぼす
196314	朝鮮朝日	西北版	1930-10-11	1	05단	穀物大會終了す各地提出議案廿一件を可決
196315	朝鮮朝日	西北版	1930-10-11	1	06단	樂隊を先頭に示威行進をなす保安警察隊の應援に支那側陸軍活氣づく
196316	朝鮮朝日	西北版	1930-10-11	1	06단	牛肉屋さんが悲鳴をあげ新義州警察に泣つく自家用牛肉輸入許可のため
196317	朝鮮朝日	西北版	1930-10-11	1	06단	お茶のあと
196318	朝鮮朝日	西北版	1930-10-11	1	07단	鐵條網事件圓滿に解決
196319	朝鮮朝日	西北版	1930-10-11	1	07단	安東の製材工場合同の機運に傾く苦境きりぬけ策として滿鐵と銀行團の盡力如何で實現
196320	朝鮮朝日	西北版	1930-10-11	1	08단	軍教の査閱
196321	朝鮮朝日	西北版	1930-10-11	1	08단	咸興府の協議會員選擧

일련번호	판명		간행일	면	단수	기사명
196322	朝鮮朝日	西北版	1930-10-11	1	08단	酒屋だけは値下げせぬ
196323	朝鮮朝日	西北版	1930-10-11	1	08단	學校の處置に不滿を抱きストライキを劃策す
196324	朝鮮朝日	西北版	1930-10-11	1	09단	化學工業研究所機業講習所を改稱し明年から事業を開始研究の傍徒弟も養成する
196325	朝鮮朝日	西北版	1930-10-11	1	09단	千葉氏の講演感動を與ふ
196326	朝鮮朝日	西北版	1930-10-11	1	10단	城壁見取圖入りの扁額を寄贈大邱府には得難い珍品
196327	朝鮮朝日	西北版	1930-10-11	1	10단	黃海道小學校教員研究會
196328	朝鮮朝日	西北版	1930-10-11	1	10단	元山の火事
196329	朝鮮朝日	西北版	1930-10-11	1	10단	豚コレラ又も發生
196330	朝鮮朝日	西北版	1930-10-11	1	10단	全新義州と平鐵の試合
196331	朝鮮朝日	西北版	1930-10-11	1	10단	もよほし(優勝旗爭奪射擊大會)
196332	朝鮮朝日	西北・南鮮版	1930-10-11	2	01단	經濟界の今日(朝郵の決算/運送界多事/商工會議所)
196333	朝鮮朝日	西北・南鮮版	1930-10-11	2	01단	多角的農業に方向を轉換稻作偏重主義を棄て全北道の新しい傾向
196334	朝鮮朝日	西北・南鮮版	1930-10-11	2	01단	水利組合の經營は困難
196335	朝鮮朝日	西北・南鮮版	1930-10-11	2	01단	運送店の新規開業續出し既設の店をなやます
196336	朝鮮朝日	西北・南鮮版	1930-10-11	2	02단	全鮮八ヶ府の勞銀しらべ
196337	朝鮮朝日	西北・南鮮版	1930-10-11	2	02단	大連汽船がプール加盟
196338	朝鮮朝日	西北・南鮮版	1930-10-11	2	03단	各地短信(大邱/咸興/鎭海/平壤)
196339	朝鮮朝日	西北・南鮮版	1930-10-11	2	03단	第三回朝鮮學生馬術大會
196340	朝鮮朝日	西北・南鮮版	1930-10-11	2	03단	朝日巡回活寫會
196341	朝鮮朝日	西北版	1930-10-12	1	01단	煙幕にかくれて南軍漢江をわたる激戰二時間におよぶ三日間に亘る演習無事終了　師團對抗演習梁川・井塚兩特派員發/觀兵式はけふ擧行精銳一萬八千名參加し壯烈なる一大分列式を擧行する/演習の終了を畏き邊りに奏上統監から講評を行ふ
196342	朝鮮朝日	西北版	1930-10-12	1	04단	鳩山農場は經營困難遂に窮狀を怨へ救濟を願ふ
196343	朝鮮朝日	西北版	1930-10-12	1	04단	演習觀戰記煙幕をかすめて(4)/漢江の泥土に勇士も惱まさる人生哲學は結局煙か盲學生も演習場に出かける
196344	朝鮮朝日	西北版	1930-10-12	1	05단	鎭江漫語

일련번호	판명		간행일	면	단수	기사명
196345	朝鮮朝日	西北版	1930-10-12	1	05단	鮮銀利下げ標準各一釐方引下げ十一日實施の旨發表
196346	朝鮮朝日	西北版	1930-10-12	1	05단	成川栗品評會
196347	朝鮮朝日	西北版	1930-10-12	1	05단	韓黃海知事巡視
196348	朝鮮朝日	西北版	1930-10-12	1	05단	バス經營の參考資料調査
196349	朝鮮朝日	西北版	1930-10-12	1	06단	漁船建造の補助金出願者激減でもて餘しの形
196350	朝鮮朝日	西北版	1930-10-12	1	06단	今度は貯水池で鱒を養殖するまづ試驗をやって成績次第で廣く及ぼす
196351	朝鮮朝日	西北版	1930-10-12	1	07단	犯罪搜査方針變る姑息なやり方を廢止し警官の教養をうんと向上して總て科學的方法によって行ふ
196352	朝鮮朝日	西北版	1930-10-12	1	08단	第二人道橋の架設を要望位置は大同門の附近平壤舊市街民により叫ばる
196353	朝鮮朝日	西北版	1930-10-12	1	08단	ゴム加工品密輸出逐年多くなる
196354	朝鮮朝日	西北版	1930-10-12	1	08단	市場を交互に開設で解決
196355	朝鮮朝日	西北版	1930-10-12	1	09단	重傷を負はせ所持金強奪
196356	朝鮮朝日	西北版	1930-10-12	1	09단	武裝朝鮮人が書類を燒き不穩ビラをまき散す鮮支人不穩行動頻發/豫備警官隊は鐘城に駐屯
196357	朝鮮朝日	西北版	1930-10-12	1	10단	成績のよいマラリヤ治療
196358	朝鮮朝日	西北版	1930-10-12	1	10단	請負師が嫂を射殺亂醉のあげく
196359	朝鮮朝日	西北版	1930-10-12	1	10단	極寒地で耐寒飛行新義州或は羅南で擧行
196360	朝鮮朝日	西北版	1930-10-12	1	10단	貧困者のため無料で診療
196361	朝鮮朝日	西北・南鮮版	1930-10-12	2	01단	經濟界の今日(叺聯合會組織/蠶業振興大會/米穀倉庫創立)
196362	朝鮮朝日	西北・南鮮版	1930-10-12	2	01단	中小商工業者救濟のため團體に資金を貸付る平南道産業課の計劃
196363	朝鮮朝日	西北・南鮮版	1930-10-12	2	01단	民間倉庫を借上げ米を貯藏する
196364	朝鮮朝日	西北・南鮮版	1930-10-12	2	01단	洋畫日本畫の展覽會開催
196365	朝鮮朝日	西北・南鮮版	1930-10-12	2	02단	水産品檢査成績
196366	朝鮮朝日	西北・南鮮版	1930-10-12	2	02단	寺刹經營講習會三ヶ寺で開催
196367	朝鮮朝日	西北・南鮮版	1930-10-12	2	02단	谷慶南道知事統營を巡視
196368	朝鮮朝日	西北・南鮮版	1930-10-12	2	03단	商業學校長會議と諮問
196369	朝鮮朝日	西北・南鮮版	1930-10-12	2	03단	鬱陵島方面の秋烏賊豊漁
196370	朝鮮朝日	西北・南鮮版	1930-10-12	2	03단	朝日巡回活寫會
196371	朝鮮朝日	西北・南鮮版	1930-10-12	2	04단	各地短信(浦項/春川/江界/大邱)
196372	朝鮮朝日	南鮮版	1930-10-14	1	01단	オールゴール(不況の因果關係/プロ階級の鷹狩)

일련번호	판명		간행일	면	단수	기사명
196373	朝鮮朝日	南鮮版	1930-10-14	1	01단	對內地貿易は薩張り振はぬ嗜好品にまで影響して愈よ經濟的に榮養不良に陷る
196374	朝鮮朝日	南鮮版	1930-10-14	1	01단	十二日龍山練兵場で擧行した觀兵式
196375	朝鮮朝日	南鮮版	1930-10-14	1	04단	硬球を皮切りに神宮競技はじまる出場者約二千名に上り半島スポーツ界の隆盛を示す/釜山鐵道優勝す洗練されたゲームでフアンを熱狂せしむ本社優勝旗爭奪の庭球大會
196376	朝鮮朝日	南鮮版	1930-10-14	1	05단	仁川は單獨に鮮航會と協定か米穀運賃改正交涉は總括的には出來ない
196377	朝鮮朝日	南鮮版	1930-10-14	1	05단	副業を獎勵し小作人の借金整理をさせる
196378	朝鮮朝日	南鮮版	1930-10-14	1	05단	歐米のそれに比しまづ遜色のない釜山の跳開式渡津橋近く架橋現場の實地調査を行ふ
196379	朝鮮朝日	南鮮版	1930-10-14	1	06단	演習當込も宣傳倒れ鐵道も料理屋もあてはづれ
196380	朝鮮朝日	南鮮版	1930-10-14	1	07단	自動車兒童を轢く
196381	朝鮮朝日	南鮮版	1930-10-14	1	07단	釜山川崎家のお目出度
196382	朝鮮朝日	南鮮版	1930-10-14	1	08단	山本氏に一切架橋工事を一任宮崎府尹は近く出城本府と打合をとげる
196383	朝鮮朝日	南鮮版	1930-10-14	1	10단	龍頭山神社の秋季大祭三日間釜山府を擧げて賑ふ
196384	朝鮮朝日	南鮮版	1930-10-14	1	10단	京城神社の大祭
196385	朝鮮朝日	南鮮版	1930-10-14	1	10단	鬱陵島の沿岸突風に見舞はる
196386	朝鮮朝日	南鮮版	1930-10-14	1	10단	人(梨本宮守正王殿下/白川義則大將/ベー氏夫妻(駐日トルコ大使)/宮尾東拓總裁/根津嘉一郎氏(南朝鮮鐵道社長)/別府丑太郎氏(同社專務)/三浦川崎汽船常務/蓮沼侍從武官)
196387	朝鮮朝日	西北版	1930-10-14	1	01단	鎭江漫語
196388	朝鮮朝日	西北版	1930-10-14	1	01단	十二日龍山練兵場で擧行した觀兵式
196389	朝鮮朝日	西北版	1930-10-14	1	01단	儒教的精神に新味をくはへ青年の思想を善導する咸北孔子廟關係者の合同を計劃
196390	朝鮮朝日	西北版	1930-10-14	1	02단	北青商工協會産聲をあぐ
196391	朝鮮朝日	西北版	1930-10-14	1	03단	日本警官の應援を重大視し善後策を協議する
196392	朝鮮朝日	西北版	1930-10-14	1	04단	新設商業校臨時費一萬六千圓の寄附金を募集
196393	朝鮮朝日	西北版	1930-10-14	1	04단	滿浦鎭線の測量班出發

일련번호	판명		간행일	면	단수	기사명
196394	朝鮮朝日	西北版	1930-10-14	1	04단	産婆看護婦試驗合格者
196395	朝鮮朝日	西北版	1930-10-14	1	04단	大型漁船時代來る漁場が遠くなったのと油の暴落を數でこなす算盤戡定から小漁業家は何處へ行く
196396	朝鮮朝日	西北版	1930-10-14	1	05단	鴨綠江の水が減り流筏が意の如くならぬ卅五萬尺締奧地で足止を喰ひさすがの營林署もへこたれる
196397	朝鮮朝日	西北版	1930-10-14	1	05단	上水の擴張に頭を惱ます行政區域の擴張から平壤の人口ふくれる
196398	朝鮮朝日	西北版	1930-10-14	1	05단	水利組合費の負擔が輕くそれに米の大豊作で平北當局ほくそ笑む
196399	朝鮮朝日	西北版	1930-10-14	1	06단	硬球を皮切りに神宮競技はじまる出場者約二千名に上り半島スポーツ界の隆盛を示す
196400	朝鮮朝日	西北版	1930-10-14	1	07단	料理屋口錢の値下を行ふ平壤箕城券番
196401	朝鮮朝日	西北版	1930-10-14	1	07단	辭令
196402	朝鮮朝日	西北版	1930-10-14	1	08단	對岸各地に馬賊出沒討伐隊と交戰
196403	朝鮮朝日	西北版	1930-10-14	1	08단	新義州の肉屋浮みあがる
196404	朝鮮朝日	西北版	1930-10-14	1	09단	車輛稅輕減を當局に要望平壤商業會議所から
196405	朝鮮朝日	西北版	1930-10-14	1	10단	巡查を毆り警察を逃出す
196406	朝鮮朝日	西北版	1930-10-14	1	10단	平壤の火事
196407	朝鮮朝日	西北版	1930-10-14	1	10단	平壤の初霜
196408	朝鮮朝日	西北版	1930-10-14	1	10단	平壤府內にチフス發生
196409	朝鮮朝日	西北版	1930-10-14	1	10단	人(穗積朝鮮總督府外事課長、神田正雄(前代護士)/井上幾太郎大將)
196410	朝鮮朝日	西北・南鮮版	1930-10-14	2	01단	藝娼妓の待遇を根本的に改善する當業者も道當局の方針に從ふ咸北道警察部の大英斷
196411	朝鮮朝日	西北・南鮮版	1930-10-14	2	01단	京山線促進の三郡聯合郡民大會城津において開催し具體的運動方法などを決議
196412	朝鮮朝日	西北・南鮮版	1930-10-14	2	01단	寫眞說明(九日淸州において開催された全鮮穀物大會と有賀會長の開會の辭
196413	朝鮮朝日	西北・南鮮版	1930-10-14	2	02단	軍用鳩遠距離通信演習新義州守備隊でやる/犯人捜査に傳書鳩利用
196414	朝鮮朝日	西北・南鮮版	1930-10-14	2	03단	常任委員を選定し錦江水利組合の誕生に努む
196415	朝鮮朝日	西北・南鮮版	1930-10-14	2	03단	結氷期が迫り工事を中止明春から本腰にやる平元鐵道の第十工區

일련번호	판명		간행일	면	단수	기사명
196416	朝鮮朝日	西北・南鮮版	1930-10-14	2	03단	龍頭山神社に府民が集り一大運動を行ふ
196417	朝鮮朝日	西北・南鮮版	1930-10-14	2	04단	各地短信(鎭南浦/平壤/群山/公州/元山)
196418	朝鮮朝日	西北・南鮮版	1930-10-14	2	04단	編組紐の指導を行ふ
196419	朝鮮朝日	西北・南鮮版	1930-10-14	2	04단	慶南に割當の低資融通額四十八萬餘圓
196420	朝鮮朝日	西北・南鮮版	1930-10-14	2	05단	鳴物入りで大宣傳慶北道の備荒貯蓄組合
196421	朝鮮朝日	西北・南鮮版	1930-10-14	2	05단	信川水利組合評議員決定
196422	朝鮮朝日	西北・南鮮版	1930-10-14	2	05단	內地が安くて朝鮮は高い蟹罐詰の値段につき米國から照會きたる
196423	朝鮮朝日	西北・南鮮版	1930-10-14	2	06단	朝日巡回活寫會
196424	朝鮮朝日	西北・南鮮版	1930-10-14	2	06단	土性調査計劃大體きまる
196425	朝鮮朝日	西北・南鮮版	1930-10-14	2	07단	鎭南浦にとり有利となる米穀汽船運賃
196426	朝鮮朝日	西北・南鮮版	1930-10-14	2	07단	淺蜊貝採取の制限を協議
196427	朝鮮朝日	西北・南鮮版	1930-10-14	2	07단	成績のよい新興鐵道會社
196428	朝鮮朝日	南鮮版	1930-10-15	1	01단	オールゴール(參謀の不信任/耳と眼の保養)
196429	朝鮮朝日	南鮮版	1930-10-15	1	01단	間島大暴動事件の罪狀愈よ明白となり三十七名を豫審に附す朝鮮共産黨最初のテロリズム/間島のあらゆる機關の破壞を行ひ共産機關の設置を劃策持場々々を定めて武器を配布/重要な機關の放火破壞を敢行包圍警官隊に發砲し首魁その他死傷者を出す
196430	朝鮮朝日	南鮮版	1930-10-15	1	05단	米價の暴落で自棄になり職業指導教育を嫌ふ京畿道の普通校兒童
196431	朝鮮朝日	南鮮版	1930-10-15	1	05단	朝鮮記念物法を制令として公布し記念物の保護に努める愈よ近く政府の審議を求める/微溫的ながら保存に着手するまづ明年度の豫算に經費三萬圓を要求す/現行法の不備を十分考慮した李宗敎課長談
196432	朝鮮朝日	南鮮版	1930-10-15	1	05단	朝鮮神宮に勅使を御差遣相成る
196433	朝鮮朝日	南鮮版	1930-10-15	1	07단	俳句/鈴木花蓑選
196434	朝鮮朝日	南鮮版	1930-10-15	1	08단	中初等學校敎鞭物展觀
196435	朝鮮朝日	南鮮版	1930-10-15	1	08단	演習參加部隊歸途につく
196436	朝鮮朝日	南鮮版	1930-10-15	1	08단	鰯締粕水産組合を組織
196437	朝鮮朝日	南鮮版	1930-10-15	1	08단	內地の軍馬と變らない朝鮮生れの馬
196438	朝鮮朝日	南鮮版	1930-10-15	1	08단	學級の增加や增築は困難釜山府の明年度豫算
196439	朝鮮朝日	南鮮版	1930-10-15	1	09단	群山の競馬

일련번호	판명		간행일	면	단수	기사명
196440	朝鮮朝日	南鮮版	1930-10-15	1	09단	水稻多收競作會
196441	朝鮮朝日	南鮮版	1930-10-15	1	09단	モヒ密輸の首魁を逮捕
196442	朝鮮朝日	南鮮版	1930-10-15	1	10단	大邱署活動祕密結社暴露か
196443	朝鮮朝日	南鮮版	1930-10-15	1	10단	南鮮弓術大會
196444	朝鮮朝日	南鮮版	1930-10-15	1	10단	奇怪な盜難列車內で六千八百圓盜まる
196445	朝鮮朝日	南鮮版	1930-10-15	1	10단	平南の豚コレラ
196446	朝鮮朝日	南鮮版	1930-10-15	1	10단	人(原田棟一郎氏(本社主幹)/本田正復子(掌典次長)/畑俊六少將(參謀本部第一部長)/杉原美代太郎少將(陸軍科學研究所部長)/運沼侍從武官/沖直道少將(參謀本部第二部長)/久村參謀本部第二部長/廣島電信部隊一行)
196447	朝鮮朝日	西北版	1930-10-15	1	01단	間島大暴動事件の罪狀愈よ明白となり三十七名を豫審に附す朝鮮共産黨最初のテロリズム/間島のあらゆる機關の破壞を行ひ共産機關の設置を劃策持場々々を定めて武器を配布/重要な機關の放火破壞を敢行包圍警官隊に發砲し首魁その他死傷者を出す
196448	朝鮮朝日	西北版	1930-10-15	1	04단	警官の急派を要望長文電報を要路に發す間島、琿春三十三ケ所の內鮮人居留民聯合大會の決議により/內鮮の警官を間島に駐在させ治安の維持に努める
196449	朝鮮朝日	西北版	1930-10-15	1	04단	朝鮮人の慘殺死體四、五十個を發見共産黨事件に關聯し支那軍憲に血祭にあげられたか
196450	朝鮮朝日	西北版	1930-10-15	1	05단	朝鮮記念物法を制令として公布し記念物の保護に努める愈よ近く政府の審議を求める/微溫的ながら保存に着手するまづ明年度の豫算に經費三萬圓を要求す/現行法の不備を十分考慮した李宗教課長談
196451	朝鮮朝日	西北版	1930-10-15	1	07단	咸興府制祝賀會秋祭りをかねて盛大に擧行
196452	朝鮮朝日	西北版	1930-10-15	1	07단	甘藷の栽培成功を收む
196453	朝鮮朝日	西北版	1930-10-15	1	07단	俳句/鈴木花蓑選
196454	朝鮮朝日	西北版	1930-10-15	1	07단	電氣會社を創立
196455	朝鮮朝日	西北版	1930-10-15	1	07단	煙草の代りに藥草を用ふ
196456	朝鮮朝日	西北版	1930-10-15	1	07단	咸興炭の値下げ
196457	朝鮮朝日	西北版	1930-10-15	1	08단	雹害農民を間接に救濟

일련번호	판명		간행일	면	단수	기사명
196458	朝鮮朝日	西北版	1930-10-15	1	08단	ビートの作柄がよい
196459	朝鮮朝日	西北版	1930-10-15	1	08단	家内工業の經營合理化
196460	朝鮮朝日	西北版	1930-10-15	1	08단	平壤警察署が門燈取付を奬勵夜の市街美をたもち犯罪捜査の見地から
196461	朝鮮朝日	西北版	1930-10-15	1	09단	平壤の共同墓地長山の山林を買收し年內に設備を整へる
196462	朝鮮朝日	西北版	1930-10-15	1	10단	郷軍平壤分會の射撃會
196463	朝鮮朝日	西北版	1930-10-15	1	10단	貧少年を救うた感ずべき巡査
196464	朝鮮朝日	西北版	1930-10-15	1	10단	栗原氏の名譽毀損事件判決
196465	朝鮮朝日	西北版	1930-10-15	1	10단	平南の豚コレラ
196466	朝鮮朝日	西北版	1930-10-15	1	10단	奇怪な盜難列車內で六千八百圓盗まる
196467	朝鮮朝日	西北・南鮮版	1930-10-15	2	01단	經濟界の今日(全鮮商議總會/鮮航會の運賃)
196468	朝鮮朝日	西北・南鮮版	1930-10-15	2	01단	東萊溫泉場と背後の金井山をとり入れ一大公園の造營を計劃四時の浴客を誘致するために
196469	朝鮮朝日	西北・南鮮版	1930-10-15	2	01단	經費は少なく調査は困難明年度は廿萬圓を要求する北鮮地方の農事調査
196470	朝鮮朝日	西北・南鮮版	1930-10-15	2	01단	農倉設置の場所決定殘りの四ヶ所
196471	朝鮮朝日	西北・南鮮版	1930-10-15	2	01단	全羅南道側の態度に憤る海女入漁問題で
196472	朝鮮朝日	西北・南鮮版	1930-10-15	2	02단	漁業に傳書鳩使用を計劃
196473	朝鮮朝日	西北・南鮮版	1930-10-15	2	03단	帝展入選者
196474	朝鮮朝日	西北・南鮮版	1930-10-15	2	03단	朝日巡回活寫會
196475	朝鮮朝日	西北・南鮮版	1930-10-15	2	04단	三越新築工事ちかく落成する
196476	朝鮮朝日	西北・南鮮版	1930-10-15	2	04단	各地短信(光州/清州/三ヶ浦)
196477	朝鮮朝日	南鮮版	1930-10-16	1	01단	オールゴール(ちと贅澤だ/液體の彈丸)
196478	朝鮮朝日	南鮮版	1930-10-16	1	01단	天人共に許さぬ支那側の惡虐無道二目と見られぬ腐爛死體敦化縣の朝鮮人慘殺後報
196479	朝鮮朝日	南鮮版	1930-10-16	1	01단	洛東江改修河川敷買收は圓滿解決し一段落直ちに實地調査開始
196480	朝鮮朝日	南鮮版	1930-10-16	1	01단	米穀法改正が論議されん愈二十日開催される全鮮農業者大會で
196481	朝鮮朝日	南鮮版	1930-10-16	1	03단	安康の堤防に楮を植ゑる收益は水利稅に
196482	朝鮮朝日	南鮮版	1930-10-16	1	03단	DKの鮮語講座で試驗に合格
196483	朝鮮朝日	南鮮版	1930-10-16	1	04단	面營木材市場で裡里面に贊否兩論あらはる

일련번호	판명		간행일	면	단수	기사명
196484	朝鮮朝日	南鮮版	1930-10-16	1	04단	同業の不祥續發で辯護士團憤起大會を開き檢事の措置調査同業者の品位向上に努む
196485	朝鮮朝日	南鮮版	1930-10-16	1	05단	營業稅半減は實際的には至難商議聯合會の決議に對する本府財務當局の意見
196486	朝鮮朝日	南鮮版	1930-10-16	1	05단	朝鮮神宮大祭勅使本多正復子
196487	朝鮮朝日	南鮮版	1930-10-16	1	05단	慶南道內の傳染病前年より減少
196488	朝鮮朝日	南鮮版	1930-10-16	1	05단	一家五名の國調洩れ釜山で發見
196489	朝鮮朝日	南鮮版	1930-10-16	1	06단	英艦フ號入港
196490	朝鮮朝日	南鮮版	1930-10-16	1	06단	第一回全南陸上競技大會優勝旗は木浦校へ
196491	朝鮮朝日	南鮮版	1930-10-16	1	07단	發動機船難破し一名は溺死
196492	朝鮮朝日	南鮮版	1930-10-16	1	07단	五十錢を强要し短刀で立廻り
196493	朝鮮朝日	南鮮版	1930-10-16	1	08단	朝鮮神宮競技
196494	朝鮮朝日	南鮮版	1930-10-16	1	08단	燃料節約の研究會代用燃料獎勵
196495	朝鮮朝日	南鮮版	1930-10-16	1	08단	內海家の持株讓渡で府民の態度惡化移轉派の策動と睨み近く府民大會を開く
196496	朝鮮朝日	南鮮版	1930-10-16	1	09단	藝妓おせんに懲役十月の求刑
196497	朝鮮朝日	南鮮版	1930-10-16	1	09단	密航勞働者を脅迫の船長らにそれぞれ懲役を求刑
196498	朝鮮朝日	南鮮版	1930-10-16	1	10단	もよほし(刑務所記念式/書畫展覽會)
196499	朝鮮朝日	南鮮版	1930-10-16	1	10단	人(金谷參謀總長/澤田東拓理事/朴重陽氏(中樞院參議)/齋藤吾吉氏(朝鮮商工新聞社長)/原田棟一郎氏(朝日新聞社主幹)/中尾國太郎氏(同上販賣部次長)/塚崎直義氏(東京辯護士會長)/岡田間島總領事/古莊少將)
196500	朝鮮朝日	西北版	1930-10-16	1	01단	鎭江漫語
196501	朝鮮朝日	西北版	1930-10-16	1	01단	水利組合費用の猶豫方を陳情米價暴落の影響を受け平南美林水利組合員悲鳴をあぐ
196502	朝鮮朝日	西北版	1930-10-16	1	01단	國産品愛用の精神を十分鼓吹每日大入りつづきの內外比較展と平壤生産品展
196503	朝鮮朝日	西北版	1930-10-16	1	01단	新義州學組の所有地賣却
196504	朝鮮朝日	西北版	1930-10-16	1	01단	簡易上水道
196505	朝鮮朝日	西北版	1930-10-16	1	02단	女子機業補習科碧潼郡普通校に設置を計劃
196506	朝鮮朝日	西北版	1930-10-16	1	02단	佐藤安東高女敎諭帝展に入選す
196507	朝鮮朝日	西北版	1930-10-16	1	03단	咸興商工會の正副會長辭任す

일련번호	판명		간행일	면	단수	기사명
196508	朝鮮朝日	西北版	1930-10-16	1	03단	初等校兒童の寄生蟲驅除
196509	朝鮮朝日	西北版	1930-10-16	1	04단	高女の新築はいつでも出來る上水擴張も悲觀すべきでない新義州府の新規事業
196510	朝鮮朝日	西北版	1930-10-16	1	05단	存外ひどい平南道平原郡の雹害免稅申請郡廳に殺到
196511	朝鮮朝日	西北版	1930-10-16	1	05단	米穀法改正が論議されん愈二十日開催される全鮮農業者大會で
196512	朝鮮朝日	西北版	1930-10-16	1	05단	印紙を賣捌き費用を捻出乞食保護費に困る平壤警察署の計劃
196513	朝鮮朝日	西北版	1930-10-16	1	06단	官選道評議の下馬評高し
196514	朝鮮朝日	西北版	1930-10-16	1	06단	大仕掛な叺組合平南江西郡で組織する
196515	朝鮮朝日	西北版	1930-10-16	1	07단	朝鮮神宮大祭勅使本田正復子
196516	朝鮮朝日	西北版	1930-10-16	1	07단	府制實施記念府民運動會
196517	朝鮮朝日	西北版	1930-10-16	1	07단	天人共に許さぬ支那側の惡虐無道二目と見られぬ腐爛死體敦化縣の朝鮮人慘殺後報
196518	朝鮮朝日	西北版	1930-10-16	1	07단	燃料節約の研究會代用燃料獎勵
196519	朝鮮朝日	西北版	1930-10-16	1	08단	ツリ錢詐欺
196520	朝鮮朝日	西北版	1930-10-16	1	08단	營業稅半減は實際的には至難商議聯合會の決議に對する本府財務當局の意見
196521	朝鮮朝日	西北版	1930-10-16	1	08단	咸北も豊作飢饉野積の他ない
196522	朝鮮朝日	西北版	1930-10-16	1	09단	平壤の捨子
196523	朝鮮朝日	西北版	1930-10-16	1	09단	平壤の火事
196524	朝鮮朝日	西北版	1930-10-16	1	09단	密航勞働者を脅迫の船長らにそれぞれ懲役を求刑
196525	朝鮮朝日	西北版	1930-10-16	1	10단	馬賊襲擊の噂專ら傳はる
196526	朝鮮朝日	西北版	1930-10-16	1	10단	もよほし(平壤書劍道選手慰勞宴/平壤幸町朝日旅館新築披露宴)
196527	朝鮮朝日	西北版	1930-10-16	1	10단	人(岡田間島總領事/古莊少將/井上幾太郎大將)
196528	朝鮮朝日	西北・南鮮版	1930-10-16	2	01단	經濟界の今日(營業稅改正/鮮米輸出/北鮮プール成立)
196529	朝鮮朝日	西北・南鮮版	1930-10-16	2	01단	朝鮮牛の取引が不活潑に陷る米價暴落のたゝりで年內に四萬頭の移出も疑問
196530	朝鮮朝日	西北・南鮮版	1930-10-16	2	01단	四百萬圓を割いて米穀資金に加へる利子は多分八分內外か農家にとっては有利
196531	朝鮮朝日	西北・南鮮版	1930-10-16	2	01단	朝鮮叺の活路開かる內地、台灣から大量の注文農家は大ホクホク
196532	朝鮮朝日	西北・南鮮版	1930-10-16	2	01단	賞讚を博した實科教育品

일련번호	판명		간행일	면	단수	기사명
196533	朝鮮朝日	西北・南鮮版	1930-10-16	2	03단	朝日巡回活寫會
196534	朝鮮朝日	西北・南鮮版	1930-10-16	2	04단	林産品評會の褒賞授與式
196535	朝鮮朝日	西北・南鮮版	1930-10-16	2	04단	各地短信(仁川/裡里)
196536	朝鮮朝日	南鮮版	1930-10-17	1	01단	オールゴール(本性違はず/娃は文化人だ)
196537	朝鮮朝日	南鮮版	1930-10-17	1	01단	總督府の明年豫算結局二百萬圓減か八百萬圓の財源捻出が問題豫算の査定はほゞ終る
196538	朝鮮朝日	南鮮版	1930-10-17	1	02단	農村貸出金の回收に努むる高利貸が立毛差押當局實情調査開始
196539	朝鮮朝日	南鮮版	1930-10-17	1	02단	釐金撤廢延期實施は明年一月か輸出稅率も延期
196540	朝鮮朝日	南鮮版	1930-10-17	1	02단	天氣に惠まれ素晴しい賑ひ龍頭山神社の秋祭
196541	朝鮮朝日	南鮮版	1930-10-17	1	04단	俳句/鈴木花蓑選
196542	朝鮮朝日	南鮮版	1930-10-17	1	04단	京城公設市場九月賣上高
196543	朝鮮朝日	南鮮版	1930-10-17	1	04단	朝鮮神宮競技 女子籃球/女子排球/中等校野球試合/ラ式蹴球決勝/馬山對晉州の陸上競技會
196544	朝鮮朝日	南鮮版	1930-10-17	1	05단	辭令
196545	朝鮮朝日	南鮮版	1930-10-17	1	05단	大邱府營バス經營合理化運轉の系統を變更配車の缺點も一掃
196546	朝鮮朝日	南鮮版	1930-10-17	1	06단	飛行機上から金剛山見物江原道の空路を調べ條件が良ければ愈々實施か
196547	朝鮮朝日	南鮮版	1930-10-17	1	06단	百七十名の老人を招待東郡隣保館創立十周年
196548	朝鮮朝日	南鮮版	1930-10-17	1	06단	瓦欺管から漏洩したガスに引火
196549	朝鮮朝日	南鮮版	1930-10-17	1	06단	日赤及び愛婦の淸州支部總會
196550	朝鮮朝日	南鮮版	1930-10-17	1	07단	間島の暴虐事件眞相調査は困難調査員に護衛を附する等は望れぬ
196551	朝鮮朝日	南鮮版	1930-10-17	1	07단	馬山濠信校の盟休解決す
196552	朝鮮朝日	南鮮版	1930-10-17	1	08단	自動車が川に轉落助手は卽死し運轉手は危篤
196553	朝鮮朝日	南鮮版	1930-10-17	1	08단	餅店水原間で列車立生往生機關が龜裂し
196554	朝鮮朝日	南鮮版	1930-10-17	1	09단	保險金欲しさに放火の疑ひ
196555	朝鮮朝日	南鮮版	1930-10-17	1	09단	毒藥を飮み藝妓と心中馴染客の電氣商會員と
196556	朝鮮朝日	南鮮版	1930-10-17	1	09단	自動車顚覆助手死亡す
196557	朝鮮朝日	南鮮版	1930-10-17	1	09단	支那船沈沒鹽廿三萬斤を積み延平島沖で
196558	朝鮮朝日	南鮮版	1930-10-17	1	10단	強盜に毆られ遂に死亡す

일련번호	판명		간행일	면	단수	기사명
196559	朝鮮朝日	南鮮版	1930-10-17	1	10단	もよほし(各道稅務課長會議)
196560	朝鮮朝日	南鮮版	1930-10-17	1	10단	人(千葉胤明大人(御歌所寄人)/佐藤鐵道局旅客課長/西鄉鎭海要塞司令官/白石甚吉(殖銀釜山支店長)/原田棟一郎氏(大阪朝日新聞主幹))
196561	朝鮮朝日	西北版	1930-10-17	1	01단	總督府の明年豫算結局二百萬圓減か八百萬圓の財源捻出が問題豫算の査定はほゞ終る
196562	朝鮮朝日	西北版	1930-10-17	1	02단	朝鮮新無盡業令原案の審議ををへて近く調査委員會に
196563	朝鮮朝日	西北版	1930-10-17	1	04단	辭令
196564	朝鮮朝日	西北版	1930-10-17	1	04단	平壤圖書館內容を充實
196565	朝鮮朝日	西北版	1930-10-17	1	04단	飛行機上から金剛山見物江原道の空路を調べ條件が良ければ愈々實施か
196566	朝鮮朝日	西北版	1930-10-17	1	05단	交通量調査平壤府が行ふ
196567	朝鮮朝日	西北版	1930-10-17	1	05단	着筏は少いが資材難を感じぬ鴨綠江大減水のため着筏數はうんと減る
196568	朝鮮朝日	西北版	1930-10-17	1	05단	月割移出すれば米價調節は出來る補助小額は己むを得ぬ平壤にて小河拓務書記官語る
196569	朝鮮朝日	西北版	1930-10-17	1	06단	咸興府制祝賀會軍樂隊の演奏もあり盛況を極めた
196570	朝鮮朝日	西北版	1930-10-17	1	06단	平北七郡聯合酒類品評會
196571	朝鮮朝日	西北版	1930-10-17	1	07단	平南の井水は良質でない井戶の改善方を促す
196572	朝鮮朝日	西北版	1930-10-17	1	07단	五守備隊の聯合演習
196573	朝鮮朝日	西北版	1930-10-17	1	07단	軍樂隊を北鮮に招聘して演奏會を開く
196574	朝鮮朝日	西北版	1930-10-17	1	07단	大同江下流の蝦は豊漁但例年に比べてまだ少ない
196575	朝鮮朝日	西北版	1930-10-17	1	07단	朝鮮神宮競技(女子籃球/女子排球/中等校野球試合/ラ式蹴球決勝)
196576	朝鮮朝日	西北版	1930-10-17	1	08단	朝鮮人の神前結婚
196577	朝鮮朝日	西北版	1930-10-17	1	08단	間島の暴虐事件眞相調査は困難調査員に護衛を附する等は望れぬ
196578	朝鮮朝日	西北版	1930-10-17	1	08단	俳句/鈴木花蓑選
196579	朝鮮朝日	西北版	1930-10-17	1	09단	强盜に毆られ遂に死亡す
196580	朝鮮朝日	西北版	1930-10-17	1	09단	右足を切斷して死亡す
196581	朝鮮朝日	西北版	1930-10-17	1	09단	登記手數料を誤魔化して豪遊元法院書記收容さる
196582	朝鮮朝日	西北版	1930-10-17	1	10단	製材所全燒

일련번호	판명		간행일	면	단수	기사명
196583	朝鮮朝日	西北版	1930-10-17	1	10단	京城神社秋祭の情景DKで放送
196584	朝鮮朝日	西北版	1930-10-17	1	10단	麵類勞働者動搖す賃金の値下げ計劃に反對し
196585	朝鮮朝日	西北版	1930-10-17	1	10단	もよほし(各道祝務課長會議)
196586	朝鮮朝日	西北版	1930-10-17	1	10단	人(川崎克氏(司法政務次官)/小河拓務書記官(朝鮮部第一課長))
196587	朝鮮朝日	西北・南鮮版	1930-10-17	2	01단	經濟界の今日(不況罷まず)
196588	朝鮮朝日	西北・南鮮版	1930-10-17	2	01단	各地短信(釜山/鎭南浦/仁川/春川/馬山)
196589	朝鮮朝日	西北・南鮮版	1930-10-17	2	01단	朝鮮炭の一流品は內地炭より火力旺盛二流朝鮮炭でも撫順炭より上位鐵道局の焚火比較結果
196590	朝鮮朝日	西北・南鮮版	1930-10-17	2	01단	米倉株式の公募不成績最終日に漸く半數事務取締役も依然人選難
196591	朝鮮朝日	西北・南鮮版	1930-10-17	2	03단	麗水光州間十二月開通根津社長談
196592	朝鮮朝日	西北・南鮮版	1930-10-17	2	03단	朝日巡回活寫會
196593	朝鮮朝日	西北・南鮮版	1930-10-17	2	04단	不景氣を裏切る迎日漁業組合の公入札
196594	朝鮮朝日	南鮮版	1930-10-18	1	01단	朝鮮關東州等の司法機關統一の爲滿鮮の司法事務を視察きのふ川崎司法政務次官出發/朝鮮の官民は何れも要望齋藤總督の意も考慮/視察後更に審議各總督府に委員を任命
196595	朝鮮朝日	南鮮版	1930-10-18	1	01단	一面一校計劃は遂に行詰りか農村の不況から新築は絶望の狀態
196596	朝鮮朝日	南鮮版	1930-10-18	1	01단	道視學官增設は近く實現される郡視學增員と相まち監督機關の一大整備
196597	朝鮮朝日	南鮮版	1930-10-18	1	03단	朝鮮神宮競技(中等野球准決勝/中等ア式決勝)
196598	朝鮮朝日	南鮮版	1930-10-18	1	04단	莊嚴を極めた朝鮮神宮祭
196599	朝鮮朝日	南鮮版	1930-10-18	1	05단	朝香宮殿下慶州御成り
196600	朝鮮朝日	南鮮版	1930-10-18	1	05단	議政府送電認可
196601	朝鮮朝日	南鮮版	1930-10-18	1	05단	釜麗船就航の二船廻航來月上旬に
196602	朝鮮朝日	南鮮版	1930-10-18	1	05단	通關を强行した爆彈貨車輸送事件安東海關とわが官憲の紛糾記事掲載解禁さる/問題の貨車はあつけなく通關我官憲の態度强硬で爆彈は奉天守備隊へ輸送さる/日支雙方の觀測問題ははたしてこのまゝ落着くか
196603	朝鮮朝日	南鮮版	1930-10-18	1	06단	朝鮮新無盡業令原案の審議ををへて近く調査委員會に

일련번호	판명		간행일	면	단수	기사명
196604	朝鮮朝日	南鮮版	1930-10-18	1	08단	何ら索線なく愈迷宮入り？荷物方の嫌疑も漸次薄らぐ列車內二萬圓盜難事件
196605	朝鮮朝日	南鮮版	1930-10-18	1	08단	累犯の處分で局送り
196606	朝鮮朝日	南鮮版	1930-10-18	1	09단	私立學校內幕や生徒の言動もちかく內査す
196607	朝鮮朝日	南鮮版	1930-10-18	1	10단	京城郊外のガソリン車月末から運轉
196608	朝鮮朝日	南鮮版	1930-10-18	1	10단	暴行を加へ慘殺か黍畑の中に朝鮮女の慘死體
196609	朝鮮朝日	南鮮版	1930-10-18	1	10단	輓馬狂奔し四名負傷內二名は重傷
196610	朝鮮朝日	南鮮版	1930-10-18	1	10단	銀行住宅に檄文を書く左傾團の所爲か
196611	朝鮮朝日	南鮮版	1930-10-18	1	10단	六千圓盜難の目星つかぬ
196612	朝鮮朝日	南鮮版	1930-10-18	1	10단	もよほし(家庭工藝品展褒賞授與式)
196613	朝鮮朝日	南鮮版	1930-10-18	1	10단	人(武部學務局長/迫間房太郎氏(釜山實業家)/東京市教育視察團學務委員一十二名/塚崎直義氏(東京辯護士會長)/佐々木淸綱氏(釜山辯護士)/藤原德次郎氏(本社釜山通信主任))
196614	朝鮮朝日	西北版	1930-10-18	1	01단	鎭江漫語
196615	朝鮮朝日	西北版	1930-10-18	1	01단	流す筏にも一抹の暗影！鴨綠江材の慘落で明年の收入二割減か當局は運材方法の改良で北洋材に對抗の計劃をたつ
196616	朝鮮朝日	西北版	1930-10-18	1	01단	ベラボーにたかい安義間の電話料汽車や船よりも高い荒川さんは値下について語る
196617	朝鮮朝日	西北版	1930-10-18	1	02단	無煙炭積込場を是非鎭南浦へ誘致すべく猛運動する齋藤總督の來南を機會に陳情
196618	朝鮮朝日	西北版	1930-10-18	1	04단	勅語騰本を下賜
196619	朝鮮朝日	西北版	1930-10-18	1	04단	高射砲隊と空軍の聯合演習
196620	朝鮮朝日	西北版	1930-10-18	1	04단	价川署長きまる
196621	朝鮮朝日	西北版	1930-10-18	1	04단	宮原氏外遊
196622	朝鮮朝日	西北版	1930-10-18	1	04단	貝罐詰工場の設立を計劃
196623	朝鮮朝日	西北版	1930-10-18	1	05단	平南の米保管方法金組と民間の倉庫を借受けて三十萬石保管する事にきまる金組を中心に打合す/小作人もだが地主も困る米價暴落對策につき東拓沙里院支店副支配人談
196624	朝鮮朝日	西北版	1930-10-18	1	05단	朝鮮神宮競技 中等野球準決勝/中等ア式決勝/沙里院二運動會

일련번호	판명		간행일	면	단수	기사명
196625	朝鮮朝日	西北版	1930-10-18	1	06단	中小工業の實情を調査本府から專門技師を平南道に派遣し來る
196626	朝鮮朝日	西北版	1930-10-18	1	07단	チフス發生
196627	朝鮮朝日	西北版	1930-10-18	1	08단	モヒ密賣取締を今後は一層嚴重に行ふ
196628	朝鮮朝日	西北版	1930-10-18	1	08단	蔓蓼の相場は天井知らずグングン上って行く平南の農民は大喜び
196629	朝鮮朝日	西北版	1930-10-18	1	08단	私立學校の內幕や教員の身許を調べ生徒の言動も內査す學校方面に伸びる魔手防止策
196630	朝鮮朝日	西北版	1930-10-18	1	09단	道視學官增設は近く實現される郡視學增員と相まち監督機關の一大整備
196631	朝鮮朝日	西北版	1930-10-18	1	10단	六千圓盜難の目星つかぬ
196632	朝鮮朝日	西北版	1930-10-18	1	10단	藝妓を誘拐新義州で捕る
196633	朝鮮朝日	西北版	1930-10-18	1	10단	醫院と偽り籠拔詐欺絹布十數點を
196634	朝鮮朝日	西北版	1930-10-18	1	10단	人(農民大會出席者決定)
196635	朝鮮朝日	西北版	1930-10-18	2	01단	朝鮮關東州等の司法機關統一の爲滿鮮の司法事務を視察きのふ川崎司法政務次官出發/朝鮮の官民は何れも要望齋藤總督の意も考慮/視察後更に審議各總督府に委員を任命
196636	朝鮮朝日	西北版	1930-10-18	2	01단	平南の米保管方法金組と民間の倉庫を借受けて三十萬石保管する事にきまる金組を中心に打合す/小作人もだが地主も困る米價暴落對策につき東拓沙里院支店副支配人談
196637	朝鮮朝日	西北版	1930-10-18	2	03단	朝鮮神宮競技(中等野球准決勝/中等ア式決勝)
196638	朝鮮朝日	西北版	1930-10-18	2	04단	高射砲隊と空軍の聯合演習
196639	朝鮮朝日	西北版	1930-10-18	2	05단	价川署長きまる
196640	朝鮮朝日	西北版	1930-10-18	2	05단	勅語騰本を下賜
196641	朝鮮朝日	西北版	1930-10-18	2	05단	宮原氏外遊
196642	朝鮮朝日	西北版	1930-10-18	2	05단	貝罐詰工場の設立を計劃
196643	朝鮮朝日	西北版	1930-10-18	2	05단	通關を强行した爆彈貨車輸送事件安東海關とわが官憲の紛糾記事掲載解禁さる/問題の貨車はあつけなく通關我官憲の態度强硬で爆彈は奉天守備隊へ輸送さる/日支雙方の觀測問題ははたしてこのまゝ落着くか
196644	朝鮮朝日	西北版	1930-10-18	2	06단	藝妓を誘拐新義州で捕る

일련번호	판명		간행일	면	단수	기사명
196645	朝鮮朝日	西北版	1930-10-18	2	06단	道視學官增設は近く實現される郡視學增員と相まち監督機關の一大整備
196646	朝鮮朝日	西北版	1930-10-18	2	07단	六千圓盜難の目星つかぬ
196647	朝鮮朝日	西北版	1930-10-18	2	08단	蔓蔘の相場は天井知らずグングン上って行く平南の農民は大喜び
196648	朝鮮朝日	西北版	1930-10-18	2	08단	チフス發生
196649	朝鮮朝日	西北版	1930-10-18	2	09단	モヒ密賣取締を今後は一層嚴重に行ふ
196650	朝鮮朝日	西北版	1930-10-18	2	10단	醫院と偽り籠拔詐欺絹布十數點を
196651	朝鮮朝日	西北版	1930-10-18	2	10단	私立學校の內幕や生徒の言動もちかく內査す
196652	朝鮮朝日	西北版	1930-10-18	2	10단	五百圓のダイヤー圓で捨賣不良少年が盜んだ揚旬
196653	朝鮮朝日	西北版	1930-10-18	2	10단	人(農民大會出席者決定)
196654	朝鮮朝日	南鮮版	1930-10-19	1	01단	オールゴール(鐵道三難時代/『赤』にご注意)
196655	朝鮮朝日	南鮮版	1930-10-19	1	01단	內地同樣の都計施行は朝鮮では絶望の狀態緊縮政策にたゝられて然し近く確立に努むる本府當局
196656	朝鮮朝日	南鮮版	1930-10-19	1	01단	普通學校の大增築を計劃入學兒童の激增で十萬圓を投じ京城府が
196657	朝鮮朝日	南鮮版	1930-10-19	1	01단	鐵道敷設工事に旱害民を使ふ着手した東海岸線工事旱害民救濟もできる
196658	朝鮮朝日	南鮮版	1930-10-19	1	03단	慶南は大豊作
196659	朝鮮朝日	南鮮版	1930-10-19	1	03단	教育勅語捧讀式記念事業の數々
196660	朝鮮朝日	南鮮版	1930-10-19	1	04단	五百萬圓の低資割當近く決定公共團二百萬圓産漁組合百萬圓水組は卅萬圓か
196661	朝鮮朝日	南鮮版	1930-10-19	1	04단	釜山各商店に値下の機運公設市場が矢繼早の値下げに刺戟されて
196662	朝鮮朝日	南鮮版	1930-10-19	1	05단	秋日和に賑った京城の秋祭
196663	朝鮮朝日	南鮮版	1930-10-19	1	05단	濠信校休校事件表面一段落學生の要求は認容せぬ方針
196664	朝鮮朝日	南鮮版	1930-10-19	1	05단	加奈陀商議員東洋視察團來月中旬來城
196665	朝鮮朝日	南鮮版	1930-10-19	1	06단	*朝鮮神宮競技 准硬球ダフルス/實業野球一回戰/中等野球決勝/女子籃球/女子排球/中等籃球決勝/中等排球決勝/陸上競技/京師惜敗す全國中等學生籃球戰*
196666	朝鮮朝日	南鮮版	1930-10-19	1	07단	思想善導より就職運動がよい職業補導科設置を力說全鮮高普校長祕密會
196667	朝鮮朝日	南鮮版	1930-10-19	1	07단	娘を人質に脅迫

일련번호	판명		간행일	면	단수	기사명
196668	朝鮮朝日	南鮮版	1930-10-19	1	08단	朝鮮鎌で慘殺す食を求めて拒絶された狂人の兇行
196669	朝鮮朝日	南鮮版	1930-10-19	1	09단	數十名の家族が法廷で泣崩る讀書會の判決言渡法廷は一時大混雜
196670	朝鮮朝日	南鮮版	1930-10-19	1	09단	三人組の少年竊盜團釜山署に捕る
196671	朝鮮朝日	南鮮版	1930-10-19	1	10단	昌慶苑の菊の陳列會近く公開さる
196672	朝鮮朝日	南鮮版	1930-10-19	1	10단	演習に出た朝鮮馬子供の國で坊ちゃん達のお相手
196673	朝鮮朝日	南鮮版	1930-10-19	1	10단	素人下宿屋十名を告發取締違反で
196674	朝鮮朝日	南鮮版	1930-10-19	1	10단	土工を毆打し金を捲上ぐ
196675	朝鮮朝日	南鮮版	1930-10-19	1	10단	『貝殼一平』大會第一篇から解決篇まで廿二、三兩日中央館で
196676	朝鮮朝日	南鮮版	1930-10-19	1	10단	もよほし(慶北道農會)
196677	朝鮮朝日	南鮮版	1930-10-19	1	10단	人(上原勇作元師/織田信恒子(貴族院議員)/本多正復子(掌興次長)/大橋悌氏(第一銀行釜山支店長))
196678	朝鮮朝日	西北版	1930-10-19	1	01단	地方の歡待は實に嬉しかった北軍敗走は誤傳だよ實際は南軍を擊破したのだ演習を終へ川島師團長語る
196679	朝鮮朝日	西北版	1930-10-19	1	01단	朝鮮の都計は全く絶望の姿緊縮政策に崇られ國庫補助の見込がない
196680	朝鮮朝日	西北版	1930-10-19	1	01단	昭和水利堰堤築造の位置舊上里の上流四里の地點岐陽里と內定す
196681	朝鮮朝日	西北版	1930-10-19	1	01단	齋藤總督の視察日程
196682	朝鮮朝日	西北版	1930-10-19	1	02단	十一月中旬頃移轉を行ふ官立平壤師範
196683	朝鮮朝日	西北版	1930-10-19	1	03단	養鷄事業で大成功平南江東金組管內農民富む
196684	朝鮮朝日	西北版	1930-10-19	1	04단	咸北金組利下と役員の大異動明年早々實行の模樣
196685	朝鮮朝日	西北版	1930-10-19	1	05단	小作人のため戶別稅代納
196686	朝鮮朝日	西北版	1930-10-19	1	05단	沙里院驛構內の擴張行はる
196687	朝鮮朝日	西北版	1930-10-19	1	05단	師範校誘致期成會元山の公職者によって組織
196688	朝鮮朝日	西北版	1930-10-19	1	05단	朝鮮神宮競技 准硬球ダフルス/實業野球一回戰/中等野球決勝/女子籃球/女子排球/中等籃球決勝/中等排球決勝/陸上競技/京師惜敗す全國中等學生籃球戰
196689	朝鮮朝日	西北版	1930-10-19	1	06단	總ての條件は遺憾なく備はり全くあつらへむきの於之屯水利の貯水池
196690	朝鮮朝日	西北版	1930-10-19	1	06단	平安水利の起工式擧行

일련번호	판명		간행일	면	단수	기사명
196691	朝鮮朝日	西北版	1930-10-19	1	06단	小波氏巡廻講演
196692	朝鮮朝日	西北版	1930-10-19	1	07단	思想善導より就職運動がよい職業補導科設置を力說全鮮高普校長祕密會
196693	朝鮮朝日	西北版	1930-10-19	1	08단	不正金融社の醜狀暴露す
196694	朝鮮朝日	西北版	1930-10-19	1	08단	五百萬圓の低資割當近く決定公共團二百萬圓産漁組合百萬圓水組は卅萬圓か
196695	朝鮮朝日	西北版	1930-10-19	1	08단	沙里院市內のバスは認可
196696	朝鮮朝日	西北版	1930-10-19	1	09단	武器を攜へて自警團活動
196697	朝鮮朝日	西北版	1930-10-19	1	10단	演習に出た朝鮮馬子供の國で坊ちゃん達のお相手
196698	朝鮮朝日	西北版	1930-10-19	1	10단	土工を毆打し金を捲上ぐ
196699	朝鮮朝日	西北版	1930-10-19	1	10단	精神病患者の放火
196700	朝鮮朝日	西北版	1930-10-19	1	10단	公金の不足を恐れ逃走
196701	朝鮮朝日	西北版	1930-10-19	1	10단	電報詐欺を働く
196702	朝鮮朝日	西北版	1930-10-19	1	10단	逃走兵自首
196703	朝鮮朝日	西北版	1930-10-19	1	10단	豚コレラ續發
196704	朝鮮朝日	西北版	1930-10-19	1	10단	秋日和に賑った京城の秋祭
196705	朝鮮朝日	西北·南鮮版	1930-10-19	2	01단	女工三百五十名が失業の岐路に立つ不渡手形の問題から注目される龍山可部商會
196706	朝鮮朝日	西北·南鮮版	1930-10-19	2	01단	不漁の場合は愈回收難か二百萬の漁業資金前途を憂慮する慶北關係者/烏賊の豊漁で鬱陵島は沸き返る不景氣知らずの羨しさ
196707	朝鮮朝日	西北·南鮮版	1930-10-19	2	02단	消協忠北支部發會式淸州にて盛大に擧行せらる
196708	朝鮮朝日	西北·南鮮版	1930-10-19	2	02단	第三回全鮮學生卓球大會
196709	朝鮮朝日	西北·南鮮版	1930-10-19	2	03단	慶尚共立銀買收を可決慶一銀行臨時株主總會で
196710	朝鮮朝日	西北·南鮮版	1930-10-19	2	04단	女工八十名を雇入る釜山朝紡で
196711	朝鮮朝日	西北·南鮮版	1930-10-19	2	04단	各地短信(仁川/京城/平壤/城津)
196712	朝鮮朝日	南鮮版	1930-10-21	1	01단	オールゴール(生活の六感/とんだ罪つくり)
196713	朝鮮朝日	南鮮版	1930-10-21	1	01단	人事の刷新はできず情弊を生じやすい司法權の總督府監督注目される司法權統一問題
196714	朝鮮朝日	南鮮版	1930-10-21	1	01단	一面一校主義を改主建從主義に無資格敎員を整理する慶南道の敎育改善計劃
196715	朝鮮朝日	南鮮版	1930-10-21	1	01단	中樞院參議が指導敎育を視察

일련번호	판명		간행일	면	단수	기사명
196716	朝鮮朝日	南鮮版	1930-10-21	1	02단	川崎司法次官大邱法院視察
196717	朝鮮朝日	南鮮版	1930-10-21	1	02단	職業教育研究會京畿道師範學校で開く
196718	朝鮮朝日	南鮮版	1930-10-21	1	03단	生きた教育美談を修身書に插入し兒童の頭にひびかすまづ本紙紹介の報恩を採る
196719	朝鮮朝日	南鮮版	1930-10-21	1	04단	學位令は早晩實現師範中學改善もものにはなる視察官增員も都合よく行った武部學務局長の土産話
196720	朝鮮朝日	南鮮版	1930-10-21	1	05단	『法律の許す範圍內で戰へ』京仁取引所問題の報告會で役員が絶叫す
196721	朝鮮朝日	南鮮版	1930-10-21	1	05단	朝鮮近海大荒れ遭難船ある見込
196722	朝鮮朝日	南鮮版	1930-10-21	1	06단	刑務所長會議
196723	朝鮮朝日	南鮮版	1930-10-21	1	06단	新舊馬山の大紛擾子供神輿衝突から端を發し/被害者から告訴狀提出紛擾愈よ擴大
196724	朝鮮朝日	南鮮版	1930-10-21	1	07단	喧嘩すれば雙方から金五圓麥二斗の罰此金で消費組合を組織平和になった清河の漁村
196725	朝鮮朝日	南鮮版	1930-10-21	1	07단	底を知らぬ白米の値下り
196726	朝鮮朝日	南鮮版	1930-10-21	1	07단	水利組合に損害の訴訟
196727	朝鮮朝日	南鮮版	1930-10-21	1	07단	妓樓で自殺を企つ
196728	朝鮮朝日	南鮮版	1930-10-21	1	07단	共産黨の大物京城に護送
196729	朝鮮朝日	南鮮版	1930-10-21	1	08단	癩病の繼子の殺害を企つ
196730	朝鮮朝日	南鮮版	1930-10-21	1	08단	極度の神經衰弱者や自殺者が出る局員が責任を果さんとして簡保勸誘の哀話
196731	朝鮮朝日	南鮮版	1930-10-21	1	08단	僞文學士が警察部長を瞞す元は活辯見習の朝鮮人今は飲食店の親爺
196732	朝鮮朝日	南鮮版	1930-10-21	1	09단	自動車二人を轢く何れも重傷
196733	朝鮮朝日	南鮮版	1930-10-21	1	09단	海中に墜落し卽死
196734	朝鮮朝日	南鮮版	1930-10-21	1	09단	列車に投石
196735	朝鮮朝日	南鮮版	1930-10-21	1	09단	四人組の强盗
196736	朝鮮朝日	南鮮版	1930-10-21	1	10단	强盗犯逮捕
196737	朝鮮朝日	南鮮版	1930-10-21	1	10단	もよほし(新作童謠舞踊發表會)
196738	朝鮮朝日	南鮮版	1930-10-21	1	10단	人(加藤鮮銀總裁/馬山全南知事/齋藤吉十郎氏(朝鮮紡織常務)/吉田秀次郎氏(仁川會議所會頭)/大池源二氏(釜山實業家)/千秋季隆氏(貴族院議員)/泉末治氏(釜山商銀頭取)/寺島德實氏(鮮銀支店釜山支配人)、山崎信一氏(商銀釜山支店長)/佐々木克己氏(朝紡工場長)/管原辛氏(新任价川署長)/關野貞博士/稻野奈美子夫人)

일련번호	판명		간행일	면	단수	기사명
196739	朝鮮朝日	南鮮版	1930-10-21	1	10단	道味魚
196740	朝鮮朝日	西北版	1930-10-21	1	01단	司法權統一には總督府が反對輿論が勝利を占むるか總督府が勝つか成行注目さる
196741	朝鮮朝日	西北版	1930-10-21	1	01단	年はとっても頭だけは確だ質問は急所を衝き案內者をヘドモドさせる頗る上機嫌だった上原元師
196742	朝鮮朝日	西北版	1930-10-21	1	01단	種牛養鷄品評會好評をはくす
196743	朝鮮朝日	西北版	1930-10-21	1	02단	步七七聯隊の前期兵除隊/除隊兵歸還
196744	朝鮮朝日	西北版	1930-10-21	1	02단	生きた教育美談を修身書に插入し兒童の頭にひびかすまづ本紙紹介の報恩を採る
196745	朝鮮朝日	西北版	1930-10-21	1	03단	刑務所長會議
196746	朝鮮朝日	西北版	1930-10-21	1	03단	叺製造の講習會黃海道が催す
196747	朝鮮朝日	西北版	1930-10-21	1	04단	茂山署の運動會
196748	朝鮮朝日	西北版	1930-10-21	1	04단	學位令は早晚實現師範中學改善もものにはなる視察官增員も都合よく行った武部學務局長の土産話
196749	朝鮮朝日	西北版	1930-10-21	1	04단	物價値下げの運動を行ふ元山朝鮮人市民會の第四回總會で決議す
196750	朝鮮朝日	西北版	1930-10-21	1	06단	結婚は靑旗葬式は白旗珍な緊縮宣傳
196751	朝鮮朝日	西北版	1930-10-21	1	06단	大同林業會社流筏を復活
196752	朝鮮朝日	西北版	1930-10-21	1	06단	琿春訓戎間に自動車運轉
196753	朝鮮朝日	西北版	1930-10-21	1	06단	日支官憲の衝突は遺憾に堪へぬ圓滿な解決を望む元山支那領事聲明書發表
196754	朝鮮朝日	西北版	1930-10-21	1	07단	理由なくして鮮農を捕る鮮支人共産黨員の地主射殺に關して
196755	朝鮮朝日	西北版	1930-10-21	1	07단	馬賊押入って人質を拉致
196756	朝鮮朝日	西北版	1930-10-21	1	07단	肥料資金回收は事情如何によらず嚴重に行ふ事にきまる平安南道當局の方針愈きまる
196757	朝鮮朝日	西北版	1930-10-21	1	07단	資産家に脅迫狀
196758	朝鮮朝日	西北版	1930-10-21	1	08단	山火事咸南北道界から發火七日間燃續く
196759	朝鮮朝日	西北版	1930-10-21	1	08단	辻强盜捕る
196760	朝鮮朝日	西北版	1930-10-21	1	08단	怪盜押入る
196761	朝鮮朝日	西北版	1930-10-21	1	08단	運動界(平壤鄕軍の武技會同時に分會長會議をも開く/平壤女子高普選手かへる)
196762	朝鮮朝日	西北版	1930-10-21	1	09단	値上拒絶から洋靴工罷業雇主側强硬
196763	朝鮮朝日	西北版	1930-10-21	1	09단	極度の神經衰弱者や自殺者が出る局員が責任を果さんとして簡保勸誘の哀話

일련번호	판명		간행일	면	단수	기사명
196764	朝鮮朝日	西北版	1930-10-21	1	10단	元山壽館柿茸落し
196765	朝鮮朝日	西北版	1930-10-21	1	10단	人(管原辛氏(新任价川署長)/關野貞博士)
196766	朝鮮朝日	西北版	1930-10-21	1	10단	道味魚
196767	朝鮮朝日	西北・南鮮版	1930-10-21	2	01단	朝鮮神宮競技(陸上競技/實業野球准決勝/女子庭球/女子卓球/弓術團體競技/相撲)
196768	朝鮮朝日	西北・南鮮版	1930-10-21	2	01단	鐵道十二年計劃は財政難で行詰る土木請負業者は第一番に困る慘澹たる半島交通界
196769	朝鮮朝日	西北・南鮮版	1930-10-21	2	01단	慶南米の品種改善徹底的に行ふ
196770	朝鮮朝日	西北・南鮮版	1930-10-21	2	02단	愈よ復活する平南の成興金鑛六千萬貫採掘の豫定
196771	朝鮮朝日	西北・南鮮版	1930-10-21	2	02단	鴨綠江の航行當分は馱目
196772	朝鮮朝日	西北・南鮮版	1930-10-21	2	03단	酒類品評會授賞式十八日終了(清酒/藥酒/燒酎/麵子)
196773	朝鮮朝日	西北・南鮮版	1930-10-21	2	04단	第三回朝鮮學生馬術大會
196774	朝鮮朝日	西北・南鮮版	1930-10-21	2	04단	中繼放送の完全を期す
196775	朝鮮朝日	西北・南鮮版	1930-10-21	2	04단	各地短信(鎭海/江界/大邱/春川)
196776	朝鮮朝日	西北・南鮮版	1930-10-21	2	05단	沙里院バス許可の條件
196777	朝鮮朝日	西北・南鮮版	1930-10-21	2	06단	朝日巡回活寫會
196778	朝鮮朝日	西北・南鮮版	1930-10-21	2	07단	消防協會の延長として慶南聯合支部發會式の準備
196779	朝鮮朝日	南鮮版	1930-10-22	1	01단	オールゴール(木喰蟲とサイレン/暗いお祭り)
196780	朝鮮朝日	南鮮版	1930-10-22	1	01단	危機に瀕せる農業者を救濟せよ租稅などの延納も許せ大いに絶叫した全鮮農業者大會/未曾有の豊作で米價釣瓶落しの慘狀地主小作人もドン底へ憂慮すべき慶北の農村/新米の出廻りと共に未曾有の安値に地主は搾取につとむ農村は全く受難時代
196781	朝鮮朝日	南鮮版	1930-10-22	1	02단	齋藤總督群山を視察築港と長頂里
196782	朝鮮朝日	南鮮版	1930-10-22	1	03단	大邱當面の重要問題
196783	朝鮮朝日	南鮮版	1930-10-22	1	03단	府尹の歸來談
196784	朝鮮朝日	南鮮版	1930-10-22	1	04단	朝鮮海時化で船舶避難す
196785	朝鮮朝日	南鮮版	1930-10-22	1	04단	上級進學者は例年と變りない不況も餘り影響せぬ京城府の來年卒業兒童調查
196786	朝鮮朝日	南鮮版	1930-10-22	1	05단	今回の滿鮮旅行は單なる法務視察だ司法權統一案がないこともない京城にて川崎政務次官談

일련번호	판명		간행일	면	단수	기사명
196787	朝鮮朝日	南鮮版	1930-10-22	1	05단	百九十一萬圓で風水害復舊施設各道要求額査定終る
196788	朝鮮朝日	南鮮版	1930-10-22	1	06단	十年繼續事業で警備電話完成計劃所要經費七百萬圓明年度から着手されよう
196789	朝鮮朝日	南鮮版	1930-10-22	1	07단	朝鮮海峽の只中で二時間半追跡し密漁船二隻を逮捕す朝風丸のお手柄
196790	朝鮮朝日	南鮮版	1930-10-22	1	07단	在鮮兵除隊
196791	朝鮮朝日	南鮮版	1930-10-22	1	07단	內外比較展と釜山卽賣會來月五日から
196792	朝鮮朝日	南鮮版	1930-10-22	1	08단	慶尙共立銀行慶一銀行にいよいよ合倂
196793	朝鮮朝日	南鮮版	1930-10-22	1	08단	酌婦の口入禁止や賃銀立替は保留出稼人保護等協議西部職紹所聯合會
196794	朝鮮朝日	南鮮版	1930-10-22	1	08단	警備電線を切り良民を殺傷す又も支鮮人共産黨員が間島各地を潛行し暴行を働く
196795	朝鮮朝日	南鮮版	1930-10-22	1	09단	樹苗品評會入賞者決定
196796	朝鮮朝日	南鮮版	1930-10-22	1	09단	靑訓研究會
196797	朝鮮朝日	南鮮版	1930-10-22	1	10단	フランス機本月末飛來
196798	朝鮮朝日	南鮮版	1930-10-22	1	10단	もよほし(忠北署長會議/産業振興大會/道農會評議會)
196799	朝鮮朝日	南鮮版	1930-10-22	1	10단	人(山內靜夫中將(築城本部長))
196800	朝鮮朝日	南鮮版	1930-10-22	1	10단	道味魚
196801	朝鮮朝日	西北版	1930-10-22	1	01단	內地の失業洪水朝鮮にも及び就職戰の渦を卷く最も渦卷きのひどいのはお巡りさんの養成所
196802	朝鮮朝日	西北版	1930-10-22	1	01단	十年繼續事業で警備電話完成計劃所要經費七百萬圓明年度から着手されよう
196803	朝鮮朝日	西北版	1930-10-22	1	01단	空教室をもつ學校が百校經營方法立直で現狀打破か行詰れる慶南普通校
196804	朝鮮朝日	西北版	1930-10-22	1	01단	百九十一萬圓で風水害復舊施設各道要求額査定終る
196805	朝鮮朝日	西北版	1930-10-22	1	02단	北鮮慰問の軍樂演奏會非常な盛況
196806	朝鮮朝日	西北版	1930-10-22	1	04단	田園を棄てゝ都會に走る普通校卒業生
196807	朝鮮朝日	西北版	1930-10-22	1	04단	『體面論などを棄てゝ第一案を採るべし』昭和水利堰堤部に關し安州地主會から陳情書を提出
196808	朝鮮朝日	西北版	1930-10-22	1	04단	愈苦しくなる水利組合の經營組合費分納は許可か
196809	朝鮮朝日	西北版	1930-10-22	1	05단	輸入鹽の購入額

일련번호	판명		간행일	면	단수	기사명
196810	朝鮮朝日	西北版	1930-10-22	1	05단	今回の滿鮮旅行は單なる法務視察だ司法權統一案がないこともない京城にて川崎政務次官談
196811	朝鮮朝日	西北版	1930-10-22	1	06단	重要問題陳情を聽き多獅島や龍巖浦視察して平壤に向ふ來新した齋藤總督
196812	朝鮮朝日	西北版	1930-10-22	1	06단	在鮮兵除隊
196813	朝鮮朝日	西北版	1930-10-22	1	06단	警官武道大會
196814	朝鮮朝日	西北版	1930-10-22	1	06단	危機に瀕せる農業者を救へ建議案を當局に提出活氣を呈した全鮮農業者大會
196815	朝鮮朝日	西北版	1930-10-22	1	07단	フランス機本月末飛來
196816	朝鮮朝日	西北版	1930-10-22	1	07단	何れも首を長くして運動の結果を待つ慶山鐵道促進運動のに猛進する咸北三郡民
196817	朝鮮朝日	西北版	1930-10-22	1	08단	女學生家出
196818	朝鮮朝日	西北版	1930-10-22	1	08단	警備電線を切り良民を殺傷す又も支鮮人共産黨員が間島各地を潛行し暴行を働く
196819	朝鮮朝日	西北版	1930-10-22	1	08단	檢事が高飛車に停職處分するは不都合だと辯護士連が懲戒裁判所設置を要望す
196820	朝鮮朝日	西北版	1930-10-22	1	09단	好れるダイトン一萬本移入各地に配布
196821	朝鮮朝日	西北版	1930-10-22	1	09단	朝鮮押切りて一家六人を慘殺牛も三頭盜まれた强盜か江界の慘劇
196822	朝鮮朝日	西北版	1930-10-22	1	10단	人(高野憲兵中佐(平壤憲兵隊長)/山內靜夫中將(築城本部長))
196823	朝鮮朝日	西北版	1930-10-22	1	10단	來月からは各地の氣象も放送する
196824	朝鮮朝日	西北版	1930-10-22	1	10단	道味魚
196825	朝鮮朝日	西北・南鮮版	1930-10-22	2	01단	各地短信(城津/群山/公州/鎭海)
196826	朝鮮朝日	西北・南鮮版	1930-10-22	2	01단	第三回朝鮮馬術大會前記(1)/學生にリードされる朝鮮の乘馬熱幾多の惱みはあったが生れ出た學生馬術聯盟
196827	朝鮮朝日	西北・南鮮版	1930-10-22	2	01단	朝鮮神宮競技(男子軟式庭球/實業野球決勝)
196828	朝鮮朝日	西北・南鮮版	1930-10-22	2	02단	第三回朝鮮學生馬術大會
196829	朝鮮朝日	西北・南鮮版	1930-10-22	2	02단	朝日巡回活寫會
196830	朝鮮朝日	西北・南鮮版	1930-10-22	2	03단	露官憲の鮮銀壓迫は强硬に抗議す此の際禍根を一掃したい釜山通過の加藤鮮銀總裁談
196831	朝鮮朝日	西北・南鮮版	1930-10-22	2	04단	堆肥品評會
196832	朝鮮朝日	西北・南鮮版	1930-10-22	2	04단	秋の昌慶苑

일련번호	판명		간행일	면	단수	기사명
196833	朝鮮朝日	南鮮版	1930-10-23	1	01단	多獅島と昭和製鋼所問題(上)/時節柄注意を惹く齋藤總督の視察全然無意味といへぬ安義兩地の多獅島主張根據
196834	朝鮮朝日	南鮮版	1930-10-23	1	01단	籾貯藏の低資一千萬圓ほゞ纏る金組低資の見込もたつ總督府の米價對策は確實に
196835	朝鮮朝日	南鮮版	1930-10-23	1	01단	咸興府協議員最初の選擧七百四十三票を巡るいくさの驅引を行ふ
196836	朝鮮朝日	南鮮版	1930-10-23	1	01단	天圖鐵道問題日支打合會
196837	朝鮮朝日	南鮮版	1930-10-23	1	02단	南大將の教育總監說大將は又かと打消す
196838	朝鮮朝日	南鮮版	1930-10-23	1	03단	沿岸の住民を安住の地に立退き科を支拂って移住させる
196839	朝鮮朝日	南鮮版	1930-10-23	1	04단	朝鮮葉煙草埃及に輸出專賣局から
196840	朝鮮朝日	南鮮版	1930-10-23	1	04단	朝鮮消防協會天安支部發會式
196841	朝鮮朝日	南鮮版	1930-10-23	1	05단	農事南鮮支場と干拓出張所落成式盛況總督も臨席
196842	朝鮮朝日	南鮮版	1930-10-23	1	05단	檢事が高飛車に停職處分するは不都合だと辯護士連が懲戒裁判所設置を要望す
196843	朝鮮朝日	南鮮版	1930-10-23	1	06단	山はんの木で禿山を綠化慶南道の計劃
196844	朝鮮朝日	南鮮版	1930-10-23	1	06단	窮迫せる組合に低利資金を融通す組合費の徵收も延期か總督府の水組救濟策
196845	朝鮮朝日	南鮮版	1930-10-23	1	06단	間琿朝鮮民會代表者總辭職總領事を訪問通告す
196846	朝鮮朝日	南鮮版	1930-10-23	1	07단	煙草耕作實行團
196847	朝鮮朝日	南鮮版	1930-10-23	1	07단	空から金剛山を撮影し山上氣流も觀測西尾機試驗飛行終る
196848	朝鮮朝日	南鮮版	1930-10-23	1	07단	穀物理事決定
196849	朝鮮朝日	南鮮版	1930-10-23	1	07단	慶北小作の惡慣行當局改善に惱む
196850	朝鮮朝日	南鮮版	1930-10-23	1	08단	日支學校を襲擊し放火虐殺を働く間島各地再び混亂
196851	朝鮮朝日	南鮮版	1930-10-23	1	08단	實業教育を徹底させる中學や高普校に對し愈學校規程を改正
196852	朝鮮朝日	南鮮版	1930-10-23	1	08단	龍頭山名物虎狩など當時を偲ぶ繪卷もの得難い釜山史の資料發見
196853	朝鮮朝日	南鮮版	1930-10-23	1	09단	郵便機飛來西尾氏サルムソン機春川から洪城へ
196854	朝鮮朝日	南鮮版	1930-10-23	1	10단	石垣崩壞し三名生埋一人卽死し二人は重傷
196855	朝鮮朝日	南鮮版	1930-10-23	1	10단	山田金兩名に死刑の求刑淸津府廳放火事件判決は廿七日

일련번호	판명		간행일	면	단수	기사명
196856	朝鮮朝日	南鮮版	1930-10-23	1	10단	仁川府尹の息木から墜落
196857	朝鮮朝日	南鮮版	1930-10-23	1	10단	線路に石を積む犯人は二人の兄弟
196858	朝鮮朝日	南鮮版	1930-10-23	1	10단	機關車試乘
196859	朝鮮朝日	南鮮版	1930-10-23	1	10단	もよほし(體操遊戯演習會/南鮮麻雀大會/京工作品卽賣會)
196860	朝鮮朝日	南鮮版	1930-10-23	1	10단	人(早尾虎雄博士(金澤醫大教授))
196861	朝鮮朝日	西北版	1930-10-23	1	01단	多獅島と昭和製鋼所問題(上)/時節柄注意を惹く齋藤總督の視察全然無意味といへぬ安義兩地の多獅島主張根據
196862	朝鮮朝日	西北版	1930-10-23	1	01단	籾貯藏の低資一千萬圓ほゞ纏る金組低資の見込もたつ總督府の米價對策は確實に
196863	朝鮮朝日	西北版	1930-10-23	1	01단	咸興府協議員最初の選擧七百四十三票を巡るいくさの驅引を行ふ
196864	朝鮮朝日	西北版	1930-10-23	1	01단	修身視學委員咸南道視察
196865	朝鮮朝日	西北版	1930-10-23	1	02단	天圖鐵道問題日支打合會
196866	朝鮮朝日	西北版	1930-10-23	1	03단	朝鮮葉煙草トルコ輸出專賣局から
196867	朝鮮朝日	西北版	1930-10-23	1	03단	消防機關の充實を計劃
196868	朝鮮朝日	西北版	1930-10-23	1	04단	咸南安邊町が平壤栗試植
196869	朝鮮朝日	西北版	1930-10-23	1	04단	窮迫せる組合には低利資金を融通する組合費の徵收も延期か總督府の水組救濟策
196870	朝鮮朝日	西北版	1930-10-23	1	05단	南浦商工學校執銃教練を計劃
196871	朝鮮朝日	西北版	1930-10-23	1	05단	戰鬪機の國境演習二十六日から花々しく擧行
196872	朝鮮朝日	西北版	1930-10-23	1	06단	黃海六郡聯合山林展覽會
196873	朝鮮朝日	西北版	1930-10-23	1	06단	お茶のあと
196874	朝鮮朝日	西北版	1930-10-23	1	06단	平南龍岡郡の農民大弱り
196875	朝鮮朝日	西北版	1930-10-23	1	06단	竣工近き官立平壤師範學校
196876	朝鮮朝日	西北版	1930-10-23	1	07단	資金の才覺は容易でなく共濟ゴム工場行惱む職工の結束亂れるか
196877	朝鮮朝日	西北版	1930-10-23	1	07단	齋藤總督平南の兩地を視察す
196878	朝鮮朝日	西北版	1930-10-23	1	08단	間琿朝鮮民會代表者總辭職總領事を訪問通告す
196879	朝鮮朝日	西北版	1930-10-23	1	08단	日支學校を襲擊し放火虐殺を働く間島各地再び混亂
196880	朝鮮朝日	西北版	1930-10-23	1	08단	煙草耕作實行團
196881	朝鮮朝日	西北版	1930-10-23	1	09단	咸興聯隊の除隊兵歸鄉
196882	朝鮮朝日	西北版	1930-10-23	1	09단	咸南北の山火事益々延燒す損害は輕微

일련번호	판명		간행일	면	단수	기사명
196883	朝鮮朝日	西北版	1930-10-23	1	09단	小冊子だけで監獄にぶち込む共産黨の容疑者から友人に悲しいたより
196884	朝鮮朝日	西北版	1930-10-23	1	10단	价川江界間の自動車經營變更
196885	朝鮮朝日	西北版	1930-10-23	1	10단	石垣崩壊し三名生埋一人卽死し一人は重傷
196886	朝鮮朝日	西北版	1930-10-23	1	10단	運動界(黃海道各署の武道對抗試合/沙里院署選手凱旋/鎭南浦弓道大會)
196887	朝鮮朝日	西北・南鮮版	1930-10-23	2	01단	第三回朝鮮馬術大會前記(２)/學生にリードされる朝鮮の乘馬熱幾多の悩みはあったが生れ出た學生馬術聯盟
196888	朝鮮朝日	西北・南鮮版	1930-10-23	2	01단	榮ある優勝楯は廣岡氏の手に全鮮學生卓球大會
196889	朝鮮朝日	西北・南鮮版	1930-10-23	2	02단	金を強奪し五名を慘殺平北煕川の慘劇
196890	朝鮮朝日	西北・南鮮版	1930-10-23	2	03단	朝日巡回活寫會
196891	朝鮮朝日	西北・南鮮版	1930-10-23	2	03단	第三回朝鮮學生馬術大會
196892	朝鮮朝日	西北・南鮮版	1930-10-23	2	03단	仁川鄕軍射的會
196893	朝鮮朝日	西北・南鮮版	1930-10-23	2	04단	各地短信(鎭南浦/春川/大邱)
196894	朝鮮朝日	南鮮版	1930-10-24	1	01단	多獅島と昭和製鋼所問題(中)/築港が完成すれば製品搬出に易く關稅も問題にならぬその上勞銀もめっぽう安い
196895	朝鮮朝日	南鮮版	1930-10-24	1	01단	試驗制度撤廢で學校の悩みが増す最弊害の多いは女學校教育制度改正が問題となる
196896	朝鮮朝日	南鮮版	1930-10-24	1	01단	米穀法實施は當分困難だ司法權統一は考慮を要する武富拓務參與官談
196897	朝鮮朝日	南鮮版	1930-10-24	1	03단	室師團長初度巡視
196898	朝鮮朝日	南鮮版	1930-10-24	1	03단	不動産令改正公布
196899	朝鮮朝日	南鮮版	1930-10-24	1	04단	不正米商取締
196900	朝鮮朝日	南鮮版	1930-10-24	1	04단	『京仁取合併は不合理だと思ふ』京城釘本氏の談話を仁川振興會重要視す
196901	朝鮮朝日	南鮮版	1930-10-24	1	05단	紙幣を改竄
196902	朝鮮朝日	南鮮版	1930-10-24	1	06단	農村哀話
196903	朝鮮朝日	南鮮版	1930-10-24	1	06단	絶望視された畑作獎勵再生か細農の食糧増收策
196904	朝鮮朝日	南鮮版	1930-10-24	1	07단	愈よ朝鮮でも明年から官吏の減俸斷行年末賞與も減額する總督府歲出大節減
196905	朝鮮朝日	南鮮版	1930-10-24	1	07단	タオル包みでモヒの密輸共犯多い見込み
196906	朝鮮朝日	南鮮版	1930-10-24	1	07단	路銀は巡査から驅落の男女釜山で押へらる

일련번호	판명		간행일	면	단수	기사명
196907	朝鮮朝日	南鮮版	1930-10-24	1	07단	俳句/鈴木花蓑選
196908	朝鮮朝日	南鮮版	1930-10-24	1	08단	仕上場を設け機業者救濟慶南道の計劃
196909	朝鮮朝日	南鮮版	1930-10-24	1	08단	鹿島特産卽賣會
196910	朝鮮朝日	南鮮版	1930-10-24	1	08단	求刑が確定せば問題が起る淸津府廳放火事件
196911	朝鮮朝日	南鮮版	1930-10-24	1	08단	代表者不滿の色で領事館を引揚ぐ領事館では幹部を集め間島時局打開を協議
196912	朝鮮朝日	南鮮版	1930-10-24	1	08단	間琿朝鮮人民會長會決議文を領事に
196913	朝鮮朝日	南鮮版	1930-10-24	1	09단	不穩文を貼った犯人は鮮童
196914	朝鮮朝日	南鮮版	1930-10-24	1	09단	治維法違反公判
196915	朝鮮朝日	南鮮版	1930-10-24	1	10단	應援警官に慰問袋間島の邦人が
196916	朝鮮朝日	南鮮版	1930-10-24	1	10단	主人の金を一萬圓詐取
196917	朝鮮朝日	南鮮版	1930-10-24	1	10단	食刀を揮ひ妻を刺殺す
196918	朝鮮朝日	南鮮版	1930-10-24	1	10단	尾間等の公判延期
196919	朝鮮朝日	南鮮版	1930-10-24	1	10단	渡邊氏保釋
196920	朝鮮朝日	南鮮版	1930-10-24	1	10단	もよほし(思想善導講習/明治節の夕/明治節奉祝式/初等教育研究會/黃海麻雀大會)
196921	朝鮮朝日	南鮮版	1930-10-24	1	10단	人(大澤博士(城大敎授)/野口耕一氏(本府土木課技師)/張相轍氏(中樞院參議))
196922	朝鮮朝日	西北版	1930-10-24	1	01단	多獅島と昭和製鋼所問題(中)/築港が完成すれば製品搬出に易く關稅も問題にならぬその上勞銀もめっぽう安い
196923	朝鮮朝日	西北版	1930-10-24	1	01단	試驗制度撤廢で學校の惱みが增す最弊害の多いは女學校敎育制度改正が問題となる
196924	朝鮮朝日	西北版	1930-10-24	1	01단	米穀法實施は當分困難だ司法權統一は考慮を要する武富拓務參與官談
196925	朝鮮朝日	西北版	1930-10-24	1	03단	室師團長初度巡視
196926	朝鮮朝日	西北版	1930-10-24	1	03단	注目さるゝ信水評議會理事の選任問題で早くも劃策が行はる
196927	朝鮮朝日	西北版	1930-10-24	1	03단	間琿朝鮮人民會長會決議文を領事に
196928	朝鮮朝日	西北版	1930-10-24	1	04단	西鮮巡視中の齋藤總督
196929	朝鮮朝日	西北版	1930-10-24	1	05단	所澤機の耐寒飛行國境方面で
196930	朝鮮朝日	西北版	1930-10-24	1	05단	平壤醫院の巡回診療道內奧地貧民のために
196931	朝鮮朝日	西北版	1930-10-24	1	06단	旣定計劃通り十一校認可されそれぞれ授業を始む平南の一面一校計劃
196932	朝鮮朝日	西北版	1930-10-24	1	06단	愈朝鮮でも明年から官吏の減俸斷行年末賞與も減額する總督府歲出大節減

일련번호	판명		간행일	면	단수	기사명
196933	朝鮮朝日	西北版	1930-10-24	1	07단	西鮮の秋の樂壇に燦然と光を放つ女子中等聯合音樂會參加學校から粒選りを出す
196934	朝鮮朝日	西北版	1930-10-24	1	07단	滯壤中の齋藤總督道立醫院や平安水利を視察して京城へ
196935	朝鮮朝日	西北版	1930-10-24	1	08단	俳句/鈴木花養選
196936	朝鮮朝日	西北版	1930-10-24	1	08단	相當有望な平南安順金鑛
196937	朝鮮朝日	西北版	1930-10-24	1	08단	無根の投書で警察をさわがす
196938	朝鮮朝日	西北版	1930-10-24	1	08단	代表者不滿の色で領事館を引揚ぐ領事館では幹部を集め間島時局打開を協議
196939	朝鮮朝日	西北版	1930-10-24	1	09단	段當りの收穫四石六合に上る良好な成績を收めた平南島の米作多收穫品評會
196940	朝鮮朝日	西北版	1930-10-24	1	10단	人夫傳票で詐欺を働く
196941	朝鮮朝日	西北版	1930-10-24	1	10단	列車で盜難
196942	朝鮮朝日	西北版	1930-10-24	1	10단	守衛縊死
196943	朝鮮朝日	西北版	1930-10-24	1	10단	平壤の火事子供の弄火から
196944	朝鮮朝日	西北版	1930-10-24	1	10단	少年スリ捕へらる
196945	朝鮮朝日	西北版	1930-10-24	1	10단	平壤驛の天井墜落
196946	朝鮮朝日	西北版	1930-10-24	1	10단	人(大澤博士(城大教授)/野口耕一氏(本府土木課技師))
196947	朝鮮朝日	西北版	1930-10-24	1	10단	應援警官に慰問袋間島の邦人が
196948	朝鮮朝日	西北・南鮮版	1930-10-24	2	01단	第三回朝鮮馬術大會前記(3)/學生にリードされる朝鮮の乘馬熱幾多の悩みはあったが生れ出た學生馬術聯盟
196949	朝鮮朝日	西北・南鮮版	1930-10-24	2	01단	浦項水産講習會開設及落成式
196950	朝鮮朝日	西北・南鮮版	1930-10-24	2	01단	各地短信(仁川/裡里/咸興/間島/淸州/京城/蔚山/安東)
196951	朝鮮朝日	西北・南鮮版	1930-10-24	2	03단	第三回朝鮮學生馬術大會
196952	朝鮮朝日	西北・南鮮版	1930-10-24	2	03단	朝日巡回活寫會
196953	朝鮮朝日	南鮮版	1930-10-25	1	01단	多獅島と昭和製鋼所問題(下)/肝腎の仙石總裁は一向煮えきらぬ一萬噸級橫づけなら設計を變更すれば譯はない
196954	朝鮮朝日	南鮮版	1930-10-25	1	01단	朝鮮米が米價對策上重要な役割を占る朝鮮にも愈よ米穀法實施か拓務省で目下調査中
196955	朝鮮朝日	南鮮版	1930-10-25	1	02단	社會事業補助金
196956	朝鮮朝日	南鮮版	1930-10-25	1	02단	文盲者を集めて諺文講習を開く寺小屋式にイロハから受講者には讀本を給與
196957	朝鮮朝日	南鮮版	1930-10-25	1	03단	教育勅語渙發記念講演會卅日社會館で

일련번호	판명		간행일	면	단수	기사명
196958	朝鮮朝日	南鮮版	1930-10-25	1	03단	府勢振興會の祕密役員會京仁取問題で
196959	朝鮮朝日	南鮮版	1930-10-25	1	04단	篤志家から朝鮮馬廿頭朝鮮軍に贈る各隊では之を駄馬に使ふ
196960	朝鮮朝日	南鮮版	1930-10-25	1	04단	貯蓄頭取に森氏就任廿四日總會で
196961	朝鮮朝日	南鮮版	1930-10-25	1	04단	簡保の功勞者に記念品を贈る
196962	朝鮮朝日	南鮮版	1930-10-25	1	05단	失業救濟の富民館本年中に實現
196963	朝鮮朝日	南鮮版	1930-10-25	1	05단	島氏が京城で住宅地經營
196964	朝鮮朝日	南鮮版	1930-10-25	1	05단	突兀として聳える奇巖
196965	朝鮮朝日	南鮮版	1930-10-25	1	06단	低資を貸付け籾濫賣防止慶北農民救濟策
196966	朝鮮朝日	南鮮版	1930-10-25	1	06단	水利組合工事に二の足を踏む米價暴落の影響を受け黃海道の地主連逆にへこたる
196967	朝鮮朝日	南鮮版	1930-10-25	1	06단	泣きを入れたいや話は違ふ結局有耶無耶に終る元山で新聞記者を稼いだ川崎司法次官の思ひ出話
196968	朝鮮朝日	南鮮版	1930-10-25	1	06단	金肥消費の標準量決定朝鮮の金肥獎勵政策
196969	朝鮮朝日	南鮮版	1930-10-25	1	07단	京城江陵電信開通
196970	朝鮮朝日	南鮮版	1930-10-25	1	07단	昌慶苑池畔に出來た子供の國廿六日の日曜から開場
196971	朝鮮朝日	南鮮版	1930-10-25	1	08단	神宮馬術大會へ選手を派遣京城から二名
196972	朝鮮朝日	南鮮版	1930-10-25	1	08단	今度は旅客機で金剛空の探勝此飛行で有望と見込がつけば金剛山遊覽飛行計劃/國境飛行演習と長距離飛行/新義州府外の着陸場視察/高射砲隊射擊演習
196973	朝鮮朝日	南鮮版	1930-10-25	1	09단	太刀會の一派重要都市を狙ふ部下四百名を率ゐて各地方の警備狀況を偵察
196974	朝鮮朝日	南鮮版	1930-10-25	1	10단	西尾機大破搭乘者は無事
196975	朝鮮朝日	南鮮版	1930-10-25	1	10단	もよほし(門鐵釜山慰安會/慶南署長會議)
196976	朝鮮朝日	南鮮版	1930-10-25	1	10단	人(湯村辰次郎氏(總督府農務課長))
196977	朝鮮朝日	南鮮版	1930-10-25	1	10단	活動映寫中の珍事
196978	朝鮮朝日	南鮮版	1930-10-25	1	10단	密陽楡川間で列車立往生
196979	朝鮮朝日	西北版	1930-10-25	1	01단	多獅島と昭和製鋼所問題(下)/肝腎の仙石總裁は一向煮えきらぬ一萬噸級橫づけなら設計を變更すれば譯はない
196980	朝鮮朝日	西北版	1930-10-25	1	01단	朝鮮米が米價對策上重要な役割を占る朝鮮にも愈よ米穀法實施か拓務省で目下調査中
196981	朝鮮朝日	西北版	1930-10-25	1	02단	經營法をかへて洋襪を改善平壤家展工業發展策

일련번호	판명		간행일	면	단수	기사명
196982	朝鮮朝日	西北版	1930-10-25	1	02단	農村不況救濟の養鷄獎勵を計劃明年度から實施
196983	朝鮮朝日	西北版	1930-10-25	1	03단	平壤府內の動力調査
196984	朝鮮朝日	西北版	1930-10-25	1	04단	商議改選は延期
196985	朝鮮朝日	西北版	1930-10-25	1	04단	興南警察署の設置を申請
196986	朝鮮朝日	西北版	1930-10-25	1	04단	新義州府外の着陸場視察/國境飛行演習と長距離飛行/高射砲隊射擊演習
196987	朝鮮朝日	西北版	1930-10-25	1	04단	水利組合工事に二の足を踏む米價暴落の影響を受け黃海道の地主連逆にへこたる
196988	朝鮮朝日	西北版	1930-10-25	1	05단	文盲者を集めて諺文講習を開く寺小屋式にイロハから受講者には讀本を給與
196989	朝鮮朝日	西北版	1930-10-25	1	06단	秋の成川十二峰
196990	朝鮮朝日	西北版	1930-10-25	1	06단	兇賊逮捕者に賞與を贈る
196991	朝鮮朝日	西北版	1930-10-25	1	07단	お茶のあと
196992	朝鮮朝日	西北版	1930-10-25	1	07단	消防功勞者の表彰を行ふ
196993	朝鮮朝日	西北版	1930-10-25	1	07단	ヘアリビッチ增收の計劃來年一萬町步に
196994	朝鮮朝日	西北版	1930-10-25	1	08단	總督府の對間島方針變更か
196995	朝鮮朝日	西北版	1930-10-25	1	08단	泣きを入れたいや話は違ふ結局有耶無耶に終る元山で新聞記者を稼いだ川崎司法次官の思ひ出話
196996	朝鮮朝日	西北版	1930-10-25	1	08단	金肥消費の標準量決定朝鮮の金肥獎勵政策
196997	朝鮮朝日	西北版	1930-10-25	1	09단	新義州延市場出來高を見る
196998	朝鮮朝日	西北版	1930-10-25	1	09단	密陽楡川間で列車立往生機關車故障で
196999	朝鮮朝日	西北版	1930-10-25	1	09단	太刀會の一派重要都市を狙ふ部下四百名を率ゐて各地方の警備狀況を偵察
197000	朝鮮朝日	西北版	1930-10-25	1	10단	西尾機大破搭乘者は無事
197001	朝鮮朝日	西北版	1930-10-25	1	10단	勤儉强調週間を機に宴會廢止デー新義州府廳の大宣傳
197002	朝鮮朝日	西北版	1930-10-25	1	10단	自殺に用ひる阿片を密輸
197003	朝鮮朝日	西北版	1930-10-25	1	10단	嬰兒を毆殺
197004	朝鮮朝日	西北版	1930-10-25	1	10단	活動映寫中の珍事
197005	朝鮮朝日	西北・南鮮版	1930-10-25	2	01단	第三回朝鮮馬術大會前記(4)/學生にリードされる朝鮮の乘馬熱幾多の惱みはあったが生れ出た學生馬術聯盟
197006	朝鮮朝日	西北・南鮮版	1930-10-25	2	01단	今年開通の私鐵線旅客貨物船をもって新航路も開拓

일련번호	판명		간행일	면	단수	기사명
197007	朝鮮朝日	西北・南鮮版	1930-10-25	2	01단	預金が減って農資貸出增加平南金組九月業績
197008	朝鮮朝日	西北・南鮮版	1930-10-25	2	01단	時代逆行の申合せを撤回
197009	朝鮮朝日	西北・南鮮版	1930-10-25	2	02단	家屋稅徵收の成績が惡い
197010	朝鮮朝日	西北・南鮮版	1930-10-25	2	02단	辰馬汽船會社浦項に進出出穀期に際し
197011	朝鮮朝日	西北・南鮮版	1930-10-25	2	02단	スキー小屋三防のスキー場に
197012	朝鮮朝日	西北・南鮮版	1930-10-25	2	03단	各地短信(平壤/清津/鎭南浦/大邱)
197013	朝鮮朝日	西北・南鮮版	1930-10-25	2	03단	第三回朝鮮學生馬術大會
197014	朝鮮朝日	南鮮版	1930-10-26	1	01단	オールゴール(法官の珍野球/新妻の夫殺し)
197015	朝鮮朝日	南鮮版	1930-10-26	1	01단	粟の輸入禁止は歲入に大破綻總督府の熱烈な反對遂に禁止論者の農相を動す
197016	朝鮮朝日	南鮮版	1930-10-26	1	01단	府民大會で移轉反對決議關係方面に決議文を送る絆れた仁取移轉問題
197017	朝鮮朝日	南鮮版	1930-10-26	1	01단	米價暴落の影響で私立學校行詰る六萬餘の學生が問題
197018	朝鮮朝日	南鮮版	1930-10-26	1	02단	近海漁業者請願
197019	朝鮮朝日	南鮮版	1930-10-26	1	03단	鎭海臨港線漸く完成を告ぐ
197020	朝鮮朝日	南鮮版	1930-10-26	1	03단	崔女史が建る金泉高普校近く認可さる
197021	朝鮮朝日	南鮮版	1930-10-26	1	03단	捕らぬ狸の皮算用野口老からどれほどの寄附があるか咸興わらべが氣を揉むさて當人の腹の裡は？
197022	朝鮮朝日	南鮮版	1930-10-26	1	04단	創立三十年の南山幼稚園今では朝鮮第一となる
197023	朝鮮朝日	南鮮版	1930-10-26	1	05단	うちくつろいで盃をかたむけ興に乗じ筆を揮ふ春子夫人をともなはぬ齋藤老總督の淸遊ぶり
197024	朝鮮朝日	南鮮版	1930-10-26	1	05단	卸値が高いと小賣人が憤慨酒の不買同盟を行ふ慶南朝鮮酒屋がごたつく
197025	朝鮮朝日	南鮮版	1930-10-26	1	05단	大地主階級ほど滯納がひどい米價慘落は納稅に影響平北道の納稅成績は非常に惡い
197026	朝鮮朝日	南鮮版	1930-10-26	1	06단	野球座談會を開き面白い野球談を放送京城放送局の新しい試み
197027	朝鮮朝日	南鮮版	1930-10-26	1	06단	二重放送朝鮮でも來年からやる
197028	朝鮮朝日	南鮮版	1930-10-26	1	07단	慶南棉花共販數量促進金融急迫で
197029	朝鮮朝日	南鮮版	1930-10-26	1	07단	麥品評會に參加
197030	朝鮮朝日	南鮮版	1930-10-26	1	07단	高飛した夫婦もの大阪で捕はる二人とも偽名し潛伏中を殖産組合一萬圓橫領犯人

일련번호	판명		간행일	면	단수	기사명
197031	朝鮮朝日	南鮮版	1930-10-26	1	08단	各地呼應して運動を起すまづ多田、加藤の兩氏上京昭和製鋼所誘致問題
197032	朝鮮朝日	南鮮版	1930-10-26	1	08단	二十餘名の人夫が道技手を半殺し被疑者四名は捕はれた大田水天橋工事の珍事
197033	朝鮮朝日	南鮮版	1930-10-26	1	08단	國調發表は十二月中旬
197034	朝鮮朝日	南鮮版	1930-10-26	1	08단	俳句/鈴木花蓑選
197035	朝鮮朝日	南鮮版	1930-10-26	1	09단	學校騷ぎに警察の目光る
197036	朝鮮朝日	南鮮版	1930-10-26	1	09단	漁船の遭難慶南沖合で
197037	朝鮮朝日	南鮮版	1930-10-26	1	10단	橫領外交員逮捕
197038	朝鮮朝日	南鮮版	1930-10-26	1	10단	刑事斬りに懲役十二年
197039	朝鮮朝日	南鮮版	1930-10-26	1	10단	渡邊氏愈よ公判に廻る
197040	朝鮮朝日	南鮮版	1930-10-26	1	10단	道味魚
197041	朝鮮朝日	西北版	1930-10-26	1	01단	鎭江漫語
197042	朝鮮朝日	西北版	1930-10-26	1	01단	粟の輸入禁止は歲入に大破綻總督府の熱烈な反對遂に禁止論者の農相を動す
197043	朝鮮朝日	西北版	1930-10-26	1	01단	平安水組の盛大な竣工式齋藤總督を迎へ/順南水利組合竣工式擧行
197044	朝鮮朝日	西北版	1930-10-26	1	03단	咸興府費の多額納稅調べ
197045	朝鮮朝日	西北版	1930-10-26	1	03단	捕らぬ狸の皮算用野口老からどれほどの寄附があるか咸興わらべが氣を揉むさて當人の腹の裡は？
197046	朝鮮朝日	西北版	1930-10-26	1	04단	敎化團體聯合會出席者
197047	朝鮮朝日	西北版	1930-10-26	1	04단	大地主階級ほど滯納がひどい米價慘落は納稅に影響平北道の納稅成績は非常に惡い
197048	朝鮮朝日	西北版	1930-10-26	1	05단	普通學校の理科書改正
197049	朝鮮朝日	西北版	1930-10-26	1	05단	國境を中心に防空演習平壤高射砲隊で計劃を進む
197050	朝鮮朝日	西北版	1930-10-26	1	06단	うちくつろいで盃をかたむけ興に乘じ筆を揮ふ春子夫人をともなはぬ齋藤老總督の淸遊ぶり
197051	朝鮮朝日	西北版	1930-10-26	1	06단	安東縣の兒童デー子供達を愛しませうと宣傳
197052	朝鮮朝日	西北版	1930-10-26	1	06단	咸興驛構內に地下道掘鑿
197053	朝鮮朝日	西北版	1930-10-26	1	06단	二重放送朝鮮でも來年からやる
197054	朝鮮朝日	西北版	1930-10-26	1	07단	見張所を兼た貯木場新設豆滿江岸に
197055	朝鮮朝日	西北版	1930-10-26	1	07단	新義州稅關の貿易激減國境特惠關稅撤廢が影響し

일련번호	판명		간행일	면	단수	기사명
197056	朝鮮朝日	西北版	1930-10-26	1	07단	漁船溜と水揚場の設置方を陳情齋藤總督に對して鎭南浦商業會議所から
197057	朝鮮朝日	西北版	1930-10-26	1	07단	野球座談會を開き面白い野球談を放送京城放送局の新しい試み
197058	朝鮮朝日	西北版	1930-10-26	1	08단	俳句/鈴木花蓑選
197059	朝鮮朝日	西北版	1930-10-26	1	08단	咸南高原郡に有望な炭層
197060	朝鮮朝日	西北版	1930-10-26	1	08단	國有林燒く二百町步燒失
197061	朝鮮朝日	西北版	1930-10-26	1	08단	羅休職檢事の上告は棄却
197062	朝鮮朝日	西北版	1930-10-26	1	09단	豚コレラの流行地視察
197063	朝鮮朝日	西北版	1930-10-26	1	09단	各地呼應して運動を起すまづ多田、加藤の兩氏上京昭和製鋼所誘置問題
197064	朝鮮朝日	西北版	1930-10-26	1	09단	六人ごろしの犯人わかる盜んだ牛を賣って山づたひで逃げる
197065	朝鮮朝日	西北版	1930-10-26	1	09단	西鮮女子庭球大會
197066	朝鮮朝日	西北版	1930-10-26	1	09단	家內工業を獎勵し不況に惱む農村を救濟する
197067	朝鮮朝日	西北版	1930-10-26	1	10단	不義の嬰兒を訓導が壓殺
197068	朝鮮朝日	西北版	1930-10-26	1	10단	紅蔘錠內地移出
197069	朝鮮朝日	西北・南鮮版	1930-10-26	2	01단	新米出廻が少い米穀資金の未決定と米價の亂調子をおそれ
197070	朝鮮朝日	西北・南鮮版	1930-10-26	2	01단	慶北警官大異動
197071	朝鮮朝日	西北・南鮮版	1930-10-26	2	02단	慶南師範閉校
197072	朝鮮朝日	西北・南鮮版	1930-10-26	2	02단	寫眞說明
197073	朝鮮朝日	西北・南鮮版	1930-10-26	2	03단	父兄會から陳情
197074	朝鮮朝日	西北・南鮮版	1930-10-26	2	03단	酒類品評會の褒賞授與式
197075	朝鮮朝日	西北・南鮮版	1930-10-26	2	03단	迎日漁組合長改選濱田惟和氏當選
197076	朝鮮朝日	西北・南鮮版	1930-10-26	2	04단	慶南沿海の海苔作各地共豊作
197077	朝鮮朝日	西北・南鮮版	1930-10-26	2	04단	愈々これから猩紅熱の流行期に兒童には豫防注射
197078	朝鮮朝日	西北・南鮮版	1930-10-26	2	04단	昌慶苑の菊廿五日から觀菊デー
197079	朝鮮朝日	西北・南鮮版	1930-10-26	2	04단	各地だより(咸興)
197080	朝鮮朝日	南鮮版	1930-10-28	1	01단	仁川取引所の定時總會委任狀檢査要求で議場は大混亂に陷る數千の群衆場をかこみ萬歲をさけんで氣勢をあげる/次回開會地の問題で又もや混亂を來す仁川に決定で漸く鎭靜群衆は大旗を先頭に引揚げる
197081	朝鮮朝日	南鮮版	1930-10-28	1	01단	仁川側にとり力强い言明陳情委員に對して兒玉政務總監から/荒井社長頑張る辭職勸告を斷乎として排す

일련번호	판명		간행일	면	단수	기사명
197082	朝鮮朝日	南鮮版	1930-10-28	1	02단	財界の不況で連絡船客減る貨物船の積荷も半減連絡船一隻休航の噂まで起る
197083	朝鮮朝日	南鮮版	1930-10-28	1	03단	貯蓄銀行の幹部級決定
197084	朝鮮朝日	南鮮版	1930-10-28	1	04단	李鍵公殿下少尉御任官
197085	朝鮮朝日	南鮮版	1930-10-28	1	04단	暹羅國皇族の御來鮮期
197086	朝鮮朝日	南鮮版	1930-10-28	1	04단	二萬圓事件一體どうなる？後日物語殖銀が損失なく朝鮮火災も凉しい顔鐵道局は責任なしと頑張る
197087	朝鮮朝日	南鮮版	1930-10-28	1	05단	俸給五分天引に眞先に反對し警官增員の實現に邁進苦痛を感じた警務局決意を固む
197088	朝鮮朝日	南鮮版	1930-10-28	1	06단	中央ホテルの三階燒失
197089	朝鮮朝日	南鮮版	1930-10-28	1	07단	ワンコの倶樂部盛んな京城の畜犬熱
197090	朝鮮朝日	南鮮版	1930-10-28	1	07단	映畫の關所屋根の裏から一躍して洋館十萬圓で日本一の檢閲室が京城に出來る
197091	朝鮮朝日	南鮮版	1930-10-28	1	08단	銀行は澁り組合は二の足慶北水利の前途憂慮
197092	朝鮮朝日	南鮮版	1930-10-28	1	09단	人道橋下に男女の死體男は日本蓄電社員女は京城藝妓
197093	朝鮮朝日	南鮮版	1930-10-28	1	09단	府尹の不信任や前聲明の履行を迫る藥令市の移轉問題で西部移轉期成會奮起
197094	朝鮮朝日	南鮮版	1930-10-28	1	09단	國境荒しの大立物金哲射殺さる包圍の鮮支警官に不穩文と部下就縛
197095	朝鮮朝日	南鮮版	1930-10-28	1	09단	消防組の名を騙って詐取
197096	朝鮮朝日	南鮮版	1930-10-28	1	09단	醒進會事件判決言渡騷ぎ出して法廷混雜す
197097	朝鮮朝日	南鮮版	1930-10-28	1	10단	大邱でも白米値下
197098	朝鮮朝日	南鮮版	1930-10-28	1	10단	もよほし(靑丘學會講演會)
197099	朝鮮朝日	南鮮版	1930-10-28	1	10단	人(巖谷小波氏(著述家)/米田甚太郎氏(元京畿道知事)/齋藤五吉氏(朝鮮商工新聞社長)/安本三郎氏(關釜連絡景福丸事務長)/川崎司法政務次官)
197100	朝鮮朝日	西北版	1930-10-28	1	01단	俸給五分天引に眞先に反對し警官增員の實現に邁進苦痛を感じた警務局決意を固む
197101	朝鮮朝日	西北版	1930-10-28	1	01단	事件の眞相をよく調査し支那と列國に知らせ間島を視察した神田參謀談
197102	朝鮮朝日	西北版	1930-10-28	1	01단	車輛稅引下は財政上困る平南道當局の態度は各方面の注意を惹く
197103	朝鮮朝日	西北版	1930-10-28	1	01단	李鍵公殿下少尉御任官

일련번호	판명		간행일	면	단수	기사명
197104	朝鮮朝日	西北版	1930-10-28	1	02단	貯蓄銀行の幹部級決定
197105	朝鮮朝日	西北版	1930-10-28	1	02단	平壤常備消防隊の萬壽台望樓竣工す
197106	朝鮮朝日	西北版	1930-10-28	1	03단	信川水利組合は結局事業を中止か未曾有の米價安のため農家にとっては收支つぐなはぬ
197107	朝鮮朝日	西北版	1930-10-28	1	04단	平鐵の秋李線路審査
197108	朝鮮朝日	西北版	1930-10-28	1	04단	南浦果實會社解散を可決淸算の結果は十圓程拂込を要すると傳へらる
197109	朝鮮朝日	西北版	1930-10-28	1	04단	綠肥採種田平南各地に設置
197110	朝鮮朝日	西北版	1930-10-28	1	05단	課長物語氣焰街を行く（１０）/本府學務課長神尾式春氏
197111	朝鮮朝日	西北版	1930-10-28	1	05단	六郡山林展覽會準備着々進む
197112	朝鮮朝日	西北版	1930-10-28	1	05단	特に地方から三高女參加昨今猛練習をつづく西鮮女子中等音樂會
197113	朝鮮朝日	西北版	1930-10-28	1	06단	沙里院高女の勅語捧讀式
197114	朝鮮朝日	西北版	1930-10-28	1	06단	鄕軍正副會長決定
197115	朝鮮朝日	西北版	1930-10-28	1	06단	沙里院署の優勝祝賀宴
197116	朝鮮朝日	西北版	1930-10-28	1	06단	映畫の關所屋根の裏から一躍して洋館十萬圓で日本一の檢閱室が京城に出來る
197117	朝鮮朝日	西北版	1930-10-28	1	06단	エア・ポートを新義州に移轉か平壤商議は吃驚して照會狀を出すやら大騷ぎ
197118	朝鮮朝日	西北版	1930-10-28	1	07단	蔚山飛行場擴張改善計劃
197119	朝鮮朝日	西北版	1930-10-28	1	07단	嗜眠性腦炎
197120	朝鮮朝日	西北版	1930-10-28	1	08단	慘狀はまったく眠もあてられぬ犯人はまだ捕まらぬ平北熙川郡の六人殺し事件
197121	朝鮮朝日	西北版	1930-10-28	1	08단	鎭江漫語
197122	朝鮮朝日	西北版	1930-10-28	1	09단	平壤朝鮮街の飮食料値下
197123	朝鮮朝日	西北版	1930-10-28	1	09단	地元朝鮮人を本位として許可明太魚漁業權處分で總督府は好評を博す
197124	朝鮮朝日	西北版	1930-10-28	1	09단	國境荒の大立物金哲射殺さる不穩文と部下就縛包圍の鮮支警官に
197125	朝鮮朝日	西北版	1930-10-28	1	10단	人(川崎司法政務次官/石田平南警察部長)
197126	朝鮮朝日	西北・南鮮版	1930-10-28	2	01단	經濟コント(低利資金の悩み)
197127	朝鮮朝日	西北・南鮮版	1930-10-28	2	01단	無煙炭積込棧橋の架設は見込なく燃料需要期に直面し平南一帶の無煙炭は大御難
197128	朝鮮朝日	西北・南鮮版	1930-10-28	2	01단	普通校卒業生の米收穫調査優良者表彰
197129	朝鮮朝日	西北・南鮮版	1930-10-28	2	02단	慶南道水組救濟策起債の形式で組合費の納入を延期

일련번호	판명		간행일	면	단수	기사명
197130	朝鮮朝日	西北・南鮮版	1930-10-28	2	02단	*盛況を呈した學生馬術大會本社寄贈優勝楯は京城醫專が獲得/專門校聯盟の陸上競技會/釜山對大邱庭球戰釜山軍勝つ*
197131	朝鮮朝日	西北・南鮮版	1930-10-28	2	02단	龍井村內地人市民軍優勝
197132	朝鮮朝日	西北・南鮮版	1930-10-28	2	04단	關門地方では朝鮮米全盛だ安くて味が良いと素晴らしい勢で賣れてゐる
197133	朝鮮朝日	西北・南鮮版	1930-10-28	2	05단	籾擔保貸付金各道割當額貸付總額は四百萬圓
197134	朝鮮朝日	西北・南鮮版	1930-10-28	2	06단	釜山大防堤築造工事進捗す
197135	朝鮮朝日	西北・南鮮版	1930-10-28	2	06단	忠北道の諸會完全に終る
197136	朝鮮朝日	西北・南鮮版	1930-10-28	2	07단	不況に祟られた鐵道工事失業者簇出を恐れ極力起工促進さす
197137	朝鮮朝日	西北・南鮮版	1930-10-28	2	07단	鶴峴トンネル漸く開鑿す
197138	朝鮮朝日	西北・南鮮版	1930-10-28	2	07단	九州主要地で朝鮮見本市出品百十餘點
197139	朝鮮朝日	西北・南鮮版	1930-10-28	2	07단	百貨店繁榮
197140	朝鮮朝日	南鮮版	1930-10-29	1	01단	オールゴール(妙なカクテール/マダム新知識)
197141	朝鮮朝日	南鮮版	1930-10-29	1	01단	*總督府の明年豫算總額は二億五千萬圓本年度豫算に比し一千三百萬圓の增加/豫算の膨脹は失業者救濟事業で兒玉政務總監談*
197142	朝鮮朝日	南鮮版	1930-10-29	1	01단	物産品評會忠南大川で開催
197143	朝鮮朝日	南鮮版	1930-10-29	1	02단	中初等敎員の敎辨物展觀
197144	朝鮮朝日	南鮮版	1930-10-29	1	02단	課長物語氣焰街を行く(１０)/本府學務課長神尾式春氏
197145	朝鮮朝日	南鮮版	1930-10-29	1	03단	技術を覺えて職業戰線に突進健氣な女性のなかに多數の人妻もまじる
197146	朝鮮朝日	南鮮版	1930-10-29	1	04단	慶南署長會議
197147	朝鮮朝日	南鮮版	1930-10-29	1	04단	裡里の人口素晴い增加
197148	朝鮮朝日	南鮮版	1930-10-29	1	05단	家屋立退問題圓滿に解決
197149	朝鮮朝日	南鮮版	1930-10-29	1	05단	自動車行列で防火の宣傳來月四日に
197150	朝鮮朝日	南鮮版	1930-10-29	1	05단	女中や小僧は引張凧インテリ階級の求職者は駄目
197151	朝鮮朝日	南鮮版	1930-10-29	1	05단	今年は小作爭議激成の形勢總督府は早くも各道に通牒し對策考究
197152	朝鮮朝日	南鮮版	1930-10-29	1	06단	現行の營業稅を一割五分減稅制調査會で決定
197153	朝鮮朝日	南鮮版	1930-10-29	1	06단	健康兒表彰本社から記念メダル

일련번호	판명		간행일	면	단수	기사명
197154	朝鮮朝日	南鮮版	1930-10-29	1	06단	純國産軍用機朝鮮を飛ぶ所澤航空隊の耐寒飛行空中で各種性能試驗をする
197155	朝鮮朝日	南鮮版	1930-10-29	1	07단	俳句/鈴木花蓑選
197156	朝鮮朝日	南鮮版	1930-10-29	1	07단	考古學者が開城を研究來月二日に
197157	朝鮮朝日	南鮮版	1930-10-29	1	07단	水産疑獄控訴判決
197158	朝鮮朝日	南鮮版	1930-10-29	1	08단	銀坊主の特別標記を實施
197159	朝鮮朝日	南鮮版	1930-10-29	1	08단	不買騷ぎから朝鮮酒値下げ龜浦の朝鮮酒不買同盟は一段落！
197160	朝鮮朝日	南鮮版	1930-10-29	1	08단	今度は大邱で酒の不賣同盟酒造組合の値下拒絶で五百軒の朝鮮酒屋が
197161	朝鮮朝日	南鮮版	1930-10-29	1	08단	蔚山から興電に電燈値下要求應ぜねば消燈すと強硬な態度を示す
197162	朝鮮朝日	南鮮版	1930-10-29	1	08단	非常時の備に貯金契慶南の新計劃
197163	朝鮮朝日	南鮮版	1930-10-29	1	08단	判決間際に再審理清津府廳防火事件
197164	朝鮮朝日	南鮮版	1930-10-29	1	09단	怪盜捕はる
197165	朝鮮朝日	南鮮版	1930-10-29	1	09단	女房の自殺
197166	朝鮮朝日	南鮮版	1930-10-29	1	09단	下宿料引下運動起る京城の學生奮起
197167	朝鮮朝日	南鮮版	1930-10-29	1	10단	鮮支勞働者亂鬪し雙方共數名の負傷者を出す
197168	朝鮮朝日	南鮮版	1930-10-29	1	10단	軍縮記念放送朝鮮でもよく聞けた
197169	朝鮮朝日	南鮮版	1930-10-29	1	10단	伊藤公菩提寺建立寄附金
197170	朝鮮朝日	南鮮版	1930-10-29	1	10단	もよほし(美術展覽會/大興電氣總會/鎭海慶和小學校々舍落成式)
197171	朝鮮朝日	南鮮版	1930-10-29	1	10단	人(中村孝嗣氏/劉鎭淳氏/田中武雄氏(總督府保安課長))
197172	朝鮮朝日	西北版	1930-10-29	1	01단	總督府の明年豫算總額は二億五千萬圓本年度豫算に比し一千三百萬圓の增加/豫算の膨脹は失業者救濟事業で兒玉政務總監談
197173	朝鮮朝日	西北版	1930-10-29	1	01단	技術を覺えて職業戰線に突進健氣な女性のなかに多數の人妻もまじる
197174	朝鮮朝日	西北版	1930-10-29	1	01단	俳句/鈴木花蓑選
197175	朝鮮朝日	西北版	1930-10-29	1	02단	伊藤公菩提寺建立寄附金
197176	朝鮮朝日	西北版	1930-10-29	1	03단	中初等教員の教辨物展觀
197177	朝鮮朝日	西北版	1930-10-29	1	03단	機關車に試乘して平壤から安東へ(1)/平壤一記者
197178	朝鮮朝日	西北版	1930-10-29	1	04단	低資融通は豫定の通り斷行する方針
197179	朝鮮朝日	西北版	1930-10-29	1	04단	今年は小作爭議激成の形勢總督府は早くも各道に通牒し對策考究

일련번호	판명		간행일	면	단수	기사명
197180	朝鮮朝日	西北版	1930-10-29	1	05단	各種工事竣成祝賀會盛況を極む
197181	朝鮮朝日	西北版	1930-10-29	1	06단	現行の營業稅を一割五分減稅制調查會で決定
197182	朝鮮朝日	西北版	1930-10-29	1	06단	女中や小僧は引張凧インテリ階級の求職者は駄目
197183	朝鮮朝日	西北版	1930-10-29	1	07단	鎭江漫語
197184	朝鮮朝日	西北版	1930-10-29	1	07단	自動車行列で防火の宣傳來月四日に
197185	朝鮮朝日	西北版	1930-10-29	1	07단	純國產軍用機朝鮮を飛ぶ所澤航空隊の耐寒飛行空中で各種性能試驗をする
197186	朝鮮朝日	西北版	1930-10-29	1	07단	非常時の備に貯金契慶南の新計劃
197187	朝鮮朝日	西北版	1930-10-29	1	08단	*平實大勝す對平中俱野球戰/平鐵三菱を破る*
197188	朝鮮朝日	西北版	1930-10-29	1	08단	下宿料引下運動起る京城の學生奮起
197189	朝鮮朝日	西北版	1930-10-29	1	08단	考古學者が開城を研究來月二日に
197190	朝鮮朝日	西北版	1930-10-29	1	08단	第二回西鮮女子中等學校聯合音樂大會
197191	朝鮮朝日	西北版	1930-10-29	1	09단	判決間際に再審理淸津府廳防火事件
197192	朝鮮朝日	西北版	1930-10-29	1	09단	不買騷ぎから朝鮮酒値下げ龜浦の朝鮮酒不買同盟は一段落！
197193	朝鮮朝日	西北版	1930-10-29	1	10단	鮮支勞働者亂鬪し雙方共數名の負傷者を出す
197194	朝鮮朝日	西北版	1930-10-29	1	10단	怪盜捕はる
197195	朝鮮朝日	西北版	1930-10-29	1	10단	女房の自殺
197196	朝鮮朝日	西北版	1930-10-29	1	10단	銀坊主の特別標記を實施
197197	朝鮮朝日	西北版	1930-10-29	1	10단	人(金子廉次郎博士(九大教授)/士師本府商工課長/田中武雄氏(總督府保安課長))
197198	朝鮮朝日	西北・南鮮版	1930-10-29	2	01단	財界十字路(鮮米新運賃/商倉專務內定)
197199	朝鮮朝日	西北・南鮮版	1930-10-29	2	01단	寫眞說明(上は第三回朝鮮學生馬術大會團體競技に優勝した京城醫專選手/下は同個人競技に優勝した高工の前田選手)
197200	朝鮮朝日	西北・南鮮版	1930-10-29	2	01단	農村不況の打開策を協議慶北道農會主催の地主懇談會開かる
197201	朝鮮朝日	西北・南鮮版	1930-10-29	2	01단	結局海流の變化か慶北東海岸の秋鯖不漁原因
197202	朝鮮朝日	西北・南鮮版	1930-10-29	2	01단	慶南二ケ所の農倉庫決定來月上旬起工
197203	朝鮮朝日	西北・南鮮版	1930-10-29	2	02단	各地短信(裡里/淸州/鎭海/平壤/仁川/群山/公州)
197204	朝鮮朝日	南鮮版	1930-10-30	1	01단	三千萬圓の勞賃が失業に惱む人々に三年繼續で失業者救濟總督府の大英斷

일련번호	판명		간행일	면	단수	기사명
197205	朝鮮朝日	南鮮版	1930-10-30	1	01단	德惠樣の御婚儀は明年花の四月ころ御結納は十一月中旬東上韓李王職長官謹話
197206	朝鮮朝日	南鮮版	1930-10-30	1	01단	仁取移轉は絶對に出來ぬ齋藤總督の言明で仁川府民は稍落付く
197207	朝鮮朝日	南鮮版	1930-10-30	1	02단	洛東江岸民に地稅免除
197208	朝鮮朝日	南鮮版	1930-10-30	1	02단	課長物語氣焰街を行く（１１）/本府宗教課長李昌根氏
197209	朝鮮朝日	南鮮版	1930-10-30	1	03단	米價調節の農商業倉庫設置準備着々進む低利資金は銀行と折衝中
197210	朝鮮朝日	南鮮版	1930-10-30	1	03단	一千年前の佛像を發見
197211	朝鮮朝日	南鮮版	1930-10-30	1	04단	興電に電燈値下の要求
197212	朝鮮朝日	南鮮版	1930-10-30	1	04단	ライオンのお父さんが子戀しさに辛い思ひ昌慶苑のライオン哀話
197213	朝鮮朝日	南鮮版	1930-10-30	1	05단	安全剃刀の刃が體內巡り七ヶ月もうろつく切開手術で取出す
197214	朝鮮朝日	南鮮版	1930-10-30	1	05단	DKで文藝講座十一月中旬から約三週間開く
197215	朝鮮朝日	南鮮版	1930-10-30	1	05단	立毛差押が多い一郡平均八、九件
197216	朝鮮朝日	南鮮版	1930-10-30	1	06단	空から見た金剛山
197217	朝鮮朝日	南鮮版	1930-10-30	1	06단	缺捐の向には稅を減免す物品販賣業に丙種新設營業稅減額調査進む
197218	朝鮮朝日	南鮮版	1930-10-30	1	06단	完全な高麗史が出た崔彦明の『拙稿千百』
197219	朝鮮朝日	南鮮版	1930-10-30	1	07단	紙幣僞造を裝ひ七百圓詐取一味四名逮捕
197220	朝鮮朝日	南鮮版	1930-10-30	1	08단	大邱土木事件第二審判決廿八日宣告さる
197221	朝鮮朝日	南鮮版	1930-10-30	1	08단	患者の激減で病院收入減る藥價値下は不可能道立醫院の不況影響
197222	朝鮮朝日	南鮮版	1930-10-30	1	08단	二階墜落し數名負傷す釜山榮町の珍事
197223	朝鮮朝日	南鮮版	1930-10-30	1	08단	一家四名を慘殺す六道溝に馬賊
197224	朝鮮朝日	南鮮版	1930-10-30	1	08단	爆藥密賣犯二名を逮捕
197225	朝鮮朝日	南鮮版	1930-10-30	1	09단	人夫卽死す
197226	朝鮮朝日	南鮮版	1930-10-30	1	09단	一日十五石の蠅を獲る
197227	朝鮮朝日	南鮮版	1930-10-30	1	10단	濛信學校生徒盟休を斷行
197228	朝鮮朝日	南鮮版	1930-10-30	1	10단	海賊三人とも懲役
197229	朝鮮朝日	南鮮版	1930-10-30	1	10단	雇主の態度强硬を極む洋靴職工の爭議
197230	朝鮮朝日	南鮮版	1930-10-30	1	10단	もよほし(航空映畫と講演/管絃樂の午後)
197231	朝鮮朝日	南鮮版	1930-10-30	1	10단	人(マーシャー男(駐日佛國大使)/韓李王職長官/山內繁夫氏(東大敎授)/三浦武美氏(外務省第二課長)/大澤藤十郎氏(群山實業家)/水田本府主計課長)

일련번호	판명		간행일	면	단수	기사명
197232	朝鮮朝日	南鮮版	1930-10-30	1	10단	道味魚
197233	朝鮮朝日	西北版	1930-10-30	1	01단	三千萬圓の勞賃が失業に悩む人々に三年繼續で失業者救濟總督府の大英斷
197234	朝鮮朝日	西北版	1930-10-30	1	01단	缺捐の向には稅を減免す物品販賣業に丙種新設營業稅減額調査進む
197235	朝鮮朝日	西北版	1930-10-30	1	01단	生活難に喘ぐ朝鮮人の勞働者少々物價は下っても勞銀安では追つかぬ
197236	朝鮮朝日	西北版	1930-10-30	1	01단	米價調節の農商業倉庫設置準備着々進む低利資金は銀行と折衝中
197237	朝鮮朝日	西北版	1930-10-30	1	03단	多收穫授賞式
197238	朝鮮朝日	西北版	1930-10-30	1	03단	餘りに豐作を過大視か黃海道の米作
197239	朝鮮朝日	西北版	1930-10-30	1	03단	機關車に試乘して平壤から安東へ（２）/平壤一記者
197240	朝鮮朝日	西北版	1930-10-30	1	04단	支那憲兵の配置
197241	朝鮮朝日	西北版	1930-10-30	1	04단	安全剃刀の刃が體內巡り七ヶ月もうろつく切開手術で取出す
197242	朝鮮朝日	西北版	1930-10-30	1	05단	飢饉よりはましだ豐作を喜ばぬ平南道の農民
197243	朝鮮朝日	西北版	1930-10-30	1	05단	嘎呀河の流筏減少を示す
197244	朝鮮朝日	西北版	1930-10-30	1	05단	赴任の途中免の字二人の和龍縣稅損局長
197245	朝鮮朝日	西北版	1930-10-30	1	06단	DKで文藝講座十一月中旬から約三週間開く
197246	朝鮮朝日	西北版	1930-10-30	1	06단	プログラムきまる西鮮女子音樂大會の打合會
197247	朝鮮朝日	西北版	1930-10-30	1	06단	國境奧地に鹽賣捌組合安い鹽を供給
197248	朝鮮朝日	西北版	1930-10-30	1	06단	積みも積んだり一戶あたり一萬貫それが千戶以上に上る黃海道農會主催の堆肥共進會
197249	朝鮮朝日	西北版	1930-10-30	1	07단	芋の葉を煙草に代用
197250	朝鮮朝日	西北版	1930-10-30	1	07단	南浦高女の音樂會
197251	朝鮮朝日	西北版	1930-10-30	1	08단	山邊氏優等賞獲得/元山高女排球選手出發/咸南武道大會
197252	朝鮮朝日	西北版	1930-10-30	1	08단	耐寒飛行の飛行場羅南に決定
197253	朝鮮朝日	西北版	1930-10-30	1	08단	解雇職工又も騷ぐ大同ゴム工場の御難つゞき
197254	朝鮮朝日	西北版	1930-10-30	1	09단	强盗團を逮捕す布切れを唯一の索線として
197255	朝鮮朝日	西北版	1930-10-30	1	09단	患者の激減で病院收入減る藥價値下は不可能道立醫院の不況影響

일련번호	판명		간행일	면	단수	기사명
197256	朝鮮朝日	西北版	1930-10-30	1	09단	毆らうとして毆り殺さる
197257	朝鮮朝日	西北版	1930-10-30	1	09단	橫領局員捕まる
197258	朝鮮朝日	西北版	1930-10-30	1	10단	共匪に脅迫さる
197259	朝鮮朝日	西北版	1930-10-30	1	10단	巡査部長に頭突きを食はす
197260	朝鮮朝日	西北版	1930-10-30	1	10단	雇主の態度強硬を極む洋靴職工の爭議
197261	朝鮮朝日	西北版	1930-10-30	1	10단	咸北道の自動車改善運轉手も向上させる
197262	朝鮮朝日	西北・南鮮版	1930-10-30	2	01단	財界十字路(米倉社長難/冬を迎へる商店/仁取株主總會)
197263	朝鮮朝日	西北・南鮮版	1930-10-30	2	01단	不況氣から起る精神病が多い全鮮でザッと一萬人收容所設置要望起る
197264	朝鮮朝日	西北・南鮮版	1930-10-30	2	01단	農場地主から籾金融要求が多い銀行は近く貸出開始
197265	朝鮮朝日	西北・南鮮版	1930-10-30	2	01단	市場使用料の値下を要求
197266	朝鮮朝日	西北・南鮮版	1930-10-30	2	01단	割引の形式で適當に値下
197267	朝鮮朝日	西北・南鮮版	1930-10-30	2	02단	煙草耕作獎勵金
197268	朝鮮朝日	西北・南鮮版	1930-10-30	2	02단	群衆の統制もとれて圓滑に終始す仁川取引所總會餘記
197269	朝鮮朝日	西北・南鮮版	1930-10-30	2	02단	失業者救濟のために道路事業變更殘りの九ヶ年繼續を三ヶ年間に短縮す
197270	朝鮮朝日	西北・南鮮版	1930-10-30	2	04단	名馬春日が小倉の競馬で一等になる
197271	朝鮮朝日	西北・南鮮版	1930-10-30	2	04단	各地短信(咸興/公州/仁川/春川/蔚山)
197272	朝鮮朝日	南鮮版	1930-10-31	1	01단	秋のスペード 子供を人質に不當な宿賃惡辣な旅館/里民の小競合收穫物の山分から/僞文學士の餘罪續々露見/男の乳で子を育てた妻に死別れた四十男學理上例のない珍話/死損ねて警察へ家出した內地人二人/世活難で自殺/韓林は懲役/宴會は五十錢から
197273	朝鮮朝日	南鮮版	1930-10-31	1	01단	長岡將軍に「そんな馬鹿な」と一喝の下に斥けられた/功績を認められ記念碑を建設さる明治廿七年頃飛機を設計し世に容れられなかった二宮氏/殉職飛行家の靈を慰む自宅內に神社老の身を奉仕/昔の恩を思ひ資金を寄附感心な一兵卒
197274	朝鮮朝日	南鮮版	1930-10-31	1	01단	德惠樣と宗伯爵の御緣組は御內定か篠田李王職次官謹話
197275	朝鮮朝日	南鮮版	1930-10-31	1	04단	盛だった釜山の勅語記念日
197276	朝鮮朝日	南鮮版	1930-10-31	1	05단	籾保管組合水組救濟策
197277	朝鮮朝日	南鮮版	1930-10-31	1	05단	七千五百の除隊兵朝鮮に留て働せる軍部で就職の斡旋すでに二百名は就職決定

일련번호	판명		간행일	면	단수	기사명
197278	朝鮮朝日	南鮮版	1930-10-31	1	05단	俳句/鈴木花蓑選
197279	朝鮮朝日	南鮮版	1930-10-31	1	06단	海潮音
197280	朝鮮朝日	南鮮版	1930-10-31	1	06단	京城で又も白米値下之で十三回目
197281	朝鮮朝日	南鮮版	1930-10-31	1	06단	貨物自動車許可に制限
197282	朝鮮朝日	南鮮版	1930-10-31	1	06단	課長物語氣焰街を行く（１２）/本府林産課長後藤眞咲氏
197283	朝鮮朝日	南鮮版	1930-10-31	1	07단	海軍大演習特許拝觀船卅日釜山入港
197284	朝鮮朝日	南鮮版	1930-10-31	1	08단	儒道振興會財政難に陷る
197285	朝鮮朝日	南鮮版	1930-10-31	1	08단	私立學校教員講習會私立校改善計劃
197286	朝鮮朝日	南鮮版	1930-10-31	1	08단	新穀の出廻は著しく不振昨年に比して半減金融難の影響
197287	朝鮮朝日	南鮮版	1930-10-31	1	08단	慶北巡回診療
197288	朝鮮朝日	南鮮版	1930-10-31	1	08단	大敷網で猪が獲れた嘘のやうな話
197289	朝鮮朝日	南鮮版	1930-10-31	1	09단	朝鮮牛移出不振で長期檢疫全廢賣買値段を安くし內地農民の購牛力を唆る
197290	朝鮮朝日	南鮮版	1930-10-31	1	09단	朝鮮の時化これから朝鮮特有の季節
197291	朝鮮朝日	南鮮版	1930-10-31	1	09단	間島視察
197292	朝鮮朝日	南鮮版	1930-10-31	1	10단	十數名の共産黨又も暴行す
197293	朝鮮朝日	南鮮版	1930-10-31	1	10단	もよほし(忠南校長會議/劍道試合)
197294	朝鮮朝日	南鮮版	1930-10-31	1	10단	人(南軍司令官/林財務局長/西崎鶴太郎氏(鎭南浦實業家)/高松四郎氏(朝鮮神宮々司))
197295	朝鮮朝日	南鮮版	1930-10-31	1	10단	道味魚
197296	朝鮮朝日	西北版	1930-10-31	1	01단	秋のスペード　更に熙川郡に燃え擴がる平北の山火事/國境の山火事盛に延燒中/平壤の火事/肺ヂストマの根本的驅除/男の乳で子を育てた妻に死別れた四十男學理上例のない珍話/宴會は五十錢から/一家族全部の燒殺を企て自宅に放火す/他人の財産を抵當に詐取
197297	朝鮮朝日	西北版	1930-10-31	1	01단	長岡將軍に「そんな馬鹿な」と一喝の下に斥けられた/殉職飛行家の靈を慰む自宅內に神社老の身を奉仕/功績を認められ記念碑を建設する明治廿七年頃飛機を設計し世に容れられなかった二宮氏/昔の恩を思ひ資金を寄附感心な一兵卒
197298	朝鮮朝日	西北版	1930-10-31	1	03단	新穀の出廻は著しく不振昨年に比して半減金融難の影響
197299	朝鮮朝日	西北版	1930-10-31	1	04단	俳句/鈴木花蓑選
197300	朝鮮朝日	西北版	1930-10-31	1	05단	新義州の勅語記念日盛況を呈した

일련번호	판명		간행일	면	단수	기사명
197301	朝鮮朝日	西北版	1930-10-31	1	05단	今頃鰯が獲れる奇現象北鮮漁場近況
197302	朝鮮朝日	西北版	1930-10-31	1	05단	江原咸南機船底曳網組合愈實現を見る
197303	朝鮮朝日	西北版	1930-10-31	1	05단	七千五百の除隊兵朝鮮に留て働せる軍部で就職の斡旋すでに二百名は就職決定
197304	朝鮮朝日	西北版	1930-10-31	1	06단	種牡牛檢査
197305	朝鮮朝日	西北版	1930-10-31	1	06단	水利組合費の延納を陳情若し不可能であれば東京に出かけて運動
197306	朝鮮朝日	西北版	1930-10-31	1	06단	義州農學校の創立廿年記念催し各種の産業館を設け一般の觀覽に供する
197307	朝鮮朝日	西北版	1930-10-31	1	07단	機關車に試乗して平壤から安東へ(3)/甚だ有難くない常習的列車投石事件線路通行の事故は最も多い
197308	朝鮮朝日	西北版	1930-10-31	1	07단	講演會と唱歌會
197309	朝鮮朝日	西北版	1930-10-31	1	08단	平壤郵便局の窓口を改築
197310	朝鮮朝日	西北版	1930-10-31	1	08단	軍縮演說の放送を聽取
197311	朝鮮朝日	西北版	1930-10-31	1	08단	警官視察團來壤
197312	朝鮮朝日	西北版	1930-10-31	1	08단	間島視察
197313	朝鮮朝日	西北版	1930-10-31	1	08단	平南道方面へ搜査の步を進む六人殺し犯人寧邊の知人をたづねた事實判る
197314	朝鮮朝日	西北版	1930-10-31	1	08단	運動界(羅中對元中の陸上競技會/警官と朝窒の柔道對抗戰)
197315	朝鮮朝日	西北版	1930-10-31	1	09단	海から猪が獲れた山に倦いた氣まぐれ猪
197316	朝鮮朝日	西北版	1930-10-31	1	09단	七機入亂れて空中演習を行ふ見物人飛行場に殺到時ならぬ賑ひを呈す
197317	朝鮮朝日	西北版	1930-10-31	1	09단	海潮音
197318	朝鮮朝日	西北版	1930-10-31	1	10단	十數名の共産黨又も暴行す
197319	朝鮮朝日	西北版	1930-10-31	1	10단	人(南軍司令官/林財務局長)
197320	朝鮮朝日	西北・南鮮版	1930-10-31	2	01단	財界十字路(低利資金時代/金剛電鐵減配か/運送界多事か)
197321	朝鮮朝日	西北・南鮮版	1930-10-31	2	01단	お役人の出張受難お腹が空いては威信に影響旅費の大減額で出張地獄の嘆聲が揚る
197322	朝鮮朝日	西北・南鮮版	1930-10-31	2	01단	米倉社長は松本誠氏か近く決定の筈
197323	朝鮮朝日	西北・南鮮版	1930-10-31	2	02단	住民の懷に金三百萬圓沿岸地主はホクホク
197324	朝鮮朝日	西北・南鮮版	1930-10-31	2	02단	運送屋の競爭銀行が警戒この信用回復は困難
197325	朝鮮朝日	西北・南鮮版	1930-10-31	2	02단	溫突焚口改良燃料節約で山林綠化促進
197326	朝鮮朝日	西北・南鮮版	1930-10-31	2	03단	朝鮮と緣の深い境築港完成立派な貿易港

일련번호	판명		간행일	면	단수	기사명
197327	朝鮮朝日	西北・南鮮版	1930-10-31	2	03단	晉州順川線實現促進馬晉線買收や麗光線開通で
197328	朝鮮朝日	西北・南鮮版	1930-10-31	2	04단	各地短信(公州/仁川/咸興/裡里/沙里院/淸州/元山)

1930년 11월 (조선아사히)

일련번호	판명		간행일	면	단수	기사명
197329	朝鮮朝日	南鮮版	1930-11-01	1	01단	秋のスペード御飯の値下げ食ふなら今だ/立毛差押が多い/畫はボロ買に夜は強竊盜逮捕された二人/金庫の二百圓盜まる犯人は便所から入ったか/元技手公判畜組横領事件
197330	朝鮮朝日	南鮮版	1930-11-01	1	01단	本府明年度豫算と新規事業(上)/現實の脈搏に觸れた實際的の仕事をやる細農救濟の畑作獎勵等
197331	朝鮮朝日	南鮮版	1930-11-01	1	01단	窮狀を訴へて米策確立進言朝鮮から代表者東上
197332	朝鮮朝日	南鮮版	1930-11-01	1	03단	朝鮮史來年から作る六ヶ年の繼續事業
197333	朝鮮朝日	南鮮版	1930-11-01	1	03단	せつめい(卅日總督府會議室で擧行した勅語渙發四十年記念式)
197334	朝鮮朝日	南鮮版	1930-11-01	1	04단	潮音
197335	朝鮮朝日	南鮮版	1930-11-01	1	04단	令旨記念式參列者決定
197336	朝鮮朝日	南鮮版	1930-11-01	1	05단	辭令
197337	朝鮮朝日	南鮮版	1930-11-01	1	05단	印紙稅檢查成績は良好
197338	朝鮮朝日	南鮮版	1930-11-01	1	06단	工事人件物品費は天引で節約總督府の明年度豫算
197339	朝鮮朝日	南鮮版	1930-11-01	1	06단	咸南へは百萬圓失業救濟費が振當られるか
197340	朝鮮朝日	南鮮版	1930-11-01	1	06단	平北道の農民は公課だふれの慘狀水利組合費や借入金を納むれば殘りは何程もない
197341	朝鮮朝日	南鮮版	1930-11-01	1	06단	應援警官隊は元氣旺盛だ日曜も休まず教練を續ける
197342	朝鮮朝日	南鮮版	1930-11-01	1	07단	廣く國民の支援をもとむるため陳情書を送る
197343	朝鮮朝日	南鮮版	1930-11-01	1	07단	朝鐵起工式
197344	朝鮮朝日	南鮮版	1930-11-01	1	07단	記念の銀盃
197345	朝鮮朝日	南鮮版	1930-11-01	1	07단	活動寫眞取締規則近く改正
197346	朝鮮朝日	南鮮版	1930-11-01	1	07단	台灣警官の朝鮮視察團警備は台灣の方が行とゞいてゐる朝鮮人幹部の多いには驚いた生蕃の叛亂は遺憾だ
197347	朝鮮朝日	南鮮版	1930-11-01	1	08단	釜山の菊
197348	朝鮮朝日	南鮮版	1930-11-01	1	08단	遠田畫伯の金剛山入選
197349	朝鮮朝日	南鮮版	1930-11-01	1	08단	運轉手試驗
197350	朝鮮朝日	南鮮版	1930-11-01	1	08단	矢野家の慶事
197351	朝鮮朝日	南鮮版	1930-11-01	1	09단	大箱乘師逮捕四萬圓奪取を企た男

일련번호	판명		간행일	면	단수	기사명
197352	朝鮮朝日	南鮮版	1930-11-01	1	09단	面長を排斥
197353	朝鮮朝日	南鮮版	1930-11-01	1	09단	賞罰則を定め共産黨撲滅支那側力む
197354	朝鮮朝日	南鮮版	1930-11-01	1	09단	女流飛行士運轉手を志願天がけりて足りず今度は地上に進出
197355	朝鮮朝日	南鮮版	1930-11-01	1	10단	もよほし(筑前琵琶演奏會)
197356	朝鮮朝日	南鮮版	1930-11-01	1	10단	道味魚
197357	朝鮮朝日	西北版	1930-11-01	1	01단	秋のスペード 境界爭ひから放火をなす/阿片密賣團平壤で捕まる/御飯の値下げ食ふなら今だ/平南の山火事損害/盜んだ繪葉書を賣捌く/平壤のチフス殖える一方/金庫の二百圓盜まる犯人は便所から入ったか/チフス患者續發
197358	朝鮮朝日	西北版	1930-11-01	1	01단	本府明年度豫算と新規事業(上)/現實の脈搏に觸れた實際的の仕事をやる細農救濟の畑作獎勵等
197359	朝鮮朝日	西北版	1930-11-01	1	01단	窮狀を訴へて米策確立進言朝鮮から代表者東上
197360	朝鮮朝日	西北版	1930-11-01	1	03단	朝鮮史來年から作る六ケ年の繼續事業
197361	朝鮮朝日	西北版	1930-11-01	1	03단	平壤署管內の宿料値下げ
197362	朝鮮朝日	西北版	1930-11-01	1	03단	台灣警官の朝鮮視察團警備は台灣の方が行とゞいてゐる朝鮮人幹部の多いには驚いた生蕃の叛亂は遺憾だ
197363	朝鮮朝日	西北版	1930-11-01	1	04단	平北道の農民は公課だふれの慘狀水利組合費や借入金を納むれば殘りは何程もない
197364	朝鮮朝日	西北版	1930-11-01	1	05단	潮音
197365	朝鮮朝日	西北版	1930-11-01	1	05단	白米又も値下げ一斗一圓七十錢となる
197366	朝鮮朝日	西北版	1930-11-01	1	05단	廣く國民の支援をもとむるため陳情書を送る
197367	朝鮮朝日	西北版	1930-11-01	1	06단	應援警官隊は元氣旺盛だ日曜も休まず教練を續ける
197368	朝鮮朝日	西北版	1930-11-01	1	07단	農村不況で滯納者增加の傾向
197369	朝鮮朝日	西北版	1930-11-01	1	07단	咸南長津郡で水鉛鑛發見九十七％をふくみ將來を有望視さる
197370	朝鮮朝日	西北版	1930-11-01	1	07단	乘合自動車の收入は激減一般的の不景氣から慘めな黃海道の自動車業
197371	朝鮮朝日	西北版	1930-11-01	1	07단	餘り多くを望み得ない本秋の鮫鱇漁業
197372	朝鮮朝日	西北版	1930-11-01	1	07단	咸南へは百萬圓失業救濟費が振當られるか

일련번호	판명		간행일	면	단수	기사명
197373	朝鮮朝日	西北版	1930-11-01	1	08단	得意の曲目を猛烈に練習一校三種ときまる西鮮女子音樂大會
197374	朝鮮朝日	西北版	1930-11-01	1	08단	流浪朝鮮人の安住を計劃露國の政策變更
197375	朝鮮朝日	西北版	1930-11-01	1	08단	女流飛行士運轉手を志願天がけりて足りず今度は地上に進出
197376	朝鮮朝日	西北版	1930-11-01	1	09단	菊花品評會新義州で開く
197377	朝鮮朝日	西北版	1930-11-01	1	09단	林業苗圃品評會受賞者きまる
197378	朝鮮朝日	西北版	1930-11-01	1	10단	神宮競技の優勝祝賀會
197379	朝鮮朝日	西北版	1930-11-01	1	10단	賞罰則を定め共産黨撲滅支那側力む
197380	朝鮮朝日	西北版	1930-11-01	1	10단	面長を排斥
197381	朝鮮朝日	西北版	1930-11-01	1	10단	支鮮共匪團が跳梁跋扈し大荒溝住民狂ゆ
197382	朝鮮朝日	西北版	1930-11-01	1	10단	人(中村土地改良部長)
197383	朝鮮朝日	西北・南鮮版	1930-11-01	2	01단	財界十字路(朝郵無配當/買上陳情委員/小賣商團結か/可部の前途/鮮米新運賃)
197384	朝鮮朝日	西北・南鮮版	1930-11-01	2	01단	麥粉の課税を通告し來る支那側の要求に對し間島總領事館折衝を重ぬ
197385	朝鮮朝日	西北・南鮮版	1930-11-01	2	01단	京南線延長の實現を喜び群山が祝賀會
197386	朝鮮朝日	西北・南鮮版	1930-11-01	2	02단	慶南海苔移植試驗朝鮮最初の試み
197387	朝鮮朝日	西北・南鮮版	1930-11-01	2	02단	五十川の鮭
197388	朝鮮朝日	西北・南鮮版	1930-11-01	2	02단	家屋の修繕を家主に慫慂
197389	朝鮮朝日	西北・南鮮版	1930-11-01	2	03단	鎭江漫語
197390	朝鮮朝日	西北・南鮮版	1930-11-01	2	04단	各地短信(淸州/咸興/公州)
197391	朝鮮朝日	南鮮版	1930-11-02	1	01단	秋のスペード 長安寺郵所閉鎖/酒非買同盟解決す/肉庖丁で斬る/山火事で天日暗し二十餘日に互って燃え續く/初雪
197392	朝鮮朝日	南鮮版	1930-11-02	1	01단	本府明年度豫算と新規事業(下)/現實の脈搏に觸れた實際的の仕事をやる細農救濟の畑作獎勵等
197393	朝鮮朝日	南鮮版	1930-11-02	1	02단	アッと驚いた失業救濟の內容尨大な豫算で來年やる失業者救濟の土木工事
197394	朝鮮朝日	南鮮版	1930-11-02	1	02단	自治制實施は明春四月から制令は本月中に發布
197395	朝鮮朝日	南鮮版	1930-11-02	1	04단	潮音
197396	朝鮮朝日	南鮮版	1930-11-02	1	04단	京城府の明年度豫算一千百萬圓か
197397	朝鮮朝日	南鮮版	1930-11-02	1	04단	俳句/鈴木花蓑選
197398	朝鮮朝日	南鮮版	1930-11-02	1	04단	開城咸興兩府協議員選擧二日にやる
197399	朝鮮朝日	南鮮版	1930-11-02	1	04단	米倉社長は知事級から松井咸南知事に內定

일련번호	판명		간행일	면	단수	기사명
197400	朝鮮朝日	南鮮版	1930-11-02	1	05단	問題の經過を見た上善處する昭和製鋼所問題について安東商議の態度決る
197401	朝鮮朝日	南鮮版	1930-11-02	1	05단	授産場竣成
197402	朝鮮朝日	南鮮版	1930-11-02	1	05단	氣象觀測に傳書鳩利用
197403	朝鮮朝日	南鮮版	1930-11-02	1	05단	消防組頭表彰さる
197404	朝鮮朝日	南鮮版	1930-11-02	1	05단	朝鮮自慢の名物競べ(1)/平北の卷鴨綠江で獲れる處女の肌にも似た白魚僅か二ヶ月間に産額十餘萬圓游ぎ行先は內地や台灣迄も
197405	朝鮮朝日	南鮮版	1930-11-02	1	06단	消防組表彰
197406	朝鮮朝日	南鮮版	1930-11-02	1	06단	朝鮮の人口一九三三萬人前年より十四萬人增加密度は南に密で北に疎だ男女の權衡は男百人に女九十六人昨年末現在總督府調査
197407	朝鮮朝日	南鮮版	1930-11-02	1	07단	牛市場休業同樣の姿
197408	朝鮮朝日	南鮮版	1930-11-02	1	07단	弱小銀行は續々合同買收される銀行統制は注目すべき現象
197409	朝鮮朝日	南鮮版	1930-11-02	1	08단	金融組合學校明春四月から開校する
197410	朝鮮朝日	南鮮版	1930-11-02	1	09단	ウンと値下しても籾の買手が無い農民達の悲痛な叫び
197411	朝鮮朝日	南鮮版	1930-11-02	1	09단	騷擾事件學生の公判傍聽禁止で審理
197412	朝鮮朝日	南鮮版	1930-11-02	1	10단	水産學校生動搖す形勢は險惡
197413	朝鮮朝日	南鮮版	1930-11-02	1	10단	電話案內を配る電話局から加入者に
197414	朝鮮朝日	南鮮版	1930-11-02	1	10단	大邱公會堂
197415	朝鮮朝日	南鮮版	1930-11-02	1	10단	道味魚
197416	朝鮮朝日	西北版	1930-11-02	1	01단	秋のスペード 初雪/山火事の犧牲/山火事實に三十五ヶ所被害は莫大/平北山火事の原因わかる/山火事で天日暗し二十餘日に亙って燃え續く/龍井の火事/女房を撲殺夫婦喧嘩の末/證書僞造し詐欺を働く
197417	朝鮮朝日	西北版	1930-11-02	1	01단	本府明年度豫算と新規事業(下)/現實の脈搏に觸れた實際的の仕事をやる細農救濟の畑作獎勵等
197418	朝鮮朝日	西北版	1930-11-02	1	02단	アッと驚いた失業救濟の內容尨大な豫算で來年やる失業者救濟の土木工事
197419	朝鮮朝日	西北版	1930-11-02	1	02단	自治制實施は明春四月から制令は本月中に發布

일련번호	판명		간행일	면	단수	기사명
197420	朝鮮朝日	西北版	1930-11-02	1	04단	朝鮮自慢の名物競べ(1)/平北の卷鴨綠江で獲れる處女の肌にも似た白魚僅か二ヶ月間に産額十餘萬圓游ぎ行先は內地や台灣迄も
197421	朝鮮朝日	西北版	1930-11-02	1	05단	潮音
197422	朝鮮朝日	西北版	1930-11-02	1	05단	俳句/鈴木花蓑選
197423	朝鮮朝日	西北版	1930-11-02	1	05단	御眞影御着
197424	朝鮮朝日	西北版	1930-11-02	1	06단	雷滿鐵總裁と商議團の問答『お前たちは小便で顔をあらったか』これには一本まゐる結局雷總裁の眞意をつかむ
197425	朝鮮朝日	西北版	1930-11-02	1	06단	忠魂碑除幕式
197426	朝鮮朝日	西北版	1930-11-02	1	06단	開城咸興兩府協議員選擧二日にやる
197427	朝鮮朝日	西北版	1930-11-02	1	06단	問題の經過を見た上善處する昭和製鋼所問題について安東商議の態度決る
197428	朝鮮朝日	西北版	1930-11-02	1	07단	安東大和校の模範生表彰
197429	朝鮮朝日	西北版	1930-11-02	1	08단	大した面倒も起らぬ模樣コンプロダックの自家用發電所問題
197430	朝鮮朝日	西北版	1930-11-02	1	09단	武道大會變更
197431	朝鮮朝日	西北版	1930-11-02	1	09단	信川水利組合評議員會見合せ
197432	朝鮮朝日	西北版	1930-11-02	1	09단	飲料に適する井戸はすくない不良井戸には改善を命ず新義州署の井水調べ
197433	朝鮮朝日	西北版	1930-11-02	1	10단	水利組合費の返納を陳情
197434	朝鮮朝日	西北版	1930-11-02	1	10단	朝鮮ソバを五錢方値下
197435	朝鮮朝日	西北版	1930-11-02	1	10단	入力車料金と宿料値下を慫慂
197436	朝鮮朝日	西北版	1930-11-02	1	10단	もよほし(平壤消防組諸藝大會)
197437	朝鮮朝日	西北・南鮮版	1930-11-02	2	01단	財界十字路(仁取斷續總會/京電經費節約/工業部會/海港地寥々)
197438	朝鮮朝日	西北・南鮮版	1930-11-02	2	01단	遞信局から海底電話速成の要望
197439	朝鮮朝日	西北・南鮮版	1930-11-02	2	01단	常平貯金契愈よ近く實行
197440	朝鮮朝日	西北・南鮮版	1930-11-02	2	01단	朝鮮送電と送電を契約安州電氣會社
197441	朝鮮朝日	西北・南鮮版	1930-11-02	2	01단	慶北の小作爭議
197442	朝鮮朝日	西北・南鮮版	1930-11-02	2	01단	慶南米の移出が減る重大な問題
197443	朝鮮朝日	西北・南鮮版	1930-11-02	2	02단	納稅期を迎へ棉の共販賣
197444	朝鮮朝日	西北・南鮮版	1930-11-02	2	02단	慶北道の棉花出廻り非常な好況
197445	朝鮮朝日	西北・南鮮版	1930-11-02	2	03단	內地超特急に煉炭を用ふ
197446	朝鮮朝日	西北・南鮮版	1930-11-02	2	03단	咸南道の富の力生産額一億一千萬圓を示す
197447	朝鮮朝日	西北・南鮮版	1930-11-02	2	04단	各地短信(公州/淸州/仁川)

일련번호	판명		간행일	면	단수	기사명
197448	朝鮮朝日	南鮮版	1930-11-04	1	01단	秋のスペード 取引減退から通話が減る此節の大邱電話/小作人虐めの惡弊を除く慶南道の警告/無免許運轉で人を傷ける/共産黨調べに名を藉りて不當の罰金を仰付ける/揮發油罐爆發/飛行郵便七千餘通/大邱の寒さ
197449	朝鮮朝日	南鮮版	1930-11-04	1	01단	廻る舞台は悉く苦の連鎖劇生活苦住宅苦失業苦溫い救ひの手となる四萬圓
197450	朝鮮朝日	南鮮版	1930-11-04	1	01단	圖書館を利用せよ圖書館週間を宣傳する
197451	朝鮮朝日	南鮮版	1930-11-04	1	03단	判任官や雇員の整理を弗々と行ひ人件費の天引を埋合すなやみ拔く總督府や地方官廳
197452	朝鮮朝日	南鮮版	1930-11-04	1	04단	明治節祭と奉祝式も擧行/明治節當日釜山の賑ひ
197453	朝鮮朝日	南鮮版	1930-11-04	1	04단	金組聯合會の理事長更迭
197454	朝鮮朝日	南鮮版	1930-11-04	1	05단	潮音
197455	朝鮮朝日	南鮮版	1930-11-04	1	05단	郵便局長異動
197456	朝鮮朝日	南鮮版	1930-11-04	1	05단	道視學官任命中等校長異動も斷行/スポーツマンで磊落な人新任藤谷視學官
197457	朝鮮朝日	南鮮版	1930-11-04	1	06단	東三省における鮮農を驅逐し自國貧民を救濟すべし吉林省首席張作相氏訓令を發す
197458	朝鮮朝日	南鮮版	1930-11-04	1	07단	命令航路線の改廢を行ひ三年毎に改訂する總督府の方針決定
197459	朝鮮朝日	南鮮版	1930-11-04	1	07단	時局粉糾から購買力なくなるこれではたまらぬと龍井平壤街民が評定
197460	朝鮮朝日	南鮮版	1930-11-04	1	08단	勤農共濟組合增設計劃明年は九十ヶ所
197461	朝鮮朝日	南鮮版	1930-11-04	1	09단	釀造品評會
197462	朝鮮朝日	南鮮版	1930-11-04	1	09단	畜産品評會
197463	朝鮮朝日	南鮮版	1930-11-04	1	09단	牛肉の不況で地方費減收
197464	朝鮮朝日	南鮮版	1930-11-04	1	09단	匪賊の巨頭新義州で捕まる安重根と兄弟の約を結んで活躍した老人
197465	朝鮮朝日	南鮮版	1930-11-04	1	10단	慶北二回米作豫想
197466	朝鮮朝日	南鮮版	1930-11-04	1	10단	人(白銀朝則氏(審議室事務官)/佐々木志賀二氏(貴族院議員)/ハルビン在留朝鮮人視察團六名/松田貞治郎(三菱製鐵事務))
197467	朝鮮朝日	南鮮版	1930-11-04	1	10단	道味魚
197468	朝鮮朝日	南鮮版	1930-11-04	1	10단	浦項に地震

일련번호	판명		간행일	면	단수	기사명
197469	朝鮮朝日	西北版	1930-11-04	1	01단	秋のスペード 朝鮮の人口/電害罹災民漸く息をつく/洋靴職工の罷業解決す/平壤大同橋の歩行標準かはる/鐵柱に激突/共産黨調べに名を藉りて不當の罰金を仰付ける/飲食料値下/朝鮮そばの値下を行ふ/鮮商銀行に賊忍び入る
197470	朝鮮朝日	西北版	1930-11-04	1	01단	判任官や雇員の整理を弗々と行ひ人件費の天引を埋合すなやみ拔く總督府や地方官廳
197471	朝鮮朝日	西北版	1930-11-04	1	01단	興南面都計の設計出來あがる咸興府に比較すれば後の鳥がさきに立つ
197472	朝鮮朝日	西北版	1930-11-04	1	01단	明治節と新義州
197473	朝鮮朝日	西北版	1930-11-04	1	01단	高級吏員の整理を斷行
197474	朝鮮朝日	西北版	1930-11-04	1	02단	郵便局長異動
197475	朝鮮朝日	西北版	1930-11-04	1	02단	金組聯合會の理事長更迭
197476	朝鮮朝日	西北版	1930-11-04	1	03단	普校卒業生教育點呼
197477	朝鮮朝日	西北版	1930-11-04	1	03단	咸南新浦學組議員選擧
197478	朝鮮朝日	西北版	1930-11-04	1	03단	都計工事に優先權失業者救濟工事費割當使途
197479	朝鮮朝日	西北版	1930-11-04	1	03단	增收見込みの當が外れて豫算半減何がさうさせたか當局調査にかゝる
197480	朝鮮朝日	西北版	1930-11-04	1	04단	咸興府に住宅組合
197481	朝鮮朝日	西北版	1930-11-04	1	04단	鮮支人達が米を滿喫米價安から
197482	朝鮮朝日	西北版	1930-11-04	1	04단	平壤大連間の長距離飛行
197483	朝鮮朝日	西北版	1930-11-04	1	04단	城津の最低氣溫
197484	朝鮮朝日	西北版	1930-11-04	1	05단	東三省における鮮農を驅逐し自國貧民を救濟すべし吉林省首席張作相氏訓令を發す
197485	朝鮮朝日	西北版	1930-11-04	1	05단	道視學官任命中等校長異動も斷行/純然たる教育畑の人大藤新任平南視學官
197486	朝鮮朝日	西北版	1930-11-04	1	06단	潮音
197487	朝鮮朝日	西北版	1930-11-04	1	06단	命令航路線の改廢を行ひ三年每に改訂する總督府の方針決定
197488	朝鮮朝日	西北版	1930-11-04	1	08단	支鮮人四十餘名を後手に縛りあげ片端から金品を强奪七人組の支那人强盜團現る
197489	朝鮮朝日	西北版	1930-11-04	1	08단	匪賊の巨頭新義州で捕まる安重根と兄弟の約を結んで活躍した老人
197490	朝鮮朝日	西北版	1930-11-04	1	09단	時局紛糾から購買力なくなるこれではたまらぬと龍井平壤街民が評定

일련번호	판명		간행일	면	단수	기사명
197491	朝鮮朝日	西北版	1930-11-04	1	09단	チフス蔓延で醫院は滿員
197492	朝鮮朝日	西北版	1930-11-04	1	10단	寒さと共に强盜出沒獸肉商人や農夫襲はる
197493	朝鮮朝日	西北版	1930-11-04	1	10단	稻や粟を燒拂ふ共産黨の暴虐
197494	朝鮮朝日	西北・南鮮版	1930-11-04	2	01단	海運界の混亂濟州島に又も難問題通航組合出現で遞信局調査に着手
197495	朝鮮朝日	西北・南鮮版	1930-11-04	2	01단	農商倉庫の低資割當額きまる金利も同時に決定す總額は五百八十六萬六千圓
197496	朝鮮朝日	西北・南鮮版	1930-11-04	2	01단	二十六萬圓の低資を融通平北道の米價調節策
197497	朝鮮朝日	西北・南鮮版	1930-11-04	2	01단	庭園の少女等
197498	朝鮮朝日	西北・南鮮版	1930-11-04	2	03단	慶南金組理事異動
197499	朝鮮朝日	西北・南鮮版	1930-11-04	2	04단	鎭江漫語
197500	朝鮮朝日	西北・南鮮版	1930-11-04	2	04단	上海に駐在員を置き輸出品を統制水産輸出不振の對策
197501	朝鮮朝日	西北・南鮮版	1930-11-04	2	04단	産米懇談會六日木浦で
197502	朝鮮朝日	西北・南鮮版	1930-11-04	2	05단	仁取問題の經過を報告
197503	朝鮮朝日	西北・南鮮版	1930-11-04	2	05단	米價打合會近く慶北で
197504	朝鮮朝日	西北・南鮮版	1930-11-04	2	05단	先づ寄附金の募集をなし一萬六千圓を集める平壤商業學校問題
197505	朝鮮朝日	西北・南鮮版	1930-11-04	2	06단	水利組合の窮狀
197506	朝鮮朝日	西北・南鮮版	1930-11-04	2	07단	各地短信(茂山/鎭南浦/春川/仁川)
197507	朝鮮朝日	南鮮版	1930-11-05	1	01단	秋のスペード　國境の汽車客三等客が增加した/海州の火事四戶全燒す/問題の兵卒二人とも軍法會議に護送/不景氣で空家が續出京城のこの頃/人を嚙む怪しな猫狂猫ぢやないかと檢鏡/積雪一寸慶北奧地の雪
197508	朝鮮朝日	南鮮版	1930-11-05	1	01단	財務局は飽迄も巡査の減俸斷行に警務局の憤慨甚しく絶對に容認せぬといきまく
197509	朝鮮朝日	南鮮版	1930-11-05	1	01단	初雪に淸められた朝鮮神宮
197510	朝鮮朝日	南鮮版	1930-11-05	1	04단	惠山線促進の吉州民大會猛運動繼續
197511	朝鮮朝日	南鮮版	1930-11-05	1	04단	今年の初雪は全くの記錄破り
197512	朝鮮朝日	南鮮版	1930-11-05	1	05단	全鮮消防組功勞者表彰明治節當日
197513	朝鮮朝日	南鮮版	1930-11-05	1	05단	榮轉の兩氏九日頃赴任(高田邦彦氏/三宅右祐氏)
197514	朝鮮朝日	南鮮版	1930-11-05	1	05단	秋の樂壇を飾る女子中等校音樂會十五日京城公會堂にて出場校は內鮮八校四百名

일련번호	판명		간행일	면	단수	기사명
197515	朝鮮朝日	南鮮版	1930-11-05	1	06단	潮音
197516	朝鮮朝日	南鮮版	1930-11-05	1	06단	辭令
197517	朝鮮朝日	南鮮版	1930-11-05	1	07단	米價暴落の對策協議會
197518	朝鮮朝日	南鮮版	1930-11-05	1	07단	放送局に新聞記者全國のニュースを放送する
197519	朝鮮朝日	南鮮版	1930-11-05	1	08단	朝鮮海峽大時化連絡船遲着
197520	朝鮮朝日	南鮮版	1930-11-05	1	08단	全滅に瀕した土木事業補助增額で蘇る不況の際不合理だと受益稅は愈不許可
197521	朝鮮朝日	南鮮版	1930-11-05	1	08단	不況を傳られる昨今の農村實際は噂程でない赤澤平南高等課長談
197522	朝鮮朝日	南鮮版	1930-11-05	1	08단	俳句/鈴木花蓑選
197523	朝鮮朝日	南鮮版	1930-11-05	1	08단	鎭海野球試合
197524	朝鮮朝日	南鮮版	1930-11-05	1	09단	統營水産校遂に盟休密陽農蠶校も騷ぐ當局は蔓延を恐れ警戒中
197525	朝鮮朝日	南鮮版	1930-11-05	1	09단	林檎に加工し新販路を開拓屑林檎の利用もできる道で積極的に補助指導す
197526	朝鮮朝日	南鮮版	1930-11-05	1	10단	慰安運勤會
197527	朝鮮朝日	南鮮版	1930-11-05	1	10단	釜山の人口
197528	朝鮮朝日	南鮮版	1930-11-05	1	10단	秋山大將薨去
197529	朝鮮朝日	南鮮版	1930-11-05	1	10단	人(木藤重德氏(新任平南視學官)/海老名彈正氏(前同志社大學總長))
197530	朝鮮朝日	南鮮版	1930-11-05	1	10단	道味魚
197531	朝鮮朝日	西北版	1930-11-05	1	01단	秋のスペード　國境の汽車客三等客が增加した/海州の火事四戶全燒す/問題の兵卒二人とも軍法會議に護送/結婚詐欺/黑焦の死體支那人の刃傷/人を嚙む怪しな猫狂猫ぢやないかと檢鏡/雪と氷
197532	朝鮮朝日	西北版	1930-11-05	1	01단	財務局は飽迄も巡査の減俸斷行に警務局の憤慨甚しく絶對に容認せぬといきまく
197533	朝鮮朝日	西北版	1930-11-05	1	02단	全鮮消防組功勞者表彰明治節當日
197534	朝鮮朝日	西北版	1930-11-05	1	03단	御眞影奉戴式新義州の三官廳で
197535	朝鮮朝日	西北版	1930-11-05	1	03단	少額資金增額や靑少年團に補助只働きの面職員に報酬總督府社會課の明年新事業
197536	朝鮮朝日	西北版	1930-11-05	1	04단	惠山線促進の吉州民大會猛運動繼續
197537	朝鮮朝日	西北版	1930-11-05	1	04단	林檎に加工し新販路を開拓屑林檎の利用もできる道で積極的に補助指導す
197538	朝鮮朝日	西北版	1930-11-05	1	05단	繭共同販賣優良郡表彰一等は寧遠

일련번호	판명		간행일	면	단수	기사명
197539	朝鮮朝日	西北版	1930-11-05	1	06단	西鮮の花と咲く晴れの音樂大會愈々來る八日平壤で各女子中等校大意氣込
197540	朝鮮朝日	西北版	1930-11-05	1	06단	俳句/鈴木花蓑選
197541	朝鮮朝日	西北版	1930-11-05	1	07단	潮音
197542	朝鮮朝日	西北版	1930-11-05	1	07단	北部六郡山林展非常な盛況
197543	朝鮮朝日	西北版	1930-11-05	1	07단	全滅に瀕した土木事業補助增額で蘇る不況の際不合理だと受益稅は愈不許可
197544	朝鮮朝日	西北版	1930-11-05	1	08단	清津公會堂來月上旬落成
197545	朝鮮朝日	西北版	1930-11-05	1	08단	獵友會入賞者
197546	朝鮮朝日	西北版	1930-11-05	1	08단	辭令
197547	朝鮮朝日	西北版	1930-11-05	1	09단	不況を傳られる昨今の農村實際は噂程でない赤澤平南高等課長談
197548	朝鮮朝日	西北版	1930-11-05	1	09단	榮轉の兩氏九日頃赴任(高田邦彦氏/三宅右祐氏)
197549	朝鮮朝日	西北版	1930-11-05	1	10단	研究した上で仕事にかゝる木藤平南視學官談
197550	朝鮮朝日	西北版	1930-11-05	1	10단	新平南衛生課長十日朝平壤着の豫定
197551	朝鮮朝日	西北版	1930-11-05	1	10단	放送局に新聞記者全國のニュースを放送する
197552	朝鮮朝日	西北版	1930-11-05	1	10단	朝鮮海峽大時化連絡船遲着
197553	朝鮮朝日	西北版	1930-11-05	1	10단	人(海老名彈正氏(前同志社大學總長))
197554	朝鮮朝日	西北・南鮮版	1930-11-05	2	01단	京城のシンフォニーオーケストラを聽く(上)/京城一記者
197555	朝鮮朝日	西北・南鮮版	1930-11-05	2	01단	朝鮮電氣事業調査會第一回會議電氣統制問題討議
197556	朝鮮朝日	西北・南鮮版	1930-11-05	2	01단	慶北新米の再乾燥開始聲價昂上のため
197557	朝鮮朝日	西北・南鮮版	1930-11-05	2	01단	水産物の購買力減退市場は閑散
197558	朝鮮朝日	西北・南鮮版	1930-11-05	2	02단	景氣ついた慶南の漁場各地とも豐漁
197559	朝鮮朝日	西北・南鮮版	1930-11-05	2	02단	鎭江漫語
197560	朝鮮朝日	西北・南鮮版	1930-11-05	2	02단	第七回京城府內女子中等學校音樂大會
197561	朝鮮朝日	西北・南鮮版	1930-11-05	2	04단	各地短信(春川/城津/大邱)
197562	朝鮮朝日	南鮮版	1930-11-06	1	01단	秋のスペード 殘した唾を分析し犯人を鑑定す斬新奇抜な試み/讀書趣味の中繼放送六日から十二日まで/無料診療券增發行する/夫婦共謀で詐欺/闇に咲く白粉の女減切りふえたこれも不景氣の現象/刑務所破り逮捕さる載寧北芝里に潛伏中を

일련번호	판명		간행일	면	단수	기사명
197563	朝鮮朝日	南鮮版	1930-11-06	1	01단	奇怪事件防止に拘置監を增設刑務所の收容難を緩和總督府法務局の明年度新事業
197564	朝鮮朝日	南鮮版	1930-11-06	1	01단	民間委員から痛烈なる質問電氣事業第一回會議
197565	朝鮮朝日	南鮮版	1930-11-06	1	02단	營業稅低減
197566	朝鮮朝日	南鮮版	1930-11-06	1	03단	慶南道の初等校長會教育改善の協議
197567	朝鮮朝日	南鮮版	1930-11-06	1	03단	水利組合苦境打開の大評定起債や米穀法急施の要望慶南大地主の懇談會
197568	朝鮮朝日	南鮮版	1930-11-06	1	03단	韓湖兩銀行合併決定資本金四百萬圓協同銀行と改偶
197569	朝鮮朝日	南鮮版	1930-11-06	1	04단	大邱の農業倉庫本年は借倉候補物色中
197570	朝鮮朝日	南鮮版	1930-11-06	1	04단	內地優良農村視察
197571	朝鮮朝日	南鮮版	1930-11-06	1	04단	課長物語氣焰街を行く(１２)/本府司計課長水田直昌氏
197572	朝鮮朝日	南鮮版	1930-11-06	1	05단	潮音
197573	朝鮮朝日	南鮮版	1930-11-06	1	05단	大邱の人口
197574	朝鮮朝日	南鮮版	1930-11-06	1	05단	突如間島から朝鮮警官隊撤退外務省の要請によりて今後は外務省の手でやる/在住民は絶望の姿警官隊引揚で
197575	朝鮮朝日	南鮮版	1930-11-06	1	06단	府營渡船讓渡問題
197576	朝鮮朝日	南鮮版	1930-11-06	1	07단	史學の權威者が打連れて研究旅行
197577	朝鮮朝日	南鮮版	1930-11-06	1	07단	又も白米値下四日から京城市場で實に十四年振りの暴落
197578	朝鮮朝日	南鮮版	1930-11-06	1	08단	駐在所增設明年度豫算に計上する
197579	朝鮮朝日	南鮮版	1930-11-06	1	08단	農村の不況から退學兒童增加兒童に副業を教へ授業料を稼出さす
197580	朝鮮朝日	南鮮版	1930-11-06	1	09단	口付荒刻煙草京城の工場でも製造開始
197581	朝鮮朝日	南鮮版	1930-11-06	1	09단	梅毒にはマラリヤ菌痴呆症に麻醉劑精神病がどしどし治る此頃の城大精神科病室
197582	朝鮮朝日	南鮮版	1930-11-06	1	09단	花輪書記長逝法
197583	朝鮮朝日	南鮮版	1930-11-06	1	10단	人蔘收納終る
197584	朝鮮朝日	南鮮版	1930-11-06	1	10단	棉の共販强制で農家が憤慨强制はせぬと當局は否認
197585	朝鮮朝日	南鮮版	1930-11-06	1	10단	人(佐田至弘氏(朝鮮兒童協會主幹)/藤本菊一氏(本社京城通信局長)/福澤卯介氏(本社大邱通信所主任)/廣瀬房一氏(同安東通信部主任)/藤原德次郎氏(同釜山通信部主任))

일련번호	판명		간행일	면	단수	기사명
197586	朝鮮朝日	西北版	1930-11-06	1	01단	秋のスペード 殘した唾を分析し犯人を鑑定す斬新奇拔な試み/學生騷ぐ/南浦のタクシー來年から統制する/沙里院の夫婦殺し犯人嚴探中/宿泊料値下/毆って殺す/刑務所破り逮捕さる載寧北芝里に潛伏中を
197587	朝鮮朝日	西北版	1930-11-06	1	01단	奇怪事件防止に拘置監を增設刑務所の收容難を緩和總督府法務局の明年度新事業
197588	朝鮮朝日	西北版	1930-11-06	1	02단	民間委員から痛烈なる質問電氣事業第一回會議
197589	朝鮮朝日	西北版	1930-11-06	1	03단	人蔘收納終る
197590	朝鮮朝日	西北版	1930-11-06	1	04단	突如間島から朝鮮警官隊撤退外務省の要請によって今後は外務省の手でやる/警官隊撤退は時期尚早古橋咸北知事談/在住民は絶望の姿警官隊引揚で
197591	朝鮮朝日	西北版	1930-11-06	1	04단	課長物語氣焰街を行く（１１）/本府司計課長水田直昌氏
197592	朝鮮朝日	西北版	1930-11-06	1	05단	潮音
197593	朝鮮朝日	西北版	1930-11-06	1	05단	口付荒刻煙草京城の工場でも製造開始
197594	朝鮮朝日	西北版	1930-11-06	1	07단	電氣事業指導監督の具體策を定める朝鮮電氣事業調査會に就て山本遞信局長の談
197595	朝鮮朝日	西北版	1930-11-06	1	07단	農村の不況から退學兒童增加兒童に副業を教へ授業料を稼出さす
197596	朝鮮朝日	西北版	1930-11-06	1	07단	梅毒にはマラリヤ菌痴呆症に麻醉劑精神病がどしどし治る此頃の城大精神科病室
197597	朝鮮朝日	西北版	1930-11-06	1	07단	晩秋の樂壇を飾る西鮮女子音樂會いよいよ八日平壤で開く出場校のプログラム決定
197598	朝鮮朝日	西北版	1930-11-06	1	08단	第二回西鮮女子中等學校聯合音樂大會
197599	朝鮮朝日	西北版	1930-11-06	1	10단	鹽の販賣數量增加の見込三億萬斤突破か
197600	朝鮮朝日	西北版	1930-11-06	1	10단	水利組合苦境打開の評定
197601	朝鮮朝日	西北版	1930-11-06	1	10단	韓湖兩銀行合倂決定資本金四百萬圓協同銀行と改偁
197602	朝鮮朝日	西北・南鮮版	1930-11-06	2	01단	京城のシンフォニーオーケストラを聽く（下）/和辻記
197603	朝鮮朝日	西北・南鮮版	1930-11-06	2	01단	慶北漁業組合聯合會組織に決定
197604	朝鮮朝日	西北・南鮮版	1930-11-06	2	01단	慶南金組異動

일련번호	판명		간행일	면	단수	기사명
197605	朝鮮朝日	西北・南鮮版	1930-11-06	2	01단	慶南米實收高近く發表す
197606	朝鮮朝日	西北・南鮮版	1930-11-06	2	02단	財界十字路(金剛山電鐵決算/財界人入城/銀行預全增加)
197607	朝鮮朝日	西北・南鮮版	1930-11-06	2	02단	柔道大會派遣選士決定す滿鮮から六名(專門選士/一般選士)
197608	朝鮮朝日	西北・南鮮版	1930-11-06	2	03단	各地短信(清州/鎭南浦/鎭海/群山/江界/城津)
197609	朝鮮朝日	南鮮版	1930-11-07	1	01단	秋のスペード 國境の寒さ/農村は不況でも稅金は完納好成績の定州/朝鮮そば屋は値下で繁昌/酷使に泣く日本娘/清酒六十石家二棟全燒仁川の火事/運轉手志願四百人妙齡の內鮮婦人も混る/箱乘の一味釜山署で逮捕/順化院入院患者益々增加す
197610	朝鮮朝日	南鮮版	1930-11-07	1	01단	間島一帶はなほ不安な空氣朝鮮人保護施設や金融組合の仕事は殆ど不可能田中總督府保安課長談/間島在留民大擧領事館に押寄す警官隊撤退の不安から今後の治安維持に就て詰問/咸北穀物業者間島調查結果によりては龍井で大會開催
197611	朝鮮朝日	南鮮版	1930-11-07	1	02단	暹羅國殿下釜山府から食器を獻上
197612	朝鮮朝日	南鮮版	1930-11-07	1	03단	府協議員出席率
197613	朝鮮朝日	南鮮版	1930-11-07	1	04단	圖書館と學校連絡を圖る有益な催には本を持出さす
197614	朝鮮朝日	南鮮版	1930-11-07	1	04단	明年度に於る建築關係事業忠南道廳を公州に新築京城醫專擴張平北道廳增築
197615	朝鮮朝日	南鮮版	1930-11-07	1	04단	俳句/鈴木花蓑選
197616	朝鮮朝日	南鮮版	1930-11-07	1	05단	鮮産內地進出の見本市出品者七十九人
197617	朝鮮朝日	南鮮版	1930-11-07	1	05단	動物園の冬籠り象クンは檻の中に縮み上り獅子は流石に強い一番寒がり屋はお猿さんヒクヒ島は可哀想に死んだ
197618	朝鮮朝日	南鮮版	1930-11-07	1	06단	課長物語氣焰街を行く(１３)/本府農務課長湯村辰二郎氏
197619	朝鮮朝日	南鮮版	1930-11-07	1	06단	白山丸の衝突で宣教師頓死京城のマーク氏
197620	朝鮮朝日	南鮮版	1930-11-07	1	06단	おゝ寒む
197621	朝鮮朝日	南鮮版	1930-11-07	1	07단	ストーブの大喧嘩執達吏が町から町へ飛び廻はってスミレストーブの大差押火元は福六ストーブ
197622	朝鮮朝日	南鮮版	1930-11-07	1	08단	朝鮮は知ってゐるが方針等はまださ森新任十九師團長談

일련번호	판명		간행일	면	단수	기사명
197623	朝鮮朝日	南鮮版	1930-11-07	1	09단	祕密結社の一味五名逮捕新幹會の中心人物五名とも大邱刑務所に收容
197624	朝鮮朝日	南鮮版	1930-11-07	1	10단	耐寒飛行の離陸地松坪洞に決定
197625	朝鮮朝日	南鮮版	1930-11-07	1	10단	人(山川健次郎男(樞府顧問官)/松井茂博士/泉崎三郎氏(黃海道內務部長)/山根貞一氏(海事課長)/山本遞信局長/加藤茂苞博士/穗積外事課長/加藤鐵次郎氏(新義州商議會頭)/西本專賣局事業課長)
197626	朝鮮朝日	南鮮版	1930-11-07	1	10단	道味魚
197627	朝鮮朝日	西北版	1930-11-07	1	01단	秋のスペード 國境の寒さ/農村は不況でも稅金は完納好成績の定州/朝鮮そば屋は値下で繁昌/酷使に泣く日本娘/運轉手志願者三百餘人中には妙齡の朝鮮婦人もある
197628	朝鮮朝日	西北版	1930-11-07	1	01단	間島一帶はなほ不安な空氣朝鮮人保護施設や金融組合の仕事は殆ど不可能田中總督府保安課長談/間島在留民大擧領事館に押寄す警官隊撤退の不安から今後の治安維持に就て詰問/咸北穀物業者間島調査結果によりては龍井で大會開催
197629	朝鮮朝日	西北版	1930-11-07	1	02단	新義州分會記念祝賀會分會長表彰
197630	朝鮮朝日	西北版	1930-11-07	1	03단	潮音
197631	朝鮮朝日	西北版	1930-11-07	1	04단	普通學校設置申請
197632	朝鮮朝日	西北版	1930-11-07	1	04단	鎭南浦の經濟座談會商議の主催で
197633	朝鮮朝日	西北版	1930-11-07	1	04단	おゝ寒む
197634	朝鮮朝日	西北版	1930-11-07	1	04단	蟠龍台茶話用濟の大禮服身賣はなし
197635	朝鮮朝日	西北版	1930-11-07	1	05단	圖書館と學校連絡を圖る有益な催しには本を持出さす
197636	朝鮮朝日	西北版	1930-11-07	1	06단	動物園の冬籠り象クンは檻の中に縮み上り獅子は流石に強い一番寒がり屋はお猿さんヒクヒ島は可哀想に死んだ
197637	朝鮮朝日	西北版	1930-11-07	1	06단	明年度に於る建築關係事業忠南道廳を公州に新築京城醫專擴張平北道廳增築
197638	朝鮮朝日	西北版	1930-11-07	1	07단	宣興普通校開校式
197639	朝鮮朝日	西北版	1930-11-07	1	07단	ストーブの大喧嘩執達吏が町から町へ飛び廻はってスミレストーブの大差押火元は福六ストーブ
197640	朝鮮朝日	西北版	1930-11-07	1	08단	武田少將初度檢閱
197641	朝鮮朝日	西北版	1930-11-07	1	08단	鮮産內地進出の見本市出品者七十九人
197642	朝鮮朝日	西北版	1930-11-07	1	08단	俳句/鈴木花蓑選

일련번호	판명		간행일	면	단수	기사명
197643	朝鮮朝日	西北版	1930-11-07	1	09단	刺繡や染色を家庭副業に獎勵平南道の計劃進む
197644	朝鮮朝日	西北版	1930-11-07	1	09단	祕密結社の一味五名逮捕新幹會の中心人物五名とも大邱刑務所に收容
197645	朝鮮朝日	西北版	1930-11-07	1	10단	耐寒飛行の離陸地松坪洞に決定
197646	朝鮮朝日	西北版	1930-11-07	1	10단	商業校設立期成會組織の相談會
197647	朝鮮朝日	西北版	1930-11-07	1	10단	茂山の電氣來月から點燈
197648	朝鮮朝日	西北版	1930-11-07	1	10단	人(山川健次郎男(樞府顧問官)/松井茂博士/泉崎三郎氏(黃海道內務部長)/山根貞一氏(海事課長)/加藤鐵次郎氏(新義州商議會頭))
197649	朝鮮朝日	西北・南鮮版	1930-11-07	2	01단	財界十字路(米倉事務打合/水利組合大會/河內山氏の訃/殖銀新課長)
197650	朝鮮朝日	西北・南鮮版	1930-11-07	2	01단	統營水産校鯉養魚明年から賣出す
197651	朝鮮朝日	西北・南鮮版	1930-11-07	2	01단	協同銀行の株主總會廿五日開催
197652	朝鮮朝日	西北・南鮮版	1930-11-07	2	01단	更紗壁(一寸先は闇)
197653	朝鮮朝日	西北・南鮮版	1930-11-07	2	02단	地主懇談會委員道知事訪問組合費納入對策を陳情
197654	朝鮮朝日	西北・南鮮版	1930-11-07	2	02단	全鮮敎化事業懇談會朝鮮各地から三百名出席
197655	朝鮮朝日	西北・南鮮版	1930-11-07	2	02단	再開の仁取總會又紛糾
197656	朝鮮朝日	西北・南鮮版	1930-11-07	2	02단	第七回京城府內女子中等學校音樂大會
197657	朝鮮朝日	西北・南鮮版	1930-11-07	2	04단	各地短信(平壤/咸興/鎭南浦/群山)
197658	朝鮮朝日	南鮮版	1930-11-08	1	01단	ミリオラマ 京城の人口３８７０００/朝鮮各地ともいよいよ冬の幕が開かれた今年の初雪は記録的な早さ/自偁檢事懲役二年/大劇場建設三越の隣地に/妻を斬殺す自分に服從せぬを憤り/擧動不審な男巡査に投石搏鬪の末捕る/集配人の惡事數回爲替を拔取る
197659	朝鮮朝日	南鮮版	1930-11-08	1	01단	米價調節の上に一抹の暗影を投ず米穀低資交涉は不調か愈となれば銀行の資金融通
197660	朝鮮朝日	南鮮版	1930-11-08	1	01단	朝鮮自慢の名物競べ(２)/忠北の卷白玉の躍るやうに炭酸水が滾々と湧出る長生の靈藥だと愛用される忠北はおろか朝鮮の誇り
197661	朝鮮朝日	南鮮版	1930-11-08	1	03단	竹林增植計劃

일련번호	판명		간행일	면	단수	기사명
197662	朝鮮朝日	南鮮版	1930-11-08	1	04단	滿場總立となり議場は大混亂警官出動して漸く鎭撫す仁取總會第二日目(重役問題更に紛糾か)
197663	朝鮮朝日	南鮮版	1930-11-08	1	05단	崔女史の金泉高普校明年から開校
197664	朝鮮朝日	南鮮版	1930-11-08	1	05단	敕語渙發記念に禁酒禁煙斷行慶南の美しい記念事業
197665	朝鮮朝日	南鮮版	1930-11-08	1	06단	オルゴール
197666	朝鮮朝日	南鮮版	1930-11-08	1	07단	百二十五萬圓で漁村の窮狀を救ふ四道に漁業組合聯合會組織總督府の漁村救濟策
197667	朝鮮朝日	南鮮版	1930-11-08	1	08단	朝鮮人の父と內地人の母の間に愛兒の爭奪戰京城地方法院迄持出してサテ三人の子供は
197668	朝鮮朝日	南鮮版	1930-11-08	1	08단	圖書講演會
197669	朝鮮朝日	南鮮版	1930-11-08	1	08단	失業救濟事業明年から着手總工費七千萬圓目下政府と交涉中
197670	朝鮮朝日	南鮮版	1930-11-08	1	08단	暴漢二十餘名駐在所を襲ふ檢擧者を奪還逃走巡査を毆打負傷さす
197671	朝鮮朝日	南鮮版	1930-11-08	1	09단	密航支那人を朝鮮の送還朝鮮勞働者を脅威すと朝鮮から更に支那本國へ
197672	朝鮮朝日	南鮮版	1930-11-08	1	10단	人(川島中將(新任第三師團長)/原敢二郎中將(鎭海要港部司令官)/穗積本府外事課長/本多熊太郎氏/永井郁子女史(聲樂家)/神宮競技朝鮮選手一行)
197673	朝鮮朝日	南鮮版	1930-11-08	1	10단	道味魚
197674	朝鮮朝日	西北版	1930-11-08	1	01단	ミリオラマ 京城の人口３８７０００/朝鮮各地ともいよいよ冬の幕が開かれた今年の初雪は記錄的の早さ/駐在所襲擊の一味を逮捕負傷巡査一命取止む/鴨綠江結氷船の航行不能/火事二件(九戶全燒/工場九燒)/豚虎疫終熄屠殺禁止も解除/二日間も飯の顔を見ぬ豐作の凶年に呪はれた哀れな窮民/平壤の强盜/平南奧地は梅毒が多い巡回診療で判明/鐵槌で撲殺新義州の支那人慘劇/平壤の質屋利下げ斷行/秋季射擊大會
197675	朝鮮朝日	西北版	1930-11-08	1	01단	米價調節の上に一抹の暗影を投ず米穀低資交涉は不調か愈となれば銀行の資金融通

일련번호	판명		간행일	면	단수	기사명
197676	朝鮮朝日	西北版	1930-11-08	1	01단	朝鮮自慢の名物競べ(2)/忠北の卷白玉の躍るやうに炭酸水が滾々と湧出る長生の靈藥だと愛用される忠北はおろか朝鮮の誇り
197677	朝鮮朝日	西北版	1930-11-08	1	03단	郡廳と警察の移轉を陳情寧遠溫和面民が
197678	朝鮮朝日	西北版	1930-11-08	1	04단	朝鮮は最近見たが勤るのは初てだ方針案はまだ判らぬ森新任十九師團長談
197679	朝鮮朝日	西北版	1930-11-08	1	05단	瓮のご用意はいよいよ漬物の時季が來ました
197680	朝鮮朝日	西北版	1930-11-08	1	07단	眞劍味を帶びた咸興の府議選選擧氣分愈よ濃厚
197681	朝鮮朝日	西北版	1930-11-08	1	07단	百二十五萬圓で漁村の窮狀を救ふ四道に漁業組合聯合會組織總督府の漁村救濟策
197682	朝鮮朝日	西北版	1930-11-08	1	08단	潮音
197683	朝鮮朝日	西北版	1930-11-08	1	08단	於之屯狀總會
197684	朝鮮朝日	西北版	1930-11-08	1	08단	結氷を控へて慘めな失業地獄一時に何千といふ失業者咸南の失業救濟が問題
197685	朝鮮朝日	西北版	1930-11-08	1	09단	鴨綠江上流大渴水飲料水に困る
197686	朝鮮朝日	西北版	1930-11-08	1	10단	大規模の養鷄組合中和の五ケ面で
197687	朝鮮朝日	西北版	1930-11-08	1	10단	三神洞平壤間に輕鐵を敷設無煙炭輸送に
197688	朝鮮朝日	西北版	1930-11-08	1	10단	崔女史の金泉高普校明年から開校
197689	朝鮮朝日	西北版	1930-11-08	1	10단	自動車正面衝突乘客二名重傷
197690	朝鮮朝日	西北版	1930-11-08	1	10단	白山丸衝突で宣教師頓死京城のマーク氏
197691	朝鮮朝日	西北版	1930-11-08	1	10단	人(室第二十師團長/外山朝鮮憲兵司令官/李敎植氏(平南道評議員))
197692	朝鮮朝日	西北・南鮮版	1930-11-08	2	01단	財界十字路(米買上要望委員/鮮米輸送狀況/危機を孕む)
197693	朝鮮朝日	西北・南鮮版	1930-11-08	2	01단	農村美談村人を指導した二人の靑年一時は狂人扱ひされたが今は村の生神と崇めらる近く表彰の筈
197694	朝鮮朝日	西北・南鮮版	1930-11-08	2	02단	慶北春秋蠶の總決算九七五三六石
197695	朝鮮朝日	西北・南鮮版	1930-11-08	2	02단	第七回京城府內女子中等學校音樂大會
197696	朝鮮朝日	西北・南鮮版	1930-11-08	2	03단	朝鮮生産品巡回見本市廿日鹿兒島で
197697	朝鮮朝日	西北・南鮮版	1930-11-08	2	03단	慶南産業組合危機に瀕す財界の不況で
197698	朝鮮朝日	西北・南鮮版	1930-11-08	2	04단	尚州の農倉本年は借倉
197699	朝鮮朝日	西北・南鮮版	1930-11-08	2	04단	各地短信(公州/咸興/春川)

일련번호	판명		간행일	면	단수	기사명
197700	朝鮮朝日	南鮮版	1930-11-09	1	01단	ミリオラマ 勞働宿泊所宿泊者が多い/家屋倒壞し二名重傷す/警官の心盡しを押のけて雨中をトボトボ刑務所へ大邱に送られた讀書會事件の被告/京城にも半圓タク/困った小使/共産黨事件豫審終結六名豫審免訴/慶北拳隊事件判決言渡四名とも懲役/八釜しい巫女征伐をやる平壤署で近く相談會を開く/支那の山火八里四方燒く/少年野球大會
197701	朝鮮朝日	南鮮版	1930-11-09	1	01단	低資で産組の資金難を緩和産組令も改正する不振の産組着々更正の步を進む
197702	朝鮮朝日	南鮮版	1930-11-09	1	01단	俳句/鈴木花蓑選
197703	朝鮮朝日	南鮮版	1930-11-09	1	02단	朝鮮自慢の名物競べ(3)/全北の卷昔は獻上扇子を造る扇子廳まで設けてゐた有名な美しい全州團扇と扇子年産團扇、扇子で十二萬本
197704	朝鮮朝日	南鮮版	1930-11-09	1	03단	海員保險法案遞信局から來議會に提出朝鮮に實施は一二年後か
197705	朝鮮朝日	南鮮版	1930-11-09	1	04단	失業救濟の土木事業本府が認可か
197706	朝鮮朝日	南鮮版	1930-11-09	1	05단	オルゴール
197707	朝鮮朝日	南鮮版	1930-11-09	1	05단	授産場規程公布
197708	朝鮮朝日	南鮮版	1930-11-09	1	05단	內地市場の慶南の牡蠣大量移出計劃
197709	朝鮮朝日	南鮮版	1930-11-09	1	06단	教員試驗合格者
197710	朝鮮朝日	南鮮版	1930-11-09	1	06단	夜の海を照らす痲い燈台に傳書鳩陸と燈台との連絡をとる燈台配屬の吏員に傳書鳩の講習
197711	朝鮮朝日	南鮮版	1930-11-09	1	07단	龍山草梁間に無線電話官廳通信專用
197712	朝鮮朝日	南鮮版	1930-11-09	1	07단	三人を殺傷し血染の刀で割腹姦夫は卽死姦婦と子は重傷新義州の慘劇
197713	朝鮮朝日	南鮮版	1930-11-09	1	08단	釜山上水道擴張工事着々進捗し廿日に通水試驗をやる
197714	朝鮮朝日	南鮮版	1930-11-09	1	08단	慶北漁場の豊漁魚は關門地方へ
197715	朝鮮朝日	南鮮版	1930-11-09	1	08단	籾の擔保で農民に金融慶北金組でやる
197716	朝鮮朝日	南鮮版	1930-11-09	1	08단	山火事の損害實に四十萬圓燒失面積は六千町步廿日に互る咸南の山火事漸く消ゆ
197717	朝鮮朝日	南鮮版	1930-11-09	1	09단	朝鮮本年の酒造見込高千八百萬石內外
197718	朝鮮朝日	南鮮版	1930-11-09	1	09단	東萊溫泉手を加へ市街地とし公園も造る泉都東萊の姿を一變する

일련번호	판명		간행일	면	단수	기사명
197719	朝鮮朝日	南鮮版	1930-11-09	1	09단	不景氣の影響で流質物が多い京城質屋の業績
197720	朝鮮朝日	南鮮版	1930-11-09	1	10단	人(マッケンジ氏(釜山廳療養所長)/末松多美彦氏(李王職事務官)/岡慶南金組聯合會理事長/山根遞信局海事課長/鳥潟隆三博士/武田咸興旅團長)
197721	朝鮮朝日	南鮮版	1930-11-09	1	10단	道味魚
197722	朝鮮朝日	西北版	1930-11-09	1	01단	ミリオラマ 兒童の言葉調べ安東縣大和小學の試み/流氷盛ん/敕語記念に禁酒禁煙美しい記念事業/４５,８００新義州の人口/南浦自動車賃統一實施/火災盜難豫防宣傳/鮟鱇船遭難安岳に漂着/密航支那人百名釜山に/亂暴息子捕はる/支那人の家に僞刑事女房から金を捲上ぐ/八釜しい巫女征伐をやる平壤署で近く相談會を開く/支那の山火八里四方燒く/六人殺しの犯人は逮捕の見込ない/少年野球大會
197723	朝鮮朝日	西北版	1930-11-09	1	01단	低資で産組の資金難を緩和産組令も改正する不振の産組着々更正の歩を進む
197724	朝鮮朝日	西北版	1930-11-09	1	01단	俳句/鈴木花蓑選
197725	朝鮮朝日	西北版	1930-11-09	1	02단	朝鮮自慢の名物競べ(３)/全北の卷昔は獻上扇子を造る扇子廳まで設けてゐた有名な美しい全州團扇と扇子年産額團扇、扇子で十二萬本
197726	朝鮮朝日	西北版	1930-11-09	1	03단	海員保險法案遞信局から來議會に提出朝鮮に實施は一二年後か
197727	朝鮮朝日	西北版	1930-11-09	1	04단	溫突の戀しい季節松葉賣りが町へと歩き廻る
197728	朝鮮朝日	西北版	1930-11-09	1	05단	潮音
197729	朝鮮朝日	西北版	1930-11-09	1	06단	夜警團や自警團で保安組合組織民衆警察の實を擧げる平南警察部の新試み
197730	朝鮮朝日	西北版	1930-11-09	1	07단	三年繼續で市街地計劃安州から申請
197731	朝鮮朝日	西北版	1930-11-09	1	07단	夜の海を照らす痲い燈台に傳書鳩陸と燈台との連絡をとる燈台配屬の吏員に傳書鳩の講習
197732	朝鮮朝日	西北版	1930-11-09	1	08단	山火事の損害實に四十萬圓燒失面積は六千町步廿日に互る咸南の山火事漸く消ゆ
197733	朝鮮朝日	西北版	1930-11-09	1	08단	安東取引所繼續認可申請

일련번호	판명		간행일	면	단수	기사명
197734	朝鮮朝日	西北版	1930-11-09	1	08단	三人を殺傷し血染の刀で割腹姦夫は卽死姦婦と子は重傷新義州の慘劇
197735	朝鮮朝日	西北版	1930-11-09	1	09단	朝鮮本年の酒造見込高千八百萬石內外
197736	朝鮮朝日	西北版	1930-11-09	1	10단	李朝歷代の諸記錄十四萬卷を城大圖書館に移管す
197737	朝鮮朝日	西北版	1930-11-09	1	10단	産業助長を圖る産業調査會近く委員會開く
197738	朝鮮朝日	西北版	1930-11-09	1	10단	立毛差押へ實に三百件慶南農村の窮狀
197739	朝鮮朝日	西北版	1930-11-09	1	10단	人(武田咸興旅團長)
197740	朝鮮朝日	西北・南鮮版	1930-11-09	2	01단	財界十字路(列車見本市/百貨廉賣會/金融界萎微)
197741	朝鮮朝日	西北・南鮮版	1930-11-09	2	01단	好人氣の朝鮮物産見本市まづ福岡を最初に九州各地で催さる
197742	朝鮮朝日	西北・南鮮版	1930-11-09	2	02단	二回米收豫想(大邱/釜山)
197743	朝鮮朝日	西北・南鮮版	1930-11-09	2	03단	馬山棉花出廻り活況を呈す相場も持直した
197744	朝鮮朝日	西北・南鮮版	1930-11-09	2	03단	鳴かず飛ばずの運輸委員會近く會則を改正して一大飛躍の計劃
197745	朝鮮朝日	西北・南鮮版	1930-11-09	2	03단	共濟ゴム組太平ゴム買收
197746	朝鮮朝日	西北・南鮮版	1930-11-09	2	04단	更紗壁(サーベルが頼み)
197747	朝鮮朝日	西北・南鮮版	1930-11-09	2	04단	各地短信(浦項/茂山)
197748	朝鮮朝日	南鮮版	1930-11-11	1	01단	ミリオラマ 忠南牙山の干拓地問題全州署の活動/電話加入者に深間用紙配布/立毛差押禁止策/支那領事分駐所/按摩の割腹病苦の壓世/人の家で頓死/仁取題問委員上城/朝運倉庫上棟式/京城府協議會
197749	朝鮮朝日	南鮮版	1930-11-11	1	01단	世相に躍る大きな社會現象營業稅率の引下げ問題減稅方法は目下當局で考慮中そのアウト・ラインは
197750	朝鮮朝日	南鮮版	1930-11-11	1	02단	洛東江蒙利地に河川令を實施本年から受益稅賦課
197751	朝鮮朝日	南鮮版	1930-11-11	1	02단	御內帑金御下賜薄倖に泣く癩患者に何れも御仁愛に感激
197752	朝鮮朝日	南鮮版	1930-11-11	1	03단	社會事業補助金
197753	朝鮮朝日	南鮮版	1930-11-11	1	04단	道知事更送內定咸南知事に關水京城府尹/咸南は全く白紙だ包み切れぬ笑を湛へて咸南知事になる關水氏語る

일련번호	판명		간행일	면	단수	기사명
197754	朝鮮朝日	南鮮版	1930-11-11	1	04단	朝鮮自慢の名物競べ(4)/黄海の卷色と味とに妾や惚た主のおみやげ黄州蘋果乙な三味線にのって宣傳の旅黄州蘋果は黄海道の誇り
197755	朝鮮朝日	南鮮版	1930-11-11	1	05단	洪原部落民數百名が突然郡廳に押し寄す廿餘名拘束の釋放を求めて武裝警官廿名を急派
197756	朝鮮朝日	南鮮版	1930-11-11	1	06단	女子中等校聯合音樂會プログラム決定愈十五日午後二時から京城公會堂で
197757	朝鮮朝日	南鮮版	1930-11-11	1	07단	辭令(七日付)
197758	朝鮮朝日	南鮮版	1930-11-11	1	07단	年の瀬を控へて娘や女房苦界に内地から遙々朝鮮へ昨今急激に増加の傾向
197759	朝鮮朝日	南鮮版	1930-11-11	1	08단	練習艦入港來月六日仁川に
197760	朝鮮朝日	南鮮版	1930-11-11	1	09단	由緒深い水源地の櫻を伐絶した花見より水源が大切だと府廳のお役人が
197761	朝鮮朝日	南鮮版	1930-11-11	1	09단	全鮮教化懇談會決議事項
197762	朝鮮朝日	南鮮版	1930-11-11	1	09단	連絡船の便所から嬰兒の死體發見内地人女船客の墜落産か釜山水上署で捜査中
197763	朝鮮朝日	南鮮版	1930-11-11	1	09단	釜山幸館全燒隣接の四戸も全半燒負傷者數名を出す
197764	朝鮮朝日	南鮮版	1930-11-11	1	10단	道廳移轉問題で兩市民騷ぐ
197765	朝鮮朝日	西北版	1930-11-11	1	01단	ミリオラマ 漁村の美談/定平公普盟休漸く落着す/平壤の火事目拔の大和町から出火一戸全燒し一戸半燒す/四戸全燒す咸興の火事/漁船遭難/狂言強盜/受電所落成/朝運落成視宴/冬帽子と麥粉に金指輪と金これが馬賊の人質代償/女學校に賊レコードを盜む/城津電燈値下げ明年一月から實施/穀物を奉納
197766	朝鮮朝日	西北版	1930-11-11	1	01단	ただ感激!!陶醉!!藝術の殿堂と化す非常の大盛況を呈した西鮮女子中等音樂大會
197767	朝鮮朝日	西北版	1930-11-11	1	04단	全鮮教化懇談會決議事項
197768	朝鮮朝日	西北版	1930-11-11	1	05단	耐寒飛行の松坪着陸場來月廿日完成
197769	朝鮮朝日	西北版	1930-11-11	1	05단	道知事更送内定咸南知事に關水京城府尹/咸南は全く白紙だ包み切れぬ笑を湛へて咸南知事になる關水氏語る
197770	朝鮮朝日	西北版	1930-11-11	1	05단	朝鮮自慢の名物競べ(4)/黄海の卷色と味とに妾や惚た主のおみやげ黄州蘋果乙な三味線にのって宣傳の旅黄州蘋果は黄海道の誇り

일련번호	판명		간행일	면	단수	기사명
197771	朝鮮朝日	西北版	1930-11-11	1	06단	餘った樹苗で山を綠化させる平南明年の造林計劃
197772	朝鮮朝日	西北版	1930-11-11	1	07단	一面一洞づつ模範村を造る農村を幸福にする平北道の計劃
197773	朝鮮朝日	西北版	1930-11-11	1	08단	辭令(七日付)
197774	朝鮮朝日	西北版	1930-11-11	1	08단	洪原部落民數百名が突然郡廳に押し寄す廿餘名拘束の釋放を求めて武裝警官廿名を急派
197775	朝鮮朝日	西北版	1930-11-11	1	08단	咸興興南間電車敷設近く出願する
197776	朝鮮朝日	西北版	1930-11-11	1	08단	愈妙境に入った咸興府議選內地人側の顏觸
197777	朝鮮朝日	西北版	1930-11-11	1	09단	咸興驛改築三等待合は廣くなる
197778	朝鮮朝日	西北版	1930-11-11	1	09단	工場の閉鎖で職工八十名失業解雇猶豫拒絶で雇主と職工紛糾不況に祟られた安州の二工場
197779	朝鮮朝日	西北版	1930-11-11	1	10단	果樹組合補助金
197780	朝鮮朝日	西北版	1930-11-11	1	10단	平南警察部明年事業警察署新築警官の增員
197781	朝鮮朝日	西北版	1930-11-11	1	10단	道味魚
197782	朝鮮朝日	西北・南鮮版	1930-11-11	2	01단	(米買上と總督府/朝煙重役整理/京城物價下落)
197783	朝鮮朝日	西北・南鮮版	1930-11-11	2	01단	今後の電氣企業基礎事項決定閉會した朝鮮電氣調查會
197784	朝鮮朝日	西北・南鮮版	1930-11-11	2	01단	入庫米や籾貯積の金融利率略纏る萬一低資實現せぬ時は銀行の自己資金融通
197785	朝鮮朝日	西北・南鮮版	1930-11-11	2	01단	各地短信(木浦/咸興/京城/馬山/城津/公州/淸州)
197786	朝鮮朝日	西北・南鮮版	1930-11-11	2	02단	釜山木浦航路の新造船廻航
197787	朝鮮朝日	西北・南鮮版	1930-11-11	2	03단	米價慘落で農村の市場進出配達付で米一升廿錢咸北の米賣買組合/米收豫想高慶南各府郡/平北第二回米作豫想高稻有の大豐作
197788	朝鮮朝日	西北・南鮮版	1930-11-11	2	03단	第七回京城府內女子中等學校音樂大會
197789	朝鮮朝日	西北・南鮮版	1930-11-11	2	04단	綿絲布特定賃金安東除外問題鐵道當局も諒解したと陳情から歸った荒天安東商議會頭談
197790	朝鮮朝日	西北・南鮮版	1930-11-11	2	05단	朝鮮米がどしどし內地へ鐵道で臨時船まで運航
197791	朝鮮朝日	西北・南鮮版	1930-11-11	2	05단	定置網漁業合理化試驗作業着手
197792	朝鮮朝日	西北・南鮮版	1930-11-11	2	06단	伊木力蜜柑鮮滿へ大量出荷

일련번호	판명		간행일	면	단수	기사명
197793	朝鮮朝日	西北・南鮮版	1930-11-11	2	06단	全剛山遊覽飛行は結局お流れか當にしてゐた補助金は緊縮と不況で見込薄
197794	朝鮮朝日	西北・南鮮版	1930-11-11	2	07단	憂慮さるゝ納税期愈やって來た
197795	朝鮮朝日	西北・南鮮版	1930-11-11	2	07단	市場に擴聲器
197796	朝鮮朝日	南鮮版	1930-11-12	1	01단	ミリオラマ 妙な因縁/慶南兩學校盟休の其後農産校は落着統營校未解決/陸軍大演習戰況を放送/釜山の大火後報原因はフヰルムに引火から/汽車火事乘客は無事/開城の火事四戶を全燒し一名負傷す/官文書僞造首魁を逮捕/狂犬に咬れ狂水病狂犬の眞似してとうとう死んだ
197797	朝鮮朝日	南鮮版	1930-11-12	1	01단	麗かな陽光に銀髪を輝して！殊の外上機嫌の老總督よく語る圓卓を圍んで記者團と時局談(電氣事業調査/間島警備問題/警備費問題/米價調節問題)
197798	朝鮮朝日	南鮮版	1930-11-12	1	02단	突如間島に警官二百增員乘物も十五台急設領事館いよいよ本腰になる
197799	朝鮮朝日	南鮮版	1930-11-12	1	02단	緊縮で手のつけられぬ慶南明年度豫算人件費割振が問題
197800	朝鮮朝日	南鮮版	1930-11-12	1	04단	俳句/鈴木花蓑選
197801	朝鮮朝日	南鮮版	1930-11-12	1	04단	齋藤總督李氏訪問
197802	朝鮮朝日	南鮮版	1930-11-12	1	04단	早くも學校の就職運動猛烈を極む
197803	朝鮮朝日	南鮮版	1930-11-12	1	05단	一本のマコーを二つに折って喫む喫煙家の緊縮風景
197804	朝鮮朝日	南鮮版	1930-11-12	1	05단	米價の慘落に呪れて地主と小作の抗爭兩者相讓らず解決の見込がない小作爭議はザッと昨年の一倍半
197805	朝鮮朝日	南鮮版	1930-11-12	1	06단	二十五日から夜間金庫府內八ヶ所に
197806	朝鮮朝日	南鮮版	1930-11-12	1	06단	優良青年の奮鬪史農村に配布
197807	朝鮮朝日	南鮮版	1930-11-12	1	06단	沙防工事の人夫に天引貯金生業資金に振當てる
197808	朝鮮朝日	南鮮版	1930-11-12	1	07단	オルゴール
197809	朝鮮朝日	南鮮版	1930-11-12	1	07단	緊縮の忠北明年度豫算
197810	朝鮮朝日	南鮮版	1930-11-12	1	08단	仁取問題上城委員と總督會見顚末上城委員から役員に報告
197811	朝鮮朝日	南鮮版	1930-11-12	1	08단	火の車の製鐵所に耳よりな注文朝鮮鐵道から
197812	朝鮮朝日	南鮮版	1930-11-12	1	08단	光榮の癩療養所(小鹿島醫院/麗水療養所/大邱癩病院/釜山療養病院)
197813	朝鮮朝日	南鮮版	1930-11-12	1	09단	秋播麥の試作地七十ヶ所設置

일련번호	판명		간행일	면	단수	기사명
197814	朝鮮朝日	南鮮版	1930-11-12	1	10단	松井氏庫倉業者と會見
197815	朝鮮朝日	南鮮版	1930-11-12	1	10단	運動界(ラクビー試合/秋季柔道大會)
197816	朝鮮朝日	南鮮版	1930-11-12	1	10단	もよほし(慶南自動車總會)
197817	朝鮮朝日	南鮮版	1930-11-12	1	10단	人(矢代幸雄氏(東京美術學校教授)/閔泳讚氏(中樞院參議))
197818	朝鮮朝日	南鮮版	1930-11-12	1	10단	道味魚
197819	朝鮮朝日	西北版	1930-11-12	1	01단	ミリオラマ 妙な因縁/氷滑選手歐洲遠征滿洲體協から/輸送車購入消防庫近く竣工/放火し飛出た倅を射殺す共匪の慘行/博打に負けて虛僞の申告/不景氣で切羽詰り可愛い妻や娘を賣る此の頃女の身賣りが多い/陸軍大演習戰況を放送/汽車火事乘客は無事
197820	朝鮮朝日	西北版	1930-11-12	1	01단	麗かな陽光に銀髮を輝して！殊の外上機嫌の老總督よく語る圓卓を圍んで記者團と時局談(電氣事業調査/間島警備問題/警備費問題/米價調節問題)
197821	朝鮮朝日	西北版	1930-11-12	1	02단	突如間島に警官二百增員乘物も十五台急設領事館いよいよ本腰になる
197822	朝鮮朝日	西北版	1930-11-12	1	02단	共産黨馬賊の聯合部隊百名二手に分れ都市襲擊計劃
197823	朝鮮朝日	西北版	1930-11-12	1	04단	潮音
197824	朝鮮朝日	西北版	1930-11-12	1	04단	俳句/鈴木花蓑選
197825	朝鮮朝日	西北版	1930-11-12	1	04단	初等教員試驗
197826	朝鮮朝日	西北版	1930-11-12	1	04단	公安局設置行惱みか財政難から
197827	朝鮮朝日	西北版	1930-11-12	1	05단	無利子資金を普通校に割當て卒業生を集め副業組合を造る平讓府の普校卒業生指導施設
197828	朝鮮朝日	西北版	1930-11-12	1	05단	西鮮女子中等校音樂會グラフ((1)平壤崇義生の合唱(2)海州高女生齊唱(3)沙里院高女生合唱(4)平壤女高普生合唱(5)外人校オーケストラ)
197829	朝鮮朝日	西北版	1930-11-12	1	06단	南浦靑訓査閱
197830	朝鮮朝日	西北版	1930-11-12	1	07단	釜山の火事
197831	朝鮮朝日	西北版	1930-11-12	1	07단	窮迫の東拓移民が難局打開の猛運動年限延長償金低減を東拓に要請の決議
197832	朝鮮朝日	西北版	1930-11-12	1	08단	火の車の製鐵所に耳よりな注文朝鮮鐵道から
197833	朝鮮朝日	西北版	1930-11-12	1	09단	折角の新施設殆ど無用視さる之ぢゃ通關簡易化にならぬと支那海關鑑定課非難さる

일련번호	판명		간행일	면	단수	기사명
197834	朝鮮朝日	西北版	1930-11-12	1	09단	平壤で一年に二百萬圓焚く一年一人當燃料十四圓平壤府の燃料調べ
197835	朝鮮朝日	西北版	1930-11-12	1	10단	鎭南浦汽船三萬五千圓で商工社が買收
197836	朝鮮朝日	西北版	1930-11-12	1	10단	主任級の警官內地を見學平壤署の試み
197837	朝鮮朝日	西北版	1930-11-12	1	10단	人(矢代幸雄氏(東京美術學校教授)/閔泳讚氏(中樞院參議)/松原純一氏(鮮銀理事))
197838	朝鮮朝日	西北・南鮮版	1930-11-12	2	01단	趣味の欄/十一月のレコード新譜
197839	朝鮮朝日	西北・南鮮版	1930-11-12	2	01단	老頭溝驛頭白豆の山十一圓の豆二圓五十錢これでも買手がない
197840	朝鮮朝日	西北・南鮮版	1930-11-12	2	01단	平南明年の植桑計劃近く打合會開く
197841	朝鮮朝日	西北・南鮮版	1930-11-12	2	02단	財界十字路(可部商會の前途/廉賣市頑張る/朝鮮米買上悲觀/米穀倉庫事務所)
197842	朝鮮朝日	西北・南鮮版	1930-11-12	2	02단	統營金融界
197843	朝鮮朝日	西北・南鮮版	1930-11-12	2	02단	公州の棉花共同販賣
197844	朝鮮朝日	西北・南鮮版	1930-11-12	2	03단	平南第二回米收豫想高一回より減收
197845	朝鮮朝日	西北・南鮮版	1930-11-12	2	04단	各地短信(統營/公州/仁川/麗水/茂山)
197846	朝鮮朝日	南鮮版	1930-11-13	1	01단	ミリオラマ 釜山の初氷/基督靑年學生ストライキ教員を排斥し/全南麗水でも水産校騷ぐこれも教師排斥/朝鮮婦人が內房から街頭へハンドル生活京城の運轉手志願男女一千名/朝鮮師團演習映畫を獻上一般にも公開す/殉職の沈部長に警察功勞記章/燒けた幸館復興計劃進む/惡地主を呪ふ聲憂慮すべき慶南勞資關係の尖銳化/小作人動搖小作料問題で/仁川近海の遭難船一時に三隻/床の下から阿片塊仁川の阿片密賣/窮迫の小作人から血を吐く陳情書續々と慶北道に送って來る/京城驛頭に哀れな孤兒孤兒院に收容/不景氣で魚需要減る/店員を告訴
197847	朝鮮朝日	南鮮版	1930-11-13	1	01단	ボツボツ出るボーナスの噂させいぜい二割減程度か矢張り下級官吏程慘めだ
197848	朝鮮朝日	南鮮版	1930-11-13	1	01단	新婚の德惠樣を迎へる嚴原のお邸數奇を疑した宏壯なる建築
197849	朝鮮朝日	南鮮版	1930-11-13	1	03단	祕密會議を開いて明年豫算の審議四百萬圓突破の慶北明年豫算
197850	朝鮮朝日	南鮮版	1930-11-13	1	04단	李鍵公殿下公家御繼承御披露の爲近く御歸鮮

일련번호	판명		간행일	면	단수	기사명
197851	朝鮮朝日	南鮮版	1930-11-13	1	05단	知事內務警察兩部長異動愈よ發表京城府尹には安藤全北內務部長(京城府尹 關水武/咸南知事 松井房治郎/全北內務部長 安藤裟裟一/平南地方課長 古川兼秀/咸北內務部長 松下芳三郎/全南警察部長 甘蔗義邦/黃海道警察部長 土屋傳作/咸北財務部長 大河原重信)
197852	朝鮮朝日	南鮮版	1930-11-13	1	05단	來年から朝鮮に女子學生が出來る求學に燃る女性は喜べ城大の門戶開放
197853	朝鮮朝日	南鮮版	1930-11-13	1	07단	辭令
197854	朝鮮朝日	南鮮版	1930-11-13	1	08단	總督さんの手から褒狀やメダル鐵道開通三十年記念に鐵道局が勤續者を表彰
197855	朝鮮朝日	南鮮版	1930-11-13	1	09단	行先に迷うた二百戶の住民は安住の地を選んで移す慶南洛東江岸立退民の始末
197856	朝鮮朝日	南鮮版	1930-11-13	1	10단	朝鮮地代表帝農を訪問米價調節を陳情
197857	朝鮮朝日	南鮮版	1930-11-13	1	10단	俳句/鈴木花蓑選
197858	朝鮮朝日	南鮮版	1930-11-13	1	10단	簡易授産場浮浪者に授産
197859	朝鮮朝日	南鮮版	1930-11-13	1	10단	もよほし(道農會事務主任會議)
197860	朝鮮朝日	南鮮版	1930-11-13	1	10단	人(池尻萬壽夫氏(李王職事務官)/尾形政助氏(新任大邱公立中學校長)/恩田銅吉氏(前朝鮮郵船社長)/藤本菊一氏(本社京城通信局長))
197861	朝鮮朝日	西北版	1930-11-13	1	01단	ミリオラマ 墓の油賣り/海州分會射擊會/三百名近くの志願者中合格者は僅に五十八名平南本年最終の自動車運轉手試驗/基督靑年學生ストライキ教員を排斥し/朝鮮互愛會總會と役員/高さ二百六十尺の大堰堤が出來るセメント量世界記錄を破った東洋一の朝鮮水電工事/氷上通行開始/優勝旗爭奪庭球試合/价川乾芝山麓で藥水を發見衛生課で試驗中/京城驛頭に哀れな孤兒孤兒院に收容
197862	朝鮮朝日	西北版	1930-11-13	1	01단	ボツボツ出るボーナスの噂させいぜい二割減程度か矢張り下級官吏程惨めだ
197863	朝鮮朝日	西北版	1930-11-13	1	01단	新婚の德惠樣を迎へる嚴原のお邸數奇を疑した宏壯なる建築
197864	朝鮮朝日	西北版	1930-11-13	1	02단	國境守備隊聯合演習朝鮮では最初
197865	朝鮮朝日	西北版	1930-11-13	1	03단	來年から朝鮮に女大學生が出來る求學に燃る女性は喜べ城大の門戶開放
197866	朝鮮朝日	西北版	1930-11-13	1	04단	ウソ寒い平壤昨今の風景

일련번호	판명		간행일	면	단수	기사명
197867	朝鮮朝日	西北版	1930-11-13	1	05단	總督さんの手から褒狀やメダル鐵道開通三十年記念に鐵道局が勤續者を表彰
197868	朝鮮朝日	西北版	1930-11-13	1	06단	一本のマコーを二つに折って喫む喫煙家の緊縮風景
197869	朝鮮朝日	西北版	1930-11-13	1	07단	もよほし(平壤箕城券番)
197870	朝鮮朝日	西北版	1930-11-13	1	07단	內務警察兩部長の異動愈よ發表京城府尹には安藤全北內務部長(京城府尹 關水武/咸南知事　松井房治郎/全北內務部長 安藤裟裟一/平南地方課長 古川兼秀/咸北內務部長 松下芳三郎/全南警察部長 甘蔗義邦/咸北財務部長 大河原重信/黃海道警察部長 土屋傳作)
197871	朝鮮朝日	西北版	1930-11-13	1	08단	潮音
197872	朝鮮朝日	西北版	1930-11-13	1	08단	平壤の總人口十三萬七千人朝鮮人は男女ほゞ同數だが內地人と外國人は女が少い
197873	朝鮮朝日	西北版	1930-11-13	1	08단	窮迫の小作人から血を吐く陳情書續々と慶北道に送って來る
197874	朝鮮朝日	西北版	1930-11-13	1	09단	取締に惱む赤い國の放送根本的對策を講ずべく警務遞信兩局が相談
197875	朝鮮朝日	西北版	1930-11-13	1	10단	辭令
197876	朝鮮朝日	西北版	1930-11-13	1	10단	ビート作は大豊作愈よビート製糖が始った
197877	朝鮮朝日	西北版	1930-11-13	1	10단	俳句/鈴木花蓑選
197878	朝鮮朝日	西北版	1930-11-13	1	10단	道味魚
197879	朝鮮朝日	西北・南鮮版	1930-11-13	2	01단	財界十字路(京城穀信業績/滿洲粟輸入激減/米倉開業近し)
197880	朝鮮朝日	西北・南鮮版	1930-11-13	2	01단	漁業氣象を主としたラヂオ放送局釜山に設置の計劃進む
197881	朝鮮朝日	西北・南鮮版	1930-11-13	2	01단	今年は鹽も增收總豫想の二億三千萬斤に對し九百八千萬斤の增收
197882	朝鮮朝日	西北・南鮮版	1930-11-13	2	01단	更紗壁(深刻な豊作恐慌)
197883	朝鮮朝日	西北・南鮮版	1930-11-13	2	01단	朝鐵沙海間開通來月十一日から
197884	朝鮮朝日	西北・南鮮版	1930-11-13	2	01단	慶北漁組合の低資店開き來月一日から
197885	朝鮮朝日	西北・南鮮版	1930-11-13	2	02단	大邱の競馬會
197886	朝鮮朝日	西北・南鮮版	1930-11-13	2	02단	各地短信(群山/仁川/咸興/平壤/大邱/春川/龍山)
197887	朝鮮朝日	西北・南鮮版	1930-11-13	2	02단	第七回京城府內女子中等學校音樂大會
197888	朝鮮朝日	西北・南鮮版	1930-11-13	2	03단	朝日巡回活寫會

일련번호	판명		간행일	면	단수	기사명
197889	朝鮮朝日	南鮮版	1930-11-14	1	01단	ミリオラマ 薄倖に泣く安少年和田頭取が救ふ/交通事故減少/あ爺さんが掘出した素燒の二つの甕中からお金が一石出た/府バス一部不況/海豚の中毒一人卽死し一人は危篤/お客は癩患者/鎭海座改築/來年の鴨綠江筏流し三十萬尺締め三千筏いよいよ伐材始まる/歳末大賣出釜山雜貨商聯合で準備中/厚昌營林署全燒す原因損害不明/元山の火事
197890	朝鮮朝日	南鮮版	1930-11-14	1	01단	受難に直面せる水組の救濟策金融徹底組債整理中村本府土地改良部長談
197891	朝鮮朝日	南鮮版	1930-11-14	1	02단	冬の用意
197892	朝鮮朝日	南鮮版	1930-11-14	1	03단	教育費の負擔が多い一戸當りの最高卅二圓これも朝鮮在住民惱みの一つ
197893	朝鮮朝日	南鮮版	1930-11-14	1	04단	慶北郡守の異動內定す近く發表の筈
197894	朝鮮朝日	南鮮版	1930-11-14	1	04단	機業生産品の共同仕上場新設慶南の機業振興策
197895	朝鮮朝日	南鮮版	1930-11-14	1	04단	鮮米調節會社今の處設立絶望の姿
197896	朝鮮朝日	南鮮版	1930-11-14	1	05단	辭令
197897	朝鮮朝日	南鮮版	1930-11-14	1	05단	月給生活者の恐怖時代！月給の差押へが激增債權者が苦し紛れの非常手段
197898	朝鮮朝日	南鮮版	1930-11-14	1	06단	鎭海漁組長
197899	朝鮮朝日	南鮮版	1930-11-14	1	06단	國境守備隊聯合演習朝鮮では最初
197900	朝鮮朝日	南鮮版	1930-11-14	1	06단	酒の味を知った小學生二百六十人酒を飲ませぬ特別指導前提として若松小學の面白い調べ
197901	朝鮮朝日	南鮮版	1930-11-14	1	06단	全裡請負業者談合事件暴露事件は益々擴大の模樣/檢擧の手は芋蔓的に全鮮に延びる
197902	朝鮮朝日	南鮮版	1930-11-14	1	07단	取締に惱む赤い國の放送根本的對策を講ずべく警務遞信兩局が相談
197903	朝鮮朝日	南鮮版	1930-11-14	1	08단	オルゴール
197904	朝鮮朝日	南鮮版	1930-11-14	1	08단	釜山の商議書記長決定
197905	朝鮮朝日	南鮮版	1930-11-14	1	08단	大邱上水道擴張計劃ボーリング着手
197906	朝鮮朝日	南鮮版	1930-11-14	1	08단	授産場主任
197907	朝鮮朝日	南鮮版	1930-11-14	1	09단	又もDKの惱み福岡放送局新設で聽取を妨害される/牧之島放送局本年中に實現せば各地放送中繼もする
197908	朝鮮朝日	南鮮版	1930-11-14	1	09단	咸北電氣會社新設資本金廿萬圓
197909	朝鮮朝日	南鮮版	1930-11-14	1	09단	鐵橋開通式

일련번호	판명		간행일	면	단수	기사명
197910	朝鮮朝日	南鮮版	1930-11-14	1	09단	海州小學校落成
197911	朝鮮朝日	南鮮版	1930-11-14	1	09단	榮亭を繞るお家騷動法院に持出した
197912	朝鮮朝日	南鮮版	1930-11-14	1	10단	もよほし(慶南署長會議)
197913	朝鮮朝日	南鮮版	1930-11-14	1	10단	人(山本遞信局長/脇谷洋次郎博士(本府水産試驗場長)/富樫朝水副會長/恩田銅吉氏(前朝郵社長))
197914	朝鮮朝日	南鮮版	1930-11-14	1	10단	道味魚
197915	朝鮮朝日	西北版	1930-11-14	1	01단	ミリオラマ 振った問答/來年の鴨綠江筏流し三十萬尺締め三千筏いよいよ伐材始まる/薄倖に泣く安少年和田頭取が救ふ/厚昌營林署全燒す原因損害不明/元山の火事/お爺さんが掘出した素燒の二つの甕中からお金が一石出た/郵便自動車遞送/黑戰社一味判決言渡全部懲役に/妻を殺して自殺女房に罵しられた亭主死に切れずに逮捕さる/駐在所襲擊事件全部懲役檢事が控訴す/三年前の遺恨晴し夫婦を殺傷し己も自殺を企つ/怪しな白木の棺日くありさうな赤ン坊の屍大同江岸の沙利の中から發見
197916	朝鮮朝日	西北版	1930-11-14	1	01단	受難に直面せる水組の救濟策金融徹底組債整理中村本府土地改良部長談
197917	朝鮮朝日	西北版	1930-11-14	1	02단	冬の用意
197918	朝鮮朝日	西北版	1930-11-14	1	03단	教育費の負擔が多い一戶當りの最高卅二圓これも朝鮮在住民惱みの一つ
197919	朝鮮朝日	西北版	1930-11-14	1	04단	咸南興南面都計內容卅六萬圓で二ヶ年繼續
197920	朝鮮朝日	西北版	1930-11-14	1	05단	判檢事會議盜犯防止令討議
197921	朝鮮朝日	西北版	1930-11-14	1	05단	月給生活者の恐怖時代！月給の差押へが激增債權者が苦し紛れの非常手段
197922	朝鮮朝日	西北版	1930-11-14	1	06단	注目された信川水組會平凡裡に了る
197923	朝鮮朝日	西北版	1930-11-14	1	06단	咸興商工會問題全部解決
197924	朝鮮朝日	西北版	1930-11-14	1	07단	酒の味を知った小學生二百六十人酒を飮ませぬ特別指導前提として若松小學の面白い調べ
197925	朝鮮朝日	西北版	1930-11-14	1	07단	交通事故激減しかし惡性の事故が多い
197926	朝鮮朝日	西北版	1930-11-14	1	08단	潮音
197927	朝鮮朝日	西北版	1930-11-14	1	08단	又もDKの惱み福岡放送局新設で聽取を妨害される
197928	朝鮮朝日	西北版	1930-11-14	1	08단	辭令

일련번호	판명		간행일	면	단수	기사명
197929	朝鮮朝日	西北版	1930-11-14	1	08단	海州小學校落成
197930	朝鮮朝日	西北版	1930-11-14	1	09단	茂山製材所
197931	朝鮮朝日	西北版	1930-11-14	1	09단	全裡請負業者談合事件暴露事件は益々擴大の模樣
197932	朝鮮朝日	西北版	1930-11-14	1	10단	珠算競技會安東小學校で
197933	朝鮮朝日	西北版	1930-11-14	1	10단	咸北電氣會社新設資本金廿萬圓
197934	朝鮮朝日	西北版	1930-11-14	1	10단	明太漁業の大評定漁業令發布後最初の會合
197935	朝鮮朝日	西北版	1930-11-14	1	10단	咸興靑訓査閲
197936	朝鮮朝日	西北版	1930-11-14	1	10단	釜山の商議書記長決定
197937	朝鮮朝日	西北版	1930-11-14	1	10단	牡丹台の落棄かき
197938	朝鮮朝日	西北・南鮮版	1930-11-14	2	01단	財界十字路(米倉借庫決定/東拓の今期配當/韓一、湖西新行名/低資再割利鞘)
197939	朝鮮朝日	西北・南鮮版	1930-11-14	2	01단	行樂に適しい馬金山の溫泉
197940	朝鮮朝日	西北・南鮮版	1930-11-14	2	01단	不況影響で郵貯激減利下も影響
197941	朝鮮朝日	西北・南鮮版	1930-11-14	2	01단	慶南漁業組合聯合會組織に決定
197942	朝鮮朝日	西北・南鮮版	1930-11-14	2	02단	第七回京城府內女子中等學校音樂大會
197943	朝鮮朝日	西北・南鮮版	1930-11-14	2	03단	朝日巡回活寫會
197944	朝鮮朝日	西北・南鮮版	1930-11-14	2	03단	畜力機奬勵發動機代用に
197945	朝鮮朝日	西北・南鮮版	1930-11-14	2	04단	(釜山/大邱)
197946	朝鮮朝日	南鮮版	1930-11-15	1	01단	ミリオラマ 釜山の初霜/更生の少年達が明い社界へ好成績の明進舍/『御眞影は』火の粉のふる南山校火事場の劇的場面/盟休首謀生卅一名處分統營の水産校/學校を怨で放火學業不良で自自暴棄南山校生徒の放火原因/盟休生百六十名無期停學開城の松都高普/斷崖から自動車轉落乘客二名重傷/駐在所襲擊犯人一味全部送局/洋畫展覽會/十數名監禁し放火して慘殺す間島地方共匪の慘行/淸津放火事件判決/僞刑事捕はる
197947	朝鮮朝日	南鮮版	1930-11-15	1	01단	二重の桎梏に喘ぐ養蠶者善導策蠶業令の改正桑園肥料善導
197948	朝鮮朝日	南鮮版	1930-11-15	1	01단	思想善導に學生係新設軍事教育やスポーツ事務も扱ふ學務局の學校盟休對策
197949	朝鮮朝日	南鮮版	1930-11-15	1	03단	龍井在住民の時局相談會時局對策協議
197950	朝鮮朝日	南鮮版	1930-11-15	1	03단	物價低落の趨勢から多角的農を自覺し一層養蠶に力をそゝぐ農家大喜びの慶北道當局

일련번호	판명		간행일	면	단수	기사명
197951	朝鮮朝日	南鮮版	1930-11-15	1	04단	今は借庫で籾貯藏を奬勵す農倉建設間に合はず道當局に非難起る
197952	朝鮮朝日	南鮮版	1930-11-15	1	04단	米豆向上の大評定慶南穀物檢査會
197953	朝鮮朝日	南鮮版	1930-11-15	1	05단	漁民は何れも靑息吐息平南漁業の不振
197954	朝鮮朝日	南鮮版	1930-11-15	1	06단	間島に警察官二百名增員の計劃總督府が外務省に交涉
197955	朝鮮朝日	南鮮版	1930-11-15	1	06단	演武場落成式
197956	朝鮮朝日	南鮮版	1930-11-15	1	06단	見事に咲いた巖造り
197957	朝鮮朝日	南鮮版	1930-11-15	1	07단	學習帳値下六錢を五錢に
197958	朝鮮朝日	南鮮版	1930-11-15	1	08단	オルゴール
197959	朝鮮朝日	南鮮版	1930-11-15	1	08단	嘎呀河の筏流し今年は振はなかった
197960	朝鮮朝日	南鮮版	1930-11-15	1	08단	支那勞働者を嚴重に制限する近く各道に通達
197961	朝鮮朝日	南鮮版	1930-11-15	1	09단	士官校志願者身體檢査日割
197962	朝鮮朝日	南鮮版	1930-11-15	1	09단	根炭採取禁止解除を要求洪原事件眞相
197963	朝鮮朝日	南鮮版	1930-11-15	1	09단	釜山署高等係總動員で祕密結社大檢擧製靴組員五名逮捕多數の文書を押收
197964	朝鮮朝日	南鮮版	1930-11-15	1	10단	卅萬圓の金が撒かれて此處は上景氣
197965	朝鮮朝日	南鮮版	1930-11-15	1	10단	李參謀等の共匪狀況視察
197966	朝鮮朝日	南鮮版	1930-11-15	1	10단	農村退學兒童一千五百名不景氣の影響
197967	朝鮮朝日	南鮮版	1930-11-15	1	10단	社長の陳謝文仁取移轉反對派で配布
197968	朝鮮朝日	南鮮版	1930-11-15	1	10단	道味魚
197969	朝鮮朝日	西北版	1930-11-15	1	01단	ミリオラマ 嘎呀河の筏流し今年は振はなかった/『御眞影は』火の粉のふる南山校火事場の劇的場面/十數名監禁放火して慘殺す間島地方共匪の慘行/李參謀等の共匪狀況視察/農村は不景氣で煙草が薩張り賣れぬ/南山校放火生は放火狂計劃的の放火/學生數名負傷車體は大破運轉手重傷寺洞電車衝突事件/淸津放火事件判決
197970	朝鮮朝日	西北版	1930-11-15	1	01단	二重の桎梏に喘ぐ養蠶者善導策蠶業令の改正桑園肥料善導
197971	朝鮮朝日	西北版	1930-11-15	1	02단	龍井在住民の時局相談會時局對策協議
197972	朝鮮朝日	西北版	1930-11-15	1	02단	商業校の新設愈よ本腰になる年內に寄附金を募集する平壤內鮮府民の熱誠
197973	朝鮮朝日	西北版	1930-11-15	1	03단	漁民は何れも靑息吐息平南漁業の不振
197974	朝鮮朝日	西北版	1930-11-15	1	04단	農民代表が租稅延納の陳情平南農民の窮狀
197975	朝鮮朝日	西北版	1930-11-15	1	05단	學習帳値下六錢を五錢に

일련번호	판명		간행일	면	단수	기사명
197976	朝鮮朝日	西北版	1930-11-15	1	06단	卅萬圓の金が撒かれて此處は上景氣
197977	朝鮮朝日	西北版	1930-11-15	1	07단	內地人に救はれた可愛い朝鮮娘誘拐されて支那に賣れる處を目下平壤署で保護中
197978	朝鮮朝日	西北版	1930-11-15	1	07단	途方に暮れてゐた內地人盲靑年朝鮮人靑年に救はる
197979	朝鮮朝日	西北版	1930-11-15	1	07단	支那人勞働者を嚴重に制限するいよいよ制限の具體案が出來た近く各道に通達する
197980	朝鮮朝日	西北版	1930-11-15	1	08단	潮音
197981	朝鮮朝日	西北版	1930-11-15	1	08단	學生の思想善導に學生係新設軍事教育やスポーツ事務も扱ふ學務局の學校盟休對策
197982	朝鮮朝日	西北版	1930-11-15	1	09단	農村の購買力減退で前途を憂慮さる平壤のゴム靴靴下工場
197983	朝鮮朝日	西北版	1930-11-15	1	09단	農村退學兒童一千五百名不景氣の影響
197984	朝鮮朝日	西北版	1930-11-15	1	09단	士官校志願者身體檢查日割
197985	朝鮮朝日	西北版	1930-11-15	1	10단	根炭採取禁止解放を要求洪原事件眞相
197986	朝鮮朝日	西北版	1930-11-15	1	10단	更生の少年達が明い世界へ好成績の明進舍
197987	朝鮮朝日	西北版	1930-11-15	1	10단	道味魚
197988	朝鮮朝日	西北・南鮮版	1930-11-15	2	01단	財界十字路(金組貸出增加/朝煙重役會/石炭入荷激增)
197989	朝鮮朝日	西北・南鮮版	1930-11-15	2	01단	鮮米調節會社絶望の事情資本金貸付に難色補助金支出不可能
197990	朝鮮朝日	西北・南鮮版	1930-11-15	2	01단	更紗壁(不食不休)
197991	朝鮮朝日	西北・南鮮版	1930-11-15	2	02단	朝鮮郵船博多寄港實現見込つく/釜山濟州島航路船運賃値下十二日から實行
197992	朝鮮朝日	西北・南鮮版	1930-11-15	2	03단	各地短信(仁川/沙里院/間島/群山)
197993	朝鮮朝日	西北・南鮮版	1930-11-15	2	03단	朝日巡回活寫會
197994	朝鮮朝日	南鮮版	1930-11-16	1	01단	ミリオラマ 不景氣から酒密造增加反則者二百三件/三千浦火事/婚禮の席に暴込んで大亂鬪を演じ重傷す其女と結婚出來なかった男/離緣を苦し覺悟の自殺親族の宅で/農村疲弊から幼兒虐待が增加/鴨綠江に名物の氷上通行や流水ぼつぼつ始まりかけた
197995	朝鮮朝日	南鮮版	1930-11-16	1	01단	地方分權への第一步地方制度の改正明年四月から實施の豫定歷史的な其內容

일련번호	판명		간행일	면	단수	기사명
197996	朝鮮朝日	南鮮版	1930-11-16	1	01단	普通校修身書に現實の美談を鮮内各地の生々しい資料蒐集終りいよいよ改正に着手
197997	朝鮮朝日	南鮮版	1930-11-16	1	02단	檢査標準米豆査定會議來月二日から
197998	朝鮮朝日	南鮮版	1930-11-16	1	02단	私立普通校に職業科新設來月新學期から
197999	朝鮮朝日	南鮮版	1930-11-16	1	03단	仁取問題の府民大會盛況裡に了る
198000	朝鮮朝日	南鮮版	1930-11-16	1	04단	蟹罐詰と鰯油粕の製造を制限する鰯搾粕は農肥に消費總督府の水産業者救濟策
198001	朝鮮朝日	南鮮版	1930-11-16	1	04단	簡易授産場新築落成す
198002	朝鮮朝日	南鮮版	1930-11-16	1	05단	オルゴール
198003	朝鮮朝日	南鮮版	1930-11-16	1	06단	總督府と外務省が應援旅費で揉める總督府側の態度は强硬岡田間島總領事兩者間を斡旋
198004	朝鮮朝日	南鮮版	1930-11-16	1	06단	仁川信託重役告訴事件進展檢事局愈よ活動開始帳簿を押收し關係者續々召喚
198005	朝鮮朝日	南鮮版	1930-11-16	1	07단	慶北道の新米出廻り漸く活潑になる
198006	朝鮮朝日	南鮮版	1930-11-16	1	07단	下宿料値下要求の學生運動が全鮮に互り擴大の傾向
198007	朝鮮朝日	南鮮版	1930-11-16	1	07단	警務人件費削減は例外扱ひとして交渉の結果ほゞ諒解を得た森岡警務局長談
198008	朝鮮朝日	南鮮版	1930-11-16	1	07단	荒廢の田畑約一千町步水害の損失
198009	朝鮮朝日	南鮮版	1930-11-16	1	08단	釜山消防演習
198010	朝鮮朝日	南鮮版	1930-11-16	1	08단	朝鮮人學童貯金激增加速度的增加
198011	朝鮮朝日	南鮮版	1930-11-16	1	09단	統營校盟休落着す十七日から開校
198012	朝鮮朝日	南鮮版	1930-11-16	1	09단	事件は意外に進展し全鮮に波及せん釜山の祕密結社事件
198013	朝鮮朝日	南鮮版	1930-11-16	1	09단	暴露した祕密結社首領宋捕はる博川から釜山に護送
198014	朝鮮朝日	南鮮版	1930-11-16	1	09단	朝鮮派遣の木谷選士相手の負傷を心配して語る
198015	朝鮮朝日	南鮮版	1930-11-16	1	10단	道味魚
198016	朝鮮朝日	南鮮版	1930-11-16	1	10단	人(永井外務政務次官/森岡總督府警務局長/韓相龍氏(京城實業家)/原國藏氏(愛國生命社長)/崎山建次氏(忠南金組聯合會理事長))

일련번호	판명		간행일	면	단수	기사명
198017	朝鮮朝日	西北版	1930-11-16	1	01단	ミリオラマ 此冬は大に滑り大に安く飲まう古川新任咸北財務部長談/沙里院驛擴張工事に非難上屋が無いので/婚禮の席に暴込んで大亂鬪を演じ重傷す其女と結婚出來なかった男/船橋里に常備消防隊愈よ設置決定/鴨綠江に名物の氷上通行や流氷ぼっぼっ始まりかけた/横領坊主の狂言自殺辭任を迫られて/警察幹旋で日用品値下平南の順川で
198018	朝鮮朝日	西北版	1930-11-16	1	01단	地方分權への第一步地方制度の改正明年四月から實施の豫定歷史的な其內容
198019	朝鮮朝日	西北版	1930-11-16	1	01단	普通校修身書に現實の美談を鮮內各地の生々しい資料蒐集終りいよいよ改正に着手
198020	朝鮮朝日	西北版	1930-11-16	1	02단	警備費削減は例外扱ひに諒解を得たと東上の森岡警務局長談
198021	朝鮮朝日	西北版	1930-11-16	1	03단	朝鮮人學童貯金激增加速度的增加
198022	朝鮮朝日	西北版	1930-11-16	1	04단	朝日校增築近く落成す
198023	朝鮮朝日	西北版	1930-11-16	1	05단	正義校落成式
198024	朝鮮朝日	西北版	1930-11-16	1	05단	蟹罐詰と鰯油粕の製造を制限する鰯搾粕は農肥に消費總督府の水産業者救濟策
198025	朝鮮朝日	西北版	1930-11-16	1	06단	檢查標準米豆査定會議來月二日から
198026	朝鮮朝日	西北版	1930-11-16	1	07단	潮音
198027	朝鮮朝日	西北版	1930-11-16	1	07단	間島に警察官二百名增員の計劃總督府が外務省に交涉
198028	朝鮮朝日	西北版	1930-11-16	1	07단	總督府と外務省が應援旅費で揉める總督府側の態度は强硬岡田間島總領事兩者間を斡旋
198029	朝鮮朝日	西北版	1930-11-16	1	08단	明年度に中等校職業科を充實す咸北道の實科教育方針
198030	朝鮮朝日	西北版	1930-11-16	1	08단	下宿料値下要求の學生運動が全鮮に互り擴大の傾向
198031	朝鮮朝日	西北版	1930-11-16	1	08단	鐵道運輸費大節減不況の影響
198032	朝鮮朝日	西北版	1930-11-16	1	08단	同盟消燈をやって電燈料値下運動勝湖里民の奮起
198033	朝鮮朝日	西北版	1930-11-16	1	10단	コ會社の自家發電正式に出願す
198034	朝鮮朝日	西北版	1930-11-16	1	10단	淸津鐵道病院の建設擴張明年度に完成
198035	朝鮮朝日	西北版	1930-11-16	1	10단	淸津沖で鰊大漁漁場活氣づく
198036	朝鮮朝日	西北版	1930-11-16	1	10단	不景氣から酒密造增加反則者二百三件

일련번호	판명		간행일	면	단수	기사명
198037	朝鮮朝日	西北版	1930-11-16	1	10단	人(川島中將(新任三師團長)/溱俊郎氏(茂山學組管理者)/崎山建次氏(忠南金組聯合會理事長)/馬場五郎氏(全北金組聯合會理事長)/米川義郎氏(道立公州醫院醫官)/木藤重德氏(平南道視學官)/永井外務政務次官/森岡總督府警務局長/韓相龍氏(京城實業家)/原國藏氏(愛國生命社長))
198038	朝鮮朝日	西北・南鮮版	1930-11-16	2	01단	財界十字路(米倉營業開始/木浦農倉移管か/首相凶變と財界)
198039	朝鮮朝日	西北・南鮮版	1930-11-16	2	01단	農村美談(１)/子供の運んだ一ツ宛の石で泥濘の道が僅四十日で立派な沙利道になる
198040	朝鮮朝日	西北・南鮮版	1930-11-16	2	01단	慶南の水組救濟策
198041	朝鮮朝日	西北・南鮮版	1930-11-16	2	01단	更紗壁(折紙付の名社長)
198042	朝鮮朝日	西北・南鮮版	1930-11-16	2	01단	仁川貿易成績十月中の
198043	朝鮮朝日	西北・南鮮版	1930-11-16	2	02단	各地短信(公州/新義州/咸興/統營/裡里)
198044	朝鮮朝日	西北・南鮮版	1930-11-16	2	03단	朝日巡回活寫會
198045	朝鮮朝日	南鮮版	1930-11-18	1	01단	ミリオラマ　木浦の初雪/大邱の傳染病根本撲滅策醫師會と協力し/男の右乳房から女のやうな乳が出る大邱醫院に來た不思議な男患者/慶北長鬐沖で發動船沈沒乘組員は無事/蔚山の火事失火か損害一萬五千圓/松葉火事/「私の夫を探して下さい」と警察へ泣き込んだ女十年も同棲して夫の名を知らぬ/苦し紛れの芝居强盗とは眞赤な嘘/草梁町內に不穩なビラ不良朝鮮人が/葬送を革める適所に齋場を設けて/嬉しくない話
198046	朝鮮朝日	南鮮版	1930-11-18	1	01단	農倉は小農保護商倉は米價の調節趣旨によって低資利率決定銀行資融通は本年度限
198047	朝鮮朝日	南鮮版	1930-11-18	1	01단	微溫的な水組救濟策米價立直り至難の場合は地主懇談會から對策建議
198048	朝鮮朝日	南鮮版	1930-11-18	1	01단	慶北東海岸は鯖豊漁で素晴らしい景氣一夜の水場三十七萬圓鯖漁業の新記錄
198049	朝鮮朝日	南鮮版	1930-11-18	1	03단	優美な纖細なメロデーに陶醉境へと聽衆を導いた本社京城支局主催の女子中等校音樂會の盛況(音樂會小觀京城一記者)

일련번호	판명		간행일	면	단수	기사명
198050	朝鮮朝日	南鮮版	1930-11-18	1	04단	食料品卅五種の大値下を斷行す本春以來これで六、七回に及ぶ釜山富平町市場の英斷
198051	朝鮮朝日	南鮮版	1930-11-18	1	04단	慶北漁業聯合會本月中に認可理事長には龍野氏
198052	朝鮮朝日	南鮮版	1930-11-18	1	05단	不良叺嚴重に取締り米檢も嚴にす
198053	朝鮮朝日	南鮮版	1930-11-18	1	05단	慶北肥料回收案外好成績低資利用の徹底
198054	朝鮮朝日	南鮮版	1930-11-18	1	06단	釜麗木間の連絡船沿岸航路の異彩
198055	朝鮮朝日	南鮮版	1930-11-18	1	07단	釜山祕密結社事件の其後擴大の模樣なし
198056	朝鮮朝日	南鮮版	1930-11-18	1	07단	從姉妹二人が抱合無慙な燒死七戶全燒し二戶半燒した木浦開港以來の大火
198057	朝鮮朝日	南鮮版	1930-11-18	1	08단	朝鮮信託不正事件檢事の活動愈峻烈徹宵取調を進め社內の大搜査を行ふ社長等遂に留置さる
198058	朝鮮朝日	南鮮版	1930-11-18	1	08단	警察の警告で運動を中止大公兩民の道廳運動漸く靜まる
198059	朝鮮朝日	南鮮版	1930-11-18	1	09단	雇女を優遇せよと情の籠るお布令火災等も注意せよと釜山署から料理屋飲食店へ命令
198060	朝鮮朝日	南鮮版	1930-11-18	1	09단	江口沖に漂流船中には太刀繩と米若干船員は全部溺死か
198061	朝鮮朝日	南鮮版	1930-11-18	1	09단	鴨綠江は結氷で休航
198062	朝鮮朝日	南鮮版	1930-11-18	1	10단	人(向井仁子孃(仁川商業學校長向井最一氏令孃)/高田那彦氏(新任忠南道視學官))
198063	朝鮮朝日	南鮮版	1930-11-18	1	10단	社告/京城通信局
198064	朝鮮朝日	西北版	1930-11-18	1	01단	ミリオラマ 嬉しくない話/厚昌市內電話十六日開通す/平安水利の貯水池に鱒二萬尾を放流する成績よければ他の貯水池にもやる/自動車業者に嚴重なる警告/庭球納會/平壤消防隊落成總二階の煉瓦建/怪しげな朝鮮青年/大それた裁縫師ミシンや反物を詐取/詐欺脅迫の被疑者警察署から脫走平南安州に入込んだ形跡あり博川署員が追跡中
198065	朝鮮朝日	西北版	1930-11-18	1	01단	農倉は小農保護商倉は米價の調節趣旨によって低資利率決定銀行資融通は本年度限
198066	朝鮮朝日	西北版	1930-11-18	1	01단	微溫的な水組救濟策米價立直り至難の場合は地主懇談會から對策建議

일련번호	판명		간행일	면	단수	기사명
198067	朝鮮朝日	西北版	1930-11-18	1	02단	平南の水稻正條植來年は施行面積を倍加す
198068	朝鮮朝日	西北版	1930-11-18	1	03단	黃海道校長會議二十六日から四日間
198069	朝鮮朝日	西北版	1930-11-18	1	04단	粟の需要減り米の需要增加す朝鮮の豊年もこれでは結局豊年の米足らずか
198070	朝鮮朝日	西北版	1930-11-18	1	04단	書店は早くも千九百三十一年麻雀日記や軍隊日記と下況を蹴飛ばして殖える日記
198071	朝鮮朝日	西北版	1930-11-18	1	05단	潮音
198072	朝鮮朝日	西北版	1930-11-18	1	05단	新舊部長着發
198073	朝鮮朝日	西北版	1930-11-18	1	06단	長い物に卷れ主義か小作爭議が少ししかし小作契約時期に入って俄然激增の豫想
198074	朝鮮朝日	西北版	1930-11-18	1	07단	咸興商工會更生の新陣容
198075	朝鮮朝日	西北版	1930-11-18	1	08단	朝鮮人主婦に靴下編講習
198076	朝鮮朝日	西北版	1930-11-18	1	08단	部落民の抗議で水面の埋立許可取消さる
198077	朝鮮朝日	西北版	1930-11-18	1	08단	平南の需要資金自作土地資金が十萬圓購牛副業資金各五萬圓
198078	朝鮮朝日	西北版	1930-11-18	1	09단	慶北東海岸は鯖豊漁で素晴らしい景氣一夜の水揚三十七萬圓鯖漁業の新記錄
198079	朝鮮朝日	西北版	1930-11-18	1	09단	共産主義を嫌って朝鮮人續々歸國着衣所持品は一切置いて行けと極東計劃局が布告す
198080	朝鮮朝日	西北版	1930-11-18	1	09단	水産組合事務開始
198081	朝鮮朝日	西北版	1930-11-18	1	10단	鎭南浦の歡送迎會
198082	朝鮮朝日	西北版	1930-11-18	1	10단	人(ハイト氏(米東洋視察團員))
198083	朝鮮朝日	西北版	1930-11-18	1	10단	道味魚
198084	朝鮮朝日	西北・南鮮版	1930-11-18	2	01단	農村美談(2)/昔の乞食村が一躍模範村に全南唐津城田面尹、李兩氏の努力で
198085	朝鮮朝日	西北・南鮮版	1930-11-18	2	01단	美技熱技が展開觀衆をうならした柔道選士權大會/釜山京城兩代表見事選士權獲得木谷四段は惜くも敗る/朝鮮柔道界の爲に大に盡たい古澤選士語る
198086	朝鮮朝日	西北・南鮮版	1930-11-18	2	01단	人氣の第一人はノーマ・シャーラーアメリカ映畫俳優の盛衰
198087	朝鮮朝日	西北・南鮮版	1930-11-18	2	03단	財界十字路(米倉創立總會/米穀金融金利/東上委員歸鮮)
198088	朝鮮朝日	西北・南鮮版	1930-11-18	2	03단	鮮産見本市黌島で開催
198089	朝鮮朝日	西北・南鮮版	1930-11-18	2	04단	木浦內地間船運賃値下十五日から實施

일련번호	판명		간행일	면	단수	기사명
198090	朝鮮朝日	西北・南鮮版	1930-11-18	2	04단	農村に描き出された二つの物語り
198091	朝鮮朝日	西北・南鮮版	1930-11-18	2	05단	木浦港貿易額/鎭南浦貿易額
198092	朝鮮朝日	西北・南鮮版	1930-11-18	2	05단	京城女子中等學校聯合音樂會を聽く京城支局一記者
198093	朝鮮朝日	西北・南鮮版	1930-11-18	2	06단	朝日巡回活寫會
198094	朝鮮朝日	西北・南鮮版	1930-11-18	2	07단	各地短信(平壤/海州/公州/元山)
198095	朝鮮朝日	南鮮版	1930-11-19	1	01단	ミリオラマ 炭火をよそにストーブ同士喧嘩の火の手フクロク勝つかスミレが勝つか裁く裁判所の胸一つで定まる/裡里農林校同盟休校二年生五十名が/忠北無盡の紛糾推移注目さる/中央高普校又騒ぐ二、三、四年生は授業を受けぬ/呆れた姫ご前詐欺や密會をして警察官の前でのろける/奉賀帳で詐欺/共産黨事件金等の公判傍聽禁止で審理/逃げた宋基松順川で逮捕
198096	朝鮮朝日	南鮮版	1930-11-19	1	01단	減收に喘ぐ專賣局制度刷新の計劃愈よ酒專賣實施か明年に調査をはじめる
198097	朝鮮朝日	南鮮版	1930-11-19	1	01단	學校增設よりも內容を充實さす慶南の教育施設方針
198098	朝鮮朝日	南鮮版	1930-11-19	1	01단	窮迫の水組組合費を籾代納これも實行に難色あり近く水組理事會を開き協議
198099	朝鮮朝日	南鮮版	1930-11-19	1	03단	慶南道の明年豫算屠場の不況で收入減となる
198100	朝鮮朝日	南鮮版	1930-11-19	1	03단	京城都計の幹事會都計の促進を本府に陳情
198101	朝鮮朝日	南鮮版	1930-11-19	1	04단	長い物に卷れ主義か小作爭議が少いしかし小作契約時期に入って俄然激增の豫想
198102	朝鮮朝日	南鮮版	1930-11-19	1	04단	慶南一齊に朝鮮酒の値下げ其影響で日本酒も値下か
198103	朝鮮朝日	南鮮版	1930-11-19	1	05단	乘客は減る貨物は動かぬ不況の鐵道局經費大節減まづ京仁線の客車數を半減
198104	朝鮮朝日	南鮮版	1930-11-19	1	05단	納稅優良者表彰忠北の納稅宣傳週間
198105	朝鮮朝日	南鮮版	1930-11-19	1	06단	榮響の二選士
198106	朝鮮朝日	南鮮版	1930-11-19	1	07단	海員生活者安息所釜山に出來る
198107	朝鮮朝日	南鮮版	1930-11-19	1	07단	光州運動場完成祝賀會と記念野球大會開催榮響の優勝旗は木浦軍

일련번호	판명		간행일	면	단수	기사명
198108	朝鮮朝日	南鮮版	1930-11-19	1	07단	孤獨の寂寥を唧つ女囚の性的惱みを食物で解決する調査をやる總督府の新しい試み
198109	朝鮮朝日	南鮮版	1930-11-19	1	08단	オルゴール
198110	朝鮮朝日	南鮮版	1930-11-19	1	08단	遭難の濱口首相平癒祈念祭淸州神社で擧行
198111	朝鮮朝日	南鮮版	1930-11-19	1	08단	統營の家賃調べ
198112	朝鮮朝日	南鮮版	1930-11-19	1	09단	反府尹運動またまた再燃す大邱藥令市移轉期成會員道廳を訪ひ府尹を糺彈
198113	朝鮮朝日	南鮮版	1930-11-19	1	09단	社員續々召喚徹底的に檢擧の模樣朝鮮信託事件進展
198114	朝鮮朝日	南鮮版	1930-11-19	1	09단	會(關水氏送別會)
198115	朝鮮朝日	南鮮版	1930-11-19	1	10단	二十師團の新入兵廿九日釜山上陸
198116	朝鮮朝日	南鮮版	1930-11-19	1	10단	もよほし(淸州醫院長招宴)
198117	朝鮮朝日	南鮮版	1930-11-19	1	10단	人(安藤新任京城府尹/關水咸南知事/巖下雄三氏(新任慶南道視察官))
198118	朝鮮朝日	南鮮版	1930-11-19	1	10단	道味魚
198119	朝鮮朝日	西北版	1930-11-19	1	01단	ミリオラマ 元山武道大會優勝旗は咸南警察部/緊縮不況の二重奏で上級の煙草が賣れぬ今は朝日マコーの全盛時代/平龍劍道試合/破産申請を取消し差押をやる朝鮮材木社に對し/新義署突如大活動六人殺犯人搜査/妙な邪推から藝妓を半殺にすガード下夜半の刃傷藝妓は病院へ男は警察へ/平壤避病舍閉鎖/馬術競技會/脱走の名人朴甲番今度は元山署に逮捕された/これも脱走組順川で逮捕博川署を逃走の宋基松
198120	朝鮮朝日	西北版	1930-11-19	1	01단	減收に喘ぐ專賣局制度刷新の計劃愈よ酒專賣實施か明年に調査をはじめる
198121	朝鮮朝日	西北版	1930-11-19	1	01단	歲入減で今年以上の緊縮しかし社會事業は大にやる平讓府の明年度豫算
198122	朝鮮朝日	西北版	1930-11-19	1	01단	玄米擔保の低利資金貸出規定決定
198123	朝鮮朝日	西北版	1930-11-19	1	02단	個人仕入を統一し一年に十萬圓浮す平壤商人の不況を打開する繁榮會卸組合の妙案
198124	朝鮮朝日	西北版	1930-11-19	1	04단	落成した正義女高普堂々たる四層樓
198125	朝鮮朝日	西北版	1930-11-19	1	04단	教育品展覽會盛況裡に終る
198126	朝鮮朝日	西北版	1930-11-19	1	05단	淸津の公會堂來月中旬までに竣工新年祝賀會は新築の公會堂で

일련번호	판명		간행일	면	단수	기사명
198127	朝鮮朝日	西北版	1930-11-19	1	05단	海州最初の店員表彰式受賞者十九名
198128	朝鮮朝日	西北版	1930-11-19	1	05단	孤獨の寂寥を唧つ女囚の性的惱みを食物で解決する調査をやる總督府の新しい試み
198129	朝鮮朝日	西北版	1930-11-19	1	06단	兒童農産品評會
198130	朝鮮朝日	西北版	1930-11-19	1	06단	安州への送電受電機据付のために來月一日からの豫定
198131	朝鮮朝日	西北版	1930-11-19	1	07단	潮音
198132	朝鮮朝日	西北版	1930-11-19	1	07단	榮響の二選士
198133	朝鮮朝日	西北版	1930-11-19	1	07단	平讓府協議會
198134	朝鮮朝日	西北版	1930-11-19	1	07단	功勞者の書いた字取入口に彫刻する
198135	朝鮮朝日	西北版	1930-11-19	1	08단	決算期を前に船主と漁夫の爭議續々增加の形勢に當局手をやく北鮮漁場不況の慘狀
198136	朝鮮朝日	西北版	1930-11-19	1	08단	鑛夫百餘名失業の淵へ咸北米山鑛山鑛夫の大淘汰
198137	朝鮮朝日	西北版	1930-11-19	1	08단	大雪で交通杜絶平南の奧地
198138	朝鮮朝日	西北版	1930-11-19	1	08단	朝電値下げ來月一日から
198139	朝鮮朝日	西北版	1930-11-19	1	08단	新義州製材の火災保險契約高が多いので十社で共同契約協定
198140	朝鮮朝日	西北版	1930-11-19	1	08단	主任の椅子一つ候補者は自白押し未完成の咸興公益質屋
198141	朝鮮朝日	西北版	1930-11-19	1	09단	炭火をよそにストーブ同士喧嘩の火の手フクロク勝つかスミレが勝つか裁く裁判所の胸一つで定まる
198142	朝鮮朝日	西北版	1930-11-19	1	09단	送別會
198143	朝鮮朝日	西北版	1930-11-19	1	10단	新義州の海運界不況裡に一段落
198144	朝鮮朝日	西北版	1930-11-19	1	10단	人(廣田駐露大使/安岡咸南道視學官/大河原新黃海道警察部長)
198145	朝鮮朝日	西北版	1930-11-19	1	10단	道味魚
198146	朝鮮朝日	南鮮版	1930-11-20	1	01단	愈出來あがった商議所令施行規則十九日總督府で發布す內容の主なる點は
198147	朝鮮朝日	南鮮版	1930-11-20	1	01단	空の珍客ブルース夫人とお茶の卓を圍んで面白い飛行談黑猫の寸劇夫人は遉に女丈夫
198148	朝鮮朝日	南鮮版	1930-11-20	1	03단	郡守を召集し米價對策協議慶北は新米出廻旺盛で米價對策の急を告ぐ
198149	朝鮮朝日	南鮮版	1930-11-20	1	04단	浮草稼業の悲哀を述べだ法螺のお詫をする
198150	朝鮮朝日	南鮮版	1930-11-20	1	04단	大邱消防記念碑除幕式消防演習もやる

일련번호	판명		간행일	면	단수	기사명
198151	朝鮮朝日	南鮮版	1930-11-20	1	05단	光麗線開通と鐵道從業員異動本月中には發表
198152	朝鮮朝日	南鮮版	1930-11-20	1	05단	取立も順調に收入も增加したホクホクの京城電話局
198153	朝鮮朝日	南鮮版	1930-11-20	1	05단	著一俵が僅に三錢金廻りは非常に惡い此の調子では教員の俸給も支拂へぬ咸南奧地の窮狀
198154	朝鮮朝日	南鮮版	1930-11-20	1	06단	關釜連絡船客激減財界不況影響
198155	朝鮮朝日	南鮮版	1930-11-20	1	06단	慶北の立毛差押二百六十九件小作人は極度の窮迫
198156	朝鮮朝日	南鮮版	1930-11-20	1	06단	郵便局の待合に新聞雜誌閱覽所光州郵便局の新しい試み
198157	朝鮮朝日	南鮮版	1930-11-20	1	06단	新橋洞玉仁洞間下水工事近く起工す
198158	朝鮮朝日	南鮮版	1930-11-20	1	07단	尙州紬の商談會販賣方法を更改
198159	朝鮮朝日	南鮮版	1930-11-20	1	07단	平南で忌はしい奴隷制度を發見大部分が女ばかり女の子を生むと身代りにして解放さる
198160	朝鮮朝日	南鮮版	1930-11-20	1	08단	選士權獲得の村上選士元氣で歸釜
198161	朝鮮朝日	南鮮版	1930-11-20	1	08단	倅を下宿させ宿料を貸金と棒引にすお蔭で倅は前途を損った
198162	朝鮮朝日	南鮮版	1930-11-20	1	08단	洛東江で鵜飼ひ慶北では初めて
198163	朝鮮朝日	南鮮版	1930-11-20	1	08단	短刀を振翳し巡査に斬かゝる京城本町で爆藥を持つ怪青年內地人鑛夫と判り搜査中
198164	朝鮮朝日	南鮮版	1930-11-20	1	09단	屋外勞役中の囚人多數逃走す春川刑務所の珍事
198165	朝鮮朝日	南鮮版	1930-11-20	1	09단	校門に見張して登校生徒に妨害統營校盟休再燃す/基督青年校盟休擴大豫科にも波及か
198166	朝鮮朝日	南鮮版	1930-11-20	1	09단	賊は組合の給仕咸悅金融組合の現金四千圓盜まる
198167	朝鮮朝日	南鮮版	1930-11-20	1	10단	裡里地方の降雹農作被害多し
198168	朝鮮朝日	南鮮版	1930-11-20	1	10단	人(宮尾東拓總裁/廣田駐露大使/桑原一郎氏(大邱府尹)/仙石滿鐵總裁)
198169	朝鮮朝日	南鮮版	1930-11-20	1	10단	道味魚
198170	朝鮮朝日	西北版	1930-11-20	1	01단	新會議所令の施行規則の內容附屬法令とし十九日總督府令で發布さる
198171	朝鮮朝日	西北版	1930-11-20	1	01단	空の珍客ブルース夫人とお茶の卓を圍んで面白い飛行談黑貓の寸劇夫人は遉に女丈夫

일련번호	판명		간행일	면	단수	기사명
198172	朝鮮朝日	西北版	1930-11-20	1	04단	平北の物産陳列館設立は望薄
198173	朝鮮朝日	西北版	1930-11-20	1	04단	畑の中から泥炭小作人が喜んで掘る地主はお蔭で田が出來ると喜ぶ
198174	朝鮮朝日	西北版	1930-11-20	1	04단	沙里院からホーム上屋建設を陳情
198175	朝鮮朝日	西北版	1930-11-20	1	04단	崇義女學校から指定を出願平南學務課に
198176	朝鮮朝日	西北版	1930-11-20	1	05단	林原水利組合蒙利地問題結局一部は削除
198177	朝鮮朝日	西北版	1930-11-20	1	05단	平南の道路競技會審査の結果發表
198178	朝鮮朝日	西北版	1930-11-20	1	05단	著一俵が僅に三錢金廻りは非常に惡い此の調子では教員の俸給も支拂へぬ咸南奥地の窮狀
198179	朝鮮朝日	西北版	1930-11-20	1	06단	いしなべ(冬の訪れでいよいよ寒くなり石鍋の鋤燒き全盛時代となったので咸興の石鍋造りが忙しくなった)
198180	朝鮮朝日	西北版	1930-11-20	1	06단	屋外勞役中の囚人多數逃走す春川刑務所の椿事
198181	朝鮮朝日	西北版	1930-11-20	1	06단	營林署來年の流筏計劃十五六萬締か
198182	朝鮮朝日	西北版	1930-11-20	1	06단	村民總動員で松毛蟲驅除警官も應援す
198183	朝鮮朝日	西北版	1930-11-20	1	07단	大文山貞柏間に輕鐵が通ずる機關車も卅輛の貨車も到着年內には開通の見込
198184	朝鮮朝日	西北版	1930-11-20	1	07단	行旅病者を救ふ切手の賣上早くも六百餘圓平壤署最初の試み成功/骸骨を粉にして飲む六百六號より利く梅毒の妙藥だと平南の梅毒患者が頻に墓を掘る
198185	朝鮮朝日	西北版	1930-11-20	1	08단	雪と寒さで大根や白菜全滅今年はおいしい漬物が食へぬと沙里院の人達が惱む
198186	朝鮮朝日	西北版	1930-11-20	1	08단	賊は組合の給仕咸悦金融組合の現金四千圓盗まる
198187	朝鮮朝日	西北版	1930-11-20	1	08단	平南で忌はしい奴隷制度を發見大部分が女ばかり女の子を生むと身代りにして解放さる
198188	朝鮮朝日	西北版	1930-11-20	1	08단	關釜連絡船客激減財界不況影響
198189	朝鮮朝日	西北版	1930-11-20	1	09단	人(古川兼秀氏(新任咸北道財務部長)/桑原一郎氏(大邱府尹)/村上義臣氏(釜山辯護士)/仙石滿鐵總裁)
198190	朝鮮朝日	西北版	1930-11-20	1	09단	潮音
198191	朝鮮朝日	西北版	1930-11-20	1	10단	傳書鳩見學
198192	朝鮮朝日	西北版	1930-11-20	1	10단	順川に又もや豚虎疫發生嚴重防疫中
198193	朝鮮朝日	西北版	1930-11-20	1	10단	道味魚
198194	朝鮮朝日	西北・南鮮版	1930-11-20	2	01단	財界十字路(東拓の籾代納/籾金融の申込/海運界閑散)

일련번호	판명		간행일	면	단수	기사명
198195	朝鮮朝日	西北・南鮮版	1930-11-20	2	01단	農業倉庫等の保管料發表一般貨物の保管料は旣設倉庫の現行率準用(農業倉庫/倉庫會社)
198196	朝鮮朝日	西北・南鮮版	1930-11-20	2	01단	倉庫保管料決定に就て湯村農務課長談
198197	朝鮮朝日	西北・南鮮版	1930-11-20	2	01단	盈德沖で鰤大漁正月用として阪神地方へ
198198	朝鮮朝日	西北・南鮮版	1930-11-20	2	02단	京城公設市場食料品値下平均一割二分方
198199	朝鮮朝日	西北・南鮮版	1930-11-20	2	02단	群山の物價値下げ近く實現せん
198200	朝鮮朝日	西北・南鮮版	1930-11-20	2	03단	郵便所改稻
198201	朝鮮朝日	西北・南鮮版	1930-11-20	2	03단	年の瀬を控へて世の不景氣さ靴磨きの爺さんが斯う說く
198202	朝鮮朝日	西北・南鮮版	1930-11-20	2	03단	朝日巡回活寫會
198203	朝鮮朝日	西北・南鮮版	1930-11-20	2	04단	各地短信(新義州/群山/平壤)
198204	朝鮮朝日	南鮮版	1930-11-21	1	01단	鮮米調節會社はあくまで必要とし鮮內で猛運動を起す先づ緊急農業者大會を召集
198205	朝鮮朝日	南鮮版	1930-11-21	1	01단	新しく第三案を樹て其內容に基き土質調査の步を進める昭和水利に關する方針きまる
198206	朝鮮朝日	南鮮版	1930-11-21	1	01단	實情に卽した値下を期し調査することに決定教科書値下げと本府の方針
198207	朝鮮朝日	南鮮版	1930-11-21	1	01단	各方面から歡迎される除隊兵職業紹介
198208	朝鮮朝日	南鮮版	1930-11-21	1	02단	釜山の巖橋氏家賃値下を斷行一般大家主は下げぬ
198209	朝鮮朝日	南鮮版	1930-11-21	1	03단	漁場經營の合理化傳書鳩の使用好成績を收む
198210	朝鮮朝日	南鮮版	1930-11-21	1	03단	練習艦隊鎭海入港
198211	朝鮮朝日	南鮮版	1930-11-21	1	03단	京師の學藝品展
198212	朝鮮朝日	南鮮版	1930-11-21	1	04단	仕込高は一萬石內外とみらる馬山府の酒造
198213	朝鮮朝日	南鮮版	1930-11-21	1	04단	退學缺席者の原因しらべ
198214	朝鮮朝日	南鮮版	1930-11-21	1	04단	ある朝のスピード女王ブルース夫人『精神は爽快ですこの通りなんですよ』ふくよかな腕をポンと叩く
198215	朝鮮朝日	南鮮版	1930-11-21	1	05단	求人の開拓と産業の調査大邱職紹が行ふ
198216	朝鮮朝日	南鮮版	1930-11-21	1	05단	農村の不況で金貸も泣く貸金の回收難
198217	朝鮮朝日	南鮮版	1930-11-21	1	05단	內地人そば屋も値下の機運近く實現せん
198218	朝鮮朝日	南鮮版	1930-11-21	1	05단	朝鮮産業に波及か社長梁濟博氏召喚さる朝鮮信託會社事件いよいよ擴大/京仁取問題に何等關係はないかゝる宣傳は迷惑だ信託事件と世評/財界の根本的淨化だとし成行注視さる/平常通りに執務

일련번호	판명		간행일	면	단수	기사명
198219	朝鮮朝日	南鮮版	1930-11-21	1	06단	緊縮が生んだ善政の一つ！！機密費を削減するその代り堂々と接待費を計上
198220	朝鮮朝日	南鮮版	1930-11-21	1	06단	兒童に對し懇々訓戒佐郷屋の在學した金泉小學
198221	朝鮮朝日	南鮮版	1930-11-21	1	07단	釜山一流の料亭全燒巡査一名負傷
198222	朝鮮朝日	南鮮版	1930-11-21	1	09단	返金の代りに籾を納めさせる東拓大邱支店の試み
198223	朝鮮朝日	南鮮版	1930-11-21	1	09단	金融市場活氣づく米の出廻盛んで
198224	朝鮮朝日	南鮮版	1930-11-21	1	09단	漁船顛覆し九名溺死淸津沖の時化
198225	朝鮮朝日	南鮮版	1930-11-21	1	09단	棍棒で毆って出金を迫る
198226	朝鮮朝日	南鮮版	1930-11-21	1	10단	光州事件の第二回公判
198227	朝鮮朝日	南鮮版	1930-11-21	1	10단	釜山牧ノ島にチフス續發
198228	朝鮮朝日	南鮮版	1930-11-21	1	10단	貨車に挾れ卽死
198229	朝鮮朝日	南鮮版	1930-11-21	1	10단	道味魚
198230	朝鮮朝日	西北版	1930-11-21	1	01단	鮮米調節會社はあくまで必要とし鮮內で猛運動を起す先づ緊急農業者大會を召集
198231	朝鮮朝日	西北版	1930-11-21	1	01단	新しく第三案を樹て其內容に本づき土質調査の步を進める昭和水利に關する方針きまる
198232	朝鮮朝日	西北版	1930-11-21	1	01단	問題の輸城川改修起債額愈よ決定明年度から三年間分割支出
198233	朝鮮朝日	西北版	1930-11-21	1	01단	實情に卽した値下を期し調査することに決定教科書値下げと本府の方針
198234	朝鮮朝日	西北版	1930-11-21	1	02단	光麗線開通で鐵道員異動本月中に發表
198235	朝鮮朝日	西北版	1930-11-21	1	03단	平南の農産界に一革命齎らさうビート耕作者增加の形勢
198236	朝鮮朝日	西北版	1930-11-21	1	03단	底曳網組合創立總會事業は認可後直に着手
198237	朝鮮朝日	西北版	1930-11-21	1	04단	咸興府協議員選擧當選者決定
198238	朝鮮朝日	西北版	1930-11-21	1	04단	平北財務主任會
198239	朝鮮朝日	西北版	1930-11-21	1	04단	鴨綠江を挾んで冬の序曲は開かるまづスケートの活躍から商店は宮殿のやうな裝ひに
198240	朝鮮朝日	西北版	1930-11-21	1	05단	熙川の陳情熙川江護岸工事元楚道路改修等
198241	朝鮮朝日	西北版	1930-11-21	1	05단	燒失六千町步損害一萬四千圓原因は火田民の不法火入平北山火事の總決算

일련번호	판명		간행일	면	단수	기사명
198242	朝鮮朝日	西北版	1930-11-21	1	05단	昭和製鋼所は多獅島を調べてる小倉じゃちょっと舞台が小さいよ東上の途仙石滿鐵總裁談
198243	朝鮮朝日	西北版	1930-11-21	1	06단	密輸取締りで燒酎の醸造増加査定タンク施設の成績よい平北の醸造界
198244	朝鮮朝日	西北版	1930-11-21	1	06단	國境巡閲廿一日から始まる
198245	朝鮮朝日	西北版	1930-11-21	1	06단	農村の不況で金貸も泣く貸金の回收難
198246	朝鮮朝日	西北版	1930-11-21	1	07단	全安東柔道大會廿三日大和校で
198247	朝鮮朝日	西北版	1930-11-21	1	07단	内地人そば屋も値下の機運近く實現せん
198248	朝鮮朝日	西北版	1930-11-21	1	08단	署長さんから嚴しいお說教苦しまぎれに遊興を強ひる箕林里遊廓の樓主や娼妓に
198249	朝鮮朝日	西北版	1930-11-21	1	08단	窮民の税金を面から代納する咸北明川地方農村の窮狀
198250	朝鮮朝日	西北版	1930-11-21	1	08단	内地人質屋値下
198251	朝鮮朝日	西北版	1930-11-21	1	08단	採炭中窒息三神炭坑夫卽死
198252	朝鮮朝日	西北版	1930-11-21	1	09단	漁船顚覆し九名溺死清津沖の時化
198253	朝鮮朝日	西北版	1930-11-21	1	09단	續々出て來る失業者の群職に就けず悲痛な色で引揚ぐ繁昌する平壤署相談所
198254	朝鮮朝日	西北版	1930-11-21	1	09단	斬って燒いて果は自殺した厄介な精神病者
198255	朝鮮朝日	西北版	1930-11-21	1	09단	緊縮が生んだ善政の一つ!!機密費を削減するその代り堂々と接待費を計上
198256	朝鮮朝日	西北版	1930-11-21	1	10단	番人斬りは隣に住む男平壤署に逮捕さる
198257	朝鮮朝日	西北版	1930-11-21	1	10단	潮音
198258	朝鮮朝日	西北・南鮮版	1930-11-21	2	01단	財界十字路(米倉近く移轉/貯蓄銀行近況/咸興西湖津電車)
198259	朝鮮朝日	西北・南鮮版	1930-11-21	2	01단	陸棉買付高は六百萬斤か近頃珍らしい現象だ馬山繰棉工場員の話
198260	朝鮮朝日	西北・南鮮版	1930-11-21	2	01단	十八萬圓を支出し牧ノ島防波堤の工事を起す
198261	朝鮮朝日	西北・南鮮版	1930-11-21	2	01단	更紗壁
198262	朝鮮朝日	西北・南鮮版	1930-11-21	2	01단	釜山職業補助金
198263	朝鮮朝日	西北・南鮮版	1930-11-21	2	01단	平壤商議役員會
198264	朝鮮朝日	西北・南鮮版	1930-11-21	2	02단	道路賠償の税目を設く自動車業に對し
198265	朝鮮朝日	西北・南鮮版	1930-11-21	2	02단	工事は順調に進行す釜山北濱埋築事業補施工事
198266	朝鮮朝日	西北・南鮮版	1930-11-21	2	02단	慶北道教員と視學の異動

일련번호	판명		간행일	면	단수	기사명
198267	朝鮮朝日	西北・南鮮版	1930-11-21	2	03단	總督府に對し考慮を促す府尹更送に對し
198268	朝鮮朝日	西北・南鮮版	1930-11-21	2	03단	朝日巡回活寫會
198269	朝鮮朝日	西北・南鮮版	1930-11-21	2	04단	慶北道農會總會
198270	朝鮮朝日	西北・南鮮版	1930-11-21	2	04단	相も變らず香しくない京城の職業紹介
198271	朝鮮朝日	西北・南鮮版	1930-11-21	2	04단	長承浦漁組の落成式擧行
198272	朝鮮朝日	南鮮版	1930-11-22	1	01단	地方制度改正案閣議で決定を見る朝鮮自治權擴充の前提松田拓相から聲明書を發表す
198273	朝鮮朝日	南鮮版	1930-11-22	1	01단	*煙草の配給直營は愈明年七月一日から從業員は其儘採用する年間四、五十萬圓增收の見込み/何等豫告もなく突然直營を通告す賣捌會社は極度に狼狽重役會を開いて善後策を協議*
198274	朝鮮朝日	南鮮版	1930-11-22	1	01단	禿山傾斜地の經濟的利用色んな面白い試驗を慶尙北道內で行はる
198275	朝鮮朝日	南鮮版	1930-11-22	1	03단	京城明治町通の鋪装一部終る
198276	朝鮮朝日	南鮮版	1930-11-22	1	04단	不正漁業の取締に警察官の出動を當局に要求
198277	朝鮮朝日	南鮮版	1930-11-22	1	04단	開城府協議員初選擧終る
198278	朝鮮朝日	南鮮版	1930-11-22	1	05단	釜山商議の評議員表彰
198279	朝鮮朝日	南鮮版	1930-11-22	1	05단	わづか五錢で腹がふくれ而も榮養價値に富む素晴らしい食物を發見
198280	朝鮮朝日	南鮮版	1930-11-22	1	06단	高等科通信生募集
198281	朝鮮朝日	南鮮版	1930-11-22	1	06단	釜山瓦電の料金を改訂時代の傾向に鑑みてある程度値下させる
198282	朝鮮朝日	南鮮版	1930-11-22	1	06단	死に瀕する水組の起死回生案成る組合費延納も認める慶南道から近く認可を申請
198283	朝鮮朝日	南鮮版	1930-11-22	1	06단	用水地獄から漸くすくはれる釜山法基里水源地はほゞ完成して試驗も濟む
198284	朝鮮朝日	南鮮版	1930-11-22	1	07단	平北道に眞性牛疫當局は驚いて防疫につとむ
198285	朝鮮朝日	南鮮版	1930-11-22	1	07단	仁川商議の副會頭更送
198286	朝鮮朝日	南鮮版	1930-11-22	1	08단	歲末を控へて販賣競爭血眼となり釜山商人の大活躍
198287	朝鮮朝日	南鮮版	1930-11-22	1	08단	蔬菜を共販
198288	朝鮮朝日	南鮮版	1930-11-22	1	08단	渡邊元警視を再び收容し實地檢證を行ふ
198289	朝鮮朝日	南鮮版	1930-11-22	1	09단	麗水々産校の盟休さわぎ教員生徒間の圓滿を缺いたのが事の起り

일련번호	판명		간행일	면	단수	기사명
198290	朝鮮朝日	南鮮版	1930-11-22	1	09단	嶺南時報の廢刊說昂まる運動眞劍味を加ふ
198291	朝鮮朝日	南鮮版	1930-11-22	1	10단	五人組强盜
198292	朝鮮朝日	南鮮版	1930-11-22	1	10단	京城の强盜
198293	朝鮮朝日	南鮮版	1930-11-22	1	10단	脅迫詐取の張本捕まる
198294	朝鮮朝日	南鮮版	1930-11-22	1	10단	梁濟博氏遂に留置さる
198295	朝鮮朝日	南鮮版	1930-11-22	1	10단	もよほし(朝鮮田林會總會/釜山三島高女音樂會)
198296	朝鮮朝日	西北版	1930-11-22	1	01단	わづか五錢で腹がふくれ而も榮養價値に富む素晴らしい食物を發見
198297	朝鮮朝日	西北版	1930-11-22	1	01단	地方制度改正案閣議で決定を見る朝鮮自治權擴充の前提松田拓相から聲明書を發表す
198298	朝鮮朝日	西北版	1930-11-22	1	01단	五年計劃で魚遊調査を行ふ平北漁業不振の對策
198299	朝鮮朝日	西北版	1930-11-22	1	01단	平壤府內の動力調査漸く完了す
198300	朝鮮朝日	西北版	1930-11-22	1	02단	仁川支店は眞先に開業米穀商業倉庫
198301	朝鮮朝日	西北版	1930-11-22	1	02단	今年になって新築家屋八百軒盛んな平壤の建築界
198302	朝鮮朝日	西北版	1930-11-22	1	02단	國境警察官は緊張してゐる平地帶のと格段の差
198303	朝鮮朝日	西北版	1930-11-22	1	03단	平壤商校期成會常務委員會寄附募集協議
198304	朝鮮朝日	西北版	1930-11-22	1	04단	長陽水利竣工式
198305	朝鮮朝日	西北版	1930-11-22	1	04단	平北の肥料低資回收狀況當局前途樂觀
198306	朝鮮朝日	西北版	1930-11-22	1	04단	斷行の煙草配給制改正愈よ會社側に通告會社側は周章狼狽し對策協議結局一波瀾起る形勢
198307	朝鮮朝日	西北版	1930-11-22	1	04단	大同門附近に第二人道橋架設を要望
198308	朝鮮朝日	西北版	1930-11-22	1	05단	納稅諸團體の奮起を促す平南の納稅獎勵
198309	朝鮮朝日	西北版	1930-11-22	1	05단	總會中に白衣隊此の計劃を見拔いて元山署早くも靑年會總會差止
198310	朝鮮朝日	西北版	1930-11-22	1	05단	不景氣對策研究會沙里院朝鮮側が
198311	朝鮮朝日	西北版	1930-11-22	1	05단	*圖書館から見た世相！讀書子も殖え眞面目な物を讀む時代の流れとはいへ賴もしい傾向/松下君は官命もだし難く私は運命の神に弄ばれる悲壯な謝辭祖道の盛宴*
198312	朝鮮朝日	西北版	1930-11-22	1	06단	平南のアルミ鑛愈よ採掘開始か三菱が調査に着手
198313	朝鮮朝日	西北版	1930-11-22	1	06단	國境守備除隊兵平壤の本隊に出發

일련번호	판명		간행일	면	단수	기사명
198314	朝鮮朝日	西北版	1930-11-22	1	06단	日露戰役懷舊談會
198315	朝鮮朝日	西北版	1930-11-22	1	07단	鳳下驛落成十六日から開業
198316	朝鮮朝日	西北版	1930-11-22	1	07단	路面工事だけ漸く完成す明年一部分だけ開通朝鮮唯一の森林鐵道
198317	朝鮮朝日	西北版	1930-11-22	1	07단	平北道に眞性牛疫當局は驚いて防疫につとむ
198318	朝鮮朝日	西北版	1930-11-22	1	08단	雪の傳說で農村は悲喜交々
198319	朝鮮朝日	西北版	1930-11-22	1	08단	珍らしい雨新義州地方
198320	朝鮮朝日	西北版	1930-11-22	1	08단	憲兵隊裏通に白晝强盜現はる小學生の財布を奪取
198321	朝鮮朝日	西北版	1930-11-22	1	08단	官舍に賊
198322	朝鮮朝日	西北版	1930-11-22	1	09단	懸念された不發彈行方漸く判る
198323	朝鮮朝日	西北版	1930-11-22	1	09단	雇女は給料五圓前借は百圓新義州飮食店取締り嚴重
198324	朝鮮朝日	西北版	1930-11-22	1	09단	溫突點描
198325	朝鮮朝日	西北版	1930-11-22	1	10단	梁濟博氏遂に留置さる
198326	朝鮮朝日	西北版	1930-11-22	1	10단	夫を毒殺す恐ろしい花嫁
198327	朝鮮朝日	西北版	1930-11-22	1	10단	人(松井房治郎氏(前咸南道知事)/原藤咸興醫院長/笹原惠山鎭醫院長)
198328	朝鮮朝日	西北版	1930-11-22	1	10단	飛行郵便で說諭願東京の質屋から平壤署へ
198329	朝鮮朝日	西北・南鮮版	1930-11-22	2	01단	朝鮮の冷凍界に劃期的時代來る朝鮮炭酸冷凍株式會社を創立ドライアイスを製造
198330	朝鮮朝日	西北・南鮮版	1930-11-22	2	01단	主旨はよいが援助できぬ鮮米調節會社案は當局の方針で行惱む
198331	朝鮮朝日	西北・南鮮版	1930-11-22	2	01단	更紗壁
198332	朝鮮朝日	西北・南鮮版	1930-11-22	2	02단	炭層を發見
198333	朝鮮朝日	西北・南鮮版	1930-11-22	2	03단	廿六組合參加し全南漁業組合聯合會を組織
198334	朝鮮朝日	西北・南鮮版	1930-11-22	2	03단	平壤の貿易
198335	朝鮮朝日	西北・南鮮版	1930-11-22	2	03단	ボーナスの噂とりどり
198336	朝鮮朝日	西北・南鮮版	1930-11-22	2	04단	中谷氏の歡迎祝賀會
198337	朝鮮朝日	西北・南鮮版	1930-11-22	2	04단	練習艦隊歡迎方法
198338	朝鮮朝日	西北・南鮮版	1930-11-22	2	04단	海難死亡追悼會
198339	朝鮮朝日	西北・南鮮版	1930-11-22	2	04단	各地短信(仁川/平壤)
198340	朝鮮朝日	南鮮版	1930-11-23	1	01단	まづ前提として國立倉庫が必要だ然し實現は容易ではない米穀法第一條朝鮮適用問題

일련번호	판명		간행일	면	단수	기사명
198341	朝鮮朝日	南鮮版	1930-11-23	1	01단	朝鮮兒童のため獨自の教科書編纂從來の如き弊害を避けわけへだてなく取扱ふ事に決る
198342	朝鮮朝日	南鮮版	1930-11-23	1	01단	各重要問題の實現方を陳情す現狀を打開するため水産會から總督府に
198343	朝鮮朝日	南鮮版	1930-11-23	1	03단	急造の日本國旗を機體に結びつけ至極無雜作に飛去る空の女王ブルース夫人出發
198344	朝鮮朝日	南鮮版	1930-11-23	1	04단	普通學校の退學者授業料滯納は大邱でふえる
198345	朝鮮朝日	南鮮版	1930-11-23	1	04단	木炭の製法を大に改良し自給自足をはかる不足がちの慶北道
198346	朝鮮朝日	南鮮版	1930-11-23	1	04단	慶南晉州の上水道完成
198347	朝鮮朝日	南鮮版	1930-11-23	1	05단	釜山聯合靑年令旨奉戴式
198348	朝鮮朝日	南鮮版	1930-11-23	1	05단	戸口調査で傳染病を發見
198349	朝鮮朝日	南鮮版	1930-11-23	1	05단	漁業法違反朝鮮では最初
198350	朝鮮朝日	南鮮版	1930-11-23	1	06단	滿腹すれば働く必要なしかうした意味から朝鮮人求職者減る
198351	朝鮮朝日	南鮮版	1930-11-23	1	06단	運轉手試驗合格者
198352	朝鮮朝日	南鮮版	1930-11-23	1	06단	朝鮮電氣の料金値下改訂期に際し本府から慫慂
198353	朝鮮朝日	南鮮版	1930-11-23	1	06단	鰯煎子の産額は前年に比べて半減近年稀な不漁續きで當業者に倒産するものが多い
198354	朝鮮朝日	南鮮版	1930-11-23	1	07단	平壤の麵類一割値下決定
198355	朝鮮朝日	南鮮版	1930-11-23	1	07단	無資格教員の整理を斷行但急激淘汰は避ける慶南道學務課の方針
198356	朝鮮朝日	南鮮版	1930-11-23	1	08단	濱口首相の快癒を祈願多數の淸州市民/濱口首相に蘋果を贈る齋藤總督から
198357	朝鮮朝日	南鮮版	1930-11-23	1	08단	肺ヂストマ保卵者檢査
198358	朝鮮朝日	南鮮版	1930-11-23	1	09단	保證金詐欺を目的とする朦朧會社續出
198359	朝鮮朝日	南鮮版	1930-11-23	1	09단	鯖巾着網水産聯合組合を組織極度の漁業不振から
198360	朝鮮朝日	南鮮版	1930-11-23	1	09단	亂暴な坑夫はまだ捕らぬ
198361	朝鮮朝日	南鮮版	1930-11-23	1	09단	逃走の囚人は一名と判る
198362	朝鮮朝日	南鮮版	1930-11-23	1	10단	共産黨事件の一味に求刑
198363	朝鮮朝日	南鮮版	1930-11-23	1	10단	城大寄宿舍に流行性腦炎
198364	朝鮮朝日	南鮮版	1930-11-23	1	10단	もよほし(梅林辯護士開業披露)

일련번호	판명		간행일	면	단수	기사명
198365	朝鮮朝日	南鮮版	1930-11-23	1	10단	人(野口遵氏(日室專務)/新貝肇氏(遞信局經理課長)/恩田銅吉氏(前朝郵社長))
198366	朝鮮朝日	南鮮版	1930-11-23	1	10단	道味魚
198367	朝鮮朝日	西北版	1930-11-23	1	01단	まづ前提として國立倉庫が必要だ然し實現は容易でない米穀法第一條朝鮮適用問題
198368	朝鮮朝日	西北版	1930-11-23	1	01단	籾の販賣代金を組合費に充てる平南の窮農救濟策
198369	朝鮮朝日	西北版	1930-11-23	1	01단	平北道の教育刷新道視官增員
198370	朝鮮朝日	西北版	1930-11-23	1	01단	米倉に對する南倉の態度いよいよ決定
198371	朝鮮朝日	西北版	1930-11-23	1	02단	押すな押すなの雇員志願者百三十七名から僅に二十三名採用
198372	朝鮮朝日	西北版	1930-11-23	1	02단	氣の早い羊殿店頭の三十一年ぶり
198373	朝鮮朝日	西北版	1930-11-23	1	03단	不正漁業多く警察官の派遣を警務局に要求す
198374	朝鮮朝日	西北版	1930-11-23	1	04단	國境道路竣工
198375	朝鮮朝日	西北版	1930-11-23	1	04단	西日社長決定
198376	朝鮮朝日	西北版	1930-11-23	1	04단	沙里院小學學藝會盛況
198377	朝鮮朝日	西北版	1930-11-23	1	05단	於之屯水組計劃案出來あがる
198378	朝鮮朝日	西北版	1930-11-23	1	05단	朝鮮電氣の料金値下改訂期に際し本府から慫憑
198379	朝鮮朝日	西北版	1930-11-23	1	05단	朝鮮兒童のため獨自の教科書編纂從來の如き弊害を避けわけへだてなく取扱ふ事に決る
198380	朝鮮朝日	西北版	1930-11-23	1	05단	禿山や傾斜地で面白い試驗最も成績のよいのは精苗農作試驗經濟的利用と治山の名案
198381	朝鮮朝日	西北版	1930-11-23	1	06단	各重要問題の實現方を陳情す現狀を打開するため水産會から總督府に
198382	朝鮮朝日	西北版	1930-11-23	1	06단	資金一萬圓で來月から店開き新義州の公益質屋
198383	朝鮮朝日	西北版	1930-11-23	1	06단	賑った元山のスキー總會新加盟百五十名
198384	朝鮮朝日	西北版	1930-11-23	1	07단	平壤の麵類一割値下決定
198385	朝鮮朝日	西北版	1930-11-23	1	07단	漁業法違反朝鮮では最初
198386	朝鮮朝日	西北版	1930-11-23	1	07단	葉煙草も豊作來年から耕作者增加せん
198387	朝鮮朝日	西北版	1930-11-23	1	07단	溫突點描
198388	朝鮮朝日	西北版	1930-11-23	1	08단	狂犬現はる
198389	朝鮮朝日	西北版	1930-11-23	1	08단	戶口調査で傳染病を發見

일련번호	판명		간행일	면	단수	기사명
198390	朝鮮朝日	西北版	1930-11-23	1	08단	女に愛想をつかされ悲觀して自殺す派出所に驅込んで絶命
198391	朝鮮朝日	西北版	1930-11-23	1	08단	過って人を撃つ被害者を病院に擔ぎ込み何れへか姿を晦す
198392	朝鮮朝日	西北版	1930-11-23	1	08단	四百名の妓生が出動して貧しい者にご馳走を配る溫い着物やおいしいお粥を
198393	朝鮮朝日	西北版	1930-11-23	1	09단	寒蠅を捕れば一等に腕時計をやる新義州の傳染病豫防施設
198394	朝鮮朝日	西北版	1930-11-23	1	09단	安東では紙幣僞造平壤では懲役に首相狙擊の佐鄉屋滿鮮における行動
198395	朝鮮朝日	西北版	1930-11-23	1	09단	道味魚
198396	朝鮮朝日	西北版	1930-11-23	1	10단	强盜のし損じ
198397	朝鮮朝日	西北版	1930-11-23	1	10단	肺ヂストマ保卵者檢査
198398	朝鮮朝日	南鮮版	1930-11-25	1	01단	開發事業統制の開拓廳を新設半官半民の開拓事業會社をも造って白頭山下に理想鄉建設
198399	朝鮮朝日	南鮮版	1930-11-25	1	01단	新しい山林經營慶北山林課の成功來年は更に分收造林擴張
198400	朝鮮朝日	南鮮版	1930-11-25	1	01단	近く開通の麗光線陣容は整ふ
198401	朝鮮朝日	南鮮版	1930-11-25	1	01단	盜掘者の手に無慙にも破壞された高麗朝の陵總督府博物館で修理を始む
198402	朝鮮朝日	南鮮版	1930-11-25	1	03단	表裏多樣な直營劇內輪話煙草元賣捌會社の廢止何が總督府をさうさせたか
198403	朝鮮朝日	南鮮版	1930-11-25	1	04단	まだ安いのがあると低資を喜ばぬ慶北の金融組合員
198404	朝鮮朝日	南鮮版	1930-11-25	1	04단	山林課新設
198405	朝鮮朝日	南鮮版	1930-11-25	1	04단	麗水驛近くにホテル建設南朝鐵の直營
198406	朝鮮朝日	南鮮版	1930-11-25	1	04단	繭價暴落の對策を協議江原道の養蠶獎勵
198407	朝鮮朝日	南鮮版	1930-11-25	1	05단	京城府夜間金庫
198408	朝鮮朝日	南鮮版	1930-11-25	1	05단	合理化のし直し振はぬ大邱府營バス十二月一日から運轉線を整理する
198409	朝鮮朝日	南鮮版	1930-11-25	1	05단	一夜講習會
198410	朝鮮朝日	南鮮版	1930-11-25	1	05단	全北式櫓桝本年新穀檢查から使ふ
198411	朝鮮朝日	南鮮版	1930-11-25	1	06단	首相狙擊の兇漢昔は泣蟲だった少年時代の佐鄉屋留吉大田で同じ家に住んだ人の話
198412	朝鮮朝日	南鮮版	1930-11-25	1	06단	年賀狀の取扱十二月廿日から始まる
198413	朝鮮朝日	南鮮版	1930-11-25	1	06단	大勢の小作人相手に籾の大口差押へ債權者は大邱の富豪大邱法院開設以來の出來事

일련번호	판명		간행일	면	단수	기사명
198414	朝鮮朝日	南鮮版	1930-11-25	1	06단	信託事件は一段落か
198415	朝鮮朝日	南鮮版	1930-11-25	1	07단	支那同志の揉め事結局法廷で黑白を爭うか
198416	朝鮮朝日	南鮮版	1930-11-25	1	07단	盟休の兩學校密陽校は一段落統營校はまだ道當局の態度强硬
198417	朝鮮朝日	南鮮版	1930-11-25	1	08단	溫突點描
198418	朝鮮朝日	南鮮版	1930-11-25	1	08단	京城の火事
198419	朝鮮朝日	南鮮版	1930-11-25	1	08단	物騷な慶南地方强竊盜事件頻發で住民は戰々競々の姿
198420	朝鮮朝日	南鮮版	1930-11-25	1	09단	注目さるゝ元警視の火災事件公判
198421	朝鮮朝日	南鮮版	1930-11-25	1	09단	三福丸遭難損害六千圓
198422	朝鮮朝日	南鮮版	1930-11-25	1	10단	不發煙火で鮮童重傷物騷な煙火
198423	朝鮮朝日	南鮮版	1930-11-25	1	10단	豆腐屋の自殺
198424	朝鮮朝日	南鮮版	1930-11-25	1	10단	道味魚
198425	朝鮮朝日	西北版	1930-11-25	1	01단	開發事業統制の開拓廳を新設半官半民の開拓事業會社をも造って白頭山下に理想鄕建設
198426	朝鮮朝日	西北版	1930-11-25	1	01단	地主の奇智に小作人達が嬉し淚に咽ぶいまはしい爭議をよそに之は地主と小作人の美しい話
198427	朝鮮朝日	西北版	1930-11-25	1	01단	奧地の資源を開發する林道平南の五ヶ年繼續事業
198428	朝鮮朝日	西北版	1930-11-25	1	02단	隱れた鄕土藝術を紹介する面白い會合安東圖書館の新機軸
198429	朝鮮朝日	西北版	1930-11-25	1	03단	刑事講習會平南最初の試み
198430	朝鮮朝日	西北版	1930-11-25	1	04단	商科の移轉は絶對反對の決議鎭南浦商工校分離說に對し鎭南浦府民の奮起
198431	朝鮮朝日	西北版	1930-11-25	1	04단	干潟地を開墾し新移民村を造る之で西鮮地方の失業者も救濟される東拓會社の新事業
198432	朝鮮朝日	西北版	1930-11-25	1	04단	平南道の防沙工事明年から着手
198433	朝鮮朝日	西北版	1930-11-25	1	05단	求職戰術の一風景
198434	朝鮮朝日	西北版	1930-11-25	1	05단	安東縣の兒童デーいろいろな催し
198435	朝鮮朝日	西北版	1930-11-25	1	05단	川底四十尺の沙利層から湧水を揚げ滅菌して給水する咸興水道擴張工事
198436	朝鮮朝日	西北版	1930-11-25	1	05단	百人乘りのガソリン車安東と五龍背間に運轉の提案國境唯一の樂園五龍背發展策
198437	朝鮮朝日	西北版	1930-11-25	1	06단	美しい話內鮮協力し哀れな朝鮮人を救ふ
198438	朝鮮朝日	西北版	1930-11-25	1	06단	鎭南浦産組長

일련번호	판명		간행일	면	단수	기사명
198439	朝鮮朝日	西北版	1930-11-25	1	07단	天くだりの理事では一ト悶着起らう信川水組の理事問題
198440	朝鮮朝日	西北版	1930-11-25	1	07단	元山の物價値下朝鮮人側は續々下げるが內地人側は其氣配もない
198441	朝鮮朝日	西北版	1930-11-25	1	07단	武德分會發會式
198442	朝鮮朝日	西北版	1930-11-25	1	07단	黃海道明年の失業救濟事業
198443	朝鮮朝日	西北版	1930-11-25	1	07단	新義州の電氣料値下目下調査中
198444	朝鮮朝日	西北版	1930-11-25	1	07단	航空密輸が增加
198445	朝鮮朝日	西北版	1930-11-25	1	07단	鎭江漫語
198446	朝鮮朝日	西北版	1930-11-25	1	08단	醫生の研究會
198447	朝鮮朝日	西北版	1930-11-25	1	08단	犯罪防止の美しい琴を警察から學生へ
198448	朝鮮朝日	西北版	1930-11-25	1	08단	農村から續々悲痛な叫が上る稅金の代りに土地を取れと陳情や請願に當局惱む
198449	朝鮮朝日	西北版	1930-11-25	1	09단	愈よ支拂命令を平壤商業會議所から賦課金滯納者に對し
198450	朝鮮朝日	西北版	1930-11-25	1	09단	選擧の當夜突如拘引選擧違反か
198451	朝鮮朝日	西北版	1930-11-25	1	09단	內地の話
198452	朝鮮朝日	西北版	1930-11-25	1	10단	匪賊の巨頭李應瑞豫審から公判へ
198453	朝鮮朝日	西北版	1930-11-25	1	10단	除隊間際に自殺未遂結婚問題を苦にしてか
198454	朝鮮朝日	西北版	1930-11-25	1	10단	妾から足がついて犯人逮捕
198455	朝鮮朝日	西北版	1930-11-25	1	10단	溫突點描
198456	朝鮮朝日	南鮮版	1930-11-26	1	01단	國庫補助增額で甘菜の大增收計劃新たに優良品種の普及を圖り將來は北鮮地方に獎勵する
198457	朝鮮朝日	南鮮版	1930-11-26	1	01단	光麗線開通に伴ふ鐵道員の大異動全鮮的に亙って行はれる
198458	朝鮮朝日	南鮮版	1930-11-26	1	01단	朝鮮視學官に榮轉する青柳岡山縣視學
198459	朝鮮朝日	南鮮版	1930-11-26	1	01단	釜商選擧は昭和七年七月
198460	朝鮮朝日	南鮮版	1930-11-26	1	01단	神宮材下付
198461	朝鮮朝日	南鮮版	1930-11-26	1	02단	鎭海要港部驅逐隊交代
198462	朝鮮朝日	南鮮版	1930-11-26	1	02단	慶南東部漁組の總會全南海女入漁問題協議
198463	朝鮮朝日	南鮮版	1930-11-26	1	02단	北鮮飛行場工事進捗す
198464	朝鮮朝日	南鮮版	1930-11-26	1	03단	國境の警官へ美しい花の種子本町署長の美しい心根
198465	朝鮮朝日	南鮮版	1930-11-26	1	04단	慶北の叺賣行增加
198466	朝鮮朝日	南鮮版	1930-11-26	1	04단	DKの氣象放送增加

일련번호	판명		간행일	면	단수	기사명
198467	朝鮮朝日	南鮮版	1930-11-26	1	04단	涙金の聲明に會社側は大恐慌老鋪料を要求すと力む煙草元賣捌會社の覺悟
198468	朝鮮朝日	南鮮版	1930-11-26	1	05단	蒙利民から受益税洛東江改修工事費に充つ
198469	朝鮮朝日	南鮮版	1930-11-26	1	05단	麻浦防水工事愈よ近く起工する
198470	朝鮮朝日	南鮮版	1930-11-26	1	05단	モヒ類の賣行き六萬三千圓に上る
198471	朝鮮朝日	南鮮版	1930-11-26	1	06단	咸興興南間電話線增設廿四日から
198472	朝鮮朝日	南鮮版	1930-11-26	1	06단	ストーブ喧嘩の取調
198473	朝鮮朝日	南鮮版	1930-11-26	1	06단	人情美談
198474	朝鮮朝日	南鮮版	1930-11-26	1	07단	豊作の慶南海苔相場は二三割安
198475	朝鮮朝日	南鮮版	1930-11-26	1	07단	モダーン戀愛風景昔の愛人が法廷で唯合ふさて裁判所がどう裁くか
198476	朝鮮朝日	南鮮版	1930-11-26	1	07단	社長以下重役愈よ收容豫審に事件は更に擴大の模樣朝鮮信託告訴事件
198477	朝鮮朝日	南鮮版	1930-11-26	1	07단	質屋の强盜自宅で捕はる
198478	朝鮮朝日	南鮮版	1930-11-26	1	08단	揮發油が爆發し車庫と自動車三台全燒運轉助手は大火傷
198479	朝鮮朝日	南鮮版	1930-11-26	1	08단	せつめい(全北參禮で大田署員に逮捕された平北熙川六人斬の犯人水雲教徒朴明寶(二十七))
198480	朝鮮朝日	南鮮版	1930-11-26	1	08단	慶北山火事
198481	朝鮮朝日	南鮮版	1930-11-26	1	08단	怪い男はモヒ患者
198482	朝鮮朝日	南鮮版	1930-11-26	1	08단	自動車墜落し乘客七名重輕傷す
198483	朝鮮朝日	南鮮版	1930-11-26	1	09단	釜山洋靴作業部事件其の後
198484	朝鮮朝日	南鮮版	1930-11-26	1	09단	地主と高利貸が喧しい分配問題窮迫の慶南農村に起りつゝある悲劇
198485	朝鮮朝日	南鮮版	1930-11-26	1	09단	人(松村殖産局長/名倉本府技師/關水新咸南知事)
198486	朝鮮朝日	南鮮版	1930-11-26	1	10단	借金と失戀で藝妓自殺死切れず助かる
198487	朝鮮朝日	南鮮版	1930-11-26	1	10단	朝鮮軍優勝
198488	朝鮮朝日	南鮮版	1930-11-26	1	10단	溫突點描
198489	朝鮮朝日	南鮮版	1930-11-26	1	10단	道味魚
198490	朝鮮朝日	西北・南鮮版	1930-11-26	2	01단	財界十字路(鮮銀券發行增加/私鐵の開通遲る/米倉活躍開始)
198491	朝鮮朝日	西北・南鮮版	1930-11-26	2	01단	空の大玄關汝矣島の飛行場翼を休める空の勇士が放つ皮肉な挨拶なる程其設備は!
198492	朝鮮朝日	西北・南鮮版	1930-11-26	2	01단	俳句/鈴木花蓑選
198493	朝鮮朝日	西北・南鮮版	1930-11-26	2	02단	更紗壁(遠の鬼もこぼす)

일련번호	판명		간행일	면	단수	기사명
198494	朝鮮朝日	西北・南鮮版	1930-11-26	2	03단	馬山阪神間米運賃二割値下げ
198495	朝鮮朝日	西北・南鮮版	1930-11-26	2	04단	朝鐵鶴峴海州線近く竣工すこれで沙里院海州間全通
198496	朝鮮朝日	西北・南鮮版	1930-11-26	2	04단	運動界(ラグビー二十六日)
198497	朝鮮朝日	西北・南鮮版	1930-11-26	2	04단	鮮滿對抗ラグビー朝鮮代表決定
198498	朝鮮朝日	南鮮版	1930-11-27	1	01단	漸く完成した朝鮮鑛業の研究一般から非常な期待をもって迎へられる川崎博士の結論は！
198499	朝鮮朝日	南鮮版	1930-11-27	1	01단	禿山から見事な農作物が穫れる慶南の禿山實蒔造林試驗
198500	朝鮮朝日	南鮮版	1930-11-27	1	02단	二重管轄では府政捗らぬ此制度を早く改たい安藤新京城府尹談
198501	朝鮮朝日	南鮮版	1930-11-27	1	03단	辭令(廿四日付)
198502	朝鮮朝日	南鮮版	1930-11-27	1	03단	慶南道の米價對策決定二十五日各府郡に通達
198503	朝鮮朝日	南鮮版	1930-11-27	1	04단	鐵道從業員異動愈よ發表さる
198504	朝鮮朝日	南鮮版	1930-11-27	1	04단	明進舍法人組織
198505	朝鮮朝日	南鮮版	1930-11-27	1	05단	好成績の電話調べ穴を調べて交換手の嫌疑も晴れた
198506	朝鮮朝日	南鮮版	1930-11-27	1	05단	ボーナス調が濟んだ總額は六十五萬圓昨年とほゞ同額だ
198507	朝鮮朝日	南鮮版	1930-11-27	1	05단	朝鮮最初の鐵道少女車掌四十名の志願者から五名採用京東線列車に乗せる
198508	朝鮮朝日	南鮮版	1930-11-27	1	05단	大邱南山町民が受益稅免除の陳情をなす
198509	朝鮮朝日	南鮮版	1930-11-27	1	06단	國境部隊の營繕は延期だ陸軍部內異動說紛々我輩の事は判らぬ歸鮮の途南朝鮮軍司令官談
198510	朝鮮朝日	南鮮版	1930-11-27	1	06단	外國學位の和釋看板や廣告を今後嚴重に取締る
198511	朝鮮朝日	南鮮版	1930-11-27	1	06단	問題の兩學會に愈よ彈壓處置此際私設學校の取締を嚴にする慶南學務課態度强硬
198512	朝鮮朝日	南鮮版	1930-11-27	1	07단	乞食燒死
198513	朝鮮朝日	南鮮版	1930-11-27	1	07단	大邱朝鮮人町總聯合會新に組織さる
198514	朝鮮朝日	南鮮版	1930-11-27	1	07단	娘萬引團檢擧團員は何れも良家の娘被害は數百圓に上る見込み
198515	朝鮮朝日	南鮮版	1930-11-27	1	07단	旅人の荷物を盜んだ賊
198516	朝鮮朝日	南鮮版	1930-11-27	1	08단	除隊兵士を産業兵士として迎へよ職業紹介所の奔走
198517	朝鮮朝日	南鮮版	1930-11-27	1	08단	接客者檢診年二回行ふ

일련번호	판명		간행일	면	단수	기사명
198518	朝鮮朝日	南鮮版	1930-11-27	1	08단	亂暴な船員英船一等運轉士
198519	朝鮮朝日	南鮮版	1930-11-27	1	08단	靑松の强盜
198520	朝鮮朝日	南鮮版	1930-11-27	1	09단	二人の子を殘し自殺を企つ病苦と生活苦で
198521	朝鮮朝日	南鮮版	1930-11-27	1	09단	首腦を失うた信託會社の狀態問題は第二回の拂込み
198522	朝鮮朝日	南鮮版	1930-11-27	1	09단	死者が生存する奇怪な事件再審の結果によっては人權問題が持上る
198523	朝鮮朝日	南鮮版	1930-11-27	1	09단	道味魚
198524	朝鮮朝日	西北版	1930-11-27	1	01단	犠牲職工達のわれ等の工場胎動だけは完全に感ずるが一向に潑剌たる産聲が聞えぬ一體どうなってゐるか？
198525	朝鮮朝日	西北版	1930-11-27	1	01단	朝鮮名物競べ（５）/平南の卷五六十萬年の齡を經る平南の無煙炭埋藏量は大同江に沿ひ六百方里に互り六億噸
198526	朝鮮朝日	西北版	1930-11-27	1	02단	不正漁船を徹底的に取締る農村の窮狀は悲慘だ西岡本府水産課長談
198527	朝鮮朝日	西北版	1930-11-27	1	04단	辭令（廿四日付）
198528	朝鮮朝日	西北版	1930-11-27	1	04단	輸城川改修の猛運動を起す失業者の慘狀を救濟するにも緊急の策だと淸津商工會議所奮起
198529	朝鮮朝日	西北版	1930-11-27	1	04단	平壤取引商品運賃の節減結局大連汽船と契約か
198530	朝鮮朝日	西北版	1930-11-27	1	05단	朝鮮視學官に榮轉する靑柳岡山視學官
198531	朝鮮朝日	西北版	1930-11-27	1	05단	人身賣買の調査員が來る國際聯盟事務局から
198532	朝鮮朝日	西北版	1930-11-27	1	05단	咸南道教員試驗
198533	朝鮮朝日	西北版	1930-11-27	1	06단	咸興教育會新に組織す
198534	朝鮮朝日	西北版	1930-11-27	1	06단	萬歲橋近く竣工す
198535	朝鮮朝日	西北版	1930-11-27	1	07단	込み桝制度無用視さる
198536	朝鮮朝日	西北版	1930-11-27	1	07단	元山靑年團總會
198537	朝鮮朝日	西北版	1930-11-27	1	07단	平壤安州の物價値下大體二割內外
198538	朝鮮朝日	西北版	1930-11-27	1	07단	鴨綠江通行人調べ
198539	朝鮮朝日	西北版	1930-11-27	1	07단	ボーナス調が濟んだ總額は六十五萬圓昨年とほゞ同額だ
198540	朝鮮朝日	西北版	1930-11-27	1	07단	豫審判事に詩を寄せる裁きを待つ匪賊の巨魁から
198541	朝鮮朝日	西北版	1930-11-27	1	08단	淚金の聲明に會社側憤慨飽迄老鋪料を要求すと煙草會社力む

일련번호	판명		간행일	면	단수	기사명
198542	朝鮮朝日	西北版	1930-11-27	1	08단	支那人專門に狙ふ怪漢逮捕さる羅南東本町に住む無職者
198543	朝鮮朝日	西北版	1930-11-27	1	08단	雄基道評議選擧
198544	朝鮮朝日	西北版	1930-11-27	1	08단	平壤醫講の入學資格擴張される
198545	朝鮮朝日	西北版	1930-11-27	1	08단	危險なザリ蟹を碎いて食ふ价川地方麻珍患者が
198546	朝鮮朝日	西北版	1930-11-27	1	09단	德洞鹽減收天候不順で
198547	朝鮮朝日	西北版	1930-11-27	1	09단	除隊兵士を産業兵士として迎へよ職業紹介所の奔走
198548	朝鮮朝日	西北版	1930-11-27	1	10단	二人の子を殘し自殺を企つ病苦と生活苦で
198549	朝鮮朝日	西北版	1930-11-27	1	10단	チーハや麻雀賭博淸津にはやる
198550	朝鮮朝日	西北版	1930-11-27	1	10단	將棋賭博が平壤にはやる
198551	朝鮮朝日	西北版	1930-11-27	1	10단	凍死者
198552	朝鮮朝日	西北版	1930-11-27	1	10단	二名慘死す
198553	朝鮮朝日	西北版	1930-11-27	1	10단	人(川島第三師團長/早田咸興職業紹介所主事)
198554	朝鮮朝日	西北版	1930-11-27	1	10단	溫突點描
198555	朝鮮朝日	西北・南鮮版	1930-11-27	2	01단	財界十字路(新穀漸く動く/不動産證券/百貨廉賣市繁昌/農家は自重中)
198556	朝鮮朝日	西北・南鮮版	1930-11-27	2	01단	景氣のよい北鮮の海運界各汽船會社とも增船
198557	朝鮮朝日	西北・南鮮版	1930-11-27	2	01단	水稻多收競作會多收穫の最高記錄を示した慶北道農會の主催
198558	朝鮮朝日	西北・南鮮版	1930-11-27	2	01단	更紗壁(面目躍如)
198559	朝鮮朝日	西北・南鮮版	1930-11-27	2	01단	朝鐵の運賃値下五割と決定
198560	朝鮮朝日	西北・南鮮版	1930-11-27	2	02단	籾金融日步二錢一釐暫定的に銀行から出す
198561	朝鮮朝日	西北・南鮮版	1930-11-27	2	02단	仁川の海苔養殖成績は良好
198562	朝鮮朝日	西北・南鮮版	1930-11-27	2	03단	馬山の運送界トラックは全盛
198563	朝鮮朝日	西北・南鮮版	1930-11-27	2	03단	寄特な人
198564	朝鮮朝日	西北・南鮮版	1930-11-27	2	03단	各地短信(淸州/光州)
198565	朝鮮朝日	西北・南鮮版	1930-11-27	2	04단	趣味の欄/十二月のレコード新譜1
198566	朝鮮朝日	南鮮版	1930-11-28	1	01단	米は移出減農商業準備は進む米價調節が徹底したと總督府當局は前途を樂觀す
198567	朝鮮朝日	南鮮版	1930-11-28	1	01단	絕望視された共同作業場蘇る國庫補助で來年度に實現慶北の家內工業振興策
198568	朝鮮朝日	南鮮版	1930-11-28	1	01단	慶北棉出廻リート息の姿

일련번호	판명		간행일	면	단수	기사명
198569	朝鮮朝日	南鮮版	1930-11-28	1	01단	朝鮮に行く新兵さん千二百五十名宇品を出帆した
198570	朝鮮朝日	南鮮版	1930-11-28	1	02단	伊藤公の菩提寺明年の春起工して二年後には出來上る
198571	朝鮮朝日	南鮮版	1930-11-28	1	03단	練習艦二隻鎭海に入港
198572	朝鮮朝日	南鮮版	1930-11-28	1	03단	大邱の農倉
198573	朝鮮朝日	南鮮版	1930-11-28	1	03단	金剛の山奧に純朝鮮式の美しい停車場金剛山電鐵が建てる
198574	朝鮮朝日	南鮮版	1930-11-28	1	04단	慶南水組救濟策愈よ具體案が出來近く知事が本府に携行する
198575	朝鮮朝日	南鮮版	1930-11-28	1	04단	內外の旅客が朝鮮通過を嫌ふ國境稅關檢査の峻烈を怖れて當局は絶對手を緩めぬと言明
198576	朝鮮朝日	南鮮版	1930-11-28	1	05단	DKでウィンタースポーツ放送
198577	朝鮮朝日	南鮮版	1930-11-28	1	05단	憂慮さるゝ小作權移動土地賣買沙汰
198578	朝鮮朝日	南鮮版	1930-11-28	1	05단	條件付で漸く間島自治機關復活共匪の暴狀農村の不況穗積外事課長の視察談
198579	朝鮮朝日	南鮮版	1930-11-28	1	06단	軍隊出身者で北鮮を開拓する素地を作りたい釜山上陸の南軍司令官語る
198580	朝鮮朝日	南鮮版	1930-11-28	1	06단	來月から水原利川間に娘車掌の軌動車が走る一日に六住復運轉
198581	朝鮮朝日	南鮮版	1930-11-28	1	07단	感心な少女
198582	朝鮮朝日	南鮮版	1930-11-28	1	07단	慶南運轉手試驗
198583	朝鮮朝日	南鮮版	1930-11-28	1	07단	釜山の放送局水産會總代會を開き實現促進を協議する
198584	朝鮮朝日	南鮮版	1930-11-28	1	08단	朝鮮では初ての嘉平の樂浪甄黄海道載寧で發見
198585	朝鮮朝日	南鮮版	1930-11-28	1	08단	慶南の工事入札
198586	朝鮮朝日	南鮮版	1930-11-28	1	08단	疑獄事件の公判山梨大將等の證人申請却下尾間谷野兩名に求刑
198587	朝鮮朝日	南鮮版	1930-11-28	1	08단	飛行機發明記念碑建立計劃進む
198588	朝鮮朝日	南鮮版	1930-11-28	1	09단	高等豫備生檢束
198589	朝鮮朝日	南鮮版	1930-11-28	1	09단	運轉手志願者八百七十名
198590	朝鮮朝日	南鮮版	1930-11-28	1	09단	木浦歲末大賣出し
198591	朝鮮朝日	南鮮版	1930-11-28	1	09단	鴨綠江回轉橋開閉を中止來月一日から
198592	朝鮮朝日	南鮮版	1930-11-28	1	10단	慶北道の漁村指導特定漁村設置
198593	朝鮮朝日	南鮮版	1930-11-28	1	10단	滿洲守備除隊兵
198594	朝鮮朝日	南鮮版	1930-11-28	1	10단	平北宣川に又牛疫直に撲殺す
198595	朝鮮朝日	南鮮版	1930-11-28	1	10단	釜山の强盗

일련번호	판명		간행일	면	단수	기사명
198596	朝鮮朝日	南鮮版	1930-11-28	1	10단	無錢遊興
198597	朝鮮朝日	南鮮版	1930-11-28	1	10단	人(南朝鮮軍司令官/後藤一郎氏(仁川觀測所長)/時岡昇平氏(朝紡庶務課長))
198598	朝鮮朝日	南鮮版	1930-11-28	1	10단	道味魚
198599	朝鮮朝日	西北版	1930-11-28	1	01단	米は移出減農商庫準備は進む米價調節が徹底したと總督府當局は前途を樂觀す
198600	朝鮮朝日	西北版	1930-11-28	1	01단	咸鏡、圖們兩線とも減收で悲鳴を擧る貨物收入は辛じて辻褄を合せても旅客收入は大激減
198601	朝鮮朝日	西北版	1930-11-28	1	01단	國境部隊の營繕は延期陸軍部內異動說紛々我輩の事は判らぬ歸鮮の途南朝鮮軍司令官談
198602	朝鮮朝日	西北版	1930-11-28	1	01단	平壤商校の寄附金年內に纏める
198603	朝鮮朝日	西北版	1930-11-28	1	02단	平南道の米價對策愈よ決定す
198604	朝鮮朝日	西北版	1930-11-28	1	02단	來年認可される平北の水組
198605	朝鮮朝日	西北版	1930-11-28	1	03단	滿洲守備除隊兵
198606	朝鮮朝日	西北版	1930-11-28	1	03단	平壤師範校新校舍移轉授業を開始
198607	朝鮮朝日	西北版	1930-11-28	1	03단	江界の簡易保險
198608	朝鮮朝日	西北版	1930-11-28	1	03단	條件付で漸く間島自治機關復活共匪の暴狀農村の不況穗積外事課長の視察談
198609	朝鮮朝日	西北版	1930-11-28	1	04단	伊藤公の菩提寺明年の春起工して二年後には出來上る
198610	朝鮮朝日	西北版	1930-11-28	1	04단	間島の豐作農家の現金缺乏で粟豆の出荷旺盛
198611	朝鮮朝日	西北版	1930-11-28	1	04단	水組理事會籾貯藏融資協議
198612	朝鮮朝日	西北版	1930-11-28	1	05단	DKでウィンタースポーツ放送
198613	朝鮮朝日	西北版	1930-11-28	1	05단	「老子芳松」の物語納稅觀念向上のため元山府が學生に配布
198614	朝鮮朝日	西北版	1930-11-28	1	05단	鴨綠江回轉橋開閉を中止來月一日から
198615	朝鮮朝日	西北版	1930-11-28	1	05단	朝鮮では初ての嘉平の樂浪磚黃海道載寧で發見
198616	朝鮮朝日	西北版	1930-11-28	1	06단	巖に生えた松陽德洛川の景勝
198617	朝鮮朝日	西北版	1930-11-28	1	06단	平壤栗今が出廻の最盛季
198618	朝鮮朝日	西北版	1930-11-28	1	06단	平壤の宿屋値下各等一割二三分
198619	朝鮮朝日	西北版	1930-11-28	1	06단	元山倉庫無配當か
198620	朝鮮朝日	西北版	1930-11-28	1	06단	安義汽動車時間變更す
198621	朝鮮朝日	西北版	1930-11-28	1	06단	平南本年の牛移出激減不景氣の影響と青島牛や神戶牛に押されて
198622	朝鮮朝日	西北版	1930-11-28	1	07단	盟休の崇商臨時休校す廿七日から

일련번호	판명		간행일	면	단수	기사명
198623	朝鮮朝日	西北版	1930-11-28	1	07단	內外の旅客が朝鮮通過を嫌ふ國境稅關檢査の峻烈を怖れて當局は絶對手を緩めぬと言明
198624	朝鮮朝日	西北版	1930-11-28	1	08단	鼠賊が續々馬賊の群に參加の情勢を示し國境警備愈よ多難
198625	朝鮮朝日	西北版	1930-11-28	1	08단	勝湖里消燈同盟需要者結束いよいよ固く電興は明春値下の意向
198626	朝鮮朝日	西北版	1930-11-28	1	08단	殖銀沙里院支店新築落成す
198627	朝鮮朝日	西北版	1930-11-28	1	08단	平北宣川に又牛疫直に撲殺す
198628	朝鮮朝日	西北版	1930-11-28	1	09단	釜山の放送局水産會總代會を開き實現促進を協議する
198629	朝鮮朝日	西北版	1930-11-28	1	09단	兄の貯金を拐帶の弟捕まる
198630	朝鮮朝日	西北版	1930-11-28	1	09단	溫突點描
198631	朝鮮朝日	西北版	1930-11-28	1	10단	飛行機發明記念碑建立計劃進む
198632	朝鮮朝日	西北版	1930-11-28	1	10단	女兒の死體
198633	朝鮮朝日	西北版	1930-11-28	1	10단	バラック全燒
198634	朝鮮朝日	西北版	1930-11-28	1	10단	幼稚園に投石園兒一名負傷
198635	朝鮮朝日	西北版	1930-11-28	1	10단	瀆職巡査の公判判決言渡は來月三日
198636	朝鮮朝日	西北版	1930-11-28	1	10단	人(南朝鮮軍司令官/後藤一郎氏(仁川觀測所長)/時岡昇平氏(朝紡庶務課長))
198637	朝鮮朝日	南鮮版	1930-11-29	1	01단	朝鮮未曾有の大規模な沙防工事施工の計劃案はいよいよ決定す總督府の失業救濟事業
198638	朝鮮朝日	南鮮版	1930-11-29	1	01단	多少の困難を排しても大海底トンネルを統營三千浦間の連絡に道土木課の豫算に計上さる
198639	朝鮮朝日	南鮮版	1930-11-29	1	01단	宗廟貫通道路工事家屋取毀は濟でもサテ第二段の工事は
198640	朝鮮朝日	南鮮版	1930-11-29	1	02단	復興記念章交付
198641	朝鮮朝日	南鮮版	1930-11-29	1	03단	朝鮮軍から聲明書を發表鎭海事件遺族の損害賠償要求に對し
198642	朝鮮朝日	南鮮版	1930-11-29	1	04단	阿峴北里の簡易授産場愈々事業開始
198643	朝鮮朝日	南鮮版	1930-11-29	1	04단	淸州十日會漸く復活す
198644	朝鮮朝日	南鮮版	1930-11-29	1	05단	金海學會問題益々紛糾農民聯盟頑張る
198645	朝鮮朝日	南鮮版	1930-11-29	1	05단	不況を感じない養鷄副業者
198646	朝鮮朝日	南鮮版	1930-11-29	1	05단	起債を許すか豫備費を積立るか水利組合救濟に二つの意見今の處金融業者は後者を主張する

일련번호	판명		간행일	면	단수	기사명
198647	朝鮮朝日	南鮮版	1930-11-29	1	06단	釜山漁業組合臨時總會理事排斥案埒あかず散會
198648	朝鮮朝日	南鮮版	1930-11-29	1	06단	鮮魚は內鮮各地へ開き鱈は南洋へ鯖の豊漁に引續き鱈も豊漁慶北東海岸は上景氣
198649	朝鮮朝日	南鮮版	1930-11-29	1	06단	禿山を立派な綠の山に京畿道に官行造林實現せば關係者の大福音
198650	朝鮮朝日	南鮮版	1930-11-29	1	06단	造船工組合員が悲壯な解散決議船主側の切崩策成功か
198651	朝鮮朝日	南鮮版	1930-11-29	1	07단	七十一％の保卵者發見大邱商業生寄生蟲檢査蛔蟲保卵者が最も多かった
198652	朝鮮朝日	南鮮版	1930-11-29	1	08단	靈興島沖で船沈沒乘組員は助かる
198653	朝鮮朝日	南鮮版	1930-11-29	1	08단	馬夫と馬車を途中で徵發住民は難を怖れ牛馬車隱匿吉林兵工廠の徵發令
198654	朝鮮朝日	南鮮版	1930-11-29	1	08단	米選女五十名が盟休す同僚が叱られたのに同情して
198655	朝鮮朝日	南鮮版	1930-11-29	1	08단	道味魚
198656	朝鮮朝日	南鮮版	1930-11-29	1	09단	建築造船鐵工賃金値下の機運釜山三同業組合職工三百人が近く協議する
198657	朝鮮朝日	南鮮版	1930-11-29	1	10단	倅の家に放火恐ろしいお母さん
198658	朝鮮朝日	南鮮版	1930-11-29	1	10단	樂浪時代の古墳群船橋里で發見
198659	朝鮮朝日	南鮮版	1930-11-29	1	10단	藝妓の上半身檢診更に檢徵を斷行か
198660	朝鮮朝日	南鮮版	1930-11-29	1	10단	移住民を襲うた不良者逮捕
198661	朝鮮朝日	南鮮版	1930-11-29	1	10단	もよほし(長唄如月會)
198662	朝鮮朝日	南鮮版	1930-11-29	1	10단	人(福原俊丸男(朝鐵副社長)/齋藤賢治氏(新任京畿道技師)/多田景義氏(新任釜山港務醫官)/關水新咸南知事/棄正治氏(新任金川郡守))
198663	朝鮮朝日	西北版	1930-11-29	1	01단	朝鮮未曾有の大規模な沙防工事施工の計劃案はいよいよ決定す總督府の失業救濟事業
198664	朝鮮朝日	西北版	1930-11-29	1	01단	新兵さん
198665	朝鮮朝日	西北版	1930-11-29	1	02단	平南の沙防工事三年繼續で愈々實行來年は普通江上流
198666	朝鮮朝日	西北版	1930-11-29	1	02단	新設する咸南電氣來年七月迄に事業着手
198667	朝鮮朝日	西北版	1930-11-29	1	03단	資金借替か償還期限延期か咸北の水組救濟策
198668	朝鮮朝日	西北版	1930-11-29	1	03단	起債を許すか豫備費を積立るか水利組合救濟に二つの意見今の處金融業者は後者を主張する

일련번호	판명		간행일	면	단수	기사명
198669	朝鮮朝日	西北版	1930-11-29	1	04단	順川の水道いよいよ竣成す
198670	朝鮮朝日	西北版	1930-11-29	1	04단	沙里院病院新築落成す
198671	朝鮮朝日	西北版	1930-11-29	1	05단	咸南の質屋利下げ決定一分乃至二分
198672	朝鮮朝日	西北版	1930-11-29	1	05단	雄清間道路年內に開通する自動車營業出願が多い
198673	朝鮮朝日	西北版	1930-11-29	1	05단	吉林省の教員試驗
198674	朝鮮朝日	西北版	1930-11-29	1	06단	白菜が高い
198675	朝鮮朝日	西北版	1930-11-29	1	06단	マコー薰は喜べ原料も豊富においしいマコードシドシ供給される
198676	朝鮮朝日	西北版	1930-11-29	1	06단	三和橋架替明年解氷後起工
198677	朝鮮朝日	西北版	1930-11-29	1	06단	女運轉手
198678	朝鮮朝日	西北版	1930-11-29	1	06단	雄基の火事
198679	朝鮮朝日	西北版	1930-11-29	1	06단	三段構へで輸城川改修是が非でもやらす木村淸津府尹の決心
198680	朝鮮朝日	西北版	1930-11-29	1	07단	明年は思切って鼈業を奬勵養鼈戸數を五七、七七七戸に産繭高を四萬七千石に
198681	朝鮮朝日	西北版	1930-11-29	1	07단	汪淸警備電話いよいよ架設に着手局琿間線も併用する
198682	朝鮮朝日	西北版	1930-11-29	1	07단	景福宮に謎の女眞碑豆滿江岸で發見のもの記文は寺刹に關するものか
198683	朝鮮朝日	西北版	1930-11-29	1	08단	麻雀絶滅のお布令が出たそんな遊ぶヒマがあったら勇壯な武道でもやるがよい
198684	朝鮮朝日	西北版	1930-11-29	1	09단	自動車墜落水中に沈む
198685	朝鮮朝日	西北版	1930-11-29	1	09단	樂浪時代の古墳群發見平壤船橋里地內で從來發見したのよりも大きい
198686	朝鮮朝日	西北版	1930-11-29	1	09단	ガソリンカーを平鐵線に運轉す平鐵から鐵道局に四台配車を交涉
198687	朝鮮朝日	西北版	1930-11-29	1	09단	溫突點描
198688	朝鮮朝日	西北版	1930-11-29	1	10단	移住民を襲うた不良者逮捕
198689	朝鮮朝日	西北版	1930-11-29	1	10단	驛の遺留品總點數卅七點
198690	朝鮮朝日	西北版	1930-11-29	1	10단	靈興島沖で船沈沒乘組員は助かる
198691	朝鮮朝日	西北版	1930-11-29	1	10단	人(福原俊丸男(朝鐵副社長)/齋藤賢治氏(新任京畿道技師)/多田景義氏(新任釜山港務醫官)/關水新咸南知事/棗正治氏(新任金川郡守)/光永ため子(光永咸北道評議員夫人))
198692	朝鮮朝日	西北・南鮮版	1930-11-29	2	01단	財界十字路(鼈種代値下げ/海産物販賣計劃)

일련번호	판명		간행일	면	단수	기사명
198693	朝鮮朝日	西北・南鮮版	1930-11-29	2	01단	白銀に心躍るスキーシーズン愈々目前に追って來た
198694	朝鮮朝日	西北・南鮮版	1930-11-29	2	01단	朝鮮財界に低資受難時代農村受難が銀行受難にと
198695	朝鮮朝日	西北・南鮮版	1930-11-29	2	01단	更紗壁(先見の明あり)
198696	朝鮮朝日	西北・南鮮版	1930-11-29	2	02단	慶北の生牛移出不振農家は當外れの觀を呈す
198697	朝鮮朝日	西北・南鮮版	1930-11-29	2	03단	慶南水組起債低利切替水組救濟根本策
198698	朝鮮朝日	西北・南鮮版	1930-11-29	2	03단	米倉借庫成立
198699	朝鮮朝日	西北・南鮮版	1930-11-29	2	03단	各地短信(間島/仁川/新義州/安州/清州/釜山)
198700	朝鮮朝日	西北・南鮮版	1930-11-29	2	03단	新刊紹介(『靑丘學叢』)
198701	朝鮮朝日	南鮮版	1930-11-30	1	01단	農倉の有つ三つの重大な使命農民の福利増進に大きな役割を勤める(玄米調製/取引の斡旋/運送の斡旋)
198702	朝鮮朝日	南鮮版	1930-11-30	1	01단	米價調節の野積籾擔保貸出方法決定(保管場所/保管の準備/監督方法/金融方法)
198703	朝鮮朝日	南鮮版	1930-11-30	1	01단	蔚山飛行場に航空氣象觀測所設置すべく計劃さる
198704	朝鮮朝日	南鮮版	1930-11-30	1	02단	DKの文藝講座來月二日から
198705	朝鮮朝日	南鮮版	1930-11-30	1	03단	北鮮の農事經營を合理的に行ひ火田民を固定させる加藤農試場長歸來談
198706	朝鮮朝日	南鮮版	1930-11-30	1	03단	夜學會の閉鎖命令を難詰金海農民聯盟幹部が慶南道當局と會見す
198707	朝鮮朝日	南鮮版	1930-11-30	1	03단	道視學官會議
198708	朝鮮朝日	南鮮版	1930-11-30	1	04단	御下賜金で患者へお菓子と活動寫眞機
198709	朝鮮朝日	南鮮版	1930-11-30	1	04단	除隊式
198710	朝鮮朝日	南鮮版	1930-11-30	1	04단	漁業專用ラヂオ放送局設置計劃その後着々として進む十二月中に放送開始の見込み
198711	朝鮮朝日	南鮮版	1930-11-30	1	05단	練習艦仁川に入港來月の六日
198712	朝鮮朝日	南鮮版	1930-11-30	1	05단	京畿道の教員の淘汰今年度末に行ふ
198713	朝鮮朝日	南鮮版	1930-11-30	1	05단	小作料の增徵で爭議に入る
198714	朝鮮朝日	南鮮版	1930-11-30	1	05단	漁網特許範圍確認請求愈よ却下さる特許局から本府へ通達
198715	朝鮮朝日	南鮮版	1930-11-30	1	06단	各郡事情を異にし議論沸騰米價調節に關する具體案決定協議會
198716	朝鮮朝日	南鮮版	1930-11-30	1	06단	純朝鮮産のギャソリン車來月中旬に完成する

일련번호	판명		간행일	면	단수	기사명
198717	朝鮮朝日	南鮮版	1930-11-30	1	06단	慶北東海岸に鯖の大群來襲し一夜に百萬尾の水揚同地一帶は底拔けの好景氣
198718	朝鮮朝日	南鮮版	1930-11-30	1	07단	鱈二百尾を放流し回遊試驗を行ふ事にきまる
198719	朝鮮朝日	南鮮版	1930-11-30	1	07단	鎭海公職者大會遭難遺族の陸軍相手の訴訟取下勸誘を決議す
198720	朝鮮朝日	南鮮版	1930-11-30	1	08단	不穩文配布の學生捕はる證據品も押收
198721	朝鮮朝日	南鮮版	1930-11-30	1	08단	苦い年の瀬を一匹の豚で越す之を聞いて村の養豚熱昂る不況の生んだ新風景
198722	朝鮮朝日	南鮮版	1930-11-30	1	08단	麗水築港加藤組人夫千二百名の大罷業原因は賃金不拂から爭議に對する同業者の態度注視さる
198723	朝鮮朝日	南鮮版	1930-11-30	1	08단	徵收困難を豫想される地稅現在慶北の徵稅はまづまづ好成績
198724	朝鮮朝日	南鮮版	1930-11-30	1	08단	妓生の厭世自殺死切れず助かる
198725	朝鮮朝日	南鮮版	1930-11-30	1	09단	元警視に懲役七年の求刑
198726	朝鮮朝日	南鮮版	1930-11-30	1	10단	人(關水咸南道知事/甘蔗咸南內務部長/巖谷小波氏/加藤茂苞氏(本府農事試驗場長))
198727	朝鮮朝日	南鮮版	1930-11-30	1	10단	野外飛行演習平壤飛行隊の計劃
198728	朝鮮朝日	南鮮版	1930-11-30	1	10단	道味魚
198729	朝鮮朝日	西北版	1930-11-30	1	01단	漸く完成した朝鮮鑛業の研究一般から非常な期待をもって迎へられる川崎博士の結論は！
198730	朝鮮朝日	西北版	1930-11-30	1	01단	農倉の有つ三つの重大な使命農民の福利增進に大きな役割を勤める(玄米調製/取引の斡旋/運送の斡旋)
198731	朝鮮朝日	西北版	1930-11-30	1	01단	米價調節の野積籾擔保貸出方法決定(保管場所/保管の準備/監督方法/金融方法)
198732	朝鮮朝日	西北版	1930-11-30	1	03단	朝郵と大連汽船貨物爭奪戰種は平壤の商品五萬噸
198733	朝鮮朝日	西北版	1930-11-30	1	03단	寢る前に
198734	朝鮮朝日	西北版	1930-11-30	1	04단	南浦學組會
198735	朝鮮朝日	西北版	1930-11-30	1	05단	三等二級の働き盛り新任咸南內務部長甘庶義郎君
198736	朝鮮朝日	西北版	1930-11-30	1	05단	漁業專用ラヂオ放送局設置計劃その後着々として進む十二月中に放送開始の見込み
198737	朝鮮朝日	西北版	1930-11-30	1	05단	僅か三時間廿分で沙海間を往復黃海線全通で旅客は便利
198738	朝鮮朝日	西北版	1930-11-30	1	05단	淸津の明年事業道路鋪裝や改修

일련번호	판명		간행일	면	단수	기사명
198739	朝鮮朝日	西北版	1930-11-30	1	06단	鎭南浦小學校增築落成す來月六日落成式
198740	朝鮮朝日	西北版	1930-11-30	1	06단	咸興商工會評議員會重要案件協議
198741	朝鮮朝日	西北版	1930-11-30	1	06단	密輸入牛は沒收密輸入者には罰金牛の密輸取締が嚴重になる
198742	朝鮮朝日	西北版	1930-11-30	1	07단	安州に公園が出來た七ツの島をもつ七星池を利用して七星公園
198743	朝鮮朝日	西北版	1930-11-30	1	07단	羅南の納稅良好
198744	朝鮮朝日	西北版	1930-11-30	1	07단	組合費延納運動平安水利に波及す三百名の地主が結束し近く道に陳情し猛運動を起す
198745	朝鮮朝日	西北版	1930-11-30	1	08단	借地人が結束し地料引下猛運動平南价川に借地人同盟組織
198746	朝鮮朝日	西北版	1930-11-30	1	08단	野外飛行演習平壤飛行隊の計劃
198747	朝鮮朝日	西北版	1930-11-30	1	08단	DKの文藝講座來月二日から
198748	朝鮮朝日	西北版	1930-11-30	1	08단	酒やサイダーも値下げさす咸南警察英斷
198749	朝鮮朝日	西北版	1930-11-30	1	09단	謎の金百圓盜難か紛失か平壤郵便局の出來事
198750	朝鮮朝日	西北版	1930-11-30	1	09단	平南警察のボーナス昨年と大差ない
198751	朝鮮朝日	西北版	1930-11-30	1	09단	平南のヂストマ絶滅の計劃患者無料治療
198752	朝鮮朝日	西北版	1930-11-30	1	10단	不穩文配布の學生捕はる證據品も押收
198753	朝鮮朝日	西北版	1930-11-30	1	10단	借金を苦に飛込み轢死
198754	朝鮮朝日	西北版	1930-11-30	1	10단	七百圓橫領解雇後に判明
198755	朝鮮朝日	西北版	1930-11-30	1	10단	鎭南浦の猩紅熱患者續發し死亡者多し
198756	朝鮮朝日	西北版	1930-11-30	1	10단	人(關水咸南道知事/甘蔗咸南內務部長)
198757	朝鮮朝日	西北版	1930-11-30	1	10단	溫突點描
198758	朝鮮朝日	西北・南鮮版	1930-11-30	2	01단	財界十字路(硫安界の轉換/ダリ銀行閉鎖/運送界に一變化)
198759	朝鮮朝日	西北・南鮮版	1930-11-30	2	01단	朝鮮銀行の再起で半島の財界どう轉換するか
198760	朝鮮朝日	西北・南鮮版	1930-11-30	2	01단	白米の出廻り活潑で相當盛況振をしめす
198761	朝鮮朝日	西北・南鮮版	1930-11-30	2	01단	俳句/鈴木花蓑選
198762	朝鮮朝日	西北・南鮮版	1930-11-30	2	02단	馬山の農業倉庫建設進捗す
198763	朝鮮朝日	西北・南鮮版	1930-11-30	2	02단	更紗壁(さても堅いこと)
198764	朝鮮朝日	西北・南鮮版	1930-11-30	2	03단	運動界(アイスホッケー聯盟生まる)
198765	朝鮮朝日	西北・南鮮版	1930-11-30	2	04단	各地短信(平壤/釜山/咸興/羅南)

1930년 12월 (조선아사히)

일련번호	판명		간행일	면	단수	기사명
198766	朝鮮朝日	南鮮版	1930-12-02	1	01단	明春の就職戰線早くも深刻の異狀各學校は卒業生賣込に大童就職戰線に乘出す男女三千名はどうなる
198767	朝鮮朝日	南鮮版	1930-12-02	1	01단	京城教育會の教育者表彰
198768	朝鮮朝日	南鮮版	1930-12-02	1	01단	普通學校の入學難緩和策取敢へず學校の內容充實
198769	朝鮮朝日	南鮮版	1930-12-02	1	03단	大興電氣を相手取る金泉の電力問題最後的交涉の餘地を殘し調停ーまづ打切り
198770	朝鮮朝日	南鮮版	1930-12-02	1	03단	趙氏御逝去德惠姬御祖母
198771	朝鮮朝日	南鮮版	1930-12-02	1	03단	鮮內に存在する各婦人團體の聯結まづ京城婦人聯合會組織近き將來には各地に同樣な聯合會
198772	朝鮮朝日	南鮮版	1930-12-02	1	04단	納稅優良面表彰
198773	朝鮮朝日	南鮮版	1930-12-02	1	04단	地方稅賦課引下げ慶南の明年豫算
198774	朝鮮朝日	南鮮版	1930-12-02	1	05단	珍らしい計劃
198775	朝鮮朝日	南鮮版	1930-12-02	1	05단	取締船の切齒扼腕不正漁船取締の風景
198776	朝鮮朝日	南鮮版	1930-12-02	1	05단	慶北の自動車賃銀値下げ近く發表の筈
198777	朝鮮朝日	南鮮版	1930-12-02	1	06단	要塞の上空を飛び咸南上昇氣流觀測遞信局から要塞司令部へ交涉中朝鮮最初の試み
198778	朝鮮朝日	南鮮版	1930-12-02	1	06단	經營者と教員總括的引退如何が學會存亡の契機か金海夜學會問題/金海夜學會父兄大會善後策協議
198779	朝鮮朝日	南鮮版	1930-12-02	1	06단	新任鎭海要港司令官米內光政中將
198780	朝鮮朝日	南鮮版	1930-12-02	1	07단	讀書會員十三名檢擧さる或種の策動暴露す
198781	朝鮮朝日	南鮮版	1930-12-02	1	07단	支那人石採工罷業賃銀減額から
198782	朝鮮朝日	南鮮版	1930-12-02	1	08단	釜山消防演習
198783	朝鮮朝日	南鮮版	1930-12-02	1	08단	ご馳走の寄贈
198784	朝鮮朝日	南鮮版	1930-12-02	1	08단	名譽記念の祝賀會
198785	朝鮮朝日	南鮮版	1930-12-02	1	08단	宋等の一味恐喝取材で檢事局に送致
198786	朝鮮朝日	南鮮版	1930-12-02	1	08단	不良水組解散銀行融資は棒引さうは出來ぬと銀行は頑張る問題の文幕旌善兩水利組合
198787	朝鮮朝日	南鮮版	1930-12-02	1	09단	大邱の流感下火學校常態に復す
198788	朝鮮朝日	南鮮版	1930-12-02	1	09단	妻を撲殺す恐しい亭主
198789	朝鮮朝日	南鮮版	1930-12-02	1	09단	ステッキガール拘留に處さる
198790	朝鮮朝日	南鮮版	1930-12-02	1	10단	醫師法違反淋病注射をして仁川署で取調中

일련번호	판명		간행일	면	단수	기사명
198791	朝鮮朝日	南鮮版	1930-12-02	1	10단	咸興の火事
198792	朝鮮朝日	南鮮版	1930-12-02	1	10단	人(堀野眞一氏(本社門司支局編輯部次長)/森壽中將(第十九師團長)/岸本道夫博士(釜山府立病院長)/大谷正之助氏(京城專賣支局長))
198793	朝鮮朝日	南鮮版	1930-12-02	1	10단	道味魚
198794	朝鮮朝日	西北版	1930-12-02	1	01단	明春の就職戰線早くも深刻の異狀各學校は卒業生賣込に大童就職戰線に乘出す男女三千名はどうなる
198795	朝鮮朝日	西北版	1930-12-02	1	02단	要塞の上空を飛び咸南上昇氣流觀測遞信局から要塞司令部へ交涉中朝鮮最初の試み
198796	朝鮮朝日	西北版	1930-12-02	1	03단	沙里院署改築か
198797	朝鮮朝日	西北版	1930-12-02	1	03단	不良水組解散銀行融資は棒引さうは出來ぬと銀行は頑張る問題の文幕旌善兩水利組合
198798	朝鮮朝日	西北版	1930-12-02	1	04단	趙氏御逝去德惠姬御祖母
198799	朝鮮朝日	西北版	1930-12-02	1	04단	川島中將告別
198800	朝鮮朝日	西北版	1930-12-02	1	04단	黃海道文巖電話開通す
198801	朝鮮朝日	西北版	1930-12-02	1	04단	除隊式
198802	朝鮮朝日	西北版	1930-12-02	1	05단	元山私立校長會
198803	朝鮮朝日	西北版	1930-12-02	1	05단	本年の繭共販表彰式
198804	朝鮮朝日	西北版	1930-12-02	1	05단	平壤新年互禮會
198805	朝鮮朝日	西北版	1930-12-02	1	05단	百三十名を臨時增員して年末年始の繁忙に備へる淸津局の手廻し
198806	朝鮮朝日	西北版	1930-12-02	1	05단	樂浪時代の古器物發見船橋里地內から
198807	朝鮮朝日	西北版	1930-12-02	1	05단	北鮮漁村不況の慘狀最も悲慘なのは內地からの出漁者
198808	朝鮮朝日	西北版	1930-12-02	1	06단	鎭南浦小學校增築校舍
198809	朝鮮朝日	西北版	1930-12-02	1	07단	郭山金組書記四千圓を拐帶す新義州に潛伏の形跡
198810	朝鮮朝日	西北版	1930-12-02	1	07단	盜んだ大金を靴下に入て隱す沙里院工業社の盜難事件
198811	朝鮮朝日	西北版	1930-12-02	1	07단	無煙炭壓迫の外炭輸移入を防止平南道から各道に依賴狀を發し無煙炭の大宣傳をやる
198812	朝鮮朝日	西北版	1930-12-02	1	07단	惠山線の起工明年度は難しい財源難に崇られて
198813	朝鮮朝日	西北版	1930-12-02	1	07단	月謝はお米學校教員は武裝間島奧地の昨今

일련번호	판명		간행일	면	단수	기사명
198814	朝鮮朝日	西北版	1930-12-02	1	07단	車中の怪しい男モヒ密輸の一味と判り列車中で逮捕さる
198815	朝鮮朝日	西北版	1930-12-02	1	09단	平壤肉値下二十六日から
198816	朝鮮朝日	西北版	1930-12-02	1	09단	强盗の重傷家人に打たれて
198817	朝鮮朝日	西北版	1930-12-02	1	09단	鷄疫發生
198818	朝鮮朝日	西北版	1930-12-02	1	09단	內地人靑年が怪文書出版何れも中等校卒業生元山署取調開始
198819	朝鮮朝日	西北版	1930-12-02	1	09단	人(關水武氏(新咸南知事)/堀野眞一氏(本社門司支局編輯部次長)/大谷正之助氏(京城專賣支局長))
198820	朝鮮朝日	西北版	1930-12-02	1	10단	咸興の火事
198821	朝鮮朝日	西北版	1930-12-02	1	10단	軍隊手帳を竊取す
198822	朝鮮朝日	西北版	1930-12-02	1	10단	慈善演奏會
198823	朝鮮朝日	西北版	1930-12-02	1	10단	貨車衝突
198824	朝鮮朝日	西北版	1930-12-02	1	10단	收賄事件判決
198825	朝鮮朝日	西北版	1930-12-02	1	10단	模造紙幣を使ふ
198826	朝鮮朝日	西北版	1930-12-02	1	10단	溫突點描
198827	朝鮮朝日	南鮮版	1930-12-03	1	01단	籾の貯藏に新しい特異的現象水利組合や金融組合郡農會が貯藏籾に保險を利用す
198828	朝鮮朝日	南鮮版	1930-12-03	1	01단	南鮮水産界の暗礁海女の入漁問題全慶南兩知事が近く交涉を始める 結局條件附で折合ふか/幹部會で對全南態度を決定す
198829	朝鮮朝日	南鮮版	1930-12-03	1	01단	その後に來るもの
198830	朝鮮朝日	南鮮版	1930-12-03	1	03단	自治制改正で議員數增加その增加定員は
198831	朝鮮朝日	南鮮版	1930-12-03	1	03단	少年囚の累進待遇老人囚刑務所新設受刑者の待遇改善計劃明年から實施する
198832	朝鮮朝日	南鮮版	1930-12-03	1	04단	年賦償還金延納陳情慶南東拓移民が
198833	朝鮮朝日	南鮮版	1930-12-03	1	04단	農村の中堅者養成晉州種苗場で
198834	朝鮮朝日	南鮮版	1930-12-03	1	05단	公設質屋增設は線延緊縮の影響/職業紹介所二ケ所增設明年豫算に計上
198835	朝鮮朝日	南鮮版	1930-12-03	1	05단	敎員講習會府學務課主催
198836	朝鮮朝日	南鮮版	1930-12-03	1	05단	平北南市に不時着陸地日本空輸會社が
198837	朝鮮朝日	南鮮版	1930-12-03	1	06단	親の命日外でも米のご飯を食べる米價安でヤケになった慶北の農民お蔭で粟の賣行止まる
198838	朝鮮朝日	南鮮版	1930-12-03	1	06단	博物館をどうする移轉か改築か總督は龍山の總督官邸に移轉さすの意向
198839	朝鮮朝日	南鮮版	1930-12-03	1	06단	林業擔任者司法講習會慶北山林課で

일련번호	판명		간행일	면	단수	기사명
198840	朝鮮朝日	南鮮版	1930-12-03	1	07단	ボーナス捻出に當局は通頭鉢卷慶南道の緊縮風景
198841	朝鮮朝日	南鮮版	1930-12-03	1	07단	軍司令官招宴
198842	朝鮮朝日	南鮮版	1930-12-03	1	07단	考古品千餘點博物館に寄贈す松島前釜山局長遺族から又と得られぬ貴重品
198843	朝鮮朝日	南鮮版	1930-12-03	1	07단	統營校盟休落着
198844	朝鮮朝日	南鮮版	1930-12-03	1	08단	屠殺獸の鎭魂祭
198845	朝鮮朝日	南鮮版	1930-12-03	1	08단	本年の葉莨增收平年作に比し約八分方の
198846	朝鮮朝日	南鮮版	1930-12-03	1	08단	三人組强盜家人に逆襲さる
198847	朝鮮朝日	南鮮版	1930-12-03	1	08단	賦役問題から面と村民が紛糾道が調査に着手す
198848	朝鮮朝日	南鮮版	1930-12-03	1	09단	釜山近海大荒れ夜に入って雪が降った帆船沈沒一名溺死す
198849	朝鮮朝日	南鮮版	1930-12-03	1	09단	麥積船沈沒乘員は無事
198850	朝鮮朝日	南鮮版	1930-12-03	1	09단	金榮丸遭難一名行方不明
198851	朝鮮朝日	南鮮版	1930-12-03	1	09단	釜山の火事二棟全半燒負傷者二名
198852	朝鮮朝日	南鮮版	1930-12-03	1	10단	運動界(スキー大會に元山も參加選手三名派遺)
198853	朝鮮朝日	南鮮版	1930-12-03	1	10단	人(兒玉慶太郎氏(新任慶南土地改良主任技師)/金子廉次郎博士(九大教授)/山本卯太郎氏(大阪山本工務事務所長)/松井房次郎氏(米穀倉庫社長)/原敢二郎中將(前鎭海要港部司令官)/森壽中將(新任第十九師團長))
198854	朝鮮朝日	南鮮版	1930-12-03	1	10단	道味魚
198855	朝鮮朝日	西北版	1930-12-03	1	01단	籾の貯藏に新しい特異的現象水利組合や金融組合郡農會が貯藏籾に保險を利用す
198856	朝鮮朝日	西北版	1930-12-03	1	01단	兒童の就學調べや家庭の經濟的調査平南各普通校で行ふ結果を見て今後の教育方針研究
198857	朝鮮朝日	西北版	1930-12-03	1	01단	茂山の町が明るくなった
198858	朝鮮朝日	西北版	1930-12-03	1	02단	公設質屋增設は繰延緊縮の影響/職業紹介所二ケ所增設明年豫算に計上
198859	朝鮮朝日	西北版	1930-12-03	1	03단	少年囚の累進待遇老人囚刑務所新設受刑者の待遇改善計劃明年から實施する
198860	朝鮮朝日	西北版	1930-12-03	1	04단	自治制改正で議員數增加その增加定員は
198861	朝鮮朝日	西北版	1930-12-03	1	05단	平北南市に不時着陸地日本空輸會社が
198862	朝鮮朝日	西北版	1930-12-03	1	05단	平壤府電の乘務員表彰受賞者七名
198863	朝鮮朝日	西北版	1930-12-03	1	05단	元山の師走氣分大賣出が始まった

일련번호	판명		간행일	면	단수	기사명
198864	朝鮮朝日	西北版	1930-12-03	1	05단	平壤栗を米國に移出明年の栗秋から
198865	朝鮮朝日	西北版	1930-12-03	1	06단	朝鮮電氣の値下げ愈よ認可さる
198866	朝鮮朝日	西北版	1930-12-03	1	06단	炊出して船待の兵士をいたはる
198867	朝鮮朝日	西北版	1930-12-03	1	06단	親の命日外でも米のご飯を食べる米價安でヤケになった慶北の農民お蔭で粟の賣行止まる
198868	朝鮮朝日	西北版	1930-12-03	1	06단	自由農作を認め作物は强制買收露領移住鮮農恐慌
198869	朝鮮朝日	西北版	1930-12-03	1	07단	平素の成績で及落を合議決定咸北の生徒考査方針
198870	朝鮮朝日	西北版	1930-12-03	1	07단	辛未の歳はお味噌禁物婚禮の式も擧げてならぬ馬鹿々々しい平南農村の迷信
198871	朝鮮朝日	西北版	1930-12-03	1	07단	元山の防火宣傳
198872	朝鮮朝日	西北版	1930-12-03	1	07단	月謝や宿料の値下を要求す咸興農校生の陳情
198873	朝鮮朝日	西北版	1930-12-03	1	08단	清津地方の大吹雪積雪一尺
198874	朝鮮朝日	西北版	1930-12-03	1	08단	本年の葉莨增收平年作に比し約八分方の
198875	朝鮮朝日	西北版	1930-12-03	1	09단	運動界(スキー大會に元山も參加選手三名派遺)
198876	朝鮮朝日	西北版	1930-12-03	1	09단	考古品千餘點博物館に寄贈す松島前釜山局長遺族から又と得られぬ貴重品
198877	朝鮮朝日	西北版	1930-12-03	1	09단	出納官吏に賠償の命令清津疑獄の費消金一萬五千圓の處置
198878	朝鮮朝日	西北版	1930-12-03	1	09단	統營校盟休落着
198879	朝鮮朝日	西北版	1930-12-03	1	09단	道味魚
198880	朝鮮朝日	西北版	1930-12-03	1	10단	人(森壽中將(新任第十九師團長)/川島中將(新任第三師團長))
198881	朝鮮朝日	西北版	1930-12-03	1	10단	溫突點描
198882	朝鮮朝日	西北・南鮮版	1930-12-03	2	01단	財界十字路(米倉低資貸出/西鮮航路多忙/炭酸冷凍會社/朝煙株主總會)
198883	朝鮮朝日	西北・南鮮版	1930-12-03	2	01단	煙草配給直營問題/會社に對する補償に就て松本局長の談/買收に就て株主の懸念
198884	朝鮮朝日	西北・南鮮版	1930-12-03	2	01단	俳句/鈴木花蓑選
198885	朝鮮朝日	西北・南鮮版	1930-12-03	2	01단	慶南金融組合理事の異動一日發表さる
198886	朝鮮朝日	西北・南鮮版	1930-12-03	2	02단	更紗壁/國につくして
198887	朝鮮朝日	西北・南鮮版	1930-12-03	2	02단	慶南漁業聯合會創立總會事業等を協議
198888	朝鮮朝日	西北・南鮮版	1930-12-03	2	02단	水組救濟の低資八六〇萬圓融通を政府に要望

일련번호	판명		간행일	면	단수	기사명
198889	朝鮮朝日	西北・南鮮版	1930-12-03	2	04단	各地短信(平壤/沙里院/鎭海/光州)
198890	朝鮮朝日	南鮮版	1930-12-04	1	01단	警務費五分減問題六十萬圓の財源警務局で捻出さへすれば警官俸給費五分減は斷念すと財務局長から警務局長に要求
198891	朝鮮朝日	南鮮版	1930-12-04	1	01단	折角の米價對策實行不能に陷る道と銀行の意見相違で
198892	朝鮮朝日	南鮮版	1930-12-04	1	01단	金融梗塞で漁村が疲弊救濟急要の叫び起る
198893	朝鮮朝日	南鮮版	1930-12-04	1	02단	生々しい農村の受難相自作農から小作農へと陷沒しつゝある慘めさ地主に對する不平の聲が多い
198894	朝鮮朝日	南鮮版	1930-12-04	1	03단	關麗連絡船廿日ごろ開始
198895	朝鮮朝日	南鮮版	1930-12-04	1	03단	米價不安定で米が動かぬ鐵道の扱は昨年の半分
198896	朝鮮朝日	南鮮版	1930-12-04	1	04단	溫陽署落成演武場も竣工
198897	朝鮮朝日	南鮮版	1930-12-04	1	04단	慶北五十九線の自動車値下三日から實施
198898	朝鮮朝日	南鮮版	1930-12-04	1	05단	釜山水産組合が共同販賣所を新設する
198899	朝鮮朝日	南鮮版	1930-12-04	1	05단	二百名を使ひ二萬七千圓詐取朝鮮證券社檢擧さる
198900	朝鮮朝日	南鮮版	1930-12-04	1	05단	職業教授の要目決定す
198901	朝鮮朝日	南鮮版	1930-12-04	1	05단	無煙炭の微粉炭は重油以上の效力中央試驗所で研究を始める重油の危機來る
198902	朝鮮朝日	南鮮版	1930-12-04	1	06단	雨後の明月
198903	朝鮮朝日	南鮮版	1930-12-04	1	06단	追悼座談會
198904	朝鮮朝日	南鮮版	1930-12-04	1	06단	珍裁判
198905	朝鮮朝日	南鮮版	1930-12-04	1	07단	西鮮日報社長更送
198906	朝鮮朝日	南鮮版	1930-12-04	1	07단	立木公賣
198907	朝鮮朝日	南鮮版	1930-12-04	1	07단	咸興の新稅來年から實施
198908	朝鮮朝日	南鮮版	1930-12-04	1	07단	三百六十萬圓で失業者救濟計劃釜山府明年の大事業
198909	朝鮮朝日	南鮮版	1930-12-04	1	08단	凍死者續出釜山地方の寒さ
198910	朝鮮朝日	南鮮版	1930-12-04	1	08단	不良品移出防止や穀物檢査に重量制標準米豆査定會で協議朝鮮米聲價向上策(協議事項)
198911	朝鮮朝日	南鮮版	1930-12-04	1	09단	卅尺の斷崖から自動車墜落す車體大破運轉手絶命
198912	朝鮮朝日	南鮮版	1930-12-04	1	09단	自動車衝突松村局長負傷
198913	朝鮮朝日	南鮮版	1930-12-04	1	09단	元山ではマコ一不評喫煙家の噂

일련번호	판명		간행일	면	단수	기사명
198914	朝鮮朝日	南鮮版	1930-12-04	1	10단	人(尾田滿氏(拓殖通譯官)/谷口咸南高等課長/迫間房太郎氏(釜山實業家)/福士末之助氏(京城大學敎授)/小倉武之助氏(大興電氣社長)/森弁治郎氏(朝郵社長)/有賀光豊氏(殖銀頭取)/松村殖産局長/原敢二郎中將(前鎮海要港部司令官)/井谷藏三郎氏(釜山穀物商組合長))
198915	朝鮮朝日	南鮮版	1930-12-04	1	10단	釜山火事の原因電氣炬燵から出火損害は一萬二千圓
198916	朝鮮朝日	南鮮版	1930-12-04	1	10단	道味魚
198917	朝鮮朝日	西北版	1930-12-04	1	01단	警務費五分減問題六十萬圓の財源警務局で捻出さへすれば警官俸給費五分減は斷念すと財務局長から警務局長に要求
198918	朝鮮朝日	西北版	1930-12-04	1	01단	火田民指導や大規模な農業牧畜北鮮開發の積極方針明年度から二年繼續で調査開始
198919	朝鮮朝日	西北版	1930-12-04	1	01단	咸北魚油肥組合いよいよ組織に決定各郡に支部と出張所を置く
198920	朝鮮朝日	西北版	1930-12-04	1	01단	金融梗塞で漁村が疲弊救濟急要の叫び起る
198921	朝鮮朝日	西北版	1930-12-04	1	02단	除隊兵出發
198922	朝鮮朝日	西北版	1930-12-04	1	03단	咸北道の卒業生訓練明年の新方針
198923	朝鮮朝日	西北版	1930-12-04	1	03단	米價不安定で米が動かぬ鐵道の扱は昨年の半分
198924	朝鮮朝日	西北版	1930-12-04	1	03단	生々しい農村の受難相/自作農から小作農へと陷沒しつゝある慘めさ地主に對する不平の聲が多い
198925	朝鮮朝日	西北版	1930-12-04	1	04단	南浦小學校落成式延期猩紅熱流行で
198926	朝鮮朝日	西北版	1930-12-04	1	04단	間島防穀令解除十一月十三日付で發表
198927	朝鮮朝日	西北版	1930-12-04	1	04단	南浦歲末大賣出
198928	朝鮮朝日	西北版	1930-12-04	1	04단	百五十里を歩いた男職に困って警察へ
198929	朝鮮朝日	西北版	1930-12-04	1	05단	咸興の新稅來年から實施
198930	朝鮮朝日	西北版	1930-12-04	1	05단	元山ではマコー不評喫煙家の噂
198931	朝鮮朝日	西北版	1930-12-04	1	05단	三戶を燒く船橋里の火事
198932	朝鮮朝日	西北版	1930-12-04	1	05단	不良品移出防止や穀物檢査に重量制標準米豆査定會で協議朝鮮米聲價向上策(協議事項)
198933	朝鮮朝日	西北版	1930-12-04	1	06단	放火犯人は自校の四年生原因動機嚴祕に附さる南浦商業防火事件
198934	朝鮮朝日	西北版	1930-12-04	1	06단	自動車衝突松村局長負傷

일련번호	판명		간행일	면	단수	기사명
198935	朝鮮朝日	西北版	1930-12-04	1	07단	汽車賃橫領不埒な支那人
198936	朝鮮朝日	西北版	1930-12-04	1	07단	妓生の演藝會
198937	朝鮮朝日	西北版	1930-12-04	1	07단	財界不況で電氣事業沈衰値下や電力需要不增加に祟られ新規事業は皆無の姿
198938	朝鮮朝日	西北版	1930-12-04	1	08단	無煙炭の微粉炭は重油以上の效力中央試驗所で硏究を始める重油の危機來る
198939	朝鮮朝日	西北版	1930-12-04	1	09단	除隊兵の盜難
198940	朝鮮朝日	西北版	1930-12-04	1	09단	賑町遊廓で無理心中を女は逃げ男は重傷
198941	朝鮮朝日	西北版	1930-12-04	1	09단	西鮮日報社長更送
198942	朝鮮朝日	西北版	1930-12-04	1	09단	我警官隊穴居の匪賊討伐一名銃殺一名逮捕す
198943	朝鮮朝日	西北版	1930-12-04	1	10단	元山港內で漁船衝突一隻沈沒す
198944	朝鮮朝日	西北版	1930-12-04	1	10단	人(尾田滿氏(拓殖通譯官)/谷口咸南高等課長/迫間房太郎氏(釜山實業家)/福士末之助氏(京城大學敎授)/小倉武之助氏(大興電氣社長)/森弁治郎氏(朝郵社長)/有賀光豊氏(殖銀頭取)/松村殖産局長/原敢二郎中將(前鎭海要港部司令官)/井谷藏三郎氏(釜山穀物商組合長))
198945	朝鮮朝日	西北版	1930-12-04	1	10단	溫突點描
198946	朝鮮朝日	西北・南鮮版	1930-12-04	2	01단	財界十字路(米倉各地開業/价川鐵道決算/京取立會中止)
198947	朝鮮朝日	西北・南鮮版	1930-12-04	2	01단	朝鮮地方制度改正について(上)/總督府今村內務局長談
198948	朝鮮朝日	西北・南鮮版	1930-12-04	2	01단	更紗壁/商業の字に貼紙
198949	朝鮮朝日	西北・南鮮版	1930-12-04	2	02단	朝鮮瓦電の電氣値下認可一割乃至一割三分値下
198950	朝鮮朝日	西北・南鮮版	1930-12-04	2	03단	慶北漁業聯合會認可さる總會は本月中旬
198951	朝鮮朝日	西北・南鮮版	1930-12-04	2	04단	各地短信(釜山/大邱/元山/春川/鎭南浦/平壤)
198952	朝鮮朝日	南鮮版	1930-12-05	1	01단	米は永く持越す事朝鮮火災の問題は經營の適任者がない/東京から歸った有賀殖銀頭取談
198953	朝鮮朝日	南鮮版	1930-12-05	1	01단	米價調節の朝鮮米買上實現は至難な模樣
198954	朝鮮朝日	南鮮版	1930-12-05	1	01단	學生店員が街頭に進出大邱商業校の實習
198955	朝鮮朝日	南鮮版	1930-12-05	1	01단	辭令
198956	朝鮮朝日	南鮮版	1930-12-05	1	01단	忠南道異動發表
198957	朝鮮朝日	南鮮版	1930-12-05	1	01단	釜山の電氣値下改訂料金決定

일련번호	판명		간행일	면	단수	기사명
198958	朝鮮朝日	南鮮版	1930-12-05	1	02단	朝鮮名物競べ(5)/平南の卷/齡數十萬年無盡藏の無煙炭埋藏量は大同江に沿ひ六百方里にわたり六億噸
198959	朝鮮朝日	南鮮版	1930-12-05	1	03단	總督府と農林省が牛檢疫で啀み合ふ總督府は豫備檢疫廢止の意向農林省は存續を主張
198960	朝鮮朝日	南鮮版	1930-12-05	1	04단	暗礁に乘上た慶北の米價對策銀行側は依然頑張り道は是非實現さすといふ
198961	朝鮮朝日	南鮮版	1930-12-05	1	06단	八尺の地下三ツの部屋に大中小の棺眞に興味深い考古學の資料平壤郊外で發掘の古墳
198962	朝鮮朝日	南鮮版	1930-12-05	1	06단	農村の不況深刻化面吏員や小使の旅費給料が拂へぬ面財政立直しが問題になる
198963	朝鮮朝日	南鮮版	1930-12-05	1	06단	社會事業費補助
198964	朝鮮朝日	南鮮版	1930-12-05	1	07단	麗水築港人夫罷業解決賃銀を支拂って
198965	朝鮮朝日	南鮮版	1930-12-05	1	08단	當局の彈壓手段で兩夜學會遂に閉鎖檢束教員八名は釋放慶南金海の兩夜學會事件/當局祕かに善後策考究中の模樣
198966	朝鮮朝日	南鮮版	1930-12-05	1	09단	釜山商議の社會部會家賃引下策協議
198967	朝鮮朝日	南鮮版	1930-12-05	1	09단	釜山地方流感猖獗罹病者二千人
198968	朝鮮朝日	南鮮版	1930-12-05	1	09단	砲彈包裝に朝鮮羽二重採用の議起る
198969	朝鮮朝日	南鮮版	1930-12-05	1	09단	道味魚
198970	朝鮮朝日	南鮮版	1930-12-05	1	10단	ラヂオ故障機巡回診療DKでやる
198971	朝鮮朝日	南鮮版	1930-12-05	1	10단	怪しい小包虎皮密輸暴露
198972	朝鮮朝日	南鮮版	1930-12-05	1	10단	トラック取締嚴重
198973	朝鮮朝日	南鮮版	1930-12-05	1	10단	揮發油爆發
198974	朝鮮朝日	南鮮版	1930-12-05	1	10단	光州競馬會
198975	朝鮮朝日	西北版	1930-12-05	1	01단	米は永く持越す事朝鮮火災の問題は經營の適任者がない東京から歸った有賀殖銀頭取談
198976	朝鮮朝日	西北版	1930-12-05	1	01단	米價調節の朝鮮米買上實現は至難な模樣
198977	朝鮮朝日	西北版	1930-12-05	1	01단	不況の農村に大金が撒かれる廿五六萬圓の燕麥代
198978	朝鮮朝日	西北版	1930-12-05	1	01단	工場濫設原料快獲を防止咸南蟹罐詰製造制限
198979	朝鮮朝日	西北版	1930-12-05	1	01단	突如退官の井上氏は書籍會社副社長に
198980	朝鮮朝日	西北版	1930-12-05	1	02단	辭令
198981	朝鮮朝日	西北版	1930-12-05	1	02단	森新師團長四日羅南着任
198982	朝鮮朝日	西北版	1930-12-05	1	02단	平安水利貯水池を釣の名所に

일련번호	판명		간행일	면	단수	기사명
198983	朝鮮朝日	西北版	1930-12-05	1	03단	月謝の低減や納税延期を慶北農民當局に陳情
198984	朝鮮朝日	西北版	1930-12-05	1	03단	咸興學校費議員の選擧
198985	朝鮮朝日	西北版	1930-12-05	1	03단	北鮮一の橋萬歳橋落成式
198986	朝鮮朝日	西北版	1930-12-05	1	04단	少年團役員
198987	朝鮮朝日	西北版	1930-12-05	1	04단	砲彈包裝に朝鮮羽二重を採用の議起る
198988	朝鮮朝日	西北版	1930-12-05	1	04단	八尺の地下三ツの部屋に大中小の棺眞に興味深い考古學の資料平壤郊外で發掘の古墳
198989	朝鮮朝日	西北版	1930-12-05	1	05단	結氷とゝもに國境の冬は多忙を加へて行く
198990	朝鮮朝日	西北版	1930-12-05	1	05단	總督府と農林省が牛檢疫で唯み合ふ總督府は豫備檢疫廢止の意向/農林省は存續を主張
198991	朝鮮朝日	西北版	1930-12-05	1	07단	ラヂオ故障機巡回診療DKでやる
198992	朝鮮朝日	西北版	1930-12-05	1	07단	來年は天主房だといふ迷信から婚禮がふえる商人は婚禮品が賣れホクホク
198993	朝鮮朝日	西北版	1930-12-05	1	07단	農村の不況深刻化面吏員や小使の旅費給料が拂へぬ面財政立直しが問題になる
198994	朝鮮朝日	西北版	1930-12-05	1	07단	元山納税績良好
198995	朝鮮朝日	西北版	1930-12-05	1	07단	平壤栗非常な豊作
198996	朝鮮朝日	西北版	1930-12-05	1	08단	鎭江漫語
198997	朝鮮朝日	西北版	1930-12-05	1	08단	中和の肺ヂストマ徹底的驅滅計劃郡警協力して實施
198998	朝鮮朝日	西北版	1930-12-05	1	08단	納税宣傳
198999	朝鮮朝日	西北版	1930-12-05	1	09단	懸念される暮の沙里院大賣出の賣行き
199000	朝鮮朝日	西北版	1930-12-05	1	09단	平南の惡性鷄疫すでに千羽以上斃死江西の鷄は全滅の姿
199001	朝鮮朝日	西北版	1930-12-05	1	10단	蠶絲會論文發表明年の三月末頃
199002	朝鮮朝日	西北版	1930-12-05	1	10단	平壤崇商の盟休落着す生徒の謝罪で
199003	朝鮮朝日	西北版	1930-12-05	1	10단	人の地を擔保に借金した男檢擧せらる
199004	朝鮮朝日	西北版	1930-12-05	1	10단	トラック取締嚴重
199005	朝鮮朝日	西北版	1930-12-05	1	10단	溫突點描
199006	朝鮮朝日	西北・南鮮版	1930-12-05	2	01단	財界十字路(不良籾に警告/銀行貸出増加/またも廉賣市)
199007	朝鮮朝日	西北・南鮮版	1930-12-05	2	01단	朝鮮地方制度改正について(二)/總督府/今村內務局長談
199008	朝鮮朝日	西北・南鮮版	1930-12-05	2	01단	俳句/鈴木花蓑選

일련번호	판명		간행일	면	단수	기사명
199009	朝鮮朝日	西北・南鮮版	1930-12-05	2	02단	鄉校小作人が籾代納を迫る清道小作人結束
199010	朝鮮朝日	西北・南鮮版	1930-12-05	2	02단	關釜連絡船三隻航海復活
199011	朝鮮朝日	西北・南鮮版	1930-12-05	2	02단	慶北農村の金融難愈よ深刻化す
199012	朝鮮朝日	西北・南鮮版	1930-12-05	2	03단	各地短信(京城/仁川/平壤/咸興/公州)
199013	朝鮮朝日	南鮮版	1930-12-06	1	01단	年の瀬の世相教へ子賣込みに先生方の肉彈戰官廳や會社何處でも緊縮整理で就職難は愈よ深刻/牛が出廻らず取引は休止の姿釜山牛檢疫所の不況振/公益質屋は變態的活況を呈す
199014	朝鮮朝日	南鮮版	1930-12-06	1	01단	朝鮮名物競べ(6)/全南の卷/赤い椿に青い竹白い米繭朝鮮一何んで全南忘れらりよか
199015	朝鮮朝日	南鮮版	1930-12-06	1	02단	蠣崎老博士病床で感泣お召の光榮を拜辭して
199016	朝鮮朝日	南鮮版	1930-12-06	1	02단	大英斷の諒解を得たから引受けた整理更新を斷行し使命を果す菅原新東拓總裁談
199017	朝鮮朝日	南鮮版	1930-12-06	1	03단	慶南麥增收計劃經費一萬三千圓を明年豫算に計上
199018	朝鮮朝日	南鮮版	1930-12-06	1	04단	荒蕪地開墾慶北明年事業
199019	朝鮮朝日	南鮮版	1930-12-06	1	05단	東京、京城間列車時間の短縮は早急に實現は至難
199020	朝鮮朝日	南鮮版	1930-12-06	1	05단	不況に喘ぐ農民の悲壯な努力明年の養蠶は一層の活況當局はホッと安堵の胸を撫下ろす
199021	朝鮮朝日	南鮮版	1930-12-06	1	06단	起債や分割納入で組合を救濟する水組救濟の臨時便法
199022	朝鮮朝日	南鮮版	1930-12-06	1	07단	蔚山沖の鰤豊漁漁場は好景氣
199023	朝鮮朝日	南鮮版	1930-12-06	1	07단	大藏省から住宅の低資住宅組合法制定で住宅難の人は喜べ
199024	朝鮮朝日	南鮮版	1930-12-06	1	07단	犯罪が殖える旅費は缺乏する自腹で出張の警官もある慶南警察署此の頃の窮狀
199025	朝鮮朝日	南鮮版	1930-12-06	1	08단	朝鮮本年の麥實收高總督府發表
199026	朝鮮朝日	南鮮版	1930-12-06	1	08단	平壤、元山、咸興間處女航空路開拓耐寒郵便飛行も意味し目下遞信局で計劃中
199027	朝鮮朝日	南鮮版	1930-12-06	1	08단	釜山の火事
199028	朝鮮朝日	南鮮版	1930-12-06	1	10단	步兵伍長が飛込み自殺山口縣の出身
199029	朝鮮朝日	南鮮版	1930-12-06	1	10단	紀本社記者送別會
199030	朝鮮朝日	南鮮版	1930-12-06	1	10단	猩紅熱豫防注射を施行

일련번호	판명		간행일	면	단수	기사명
199031	朝鮮朝日	南鮮版	1930-12-06	1	10단	釜山で酒の亂賣戰が行はれん
199032	朝鮮朝日	南鮮版	1930-12-06	1	10단	道味魚
199033	朝鮮朝日	西北版	1930-12-06	1	01단	年の瀬の世相教へ子賣込みに先生方の肉彈戰官廳や會社何處でも緊縮整理で就職難は愈よ深刻/農村の不況が豚にまで影響値段は下る買手はない養豚者へコたる
199034	朝鮮朝日	西北版	1930-12-06	1	01단	大藏省から住宅の低資住宅組合法制定で住宅難の人は喜べ
199035	朝鮮朝日	西北版	1930-12-06	1	01단	朝鮮名物競べ(6)/全南の卷/赤い椿に青い竹白い米繭朝鮮一何んで全南忘れらりよか
199036	朝鮮朝日	西北版	1930-12-06	1	03단	大英斷の諒解を得たから引受けた整理更新を斷行し使命を果す菅原新東拓總裁談
199037	朝鮮朝日	西北版	1930-12-06	1	04단	朝鮮本年の麥實收高總督府發表
199038	朝鮮朝日	西北版	1930-12-06	1	05단	病院の改築絶望教習所は改築する平南明年の營繕事業
199039	朝鮮朝日	西北版	1930-12-06	1	05단	咸南の人口百五十萬台突破
199040	朝鮮朝日	西北版	1930-12-06	1	05단	平壤府の納税好成績/納税組合新設
199041	朝鮮朝日	西北版	1930-12-06	1	06단	不況に喘ぐ農民の悲壯な努力明年の養鹽は一層の活況/當局はホッと安堵の胸を撫下ろす
199042	朝鮮朝日	西北版	1930-12-06	1	06단	水利組合費延納は許さぬ平南道の方針決定
199043	朝鮮朝日	西北版	1930-12-06	1	07단	平壤府電の西平壤驛線本月中旬開通
199044	朝鮮朝日	西北版	1930-12-06	1	07단	平南道の松毛蟲退治敵蟲放殖良好
199045	朝鮮朝日	西北版	1930-12-06	1	07단	商店經營の合理化平壤仕入商品運送の統一
199046	朝鮮朝日	西北版	1930-12-06	1	07단	元山の放火宣傳自動車隊でビラを撒き家庭訪問もする
199047	朝鮮朝日	西北版	1930-12-06	1	08단	鎭江漫語
199048	朝鮮朝日	西北版	1930-12-06	1	08단	平壤、元山、咸興間處女航空路開拓耐寒郵便飛行も意味し目下遞信局で計劃中
199049	朝鮮朝日	西北版	1930-12-06	1	08단	東京、京城間列車時間の短縮は早急に實現は至難
199050	朝鮮朝日	西北版	1930-12-06	1	09단	床屋さんのお客爭奪戰三等店は値下げを行ひ一等店は美人を置く
199051	朝鮮朝日	西北版	1930-12-06	1	09단	溫突點描
199052	朝鮮朝日	西北版	1930-12-06	1	10단	穀物に放火匪賊の暴行

일련번호	판명		간행일	면	단수	기사명
199053	朝鮮朝日	西北版	1930-12-06	1	10단	猩紅熱豫防注射を施行
199054	朝鮮朝日	南鮮版	1930-12-07	1	01단	警察棒給豫算二分程度の減額か警察官增員計劃は絶望財、警兩局の問題これで片付かう
199055	朝鮮朝日	南鮮版	1930-12-07	1	01단	農漁村救濟と學童の受難輕減の當局の腹案
199056	朝鮮朝日	南鮮版	1930-12-07	1	01단	朝鮮名物競べ(7)/忠南の卷/纖細な女の手から産れる韓山苧布年産額は二百萬圓に上る
199057	朝鮮朝日	南鮮版	1930-12-07	1	02단	京城府の納稅好成績
199058	朝鮮朝日	南鮮版	1930-12-07	1	02단	陸軍部內の異動下馬評
199059	朝鮮朝日	南鮮版	1930-12-07	1	03단	年賀郵便物處理方針決定
199060	朝鮮朝日	南鮮版	1930-12-07	1	03단	內地で賣れる小粒米を獎勵す慶南米獎勵方針更改
199061	朝鮮朝日	南鮮版	1930-12-07	1	04단	漁船六十隻建造計劃慶北漁業助成策
199062	朝鮮朝日	南鮮版	1930-12-07	1	04단	出張所を設け魚の合理的販賣慶北漁業聯合會新事業
199063	朝鮮朝日	南鮮版	1930-12-07	1	05단	京城公營事業調査委員會
199064	朝鮮朝日	南鮮版	1930-12-07	1	05단	流感に襲はれ慶南道廳悲喜交々の情景
199065	朝鮮朝日	南鮮版	1930-12-07	1	06단	光榮の人
199066	朝鮮朝日	南鮮版	1930-12-07	1	06단	一人當り一日八錢の給食火田民は移住さす窮民千五百人の救濟策
199067	朝鮮朝日	南鮮版	1930-12-07	1	06단	米價對策徹底で米資の融通激減前途に不氣味な豫感も孕む當局は一喜一憂
199068	朝鮮朝日	南鮮版	1930-12-07	1	07단	慶南海苔の走りが出た百枚二圓五十錢で初取引
199069	朝鮮朝日	南鮮版	1930-12-07	1	07단	奇しき物語/情死した筈のが羅馬で愛の巢を營む金祐鎭君と尹心德孃同窓生の知らせに喜ぶ金氏實家
199070	朝鮮朝日	南鮮版	1930-12-07	1	08단	自動車屋から路面修繕費慶南道の新制度
199071	朝鮮朝日	南鮮版	1930-12-07	1	08단	紀氏送別會
199072	朝鮮朝日	南鮮版	1930-12-07	1	08단	京城府營バス運轉線整理
199073	朝鮮朝日	南鮮版	1930-12-07	1	08단	主人の印を盜み小切手を快發し一萬六千圓橫領した千歳の帳場自首す
199074	朝鮮朝日	南鮮版	1930-12-07	1	09단	自動車運轉手失業時代現出
199075	朝鮮朝日	南鮮版	1930-12-07	1	09단	江陵女子實業生同盟休校す學校の處置を非難し
199076	朝鮮朝日	南鮮版	1930-12-07	1	10단	自殺した女身許漸く判る
199077	朝鮮朝日	南鮮版	1930-12-07	1	10단	集配人が大金竊取赤行囊紛失事件

일련번호	판명		간행일	면	단수	기사명
199078	朝鮮朝日	南鮮版	1930-12-07	1	10단	ストーブ喧嘩益々深刻化す
199079	朝鮮朝日	南鮮版	1930-12-07	1	10단	宣川の牛疫
199080	朝鮮朝日	南鮮版	1930-12-07	1	10단	人(南朝鮮軍司令官/南朝鮮軍司令官)
199081	朝鮮朝日	南鮮版	1930-12-07	1	10단	道味魚
199082	朝鮮朝日	西北版	1930-12-07	1	01단	ますます募る農漁村の不況月謝滯納や退學兒童續出咸北普通學校の不況影響/一人當り一日八錢の給食火田民は移住さす窮民千五百人の救濟策/老幼婦女子を殘して男子は夜逃 米暴落や高利貸にせめられ哀れな咸南實坡里/不漁て收入半減の鎭南浦漁民越冬を懸念される
199083	朝鮮朝日	西北版	1930-12-07	1	01단	學校園寄附咸北地境の有志
199084	朝鮮朝日	西北版	1930-12-07	1	02단	米價對策徹底で米資の融通激減前途に不氣味な豫感も孕む當局は一喜一憂
199085	朝鮮朝日	西北版	1930-12-07	1	03단	森林品評會咸南の新試み
199086	朝鮮朝日	西北版	1930-12-07	1	03단	先生も生徒も涙ぐましい努力/初めて卒業生を出す新義州中學校
199087	朝鮮朝日	西北版	1930-12-07	1	04단	朝窒社電氣設備の擴張認可せらる
199088	朝鮮朝日	西北版	1930-12-07	1	04단	平北道の漁組合併愈よ實現す
199089	朝鮮朝日	西北版	1930-12-07	1	04단	沙防助成會平北道の同工事助成策
199090	朝鮮朝日	西北版	1930-12-07	1	05단	淸津刑務所の新事業計劃
199091	朝鮮朝日	西北版	1930-12-07	1	05단	軍服薰がふえお土産品も節約平壤除隊兵の緊縮ぶり良い傾向だと軍部で大喜び
199092	朝鮮朝日	西北版	1930-12-07	1	05단	船は欲いし不景氣はドン底水産試驗場の惱み
199093	朝鮮朝日	西北版	1930-12-07	1	05단	夜間學校を開設權友會平壤支會で
199094	朝鮮朝日	西北版	1930-12-07	1	05단	鎭江漫語
199095	朝鮮朝日	西北版	1930-12-07	1	06단	平南明年豫算前年同樣か愈よ査定を始める
199096	朝鮮朝日	西北版	1930-12-07	1	06단	雉が一羽二十錢北鮮獵界現況
199097	朝鮮朝日	西北版	1930-12-07	1	06단	警察棒給豫算二分程度の減額か警察官增員計劃は絶望財、警兩局の問題これで片付かう
199098	朝鮮朝日	西北版	1930-12-07	1	07단	羅中寄宿舍工事
199099	朝鮮朝日	西北版	1930-12-07	1	07단	沙里院農校盟休す校長を排斥し
199100	朝鮮朝日	西北版	1930-12-07	1	07단	平壤朝鮮人宿屋も値下約一割方を
199101	朝鮮朝日	西北版	1930-12-07	1	08단	平壤地方の寒さ零下十二度二分今冬寒さのレコード

일련번호	판명		간행일	면	단수	기사명
199102	朝鮮朝日	西北版	1930-12-07	1	08단	鐵道運賃改正猛運動開始全鮮各地に檄を飛ばして平壤繁榮會奮起
199103	朝鮮朝日	西北版	1930-12-07	1	08단	今度は失業の靴工が結束職工組合作業部組織資本金は各自が持出す
199104	朝鮮朝日	西北版	1930-12-07	1	08단	殺して强奪犯人逮捕さる
199105	朝鮮朝日	西北版	1930-12-07	1	08단	淸津公設市場の歲末大賣出し十日から蓋明け
199106	朝鮮朝日	西北版	1930-12-07	1	09단	宣川の牛疫
199107	朝鮮朝日	西北版	1930-12-07	1	09단	演習中の偵察機不時着陸す搭乘者機體無事
199108	朝鮮朝日	西北版	1930-12-07	1	10단	巡査部長等の瀆職事件判決
199109	朝鮮朝日	西北版	1930-12-07	1	10단	我家に放火
199110	朝鮮朝日	西北版	1930-12-07	1	10단	保險金欲しさに放火す
199111	朝鮮朝日	西北版	1930-12-07	1	10단	ストーブ喧嘩益々深刻化す
199112	朝鮮朝日	西北版	1930-12-07	1	10단	もよほし(麗水知事披露宴)
199113	朝鮮朝日	西北版	1930-12-07	1	10단	道味魚
199114	朝鮮朝日	西北・南鮮版	1930-12-07	2	01단	財界十字路(米資利息問題/專用貨車計劃/火災社長無用說)
199115	朝鮮朝日	西北・南鮮版	1930-12-07	2	01단	朝鮮地方制度改正について(四)/今村內務局長談
199116	朝鮮朝日	西北・南鮮版	1930-12-07	2	01단	俳句/鈴木花蓑選
199117	朝鮮朝日	西北・南鮮版	1930-12-07	2	02단	全南麥實收高
199118	朝鮮朝日	西北・南鮮版	1930-12-07	2	03단	慶北麥實收高
199119	朝鮮朝日	西北・南鮮版	1930-12-07	2	03단	慶北東海岸豊漁漁村は上景氣
199120	朝鮮朝日	西北・南鮮版	1930-12-07	2	03단	各地短信(大邱/釜山/光州/京城/新義州/平壤)
199121	朝鮮朝日	南鮮版	1930-12-09	1	01단	恩賜金を振向け回收不能金を棒引殖銀と窮民共濟組合の問題片付く總督府の大英斷
199122	朝鮮朝日	南鮮版	1930-12-09	1	01단	沙防工事に劃期的な新方法勞力もかゝらず經費も節減される明年から實施する
199123	朝鮮朝日	南鮮版	1930-12-09	1	01단	釜山のボーナス上に薄く下に厚い
199124	朝鮮朝日	南鮮版	1930-12-09	1	01단	慶北の農會は素晴しい景氣農民の利用激增
199125	朝鮮朝日	南鮮版	1930-12-09	1	02단	慶北々部金組聯合會米價對策等打合
199126	朝鮮朝日	南鮮版	1930-12-09	1	03단	海州と沙里院を完全に結ぶ鶴峴、東海州間鐵道愈よ開通す十一日から美しいガソリン車が走る交通上の一新生面開かる

일련번호	판명		간행일	면	단수	기사명
199127	朝鮮朝日	南鮮版	1930-12-09	1	04단	慶南水組の救濟策ほゞ見込立つ
199128	朝鮮朝日	南鮮版	1930-12-09	1	04단	更新會組織
199129	朝鮮朝日	南鮮版	1930-12-09	1	04단	半途退學や月謝滯納續出慶南普通の不況影響
199130	朝鮮朝日	南鮮版	1930-12-09	1	05단	密陽農校の盟休再燃三年生のみ登校
199131	朝鮮朝日	南鮮版	1930-12-09	1	05단	*驅逐艦入港/練習艦入港*
199132	朝鮮朝日	南鮮版	1930-12-09	1	05단	資本力の壓迫で小地主は沒落資本家は續々耕地を倂合する慶南農村の傾向
199133	朝鮮朝日	南鮮版	1930-12-09	1	06단	所員熟睡中に武器盜まる四梃は用水口に隱匿長湖院駐在所の珍事
199134	朝鮮朝日	南鮮版	1930-12-09	1	06단	慶北の歲末は極めて平靜犯罪も激減
199135	朝鮮朝日	南鮮版	1930-12-09	1	07단	道視學官會議
199136	朝鮮朝日	南鮮版	1930-12-09	1	07단	自動車値下で鐵道支線は大打擊自動車賃總括的に二割の値下乘客の爭奪戰起る
199137	朝鮮朝日	南鮮版	1930-12-09	1	07단	仁川のエロ界大嵐の態
199138	朝鮮朝日	南鮮版	1930-12-09	1	08단	朝鮮馬術大會
199139	朝鮮朝日	南鮮版	1930-12-09	1	08단	警備船機關長や鐵工所員等召喚仁川署の大活動
199140	朝鮮朝日	南鮮版	1930-12-09	1	08단	郵便自動車と電車の衝突平壤南門町で
199141	朝鮮朝日	南鮮版	1930-12-09	1	08단	師走情景
199142	朝鮮朝日	南鮮版	1930-12-09	1	09단	仁川自動車値下げ決定
199143	朝鮮朝日	南鮮版	1930-12-09	1	09단	又も光麗線に事故
199144	朝鮮朝日	南鮮版	1930-12-09	1	09단	姦夫を強盜に怨みの晴し損ね妻に逃げられた男
199145	朝鮮朝日	南鮮版	1930-12-09	1	09단	咸南商工運輸も不正暴露か主任者は家宅捜索を受け文川署に拘引さる
199146	朝鮮朝日	南鮮版	1930-12-09	1	10단	林等一味の求刑四十四名共懲役
199147	朝鮮朝日	南鮮版	1930-12-09	1	10단	人(陶尙錢氏一行/多田榮吉氏(新義州實業家)/岡本佳次郎氏(同上商議會頭)/岸本道夫博士(釜山府立病院長))
199148	朝鮮朝日	南鮮版	1930-12-09	1	10단	道味魚
199149	朝鮮朝日	西北版	1930-12-09	1	01단	*海州と沙里院を完全に結ぶ鶴峴、東海州間鐵道愈よ開通す十一日から美しいガソリン車が走る交通上の一新生面開かる/鐵道開通と産業の發展韓黃海道知事談*
199150	朝鮮朝日	西北版	1930-12-09	1	01단	殖銀は安いが金組のは高い咸北の籾低資利率
199151	朝鮮朝日	西北版	1930-12-09	1	02단	平壤醫講の入學資格擴張認可せらる

일련번호	판명		간행일	면	단수	기사명
199152	朝鮮朝日	西北版	1930-12-09	1	03단	商工夜學講習會
199153	朝鮮朝日	西北版	1930-12-09	1	03단	商工校分離說で南浦の人心動搖す公職者大會を開き對策を定め反對の猛運動を起す
199154	朝鮮朝日	西北版	1930-12-09	1	03단	『お茶屋も出來た電車も通じた』
199155	朝鮮朝日	西北版	1930-12-09	1	04단	道視學官會議
199156	朝鮮朝日	西北版	1930-12-09	1	05단	平壤商議の議員總會
199157	朝鮮朝日	西北版	1930-12-09	1	05단	南浦校落成式
199158	朝鮮朝日	西北版	1930-12-09	1	06단	選擧革正の猛運動起る平壤舊市街民が
199159	朝鮮朝日	西北版	1930-12-09	1	06단	淸津公會堂工事遲延か事務員の申込殺到す
199160	朝鮮朝日	西北版	1930-12-09	1	06단	地主の中から水組解散の聲起る當局は工事を促進する意向信川水利組合の難問題
199161	朝鮮朝日	西北版	1930-12-09	1	06단	燒酎組合總會優良組合や朴氏表彰
199162	朝鮮朝日	西北版	1930-12-09	1	07단	外勤者督勵の新賞與規定平壤署の新方針
199163	朝鮮朝日	西北版	1930-12-09	1	07단	平南の自動車運轉手試驗
199164	朝鮮朝日	西北版	1930-12-09	1	08단	授業中に突如月謝減額の要求咸北明澗普校六年生
199165	朝鮮朝日	西北版	1930-12-09	1	08단	淸津の鐵道病院擴張內容充實
199166	朝鮮朝日	西北版	1930-12-09	1	08단	水上通行始まる
199167	朝鮮朝日	西北版	1930-12-09	1	08단	信者を集めて不穩思想鼓吹
199168	朝鮮朝日	西北版	1930-12-09	1	08단	一萬の火田民が入山の機を狙ふ平北道當局對策に腐心
199169	朝鮮朝日	西北版	1930-12-09	1	09단	元山の火事
199170	朝鮮朝日	西北版	1930-12-09	1	09단	合宿所より出火し四十戶を全燒す咸興水利工事場の火事
199171	朝鮮朝日	西北版	1930-12-09	1	09단	郵便自動車と電車の衝突平壤南門町で
199172	朝鮮朝日	西北版	1930-12-09	1	09단	年賀郵便不況の影響はあるまい平壤局の觀測
199173	朝鮮朝日	西北版	1930-12-09	1	10단	震災義損金
199174	朝鮮朝日	西北版	1930-12-09	1	10단	淸津昨今の夜の街不況は深刻
199175	朝鮮朝日	西北版	1930-12-09	1	10단	數百名が大亂鬪元山の爭議
199176	朝鮮朝日	西北版	1930-12-09	1	10단	人(趙鐘春氏(平南道保安課長)/南大將(軍司令官))
199177	朝鮮朝日	西北・南鮮版	1930-12-09	2	01단	財界十字路(各地米倉狀況/肥料代金回收率/土木建築總會/運輸計算役員會)
199178	朝鮮朝日	西北・南鮮版	1930-12-09	2	01단	朝鮮地方制度改正について(五)/今村內務局長談

일련번호	판명		간행일	면	단수	기사명
199179	朝鮮朝日	西北・南鮮版	1930-12-09	2	01단	更紗壁/叱られた三越
199180	朝鮮朝日	西北・南鮮版	1930-12-09	2	01단	新商工會議所令の「商行爲」といふ言葉は
199181	朝鮮朝日	西北・南鮮版	1930-12-09	2	02단	平北麥實收高
199182	朝鮮朝日	西北・南鮮版	1930-12-09	2	02단	農民が苦し紛れに籾の放賣を始める奸商は之に附込んで値安く買ふ當局この防止に汗だく
199183	朝鮮朝日	西北・南鮮版	1930-12-09	2	03단	元山十一月外貿
199184	朝鮮朝日	西北・南鮮版	1930-12-09	2	03단	米價調節の徹底案出來上る總督府と相呼應して京畿道が實行す
199185	朝鮮朝日	西北・南鮮版	1930-12-09	2	03단	慶北の棉花奬勵金交付
199186	朝鮮朝日	西北・南鮮版	1930-12-09	2	04단	朝鮮生産品最暴落/前月物價指數調
199187	朝鮮朝日	西北・南鮮版	1930-12-09	2	05단	不正肥料の取引激増す當局嚴重に取締る
199188	朝鮮朝日	西北・南鮮版	1930-12-09	2	06단	間島牛疫豫防問題暗礁に乗り上ぐ煮え切らぬ外務省の態度に總督府當局惱む
199189	朝鮮朝日	西北・南鮮版	1930-12-09	2	06단	運動界(ア式蹴球爭奪戰鮮滿豫選崇中優勝す)
199190	朝鮮朝日	西北・南鮮版	1930-12-09	2	07단	新刊紹介(『朝鮮害蟲』)
199191	朝鮮朝日	西北・南鮮版	1930-12-09	2	07단	各地短信(釜山/鎭海/淸津/元山)
199192	朝鮮朝日	南鮮版	1930-12-10	1	01단	總督府明年度特別會計豫算二億五千六百八十一萬圓五年度より一千七百八十五萬圓の増
199193	朝鮮朝日	南鮮版	1930-12-10	1	01단	産漁兩組低資割當額決定組合の活動期待さる
199194	朝鮮朝日	南鮮版	1930-12-10	1	01단	警務人件費削減額は廿萬圓高給警官整理朝鮮人警官増員で現狀維持する警務局の腹
199195	朝鮮朝日	南鮮版	1930-12-10	1	01단	關釜連絡船建造は無期延期岸壁の改造も中止
199196	朝鮮朝日	南鮮版	1930-12-10	1	02단	醫生講習會
199197	朝鮮朝日	南鮮版	1930-12-10	1	02단	面長會議
199198	朝鮮朝日	南鮮版	1930-12-10	1	03단	陸軍異動發表
199199	朝鮮朝日	南鮮版	1930-12-10	1	04단	辭令(六日付)
199200	朝鮮朝日	南鮮版	1930-12-10	1	04단	馬山酒釀高
199201	朝鮮朝日	南鮮版	1930-12-10	1	04단	花やかな歳末の釜山商店街
199202	朝鮮朝日	南鮮版	1930-12-10	1	04단	寫眞檄文や不穩な年賀狀撒布全北共産黨豫審終結十八名有罪十九名は免訴/同志を糾合し再起の計劃檢擧に洩れた一味/全北道內に分子扶植實に五十餘名/深夜の再建式あらゆる機會を利用し黨勢擴張を企つ

일련번호	판명		간행일	면	단수	기사명
199203	朝鮮朝日	南鮮版	1930-12-10	1	05단	造船鐵工所事件取調べ峻烈成行注目さる
199204	朝鮮朝日	南鮮版	1930-12-10	1	06단	月謝滯納續出し學校費の財源難慶北農村の不況で
199205	朝鮮朝日	南鮮版	1930-12-10	1	06단	大鑛脈發見
199206	朝鮮朝日	南鮮版	1930-12-10	1	06단	白米値下げ
199207	朝鮮朝日	南鮮版	1930-12-10	1	06단	世帶多きは全南人口の最高は慶北朝鮮國勢調査の結果
199208	朝鮮朝日	南鮮版	1930-12-10	1	07단	仁川商業校盟休す教師を排斥し
199209	朝鮮朝日	南鮮版	1930-12-10	1	07단	釜山の歲末警戒
199210	朝鮮朝日	南鮮版	1930-12-10	1	08단	武器竊取の容疑者三名逮捕せらる
199211	朝鮮朝日	南鮮版	1930-12-10	1	08단	京城本町の火事五戶燒く損害一萬圓
199212	朝鮮朝日	南鮮版	1930-12-10	1	08단	銀安や不況で汽車客は半減お蔭で稅關檢査は念入りに出來ると國境昨今の皮肉な現象
199213	朝鮮朝日	南鮮版	1930-12-10	1	09단	自動車競爭線認可を陳情す
199214	朝鮮朝日	南鮮版	1930-12-10	1	09단	慶北甘浦の無理心中左官と酌婦
199215	朝鮮朝日	南鮮版	1930-12-10	1	09단	道味魚
199216	朝鮮朝日	南鮮版	1930-12-10	1	10단	自動車に標示板
199217	朝鮮朝日	南鮮版	1930-12-10	1	10단	僞刑事
199218	朝鮮朝日	南鮮版	1930-12-10	1	10단	鎭海の鱈漁
199219	朝鮮朝日	南鮮版	1930-12-10	1	10단	吉林隊引上
199220	朝鮮朝日	南鮮版	1930-12-10	1	10단	質屋利下げ
199221	朝鮮朝日	南鮮版	1930-12-10	1	10단	人(山澤專賣局事務官)
199222	朝鮮朝日	西北版	1930-12-10	1	01단	總督府明年度特別會計豫算二億五千六百八十一萬圓五年度より一千七百八十五萬圓の增
199223	朝鮮朝日	西北版	1930-12-10	1	01단	産漁兩組低資割當額決定組合の活動期待さる
199224	朝鮮朝日	西北版	1930-12-10	1	01단	警務人件費削減額は廿萬圓高給警官整理朝鮮人警官增員で現狀維持する警務局の腹
199225	朝鮮朝日	西北版	1930-12-10	1	01단	世帶多きは全南人口の最高は慶北朝鮮國勢調査の結果
199226	朝鮮朝日	西北版	1930-12-10	1	04단	父兄を集めて登校を勸める盟休の明澗普校事件
199227	朝鮮朝日	西北版	1930-12-10	1	04단	製鋼所よどこへ行く新義州よどこへ行く迫る歲の瀨に此不安と焦燥今日此頃の安義地方

일련번호	판명		간행일	면	단수	기사명
199228	朝鮮朝日	西北版	1930-12-10	1	04단	組合員から商人を指定し魚取引の仲介をさす新設の咸北水産組合事業
199229	朝鮮朝日	西北版	1930-12-10	1	04단	平壤女高普校舍新築進捗
199230	朝鮮朝日	西北版	1930-12-10	1	05단	陸軍異動發表
199231	朝鮮朝日	西北版	1930-12-10	1	06단	平壤大同江第二人道橋架設を要望
199232	朝鮮朝日	西北版	1930-12-10	1	06단	電車問題で咸興都計案根本變更か
199233	朝鮮朝日	西北版	1930-12-10	1	06단	納入告知書を束にして突戻す載信水利組合員
199234	朝鮮朝日	西北版	1930-12-10	1	06단	勤續職員表彰式
199235	朝鮮朝日	西北版	1930-12-10	1	06단	寫眞檄文や不穩な年賀狀撒布全北共産黨豫審終結十八名有罪十九名は免訴/同志を糾合し再記の計劃檢擧に洩れた一味/全北道內に分子扶植實に五十餘名/深夜の再建式あらゆる機會を利用し黨勢擴張を企つ
199236	朝鮮朝日	西北版	1930-12-10	1	07단	淸津港の貿易額大減少
199237	朝鮮朝日	西北版	1930-12-10	1	07단	創立記念式
199238	朝鮮朝日	西北版	1930-12-10	1	07단	質屋利下げ
199239	朝鮮朝日	西北版	1930-12-10	1	08단	百名を解雇しボーナスは全廢月給は二割方減らされる不況になやむ江東炭坑の事業縮小
199240	朝鮮朝日	西北版	1930-12-10	1	08단	貧乏しても先祖代々の地に住みたいと住民が陳情
199241	朝鮮朝日	西北版	1930-12-10	1	08단	銀安や不況で汽車客は半減お蔭で稅關檢査は念入りに出來ると國境昨今の皮肉な現象
199242	朝鮮朝日	西北版	1930-12-10	1	10단	米價調節應急の處置沙里院の借庫
199243	朝鮮朝日	西北版	1930-12-10	1	10단	不正事件暴露か
199244	朝鮮朝日	西北版	1930-12-10	1	10단	人(山澤專賣局事務官)
199245	朝鮮朝日	南鮮版	1930-12-11	1	01단	窮民救濟事業は地方廳が主體で河川改修は總督府が主體總督府明年豫算の主なる事業
199246	朝鮮朝日	南鮮版	1930-12-11	1	01단	愈よ勅許を拜した德惠姬の御婚儀明春宗伯の卒業をまって御擧行
199247	朝鮮朝日	南鮮版	1930-12-11	1	01단	朝鮮軍異動卅三名司令官參謀長更迭は廿日頃
199248	朝鮮朝日	南鮮版	1930-12-11	1	01단	仁川取引所新重役愈よ認可さる
199249	朝鮮朝日	南鮮版	1930-12-11	1	02단	病師と生徒の感激の涙美しい師弟の情誼/『慶州古跡の基本臺帳を作る古跡の永久保存計劃』東洋一の三重塔近く發掘される

일련번호	판명		간행일	면	단수	기사명
199250	朝鮮朝日	南鮮版	1930-12-11	1	03단	年賀狀は增し小包は減るか釜山局の歲末觀察
199251	朝鮮朝日	南鮮版	1930-12-11	1	03단	財界を騷がした殖銀を相手取る株主總會決議無效の訴訟原告の敗訴と決定す
199252	朝鮮朝日	南鮮版	1930-12-11	1	04단	救濟を受ける慶南の水組總數十八ヶ所
199253	朝鮮朝日	南鮮版	1930-12-11	1	04단	鎭海靑訓査閱
199254	朝鮮朝日	南鮮版	1930-12-11	1	04단	學術講習所閉鎖した金海夜學會生徒を收容す
199255	朝鮮朝日	南鮮版	1930-12-11	1	05단	今樣石童丸の哀れな物語母を壽る少年の一人旅
199256	朝鮮朝日	南鮮版	1930-12-11	1	05단	靑年團長會
199257	朝鮮朝日	南鮮版	1930-12-11	1	05단	卓球試合
199258	朝鮮朝日	南鮮版	1930-12-11	1	06단	拳銃を擬して沙金袋を奪取す平北大楡洞金鑛を訪づれた三人の朝鮮人怪紳士
199259	朝鮮朝日	南鮮版	1930-12-11	1	07단	細農の疾病は粗食と過勞慶北細農調査の結果
199260	朝鮮朝日	南鮮版	1930-12-11	1	07단	金剛山を世界的公園にする釜山上陸の倉知鐵吉氏談
199261	朝鮮朝日	南鮮版	1930-12-11	1	07단	組合費分納や籾の共販等で水組を救濟する谷慶南知事の歸來談
199262	朝鮮朝日	南鮮版	1930-12-11	1	09단	大邱の糞尿收入六千圓の減收糞尿券を僞造されて
199263	朝鮮朝日	南鮮版	1930-12-11	1	09단	新しい女性が男性に宣戰近來この種の訴訟が多い
199264	朝鮮朝日	南鮮版	1930-12-11	1	09단	晉州の新町名
199265	朝鮮朝日	南鮮版	1930-12-11	1	09단	春川公普校生徒の衝突漸く取止む
199266	朝鮮朝日	南鮮版	1930-12-11	1	10단	機關長留置
199267	朝鮮朝日	南鮮版	1930-12-11	1	10단	僧侶の無錢飲食
199268	朝鮮朝日	南鮮版	1930-12-11	1	10단	不良少年少女滅切り減った
199269	朝鮮朝日	南鮮版	1930-12-11	1	10단	弓術納會
199270	朝鮮朝日	南鮮版	1930-12-11	1	10단	人(李堈殿下/倉知鐵吉氏(貴族院議員)/紀源三氏(本社記者))
199271	朝鮮朝日	南鮮版	1930-12-11	1	10단	道味魚
199272	朝鮮朝日	西北版	1930-12-11	1	01단	窮民救濟事業は地方廳が主體で河川改修は總督府が主體總督府明年豫算の主なる事業
199273	朝鮮朝日	西北版	1930-12-11	1	01단	愈よ勅許を拜した德惠姬の御婚儀明春宗伯の卒業をまって御暴行
199274	朝鮮朝日	西北版	1930-12-11	1	01단	咸興水道擴張完成は來年起工式了る

일련번호	판명		간행일	면	단수	기사명
199275	朝鮮朝日	西北版	1930-12-11	1	01단	初府協議會
199276	朝鮮朝日	西北版	1930-12-11	1	01단	朝鮮軍異動卅三名司令官參謀長更迭は廿日頃
199277	朝鮮朝日	西北版	1930-12-11	1	02단	朝鮮名物競べ(7)/忠南の巻/纖細な女の手から産れる韓山苧布年産額は二百萬圓に上る
199278	朝鮮朝日	西北版	1930-12-11	1	03단	地下水利用給水の計劃平南龍岡寒鶴で
199279	朝鮮朝日	西北版	1930-12-11	1	03단	平壤商工會議所會員增加す
199280	朝鮮朝日	西北版	1930-12-11	1	03단	鳳山郡面長會議
199281	朝鮮朝日	西北版	1930-12-11	1	04단	頭道溝電燈公司送電は來春早々
199282	朝鮮朝日	西北版	1930-12-11	1	04단	輸城川改修は半直營半請負か當局研究に着手す
199283	朝鮮朝日	西北版	1930-12-11	1	04단	月謝持參者は授業を受けさす明澗普校盟休事件
199284	朝鮮朝日	西北版	1930-12-11	1	05단	郡廳舍寄宿舍
199285	朝鮮朝日	西北版	1930-12-11	1	05단	橋梁架設の運動
199286	朝鮮朝日	西北版	1930-12-11	1	06단	貯金で仔牛を買入れ貧困な部落民に貸す平南新興里の消費組合
199287	朝鮮朝日	西北版	1930-12-11	1	06단	平壤産業調査會第一回委員會
199288	朝鮮朝日	西北版	1930-12-11	1	06단	北鮮部隊の新入營兵淸津に到着す/新入兵着工/新入兵入咸
199289	朝鮮朝日	西北版	1930-12-11	1	07단	拳銃を擬して沙金袋を奪取す平北大楡洞金鑛を訪づれた三人の朝鮮人怪紳士
199290	朝鮮朝日	西北版	1930-12-11	1	08단	咸南納稅成績優良者表彰
199291	朝鮮朝日	西北版	1930-12-11	1	08단	報恩法會
199292	朝鮮朝日	西北版	1930-12-11	1	08단	地上に激突し飛行機大破搭乘者二人は打撲傷平壤飛行隊夜間飛行の椿事
199293	朝鮮朝日	西北版	1930-12-11	1	09단	平南の名所萬秋樓出火全燒す
199294	朝鮮朝日	西北版	1930-12-11	1	09단	平南の室扶斯
199295	朝鮮朝日	西北版	1930-12-11	1	10단	物騷極まる歲末の農村强盜出沒頻々
199296	朝鮮朝日	西北版	1930-12-11	1	10단	恐しい迷信
199297	朝鮮朝日	西北版	1930-12-11	1	10단	商品の大部は盜んだ品物平壤署で檢擧
199298	朝鮮朝日	西北版	1930-12-11	1	10단	鎭江漫語
199299	朝鮮朝日	西北・南鮮版	1930-12-11	2	01단	財界十字路(運輸計算役員會/米の出廻り恢復)
199300	朝鮮朝日	西北・南鮮版	1930-12-11	2	01단	不況に醜く歪んだ歲末の橫顏
199301	朝鮮朝日	西北・南鮮版	1930-12-11	2	01단	更紗壁/平素の心掛け
199302	朝鮮朝日	西北・南鮮版	1930-12-11	2	01단	鹽の販賣高

일련번호	판명		간행일	면	단수	기사명
199303	朝鮮朝日	西北・南鮮版	1930-12-11	2	02단	十二月中の煙草製造數最も多いのはマコー
199304	朝鮮朝日	西北・南鮮版	1930-12-11	2	02단	清州繰棉工場操業を開始す
199305	朝鮮朝日	西北・南鮮版	1930-12-11	2	02단	見事に養殖の魚塘里の牡蠣平南名物の一つに
199306	朝鮮朝日	西北・南鮮版	1930-12-11	2	04단	各地短信(公州/木浦/清州/平壤)
199307	朝鮮朝日	南鮮版	1930-12-12	1	01단	二百郡を選んで指導園を新設し麥類、大豆、粟の栽培を奬勵する總督府の實行方法決定
199308	朝鮮朝日	南鮮版	1930-12-12	1	01단	お宮詣で
199309	朝鮮朝日	南鮮版	1930-12-12	1	02단	郵便局卅餘ケ所明年度に增設する內鮮電話進捗韓鮮電氣制令案歸鮮の途下關にて山本遞信局長談
199310	朝鮮朝日	南鮮版	1930-12-12	1	03단	慶南明年豫算愈よ近く査定に入る要求總額は四百五十萬圓
199311	朝鮮朝日	南鮮版	1930-12-12	1	04단	間島問題對策は警備力を充實し左留同胞の撫育等にある釜山にて森岡警務局長談
199312	朝鮮朝日	南鮮版	1930-12-12	1	05단	取引所令は明春發布か
199313	朝鮮朝日	南鮮版	1930-12-12	1	05단	視學官會議總督府で開催
199314	朝鮮朝日	南鮮版	1930-12-12	1	06단	米の共販や共同調製慾憑慶南の水組救濟策
199315	朝鮮朝日	南鮮版	1930-12-12	1	06단	錦江水利組合創立委圓會計畫變更を協議
199316	朝鮮朝日	南鮮版	1930-12-12	1	06단	農民四十名郡廳に押掛け免稅を嘆願す
199317	朝鮮朝日	南鮮版	1930-12-12	1	06단	煙草配給官營 問題を陳情上京の會社代表
199318	朝鮮朝日	南鮮版	1930-12-12	1	06단	慶北の築港愈よ實現か
199319	朝鮮朝日	南鮮版	1930-12-12	1	06단	博多情緒で福岡特産品釜山で販賣會
199320	朝鮮朝日	南鮮版	1930-12-12	1	07단	大邱府の町總代會府政に就て懇談
199321	朝鮮朝日	南鮮版	1930-12-12	1	07단	女子衛生講習會
199322	朝鮮朝日	南鮮版	1930-12-12	1	07단	藥價値下げ
199323	朝鮮朝日	南鮮版	1930-12-12	1	07단	就職難時世に織を棄てゝ走る京城府廳珍現象
199324	朝鮮朝日	南鮮版	1930-12-12	1	07단	釜山の小春日和
199325	朝鮮朝日	南鮮版	1930-12-12	1	07단	慶北共産黨の公判
199326	朝鮮朝日	南鮮版	1930-12-12	1	08단	舊農業會長留置
199327	朝鮮朝日	南鮮版	1930-12-12	1	08단	朝鮮婦人を集めて燃料節約の急を說く大邱府の宣傳催し
199328	朝鮮朝日	南鮮版	1930-12-12	1	08단	電球改換料金値下
199329	朝鮮朝日	南鮮版	1930-12-12	1	08단	釜山鎭の公設市場

일련번호	판명		간행일	면	단수	기사명
199330	朝鮮朝日	南鮮版	1930-12-12	1	08단	銀行等に警官配置
199331	朝鮮朝日	南鮮版	1930-12-12	1	08단	藝娼妓優遇
199332	朝鮮朝日	南鮮版	1930-12-12	1	08단	全州の火事四戸を燒く
199333	朝鮮朝日	南鮮版	1930-12-12	1	08단	學生の賭博遂に檢擧さる
199334	朝鮮朝日	南鮮版	1930-12-02	1	09단	興味ある判決正規の賣買契約でも良俗に反すと無效
199335	朝鮮朝日	南鮮版	1930-12-12	1	09단	自動車顚覆五名負傷一名卽死す
199336	朝鮮朝日	南鮮版	1930-12-12	1	09단	檢擧の活動
199337	朝鮮朝日	南鮮版	1930-12-12	1	10단	飛込み自殺病氣を苦にし
199338	朝鮮朝日	南鮮版	1930-12-12	1	10단	取込詐欺
199339	朝鮮朝日	南鮮版	1930-12-12	1	10단	密漁魚競賣
199340	朝鮮朝日	南鮮版	1930-12-12	1	10단	もよほし(京城/釜山/釜山)
199341	朝鮮朝日	南鮮版	1930-12-12	1	10단	人(藤井寬太郎氏(不二農場主)/森岡警務局長/福田慶北高等課長/河村車路氏(本社員)/山本犀藏氏(朝鮮遞信局長)/戶田値溫氏(朝鮮鐵道局理事))
199342	朝鮮朝日	南鮮版	1930-12-12	1	10단	道味魚
199343	朝鮮朝日	西北版	1930-12-12	1	01단	二百郡を選んで指導園を新設し麥類、大豆、粟の栽培を獎勵する總督府の實行方法決定
199344	朝鮮朝日	西北版	1930-12-12	1	01단	郵便局卅餘ヶ所明年度に增設する內鮮電話進捗韓鮮電氣制令案歸鮮の途下關にて山本遞信局長談
199345	朝鮮朝日	西北版	1930-12-12	1	01단	鐵柱曲る
199346	朝鮮朝日	西北版	1930-12-12	1	03단	平壤南議の議員總會依然ごたつく
199347	朝鮮朝日	西北版	1930-12-12	1	03단	取引所令は明春發布か
199348	朝鮮朝日	西北版	1930-12-12	1	04단	北鮮航空路開拓試驗飛行十五日から十九日迄
199349	朝鮮朝日	西北版	1930-12-12	1	04단	郡廳舍落成
199350	朝鮮朝日	西北版	1930-12-12	1	04단	間島問題對策は警備力を充實し在留同胞の撫育等にある釜山にて三岡警務局長談
199351	朝鮮朝日	西北版	1930-12-12	1	05단	月謝免除の猛運動成行主目さる
199352	朝鮮朝日	西北版	1930-12-12	1	05단	西鮮飛行機不時着候補地
199353	朝鮮朝日	西北版	1930-12-12	1	05단	視學官會議總督府で開催
199354	朝鮮朝日	西北版	1930-12-12	1	05단	金銀續出の平北寶の山又も有望な金脈を發見
199355	朝鮮朝日	西北版	1930-12-12	1	06단	スピーディな戀の道行き！南から北へ自動車の旅

일련번호	판명		간행일	면	단수	기사명
199356	朝鮮朝日	西北版	1930-12-12	1	06단	空の旅客は上下便とも滿員
199357	朝鮮朝日	西北版	1930-12-12	1	06단	宣川電氣擴張
199358	朝鮮朝日	西北版	1930-12-12	1	07단	道が大童で無煙炭の宣傳見本を各道に配る
199359	朝鮮朝日	西北版	1930-12-12	1	07단	月謝滯納者三千名突破中途退學者も續出する平南農村不況の反映
199360	朝鮮朝日	西北版	1930-12-12	1	07단	興味ある判決正規の賣買契約でも良俗に反すと無效
199361	朝鮮朝日	西北版	1930-12-12	1	07단	道味魚
199362	朝鮮朝日	西北版	1930-12-12	1	08단	學藝會
199363	朝鮮朝日	西北版	1930-12-12	1	08단	親に叱られて自殺を企つ十五歲の少年
199364	朝鮮朝日	西北版	1930-12-12	1	08단	密漁集競賣
199365	朝鮮朝日	西北版	1930-12-12	1	09단	來年のお正月から白衣を廢止する咸北鐘城の生活改善
199366	朝鮮朝日	西北版	1930-12-12	1	09단	野積みの籾二千石全燒恨みの放火か
199367	朝鮮朝日	西北版	1930-12-12	1	09단	藝娼妓優遇
199368	朝鮮朝日	西北版	1930-12-12	1	09단	全州の火事四戶を燒く
199369	朝鮮朝日	西北版	1930-12-12	1	09단	結氷季に入ると自動車事故增加
199370	朝鮮朝日	西北版	1930-12-12	1	10단	南浦の强盜
199371	朝鮮朝日	西北版	1930-12-12	1	10단	釜山の小春日和
199372	朝鮮朝日	西北版	1930-12-12	1	10단	もよほし(釜山藥學會)
199373	朝鮮朝日	西北版	1930-12-12	1	10단	人(關水咸南知事/森岡警務局長/視山慶北高等課長/河村車路氏(本員)/山本藏氏(朝鮮遞信局長)/戶川値溫氏(朝鮮鐵道局利事))
199374	朝鮮朝日	西北版	1930-12-12	1	10단	牡丹台の掛茶屋全部撤去される
199375	朝鮮朝日	西北・南鮮版	1930-12-12	2	01단	財界十字路(低利事業資金/資金豫想正確に)
199376	朝鮮朝日	西北・南鮮版	1930-12-12	2	01단	美くしい融和物語(亡き主人の石碑を建てゝ懇ろに故人の冥福を祈る殊勝な朝鮮人靑年)
199377	朝鮮朝日	西北・南鮮版	1930-12-12	2	01단	更紗壁/重役室への階段
199378	朝鮮朝日	西北・南鮮版	1930-12-12	2	02단	俳句/鈴木花蓑選
199379	朝鮮朝日	西北・南鮮版	1930-12-12	2	02단	DKの聽取者大增加計畫
199380	朝鮮朝日	西北・南鮮版	1930-12-12	2	02단	慶南水産物未曾有の減收不漁と魚價暴落で
199381	朝鮮朝日	西北・南鮮版	1930-12-12	2	03단	各地短信(京城/平壤/咸興/鎭南浦/釜山/大邱)

일련번호	판명		간행일	면	단수	기사명
199382	朝鮮朝日	南鮮版	1930-12-13	1	01단	陸軍將官大移動南軍司令官は軍事參議官に後任林近衛師團長/朝鮮火災社長問題で一部官邊に異動の噂(結局官邊から谷慶尚南道知事が朝鮮火災社長內定/平南道幹部異動說 園田知事慶南に藤原氏知事昇進)
199383	朝鮮朝日	南鮮版	1930-12-13	1	01단	警務局長お土産話警務人件費問題間島の警備問題牛豫備檢疫問題
199384	朝鮮朝日	南鮮版	1930-12-13	1	02단	朝鮮で最初の短波式機研究小林少年の努力
199385	朝鮮朝日	南鮮版	1930-12-13	1	03단	京仁兩取引所合併假契約調印殖産局明書を發す
199386	朝鮮朝日	南鮮版	1930-12-13	1	03단	組合の死命を制する職合會基金問題何處からどう支出するか産組金融界の難事
199387	朝鮮朝日	南鮮版	1930-12-13	1	04단	德惠姬御近情
199388	朝鮮朝日	南鮮版	1930-12-13	1	04단	卒業生指導教育を視察
199389	朝鮮朝日	南鮮版	1930-12-13	1	05단	慶南道の堆肥獎勵策
199390	朝鮮朝日	南鮮版	1930-12-13	1	05단	抱川公普開校
199391	朝鮮朝日	南鮮版	1930-12-13	1	06단	卅一萬人を使ふ百萬圓の大工事明年から三年繼續でやる慶南の大沙防工事
199392	朝鮮朝日	南鮮版	1930-12-13	1	06단	電話の民營朝鮮では考へぬ命令航路補助海員資格統一歸任の途釜山にて山本遞信局長談
199393	朝鮮朝日	南鮮版	1930-12-13	1	07단	海上事故防止の主意
199394	朝鮮朝日	南鮮版	1930-12-13	1	08단	新聞を讀む人三百六十五人に新聞が一部の制
199395	朝鮮朝日	南鮮版	1930-12-13	1	08단	大邱の同情週問婦人連の活動
199396	朝鮮朝日	南鮮版	1930-12-13	1	08단	木浦競獵會
199397	朝鮮朝日	南鮮版	1930-12-13	1	08단	籾乾燥不良で低資が借れぬる慶北農民困窮す
199398	朝鮮朝日	南鮮版	1930-12-13	1	09단	無煙炭の塊炭層發見南鮮燃料界活氣づく
199399	朝鮮朝日	南鮮版	1930-12-13	1	09단	汽船の正面衝突發動機船大破し機關長卽死す
199400	朝鮮朝日	南鮮版	1930-12-13	1	09단	新年名刺交換會
199401	朝鮮朝日	南鮮版	1930-12-13	1	09단	農村の學童が草鞋を履く喜ぶべき現象
199402	朝鮮朝日	南鮮版	1930-12-13	1	10단	宣川校全燒損害二萬圓
199403	朝鮮朝日	南鮮版	1930-12-13	1	10단	異行學生檢擧

일련번호	판명		간행일	면	단수	기사명
199404	朝鮮朝日	南鮮版	1930-12-13	1	10단	人(韓昌洙男(李王職長官)/山本犀藏氏(總督府遞信局長)/戸田直溫氏(鐵道局理事)/守屋榮夫氏(代議士)/荻野綾子女史(音樂家)/深尾須磨子女史(詩人))
199405	朝鮮朝日	南鮮版	1930-12-13	1	10단	道味魚
199406	朝鮮朝日	西北版	1930-12-13	1	01단	電話の民營朝鮮では考へぬ命令航路補助海員資格統一歸任の途釜山にて山本遞信局長談
199407	朝鮮朝日	西北版	1930-12-13	1	01단	朝鮮火災社長問題で一部官邊に異動の噂結局官邊から谷慶尚南道知事が朝鮮火災社長內定
199408	朝鮮朝日	西北版	1930-12-13	1	01단	德惠姬御近情
199409	朝鮮朝日	西北版	1930-12-13	1	01단	飛鋪咸興府尹取敢ず赴任
199410	朝鮮朝日	西北版	1930-12-13	1	01단	平南道幹部異動設園田知事慶南藤原氏知事昇進
199411	朝鮮朝日	西北版	1930-12-13	1	02단	陸軍將官大移動南軍司令官は軍事參議官に後任は林近衛師團長
199412	朝鮮朝日	西北版	1930-12-13	1	03단	羅南師會目覺しい活動
199413	朝鮮朝日	西北版	1930-12-13	1	03단	海州より一戸七十四人多い沙里院の人口
199414	朝鮮朝日	西北版	1930-12-13	1	03단	新聞を讀む人三百六十五人に妡聞一部の割
199415	朝鮮朝日	西北版	1930-12-13	1	03단	煙草甜茶耕作の農家は富福來年はこの耕作者增加
199416	朝鮮朝日	西北版	1930-12-13	1	04단	南市批峴に電燈が點く廿日頃から
199417	朝鮮朝日	西北版	1930-12-13	1	04단	太古其盡の古墳を發見平壤將進里で
199418	朝鮮朝日	西北版	1930-12-13	1	04단	小賣南人の新戰術移動百貨店
199419	朝鮮朝日	西北版	1930-12-13	1	04단	萩枝の屑で美くしい松茸籠愈よ實用化した學校の職業教育
199420	朝鮮朝日	西北版	1930-12-13	1	05단	食後の蓋一三將軍の漫談
199421	朝鮮朝日	西北版	1930-12-13	1	05단	組合の死命を制する聯合會基金問題何處からどう支出するか/産組金融界の難事
199422	朝鮮朝日	西北版	1930-12-13	1	07단	卒業生指導教育を視察
199423	朝鮮朝日	西北版	1930-12-13	1	07단	兼子軍醫正に記念置時計授與せらる
199424	朝鮮朝日	西北版	1930-12-13	1	07단	防疫機關として模範部落を設置優秀な施設は表彰す平南道の新しい試み
199425	朝鮮朝日	西北版	1930-12-13	1	08단	モヒ患者根絶計畫二萬九千圓の國庫補助で施療人員を二千名に增加
199426	朝鮮朝日	西北版	1930-12-13	1	08단	授業拒否の生徒に停學處分成興農校の騷ぎ

일련번호	판명		간행일	면	단수	기사명
199427	朝鮮朝日	西北版	1930-12-13	1	08단	取締船を逆襲する大瞻不敵の密漁船成南明太漁場に頻出新案の戰術で全滅さすと當局力む
199428	朝鮮朝日	西北版	1930-12-13	1	10단	宣川校全燒損害二萬圓
199429	朝鮮朝日	西北版	1930-12-13	1	10단	慶の原詩嶺で自動車遭難搭乘者無事
199430	朝鮮朝日	西北版	1930-12-13	1	10단	嫉妬の放火放蕩亭主の妻
199431	朝鮮朝日	西北版	1930-12-13	1	10단	人(韓昌洙男(李王職長官)/山本犀藏氏(總督府遞信局長)/戶田直溫氏(鐵道局理事)/守屋榮夫氏(代議士)/加藤鐵次郎氏(新義州會議所會)/荻野綾子女史(音樂家)/深尾須磨子女史(詩人))
199432	朝鮮朝日	南鮮版	1930-12-14	1	01단	十ヶ年繼續の施肥標準調查計畵名地方別に施肥標準處方箋を作る農作物生産の合理化
199433	朝鮮朝日	南鮮版	1930-12-14	1	01단	德惠姬と宗伯御見合の式李王邸で御終了韓李王職長官謹話
199434	朝鮮朝日	南鮮版	1930-12-14	1	03단	師走點景ニコニコ顏の燒芋屋さん一日の儲ザツと五圓
199435	朝鮮朝日	南鮮版	1930-12-14	1	03단	谷慶南知事急遽上城す園田平南の慶南知事說
199436	朝鮮朝日	南鮮版	1930-12-14	1	03단	珍しい氣球隊か北鮮上空で演習明年一月下旬から一月上旬にかけで朝鮮では最初の決擧
199437	朝鮮朝日	南鮮版	1930-12-14	1	03단	巡査駐在所の銃器廢止か警務局で考慮中
199438	朝鮮朝日	南鮮版	1930-12-14	1	04단	慶北魚組聯合會創立總合
199439	朝鮮朝日	南鮮版	1930-12-14	1	04단	好成績の卒業生指導教育京畿道誇りの一つ
199440	朝鮮朝日	南鮮版	1930-12-14	1	04단	紺綬褒章下賜
199441	朝鮮朝日	南鮮版	1930-12-14	1	05단	御下賜金で各種の施說光榮の四癩病院
199442	朝鮮朝日	南鮮版	1930-12-14	1	05단	理事長任命
199443	朝鮮朝日	南鮮版	1930-12-14	1	05단	木浦校の職業教育
199444	朝鮮朝日	南鮮版	1930-12-14	1	06단	四萬五千キロの發電所京電の新計查
199445	朝鮮朝日	南鮮版	1930-12-14	1	06단	退學者三千人月謝滯納三萬人慶南農村不況影響
199446	朝鮮朝日	南鮮版	1930-12-14	1	06단	小作人が結束し納稅用籾不納同盟公課金の地主負擔を要求した漆谷小作人の最後手段
199447	朝鮮朝日	南鮮版	1930-12-14	1	06단	淸州十日會
199448	朝鮮朝日	南鮮版	1930-12-14	1	06단	大賣出で過を卷く(京城歲末の商店街/賣行きは今の處時年より二割減)

일련번호	판명		간행일	면	단수	기사명
199449	朝鮮朝日	南鮮版	1930-12-14	1	07단	銅養馬檢査
199450	朝鮮朝日	南鮮版	1930-12-14	1	07단	金泉電燈爭議圓滿に解決す
199451	朝鮮朝日	南鮮版	1930-12-14	1	07단	汚物淸掃令明年發布か
199452	朝鮮朝日	南鮮版	1930-12-14	1	07단	DKの新計畫朝鮮語放送時間延長內地人には朝鮮音樂講座
199453	朝鮮朝日	南鮮版	1930-12-14	1	08단	木浦商校の荷造練習新しい試み
199454	朝鮮朝日	南鮮版	1930-12-14	1	08단	モヒ治療打合會
199455	朝鮮朝日	南鮮版	1930-12-14	1	08단	せつめい
199456	朝鮮朝日	南鮮版	1930-12-14	1	09단	慶南の歲末警戒
199457	朝鮮朝日	南鮮版	1930-12-14	1	09단	重役無效の訴訟愈よ提起に決定す仁取問題益々縺る
199458	朝鮮朝日	南鮮版	1930-12-14	1	09단	狩獵中過つて鮮童二名を射つ二名とも瀕死の重傷
199459	朝鮮朝日	南鮮版	1930-12-14	1	09단	盜んで放火犯人逮捕さる
199460	朝鮮朝日	南鮮版	1930-12-14	1	10단	慶南品と福岡品兩卽賣會いづれ劣らぬ好人氣
199461	朝鮮朝日	南鮮版	1930-12-14	1	10단	申用雨等の保安法違反判決は十九日
199462	朝鮮朝日	南鮮版	1930-12-14	1	10단	不良學生檢擧
199463	朝鮮朝日	南鮮版	1930-12-14	1	10단	自動車に聯れ子供卽死す
199464	朝鮮朝日	南鮮版	1930-12-14	1	10단	人(森辨次郎氏(朝鮮郵船社長))
199465	朝鮮朝日	南鮮版	1930-12-14	1	10단	道味魚
199466	朝鮮朝日	西北版	1930-12-14	1	01단	治安の前線に立つ地方警官の窮狀緊縮節約で明年は更に一層を加へようその受難のエピソード
199467	朝鮮朝日	西北版	1930-12-14	1	01단	歲末情景日まぐるしい平壤の商戰
199468	朝鮮朝日	西北版	1930-12-14	1	02단	德惠姬と宗伯御見合の式李王邸で御腫了韓李王職長官謹話
199469	朝鮮朝日	西北版	1930-12-14	1	04단	牛馬車の活躍で天圖鐵は大打擊朝鮮側に輸送力緩知方を交涉鮮鐵は應ぜぬ模樣
199470	朝鮮朝日	西北版	1930-12-14	1	04단	他を犧牲にしても養蠶者擁護咸北蠶業獎勵策
199471	朝鮮朝日	西北版	1930-12-14	1	04단	新設された立派な座敷安東校作法室
199472	朝鮮朝日	西北版	1930-12-14	1	05단	榮轉の將官/昨紙參照(南新任軍事參議官/林新任朝鮮軍司令官/中村新任軍省人事局長/兒玉新任朝鮮軍參謀長)
199473	朝鮮朝日	西北版	1930-12-14	1	05단	紺綬褒章下賜
199474	朝鮮朝日	西北版	1930-12-14	1	05단	輸城川改修設計完成總督府の手で
199475	朝鮮朝日	西北版	1930-12-14	1	05단	米價調節資金一向に借手がない籾暴落と稅金の關係か/平北道當局は前途を樂觀す

일련번호	판명		간행일	면	단수	기사명
199476	朝鮮朝日	西北版	1930-12-14	1	06단	谷慶南知事急遽上城す園田平南の慶南知事說
199477	朝鮮朝日	西北版	1930-12-14	1	06단	所屬官公署に節約の通牒平南道から
199478	朝鮮朝日	西北版	1930-12-14	1	06단	平壤市街不況に惱み農村不況影響
199479	朝鮮朝日	西北版	1930-12-14	1	07단	平南奥地農村の昨今趙平南保安課長視察談
199480	朝鮮朝日	西北版	1930-12-14	1	07단	特別産業資金平北割當額十五萬三千圓
199481	朝鮮朝日	西北版	1930-12-14	1	07단	珍しい氣球隊が北鮮上空演習明年一月下旬から二月上旬にかけて朝鮮では最初の快擧
199482	朝鮮朝日	西北版	1930-12-14	1	08단	素晴しいものに形を變へる鋸屑の研究
199483	朝鮮朝日	南鮮版	1930-12-14	1	08단	美しい醵金で記念圖書館建設される
199484	朝鮮朝日	西北版	1930-12-14	1	08단	巡査駐在所の銃器廢止か警務局で考慮中
199485	朝鮮朝日	西北版	1930-12-14	1	08단	移住者增加で家賃が昻る南浦億兩機里
199486	朝鮮朝日	西北版	1930-12-14	1	09단	汚物淸掃令明年發布か
199487	朝鮮朝日	西北版	1930-12-14	1	09단	三日間眠りつゞけて朝鮮から德山に運ばる做底した呑氣な兄さん二人全く噓のやうなナンセンス
199488	朝鮮朝日	西北版	1930-12-14	1	10단	牛が狂奔して迊行人を殺す
199489	朝鮮朝日	西北版	1930-12-14	1	10단	藝酌婦お歲暮廢止のお達し
199490	朝鮮朝日	西北版	1930-12-14	1	10단	道味魚
199491	朝鮮朝日	南鮮版	1930-12-16	1	01단	刑事補償制司法權統一(此の二つの問題朝鮮は何うなる/法務局長と記者の一問一答)
199492	朝鮮朝日	南鮮版	1930-12-16	1	01단	Xマスが近づいた
199493	朝鮮朝日	南鮮版	1930-12-16	1	02단	司法官の人件費結局三分減となる賞與は大削減補充は朝鮮人法務局の對第決まる
199494	朝鮮朝日	南鮮版	1930-12-16	1	04단	金海學術䛵習所平穩に授業男女兩部とも
199495	朝鮮朝日	南鮮版	1930-12-16	1	04단	光化門を前景に豪壯な病院が建つ來年から三年繼續で京城醫專附屬病院の計畫
199496	朝鮮朝日	南鮮版	1930-12-16	1	05단	獎忠壇の奥に伊藤公の菩提寺愈よ建立に決定
199497	朝鮮朝日	南鮮版	1930-12-16	1	05단	慶北の楮紙遥々外國から激賞の手紙が來た
199498	朝鮮朝日	南鮮版	1930-12-16	1	05단	淸酒は減釀朝鮮酒は增釀慶南本年の酒造界
199499	朝鮮朝日	南鮮版	1930-12-16	1	06단	潛行的の學生爭議當局重大視す
199500	朝鮮朝日	南鮮版	1930-12-16	1	06단	慶北の癩患者當局手を燒く

일련번호	판명		간행일	면	단수	기사명
199501	朝鮮朝日	南鮮版	1930-12-16	1	07단	鮮銀や東拓を破壞に來た長湖院駐在所を襲うた金善學豪語す
199502	朝鮮朝日	南鮮版	1930-12-16	1	08단	台灣胡瓜に瓜實蠅釜山で發見
199503	朝鮮朝日	南鮮版	1930-12-16	1	08단	動物園の珍客平北から寄贈された可愛い虎の子
199504	朝鮮朝日	南鮮版	1930-12-16	1	08단	彫刻送裝講習會
199505	朝鮮朝日	南鮮版	1930-12-16	1	08단	總督府前通の地下から牛骨
199506	朝鮮朝日	南鮮版	1930-12-16	1	08단	間島共匪被害
199507	朝鮮朝日	南鮮版	1930-12-16	1	08단	ますます惡化する地主と小作の抗爭地主は小作權移動小作は不納同盟慶北空前の大爭議
199508	朝鮮朝日	南鮮版	1930-12-16	1	08단	方魚津沖で大鯨を拾ふ景氣のよい話
199509	朝鮮朝日	南鮮版	1930-12-16	1	09단	火災保險の內容を調査京城の警察て
199510	朝鮮朝日	南鮮版	1930-12-16	1	09단	郵便物增加で局は轉手古舞ひこのごろの京城局
199511	朝鮮朝日	南鮮版	1930-12-16	1	10단	內地人巡査拳銃自殺肺病を苦にし
199512	朝鮮朝日	南鮮版	1930-12-16	1	10단	怪漢逮捕さる
199513	朝鮮朝日	南鮮版	1930-12-16	1	10단	人(米內中將/膜本修三氏(總督府稅務課長))
199514	朝鮮朝日	南鮮版	1930-12-16	1	10단	道味魚
199515	朝鮮朝日	西北版	1930-12-16	1	01단	刑事補償制司法權統一此の二つの問題朝鮮は何うなる法務局長と記者の一問一答
199516	朝鮮朝日	西北版	1930-12-16	1	03단	司法官の人件費結局三分減となる賞與は大削減補充は朝鮮人法務局の對第決まる
199517	朝鮮朝日	西北版	1930-12-16	1	04단	密輸取締令近く關東廳が發布早くも基效果懸念さる
199518	朝鮮朝日	西北版	1930-12-16	1	04단	不況の影響でお醫者も賣れぬ京城醫敷の惱み
199519	朝鮮朝日	西北版	1930-12-16	1	05단	德川元羅の共同作業所明年建設す
199520	朝鮮朝日	西北版	1930-12-16	1	05단	鶴海線開迎營日海州の賑ひ視賀會の盛況
199521	朝鮮朝日	西北版	1930-12-16	1	06단	低資需要不振で籾保管料引下げ年八分七釐といふ割安となる平北道で斷行
199522	朝鮮朝日	西北版	1930-12-16	1	06단	鴨綠江の北の頃
199523	朝鮮朝日	西北版	1930-12-16	1	06단	簡保募集の優良者表彰
199524	朝鮮朝日	西北版	1930-12-16	1	06단	信川水利組合年內入札
199525	朝鮮朝日	西北版	1930-12-16	1	07단	朝鮮山林大會平北開催計劃

일련번호	판명		간행일	면	단수	기사명
199526	朝鮮朝日	西北版	1930-12-16	1	07단	龍鳳の沙金鑛
199527	朝鮮朝日	西北版	1930-12-16	1	07단	盜水者が多く一萬圓缺損淸津の水道收入
199528	朝鮮朝日	西北版	1930-12-16	1	07단	飢餓に瀕する京な在滿潮線人金平北高等課長談
199529	朝鮮朝日	西北版	1930-12-16	1	07단	日頃の商賣敵と結納金の問題で平壤人妻殺しの經緯
199530	朝鮮朝日	西北版	1930-12-16	1	08단	平北江界で禁酒と禁煙の運動を起す
199531	朝鮮朝日	西北版	1930-12-16	1	08단	義士會
199532	朝鮮朝日	西北版	1930-12-16	1	09단	奧地の警官に歲暮慰問品平南警察協會から
199533	朝鮮朝日	西北版	1930-12-16	1	09단	間島共匪の被害
199534	朝鮮朝日	西北版	1930-12-16	1	09단	受持教員の排斥を企てた江界普校生處分
199535	朝鮮朝日	西北版	1930-12-16	1	09단	火田民檢擧留置場は滿員
199536	朝鮮朝日	西北版	1930-12-16	1	10단	公設質屋
199537	朝鮮朝日	西北版	1930-12-16	1	10단	內地人巡查拳銃自殺肺病を苦にし
199538	朝鮮朝日	西北版	1930-12-16	1	10단	接客業者に訓示
199539	朝鮮朝日	西北版	1930-12-16	1	10단	人(高野貞治氏(平壤憲兵隊長)/松木誠氏(專賣局長)/藤木鹷三氏(總督府稅務局長))
199540	朝鮮朝日	南鮮版	1930-12-17	1	01단	長期低資は四百萬圓に內定これで水組高利債整理行詰れる組合の前途が明るくなる
199541	朝鮮朝日	南鮮版	1930-12-17	1	01단	米價對策資金や水組整理低資條件預金部運用會で決定
199542	朝鮮朝日	南鮮版	1930-12-17	1	01단	慶南道は古家知事の退官場非難の聲起る
199543	朝鮮朝日	南鮮版	1930-12-17	1	02단	一切は諸君のご推察に任す朝鮮火災長に內定の谷慶南知師來談
199544	朝鮮朝日	南鮮版	1930-12-17	1	02단	本年の紅蔘製造を終る
199545	朝鮮朝日	南鮮版	1930-12-17	1	03단	道廳と那廳
199546	朝鮮朝日	南鮮版	1930-12-17	1	04단	光州賣出張所廳舍年內に竣工
199547	朝鮮朝日	南鮮版	1930-12-17	1	05단	お役人の賞與金五百六十三萬圓昨年よりは一割五分減いよいよボーナスの辭令が出た/案外によかったと役人はホクホク顔景氣のよい京城の役所/京城府/敷賣局/思ったより好來だボーナスをって慶南官界の喜び
199548	朝鮮朝日	南鮮版	1930-12-17	1	05단	この塹壕！いつの事やら
199549	朝鮮朝日	南鮮版	1930-12-17	1	05단	慶南臨時膿倉保管料値下げ但甲種農倉落成迄
199550	朝鮮朝日	南鮮版	1930-12-17	1	06단	本年度の水組認可の面積一萬四千町步

일련번호	판명		간행일	면	단수	기사명
199551	朝鮮朝日	南鮮版	1930-12-17	1	06단	就職戰線に博士等奮鬪大邱にも來た
199552	朝鮮朝日	南鮮版	1930-12-17	1	06단	記念碑建設委員會
199553	朝鮮朝日	南鮮版	1930-12-17	1	07단	ボーナスで好景氣昨今の大邱
199554	朝鮮朝日	南鮮版	1930-12-17	1	07단	慶北小作爭議持久戰に入る當局は形勢觀望
199555	朝鮮朝日	南鮮版	1930-12-17	1	07단	不正商人を嚴重取締る釜山署の努力
199556	朝鮮朝日	南鮮版	1930-12-17	1	07단	改訂教科書教授の講習京師附屬て
199557	朝鮮朝日	南鮮版	1930-12-17	1	08단	せつめい(逮捕された長湖院駐在所を襲った犯人金善學)
199558	朝鮮朝日	南鮮版	1930-12-17	1	08단	死んだ人に有罪の判決この始末をどうする珍らしい事件
199559	朝鮮朝日	南鮮版	1930-12-17	1	08단	紅蔘密造の取締員說置續々檢擧する
199560	朝鮮朝日	南鮮版	1930-12-17	1	08단	廣告塔の火事
199561	朝鮮朝日	南鮮版	1930-12-17	1	09단	祕密文書で不穩思想鼓吹浦項の怪事件內容
199562	朝鮮朝日	南鮮版	1930-12-17	1	09단	海上取締規則勵行の警告釜山水上署から
199563	朝鮮朝日	南鮮版	1930-12-17	1	09단	橫領店員逮捕
199564	朝鮮朝日	南鮮版	1930-12-17	1	10단	木浦の火事二練全燒し二戶半燒す
199565	朝鮮朝日	南鮮版	1930-12-17	1	10단	ヌクテが出た慶北義城の點谷に
199566	朝鮮朝日	南鮮版	1930-12-17	1	10단	忘年麻雀會
199567	朝鮮朝日	南鮮版	1930-12-17	1	10단	人(李鍵公殿下/米內中將(鎭海嬰港部司令官)/野口遵氏(實業家)/香椎凉太郎氏(釜山瓦電社長)/升谷宗七氏(淸洲高女校長)/對馬助三氏(咸興高女校長)/田村忠北氏(永興普通學校長))
199568	朝鮮朝日	西北版	1930-12-17	1	01단	長期低資は四百萬圓に內定これで水組高利債整理行詰れる組合の前途が明るくなる
199569	朝鮮朝日	西北版	1930-12-17	1	01단	融通條件決定す預金部運用委員會で
199570	朝鮮朝日	西北版	1930-12-17	1	01단	かう不景氣では學校も建てられぬ黄海道の一面一校行詰る難局どう打開する
199571	朝鮮朝日	西北版	1930-12-17	1	02단	本年度水組認可面積一萬四千町步
199572	朝鮮朝日	西北版	1930-12-17	1	03단	改訂教科書教授の講習京師附屬で
199573	朝鮮朝日	西北版	1930-12-17	1	04단	北鮮の空路開拓の飛行西尾機成功す
199574	朝鮮朝日	西北版	1930-12-17	1	04단	北鮮耐寒飛行明野原飛機參加決定
199575	朝鮮朝日	西北版	1930-12-17	1	04단	李王家祕藏品寫眞帳が出る
199576	朝鮮朝日	西北版	1930-12-17	1	04단	忘年會筏情緒の明け暮れ成興師走景色店子正月餠義士會
199577	朝鮮朝日	西北版	1930-12-17	1	05단	寄附割當額

일련번호	판명		간행일	면	단수	기사명
199578	朝鮮朝日	西北版	1930-12-17	1	05단	お役人の賞與金五百六十三萬圓昨年よりは一割五分減いよいよボーナスの辭令が出た
199579	朝鮮朝日	西北版	1930-12-17	1	05단	貧困者救濟方面委員制平壤社會施設
199580	朝鮮朝日	西北版	1930-12-17	1	05단	桑の日
199581	朝鮮朝日	西北版	1930-12-17	1	06단	平壤の不況昨年より十七萬圓の減收當局對策に窮す
199582	朝鮮朝日	西北版	1930-12-17	1	06단	公安分局長更迭
199583	朝鮮朝日	西北版	1930-12-17	1	06단	平南無煙炭獎勵の反響弗々照會が來る
199584	朝鮮朝日	西北版	1930-12-17	1	07단	安東から朝鮮に持込む煙草一日三萬本
199585	朝鮮朝日	西北版	1930-12-17	1	08단	鎭南の浦籾出廻漸次增加す
199586	朝鮮朝日	西北版	1930-12-17	1	08단	支那小學校舍全燒
199587	朝鮮朝日	西北版	1930-12-17	1	08단	殺人事件で沙里院置活動刑事二名平壤へ
199588	朝鮮朝日	西北版	1930-12-17	1	08단	死んだ人に有罪の判決この始末をどうする珍らしい事件
199589	朝鮮朝日	西北版	1930-12-17	1	09단	三、四年生がどう出るか成興農校事件
199590	朝鮮朝日	西北版	1930-12-17	1	09단	掠奪放火して銃殺すると脅す物騷な龍井郊外
199591	朝鮮朝日	西北版	1930-12-17	1	09단	一名を射殺し男女三名重傷六人組匪賊の兇行
199592	朝鮮朝日	西北版	1930-12-17	1	10단	海上取締規則/勵行の警告釜山水上署から
199593	朝鮮朝日	西北版	1930-12-17	1	10단	人(李鍵公殿下/野口遵氏(實業家)/香椎凉太郎氏(釜山瓦電社長)/升谷宗七氏(淸洲高女校長)/對馬助三氏(咸興高女校長)/田村忠北氏(永興普通學校長))
199594	朝鮮朝日	西北版	1930-12-17	1	10단	溫突點描
199595	朝鮮朝日	南鮮版	1930-12-18	1	10단	道味魚
199596	朝鮮朝日	南鮮版	1930-12-18	1	01단	小作慣行の二ツの新法令(小作法と小作調停法/明年中に作り明後年に發布)
199597	朝鮮朝日	南鮮版	1930-12-18	1	01단	融通される二つの低利資金で(救濟や調節が順調に運ばれる/水利組合の高利債整理籾三百十萬石の保管)
199598	朝鮮朝日	南鮮版	1930-12-18	1	01단	御眞影博達式二十一日朝慶南道廳で
199599	朝鮮朝日	南鮮版	1930-12-18	1	02단	咸南の卷(一大工業都市それは興南今の姿/忽然と出現した窒素肥料會社)
199600	朝鮮朝日	南鮮版	1930-12-18	1	03단	釜山、嚴原間の海底電話線明年度着工に決す
199601	朝鮮朝日	南鮮版	1930-12-18	1	04단	李鍵公殿下十六日御着城
199602	朝鮮朝日	南鮮版	1930-12-18	1	04단	御下賜金傳達式

일련번호	판명		간행일	면	단수	기사명
199603	朝鮮朝日	南鮮版	1930-12-18	1	04단	米倉庫業令明春發布されん
199604	朝鮮朝日	南鮮版	1930-12-18	1	04단	辭令(十七日付)
199605	朝鮮朝日	南鮮版	1930-12-18	1	04단	仁取問題の陳情報告會
199606	朝鮮朝日	南鮮版	1930-12-18	1	05단	慶南兩品評會受賞者發表擧式は明春
199607	朝鮮朝日	南鮮版	1930-12-18	1	05단	生徒の家から米一合づゝ集める毎月三回先生が手分して廻る慶北長川普校の節米會
199608	朝鮮朝日	南鮮版	1930-12-18	1	06단	東海岸の鱈が鎭海に回游する慶南の標識放流で判明
199609	朝鮮朝日	南鮮版	1930-12-18	1	07단	糯米が安い
199610	朝鮮朝日	南鮮版	1930-12-18	1	07단	授産所新設釜山明年事業
199611	朝鮮朝日	南鮮版	1930-12-18	1	07단	鮮血淋離とし悽惨の氣滿つ取られた騎銃は發見在藤巡査遭難の現場
199612	朝鮮朝日	南鮮版	1930-12-18	1	07단	二三防のスキーヒユツテ
199613	朝鮮朝日	南鮮版	1930-12-18	1	08단	共産黨員百名京城で審理間島から護送さる
199614	朝鮮朝日	南鮮版	1930-12-18	1	08단	發掘した木棺の中に木製の人形やら鳩が新發掘の平壤古墳から出た
199615	朝鮮朝日	南鮮版	1930-12-18	1	09단	優良店員表彰
199616	朝鮮朝日	南鮮版	1930-12-18	1	09단	木浦公設市場四十八戶全燒火鉢の不始末から
199617	朝鮮朝日	南鮮版	1930-12-18	1	09단	開廷間もなく傍聽を禁止新義州高等普通校生徒の祕密結社事件公判
199618	朝鮮朝日	南鮮版	1930-12-18	1	10단	道が凍って牛馬の負傷六十頭に達す
199619	朝鮮朝日	南鮮版	1930-12-18	1	10단	クリスマス祝會
199620	朝鮮朝日	南鮮版	1930-12-18	1	10단	道味魚
199621	朝鮮朝日	西北版	1930-12-18	1	01단	融通される二つの低利資金で救濟や調節が順調に運ばれる水利組合の高利債整理籾三百十萬石の保管
199622	朝鮮朝日	西北版	1930-12-18	1	02단	强硬交涉支那側讓步間島大豆輸送問題
199623	朝鮮朝日	西北版	1930-12-18	1	02단	鎭南浦小學校後援會新設漸く實現す
199624	朝鮮朝日	西北版	1930-12-18	1	03단	咸南の卷一大工業都市それは興南今の姿忽然と出現した窒素肥料會社
199625	朝鮮朝日	西北版	1930-12-18	1	04단	昔豪奢を極めた王侯の墳墓/愈よ發掘に着手した平壤郊外の古墳二つ/發掘した木棺の中に木製の人形やら鳩が新發掘の平壤古墳から出た
199626	朝鮮朝日	西北版	1930-12-18	1	04단	辭令(十七日付)
199627	朝鮮朝日	西北版	1930-12-18	1	04단	授産場設置追加豫算等

일련번호	판명		간행일	면	단수	기사명
199628	朝鮮朝日	西北版	1930-12-18	1	04단	小作慣行二新法令小作法小作調停法明年中作明後年發布
199629	朝鮮朝日	西北版	1930-12-18	1	05단	救濟配當決議鎭南浦水産會社
199630	朝鮮朝日	西北版	1930-12-18	1	07단	羅南高女校に御眞影御下賜
199631	朝鮮朝日	西北版	1930-12-18	1	07단	謝恩會先生も泣いた教へ子も泣く
199632	朝鮮朝日	西北版	1930-12-18	1	08단	沿海州木材に關稅を賦課朝鮮産業界の對策
199633	朝鮮朝日	西北版	1930-12-18	1	08단	成南産業調査會新知事の手で活用される
199634	朝鮮朝日	西北版	1930-12-18	1	08단	假名や諺文を解し得るもの平南の面白い調べ
199635	朝鮮朝日	西北版	1930-12-18	1	09단	成南道明年豫算日下査定中
199636	朝鮮朝日	西北版	1930-12-18	1	09단	九州視察團平鐵の催し
199637	朝鮮朝日	西北版	1930-12-18	1	09단	木浦公設市場四十八戶全燒火鉢の不始末から
199638	朝鮮朝日	西北版	1930-12-18	1	10단	結氷狀況國境地方の
199639	朝鮮朝日	西北版	1930-12-18	1	10단	五つの慘死體溫突に列ぶ平壤火災後報
199640	朝鮮朝日	西北版	1930-12-18	1	10단	萬歲橋視賀會
199641	朝鮮朝日	西北版	1930-12-18	1	10단	どこの役所にも惠比順顔が列ぶ平壤のボーナス景氣
199642	朝鮮朝日	西北版	1930-12-18	1	10단	人妻を殺した男檢事局に護送さる
199643	朝鮮朝日	西北版	1930-12-18	1	10단	厄介な倅
199644	朝鮮朝日	西北・南鮮版	1930-12-18	2	01단	朝鮮のスキー熱(二)/(初めてスキーを始める人々へ/スキー材/長さ)
199645	朝鮮朝日	西北・南鮮版	1930-12-18	2	02단	賣れ殘った茂山の燕麥當局始末に惱む
199646	朝鮮朝日	西北・南鮮版	1930-12-18	2	02단	溫突の運命次第に姿を消すか
199647	朝鮮朝日	西北・南鮮版	1930-12-18	2	03단	鎭南浦港貿易
199648	朝鮮朝日	西北・南鮮版	1930-12-18	2	04단	鎭江漫語
199649	朝鮮朝日	西北・南鮮版	1930-12-18	2	04단	各地短信(裡里)
199650	朝鮮朝日	南鮮版	1930-12-19	1	01단	遞信局や郵便局に整理の嵐が訪れる非現業員の高級者が危い人件費五分減の影響
199651	朝鮮朝日	南鮮版	1930-12-19	1	01단	德惠樣の御婚儀は明年五月頃御擧行兩段下は明年秋御歸鮮
199652	朝鮮朝日	南鮮版	1930-12-19	1	01단	郵便所廳舍協會財團法人組織
199653	朝鮮朝日	南鮮版	1930-12-19	1	01단	せつめい
199654	朝鮮朝日	南鮮版	1930-12-19	1	02단	知事級異動廿三日頃發表
199655	朝鮮朝日	南鮮版	1930-12-19	1	03단	養蠶業者の規模調べ朝鮮最初の誠
199656	朝鮮朝日	南鮮版	1930-12-19	1	03단	地主と小作人が水利組合を作る地主は金、小作人は勞力を慶北達城郡の美談

일련번호	판명		간행일	면	단수	기사명
199657	朝鮮朝日	南鮮版	1930-12-19	1	04단	素晴しい京城のボーナス景氣後でくなっても當分續かう
199658	朝鮮朝日	南鮮版	1930-12-19	1	05단	納會と初立會釜山穀物市場の
199659	朝鮮朝日	南鮮版	1930-12-19	1	05단	多收穫品評金
199660	朝鮮朝日	南鮮版	1930-12-19	1	05단	北鮮航空路開拓の飛行大に成功す
199661	朝鮮朝日	南鮮版	1930-12-19	1	06단	畑の中から高麗窯發見慶北高靈郡地内で
199662	朝鮮朝日	南鮮版	1930-12-19	1	06단	鮮銀浦潮支店に營業停止の命令帳簿や倉庫等に封印十七日露國官憲から
199663	朝鮮朝日	南鮮版	1930-12-19	1	06단	馬山普通校月謝納入良好
199664	朝鮮朝日	南鮮版	1930-12-19	1	06단	心細い水道釜山に水風饉が來さう
199665	朝鮮朝日	南鮮版	1930-12-19	1	06단	關麗航路光麗鐵道/新裝を整へて愈よ開通する關餘航路は廿日光麗線は廿五日/由緒ある地麗水港/頗る有望な麗水港の將來麗水策航空士監督原田貞介博士談/關與連客線定員
199666	朝鮮朝日	南鮮版	1930-12-19	1	07단	關釜連絡船來客激減/近年の奇現象
199667	朝鮮朝日	南鮮版	1930-12-19	1	07단	水利組合の新設を許さぬ慶南道の方針
199668	朝鮮朝日	南鮮版	1930-12-19	1	09단	怪漢が現はれ女教員に躍掛る歳末の釜山夜の珍事
199669	朝鮮朝日	南鮮版	1930-12-19	1	09단	不逞團の首魁蔡道鉉逮浦對岸支那地で
199670	朝鮮朝日	南鮮版	1930-12-19	1	10단	咸興公益質屋
199671	朝鮮朝日	南鮮版	1930-12-19	1	10단	大邱の火事二戸全燒す
199672	朝鮮朝日	西北版	1930-12-19	1	01단	農村の輝く窓から(一)/黎明の鐘の由來次第に姿を消す支那人の商權村の靑年汗の努力
199673	朝鮮朝日	西北版	1930-12-19	1	01단	遞信局や郵便局に整理の嵐が訪れる非現業員の高級者が危い人件費五分減の影響
199674	朝鮮朝日	西北版	1930-12-19	1	01단	新成南道路工業着々進捗し此調子で進めば近く全通す
199675	朝鮮朝日	西北版	1930-12-19	1	02단	新年名刺交換會
199676	朝鮮朝日	西北版	1930-12-19	1	03단	新年互禮會團體の財源林野施行計畫咸北民有林助長策
199677	朝鮮朝日	西北版	1930-12-19	1	04단	北鮮航空路開拓の飛行大に成功す
199678	朝鮮朝日	西北版	1930-12-19	1	04단	養鼇業者の規模調べ朝鮮最初の誠
199679	朝鮮朝日	西北版	1930-12-19	1	04단	貧しい人達に五十圓のお金元山の其末亡人から
199680	朝鮮朝日	西北版	1930-12-19	1	04단	郵便所廳舍協會財團法人組織
199681	朝鮮朝日	西北版	1930-12-19	1	05단	咸北山火事調査終損害廿三萬圓

일련번호	판명		간행일	면	단수	기사명
199682	朝鮮朝日	西北版	1930-12-19	1	05단	德惠樣の御婚儀は明年五月頃御擧行兩段下は明年秋御歸鮮
199683	朝鮮朝日	西北版	1930-12-19	1	05단	鮮銀浦潮支店に營業停止の命令帳簿や倉庫等に封印十七日露國官憲から
199684	朝鮮朝日	西北版	1930-12-19	1	05단	朝鮮名物競べ(8)/京畿の卷/古代美術の面影を語る好評嘖々の高麗燒特殊の技能と特殊の原料で作る
199685	朝鮮朝日	西北版	1930-12-19	1	06단	署員總動員歲末大警戒平南各署大活動
199686	朝鮮朝日	西北版	1930-12-19	1	06단	咸興公益質屋
199687	朝鮮朝日	西北版	1930-12-19	1	06단	渡初老夫婦
199688	朝鮮朝日	西北版	1930-12-19	1	06단	大同江の氷昨今解けかけた
199689	朝鮮朝日	西北版	1930-12-19	1	07단	とても愉快な就職の新戰術
199690	朝鮮朝日	西北版	1930-12-19	1	07단	本年犯罪千件突破忙元山署
199691	朝鮮朝日	西北版	1930-12-19	1	08단	産卵を中止し足が曲って死ぬ恐ろしい平南の鷄疫
199692	朝鮮朝日	西北版	1930-12-19	1	08단	小學校入口で男女痴情の亂鬪女は出刃で斬ら絶命加害者は刑務所を出た情大
199693	朝鮮朝日	西北版	1930-12-19	1	08단	變成器爆發職工四名死傷朝窒工場慘事
199694	朝鮮朝日	西北版	1930-12-19	1	10단	不逞團の首魁蔡道鉉逮浦對岸支那地で
199695	朝鮮朝日	西北版	1930-12-19	1	10단	道味魚
199696	朝鮮朝日	南鮮版	1930-12-20	1	10단	道味魚
199697	朝鮮朝日	南鮮版	1930-12-20	1	01단	電話民營法案簡易保險還元案朝鮮では何うする遞信局長と記者のダイヤローグ(電話民營問題/簡保運用問題)
199698	朝鮮朝日	南鮮版	1930-12-20	1	01단	朝鮮名物競べ(9)/京畿の卷/古代美術の面影を語る好評嘖々の高麗燒特殊の技能と特殊の原料で作る
199699	朝鮮朝日	南鮮版	1930-12-20	1	02단	懸案の朝鮮取引所令愈よ法制局で審議開始順調に進めは明春早々公布の段取
199700	朝鮮朝日	南鮮版	1930-12-20	1	04단	釜山穀物市場標準相場漸落
199701	朝鮮朝日	南鮮版	1930-12-20	1	04단	金組の學校明年京城に建設
199702	朝鮮朝日	南鮮版	1930-12-20	1	05단	地方稼の初舞台慶尚南道知事になる波邊豊日子君
199703	朝鮮朝日	南鮮版	1930-12-20	1	05단	組合員救濟の爲職員一同減俸申出慶南金海大渚水利組合長以下が朝鮮最初の義擧
199704	朝鮮朝日	南鮮版	1930-12-20	1	05단	夜中にドラを叩き納稅の宣傳慶南稅務係の活動
199705	朝鮮朝日	南鮮版	1930-12-20	1	06단	佛語に當てられて布袋府尹汗をかく罪なベルギー總領事

일련번호	판명		간행일	면	단수	기사명
199706	朝鮮朝日	南鮮版	1930-12-20	1	06단	白米又値下げ
199707	朝鮮朝日	南鮮版	1930-12-20	1	07단	勤勞美談
199708	朝鮮朝日	南鮮版	1930-12-20	1	07단	大邱水道擴張地下水利用成行注視さる
199709	朝鮮朝日	南鮮版	1930-12-20	1	07단	宿賃値下げ慶北金泉で
199710	朝鮮朝日	南鮮版	1930-12-20	1	07단	朝鮮巫女の踊の研究城大赤松秋葉兩教授がやる
199711	朝鮮朝日	南鮮版	1930-12-20	1	08단	馬水槽の上に奧樣胸像面白い記念碑
199712	朝鮮朝日	南鮮版	1930-12-20	1	08단	浮浪者は居らぬか授産場待ってゐる
199713	朝鮮朝日	南鮮版	1930-12-20	1	08단	戶別訪問や警告の公文書で京城府の納稅督勵
199714	朝鮮朝日	南鮮版	1930-12-20	1	08단	慶南水組費延納額卅萬圓減額は一割五分限度
199715	朝鮮朝日	南鮮版	1930-12-20	1	09단	愈よ朝鮮にも地下鐵時代二名の出願者が現はる
199716	朝鮮朝日	南鮮版	1930-12-20	1	09단	京城の流成
199717	朝鮮朝日	南鮮版	1930-12-20	1	09단	慈惠品募集
199718	朝鮮朝日	南鮮版	1930-12-20	1	09단	食に困った單なる泥棒だ駐在所襲ひの犯人
199719	朝鮮朝日	南鮮版	1930-12-20	1	10단	慰問金を贈る
199720	朝鮮朝日	南鮮版	1930-12-20	1	10단	仁商四年生も盟休
199721	朝鮮朝日	南鮮版	1930-12-20	1	10단	京城朝火事
199722	朝鮮朝日	南鮮版	1930-12-20	1	10단	老人が割腹自殺/氷の病を苦にして
199723	朝鮮朝日	南鮮版	1930-12-20	1	10단	人(中山貞雄氏(代說士)/野口洗氏(實業家)/守屋榮夫氏(代減士))
199724	朝鮮朝日	南鮮版	1930-12-20	1	10단	道味魚
199725	朝鮮朝日	西北版	1930-12-20	1	01단	電話民營法案簡易保險還元案朝鮮では何うする遞信局長と記者のダイヤローグ(電話民營問題/簡保運用問題)
199726	朝鮮朝日	西北版	1930-12-20	1	01단	商戰亂舞/歲末氣分漂ふ平壤街の昨今
199727	朝鮮朝日	西北版	1930-12-20	1	04단	御眞影
199728	朝鮮朝日	西北版	1930-12-20	1	04단	記者
199729	朝鮮朝日	西北版	1930-12-20	1	04단	農業實習地や青年道場を設け模範部落建設の運動成北道明年度新事業の一つ
199730	朝鮮朝日	西北版	1930-12-20	1	04단	主要な地點に不時着陸場設置遞信局の空路開拓計畫
199731	朝鮮朝日	西北版	1930-12-20	1	05단	地方稼の初舞台慶尙南道知事になる渡邊豊日子君
199732	朝鮮朝日	西北版	1930-12-20	1	05단	組合費分延納本年限認む平南の水組救濟策

일련번호	판명		간행일	면	단수	기사명
199733	朝鮮朝日	西北版	1930-12-20	1	05단	西尾機着發十九日元山に飛來二十日京城に飛行
199734	朝鮮朝日	西北版	1930-12-20	1	06단	金組の學校明年京城に建設
199735	朝鮮朝日	西北版	1930-12-20	1	06단	出廻の割に移出捗らぬ元山の大豆界
199736	朝鮮朝日	西北版	1930-12-20	1	06단	穀物檢査に苦情
199737	朝鮮朝日	西北版	1930-12-20	1	06단	平南煙草作稀有農作收納二萬五千貫
199738	朝鮮朝日	西北版	1930-12-20	1	07단	咸北穀檢所舍三ケ所新築明年度中に
199739	朝鮮朝日	西北版	1930-12-20	1	07단	組合員救濟の爲職員一同減俸申出慶南金海大渚水利組合長以下が朝鮮最初の義擧
199740	朝鮮朝日	西北版	1930-12-20	1	07단	九ケ月振りで漸く圓滿解決平南龍岡小作爭議
199741	朝鮮朝日	西北版	1930-12-20	1	07단	歲暮慰問品第一回發送
199742	朝鮮朝日	西北版	1930-12-20	1	07단	平南道の二規則明年から實施
199743	朝鮮朝日	西北版	1930-12-20	1	08단	警察の雜誌明年から發行
199744	朝鮮朝日	西北版	1930-12-20	1	08단	食に困った單なる泥棒だ駐在所襲ひの犯人
199745	朝鮮朝日	西北版	1930-12-20	1	08단	愈よ朝鮮にも地下鐵時代二名の出願者が現はる
199746	朝鮮朝日	西北版	1930-12-20	1	08단	商務會に亂入器物を破壞亂暴な支那兵の一團
199747	朝鮮朝日	西北版	1930-12-20	1	09단	朝鐵古茂山從業員整理近く行する
199748	朝鮮朝日	西北版	1930-12-20	1	09단	沙里院の夜警
199749	朝鮮朝日	西北版	1930-12-20	1	10단	不況の影響で郵便收入減る
199750	朝鮮朝日	西北版	1930-12-20	1	10단	平南の地主調べ
199751	朝鮮朝日	西北版	1930-12-20	1	10단	武德會柔道初段免許元中元商生
199752	朝鮮朝日	西北版	1930-12-20	1	10단	チズコマ患者流浪旅厄介迷信
199753	朝鮮朝日	西北版	1930-12-20	1	10단	老人が割腹自殺氷の病を苦にして
199754	朝鮮朝日	西北版	1930-12-20	1	10단	京城の流感
199755	朝鮮朝日	西北版	1930-12-20	1	10단	人(中山貞雄氏(代說士)/野口洗氏(實案家)/守屋榮夫氏(代減士)/慶島南子女(平壤等女學校長慶島淸治氏孃)
199756	朝鮮朝日	西北・南鮮版	1930-12-20	2	01단	財界十字路本(年朝鮮貿易/糯米の需要少し/農業倉庫業令)
199757	朝鮮朝日	西北・南鮮版	1930-12-20	2	01단	朝鮮のスキー熱(四)/初めてスキーを始める人々へ
199758	朝鮮朝日	西北・南鮮版	1930-12-20	2	03단	運動界(內地遠征のニチーム總督府ラグビーチーム/城大アイスホッケー/入賞の朝鮮選手)

일련번호	판명		간행일	면	단수	기사명
199759	朝鮮朝日	西北・南鮮版	1930-12-20	2	04단	各地短信(京城/仁川)
199760	朝鮮朝日	南鮮版	1930-12-21	1	01단	惠まれぬ財界風景銀塊の慘落で對支貿易の打擊愈よ不振の底に沈んで行く
199761	朝鮮朝日	南鮮版	1930-12-21	1	01단	朝鮮名物競べ(１０)/慶南の卷/斷然追從を許さぬ自慢の名物梨と酒海と陸に惠まれた樂土慶南
199762	朝鮮朝日	南鮮版	1930-12-21	1	02단	窮迫の漁村救濟策當局苦慮す
199763	朝鮮朝日	南鮮版	1930-12-21	1	02단	せつめい(花やかな滿船飾て二十日下關を出帆して初項海の途に就いだ關麗連絡船昌福丸と二十五日から開通の麗光線新光州驛構內)
199764	朝鮮朝日	南鮮版	1930-12-21	1	04단	新任不二農場技師
199765	朝鮮朝日	南鮮版	1930-12-21	1	04단	京畿道火災調べ
199766	朝鮮朝日	南鮮版	1930-12-21	1	05단	龍末の贈答を廢し貧しい人達に惠む
199767	朝鮮朝日	南鮮版	1930-12-21	1	05단	此頃の京城商店街大した景氣
199768	朝鮮朝日	南鮮版	1930-12-21	1	05단	看護婦さん達が金二百圓を國債償远資金に獻納
199769	朝鮮朝日	南鮮版	1930-12-21	1	05단	クリスマスや羊の聲放送DKの催し
199770	朝鮮朝日	南鮮版	1930-12-21	1	05단	專屬員を配置し水組を指導する水組救濟資金今後の認可方針釜山にして中村土地改良部長談
199771	朝鮮朝日	南鮮版	1930-12-21	1	06단	ビールの專賣明年から實施か旣に主務省は諒解濟み目下實施行方法に就て交涉中
199772	朝鮮朝日	南鮮版	1930-12-21	1	06단	小地主よ喜べ補助金が殖える總督府明年豫算に計上
199773	朝鮮朝日	南鮮版	1930-12-21	1	07단	三汽船會社の旅客爭奪戰關麗連絡開始の影響
199774	朝鮮朝日	南鮮版	1930-12-21	1	07단	朝鮮鐵工所事件各地に波及取調愈よ峻烈
199775	朝鮮朝日	南鮮版	1930-12-21	1	08단	敵機襲來せば全滅だ朝鮮の防空ゼ口佐藤航空官の歸來談
199776	朝鮮朝日	南鮮版	1930-12-21	1	08단	家の周圍や空地に散植慶南植桑計劃更新
199777	朝鮮朝日	南鮮版	1930-12-21	1	09단	燻炭肥料製造機
199778	朝鮮朝日	南鮮版	1930-12-21	1	09단	仁取問題で各團體續々奮起反對運動に猛進す
199779	朝鮮朝日	南鮮版	1930-12-21	1	09단	主家に放火恐しい女中
199780	朝鮮朝日	南鮮版	1930-12-21	1	09단	魚味道
199781	朝鮮朝日	南鮮版	1930-12-21	1	10단	朝鮮では珍しい有感地震廿日仁川で
199782	朝鮮朝日	南鮮版	1930-12-21	1	10단	申用雨等の判決朝鮮學生前衛事件

일련번호	판명		간행일	면	단수	기사명
199783	朝鮮朝日	南鮮版	1930-12-21	1	10단	鷄卵の廉賣
199784	朝鮮朝日	南鮮版	1930-12-21	1	10단	大邱の火事
199785	朝鮮朝日	南鮮版	1930-12-21	1	10단	橋田東聲氏本社歌壇選者として貢獻した人
199786	朝鮮朝日	西北版	1930-12-21	1	01단	惠まれぬ財界風景銀塊の慘落で對支貿易の打擊愈よ不振の底に沈んで行く
199787	朝鮮朝日	西北版	1930-12-21	1	01단	朝鮮名物競べ（１０）/慶南の巻/斷然追從を許さぬ自慢の名物梨と酒海と陸に惠まれた樂土慶南
199788	朝鮮朝日	西北版	1930-12-21	1	02단	人骨毛髮附着の稀代の逸品樂浪古墳發掘品
199789	朝鮮朝日	西北版	1930-12-21	1	04단	御眞影傳達二十日終了す
199790	朝鮮朝日	西北版	1930-12-21	1	04단	期待を裏切られた平南の籾野積金融保管數量僅に八千石折角の米價對策も前途憂慮さる
199791	朝鮮朝日	西北版	1930-12-21	1	05단	納稅の督勵
199792	朝鮮朝日	西北版	1930-12-21	1	05단	咸興商工會議所設立の計劃着々進む
199793	朝鮮朝日	西北版	1930-12-21	1	05단	産業調査會が愈と活動を始める平壤全市を五部に分けて商工業合理化産業開發の研究
199794	朝鮮朝日	西北版	1930-12-21	1	06단	北鮮軍隊では地元米採用本年から實行
199795	朝鮮朝日	西北版	1930-12-21	1	06단	平壤聯隊の民家調
199796	朝鮮朝日	西北版	1930-12-21	1	06단	沙里院新年會
199797	朝鮮朝日	西北版	1930-12-21	1	07단	朝鮮では珍しい有感地震廿日仁川で
199798	朝鮮朝日	西北版	1930-12-21	1	07단	橋田東聲氏本社歌壇選者として貢獻した人
199799	朝鮮朝日	西北版	1930-12-21	1	08단	耐寒飛行の軍人誘致の運動淸津の旅館組合が
199800	朝鮮朝日	西北版	1930-12-21	1	08단	小地主よ喜べ補助金が殖える總督府明年豫算に計上
199801	朝鮮朝日	西北版	1930-12-21	1	08단	朝鮮鐵工所事件各地に波及取調愈よ峻烈
199802	朝鮮朝日	西北版	1930-12-21	1	08단	クリスマスや羊の聲放送DKの催し
199803	朝鮮朝日	西北版	1930-12-21	1	08단	ビールの專賣明年から實施か旣に主務省は諒解濟み目下施行方法に就て交涉中
199804	朝鮮朝日	西北版	1930-12-21	1	09단	費消金辨償に困って嘘の訴へ鎭南浦强盜事件眞相
199805	朝鮮朝日	西北版	1930-12-21	1	10단	敵機襲來せば全滅だ朝鮮の防空ゼロ佐藤航空官の歸來談
199806	朝鮮朝日	西北版	1930-12-21	1	10단	拐帶店員逮捕さる

일련번호	판명		간행일	면	단수	기사명
199807	朝鮮朝日	西北版	1930-12-21	1	10단	小使さんの痛事ボーナズを盗まる
199808	朝鮮朝日	西北版	1930-12-21	1	10단	申用雨等の判決朝鮮學生前衛事件
199809	朝鮮朝日	西北・南鮮版	1930-12-21	2	01단	財界十字路(鮮銀券漸く増加/貯藏籾の持込)
199810	朝鮮朝日	西北・南鮮版	1930-12-21	2	01단	朝鮮のスキー熱(五)/初めてスキーを始める人々へ
199811	朝鮮朝日	西北・南鮮版	1930-12-21	2	02단	更紗壁/總會レビュー
199812	朝鮮朝日	西北・南鮮版	1930-12-21	2	03단	南鮮の特徴をもつ高麗窯跡藤田城大教授調査
199813	朝鮮朝日	西北・南鮮版	1930-12-21	2	04단	十一月中の平壤對外貿易
199814	朝鮮朝日	西北・南鮮版	1930-12-21	2	04단	各地短信(咸興/淸進/平壤)
199815	朝鮮朝日	南鮮版	1930-12-23	1	01단	麥酒の專賣は哀れ實施絶望の姿稅制整理の一項目に該當すると政府當局が反對す
199816	朝鮮朝日	南鮮版	1930-12-23	1	01단	拓務省で否決の朝鮮新事業生産助長の積極的事業殆ど原案通り承認
199817	朝鮮朝日	南鮮版	1930-12-23	1	01단	學生達が藁仕事で學資を稼ぐ
199818	朝鮮朝日	南鮮版	1930-12-23	1	03단	御眞影傳達式
199819	朝鮮朝日	南鮮版	1930-12-23	1	03단	朝鮮は第二の故鄉六個師團を要する地域を二個師團でやるは問題だ親補式終へた林新朝鮮軍司令官談
199820	朝鮮朝日	南鮮版	1930-12-23	1	04단	辭令
199821	朝鮮朝日	南鮮版	1930-12-23	1	04단	京城で普通校五校を増設入學難緩和策
199822	朝鮮朝日	南鮮版	1930-12-23	1	05단	不景氣でも年賀狀は増加する
199823	朝鮮朝日	南鮮版	1930-12-23	1	05단	職業教育の徹底案増設や補助
199824	朝鮮朝日	南鮮版	1930-12-23	1	05단	酒の檢査
199825	朝鮮朝日	南鮮版	1930-12-23	1	05단	米檢査の悶着
199826	朝鮮朝日	南鮮版	1930-12-23	1	06단	延納、借替、起債で大體救濟が出來る低資融通の割當額も決定慶南の水組根本救濟
199827	朝鮮朝日	南鮮版	1930-12-23	1	06단	積立金や延期で急場を凌ぐ迎日水組更生策
199828	朝鮮朝日	南鮮版	1930-12-23	1	06단	小作人の結束固く地主側漸次軟化慶北漆谷の小作爭議
199829	朝鮮朝日	南鮮版	1930-12-23	1	07단	生徒は減るが先生は増加學校の不況影響調べ
199830	朝鮮朝日	南鮮版	1930-12-23	1	07단	嚴罰主義で交通事故防止
199831	朝鮮朝日	南鮮版	1930-12-23	1	08단	經過法で旣得權適宜に解決か

일련번호	판명		간행일	면	단수	기사명
199832	朝鮮朝日	南鮮版	1930-12-23	1	08단	鍋や釜まで差押へられる京城の滞納處分
199833	朝鮮朝日	南鮮版	1930-12-23	1	08단	緊急縮影響
199834	朝鮮朝日	南鮮版	1930-12-23	1	09단	交通協會設立京城府で計劃
199835	朝鮮朝日	南鮮版	1930-12-23	1	09단	運搬船遭難一名行方不明
199836	朝鮮朝日	南鮮版	1930-12-23	1	09단	當平町市場値下
199837	朝鮮朝日	南鮮版	1930-12-23	1	09단	第四次共産黨主體金學根等の判決一味全部懲役
199838	朝鮮朝日	南鮮版	1930-12-23	1	10단	阿片の携帯の擧助不審の男
199839	朝鮮朝日	南鮮版	1930-12-23	1	10단	舞踊研究會二十四日から
199840	朝鮮朝日	南鮮版	1930-12-23	1	10단	偽造貨發見
199841	朝鮮朝日	南鮮版	1930-12-23	1	10단	人(芳賀文三氏(新任京城專賣支局長)/黑木吉郎氏(新任大邱專賣支局長)/吉田秀次郎氏(仁川商工會議所會頭))
199842	朝鮮朝日	南鮮版	1930-12-23	1	10단	道味魚
199843	朝鮮朝日	西北版	1930-12-23	1	01단	麥酒の專賣は哀れ實施絶望の姿稅制整理の一項目に該當すると政府當局が反對す
199844	朝鮮朝日	西北版	1930-12-23	1	01단	拓務省で否決の朝鮮新事業生産助長の積極的事業殆ど原案通り承認
199845	朝鮮朝日	西北版	1930-12-23	1	01단	黑船も凍る
199846	朝鮮朝日	西北版	1930-12-23	1	02단	御眞影御着
199847	朝鮮朝日	西北版	1930-12-23	1	03단	組合は地主を地主は組合を訴ふ籾を中に雙方が睨合ふ平南普通坪灌漑組合珍爭議
199848	朝鮮朝日	西北版	1930-12-23	1	04단	辭令
199849	朝鮮朝日	西北版	1930-12-23	1	04단	陽德の山で椎茸を栽培平南道の試み
199850	朝鮮朝日	西北版	1930-12-23	1	05단	咸北道の成人教育成績頗る良好
199851	朝鮮朝日	西北版	1930-12-23	1	05단	職業教育の徹底案增設や補助
199852	朝鮮朝日	西北版	1930-12-23	1	05단	商工科教育咸北普校でやる
199853	朝鮮朝日	西北版	1930-12-23	1	05단	安東圖書館讀書者で滿員
199854	朝鮮朝日	西北版	1930-12-23	1	06단	失業女性の工場を建設平壤權友會の新計劃
199855	朝鮮朝日	西北版	1930-12-23	1	06단	怖しい魔の手動き始めたといふ情報我が官憲の異常な緊張
199856	朝鮮朝日	西北版	1930-12-23	1	06단	巡査卒業式
199857	朝鮮朝日	西北版	1930-12-23	1	06단	平北道の明年植樹數
199858	朝鮮朝日	西北版	1930-12-23	1	07단	退學者續出不況の平南農村
199859	朝鮮朝日	西北版	1930-12-23	1	07단	安東の歳末世相上々景氣の工口街貧に悩む哀な人達

일련번호	판명		간행일	면	단수	기사명
199860	朝鮮朝日	西北版	1930-12-23	1	07단	昭和の山憲捕はる南浦歸りの鮮農慘殺犯人下關署の年末警戒網にかゝる
199861	朝鮮朝日	西北版	1930-12-23	1	08단	國調豫想投票の受賞者
199862	朝鮮朝日	西北版	1930-12-23	1	08단	公益質屋の店開き
199863	朝鮮朝日	西北版	1930-12-23	1	08단	清津沖合で漁船顚覆す露船に救はる
199864	朝鮮朝日	西北版	1930-12-23	1	09단	昇段の辭令
199865	朝鮮朝日	西北版	1930-12-23	1	09단	護送の途中手錠の儘逃ぐ孟山の賭博被疑者
199866	朝鮮朝日	西北版	1930-12-23	1	09단	感心な巡査貧民を救ふ
199867	朝鮮朝日	西北版	1930-12-23	1	09단	犯人と結託して警察の裏をかく不良質屋古物商檢擧
199868	朝鮮朝日	西北版	1930-12-23	1	10단	木部飛行士の空しき愛機一般に見せる
199869	朝鮮朝日	西北版	1930-12-23	1	10단	坑夫生埋め
199870	朝鮮朝日	西北版	1930-12-23	1	10단	僞造貨發見
199871	朝鮮朝日	西北版	1930-12-23	1	10단	溫突點描
199872	朝鮮朝日	西北・南鮮版	1930-12-23	2	01단	財界十字路(京取株崩される/共濟信託無配當/通運が巡計開始)
199873	朝鮮朝日	西北・南鮮版	1930-12-23	2	01단	苦境に傾く京仁取合併と移轉取引所令は何う解決する當局は口を緘して多くを語らぬ
199874	朝鮮朝日	西北・南鮮版	1930-12-23	2	01단	景氣を盛返した關釜連絡貨物船初旬以來貨物漸增
199875	朝鮮朝日	西北・南鮮版	1930-12-23	2	01단	レコードの宣傳戰京城歲末情景
199876	朝鮮朝日	西北・南鮮版	1930-12-23	2	02단	農村の輝く窓から(二)/農村の經營に輝く金字塔黎明の鐘の由來
199877	朝鮮朝日	西北・南鮮版	1930-12-23	2	03단	汚物取締規則で市街美を保持する目下本府衛生課で起案中
199878	朝鮮朝日	西北・南鮮版	1930-12-23	2	04단	平南の産米取引は八千石
199879	朝鮮朝日	西北・南鮮版	1930-12-23	2	05단	朝鮮信託總會一と波瀾起る模樣
199880	朝鮮朝日	西北・南鮮版	1930-12-23	2	06단	慶南海苔の委託販賣
199881	朝鮮朝日	西北・南鮮版	1930-12-23	2	06단	運動界(初騎乘會十傑賞を獲た朝鮮選手/アイスホッケー定期試合)
199882	朝鮮朝日	西北・南鮮版	1930-12-23	2	07단	各地短信(仁川/京城/大邱)
199883	朝鮮朝日	南鮮版	1930-12-24	1	01단	總監郞らがに語る(麥酒專賣制/失業費削減/人件費節約)
199884	朝鮮朝日	南鮮版	1930-12-24	1	01단	除隊兵を留めて國境地方で働かす朝鮮部隊の軍需品自給自足軍司令部の新計劃/別袂の宴/南大將赴任期

일련번호	판명		간행일	면	단수	기사명
199885	朝鮮朝日	南鮮版	1930-12-24	1	01단	軍部の懸案が實現の步を進む軍事參議官に榮轉した南大將談/官場引上げは感慨無量だ退官の谷氏語る新任總督府山林部長岡崎哲郎氏
199886	朝鮮朝日	南鮮版	1930-12-24	1	02단	梧野里の古墳から又珍品が出た四乳神獸鏡木馬や案の破片に人骨、燒米、桃の種等
199887	朝鮮朝日	南鮮版	1930-12-24	1	03단	收入減から林野拂下總督府の苦策
199888	朝鮮朝日	南鮮版	1930-12-24	1	04단	大邱醫專校設置期成會目的貫撤に努力
199889	朝鮮朝日	南鮮版	1930-12-24	1	04단	いよいよ開かれる女子學理の殿堂入學の照會が續々來る城大の入學者募集開始
199890	朝鮮朝日	南鮮版	1930-12-24	1	05단	耐寒飛行所澤飛行學校
199891	朝鮮朝日	南鮮版	1930-12-24	1	05단	納稅期切迫で金融申込激增野積金融も良好
199892	朝鮮朝日	南鮮版	1930-12-24	1	05단	金泉市場米慘落前途憂慮さる
199893	朝鮮朝日	南鮮版	1930-12-24	1	05단	栗/賣れる賣れる素晴しい景氣
199894	朝鮮朝日	南鮮版	1930-12-24	1	06단	地方稅に免稅點京畿道に新試み
199895	朝鮮朝日	南鮮版	1930-12-24	1	06단	南旨渡船場架橋の問題明春運動を起す
199896	朝鮮朝日	南鮮版	1930-12-24	1	07단	辭令(東京電話)
199897	朝鮮朝日	南鮮版	1930-12-24	1	07단	又々白米値下京城公設市場で
199898	朝鮮朝日	南鮮版	1930-12-24	1	07단	祕密結社の被告全部が無罪青年同盟事件判決
199899	朝鮮朝日	南鮮版	1930-12-24	1	07단	里子は民家に收容兒は通學さす十分に家庭的の團欒を味はす濟生院養育方針變る
199900	朝鮮朝日	南鮮版	1930-12-24	1	08단	不正漁業船廿一隻檢擧慶南昌原沖で
199901	朝鮮朝日	南鮮版	1930-12-24	1	08단	歲末の釜山特別警戒水陸呼應して
199902	朝鮮朝日	南鮮版	1930-12-24	1	09단	米貨を奇贈
199903	朝鮮朝日	南鮮版	1930-12-24	1	09단	鎭海灣內で鱈が獲れる昨年より豊漁
199904	朝鮮朝日	南鮮版	1930-12-24	1	09단	僞電を飛ばし詐欺を企つ前科四犯のお男
199905	朝鮮朝日	南鮮版	1930-12-24	1	10단	元會計檢査員泥棒を稼ぐ本町署逮捕
199906	朝鮮朝日	南鮮版	1930-12-24	1	10단	暖かった釜山地方俄に寒くなった
199907	朝鮮朝日	南鮮版	1930-12-24	1	10단	强盗頻出す人心は恟す
199908	朝鮮朝日	南鮮版	1930-12-24	1	10단	ボーナス一金九十錢
199909	朝鮮朝日	南鮮版	1930-12-24	1	10단	道味魚
199910	朝鮮朝日	西北版	1930-12-24	1	01단	總監郞らかに語る(麥酒專賣制/失業費削減/人件費節約)

일련번호	판명		간행일	면	단수	기사명
199911	朝鮮朝日	西北版	1930-12-24	1	01단	軍縮時世とは言條朝鮮を僅か一個師團で守るとは尙研究の餘地がある林新任朝鮮軍司令官談
199912	朝鮮朝日	西北版	1930-12-24	1	01단	*軍部の懸案が實現の步を進む軍事參議官に榮轉した南大將談/朝鮮の事情大體わかる新任平壤飛行聯隊長長嶺大佐談/南大將赴任期*
199913	朝鮮朝日	西北版	1930-12-24	1	02단	梧野里の古墳から又珍品が出る四乳神獸鏡木馬や案の破片に人骨、燒米、桃の種等
199914	朝鮮朝日	西北版	1930-12-24	1	03단	官場引上げは感慨無量だ退官の谷氏語る
199915	朝鮮朝日	西北版	1930-12-24	1	04단	*除隊兵を留めて國境地方で働かす朝鮮部隊の軍需品自給自足/軍司令部の新計劃*
199916	朝鮮朝日	西北版	1930-12-24	1	05단	産業組合臨時總會
199917	朝鮮朝日	西北版	1930-12-24	1	05단	耐寒飛行所澤飛行學校
199918	朝鮮朝日	西北版	1930-12-24	1	05단	在壤部隊の耐寒演習計劃着々進む
199919	朝鮮朝日	西北版	1930-12-24	1	05단	辭令(東京電話)
199920	朝鮮朝日	西北版	1930-12-24	1	05단	御眞影奉安
199921	朝鮮朝日	西北版	1930-12-24	1	05단	收入減から林野拂下總督府の苦策
199922	朝鮮朝日	西北版	1930-12-24	1	05단	新任總督府山林部長岡崎哲郎氏
199923	朝鮮朝日	西北版	1930-12-24	1	06단	泥棒を招く家(A)
199924	朝鮮朝日	西北版	1930-12-24	1	06단	年賀狀增加
199925	朝鮮朝日	西北版	1930-12-24	1	06단	平南明年豫算約三百萬圓昨年より大削減
199926	朝鮮朝日	西北版	1930-12-24	1	06단	里子は民家に收容兒は通學さす十分に家庭的の團欒を味はす濟生院養育方針變る
199927	朝鮮朝日	西北版	1930-12-24	1	07단	朝鮮人商人の內地渡航者著しく增加
199928	朝鮮朝日	西北版	1930-12-24	1	07단	南浦記者會
199929	朝鮮朝日	西北版	1930-12-24	1	08단	飢と寒氣に慄ふ哀れな失業者の群さすがの支那人榮働者も惱む平壤下層街の慘めさ
199930	朝鮮朝日	西北版	1930-12-24	1	08단	不正漁業船廿一隻檢擧慶南昌原沖で
199931	朝鮮朝日	西北版	1930-12-24	1	08단	防火懇談會保險協會組織
199932	朝鮮朝日	西北版	1930-12-24	1	08단	ボーナス一金九十錢朝鮮鐵道會社から沙里院驛員に下さる
199933	朝鮮朝日	西北版	1930-12-24	1	09단	僞電を飛ばし詐欺を企つ前科四犯のお男
199934	朝鮮朝日	西北版	1930-12-24	1	10단	强盗頻出す人心は恟々
199935	朝鮮朝日	西北版	1930-12-24	1	10단	美しい妓生の手から貧しい人に溫いお粥

일련번호	판명		간행일	면	단수	기사명
199936	朝鮮朝日	西北版	1930-12-24	1	10단	人(板野檢事正(清津法院附)/島降介氏(茂山營林署長))
199937	朝鮮朝日	西北版	1930-12-24	1	10단	道味魚
199938	朝鮮朝日	西北・南鮮版	1930-12-24	2	01단	財界十字路(京城正米市場/葉卷「タイトン」)
199939	朝鮮朝日	西北・南鮮版	1930-12-24	2	01단	農村の輝く窓から(三)/他所で見られぬ小作の斡旋黎明の鐘の由來
199940	朝鮮朝日	西北・南鮮版	1930-12-24	2	02단	簡易保險の內鮮統一明年實現か
199941	朝鮮朝日	西北・南鮮版	1930-12-24	2	03단	城津地方の大豆出廻り旺盛となる
199942	朝鮮朝日	西北・南鮮版	1930-12-24	2	04단	朝鮮の煙草收納良好煙草を培った農民は大のホクホク
199943	朝鮮朝日	西北・南鮮版	1930-12-24	2	04단	各地短信(鎭海/春川/鎭南浦)
199944	朝鮮朝日	南鮮版	1930-12-25	1	01단	輕銀製鍊の實際的試驗豫算二十萬圓で明年度に實行す
199945	朝鮮朝日	南鮮版	1930-12-25	1	01단	低資を受ける水組決定す全鮮で二十組合
199946	朝鮮朝日	南鮮版	1930-12-25	1	01단	廿五日開通した光麗線鐵道二割引で乘客優遇
199947	朝鮮朝日	南鮮版	1930-12-25	1	01단	就職難は漸次警察界にも及ぶ百名の剩員を何う始末する警務局對策に惱む
199948	朝鮮朝日	南鮮版	1930-12-25	1	02단	突然の轉任少々面喰った山林部長に榮轉の岡崎氏語る
199949	朝鮮朝日	南鮮版	1930-12-25	1	03단	新醫學博士
199950	朝鮮朝日	南鮮版	1930-12-25	1	03단	兒玉新任參謀長
199951	朝鮮朝日	南鮮版	1930-12-25	1	03단	京畿道の地稅一向納らぬ當局督勵に努力
199952	朝鮮朝日	南鮮版	1930-12-25	1	03단	産業功勞者表彰
199953	朝鮮朝日	南鮮版	1930-12-25	1	04단	慶北の地稅七割は激收
199954	朝鮮朝日	南鮮版	1930-12-25	1	04단	戶澤案の實播に反對の聲起る山林部內にも暗流漂ふ沙防工事は何うなる
199955	朝鮮朝日	南鮮版	1930-12-25	1	04단	晉州名物の大橋
199956	朝鮮朝日	南鮮版	1930-12-25	1	05단	咸昌絹の新販路近く京都に大量移出す
199957	朝鮮朝日	南鮮版	1930-12-25	1	05단	官製ハガキの需要が多い京城年賀狀增加
199958	朝鮮朝日	南鮮版	1930-12-25	1	06단	三ヶ所に臨時借庫す廿日開始した
199959	朝鮮朝日	南鮮版	1930-12-25	1	06단	小包郵便增加
199960	朝鮮朝日	南鮮版	1930-12-25	1	06단	谷氏送別會
199961	朝鮮朝日	南鮮版	1930-12-25	1	06단	勞動宿泊所利用者增加す
199962	朝鮮朝日	南鮮版	1930-12-25	1	06단	朝鮮汽船遭難し十二名生死不明荏子島沖合で
199963	朝鮮朝日	南鮮版	1930-12-25	1	06단	クリスマス

일련번호	판명		간행일	면	단수	기사명
199964	朝鮮朝日	南鮮版	1930-12-25	1	07단	停退學の學童二萬六千六百餘人明年學年末迄には尙增加せん總督府學務局調査
199965	朝鮮朝日	南鮮版	1930-12-25	1	07단	間島で逮捕の共匪四十名京城に護送する
199966	朝鮮朝日	南鮮版	1930-12-25	1	07단	『位牌を盜んで燒いて飮む女厄介な平南の迷信』
199967	朝鮮朝日	南鮮版	1930-12-25	1	07단	年末年始の諸祭儀決定京城神社の
199968	朝鮮朝日	南鮮版	1930-12-25	1	07단	平壤の寒さ零下十二度作年よりは暖い
199969	朝鮮朝日	南鮮版	1930-12-25	1	07단	八人組强盜一味を逮捕し拳銃も押收す
199970	朝鮮朝日	南鮮版	1930-12-25	1	08단	防火懇談會保險協會組織
199971	朝鮮朝日	南鮮版	1930-12-25	1	08단	江陵警察署で劍を盜まる劍も犯人も判らぬ
199972	朝鮮朝日	南鮮版	1930-12-25	1	09단	列車顚覆し五名重經傷す朝鐵松下驛の椿事
199973	朝鮮朝日	南鮮版	1930-12-25	1	09단	統營、密陽兩校盟休生夫々處置さる
199974	朝鮮朝日	南鮮版	1930-12-25	1	10단	慈善鍋
199975	朝鮮朝日	南鮮版	1930-12-25	1	10단	人(李鍵公殿下/南大將(新任軍事參議官)/齊藤鎚三郎氏(東拓理事)/宮崎又二郎氏(釜山府尹)/田中三郎氏(忠北道廳內務部長)/伊地知四郎氏(平壤燃科廠長)/諸留勇助氏(光州地方法院長))
199976	朝鮮朝日	南鮮版	1930-12-25	1	10단	道味魚
199977	朝鮮朝日	西北版	1930-12-25	1	01단	輕銀製鍊の實際的試驗豫算二十萬圓で明年度に實行す
199978	朝鮮朝日	西北版	1930-12-25	1	01단	愈よ開放される女子學理の殿堂入學の照會が續々來る城大の入學者募集開始
199979	朝鮮朝日	西北版	1930-12-25	1	01단	孟北鐵道敷設七百萬圓の豫算で鐵道局に交涉す
199980	朝鮮朝日	西北版	1930-12-25	1	01단	平壤府協議會追加豫算等附議
199981	朝鮮朝日	西北版	1930-12-25	1	01단	內鮮の讀書子で平壤圖書館滿員の盛況
199982	朝鮮朝日	西北版	1930-12-25	1	02단	咸北道の粟模範作來年は一郡增加
199983	朝鮮朝日	西北版	1930-12-25	1	02단	就職難は漸次警察界にも及ぶ百名の剩員を何う始末する警務局對策に惱む
199984	朝鮮朝日	西北版	1930-12-25	1	03단	兒玉新任參謀長
199985	朝鮮朝日	西北版	1930-12-25	1	03단	平南の納稅意外に良好
199986	朝鮮朝日	西北版	1930-12-25	1	04단	平北地稅の徵收好成績
199987	朝鮮朝日	西北版	1930-12-25	1	04단	平壤産調部會
199988	朝鮮朝日	西北版	1930-12-25	1	04단	異變續發の三神洞炭坑當局から警告
199989	朝鮮朝日	西北版	1930-12-25	1	05단	安義兩部隊が鐵橋攻防の演習廿六日黎明から開始

일련번호	판명		간행일	면	단수	기사명
199990	朝鮮朝日	西北版	1930-12-25	1	05단	列車顚覆し五名重輕傷す朝鐵松下驛の椿事
199991	朝鮮朝日	西北版	1930-12-25	1	05단	海州醫院の火事試驗室から出火危く全燒を免かる
199992	朝鮮朝日	西北版	1930-12-25	1	05단	平壤の寒さ零下十二度作年よりは暖い
199993	朝鮮朝日	西北版	1930-12-25	1	05단	停退學の學童二萬六千六百餘人明年學年末迄には尙增加せん總督府學務局調査
199994	朝鮮朝日	西北版	1930-12-25	1	05단	消防組奇附
199995	朝鮮朝日	西北版	1930-12-25	1	06단	水稅不納を決議す平安水利內紛
199996	朝鮮朝日	西北版	1930-12-25	1	06단	年賀狀や小包昨年より增加忙しい年末の新義州局
199997	朝鮮朝日	西北版	1930-12-25	1	06단	學校襲擊の道魁を逮捕新義州に護送
199998	朝鮮朝日	西北版	1930-12-25	1	07단	生活改善を叫ぶ新團體が生れた平南江西の同友會
199999	朝鮮朝日	西北版	1930-12-25	1	07단	妓生が出雲姿で安來節を踊る！
200000	朝鮮朝日	西北版	1930-12-25	1	08단	『位牌を盜んで燒いて飮む女厄介な平南の迷信』
200001	朝鮮朝日	西北版	1930-12-25	1	08단	藝娼妓待遇改善實施延期の嘆願
200002	朝鮮朝日	西北版	1930-12-25	1	08단	間島で逮捕の共匪四十名京城に護送する
200003	朝鮮朝日	西北版	1930-12-25	1	09단	驛荒しの賊
200004	朝鮮朝日	西北版	1930-12-25	1	09단	亞硫酸瓦斯で地元民騷ぐ北鎭の鑛毒事件
200005	朝鮮朝日	西北版	1930-12-25	1	09단	兎三十一頭燒死薯三百貫全燒す平壤東大院野菜庫の火事
200006	朝鮮朝日	西北版	1930-12-25	1	09단	脅迫常習犯逮捕
200007	朝鮮朝日	西北版	1930-12-25	1	10단	茂山の夜警
200008	朝鮮朝日	西北版	1930-12-25	1	10단	咸北は流感猩紅熱患者續發す
200009	朝鮮朝日	西北版	1930-12-25	1	10단	人(李鍵公殿下/南大將(新任軍事參議官)/齊藤鎚三郎氏(東拓理事))
200010	朝鮮朝日	西北版	1930-12-25	1	10단	道味魚
200011	朝鮮朝日	西北・南鮮版	1930-12-25	2	01단	財界十字路(朝郵無配當/朝鮮炭が優勢)
200012	朝鮮朝日	西北・南鮮版	1930-12-25	2	01단	咸北農村物語(上)(一般農家の危ない單一農法の綱渡り)
200013	朝鮮朝日	西北・南鮮版	1930-12-25	2	01단	更紗壁/苦しい時の賴
200014	朝鮮朝日	西北・南鮮版	1930-12-25	2	02단	本年度の夏秋蠶産繭額增加
200015	朝鮮朝日	西北・南鮮版	1930-12-25	2	02단	新穀の出廻り南部地方は增加北部地方は減少
200016	朝鮮朝日	西北・南鮮版	1930-12-25	2	04단	蠶室を利用し凍豆腐製造河陽養蠶家がやる
200017	朝鮮朝日	西北・南鮮版	1930-12-25	2	04단	運動界(氷上競技會選手決定す)

일련번호	판명		간행일	면	단수	기사명
200018	朝鮮朝日	西北・南鮮版	1930-12-25	2	04단	各地短信(新義州)
200019	朝鮮朝日	南鮮版	1930-12-26	1	01단	明年度豫算と現議員の關係現議員は明年豫算審議權がない總督府當局は語る
200020	朝鮮朝日	南鮮版	1930-12-26	1	01단	朝鮮の師團は現在で結構下關にて兒玉新參謀官談
200021	朝鮮朝日	南鮮版	1930-12-26	1	01단	慶南の水組救濟策確定廿四日發表した
200022	朝鮮朝日	南鮮版	1930-12-26	1	01단	禁獵區を增して鳥獸を保護する
200023	朝鮮朝日	南鮮版	1930-12-26	1	03단	京城新堂里の府有地問題漸く解決す
200024	朝鮮朝日	南鮮版	1930-12-26	1	03단	運轉を始めた西郊循環線都市的命脈を與へる
200025	朝鮮朝日	南鮮版	1930-12-26	1	03단	空の旅客が多い上下便とも滿員貨物も相當ある
200026	朝鮮朝日	南鮮版	1930-12-26	1	04단	分裂紛糾天道敎圓滿に治まる
200027	朝鮮朝日	南鮮版	1930-12-26	1	04단	宿直をすると懷中が淋しくなる宿直料の一割減に各官廳員は不平だらだら
200028	朝鮮朝日	南鮮版	1930-12-26	1	05단	李王家動物園のモダン畜舍見事に完成した
200029	朝鮮朝日	南鮮版	1930-12-26	1	05단	年賀狀續々增加す
200030	朝鮮朝日	南鮮版	1930-12-26	1	05단	年賀狀も增し葉書賣行も多い大邱局の年末景氣
200031	朝鮮朝日	南鮮版	1930-12-26	1	05단	溫い血で作られた內鮮融和の美談鐵道病院の出來事
200032	朝鮮朝日	南鮮版	1930-12-26	1	06단	渡邊新慶南知事廿七日朝着任す
200033	朝鮮朝日	南鮮版	1930-12-26	1	06단	內鮮畜産業聯合大會一月九日釜山で
200034	朝鮮朝日	南鮮版	1930-12-26	1	06단	長箭電話開通
200035	朝鮮朝日	南鮮版	1930-12-26	1	07단	社會敎化の映畫黃金時代本府で此種映畫增製
200036	朝鮮朝日	南鮮版	1930-12-26	1	07단	嚴罰と治療でモヒ患を絶滅さす十年計劃を五年に短縮し總督府馬力をかける
200037	朝鮮朝日	南鮮版	1930-12-26	1	07단	農事低資の利用者漸次增加來年の申込五十萬圓
200038	朝鮮朝日	南鮮版	1930-12-26	1	07단	女の家出が多い戀や生活に行詰って釜山署の調べ
200039	朝鮮朝日	南鮮版	1930-12-26	1	08단	愛兒の死を金に換算せぬ鎭海事件の告訴人聲明書を發表した
200040	朝鮮朝日	南鮮版	1930-12-26	1	09단	方面委員が細民を救濟
200041	朝鮮朝日	南鮮版	1930-12-26	1	09단	圖書館休館
200042	朝鮮朝日	南鮮版	1930-12-26	1	09단	珍しい食士全北で發見
200043	朝鮮朝日	南鮮版	1930-12-26	1	09단	梧野里古墳永久に保存す

일련번호	판명		간행일	면	단수	기사명
200044	朝鮮朝日	南鮮版	1930-12-26	1	09단	釜山における輸入貨物の受荷非常に簡便になる
200045	朝鮮朝日	南鮮版	1930-12-26	1	10단	製菓の講習
200046	朝鮮朝日	南鮮版	1930-12-26	1	10단	大邱の火事
200047	朝鮮朝日	南鮮版	1930-12-26	1	10단	春川の火事
200048	朝鮮朝日	南鮮版	1930-12-26	1	10단	人(織田喜代治大尉(飛行第六聯隊副官))
200049	朝鮮朝日	南鮮版	1930-12-26	1	10단	道味魚
200050	朝鮮朝日	西北版	1930-12-26	1	01단	明年度豫算と現議員の關係現議員は明年豫算審議權がない總督府當局は語る
200051	朝鮮朝日	西北版	1930-12-26	1	01단	戶澤案の實播に返對の聲起る總督府山林部內にも暗流漂ふ沙防工事はどうなる
200052	朝鮮朝日	西北版	1930-12-26	1	01단	爆撃隊設置早晩實現しよう下志津へ榮轉した江橋大佐談
200053	朝鮮朝日	西北版	1930-12-26	1	02단	節約の申合
200054	朝鮮朝日	西北版	1930-12-26	1	02단	モヒ患者絶滅策平南で斷行す
200055	朝鮮朝日	西北版	1930-12-26	1	03단	禁獵區を增して鳥獸を保護する
200056	朝鮮朝日	西北版	1930-12-26	1	03단	就職の惱みから下士志願者激增す除隊兵が思ふやうに賣れぬ軍當局對策に腐心す
200057	朝鮮朝日	西北版	1930-12-26	1	04단	空の旅客が多い上下便とも滿員貨物も相當ある
200058	朝鮮朝日	西北版	1930-12-26	1	04단	車轉稅引下問題當局は實現する方針
200059	朝鮮朝日	西北版	1930-12-26	1	04단	南浦商議爭議員會
200060	朝鮮朝日	西北版	1930-12-26	1	05단	副業養鷄督勵
200061	朝鮮朝日	西北版	1930-12-26	1	05단	宿直をすると懷中が痲しくなる宿直料の一割減に各官廳員は不平だらだら
200062	朝鮮朝日	西北版	1930-12-26	1	06단	社會教化の映畫黃金時代本府で此種映畫增製
200063	朝鮮朝日	西北版	1930-12-26	1	06단	貧困兒教育に七千圓奇贈奇特な寡婦
200064	朝鮮朝日	西北版	1930-12-26	1	06단	叭製造機增設
200065	朝鮮朝日	西北版	1930-12-26	1	07단	漁業者の窮迫
200066	朝鮮朝日	西北版	1930-12-26	1	07단	遊戲音樂研究會冬季講習會開催
200067	朝鮮朝日	西北版	1930-12-26	1	07단	泥棒を招く家(B)
200068	朝鮮朝日	西北版	1930-12-26	1	08단	府電氣課の變電所擴張一月上旬完成す
200069	朝鮮朝日	西北版	1930-12-26	1	08단	梧野里古墳永久に保存す
200070	朝鮮朝日	西北版	1930-12-26	1	08단	哈爾賓から護送の不逞者取調開始新義州警察署で
200071	朝鮮朝日	西北版	1930-12-26	1	08단	夜間飛行演習一月十四日から
200072	朝鮮朝日	西北版	1930-12-26	1	08단	製菓の講習

일련번호	판명		간행일	면	단수	기사명
200073	朝鮮朝日	西北版	1930-12-26	1	08단	放火學生は懲役五年求刑せらる
200074	朝鮮朝日	西北版	1930-12-26	1	09단	樹苗賣却
200075	朝鮮朝日	西北版	1930-12-26	1	09단	武道納會
200076	朝鮮朝日	西北版	1930-12-26	1	09단	女の家出が多い戀や生活に行詰って釜山署の調べ
200077	朝鮮朝日	西北版	1930-12-26	1	10단	愛兒の死を金に換算せぬ鎭海事件の告訴人聲明書を發表した
200078	朝鮮朝日	西北版	1930-12-26	1	10단	珍しい食士全北で發見
200079	朝鮮朝日	西北版	1930-12-26	1	10단	大邱の火事
200080	朝鮮朝日	西北版	1930-12-26	1	10단	正課
200081	朝鮮朝日	西北版	1930-12-26	1	10단	人(織田喜代治大尉(飛行第六聯隊副官))
200082	朝鮮朝日	西北版	1930-12-26	1	10단	道味魚
200083	朝鮮朝日	西北・南鮮版	1930-12-26	2	01단	財界十字路(貯藏籾殖える/朝室の一手販賣/歲末商品の賣行)
200084	朝鮮朝日	西北・南鮮版	1930-12-26	2	01단	咸北農村物語(下)/少年達の自覺が農村蘇生の一步
200085	朝鮮朝日	西北・南鮮版	1930-12-26	2	01단	歲末の電話局
200086	朝鮮朝日	西北・南鮮版	1930-12-26	2	02단	移出牛激減原因は不景氣
200087	朝鮮朝日	西北・南鮮版	1930-12-26	2	02단	京仁取合倂問題に大きな波紋成行注目せらる
200088	朝鮮朝日	西北・南鮮版	1930-12-26	2	03단	不況の船車歸鄕學生で漸く活氣づく
200089	朝鮮朝日	西北・南鮮版	1930-12-26	2	04단	運動界(平壤失業チーム基礎を固む今後の活躍期待さる)
200090	朝鮮朝日	西北・南鮮版	1930-12-26	2	04단	各地短信(裡里/平壤/釜山/大邱)
200091	朝鮮朝日	南鮮版	1930-12-27	1	01단	*歲晩の尖端風景/アナクロな二律背反！/金と涙の二重奏/日記帳に現はれた時代相敎へ讀せる日記/雜誌文化の氾濫だこの素晴しさ/電車の落し物お金の忘れ物は少ない落し主も判らぬ/お茶ひき女給が轆轤を捲くエロ受難情景/ジャズに明けジャズに暮行く慌しい暮れの街/歲末の郵便局*
200092	朝鮮朝日	南鮮版	1930-12-27	1	01단	明年度總督府豫算廿六日閣議で決定す
200093	朝鮮朝日	南鮮版	1930-12-27	1	01단	二十八團體が反對氣勢を揚ぐ京仁取解散合倂問題
200094	朝鮮朝日	南鮮版	1930-12-27	1	03단	京仁取問題府民大會合倂反對決議
200095	朝鮮朝日	南鮮版	1930-12-27	1	04단	麥酒專賣制は閣議で承認せず再調査と決定す
200096	朝鮮朝日	南鮮版	1930-12-27	1	05단	仁取代表取締役登記は却下

일련번호	판명		간행일	면	단수	기사명
200097	朝鮮朝日	南鮮版	1930-12-27	1	05단	下關方面から魚の逆移入釜山の魚價昂騰の爲
200098	朝鮮朝日	南鮮版	1930-12-27	1	06단	暮れ行く街を眺めてスポーツの道具がボンヤリ死んでゐます
200099	朝鮮朝日	南鮮版	1930-12-27	1	06단	哀な文明の落伍者/都市の横顔は益々悲惨に歪められる/搦手は女房が防ぐ大晦日こゝ數日の慌しさ
200100	朝鮮朝日	南鮮版	1930-12-27	1	07단	不況影響で犯罪も增加釜山署管內に於ける
200101	朝鮮朝日	南鮮版	1930-12-27	1	08단	百貨店時代奧樣方の買物世界は縮小された
200102	朝鮮朝日	南鮮版	1930-12-27	1	08단	國調豫想投票當選者發表廿四日大邱府で
200103	朝鮮朝日	南鮮版	1930-12-27	1	09단	浮浪者果敢ない喜に浸る
200104	朝鮮朝日	南鮮版	1930-12-27	1	09단	京城法專校釜山同窓會
200105	朝鮮朝日	南鮮版	1930-12-27	1	10단	血の滲む販賣戰特に目立つ店員のサービスの種々相
200106	朝鮮朝日	南鮮版	1930-12-27	1	10단	人(李鍵公殿下)
200107	朝鮮朝日	南鮮版	1930-12-27	1	10단	道味魚
200108	朝鮮朝日	西北版	1930-12-27	1	01단	歲晩の尖端風景なんとアナクロな二律背反！/金と涙の二重奏/夢遊病者の樣な三人のルンペン/雜誌文化の氾濫だこの素晴しさ/電車の落し物お金の忘れ物は少ない落し主も判らぬ/日記帳に現はれた時代相敎へ讀せる日記/歲末の郵便局/血の滲む販賣戰特に目立つ店員のサービスの種々相
200109	朝鮮朝日	西北版	1930-12-27	1	01단	興趣百パーセントの雪の國境山中で鹿狩り獲物は知事のお土産に
200110	朝鮮朝日	西北版	1930-12-27	1	04단	十ヶ年繼續で畑作增殖獎勵計劃大豆粟小麥の優良種普及を圖る平南道の明年事業
200111	朝鮮朝日	西北版	1930-12-27	1	04단	安州の市區整理明年度に實現か
200112	朝鮮朝日	西北版	1930-12-27	1	05단	奉天軍募集安東で四十五名
200113	朝鮮朝日	西北版	1930-12-27	1	06단	哀な文明の落伍者都市の横顔は益々悲慘に歪められる
200114	朝鮮朝日	西北版	1930-12-27	1	06단	日支を擧げて正月前奏曲安東の歲末風景
200115	朝鮮朝日	西北版	1930-12-27	1	06단	在滿鼠賊團/江岸の迫る我が官憲緊張す
200116	朝鮮朝日	西北版	1930-12-27	1	07단	暮れ行く街を眺めてスポーツの道具がボンヤリ死んでゐます
200117	朝鮮朝日	西北版	1930-12-27	1	07단	新年拜賀式

일련번호	판명		간행일	면	단수	기사명
200118	朝鮮朝日	西北版	1930-12-27	1	07단	樂浪時代の壺ニツ梧野里で發見
200119	朝鮮朝日	西北版	1930-12-27	1	08단	ジャズに明けジャズに暮行く慌しい暮れの街
200120	朝鮮朝日	西北版	1930-12-27	1	08단	奧地を荒した十人組の詐欺團寧邊署に捕はる
200121	朝鮮朝日	西北版	1930-12-27	1	08단	戀の恨みを晴らした男頃川で逮捕さる
200122	朝鮮朝日	西北版	1930-12-27	1	09단	お茶ひき女給が轆轤を捲くエロ受難情景百貨店時代奧樣方の買物世界は縮小された
200123	朝鮮朝日	西北版	1930-12-27	1	09단	大同江で溺死
200124	朝鮮朝日	西北版	1930-12-27	1	09단	船の底から黑焦の死體咸興署怪しと睨む
200125	朝鮮朝日	西北版	1930-12-27	1	09단	强盗捕はる
200126	朝鮮朝日	西北版	1930-12-27	1	10단	牛車夫數十名が架橋費を奇附す
200127	朝鮮朝日	西北版	1930-12-27	1	10단	雄基の火事
200128	朝鮮朝日	西北・南鮮版	1930-12-27	2	01단	婦人の若返り法肥るも瘦せるも自由自在不妊症の人も立派に受胎新醫學博士の研究
200129	朝鮮朝日	西北・南鮮版	1930-12-27	2	01단	師徒の景氣(一般の荷動は/訴訟事が多い/忙しい郵便局/師走の國境)
200130	朝鮮朝日	西北・南鮮版	1930-12-27	2	02단	石炭代りに大豆を燃料に悲慘な滿洲特産品
200131	朝鮮朝日	西北・南鮮版	1930-12-27	2	03단	運動界(スキー講習)
200132	朝鮮朝日	西北・南鮮版	1930-12-27	2	04단	各地短信(仁川/鎭海/平壤)
200133	朝鮮朝日	南鮮版	1930-12-28	1	01단	學生を中心に朝鮮を騷がす陰謀第五次共産黨豫審終結一味は全部有罪と決定す
200134	朝鮮朝日	南鮮版	1930-12-28	1	01단	殘黨を糾合し共産黨組織子爵の長男も混る/總督府裏山で學生細胞代表大會全鮮學生盟休の謀議し一大騷擾を卷き起す決議す/警務局で重要書類盜見や機密探査/愛人の宅に潜伏し黨員を指揮す
200135	朝鮮朝日	南鮮版	1930-12-28	1	03단	DK放送局元日の放送プログラム決定
200136	朝鮮朝日	南鮮版	1930-12-28	1	04단	貯藏籾の火災保險契約激增す
200137	朝鮮朝日	南鮮版	1930-12-28	1	04단	愈よ公布された改正の營業稅令民間の要望を斟酌してあるその要點は！
200138	朝鮮朝日	南鮮版	1930-12-28	1	05단	米檢事問題を知事に陳情晉州米商が
200139	朝鮮朝日	南鮮版	1930-12-28	1	05단	慶北東海岸鰊漁業本年は豊漁か
200140	朝鮮朝日	南鮮版	1930-12-28	1	05단	來年は千五百萬圓の勞賃が撒布される救濟土木事業費の內譯
200141	朝鮮朝日	南鮮版	1930-12-28	1	06단	警部補口述試驗

일련번호	판명		간행일	면	단수	기사명
200142	朝鮮朝日	南鮮版	1930-12-28	1	06단	紅蔘の輸送全部終了す
200143	朝鮮朝日	南鮮版	1930-12-28	1	06단	蟾津江の水力發電所施工認可さる
200144	朝鮮朝日	南鮮版	1930-12-28	1	07단	飢に泣く貧者に同情金續々集る
200145	朝鮮朝日	南鮮版	1930-12-28	1	07단	國勢調査による朝鮮の總人口廿七日總督府から上奏
200146	朝鮮朝日	南鮮版	1930-12-28	1	07단	消防組員の服製決定す今筋は全廢する
200147	朝鮮朝日	南鮮版	1930-12-28	1	08단	東萊溫泉の湧出量問題で鐵道と旅館揉める
200148	朝鮮朝日	南鮮版	1930-12-28	1	09단	送別會
200149	朝鮮朝日	南鮮版	1930-12-28	1	08단	學生萬人團檢擧せらる
200150	朝鮮朝日	南鮮版	1930-12-28	1	08단	南鮮一周旅行正月休みを利用し釜山運輸事務所が主催す
200151	朝鮮朝日	南鮮版	1930-12-28	1	08단	迎日沖合で觀音丸沈沒乘組員は無事
200152	朝鮮朝日	南鮮版	1930-12-28	1	08단	間道共産黨/四十名京城に護送さる
200153	朝鮮朝日	南鮮版	1930-12-28	1	09단	牛車と常車衝突
200154	朝鮮朝日	南鮮版	1930-12-28	1	09단	三人組の强盜內地人宅を襲ひ女襟卷や現金强奪
200155	朝鮮朝日	南鮮版	1930-12-28	1	09단	旅館から出火卅八戶全燒全南羅老島大火
200156	朝鮮朝日	南鮮版	1930-12-28	1	10단	モヒ密買者大邱で檢擧一切を自由
200157	朝鮮朝日	南鮮版	1930-12-28	1	10단	人(林中將(新任朝鮮軍司令官)/岡崎哲郎氏(本府山林部長)/渡邊豊日子氏(新任慶南知事)/石原源三郎氏(釜山府協議員))
200158	朝鮮朝日	南鮮版	1930-12-28	1	10단	道味魚
200159	朝鮮朝日	西北版	1930-12-28	1	01단	學生を中心に朝鮮赤化の大陰謀第五次共産黨豫審終結一味は全部有罪と決定す
200160	朝鮮朝日	西北版	1930-12-28	1	01단	殘黨を糾合し共産黨組織子爵の長男も混る/總督府裏山で學生細胞代表大會全鮮學生盟休の謀議し一大騷擾を卷き起す決議す/警務局で重要書類盜見や機密探査/愛人の宅に潛入し黨員を指揮す
200161	朝鮮朝日	西北版	1930-12-28	1	03단	DK放送局元日の放送プログラム決定
200162	朝鮮朝日	西北版	1930-12-28	1	04단	貯藏籾の火災保險契約激增す
200163	朝鮮朝日	西北版	1930-12-28	1	04단	愈よ公布された改正の營業稅令民間の要望を斟酌してあるその要點は！
200164	朝鮮朝日	西北版	1930-12-28	1	05단	來年は千五百萬圓の勞賃が撒布される救濟土木事業費の內譯
200165	朝鮮朝日	西北版	1930-12-28	1	06단	消防組員の服製決定す今筋は全廢する
200166	朝鮮朝日	西北版	1930-12-28	1	07단	平南からアルミナ明年は大量移出

일련번호	판명		간행일	면	단수	기사명
200167	朝鮮朝日	西北版	1930-12-28	1	07단	刑事講習會搜查機關の充實平南警察部の新事業
200168	朝鮮朝日	西北版	1930-12-28	1	07단	警部補口述試驗
200169	朝鮮朝日	西北版	1930-12-28	1	07단	永上離着陸演習平壤飛行隊の壯擧
200170	朝鮮朝日	西北版	1930-12-28	1	07단	口論の果殺人加害者逮捕さる
200171	朝鮮朝日	西北版	1930-12-28	1	08단	金髮美人を連れた赤露からの二人城川に辿りつく
200172	朝鮮朝日	西北版	1930-12-28	1	08단	放火學生は懲役三年判決言渡さる
200173	朝鮮朝日	西北版	1930-12-28	1	08단	間道放火頻々
200174	朝鮮朝日	西北版	1930-12-28	1	08단	泥棒を招く家(C)
200175	朝鮮朝日	西北版	1930-12-28	1	09단	三人組の強盜內地人宅を襲ひ女襟卷や現金强奪
200176	朝鮮朝日	西北版	1930-12-28	1	09단	旅館から出火卅八戶全燒全南羅老島大火
200177	朝鮮朝日	西北版	1930-12-28	1	10단	間道共産黨四十名京城に護送さる
200178	朝鮮朝日	西北版	1930-12-28	1	10단	人(林中將(新任朝鮮軍司令官))
200179	朝鮮朝日	西北版	1930-12-28	1	10단	道味魚
200180	朝鮮朝日	西北・南鮮版	1930-12-28	2	01단	財界十字路(鰯油對策協議會/鮮銀券發行漸增/土地信託總會)
200181	朝鮮朝日	西北・南鮮版	1930-12-28	2	01단	本格的に活動する慶北の米價對策野積籾十三萬石を突破す
200182	朝鮮朝日	西北・南鮮版	1930-12-28	2	01단	餓死線に徨ふ親子の努力大地主の義擧
200183	朝鮮朝日	西北・南鮮版	1930-12-28	2	03단	明年度の專賣收入增收の豫想
200184	朝鮮朝日	西北・南鮮版	1930-12-28	2	03단	運動會(ホッケー戰選手出發す/總督府ラグビー遠征メンバー)
200185	朝鮮朝日	西北・南鮮版	1930-12-28	2	04단	各地短信(淸津/大邱)
200186	朝鮮朝日	南鮮版	1930-12-29	1	01단	朝鮮統治上に歷史的光輝を放つ地方制度改正に伴ふ法規完成愈名春四月より施行/面制改正經過規定
200187	朝鮮朝日	南鮮版	1930-12-29	1	01단	府制旅行規則
200188	朝鮮朝日	南鮮版	1930-12-29	1	01단	邑制旅行規則
200189	朝鮮朝日	南鮮版	1930-12-29	1	02단	學校費改正
200190	朝鮮朝日	南鮮版	1930-12-29	1	02단	學校組合會
200191	朝鮮朝日	南鮮版	1930-12-29	1	02단	春を待つ動物園羊クンの緣起を祝ふご馳走の獻立も出來た
200192	朝鮮朝日	南鮮版	1930-12-29	1	03단	改正經過規定
200193	朝鮮朝日	南鮮版	1930-12-29	1	04단	外國人は減り內鮮支人は增加朝鮮國勢調査の結果
200194	朝鮮朝日	南鮮版	1930-12-29	1	05단	關釜連絡船客數日來激增す
200195	朝鮮朝日	南鮮版	1930-12-29	1	05단	釜山病院長決定

일련번호	판명		간행일	면	단수	기사명
200196	朝鮮朝日	南鮮版	1930-12-29	1	05단	農民が苦し紛れた手持米一齊放賣か內地移出俄然激增す鮮米の前途悲觀さる
200197	朝鮮朝日	南鮮版	1930-12-29	1	06단	警察署に二百圓の借金を申込む笑はれぬ不況哀話
200198	朝鮮朝日	南鮮版	1930-12-29	1	06단	漸次深刻化す兩團體紛擾新幹會と靑年總同盟
200199	朝鮮朝日	南鮮版	1930-12-29	1	06단	爲替貯金など一月四日に扱ふ
200200	朝鮮朝日	南鮮版	1930-12-29	1	07단	稚魚漁禁止明年度實施
200201	朝鮮朝日	南鮮版	1930-12-29	1	07단	鰤業絶望か不振の慶南漁業
200202	朝鮮朝日	南鮮版	1930-12-29	1	08단	慶北の低資割當決定す
200203	朝鮮朝日	南鮮版	1930-12-29	1	08단	邱農學生の悲壯な決意學資は途切れても退學せぬと努力す
200204	朝鮮朝日	南鮮版	1930-12-29	1	08단	高勾麗古墳の壁畵盜まる迷信者の所業か
200205	朝鮮朝日	南鮮版	1930-12-29	1	08단	慶北共産黨判決言渡全部服罪す
200206	朝鮮朝日	南鮮版	1930-12-29	1	08단	不安裡に越年か共匪に惱む安東民
200207	朝鮮朝日	南鮮版	1930-12-29	1	09단	石原氏葬儀
200208	朝鮮朝日	南鮮版	1930-12-29	1	09단	巡査殺し犯人二名捕まる
200209	朝鮮朝日	南鮮版	1930-12-29	1	09단	四名の怪漢が稅捐分局を襲ふ局員二名重傷す
200210	朝鮮朝日	南鮮版	1930-12-29	1	10단	坑夫の喧嘩
200211	朝鮮朝日	南鮮版	1930-12-29	1	10단	豺を撲殺す
200212	朝鮮朝日	南鮮版	1930-12-29	1	10단	大邱花柳界素晴しい景氣
200213	朝鮮朝日	南鮮版	1930-12-29	1	10단	京城の火事
200214	朝鮮朝日	南鮮版	1930-12-29	1	10단	海州送電開始
200215	朝鮮朝日	南鮮版	1930-12-29	1	10단	人(南大將/中村少將/岸田正紀氏(代議士)/岡本至德氏(大邱覆審法院長)/武部欽一氏(本府學務局長)/上內彥策氏(本府社會課長))
200216	朝鮮朝日	南鮮版	1930-12-29	1	10단	社告
200217	朝鮮朝日	西北版	1930-12-29	1	01단	朝鮮統治上に歷史的光輝を放つ地方制度改正に伴ふ法規完成有名春四月より施行/面制改正經過規定
200218	朝鮮朝日	西北版	1930-12-29	1	01단	府制旅行規則
200219	朝鮮朝日	西北版	1930-12-29	1	01단	邑制旅行規則
200220	朝鮮朝日	西北版	1930-12-29	1	02단	學校費改正
200221	朝鮮朝日	西北版	1930-12-29	1	02단	學校組合會
200222	朝鮮朝日	西北版	1930-12-29	1	02단	春を待つ動物園羊クンの緣起を祝ふご馳走の獻立も出來だ
200223	朝鮮朝日	西北版	1930-12-29	1	03단	改正經過規定

일련번호	판명		간행일	면	단수	기사명
200224	朝鮮朝日	西北版	1930-12-29	1	04단	外國人は減り內鮮支人は增加朝鮮國勢調査の結果
200225	朝鮮朝日	西北版	1930-12-29	1	05단	關釜連絡船客數日來激增す
200226	朝鮮朝日	西北版	1930-12-29	1	05단	釜山病院長決定
200227	朝鮮朝日	西北版	1930-12-29	1	05단	農民が苦し紛れた手持米一蕪放賣か內地移出俄然激增す鮮米の前途悲觀さる
200228	朝鮮朝日	西北版	1930-12-29	1	06단	警察署に二百圓の借金を申込む笑はれぬ不況哀話
200229	朝鮮朝日	西北版	1930-12-29	1	06단	漸次深刻化す兩團體紛擾新幹會と靑年總同盟
200230	朝鮮朝日	西北版	1930-12-29	1	06단	爲替貯金など一月四日に扱ふ
200231	朝鮮朝日	西北版	1930-12-29	1	07단	稚魚漁禁止明年度實施
200232	朝鮮朝日	西北版	1930-12-29	1	07단	鰤業絶望か不振の慶南漁業
200233	朝鮮朝日	西北版	1930-12-29	1	08단	慶北の低資割當決定す
200234	朝鮮朝日	西北版	1930-12-29	1	08단	邱農學生の悲壯な決意學資は途切れても退學せぬと努力す
200235	朝鮮朝日	西北版	1930-12-29	1	08단	高勾麗古墳の壁畫盜まる迷信者の所業か
200236	朝鮮朝日	西北版	1930-12-29	1	08단	慶北共産黨判決言渡全部服罪す
200237	朝鮮朝日	西北版	1930-12-29	1	08단	不安裡に越年か共匪に惱む安東民
200238	朝鮮朝日	西北版	1930-12-29	1	09단	石原氏葬儀
200239	朝鮮朝日	西北版	1930-12-29	1	09단	巡查殺し犯人二名捕まる
200240	朝鮮朝日	西北版	1930-12-29	1	09단	四名の怪漢が稅捐分局を襲ふ局員二名重傷す
200241	朝鮮朝日	西北版	1930-12-29	1	10단	坑夫の喧嘩
200242	朝鮮朝日	西北版	1930-12-29	1	10단	豺を撲殺す
200243	朝鮮朝日	西北版	1930-12-29	1	10단	大邱花柳界素晴しい景氣
200244	朝鮮朝日	西北版	1930-12-29	1	10단	京城の火事
200245	朝鮮朝日	西北版	1930-12-29	1	10단	淸州送電開始
200246	朝鮮朝日	西北版	1930-12-29	1	10단	人(南大將/中村少將/岸田正紀氏(代議士)/岡本至德氏(大邱覆審法院長)/武部欽一氏(本府學務局長)/上內彦策氏(本府社會課長))
200247	朝鮮朝日	西北版	1930-12-29	1	10단	社告
200248	朝鮮朝日	西北·南鮮版	1930-12-29	2	01단	財界十字路(肥料使用新生面/中央物産の總會/進出の貯蓄銀行)
200249	朝鮮朝日	西北·南鮮版	1930-12-29	2	01단	明年廢止される煙草會社の跡始末交付金や補償額決定す會社の從業員は其儘採用する
200250	朝鮮朝日	西北·南鮮版	1930-12-29	2	01단	更紗壁(物分りが良い)

일련번호	판명		간행일	면	단수	기사명
200251	朝鮮朝日	西北・南鮮版	1930-12-29	2	02단	商議所議員の選擧規則發布さる新時代の要求に順應の爲主なる注意事項
200252	朝鮮朝日	西北・南鮮版	1930-12-29	2	03단	平壤圖書館一月中に擴張す
200253	朝鮮朝日	西北・南鮮版	1930-12-29	2	06단	村の朝鮮人が救主を圍み心からなる報恩の催
200254	朝鮮朝日	西北・南鮮版	1930-12-29	2	07단	李王家動物園に珍客が來た二匹の怪獸
200255	朝鮮朝日	西北・南鮮版	1930-12-29	2	07단	梧野里古墳發掘品平壤で保管

색인

색인

ㄱ								
ガス	185932 196548	185940	185945	185953	189082	190757	194016	196294	196312
ガス爆發	185932	185945						
ガソリンカー ガソリン車 ガソリン汽動車	183975 189764	185252 190463	185624 191315	185968 196607	186493 198436	187778 198686	189437 199126	189467 199149	189739
カトリック	184240	184263						
カフェ カフェー	183965 191169	184185 192611	184298 194452	184315 195255	188156 195995	188196	188480	188501	190516
カフェーの 內情調査	184298	184315						
カフェー 大恐慌	188156	188196						
キネマ キネマ便り	182711	182742	184142	185536	189034	190670	195122	195152	
キリスト	184240	184263	191225					
ゴム	183985 193102 193728 194147 196135	184019 193408 193793 194192 196353	185671 193438 193828 194215 196876	189112 193457 193857 194399 197253	190906 193483 193866 194457 197745	192389 193501 193932 194516 197982	192860 193520 193958 194638	192879 193532 193986 194881	192933 193590 194080 195871
ゴム工場	192860	192879	192933	193457	194192	194215	194638	196876	197253
ゴム靴	183985 193728	184019 193958	185671 193986	192389 197982	193102	193408	193438	193520	193532
ゴム靴 製造會社	183985	184019						
ゴルフ	184058 195921	184076	184083	185697	187447	191827	194632	194671	194695
ゴルフ場	184058	184083						
架橋工事	186971	187004	187248	187261	196382			
加藤茂荷 (農事試驗場長)	184011	184039						
加藤淸正	187521							
街路燈	184053	184074						
街路燈料金	184053	184074						
加茂正雄	182924							
家賃	182757 185774 198966	183020 185787 199485	183239 190493	183507 190736	183540 190946	183627 191374	184434 194853	184710 198111	184922 198208

家賃値下	182757	183020	184434	185774	190493	190946	194853	198208	
家賃値下デー	184434								
家賃値下運動	190493								
家庭	182896	183602	184602	185393	185492	185819	185851	185932	185945
	186288	186980	187746	187773	187873	187922	188027	188298	188332
	188446	188529	188623	188794	188938	189004	189068	189072	189131
	189182	189246	189294	189354	189496	189864	189936	189994	190059
	190064	190114	190171	190233	190290	190346	190419	190464	190480
	190542	190598	190665	190722	190788	190841	190915	190971	191029
	191099	191165	191236	191296	191301	191368	191438	191576	191633
	191685	191744	191870	191934	191943	192003	192096	193524	194008
	194623	195974	196612	197643	198856	199046	199899	199926	
家庭講演 家庭講演會	187873	187922	188027	188298	188332	188446	188623	188794	188938
	189004	189068	189072	189131	189182	189246	189294	189354	189496
	189864	189936	189994	190059	190114	190171	190233	190290	190346
	190419	190480	190542	190598	190665	190722	190788	190841	190915
	190971	191029	191099	191165	191236	191301	191368	191438	191576
	191633	191685	191744	191870	191943	192003	192096		
家庭工業 家庭工業奬勵	185492								
家庭副業	191934	197643							
家庭研究所	186980								
家族	184277	184794	186563	187050	187078	187862	188152	188192	192148
	192340	193025	194533	194557	194592	194975	195002	195939	195986
	196669	197296							
家畜病理 實驗講習會	190023	190052							
家畜傳染病	184014	185545	188539	188568					
家畜傳染病豫 防令・家畜傳 染病豫防法令	184014	188539	188568						
家畜風土病	184334								
各地だより	182773	182902	182981	183045	183092	183147	183194	183231	183292
	183354	183398	183444	183489	183548	183613	183733	183800	183852
	184049	184098	184221	184267	184342	184412	184479	184521	184583
	184635	184771	184838	184893	184952	185107	185237	185288	185423
	185487	185556	185618	185673	185731	185797	185865	185973	186178
	186478	186609	186661	186802	186876	187030	187228	187288	187372
	187440	187504	187710	187888	187926	187970	188042	188077	188177
	188312	188939	189007	189183	189245	189295	189360	189419	189481
	189538	189611	189729	189790	189862	189935	190057	190169	190236
	190292	190347	190418	190479	190543	190602	190664	190789	190837
	190973	191031	191102	191166	191237	191372	191437	191516	191579
	191631	191688	191819	191874	191944	192009	192061	192167	192225

	192283	192324	192356	192450	192505	192545	192580	193807	195174
	195341	195522	195792	195898	197079				
間島	182759	183136	183231	183613	183693	184062	184573	184635	184701
	185288	185731	187440	188001	188572	189353	189589	189717	189827
	190062	190085	190112	190138	190152	190259	190527	190568	190609
	190639	190685	190697	190708	190918	190939	191065	191079	192061
	192545	192647	192779	192950	192963	193011	193062	193186	193278
	193285	193315	193316	193637	193666	193743	193771	194056	194070
	194271	194420	194756	194807	194908	195377	195621	195810	195838
	195884	196160	196175	196281	196429	196447	196448	196499	196527
	196550	196577	196794	196818	196850	196879	196911	196915	196938
	196947	196950	196994	197101	197291	197312	197384	197574	197590
	197610	197628	197797	197798	197820	197821	197946	197954	197969
	197992	198003	198027	198028	198578	198608	198610	198699	198813
	198926	199188	199311	199350	199383	199506	199533	199613	199622
	199965	200002							
間島への移民	184062	184573							
間島共産黨	190918	190939							
間島共産黨事件	190918	190939							
間島大豆	182759	194807	199622						
間島獎學會	190152								
簡保 簡易保險	183393	183397	183496	184101	184124	184333	184700	184897	184962
	185566	187247	187271	188954	190254	190280	190612	191879	191915
	192420	192461	192474	192628	193565	193945	194092	194188	194205
	195282	195610	196154	196194	196730	196763	196961	198607	199523
	199697	199725							
看護	182738	186225	186475	186823	186961	187991	192077	193145	193176
	193206	193988	194706	196394	199768				
看護婦	182738	186225	186475	186823	186961	187991	192077	193145	193176
	193206	193988	194706	196394	199768				
感冒・流感	183282	184772	184801	192242	192270	198967	199754	200008	
監視	183835	184399	184886	184945	187665	189273	190089	193984	
甘藷	184762	189242	195472	196452					
甲子園	184029	193212	193235						
江界	182669	182695	184224	184230	185047	185082	185170	185171	185886
	185913	186484	187717	189862	189896	190155	190510	190784	190789
	190890	190909	192009	192313	192373	193122	193193	193830	193864
	193873	194734	194874	195559	195570	196371	196775	196821	196884
	197608	198607	199530	199534					
強盜	182626	182627	182818	182922	182943	182968	182969	182970	183000
	183032	183034	183088	183107	183142	183161	183258	183283	183284
	183309	183415	183434	183517	183518	183754	183765	183785	183811
	183812	183874	183942	183943	183967	184115	184174	184175	184367

184372	184398	184725	185051	185086	185218	185415	185581	185700
185702	185938	185951	186527	186566	186570	186647	186648	186689
186823	186860	186989	186991	187050	187055	187076	187078	187113
187144	187170	187209	187252	187313	187669	187671	187696	187918
187958	188454	188500	189037	189038	189063	189064	189098	189118
189124	189146	189166	189224	189313	189381	189464	189565	189592
189694	189715	189886	189888	189918	190022	190051	190223	190252
190403	190442	190472	190590	190710	190902	190960	191087	191182
191546	191981	192025	192296	192383	192668	192810	192831	193012
193027	193106	193484	193502	193530	193541	193573	193577	193598
193604	193905	193942	194256	194282	194494	194574	194607	194635
194758	194800	194822	194835	194890	195019	195091	195159	195270
195327	195420	195486	195512	195514	195682	195784	195887	195915
195938	196173	196216	196237	196558	196579	196735	196736	196759
196821	197254	197488	197492	197674	197765	198045	198291	198292
198320	198396	198477	198519	198595	198816	198846	199144	199295
199370	199804	199907	199934	199969	200125	200154	200175	

強盗殺人事件	190252						
江陵	184949	191950	191971	192677	196969	199075	199971
江陵軌道	184949						
江陵女子 實業生同盟休	199075						
岡山縣	183105	183123	198458				
江上運搬稅	183480						

講習會								
183301	183826	184542	184855	184901	186410	186521	186921	187003
187135	187305	187642	188311	188428	188439	188715	188786	188947
188976	189106	189686	189705	189858	190023	190052	190564	190724
190945	191042	191047	191101	191145	191194	191302	191451	191505
191512	191524	191543	191861	192195	192241	192250	192282	192311
192397	192416	192425	192428	192468	192530	192619	192657	192683
192793	192905	192924	193002	193137	193168	193252	193281	193320
193388	193512	193565	193699	193725	193874	193917	193918	193952
194055	194222	194351	194631	194792	195193	195806	195840	195883
195890	195974	196224	196366	196746	196949	197285	198409	198429
198835	198839	199152	199196	199321	199504	200066	200167	
講演・講演會								
183233	183362	183382	184041	184182	184716	185638	186110	186536
186815	187300	187327	187342	187448	187668	187873	187922	188027
188291	188298	188332	188446	188597	188623	188646	188794	188938
189004	189068	189072	189086	189131	189181	189182	189246	189294
189305	189354	189469	189478	189496	189671	189827	189864	189936
189994	190059	190114	190171	190233	190290	190346	190419	190459
190475	190480	190542	190598	190665	190722	190788	190841	190915
190971	191029	191099	191165	191170	191231	191236	191301	191368
191438	191576	191633	191685	191744	191870	191881	191908	191920
191943	192003	192096	192445	192802	192823	193039	193200	193224

	193511	193628	193657	194030	194185	194243	194600	194673	195048
	195229	195281	195358	195360	195395	196325	196691	196957	197098
	197230	197308	197668						
江原 · 江原道	183067	183089	183344	185265	186181	186201	186638	187060	187568
	188929	189011	189820	190024	190748	190864	192410	192454	192471
	192638	192945	192958	193465	193481	193499	193956	193983	194067
	194074	194135	194307	196546	196565	197302	198406		
江原道內務部	183067	183089	183344	190024					
江原道評議會	185265								
江華島	190968								
光成高普	183857								
開城	182829	182856	182932	182955	182995	183031	183882	187801	187837
	190139	192989	192999	193794	195039	195066	195183	195555	195637
	195793	195856	195880	195958	195977	197156	197189	197398	197426
	197796	197946	198277						
開城松都高普	182829	182856							
芥川活(釜山日報專務)	184891								
巨文島	187686	191454	191479						
健康相談所	184149	188810							
健康兒審査	188806								
建國祭	184236	184469							
乾明太	184113	189676							
建築	183989	185269	185787	186052	186265	186320	186494	186605	186699
	187772	187891	188007	189190	189216	191106	191880	194025	197614
	197637	197848	197863	198301	198656	199177			
建築物取締規則	189190	189216							
檢擧	182932	182955	183189	183209	183256	183306	183405	183424	183575
	183598	183668	183722	183824	183929	184671	184818	184947	185009
	185796	186272	186858	186986	187205	189406	189631	189662	189956
	189982	190214	190407	190622	190685	190708	190918	190939	191190
	191260	191286	192152	192594	192617	193077	193082	193101	193540
	193824	193936	193964	193992	194641	194798	194996	195025	195417
	195673	195727	195767	195860	195912	197670	197901	197963	198113
	198514	198780	198899	199003	199202	199235	199297	199333	199336
	199403	199462	199535	199559	199867	199900	199930	200149	200156
劍道	183086	184442	188916	191176	191947	191975	192387	194149	194333
	194632	196526	197293	198119					
劍道大會	192387								
檢事	183208	183701	183923	184108	184130	184183	184307	184375	184914
	184946	185098	187177	188290	188321	188379	188622	188650	188652
	188825	189025	189055	189146	189166	189201	189231	189307	189493

	189521	189568	189762	190313	190497	190771	191486	191538	191799
	192148	192295	192435	192855	192874	193349	193362	193375	193410
	195805	196484	196819	196842	197061	197658	197915	197920	198004
	198057	198785	199642	199936	200138				
檢疫	183041	183392	183498	183525	184384	184691	189925	190436	190466
	193467	193485	195537	195540	197289	198959	198990	199013	199383
隔離病舍	183819	185580	189271	189788					
檄文事件	187211	191595							
遺物	185770								
遺趾	185770								
見學	183919	186326	186455	187040	187071	187300	187342	187689	187844
	188343	188385	188639	188727	189389	189577	189738	192372	192632
	193586	194107	194350	194605	196174	197836	198191		
結社	188100	188643	193824	193902	193931	196091	196442	197623	197644
	197963	198012	198013	198055	199617	199898			
結核	186291	187235	187986	188335	189129				
結核豫防デー	189129								
結婚	186012	191085	195127	196576	196750	197531	197994	198017	198453
鯨	187983	199508							
警官	182829	182856	182908	183016	183093	183114	183285	183364	183383
	183405	183424	183504	183533	183764	184538	184557	184632	184794
	184977	185195	185259	185299	185552	186017	186036	186219	186925
	187166	187195	187243	187526	187559	187656	187683	188268	188442
	188532	188564	188617	188889	188973	188976	189094	189123	189259
	189533	190062	190085	190116	190544	190584	190762	191255	191285
	191328	191390	191424	191567	191632	191689	191712	191882	192255
	192372	192507	192516	192567	192654	192655	192729	193025	193138
	193169	193520	193532	193631	193660	193830	193864	193958	193986
	194350	194503	194722	194867	195210	195216	195244	195490	196085
	196160	196175	196223	196281	196351	196356	196391	196429	196447
	196448	196813	196915	196947	197070	197087	197094	197100	197124
	197311	197314	197341	197346	197362	197367	197574	197590	197610
	197628	197662	197700	197755	197774	197780	197798	197821	197836
	198182	198464	198890	198917	198942	199024	199194	199224	199330
	199466	199532							
警官選拔試驗	185552								
警官定年法	183504	183533							
景氣	182963	183103	183576	183599	183855	183890	183910	184093	184218
	184618	184913	184942	185045	185080	185102	185284	185345	185461
	185583	185962	186216	186352	186491	186509	186634	186848	186920
	187240	187262	188016	188040	188567	188876	189239	189357	189867
	190353	190462	190465	190494	190545	190852	191169	191440	191447
	191471	191533	191594	191748	191762	191777	191993	192064	192098
	192291	192315	192537	192759	192768	192790	193208	193275	193304

	193751	193779	193893	194033	194103	194145	194188	194205	194254
	194279	194298	194334	194342	194483	194505	195047	195121	195383
	195593	195603	196593	196706	197370	197507	197558	197562	197719
	197819	197846	197964	197966	197969	197976	197983	197994	198036
	198048	198078	198201	198310	198556	198621	198648	198717	199022
	199092	199119	199124	199508	199547	199553	199570	199641	199657
	199767	199822	199859	199874	199893	200030	200086	200129	200212
	200243								
京畿 京畿道	182897	183047	183197	183199	183403	183421	183686	183718	184143
	184209	184223	184247	184584	184613	184614	185456	185464	185526
	185786	185866	185874	185893	185901	186355	186431	186435	186458
	186461	186545	186575	186584	186727	186790	187122	187428	188211
	188232	188527	188838	188840	189095	189119	189567	189603	189784
	189868	190119	190443	190489	190660	190688	191168	191246	191376
	191528	191760	191824	191947	191975	192071	192116	192245	192465
	192687	192759	192768	193406	193631	193636	193660	193665	194703
	194991	195184	195220	195300	196251	196269	196302	196430	196717
	197099	198649	198662	198691	198712	199184	199439	199684	199698
	199765	199894	199951						
京畿道警察部	184223	184247	186431	186458	191168	195184			
京畿道金組聯 合會	183403	183421							
京畿道農會	190119								
京畿道評議 京畿道評議會	185464								
慶南 慶南道	182659	182685	182716	182823	182845	182924	183096	183212	183236
	183256	183287	183351	183406	183425	183493	183712	183736	183740
	183812	183842	183884	183961	184078	184085	184188	184193	184209
	184249	184259	184312	184323	184380	184383	184429	184452	184456
	184475	184581	184742	184743	184744	184765	184804	184869	184879
	184934	185031	185033	185066	185068	185113	185118	185140	185145
	185208	185228	185264	185329	185399	185447	185481	185648	185655
	185723	185769	185772	185823	185855	185939	185952	186007	186066
	186088	186115	186202	186286	186319	186320	186385	186401	186467
	186583	186620	186632	186702	186708	186711	186923	186932	186997
	187015	187027	187059	187060	187135	187254	187277	187392	187415
	187428	187480	187543	187771	187832	187885	188035	188138	188178
	188211	188232	188472	188606	188610	188614	188648	188664	188671
	188684	188692	188718	188787	188858	188947	189018	189043	189082
	189088	189089	189158	189201	189252	189290	189302	189376	189383
	189416	189433	189439	189560	189598	189682	189699	189721	189743
	189990	190008	190024	190131	190193	190240	190307	190349	190360
	190485	190546	190674	190692	190748	191040	191123	191305	191307
	191308	191360	191375	191513	191525	191528	191530	191534	191581
	191610	191637	191658	191696	191704	191752	191877	192056	192075
	192108	192136	192160	192241	192357	192455	192471	192506	192547

	192559	192573	192642	192754	192792	192839	192851	192852	192870
	192871	192909	192928	192949	192962	192968	192990	193000	193074
	193075	193117	193197	193319	193417	193468	193479	193486	193497
	193562	193689	193704	193761	193822	193887	193910	194017	194047
	194189	194231	194236	194246	194260	194358	194550	194606	194658
	194702	194705	194723	194777	194789	194860	194866	194903	194916
	194989	195055	195131	195182	195237	195296	195332	195335	195336
	195392	195399	195464	195488	195575	195697	195753	195766	195799
	195863	196203	196241	196252	196295	196367	196419	196487	196658
	196714	196769	196778	196803	196843	196908	196975	197024	197028
	197036	197071	197076	197129	197146	197162	197186	197202	197386
	197442	197448	197498	197558	197566	197567	197604	197605	197664
	197697	197708	197720	197738	197787	197796	197799	197816	197846
	197855	197894	197912	197941	197952	198040	198097	198099	198102
	198117	198282	198346	198355	198419	198462	198474	198484	198499
	198502	198511	198574	198582	198585	198697	198706	198773	198828
	198832	198840	198853	198885	198887	198965	199017	199024	199060
	199064	199068	199070	199127	199129	199132	199252	199261	199310
	199314	199380	199382	199389	199391	199410	199435	199445	199456
	199460	199476	199498	199542	199543	199547	199549	199598	199606
	199608								
慶南警察	183961	189082	190546	192136	192506	192547	192559	193910	194866
	195488	199024							
慶南警察署	183961	199024							
慶南教育總會	184085	188718							
慶南金融組合	198885								
慶南道教育 慶南道教育會	182823	182845							
慶南道評議	183736	184188	184312	184804	185264	185648	186202	186319	186923
慶南 社會事業協會	185033	185068	191040	193887					
慶南水産會	183236	184383	195697						
慶南印刷	184259								
慶南中等校	184743								
京南鐵道	183523	184214							
京大	184401	184556	192902	192921	193203	193227	195488		
慶島黑糖	188518								
京東鐵道會社	187726								
敬老會	183907	189314							
競馬	183806	186192	186439	187612	188301	188812	189149	189312	189549
	189761	190330	190465	190678	190706	190955	190994	191117	191412
	191422	192143	192940	193141	193172	194143	194696	194858	195015
	195153	195812	196106	196142	196439	197270	197885	198974	
競馬大會	190330	190465	191422	192143	194143				

警務局 **警務**	183110	184347	184538	184557	184671	184709	184719	184739	184789
	184851	184877	184977	185891	185918	188520	188551	189191	189220
	189540	189570	189672	189892	192729	193477	193495	193720	193777
	193799	194156	194271	194346	197087	197100	197508	197532	198007
	198016	198020	198037	198373	198890	198917	199194	199224	199311
	199341	199350	199373	199383	199437	199484	199947	199983	200134
	200160								
景福宮	188342	188367	198682						
慶福會	184382								
慶北 **慶北道**	182715	182721	182823	182845	182876	182883	182898	182929	182941
	183051	183063	183076	183145	183198	183288	183353	183363	183394
	183495	183510	183560	183697	183724	183728	183794	183808	183892
	183911	183914	183953	183967	184062	184096	184135	184190	184254
	184309	184405	184446	184466	184508	184573	184575	184718	184754
	184805	184834	184836	184872	184925	184945	184998	185002	185027
	185062	185119	185146	185219	185348	185484	185598	185672	185779
	186004	186020	186039	186273	186289	186395	186396	186444	186510
	186515	186539	186575	186759	186770	186783	186841	186931	187008
	187011	187024	187060	187061	187069	187080	187120	187121	187188
	187283	187407	187413	187488	187634	187752	187870	188037	188114
	188169	188170	188176	188211	188225	188232	188246	188486	188601
	188605	188732	188790	188829	188846	188894	188926	188933	188956
	189016	189093	189177	189366	189413	189422	189448	189627	189631
	189656	189662	189726	189804	189809	189834	189927	190063	190070
	190129	190182	190349	190358	190443	190481	190742	190850	190861
	190865	190928	190972	190974	190983	191042	191043	191049	191091
	191226	191433	191510	191520	191521	191523	191594	191622	191698
	191813	191815	191836	191838	191859	191865	191867	191875	191903
	191933	191947	191975	192011	192071	192078	192109	192123	192182
	192218	192286	192303	192357	192454	192470	192506	192547	192559
	192638	192644	192759	192768	192790	192811	192832	192893	192894
	192900	192912	192913	192919	192987	192997	193124	193147	193155
	193178	193248	193271	193285	193300	193315	193343	193374	193387
	193399	193400	193468	193486	193543	193561	193625	193654	193893
	193963	193972	193999	194117	194233	194237	194419	194473	194474
	194488	194539	194541	194658	194719	194740	194852	195031	195041
	195107	195177	195290	195297	195333	195343	195384	195472	195481
	195487	195573	195596	195630	195707	195712	195757	195794	195797
	195806	195894	195905	195931	195958	196020	196042	196063	196149
	196258	196285	196420	196676	196706	196780	196849	196965	197070
	197091	197200	197201	197287	197441	197444	197465	197503	197507
	197556	197603	197694	197700	197714	197715	197846	197849	197873
	197884	197893	197950	198005	198045	198048	198051	198053	198078
	198148	198155	198162	198266	198269	198345	198399	198403	198465
	198480	198557	198567	198568	198592	198648	198696	198717	198723
	198776	198837	198839	198867	198897	198950	198960	198983	199011

	199018	199061	199062	199118	199119	199124	199125	199134	199185
	199204	199207	199214	199225	199259	199318	199325	199341	199373
	199397	199438	199497	199500	199507	199554	199565	199607	199656
	199661	199709	199828	199953	200139	200181	200202	200205	200233
	200236								
慶北道內學校長評議會	184925								
慶北道農務課	184405								
慶北道議	184945	186289							
慶北道評議	182941	184508							
慶北漁組	197884								
慶北畜産聯合	183288								
慶北合銀	184466								
警備	184357	184719	184789	186219	186734	187166	187195	187299	187339
	187388	187618	188216	188237	188293	188422	188451	188713	188740
	188760	188889	189094	189123	190062	190085	190120	190138	190197
	190425	190449	191342	192371	192391	193422	194583	194694	194743
	195250	196085	196788	196794	196802	196818	196973	196999	197346
	197362	197797	197820	198020	198624	198681	199139	199311	199350
	199383								
慶尙合同銀行	187412	189685	195180						
慶尙合銀	184252	184569	184629	184735	185015	188155	188195	189409	190735
	194240	196205							
京城京城府	182669	182680	182695	182706	182717	182723	182727	182730	182731
	182732	182758	182789	182792	182819	182828	182837	182874	182875
	182899	182934	182946	182988	183021	183058	183090	183104	183108
	183144	183149	183168	183191	183196	183201	183212	183214	183306
	183330	183350	183354	183357	183358	183361	183378	183399	183417
	183444	183448	183459	183489	183490	183501	183511	183519	183541
	183548	183565	183607	183613	183615	183617	183619	183626	183634
	183641	183655	183665	183678	183684	183692	183694	183701	183702
	183716	183717	183735	183738	183745	183746	183747	183761	183777
	183800	183807	183814	183865	183889	183894	183898	183913	183965
	183985	184019	184026	184042	184044	184051	184053	184072	184074
	184076	184093	184098						
京城ホテル	183399	183417							
京城江陵間試驗飛行	192677								
京城建設計劃	185594								
京城檢事局	193349	193375							
京城見學團	187844								
京城高等工業学校・高工	186293	186318	187589	187613	189533	197199			

京城高等法院 京城高法	188829	189201	189231						
京城高商校	184847	184873							
京城工學院	193007								
京城公會堂	182899	197514	197756						
京城教育會	198767								
京城局 中央通信所	183448								
京城劇場	184150	185472	189872						
京城記者團	184424								
京城大學 法文學部	186964	186996							
京城東京間 旅客機	187114	187145							
京城放送局	183898	191741	195524	195546	195903	197026	197057		
京城本町署	183746	184026	187150						
京城奉天間 無線連絡	188438								
京城府	182680	182706	182723	182732	182837	182875	182934	183358	183361
	183378	183511	183735	183761	183913	184211	184445	184453	184516
	184667	184881	184894	185345	185520	185761	186322	186364	186387
	186844	186927	186942	187202	187486	187553	187683	187821	187943
	188109	188133	188405	188468	188488	188602	189193	189623	189652
	189941	189965	191174	191349	191527	191588	191694	192120	192294
	192314	192357	192447	192753	193019	193037	193151	193182	193333
	193383	193482	193500	193806	193810	193907	193941	193965	194022
	194425	194709	194728	194856	195285	195538	195643	196656	196785
	197396	197560	197656	197695	197748	197753	197769	197788	197851
	197870	197887	197942	198117	198407	198500	199057	199072	199323
	199547	199713	199834						
京城府民大會	193333								
京城府史研究	187486								
京城府營バス	183511	187553	193907	193941	199072				
京城府營質屋	182732								
京城府尹	182875	184445	184516	197753	197769	197851	197870	198117	198500
京城府廳	186942	189193	199323						
京城師範校	182988	183021	183814						
京城師範 附屬校	185004								
京城三越	183694	183717							
京城商工	185666	188074	190556						
京城上空	184501	184513							

遊覽飛行								
京城商議	182828	183490	184042	185286	187343	191823	192697	193397
京城少年團	188604							
京城小學校	194911							
京城市街 防空演習	189485							
京城洋畫 研究所	182727	183104						
京城女子 實業展覽會	189638							
京城驛	184275	185234	186530	189133	189162	192012	192027	197846	197861
京城預審決院	183701							
京城運動場	187340	189431	189463	194097				
京城醫專	184093	184671	185030	185065	192181	192402	192430	196180	197130
	197199	197614	197637	199495				
京城慈濟院	184382							
京城電氣	184053	184074	187915	193333	195954			
京城專賣局	190719							
京城電車	184275							
城大 京城帝國大學	182618	182776	182803	182825	182848	182880	182953	183052	183072
	183101	183118	183152	183171	183200	183220	183250	183270	183500
	183513	183527	183534	183758	183802	183817	184029	185180	185209
	185270	185274	185305	185332	186110	186519	186863	186944	186964
	186996	187018	187239	187263	187428	187816	188067	188255	188615
	189008	189041	189254	189377	189405	189745	189912	190263	191026
	191121	191297	191620	191852	192065	192358	192379	192715	192719
	192733	193759	194278	194674	194954	195528	195598	195616	195644
	195667	195706	195731	195863	196921	196946	197581	197596	197736
	197852	197865	198363	198914	198944	199710	199758	199812	199889
	199978							
京電 京城中央 電話局	183154	183682	183707	184705	184737	185001	185346	185436	185460
	185715	187013	187393	189300	189323	189371	189387	189805	190007
	190031	190868	190993	191038	191107	191129	191176	191879	191915
	192401	193883	193912	193965	194359	195238	195348	195532	195835
	196044	197437	199444	199896	199919			
京城 地方檢事局	189493	189521						
京城地方法院	184307	191057	193402	193435	194303	194330	197667	
京城招魂祭	188424							
京城春川間 貨物自動車	194784							
京城齒專校	187782							

京城學生事件	183626	183655						
京城學組	183617	186699	186768					
京城憲兵隊	186467							
京城刑務所	190685	190708						
京城喜樂館	192334							
景勝地	189105							
京元線	185609	186154	188257	192506	192513	192589	192610	
京仁	185218	186332	187206	194175	194698	195172	195218	196720	196900
	196958	198103	198218	199385	199873	200087	200093	200094	
京仁驛傳競走	187206							
京日 京城日報	183701							
慶州	184876	188356	188776	189301	195343	196174	196212	196599	199249
耕地事業	188393							
警察 警察官	182628	182651	182658	182684	182710	182782	182800	182908	183016
	183030	183103	183229	183242	183243	183260	183261	183294	183320
	183440	183604	183672	183853	183864	183881	183961	183981	184011
	184108	184130	184165	184183	184223	184247	184294	184329	184368
	184442	184642	184926	184936	185295	185378	185620	185796	186181
	186201	186288	186431	186458	186672	186868	187093	187120	187232
	187259	187428	187459	187462	187465	187485	187490	187639	187646
	187676	187715	188080	188108	188520	188532	188551	188564	188626
	188664	188797	188833	188908	188996	189039	189082	189125	189127
	189158	189450	189631	189662	189759	189820	189854	189975	190521
	190546	190581	190638	190748	190847	191004	191033	191034	191061
	191063	191105	191168	191308	191416	191458	191477	191585	191696
	191718	191771	191804	191877	191896	191979	192037	192136	192243
	192255	192357	192391	192427	192454	192506	192507	192516	192547
	192559	192591	192599	192616	192655	192691	192738	193015	193031
	193331	193355	193417	193562	193586	193793	193828	193857	193910
	193964	193992	194045	194132	194327	194558	194631	194682	194810
	194840	194866	194880	194890	194993	194998	195144	195184	195291
	195300	195457	195488	195506	195512	195557	195688	195809	195820
	195989	195995	196160	196175	196180	196315	196316	196405	196410
	196460	196512	196731	196937	196985	197035	197125	197272	197677
	197729	197780	197846	197851	197870	197954	198017	198027	198045
	198058	198064	198095	198119	198144	198276	198302	198373	198447
	198748	198750	198928	199024	199054	199097	199509	199532	199743
	199867	199947	199971	199983	200070	200167	200197	200228	
高等警察	189158	192243						
警察官 共濟組合	182658	183016	186868					
警察署	182651	183030	183961	185796	187459	187490	187639	187676	188797
	188996	189039	189125	189975	191416	191585	191896	192691	193828

	193857	193964	193992	194045	194810	195557	196460	196512	196985
	197780	198064	199024	199971	200070	200197	200228		
警察協會	183440	199532							
境港	184605								
	184623								
稽古	182869								
鷄卵	183288	183794	192256	196302	199783				
鷄疫	192541	198817	199000	199691					
藁加工品	183922								
高工	186293	186318	187589	187613	189533	197199			
高橋濱吉 (朝日新聞 視學官)	184570								
	185450	185479	186594						
高橋章之助	191898	191925							
古橋知事 (羅南道)	184492	196178							
高句麗	183024	187595							
高給者	184217	186444							
高女	184641	184753	184809	185042	185077	185175	185203	185314	185500
	185573	185828	185860	185877	185904	186494	186772	188271	188582
	188829	188858	189469	189671	189774	191538	193410	193797	195315
	195479	196506	196509	197112	197113	197250	197251		
高女五年制	185314	185500							
高等	182829	182856	184740	184765	184870	184920	185040	185075	185267
	185323	185390	185438	185457	185640	187240	187262	187771	188099
	188829	189158	189201	189231	190938	191318	191338	191768	192243
	192329	192339	195208	195311	195587	197521	197547	197963	198280
	198588	198914	198944	199341	199373	199528	199617		
高普 高等普通校 高普高等普通 高等普通學校	182792	182817	182829	182856	182960	182966	182987	183159	183176
	183196	183214	183254	183256	183263	183280	183306	183335	183364
	183383	183468	183575	183577	183578	183598	183639	183751	183778
	183857	184761	184920	184985	185247	185606	185744	185888	185915
	186898	186930	187887	187891	188100	188329	188491	188643	189317
	189449	189454	189469	189618	189622	189651	189690	189769	190074
	190810	190833	192585	192604	192640	192651	195616	195802	195858
	196061	196086	196132	196144	196287	196666	196692	196761	196851
	197020	197663	197688	197828	197946	198095	198124	199229	199617
高等小學校	184740	185040	185075	185267	195587				
高麗	183361	183378	183626	183655	184308	184654	185206	186684	186865
	192262	192579	193727	195793	197218	198401	199661	199684	199698
	199812								
高麗共産靑年會	183626	183655	184308						

高麗共産 青年會事件	183626	183655	184308						
高麗燒	199684	199698							
高靈	199661								
高普	182792	182817	182829	182856	182960	182966	182987	183159	183176
	183196	183214	183254	183256	183263	183280	183306	183335	183364
	183383	183468	183575	183577	183578	183598	183639	183751	183778
	183857	184761	184985	185247	185606	185744	185888	185915	186898
	186930	187887	187891	188100	188329	188491	188643	189317	189449
	189454	189469	189618	189622	189651	189690	189769	190074	190810
	190833	192585	192604	192640	192651	195616	195802	195858	196061
	196086	196132	196144	196287	196666	196692	196761	196851	197020
	197663	197688	197828	197946	198095	198124	199229		
古本屋	184091								
古墳· 古墳發掘	187513	187547	187722	189197	189544	189969	190049	190183	190357
	190358	190440	190477	190702	191987	192029	198658	198685	198961
	198988	199417	199614	199625	199788	199886	199913	200043	200069
	200204	200235	200255						
古墳壁畵	191987								
古墳調査	187513	187547							
高商	184847	184873	186258	187589	187613	193048	193803	194013	195127
高松宮	184529								
高野彌一郎 (釜山地方 法院判事)	183971								
高野平壤 (憲兵隊長)	188996								
高女	183223	184051	184072	184339	184592	188903	188971	189280	189386
	190843	190879	194265	194273	194378	195991	197828	198295	199567
	199593	199630							
古蹟遺物	184597	184622							
古典	184665	184979	185006	186398	187364	194601			
古典美	187364								
故池上四郎 政務總監 追悼會	187244	187269							
古川兼秀 (新平南 地方課長)	182872	197851	197870	198189					
穀物	183287	184390	184459	184693	185021	189286	189740	189896	189932
	190112	190849	191287	191590	191617	191967	192217	192280	192367
	192786	193205	193246	193801	193840	193890	194306	194348	194525
	194528	194551	194787	194860	195104	195338	196103	196153	196192

	196280	196296	196314	196412	196848	197610	197628	197765	197952
	198910	198914	198932	198944	199052	199658	199700	199736	
穀物商大會	191590	191617	192367	195338	196153	196280			
穀物組合	184390	185021	194860	196103	196192				
空の旅	185309	185335	185681	185716	200025	200057			
空家	197507								
公課金	199446								
共同墓地	182664	182690	190261	196461					
共同墓地整理	182664	182690							
公立普通學校新設	183115								
攻防演習	184911								
公私經濟緊縮ポスター	184490								
共産	183563	183586	183626	183655	184308	184547	186435	186461	189462
	189911	190339	190521	190746	190918	190939	190996	191240	191319
	191900	191929	192208	192408	192434	192950	192963	193025	193077
	193101	193207	193230	193278	193771	193775	193940	194434	194460
	195175	195186	195377	196429	196447	196449	196728	196754	196794
	196818	196883	197292	197318	197353	197379	197448	197469	197493
	197700	197822	198079	198095	198362	199202	199235	199325	199613
	199837	200133	200134	200152	200159	200160	200177	200205	200236
共産教育	189462								
共産黨	183563	183586	184547	186435	186461	189911	190339	190521	190746
	190918	190939	190996	191240	191319	191900	191929	192208	192408
	192434	192950	192963	193077	193101	193207	193230	193278	193775
	193940	194434	194460	195377	196429	196447	196449	196728	196754
	196794	196818	196883	197292	197318	197353	197379	197448	197469
	197493	197700	197822	198095	198362	199202	199235	199325	199613
	199837	200133	200134	200152	200159	200160	200177	200205	200236
共産黨事件	184547	186435	186461	190339	190746	190918	190939	192208	192408
	192434	192950	192963	194434	194460	196449	197700	198095	198362
共産主義	184308	198079							
公設宿泊所	182619	186612	186635						
公設市場	182978	183058	183807	184295	185465	185969	186675	186701	186723
	186896	187044	187976	188153	188193	188319	190878	191574	191701
	192743	194244	194268	194492	194950	195385	195386	195560	196542
	196661	198198	199105	199329	199616	199637			
公設質屋	182619	183574	183592	183658	183916	184154	184280	185564	186800
	189590	191591	191601	191993	192260	193723	195078	196124	198834
	198858	199536							
空輸會社	186084	186106	188068	193882	193911	198836	198861		
公安·公安局	188006	197826	199582						

工業技術	184698							
工業實習學校	184972	185313						
工業協會	186969	187000						
工藝	196612							
公有水面取締規制規定	187301	187344						
公益質屋	183396	184630	186300	187629	188575	188893	190245	195200	195678
	196289	198140	198382	199013	199670	199686	199862		
工場調查	185559	185597						
公州	183194	183314	184221	184479	184771	186178	186478	188221	188242
	189538	189618	189729	190057	190169	190418	190833	190837	191516
	191538	191944	192356	192633	192713	193316	193552	193675	195570
	196417	196825	197203	197271	197328	197390	197447	197614	197637
	197699	197785	197843	197845	198037	198043	198094	199012	199306
公州高普	189618	190833						
公衆電話	191700							
公職者	182875	183621	185733	186977	187931	187975	188099	188208	188229
	188284	188316	189492	190318	191011	191070	191779	192028	192091
	192175	192192	192248	195314	195410	195444	196687	198719	199153
公職者大會	185733	186977	187931	187975	188099	188208	188229	188284	188316
	191070	191779	192091	192175	192192	192248	198719	199153	
公職者會	183621	190318	192028					
公判	183463	183563	183586	183698	184036	184172	184204	184606	184659
	184756	184825	184858	184914	184993	185011	186343	186382	186435
	186461	186861	187177	187208	187360	187361	187399	187741	187871
	188005	188091	188115	188139	188179	188262	188474	188779	188814
	189307	189325	189502	189524	189587	189666	189848	189885	189911
	190019	190050	190252	190310	190335	190339	190649	191142	191262
	191270	191318	191319	191338	191486	191494	191495	191531	191555
	191561	191593	191609	191703	191731	192148	192188	192211	192408
	192434	192558	192571	193402	193435	193564	193596	194053	194087
	194547	194730	194992	195130	195299	195324	195482	195541	195655
	195801	195828	196914	196918	197039	197329	197411	198095	198226
	198420	198452	198586	198635	199325	199617			
恐慌	182716	182944	182967	184618	186932	187225	188156	188196	190071
	190481	190505	191233	191322	191789	191836	192541	194834	196014
	196036	197882	198467	198868					
公會堂	182899	184154	184813	186977	187980	188097	188119	188316	188336
	191557	194201	194267	194819	195128	195151	195754	195859	195875
	197414	197514	197544	197756	198126	199159			
菓子	184031	186588	186721	186896	188935	198708			
科學	182760	183067	187457	189697	191621	196351	196446		
科學知識	187457							

觀光	183882	184089	186085	186107	189028	189056	191280	191478	193777
觀光團	183882	184089	186085	186107	191478				
關口半 (平壤覆審 法院檢事長)	189568								
關東軍	187811	191654	191675	195097					
官立專門校	185291								
觀兵式	182621	182790	182839	182913	188144	188184	196341	196374	196388
關釜	186021	186040	187458	188418	188450	188611	189751	190226	190717
	191613	193131	193162	193454	193468	193486	193568	194762	195524
	197099	198154	198188	199010	199195	199666	199874	200194	200225
關釜連絡船	186021	186040	188418	188450	188611	190226	190717	193131	193162
	193568	194762	195524	198154	198188	199010	199195	199666	200194
	200225								
關稅特例廢止	188977								
關水武 (咸南知事)	197851	197870	198819						
官營	188211	188232	190558	190570	199317				
罐詰	183452	186405	187386	187506	187538	187853	188036	190105	191504
	195517	196422	196622	196642	198000	198024	198978		
狂犬病	183141	187115	187143	188000	188267	188937	189062	189311	190275
	192134	192155	193284	193312	193416	193445	193909	197796	198388
廣島	187990	188712	188735	190130	191885	195691	196059	196446	
鑛山	183847	188072	188089	193343	193374	198136			
鑛業	183999	184018	184225	188557	188998	189023	189046	189579	191366
	198498	198729							
鑛業試驗所	184225								
光州	182932	182955	183209	183460	184172	184204	184858	184914	184993
	185011	185121	185148	185384	185414	185982	185996	186462	186775
	188216	188237	188479	189198	190536	190664	190734	190856	190994
	190995	191166	191247	191257	191258	191753	191994	192115	192411
	192585	192604	193316	195036	195175	195186	195638	195801	195828
	195897	195999	196476	196591	198107	198156	198226	198564	198889
	198974	199120	199546	199763	199975				
光州公設 グラウンド	191257								
光州事件	183209	183460	185982	185996	198226				
光州順天間電話	195036								
光州學生事件	184858	184914	184993	185011	185384	185414	189198	195175	195186
	195801	195828							
教科書	182774	182798	183915	184271	184388	184593	184621	185033	185068
	186029	186048	186072	186094	186898	186930	187272	188836	188866

	192843 199572	192895	192914	195454	198206	198233	198341	198379	199556
教科書改訂	188836	188866	195454						
蕎麥	192710								
橋本恒五郎 (新義州地方 法院檢事)	184375								
教師	182896 197619	183208 197690	184153 197846	184186 199208	190897	191320	191351	193512	193727
教授	182618 183101 183688 185065 186944 192130 195422 197837	182776 183118 183704 185246 187015 193910 195488 198853	182803 183152 183758 185270 187018 193982 195657 198900	182825 183171 183828 185512 187428 194056 196860 198914	182848 183199 184321 185666 188078 194089 196921 198944	182880 183200 184401 185823 188106 194125 196946 199556	182953 183220 184603 185855 188840 194497 197197 199572	183052 183250 184670 186348 190941 194674 197231 199710	183072 183270 185030 186863 191467 195127 197817 199812
教授法	183199	188078	188106						
教授案	184603								
教員	183047 184111 186163 187105 188458 190899 194541 197176 198289 199534	183051 184268 186227 187122 188715 191130 194632 197285 198355 199668	183445 184311 186249 187193 188722 191302 195363 197709 198532	183468 184319 186385 187606 188738 192195 196117 197825 198673	183500 185214 186420 187872 188747 192250 196275 197846 198712	183527 185531 186884 188081 189839 192293 196327 197861 198778	183573 185641 186997 188343 190564 192311 196629 198153 198813	183634 185735 187035 188385 190707 192631 196714 198178 198835	183665 186158 187096 188405 190753 194261 197143 198266 198965
教育	182639 183307 184584 185655 186285 187517 188284 189091 189830 191453 192951 194868 196613 196895 197948	182823 184085 184613 185676 186479 187817 188291 189117 190035 191492 192964 194901 196659 196920 197981	182845 184311 184674 185707 186622 187889 188405 189285 190131 191513 193694 195158 196714 196923 198029	182896 184421 184744 185742 186662 187948 188715 189341 190481 191517 193891 195212 196715 196957 198097	182911 184432 184847 185762 186694 187960 188718 189430 190505 191540 194028 195463 196717 197476 198125	182988 184451 184873 186066 186711 188014 188816 189459 190945 191997 194057 195695 196718 197485 198369	183021 184484 185433 186072 187061 188049 188890 189462 191042 192416 194265 196243 196744 197566 198533	183022 184485 185490 186088 187254 188098 188909 189621 191091 192425 194395 196430 196837 197892 198767	183047 184542 185518 186094 187413 188124 189003 189784 191296 192530 194620 196532 196851 197918 198856

	199388	199419	199422	199439	199443	199823	199850	199851	199852
	200063								
教育講習會	184542	192425	192530						
教育改革	185676	185707							
教育代議員	184744								
教育代議員會	184744								
教育方針	183047	184484	185490	185518	198029	198856			
教育普及獎勵	185655								
教育研究會	189621	189830	196717	196920					
教育映畫會	182639								
教育勅語	188098	194028	194057	194620	195695	196659	196957		
校長	182988	183021	183196	183214	183254	183268	183306	183623	183814
	183971	183990	184015	184099	184122	184669	184847	184873	184925
	185369	185768	186234	187015	187233	187817	187872	188045	188829
	189618	189690	190810	190833	191049	191057	191325	191519	191530
	191538	192081	192179	192241	192975	193762	193889	193891	194056
	194089	194107	194212	194390	194402	194778	194804	195222	195249
	195252	195315	195362	195501	195536	196287	196368	196666	196692
	197293	197456	197485	197566	197860	198062	198068	198802	199099
	199567	199593	199755						
教材鄉土化	195454								
橋田東聲	182719	182749	182827	182851	182937	182962	185317	185324	185367
	185400	185494	185532	185628	185658	185737	185764	185811	185843
	185975	185989	186026	186045	186121	186132	186368	186389	186423
	186446	188533	188565	189144	189165	189373	189390	189633	189660
	189869	189901	190124	190141	190356	190400	190624	190631	190855
	190882	191244	191281	191535	191562	191764	191796	192013	192034
	192234	192249	192457	192484	192641	192650	193201	193225	193340
	193357	193768	193789	194034	194068	194296	194343	194786	194823
	194937	194949	195178	195189	195405	195433	195591	195607	195955
	195976	199785	199798						
教職員	187035								
交通	182669	182695	182930	184689	184968	185253	185277	185406	185576
	185786	186160	186165	186774	187108	187139	187219	187683	188015
	188107	188523	188732	188847	188883	189977	190302	190524	191528
	191581	191610	191636	191657	191765	191883	191907	192071	192431
	192470	192513	193901	193970	193972	193999	194001	194047	194693
	194733	196200	196219	196234	196566	196768	197889	197925	198137
	199126	199149	199830	199834					
交通綱	187219								
交通法規	185786								
交通事故 自動車の事故 自動車事故	182669	182695	182734	182842	182870	182930	183227	184470	185253
	185277	186161	186166	186247	186752	187916	188523	188649	190144
	190302	190686	193282	193825	194888	195668	197889	197925	197946

項目								
自動車衝突 自動車墜落 自動車轉落	198482	198684	198911	198912	198934	199369	199830	
交通安全	187683							
教會	182821	184153	184186	190278	194990	195009		
教會堂	182821							
九龍浦	191816	192506	193393	194783				
久留米絣	187374	187405						
鳩山一郞	185568	185595	185720	185785	185870	185897	186282	
救世軍	185221	185933	185946					
驅遂艦	185784	188667						
歐亞鐵道 連絡會議	183244	183264						
求人	183624	183653	184061	184086	185728	187347	191916	198215
求人求職	183624	183653	184061	184086	187347	191916		
求人求職放送	187347	191916						
舊正	183133	183363	183940	184164	184434	184899		
救濟對策	184249	185118	185145					
救濟事業	182778	182804	182823	182845	184309	185119	185146	185208	186306
	186333	186663	186696	186938	187725	188250	188273	188956	189010
	189617	189645	190820	191041	192398	192414	194232	195582	197141
	197172	197669	198442	198637	198663	199245	199272		
歐洲	185616	186808	190367	191167	191189	194521	197819	
求職	182731	182758	183624	183653	184061	184086	184320	187347	190368
	191916	197150	197182	198350	198433			
求職者	182731	182758	184320	190368	191916	197150	197182	198350	
驅逐艦	185440	188334	189738	189798	189828	192371	192638	195496	195675
	199131							
拘置監	197563	197587						
國境	182630	182863	182958	183071	183080	183132	183222	183224	183324
	183334	183373	183384	183441	183472	183539	183543	183588	183597
	183648	183666	183709	183765	183824	183860	183920	183929	183979
	184001	184004	184171	184235	184297	184347	184353	184368	184491
	184612	184715	184719	184788	184789	184852	184916	184977	185104
	185189	185255	185307	185372	185434	185635	185732	185821	185853
	186219	186559	186791	186811	186851	186900	187092	187099	187299
	187339	187456	187580	187601	187895	188422	188451	189076	189094
	189104	189123	189401	189484	189506	189761	189930	190447	190469
	190774	190830	190885	191016	191022	191175	191191	191195	191269
	191422	191475	191632	192144	192513	192689	192701	194172	194196
	194309	194367	194393	194660	194664	194668	194681	194684	194743
	194754	194871	195144	195248	195250	195261	195312	195520	195937
	196085	196871	196929	196972	196986	197049	197055	197094	197124
	197247	197296	197507	197531	197609	197627	197864	197899	198244

	198302	198313	198374	198436	198464	198509	198575	198601	198623
	198624	198989	199212	199241	199638	199884	199915	200109	200129
國境警備	184719	184789	186219	187299	187339	188422	188451	194743	195250
	198624								
國境漫語	183080	183132	183222	183334	183384	183666	184004	184171	184235
	184297	184353	184491	184612	184715	184852	184916	185189	185255
	185307	185372	185635	185821	185853	186559	186900		
國境部隊	198509	198601							
國境飛行場	183441								
國境守備	183979	185732	197864	197899	198313				
國境守備隊 優遇案	185732								
國境拓殖鐵道 第二次調査	194309								
國立穀倉	185124	185151							
國立公園	184558	191571	192227	193684	193715	194357	194384	194721	
國立 資源調査所	186171								
國民府	184795	192049	193602						
國民政府	183180	187444	190329						
國民協會	183246	183266	183298	183328					
國防デー	185047	185082	185108	185135					
國防記念日	184237	185689							
國産愛用	187041	188508	190659	191113	191134	193900	193933	194227	194237
	194449	195008	195429	195530	195531	195550	195553		
國産品愛用	184476	190977	192489	194449	194530	194805	195056	195358	196282
	196502								
國産品愛用 標語展覽會	190977								
國勢調査 國調	182775	182801	182986	183006	184905	185166	185197	186364	187647
	187771	187898	188346	188371	189140	189807	191231	191522	191549
	191755	191787	191820	191842	191920	192294	192314	192486	192780
	193200	193224	193356	193628	193657	193819	193892	193924	194030
	194239	194324	194523	194726	194746	194792	194863	195011	195289
	195636	195711	195737	195745	195984	199207	199225	200145	200193
	200224								
國勢調査 講演會	191231	193628	193657						
國語	183455	183477	183630	184903	184928	185402	186898	186930	189599
	190117	194770							
國語講習	183630								
國語讀本	183455	183477	185402	194770					
國語讀本改訂	183455	183477							

國營調査	185565							
國外放浪貧民	191820	191842						
國有林	183458	186283	192931	197060				
國有財産 整理案	183094	183116						
國籍法	192760	192769						
國定教科書	183915							
國際聯盟 國際聯盟	182787	182805	186784	187002	198531			
國際聯盟 阿片委員	187002							
國際裁判所	189820							
國債	183562	190273	199768					
國債償還	183562	190273						
郡農會	184428	184447	186549	190758	191270	198827	198855	
軍事教育	185742	185762	197948	197981				
軍司令官	182843	183002	183054	183079	185766	185974	185988	186014	186033
	186119	186130	187097	187129	187150	188091	188115	188251	189158
	189173	189832	191654	191675	195097	195208	195305	195321	197294
	197319	198509	198579	198597	198601	198636	198841	199080	199176
	199382	199411	199472	199819	199911	200157	200178		
群山	182938	183685	184221	184397	184635	184734	185650	185673	186023
	186042	186052	186399	187189	188217	188220	188238	188241	188354
	188537	188684	188713	188740	189139	189147	189157	189164	189237
	189245	189312	189546	189549	189862	189942	189949	190166	190297
	190298	190479	190560	190727	190789	190851	190860	191027	191241
	191432	191599	191616	191689	191712	191829	191893	191990	192011
	192181	192225	192409	192633	192972	193316	193398	193702	193788
	194252	194347	194490	194612	195209	195217	195284	195407	195412
	195417	195525	195694	195964	196106	196158	196174	196417	196439
	196781	196825	197203	197231	197385	197608	197657	197886	197992
	198199	198203							
群山配水池	182938							
群山郵便局	187189	188220	188241					
群山港	191829							
郡守會議	191906	191961	192245	192517	195201			
軍用機	197154	197185						
軍醫	184307	185301	185974	185988	187299	187339	199423	
軍村養一(總督府科學館長)	183067							
軍縮	184481	184505	189133	189162	189184	190482	190506	192954	192967
	197168	197310	199911						

軍艦	187786	188121	188949	189380	189402	193191	193511	193892	193924
	194847								
窮民	182976	183690	183714	186366	187696	189477	189806	195116	195146
	195490	197674	198249	199066	199082	199121	199245	199272	
窮民救濟 窮民救濟事業	183690	183714	186366	199245	199245	199272	199272		
窮民救助	182976								
窮乏	184257	194658							
勤農共濟事業	183178								
勤農共濟組合	184738	190674	193003						
權藤四郎介 (朝鮮新聞 副社長)	188486	192863	192882						
券番	192436	193429	194217	194317	194336	196212	196400	197869	
歸鮮	182935	182956	183232	183951	185200	185713	186263	186817	186842
	186954	187441	187473	189420	189452	190794	190816	191306	191330
	191634	191655	191751	191825	191845	191948	191960	192063	192083
	192636	192653	193063	193089	193275	193304	194103	194145	195626
	196004	196026	196053	197850	198087	198509	198601	199309	199344
	199651	199682							
歸鮮者	183232	193275	193304						
貴族	184611	185221	185238	185263	185528	187428	187625	187724	187757
	187861	189961	192157	194195	194221	195657	195772	196677	196738
	197466	199270							
貴族院	184611	185221	185238	185263	187428	187625	189961	192157	194195
	194221	195657	195772	196677	196738	197466	199270		
歸化	186831	189733	189756	189968	190172	190195	191065		
歸化手數料	186831								
歸還・歸還者	183059	186952	187942	190197	194140	194294	194321	194663	195617
	196743								
劇	182964	183673	184041	184150	184243	184515	184729	184977	185472
	185721	185960	186119	186130	186287	186458	187561	187768	187810
	187829	187852	188823	189812	189872	190019	190050	190964	191298
	192320	192334	192388	193383	193539	194245	194258	194320	194368
	194611	196821	196889	197449	197658	197674	197712	197734	197946
	197969	198147	198171	198402	198484				
極東時報社	184265								
劇場	184150	185472	186287	187768	189812	189872	192320	192388	193383
	194245	197658							
勤農共濟組合	190907	191875	191903	195464	197460				
勤農組合	1876024								
近代	183565	184076	185180	185209	185578	185604	187364	187772	188657
	188685	190594							

近代都市	188657	188685						
近代美	187364							
近代色	183565							
近代型	184076							
根津嘉一郎 (朝鐵)	196386							
近海漁業	183727	197018						
錦江	191636	191657	191689	191712	193970	194001	196414	199315
金剛山	183521	183545	185343	186651	186929	187625	188521	188552	188607
	188635	188948	188953	189600	190001	190427	190552	190681	190703
	190854	191571	191826	191858	192014	192035	192176	192207	192227
	192307	192410	192456	192481	192492	192513	192550	192589	192590
	192610	192637	192694	192697	192764	192773	192890	193119	193318
	193684	193715	194357	194384	194721	194724	194981	195128	195151
	195400	196546	196565	196847	196972	197216	197348	197606	198573
	199260								
金剛山 國立公園	194357	194384	194721					
金剛山電鐵	185343	187625	188948	192589	192610	192697	197606	198573
金鑛	183859	183893	184344	186114	188283	188998	191864	193123	193154
	193582	194690	196770	196936	199258	199289	199526		
金單位制	183854	184778						
金肥	185347	185424	185881	185908	185966	196968	196996	
金山	184346	184582	194042					
今西龍 (城大教授)	183758							
金融 金融界	182654	182948	183249	183846	183996	184249	184499	184618	184774
	184806	185041	185076	185435	185459	185498	185525	185799	185831
	186373	186395	186651	187628	188037	188308	188331	188380	188842
	188893	188995	189157	189172	189347	189382	189391	189950	190079
	190521	190784	190907	190927	191006	191629	191747	191773	192109
	192120	192564	192698	193012	193322	193380	193516	193529	193558
	194111	195034	195276	195474	195795	195807	196011	196033	196264
	196693	197028	197264	197286	197298	197409	197610	197628	197659
	197675	197715	197740	197784	197842	197890	197916	198087	198166
	198186	198194	198223	198403	198560	198646	198668	198702	198731
	198827	198855	198885	198892	198920	199011	199386	199421	199790
	199891								
金融機關	183996	184618	188893					
金融制度 準備委	185435	185459	186373					
金融組合 金組	182948	183403	183421	184249	184499	184749	185041	185076	185493
	185634	185739	185927	186395	186733	187453	187575	187733	187753

	187809	188037	188308	188380	188536	188569	188645	188842	188995
	189157	189172	189177	189391	189501	189707	189810	189846	189949
	190510	190784	190846	190881	191006	191389	191629	192109	192231
	192256	192448	192460	192473	192698	193012	193380	193516	193529
	194111	194474	195034	195474	195622	195761	195795	195806	195807
	196011	196033	196055	196063	196112	196203	196623	196636	196683
	196684	196834	196862	197007	197409	197453	197475	197498	197604
	197610	197628	197715	197720	197988	198016	198037	198166	198186
	198403	198809	198827	198855	198885	199125	199150	199701	199734
金融組合聯合會 金組聯合會	188037	188842	189391						
金銀鑛	182961	188089							
金佐鎭	184260								
禁酒禁煙法	188836	188866							
金泉高普	197020	197663	197688						
今村武志 (總督府 內務局長)	192526	195476							
金海	184133	198644	198706	198778	199494	199703	199739		
金海農補校	184133								
給水	182784	185212	185538	185621	185818	185850	185887	185914	188265
	189009	189042	190014	192257	192331	192375	194115	198435	199278
記念碑	183447	183557	184231	185103	186159	186164	186600	189438	195719
	195736	197273	197297	198150	198587	198631	199711		
記念植樹 記念植樹祭	185368	186244	186269	186742	186765	186814	187190	187227	187267
	187452	187728	187793	192778					
基督降誕祭・ Xマス	199492								
基督教	184153	184186	184856	188566	189671	191276	192429	194990	195009
基督教靑年會	184856	191276							
汽動車	183297	183327	184088	185624	186973	187718	187778	188162	188202
	189099	189120	189437	189467	191315	191329	194301	194341	196080
	198620								
箕林里	183478	185295	185972	187302	191402	191643	191664	192977	193621
	193650	193881	194739	194753	195247	198248			
寄附	186320	186390	186454	186619	186686	188545	188570	189031	189281
	190414	190916	191420	191544	192053	192656	192759	192768	192843
	193571	194267	194953	195072	195499	195803	195924	196109	196392
	197021	197045	197169	197175	197273	197297	197504	197972	198303
	198602	199083	199577						
技師	182657	182684	182710	183701	183727	183904	184197	184220	184334
	184570	184713	184745	184891	185987	186001	186129	186140	186914

	187291	187330	187430	188008	188772	188799	188858	190054	190295
	190423	190951	191538	192363	192385	192506	192838	193149	193180
	193186	193272	193301	193549	193967	194017	194289	194500	194589
	194674	194699	194924	194943	195079	195836	196285	196625	196921
	196946	198485	198662	198691	198853	199764			
氣象	183063	183076	196823	197402	197880	198466	198703		
妓生	184979	184988	185006	185293	185695	185751	187990	189277	190062
	190085	190196	190557	190589	190627	190652	190711	191008	191046
	191116	191124	191151	191184	191320	191351	191885	192748	193429
	193993	194317	194336	194453	194670	194686	198392	198724	198936
	199935	199999							
妓生演奏會	185751								
寄生蟲	182849	184535	186193	194455	194878	195980	196508	198651	
寄生蟲調查	184535								
妓生學校	185695	189277	191008	191320	191351				
期成會	183050	183176	184625	184809	186968	186999	189746	189833	190340
	190434	193742	194176	194982	195004	196273	196687	197093	197646
	198112	198303	199888						
寄宿舍	182817	182927	183223	183989	184339	186494	187202	190843	198363
	199098	199284							
技術員	184428	184447	187770	190485	191512	192711	193038	194069	
飢餓	194693	199528							
紀元節	184162	184411	184509						
記者	182637	183090	183144	183191	184424	187823	187922	188027	188298
	188306	188332	188429	188597	188996	189028	189056	189248	189266
	189298	189305	189318	189369	189393	189420	189452	189478	189488
	189512	189543	189555	189573	189735	189765	196055	196967	196995
	197177	197239	197518	197551	197554	197797	197820	198049	198092
	199029	199270	199491	199515	199697	199725	199728	199928	
氣腫疽豫防	192499								
汽車	182666	182692	183242	183260	183454	183473	183619	186992	195026
	195344	195372	196616	197507	197531	197796	197819	198935	199212
	199241								
氣候 氣候の變調 氣候の急變	184692	185746	187879						
吉林	185421	190950	197457	197484	198653	198673	199219		
吉原重成 (總督府 鐵道囑託)	183523	187771	188968	194731					
吉田秀次郎 (仁川商議會 頭)	187363	195137							

吉田平次郎 (咸興地方 法院長)	182843	191057
吉州	197510	197536
吉川英治	190192	
吉村謙一郎 (京城辯護士)	184891	

	ㄴ								
ナンダイモン 南大門	182671	182697	182834	182940	183055	183109	183162	183207	183308
	183453	183631	183749	183966	184027	184564	184679	184939	185017
	185331	185398	185607	188427	188481	188502	189843	190803	190829
	191052								
ヌクテ	190499	191491	191566	193085	193105	193215	193413	193526	194049
	194934	199565							
羅南	184225	184437	184448	184492	184531	184596	184642	184703	185689
	186212	186246	187089	187200	187288	187510	187582	187710	187736
	187905	188300	189320	189419	189778	190029	190190	190215	190228
	190229	190236	190320	190418	190507	190772	190804	190823	191331
	191627	191631	192023	192028	192036	192040	192046	192305	192513
	192548	192713	192715	192733	192779	193976	194011	194071	194165
	194514	194585	195660	195746	195838	196181	196359	196471	197252
	198542	198743	198765	198981					
羅南師團	190228								
羅南神社	187200								
洛東江	182791	182838	184839	184867	185777	186407	186932	188614	188950
	191457	191581	191621	191636	191657	191945	192123	192182	192206
	193765	193818	194232	195852	196196	196479	197207	197750	197855
	198162	198468							
樂浪	190034	190656	198806						
樂浪時代	190034	190656	198806						
男 男子 男性	182885	182918	182947	182948	182996	183093	183114	183208	183256
	183310	183364	183383	183520	183738	183801	183816	184055	184075
	184611	184765	184882	185022	185033	185068	185282	187051	187079
	187204	187217	187318	187365	187535	187625	188064	188128	188829
	188858	189159	189450	189891	190408	191454	191461	191479	191770
	191797	191862	192055	192103	192157	192858	192877	193012	193072
	193081	193109	193336	193795	194041	194073	194120	194250	194254
	194279	194368	194558	194751	195342	195355	195359	195937	196119
	196146	196174	196827	196906	197092	197231	197272	197296	197351
	197406	197625	197648	197658	197846	197872	197994	198017	198045
	198119	198256	198481	198662	198691	198766	198794	198814	198928
	198940	199003	199082	199144	199263	199404	199431	199494	199591
	199642	199692	199838	199904	199933	200121	200134	200160	
南軍司令官	182843	183002	183054	183079	185766	185974	185988	186014	186033
	186119	186130	187097	187129	188091	188115	188251	189158	189173
	189832	195305	195321	197294	197319	198579	199382	199411	
南滿電氣	183871								
南山	183191	184568	185403	186215	186939	187077	189743	193449	197022
	197946	197969	198508						
南鮮	183568	183928	183948	184780	184819	186602	188847	189143	189174
	189724	189940	189981	190024	190491	190535	190798	190799	191457
	191610	191636	191657	191893	192000	192052	192181	192402	192745

	193076	193257	193286	193563	194489	195528	195572	195765	195908
	196443	196841	196859	198828	199398	199812	200150		
男性美	187365								
南洋	194854	194900	198648						
南朝鮮鐵道	183757	196386							
南浦	182902	183035	183073	183194	183292	183354	183610	183613	183848
	184063	184365	184374	184479	184528	185165	185252	185423	185584
	185634	185701	186172	186230	186252	186619	186620	186632	186739
	186755	186876	187228	187290	187303	187345	187504	187670	187733
	187907	188077	188412	188536	188569	188675	188707	188746	188766
	188857	188980	189073	189138	189168	189267	189360	189386	189647
	189648	189671	189844	190169	190275	190321	190340	190543	190632
	190701	190789	190879	190943	190958	191002	191073	191088	191095
	191470	192028	192038	192271	192343	192393	192501	192505	192561
	192640	192651	192713	192757	192758	192767	192845	192864	193256
	193316	193675	193801	193955	194037	194065	194126	194313	194337
	194390	194400	194404	194405	194755	194845	195208	195284	195339
	195364	195394	195601	195667	195688	195838	195924	196292	196417
	196425	196588	196617	196870	196886	196893	197012	197056	197108
	197250	197294	197506	197586	197608	197632	197657	197722	197829
	197835	198081	198091	198430	198438	198734	198739	198755	198808
	198925	198927	198933	198951	199082	199153	199157	199370	199381
	199485	199623	199629	199647	199804	199860	199928	199943	200059
南浦高女	197250								
南浦金組	185634	187733	188536	188569					
南浦商議	183610	183848	187303	187345	189647	190632	190701	191073	192038
	194400	196292	200059						
男學生 男子學生	182885	182918							
快獲	182975	184523	186169	198978					
納稅	182717	183078	184404	184495	186015	186034	188734	189941	189965
	190941	192151	195605	195815	197025	197044	197047	197443	197794
	198104	198308	198613	198743	198772	198983	198994	198998	199040
	199057	199290	199446	199704	199713	199791	199891	199985	
納稅組合	189941	189965	192151	199040					
浪花座	188598								
內科	184401								
奈良好三 (釜山日報理事)	183905	194731							
內務局	183259	184073	184089	185411	186305	186323	192526	192689	192863
	192882	193967	194232	198947	199007	199115	199178		
內鮮	183105	183123	183204	183211	183221	183726	184050	184071	184101
	184124	184231	184333	184489	184514	184600	184691	184903	184908
	184928	184931	185656	185798	185830	185941	185954	186204	186556

	187502	187912	188215	188236	188351	188666	189793	189823	190060
	190065	190076	190078	191278	192170	192197	192243	192287	192402
	192893	192912	192947	192960	193412	193468	193486	193522	193632
	193661	193740	193803	193834	193882	193911	194670	194686	195533
	195628	196448	197514	197609	197972	198437	198648	199309	199344
	199940	199981	200031	200033	200193	200224			
內鮮融和	184050	184071	188215	188215	188236	188236	188666	188666	194670
	194670	194686	194686	200031	200031				
內鮮高等警察事務連絡會	192243								
內鮮共學制	188351								
內鮮滿連絡荷物取扱會議	190065	190078							
內鮮博愛會	183105	183123	183211						
內鮮連絡飛行	184489	184514							
內鮮人	184231	184600	185941	185954	190060	190076	196448		
內田責作 (大邱八十聯隊副官中佐)	187363								
內地	182631	182711	182731	182735	182742	182758	182763	182768	182947
	182958	183106	183232	183287	183356	183366	183872	184052	184343
	184377	184650	184653	184678	184851	184860	184877	184935	184955
	184962	184979	185006	185181	185211	185236	185305	185332	185779
	185824	185856	186085	186107	186126	186137	186181	186201	186218
	186254	186272	186294	186351	186571	186642	186786	186808	186870
	186975	187033	187070	187220	187294	187333	187376	187406	187584
	187587	187616	187643	187677	187929	188008	188011	188021	188030
	188213	188234	188255	188299	188425	188738	188879	188889	188894
	188899	188960	189008	189041	189248	189266	189290	189455	189551
	189614	189642	189731	189754	189925	190146	190163	190453	190568
	190653	190711	190718	190742	190762	190921	191027	191523	191817
	191876	191904	192113	192168	192190	192227	192759	192768	192983
	192993	193098	193185	193643	193672	194020	194103	194145	194397
	194558	194670	194686	194700	194785	194924	194943	194962	195033
	195111	195139	195216	195227	195244	195251	195275	195323	195705
	195723	195789	195836	195868	195923	196053	196373	196422	196437
	196531	196589	196655	196801	197068	197131	197272	197289	197404
	197420	197445	197570	197616	197641	197667	197708	197758	197762
	197776	197790	197836	197872	197977	197978	198089	198163	198217
	198247	198250	198440	198451	198807	198818	199060	199452	199511
	199537	199758	199927	200154	200175	200196	200227		
內地移住	184962								
耐寒飛行 耐寒飛行演習	182646	182919	183009	183071	183323	196359	196929	197154	197185
	197252	197624	197645	197768	199574	199799	199890	199917	

耐寒演習	184494	199918							
勞働 勞動	182757	183195	183213	183277	183843	183973	184851	184877	184944
	185009	185023	185167	185180	185198	185209	185719	186430	186456
	186470	186682	186789	187093	187897	188046	188461	189002	189060
	189678	190175	190606	191135	191825	191845	192123	192464	193196
	193591	193887	194207	194866	195287	196060	196497	196524	196584
	197167	197193	197235	197671	197700	197960	197979	199961	
勞働者 勞動者	182757	183195	183213	183277	183843	183973	184851	184877	184944
	185009	185023	185167	185198	186430	186456	186470	186682	186789
	187897	189002	189060	189678	191135	191825	191845	192123	192464
	193196	193887	196060	196497	196524	196584	197167	197193	197235
	197671	197960	197979						
勞動者不足	185167	185198							
勞銀 労働銀行	182786	186083	186105	186218	186366	186667	186707	187972	190344
	193143	193174	193812	194022	195539	195552	196165	196185	196336
	197235								
露支軍撤退	182755								
鹿野警察部長	183853	183881							
論文 懸賞論文	183436	184296	184779	184808	186293	186318	194174	194197	199001
農家	183953	184052	184145	184203	184692	184783	185256	185526	186473
	186770	187563	189128	189341	189474	190151	190574	190826	190927
	191981	192337	192776	193003	193678	193847	193966	193994	194104
	194202	194852	195842	195849	195865	196530	196531	197106	197584
	197950	198555	198610	198696	199415	200012			
農家副業	185256	189128							
農林省	183498	183525	186642	191467	198959	198990			
農務課	183002	183741	183758	183772	183885	184089	184168	184405	184926
	185097	187276	187771	187879	188008	188214	188235	188608	189337
	189423	189457	189741	189763	190193	190715	192246	192390	192850
	192869	193285	193315	193328	193350	193352	193561	194924	194943
	194961	195952	195971	196055	196976	197618	198196		
農民	182895	183157	183175	183846	184772	184801	185869	185896	186027
	186046	186396	186954	187093	187188	188250	188273	189473	189995
	190178	190224	190293	190305	190306	190307	190317	190422	190460
	190597	190666	190693	190856	191014	191159	191327	191359	191376
	191687	191992	192011	192312	193186	193406	193506	193771	193808
	193836	194173	194198	194391	194548	194586	194614	194989	195077
	195080	195373	195384	195501	195571	195626	195709	195728	195983
	195996	196149	196457	196628	196634	196647	196653	196683	196874
	196965	197242	197289	197340	197363	197410	197715	197974	198644
	198701	198706	198730	198837	198867	198983	199020	199041	199124
	199182	199316	199397	199942	200196	200227			
農民デー	190178	190307	190422	190460	190597	190856			

農民社	189995							
農法	187430	194621	200012					
農事	182684	182710	182714	182745	182977	183077	183866	183953	184011
	184039	184901	184919	185125	185152	185179	186410	186419	186443
	188271	188790	189484	189506	193319	193544	194095	194418	194763
	195464	195908	196469	196841	198705	198726	200037		
農事懇談會	183866	185125	185152					
農事講習會	184901							
農事改良	182714	182745	182977	183077	183953	193319	194095	194418
農事試驗場	184011	184039	186419	186443	188271	189484	189506	195908	198726
農産物	190481	190505	193075	193334				
農業	182615	182896	183063	183076	183331	183614	184432	184488	184592
	184957	184960	185546	186072	186094	186230	186252	186711	187159
	187186	187563	187682	188773	188800	188865	188894	189012	189048
	189289	189784	189858	190481	190485	190505	191015	191603	192241
	192312	192532	192711	192842	193334	193549	193966	193994	194107
	194500	194842	195099	195391	195404	195959	196109	196333	196480
	196511	196780	196814	197569	198195	198204	198230	198762	198918
	199326	199729	199756					
農業教育	184432							
農業技術員	190485	192711						
農倉 農業倉庫	182615	183614	184488	184960	187682	189289	193966	193994	194842
	195099	195391	195959	196109	197569	198195	198762	199756	
農組	187024							
農倉	183439	183909	184279	184316	189471	190662	191242	193063	193089
	194358	195131	195332	195703	195721	195766	195857	196470	197202
	197698	197951	198038	198046	198065	198572	198701	198730	199549
農村	182751	183300	183360	184092	185433	185611	186273	186360	186384
	186622	186974	187394	187649	187880	188012	188610	188714	188741
	189430	189459	189509	189991	190187	190227	190363	190397	190481
	190505	190549	190974	191194	191296	191359	191528	192069	192074
	192312	192480	192528	192706	193082	193515	193528	193698	193751
	193779	193893	194223	194422	194442	194658	194990	195009	195052
	195129	195150	195237	195464	196012	196015	196034	196037	196302
	196538	196595	196780	196902	196982	197066	197200	197368	197521
	197547	197570	197579	197595	197609	197627	197693	197738	197772
	197787	197806	197966	197969	197982	197983	197994	198039	198084
	198090	198216	198245	198249	198318	198448	198484	198526	198578
	198608	198694	198833	198870	198893	198924	198962	198977	198993
	199011	199033	199132	199204	199295	199359	199401	199445	199478
	199479	199672	199858	199876	199939	200012	200084		
農村病弊	184092							
農村不況 農村の不況	196595	196982	197200	197368	197579	197595	198216	198245	198578
	198608	198962	198993	199033	199204				

農村善導	190363	190397							
農村娛樂	189991								
農村振興映畫	189509								
農學校	183751	183778	184859	190032	190119	190218	190651	192115	194627
	197306								
農會	184428	184447	186004	186116	186167	186549	190119	190758	190887
	191270	192626	195967	196676	196798	197200	197248	197859	198269
	198557	198827	198855	199124					
腦脊髓膜炎	186568	195450							
漏電	185885	185912	190626	190650	191706				
綾羅島	185034	185069							

			ㄷ					
ダイナマイト	189561							
ダイヤ	182887	183783	196652	199697	199725			
ダンス	185418	190594						
ドイツ	185616	190594						
多獅島	183407	183426	183776	187099	187445	187798	187848	188051	191550
	192690	192700	192703	193038	193068	193094	193126	193157	193354
	193535	193585	193686	193717	193895	193923	193985	194058	194128
	194200	194297	194326	194363	194387	195144	195192	195494	195918
	196016	196038	196074	196131	196811	196833	196861	196894	196922
	196953	196979	198242						
多田榮吉 (新義州實業家)	183344	184209	188898	192018	192028	199147			
短歌	182719	182749	182827	182851	182937	182962	185317	185324	185367
	185400	185494	185532	185628	185658	185737	185764	185811	185843
	185975	185989	186026	186045	186121	186132	186368	186389	186423
	186446	188533	188565	189144	189165	189373	189390	189633	189660
	189869	189901	190124	190141	190356	190400	190624	190631	190855
	190882	191244	191281	191535	191562	191764	191796	192013	192034
	192234	192249	192457	192484	192641	192650	193201	193225	193340
	193357	193768	193789	194034	194068	194296	194343	194786	194823
	194937	194949	195178	195189	195405	195433	195591	195607	195955
	195976								
端川	192507	192516	192551	192567	192591	192616	192666	193220	
丹下郁太郎(京 畿道警務課長)	184143	184209							
達城郡	192286	192303	192454	199656					
堂木貞一 (仁川稅關長)	190628								
大谷勝眞 (城大教授)	187018								
大邱	182633	182654	182790	182831	182874	182888	182890	182891	183156
	183237	183249	183352	183491	183509	183574	183582	183611	183628
	183639	183700	183739	183811	183883	183960	184007	184024	184029
	184038	184080	184131	184136	184202	184206	184276	184378	184579
	184620	184664	184672	184746	184753	184807	184813	184880	184944
	184948	185005	185051	185086	185117	185144	185268	185328	185468
	185600	185611	185876	185903	186014	186033	186158	186163	186272
	186277	186391	186458	186475	186511	186578	186637	186772	187018
	187128	187148	187205	187264	187363	187372	187459	187490	187496
	187554	187555	187560	187617	187628	187681	187768	187864	187887
	187916	187925	188070	188130	188261	188777	188841	189068	189098
	189124	189305	189415	189434	189538	189544	189554	189690	189820
	189959	190303	190315	190366	190493	190610	190619	190623	190802

	190938	190984	191171	191176	191181	191316	191355	191395	191444
	191459	191526	191585	191701	191762	191808	191830	191878	191945
	192019	192020	192024	192170	192175	192191	192219	192230	192287
	192640	192651	192687	192691	192715	192844	192845	192864	192892
	192911	192942	192955	192982	192992	193010	193013	193024	193028
	193082	193144	193175	193212	193235	193330	193367	193401	193455
	193478	193496	193517	193522	193530	193537	193563	193569	193570
	193603	193616	193690	193695	193719	193764	193815	193835	194039
	194176	194187	194244	194259	194308	194381	194492	194701	194729
	194780	194848	194854	194900	194936	194958	195137	195225	195236
	195402	195587	195622	195642	195690	195754	195838	195857	195910
	195914	196108	196164	196166	196206	196298	196326	196338	196371
	196442	196545	196716	196775	196782	196893	197012	197097	197130
	197160	197220	197414	197448	197561	197569	197573	197585	197623
	197644	197700	197742	197812	197860	197885	197886	197905	197945
	198045	198112	198150	198168	198189	198215	198222	198344	198408
	198413	198508	198513	198572	198651	198787	198951	198954	199120
	199262	199320	199327	199381	199395	199551	199553	199671	199708
	199784	199841	199882	199888	200030	200046	200079	200090	200102
	200156	200185	200212	200215	200243	200246			
大邱高女	184753	186772							
大邱公會堂	184813	195754	197414						
大邱劇場	187768								
大邱覆審法院	184664	200215	200246						
大邱府	184746	185005	187554	188777	190366	191171	191808	191830	191878
	194848	195225	195236	196206	196298	196326	196545	198168	198189
	198408	199320	199327	200102					
大邱商業	184029	192640	192651	192892	192911	192982	192992	193212	193235
	193478	193496	194308	195914	198651	198954			
大邱商業校	198954								
大邱商議	182831	183628	183739	184620	184807	187864	190610	193616	194259
大邱署	183811	184579	185600	187205	189554	191181	191585	192020	193082
	193401	193517	193530	193570	194936	194958	195402	196442	
大邱消防隊	188841								
大邱女高普	183639	187887							
大邱練兵場	183156	183509	184276						
大邱醫師團	185117	185144							
大邱醫院	184136	186475	187496	193695	198045				
大邱醫專	184136	186475	187496	193695	198045				
大邱醫學 講習所	186277	190984							
大邱籾摺人夫 爭議	184378								

大邱中等校	183611	185268						
大邱中野球部	184131							
大邱出品協會	184080							
大邱土木事件	183960	197220						
大邱學校費評議	187128							
大邱學校組合	185468	186637						
大邱刑務所	187560	197623	197644					
大邱回生病院	189544							
大邱會議所	183883							
大極旗	183093	183114						
大金剛國立公園	184558							
大同江	182662	182688	182753	182867	183380	184360	184793	184810	184974
	185019	185034	185069	185304	185380	185692	186061	186242	186261
	186299	186680	187108	187139	188326	189650	190325	190386	190569
	190633	190696	190752	191789	192071	192086	192263	192337	193697
	193726	194146	194629	195994	196574	197915	198525	198958	199231
	199688	200123							
大同江改修・大同江改修計劃	195994							
大同江の天然水	184360							
大同江水電	182662	182688						
大同江電力會社	184793	184810						
大同郡	183337	184599	185511	185880	185907	191476	193012	193027	195436
大豆	182759	183980	185241	185791	186355	186949	187705	187968	188172
	189896	190203	190322	191429	192969	193325	193399	193873	194807
	195031	195077	195279	199307	199343	199622	199735	199941	200110
	200130								
大連	183871	185512	185681	185716	187298	187704	187930	189836	191379
	191413	191768	191851	191893	191919	192583	192602	192736	193203
	193227	194549	195380	195932	196337	197482	198529		
大相撲	182772	190020	190800	190827	191584	191686	191921	192469	192494
代書業	190608								
大雪・雪	182669	182695	182996	183196	183214	183457	183481	184368	184723
	184992	185104	185609	185704	186075	186097	186154	186160	186165
	186248	186747	187312	188817	193578	195620	195779	195818	197391
	197416	197507	197509	197511	197531	197658	197674	198045	198137
	198185	198318	198848	198873	200109				

對外貿易	182771	183291	187436	188324	192543	199813		
代議士	182740	183584	183926	183947	185785	186530	187625	187811	188340
	188365	189450	189820	190024	190257	190379	190443	190748	191057
	193285	193315	193714	193738	194613	194643	195720	195891	196267
	199404	199431	200215	200246					
大日本製糖	184307								
大日本酒類製造社	190443								
大藏經	184654	185206							
大藏省	185221	185560	185602	185799	185831	186366	189103	189892	190933
	192122	192139	192398	192414	193143	193174	193328	193352	199023
	199034								
大田	183399	183401	183417	183419	184221	185932	185945	187844	187960
	188222	188243	189360	189545	189611	190251	191636	191657	192161
	192305	192548	194967	195115	195125	195627	197032	198411	198479
大正	182652	184618	186447	188863	191033	191061	195077		
大衆	184076	187022	194768						
大衆文藝	187022								
對支貿易	183102	185961	196102	196121	199760	199786			
大池源二 (釜山實業家)	187217	196738							
大池忠助 大池	183814	184007	184038						
大靑島	185102								
大學	184177	184192	184219	184268	185305	185332	186536	186964	186996
	187018	187589	187613	188020	188292	190370	190378	190410	190413
	190728	190921	191026	191121	191235	191743	192445	192476	192695
	193759	193860	193910	194125	197529	197553	197865	198914	198944
大學教授	193910	194125	198914	198944					
大學病院	190370	190410							
大學生	184177	185305	185332	190378	190413	191026	197865		
大興電氣	183318	186028	186047	187605	187811	188712	195223	195356	195768
	197170	198769	198914	198944					
德生院	195649								
德惠・德惠姬	189015	189045	189264	197205	197274	197848	197863	198770	198798
	199246	199273	199387	199408	199433	199468	199651	199682	
道路	182661	182687	184652	184788	184943	185244	185271	185296	185403
	185594	185708	185746	186125	186136	186226	186364	186418	186471
	186604	186704	186960	187309	187353	187936	188253	188777	189217
	189346	189745	189977	190045	190238	190434	190448	190820	190976
	191041	191252	191581	191610	191689	191712	191722	191832	191945
	192149	192470	193356	193610	193693	194061	194074	194425	194709
	194912	195126	195219	195248	195294	195316	195477	196168	196277

	197269	198177	198240	198264	198374	198639	198672	198738	199674
道路改善	182661	182687							
道路工事	190820	191041	198639						
道路使用料	186604	188777							
圖們西部線	184487	185548	189174	193222	194134	196067	196082		
圖們線	190462								
道味魚	196739	196766	196800	196824	197040	197232	197295	197356	197415
	197467	197530	197626	197673	197721	197781	197818	197878	197914
	197968	197987	198015	198083	198118	198145	198169	198193	198229
	198366	198395	198424	198489	198523	198598	198655	198728	198793
	198854	198879	198916	198969	199032	199081	199113	199148	199215
	199271	199342	199361	199405	199465	199490	199514	199595	199620
	199695	199696	199724	199842	199909	199937	199976	200010	200049
	200082	200107	200158	200179					
賭博	183189	183668	183722	186502	186986	187817	189032	190622	191490
	191727	192344	192523	192659	192855	192874	195020	195417	195509
	195542	195885	195886	196170	198549	198550	199333	199865	
渡邊定一郎 (京城商議會頭)	185286								
圖書	183573	184773	185656	187234	189113	190201	191969	194692	194736
	194946	195393	196564	197450	197613	197635	197668	197736	198311
	198428	199483	199853	199981	200041	200252			
圖書館	183573	184773	185656	187234	189113	190201	191969	194692	194736
	194946	195393	196564	197450	197613	197635	197736	198311	198428
	199483	199853	199981	200041	200252				
都市	182630	183501	183735	183761	184073	184563	185239	186174	186283
	186432	186451	187813	188022	188511	188582	188657	188685	188714
	188741	189190	189216	189928	190606	191346	191856	192753	194350
	195773	196973	196999	197822	199599	199624	200024	200099	200113
都市計畫 都市計劃	185239	186432	186451	188657	188685	188714	188741		
都市計劃令	186432	186451	188657	188685	188714	188741			
稻熱病	184047	193248	195630						
道議	183011	183269	184358	184945	184970	185328	185391	185456	186023
	186042	186115	186120	186128	186131	186139	186289	186296	186363
	186399	186426	186489	186511	186575	186665	186671	186983	187094
	187465	189585	190310	190435					
道知事會議	182982	183004							
道廳移轉	183399	183417	187208	188139	188179	188262	188474	189307	189325
	197764								
渡航者喰止策	184839	184867							
渡航證書	183167								
都會地	184482	184506	186430	186456	188169	188313	193586		

獨立運動	195419	195446						
禿山 禿山綠化策	189792 198649	189822	190616	190629	190919	196843	198274	198380	198499
讀書	184522 199981	187908	194476	196669	197562	197700	198311	198780	199853
篤志家	196959							
鍊	183348	183892	184257	185419	186352	195701		
東京・京城間 東京京城間 直通電話	185428 191036	185453 191150	186084 192441	186106 192583	186554 192602	186577 193817	187375 199019	187414 199049	190577
東京電話	183154 189323	183682 189371	183707 189387	184705 190007	184737 190031	185436 191107	185460 191129	187393 199896	189300 199919
東京帝室 博物館	187328	187363						
東大門	184275	195758						
同大院里	190465							
東萊	182987 193693	183159 196468	184999 197718	191317 200147	192585	192604	193326	193468	193486
東萊高普	182987	183159	192585	192604				
東萊高普校 盟休事件	183159							
東萊溫泉	193693	196468	197718	200147				
動力供給權	184288							
同盟罷業	182927	182996	183062	183166	183310	183368	189027	189054	189112
同盟休業 盟休	182824 184886 190218 191351 192568 197524 198289 199130	182846 187872 190348 191392 195802 197765 198416 199208	183159 188123 190380 191419 195858 197796 198622 199226	183165 188815 190399 191734 196005 197946 198654 199283	183196 189334 190651 192239 196010 197948 198843 199720	183256 189958 190766 192273 196027 197981 198878 199973	183563 189978 191116 192292 196032 198011 199002 200134	183586 189985 191151 192293 196551 198095 199075 200160	184761 190016 191320 192362 197227 198165 199099
同門會	182841							
動物	182907 189745 199503	183792 189789 200028	183805 191115 200191	184615 193261 200222	185813 193290 200254	185845 194533	187611 194557	187774 197617	188796 197636
動物園	185813 197617	185845 197636	187611 199503	188796 200028	189745 200191	189789 200222	191115 200254	194533	194557
同民會	184431	184454	188110					
凍死	182669	182695	182820	182934	198551	198909		
銅像	188329							
東上地方官會	182777	182802						

議								
同性愛	186907	187049	187082	192319				
東亞キネマ	185536							
東亞保民會	188407	188432						
東洋	183355	183371	183975	184011	184039	184556	184654	185206	185393
	186339	186459	193910	194125	194192	194215	195313	196664	197861
	198082	199249							
東洋文化	184654	185206							
東洋文化史	184654	185206							
東洋水産新聞社	184011	184039							
東洋第一	183975								
東洋拓植株式会社·東拓	184095	185586	185987	186001	186530	186928	190062	190085	190295
	190950	193452	193553	193578	193579	193755	193783	194019	194710
	194731	194732	196386	196499	196623	196636	197831	197938	198168
	198194	198222	198431	198832	199016	199036	199501	199975	200009
童謠	189022	189053	192780	195011	196737				
東條正平 (朝鐵取締役)	183318	183344	187217	190024	195971				
東支鐵道	182725								
東津水利組合	183466								
動車屋	184325	199070							
同窓會	189469	200104							
東拓移民	197831	198832							
東海線	184741	184839	184867	186659	189746	189860			
東海岸線	189476	191110	191436	191806	191996	192289	193812	194977	196657
童話	187922	188623	188794	188938	189004	189072	189131	189182	189246
	189294	189354	189864	189936	189994	190059	190114	190171	190233
	190290	190346	190419	190480	190542	190598	190665	190722	190788
	190841	190915	190971	191029	191099	191165	191236	191301	191368
	191438	191576	191633	191685	191943	192003			
豆滿江	184782	186598	186672	191094	194156	194583	194808	197054	198682
豆腐	198423	200016							
痘瘡	184262	184304	184921	186055	186988	190690	191761	191795	192433
痘瘡防疫	186988								
登校	182726	182792	190374	198165	199130	199226			
謄寫	187272								
藤原八十八 (慶南高等課長)	184765	189820							
藤原喜茂 (平南內務部長)	183067	183089	185321						

藤田若水 (代議士)	182740								
燈台	183465 197710	185025 197731	186031	186050	187790	189629	192058	193683	193949

ㄹ								
ラグビー	183082 198496	184197 198497	185537 199758	186591 200184	187018	187638	187675	187857	188619
ラヂオ	183962 185025 187147 194280	184061 185101 189377 197880	184086 185164 189405 198710	184219 185229 189485 198736	184401 185292 191256 198970	184898 185351 193012 198991	184959 185422 193027	184997 185976 193683	185020 185990 194249
ラヂオ 大學講座	184219								
ロシヤ 露國 露	182755 190812	184227 191256	184234 193097	185713 193116	187614 193240	188020 193998	188705 197374	189462 199662	190790 199683
リソホン	188772	188799							
レプラ・癩	182778 196729	182804 199441	188769	192582	192601	195855	195878	195906	196141
レプラ患者 隔離場所 癩患者隔離 場所	188769								
レプラ患者 救濟事業	182778	182804							
癩患者	187459	187490	187617	190987	192322	192595	197751	197889	
蠣崎千晴博士 (血清製造所 長)	184570	193982							
鈴木竹麿 (殖産局技師)	182657	184570							
鈴木花蓑 (俳人)	182785 183326 183564 185458 187576 188808 190005 191114 192154 193066 194633 195755 196453 197278 197724 199116	182806 183359 183587 185677 187603 188881 190037 191137 192359 193092 195045 195777 196541 197299 197800 199378	182878 183375 183689 185710 187645 188901 190267 191385 192377 193894 195085 195862 196578 197397 197824	182909 183400 183713 185871 187679 189250 190496 191410 192549 193915 195298 195872 196907 197422 197857	183048 183418 183737 185898 188357 189268 190514 191638 192560 194181 195319 196057 196935 197522 197877	183075 183451 183762 186496 188389 189495 190740 191659 192718 194199 195529 196083 197034 197540 198492	183099 183470 183809 186512 188680 189519 190764 191887 192734 194430 195547 196162 197058 197615 198761	183120 183508 183837 187515 188708 189749 190980 191930 192795 194446 195647 196182 197155 197642 198884	183303 183542 185430 187544 188783 189760 191018 192126 192816 194602 195663 196433 197174 197702 199008
柳基造	188486								

(平南參與官)						
溜池	183724	187050	187078	187283	192684	195102
陸兆民 (新義州 中華領事)	187118					
立教大學 立教	187340	193150	193181			

				□				
マラソン	188296	188820						
マラリヤ	183130	188083	190332	190377	190412	191976	192670	193539	195205
	196357	197581	197596						
ミシン講習	183278							
メーアス號	188414	188443						
メーデー	188541	188577						
メートル法 (運賃)	182713	182744	184846					
メキシコ銀貨	189680							
モダン モダーン	182776	182803	184351	186215	187306	191585	192691	198475	200028
モダン發動機	187306							
モデル婦人	182946							
モヒ モルヒネ	182624	182649	182735	182763	182787	182805	182830	182865	182934
	183376	183712	183821	183823	184797	185370	185507	185571	185601
	185748	185749	186152	186480	186562	187107	187119	187133	187222
	188048	188963	189345	189631	189662	189751	189955	190021	190069
	190089	190691	190869	191460	191466	191597	191894	192858	192877
	193086	193348	193712	193984	194650	195713	195714	195741	195781
	195951	196441	196627	196649	196905	198470	198481	198814	199425
	199454	200036	200054	200156					
モヒ登錄	185749							
モヒ生産制限	182787	182805						
モヒ製造工場	182624							
モヒ患者	182649	182735	182763	182830	182865	182934	183376	183712	184797
	185370	185507	185571	185601	186152	187222	188048	194650	195951
	198481	199425	200054						
モヒ患者 收容所	182649							
モルヒネ密賣	190021	190089	196627	196649				
馬	182625	182641	182647	182657	182684	182710	182729	182907	182941
	183001	183024	183314	183356	183449	183678	183702	183758	183789
	183801	183805	183806	183816	184213	184230	184590	184619	184924
	184981	184994	185010	185037	185072	185162	185188	185273	185328
	185359	185475	185636	185788	185808	185826	185840	185858	185943
	185956	186115	186192	186223	186309	186439	186477	186822	186873
	186902	186990	187001	187085	187110	187134	187251	187273	187312
	187352	187476	187479	187504	187610	187611	187612	187632	187670
	187855	187859	187901	187955	187965	188001	188059	188069	188073
	188165	188174	188205	188301	188632	188811	188812	188822	189094
	189123	189149	189237	189312	189361	189478	189538	189549	189550
	189588	189657	189761	189785	189789	189790	189935	190011	190014

	190046	190062	190085	190122	190221	190330	190465	190477	190530
	190534	190600	190678	190706	190709	190728	190789	190955	190994
	190999	191115	191117	191153	191212	191245	191303	191344	191412
	191422	191453	191467	191481	191492	191688	191743	191814	191819
	191856	191922	192048	192143	192441	192476	192487	192665	192671
	192695	192937	192940	193055	193071	193141	193172	193210	193229
	193237	193350	193405	193430	193507	193727	193809	193830	193837
	193864	193898	193901	193926	193971	193997	194005	194006	194052
	194084	194143	194148	194154	194277	194295	194325	194478	194509
	194626	194696	194708	194858	194904	194997	195015	195040	195069
	195153	195207	195266	195291	195305	195321	195381	195407	195466
	195570	195598	195618	195684	195765	195783	195796	195812	195958
	195959	196010	196032	196106	196142	196178	196199	196210	196339
	196402	196437	196439	196513	196525	196543	196551	196588	196609
	196672	196697	196723	196738	196755	196773	196826	196828	196887
	196891	196948	196951	196959	196971	197005	197010	197013	197130
	197199	197223	197270	197273	197297	197327	197743	197765	197785
	197822	197885	197939	198037	198119	198212	198259	198494	198562
	198624	198653	198762	198870	198974	199058	199069	199138	199200
	199449	199469	199567	199593	199618	199663	199711	199886	199913
	200036								
馬山	183001	185273	185359	185826	185858	186477	186873	187001	187085
	187273	187479	187504	187632	187855	187859	188069	188165	188174
	188205	188811	189361	189478	189538	189550	189657	189790	189935
	190011	190014	190122	190534	190728	190789	191245	191303	191688
	191743	191814	191819	192476	192695	192937	193210	193229	193971
	193997	194478	194708	194997	195570	195598	195765	195796	195958
	195959	196010	196032	196199	196210	196543	196551	196588	196723
	196738	197743	197785	198212	198259	198494	198562	198762	199200
	199663								
痲藥	182624	185567	185605	185920	186194	191230	195114	195142	
痲藥類取締規則	182624	185567	185605						
麻雀	186274	186827	191490	191979	192124	192142	192523	192655	194572
	195413	195417	195437	195509	196859	196920	198070	198549	198683
	199566								
馬賊	184924	184994	186822	187110	187134	187251	187901	187955	188001
	188059	188822	189094	189123	189588	190046	190062	190085	190221
	190709	191153	191212	191856	191922	192048	192487	192665	192671
	193727	193830	193864	194005	194006	194052	194084	194148	194154
	194277	194509	194626	195266	195291	195381	195618	195684	195783
	196402	196525	196755	197223	197765	197822	198624		
馬賊團	188001	190046	190062	190085	191212	191856	191922	192048	192487
	193830	193864	194052	194084					
馬轉嶺	187312								
滿蒙	184411	184981	185010	185055	185090	187848	188051		

滿蒙開發團	184411	184981	185010	185055	185090			
滿鮮氷上 競技大會 滿鮮氷上大會	184057	184158	183629	183657				
滿鮮視察 滿鮮視察團	183622	183650						
萬歲	182885	182918	183196	183214	183364	183383	190687	194864	195933
	196123	197080	198534	198985	199640			
滿洲	182832	182843	182854	182895	185363	185486	186145	186196	186396
	186954	187040	187071	187700	187995	188011	188173	188381	188585
	189105	189677	190104	190541	190555	191697	192574	192708	192736
	193546	194144	194674	194748	194954	195158	195293	195310	195595
	195604	196044	196055	197819	197879	198593	198605	200130	
滿洲公論社	182843							
滿洲公私 經濟緊縮 委員會	188381							
滿洲軍	188585							
滿洲粟	182895	186145	186396	189677	191697	192574	192708	193546	195293
	195310	195595	195604	196044	196055	197879			
滿洲移住農民	186954							
滿鐵	182910	183069	183244	183264	183268	183602	183715	183990	184707
	184846	184982	185300	185483	186278	186297	186301	186386	186543
	186576	186613	186644	186652	186951	187578	187700	187704	187796
	187818	188757	188907	188928	189767	189793	189823	189961	189992
	190212	190437	190468	190643	190993	191059	191235	191400	191693
	191720	194054	194077	194180	194213	194765	194938	194956	194960
	195253	195494	196319	197424	198168	198189	198242		
滿鐵家庭館	183602							
滿鐵消費組合	183069	184707	187704	188907				
滿鐵沿線 小學校長會	183268							
滿鐵運動會	187578	194054	194077					
滿鐵中等校	183715	183990	189767	190212				
滿鐵夏季大學	191235							
滿浦鎭線	189138	189168	191380	191398	196393			
漫畵	184492	184531	184596	184642	184703	184971	185174	185242	185301
漫畵レヴュー	184492	184531	184596	184642	184703	184971	185174	185242	185301
末松麗彦 (李王職事務官)	184011							
望月瀧三 (前總督府	190999	191187						

血清製造所)									
麥	183492	183844	184692	184834	185236	185447	186457	187008	187059
	187397	187408	187634	187961	188732	188846	188847	188858	188933
	189010	189089	189093	189721	189868	189927	190109	190349	190381
	190799	191092	191141	191305	191307	192710	192886	195297	196724
	197029	197384	197765	197813	198849	198977	199017	199025	199037
	199117	199118	199181	199307	199343	199645	199815	199843	199883
	199910	200095	200110						
麥作	183492	185447	186457	187397	187408	187634	188846	188847	189010
	189089	189721	189927	190349	190381	190799	191307		
猛虎	189033	191348							
同盟休業 盟休	182824	182846	183159	183165	183196	183256	183563	183586	184761
	184886	187872	188123	188815	189334	189958	189978	189985	190016
	190218	190348	190380	190399	190651	190766	191116	191151	191320
	191351	191392	191419	191734	192239	192273	192292	192293	192362
	192568	195802	195858	196005	196010	196027	196032	196551	197227
	197524	197765	197796	197946	197948	197981	198011	198095	198165
	198289	198416	198622	198654	198843	198878	199002	199075	199099
	199130	199208	199226	199283	199720	199973	200134	200160	
棉	183560	184718	184754	184998	187282	188534	191172	191226	191933
	191938	192114	192573	192888	193190	193251	194539	195335	195384
	195572	195573	195575	195588	195744	195797	195901	197028	197443
	197444	197584	197743	197843	198259	198568	199185	199304	
棉作	184998	191172	191226	191933	192114	192573	193190	193251	195335
	195572	195575							
緬羊	184984	191566	192216						
綿引朝光 (城大教授)	186944								
綿織物	183238	187368							
綿織物移入稅	183238	187368							
綿布移入稅	184046								
名古屋	188062	193048							
明倫學院	184649	184837	185333						
明進舍	183046	183068	197946	197986	198504				
蜈蟲の驅除	192497								
明治節	196920	197452	197472	197512	197533				
明太・明太魚	184113	184496	186309	189676	192351	197123	197934	199427	
明太魚の肝油	184496								
牡丹台	182677	182703	182761	182813	182861	182917	182965	183029	183083
	183138	183181	183230	183276	183339	183386	183779	183833	183868
	184003	184064	184184	184245	184302	184376	184433	184543	184601
	184655	184786	185182	185248	185437	185508	185577	185639	185696
	185754	186243	186383	186565	186624	186681	186757	186821	186908

	187241	187591	187666	187734	187797	187806	187858	187953	188167
	188207	188328	188386	188453	188699	188701	188764	190094	190149
	190279	190336	190398	190518	190575	190646	190894	190954	191021
	191154	191200	191284	191340	191417	191498	191560	191608	191732
	191800	192889	193034	193114	193236	193242	193307	193371	193439
	193597	193645	193674	193731	193858	194560	194644	194689	194825
	194897	197937	199374						

	182677	182703	182761	182813	182861	182917	182965	183029	183083
	183138	183181	183230	183276	183339	183386	183779	183833	183868
	184003	184064	184184	184245	184302	184376	184433	184543	184601
	184655	184786	185182	185248	185437	185508	185577	185639	185696
	185754	186243	186383	186565	186624	186681	186757	186821	186908
牡丹台野話	187591	187666	187734	187806	187858	187953	188167	188207	188328
	188386	188453	188699	188764	190094	190149	190279	190336	190398
	190518	190575	190646	190894	190954	191021	191154	191200	191284
	191340	191417	191498	191560	191608	191732	191800	192889	193034
	193114	193242	193307	193371	193439	193597	193645	193674	193731
	193858	194560	194644	194689	194825	194897			

牡蠣	185290	191093	197708	199305					
模範移民村	184097								
模擬戰	184237	185932	185945						

牧ノ島	184556	184567	184740	184811	185040	185075	186328	187124	188264
	189234	189490	189689	189744	189747	189876	189952	190072	190132
牧島	190185	190309	190312	190430	191311	193136	193167	194768	194982
	195708	198227	198260						

	182768	183117	183241	183559	183974	185805	185837	186148	187279
木材	187785	188276	188277	188555	188567	188940	188969	189214	189396
	190150	190637	191097	192503	195154	196483	199632		

木村雄次 (東京實業家)	182843	194731							
木村淸津	182972	198679							
木炭	187855	187859	187880	189206	195823	198345			

	183147	183194	183396	183439	183548	183555	183850	183907	184032
	184267	184635	184838	185784	186365	186934	187029	187056	187207
	187509	187618	187846	187888	188177	188265	188359	188597	188599
	188797	189007	189075	189295	189311	189419	190241	190292	190347
	190479	190543	190658	190923	191516	191579	191599	191616	191831
木浦	191872	192000	192055	192060	192172	192225	192251	192403	192445
	192644	192720	192845	192864	193011	193275	193304	193391	194165
	194304	194478	194654	195209	195459	195958	196066	196090	196174
	196199	196306	196490	197501	197785	197786	198038	198045	198056
	198089	198091	198107	198590	199306	199396	199443	199453	199564
	199616	199637							

木浦府	189311	195958	196174
木浦農倉	183439	198038	

木浦水泳大會	192000							
木浦卓球大會	184032							
木浦港	183850	191872	193275	193304	198091			
木浦海水浴場	192000							
武器	196429	196447	196696	199133	199210			
巫女	190092	197700	197722	199710				
武德祭	191589	191611						
武德會	188395	199751						
武道	183961	184373	187663	189975	190212	190241	190438	190469	190529
	190581	191802	191910	191947	191975	192893	192912	193216	193632
	193661	195300	196180	196813	196886	197251	197430	198119	198683
	200075								
武道大會	183961	184373	190212	190241	190438	190469	190529	190581	191802
	191910	191947	191975	192893	192912	193216	195300	196180	196813
	197251	197430	198119						
無理心中	182868	187534	191537	193107	198940	199214		
無免許運轉	192908	192927	197448					
武部欽一 (學務局長)	184570	187771	200215	200246				
茂山	183920	185190	185487	186171	186370	186792	188380	189245	189417
	189522	189979	191205	191682	191688	191892	191914	192686	192844
	193552	194894	195110	195138	195209	195376	195819	195999	196747
	197506	197647	197747	197845	197930	198037	198857	199645	199747
	199936	200007							
無産階級	188575							
茂山製材所	197930							
無線電信	185000							
撫順炭	191650	191671	196589					
貿易	182655	182769	182771	182871	183102	183193	183291	183555	184212
	184355	184576	184578	184714	185622	185961	186079	186101	186172
	186216	186796	187436	187682	187720	187777	187838	188324	188716
	188743	188902	188934	189071	190534	190661	190669	190725	190750
	190958	191025	191822	192221	192301	192336	192370	192393	192446
	192543	193130	193161	193385	193747	194031	194070	195100	195106
	195339	196102	196121	196373	197055	197326	198042	198091	198334
	199236	199647	199756	199760	199786				
無煙 無煙炭	184446	186975	191677	192901	192920	193846	194467	194561	194969
	195670	196617	197127	197687	198525	198811	198901	198938	198958
	199358	199398	199583						
無煙炭田	184446							
武烈王	183865	183889						
舞踊	183450	190594	193699	196737	199839			
無籍者	191820	191842						

無電局	184933	191586	191642	191663	192169	193265	193294	193987	
無盡社	184362	196066	196090	196259					
文盲	185033	185068	188786	196956	196988				
文明	187813	189542	189572	200099	200113				
文明都市	187813								
文書課	187217	188271							
文藝講座	182998	183019	197214	197245	198704	198747			
文學	184403	185270	185668	186214	186898	186930	186964	186996	192600
	194925	194944	196731	197272					
文化	183355	183371	184388	184654	185206	193504	196536	200091	200108
文化史	183355	183371	184388	184654	185206				
物價	183058	183350	185698	186723	186896	188404	188467	188519	188593
	189928	190523	191181	191316	191355	191469	191574	191615	191847
	191896	192032	192219	192321	193188	194039	194452	195559	195842
	195947	196049	196749	197235	197782	197950	198199	198440	198537
	199186								
米	182631	182665	182691	182770	182852	182890	182997	183060	183134
	183157	183158	183172	183175	183202	183240	183248	183287	183351
	183353	183360	183406	183425	183493	183635	183684	183690	183714
	183719	183728	183741	183767	183772	183825	183842	183850	184102
	184106	184125	184148	184166	184203	184269	184278	184310	184359
	184375	184380	184386	184399	184418	184461	184575	184895	185007
	185167	185198	185272	185348	185366	185395	185498	185525	185561
	185592	185752	185779	185792	185799	185831	186149	186167	186177
	186264	186310	186338	186351	186642	186914	186951	187113	187144
	187159	187186	187289	187329	187374	187405	187430	187499	187563
	187567	187604	187885	187944	188022	188069	188296	188402	188403
	188421	188429	188449	188457	188465	188466	188510	188516	188517
	188584	188590	188591	188641	188773	188800	188926	189028	189056
	189070	189133	189162	189421	189453	189471	189555	189720	189723
	189741	189763	189947	189964	190127	190162	190296	190481	190505
	190553	190667	190694	190717	190718	190792	190814	190839	191523
	191624	191872	191945	191952	191963	192120	192262	192277	192373
	192407	192426	192443	192706	192728	192744	192763	192772	192932
	192985	192995	193072	193210	193229	193269	193298	193328	193352
	193431	193455	193478	193496	193553	193579	193772	193893	193898
	193926	193966	193994	194056	194089	194130	194235	194266	194305
	194428	194440	194463	194483	194485	194505	194521	194528	194551
	194645	194723	194795	194816	194849	194855	194860	194916	194924
	194933	194943	194993	195040	195069	195108	195111	195139	195171
	195224	195227	195251	195275	195387	195462	195469	195483	195489
	195526	195548	195571	195577	195583	195596	195612	195639	195645
	195661	195662	195664	195749	195757	195759	195763	195790	195836
	195847	195892	195942	195945	195952	195969	195972	195990	195993
	196044	196050	196055	196097	196098	196108	196137	196151	196152

	196198	196202	196203	196204	196221	196229	196233	196276	196293
	196361	196363	196376	196378	196398	196422	196425	196430	196480
	196501	196511	196528	196529	196530	196568	196590	196623	196636
	196725	196769	196780	196834	196862	196896	196899	196924	196939
	196954	196966	196980	196987	197017	197025	197047	197069	197097
	197099	197106	197128	197132	197198	197209	197236	197238	197262
	197280	197322	197331	197359	197365	197383	197399	197442	197465
	197481	197496	197501	197503	197517	197556	197567	197577	197605
	197649	197659	197675	197692	197742	197782	197784	197787	197790
	197797	197804	197820	197841	197844	197856	197879	197895	197938
	197952	197989	197997	198005	198025	198037	198038	198046	198047
	198052	198060	198065	198066	198069	198082	198087	198122	198136
	198148	198204	198223	198230	198258	198300	198330	198340	198367
	198370	198490	198494	198502	198566	198599	198603	198654	198698
	198701	198702	198715	198730	198731	198760	198779	198813	198837
	198853	198864	198867	198882	198891	198895	198910	198923	198932
	198946	198952	198953	198960	198975	198976	199014	199035	199060
	199067	199082	199084	199114	199125	199177	199184	199206	199242
	199299	199314	199475	199513	199541	199567	199603	199607	199609
	199706	199756	199790	199794	199825	199878	199886	199892	199897
	199902	199913	199938	200138	200181	200196	200227		
米の内地移出	191523								
米價	190481	190505	193966	193994	194528	194551	194816	195111	195139
	195227	195251	195462	195489	195571	195763	195945	195952	195972
	195993	196055	196097	196098	196152	196198	196221	196293	196430
	196501	196529	196568	196623	196636	196780	196834	196862	196954
	196966	196980	196987	197017	197025	197047	197069	197106	197209
	197236	197481	197496	197503	197517	197659	197675	197787	197797
	197804	197820	197856	198046	198047	198065	198066	198148	198502
	198566	198599	198603	198702	198715	198731	198837	198867	198891
	198895	198923	198953	198960	198976	199067	199084	199125	199184
	199242	199475	199541	199790	200181				
米價對策	195993	196834	196862	196954	196980	198148	198502	198603	198891
	198960	199067	199084	199125	199541	199790	200181		
米價調節	193966	193994	195111	195139	195952	195972	196152	196568	197209
	197236	197496	197659	197675	197797	197820	197856	198566	198599
	198702	198715	198731	198953	198976	199184	199242	199475	
米穀	182665	182691	182852	183157	183175	183719	183767	184418	184461
	185272	186264	186351	187563	188421	188449	188641	189471	189741
	189763	192728	192744	192932	193553	193579	194235	194266	194428
	194849	194924	194943	195108	195469	195526	195548	195577	195847
	195993	196361	196376	196425	196480	196511	196530	196896	196924
	196954	196980	197069	197567	197659	197675	197841	198087	198300
	198340	198367	198853						
米穀法	195993	196480	196511	196896	196924	196954	196980	197567	198340
	198367								

米穀生産檢查	183157	183175						
米穀市場	182852	183719	188641	192932				
米穀移出	182665	182691						
米穀倉庫	184418	184461	189471	189741	189763	193553	193579	194849	194924
	194943	195108	195469	195526	195548	195577	195847	196361	197841
	198853								
米國	183134	187430	188429	189028	189056	189133	189162	189555	192262
	192277	192373	192426	194521	195942	196422	198864		
米國記者團	189555								
未亡人	188415								
米法	190717								
尾山篤二郎	187022								
美術	187655	188609	188628	188663	188691	189515	190067	191047	197170
	197817	197837	199684	199698					
米實收	184380	184386	197605						
米移出 移出米	183248	183287	183351	183406	183425	183741	183772	183842	184106
	184125	185498	185525	185561	185592	185799	185831	186177	187289
	187329	195040	195069	196198					
美化運動	191056	191082							
民警懇談會	184348								
民營	186608	193020	199392	199406	199697	199725			
民謠	186883	186935	192466	192478					
民籍	183366								
民籍謄本	183366								
民族運動	183563	7183586							
民衆經濟	183632	183662							
民衆新聞	184763								
民衆運動	194775	194802	195921						
密輸 國境密輸	182787	182805	183783	183784	183824	183835	183929	183976	184169
	184173	185014	186562	186588	187119	187391	187665	187673	188504
	189631	189662	189751	189848	189914	190044	190069	190327	190407
	190586	190640	190691	190869	190906	191460	191497	191536	191565
	191597	191928	192050	192382	192724	192749	192885	193012	193027
	193086	193348	193443	193936	194342	194895	195114	195142	195713
	196353	196441	196905	197002	198243	198444	198741	198814	198971
	199517								
密輸取締令	199517								
密陽	182877	189433	194189	194246	194311	196978	196998	197524	198416
	199130	199973							
密偵	190120	190138	191922	195266					
密航	182794	188129	188418	188450	188482	189378	189956	189982	190621
	190657	190799	192185	196497	196524	197671	197722		

密航朝鮮人	182794	189378

	ㅂ							
バレーボール	183769							
バザー	189356	192544	195806					
バス	183511	185876	185903	186532	187553	188903	191171	191808	192540
	193569	193907	193941	195225	195956	196348	196545	196695	196776
	197889	198408	199072						
ボーリング	186061	190969	192442	193379	197905			
ビラ	182679	182705	183112	183414	183433	183460	184434	187683	191652
	191673	193200	193224	193520	193532	194493	194726	195240	195379
	195934	196356	198045	199046					
ブラック機	186998							
ビール	184853	184884	186840	187632	187826	188531	194618	199771	199803
博覽會	184712	186071	186093	190536	190554	194772		
博物館	183304	183882	187328	187363	188356	195762	198401	198838	198842
	198876								
朴錫胤	184472							
半島茶話	182629	182741	182766	182797	182822	182844	182873	182893	182925
	182949	182973	183003	183036	183370	183389	183467	183488	183524
	183547	183585	183605	183759	183790	183815	183840	183880	183906
	183945	183972	184012	184040	184070	184090	184121	184144	184210
	184266	184332	184400	184443	184473	184504	184520	184554	184571
	184731	184766	184800	184827	186032	186051	186404	186442	186468
	186531	186595	186653	186693	186720	186756	186785	186829	186864
	186912	186945	186995	187019	187116	187151	187184	187218	187275
	187404	187429	187472	187497	187596	187626	187699	187812	188066
	188105	188137	188272	188304	188339	188364	188391	188430	188456
	188487	188507	188550	188581	188739	188771	188798	188830	188859
	188878	189040	189066	189202	189232	189265	189284	189316	189336
	189451	189470	189503	189531	189569	189597	189639	189673	189698
	189718	189753	189782	189821	189855	189893	189924	189962	189989
	190025	190053	190137	190161	190194	190258	190285	190316	190342
	191188	191219	191326	191358	191468	191502	191539	191569	191711
	191737	191772	191805	191902	191932	192137	192158	192189	192213
	192247	192274	192302	192318	192413	192440	192512	192527	192648
	192675	192731	192751	192766	192775				
半圓タクシー	183201							
發動船 發動機船	184467	184468	185603	186210	187306	188713	188740	188791	190253
	192185	193903	193937	194469	195441	196491	198045	199399	
發電所	184793	184810	187920	189734	190300	190732	191400	191636	191657
	192589	192610	193814	194375	194408	195223	197429	199444	200143
發疹チフス	186340	189095	189119					
防空演習 防空大演習	185028	185063	185434	182622	188870	189485	192801	192822	194071
	197049								

放送	182772	182998	183019	183624	183653	183781	183898	183915	183950
	184041	184048	184061	184086	184258	184336	184379	184401	185386
	185413	185728	185976	185990	186063	186066	186088	186356	186787
	186957	187347	187371	187421	187802	187822	187850	187863	187990
	188665	188693	188960	189374	189404	189875	189910	190422	190460
	190557	190589	190800	190819	190827	191124	191686	191741	191885
	191916	192715	194748	195524	195531	195546	195550	195903	196251
	196583	196774	196823	197026	197027	197053	197057	197168	197310
	197518	197551	197562	197796	197819	197874	197880	197902	197907
	197927	198466	198576	198583	198612	198628	198710	198736	199452
	199769	199802	200135	200161					
放送局	183898	185976	185990	187990	191741	194748	195524	195546	195903
	197026	197057	197518	197551	197880	197907	197927	198583	198628
	198710	198736	200135	200161					
防疫	184681	186550	186587	186988	189210	190689	191726	192635	192649
	192730	193636	193665	194879	195021	195043	195520	198192	198284
	198317	199424							
紡織工	182886	182903	189550						
紡織工場	189550								
放火	183160	183186	183210	183312	183638	184067	184241	184864	185827
	185859	186563	187272	187827	187876	188023	188136	188159	188199
	188226	188247	188653	188845	188876	189146	189166	189461	189670
	190747	190778	191216	192106	192268	192487	192693	192750	193081
	193109	193151	193153	193182	193184	193736	193935	194050	194081
	194157	195445	196429	196447	196554	196699	196850	196855	196879
	196910	197296	197357	197819	197946	197969	198657	198933	199046
	199052	199109	199110	199366	199430	199459	199590	199779	200073
	200172	200173							
防火	186657	187005	197149	197163	197184	197191	198871	198933	199931
	199970								
放火罪	184067								
俳句	182785	182806	182878	182909	183048	183075	183099	183120	183303
	183326	183359	183375	183400	183418	183451	183470	183508	183542
	183564	183587	183689	183713	183737	183762	183809	183837	185115
	185142	185176	185213	185245	185278	185430	185458	185677	185710
	185871	185898	186069	186091	186232	186255	186496	186512	187104
	187142	187164	187199	187245	187255	187384	187417	187450	187482
	187515	187544	187576	187603	187645	187679	187907	188357	188389
	188680	188708	188783	188808	188881	188901	189250	189268	189495
	189519	189749	189760	190005	190037	190267	190496	190514	190740
	190764	190980	191018	191114	191137	191385	191410	191638	191659
	191887	191930	192126	192154	192359	192377	192549	192560	192718
	192734	192795	192816	193066	193092	193894	193915	194181	194199
	194430	194446	194602	194633	195045	195085	195298	195319	195529
	195547	195647	195663	195755	195777	195862	195872	196057	196083
	196162	196182	196433	196453	196541	196578	196907	196935	197034

	197058	197155	197174	197278	197299	197397	197422	197522	197540
	197615	197642	197702	197724	197800	197824	197857	197877	198492
	198761	198884	199008	199116	199378				
排球	187052	189107	189386	194273	196543	196575	196665	196688	197251
配給	184429	184456	184684	186052	186217	186708	193045	198273	198306
	198883	199317							
白蘭堂の死	184336								
白頭山	189484	189506	191682	192664	193272	193301	193470	193488	193555
	193617	193646	198398	198425					
白石甚吉(殖銀釜山支店長)	189383	196560							
白銀朝則(審議室事務官)	182684	182710	197466						
百濟	184517	185274							
百濟病院	184517								
白川養則 白川 (陸軍大將)	183318	183344	184138						
百貨店	183108	183490	183565	183571	184114	184129	184900	185761	186070
	186092	186534	190012	190364	190670	194647	197139	199418	200101
	200122								
繁榮會	183661	183996	185396	186704	194791	198123	199102		
筏夫	188058								
犯罪	182760	183030	183281	183823	183923	184915	184937	184948	185009
	185114	185141	185753	185796	186117	186353	187240	187262	187487
	187500	187910	188321	191081	191168	192537	192620	193211	193517
	193530	193964	193992	194303	194330	194423	194862	194887	195673
	195727	195885	196351	196460	198447	199024	199134	199690	200100
犯罪調査	182760								
法令	185545	198170	199596	199628					
法律	183157	183175	195629	196720					
法文學部	186964	186996							
法院	182740	182765	182843	183133	183257	183544	183971	184307	184375
	184664	185438	185457	188275	188829	189201	189231	189568	189587
	190623	190938	191057	191318	191338	191467	192329	192339	193402
	193435	194136	194303	194330	195208	195311	196581	196716	197667
	197911	198413	199936	199975	200215	200246			
法專	187589	187613	200104						
法廷	187399	187828	191142	191155	192380	194136	196669	197096	198415
	198475								
法制局	189339	189483	189505	189820	192125	192145	199699		
法學	183038	186523							
變電所	184288	187915	200068						

辯護士	184891	186458	186530	187653	187874	187941	188252	188287	188851
	191526	195035	195422	195717	195742	195971	196484	196499	196613
	196819	196842	198189	198364					
辯護士大會	187653	187941	188252	188287					
病院	182882	183002	183572	183758	183819	184149	184517	185221	186278
	186291	186445	187063	187855	187859	188603	188672	188898	189097
	189176	189377	189405	189525	189544	189734	190073	190370	190405
	190410	190443	190558	190570	190628	191057	191356	191750	191776
	192465	192983	192993	193401	194187	194931	195467	195659	197221
	197255	197812	198034	198119	198391	198670	198792	199038	199147
	199165	199441	199495	200031	200195	200226			
併合記念日	194493								
普校	183159	183306	183335	183445	183468	184645	184677	184985	185606
	185814	185846	186898	186930	187272	187336	188126	188491	188643
	189227	189341	189618	189690	189833	190243	190259	190810	190833
	190916	191091	191500	191679	191958	192528	192756	195780	195802
	195858	196132	196287	196666	196692	196851	197020	197476	197663
	197688	197827	198095	199164	199226	199229	199265	199283	199534
	199607	199852							
保安林	190865								
保安法	184755	186188	186208	191058	199461				
保安法違反	184755	186188	186208	191058	199461				
補助金	182778	182804	183247	183273	185676	185707	186062	186605	187131
	187289	187329	188636	188774	188801	188805	188880	188900	189271
	190202	190244	191089	191822	192630	193751	193779	195533	196349
	196955	197752	197779	197793	197989	198262	199772	199800	
普通學校 普通校 普校	182823	182829	182845	182856	183115	183455	183477	184176	184271
	184326	184407	184502	184594	184828	184903	184920	184928	184934
	185383	185433	185866	185893	186189	186425	186583	186711	186755
	186965	187015	187230	187257	187293	187297	187302	187392	187415
	187577	187731	187872	188123	188380	188921	189003	189128	189422
	189430	189459	189835	190129	190519	190753	191007	191193	191520
	191958	192011	192097	192568	192662	192980	193722	194233	194763
	194770	196073	196430	196505	196656	196803	196806	197048	197128
	197631	197638	197827	197996	197998	198019	198344	198768	198856
	199082	199567	199593	199617	199663	199821			
普通學校增設	184407	191193							
保險	183038	183397	183496	184460	184897	187247	187271	187827	188134
	188176	188530	188562	188954	191618	191879	191915	192268	192390
	192461	192474	193565	193945	194092	194188	194191	194205	194219
	194486	195044	195282	195610	195752	196554	197704	197726	198139
	198607	198827	198855	199110	199509	199697	199725	199931	199940
	199970	200136	200162						
腹チフス	185580	186055							
福岡	184101	184124	184628	184799	184820	184933	185000	185539	185681

	185716	188062	188509	188585	189787	189820	190315	191299	193027
	195533	195657	197741	197907	197927	199319	199460		
福岡釜山間電話	184101	184124							
福士德平 (前釜山 第二商業校長)	183971								
福士末之助 (京城大學教授)	198914	198944							
福原俊丸男 (貴族院議員)	184611	184765	198662	198691					
福原俊丸男 (朝鐵副社長)	184611	184765	198662	198691					
福田甚二郎 (京城地方法院 檢事)	184307								
福浦檢疫所	183498	183525	184384						
本島文市(平壤 地方法院檢事)	184375								
本町署	183519	183541	183746	184026	184185	184198	184671	187150	187485
	188107	191821	198464	199905					
鳳山	186549	190758	191912	196271	199280				
鳳山郡農會	186549	190758							
奉天	182684	182710	182826	182850	185790	186278	186902	187470	188438
	190205	190875	190949	191057	191065	191755	191787	194497	194674
	194884	195693	195863	196602	196643	200112			
奉天中學校	191057								
奉天總領事	182684	182710	182826	182850	190949				
不動産	196898	198555							
部落民	182737	182756	183373	185809	185841	192182	192206	192666	193772
	194867	194934	195093	197755	197774	198076	199286		
不良朝鮮人	189464	192049							
不逞	186690	188379	199669	199694					
不逞團	186690	199669	199694						
釜山	182634	182660	182668	182674	182686	182694	182700	182733	182784
	182882	182891	182931	182948	182996	183000	183002	183053	183054
	183067	183079	183196	183255	183257	183287	183305	183309	183368
	183392	183414	183433	183498	183522	183523	183525	183549	183572
	183583	183683	183758	183814	183852	183905	183969	183971	184015
	184037	184056	184077	184101	184124	184148	184201	184205	184259
	184274	184320	184324	184459	184469	184479	184556	184616	184627
	184630	184669	184684	184693	184740	184791	184803	184811	184822
	184828	184870	184891	184893	184902	184947	184999	185003	185009
	185021	185035	185057	185070	185092	185096	185100	185212	185221

185280	185282	185286	185336	185354	185390	185392	185396	185397
185428	185450	185453	185479	185524	185533	185538	185593	185651
185654	185785	185801	185816	185818	185828	185833	185848	185850
185860	185878	185905	186066	186076	186088	186098	186111	186119
186130	186201	186204	186250	186254	186278	186280	186328	186445
186452	186471	186530	186540	186572	186639	186652	186657	186760
186764	186784	186835	186856	186872	186911	187063	187073	187084
187124	187127	187137	187198	187217	187258	187331	187335	187341
187409	187428	187458	187459	187490	187550	187551	187558	187561
187599	187600	187610	187617	187620	187625	187637	187695	187750
187766	187783	187831	187862	187867	187869	187913	188062	188117
188134	188138	188156	188178	188196	188264	188410	188483	188523
188535	188548	188611	188614	188676	188684	188738	188776	188795
188833	188837	188858	188888	188898	188946	188950	188957	188959
188965	189017	189080	189084	189102	189137	189234	189245	189248
189252	189253	189266	189278	189287	189302	189308	189309	189310
189314	189367	189382	189383	189410	189490	189496	189689	189704
189737	189801	189860	189925	189955	190021	190072	190132	190176
190177	190185	190239	190245	190248	190302	190303	190314	190352
190355	190368	190379	190430	190434	190443	190503	190504	190540
190550	190614	190622	190628	190669	190717	190729	190797	190845
190922	190931	190938	190976	190982	190992	190998	190999	191037
191051	191057	191187	191221	191239	191249	191251	191253	191273
191309	191322	191324	191325	191387	191396	191449	191518	191519
191528	191529	191538	191541	191568	191581	191582	191597	191636
191657	191695	191719	191755	191787	191837	191841	191891	191896
191989	191996	192053	192066	192070	192081	192121	192123	192177
192181	192199	192224	192236	192287	192301	192326	192328	192358
192394	192402	192441	192444	192454	192458	192506	192513	192542
192547	192552	192557	192559	192585	192592	192604	192640	192643
192651	192697	192787	192796	192804	192808	192817	192825	192829
192840	192844	192854	192873	192893	192903	192904	192912	192922
192923	192986	192996	193048	193070	193125	193156	193203	193204
193210	193227	193229	193391	193454	193468	193469	193486	193487
193567	193574	193630	193633	193659	193662	193803	193901	193910
193968	193982	194046	194056	194085	194119	194165	194194	194195
194216	194221	194250	194259	194299	194306	194318	194368	194493
194495	194592	194609	194613	194643	194646	194656	194658	194667
194674	194716	194731	194747	194768	194790	194791	194793	194795
194798	194847	194853	194860	194931	194982	194985	194988	194997
195018	195059	195219	195232	195234	195294	195309	195352	195386
195391	195467	195477	195479	195480	195483	195488	195537	195582
195589	195619	195806	195971	196008	196030	196045	196049	196103
196114	196174	196195	196263	196267	196305	196375	196378	196381
196383	196438	196488	196560	196588	196613	196661	196670	196677
196710	196738	196791	196830	196852	196906	196975	197130	197134
197222	197275	197283	197347	197452	197527	197585	197609	197611

	197713	197720	197722	197742	197762	197763	197786	197796	197812
	197830	197846	197880	197889	197904	197936	197945	197946	197963
	197991	198009	198012	198013	198050	198055	198059	198085	198106
	198115	198189	198208	198221	198227	198262	198265	198278	198281
	198283	198286	198295	198347	198483	198579	198583	198595	198628
	198647	198656	198662	198691	198699	198765	198782	198792	198842
	198848	198851	198876	198898	198908	198909	198914	198915	198944
	198951	198957	198966	198967	199013	199027	199031	199120	199123
	199147	199191	199201	199209	199250	199260	199311	199319	199324
	199329	199340	199350	199371	199372	199381	199392	199406	199502
	199555	199562	199567	199592	199593	199600	199610	199658	199664
	199668	199700	199770	199901	199906	199975	200033	200038	200044
	200076	200090	200097	200100	200104	200150	200157	200195	200226
釜山府	183002	183067	183572	184015	184627	184684	184740	184811	185221
	185593	186250	186445	186835	187063	187551	188483	188888	188946
	188950	189309	189310	190176	190443	190628	191057	191449	191528
	191582	192547	192559	193468	193486	193630	193659	193968	194613
	194643	195219	195467	195480	196383	196438	197611	198792	198908
	199147	199975	200157						
釜山檢疫所	183392								
釜山敬老會	189314								
釜山高	185390	185524	187331	195479					
釜山 穀物商組合	183287	184693	198914	198944					
釜山穀物組合	185021	194860							
釜山交通事故 防止會	188523								
釜山埋築	183523	190931							
釜山法院	183257								
釜山病院	182882	183758	186278	194931	200195	200226			
釜山府立病院	183002	183572	185221	186445	190443	190628	191057	198792	199147
釜山府協議	183067	187063	200157						
釜山産婆會	188959								
釜山 商業會讀所	187084								
釜山商議 釜山商議所	182996	184324	184459	185397	186204	186760	187198	187258	187335
	187600	187783	187913	188535	190352	190717	190797	192592	194985
	198278	198966							
釜山署	183583	184259	184791	184822	185282	186856	187558	188134	188684
	188738	189302	190021	190072	190430	190614	190622	192177	192199
	192506	192643	194592	194609	194795	195483	196008	196030	196670
	197609	197963	198059	199555	200038	200076	200100		
釜山稅關	183683	194259							

아사히 색인어 9권 통합 847

釜山消防	198009	198782						
釜山小學校	184669							
釜山水道	182891							
釜山水産會社	184056	184077	185533	187599				
釜山實踐商業	183196							
釜山驛	186076	186098	186530	186911	192066	192123	193469	193487	193633
	193662	194798						
釜山瓦電會社 釜山瓦	182733	183305	198281	199567	199593			
釜山日報	183905	194731						
釜山電車	182660	182686	189367					
釜山 第二商業校	183971	191325						
釜山地方法院	183971							
釜山 職業紹介所	184320							
釜山鐵道病	188898							
釜山出初式	182668	182694						
釜山學議選	187127							
釜山學祖	182931	185654	189017					
釜山港	187341	190248	190503	190550	190669	190982	191251	191695	191719
	192506	192513	194368	195537	198662	198691		
釜山幸館	187561	197763						
釜山活牛組合	184891							
副業	182728	184052	185118	185145	185256	185308	185334	186841	187878
	188428	188439	188757	189128	189209	191934	193019	193037	193045
	195974	196289	196377	197579	197595	197643	197827	198077	198645
	200060							
副業獎勵	182728	193019	193037	193045	196289			
副業組合	197827							
富寧郡	182642							
府尹	182740	182765	182875	182972	184011	184445	184516	184740	184929
	185346	185883	185910	186655	186704	187781	190257	190284	191070
	191780	191906	191961	192141	192245	192439	192517	194613	194643
	194656	194847	195183	195201	195856	195880	195925	195958	195977
	196122	196174	196382	196783	196856	197093	197753	197769	197851
	197870	198112	198117	198168	198189	198267	198500	198679	199409
	199705	199975						
府議	186739	195219	195245	195434	197680	197776		
婦人	182836	182946	183026	183580	183630	183900	184076	184149	186288
	187861	187979	187988	188009	188298	188428	188439	188457	188637
	188759	189107	189159	189686	189705	189808	189842	190175	190489

	190680	191079	191533	192684	192810	192831	193039	193231	193264
	193293	195025	195280	195417	196140	197609	197627	197846	198771
	199327	199395	200128						
婦人 ゴルファー	184076								
婦人交禮會	183026								
婦人會	183580	184149	188637						
釜日 (釜山日報)	183612	183905	184891	194731					
富平	187276	187396	187411	187548	196049	198050			
北斗日面	184344								
北鮮	182984	182984	182984	182984	182984	182984	182984	182984	182984
	182984	182984	182984	182984	182984	182984	182984	182984	182984
	182984	182984	182984	182984	182984	182984	182984	182984	182984
	182984	182984	182984	182984	182984	182984	182984	182984	182984
	182984	182984	182984	182984	182984	182984	182984	182984	182984
	182984	182984	182984	182984	182984	182984	182984	182984	182984
	182984	182984	182984	182984	182984	182984	182984	182984	182984
	182984	182984	182984	182984	182984	182984	182984		
北鮮開發計劃	182984	182984	182984						
北鮮開拓計劃	182984	182984							
北鮮交通綱	182984								
北鮮 農事試驗場	182984	182984							
北鮮點描	182984	182984	182984	182984					
北原白秋	186738	186761	186807	186837	186883	186935	187042	187083	189022
	189053	192896	192915						
北日本汽船	184143								
北海道	184113	186309	186972	187188	189676	192351	193549	194035	194060
	195657								
北海道移住	187188								
北海道航路	186972								
紛糾	184341	185362	185530	186414	186680	186844	187433	187548	188673
	188704	188819	188821	189081	189114	190735	191241	196602	196643
	197490	197655	197662	197778	198095	198644	198847	200026	
盆踊り	193326								
不景氣	182963	183103	183576	183599	183855	183890	184093	184218	184618
	184913	184942	185045	185080	185284	185345	185461	185583	185962
	186491	186509	186634	186848	186920	187240	187262	188016	188040
	188567	188876	189239	189867	190353	190462	190494	190545	191169
	191440	191471	191533	191762	191993	192064	192098	192291	192315
	192537	192759	192768	193275	193304	194033	194103	194145	194188
	194205	194254	194279	194483	194505	195047	196593	196706	197370

	197507	197562	197719	197819	197846	197966	197969	197983	197994
	198036	198201	198310	198621	199092	199570	199822	200086	
佛教	184240	184263	187636	194075	194288				
佛教專習校	187636								
佛國寺	185473	185608							
不良少年少女	183519	183541	199268						
不良兒	183046	183068							
不良朝鮮人	183839	185195	185258	185281	185378	185382	190464	198045	
不良學生	184099	184122	184671	199462					
不良學生團	184099	184122							
不逞團	193573	193598							
不逞漢	189146	189166							
不時着陸場 試驗飛行	184391								
不穩	182932	182955	183149	183168	183256	183306	183335	183364	183383
	183414	183433	183460	183482	183633	183857	184326	184502	184818
	185052	185087	185383	185443	185512	186987	187016	187205	187314
	187460	187615	187694	189443	189691	190214	190609	190639	190918
	190939	193342	193370	193378	193480	193498	193520	193532	193602
	193940	194340	194371	194493	195240	195379	195800	195860	195912
	195970	195992	196069	196356	196913	197094	197124	198045	198720
	198752	199167	199202	199235	199561				
不穩ビラ	183414	183433	183460	193520	193532	194493	195240	195379	196356
不穩文 不穩文書	183256	183482	184326	184818	185383	185443	187694	193370	194371
	195970	195992	196913	197094	197124	198720	198752		
不穩分子	183149	183168	193480	193498	195800	195860			
不穩思想	190918	190939	199167	199561					
不穩行動	183693								
不況	182958	183232	184114	184129	186074	186096	186841	187550	190244
	190390	190669	190927	190942	191026	191813	192389	192676	192682
	192706	192777	192901	192920	193208	193321	193372	193383	193515
	193528	193582	193618	193647	193888	193920	194349	195849	195865
	196011	196033	196161	196176	196372	196587	196595	196785	196982
	197066	197082	197136	197200	197221	197255	197263	197368	197463
	197520	197521	197543	197547	197579	197595	197609	197627	197697
	197778	197793	197889	197940	198031	198099	198103	198119	198123
	182984	198143	198154	198188	198216	198245	198578	198608	198645
	198721	182984	198937	198962	198977	198993	199013	199020	199033
	199041	199082	199129	199172	199174	199204	199212	199239	199241
	199300	199829	199858	200088	200100	200197	200228		
肥	183043	183552	183867	184256	184861	185347	185424	185540	185881
	185908	185966	186003	186113	186153	186168	186539	186770	187069
	187225	187332	187910	187943	188735	188779	188814	189012	189048

	189337	189474	190127	190225	190360	190617	190645	190935	190991
	191300	191323	191345	191485	191531	191555	193257	193286	193402
	193435	193450	193561	193564	193596	193798	194292	194473	194547
	194621	195055	195280	195615	195876	195978	195996	196011	196033
	196113	196129	196756	196831	196968	196996	197109	197248	197947
	197970	198000	198024	198053	198305	198919	199177	199187	199389
	199432	199599	199624	199777	200128	200248			
肥料	183043	183552	184861	186003	186539	187069	187225	187332	189012
	189048	189337	189474	190127	190225	193257	193286	193450	194621
	195996	196756	197947	197970	198053	198305	199177	199187	199599
	199624	199777	200248						
祕密結社	188100	188643	193824	193902	193931	196091	196442	197623	197644
	197963	198012	198013	198055	199617	199898			
祕密結社事件	188100	188643	193902	193931	196091	198012	198055	199617	
匪賊	183032	183033	183136	184789	185756	187320	188647	192665	192673
	193602	193705	193729	194519	194894	197464	197489	198452	198540
	198942	199052	199591						
飛行	182646	182648	182788	182887	182919	183009	183030	183071	183234
	183323	183391	183441	183721	183896	184281	184284	184314	184391
	184437	184448	184489	184501	184513	184514	184628	184647	184672
	184799	184820	184840	184868	184933	185000	185275	185379	185408
	185434	185539	185643	185657	185664	185682	185718	185755	185879
	185906	186084	186106	186239	186246	186257	186307	186372	186400
	186547	186578	187010	187300	187309	187342	187350	187353	187388
	187444	187449	187484	187487	187519	187557	187622	187658	187692
	188330	188448	188559	188613	188696	188782	188870	188916	189359
	189400	189454	189794	189824	189946	190125	190303	190351	190511
	190565	190875	190990	191312	191336	191337	191379	191413	191445
	191586	191757	191768	191950	191971	192094	192128	192170	192193
	192197	192198	192224	192341	192373	192677	192719	192727	192805
	192826	192853	192872	193024	193203	193227	193692	193764	193856
	193859	193882	193911	194138	194139	194172	194176	194196	194456
	194544	194564	194660	194662	194684	194754	194809	194948	195261
	195330	195400	195669	195934	196072	196077	196156	196188	196200
	196219	196251	196269	196294	196312	196359	196546	196565	196847
	196929	196972	196986	197118	197154	197185	197252	197273	197297
	197316	197354	197375	197448	197482	197624	197645	197768	197793
	198147	198171	198328	182984	198491	198587	198631	198703	198727
	198746	199026	199048	199292	182984	199352	182984	182984	182984
	182984	199733	199799	199868	199890	199912	199917	200048	200071
	200081	200169							
飛行規定	183721								
飛行機	182648	182788	183030	183234	183896	184281	184284	184314	185643
	185657	185664	185879	185906	186307	186400	186547	187010	187350
	187658	189946	190875	191768	192805	192826	195330	195669	195934
	196072	196077	196188	196200	196219	196251	196269	196294	196312

	196546	196565	198587	198631	199292	199352			
飛行隊 飛行隊入除式	182646	183323	183391	185755	187309	187353	188330	188448	188696
	188916	192094	196251	198727	198746	199292	200169		
飛行士	187622	187692	190990	197354	197375	199868			
飛行旅行	184933								
飛行場	183030	183441	184489	184514	185275	185434	187444	188613	188782
	189400	189794	189824	190303	190351	190511	191586	191757	192373
	193024	193203	193227	194176	194662	197118	197252	197316	182984
	198491	198703							
飛行學校	199890	199917							
貧民	183664	185224	187951	191820	191842	193510	196930	197457	197484
	199866								
貧民救濟	185224								
氷滑競技	182812								
氷上	182672	182698	182858	182867	182993	183129	183188	183302	183625
	183629	183640	183656	183657	184057	184158	184250	186981	197861
	197994	198017	200017						
氷上競技	182672	182698	184057	184158	200017				
氷上競技大會 氷上大會	182672	182698	183302	183629	183657	184057	184158		
氷上選手權 競技大會 氷上 選手權大會	182858	182993	183129	183625	183656				
氷上自動車	183188								

ス									
サラリーマン	183507	183540							
シネマ	182683	182709	186346						
ジャズ	187774	200091	200119						
スキー	182672	182698	182780	183038	183100	183251	183275	183521	183545
	183994	184025	184305	184471	184549	184854	184885	197011	198383
	198693	198852	198875	199612	199644	199757	199810	200131	
スキー講習	182672	182698	200131						
スキー場	183251	183275	197011						
スキー車	183994	184025							
スケーター	182753	185018							
スケート	182780	182858	182867	182894	183388	183715	184158	184548	198239
スケート大會	183388	183715							
スケート選手權大會	182858								
スタンプ	194523	196177							
ストーブ	197621	197639	198095	198141	198472	199078	199111		
スポーツ	182780	183040	183988	184720	184757	186636	186705	195921	196108
	196180	196375	196399	197456	197948	197981	198576	198612	200098
	200116								
セブランス醫専	189249	189363	189368						
セメント	189752	189780	197861						
寺	184187	184654	185206	185254	185471	185473	185557	185578	185589
	185604	185608	185652	185807	185839	186158	186163	186433	186600
	187378	188089	188352	188618	188634	189580	190986	191187	192266
	192286	192303	192547	192559	193342	193378	182984	193437	193449
	193980	194222	194310	195203	195208	195311	195543	195566	195886
	196174	196213	196267	196366	196738	196956	196988	197169	197175
	197391	197969	198570	198609	198682	199496			
射撃大會	187327	187907	188025	188375	189960	190087	194055	194088	194412
	196310	196331	197674						
社交ダンス	185418								
師團誘致の市民大會	185802	185834	185924	187011	188782	188833	191774	195356	
師團長	184730	184765	184971	185732	186212	188006	189530	190697	190999
	191132	191187	192946	192959	193202	193217	193226	193241	193268
	193285	193297	193315	193622	193651	194346	194559	194743	194817
	195303	195325	195657	196678	196897	196925	197622	197672	197678
	197691	198037	198553	198792	198853	198880	198981	199382	199411
沙糖	189076	189104							
史料	187512								

沙里院	182616	182811	183092	184964	184967	185053	185088	185172	185352
	186292	186358	186542	188942	188981	188993	189781	189862	190036
	190457	191035	191064	191356	191579	191944	192007	192008	192332
	192757	192779	192891	193743	194344	194845	195724	195831	195833
	195968	195987	195991	196180	196184	196623	196624	196636	196686
	196695	196776	196886	197113	197115	197328	197586	197992	198017
	198174	198185	198310	198376	198495	198626	198670	198796	198810
	198889	198999	199099	199126	199149	199242	199413	199587	199748
	199796	199932							
沙里院高女	197113								
私立學校	183567	183589	185676	185707	190348	190380	196606	196629	196651
	197017	197285							
私立學校規則	183567	183589							
沙防 沙防工事	182739	185675	185706	185773	186608	187882	190616	190629	190925
	191881	191908	192838	193006	193220	196165	196185	197807	198637
	198663	198665	199089	199122	199391	199954	200051		
師範学校 師範校 師範	182988	183021	183125	183505	183537	183814	185004	185268	185432
	185531	186227	186249	186790	187035	187061	188486	188712	189567
	189701	190318	190438	190469	191760	193634	193663	195771	195960
	196682	196687	196717	196719	196748	196875	197071	198606	
司法官	188282	189638	190793	190815	191104	191128	194178	194206	199493
	199516								
四山禁標圖	187486								
思想	182615	182824	182846	182886	182903	183097	183961	184697	184843
	185114	185141	188321	189999	190918	190939	191723	192535	193005
	193207	193230	193407	193759	194156	194423	195116	195146	196005
	196027	196065	196260	196389	196666	196692	196920	197948	197981
	199167	199561							
卸商	194985								
思想團體	182886	182903	193005						
死傷者救濟	182809								
思想犯罪 思想的犯罪	194423								
思想轉換	182824	182846							
思想取締	183961	184843							
寺院	185471	185652	192266	195203					
寫眞・寫眞機	183674	183679	184084	184145	184229	185000	185163	186181	186201
	186240	186259	187715	187799	187890	188530	188562	188701	188882
	189288	189355	189418	189475	189539	189608	189679	189730	189791
	189798	189828	189829	189863	189937	189993	190048	190058	190113
	190170	190232	190289	190353	190439	190840	190914	190970	191028
	191098	191164	191333	192721	192740	193832	193867	193958	193986
	194133	194167	194200	194228	194291	194354	194414	194477	194524
	194584	194651	194707	194771	194846	194913	194970	195038	

	195105	195173	195214	195288	196123	196258	196412	197072	197199
	197345	198708	199202	199235	199575				
私鐵會社	186973								
社會問題	182733	188608							
社會事業	185033	185068	185741	188880	188900	191040	193887	194628	195707
	196289	196955	197752	198121	198963				
社會事業協會	185033	185068	185741	191040	193887				
山口太兵衛 (京城實業家)	185221								
山崎繁吉 (城大教授)	187428								
山林部	182740	184265	184289	184350	189472	192062	192082	192191	193133
	193164	199885	199922	200051					
産米增殖	182984	182984	189421	189453	189947	189964	196204	196229	
産米增殖計劃	189947	189964	196204	196229					
山本阪太郎 (江原道 警察部長)	189820								
山室軍平 (救世軍 日本司令)	185036	185071	185221						
産業課	184112	184190	186361	188211	188232	191299	193317	196362	
産業放送	187371								
産業調査 産調	185978	185992	197737	199287	199633	199793	199987		
産業調査委員 會	185978	185992							
産業組合	188053	194776	194812	197697	199916				
産業合理化	184112	184841	187542						
山梨前總督 山梨半造	183399	183417							
山田新一	184182	187020							
産組	183846	184572	185126	185153	187290	187564	188397	188510	189414
	190549	191362	191504	192680	192722	192787	192931	192970	193073
	193458	194043	194083	194353	194379	194407	194531	196436	197030
	197701	197723	198080	198438	198898	199228	199386	199421	
産組大會	188397	188510							
産婆	183832	187991	188959	190930	194706	196394			
山縣割香(京城 商工助教授)	185666								
殺人	182969	183338	183544	184002	184261	184882	184948	185051	185086
	187050	187078	189260	190252	190442	191756	192079	192810	192831

	193012	193018	193027	193033	193067	193093	193330	193367	193461
	193517	193530	195759	199587	200170				
森岡警務局長	184347	184789	184977	185891	185918	188520	188551	189892	192729
	193477	193495	193777	193799	194156	194271	194346	198007	198020
	199311	199341	199373						
三國時代	189544								
三輪中將 (大阪造兵廠長)	184442								
森林組合	183497	192507	192516	192531	194067				
森林鐵道	183974	188525	188556	189930	191384	191964	198316		
森末劍道教士 (平南 道警察部)	184442								
三木弘 三木畵伯	194545								
森弁治郎 森辨治郎 (朝郵社長)	189568	198914	198944						
三線制度	182930								
森悟一 (殖産銀行理事)	184553	184570	188968						
三井物産	187837	195334							
三井榮長 (殖産局技師)	184570								
商工會	182615	183146	183499	183526	183854	184487	184708	185483	185971
	186196	186669	188165	188205	188213	188234	188811	188879	188899
	189069	189084	190199	190754	191245	193581	194582	194679	195356
	195657	196332	196507	197923	198074	198528	198740	199180	199279
	199792	199841							
商工會議所	182615	183499	183526	183854	184708	185483	186196	188213	188234
	188879	188899	189084	194679	195657	196332	198528	199180	199279
	199792	199841							
商工會議所令	182615	183499	183526	188213	188234	188879	188899	189084	194679
	199180								
上內彥策 (朝日新聞社)	183701	195873	195961	200215	200246				
相撲	182772	189669	190020	190800	190827	190995	191499	191584	191686
	191921	192469	192494	196172	196767				
上衫吉太郎(釜 山活牛組合長)	184891								
上水道	187001	187820	188989	189275	189895	190014	190122	190738	192043
	192172	192784	194311	194485	194567	195247	196504	197713	197905
	198346								
上水道水源地	187001								

上水配給	184684								
常識講座	183838								
上野教授 送別 音樂演奏會	184321								
商業倉庫	183885	184313	185799	185831	187682	187712	187754	187973	188773
	188800	194922	194941	195099	195111	195139	197209	197236	198300
祥原家畜市場	188910								
商銀	184917	187910	192954	192967	194195	194221	196738	197469	
商戰法	183108								
商店街	182874	186654	191762	192447	199201	199448	199767		
尚州	183627	184582	195857	195958	197698	198158			
商品陣列所	184638	190315							
上海	184832	185393	185539	188725	188755	189414	190329	190420	190444
	191039	191066	194562	197500					
上海銀行 代理店	191039	191066							
生徒	182829	182856	182885	182897	182918	182966	183085	183097	183196
	183214	183256	183306	183335	183364	183382	183383	183468	183857
	184099	184122	184198	184432	184761	184859	186424	186926	187202
	187748	187872	188123	188643	188971	189128	189160	189456	190218
	190519	190526	190953	191116	191151	192115	192240	192497	192613
	192622	192809	192830	193012	193027	195501	196606	196629	196651
	197227	197946	198165	198289	198869	199002	199086	199249	199254
	199265	199426	199607	199617	199829				
生絲	184343	184377	187800	187825	188008	188834	188862	190666	190693
	194586	194614							
生産品振興展	187041								
生業品評會	183174								
生牛移出	184157	198696							
生活の安定	184092	189733	189756	189770	190824				
生活改善	191646	191667	192490	193231	199365	199998			
生活苦	186266	188880	188900	194515	197449	198520	198548		
生活難	184833	190831	191790	192464	197235				
生活費	186273	193395	193423						
生活狀態	186473	189008	189041						
鼠	195704	195722	196271	198624	200115				
西岡芳次郎(本 府水産課長)	184399	196009	196031						
西崎銀司 (總督府事務官)	185221								
書堂	183822	187297	189227	191430	195377				
庶民金融網	184499								

西本健次郎 (貴族院議員)	195657	195772							
西山三郎 (朝日新聞 京城販賣局員)	184472								
西鮮	183487	184973	187657	187807	188146	188186	188333	188444	188668
	188697	188861	188875	188903	188904	188942	188971	188981	189044
	189107	189159	189160	189317	189386	189454	190219	190884	190891
	191817	192052	195833	196007	196029	196928	196933	197065	197112
	197190	197246	197373	197539	197597	197598	197766	197828	198431
	198882	198905	198941	199352					
西鮮女子 オリムピック	187657	188903	188971	189044	189107	189159	189160	189317	189454
西鮮女子競技 大會	187807								
西鮮女子中等 オリムピック 大會・西鮮女 子中等校オリ ムピック・西 鮮女子中學校 オリムピック	188444	184973							
西鮮日報 西鮮日報社	183487	183487	198905	198905	198941	198941			
西用久(水原農 事試驗場)	182684	182710							
徐源達(鎮南浦 中華領事館支 那領事代理)	183035								
西原八十八(全 南水産課長)	187150								
書籍	182774	182798	190853	196260	198979				
書籍會社	182774	182798	198979						
西海岸	184248	185783	190449						
西鄉豊彦(鎮海 要塞司令官)	188797	189103	189158	190999					
石佛	184876								
石用清人少將 (朝鮮軍團部 長)	187428								
石油	183137	184253							
石油倉庫	184253								
石井俊治(釜山 府立病院耳鼻	190628								

咽喉科長)								
石川登盛(平安北道知事)	183318	183344	184209	186828	189125			
石炭	184982	194912	195823	197988	200130			
選擧	182617	182941	183475	183590	183678	183702	183736	183763	184110
	184128	184188	184258	184526	184533	184555	184661	184693	184751
	184787	184816	184945	184970	184997	185026	185061	185162	185205
	185264	185303	185328	185330	185354	185361	185391	185397	185570
	185648	185738	185808	185840	186015	186034	186115	186128	186139
	186202	186233	186294	186361	186365	186391	186556	186575	186671
	186745	186760	187094	187100	187162	187303	187345	187376	187406
	187893	188594	188624	189576	189585	189942	190297	190310	190435
	190507	190744	191495	192861	192880	194189	194246	194370	194411
	195217	195410	195434	195444	195470	195500	196321	196835	196863
	197398	197426	197477	197680	198237	198277	198450	198459	198543
	198984	199158	200251						
選擧違反	189585	190435	190744	191495	192861	192880	198450		
船空會社	184351								
船橋里	184356	194016	194629	194834	198017	198658	198685	198931	
宣教師	184153	184186	190897	197619	197690				
船橋里	195659	198806							
鮮農	182826	182850	182895	183773	184919	186027	186046	186737	186758
	187093	187664	188668	188697	188705	189473	182984	182984	190219
	190891	191014	191204	191359	182984	182984	182984	194589	195373
	196480	196511	196754	196780	196814	197457	197484	198868	199860
鮮滿見學團	192632								
鮮滿連絡飛行	192170	192197	193882	193911					
鮮滿鐵道	189793	189823							
鮮米	182631	183248	183287	183741	183772	184278	184310	184375	184399
	185366	185395	185498	185525	185561	185592	185799	185831	186149
	186177	186310	186338	186351	187159	187186	187289	187329	188773
	188800	189070	190162	190667	190694	190718	190839	192443	192728
	192744	194440	194463	194483	194505	194645	194924	194943	195040
	195069	195227	195251	195275	195462	195489	195790	195892	196044
	196202	182984	196954	196980	197132	197198	197383	197692	197790
	197841	197895	197989	198204	198230	198330	198910	198932	198953
	198976	200196	200227						
鮮米運賃	189070	195790							
鮮米移出	183248	183741	183772	185498	185525	185561	185592	185799	185831
	186177	187289	187329	195040	195069				
鮮米統制	186149	188773	188800						
鮮米協會	184375	184399							
鮮産愛用	188007	190844	190871	191113	191134				

仙石貢 (南満洲鉄道 総裁)	186124	186135	186297	186397	186543	186576	186652	186666	186695
	186741	186766	186878	187099	196953	196979	198168	198189	198242
鮮船會	184439	184464							
鮮外流浪者	184904								
鮮牛	184935	187831	194020	196529	197289				
鮮銀券	194090	198490	199809	200180					
鮮銀爆彈事件	183698	184035	191464						
宣傳	182928	183228	183254	183440	183710	184285	184434	184476	184556
	184700	184905	184979	185006	185631	185638	185657	185923	186071
	186093	186657	186927	187080	187241	187658	187674	187683	188022
	188281	188335	188377	188381	188530	188562	188748	188819	189105
	189340	189359	189907	190254	190274	190280	190324	190596	190612
	190675	190918	190939	191177	191192	191256	191312	191478	191605
	191984	192227	192486	192489	192500	192587	192606	192839	193200
	193224	193318	193465	193904	193922	193938	194030	194144	194208
	194227	194237	194239	194603	194726	194746	194805	194872	194911
	194927	194957	195056	195167	195289	195429	195610	195669	196379
	196420	196750	197001	197051	197149	197184	197450	197722	197754
	197770	198104	198218	198811	198871	198998	199046	199327	199358
	199875								
朝鮮美術 展覧会 朝鮮美術展 鮮展 朝展	186237	186253	186532	186548	186590	188408	188434	188609	188628
	188663	188691	188721	188858	188962	189136	189157	189161	189187
	189205	189255	189269	189298	189318	189369	189393	189488	189512
	189543	189573	189735	189765	190067	190188			
宣傳ビラ	184434	194726							
宣傳歌	192486	193465							
船田教授	182776	182803							
宣傳映畫	190612	195610							
宣傳標語	184905								
鮮支貿易	188716	188743							
仙台人會	184328								
鱈	182975	183096	184523	187135	188784	191572	194042	194085	198648
	198718	199218	199608	199903					
京城帝国大学 京城帝大 京城大學 城大	182618	182776	182803	182825	182848	182880	182953	183052	183072
	183101	183118	183152	183171	183200	183220	183250	183270	183500
	183513	183527	183534	183758	183802	183817	184029	185180	185209
	185270	185274	185305	185332	186110	186519	186863	186944	186964
	186996	187018	187239	187263	187428	187571	187598	187816	188067
	188255	188615	189008	189041	189254	189377	189405	189745	189912
	190263	191026	191121	191297	191620	191852	192065	192358	192379
	192715	192719	192733	193759	194278	194674	194954	195528	195598
	195616	195644	195667	195706	195731	195863	196921	196946	197581
	197596	197736	197852	197865	198363	198914	198944	199710	199758

	199812	199889	199978					
城大教授の 評判記	182618	182776	182803	182825	182848	182880	182953	183052	183072
	183101	183118	183152	183171	183200	183220	183250	183270	
城大病院	189377	189405							
城大醫學部	185180	185209							
星野喜代治 (大藏省事務官)	185221								
星州	188114								
城津	182669	182695	183992	184157	184714	184723	184893	184897	186178
	186372	186489	187045	187072	187440	187790	187838	187970	188077
	188803	190039	190256	190283	190458	191793	192192	192257	192268
	192450	192506	192513	193467	193485	193859	194513	194845	194908
	195209	195496	195540	195562	195927	196411	196711	196825	197483
	197561	197608	197765	197785	199941				
城津學組	183992								
城津港	184714	190039							
城川江	183863	183897							
盛澤山	183781	184048							
猩紅熱	183314	184365	184760	185053	185057	185088	185092	185584	185631
	185828	185860	188117	188392	188483	189151	189169	189434	190527
	190654	194405	197077	198755	198925	199030	199053	200008	
世界	183346	183677	184672	185813	185845	185960	187987	188414	188443
	189623	189652	190594	192436	192550	193684	193715	193814	194187
	194413	194472	195350	195370	197861	197986	199260	200101	200122
世界一周	184672								
世界一周機	184672								
世界早廻機	188414	188443							
稅關	183683	184399	184495	184580	186380	186588	186792	187296	187334
	187401	187445	188349	189012	189048	189638	190203	190628	190673
	190692	190700	192805	192826	193936	194259	195926	197055	198575
	198623	199212	199241						
稅金	183438	184272	186008	188734	193806	194372	194392	197609	197627
	198249	198448	199475						
小宮山精一 (東京實業家)	183701								
少年	182728	182820	182825	182848	183190	183274	183312	183519	183541
	184208	184441	184474	184515	184608	184717	184758	185600	185757
	186119	186130	186272	186288	186438	186440	186622	186751	186778
	187494	187765	187817	188289	188395	188512	188604	188631	188792
	188855	188991	189199	189324	189431	189818	189853	190216	190798
	190822	190918	190939	191296	191427	191596	192492	192671	193132
	193142	193163	193173	193517	193530	193576	194066	194269	195241
	195505	195561	195648	195653	196113	196129	196136	196148	196299
	196463	196652	196670	196944	197535	197700	197722	197889	197915

	197946	197986	198411	198831	198859	198986	199255	199268	199363
	199384	200084							
少年デー	188604	188631							
少年團	188604	189431	190822	194066	194269	195505	196136	197535	198986
少年保護所	185600								
少年少女	183274	183519	183541	190918	190939	199268			
少年演武大會	188395								
小農	182712	182743	184203	185670	189319	190127	190907	195515	198046
	198065								
小農救濟	189319	190907	195515						
騷動	182679	182705	183254	184308	184569	184735	184881	186593	189817
	190369	190495	190517	191186	191213	191373	191397	197911	
消燈	182733	183184	195403	195438	197161	198032	198625		
小林萬吾	189136	189161							
昭文社	187528								
消防	182623	182632	182656	182658	182673	182699	182795	182807	182916
	182945	183330	183516	183557	183700	184024	185048	185083	186362
	186557	186677	186709	186746	187446	188154	188194	188540	188571
	188612	188630	188675	188707	188841	192286	192310	193620	193627
	193649	193656	193849	195054	195123	195283	195380	195665	195845
	195973	196006	196028	196184	196778	196840	196867	196992	197095
	197105	197403	197405	197436	197512	197533	197819	198009	198017
	198064	198150	198782	199994	200146	200165			
消防隊	188841	193627	193656	195973	197105	198017	198064		
消防手	182623	182656	182658	182673	182699	182795	182945	183700	185048
	185083	186677	186709	186746	188540	188571	192286	192310	
消防組合	182807	193849	195054	195283	195380	196006	196028	197095	197403
	197405	197436	197512	197533	199994	200146	200165		
消費節約	182799								
消費組合	182808	183069	184707	187704	188907	189514	194168	196724	199286
小商人	183490								
訴訟	183738	183895	184330	184881	189303	190148	190559	191198	192907
	192926	195132	195734	196193	196726	198719	199251	199263	199457
	200129								
小松寛美 (京城本町 署長)	182642	187150							
小松犀流	182642								
小室翠雲 (畫伯)	188797	189568							
小兒科	195422								
騷擾	183149	183168	183196	183214	183306	183335	183538	183578	183598
	183692	183716	183751	183778	183978	184013	184308	184395	184435

	184462	184659	184755	184825	184946	184995	185128	185155	186086
	186108	186188	186208	186343	186825	190158	190609	190639	191190
	191260	191286	191373	191397	192295	194864	195025	195175	195186
	195567	197411	200134	200160					
騷擾事件	183149	183168	183196	183214	183538	183978	184013	184308	184395
	184435	186188	186208	190158	191373	191397	195025	195175	195186
	195567	197411							
小作	182942	183495	183952	184168	184216	184385	184475	184584	184613
	184695	184732	185526	185930	186129	186140	186281	186767	186786
	187563	187583	187698	187841	187851	187865	187932	187999	188226
	188247	188617	188819	188821	188923	188961	189148	189303	189379
	189443	189498	189586	189725	189748	189990	190017	190080	190119
	190720	190733	190891	192259	193452	195290	195759	195854	196377
	196623	196636	196685	196780	196849	197151	197179	197441	197448
	197804	197846	197873	198073	198101	198155	198173	198413	198426
	198577	198713	198893	198924	199009	199446	199507	199554	199596
	199628	199656	199740	199828	199939				
小作慣行の改善	184475	185930	186767	187865	187932	192259	195290	199596	199628
小作官會議	183952	184216	184475						
小作權	182942	183495	187698	187851	188961	189303	189443	189990	190080
	198577	199507							
小作農	184168	185526	187563	198893	198924				
小作農家	185526								
小作法	184695	184732	199596	199628					
小作爭議	187999	188819	188821	188923	189148	189379	189498	189725	189748
	190017	190733	197151	197179	197441	197804	198073	198101	199554
	199740	199828							
小作制度調査	187583								
小作調停法	184385	199596	199628						
小場恒吉	191987								
篠田治策 (李王職次官)	188104	196021	196043						
燒酎	187673	191542	194259	194963	198243	199161			
小倉武之助 小倉竹之助 (大興電氣社長)	187811	195137	198914	198944					
小唄	189606	191159	192466	192478					
小學	182812	183199	183216	183268	183455	183477	183591	183907	183921
	184268	184356	184419	184515	184535	184669	184740	184870	185040
	185053	185075	185088	185267	185323	185390	185640	185651	185932
	185945	186066	186088	186158	186163	186181	186201	186625	186699
	186729	186844	187380	187872	187985	188117	189085	189111	189156
	189606	189857	190786	190899	191411	191901	191923	192518	194632

	194911	195257	195376	195480	195587	196227	196327	197170	197722
	197900	197910	197924	197929	197932	198220	198320	198376	198739
	198808	198925	199586	199623	199692				

小學校	183199	183216	183268	183455	183477	183591	183907	183921	184268
	184356	184419	184515	184669	184740	185040	185075	185267	185651
	186066	186088	186158	186163	186699	186729	187380	187872	187985
	188117	189857	190786	191411	194632	194911	195257	195480	195587
	196227	196327	197170	197910	197929	197932	198739	198808	198925
	199586	199623	199692						

小學校職業科新設	183199

小學兒童氷滑競技會	182812

昭和	182655	183407	183426	184414	184423	184444	184457	184963	185243
	185428	185453	185522	185562	185733	185802	185834	185868	185895
	185924	186061	186141	186187	186297	186413	186555	186581	186592
	186810	186839	186924	186968	186999	187043	187090	187291	187330
	187458	187572	187792	187919	187949	188355	188382	189992	190077
	190478	190501	190763	191011	191587	191604	191645	191666	191716
	191909	191965	192018	192028	192070	192091	192121	192138	192192
	192226	192248	192313	192514	192636	192653	192656	192703	192707
	192736	192897	192916	193063	193089	193127	193158	193379	193701
	194200	195079	195192	195711	195737	195839	195918	195952	195972
	196680	196807	196833	196861	196894	196922	196953	196979	197031
	197063	197400	197427	198205	198231	198242	198459	199860	

昭和水利昭和水利組合	185868	185895	186061	187043	192514	192707	193379	195079	195839
	196680	196807	198205	198231					

昭和水組	188355	188382

昭和製鋼昭和製鋼所	183407	183426	184414	184423	184444	184457	184963	185243	185522
	185562	185733	185802	185834	185924	186141	186187	186297	186555
	186581	186592	186810	186839	186968	186999	187291	187330	187572
	187792	187919	187949	189992	190077	190763	191011	191587	191604
	191645	191666	191716	191909	191965	192018	192028	192070	192091
	192121	192138	192192	192226	192248	192313	192636	192653	192656
	192703	192736	192897	192916	193063	193089	193127	193158	194200
	195192	195918	196833	196861	196894	196922	196953	196979	197031
	197063	197400	197427	198242					

昭和製鋼所	184414	184444	184963	185243	185562	185733	185802	185834	186187
	186555	186592	186810	186839	186968	186999	187792	187919	190077
	190763	191587	191604	191645	191666	191716	192018	192028	192070
	192091	192121	192138	192192	192226	192248	192313	192656	192703
	192736	193063	193089	193127	193158	194200	195918	196833	196861
	196894	196922	196953	196979	197031	197063	197400	197427	198242

昭和製鋼所問題	186968	186999	190077	191716	193127	193158	196833	196861	196894
	196922	196953	196979	197400	197427				

粟津淸亮 (法學博士)	183038							
宋福信	184296							
松本誠 (總督府專賣局)	188858	197322						
松永工 (鐵道局技師)	183701	184553	184570					
松茸	188299	189873	189902	193236	195234	199419		
松田眞治郞(三 菱當務取締役)	187428							
松竹座	189067							
松村松盛(總督 府殖産局長)	187217	192246						
松下芳三郞 (全南內務部長)	197851							
水稻	184194 184410 188088 189724 191809 191941 192001 192182 192350 192533 192698 192783 193046 196440 198067 198557							
水道	182877 182891 183793 184211 184894 185503 187001 187509 187820 188265 188989 189275 189433 189734 189895 190014 190122 190738 191527 192043 192172 192375 192784 193621 193650 193885 194311 194485 194567 195247 195729 196504 197713 197905 198346 198435 198669 199274 199527 199664 199708							
水力發電所	191400 194375 194408 200143							
水力調査	184389 187223							
水力調査課	187223							
水利	183245 183412 183431 183466 183793 183917 184097 184220 184587 184599 184617 185099 185208 185445 185462 185868 185895 186061 186460 186510 186928 187043 187276 187396 187411 187548 187839 188024 188250 188273 188831 188860 188863 188869 189001 189331 189338 189702 190027 190103 190202 190663 190929 191206 191641 191662 191748 191777 191995 192011 192514 192707 192930 192978 193134 193165 193196 193379 193382 193394 193419 193420 193551 193967 194380 194391 194744 194959 195079 195113 195141 195539 195552 195764 195775 195839 195881 196105 196190 196222 196276 196334 196398 196414 196421 196481 196501 196680 196689 196690 196726 196807 196808 196934 196966 196987 197043 197091 197106 197305 197340 197363 197431 197433 197505 197567 197600 197649 198064 198176 198205 198231 198304 198646 198668 198744 198786 198797 198827 198855 198982 199042 199160 199170 199233 199278 199315 199524 199597 199621 199656 199667 199703 199708 199739 199995							
水利計劃	184220							
水利事業	183793	184097	185445	185462	190103	190202	192930	
水利組合	183466	183917	184599	187043	187839	188024	188831	188860	188863

	189001	189338	190663	190929	191995	192011	192978	193134	193165
	193196	193379	193394	193419	194391	194744	194959	195539	195552
	195881	196190	196276	196334	196398	196414	196421	196501	196726
	196808	196966	196987	197043	197106	197305	197340	197363	197431
	197433	197505	197567	197600	197649	198176	198646	198668	198786
	198797	198827	198855	199042	199160	199233	199315	199524	199597
	199621	199656	199667	199703	199739				
水利組合救濟	198646	198668							
睡眠貯金	184829	194976	195003						
水不足	183409	183428	190799	191710	191729				
手不足	182651								
守備隊	183282	183594	184191	185104	185302	185732	187299	187339	189221
	189272	190040	190197	190264	190880	191071	191682	193534	194674
	195819	196413	196572	196602	196643	197864	197899		
水産・水産界	183018	183102	183236	183296	183301	183325	183556	183590	183596
	183681	183720	183858	183888	184011	184039	184056	184077	184383
	184390	184399	185003	185219	185377	185420	185533	187150	187284
	187386	187506	187538	187599	187843	187881	187980	189018	189043
	189073	189342	189414	189489	190725	190751	191024	191388	191504
	191543	191746	191855	191871	192081	192679	192680	192722	192759
	192768	192787	192808	192829	192970	192976	193073	193458	193468
	193475	193486	193493	193644	193673	194043	194083	194353	194502
	194531	194789	194992	195517	195601	195697	195922	196009	196031
	196241	196252	196267	196365	196436	196949	197157	197412	197500
	197524	197557	197650	197846	197913	197946	198000	198024	198080
	198342	198359	198381	198526	198583	198628	198828	198898	199092
	199228	199380	199629						
水産課	184399	187150	192081	192759	192768	194789	196009	196031	196252
	198526								
水産試験場	185219	193475	193493	193644	193673	196267	197913	199092	
水産議員	183018								
水産製品檢査	183296	183325							
水産品評會	187980	189342	191855	192787	194502				
水産會	183236	183556	183590	183858	183888	184056	184077	184383	184390
	185377	185533	187386	187599	191388	195697	198342	198381	198583
	198628	199629							
水産會社	184056	184077	184390	185533	187599	199629			
水上對抗競技	192238								
輸城川	188563	188989	198232	198528	198679	199282	199474		
修身	184903	184928	187230	187257	187644	187680	192323	196718	196744
	196864	197996	198019						
修身書	187230	187257	187644	187680	192323	196718	196744	197996	198019
水野發 (釜山實業家)	185286								

水野重巧(京城高等法院檢事)	189201	189231						
修養會館	184961	187431						
授業	183336	183716	184934	185175	185203	185246	185314	185364	185433
	185712	185806	185838	185974	185988	186181	186201	186535	187015
	188497	189003	189835	191026	191375	191511	193363	194261	195763
	196931	197579	197595	198095	198344	198606	199164	199283	199426
	199494								
獸疫豫防	186984	188281	191739						
水原	182684	182710	186348	186835	188271	190363	190397	190422	190460
	196553	198580							
水源地	184746	187001	187073	191528	192375	193584	195215	197760	198283
獸醫	184779	184808	185242	187703	190215				
獸醫規則	187703								
輸入	182615	182895	183438	183824	183854	183918	184159	184226	184233
	184272	184427	184708	185429	185454	185486	185546	185563	185822
	185854	186145	186642	186731	186902	187391	187499	187665	187836
	187969	188173	188476	189083	189676	189677	189680	190044	190104
	190288	190659	191090	191697	191927	192370	192574	192627	192708
	192805	192826	193348	193546	194554	195293	195310	195462	195489
	195595	195604	195709	195728	195935	196044	196055	196097	196316
	196809	197015	197042	197879	198741	200044			
輸入關稅	183438								
輸入稅	183854	183918	184233	184272	184708	185546	185563	192805	192826
穗積眞六郎(總督府外事課長)	183466								
水電	182662	182688	193948	197861					
水族館	183691								
輸出	182655	183042	183291	183443	183452	183550	183643	183711	184094
	184212	184832	185173	185202	185543	187584	187935	188394	189051
	189327	189414	189766	190249	190262	190420	190444	190725	190750
	191012	191229	192220	192370	192373	192389	192426	192446	194765
	194918	195086	195101	195942	196353	182984	196539	196839	196866
	197500								
修學旅行	188528	188971							
水害·風水害	182984	184220	190240	191581	191636	191657	191689	191712	191809
	192177	192178	192182	192199	192206	192240	192263	192286	192306
	192310	192376	192399	192422	192454	192470	192506	192513	192547
	192559	192589	192610	192635	192637	192638	192649	192759	192768
	192806	192827	192847	192866	192883	192987	192997	193139	193170
	193195	193219	193262	193264	193291	193293	193508	193524	193685
	193716	193820	193848	194141	194162	194180	194213	194307	194314
	194553	194693	194989	195763	195846	195946	196787	196804	198008
	192506	192547	192559	192635	192638	192649	192806	192827	192847

	192866	192883	192987	192997	193195	193219	193262	193291	193524
	193685	193716	194141	194314	194989	195763	195846	195946	196787
	196804								
受驗戰線	184537	184560							
手形	184915	184937	187224	188452	192164	193255	194905	195197	196705
獸魂祭	188873	189997							
巡査	183111	183695	183706	183808	184175	184650	184678	184681	184983
	185258	185281	186874	187180	187212	187215	187311	187355	187399
	187464	187610	187729	187946	187988	188107	188260	188295	188422
	188451	188883	188983	189213	189222	189398	189604	189609	190524
	190580	191496	191594	191649	191651	191670	191672	191778	191791
	192437	192569	192851	192870	193145	193176	193277	193306	193442
	193517	193530	193573	193591	193598	193901	193975	194010	194062
	194220	194625	194637	194639	194830	194837	195306	195347	195371
	195503	196076	196405	196463	196906	197259	197508	197532	197658
	197670	197674	198163	198221	198635	199108	199437	199484	199511
	199537	199611	199856	199866	200208	200239			
巡査講習	194062								
巡査教習 巡査教習所	189609	189609	191594	191594	194625	194625			
巡査採用試驗	183695	183706	183808	187946	191778				
巡視	183449	183568	184309	184368	186031	186050	186370	186544	189217
	189832	182984	192689	192701	193477	193495	193622	193651	193720
	194367	194393	194559	194817	196347	196367	196897	196925	196928
殉職	182656	182673	182699	182795	183113	183143	183516	183557	183699
	183700	184069	185048	185083	185258	185281	187656	188154	188194
	188260	188848	189241	191255	191285	191689	191712	191882	191998
	192427	192599	195347	195371	196281	197273	197297	197846	
殉職消防合同葬	183516								
巡察箱	186987	187016							
順天	193691	195036							
順川	186684	189209	192532	193036	195004	195021	195272	197327	198017
	198095	198119	198192	198669					
順化院 京城順化院	184044	188672	189623	189652	191045	192730	192753	197609	
崇德學校	184859								
崇義女高普	182817								
崇義女學	198175								
崇仁校	186887								
崇仁商業	187982	189638	191076						
崇仁專門	183716								
蠅の捕獲	184546								

僧侶	193112	193280	193311	199267					
乘馬	188632	189785	196826	196887	196948	197005			
乘合自動車	184788	187719	187978	188162	188202	191807	195660	196118	197370
市街戰	185575								
時計	184823	184887	186899	190492	190509	190862	191536	191565	198393
	199423								
矢橋良胤 (前平毎副社長)	184375								
市民	183803	183883	183933	185493	185802	185834	185924	187011	187998
	188074	188782	188833	188893	189077	189424	189442	190062	190085
	190672	191056	191082	191774	192423	193274	193303	193454	195125
	195356	195933	196095	196749	197131	197764	198356		
市民大會	185802	185834	185924	187011	188782	188833	191774	195356	
施肥の 標準調査	183867								
市原養樹 (清州醫院長)	187363								
示威運動	182885	182918	182927	182996	183085				
市場	182631	182835	182852	182978	183028	183058	183687	183719	183807
	184291	184295	184687	185178	185201	185272	185465	185550	185779
	185792	185926	185969	186675	186701	186723	186896	187044	187381
	187968	187976	188153	188193	188281	188285	188319	188396	188527
	188641	188644	188910	189261	189309	189489	189896	190008	190237
	190365	190483	190515	190553	190606	190878	191316	191355	191574
	191619	191701	191847	191936	191992	192165	192366	192407	192444
	192584	192603	192743	192932	193424	193476	193494	193702	193890
	193936	193998	194004	194048	194082	194175	194184	194235	194244
	194266	194268	194492	194739	194875	194950	195165	195227	195234
	195251	195385	195386	195459	195560	195747	195773	196049	196103
	196354	196483	196542	196661	196997	197265	197407	197557	197577
	197708	197787	197795	198050	198198	198223	199105	199329	199616
	199637	199658	199700	199836	199892	199897	199938		
市場規則	185550	188527							
試驗飛行	184391	184437	184448	184628	185379	185408	185539	190511	191336
	191950	191971	192677	194564	194660	194684	194754	194809	194948
	195261	195400	196847	182984					
試驗地獄	185004	185127	185154	185432	186011	186280			
食堂	188074	189248	189266	190164	193568	195383			
食堂車	190164	195383							
食糧	184429	184456	194202	196903					
植民地	190793	190815							
植民地法官	190793	190815							
殖産局	183385	183416	183435	183622	183650	183701	184570	184895	185243

	185286	185360	185365	185389	185559	185597	185864	185987	186001
	187150	187159	187186	187217	187770	188008	188213	188234	188271
	189158	190349	190381	191986	192052	192246	192301	192698	193217
	193392	193417	193418	193618	193647	193809	193837	194289	194589
	195689	195836	195952	195972	198485	198914	198944	199385	
殖産銀行	184553	184570	189939	189963	196163	196179			
殖産債券	186938								
植桑	182898	185484	188601	197840	199776				
植樹	184109	184697	184699	185368	186244	186269	186742	186765	186814
	186846	186869	187190	187227	187267	187309	187353	187452	187728
	187793	192778	199857						
植樹計劃	184109								
食用化	184405								
殖産銀行 殖銀	183002	183248	184331	184553	184570	184668	186278	186530	186784
	187018	187569	187712	187724	187754	187757	188359	188892	189383
	189612	189640	189687	189713	189810	189846	189939	189961	189963
	190075	190555	190796	191059	191176	192007	192358	192412	192715
	192733	192974	193553	193579	194096	194538	194955	195238	195475
	195833	195853	195863	195907	196044	196163	196179	196560	197086
	197649	198626	198914	198944	198952	198975	199121	199150	199251
殖銀 沙里院支店	192007	195833	198626						
植栽	183863	183897	185482	185773	187965	191742			
殖田俊吉(拓務 省殖産局)	183416	183435							
新刊紹介	182980	186962	187845	189938	190541	192546	198700	199190	
新幹會	182679	182705	184308	187402	187420	194775	194802	195061	195175
	195186	195679	197623	197644	200198	200229			
神宮	187644	187680	190469	192063	192083	192287	192309	193058	193147
	193178	193471	193489	194488	194507	194606	194782	194930	195059
	195258	195565	195667	195787	195863	195889	195905	195921	196019
	196041	196108	196215	196375	196399	196432	196486	196493	196515
	196543	196575	196597	196598	196624	196637	196665	196688	196767
	196827	196971	197294	197378	197509	197672	198460		
新羅時代 新羅	183865	183889	185770	190358					
新聞	183879	184011	184039	184763	185383	186537	186660	186730	186797
	186875	186958	187025	187091	187226	187285	187373	187740	187842
	187886	187924	187971	188041	188075	188175	188486	189158	189938
	189988	191157	191463	192863	192882	193040	194801	195458	195519
	195599	195864	195997	196499	196560	196967	196995	197099	197518
	197551	198156	199394	199414					
神社	186686	187200	188143	188183	188857	189774	189905	190278	194263
	195094	195187	195329	195830	195831	196123	196383	196384	196416

	196540	196583	197273	197297	198110	199967		
新漁業令	183095	183119	185544	186656	186921	189175		
新義州	182626	182630	182644	182655	182740	182765	182829	182852	182856
	182902	182919	182954	183026	183129	183133	183177	183224	183240
	183271	183408	183409	183423	183427	183428	183441	183489	183502
	183535	183536	183544	183575	183592	183594	183598	183751	183763
	183770	183778	183830	183931	183936	183937	183944	183996	184011
	184209	184342	184375	184424	184521	184647	184694	184788	184838
	184849	184850	184920	184952	184963	184965	184975	184978	184985
	185247	185286	185364	185433	185488	185502	185566	185575	185733
	185736	185738	185792	185887	185888	185914	185915	185961	185966
	185967	186141	186155	186187	186190	186239	186257	186297	186300
	186302	186350	186380	186397	186489	186581	186729	186736	186740
	186748	186801	186803	186828	186882	186902	186963	186968	186999
	187037	187095	187099	187118	187160	187229	187291	187330	187380
	187383	187451	187508	187572	187575	187586	187588	187592	187730
	187792	187910	187919	187930	187937	187952	187968	187995	188002
	188033	188094	188100	188177	188302	188336	188641	188643	188744
	188751	188761	188873	188898	188914	188974	189059	189076	189104
	189125	189133	189146	189166	189167	189208	189351	189356	189469
	189671	189703	189729	189762	189769	189833	189837	189895	189896
	189967	189997	190038	190077	190087	190169	190257	190284	190391
	190395	190418	190573	190628	190678	190706	190723	190763	190771
	190911	190953	190955	191010	191011	191025	191070	191195	191199
	191269	191334	191398	191403	191552	191557	191558	191587	191591
	191601	191604	191716	191774	191779	191909	191937	191950	191967
	191971	192028	192055	192070	192093	192100	192121	192192	192225
	192304	192356	192368	192370	192392	192395	192415	192439	192446
	192470	192475	192505	192529	192539	192545	192580	192608	192633
	192652	192703	192724	192749	192757	192779	192844	192845	192863
	192864	192882	192891	192932	193062	193122	193244	193316	193324
	193424	193443	193455	193460	193463	193534	193675	193777	193851
	193870	193936	194018	194127	194139	194366	194401	194456	194566
	194677	194679	194696	194697	194809	194908	194948	195144	195171
	195187	195314	195432	195492	195522	195928	195929	195991	196124
	196144	196188	196189	196224	196227	196316	196330	196359	196403
	196413	196503	196509	196632	196644	196972	196986	196997	197001
	197055	197117	197300	197376	197432	197464	197472	197489	197534
	197625	197629	197648	197674	197712	197722	197734	198043	198139
	198143	198203	198319	198323	198382	198393	198443	198699	198809
	199086	199120	199147	199227	199431	199617	199996	199997	200018
	200070								
新義州 高等普通學校 新義州高普	182829	182856	183575	183598	183751	183778	184920	184985	185247
	185888	185915	188100	188643	199617				
新義州貿易	182655								

新義州 米穀市場	182852	188641							
新義州繁榮會	183996								
新義州法院	183133								
新義州府	183931	183936	184011	184850	186190	186828	188744	189967	190257
	190284	191334	191552	192368	192415	192439	193443	194697	196144
	196188	196509	196972	196986	197001				
新義州商議	182954	183271	183408	183427	183770	184975	185286	186141	187792
	187910	192863	192882	194127	194677	194679	197625	197648	
新義州署	182626	190087	197432						
新義州稅關	186380	190628	193936	197055					
新義州小學校	186729	187380	196227						
新義州守備隊	183594	193534	196413						
新義州新學校	183423								
新義州夜學	187730								
新義州郵便局	188751	195928							
新義州中學	199086								
新義州 地方法院	182740	182765	183544	184375					
新義州靑年 修養講演會	189469								
新義州出初式	182644								
新義州學組	183535	184849	184978	185364	185433	196503			
新義州憲友會	188974								
神田少佐 (軍參謀)	183318	183344							
新職業ガイド	186891								
信川水利組合	192978	196421	197106	197431	199160	199524			
信託業取締	184540	184561							
新海州 地方法院	184307								
新興經濟都市	182630								
實科	182911	184584	184613	186622	189003	189341	192425	193281	196532
	198029								
實科教育	182911	186622	189003	189341	192425	196532	198029		
室素	183847								
朝鮮室素 失業	183847								
實業家	182843	182948	183701	183814	183882	184209	184765	185059	185094
	185221	185286	185785	186278	187217	187625	188898	189383	189450
	189820	190999	191396	193835	194259	194613	194643	194674	194731

	195137	196613	196738	197231	197294	198016	198037	198914	198944
	199147	199567	199593						
實業教育	186072	186094	192416	196851					
失業勞働者	191825	191845	193196	193887					
失業者	182837	183799	184811	184831	184839	184867	184904	184944	185023
	185119	185146	185588	186174	186328	186634	187592	187643	187677
	187735	187755	188310	188774	188805	188904	189174	189234	189321
	189981	190411	190604	190606	190820	190908	190975	191001	191040
	191041	191206	191239	191273	191600	191876	191904	191970	192053
	192529	192836	194103	194145	194357	194384	194429	194518	194658
	194794	194803	194962	195170	195352	195634	195658	195851	196001
	196023	196261	197136	197141	197172	197204	197233	197269	197393
	197418	197478	197684	198253	198431	198528	198908	199929	
失業者救濟	184839	184867	185588	186328	187735	187755	188774	188805	189234
	190820	191041	192053	192836	194357	194384	194658	195352	195634
	195658	197141	197172	197204	197233	197269	197393	197418	197478
	198908								
失業者調查	182837								
失業調查	183237	183748	190824						
實業學校	188090	188941	188970	192069	194360				
實情調查	183407	183426	186905	187855	187859	196538			
實彈射擊演習	186894	190033	190121						
審議室	182684	182710	184014	186432	186451	191951	191959	193064	193090
	197466								
十九師團	184730	184765	185108	185135	186212	188006	189348	189530	190118
	192031	195657	197622	197678	198792	198853	198880		

○								

アイスホッケー・アイスホッケーリーグ	182780	183274	198764	199758	199881			
アナウンサー	186957							
アメリカ	184089	184481	184505	184665	194413	194472	198086	
アメリカニズム	184665							
アメリカ觀光團	184089							
アルミニユーム鑛	184060	184081						
ウィンタースポーツ	182780	198576	198612					
オリムピック	184973	187657	188146	188186	188333	188444	188475	188499	188861
	188875	188903	188971	189044	189107	189159	189160	189317	189374
	189386	189404	189454	189971	196061	196086			
ワクチン注射	187507	187539						
お伽話	188446							
兒島高信(總督府埋財課長)	183758	184503	184519	194788				
兒童	182728	182812	182990	183216	183740	183829	183913	183921	184163
	184535	184546	184845	184878	185118	185145	185207	185214	185298
	185326	185432	185687	185712	185866	185893	185932	185945	186007
	186056	186066	186088	186119	186130	186181	186201	186449	186535
	186545	186583	186584	186625	186976	187230	187249	187257	187265
	187392	187415	187644	187680	187889	188332	188768	188921	188978
	189127	189606	190371	190416	190743	190985	191163	191411	191511
	191606	191786	191997	191999	192015	192041	192479	192535	192578
	192756	193054	194332	194911	194919	196181	196234	196380	196430
	196508	196656	196718	196744	196785	197051	197077	197579	197585
	197595	197722	197966	197983	198129	198220	198341	198379	198434
	198856	199082							
兒童デー	188768	197051	198434					
兒童救濟	182728	186007						
兒童慰安映畫會	191606							
兒童慰安活寫會	188978							

兒童 珠算競技會	184163							
雅樂	183205	183217	183997	184023	187987			
兒玉秀雄 (朝鮮総督府 政務總監)	182637	183037	183356	183568	183701	183905	183928	183948	185109
	185136	185238	185263	185266	185522	185799	185831	185921	185974
	185977	185988	185991	186066	186088	186157	186162	186295	186321
	186666	186695	186810	186839	187274	187570	187597	187866	189420
	189452	189612	189640	190066	190082	190257	190268	190284	190318
	190320	190458	190486	190695	190731	190756	190975	191001	192506
	192513	192702	192723	192742	192847	192866	192899	192918	193449
	193752	193780	194247	194270	194367	194393	194482	194501	194734
	194874	195006	195080	195144	195187	195250	195531	195550	197081
	197141	197172	198853	199472	199950	199984	200020		
阿片	182637	183037	183356	183568	183701	183905	183928	183948	185109
	185136	185238	185263	185266	185522	185799	185831	185921	185974
	185977	185988	185991	186066	186088	186157	186162	186295	186321
	186666	186695	186810	186839	187274	187570	187597	187866	189420
	189452	189612	189640	190066	190082	190257	190268	190284	190318
	190320	190458	190486	190695	190731	190756	190975	191001	192506
	192513	192702	192723	192742	192847	192866	192899	192918	193449
	193752	193780	194247	194270	194367	194393	194482	194501	194734
	194874	195006	195080	195144	195187	195250	195531	195550	197081
	197141	197172	198853	199472	199950	199984	200020		
阿片密賣	197357	197846							
阿片調査	185439								
鮫鱇網・ 鮫	188057	188495	189844	197371	197722				
安東	182630	182635	182663	182670	182681	182689	182696	182707	182799
	182818	182871	182902	182943	183074	183086	183117	183122	183216
	183218	183223	183231	183274	183382	183438	183528	183559	183594
	183654	183711	183715	183782	183798	183854	183871	183918	183938
	184009	184054	184233	184412	184419	184427	184552	184635	184704
	184708	184911	185260	185288	185300	185483	185493	185563	185688
	185750	185756	185802	185815	185834	185847	185932	185945	186155
	186238	186256	186278	186409	186494	186498	186603	186615	186658
	186731	186888	186905	186968	186999	187048	187052	187087	187235
	187282	187292	187313	187323	187444	187514	187578	187739	187785
	187934	187949	187986	188003	188015	188082	188094	188285	188301
	188320	188324	188335	188377	188378	188567	188703	188767	188768
	188812	188868	188902	188977	188999	189051	189105	189396	189469
	189513	189669	189774	189829	189909	189923	189988	190040	190153
	190154	190160	190201	190207	190265	190278	190322	190323	190324
	190384	190445	190576	190705	190755	190763	190889	190892	190906
	190959	191090	191097	191223	191335	191364	191399	191499	191507
	191578	191605	191676	191681	191784	191819	191847	191851	191901
	191923	192042	192045	192144	192167	192387	192522	192545	192724
	192749	192779	192954	192967	193128	193159	193193	193904	193938

	193955	193998	194143	194208	194328	194347	194420	194554	194765
	194845	194908	194918	195014	195015	195157	195168	195190	195274
	195329	195387	195595	195604	195675	195776	196319	196506	196602
	196643	196950	197051	197177	197239	197307	197400	197427	197428
	197585	197722	197733	197789	197932	198246	198394	198428	198434
	198436	199471	199584	199853	199859	200112	200114	200206	200237
安東高女	186494	189469	189774	196506					
安東高女 同窓會	189469								
安東大和校	183086	197428							
安東木材組合	183117								
安東 貿易商組合	182871								
安東 商工會議所	183854	184708							
安東署	182670	182696	183938						
安東小學校	184419	197932							
安東驛	185815	185847	186278	186409	187514	190384	190889	191784	192954
	192967								
安東中學校 安東中學 安中	183382	183715	183838	183989	185688	185750			
安東取引所	190154	190207	191578	197733					
安東海關	183798	183854	183918	184233	185563	195168	196602	196643	
安東縣	182630	182663	182689	182902	182943	183231	184412	185288	185802
	185834	186968	186999	187444	189669	190445	190763	190906	190959
	191507	191819	192167	192545	192779	193193	193955	194347	194420
	194845	194908	195190	195675	197051	197722	198434		
安藤裟裟一 (京城府尹)	197851	197870							
安藤裟婆一 (全北內務部長)									
安藤久三郎(金 剛山電鐵專務)	185343	187625	192697						
岸壁使用料	183933								
岸本道夫(釜山 府立病院長)	183002	183758	185221	186278	198792	199147			
安奉線	189340								
安岳	182642	197722							
安州	183084	189584	190712	191270	191350	193756	193784	194064	194704
	195942	196807	197440	197730	197778	198064	198130	198537	198699
	198742	200111							

安中	183838	183989							
巖山一雄(平壤 慈惠醫院醫員)	186911								
鴨綠江	182857	183025	183932	183974	184156	184226	184989	185510	185699
	185822	185854	186013	186754	186803	186806	186836	186903	186947
	186981	187307	187351	187403	187590	187723	188079	188288	188293
	188728	188756	188765	189400	189472	189826	190511	190940	190956
	191005	191019	191062	191274	191400	191545	191710	191729	191730
	191792	191843	191905	192206	192352	192431	194172	194196	194338
	194564	194869	195031	195676	195779	196396	196567	196615	196771
	197404	197420	197674	197685	197889	197915	197994	198017	198061
	198239	198538	198591	198614	199522				
鴨綠江木材	183974								
鴨綠江鐵橋	187723								
愛國婦人会・ 愛婦	182914	184361	188259	196549					
愛國婦人會朝 鮮本部	184149								
櫻	182843	183863	183897	184328	185693	186146	186181	186201	186477
	186618	186777	186872	186943	187006	187031	187041	187057	187073
	187085	187196	187253	187352	187443	187475	187523	187621	187625
	187756	187797	187900	188029	188251	188274	188278	188377	188413
	188545	188570	188813	189943	190863	191148	192163	192811	192832
	194783	195820	197760						
櫻見	187073	187253	187523						
櫻井源之助(鎭 海要塞司令官)	182843								
夜間飛行	188559	194544	199292	200071					
野球	184131	184802	186402	186617	186636	186640	187201	187760	187857
	187896	188026	188441	188856	188867	188895	188965	188971	189401
	190684	190704	190741	190770	190801	190821	190858	190893	191059
	191119	191243	191269	191452	191463	191488	191769	192136	192140
	192174	192194	192228	192251	192287	192305	192358	192379	192387
	192402	192403	192406	192419	192430	192548	192579	192585	192604
	192640	192644	192651	192688	192699	192715	192716	192733	192735
	192758	192767	192794	192815	192845	192864	192892	192893	192909
	192911	192912	192928	192942	192947	192955	192960	193044	193115
	193142	193173	193185	193243	193412	193522	193563	193632	193661
	193740	193803	193834	194251	194333	194488	182984	194671	194790
	194824	194954	195014	195059	195238	195509	195528	195565	195637
	195732	195765	195863	195889	196021	196043	196215	196543	196575
	196597	196624	196637	196665	196688	196767	196827	197014	197026
	197057	197187	197523	197700	197722	198107			
野球大會	187896	190684	190704	190741	190770	190801	190821	190858	190893

	191463	192402	192688	192699	193522	193803	194333	182984	194824
	194954	195528	195765	197700	197722	198107			
野村治一郎(北日本汽船社長)	184143								
夜學· 夜學校	187730	198706	198778	198965	199152	199254			
藥令市	197093	198112							
鰯油	191626	191635	191656	192110	192572	192717	192741	193953	194043
	194083	194353	195900	195919	198000	198024	200180		
藥劑師	188044	193519							
養鷄	190724	191145	191622	191935	192256	196302	196683	196742	197686
	198645	200060							
養豚	198721	199033							
兩班	184875								
洋服	184637	184660	184665	184847	184873	186022	186041	194658	
洋服屋	186022	186041							
養殖	182984	182984	183730	184956	185290	185829	185861	189180	190601
	191093	191513	193551	194146	194230	196350	198561	199305	
洋樂	183997	184023							
養蠶· 蠶	182897	183023	183042	183332	183510	183752	184215	184343	184377
	184422	184458	184685	184872	184998	185230	185241	185526	185769
	185866	185893	186060	186113	186147	186281	186413	186783	186931
	187003	187349	187584	187693	187887	188790	188928	188929	188932
	189207	189293	189603	189726	189870	189898	190129	190390	190688
	190759	190848	190850	190877	191123	191314	191327	191343	191354
	192078	192117	193047	193233	193249	193547	193821	194174	194197
	194652	194702	194703	194704	194843	194844	194903	194968	195032
	195107	195119	195280	195478	195511	195840	196156	196183	196224
	196285	196361	196982	197524	197694	197947	197950	197970	198406
	198680	198692	199001	199020	199041	199470	199655	199678	200014
	200016								
洋裝	184665	193980							
楊州	190689								
洋畵	182727	183104	186910	189136	189161	191451	193872	194055	196364
	197946								
洋畵展覽會	186910	197946							
漁民	183616	183642	183797	184257	190491	191120	191144	191626	182984
	192547	192559	192628	192900	192919	195691	195900	195919	196014
	196036	197953	197973	199082					
漁船	183315	183954	185440	185477	185701	186602	187593	187614	189273
	189447	190491	190824	182984	182984	192340	192455	192759	192768
	192900	192919	192968	193097	193543	193643	193672	194432	194583
	195767	195943	196349	196395	196789	197036	197056	197765	198224
	198252	198526	198775	198943	199061	199427	199863		

漁業	182944	182967	182985	183008	183095	183119	183348	183727	183797
	184254	184512	184633	184742	184953	185038	185073	185419	185469
	185481	185544	185727	185772	186169	186175	186309	186352	186656
	186921	188035	188057	188325	188495	188957	189018	189043	189175
	189489	190284	190927	190966	191322	191377	191407	191534	191635
	191656	192563	192638	192759	192762	192768	192771	192790	193197
	193240	193388	193395	193423	193479	193497	193543	194789	195388
	195692	196241	196295	196395	196472	196593	196706	197018	197123
	197371	197603	197666	197681	197791	197880	197934	197941	197953
	197973	198048	198051	198078	198276	198298	198333	198349	198359
	198373	198385	198647	198710	198736	198887	198950	199061	199062
	199900	199930	200065	200139	200201	200232			
漁業權登錄	185727	185772							
漁業聯合會	198051	198887	198950	199062					
漁業令	182985	183008	183095	183119	183797	184512	184633	185038	185073
	185469	185544	186656	186921	189018	189043	189175	189489	192563
	197934								
漁業組合 漁組	182915	185469	185544	186073	186095	188361	188416	190284	191377
	191407	193479	193497	195336	196593	196660	196694	197075	197603
	197666	197681	197884	197898	197941	198271	198333	198462	198647
	199088								
魚油タンク	184282								
魚油肥	198919								
漁場	185481	185777	188605	188784	189408	189429	190676	191624	192400
	192405	193146	193177	193259	193288	193337	193366	193392	193418
	193957	194110	194236	194481	194537	194608	194711	194737	194923
	194942	195753	196395	182984	197558	197714	198035	182984	198209
	199022	199427							
御眞影	187310	187356	187573	191690	191713	191946	192031	197423	197534
	197946	197969	199598	199630	199727	199789	199818	199846	199920
御眞影奉戴式	191946	197534							
漁村	186794	188582	189285	192754	192883	192968	193021	193124	193155
	195237	195943	196724	197666	197681	197765	198592	182984	198892
	198920	199055	199082	199119	199762				
漁況不振	182716								
諺文講習會	188786								
言事箱	186950								
業態調査	184841								
女 女性 女人	182817	182866	182927	182932	182955	182960	182966	183022	183112
	183196	183209	183214	183223	183263	183300	183306	183307	183310
	183335	183539	183575	183578	183598	183634	183639	183665	183693
	183751	183765	183813	183853	183881	184051	184072	184115	184185
	184339	184395	184432	184592	184604	184761	184933	184973	185356
	185418	185744	186275	186343	186344	186506	186748	186751	186778

186824	187051	187079	187364	187382	187510	187821	187872	187887
187891	187928	188099	188146	188186	188343	188385	188396	188457
188477	188491	188496	188529	188738	188861	188875	188903	188971
189160	189224	189260	189280	189310	189386	189449	189454	189469
189566	189593	189638	189769	190072	190120	190134	190138	190223
190375	190590	190648	190843	190879	191352	191491	191821	191895
192176	192207	192293	192491	192814	192835	193261	193290	193513
193520	193532	193958	193986	194265	194273	194378	194600	194796
195307	195452	195534	195657	195801	195803	195820	195828	195991
196092	196144	196157	196705	196710	196817	196895	196923	197020
197092	197150	197165	197182	197195	197354	197373	197375	197406
197416	197539	197597	197598	197663	197672	197688	197722	197758
197762	197765	197766	197828	197887	197942	198059	198108	198124
198128	198147	198171	198175	198295	198390	198632	198677	198682
198766	198794	198940	199229	199567	199593	199630	199668	199692
199755	199779	200091	200099	200122	200154	200175		
旅客	183030	183680	183703	183734	183760	183956	185427	185452	185816
	185848	188138	188178	190447	191312	193203	193227	193766	193790
	194301	194341	194613	194643	196072	196080	196560	197006	198575
	198600	198623	198737	199773	200025	200057			
旅館	187804								
旅客機	183506	183531	187064	187114	187145	191811	191950	191971	192127
	192146	192230	195788	196972					
女高普	182817	182960	183263	183306	183335	183578	183639	184761	185744
	187887	187891	188491	189449	189454	189469	196144	197828	198124
	199229								
女工	182927	183112	183300	187382	190072	193958	193986	196705	196710
旅館	187641	187678	188886	188906	190364	190775	190854	194452	194646
	194983	195083	195718	195740	196526	197272	199799	200147	200155
	200176								
女教員	187872	188343	188385	188738	192293	199668			
輿論	182774	182798	183883	191955	195396	195425	195791	196740	
女生徒	182966	183196	183214	184432	189160				
麗水	198289								
麗水港	199665								
呂運亭 呂運亭事件	188622	188652							
女醫	187510								
汝矣島	194294	194321	194361	194389	194480	198491			
女子技藝 展覽會	184748								
女子師範校	191760								
女子衛生講 習會	199321								

女子職業校	187714								
女子學生 女學生	182885	182918	185282	195342	195359	197852			
女學校	183022 199755	183307	185356	188099	195534	196895	196923	197765	198175
女學生	182932 183881	182955 184395	183209 186343	183575 194796	183598 195801	183693 195828	183751 196817	183813	183853
旅行・旅	182984 187678 189682 191950 193417 195718 196786 199355 200218	183506 187844 189693 191971 193426 195733 196810 199356 200219	183531 188006 189699 192127 194452 195740 196972 199799	184933 188022 189714 192146 194600 195788 197272 200147	186668 188528 189940 192230 194646 195926 197321 200150	187064 188886 190364 192319 194957 196157 197576 200155	187114 188906 190775 192946 194983 196174 197720 200176	187145 188971 190854 192959 195083 196189 197739 200187	187641 189353 191811 193336 195715 196526 198515 200188
役馬共進會	186223	187476							
歷史	182650	184388	187328	188832	189307				
歷史教科書	184388								
連絡船	184104 188611 193131 195524 199195	184132 189233 193162 195713 199666	185878 190134 193454 197082 199763	185905 190226 193468 197762 200194	186021 190717 193486 198054 200225	186040 190799 193568 198154	186462 191613 194762 198188	188418 191636 194988 198894	188450 191657 195018 199010
研究	182727 183825 185403 186110 186974 187732 188392 189041 189839 192281 193506 194667 196324 197189 198938 200128	183063 184228 185629 186158 186980 187791 188477 189085 189845 192466 193810 194781 196327 197549 199282	183076 184334 185643 186163 187031 187814 188496 189111 190035 192478 193964 195281 196446 197576 199384	183104 184484 185646 186283 187057 187816 188728 189517 190757 192554 193992 195350 196494 198310 199482	183195 184538 185664 186533 187254 187831 188756 189602 190867 192565 194134 195370 196518 198446 199710	183213 184557 185746 186787 187486 188217 188765 189621 190998 192754 194172 195463 196717 198498 199793	183294 184646 185761 182984 187521 188238 188772 189682 191359 192841 194196 195523 196796 198729 199839	183320 185180 185810 186841 187660 188255 188799 189699 191607 192985 194561 195545 196920 198856 199911	183495 185209 185842 186865 187722 188324 189008 189830 192144 192995 194621 196243 197156 198901 200066
研究所	182727	183104	186980	187831	192841	196324	196446		
連絡飛行	182788 193911	182887	184489	184514	186084	186106	192170	192197	193882
連絡切符	188596	191828							
煙幕演習	187505	187537							

演武會	187462							
演藝	187046	194162	198936					
演奏會	184321	185751	188711	189157	189889	195349	182984	182984	197355
	198822								
連川面	182642							
煙草	182640	182737	182756	182959	184173	184224	184318	184436	184455
	184784	184923	185429	185454	187377	187434	187493	187588	187673
	187835	187875	188058	188504	189218	189343	189897	190167	190327
	190532	190563	191509	191573	191865	192054	192222	192506	192534
	192594	192617	192627	192797	192818	193121	193847	194183	194188
	194205	194548	194579	194749	194932	194947	195169	195803	195804
	195829	195841	196116	196455	196839	196846	196866	196880	197249
	197267	197580	197593	197969	198119	198273	198306	198386	198402
	198467	198541	198883	199303	199317	199415	199584	199737	199942
	200249								
煙草耕作組合	184784							
煙草密耕作	184318							
煙草密輸	184173	188504						
煙草會社	198541	200249						
煉炭	197445							
延平島	187593	189179	196557					
年賀狀	198412	199202	199235	199250	199822	199924	199957	199996	200029
	200030								
熱病	184047	188392	193248	195630				
列車	182669	182695	183100	183313	183732	184650	184678	185001	185056
	185091	185704	185759	186075	186097	186331	186779	186856	187424
	187624	187797	187855	187859	187890	187899	187996	188003	188094
	188131	188222	188243	188521	188552	188897	189133	189162	189407
	190376	190554	190679	191067	191111	191136	191329	191465	191493
	191596	191636	191657	191833	191848	191883	191945	192011	192066
	192071	192166	192178	192335	192357	192376	192381	192394	192511
	192519	192597	192645	192658	192687	192934	193018	193033	193084
	193108	193436	194301	194315	194338	194341	194610	194730	194799
	195589	195619	195867	196070	196104	196209	196444	196466	196604
	196734	196941	197307	198814	199019	199049	199972	199990	
列車顚覆	188897	191596	192357	192376	199972	199990		
葉煙草	184923	187377	193847	196839	196866	198386		
英國	182754	187430	187618	187917	195597			
營林署	184251	184425	184906	184932	188016	188917	190909	196396	197889
	197915	198181	199936						
寧邊農實學校 寧邊農學校 寧邊農學	188640	185246	190032					

領事	184392	185463	186066	186088	186330	186680	188435	190062	190085
	190160	190329	190389	190530	191065	193285	193315	193578	194718
	195693	196281	196845	196878	196911	196912	196927	196938	197329
	197384	197748	199705						
領事館	183035	187428	187614	188832	189717	189973	193456	195810	196911
	196938	197610	197628	197798	197821				
映寫機	185757								
靈山の舞	183450								
榮山浦	190732	191636	191657						
永生女高普	189449	189469							
寧遠・寧遠郡	186614	186643	194699	197538	197677				
迎日灣	184953	185187	185220						
迎日水組	199827								
永井四郎(拓務省第二課長)	183002								
永井郁子	188997	195452	196157	197672					
映畫	182639	183160	183252	183279	183684	183708	184243	184729	185162
	185638	185721	185806	185838	185932	185945	185986	186000	186431
	186458	186529	186537	186660	186730	186797	186875	186958	187285
	187522	187561	187587	187616	187740	187810	187829	187842	187886
	187924	187971	188041	188075	188175	188572	189126	189509	189601
	189602	189800	190181	190363	190397	190612	190964	190998	191199
	191225	191446	191580	191602	191606	191984	192074	192334	192448
	193055	193383	193511	193517	193530	193682	193749	193804	193877
	193886	193928	193954	194024	194098	194144	194243	194258	194320
	194521	194601	194611	194691	195395	195610	197090	197116	197230
	197846	198086	200035	200062					
映畫管 映畫館	183160	193383							
映畫大會	187522	188572							
映畫研究聯盟	189602								
預金	185549	186804	186830	187910	190369	191681	192504	196011	196033
	197007	199541	199569						
藝妓	183746	183894	186560	186752	187471	188713	188740	188827	190634
	192475	192953	192966	193429	196279	196496	196555	196632	196644
	197092	198119	198486	198659					
藝妓稅	183894								
藝妓芝居	190634								
豫防	182832	182854	183314	183337	184014	185545	185580	185631	185637
	185925	186186	186431	186458	186626	186953	186984	187235	187492
	187967	187986	188010	188160	188200	188281	188335	188392	188539
	188568	188602	188795	188896	188922	188937	189129	189311	189358
	189499	189589	189778	189779	189829	189887	189907	189919	190275

	190712	190809	190965	191170	191487	191621	191739	191984	192432
	192499	192500	193078	193284	193312	193467	193485	193627	193656
	193904	193938	194328	195340	197077	197722	198393	199030	199053
	199188								
豫防注射	182832	182854	183337	188896	188922	188937	189311	189589	189779
	190275	191487	193284	193312	197077	199030	199053		
豫算	182715	182721	182723	182748	182828	182853	182855	182860	182904
	182931	182951	182954	182983	183005	183012	183013	183115	183122
	183173	183215	183262	183356	183374	183408	183427	183474	183530
	183535	183556	182984	183617	183618	183628	183644	183660	183739
	183744	183770	183883	183983	183986	183993	184028	184154	184155
	184322	184589	184614	184648	184662	184750	184752	184940	185002
	185005	185027	185029	185031	185062	185064	185066	185113	185140
	185171	185172	185177	185238	185240	185244	185263	185265	185271
	185355	185392	185394	185399	185428	185429	185453	185454	185468
	185588	185620	185630	185647	185680	185736	185882	185909	186082
	186104	186111	186182	186250	186298	186302	186304	186322	186484
	186487	186546	186670	186698	186768	186812	186834	186885	186888
	187063	187100	187101	187166	187195	187503	187648	187883	188320
	188361	188563	188944	189301	189364	189392	189856	189912	189998
	190026	190421	190446	190603	190630	190791	190813	190820	190933
	191041	191247	191394	191570	191748	191777	192016	192033	192463
	192472	192626	193031	193327	193351	193751	193779	194222	194422
	194433	194442	194450	194594	194616	194721	194921	194931	194940
	195216	195244	195295	195317	195357	195396	195425	195502	195643
	195855	195878	196431	196438	196450	196537	196561	197141	197172
	197330	197338	197358	197392	197393	197396	197417	197418	197479
	197578	197799	197809	197849	198099	198121	198638	198773	198834
	198858	199017	199054	199095	199097	199192	199222	199245	199272
	199310	199627	199635	199772	199800	199925	199944	199977	199979
	199980	200019	200050	200092					
藝術	183200	183220	183252	183279	183345	184120	184141	184979	185006
	187799	188352	189720	197766	198428				
藝術斥候	184120	184141							
藝娼妓	188043	196410	199331	199367	200001				
藝娼妓待遇改善	200001								
汚物掃除問題	183936								
五山	183256	183280	183306	183335	183468	188329	189620	189646	
五山高普	183256	183280	183306	183335	183468	188329			
吳鎭守府	188968	188996	189158	189173	189315				
玉女峰	187621								
溫突	188480	188501	194067	195439	197325	197727	198324	198387	198417
	198455	198488	198554	198630	198687	198757	198826	198881	198945
	199005	199051	199594	199639	199646	199871			

溫泉	187805	188813	191328	192612	193693	193919	194926	194945	194977
	195411	196468	197718	197939	200147				
瓦電	182733	183305	183549	187540	188263	188833	189251	189436	193704
	194731	195956	198281	198949	199567	199593			
玩具	183324	186240	186259	188090					
王子製紙	187229								
外科	188538								
外國	184212	187501	187701	188665	188693	188949	190844	190871	191913
	193117	193892	193924	196143	197872	198510	199497	200193	200224
外國貿易	184212								
外國煙草 數葉卷 兩切 刻煙草	197580	197593							
外國人	187501	196143	197872	200193	200224				
外山卯三郎	183346								
外山豊造 (朝鮮憲兵隊 司令官)	186197	186530	186828	186863					
謠曲	183436								
料理屋	188417	188669	188698	189310	191454	191479	192475	193525	193971
	193997	194186	194244	194452	194592	198059			
龍頭山	196383	196416	196540	196852					
龍山	182839	182981	183144	183619	184961	186518	186655	186704	187691
	187761	191648	191669	192538	192585	192604	192794	192815	192845
	192848	192864	192867	192892	192911	192942	192946	192955	192959
	192983	192993	193012	193027	193350	193834	195126	196374	196388
	196705	197711	197886	198838					
龍山聯隊	187691								
龍山驛	183144								
龍山中	192585	192604	192794	192815	192892	192911	192942	192955	193012
	193027	193834							
龍井	189594	190196	190259	194051	194086	196160	197131	197416	197459
	197490	197610	197628	197949	197971	199590			
龍川	184498	187897							
牛	182666	182692	182722	182752	182783	182810	182832	182854	182900
	183041	183349	183392	183449	183498	183525	183696	183824	183876
	183908	183911	183932	183976	184059	184157	184238	184300	184384
	184498	184609	184689	184691	184796	184891	184935	185014	185126
	185153	185310	185315	185341	185350	185626	185822	185854	185864
	185926	186065	186186	186953	187220	187389	187463	187468	187507
	187539	187564	187703	187788	187831	187967	188176	188227	188248
	188651	188896	188922	189019	189052	189062	189219	189417	189557

	189589	189681	189684	189704	189712	189722	189728	189778	189887
	182984	189919	189925	190044	190135	190180	190190	190215	190436
	190466	190585	190600	190689	190737	190772	190809	190866	190913
	190967	190999	191170	191294	191313	191348	191409	191465	191493
	191518	191541	191627	191739	191817	192220	192338	192390	193012
	193027	193060	193078	193083	193110	193250	193446	193461	193467
	193485	193593	193947	194020	194295	194325	194379	194407	194438
	194491	194739	194760	194879	194898	194934	194999	195021	195044
	195165	195520	195540	195609	195617	195758	195950	196230	196316
	196529	196742	196821	197064	197289	197304	197407	197463	198077
	198284	198317	198594	198621	198627	198653	198696	198741	198959
	198990	199013	199079	199106	199188	199286	199383	199469	199488
	199505	199618	200086	200126	200153				
牛檢疫	183041	190436	190466	198959	198990	199013			
牛汽車	182666	182692							
優良國産品宣傳卽賣會	187241								
優良模範農村	186974								
優良兒 健康兒	183046	183068	184845	184878	185433	186401	186867	187847	187860
牛舍	183498	183525	183911	184384	184691	191348	191518	191541	
牛疫	182832	182854	183932	184238	184300	184498	184609	184689	184796
	185014	185315	185341	185926	186186	187463	187967	189219	189417
	189589	189684	189712	189778	189887	182984	189919	189925	190044
	190135	190190	190215	190585	190689	190737	190772	190809	190967
	191170	191627	193078	193250	194760	194879	194898	194999	195021
	195609	198284	198317	198594	198627	199079	199106	199188	
宇垣一成(總督)	185974	185988							
牛移出 畜牛移出	184157	187788	191817	197289	198621	198696			
郵貯	182901	191440	191471	192168	192190	195928	197940		
郵便	182635	182680	182706	183204	183221	184195	184653	185250	185461
	186066	186088	186173	186325	186379	186915	187009	187189	187369
	187487	187502	187519	187557	187796	187818	187855	187859	187890
	188220	188241	188344	188369	188618	188634	188671	188692	188751
	189108	189236	189359	189795	189825	189945	189972	190062	190085
	190196	190257	190284	190315	190379	190447	190504	190531	190552
	190676	190768	191336	191395	191583	191612	191642	191644	191663
	191665	191765	191880	192006	192064	192098	192263	192392	192395
	192542	192577	192782	193010	193905	193942	194023	194045	194113
	194120	194349	194475	194526	194599	194660	194684	194809	194948
	195320	195748	195770	195928	195944	196003	196025	196853	197309
	197448	197455	197474	197915	198156	198200	198328	198749	199026
	199048	199059	199140	199171	199172	199309	199344	199510	199650

	199652	199673	199680	199749	199959	200091	200108	200129
郵便所	185250	186173	186325	186379	186915	188344	188369	188618	188634
	188671	188692	190552	190676	193905	193942	194045	194113	194120
	196003	196025	198200	199652	199680			
郵便局	184653	185461	186066	186088	187009	187189	188220	188241	188751
	189795	189825	190062	190085	190196	190257	190284	190315	190379
	190768	191395	191642	191644	191663	191665	191880	194599	195320
	195928	197309	197455	197474	198156	198749	199309	199344	199650
	199673	200091	200108	200129				
郵便物	187855	187859	189108	189945	189972	190531	191765	192392	192395
	194660	194684	194809	195944	199059	199510		
郵便貯金	185461	191583	191612	192064	192098			
運動競技	187638	187675	193969	196108				
運動界	182858	187013	187857	187867	187998	188025	188148	188164	188188
	188204	188478	188965	189401	189769	190186	190308	190330	190529
	190555	190581	190923	190993	191176	191347	191467	191647	191668
	191802	191893	192181	192644	193471	193489	193632	193661	193834
	194308	194333	194366	194401	194488	194632	194884	194935	194954
	195059	195207	195238	195300	195475	195732	195787	195799	195863
	195991	196144	196169	196265	196309	196761	196886	197314	197815
	198496	198764	198852	198875	199189	199758	199881	200017	200089
	200131							
運動年鑑	187090							
運動場	183654	184753	187340	188441	189386	189431	189463	190879	191846
	194097	195732	198107					
運動會	187578	188478	189156	189431	189567	189752	189780	189841	190074
	194054	194077	194401	195125	195376	195771	195819	195863	195914
	195921	195991	196144	196516	196624	196747	200184		
運送合同	183066	183098	183608	183729	184146	185024	185981	185995	186053
	186143	186176	188673	188704	188885	189081	189114	189742	189758
運送合同創立 委員會	183066							
運送合同會社	183098	183729	184146					
運賃	182713	182744	183329	183734	183760	184439	184464	184935	185173
	185183	185202	185226	185329	185427	185452	185971	186077	186099
	186606	187279	188276	188277	188633	188940	188969	189070	189270
	189337	190150	190717	190849	191073	191503	191740	192261	192321
	192572	192681	192786	193131	193162	193611	193801	193827	193840
	193843	193898	193926	194029	194037	194065	194105	194127	194532
	194765	195164	195253	195397	195426	195521	195790	195823	195892
	196376	196425	196467	197198	197383	197991	198089	198494	198529
	198559	199102						
運轉手	182836	183182	183984	186437	187672	187683	187988	188674	188702
	188759	188986	189441	190272	191754	192203	192510	192536	192553
	192908	192927	195024	195877	195893	196552	197261	197349	197354

	197375	197609	197627	197846	197861	197969	198351	198582	198589
	198677	198911	199074	199163					
運轉手試驗	183984	188759	188986	190272	195877	195893	197349	197861	198351
	198582	199163							
鬱陵島	184524	185653	189357	189535	192696	193468	193486	193814	194432
	196369	196385	196706						
蔚山	184489	184514	185275	186460	186602	186703	188596	188613	189033
	189252	190239	190303	190351	190922	191586	191642	191663	191757
	191811	192169	192638	193967	194380	194421	194441	194522	194662
	195113	195141	196950	197118	197161	197271	198045	198703	199022
蔚山飛行場	184489	184514	185275	188613	190303	190351	191586	191757	194662
	197118	198703							
雄基	184362	184412	184521	185239	186221	186669	186815	186827	186960
	187440	187518	187521	187577	187648	187970	188077	188177	188361
	188632	190388	190611	190695	190731	190756	191897	192252	192290
	192324	192752	194166	194904	195838	196079	198543	198678	200127
雄基商工會	186669								
雄辯大會	189435								
圓タク(1円タクシー)	183201	184218	186146	187721	189658	197700			
元山 元山府	182740	182765	182769	183187	183256	183405	183424	183660	183933
	183993	184010	184066	184102	184107	184154	184280	184342	184533
	184634	184893	185177	185184	185210	185618	185734	185796	186160
	186165	186304	186379	186489	186629	186857	186869	187161	187224
	187372	187511	187948	187962	188065	188073	188312	188653	188802
	188934	189141	189776	189970	190066	190082	190158	190203	190257
	190263	190284	190318	190347	190464	190471	190478	190523	190543
	190695	190787	190892	190999	191202	191371	191437	191579	191591
	191601	191631	191917	192009	192099	192113	192164	192167	192202
	192223	192225	192356	192470	192759	192768	193030	193046	193062
	193130	193161	193467	193485	193552	193583	193589	193743	194027
	194141	194263	194278	194653	194654	194778	194804	194845	194905
	194908	194915	194954	194974	194993	195078	195095	195245	195257
	195427	195540	195921	196064	196089	196273	196284	196307	196328
	196417	196687	196749	196753	196764	196967	196995	197251	197328
	197889	197915	198094	198119	198309	198383	198440	198536	198613
	198619	198802	198818	198852	198863	198871	198875	198913	198930
	198943	198951	198994	199026	199046	199048	199169	199175	199183
	199191	199679	199690	199733	199735				
元山警察署	185796								
元山高女	197251								
元山教育會	187948								
元山小學校	195257								
元山市民協議	183933								

體育協會 體協	185363	185627	185659	186818	187854	187870	187923	188071	188146
	188148	188186	188188	188322	189546	190156	190166	191196	191725
	192095	194790	194827	195921	197819				
體育後援會	186942								
逮捕	183256	184604	184791	184822	187487	187519	187557	187594	188415
	188421	188449	188854	189146	189166	189464	189554	189564	189818
	189853	190408	190582	190588	190822	190918	190939	191926	191953
	191974	192345	193344	193373	193404	193530	194503	194519	194639
	195263	195650	196441	196736	196789	196990	197037	197219	197224
	197254	197329	197351	197562	197586	197609	197623	197644	197674
	197722	197796	197915	197963	198095	198119	198256	198454	198479
	198542	198660	198688	198814	198942	199104	199210	199459	199557
	199563	199806	199905	199965	199969	199997	200002	200006	200121
	200170								
初等	183051	183623	183946	184311	184482	184506	184670	184973	185369
	185735	185768	185806	185838	186385	186601	186638	186662	186694
	186997	187096	187254	187413	187480	187657	187693	187807	188081
	188333	188444	188715	188861	188875	189044	189285	190985	193512
	194212	194390	195435	196243	196275	196434	196508	196920	197143
	197176	197566	197825						
初等教員	183051	184311	185735	186385	186997	187096	188081	188715	197143
	197176	197825							
初等教育	188715	196243	196920						
初等校職業科	183946								
初等學校	184482	184506	184670	186601	186638	186662	186694	187254	187480
	187693	188333	188444	188875	194212	195435	196275	196434	
草場林五郎 (前京城預審 決院檢事長)	183701								
寸劇	198147	198171							
銃	182888	183000	183088	183136	183309	183324	183517	183669	184118
	184610	185941	185954	186353	187401	187526	187559	188375	188854
	189082	189146	189166	189313	190159	190221	191079	191080	192128
	194822	194890	195088	196870	198942	199258	199289	199437	199484
	199511	199537	199590	199611	199969				
總監	182637	183356	183568	183685	183701	183905	183928	183948	184485
	184563	185109	185136	185238	185263	185266	185522	185799	185831
	185921	185974	185977	185988	185991	186066	186088	186157	186162
	186295	186321	186330	186427	186464	186540	186572	186666	186695
	186810	186839	187274	187570	187597	187866	188717	188742	189420
	189452	189612	189640	189742	189758	182984	190066	190082	190145
	190250	190257	190268	190269	190284	190318	190320	190422	190458
	190460	190486	190695	190731	190756	190975	191001	191296	191949
	192200	192232	192506	192513	192702	192723	192728	192742	192744
	192847	192866	192899	192918	193449	193752	193780	193811	193839

194247	194270	194367	194393	194445	194482	194501	194566	194734
194874	195006	195080	195531	195550	196837	197081	197141	197172
199883	199910							

總督	182615	182652	182657	182718	182777	182802	182826	182850	182982
	182994	183002	183004	183015	183049	183067	183070	183150	183158
	183169	183172	183252	183279	183293	183304	183319	183356	183374
	183399	183402	183417	183420	183445	183466	183468	183500	183527
	183567	183573	183589	183618	183644	183684	183691	183695	183706
	183758	183802	183817	183885	183975	184099	184122	184187	184265
	184337	184358	184387	184414	184444	184445	184481	184503	184505
	184519	184597	184622	184696	184698	184733	184749	184839	184844
	184867	184874	184904	184997	185040	185075	185221	185239	185276
	185306	185322	185333	185435	185459	185463	185499	185523	185541
	185543	185558	185578	185588	185604	185617	185675	185676	185691
	185706	185707	185719	185776	185799	185800	185831	185832	185932
	185945	185986	185987	186000	186001	186024	186043	186212	186263
	186283	186307	186361	186400	186467	186540	186572	186581	186585
	186594	186666	186695	186706	186742	186765	186812	186834	186879
	186916	186998	187077	187157	187216	187217	187231	187232	187256
	187259	187291	187330	187542	187687	187700	187711	187727	187749
	187759	187771	187815	187884	187910	187977	188007	188149	188151
	188189	188191	188256	188315	188471	188492	188553	188558	188716
	188743	188880	188900	188968	189079	189085	189111	189133	189162
	189184	189185	189212	189365	189394	189697	189745	189896	189998
	190026	190055	190178	190200	190363	190373	190397	190409	190422
	190457	190460	190482	190504	190506	190667	190694	190716	190791
	190813	190846	190881	190908	190974	190992	191103	191108	191127
	191175	191187	191191	191238	191256	191296	191455	191474	191691
	191714	191718	191820	191842	191894	191951	191955	191959	192063
	192074	192083	192121	192122	192138	192139	192200	192229	192232
	192330	192342	192398	192414	192509	192515	192526	192761	192770
	192799	192820	192895	192914	192949	192962	193031	193063	193089
	193149	193180	193247	193337	193366	193392	193395	193418	193423
	193452	193626	193655	193687	193718	193765	193811	193839	193956
	193983	194107	194177	194184	194204	194427	194451	194629	194710
	194732	194756	194788	194859	194922	194941	195099	195128	195144
	195151	195187	195216	195244	195250	195299	195324	195533	195634
	195658	195661	195687	195693	195751	195753	195834	195881	195908
	195921	196107	196160	196175	196204	196229	196409	196537	196561
	196594	196617	196635	196681	196713	196740	196781	196811	196833
	196834	196841	196844	196861	196862	196869	196877	196904	196928
	196932	196934	196976	196994	197015	197023	197042	197043	197050
	197056	197123	197141	197151	197171	197172	197179	197197	197204
	197206	197233	197333	197338	197406	197451	197458	197470	197487
	197535	197563	197587	197610	197628	197666	197681	197782	197797
	197801	197810	197820	197854	197867	197954	198000	198003	198016
	198024	198027	198028	198037	198108	198128	198146	198170	198267

	198342	198356	198381	198401	198402	198566	198599	198637	198663
	198838	198947	198959	198990	199007	199025	199037	199121	199184
	199188	199192	199222	199245	199272	199307	199313	199343	199353
	199404	199431	199474	199505	199513	199539	199758	199772	199800
	199885	199887	199921	199922	199964	199993	200019	200036	200050
	200051	200092	200134	200145	200160	200184			
總督官邸	190373	190409							
總督府	182615	182652	182657	182718	182826	182850	182994	183002	183015
	183067	183158	183172	183252	183279	183293	183304	183319	183356
	183374	183445	183466	183468	183500	183527	183567	183573	183589
	183618	183644	183684	183691	183695	183706	183758	183802	183817
	183885	183975	184099	184122	184187	184337	184358	184503	184519
	184597	184622	184696	184698	184733	184749	184839	184844	184867
	184874	184997	185221	185239	185306	185322	185333	185435	185459
	185463	185499	185523	185541	185543	185588	185617	185675	185676
	185691	185706	185707	185776	185799	185800	185831	185832	185932
	185945	185986	185987	186000	186001	186024	186043	186307	186400
	186467	186594	186706	186812	186834	186879	186916	187077	187217
	187231	187232	187256	187259	187291	187330	187542	187687	187700
	187711	187727	187749	187759	187771	187815	187884	188007	188149
	188151	188189	188191	188315	188471	188492	188553	188558	188716
	188743	188880	188900	188968	189085	189111	189697	189745	189896
	189998	190026	190055	190363	190397	190667	190694	190791	190813
	190908	190992	191103	191108	191127	191175	191187	191191	191256
	191455	191474	191691	191714	191718	191820	191842	191894	191951
	191959	192074	192122	192139	192509	192515	192526	192761	192770
	192799	192820	192895	192914	192949	192962	193031	193149	193180
	193247	193337	193366	193392	193395	193418	193423	193452	193687
	193718	193765	193956	193983	194177	194184	194204	194427	194451
	194629	194710	194732	194756	194859	194922	194941	195099	195216
	195244	195533	195661	195687	195834	195908	196107	196160	196175
	196204	196229	196409	196537	196561	196594	196635	196713	196740
	196834	196844	196862	196869	196904	196932	196976	196994	197015
	197042	197123	197141	197151	197171	197172	197179	197197	197204
	197233	197333	197338	197406	197451	197458	197470	197487	197535
	197563	197587	197610	197628	197666	197681	197782	197954	198000
	198003	198016	198024	198027	198028	198037	198108	198128	198146
	198170	198267	198342	198381	198401	198402	198566	198599	198637
	198663	198947	198959	198990	199007	199025	199037	199121	199184
	199188	199192	199222	199245	199272	199307	199313	199343	199353
	199404	199431	199474	199505	199513	199539	199758	199772	199800
	199885	199887	199921	199922	199964	199993	200019	200036	200050
	200051	200092	200134	200145	200160	200184			
總督府科學館	183067	189697							
總督府內務局	192526								
總督府農務課	183002	183758	196976						

總督府文書課	187217							
總督府博物館	183304	198401						
總督府社會課	183252	183279	190363	190397	192074	197535		
總督府殖産局 殖産局	183385	183416	183435	183622	183650	183701	184570	184895	185243
	185286	185360	185365	185389	185559	185597	185864	185987	186001
	187150	187159	187186	187217	187770	188008	188213	188234	188271
	189158	190349	190381	191986	192052	192246	192301	192698	193217
	193392	193417	193418	193618	193647	193809	193837	194289	194589
	195689	195836	195952	195972	198485	198914	198944	199385	
總督府外事課	183466	186222	190609	190639	196409	197625	197672	198578	198608
総督府財務局	183259	184209	185588	189638	189820	189856	189998	190026	190421
	190446	191103	191127	191538	193327	193350	193351	193751	193779
	194594	194616	194921	194940	195112	195140	195357	195398	195431
	195960	197294	197319	197508	197532	198890	198917		
總督府專賣局	182737	182756	183056	183699	184082	184209	184274	185429	185450
	185454	188038	188659	188687	188738	188781	188858	190719	190870
	191283	191766	191802	192363	192385	192594	192617	193012	193027
	194182	194536	194581	194932	194947	194967	195584	195599	195602
	196096	196255	196839	196866	197625	198096	198120	199221	199244
	199539								
總督府造林課	183293	183319	193684	193715				
總督府宗教課	184597	184622	196431	196450	197208			
總督府廳舍	190791	190813						
總督府遞信局	184101	184124	184143	184747	184840	184868	184915	184937	185046
	185081	185450	185798	185812	185830	185844	187503	187674	189494
	190257	190315	190351	190504	191445	191583	191612	192253	193683
	193711	193945	194486	194598	194615	195007	195097	197438	197494
	197594	197625	197704	197720	197726	197913	198365	198777	198795
	199026	199048	199309	199341	199344	199373	199392	199404	199406
	199431	199650	199673	199697	199725	199730			
總督府土地改良部・土地改良部	190103	192455	192471	196204	196229	197382	197890	197916	199770
總督府學務局	183445	183468	183567	183589	184223	184247	184570	184593	184621
	184671	185490	185518	186014	186033	187217	187771	188212	188233
	188351	188363	188470	188489	191441	194731	196613	196719	196748
	197948	197981	199964	199993	200215	200246			
總督府 血淸製造所	191187							
總動員	185028	185063	186770	190328	190524	191056	191082	191933	194028
	194057	196076	197963	198182	199685				
總選擧	182617	183678	183702	184526	184555	184787	184816		
崔承喜	183450							
秋本豊之進	183523							

元山神社	194263							
元山學校	184533							
元山港	182769	188934	190787	193130	193161	198943		
原州	192286	192513	195627					
原弘毅 (城大敎授)	186863							
月尾島	183691	184043	187483	191742				
月尾島夜話	184043							
慰勞	182656	189971	192971	196294	196526			
慰問金	192454	192470	192759	192768	199719			
慰問袋	196915	196947						
衛生	183554 183712 183823 184211 184296 184535 185749 186467 186605 186863 187492 187751 187813 188044 188511 189252 189750 189775 190008 190070 190443 190519 190987 190999 191174 191234 191559 191723 191861 192369 192396 192448 192483 192535 192582 192601 192753 193078 193714 193808 193836 194210 194604 195145 195640 195672 195809 197550 197861 199321 199877							
衛生講習會	191861	199321						
衛生模範部落	195809							
衛生思想	191723	192535						
衛生學博士	184296							
慰安映畫	186529	187522	191606					
慰安運動會	189841							
慰安活寫會	188978							
僞醫者	189692	189710						
慰藉料	183738	183900	189917	190559	191526	193909		
僞造紙幣	187809	188503	188679	188706	189330	190216		
僞紙幣	184370							
遊廓	184860 185181 185211 185295 185501 186126 186137 186471 190653 192458 193009 194793 195047 195255 198248 198940							
誘拐	184034 188966 189195 189636 191427 192103 192272 194642 194761 196632 196644 197977							
儒達山	185775							
儒道	184649	184837	197284					
柔道	186344 186937 187146 188133 188585 191947 191975 193314 197314 197607 197815 198085 198246 199751							
儒道振興會	197284							
遊覽飛行	184501 184513 185682 185718 186084 186106 186239 186257 186578 187350 190125 193692 196972 197793							
幽靈興行團	186906							
儒林精神	183097							

兪萬兼 (慶北參與官 兼產業部長)	188211	188232	188338	188486	188829			
遺物	184597	184622	189197					
流筏	190909	191361	195068	196751	197243			
乳兒 健康相談所	184149							
遺族	184005	184030	185974	185988	186014	186033	186157	186158	186162
	186163	186334	186497	186525	186843	186940	187780	189682	189699
	191321	198641	198719	198842	198876			
有志大會	192070							
幼稚園	189156	192756	197022	198634				
有賀光豐 (殖銀頭取)	186530	198914	198944					
有賀殖銀頭取	183002	187712	187754	189961	192412	198952	198975	
留學生	184497	184551						
流行性腦炎	184369							
遊興	191707	194885	195047	198248	198596			
陸軍	182621	182790	183094	183116	183156	184138	184701	184803	185028
	185063	185190	185260	185386	185413	185497	185575	185591	185638
	185690	185875	185891	185902	185918	185921	185932	185945	185974
	185988	186525	186621	187581	187791	187814	188292	190257	190315
	191467	192946	192959	192983	192993	194322	195097	195330	195884
	196217	196315	196446	197796	197819	198509	198601	198719	199058
	199198	199230	199382	199411				
陸軍記念日	184701	184803	185028	185063	185190	185260	185386	185413	185497
	185575	185591	185638	185690	185875	185902	185921	185932	185945
陸軍省	183094	183116	186525					
陸上競技	187739	187923	187998	188333	188861	188875	188915	189230	189258
	189431	189463	190128	190156	190211	190438	190469	190774	190886
	191121	191167	191189	191195	191269	191620	193740	193851	194278
	194751	194954	195435	195667	195799	196108	196490	196543	196665
	196688	196767	197130	197314				
育雛競技會	184021							
栗	184780	184819	185098	185482	185486	185725	192325	192337	193070
	193381	195191	195613	196346	196464	196868	198864	198995	199893
融和運動	184431	184454						
銀行	182843	184553	184570	184618	185461	187412	187625	187910	188421
	188449	188936	189253	189278	189685	189801	189878	189892	189904
	189939	189949	189963	189974	190148	191039	191066	191681	191889
	191953	191974	192504	192692	192705	193372	193769	193884	193974
	194000	194003	194218	194312	195180	195622	195639	195662	195844
	195853	195896	196055	196150	196163	196179	196319	196610	196677

	196709	196792	197083	197091	197104	197209	197236	197264	197324
	197408	197469	197568	197601	197606	197651	197659	197675	197784
	198046	198065	198258	198560	198694	198758	198759	198786	198797
	198891	198960	199006	199330	200248				
銀貨	186822	189680	193865						
音樂	184321	187774	187990	188665	188693	188997	190557	190589	192162
	192397	199404	199431	199452	200066				
飲食店	188156	188196	188417	188669	188698	192611	194592	194793	195255
	195402	196731	198059	198323					
飲食店組合	195255								
音樂・音樂會	182825	182841	182848	187265	189469	189517	189596	189622	189651
	190136	195401	196933	197112	197190	197246	197250	197373	197514
	197539	197560	197597	197598	197656	197695	197756	197766	197788
	197828	197887	197942	198049	198092	198295			
音樂會	182841	187265	189469	189596	190136	195401	196933	197112	197250
	197514	197597	197756	197828	198049	198092	198295		
醫療	184156	185504	189516						
醫療機關	184156	185504	189516						
醫師・醫者	183091	184156	184676	184855	185117	185144	185225	185370	186639
	187580	187601	187855	187859	187979	188044	188982	189095	189119
	189240	189516	189623	189652	189692	189710	191529	191568	192278
	193022	193519	194194	194216	194299	194839	195798	198045	198790
	199518								
醫師講習會	184855								
醫生	184595	184624	184772	184801	188793	188826	188975	190359	190392
	191017	198446	199196						
醫生制度	184772	184801							
醫業者技倆審查試驗	189626	189655							
義捐金	182999	184005	184030	185048	185083	187488	191998	192470	193005
	193524	194162	194180	194213	194314	195846			
義勇隊	182638								
義勇號	183861	184229							
議員	182811	182906	182941	183011	183018	183067	183121	183146	183236
	183271	183344	183471	183475	183590	183610	183628	183736	183848
	184016	184110	184126	184188	184230	184312	184459	184508	184526
	184533	184555	184588	184611	184661	184744	184751	184804	184815
	184975	184976	184978	185026	185037	185061	185072	185170	185204
	185221	185264	185325	185354	185361	185390	185455	185466	185467
	185524	185570	185598	185619	185648	185808	185840	186015	186034
	186115	186202	186204	186233	186241	186294	186319	186489	186511
	186552	186553	186556	186575	186620	186632	186669	186745	186755
	186889	186923	187033	187034	187060	187098	187100	187158	187187
	187194	187335	187376	187406	187428	187453	187600	187625	187893

	187894	187964	188049	188085	188535	189013	189024	189141	189208
	189231	189320	189513	189576	189647	189757	189942	189961	190152
	190297	190352	190507	190701	190771	190851	190943	191387	191588
	191823	192157	192973	193051	193691	194127	194195	194203	194221
	194400	194444	194512	195124	195525	195657	195772	195964	196421
	196664	196677	196738	196835	196863	197398	197426	197431	197466
	197477	197612	197691	198237	198277	198278	198691	198740	198830
	198860	198984	199156	199270	199346	200019	200050	200059	200157
	200251								
醫院	184136	185504	185776	186225	186475	186603	186911	187363	187496
	188615	189613	189641	189657	190251	191444	192255	192322	192423
	192526	193695	194811	196633	196650	196930	196934	197221	197255
	197491	197812	198037	198045	198116	198327	199991		
議員選擧	182941	183475	183590	183736	184110	184188	184533	184661	184751
	185264	185354	185361	185570	185648	185808	185840	186115	186202
	186233	186294	186556	186575	186745	189576	189942	190507	197398
	197426	197477	198237						
醫專	184093	184198	184671	185030	185065	186466	186467	189431	190438
	191625	192181	192402	192430	196180	197130	197199	197614	197637
	199495	199888							
義州	182626	182630	182644	182655	182740	182765	182829	182852	182856
	182902	182919	182954	183026	183129	183133	183177	183224	183240
	183271	183408	183409	183423	183427	183428	183441	183489	183502
	183535	183536	183544	183575	183592	183594	183598	183751	183763
	183770	183778	183830	183931	183936	183937	183944	183996	184011
	184209	184342	184375	184424	184498	184521	184647	184652	184694
	184788	184838	184849	184850	184920	184952	184963	184965	184975
	184978	184985	185247	185286	185364	185433	185488	185502	185566
	185575	185733	185736	185738	185792	185887	185888	185914	185915
	185961	185966	185967	186141	186155	186187	186190	186239	186257
	186297	186300	186302	186350	186380	186397	186489	186581	186729
	186736	186740	186748	186801	186803	186828	186882	186902	186963
	186968	186999	187037	187095	187099	187118	187160	187229	187291
	187330	187379	187380	187383	187451	187508	187572	187575	187586
	187588	187592	187730	187792	187900	187910	187919	187930	187937
	187952	187968	187995	188002	188033	188094	188100	188177	188302
	188336	188641	188643	188744	188751	188761	188873	188898	188914
	188974	189059	189076	189104	189125	189133	189146	189166	189167
	189208	189351	189356	189469	189671	189703	189729	189762	189769
	189833	189837	189895	189896	189967	189997	190038	190077	190087
	190169	190218	190257	190284	190391	190395	190399	190418	190573
	190628	190651	190678	190706	190723	190763	190771	190911	190953
	190955	191010	191011	191025	191070	191195	191199	191269	191334
	191398	191403	191552	191557	191558	191587	191591	191601	191604
	191716	191774	191779	191909	191937	191950	191967	191971	192028
	192055	192070	192093	192100	192121	192192	192225	192304	192356

	192368	192370	192392	192395	192415	192439	192446	192470	192475
	192505	192529	192539	192545	192580	192608	192633	192652	192703
	192724	192749	192757	192779	192844	192845	192863	192864	192882
	192891	192932	193062	193122	193244	193316	193324	193424	193443
	193455	193460	193463	193534	193675	193777	193851	193870	193936
	194018	194127	194139	194366	194401	194456	194566	194677	194679
	194696	194697	194809	194908	194948	195144	195171	195187	195314
	195432	195492	195522	195928	195929	195991	196124	196144	196188
	196189	196224	196227	196316	196330	196359	196403	196413	196503
	196509	196632	196644	196972	196986	196997	197001	197055	197117
	197300	197306	197376	197432	197464	197472	197489	197534	197625
	197629	197648	197674	197712	197722	197734	198043	198139	198143
	198203	198319	198323	198382	198393	198443	198699	198809	199086
	199120	199147	199227	199431	199617	199996	199997	200018	200070
義州農學校	190218	190651	197306						
義州商業學校	185433								
醫學	182880	182953	184401	184769	184779	184808	185180	185209	185862
	186110	186245	186268	186277	186424	186488	186521	186533	187239
	187263	187363	187370	187794	189432	189450	189719	190984	195523
	195545	196147	199949	200128					
醫學講習所	186245	186268	186277	186424	186488	187370	187794	190984	
醫學講習會	186521								
醫學部	182880	182953	185180	185209	189450				
議會	182617	182926	182950	183219	183372	183466	183469	184020	184135
	184306	184335	184354	184527	184556	184589	184614	184667	184925
	185027	185032	185062	185067	185110	185116	185124	185137	185143
	185151	185169	185244	185247	185265	185271	185286	185296	185311
	185394	185464	185620	185654	185679	185711	185734	185801	185833
	185939	185952	186111	186141	186190	186282	186298	186580	187063
	187363	187449	187484	187687	187735	187755	187910	188109	188253
	188327	188340	188343	188365	188385	188437	188468	188488	188549
	188744	188907	189433	189648	190024	190122	190727	191011	191570
	191582	191830	192136	192618	192697	192704	192863	192882	193815
	194263	194914	195352	196202	196206	196292	196321	196798	196926
	197517	197625	197648	197704	197726	197748	197789	198133	198715
	199147	199275	199980	200180					
議會解散	182617	187449	187484						
議會解散總選舉	182617								
李鍵公殿下 李鍵	188968	188996	189201	189264	189389	189482	189504	192405	193146
	193177	193259	193288	193337	193366	193392	193418	193957	195753
	196295	197084	197103	197850	199567	199593	199601	199975	200009
	200106								
李公家漁場拂下問題·李公	194481	194537	194608						

家の漁場讓渡問題								
李但九(李王職事務官)	185221							
伊達四雄(慶北內務部長)	183067	183089	183344					
伊東淳吉(京城地方法院長)	191057							
伊藤博文	185471	193449						
伊藤正慤(京城商議)	192439							
伊藤正毅(新義州府尹)	184011							
裡里	183231	183398	183489	184047	184339	185107	185237	185423	186713
	186833	188621	188891	188939	189183	189295	189306	190418	190479
	190539	190543	192845	192864	198043	198095	198167		
裡里高女	184339							
移民	183033	183180	184062	184097	184573	182984	182984	182984	182984
	197831	198431	198832					
移民會社	182984	182984						
理髮	183357	187781	187991	189235	189996	190012	190071	193050	193517
	193530	194124	194152	195813	196008	196030	196128		
理髮組合	187781	189235						
罹病	183735	183761	189525	189779	191043			
伊森明治(鮮銀理事)	184331	184553	184570					
李昇勳	189145	189163						
二十師團	184307	186530	190138	190999	191187	192026	192946	192959	193217
	193241	193268	193285	193297	193315	194346	194817	197691	198115
李王殿下李王	183205	183217	183701	183951	184011	185059	185094	185221	186180
	186200	187032	187058	187156	187185	187217	187441	187473	187928
	188104	188116	188147	188187	188271	189264	189408	189450	190794
	190816	190870	191306	191330	191634	191655	191751	191948	191960
	192012	192017	192027	192285	192308	194731	194923	194938	194942
	194960	196004	196021	196026	196043	196119	196146	196560	197205
	197231	197274	197720	197860	199404	199431	199433	199468	199575
	200028	200254						
李王家	187032	187058	187928	188147	188187	189408	199575	200028	200254
李王職	183205	183217	183701	184011	185059	185094	185221	186180	186200
	187032	187058	187156	187185	187217	187928	188104	188116	188271
	189264	189450	190870	194731	194923	194938	194942	194960	196004
	196021	196026	196043	196119	196146	196560	197205	197231	197274
	197720	197860	199404	199431	199433	199468			

李鍝	189158	193350	193714	193738	194613	194643		
罹災者罹災民	182659	182685	184283	184429	184456	184780	184819	188114	189090
	192123	192357	192454	192455	192470	192687	192698	193264	193293
	193812	194307	197469						
李朝	183793	187486	197736						
移住	183503	183532	183773	184962	186737	186758	186817	186842	186952
	186954	187188	187580	187601	187664	187966	189462	190038	190266
	190790	190812	191442	194961	182984	182984	195373	195691	196838
	198660	198688	198868	199066	199082	199485			
移住朝鮮人	186817	186842	187966	189462	190266	190790	190812		
二次學生騒擾	184462	184755	184946						
移出米	183850	184102	191872	195111	195139				
移出牛	182666	182692	183041	183498	183525	183908	187389	189019	189052
	190436	190466	190999	191518	191541	191739	193467	193485	200086
利川	198580								
伊吹震(大日本製糖取締役)	184307								
離婚	187531	187828	188023						
人格尊重	187230	187257							
人口	185022	185649	186416	186727	188982	189516	190115	191522	191549
	191820	191842	192417	192737	194848	195060	195176	195322	195447
	195507	195711	195737	196045	196397	197147	197406	197469	197527
	197573	197658	197674	197722	197872	199039	199207	199225	199413
	200145								
人事相談	183185	184602							
人事異動	182718	185249	185283						
人蔘	187837	188039	188477	188496	188725	188755	189412	190965	193805
	194355	195334	195337	195624	195793	197583	197589		
印刷	183165	183651	184259	187528	187690	189013	194661	194688	
印刷物家宅捜査	183165								
人種	184296								
仁川	182667	182693	182720	182997	183196	183214	183318	183466	183548
	183693	183747	183748	183755	183852	184045	184126	184128	184372
	184387	184398	184399	184511	184578	184580	184635	184641	184831
	184893	184952	184958	185353	185355	185682	185718	185829	185861
	185885	185912	186005	186182	186192	186326	186427	186439	186464
	186483	186489	186580	186588	186698	187192	187236	187266	187358
	187363	187372	187608	187708	187769	187777	187781	187786	187787
	187915	188004	188121	188271	188312	188349	188549	188631	188762
	188884	189039	189071	189140	189183	189235	189238	189365	189394
	189428	189607	189683	189704	189738	189740	189797	189798	189828
	189973	189996	190024	190055	190057	190061	190173	190315	190347

	190479	190516	190553	190628	190661	190664	190837	190857	190868
	190888	191182	191435	191631	191742	191823	192009	192103	192104
	192136	192167	192221	192455	192504	192640	192651	192681	192779
	192786	192845	192864	192942	192955	192981	193141	193172	193188
	193316	193321	193334	193335	193361	193385	193391	193463	193552
	193675	193743	193801	193811	193839	194018	194030	194031	194037
	194065	194101	194239	194478	194540	194587	194593	194718	194774
	194792	194845	194850	195008	195037	195059	195100	195103	195137
	195209	195228	195527	195570	195649	195654	195690	195792	195837
	195838	195863	195898	196108	196159	196240	196245	196247	196250
	196284	196376	196535	196588	196711	196738	196856	196892	196900
	196950	197080	197081	197203	197206	197268	197271	197328	197447
	197506	197609	197759	197845	197846	197886	197992	198004	198042
	198062	198285	198300	198339	198561	198597	198636	198699	198711
	198790	199012	199137	199139	199142	199208	199248	199759	199781
	199797	199841	199882	200132					
仁川デー	184387								
仁川公立高女	184641								
仁川商議 仁川商議會	183466	184128	187363	188549	190024	190055	192136	198285	
仁川税關	184399	184580	186588	188349	190628				
仁川仁友會	189607								
仁川取引所 仁川の取引	182667	182693	184045	197080	197268	199248			
仁川港	184126	184578	184958	186427	186464	190061	190173	191435	192221
	194540	195100	195103						
燐寸製造工場	185488								
仁取 仁取問題	197016	197206	197262	197437	197502	197655	197662	197748	197810
	197967	197999	198218	199457	199605	199778	200096		
日露	184673	189030	189065	198314					
日露大會戰	184673								
日露戰爭	189030	189065							
日本	182989	183124	183156	183204	183221	183274	183673	183721	183956
	184143	184307	184481	184505	184605	184623	185185	185221	185485
	185817	185849	186110	186214	186401	186533	186551	186582	186750
	187064	187674	187722	188480	188501	188977	189051	189288	189299
	190013	190020	190081	190303	190443	190516	190641	190800	190827
	190995	191057	191118	191499	191584	191686	191886	191921	192170
	192469	192494	192661	193267	193308	193882	193911	194521	194928
	194946	195350	195370	195952	195972	196069	196174	196364	196391
	197090	197092	197116	197609	197627	198102	198343	198836	198861
日本空輸	182989	183124	183156	183204	183221	183721	183956	187064	190013
	192170	193882	193911	198836	198861				
日本空輸機	183721								

聯隊								
日本軍	189288							
日本大相撲	190020	190800	190827	191584	191686	191921	192469	192494
日本人俱樂部	192661							
日本航空會社營業所	190303							
日本海	184605	184623	185817	185849	189299	190081	193267	193308
日本海港灣共榮會	190081							
日本會議所大會	188977							
林駒生(東洋水産新聞社長)	184011	184039						
林慶北知事	184309							
林檎	184160	186948	191222	195738	197525	197537		
林檎檢查規則	184160	186948						
賃銀	182890	189563	189678	189867	189876	189928	190072	190637	191206
	196793	198776	198781	198964				
賃銀値上	182890							
立石良雄(釜山實業家)	185221							
立川二郎(新任新義州地方法院長)	182740	182765						
入學	182746	183606	183723	183791	183841	183987	184015	184078	184327
	184688	184828	184988	185184	185210	185345	185432	185572	185574
	185688	186280	186292	186425	186616	186965	187370	187380	187577
	188169	189091	189117	195891	196656	198544	198768	199151	199821
	199889	199978						
入學難	182746	184828	185345	185572	186425	187577	198768	199821
入學試驗	184015	184078	186280	186616	195891			
入學案內	183606	183723	183791	183841	184327	184688		

					ス				
子供	183518	184115	184584	184613	184697	185000	185340	185752	185974
	185988	186616	186692	186779	187773	188294	188573	188683	188789
	189261	189328	189560	189840	190097	191956	194753	195025	195265
	195415	195783	196058	196092	196672	196697	196723	196943	196970
	197051	197272	197667	198039	199463				
子供品展覽會	189560								
自給自足	185486	191091	195305	195321	198345	199884	199915		
自動車	182636	182734	182791	182842	182870	182916	183182	183188	183227
	183313	183995	184026	184079	184088	184193	184208	184323	184325
	184470	184788	184938	185253	185277	185280	185329	185374	185470
	185506	185624	186150	186151	186161	186166	186231	186247	186271
	186381	186411	186437	186557	186752	187056	182984	187379	187536
	187619	187672	187716	187719	187791	187803	187814	187914	187916
	187978	187988	188040	188162	188202	188221	188242	188543	188649
	188674	188702	188732	188759	188920	188955	188986	189157	189191
	189220	189426	189441	189540	189562	189570	190144	190217	190239
	190272	190328	190502	190513	190524	190528	190669	190686	190872
	191246	191266	191370	191469	191514	191722	191754	191807	191942
	191972	191973	192111	192291	192315	192510	192519	192553	192841
	192884	193065	193084	193091	193108	193194	193218	193282	193464
	193566	193614	193619	193648	193825	193907	193941	193972	193999
	194029	194241	194295	194325	194369	194386	194465	194717	194733
	194784	194871	194888	194972	195248	195330	195623	195653	195660
	195668	195814	195877	195893	196118	196168	196277	196286	196380
	196552	196556	196732	196752	196884	197149	197184	197261	197281
	197370	197689	197722	197816	197861	197915	197946	198064	198264
	198478	198482	198672	198684	198776	198897	198911	198912	198934
	199046	199070	199074	199136	199140	199142	199163	199171	199213
	199216	199335	199355	199369	199429	199463			
自動車事故	183227	184470	185253	185277	187916	190144	195668	199369	
自動車稅	185506								
自動車業	183995	184079	190872	191722	192291	192315	197370	198064	198264
自動車營業者 定期總會	187056								
自動車運轉手	183182	186437	188674	188702	188759	188986	190272	191754	195877
	195893	197861	199074	199163					
自動車地獄	184323								
自動車墜落	182734	182842	186247	186752	188649	193282	198482	198684	198911
自動車衝突	182870	190686	198912	198934					
自動車取締り	189191	189220							
自動車 取締規則	188955								
自動販賣機	184195								

資本	186179	186199	187920	190174	190198	193123	193154	193258	193287
	194386	194881	194922	194941	195099	195287	197568	197601	197908
	197933	197989	199103	199132					
自殺	183486	183875	184515	184882	184950	185051	185086	185284	185338
	185753	185890	185917	186030	186049	186240	186259	186345	186403
	186462	186688	186691	186907	187014	187471	187747	187906	188002
	188103	188827	189036	189058	189225	189257	189274	189813	190252
	190714	190745	190807	190825	190901	191122	191156	191261	191563
	191754	192186	192205	193012	193023	193027	193414	193504	193517
	193530	194008	194248	194515	195374	195451	196279	196727	196730
	196763	197002	197165	197195	197272	197915	197994	198017	198254
	198390	198423	198453	198486	198520	198548	198724	199028	199076
	199337	199363	199511	199537	199722	199753			
慈善演藝會	187046								
紫雲英	183912	185105	185424						
茨原彦三(總督府文書課長)	187217								
資源調查	182984	186171	189106						
紫電英	187439								
自轉車	182892	188920	190713	192492	193707	193730	195302		
自治	184073	184563	185040	185075	185977	185991	186015	186034	186282
	186319	186540	186572	188208	188209	188229	188230	190060	190076
	191949	192125	192145	195470	195500	197394	197419	198272	198297
	198578	198608	198830	198860					
自治權	186015	186034	188209	188230	191949	198272	198297		
自治制	184073	184563	186282	186319	188208	188229	190060	190076	195470
	195500	197394	197419	198830	198860				
慈惠病院	183819	189734							
慈惠醫院	186225	186911	189613	189641	192322	192526			
蠶·蠶業	182897	183023	183042	183332	183510	183752	184215	184343	184377
	184422	184458	184685	184872	184998	185230	185241	185526	185769
	185866	185893	186060	186113	186147	186281	186413	186783	186931
	187003	187349	187584	187693	187887	188790	188928	188929	188932
	189207	189293	189603	189726	189870	189898	190129	190390	190688
	190759	190848	190850	190877	191123	191314	191327	191343	191354
	192078	192117	193047	193233	193249	193547	193821	194174	194197
	194652	194702	194703	194704	194843	194844	194903	194968	195032
	195107	195119	195280	195478	195511	195840	196156	196183	196224
	196285	196361	196982	197524	197694	197947	197950	197970	198406
	198680	198692	199001	199020	199041	199470	199655	199678	200014
	200016								
蠶絲業	184422	184458	186147	189870	189898	194174	194197		
潛水漁業權	182944	182967							
潛水漁業權	182944	182967							

整理									
蠶業振興大會	189293	196361							
蠶業振興策	184872								
蠶業取締規程	183023								
蠶種製造講習會	187003								
蠶種統一	184422	184458							
雜誌	188429 200108	189028	189056	192546	194925	194944	198156	199743	200091
腸チフス	189196	191924	192024	192672	195677				
長谷川義雄 (西鮮日報社長)	183487								
長楊公立工業實習	188670	188695							
長春	189326	192187	192210						
獎忠壇	199496								
長豊炭鑛	188815								
載寧	187892	197562	197586	198584	198615				
齋藤実 齋藤實 (朝鮮總督)	182948 183758 186467 188520 190482 192330 195151 196681 197023 198691	182996 184387 186540 188551 190506 192342 195634 196738 197043	183002 184444 186572 188968 190628 192398 195658 196781 197050	183110 184481 186581 189158 190846 192414 195772 196811 197056	183368 184485 186706 189365 190881 193063 195861 196833 197099	183402 184505 187550 189394 191088 193089 196499 196861 197206	183420 184563 187815 190250 191238 193872 196594 196877 197801	183583 184765 188142 190269 192121 194599 196617 196928 198356	183700 184904 188182 190457 192138 194731 196635 196934 198662
齋藤久太郎 (京城實業家)	184765								
齋藤龜三郎 (東拓朝鮮駐在 專務理事)	194731								
齋藤吉十郎 (朝鮮紡織常務)	183758	195772	196738						
齋藤吾吉(朝鮮 商工新聞社長)	189158	196499							
齋藤直人(黃海 道海州金融組 合理事)	182948								
在露朝鮮人	184857	185713	188019						
在滿朝鮮人	185365	185421	185463	185713	185756	186222	186831	189733	189756

財務・財務局	183212	183259	184209	184408	184703	185133	185160	185285	185588
	185644	186273	186327	186467	186594	189012	189048	189638	189820
	189856	189998	190026	190421	190446	190748	190846	190881	191103
	191127	191538	192044	192109	193327	193350	193351	193745	193751
	193779	194372	194392	194594	194616	194658	194914	194921	194940
	194995	195081	195112	195140	195148	195179	195357	195398	195431
	195569	195599	195874	195960	196485	196520	197294	197319	197508
	197532	197851	197870	198017	198189	198238	198890	198917	
裁判	183738	184240	184263	184997	185188	185884	185911	188262	189820
	189848	193207	193230	194423	194929	194951	196819	196842	198095
	198141	198475	198904						
裁判所	183738	184997	185188	189820	194929	194951	196819	196842	198095
	198141	198475							
災害復舊	192325	192337	192642	193400	193956	193983	194921	194940	195041
	195316	195965							
在鄕軍人	189491	194938							
在鄕將校會	183862								
爭議	182927	183110	183253	183413	183432	184207	184264	184378	184579
	184602	184695	184732	184759	186459	186897	187620	187999	188668
	188697	188819	188821	188923	188961	189000	189148	189379	189473
	189498	189586	189725	189748	189952	190017	190072	190132	190185
	190309	190733	190891	191547	192860	192879	192933	193102	193408
	193438	193483	193501	193532	193590	193728	193793	193828	193857
	193866	193932	194080	194147	194399	194516	194755	194881	195239
	195287	195403	195438	195629	197151	197179	197229	197260	197441
	197804	198073	198101	182984	198426	198713	198722	199175	199450
	199499	199507	199554	199740	199828	199847	200059		
爭議調停法	184695	184732							
貯金	183603	184829	184915	184937	185461	185923	186853	186866	187176
	187674	187708	191583	191612	191857	191962	192064	192098	192256
	193680	194290	194976	195003	195331	195558	195748	196112	196246
	197162	197186	197439	197807	198010	198021	198629	199286	200199
	200230								
貯金組合	196112								
貯水タンク	187005								
貯水池	186061	188355	188382	189831	190126	192011	192036	193551	196350
	196689	198064	198982						
低資住宅組合法	199023	199034							
貯蓄銀行	196150	197083	197104	198258	200248				
貯蓄組合	191139	195297	195902	196420					
赤痢	189499	192204	192361	193904	193938	194728	194729		
赤木京城師範校長	182988	183021							

赤松麟作	190010	190041	190301					
赤十字	184149	186238	186256	188096	188118	188289	191163	194378	196111
赤十字病院	184149							
赤友同盟	183463	184036						
赤友同盟事件	184036							
赤化	183563	183586	184308	189587	195175	195186	200159	
電氣	182884	182951	183318	183615	183641	183871	184053	184074	184401
	185449	185476	185685	185765	185785	185812	185844	186006	186028
	186047	186129	186140	186408	186487	186498	186652	186886	186917
	187168	187242	187418	187478	187546	187605	187688	187811	187903
	187915	187937	188263	188712	188942	188981	189436	189460	189520
	189535	189545	189605	189903	189951	190030	190277	190476	190529
	190561	190611	191203	191357	191381	192085	192161	192253	192290
	192562	192575	192937	193333	193557	193588	193752	193756	193777
	193780	193784	193816	193838	193883	193912	194064	194126	194714
	194910	195223	195356	195403	195438	195465	195627	195629	195768
	195791	195954	196454	196555	197170	197440	197555	197564	197588
	197594	197647	197783	197797	197820	197908	197933	198352	198378
	198443	198666	198769	198865	198914	198915	198937	198944	198949
	198957	199087	199309	199344	199357	200068			
電氣療法	184401							
電氣料値下	187242	189460	192937	195791	198443			
傳記文學	184403	185668						
電氣事業	185476	186408	186487	186886	186917	190030	193752	193780	193883
	193912	194714	195465	197555	197564	197588	197594	197797	197820
	198937							
電氣事業調査	193752	193780	197555	197594	197797	197820		
電氣條例	185812	185844	186006	187168	189903			
電氣統制	197555							
電氣會社	189535	193333	194126	195768	195954	196454	197440	197908	197933
全南	183796	183909	183983	184028	184335	184750	184751	185121	185148
	186325	186410	186416	186601	186608	186863	186871	187056	187150
	187158	187194	187222	187232	187259	187567	187609	187618	188211
	188232	190536	190847	191581	182984	192160	192179	192390	193452
	194304	195336	195435	195691	195893	196490	196738	197846	197851
	197870	198084	198333	198462	198828	199014	199035	199117	199207
	199225	200155	200176					
全南農倉	183909							
全南道評議會	184335							
電燈料	183395	183871	184493	184532	184559	188811	189494	190476	192332
	192575	195791	198032					
電燈料の値下げ運動	184493	197161	197211	197765				

電燈爭議	195239	199450							
展覽 · 展覽會	184748	186910	187542	189403	189515	189560	189638	190301	190977
	191218	192587	192606	192625	195212	195228	195412	195568	196364
	196498	196872	197111	197170	197946	198125			
電力料	183607	191245							
電力料値下	191245								
電力電燈料 電燈料	183395	183871	184493	184532	184559	188811	189494	190476	192332
	192575	195791	198032						
電力統制	187545	190838	192723	192742					
專賣局 轉賣局	182737	182756	183056	183699	184082	184209	184274	185000	185000
	185120	185120	185147	185147	185429	185450	185454	188038	188659
	188687	188738	188781	188858	190719	190870	191283	191766	191802
	192363	192385	192594	192617	193012	193027	194182	194536	194581
	194932	194947	194967	195584	195599	195602	196096	196255	196839
	196866	197625	198096	198120	199221	199244	199539		
專門校	183500	183527	184099	184122	184983	185291	185877	185904	192789
	197130								
專門學校 專門校	183500	183527	183695	183706	184099	184122	184983	185291	185877
	185904	189156	192789	197130					
電報	183632	183646	183662	186066	186088	191749	191785	192055	192547
	192559	192589	192610	193505	193518	193531	193563	193603	193741
	194933	196448	196701						
電報料	183632	183662							
全北	182843	183623	183742	183744	184020	184047	184338	184692	184738
	184752	184815	185391	185424	186080	186102	186620	186632	187158
	187193	187194	187454	187491	187563	187696	188211	188232	188522
	188908	188995	189474	189556	189672	189811	190127	190187	190227
	190595	191234	192237	192506	192990	193000	195179	196098	
全北內務部	182843	188522	197851	197870					
全北署	183742								
傳書鳩	193797	194789	195057	196413	196472	197402	197710	197731	198191
	198209								
全鮮スキー 選手權大會	184471								
全鮮各工場 勞動調査	190344								
全鮮警官	183504	183533							
全鮮警察 部長會議	183243	183261							
全鮮公職者 大會	186977	187931	188099	188208	188229	188284	188316		
全鮮金融組合	188308	195474							
全鮮武道大會	190438	190469	191802	191947	191975				

全鮮 辯護士大會	187653	188252	188287						
全鮮 水産場長會	192976								
全鮮 信託同業大會	184690								
全鮮 自動車協會	189157								
全鮮 酒類品評會	193004								
全鮮中等學校 對抗陸上競技 大會	189431	189463	190128						
全鮮 倉庫業者大會	185625								
全鮮蹴球大會	187770	189249	194884						
全鮮 學生美術展	187655	189515							
全鮮學生美術 展覽會	189515								
全鮮會議所 聯合會	188658	188686							
電信	185000 192921 196969	185473 194475	185608 194578	186764 194767	190567 194926	191683 194945	192183 195345	192649 196059	192902 196446
電信線	186764	190567	192902	192921	194767				
電信電話	185473	185608	191683	192649	194475	194926	194945		
傳染病	182862 185545 188602 189829 192271 193636 198348	183572 185925 188615 189907 192361 193665 198389	183735 186057 188672 189909 192432 194728 198393	183761 186550 188793 190331 192462 194886	183766 186587 188826 190538 192500 195538	184014 187492 188918 191174 192730 195677	184211 187813 189256 191275 192752 196270	184552 188539 189358 191349 193482 196487	184987 188568 189779 191924 193500 198045
傳染病豫防	184014	185545	185925	188539	188568	189829	189907	192500	198393
田原正人	187021								
前田昇	183318	183344	194731						
前田河廣一郎	184770								
全州	183092 188939 189729 197725	183306 189069 191516 197748	183335 189151 192845 199332	183578 189169 192864 199368	183733 189181 192892	184635 189183 192911	186630 189424 194347	188216 189442 195300	188237 189553 197703

全州女高普	183306	183335	183578					
電車	182660	182686	183305	183551	183570	184275	184999	185254	185596
	185708	185717	185760	185972	186433	187378	188427	188481	188502
	188833	188952	189367	189490	190626	190650	191038	191402	191653
	191674	192401	192685	192977	193239	193454	194300	194796	197775
	197969	198258	199140	199154	199171	199232	200091	200108	
電通	188898								
電話	182908	183154	183411	183430	183682	183707	183726	183745	183777
	184101	184124	184140	184705	184737	184790	185428	185436	185453
	185460	185473	185608	185798	185830	186474	187045	187072	187189
	187375	187383	187393	187414	187511	187707	188021	188140	188180
	188216	188237	188751	189092	189109	189132	189300	189323	189371
	189387	189912	189929	190007	190031	190054	190362	190425	190552
	190911	191107	191125	191129	191558	191644	191665	191683	191694
	191700	191834	192093	192441	192583	192602	192629	192649	193245
	193331	193355	193554	193613	194021	194416	194475	194926	194945
	195036	195314	196253	196272	196616	196788	196802	197413	197438
	197448	197711	197748	198064	198152	198471	198505	198681	198800
	199309	199344	199392	199406	199600	199697	199725	199896	199919
	200034	200085							
電話開通	185608	188216	188237	189092	189109	192441	198800	200034	
電話機	184140								
電話料	194021	196616							
切手	182680	182706	184195	186412	187910	189949	190777	191976	192577
	198184	199073							
節水	183409	183428	189895	192036					
絶食同盟	183112								
點燈拒否問題	187011								
店員	184882	187056	187764	189069	191707	193640	193669	197846	198127
	198954	199563	199615	199806	200105	200108			
接客業	194302	199538							
井戸 井 改良井	182905	188676	188845	188876	190014	190034			
庭球	184802	187217	187877	187923	188441	189200	189466	190330	190884
	191022	191146	191347	191386	191483	191647	191668	191725	191893
	192095	192181	192402	192615	192765	192774	192800	192821	193589
	193632	193661	193855	194461	194632	194751	195300	195458	195519
	195667	195732	195799	195921	195997	196108	196208	196375	196767
	196827	197065	197130	197861	198064				
定期航空	193882	193911							
政務總監	183356	183701	183905	185109	185136	185522	185974	185977	185988
	185991	187274	187570	187597	189420	189452	189612	189640	190257
	190284	190975	191001	192506	192513	192702	192847	192866	192899

	192918	194367	194393	194874	195531	195550	197081	197141	197172
精米	182890	182997	183060	183635	185752	195661			
精米工場	182890	183635							
精米所	182997	183060	185752	195661					
井上收(極東時報社長)	184265								
井上主計(新義州稅關長)	190628								
精神病	189192	189223	195716	196699	197263	197581	197596	198254	
精神病者	189192	189223	195716	198254					
精神異狀	186403	190473							
正月	182633	182634	182637	182648	182920	183228	183363	183690	183714
	183843	184164	184434	184899	198197	199365	199576	200114	200150
淨琉璃	183436								
正義女高普校	188491	198124							
正祖王	182650								
定州	182896	184606	195155	197609	197627				
定州農業校	182896								
定州學生騒ぎ	184606								
偵察機	191133	195330	199107						
正昌ゴム工場	192933								
政治	182615	183879	185238	185263	187496	187910	187989	189742	189758
政治改良	182615								
鵜	191103	191127	198162						
製菓業大會	187308	187354							
除隊兵	184696	184733	184861	186955	188370	190228	196743	196881	197277
	197303	198207	198313	198516	198547	198593	198605	198921	198939
	199091	199884	199915	200056					
諸博	184181								
制服	184538	184557							
提氷市(漢城銀行本店支配人)	182843								
鵜飼	198162								
製絲業	187157								
製絲場	183065	186728							
第十九師團	184730	184765	186212	189530	195657	198792	198853	198880	
第二十師團	184307	186530	192026	193217	193241	193285	193315	194346	197691
第二次學生騒擾	184462	184755	184946						

第一次 學生騷擾事件	184308								
第一艦隊	182720	187192	187236	187266	187422	187423	187608	192854	192873
	192991	193001	193267	193308	194793	194847	194938	194997	195042
	195226	195260	195406						
製材業	184289	184350	184425	191551					
濟州島	185539	187051	187079	191388	192022	192051	192160	195746	197494
	197991								
製叭	187651								
制限給水	182784	192257							
助教	183688	183704	185666	194056	194089				
遭難	183315	185477	186119	186130	186159	186164	186240	186259	186341
	186378	186394	186706	187152	187265	187357	187359	187686	187750
	187890	188120	188849	188877	190062	190085	191649	191670	192455
	192592	193273	193302	193696	194796	196721	197036	197722	197765
	197846	198110	198421	198719	198850	199429	199611	199835	199962
遭難船	187686	188849	188877	196721	197846				
造林	183293	183319	186112	188912	189792	189811	189822	192056	193684
	193715	195704	195722	198399	198499	198649			
朝鮮紡織 株式會社 朝鮮紡織 朝鮮紡 朝紡 鮮紡	182886	182903	182927	182996	183002	183062	183110	183166	183208
	183253	183310	183352	183368	183413	183432	183758	187084	187550
	187815	189961	190257	190628	191089	191304	192935	194046	195772
	195797	195800	195860	195861	195912	195962	196710	196738	198597
	198636								
調査	182760	182775	182801	182837	182986	183006	183226	183237	183350
	183385	183407	183426	183607	183608	182984	183615	183641	183688
	183704	183745	183748	183776	183777	183820	183867	183958	184052
	184060	184081	184112	184168	184215	184220	184223	184247	184298
	184315	184389	184418	184426	184461	184488	184516	184535	184734
	184841	184845	184878	184905	184922	184934	184960	184968	185001
	185058	185093	185119	185126	185146	185153	185166	185178	185197
	185201	185345	185421	185439	185482	185559	185565	185597	185729
	185770	185798	185830	185974	185978	185988	185992	186024	186043
	186066	186088	186171	186264	186265	186364	186408	186458	186473
	186495	186510	186625	186651	186767	186841	186905	187087	187223
	187382	187500	187513	187545	187547	187563	187583	187647	187711
	187749	187771	187782	187832	187855	187859	187865	187898	187932
	187966	187999	188078	188106	188222	188243	188325	188346	188350
	188371	188376	188560	188725	188754	188755	188765	188795	188835
	188912	188950	189008	189041	189089	189106	189137	189140	189193
	189289	189375	189399	189408	189417	189627	189656	189678	189794
	189805	189807	189824	189837	189857	189991	190001	190015	190062
	190070	190085	190107	190183	190344	190345	190349	190357	190381

190421	190446	190574	190659	190711	190715	190824	190844	190845
190865	190871	190908	190913	190951	191159	191221	191231	191239
191273	191374	191400	191401	191480	191522	191549	191571	191582
191603	191702	191755	191775	191787	191820	191842	191878	191913
191920	192286	192294	192306	192314	192454	192455	192471	192486
192547	192559	192723	192742	192746	192764	192773	192780	193038
193063	193068	193075	193089	193094	193118	193126	193157	193200
193224	193319	193354	193356	193468	193475	193486	193493	193556
193585	193628	193657	193678	193752	193758	193780	193786	193808
193819	193836	193883	193892	193895	193912	193923	193924	193949
194030	194039	194058	194128	194177	194202	194204	194207	194239
194240	194297	194299	194309	194324	194326	194356	194363	194387
194433	194450	194523	194562	194699	194726	194746	194792	194795
194863	194870	194882	195011	195031	195119	195289	195413	195437
195483	195494	182984	195636	182984	195677	195711	195725	195727
195737	195745	195984	196013	196016	196035	196038	196076	196285
196348	196378	196424	182984	196479	196484	196538	196550	196562
196566	196577	196603	196625	196785	196954	196980	196983	197101
197128	197152	197181	197217	197234	197406	197479	197494	197555
197594	197610	197628	197737	197783	197797	197820	198096	198108
198120	198128	198205	198206	198215	198231	198233	198298	198299
198312	198348	198389	198443	198531	198847	198856	182984	199063
199207	199225	199259	199287	199432	199509	199633	199681	199793
199812	199964	199993	200095	200145	200193	200224		

調査研究	186841	188765							

調査月報	188835								

朝鮮	182615	182631	182642	182768	182770	182775	182794	182801	182836
	182886	182895	182903	182915	182927	182933	182988	182996	183002
	183021	183054	183062	183067	183078	183079	183089	183094	183095
	183110	183116	183119	183151	183166	183179	183195	183205	183208
	183213	183217	183228	183234	183252	183253	183279	183290	183293
	183310	183319	183355	183356	183357	183368	183371	183450	183549
	183552	183576	183599	183690	183714	183757	183758	183773	183828
	183839	183847	183879	183899	183900	183915	183926	183947	183973
	183997	184023	184038	184042	184050	184071	184092	184100	184103
	184104	184123	184132	184149	184153	184186	184239	184273	184278
	184296	184299	184310	184343	184349	184377	184381	184393	184438
	184463	184475	184549	184603	184696	184720	184722	184733	184757
	184785	184795	184840	184851	184854	184857	184860	184868	184875
	184877	184885	184907	184930	184935	184938	184979	184999	185006
	185106	185111	185138	185166	185173	185181	185186	185195	185197
	185200	185202	185211	185258	185273	185281	185286	185298	185309
	185326	185335	185360	185365	185366	185371	185378	185382	185389
	185395	185421	185439	185444	185456	185463	185488	185501	185539
	185541	185561	185592	185629	185646	185713	185720	185756	185785
	185789	185798	185799	185830	185831	185870	185897	185944	185957

186024	186027	186043	186046	186056	186063	186066	186071	186088
186093	186126	186137	186141	186160	186165	186197	186205	186212
186222	186278	186281	186282	186294	186305	186323	186329	186348
186382	186430	186456	186491	186509	186514	186652	186682	186739
186751	186778	186817	186828	186831	186842	186863	186865	186874
186914	187086	187150	187165	187197	187231	187256	187289	187297
187316	187320	187329	187337	187376	187380	187406	187428	187513
187540	187541	187547	187552	187577	187643	187644	187658	187660
187677	187680	187722	187727	187735	187750	187755	187759	187791
187792	187800	187814	187825	187831	187845	187847	187852	187860
187910	187923	187935	187942	187960	187966	187979	187988	188008
188019	188021	188022	182984	188050	188086	188087	188112	188113
188152	188192	188208	188209	188218	188229	188230	188239	188255
188258	188263	188302	188313	188348	188374	188406	188409	188428
188431	188433	188439	188473	188475	188477	188486	188490	188494
188496	188499	188524	188554	188594	188595	188612	188616	188624
188625	188630	188633	188642	188645	188657	188663	188665	188685
188691	188693	188716	188725	188733	188738	188743	188752	188755
188772	188774	188799	188801	188865	188879	188889	188890	188894
188899	188909	188919	188931	188936	188940	188960	188969	188998
189008	189027	189028	189041	189054	189056	189081	189085	189094
189111	189114	189123	189136	189158	189161	189186	189188	189204
189253	189273	189278	189290	189351	189378	189414	189462	189464
189473	189480	189483	189489	189505	189508	189587	189599	189601
189604	189615	189623	189636	189643	189652	189676	189682	189686
189696	189699	189705	189731	189733	189754	189756	189785	189801
189820	189856	189878	189904	189938	189951	189956	189968	189973
189974	189982	189988	189999	190002	190004	190028	190042	190105
190117	190132	190163	190172	190174	190181	190185	190195	190198
190243	190244	190259	190260	190266	190287	190309	190310	190324
190345	190423	190430	190453	190464	190476	190487	190504	190512
190541	190557	190561	190580	190589	190609	190639	190653	190667
190684	190694	190698	190704	190711	190736	190741	190770	190790
190801	190812	190821	190839	190858	190893	190908	190923	190927
190933	190965	191014	191032	191040	191044	191054	191060	191068
191098	191124	191167	191177	191189	191192	191221	191229	191232
191240	191243	191268	191269	191288	191304	191310	191359	191382
191418	191453	191492	191504	191511	191522	191532	191542	191549
191564	191581	191583	191590	191612	191617	191630	191636	191642
191657	191663	191689	191692	191712	191715	191740	191820	191842
191864	191945	192049	192059	192063	192083	192123	192130	192140
192157	192168	192174	192190	192194	192196	192226	192228	192240
192248	192251	192287	192305	192309	192360	192373	192378	192399
192403	192406	192419	192422	192426	192443	192454	192466	192478
192482	192508	192520	192546	192548	192554	192565	192566	192582
192584	192585	192601	192603	192604	192640	192651	192660	192688
192699	192715	192728	192733	192737	192744	192758	192759	192760

192767	192768	192769	192777	192794	192815	192845	192863	192864
192882	192892	192901	192911	192920	192931	192935	192942	192946
192955	192959	192982	192985	192992	192995	193058	193115	193185
193243	193247	193285	193315	193372	193394	193419	193451	193454
193478	193496	193557	193588	193704	193740	193749	193777	193815
193898	193926	193953	193959	194020	194025	194041	194046	194073
194103	194120	194145	194183	194184	194195	194207	194221	194235
194247	194266	194270	194312	194386	194421	194431	194441	194447
194483	194488	194505	194507	194556	194563	194591	194601	194606
194659	194661	194674	194688	194691	194700	194710	194731	194732
194781	194782	194785	194797	194828	194863	194901	194925	194928
194930	194944	194946	194961	194963	194964	195030	195060	195101
195147	195176	195183	195208	195227	195243	195251	195267	195274
195275	195280	195299	195305	195321	195322	195324	195350	195370
195373	195396	195402	195425	195447	195454	195470	195500	195507
195523	195545	195560	195581	195600	195700	195711	195737	195762
195770	195772	195773	195782	195790	195797	195800	195836	195853
195859	195875	195895	195912	195913	195920	195932	196058	196081
196108	196113	196126	196129	196134	196150	196160	196175	196190
196200	196211	196244	196251	196269	196273	196285	196339	196356
196386	196409	196422	196429	196431	196432	196437	196447	196449
196450	196478	196486	196493	196499	196515	196517	196529	196531
196543	196562	196575	196576	196586	196589	196594	196597	196598
196603	196608	196624	196635	196637	196655	196665	196668	196672
196679	196688	196697	196721	196731	196738	196749	196767	196773
196784	196789	196801	196821	196826	196827	196828	196839	196840
196845	196866	196878	196887	196891	196904	196912	196927	196932
196948	196951	196954	196959	196968	196980	196996	197005	197013
197022	197024	197027	197053	197086	197099	197122	197123	197132
197138	197154	197159	197160	197168	197185	197192	197199	197235
197277	197289	197290	197294	197303	197326	197331	197332	197346
197359	197360	197362	197374	197386	197404	197406	197420	197434
197440	197466	197469	197509	197519	197552	197555	197574	197585
197590	197594	197609	197610	197622	197627	197628	197654	197658
197660	197667	197671	197672	197674	197676	197678	197691	197696
197703	197704	197717	197725	197726	197735	197741	197754	197758
197770	197783	197790	197811	197832	197841	197846	197852	197856
197860	197861	197864	197865	197872	197892	197899	197918	197977
197978	197991	198010	198014	198021	198045	198057	198064	198069
198075	198079	198085	198102	198113	198119	198218	198272	198295
198297	198310	198316	198329	198340	198341	198349	198350	198352
198367	198378	198379	198385	198437	198440	198458	198476	198487
198497	198498	198507	198509	198513	198525	198530	198569	198573
198575	198584	198597	198601	198615	198623	198636	198637	198641
198663	198694	198716	198729	198759	198777	198795	198865	198899
198910	198932	198947	198949	198952	198953	198958	198968	198975
198976	198987	199007	199014	199025	199035	199037	199056	199080

	199100	199115	199138	199178	199186	199190	199194	199207	199224
	199225	199247	199258	199276	199277	199289	199327	199341	199373
	199376	199382	199384	199392	199406	199407	182984	199452	199464
	199469	199472	182984	199487	199491	199493	199498	199515	199516
	199525	199543	199584	199632	199644	199655	199678	199684	199697
	199698	199699	199703	199710	199715	199725	199739	199745	199756
	199757	199758	199761	199774	199775	199781	199782	199787	199797
	199801	199805	199808	199810	199816	199819	199844	199879	199881
	199884	199911	199912	199915	199927	199932	199942	199962	200011
	200020	200133	200145	200157	200159	200178	200186	200193	200217
	200224	200253							
朝鮮、台灣間	184042	193898	193926						
朝鮮スキー大會	184549	184854	184885						
朝鮮スポーツ	184720	184757							
朝鮮の税制	184603								
朝鮮ホテル	183357								
朝鮮ホテル理髪室	183357								
朝鮮歌謠	188960	191124							
朝鮮經濟	192546								
朝鮮古典藝術	184979	185006							
朝鮮共産黨	191240	196429	196447						
朝鮮教育	182988	183021	187960	188890	188909				
朝鮮教育總會	188890	188909							
朝鮮軍	186066	186088	187150	187428	191167	191189	192157	192946	192959
	193285	193315	195208	196959	198487	198509	198597	198601	198636
	198641	199080	199247	199276	199472	199819	199911	200157	200178
朝鮮軍團	187428								
朝鮮汽船社	189615	189643	190002	190028					
朝鮮女誘拐	189636								
朝鮮女子中等オリンピック	184785								
朝鮮勞働者	183973	197671							
朝鮮農	182895	183773	186027	186046	189473	191014	191359	195373	
朝鮮農民 鮮農	182826	182850	182895	182984	183773	184919	186027	186046	186737
	186758	187093	187664	188668	188697	188705	189473	190219	190891
	191014	191204	191359	194589	195373	196480	196511	196754	196780
	196814	197457	197484	198868	199860				
朝鮮林檎	185173	185202							
朝鮮馬	189785	196672	196697	196826	196887	196948	196959	197005	199138
朝鮮每日社	183002	186652							

朝鮮名物	198525	198958	199014	199035	199056	199277	199684	199698	199761
	199787								
朝鮮木材	182768	188940	188969						
朝鮮舞踊	183450								
朝鮮物産見本市	192059	197741							
朝鮮物産宣傳デー	183228								
朝鮮米	182631	184278	184310	185366	185395	185561	185592	185799	185831
	187289	187329	190839	192443	192728	192744	194483	194505	195227
	195251	195275	195790	196954	196980	197132	197790	197841	198910
	198932	198953	198976						
朝鮮美術展・鮮展	188663	188691	186237	186253	186532	186548	186590	188408	188434
	188609	188628	188721	188858	188962	189136	189157	189161	189187
	189205	189255	189269	189298	189318	189369	189393	189488	189512
	189543	189573	189735	189765	190067	190188			
朝鮮米移出 朝鮮米の移出	185561	185592	185799	185831	187289	187329			
朝鮮美風	195454								
朝鮮博	186491	186509	188494						
朝鮮紡績	192935	195797							
朝鮮紡織爭議問題	183110								
朝鮮步兵隊	184092								
朝鮮婦人	182836	183900	187979	187988	189686	189705	195280	197627	197846
	199327								
朝鮮史	183355	183371	186865	194661	194688	197332	197360		
朝鮮私鐵補助法	188348	188374							
朝鮮産	183234	185111	185138	188008	182984	190105	190174	190198	192399
	192422	192554	192565	194247	194270	194710	194732	195101	195700
	198218	198716	199632						
朝鮮産業	185111	185138	182984	190174	190198	192399	192422	192554	192565
	194247	194270	194710	194732	198218	199632			
朝鮮商工新聞	189158	196499	197099						
朝鮮商工會議所	182615	188879	188899						
朝鮮商工會議所令	182615	188879	188899						
朝鮮生産品	197696	199186							
朝鮮船舶	187552								
朝鮮消防協會	188612	188630	196840						

朝鮮燒酎	191542	194963						
朝鮮神宮	187644	187680	192063	192083	192287	192309	193058	194488	194507
	194606	194782	194930	196108	196432	196486	196493	196515	196543
	196575	196597	196598	196624	196637	196665	196688	196767	196827
	197294	197509							
朝鮮新聞	183879	188486	189988	192863	192882				
朝鮮窒素	183847								
朝鮮雅樂	183205	183217							
朝鮮耶蘇教會	184153	184186							
朝鮮語	183828	185789	187660	188645	189508	190698	192130	192482	195782
	199452								
朝鮮語教授	183828	192130							
朝鮮漁業	189489	190927							
朝鮮漁業令	189489								
朝鮮語研究	187660								
朝鮮研究者	183195	183213							
朝鮮映畫	190181								
朝鮮瓦斯軍氣 (朝鮮瓦斯軍氣 株式會社)	185286								
朝鮮瓦電	183549	187540	188263	193704	194731	198949			
朝鮮牛	184935	187831	194020	196529	197289				
朝鮮運送會社	189081	189114							
朝鮮運輸會社 新義州支店	189351								
朝鮮銀行	188936	189253	189278	189801	189878	189904	189974	193372	198759
朝鮮銀行大會	189253	189278	189974						
朝鮮音樂	190557	190589	199452						
朝鮮醫學會	195523	195545							
朝鮮人 鮮人	182794	182794	182933	182933	183078	183078	183151	183151	183179
	183179	183576	183576	183599	183599	183690	183690	183714	183714
	183839	183839	183926	183926	183947	183947	184050	184050	184071
	184071	184231	184239	184239	184600	184851	184851	184857	184857
	184877	184877	185181	185181	185195	185195	185211	185211	185258
	185258	185281	185281	185365	185365	185371	185371	185378	185378
	185382	185382	185421	185421	185444	185444	185456	185456	185463
	185463	185501	185501	185713	185713	185756	185756	185941	185954
	186056	186056	186126	186126	186137	186137	186222	186222	186294
	186294	186382	186382	186682	186682	186739	186739	186817	186817
	186831	186831	186842	186842	187316	187316	187320	187320	187376
	187376	187380	187380	187406	187406	187541	187541	187577	187577
	187643	187643	187677	187677	187727	187727	187750	187750	187759
	187759	187942	187942	187966	187966	187988	187988	188019	188019

188086	188086	188087	188087	188112	188112	188113	188113	188152
188152	188192	188192	188218	188218	188239	188239	188302	188302
188477	188477	188496	188496	188725	188725	188755	188755	188894
188894	189008	189008	189041	189041	189136	189136	189161	189161
189273	189273	189290	189290	189378	189378	189462	189462	189464
189464	189599	189599	189604	189604	189623	189623	189652	189652
189733	189733	189756	189756	189968	189968	190004	190004	190042
190042	190060	190076	190117	190117	190172	190172	190195	190195
190243	190243	190259	190259	190266	190266	190287	190287	190324
190324	190464	190464	190580	190580	190609	190609	190639	190639
190653	190653	190711	190711	190790	190790	190812	190812	190965
190965	191040	191040	191268	191268	191288	191288	191636	191636
191657	191657	191689	191689	191712	191712	191864	191864	192049
192049	192454	192454	192737	192737	192760	192760	192769	192769
193451	193451	193702	194120	194120	194207	194207	194386	194386
194659	194659	194797	194797	194828	194828	195183	195183	195267
195267	195350	195350	195370	195370	195560	195560	196160	196160
196175	196175	196211	196211	196273	196273	196356	196356	196448
196449	196449	196478	196478	196517	196517	196576	196576	196731
196731	196749	196749	196794	196818	196912	196912	19692	196927
197123	197123	197235	197235	197346	197346	197362	197362	197374
197374	197466	197466	197488	197610	197610	197628	197628	197667
197667	197872	197872	197978	197978	198010	198010	198021	198021
198045	198045	198075	198075	198079	198079	198350	198350	198437
198437	198440	198440	198513	198513	199100	199100	199194	199194
199224	199224	199258	199258	199289	199289	199376	199376	199493
199493	199516	199516	199927	199927	200253	200253		

朝鮮人の 參政問題	194659						
朝鮮人鑛夫	191864						
朝鮮人蔘	188477	188496	188725	188755	190965		
朝鮮人巡査	190580						
朝鮮人失業者	191040						
朝鮮人漁夫	187750	189273	189290				
朝鮮人有權者	183926	183947					
朝鮮人娼妓	185181	185211	186126	186137	190653		
朝鮮人學生	187727	187759					
朝鮮蠶絲會	184343	184377					
朝鮮貯蓄	183290	190736	196150				
朝鮮電興	184103	195147	196190				
朝鮮朝日會	195859	195875	196134				
朝鮮酒	186205	191511	197024	197159	197160	197192	198102	199498
朝鮮中央電氣	193557	193588					
朝鮮芝	192373	192426					

朝鮮地方制度改正	198947	199007	199115	199178				
朝鮮窒素肥料	183552							
朝鮮窒素製造	184273							
朝鮮娼妓	184860	190453						
朝鮮鐵工所事件	199774	199801						
朝鮮鉄道株式会社 朝鐵	183318 186599 191136 195971 199972	183329 187217 192301 197343 199990	183344 187921 192321 197883	184765 188606 192887 198405	184846 188648 194582 198495	185112 188774 195143 198559	185139 188805 195638 198662	185249 190024 195657 198691	185283 191111 195948 199747
朝鮮遞信事業	184349	184381						
朝鮮出漁組合	182915							
朝鮮取引所	188733	188752	194184	194235	194266	199699		
朝鮮取引所令	188733	188752	194184	194235	194266	199699		
朝鮮統治	183252	183279	188594	188624	200186	200217		
朝鮮合同運送	183067	183089						
朝鮮航空	184840 184868							
朝鮮海峽	184104 189982	184132 191581	184393 193454	184438 196789	184463 197519	185539 197552	186160	186165	189956
朝鮮憲兵隊	185944	185957	186828	186863				
朝鮮火災	197086	198952	198975	199382	199407	199543		
朝鮮化學會	187337							
朝鮮活寫會	184722							
朝鮮黃金會社	190504							
朝鮮郵便 朝郵	183970 186967 191249 198914	184143 187018 195162 198944	184205 188125 195770 200011	184255 188141 195892	186142 188181 196332	186652 188868 197383	186806 189314 197913	186836 189568 198365	186863 190748 198732
朝鮮運送株式會社 朝運	187165	187197	190544	193069	193095	197748	197765	
朝日賞	183676							
朝日巡回活動寫眞	189355 189937 190970	189418 189993 191028	189475 190058 191164	189539 190113	189608 190170	189679 190232	189730 190289	189791 190840	189863 190914
朝日新聞	186537 187285 188175 196560	186660 187373 191463	186730 187740 194801	186797 187842 195458	186875 187886 195519	186958 187924 195599	187025 187971 195864	187091 188041 195997	187226 188075 196499

朝日新聞映畫の會	186537	186660	186730	186797	186875	186958	187285	187740	187842
	187886	187924	187971	188041	188075	188175			
早川己之利 (滿洲公論社長)	182843								
朝鮮鉄道 朝鐵	183318	183329	183344	184765	184846	185112	185139	185249	185283
	186599	187217	187921	188606	188648	188774	188805	190024	191111
	191136	192301	192321	192887	194582	195143	195638	195657	195948
	195971	197343	197883	198405	198495	198559	198662	198691	199747
	199972	199990							
早婚	183998	188823							
足立丈次郎 (朝鮮黃金會社理事)	190504								
卒業	183022	183307	183436	183500	183513	183527	183534	183924	184000
	184022	184192	184268	184299	184374	184415	185228	185230	185291
	185357	185358	185369	185433	185534	185686	185745	185814	185823
	185846	185855	185937	185950	186225	186227	186249	186258	186293
	186318	186337	186466	186467	186488	186519	186521	186711	186729
	186790	187061	187510	187589	187613	189128	189430	189459	189609
	190119	190921	190974	191296	191500	191679	191958	192069	192097
	192528	193132	193163	194116	194763	195129	195150	195780	196785
	196806	197128	197476	197827	198766	198794	198818	198922	199086
	199246	199273	199388	199422	199439	199856			
卒業論文	183436								
卒業生	183500	183513	183527	183534	183924	184000	184022	184192	184268
	184299	184415	185230	185369	185433	185814	185846	186227	186249
	186293	186318	186488	186521	186711	186729	186790	187510	189128
	189430	189459	190119	190921	190974	191500	191679	191958	192069
	192097	192528	194116	194763	195780	196806	197128	197476	197827
	198766	198794	198818	198922	199086	199388	199422	199439	
卒業生指導	191679	194116	197827	199388	199422	199439			
卒業式	184374	185228	185357	185358	185534	185686	185745	185937	185950
	186258	186337	186466	186467	186519	189609	199856		
卒業式日割	185228	185358	185686						
宗家	189014	189049							
宗教	183851	184597	184622	186009	188152	188192	188215	188236	188566
	194075	196431	196450	197208					
宗教しらべ 宗教調査	183851	188566	194075						
種痘	183337	186799	187667	188992	193773	194331			
鍾路普校	184645								
從業員	187914	191260	191286	191403	195225	198151	198273	198503	199747
	200249								

鍾乳洞	190675							
佐久間概次郎 (朝鮮瓦斯軍氣 常務)	185286							
佐木克己 (朝紡工場長)	187084							
佐伯願(平北 警察部長)	184011							
佐伯弼(仁川稅 關監視課長)	184399							
佐伯顯(平北 警察部長)	182628							
左翼	184851	184877						
佐々木志賀二 (貴族院議員)	185221	194195	194221	197466				
株	183731	183757	184259	184346	184569	184616	184735	185472	186986
	187165	187197	187910	188155	188195	188258	188400	188514	188588
	189605	190162	190623	192935	193467	193485	194126	194229	194487
	195172	196495	196590	196709	197262	197651	198329	198882	198883
	199251	199872							
酒	182770	183324	183491	183619	183855	183890	184127	184222	184246
	184351	184665	184947	185387	186080	186102	186205	186452	186499
	186878	187585	187632	187668	187817	187961	188058	188174	188321
	188836	188866	188876	189395	189528	189776	189948	190443	190540
	190716	191359	191511	191563	191865	192354	192421	192458	192475
	193004	193426	193581	193608	193971	193997	194188	194205	194298
	194334	194433	194450	194597	194603	194658	194963	195063	195275
	195481	195487	195726	196167	196242	196322	196570	196772	197024
	197074	197159	197160	197192	197391	197609	197664	197717	197722
	197735	197900	197924	197994	198036	198096	198102	198120	198212
	198748	199031	199200	199498	199530	199761	199787	199815	199824
	199843	199883	199910	200095					
住宅	187520	191643	191664						
珠算	184107	184163	195806	197932					
珠算競技會	184107	184163	197932						
株式	184346	184616	187165	187197	188400	188514	188588	190162	194229
	196590	198329							
酒屋	183855	183890	196322	197024	197160				
酒場	184127								
酒造業	183491	194298	194334						
株主總會	183731	183757	185472	187165	187197	188155	188195	188258	190623
	194487	196709	197262	197651	198882	199251			
住宅	183507	183540	183649	184568	185787	186215	186725	187772	188880

	188900	189867	190736	196610	196963	197449	197480	199023	199034
住宅資金	住宅資金								
酒品評會	186452								
竹本田村二	184349	184381							
中江鎭	190511	191950	191971	194139	194456	194809	194948		
中內藤子	187547								
中東校	182885	182918	183057						
中等	183047	183093	183097	183114	183149	183155	183168	183500	183527
	183528	183611	183715	183990	184078	184117	184199	184415	184743
	184785	184828	185184	185210	185268	185432	185502	185877	185904
	186280	186884	187807	187857	188146	188186	188333	188444	188458
	188875	189044	189091	189117	189386	189431	189456	189463	189627
	189656	189767	189839	190128	190212	190469	190583	190684	190704
	190741	190770	190774	190801	190821	190858	190885	190893	191016
	191195	191243	191269	191463	192140	192174	192179	192194	192228
	192251	192287	192305	192309	192402	192403	192406	192419	192548
	192585	192604	192640	192644	192651	192688	192699	192715	192733
	192758	192767	192794	192815	192845	192864	192892	192893	192911
	192912	192942	192947	192955	192960	193044	193115	193185	193243
	193363	193412	193455	193740	193803	194251	194488	194530	195222
	195249	195342	195359	196543	196575	196597	196624	196637	196665
	196688	196933	197112	197190	197456	197485	197514	197539	197560
	197598	197656	197695	197756	197766	197788	197828	197887	197942
	198029	198049	198092	198818					
中等校	183155	183528	183611	183715	183990	184117	184199	184743	184828
	185184	185210	185268	185432	185502	186280	186884	187807	187857
	189091	189117	189456	189767	190212	190469	191195	192179	192402
	193115	193185	193243	194251	195222	195249	196543	196575	197456
	197485	197514	197539	197756	197828	198029	198049	198818	
中等教員	183500	183527	188458	189839					
中等教員 研究會	189839								
中等教育方針	183047								
中等生 騷擾事件 (京城)	183149	183168							
中等野球 朝鮮豫選	192140	192174	192194	192228	192251	192305	192403	192406	192419
	192548	192585	192604	192640	192651	192892	192911	192942	192955
中等學校 中等	183047	183093	183097	183114	183149	183155	183168	183500	183527
	183528	183611	183715	183990	184078	184117	184199	184415	184743
	184785	184828	185184	185210	185268	185432	185502	185877	185904
	186280	186884	187807	187857	188146	188186	188333	188444	188458
	188875	189044	189091	189117	189386	189431	189456	189463	189627
	189656	189767	189839	190128	190212	190469	190583	190684	190704

	190741	190770	190774	190801	190821	190858	190885	190893	191016
	191195	191243	191269	191463	192140	192174	192179	192194	192228
	192251	192287	192305	192309	192402	192403	192406	192419	192548
	192585	192604	192640	192644	192651	192688	192699	192715	192733
	192758	192767	192794	192815	192845	192864	192892	192893	192911
	192912	192942	192947	192955	192960	193044	193115	193185	193243
	193363	193412	193455	193740	193803	194251	194488	194530	195222
	195249	195342	195359	196543	196575	196597	196624	196637	196665
	196688	196933	197112	197190	197456	197485	197514	197539	197560
	197598	197656	197695	197756	197766	197788	197828	197887	197942
	198029	198049	198092	198818	193412	193455	193740	193803	194251
	194488	194530	195222	195249	195342	195359	196543	196575	196597
	196624	196637	196665	196688	196933	197112	197190	197456	197485
	197514	197539	197560	197598	197656	197695	197756	197766	197788
	197828	197887	197942	198029	198049	198092	198818		
中小工業	193317	196625							
中央電話局	190054	193554							
中野藤次(新慶南警務課長)	184209								
中野俊助(新海州地方法院檢事)	184307								
衆議院	188313	188348	188374	188406	188431	188524	188554	188662	188690
	188774								
中川新一(鐵道局庭球部主將)	187217								
中村庫造(仁川觀測所知事)	183318								
中樞院	183362	187910	189732	189755	191250	191282	191517	191540	194659
	196499	196715	196921	197817	197837				
中學校中等校中學	183082	183155	183382	183528	183611	183715	183990	184117	184199
	184743	184828	184973	185184	185210	185268	185432	185502	185572
	185686	185688	185745	185750	185825	185857	186195	186280	186884
	187582	187807	187857	188300	189091	189117	189456	189767	190212
	190393	190438	190469	190802	191057	191195	192179	192305	192402
	192548	192585	192604	192715	192733	192845	192864	193012	193027
	193115	193185	193243	193455	193778	193800	194056	194089	194251
	195222	195249	196543	196575	196719	196748	196851	197456	197485
	197514	197539	197756	197828	197860	198029	198049	198818	199086
中學生	183382	190393	193012	193027	193778				
中華民國	187428	188435							
中華領事館	183035	193456							
增産	184998	185290	185482	185486	186113	189337	189847	191300	191933
	193561	194473	195055	195333	195615	195876	195978		

贈賄罪	188447							
芝居	184033	190634	192319	198045				
池尻萬寄夫(李王職事務官)	183701	189264						
地久節奉祝會	185529							
支那	182757	182922	183000	183035	183125	183438	183472	183550	183559
	183711	183836	184076	184094	184174	184600	184857	184994	185382
	185713	185788	186083	186105	186430	186456	186503	186507	186682
	186789	186795	186952	187297	187316	187622	187897	187954	189215
	189283	189507	189636	189637	189667	189684	189712	189766	189826
	189973	190120	190138	190196	190221	190249	190404	190522	190901
	190910	191012	191598	192048	192272	192352	193078	193199	193223
	193443	193771	194052	194084	194256	194282	194509	194554	194607
	194621	194666	194797	194828	194894	195017	195068	195088	195101
	195190	195278	195617	195884	196060	196139	196160	196175	196228
	196315	196449	196478	196517	196557	196753	197101	197240	197353
	197379	197384	197488	197531	197671	197674	197700	197722	197748
	197833	197960	197977	197979	198415	198542	198781	198935	199586
	199622	199669	199672	199694	199746	199929			
支那軍人	189283							
支那饅頭	191598							
支那兵	194797	194828	195617	196160	196175	199746		
支那服姿	184076							
支那師範	183125							
支那漁商船	183550							
支那領事館	189973							
支那人	182757	182922	183000	183472	183836	184174	184600	186083	186105
	186503	186507	187316	187897	189215	189636	190901	192272	194256
	194282	194621	196139	197488	197531	197671	197674	197722	197979
	198542	198781	198935	199672	199929			
指紋 指紋鑑識	191333							
地方改良	189439							
地方法院	182740	182765	182843	183544	183971	184307	184375	188275	189587
	190623	191057	191467	193402	193435	194136	194303	194330	197667
	199975							
地方色	187413							
地方稅	198773	199894						
地方制度	182939	182952	183402	183420	186610	186631	195410	195444	197995
	198018	198272	198297	198947	199007	199115	199178	200186	200217
地方制度改善	183402	183420	182939	182952				
地方制度改正	186610	186631	198272	198297	198947	199007	199115	199178	200186
	200217							

知事	182811	182939	182942	182952	182982	183004	183049	183070	183212
	183318	183344	183469	183530	184209	184309	184492	184581	184606
	184646	184718	184754	185531	185655	185974	185988	186066	186088
	186370	186544	186828	186911	186931	186944	187407	188006	188034
	188390	188846	189125	189201	189217	189231	189290	189672	190024
	190193	190461	190692	190944	191746	191933	192182	192357	192439
	192638	192698	192759	192768	192945	192958	193135	193166	193198
	193220	193417	193561	193849	194231	194236	194260	194550	194553
	194847	195294	195656	195659	195681	195753	195958	196096	196160
	196175	196178	196347	196367	196738	197099	197399	197590	197653
	197753	197769	197851	197870	198117	198327	198485	198574	198662
	198691	198726	198756	198819	198828	199112	199149	199261	199373
	199382	199407	199410	199435	199476	199542	199633	199654	199702
	199731	200032	200109	200138	200157				
知事會議 各道知事會議	182939	182952	182982	183004	183049	183070			
地稅	184147	197207	198723	199951	199953	199986			
志願兵	187441	187473							
地主	184203	184584	184613	185208	185526	187276	188024	188226	188247
	188250	188273	188726	188821	189303	190720	192707	195155	195759
	195854	196151	196235	196623	196636	196754	196780	196807	196966
	196987	197025	197047	197200	197264	197323	197567	197653	197804
	197846	197856	198047	198066	198173	198426	198484	198744	198893
	198924	199132	199160	199446	199507	199656	199750	199772	199800
	199828	199847	200182						
地震	184792	190546	191692	191715	197468	199781	199797		
地震計	184792								
地質調査	184060	184081	193126	193157					
地質調査所	184060	184081							
志賀潔 (京成帝国)	183067	186863	188067	193910					
織物	183238	184702	186209	187366	187368	187737	187762	188011	190798
	193253	193748							
織物檢査規則	184702	193748							
織物檢査所	187366								
職業紹介所 職紹所	182731	182758	183931	184320	187088	187592	189703	189744	190723
	191600	191876	191904	196793	198516	198547	198553	198834	198858
職業科	183199	183946	184482	184506	184670	186601	186638	187480	197998
	198029								
職業校	187714								
職業教育	186662	186694	187413	188405	188890	188909	189285	189621	189784
	190035	190945	192530	195463	196717	199419	199443	199823	199851
職業教育	189621	196717							

研究會								
職業指導教育	189430	189459	196430					
職業指導學校	188838	190974						
織田萬 (國際裁判所判事)	189820							
直通電話	185428	185453	187045	187072	187375	187414	188021	192441	192583
	192602							
鎭南浦	182902	183035	183073	183194	183292	183354	183610	183613	183848
	184063	184365	184374	184479	184528	185165	185252	185423	185584
	185634	185701	186172	186230	186252	186619	186620	186632	186739
	186755	186876	187228	187303	187345	187504	187670	187733	187907
	188077	188412	188536	188569	188675	188707	188746	188766	188857
	188980	189138	189168	189360	189386	189647	189671	189844	190169
	190321	190340	190543	190632	190701	190789	190879	190943	190958
	192028	192038	192271	192343	192393	192501	192505	192561	192640
	192651	192713	192757	192758	192767	192845	192864	193256	193316
	193675	193801	193955	194037	194065	194126	194390	194400	194405
	194755	194845	195208	195284	195339	195364	195394	195667	195838
	195924	196292	196417	196425	196588	196617	196886	196893	197012
	197056	197294	197506	197608	197632	197657	197835	198081	198091
	198430	198438	198739	198755	198808	198951	199082	199381	199623
	199629	199647	199804	199943					
鎭南浦高女	189386	190879						
鎭南浦商工校	184063	198430						
鎭南浦 商工學校	184374							
鎭南浦商議	183610	183848	187303	187345	189647	190632	190701	192038	194400
	196292							
鎭南浦電氣	194126							
鎭南浦港	183073	188980	192393	193801	195394	199647		
陳列館	193633	193662	198172					
震災	199173							
晉州	182779	182884	183050	183256	187478	188263	188684	189252	189436
	190361	191839	195350	195370	195959	196543	197327	198346	198833
	199264	199955	200138					
眞珠	185692							
晉州高普	183256							
晉州基成會	182779							
晉州署	183050							
晉州電氣	182884	187478	188263	189436				
鎭平銀	183289	189000	195286					
眞下俊一	184401							

	天								
チフス	183135	183337	184772	184801	185580	186055	186340	186819	187469
	188483	188676	188795	189095	189119	189196	189594	189709	189779
	190015	191020	191053	191459	191924	192024	192297	192361	192672
	194728	195092	195205	195423	195424	195448	195449	195677	195827
	196051	196408	196626	196648	197357	197491	198227		
お茶	182724	182781	182833	182881	183456	183483	183743	183780	184480
	186472	186607	188017	188694	188729	188780	189350	190431	192087
	192129	192150	192404	194026	194076	194114	194159	196317	196873
	196991	199154							
借家	183020	185371	187862						
借家人同盟	183020								
車輛稅	196013	196035	196404	197102					
差別的待遇	185360	185389	189425	189458					
借地借家料 値下げ運動	185371								
茶話會	189671	192229	192688	192699					
參禮	184677	198479							
參政權	188340	188365	188409	188433	188457				
昌慶苑	182907	183805	184449	185813	185845	187253	187443	187475	187756
	188147	188187	188789	189078	189110	189745	189789	191115	192285
	192308	195850	196671	196832	196970	197078	197212		
昌慶苑植物園	182907	183805	184449	189745	189789	191115			
昌慶丸	189955	191957	191985	195963					
娼妓	183576	183599	184860	185181	185211	186126	186137	188030	188043
	188824	190453	190653	191393	191421	192269	196410	198248	199331
	199367	200001							
彰德家庭女學	188529								
昌德宮	185714	186180	186200	191948					
昌德宮祕苑	185714								
昌德會	187724	187757							
昌福會	185528								
倉知鐵吉(貴族 院議員)	187428	187625	199260	199270					
債券	184912	184941	186858	186938	194153	194669			
蔡道鉉	199669	199694							
採氷	182857	183064	183126	183380					
蔡咸章(新任中 華民國駐釜山 領事館領事)	187428								
拓務	183002	183195	183213	183286	183416	183435	184331	184713	184745
	185243	185286	185360	185389	186571	188733	188752	189616	189644

	190123	190142	190193	190294	190315	190333	190394	190603	190630
	190635	190793	190815	191065	191331	191380	191398	191550	192463
	192472	195488	196021	196043	196107	196119	196146	196568	196586
	196896	196924	196954	196980	199816	199844			
拓務省	183002	183416	183435	185286	185360	185389	186571	188733	188752
	190193	192463	192472	195488	196021	196043	196107	196119	196146
	196954	196980	199816	199844					
拓殖	194309	195853	198914	198944					
川島 (第十九師團長)	184730	184765	184971	186212	188006	189530	190697	195657	196678
	197672	198037	198553	198799	198880				
天道敎	187556	189995	200026						
天道敎農民社	189995								
天道大會	187171								
川島師團長	184971	190697	196678						
天圖線	196067	196082							
天幕傳道會	188871								
天安	188312	190057	192071	193216	195792	196840	197789		
天然痘 痘瘡 種痘	183135	183183	183226	183337	184262	184304	184657	184921	185511
	186055	186799	186988	187210	187667	188992	188993	189916	190213
	190690	191761	191795	192258	192433	192752	193773	194331	
天日當次郎 (鮮米協會長)	184375								
天長節	187523	187900	188033	188047	188149	188189	188302	188342	188367
鐵鑛	195436								
鐵道	182713	182725	182744	182926	182950	182983	183005	183244	183251
	183264	183275	183521	183523	183545	183558	183569	183680	183701
	183703	183705	183734	183757	183760	183974	183975	184214	184567
	184590	184619	184640	184666	184781	184891	184907	184930	184938
	185029	185064	185121	185148	185261	185273	185374	185411	185427
	185452	185470	185514	185535	185763	185878	185905	185962	186053
	186129	186140	186290	186301	186336	186357	186386	186411	186414
	186652	186659	186673	186714	186866	186880	186882	186919	187201
	187217	187367	187625	187718	187726	187735	187755	187761	187771
	187778	187883	187910	188022	188026	188525	188528	188549	188556
	188633	188760	188775	188809	188886	188898	188906	188940	188968
	188969	189337	189410	189425	189450	189458	189499	189661	189675
	189696	189739	189746	189764	189793	189823	189930	189940	190065
	190073	190078	190143	190164	190186	190308	190345	190355	190437
	190441	190467	190468	190544	190584	190615	190642	190675	190796
	190852	190981	191009	191173	191177	191192	191381	191384	191528
	191650	191671	191806	191964	191988	192011	192038	192071	192088
	192123	192159	192325	192337	192449	192546	192585	192604	192649
	192660	192777	192803	192824	192887	192909	192928	193065	193091
	193129	193160	193194	193196	193218	193766	193790	193826	193827

	193843	193845	194008	194029	182984	182984	194105	194295	194309
	194325	194549	194613	194643	194674	194731	194920	194939	194957
	195098	195238	195295	195317	195348	195366	195398	195431	195456
	195715	195733	195834	196097	196294	196312	196375	196379	196386
	196415	196427	196560	196589	196654	196657	196768	196816	196836
	196865	197086	197136	197789	197790	197811	197832	197854	197867
	198031	198034	198103	198151	198234	198316	198457	198503	198507
	198686	198895	198923	198946	199102	199126	199136	199149	199165
	199341	199373	199404	199431	199665	199932	199946	199979	200031
	200147								
鐵道建設	182926	182950							
鐵道局	182983	183005	183251	183275	183521	183545	183701	184590	184619
	184640	184666	184891	185029	185064	185261	185411	185514	185535
	185763	186053	186301	186357	186386	186652	186659	186866	186880
	186919	187217	187367	187625	187778	188528	188549	188775	188809
	188886	188906	188968	189337	189425	189458	190164	190345	190544
	190584	190615	190642	190852	191381	191650	191671	192159	192660
	192803	192824	193065	193091	193194	193218	193766	193790	193826
	193845	194029	182984	182984	194105	194549	194613	194643	194731
	195295	195317	195398	195431	195456	195834	196560	196589	197086
	197854	197867	198103	198686	199341	199373	199404	199431	199979
鐵道局庭球部	187217								
鐵道病院	188898	190073	198034	199165	200031				
鐵道省	183975	189450	194674						
鐵道運輸 連絡會議	189410								
鐵道會社	183757	184907	184930	186411	187726	196427	199932		
靑丘學會	195048	197098							
靑年團	182751	184166	185814	185846	187518	187651	187915	188291	191077
	191958	193824	195095	195498	196012	196034	198536	199256	
靑年同盟	187904	199898							
靑年會	183626	183655	184308	184856	188012	191276	195175	195186	198309
靑年訓練所	182855	186364	191505						
靑島	185102	198621							
淸水槌太郞 (釜山埋築)	183523	190938							
淸州	182902	183194	183364	183383	183548	183661	184635	185487	185731
	185797	185865	187046	187288	187352	187363	187522	187926	189007
	189352	189360	189538	189729	189790	190602	191031	191119	191237
	191437	191516	191590	191617	192071	192088	192217	192367	192369
	192375	192384	192505	192545	192640	192651	192779	192794	192815
	193870	194347	194908	194974	195143	195338	195382	195570	195690
	195750	195838	196100	196192	196250	196280	196412	196476	196549
	196707	196950	197203	197328	197390	197447	197608	197785	198110

	198116	198356	198564	198643	198699	199304	199306	199447	200245
淸州高普	183364	183383	192640	192651					
淸州驛	189352	195143							
淸津	182972	183186	183262	183364	183381	183383	183405	183424	183923
	184067	184225	184295	184355	184657	185261	185564	185923	185969
	186087	186109	186221	186564	186796	186890	186960	187520	187795
	187797	187893	187976	187980	187985	188319	188325	188435	188575
	188992	189009	189042	189275	189461	189666	190320	190387	190403
	190654	190776	190786	191142	191591	191601	191855	192032	192148
	192338	192435	192506	192513	192667	193077	193101	193456	193903
	193937	193987	194004	194136	194201	194267	194268	194415	194567
	194819	195502	195563	195660	195678	195735	195944	196192	196274
	196855	196910	197012	197163	197191	197544	197946	197969	198034
	198035	198126	198224	198252	198528	198549	198679	198738	198805
	198873	198877	199090	199105	199159	199165	199174	199191	199236
	182984	199527	199799	199863	199936	200185			
淸津檢事局	183923								
淸津公設市場	187044								
淸津公會堂	194267	197544	199159						
淸津領事館	188435								
淸津府	182972	183186	183262	184067	187520	187976	188325	188575	189009
	189042	189275	189461	192148	192338	192435	194004	194268	194819
	196855	196910	197163	197191	198679				
淸津府廳怪火事件	183186	184067							
淸津小學校	187985	190786							
淸津地方法院	194136								
淸津港	186796	199236							
淸津海員俱樂部	183381	190387							
淸鄕局義勇隊	182638								
靑年訓練所靑訓	184286	186801	186978	187304	187346	189276	189708	190242	191724
	191745	192493	196796	197829	197935	199253			
遞信·遞信局	184101	184124	184143	184349	184381	184747	184840	184868	184915
	184937	185046	185081	185450	185798	185812	185830	185844	187503
	187674	188965	189431	189442	189494	190257	190315	190351	190504
	190796	191445	191583	191612	192253	193332	193358	193683	193711
	193740	193945	194366	194401	194486	194598	194615	195007	195097
	195475	195949	197438	197494	197594	197625	197704	197720	197726
	197874	197902	197913	198365	198777	198795	199026	199048	199309
	199341	199344	199373	199392	199404	199406	199431	199650	199673
	199697	199725	199730						
體育館	184541								

(京南鐵道重役)									
蹴球	187770	187923	187998	188478	188785	188818	188852	189096	189249
	189297	189363	189368	194259	194884	195475	195510	195528	195598
	195616	195644	195667	196543	196575	199189			
畜産· 畜産業	183288	184337	185126	185153	186354	187564	189938	192931	193874
	194379	194394	194407	197462	200033				
畜産大會	184337								
畜産聯合	183288								
畜産品評會	186354	194394	197462						
畜牛	182722	182752	183349	185126	185153	185310	185350	186065	188176
	189722	190866	192390	193593	193947	195044	195165	196230	
春川	182636	183489	183800	184221	184521	184809	184952	185556	185797
	186618	186728	187970	189379	189605	189748	190165	190169	190292
	190856	191883	191907	192123	192149	192530	192545	193679	193955
	194784	194927	195174	195621	195898	196371	196588	196775	196853
	196893	197271	197506	197561	197699	197886	198164	198180	198951
	199265	199943	200047						
春川小作爭議	189379								
春川自動車	182636								
春川電氣	189605								
出射一郎少將 (第二十師團軍醫部長)	184307								
出生	183872	183937	187267	187728					
出生届	183872								
出初式	182616	182644	182668	182694	182814				
出版	184403	185668	185983	185997	187399	192214	195912	198818	
出版法	185983	185997	187399	195912					
忠南· 忠南道	183111	183155	183299	183399	183417	184518	184736	185394	186224
	186511	187158	187194	187208	188262	188723	189307	189325	189810
	189846	191884	191953	191974	193015	193466	193745	193862	194292
	197142	197293	197614	197637	197748	198016	198037	198062	198956
	199056	199277							
忠南道廳	183399	183417	187208	188262	189307	189325	197614	197637	
忠南道廳移轉	183399	183417	187208	188262	189307	189325			
忠北金組	189501								
忠臣藏	185615								
忠州農業學校	184957								
忠魂碑	187200	187656	197425						
趣味	183694	183717	186898	186930	197562	197838	198565		
取引所	182667	182693	185178	185201	185272	186351	188354	188733	188752
	189612	189640	190154	190207	190352	190553	191578	191990	193064

	193090	194175	194184	194235	194266	194850	196107	196720	197080
	197268	197733	199248	199312	199347	199385	199699	199873	

取調	183150	183169	183196	183214	183256	183257	183306	183335	183520
	183538	184223	184247	184392	184440	184676	185052	185055	185087
	185090	185826	185858	186030	186049	187152	187203	187249	187272
	187859	188134	188676	188713	188740	189302	190771	192152	193022
	193211	193349	193375	194464	194568	194609	194795	194936	194958
	194993	195155	196209	198057	198472	198790	198818	199203	199774
	199801	200070							

就職	183022	183307	183513	183534	184268	184415	184696	184733	184861
	184983	185207	185531	186227	186249	186420	186634	186964	186996
	186997	187250	187270	187510	187589	187613	187946	187988	188674
	188702	190723	191040	191450	191572	191862	191916	192069	192203
	192529	194558	195374	196666	196692	196801	197277	197303	197802
	198766	198794	199013	199033	199323	199551	199689	199947	199983
	200056								

就職難	183022	183307	183513	183534	184268	184861	184983	187946	188674
	188702	191916	194558	199013	199033	199323	199947	199983	

就職難時代	184268	184861	188674	188702	194558

就職者	183022	183307

就職戰線	191450	198766	198794	199551

取締	182624	182847	182928	183023	183961	183965	183999	184018	184026
	184099	184122	184173	184255	184307	184318	184526	184540	184555
	184561	184661	184709	184739	184843	184871	185440	185567	185605
	185920	186169	186287	186309	186431	186441	186458	186507	186642
	186774	186891	186895	187119	187301	187344	187428	187506	187538
	187835	187935	188084	188095	188127	188130	188158	188198	188268
	188417	188505	188527	188644	188669	188698	188898	188955	189091
	189117	189190	189191	189216	189220	189344	189473	189540	189556
	189570	189619	190024	190089	190261	190338	190436	190466	190491
	190608	190622	190721	190906	191083	191162	191256	191380	191398
	191567	191618	191783	191844	191972	192124	192142	192291	192315
	192374	192523	192531	192534	192570	192622	192673	192841	193507
	193676	193748	193759	193901	193993	194015	194025	194119	194217
	194329	194370	194411	194453	194572	194712	194789	195088	195411
	195413	195437	195481	195517	196252	196262	196590	196627	196649
	196673	196899	197345	197874	197902	198052	198243	198276	198323
	198510	198511	198526	198741	198775	198972	199004	199187	199427
	199517	199555	199559	199562	199592	199877	200096		

取締規則	182624	183999	184018	184709	184739	185567	185605	186169	186891
	188095	188127	188955	189190	189216	189619	190436	190466	194025
	195517	196262	197345	199562	199592	199877			

就學	183913	183921	185298	185326	185687	186358	186583	187889	191997
	198856								

就學難	187889

就學率	185298	185326						
就學兒童屆出	183913							
就學兒童數	185687							
齒科醫	188044	189240	189614	189642	193012	193027	193519	
治安	183626 199466	183655	187141	190568	190649	194756	196448	197610	197628
治安維持法	183626	183655	187141						
治維法	186188	186208	188419	188455	188484	188506	192364	195485	196914
痴漢	184682							
勅語紛失事件	188682	188710						
浸水	184894 191324 191907 192206	186314 191528 191945 192237	187697 191581 192011 192286	182984 191636 192042 192357	182984 191657 192071 192376	188225 191689 192088 192470	188246 191712 192123 193706	188613 191765 192149	188614 191883 192182

			タ					
タクシー	183201	187163	191721	197586				
トーキー talkingpicture 有声映画	183899	184037	184100	184123	187587	187616	189067	189126	194521
トーキー檢閲	184100	184123						
トマト	186538							
トラック	187026 193845	188850 194636	190686 198562	192746 198972	193069 199004	193095	193341	193377	193826
卓球 卓球大會	183387	184032	184550	186329	187923	196708	196767	196888	199257
卓球試合	184550	199257						
拓務省	187231	187256						
濁酒	184947							
炭坑騷擾	191260	191286						
炭鑛	183787	183795	188815	191265	191293	195670		
湯屋	184228	194115	196166					
湯錢	184430	184465						
湯村辰二郎 (殖産局政務課 長)	183701	183758	187771	190193	193350	197618		
湯村辰次郎(總 督府農務課長)	183002	192246	195971	196976				
台灣	184042 197362	187438 197404	193199 197420	193223 199502	193898	193926	194666	196531	197346
太陽燈	189625	189654						
怠業	183253	184202	185747	189551				
澤田豊丈 (東拓理事)	185586	193578						
土幕民整理	土幕民整理							
土木	183245 186218 190295 191736 195502 197393	183265 186784 190441 192301 195634 197418	183358 188034 190467 192547 195655 197520	183960 189189 190605 192559 195657 197543	184206 189203 191035 192687 195658 197705	184966 189302 191064 193400 196768 198638	185012 189376 191406 193982 196921 199177	185800 189446 191436 195216 196946 200140	185832 189559 191501 195244 197220 200164
土木事業	183265 200140	183358 200164	186218	190605	195634	195658	197520	197543	197705
土産品	199091							
土地	182615 186759 189498 192455	182960 186832 190103 192471	183091 186970 190355 192946	184625 187047 190950 192959	184639 187713 191179 194421	184663 187910 191456 194425	184706 189421 191472 194441	186667 189450 191726 194713	186707 189453 192312 194738

	194885	195492	195923	196066	196073	196090	196204	196229	196235
	197382	197890	197916	198077	198448	198577	198853	199770	200180
土地改良 土改	182615	184639	184663	184706	186667	186707	186832	186970	187047
	189421	189453	190103	192455	192471	195923	196204	196229	197382
	197890	197916	198853	199770					
土地改良事業	184706	186667	186707	186832	195923	196204	196229		
土地拂下	184625								
土地信託	200180								
通關簡易化	185505	192144	197833						
通信	183448	184933	186021	186040	186160	186165	186630	186848	187299
	187339	187517	188026	189454	189912	193468	193486	194725	194742
	194801	194973	195001	195309	195488	195599	195643	195864	195913
	195920	196200	196219	196413	196613	197585	197711	197860	198063
	198280								
通信教育	187517								
通譯	183775	184815	198914	198944					
統營	183147	185603	186066	186088	186324	187009	187872	188312	189427
	189481	190418	191678	191832	193615	194231	194260	196367	197524
	197650	197796	197842	197845	197946	198011	198043	198111	198165
	198416	198638	198843	198878	199973				
統營郵便局	187009								
堆肥	186168	186770	191300	193561	193798	194292	194473	195055	195615
	195876	195978	196113	196129	196831	197248	199389		
堆肥製造	193798								
堆肥增産	193561	194473	195055	195615	195876	195978			
退學	183460	183563	183586	183693	183740	184920	185655	195763	196010
	196032	197579	197595	197966	197983	198213	198344	199082	199129
	199359	199445	199858	199964	199993	200203	200234		
投票	184787	184816	185653	186788	187094	187612	191241	192982	192992
	195176	199861	200102						
特産宣傳會	187080								
特許 特許出願	188411	188440	196193	197283	198714				
波邊豊日子 (本府山林部長)	182740	199702							
罷業	182886	182890	182903	182927	182996	182997	183060	183062	183110
	183166	183208	183310	183368	184378	186083	186105	186339	187528
	187690	187766	188093	188919	189027	189054	189112	189150	189520
	189582	189747	189876	190072	190185	190309	190430	191350	191863
	193457	193520	193532	193590	193795	193958	193986	194080	194457
	194516	195206	196762	197469	198722	198781	198964		

Ⅱ								
パリ	185616							
パン	184700	188447	191313	193698				
ピクニック	187023							
ピストル	184650	184678	185378	185616	189038	189064	192265	192488	193577
	193604							
プール	190366	194348	194440	194463	194483	194505	194645	195892	196337
	182984							
ペスト	184001	195520						
ポスター	184490	184530	185637	188663	188691	195903		
判事	183971	185884	185911	189820	192329	192339	198540	
板田文吉 (釜山府協議員)	183067							
坂井團 (鮮銀大邱支店支配人)	187018							
版畫	183459	186237	186253	186596				
版畫展	183459							
叭製造競技	187287							
貝殼一平	185536	196675						
片倉製絲	192362							
平南 平南道 平安南道	182645	182649	182658	182666	182692	182746	182748	182751	182760
	182764	182807	182872	182912	183012	183067	183089	183128	183131
	183135	183215	183219	183227	183229	183281	183322	183372	183795
	183823	183864	183981	183982	183984	184052	184060	184081	184109
	184110	184112	184160	184183	184307	184341	184345	184432	184442
	184484	184497	184535	184572	184591	184602	184638	184702	184712
	184776	184970	185026	185061	185232	185252	185321	185362	185368
	185549	185579	185620	185725	185735	186066	186088	186152	186193
	186233	186363	186429	186489	186684	186819	186868	186911	186944
	186983	187034	187035	187243	187382	187389	187394	187448	187465
	187715	187932	187939	188055	188057	188072	188076	188081	188084
	188166	188171	188206	188211	188232	188291	188299	188486	188495
	188558	189178	189403	189585	189609	189613	189641	189700	189768
	189820	189854	189907	190146	190231	190272	190331	190340	190341
	190519	190616	190629	190711	190712	190760	190762	190767	190887
	190938	190966	190969	191003	191004	191015	191048	191078	191081
	191269	191333	191339	191409	191414	191447	191485	191559	191615
	191628	191629	191717	191738	191771	191786	191802	191804	191906
	191907	191913	191935	191938	191961	191976	191984	192044	192117
	192141	192149	192255	192259	192265	192269	192281	192372	192376
	192391	192421	192439	192442	192483	192485	192498	192499	192533
	192654	192738	192746	192756	193012	193027	193031	193096	193098

	193118	193189	193234	193238	193253	193317	193376	193381	193441
	193601	193612	193619	193648	193676	193677	193678	193879	193984
	194064	194075	194210	194272	194331	194561	194572	194621	194631
	194650	194687	194694	194699	194704	194706	194733	194749	194803
	194816	194818	194840	194843	194878	194880	194890	194907	194914
	194952	194953	195021	195028	195032	195034	195148	195149	195326
	195378	195429	195436	195439	195556	195557	195571	195669	195674
	195818	195868	195874	195890	195922	195930	195940	196013	196014
	196035	196036	196125	196126	196180	196183	196362	196445	196465
	196501	196510	196514	196571	196623	196625	196628	196636	196647
	196683	196770	196874	196877	196931	196936	196939	197007	197102
	197109	197125	197127	197242	197313	197357	197485	197521	197529
	197547	197549	197550	197643	197674	197691	197729	197771	197780
	197840	197844	197851	197861	197870	197953	197973	197974	198017
	198037	198064	198067	198077	198137	198159	198175	198177	198184
	198187	198235	198308	198312	198368	198427	198429	198432	198525
	198603	198621	198665	198745	198750	198751	198811	198856	198870
	198958	199000	199038	199042	199044	199095	199163	199176	199278
	199286	199293	199294	199305	199359	199382	199410	199424	199435
	199476	199477	199479	199532	199583	199634	199685	199691	199732
	199737	199740	199742	199750	199790	199847	199849	199858	199878
	199925	199966	199985	199998	200000	200054	200110	200166	200167
平南警務課	184307	188166	188206						
平南警察	187465	191771	191804	192255	192391	193031	194631	194840	196180
	197125	197729	197780	198750	199532	200167			
平南金組	197007								
平南内務部	183067	183089	185321	189854	190341	191414	195378		
平南道	182645	182746	182748	183131	183215	183219	183227	183229	183281
	183322	183864	183981	184052	184110	184112	184160	184183	184345
	184442	184535	184572	184591	184602	184638	184702	184970	185362
	185368	185549	185579	185735	186066	186088	186193	186363	186489
	186819	186868	187034	187035	187382	187389	187394	187448	187715
	187939	188055	188171	188291	188495	188558	189585	189613	189641
	189700	189820	189854	189907	190146	190331	190519	190711	190966
	191004	191048	191078	191333	191559	191629	191717	191786	191802
	191906	191913	191935	191938	192141	192259	192269	192281	192372
	192442	192483	192499	192654	192738	192746	193012	193027	193317
	193376	193441	193619	193648	193676	193677	193678	193879	193984
	194210	194331	194561	194621	194650	194687	194694	194699	194706
	194733	194843	194878	194880	194953	195429	195439	195556	195557
	195571	195669	195868	195890	195930	196013	196035	196125	196183
	196362	196510	196625	197102	197242	197313	197643	197691	198037
	198432	198603	198811	199042	199044	199176	199382	199410	199424
	199477	199742	199849	200110					
平南道毛皮	184345								
平南道産業課	184112	196362							

平南道評議員選擧	184110							
平南道評議會	183219							
平南栗	182912							
平南蘋果檢查問題	184341							
平南順川	186684	195021						
平南運轉手試驗	183984							
平南協贊會	183128							
坪內逍遙	182682	182708	183673					
平安北道 平北道 平北	182628	182853	182905	182906	182911	183014	183041	183081	183173
	183176	183269	183344	183530	183556	183590	183825	183829	183858
	183888	183986	184011	184168	184209	184300	184306	184354	184359
	184364	184689	184706	184783	184969	185032	185067	185116	185126
	185143	185153	185169	185240	185241	185350	185361	185370	185433
	185450	185570	185574	185619	185644	185686	185745	185748	185808
	185840	185984	185998	186117	186125	186128	186136	186139	186153
	186186	186594	186620	186632	186665	186732	186828	186889	186952
	187094	187098	187115	187143	187220	187233	187286	187293	187385
	187452	187469	187536	187564	187588	187793	187944	187999	188048
	188071	188211	188232	188390	188498	188626	188731	188759	188763
	188821	188829	189005	189125	189207	189217	189227	189231	189707
	189709	189977	190305	190373	190409	190450	190715	190952	191506
	191910	191941	191967	192001	192095	192280	192313	192783	192806
	192827	192975	193547	193681	193840	193851	194063	194069	194324
	194449	194517	194630	194902	194954	194968	195104	195154	195159
	195362	195498	195620	195673	195726	195921	195931	195936	196225
	196398	196570	196889	197025	197047	197120	197296	197340	197363
	197404	197416	197420	197496	197614	197637	197772	197787	198172
	198238	198241	198243	198284	198298	198305	198317	198369	198479
	198594	198604	198627	198836	198861	199088	199089	199168	199181
	199258	199289	199354	199475	199480	199503	199521	199525	199528
	199530	199857	199986						
平北女子高普	183176							
平北女子高普期成會	183176							
平北道評議	182906	183344	184306	185032	185067	185169	185361	185619	185808
	185840	186889	187098						
平北水産會	183556	183590	183858	183888				
平北畜産組合聯合會	187564							
平壤・平壤府	182619	182620	182622	182632	182646	182651	182664	182690	182750
	182754	182855	182862	182864	182869	182902	182913	182914	182951

182958	182960	182963	182966	182976	183007	183009	183017	183020
183024	183030	183034	183045	183078	183082	183124	183147	183185
183194	183225	183231	183263	183277	183291	183292	183323	183330
183338	183354	183377	183391	183398	183405	183424	183442	183445
183468	183478	183482	183489	183499	183505	183526	183537	183538
183548	183558	183576	183577	183593	183598	183599	183645	183705
183708	183710	183716	183722	183733	183751	183774	183778	183785
183795	183819	183861	183921	183934	183940	183982	184049	184065
184164	184228	184236	184243	184244	184267	184285	184288	184290
184291	184296	184351	184358	184361	184375	184412	184413	184415
184426	184430	184434	184465	184521	184536	184583	184586	184592
184600	184606	184635	184644	184647	184651	184710	184726	184729
184761	184771	184773	184775	184792	184838	184841	184842	184860
184883	184968	184972	184991	184996	185028	185042	185063	185077
185098	185122	185133	185149	185160	185175	185181	185203	185211
185237	185254	185293	185295	185313	185314	185319	185369	185423
185432	185433	185482	185487	185492	185500	185501	185553	185556
185569	185572	185573	185623	185638	185678	185680	185687	185691
185697	185698	185731	185743	185746	185753	185793	185797	185806
185812	185825	185838	185844	185857	185868	185877	185879	185882
185895	185904	185906	185909	185933	185946	185962	185972	185973
186009	186019	186038	186058	186062	186064	186183	186194	186195
186229	186236	186246	186294	186298	186315	186361	186362	186363
186371	186421	186424	186438	186478	186481	186487	186488	186521
186556	186557	186558	186611	186612	186617	186635	186640	186664
186674	186679	186745	186750	186753	186795	186805	186814	186876
186881	186891	186896	186897	186910	186911	186956	186977	186978
187033	187041	187088	187100	187101	187113	187144	187162	187163
187168	187173	187179	187228	187234	187246	187252	187295	187300
187302	187306	187342	187372	187378	187387	187395	187446	187447
187504	187579	187594	187652	187655	187657	187710	187713	187720
187721	187722	187789	187794	187849	187891	187894	187896	187926
187933	187954	187970	187977	187993	188000	188026	188034	188042
188046	188085	188143	188146	188148	188177	188183	188186	188188
188252	188275	188287	188297	188310	188316	188323	188327	188330
188337	188437	188441	188445	188448	188454	188497	188561	188679
188696	188706	188766	188819	188870	188916	188935	188965	188971
188996	189023	189025	189055	189125	189138	189152	189168	189170
189211	189280	189317	189370	189386	189389	189397	189454	189460
189482	189504	189520	189525	189568	189587	189591	189596	189622
189651	189686	189701	189705	189708	189729	189757	189769	189790
189862	189903	189906	189935	190057	190101	190111	190116	190147
190156	190169	190204	190205	190236	190274	190275	190277	190292
190319	190328	190385	190418	190454	190463	190513	190524	190543
190578	190581	190582	190638	190653	190664	190757	190768	190874
190948	190951	190964	190973	191008	191031	191035	191056	191064
191075	191082	191083	191102	191143	191166	191203	191211	191237

191275	191277	191280	191303	191320	191329	191351	191357	191372
191380	191398	191401	191402	191406	191416	191428	191437	191467
191501	191508	191516	191554	191567	191579	191600	191619	191631
191643	191644	191664	191665	191680	191709	191721	191724	191725
191727	191733	191736	191775	191781	191798	191819	191846	191874
191934	191944	191970	192009	192039	192043	192071	192084	192085
192086	192090	192091	192094	192097	192149	192151	192152	192165
192167	192242	192248	192255	192270	192283	192338	192341	192347
192356	192365	192366	192490	192491	192493	192505	192526	192529
192536	192537	192538	192540	192542	192543	192545	192561	192564
192570	192580	192607	192611	192633	192669	192686	192704	192713
192715	192733	192737	192743	192745	192748	192757	192779	192782
192784	192805	192826	192836	192844	192845	192855	192864	192874
192891	192898	192909	192917	192928	192941	192973	192981	193035
193042	193057	193062	193099	193102	193122	193153	193184	193217
193239	193245	193254	193256	193270	193299	193322	193417	193461
193463	193532	193552	193587	193590	193620	193627	193629	193634
193649	193656	193658	193663	193675	193707	193721	193723	193724
193728	193730	193743	193787	193791	193793	193797	193828	193854
193856	193857	193859	193916	193925	193929	193932	193951	193955
193958	193976	193986	193993	194011	194015	194071	194080	194101
194133	194138	194147	194157	194165	194192	194203	194215	194265
194273	194294	194321	194322	194323	194347	194372	194376	194392
194406	194444	194452	194457	194466	194499	194503	194504	194508
194510	194522	194558	194623	194627	194628	194638	194671	194676
194692	194695	194708	194736	194746	194753	194772	194774	194811
194815	194826	194827	194845	194868	194881	194891	194908	194946
194950	194952	194957	194963	194974	195013	195022	195033	195037
195081	195084	195094	195170	195174	195191	195197	195199	195209
195255	195284	195315	195323	195341	195368	195378	195382	195428
195450	195497	195506	195509	195522	195554	195561	195570	195613
195616	195621	195690	195725	195729	195732	195750	195778	195817
195826	195838	195859	195870	195874	195875	195898	195939	195973
195979	195995	195999	196007	196013	196021	196029	196035	196043
196054	196061	196072	196086	196100	196132	196133	196135	196144
196145	196199	196231	196270	196282	196283	196284	196338	196352
196397	196400	196404	196406	196407	196408	196417	196460	196461
196462	196502	196512	196522	196523	196526	196564	196566	196568
196682	196711	196761	196811	196822	196868	196875	196930	196943
196945	196981	196983	197012	197049	197105	197117	197122	197177
197203	197239	197296	197307	197309	197357	197361	197436	197459
197469	197482	197490	197504	197539	197550	197597	197657	197674
197687	197700	197722	197765	197828	197834	197836	197866	197869
197872	197886	197972	197977	197982	198064	198094	198119	198123
198184	198203	198253	198256	198263	198299	198301	198303	198313
198328	198334	198339	198354	198384	198394	198449	198529	198537
198544	198550	198602	198606	198617	198618	198685	198727	198732

	198746	198749	198765	198804	198815	198862	198864	198889	198951
	198961	198988	198995	199002	199012	199026	199040	199043	199045
	199048	199091	199093	199100	199101	199102	199120	199140	199151
	199156	199158	199162	199171	199172	199229	199231	199279	199287
	199292	199297	199306	199346	199381	199417	199467	199478	199529
	199539	199579	199581	199587	199614	199625	199639	199641	199726
	199755	199793	199795	199813	199814	199854	199912	199929	199968
	199975	199980	199981	199987	199992	200005	200089	200090	200132
	200169	200252	200255						
平壤ゴルフ倶樂部	185697								
平壤各公設市場	186896								
平壤警察署平壤署	182651	182664	182690	182869	183030	183576	183599	183722	183785
	184860	185319	185753	186194	186897	187113	187144	187246	188146
	188186	188996	189125	190948	191083	191416	191567	192152	192491
	192570	192611	192855	192874	193958	193986	194015	194510	195561
	195725	195732	196460	196512	197361	197700	197722	197836	197977
	198184	198253	198256	198328	199162	199297			
平壤高	183391	183577	183598	183645	183934	184592	185042	185077	185175
	185203	185314	185500	185573	185877	185904	189386	189622	189651
	193797	194265	194273	195315	195497	195616	196132	197049	
平壤高女	185042	185077	185175	185203	185314	185500	185573	185877	185904
	193797	195315							
平壤高普	183577	183598	189622	189651	195616	196132			
平壤古墳	199614	199625							
平壤高射砲隊	183391	183645	183934	195497	197049				
平壤高女	184592	189386	194265	194273					
平壤公設運動場	189386								
平壤工業實習學校	184972								
平壤公會堂	186977	188316	195859	195875					
平壤妓生學校	191008	191320	191351						
平壤箕城券審	182963								
平壤農學校	183751	183778	194627						
平壤道立醫院	192255								
平壤圖書館平壤府立圖書館	184773	187234	194692	194736	194946	196564	199981	200252	
平壤聯隊	183442	187993	190111	190454	199795				
平壤栗	191508	198617							
平壤麵屋	183277								

平壤麵屋勞働者組合	183277								
平壤府營質屋	182864								
平壤飛行隊	182646	183323	188330	188448	188696	188916	192094	198727	198746
	199292	200169							
平壤飛行隊記念祭	188448								
平壤飛行聯隊	183009	188870	199912						
平壤師範學校平壤師範	183505	183537	185432	189701	193634	193663	196682	196875	198606
平壤商業學校平壤商業校	197504								
平壤商議	184775	186183	186294	186361	186556	186674	186745	186805	187033
	187100	187295	187894	188085	188327	188437	189757	192084	194444
	197117	198263	199156						
平壤商議所	184775	186556							
平壤署	182664	182690	182869	183576	183599	183722	183785	184860	185319
	185753	186194	186897	187113	187144	187246	188146	188186	188996
	190948	191083	191567	192152	192491	192570	192611	192855	192874
	193958	193986	194015	194510	195561	195725	195732	197361	197700
	197722	197836	197977	198184	198253	198256	198328	199162	199297
平壤消防隊	193627	193656	198064						
平壤愛婦	182914	184361							
平壤女高普	182960	183263	184761	187891	189454	196144	197828	199229	
平壤驛	184968	185972	188000	189211	191401	191402	194957	196945	199043
平壤運動場	188441	191846							
平壤栗	185098	185482	195191	195613	196868	198864	198995		
平壤醫	186424	186488	186521	187794	194811	196930	198544	199151	
平壤醫講	198544	199151							
平壤醫院	194811	196930							
平壤醫學講習所	186424	186488	187794						
平壤磁石	189370	189397							
平壤慈惠醫院	186911	192526							
平壤中學校	183082	185572							
平壤地方法院	184375	188275	189587	191467					
平壤職紹所平壤職業紹介所	187088								
平壤鐵道	183558	183705	185962	192909	192928				
平壤測候所	183225	184792	196021	196043					

平壌七七聯隊	188445							
平壌學生事件	184606	184991						
平壌學議	183007							
平壌偕樂館	184243	184729						
平壌會議所	183499	183526	185691	187033	192973	194203	195778	
平元線	184781	188050	191332	191614	194329	195004	195198	196080
平壌聯隊	183442	187993	190111	190454	199795			
平壌栗	191508	198617						
平壌麺屋	183277							
平壌測候所	183225	184792	196021	196043				
平壌七七聯隊	188445							
平壌學生事件	184606	184991						
平壌學議	183007							
平壌偕樂館	184243	184729						
平壌會議所	183499	183526	185691	187033	192973	194203	195778	
平元線	184781	188050	191332	191614	194329	195004	195198	196080
評議	182906	182941	183121	183146	183219	183236	183271	183344	183372
	183471	183475	183610	183628	183736	183848	184020	184110	184126
	184135	184188	184230	184306	184312	184335	184354	184363	184459
	184508	184526	184527	184533	184555	184556	184588	184589	184614
	184661	184751	184804	184815	184925	184975	184976	184978	185026
	185027	185032	185037	185061	185062	185067	185072	185110	185116
	185137	185143	185169	185205	185244	185247	185264	185265	185271
	185296	185354	185361	185394	185455	185464	185570	185619	185648
	185653	185654	185679	185711	185801	185808	185833	185840	185939
	185952	186111	186202	186204	186233	186241	186294	186319	186365
	186429	186553	186556	186575	186620	186632	186669	186702	186703
	186755	186889	186923	187033	187034	187060	187098	187100	187128
	187158	187160	187194	187335	187376	187406	187453	187600	187964
	188085	188327	188437	188535	189013	189141	189208	189231	189433
	189576	189647	189757	189942	190152	190297	190560	190701	190851
	190943	191495	192973	194127	194203	194400	194444	194512	195124
	195525	196292	196421	196513	196798	196926	197431	197691	198278
	198543	198691	198740						
評議員	182906	182941	183121	183146	183236	183271	183344	183471	183475
	183610	183628	183736	183848	184110	184126	184188	184230	184312
	184459	184508	184526	184533	184555	184588	184661	184751	184804
	184815	184975	184976	184978	185026	185037	185061	185072	185264
	185354	185361	185455	185570	185619	185648	185808	185840	186202
	186204	186233	186241	186294	186319	186553	186556	186575	186620
	186632	186669	186755	186889	187033	187034	187060	187098	187100
	187158	187194	187335	187376	187406	187453	187600	187964	188085
	188535	189013	189141	189208	189231	189576	189647	189757	189942
	190152	190297	190701	190851	190943	192973	194127	194203	194400

	194444	194512	195124	195525	196421	197431	197691	198278	198691
	198740								
評議會	183219	183372	184020	184135	184306	184335	184354	184527	184556
	184589	184614	184925	185027	185032	185062	185067	185110	185116
	185137	185143	185169	185244	185247	185265	185271	185296	185394
	185464	185654	185679	185711	185801	185833	185939	185952	186111
	188327	188437	189433	196292	196798	196926			
肺ヂストマ	185130	185157	187109	187662	188318	189845	190271	190451	190957
	191726	192147	192621	193368	194618	197296	198357	198397	198997
肺疫	190737	192187	192210						
捕鯨	187983								
浦尻萬壽夫(李王職事務官)	185059	185094							
布教	195243	195274							
砲彈	183242	183260	198968	198987					
浦海水浴場	192000	193002							
爆藥	187527	197224	198163						
爆彈	183242	183260	183698	184035	184284	191464	196602	196643	
暴風	185336	186021	186040	186076	186098	188847	189308	190799	192021
	192454	192470	192506	192513	192649	192759	192768	193075	193468
	193486								
標語	184530	184905	185875	185902	185923	188346	188371	190428	190519
	190977	192294	192314	192535	192780	193465	193819	195011	
豊國製粉	190599								
風水害	192506	192547	192559	192635	192638	192649	192806	192827	192847
	192866	192883	192987	192997	193195	193219	193262	193291	193524
	193685	193716	194141	194314	194989	195763	195846	195946	196787
	196804								
豊住輝目出(朝鮮合同運送創立委員)	183067	183089							
風土病	184334	190965	191726						
避難	187618	187855	187859	191086	192057	192506	192513	192592	192762
	192771	193025	193481	193499	196784				

ㅎ								
ハガキ	199957							
ハルビン	188882	193098	197466					
フランス	183357	196797	196815					
ヘロ ヘロイン	187107	187133						
ホテル	183357	183399	183417	190164	192363	192385	193777	194622	195383
	197088	198405						
下關	183679	185428	185453	185816	185848	186014	186033	186522	187097
	187129	189940	191057	193202	193226	193454	196021	196043	196101
	196120	199309	199344	199763	199860	200020	200097		
下水道	184894							
下水爭議	186897							
下宿	183165	189344	190721	193125	193156	195402	196673	197166	197188
	198006	198030	198161					
河野節夫(總督 府官房國勢調 査課長)	187771							
賀屋興宣(大藏 省主計課長)	189103							
下田光造 (九大醫學部 精神科長)	189450							
學科	183047	184117	184199	186293	186318			
學校	182823	182829	182845	182856	183022	183082	183115	183198	183199
	183205	183216	183217	183254	183256	183268	183307	183364	183383
	183423	183445	183455	183468	183477	183494	183500	183502	183527
	183536	183563	183567	183586	183589	183591	183598	183686	183695
	183706	183716	183718	183751	183778	183857	183907	183921	184000
	184022	184078	184099	184122	184268	184271	184294	184308	184322
	184356	184374	184407	184415	184419	184482	184506	184515	184533
	184603	184659	184669	184670	184740	184859	184886	184903	184925
	184928	184934	184957	184972	184973	184988	185040	185075	185200
	185214	185227	185228	185267	185313	185345	185356	185357	185383
	185390	185392	185433	185468	185495	185512	185534	185572	185611
	185651	185676	185686	185688	185695	185707	185745	185747	185866
	185882	185893	185909	186066	186072	186082	186088	186094	186104
	186151	186158	186163	186188	186208	186236	186286	186425	186449
	186552	186601	186637	186638	186662	186694	186699	186729	186755
	186831	186893	186965	187015	187128	187160	187202	187230	187254
	187257	187380	187392	187415	187433	187480	187693	187731	187791
	187808	187814	187819	187872	187889	187918	187985	188020	188078
	188090	188099	188106	188117	188123	188219	188240	188333	188444
	188583	188640	188768	188838	188872	188875	188888	188903	188921

	188941	188970	189003	189156	189227	189277	189431	189463	189627
	189656	189701	189817	189857	189978	190032	190060	190063	190076
	190119	190128	190129	190218	190318	190348	190371	190380	190416
	190438	190469	190574	190583	190651	190684	190704	190741	190770
	190786	190801	190821	190858	190885	190893	190974	191008	191024
	191057	191193	191320	191351	191392	191411	191419	191441	191453
	191463	191492	191544	191768	191958	191972	192011	192069	192115
	192287	192292	192309	192497	192715	192733	192975	193051	193363
	193412	193455	193634	193663	193800	193813	193850	194056	194089
	194107	194212	194261	194360	194402	194530	194605	194627	194632
	194763	194770	194873	194911	195175	195186	195252	195257	195285
	195342	195359	195362	195435	195480	195492	195501	195534	195587
	195897	196010	196032	196171	196227	196234	196275	196323	196327
	196368	196434	196606	196629	196651	196656	196717	196803	196850
	196851	196870	196875	196879	196895	196923	196933	197017	197035
	197048	197170	197190	197227	197285	197306	197409	197412	197504
	197560	197598	197613	197631	197635	197656	197695	197765	197788
	197796	197802	197817	197837	197860	197887	197910	197929	197932
	197942	197946	197948	197981	198062	198092	198097	198175	198344
	198416	198511	198739	198766	198768	198787	198794	198808	198813
	198925	198984	199075	199082	199083	199086	199093	199204	199419
	199567	199570	199586	199593	199623	199692	199701	199734	199755
	199829	199890	199917	199997	200189	200190	200220	200221	
學校費	183423	183502	183536	184533	185882	185909	187128	187160	187433
	190060	190076	194261	198984	199204	200189	200220		
學校騷ぎ 學校騷動 學生騷動 學生事件 學生さわぎ 事件	183254	183445	183468	185747	197035	183195	183213	183256	183306
	183512	183538	183626	183651	183655	183939	184172	184204	184606
	184858	184914	184991	184993	185011	185384	185414	186189	186343
	187007	187871	188479	189198	192411	194775	194802	195175	195186
	195801	195828							
學校組合 學組	183535	183617	183992	184849	184978	185035	185070	185172	185177
	185204	185312	185355	185364	185433	185467	185593	185801	185833
	186182	186390	186484	186699	186768	186844	186885	187187	187481
	187648	187872	187893	188946	189024	189320	196503	197477	198037
	198734								
學校增設	183198	184407	191193	198097					
學務局・ 學務	183196	183214	183445	183468	183567	183589	184223	184247	184570
	184593	184621	184671	185490	185518	186014	186033	186286	186545
	186584	187015	187217	187771	188212	188233	188351	188363	188470
	188489	188840	188858	189627	189656	189784	190063	191441	191786
	194116	194378	194731	196613	196719	196748	197110	197144	197948
	197981	198175	198355	198511	198835	199964	199993	200215	200246
學費	186926	190953							
學士	183513	183534	184477	185305	185332	186523	187772	189533	196731

	197272							
學士連	184477							
虐殺	195088	196850	196879					
學生	182679	182705	182824	182846	182885	182918	182932	182955	182992
	183052	183072	183149	183150	183152	183168	183169	183171	183195
	183196	183209	183213	183214	183256	183306	183364	183382	183383
	183405	183424	183436	183445	183460	183468	183512	183538	183563
	183575	183586	183598	183626	183651	183655	183692	183693	183716
	183751	183778	183813	183853	183881	183903	183939	183961	183964
	183965	183978	184013	184065	184091	184099	184122	184172	184177
	184185	184204	184223	184247	184308	184395	184435	184462	184497
	184541	184551	184606	184671	184755	184825	184858	184914	184946
	184991	184993	184995	185011	185050	185085	185114	185128	185131
	185141	185155	185158	185282	185305	185320	185332	185384	185414
	185585	186029	186048	186066	186086	186088	186108	186158	186163
	186189	186343	186825	187007	187655	187727	187759	187871	188032
	188292	188479	188528	189085	189087	189111	189156	189198	189515
	190214	190378	190393	190413	190682	190883	190923	191026	191057
	191167	191189	191258	191727	191901	191923	192067	192089	192132
	192295	192411	192518	192600	193012	193027	193759	193778	194692
	194775	194796	194802	195175	195186	195342	195359	195567	195801
	195828	195885	195971	196005	196027	196339	196343	196663	196665
	196688	196708	196773	196817	196826	196828	196887	196888	196891
	196948	196951	197005	197013	197017	197130	197166	197188	197199
	197411	197586	197846	197852	197861	197865	197900	197924	197948
	197969	197981	198006	198030	198320	198447	198613	198720	198752
	198954	199333	199403	199462	199499	199782	199808	199817	200073
	200088	200133	200134	200149	200159	200160	200172	200203	200234
學生共産黨	183563	183586							
學生騒擾	183196	183214	183538	183978	184013	184308	184462	184755	184825
	184946	185128	185155	186343	192295	195175	195186	195567	
學藝會	198376	199362							
學用品	185712	191375	193086	194332					
學議	183007	183763	184016	185738	185767	186391	186740	187036	187127
	187161	187162	189620	189646	190155	190507	194595		
學資	185528	189127	189627	189656	198544	199151	199817	200203	200234
鶴田信三郎	182642								
學校組合 學組	183494	183535	183617	183992	184322	184849	184978	185035	185070
	185172	185177	185204	185312	185355	185364	185390	185392	185433
	185467	185468	185593	185801	185833	186082	186104	186182	186390
	186484	186552	186637	186699	186768	186844	186885	187187	187202
	187481	187648	187808	187819	187872	187893	188888	188946	189024
	189320	193051	195492	196503	197477	198037	198734	200190	200221
漢江	182993	183064	183090	185018	186518	188225	188246	189194	189548
	189575	191050	191161	192057	192071	194297	194326	194991	195344

	196341	196343						
漢江鐵橋	192057							
漢城銀行	182843							
漢藥	189623	189652	191045					
漢藥科	189623	189652						
閑院宮	183708							
漢銀	183731	192863	192882					
韓昌洙男 (李王職長官)	187217	189450	196119	196146	199404	199431		
漢學	183875							
旱害	182659	182685	182721	182728	182786	182823	182845	182883	182990
	182999	183158	183172	183202	183245	183394	183437	183510	183636
	183688	183704	183724	183728	183740	183884	184062	184249	184380
	184386	184429	184456	184573	184581	184718	184754	184780	184819
	184869	185027	185062	185118	185145	185208	185316	185660	185723
	186007	186273	186396	186500	186510	186524	186535	186583	186708
	187059	187188	187488	187696	187878	187882	188114	188250	188273
	188956	189010	189031	189090	189476	189677	190240	190305	191375
	191872	193744	193812	195869	196657				
旱害救濟	182721	182999	183394	183724	183884	184869	185208	187882	188250
	188273	191375	195869						
咸南·咸南道	183130	183390	183471	183658	183879	183988	184060	184081	184089
	184155	184165	184307	184369	184374	184589	184910	184921	184922
	184926	184976	185097	185236	185377	185440	185486	185694	185740
	185741	185795	185810	185842	185935	185948	186074	186096	186120
	186131	186174	186309	186405	186671	186798	186949	187096	187158
	187194	187462	187718	188684	188817	189794	189824	189841	189977
	190083	190115	190145	190456	190490	190731	190756	190944	191346
	192004	192351	192559	192649	192850	192869	193060	193135	193166
	193220	193549	193573	193580	193598	193714	193744	193772	193991
	194135	194565	194571	194680	194682	194690	194872	194894	195075
	195201	195207	195230	195258	195262	195620	195787	195807	196758
	196864	196868	196882	197059	197251	197302	197339	197369	197372
	197399	197446	197477	197684	197716	197732	197753	197769	197851
	197870	197919	198117	198119	198144	198153	198178	198327	198485
	198532	198662	198666	198671	198691	198726	198735	198748	198756
	198777	198795	198819	198914	198944	198978	199039	199082	199085
	199145	199290	199373	199599	199624				
咸南警務課	183879	183988	184307	184926					
咸南道	183130	183390	183471	184155	184165	184374	184589	184910	184922
	184976	185377	185440	185486	185795	185935	185948	186120	186131
	186174	186671	187158	187194	189841	189977	190083	190944	192004
	192559	192649	193135	193166	193573	193598	193744	193991	194680
	194894	195075	195807	196864	197446	198144	198327	198532	198726
	198756								

咸南道 署長會議	184374							
咸南道水産會	185377							
咸南鐵道	187718							
艦隊	182720	187192	187236	187266	187422	187423	187608	189438	192854
	192873	192991	193001	193267	193308	194604	194793	194847	194938
	194997	195042	195121	195226	195260	195406	198210	198337	
咸北・咸北道	182642	183242	183260	183265	183272	183604	183672	183855	183890
	183922	184529	184544	184547	184588	184987	185747	186066	186088
	186296	186366	186370	186620	186632	187034	187035	187093	187227
	187278	187284	187728	187729	187795	187904	188034	188211	188232
	188918	189206	189262	189282	189291	189341	189522	189589	189681
	190044	190135	190138	190180	190215	190339	190826	191120	191144
	191480	191687	192208	192842	193077	193101	193221	193233	193458
	193477	193495	194061	194141	194188	194202	194205	194338	194562
	194810	195625	195626	195664	195678	195823	196079	196160	196175
	196228	196389	196410	196521	196684	196816	197261	197590	197610
	197628	197787	197851	197870	197908	197933	198017	198029	198136
	198189	198249	198667	198691	198869	198919	198922	199082	199083
	199150	199164	199228	199365	199470	199676	199681	199738	199850
	199852	199982	200008	200012	200084				
咸北警察	183242	183260	183604	183672	194810				
咸北 共産黨事件	184547	192208							
咸北水産	187284	199228							
咸北水産組合	199228								
咸北評議	184588								
咸安電氣	187418	187688							
咸興	182815	182843	182901	182902	182932	183013	183028	183045	183085
	183092	183146	183354	183398	183471	183489	183548	183591	183613
	183649	184237	184342	184521	184635	184687	184861	184922	184952
	184980	185183	185684	185685	185690	185971	186490	186546	186670
	186802	187097	187129	187324	187372	187440	187736	187801	187914
	187931	188144	188184	188312	188804	188806	189245	189419	189460
	189481	189611	190139	190199	190211	190268	190664	190731	190754
	190756	190789	190973	191057	191074	191190	191196	191260	191286
	191373	191397	191591	191601	191631	191944	192212	192225	192356
	192420	192433	192505	192686	192844	192940	192946	192959	192981
	192989	192999	193062	193122	193193	193228	193274	193303	193316
	193567	193589	193675	193743	193794	193870	193913	194018	194165
	194262	194264	194269	194293	194347	194373	194385	194420	194522
	194622	194624	194685	194708	194774	194845	194908	195037	195039
	195066	195174	195194	195209	195284	195382	195434	195499	195505
	195522	195555	195773	195774	195792	195808	195827	195856	195880
	195925	195933	195958	195977	196122	196123	196136	196158	196284

	196321	196338	196451	196456	196507	196569	196835	196863	196881
	196950	197021	197044	197045	197052	197079	197271	197328	197390
	197398	197426	197471	197480	197657	197680	197699	197720	197739
	197765	197775	197776	197777	197785	197886	197923	197935	198043
	198074	198140	198179	198237	198258	198327	198435	198471	198533
	198553	198740	198765	198791	198820	198872	198907	198929	198984
	199012	199026	199048	199170	199232	199274	199409	199567	199593
	199670	199686	199792	199814	200124				
咸興農校	198872								
咸興肥料會社	184861								
咸興商工會	183146	185971	190199	190754	196507	197923	198074	198740	199792
咸興商業 咸興商業學校	183085	184980	185684						
咸興少年團	194269	195505	196136						
咸興小學校 基本財産	183591								
咸興驛	191074	197052	197777						
咸興電氣 咸電	185685								
咸興地方法院	182843	191057							
咸興平野	187097	187129							
陜川普校	187272	187336	188126						
航空	182879	183204	183221	183234	183294	183320	184646	184840	184868
	185046	185081	186750	186793	187369	187502	187687	187912	188020
	188512	188526	188532	188564	188858	189236	189400	189859	189945
	189972	190235	190303	190447	190511	190739	191034	191063	191248
	191271	191586	192006	192169	192509	192515	192542	192552	192727
	192782	193882	193911	194172	194196	194243	195097	195312	195395
	197154	197185	197230	198444	198703	199026	199048	182984	182984
	199665	182984	199775	199805					
航空講座	188532	188564							
航空無線局	182879	189859							
航空無電	186793	188526	191586	192169					
航空郵便	183204	183221	187369	187502	189236	189945	189972	192006	192542
	192782								
航路	183247	183273	182984	184042	185096	185336	185683	185817	185849
	186221	186972	187131	187840	182984	182984	188636	189411	190055
	190168	190177	190420	190444	190488	190799	190992	191299	191309
	191432	191532	191564	191599	191616	191822	192561	193747	194091
	194555	194598	194615	195533	195593	195603	195628	195837	196046
	197006	197458	197487	197786	197991	198054	198882	199392	199406
	199665								
港灣	187301	187344	190081	194074					

蟹	187853	189845	190105	190271	190451	190712	190867	191504	191559
	192147	195264	196422	198000	198024	198545	198978		
亥角仲藏 (東津水利組合 長)	183466								
解雇	183310	184378	187014	188682	188710	188821	189027	189054	190942
	191197	193459	193590	195849	195865	196069	196115	196297	197253
	197778	198754	199239						
海關	183438	183798	183854	183869	183887	183918	184233	184272	185563
	189637	189667	190404	191507	195168	196602	196643	197833	
海關稅	183438								
海軍	183094	183116	185932	185945	187378	187395	187421	187503	188334
	188600	188627	188667	188968	189264	189380	189402	189438	189579
	189798	189827	189828	191365	192170	192193	193191	193213	194544
	195304	195346	195367	197283					
海軍記念日	188334	188667	189380	189402	189438	189579	189798	189828	
海軍省	183094	183116	191365	193213					
海女	189175	191227	191388	192022	192051	192072	192160	192173	195746
	196471	198462	198828						
海女入漁問題	192173	195746	196471	198462					
海事講習會	188976								
海水浴場	190776	191161	191700	192000	192099	192159	193002	193118	
偕樂館	186679	190964	192347						
海雲台溫泉	194977								
海員	183381	183826	190387	190824	197704	197726	198106	199392	199406
海州	182948	183306	183335	183364	183383	184307	184838	184917	184918
	184952	185622	186552	186558	186737	186758	188086	188112	188152
	188192	188903	188971	189280	189386	189538	190783	190789	191102
	192102	192356	192371	192417	192423	192432	192450	192545	192562
	192575	192580	192936	182984	194165	194522	194585	196250	197507
	197531	197828	197861	197910	197929	198094	198127	198495	199126
	199149	199413	199520	199632	199991	200214			
海州高普	183306	183335	183364	183383					
海州高女	188903	188971	189280	189386	197828				
海州金融組合	182948								
海州醫院	192423	199991							
海苔	182838	182984	182984	183730	183796	184248	184340	184954	184956
	185290	185777	185829	185861	186932	187027	187029	190601	194230
	197076	197386	198474	198561	199068	199880			
海苔養殖 海苔の養殖	182984	182984	183730	184956	185829	185861	190601	194230	198561
海苔養殖場	185829	185861							
幸館	184037	187561	197763	197846					

幸運の手紙	190338								
行政警察	186181	186201							
行政區域變更	184643	190318							
行政整理	191103	191127							
鄉軍	189491 197114	190153	194055	194088	194135	194938	196462	196761	196892
香椎源大郎(釜山商業會讀所會頭)	187084								
獻穀	182652 190424	182929 194511	185043 194930	185078 195471	185928 196258	187238	187260	187435	187516
獻金	182681	182707	183562	186159	186164	186982	187012	190273	
憲兵	183775 186119 186940 188913 193350 196822	185804 186130 187574 188996 193777 197240	185836 186158 187855 190529 193869 197691	185944 186163 187859 191152 193910 198320	185957 186197 187890 191277 194056 199539	186014 186467 188286 191335 194195	186016 186589 188816 191526 194221	186033 186828 188848 192212 194617	186035 186863 188864 192552 195022
憲兵制度	188848	188913	191152						
憲兵通譯試驗	183775								
玄米	198122	198701	198730						
血液	182647	192269							
血淸製造所	184570	191187	193527	193982					
協和會	185590	186206							
刑務所	183150 185080 188302 190833 194552 196300 197644	183169 185180 189542 191531 194794 196498 197700	183405 185209 189572 191555 194875 196722 198164	183424 186773 189625 191866 194891 196745 198180	183445 187049 189654 192743 195468 197562 198831	183468 187082 190429 193067 195493 197563 198859	184798 187560 190452 193093 196065 197586 199090	184821 187816 190685 194211 196254 197587 199692	185045 188290 190708 194529 196299 197623
刑務所製品	184798	184821	186773	190429	190452	192743	194875		
刑事	182675 193713 199491	182701 193737 199515	183415 194435 199587	183434 195825 200167	183965 197038	185441 197722	188303 197946	188578 198429	188908 199217
兄山江	188678								
惠山線	197510	197536	198812						
好景氣	186352	193893	194342	195383	198717	199022	199553		
戶口	183856 198348	183886 198389	183982	185058	185093	185694	190015	195677	196076
戶口調査	185058	185093	190015	195677	196076	198348	198389		
戶山學校	183205	183217							

湖西銀行	188421	188449	191953	191974				
豪雨	185212	185406	186872	186932	186947	187108	187139	182984	182984
	188225	188246	188542	188613	188732	189089	191324	191443	191457
	191528	182984	191765	191833	191834	191883	191907	191945	191973
	192011	192042	192052	192123	192149	192177	192199	192237	192263
	192286	192357	192410	192454	192471	192687	192698	193706	193757
	193785	193972	193999	194047	194117	194315	194338	194514	195927
	196067	196082							
豪雨被害	188542	191945	192149	192237	193706	194338	194514		
戶籍	183167								
戶田直溫(總督府鐵道局理事)	199404	199431							
酷寒	182750	182891	184789						
混農制度	185810	185842							
花まつり 花祭	188724	188761							
靴工	192389	193408	193438	196762	199103				
花柳病	185049	185084	185637	186626	189416	191984	192269		
華明里	184879								
貨物	182713	182744	183244	183264	183329	183558	183856	183886	184208
	184634	184907	184930	185226	185427	185452	186278	186504	186731
	187026	182984	188051	188807	188999	189793	189823	190234	190531
	190541	190667	190694	191370	191988	192682	192690	192700	193008
	193131	193162	193194	193218	193464	193614	193826	193845	193888
	193920	193960	193990	194029	194208	194295	194301	194325	194341
	194381	194784	195163	195397	195426	195699	195867	196104	196209
	197082	197281	198103	198195	198600	198732	199874	200025	200044
	200057								
貨物輸送	183244	183264	188807	190234	190541	192682	193888	193920	195397
	195426								
貨物自動車	184208	191370	193194	193218	193464	193614	194029	194295	194325
	194784	197281							
畵報	189454								
火事 火災 全燒 小火 怪火 放火	182674	182700	182888	183001	183028	183160	183186	183187	183210
	183255	183312	183373	183582	183638	183755	183944	183969	184009
	184010	184066	184067	184176	184179	184201	184241	184397	184467
	184518	184864	185752	185782	185795	185827	185859	185885	185886
	185912	185913	185984	185998	186463	186563	186629	186657	186753
	186776	186782	186852	187015	187081	187207	187272	187273	187323
	187324	187495	187670	187827	187859	187876	187899	187915	187996
	188023	188065	188136	188159	188160	188199	188200	188226	188247
	188621	188653	188845	188876	188930	188994	189146	189152	189166
	189170	189461	189591	189670	189840	189959	190626	190650	190747
	190778	190892	190934	190959	191211	191216	191265	191293	191428

191709	191733	191793	192106	192268	192487	192693	192750	192813
192834	193012	193027	193081	193109	193151	193153	193182	193184
193627	193656	193735	193736	193935	194050	194051	194081	194086
194157	194344	194730	194799	195416	195445	195826	195909	195910
196213	196263	196305	196306	196307	196328	196406	196429	196447
196523	196554	196582	196699	196758	196850	196855	196879	196882
196910	196943	197086	197163	197191	197296	197357	197391	197416
197507	197531	197609	197674	197716	197722	197732	197763	197765
197796	197819	197830	197889	197915	197946	197969	197994	198045
198056	198059	198139	198221	198241	198418	198420	198478	198480
198633	198657	198678	198791	198820	198851	198915	198931	198933
198952	198975	199027	199046	199052	199109	199110	199114	199169
199170	199211	199293	199332	199366	199368	199382	199402	199407
199428	199430	199459	199509	199543	199560	199564	199586	199590
199616	199637	199639	199671	199681	199721	199765	199779	199784
199991	200005	200046	200047	200073	200079	200127	200136	200155
200162	200172	200173	200176	200213	200244			

靴屋	187620							
靴屋爭議	187620							
化粧品	183357	190314						
火災保險	198139	199509	200136	200162				
火田民	183648	185619	186541	186586	187390	189472	191138	182984	182984
	198241	182984	182984	199066	199082	199168	199535		
靴下製造	184645							
化學	186293	186318	187337	189086	193257	193286	193450	193506	194993
	196324							
化學肥料	193257	193286	193450					
患者	182649	182735	182763	182778	182804	182830	182862	182865	182934
	183376	183712	183821	183823	184137	184517	184797	184921	185370
	185507	185571	185601	186152	187119	187222	187459	187490	187617
	187662	188048	188769	189416	189511	189779	190015	190213	190331
	190690	190987	191230	191761	191795	191924	192322	192582	192595
	192601	192753	192796	192817	193879	194187	194650	195424	195449
	195537	195707	195951	196141	196699	197221	197255	197357	197609
	197751	197889	198045	198184	198481	198545	198708	198751	198755
	199425	199500	199752	200008	200054				
活劇	185721							
活動館	183312	186287						
活動寫眞 活寫	183679	184722	185771	186186	186679	188530	188562	188978	189355
	189418	189475	189539	189581	189608	189679	189730	189791	189829
	189863	189937	189993	190058	190113	190170	190232	190254	190280
	190289	190353	190840	190914	190970	191028	191098	191164	191723
	191918	192396	193682	193749	193804	193832	193867	193877	193954
	194024	194098	194133	194167	194228	194291	194354	194414	194477
	194524	194563	194584	194651	194707	194771	194846	194913	194970

	195038	195105	195173	195214	195288	195998	196052	196099	196155
	196197	196249	196291	196340	196370	196423	196474	196533	196592
	196777	196829	196890	196952	197345	197888	197943	197993	198044
	198093	198202	198268	198708					
荒井八郎 (新釜山驛長)	186530	186911							
黃海・黃海道	182642	182948	183474	185102	186062	186553	187034	187881	187983
	188146	188186	188864	188975	189292	189338	189759	190045	190200
	190250	190269	190759	191111	191136	191603	191833	191907	191924
	192340	193052	194726	195389	195879	196327	196347	196746	196872
	196886	196920	196966	196987	197238	197248	197370	197625	197648
	197754	197770	197851	197870	198068	198144	198442	198584	198615
	198737	198800	199149	199570					
皇后	194715	194752							
繪	182936	183455	183477	183824	184665	189783	193758	193786	195022
	196852	197357							
會計	182951	184328	189088	189461	190073	192111	194038	194072	194580
	199192	199222	199315	199905					
會寧	183924	194141							
會寧商業	183924								
繪葉書	182936	189783	197357						
會寧燒	會寧燒								
蛔蟲驅除	186976								
横領事件	184392	186680	197329						
曉・雜誌[曉]	184556	196294	196312						
孝心	182650	193427							
後藤連平 (朝鮮每日社長)	183002	186652							
後藤槽 (元山府尹)	182740	182765							
厚地法人 (財務局 事務官)	184209								
厚昌郡	182661	182687							
休校	182726	182829	182856	183196	183468	183716	188123	190348	190380
	191392	191419	191459	192011	192273	192293	195377	196005	196027
	196171	196663	198095	198622	199075				
黑山島	183465								
黑船	191322	199845							
黑田城大教授	185270								
黑枝耀太郎	182767	182974	183039						
興南	186568	189776	193455	194764	195773	195933	196081	196985	197471

	197775	197919	198471	199599	199624
喜樂館	187810	187829	189034		
溉川	196889				

IN PERFECT HARMONY

IN PERFECT HARMONY

Singalong Pop in '70s Britain

WILL HODGKINSON

NINE
EIGHT
BOOKS

NEB 009

First published in the UK in 2022 by Nine Eight Books
An imprint of Bonnier Books UK
4th Floor, Victoria House, Bloomsbury Square, London, WC1B 4DA
Owned by Bonnier Books, Sveavägen 56, Stockholm, Sweden

 @nineeightbooks

 @nineeightbooks

Hardback ISBN: 978-1-7887-0561-5
eBook ISBN: 978-1-7887-0562-2

A CIP catalogue record for this book is available from the British Library.

Publishing director: Pete Selby
Senior editor: Melissa Bond

Cover design by Steve Leard
Cover image © ANL/Shutterstock
Typeset by IDSUK (Data Connection) Ltd
Printed and bound in Great Britain by Clays Ltd, Elcograf S.p.A

1 3 5 7 9 10 8 6 4 2

Nine Eight Books is an imprint of Bonnier Books UK
www.bonnierbooks.co.uk

To Lawrence, for the inspiration

Contents

Introduction

'What we've tried to do with "Grandad" is incorporate pop trends with something that appeals to everyone. Kids, pop fans, adults, everybody.'

Herbie Flowers, *New Musical Express*, 16 January 1971

Back in the early '90s, Britain's charity shops were awash with mass-produced records from twenty years back that pretty much nobody wanted. You could wander into any Oxfam or Sue Ryder on the high street and pick up a copy of James Last's *Happy Hammond*, Blue Mink's *Melting Pot* or countless *Top of the Pops* albums featuring cheaply recorded cover versions of the hits of the day. Big singles like David Essex's 'Rock On' or the New Seekers' 'I'd Like to Teach the World to Sing (In Perfect Harmony)', in their own way just as sophisticated and groundbreaking as the most sought-after buried treasure, lined up in mildewed stacks, unloved and abandoned, stuffed into plastic crates beneath rows of unremarkable plain blue shirts from Marks & Spencer. Rarely did the price tags go beyond the pound mark. These records belonged to a browning, nicotine-stained world of cabaret nights, working men's clubs and Saturday night variety shows, of cheap glam and rich melody, where entertainment meant exactly that: a brief distraction from the realities of living. The 1980s, with its brash aspirations and material possibilities, killed it all off.

Fast forward three decades and humming along to the bouncy melody of Chicory Tip's 'Son of My Father' on a drive down to Cornwall, a song that as far as I'm aware has not inspired many lengthy treatises from the critical minds of our day, got me thinking: isn't a radio hit that appealed to millions back in 1972 socially significant? If a song chimed with the mood of the nation, doesn't it say something about the time and place it came from? Dare I suggest that 'Leap Up and Down (Wave Your Knickers in the Air)' by St Cecilia might reveal more about contemporary attitudes than, say, 'We Are All Prostitutes' by the Pop Group?

That's where the seeds of this book took root: the idea of taking seriously the singalong pop of '70s Britain, which has so far not been taken seriously at all. This is the music that went beyond style and image and had a quality that made it relevant and accessible to everyday people, which is why, by 1971, singles were outselling albums for the first time since the early '60s. It might seem like a preposterous endeavour to link 'Chirpy Chirpy Cheep Cheep' by Middle of the Road, a Scottish hotel cabaret band who found themselves marooned in Italy, with Conservative PM Ted Heath's dream of European integration. And it might come across as a bit of a stretch to argue that Slade's 'Merry Xmas Everybody' can tell us more about the three-day week of winter 1973–74 than any number of sociological investigations into the uneasy relationship between the unions and the British government. But anything that cuts across demographics has something to say about the era it belongs to and so began what this has become: a social history of singalong pop in '70s Britain.

Thinking about the affordable 45s that went out to the kids, the teenagers, the mums and dads and other people who never managed to get hold of the debut album by the Velvet Underground, I realised the decade was bookended by two songs that, though massive hits, are now considered to be among the most hideous novelty singles ever inflicted upon humanity: 1970's 'Grandad' by Clive Dunn and 1980's 'There's No One Quite Like Grandma' by the St Winifred's School Choir. Are they really that bad? With its chiming ding-dong melody and air of wistful toy town nostalgia, 'Grandad' isn't so different from early Pink Floyd. 'There's No One Quite Like Grandma' is certainly cloying, but the lyrics have relevance to families uprooted and dispersed by social mobility; a new phenomenon for working-class and lower-middle class people at the time. The more I thought about it, the more I realised that this is what I had to do: take a fresh look, to misquote those singalong sensations the Wombles, at the things fashionable folk left behind.

There were certain figures I knew from the start were integral to the story. Marc Bolan was the first major pop star to abandon the hippy underground and go for the kids, bashing out three-minute masterpieces that recalled the golden age of rock 'n' roll while dazzling a young audience with his glitter wizardry along the way. The voluble figures of the glam movement Bolan inspired certainly needed to be included, but not all of them: no to the art-school sophistication of David Bowie and Roxy Music (although I could allow them the odd cameo), yes to the teenage rampage of Sweet, Mud and Suzi Quatro. There was a whole secret society of backroom songwriters, session singers and pro-level musicians who came up with catchy songs before inventing bands to pretend to play them. There were footballers, moonlighting actors and ageing cabaret artistes; even a pair of home-recording enthusiasts from Coventry who scored a massive hit after roping in one of their mums ('Mouldy Old Dough', Lieutenant Pigeon). There were songs that both revealed and tackled attitudes to race, gender and sexuality, but in ways that could be enjoyed by pretty much anyone. I was interested in people who were trying to have hits, even if they didn't necessarily succeed: a luckless glam outfit from Portsmouth called Hector, marketed as the world's first naughty schoolboy rock sensation, certainly felt relevant to the story. The overriding conviction was that I had to go beyond the accepted canon of late twentieth-century popular music and take on the stuff that made it in the life beyond, into the unstylish everyday worlds of playgrounds and prisons, working men's clubs and mobile discos, the front rooms of suburban new builds and the brutalist blocks of the inner cities.

As soon as I got going, one thing became apparent: nobody had sought out these people for years. The session singer Tony Burrows was once so in demand that he appeared on the same 1970 episode of *Top of the Pops* four times, jumping from one made-up band to another. Sue and Sunny (Sue Glover and Sunny Leslie, singing sisters in the original Brotherhood of Man) were the glamorous vocalists who featured on everything from the German easy-listening maestro James Last's touring extravaganza to Joe Cocker's epic take on the Beatles' 'With a Little Help from My Friends'. Tina Charles went from performing on BBC One's *The Two Ronnies* each week as a teenager to becoming Britain's most successful home-grown disco queen. Mike Mansfield and Sally James, presenters of the children's pop shows *Supersonic* and *Tiswas*, imprinted their glamorous/ anarchic visions on an entire generation. Some of the people I spoke to had been in '70s soft pop bands formerly derided and now celebrated, like Abba and the Carpenters, but most belonged to a silent community of '70s entertainment sophisticates once lauded for their professionalism, creativity and elegance but who were now, strangely, written out of history. It seemed the closer you matched the mood of the times, the more likely it was that you would be bound to those times. Most were only too happy to talk. It was their personal testimonies, given generously and unconditionally, which brought the whole endeavour alive.

The singalong pop of '70s Britain was there to brighten up people's lives at a particularly difficult period in the country's history. Songs tended to be short and cheerful, in a major key, with a melody you could hum along to and words that could mean nothing at all, yet speak to the heart of the human condition. They might be delivered with a performance that would add a dash of sparkle to a Saturday night spent indoors by the telly or during a night on the town. They could be sung by a teen idol with looks to drive young fans into delirium or by a bunch of furry creatures with long, pointy noses. They all served the same basic function: to take people out of themselves. I wanted to understand that drive towards escapism by looking at the society they came from; how the pessimism of 1970s Britain, with its hyper-inflation and national strikes, its racial tensions and IRA/ Loyalist brutalities, could give rise to such joyous, uniting music.

It became obvious before too long that people my age loved these songs, had for the most part happy memories of the era they came from, and were not short of suggestions. 'Obviously you need to have "A Glass of Champagne" by Sailor,' mentioned a friend. Yes, I probably should have included this jolly, piano-led 1976 hit by the Norwegian composer Georg Kajanus, formerly of folk rockers Eclection, about sailors visiting prostitutes on shore leave. A colleague was convinced that striking tanker drivers provided the Essex family band the Dooleys with their own private petrol supply during the 1978–79 Winter of Discontent so they could continue to trundle around the clubs in their transit van, but alas, I could find no evidence for it. What about Jilted John's novelty punk classic from 1978, 'Gordon is a Moron'? And why on earth didn't I devote a few pages to penetrating the soul of 1975's outrageously upbeat 'Fancy Pants' by Kenny, those Bay City Rollers copycats for whom the chirpy children's television presenter Keith Chegwin was almost the lead singer?

My only defence on these omissions is that a book like this takes on its own momentum and, without wishing to get too cosmic, it tells you where it wants to go. Certain songs lent themselves to illustrating moments in the decade's history. 1970's 'United We Stand' by Brotherhood of Man soundtracked the rise of the gay rights movement. In the same year, 'Black Skin Blue Eyed Boys' by the Equals became Britain's first pure pop stand for racial integration. I didn't think there was much left to say about punk and disco until realising that the former chimed with the anarchic attitudes of late '70s school kids and the latter gave an excuse for the grown-ups to get their hair done and hit the dance floor during one of the bleakest periods in living memory. An obsession with nostalgia, the rise of the package-holiday-inspired summer smash and the infiltration of smooth music from America also belonged to the everyday world of '70s

Britain: a world of wall-to-wall carpets, payment plans for the Ford Cortina and Delia Smith's recipe for Frozen Findus ratatouille. It's a world I hope to have evoked, however subjectively, with my own earliest childhood memories creeping in here and there, the recollections of the key players who lived through it all and no small amount of references from the leading journals of the day: *Nova, Jackie, Oh Boy!*

After all these years since first digging around charity shops to unearth the discarded remnants of the easy-listening, bubblegum, cabaret, budget glam, novelty punk and suburban disco booms that brought fun and colour to the rubbish-strewn landscape of '70s Britain, I'm pleased to report that some of it has actually become quite sought after. A 45 of 'Teenage Revolution' by schoolboy proto-punks Hello will set you back around £300. The rarest *Top of the Pops* albums now go for upwards of £60. In the main, though, this music is out there, available to everyone, waiting to be celebrated once more. But hey, enough of my yacking . . . Let's go to the singalong party where everyone is invited.

Chapter 1

Grandad Versus the Wizard of Love

Ted Heath faces the new decade in a hopelessly optimistic mood, 1970.

'A successful hit rock 'n' roll record is a magic spell,' T. Rex's Marc Bolan told the *New Musical Express* (*NME*) in 1972. He was speaking at a point in his career when, having concocted all manner of myths about himself, he may well have believed that he really did possess the magical powers he claimed to have learned from a wizard in France. In one telling of the story, Bolan and the wizard lived up a tree. In another, he was hired as the now rather more well-appointed wizard's chauffeur, zipping the mysterious figure from his elegant forty-room chateau on the Left Bank of Paris to all of the city's top night spots, despite the fact that he couldn't drive. When his imagination took a more macabre turn he became the wizard's apprentice, crucifying cats and boiling human flesh in cauldrons in an orgy of black magic and cannibalism. As Bolan told a reporter from the *Evening Standard*, in language that threatened to reveal he wasn't a wizard at all but actually the camp but tough son of a lorry driver father and market stallholder mother from north London who escaped his working-class origins through the transformative power of singalong pop: 'It's a bit scary.'[1]

On 9 October 1970, Bolan announced his departure from the underground and his arrival into the mainstream with 'Ride a White Swan'. A gloriously simple two-minute stomp with layered guitars and a sparkling spirit, a fondant fancy light enough to make Marie Antoinette skip through the Palace of Versailles in joy, 'Ride a White Swan' marked the point at which Bolan crystallised the innate understanding of stardom he had been hinting at since his early teens with the accompanying tales of fantastical figures being a shrewd part of the drive to fame. Tony Visconti, Bolan's producer, soon got wise to it: 'He would make up the most fantastical tales. Then the fans would say: "Oh Marc, you lived with a wizard?" The truth is that he stayed with an old chap in Paris for a weekend, but that was Marc: very fast, very clever.'

'Ride a White Swan' was Bolan's first 45 as T. Rex, the lumbering Tyrannosaurus Rex now consigned to prehistory. He ditched his old folky acoustic guitar for a shiny new electric one;

a tactical move five years after Bob Dylan did the same thing and caused a revolution in the process. Most importantly, 'Ride a White Swan' featured two songs on the B-side. This offered extra value for Marc's new fanbase, whose spending power was by and large controlled by how much pocket money their mums and dads gave them. It all meant that for the first time, Bolan found himself up against people that fell way outside of his patchouli-scented, Tolkien-quoting hippyworld.

Bolan's chief competition to reach the top of the UK charts towards the end of 1970 wasn't a pop star at all but an actor known in British households up and down the land for his portrayal of Lance Corporal Jack Jones, the fretful, absent-minded member of the Home Guard who did their bit to keep Hitler at bay in the massively popular BBC One sitcom *Dad's Army*. Clive Dunn's 'Grandad' was the perfect novelty single: harmless, sentimental and cross-generational, with a cheery tune, a chorus of kids reassuring Grandad that he's lovely, and cataract-fogged reminiscences from the old geezer himself about penny farthings and motor vehicles. At the time, Dunn was fifty!

The chart battle for number one between 'Ride a White Swan' and 'Grandad' began in November 1970, just as Britain's collective hangover from the 1960s really started to kick in. In February that year, the marking of the new decade came with the release of the debut album by Black Sabbath: a molten slab of unremitting heaviness oozing straight out of Birmingham that spoke not of tangerine trees and marshmallow skies but Mordor-like factories belching out industrial smoke, where young inhabitants escaped the bleakness of unremitting toil and the cold shock of baths in the outhouse through a combination of horror movies, Watneys Red Barrel beer and cheap speed. Two months later, Paul McCartney announced he was leaving the Beatles. Britain was ready for a new kind of star.

'I consider myself an artist, a writer, a poet, a guitar player. If that's what a star is, then I must be a star,' said Bolan at the height of his fame.[2] Perhaps a star is also someone who is stuck in perennial adolescence, forever believing they were put on this earth to fulfil a divine calling, shining their light on a human race they are never quite connected to and yet may well be the saviour of. It is normal as a teenager to feel you are special, elevated but misunderstood by oppressive forces – generally your parents – that seek to undermine you. Then we grow up and accept our part in a bigger whole: a family, a company, a community, a nation. One of the marks of true stardom, as opposed to mere fame or notoriety, is never to make that acceptance. It's not just a case of thinking you are better than everyone else. The born star feels that he or she has something lacking and only an addictive and ultimately unsatisfying form of attention from an amorphous and ever-expanding fanbase can fill the hole.

Long before he was conjuring up a fantasia of French wizards and sacrificial cats, Bolan was born Mark Feld on 30 September 1947 in Hackney, London, the son of Simeon, a Jewish lorry driver who met Marc's mother Phyllis at the munitions factory where she was working in 1944. Having spent his earliest years aping the heroes of cowboy and war movies, at nine Bolan was given an acoustic guitar and presented with his lasting role model: the rock 'n' roller. 'I used to just look in the mirror and wiggle about,' he confessed.[3] A few years later, he became a mod, a music and fashion cult with narcissism as a defining principle. The Who's first manager Pete Meaden described mod culture as clean living under difficult circumstances, which just about sums up the appeal of a working-class movement that was all about self-realisation. Pete Townshend, too middle-class, art-school-oriented and above all else too scruffy to be a real mod, was playing the Who's second ever gig at Boseley's Ballroom in Chiswick, west London in the summer of 1961 when he became aware of the burgeoning phenomenon: 'It was the first time I ever danced. Prior to that dancing at a club was jiving, which required a degree of coordination plus contact with a female, neither of which I had access to. I realised that actually, that was where the mod movement began: boys being able to dance on their own. It was incredibly important.'

Not just dance on their own, but dress according to a complex set of codes that looked to outsiders like respectability but was really based on covert subversion and ever-shifting one-upmanship. Other mod tenets included taking amphetamines that killed off such base instincts as a sex drive and listening to black American soul and jazz records that came from a distant cool world. With the mod's autodidactic tendencies, Bolan reinvented himself through clothes and knowledge.

'The only philosophy I had as a kid is that a human being is an art form,' he said in 1972.[4] It was a philosophy taken straight from the Regency dandy Beau Brummell, a mod 200 years too early and an early inspiration for Bolan after he took out from the local library Carlo Maria Franzero's *The Life and Times of Beau Brummell*. Born into a middle-class family with upper-class aspirations, George 'Beau' Brummell first made his fashionable mark at Eton, where his most notable achievement was to modernise the white cravat in the uniform by adding to it a gold buckle. Becoming a junior officer in the Royal Hussars, Brummell caught the attention of the future George IV as a 'first gentleman of England', who devoted his energies not to matters of military discipline but endless variations in uniform. Brummell's genius was to break with Regency foppery and foster the philosophy that real style was in the details: the knot of a cravat, the cut of a trouser leg. He made it to the very top of the English aristocracy through the power of divine elegance and languorous indifference, leading to the Prince Regent watching in rapt wonder as Brummell went through an elaborate morning ritual that included soaking in a hot bath (unheard of at the time) and washing his boots in Champagne. Spending £800 a year on clothes when the average craftsman's annual wage was £52 can only go on for so long for a man not born into nobility and it all came crashing down when Brummell fell victim to the hubris so common of the rapidly exulted. At a masquerade ball at Watier's gentlemen's club in July 1813, George, aware of the dangers of his former infatuation's increasingly profligate lifestyle at a time when the Napoleonic Wars were consuming British political and military life, snubbed Brummell. He is alleged to have responded by asking the Regency buck Lord Alvanley: 'Who's your fat friend?'

Weight-gain issues also plagued Bolan in his final years, but in the meantime, Brummel was a figure to whom the young star-to-be could aspire, although reports by his one-time friend and fellow pop star Jonathan King that, 'Marc Bolan was lovely until he was famous, at which point he became a massive cunt' suggest he did not sufficiently take note of what happened to Brummell next. Debt-ridden after losing the patronage of the King, the former toast of London society fled to France, where he dealt with the psychic weight of his downfall by staging imaginary dinner parties and proffering flowers to non-existent nobility before dying, syphilitic and insane, aged sixty-one in an asylum in Caen.

Bolan was also looking at ways of standing out while fitting in. In July 1962, his mod career reached an apex when *Town* magazine profiled his strutting fifteen-year-old self alongside a couple of older mod 'faces'. In Don McCullin's accompanying photographs, the young Mark Feld certainly looks the part in his three-button jacket and leather waistcoat, the latter made for him by an accommodating neighbour. He also displays an early awareness of the power of a story. 'I was quite a villain . . . although I never hurt anybody,' he says, claiming that he was stealing motorbikes from the age of twelve to fund his clothing addiction. As to his forward-looking fashion sense: 'You got to be different from the other kids. I mean, you got to be two steps ahead. The stuff that half the haddocks you see wearing I was wearing two years ago.' When the article was published seven months later, the future Bolan was much dissatisfied with it, not for the usual complaint of his words being taken out of context, but because his fashion choices had moved so far on by then.

'I've got ten suits, eight sports jackets, fifteen pairs of slacks, thirty to thirty-five good shirts, about twenty jumpers, three leather jackets, two suede jackets, five or six pairs of shoes and thirty exceptionally good ties,' boasts Bolan in the *Town* interview, after the journalist holds him up as the most remarkable of the three mods because he has no visible means of support beyond the odd Saturday spent helping his mother on her stall at Berwick Street Market, Soho. A rumour went through the mods at the time, fuelled by Bolan's fondness for make-up, that he was funding his fashion obsession by working as a rent boy. Like so many mods, however, Bolan's immaculate dream outweighed the reality. At least it did for the Who's Pete Townshend.

'Yes, there was a dandy thing, but it came from a weird place. Let's take 100 people at Glenlyn Ballroom in Forest Hill, where the Who played early on. Twenty would have been girls. Of the eighty that are left about half had suits. The rest would be what Pete Meaden called "tickets", wearing whatever they could afford, maybe one cool item like a pair of Levi's or a T-shirt they would paint red around the sleeves. Or they might just have a great pair of desert boots, in which case they would do a dance that made their boots stick up in the air. They wouldn't be in the suited guys' rat race, which would be, "Oh, your jacket has side vents. This month we've got inverted pleats". These boys were getting their suits made, on the cheap, by backstreet tailors. The cloth might have been expensive mohair but the old Jewish post-war tailors would be making alterations all the time.'

Townshend first met Bolan, alongside fellow future pop stars Rod Stewart and David Bowie, at Soho's the Scene, the pivotal mod nightclub in Ham Yard, Piccadilly, where on a Monday the insurance salesman and part-time DJ Guy Stevens played the American soul and R&B 45s it was impossible to hear else-where. On any night you might get Ike and Tina Turner's 'A Fool in Love', the Five Du-Tones' 'Shake a Tail Feather' and Dr Horse's 'Jack, That Cat Was Clean'; dance floor-friendly 45s with simple melodies, catchy hooks and an upbeat spirit that offered a template for the singalong pop Britain embraced a few years later. Bolan was a regular at the Scene, but then his parents left Stamford Hill for Wimbledon, resulting in a full-blown spir-itual crisis and a period of study and introspection. Like his hero Beau Brummell, Bolan went into exile. He discovered the beats and Bob Dylan, made a bit of money from modelling and steal-ing records from second-hand shops and selling the records back to them, learned to play guitar with help from Bert Weedon's *Play in a Day*, and re-emerged as the corduroy-cap-wearing folkie Toby Tyler. Then, in 1965, he made his first stab at singalong pop with 'The Wizard' – a supremely confident R&B stomp featuring a young Jimmy Page on guitar – on which Bolan sings, his vibrato-laden falsetto of T. Rex yet to be free of Dylanesque overtones, about walking in the woods and meeting a man 'who knew why people laughed and cried and why they lived and why they died'. Insight into the mysteries of humanity duly received, he goes on to visit the magic man's house, where eagles fly about the door, cats and bats are on the floor and silver sunlight pours from the wizard's eyes. At the minute-and-a-half mark, the wizard turns to Bolan before melting into the sky. Released on Decca with a production by Mike Leander, later to come up with the super-compressed thud that made Gary Glitter singles boom out transistor radios across the land, 'The Wizard' sank without trace but it did hold the elements – whimsy, mysticism, a suggestion of cosmic revelation, a childlike appeal – that were key to Bolan's future success.

In 1966, Bolan turned up at the Yardbirds' manager Simon Napier-Bell's door with a handful of songs and proclamations of inevitable stardom. Napier-Bell duly promoted Bolan's third 45 'Hippy Gumbo' with an appearance on *Ready, Steady, Go!* and an accompanying press release that gave an early glimpse of his young ward's flamboyance: 'Likes: £9,000 cars. Dislikes: £8,000 cars.' And when all of that resulted in only 200 sales, Napier-Bell inserted Bolan into John's Children. Founded by the singer Andy Ellison and the drummer Chris Townson, friends from their time at the Surrey boarding school Box Hill, John's Children operated in that 1966 hinterland between mod and psychedelia and took it upon themselves to outdo the Who at their own game, a triumph of art-school-style ideas over ability: too inept to play on early singles like 'Smashed Blocked' and 'Just What You Want', but smart enough to apply Gustav Metzger's concept of auto-destructive art as taken up by Pete Townshend to a fraught R&B mania. It reached a natural conclusion in April 1967 when John's Children were chucked off a support tour of the Who in Germany after staging fights, attacking audience members, drowning everything in a wall of feedback and playing a gig in Ludwigshafen that ended with a riot and police firing water cannons through the windows. Bolan contributed to John's Children the Tyrannosaurus Rex prototype 'Desdemona' (the line 'Lift up your skirt and fly' got the song a BBC ban), but he quit on returning to London, sensing that British youth culture was moving into a new phase. And so began Bolan's career as a hippy.

A *Nova* magazine article from August 1970 offered a social diary of a debutante after she joins the underground: 'Thursday. Woke up without a call at 3pm, rose from comfy mattress on floor, lit new Instant Karma pastille in incense burner, rolled joint and returned to comfy mattress to listen to Mr Frank Zappa's enjoyable album entitled Hot Rats. Made mental note to keep culturally *au courant* with new groups like Hard Meat, Heavy Jelly, Bloodwyn Pig and Juicy Lucy.' Our caftan-bedecked social butterfly goes on to make a good show of enjoying the black seaweed and oat groats at Craig Sams' macrobiotic restaurant Seed, attends 'a delightful freak-out' at the Roundhouse and ends up at the Notting Hill basement pad of an ex-Etonian dropout, where she is game for turning on but draws the line at a gang-bang: 'I declined because of fatigue and the vapours,' she sighs.[5]

One wonders if Marc Bolan might have taken a similar approach to that enthusiastic deb during his time in the underground: not faking it as such, but willing himself to believe in the newly costumed figure looking back at him in the mirror. Napier-Bell claims that Bolan's eureka moment for Tyrannosaurus Rex came after catching a Ravi Shankar concert in Luxembourg on his return home from the John's Children tour, with the Indian sitar master and his accompanying tabla player sitting cross-legged and relying on nothing more than the transcendence of the music to hypnotise the audience into stillness and contemplation, but it was most likely just one contribution to the transformation. After seeing a set by genuine freaks Tomorrow, whose 1967 single 'My White Bicycle' was inspired by Dutch anarchist group the Provos and their free bicycle-sharing scheme, Bolan put an ad in *Melody Maker* and formed Tyrannosaurus Rex as a five-piece rock band, playing a handful of completely unrehearsed gigs at hippy epicentre the Electric Garden before having their equipment repossessed. Undeterred, he kept on drummer Steve Porter, who moved to percussion and became, using a name lifted straight from *The Lord of the Rings*, Steve Peregrin Took – the tabla player to Bolan's Ravi Shankar.

Shacked up in Notting Hill with his soon-to-be wife June Child, working on his poetry collection *The Warlock of Love* (1969), there is every reason to believe that Bolan did inhabit the values of the underground, if only to help flesh out his sense of self at that brief period before superstardom hit. The four Tyrannosaurus Rex albums he released between 1968 and 1970 fall into a style posthumously described as acid folk: acoustic music infused with a Peter Pan-like sense of innocence and wonder. 'My People Were Fair and Had Sky in Their Hair . . . But Now

They're Content to Wear Stars on Their Brows' has a sweet acoustic guitar and bongos moment called *Scenescof*, on which Bolan tolerates a non-believer who scoffs at the scene, even after he goes off with Bolan's girlfriend. The song ends with the lyrical equivalent of a peace sign flashed at an uptight square: 'Smile your smile and then run.' The first Tyrannosaurus Rex album ends with 'Frowning Atahuallpa (My Inca Love)', which not only had a Hare Krishna chant but also a children's story narrated by the king of the underground himself, John Peel. 'Kingsley Mole sat high on a windy knoll, his eyes consuming the silent midnight woods,' intones Peel, who had been championing Tyrannosaurus Rex on his *The Perfumed Garden* late-night radio show. 'He nuzzled his long molish snout deep inside the heart of a marigold and let his molish imagination skip to and fro.'

Bolan's own molish imagination went into overdrive in the Tyrannosaurus Rex days, but rather than embrace the heaviness and revolutionary fervour of Hard Meat, Juicy Lucy and all those other underground favourites *Nova*'s switched-on socialite was doing her best to groove along with, he retreated into an imaginary childhood a world away from the working-class one he actually experienced. 'My People Were Fair . . .' derives its gargantuan title from a saying by Tolkien's Tom Bombadil and the album is dedicated to Aslan and the Old Narnians, references to *The Lord of the Rings* and *The Chronicles of Narnia*, the two most popular fantasy series of the twentieth century. Bolan was not writing songs so much as charming nonsense incantations filled with magical creatures, flickering intimations of ancient civilisations and snippets of wisdom from William Blake, Kahlil Gibran and other switched-on figures of yore. The music was like a stripped-down version of that of multi-textured hippies the Incredible String Band, with Steve Peregrin Took using every-thing from kazoos to pixiphones to bring an arcane quality to Bolan's percussive acoustic strum on songs that jumped about all over the place. One, 'Deborarobed', replicates the palindrome of the title by creating a mirror image of itself.

For such a decidedly uncommercial venture, Tyrannosaurus Rex were pretty successful – 1969's *Unicorn* got to number twelve in the charts – but Bolan was learning about the limits of the underground. Took was an enthusiastic participant of the drug culture, hanging out with full-on freaks like the Deviants and the Pink Fairies, dragging an increasingly damaged Syd Barrett around various happenings in Ladbroke Grove and passing out for sixteen hours in Tony Visconti's Earls Court flat after eat-ing a lump of opium, all which sat uneasily with the clean-living Bolan. What sat even uneasier was Took's suggestion that the duo start recording some of his songs, a crime for which he was duly booted out. In 1980, Took died aged thirty-one after inject-ing morphine with his girlfriend at his Notting Hill flat. A few years previously a journalist had asked Bolan what happened to Took: 'Oh, I don't know,' came the caustic dismissal. 'Probably dead in a ditch somewhere.'

Then there was the encroaching violence of the new decade, something the drug ravaged, road hardened, squat encrusted, Molotov cocktail lobbing side of the underground was uniquely prepared for, alienating an eternal boy-child-like Bolan further. A far-left militant group called the Angry Brigade captured the harsher aspects of hippy idealism by carrying out bomb attacks on embassies, cabinet ministers' homes and Miss World pageants from 1970 onwards. On 1 May 1971 the Angry Brigade bombed the Biba store on Kensington High Street on the grounds that, according to a communiqué sent to underground bible the *International Times*, 'All the sales girls in the flash boutiques are made to dress the same and have the same make-up, representing the 1940s. In fashion, as in everything else, capitalism can only go backwards – they've got nowhere to go – they're dead. BLOW IT UP OR BURN IT DOWN.'[6] Bolan didn't want to do either – he wanted to pop into Biba and buy those 1940s-styled women's clothes for himself.

This was exactly the kind of radicalism that made the British public suspect the permissive society would lead to disaster and the country needed a return to traditional values. And the difference between the optimism of the '60s and the new mood of the '70s was illuminated in stark detail when PM Harold Wilson called the election for 18 June 1970, the day after the World Cup. As he famously announced after joining the England team on the balcony of their hotel, after the 1966 win that gave the nation its most jubilant moment since VE Day: 'England only wins the World Cup under Labour.' By that questionable logic, losing a World Cup would deliver a Conservative victory, which meant Wilson had accidentally taken a leaf out of Bolan's wizard's book and put a curse on his own party. As Labour Chancellor of the Exchequer Roy Jenkins later put it, Wilson was gambling on a 'mystical symbiosis' between Labour and the national football team, but it seems he was holding the Book of Spells upside down. Beaten 3–2 in the quarter-finals by West Germany, England sloped back home and effectively sounded the death knell for Labour. Opinion polls had suggested a landslide victory for Wilson, not least because the voting age had been lowered to eighteen, but as his employment secretary Barbara Castle wrote in her diary: 'I have a haunting feeling that there is a silent majority sitting behind its lace curtains, waiting to come out and vote Tory.'[7]

Not that Ted Heath's Conservative government would bring an end to the nervous twitching behind those curtains. A month after the election, Heath announced a state of emergency in response to a dockers' strike. Then the 'dirty jobs' strike of autumn 1970 saw Leicester Square transformed into a rubbish mountain, like an all-too real version of the kind of art installations that propelled the YBAs into fame and notoriety two decades later. Thousands of fish died as tidal waves of sewage poured into the Thames and Avon and swarms of flies formed a black cloud over a sewage works in Enfield. Parks and schools were closed when council workers and caretakers walked out en masse.

'The time for play had passed,' wrote Elizabeth Nelson in *The British Counter-Culture, 1966–73*. Pessimism was in vogue. On 9 February 1970, the BBC screened the first episode of *Doomwatch*, a hugely popular science fiction series about a government agency set up to deal with one environmental catastrophe after another. Having helped develop the atomic bomb only to see his wife die of radiation poisoning, the incorruptible Dr Spencer Quist (John Paul) squared up to everything from plagues of genetically modified rats to a virus that ate plastic and caused aeroplanes to fall from the sky. In British political thinking, there were warnings of ecological destruction on the left and overpopulation on the right, leading to Gordon Rattray Taylor's *The Doomsday Book: Can The World Survive?* (1970), for which the answer, according to Taylor's dire predictions of both a new ice age and severe global warming, was no. Paul Ehrlich's *The Population Bomb* (1968) stated: 'The battle to feed all of humanity is over. In the 1970s, hundreds of millions of people will starve to death.' Ehrlich even suggested putting sterilants in the water supply. The inaugural July 1970 edition of James Goldsmith's *The Ecologist* featured a cover photograph of a man sinking into quicksand under the question, or perhaps the demand, 'Population control for Britain?'

For disillusioned former habitués of the underground looking to spread good cheer against this backdrop of unremitting gloom, pop dreaming was an appealing option. In March 1970, Mungo Jerry released 'In the Summertime', a joyful jug band boogie that made it seem like having a drink, lazing about in the sun, going for a swim in the sea and, most importantly, getting it on with someone were all you needed for a full and happy life. With his vibrato warble, curly thatch and gap-toothed grin, Mungo Jerry's Ray Dorset was like a manlier, mutton-chopped version of Bolan, and when the then-unknown band played at the Hollywood Music Festival – Hollywood in Staffordshire, that is – the opening set on Saturday afternoon went down so well that they had to repeat it on Sunday evening. 'One hell of a commotion broke out during Mungo Jerry's set,' reported the *NME*. 'The crowd kept yelling for "In the Summertime", the new single that singer and lead guitarist Ray Dorset wrote, but things were going so well on the Sunday that the group didn't want to slow the action down and it was left to the disc jockey to play it at the end of proceedings.' What could be more pop than a band leaving the DJ to play their big hit?

'In the Summertime' is a song that would have been perfect for Bolan to announce his entry into the mainstream world with: a pure evocation of happiness with a simple melody in the key of D that you cannot help but sing along to, realised with enough earthiness not to alienate the hippies but with enough immediacy and harmlessness to get out to everyone else. Ray Dorset had been playing in bands for a few years when in the spring of 1969 he was in early for his job as electronics engineer at the Timex research laboratory and the melody came to him. He wrote the whole thing in ten minutes: no chorus, just words that celebrate life against boogie woogie piano, a country banjo, a Latin-tinged acoustic guitar strum and a thumping stand-up bass, with Dorset providing a beat by shaking along on a cabasa. The innocence was damaged somewhat in 1992 when 'In the Summertime' became the soundtrack to an anti-drink-and-drive campaign featuring young people having a lovely afternoon in a sunny beer garden before dying in a horrific mass of gore as their car wraps itself around a tree. The line 'If her daddy's rich, take her out for a meal / If your daddy's poor, just do what you feel' has not dated well either, but coming out as it did as the optimism of the '60s faded to black, 'In the Summertime' was a ray of hope.

'We find that recently people tend not to be so biased,' Mungo Jerry's banjo player Colin Earl told the *NME* in February 1971, by which point it looked like the gargantuan success of 'In the Summertime' was unlikely to be repeated. 'A year ago, you were a heavy band or you were no good, but it seems to have changed. There was a natural evolvement from so many people having gone heavy, it was a natural thing that people would revert to acoustic and lighter things.' Displaying a rock musician's touchiness on the difficulty of holding on to post-hit credibility, Earl concluded: 'We heard that the underground, wherever or whatever that is, had gone off us. But we did a couple of so-called underground clubs and went down very well.'

'In the Summertime' inspired that indelible mark of a pop smash: a copycat hit. 'It's not a new number. It was written five years ago,' claimed Mick Holden of the Mixtures,[8] the band behind the extremely similar 'Push Bike Song'; a claim compromised by the Mixtures already having had a hit in their native Australia with their version of 'In the Summertime'. Recorded in 1971 by squeaky pig puppets Pinky & Perky and parodied in 1978 by comedy bumpkins the Wurzels in 'The Tractor Song', 'Push Bike Song' is essentially 'In the Summertime' with similar but different lyrics and is a great example of singalong pop's ability to gain in kitsch charm as it moves further away from anything resembling originality or artistry.

Having been ousted from Tyrannosaurus Rex in 1969, Steve Peregrin Took also performed at Hollywood Music Festival with his new band, Shagrat. Two months later, Shagrat were at Phun City, a free festival outside Worthing in East Sussex organised by Notting Hill's resident anarchist Mick Farren. Then in September Bolan and his new musical partner Mickey Finn headlined the Pilton Pop, Blues & Folk Festival – which a year later would become 'Glastonbury' – at Worthy Farm in Somerset. Bolan may have still looked like a hippy in his scoop-neck T-shirt and corkscrew hair, a benevolent pixie sat cross-legged on the stage with his acoustic guitar as Finn bashed away on the bongoes, but he was adjusting to his new reality. He turned up in a huge American car, remembered either as a Cadillac or a Buick, covered from bumper to bumper in velvet: 'I thanked him for coming and leaned forward to stroke the velvet on the roof,' Glastonbury's founder Michael Eavis told *Q* magazine in 1996. 'He snapped, "Don't touch it!", and drove off toward the stage.' Nonetheless, Eavis remembered Tyrannosaurus's set as a highlight, Bolan singing 'Deborah' in his reedy warble as an orange sun sank into the horizon. The budding superstar even waived his fee when Eavis revealed that staging the festival had left him in the red.

Tony Visconti, a New Yorker transplanted to London in the second half of the '60s after the producer Denny Cordell asked him to come over and assist him on some recordings by the British jazz singer Georgie Fame, worked with Bolan on both his underground material as Tyrannosaurus Rex and after his pop metamorphosis into T. Rex. '"Ride a White Swan, "Hot Love", "Get It On", "Cosmic Dancer" . . . It happened by accident. I loved working with Tyrannosaurus Rex and Marc was so beautiful, so handsome . . . I was going after the unique voice, and there cannot be many more unique than Marc's, but nobody would play the singles apart from John Peel and the set-up of acoustic guitar and congas was there for economic reasons as much as anything. Then on "Ride a White Swan" we used string players, it is one of Marc's most simple songs with no complicated lyrics about wizards or the misty hills of Albion, and kids just got it. We didn't expect it – and neither did John Peel, who dropped Marc for selling out soon afterward.'

Bolan's advice for a better life in 'Ride a White Swan' was certainly a lot gentler than much of the other advice floating about at the time, such as blowing people up or sterilising populations. He advocated flying like an eagle on a sunbeam, wearing a tall hat like a druid in the old days and taking a bright star and placing it on your forehead. The song also mentioned his own imagined version of the agrarian communalism and rustic utopianism that was cropping up across Britain at the start of the new decade: Beltane, a magical land named after the Pagan beginning of summer. He never went into too many details about Beltane, but it appeared in a few of his songs and poems and seems to have been a slightly groovier, more '70s version of Hobbiton from *The Lord of the Rings*, a place to drink herbal brews in Troika Pottery mugs around scrubbed pine tables and plan magical adventures as you smoke the pipe of peace. Yet with its electric guitar and sophisticated strings, 'Ride a White Swan' doesn't really belong to a world of macrobiotic diets, bearded men in Jesus sandals and bra-less women in kaftan dresses: it is pop.

Bolan hadn't invented glam just yet. That came in March 1971 when T. Rex's PR Chelita Secunda put a dab of glitter on his cheeks and stuck him in a sailor suit for 'Hot Love' on *Top of the Pops* before taking him shopping for sequinned rainbow blazers from Biba, Mary Jane shoes from Anello & Davide, satin jackets from the King's Road boutique Alkasura and other touches of glamour that Bolan's tiny frame and pretty features made him ideal for, thereby ushering in a new era of androgyny in pop. And once he got a taste for matching feminine flash with strutting masculinity he turned being Marc Bolan into a full-time job, dressing up like he was going on stage every time he came to the studio. 'He would walk in wearing this little blazer from Mister Freedom with musical notes on it and match it with trousers made of incredibly thin silk,' says Tony Visconti. 'He refused to wear underpants, so it left very little to the imagination.' Before that happened, however, 'Ride a White Swan' brought in a whole new sound, with Visconti's streamlined production and the shimmering effervescence of Bolan's voice lending itself to the 45, the affordable portal to new worlds. And old worlds, too.

'David Bowie once said to me: "You should work with children. That's what your level is,"' said Herbie Flowers, who first worked with Bowie when he played bass on 'Space Oddity'.[9] Many years later, Flowers did take Bowie's advice, in 2009 recording a version of Bowie's 'Changes' with a bunch of five- to ten-year-old rockers from the Lewes New School in Sussex. Back in 1970, however, he went towards the other end of the age scale, with Clive Dunn's 'Grandad'.

As the new decade dawned, Herbie Flowers was one of the most in-demand session players in Britain. He was also a part of the cabaret soul band Blue Mink with fellow session regulars Madeline Bell and Roger Cook, but Flowers didn't really have the ego to be a pop star. Describing himself as a craftsman who works for people, not with them, he would be hired as a backing musician for visiting American musicians one day and for Elton John or David Bowie the next. He came up with the moody, minimal bass thump of David Essex's 'Rock On' because he was late to the studio after being held up by recording a version of Blue Mink's 'Good Morning Freedom' for the BBC's current affairs show *Pebble Mill at One*, hence an ultra-simple but extremely effective line conjured up on the spot. Lou Reed's 'Walk on the Wild Side' owes its rich caramel charm to Flowers playing a double bass and then an electric bass on top, a process that took him a total of about twenty minutes and resulted in a double fee because he was, after all, contributing two instruments to the song. 'Grandad' was another product of Flowers' speedy way of doing things.

In August 1970, Flowers met Clive Dunn, then riding high in the BBC comedy *Dad's Army*, although details of the meeting have changed over the years. In 1971, Flowers told the *NME* that he met Dunn at a party for Ronnie Corbett's appearance on the BBC's *This Is Your Life*; decades later, he said it was in a fish and chip shop in London, when he leaned over to borrow the vinegar from the next table and got talking to the man sitting there, who turned out to be the preternaturally aged actor. Wherever it was, Dunn announced to Flowers that he had to go to Abbey Road in a few days' time to record a single at the behest of EMI but had so far only come up with a novelty idea called 'I Play the Spoons', which he then sang for an unimpressed Flowers. The bassist offered to write a song for him and save the day. Flowers went home, got out his daughter's Piano Grade 3 book and followed the instructions: pick a nice rhythm like a waltz, have a descending bass line, make the melody bounce around inside the scale and if you can, get a friend to play a funny instrument like a tuba. Five hours later, he called his friend Kenny Pickett and told him they had a chance of writing a hit for Clive Dunn, who Pickett remembered as 'that old bloke from *Dad's Army*'. When Pickett came round, it was the ding-dong of the doorbell that gave Flowers the inspiration for the very simple melody.

Then there is the sentiment of the song. There is a shakiness in Dunn's voice, a frailty more familiar to folk than pop, which makes his recollections rather touching, like he's singing about life as it slips out of view. 'From what I hear, it made very happy people of a lot of granddads and their grandchildren over Christmas,' Flowers told the *NME* on 16 January 1971, in an article titled 'Simple Pop Is Coming Back'. 'It's easy to laugh and sneer at this kind of affection, but old people often get forgotten and it's no joke to them.' As it turned out, Flowers wrote the song out of guilt as much as anything. He never got round to taking his children to see their grandfather in the years before he died and it had been weighing on his mind.

'Grandad' came out to deafening disinterest from the world for six weeks, until it was picked up by Ed Stewpot for BBC Radio's *Junior Choice* on 21 December 1970. A day later, it sold 100,000 copies; by the following January, it was up to half a million. It has since been dismissed as the last word in sentimental nonsense, a nightmarish senior citizen's compendium of spinning tops, penny dreadfuls and Charlie Chaplin at the pictures that Flowers claimed was so awful, it stopped his phone ringing for the next twenty years. But 'Grandad' was a hipper tune than appearances suggest. Ken Pickett was in the Creation, an art pop band to match John's Children for mod energy and huckster gimmickry. They described their music as 'green with purple flashes', a perfect encapsulation of that British mid-'60s moment when psychedelia was more of a stylish idea than an actual altered state, and their concerts featured guitarist Eddie Phillips playing with a violin bow while Pickett did action painting on a huge canvas before setting it on fire. Songs like 'Makin' Time' and 'Biff Bang Pow!' were Who-like smashes of sound with frantic rhythms, barely held-together R&B chords and lyrics that suggested moments of pure excitement passing before you knew it. The 1967 single 'Painter Man' (later taken up by those noted cosmonauts Boney M.) went in a jollier direction, its primary colour innocence and tale of a struggling artist suggesting a retreat into the comforts of childhood. It is a perfect example of a '60s sub-genre since described as toy town psych: an evocation of a very British world of Edward Lear, *Alice in Wonderland*, *The Wind in the Willows* and other nursery favourites about a past, filtered through a kaleidoscope, which never really happened. It was an extension of the world the Beatles brought to life on *Sgt Pepper's Lonely Hearts Club Band*: antique uniforms, generational struggles, the George Formby whimsy of 'When I'm Sixty-Four', the rocking-horse people of 'Lucy in the Sky with Diamonds'.

The Creation crashed and burned in 1968, leaving Kenny Pickett as a songwriter for hire, happy to work on a novelty song with his friend Herbie Flowers. And 'Grandad' captured an emerging mood of nostalgia. The '60s fashion world of futurist silhouettes by André Courrèges, space-age costumes by Pierre Cardin, chainmail dresses by Paco Rabanne and mini-skirts by Mary Quant had given way to rustic knits by Bill Gibb and Edwardian maxi-dresses by Laura Ashley; ideal for wearing while fretting about the availability of unpasteurised milk in your local health shop as you faced the challenge of putting your next macrobiotic meal onto the Portmeirion pottery dinner plates. *The Good Old Days*, a BBC light entertainment series for which there was a ten-year waiting list to dress up in Victorian and Edwardian costume and watch everyone from Roy Hudd to Eartha Kitt sing the standards while sharing a bill with tap dancers, jugglers and magicians in a recreation of the golden age of music hall, was reaching a peak audience of 10 million. In the summer of 1969, the actresses Jean Marsh and Eileen Atkins conceived *Upstairs, Downstairs*, the story of the wealthy Bellamy family and the servants who shared their Belgravia townhouse. The show was not without its hard-hitting moments – daughter Elizabeth joins the Suffragettes, son James returns wounded from the Great War, a footman is hung for murder – but it was the art nouveau interiors and reassuring sense of order and deference that made

Upstairs, Downstairs one of ITV's biggest hits of the decade. Then there was *Dad's Army*.

As Gerard Glaister, producer of the TV series *Colditz* said: 'World War II has turned from history into myth. It is our last frontier, the English equivalent of the Western.'[10] It was the time of the Greatest Generation, Britain's finest hour, a moment of unity against a clear common enemy, a fight for good against evil won through pluck and Dunkirk spirit and '70s Britain couldn't get enough of it. In 'The Germans', the legendary 1975 episode of the BBC sitcom *Fawlty Towers*, Basil Fawlty at least tried to do the right thing as he told Major Gowen: 'Forgive and forget, Major. God knows how, the bastards.' In a 1973 episode of another BBC comedy *Are You Being Served?* the staff of Grace Brothers spend the night in the department store after a transport strike and recreate Blitz conditions, sleeping in tents and singing 'Keep the Home Fires Burning' as they reminisce about the war years with fondness. After reflecting on how today's young people have no idea about what her generation went through and the sacrifices they made, Mrs Slocombe recalls the night she met her husband in an air raid: 'The bombs were raining down and I saw his face, lit by an incendiary. He threw me on my face and said: Look out, here comes a big one.'

Dad's Army was the ideal wartime sitcom for '70s Britain. Being confined to native soil, it avoided the actual horrors of battle, while providing a fond mocking of the country's homemade war effort and the officiousness and ineptitude that went with it. *Dad's Army* reflected the age it aired in too, with Arthur Lowe's Captain George Mainwaring coming across as something of a Ted Heath type; an aspirational, grammar-school educated bank manager from the lower middle classes, forever striving to make a success of his challenge to defend Walmington-on-Sea with a team of highly unqualified volunteers in the Home Guard, itself a constant source of humour during the war years. The *Daily Mirror* once described Heath as 'the first prime minister with wall-to-wall carpeting' and it wasn't too hard to imagine the Mainwaring household being appointed in a similar fashion. Class figured heavily in *Dad's Army*, as it did in most popular British shows of the era. John Le Mesurier's Sergeant Wilson breezes through his duties with the laissez-faire of the entitled but impoverished upper orders. Clive Dunn's Lance Corporal Jones, the town butcher and a veteran of both world wars, is the epitome of the British war-era everyday man: unpretentious, honest to a fault, easily confused and, as his catchphrase 'Permission to speak, sir' suggested, acceptant of hierarchy as though it were ordained by God.

At least part of the success of 'Grandad' was down to the affection with which Lance Corporal Jones, shouting 'Don't panic!' as he waved his bayonet at imaginary Germans, was held. In exchange for a 50p coin – comedian and singer Max Bygraves explained the basics of new money in a painfully jolly 1970 single called 'Decimalisation', a publicity exercise designed to prepare the oldies for Decimal Day on 15 February 1971 – both kids and their grandparents on Second World War veterans' and widows' pensions bought copies of 'Grandad' as an extension of *Dad's Army*'s mass appeal and Clive Dunn's part in that. In reality, Dunn was a far more sophisticated figure than his image as a harmless coot suggested. Born into an acting family – his parents and grandparents were on the stage – he grew up in London, went to Sevenoaks boarding school in Kent and the Italia Conti stage school in Islington, and made his screen debut aged fifteen in the Will Hay film, *Boys Will Be Boys* (1935). Like so many other misguidedly idealistic young British people in the 1930s, he had a brief flirtation with fascism and was taken under the influence of British Union of Fascists founder Oswald Mosley before Adolf Hitler brought out the reality of the new idea: 'It seemed patriotic,' Dunn told the *Guardian*'s Simon Hattenstone in 2002. 'Then when I realised they were beating up Jews, I got out immediately.' He was a lifelong socialist thereafter.

Dunn's war began when, aged nineteen on 3 September 1939, he heard air raid sirens going off across London from a basement flat in Marylebone that he shared with a border collie puppy. He emerged onto the street to be confronted by a figure in a tin hat, gas mask and rattle, who told him off for not having a muzzle on his eight-week-old dog. Duly chastened by this real-life equivalent of *Dad's Army*'s hated Chief ARP Warden Hodges, he joined the ambulance corps the next day and was called up for the army in the spring of 1940. During training in Dorset he saw a squadron of German bombers flying in formation before being attacked by Hurricanes. 'There seemed to be dogfights everywhere,' he wrote in his memoir, *Permission to Speak*. 'Planes were falling out of the sky – it was a hair-raising mixture of shrieking machines and vicious gunfire.' He only found out later that he was witnessing the Battle of Britain.

Stationed in Greece, Dunn's regiment was in retreat from German forces almost as soon as they arrived. They found themselves trapped on a high plateau, where he and a fellow trooper attempted to fire a Sten gun at a Stuka dive bomber, but the gun jammed after one shot. A few weeks later, the regiment fell asleep in a field, only to wake up and find their guns had been stolen by locals. They spent five days hiding in a cave on the coast, surviving on food brought to them by women from the nearby village, before Dunn clambered over the rocks one day to be faced by a nervous young German soldier pointing a rifle at him. Close to starving after marching 30 miles without food or water, the prisoners were put on a train to Wolfsburg concentration camp in Austria. From there, Dunn was moved to a camp in a mountain village called Pruggern, where he lived off a diet of potatoes, before ending up in a three-storey school in Liezen. One of the prisoners set fire to a Nazi flag, and Dunn, tasked as camp leader, was told by a German sergeant major that guards would begin shooting one in every three men until he told him who the culprit was. A girl from the village who claimed to have been witness to the flag burning pointed out the wrong man; it was only after that man was marched to the cells that the one who did set fire to the swastika revealed himself, after which he was never seen again.

There seemed to be brief moments of fun amid the suffering: Dunn and his fellow prisoners distilling spirit out of prunes sent by the Red Cross, taking the female lead in a production of Ivor Novello's *Glamorous Nights*. Following a bombing by American forces, with one bomb landing on a hut that he had left three minutes previously and which had killed one of his best friends, Dunn was sent to work on a farm before spending the final months of the war wandering through villages, surviving on stinging nettles and dandelion leaves and the occasional bit of food bartered from locals in exchange for socks or scarves. In one village, a miracle happened: he and some fellow former prisoners found a pile of parcels in a rubbish dump and one of the parcels was addressed to Dunn. It contained 400 Sweet Caporal cigarettes, sent by his church – a godsend for a soldier who could trade the cigarettes in exchange for food.[11]

Dunn and a handful of his fellow former prisoners were captured for one last time and put in a barbed wire compound by German troops who planned to use them as hostages. Close to starvation, they broke through the barbed wire and raided a warehouse, only to find sacks of sugar. They lived on sugar for three days before the US troops arrived and they headed home. One way or another, Dunn had spent four years in POW camps – the best part of his early twenties.

Reading about all this in *Permission to Speak*, it struck me just how much the war featured in the consciousness of early '70s Britain while at the same time never really truly being talked about. You didn't read stories like Dunn's in the British comics of the time with names like *Commando*, *Battle* and *Warlord*, which featured stoic British heroes fighting Nazi *schweinhund*, usually screaming '*Nein! Nein!*' as they drew their dying breath after being speared by a bayonet from Tommy. In 1976, when I was six, a boy at school wrote in a homework assignment on what he wanted to be when he grew up, 'I would like to join the army and fight the Germans when there is another war.'

Amid this constant yet whitewashed presence of the war, it was not uncommon to face blanket silence from the people who had actually been through it. The most we got out of my paternal grandfather was that he was stationed in Egypt and, although he didn't like the food, he did manage to take a few snaps of the Pyramids. A glimpse of a deeper truth came when my father had to do Cadet Corps training at his school in Surrey in the late '50s and our grandfather said to him: 'At least it will give you a lifelong hatred of the army.' I have early memories of our grandmother watching the football on television, complaining about the way the players hugged each other every time they scored a goal before using it as an opportunity to reminisce on the real camaraderie that happened during the Blitz. It was only after she died that I discovered a Doodlebug bomb hit her house in Bromley, Kent, when she was a teenager, killing her father and leaving her homeless.

Demobilised from the army in 1946, Dunn paid his dues in repertory theatre. During one such stint in the '50s he was earning £8 a week for two performances a day, only to discover the man doing the washing-up – Les Dawson, soon to become one of the country's most famous comedians – was on £12 a week. By the time Dunn landed the *Dad's Army* role in 1968, aged forty-eight, he had already made a name for himself playing doddery old men, and one of the reasons he landed the job was that he could take on the physical comedy that was beyond the elder members of the cast. By the release of 'Grandad', he really was the nation's grandad.

Beyond its cheery tune and the appeal of the senior citizen pop star performing it, 'Grandad' was a hit because it brought comfort just as '70s bleakness really hit home. As the council workers' strike of October and November 1970 wore on, Ted Heath sensed too much sympathy with poorly paid dustmen and sewage workers to send in the troops to force the strike off, leading to the British government giving in to union demands and cementing in the public mind an image of the prime minister as a Captain Mainwaring type, huffing and puffing and trying to do the right thing while completely failing to provide effective leadership. On 7 December the electrical workers demanded a 25 per cent pay rise and work to rule, leading to national power cuts and Peter Walker, then minister for the environment, calling on all local authorities to reduce heating and lighting to a minimum. It gave the population a taste of the blackouts to come, with games of Monopoly by candlelight and the House of Commons conducting affairs by paraffin lamp. On 12 December, Heath declared a state of emergency. Britain got used to ovens and televisions going off each morning and night. Emergency generators were brought into hospitals to keep premature babies alive.

Amid all this, the pop 45 was one of the few affordable sources of joy left, provided there was enough electricity to power up your record player and spin the thing. Among the hits of the season was 'New World in the Morning' by Roger Whittaker, which took a philosophical approach to accepting life as it is unfolds against some wistful whistling and a happy-go-lucky melody that could paint the drabbest new town in a hopeful hue. Yet the song had a nagging sense of melancholy and doubt underneath its apparent jollity, like the dream can only ever go so far. 'New World in the Morning' was a British equivalent to *schlager*, the German tradition of catchy, sentimental music, and it belonged to those hordes of people for whom the dream of suburban living, of thick carpets rid of the smell of nicotine by liberal use of Shake n' Vac, of rubbing a bit of Mr Sheen onto a G-Plan extending table and matching chairs to bring out the natural beauty of the wood, of positioning the giant palm fronds so they brushed against the macramé owl on the wall was blissful escape from the grime and grot of post-war life. It was the mid-'60s mod idea grown up: suburbia as clean living for people who did not have the luxury of taking hygiene, material comfort and an ordered routine for granted.

The new world in the morning was not always as functional as its architects imagined. Way out on the edges of south-east London, on a patch of marshland along the side of the river, is a complex of slate-grey monoliths and low-rise housing blocks once dubbed the 'town of the twenty-first century'. Thamesmead is a product of late '60s utopianism: a modernist estate that would replace the slum housing of working-class residents with central heating, indoor bathrooms and thick concrete walls, building a new community complete with pubs and schools and plenty of green spaces and man-made lakes. One of Thamesmead's architects, Robert Rigg, believed the water would have a calming influence on the estate's younger residents, leading to a reduction in crime and vandalism. In the event, poor transport links, too few shops, litter-strewn concrete walkways and oppressively vast roads cutting through the centre of the estate brought a sense of cold alienation, while having a sewage works on one side of the development and HM Prison Belmarsh on the other did not engender futuristic bliss. Thamesmead's reputation as a brutalist hell was solidified when Stanley Kubrick used it in 1971's *A Clockwork Orange*. To the strains of Rossini's 'La Gazza Ladra' (The Thieving Magpie), Alex and his Droogs walk along the banks of a Thamesmead housing estate in menacing slow motion before Alex kicks one of his fellow fans of ultraviolence into the very lake Rigg hoped would bring an end to such acts of mindless aggression. The development has since undergone a process of regeneration and been re-evaluated as a monument to utopian optimism, as has Park Hill in Sheffield; a similarly modernist approach to urban living. And many of Britain's brutalist blocks, with their sound-proof concrete walls, central heating and attempts to recreate community life complete with pubs, youth clubs and even schools, were an unquestionable improvement on pre-war slum housing. Back in the early '70s, however, Thamesmead was symbolic of all that could go wrong with the new world.

Not that singer-songwriter Whittaker, who with his oversized glasses, sensible jumpers and air of quiet authority looked very much like the teacher he used to be before easy-listening fame hit, would have been connecting his cheery whistle of a song with such matters. Born in Kenya in 1936, Whittaker spent his teenage years working on a neighbour's farm near Nairobi: 'I drove tractors on a thousand-acre wheat farm,' he said. 'I used to keep wild animals out of his farm by, I'm afraid, shooting them if they got into the wheat. We lived on zebra and wildebeest, we had the dogs eat what we didn't eat, and it was a happy but very dangerous time. I would come home at night with ticks up to my knees. You could walk among a herd of zebras and pat them on the rump.'[12]

After a handful more hits in a similar vein to 'New World in the Morning', Whittaker settled into a hugely successful concert career in Germany, a country that understood inherently his approach to folky melodies of the cleanest hue. He really took the idea of singalong pop to its ultimate conclusion when, not being able to actually speak German, he sang phonetically, thereby giving a jolly tune precedence over any possible meaning. He achieved some kind of *schlager* ecstasy in 1986 with 'Ein Bisschen Aroma', wrapping his reassuring authoritarian vowels around wise counsel like 'You need a little nonsense every now to be happy' against the tinniest of synthesiser rhythms and a cheerful choir of voices.

Then there was 'Apeman' by the Kinks, on which Ray Davies pretty much captured what the Labour MP Anthony Crosland called the 'liberal rhetoric of catastrophe' by listing all the contemporary crises that troubled the modern mind against a calypso rhythm, from overpopulation to pollution to being wiped out by a nuclear war, before announcing that he was going to get away from it all by sitting in trees and eating bananas. He was suggesting a more extreme version of the back-to-the-land movement Tom and Barbara Good would recreate in the garden of their Surbiton home five years later in the BBC sitcom *The Good Life*, a well-thumbed copy of smallholder John Seymour's *The Complete Book of Self-Sufficiency* close at hand. Davies wrote 'Apeman' over a rare holiday with his family in Cornwall, but it was at least in part a product of his being so stressed at having to produce hits for the Kinks that he'd ended up having a nervous breakdown a few years previously: 'Our publicist Brian Sommerville called me one day and said, "Get down here and do some press." I said I would get down there, not to do press, but to punch him on the nose. I ran from Muswell Hill to Denmark Street in my socks. The police were chasing me down the street, like the Keystone Cops. I was overworked and I was disintegrating.'

In the event, neither 'New World in the Morning' nor 'Apeman' would pose the real threat to the 'Ride a White Swan'/'Grandad' race for number one at the end of 1970. Instead it came in the unlikely form of Dave Edmunds, who had emerged from a rock 'n' roll revival centred on the Welsh town of Monmouth. Edmunds had opened for Gene Vincent while still in his teens and been to concerts by British rockers like Marty Wilde and Billy Fury at Cardiff's Gaumont cinema, before taking a familiar journey through '60s music: a skiffle band called the Raiders, blues and folk combo the Human Beans, the psychedelic, semi-classical Love Sculpture. Along the way he helped two brothers called Kingsley and Charles Ward set up a recording studio on their parents' farm near Monmouth, initially taking over a granary where they used bags of pig feed for sound insulation. When Love Sculpture had a top-five hit with a rock version of the ballet piece 'Sabre Dance', Edmunds lent the Wards the money to a buy a multi-track machine and Rockfield, the world's first residential studio, was born.

Rockfield was the very essence of the rural escape for bands who needed to get their heads together in the country. Down a long rocky path that cuts between two cow fields, with horses in the stable and drystone walls bordering on old barns, the live-in studio offered young, hairy musicians the chance to make albums in a converted pig shed before settling in for a night at the farmhouse living room. As Kingsley's daughter Lisa has it: 'I have distinct memories of sitting down on the sofa with Hawk-wind, watching *Trumpton*. And when I was a teenager the band would invariably be going to bed as I was going to school, which was mortifying. Echo & the Bunnymen would be walking down the drive and there I was in my bloody uniform.'

As a fairly straightforward cover version of an R&B stand-ard by the New Orleans trumpet player Dave Bartholomew, recorded previously by Smiley Lewis and Fats Domino, 'I Hear You Knocking' was a highly unlikely Christmas number one. Edmunds played every instrument on it himself, using the multi-track at Rockfield he had paid for in exchange for six months of free studio time, and when the single came out, he had no manager or agent, not even a regular backing band. But it came at the right time. The Beatles had fallen apart. The profound earthiness of the first two albums by the Band had given rootsy Americana a suggestion of spiritual purity. By recording an old favourite on a farm in Wales, Edmunds had inadvertently cap-tured two emergent trends of the new decade: nostalgia and a return to rusticity. It sold 3 million copies.

The 'Ride a White Swan'/'Grandad' battle was not over yet. Helped by appearances on *The Basil Brush Show*, enthusiastic support from the Radio 1 DJ Tony Blackburn and the sentimental appeal of a *Top of the Pops* appearance featuring Dunn getting misty-eyed in a rocking chair as a squadron of pigtailed girls sing the chorus at his feet, 'Grandad' got to number one in the first week of 1971. 'Pop is getting simpler again,' Herbie Flowers told the *NME* on 16 January 1971, thereby coining the very essence of singalong pop in '70s Britain. 'All the fancy chords are going . . . Elton John proved this. It's a question of picture lyrics.' As if in preparation for the progressive onslaught that was about to engulf British rock music, he added, 'I think we've all got to start sending ourselves up a bit and stop getting too serious and too pretentious about all this. Let's start enjoying music again – that's the way I feel.'

Clive Dunn and Herbie Flowers might have won the battle but Marc Bolan won the war. Dunn capitalised a bit on the success of 'Grandad', going on a six-week variety tour and, in 1979, starring in a children's TV series of the same name, but his musical career never really took off. Flowers wrote a follow-up for Dunn called 'Senior Citizen' but it wasn't released, perhaps because, as Flowers understated, 'It's a bit too obvious.' Instead Dunn went back to *Dad's Army* and Flowers to session work, leaving Bolan to become the biggest pop star in Britain and ferment a teenage revolution along the way.

Who needs TV when you've got T. Rex?

Bolan's run of hits from 1971 to 1973 reached pop sublimity, from 'Hot Love's impossibly coy request, 'I don't mean to be bold, but may I hold your hand?' to '20th Century Boy' turning sexuality on its head as Bolan offered himself up as the listener's toy *and* boy; submissive and dominant, masculine and feminine, safe and dangerous, all at the same time. And the music was so good: bluesy, Chuck Berry rock 'n' roll with enough of a string-laden '70s production sheen to ensure a total lack of authenticity. Bolan's vision was too centred on his own beauty to last long and he lacked his long-term frenemy David Bowie's shape-shifting ability to slot in with the ever-changing moods of the day, but he was the first real star of the 1970s and the forefather of singalong pop. He brought the 45-rpm single back to prominence at a time when you had to be an albums artist to be taken seriously, he understood the power of melody and he knew that when John Lennon or George Harrison wore combat shirts and ripped denim flares as a signifier of authenticity they were doing a look just like anyone else, so the best thing to do was embrace glamour as shamelessly as possible.

'Grandad' and 'Ride a White Swan' created a new kind of pop, one that would keep going throughout the decade: mass appeal, made for singing along to, not something that required too much in the way of thought and most importantly, fun. Marc Bolan did start a revolution, but only the one. And he got stuck in it for the rest of his short life. There was some kind of closure to the battle when Herbie Flowers joined Bolan in a later edition of T. Rex, playing bass as Bolan camped it up in purple satin for an electrified version of 'Ride a White Swan' on the final episode of his 1977 children's pop show, *Marc*. That went out after his girlfriend Gloria Jones lost control of her Mini and smashed into a tree at the side of a bridge in Barnes, west London, killing Bolan two weeks before his thirtieth birthday. Gloria survived, to bring up their two-year-old son Rolan on her own.

I was seven at the time and we lived a few miles from the scene of the accident. We would drive past the surprisingly modest little tree, garlanded with flowers and ribbons as messy symbols of emotional fandom and grief, when our father took us on what he liked to call a 'magical mystery tour' (a trip to the fun fair). Looking out from the back seat window with some kind of fascination at the garish explosion of colour, stardom and death the previously unremarkable sycamore was now infused with, remembering the bright, impish figure on *Marc* who seemed like he belonged more to a cartoon or a comic than the real world, excited about the fair, it coalesced in my young mind to make 'Ride a White Swan' a magic spell, just as its creator intended.

Chapter 2

Teaching the World to Sing (In Perfect Harmony)

The Playboy Bunnies feel the disharmony of the times, 1974.

It's not easy to admit to being brought to tears by an advertise-ment, to being so successfully manipulated by an attempt to sell you a soft drink with an alleged six spoonfuls of sugar in every bottle that it inspires in you a sentimental hope for world peace and the future of humanity, but there you go. The sight of fresh-faced young people of all creeds and colours, happy to the point

of appearing to be brainwashed on an Italian hillside as they har-
monise to the words 'I'd like to buy the world a Coke' in a 1971
advertisement for Coca-Cola has the same lachrymose effect on
me as watching *It's a Wonderful Life* on Boxing Day or listening to
Leonard Cohen's 'Hallelujah' with a hangover. Starting with a
young, blonde, cult follower type smiling beatifically as she sings
in a pure-voiced way about wanting to buy the world a home
and furnish it with love, the camera pans out to good-looking
teenagers in cheesecloth dresses, dashikis, Nehru suits, kimonos
and other indigenous styles from around the world, all clutching
bottles of Coca-Cola with labels in different languages. Maybe
it's the homespun innocence and born-again guilelessness of the
teenagers, the utopian dawn of togetherness under a Roman
sun. Perhaps it's the profound purity of the melody, maybe even
the thought of the great taste of Coke . . .

As it turns out, I'm not the only one. 'It was Richard Nixon's
favourite song,' says Marty Kristian of the New Seekers. 'Appar-
ently he liked to listen to it when he was bombing Cambodia.'

Within a week of the advertisement going on air, Coca-Cola's
headquarters in Atlanta, Georgia, had received over 10,000 let-
ters from people asking where they could buy the song. 'I'd Like
to Teach the World to Sing' by the New Seekers, the subsequent
single version that doesn't mention Coca-Cola, went to number
one in the UK, number seven in the US and sold over 12 million
copies worldwide. In 2007, *Campaign* magazine cited the adver-
tisement as one of the best-loved and most influential in TV
history. The final episode of *Mad Men*, which follows Madison
Avenue advertising executive Don Draper as he navigates the
changes in American lifestyles and attitudes through the 1950s
and '60s ends with a newly enlightened Draper meditating at a

hippy commune in Big Sur in November 1970 before appearing to dream up what has since become known as the Hilltop ad in a Damascene moment of corporate epiphany. As Roger Cook, the Bristol-born songwriter who came up with the tune with his regular writing partner Roger Greenaway a few years before leaving England for a new life in Nashville, puts it: 'Coca-Cola wanted a TV commercial that would work with the mood of the times. You know, brotherhood and all that stuff.'

'From people aged ninety down to nine, it struck a chord,' says Roger Greenaway, who alongside Cook wrote the song with an advertising executive from the New York agency McCann Erickson called Bill Backer and the agency's music producer, Billy Davis. 'I think it was because of the Vietnam War. It was just after flower power. The line "I'd like to build the world a home" made people feel good at an uncertain time.'

Coca-Cola's hilltop ad may have had no higher goal than to shift a few more thousand gallons of the world's best-selling soft drink, but it did catch something profound. Woodstock in 1969 had represented a high point of Aquarius utopianism, whatever the reality of the terrible weather, the lack of food, the vast unmoving queues to get in and out and the general chaos of it all.

'It was ground zero for consciousness revolution,' says Carlos Santana of Woodstock, whose career was made after he played a mind-altering rendition of Santana's 'Soul Sacrifice' at the festival – on LSD. 'It had to do with the perfect timing of rebelling against Vietnam, Richard Nixon, the Pope, LBJ and so on. And there was camaraderie. The attitude was: I don't know you, but let's take care of each other. They all wanted the same thing I want – to change the narrative, to turn the corner on patriotism and nationalism. Back then we lived for three days on just a little bit of granola and a whole lot of kindness.'

By the new decade, that hippy consciousness was filtering into suburbia, a Buddha on the mantelpiece and a copy of psychiatrist Thomas Anthony Harris's self-help book *I'm OK, You're OK* on the bedside table. But the '70s had also begun with the trial of the cult leader and would-be rock star Charles Manson and three of his female Family members for the Tate/LaBianca murders; the ultimate nightmare of where the new utopia could lead. It was time for the advertising world to provide some optimism.

In January 1971, Bill Backer got on a flight to London with the express purpose of meeting with Greenaway and Cook to see if they could apply their melodic gifts to his own, astonishingly successful slogan: 'It's the Real Thing'. Backer had found a way of making Coca-Cola redolent of a shift in thinking for young America; a response, according to the company's brand manager Ira C. Herbert, to the way 'young people seek the real, the original and the natural as an escape from phoniness.'[1] To make a globally dominant soft drink that actually had none of those qualities represent them nonetheless was sleight-of-hand advertising magic at its finest and it belonged to a four-year rebranding for Coca-Cola that began in the mid-'60s and incorporated everything from vehicle livery to an advertising campaign by McCann Erickson featuring close-up photographs of real life scenes. A New York cabbie grins as he leans out of his taxi window and sinks his teeth into a pastrami and rye sandwich, Coca-Cola in hand; a Coke bottle takes its place on a rustic smorgsabord alongside apples, pears and a chunk of cheese; a young couple try out congas in a music shop; guys stand on bleachers at the racetrack as a setting sun casts them in silhouette against an orange glow. 'Real life calls for real taste,' went the line, which covertly underlined the fact that Coca-Cola was founded in 1886, twelve years before arch-rivals Pepsi. As Bill Backer said in his book on advertising psychology, *The Care and Feeding of Ideas*: 'Several new generations had become soft drinks consumers since Pepsi had been introduced and they were now asking which Cola was the "original". And so the basis of the campaign was right for its times.'

'It's the real thing, that's the way it should be,' sang James Brown, in his unmistakable funky croak for a '70s jingle. It was accompanied by a print advertising campaign of Brown looking like a psychedelic soul messiah, Coke bottle in hand, under the line: 'James Brown . . . Bring it on Home'. A Latin American Coca-Cola advertisement from 1969 featured a folky hippy girl sitting on a window seat and playing acoustic guitar above the line '*La Chispa de la Vida*' – the Spark of Life. And, in the same year, the photographer Jay Maisel shot 'Boys on a Bench': young, photogenic, black and white boys sitting together on a New York bench, smiling, drinking Coca-Cola. At the centre of the bench is a metal bar segregating its two halves and both black and white boys sit on either side of it, integrated, united in Coca-Cola. Coming in the wake of race riots in Detroit and the assassination of Martin Luther King, the company was both challenging conservative values and providing a safe alternative to them. Racial integration, the counterculture and youth itself became signifiers of authenticity, hopefulness, a better tomorrow.

On 18 January, Bill Backer's plane to London hit heavy fog and was diverted to Shannon in Ireland. His fellow passengers were complaining about the situation until they went into the airport café and started drinking Coca-Cola, at which point the mood lifted as they chatted to each other. Backer had a eureka moment equivalent to Don Draper's, albeit in a fog-hit provincial Irish airport rather than a spiritual commune off the West Coast of America: 'I began to see the familiar words, "Let's have a Coke" as more than an invitation for refreshment. They were actually a way of saying, "Let's keep each other company for a while."'[2] On a napkin he scribbled down the lines: 'I'd like to teach the world to sing in perfect harmony / I'd like to buy the world a Coke and keep it company'.

Backer was travelling to London to meet the right people to realise his vision. The 1969 plea for racial unity, 'Melting Pot' by Roger Cook's band Blue Mink, had been a huge hit, followed by similarly clean and professional odes to joy, 'Good Morning Freedom' and 'The Banner Man'. Roger Greenaway was Blue Mink's producer and songwriter, and between them they were variously writing, playing or performing on *Top of the Pops* a dizzying amount of the hits of the day. From 1966 they had been tasked with coming up with jingles for Coca-Cola, beginning with 'Things Go Better with Coke' for the Birmingham band the Fortunes, then the Troggs' 'Hey There Little Miss Mary – Things Go Better with Coke', and continuing with songs for American singers like OC Smith, the Vogues and Ray Charles. With Backer stuck in Ireland, and Roger Cook playing with Blue Mink on the northern club circuit, it was left to Greenaway to have a Sunday morning meeting with McCann Erickson's Detroit-born music producer Billy Davis at George Martin's Air Studios in Oxford Street.

'The advertising agencies would want to hear bits and pieces of music you had written, but not finished and turned into whole songs,' says Greenaway. 'I played Billy a song that Roger and I had written while on holiday in Portugal called "True Love and

Apple Pie". We had the melody and the verse.' A wide-eyed British singer called Susan Shirley released a version of the song but it went nowhere – 'A cute toon that flopped a year or two back' as Roger Cook describes it.

The following Monday, Bill Backer got back from Ireland to meet with Greenaway, Davis and Cook, and on hearing 'True Love and Apple Pie', he said that he loved the melody but the lyrics would never work in America; people would think the song was actually about apple pie. He shared the line he had written at the airport in Shannon and Davis pointed out that if he was going to do something for everyone in the world, buying them a Coca-Cola would not be at the top of his priorities. What would he do, then? He would buy them a home and share with them in peace and love.

Within the next two days, the new version of 'I'd Like to Teach the World to Sing' was written and sessions were booked to record the song with the New Seekers. 'We did a two-minute version, a minute version, a thirty-second, a twenty, a ten . . . It all had to be done for radio back then,' says Greenaway. Initially the song was used only on radio and didn't make a huge impact, but six months later, a Bronx-born former graphic designer called Harvey Gabor, who was working at McCann Erickson, came up with the idea of associating Coca-Cola with the peace and love of the new generation. Gabor wanted to hire a choir of international singers that he planned to call, in suitably utopian fashion, the First United Chorus of the World. He wanted to have young men and women on a hill, coming together through the unifying power of Coca-Cola, and he asked Backer if there was anything to fit the bill. Backer told him to go through ten years' worth of music in the company's tape library. Three days later, Gabor emerged with the New Seekers' song.

The initial plan was to film the advertisement on the white cliffs of Dover, but on Gabor's arrival, it rained for four days with accompanying winds of up to 60 mph. 'I said, if we blow 500 kids off the cliffs, they'll really remember us,' said Gabor.[3] The shoot was moved to Rome, where the problems continued. According to Gabor, out of the 500 people cast 'some of them had zits, some of them looked like wise guys,' and heavy rain was followed by extreme heat. The cast became unruly, refusing to stay in formation, scratching their bottoms at the camera and lobbing Coca-Cola bottles at the helicopter as it came in for the crucial aerial shot at the end of the advertisement. Nothing was working.

Having convinced McCann Erickson's account executive Sid McAllister to part with another $100,000, Gabor decided to recast and reshoot. This time he went round all of Italy's embassies to ask the children of diplomatic staff to take part, so he was getting nice, healthy-looking, privileged kids from countries around the world, not bottom-scratching louts from the streets of Rome. The smiling blonde woman in the opening shot was a British nanny Gabor found by the Piazza Navona. The advertisement was shot once more on a hillside just outside of Rome in Manziana by the Roma film company, its director Roberto Malenotti shouting instructions to the kids through a loudhailer from the bottom of the hill as three cameras rolled. When they couldn't hear him, he used sign language.

'One of the signs got misconstrued as "Come on down and have some refreshments" when actually he wanted them to stay where they were,' says Greenaway. 'All the kids stampeded down the hill and some of them smashed into one of the cameras and broke it. Later on, the helicopter landed badly and couldn't get back up again. They had to get another one the next day.'

All of this added up to an eventual cost of $250,000, which in 1971 made it the most expensive advertisement ever made.[4] Gabor got the boot, but was then reinstated when the advertisement took off. A made-up group of American session musicians called the Hilltop Singers expanded the thirty-second commercial and rush-released a single, prompting Greenaway and Cook to record a full version of the song that didn't mention Coca-Cola called 'I'd Like to Teach the World to Sing (In Perfect Harmony)' by the New Seekers over a weekend. 'As luck would have it, the New Seekers were doing a residency at the St. Regis hotel in New York,' says Greenaway. 'Billy Davis took them into the studio and recorded the song. It came out in 1971 and sold half a million copies in a day.' As Cook adds: 'Today there are churches down here in Tennessee that sing "Amazing Grace" to the tune of "I'd Like to Teach the World to Sing". Pretty neat.'

Marty Kristian was busy fulfilling his role as resident heartthrob of the New Seekers when he got the call: 'We were in Idaho or somewhere. We had already done all these jingles for Coke, twenty-five or twenty-six of them, mostly written by Roger Greenaway, and when the one that featured on the Coke ad got such a phenomenal reaction from the radio stations we were asked to do a full version. Roger thrashed out a few more lyrics, I learnt them on the plane going to New York, and it was an MOR peace anthem that struck a global chord.'

'I'd Like to Teach the World to Sing (In Perfect Harmony)' got to number one in November 1971. At the same time, Roger Cook and Roger Greenaway also had 'Something Tells Me (Something's Gonna Happen Tonight)' by Cilla Black and 'Freedom

Come, Freedom Go' by the Fortunes in the top thirty. The previous year, Greenaway was busy having a novelty hit with 'Gimme Dat Ding' by the Pipkins, a made-up band featuring himself and the singer Tony Burrows doing comically high and low voices on a music-hall romp by Albert Hammond and Mike Hazlewood that sounded like it should have accompanied footage of Buster Keaton jumping off the back of a train or swinging from a giant clockface. He and Cook also wrote 'My Baby Loves Lovin'' for a studio band called White Plains, for which Burrows was the lead singer, and Burrows was also in Edison Lighthouse, who had a massive hit in 1970 with 'Love Grows (Where My Rosemary Goes)'. Then there was the Brotherhood of Man, for whom Burrows and Greenaway hooked up with the session singer sisters Sue and Sunny and the songwriter John Goodison for the euphoric cry of optimism and inclusivity, 'United We Stand'. None of these did any of the usual band things like going out on the road, shacking up with groupies or spending a year in the studio making concept albums about topographic oceans. They were put together for the sole purpose of having a hit and they came and went as quickly as the singles they pumped out. For a brief period at the start of the 1970s an astonishingly large chunk of singalong pop was being written, played and performed by a tiny coterie: the songwriters Cook, Greenaway, Johnny Goodison and Tony Macaulay, the singers Madeline Bell, Tony Burrows, Sue and Sunny and Lesley Duncan, and the musicians Clem Cattini (drums), Herbie Flowers (bass) and Alan Parker (guitar). It all added up to the world's greatest non-existent band.

'We all knew each other,' confirms Greenaway. 'Clem Cattini was playing on all the '60s pop records because the actual drummers weren't good enough. George Martin would bring Clem to play on Beatles' records because Ringo would lose time when he had to do the fills.* Most of us were doing four sessions a day, six or seven days a week . . . advertising jingles, television performances, the lot.' According to Sue Glover of Sue and Sunny, everyone would hang out in a coffee shop on Denmark Street. 'The phone would go, the proprietor would shout: "Is there a bass player in here?" and the suitable candidate would trot off to work.'

Pipkins came about when Greenaway and Tony Burrows were in George Martin's Air Studios in early 1970 and they bumped into John Burgess, one of the studio owners. 'Here Comes the Judge', a novelty song and a prototype rap by the gruff-voiced American comedian Pigmeat Markham, had been a hit and Burgess was trying to find something similar for Freddie and the Dreamers, then on a downward slide after their '60s beat group high, with Freddie Garrity cast in an ITV children's show called *Little Big Time*. It featured a segment called 'Oliver in the Overworld', in which Garrity played a boy travelling to a land of mechanical people in the hope of finding the parts to mend his grandfather clock, almost getting eaten by the good-natured but destructive Waste Disposal Unit and flirting with a trio of backing singer types called the Belle Telephones along the way. The Gibraltan songwriter Albert Hammond had written for the show 'Gimme Dat Ding', a tale of a metronome whose ding has been stolen by the evil Undercog, but Burgess didn't think it was right for Garrity so he got Greenaway and Burrows to have a crack at it. The organist Harry Stoneham, soon to join the house

---

* Beatles scholars may take this to be an exaggeration of Cattini's ubiquity.

band for the BBC One chat show *Parkinson*, led Greenaway and Burrows through the song and half an hour later, they had it.

'Tony Burrows did the gruff voice, I did the high pipkin voice, and we left the studio without thinking much of it,' says Greenaway. 'The next thing we know it's on the cover of *Rolling Stone*, I think because they thought it was some big group being funny. That was where it really got going because when we did Pipkins on *Top of the Pops* we also sang in Edison Lighthouse, White Plains and the Brotherhood of Man – on the same programme. We were darting from one stage to another.'

'It was ridiculous,' says Burrows, who has gone down in history as the only man to sing in three bands on the same 1970 episode of *Top of the Pops*. 'White Plains, Edison Lighthouse, Pipkins and the Brotherhood of Man were recorded over the space of six months, but they all seemed to come out at the same time. For that *Top of the Pops* edition I was running from one stage to another, zipping in and out of my dressing room to do costume changes along the way.'

Recollections vary about how many songs were written and performed by the same people under different band names on that single episode. Burrows put it at three: Edison Lighthouse, Brotherhood of Man and White Plains. Greenaway and Tony Macaulay, who with the songwriter Barry Mason wrote 'Love Grows (Where My Rosemary Goes)', have added Pipkins into the mix. In any case, the essence of the truth is the same: the show had turned into a pop playground for the same handful of people who had turned all of the things late '60s rock had become known for – integrity, longevity, seriousness – on its head. 'It was hilarious,' says Macaulay. 'Tony Burrows was putting on wigs and moustaches as he went along.'

Cook and Greenaway belonged to a world of recording and TV studios and music publishers' offices on Denmark Street in London, not one of tour fans and festival appearances. They specialised in an early '70s variant on the 1950s songwriting model: bashing out songs and if they were a hit, hastily putting together an act to take it out on the road.

Roger Greenaway's dream was to play football for England. In the late '50s, he was captain of his local amateur team in Bristol and after leaving grammar school at sixteen to take up a job at the paper manufacturing company E. S. & A. Robinson, he was even on the books of Bristol City for two years. Then he woke up one morning with the terrible realisation that he was never going to play for the first team. He decided on a second career choice: singing with a vocal quartet called the Kestrels, whose fellow members – including future Pipkin Tony Burrows – he met at the paper company. 'I sang in a church choir from the age of nine and had a nice high soprano voice. I would sing at weddings and funerals. We were listening to the American songs of the day. I would put my head under the pillow when my parents thought I was asleep but actually I was listening to Radio Luxembourg, which played mostly American hits. I was mad on Elvis Presley's "Heartbreak Hotel" and then I saw a film with "Unchained Melody" on the soundtrack and that sealed it.'

Roger Cook had a similar vision. 'We all sang,' he says of his Bristol childhood, during which his father would put an album of music by Chopin onto the record player in the living room, settle into his armchair and burst into tears. 'My siblings and parents were very musical, but it was my father who was the leader of the pack. He was a self-taught musician on violin, piano and banjo and he had a lovely baritone voice, and it sounds fanciful but we had family singalongs throughout my youth, so harmony came as second nature. It led me to singing with local church choirs and my mother would enter me in local talent contests. I only remember winning once, but that was my first taste of appearing in front of an audience. Then my brother Tony recruited me to be in his harmonica band when I was fifteen, which was a big deal at the time. Music would have been an important part of my life, with or without a career.'

The Kestrels were just getting going when all four members hit eighteen and were sent off to do National Service in 1957, which carried on in Britain until 1960 and required men from the ages of seventeen to twenty-one to serve in the armed forces for eighteen months. It meant that a whole nation of teenagers in peacetime Britain were trained in the art of tucking in bedsheets tightly enough to turn them into straitjackets, marching up and down the yard in a straight line and polishing their boots until Sergeant Major could see his furious red face in them. Roger Greenaway spent sixteen months in the Royal Boxing Regiment in Reading and then asked for a transfer to Devizes in Wiltshire where the three other members of the Kestrels were stationed, so they could practise in their spare time and go professional when they got out in 1961.

Two years earlier, the Kestrels had auditioned for a Canadian talent scout called Caroll Levis, who was the smiling, besuited, oleaginous Simon Cowell of his day: if you won one of his regional talent competitions you got to appear on *The Carroll Levis Discovery Show*. The Kestrels went through to the final, came second to an opera singer and after being discovered by an aristocratic former war correspondent with a love of jazz called Lord Donegall, they ended up with a deal with Pye Records. And then a turning point in Greenaway's decision to forego band life for the studio-bound world of the session singer and songwriter for hire was the Kestrels' support tour for the Beatles in 1963: 'It was awful. The kids would throw things at us until we stopped. The promoter tried to say they were screaming for us when he knew perfectly well that they were screaming at us to get *off* stage. To be honest, the Beatles weren't actually very good. Not that it mattered, because nobody could hear them anyway. I quickly discovered that there was nothing glamorous about being in a band, of rushing home on a Sunday night to see your kids, only to have to go off again the following morning.'

'It was a permanent scream, like something out of Alfred Hitchcock's *The Birds*,' says Tony Burrows of that Beatles' tour, which actually began with Helen Shapiro at the top of the bill. 'You couldn't hear a thing. And the promoters paid us extra to go on before the Beatles because nobody wanted to. We used to talk amongst ourselves when we were meant to be playing.'

By 1964, Greenaway had a publishing deal with Mills Music, a music publishing company on Denmark Street whose general manager was Tony Hiller, another key figure in Britain's early '70s singalong pop miniverse. Born into a Polish Jewish family in Bethnal Green in the East End of London, Hiller's father had worked in New York for the composer and lyricist Irving Berlin, his mother was an accomplished pianist and he spent his adolescence learning to be a boxer at Bethnal Green Jewish Boys' Club before working as a taxi driver and helping his brothers run a market stall. Then he got struck down with lymphoma and, although he recovered, Hiller decided he might not have much time left in this life and he had to pursue his dream. He formed a singing duo with his brother Irving and touted their songwriting compositions through the publishing companies along Denmark Street – London's own Tin Pan Alley – before getting a job at Mills in the early '60s. The footballer Terry Venables recalled going into Tony Hiller's office one day and seeing a 'fat little fellow' who was employed to make the tea and hand out the post. As Madeline Bell says, 'Everyone knew him as Little Reggie. This was a long time before he became Elton John.'

Roger Cook was equally busy carving out his place at the coalface of the British entertainment industry. After leaving school at fifteen he got a factory job, worked as a plasterer and, in 1957, formed a vocal group called the Sapphires, who also appeared on Carroll Levis's show: 'The Sapphires were much like the doo-wop groups that sprang up in America during the '40s and '50s: the Platters, the Inkspots, Frankie Lymon and the Teenagers. We had a guitarist called Brian Holly, who wrote a song for the girl in the group to sing, which we performed on the road, and I was jealous of him and thought: I could do that. It kickstarted my songwriting debut. We were good enough to win a few local contests and hit the road full-time for a couple of years, but it fell apart in 1961, with everyone figuring they needed real jobs.'

The Sapphires did a tour of army and naval bases, and a twelve-week summer residency at the Skegness Butlin's, before calling it a day. Three months too young for National Service, Cook instead paid his dues in pantomime, playing the Sheriff of Nottingham at the Cardiff New Theatre's 1964 production of *Robin Hood* in a cast that included the comedians Mike and Bernie Winters. Here lie the real roots of '70s pop: provincial theatres, damp sheets in boarding-house beds, sixpence-in-the-slot electric shavers, kippers for breakfast on tables with tea-stained sugar cups, bacon and egg grills amid the faded Edwardian baroque of Lyons Corner Houses, pints of milk stout in smoke-clogged saloon bars. It was during panto season that Roger Cook got a call from Arthur Parkman, the Sapphires' former manager, who also looked after the Kestrels. Parkman told him that one of the Kestrels was leaving the group and Roger Greenaway, who Cook met back in 1962 in Parkman's Bristol office, wanted him to join the band in London. The Kestrels had a record deal, they had done two support tours for the Beatles and for a singer like Cook, it beat doing panto. Unfortunately, within a month of Cook coming up to London and joining the group, Tony Burrows announced that he had a solo deal with Decca and was leaving. The band fell apart.

'I said to the guys: we finish the three months of the work we have in the diary, then it is over,' says Greenaway. 'I felt bad for Roger Cook because he had moved his family up to London and he'd only just joined us when we were breaking up already, so I said to Rog: "I've got a deal with [publishing company] Mills Music. I know you write songs. Why don't we do sessions, a bit of radio, and write songs together to see where it goes?"'

For the last six weeks, the Kestrels were on tour with Herman's Hermits. The two Rogers were in the dressing room one night when Greenaway came up with the title and a verse of 'You've Got Your Troubles, I've Got Mine'. Cook built on it and in half an hour they had a completed song. 'We made a demo of it in Denmark Street and Tony Hiller signed Rog, too. He got a £500 advance, which made me feel less guilty, and then we finished the tour,' says Greenaway. 'The Kestrels shook hands and said goodbye, and we went to see Tony Hiller, who played us the Fortunes' record of "You've Got Your Troubles". I must have looked disappointed because he said: "What's wrong? It's going to be a hit." I said I hope so, but I thought it would have been recorded by a big American act like the Supremes or someone. He said, "Don't worry, I'll plug it." And he did.'

Greenaway and Cook took a Lennon/McCartney approach to songwriting, keeping their names linked together no matter who wrote what or who else they worked with. George Martin heard a demo version of 'You've Got Your Troubles' from Hiller and wanted to meet up. It was George's wife Lucy who suggested they recorded as a vocal duo called David & Jonathan.

'We had a couple of hits, we took to the road for about two years and it was fun but it became a hassle,' says Cook. 'With mutual consent we quit live work and concentrated on writing, as that was where the real bread and butter seemed to be. And from about 1968 onwards we took our strongest songs into the studios with whoever we were working with: White Plains, the Fortunes, Gene Pitney, Blue Mink. By the early '70s, people were coming to us, looking for songs.'

'My Baby Loves Lovin'' by White Plains is soul music without the suffering, a white suburban version of a Four Tops hit. Tony Burrows sounds like he is celebrating life itself as he sings: 'No more lonely nights, waiting for the phone to ring.' 'Long Cool Woman (In a Black Dress)' by the Hollies was Greenaway and Cook's attempt to write a Creedence Clearwater-style swamp rocker, right down to the Hollies' Allan Clarke imitating Creedence singer John Fogerty's rough, bluesy voice, with lyrics about working for the FBI and heading downtown to uncover a nest of bootleggers that certainly weren't based on Clarke's experiences of growing up in suburban Manchester. Unfortunately, the tribute was a little too successful: Fogerty knew a slightly altered version of Creedence's 'Green River' when he heard one and sued for plagiarism. Blue Mink's 'Melting Pot' is positively euphoric in its racial hopefulness, with Madeline Bell suggesting that we 'take a pinch of white man, wrap him up in brown skin' before Roger Cook adds curly 'Latin kinkies' and 'yellow chinkies' to the mix. To modern ears, this sounds crass at best and offensive at worst, as idealistic as the song was intended to be, thereby lending itself to a scene in the TV show *This Is Alan Partridge*, in which Steve Coogan's compromised chat-show host sings along to 'Melting Pot' in his room at the Linton Travel Tavern and wonders if it is racist or not. But as a song of brightness and innocence, made with no greater purpose than to bring a sense of uplift and hopefulness in the listener, 'Melting Pot' came from the same mindset as 'I'd Like to Teach the World to Sing'. The lyrics sound clumsy now, only because they were written with such guilelessness fifty years previously. Blue Mink were the product of the singalong world: top session musicians, coming together to resemble a rock group without actually being one.

'There was a divide in the music community back then that only a few people could bridge,' says Roger Cook. 'There was serious rock – an oxymoron if ever there was one – and simple pop music. Herbie Flowers could write "Grandad" for Clive Dunn and at the same time work with Bowie or Lou Reed, but he was one of the exceptions. We were in the era of Bob Dylan, John Lennon and Randy Newman; songwriters who were looking at alternatives to bombing our way to freedom, who were accepting and embracing different cultures. "Melting Pot" and "I'd Like to Teach the World to Sing" had a very similar message, but it didn't mean we were taken seriously.

When I moved to Nashville in 1976, I was heartened to discover that those divisions simply didn't exist. You were either successful or not.'

As Madeline Bell says: 'Blue Mink played in the clubs and the underground rock scene was another world. In the thirty-seven years, I lived in Notting Hill, I never went to Notting Hill Carnival. I only ever wanted to be backstage at a festival. I'm not one for queuing for toilets.'

Instead, as the go-to session singer for early '70s pop, Newark, New Jersey-born Bell lived in recording studios and cabaret clubs, backing countless pop stars, singing with Blue Mink and putting out albums under her own name that, as happens with so many session artists relied upon to make the big stars sound good, never really got the attention they deserved. In my early twenties, I would go with my then girlfriend (now wife) to a tiny cottage in a village called Battlesden in Buckinghamshire, which had been rented by parents of a friend since 1970 and had remained wedded to that time ever since. There were faded copies of *Nova* and *Homes & Gardens* in the dusty back room, a narrow coal fire heating the water tank that you had to stoke for at least five hours to get half a bath's worth of hot water, and a Dansette with a stack of records leaning against it that included, buried among scratchy copies of Bob Dylan and the Band's *The Basement Tapes*, Jimi Hendrix's *Electric Ladyland, Led Zeppelin III* and a 1971 album by Madeline Bell. It was the soundtrack to those weekends in this yellowing world, which we spent drinking cheap supermarket lager around the pocked and rickety wooden table, trying to make a fish pie in the Baby Belling oven with the door that wouldn't close properly and poking about in the fields nearby, saying hello to the cows and wondering what magic mushrooms looked like.

Finding the balance between heartfelt American soul, glamorous cabaret music, introspective acoustic folk and tight, early '70s session musician-driven rock, Madeline Bell's album has a strident declaration of love called 'If You Didn't Hear Me the First Time', a lonely yet glamorous, floor-length gown-wearing ballad called 'You Walked Away' and, perhaps most fittingly for the voice of 'Melting Pot', a protest anthem of sorts called 'Ordinary People', on which Bell sings in pure but vulnerable tones about the right of everyone to live quietly and peacefully without being judged by their background or the colour of their skin. If this came from Aretha Franklin, Dusty Springfield or any other of those soulfully voiced stars who were celebrated for who they were as much as what they sounded like, it would have been a massive hit. Coming from Bell, who everyone hired to sing on their albums but also to stay in the background, it went by unnoticed.

Madeline Bell found a love of singing through church in her native New Jersey and it became her profession after meeting Professor Alex Bradford, an Alabama-born gospel singer whose expressive range and flamboyant style served as an early inspiration for Little Richard and Ray Charles. After having toured with the gospel great Mahalia Jackson, he formed his own group, the Bradford Singers, which Bell joined at the beginning of the 1960s. It led to her being cast in a 1961 production of *Black Nativity*, the Harlem Renaissance poet and playwright Langston Hughes' retelling of the Bible story with a black cast and through the language of gospel, at New York's 41st Street Theatre. The production was transferred to the Palazzo festival in Italy in 1962 and from there it was picked up for a two-week run in London. That led to a six-week tour of Europe that went on for fourteen months. Slowly, everyone in the cast filtered back to the States, but in 1963 Bell was offered a recording contract that led to a tour of American army bases, then a stint in the pubs and working men's clubs of northeastern Britain, and she just never left. In 1964, after recording an album that never came out, she was earning a guinea a day as an usher at the International Film Theatre on Westbourne Grove in west London, where foreign and arthouse movies were screened six days a week, eleven hours a day.

'Then I was at a New Year's Eve party when Dusty Springfield came up to me and said: "You're that singer I've been hearing about." She asked if I could come in and do a session for her, which meant I would get an Equity card and be paid six guineas for three hours' work. I've been doing sessions ever since.'

Bell describes a hardworking and efficient world based around a small community of musicians, where four tracks would be recorded in the space of three hours and the people whose singles you were recording came and went without your ever getting to know them: 'I wasn't pally-wally with any of these people, except perhaps Dusty. You went in to do the job for a new artist and the next thing you knew, they were stars. And I can't mention names but it wasn't unusual for them to not actually sing on their own records. The deal was that session singers were never credited, so you would often hear yourself singing on someone else's hit record.'

Blue Mink was borne of this frustrating situation. In 1966, Roger Greenaway was working with the Troggs when the drummer Barry Morgan said he was putting together a rock group and asked Greenaway to be the lead singer: 'I had just come off the road with David and Jonathan, I wasn't seeing my family, I couldn't take the touring life any more. So I said to Barry that I was flattered, but I wanted to stay in town. That was on Monday. On Tuesday it was *Top of the Pops*, where we all saw each other regularly because we were always booked to back up one of the acts, so I said to Barry: "Why don't you ask Roger Cook to be the lead singer?" It was Roger who thought it would be good for the band to have a black female singer, so he brought in Madeline Bell, and Blue Mink was born. These were session singers who wanted to play live, who wanted to hear applause instead of being stuck in a studio.'

Bell was part of the Denmark Street milieu, 'Going in and out of these music publishers, looking for work. If anyone asked you to do a gig, you just did it: Tom Jones, Petula Clark, whoever. Little Reggie Dwight played keyboards for some of the early Blue Mink gigs. Later on, he introduced us when we played the Troubadour in Los Angeles, but by then everyone knew him as Elton John.'

Bell's entry into Blue Mink came when Roger Cook called one day in 1969 and asked her to sing on an album that needed vocals, asking as a favour rather than booking her for a session: 'I went in, did a song called "Country Chick" and we all went home. Two days later, Roger Cook wrote "Melting Pot", we did three takes, listened back, everyone said, "This is great," and they all looked at me and said: "Do you want to join the gang?"'

Blue Mink was very much a gang, where a black American woman took her place among white British boys who left school at fifteen to chase after the goal of making a living through music. 'There was a big difference between America and the UK back then,' says Bell. 'Things were slower here. England was much cheaper because people didn't make much money and it felt like it was still coming out of the war. In my memory at least, the London of the '60s was depressed. And foggy. Always foggy.'

There was also racism, the issue 'Melting Pot' sought to overcome. Bell says it was never a big deal within the music world, but beyond it there was one incident that stuck out: 'I would go through the classifieds in the *Evening Standard* and the *Evening News* to find somewhere to rent. One time I went to look at a room in north London with a friend of mine called Riss Chantelle, who was a singer in the Lana Sisters. Riss sat in the car while I went to see the room, and when the woman opened the door, she looked at me and said: "Sorry, it's gone." I was really upset, and felt something wasn't right, so Riss went and knocked on the door. Suddenly the room was available.'

Riss Chantelle went back to the car to get her friend Madeline and the two women confronted the landlady. 'She said, "We don't take coloured." So we didn't take the room. But that wasn't unusual back then. You would see signs in the windows of boarding rooms: "No Irish, No Dogs, No Blacks".'

Mods had been embracing the music of black America since the early '60s. British jazz had towering figures like Joe Harriott, Cleo Laine and Cy Grant. In 1967, the Foundations became the first British multi-racial band to get to number one with their rendition of Tony Macaulay and John MacLeod's Motown soul-pop style belter 'Baby, Now That I've Found You', while the Equals, whose Guyanese-British guitarist Eddy Grant became a pop reggae sensation in the early '80s, formed in 1965 after Grant, Pat Lloyd and John Hall, friends from Acland Burghley School in north London, met the Jamaican-born, British-raised twins, Derv and Lincoln Gordon. The Gordons' parents had already set up home in north London, their father having landed a job as an engineer when they arrived, aged seven, at Heathrow in the thick of winter. For Derv, it meant three major shocks: the cold, the snow, the smoke coming out of the tops of the houses.

'I thought, *oh my God, they're all on fire.* Of course, nobody in Jamaica had fireplaces and chimneys because it never gets cold, so I had not seen this before. In the Caribbean, there are flowers everywhere and I couldn't believe how grey everything was in Britain: the people, the buildings, the clothes. It took a little while to get accustomed to it. But I always loved singing, right from the early days of singing in church when we lived in the countryside in Jamaica, and in Britain we listened to everything from my mother's Jim Reeves records to the ska and calypso my dad's sailor friend would bring over with him from Jamaica. Everybody in the family loved music and that's where it all started, really.'

Derv Gordon, his brother and his sister were the only black children at the Islington primary school they attended. 'But there weren't any racial problems. I went on to Barnsbury, a boys' school in Islington, and in both schools I was one of the most popular boys there. I had more problems in kindergarten in Jamaica than I did at school in London, because we moved from the city to a small village and I was told that I shouldn't be there. Being not very dark was also a problem in the Jamaican countryside, which made me realise that you get prejudice all over the world. By our mid-teens, my brother and I had bought guitars and we got invited to meet this guy called John Hall, who was trying to put a band together. Eddy Grant was there and we started rehearsing in John's mother's living room. She helped us buy the equipment and really encouraged us, she was a great lady. Then one night in a youth club a fight broke out. Pat Lloyd was there and we started to talk – that's how the group came to be formed.'

With parallels to Madeline Bell's experience, the Equals occupied a mid-'60s musical world where race was not an issue: playing at youth clubs and bar mitzvahs, performing before white audiences at places like the Shoreline in Bognor Regis and black audiences at the All Star club in east London, supporting the visiting American stars Little Richard and Solomon Burke. There was an incident in Belfast, where the band had to be escorted to their hotel after audience members got upset at the sight of white and black musicians sharing a stage, but for the most part the Equals were a smash hit. They appeared on the TV show *Ready, Steady, Go!* and were taken by their manager, an actor called Lee Shepherd, on regular trips to the theatre: 'We were north London rough boys and he was trying to educate us. Lee was very big on performance and he wanted to show how us how to *feel* what you're doing, to not just stand there but to bring the music alive. From early on, we always wore colourful clothes, which we designed ourselves. That was part of Lee's education, to fuse music with fashion.'

By the time the Equals were having hits like 'Baby Come Back' and 'Viva Bobby Joe' towards the end of the '60s, all of these influences were fusing: touches of ska, soul, reggae and pop, all pulled together by a catchy melody and a beat you could dance to. Mod groover 'Police on My Back' (1967), later covered by the Clash, documented an experience that took Derv Gordon out of his musical bubble and exposed him to the racial prejudice beyond it: 'We had been rehearsing at the All Star club one afternoon when I went to get some drinks and snacks at Liverpool Street train station. There is a police station opposite and suddenly two guys picked me up by both arms and told me I was under arrest. I was thrown in a cell. Apparently I resembled a murderer. When they finally released me, I told them I was in a band and they could go to the All Star club and talk to my fellow band members for proof. I don't know if it was a race thing, but it was certainly a police thing.

'A few years earlier, when I was fifteen, I had been arrested for smashing up a phone box at Archway Tube. I was taken to Kentish Town police station, kept overnight and a policeman said he had seen me do it. I couldn't believe it; it was the first time I learned that the police could tell lies. My PE teacher vouched that at the time I was meant to be smashing up the phone box, I was actually at cricket club and the whole thing was thrown out of court. I had problems with the cars I drove too, because at the age of twenty-two I had a Bentley. When it comes to experiences with the police, he who feels it, knows it.'

In 1970, not long after a serious car crash in Germany that ended with Eddy Grant wrapped around a barbed-wire fence on a grassy verge, leading to a collapsed lung two years later, came the James Brown-styled funk of 'Black Skin Blue Eyed Boys', an anti-Vietnam anthem inspired by Grant seeing a black man and a white man fighting with each other in the street until a policeman came along to break it up, at which point they united and turned on him – 'The label didn't want to release it. Everything had to go through Eddie Kassner, who owned President Records, and he thought it would be too controversial for us to say that we're pacifists, we don't want to fight, we think that black people and white people should mix. We ended up having to go to a separate studio and pay for the session ourselves, and even after that, it was very difficult to get off the ground.'

The first person to champion 'Black Skin Blue Eyed Boys' was the maniacal DJ and future television comedian Kenny Everett, who played the song on his Radio 1 show shortly before getting the boot for suggesting the British transport minister's wife had bribed her driving test examiner to give her a pass after countless fails. 'The world will be half breed!' shouts Grant on 'Black Skin Blue Eyed Boys'. But you would never know it by spending a night in front of the television.

ITV's *Love Thy Neighbour* ran from 1972 to 1976 and is remembered, if at all, as a hideously unsubtle comedy on race relations, with lead character Eddie Booth (Jack Smethurst) throwing all kinds of insults at the black couple who move in next door. According to Anita Choudhuri, a Scottish-Indian writer who grew up in '70s Glasgow, the comedy legitimised prejudice and hostility: 'Every week, the day after *Love Thy Neighbour* was on, we would dread going to school. All the local kids would chant whatever insult Eddie Booth was using that week – Nig Nog and Sambo being the favourites. It gave credence to racism and it made our lives hell.'

Love Thy Neighbour did at least give jobs to two black actors, which is more than can be said for most of the BBC's output at the time. One of the corporation's most popular programmes was *The Black and White Minstrel Show*, which forewent the challenge of introducing black faces to mainstream audiences by having white singers in blackface. Even the celebrated sitcom *It Ain't Half Hot Mum* featured the distinctly non-Indian actor Michael Bates shouting in his best Hinglish: 'Shut your cakey hole!'

Was the British public really so sensitive to the sight of actual black people on the television? Enoch Powell's notorious Rivers of Blood speech at a Conservative Party conference in Birmingham in 1968 – when he quoted a man in his Wolverhampton constituency claiming that, 'in fifteen or twenty years' time, the black man will have the whip hand over the white man' – not only tapped into but actually exacerbated an anti-immigrant mood, contributing towards the Conservatives' surprise election victory in 1970 in the process. The speech resulted in Powell's expulsion from Heath's shadow cabinet and killed his political career but it also turned him into a populist, bigoted, voice-of-the-people type – a fiery zealot and rabble-rousing martyr prepared to say the unsayable. In the general election campaign of 1970, Labour's Tony Benn, no stranger to the power of hyperbole himself, stated: 'The flag hoisted at Wolverhampton is beginning to look like the one that fluttered over Dachau and Belsen.'[5] Benn's forewarning may have been exaggerated, but it articulated a new mood of intolerance. In August 1972, a small army of porters and dockers marched on Westminster to protest against the arrival of Ugandan Asians expelled by the dictator Idi Amin. Many carried the placard: 'Enoch Was Right'.

One person to take note of the racial tensions Powell stirred up was the Jamaican singer Millie, famous for her 1964 bubblegum smash hit, 'My Boy Lollipop'. Millie Small's 1970 single 'Mayfair' was an unlikely reggae take on Nick Drake's plangent folk rock reflection about a wealthy London neighbourhood, where faces are 'clean and nice / but beauty here is cold as ice'. Given the fact that Small promoted it with a nude photoshoot for *Mayfair* magazine, you might be forgiven for missing the political significance of the 45-rpm single, but hidden away on the B-side was a song called 'Enoch Power'. It was a comic riposte to Powell's racial doom-mongering on which, against a cheerful ska beat, Millie sings about leaving Jamaica for the Bullring in Birmingham, going to Wolverhampton to work with her brothers to keep the country running, dancing to reggae on the weekends and predicting a time when 'all men will be brothers'. With a chorus chant of its subject's name, 'Enoch Power' turns the feared politician, who according to the comedian and actor Sanjeev Bhaskar represented 'an enforced ticket out, so we always had suitcases that were ready and packed,' into one of ridicule.

There was a distinctly more unpleasant response to Enoch Powell's speech from the rock world. At a 1976 concert, in Birmingham, fittingly, a drunken Eric Clapton went on a rant that began: 'I used to be into dope, now I'm into racism' before concluding: 'Throw the wogs out. Keep Britain white.' Later claiming that he made it because his girlfriend Pattie Boyd had been insulted by an Arab at the Churchill hotel in London, Clapton's outburst was shocking enough to inspire the Rock Against Racism movement, with various punk and reggae bands playing at free concerts that made Clapton – who had a hit with Bob Marley's 'I Shot the Sheriff' – seem like a hopelessly out-of-date, freshly pressed denim-clad, bigoted old relic.

A few years after 'Enoch Power' came out, Millie Small was in Sloane Square, London, on her way to pick up her daughter from school, when she saw a familiar figure. 'I looked at him and he looked at me, and it was Enoch Powell,' she told Ian Francis for his history of late '60s Birmingham, *This Way to the Revolution*. 'He looked very, very sad, and I felt sorry for him. He was burning up inside, under all this pressure of hate in him.'[6] For his documentary *Reggae* (1971), the film-maker Horace Ové cut footage of Powell's Rivers of Blood speech – in black and white – with Millie dancing joyfully as she sings

'Enoch Power' at 1970's Caribbean Music Festival at Wembley – in colour.

Blue Mink took off amid all this, just as its members were reaching the height of their demand as session players. Madeline Bell recalls tours of clubs through England and northern Europe – 'because that's where the money was' – before rushing back down to London for sessions. 'One time we came off stage from a club in Stockton-on-Tees and drove through the night to make it to a session in London at ten in the morning. That kind of thing wasn't unusual back then.'

There were commercials for Toyota and Pepsi-Cola and late-night sessions where nobody knew who they were working for until they got there. 'There was one booked for Olympic Studios in Barnes. We had been working all day so everyone was tired and when we got there, it turned out to be for the Rolling Stones' "Honky Tonk Women". Hot food arrived, which was rare, and one of the singers was a girl from Jackson, Mississippi, called Nanette Workman, which Mick Jagger was excited about.' She appeared on the single's credits as Nanette, thereby starting a longstanding rumour that the actress Nanette Newman, later to become the face of Fairy Liquid, was one of the backing singers on 'Honky Tonk Women'.

John Lennon booked Bell, alongside fellow session regulars Doris Troy and Rosetta Hightower, to come to the Apple offices to work on what would become 'Power to the People', but when she got there Lennon had changed his mind and wanted to do the session at his house in Weybridge instead. They all headed out to Kenwood, Lennon's mock-Tudor mansion in the Surrey town, and then he changed his mind again and everyone had to go to Abbey Road Studios. 'Then John walks in with Yoko and says:

"I'm so glad you're all here, now go to the canteen." It turned out that Phil Spector and [Lennon's manager] Allen Klein were having a big row in the control room. After two hours, John appeared and said: "We want the song to be more aggressive. Can you march?" We all stamped on the ground. The best part of that session is that the following day, Doris Troy called up and told me that our money was waiting for us at Apple.'

Madeline Bell was at Led Zeppelin's first ever press conference, held at her friend John Paul Jones's flat in Kilburn in 1968: 'We all knew each other from doing sessions. John was only nineteen when I met him, and he was so good already. Jimmy was always doing sessions – we all did Joe Cocker's "With a Little Help from My Friends". At that press conference I was in the kitchen with John's baby daughter, making sandwiches.'

And according to Roger Greenaway, Led Zeppelin only existed because of a dispute in the session world: 'Jimmy Page did an interview with *Melody Maker*, slagging the brass players for going off in the break and getting pissed. So all the brass players rang the fixers and said, "We won't work with this guy again, telling us what we can and cannot do, saying we're lushes." Jimmy got blacklisted by the brass players and for that reason he spoke to John Paul Jones and they formed Led Zeppelin. Their manager Peter Grant had driven us to the American army bases back when we were in the Kestrels. He only got the job with Led Zeppelin because he had a white van.'

There was also, says Greenaway, a prejudice against session players: 'There were these fabulous sisters called Sue and Sunny who used to sing on everything, but they only ever got paid as backing singers and were never seen as individual artists who could be stars in their own right.'

Indeed, Sue and Sunny popped up everywhere: with Joe Cocker on *Top of the Pops* for 'With a Little Help from My Friends', on fellow former session regular Elton John's 'Tumbleweed Connection', with Mott the Hoople on '50s pastiche 'The Golden Age of Rock 'n' Roll'. They spent twelve years on tour with German orchestral pop übermensch James Last, encouraged an agonisingly shy Donna Summer to find a little confidence in herself as they provided the vocal framework for her songs made with the pioneering disco producer Giorgio Moroder in Munich and gave T. Rex's '20th Century Boy' its frantic yet soulful high-pitched backing. For the cover of 1971's 'Let Us Break Bread Together', a smooth, middle-of-the-road version of a gospel spiritual, Sue and Sunny dressed like eighteenth-century milkmaids from Henry Fielding's *Tom Jones*, had it been adapted by the team behind the *Carry On* films: voluminous hair, chaste yet suggestive corsetry. Sunny emerged as a pre-disco dancing queen on her 1974 hit 'Doctor's Orders', while Sue went for folky easy-listening gold on her 1976 album *Solo*, but really their legacy belongs to the golden age of the session scene, where they provided the perfect harmonies for the world, or at least a good chunk of the British record-buying public, to sing.

As Yvonne and Heather Wheatman, Sue and Sunny were born into the last days of the Raj in Madras, India. Their father was in the Royal Artillery, his father was a big game hunter who would be called upon by the villagers to deal with the wild animals that wandered into the village, and their father met their mother, a nurse at King George's hospital in Lucknow, Uttar Pradesh, where Cliff Richard was born, at one of the numerous balls held for the British clerical and military classes in '30s India. Then came independence in 1947, when Sue was seven and Sunny was three, and the family had to leave their big house and their own cook and move in with relatives in the north of England.

'When my sister came back from school I would say to her: "You have to sing this song,"' says Sue Glover on their journey into singalong pop. 'She would say she didn't want to. I said she had to. Eventually my mother asked me why I kept pushing her to do all this singing and suggested that I should sing with her as a way to give her confidence.'

A few years later their father was posted to Camberley in Surrey, where Sue saw details for a singing competition in Farnborough Town Hall. The prize was £10. Sunny was eleven and they won. One of the judges was a producer called Johnny Schroeder, who got the sisters a contract with Oriole Records, and not feeling that they could successfully invade the early '60s pop scene as Heather and Yvonne Wheatman, they called ourselves the Myrtelles – after their mother Myrtle – and released a single in 1963 called 'Just Let Me Cry': 'The only people who bought it were our mum and dad.'

Sue and Sunny followed a familiar journey into the industry for the post-war generation, albeit at an unusually young age. At a Camberley venue called the Agincourt, an Edwardian ballroom used as a morgue during the Second World War and reputed to have been haunted by the ghost of a little girl, they met a band called the Cameos and recorded 'If You See Me Crying' at the singer's mother's house near Twyford, Hampshire. The song made its way to Keith Prowse Music and, in 1965, they promoted their single 'We're in Love' on Granada Television by going to a zoo and singing to the animals. Their manager Bill Phillips put them on a tour of northern working men's clubs.

'Bill Phillips used to think that we were a couple of country bumpkins, so he decided it would be good for us. He thought it would toughen us up. As it turned out, it was horrendous. We were doing a Tamla Motown act, which was lost on the audience, and they weren't really listening. Talk about learning the hard way. At the end of the night we would be stuck at a club in Sunderland and we needed to get back to our digs in Newcastle, so the compère said: "These two young ladies need a lift home and I need one of you boys to give them a lift. Don't try any funny business, because if you do, you'll be barred from the club."'

Barred from civil life, too, presumably, given that Sunny was only fifteen at the time.

One night, while doing a tour of the northern working men's clubs, Sue received a phone call from the singer Lesley Duncan, asking if she had ever done session work. When Sue asked what sessions were, Duncan told her: 'You just do some oohs and aahs on a record in London and they pay you for it.' A week later, Sue came to London to do a session with Duncan and got £6.50 for two hours' work; not bad considering that for a week of evenings doing a small show at 6 p.m., a working men's club at 8 p.m. and a cabaret at 10 p.m., they got £60 between them. Sunny left school and the pair embarked on a 10–1, 2–5, 7–10 and sometimes 11–1 a.m. working day. Sunny joined Madeline Bell and Rosetta Hightower to give Joe Cocker's 'With a Little Help from My Friends' its gospel-like vocal drama; Sue was meant to be doing the session too, but she was heavily pregnant with her daughter. They worked every week with Madeline Bell, Tony Burrows, Roger Greenaway, Roger Cook, Johnny Goodison and Reg Dwight (soon to launch himself as Elton John).

'I remember when he first played "Son of Your Father" and I said: "One day, Reg, somebody will love your songs,"' says Sue, who first heard the song that made it onto 1970's *Tumbleweed Connection* a year before it came out. 'We worked with him all the time and I can hear our voices on *Tumbleweed Connection*. His mother would come to the studio and just sit there in the booth. A few years later I said, "Hi Reg," and he more or less snubbed me. Then someone said: "You can't call him Reg any more, you have to call him Elton now."'

Sue and Sunny's world was a working world, with sessions for Mott the Hoople one day and T. Rex the next, driving from Camberley to London and back again morning and night, then pottering about the house, growing vegetables, making jam and being with the children – who were looked after by Sue's parents during the week – on the weekends. And because Sue's husband, John Glover, was also a musician and producer, they didn't get to see each other very much. One evening, Sue was having the progressive rock band Yes over for dinner when John returned home in agony: he had been at the side of the stage at a Jerry Lee Lewis concert when a bottle hit him in the face.

'I always felt a little envious of artists that I've backed for their records in the charts and I was left in the background,' Sunny told Michael Benton of *Disc* in April 1974, just as she launched her solo career with a single called 'Doctor's Orders' after her sister decided she 'wanted to spend some time having babies'. Perhaps Sunny, like Madeline Bell, Roger Greenaway and so many of the other, mostly unknown figures who constructed the sound of pop in early '70s Britain, did not really have the ego for stardom. 'I'm not hip or exotic,' she said in that *Disc* interview.

'I'm just an ordinary girl with an ordinary life and that's how I want things to stay.'

The closest Sue and Sunny came to real, actual fame was with Brotherhood of Man. 'United We Stand', a massive worldwide hit in 1970, achieves some kind of easy-listening nirvana. Its soporific drums, lush but subdued strings and words from two lovers swearing undying fealty to one another conjures up a blissful world of multi-coloured maxi-dresses and wide-lapelled dinner jackets, where romance is never out of style and problems can be whisked away by a bottle of Mateus Rosé and a little yellow pill before bedtime. Footage of Sue and Sunny singing the song on *Top of the Pops*, which was watched by over 15 million people, reveals more glamorous figures than Sunny's description of herself as an ordinary girl suggests: enough Elnett hairspray to be a fire hazard, big earrings, big fringed eyes, big showbusiness appeal. With the men in the band in ruffled Regency shirts and mod bouffants, it all gives a general feeling of a Los Angeles-style grooviness harking back to the late '60s; supper club sartori.

'Basically, we were doing television,' says Tony Burrows on the reason behind the glamour of the original Brotherhood of Man. 'I like to think it was the performance by Sunny and me that made the hit, but at the heart of it we enjoyed the music and that's what comes across.' According to Sue: 'We looked like that all the time. We always wore long eyelashes and nice dresses, and Sunny and I were blessed with thick hair. We did do everything a little more for television, though.'

'United We Stand's message of inclusivity, unity and all-round fabulousness made it an anthem of gay pride, yet it belonged to a world where homosexuality was an open secret, codified into the mores of light entertainment. One rare example of a singalong pop foray into the reality of things was 1971's 'It Ain't Easy' by the Sad, a Wolverhampton band based around the brothers Giorgio and Marco Uccellini that came out six months before David Bowie hopped onto the rising significance of gay pride by draping his arm around Mick Ronson during a *Top of the Pops* performance of 'Starman'. Banned initially by the BBC for its inclusion of the word 'pervert', with the corporation inexplicably satisfied with the rest of the lyrics following the offending word's removal, 'It Ain't Easy' tells of a married man whose habit of picking up men and women wherever he goes is making life difficult for his wife. Giorgio displays remarkable honesty as he boasts with raucous good cheer: 'There's always some young girl or even boy in sight, and I don't care which one I take home that night.' With its Slade-like chant of a chorus, the song could be a rambunctious football anthem, which explains why Liverpool's boy wonder Kevin Keegan released it as a single twelve months later – albeit with lyrics changed to reflect Keegan's celebrity status as a fun-loving kind of guy, but definitely not a gay one.

By 1973, a band called Starbuck could dare to put out a piece of provocation called 'Do You Like Boys?' complete with the tease, 'Do you really long to touch their hair? Do you go for a mean, aggressive bear?' and the almost medical enquiry, 'Do you feel strange when you see blue denim and a studded jacket on a masculine frame?' But that was at the post-Bowie/Bolan height of glam, when acting gay – and the members of Starbuck were straight – had become extremely fashionable. Incredibly, Starbuck not only performed the song on children's TV show *Crackerjack!* but also at a pub in Chatham, Kent, before an audience of skinheads.

Are You Being Served?'s enormously popular Mr Humphries, with his catchphrase 'I'm free!', was a walking explosion of camp. Yet John Inman, the actor who played him, denied that either he or the character were gay. After decades on the working men's club circuit, Larry Grayson became an overnight star in 1972 when he appeared on the television show *Saturday Night Variety* and his entire act was based around being outrageously, unapologetically gay. 'Oo should be coming down the road but the postman, Pop-It-In Pete?' went a typical skit on *The Larry Grayson Show*, which was guaranteed to make its mainstream audience fall about in laughter. 'Hello, Pete, I said. You've got a big bundle there. Is it all for me?'

In February 1978, the Tom Robinson Band released 'Glad to be Gay', a solemn, punk-influenced activist anthem that Robinson wrote in the aftermath of *Gay News* being taken to court for blasphemous libel, in which Robinson pointed out the hypocrisy of the magazine being accused of obscenity when a topless girl appeared on page three of *The Sun* every weekday. The case came about after Mary Whitehouse, that scourge of the permissive society, received a cutting from a June 1976 edition of *Gay News* featuring a poem by the writer James Kirkup called 'The Love That Dares to Speak its Name'. To Whitehouse's horror and, one suspects, excitement, the poem describes a sexual encounter between a Roman centurion and the crucified body of Jesus.

'I think it shook me more than anything I had seen or come into contact with all the time I had been campaigning,' said Whitehouse, who was not so shaken to realise that this was perfect material for the high-profile blasphemy case she had spent months hoping to launch. Her National Viewers and Listeners Association first asked for legal advice on blasphemy laws back in May 1976.[7] On 11 July 1977, *Gay News* and its editor Denis Lemon were found guilty of libel, with a £1,000 fine for the magazine and a £500 fine and a nine-month suspended sentence for Lemon. But ultimately the case backfired for Whitehouse, with what she called the 'homosexual/intellectual/humanist lobby' supporting the magazine with more than enough funds to cover the legal costs and even *The Church Times* calling her foolish for drawing so much attention to a poem that nobody apart from a few readers of *Gay News* would otherwise have noticed. The times were changing. The Tom Robinson Band's 'Glad to be Gay' was the serious, political, middle-class aspect of a culture that Larry Grayson – not serious, apolitical, working class – brought to millions of people every Saturday night.

Even with his catchphrases 'What a gay day!' and 'Seems like a nice boy!' pretty much spelling it out to anyone who failed to pick up on the clues, Grayson never came out of the closet. Today this might be seen as cowardice or hypocrisy and there was a wing that saw Grayson's persona as a stereotype of homosexuality, with University of Westminster students holding a protest in 1974 outside a broadcast of his show *Shut That Door!* But, in April 1978, following Bruce Forsyth's move to ITV, Grayson landed the job of the BBC's Saturday night flagship show *The Generation Game* and proved a sensation, pulling in 24 million viewers a week and becoming a new kind of national hero in the process: a gossipy, limp-wristed, toothsome entertainer, who was a familiar figure to anyone who had been to a working men's club, a music hall, a variety show or just spent Christmas with a confirmed bachelor uncle. But Grayson was no activist: 'Gay! I've never seen a more serious, miserable lot in my life,' he came back at his critics. He also grew up in an age when sex between men was illegal and legalisation in 1967 was passed in defiance of public opinion, not in capitulation to it. In 1969, *New Society* magazine published a poll on public attitudes and the most unpopular change of the decade was cited as 'easier laws for homosexuality, divorce, abortion etc'. In the early '70s, there was a place at the light entertainment table for homosexuality, just as long as it dared not speak its name. It is a sign of how much public mood had changed that by the late '70s, Larry Grayson, a man whose entire act was based around being gay without ever coming out and saying it, could be the most popular figure on Saturday night television.

'United We Stand' shared the same spirit as 'I'd Like to Teach the World to Sing' and 'Melting Pot': a love generation's dream of a better tomorrow, shorn of the patched denim flares, the scary psychedelic drugs, the terrifying prospect of living in a teepee or a campervan without hygienic toilet options and other dirt-encrusted aspects of the hippy lifestyle. This was music best enjoyed not in a dope haze at a free festival but over cocktails in a 1920s semi, in a suburb with excellent transport links and easy access to a nearby golf course. Suburbia was derided by the bohemian fringe and the intellectual elite as dowdy, unstylish and deeply unimaginative – 'Just a prison with all the cells in a row,' as George Orwell's novel *Coming Up for Air* had it. The composer Constant Lambert went one further and articulated suburbia as a pastiche of the countryside for people who couldn't handle the real thing: 'The hideous faux-bonhomie of the hiker, noisily wading his way through the petrol pumps of Metro-Land . . . Imbibing chemically flavoured synthetic beer under the impression that he is tossing off a tankard of "jolly good ale" . . .'

For the kind of people who turned 'United We Stand' into a top ten hit in 1970, owning a home in a place where the urban and the rural met with just enough (but not too much) of both was a dream worth pursuing. It was a world celebrated by John Betjeman in *Metro-Land*, a 1973 documentary that found the poet laureate eulogising the residential hinterland that spilled out of north-west London between the wars and stretched into towns and fields through Buckinghamshire, Hertfordshire and Middlesex, all connected by the Metropolitan Railway in the early twentieth century before it turned into London Underground's Metropolitan Line. Betjeman showed real affection for this mock Tudorbethan world, from his description of Neasden as 'the home of the gnome and the average citizen' to his celebration of the pastoral beauty surrounding the defunct Verney Junction station ('grass at last').[8] For Betjeman this was the answer to modern living: not the brutalist vision of concrete empires like Thamesmead and Park Hill, but convenience brought to the countryside with an aesthetic based on nostalgic conservatism; 'a cityman turned countryman again, linked to the Metropolis by train'. As Betjeman detailed the Victorian industrialist Sir Edward Watkins' doomed dream of building an answer to the Eiffel Tower in Wembley, or heralded rows of Middlesex houses behind privet hedges as 'a bastion of individual taste on fields that once were bright with buttercups', *Metro-Land* went beyond suburbia's clichés of conformity and compromise to find hidden glimpses of character and eccentricity.

Not that the session world was always compatible with the suburbia it provided a soundtrack for. 'It was a joke, really,' says Tony Burrows. 'I was working ten to one, two to five, seven to ten, seven days a week. It meant that my wife had to look after our two girls, and it also meant that our marriage collapsed because by the time I went home in the evening, I didn't want to talk about carpets and curtains.'

The late Tony Hiller had the idea for Brotherhood of Man, recruiting Roger Greenaway and Tony Burrows to join Sue and Sunny alongside 'United We Stand's songwriter John Goodison: 'It was during the time of flower power, the Vietnam War, the founding of lots of movements including gay liberation and civil rights,' he told *Songfacts* in 2011. Later a football anthem for Manchester United and a song of healing after the 9/11 attacks, 'United We Stand' was another product of the early '70s session musician world where the band was irrelevant. It was the creation of a pop 45 to resonate with the world that counted.

'It was another made-up group,' says Roger Greenaway. 'I knew Johnny Goodison and Tony Hiller. They had recorded the track already, we put our voices on and forgot all about it, and two months later it was in the charts as the Brotherhood of Man. Tony Hiller said he was getting all sorts of requests for the band to go out on the road but Sue and Sunny didn't want to do it, Tony Burrows and I didn't want to do it, so Tony said: "Do you mind if I audition a bunch of singers to be Brotherhood of Man?" We could hardly stop him, having said we wouldn't tour. Tony picked four singers out of the twenty or thirty he auditioned, they went around the world and a few years later, they won the Eurovision Song Contest with "Save Your Kisses for Me".'

The all-powerful Cook-Greenaway-Burrows axis could not hold for ever, as Tony Burrows discovered one fateful afternoon: 'I was doing Edison Lighthouse for the third or fourth time on *Top of the Pops* when the producer came up to me and said: "Word has come down from above that you are not to be used any more." Edison Lighthouse was number one and I was told that people thought it was a con after I was spotted singing in all these different bands. I still don't understand why because if your record was selling, *Top of the Pops* rang you up and asked if you would perform it and you said yes. I was banned from the BBC for two years and it had a big effect on my career.'

Roger Greenaway remembers the death knell sounding in late 1970. He was putting the finishing touches to a lustrous piece of symphonic easy-listening soul called 'Lady Pearl' under the name of Currant Kraze when Stanley Dorfman, a producer from *Top of the Pops*, rang him in the studio: 'Stanley said, "We love this new band you've produced called Currant Kraze. Can you give me the names of the band members?" I said, "Sure, it's Roger Cook, Tony Burrows, Sue and Sunny . . ." He went, "It's not another of your made-up bands, is it?" I said, "If it's a hit, why not?" You would not believe the number of letters from the public complaining that the same people are in all the acts. It was the angry brigade, deciding that *Top of the Pops* were pushing us and nobody else. That was instrumental in Roger Cook moving to Nashville. He said that if we were in America we would be lauded for being such creative guys, not punished for it.'

'We got a reputation for bubblegum and that was it,' says Burrows. 'At the same time, everything else that went on at the beginning of the 1970s passed us by. We were far too busy enjoying living.'

The golden age of session musician pop was also brought to an end by the very man who endeavoured to protect it: a cadaverous figure from the Musicians' Union remembered by all as Dr Death. Roger Greenaway recalls the Doctor, whose real name was Don Smith, as 'an awful man, a Tolpuddle Martyr smashing up all the machines, the scourge of the session world he was meant to be protecting.' For Greenaway's songwriting peer Tony Macaulay, he was like 'Bill Gates, but without the charisma'. Dr Death's goal was to protect the rights of session musicians, whether that meant banning synthesisers, preventing double-tracking or ensuring that a band with a hit single re-recorded a new version of the song in a three-hour session for the sole purpose of miming to it on *Top of the Pops* so the BBC had to pay the musicians for the performance. The last endeavour was ripe for exploitation by producers who didn't want a band to mime to an inferior, hastily recorded version of a track when there was a perfectly good, painstakingly constructed original to mime to. According to Chris Redburn of Kenny, who had the massive glam pop hits 'The Bump' and 'Fancy Pants' in 1974 and 1975: 'Dr Death would come to the studio to watch you record and they'd get him wrecked. He was pissed as a newt by the end of it and then they used to switch the tapes.'[9]

Contrary to popular belief, a lot of *Top of the Pops* performances were not always mimed, not least in the early '70s when so many of the hits featured singers who could be relied on to deliver note-perfect renditions, like Madeline Bell, Tony Burrows and their ilk, so the Johnny Pearson Orchestra, hired to back them on *Top of the Pops*, did stay in regular work. A bigger problem was when Dr Death interfered in the studio: 'He was meant to be protecting musicians from getting screwed, so he had a just cause, but he was the wrong man for the job,' says Greenaway. 'He was a communist and he was always throwing his weight around. He came down to Air Studios one time and tried to show me that he could stop the whole thing if he wanted to – I had to chuck him out.'

This was at the height of union power, when even a band from the resolutely socialist world of British folk like the Strawbs could have a hit in 1973 with 'Part of the Union', a parody of a union man with the power to shut down productivity whenever he liked ('The sight of my card makes me some kind of superman'), but with a mood of bracing, singalong defiance that meant it could also be taken at face value as a tub-thumping anthem of togetherness. Labour's Neil Kinnock was using it on his campaign trail in South Wales a year later. And Dr Death's real mania lay in a King Cnut-like determination to halt the inevitable march of progress in the name of job protectionism. In 1969, Tony Macaulay used a mellotron, a proto synthesiser on which the keys play a series of pre-recorded tapes, for Marmalade's 'Falling Apart at the Seams'. But Dr Death was none too happy about Macaulay's innovation.

'The mellotron was a nightmare because it was constantly going out of tune with itself, but it really worked on "Falling Apart at the Seams" and all I had to do was stick the Marmalade's voices on top for them to go on *Top of the Pops* with it. Dr Death was going around telling people that I had used a string synthesiser for the recording, which was against union regulations, and we ended up having a big argument about it, with me denying it and going, "Don't you think I could get real strings if I wanted to?" It started a whole discussion on whether you could replace orchestral musicians with keyboards, because most of them hated doing pop sessions. They would be sitting there, reading gardening catalogues and golf magazines between takes. These were people used to playing Rachmaninoff and now they were called upon to play whole bars and sustained chords in pop songs, nothing of interest to them. There was a story going around at the time that

Paul McCartney turned to the string orchestra in one session and shouted: "I've got a machine at home which does this just as well as you, you know." Of course, a few years later everybody was using synthesisers.'

At least Dr Death was trying to protect the rights of working musicians, even if his methods lay in preserving the past rather than adapting to the future. 'I knew Don very well,' says Horace Trubridge, the saxophonist of the '50s revival troupe Darts, who went on to become general secretary of the Musicians' Union. 'There were a lot of session players back then and Don was trying to ensure they got an extra fee for going on television, but the whole situation was daft. You only heard on a Sunday what your chart position was, you found out on Monday if you were going on *Top of the Pops* and over the next day or two they wanted you to re-record a track that you then had to mime over. Don would be down in the studio to ensure you did a new version and the engineer would swap the tapes over when he wasn't looking. That was typical of the Musicians' Union at the time, which was hopelessly out of date and filled with old Commies who would have been spies for Russia, given the chance.'

For a brief period at the dawn of the 1970s Roger Cook, Roger Greenaway and Tony Burrows, Bristol boys who learned to sing in churches, youth choirs and army camps, took over British pop with the help of Sue and Sunny, Madeline Bell and a handful of very good musicians. 'The bottom line is that the songs had melodies,' says Burrows. 'The song is the thing. And if you enjoy it when you sing it, you have a performance. Everything had become far too serious. Songs had to *mean* something. Then we came along.'

Nonetheless, there was a semi-serious goal at the heart of it all and that was to produce a sophisticated, classic pop song with a positive message that would transcend its creators and live on through the years. 'I'd Like to Teach the World to Sing', 'Melting Pot' and 'United We Stand' achieved that goal. You can see why Roger Cook got so annoyed at having his compositions written off as bubblegum that he moved to the songwriters' mecca of Nashville, why Madeline Bell felt the frustration of having one of the best voices of her generation only to see it credited time and again to the stars of the day, and why Tony Burrows smarted at being banned by the BBC simply because the show's producers asked all the made-up bands he happened to be having hits with to perform at the same time.

There were other songwriters, performers and svengalis who were only too happy to embrace artifice, novelty and hustle; who would question the very purpose of quality, good taste and all those other things that we are meant to strive towards and turn bubblegum into a source not of shame but pride. The system was there to be played with, manipulated, viewed as one big cosmic joke. And if you could score a hit that went out to millions of people and transcend the usual boundaries of age, identity and language to achieve pure mass appeal, so much the better.

Chapter 3

The Great Taste of Bubblegum

Tea by candlelight during another blackout in 1972, the year of pop
at its most cheerful.

Perhaps the best explanation for why the early '70s witnessed an
explosion of hit songs by non-existent bands comes from Tony
Macaulay. Alongside Roger Cook and Roger Greenaway, this
alumni of King's College School in upper middle-class Wimbledon
was the era's most accomplished melodic pop songwriter. With his
partner, John MacLeod, Macaulay became the first songwriter to

knock his own song off the top of the UK charts when Long John Baldry's 'Let the Heartaches Begin' booted out the Foundations' 'Baby, Now That I've Found You' in November 1967: 'Everyone said how clever I was for doing that. Really, it was anything but clever. I destroyed my own first number one.' And it was the experience of working with the Foundations that convinced Macaulay to do away with the band and let the masquerade begin.

Tony Macaulay grew up without any interest in pop whatsoever. Born Anthony Instone to a classical pianist mother, he revealed himself from an early age to be totally devoid of musical talent, giving up piano lessons at the age of eight after his mother received a note from his piano teacher that stated: 'I don't think your son has any ability in music whatsoever and you are wasting your money.' Everything changed on 4 February 1959, however, when news arrived at his school that Buddy Holly had died.

'The whole class went into mourning. It was literally that simple. I didn't really know who he was and all these rugger-bugger types who didn't usually act that way were in tears, so out of pure curiosity I thought I had better find out about this. I started borrowing Buddy Holly records from my classmates and I was highly impressed with all his ideas and techniques. From there I learned four or five chords on the guitar and started writing songs. I made a demo and would run up to Denmark Street, again and again, hoping to get some success. Eventually someone called me back and said that they weren't particularly interested in my stuff but they thought I would make a good promotions man. It was the beginning of my life, really.'

Working in the early '60s as a song plugger for Essex Publishing, Tony Macaulay met John MacLeod, who was the same age as his father, had been through the war and, although a brilliant arranger, had never had any real success with songwriting. He became Macaulay's mentor, teaching him to play piano in a way that lent itself to writing songs rather than replicating the classical pieces that had so eluded him in early childhood. Macaulay was only twenty-one at the time, but he was working with a man with a life's experience behind him and who brought a totally different approach to songwriting from his peers, not only in the lyrical themes but also in the use of modulations and song structures that were not typical of the era. Combined with an influence from the driving rhythms of Motown's songwriting team Holland-Dozier-Holland and the sophisticated chord sequences of Bacharach and David, Macaulay had the raw materials for a great song – which is where the Foundations came in.

Realising that the only way to become a successful songwriter was to follow the model of Petula Clark's songwriter Tony Hatch and be a producer as well, Macaulay manoeuvred his way out of promotions and became a producer at Pye Records. After six months in the job, he went for an after-work drink at the Masons Arms in Mayfair, where the various employees celebrated their latest hit or drowned their sorrows after another flop according to how the week had gone. He woke up the following morning with an appalling hangover.

'And then there is a phone call from the studio going, "There's a band here who say you're auditioning them." It was the Foundations. I had no memory of who they were, where I had seen them, what I had done, so I got a taxi and went there. I was completely indifferent to what I heard, but was so hungover that I thought I should give them the benefit of the doubt and agreed to a single record contract with them. There was a tune we'd had for several years that we'd never really finished, so we went up to the same room in Dean Street in Soho where Karl Marx wrote *Das Kapital* and rehearsed it. I had very little faith in "Baby Now That I've Found You". We only had the words for one verse, the chorus repeated twice and the singer had huge problems with it all. The following Saturday, we booked some backing singers to do the bits he couldn't manage, John MacLeod added the brass parts and the single came out. And it flopped.'

'Baby, Now That I've Found You' sounds like a perfect amalgam of Macaulay's American pop-soul and show-tune influences, and the multi-racial Foundations were the ideal band to perform it. Habitués of London's Soho jazz scene, they were led by a former Trinidadian boxer called Clem Curtis and lived, practised and played in a gambling den in Bayswater called the Butterfly, 'Sometimes not surfacing for several days,' according to their guitarist Alan Warner.[1] The Foundations' hardened survival instincts and Macaulay's public school sensibilities did not prove an ideal match and after their collaboration failed to reap dividends it seemed like their brief relationship was over. But, in 1967, Tony Blackburn championed 'Baby, Now That I've Found You' on the newly formed Radio 1 after all the station's disc jockeys were told to go through singles from the past six months that had been overlooked and it went to number one.

Macaulay got a call from Pye's head office to receive what he assumed would be a pat on the back for the song's astonishing, if delayed, success: 'The chairman of Pye sat me down and said: "That band you got into the studio a few weeks ago stole all the microphones. Should I call the police?" He told me that if I got them to bring back the equipment they had taken, he wouldn't prosecute. I called up the manager most indignantly and sure enough a huge bag arrived at lunchtime with about thirty microphones in it. That's when I started thinking, there must be an easier way to have a hit than this.'

Macaulay realised that in a world where singers like Tony Burrows, Madeline Bell and Sue and Sunny turned up on time, session musicians like Herbie Flowers, Clem Cattini and Jimmy Page played note-perfect renditions of whatever was put in front of them and they were all unfailingly polite and professional, there was one weak link in the chain: the band. For January 1970's 'Love Grows (Where My Rosemary Goes)', a co-write with Tom Jones's favoured songwriter Barry Mason, Macaulay took a mechanical approach to engineering a hit. In order to create nursery rhyme-like immediacy and charm, he shrank a pop song's usual twelve or sixteen bars in the verse and a similar amount in the chorus to just four, thereby hitting the key singalong moments quicker; all the better to implant it into the brain of the listener. Having come up with the opening melody one morning while shaving, he went into the studio to record six backing tracks of 'Love Grows' with an orchestra, the strings playing the melody that would be replicated by a singer, whoever he or she might be, and felt that this was an inevitable smash. As he was packing up at the end of the session, Tony Burrows, who had been working on a Frankie Valli recording in an adjacent studio, walked in. Macaulay asked Burrows to sing, 'She ain't got no money, her clothes are kinda funny, her hair is kinda wild and free . . .' through his nose to bring to the song a comedic, non-threatening quality, and with the versatility that meant he was forever in demand Burrows got what Macaulay was after instantly. Sue and Sunny were subsequently booked for the backing vocals and Macaulay mixed the song over an afternoon – 'And everyone went nuts.'

With a hit to pretend to have come up with, Edison Lighthouse had to be cobbled together very quickly indeed. Macaulay and Barry Mason held auditions in a pub on Tottenham Court Road, only three bands turned up and a jobbing covers act called Greenfield Hammer, who came together a few years previously in the unlovely environs of the Adelphi theatre in Slough and were all holding down day jobs that they had to bunk off from to go to the audition, got the gig. A few weeks later, they were backing Tony Burrows on *Top of the Pops* as the song became the fastest-climbing number-one hit single in history.

'I'm really into theatre,' says Macaulay. 'When you're dealing with actors you're dealing with people who have been to performing arts schools, who can read music, who have studied choreography, who turn up on time. But in the world of bands you have some guy who is working on a building site one week and doing *Top of the Pops* the next and none of them have any fucking discipline. They may look good. Sometimes they even sound good. But they have no professional integrity and we all got so sick of them breaking up and fighting all the time and just being so bloody amateurish that a whole bunch of us, subconsciously or not, thought that what we do is driven by the song, so out of sheer frustration we sort of eliminated the act. For Edison Lighthouse, like everyone else I just plucked a band name out of the air and stuck it onto the song.'

This could cause problems when a non-existent act had a massive hit and there was a demand for them to go out on the road or record a follow-up. 'Tony Macaulay tried to buy me out of "Love Grows",' says Tony Burrows, who had no intention of touring with Edison Lighthouse when he had Pipkins, White Plains, the Brotherhood of Man and countless others to think about. 'He asked me if I was going to go on tour and I told him it was impossible because I was doing so much television. I came up with a figure and he should have bitten my hand off – I suppose at that time he didn't know it was going to be a monster hit.'

Edison Lighthouse spent the next few decades touring, with not one original member – if the concept of being an original member applies to a band that didn't exist in the first place – playing '60s festivals at Butlin's holiday camps and other dedicated leisure venues where all that is needed are some singers and musicians decent enough to transport the nostalgic joy of the old songs to an increasingly elderly audience. And Macaulay did write for actual bands, too. 'That Same Old Feeling', a wistful love song shorn of sadness and filled with a giddy kind of lightness, was a hit for Pickettywitch, whose singer Polly Browne's soulful delivery brought it alive. Named after a West Country pub, Pickettywitch got their break in 1969 with an appearance on the TV talent show *Opportunity Knocks*, performing an old Foundations track called 'Solomon Grundy'. But it was 'That Same Old Feeling', also recorded by the Foundations, which gave them their pop moment. Macaulay had been working on a version of the song for the Hollies but didn't feel it was right for them. It was John MacLeod who picked it up and gave it to Pickettywitch after seeing them rehearse in a pub in Elephant & Castle in London, and as it turned out, 'That Same Old Feeling' had just the right blend of soul power and middle-of-the-road accessibility for Browne, who, blonde-haired and doe-eyed, looked like a Marianne Faithfull for the age of the Austin Allegro and sounded like a Dionne Warwick of the Sunday carvery scene. Pickettywitch made a handful more singles before splitting in 1972 and they might have had a more illustrious place in the annals of pop history had it not been for one extremely unfortunate publicity stunt.

'I'm a normal sort of chap. I've fancied Polly for three years. It's just taken her this long to make up my mind that I mean it,' claimed Jimmy Savile, against all future evidence to the contrary, in a news report about his and her impending (fake) marriage.[2] This was decades before the Radio 1 DJ and television personality was posthumously exposed as a serial paedophile and Browne or the other members of Pickettywitch would certainly not have had a clue about Savile's litany of abuses. 'I didn't even know they really knew each other,' said the band's drummer Keith Hall of the stunt decades later. 'I read about it in the paper when I was on holiday.'[3]

Then there was the Marmalade, the Glasgow band who, having had a massive hit with the Beatles' 'Ob-La-Di, Ob-La-Da', the work of Paul McCartney at his sentimental worst, got a reputation for low-quality chart landfill; an opinion that Macaulay appeared to share: 'People would come to my publishers and ask if there was anything of mine going free. The simple answer was that if there was anything going free, I would be doing something with it myself, but sometimes I had a song that I simply couldn't see anything marvellous in and "Baby Make It Soon" was one of them. So I gave it to that lot.' Nonetheless, in 1976, Macaulay united with a new version of the Marmalade, signing them to his Target label and writing what turned out to be their prophetically named UK top ten 'Falling Apart at the Seams'. Two years later, the band recorded Roger Cook's 'Talking in Your Sleep', the single flopped and Cook took it to Nashville, where in 1978 it became a massive worldwide smash for the smooth-toned country star Crystal Gayle.

While Macaulay was finding ways to dispense with the act, or at least have as little to do with them as possible, John Carter went one further and built up a whole festival's worth of bands that didn't exist in any way whatsoever. How about 1978's 'Sidewalk Johnny' by the South Bank Wheels, a synthesiser disco bubblegum would-be smash that cashed in on the skateboarding craze with words about a 'kerbside king of the downhill racers'? Then there was 1972's 'Hallelujah Roller' by Frogg, a superbly ersatz slice of rock 'n' roll boogie à la Creedence Clearwater complete with groovy guitar solo and the merest touch of church singing to give the name of the song some kind of logic. *Highway of Your Dreams* (1969) by Fat Man's Music Festival, which told the tale of a fretful hippy attempting to cast his fate to the wind on the open road – 'my engine is hot but I've really got to be cool' – was in no way informed by lived experience on the part of its creator. Carter could knock out pure bubblegum, like the 1969 novelty singalong 'Aye-O' by the Running Jumping Standing Still Band and 1972's 'My Sweet Potato' by Butterwick (named after a bus station in Hammersmith, west London), or turn to heartfelt lovelorn balladry, such as 'All of My Life' by the London Boys. Incredibly, he didn't appear to care one jot if the song or the band was a hit or not, perhaps because he knew there would always be another one of both around the corner.

John Carter's production line productivity, and removal of the organic live experience, was in keeping with the aspirations of the new decade. One of the most popular and enduring advertisements of the era featured a round table of tin can-like aliens falling about in metallic laughter as one of their number holds up a potato as a way of illustrating the idiotic eating habits of the average foolish earthling. 'They peel them with their metal knives, boil them for twenty of their minutes, then they smash them all to bits,' reports the earthbound pioneer, to which the chief alien concludes: 'They are clearly a most primitive people.' The advertisement for Smash instant mashed potato was so popular that workers on the Halewood car plant in Mersyside starting building replica Smash aliens from Ford Escort parts and selling them down the pub for £1 a pop. When their bosses called the police to investigate the theft of components, the indignant workers reacted in proper '70s fashion and staged a five-hour, union-approved walkout. This was in the shadow of the Moon landings, when faith in science – albeit tempered by a back-to-the-land movement, the underground's commitment to all things real and a persistent underlying fear of being wiped out by nuclear armageddon – was at its height. Industrialised farms were processing peas and beans in their millions to supply the ready meal convenience of Findus and Birds Eye. The average Holstein-Friesan cow produced 200 more gallons of milk than she did in the 1950s, hens laid twice as many eggs, and subsidies and supermarkets encouraged farmers to turn the countryside into a patchwork quilt of brown and yellow fields that provided 50 per cent of the country's food. And as it turned out, the approach was rurally disastrous.[4]

In 1980, Marion Shoard, a former official at the Council for the Preservation of Rural England, published *The Theft of the Countryside*, a book on the impact modern farming and the culture of subsidies was having on the British natural environment. Holding up hedgerows, described by Wordsworth as 'little lines of sportive wood run wild' as the framework of the agrarian landscape and the reason for the country's abundance of hedgehogs, dormice, primroses and violets, she reported that 150,000 miles of hedgerows had been ripped down because they got in the way of modern farming techniques. 'In the early '70s, two farmers from Kent bought six farms near [Sennen] Cove covering a total of about 900 acres,' wrote Shoard, illustrating her point with a case study from Cornwall. 'In order to clear a path which was an essential part of their plans to grow cereals, carrots, potatoes and bulbs, they cleared away 11 miles of hedge bank, thus increasing field sizes eightfold.' Also reporting that Britain had lost 24 million trees and a third of its woodlands, meadows, ponds, streams and marshes, plus dairy farming turning to monoculture as farmers replaced natural pastures for cattle to graze on with specially developed strains of grass, Shoard put the blame squarely at the industrial food monolith: 'Unless something is done to curb agricultural intensification,' she wrote in the introduction, 'virtually the whole of the country will be no more than a food factory by the early part of the next century.'[5]

John Carter certainly wasn't responsible for the rape of the countryside, but, just as Smash instant mashed potato removed the unnecessary hassle of the old ways and agricultural industrialisation meant that by 1971 there were only 350,000 farm workers left in Britain, Carter removed the slog of loading and unloading the van, having fights with your bandmates, getting ripped off by promoters, and pretty much every other aspect of the band life. Born John Shakespeare in Birmingham, the city of the slab-grey Bull Ring shopping centre and the carbon monoxide-choked Spaghetti Junction motorway interchange, on 20 October 1940, Carter's journey into songwriting began when his older brother left home, leaving behind an acoustic guitar. He taught himself to play it and was writing songs soon after. Having got into grammar school, his parents had aspirations for him that did not involve pop music and lined up several jobs interviews on his leaving school – 'I said: "No, sorry, I'm going off to London to write songs." My father didn't speak to me for a long time.'

Travelling down to London with his friend Ken Lewis in 1960, Carter did the rounds of the publishing houses on Denmark Street, knocking on doors until a publisher at Southern Music said the duo's songs were, as Carter recalls, 'quite interesting'. They told him they would be going to a jazz club that night and he should find them there to discuss it further, and to their surprise he actually did turn up and offered them a deal. They formed a band called Carter-Lewis and the Southerners and recruited a very young Jimmy Page as their guitarist.

'We introduced him to the music world and he was terrified,' says Carter of the future dark magus of Led Zeppelin. 'He was a wonderful player but he would always say, "I don't think I can do that." We would have to say, "Of course you can," or, "Don't worry, Jimmy, you can just do the harmonies." But when Led Zeppelin took off, it wasn't a surprise because for people like Jimmy, sessions were something you did until the real work came along.'

Alongside doing whatever session work they could get, like providing the high-pitched backing vocals on the Who's 'Can't Explain' or imitating Rudy Vallée's croon on the New Vaudeville Band's 1920s-style novelty hit 'Winchester Cathedral', Carter-Lewis renamed themselves the Ivy League and embarked on a Four Seasons-style harmony singing career, getting a handful of hits in the process. They wrote songs for Dana Gillespie, Herman's Hermits and Peter and Gordon, and an old Carter-Lewis song called 'Little Bit o' Soul' became a massive hit in the US in 1967 for the garage band the Music Explosion. By the time the Ivy

League became the Flowerpot Men in 1966, John Carter decided he'd had enough of touring and playing live – not that he ever really wanted to do it in the first place – and after the Flowerpot Men had a hit in 1967 with 'Let's Go to San Francisco', featuring Tony Burrows on vocals, Carter began a lifelong process of singing about things he hadn't quite experienced in bands that didn't quite exist.

'I had not been to San Francisco when I wrote that song and I still haven't,' says Carter, sounding rather proud of the fact. 'I quickly found that you didn't need to experience anything in a song; it is in your head and it comes out. It goes all the way back to being at school with Ken Hawker [Lewis] when he would play piano, I would play guitar and the song just came through the air. As soon as we wrote our first song, we thought: *hey, we've never done this before*. From then on, my approach has been just write what comes, don't compare it with anything else.'

Carter was unusual in that he had no drive towards the thrill of performance, nor did he want to be famous, nor even particularly acknowledged for his work. He didn't appear to be driven by money either – he just wanted to write songs and have people think that they were the product of some new band. 'Part of it was that I got married and wanted to spend time with my wife,' says Carter, whose wife Gill has written the lyrics to a few hundred of his songs. 'She was working at a music publishers on Denmark Street and I asked her out and it started from there. She said, "You play guitar, don't you?" I played her some of my songs and, although she had never written lyrics at all, I said, "You've got a job as my co-songwriter." She turned out to be very good at it. She still is.'

The Flowerpot Men turned into White Plains, one of those non-bands Tony Burrows was running from stage to stage for during his legendary three- (or four-) song session on *Top of the Pops*, but by then Carter had moved on in his imaginary empire. He scored a minor hit with the weirdly downbeat, Kinks-like football anthem 'Chelsea' by Stamford Bridge ('When I see ya I feel emotion, so much deeper than any ocean') and recorded a Western fantasy about being saved from marauding Indians by Hopalong Cassidy, Buffalo Bill, Jesse James and Billy the Kid called 'Cowboy Convention' by the Ohio Express. You might assume it was an extension of the Ohio Express created by American bubblegum pioneers Jerry Kasenetz and Jeffry Katz, which had a massive hit in 1968 with 'Yummy Yummy Yummy'. After all, Stockport's Strawberry Studios, a northern wing of the bubblegum factory that later gave birth to 10cc, pumped out songs as Ohio Express for a while, so it would make sense that Carter operated the southern franchise – 'No, to me it was just another name. I didn't realise someone else had used it and when we realised they did, we decided not to keep using it. The main goal in all of this was to keep well away from performing.'

Carter had a huge hit in Germany in 1972 with 'Dreams are Ten a Penny' by Kincade, a stomping, acoustic guitar jangling delight with some very sad words. Singing to his sweetheart Jenny, the narrator tells her that their childhood dreams have died and she needs to stop fantasising about knights in shining armour riding across the sea (in boats, not on horses, presumably) because all she really has is him. And whenever Carter had a success like Kincade, he faced a challenge to his bubblegum integrity: the label would want a band to promote the hit, but Carter would want to have nothing to do with it. In Kincade's case, Larry Page, the boss of the single's label Penny Farthing, got hold of a band called Octopus to appear on TV shows, with its singer John Knowles becoming John Kincade. An entire Kincade album was made by Carter and a handful of session players, although the photographs on the front and back cover featured Knowles, who also led the former members of Octopus through various European TV performances and a tour of Germany.

Carter had a simple reason for all of this: 'I didn't want to be famous because I enjoyed what I was doing. If you are in a band who is at number three in the charts, your life is going to be interrupted for quite a long time. All I wanted to do was sit in my office, think up new songs, get them out to people and if there is a hit, someone else can do all that stuff.'

For every hit there were countless misses and this was all part of Carter's artistic vision: it was not the success of the song that counted, it was making it in the first place. With 'Huma Lama' by Carlew Choir, Carter combined a highly unlikely mix of Gregorian chant and Beach Boys' harmony. 'Take Off' by Kentucky Freeway was a Status Quo boogie about the joys of not being a star. And so it went on. 'I wrote most of them on the top deck of the bus on my way into work. I've never analysed why. All I know is that as soon as I got up there, the ideas kept coming.'

Elsewhere came the work for hire. Carter would knock out a soundtrack for a dirty movie like *Swedish Wildcats* or *The Sexplorer* – the latter tells the story a girl from Venus who is sent to Earth on a fact-finding mission and ends up studying mating habits in the strip clubs of Soho – before taking up a commission on an advertising jingle. 'I would get a call to say: "A guy is coming to your office at twelve, he's looking for a song for so-and-so, he wants it on the air in a few days." The guy would come in, tell me what he wanted and invariably say that he needed it by tomorrow. I would go home, come up with something and then the guy would come round, say, "That's perfect" and I would be on to the next job.'

From this process came some real gems. Up at the top of the pile is the nursery rhyme jollity 'Please Yourself' by the Tots, a jingle for Rowntree's Jelly Tots sweets that was good enough to be released as a single. This time Carter went one further and made up a band of cuddly toys: Teddy Tim on drums, Wendy Doll on the organ, Tiger Tom on guitar ('He's always trying hard to be a star,' admonished the song's retiring creator) and a little soldier boy called Jerry Joe on lead vocals. As an exhortation to get down off the shelf and dance to the music, the song announced the simple goal of the Tots, and perhaps the goal of all of Carter's output: to bring you happiness when you feel sad.

In October 1973, an Arab coalition launched an attack on Israel in what became known as the Yom Kippur War and, combined with Ted Heath's battle with striking miners and railway workers leading to severe coal shortages, the ensuing energy crisis led to the start of the three-day week on 1 January 1974. Factories and business were limited to three days of electricity, shops were limited to mornings or afternoons, the television went blank at 10.30 p.m., households were told to limit light to one room and Minister for Energy Patrick Jenkin urged people to clean their teeth in the dark – before being exposed for using an electric toothbrush and leaving all the lights on in his north London house. With the National Union of Mineworkers (NUM) beginning another strike on 5 February, Heath called an election and planned to break the power of the unions with the slogan: 'Who Runs Britain?' Unfortunately for him, the electorate came back with the definitive answer: Labour does. On 4 March 1974, an ageing Harold Wilson returned with a minority government.

Meanwhile, the Provisional IRA's bombing campaign reached horrific new heights on 4 February, when a coach filled with servicemen and their families was blown up outside Leeds. Some 25 lbs of explosive ripped off the entire back half of the bus, killing twelve people and injuring thirty-eight; one 23-year-old serviceman was killed alongside his wife and their two children, aged five and two. A passing motorist called John Clark said: 'The smell was what upset me really. It was so dark that you couldn't see how bad the injuries really were, but it was the smell of it. It was absolute total carnage.'[6] Perhaps 'Please Yourself' by the Tots, a journey into childlike fantasia with a tune so cheerful it suggests nothing bad could ever really happen in the world, was a natural reaction to a period in British history when violence and dysfunction made reality a bleak prospect. The single came out on 30 August 1974.

'I tried not to think about politics, I just wanted to write songs and forget about what was going on,' says Carter. 'The songs were fun and we were trying to cheer people up. We thought: *let's write a nice fun song that will appeal to people's hearts and get them out of their rut.* All we were trying to do was write good songs, get them to good singers and hope they would be hits.'

One of John and Gill Carter's biggest hits was written not on the bus but at their house in East Sheen, a smart suburb on the fringes of south-west London with a Waitrose on the high street and a pitch and putt course on the grassy expanses of Palewell Park. 'The Beach Boys were in the back of my head for that one,' says Carter of 'Beach Baby' by the First Class, which got to number four in the US and number one in Canada in 1974. Following the spirit of 'Let's Go to San Francisco', the Carters created a perfect pastiche of nostalgic, cheerful American pop, complete with words about dancing at the high school hop with a girl who wore beat-up sneakers and a ponytail. It comes close to being a Beach Boys' tribute, yet there is something about it, some nagging Englishness, that Carter failed to eradicate, which makes it a unique artifice.

'Brian Wilson was doing one of those TV shows in America where they play you a song and ask you who it is and so on,' says Tony Burrows, back once more to sing on one of the Carters' biggest smashes. 'Brian said, "I don't know who it is but it is definitely from West Coast America." I took that as a great honour. John sent me a tape of him playing guitar and then we recorded the harmonies in about three hours, with a guy called Chas Mills doing the backing. It sounds like an enormous band but it was just us.'

John Carter's made-up band world was borne of a lifelong desire to write a good song and not have to deal with everything that went with it. There were other figures on Britain's early bubblegum scene who took a rather more anarchic approach, who played the music industry like a pinball machine, bouncing from record label to TV station to recording studio to stage and trying to score as many points along the way. The most outrageous of them all was Jonathan King.

King lives in a little mews house near Kensington Gardens, close to the heart of London. The huddle of chairs in the cramped living room, with its platinum discs on the walls and piles of books and papers on the floor, has been occupied by everyone from Jimi Hendrix to Marc Bolan. He bought it for £18,650 from Martin Lutyens, the great nephew of the Victorian architect and designer of New Delhi Edwin Lutyens, with the proceeds of his 1965 hit, 'Everyone's Gone to the Moon': 'It had lines like, "Eyes full of sorrow, never wet / Hands full of money, all in debt". Nobody was doing anything similar apart from a tiny group of people in North America like Joni Mitchell, Bob Dylan and Leonard Cohen, and for a very short time I was extremely credible. I even popped up on the back pages of *Melody Maker* for a few days. But the credible world is built on image, essentially. Once they saw through me and realised I was just a fat queen, the game was up.'

King was uniquely placed to create what he calls 'mass appeal music': songs that go way beyond genre and style, beyond taste and credibility, beyond even the concept of being good or bad, to explode across the globe. 'I'm not interested in a hit unless it does at least 6 million worldwide. I'm interested in records that appeal to grandmothers, small children, long-haired rockers, hip-hop fans . . . I don't use the word "pop" because that suggests a musical category; something catchy, superficial and a bit empty. "Anarchy in the UK" is a mass appeal song. So is "The Blank Generation" by Richard Hell and the Voidoids. And "The Winner Takes It All" by Abba is up there with Picasso as a mass appeal masterpiece.'

Jonathan King is a strange mix: an egotist who doesn't take himself the slightest bit seriously, a commercially minded industry insider with no clear interest in money. He is also a moderate-drinking, non-drug taking, bisexual man who in 2001 was convicted of indecent assault on boys of fourteen and fifteen – a conviction he protests his innocence against to this day.

'I have never slept with anyone under sixteen and I've never had sex with anyone who didn't want to. Many of the people making the accusations came and visited me here again and again, which you don't tend to do if you don't want to, and the ages kept changing. After we produced evidence, one twelve-year-old admitted that he had probably been over sixteen.'

Surrey Police, focusing on accusations that King had molested boys he met at a disco called the Walton Hop through the '70s and '80s, went after him again in 2015 on eighteen more charges. In 2018, the case collapsed, with shortcomings in the disclosure of evidence being so severe that the judge felt she had been misled and threw out the trial. The disclosure failings also meant that the court was not informed by doubts expressed by a police review of the 2001 case: failing to record questions, not getting statements signed for weeks, documents found on the computer of one of the original officers offering for sale introductions to King's victims. I have no idea whether or not King did the things he was accused of, but as the investigative journalist Bob Woffinden revealed in his 2015 book, *The Nicholas Cases: Casualties of Justice*, almost all the ages and timings of the offences turned out to be wrong, with the prosecution having to apply to change the dates on four of the six charges at the end of the 2001 trial. One of the changes was caused by a complainant providing his mother's diary as evidence, showing contact with King on the dates he had originally given. King proved that he was in America at the time. The Metropolitan Police looked at the evidence and in 2018 took him off the Sex Offenders Register. But before all this shadowed his life, Jonathan King was the inescapable mainstay of British pop music – 'The only people who have done more episodes of *Top of the Pops* than me are Cliff Richard and Jimmy Savile. I'm not quite sure what that means.'

Raised in a Surrey mansion called Brookhurst Grange by an actress mother and a managing director father of the Tootal ties company, later a favourite brand among '60s mods, Kenneth George King initially believed stardom of an erudite and intellectual kind was his manifest destiny. Obsessed with the charts throughout childhood, developing new levels of determination after his father died when he was ten, he was a sixteen-year-old pupil at Charterhouse public school when he decided he was going to be the next big thing in music. He approached Oriole Records' Johnny Schroeder – the man who discovered Sue and Sunny – and told Schroeder, with the self-regard that was to prove first his doing and then his undoing: 'I have been studying the music industry for the last three years and it is one big joke. Anyone can make it if they're clever and can fool a few people.' As the subsequent path of his career proved, King was at least half-right.

Unfortunately the Beatles had come along and taken all the attention, so King, with a round-the-world ticket bought by his mother, took off on a gap year prior to starting at Trinity College, Cambridge. When he got to Melbourne, after months of staying at YMCA hostels, he decided to treat himself to a night at the five-star Southern Cross hotel – where, as it happened, the Beatles were staying.

'This must have been 1964, when Beatlemania was at its height. I was so frustrated. I was meant to be the biggest thing in music and this stupid fucking group with floppy hair called the Beatles came along, and now there must have been 8 million girls screaming outside that hotel. I wasn't interested in the Beatles but

I was interested in their manager so I went up to my room, picked up the phone and asked to be put through to Brian Epstein – you could do that sort of thing in those days.'

It turned out that Epstein had gone on holiday but Derek Taylor, the Beatles' publicist, gave King the name and number of Epstein's hotel in Hawaii. He headed out there, found the Liverpudlian entrepreneur lounging about in a deckchair by the pool and gave him a copy of the latest *NME*, which King's mother, Ailsa, had posted to him from England: 'He told me that he had so missed knowing what was going on in England, this was the best thing that happened to him for the whole holiday. I pulled up a deckchair and we got to be really good friends. Luckily, he didn't fancy me in the slightest because I was a posh public schoolboy and he liked welders and builders. One night in a club a few years later I sat down next to Brian after I had been dancing, and he said, "You know, Jonathan, you've got the best body of anyone in the pop business. Pity about the face."'

While still an undergraduate at Cambridge, Jonathan King learned to play the game. He wrote a song called 'Gotta Tell' for a local band he was in very briefly called the Bumblies, did the rounds of labels, radio stations and television studios, and sent the record to critics alongside Easter eggs that he had hand-painted. And after 'Everyone's Gone to the Moon' became a hit, following relentless plugging of the radio stations by King, he embraced his newfound, albeit brief, status as a credible artist.

'Marlene Dietrich was stroking my face and calling me a poet and a genius,' says King of the time the phenomenally glamorous German movie star, who did indeed record a version of 'Everyone's Gone to the Moon', took a shine to him backstage at one of her concerts. 'Everyone was delighted that she had taken on this young kid. She was the icon of the twentieth century and I was looking at her, thinking: *has she had a face lift?* After twenty minutes of this it was getting rather embarrassing, so her daughter had to intercede and pull her away. Marlene Dietrich had clearly had a couple of sips after the show and she said she would only leave if I promised to come back to the hotel with her. I said I would come back, but separately. Then I went back home with my mum and my best friend from Cambridge.'

After writing 'It's Good News Week', a protest song of sorts about the negativity of current affairs ('Someone's dropped a bomb somewhere, contaminating atmosphere') that became a hit for a short-lived band of Royal Air Force Personnel called Hedgehoppers Anonymous, King's days as a credible artist came to an end and his new career as a one-man bubblegum factory began. Returning to his old alma mater as a conquering hero, he discovered among its pupils the soon-to-be-massive progressive rock band Genesis. In 1972, he made 'Bubble Rock is Here to Stay' by Bubblerock, an album on which he turned '(I Can't Get No) Satisfaction' into a folky acoustic lament and 'Mr. Tambourine Man' into a jolly singalong. Under the name of Sakkarin, he took 'Sugar Sugar' by the Archies, which as a cheery tune devoid of deeper meaning by a band made up of cartoon characters is perhaps the ultimate bubblegum hit, and turned it into a heavy-rock epic. King's basic theory was that good songs will take any treatment if done well and how they are viewed beyond that is down to image: '"Sugar Sugar" is pure bubblegum on every level so I thought it would be great to do it in the style of the progressive rock that was very much the new phase in music at the time. I got fans of Eric Clapton and Jimi Hendrix to really love it. There would be letters going,

"Who played guitar on that record, man? Are you doing Glastonbury this year, man?" This is the kind of thing that gives me satisfaction in life.'

In 1981, King even recorded a punk version of Bob Dylan's 'The Times They Are a-Changin'' under the name Babies on Razorblades for the sole purpose of tricking John Peel, king of the underground, into playing him on his radio show – 'Peely adored it. If he had known he was playing a record by the same man who made "Una Paloma Blanca", he would have had a fit.'

It is hard to find much significance in King's 1971 hit for the Corby band St Cecelia 'Leap Up and Down (Wave Your Knickers in the Air)' beyond its mere existence proving that the collective national psyche at the time was sufficiently repressed to find the mere mention of knickers in a pop song enough to collapse in hysteria, but it was just one cog in his pop multiverse. He would put out covers of American '60s hits like the Hombres' garage rock perennial 'Let It All Hang Out' and Neil Diamond's 'Cherry Cherry', he opened a reggae version of B. J. Thomas's 'Hooked on a Feeling' with a chant of 'Ooga Chagga Ooga Ooga' and came up with a pub closing time equivalent to a gay rights anthem called 'Be Gay', featuring the questionable advice: 'In this up and down life, only one thing is clear / If you want to get a bird, you've got to act queer.' (See also: 'Gay Girl' and 'I Don't Want to Be Gay', all part of King's self-created sub-genre, gay bubblegum.)

'"Leap Up and Down" was socially significant,' claims King, not entirely convincingly. 'It was redolent of the times. This funny little group from Corby used to do it and the girls ripped off their knickers and waved them in the air. Can you imagine that happening now? The lawsuits would be raining down like confetti. All of this came out of my belief that the really good music-makers of the '60s, like the Beatles, the Rolling Stones and the Kinks, started dropping off because they were doing drugs, getting married, buying houses and no longer feeling the hunger to write the masterpieces they did when they were poor and hungry and ambitious. Now the best music was being made by people like Led Zeppelin and, although pop was still there, it generally wasn't as good as it was in the 1960s. This was good for me because I could have hit after hit after hit with my not-great-but-not-bad music.'

In truth, King's hit/flop ratio was heavily weighted towards the latter, but he threw so much pop effluent against the chart wall that some of it inevitably stuck. His artistic masterwork was less any particular song, more an ongoing initiative to flood the charts with so much material, under so many different names, that nobody could keep up with him, least of all radio DJs who were given a remit to play no more than one release by the same artist per show. He approached the entire business of making singles as part of an Andy Warhol-like endeavour, from the sleeve design to the marketing to the promotion. Not that Warhol was, in fact, the artistic figure King was taking inspiration from.

'One of my great heroes is Theo van Gogh, who most people have never heard of beyond his being Vincent's brother. Vincent was very much an album artist, he never had a hit single. He needed Theo because he was the one who managed to keep his brother sane. He ensured that Vincent could live in Provence for most of his life and he got people interested in him. I thought of making records in a similar way and looked at A&R, production, graphics, promotion and all the rest of it as part of the art form. I was pretty good at quite a lot of them. My sadness is that I was never *very* good at any of them. That's why I wasn't more successful than I was.'

King might turn up with a painfully cheery version of the *schlager* favourite 'Loop di Love', itself a take on the traditional Greek sponge diving song, 'Darla Dirladada', under the name of Shag, or do a jaunty swing band version of the '30s standard 'The Sun Has Got His Hat On' as Nemo. One of his biggest hits was 1971's 'Johnny Reggae' by the Piglets. He wrote the song in the back of a car after heading home from a DJ session at the Walton Hop, where he had been chatting to a girl who introduced her skinhead boyfriend as Johnny Reggae. So began one of King's intermittent forays into social commentary, bubblegum style.

As the discipline of the mod movement of the early- to mid-'60s gave way to psychedelic fantasia, working-class mods alienated by the floaty idealism and dope-smudged messiness of hippy culture shaved their heads, rolled up their jeans to show off fourteen-hole steel toe-capped Dr Martens boots, adhered to a psychopathically smart look of checked Fred Perry shirts and sleeveless tank tops, and terrorised the minds of everyday people through their mere existence. Skinheads were a confusing bunch. The original Skins celebrated Jamaican and black American culture through a love of ska and soul, and the mixed-race British band Symarip released singles like 'Skinhead Moonstomp' and 'Skinhead Girl', but as the movement developed and hardened the original skinheads moved on and the movement became a byword for violent racial intolerance. 'Skinhead Bodyguard for Enoch' went a 1970 headline in the *Daily Mirror*, reporting on forty skinheads protecting Enoch Powell at an election rally at Smethwick, Staffordshire. 'We heard that long-haired people and students were coming to cause trouble,' Neil Sandford, skin-head, was quoted as saying. 'No one causes trouble to our mate Enoch.'[7]

This was the beginning of the 'Paki-bashing' era, with skin-heads launching unprovoked attacks on Asians from Brick Lane to Birmingham as a visceral expression of fealty to Enoch Powell's politics of intolerance. The writer Hanif Kureishi recalled growing up in Kent and having skinheads hiss at him, 'Knock knock, it's Enoch' as he walked past.[8] In April 1970, a recent arrival from East Pakistan (now Bangladesh) called Tosir Ali was attacked by two skinheads on his way home to a housing estate in Bow, east London, after finishing his shift as a kitchen porter at a Wimpy bar in the West End. After being slashed at the throat by a knife, he tried to make it up the stairs to his flat on St Leonard's Street before bleeding out and dying; the fact that Ali still had his wallet with £10 in it added to the senseless-ness and brutality of the attack. It wasn't an isolated incident. An imam for the east London mosque was beaten with an iron bar, mourners at a funeral behind the mosque were taunted by a gang of skinheads and two Asian hospital workers were attacked near the Collingwood estate in Bethnal Green.

Around the same time, Richard Allen, a pen name for the Canadian hack writer James Moffat, pumped out countless *Skinhead* novels that both celebrated and denigrated the racist mindset and lifestyle of teenage skin Joe Hawkins. One moment Moffat would be describing one of Hawkins' many backstreet screws in sordid homoerotic detail, the next he would he lay-ing down moral judgement on his anti-hero's senseless world of violence for the sake of violence, all the while placing the blame on the permissive society that allowed such a character to thrive.

The *Skinhead* books brought cheap thrills, before more linger-
ing feelings of bleakness and depression, to the countless British
schoolkids who passed Allen's lurid but reactionary pulp books
under desk to desk like pornographic magazines. They sold over
a million copies.

'What's e like, Mavis?' begins 'Johnny Reggae', Jonathan
King's smash hit about a boy who, in his fringe and buckle
stompers, two-tone tonic strides and 'smooth, but not too long'
hair is, as Mavis tells her friend, 'a real tasty geezer'. In truth,
Johnny Reggae sounds more like a suedehead, a slightly more
refined figure than the full-on boot boy, but with his love of
football and readiness to start a fight to preserve Mavis's hon-
our, he is still pretty hard. A longstanding rumour had it that
Cockney Mavis was the actress Wendy Richard, famous at
the time for playing junior womenswear assistant Miss Shirley
Brahms on the BBC sitcom *Are You Being Served?* and later a
mainstay of the soap *EastEnders*. It turns out the voice actually
belongs to Barbara Kay, who alongside the two other singers
on the record was actually a well-spoken woman in her forties.

'I remember they were standing there, going "Reggae, reg-
gae, ooh, lay it on me, Johnny Reggae,"' says King, imitating the
frightfully refined accents of his three uppercrust, middle-aged
session singers. 'I told them, "No, no no," and they said, "Well,
what *do* you want?" I told them to sing like a teenaged scrubber
who has been having it off behind the bicycle shed. I don't think
I could get away with being a producer who said things like that
these days. Anyway, they got it perfectly after that and at the end
of the session the three girls were howling with hysterical laughter.'

The great champion of 'Johnny Reggae', which featured '70s
session perennial Herbie Flowers on bass guitar, was John Peel.

'For a couple of weeks before it caught fire, Peely played it constantly. It was credible then because it was about the social scene around the skinheads at the time. The moment it caught on he dropped it, of course.'

Even releasing singles under myriad fake names had its limits, so in 1972 King formed UK Records, which would devote itself to the sole purpose of scoring chart hits with one 45 after another. Most disappeared into the pop ether but a few, like 'Seaside Shuffle' by Terry Dactyl and the Dinosaurs, actually took off. Unsurprisingly, this was another made-up band, but for once it was not one that King was responsible for. Terry Dactyl was the brainchild of Jona Lewie, who had impeccable credentials in British '60s blues and rock 'n' roll. In 1964, his first band, the Corsairs, backed up Gene Vincent; in 1969, he joined the Chicago blues revivalists Brett Martin and the Thunderbolts; in 1970, he worked as the pianist for Arthur 'Big Boy' Crudup, the Delta blues legend whose song 'That's Alright, Mama' became Elvis Presley's first single. Perhaps because 'Seaside Shuffle' was such a blatant rip-off of Mungo Jerry's 'In the Summertime', Lewie and the Thunderbolts came up with a novelty name for a novelty song and got to number two. After two more singles the Dinosaurs rumbled towards extinction and Lewie popped up in the late '70s as part of Stiff Records' pub-rock/new-wave gang, scoring two singalong classics under his own name in 1980 with 'You'll Always Find Me in the Kitchen at Parties' and 'Stop the Cavalry'.

Having studied the patterns of the charts, King realised that when an artist with a huge following like Elvis Presley released a new single it would inevitably go straight in because his fans would buy it on release. When an unknown, possibly non-existent band like the Piglets put out a single, it only had a chance of becoming a hit if it was selling well in the fifty or so record shops that chart compilers got their figures from. Armed with this knowledge, King sent a box of twenty-five singles to those record shops for free. If there was a rival version of the same song – like the 1975 summer smash 'Una Paloma Blanca' by the soulful Dutch middle-of-the-road band the George Baker Selection, which King recorded in the same year – it would be in the shop's interests, whenever a customer came in asking for that tune with the Spanish name, to push the one they didn't have to pay for – and it got into the charts accordingly.

Jonathan King bashed out so many singles under so many different aliases that after a while nobody knew what was his and what wasn't, and it is possible that he wasn't entirely sure himself. He was credited as the man behind 1972's 'Thing', the sole release by a band with the King-like name of Edwina Biglet and her Miglets. Filled with all manner of bleeps courtesy of an early Moog synthesiser, it features a woman talking about a thing she is in possession of, but every time she tries to describe what it is or what it does a series of comedy electronic noises take the place of actual words. Pure nonsense, in other words, and exactly the kind of thing King was knocking off in his lunchbreak back in 1972. In fact, it was the creation of Jonathan Hodge, a producer and composer from Folkestone in Kent, who asked his secretary Vanessa to contribute her less than dulcet vocals to 'Thing' (a groovy instrumental called 'Vanessa's Luminous Dog Coat', named after the coat Vanessa really did house her dog in, fills the B-side). Needless to say the single was a total flop, with Chicory Tip's 'Son of My Father' instead becoming Britain's first Moog-laden singalong hit, but it did serve as a prototype for Hodge's later novelty tune successes. Alongside countless others he wrote the rock 'n' roll-themed jingle for Shake n' Vac, the 1980 advertisement in which the actress Jenny Logan plays a housewife so excited by her powdered carpet freshener, she starts jitterbugging across the living-room floor with her vacuum cleaner: 'I wasn't very well that day,' remembered Logan, of a thirty-second ad that took two days to shoot. 'I had to keep going off and being ill in the bathroom.'[9]

One of UK Records' biggest successes was a band from Stockport, Greater Manchester, with a deep understanding of bubblegum's artistic possibilities. 10cc's roots lay in Wayne Fontana and the Mindbenders, the Manchester band who became a major part of '60s Britain's beat scene with big hits like 'The Game of Love' and 'A Groovy Kind of Love', but when the Mindbenders were booked to play a working men's club in Cardiff and were billed on the poster as 'plus support group', they knew the game was up. Their guitarist Eric Stewart took his share of the royalties and teamed up with Peter Tattersall, a road manager for Billy J. Kramer and the Dakotas, to invest in a tiny studio above a music shop in Stockport. Graham Gouldman, another former Mindbender and a songwriter behind hits for the Yardbirds, Herman's Hermits and the Hollies, got involved. When they invited the Manchester art school graduates Kevin Godley and Lol Creme to come in and help test the equipment, Strawberry Studios was born.

Initially set up as a place where Stewart could work on his own songs, Strawberry Studios developed into a kind of bubblegum arts laboratory, where all kinds of ideas could be tested out without too much concern about whether the results were good or bad. In 1969, Kevin Godley was tasked with trying out the drum sounds in the studio and Stewart was experimenting with engineering, when they inadvertently gave birth to one of the strangest UK top ten hits of all time.

'We were just messing around,' says Godley of the session that gave birth to 'Neanderthal Man' by Strawberry Studios' own inaugural made-up band, Hotlegs. 'I was on drums, Eric was recording the drum sound and Lol was sat opposite me on the floor, strumming an acoustic guitar, when he started singing this nursery rhyme-like thing about being a Neanderthal man with his Neanderthal woman, living in a Neanderthal world. Not our finest lyrical moment. He had no microphone but his vocals were picked up by the bass microphone, which is why they sound so far down in the mix, and then we overdubbed the thing four or five times onto a two-track tape. The drums came out sounding like I was hitting an anvil. I don't think we had been trying to create anything in particular, but we knew we had something.'

Unfortunately, some long-forgotten person came into the studio the following morning and, not knowing that the future members of 10cc had just come up with their historic debut, wiped the two-track tape: 'So we had to start all over again and that's when it became something with actual intention behind it because we tried to capture what we had come up with accidentally. Then it was a hit record and we were thrown into this world we never expected to be a part of.'

With no other recording studios or pool of existing session musicians in Manchester, Strawberry Studios became the go-to place for anyone who wanted to make a single: comedians, football teams, ventriloquists. Manchester City's 'Funky City' remains a highlight of the period: 'We would have everyone from the cast of a local production of *Broadway Danny Rose* to television producers' girlfriends coming in, and we just kind of signed up to be the house band,' says Godley. 'It wasn't the music we particularly wanted to make, but it was a great learning curve.'

'Nobody ever said: that's a stupid idea. It was always: let's try it,' says Graham Gouldman, the last of the original four to keep the 10cc flame burning. '"Art for Art's Sake" came from a phrase my dad used to say: "Art for art's sake, money for God's sake."And because we were isolated in Stockport, we weren't influenced by the fashions of the time – we weren't hanging out with Bianca Jagger.'

The turning point came when Gouldman went to New York and became a songwriter for hire for Jerry Kasenetz and Jeff Katz of Super K Productions. As the godfathers of bubblegum, Super K were nothing if not resourceful, and when they realised how much cheaper it would be to churn out potential hits from a tiny studio in Stockport, rather than Abbey Road in London or Gold Star in Hollywood, with the world's top session players, they signed up on the spot. They sent a man called Richard Rosenblatt, who as Ritchie Cordell had a major hit in 1968 with Tommy James and the Shondells' 'Mony Mony', to oversee proceedings. Godley says Rosenblatt spent most of his time at Strawberry Studios eating pickled onions from a large jar, which made doing backing vocals with him quite unpleasant, but nonetheless the team pumped out singles by Super K's phantasmagorical Ohio Express alongside 45s under names like Crazy Elephant, Dr Father, Crumble, Squadron and Silver Fleet. There was very little direction from Super K, just the general message: write stuff, record it, we'll stick a name on it. As Godley summarises: 'It was all very peculiar.'

For Graham Gouldman, the Super K bubblegum years provided the foundation of what his soon-to-be-famous band would become: 'It wasn't a particularly happy period for me, but it did have a happy outcome in that it glued 10cc together. We would work on countless records under different names. We treated each song as: what band shall we be today? Shall we be the Rolling Stones or Steely Dan? And whoever was best for the job, got the job. It meant that the singer on "Rubber Bullets" was Lol, "I'm Not in Love" was Eric and "Dreadlock Holiday" was me. And all three got to number one.'

The Strawberry Studios team invented bands as a way to try out all kinds of things without having to worry too much about the consequences. Just as Pete Townshend fashioned the Who's auto-destructive instrument-smashing after being taught at Ealing Art College by a visionary theorist called Roy Plumley, and Bryan Ferry borrowed Roxy Music's remaking and remodelling of twentieth-century American life from his lecturer at Newcastle, the pop artist Richard Hamilton, Kevin Godley and Lol Creme learned about the value of the idea over the outcome from Bill Clark, a lecturer at Manchester Art College.

'If you liked drawing on paper with a pencil, he would have you painting on canvas with a brush,' says Godley of Clark. 'He might have you standing on one leg, blindfolded . . . anything to make you go to places that are unfamiliar. The point he was trying to make is that most people who go to art college can draw, but you have to find out if you are capable of something beyond what you know you are capable of. Seven times out of ten this approach would produce absolute crap, but then came something extraordinary that you were not aware was within your remit. I kept that at the back of my mind during the bubblegum period because it forces you to be open-minded.'

Led by Eric Stewart, Graham Gouldman, Kevin Godley and Lol Creme would spend most of their working days at Strawberry Studios, travelling in from their various homes in and around Manchester to either back up whoever had booked the studio or come up with something themselves, frequently without any idea about where it would end up. Isolated from a British music business otherwise centred almost entirely on London, learning that collectively they had the ability to make interesting music out of unusual components, they had very little to do with any of the rock bands around at the time – or the politics. A progressive duo called Rameses came in to make an album called *Space Hymns* using one of the first Moog synthesisers. Peter Cowap, Graham Gouldman's old mate from Herman's Hermits, did a few singles at Strawberry Studios, but that was about as close to the rock world as it got. As for politics, 'Rubber Bullets' was a big hit in Northern Ireland and got banned by the BBC, but the song was actually an attempt to capture the atmosphere of an old James Cagney prison movie.

'Maybe we did notice what was happening in the real world and it came out a little bit different in the songs, which does happen when you are trying to sculpt with air,' says Kevin Godley. 'But we weren't political, we didn't talk about politics, we never made any social statements and we were very insular, really. We drew from Doris Day musicals quite a lot, which was anathema at the time. I was married, living in a flat outside Manchester, and because there was no touring, it was a relatively sedate lifestyle. A typical day might be Lol and I writing a song called "Ombopo" and recording it just because we could, and then we were told: "Ombopo" is coming out and the band is called Doctor Father. To be honest, I really don't remember much about the business side of all this. All I remember is an intensive period of recording and lots of pickled onions.'

The change from Strawberry Studios studio group to 10cc came after backing two albums for the American maker of smooth music Neil Sedaka, who, impressed by the team's musical telepathy, suggested they form a band. Once the decision was made, Eric Stewart and Graham Gouldman came up with a winsome acoustic ballad in the style of Crosby, Stills & Nash called 'Waterfall' and sent it to Apple Records. Realising the song would need a B-side, Kevin Godley and Lol Creme repaired to a room in the studio and wrote a doo-wop pastiche, sung in a comically high register by Creme and a rumbling low one by Godley, called 'Donna'. It took them half an hour. 'Waterfall' was rejected by Apple, so Stewart suggested that they try sending 'Donna' to the one person crazy enough to release it.

'I had known Eric Stewart since I was seventeen, when I went up to Manchester and told Wayne Fontana and the Mindbenders that they were as good as the Beatles and I wanted to become their manager,' says Jonathan King. 'That didn't happen of course, but when I heard "Neanderthal Man", I was interested in the production of a song that was nearly all drums. Eric was the engineer and producer, so I called him and said: "I've started a label called UK Records and I desperately need some hits. You must have some." He told me they had one that had been turned down by every record company in the world and he played me "Donna". I said: "It's a smash."'

Like all the best comedic or novelty songs, "Donna" captures something deeper than its authors intended. Just as in the early days of Roxy Music, Bryan Ferry offered himself up as a pastiche of a silver screen icon before becoming consumed by his own creation, 'Donna' belies an infatuation for the very thing it appears to be mocking. It is very wistful, with the nonsensical words of love from Creme – 'You make me stand up, you make me sit down' – combining with Godley's portrait of Donna waiting by the telephone to evoke longing, yearning, pining, helplessly hoping . . . all the things tens of thousands of songs and poems have sought to articulate, often in words far more complex than these. Even the execution of the music, intended as a mockery of a style hopelessly out of date by 1972, is played too well, and with too much affection, to be cynical or sneering. It sounds quite a lot like the Beatles' 'Oh Darling', actually, and went to number two in the UK charts.

After King had a dream in which he saw posters across Times Square in New York for '10cc, the biggest band in the world', his ever-commercial mindset was drawn to the idea of a name that would be at the top of any alphabetical list because of the numbers in it, 10cc was born. A longstanding rumour has it that the band was named after the average measurement of male ejaculate, but there is no truth behind it. From the beginning, 10cc had no defining style or image. There might be a comic tale of '50s high school hops called 'The Dean and I', or a sad/funny story of a man plotting his revenge on the world from a hospital bed called 'The Hospital Song'. The influence of the Super K way of working meant that any of the four members might bring something to the table, however mad the idea. 'Clockwork Creep' is about a bomb on a plane – from the perspective of the bomb. 'Somewhere in Hollywood' is a mini-opera about Marilyn Monroe and features the immortal line, 'Norman Mailer wants to nail her'. It sounds like the work of people who have spent countless hours watching old Hollywood movies and listening to 'Surf's Up' by the Beach Boys. 10cc took the next step from Super K and turned novelty into a virtue.

'It drew on the way the Beatles worked, who also delved into lots of different styles of music,' says Godley. 'We always felt: what's wrong with that? We're not a jazz band or a blues band. We never had what you might call traditional roots, we just followed our own thoughts. "Somewhere in Hollywood" was about the fact that Lol and I wanted to make films but we didn't have the tools, so we turned those needs and desires into a song. We learned that the four of us somehow collectively had the capacity to make surprising things out of very peculiar components.'

10cc transcended pastiche with 1975's 'I'm Not in Love', the ultimate encapsulation of all the elements the band in its original formation could achieve together: experimentation, an otherworldliness divorced from time and place, real feeling underneath the wall of throwaway ideas, and, most significantly for 1970s Britain, a tune that postmen, secretaries, bank managers, school kids and pretty much anyone else would find themselves singing, whistling or have running through their head as they went about their day. 'I'm Not in Love' was inspired by Eric Stewart's wife Gloria telling him he never said he loved her any more. 'I told her that if I said it all the time, it would sound glib,' said Stewart. 'But I started wondering how I could say it without using those actual words.'[10] A line about keeping her picture on the wall to hide a nasty stain was based on Stewart putting Gloria's photograph over a crack in the wall of his old bedroom at his parents' house in Manchester. Stewart and Gouldman were both enamoured by the Brazilian singer Astrud Gilberto's flat-toned rendition of 'The Girl from Ipanema', so they initially wrote the song as a bossa nova.

'My position in the hierarchy of the group was to be the destroyer,' says Kevin Godley. 'I don't play any instruments apart from the drums, so I went back to my art-school education with Bill Clark and said: "That's okay, but we should try something more interesting." I couldn't see how this cheesy bossa nova setting did Eric's song any justice and I told them that. So we shelved it, but in the weeks afterwards, people coming into the studio kept humming the tune. Sometimes when you try to come up with an approach you only suggest something through desperation, and I said: "Why don't we do it all with voices?" There was a brief moment of silence. Then we tried to find out how that might be possible.'

Rather than go to the staggering expense of hiring a choir, Lol Creme, who had become obsessed with John Lennon's foray into *musique concrete* on the Beatles' sound collage "Revolution 9", suggested using tape loops instead. With a mellotron, a keyboard that plays pre-recorded notes, Creme got the four members of 10cc to sing every note about fourteen times, which he could then play on the mellotron to sound like a choir, adding echo to give it a haunting, churchy grandeur. Eric Stewart's lead vocal then became a layered device: saying something with feeling without meaning it, but through that revealing the true heartfelt expression behind the facade. Kathy Redfern, the studio's secretary, was asked to come in and, after some persuading, whisper, 'Be quiet, big boys don't cry,' for the song's reassuringly maternal yet oddly suffocating middle eight. The resulting six-minute track was impossible to edit because there were no pauses in the sound of chorused voices, so they didn't. It went to number one.

'It was like the song was blessed,' says Graham Gouldman. 'After recording it we would turn the lights off in the studio, lie on the floor and play it back to ourselves. It is the one we will be remembered for and it was just Lol suggesting we slow it down that made it so special.'

'I'm Not in Love' went way beyond bubblegum, but as a studio creation that is impossible to play live, as a mass appeal song with a sentiment everyone can understand that was created by people whose image or persona was irrelevant to the song's success, it was also the genre's summation. It is bubblegum as high art.

10cc outgrew Jonathan King's commitment to tackiness and left UK Records, where they had been put on an extremely low 4 per cent royalty rate on the understanding that King would lose money for the first two years, break even on the third and make a fortune on the fourth. Indeed, 1975's *The Original Soundtrack*, which contained 'I'm Not in Love', was slated to come out on UK Records, but 10cc's manager Harvey Lisberg got a new contract with Phonogram after King negotiated a deal that meant he would get a percentage of royalties on the band's future recordings: 'By that point, other labels were going: *hang on, this is one of the biggest bands in the world,*' says King. 'You can understand why 10cc would be tempted to move on.'

Feeling that the band had lost its original try-anything spirit for something approaching formula, Kevin Godley and Lol Creme left in 1976. 'There were all these conversations like: "We need a long one, a complicated one, a romantic one, a quirky one,"' says Godley on the reason for his and Creme's departure. 'It was becoming made-to-measure and I felt: *what the fuck is this?* Are we now nailed into this box for the rest of our creative lives, just because we have been successful? We were in the supply and demand business and it rankled. That was the beginning of the end.'

Godley and Creme went on to explore the creative possibilities of a string-reverberating effects device for electric guitars they built called the Gizmo, which proved to be, as Godley puts it, 'our *Heaven's Gate*'. Obsession with the Gizmo led to *Consequences*, a triple-LP concept album that featured Peter Cook, drunk through much of the recording, and the jazz legend Sarah Vaughan telling a story about a divorcing couple being stuck in a solicitor's office as an eccentric composer shouts at them through a hole in the ceiling of the flat below. The composer also turns out to be the only person who can save the world from imminent destruction. It took eighteen months to record. At one point, Godley shovelled sand onto a board containing a microphone from the top of a flight of stairs in an attempt to give the listener the sense of being buried alive in a coffin. *Consequences* came out in 1977, the year of punk – 'You couldn't have conceived of anything more inappropriate than what we were doing. It was the wrong place at the wrong time, the record company ploughed money into it, and it was such a disaster that we had to start our careers from scratch.'

The golden age of the made-up band, the throwaway hit, the bubblegum smash was well and truly over. Eric Stewart and Graham Gouldman continued to have hits with 10cc including the 1977 soft-rock favourite 'The Things We Do for Love' and 1978's brilliant if excruciating cod reggae singalong 'Dreadlock Holiday', which they came up after a friend told them how he had been walking in Barbados when he passed a crowd of men in the street and one of them said, 'Hey man, don't walk through my words.' Jonathan King invested in and produced

The Rocky Horror Picture Show, presented television shows, wrote weekly columns for the tabloids and renewed his commitment to the purity of global mass appeal by recording the sublimely annoying stag party staple 'Who Let the Dogs Out' as Fat Jakk and his Pack of Pets, which became a number-one hit in 2000 for the Bahamian group, the Baha Men. John Carter carried on with what he has always done, which is write songs with his wife and lead as normal and as quiet a life as possible. And Tony Macaulay eradicated the threat of ever having to work with unreliable British bands again by moving to America in 1978 after a drawn-out legal dispute with his publishers, Aaron Schroeder Music.

In 1974, after sales of 4 million singles in England alone and hits across the world over a space of fourteen months resulting in a cheque for £25,000, Macaulay wondered how he had managed to make millions for his publishers and only thousands for himself. It was because of the process of double-dipping: publishers selling the rights to a song to themselves in different territories and keeping not 50 but 75 per cent accordingly – 'It didn't become an issue until British writers were having hits in America. Post-Beatles, publishers were publishing within themselves on both sides of the Atlantic.' Macaulay vs Schroeder Music Publishing became a landmark case in 1974 and ended the menace of double-dipping. It also led to Macaulay writing songs for Elvis Presley and the *Starsky & Hutch* actor David Soul, having a hit musical called *Windy City* and getting invited over to the legendary Hollywood vamp Mae West's place for a dinner party.

'She lived in a rundown '30s building in Los Angeles, in an apartment filled with ostrich feathers that hadn't been dusted for a hundred years and all these pictures of her when she was young,' says Macaulay of the woman who, after starring in her own 1926 Broadway play *Sex*, chose jail time over a fine when she was duly prosecuted on moral charges because of the ensuing publicity it would bring. 'She had a Chinese valet with lacquered hair and we all sat down while he stood in front of these double doors and said, "Gentleman, I give you . . . Miss West!" She burst in through the doors, dressed like she was in *Sunset Boulevard* – in her own fucking living room. She had an alcoholic sister called Beverly, who was wearing tweeds and brogues and kept spilling vodka everywhere, and the general consensus was that Mae West was a man in drag. And I thought: *this beats having your microphones stolen by the Foundations.*'

Chapter 4

Europe

Europe, here we come: the United Kingdom joins the Common Market, just as the package-holiday-inspired summer smash takes off.

In January 1972, a little under a year before Ted Heath's long-held dream of European Union membership became a reality, Chicory Tip released 'Son of My Father'. The first hit single to feature a Moog synthesiser as a lead instrument, overlapping lines of bleep-laden melody creating an effect that is both catchy and comical, 'Son of My Father' is British novelty pop at its finest; a cheery chunk of electronic nonsense from a down-to-earth Kent four-piece whose members were still holding down day jobs as printers and engineers when their single went to number one. Its chorus has been chanted at British football terraces ever since.

Yet the song was ultimately a European creation. It was written by Giorgio Moroder, an Italian-born German national who a few years later would become the founding father of Euro disco. 'Son of My Father' was a smash across the continent, although the sleeve of the Swedish edition may have unwittingly captured the sentiment of so many Europeans who at the time were dealing with an unprecedented influx of British music, British culture and, worst of all, British people. Underneath a photograph of the band posing with a relaxed-looking Alsatian, a missing apostrophe and some ungenerous typography on what should have been a celebratory statement resulted in the declaration: 'ENGLANDSHIT'.

Prior to the Second World War, foreign leisure travel was associated with wealth, sophistication and intellectualism; an extension of the eighteenth-century Grand Tour, where aristocratic twentysomethings explored Europe as a final stage in their eduction and refinement; a gap year of the soul. After the war, with former servicemen wanting to return in peacetime to the countries where they had fought a few years previously, coupled with a desire to escape Britain when so much of it lay in bombed-out ruins, the package holiday was born.

'I painted a glowing picture of what Switzerland was like – plenty of food, shops full of goods, virtually pre-war conditions and a complete contrast to England at the time, with its shortages, electricity cuts and hard times,' said the Travel Club's founder Harry Chandler on starting package holidays in 1947, thereby describing the advertising sleight of hand that so many '70s Britons felt they had been subjected to after falling for the allure of foreign travel.[1]

Under the fascist dictatorship of Franco, Spain used tourism as a way of boosting its economy and modernising the country's image from the mid-'60s onwards. The result was a boom in hotel construction; the British holiday company Clarksons even funded for its own exclusive use the building of the towering accommodation monoliths that transformed Benidorm from a little fishing village to a pop-up metropolis. And, in January 1970, two events conspired to ensure the British holiday did not ever again have to be confined to a rain-soaked week in Skegness. At the beginning of the month, the rule on taking a maximum of £50 out of the country within a year was relaxed to £300 in foreign currency and £25 sterling for each overseas trip. And on 22 January, the Boeing 747, its 500 seats making it the world's first jumbo jet, entered service with Pan-Am. Cheap air travel had arrived. Six million British people would take foreign holidays in 1970 and Spain was by far the most popular destination. In a comic strip, in *Jackie* magazine from October 1973, Fang the Cat expresses surprise at a sparrow who announces he is flying abroad for the winter: 'Progress, mate, that's progress,' the little bird tells Fang. 'We booked a package tour.'

To visit Benidorm today is to see the vestiges of the package-holiday phenomenon: a triumphant marriage of British working-class culture and Spanish sunshine. The skyline remains dotted with cheaply built holiday apartment mega-blocks. The concrete promenade of the new town has theme pubs with names like

The Red Lion and Jumping Jacks, offering variety nights made up of vaguely remembered singers, drag queens, magicians and comedians whose entertainment journey began with an early '70s spot on *New Faces* or *Opportunity Knocks* and ended there. You can visit the *Coronation Street*-themed Rovers Return pub on the front or just float about in the hotel pool amid an oil slick of Ambre Solaire, a plastic pot of lager bobbing above the water line an inch or two away from your ever-reddening belly. And should you be hankering after a bit of culture and history, you can always head to the old town, ending with a visit to the Pig N Whistle – it has been serving pigs in blankets to holidaying Brits since 1971.

Not that foreign holidays were the norm for regular working-class families in the early years of the 1970s. 'In my school, there was one boy who had been on a foreign holiday,' says Lawrence, the single-monicker singer whose '90s band Denim was a tribute to the singalong pop he grew up with in '70s Birmingham, right down to song titles like 'Middle of the Road' and 'The Osmonds'. 'He came back from Spain with a poster of a bullfighter with all our names on it – including Lawrence. It was dead exciting.'

The roots of Chicory Tip are as English as they come. Born in 1946, Rick Foster and Barry Mayger met as boys at South Borough school in Maidstone, Kent, sons of fathers who had been through the war, and were at a youth club when some boys of their own age got on stage and started playing Cliff Richard and the Shadows songs. The two friends had the same thought: *we could do that*. After saving up to buy Burns Tri-Sonic guitars, they learned to play by listening to Buddy Holly, Shadows and Beatles records again and again until they worked out what was going on. Their first concert was at Seal village hall in Sevenoaks and they practised at the local Methodist chapel. They started out as the Sonics, split up when Barry Mayger went off in a group called the Bluebeats and came back together in 1966 after doing a gig in an army barracks on the outskirts of Maidstone on a Thursday night, playing from eight until twelve o'clock, where an eighteen-year-old from south London called Davy Jones was playing with his new group, the Manish Boys.

'All the guys in the Manish Boys apart from David came from Maidstone, so we knew them,' says Rick Foster of the future David Bowie's first band. 'They were playing James Brown songs and dare I say it, we went down much better than them because nobody in Maidstone knew who James Brown was and the crowd couldn't understand what they were on about. I do remember David saying something like, "Because of my long hair we're not allowed to perform on *Ready, Steady, Go!*"'

A year previously, Bowie had indeed set up the Society for the Prevention of Cruelty to Long-Haired Men, a society with only one member, as a result of failing to get onto the biggest pop show of the day for what he believed was prejudice against male youth with flowing locks. Backstage after the Maidstone concert, someone noticed a bottle of Camp Coffee – a concentrated syrup flavoured with coffee and chicory extract invented in Glasgow in 1876 that became the world's first instant coffee, lending it to extensive use by the British military. Barry Mayger suggested the band rename themselves Chicory Tip and singalong history was born.

'Don't get the idea that we were chasing fame and fortune,' warns Rick Foster, who still lives in Maidstone and, following the death of his old friend Barry in 2020, keeps Chicory Tip going with the band's drummer, Brian Shearer. 'Fortune, we never got. Barry and myself could do falsetto, so we could replicate Beach Boys' and Four Seasons' harmonies and we were known on the circuit for that. We weren't doing more than a few youth clubs, the odd wedding or birthday party. On a Saturday night we might go up to Manchester or Wolverhampton to do a bigger venue – we all had day jobs.'

Chicory Tip's break came when, in 1969, they met Roger Easterby, a record plugger and promoter for a none-more-English venue in Maidstone called the Tudor House. The headliners were Vanity Fare, riding high on the success of their cheerful recorder and cowbell-led 'Hitchin' a Ride', a tale of a penniless young man standing in the rain by the side of the road as cars go by and fail to stop for him, supported by a markedly inferior local group. A friend of the band went up to Easterby and told him that she didn't think much of the support. 'Roger explained that the band's manager had badgered him to let them play, and this girl said to him: "Next time you need a band, I know of a good one called Chicory Tip." He booked us into a couple of gigs at the Tudor House and it went from there. One day, he asked us: "Have you ever thought about recording?" And the answer was: no.'

A few singles that didn't do much were released, including the memorable by name only 'I Love Onions', before Easterby came across 'Son of My Father'. Having moved to Munich in 1968, Giorgio Moroder had his first major smash in 1970 with 'Looky Looky', a brightly coloured bubblegum Beach Boys pastiche that allowed him to establish Musicland, a studio in the basement of the brutalist Arabella building in Munich's Bogenhausen district, which would in the years to come be the nerve centre of Euro-electronic pop. Moroder had taken under his wing Pete Bellotte, former guitarist of Hertfordshire beat group the Sinners, who had learned to speak German and, looking to become a record producer and songwriter, had landed a job as Moroder's studio assistant. One of Bellotte's first tasks was to translate into English the lyrics to '*Nacht Scheint die Sonne*', a tale of a young man straining to break free from the expectations of parents who want him to follow the same path as his father. Moroder had put these words of gentle rebellion against the squelching sounds of the Moog, which had come to prominence after the huge success of Wendy Carlos's pioneering 1968 album of classical music given the electronic treatment, *Switched-On Bach*.

Moroder recorded 'Son of My Father' at a time when a new generation of Germans were working to move out from under the shadow of the war. It isn't hard to understand why so many of the country's baby boomers embraced a revolutionary mix of futurist electronics, experimental music and pioneer thinking, leading to the genre that British have named – in a way that made its German creators think was taking the piss – as Krautrock. When your parents belonged to the generation that gave rise to Nazism a total reinvention was a psychological necessity. In the late '60s and early '70s, a wave of German musicians rejected both the country's own past and the influence of America to create an optimistic sound that embedded anti-fascism into its very being, driven by a commitment to creativity and an awareness of the dangers of hero worship – 'The whole ego aspect of music is boring,' Ralf Hütter of Kraftwerk announced to *Melody Maker* in 1975. 'It doesn't interest us. In Germany in the '30s, we had a system of superstardom with Mr Adolf from Austria, and so there is no interest for me in this cult of personality.'

The most literal example of the surge towards new beginnings was Neu!, two former members of the electronic pioneers Kraftwerk, whose minimalist, driving, mostly instrumental music was the soundtrack to moving forever forward. This was the soundtrack to student radicalism, communalism, a serious-minded attempt to build a better tomorrow. In 1971, Hans-Joachim Roedelius and Dieter Moebius of Cluster, having run an avant-garde underground venue in Berlin called the Zodiak Free Arts Lab, moved to an old farmhouse in the village of Forst on the German-Polish border, where they teamed up with Neu's Michael Rother to form a new band called Harmonia and indulge in exquisitely consequential extended bouts of compositional meditation, later to be joined by Britain's own brainiac-in-chief Brian Eno. The intensity of their studies may have been undermined occasionally by the farmhouse's proximity to the local brothel, but otherwise this was music with high purpose.

None of that can really be said about 'Son of My Father'. Its *schlager* jollity and sense of novelty would have been horrific to card-carrying pilgrims of tomorrow's dawn like Neu! and Harmonia. But it did share the same spirit, with a newly invented instrument machine propelling the music and its original words by the German songwriter Michael Holm pushing the importance of breaking away from the old generation and forging your own path. And as it turned out, the song hit Britain before it had a chance in Germany. A ruling at the time decreed that in order to release a cover version of a record, the original version had to be played on radio first: it didn't matter how many times as long as it was logged by a radio station. Roger Easterby was sent a copy of Moroder's 'Son of My Father' because of his job as a record plugger. Realising its potential, he took it to a DJ friend at a station in Bristol and got him to play it, which meant he was then free to get Chicory Tip to record their own version. Chris Thomas, who would go on to produce *For Your Pleasure* by Roxy Music and *Never Mind the Bollocks* by the Sex Pistols, was working as an engineer at George Martin's Air Studios at the time. He used four Moogs linked together by various wires to create the cheerfully ebullient layers of electronic sound.

'We actually got in before Giorgio,' says Rick Foster. 'In Germany, it had been put out and hadn't gone anywhere, but Giorgio was a studio guy rather than a performer, so I don't think he minded us doing it. Well, he couldn't have done because he wrote the next two hits Chicory Tip had. We should have had a fourth with "Cigarettes, Women and Wine", but the BBC banned it because they didn't think it would have a good influence on the younger set. Did well on the continent, though – Norway in particular.'

Chicory Tip's pan-continental success was redolent of a time when Britain was expanding its complex relationship with Europe, with all the class issues, hangovers from the war and questions of nationhood that brought. And it was one of their fellow Kent grammar school boys, a builder's son from Broadstairs, who became Europe's greatest champion. Edward Heath's commitment to Britain joining the European Union was personal as much as it was political. At fourteen, he went on a school trip to Paris – a rare thing for British schoolchildren in 1931. Everything from a performance of *Carmen* at the Opera Comique to the way French restaurants displayed a menu on their outside walls spoke to the future prime minister of sophistication, culture, refinement.

'It was the most exciting event of my life so far,' wrote Heath forty years later in his memoir, *Travels: People and Places in My Life*.

'It was this which embedded in me a lifelong curiosity about every other part of the world and a determination to see for myself before I formed judgements about other people's customs, traditions and way of life.' One such custom Heath never really formed an opinion of, if rumours of his asexuality are to be believed, was French ladies taking their clothes off at the Folies Bergère, which he sneaked into with his school chums in a rare moment of naughtiness. So began a love affair with Europe that would continue for the rest of his life. During a tour of Nazi Germany in the mid-'30s, between visiting the art galleries and concert halls, he attended a rally in Nuremberg Stadium, where Adolf Hitler passed so close to him 'that his sleeve brushed mine.' After that he found his way, incredibly, into a cocktail party for the SS, where he met Heinrich Himmler ('I shall never forget how drooping and sloppy his hand was') and Joseph Goebbels ('Small, pale and, in that setting, rather insignificant-looking').[2]

As a result of all this, Heath returned to England in vehement opposition to Neville Chamberlain's policy of appeasement to Hitler. In 1938, he went with three fellow undergraduates of Balliol College, Oxford, to Spain, to meet up with members of the International Brigade fighting against fascism in the Spanish Civil War. 'It was amazing to me that a Conservative would come out there in favour of the Republic – as he was genuinely,' said the union leader Jack Jones, a British International Brigade member who met Heath during the Battle of Ebro.[3] When, in June 1944, Heath returned to Germany as an officer in the Royal Artillery corps he made it his mission to rebuild the opera house in Hanover, suffering the mockery of his fellow officers when, with typical priggishness, he refused to drink the wine they had liberated from one of the cellars.

Heath's enthusiasm for Europe was in line with an emergent British middle class for whom Europe meant tours of vineyards, visits by bicycle to the local boulangerie, sightseeing trips to the great cathedrals of Mont Saint-Michel and Chartres, and other enriching activities. But antipathy between Britain and the continent went in both directions. In November 1962, President Charles de Gaulle made PM Harold Macmillan burst into tears over a hunting weekend at the French presidential summer retreat after refusing to grant Britain entry into the European Economic Community. 'This poor man, to whom I had nothing to give, seemed so sad, so beaten,' de Gaulle told his cabinet, adding, in a way that brings a vision of a sideways smile and a raised eyebrow: 'I wanted to put my hand on his shoulder and say to him, as in the Edith Piaf song, "*Ne pleurez paz*, milord."'[4]

In January the following year, de Gaulle announced his opposition to Britain joining the EEC at a press conference held amid the gilded refinement of the Élysée Palace, citing not only Britain's lack of economic power and its special relationship with the United States but also an insular island mentality that was incompatible with French sophistication: 'In her daily life, her habits and traditions are very special and very original,' he declaimed, witheringly.

Heath responded with the speech of his career. On the final day of negotiations in Brussels on 29 January, he said it was a grave error, less than two decades since the end of the Second World War, to denounce Britain as not European enough. 'It has been said that a judgement has to be made as to whether Britain was European or not,' said Heath. 'There have been times in the history of Europe when it is only too plain how European we are, and there have been many millions of people who have been grateful for it.' Moving his audience to tears, he vowed not to give up on the European dream, stating, 'We are a part of Europe; by geography, tradition, history, culture and civilisation. We shall continue to work with all our friends in Europe for the true unity and strength of this continent.' Afterwards, ministers and officials from five of the founding members of the Common Market – with the exception of France's foreign minister, Maurice Couve de Murville – lined up to shake Heath's hand.[5]

A more common attitude to Europe in Britain was a mix of hostility and disinterest. A Gallup poll from 1970 found that only 19 per cent of British people were in favour of Britain joining the EEC and even among the political classes personal prejudice counted for a lot, with Europhile tendencies bringing with them associations of wine-quaffing elitism and garlic-odoured degeneracy. Harold Wilson's application for Britain to join the EEC in 1967 led to a second veto from de Gaulle, but by his own admission Wilson, who took his holidays on the Scilly Isles, had 'never been emotionally a Europe man'. The devotedly anti-Common Market Tony Benn wrote in his diaries that, for a 1977 tour of European capitals in his role as energy secretary, 'I took my own mug and lots of tea bags.'[6] For traditional Labour the EEC was capitalism writ large, leading Wilson's future first secretary of state Barbara Castle to accuse the centrist Roy Jenkins and his pro-European ilk of being 'sanctimonious middle-class hypocrites' and for Michael Foot to denounce the EEC as 'a rich nations club'.[7] For Jim Callaghan, entry into the Common Market would lead to nothing less than 'a complete rupture of our identity'.[8]

Not that Euroscepticism was confined to the left. Enoch Powell would never have committed to a policy that opened up Britain's borders rather than slammed them firmly shut, and having tasted the power of hysterical doom-mongering after his Rivers of Blood speech, Powell fired up his engines and predicted an 'irreversible alienation of our separate sovereignty' should Heath's dream of Britain joining a united Europe become a reality. He even went on to compare the fight for nationhood with the Battle of Britain in 1940. Around thirty Conservative politicians on the party's right more or less agreed with him.

In pop, however (and in holidays, another aspect of life seen as frivolous and lightweight yet redolent of changing attitudes and circumstances), Britain embraced Europe with open arms and vice versa. One of the first singalong bands to turn the language divide to their advantage and get on the Europe train was a group of working-class Scots who ended up stuck out on the continent by mistake. 'Chirpy Chirpy Cheep Cheep' (1970) is a transcendentally fluffy cloud of magic pop dust by the Lancashire singer Lally Stott, who cut his teeth playing in Merseybeat bands before trying his luck in Rome, where, Tony Benn-style, he would carry tea bags everywhere he went and asked waiters to give him a cup of hot water rather than an espresso. That's where he wrote, recorded and produced a song that appears to be about a bird that has lost its parents, but even that might be putting too much meaning onto verses that change only by the replacement of 'Mama' with 'Papa' in the line, 'Where's your mama gone?' Stott's version was extremely simple, just a few chantable words repeated by an excited chorus, with a touch of brass and drums in the background to drive the whole thing along.

A cheerful-looking fellow whose fringed long black hair and pointed nose and chin gave him the air of a jester in the court of

Henry VIII, Stott made a promotional film for 'Chirpy Chirpy Cheep Cheep' on the streets of Amsterdam, strolling along happily as a toddler sticks his tongue out and middle-aged Dutch women look on in disapproval. It was a minor hit in France and Italy for Stott, whose short career ended in 1977 when he crashed his mother's moped on the streets of Prescot and died, but it became a massive one in 1971 for Glasgow's Middle of the Road.

'"Chirpy Chirpy Cheep Cheep" came when you had just come out of heavy protest-type songs about the Vietnam War,' said Sally Carr. 'And along comes this little thing with lyrics that mean absolutely nothing.' The Lanarkshire-born daughter of a miner, Carr was working as a hairdresser when she met the band's drummer Ken Andrew and the brothers Ian and Eric McCredie on guitar and bass in 1967. Together they became a cabaret act for the Stakis Hotels chain, which the Cypriot-born magnate Reo Stakis built up from a base in Glasgow after arriving in Britain aged fourteen with £60 in his pocket. And as Ken Andrew points out, to understand Middle of the Road's background in cabaret was to understand their light entertainment soul: 'The brothers wanted us to be a rock band, but we played every kind of music and not only did that make us popular at the supper club dances, it also shaped our sound. The instrumentation was minimal. It was our vocal harmonies that made us stand out. And we never set out to prove ourselves as great musicians. We enjoyed what we were doing and we were light-hearted about it, so we wanted the audience to have a connection with the music that was like a friendship. The Italians, more than British audiences, understood that. In Britain, we were accused of being commercial and indeed we were.'

After a spell as a Latin pop local sensation called Los Caracas, and after winning an episode of the TV talent show *Opportunity Knocks* in 1968, in 1970 they took up a rash – but, as it turned out in the long run, fortuitous – offer from two South American croupiers working in the casino of a Stakis Hotel in Glasgow to do a tour of Argentina. On what they thought would be the way there, they played on a cruise ship as the backing band for the British cabaret singer Kathie Kay to help fund the journey, changing their name to Middle of the Road so as not to find themselves in the awkward position of being a Latin-themed act in Latin America. According to their heavy-rock-loving guitarist Ian McCredie, the new name wasn't an attempt to define the kind of music they would be playing: 'This was before "middle of the road" became a term for mainstream. We were in a train compartment, trying to figure out what we should be called, and Sally came up with it. We called ourselves Middle of the Road because we were out on our own – we didn't know any other bands.'

At a time when Ken Andrew was the only band member to have been abroad (a family holiday to Italy), a time when in Glasgow it was rare for anyone to have visited the continent unless they had served in the Second World War, the plan was to stop off in Italy and do a quick tour before catching another cruise ship to Argentina. Upon arrival, however, one of the croupiers dropped out and the other, who had put significant investment into the band and bought them new outfits and equipment, turned out to be less the big-time impresario he presented himself as and more a hopeless gambling addict who had frittered away all the earnings on one horse after another. After that initial tour of Italy, the former croupier headed off to Argentina and left

Middle of the Road not only with unpaid bills everywhere, but also his wife and son, a situation bandleader Ken Andrew had no choice but to deal with himself.

'Eventually we made enough money to send the wife and son home. We went to our agent in Florence and he agreed to calm down all the people chasing us for the bills to be paid and get us enough extra work to pay them off. Our story really is completely different from any other band.'

In 1969, Middle of the Road were playing a residency at La Capannina di Franceschi, a former fishing cabin in the wealthy Tuscan coastal town of Forte dei Marmi, where the German novelist Thomas Mann and the film-maker Luchino Visconti would holiday by the aquamarine sea and sit under the shade of the little yellow huts lining the beach as they watched the young people frolic in the sand. By the late '60s, La Capannina di Franceschi had become one of the most glamorous restaurants in Italy. McCredie remembers it as 'a nice place, a cabaret lounge at the top of a hill filled with rich and famous people. For some reason a band made up of three guys and girl from Scotland playing cover versions seemed to work well there.'

A holidaying executive from RCA Italy saw Middle of the Road one night at La Capannina di Franceschi and invited them to Rome to audition as a backing band for various Italian singers. Around the same time, they played a gig at a nightclub at the top of a hill just outside of Rome, where the actress Sophia Loren, in her villa at the bottom of the hill, was trying to get her son to sleep just as Middle of the Road were embarking on their easy-listening barrage. She forgave them enough to hire them as the backing band for her hit single, a lush romantic ballad called 'Anyone'. Sophia Loren had not got around to learning the song when they went into the studio, so Sally Carr sang it, with Loren following Carr's voice. As Ken Andrew remembers, 'It gave us the opportunity to improvise on all the harmonies, because the producer told us to sing them in any way we wanted. Sophia Loren loved it. That contributed to us finding our sound.'

'She was a very gracious lady,' says Ian McCredie. 'She was certainly easy to work with. In two or three weeks, we were back in the studio, recording this lovely song called "Chirpy Chirpy Cheep Cheep".'

For a tightly honed unit who were, according to McCredie, 'a pretty good rock band who liked the heavy music of the time like Blood, Sweat & Tears and Chicago,' recording a song infused with chokingly high levels of Euro frivolity and a total commitment to meaninglessness was a bitter pill to swallow indeed: 'Ken, Eric and myself thought it was terrible. Sally, God bless her, piped up: "I like it."'

It may have rarely been celebrated as such, but Carr's reedy, non-emoting voice on 'Chirpy Chirpy Cheep Cheep' is as unique, otherworldly and affecting as Kate Bush's; one of those pop-friendly vocal tones that cannot be replicated. But she did not come from a world of artistic middle-class respectability, and, on top of that, her blonde hair, big eyes, smiling demeanour and ability to look great in crocheted hot pants and knee-length leather boots had the kind of sexy but unthreatening appeal that led to her getting asked to pose for *Playboy* (she refused). She also had a populist sensibility, convincing the three men in the band to give 'Chirpy Chirpy Cheep Cheep' a shot simply because it was so catchy and cheer-inducing.

Ken Andrews claims they had to get through two bottles of bourbon simply to steel themselves for the task in hand: 'We were as disgusted at the thought of recording it as most people were at the thought of buying it.' With Lally Scott in the studio as their spiritual guide, the four friends laid down a very basic recording: just drums, electric guitar and acoustic guitar, with much of the character of the song coming through the vocals, which as Ian McCredie remembers, came from all four band members: 'We all sang on it. What sounds like female vocals in the chorus is we three men doing falsetto. The whole thing took two and a half hours from start to finish.'

That was September 1969. Middle of the Road came back home to Scotland for Christmas, resigned that they wouldn't go back to Italy because things hadn't worked out and the song had not become a hit, without knowing that RCA executives from around the world had been in Rome for a sales convention not long after the song was recorded. It was played to the delegates, everyone loved it and copies of 'Chirpy Chirpy Cheep Cheep' were duly dispatched across Europe, where it became a massive hit from country to country until finally landing in Britain in the summer of 1971. A British market edition of the song by the Trinidadian-born brother–sister duo Mac and Katie Kissoon had been released a few months earlier but it was Middle of the Road's version that took off. It spent five weeks at number one and went on to sell 10 million copies.

'We got a call to say it had charted in Belgium,' says McCredie. 'From Belgium it went to Holland, from Holland to Germany, and then it spread throughout Europe and on to South America. Once it charted, we went back to live in Rome to a good life of hotels and restaurants and touring Italy, but it was a bit awkward. Ken and I were married and our wives came out to live with us and they didn't like it. In Italy in the '70s, women didn't count at all.'

In early 1970, a six-bedroom apartment in Biella in the north of Italy was rented for the families to stay in while the band were on tour. Ken Andrew sent proceeds back to Biella, in cash, but they never arrived. Later that year, Sally Carr and Ken Andrew used the 'Chirpy Chirpy Cheep Cheep' royalties to move to Rome, which, according to Andrew, the brothers hated: 'They called Rome the ashtray of Europe. Eric didn't like the food. Ian coped with it, but there were family ties back home and he was homesick. Sally and I got flats in the same building and I brought my family out and they stayed there for a few months, and I loved Italy but it was hard. We were living lives so totally separate from anyone else we knew that we didn't have anyone to talk to about it – except each other.'

The four Scottish ex-pats were so removed from drab '70s British reality, in fact, that it was assumed Middle of the Road were an Italian band, the nonsense lyrics of the song being a product of singing in a language they did not understand, which became apparent to Ken Andrew when they were booked to do *Top of the Pops*: 'A group of girl dancers came up and asked me, in their best Italian, where I was from. I replied in my best Scottish: Glasgow.'

Middle of the Road's European adventure did not end there, with more songs being given to the band by the label with one goal in mind: happiness. 'Chirpy Chirpy Cheep Cheep' was fol-lowed by the slightly more profound 'Tweedle Dee Tweedle Dum', a tale of McDougal, a cave-dwelling man of the Scottish Mountains, who begins each day by blasting out his bagpipes before plotting revenge on arch-rival McGregor. The song's release coincided with a bizarre thirty-minute promotional film for the Fiat 127 in which the band members swanned about in a grand villa in Turin, dressed as eighteenth-century nobility, before inspecting the Fiat manufacturing plant and ending up in the studio. They forgot all about it until going on a band outing to a cinema in Rome to catch *Love Story* and it turned out to be the accompanying short film. Ken Andrew never actually worked out why they were asked to do it in the first place: 'We were meant to be playing a family coming from Scotland, living in a Turin villa, in Italy to record a song, but what this had to do with the Fiat 127, I have no idea. When the film came on we sank into the seats in fear that the other people in the cinema would recognise us. We had driven there in our Vauxhall Presta.'

There were a few more hits, including a wistful tale of loneliness that still manages to evoke good cheer called 'Soley Soley' and another Lally Stott song called 'Sacramento (A Wonderful Town)'. ('It is very popular in Sacramento,' observed Ken Andrew, unnecessarily.) But it was with 'Chirpy Chirpy Cheep Cheep', a towering apex of mass-appeal meaninglessness, that Middle of the Road fulfilled their calling. They were, as Andrew remembers, a European phenomenon: 'We were regarded as the European group. Tony Blackburn heard "Chirpy Chirpy Cheep Cheep" when he was on holiday and he made it a feature of his breakfast show and that launched us in Britain. For the next two or three years, we were the band that reminded people of their holidays.'

Middle of the Road's contribution to British-European relations was more significant than it might have first appeared. Among the musicians paying attention to 'Chirpy Chirpy Cheep Cheep's ability to ride over cultural, geographic and linguistic barriers were the future members of Abba, the Swedish group that would go on to have more UK number ones than any other band in the 1970s and represent a cleaner, more hopeful alternative to rain-soaked British pessimism. Agnetha Fältskog, who looked quite a lot like Sally Carr, recorded a version of Middle of the Road's 'Union Silver' under her own name before joining Abba, while her future husband Björn Ulvaeus and his songwriting friend Benny Andersson took note of the Scottish band's vocal harmonies, with the women's voices upfront against simple, upbeat, friendly melodies. Abba's music was singalong pop and, on top of this, a band with two good-looking Swedish women in it (Anni-Frid Lyngstad completed the line-up) proved hard to resist at a time in British life when Sweden was being portrayed as a magical land of sexual liberation and beautiful women. Perhaps the Swedish sex myth was down to 1967's *I Am Curious (Yellow)*, a deadly serious art movie in which the 22-year-old Lena Nyman wanders about, accosting people on the streets of Stockholm with questions like: 'What are you doing personally to end the class system in Sweden?' like the world's most annoying Sociology undergraduate. But it was less the dismantling of Sweden's social hierarchy than the sex scenes, particularly one where Nyman kisses her boyfriend's penis, which grabbed the attention of the British public. When Albert Steptoe's beloved horse dies in an episode of the hugely popular BBC sitcom *Steptoe and Son*, his son Harold promises to take him to see *I Am Curious (Yellow)* to cheer him up. The film, despite its funereal pace and incomprehensible tone, led to a general suspicion that those sauna-loving Swedes were at it like crazy.

'We were very much aware of it,' says Björn Ulvaeus, on the image the British had of his countryfolk. 'Nobody in the

English-speaking world would release our debut single, "People Need Love". It went straight into the garbage because nobody released anything Swedish. Promiscuity and pretty girls, sure. But bands? No, we don't want that. In fact, the only ones who would release it in America were Playboy Records, who might have had other reasons for being interested in us. They saw some possibility there and without telling us released the single as Björn and Benny with Svenska Flicka.'

Svenksa Flicka translates roughly as 'pretty Swedish girl.'

'We were so pissed off.'

This is the climate in which Abba came to represent European pop vitality and possibility, with all four members earning their stripes in various ways not dissimilar to their British singalong pop counterparts. Before they came together, Benny Andersson had been in the Hep Stars – a Beatles-esque quintet who had a hit in 1965 with their version of the garage band perennial 'Farmer John'. Björn Ulvaeus was in the folky Hootenanny Singers, although he really wanted to be in a pop group. His future wife Agnetha Fältskog was a big name in Sweden after going to number one with a haunting, lovelorn ballad she had written aged eighteen called 'Jag Var Sa Kar' ('I Was So in Love'). Anni-Frid Lyngstad was a star of cabaret, doing a Swedish take on German *schlager* – which works in front of cabaret audiences, or anywhere alcohol is involved really, because *schlager* is based on clapping on the beat, making it easy to sing, cheer and stomp along to. Although they had worked together previously, they came together as a group in 1973, when their manager Stig Anderson recommended they shorten their names to Abba and have a crack at representing Sweden in the 1973 Eurovision Song Contest.

Benny Andersson intended the lyrics of 'Ring Ring' to reflect the straight-talking language of modern pop rather than the old-fashioned sentimentality with which Eurovision was then associated and Neil Sedaka was hired to provide lyrics to an English version. In the end, 'Ring Ring', with its Phil Spector-like Wall of Sound quality coming not from employing a small army of musicians as Spector did but by overdubbing the handful hired to record the track, came third in Sweden's pre-Eurovision Melodifestivalen and did not get to represent the country in the contest. 'The jury of experts featured jazz musicians and journalists and "Ring Ring" was nothing for them,' claims Björn Ulvaeus. Nonetheless, it crystallised the Abba sound: a bright and catchy tune, words evoking a certain loneliness underneath the apparent joy, and rich harmonic appeal from the voices of four appealingly presentable Swedes who, however many satin blue jumpsuits and silver capes they wore, always looked like the kind of people for whom a balanced diet and a good night's sleep would take precedence over rock 'n' roll excess.

Abba was also a purely European vision, shorn of muscularity and excess, and bringing to audiences what Ulvaeus sees as a touch of the exotic: 'When I was growing up, Swedish radio played German *schlager*, Italian ballads, French *chanson*, American rock 'n' roll . . . Sweden is a small country and it is export oriented, like Holland or Denmark. In France, they could play only French music on the radio. They could do that in Germany as well. They couldn't do it in Sweden. They tried, but it was hopeless. We were exposed to all kinds of music as a result and that is why Abba sound the way they do.'

Abba's success was also forged in the crucible of show business. Their first concert took place in Cyprus, where the two couples had taken a free holiday as part of an advertisement deal for the travel company Fritidsresor, doing a short set for Swedish UN soldiers as part of the arrangement. From then, despite the national fame of the four members, the band became a cabaret act, playing nightclubs to pay the rent. Ulvaeus did not enjoy the experience: 'Most evenings, we were singing other people's songs, trying to be funny, and it was pathetic. In Gothenburg, we played a nightclub where there were seven people in the audience. Then, in 1970, Benny and I wrote a song with the girls on backing vocals called '*Hej Gamle Man!*' (Hey Old Man!) and that became a hit. We thought: This is so obviously what we should be doing, pop music, and it should be in English – the language of pop. It sounded better in English.'

'*Hej Gamle Man!*' is thoroughly European, from its Swedish lyrics to its Germanic slam-your-beer-jug-onto-the-table chorus. And whether or not Abba's vast success in Britain was a result of a growing fascination with Europe or simply an ability to write tunes that sound as though they have always existed, their breakthrough did coincide with Ted Heath's dream of continental integration becoming a reality. On 22 January 1972, just as news came that unemployment in Britain had reached the million mark, Heath went to Brussels to sign the Treaty of Accession, following a vote in the House of Commons the previous October that went in favour of Britain joining Europe. On the night of the vote, German Chancellor Willy Brandt called it 'a great day for Europe.' Harold Macmillan lit a bonfire on the cliffs of Dover, which was answered by a flame rising up over the black sea on the other side of the Channel; poetic consolation for the man whom General de Gaulle had made burst into tears a decade previously.

It would be almost a year before Britain actually joined the EEC, because the complex details of Common Market regulations had to be incorporated into British law and Heath had to get a European Communities Enabling Bill through parliament without it being blocked by the anti-EEC left or the anti-immigration right, but Heath succeeded and Britain joined the EEC on New Year's Day 1973, with *The Times* proclaiming that the new era would 'enable us to graduate from a nation of shopkeepers, trading only from our back door, into a nation of industrialists, financiers, and scientific and efficient agriculturalists.' A more prevailing attitude was captured by the *Express*'s Jean Rook, who trumpeted that Europe was bloody lucky to have Britain at all: 'Since Bouddica, we British have slammed our seas in the faces of invading frogs and wops, who start at Calais,' announced the self-styled first lady of Fleet Street. 'Today, we're slipping our bolts. And, of all that we have to offer Europe, what finer contact than with our short-tongued, stiff-necked, brave, bloody-minded and absolutely beautiful selves? To know the British (it takes about fifteen years to get on nodding terms) will be Europe's privilege.'[9]

Heath's Fanfare for Europe was a celebration of the momentous day when, to deafening disinterest from the public at large, the British government successfully negotiated an excruciatingly complex customs treaty with the EEC. Heath wanted to borrow the Bayeaux Tapestry to hang in Westminster Hall until someone pointed out that images of Saxons being hacked to death by Normans was not entirely in the spirit of pan-European friendship. There was a poorly attended match at Wembley on 3 January to mark the occasion, with a team made up of players from the original six EEC countries playing against a Dutch-Irish-British team representing the new arrivals. The new arrivals won, although the substitute player Alan Ball summed up the national mood when he admitted: 'The only thing that interests me about joining the Common Market is whether it will make my family holidays cheaper.'[10]

That night there was a gala at the Royal Opera House in Covent Garden attended by HM the Queen, with performances of Beethoven's 'Ninth' and Britten's 'Spring Symphony', although what should have been the greatest night of Ted Heath's life was marred, with the kind of bad luck that seemed to cast a shadow on his every achievement, when a protestor lobbed a stink bomb at him outside the Opera House. A 50p coin with interlocking hands was minted to represent a new era of togetherness, while the closest the celebrations came to acknowledging the realities of young British life was with a programme of rock and pop concerts featuring the Kinks, Steeleye Span and a band that was on their way to becoming the biggest name in the newly emergent glitter scene. 'Slade Rock for Ted,' proclaimed the *NME* on 9 December 1972, in a front-page story on Britain's premier glam yobs marking Britain's entry into the Common Market with a London Palladium gig on 7 January 1973.

Amid all this there were attempts to celebrate European as well as British culture. The Victoria & Albert Museum staged a Festival of European Art exhibition, a request was made (and refused) to borrow the *Mona Lisa* from the Louvre, and the Dutch actress and model Sylvia Kristel, soon to become another symbol of continental permissiveness when she played a young woman embarking on an erotic journey of discovery through Thailand in the massively successful 1974 soft porn movie *Emmanuelle*, was crowned queen of a beauty contest on ITV. But there was nothing from the world of European pop, no acknowledgement of

Giorgio Moroder, Abba or any of the other forces of clean-cut modernity that spoke of a new world of croissant and coffee for breakfast, a glass of wine at a pavement café at lunchtime and nipping off work for a tryst with your lover in the afternoon, jacket left on the back of your office chair to cover your tracks. That would really make its mark in 1974, when Abba won the Eurovision Song Contest with 'Waterloo'.

'Nul points from Britain,' remembers Björn Ulvaeus, perhaps with a hint of bitterness, almost fifty years later. 'They wanted Olivia Newton-John to win. It is almost impossible that none of them would give us a point, but it also didn't matter because "Waterloo" was fun and lively and our thought was: they will remember us. We will dress up in strange outfits, we will dance and even if we come in at number nine, they will remember us. It changed Eurovision for ever, which before then was far more traditional. "Waterloo" was glam. We loved Marc Bolan for writing pure pop music, free from melancholia or sentimentality, innocent in a strange way, and "Waterloo" was so successful that afterwards we didn't know who we were any more. Are we a glam group? We released the wrong single to follow it up ["*So Long*", which went the way of its title] and we were victim of the one-hit wonder syndrome that is so typical of Eurovision. It was assumed that we would have "Waterloo" and then vanish, because they all did – and they all do. We had a hard year afterward, with an identity crisis dominating it, but then we found our way back with "Honey, Honey". We found our way back to the middle of the road.'

Prior to Abba, a song contest that began in 1956 as a way of promoting pan-European unity in the wake of the Second World War was an oddly formal affair, with contestants chosen for political reasons as much as anything. When Ireland hosted the contest in 1971, the BBC chose County Down, Northern Ireland's Clodagh Rodgers with a view to how the UK's representative would go down with the host country at a heightened period for the Troubles: 'Here I am, a good little Catholic girl representing the United Kingdom in Dublin,' she said at the time, although it didn't stop her from receiving death threats from the IRA, who perceived Rodgers as a traitor for singing the perky 'Jack in the Box' in sparkling pink hot pants in the name of the UK.[11] Even the aggressively inoffensive Christian pop perennial Cliff Richards was pulled into Eurovision skullduggery after his 1968 entry 'Congratulations' was denied the number one spot due to vote rigging by Franco, who sent corrupt television executives across Europe to buy votes for the Spanish singer Massiel's overwrought melodrama, 'La La La'. The ballad itself was corrupted, too. 'La La La' was meant to be sung in Catalan, but Franco wouldn't allow it. Massiel had to be brought in at the last minute to do the Spanish version.

Abba marked a sea change for Eurovision: an actual band rather than a solo performer, dressed in bright synthetic outfits that grabbed as much attention as the music, singing an audaciously dynamic song in which a woman compares her seduction to Napoleon's defeat at Waterloo. The UK clearly recognised a real threat to their chances of winning with Olivia Newton-John's 'Long Live Love', hence forsaking judging integrity by awarding Sweden a big fat zero in a contest held in the Regency splendour of Brighton's Dome theatre after 1973's winners Luxembourg baulked at the cost of hosting the event. But it won anyway, with Abba breaking Eurovision tradition by not singing in their native language and shaping the direction of the lives of

Björn Ulvaeus and his three cohorts from then on: 'Before we won the Eurovision Song Contest, Benny Andersson and I had been in a rat race. We were running around producing other people's records, writing songs for other people, even going on tours in different constellations just to pay the rent. But from "Waterloo", when the royalties came pouring in, from that time onward we could afford to say no to everything else and just concentrate on the writing.'

Abba broke the Euro dam just as much as Ted Heath's long-held commitment to integration. Their subsequent astounding popularity, with one hit after another capturing not only the lives of the two married (and then, '70s-style, divorced) couples in the band but also the aspirations of everyday people as they went through key life moments like meeting a hunky waiter on holiday ('Fernando'), going on your first all-in package trip to Spain ('Chiquitita'), having a great time at the hotel disco ('Dancing Queen') and facing up to the collapse of your marriage and possibly the economy too ('The Winner Takes It All'). They belonged to an era when Britain was developing a fascination with European life while also viewing it with the natural-born suspicion of an island race. The most profound capturing of the phenomenon was *Carry On Abroad*, in which Sid James and the gang take an ill-advised holiday at the appropriately named island of Elsbells on the Costa Bomm. The hotel is a building site, sand comes out of the taps instead of water and worst of all, Sid James's pub landlord Vic Flange only booked the trip in the hope of getting off with Barbara Windsor's sexy widow, but when his battleaxe wife (played by Joan Sims) uncovers his plans, she insists on coming, too. From there on in *Carry On Abroad* is a compendium of the average Brit's holiday nightmares, from toilets that shoot water in your face to being woken up by the sound of cement mixers each morning, to ending up in a foreign jail cell, in this case because a newly amorous Charles Hawtrey causes a ruckus at the local brothel. It's not all bad – June Whitfield has her long-dormant flame reignited by the hotel owner's feckless gigolo son – but for the most part *Carry On Abroad* serves as a warning on the unmentionable horrors that await the innocent Brit under the bright, Mediterranean noonday sun.

Still, *Carry On Abroad* made holiday nightmares look like fun, which was very much in the philosophy of the times: accept that daily life is rubbish, so grin and bear it. *Three for All* (1975) was another film that aimed to exploit the foreign package-holiday boom. It follows the story of a rock band called Billy Beethoven who, tiring of supporting Showaddywaddy at the village hall, head off on a tour of Spain at their behest of their manager, a young Richard Beckinsale. Their three girlfriends reach the obvious conclusion that their would-be rock star boyfriends will spend the whole time 'chatting up birds' so they head out on their own tour of the Costa del Sol, allowing for plenty of mishaps along the way, mostly involving unwanted attention from holidaying British lads whose libidos have been liberated by the Iberian climate. It says a lot about the British idea of themselves in the '70s that anywhere in Europe was typically portrayed as a hotbed of carnality, where the inhibitions that held the island way of life together were in danger of being stripped away by the first sexy señorita who wanders into view. As Terry Collier of the BBC sitcom *Whatever Happened to the Likely Lads?* put it, 'Once they bridge that strip of English channel, they drop everything: reserve, manners, morals and knickers.'

Spain is a Catholic country and the reality of the Spanish waiter was quite different from the British popular image of a moustached Don Juan, there to lead holidaying British girls astray with his garlic-ridden ways. According to Dr Susan Barton, who covered the phenomenon in her book *Working-Class Organisations and Popular Tourism, 1840–1970*: 'They probably didn't speak much English. They were from rural villages, brought up with Franco and Catholicism, and sex outside marriage was taboo. There was this idea that English girls would be sleeping with the waiters, so Spanish girls became more willing to sleep with their fiancés because they worried that, if they didn't, an English girl would.'

Not that the British could be expected to adapt to the continent in other ways. 'Eggs, sausages, beans and chips seven times,' announces the disapproving waiter to the Grace Brothers team as they holiday on the Costa Plonka for the 1977 movie version of *Are You Being Served?* After placing the offending meals onto the table, he asks, with one witheringly raised eyebrow, 'Will you be taking the wine or the brown ale?' Market research carried out for package-holiday firms in the 1960s had discovered that there were three things the British feared most: flying, food and foreigners. The first was dealt with by firms investing in new planes, the second by adding chips with everything and the third by the nature of the package holiday itself bringing safety in numbers, with foreigners becoming people you could look at from a distance rather than have to interact with. In *Carry On Abroad*, Kenneth Williams sees it as his job as tour rep of Wundatours to protect his charges from the locals and vice versa: 'It doesn't do to antagonise these fellows,' warns Williams, as he deals with the chief of police after the gang have been chucked into a Spanish jail. Then plummy assistant Miss Plunkett (Gail Grainger) deals with the situation in true *Carry On* fashion: she seduces the Spanish copper.

Despite a British reluctance to go native, package holidays did bring their influence back home. Benidorm hotels typically had en suite bathrooms with twin sinks, showers and bidets, none of which a post-war nation of people who had grown up with outside bathrooms were used to. By the mid-'70s, a set featuring all of them in matching avocado or salmon pink became the height of sophistication, with Spanish tiles bringing a nice continental touch to any suburban semi. Package holidays also gave rise to the summer smash, an affordable reminder, alongside a flamenco doll and a straw donkey on the mantlepiece, of hot nights in the old town and formation dancing in the hotel nightclub. The promise of sun, sea and sex was captured best of all in 1974's 'Y Viva España' by Sylvia, who, although Swedish, sang of a fantastical land on the coast where matadors were ready and waiting in any cool cabana you might happen upon, señoritas embraced holidaymakers with open arms and yielding thighs, and the liberated package hordes could not fail but to have the time of their lives. Complete with flashing eyes and matador's hat, Sylvia eulogised flamenco dancers rattling their maracas, planes landing on the Costa Brava and the tantalising proposition that girls who arrive at the hotel all pink and pasty go brown within a matter of days, after which 'every fellow will be queuing to do the wooing his girlfriend won't allow'. This was at a time when brochures for British Airways' package holidays like Poundstretchers, Freewheeler and Enterprise featured sketches of bullfighters, flamenco dancers and, almost unfailingly, a pretty woman with a cocktail in her hand on the cover.

'Y Viva España' began life in 1971 as a hit for the Belgian singer Samantha, written in Dutch by the songwriters Leo Caerts and Leo Rozenstraten under the nonsensical title of *Eviva España*. It travelled through Europe in various versions over the next two years until Manolo Escobar, an actual Spaniard who had grown up under the violence and oppression of the Civil War, recorded the track and turned 'Y Viva España' into a patriotic anthem of hope. Escobar's rendition marked the end of the Franco regime, which in the period during and after the Spanish Civil War known as the White Terror had seen somewhere between 50,000 and 200,000 people, from Basque separatists to homosexuals, denounced as enemies of the state and executed. At Spain's World Cup win in 2010, a 79-year-old Escobar sang 'Y Viva España' with the national team in Madrid, and on his death in 2013, the country's then culture minister José Ignacio honoured him as 'a fundamental reference of Spanish popular music'. It took Sylvia's 1974 version of the song to transform it into a package-holiday souvenir, no longer redolent of new dawns after decades of oppression but two weeks in the Med complete with Union Jack tattoos on reddened arms, stilettos in the sand and cut-price lager in the Spanish sun.

'Yes Sir, I Can Boogie' by Baccara, another encapsulation of summer nights abroad and a number one across Europe in 1977, was also a product of the foreign holiday boom. Maria Mendiola and Mayte Mateos, former ballet dancers for Spain's national broadcasting company, needed work for the summer season after their show was deemed too elegant by the owner of the nightclub in Zaragoza, where they were booked. Broke but highly trained, they tried their luck in the Canary Islands, with a show of traditional flamenco dance for the mostly German tourists at the Tres Islas hotel on Fuerteventura. There, they were spotted by Leon Deane, manager of RCA Germany, who saw their potential as Euro-disco superstars and duly relocated them to Hamburg, where they worked with the songwriters Frank Dostal and Rolf Soja, were given a newly glamorous image and a suitably exotic name ('bacarra' is a black rose), and put together with a team of top-notch session musicians to record the peerless 'Yes Sir, I Can Boogie'. Decades later, the song became the terrace anthem for the Scottish national football team after its defender Andrew Considine was filmed leading a singalong in the dressing room. 'This has uplifted me in a way you cannot imagine,' said Baccara's Maria Mendiola of Scotland's adoption of her canary yellow maxi-dress of a disco smash, shortly before her death in 2021.[12]

In 1975 came 'Una Paloma Blanca' by the George Baker Selection, another example of a song that began life with noble intentions before descending – particularly after Jonathan King got hold of it – into package-holiday delirium. Baker was a Dutch musician with a background in soul bands before coming up with his own sound on 'Little Green Bag', a unique blend of moody, groovy US funk and Euro *schlager* that was immortalised after making it onto the soundtrack of Quentin Tarantino's 1992 movie *Reservoir Dogs*. Growing up in a pan-generational family home, Baker was exposed to music that covered a lot of ground: Italian operettas from his grandmother, Northern European folk from his mother, American jazz from his uncle and rock 'n' roll from the radio. With its cheery flute, shining brass, stomping beat and upbeat, hopeful melody, 'Una Paloma Blanca' captured all of those elements in a song that Baker intended as a reflection on freedom and the significance of its message was captured in Norman Mailer's 1979 work, *The Executioner's Song*. Mailer's book tells the story of Gary Gilmore, a 35-year-old con on parole who, after killing two men in Utah on separate robberies over two successive evenings, was sentenced to death. What really turned Gilmore into a sensation was his request to be executed by firing squad – as soon as possible. 'Unless it's a joke or something, let's go ahead and do it,' said Gilmore after refusing legal efforts to reverse his death sentence, believing that he was receiving the punishment he deserved.

Mailer writes about how, as Gilmore was driven in a van to his place of execution, 'Una Paloma Blanca' came on the radio. He had been staring at a photograph of his girlfriend that he had taken out of his pocket with manacled hands, but now the song appeared to absorb him. The driver moved to turn the radio off but Gilmore said: 'Please leave it on.' It reached the chorus: 'I'm just a bird in the sky. Una Paloma Blanca, over the mountains I fly. It's a new day, it's a new way, and I fly up to the sun.'

The song played the whole way through as Gilmore was taken out of the van and placed before the firing squad. 'Once I had my share of losing / For they locked me on a chain' goes a line, before a final message from this sunny portrait of a bird in the sky: 'No one can take my freedom away.' 'This was the last song Gary Gilmore heard before four bullets were fired into his heart,' writes Mailer in his 1,000-page reflection on nihilism, morality and the nobility of facing one's own death.[13]

Not that the George Baker Selection was marketed as music for murderers. 'He makes music with this certain golden touch,' went an advertisement in a 1975 edition of *Billboard*, in an attempt to break Baker into the US market after 2 million sales throughout

Europe for 'Una Paloma Blanca'. And the song did capture a mellow vision of liberation. With Baker's heavily accented lead lines, some mellifluous backing vocals from Lida Bond and a parping flute evoking birds gliding over Alpine ranges, the song offered a gentler, more rustic vision of European freedom than the stomping excitement and lusty suggestiveness of 'Y Viva España'. It was one suited less to Benidorm's total dedication to consumer leisure, more to the kind of holiday where Dad struggles to put up the canvas tent in too-tight shorts as Mum pours Grenadine into glasses on a formica-topped trestle table while swatting away a wasp with the sleeve of her cheesecloth dress and the kids try not to be intimidated by the fourteen-year-old locals on Mobylettes. It also had the kind of tune that guaranteed mass appeal success, leading to Jonathan King picking it up and going to number five with it before the Wurzels used the tune in 1976 for their patriotic anthem to the life of the West Country man, 'I Am a Cider Drinker'.

King avoided coming up with a straight copy of 'Una Paloma Blanca': 'That would be very uncreative as far as I'm concerned, and mine has a bass run that is based on Nancy Sinatra's "These Boots Are Made for Walkin". But the main thing is hearing the mass appeal quality in the first place. I tend to do it on holiday, finding records in different languages and turning them into hits. The important aspect is the ability to hear something that can appeal to all of humanity. It need not have anything, rhythmically, melodically or lyrically, that goes to the mind. A song like "Una Paloma Blanca" can skip the head entirely.'

That was a concept understood fundamentally by James Last, the undisputed king of European mass appeal easy listening. Last rarely had a hit single. For the most part he didn't write his own songs – he preferred to take the pop hits of the day, smooth out the rough edges and apply his big band magic to them. The son of a postal worker father in Bremen, 'Hansi', as he was known in his native Germany, got his grounding aged ten from a piano teacher who attempted to teach him the country's folk songs and concluded that he had no natural talent or affinity whatsoever. But he persevered and after the Second World War, he formed the Last-Becker Ensemble; a jazz group featuring his brothers Werner and Robert and his friend Karl-Heinz Becker, later joined by his fellow future easy-listening giant Helmut Zacharius on violin.

James Last's real revelation came in the mid-'60s, when the popularity of the Rolling Stones and the Beatles prompted the thought: why not take the music of the young and make it palatable for the old? How about dressing up rock 'n' roll songs in classy arrangements, making them suitable for supper clubs, dinner dates, gentle dancing on the carpets of living rooms everywhere?

'As a young boy I listened with my father to a radio programme on a Danish channel, where they were broadcasting with a live audience and you heard music through the clattering of glasses and bags,' said Last of his Damascene moment. 'Even as a child I experienced the special atmosphere in the broadcast. The memory of these broadcasts is actually the basis of my party sound.'[14] He tested it out at a party for his ten-year wedding anniversary by arranging a medley of hits by the Beatles, Petula Clark and the Dave Clark Five and performing them with a big band in dance rhythms like the foxtrot and the polka. He recorded the event, including all the cheers and incidental noises made by the guests, and the result was *Non Stop Dancing 1965*, an album that, by replicating the sound of a party over pop hits shorn of any potential danger they might have originally possessed, launched Last on his easy-listening crusade.

My '80s and '90s youth was shaped by the sight of countless James Last albums with titles like *Happy Hammond* and *Non Stop Dancing* in any charity shop you happened to wander into, with covers that tended to feature either the avuncular countenance of the goateed man himself or a pretty, smiling woman relaxing before a sunset backdrop. Most of the music would be completely forgettable, but every now and then a gem emerged amid the smooth morass. Last's album of the hippy love rock extravaganza *Hair* included a version of the Hare Krishna chant, which, stripped of all spiritual significance and transformed into something that swingers might put on to lighten the mood as everyone stands around on the shag pile carpet, clutching the flutes of their martini glasses and feeling a bit awkward, took on far deeper social significance than the original version. Then there is his take on the Beatles' 'Here Comes the Sun', which, with its hypnotic blend of bongoes, loose acoustic guitar strums and chorus of happy-clappy female vocalists turning George Harrison's words into a chant of joyful surrender, is euphoric enough to make you want to join a new religious movement. And his version of the theme to the film *A Man and a Woman* is glamorous in an accessible way. You probably couldn't afford a 1966 Ford Mustang like the one Jean-Louis Trintignant raced in the movie, but at least you could stick James Last's budget interpretation onto the eight track of your 1972 Ford Capri and let imagination do the rest.

Once Last found his groove it really was non-stop dancing, with 190 albums turning him into the most commercially successful bandleader since the Second World War. When he was out on the road, he found it extremely difficult to stop the party himself. 'I got a call that a German bandleader needed singers for his first English non-stop dancing album. From that moment on, Sunny and myself were with him for life,' says Sue Glover, who gave up doing one session after another as Sue and Sunny for taking her place in Last's glamorous touring gala. 'Hansi was a lovely man and phenomenally generous. Every night after the concert he would treat us all to a banquet, which must have cost him a lot given that his band included a sixteen-piece string section, a rhythm section, and anywhere between six and twelve people in the choir, which I was in charge of booking. His reasoning was that he was a multi-millionaire because we had all helped him become one, so he needed to share his riches with us – he really had this need to give you a lavish meal with no expense spared.'

Last embraced figures like Sue and Sunny, Lesley Duncan – who also sang backing vocals for Pink Floyd's *The Dark Side of the Moon* – and Tony Burrows; ultra-professional session singers whose perfect tones, impeccable manners and ability to look smashing in eveningwear made them valuable members of his high-quality, low-stress entertainment world. After moving to Florida at the end of the '70s, he even invited his musicians to holiday with him and his wife Waltraub at the James Last Sunshine Club, where a game of golf and a glass of wine in the evening was a guaranteed part of the package. The problems in this diamond life came if you *didn't* feel like being a recipient of his largesse.

'Oh no, he didn't like that at all. He would get so upset that he wouldn't talk to you,' says Sue Glover, on the nights she felt tired and didn't want to go out for a huge meal after an evening of bringing mellow vocal magic to a paying audience. 'We would go back to the hotel after the concert, but then you really had to go down for dinner because he would get very stroppy if you didn't. It was important to him that you were a part of the James Last gang. One year I was in charge of the choir when he said: "I would like to give you all a Christmas present. Please hold out your hands." My hands dropped down at the weight of it. I went back to the choir and said: "You won't believe this, but Hans has given each of us a gold brick." Tony Burrows said he was going to throw it through the window of his bank manager.'

James Last had an ability to filter everything through his easy-listening lens, from classical sonatas to interstellar freakouts by the acid-fried space rock super-freaks Hawkwind. For a concert performed at the BBC Studios in 1976, Last, resplendent in a wide-lapelled dinner suit and oversize bow tie, led his canary yellow-bedecked 'little band' (there were at least thirty of them) through a 45-minute concert that closed with a rendition of 'Una Paloma Blanca' so soft and bouncy, it was almost obscene. Sue and Sunny, suitably alluring with voluminous hair and nylon full-length gowns, harmonised with a debonair Burrows and swayed gently along to the words. It was hard to imagine a world where these chimes of freedom could also have relevance to a man about to be killed by firing squad three years later. No wonder James Last was known as 'Mr Happy Sound'.

He was also self-aware. 'You have to recognise your limits and live with them,' he said. 'I recognised early enough that I was no Beethoven, so I do what I can, and that's as good as possible.' He refused to become hidebound by nostalgia in the way easy listening tends to be, forever including versions of the new songs of the day in his non-stop party sets. 'When I started, the Beatles were being condemned by many of my fellow artists,' he reasoned. 'But I realised very early on that you must rely on the new moods in society. New things matter. Living this way, I stayed young for ever.'[15]

In a sense, James Last was attempting to do the same thing as Kraftwerk, Cluster, Neu! and all those other pioneering, creative German bands that rose up towards the end of the '60s and into the '70s: build a new world. They may have done it through embracing artistic intensity, realism and a communal reaction to fascism, and he may have done it by dressing up in a dinner jacket and leading a big band through symphonic rendi- tions of 'Nights In White Satin' and 'Guantanamera', but the intention, as Germany moved out from under the shadow of Nazism and looked to build a better future, was the same.

By the end of the decade, British package holidays had gone from being seen as aspirational and classy to common as muck. The general attitude was encapsulated perfectly on a legend- ary advertisement for Campari, in which an extremely glam- orous Lorraine Chase sits on a verandah in the tropics and is asked by the aristocratic Jeremy Clyde, formerly of '60s folk pop duo Chad & Jeremy, whether she was wafted here from paradise. 'Nah, Luton airport,' comes the famous answer in perfect Cockney, which was such a sensation that a novelty band called Cats UK cashed in on the advertisement with a 1979 hit single, 'Luton Airport'. Paul Curtis, whose main gig involved writing UK entries for the Eurovision Song Contest, had the idea for a song based around the advertisement while on holiday in Majorca and he approached Chase about singing it. The actress declined on the grounds that would make sense to anyone saving up for their next package holiday: there was no money in it.

As for Chicory Tip, who had heralded Britain's deepening relationship with Europe by going to number one with Giorgio Moroder's 'Son of My Father', changing fashions would mean new dawns. After a third single flopped, in 1973 Chicory Tip embraced a glam look straight out of the wardrobe department of *Dr Who*: satin capes, shazam lightning bolts, spider headdresses and what appeared to be a yellow toilet bucket turned upside down and transformed into a space helmet. The story goes that, terrifyingly, the band were decked out in their new gear en route to the *Top of the Pops* studios in west London one afternoon when they had an argument with the van driver and ended up getting chucked out on the side of the motorway. They had to hitch the rest of the journey. It could not have been easy in the less than open-minded climate of mid-'70s Britain, but after their European adventure Chicory Tip were aligning themselves, albeit briefly, to a tough new movement in British singalong pop for which Slade and the Sweet were the leading proponents: Brickie Glam.

Chapter 5

Brickie Glam

Mary Whitehouse, who tried to ban the Sweet's 'Teenage Rampage' and, in
doing so, helped turn it into a massive hit.

Two films serve to show, in the space of a few short years, where
glam came from and where it ended up. *Born to Boogie* (1972),
directed by Ringo Starr, centres on Marc Bolan's concert on 18
March 1972 at Wembley Empire Pool. Starr, only two years out
of the Beatles, filmed from the pit as Bolan belted out 'Jeepster',

'Hot Love' and other effervescent, three-minute stomps. In his green satin trousers, a white satin jacket and a T-shirt with his own face on it, Bolan offered something that was in demand in '70s Britain: escapism. The sound and vision at Wembley is primitive, just Mickey Finn on bongoes, Steve Currie on bass and Bill Legend on drums barely holding it together while an elderly security guard tries to keep some semblance of order down the front. Interlinking scenes of Bolan driving around in a Cadillac alongside Starr dressed as a giant mouse only serve to show what a terrible actor he was, and when he and Ringo Starr giggle their way through an attempt to say the lines, 'Some people like to rock, some people like to roll,' the appeal of watching two famous people being incredibly pleased with themselves palls very quickly indeed. *Born to Boogie* is awful! The attempts at 'Magical Mystery Tour'-like surrealism and 'It's a Hard Day's Night' madcappery fall flat, the in-joke humour is alienating and there is something distasteful about the casual egotism of the whole thing. Yet Bolan exudes glamour. Pouting, peacocking, doing a Chuck Berry duck walk, he has achieved transcendence through becoming the prettiest star, separated entirely from the world that spawned him. He was living his fantasy. It couldn't last.

Slade in Flame (1975) came out three years later and tells a fictionalised story of the least glamorous glam band of them all. Having achieved Bolan-like levels of success with misspelt, we're-all-in-this-together stomps like 'Mama Weer All Crazee Now' and 'Cum On Feel the Noize', Slade starred in a movie based on their early days as a jobbing act for hire in the late '60s Wolverhampton, slogging around the working men's club circuit and getting ripped off along the way. Right from the opening credits, where drummer Don Powell is sweating in the glow of molten metal before clocking off from his day job at a foundry to the lamenting sound of Slade's 'How Does It Feel?', *Slade in Flame* is unremittingly bleak. Scenes filmed in the industrial north show chimney stacks puffing out clogs of smoke, condemned rows of boarded-up houses looking like they have resigned themselves to their demise and the slate-grey blocks built to replace them towering above the skyline with brutal, modernist inevitability. It captures a world of budgerigars in council flats, jerry-built pigeon coops on landfill sites under motorway flyovers and a general air of poverty and entrapment tempered by black humour and modest hobbying, escape from which is possible only through crime or show business. Yet escape – to London – is even worse, with its sleazy nightclubs, ruthless gangsters and cold-hearted cynicism.

The film begins with Flame, whose singer Jack Daniels was played by Diana Dors' husband Alan Lake, performing at a posh garden party. And by 'posh' we're talking semi-detached mock-Tudor house with frosted windows and a privet hedge. It comes to an ignominious end after their guitarist, captured with unwitting authenticity by Slade's Dave Hill, lifts up a woman's skirt with his boot and ignites the wrath of a top-hatted guest, sparking off a massive fight in the process. Flame really get going, though, after sharing a bill with arch-rivals the Undertakers. Daniels locks the Undertakers' singer Stoker (played by Slade's own Noddy Holder) in his stage coffin and after a car chase ends with both bands sharing a jail cell, Flame decide to ditch the trouble-making Daniels and enlist Stoker. What follows is a rags-to-riches tale in which the rags end up looking a lot more appealing than the riches. In the early days, the band members are having fun, causing havoc in bingo halls and flirting with the crowds on market stall jobs. It's only when the big time hits that things get nasty. They head out to a pirate radio station on an abandoned army fort on the Thames Estuary to guest on a show with the DJ Tommy Vanc, and have to escape by helicopter after being shot at. Tom Conti's upper-crust agent views the band as a vulgar but profitable money spinner, while a crooked booking agent played by Lambeth-born Johnny Shannon – who got his break as the crime lord Harry Flowers in the cult 1970 movie *Performance* – comes out of the woodwork to claim the band are still under contract with him, so he sends his thugs round to slice off the perennially ill-fated Jack Daniels' toes. As Flame's drummer Charlie (played by Don Powell) reflects as he walks by the side of a rubbish-strewn canal with his former boss at the foundry, 'It's just a bunch of bleedin' gangsters in dinner jackets . . . But what can you do?'

In what was his first feature, the director Richard Loncraine, newly flush after a sideline designing hugely successful executive toys like the Newton's Cradle ('We were making toys for the three-day week'), shaped the film around stories he and scriptwriter Andrew Birkin heard as they accompanied Slade on an unsuccessful tour of the US: 'We were with them for four or five weeks and it was not a pretty sight. They were playing 3,000-seaters with 1,100 people in them and they knew they weren't making it in America but nobody admitted it. We were staying in shitty hotels and tour buses and it was not glamorous at all. In Chicago, I was in the elevator of the hotel with these two women in fur coats, who were chatting about their son's maths classes or something. One of them looked me and said, "Do you wanna see my body?" She opened the fur coat and she was completely naked. They were hookers. I was quite young at the time and it came as a shock.'

In the early years of the 1970s, Marc Bolan achieved glam fabulousness while facing serious competition from some rather less outrageous figures. Roger Whittaker whistled his way into the top ten with 'New World in the Morning' and Clive Dunn became everybody's favourite old codger with 'Grandad'.

A tiny coterie of session singers, musicians and songwriters ran the early '70s singalong boom. Roger Cook and Roger Greenaway wrote the New Seekers' peerless 'I'd Like to Teach the World to Sing (In Perfect Harmony)', while Tony Macaulay hit gold with 'You Won't Find Another Fool Like Me'. When Cook and Madeline Bell got fed up with writing and singing on everybody else's records, they formed Blue Mink and had hits with 'Melting Pot' and 'Good Morning Freedom'.

Bubblegum anarchists: from the tiny Strawberry Studios in Stockport, 10cc bashed out countless singles under a variety of fake names. John Carter (with the Flowerpot Men, centre) and Jonathan King recorded so many songs under so many aliases that nobody was sure what was theirs and what wasn't – perhaps not even Carter and King themselves.

Polly Brown of Pickettywitch hit it big in 1970 with Tony Macaulay's soul-pop sensation 'That Same Old Feeling'. Tony Burrows, Sunny Leslie, Roger Greenaway, Sue Glover and John Goodison joined forces as Brotherhood of Man, but bailed when touring beckoned. Burrows and Greenaway seemed happiest larking about in a made-up band like Pipkins.

A year after Ted Heath's dream of European integration became reality, Abba won Eurovision in 1974 with 'Waterloo'. Scots in Italy going by the name Middle of the Road made the most of the continental lifestyle, while *Carry On Abroad* warned cautious Brits of the illicit dangers awaiting the innocent under the package-holiday summer sun.

Dave 'Superyob' Hill of Slade was
the ultimate working-class glam hero
and the Sweet were the bad boys of
the scene. Anti-glam rock 'n' roller
Suzi Quatro said of it all: 'The men are
prettier than the women these days.
Bowie makes me feel real ugly.'

Bagpuss evoked wistful images of an Edwardian fantasia for '70s children, while Thames Television's *Magpie* was the groovy alternative to the BBC's parent-friendly *Blue Peter*. Songwriter Mike Batt turned the Wombles into the biggest kids' band of all.

Every picture tells a story: cameraman Ringo Starr is roundly ignored by Marc Bolan fans at Wembley in 1972; Rod Stewart remains stoic as Britt Ekland is charmed by new kid in town David Essex.

By his own admission, Loncraine knew very little about the band before being asked by their manager, former Animals' bassist Chas Chandler ('One of the nastiest, most aggressive men I have ever met . . . truly an animal'), to make a documentary about the band. Loncraine suggested that instead he make a drama about the rough end of the music industry. The coffin scene was based on the vaudevillian British rock 'n' roller Screaming Lord Sutch, who really did get jammed in his coffin one night after his roadie mistakenly put the side with the lid against the wall at the back of the stage. The pirate radio shooting was based on an event that ended with Sutch's manager Reginald Calvert being shot dead by a rival at his Radio City headquarters at Red Sands, the same one used in the film.

Slade in Flame's authentic feel came from being shot on an extremely low budget, forcing its young director to think on his feet. At the same time, the band members did a pretty good job of pretending to be actors, not least when you consider that Don Powell, who a year previously went through a very serious car accident that wiped out his short-term memory, had to be reminded not only who his character was, but who he himself was. Loncraine remembers Noddy Holder as gregarious, plain-speaking and intelligent, Jim Lea as the serious one and Dave Hill as the fun, up for a laugh, working-class lad made good, forever surrounded by young women: 'It amazed me because Dave was never without a beautiful girl on his arm. We were in his Rolls-Royce one evening, on our way to the Red Sands hotel in Southend for a party for the crew, when I said to him: "What's your technique for pulling?" He gave a sly wink as if he had come up with something incredibly clever and said: "Watch me." We get to the party and all the girls are sitting in a line. He goes up to them, throws his arms in the air, and says: "Do you fuck?"* That was the extent of his technique. Of course it worked because a couple of them giggled and held their fingers up.'

Loncraine also faced the challenge of dealing with Alan Lake, a terrible alcoholic who killed himself a decade later. The first day of shooting was in a hostess bar in Bruton Street, Mayfair, London: 'Alan Lake did his scene in the morning, fell asleep on the sofa, woke up, picked up a bottle and smashed it over the head of the club's manager, who it turned out he had a previous altercation with. It almost put the film into a premature grave. Diana Dors had to come down and apologise.'

Then there was Chas Chandler. 'We were filming a scene on the North Circular where the car turns over and we had to keep making the ramp bigger and bigger because it was a big old American car and it was hard to tip. I was lining up a shot in the reflection of the water when suddenly the camera is grabbed from me. I look up and it is Chandler. He says: "I want more close-ups of my boys, you cunt." Then he threw the camera in the mud.'

All of this fed into *Slade in Flame*'s vision of the nastiness of the pop industry, while an incident during another scene's shooting underlined the film's message that money doesn't buy happiness. Reflecting his real-life love of flash, Dave Hill's Barry goes to the Jack Barclay car showroom in Mayfair to buy a Rolls-Royce: 'We're filming and through the window of the showroom I see a man in an old raincoat, wearing a pig mask. Next to him are two guys in suits who look like they should be in the CIA.

---

* Richard Loncraine's memory may divert from Dave Hill's here.

The man in the pig mask is in shot, so we can't use the scene and I cut. Then he comes into the showroom, an old boy in military medals opens the door for him and you look down at his feet and the guy is wearing carpet slippers and his feet are black. For three or four minutes everyone is watching him, so eventually I ask Jack Barclay, "Why did you let an old tramp like that in your shop?" He says, "I'm not in the habit of throwing out Howard Hughes." He was living in the Dorchester at the time and had gone completely insane.'

Just like the life of the American business magnate who ruined Richard Loncraine's filming in the car showroom, *Slade in Flame* was a massive disaster in every way. It was a commercial bomb, it was critically lacerated and, by depicting their seedy reality rather than their fun, escapist image, it is even credited with destroying Slade's career. Dave Hill thinks they would have been better off making a 'jump-around movie' like the Beatles' *A Hard Day's Night*. Nonetheless it remains the best rock movie ever made, with a profundity you will struggle to find in more fantastical visions of the showbusiness life. 'I think we've all had enough,' concludes Noddy Holder's Stoker as Flame winds up for ever and it's back to the daily grind in the Black Country.

By being set in the late '60s, *Slade in Flame* wasn't strictly about glam but it captured the working-class side of glam in all its nicotine-stained, vitamin D-deficient glory. Sophisticates like Roxy Music and David Bowie, although mostly from working-class backgrounds themselves, used the movement as an elevated display of exquisite taste, style and learning, from Roxy listing the designer Antony Price and the hairdresser Keith from Smile above such minor figures as engineers and producers on their album credits to Bowie referencing cult artists like Lindsay

Kemp, Vince Taylor and the Velvet Underground. As a teenage fan, you weren't getting anywhere near to the world evoked by the cover of Roxy Music's 1973 album *For Your Pleasure*, where Bryan Ferry's Amazonian girlfriend Amanda Lear is contorted into a skin-tight black rubber skirt and teetering on sadistically high stilettos as she strains to keep her pet panther on a leash against a city skyline at night, reaching levels of hysteric glamour guaranteed to drive any normal person insane. With his one-legged jumpsuit by the Japanese designer Kansai Yamamoto and bright-red mullet by Mick Ronson's hairdresser girlfriend Suzi Fussey, David Bowie's icy androgyny looked like it was beamed in from another planet. But you could see yourself with a pint of mild and bitter, tapping the ash from your Lambert & Butler cigarette into an enormous imitation crystal ashtray in a working men's club illuminated by table lights with fringed red lampshades as Flame did their thing.

Glam's descent from art-school statement to northern club revue entertainment dismayed its founders, who were quick to disassociate themselves from it. 'We were very miffed that people who'd never seen *Metropolis* and had never heard of Christopher Isherwood were actually becoming glam rockers,' David Bowie admitted to Brett Anderson of Suede in a joint interview with the *NME* in 1993, adding that as far as he was concerned the only real glam acts were Bolan, Roxy Music and himself. But the democratisation of glam revealed a lot about what was accessible to the average British person in the early '70s and Slade epitomised that better than any other band of the era.

Slade's success came in the wake of Marc Bolan's commitment to teenage pop joy, with Noddy Holder acknowledging the glorious rush of T. Rex hits like 'Hot Love' and 'Get It On' for making him, 'And everybody else, strive to make a better single.' They were the anti-progressive rock band, leaving the twenty-minute clavichord solos for the dope-smoking students while getting on with playing stomping tunes for the kids and dressing up to make a splash on newly rolled-out, bought-on-HP colour TV. In 1970, it took about 100,000 singles sales to get to number one in the UK. By 1971, it was closer to half a million and Slade were at the forefront of that commercial explosion. They were critically lauded too, at least for a while. The *NME*'s Nick Kent celebrated them as 'the first great unashamedly working-class band to cross the boards in a dog's age.' Fuelled by his hatred of earnest singer-songwriters like James Taylor, pining for the teen innocence of mid-'60s American garage bands like the Seeds and the 13th Floor Elevators, Lester Bangs of the Detroit rock 'n' roll magazine *Creem* enthused of a Liverpool concert in 1973, 'Slade and its audience have more energy, more raunch and more vitality than the sagging corpus of rock has seen in many a moon.' It was the unpretentiousness and unbridled energy that drove Bangs into stretching the credulity of rock journalism to its limits: 'Eight-year-old children writhing like dervishes, teen birds crying and fainting and tugging their curls in total hard day's night hysteria, boys jumping up and tromping on the chairs like they were trampolines,' he gushed, in a report on the band for the British music magazine *Let It Rock*. Bangs was willing himself into witnessing Beatlemania all over again, but this time there was no danger of Slade disappearing into a studio for half a year to make a glam *Sgt Pepper*. As Bangs concluded – incorrectly, as it turned out, but you get the idea of what he was trying to get across – this was a band made up of four Ringo Starrs.

Slade were a long way from standard issue pin-ups. Noddy Holder, who sang like he was roaring from the bottom of the pit five minutes before it was time to go home, looked like a nineteenth-century ploughman in his working man's cap and extravagant mutton chops. Jim Lea, the classically trained violin- and bass-playing songwriter and brains of the group, had the air of a natural sciences student who ended up in rock music by mistake. Drummer Don Powell, who studied metallurgy and really did work in a foundry before Slade took off, came across as the kind of easy-going sort who would be the first to get a round in, even after that car crash in 1973 left him with no sense of taste and smell. And fun-loving guitarist Dave Hill was in his own way just as extreme in appearance as Bowie or Bolan. A lustrous medieval bowl cut with a preposterously short curving fringe framed a permanent grin that made Hill's prominent teeth a fashion statement all of their own. This would have been arresting enough without the golden glitter arrangement glued onto his exposed forehead, not to mention Ming the Merciless shoulder pads, the lurid bodysuits and the space-age silver guitar in the shape of a ray gun, built for Dave by the luthier Dave Birch and emblazoned with the name of his rock-star alter ego, Super Yob.

Bolan put glitter on his cheeks and wore women's clothes from Biba. Bowie shaved his eyebrows off and commissioned avant-garde Japanese designers to make him one-legged catsuits. Dave Hill got his sister to glue mirrored discs onto a black-and-white gown and headdress in the hope of looking like an Egyptian pharaoh. Steve Marriott of the Small Faces and Humble Pie took one look at Hill's new get-up and called him the Metal Nun.

'I wore the metal nun outfit on *Top of the Pops* in 1973, when we went to number one with "Cum On Feel the Noize". I come out of the toilet and it was like that advert for Smash instant potato, where the metal aliens fall about on their backs in hysterics. The lads couldn't control themselves.'

All of this made Slade the kind of rock band that could have walked out of the pages of *The Beano* or *Whizzer and Chips*. Noddy Holder, a self-confessed 'Black Country yobbo', was a Wolverhampton window cleaner's son who grew up in a world of shared baths and outdoor privies, canal boats laden with coal and iron chugging past factories blasting out smoke by day and flame by night, where men in flat caps emerged, stinking of oil, and went home to scrub their hands with Swarfega before being allowed in the front room. Dave Hill's mother Dorothy was the middle-class daughter of teachers and worked as a secretary in the War Cabinet, but after getting pregnant at seventeen – her son thinks it was by a politician – and then meeting Hill's mechanic father Jack at a munitions factory during the war a decade later, she moved to a council house in Wolverhampton and sank into what would now be diagnosed as clinical depression. Dorothy's frequent disappearances at night, when the children were little, made Hill's father think his wife was having an affair. It was only after he followed her to a phone box one night that he discovered she had a secret daughter called Jean.

Dave Hill joined a band for the reason a lot of kids did at the time: to stand out while also fitting in. 'My sister says I always seemed to be in the corner of the playground. I didn't like football, I never seemed to have the right hairstyle and girls would say things to me like: "Your face is alright but your ears are too big."

The teachers thought of me as a low achiever, up to no good. But I did like music and Mum's dad had been a classical pianist so there could have been that influence, even though he was no longer alive. We would go to the cinema on a Saturday morning to get out the way of Mum as she did the cleaning and the guy who ran the place would get kids to come up on stage and play in a skiffle group. That started it for me. I was thirteen, playing a tambourine, and I got this nervous feeling, standing there on the stage, with people looking at me. It ticked my box.'

Hill's dad bought him an acoustic guitar from Kays catalogue and after meeting a fellow low achiever who was in possession of a bass guitar, Hill saved up for an electric guitar and an amplifier and learned to play Shadows' songs like 'FBI' and 'Apache'. Meanwhile, his mother's depression was getting worse: 'She would just sit on the settee. But when I was twanging away it seemed to do some good for her, because after a while she would fall asleep. Maybe it made her think about her dad. And I thought: *this is something good 'ere.*'

One incident in particular ate away at Dorothy's sanity. One afternoon on the council estate, Dave's younger sister Carol was kidnapped, although this being Wolverhampton in the 1950s the kidnapper's getaway vehicle was the local bus and she was caught by the police a few hours later. Then, in 1961, Dave's secret half-sister Jean, by then a 29-year-old with a son of her own, died after an epileptic fit. A few years later, after severing the tendon of her hand in a fall, Dorothy ended up getting shock treatment in a psychiatric institute. 'In those days nobody talked about mental illness, it wasn't the done thing,' says Hill. Dorothy died in 1976, not long after attending the premiere of *Slade in Flame* in Wolverhampton.

Industrialisation brought wealth to a handful of factory own-
ers and a tough life to most, with the Black Country developing
a culture and dialect that seemed as ancient and impenetrable to
outsiders as the igneous rock the city was built on, from its arcane
greetings ('Ow bist?') to the very real danger of getting lamped in the
fizzog (punched in the face). Escape came at the weekends, where
you might travel as far as Willenhall on a Friday night because a
sprung floor was pulled over the local baths to turn it into a chilly
venue for wrestling matches and local rock 'n' roll groups, but for
the most part it was an insular world. Dave Hill, who left school at
fifteen to take a job in the offices of Tarmac, recalled his nervous-
ness at being asked to join a teenaged group called the Vendors
because they were based in Bilston and it was at least 5 miles away:
'We couldn't even understand what they said in Bilston, it was that
far off. Dudley, about 10 miles away, was like the moon.'

The four members of Slade met on the Midlands pub circuit
before coming together as the 'N Betweens, and after a spell in
Germany, Slade's big break – although it may not have felt like
it at the time – came from being sent off to the Bahamas to play
a residency at a Freeport club called the Tropicana. None of the
four members had so much as been on a plane before, so from
discovering the cooling properties of air conditioning ('There's
not much call for it in Wolverhampton' – Dave Hill) to thinking
that the bidet in the bathroom of their Sheraton hotel was a foot-
bath, the world they experienced was unfamiliar and impossibly
glamorous. The invitation to play in the Bahamas came from a
Willenhall man called Ken Mallinn, who had seen Slade in the
early days before relocating to the island of Freeport, so when
Mallinn told them that everything would be taken care of, they
took him at his word.

Slade were not the first working-class band to fall prey to the curse of too much room service but they were among the most innocent, with even the prospect of ordering a coffee, delivered in a metal container on a tray by a man in a bow tie, inspiring Don Powell to pronounce to his bandmates: 'This is a bloody lark, innit?' A month into their residency at the Tropicana, where they would play alongside belly dancers and snake charmers and back up visiting American Motown-style acts who all claimed to have had the same latest hit back in the US, they discovered that Mallinn had scarpered. He left them with a £2,000 hotel bill alongside the debt on the money spent bringing them over in the first place, which he had borrowed from the local mafia. And now there was a big lug at their hotel room door with orders to kill Mallinn, or at the very least do unspeakable damage to him, unless the loan was paid back.

On top of this there were riots breaking out across the island, with high unemployment rates exacerbated by foreigners coming from the mainland to work in the hotels and restaurants, leaving the four bandmates trapped inside the hotel they were now indebted to. Eventually a deal was struck whereby Slade's wages for playing the Tropicana would be paid directly to the hotel and they would remain as an indentured rock band for another three months. They moved from the five-star Sheraton to the zero-star servants' quarters down the road, where they lived in a single room with four narrow beds, a fridge and a toilet in the corner.

'It turned out to be the making of the band,' says Hill. 'You have to remember that none of us had been in a tropical situation before, because it's definitely not a working-class bloke's idea of where he might go on holiday. It was a bit like *Death In Paradise*, with strange wooden buildings and people sleeping outdoors around the place and so on, but living together and playing the club each night meant we learned to be tight. It also meant that when massive success came a few years later, and we were under siege and trapped in our dressing rooms, we knew how to cope.'

At the Tropicana Slade were called upon to play the new rock songs coming out of America, like Steppenwolf's 'Born to Be Wild', Frank Zappa's 'I Ain't Got No Heart' and the Amboy Dukes' 'Journey to the Centre of the Mind', alongside soul hits by the Four Tops and the Temptations. Dave Hill discovered the joys of attracting attention to himself after wanting to get in on the fashion for hippy kaftans, but failing to find one on the island he bought a denim dress and hoped that would pass instead. He wore it at the Tropicana that night and an American woman in the audience shouted: 'He's got my dress on, he's a weirdo!' – 'All of a sudden, I became the focal point. That's where the whole dressing-up thing started.'

After three months on the island, Slade used the opportunity of the Tropicana being closed for a week for renovations to do a runner, escape to Wolverhampton and move back in with their mums and dads. They returned to discover the heavy sounds of Black Sabbath and Deep Purple rumbling out of Birmingham – only 20 miles away, but another universe – and struggled to find their own sound and vision in the face of such heavy competition. During the recording of 1969's *Beginnings*, released as Ambrose Slade and drawing on the songs and styles they had learned to play in the Bahamas, they met Chas Chandler, who had stepped away from managing Jimi Hendrix and was looking for a new band to guide to success. He came up with an idea of marketing Slade as the ultimate working-class band – by turning them into skinheads.

For Hill, the look was nothing less than sartorially disastrous: 'It was the worst thing in the world because of my large ears. We did it because we didn't want to upset him, but I hated it. Chas thought it would get us somewhere. It did get us somewhere, but not in a good way. We had a violin in the band and all these skins turned up and went: "What the hell is this?" We had to hide in the dressing room.'

One good thing did come out of the skinhead period: Dave Hill's unforgettable hairstyle. As his skinhead crop grew out, shaven on top but with a bit of length going on at the back and sides, it developed naturally into his trademark Arthurian megabowl. Then came a key influence from witnessing Mott the Hoople at Wolverhampton Civic Hall. Mott would become superstars themselves in 1972 with their peerless rendition of Bowie's glam anthem 'All the Young Dudes', but before that they were the commercially unsuccessful pioneers of a showy rock 'n' roll style that had not yet found its name. In *Diary of a Rock'n'Roll Star*, his account of a 1972 US tour that he intended as a gift to fans who would never have the chance to experience foreign travel ('You get "free" meals, drinks and papers, duty-free gifts and fags (200 Benson & Hedges for £1.50),' he informed them of international flights), Mott's already jaded singer Ian Hunter points out that he and his Herefordshire bandmates were 'street kids made good' long before that became the raison d'être of glam's working-class fringe: 'It was fun. Nothing to lose,' Hunter recalls of Mott the Hoople slogging around Britain in 1969. 'We flashed around when it wasn't groovy to flash . . . A rock band's life is equivalent to that of a footballer: you've got to take it while it's there. I've dug holes in the road, I know what it's like.'

It wasn't just the sound of Mott, with their raw but melodic take on classic American rock 'n' roll and the way they amplified the bass drum to get the most out of its primeval thud, that impressed Slade. It was their look. Hunter, with his thatch of curly blond hair and ever-present shades, was like a rougher, less pretty version of Robert Plant; a figure Noddy Holder could take cues from. The guitarist and bassist wore long jackets and crushed velvet trousers tucked inside boots laced up to the knee. At a time when bands were expected to wear denim all over to be taken seriously, this was a wondrous sight for Dave Hill, who responded by travelling down to Kensington Market in London and buying his first pair of silver platform boots.

The hits that followed proved Slade to be far more sophisticated and imaginative than their image as scrubbed-up Black Country oiks suggested. Driven by Jim Lea's swirling, melancholic electric violin, 1971's 'Coz I Luv You' was gypsy jazz reimagined as '70s pop, even if its classically trained creator did not think much of it. '"Coz I Luv You" was namby-pamby to us,' Lea told *Sounds* magazine in 1980, of his attempt to write a song to match the delicacy of Marc Bolan's 'Ride a White Swan'. 'It shot to number one in two weeks and we thought: *what a pile of shit.*'

In 1972, Slade got their second number one with 'Tak Me Bak 'Ome', which, with its boogie shuffle and wilful Black Country mangling of the English language, was far more typical of everything the band came to represent: good times out of hard times, from a bunch of council-house boys who would never forget their roots. The single came out in the week Slade were booked to play Lincoln festival in 1972 alongside big names like the Who and the Beach Boys and hairy rock favourites the Groundhogs and Humble Pie. Dismissed initially by the underground crowd as a novelty act, they were booed when they took to the stage, but then the sun came out after a weekend of rain and there was a roar of happiness from the crowd as the band launched into the boogie shuffle of 'Tak Me Bak 'Ome'. A few weeks later, it went to number one.

'After that we got all these write-ups with things like, "This band came from nowhere and they're a serious group,"' says Dave Hill. 'We had already had a number one with "Coz I Luv You", but we were still playing pubs and lots of people were saying they didn't like Nod's voice because he shouts all the time. The real change came in 1972. I was still living with Mum and Dad and when I turned up on the street, the curtains were rustling and the people were staring. You know, Mrs So-and-So, old Allie Wotsit and Mr Drunk Next Door . . . all the neighbours I had grown up with. Dad was a pretty rustic character and he told me to keep it together, but it wasn't easy when fans started turning up at the door. Besides, when I wasn't there, Dad would sign the autographs instead. He even let some of the fans sleep in my bedroom.'

By 1973, after 'Mama Weer All Crazee Now' and 'Cum On Feel the Noize', Slade were the biggest band in Britain and Dave Hill had become the pop star he had dreamed of being: 'We did Earls Court and they had to put on extra trains to cope with all the fans. David Bowie had done Earls Court a couple of weeks before, but he didn't do very well – 'It was a bit large for him.' A couple called Barbara and Steve Megson, who Slade met because Steve's dad ran their favourite pub, the Trumpet in Bilston, started making the stage outfits. The Megsons painted Hill's Rolls-Royce, with its number plate of YOB 1, and found increasingly extreme costumes for him to wear for each new appearance on *Top of the Pops*. Using the spoils of their newfound superstardom, Jim Lea moved out of his parents' home and into his own place with his childhood sweetheart – later his wife – in Wolverhampton. Don Powell bought a flat in Tattershall. Noddy Holder got a house in the pretty commuter town of Sutton Coldfield. Dave Hill, ever aspirational, went house-hunting in the well-to-do Birmingham suburb of Solihull and saw a mansion down a leafy street that was so grand, he assumed it must belong to the non-existent Lord Solihull himself. There were oil paintings on the walls with miniature lights over them, latticed windows, oak panelling in the dining room and an electric shower in the bathroom. After Hill went into the bedroom of the teenaged daughter of the couple who owned the house and saw pictures of himself on the wall, he decided to buy it there and then.

Alongside failing to check with his wife, Jan, still working at a hairdresser's at the time, about her thoughts on whether or not they could really afford it, Hill did not instruct any kind of survey to be carried out. If he did, he would have discovered that the house was next to a girls' school – not ideal for a newly famous pop star. When Dave and Jan came back from a trip to America, they discovered that some girls had managed to break in. The girls left a note, begging Hill not to tell the police – adding that they thought the entire house would be painted silver and the reality was actually a bit of a disappointment. Hill regularly came home to find girls smoking behind the bushes of his garden. A couple even slept overnight in a treehouse at the bottom of the garden – 'I wouldn't have minded, but they put up a poster of Donny Osmond in it. Bloody cheek!'

Like a lottery winner with no time to get used to sudden riches after a lifetime of privation, Hill got busy spending. One of his first big purchases was an enormous round bath by the luxury bathroom company Bonsack, which had a fleur-de-lys design and was surrounded by thick white shag carpet on the floor. The German magazine *Bravo* sent a team to do a feature on Slade and wanted to run profiles on the four members and their rock-star lives. Initially the photographer and art director asked Hill to pose on a Benelli motorcycle, but when he told them he couldn't ride one they suggested shooting him in the bath instead with a glamorous Japanese model they hired for the occasion.

'These characters told me: "This girl will be in the bath with you, showing her wotsits." I said I'd better make a phone call. The wife was at her hairdresser's job at the time, so I called her and said: "You know our big bath? Well, the point is, you see, these blokes have brought this model girl round, and they want her to strip off and get in there . . . with me . . . in the nude . . ." She was round like a shot.'

In the event, Hill was photographed in the bath with Jan and they poured a load of Fairy Liquid in it to provide enough bubbles to protect their modesty. Hill isn't sure if the photos ended up in the local Wolverhampton *Express & Star* or not, but they did make it to the *Daily Mirror* and Bonsack were so pleased with the resulting publicity that they offered Hill another bath free of charge: 'I didn't have the heart to tell them we never used it because it took an hour to fill and ran the boiler dry.'

Despite such extravagances, Slade kept their heads down as much as it was possible to do in 1973, when they had three number ones in the space of a year. 'We had a good manager in Chas Chandler, we weren't alcoholics, we didn't do drugs and we had the strength in the Black Country attitude of: "You don't do that,"' says Hill, on the Wolverhampton importance of not getting ideas above your station. 'You have fish and chips up the road, then you clock in for your rehearsal.'

While keeping for the most part to themselves they did meet the pop stars of the day, mostly backstage at *Top of the Pops*. 'Elton John was quite nice. He came into our dressing room with two bottles of Champagne and my sister Carol said, "Who's that good-looking man?" She had no idea he was famous. When we did the premiere for *Slade in Flame* the manager made us sit on a fire engine for the cameras and it was bloody freezing. Then who pulls up but the Sweet? They leaned out of the car window and said, "Bet you're cold." We saw Marc Bolan occasionally and I can't say we were buddies . . . He was a bit poetical for us. There was always this competition with him, but Marc's look had a big influence on me so I kind of liked him anyway. It's a shame he got killed, really.'

Then there was the backdrop against which a band like Slade, their blend of flash flamboyance and no-nonsense work ethic making them the musical equivalent of a replica Roman urn atop a sturdily built driveway wall, were having their moment. The year 1973 was never going to be Britain's finest hour, even if the Variety Club had not named Jimmy Savile its Show Business Personality of the Year. Bank lending in the second half of 1972 had led to a false dawn for Britain as unemployment fell from its high of a million in January, the price of new houses went up by 25 per cent and Britain's GDP rose by 6.1 per cent. But this domestic boom went alongside a massive rise in global commodity prices and it was only a matter of time before the whole thing came crashing down.

In May 1973, Anthony Barber, chancellor of the exchequer for Ted Heath's Conservative government, raised the Bank of England's minimum lending rate to 11.5 per cent, the highest since the start of the First World War. Building societies duly raised mortgage rates to 10 per cent, killing the property boom. Then, in October, with the kind of luck that would define Heath's premiership, Egyptian and Syrian troops led a coordinated attack on Israel, just four days before the National Coal Board made an offer of a 16.5 per cent pay rise to the National Union of Miners, well below the rate of spiralling hyperinflation. The miners were considering the offer when news broke that American planes were bringing supplies to Israel, provoking the six Gulf states of the oil producers' cartel OPEC (Organization of the Petroleum Exporting Countries) to raise the price of oil by 70 per cent. As the Saudi oil minister Sheikh Ahmed Zaki Yamani announced in what amounted to a declaration of economic war: 'We are masters of our own commodity.'[1]

For Heath, this was a disaster. After their battles with the miners in 1972 the British government had been building up its fuel stocks by using imported oil, but the massive price hike meant that now the cards were in the miners' hands. Heath invited the leaders of the National Union of Mineworkers to Downing Street to implore them to think about the national interest in this time of crisis. Two days later, the NUM called for industrial action.

In November, the NUM, pushed on by its communist Scottish vice president, Mick McGahey, brought in an overtime ban, leading to a 40 per cent drop in production. 'The ration cards are already in post offices,' reported *The Times*.[2] As preparations went ahead for the wedding of Princess Anne to Captain Mark Phillips in the same month, electric advertising was banned and the minimum lending rate went up to 13 per cent. 'Fuel and power emergency: leave your car at home this weekend,' read a government leaflet, which also asked drivers who did venture out to stick below 50 mph at all times to save petrol. Senior Tories warned of party disintegration and the rise of a far-right authoritarian government under Wolverhampton's own Enoch Powell, should Heath be seen to be giving in to the miners' demands. There was also the very real threat, if the NUM called for all-out strike, of stocks running out entirely by February.

By December, street lighting was cut by 50 per cent, floodlighting for sports was outlawed, and the BBC and ITV were ordered to end transmission at 10.30 p.m. From New Year's Eve, Britain would go onto a three-day week. 'We shall have a harder Christmas than we have known since the war,' Heath announced in a television broadcast that went out on 12 December, five days after the release of 'Merry Xmas Everybody'. And the pessimism spread across the political spectrum. While Anthony Barber brought the biggest spending cuts in modern history as he told the cabinet that the country now faced its worst economic crisis since the Second World War, the socialist historian A. J. P. Taylor wrote to his Hungarian wife: 'I have been expecting the collapse of capitalism all my life. Now that it comes I am rather annoyed.'[3]

It wasn't just the Arab–Israeli Yom Kippur War and the subsequent oil crisis, Heath's inability to reach a deal with the miners and England's tattered dream of economic expansion that was creating such unremitting bleakness. Each day brought a new bomb scare. One week before Christmas, the IRA set off a series of bombs in Hampstead, Kings Cross and Westminster, injuring sixty people. In Christmas Eve's edition of *The Times*, there were predictions not only of global food shortages, but also a rather more existential 'crisis in the culture and values of modern industrial society'. In what can only have been interpreted as an act of gleeful *schadenfreude*, the dictator Idi Amin offered to send 10,000 Ugandan shillings from his own savings to 'save and assist our former colonial masters from economic catastrophe'. Under such conditions came 'Merry Xmas Everybody', Slade's biggest hit of all – 'The Christmas song rescued us,' says Dave Hill, '1973 was our year. But at the same time the survival of the band was in question.'

Slade's greatest triumph had come in the wake of the car crash that almost destroyed the band. On 22 June 1973, 'Skweeze Me, Pleeze Me' came out and went straight to number one, selling 300,000 copies in the first week. Prior to playing their historic gig before 20,000 people at Earls Court on 1 July, Don Powell called Dave Hill's sister Carol in Ibiza, who was out there with her best friend: Powell's girlfriend, Angela Morris. He told Carol that, newly flush after Slade's overwhelming success, he had ordered Angela a pink E-Type Jag for her twenty-first birthday but Carol was to keep it a secret. They flew back to Gatwick on the night of the concert, where Powell had left his Bentley at the airport for the two women to drive to the Holiday Inn at Swiss Cottage before going to the concert. T-shirts with 'SKWEEZE ME, PLEEZE ME' emblazoned in silver were draped over the seats. 'As we were driving, I could feel us drifting to the left,' said Carol. 'I got her [Angela] to let go of the wheel and, sure enough, the car went left, so there was obviously a problem with it. We got to the hotel, but I told her she needed to tell Don about it. I don't know if she ever did.'[4]

The morning after the gig, Carol headed back home to Wolverhampton while Angela stayed in London to wait for

Powell, who was recording a BBC session with Slade. The following day, Carol's father came in with a tray of tea, sat down on the edge of the bed and told her that Don and Angela had been in a car accident: Angela was dead.

While 'Skweeze Me, Pleeze Me' went to number one and stayed there for the next three weeks, Don Powell was in a coma for six days. *Top of the Pops* showed footage of audience members dancing to the typically raucous hit in the absence of the band being able to make an appearance. When Powell recovered enough to talk to Hill, Holder and Lea, sitting up in bed with his head shaved on one side, he couldn't remember the accident or even who Angela was. Each day he would wake up with no idea about what had happened the day before, although his rhythmic memory remained intact. Alongside losing his sense of taste and smell he had two broken arms, a broken leg and a fractured skull. 'We had to get used to the idea that Don would constantly repeat himself,' says Hill. 'It would be, "What time are we on, Nod?" Then he would ask the same question a few minutes later. It was Groundhog Day with Don. The strange thing is that if he knew how a tune started, he could remember the rest.'

'Merry Xmas Everybody' was recorded in part as a way of getting over the tragedy, but also to raise the spirits of Britain in general. 'The whole country was in turmoil,' said Noddy Holder. 'That's why I came up with the line, "Look to the future now / It's only just begun". That's what everybody had to do. The country couldn't have been at a lower ebb. In times like that, people turn to showbiz.'[5] The year previously, Jim Lea's mother-in-law had told him that nobody wrote Christmas songs any more, so he took it up as a challenge. After hearing Lea's tune, Holder went to his mum and dad's house and wrote the words one evening over a few beers. By late September 1973, with Powell sufficiently recovered to tour again, Slade flew to New York for the first of a handful of dates. John Lennon had cancelled a session at a studio called the Record Plant, so the band went in there to record the single.

'Nod played the chords, Jim instructed us, I did the Chuck Berry-style guitar and Don just played along in a shuffle rhythm,' says Hill. 'When we got back to England, Chas Chandler took it to Olympic Studios in Hammersmith to mix it and we never heard the finished version until Christmas.' Roy Wood and Wizzard had 'I Wish It Could Be Christmas Everyday' out that year too, with its choir of children culled from Stockland Green School and the sound of a cash register ker-chinging away in the opening bars, but Slade were the people's band of 1973 and the Christmas number one, as far as Hill saw it, had to be theirs: 'There was a lot of discontent in our country at the time. You couldn't go anywhere. The telly would go off halfway through your favourite programme. People had had enough. Then we came along, a bunch of Midlands blokes from council houses who were definitely not university kids, saying, sod the problems, let's have a good time this Christmas. It's an optimistic song and that's what everybody needed to hear.'

'Merry Xmas Everybody' went on to sell over a million copies, marking the pinnacle of Slade's national saturation. To the art-school-educated Bowie/Roxy Music fans who *had* seen *Metropolis* and *did* know who Christopher Isherwood was, Slade might have seemed hopelessly recherché; the kind of people for whom a shag carpet in the bathroom and a personalised number plate on the Roller were the height of sophistication. Yet Slade spent years on the pub circuit honing their craft, they wrote their own songs, they made a virtue of their lack of a formal education with real intelligence and wit – hence the misspelt song titles – and, from Noddy Holder's lyrics to Jim Lea's musicianship to Dave Hill's fashion choices, they had a unique ability to offer a relatable fantasy for working-class people. 'Merry Xmas Everybody' also captured the strange phenomenon that can happen in a crisis: a renewed sense of togetherness.

From reading the newspapers, or watching the news on television (until it blinked off at half past ten), it really might have seemed like the end of the world as 1974 rolled into view. Ted Heath's government thought the ensuing privations and over-emphasis of the severity of the situation would turn the population against the striking miners and inspire them to cheer on the government in a Second World War-like spirit, but the opposite happened. According to an opinion poll released on Christmas Eve, support for the government and the miners was split at around 54 to 40 per cent, with Heath coming across as doom-mongering and out of touch. It left bands like Slade to lift the spirits of the nation – its kids in particular. On 6 January, the government sent tanks to Heathrow, inspiring Tony Benn, soon to become secretary of state for industry when Labour won the general election in February, to wonder if the country was in the early stages of a military coup (in fact, the tanks were making preparations for a potential terrorist attack). There were queues outside shops for bread and candles, toilet paper shortages and countless commuters trapped on railway stations as the train drivers' strike rumbled on. But the predicted rioting, rationing and all-out societal breakdown never happened, while an unusually mild winter ensured that not nearly as many pensioners froze to death as predicted. On a localised level all of this actually had the effect of improving life for the average child or teenager: parents around more, less school, board games by candlelight. As the singer Tracey Thorn (Everything but the Girl) remembered, 'Being children then, we enjoyed the power cuts and the boxes of Price's candles and the days off school. It can't have been as much fun being our parents.'[6] Slade's 'Merry Xmas Everybody' captured all of this. As Dave Hill puts it, 'Never argue with having a total laugh.'

By the time *Slade in Flame* came out in 1975, the band were on a downward turn. In 1977, Hill's wife shaved off his signature hairstyle as a punk-themed publicity stunt, but it couldn't reverse the fortunes and three years later, he was reduced to renting out his YOB 1 Rolls-Royce for a wedding car business, offering himself as the chauffeur: 'These twin sisters who were marrying Slade fans hired the car . . . and me. I had to take them to reception so I got a top hat and striped trousers, they got in with their massive dresses and they had so many petticoats on that I couldn't see out of the back window. The whole thing was a lot more stressful than I imagined.' Then, in 1980, Slade landed a last-minute headline slot at Reading Festival after Ozzy Osbourne pulled out due to his band being in disarray, the set went down a storm and, before too long, they were back in the charts with 'My Oh My' and 'Run Runaway'.

On the Christmas 1973 edition of *Top of the Pops*, Slade ruled okay. But they faced some serious competition. 'We just haven't got a clue *what* to do!' squeaked a man in an SS tunic, Swastika armband, German First World War helmet, Hitler moustache, platform boots, jeans and full drag make-up, as he fluttered mascara-rimmed cat's eyes at the camera and gave the people at home a dainty little wave. He was Steve Priest, bassist for glitter sensations the Sweet, and his 'gay Nazi' persona was just one element in the arsenal of a band who embraced the pantomime dame possibilities of glam to its fullest extent on songs so finely honed, so rocking yet pop-friendly that they were a three-minute argument for the benefits of a collision course between a proper, hard touring band and a production line approach to manufacturing hit 45s.

'We had no idea he was going to do it,' says the Sweet's guitarist Andy Scott, of Steve Priest's truly shocking look for *Top of the Pops*. 'He went off to the wardrobe department and came back dressed like that. He did have a fascination with history, but he certainly hadn't been wearing the gay Nazi costume in the hotel room. I suppose it's a bit like those old Will Hay films where he would laugh at Hitler. Steve was just taking the piss. And that was something he did a lot.'

'Block Buster!', the smash hit the Sweet performed on that epochal Christmas '73 *Top of the Pops*, was a total teen sensation. It began with the sound of a siren, a sure sign that something exciting is about to happen, before telling the story of Buster, a real rascal who has been going about stealing things (including other people's girlfriends), evading the police, terrorising the neighbourhood and generally being more evil than anybody could imagine. It is clear that Buster must be blocked, but does anyone know the way? Can anyone save the day? Perhaps only the Sweet themselves, because here were rock stars straight from the pages of a *Marvel* comic. Singer Brian Connolly and guitarist Andy Scott were the handsome spandex-clad superheroes. Priest was the cosmic joker and drummer Mick Tucker was the reliable everybloke thudding away at the back. And the Sweet – or just 'Sweet', as the band themselves preferred to be known – were as much a product of British bubblegum as they were of road-bitten rock 'n' roll.

The Sweet's astonishing run of glam/pop/proto punk chart-busters, which began with 1972's Bolanesque 'Little Willy' and ended with 1978's guitar-heavy 'Love Is Like Oxygen', were for the most part written by Nicky Chinn and Mike Chapman, songwriters who certainly didn't lose sleep over accusations of making throwaway bubblegum. After the duo, styled as Chinnichap, came up with the Sweet's 1971 single 'Funny Funny', Chinn hired a man with the codename of Mr Right (because he made things right) to send teams around the country to buy the single in bulk from the record shops that shaped chart placings and then dump them in the Thames – the last word in disposable chart fodder.

For the next few years Mike Chapman, the real songwriter of the two, dominated the world of chart-friendly glam: 'I was writing for three or four artists at the same time. For a while, I was on such a roll that I would go: "This is the new Mud song, this is the new Sweet song, this is the new Suzi Quatro song." I knew they were right. And I didn't have time to ask why they were right because I always had to bash out another one. My brain was in sync with what was going on at the time.'

Chapman left his home town of Brisbane in Australia for London in 1967, when he was twenty. He would have come earlier, but an edict in Australia at the time meant that boys aged between eighteen and twenty had to stay in the country in case they were called up to serve in Vietnam: 'They were holding us so we could go and get our balls blown off abroad. My number never came up and then I was on the first plane out of Australia. I had been listening to the radio since I was able to walk and I knew, from a really young age, that there was something about this pop music that was driving me nuts. I couldn't stop thinking about it. In 1954, 1955, along came these superstars like Buddy Holly, Jerry Lee Lewis and Elvis Presley. Every one of their songs had a hook and you could sing along to them. To me, as a kid, that was important.'

By the time Chapman was eleven, his older brother had discovered the real greats of real music, like Bob Dylan, Leadbelly and Howlin' Wolf. 'And I was going: "This is awful! Turn it off!" At the same time, I was singing in the Brisbane Cathedral choir and that inspired me, too, having an audience in the form of the congregation. When I got to high school, I put my first band together, ready to be a pop star. Never thought of writing.'

The song that struck Chapman on his arrival in London was 'See Emily Play' by Pink Floyd, Syd Barrett's tribute to a well-heeled teen called Emily Young who found herself on the burgeoning psychedelic scene blossoming around Notting Hill, west London, in 1967. 'I was sitting by the windowsill of my crappy hotel in Paddington, I turned on the transistor radio I bought in Hong Kong on the way over and the first song that came out of it was "See Emily Play". It absolutely blew me away. I went from the influence of the '50s, straight into the Beatles and the Rolling Stones, and music just got better and better.'

Not long after arriving in London, Chapman joined the R&B workhorses the Downliners Sect, staying with them during a disastrous short-lived psychedelic phase as Glass Cartoon, before hooking up with a sunshine pop band called Tangerine Peel. He wrote a bunch of songs for Tangerine Peel, they got an album out and it went nowhere. By the end of the decade, he was working at the Mayfair nightclub Tramp as a waiter just as rock, much to his dismay, shifted towards heaviness, introspection and interminable flute solos: 'One night at Tramp I met Terry Ellis of Chrysalis Records, who had all these progressive bands like Ten Years After and Jethro Tull. He played me some of their ten-minute epics and I asked him: "How do you have a hit with this?" "Well, we don't. We release albums." I couldn't get my head around that at all.'

Born into a wealthy north London family that owned a string of service stations, hotels and car showrooms, Nicky Chinn got his break after the songwriter Mike d'Abo, famous for Rod Stewart's 'Handbags and Gladrags', saw some of his lyrics and used them in a score for the 1970 Peter Sellers and Goldie Hawn comedy *There's a Girl in My Soup*. A few months later, Chinn dropped in on Tramp when Chapman was playing one of his own records. He asked the waiter what the song was and the two combustible elements of what would become Chinnichap got talking.

'Chinn came in, doing his silly dancing on the floor with all the other idiots. He was a rich kid who didn't have anything to do, so he decided to be a songwriter. And I have to say at this point that Nicky Chinn was never a songwriter. Nicky Chinn couldn't have written a song to save his life. But what he did have was connections, with his father knowing all these producers and record label executives. He was two years older and his head was into Carole King and James Taylor . . . mum-and-dad music. It was too soft and nice and grown-up for me, but it was interesting to infiltrate his world. He would say things like, "We're meeting my parents for dinner. Could you get a haircut first?" You want me to get a haircut to meet your fucking parents? He was concerned about all the wrong things. Still, he sat there and behaved himself for quite a few years and to give credit where credit's due, he was the one who said: "Let's call Mickie Most."'

Most, owner of the RAK label, had produced big hits for '70s bands like Herman's Hermits and the Animals. He rejected the first four songs Chinn and Chapman played him but the fifth, a gently swaying country rock ballad called 'Tom-Tom Turn-around', caught his commercial pop producer's mind and it became a hit for RAK's suede jacket-wearing Australian three-piece New World. After that, Chinn and Chapman found in the Sweet the perfect vehicle in their quest to write the ultimate '70s summer smash.

The connection came through the producer Phil Wainman, whose background as a drummer may have been the single most important factor in defining the sound of brickie glam. On most '60s hits the drums were recorded curiously low in the mix, as if drawing attention to them would be hideously vulgar and uncouth. Wainman didn't share this mindset. Not only did he put the drums at the forefront, but also he favoured rhythmic thumps so brutal they sounded like a cave-dwelling Neanderthal mum banging on a couple of rocks to let her kids know it was time to come home for some roast woolly mammoth. Wainman first encountered the Sweet when they were still the Sweetshop, who slogged it out on the pub circuit and had a non-hit in 'Lollipop Man' – a fuzzy piece of psychedelic whimsy by the songwriters Albert Hammond and Mike Hazlewood about a girl and boy meeting after school. It fused a core of fluffiness with a touch of innuendo ('he can make the traffic stop with his giant lollipop') and it disappeared into the primary-coloured toy town psych ether.

All of this made the Sweet a real band who nonetheless relied on bubblegum writers and producers to provide them with hits, a situation that would cause all kinds of problems further down the line: 'We had two and a half years up and down, up and down, up and down,' pointed out the laddish Brian Connolly in the BBC's 1974 glam documentary, *All That Glitters*. 'We've grafted. We've done the twenty-pound-a-nighters.' Nonetheless, the Sweet's first album was a split with Roger Greenaway and Tony Burrows' Pipkins, a made-up novelty band if ever there was one.

'The Sweet had no guitarist before I joined,' says Andy Scott, a seriously good player from North Wales who cut his teeth in the late '60s progressive soul outfit, the Elastic Band. 'I had been in bands for years and I was used to guys coming backstage to ask what pickups I used. The idea of hordes of screaming girls was a little unnerving.'

Phil Wainman suggested that Chinn and Chapman write for the Sweet something in the vein of the Archies' bubblegum smash from 1969, 'Sugar Sugar'. Turning characters from an American comic strip into a cartoon band was the brainchild of the American Svengali Don Kirshner, who had dreamed up the Monkees as a manufactured alternative to the Beatles but lost control of them as his four-headed Frankenstein's monster had the temerity to start writing its own songs and think for itself. There was no chance of that happening with the Archies and Chinn and Chapman took Wainman at his word and came up with 'Funny Funny', which followed the classic bubblegum model: a catchy pop song with childlike words about puppy love, fronted by a band that looked the part and recorded with session musicians who could be relied upon to turn up on time and do the job. Brian Connolly sang, but the other members of the Sweet had nothing to do with it. Following the arrival of Scott, the tension between the Sweet as a road-hardened live outfit and as a front for the bubblegum dreams of Wainman and Chinn increased.

'Brian was the great-looking front man. Mick Tucker on drums and Andy on bass were the powerhouse. It didn't take me long to realise that someone had to take control of the band musically, because we had to stand up to Nicky Chinn and Phil Wainman. In the studio, Nicky would tell me that the guitar needed adjusting. Some engineer would come along and change it. I would change it back to how it was in the first place. Then Nicky would pipe in from the control room, "Now, doesn't that sound better?"'

Phil Wainman, Nicky Chinn and Mike Chapman, newly styled as Chinnichap, formed a company called New Dawn Productions and embraced the idea of pop as a commodity with more cynicism than singalong masters Cook and Greenaway or made-up band iconoclasts Jonathan King and John Carter ever did. They were astonishingly successful too, leading Chinn to confess in 2014, 'For a time we thought we were God's gift to the music business, because for a while all the evidence said that we were.'[7] Chapman remembers those early years as 'sort of brutal. The Sweet would say, "We're not going to do that," and Nicky Chinn and Phil Wainman would say, "Yes, you are." They didn't even play on their earliest songs. Meanwhile, I had a job to do: write another hit, Mike. I began to realise that I was writing the wrong songs for Sweet, idiotic pop that anyone could have sung, because when Andy Scott joined, they were getting heavier and heavier. I always felt bad about not letting them do what they wanted to do and by the time of "Little Willy", as ridiculous as it is, I said to Phil Wainman that they have to play on their own songs. They were great musicians, they could play anything.'

Chinnichap developed a style, later to be applied to hits for Mud and Suzi Quatro: high-gloss radio rock that jumped off the airwaves thanks to a combination of crunchy riffs, Beach Boys' harmonies, campy sound effects and something exciting going on in the words, from the exploits of the Hamburglar-like Buster in 'Block Buster!' to the teenage riot of 'Ballroom Blitz', inspired by an actual Sweet concert in Kilmarnock, Ayrshire, in Scotland in 1973 when the crowd responded to the total glam attack by lobbing a barrage of beer bottles at the stage.

Mike Chapman had seen the possibilities of glam back in 1969, when he bumped into an already-fabulous David Bowie in a studio in Regent Street: 'He was recording "Space Oddity", but it was the look of him that made an impact, such a rock star that I could hardly handle it. Five minutes later, I heard "Deborah" by Tyrannosaurus Rex and thought: *this is pop music*. The whole picture was forming into place. It was obvious to me that David Bowie and Marc Bolan were leading the new age. They didn't take things as seriously as the progressive bands. They didn't have the hippy vibe. And every track they put out was better than the one before. Time to get rid of the ruffled shirts and buy a pair of platforms. That's what "Little Willie" and "Wigwam Bam" were about: an attempt to get to David Bowie and Marc Bolan's level.'

Not that it engendered critical praise: 'Oh, I was shredded. *Shredded*. I was in the studio with Suzi Quatro when we read Charles Shaar Murray's review of "Devil Gate Drive" in the *NME*. It went something like: "Absolute nonsense from Chinnichap again." Suzi started crying, so I said: "We'll fix this." I sent the roadie to go to a butcher's to buy a load of brains, which I wrapped up in a box with a bow and sent it to the *NME* offices with a note: "Dear Charles, you are obviously bent on becoming as successful as I am. You may need these." It was delivered on a Friday afternoon before a long weekend in the middle of summer and the air conditioning in the office wasn't turned on. People were coming into the building the following Tuesday and it stunk to high heaven, with all these flies coming out of the box. In the editor's column that week, it said: "You can keep your brains, Chapman." The press always had to be on the side of Jethro Tull but it was important that kids in the '70s had their own world, with Slade and T. Rex and Sweet dressing up like God knows what, knowing that something new was happening.' In February 1974, 'Devil Gate Drive' went to number one.

While railing against it, the Sweet did benefit from their image as a pop-glam bubblegum sensation, especially after Chapman started writing heavy songs with the band in mind rather than just giving them whatever he had come up with for Phil Wainman and Nicky Chinn. 'Block Buster!' was a product of the band members' love of the Yardbirds, whose pumped-up version of Bo Diddley's 'I'm a Man' was the inspiration for its raw blues riff. Two weeks before the single's release, the band members went to the offices of their record label RCA, where an A&R man played them David Bowie's soon-to-be released 'The Jean Genie'.

'We sat there, horrified,' says Scott. 'He asked us what was wrong. We said, "Haven't you noticed anything similar to "Block Buster!"? It's the same bloody riff and the same chords!' David's song was coming out a week before ours and we thought it would be the kiss of death, because everyone [would] realise. And nobody did. His bounced slowly up the charts and we went straight to number one.'

As they gained in confidence, the Sweet became not so differ-ent from the naughty Buster they had warned their fans of on that breakout hit. '"Teenage Rampage" almost got us banned from *Top of the Pops*,' says Scott, of a 1974 smash that begins with the audience chant 'We Want Sweet!' before making way for a hook-laden anthem of revolution tailored for the era of Chewitts, Golden Nuggets and *The Six Million Dollar Man*. 'The show's producer Robin Nash wanted us to be wholesome.'

The words tell the story of something predicted a few years previously by Bob Dylan on 'The Times They Are a-Changin'': that all over the land, kids are finally getting the upper hand. 'Teenage Rampage' was as much a warning as a call to arms; an observational piece on how adolescents were already out on the street causing havoc and it was only a matter of time before they took over completely: 'At thirteen they were fooling, but at sixteen they'll be ruling,' went Chinn and Chapman's words. Some people took the threat very seriously indeed.

Mary Whitehouse was still working as an art teacher at Madeley Modern school in Shropshire when, in 1964, she launched her Clean Up TV campaign, an attempt to save Britain from the ravages of permissiveness with an emphasis on the dangers of homosexuality. She reserved a special hatred for Sir Hugh Greene, a much-respected journalist who rose up through the ranks of the BBC to become its director-general in 1959. For Whitehouse, this mild-mannered champion of tolerance, who witnessed the dangers of Nazism first hand while working in the *Telegraph*'s Berlin offices in the 1930s, was nothing less than the devil incarnate. She became a national figure after railing against the explicit but dull 1971 sex education film *Growing Up*, but with a self-publicist's eye for an impact she really got going after honing her moral crusade on the BBC's most popular shows, *Top of the Pops* among them. Watching such programmes, claimed Whitehouse, put everyday people 'at the risk of seriously damaging their morals, their patriotism, their discipline and family life'.[8] Sitcoms like *It Ain't Half Hot Mum* and *Some Mothers Do 'Ave 'Em* offended her Catholic principles ('It seemed that the male sex organ was the in thing,' she complained of their bawdy humour, with a double entendre we cannot be sure wasn't intentional), *Till Death Do Us Part* had too many swear words (the racism didn't merit a mention) and even the light-hearted observational Irish comedian Dave Allen was 'offensive, indecent and embarrassing'.

Sometimes Whitehouse went too far, even for her fellow campaigners for moral decency like Malcolm Muggeridge and Lord Longford; in March 1976, she denounced an episode of *Dr Who* called 'The Seeds of Doom' on the grounds that it featured a scene of strangulation 'by obscene vegetable matter'.[9] And as much as the progressive elite she railed against saw her as a preposterous figure, with the BBC comedy show *The Goodies* lampooning her as Desiree Carthorse, founder of the Keep Filth Off Television campaign, she was influential. When she turned her attention to pop, the BBC had no choice but to take note.

Whitehouse's first target was Alice Cooper. Born Vincent Furnier in Detroit, Alice Cooper's status as rock villain number one actually came about by accident, when it was reported that he had bitten off the head of a chicken and drunk its blood at a concert in Toronto in 1969. In fact, a chicken that had ended up on stage flapped down into the crowd, where people in wheelchairs in the front rows proceeded to rip it apart, but as Furnier's friend Frank Zappa advised, 'Whatever you do, don't tell anyone you didn't do it.'[10] So began a stage act that saw Alice Cooper variously chopping up dolls with an axe, getting zapped in an electric chair and having his head sliced off in a guillotine, all the while clad in the kind of nightmarish drag reminiscent of Bette Davis's psychotic former child star *Whatever Happened to Baby Jane?* Mary Whitehouse's ears were alerted to 'School's Out', with the immortal lines, 'Got no principles, Got no innocence ... No more books, no more teachers,' and she declared it a submissive influence accordingly.

'She was great for me,' said Cooper years later. 'She complained so much to the BBC that they banned us. The result was that we could not have had better publicity for the song and it went to number one in the British charts.' Not one to forget his manners, he sent Whitehouse a thank-you note and a bouquet of flowers.

Emboldened, Whitehouse moved on to 'Teenage Rampage'. In a letter addressed to the BBC's head of radio, Ian Trethowan, dated 13 January 1974, Whitehouse misquoted the lyrics at length, replacing the line 'at fourteen they'll be burning' with 'at fourteen they'll be violent' to better get her point across, while also hyping the significance of the record by claiming that it was at number one (it wasn't).[11] She suggested that, 'the playing of such a record is wholly inadvisable in present circumstances,' a reference to the three-day week and Whitehouse's fears that the song posed a real danger of fomenting teenage revolution at a volatile period in the nation's history. She called for its immediate ban. Trethowan replied that he did not feel 'Teenage Rampage' should be banned from Radio 1 or from *Top of the Pops* because, while bans had been put in place in the past for songs with sophisticated, subversive lyrics by the Beatles and the Rolling Stones, the lyrics on 'Teenage Rampage' were just too stupid to pose a threat: 'Although I doubt if anyone would think the lyrics particularly distinguished,' he wrote, 'they do not identify any target for the revolution and we believe that young people, while possibly enjoying the easy beat of the music, will be unaffected by the words, since they are totally empty of real content – like all too much pop music.'[12]

'God bless Lord Trethowan,' says Andy Scott. 'He didn't ban it while at the same time giving us a slap in the face. But we *were* rebelling by then. When we did "Teenage Rampage" on *Top of the Pops* we had rude signs on the back of our satin biker jackets [Steve Priest's spelled out FUCK YOU], although the camera never panned round to see them.'

The Sweet's attempts to be seen as a serious hard-rock group were hidebound not only by Chinnichap's pop ambitions but also by their own glam tendencies, which led to none other than David Bowie feeling compelled to stick his head round the door of the *Top of the Pops* dressing room before a performance of 'Block Buster!' and tell Steve Priest he might want to tone it down a bit. 'Everybody thought we were queer,' said Priest, 'so I thought: Let's go to extremes.'[13] In the early days, the band's brightly coloured satins came from Mister Freedom, the flashy pop art/'50s Americana label run by the voluminous East Ender Tommy Roberts, but in 1972 they bumped into Marc Bolan at a bar in Chelsea and realised just how stylishly the elfin king of glam managed to pull off his feminine but strutting look of wide-lapelled, cherry motif satin jackets, chiffon scarves and Mary Jane shoes. Bolan told them to go to Alkasura, the King's Road boutique run by the visionary but troubled John Lloyd, who died in 1975 after thinking he was possessed by the devil and setting himself on fire. A couple called Graham Springett and Jean Seel were selling their designs at Alkasura, so the Sweet commissioned them to tailor their stage clothes directly. The remarkable outcome of all this was that however much make-up and satin the band wore, they still looked like the type of men who could be called upon to change the wheel of a lorry – somehow the feminine touches made them more masculine than ever.

Slade and the Sweet opened the floodgates for a genre that the musician, record compiler and '70s enthusiast Phil King and former Buzzcocks bass player Tony Barber christened on a series of compilations, 'junk shop glam': bands that never quite made it but took the scene's core values of having a tune, a look and a laugh and ran with it. On the harder end was Jook, who with their catchphrase 'Jook Rule OK' and bovver boy image of boxing boots and suedehead crops hoped to draw the kind of working-class kids who spent their Saturday afternoons at football matches and had been left in a state of confusion by the antics of David Bowie and Roxy Music.

'That's because no band, not even Slade, has really appealed to them,' Jook's drummer Chris Townson, who knew Marc Bolan back in the days when they were both in John's Children, told *It's Here* magazine in 1973. 'We want to cater for working-class kids, not only on a visual level but by giving them the music they really want to hear.' They almost did it too, with rock 'n' roll stompers like 'Bish Bash Bosh' and Jamaican rude boy tribute 'Oo Oo Rudi' combining the pop appeal of Slade and Sweet with an emerging punk primitivism, but then the Bay City Rollers came along and stole Jook's image and it was all over.

In a similar vein was Edinburgh's Iron Virgin, whose singer wore a chastity belt with 'NO ENTRY' emblazoned across it and whose 1974 should-have-been-a-hit 'Rebels Rule' offered the advice, 'If you don't like to be made to be sent to school, just shout, rebels rule!' And the best link between the working man's showmanship of glam and the rebellion of punk was forged by the Hammersmith Gorillas. Led by the extravagantly side-burned Jesse Hector, the hyperactive trio were Hector's attempt to take '60s mod culture into the '70s, complete with covers of the Kinks' 'You Really Got Me', overgrown feather-cut hairstyles, checked trousers and black-and-white spectator shoes. They were an example of how punk, so often described as a Year Zero phenomenon wiping out all that had gone before, was really just glam with added anarchy.

The Sweet headed towards punk in their own way too, something Scott realised in 1976 when, renting a garden flat in St John's Wood, he would walk over Primrose Hill to check out the new bands at Camden venues like Dingwalls and the Music Machine, and the Sex Pistols' bassist Glen Matlock would be there, offering to buy him a drink. On 1974's *Desolation Boulevard* was a five-minute slice of hard-rock bubblegum with shades of the Who called 'Fox on the Run'; a tribute to the teen runaways who hung around LA's premier groupie haunt, Rodney's English Disco. *Desolation Boulevard* still fell under the Wainman/Chinnichap umbrella but the Sweet had written 'Fox on the Run' themselves and one afternoon Andy Scott was sitting round his dinner table with the three other members of the band when the phone went: it was Geoff Hannington, MD of RCA Records, calling to tell them that the label wanted a new single. Chinn and Chapman were in America, Hannington felt that Phil Wainman's ideas were going backwards and the suggestion was that the Sweet re-record 'Fox on the Run' themselves. Ian Gillan, recently out of Deep Purple and something of an inspirational figure to the band, had taken over Kingsway Studios in Holborn, formerly DeLane Lea studios where Jimi Hendrix recorded 'Hey Joe', the Rolling Stones laid down their version of Lennon and McCartney's 'I Wanna Be Your Man', and countless '70s session stalwarts did anonymous cover versions of the songs of the day for compilations with titles like *Top of the Pops* and *Hot Hits*. It was time for a bit of subterfuge, led by Andy Scott.

'We snuck in under cloak and dagger and did "Fox on the Run" over a weekend. RCA fired off a telegram to Chinn and Chapman to say: "Don't worry, we have the new Sweet single." They were over on a plane as quick as you like. But when Mike heard the new version he looked us over and said: "You've done it."'

'Fox on the Run' was one of the Sweet's biggest hits, widening the gulf between band, producer and songwriting duo. They followed it with 'Action', an ELO-like barrage of backwards vocals, heavy-metal guitar, pop choruses and punk attitude on which Connolly snarls: 'So you think you'll take another piece of me to satisfy your intellectual greed?' Taken at the time as a riposte against the music journalists who wrote off the Sweet as a bunch of puppets in platforms, it was also a stab at the people who sought to control them. And it revealed the strain of a band suffering under an identity crisis. By the mid-'70s, the Sweet's stage act included smoke bombs, moving lights, films and towering phallic stage props. It worked in Germany, where they were big enough to play arenas, but proved a problem in mid-sized UK venues, where they struggled to get those enormous penises through the back door. Then, in 1977, the Sweet did a US tour on which they were sandwiched between Cheap Trick opening and Kiss as headliners, the beginning of the end as far as Andy Scott was concerned: 'It was a horrible spot. You had hardly any stage left because Kiss had taken it up with their massive moonscape and coming on after Cheap Trick was not good because they were red-raw and exciting. We should have done the same thing as them and stripped it all back. Instead we were relying on 6-foot penises.'

With Brian Connolly going from glamorous rock star being photographed falling out of Tramp at four in the morning with a girl on his arm to full-blown alcoholic, the writing was on the wall: 'In the early days, Brian did everything. He was the manager, he drove the van, met the agent, dropped you off and picked you up. Then the hits came and he no longer needed to drive the van because we had roadies. He didn't need to think about getting the microphones repaired because now there was someone to do that for us. By the time we were flying to America a week before the first gig, what did Brian have left to do? It got to the point where he couldn't even get through the first song. He was sent off to dry out at some place where they locked him up in his room. He escaped through the window.'

By the end of the '70s, the dream was over, but for a magical few years Slade and the Sweet offered true teenage rampage at a time in the country's history when opportunities for the average person were dwindling by the month. Neither could be described as political, particularly after Labour's victory under Harold Wilson in the general election of February 1974 pushed their earnings into the 90 per cent tax bracket: 'Harold Wilson was not great for pop stars,' says Dave Hill. 'We were loyal to Britain, we always paid, and we never moved abroad, but it wasn't fair. We never got what we should have got in the band so we had to keep going with success, just to keep the momentum and pay our huge tax bills.' The earning bracket the Sweet jumped into in 1974 resulted in four years of back taxes that depleted their bank account by a million. Nonetheless, both Slade and Sweet offered cheap thrills to ordinary people in tough times and the value of that cannot be underestimated. As Andy Scott concludes, 'We were at our height at a time of three-day weeks and blackouts. It wasn't a good situation for the people of Britain, so what do you do? You go out and enjoy yourself. In the mid-'70s, it cost £2.50 to see Sweet or Slade at the Rainbow – it was affordable.'

The problem with glitter is that it has to be swept up off the floor of the function room at the end of the night and so '70s Britain had to find other ways to escape the reality of its limitations. The answer lay not in the future as envisioned in the '60s, but in the past.

Chapter 6

Rock On

Getting nostalgic at the London Rock and Roll Show,
Wembley Stadium, 1972.

On 5 August 1972, a concert at Wembley Stadium in London sought to celebrate as a lost golden age something that only got going fifteen years previously. The London Rock and Roll Show, put together by the Isle of Wight festival's promoters Ray and Ron Faulks, brought Chuck Berry, Little Richard, Bo Diddley,

Jerry Lee Lewis and Bill Haley & His Comets together for a day-long concert that also featured Detroit garage band revolutionaries the MC5 and survivors of Britain's own early '60s rock 'n' roll boom like Heinz and Screaming Lord Sutch, alongside the glam revivalists Wizzard and Gary Glitter.

As if to emphasise the disparity between sleek American professionalism and British make-do-and-mend, Screaming Lord Sutch came on stage in a coffin with a lid held down by gaffer tape, his ghoulish appearance made less frightening by the fact that he had to keep one hand on his silver top hat to stop the billowing north-west London wind from blowing it off his head. Then he brought on a stripper and got chucked off after two songs, making the whole thing resemble not so much a major rock concert as a Sunday afternoon revue in an East End pub, heady with the musk of pork scratchings, Players No6 cigarettes and Watneys Red Barrel beer.

What strikes most in the film of the London Rock and Roll Show, shot by the Australian director Peter Clifton, is the audience footage. As you would expect at a concert in 1972 there are plenty of long-haired hippies in flares, but also small armies of Teddy Boys; that peculiarly British subculture that combined Edwardian drapes and drainpipe trousers with American imports like quiffs and suede brothel creepers, all wrapped up in a sullen aura of malevolence. Yet the fascinating thing about the Teds at the London Rock and Roll Show is how camp they seem. During Bo Diddley's performance a gang of Teds whip out their metal combs and run them through their hair with choreographed synchronicity before breaking out into frantic but studied jiving, letting onlookers know not only that they approve of Bo Diddley's untainted primitivism, but also that they will pretend to lose themselves to it. It's a display of ecstatic irony on a level with that of any drag queen.

Here was the essence of the '70s rock 'n' roll revival: a knowing embrace of unknowingness. Future Sex Pistols manager Malcolm McLaren, searching for ways to rebel against the hippy earnestness that mushroomed in the wake of '60s radicalism, embraced Teds as the original teenage rebels. 'They did their own thing in spite of parental opposition. They wore what they liked. They did what they liked,' he enthused in a 1972 interview with the *Daily Mirror*, a year after running a stall out of Paradise Garage at 430 King's Road, whose owner Trevor Myles had started a trend for vintage American clothing by selling pre-worn jeans, satin jackets and Hawaiian shirts.[1] When Myles went on a disastrous honeymoon in Jamaica that ended with a split from his new wife, McLaren used the opportunity to take over the whole place and turn it into the Teds' emporium, Let It Rock. With the help of his partner Vivienne Westwood, he got a jukebox to spin old Eddie Cochran singles on, hired a real-life Ted as a sales assistant and flogged draped jackets and neon socks to the objects of his latest romantic obsession.

In Paul Gorman's *The Life and Times of Malcolm McLaren*, McLaren's old Goldsmiths art-school lecturer Barry Martin recalled bumping into his former student and his new gang one day on the King's Road. They were marching down the street in a 'V' formation, knocking pedestrians out of the way, with a furtive but empowered McLaren shuffling along at the back – 'I caught Malcolm's eye,' said Martin, 'but he didn't look back.'

By the time of the London Rock and Roll Show, where he had a stall, McLaren was already tiring of the Teds' unreconstructed thuggery. He was putting in plans to embrace another backwards-looking sub cult – rockers – by renaming the shop Too Fast to Live, Too Young to Die, not long before it began its most infamous phase as the S&M-themed punk ground zero SEX in 1974. And, as a provocateur bringing his art-school-trained sensibility to backwards-looking fashion, McLaren was more in line with current thinking than he probably liked to admit. The first Christmas number one of the new decade had, after all, been Dave Edmunds' straight-up cover of 'I Hear You Knocking'. Everyone was at it, from hairy behemoths Led Zeppelin on 1971's 'Rock and Roll' to singalong super-pro Elton John with 1972's 'Crocodile Rock'. A year later, John Lennon, who failed to spot the subtle differences contained within every revival when he claimed that glam is just 'rock'n'roll with lipstick on,' recorded the oldies album *Rock 'n' Roll*, which by the time it came out in 1975 had pretty much missed the whole movement.[2]

Out of all this emerged a new pin-up for the times: a leather-clad rock 'n' roller who released a slew of hits that combined the brutality of '50s American rock 'n' roll with the pumped-up production sheen and multi-coloured fun of '70s British pop, all tied up with a kind of boyish, street-tough sex appeal. And she was a major Elvis fan to boot.

'Aged five and a half, I was watching *The Ed Sullivan Show* with my entire family,' says Suzi Quatro, who grew up in the Detroit suburb of Grosse Point with a Hungarian-born mother and an Italian-American father, who worked for General Motors. 'They put on something for the kids at the end and along comes Elvis Presley, singing "Don't Be Cruel". My sister started screaming and that's when a light bulb went off in my little head. It didn't cross my mind that I was a girl and he was a man. I looked at the television and thought: I'm going to do *that*.'

Further Elvis epiphanies occurred throughout Quatro's life. Learning piano and performing in the school orchestra, she was at home one evening when her father came back from work, took off his coat and shoes, slammed a copy of Presley's 'Love Me Tender' onto the kitchen table and conceded, with more than a shade of bitterness: 'Okay, the kid can sing.' Aged eighteen, Suzi was on tour in a hotel room when Elvis Presley came on the television in the *'68 Comeback Special,* clad in black leather. 'And I thought: now it is leather for me.' Recording her 1973 debut album with Nicky Chinn and Mike Chapman in London, Quatro included a version of the old Presley favourite, 'All Shook Up'. On her first tour of America as a solo artist a year later, she was in her hotel room in Memphis when the phone rang.

'The voice goes, "Hello, this is Elvis. I've just heard your version of "All Shook Up" and I think it's the best since my own. I'd like to invite you to Graceland.' For some crazy reason I said, "I'm very busy right now." It wasn't that I was frightened, it was that I had only had a few hits at the time and felt that we should meet on a more even plane.'

That never happened, of course. In 1977, Quatro was in a hotel room in Los Angeles, having just done her audition for the role of Leather Tuscadero (younger sister of Fonzie's ex, Pinky) in the popular American sitcom *Happy Days*, another example of the '70s recycling the '50s, when a call came through from the show's producers to tell Suzi that she had got the part. She had one eye on the television at the time, just as news came through that the King was dead.

On set for the first episode of *Happy Days*, Quatro was introduced to Nudie Cohn, the tailor behind the rhinestone-bedecked 'Nudie' suits beloved of flash country and western stars, who had also made Elvis's famous gold lamé suit. She had a conversation with Presley's former girlfriend Linda Thompson, who told her that when he used to hang out at LA scenester Rodney Bingenheimer's Sunset Strip glam/groupie/rocker nightclub Rodney's English Disco he would request one Suzi Quatro song after another. 'Elvis,' says Quatro, 'meant that I found out who I was at five and a half. Now I'm glad that I never got to meet him. It meant that I've had a spiritual connection with him ever since.'

When you look at it like that, the '70s rock 'n' roll revival was hardly surprising. A generation of baby boomers had grown up with rock 'n' roll as the sound articulating the moment their hearts first opened, and after the exploration and optimism of the 1960s, followed by the deadening thud of reality felt across Britain and America around the turn of the new decade, a yen for the excitement and reassurance of adolescence was understandable. It really began in January 1969 when the Beatles, the band that pushed music, youth culture and life itself forward more than any other, whose sophistication and sense of melody set the template for '70s singalong pop, came off the back of the *White Album*'s messy experimentation to go into Twickenham studios with the aim of returning to both live performance and rock 'n' roll innocence. *Let It Be* certainly started out with good intentions: George Harrison being enamoured of the earthy rusticity and brotherly camaraderie of Bob Dylan and the Band's scene in upstate New York, John Lennon longing for the rawness and rebellion of the Fab Four's Hamburg days, Paul McCartney looking at ways of playing live again, Ringo Starr just hoping the whole wasn't going to fall apart. Rather than go on a normal tour as they had done in the first half of the '60s, suggestions for the Beatles' concert return included a

Libyan amphitheatre, a cruise ship and from Yoko Ono, a one-off gig at the Royal Albert Hall, London, either in front of no one or before an invited audience of 'kings and queens', the little people kept firmly at bay.[3] In the event, the famous gig on the rooftop of 3 Savile Row was witnessed only by a few friends and colleagues and heard by confused office workers in the buildings nearby and the streets below. Then the mass of recordings from the various *Let It Be* sessions were sent off to be produced by Phil Spector against McCartney's wishes and the whole thing fell apart. The Beatles, despite their best efforts, couldn't go back – at least not for another fifty-one years.[*]

That didn't stop them trying – or for the rest of the country to follow in their wake. Even arch-futurist David Bowie was celebrating a past that had only just happened on 1973's *Pin Ups*, covering his old favourites from the '60s like Pink Floyd's early single 'See Emily Play', which came out a mere six years previously. It was the '50s, however, that dominated, with the heavy glam of Slade and Sweet giving way to Mud, Showaddywaddy, Darts and other, mostly provincial bands evoking a fantastical but reassuring world of quiffs, high school hops and stepping out with your sweetheart in a nostalgia that, to paraphrase Proust, remembered things past, but not necessarily as they were. Britain's '50s revival was an almost purely American one, right down to the films and TV shows that dominated. *Grease* started out as a Broadway musical in 1971 before making its London debut in 1973 – with Richard Gere as Danny Zucco – and in 1978 became one of the biggest

---

[*] In 2021, Peter Jackson's *The Beatles: Get Back* film did indeed go back to reassess *Let It Be*.

films of the decade, its tales of teen drama at the fictional Rydell High providing a glamorous vision of an adolescence where everyone looked about thirty and made out with each other at the drive-in. George Lucas turned to his own early years spent in Modesto, California, for inspiration in 1973's *American Graffiti*, which is set in 1962, a year before the death of Kennedy. After an hour and a half of its cast of teens facing such manageable problems as trying to get girlfriends, smashing up cars, doing drag races, getting ready to leave town for college and being initiated into the local greasers' gang, the closing credits give a roll call of the male characters' fates: one is killed by a drunk driver, another is missing in action in Vietnam, a third is working as a writer in Canada – the inference being he moved there to escape the draft. The film was less about innocence, more about its inevitable end.

American Graffiti's success led to the less melancholic vision of *Happy Days*, which had its roots in a 1971 script by Barry Marshall called *New Family in Town*. The networks passed on it, but after *American Graffiti* took off, ABC came back to Marshall and *Happy Days* was born, becoming a hit at a time when the Watergate indictment, the 1973 oil embargo and the looming threat of Vietnam made an era when kids could cruise around in massive gas guzzlers and fret about whether they would get a date for the high school hop seem very appealing indeed. The reality of late '50s/early '60s America may have involved the paranoia of McCarthyism, terrible racial oppression and the very real possibility of nuclear obliteration, with 'duck-and-cover' bomb drills in schools a standard feature of the Cold War period, but *Happy Days* forsook all of that for straightfor-ward rock 'n' roll paradise.

America's recycling of the '50s began at the most '60s event of them all: Woodstock. On the fourth day of the mud-drenched endurance test, or if you were of the right frame of mind, embodiment of the Age of Aquarius, a bunch of students from Columbia University turned up in gold lamé suits and duck's arse haircuts to freak out the hippies by performing '50s teen favourites like 'At the Hop' and 'Rock 'n' Roll Is Here to Stay' while enacting frenetic dance routines. Sha Na Na's camp, upbeat show stood in direct contrast with the earnest sluggishness of heavy rock at the end of the '60s and it fed into Britain's appetite for American nostalgia in the new decade, leading to a desire for an Elvis Presley figure to come along and revive the glory days of the King at a time when the real-life version was sinking into overweight decadence in Las Vegas. The difference this time around was that the new Elvis Presley, although authentically American, was a woman.

'I'm not a gender person,' says Suzi Quatro. 'I don't give a shit if someone is a boy or a girl. I'm a tomboy. And a musician. And a rock 'n' roller. I can't change it. Mike Chapman used to say that there is nobody as authentically rock 'n' roll as Suzi Quatro.'

On the black-and-white cover photograph of her 1973 debut album, Suzi Quatro stares out at the camera with a 'what are you looking at?' glare, a tough little sister in leather jacket and jeans. A gang of long-haired wrong 'uns in black vests skulk around behind her, the two to her right looking as though they might be squaring up to a fight and the one on her left swigging a beer and sticking a hand down his pants. This was anti-glam: no make-up, no tarting up, just brutality, attitude and primitive sexuality: 'The men are prettier than the women these days,' Quatro declared to *Melody Maker* in June 1973. 'Bowie makes me feel real ugly.' She says she went for her leather catsuit look not only because of the Elvis *'68 Comeback Special*, but also because it made sense on stage. She was an energetic performer and the catsuit would hold everything in place while also being easy to change into: zip up, bang, you're out there: 'I honestly didn't know it was going to be sexy. That's why it was sexy – because I had no idea it was sexy. I ended up being a pin-up. Who knew?'

Quatro was fourteen when she joined her elder sister Patti's band the Pleasure Seekers, doing Motown songs, British Invasion songs, a Sgt Pepper set. The Pleasure Seekers would play five shows a night, forty-five minutes on, fifteen minutes off, and being made up of good-looking teenaged girls, they were in demand by club owners who discovered them to be a major draw for a mostly male audience. They were both a show band and a garage band, working out dance steps, switching instruments mid-song and wearing matching outfits, while also rehearsing in their dad's garage and coming up with anthems of teen rebellion like 'What a Way to Die', an ode to the drinking life featuring the immortal words: 'You've got the kind of body that makes me come alive, but I'd rather have my hands around a bottle of Colt 45.' At fifteen, by which point she was making $1,000 a week as the singer in the Pleasure Seekers, Quatro called her father on the payphone from Trude Heller's in Greenwich Village, New York, and told him she had found what she wanted to do for the rest of her life – 'He went quiet on me, which had the effect of cutting off my lifeline. I sat there for fifteen minutes, I've been sitting there ever since.'

The hippy era didn't make a great deal of sense to Quatro. In 1968, the Pleasure Seekers were booked to play an outdoor festival – a sea of tie dye, long hair, joints being passed around – and they bombed. A decision was made to change things up, bringing in their Led Zeppelin-loving little sister Nancy as lead singer, keeping Suzi on bass guitar in the background, renaming the band Cradle and embracing the heaviness, introspection and druggy torpor of the era.

'We lost our joy. We did a lot of jamming, twenty minutes on one riff, how long can we keep going on one riff, shoot me first. And from being falsely cocooned in this existence where we played the clubs and everybody loved us and paid us well, now we were sleeping on mattresses in a van, not making any money and arguing with each other. I'm a show girl, this wasn't my thing at all, and Cradle was not a happy band. Then Jac Holzman of Elektra Records came to see us and he said to me, "I don't like the band, but I like you."'

Holzman told Quatro that he wanted her to be the next Janis Joplin, which she was uncomfortable about because Joplin was a blues singer and she wasn't, but soon afterwards her brother heard that the British producer Mickie Most was in town with Jeff Beck. He made contact and Most invited Quatro to come down to Motown's studios, where she jammed along to 'Cissy Strut' by the Meters alongside Jeff Beck and the drummer Cozy Powell – 'And Mickie said: "I'm going to make you into the first Suzi Quatro." It was tough because the girls thought he liked them all, but Mickie said that I had the X factor. He wanted to take me to London and turn me into a star.'

Quatro flew from Detroit into London on 31 October 1971, where she spent eighteen months in a cramped hotel near Marble Arch and tried to adapt to the British reality: 'My main thoughts were: *my God, how small are these roads, how small are these houses?* I didn't know they even made milk bottles that size. I was in a tiny room with a bed like a flight case, it was pissing down outside, there was a bathroom with a sink and a cracked mirror down the hall, and I had a tiny radio on which I tried to hear some rock music, but there was nothing. I went down to the lobby to watch TV. What TV? I went to Garfunkel's on Oxford Street for a cheese salad. It had five pieces of lettuce with a piece of Cheddar cheese in cellophane in the middle. I was very lonely.'

After various false starts and sessions that went nowhere, Quatro advertised for a backing band and it started to fall into place. They went on tour with Slade, Mickie Most sent Nicky Chinn and Mike Chapman to see them, and Chapman got to work on a song written with Quatro in mind: 'Mickie Most said to me – and it's worth remembering this is my absolute mentor – that nothing was working with Suzi Quatro. She had been trying to write but her songs were awful. He said: "How about you take over the project for me? You write the songs and make the records." The top independent producer in the world was giving me his new act.'

The result was 'Can the Can', the first of a handful of hits that relied on a brilliantly simple formula: jungle drums, chugging boogie guitar and Quatro's raucous scream of a voice, a product of Mike Chapman getting her to sing at the very top her range until she ended up in a vaguely threatening caterwaul, all of it somehow recalling the simple joys of adolescence past. 'Devil Gate Drive', which added motorbike sounds and an announcer's voice to the formula, was a fantasy of wild childhood: at the age of five they could do their jive, at the age of six they were getting their kicks, down at the rock 'n' roll Neverland of the title. And the adult world was frankly kind of a drag. '48 Crash', which Chapman wrote at the tender age of twenty-eight, mocked the loss of libido that comes with the male menopause: 'That was me thinking: *by the time I'm forty-eight, life will be over.* I'll be wandering about in a dressing gown with a silk sash with nothing to do. Thankfully, it never happened.'

The B-side to 'Devil Gate Drive' was 'In the Morning', on which the beer goggles through which Quatro espied her date the night before have been replaced by fumey regret as she looks, bleary-eyed, at the dribbling oaf snoring away next to her and finds herself astounded at just how ugly he is. Halfway through the song, a gruff male voice asks her to make him some breakfast. 'Yeah . . . why don't you get lost?' she snarls. You would never guess that the voice belonged to her guitarist and future husband Len Tuckey, the man with the hand down his pants on the cover of her debut album, and the two of them were in the early throes of a love affair.

'We were very much a band, but I was the leader and anyone who came in and went, "Oh, it's a girl" was out,' says Quatro on her approach. 'Mike seemed to understand all this when he wrote "Can the Can", which as far as I'm concerned is about: put it in the can and it's safe. Or: don't mess with me. I'm a girl, yes. But I'm one of the boys. I can tell a joke at the bar, I can do what the guys do, but guys get a drink in them and they can act stupid so I need to be able to handle myself, especially as I'm too little to win in a fight. I don't play the female card. And yet I do. I can't figure it out. Maybe you can.'

Suzi Quatro wasn't the only Elvis Presley for the '70s. In January 1973, Paul Gadd said goodbye to his past as failed '60s crooner Paul Raven and to his early life as the son of a cleaner from Oxfordshire whose unstable childhood was divided between his mother's, his grandmother's and various foster homes, by putting all the old flop singles, publicity shots and other reminders of his failed career so far inside a coffin and sending it off down the Thames Estuary. The DJ Alan Freeman was there to mark the occasion and actress Charlotte Rampling was guest of honour, at a ceremony that marked the point at which Gary Glitter, decades away from being a justified public hate figure for the child sexual abuse cases that in 2015 saw him sentenced to sixteen years imprisonment, became a star. That summer, 'Rock'n'Roll, Part 1 & 2', a remarkable synthesis of primitivism and futurism that turned '50s nostalgia into fuel for the '70s dance floor, got to number two after months of being ignored by journalists and radio DJs while taking off at night-clubs and mobile discos across the country.

Much like the similarly minded Alvin Stardust, whose act was based around an amalgam of Gene Vincent and the doomed British rocker Vince Taylor, Gary Glitter only got back to the '50s after trying to make it in the '60s. Born in 1944, Glitter had his first guitar at thirteen, a present from his stepfather. The Presley hero worship followed soon after: 'I'd try to get my hips and my shoulders, my lips and my eyes, just like Elvis.'[4] A year later, he was performing at the 2i's, the coffee house on Old Compton Street, Soho, run by an Australian wrestler called Dr Death – not to be confused with the similarly named scourge of '70s pop songwriters from the Musicians' Union – which played a key role in the late '50s skiffle boom and helped make stars of Cliff Richard, Tommy Steele and other figures in Britain's first rock 'n' roll wave. By the time he released his debut single, 'Alone in the Night', as Paul Raven in 1960, his career as a teen star was looking guaranteed: 'Paul Raven is our most exciting artist since Helen Shapiro,' came a statement from EMI in 1962.

As it turned out, both Raven and Shapiro were wiped out by the same cheery phenomenon: the Beatles.

Culturally speaking, Gary Glitter missed the Swinging Sixties. Once his singing career crashed to a halt, he took up a job as a scout for the pop show *Ready, Steady, Go!*, trawling Soho mod clubs for cool, good-looking young men and women to fill the studio floor. He spent the second half of the decade in Germany, playing eight sets a night at the Kaiserkeller in Hamburg, sleeping on bunk beds in dorm rooms with the rest of the band, drinking beer, picking up girls and playing rock 'n' roll to rowdy crowds alongside '50s survivors like Gene Vincent and Bill Haley. It was a lesson in show business: he learned how to captivate the crowd by flashing his eyes and picking out a solitary audience member with a sudden pointed finger.

During his stint on *Ready, Steady, Go!*, Glitter met Mike Leander, a former public school boy from Sussex who had abandoned early plans to be a lawyer for a life in the music business, producing 'Under the Boardwalk' by the Drifters, arranging 'She's Leaving Home' by the Beatles, and executive producing the album version of *Jesus Christ Superstar*. Impressed by Glitter's ability to get the kids in the crowd going, in 1965 Leander hired the then-struggling singer to front the Mike Leander Orchestra, touring with Dublin's clean-cut harmony singers the Bachelors and recording a bunch of flop singles with him on his return to Britain. Nothing seemed to be working. Recently divorced, Glitter was thinking about giving it all up when in 1971 he got a call from Leander to say that David Essex had just cancelled a session. Rather than waste the money spent booking Spot Studios in Mayfair, Leander suggested to the newly christened Gary Glitter that they have a crack at coming up with something between the two of them.

Here was the genius of 'Rock and Roll, Parts 1 & 2', a chunk of '50s nostalgia that was inspired entirely by the new. Having spent a few months checking out London clubs, Leander and Glitter had taken note of the fact that the only songs that got everyone going on the dance floor were by black American artists: James Brown, Sly and the Family Stone, Curtis Mayfield. Their answer to this was what Glitter called white disco: something with a similar groove, but evoking a British, rainy, budget cabaret mood. The ultra-compressed sound was inspired in part by Hotlegs' brutal 'Neanderthal Man', with Leander spending hours whacking a drum kit covered in tea towels to get a similarly dead, reverb-free thump. Handclaps, tom-toms and Leander hitting two pieces of wood against each other into a microphone added to the stomping, rhythmic insistence. Not much of a guitarist, he achieved the ominous descending riff by putting his guitar into an open tuning and sliding his finger down the neck before multi-tracking it until it sounded massive. Likewise with the chants of 'Hey!' used to best effect on the otherwise wordless 'Rock and Roll, Part 2': Leander overdubbed Glitter's shout until it resembled not so much an ageing would-be entertainer in the studio but a mob of fearsome Teddy Boys, marching down the street and punching the air in unison as the hippy bystanders drop their lentil burgers in horror.

Leander and Glitter knew they had created magic of the sort that cannot be premeditated. Even the moment in the song when everything drops away apart from the beat, later to become a mainstay of dance music, was an accident. Leander was simply trying to isolate the drums to check he had got them right and Spot Studio's engineer John Hudson happened to use a ruler to mute all the other tracks at a point where the down beat was leading into the chorus. It was the final ingredient of a masterpiece that turned Gary Glitter into a star at twenty-seven after twelve years of trying. The Glitter Band was put together for concerts, with two drummers hired to replicate Leander's massive percussion sound, and Glitter popped down to King's Road's Alkasura, the shop that Marc Bolan helped turn into glam central, to fashion his own take on '70s rock 'n' roll: massive platforms, silver shoulder pads, hideous orange slap, an oversized bouffant wig with shades of Little Richard and Elvis Presley, and exposure of a hairy chest and a barrelling belly in tacit acceptance that all this flamboyance came in butch, prematurely middle-aged form. Stage outfits were made of silver paper held together by wire, while the concerts included everything from roaring Harley-Davidsons to Busby Berkeley showgirls. And the hits, basic as they were, kept coming: 'Hello! Hello! I'm Back Again', 'I'm the Leader of the Gang (I Am)' and the unfortunately named, given the revelations that emerged decades later, 'Do You Wanna Touch Me?'

Gary Glitter's success had dried up by 1976, at which point he staged a farewell tour in an attempt to shift a few tickets. He pretended to marry the band's hairdresser as a publicity stunt, a disastrous move after the whole thing was exposed as a sham, and he declared bankruptcy a year later. Yet still the public held Glitter in affection as an amusingly tacky, end-of-pier type, and as the '50s revival rumbled on into the '80s, he could still draw a crowd on the gig circuit – until the abuse allegations against girls as young as ten and going all the way back to 1975 emerged. Any lingering goodwill was replaced by abject horror, marking a downfall so total that there could be no return. Gary Glitter, who had built his career on recycling a '50s vision of stardom for the '70s, killed his own potential for nostalgic revival stone dead.

At least there was a more wholesome figure to emerge from '70s Britain's '50s revival. David Essex's brooding, gypsyish good looks made him perfect for the role of Jim MacLaine, feckless hero of *That'll Be the Day*, the 1973 hit movie that offered a seamy, Teddy Boy vision of rock 'n' roll in '50s England. It's all in there: holiday camps, fairgrounds, casual violence, one-night stands, leaving girls in the family way. Alongside its 1974 sequel *Stardust*, which follows Jim as he becomes a star in the '60s, much of the music journalist Ray Connolly's script for the film mirrored its lead's own life. Essex started out as a drummer in bands in London's East End, where he was spotted by his future manager, Derek Bowman. 'It was the way he played his drums in a cool, arrogant way,' said Bowman, who recognised that Essex's appeal lay in his insouciant blue-eyed charisma, going so far as to berate the publishers of *Jackie* magazine after they published a poster of Essex – using a photograph Bowman had supplied – for not printing his eyes in a suitably dazzling aquamarine tint.[5] There was a sense of rebellion to Essex, mixed with inner confidence. Even as an eleven-year-old, he ensured that he would fail the 11-plus to the local grammar school by not answering any of the questions in the exam because he wanted to go to the secondary modern, where they had a half-decent football team. His break came in 1971 when he was cast as the lead in the West End production of the hippy Christian musical *Godspell*, but it was 1973's *That'll Be the Day* that propelled Essex into making one of the most remarkable rock 'n' roll revival singles of the '70s.

'Rock On' came out of Essex reflecting on the impact James Dean had made as the original '50s rebel, despite having never actually seen one of Dean's films: 'I love the fifties, though they were before my time,' said Essex. 'I found the directness and naïveté of the period really refreshing.'[6]

Initially, Essex's plan was to come up with a song to end *That'll Be the Day,* but the film's producer David Puttnam thought 'Rock On' was just too weird for a straight-up (if depressing) portrayal of youthful dreams in '50s Britain, so Essex used it to launch himself as a '50s-leaning pop star for the '70s instead. By the '80s, the James Dean image was a cliché, an Athena poster to go alongside the one of Marilyn Monroe on every sixth former's bedroom wall, but in the early '70s the cult around an actor who made only three films before dying at twenty-four in a car crash was just emerging. Essex's song name-checked him as a symbol of lost adolescent fantasy, taking his place alongside blue-jean baby queens, summertime blues and blue suede shoes. The eeriness of 'Rock On's capturing of a ghostlike world that never quite existed in the first place is emphasised when Essex asks: 'Where do we go from here? Which is a way that's clear?'

'Rock On', alongside 'I'd Like to Teach the World to Sing' and 'Chirpy Chirpy Cheep Cheep', had a quality shared by the best '70s singalong pop: doing something deeply weird and creative in a way that's so accessible and appealing, it becomes very easy to dismiss it as empty and meaningless. There is no '50s song in existence that predates the funereal starkness, the vague emptiness at the heart of 'Rock On'. Essex had met the producer Jeff Wayne from his days in *Godspell,* when Wayne was operating out of a studio above the Strand Theatre and making a fortune from writing jingles for commercials. Wayne had brought in Essex to sing a commercial for Johnson's Pledge floor polish and when the singer arrived, he asked if he could try out an idea he had been working on. Instead of going to the piano, Essex started banging away on a rubbish bin, which got Wayne thinking about how he might approach differently a paean to '50s Americana. Echo is a technique used a lot in '50s rockabilly, so Wayne decided to make the song *all* echo, with the hook to 'Rock On' being its very hollowness. There are hardly any instruments, just drums, percussion and that unforgettable bass line from Herbie Flowers. It was double-tracked, leading to Flowers getting £24 rather than the usual £12 session fee (these days, the fee for a standard three-hour session is £130). There was no guitar, no keyboards, nothing capable of playing a chord. As Wayne remembered: 'It was definitely Herbie who grasped immediately that a bass playing a lead guitar riff could fill a large part of the spatial spectrum. He took my idea and turned some basic notes of mine into his amazing bass riff. Then to top it off, he suggested playing it an octave higher. So you get this unusual bass arrangement up front – it couldn't have been upfront if the arrangement didn't allow the air and space to be created that way.'[7]

Given David Essex's clear appeal for a mostly female fanbase it's not surprising that his record label, CBS, wanted to market him as the British answer to David Cassidy and launch him with a conventional ballad. But he stuck to his guns and in the autumn of 1973 'Rock On' went to number two in the UK and five in America. The accompanying album of the same name featured reverb-drenched songs like 'Lamplight' and 'Streetfight', which evoked a world that was sinister, glamorous and shadowy, but in a theatrical way. Alongside *That'll Be the Day*, in which genuine '50s rocker Billy Fury played a supporting role and Vivienne Westwood and Malcolm McLaren supplied some of the costumes, this gave Essex his own niche: a '50s pin-up for

'70s Britain. He became one of the biggest stars of 1974, just as *Stardust* found him portraying Jim MacLaine as one of the biggest stars of the '60s. He later said it took him months to get over the mental confusion of being and playing a rock star at the same time.

The '50s were revived in less striking ways, too. Mud had been slogging in and around Carshalton, Sutton, for years without much success when they were spotted by impresario, producer and founder of the independent RAK studio and record label Mickie Most, who heard a quality in them that could translate to stomping glam glory. Around 1972, Chapman was writing too many songs for the Sweet and needed another vehicle for the material he was knocking out, day in, day out, by sitting around Nicky Chinn's Mayfair apartment with a pen and a pad of paper: 'Mickie told me about this band called Mud. He took me to see them and I thought: *yeah, great, straightforward rock 'n' roll.* Les Gray was quite the front man, and they were not superstars, but they were the lads and it was fun. I had written "Dynamite" for the Sweet and they didn't want to do it, so I gave it to Mud and they took off.'

Mickie Most duly commissioned Chapman to come up with something with Mud in mind and the result was 'Tiger Feet', a delightfully basic chunk of formation dance-friendly rock 'n' roll boogie that went to number one in January 1974. It showcased Mud as another band with mainstream appeal that, like Slade and Sweet and in the old-fashioned music-hall entertainment tradition, had one outrageously flamboyant member among their number. While the rest of the band looked like hod carriers at an Elvis convention, guitarist Rob Davis went for a look seemingly inspired by the kind of ladies in his native Surrey who held sherry mornings, attended pony clubs and owned the complete works of Jackie Collins: full-length gowns, pearl drop-let earrings and a lustrously curled, just-stepped-out-of-the-high-street-salon blow-dry and set. Somehow he managed to infuse all of this into Mud's laddish energy, joining the boys for some energetic shoulder thrusts as they belted out their raucous hit 'Dynamite' and contributing to the harmonies for the Elvis Presley-tinged Yuletide smash from 1974 (in Christmas bauble earrings), 'Lonely This Christmas'. Taking note of Chapman's songwriting techniques, Rob Davis left Mud for a brief stint in fellow '50s revivalists Darts before having an astonishing second career as a pop songwriter in the new millennium, co-writing Kylie Minogue's 'Can't Get You Out of My Head', which in 2001 went to number one in forty countries.

Wizzard also revived '50s rock 'n' roll, for the simple reason that, as its leader Roy Wood stated, 'There was an awful lot of sounds around which are still usable today – and which, with a bit of thought, can be improved upon.'[8] Wood's genius was in embracing a total lack of concern with originality. Instead he would take anything from Phil Spector's Wall of Sound record-ing techniques to Chuck Berry's speeded-up blues riffs and recycle them for his own material. He also specialised in paint-ing mirror images of Beatles' songs: his old band the Move's 'Blackberry Way' is essentially a more melancholic 'Penny Lane'. And Wood was blessed with an ability to emulate the sounds of the era in a consistently ersatz but frequently supe-rior fashion.

The Move's 1967 hit 'Flowers in the Rain', which holds the distinction not only of being the first song to be played on Radio 1 but also to have been the subject of a High Court

case after PM Harold Wilson took exception to a promotional
poster featuring a naked illustration of himself in bed with
Marcia Williams, the political secretary he was rumoured to
have been having an affair with, is a perfect example of pop
psychedelia by numbers. Yet Wood was an original figure
nonetheless, a frizz-haired behemoth in ghoul make-up who
looked like he might be capable of reviving the corpse of Eddie
Cochran with the use of some dubious black magic. After set-
ting up the Electric Light Orchestra (ELO) with Jeff Lynne,
Wood left in 1972 to go down a more campy but equally idio-
syncratic direction. Like all good '50s glam revivalists, Wizzard
made their ultimate mark with a Christmas hit, 1973's 'I Wish
It Could Be Christmas Everyday', its instant appeal belying
that fact that Wood was a sophisticated conceptualist, a super-
fan who took aspects of pop's recent past and distilled them
into three-minute nuggets of crafted song. He had an ability
to go beyond the barriers of taste and, without a trace of cyni-
cism, fashion songs for office parties, pub knees-ups, family
get-togethers and other moments of egalitarian celebration.
His music was revolutionary in its conception and presenta-
tion while bringing familiarity and reassurance; a triumph of
avant-garde populism.

Rock 'n' roll obsession continued throughout the decade,
so much so that in 1976 Showaddywaddy, winners of a 1973
edition of the ITV talent show *New Faces* who formed out of
two Leicester bands as an eight-piece revival act, could go to
number one in 1976 with 'Under the Moon of Love', a cover
of a 1961 ballad that led the way for a string of top-ten hits
through the second half of the decade, all of them pop songs
from the '50s and '60s faithfully executed, sincerely performed,

with entertainment trumping over creativity every time. More unusual were Darts. Formed from the ashes of Rocky Sharpe and the Razors, a traditionalist wing of the pub rock boom that saw mid-'70s bands like Brinsley Schwarz and Dr Feelgood reviving the basic thrill of live music in the back rooms of pubs with beer-sodden swirly carpets and nicotine yellow walls, Darts became the bad boys – and one bad girl – of the '70s nostalgia scene.

'Lemmy from Motörhead begged us to go to bed,' claims Horace Trubridge, aka Darts saxophonist Horatio Hornblower. A founder member alongside the South African singer Rita Ray and the British singers Den Hegarty and Griff Fender, Trubridge was working in a music shop in Worthing, West Sussex, when Hegarty came in one day, told him to be at Heaven nightclub in Charing Cross the following Tuesday and gave him a pot of Brylcreem and a pair of Winklepickers. There was no audition.

'It was after a TV show in Germany. Motörhead's drummer spent all evening trying to pull Rita at the bar, but she drank him under the table and he had to be carried out. That's what we were best at: wearing everyone down, night after night.'

Fuelled by blues – amphetamine pills – Darts spent the latter half of the '70s and the early '80s flying the flag for rock 'n' roll revivalism under a permanent fog of marijuana and alcohol, powering them to take on both the new-wave bands and the light entertainment acts they shared stages with. 'After a few hours with us, Elvis Costello and the Attractions ran away crying,' boasts Trubridge. 'We got banned from every hotel chain in Scandinavia. In a hotel in Finland, we had an amazing water fight that ended with the maid pushing the tray down the corridor as boat waves came off either side of the wheels.'

In 1979, Darts performed at a Spanish Eurovision-style TV special, backed by an orchestra, at a show in Madrid that was broadcast live to 7 million people. The *Emmanuelle* actress Sylvia Kristel and the mayor of Madrid were in the audience, the stage set featured elaborate water features and the grandiosity of the whole affair proved too much for the bug-eyed Hegarty, who felt compelled to jump into a fountain and roll around in it, mid-performance: 'Then he took his socks off and wrung them down the neck of Sylvia Kristel. While this was going on the orchestra's drummer decided that our drummer was hitting the drums too hard, so he tried to move the cymbals in the middle of a song. Our drummer responded by whacking the guy in the face with his drumstick. There was blood everywhere and that was it: the orchestra took it as their cue to attack. The police came on stage to arrest everyone and after two hours, they had to escort us back to the hotel because the orchestra were out to get us. Then we got contacted by the local mafia don, who thought the whole thing was fantastic because we made the mayor look stupid. He invited us up to his club and said: "Fill your boots, my friends." Everything was free: booze, drugs, food, women, the lot.'

Despite their revivalist ways, and tendency to polish off a night by cracking a few skulls, Darts were no friends of the equally pugilistic Teddy Boys: 'They hated Darts because we did obscure black R&B and vocal group stuff and they just wanted to hear "Blue Moon" and "Rock Around the Clock". And we had Rita Ray in the band, who was black, which the Teds didn't like because they were inherently racist. Whenever we played the Rock Garden in Covent Garden I kept a chair leg behind my saxophone stand, just so I could wade in whenever the Teds kicked off.'

As far as intellectual thought of the type rock critics are capable of, all this nostalgia was a sign of British culture's terminal decline. 'The '70s have become the most nostalgia-obsessed decade of the century . . . Everyone's getting so into nostalgia that if the '70s don't get into gear, there ain't gonna be anything for people to get nostalgic about in the '80s and '90s,' griped Charles Shaar Murray in the *NME*. He could be forgiven for failing to predict the huge popularity of '70s-themed nightclubs, films and fashions and the once ironic, then sincere love of everyone from Elton John to Abba that people did in fact get very nostalgic about from the '90s onwards, because Charles Shaar Murray was prescient in realising that '70s Britain was experiencing a speeded-up retread of the twentieth century so far. First up after the '50s was, naturally, the '40s.

Just as Clive Dunn kept quiet about the realities of his Second World War experience of bomb raids, concentration camps and near-starvation in favour of presenting himself as a doddery old gibber reminiscing about penny farthings on 'Grandad', wartime nostalgia in '70s pop tended towards the fantastical. It was both mocked and celebrated in 1976 by *Rock Follies*, Howard Schuman's stylish feminist comedy drama in which Rula Lenska, Julie Covington and Charlotte Cornwell played an all-girl rock band called the Little Ladies. Featuring music composed by Roxy Music's saxophonist Andy Mackay, *Rock Follies* proved in its own casual way to be remarkably adept at poking fun at the trends of the era, from the piousness of commune life to the patronising if hapless men running the music industry.

In 'The Blitz', the final episode of the first series, the Little Ladies' manager Stavros decides that it's all about the '40s, so he turns his band into an Andrews Sisters'-style wartime act complete with victory rolls and women's RAF uniforms. At Stavros's new restaurant, which recreates the authentic experience of being stuck inside a London Underground station in the midst of a bombing and serves such wartime delicacies as powdered eggs and bangers and mash in exchange for ration coupons, the Little Ladies perform the wistful 'Glenn Miller is Missing'. 'There's a space in the sky where his plane used to fly,' they lament. Stavros, convinced that in the era of IRA bombings, oil crises, general strikes and three-day weeks a return to the Blitz spirit is just what the nation is hankering after, sees both the restaurant and the Little Ladies' new direction as riding a wave of austerity rock. Then an actual bomb goes off and the 1940s dream is over.

Rock Follies, which was shot entirely in the studio, fitted into the pop nostalgia of '70s Britain: a deliberately artificial vision of past realities. *Rock Follies*, an album of Andy Mackay's songs for the series, went to number one, outperforming not only Roxy Music's last two releases but also Bryan Ferry's own 1974 solo effort *Another Place, Another Time*, which featured covers of '60s soul classics alongside the standard 'Smoke Gets in Your Eyes' – and a cover photograph of Ferry in a white tuxedo and bow tie, by a swimming pool, the satin and tat of his early days in Roxy Music consigned to the dressing-up box as he takes his place as a man of wealth and distinction; a living embodiment of old-fashioned elitism. *Rock Follies* was a friendlier, more accessible attempt at playing with traditions. As Rula Lenska's character Q confessed, 'I like rock when it's not deep but fun . . . I like Sha Na Na.'

The Little Ladies' short-lived '40s phase was as harmless as so much wartime nostalgia in British pop culture, but in France it was another matter. From his return to Paris in the summer of 1944 after leading the opposition to the Vichy government from London to his retirement in 1969, Charles de Gaulle made it his mission to paint France in the war years as imbued with the spirit of resistance, of the country being united in a heroic collective effort against the Nazi oppressors. By the beginning of the 1970s, however, a new movement called La Mode Rétro began to question that version of events and look deeper into the reality of so many ordinary people's capitulation to the Nazis after the fall of Paris in 1940. Louis Malle's *Lacombe, Lucien* (1974) told the story of a small-town teenager who becomes a Nazi collaborator and torturer after being denied entry to the Resistance; a painful reminder of episodes of national shame like the one of July 1942, when French police rounded up 13,000 Parisian Jews and jailed them in a stadium before they were forced into cattle trucks and sent off to the concentration camps. The film's scriptwriter was Patrick Modiano, who had published three novels at the end of the '60s and the beginning of the '70s that drew on his father's reality as a Jewish man in occupied Paris and his own experience as a child of occupied Paris.

Even more shocking, as far as the French bourgeoisie's image of itself was concerned was Yves Saint Laurent's January 1971 couture collection, for which he sent out models in fur chubbies, turbans, wedge heels, short, tight-fitting dresses and tarty make-up – looking a lot like the Parisian prostitutes who slept with Nazi officers in Vichy France, in other words. Saint Laurent was taking inspiration from the half-English Loulou de la Falaise, his ultra-glamorous muse and accessories designer, who was bringing back from London nostalgia-indebted make-up from Biba and dresses from Ossie Clark; and from the jewellery designer

Paloma Picasso, who developed an elegant 1940s look made up from pieces she found in Parisian flea markets and her own mother's wardrobe, in part as a way of creating an identity for herself distinct from that of her world-famous artist father.

For the most part derided as a vulgar, poor taste joke, with the *New York Times* lambasting it as 'completely hideous', Saint Laurent's collection nonetheless confronted France with its own past, something his wealthy, middle-aged-to-elderly clientele who had lived through Vichy France did not for the most part appreciate. Dismissing the criticism about the commercially disastrous *La Scandale* collection as coming from 'people who do not dare to look life in the face and who are assured by tradition,' Saint Lauren did something British '70s pop rarely managed: he used nostalgia to deal with uncomfortable realities that had been suppressed within living memory.[9]

Given that popular music in '70s Britain was created almost entirely in the shadow of the Beatles, perhaps it was only a matter of time before someone had the bright idea of combining memories of the Second World War with a homage to the band against which all others must be judged. The 1976 documentary *All This and World War II* put twenty-eight Beatles covers, from Leo Sayer's enthusiastic rendering of an orchestrally enhanced 'I am the Walrus' to David Essex's mournful 'Yesterday', to Lynsey de Paul's multi-tracked voice purring through 'Because' against footage of Hitler, Churchill and all manner of people being blown up in air raids. To hear Elton John giving his all to 'Lucy in the Sky With Diamonds' while planes are shot down in the sky and their pilots burn up in horrific fireballs of death before plummeting into the ocean, to witness Nazis marching with fascist pride to the beat of 'Magical Mystery Tour' certainly put the Beatles' most beloved songs in a new light. Bad taste even by the standards of the age, *All This and World War II* was savaged so severely, the *New York Daily News* concluding that its PG rating stood for 'positively ghastly,' that it was pulled from cinemas after two weeks, never to return.

According to Leo Sayer, the film came out of the producer Lou Reizner's earlier project of putting the Who's *Tommy*, an actual '70s masterwork about a new generation forging a sense of purpose against their parents' heroism in the Second World War, into orchestral form: 'Lou told me about this idea for a movie based on Beatles' songs with a symphony orchestra, and he wanted me to do a handful of songs on it. They elongated "The Long and Winding Road" because it went against all this footage of the troops coming home, and I had to stretch my voice out. It was one of those arrangements where everything worked, so we hugged each other at the end and it all seemed great. Then the movie came out and it was fucking awful. I went to the premiere in Los Angeles and had to sneak out of the cinema using the back staircase.'

If the '40s did prove too morally complex to revive, there was always the '30s. The Jazz Age revival began in earnest in 1967 when Faye Dunaway and Warren Beatty became the world's best-dressed gangsters in *Bonnie & Clyde* and continued in 1971 with the happy-days-are-here-again fantasia of Twiggy whooping it up in Ken Russell's *The Boyfriend*, for which the face of the '60s claimed she watched 'every '20s and '30s film ever made' to fully immerse herself in her first starring role.[10] It took on a darker edge in 1972 with Bob Fosse's *Cabaret*, where the decadence and stylishness of Weimar era Berlin was set against the rise of Nazism. Once again, *Rock Follies* nailed the '30s revival in British pop, which was helped by a generation that had lived through the '30s dying off and their old clothes ending up in house clearances, flea markets and second-hand shops. After performing in a musical called *Broadway Annie*, which Howard Schuman intended as a satire on the '70s tendency to present a glitzy, Busby Berkeley vision of '30s America in which soup kitchens, hobos and the economic devastation of the Wall Street Crash never happened, the Little Ladies remodel themselves as a '30s revival act complete with short hair in waves, floor-length gowns and the kind of slim silver microphones best held between thumb and index finger as you sashay gently in time with the music. Their big number is 'Biba Nova', an eerie, curiously funky, ultimately nonsensical tune about a magical place where the beautiful people travel to in their limousines to hear romantic sounds from times past. And 'Biba Nova' cited in its title both the key store and the magazine of the '30s scene of '70s Britain.

The designer Barbara Hulanicki's Biba launched in 1964 as a portal of affordable young fashion. By 1973, when Biba took over the old Derry & Toms department store in Kensington, it had created its own nostalgic world complete with darkened interiors in muted plum and deep raspberry, a pink flamingo bedecked roof garden and the opulent Rainbow Room restaurant where a starter of mackerel paté, a main of boiled beef and carrots, and a spotted dick to polish it off, all served on black and gold plates, with a half-litre carafe of Biba Rainbow Pink wine was yours for only 75p new money. Everyone, from New York's trashy glam pioneers the New York Dolls to California's '40s vintage-styled R&B trio the Pointer Sisters, played on the curtained stage at the back, while Suzi Quatro shot a promotional video to straight-up '50s rocker 'Devil Gate Drive' there: the '30s, '40s and '50s, all under the same roof. Biba went way beyond clothes, selling eve-rything from colouring books to playing cards, all stamped with its elegant art deco logo.

The second part of the name to the Little Ladies' '30s pastiche came from *Nova*, the sharpest of all the women's magazines. *Nova* offered a stylish addendum to the women's liberation movement by featuring shoots by Helmut Newton and Don McCullin along-side cover lines like 'Why Do Women Have Babies?', 'Exploita-tion Can Be Fun' and, on its September 1968 edition, a legendary encapsulation of post-revolutionary ennui: 'I have taken the pill. I have hoisted my skirts to my thighs, dropped them to my ankles, rebelled at university, abused the American Embassy, lived with two men, married one, earned my keep, kept my identity and frankly . . . I'm lost.'

Britain's '30s revival had its own starlet in Noosha Fox, aka Susan Traynor, who left behind a strict religious upbringing under the tutelage of nuns in a convent and a burgeoning career as a folk singer in her native Australia to join Fox; a band put together by a Brooklynite with a background as a songwriter for hire at New York's Brill Building called Kenny Young, who had co-written the Drifters' 'Under the Boardwalk'. Fox's biggest hit, 1976's 'S-S-S-Single Bed', was a laid-back meeting point between easy-listening MOR and slinky disco, but it was Noosha Fox's image that struck out. With her green eye shadow, bobbed hair, floral hairpieces and pink satin gowns, she looked like a cross between Marlene Dietrich and a Hollywood starlet of the type that could be found goofing around in Marx Brothers' comedies. Her style, which chimed at a time when the fashion designer Thea Porter was putting Gloria Swanson turbans together with flowing kaftans in an upmarket twist on hippy liberation and the Savile Row tailor Tommy Nutter was cutting wide-lapelled Al Capone suits for everyone from Elton John to Mick Jagger, came about by accident. She was rooting around in a second-hand shop when she opened a wardrobe and came across three 1920s silk dresses, on sale for 35p: 'Since I've worn them on stage, other beautiful things just seem to come my way,' said Fox in a 1976 interview. 'People find things for me from their grannies' trunks or some relatives' cast-offs. I mix and match them with old scarves and other accessories, so I hardly need anything new. Nearly everything I have is old '30s stuff.'[11]

Speaking to *Record Mirror* a year later, Fox elaborated: 'People say I've got a '30s film-star face, so maybe that's got something to do with it. But it's also a very mysterious period and I do love mysteries. When you've been educated in a convent and the people are so austere and unworldly, you can believe in mysterious spirits coming into your life. I've also been typecast into a '30s role. I happened to be wearing '30s clothing when I first appeared on *Top of the Pops* and the press hit on the idea.'

Noosha Fox proved to have a knack for '70s singalong pop with a touch of novelty, her languid, purring vocals coming across as unforced as her cheap chic fashion sense. 'S-S-S-Single Bed' offered seduction of the laziest kind, with Fox welcoming in her suitor by putting on some soft music and telling them to pour out the wine while she reclines on her dimensionally challenged bed of the title and lets the natural course of events take it from there. A year later, she had a minor solo hit with 'Georgina Bailey', a tale of a young British woman who travels to Marseille to learn about life with her ageing roué of an uncle. The song seemed like a musical version of the British-born, France-based photographer David Hamilton's milieu, in which pubescent girls enacted rustic scenes in states of undress through an older man's hazy lens; a morally dubious celebration of a ripening seed's beauty. But the song had a twist: the man of the world who teaches Georgina Bailey about drama, modern dance, haute cuisine and timeless elegance turns out to be gay. The fact that Fox was dressed as a French schoolgirl in little skirt and straw boater as she performed the song on *Top of the Pops* would have been an act of camp charm, too. If only she hadn't been introduced on the show by Jimmy Savile.

Maybe there was a degree of mirroring going on in Britain's '30s revival, with the styles popular during the Great Depression and the rise of fascism making sense in a new age of stagflation and Enoch Powell, although so much British political discourse at the time was concerned with *not* returning to that decade. After the crash of 1929, Labour PM Ramsay MacDonald agreed to head up a coalition government with Conservative and Liberal MPs; a hugely unpopular move that led to Labour dropping from 267 seats to 52 in the 1931 election and being effectively locked out of its own government. With Harold Wilson returning as prime minister in March 1974 to lead a minority Labour government, there was a real fear on the left of history repeating itself. 'The people are determined that it shouldn't happen again,' Tony Benn told the Soviet ambassador in 1976, of the potential break-up of the Labour Party. A year later, Prince Philip offered a conservative version of the same fear when he envisioned Britain under Labour beginning to look like 1930s Soviet Russia: 'We can expect to see an increasing bureaucracy; bureaucratic involvement in almost every aspect of the lives of individual citizens.'[12]

If the 1930s revival wasn't such a delightful glide into a care-free past after all, there was the option to go all the way back to the turn of the century. The future *Alien* director Ridley Scott did exactly that in 1973, creating one of the most effective advertisements in British history along the way. As an old boy reminisces in a suitably rustic vernacular about struggling to push his bike up to old Ma Peggotty's place to deliver her bread before freewheeling back down the hill, the mournful strains of Dvorak's *New World Symphony* by Ashington Colliery Brass Band groaning along in the background, Scott's 'Boy on the Bike' advert successfully associated Hovis, a mass-produced sliced bread with a bit of wheatgerm in it, with all the things '70s Britain couldn't get enough of: community, tradition, earthiness. Despite the narrator's Mummerset accent and the advert being filmed on Gold Hill in Dorset, the feel was of a Brontë-esque north complete with cobbled streets, flat caps and old-fashioned bakers saying things like 'get that in yer, lad', dimmed lighting adding to the authentic period mood.

A year previously, Gilbert O'Sullivan had been sporting a Depression-era street urchin look complete with cloth cap, braces and gap-toothed grin for his massive hit 'Alone Again (Naturally)', so it was in the air. Ridley Scott's advertisement was so successful that Dave Trott, a creative director and copywriter for the advertising agency BMP, was tasked with 'doing a Hovis' for Courage Best, which as a draught beer that could only be served in pubs was at the time suffering from the rise in popularity of cheap supermarket lager. From there came one of the most unlikely, and successful, revivals in late '70s singalong pop: the Cockney knees-up. And the people who cornered the market in it were two former session musicians from north London called Chas Hodges & Dave Peacock, or simply, as everyone in Britain knew them, Chas & Dave.

'One day, I walked past the office of my boss, a guy called John Webster, and he told me the brief from Courage: old-fashioned, as good for you today as it's always been, we remember the old times,' says Dave Trott, who had left behind a childhood in Barking, east London, to study design at the Pratt Institute in New York, a highly unusual move for a working-class East Ender in the 1960s. 'It was all based on Hovis, so I thought about what made Ridley Scott's campaign work so well. I realised it was the music. It put a familiar tune that everybody knew into a style nobody had heard before, and by having a Yorkshire brass band doing the *New World Symphony* it became really poignant. It made you think of pit workers, northern villages, Edwardian times. Music is more powerful than visuals, so as long as you kept the same tune you could do a series of different commercials for the next twenty years and people would still know it as Hovis.'

One evening in 1978, Trott was listening to the DJ Charlie Gillett's Americana-themed Honky Tonk show on Radio London when he heard a song that he describes as part pub singalong, part punk. It was 'Woortcha!' from Chas & Dave's 1975 album, *One Fing 'n' Annuver*, although Chas Hodges and Dave Peacock really had their roots in American music, from the country of George Jones to the soul of Joe Tex to the rock 'n' roll of Jerry Lee Lewis, Fats Domino and Little Richard. In a shadowing of the Hovis advert, Dave Peacock's musical revelation came when he was working as a bread delivery boy, albeit on a horse-drawn cart rather than a rattling old bicycle, in his neighbourhood of Ponders End in Edmonton, north London.

'Every time I knocked on the door to get money out of the housewives, Lonnie Donegan's "Rock Island Line" would be coming out of the house. It seemed like the whole world had gone mad for "Rock Island Line", and even though Lonnie Donegan was British it was our introduction to American music. When I was six, my uncle Bill had shown me a few chords on the ukulele; by the time I was eight, I could keep the party going with it, and then Lonnie Donegan came along and made everyone want to play guitars. That's where it all started.'

Having met in 1963 after Hodges thumbed a lift with Peacock and another friend at two in the morning, Chas & Dave forged their own, initially minor, niche in British music. Giving up post-school jobs as a watch mender and a sign writer respectively, Hodges and Peacock cut their teeth in various '60s rock 'n' roll bands, with Hodges doing a stint as a session musician for the deranged genius producer Joe Meek and Peacock playing in a group called the Rolling Stones, who were markedly less successful than the similarly named band fronted by Mick Jagger. In 1971, Peacock had just got back from a tour of Japan with the French singer Sylvie Vartan when Hodges suggested they form a duo. Drawing on a shared love of New Orleans boogie woogie, the bluegrass player Earl Scruggs and the old music-hall singer Harry Champion, they set out to do American rock 'n' roll, but in a London vernacular. Peacock says they made a decision to write their own material and play as much as possible, not to become rich and famous but to be able to pay the rent without going back to the day jobs. Occasionally, however, the training from the day jobs did prove useful.

'One time, we were staying at a hotel in Norfolk where the clock wasn't working. The bloke couldn't believe it when Chas fixed it for him. We had the idea that we were going to sing in our own accents and play as many pubs as possible, but beyond that we were like ostriches with our head in the sand. We had absolutely no idea about what else was going on in music, or politics, or anything really. All we did was write the songs and drink the beer.'

Having heard them on Charlie Gillett's radio show, Dave Trott went to see Chas & Dave in a pub in Silvertown in east London and realised they would be perfect for his campaign for Courage Best. His boss, John Webster, had a book of photographs of pubs from the turn of the century and had been toying with the idea of using one of the photos at the beginning of the advert, which would come to life as the music starts. Trott took it from there: 'Chas & Dave were doing Cockney pub piano in a modern style, while I was thinking of ways to sell Courage Best as something you drank in the pub. Why do you go to the pub? It's not just for the beer. It's for the ambiance and jollity, for meeting your friends and having a laugh. Combining an old sepia photograph that comes to life with the music of Chas & Dave would bring the same nostalgic warmth as the Hovis advertisement, but divested of the melancholy and replaced with the spirit of boozy good times.'

'Woortcha!' started life as a tale of the narrator's dad shouting out the obscure Cockney expletive of the title after anything that annoys him, from the kids swinging on the gate to the pigeons pecking at his seed. Trott saw its potential as a celebration of Courage Best as an unpretentious, reassuringly traditional symbol of having a good time in the old pub: 'I changed the words to "gin and tonics with a lemon in a slice, fancy cocktails that are shaken and not stirred, drinks with umbrellas in that make you look absurd . . ." Things that were meant to be sophisticated at the time,' says Trott. 'And finally: "mine's a pint of Best". That was the launching of the idea that when you have a real drink, in the pub, it has to be a Courage Best.'

From there came a series of adverts on the same theme, all of them featuring a Chas & Dave hit song. Highlights included escaping the wife and mother-in-law's incessant chatter by nipping into the local for a swift one ('Rabbit') and the joys of a trip to the average Cockney's resort of choice ('Down to Margate'), the latter managing to have a dig at the growing trend for foreign holidays. 'You can keep your Costa Brava. I'd rather have a pint of Courage Best down Margate in the rain,' sang Chas & Dave to black-and-white accompaniment of weedy men being buried in the sand, battle-axes giving their husbands what for after their eyes pop out at the sight of a pretty girl in a bikini and other thoroughly British seaside perennials.

Like so many of '70s pop's unlikely stars, Chas & Dave were far more innovative than their novelty appeal suggested. 'Rabbit' came out of a song called 'You Won't Stop Talking'. While they were in the studio, Peacock did a speedy, off-the-cuff 'rabbit, rabbit, rabbit' as an imitation of someone who never shuts up. The duo's manager said they should keep it in the song, but Peacock found he couldn't say it as quickly as he did the first time so Hodges suggested they split it in half, each saying, 'rabbit' in quick succession so they could create a run of the word far faster than one human could ever manage, thereby giving the song its unforgettable hook. For Peacock, it was the kind of casual invention that came with the territory: 'I've never known anyone else to do that: to have two people say the same word so you get that dab-a-dab-a-dab sound. But the real reason the songs got big is because they had tunes to them. Ringo Starr said to us once that our songs sound like you've known them your whole life.'

Chas & Dave kept going right up until Hodges' death in 2018 and will forever be associated with Cockneys, pubs, British working-class tradition. For childhood friends who bonded over a love of post-war American music, it was bittersweet: 'It made us well known, but it was too much "dahn the old Bull and Bush,"' says Peacock. 'We couldn't walk down the road without someone shouting, "Gertcha." And they never knew which one was Chas and which one was Dave.'

Trott's repackaging of Courage Best as the beer of tradition, with its script, 'Remember a pint of Best? Courage do,' when in reality turn-of-the-century pub goers would have been drinking a pint of mild rather than bitter, was a clever example of marketing the present as an aspect of the past. It bears comparison with the invention of the cheese ploughman's, which I had always thought of as exactly that: a cheesy lunch, enjoyed by ploughmen. It turns out the ploughman's was invented in 1956 by the advertising agency J. Walter Thompson (JWT) for Britain's Cheese Bureau, who were faced with the challenge of selling more Cheddar at a time when continental cheeses were becoming available for the first time. Most pubs did not have cooking facilities but they were capable of serving up bread, beer, cheese and pickle as an accompaniment to a lunchtime pint, which could be presented as an attractive symbol of Britain's pre-industrial past. As Trott points out, 'Most ploughmen were not going to be carrying a lump of bread and cheese around with them all morning.'

There were plenty more examples for what the writer Christopher Booker decried as 'cultural collapse,'[13] the 1970s as the decade that failed to move forward, although in reality every revival takes on the shape of the age it happens in. How about going further back, into an agrarian idyll? A 1970 adaptation of E. Nesbitt's *The Railway Children* presented Edwardian rural

Yorkshire as a world of lost innocence, which was appealing enough to turn the film starring Jenny Agutter, in one of her best-known roles, into a huge critical and commercial hit. Then there was Peter Hall's 1975 film *Akenfield*, an austere, slow-moving reflection on the pull between tradition and modernity based on Roland Blythe's depiction of a fictional village, which Blythe put together by cycling around his native Suffolk and collecting oral testimonies from the people he met along the way. Using real-life villagers instead of actors, Hall's film followed the fortunes of Tom, a young man living with his mother, who considers escape from a country life that has been shaped as much by poverty and the legacy of two world wars as it has by the beauty of the landscape and the unhurried pace of the people inhabiting it. Around the same time, Edith Holden's *The Country Diary of an Edwardian Lady*, which collected together the seasonal observations and nature drawings of a school teacher from Birmingham who drowned in 1920 after falling into the Thames for the suitably idyllic reason of trying to reach a branch of chestnut buds, became the decade's surprise bestseller.

The back-to-the-land movement was borne of more than just nostalgia. It also coincided with a not entirely irrational fear of impending societal decay and total nuclear annihilation. 'A lot of our friends were buying properties in Wales, moving out of the cities in order to avoid the collapse of civilisation,' says Craig Sams, who documented the new way of thinking in *Seed* magazine. 'Zac Goldsmith, who published *The Ecologist*, wanted us to co-publish with him in Cornwall, which he felt would be a safe place to be when everything fell apart. A farmer friend of mine had a meeting with the Ministry of Defence, who had worked out that when the nuclear holocaust happened, people from London would have enough petrol to get to Malvern in Wiltshire. We were aware of open-air testing sites, the very real danger of nuclear power, but all of this fear was on the margins. The mainstream were ploughing ahead as usual.'

A farmer's son from Nebraska, Craig Sams had cured himself of dysentery and hepatitis while travelling through Afghanistan in 1966 by sticking to a diet of unleavened bread. It convinced him of the power of macrobiotics, the whole foods diet based on concepts of balancing yin and yang, and on arriving in Britain later that year, he became a part of the burgeoning alternative thought movement. With his brother Greg, he opened Seed, imported Afghan coats, provided the food at the psychedelic club UFO where Pink Floyd played early gigs and by the '70s had opened the whole foods mecca Ceres on Portobello Road, west London.

'The girls who drift about the store, filling wire baskets with soya beans, miso and wakame seaweed have the dim inwardness of gaze of Elizabeth Siddal in Rossetti's "Jenny",' sniffed Jonathan Raban in *Soft City*, his impressionistic 1974 travelogue on London life. 'In bedsitters in Ladbroke Grove they create themselves over gas rings, feeding their immaculate insides on harmoniously balanced amounts of yin and yang foods. It is hard to tell whether their beatific expressions come from their convictions of inner virtue or from undernourishment.'

Having been dismissed as a health food nut on a BBC panel show by the professor and food expert Arnold Bender, who was fostering the argument that processed white bread gave you all the nutrition you needed, having become aware that in 1965 the US Food and Drug Administration raided a macrobiotic bookshop in New York and burned all of its books, Craig Sams became something of an organic prophet. He went on to open a mill and a bakery for Ceres, where he employed bakers who had been made redundant after the rise in popularity of processed bread, while his brother Greg contacted organic farmers who until then had only been selling their grain as feed for pigs. And he found himself at the forefront of a food revolution. The brothers' wholesale company Harmony was supplying to Harrods and Biba and exporting to Scandinavia and Germany. 'The country was in recession, but our growth was disproportionate to the rest of the economy and by 1972, there was Harvest in Bath, Acorn in Bristol, On the Eighth Day in Manchester . . . hippy whole food shops popping up all over the country who were buying our products. We started in 1967 in the deep underground, a handful of people who had LSD-based realisations that society was insane and a junk diet was a huge part of that. Yes, society was falling apart, but that was their problem. We were part of the new world.'

The music to accompany the whole foods revolution was English folk, something that rarely bothered the pop charts, although one band did manage to break through to the kind of not-quite-hippy, mostly middle-class people who took up pottery, glass staining and basket-weaving, did their best to show enthusiasm for the macrobiotic dishes at Seed, turned half the lawn behind their suburban semi into a vegetable patch and to use one fashion writer's analysis of the fanbase for Laura Ashley's hugely popular smock dresses, went for 'hypo-allergenic cosmetics, milk face washes, ethnic dress, conservation and home-grown food'.[14] *All Around My Hat* (1976) by Steeleye Span was (and should still be) the ultimate wedding disco perennial: a stomping singalong rendition of a nineteenth-century ballad about a young man forced to go to sea and leave his true love behind. Sometimes he comes back to find her married to someone else, sometimes the ballad is from the perspective of the abandoned sweetheart, which is the case in Steeleye Span's version, but there is one constant: the green willow the narrator wears around his or her hat in this jolly romp is symbolic of their misery.

'If you can make people feel they're living in the country when they aren't, it's very helpful,' said Laura Ashley on the rustic appeal of her designs, which stretched way beyond fashion and, as Biba did but with less longevity, into a whole lifestyle. 'It's rejecting an industrial society, going back to sanity.'[15] Steeleye Span were a product of this new agrarianism, albeit one that only broke into the charts after hiring the pop-savvy *Wombles* mastermind Mike Batt as their producer.

Steeleye Span's roots are as folky as it gets. Having gone deep into studies of British balladry over long afternoons spent at the library of Cecil Sharp House in north London, the home of the English Folk Dance and Song Society, Fairport Convention's bassist Ashley Hutchings had encouraged his band to put old ballads against an electric rock backing for their 1969 masterpiece, *Liege and Lief.* But he left soon after; a product, he said, of 'a bit of a breakdown' – a delayed reaction to the van crash that killed the band's drummer Martin Lamble and its guitarist Richard Thompson's girlfriend Jeannie Franklyn in May that year. After meeting a teenaged folk singing duo from St Albans called Maddy Prior and Tim Hart, and an Irish couple called Gay and Terry Woods, Hutchings convinced them all to live with him in a chilly rented cottage in the shadow of Stonehenge, an ideal place to rouse the spirits of the earth, soak in the rays of Bright Phoebus and generally plan Steeleye Span's ancient assault on modern Britain. Hutchings took up gardening, while evenings were spent learning crocheting, embroidering and Irish clog-dancing, with the women of the group 'looking for all the world like two medieval ladies sewing silken seams,' as Maddy Prior put it.[16] But the idyll proved short-lived after the two couples discovered that they didn't particularly like each other, leaving Hutchings to act as peacemaker as they squabbled over everything from song arrangements to washing-up rotas. Soon after Span's 1970 debut album *Hark! The Village Wait*, a work that creaks along with the frosty beauty of a flinty potato field in February, the Woods left.

Hutchings plunged ever deeper into his rural netherworld, marrying Sussex's own queen of folk purity Shirley Collins, moving to a Tudor cottage in the village of Etchingham and recording an album of hearty Morris Dancing tunes with his old Fairport buddy Richard Thompson, leaving Maddy Prior and Tim Hart to think up new ways of turning ancient visions into commercial propositions. Their first attempt was 1973's 'Gaudete'. Bob Johnson, Steeleye Span's new guitarist, heard this Latin medieval song of praise during a carol service he attended with his father-in-law in Cambridge and thought an a cappella version of it could turn around the band's fortunes. Incredibly, he was right. 'Gaudete' went to number fourteen in the singles charts. From there, Steeleye Span were in the entertainment firmament, from Peter Sellers playing rudimentary ukulele on 'Commoner's Crown' to David Bowie offering his saxophone skills for Span's soporific take on 'To Know Him is to Love Him' by Phil Spector's old vocal group, the Teddy Bears. They even had their own short-lived TV series on BBC Two called

Electric Folk, where they sang 'Summer is Icumen In' and 'The Lark in the Morning' amid the medieval splendour of castles stuffed with suits of armour, long banqueting tables and prancing Morris men. And with 'All Around My Hat' they had a bona fide boffo smash, Mike Batt's production bringing a touch of stomping glam/retro rock 'n' roll to the generally more elfin and ethereal world of British folk. In December 1975, the song got to number five and stayed in the charts for nine weeks.

To toast their success, Steeleye Span played a triumphant gig in October 1976 at Hammersmith Odeon, where their new manager Tony Secunda, who had formerly looked after Marc Bolan, came up with the idea of drilling holes in the ceiling through which the band's fee of £8,500 would rain down on the audience; a long way from the humble dreams of pre-monetary simplicity weaved in that cottage near Stonehenge. 'All Around My Hat' contained all the elements of brash singalong pop – catchiness, novelty, flair, immediacy, simplicity – but it also took Steeleye Span away from their company among such critically unimpeachable folk rockers as Pentangle and Fairport Convention and into the same lineage as comedy bumpkins the Wurzels, whose 1976 hit 'The Combine Harvester' took the tune of lank-haired hippy songstress Melanie's 'Brand New Key' and applied it to a love song based on shared use of the labour-saving agricultural device of the title.

In the same year, the Wurzels transformed the summer holiday perennial 'Una Paloma Blanca' into the Young Farmers' disco favourite, 'I Am a Cider Drinker'. Meanwhile, Mike Leigh made back-to-the-land proffering, Country Code obsessed suburbanites seem like cagoule-clad Nazis in his brilliantly coruscating TV play *Nuts in May*, and punk happened. On top of this, it was absolutely sweltering and by the autumn, Britain's economic ruination was laid out in stark terms when the Labour PM James Callaghan had to appeal for a bailout from the International Monetary Fund. The whole stripped-pine, Habitat-bedecked, *Tess of the D'Urbervilles* ruralism was beginning to feel – and not in the way it was intended – a little old. By 1979, when Fiddler's Dram, whose members were culled from the most part from regular singing sessions at Duke's Folk Club on the Kentish seaside town of Whitstable and played in the far more respected folk group the Oyster Band, had a hit with 'Day Trip to Bangor', it was a step into rusticity too far. And the band knew they were outside of their natural environment when they turned up to do *Top of the Pops* and witnessed the arrival of all four members of Boney M. in separate limousines.[17] Debbie Cook, who wrote the song, escaped the opprobrium of having a folky novelty smash as the '80s dawned by writing scripts for that far more enduring vision of country life, Radio 4's *The Archers*.

And '70s nostalgia also had moments when it stretched way back into the mists of time. What were *Godspell* and *Jesus Christ Superstar* if not retellings of stories from the dawn of the Christian era? And while the decade had begun with Hotlegs' 'Neanderthal Man', a simple tale of love between male and female members of a species that went extinct around 40,000 years previously, it ended with a pioneering series on BBC Two that sought to bring nostalgia for the old times to its ultimate conclusion. *Living in the Past* (1978) followed six couples and three children who elected to spend thirteen months recreating an Iron Age settlement in Dorset. For the first few weeks they lived in tents and survived on supermarket supplies, but then real 2,500-year-old life kicked in. The group built a roundhouse, where a fire at the centre was kept alight for twenty-four hours and supplied the light, heat and sense of community. Each morning, they milked the goats, ate porridge of boiled wheat, made cheese from goat curd and ground corn for the bread on Iron Age quern stones. For a treat on a Sunday they might stretch to a smear of honey on their home-baked bread, while foraging trips could yield mushrooms and blackberries. They washed their hair using lumps of clay, took turns to have baths in a half-barrel and spent six weeks cutting three acres of hay with reaping hooks in order to keep the animals through the winter. There were pagan ceremonies, such as the burning of a sacrificial 15-foot wicker man on Samhain, and the mastering of traditional crafts like blacksmithing, woodwork and making clothes from spinning, dyeing and weaving wool.

Watching *Living in the Past* now, it is remarkable how much it depicts not so much Iron Age life as well-meaning leftover hippies *recreating* Iron Age life, while looking and sounding much like any other '70s commune dwellers opting out of the petit-bourgeois suburban existence for which singalong pop was the soundtrack. The group were frequently naked and caked in mud. Half the volunteers started out as vegetarian, with one woman getting extremely upset when the settlement's beloved pig is slaughtered for its meat (although her son thought the ensuing bacon for breakfast was great). There were awkward attempts at communalism and democracy. Disagreements over cheese rations were dealt with by petulant squabbles and awkward silences, rather than the more authentic Iron Age approach of clubbing each other over the head. All of this embracing of ancient ways felt like one final attempt to be liberated from the shackles of the modern age before the brash materialism of the 1980s kicked in. 'You have to get up early and go outside,' says a settlement dweller called Gill, on the challenge of making love when you share a roundhouse with children and four other adults. Her bearded, long-haired husband Pete ponders: 'People go for walks a lot more. I don't know what it means.'

Concurrent with all this backwards-looking was a new era of extreme youthfulness in pop, which began with a general air of naughtiness and climaxed with the parent-terrifying rebellion of punk. The British pop industry was zeroing in on an audience it hadn't previously bothered with: kids.

Chapter 7

Kids

Pete Waterman and his lunchtime disco for kids, a Coventry garage, 1973.
Tickets cost 2p in new money.

In 1974, an eight-legged, pointy-nosed, furry-faced colossus ruled British music. They played glam stompers, pastiched anything from folk to country music to classical in a confident and singular fashion, and had their own weekly television show. They wrote a lengthy progressive concept piece based on a dream experienced by one of the band members and knocked out catchy three-minute hits. They did a legendary set at Biba's Rainbow Room, after which one of their number made a drunken pass at Biba's founder Barbara Hulanicki and had to be removed by security. Their godlike creator found himself so entranced by the beauty of Agnetha and Anni-Frid from Abba at the Eurovision Song Contest in Brighton that he tried to chat them up before Björn and Benny sent him packing. They were the biggest-selling singles group of 1974. Kids loved them.

'As soon as I had a hit with "Underground, Overground (The Wombling Song)", I knew I had a problem,' says Mike Batt, the self-trained classical auteur who had the vision to turn the teddy bear-like characters from Elisabeth Beresford's children's books into the ultimate '70s kids' rock sensation. 'I had been concerned with not being a one-hit wonder and just my luck, my first hit was a Wombles song. It makes you think what would have happened to David Bowie if "The Laughing Gnome" had been a hit. On top of that, the Bay City Rollers could get away with releasing a new single that was exactly like the last because they had screaming girls who wanted to go to bed with them. That wasn't the case with the Wombles. So I went into my little garage at my house in Surbiton and worked out how to come up with a new style for each single. "Underground, Overground" is the same as the Sweet, Mud and Slade: a pop song pretending to be rock. "Remember You're a Womble" is three-chord blues. "Banana Rock" is reggae. "Wombling Merry Christmas" is a Christmas singalong, which was very popular in the 1970s.'

The Wombles marked a sea change in '70s music by being a pop band aimed entirely towards the pre-teen market. In the '60s, the Beatles had kid appeal, and even more so did their

American imitators, the Monkees, but the former at least cut their teeth playing five sets a night to sailors and prostitutes in rough bars on Hamburg's Kaiserkeller, which is a very different experience from starting life as a fluffy creature with a long nose who likes to womble around Wimbledon Common and makes use of the things everyday folk leave behind. The childlike whimsy of 'Yellow Submarine' and 'Lucy in the Sky With Diamonds' captured a desire for a return to innocence refracted through a psychedelic lens, suggesting an understanding that child is the father of the man. The Wombles skipped the return and went straight to the source.

The Wombles were not alone in the junior pop universe. There were countless attempts to make pop stars of children, some successful (Little Jimmy Osmond), others less so (Ricky Wilde, son of Marty, brother of Kim). From Rupert the Bear, eulogised in a 1970 hit by the Irish singer Jackie Lee, to Pongo Snodgrass, the hygiene-resistant enemy of the Krazy Gang from the kids' comics, *Krazy* and *Whizzer & Chips*, who was a punk in all but name with his shockingly low hygiene levels, signature tune 'I Don't Care About Washing My Hair' (never released, sadly), unerring ability to annoy people and compromised living arrangements (a dustbin), the '70s really did bring down the median age of the average record buyer in the UK quite dramatically.

Like so many people who found themselves making singles for the kind of pop fans who liked to be read a story before bedtime, Mike Batt started out with high intentions. Batt was ten when his civil engineer father came back home with an old piano, on which Dad proceeded to bash out the same three pub songs he had learned at school. Having learned a few basics on the piano, Batt was then taught to play an accordion by a Polish boy in his class and became fascinated with the concept of single-handedly creating a full sound: picking out a tune by squeezing the accordion with your right hand while playing chords by pressing the buttons with your left. It led to school concerts and at fourteen answering an advertisement for a pop group formed by a bunch of printers who played in the local youth club: 'And I got to sing. But I discovered I had a squeaky little voice, like Peter Noone from Herman's Hermits. That's why the Wombles sound like they do.'

Remarkably, Batt got a deal with the independent Liberty records at eighteen and a year later became their head of A&R after the former boss, Ray Williams, left to manage Elton John. It led to his releasing a series of late '60s singles that captured the era's trend for hallucinogenic whimsy tinged with rainy day melancholy: 'Mary Goes Round', 'Mr Poet' (now highly sought after for its psychedelic B-side, 'Fading Yellow'), 'Your Mother Should Know'. 'I was given licence to freak out. I was making acid rock, even though I have never taken acid, and "Fading Yellow" in particular does seem to have unusually mature lyrics in its own psychedelic way when you hear it now. It is about an 80-year-old woman, walking around her garden as she waits to die. I was imagining a less well-off version of my granny.'

Batt's next step was to put together his progressive masterwork. The Mike Batt Orchestra was conceived as a way of sounding like the Rolling Stones if they were an orchestra, replacing all the power and raunch of Keith Richards' riffs and Mick Jagger's yowls with oboes and violins; a project that was doomed from the start because it is those very elements that give the Stones their appeal in the first place: 'I had the arrogance to think I could write all these cool, heavy orchestral arrangements, but it just didn't work. It was a concept piece about the Vietnam

War. Most of the musicians who played on it went on to play on Wombles' records.'

Around the same time, Batt had written music for a television series called *Yoga for Health*, for which he had almost been sued by the Musicians' Union for underpaying musicians, and, while he was dealing with that legal case, the series was sold to fifty-six channels throughout the US without his knowing it. He was at his parents' house one day when he said he wished he had £11,000 because that would allow him to record twenty minutes of his orchestral rock masterwork, which he could then use as a demo to get a deal to make the rest of it: 'The day after I had that conversation, I went into my publishers' office and on the mat was a cheque for £11,000. My wife said, "You'd better cash it before they realise the number of noughts is wrong."'

Batt endeavoured to travel to America, set up meetings with all the major labels and get a deal for his magnum opus. Thinking that he should stay somewhere flashy and expensive in order that the label bosses would think he was already successful, he booked himself into the Americana on Sixth Avenue (now the Sheraton and notable chiefly for being one of the world's tallest hotels), where there was a US meatpackers' convention going on. His first meeting was with Jak Holzman of Elektra Records at 1 Central Park West, later to be knocked down by Donald Trump and turned into Trump Towers. Holzman said the album was fantastic, what a great idea it was to combine Bartók-style classical arrangements with heavy rock, this is surely the next stage in rock's evolution, and no, he was not the slightest bit interested in putting it out on Elektra.

From there, Batt travelled to Los Angeles to meet Jerry Moss of A&M Records, who listened politely to the full twenty minutes of music before saying it was brilliant, how much did he want, Moss had a sales conference in Chicago he had to attend but could this young Mozart of the underground hang around town for a few days so they could finalise the deal? Duly floating on a cloud of encroaching superstardom, Batt was in the lounge of the Hyatt Continental on Sunset Strip, where he had booked himself in for a week, when Marc Bolan walked in with Mickey Finn: 'Marc was lovely, chirpy and chatty. We drank a lot, met some girls, and it was a great Brits abroad experience. Could life get any better? One day, I was sitting by the pool, thinking I really should have heard back from Atlantic by now, when I got them to bring a phone and rang Jerry Moss several times. Eventually I got through. He said, "We've just bought *Tommy* by the Who." And that was it.'

Returning home like a deflating balloon farting its way across the Atlantic, Batt shopped his now-tarnished symphonic sensation around to some of the smaller British labels, during which his asking price plummeted faster than his self-confidence as it went from £300,000 to £10,000. Nobody was interested. Back to being broke, his next desperate move was coming up with jingles to pay the rent while trying to write a hit to pull him out of his hole. That's when he struck gold with the Wombles. After Elisabeth Beresford's original books became a hit upon publication in 1968, some friends of hers had taken them to the children's television production company, Film Fair, where its founder Ivor Wood redesigned her teddy bear-like drawings to turn the Wombles into the amiable, galumphing creatures they became. Batt's jingles agent, having sent him off to meetings with Guinness and Harmony Hairspray, arranged for him to meet Ivor Wood, who asked Batt to do a theme tune for the upcoming show. Batt suggested doing an entire song based on Great Uncle Bulgaria remembering the old days and a deal was struck with CBS. It was an incredible reversal of fortunes. The only problem was that for some reason, nobody would take the Wombles seriously.

Over fifty years later, Mike Batt still sounds a little indignant at this: 'Clive Selwood, who was John Peel's partner at Dandelion Records, was the marketing guy at CBS. He wouldn't even meet me. So I rang my mum and asked her to make me a Wombles costume. She ordered the Womble fur from a place in Canterbury and the rest she got from bits around the house: a plastic washing mat rolled up into a cone for the nose with a ping-pong ball at the end, little white eyes cut out of cardboard. It was all very Womblish. I resolved that I would wear this Womble costume from Monday to Saturday, every week, until CBS took the Wombles seriously. It was amazing how everyone ignored me when I wore the Womble suit on the Tube. Very English. My idea wasn't just to promote the Wombles; it was to convince the record company that this was about a real artist, not just a kids' TV theme nobody had ever heard of.'

Decked out in his Womble garb, Batt travelled to Clive Selwood's office in Clerkenwell without an appointment, but seeing a sign for senior management once he was in the building, he went up there instead and barged into the office of Dick Asher, the managing director: 'Thankfully, he thought the whole thing was hilarious and we ended up using a broom handle to sign the contract with. From that moment on, the Wombles were taken very seriously indeed. CBS learned that if I travelled up to Birmingham or Manchester to do an appearance as a Womble, they would sell 100 more records there. They put their radio people onto it, I got a play from Tony Blackburn, and from January 1974 it was off.'

Hitting the charts just as the three-day week, the oil crisis and the national strikes made Britain a dark place in a very literal fashion, the Wombles were ideal for 1974: a fantastical four-piece with cheery tunes whose mission was not only to tidy up their immediate Wimbledon Common environment, but also to recycle the rubbish for new purposes. It made sense at a time when the average British family was feeling the pinch *and* becoming increasingly aware of the ecological time bomb ticking away in the face of population explosion, the dangers of pollution and the limits of growth. Realising the Wombles needed to be versatile enough to hold the public interest, Batt made his furry foursome branch out. There was everything from the country song, 'Nashville Wombles' to the student-friendly progressive concept piece, 'Orinoco's Dream'. It was an astonishing success. There was one thing that eluded the Wombles, though, and it was the same thing that eluded so much mass-appeal pop in '70s Britain: credibility.

'It was unfair because I felt that there was melancholy in my work, even though it is jolly. Abba had a similar quality but Abba had sex on their side, which the Wombles didn't. And the press looked down on pop and up at rock. They were in awe of David Bowie and Neil Young. John Peel even said that Mike Batt did the Wombles because the rock 'n' roll industry ignored him.'

There was serious competition from *The Goodies*, the comedy trio made up of Graeme Garden, Tim Brooke-Taylor and Bill Oddie, whose goonish sense of anarchy made them a huge hit with the kind of kids who thought the Wombles were a bunch of big-nosed twats. The Goodies even had their own

anti-Wombles song, 'The Womble Bashers of Walthamstow':
'I was a bit snobbish about the Goodies, actually,' says Batt.
'They were teasing us with their singles, but I thought that our
records were far better than theirs.'

By 1975, it all started to go wrong, chiefly because of the reason
that has killed off so many, more critically acceptable rock stars:
selling out. While 'Wombling Merry Christmas' was storming up
the charts, a contract was made for a Wombles' musical – and
its creator was not happy: 'In my book, there should only ever
be one Wombles. Anything else is fraud. But they put together
a show under one director with rehearsals in London before
sending out nine Womble groups to play in cities across Britain
simultaneously. There were Wombles in Manchester, Wombles
in Glasgow . . . there was a tabloid scandal after someone pho-
tographed a girl getting into a Great Uncle Bulgaria outfit. On
top of this, the shows were really bad, so suddenly it was: "Here's
Mike Batt, squeezing the Wombles for all they're worth." Not
to compare the two, but can you imagine nine Beatles all out
there at the same time? It had to end. I thought I could take
the Wombles outfit off and people would see the Mozart inside.
Then I made my serious progressive rock solo masterpiece and
no bastard would take any notice of it.'

Nonetheless, the Wombles had more influence than Batt could
have predicted. In 1976, by which time former Womble Chris
Spedding was producing demos for the Sex Pistols and he and
Batt were going to Malcolm McLaren and Vivienne Westwood's
King's Road shop to buy artificial straitjackets, Batt got a call from
Tim Knight of Steeleye Span: he wanted Batt to produce their
new single, 'All Around My Hat'. 'I was in the pub with him one
evening when I asked, "What made you pick a Womble?" Tim

said they liked the drum sounds on the Wombles' records. And what most people didn't pick up on is that "Remember You're a Womble" is essentially the same song as "All Around My Hat". It has a shuffle, a fiddle intro and a heavy beat. Steeleye Span loved it. Lo and behold, a folk rock band with a sense of humour.'

Kids' singles popped up here and there throughout the decade; an era when a remarkable number of households had soundtrack albums for *The Sound of Music*, *Chitty Chitty Bang Bang* and *Oliver!* – singalong show-tune classics providing a huge influence, acknowledged or not, on the kid-friendly music makers of '70s Britain. In 1974, Mike Sammes, an easy-listening veteran whose advertising jingles were discovered on a reel-to-reel in his house after his death in 2001 by Jonny Trunk of the curio-based reissue label Trunk Records and released under the title *Music for Biscuits*, had a crack at the kids' market with 'The Laughing Policeman', a supremely irritating song about a big, fat jolly policeman who can't stop chortling, which started life as a music-hall song recorded by the comic actor Charles Penrose in 1922. On its superior B-side was 'My Brother', a hit for Terry Scott back in 1962, which told the tale of a naughty boy who puts jam in his mother's shoe, makes caterpillar stew and commits all kinds of other terrible acts in the name of mischief. It was the creation of the bassist Peter Oakman, whose old band Harley Quinne had been one of Roger Cook and Roger Greenaway's projects.

Ed 'Stewpot' Stewart's BBC Radio show *Junior Choice* helped make hits in 1977 of infant *schlager* classic 'The Smurf Song' by Father Abraham, aka the white-bearded Dutch singer-songwriter Pierre Kartner, and 'Captain Beaky', the British scriptwriter Jeremy Lloyd's song about a band of animals who march through woodlands singing songs, righting wrongs and dealing with the terrible Hissing Sid, a snake so maligned that a graffiti campaign sprang up across Britain bearing the legend: 'Hissing Sid is Innocent!' And, in 1978, Trevor Horn, later to become the ultimate '80s producer with his horn-rimmed glasses, devotion to sampling technology, and credits on records by Frankie Goes to Hollywood, Grace Jones and ABC, made 'Oscar and the Great Wooferoo' under the name of Christopher J. Trevor and the Gnasher Bashers, which came out of a children's cartoon about a little rabbit whose main goal in life was to avoid being eaten by Gnasher the Dragon. The real source of music for children, however, were the children's shows themselves.

The 1970s may have mired by recession, pessimism and apocalyptic thinking, but they were also great for the average kid. Not only were shared outside baths and cold water showers becoming a rarity, not only were Subbuteo table football games, Action Man figures, Sindy dolls, Space Hoppers and – most exciting of all – Atari games consoles becoming newly affordable as fantastic Christmas presents, but there was also television. So much television, in fact, that the middle-class producers making the stuff fretted about the corrupting influence it was having. The BBC One's *Why Don't You?* even went so far as to tell its young viewers to turn off the television set and do something less boring instead in the opening credits, heralding a show that, should the kids ignore the command and keep on watching, suggested all kinds of alternative entertainment in the form of games to play and things to make. *Blue Peter*, which you couldn't help but suspect was part of a propaganda campaign on the part of a covert parents' association for juvenile decency, took a similar approach, sneaking in educational lessons when you least wanted them (in the golden period between school and tea). Even Mike Oldfield's

1979 charity single version of the *Blue Peter* theme tune, which was based on an old sailor's song called 'Barnacle Bill', brought with it depressing visions of extra homework and the pernicious lie, told by both improving children's programmes and annoying grown-ups, that maths is fun. Yet the stresses of the adult world rarely impinged on '70s children's TV. You might go through the round window of *Play School* to see a sweet factory in action, but you certainly wouldn't see the workers of that factory huddling around braziers in donkey jackets before attacking scabs with planks as they partook in yet another strike. Social commentary did not come into it – that's what the news, the misery that came if you hung around long enough in front of the TV set over an afternoon and into the evening, was for.

The real joys were to be had in children's television that didn't apologise for itself. From the melancholic *Bagpuss*, which featured songs written by Sandra Kerr and John Faulkner, both former regulars of the communist firebrand Ewan MacColl's 1960s folk purity organisation, the Critics Group, to the riotous, insurgent and thrillingly authentic comprehensive school drama *Grange Hill* – its comedy of calamity theme tune was a library music track called *Chicken Man* by the library music composer Alan Hawkshaw, which was also used briefly on Lionel Blair's charades show *Give Us a Clue* and got its clown-like squelch from a malfunctioning guitar pedal for which the batteries needed replacing – the television was the one true and trusted friend of the '70s kid.

One such kid was Jonny Trunk. A middle-class infant from Farnham, Surrey, his worldview was so shaped by the music he heard on children's programmes – mostly on the parentally approved BBC but occasionally on ITV when his mum and dad weren't around – that he dedicated much of his adult life to resurrecting it on a series of albums released on Trunk Records: 'Those children's shows put their musical claws into me extremely deeply. *Vision On, Bod* . . . where else would you hear this strange, charming music except on the telly? I've been obsessed with it ever since.'

Trunk has released soundtracks to *The Clangers*, *Pogles' Wood* and *Ivor the Engine*, all products of Smallfilms, the cottage industry company run by Oliver Postgate and Peter Firmin, which made animated puppet programmes from a disused cowshed at Firmin's home in the Kentish village of Blean. His revelation, however, came from *Fingerbobs*, a gentle pre-school show from 1972, in which the Canadian singer and actor Rick Jones, as the amiable balding hippy Yoffy, turned various finger puppets into characters for his young audience to fall in love with. Each had their own song in its own distinctive style. Fingermouse, the always-on-a-brink-a-mouse, had jolly, acoustic folk guitar. Scampi was honoured with sunshine pop in the style of '60s American bands like the Association and the Turtles. A maudlin, slow-moving song in the tradition of British music-hall music accompanied Flash the Tortoise, who asked his young viewers, 'Why worry? What's the hurry?'

According to Trunk, '*Fingerbobs* was extraordinarily simple. You had Rick Jones, a mystical bearded weirdo, who would put a ping-pong ball on the end of his glove and turn it into a seagull. Every week, you had the same songs about the same characters – very sweet, very charming, very folky – so children would remember these basic tunes that they could sing along to. There would be a little animated story about, for example, a man who took all the wood in the kingdom to try to build a tower to touch the sky. It was a signpost into inventive folk music, made for kids.'

Fingerbobs lived on the BBC, which, with its emphasis on education and wholesomeness, had an understandable leaning towards folk tunes for children: 'It was a hop, skip and a jump from nursery rhymes, which are folk songs in a sense. There was a beautiful sleepy ballad called "The Little Boat" that popped up on *Play School.* It turns out to be an ancient Greek tune. They weren't trying to make pop programmes, they were making educational shows and the producers were aiming to keep the music in that area. They didn't want shit pop.'

This was the era of Music and Movement, that peculiarly 1970s phenomenon in which children were encouraged to run around the school gym in a vest and underpants, pretending to be leaves blowing in the wind or flowers opening up on a summer's day while the music teacher provided accompaniment on the piano. It had its roots in *Schulwerk,* the approach pioneered by the German composer Carl Orff and his colleague Gunild Keetman, in which children were taught to bash away on glockenspiels, xylophones and other instruments that didn't require Grade Eight skill levels to get a tune out of and sing simple songs based around two or three notes in the scale. Orff and Keetman's Günther Schule opened in Munich in 1924 and, although the Nazis confiscated the school in 1944 and an Allied bomb attack destroyed its instruments, library and archives in 1945, the educational process survived and spread across Europe. In 1958, children from the Italia Conti school in London, the Children's Percussion Ensemble and Chorus of the Children's Opera Group contributed to *Music for Children* – a two-album set of arrangements by Orff and Keetman of nursery rhymes, speech exercises and instrumental pieces. The results, which Trunk unearthed and released on his own label in 2013, are as beautiful as they are eerie. To hear very young children's voices stretch their vowels over 'labuuurrrnum' in a recitation of tree and flower names has both sweet purity and ancient menace.

All of this served as an educational backdrop to the way a lot of the music on children's television in the 1970s was approached. The BBC had *Trumpton*, *Chigley* and *Camberwick Green*, interlinked shows created by Gordon Murray that told of everyday adventures in three adjoining towns and villages. The fifteen-minute episodes had their own songs, all of them with a cheery, wholesome, wooden toy-like appeal: *Chigley* had 'Time Flies by When I'm the Driver of a Train' and *Camberwick Green* had 'Windy Miller's Song', which accompanied scenes of the resolutely traditional Miller showing off the windmill he used to make his flour before glugging a tankard of cider and dozing off, the windmill grinding to a halt as he fell into a slumber. The narrator was children's favourite Brian Cant, adding to the feeling that this was an arts and crafts worldview repurposed for children. With areas in London like Primrose Hill and Notting Hill Gate still being affordable, actors, musicians, puppeteers, mime artists and other members of the impoverished but creative middle classes were in a position to influence the members of the media establishment with whom they ended up in the same pubs, wine bars and, for the more outré, arts lab co-operatives.

'It wouldn't have been hard for producers and commissioning editors to meet people on the folk scene and these are the kind of people they could trust,' says Trunk. 'Their values were in the right place. You know, here is an apple. Here is a parrot. Let's go for a ride to the market in a make-believe cart. People like Jonathan Cohen, the pianist on *Play Away*, and the classical guitarist Freddie Phillips, who made music for *Camberwick Green*, *Trumpton* and *Chigley*, were doing really charming and inventive songs made for children to explain life.'

As a result, the littlest members of Britain's population were exposed frequently to the folk-pagan mindset of hippy-infiltrated children's television in the early '70s. Toni Arthur was the cheerful presenter of *Play Away*, who alongside her sprightly fellow presenters Jeremy Irons and Brian Cant told stories of wizards, witches and magic carpets in a brightly coloured set filled with all kinds of characterful puppets, where it didn't matter if it was rain or shine outside because there was so much fun to be had in their television world. Arthur, with her heavy fringe and brown polo neck, was a friendly and unthreatening dream adult, the kind who was going to play with you *and* bake you a cake, and you might even fancy her a little bit, too. She was a regular on the slow-moving, minimal *Play School*, the show for people who had only just stopped being babies that also featured Derek Griffiths and Floella Benjamin, charismatic black actors finding work at a time when so many British television producers appeared to struggle with anyone who didn't have a white face appearing on the screen.

'Tree . . . pony . . . that rhymes with my name. Pony . . . Toni!' gasps Toni Arthur as she holds up corresponding pictures on an episode from May 1975; a figure of almost supernatural benignity. Five years earlier, she and her husband Dave had released *Hearken to the Witches' Rune*, an album of magical folk songs inspired by covens the pair had been attending at the Notting Hill flat of Alex Sanderson, London's self-styled King of the Witches: 'Yes, we stripped naked and danced around in a circle,'

Arthur confirmed, years later. 'But this was surprisingly unsexy.'[1] The Arthurs went a few more times before Alex Sanderson leaned over to put his magical hands on their dog Bess, before announcing that she would give birth to puppies in seven weeks. Given that Bess had just been sterilised, they decided the King of the Witches may not have been the all-seeing oracle he purported to be.

There was a less wholesome alternative to the knit-your-own-yoghurt world of children's television music on the BBC. Fast-paced shows like *The Banana Splits*, *Josie and the Pussycats* and *The Monkees* offered a Saturday scene of colourful, cheerfully American bubblegum featuring people in surrealist animal suits, cartoon characters and manufactured pop stars. Yorkshire Television's *Animal Kwackers* went even further: four terrifying animal creatures (a lion, a monkey, a dog and a tiger, interpreted in ways that could reasonably be described as excessively imaginative), who formed a band and performed in a multi-coloured set bedecked with cardboard palm trees. 'Do you believe in rock 'n' roll?' asked the glam-rock theme tune as the Kwackers came down in a space ship to inflict their pounding onslaught on the after-school set. A highlight was an ultra-hazy 'Lucy in the Sky with Diamonds', banned seven years previously by the BBC for its overt drug references and now transformed by the Kwackers into something suited to the naturally hallucinogenic mindset of the average child. Then there was *Rainbow*, remembered by an entire generation of '70s kids for know-it-all Zippy, a puppet that appeared to be a baked bean with a zip for a mouth, the effeminate pink hippo George, the idiotic giant bear Bungle and the harassed Geoffrey, a real-life human trying to keep order on them all. It was conceived originally as a British alternative to *Sesame Street* and had its own house band in Telltale, whose theme tune slotted into the tradition of Cook and Greenaway-style crafted, singalong pop.

There were further reasons to turn over to ITV when your mum was out, like the chance of catching the sight of Suzi Quatro in a tight leather jacket, screaming her way through 'Tear Me Apart' on *Supersonic* while a bunch of kids sat behind her, chewing gum and looking a bit naughty. *Magpie* was conceived as a hipper alternative to *Blue Peter*, with '60s mods the Spencer Davis Group providing the glam-tinged theme tune under the name of the Murgatroyd Band. As Trunk puts it: 'You had clean, serene *Blue Peter*, with its wooden toys and charity appeals for stamps. Then you had the riot that was *Magpie*. Mix the amazing theme tune with groovy graphics of a big fat magpie, and when you're an impressionable little kid it's going to colour your world in a spectacular fashion.'

As corrupting as this was, even more lurid confections awaited the innocent elsewhere on television. The most important of them all was *Lift Off with Ayshea*, the post-school, 4.20 p.m. on a Wednesday (later, a Monday) unmissable on Granada Television that ran from 1969 to 1974 and introduced a new concept: a pop show for kids, as opposed to a kids' show for pop. In the 1960s, *Ready, Steady, Go!* went to the teens, but *Lift Off*, with its primary colour sets, pre-adolescent studio audience, playful skits, clips from forthcoming movies and seventeen-year-old presenter Ayshea Brough, whose disarming happiness meant viewers at home could imagine it was actually them having a laugh with the Bay City Rollers, Marc Bolan and countless other hunky dreamboats, was aimed squarely at people who were discovering the fantastical world of pop for the first time. And *Lift Off* was revolutionary, something that would surely have been far more celebrated had not almost all of the editions been wiped out in the '90s when a BBC technician charged with digitising the shows ended up consigning them to annihilation by mistake. One of the first British programmes to have an Asian woman as its anchor, it also showcased the first televised performance of David Bowie's 'Starman' on 15 June 1972, before he performed the song on *Top of the Pops* and the nation woke up to the shock of this glamorous alien man/woman pointing at the camera as if penetrating its very soul. To the young audience of *Lift Off*, Bowie was two-week-old news. As they are so often, the kids were ahead of the game.

'The idea was to do something other than *Top of the Pops*, but for a younger audience,' says Ayshea Brough, who split her time as a presenter with being a singer and an actress. Her 1970 album *Ayshea*, with its cover photograph by David Bailey, featured Janis Joplin's blues favourite 'Piece of My Heart' alongside a gentle plea for understanding between parents and their children by the Lovin' Spoonful's John Sebastian called 'Younger Generation'. She was also in *UFO*, the stylish, sinister, futuristic children's show about a secret team of scientists attempting to save earth from invading aliens who want to harvest human organs for their own dying bodies: 'I was performing to the young audience of *Lift Off*, but also I was representing them. What they wanted to see and hear, so did I. I only went into the pop business in the first place because I had a crush on Paul McCartney when I was twelve and I wanted to meet him.'

Unlike so many British pop stars of the '60s and '70s, Ayshea Brough did not come from a working-class background. When Steve Marriott of the Small Faces visited her at her parents' house in Highgate, where she continued to live even after achieving pop and TV fame, he couldn't understand why she was doing it in the first place: 'Steve said to my mother, "If I lived in a house like this, I wouldn't do anything at all." When I started out, for 99 per cent of the people I met, pop music was the replacement of what boxing had been for the working classes: a way of getting out. Marc Bolan and David Bowie had no money and had to fight for everything, and they spent years touring in a transit van or sleeping eight to a room with no bathroom. I didn't have to do any of that because my parents were supporting me and the transit van would be pulling up outside my house. I didn't need to do it, I was doing it because I loved it. That was rare.'

Despite her father's hopes that she would one day go to law school, Brough had been in show business from an early age. At eight she was sent to the private Arts Educational Trust school in Hyde Park and trained to be a dancer, but after realising that dancers worked extremely hard for very short careers, she resolved to be a singer instead, specialising in musical theatre. She recorded herself singing in the bathroom, sent a tape off to Brit Records, a label run by the future Island Records boss Chris Blackwell, and got a deal. She was sixteen.

'At fifteen I would go to the Gioconda café on Denmark Street with Marc Bolan and we would talk about what we would do when we got a record deal. Marc was absolutely lovely. He was always writing songs about fairies. And when I got a deal at sixteen it felt like I had entered a fraternity. Sue and Sunny did backing vocals for me. I was dating Chas Chandler when he said: "I'm going to play you something incredible." It was "Hey Joe" by Jimi Hendrix. Then he introduced me to Hendrix, who was staying with Chris in Bayswater. He was wearing a white woolly jumper and purple flared trousers and he was very polite.'

After releasing a handful of early singles, starting with the mid-'60s jauntiness of 'Eeny Meeny' ('absolutely awful'), launching a dress collection aged seventeen called It's One of Ayshea's and marrying the producer Chris Brough while still in her teens, Ayshea did a guest spot on the Granada TV show, *Discotheque*, where her star potential was spotted by the show's producer, Muriel Young – 'I was just larking about, but the next day Muriel Young called to say they wanted to give me a pop show. Initially it was me, Billy J. Kramer and Dave Davies from the Kinks, and after a year they got rid of them and it was just me. Muriel was clever. She saw, because of my training in dance and acting, that I could be a more rounded artist.'

Young had been producing a children's show called *The Five O'Clock Club*, which was presented by two puppets made by Smallfilms' Peter Firmin called Ollie Beak and Fred Barker. Ollie was operated by Ivan Owen, who went on to do Basil Brush – another key figure in '70s pop TV – and Fred was operated by a guitarist called Wally White. It was replaced by *Lift Off* and the slot became a little more mature; a show for kids who wanted to feel like teenagers and were getting into all of the music of the day. The episodes were recorded at Granada in Manchester the day before going out on a Wednesday afternoon, typically with the singing done live and the music pre-recorded, although some of the performances were recorded earlier; Bowie's inaugural 'Starman' was a tape that was sent in, meaning Ayshea wasn't there to witness it. The set featured a large stage, an area for the dance troupe Guy Lutman and the Feet, whose number included the future choreographer Arlene Phillips and Tony Burrows' wife Vicky Shellard, and four daises for the performers to stand on: 'Nobody did anything too naughty, and the comedy sketches were very childlike, but *Lift Off* became the highest-rating show on Granada and no band or artist ever said no. The Bay City Rollers made their television debut with me. We would have middle-of-the-road people like Ken Dodd and Roger Whittaker because they would be in the charts, but all the new bands, too.'

Among those new bands was Wizzard, leading to Ayshea splitting with Chris Brough and becoming engaged to Wizzard's Dumbledore-like leader, Roy Wood. He wrote and produced one of Ayshea's best singles, a fantastic slab of kaleidoscope sound from 1973 called 'Farewell', which sounds like the Move or ELO if they were fronted by a musical theatre mainstay, while she provided the backing vocals for Wizzard's 'See My Baby Jive'. The new couple stared wild-eyed out of the cover of a July 1973 edition of *Look-In* magazine, which as her official role as the young voice of 1970s pop Brough had a column in, decked out in glam Guignol stage paint: 'Roy was extremely shy and unassuming, so he used Wizzard as a persona. He could hide behind the paint. He always painted an A for Ayshea on his forehead, so for that *Look-In* cover, I painted an R for Roy on mine. I had a really nice Laura Ashley dress on alongside all that scary make-up.'

Surprisingly, given its later associations with child abuse, sexual harassment and oppressive chauvinism, Ayshea says she never felt vulnerable or disadvantaged as a young and good-looking woman in the world of '70s pop. The acting world was another matter: 'There wasn't an audition that someone didn't make a pass at you, but in music I went from being at school to being signed by Chris Blackwell, so they looked after me like I was a nine-year-old and I was completely protected. I dated a lot of people in the industry, I was never treated badly, I was never paid less than a man and if someone walked up and smacked me on the bottom I wouldn't think they had sexually harassed me because I could stand up for myself. I think a lot of girls have undone the work we did back in the '60s and '70s. No record company ever told me to strip down to my underwear. If you want to do a video and show your arse for no reason, you're the idiot.'

Perhaps Ayshea's profile also protected her from '70s pop's more sinister elements. 'Gary Glitter came on the show and he didn't seem creepy at all. In fact, he was very nice. He just seemed a bit fat and a bit old, because we were kids and he had already had a career as Paul Raven. But then, maybe at seventeen I was too old for him. The one I always thought was strange was Jimmy Savile. All the young performers used to say: why have they got this old guy in a tracksuit doing *Top of the Pops*? If you look now at the shows he did then, there were so many indications. He always had his arm around a young girl and he would make a funny noise before going, "Now then, now then, who's this nice-looking lass?' He was always doing letchy things but because it was out in front of you, you thought he was okay. He was hiding in plain sight.'

In the main, Ayshea's '70s pop experience was an innocent one. After *Lift Off* came to an end, she kept her singing career going throughout the decade until she moved to Los Angeles, married a studio head and became, as she puts it, 'A typical Beverly Hills housewife. It meant that I've seen the whole movie world, but there was never anything as beautiful as that era of pop music. Go ask Elton, or Lulu, or anyone. It was a small world and people were good to each other. It was extraordinary.'

On 19 December 1973, alongside T. Rex, Paul McCartney and Wings, and former Freddie and the Dreamers singer Freddie Garrity (who they were roped in to doing backing vocals for), four youths from Portsmouth made their debut on *Lift Off with Ayshea*. With their patched, knee-length denim dungarees, striped jumpers and socks, platform boots, voluminous hairstyles, painted-on freckles and catapults sticking out of their pockets, Hector combined the signature look of naughty schoolboy Dennis the Menace of *The Beano* with the average kids' idea of a glam-rock superstar. A rocking horse and a blackboard emphasised the schoolboy appeal on the set of *Lift Off* when Hector played their raucous debut single 'Wired Up', although as their singer Phil Brown remembers, that inaugural appearance almost went horribly wrong: 'I was a very energetic performer and our outfits, which were made by a tailor hired by the record company, were so cheap that halfway through doing *Lift Off*, the wretched thing split, all the way from the top of my back down to my crown jewels. By the time we were doing backing vocals for Freddie Garritty, I was holding the whole thing together with my hands behind my back, praying the kids at home couldn't see my underpants. They were purple with green spots.'

This unique style was inspired by Hector's mascot and namesake, a gormless-looking kid drawn by bassist Nigel Shannon, who got the job of designing the band logo because he went to art school. Billed by their agency Dick James Music as 'the new teenage sensation', Hector were a band tailor-made for juvenile delinquent wrecks. They never became the droog-friendly sensations they promised to be, sadly, although they did manage to put out two fantastically febrile singles before the whole thing collapsed. 'Wired Up' sounds like the missing link between Chicory Tip's 'Son of My Father' and the Sex Pistols' 'Anarchy in the UK', with the comical/primitive electronic sounds of the former combining with the rebellious spirit of the latter over words about kids who start a revolution in the school gym. 'Bye Bye Bad Days' (1974) was more of a classic heavy glam rocker in the shadow of Slade, Mud and the Sweet, while still building on Hector's image as the kind of remedial types who put drawing pins on Teach's chair to make him go 'Yaroo!', with a chorus singalong of Hector's essential message: 'Got to get back to those school days.'

DJM's press officer Sue Dunkley really turned up the teenage rampage in the band's first press release: 'They're all very extrovert nineteen-year-olds who make great stompin' music and they have an outrageous stage act, which has already caused hysterical riots amongst teeny and weeny boppers in their native Hampshire area,' she lied.[2] Phil, Nigel, Pete (Brown, guitarist) and Alan (Gordon, drummer) themselves added: 'We wear these dungies and striped socks and things and freckles on our noses, just like we were ten years old or something . . . First time we did it, we felt like right twits, but suddenly all these kids started going mad about it and then we really started acting it out and it got to be a right gas. We can't wait till we put out our first single – all the kids down here will go berserk – hope the London lot likes it, too.'

As it happened, the London lot didn't pay a great deal of notice. And Dunkley's words about riots in the Hampshire area were rarely borne out by Hector's reality. They were regulars at Nero's, a Ramsgate discotheque where their heavy-rock set was cut short by the DJ sticking on a record more conducive to filling the dance floor. 'It was either that or working men's clubs, where the compère would snatch the microphone halfway through a song to say something like "Ey up, meat pies at the bar,"' remembers Phil Brown. 'I suppose one of the highlights was supporting Showaddywaddy, but even that went pear-shaped. Our record company's area rep had arranged for a streaker to run across the stage and after this rather attractive naked lady turned up halfway through our set, Showaddywaddy's management gave us the boot.'

Hector's dream of being the world's first naughty schoolboy rock phenomenon started at a suitable place: school. Friends from St Luke's secondary modern in Portsmouth, they began in 1969 as Time Dynasty, a heavy-rock band playing covers like Black Sabbath's 'Paranoid' and Steppenwolf's 'Born to be Wild'. Leaving school after O levels, Phil Brown and Pete Brown got jobs as lab technicians at Portsmouth Polytechnic, Nigel Shannon became a hairdresser and Alan Gordon was a factory machinist. 'Eventually we thought: *we've either got to give this a proper go or spend the rest of our lives going, "What if?"*' says Brown, who started off as the band's drummer but got shoved into the lead singer role after its original guitarist Colin Simpson left. 'So we got rid of the "what if" and introduced the dole.'

Time Dynasty's story was typical of so many bands made up of teenagers trying to make it in late '60s and early '70s Britain: a rattling old Thames van with 'Time Dynasty' painted in psychedelic swirls against an image of a smiling sun, hand-drawn posters for a debut 1969 performance at Portsea Rotary Club, publicity shots of the band trying to look moody and mysterious amid the gravestones of a church yard, rehearsals in a joinery owned by a carpenter friend of the band, after-hours egg and chips on the formica tables of smoke-clogged transport cafés, getting seasick on the Isle of Wight ferry en route to a booking at La Babalu club in Ryde airport. There was the usual disparity between local fame and economic reality. When Nigel Shannon married his wife Gaye in September 1972, it made the *Portsmouth News* under the headline 'Pop Guitarist Marries'. He was still working as a hairdresser at the time. When Time Machine morphed into Hector they marked their new journey with a tour of schools and their unique place in '70s pop history as Britain's own kids' bargain-priced glam band began.

'I had this idea of taking them round the schools at lunchtime. I don't think anyone's ever done it since,' recalled their manager, a Portsmouth DJ called Pete Cross. 'We took them to Portsmouth grammar school and various others. All the school kids, especially the girls, would come into the school hall at lunchtime and then we would bring on the band for about half an hour and the girls would just go absolutely loopy.'[3] A lunchtime gig at Manor Court school ended in a riot when, as soon as Hector launched into their first song, the kids failed to contain their excitement and turned themselves into a human battering ram, charging at the band, crushing them against a wall and knocking over their stack of loudspeakers. Miraculously, nobody was seriously hurt.

The schools tour certainly did seem like a portent for Hector's future status as *the* band for '70s bad kids, with Phil Brown remembering it as such a highpoint in the band's career, they tried to replicate its success with gigs in other institutions filled with incarcerated malcontents. 'At one school, I ended up getting carried around the playground on a sea of hands, which was so amazing that since Portsmouth also had a prison in the middle of the town we decided to do a lunchtime show for all the murderers in there, too. It went down a storm because they didn't get to see that kind of anarchy on a day-to-day basis. People were always surprised at how quiet and shy I was when they met me, as the moment I got on stage it was like someone had flicked a switch and this lunatic came out. One inmate said to me, "Would like some orange juice? I wouldn't drink it if I were you, though." Turned out they put bromide in it to keep the prisoners under control. Another one came up to our roadie before the gig and told him that there wouldn't be anyone there because everyone had decided to go home for the weekend. For a minute, the roadie believed him.'

Sadly, Hector's plan of fomenting revolution from the school gym never quite panned out. They tried everything: staging gigs where a board outside announced the entrance fee as School 30p, Work 50p, claiming in press releases that Hecteria had swept the nation, setting up a fan club (Phil's mum was a member) and using their catapults to fire Smarties at the audience – a health and safety nightmare, with their underage fans running screaming after being hit in the face by sugar-coated projectiles. After 'Wired Up' inexplicably failed to set the world alight, Hector's guitarist Pete Brown left the band in the spring of 1974, feeling he had to go back to regular work to support his young family and pay the mortgage. Ian 'Syd' Twynham came on board, the schoolboy look was replaced by velvet jumpsuits and Hector returned in June with 'Bye Bye Bad Days'.

'We've pulled ourselves together and got a really beefy sound!' claimed Alan Gordon in a July 1974 edition of the girl's magazine, *Pink*. In keeping with this newly muscular approach, they turned their attentions to Portsmouth naval bases: 'Playing to hairy-arsed matlocks who liked the heavy stuff,' according to Phil Brown. They were booked for an appearance on the HMS *Dryad*, where they got second billing under Bar-B-Que. 'Another time we walked on to HMS *Sultan* in the velvet kit and got all the jeers and cackles you would expect. I said, "You can shut your mouths. I've got shares in vaseline." It was in the British working-class tradition of camping it up, giving the people what they expected from a performance on a Saturday night.'

A second appearance on *Lift Off* in July 1974, where Sunny of Sue and Sunny was launching her solo career with the MOR disco love ballad 'Doctor's Orders' and the Scaffold mimed along to their hit single 'Lily the Pink', turned out to be a smashing success. 'We walked around the set of *Coronation Street*, had lunch next to Len Fairclough and bumped into the actress who played a timid old lady called Minnie Caldwell, who was always being put upon by everyone. We came out of the changing room in our velvet stage clobber and Nigel had back-combed his blond curly hair to make it absolutely massive. Minnie stopped, stared open-mouthed at Nigel and said: "Will you look at the fuckin' state of that?"'

For a while there, it looked like Hectoria might really lift off. There was, remarkably, a tour of Finland, in which the heights of rock 'n' roll abandon were marked by a roadie stealing a towel from the hotel and there was a warrant out on his arrest. 'We were the first British band to tour Finland in five years. We had a Letts' schoolboy diary with a little map of Scandinavia in the back and we used it to drive across Denmark and Sweden, arrived in Finland, got a puncture and made it to the first gig, where we plugged in and promptly blew every fuse in the theatre. We used to start the show by our guitarist Syd doing a little ditty, then he would spin round and burst into "Paranoid" by Black Sabbath. Unfortunately he spun a little too vigorously and instead of that fantastic riff, this horrible little sound came out. The guitar lead had come out of the socket.'

Phil later managed to get through a gig in Guernsey wearing only a pair of red Y-fronts, during which he poured a pint over his head, but even with a stage show like that the big time eluded Hector. After the record label refused to allow the proposed third single 'Demolition' on the grounds that it was, in Phil Brown's colourful description, 'vomit', the band petered out. On Sunday 20 July 1975, came a farewell performance at Portsmouth's silver tinsel-bedecked Tricorn Club ('tickets available before Sunday at 50p each'). Facing financial disaster after being ripped off by a Finnish promoter, the band members ended up having to sell all their equipment just to stay afloat, drifting off into married, working life in the process. The ultimate schoolboy rebels, Hector ended up on the other side of the authoritarian divide, with Phil, Nigel and Pete all giving up a life of rock 'n' roll poverty to take up teaching and technician jobs at Portsmouth polytechnics and universities. So ended one of the greatest could-have-beens in '70s pop history.

If only Hector had come along a couple of years later, things might have been so different. Their sound, image and attitude were very similar to something that captured the imagination of kids everywhere: punk rock. Here, I can pull on personal experience because, being a seven-year-old suburbanite in 1977 whose chief interests included climbing trees, staging catapult battles in the bracken-clogged war zone of the local park and reading about Pongo Snodgrass's latest outrages in the pages of *Krazy* comic, pop music seemed for the most part extremely wet and soppy. Then, as news hit of the death of Elvis Presley, a new phenomenon called punk rock came along. This was something that people whose lives were controlled entirely by their parents could understand: cartoonish, slightly scary figures who swore on television, wore safety pins through their ears, sniffed glue and generally seemed to be far naughtier than even the naughtiest kid you knew, who at our school had constructed a home-made bomb in his garden and blown off two fingers on his right hand. To spot a punk on a trip up to the King's Road in Chelsea, to see these exotic creatures slouching about with a bottle of cider on a bench and being satisfyingly rude to tourists, was almost as good as a trip to the zoo.

In 1979 came the posthumous release of 'C'mon Everybody' by Sid Vicious, a nationwide sensation by then after killing his girlfriend Nancy Spungen before dying of a heroin overdose. The song may be a fairly straight cover of Eddie Cochran's original, not something viewed by the punk cognoscenti as having any great historical or cultural merit, but for a nine-year-old watching the video to it on *Top of the Pops*, with Sid Vicious driving about on a motorbike and snarling at the camera like the rock star he was, it was the most exciting thing to have ever happened in pop history.

Punk just made sense to kids. Few children would have known that in 1976 the Rock Against Racism movement was formed in response to a drunken racist rant by Eric Clapton, but they would most likely have seen 'NF' and 'Wogs Out' graffiti scrawled on municipal walls and bus shelters, and may have had enough awareness of Clapton to see him as a member of the boring old guard and this brightly coloured new lot who adults were getting so upset about as being onto something. Punk was the soundtrack to the bleak horror captured by James Herbert in 1974's *The Rats*, its New English Library paperback edition featuring an extremely unpleasant drawing of a grinning rat on the cover; a novel of grisly fascination for kids throughout Britain. Herbert's depiction of a London where huge, fearless rats eat alive an alcoholic vagrant by the docks and a baby in its crib before taking over entire schools and Tube trains seemed like a logical extension of a contemporary reality where city councils, as his school teacher hero puts it, 'took the working class from their slums and put them in tall, remote concrete towers'. Plenty of those tall, remote concrete towers offered an affordable and functional solution to the post-war housing crisis, but more typical of their public image was the 1,200-unit Bemerton estate in Islington, north London, which in 1972, two researchers used as their focus for a study into inner-city youth culture. They reported on 'halls and stairways strewn with garbage and covered with graffiti, lifts that don't work and telephone boxes smashed up'.[4] A thirteen-year-old boy was leading the estate's crime wave with a gang that had taken over a disused pub, where one room was reserved for 'shitting and pissing'. A well-meaning hippy tried to dissipate the violence and racial tension between the black and Irish gangs on the estate by organising a hand-holding session at the local disco. It did not go well. In a rare moment of unity, the rival gangs worked together to give the long-haired idealist a beating so vicious that he ended up in hospital.

It may be too far a stretch to imagine that the exciting world of punk had anything to do with the less exciting world of water shortages, but dehydration can lead to angry outbursts and you do wonder if the great drought of 1976, when rain stopped falling from May onwards and temperatures rarely dropped below thirty degrees, was a contributing factor to the Summer of Hate. The driest spell in Britain since 1772 saw communal standpipes in the streets, swarms of ladybirds, gardeners banned from using hosepipes and neighbours encouraged to dob in anyone breaking the rules. The situation was so desperate that the Wombles, those first responders to environmental catastrophe, nominated their resident boffin Wellington to make 'Rainmaker', a lush, ELO-like single on which the absentminded but scientifically brilliant Womble promised to come to the rescue: 'I've got a rain machine to deal with dehydration,' he lied. 'Through irrigation it will lubricate the nation.' At our school, water dribbled from the taps so feebly that you couldn't even get the soap from the little white bar off your hands and flushing the toilet became so difficult that the Izal medicated toilet paper piled up in odorous, crumpled towers. Thank God for the miniature milk bottles we received during morning break. In the bathroom at home, our parents put up a brass sign stating 'Save Water: Shower with a Friend'. Perhaps they were inspired by the less-than-edifying example of Denis Howell, minister for drought under James Callaghan, claiming that he was doing his bit by sharing a bath with his wife. No wonder punk anarchy seemed like an attractive proposition.

The closest the world of children's television got to capturing the spirit of punk, on a show far wilder than its BBC One Saturday morning rival *Swap Shop*, was *Tiswas*. Beginning life in 1974 as a regional Midlands show hosted by Chris Tarrant and John Asher, it really took off after Sally James, the sexy but jolly presenter of the long-running kids' morning slot *Saturday Scene*, joined in 1977, with a teenaged Lenny Henry following a year later and making his name with impressions of the television characters of the day. The naturist David Bellamy and the stern news presenter Trevor McDonald – renamed 'Trevor McDonut' and usually having his bulletins brought to an abrupt end with a custard pie in the face – were Henry's most popular turns. With its Phantom Flan Flinger throwing custard pies, its cage filled with kids and parents getting soaked with buckets of water, and the comedian Bob Carolgees having a ventriloquist's dog called Spit that appeared to be in a permanent state of rage and mischief-making (he got married off in the end), *Tiswas* chimed with the wild mood of the late '70s.

'A producer called Glyn Edwards took one look at *Tiswas* and said: "This is far too male. We need a woman here,"' says Sally James, on her part in the show that brought about the moral downfall of '70s kids. 'He saw me on *Saturday Scene*, sitting behind my desk, and he saw Chris Tarrant and his gang, going bonkers and throwing flans, and he thought it would be a good combo. The boys thought it was a terrible idea. Then we met, we all got on really well and they decided it wasn't such a terrible idea after all. *Swap Shop* was very staid, *Blue Peter* on Saturday morning, really. We were doing something completely different, with nothing educational in it whatsoever. That's why so much of our audience was made up of hungover students – we did a sellout tour of universities.'

There was, however, a studio audience made up of kids, who took the custard pies, the gunge and the buckets of water as a sign to go absolutely mad: 'They were completely uncontrollable. They would pick up flans and buckets and pelt them at everyone. The real goal was to keep a level of professionalism underneath the chaos, which wasn't easy. It was my role to keep it on track because nothing was on autocue, so just when you're getting a flan in the face you might also have to think about making a ten-second link before going into a video of, say, the Rolling Stones. Nothing ever went to plan. On one episode we had an under-run, which meant that poor old Chas & Dave had to keep doing "Rabbit" for seven minutes until we got to the end of the show. Chas Hodges said the song was only a hit because they played it for so long on *Tiswas*.'

Sally James started out with hopes of being a ballet dancer, leading to her attending Arts Educational, where Ayshea Brough was in a class a few years ahead of her. 'From the age of twelve, I was travelling to London every day, training to be a dancer, until they said I was too short to ever make it in ballet. You need to be a minimum of 5 foot 6 and I'm 5 foot 4 and a smidgen. My dad, who was a stills photographer, was working on *To Sir, with Love* at the time and I became one of the children in it. That meant I had a film behind my belt. Nobody knew that I didn't do very much beyond being there, so that set me off on the acting path until *Saturday Scene* came along.'

Saturday Scene merged with *Supersonic*, London Weekend Television's short-lived (1975–77) alternative to *Top of the Pops*, which began each week with a shot of its silver-haired, pencil-wielding mastermind Mike Mansfield at the control booth, saying, 'And cue Smokey . . . stand by . . . take one . . .' before pointing to the studio, where the band would play under a flashing star as a couple of stage hands chucked handfuls of confetti down from the rafters and the magic of pop took over. Dry ice was a favourite for bringing a touch of mystery, sometimes too much mystery: the drummer of ELO disappeared entirely during a performance of 'Mr Blue Sky'. A couple of cranes filmed fast-tracking shots, which, as Mike Mansfield remembers, 'Collided from time to time.' Occasionally, metal filings were sprinkled from above to catch the light as a band played, which went down brilliantly until a filing plummeted into the throat of a Three Degree (the American female vocal group) and almost choked her to death. The confetti also proved a problem for the production of the ITV drama series *Upstairs, Downstairs*, which was filmed in the next-door studio at LWT's centre on the South Bank in London. 'The cast used to like popping into the control booth, watching the shenanigans of Marc Bolan and so on. But they weren't so happy with us when they were in the middle of filming one of their most tender moments and all this confetti started coming down from the gantry.'

Far more fabulous than *Top of the Pops*, *Supersonic* was provincial Britain's own Hollywood dream factory, with Mansfield as a groovier Cecil B. DeMille and the bands as comic book superheroes, raised out of reality by a see-through plastic staircase, elaborate stage platforms and fantastical costumes. It also seemed to have a better understanding of what kids liked than BBC One's flagship pop show, which is why the Damned made an appearance in 1977 with 'Neat Neat Neat', looking like cartoon villains, with the singer Dave Vanian's Dracula make-up and the bassist Captain Sensible's sailor suit top and garage forecourt sunglasses. On one of his regular appearances, '50s glam perennial Alvin Stardust performed in the middle of a cartwheel with fireworks attached to it and going off in all directions. A pre-disgraced Gary Glitter did 'I'm the Leader of the Gang' with a fire-breathing dragon, which went terribly wrong after the stage-hand turned the dial up on the flame thrower inside the dragon a little too high and blasted Glitter's bottom, melting his latex trousers onto his butt cheeks in an extremely painful fashion. When Bonnie Tyler performed 'Lost in France', Mansfield had the idea of getting all the kids in the audience to wave French flags. It would have been a great moment of continental brotherhood had the kids not been given the Belgian flag by mistake. In 1976, a short-haired Marc Bolan performed 'Ride a White Swan' while riding a giant white swan, which moved about the studio via the forklift truck hidden underneath it. *Supersonic* really did give itself over to the pop fantasy.

In the kitchen of his house in Wimbledon where he lives with Hilary McLaren Tipping, a former researcher on *Supersonic* who became his production partner, Mike Mansfield has a jukebox with an unusual number of T. Rex singles on it. Unusual, that is, until you discover that the jukebox was a gift from Marc Bolan: 'He rang up one day to say he had a present for me. And then, out of the blue, this arrived,' says Mansfield, the leonine silver mane still in place half a century later, standing before a Balami 200 jukebox from 1958. 'He had stuffed it full of 45s. I knew Marc from the days of John's Children and he was a gentle person, amazingly easy to deal with. He loved the glamour of it all.'

Despite its fantastical setting, *Supersonic* was done fast and on the cheap by Mansfield, whose directorial work elsewhere included *The Russell Harty Show* and countless pop videos, including the miniature flamboyant historical epics he made for Adam and the Ants' early '80s hits 'Prince Charming' and 'Stand and Deliver', the former featuring Diana Dors as a voluptuous fairy godmother: '*Supersonic* was a smash, bang, wallop show. We never really rehearsed. It was all instinctive and the people we chose to be on it were the kind of people who didn't mind being blown up or smothered in dry ice and so on. The format was

Hollywood meets rock 'n' roll and it was very efficient because none of it was a set-up, it was actually happening. I really was in the control room with the crew, saying, "Stand by Marc Bolan, take two." It was all *actuel*.'

Mike Mansfield and Hilary McLaren Tipping used the *Super-sonic* set for a 1976 TV special of Rod Stewart performing his album, *A Night on the Town*. 'That was when he was camping it up with Britt Ekland and he was like putty in our hands. We would do the video to Rod's "You're In My Heart" one day, a film for Baccara the next and all the kids were watching *Supersonic* at the same time. There was very little fun popular culture on television at the time so really we cornered the market.'

Mansfield also made a promotional film for ELO's album *Out of the Blue*, for which the band's manager, the famously heavy Don Arden, refused to pay up. Mansfield called *Top of the Pops*' producer Robin Nash and told him not to book ELO for their new single 'Mr Blue Sky' until Arden settled his debt, which was considerable – around £70,000. Arden threatened to come round and torch Mansfield's house, but eventually relented and Hilary McLaren Tipping went round to the office of Jet Records to pick up a carrier bag filled with cash: 'I actually rather liked Don. He could be very charming. The problem was he had this ego, literally trying to be a mafia don.'

It wasn't like the BBC ignored the kid/pop equation. The corporation just didn't seem to be as switched-on as its commercial rivals. In April 1978, Keith Chegwin, a Liverpudlian former child actor who had done everything from Roman Polanski's *Macbeth* to an advert for Pepsi-Cola in which he asks a girl out from the phone in a chip shop over the road, broke out from being one of the most popular presenters on *Multi-Coloured Swap Shop* to host

Cheggers Plays Pop. It was a game show in which kids from rival schools, marked out by their yellow or red T-shirts, whacked on hammers, answered some quite surprising pop trivia questions ('Who sings "Because the Night"? It's Patti Smith, well done') and fired balls at seaside postcard-style cut-out figures. Everyone from Slade to Darts to Suzi Quatro popped up on *Cheggers Plays Pop*, with comedy pop acts like the Wurzels, the Barron Knights and the Krankies always getting a look-in and Cheggers' cheeky good cheer making the whole thing zip along. But it didn't have the glamour of *Supersonic*.

'He loved the limelight, Mike,' remembers Sally James of Mike Mansfield. 'Meanwhile, *Saturday Scene* wasn't really a proper programme, it was half an hour of links between other programmes, so we would do announcements of what was to come and so on. Sooner or later, someone thought: we get a lot of viewers for *Junior Police 5* and *Space 1999*. Let's jazz up the links, make them two or three minutes longer, read out birthday greetings and do interviews and so on, and because we were situated on the South Bank, it was very easy to get pop stars to drop in and do interviews. Mike was at the South Bank already with his pop show, so sooner or later it became *Supersonic Saturday Scene* and that's where it all started, really.'

Supersonic Saturday Scene set the template for a Saturday pop show: performances, interviews, lots of balloons in a studio filled with kids and all kinds of connections with the viewers back home, like Sally James reading out the entire address of some young kid; a data protection nightmare by the standards of the twenty-first century. Meanwhile, she became friends with the stars that appeared most regularly: 'We adored Marc Bolan in particular. We would go to his house and he would come along to the studio even if he wasn't on *Saturday Scene*. And because we were only doing interviews for three minutes or so nobody ever turned it down.'

For Sally James's Almost Legendary Pop Interviews, a regular feature on *Tiswas*, convincing pop stars to take part was rarely a problem: 'The Clash were hard work, very monosyllabic. Ian Dury was great. A bigger problem was in stopping people from thinking that, because they were on *Tiswas*, they had to go completely berserk. I was interviewing Madness when they got spray string out and attacked me with it. It went down my throat and I nearly choked.'

The only person who made a prior request not to have a flan in the face was Cliff Richard. For the most part, people actively welcomed it. 'Chris and I were sitting in a Holiday Inn when some guy tapped us on the shoulder and said: "Excuse me, could I go on your show tomorrow?" It was Robert Plant. We stood him in a bucket, stuck a flower on his head, put him in Compost Corner and just abused him, basically. He loved it. Phil Collins was in Compost Corner the whole time – he practically lived there.'

Tiswas was the kids' show equivalent of a day at school where all the teachers have given up any semblance of authority. A bear called Hercules used to make visits. For one episode, Spike Milligan and an elephant were in the studio at the same time. Chris Tarrant washed and shampooed a mouse, a stunt that caused more complaints than anything else in the show's history. 'There would be kids in the audience who we would pull up by their ears before sitting on our laps,' says Sally James. 'You would be arrested for it now. We certainly didn't fill in any risk assessment forms or even tell anyone what we were doing.'

It's a shame the Sex Pistols never made it onto *Tiswas* because punk had at its heart some great songs and an honesty and wit that kids respected, with none of the boring virtuoso show-offs that made progressive rock such a no-go area for the average comic-reading youth. Malcolm McLaren had envisioned the future destroyers of society as like the Bay City Rollers, but good. 'They were on top of the charts. They were the nubile, young, good-looking kids,' said McLaren of the Rollers in 2005, when he was a guest on the Pistols' guitarist Steve Jones's radio show. 'You were coming in with a very different angle . . . less a pop sound and more something that was going to be completely new that would really hurt and annoy people.'5 The Sex Pistols' original bassist Glen Matlock, meanwhile, got his musical inspiration for 'Pretty Vacant' from that distinctly non-anarchic favourite, 'SOS' by Abba.

'Why pick on the Pistols?' asked a September 1977 edition of *Oh Boy!*, self-described as Britain's Number 1 Young Weekly. Reporting on the rash of street attacks members of the Sex Pistols had been forced to endure since the release of 'God Save the Queen', the magazine asked its youthful readers to 'spare a thought for the Pistols' as they regaled tales of Johnny Rotten and the gang's plight. 'They're very much town guys so they won't be moving to the country – so they may be forced to move abroad,' worried *Oh Boy!*'s anonymous punk sympathiser. 'Some bands are trapped by love, knowing they'll be trampled upon by adoring fans. The Pistols are trapped by hate.' So much so, in fact, that when, in late 1977, the curly-haired pop innocent Leo Sayer took a copy of the Sex Pistols' *Never Mind the Bollocks, Here's the Sex Pistols* album with him on a trip to the US, he was arrested at JFK airport and hauled into an interrogation room – 'I was really hoping there was some journalist on hand to write a story about it as I would have liked the notoriety. No such luck,' he admitted.

The Pistols were kids themselves: 21-year-old kids who found themselves stuck inside a cross between a class detention and a sweet shop, with a crowd of grown-ups staring at them in fascination and horror from the other side of the glass. 'I mean very little of what I say most of the time. You just say things, you know what I mean?' claimed Sid Vicious in a November 1977 Radio 1 broadcast, after its presenter John Tobler suggested the attacks on the Pistols were a response to Vicious saying in an earlier interview how he intended to give everyone in the civilised world a good kicking. In between belching, garbling through mouthfuls of food and demanding that someone get him a cigarette, Vicious also suspected the other Pistols were plotting against him. 'They say I'm a shit bass player, that I can't play nothing, that I'm stupid,' he complained, before John Lydon added, 'That isn't a plot, that's just a fact.' Vicious begged to differ, even going so far as to suggest an intellectual hidden underneath the borstal boy persona: 'We're existentialists. Like Jean-Paul Sar-ter-ree.'[6]

Six weeks later, following a near-nationwide ban of their concerts, the Sex Pistols played a frost-clogged Christmas Day afternoon concert for the children of striking firemen at Ivanhoe's nightclub in Huddersfield. This was in a Britain after the summer of the Jubilee, where away from the street parties, away from HM the Queen turning up at Wimbledon to watch Virginia Wade win the singles title, the sacking of poorly paid Asian women at the Grunwick film processing plant in north London became the touchstone for one of the biggest political battles of the decade. The nation's unions sent members to lend their support to the workers, who had been dismissed after applying to join the APEX union, and effectively closed down the plant. The Labour MP Shirley Williams joined the picket line, the National Union of Mineworkers' leader Arthur Scargill addressed the strikers at a major demonstration on 22 June and the dispute ended with violent battles between pickets and police. The strike by the Fire Brigades Union in support of a pay increase in the face of rising inflation followed in November and, with the army being utilised to replace the striking fireman, pitched a Labour government against the kind of much-respected, working-class community group that made up its traditional support, sending the firemen into poverty over Christmas in the process. At Ivanhoe's, John Lydon handed out the cake; T-shirts, records, skateboards and handkerchiefs were distributed; and some over-excited seven-year-olds pogoed to 'God Save the Queen', sang along to 'Pretty Vacant' and attacked Lydon with his cake. 'Sid was outstanding,' remembered Jez Scott, one of the boys at the concert. 'He said, "Can I have one of your handkerchiefs? They won't give me one."' As the Sex Pistols' drummer Paul Cook concluded, 'I think the young kids got the Pistols more than the grown-ups, really.'[7]

Amid all this, *Oh Boy!* really went out of their way to do a PR campaign for Britain's punks. In its gossip column, Steve 'N' Greg's First Stop for Pop!, Steve (or Greg) made the case that plenty of punks were nice boys really, pointing out that Matt of the Boys was into stamp collecting. A vote on Britain's sexiest punk found Paul Simenon of the Clash coming out on top, with Johnny Rotten a surprising second. In the same edition from September 1977, there was a pull-out pin-up of the Sex Pistols and a casebook on the tale of sixteen-year-old Sarah Anderson of London. She recounted the agonies of falling in love with a punk.

'I have to admit that the first day I saw Gerry all tarted up in these straight-leg jeans held together with safety pins and the sloppy T-shirt with the Swastika on it – I nearly died!' Sarah confesses, before going on to describe how Gerry, 'the same nice, gentle guy he'd always been underneath all the punk clothes and the orange hair,' gets harassed everywhere they go. He and Sarah come out of the cinema and Gerry is set upon by a gang of Teds. Sarah's parents are horrified by Gerry, so much so that when the young lovebirds are discovered meeting in the garden shed in secret by Sarah's dad, he charges at Gerry – before collapsing and turning blue. 'Ring for an ambulance. Tell them your dad may have had a heart attack and they'll need to bring oxygen,' Gerry the punk commands, thereby saving Sarah's dad's life. How did he know what to do? 'My dear, stupid punk boyfriend blushed to the roots of his orange hair. "I – I go to classes with the St John Ambulance," he stammered, looking dead embarrassed. "I like it, because I like helping people."' This morality fable ends with Sarah concluding: 'Gerry still wears his punk gear, but there's one big difference. Mum and Dad won't hear a word against him. As far as they're concerned, he's the best thing that's ever happened to me. And for once, I agree with them. Punk rules!'

Oh Boy!'s chief rival, *Supersonic*, also promoted a sympathetic approach to Britain's top punks for its pre-adolescent and teenaged readership. 'Is Johnny Really So Rotten?' asked an article from October 1977, which was nice of Mike Mansfield, who agreed to hand over the *Supersonic* name to a pop magazine in exchange for £2,000 an issue, given a notorious incident of 5 July that year when Mansfield had been hired to shoot a promotional video for 'Pretty Vacant'.

Hilary McLaren Tipping was witness to the whole affair: 'Mike went into the control room and was chatting to Malcolm when Johnny Rotten opened a can of beer on the back of Mike's head and it went all down his hair. Of course this was absolute sacrilege. We set up the shoot, the band sprung into life as the floor manager cued them, we did a take and then Mike walked out of the studio. I'm sitting in the control room when Malcolm comes in and says, "That was great, when are we going to do the actual take?" I told him: that's all you're getting. Mike has gone and he won't be coming back. He's not happy. There was shouting, and swearing, and some fisticuffs in the dressing room between Malcolm and the band, but the video to "Pretty Vacant" achieved notoriety for capturing the band as they were.'

In the grand tradition of pop magazines, most of the attention was reserved for the scene's youngest and prettiest stars. Nobody got more than Billy Idol of Generation X ('Could Billy Be Your Idol?' asked a *Supersonic* article from September 1977 of the spiky-haired, chisel-jawed hunk, who revealed that he doesn't like spitting), while the magazine also pleaded with its readers to help Phil Rowland of north London's Eater find a girlfriend. 'It's alright for Brian and Andy,' moaned Rowland of his more romantically successful bandmates, all of whom were still in their mid-teens. 'They always seem to have plenty of girls hanging around them. Brian and Ian share a flat and they've even got two sixteen-year-old chicks that come round and clean the place up for them once a week!' Then there was So You Think You're a Punk?, in which *Supersonic*'s mostly female readers were tested on their civilisation-wrecking credentials: 'You go to a party and there are three unattached boys. Which one do you go for? A) The smart one in the sports jacket with the E-Type Jag parked outside. B) The one who looks strange and interesting. C) The scruff in the corner with the safety pin in his ear who keeps flicking crisps at everyone.'

Punk popped up all over the place in suburban Squaresville, most famously on the 1 December 1976 episode of Thames Television's regional news programme *Today*, during which its presenter Bill Grundy goaded the Sex Pistols and their contingent into swearing, causing a lorry driver called James Holmes to purportedly boot a boot through his television in outrage. 'Fancy doing in a 200-quid set just over a four-letter word,' marvelled Billy Idol, with the material concern of the true petit bourgeois in the pages of *Supersonic*.[8] John Lydon pointed out the likely fallacy of the report, which appeared in the *Daily Mirror*'s equally famous splash from 2 December, 'The Filth and the Fury!', to John Tobler: 'How did papers find out that story? Did he ring them up?'

'They loathe conventional pop stars and dance to songs of hate and death . . . They paint their faces, wear chains from their noses and have razor blades for earrings,' claimed the *Daily Mail* after the Bill Grundy incident; one of the more lurid descriptions of a cult that continued to fascinate the British mainstream for the rest of the decade.[9] Paul Jones of Manfred Mann employed the 'if you can't beat 'em, join 'em' approach in 1978 and released as his new single a cover of the Sex Pistols' 'Pretty Vacant'. By turning the song into a mournful MOR ballad, complete with sophisticated strings, a yearning saxophone solo, a light disco rhythm of the type available as a setting on a Bontempi organ and backing vocalists trilling 'we're pretty . . . we're pretty vacant,' like they're doing a spot on the *Mike Yarwood Show*, Jones used his show-business chops to effectively castrate punk rock entirely. It is certainly a lot prettier, and more vacant, than the original.

In 1979, *Coronation Street*'s downtrodden but sharp-witted cleaner Hilda Ogden was horrified by the arrival of 'punk rocket' Norman Mannion, dismissing him on his visit to the Rover's Return pub as 'Joseph and his hair of many colours'. The comedy sketch show *Not the Nine O'Clock News* parodied punk four years too late with 1980's 'Gob on You', with a long-haired Mel Smith snarling lines like 'sex is boring, pain is fun, I want to cut my fingers off, one by one' – which, after being given the single for my tenth birthday, I interpreted as a work of comedic genius. The whole thing was tailor-made for outrage, which John Lydon realised from the outset. 'It's good fun to read about people slagging you off,' he told John Tobler. 'Especially if it's all a lie.'

The only non-punk to truly capture the experience was a fourteen-year-old schoolboy from west London. In 1977, Gideon Sams wrote *The Punk* as an English project for Westminster City, the central London grammar school he attended after a couple of years at the progressive-minded comprehensive Holland Park, for which he got a very low grade indeed. His mother Anne rescued the essay, which was covered in angry red biro marks courtesy of Gideon's disapproving teacher, from the litter bin in her son's bedroom and showed it to Jay Landesman, a key figure of London's bohemian milieu who had set up the tiny Polytrantric Press, famous chiefly for publishing the American activist Elizabeth Smart's 1945 prose poem 'By Grand Central Station I Sat Down and Wept'. Landesman thought *The Punk* was worth a run of 500 and so a rejected school essay became a remarkably informed and very funny cult novella on the daily struggles of one Adolph Sphitz, who has to deal with being attacked by Teds, living in west London's brutalist nightmare Trellick Tower (now re-evaluated as a boldly futuristic design classic) and disapproving parents who think he should settle down and get a regular job as a toilet cleaner. He tells them he doesn't want to do the job with impressive reasoning skills: 'I don't like cleaning up shit.'

It is Sams' child-mind view of a punk scene he was too young to actually be a part of that makes the writing so charming. 'They were four particularly vicious-looking punks: Sid Sick, Bill Migraine, Johnny Vomit and Vince Violence,' Sams lists, adding, perhaps unnecessarily: 'None of these names were their born names.' At Covent Garden's famed punk club the Roxy Adolph catches a set by the Dead Dogs, where, during a rendition of their hit single 'Gimme Death' ('Just gimme death, or I'll kick you in the head – then you'll be dead') an audience member gets his safety pin torn off and half his ear with it ('blood gushed out at a surprisingly fast rate'). When Adolph comes to find his policeman father watching a documentary on stamp collecting, it proves too much for his punk sensibility to take and he dismisses his dad as an old fart before announcing his departure. Moving into a graffiti-strewn council flat, he celebrates his freedom in surprisingly mild fashion: by putting the kettle on and listening to Bob Marley. And so it goes on until Adolph, having had the night of his life at a Roxy gig where the Sex Pistols, the Clash and the Damned were on stage and Mick Jagger, Keith Richards and Robert Plant were in the audience, gets knifed to death by an irate Teddy Girl.

According to Craig Sams, who saw punk as an extension of the rebellious spirit of the late '60s – particularly as Malcolm

McLaren and Vivienne Westwood were regular customers at Craig and Greg Sams' macrobiotic restaurant Seed – his step-son was basing all the elements of his novel on the stories he heard. 'We were reasonably controlling parents and he wasn't experiencing any of this, but we used to go to the Roxy and would regale Gideon and his sister with tales of our nights down there, like the time Johnny Thunders had people punching the air, someone hit the ceiling, everyone started doing it and the whole ceiling fell down on top of them. We lived on Tavistock Crescent in west London and when one half of the street was destroyed to make way for the Westway our neighbours moved into Trellick Tower, which provided Gideon's inspiration for the setting. He didn't actually get out much, but he was an incredibly creative and intelligent kid, he had aspirations to be a punk, Holland Park comprehensive was the coolest school in London at the time and it all added up to give *The Punk* a tone of authenticity you wouldn't expect from a fourteen-year-old.'

In 1989, Gideon Sams died of pneumonia in New York, aged twenty-seven. He had been feeling ill and some friends came round with a bottle of brandy to cheer him up, but it turned out to be more than his compromised body could take. Halfway through his short life, he left behind the best encapsulation of a kids' guide to punk you could hope for. The fun, the boredom, the nagging suspicion that adults are complete idiots . . . it's all in there. *The Punk*'s bad but good writing also captured another truth: childhood is fleeting. Then you have to be a teenager, whether you like it or not.

Chapter 8

Teenagers

Behind the barricades at Derry on Bloody Sunday, 30 January 1972.
Seven teenagers were among the thirteen people killed by
British paratroopers during a civil rights march.

In 1992, a singer from Birmingham called Lawrence, who had
spent the 1980s embracing the exquisite seriousness and black-
and-white art movie sensibility of alternative culture with his old
band Felt, put out a single called 'Middle of the Road' under
the name of Denim. This time around, Lawrence was returning
to his pop-obsessed '70s childhood. Right down to its title,

Denim's new hoped-for hit seemed on first impression like a harmless, 'I-remember-Spangles-style' journey through a kitsch and colourful recent past. Leftover hippies, skinheads, Oxford bags, Chopper bikes and kung-fu fights are duly listed, before a rather melancholic singalong chorus in which he recalls a cartoon pop landscape where there were 'lots of little Osmonds everywhere'. Then it all changes: 'In the '70s, there were lots of bombs,' states the singer, blankly. 'They blew my hometown up and lots of people were killed. On the news, the relatives cried. Everyone knew someone who'd died.'

Lawrence grew up in the village of Water Orton near Birmingham, where on the evening of 21 November 1974, bombs attributed to the Provisional Irish Republican Army went off in two city pubs called the Mulberry Bush and the Tavern In The Town, killing twenty-one people and injuring 181. Among the fatalities were an eighteen-year-old girl called Maxine Hambleton, who had popped into the Tavern in the Town to hand out invitations to her housewarming party, a seventeen-year-old called Jane Davis, who had gone in to look at the holiday photographs she developed earlier that afternoon, and Neil Marsh and Paul Anthony Davies, sixteen- and seventeen-year-old friends with a shared love of Bruce Lee and kung-fu, who were killed by the blast as they walked past the Tavern in the Town. They were only in the city centre because they were at a loose end after the youth club they had planned to spend the evening at was closed.

Lawrence was twelve when the bombs went off: 'It was a warm evening – a no-jacket affair – and we were in the next suburb along from ours, Castle Bromwich. I know I was very young coz we were still on bikes. We cycled about, meeting with girls, trying to make connections, when this older kid came up to us and said he'd just heard that bombs had gone off in the city centre. We were 8 miles away and the news travelled by word of mouth within minutes of it taking place. Grown-ups began leaving their homes and congregating in the open air, poring over the meagre scraps of info. We knew straight away that this was the big one. The IRA threat was always there, we lived with it, and now this was a reality. It turned into the most atrocious mainland murders so far.'

It is almost certain that the deaths and life-altering injuries of so many ordinary people was unintended. The bombers followed established Provisional IRA protocol of making a thirty-minute warning to security services before the attack, but the phone box chosen in advance to make the call from had been vandalised, leaving the caller to find another one, which meant that by the time the call came through, the police had nowhere near enough time to clear the pubs. Nonetheless the unrelenting horror of the attacks, with reports of victims being blasted through walls, impaled by shattered wooden furniture and writhing in pools of blood with limbs blown off, set off a wave of anti-Irish sentiment in Birmingham and beyond. Within two days of the bombings, loyalists in Northern Ireland shot dead five Catholic civilians. And the Birmingham attack was itself the climatic response to Bloody Sunday, when on 30 January 1972 what started out as a peaceful march by civil rights activists through the streets of Derry ended with British paratroopers firing at escaping marchers, killing seven teenagers and five adults. The first victim was seventeen-year-old Jackie Duddy, shot in the chest as he ran into the courtyard of the Rossville flats in Bogside. 'Am I going to die?' he asked Father Edward Daly, a priest from Derry, whose waving of a white handkerchief as he and three other people tried to carry Duddy to a place of safety became a symbol of Bloody Sunday. 'I said no, but I administered the last rites,' Daly remembered. 'I can remember him holding my hand and squeezing it. We all wept.'[1]

Teenagers, the demographic to whom the pop 45 was marketed more than any other, became the highest-profile victims of the conflict that defined '70s Britain and Ireland; a conflict that sank deep into the fabric of everyday life. Even if you weren't witness to Belfast in 1971, which one arriving British officer described as a destroyed city of 'roads that had been blocked and barricaded, fires from bonfires, burning cars or burning houses,' even if you weren't a friend or relative to one of the countless civilian victims of both IRA and loyalist attacks, you were at one time or another evacuated from a high-street store on a bomb scare, or you heard your parents talking about the Troubles over your bowl of Weetabix, or you were wondering whether or not you agreed with Paul McCartney as he sang with glib good cheer about an IRA man who is sitting in prison and 'feeling really bad' on Wings' 1972 single, 'Give Ireland Back to the Irish'.[2] You might also be wondering if McCartney's less than nuanced proposal would inspire the terrifying loyalist Protestant leader Ian Paisley to deliver on his warning, following Northern Irish PM Brian Faulkner's attempts to broker peace through a power-sharing executive at the short-lived Sunningdale Agreement of December 1973: 'Mr Faulkner says it will be hands across the border at Dublin. I say that if they do not behave themselves in the South, it will be shots across the border!'[3]

The helplessness of the teenager in the face of men like Paisley, the need for teenagers to have their own voice distinct from the adult concerns of the day, was picked up on by a new pop world in '70s Britain. Nina Myskow was twenty when, in 1966, having dropped out of an English degree at St Andrews University after her dismay at there not being anything published after 1800 on the syllabus and having resisted her school-teacher mother's demands that she follow in the family tradition, she landed a job at *Jackie* – a girls' magazine launched two years previously under the unlikely editorship of a gruff, red-faced former RAF engine fitter called Derek Small. Operating from the unglamorous Dundee offices of the Presbyterian, family-run publishing company D. C. Thomson, *Jackie*'s aim – which increased after Myskow became its first female editor in 1974 – was to be like an older sister to its young readers. It was on the side of the girls. The result was that within a year of Myskow taking over, the circulation went from 600,000 to over a million.

'A teenage girl had, if she was lucky, a transistor radio. There would be a phone in the hall on a little table, which she had to ask for permission to use, and if she watched telly it would be with her parents and there were only two channels. Teenage girls were low in the social pecking order, but all this isolation taught them to be resilient and to think for themselves because there was no support. At the same time, there was an exciting new technicolour world of pop music and fashion, which didn't exist in your village, town or suburb; something you wanted to read about and be a part of. *Jackie* was the social media of its day. As a result, the girls who read *Jackie* were connected to it – and to each other.'

Oblivious to all of this, oblivious also to the three-day week, national strikes and whether or not Ted Heath's European dream would succeed was one little Osmond who, even more than his seven brothers and one sister, really was everywhere in 1970s Britain. There he was on the October 1972 and June 1973 covers of *Jackie* magazine, his thatch of brown hair and perfectly aligned gleaming white teeth demonstrating to the country's vitamin-deprived teens the superiority of American hair products and dentistry. He was on the radio, on the television, getting mobbed by adoring fans as he stepped out of hotel lobbies during a 1972 tour of the UK when Osmondmania was at its height. Donny Osmond was only thirteen when in 1971 he began his run of sugary bubblegum hits with 'Go Away Little Girl', fourteen when 'Puppy Love' went to number one in the UK and established him as the purest pin-up ever, and twenty when he was, in his own words, a 'has-been'. He was also a veteran, having made his show business debut at the age of five on *The Andy Williams Show* before establishing himself as a new star for the 1970s: young, pretty, wholesome, a living *Brady Bunch* vision of bri-nylon prints and white sequinned Elvis Presley jumpsuits. Being photographed, performing on stage and living in television studios was all he knew.

After being called upon with his brothers to help Disneyland launch their new Haunted Mansion attraction with a TV special in August 1969, Donny was sequestered away to a disused room in the Mansion and made to get on with his studies for the next few days, making him the only ten-year-old in the world for whom the Haunted Mansion was also a school house: 'Michael Jackson and I would talk about this kind of thing a lot. We were the same age, both the seventh out of nine children, our mothers were born on the same day. It was a sad ending for him and it worked out okay for me, but that was the norm for our lives: to go into recording studios and sing our hearts out before microphones.'

Osmond's strange reality, as a clean-living teen star from a Mormon family in Utah who started out in show business as a way of earning money to buy the two eldest brothers hearing aids, was that by the time he was having hits like 'Puppy Love', his older brothers were pursuing the rock music of the day and laying down such heavy songs as 'Crazy Horses', a protest of sorts about the dangers of car pollution that sounded like a heightened, cartoonish version of the electrified violence of the Who and Led Zeppelin. It almost brought the Osmonds a much-needed tinge of rebellion when it was banned in South Africa after authorities mistook it as a song about heroin.

For Donny, this meant a split reality: 'I would be recording all this bubblegum music at MGM's Studio 2 in Fairfax in Hollywood, then I would go into Studio 3 and make rock 'n' roll records with my brothers. Then I would go home and listen to funk bands like Tower of Power and George Clinton. The problem was, the bubblegum career took off so much that it overshadowed anything the Osmonds were doing as a rock 'n' roll band. If my solo career hadn't taken off, the Osmonds could have been the next Led Zeppelin.'

The differences in lifestyle between the drink, drug and promiscuity-averse Osmonds and the notoriously debauched Led Zeppelin may have made that unlikely, although Osmond was once shocked to go backstage at a Zeppelin concert at Earls Court to find Page, Plant and the rest of them engaging not in a drug-infested groupie orgy, but a frisbee tournament: 'We always went to church, we had respect for the Latter-day Saints and we lived a clean life because in our faith there is no smoking and drinking. We had a lot of people making fun of us as a result, but ultimately it protected me from the smoke and mirrors of show business.'

That image, alongside variety show-style adaptability and professionalism, made the Osmonds suited to the television-friendly, singles-led world of pop, even if they did have aspirations to be in the albums world of rock. In 1973, the Osmonds made *The Plan*, a conceptual rock epic about the Mormon view of life: 'My brother Alan was the mastermind behind that. We took it to the max because we were trying to make a statement about where the band was headed, so Alan brought it to an underground station in Los Angeles where they played nothing but hard rock. He walked in there as Alan from a new band and played a white label copy of the album to the programme director, who said: "Wow, Led Zeppelin influences, really progressive rock 'n' roll, this is fantastic. What's the name of the band?"

'"It's the Osmond brothers."

'The programme director told him that in that case, "I'm sorry but there's no way we can play it."'

The teenage fans of Britain had no such problem with all things Osmonds. In an era when 15 million people turned the television dial towards BBC One on a Thursday evening for *Top of the Pops*, Donny became a teen idol to match Marc Bolan. Not that he could act on it. Being, in his words, 'a good little Mormon kid', he could only fantasise about romantic encounters with the fans who were fantasising about him. He even devised a code, a circle with a line down the middle to represent his initials D-C-O, which he would reveal to a handful of fans around the world whose photos he had fallen partially in love with, so that they could put it on their letters and the fan club would know to send them directly to him.

When he met his wife Debbie at sixteen, it had to be kept a secret from the fans, so much so that on one occasion he put on a moustache and an Afro wig to meet her at Heathrow airport: 'It would have been devastating to my career as a teen idol for the fans to know I was in a relationship. I was running away from girls all the time and it was one of the most exciting moments of my life, but I was dying of loneliness inside because I just wanted to be with Debbie. Years later, I discovered that some of the brothers didn't like the solo success because I was appealing to all these pre-pubescent girls and they were trying to build a career as a serious rock group, but the paradox is that rock was the music I liked, too. "Puppy Love" meant number one records and sold-out arenas. It also meant I was the "Puppy Love" kid, which was a problem when all those thirteen-year-olds grew up and became sixteen-year-olds who rejected everything they liked before. Maybe if it had been an average hit rather than a massive one, I would have been able to join my brothers in the next Led Zeppelin. The bigger the hit, the bigger the liability.'

Women's liberation made its way into *Jackie* too, in line with the magazine's goal to inspire in girls confidence and self-reliance; to think for themselves and not be coerced into anything. A page called Patchwork encouraged readers to come up with make-do-and-mend-style solutions to the dilemma of not being able to afford the latest Zandra Rhodes or Ossie Clark dress, like buying a cheap black jumper and sewing on brightly coloured buttons. According to Nina Myskow, 'It was all about putting girls in a frame of mind where they weren't waiting for Prince Charming to come along and rescue them.'

In a May 1973 picture story about love at the dawn of time, Isca the cavewoman objects to the hunky but unreconstructed Roch dragging her around by the hair: 'It's always the same!' she thinks, sulking on a rock. 'Every time I try to have a reasonable discussion with him he just thumps me one with his club and that's the end of it! Rotten pigs! They're all alike!' Only after Isca rescues Roch from a dinosaur does he begin to mend his chauvinist ways and see her as a woman of strength and character, which Isca celebrates by discovering fire and burning her bra.

It was, says Myskow, part of the magazine's mission to help its young readers make sense of life in the face of parents who didn't understand, friends who may not have been on their side and the eternal demands of early adolescence. She had to fight long and hard to get her Presbyterian employers to allow a doctor's column in *Jackie* that dispensed advice on periods and other issues of emerging womanhood. Then there was Cathy & Claire, the problems page that, though for the most part notably innocent, was enough to cause consternation in concerned adults across the land. My wife's mother wouldn't let her have *Jackie*, even though she was growing up in the 1980s, for fear of the pernicious influence of Cathy & Claire.

Myskow recalls: 'Cathy & Claire was made up of genuine letters and we were getting four or five hundred of them a week. That means a young girl had to get a paper and pen, have the courage to write down her thoughts and problems, get a stamp and post it, most likely without their parents knowing. I instituted a system of leaflets that were written by doctors and other experts, covering every problem I could think of, so each reader got a reply along the lines of: "Dear Nina, here's a leaflet about it, and by the way the spots will clear up in time.

Yours, Cathy & Claire." You look back and you wonder: why were there not more sexual questions, ones about more serious problems like getting pregnant? The answer is that they just didn't write to us about things like that. It was more: should I kiss him or not?'

Alongside Donny Osmond's frequent front-page appearances, *Jackie* magazine featured some rather more surprising pin-ups. In an edition from January 1973, alongside a picture story about the challenges of falling for a keen mountaineer called Crazy to Love Him, and the Cathy & Claire page dealing with such adolescent dilemmas as never having a boyfriend because all your friends are so much more dynamic and attractive than you, or falling in love with the father of the child you are babysitting (Advice: 'do be sensible, luv, get out NOW – before it's too late'), came a poster of those noted dreamboats Lindisfarne. The five unsmiling, unshaven, sideburns-spouting, frankly odorous-looking members of the Newcastle folk rock group are slouched together on a sofa amid a dead sea of Bass Export Ale bottles and overflowing ashtrays. In February 1972, *Jackie* had steeled its readers for future Lindisfarne onslaughts by publishing a small photograph of the band, grinning and bare-legged. 'Here's the real reason why men wear trousers,' went the caption. 'It's to hide those ghastly, horrible, bony, hairy KNEES!'

The Groundhogs, Alice Cooper, Mott the Hoople – none of them exactly oil paintings, but they all got their own posters in *Jackie*. Anyone who was heading up the charts was valid. *Top of the Pops'* resident photographer Harry Goodwin would send in the shots – mostly taken in the dressing room or bar, hence the bottles and ashtrays, sometimes even in the toilets with cisterns in the background. An appearance in *Jackie* led to a likely pasting in the student-friendly *NME* for losing all credibility, but according to Myskow, 'That was the *NME*'s problem. Marc Bolan in particular very much wanted to be famous. And he realised that he was never going to be famous by appearing in the pages of *Gandalf's Garden* magazine.'

Although it wasn't essential to have the looks of Donny Osmond, David Essex or Marc Bolan to make it into *Jackie*, it was certainly a bonus. 'We did have photographs of hairy blokes taken by Harry, who used to say of his shots, "Every one a Rembrandt,"' says Myskow, adopting a hearty Manchester growl. 'But what really sold were the heart-throbs. And you liked one or the other, so there was a lot of rivalry between the Donny Osmond fans and the David Cassidy fans. You couldn't put them on the cover every week but you could always find a way of getting them into the magazine.'

Donny Osmond and David Cassidy shared certain qualities: androgyny, boyishness and cheerful can-do optimism, nothing like the hirsute rockers in make-up who were turning up on *Top of the Pops* at the same time. Cassidy was slender and lithe, with floppy hair and a delicate, rather feline face; attractive in a feminine way. Donny Osmond, with his kind eyes and cute chipmunk smile, was ideal fantasy boyfriend material. Myskow's lightbulb moment, one which helped pushed the circulation up to a million, was to print sections of posters of Osmond and Cassidy over a three-week period, so you would have to buy the magazine each week to get those tantalising feet and legs, then the slender body and finally the gorgeous face, which could only then be Sellotaped together and pinned up onto your wall in a delirium-inducing whole. A March 1973 edition of *Jackie* features a report from a shoot on a boat by Tower Bridge, during which several of David Cassidy's fans jumped into the Thames in a desperate, life-threatening attempt to get close to him. 'Honestly, the ladies here are just fantastic,' was the American pin-up's media trained response. The reality was quite different.

Playing the sensitive, musically gifted elder brother Keith, Cassidy was the breakout star of *The Partridge Family*, the hugely popular American TV show about the five children of a Californian widow who decide to form a singing group. Based on a real-life family band called the Cowsills, *The Partridge Family* was harmless enough, with its tales of the kids zipping about America in their converted school bus and dealing with everything from sibling rivalry to Mum's potential paramours. It had, to use a Partridge-type phrase, some pretty neat pop songs, too. 'I Think I Love You' has the wrought, sophisticated drama of a Bacharach and David easy-listening classic, yet the fame it brought to David Cassidy all but destroyed him.

'Girls are following me around – they're ruining my whole life!' complains Keith Partridge in one episode. It was a rather more pleasant mirror of Cassidy's unpleasant truth. Girls were squeezing themselves through the air conditioning vents of his house, breaking into his hotel room and attacking him whenever he stepped out in public. Among the fan letters he received were the claims, 'You were adopted and I'm your real mother' and 'I'm your long-lost brother', alongside the ominous announce-ment, 'I have to have your penis'.[4] The producers of the show squeezed Cassidy's appeal for every penny they could get – pay-ing him $600 a week for the right to do so – by making him film for twelve hours before transporting him to recording studios to

pump out singles and albums. There was David Cassidy station-
ery, lunch boxes, cereal boxes, watches, pendants, jigsaw puz-
zles, paper dolls and plastic guitars, none of which he had any
quality control over or financial remuneration from. After being
photographed wearing a necklace made of shells, which he had
strung together one afternoon on a beach in Hawaii, there was a
rush mass marketing of David Cassidy puka shell necklaces. The
American children's clothing manufacturer Kate Greenaway
introduced a Partridge Family range, sold with the message:
'David Cassidy will love you in these Kate Greenaways'. A for-
mer English teacher called Chuck Laufer, who got in on the
teeny bopper market in the mid-'50s with magazines like *Tiger
Beat* and *Fave*, started the Partridge Family Fan Club and its
accompanying magazine, and as Cassidy recalled in his really
rather tragic memoir, *C'mon, Get Happy* (1994), Laufer came up
with the brilliant idea of charging members of the fan club an
extra fifty cents for 'rush handling' . . . 'And countless girls in the
thrall of puppy love – imagining they'd be making contact with
me that much quicker – would gladly cough up the extra four
bits. All those extra 50 centses sure added up.'

None of this was anything Cassidy, who was only called in to
sing the songs on the show after it was discovered that he had a
surprisingly good voice, wanted or particularly benefitted from.
His parents, the actors Jack Cassidy and Evelyn Ward, divorced
when he was five and Cassidy grew up with his maternal grand-
parents in a blue-collar household in New Jersey. That set the
scene for some classic dad hero worship, with Jack Cassidy play-
ing the 'hail-fellow, well-met' charming actor while failing to
provide such basic needs as child support or turning up to be
with his son when he said he would. After Jack married Shirley

Jones, a more successful actress who would go on to play David's mother in *The Partridge Family*, he moved to Los Angeles and his career began to take off, widening the gulf between himself and his son, which he tried to make up for by assuming the role of the disciplinarian on the rare occasions he remembered his fatherly duties: 'If he had $50,' David Cassidy remembered, 'my mother used to say he'd spend $40 on a suit for himself and leave $10 for us to live on.'[5]

When his son started rebelling and became a hippy, albeit one with a low-paid job in the mail room of a textiles company, Jack Cassidy decided to straighten him out by taking him to get fitted at Roland Meledandri, the most expensive clothing store in New York. David was just happy to be getting all this attention and largesse from his father, as the bill came to an astronomical $800 – until Jack told him that he would be paying for it himself, in $15 weekly instalments, over the next two years.

Such a less-than-secure upbringing meant that Cassidy was a long way from the character he played, goody two-shoes Keith Partridge. By the time he moved to Los Angeles in his mid-teens, he had discovered the acid rock of Jimi Hendrix, Cream and Jeff Beck . . . and the acid to go with it. 'By the time I went to get something to eat,' he said of the first time he took LSD in 1966, 'I was hallucinating vividly. The hamburger was dancing on my plate while the french fries were standing up and conducting music.' Promiscuous even by the free love standards of the day, he lost his virginity at thirteen and proceeded to take advantage of the fact that from then on, women and girls just kept throwing themselves at him – 'It wasn't uncommon for a woman to come up to you at a concert or love-in and say, "Hi. Want to fuck?" I've always liked that kind of honesty.'

Cassidy, by then building up a reputation as a serious actor, was twenty when he had to be talked into taking on the role of sixteen-year-old Keith Partridge, after which he signed away his name, voice and likeness to Screen Gems, the production company behind what became America's biggest show. And Screen Gems had signed over recording rights to the Bell record label, which meant that Wes Farrell, the producer chosen to produce Partridge Family records, essentially owned Cassidy as a recording artist, with the recordings all falling under the umbrella of his $600-a-week pay package for doing the show.

Farrell had co-written '60s standards like 'Hang On Sloopy' by the McCoys and 'Come a Little Bit Closer' by Jay & the Americans. As far as he was concerned, the young actor was little more than a face for his '70s pop vision, speeding up the tape of Cassidy's double-tracked vocals to give it lightweight appeal and making him sing 'I Think I Love You', with its comical harpsichord solo, and the soppy ballad 'Cherish'. It meant that Cassidy was not in control, not only of his life and career, but of his very being: 'I no longer trusted anybody. Everyone I met wanted me for my sex, or for their alignment to me to make themselves more important, to be with someone that famous or successful. Or for money, to enhance their own personal wealth. I distanced myself from almost everyone.'

By the time Nina Myskow met Cassidy in 1974, at a press conference in Glasgow, his career was pretty much over in the US but reaching its peak in the UK: 'There were twenty or so journalists, and he looked up at us and blushed to the roots of his hair. He was an extremely sensitive soul who was crippled by the fact that his alcoholic father had been a big TV and Broadway star, and all David wanted was love and recognition from him. The problem was that the more famous David got, the more his father resented him. They hadn't talked for a year when Jack Cassidy burned to death after dozing off on the living room couch with a lit cigarette. David did have an overinflated sense of his own importance, comparing himself to Frank Sinatra and so on, but he was defined by this awful relationship with his father and it crippled him all his life.'

'I was pigeonholed as a teen idol and there's no credibility,' wrote Cassidy on how his acting career dwindled away in the wake of such inoffensively pleasant hits as 'The Puppy Song'. 'I paid a tremendous personal price. It's a very empty, isolated, lonely existence.' An endless stream of blow jobs from extremely willing groupies seemed to be the sole sordid relief from his teen idol entrapment. 'Once I became really famous,' accepted Cassidy, 'virtually the only real contact I had with humans was with women who'd want to have sex with me.'

By 1972, increasingly burnt out and embittered at what he felt was the exploitation of his very soul, Cassidy was posing naked on the cover of *Rolling Stone* in a portrait taken by celebrated photographer Annie Leibovitz and talking with the journalist Robin Green about how he liked drinking and taking drugs much more than he did being a teen idol. 'There'll be a time when this whole thing will be over,' he said, sounding like he couldn't wait for that day to come. 'I won't wake up in the morning feeling drained, and I won't be working a punch card schedule. I've had them with a gun at my head, almost, saying, "Record, 'cause we've gotta get the album out by Christmas."'[6]

Danny Fields, an editor of America's *16* magazine and the future manager of the Ramones, was assigned to write the original

Rolling Stone profile on Cassidy. At *16*, cover stories were based on how many letters came in and Cassidy had by far the most during Fields' tenure – followed, bizarrely, by fan letters for Elton John, whose teenaged fans insisted that his announcement that he was bisexual was false and wrote in their droves to *16*, demanding the magazine print the truth about Elton John's unquestionable heterosexuality. As *16* dealt in teen pop and *Rolling Stone* was America's leading magazine for serious grown-up music made by people in too much denim, when Danny Fields got the call for the Cassidy assignment, there was always going to be a caveat attached: '*Rolling Stone* rejected my story about David Cassidy as being too nice. They wanted to take him down. But I couldn't. He was smart, a great mimic, easy to hang out with, nice to his family, nice to his fans. I had been with him for a while and I had a little cocaine with me, so I gave him a bit to perk him up and he said, "Ooh, I've never done this before."' The endless drugs making an appearance in his autobiography *C'mon, Get Happy* makes this assertion from Cassidy seem rather unlikely. 'The main feeling I got from him was that he was trapped as Keith Partridge and he hated it. It felt like a curse that had been stamped on him.'

The turn came when, at what was intended as Cassidy's penultimate farewell concert in 1974, 800 people were injured and a fourteen-year-old fan called Bernadette Whelan was crushed to death among 35,000 fans at a stadium at White City in London. The DJ Tony Blackburn, working as MC for the night, said later that he had never seen so many people leave a concert on a stretcher. Nina Myskow was in the crowd when she became aware that the screaming, the mania, the desperate urge of young girls to get to the object of their desire was creating a potentially disastrous situation. She had previously been in a car with Cassidy when it had been mobbed by girls, crushing the roof and tearing off the windscreen wipers and wing mirrors, so she was aware of what hysteria looked like. The concert collapsed into chaos the moment Cassidy walked on stage, with the fans surging forward to create a suffocating crush and the ushers being left with the job of hauling over 200 injured girls over the safety barrier to be taken away on stretchers.

A few days after the concert Cassidy wrote a letter to Whelan's parents, who were processing grief through a coroner's verdict of accidental death as a result of asphyxiation and 'contrived hysteria'. He expressed his regret at a death he said he felt responsible for, but which was really a product of being put into a position he never asked for or appeared to enjoy in the slightest. 'Had you seen the thousands of fans pushing hysterically toward the stage that night,' wrote Cassidy in *C'mon, Get Happy*, 'you would have concluded as I had: you simply can't contain teenage girls who are out of control with their emotions.' David Cassidy's final words to his daughter Katie in 2017, after a life punctuated by three divorces and two decades of alcoholism led to the liver failure that killed him, were: 'So much wasted time.'[8]

Cassidy's story makes it seem like Simon Turner, Britain's own potential David Cassidy, dodged a bullet. Turner was a teenage actor who auditioned for Cassidy's role in *The Partridge Family*, and after he didn't get it, impresario Jonathan King had the idea of marketing him as a homegrown alternative to America's number-one heart-throb. A navy officer's son from

Cornwall, at fourteen Turner was sent to Arts Educational Trust in Hyde Park Corner (alma mater of Ayshea Brough and Sally James) to train as a dancer. He moved into a family home opposite Selfridges on Oxford Street, as a paying guest to a woman his mother had found in the back pages of *The Lady* magazine: 'I was in the heart of it. Straight into a ballet school, tights and jock straps, with 120 girls and thirty boys, taking trips to Soho, which was very seedy back then. It was a treasure trove for the hormonal teenager, even though I didn't understand girls in the slightest. Girls in Cornwall had been like boys: they wore trousers and climbed trees. These girls were a different thing altogether. I would be picked up by a girl one week and chucked a week later. I was going, "But I thought that was love!" They would say no, and by the way now you're passed on to her. It was pass the parcel. And I was the parcel.'

All good training for life as a teenage pin-up, which Turner, with his pretty looks and air of mischief, was very much suited to. Arts Educational Trust had an agent and before long he was getting radio and television work, starting out in 1971 as Ned East in an adaptation of Thomas Hughes' novel about the tortures of public-school life, *Tom Brown's Schooldays*. Being on television every teatime made Turner well known but also, he says, 'A horrible, arrogant little shit. There was nobody to tell me right from wrong, up from down. I was having a lot of fun and not really giving a damn, but at the same time it became boring. I had been thrown into adulthood too early, not really knowing what was going on, and before long I was disillusioned with acting. All the kids I knew were becoming young actors and ending up in *'Allo 'Allo!* and I kept thinking: *there must be more to life than this.*'

As it turned out, there was. Simon landed a role in the BBC mini-series *The Silver Sword*, which was based on Ian Serraillier's children's book about a Polish family torn apart by the Nazi occupation, with the parents sent to concentration camps and the three children left to fend for themselves in the family cellar before taking off across Europe in search of their parents. Turner played Jan, a feral Warsaw urchin tasked with rescuing the children, the oldest of whom was played by Rufus Frampton, a friend of Jonathan King – 'Jonathan came on set one day and said: "Do you want to make a record?" I said yes without a lot of thought of what went into it. He told me what songs to do, where to go for the photo shoots, the whole thing. It was fun but I had no artistic input whatsoever.'

While his American counterpart in *The Partridge Family* had his own wardrobe budget, Turner was given thirty quid and dispatched to a bargain shop on Tottenham Court Road to be fitted out for photo shoots. And while the output was not exactly groundbreaking, there were, as per Jonathan King's ability to pump out not great but quite good pop songs, a few catchy tunes in there. A rendition of David Bowie's 'The Prettiest Star' was almost a hit: 'I'm seventeen and I'm tall for my age,' sang Turner in refined public schoolboy tones over a baroque pop arrangement on the autobiographical '17', on which he also admonishes the authorities for attempting to give him a decent education. 'I wasn't very bright and I only got one or two O levels so there is some truth in the words to "17", but all of that came from Jonathan. There wasn't a great deal of concept going on. Probably the best thing that came out of the period was when a Scottish magazine called *Diana* gave me my own column called Simon Says. I had a cat called What at the time and What had his picture at the head of the page. I talked about what I had been up to, going to see David Bowie, 10cc and Humble Pie, things like that. It was absolute drivel, to be honest.'

Simon Turner popped up in teen magazines all the time in 1973 and 1974, where his vital statistics might be listed alongside a photograph of him looking moody on a motorbike and an interview in which he would reveal where his interests really lay: going to see bands. 'I was actually a terrible snob. I was into underground bands like Mighty Baby and May Blitz and once I discovered the Marquee club, that was it: I spent all my money on gigs. For me, it had to be rock. I had nothing to do with pop whatsoever – apart from the fact that I was making it. It was a double life.'

A few more singles followed, including an attempt at fostering teen rebel status called 'I've Been a Bad Boy', but by the mid-'70s Turner had enough and wanted to start making music of his own, so he went into the studio with the British reggae singer Judge Dread and recorded a song called 'Hello, I'm Your Heart', paying for the session himself – 'I did it because I just wanted to do stuff not with Jonathan, and I had discovered all this underground music but I couldn't get a deal. I failed miserably for years and years, but if you keep going, it's remarkable what can happen.'

Once the teen idol period died down Turner found himself absolutely broke, to the point where he was working in a pub in Mayfair while also taking a minor role in an adaptation of *The Big Sleep* starring Robert Mitchum: 'It was truly bizarre. I was acting against Robert Mitchum then clocking in at my job at the pub. I even took Robert to see Siouxsie and the Banshees.'

The turning point came in 1978, when Turner was sitting on a bench on the King's Road and was spotted by a former journalist who had interviewed him in his pop star days. 'He asked me what I was doing and I said bugger-all, really, watching the world go by. He asked if I needed a job and told me he worked for a company that was producing a film called *Jubilee*. I was there the next day, making the sandwiches and driving the van.'

Jubilee was the 1978 film by the visionary British director Derek Jarman, who created a portrait of Britain in a state of total decay as Queen Elizabeth I is transported to the late '70s to witness punk nihilism at its most violent and anarchic. A few years later, Jarman brought Turner into the production office to answer the phones as he started work on *Caravaggio*, an impressionistic, time-jumping retelling of the life of the baroque painter of sixteenth-century Rome: 'At the end of the week the producer Sarah Radcliffe said to me, do you want to be in it or on it? I said on it, but I ended up being in it, too. Then Derek asked if I would do the music, and I said I would if I could use authentic period instruments and proper musicians. It was that simple. Everyone was furious with me because they thought I had wheedled my way into doing the score, but it's not what happened at all.' There marked the end of Simon Turner's old life as the British David Cassidy and so began his new one as Simon Fisher Turner, highly respected composer of atmospheric modern classical and film music.

While Donny Osmond and David Cassidy, and to a lesser extent Simon Turner, were teenagers whose destinies were shaped by adults who appeared to know what they were doing, some '70s teens took the matter into their own hands. The glam era band Hello were only sixteen when in 1974 they were in the British top ten with 'Tell Him', a stomping version of girl group the Exciters' 1963 pop song, and back there a year later with their own 'New York Groove'. By then, they had already been at it for five years. Hello's singer Bob Bradbury was ten and a half when, having watched episodes of *Ready, Steady, Go!* and been excited at the sight of all those guitars, he asked his sister's boyfriend to show him a few rudimentary chords before saving up his pocket money to buy an old acoustic guitar from the local sweet shop for a couple of pounds. This was in Tottenham in north London, where Bradbury and his elder sister lived with his painter-decorator father and dinner-lady mother on the top floor of his grandmother's house – 'We had to go through me nan's room to get to the toilet. There was no central heating or anything. It was either an electric fire or, more commonly, just being cold.'

The Child Poverty Action Group stated in 1970 that 3 million children were growing up in poverty. Two years later, it predicted worse statistics after the introduction of the Housing Finance Act, which raised council-house rents and introduced means-tested rebates at a time of rising unemployment and high inflation. The political argument that followed the Child Poverty Action Group's 1970 report focused on the idea that families who could afford televisions could hardly be classed as living in poverty, which didn't take into account the fact that television sets could be obtained on higher purchase, which you couldn't get for the treatment of rising damp or the installation of indoor plumbing. Bob Bradbury's situation was typical of thousands of working-class children who were seduced by the sound, the look, the magic of popular music being beamed straight into the family home through the television. And, having witnessed pop music on the telly, he had to find a way of doing it himself.

The first step, which came after being inspired by the sight of Roy Wood's old band the Move doing 'Flowers in the Rain' on *Top of the Pops*, was to convince his dad to make him fake guitars and drums out of wood and mime along to the hits of the day at the local municipal hall. The next step was doing it for real, but with none of his fellow ten-year-old fake musicians interested enough to put in the effort of learning, he looked to form a new band. He convinced Keith Marshall, a fellow attendee of Markfield secondary modern in Tottenham, to join him in his dream: 'At first, Keith, who lived in a little house with an outside toilet, didn't want to be in a band at all. One of my mum's fellow dinner ladies had a son called Chris Allen who played, so my mum said she would go round to their house to see what occurs. Chris said he was too old to be in a band like ours. He was fourteen. So he went on to become the bass player of Ultravox and his little brother Jeff joined us on drums. Jeff was lucky – his dad was a truck driver and he lived in a flat with all the mod cons.'

Unlike so many middle-class parents who thought their children were wasting their time and would turn into uncouth yobs by doing something as insubstantial as pop music, the parents of Bradbury's pre-Hello outfit the Age thought the idea of their kids forming a band was great. Jeff Allen's mum even allowed them to rehearse in her living room every Saturday afternoon: 'Our parents bought us the equipment, which was really hard for them as they didn't have any money,' says Bradbury. 'My first electric guitar was a Woolworth Top 20, which cost £20, my amplifier cost another £20, and once we had the basics, we would pile into one of our parents' cars, cram up against all the equipment, and play working men's clubs, where there would be a break for the bingo halfway through. We did a dinner dance at the department store DH Evans once – that was a big deal.'

Education was something to be endured rather than embraced for the teens of Hello, who were not, by their own admission, university material. In his best-selling 1962 study of the class system, *Anatomy of Britain*, Anthony Sampson surveyed the eleven-plus exam system of post-war Britain that streamed children into grammar schools, technical colleges and secondary moderns, and concluded that the exam itself was set up to pre-select middle-class children to succeed, with those who didn't make the grade for the grammar school essentially marked as failures who could never expect to amount to much from then on. Hello's raucous glam-rock anthem 'Another School Day' came to the same conclusion: 'Teacher, hello, you knew I'd never pass.' Bradbury certainly had no interest whatsoever in school – 'I got out as quickly as possible, by fifteen, I think. My headmaster said: "This music thing, it ain't gonna do anything. You need to stay in school and get an education." I said there's no education here anyway because the school's rubbish. Then he asked us to play the school concert.'

Armed with a hardened manager – fellow schoolboy Mick Raftery – the future members of Hello set out on the road to glory with a regular monthly gig at the working men's club for Rolling Mills, a metals company producing rolled aluminium, copper and zinc on the banks of the River Lea in Enfield. Catching the Age one evening in this smoke-clogged world of deep-pile carpets and immovable pool tables was the brother of Russ Ballard, the singer of the rock band Argent, who was so impressed that he told his brother he had to catch these adolescent stars in the making – which Ballard did, in Jeff Allen's mum's living room. He arranged various record companies to come over to the living room, too, and the Age's first professional booking was backing a would-be pop singer called Caroline Hall. It led to playing in the Royal Albert Hall before HM the Queen (which impressed the parents) and doing high-end functions before professional footballers. But this was the early '70s and Bradbury and his fellow not-entirely-respectable teenage hairies liked Black Sabbath and Deep Purple, not the kind of polite pop they were expected to do with Caroline Hall, so they went their own way. There were some great moments in the early days – doing 'Yellow River' and 'Proud Mary' on a boat at Teddington Lock for an episode of *Magpie*, with Jeff Allen and his drum kit strapped to a dinghy towed by a rope at the back, coming up with a three-chord wonder in the style of '70s pop-style rock 'n' roll called 'You Move Me' – but Hello had to wait until the grand old age of fifteen when, with the help of Bell Records and Gary Glitter's producer Mike Leander, they fulfilled their destiny as fully fledged glam teens: 'Mike Leander had all these ideas we would never have thought of. We didn't know who he was and suddenly this bloke was double-tracking guitars, deadening the drums with towels, putting handclaps in and making us go, "Hey". He did get a bit irate when we all started screaming and shouting after a few beers, but on the whole he was great to work with.'

The other key figure in Hello's steps to stardom was David Bowie. On the 15 June 1972 edition of *Lift Off with Ayshea*, when

Bowie made his TV debut of 'Starman', Hello were doing their big hit 'You Move Me'. None of the band members knew who Bowie was, particularly as he had been going under the band name of the Arnold Corns: 'The first thing we thought when we saw Bowie and his lot was: *wow, they look amazing.* Then we heard "Starman": what a fantastic track. Everyone knew how good it was. He gave us a little wave from the stage and afterwards he came over and said: "Right, you need to play to the cameras and not look so bored. You need stage presence. You need to know how to come across on television. Play it up a bit." He wasn't really anyone back then, but from that moment, you could tell he was different and his advice has never left me. It helped us enormously.'

A less-welcome visitor to the *Lift Off* set was Dr Death, that Musicians' Union representative who had been the scourge of turn-of-the-decade songwriters like the Rogers Cook and Greenaway and Tony Macaulay. With the show being filmed in Manchester, Hello were not in a position to get one of their friends to take Dr Death down the pub while they pretended to record a new version to mime along to as per Musicians' Union rules. '"Tell Him" had all these piano parts on it and none of us played the piano. In the end, we found a studio and all four of us worked out how to do the piano together. More typical was the experiences we had for *Top of the Pops*, when we went into a studio to record the new version and it ain't happening. The engineer goes: "Just keep going, it'll be fine." We were think-ing: *that's a weird attitude, because nothing is sitting right.* He kept say-ing: "Don't worry about it. In fact, you lot can go now and I'll do the rest." We didn't understand what was going on because it sounded rubbish. It was only afterwards that we realised the engineer swapped the new recording with the original one and they played that instead.'

Hello were introduced at a very young age to the straitened world of band life in '70s Britain, where a visit to an Angus Steakhouse would be a rare treat meted out by a record label and a more familiar meal out would be egg, bacon and chips at the Blue Boar, a place off the M1 by Watford Gap that every band stopped at sooner or later. Originally a transport café attached to a garage that was set up to get lorry drivers in and out as quickly as possible, leading to the pioneering use of disposable cups for coffee and tea, the single-storey building, with its fixed formica tables and blue and green vinyl seats, globe lighting, heated counter, cigarette machine dispensing packets of Player's and a jukebox in the corner, became a rock star hangout from the mid-'60s on. Jimi Hendrix heard so much about the Blue Boar, he mistook it for a glamorous nightclub and asked to play there. The Blue Boar was open all night, the bands would bump into each other at three in the morning, and the American touches of the interior brought to the place a touch of glamour not immediately apparent from its crazy paving-clad British transport café exterior: 'It was the only place open,' says Bradbury of the Blue Boar, which did have posher dishes for the big stars – ordering a prawn cocktail and a black forest gâteau would really show your fellow café dwellers that you had arrived. 'There were toilets and greasy spoon food. You would walk in and you would see Sweet, Slade, the Rubettes, Mud . . . You had your little chat before going on your way. It was all for one and one for all.'

Despite their position as the juniors of the glam pantheon, Hello were never really a glam band in the pure sense. They wore patched blue denim outfits and wrote songs like 'Teenage Revolution' – a masterpiece of telly-friendly pop, brutal rock, harmonica blues and proto punk that set out Hello's stall as actual teenagers from the litter-strewn streets of recession-hit mid-'70s Britain. If only they had been a few years older, they might have been in a position to stand up for themselves rather than give in to demands by the adults to scrap the single release of 'Teenage Revolution', leading to it becoming one of the rarest and most sought-after singles from the velvet tin mine of '70s glam. As Bradbury puts it: 'It's not easy to stand up to people telling you what to do when you're only sixteen. For one thing, everyone is taller than you. These things make a difference.'

Instead, Hello indulged in the kind of fantasies most teenagers would if they found themselves in a successful band, like making plans to buy four houses in row and connecting them by knocking through the walls in the manner of the Beatles in the film *Help*! 'You don't realise how bloody ridiculous that is when you still live at home with your mum and dad. As for everything else that was going on in Britain in the '70s, our attitude was: inflation? Dunno, never heard of it. If you wanted something, you asked the roadie. We was doing gigs, we was getting the money. Why worry about money if you have it?'

The success of Hello's 1975 hit 'New York Groove', a cheerful celebration with shades of Billy Joel of a city they had never been to, set the band off on a life of European tours, fun times in the van, hanging out with Showaddywaddy and Smokey, playing football in empty concert halls in the afternoon, and generally embarking on the giant fishing trip that all tours would be if rock bands were made up of teenagers who grew up together rather than adults who grow apart from one another as time goes on. Hello landed a gig as the resident band in *Side by Side* (1975), a British comedy film with shades of *Carry On* starring Barry Humphries and Terry Thomas. And in true rock band fashion they almost died in a plane crash. Following industrial action by British Airways staff in 1975, Hello chartered a six-seater single engine airplane to take them to Germany. The plane took off from a grass strip and once it was up in the air, the engine cut out.

'You know in the war films, when the plane is going down and it makes a screaming noise? It was like that. I was sitting at the back with Jeff and we was holding each other's legs, going: "This is it, isn't it?" I looked down and saw water, so I thought that as long as we don't hit a boat there was a chance we'd be able to open the door and swim out.'

In the event, the pilot got the engine going again, leading to three and a half hours of unmitigated terror as the little plane rattled its way towards Germany and Bradbury demanded that the pilot stop the plane so that he could go to the toilet. Not unreasonably, the pilot refused and, when the plane eventually landed, Bradbury jumped over the pilot, opened the hatch and relieved himself. As Bradbury recalls: 'I just stood there, piddling on the runway while the pilot is going absolutely ballistic. Then security run over with all the guns and haul me off.'

Such high jinks couldn't last for ever. The writing was on the wall for Hello when in 1979 Bradbury and the band's bassist Vic Faulkner were visited by members of the German fan club with a stack of singles to sign and among them were copies of their guitarist Keith Marshall's future hit, 'Only Crying' – 'We knew nothing about it, but by that time we was all doing our own thing. It was over.'

At least Hello's teenage revolution was a lot less sordid than that of the Bay City Rollers, the tartan-clad Edinburgh five-piece whose smiling demeanours, pasty good looks, clownish stage-wear and '50s-tinged hits 'Remember (Sha La La)', 'Shang-a-lang' and 'Summerlove Sensation', the products of songwriting/ production duo Bill Martin and Phil Coulter, led to the brief but febrile mid-'70s sensation of Rollermania, a phenomenon that bridged the gap between the hysteria around the Beatles and the boy band movement that got going in the 1980s. The Bay City Rollers had their own TV show, *Shang-a-Lang*, produced by Mike Mansfield, which replaced *Lift Off with Ayshea* in 1975. 'Bye Bye Baby', one of the few singles on which the band members actually played, was at number one for six weeks in the same year and 'Saturday Night' even got to number one in America. Nonetheless, the Bay City Rollers were a cautionary example of what can happen to young men when they're under the power of a figure who doesn't necessarily have their best interests at heart.

The band's roots went back to 1966, when Alan and Derek Longmuir formed an R&B covers act called the Saxons, changing into the Bay City Rollers at the end of the decade and carving out a decent following for their Beatles-influenced rock. It was their manager, a potato salesman's son called Tam Paton, who saw pop sensation potential. Session musicians were hired to play on the tracks and, in 1973, Paton brought in Les McKeown on vocals and Stuart 'Woody' Wood on guitar, the latter less for his ability – by his own admission he could hardly play – and more for the fact that he was sixteen and pretty.

There was mass appeal brilliance to the hits. 'Shang-a-Lang' got its title from a phrase its songwriter Bill Martin used when he had to stop himself from saying 'shit' in front of his mother, its words from memories of the gangs that ran through Govan in Phil Coulter's native Glasgow and its distinctive thump from two boards being slammed together, all of it bound into a '50s rock 'n' roll pastiche. It captured the realities of Scottish working-class life with glam pop appeal, giving Britain in 1974 one of its most memorable hits in the process.

Rollermania took off. As Woody put it: 'All I had to do is remember a few chords, go for it, and do my thing.'[8] Tam Paton's parents ran the fan club from their council house out-side Edinburgh, while teens in the early years of adolescence got themselves decked out in tartan, waved scarves in unison and screamed along to two-minute stompers like 'Saturday Night' and 'Summer Love Sensation'. Before long, the band members got fed up with not playing on their own records, so Bill Martin and Phil Coulter were out and Phil Wainman, who had pro-duced so many of the Sweet's classic hits, was in. 'Bye Bye Baby' was mooted by Tam Paton as the next single. 'I actually knew the song,' Phil Wainman remembered. 'But getting the Rollers to duplicate that was not easy. We could spend a month just on the vocals.'[9]

The Bay City Rollers were ultimately shaped by their fans, right down to the famous tartan look. A girl from Liverpool had sent in a drawing of the band in a bomber jacket and checks and they thought it seemed like a good idea to adopt it. News footage from 1975 of some Bristol fans in total hysteria caught the inten-sity of their passions. They were collapsing into floods of tears, cries of anguish and fainting fits, not so much because of the newsflash that Les McKeown had run over and killed a 76-year-old woman in his left-handed Ford Mustang, but because it had resulted in that night's concert at Coulston Hall being cancelled. The American music journalist Caroline Sullivan, who wrote a very funny book on her youthful love of the band called *Bye Bye Baby: My Tragic Love Affair with the Bay City Rollers* (2000), recalled the impact of seeing the Bay City Rollers on television when she was a schoolgirl in New Jersey: 'The minute their song ended, the phone rang and it was my friend Pat. She said to me: *Eric*. And I said *Woody*. This must have been what Donny Osmond fans had gone through, but it was happening to me.'[10] Even the Ramones took note. The opening chant to the New York brudders' signature tune 'Blitzkrieg Bop' was inspired directly by the one opening the Bay City Rollers' 'Saturday Night'.

Meanwhile, Tam Paton was controlling their every move, right down to putting glasses of milk in front of them during press conferences to promote a squeaky-clean image while supplying them with speed to get through a tortuous touring schedule. Hilary McLaren Tipping, a roadie for the band before making the leap onto television after meeting Mike Mansfield on the set of *Shang-a-Lang*, was witness to it all: 'Alan was the leader and the bass player, a gentleman. I never liked his brother Derek, the drummer. He was very off. Eric [Faulkner, guitar] was moody. Les was, to say the least, volatile. Woody was a pussycat. And Tam was a nightmare, high on speed the whole time and doing various nefarious deals behind their back. I remember once going in the limousine to the airport in Edinburgh. Tam's house was very near the airport so it was a short ride and suddenly Tam pulled out a load of papers. As we were on the tarmac, he said, "You've got to sign these documents now, it will save you a fortune in tax." They all signed without reading them. I discovered later that a guy called Barry Perkins, who had appeared out of nowhere to be the band's so-called "business manager", had suggested to Tam that he get power of attorney over the band members, which under Scottish law meant that Tam could sign any document on their behalf from then on. That's when all the money started getting siphoned off to the Cayman Islands or somewhere. And we're talking millions. The Bay City Rollers made Clive Davis and Bell Records an absolute fortune. The band members ended up spending a fortune on lawyers and all they got each was around £80,000.'

Alan Longmuir had enough of it and bailed in 1976, and by the following year the volatile Les McKeown had fallen out with the rest of the band. He left in 1978 and, a year after that, the Rollers fired Tam Paton and launched a series of lawsuits in an attempt to find out what had happened to all the money they should have had for those 300 million records sold, ending with an out-of-court settlement in 2016. McKeown lost the house he had bought for himself and his parents, while Paton went on to become a millionaire property developer – before serving a year in jail in 1982 for gross indecency with teenage boys. There were further sexual abuse charges in 2003, which were dropped, and, in 2004, 6 kilos of cannabis were found at his home in Edinburgh, where he appeared to be living with an entourage of young men. Paton died in 2009, aged seventy, bringing to an end the story of a band that epitomised the gulf between the teenage dream and its rather less pleasant reality.

There was no better place for Britain's '70s teen to hear and, more importantly, dance to the hits of the day than the mobile disco. Nightclubs were out of the question – too expensive and highly unlikely to let you in anyway. The mobile disco came to the youth club, the church hall, the Mecca ballrooms up and down the country. It was a natural development from doing Music and Movement in the school gym: one moment you were floating about in your pants and vest, pretending to be a cloud, and the next you were singing along to Yvonne Elliman's 'If I Can't Have You' while attempting to emulate the moves of someone you saw on *Top of the Pops* the night before. One National Health glasses-sporting kid at the mobile disco in our church hall, who always wore a tie for the occasion, developed a signature style of hopping from side to side with his feet together and his hands in his pockets. He did it for an hour or so every Saturday evening before his mum marched in and dragged him home – I can only guess it was his approximation of a punk rock pogo.

Jimmy Savile claimed to have been Britain's first mobile DJ, perhaps because he popularised the concept of fitting two record decks together in a box that could be transported in the back of a van to the next engagement. In fact, it was almost certainly Ron Diggins, an engineer from Lincolnshire, who in 1949 built the Diggola – a metal-framed mobile DJ booth complete with two decks (for 78-rpm records), a home-made mixer, lights, amplifiers and speakers.[11] Diggins' pioneering invention came about, as so many of the best things do, by mistake. He was running a business providing background music and voice-overs for public events when in 1947 some Lincolnshire land girls asked if he would play music for a harvest supper they were having with the local Italian prisoners of war. At the time it was unheard of to play records in place of a live band at a dance, which meant that Diggins came up against the wrath of the Musicians' Union, but he inadvertently set in motion a phenomenon that formed the social hub of the average '70s teen. And the man who took it to the next level is someone more commonly associated with the most shamelessly commercial mass appeal stars of the next decade.

Pete Waterman is the producer and svengali who, as the third name in Stock Aitken Waterman, unleashed Kylie Minogue, Sonia, Rick Astley and more none-more-'80s pop stars onto the world. It was his mobile-disco training that showed him how to take an Australian daytime soap actress, a chirpy Liverpudlian teenager and his record label's tea boy and make them appealing enough to sell millions of records. Waterman's DJ career began at ten. His mother worked at a pub outside Bruntingthorpe air-base in Leicestershire, where the American GIs would bring in 45s from their mess hall jukebox that they didn't want any more: Little Richard, Fats Domino, Chuck Berry and other early rock 'n' roll and R&B songs that had been hits in America but were hard to find in the UK. Waterman twigged that not only was there kudos in having these US-issued singles, which had a large hole in the middle because they came off a jukebox, but also that he could take them to parties and charge the pre-teens of Coventry a few bob to hear them. His second realisation was that if he really wanted to get the party going, he couldn't keep flipping the record over every few minutes so he unwittingly followed Ron Diggins' lead and removed the decks from two Dansette record players and mounted them in a wooden box, which he put some fabric around to make it look fancy. It led to bookings not only at some of Coventry's best teen parties, where he was typically paid ten bob and a bumper barrel of Watneys Party Seven – you hit the top of the metal can with a hammer and nail and hoped the beer didn't explode everywhere – but also at youth clubs. This is where things really took off: 'It was around '61, '62, just as the Beatles were happening, and I realised that I could book a youth club and run the dance. I could charge two shillings to get in and sell Coca-Cola, which I could buy for fourpence ha'penny a bottle and sell for a shilling. They had no choice but to buy the Coke because I was the only one selling it, and if they wanted to hear these American records, they had to come to the youth club.'

The next stage in Waterman's adolescent entrepreneurialism was to provide the music between the acts at Coventry's Matrix Ballroom and from there do record sessions at the local Mecca, whose manager realised that as long as he booked a head-line act on Friday and Saturday nights to keep the Musicians' Union happy he could get Waterman to play records instead of having a support act and turn the bar into a disco. That's when Waterman began to understand the nature of mass appeal pop, especially after his popularity meant he started getting booked to play at weddings: 'A wedding is great training for a mobile DJ because you have such a wide age range. You have to play new stuff, old stuff, predictable stuff. At the ballrooms I was playing to 2,000 people on a Saturday night, so it wasn't like a trendy London club where I could just play cool records. Apart from "Sex Machine" I couldn't even get away with playing James Brown. The Mecca were paying good money, but if you lost the dance floor they wouldn't be asking you back the fol-lowing week.'

Perhaps the biggest education of all came from Waterman's regular Saturday morning booking at the Coventry Locarno, where from 10 a.m. until 12.30 p.m. he ran a disco for the city's harassed mums to drop their kids off at while they went off to do the week's shopping. There, he learned that the kids only wanted novelty pop songs like 'Johnny Reggae' by the Piglets or 'The Pushbike Song' by the Mixtures: 'And, if I didn't play

"Leap Up and Down (Wave Your Knickers in the Air)" by St Cecilia at least five times, there would be bedlam.'

Carl Thomas's 'Kung Fu Fighting' was another favourite, inspiring various under-tens to go 'hiiii ya!' with a slashing palm in the spirit of those other noted martial arts experts, Hanna-Barbera's mild-mannered janitor, Hong Kong Phooey and *The Muppet Show*'s diva-in-chief, Miss Piggy: 'But there was two and a half hours to fill, so you had to introduce them to music they hadn't heard on the radio. I would play the Supremes, Motown, and I learned that the kids wouldn't all walk off the floor. Every now and then you could chuck in a rock 'n' roll song and they seemed to like that. If you kept their attention by playing the Piglets or St Cecilia every five songs or so, you could slip in something they hadn't heard along the way.'

By the mid-'70s, Waterman was learning not only about catering to different age groups at his mobile disco but also about expanding beyond his core interest of black American music to take note of the hits the dance floor responded to. The budget glitter of Sweet, Slade and Suzi Quatro passed him by, but when he played the Sweet's 'Block Buster!' one night at the Mecca Ballroom and the place went nuts, he realised what he had been missing. 'Hurry On Sundown' by acid-friend space hippies Hawkwind was also a massive tune. Sunny's ultra-glamorous Motown-style disco ballad 'Doctors Orders' became a phenomenon after Waterman played it three weeks in a row. And he was taking holidays in Wigan to check out the northern soul scene blossoming at the town's casino, where DJs like Ian Levine and Russ Winstanley built a cult around unearthing forgotten soul 45s that you could only hear from them. After Waterman realised that he could stick on a few '60s gems that had sunk first time round, 'Heaven Must Have Sent You' by the Elgins and 'Behind a Painted Smile' by the Isley Brothers became dance-floor fillers alongside the latest Elton John and David Bowie smash hits. 'Prince Buster' by Al Capone may have been a ska instrumental first released in Jamaica in 1964, but the teenagers of mid-'70s Coventry couldn't get enough of it.

Waterman had made early connections in adolescence with Coventry's Caribbean families because he was a huge train enthusiast and he had noticed that there were a lot of steam engines named after the British colonies, so he badgered recent arrivals from the West Indies for information about them. They introduced him to ska and reggae, and from there he helped develop an increasing popularity at teen-based mobile discos for reggae versions of existing pop songs. Waterman played records by artists unknown outside of Jamaica, like the Upsetters and Desmond Dekker, and went on to produce the Jamaican singer Susan Cadogan's version of the American soul singer Millie Jackson's 'Hurt So Good', a massive hit in 1975 – 'I realised that, when it came to the chorus, all the kids were singing along, so I started turning the record off at the chorus and it just became massive. One Sunday afternoon I was walking to the Mecca ballroom when I passed all these girls with a ghetto blaster, who started dancing when "Hurts So Good" came on the radio. That's when I thought: *my God, this is what it's all about*. You have to see what the public pick up on.'

Four years later, another reggae hit caught a moment in time. 'Silly Games' by Janet Kay is one of those lightning-in-a-bottle pop songs with a quality that goes straight to the heart: in this case it's the indelible sweetness of the words about two people too shy to admit their feelings for one another, aligned to the languid, lamenting way Kay delivers the words against a melody so pure it could have come from Motown in its mid-'60s prime. The song was written by the Jamaica-born, south London-based producer Dennis Bovell, a pioneer of lovers rock: the smooth, soulful style of reggae with an aspirational, romantic quality to it, designed with young upwardly mobile black British people in '70s Britain in mind. Bovell had seen an advertisement for Memorex audio cassette tape, where Ella Fitzgerald breaks a glass by the pitch of her singing, and he had the idea of writing a song with an extremely high note that women hearing it would inevitably try to emulate. Seventeen-year-old Kay had recorded a version of Minnie Ripperton's 'Loving You' with the Jamaican musician Alton Ellis – after Ellis had visited Kay's home to undergo a vetting process by her extremely strict Christian parents – which led to her meeting Bovell and 'Silly Games' becoming a huge hit in 1979, first in Japan and then in Britain. Kay travelled to *Top of the Pops* on her own, having clocked off from her office job, and was shocked to learn not only did the producers want her to wear make-up but that she was expected to mime – and she went back to her day job the next day.

'At the time, black music was dominated by roots reggae, which was politicised, radical and masculine,' says Mykaell Riley, who left an early career as the singer of the Birmingham reggae group Steel Pulse to become a senior lecturer at Westminster University and set up the Black Music Research Unit. 'It was also almost entirely Jamaican and the idea of reggae from Britain being accepted by the Caribbean community was anathema, which meant that a band like Steel Pulse were considered a pastiche of Jamaican reggae. At the same time, you had people like Bob Marley in the charts, so when Dennis found Janet and heard her ability to hit that impossibly high note, he realised he could make a female British answer to roots reggae and call it lovers rock. He saw a black British community who were not being accepted as Jamaican while also not being accepted as British by the racist element in the white community. It was a response to all of that – and an appeal to women. It was very significant for the community because until then we hadn't had a British female reggae singer in the charts.'

In 1976, Notting Hill Carnival ended in riots after police tried to arrest a pickpocket on Portobello Road. 'This was supposed to be about fun and love, not violence,' said Selwyn Baptiste, a founder member of the Carnival Development Committee, on an outcome that was a product of rising tensions between the area's black community and an overwhelmingly white police force.[12] A year later, the National Front marched through Lewisham, an area of south-east London with a large black community but also elements of a white working-class one stoked up by Enoch Powell's anti-immigration message; in a local by-election in neighbouring Deptford, the National Front and its breakaway group, the National Party, got 44.5 per cent of the vote. In the event, the NF were seen off by a combination of black and white anti-fascists and police using riot shields for the first time outside of Northern Ireland, but the march – which included factions from Bristol, Birmingham and, yes, Coventry – was a warning of the far-right's increasing political influence. Paradoxically, it was Margaret Thatcher raising concerns over immigration that did for the National Front, with a *World in Action* interview from January 1978 in which she stated that British people were afraid they 'might be rather swamped by people with a different culture'.[13] Home Secretary Merlyn Rees accused the Conservative leader of using fears about immigration for electoral gain, which she inarguably did: Thatcher herself claimed that the interview was so popular, it moved the Conservatives from a level pegging with Labour into an eleven-point lead. It also brought into the mainstream an issue that the National Front had previously claimed as its own, marginalising them in the process.

Thatcher's interview galvanised a new, teenaged generation who were looking at a multi-cultural society as a positive outcome of a post-colonial world, not something to be feared in the way their square, ossified parents did. Mykaell Riley remembered the Steel Pulse audiences as having just as many white as black people in the audience as reggae became the soundtrack to British multi-culturalism: 'You have to remember that a reggae song could only ever get into the charts in Britain if a lot of white people bought it and, from the late '60s to the early '70s, Britain developed into the primary market for reggae. By the time of Rock Against Racism, which Steel Pulse played at, there was an army of white youth saying that racism in music was not in our name. There was a nod to Enoch Powell but also to Eric Clapton, who made his speech in Birmingham on the back of having a hit with "I Shot the Sheriff" by Bob Marley. "Silly Games" arrived at the height of that. And two-tone came at the same period.'

According to Pete Waterman, racism wasn't allowed in Coventry: 'I was playing Isaac Hayes next to David Bowie, all of the dancers at the Mecca Locarno were black and we always had a mixed crowd. The great thing was that there really wasn't anywhere else to go out on a Saturday night so people had to behave themselves. If you caused trouble, you weren't getting in and you were out on your own.'

At Waterman's Saturday-afternoon sessions at Coventry's Mecca Locarno, held with the older teen in mind, was a black DJ called Dancing Danny, who worked as a coal miner for the rest of the week. One of the regulars at Dancing Danny's sessions, who already knew Waterman from visits to a 45s-only shop Waterman ran above Coventry's Virgin Records branch called the Soul Hole, was a fourteen-year-old called Neville Staple. After becoming one of the regular dancers at the Locarno, Staple began toasting – an early form of rapping – over the records Waterman played. And when in 1977 a former art student called Jerry Dammers formed a band called the Automatics – who then became the Coventry Automatics and finally the Specials as an attempt to combine black and white elements of music and youth culture – Staple and fellow Locarno regular Lynval Golding, who had caught a gig by the Equals in Coventry almost a decade previously that made a major impression on him as a mixed-race band, signed up for the ride. On top of this, the Specials looked cool in their narrow suits and pork-pie hats; an ideal style for teenagers discovering punk and reggae for the first time to emulate. 'Gangsters', which was the old Locarno favourite 'Al Capone' by Prince Buster reworked to incorporate a tale of the band being arrested for causing untold damage to a French hotel (in fact, the likely culprits for smashing it up were the Damned), became the Specials' first single in 1979.

'As soon as I heard "Gangsters", I thought: *I could play this*,' says Pete Waterman, who was certainly embedded in the Specials' world: 'Nite Klub', a portrait of a place where 'all the girls are slags and the beer tastes just like piss', was inspired by the Locarno. Then there was 'Friday Night, Saturday Morning', in which the band's singer Terry Hall wishes he had lipstick on his shirt rather than piss on his shoes. It captured the realities of the average teen's experience at the disco, mobile or otherwise. 'We recorded a handful of songs in, I think, 1978, including "Too Much Too Young", and to me they were left-wing songs wrapped up in a pop melody, a ska beat and a punk attitude. On top of that, you had Jerry's lyrics, which were amazing views of the period. This was a time when all the car factories in Coventry were closing down, there were riots up and down the country and Jerry comes along with "Ghost Town". And I could play the Specials because they were reggae and pop. The audience at the Locarno were just looking at the angle of good music.'

The Specials really belonged to the '80s as a living response to Thatcherism and all that went with it, but they were forged in a '70s world: Mecca ballrooms, pop songs, dancing, mobile discos. For the average teenager, the '70s was not a time to be worrying about strikes, oil crises and winters of discontent. For their parents, it was another matter entirely.

Chapter 9

Mums and Dads

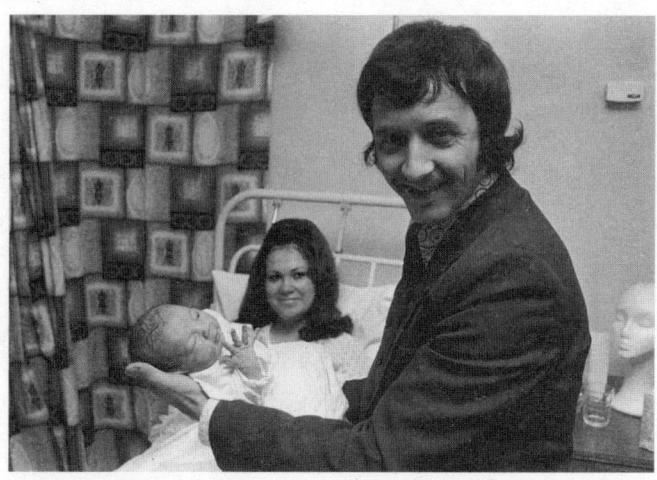

Tony Christie with his wife, Sue, and their baby Antonia Maria,
who was born as 'I Did What I Did for Maria' hit number
two in the UK singles chart, June 1971.

In 1970s Britain, light entertainment made its journey from the
music hall, the concert theatre and the working men's club onto
the television and no one represented that better than the com-
edy duo Morecambe and Wise. From visiting a lingerie shop

to buy 'nether garments' for Ernie Wise's sister ('to keep her nether warm') to Eric Morecambe winning *Mastermind* not by actually getting any of the answers right but by using his uneducated nous to trick the intellectual quiz show's ultra-serious host Magnus Magnusson into awarding him points anyway, two northern comedians who met in 1940 at a revue called Youth Takes a Bow became the most-beloved entertainers of the era: affable, asexual and fundamentally amateurish in all things, except the tightly honed comedy routines that led to 30 million people watching their 1976 Christmas Day special.

In March that year, Harold Wilson resigned as leader of a Labour government. His second term as prime minister had seen him appear before the country as a significantly older, greyer man than the one who had been photographed with the Beatles twelve years previously. On taking office on 4 March 1974, he announced, in dour Yorkshire tones: 'We've got a job to do.' Two years later, Jim Callaghan took over as PM, shortly before sterling collapsed against the dollar as a response to global fears about the fragility of the British economy. In September, faced with the very real threat of the entire country going bankrupt as the pound went into freefall, Chancellor of the Exchequer Denis Healey approached the International Monetary Fund for a $5.3 billion loan, a precondition of which was heavy nation-wide public spending cuts. In the shadow of the crisis, Callaghan declared, in his first speech as prime minister to the Labour Party Conference in Blackpool on 28 September: 'The cosy world we were told would go on for ever, where full employment would be guaranteed by a stroke of the chancellor's pen – that cosy world is gone.'[1] With interest rates at 16.5 per cent – and inflation in the UK peaking at 30 per cent a year previously – the cosy world was indeed gone for the average British adult struggling to pay their mortgage or wondering whether the cost of filling up their car would have increased significantly by the end of the day. At least it could live on in *The Morecambe & Wise Show*. As Marty Kristian of the New Seekers, the clean-cut five-part vocal harmony group who were regular guests on the show, has it: 'You only had three television channels at the time and Mum and Dad ruled the roost. It meant that if you were on *The Morecambe & Wise Show*, you were getting out to 27 million people. You went straight to the heart of mainstream British life.'

One band in particular represented that respectable mainstream, and they did it while bypassing the usual metrics of pop success like top ten albums, sell-out tours and merchandise-flogging fan clubs. Design, which began as a four-male, two-female vocal group, were on television more than any other musical act in the 1970s, making the first of their many *Morecambe & Wise Show* appearances in March 1971 and going on to do spots alongside Benny Hill, Cilla Black, Val Doonican, Tommy Cooper, the Two Ronnies and pretty much every other light entertainment favourite of the age. Everything about Design made sense for television: the sweetness of the mostly acoustic sunshine pop songs, the prettiness of its singers, Gabrielle Field and Kathy Manuell, the nice clothes, the general feeling that these were the kind of amiable, well-spoken, polite young people who could brighten up any occasion.

Design's roots go back to February 1969 when Barry Alexander, a songwriter signed up by the Beatles' record label Apple, was getting increasingly frustrated at the complete shambles Apple was turning out to be, with the result that none of the songs he was writing for them were going anywhere. Alexander had discovered folk music after having had his electric guitar confiscated while a schoolboy at Eton and that was the direction he was heading in: solo acoustic music in the vein of Donovan and Paul Simon. When he got a call from a friend of his sister's called Tony Smith, a bored employee of the BBC's Gramophone Library who had similar taste in music and was putting together a vocal group to reflect it, Alexander headed down to Gabrielle Field and Kathy Manuell's flat in Barons Court, west London, to check them out.

As Barry Alexander remembers, the band had only been together for three weeks and already sounded and looked great: 'They were doing this wonderful harmony singing. Gabrielle and Kathy were best friends from convent school and were classically trained with soprano voices, Geoff Ramseyer and John Mulcahy-Morgan were in a rock band from north London called Free Expression, and Tony had grown up in France, where he had been a fan of jazz vocal groups like the Swingle Singers. We put all these together – the classical voices, the underground rock, the folky side of things, a harmony pop influence from the Mamas and the Papas and the Beach Boys – to come up with something different: it was a British vocal harmony sound.'

Had things turned out differently, Design might have taken their place alongside Fairport Convention, Pentangle and other credible but impoverished folk rockers who never got invited to perform on *The Morecambe & Wise Show*. Nick Drake, the exquisite-voiced singer-songwriter whose pathological shyness ensured minimal commercial success during his lifetime but who became a cult favourite after his death in 1974, was a friend. The band's earliest recordings had hints of the psychedelic whimsy that was typical of the underground scene of the time, with their first album, recorded mostly in 1969 but only

Nostalgia, '70s style. Mud stomped out of their native Carshalton, Surrey, for the '50s rock 'n' roll revival, while Biba's food hall offered elegant families the ultimate 1930s shopping experience, and singing trio the Little Ladies revived the Blitz spirit in the comedy series *Rock Follies*.

Scenes from kids' pop show *Lift Off with Ayshea*: Hector became the ultimate naughty-boy rock sensation and Lieutenant Pigeon, featuring mother and son Hilda and Rob Woodward on piano and organ, bridged the generation gap with the music-hall singalong 'Mouldy Old Dough'.

A night on the town, spent indoors. Lynsey de Paul was a Saturday-evening soft-pop sophisticate; harmony singers Design went on *The Morecambe & Wise Show* so many times they couldn't get a break elsewhere; the Krankies escaped the working-men's-club circuit to hit the telly big time.

Race relations reached an all-time low with riots at the Notting Hill Carnival in 1976 – the same year the hideously unsubtle sitcom *Love Thy Neighbour* was axed. Growing up mixed-race in London's East End, Linda Lewis overcame prejudice to become a disco sensation, also singing on Rod Stewart's 'Do Ya Think I'm Sexy?'.

Mike Mansfield's *Supersonic* was the most glamorous pop show of all, while Sally James was the main attraction on *Saturday Scene* and *Tiswas*. Stage-school friends Lena Zavaroni and Bonnie Langford got their breaks on *Opportunity Knocks*.

Teen dreams: reluctant American heart-throb David Cassidy does his bit for Britain; Donny Osmond drives his devotees crazy; fans of the Bay City Rollers fail to contain themselves.

No film captured America – as imagined by the average British kid – better than Alan Parker's *Bugsy Malone*. Elsewhere, songwriter Paul Williams was so good at writing songs for *The Muppets* that he actually became one, while Tony Orlando and Dawn offered a picket-fence anthem in 'Tie a Yellow Ribbon Round the Ole Oak Tree'.

Biddu and Tina Charles, alongside the ever-surprising Hot Chocolate, led Britain's suburban disco boom during the Winter of Discontent. All featured on the soundtrack to 1978's *The Stud*, the ultimate encapsulation of upper-class decadence. The end, however, was nigh. The St Winifred's School Choir marked a new era of family values with 1980's 'There's No One Quite Like Grandma'.

released in 1971, featuring ballads of such gentle mystery as 'The Minstrel's Theme' and 'Children of the Mist'. After moving into a flat on the Cromwell Road in west London, the six members came back from day jobs – Mulcahy-Morgan was with Tony Smith at the BBC Gramophone Library, Gabrielle Field was an actress in a radio production of *Lysistrata* by the Ariel Players and Kathy Manuell was working for an advertising agency – to rehearse every evening. With a recording contract from Lansdowne Studios arriving a few weeks after they got together, Design hardly did any concerts, instead spending most of their free time either rehearsing in the basement or recording at Lansdowne. They did land a three-week tour of US army bases in Germany, which was, according to Barry Alexander, a total disaster: 'These were American GIs who were about to be sent off to Vietnam; we had never performed before an audience before and we went down like a lead balloon. The last straw came when some poor long-suffering GI shouted out: "Do you know any Led Zeppelin?" They wanted rock 'n' roll and here we were with our folky harmonies. We came back from that with our tails between our legs and Tony didn't want to do it any more.'

Tony Smith had been a heavy drinker for years and added to the stress of leading and managing the band, it all got too much. He was victim to a light entertainment version of rock 'n' roll excess: collapsing with a hernia after performing Design's bucolic love song 'Willow Stream' on Bob Monkhouse's game show, *The Golden Shot*. After Smith left at the end of 1970, the remaining members of Design met John Coast, the agent for the clean-cut Danish Duo, Nina and Frederick. The first thing he did was to ring *Morecambe & Wise*'s producer John Ammonds for a booking: 'This is where the whole thing changed. We went from being a self-contained, serious vocal group, writing all our own material and looking after ourselves to having to appeal to a family audience. The first thing John Ammonds said to us was: "Sure, I'd love to have you on the show, but you can't do one of your own songs. You have to do a song that everybody knows." We ended up doing "Sunny" by Bobby Hebb. He booked us back and we wanted do our next single, which was called "The Jet Song". He said: "Absolutely not. You're doing "Leaving on a Jet Plane" by John Denver.' We had twenty-four hours to come up with an arrangement.'

Being on television was the only way Design were going to be successful, but in doing so they had to change their musical style: 'And once we were on *The Morecambe & Wise Show* the phone never stopped ringing. For us, it was easy. We had no live gigs and we lived in London, so we could earn as much from doing one TV appearance as we would from a week in cabaret. We were all nice, well-brought-up people, so TV producers loved us. We didn't cause any trouble, we were enthusiastic and they kept wanting us to come back as a result.'

The Morecambe & Wise Show had a specific idea of how it wanted its performers to look, so much so that the six members of Design were taken by a woman from the wardrobe department to buy clothes suitable for the appearance: 'The girls had fantastic dress sense anyway and they would go down to Ossie Clark's shop on the King's Road. They always looked stunning and that had a lot to do with how much TV work we got. As it went on we could start doing the music we wanted to do, but we were doing so many shows that we would be on television twice a week, which meant that there was no promotional value in it at all because we were constantly doing so many different songs. It made us very well known but it had absolutely no impact on our record sales at all.'

Instead, Design went deeper into light entertainment purgatory, appearing in cabaret up and down the country, at the London Palladium and the Savoy, where they would be billed as Design from *The Morecambe & Wise Show*. There were no hits so the sets were made up mostly of covers, and while evenings at the Savoy before guests dressed in dinner jackets and full-length dresses went down a storm, Alexander remembers nights at northern cabaret clubs being rather less genteel: 'Being posh, privately educated southerners, our gigs in the north went wrong from the moment we said: "Good evening." They realised that we weren't from round those parts. Television got us all the cabaret work but it also killed us, because radio stopped playing us entirely the moment we did *Morecambe & Wise*. It didn't matter what the music was like, we were seen as a family group and that didn't fit the image of radio stations trying to appeal to teenagers. We tried to be more pop-friendly. We brought in Herbie Flowers on bass, Chris Spedding on guitar and Clem Cattini on drums – the top session musicians – but it didn't work. We were too middle of the road for Radio 1 and too pop for Radio 2. We had a full diary, doing cabaret and television, which we had to do because none of it was helping us sell any records.'

Design ended up outside of the pop machine and inside of the television machine, entertaining the mums and dads spending another Saturday night indoors. They did a week at the Palladium with the legendary American in Paris and jazz-age superstar Josephine Baker, six months before she died. Audiences had forgotten who she was and the place was half-empty. Then they were offered the summer season in Blackpool with Ken Dodd and they actually turned that one down: 'We were uncool. We wanted to be a serious album act and somehow we had drifted into an end-of-the-pier world. We did a tour with Gilbert O'Sullivan and one of the reviews said: "Design got up and did their usual Pepsi Generation thing." We were trying to do solid tracks from the new album and I thought: *they're just looking at the clothes, they're not listening to the music at all.* You have to look nice and colourful to be on television, so you become a clean, shiny, mums and dads group. The fact that we were going back to our flat and smoking dope and doing God knows what else had nothing to do with it.'

In the end, Design gave in. Destiny drove them towards the middle of the road and they were powerless to change direction. They did two months on the end of a pier in Skegness with Tommy Cooper. Geoff Ramseyer and Gabrielle Field left in 1976 and Design continued as a four-piece, until a summer season with Freddie Starr at Bournemouth Pavilion proved the stick of rock that broke the donkey's back. John Mulcahy-Morgan went off to India and got into eastern spirituality, Kathy Manuell followed a stint in *Jesus Christ Superstar* by moving to Malta with the Sex Pistols' sound engineer Dave Goodman and setting up a studio, Gabrielle Field emigrated to New Zealand and voiced radio drama, Tony Smith became a weaver in France, and Barry Alexander, after a stint as the manager for fellow frustrated MOR favourites the New Seekers, built a career as an editor of audio and print books. So ended Design's brief, unique career as the Saturday-evening favourites for whom light entertainment killed the recording career.

'Cabaret was chipping away at our self-esteem,' Barry Alexander concludes. 'You had to grit your teeth and do it, but you felt like a failure: all this work, all those television shows and still never a hit. Geoff and Gabrielle in particular wanted to go back to our folk roots and play the clubs, but it was too late: you can't go back to what you were before.'

That was the feeling of so many people facing up to adult responsibilities in the '70s: that the adolescent hope of the old decade had given way to the downtrodden realism of the new one. The idea that Britain in the '60s was one big party may be a historical fallacy – 'unless you were very rich, very famous or wearing a very short mini-skirt, you weren't getting in,' said the artist and countercultural mainstay John Dunbar of the private club, the Scotch of St James, and he could have been talking about Swinging London itself – but there did seem to be an acceptance that childhood was over. Now was the time to think about payment plans for colour televisions and carpets, to work out how to cover the energy bills and the mortgage when economic pressure created by forces way beyond your control made daily life a challenge in itself.

A September 1975 edition of *Nova* – the penultimate issue to come out before the smartest British magazine of the '60s and '70s folded – really captured the mood of the nation by ditching the insouciant, sharp-witted liberation of *Novas* past in favour of a feature on landing a home that goes with the job (lighthouse keeper, boarding school headmaster, pub landlord) as a way of dealing with crippling mortgage rates and housing shortages. In the same issue, there was a defence of remaining childless by writer and agony aunt Irma Kurtz ('in this funny world there suddenly appear to be more cogent reasons for not having children than for having them, more reasons for suicide than for survival') and, on a less species-ending but only marginally less gloomy note, a guide to finding new ways to insulate your home to stave off impending financial ruin: 'If there's anything more irritating than having to pay ever increasing fuel bills, it must be the thought that only 25% of the money we spend on heating the house actually does heat the house,' went the opening paragraph, speaking to its readers as though they had just come out of a 4 a.m. worry session determined to face the problem. 'The rest disappears in heat loss through the roof, the walls, the floor, the windows, under the doors and up the chimney. That's the way the money goes.'

Suited to this austere tone, and also to the year of the Sex Discrimination and Equal Pay acts for women and Margaret Thatcher taking leadership of the Conservative Party, was a shoot by *Nova*'s visionary fashion editor Caroline Baker on the non-objectifying allure of the smock dress. 'If we women don't want to be judged on sex appeal,' suggested Baker, alongside a photograph of a woman swathed in a voluminous mass of woody brown brushed cotton by Joseph, 'why don't we adopt enthusiastically the one practical uniform we've been offered?'

While the sophisticated readers of *Nova* would be dealing with straitened circumstances by using recipes from Jocasta Innes's bohemian classic *The Pauper's Cookbook* and making their children's clothes with sew-your-own Cloth Kits, the more everyday mums and dads of '70s Britain would be following the recipes of Delia Smith, leaning on Woolworth's Ladybird clothes range for their fast-growing kids and splashing out every now and then at the reasonably priced department store C&A, which, according to my mother, stood for Coats & 'Ats.

You didn't have to know that Delia Smith made the cake on the cover of the Rolling Stones' *Let It Bleed* to realise she was the ultimate pop cook: from 1976 she made regular appearances on the BBC's Saturday morning show *Multi-coloured Swap Shop*, teaching kids how to do sausage rolls and chocolate cakes. From the publication of her 1971 book *How to Cheat at Cooking* onwards, Smith made her own contribution to the feminist revolution by showing women, still expected to do the lion's share of domestic work even as they entered the workforce, how to reduce time spent over a hot stove to an absolute minimum as the dinner party became the mainstay of 1970s middle-class social life. Frozen Findus ratatouille was one of the more notorious culinary suggestions from a woman who, with appealing awareness, described herself as the poor woman's Elizabeth David.

By the end of the decade, Smith was playing down the freezer essentials while still finding ways of cooking on a budget. On a 1979 episode of her BBC television show she suggested trading meat for lentils as a way of saving money, adding, 'We can take a take a tip from some of the poorer countries in the world who do really delicious recipes with pulses.' A year later, she was joined by an actual pop star to talk about the benefits of vegetarianism as a moral, money-saving life choice. 'One day, I just had a stew and tried to eat a bit of meat in the stew, and it was so raw that I identified immediately with the fact that it was an animal, that this thing was alive and it had been killed for me to eat it,' explained Kate Bush to Delia Smith of her vegetarian epiphany, speaking from a pretty garden outside a thatched cottage in Kent that placed Bush, for all her seeming eccentricity, in the heart of southern English conservatism. 'And I just thought, *no, I'm not into this.*'[2]

Delia Smith's money-saving approach was typical of the 'waste not, want not' approach of British cookery in the '70s. 'Small amounts of jelly often sit around in the refrigerator for days. Even these have their uses,' advised Marika Hanbury-Tenison, somewhat unappealingly, in her 1971 guide to culinary thrift, *Left Over for Tomorrow* – a book that showed its readers, many of whom would have had a mincer to clamp onto the edge of the kitchen table, how to eke out every last bone and bread crumb. Bulking out the last vestiges of meat on a chicken carcass with a cheap tin of tuna was one of her favourite tricks. Pop music catered for the average financially harassed mum and dad through a medium that, once you had your payment plan and licence sorted out, didn't cost more than any other Saturday evening spent in the living room: the television.

From what I remember of life in our house in the '70s, the new dawn of the electricity-powered labour-saving device was embraced with gusto. Electric knives to slice through the roast, toasted sandwich makers for a quick lunch, heated hostess trays on which to serve the devilled kidneys at the dinner parties that appeared to make up the entirety of our mother and father's social life, where everyone would be smoking, not just before, after and between, but *during* courses . . . That's when Saturday nights weren't spent, an electric kettle and an (electric) Soda Stream close at hand, around the television.

'We did every TV show you can imagine,' says Marty Kristian of the New Seekers, whose Australian surfer-boy good looks made him a regular on the pages of *Jackie* magazine and helped the two-woman, three-man vocal group penetrate the teen market, alongside their core audience of mums and dads. 'There was *Cannon & Ball, Morecambe & Wise, Lulu, Rolf Harris . . . The Basil Brush Show* was a big one. I have to wonder if colour television had a lot to do with our success, because we would wear bright nylon clothes at a time when a lot of people in Britain were depressed and needed a lift. We all know what it's like to be cheered up by a sunny day, don't we?'

The New Seekers emerged from the gentle, clean-cut Australian folk four-piece the Seekers when their founder member, Keith Potger, came to London in 1969 with the idea of forming a similar group that would chime with the MOR-leaning mood of the new decade; harmony pop with shades of the Mamas and the Papas. Marty Kristian had been on a tour of Australia with the English singer Crispian St Peters, whose manager Ken Pitt – soon to go through a managerial split with David Bowie – offered him a room at his flat in London: 'I came over in 1968 and took over David's old room. Ken had bought all these clothes for David, including a couple of shirts by Ossie Clark, one of which he wore when he first performed "Space Oddity" on *Top of the Pops*. When David and Ken went through their divorce, I got the shirts and wore them on a couple of shoots for the New Seekers. You know that line from "Space Oddity", "And the papers want to know whose shirts you wear?" Well, that's me wearing Bowie's shirt.'

The New Seekers were born on television. After Potger put Marty Kristian together with the former child actors Chris Barrington and Laurie Heath, Sally Graham of the dance troupe the Young Generation and the Scottish singer Eve Graham (no relation), the band got their own TV show called *Finders, Seekers*. In a mirroring of Design's career, there were tours of military bases in Germany and no actual hits, but after the line-up changed to Marty Kristian, Eve Graham, her friend Lyn Paul, the Australian pop star Peter Doyle and another former child actor called Paul Layton, things started happening. A version of the American star Melanie's 'Look What They've Done to My Song, Ma' was a hit, just as the band were doing a summer season at Great Yarmouth supporting the blind pianist and actress/dancer duo, Peters and Lee. Then, in 1971, the New Seekers sound was cemented with 'Never Ending Song of Love'. Relentlessly jolly, devoid of menace, 'Never Ending Song of Love' established the New Seekers as the kind of band that would help harassed men and women ease down the road of the new decade and its attendant challenges.

In America, where 'Look What They've Done to My Song, Ma' became a radio hit and most audiences didn't know what the New Seekers looked like, it was a different matter. They got booked onto the college circuit on which they became the first band to perform at Kent State University after the Ohio National Guard fired at students during a protest at the US invasion of Cambodia during the Vietnam War, killing four people and wounding nine; a turning point for the counterculture. The five-piece developed two separate shows for America: a cabaret act, where they would dress up in nice clothes and offer the easiest of listening with lashings of Christian wholesomeness on songs like 'Meet My Lord' and 'Friend of Jesus', and a college set, where they sang rock classics like the Who's 'Pinball Wizard' and Bob Dylan's 'Too Much of Nothing' against squealing guitars and whirling Hammond organs.

Like so many stars of the '70s middle of the road, Marty Kristian really liked the same rock music as so many of his twentysomething peers, but the band's Australian manager David Joseph convinced him to get on board the easy-listening peace train: 'I was couched in rock 'n' roll. I grew up listening to Buddy Holly, Elvis Presley and Chuck Berry, and at the time David persuaded me to join the New Seekers, I was about to start on an Australian production of *Hair* so it was a major departure and not where I would naturally have gone. After the first line-up had the usual ego problems, boy-girl problems and finance problems, I walked out. But David Joseph chased after me in his car, told me to get in and said I was missing a major opportunity. So I said: "Okay, I'll stick it out a little longer."'

That happened just before 'I'd Like to Teach the World to Sing', the song on which the New Seekers transcended the world of Saturday night entertainment and gave suburbia its own spiritual anthem, going to number one around the world in the process. From there it was a natural move to the *ne plus ultra* of smooth: the 1972 Eurovision Song Contest. It all unfolded on television. The search for a song for Europe took place on BBC One's Saturday teatime show, *It's Cliff Richard*, with the New Seekers finding themselves pitted against Una Stubbs and Olivia Newton-John in the search for a song to represent the UK at Eurovision. In the end, they won out with 'Beg, Steal or Borrow', which scraped off any vestiges of brown rice glued to the bottom of the New Seekers' saucepan from 'I'd Like to Teach the World to Sing' and placed them firmly in the world of Saturday night cabaret; cheerful escapism for people who didn't have the time, resources, patience or inclination to lie in bed for world peace or protest against the military industrial complex by marching down the street with a placard.

When they performed 'Beg, Steal or Borrow' at the Usher Hall in Edinburgh for the Eurovision final, the three men in the band wore velvet suits with diamanté appliques and oversized bow ties that made them look like light entertainment toreadors. The woman wore high-necked, empire-line, flouncy floor-length confections in pastel pink and blue. Eve Graham led the enthusiastic singing of words about refusing to give up on love, everyone smiled to the point of mania and the whole thing was actually quite overwhelming; the musical equivalent of a diabetes-inducing Battenberg cake with an extra thick layer of icing. In the end, they came second, losing out to Vicky Leandros of Greece (although representing Luxembourg) with 'Après Toi', a rather more elegant take on the classic French chanson. Nonetheless, the performance cemented the New Seekers from then on: harmony, entertainment, nice appearances, professionalism above all else.

The greatest New Seekers' moment – bar the peerless 'I'd Like to Teach the World to Sing', of course – came the following year with 'You Won't Find Another Fool Like Me'. What an incredible song and performance this is; something that, were it not for the New Seekers' over-reliance on hair products, could have oozed out of a subterranean cabaret club in Weimar-era Berlin. On her first lead vocal performance for the band, Lyn Paul gives her all to a song by Tony Macaulay and Geoff Stephens with theatrical pizzazz, like she should be arching over the lid of a grand piano in a feather boa, silver microphone in one hand and a martini in the other. The jazzy oompah-oompah backing makes a simple but effective tune about surrendering to someone in an inadvisable fashion a glamorous delight and the whole thing rolls along with grown-up escapism; an ideal soundtrack to a Saturday night spent indoors with a fondue set and a bottle of Blue Nun.

Tony Macaulay, tasked with knocking out a hit for the New Seekers, had come up with half a dozen songs for the band: 'I was stumbling around for about a year, trying to write a song for them. Eventually they actually came into my office and I thought: *if I can't write a hit for this lot, something's wrong with me.* I played them the four or five songs I had in mind and they were indifferent to all of them. I was very disappointed. We were going down in the lift when Keith Potger said, "What about that one about walking down the street or something?" And I thought, Christ, it's a Connie Francis rip-off, it's only sixteen bars long and Geoff Stephens and I wrote it in desperation. He said, "Change the words and go back and play it to them again and they won't even realise." And they loved it. I got Geoff Stephens in, we fairly hastily cobbled it together and that was "You Won't Find Another Fool Like Me".'

Feeling the song needed a new quality from the band, Lyn Paul was elected to take the lead for the first time: 'Lyn Paul went up to the microphone and absolutely blew the fucking roof off. That is a case in point where the vocal is 50 per cent of the hit. The term has become completely corrupted but it is the X-factor, the indefinable something the artist adds to a song that wasn't previously there. The song lay there like a piece of dead beef until she sung it. And then it shone.'

Tony Macaulay's second top ten hit for the New Seekers was 1974's 'I Get a Little Sentimental over You'. It also had an old-fashioned cabaret feel, albeit in a more parochial, end-of-the-pier fashion: 'I wrote the whole thing while walking down the length of Oxford Street, coming out of the office on Denmark Street at one end until I got to Marble Arch at the other. Someone I knew came up behind me and I shouted, "Stop talking! I'm trying to remember a melody." Two hours later, I had the whole thing together. When songs come together really quickly, it's a hugely encouraging sign. In those days, you couldn't be 100 per cent sure until you went and tried it out with twenty-six musicians doing the string parts and the rhythm section and so on, but we had a saying back then: "going down the studio". It meant you had a song like a Spitfire shot out of the air; it meant you knew you had a hit.'

The New Seekers collapsed for the reason most light entertainment troupes do: a desire for actual creativity on the part of its members. New Seekers' songs were written by the cream of British songwriters like Roger Cook, Roger Greenaway and Tony Macaulay, and the five band members were not, according to Marty Kristian, encouraged to write their own material: 'You're in an ensemble and that's part of the deal. "Pinball Wizard" was my and Peter Doyle's influence because we loved the Who – even Pete Townshend thought our version was good – but those MOR songs were not my cup of tea.' The definitive line-up split in 1974, with the women in the group leaving for solo careers and Peter Oliver, romantically involved with Lyn Paul at the time, going with them.

'From my perspective, the girls were the ones who split the band up and it was a silly move,' says Marty Kristian, who got a new version of the band together in 1976, but not one that recaptured the highs of the New Seekers' imperial phase. 'Now it's all water under the bridge. The New Seekers made uplifting music, the harmonies were phenomenal and working together as a five-piece acoustic act cemented that. It was a remarkable thing to be a part of.'

So much of 1970s television on a Saturday night was based on replicating a big night out, whether that meant a Royal gala performance, a cabaret show by the seaside, a return to the golden age of music hall on *The Good Old Days* or, incredibly, *The Black & White Minstrel Show*. It was the BBC's hugely popular – 17 million viewers at its peak – and hugely offensive version of the kind of shows that were a mainstay of segregation era southern US. And it wasn't as if attitudes have changed so much that what was once seen as harmless entertainment is now viewed as massively racist. Back in 1967, reviewing the week's television in *The Observer*, George Melly referred to 'the slick but vapid *Black & White Minstrel Show* ("bête noire of the white liberal").' In an internal memo from the same year, in tandem with a call from the Campaign Against Racial Discrimination for the show to be cancelled, the BBC's chief accountant, Barrie Thorne, attacked it as 'underlyingly offensive to many no matter what the outward gloss and size of the audience prove to the contrary'.[3] Of the BBC's statement that the show was nothing more than good-hearted family entertainment, Thorne, who had spent time in the BBC's New York office in the '60s and witnessed the effects of the Civil Rights movement first hand, riposted: 'I think it was George Melly's comment that the same was said of throwing Christians to the lions.' He suggested that the BBC asked the opinion of the three American television networks and the National Association for the Advancement of Colored People in order that, 'the theatrical tradition of the show could then be measured against the historical background and the continued fight against segregation going on in the United States, here, and elsewhere in the world.' A response to the letter from the BBC's chief assistant, Oliver Whitley, concluded, after suggesting any kind of protest against *The Black & White Minstrel Show* would exacerbate racism rather than stand up to it: 'The best advice that could be given to coloured people by their friends would be, "On this issue, we can see your point, but in your own interests, for heaven's sake shut up. You are wasting valuable ammunition on a completely insignificant target."'[4]

Unwittingly, Oliver Whitley had hit on a bigger theme: that light entertainment is completely trivial and has no impact on society at large. That a programme watched by almost a third of Britain's population couldn't possibly have any influence on the British mindset because it was so light and jolly and only there to provide a bit of cheerfulness on a Saturday night, just as *Mind Your Language*, *Love Thy Neighbour* and other extremely popular television shows in which black and Asian people were the butt of the joke were seen as entirely harmless and to complain about them was to reveal yourself as a humourless killjoy. In fact, Barrie Thorne understood that a show in which white people pretended to be black acted as an effective barrier against black British people getting an equal chance at being on those light entertainment shows. He wrote in an earlier complaint about the show from 1962, 'If black faces are to be shown, let coloured artists be employed and with dignity.'[5]

The producers of *The Black & White Minstrel Show* eventually took note of Thorne's suggestion to employ black people, if not with dignity. 'I'm dreaming of a white Christmas,' sing two of the show's regular female cast members on an episode from 20 December 1975, before a Santa Claus figure behind them turns around and shouts, in a comedy Jamaican accent: 'You've got no chance!' It was seventeen-year-old Lenny Henry, soon to become a national figure after joining the cast of the ITV children's Saturday morning TV show, *Tiswas*. 'People used to say Lenny was the only one who didn't need make-up,' said Henry, reflecting decades later on being one of the few black people on television. 'It was half funny once, but to hear that every day for five years was a bit of a pisser.'[6]

Henry was using one of the few openings available to a black person trying to break into television at the time, having come up as a child star on the traditional route to Saturday night success in '70s Britain: the working men's clubs. At the beginning of the 1970s, 2 million people belonged to working men's clubs, which remained at the heart of so many communities. In the days before smoking bans, cheap supermarket beer and the decline of heavy industry, the 'workies' were the places where you went to play a game of pool, buy a ticket for the meat raffle, find out about the latest plans for industrial action and, in the more forward-thinking clubs, bring your wife or girlfriend along to enjoy the Saturday night entertainment. Not that the working men's clubs were quick to embrace female equality. In 1978, a woman called Sheila Capstick, a regular snooker player at Wakefield City Workingmen's Club, was told by a male member of the club that he was fed up with women playing snooker. (One cannot help but wonder if this disgruntled regular said it after Capstick gave him a pasting on the green baize.) 'The next thing, a sign went up banning women from playing. I complained to the committee but nothing happened,' said Capstick, who took her complaint to the letter page of *Cosmopolitan* magazine and asked if women should put up with this sort of thing.[7] With the help of her husband Ken, later the vice chairman of the Yorkshire branch of the National Union of Mineworkers, she picketed the club and became an unwitting figurehead of women's liberation, with no less than Germaine Greer writing to pledge her support. Capstick's brilliantly titled campaign, Women's Right to Cues, became something of a cause célèbre. It wasn't until 2007 that the Club and Institute Union relented and passed a motion supporting equal rights for the sexes in the clubs, although by then Capstick had been beating various male attendees of Wakefield City Working-men's Club at snooker for years.

Naturally, the working men's club also had its place on Saturday night television. Hosted by the flat-capped Colin Crompton, *The Wheeltappers and Shunters Social Club* ran on ITV from 1974 to 1977 and accurately depicted the average variety night at a bustling workie, complete with the avuncular Bernard Manning as compère, a studio audience singing along through a fog of Lambert & Butler, jars of brown ale filling the tables and everything from the Ukrainian Cossack Brotherhood – who looked suspiciously like three moustached pipe fitters from Rotherham – to a visiting American glamour sensation like the Three Degrees. 'We'd like to have that Elvis Priestley,' shouts Colin Crompton, down the phone to a Las Vegas casino he believes to be the Wheeltappers' North American counterpart.[8] Then the Three Degrees arrive in silver hot pants, sparkling striped blazers and vast hair pieces before an audience of gap-toothed men in flat caps and women with set and waves from that afternoon's session at the high street salon, looking like they've been beamed in not from another continent but another galaxy.

A favourite of the show was the Krankies, the Scottish comedy duo whose act featured the diminutive Janette Tough as naughty schoolboy Wee Jimmy Krankie and her husband Ian as Jimmie's paternalistic protector. This unusual arrangement in no way prohibited the couple from having a famously riotous sex life. After a boozy Sunday lunch on the South Coast one afternoon, they tried it in a 12-foot rowing boat, shook the rope's knot loose from the mooring and almost ended up in France. Nor did Ian Tough's image as responsible father figure Ian Krankie stop him from being, by his own admission, 'a bit punchy'.[9] He once floored the comedian Paul Daniels during a tour of the Channel Islands after a long-forgotten altercation at the bar.

The first episode of *Wheeltappers and Shunters* featured such mainstays of working-class entertainment as the comedians Lambert & Ross, whose act was based chiefly around one being butch and the other effeminate; the 1940s music-hall legend Tessie O'Shea, reduced to making music with the aid of a paper bag; knife throwing at a glamorous assistant from La Vivas; and Freddie Garrity singing 'Try a Little Kindness' while looking a bit too old to be doing the boy-clown leg-kicking dance that was his signature move back in the mid-'60s with Freddie and the Dreamers. Then there is the actress and singer Barbara Law, described as 'a lovely bit of gear' by Bernard Manning. Law's backwards and forwards shoulder movements, helmet of blonde hair, canary yellow sequinned floor-length gown and way of picking out some balding unfortunate in the audience and telling him, 'You've got a gleam in your eye and it's wicked!' made her seem like a more appealing version of Beverly, the terrifyingly voracious suburban aspirant of Mike Leigh's none-more-'70s television play, *Abigail's Party*.

Wheeltappers and Shunters was home to audiences whose idea of risqué art was the sight of a Bavarian folk band doing their thing while Bernard Manning held up a sign that read: 'FREE HESS'.

But that didn't mean the people both creating and enjoying working men's club-friendly cabaret pop couldn't be as sophisticated, imaginative and – just look at those Krankies – as downright weird as anything that came out of the underground. Belonging to a Britain that could still reasonably be described as post-war, *Wheeltappers and Shunters* depicted a reassuring place where a good singer meant Frank Sinatra and a Saturday night out meant a few laughs and a few beers before it was back to dull, hard, back-breaking work for the rest of the week. The shining star in this world, both on the television show and in the clubs it was based on, was Tony Christie.

Tony Christie was born in 1943 in Conisbrough, South Yorkshire. Like most of the men in the town, his likely destiny was to work at Denaby Main Colliery, where the rigours of mining engendered a far tougher life than the one he found as a singer. On 9 February 1857, half a village was orphaned after an explosion at the nearby Lundhill Colliery killed 189 of the 214 men and boys, aged between ten and fifty-nine, working there that day. A February 1908 edition of the *Sheffield Daily Telegraph* reported on one Thomas Bowen, who was charged with striking another man in the head with his lamp and leaving him for dead; when the other miners came to the man's rescue, Bowen grabbed a pick and said he would put it to anyone who came near him. In 1909, a pit boy called Charlie Pearce was crushed to death while unloading tubs of coal; in 1938, a fourteen-year-old engine driver called Laurence Jepson was killed after riding the tubs on the rail down a narrow shaft and smashing his head on the roof. In 1957, the year Christie would likely have started work at one of the four mines within a five-mile radius of his home, two men were buried alive by falling coal. And so it went on, in a world that Christie would have been a part of but for the fact that his father, the son of a miner himself, used his time in the RAF during the war to study accountancy and become an accountant for the Coal Board.

'He was the one with brains in the family,' says Christie, whose first professional engagement came at the age of three: his father bought a piano for the living room of the family council house and he would put his son on a stool and encourage him to sing as he played the piano on Sunday afternoons when the grandparents came round. 'They used to give me sixpence and I thought: this is alright. My father had served in India and Egypt and came back with all these 78s, which he would let me play. From there, I became fascinated by singers, voices, big bands and that's what I wanted to be: a Frank Sinatra, a Nat King Cole, a singer from the '40s, even when I was a teenager in the '50s. My best mate was into Elvis Presley, I was into what I called real music. I would say to him: "He's alright, that Elvis, but he's no Sinatra."'

From there, singing – and the places you could do it in when you were from a mining town in South Yorkshire – saved Christie from an early life down the colliery and a later one of industrial action, pit closures and unemployment through the '60s and '70s: 'I went to the Catholic church, sang in the choir, and me and my best mate would harmonise on Everly Brothers' songs when we were walking home from school. His mum played piano and ran a charity choir to go out and entertain the orphans and so on, and she persuaded us to join. We thought: *what, with all these old people?* We were fourteen and they must have been about fifty. Then we discovered that the coach stopped at a pub on the way back and that was it. We formed a duo called Tony and Dave and went professional.'

Tony and Dave's first professional engagement was at Ivanhoe Working Men's Club, for which Christie's uncle Jack, a miner, was on the committee. They were the opening act for Lynne Perrie, whose vibrant singing act earned her the nickname 'Little Miss Dynamite' and who later became famous as Ivy Tilsley, the less-than-charming battle-axe of the soap *Coronation Street*: 'It was like going to a huge party. Everybody was smoking, the place was rammed, and because the crowd were all from mining backgrounds, they had the same taste. Audiences were tough, though. We were only sixteen when we started so we got away with it, but once we did a club in Sunderland where a comedian went down so badly, he couldn't face coming off stage and walking through the audience. He tried to squeeze himself through a window at the back.'

Tony Christie is living proof of how history's decree that the Beatles came along and swept away all else before them was simply not the case. 'I wanted to be the British Sinatra and had no connection to it at all,' says Christie of the change that began with the Beatles breaking through in 1963, continued with the Merseybeat bands Gerry and the Pacemakers and the Big Three, and exploded with the Rolling Stones, the Kinks and the Who. None of it meant anything to a singer whose break came after being discovered by Harvey Lisberg, the Manchester-based manager of 10cc, who got Christie to come down to Strawberry Studios in Stockport in 1971 and record such smooth classics as 'Las Vegas' and 'I Did What I Did for Maria', the latter an overwrought tale of a man who avenged the murder of his wife and must now be executed for it. 'I recorded that with jazz musicians – proper musicians, as they called themselves. I was doing a week at a club in Liverpool when I got a call that "Maria" was going to be number one. The manager came out with the Champagne and all that, and we were celebrating when my roadie came up to say he had received a call from the mother-in-law. My wife had given birth to our daughter, who we called Antonia. We went down to the hospital and all these newspaper reporters were hanging around, saying: "So it's a girl. You're going to call her Maria, right?" I said of course I am and it made the splash in all the papers.'

Christie was a star, but one that belonged to the less-than-starry world of the places that moulded him. 'Is This the Way to Amarillo', which is about a town in Texas he didn't actually go to until 2005, is the song he is best remembered for, but the essence of Christie is best captured on 1973's 'Avenues And Alleyways'. The theme tune to *The Protectors*, Gerry 'Thunderbirds' Anderson's action-thriller series about a group of glamorous private detectives led by the unflappable Robert Vaughn, sounds like the kind of romantic, high-drama ballad Bacharach and David might have come up with, but at the same time there remains an unmistakable whiff of northern chip fat to it; a sense that, for all the beauty of Christie's delivery and the sophistication of the arrangement, the ruffled satin curtain at the back of the stage he's performing it on might be held up by Blu Tack.

'He's an international singing star. He's done all the big clubs. And now he's doing the little clubs,' said Bernard Manning, on his introduction to a performance of the song on a 1973 edition of *Wheeltappers and Shunters*. 'Ladies and gentlemen, our very own northern superstar . . . Tony Christie.' Christie hopped out in a red jacket and open-collared white shirt, pointing at audience members and breaking into theatrical laughter as if they're all in on some private joke. No wonder the crowds loved him. He was the go-to guy, doing a week at Batley Variety alongside bona fide American superstars like Louis Armstrong and Shirley Bassey, then nipping off to Bernard Manning's Embassy Leisure Bar in Manchester before making the most of his ever-increasing popularity on the continent: 'I completely missed the three-day week. I had so many years of being skint, living in a tiny flat with my wife and finding that by the end of the week I couldn't even afford to pay the three musicians I had on a guaranteed wage, that when I made it and started earning money in '71, I went for it. And the Germans went for me big time.'

In Germany, Christie signed with Jack White, a former professional footballer who started out by singing in bars, branched into writing and producing music for other German singers, and ended up being the king of *schlager* by taking old German folk songs and appropriating their melodies into synthetic pop hits for everyone from the German actor Roy Black to the American *Baywatch* star David Hasselhoff. Hasselhoff's version of Jack White's *schlager* classic 'Auf der Straße Nach Süden' became an anthem of German reunification, renamed 'Looking for Freedom', after Hasselhoff performed it by the Berlin Wall when it came down in 1989: '*Schlager* was old-fashioned music. It was the music the older people liked in Germany. After I signed with Jack White, I made four *schlager* albums for him. In Germany, I was doing TV, live shows, good touring, great nightclubs . . . Britain was in a hell of a state and Germany was prosperous. It was another world.'

One way of making it in the mums and dads world of '70s cabaret pop was to draft in your actual mum, which is what Stavely Makepeace did. Made up of two rocking railway enthusiasts called Robert Woodward and Nigel Fletcher – Stavely was named after Staveley Ironworks in Chesterfield and Makepeace was, in the spirit of the age, about making peace, not war – the band got going after Robert Woodward's mum Hilda allowed them to set up a makeshift recording studio in her living room. Given that she was a very good honkytonk pianist, an idea came to form an offshoot band with Hilda called Lieutenant Pigeon. The result was 'Mouldy Old Dough', a rattling pub singalong that went to number one in February 1972 and saw Hilda, at fifty-nine, become the oldest woman to have a number-one single and for Rob and Hilda to be the first mother and son chart sensation to grace the *Top of the Pops* studio.

Rob Woodward and Nigel Fletcher were born in Coventry, one of the most bombed cities in Britain, at the end of the Second World War. 'I remember one shell of a house with "keep out" painted on a plank that was nailed onto the door. My brother and I would climb up the stairs and jump over the rubble to the next house along,' says Fletcher, who went down a coal mine on a work experience trip while at school and decided it wasn't for him. It is Fletcher's phlegmatic growl that gives 'Mouldy Old Dough' its dirty old man quality, like he's singing it after cracking a raw egg into a pint of Guinness. 'We didn't associate bomb sites with war, even though my dad was on flying boats in the RAF. We thought of them as our playground.'

After a spell in the Merchant Navy, Fletcher was living in Forest Gate, east London, at the end of the '60s when Woodward, a friend since adolescence, came down with a tape recorder and asked if he would be interested in building a little studio: 'He told me his mum said we can have the front room. Lovely woman,

Hilda. Rob and I put together Stavely Makepeace as a way of getting our home recordings out there.'

In 1969, Stavely Makepeace was picked up by Pyramid Records, a label run by the Australian recording engineer Graeme Goodall, who had been instrumental in bringing Jamaican ska and reggae to England. Combining their love of '50s rock 'n' roll with the kind of experimental recording techniques pioneered by the deranged British producer Joe Meek, they came up with raw and brutal yet hugely creative stomp-alongs like 'Slippery Rock '70s', 'Smoky Mountain Rhythm Revue', 'Edna' and 'Mad Dog'. 'Tarzan Harvey', which edged towards ragtime, was a tribute to the driver of an old-fashioned steam engine whose soul and purpose has been eroded by the arrival of diesel. Both Rob Woodward and Nigel Fletcher had been playing around with sound for years; before Fletcher joined the Merchant Navy, they had spent a productive afternoon making animal noises into a recorder and slowing down the tape to see how it came out. 'Sun Arise' by Rolf Harris was an early inspiration: 'It was all about trying to come up with something different and that's how "Mouldy Old Dough" happened. We had done novelty songs, and instrumentals that didn't fit with the Stavely Makepeace image, when someone said to us: "You've got genuine potential." Lieutenant Pigeon is an anagram of genuine potential.'

With money Woodward saved up from window cleaning, and Fletcher from driving a van delivering wines and spirits, the pair bought a quarter-inch, two-track reel-to-reel tape recorder called a Sony TC-200, aided occasionally in their home recording set up by Rob's engineer father, George: 'Very quiet man, George. Used to go out for a few beers on a Friday night, but apart from that, he sat in front of the telly and never said a word.

Certainly never complained about the studio taking over his tiny living room. We got a Binson Echomaster and a basic mixing desk with all the faders. It had very little tone control, so we were lucky with "Mouldy Old Dough" because we got the depth of the drum sound without ever quite knowing how we got it.'

The first person to take an interest in Lieutenant Pigeon was Steve Wadey, who had written 'Black is Black' for the Spanish band Los Bravos, back in 1966: 'He turned to us and said: "That's an international number-one hit." We didn't agree at the time but it gave us a boost. Rob is convinced he came up with Mouldy Old Dough as a title, although Charlie Watts owned a racehorse with that name. On the old jazz records, there is a phrase that goes vo-de-o-do, so it might have come from that.'

In February 1972, 'Mouldy Old Dough' came out. A month later, Stavely Makepeace, bolstered by bass guitarist Steve Johnson, made its own stab at the charts with 'Walking Through the Blue Grass', a happy-go-lucky piano-led tune with a spirit similar to Mungo Jerry's 'In the Summertime'. Convinced that at least one of them would be a hit, Woodward and Fletcher were getting ready for the big time, but after both singles went nowhere, Fletcher thought again: 'I met a bloke with a studio in Lake Eyrie in Pennsylvania, who said I could work with him if I got myself out there, so I went in April, stayed there until July and had a blast. A man who had fought in Vietnam gave me a Triumph TR5 for free and I drove it all over the place. I came back on the *QE2*, having spent the last of my money on a pair of Zildjian cymbals, and went back to my grandmother's, where she acted like I had just popped out to the shops. Then she said, "Oh yes, you've got a telegram." It was from the manager: phone immediately.

You are number three in Belgium. Forty-eight hours later, we were in Belgium and that was it.'

Rob had played clarinet and piano on the northern working men's club circuit, frequently drafting in Hilda to make up a trio with himself and Larry Grayson, yet to make his name as Britain's most camp game show host. And once 'Mouldy Old Dough' hit it big, Hilda, whose day job involved transposing sheet music for local cabaret singers who needed it in a different key, became an enthusiastic participant of the touring life. 'She loved it, and they loved her. At first, she didn't want to do it – she thought they would laugh – but then she got into it and the publicity went berserk.'

Lieutenant Pigeon took off. They did 'Mouldy Old Dough' on *Top of the Pops* with Nigel on drums in a Captain Hook pirate outfit, Rob playing upright piano and woodwind while dressed as Robin Hood, and Hilda on a second piano in a pointy witch's hat, her bejewelled hands pounding the keys with a professionalism borne of decades of training. There followed more hits with more cheery rock 'n' roll instrumentals like 'Nut Rocker', 'Desperate Dan' and the military-themed 'I'll Take You Home Again, Kathleen'. They were regulars on *Lift Off with Ayshea*, whose producer Muriel Young loved Lieutenant Pigeon so much that she booked them on whatever other children's programme she was working on, *Shang-a-Lang* and *The Arrows Show* among them. This made them particular enemies of Dr Death, given that the songs were made entirely of tape manipulation. 'And there was no way of replicating it. We did record "I'll Take You Home Again, Kathleen" in a television studio once, but it was so boring and clean, with no atmosphere. We never used compression on the drums, for example.

We wanted the dirty sound. So we did what everyone else did and swapped the tapes.'

Stavely Makepiece were a credible proposition but 'Mouldy Old Dough' was pure novelty, which is why so many kids, mums and dads, aunties and uncles, even grannys and grandpas loved it. It was something to put on before you broke out the Babycham and took off your shoes to do a little dance on the new Axminster carpet from Burtons: inventive novelty, presented in a unique way. 'Most people were nice, at least to our faces, although I did have an experience one night in a pub in Coventry. This bloke kept poking me in the ribs, going, "Come on, tell me. You were taking the piss with that record, weren't you? It's a load of old shit." And I thought, *Christ, is this what fame entails?* I couldn't even punch him because the press would have had a field day. When you're with the other guys in the band you can enjoy the attention, but when you're on your own it's awful. The day after we had done *Top of the Pops* for the second time, I went to the chip shop on Gulson Road in Coventry, I think because I couldn't be bothered to cook anything, and I was in the queue when two kids pointed at me and said, "It's 'im off the telly!" It was such a shock. With Stavely, the most we had would be signing an autograph after the show. Once your face has been on television, it all changes.'

Nonetheless, Lieutenant Pigeon moved with the pop times, hanging out with fellow Midlanders Slade and getting in on the disco-dancing craze in 1978 with an instrumental called 'Disco Bells' – 'I thought that was good. We made it at home on a TEAC four-track, reel-to-reel. Jimmy Young played it once but it didn't go anywhere.' Of course, having your mother on the tour bus could cramp the average young rocker's style: 'We did one tour of Brussels with the Marmalade and poor old Rob spent most of it sitting in the hotel lobby with his mum while the rest of us were out having a great time. He was engaged to a woman called Paula and he was a very honest guy.'

Stavely Makepeace and Lieutenant Pigeon came to an end in 1979 after Steve Johnson and Nigel Fletcher joined a show band called Tasty: 'Based in Nuneaton, they were. They did a proper show, complete with audience interaction, and what a rude awakening it was. Back to spit-and-sawdust venues, back to travelling up and down the motorway in the back of a van. At the end of a tour, I asked one of the young lads, "Where's the money?" "Oh, we blew it all on new stage outfits." Then I was in Carlisle one night when Steve dropped the bloody bass bin on my foot and after that I thought: *what am I doing this for?*'

If the beery world of *Wheeltappers and Shunters*, of 'Mouldy Old Dough' and mothers and sons playing upright pub pianos, was too uncouth for Saturday night television viewers, there was always *Opportunity Knocks*, the ITV talent programme hosted by Hughie Green that specialised in a show-business phenomenon adults seemed to love but the average kid at best couldn't care less about and more commonly found deeply embarrassing: singing children. In 1974, Lena Zavaroni, the Scottish daughter of fish-and-chip-shop owners from the island of Bute, appeared on the show to sing the schmaltzy and, given she was only ten, really quite inappropriate 'Ma! He's Making Eyes at Me', belting out an old-timey show tune with all the pizzazz of a Broadway trouper. I would have been four at the time and cannot claim to remember the moment, but I was very much aware of Zavaroni a few years later, as anyone growing up in Britain at the time was. She seemed like the living embodiment of the adult world imposed onto childhood: all that professionalism, dressing up and people-pleasing. It was square in the extreme, borderline creepy, and something to be suffered through over boring early evenings at your grandparents' house that would have been much better spent building dens in the woods, or throwing snowballs at passing motorists. It was only in 1999, when Zavaroni died of anorexia at thirty-five, that the true cost of precociousness – and the fragile depth of her talent – became clear.

In 1981, Lena Zavaroni sang 'Going Nowhere', a song by the American MOR star Neil Sedaka (another of singalong pop supremo Harvey Lisberg's managerial wards) on her short-lived television show, *Lena Zavaroni and Music*. If you don't look too deeply, it's just another example of dressed-up cabaret pop. Zavaroni, in a floor-length 1930s gown and her hair flicked into a bob similar to the one worn by Lady Diana, matches Barbra Streisand for vocal sophistication as she pours her heart into a theatrical performance of a song that tells of existential despair in the face of a meaningless universe. 'They're asked to hold the world together, make it happen, give it children, who in turn are turning on to going nowhere,' go Sedaka's words about lonely people turning to show-business stars to help them feel less alone. It's a poised performance – she begins and ends just like any other show-business professional, with a measured step to the stage and a grateful, childlike smile as the applause pours in – but the intensity she puts into it, wild staring eyes suggesting a channelling of the song's spirit is driving her towards the edge of despair, is incredibly affecting.

'The audience were still looking at me as if I was little Lena,' said Zavaroni of the period in her life 'Going Nowhere' came from, when she was going from perky child star to adult balladeer without stopping to be a teenager along the way. 'I was absolutely confused. I didn't know whether I was growing up, or whether they still wanted to look on me as little Lena. Instead of turning to punk, or drugs, or drink, I turned it onto my favourite thing, which is food.'[10]

Zavaroni was raised in the mums' and dads' world of Saturday night television next to Bonnie Langford, another child star who got her break on *Opportunity Knocks* and went on to be everywhere in the 1970s. But while Langford, who, alongside Sally James, Simon Turner and Ayshea Brough, was an alumni of the Arts Educational school, was allowed to actually be a child, playing superbrat Violet Elizabeth Bott in the 1977 adaptation of Richmal Crompton's naughty schoolboy classic *Just William* and teaming up with the Wombles to clean up Wimbledon Common in the 1977 film *Wombling Free*, it was Lena Zavaroni's fate to be a miniature professional stalwart of adult-oriented pop. A record producer called Tommy Scott was on holiday in Bute in 1973 when he caught a set by the Zavaroni Family Band, whose nine-year-old singer blew him away. He called the Northern Irish impresario Phil Solomon, who travelled up to Rothesay and witnessed Zavaroni, backed by her uncle and father, perform the theme tune to *The Godfather* in a half-empty art deco beachfront dance hall called The Pavilion. Phil's wife and business partner Dorothy Solomon became Zavaroni's manager and guided her towards being an adult star in child form. Zavaroni's 1978 rendition of Albert Hammond's middle-of-the-road classic 'The Air That I Breathe' seems to come from a woman whose heart has been broken and mended several times over – she was fourteen when she sang it.

Anorexia is too complex a condition to explain away in simple terms, but one can imagine the pressure a shy girl from a

Scottish island must have felt as she was catapulted into television fame, with its attendant emphasis on appearance. After *Opportunity Knocks*, Zavaroni performed in Hollywood alongside Frank Sinatra and Lucille Ball. In 1975, she sang for President Ford and a year later, she was at the Royal Variety Performance, singing for the Queen: 'Everything changed so quickly,' she said, not long before her death. 'I had never seen lifts or escalators or even traffic lights. I went from a council house on an isolated island to a posh hotel in Piccadilly, with shopping trips to Harrods.'[11]

Zavaroni's mental-health issues started around the age of thirteen. By November 1982, she was reported as suffering from a 'mystery illness', leading to manager Dorothy Solomon dismissing as 'malicious' reports that she was overworked: 'At no time was Lena forced or even asked to perform professionally against her best interests,' said Solomon.[12] But the encouragement to look the part was certainly there: 'I only became fanatical about not eating when the pressure got too much,' said Zavaroni, who felt that, as a normal Scottish girl who found herself at a London stage school, she had to be like the ballet dancers surrounding her – slight, lithe, capable of fitting into glitzy, slim-fitting outfits. She doesn't appear to have been the product of the archetypal stage parents either: 'My family, luckily enough, they didn't push me,' she told Terry Wogan in 1985. 'They're weren't always behind me saying: Lena, you've got to do this, you've got to do that. I just wanted to do it.'

Her parents weren't even with her most of the time. They were in Scotland while she was in London, which meant she was essentially living the life of an adult show-business professional, albeit with a guardian in Dorothy Solomon, the moment she became famous. As her condition grew worse and the bookings dried up, Zavaroni did attempt to remedy her situation by aiming for something resembling normal life, settling down in 1989 with a computer programmer called Peter Wiltshire, but there was too much psychic weight to shrug off. In the same year, her mother, Hilda, dealing with her own alcoholism and depression after being raped in Rothesay one night upon returning from London at the height of her daughter's fame, burned down the family home, destroying all of Zavaroni's memorabilia with it. Hilda's own marriage had collapsed a few years previously and, when her body was found on 15 December 1989, three days after she died, a bottle of empty pills was on the bedside table.

But it wasn't all bad. Making friends with Bonnie Langford at the Italia Conti stage school in 1976, larking about in an 'All That Jazz'-style routine based on the Andrews Sisters' 'Boogie Woogie Bugle Boy' on the Easter special *Lena & Bonnie* in 1978 with the friend that remembered her as 'fun, insecure and yet determined', Zavaroni's remarkable voice, so characterful and resonant, opened up all kinds of experiences for her. Former Sex Pistols' associate Dave Goodman was charged with finding a song for Zavaroni's comeback single in 1980 and he proposed 'Will He Kiss Me Tonight' by the Dolly Mixture, three schoolfriends from Cambridgeshire whose charity-shop fashion sensibility and Shangri Las-meets-the-Undertones sound could have introduced her to a cooler, younger crowd. Zavaroni appeared on *The Basil Brush Show* to do a jaunty performance of 'Will He Kiss Me Tonight', but the hit never materialised. And, by 1993, aged twenty-seven, her anorexia had become so severe that she agreed to attend a clinic in British Columbia. She told the eating disorders specialist Peggy Claude-Pierre that the problems went beyond just not eating: 'I feel as though I've given away my soul. I don't have it any more. I'm dead inside.'[13]

On 7 September 1999, Lena Zavaroni, living alone on disability allowance after her marriage ended in 1991, made a last, desperate attempt to get over crushing depression: she elected to undergo a lobotomy at Cardiff university hospital. Three weeks later, she died of bronchial pneumonia, the final gasp of a short and tragic life. Before she went she left us, in 'Going Nowhere', an early-'80s summation of everything that is both horrible and exquisite about middle-of-the-road entertainment in '70s Britain. It is the *Being and Nothingness* of cabaret pop.

One night in the early '90s, a DJ friend of mine was stopping off at the 24-hour Beigel Bake on Brick Lane in east London, on his way home after his regular nightclub session, when a glamorous figure swept into the Beigel Bake's unforgiving neon interior. Everyone from taxi drivers to clubbers to destitutes from the nearby hostel made 3 a.m. stops to get a beigel with a massive wodge of cream cheese and a stack of smoked salmon with a cup of tea for less than a pound, uniting occasionally in mockery of a visiting American who got short shrift from the fierce women behind the counter after asking for poppyseed or multigrain, failing to realise that there was only one type of beigel available and that was a beigel. Martin Green, the DJ in question, was spearheading a '60s and '70s easy-listening revival in London at the time, so he knew who the unlikely arrival was.

'Lynsey de Paul was wearing a black satin sequinned tuxedo and pants suit and she had a mane of blow-dried blonde hair. Her limo pulled up outside – this is when Brick Lane was still rough – and it was like she had stepped off stage and walked straight into the fluorescent world of the Beigel Bake. It was a brilliant juxtaposition of glamour and old-fashioned East End life. Lynsey de Paul was going back to her Jewish working-class roots, which was so typical of British show business. Not like in America, where they cut themselves off from reality at the first opportunity. Maurice Gibb of the Bee Gees met his wife Yvonne when she was working at Batley Variety Club.'

Like those earlier British show-business perennials Lionel Bart and Anthony Newley, Lynsey de Paul was a Jewish Londoner who escaped a tough background. A songwriter who became the first woman to win an Ivor Novello Award, a feminist figurehead not above being photographed in a bikini on a beach in full '70s pin-up pose, she grew up in Cricklewood, one of north London's less-glitzy suburbs, with a violent property developer father and a mother who seemed incapable of standing up to her husband's outbursts: 'I knew what it was like to be frightened. I never knew what my father was going to do – slap me, yell at me, criticise me or just ignore me,' said de Paul. 'Once, he hit me so hard that I felt sick and dizzy for three days. In the end, I had to go to a doctor, who told me I was suffering from concussion. I was nineteen then and I had to save up enough money to get out of that house, which I did.'[14]

Lynsey de Paul's status as one of the great songwriters and personalities of the '70s mainstream was not guaranteed. Born Lynsey Rubin, her first route of escape from family dysfunction was to be a commercial artist, using her years spent at Hornsey College of Art to design album sleeves and music industry posters while living in an £8-a-week flat above an Indian restaurant. But she was classically trained on piano and it was Roger Cook who spotted her potential as a songwriter. He gave her song, 'Storm in a Teacup', a Carole King-like message about not turning everything into a ful-blown crisis that she wrote with the former song plugger Ron Roker, to the Fortunes and it went to number seven in the 1972 charts.

Lynsey de Paul's personal breakthrough came a year later. Like so many of the seemingly conventional songs of '70s singalong pop, 'Sugar Me' is extremely strange. A thudding, unchangingly soporific beat holds down melodies played out on both organ and piano as de Paul, in a lightly seductive tone, sings words about having to get her candy free; harmlessly nonsensical yet extremely suggestive. A violin dances in half-way through and gives the whole thing the sensuous, swinging feel of something Django Reinhardt, Stéphane Grappelli and the rest of the Hot Club de France might have entertained *le tout* Paris with, back in the 1930s. On the suggestion of her then-boyfriend Dudley Moore, who the 4-foot-11 de Paul said she found attractive because he was the only man she could find whose eyeline matched hers, she took the song to the manager, Gordon Mills.

'I was writing with Barry Green,' she told Spencer Leigh in *The Independent*. 'We wrote "Sugar Me" for Peter Noone of Herman's Hermits, but Gordon Mills heard my demo and thought it would be a good single for me.' This was in the shadow of the 1972 Munich Olympics, when nine members of the Israeli Olympic team were held hostage and then killed by Palestinian terrorists. 'I was told that it would be better not to have a Jewish name. I took "de" from my mother's name, de Groot, and my father's middle name was Paul. Then when Barry Green started recording, he became Barry Blue, so he lost a bit of yellow.'[15]

Barry Blue, who released three flop singles as Barry Green before being told that Green was an unlucky colour in show business so he changed it and started having hits, was more than just Lynsey de Paul's songwriting partner. He was her male counterpart, a fellow Jewish north Londoner with a wayward upbringing, who combined ambitions to make it as a songwriter with a down-to-earth sensibility, an awareness of the pitfalls of drink, drugs and fame, and a commitment to happy-go-lucky pop cheer that had little to do with the heavy, heavy world of rock.

'Just look at the songs we wrote. They're all in a major key, they're all bright. And they tend to look at the past with rose-coloured glasses: those were the days, my friend. The reason is that for most people, the 1970s were bloody depressing. You had the three-day week, the Middle East War meaning there was no petrol, constant strikes, bombs in London and Birmingham, standpipes in the street, even rationing by the end of the decade. Day-to-day life was not what it was cracked up to be. We came along, this group of musicians dressed in stupid outfits, and we offered escapism.'

Blue was the classic latch-key kid. His father Harry died when he was three, leaving his mother Renée to support her son and his half-sister Linda in Maida Vale in the only way she knew how: by becoming a professional gambler. 'My mother brought me up with a succession of "uncles". For the most part she left me to my own devices and I would wander into Soho, where my half-sister's husband Ron Roker was playing at the 2i's coffee bar on Old Compton Street. Somehow I managed to get into a good grammar school, to this day I don't know how, but it gave me some sort of grounding and at thirteen I formed a school band called the Dark Knights, doing Shadows' covers. We auditioned for a junior version of *Opportunity Knocks* called *The Silver*

Star Show and won. That was my first taste of success and the first time I was on television. It was noticed by Tim Rice and he told the Shadows' producer Norrie Paramour about us – the rest is history.'

Blue and Lynsey de Paul, already connected by the producer Ron Roker, were thrust together in 1970 when Don Kirshner, the American music publisher and songwriter who had huge success with the Monkees, wanted to put together a London equivalent to New York's Brill Building: a place where song-writers would work away in little rooms and knock out the hits of the day. For a wage of £9 a week, they clocked into ATV Kirshner's central London offices at 9.30 a.m., sat in a small room with a G-Plan desk, a piano and a Revox tape machine until 5 p.m., and played the fruits of the week's work to the company personnel on Friday afternoon: 'Nobody recorded our songs because every single one got rejected. It was a weird way to work, but at the same time it gave you discipline because you couldn't leave something half done, hanging in the air, as this was in the days before computers and if you didn't complete the song, you would have to start it all over again the following day. We worked there for a year before we came up with "Sugar Me", which I knew was really catchy, but once again, nobody wanted it. After Peter Noone and Herman's Hermits turned it down, Gordon Mills said to Lynsey: "You're a good-looking girl. Why don't you sing it yourself?" It became a monster hit.'

That set a precedent for Blue and de Paul to become stars in their own right, or rather, as Blue puts it: 'reluctant stars, although she liked it more than I did.' Blue's genius was to cement into an otherwise straightforward catchy pop song an exotic and unexpected element, like the gypsy jazz violin in 'Sugar Me' or a bouzouki solo in his own monster hit, 'Dancin' (On a Saturday Night)', an unstoppably energetic '50s nostalgia-tinged rock 'n' roller that went to number two in 1973 with glam pop journey-men the Rubettes as Blue's backing band: 'That came out of going to see *Zorba the Greek*. I loved the sound of the bouzouki, and there was a Greek taverna I used to go to near my old school in Chalk Farm, where a guy called Andreas played on Monday and Tuesday nights. I asked Andreas if he would come into the studio and play the bouzouki on "Dancin'". It gave the song that super summer sound, which helped it become massive all over Europe.'

Blue followed it up with 1974's 'Do You Wanna Dance?', an even more bulletproof radio hit with hints of Nicky Chinn and Mike Chapman's bubblegum glam. It sounded like it should have been the theme tune to a Saturday morning cartoon, with Blue as its blue satin cape-clad superhero. 'You had people like Neil Young and Crosby, Stills & Nash making albums, but that was music to lay back and listen to while you're smoking a joint. We were making singles that made you want to get up and dance, to get rid of your troubles. That's what great pop songs were about. And they didn't necessarily make great pop albums. The '70s, although they were heavy in terms of the economy, the world, whatever, had a lot of lightweight music. Most people didn't want to *think* about music, they wanted to enjoy it.'

Blue confirms that Lynsey de Paul did indeed make frequent late-night visits to the Beigel Bake in order that there were some to eat in the studio the following day, such was the no-nonsense practicality buried under the sheen of glamour: 'She certainly liked being noticed and she knew how to use her charisma, but she was also very kind, very intelligent – and incredibly hard to work with. It was a fight to the death every time. She never came in and said: I love that. Everything was wrong, wrong, wrong until it was right. With "Sugar Me", I had the title and the sex-on-legs vibe and I knew Lynsey could sing it, even if she didn't have the greatest voice in the world. She had the three-note piano riff, I added the sweetening and polishing with the exotic instruments, and the whole thing just gelled.'

She was also an unusual mix: a mums and dads favourite who was hip enough to provide the female vocals on Mott the Hoople's heavy glam classic 'Roll Away the Stone' and provide Mott's guitarist Luther Grosvener with his stage name of Ariel Bender. She came up with it in 1973, after she and the band were forced to share a bathroom in a Frankfurt hotel after doing a TV show together, annoying Grosvener so much that he went out and bent the aerial on Mott's manager's car.

Lynsey de Paul's songs are for the most part about having fun, or if not that then being frustrated at being denied the fun she thinks she should be having. On the radiantly lonely 'Won't Somebody Dance with Me', she sang from the viewpoint of an ignored wallflower, sitting alone in her patent leather shoes and feeling undesired as nobody asks her for a dance; a scenario that, for anyone who saw photographs of de Paul in a tight-waisted, gold sequinned dress, reclining in a wicker chair with her hair in a messy bun and her shirt unbuttoned halfway down her chest, was extremely hard to imagine. But the song was autobiographical. At fifteen, she had been a small, awkward, overweight teenager who went to her first dance and spent the whole evening sitting on her own, convinced that her patent leather shoes were bringing bad luck.

'May I have the pleasure of this dance?' says DJ Ed 'Stewpot' Stewart, on a song that won her an Ivor Novello Award, marking the end of the patent leather shoe curse and the beginning of de Paul's life as a *Cosmopolitan* cover story type of woman, making her own large amount of money while having boyfriends like Ringo Starr, James Coburn and George Best at her disposal and rejecting the five marriage proposals that came along the way.

'I found I had kissed a mister just as pretty as his sister,' she sang on 'Getting A Drag', a lament on the challenge of going out with a male rocker who keeps stealing all your clothes and make-up, although really de Paul had little to do with the dressing-up box of glam. She was glamorous, which is very different from glam: grown-up, at ease in the straight world, someone who might have provided Jackie Collins with the inspiration for one of the scandalously liberated heroines in such controversial million-selling blockbusters as *The World Is Full of Divorced Women* and *The Stud*. For the female vocal backing group Thunderthighs – the ones going do, do-do, do, do-to-do do on Lou Reed's 'Walk on the Wild Side' – de Paul wrote a campy, symphonic disco tale of a female New York cop apprehending a thuggish criminal called 'Central Park Arrest'. It ends with the perpetrator responding to being shot at with the distinctly non-American profanity 'bugger'. 'Ooh I Do', a de Paul/Blue corker from 1974, pastiches the sound and mood of the early-'60s girl group era with an impossibly innocent, borderline sarcastic portrait of chaste romance. 'It's hard to be a teenager in love,' says de Paul in coy tones, looking very much like a woman of experience on the single's cover photograph.

According to Barry Blue, 'Ooh I Do' is the only song he and Lynsey de Paul fell out over: 'It should have been my third single.

I had taken the whole Phil Spector Wall of Sound thing, embellished it and it was the best record I ever made. Secretly, Lynsey went into the studio with someone else and made her own version. She told me she was releasing it on her new label. I said you can't. It's my third single, I've done the promo, it is ready to go. She put it out anyway and it was a hit. It would have been a top three single for me. I made a classic record – and she hadn't.'

Nonetheless, Lynsey de Paul respected Barry Blue as a fellow songwriter, a fellow grafter and a married man whose interest in her was, unlike so many of the men she came into contact with, purely professional: 'She was very feminine and always had this glamour thing going on, but the reason we got on so well is because of a matter-of-fact approach to our working relationship. It would be: "Come on Lynsey, let's get on with the song." "Oh, I've got to do my hair." "Do it afterwards." Then she would come up with something incredible. She certainly didn't want to rely on men, who she had a distinct distrust of, probably going back to having such a bad relationship with her father. She had an entrapment quality to her. What I really remember about Lynsey and her famous lovers is her treating them with disdain.'

After having an affair with Sean Connery in 1989, Lynsey de Paul was so outraged by the former James Bond saying it was okay to give women a slap every now and then that she did a kiss and tell on him and gave the money to Erin Pizzey's home for battered women in Chiswick. Not that de Paul, who in 1983 wrote a jingle for the Conservative Party Conference that went 'vote Tory, Tory, Tory, for election glory', was a fellow traveller in the second wave of feminism flowering out of late-'60s bohemianism and academia. She had little in common with pioneering figures like Germaine Greer, Rosie Boycott and Sheila

Rowbotham, who used platforms in the underground press and at universities to challenge the accepted gender norms of British society at a time when women couldn't do so much as get hire purchase for a colour television to watch *Opportunity Knocks* on without a husband's signature, let alone be granted equal pay for doing the same job as him. In 1969, Rowbotham convinced her fellow radicals at the underground newspaper *Black Dwarf* to publish a 'Year of the Militant Woman' issue, in which she declared that women want to 'drive buses, play football, use beer mugs, not glasses.' A year later came *The Female Eunuch*, Germaine Greer's revolutionary manifesto for abandoning the traditional bluestocking respectability of the post-war women's movement and infusing it with the rebellion of the underground. Everything from marriage to the family to the imperative to bear children was challenged with Greer's intellectual battering ram of humour, bravado, sexiness and outrage. 'Women have very little idea of how much men hate them,' she wrote, a line that would have chimed with Lynsey de Paul's experience. It is hard, though, to see the fastidious singer-songwriter taking up a suggestion made in *The Female Eunuch* that women 'consider the idea of tasting your own menstrual blood'.

Greer was anarchic and fun, and as such belonged more to the adolescent spirit of the counterculture than the grown-up world of materialism and responsibility. Writing about the *Cosmopolitan* editor Helen Gurley Brown's publication of a male centrefold as symbolic of the liberated career woman's right to treat men as sex objects, Greer pricked the bubble of desire in an analysis of the unclothed hunks filling the pages of a 1973 calendar for *Ladies Home Companion*. 'All were passive, all pleasant, all bland and wholesome as cottage cheese,' Greer said of the men, who were looking like they were trying desperately to hold onto their dignity as they variously shaved, read books in libraries and posed with faithful hounds in the nude. 'They all looked silly, especially the rather plump gentleman wading into the shallows and peering through a jauntily cocked telescope.'[16] Far more attractive, wrote Greer, were flamboyant, feminised rock stars like Robert Plant, Marc Bolan and Mick Jagger: 'Their imagery reflects the eroticisation of the male form, which is one of the most gratifying effects of pseudo-permissiveness.'

More significantly, as far as the public at large was concerned, in 1970, feminists hijacked the Miss World Contest at the Royal Albert Hall, London, in protest against the objectification of women that it epitomised. A group of well-dressed activists hurled flour bombs at the contest's confused presenter, Bob Hope, whose terrible jokes didn't do him any favours: 'I don't want you to think I'm a dirty old man because I never give women a second thought,' he said, shortly before a football rattle went off to spur the protestors going into action. 'My first thought covers everything.'

The rise of feminism in the '70s British mainstream came in the wake of the kind of sexual repression that meant the ample breasts of Dana Gillespie, a singer and actress whose cabaret glam rendition of the David Bowie song, 'Andy Warhol', was a hit in 1974, became a nationwide obsession. A review of the Othello musical *Catch My Soul* from the *Manchester Evening News* in 1970 focused primarily on 'a lady in the chorus with the biggest boobs Manchester has ever seen'. One newspaper said of her part in the 1977 Hammer movie, *The People That Time Forgot*, referred to by Gillespie as 'The Movie That People Forgot': 'The sight of Dana Gillespie's boobs makes one regret the invention of the bra.' Gillespie herself appears to have taken it in her stride: 'It was literally everywhere. Even when I was in *Jesus Christ Superstar*, one of the headlines consisted of one word: Superbust.'

Spare Rib, the pre-eminent feminist magazine of the era, arrived in July 1972, transforming the women's liberation movement from a niche academic concern into a phenomenon. All of this was ripe for mockery, which did appear to support Germaine Greer's belief in woman hatred at the heart of masculine society in '70s Britain. The gamut went from bra-burning jokes in working men's clubs to Kingsley Amis's 1978 novel *Jake's Thing*, where the Oxford don Jake Richardson rails against women being allowed into colleges in the face of his own waning libido. Somewhere in the middle was *Who Needs Men?*, a 1972 satire by the science-fiction writer Edmund Cooper that depicted a 25th-century Britain where, after a terrible war (caused by men) women have taken over, Nelson's Column has been renamed Germaine's Needle, cloning has eradicated the need for traditional reproduction and a handful of remaining males are hiding out in the Scottish Highlands, aka Pig Country, where they are hoping not to be wiped out by Rura 'Madam Exterminator' Alexander. 'Rura could remember making love to three girls. After that, things became hazy,' went a reminiscence on a massive orgy on the eve of Extermination Day, when Rura was compelled by tradition to hunt down men and daub herself in her victims' 'revolting blood'. Unfortunately, Rura falls for the charms of hunky rebel chieftain Diarmid McDiarmid and the story has a happy – for men, at least – ending.

The women's liberation movement formed a backdrop to a nationwide conversation against which a songwriter like Lynsey de Paul, driven more by Thatcherite concepts such as self-reliance and low taxation than Germaine Greer's war against societal constructs of femininity, could thrive. Her music belonged to the world of Carla Lane's BBC comedy *Butterflies*, which from 1978 depicted the humdrum, daily existence of Wendy Craig's Ria Parkinson, 'happily married, but not excitingly so,' to a dull, unsexy, kind-hearted dentist played with dry-witted gloom by the lugubrious Geoffrey Palmer. With her terminally unemployed sons forever loafing about the house, her relationship with cooking best described as adversarial and her dreams of an affair with the slightly more exciting Leonard (Bruce Montague), Ria mirrored the concerns of so many middle-class women in '70s Britain, wishing for liberation, stimulation and excitement while at the same time fearful of giving up the comfort and love found in the home, the husband, the family.

The gentle, thoughtful, somewhat timid Ria would likely have looked at Lynsey de Paul as a bold, racy figure who breezed through the world of adult pop with a kind of flirtatious élan. But the truth was more troubling, just as the carefree melodic lightness of her songs belied the complex chord structures and sophisticated arrangements underpinning them. Feeling that she wasn't getting a sufficient slice of the pie from her manager Gordon Mills, she left him for the notorious Don Arden, the former Small Faces manager with whom she became trapped in a contract she very quickly wanted to extricate herself from, leading to Arden suing her when she attempted to sign to a new label. 'That was a terrible time for her,' says Barry Blue. 'I fell into the same traps as everyone else – bad managers, terrible accountants, publishing deals where you ended up getting paid a penny for each sale of your song – and Don Arden was the epitome of all those things put together. This is the guy who hung Robert Stigwood out of an office window by his ankles. Lynsey asked me to sing on her Christmas record, which was coming out on Don Arden's Jet Records, called "Happy Christmas to You from Me". Don said: "Something you need to know about me. Never ask me for a contract. Never ask me to pay you. If you have a hit, you'll go on to make money. Otherwise, shut up." Oh yes, he was wonderful. "Happy Christmas to You from Me" came out in January.'

Lynsey de Paul's only way to escape the grip of Don Arden was to sign a deal with Polydor and agree to a song she had written with Mike Moran, the unsuitably titled 'Rock Bottom', being used for the 1977 Eurovision Song Contest. Lionel Blair choreographed a performance for television, with Moran and de Paul singing the jaunty jazz-age tune about two people staying cheerful in the face of disaster while playing grand pianos with their backs against each other and wearing Edwardian-style morning suits. But with true 1970s luck, a strike by cameramen and technicians began just a few minutes before Eurovision was due to air on television. On top of that, the BBC didn't actually want 'Rock Bottom' to win, because it would mean Britain would have to shoulder the cost of hosting the following year's contest and the corporation was as broke as the rest of the country. In the end, it came in at a respectable, definitely not rock-bottom number two.

Barry Blue was just as affected by industrial action as any other hard-working songwriter and producer in the 1970s: 'It was a nightmare. I was producing my album and everything was orchestra led, so there were thirty or forty musicians doing a session from ten until one. Halfway through, the power went off. The musicians got their coats on and pissed off. And then you had to get them back and pay them all over again to pick up where they left off. It cost a fortune.'

To make matters worse, a familiar figure materialised in Barry Blue's studio in the darkness of the power cuts: 'Dr Death popped up all the time, maintaining that the musicians still had to be paid for a second session. I'd have conversations with him like: "They said the power will be back on in twenty minutes. Surely there should be some accounting for the fact that we paid the musicians for this session and if they hang around for another twenty minutes we can continue." "No, you'll have to pay them again."'

Dr Death even prevented 'Do You Wanna Dance', according to its creator, from being the monster hit it should have been. '"Do You Wanna Dance" took me three weeks to make because it is really quite intense, with strings, a huge brass section and multi-layered vocals from myself and the Rubettes. *Top of the Pops'* head honcho Robin Nash had a dictate at the time that everything had to be re-recorded in three hours to be mimed along to and, when I got the call, as luck would have it, Dr Death was at the studio. It meant there was no chance of taking him down the pub, swapping the tape and playing the original, which everyone did until he eventually got wise to it. We had to remake a record that cost a lot of money and employed forty-odd musicians in three hours. Actually, the first hour was spent arguing, so we made it in two hours. You know what? Dr Death could have been an amalgamation of five or six different people from the Musicians' Union for all I knew. Because of him, my record on *Top of the Pops* sounded horrible – it was killed by Dr Death.'

The songs that Lynsey de Paul and Barry Blue wrote, either together or separately, encapsulated the mums' and dads' world of '70s pop: not too serious, escapist, tinged with a sense of upward mobility in a suburban, clean-living fashion. Along the way, Blue

WILL HODGKINSON

was instrumental in the second flowering of Brotherhood of Man. After John Goodison, Sue and Sunny, Tony Burrows and Roger Greenaway bailed at the thought of touring and quit in 1972 what was a made-up band in the first place, the Brotherhood of Man's songwriter and creator Tony Hiller put together a new group made up of the session singers Martin Lee, Nicky Stevens and Lee Sheriden. The big band singer Sandra Stevens – who had been in Manchester cabaret acts with Eve Graham of the New Seekers – joined in 1974. Blue's 'Kiss Me, Kiss Your Baby' was a hit across Europe for the Brotherhood of Man in 1975, which meant they were doing television spots throughout the continent, opening the floodgates for a 1976 Eurovision triumph with Lee Sheriden's 'Save Your Kisses for Me'. Going to number one in thirty-three countries and becoming one of the best-selling Eurovision songs of all time, 'Save Your Kisses for Me' seemed to encapsulate Britain's pro-European dream: cheerful, wistful and, from its gentle glock-enspiel intro to its jaunty shuffle rhythm, tinged with continental exoticism. In fact, the song shared a very similar melody, rhythm and spirit to America's own golden singalong from 1973: 'Tie a Yellow Ribbon Round the Ole Oak Tree' by Tony Orlando and Dawn. For most people in '70s Britain, the United States was an impossibly distant world of glamour and wealth. Only through the medium of song, with a bit of film and television thrown in, could we have access to that magical faraway land.

Chapter 10

America the Smooth

Breakfast in America: the Brady Bunch.

For so many of us kids growing up in '70s Britain, the show that represented American life as it was surely lived was *The Brady Bunch*. From the remarkable dental health of the nine lead characters to the floating staircase, the wood-panelled modernist interiors and the Formica kitchen work surfaces of the ranch-style California house this six-child, blended family occupied, *The Brady Bunch* was an education in how they did things over there. Having lots of space at the front and the back of your house, driving a big station wagon, calling people a 'creep-o' when they annoyed you . . . The three sons of Mike Brady's widowed architect and the three daughters from Carol Martin's previous marriage faced such challenges as the boys not allowing the girls in their clubhouse, Greg's ego going out of control after winning a baseball game and Jan getting fed up with being compared to her golden goddess of an older sister Marcia, Marcia, Marcia. What an affluent, appealing world these kids lived in, with their bright nylon clothes and vacations (not holidays) to the Grand Canyon and their wise-cracking maid Alice always on hand to clean up whatever mess they found themselves in.

It was certainly a long way from hand-me-down jumpers, building a BMX action stunt ramp out of a few bricks and a plank in the backyard, and the highlight of the annual holiday being a rain-soaked excursion to Tintagel Castle in Cornwall. And, to make matters worse, America was rubbing salt into the wound by treating Britain as the sick man of Europe. 'Good-bye, Great Britain, it was nice knowing you,' taunted a 29 April 1975 editorial in the *Wall Street Journal*, which posited that Denis Healey's 52 per cent corporate tax rate and top income tax rate of 83 per cent would lead to lower living standards and slower economic growth because anyone with any wealth left would inevitably find ways of getting it out of the country. The reality was that 1970s America was just as much subject to inflation hikes and oil crises as Britain. On 29 October 1975, a year and a half after the final *Brady Bunch* episode featured young Bobby's get-rich-quick scheme going wrong after the Neat & Natural tonic he sells to his brothers and sisters turns Greg's hair orange, President Ford's administration denied a near-bankrupt New York a federal bailout: 'Ford to City: Drop Dead' went the following day's immortal headline in the *New York Daily News*.[1]

The Brady Bunch never mentioned Watergate, the Fall of Saigon or the Black Power movement. It didn't touch on the controversy engulfing Los Angeles at the time, which saw kids from minority-dominated schools bussed from the city into white suburbs in a strongly protested (by white suburbanites) effort at desegregation. *The Brady Bunch* captured a suburban, post-divorce world, where the biggest problems were Jan wanting to become an only child and Bobby turning into a tyrant after beating Greg in a chin-up competition. It was reassuring.

The show was also the first step most '70s British kids had towards painting a fantasy picture of America. And the music to go with it was smooth music, undemanding but sophisticated, speaking of a world where neighbours came round with freshly baked apple pies and a hard day's work was rewarded by reclining in the Lay-Z Boy with an Old Fashioned and a bowl of pretzels. The epitome of this was 'Tie a Yellow Ribbon Round the Ole Oak Tree' by Tony Orlando and Dawn, a number one for four weeks in April 1973 and a song of easy charm, reassurance and emotion, with Orlando's authoritative tones and the singing duo Dawn's graceful backing vocals matching up against the whistling melody and clip-clop rhythm. 'Tie a Yellow Ribbon' came out when a huge wave of soldiers returned from Vietnam, turning it into an anthem of patriotic homecoming. You might be forgiven for not noticing that the lyrics tell of the cost of a criminal life.

The narrator has only just got out of prison and he is unsure whether his true love still wants to be with him or not. So he writes to her and suggests she tie a yellow ribbon around the oak tree in front of the house if she wants him to come home. If not, he'll remain on the bus, understanding of her reasons, given the crime for which he has just completed three years of penal servitude. In the event, he cannot bear to look out of the window to see whether or not the yellow ribbon is there, so he asks the bus driver to look for him instead. And what a happy ending: the whole bus cheers when the old oak tree, bedecked with not one but a hundred ribbons, comes into view. It's the ultimate song of the American Dream, a tale of true love and second chances. In America, there is always hope for a better tomorrow.

With its hummable melody and impermeably relatable story, 'Tie a Yellow Ribbon' has the quality of a folk song. There is an old American ballad called 'Round Her Neck She Wears a Yeller Ribbon', which tells of the tradition of women wearing a yellow ribbon in their hair to show devotion to an absent partner, which itself derives from the English folk ballad, 'All Around My Hat', where a sprig of green willow is worn in remembrance of a true love who is far, far away – as made famous by those folkies-turned-singalong sensations, Steeleye Span. John Ford's 1949 Western, *She Wore a Yellow Ribbon*, which was set in the years after the Civil War, helped embed a yellow ribbon as a folkloric symbol of return. And in *Star Wormwood* – a Depression-set novel from 1959 about a destitute teenager who is tried and executed for killing and partially eating a young girl, which its author, former justice of the Pennsylvania Supreme Court, Curtis Bok, wrote as a protest against the death penalty – a man on a train reveals to a stranger that he is coming back home after five years in prison. He has asked his family to tie a white ribbon around an apple tree that stands close to the railroad track at the bottom of their garden if he is welcome home. As Bok writes, 'He said that they were nearing his hometown and he couldn't bear to look. His new friend said that he would look and take his place at the window to watch for the apple tree which the other had described to him. In a minute, he put his hand on his companion's arm. "There it is," he cried. "It's all right! The whole tree is white with ribbons."'

The songwriters of 'Tie a Yellow Ribbon', Irwin Levine and L. Russell Brown, registered the song for copyright a month and a half after the publication of a 1972 article in *Reader's Digest* by the New York writer Pete Hamill, about a group of college students on a bus trip to Ford Lauderdale who got talking to an ex-convict. He was, went Hamill's story, watching out for a yellow handkerchief on an oak in Brunswick, Georgia. From its release onwards, Tony Orlando and Dawn's single of 'Tie a Yellow Ribbon', which sold 3 million copies in three weeks, became a heroic anthem of return after a period of incarceration. Jeb Magruder, the deputy director of President Nixon's 1972 re-election campaign, served seven months in prison for his part in the Watergate scandal after pleading guilty to obstructing justice and wiretapping the Democratic Party's headquarters at Watergate Hotel in Washington DC in an illegal intelligence gathering operation. On his return home, his wife Gail covered the family porch in yellow ribbons, thereby turning a disgraced

political figure into a patriotic returning hero. The most sig-
nificant event in the development of a new American custom
spawned from the success of a middle-of-the-road hit began on
4 November 1979, when the staff at the US Embassy in Tehran
were held hostage in the thick of the Iranian Revolution. An arti-
cle in the *Washington Post*, published on 10 December, suggested
to concerned Americans dealing with the stress of the hostage
crisis that they tie a yellow ribbon round the nearest old oak
tree as a form of prayer for the hostage's return. Penne Laingen,
wife of the hostage Bruce Laingen, asked college students pro-
testing outside her house to do the same. From there developed
the Family Liaison Action Group (FLAG), an association made
up of families of the hostages who distributed yellow ribbon pins
to everyone from governors' wives to television weather forecast-
ers as a way of showing support. By the end of the crisis, Penne
Laingen was asked to tie a yellow ribbon around the Christmas
tree outside the White House. Its symbolism as the mark of a
returning hero or loved one was enshrined in American popular
culture for ever.[2]

His biggest hit may have brought visions of the oak tree-
shadowed, picket fence-enclosed world of white America, but
Tony Orlando was born to a Greek father and a Puerto Rican
mother and raised in Hell's Kitchen, a then-rough Manhat-
tan neighbourhood, where, in 1959, a sixteen-year-old Puerto
Rican called Salvador Agron, aka the Capeman, stabbed to
death two teenagers he mistook for members of a rival gang.
Orlando avoided trouble by joining a doo-wop group at fif-
teen. A year later, he was in the studio with Carole King and
Gerry Goffin, who wrote 1961's 'Halfway to Paradise' for
him. From there, Orlando worked in the publishing division

of Columbia Records until, in 1970, he was asked by the producer Hank Medress to sing 'Candida', a cheery, lightweight song of love that Irwin Levine had written with Toni Wine, whose position as a high priestess of bubblegum was cemented in 1969 when she sang the lead vocals on 'Sugar, Sugar' by the Archies. 'Candida' was coming out on Bell Records and Orlando was worried that he might lose his job at Columbia if his employers knew it was him, so a name – Dawn – was chosen. In a transatlantic mirroring of the fake band shenanigans of Roger Cook and Roger Greenway, Jonathan King, John Carter and the rest of the early '70s Denmark Street gang, the picture sleeve of the single featured a band that had nothing to do with the song whatsoever. As Orlando remembered, 'I walked out of the studio not knowing "Candida" was going to be my first 2 million-selling record – I just didn't want my bosses to know because I'd be fired.'[3]

'Knock Three Times' followed in November 1970. It was a sweet song about falling in love with the woman in the flat below, on which Irwin Levine and L. Russell Brown aimed for a city-living *West Side Story* feel similar to Goffin and King's 'Up on the Roof'. Once again, a fake band appeared on the sleeve to a single on which Orlando sung alongside Toni Wine and the advertising jingles specialist, Linda November. There was only so long that Orlando could continue pretending to have nothing to do with a number-one single that went on to sell over 6 million copies, however, and by the following year, the secret was out. Orlando left his job and recruited the former Motown session singers Telma Hopkins (famous for saying, 'shut your mouth' on Isaac Hayes' 1971 hit, 'Theme from Shaft') and Joyce Vincent Wilson, the Detroit-raised daughter of a jazz bassist who sang on Marvin Gaye's 'I Heard It Through the Grapevine'. They hit the road, and by the time 'Tie a Yellow Ribbon' came out, Dawn were established as the kind of slick, glamorous trio that could slot into a function room at a Surrey golf club just as easily as a cabaret in Las Vegas.

For British audiences, 'Tie a Yellow Ribbon' represented American aspiration; the dream of a cleaner, brighter life, all of it encased ideally in a brightly coloured plastic wipe-clean box. *Tony Orlando & Dawn – Greatest Hits* (1975) was a big success on eight-track cartridge, the four-channel, quadraphonic sound version being a particular mark of sophistication. The eight-track first became symbolic of American futurism when, in 1965, Ford Motors offered eight tracks as an optional extra in Mustangs and Thunderbirds, and its roots were even more luxurious. Bill Lear, inventor of the Lear Jet, developed the eight-track in the early '60s as a way of listening to music on a business flight, because reel-to-reel tape players were too heavy and record players too unstable. Although in Britain you would never get the chance to have music from your eight-track blasting out of a Dodge Charger like the one Bo and Luke hared about in on *The Dukes of Hazzard*, you could at least fit one into the country's own scaled-down version of the American muscle car, the Ford Capri. If you were lucky, you might get hold of an eight-track cassette of *Dr Hook's Greatest Hits*, which included transatlantic smashes 'When You're in Love with a Beautiful Woman' and 'Sylvia's Mother'; smooth country-rock groovers that really helped with the fantasy that you were parked outside a honky tonk in rural Georgia, not a service station by the Watford Gap. The eight-track looked like a big plastic cassette tape and it played on a single loop that could not be rewound, ideal for whiling away the hours in that long queue to the garage in the thick of petrol shortages.

The eight-track cartridge offered a quality of sound unmatched by cassette tapes, with a ruggedness that made them more portable than records. Introduced in 1974, the Panasonic Dynamite 8 was a solid plastic box, available in 'detonator red, bomb blue or explosion yellow', with a plunger on top to change the channel. 'Play it on house current for a nice, noisy evening at home,' suggested the advertisement. 'Or on our long-lasting hi-top batteries for more footloose situations.' Footloose or not, the eight-track was short-lived. A single track wasn't capable of holding the kind of progressive rock epics that could fill an entire side of vinyl, and by the end of the '70s, the quality of cassette tapes had improved enough to make them a lighter, more attractive listening option. These limitations of the format, alongside a tendency for the tape to get mangled inside the machine, killed off the eight-track towards the second half of the decade. It meant the music that really had a spiritual home there, with its bright primary surfaces, its cheery convenience and its not great but good-enough-to-hum-along-to audio quality, was the soft sound of Dawn, Seals & Crofts, James Taylor, the Beatles and the undisputed king and queen of the eight-track scene, the Carpenters.

So much of the American easy listening popular in '70s Britain was critically lambasted and none more so than the Carpenters. 'The emotional connection between the Carpenters and their songs is about as strong as my last resolution to quit smoking,' went a pasting from *Stereo Review* magazine.[4] The *NME*'s Nick Kent did at least manage to give the brother–sister duo a backhanded compliment. 'No jive,' began his write-up from 22 September 1973. 'Ever since I picked up on the Carpenters, I've become less concerned with pressing issues like Watergate, Ulster and breast cancer.' After being invited to perform at the White House on 1 August 1972 as the token youth for Richard Nixon's re-election campaign, the president called them 'young America at its very best' – no wonder the hippies hated them.

The Carpenters evoked a *Brady Bunch* world of Oldsmobiles and picket fences; suburban soul for the Silent Majority of Nixon's America and, by extension, the hygienic middle classes of Edward Heath's, Harold Wilson's and Jim Callaghan's Britain. As a brother–sister duo who smiled out of album covers in canary yellow V-neck sweaters, goofed about on TV specials, celebrated the good old days on 1973's 'Yesterday Once More' and sold over 100 million albums, the Carpenters had little to do with the counterculture of the era, instead representing a kind of preternatural adulthood where music serves the same function as painkillers: to soothe the rigours of a life spent arranging mortgages, worrying about overdrafts and working out payment plans for the family car. The Carpenters' second number one was 1970's 'We've Only Just Begun', a schmaltzy, romantic ballad by Paul Williams and Roger Nicholls, who were fast becoming the specialists for a new type of evocative, story-telling song that stood in stark contrast to the heavy-rock fashionable in America at the time. 'We've Only Just Begun' began life as an advert for California's Crocker National Bank that featured newlyweds starting out on the road to married bliss; an attempt by the bank to appeal to young people that in the event proved *too* successful. Crocker found itself inundated with penniless couples demanding loans on the strength of the advert, which the bank, knowing that loaning money to people without savings or collateral was not a good investment, found itself struggling to grant.

'Roger and I were approached by a guy called Tony Asher,' says Paul Williams, citing the lyricist who worked with Brian Wilson on such Beach Boys classics as 'God Only Knows' and 'Caroline, No', on how 'We've Only Just Begun' set him off on the path to gentle glory: 'He was supposed to write this commercial for a California bank, but he broke his hand skiing so he asked us to do it instead. At the time, no matter how middle of the road anything I wrote was – and it's worth remembering that the number one at the time was "In-a-Gadda-Da-Vida" by Iron Butterfly, which is heavy rock – there was a part of me that was convinced I was an outlaw. I told him no way would I do a bank commercial. Tony said: "There's a creative fee." I said: "Let's write this bank commercial." They showed us footage of a young couple getting married and we wrote the song in an hour, with words about white lace and promises and so on, which we were secretly hoping might end up on someone's B-side. At the time, everything we were doing was getting recorded and nothing was getting played on the radio. It was almost as if radio was allergic to what we were doing. Then these two kids, Richard and Karen, came along, and they already knew everything we did. And we thought: *wow, we're famous.*'

Having recognised Paul Williams' voice on the commercial, Richard Carpenter coaxed him and Roger Nicholls into turning the jingle into a full song. It gave the Carpenters their second number one, going on to capture everything they represented: familiarity, security and warmth, but with a lingering sense of sadness hiding beneath the surface. As Williams later pointed out, the sheet music of 'We've Only Just Begun' sold over 3 million copies. It meant that people weren't just listening to it, they wanted to play it at home, too. 'To me,' says Williams, who at the time of writing 'We've Only Just Begun' found himself in the unusual position of being a sardonic, speed-taking hippy with a strange gift for writing songs that sounded like they could have been intended for Bing Crosby, 'that was a sign of something going back to the family structure.'

Paul Williams, despite capturing the realities of the American suburban mindset in song better than anyone, didn't even plan on being a songwriter. He came to Hollywood in the 1960s with hopes of making it as an actor, leaving behind an unhappy home life that saw him moving from his native Omaha, Nebraska, to live with his aunt in California after his father died in a car crash when he was thirteen. Looking, by his own description, 'like a kid with a hangover', he couldn't find any acting work and turned to songwriting to make ends meet. Appearing on a local television show by Mort Sahl, a once nationally celebrated comedian whose success had dwindled to almost nothing by the end of the '60s after being blacklisted for his criticism of what he saw as a cover-up on the assassination of John F. Kennedy, Williams played a boy scout who visits the White House and unwittingly finds himself being sent off to Vietnam, alongside a Chicken Delight delivery guy played by the comedian and songwriter Biff Rose. Rose and Williams wrote 'Fill Your Heart', which appeared in 1968 on Biff Rose's solo album and as a B-side to Tiny Tim's creepy falsetto hit rendition of 'Tiptoe Through the Tulips', but only became famous when David Bowie, in one of his purest melodic moments, recorded a spirited version of it for his 1971 album, *Hunky Dory*.

'Biff was a unique talent, a free spirit, and maybe that's where I should leave it,' says Paul Williams. 'We wrote a couple of things together, ended up at A&M Records and did "Fill Your Heart". And I wound up with a career. I fell in love with writing and because I didn't have anyone to go home to and I would write with anyone who walked through the room, I had never found anything that had been easy for me to do before. When I was eighteen, I answered an advertisement asking for anyone who could breathe to dig ditches in Colorado. I went up there in brand-new work boots and the guy said: "You're too little to dig ditches." And I said: "Thank you!" I had never been happier in my life – I'm not cut out for normal work.'

Williams' songs for the Carpenters went down smoothly in '70s Britain, particularly with people who were trying to find their own position in the straight life. A frequent comment of British visitors to America is how, particularly in the sunlit lands of California, people really do seem more cheerful and optimistic than the average Brit. When an employee of a hotel, shop or restaurant comes up to you and asks, with a toothy grin, 'How may I help you?', it is as if they really mean it. But the Carpenters tapped into something deeper, a lingering ennui and despair beneath the wood-panelled veneer of the dream life. It was music for adults, baby boomers who married out of school or university, had children in their early twenties and aimed for home ownership, bathrooms with twin sinks and a bidet in matching avocado green or salmon pink, a three-piece suite that would be stripped of its protective cover when the local sophisticates dropped by, Edwardian-themed home decor schemes, a full set of Encyclopaedia Britannica to furnish the living room. The Carpenters also belonged to grey Monday mornings spent, once the kids had gone to school, sitting by your stripped pine table in an empty kitchen with a cup of tea, staring out of the window at a rain-sodden garden with a half-deflated Space Hopper in the middle of the lawn and asking yourself: why?

'It's definitely there,' says Williams, of the melancholy that runs through so many of his songs. 'I had a really weird childhood. After the car wreck in Oklahoma, my aunt and uncle basically bribed my mum to keep me. They asked me to write a letter to my mother, saying I wanted to stay with them in California, explaining to me that if I took a bite of food out of my mother's mouth, I would be starving my little brother. My aunt would dictate letters for me to write. But it is common for creative people to have a hole in their chest – it is at the headwaters of who we are.'

The melancholy of the songs Williams wrote for the Carpenters also came down to a quality in Karen's voice; something so wholesome and uncynical, you could not help but feel that disappointment must be around the corner. As Williams puts it: 'Talk about an old soul! You want to hear sadness and hopefulness at the same time? And what came out of the two of them was so authentic, so unhip, that people had to talk about being secret fans of the Carpenters. That's a huge part of their deal: that they didn't know how to camouflage their emotions. People responded as a result.'

Karen's voice was youthful, but something about it suggested the wisdom of experience. You can hear it on Nichols' and Williams' 'Rainy Days and Mondays'. Richard Carpenter was twenty-three when that song came out. 'And Karen was only twenty,' he says. 'But it sounds like she has lived through everything she is singing about. Rainy days and Mondays didn't get her down, actually. But she managed to sound, very naturally, like they did.'

The Carpenters could take a song of such rocking abandon as the Beatles' 'Ticket to Ride' and turn it into a languid lament, equal parts beautiful and despairing; something to tinkle away in the background during sherry mornings and discreet affairs, or maybe to listen to while wafting about the house in a nylon negligée and yesterday's make-up before passing out on tranquillisers. According to Richard Carpenter, '"Ticket to Ride" is one of my favourite Carpenters' records, maybe *the* favourite. In 1969, I heard it played on the radio as an oldie and imagined it as a melancholy ballad, which was perfect for Karen, and it all came flowing out. If you happen to be writing what turns out to be a great song, they just about write themselves and it's the same with a good arrangement. Like most Carpenters' songs, I had the sound all in my head before going into the studio. It goes against my nature to experiment once you're in there. The clock's ticking and you don't want to spend a fortune on session fees.'

With such pragmatism the Carpenters were born. Growing up in Connecticut and then the Los Angeles suburb of Downey, Richard Carpenter was an introspective teenaged piano prodigy who knew from the age of twelve that he wanted to be in the music industry and by sixteen had formed a band to play gigs at the local pizza parlour. His sister Karen, younger by four years, was the outgoing one, more likely to be playing baseball than practising her scales. And that's what gave her voice such an affecting quality: it was unforced. For all the accusations of corniness surrounding her, Karen Carpenter has one of the purest voices in the history of popular music; something her brother recognised from the outset: 'Our father had a record collection with everything from soundtracks to Bing Crosby records, our mother would sing along to the radio, Karen and I soaked in all the top forty hits and the strange thing with Karen is that she sang so purely, it was like nothing had an effect on her at all. That's why impressionists could never imitate her in the way they could imitate Frank Sinatra or Mick Jagger. All the emotion was built into the voice. There were no stylistic hooks and she sang the songs straight, just the way the melodies were written, in a way that could make someone happy or melancholy depending on how she interpreted the notes. It is remarkable, considering how young she was.'

Initially at least, Karen wasn't particularly interested in singing at all. She played drums for the Richard Carpenter Trio, which from 1965 played light jazz versions of bossa nova songs and standards like 'The Girl from Ipanema' and 'Strangers in the Night'. 'Every now and then, I would get her to sing something upfront and she would do it very begrudgingly. We went on tour, not much more than kids, and she was only 5 foot 4, so, when she sat behind the big Ludwig drum set, most of the audience couldn't see her. It took some doing to get her away from them. Maybe it was down to high ego and low self-esteem . . . We did the Royal Albert Hall in 1971 and here she was, just turned twenty-one, fronting a group with all these people looking at her. She wanted to be successful at making records, but going out there and fronting a group . . . it wasn't something she was crazy about.'

The Carpenters' version of the Bacharach and David romantic ballad, 'They Long to Be Close to You', so chaste and sincere, came out in autumn 1970, in the shadow of Woodstock, Charles Manson and the My Lai massacre of 17 March 1970, when somewhere between 300 to 500 unarmed Vietnamese men, women and children were killed by US soldiers; a seismic shift in a new generation's attitude to the war: '"Close to You" came out and it was like a bomb went off. We were middle-American white kids, making music that a lot of critics hoped had seen its last, and it connected with everyday suburban people. It was so big, we were so young, and wanted by so many different TV shows, that it was more than just having a number-one hit. I was supposed to write or discover songs that would be arranged for the next album, not be out on the road doing live nights. I wasn't happy out there.'

The smooth sheen of the Carpenters' music hid all kinds of problems, not least the anorexia that killed Karen Carpenter in 1983, a product, says her brother, of '60s ideals of female beauty: 'She wanted to be a straight-up-and-down Twiggy type and Karen naturally had an hourglass figure. By 1967, she was on the [low-carbohydrate, high-protein] Stillman Diet. She lost 20 lbs or so and stayed like that for a few years, but then of course she wanted to lose more. This was before we had hit records, so I think – and I could be wrong – that this was sniping at her, whether she was a pop singer or not. The amazing thing is that it never affected her voice.'

In Britain, the Carpenters were an antidote to the Permissive Society: a brother–sister duo whose solid family values and folksy wholesomeness, set against the kind of harmonious music that proved the world was an essentially decent if somewhat gloomy place, were the kind of American imports that Britain needed at a time when it was in danger of total moral collapse. In April 1970, just as the Carpenters were first becoming known in Britain, *Nova* magazine published a series of interviews with people who felt the Permissive Society had gone too far. According to Sir Charles Taylor, Conservative MP for Eastbourne, 'the socialist government [Harold Wilson still had a few months in power] has encouraged, through devious means, a debasing of our moral standards; legalising homosexuality between consenting adults, offering easier divorces without proper safeguards and abortions.' Taylor went on to compare Britain in 1970 to the fall of the Roman Empire. Dillon McCarthy, a former organiser of the Middle-Class Alliance who went on to found the Christian Political Union, went one further, claiming the country had become 'a pederast's and a pornographer's paradise', a sentiment supported by a Birmingham-based child psychiatrist called Dr Louise Eickhoff, who put the corruption of innocents down to deluded parents teaching their children the 'ghastly physical details' of sex education. Far better, suggested Dr Eickhoff, that they 'go to Christianity or the BBC Christmas broadcasts for the facts. "An angel of the Lord came down onto her . . ." There is every blooming thing you need to know there.' And Brigadier Ian Bransom, speaking to the Durham Conservative Association Supper Club in response to the Bishop of Durham encouraging the act of peaceful demonstration, asked: 'Is he calling to the long-haired anarchists, the imported rabble rousers, the drug takers and the Permissive Society to foist their views upon the country?' Bransom demanded the creation of a people's Defence Force to deal with such unwelcome elements, pointing out that he was fully prepared to make his own dramatic contribution to the war against the hairies: 'I am an artillery man and outside my house stands an eighteenth-century cannon and, if necessary, with some modifications, it might still be brought into action.'[5]

The Carpenters did touch on permissiveness, but from a distance. They were like the kids whose parents wouldn't let them go to the concert, let alone hang around afterwards to meet the band. One of their most affecting songs is 'Superstar', a tale of a groupie left lonely by the rocker she thought loved her. Bonnie Bramlett, of the country soul duo Delaney and Bonnie, and the Nashville-based songwriter Leon Russell wrote it on the suggestion of the American singer Rita Coolidge, who had spent enough time backstage to witness the imbalance of power between male rock stars and their female acolytes. With Karen's yearning, lovelorn vocals and Richard replacing the possibly shocking lyric 'sleep with you' to 'be with you', the Carpenters had a tale of a groupie's abandonment suited to young adulthood. There is a moral warning about the dangers of falling for a feckless fellow, but also a sense of loss, a shattering of the dream. It could be applied to life's more mundane, everyday illusions ending.

'Superstar' chimed with the young suburban middle classes, who were a long way from being groupies or rock stars themselves, but like Ria in *Butterflies*, forever on the edge of having an affair with the tracksuit-clad Leonard but stepping away from the precipice of actual adultery at the last minute, were taking their own tentative steps towards liberation. In 1970, the Family Planning Association made the contraceptive pill available in its clinics to single women for the first time and five years later, the Pill was available through the National Health Service to all women. Sex no longer had to be the cataclysmic event that left seventeen-year-old Jo pregnant and alone in Shelagh Delaney's *A Taste of Honey* or led to a backstreet abortion in Nell Dunn's *Up the Junction*. Now it could be no more serious than Robin Askwith being forced to perform extra services for his more demanding female customers in 1974's

Confessions of a Window Cleaner. Sex was an adjunct to the new consumer lifestyle, a symbolic act of freedom from the old ways, which was captured with truly American frankness by Erica Jong in her 1973 novel, *Fear of Flying*, the story of a woman discovering sexuality beyond her unfulfilled marriage, which sold over 20 million copies. But the ultimate mark of the suburban drive towards sexual liberation was the astonishing success of *The Joy of Sex*, a 1972 manual by the physician Dr Alex Comfort that featured direct explanations of everything from oral sex to bondage to swinging, accompanied by illustrations of a hirsute man and woman engaged in various hitherto unimagined positions. Comfort's idea was to treat a sex manual like a cookery book – 'A Gourmet Guide', as the subtitle had it – thereby taking the shame out of sex and promoting it as a recreational activity.

Carpenters' records might have sat in the hi-fi cabinet alongside a copy of *Xaviera!*, an erotic spoken-word album by the former call girl Xaviera Hollander, whose 1971 memoir, *The Happy Hooker*, was a bestseller, but they didn't belong to a truly liberated world. They belonged to people who had watched the orgy scenes in the BBC's 1976 adaptation of *I, Claudius*, perhaps even mooted the idea of a partner-swapping session one night over too much Lambrusco with the fun, lively neighbours three doors down, leading to unfulfilled dreams of sexual liberation at the edge of a double bed, sitting side by side with heads bowed and hands clasped together, crushed by the weight of awkwardness and embarrassment under the sad glow of an orange ceiling lamp. Ultimately, the Carpenters represented conservatism. Their 1973 single 'Yesterday Once More' looked back with wistful affection on the golden age of the 1950s radio hit, its accompanying album featuring an oldies medley that included the Chiffons' virginal 'One Fine Day' and the Californian surf duo Jan & Dean's rock 'n' roll tale of drag-racing tragedy, 'Dead Man's Curve'. This was music for people whose lost adolescence represented real freedom and for whom the adult world, with its three-day weeks, bombing campaigns and endless strikes, represented corruption, suffering and a loss of innocence.

Alongside the Carpenters' singles collection, there was another album that seemed to be in every parents' record collection when I was growing up. Don McLean's *American Pie* fell just left of the middle of the road, with its acoustic edge of credibility and literary depth, but the title track was not only a singalong classic, it also served as a eulogy for the same recent past the Carpenters were getting nostalgic about. The difference here is that McLean, who had a background as a folkie in New York coffee bars and who learned his craft accompanying the hard-left protest singer Pete Seeger on a riverboat tour of the Hudson River to raise awareness on pollution, was suggesting less that the golden age had passed but simply that the baby boomer generation had grown up and had no choice but to deal with it. From his recollections of being a boy delivering papers when he heard about the plane crash that killed Buddy Holly, Ritchie Valens and the Big Bopper to remembering the salad days of the Beatles when 'Sergeants played a marching tune', through to the killing of a young fan by Hells' Angels at the Rolling Stones' concert at Altamont Speedway in California December 1969, *American Pie* was about the death of innocence and the inevitable march of adulthood. No wonder it chimed with a boomer generation at the dawn of the 1970s.

Don McLean never explained away the song's multiple meanings, leaving that job for the listener, but when I spoke to him about it I was surprised at his intimation that the world depicted in *American Pie* was no less violent and corrupt than the one that came afterwards. 'America hasn't won a war since Korea in the 1950s,' he sighed, sounding angry to reflective to disinterested, almost within the same sentence. 'We keep sending young men off to Korea, Vietnam, Afghanistan to get blown to bits, we don't care about the inhabitants, and for what? Can you imagine having your foot blown off in a war? Can you? In 1960, when he left office, President Eisenhower warned the nation about the military industrial complex. We've had so many warnings since and nobody listened. *American Pie* is celebrating its fiftieth year. We could have solved these problems in that time but I don't have any answers, I have only observations.'

American Pie was the perfect anthem for the singalong era; an adult song, suited for home listening, calling the listener to reflect on their own just-passed youth. It was also a sign of the scale of American influence in '70s Britain that figures like Bob Dylan and Janis Joplin, almost certainly referred to in the song as 'the jester' and 'a girl who sang the blues', did not need any introduction. Like the Carpenters, Don McLean's album went out to British people who knew about the counterculture but were now too old to be a part of it – or, like my parents, had never felt that it was for them. And it didn't mean that smooth American music couldn't be profound. As far as the author of *American Pie* was concerned, his gentle oeuvre, which got out to all those ordinary people in '70s Britain who would have pre-ferred a night in watching BBC's *Seaside Special* to battling their way through the crowds at a Rolling Stones' concert, contained a lot more thought and artistry than the credible world of rock.

'I'm a melancholy guy. I try to be honest and say to the audience: this is how I feel. I'm an artist and I want to tell the truth. The Rolling Stones, Bruce Springsteen, all those other guys out there . . . It's Mickey Mouse. It's Disney World. It's entertainment with a big E.'

Easy listening needed its own champion, a John Peel figure to ease audiences along the middle of the highway. Terry Wogan was the Limerick-born son of a grocery-store manager who, in 1972, took over the BBC's Radio 2 breakfast show and became a smooth sensation, his lulling Irish brogue, gentle, self-mocking humour and unflappable manner proving the perfect medium to introduce the sounds of the Carpenters, alongside other clean-cut American imports like Bread and Chicago, to the millions of listeners who had to go to work on an egg each morning. Radio 2 even had its own soap opera to represent its Woganesque world. *Waggoners' Walk* began in 1969 and captured the lives of three young women in Belsize Park, north London, as they dealt with the challenges of the permissive society before the cast expanded to include families and elderly couples. 'It wasn't the orgy to end all orgies. No hanging from the curtain rails or passing round the pot, but it was fun while it lasted,' says racy Tracey to her stay-at-home sister Lynn, as she comes home one morning after a party. *Waggoners' Walk* reflected a world where ultimately sensible young women operated on the edges of the swinging society, characters went through marriage, divorce and remarriage, and everyday issues like homosexuality, abortion and vasectomy were dealt with in a frank, if fretful, manner. It was axed in 1980 as part of the BBC's cutbacks – 'I felt as though I had lost a limb,' said its creator, Jill Hyem.[6]

By the mid-'70s, the Carpenters, who in the UK became the seventh top-selling albums artists of the decade, had infiltrated homes throughout suburban Britain. Homes like the one I grew up in on the fringes of Richmond, Surrey – a semi-detached house with a Volvo in the drive, a Celestial Seasonings incense stick infusing evenings with the tang of sandalwood, a copy of *The Joy of Sex* on a high shelf that my brother and I had to stand on a chair and poke with a coat hanger to bring crashing down onto the polished floorboards of what our parents called, with the aspiration of people who had made it into the hallowed ranks of the middle classes, the drawing room. The Carpenters' albums were there alongside the usual stack of classical records, a couple of ones by Abba and, representing our parents at their most outré, *For Your Pleasure* by Roxy Music. According to my mother, 'By our early twenties, we were married with children, living in houses that we had bought, which wasn't typical of people from our backgrounds. A generation later, we probably wouldn't have been married at twenty-one but we found ways of pushing boundaries, whether that meant through talking about sex in ways that our parents wouldn't have done or experimenting with food or exploring Eastern religion. It just happened to be done within a suburban, relatively affluent framework.'

The Joy of Sex was not the first sex manual available to the general public. *An ABZ of Love* by married Danes Inge and Sten Hegler was published in 1963 and contained such clear-headed nuggets of wisdom as 'alcohol can provide a form of substitute for a reasonably harmonious sex life' and 'a masculine woman is not necessarily homosexual, nor is a homosexual woman necessarily masculine'. It sold over a million copies in hardback alone, but it was new to discuss this kind of thing, an adjunct to an emerging lifestyle of discovery. At least that's how it seemed to our mother: 'For example, we knew a lot of gay people but it was still considered very brave for someone to be openly gay. And we were status-conscious within our comfortable lifestyles. I remember going to a dinner party in Highgate, just after I had landed a job at the *Sunday People*, and had a very high opinion of myself. There was a dumpy, overlooked woman sitting in the corner, so I said to her in a rather superior tone: "What do you do?" "Oh, I write stories." It turned out that she was a romantic novelist earning over £250,000 a year, putting her in the 90 per cent tax bracket of Harold Wilson's government. After coming from humble, working-class backgrounds we were living a new kind of life that we considered to be very sophisticated and I suppose the Carpenters fitted in with it. We certainly didn't have what you would call subversive music, heavy metal or anything like that.'

More commonly found in suburban homes, especially ones owned by intellectually curious, Habitat prowling, Edwardiana buying, *Joy of Sex* consulting young upwardly mobile types like our parents, was the smooth but poetic music of Jimmy Webb, a preacher's son from Oklahoma who poured his personal agonies into despairing, metaphor-heavy songs that came with great melodies and a ring of Broadway show-business glitz. Webb's biggest songs were from the previous decade, but they were everywhere in '70s Britain. There was 'Wichita Lineman', a hit for Glen Campbell in 1968, which with its image of a square-jawed lineman pining for his girlfriend in the solitude of the road turned deep loneliness into wood-panelled country gold. Webb wrote 'MacArthur Park' (later a massive hit for disco sensation Donna Summer) for Richard Harris in 1968 after evenings the pair spent together in London, drinking Black Velvets and singing Irish songs in piano bars. And there lay one of the saddest examples of Anglo-American relations breaking down under the weight of unfulfilled promises. In 1967, during the making of his album *A Tramp Shining*, Richard Harris and Jimmy Webb were sitting in Harris's Rolls-Royce Phantom V, a present from Princess Margaret: 'And he turned to me and said, "Jimmy Webb, when this record is a hit – and it will be a hit – I'm going to give you this car." Now he said that. I don't care about the Phantom V, I don't care that it had Princess Margaret's initials in the bumper, but what is the one thing I care about? That it was Richard's car and he was going to give it to me. I was just a kid, man! I was twenty-one years old and he's my big brother, my mentor, I *loved* him, and I was that guy at school going around saying, "Oh, you know my uncle Bob? He's going to give me his baseball glove." And I was going to show it to *everyone*.'

Webb never got the car but he did turn the pain of a bullied, bespectacled preacher's son whose itinerant childhood through Oklahoma, Texas and California was spent buried in the poetry of Dylan Thomas, William Carlos Williams and Rod McKuen into songs that managed to be escapist yet profound; a mirror for the realities of suburban comfort in the decade when both home ownership and divorce were attainable goals: 'I learned that when we are shorn of our heavy coats, without the affectations of personality, we are completely vulnerable. There is no difference in a twelve-year-old kid with a broken heart and a thirty-year-old man with a broken heart, except the twelve-year-old is hurting more because he doesn't know how to deal with it.'

The Americanisation of Britain in the 1970s was a continuation of a cultural shift that really began in earnest after the First World War. The deaths of 886,000 British military personnel wrought psychic devastation and economic turmoil on the country, but America, which saw its economy double from 1920 to 1929, was roaring by comparison. There was the exciting moral corruption of the Jazz Age, the rising visibility of African-American literary and musical culture in what became known as the Harlem Renaissance, Henry Ford's production line making motor cars available to economically average middle-class families for the first time, the thought of all those flappers being madly gay, with their bobbed hair and Schiaparelli knitwear . . .

By 1925, 95 per cent of all cinema tickets sold were for American films. With the arrival of sound in film via Al Jolson's *The Jazz Singer* in 1927, there was real fear that, coupled with the convenience products of companies like Heinz and Kellogg's changing the concept of food as something that had to be built from the ground up, British culture would be washed away under the American cultural imperialist wave. Five decades later, a British director brought things full circle with a film that turned a tale of youthful gangsters in Prohibition-era America into something that could have come out of the thoroughly British slapstick world of *Tiswas*. The former advertisements director Alan Parker made *Bugsy Malone* in 1976, having tried to entertain his four young children on long car journeys by making up stories of a gangster, based mostly on the James Cagney movies he had seen as a kid. Parker had won a Bafta for directing a 'Play for Today' called *The Evacuees* for the BBC series and was trying to break into the British film industry without much luck, so he decided to try for the ultimate American film: a musical and a gangster movie, all in one.

'It was my son Alex who said, "Can the heroes be kids?"' said Parker in 2015, remembering how *Bugsy Malone* became the world's first gangster musical featuring an all-child cast, with splurge guns taking the place of machine guns, and pedal-powered getaway cars.[7] He travelled across America in search of suitable actors, going into a Brooklyn Catholic school in New York and asking for the naughtiest boy in the class. All the kids turned around and pointed to a smiling John Cassisi, who was duly cast as mob boss Fat Sam. The twelve-year-old Jodie Foster, who plays Fat Sam's ice-cool moll Tallulah, had been acting since she was three and, according to Parker, knew more about film-making than he did. New Yorker Scott Baio, cast as Bugsy Malone, made the most of his first time in Britain, terrorising the crinoline-clad cast of a production of *Cinderella* that was being shot at Pinewood Studios at the same time as kissing Jodie Foster in his bedroom at the Holiday Inn in Slough. And at the heart of *Bugsy Malone*'s appeal was the music, which brought touches of Jazz Age flair to a thoroughly American, 1970s, easy-listening sensibility.

Paul Williams was the ideal composer for *Bugsy Malone*; a songwriter with an ability to combine show business sophistication with a childlike sense of innocence, combined with that Carpenters-style familiarity and reassurance: 'Out of the blue, I got sent a book of drawings of an amazing world of pedal cars that still made a sound like a real car and guns that fired doughnut cream. I loved the old black-and-white Warner Brothers movies with Dirk Bogarde, James Cagney and John Garfield – and Bugsy *is* John Garfield. The film is a homage to that period of gangster movies and so accurate as far as the tonality is concerned. I was playing a concert in Las Vegas when Alan came to meet me in Foxy's Deli. Once he told me that the film was based on a bedtime story he had been telling his kids, it all fell into place.'

After teaming up with the composer Roger Nichols, Paul Williams found his style: the old-fashioned construction and discipline of the Great American Songbook, combined with the melodic adventurousness and lyrical colour of the Beatles. Williams' great realisation when it came to writing lyrics was that the words were already in the music: all he had to do was listen carefully and allow the music to unlock emotional doors, which he then articulated with very little trouble at all: 'I never wrote songs faster in my life. They just poured out of me. There was something about the feeling of the film that just opened a place in my chest. *"Anybody who is anybody will soon walk through that door . . . Fat Sam's Grand Slam, Speakeasy."* It came out almost that fast. I was writing most of it on napkins over lunches in Foxy's Deli. It all felt so familiar to me.'

Finishing the score of *Bugsy Malone* in under a month, Williams came up with the melodrama-laden 'Tomorrow', in which Fizzy, downtrodden janitor of Fat Sam's speakeasy begins to despair of ever getting the break needed to be the tap dancer he was born to be, and 'You Give a Little Love', the joyous finale in which, after a splurge-gun massacre, the warring kid gangsters decide to change their ways and become good guys after all. One of the strangest qualities of the songs on *Bugsy Malone*, which did so much to cement in British kids' minds an image of America as a place of both wild abandon and cheerful camaraderie (few of us knew that it was a British production – or a flop in

America) is that they are sung by adults. Williams' croaked tones, which suggested a certain resignation at the inevitability of life's disappointments, brought the title tune and 'You Give a Little Love' alive, while Liberty Williams, who voiced an alien superhero called Jayna in a Hanna-Barbera cartoon called *The All-New Super Friends Hour*, was brought in to get the right flirtatious yet childlike mix for 'My Name Is Tallulah'. As a piece of music that realised a sharp, funny, fantastical vision of the US, the soundtrack to *Bugsy Malone* was as important as the Ramones, Patti Smith and so many other more celebrated musical dispatches from '70s American life.

The Muppets was another home for Paul Williams' brand of maudlin lyricism and he contributed to it Kermit the Frog's answer to 'My Way'. Featured in 1979's *The Muppets Movie*, 'The Rainbow Connection' is a banjo-led lamentation on the power of dreaming, with Kermit singing the sweet ballad while sitting on a lily pad in the middle of a malodorous swamp. Kermit contradicts himself: he begins by dismissing the idea that rainbows are real, before revealing that he's actually quoting other people and as far as he's concerned, the very act of believing the rainbow will lead to something fantastical is a reality in itself, which is how children think – at least until the adult world beats such illusions out of them. There's sadness in 'The Rainbow Connection's pull between the dream and the reality and that's what makes it so affecting. With our thoughts we build the world, which is what Kermit the Frog is doing as he sits with his banjo in a lonely swamp, singing along to himself.

'We wrote ourselves into a corner with the first few lines, where Kermit says that rainbows have nothing to hide,' says

Paul Williams. 'But then he adds, "so we've been told," and he becomes a member of the audience rather than the wise professor. Kermit shows real wisdom in "The Rainbow Connection". That frog has always had a lot more humility than I do.'

In the hands of a less sophisticated writer, Williams' themes could be overwhelmingly saccharine or trite: the straightforward gloom of 'Rainy Days and Sundays', the love-conquers-all simplicity of 'You Give a Little Love', the 'if you can dream it, you can be it' greeting card philosophy of 'The Rainbow Connection'. Yet all of his songs go beyond that and enter the realm of the magical, perhaps because there is something about them that is genuinely childlike. 'The Rainbow Connection' brings a delightful image of the Muppets as eternal dreamers, although the British didn't always have such starry-eyed visions of their transatlantic felted friends. As Jamie Morris, a young union leader who led an infamous strike at Westminster Hospital in the early months of 1979, said of the Labour government, 'They've no idea what's going on in the health service . . . [They] should be on *The Muppet Show*.'[8]

The strange thing about the thoroughly American, absurdist, uncynical world of the Muppets is that it took off in Britain. Jim Henson's felt puppets got going on *Sesame Street* for the New York-based Children's Television Network in 1969, but, when he pitched for a more wisecracking, adult-aimed show based around a puppet version of *Saturday Night Live*, he couldn't find an American network to take it. Eventually, in 1976, the Muppets found a home on the British regional network ATV and so began the average British kids' introduction to fretful Kermit, karate-chopping diva Miss Piggy, hapless standup comedian Fozzie Bear, jazzbo hippies Dr Teeth and the

Electric Mayhem, and the ageing hecklers Statler and Waldorf. It all seemed to belong to a thoroughly American and somewhat unfamiliar world – we didn't have *Saturday Night Live* in the UK— but at the same time the very human failings of the Muppets made them relatable. Frank Oz, Jim Henson's creative partner, said that he fleshed out Fozzie Bear to be desperately insecure; a companion to Kermit the Frog's own self-doubt. On top of this, the array of musical guests introduced us to everyone from Debbie Harry – singing 'The Rainbow Connection' with Kermit the Frog from her dressing room after showing the Frog Scouts how to win their punk merit badges by dyeing their hair and learning to pogo – to Liza Minnelli. *The Muppets* was anarchic and irreverent but at its heart was a kind of folksy warmth, which shared the same spirit as the Carpenters, Tony Orlando and Dawn, Sergio Mendes – and, most of all, Paul Williams. As Williams concludes: 'The Muppets . . . God. It was just the best clubhouse to wander into.'

Chapter 11

The Disco of Discontent

Rubbish disposal systems in London during the
Winter of Discontent, 1978–79.

Britain in the later months of 1978 and the early ones of 1979:
heavy storms, the coldest winter in sixteen years, a national fuel
emergency after a strike by tanker drivers brought the country
to a standstill, subsequent strikes across every sector, vast piles
of rubbish in Leicester Square, James Herbert's *The Rats* looking

less like a popular horror novel from 1974 and more like a prophecy ... It came to a head when PM James Callaghan returned from a summit in Guadaloupe, seemingly in denial that the country was facing turmoil, leading to *The Sun*'s legendary headline from 31 January 1979: *Crisis? What Crisis?* The crisis that really summed up the doom-laden mood of the moment, however, was the gravediggers' strike.

The industrial action that mushroomed across Britain through-out the Winter of Discontent became an inevitability on 7 September 1978. That's when Callaghan postponed an expected autumn general election, after which Labour had promised to review a 5 per cent pay cap that had been brought in against the advice of Callaghan's chancellor, Denis Healey, who later claimed to have predicted that the pay cap was doomed to fail, to control inflation. Instead, Callaghan announced to the nation that there would be no election until spring. The unions, whose leaders he had met two days before and who under Harold Wilson's government had agreed to wage restraints set two years previously in the name of the Social Contract, felt betrayed. Callaghan's own cabinet was shocked. *The Mirror* captured the mood of the nation in a headline that, by punning on the title of Jimmy Savile's children's TV show, also underlined the ubiquity of '70s pop's most notorious figure: *Jim Unfixes It*.

Callaghan's election gamble put the pay policy into chaos. On 25 September, almost all of the 2,000 workers at Ford's Dagenham plant voted to strike after management turned down a demand for a £20-a-week pay rise. It laid the path for everyone from hospital workers to firemen to refuse collectors to follow suit. By November, the government was preparing for troops to be put on 72-hour standby to drive oil tankers. Even Christmas came close to being cancelled: a BBC strike five days before Christmas Day led to BBC One and BBC Two disappearing entirely for two days and threatening not to come back over the not-so-festive season, a prospect so hideous that the government caved in to a 12 per cent pay increase from the corporation. As Labour's head of policy research, Bernard Donoughue, had it, 'We sold our pay policy to have *The Sound of Music* on Christmas Day.'[1]

A strike by the National Union of Public Employees became a cause célèbre after a young shop steward called Jamie Morris led radical industrial action at the Westminster Hospital, where two delivery vans, their tyres slashed, blocked the entrance and NUPE members halted delivery of heating oil, medical supplies and fruit and vegetables, effectively putting the hospital under siege. The drama reached a peak on 6 March when Health Secretary David Ennals was admitted to the hospital and found himself a prisoner of his bed. Morris, who, with his long hair, beard and tinted shades, looked like he could have passed for the bassist in a reasonably successful folk-rock band – the Strawbs, perhaps – boasted that Ennals would be made 'as uncomfortable as possible'.[2] Morris made for a recognisable Citizen Smith-type for Conservative Britain to pillory, a symbol of the excesses of union power. There was something about the thought of dead bodies piled up in mounds, however, that really went to the visceral heart of the image of a nation in irreversible, cataclysmic decline.

'When you dig a new grave, you are covered in mud and slime,' pointed out a gravedigger from Liverpool, when workers at the city's Allerton Cemetery and Springwood Crematorium walked out, following a show of hands in support of strike action: 'I've lost count of the times the earth around me has caved in while

I've been digging. Just when you think you've finished, you find yourself up to your neck again in mud.'[3] Working on an average wage of £30 a week, gravediggers were not allowed to use the Parks and Gardens department canteens, instead getting cups of tea from a truck that did the rounds. Yet even the prospect of being buried alive wasn't enough to win public approval of a strike for which the results were just too horrific to contemplate. 'Even in war they stop to bury the dead,' pointed out an executive from Liverpool City Council, which resorted to storing up to 150 corpses a day in a factory in Speke at the height of the crisis and considered allowing bereaved relatives to use its municipal cemeteries – as long as they made their own arrangements.[4] It brought to mind the unedifying image of grieving family members with shovels and spades, casting deceased relatives into the ground. Cabinet papers from the time confirmed that although few people had 'the skill or the strength' to dig a grave, Liverpool City Council was on the verge of either giving the public permission to bury their own dead or bringing in sea burials. The Manchester borough of Tameside found an independent contractor willing to do the job, while the Ministry of Defence was weighing up the benefits of getting its younger troops to deal with the corpses. The MOD acknowledged that its soldiers would find the job 'extremely distasteful'.

In reality, only eighty gravediggers went on strike and only for ten days, mostly in Liverpool and Greater Manchester. But images of locked cemeteries probably did more damage for the Callaghan government than the oil shortages, the snow and ice that lay uncleared on the roads, the panic buying, the schools and hospitals closures, even the Conservative Party's famous 'Labour Isn't Working' posters of 1978 featuring a snaking line of gloomy people waiting to sign on (most of them actually volunteers from Henley Young Conservatives). A strike that went to the heart of a primordial horror of corpses – and which took place in the year the Italian director Lucio Fulci's unimaginably gory *Zombie Flesh Eaters* gave rise to the video nasty panic – undoubtedly helped pave the way for Margaret Thatcher's 1979 election victory. You also have to wonder if it encouraged an appetite for the kind of British disco encapsulated in 1978's *The Stud*: escapist, hedonistic and, in true Thatcherite spirit, based almost entirely on the dreams of status, aspiration and money.

'They were throwing rocks on the motorway,' says Tina Charles, whose cabaret disco tale of internal passions 'Fire Down Below' ('I thought it meant there was a fire in the basement. I was so innocent') featured in *The Stud*, on the union strikes of the Winter of Discontent: 'It was a bit of a war. That year I parked my car outside Harrods and a week later, an IRA bomb went off in the very place I had parked it. I kept thinking: *what is going on?* It was like two worlds, because at the same time Joan Collins and I went and did a little promotional tour for *The Stud*. She gave me advice that I've followed ever since: "Always wear a hat in the sun, darling. It stops the skin from ageing."'

The Stud began life as a sex and shopping blockbuster by Jackie Collins, but it was the film starring her sister Joan, which came out at a time in British life when heavily sideburned men warming themselves against braziers on picket lines was a more common sight on *News at Ten* than polyester-clad poshos getting down to it on the dance floor, which turned *The Stud* into a phenomenon. The story is minimal. Joan Collins' ice-cold glamazon Fontaine Khaled uses her Arab husband's riches to fund an extravagant and promiscuous lifestyle centred on her nightclub, the ironically named Hobo. (Scenes for the film were shot in the real-life St James's nightclub Tramp, where Joan was a regular and whose owner, Johnny Gold, believed himself to be the inspiration for the lead character.) Fontaine seduces Oliver Tobias's handsome gigolo Tony Blake, hires him as Hobo's manager and watches as it all goes wrong after the Stud lives up to his name and sleeps with her step-daughter, who promptly tells her father about everything that has been going on. Capturing a kind of libertine feminism, with the message that work, money, glamour and the pursuit of pleasure for its own sake will raise you above the grey squalor of society in late-'70s Britain, *The Stud* was pointing towards the materialism of the 1980s, even if Jackie Collins' number-one bestseller, her second after her debut, *The World Is Full of Married Men*, actually came out in 1969.

'Screw me, you bastard,' commands Fontaine Khaled, as she does it with Tony in the lift of her luxurious Fitzrovia apartment. So begins his test for a job as resident stud at a club where golden-haired girls, rock stars and actors hang out with 'elegant young debs in full evening dress with chinless wonder escorts'. All very Swinging Sixties, but the spirit belonged to a period yet to come. As the New York writer Catherine Steadman pointed out, Jackie Collins was upending the sex scandals of '60s Britain from a female perspective, making the women rich, upper-class and powerful and the men the ones who are kept in a shag pad and used as sexual playthings. John Profumo, the former war secretary whose name will for ever be associated with toffee-nosed licentiousness after the scandal in his name exploded in 1963, described Christine Keeler, former showgirl at Soho's Murray's

Cabaret Club with whom he had an affair, as 'someone who seemed to like sexual intercourse' and 'completely uneducated'. Tony Blake, who grows up in a poor Jewish family in working-class Elephant & Castle and first discovers his life's calling the day before his bar mitzvah, fits the same bill – 'Very obvious-looking, but tremendously sexual,' goes Fontaine's withering summation of Tony's appeal. 'He's really an idiot, a sexy idiot stud! It's that lower-class mentality of his.'

The high watermark of upper-class disco was the October 1978 launch (held at Tramp, naturally) for Roddy, the one and only album by the aristocratic gardener Roddy Llewellyn. Filled with soppy ballads like 'Missing Her Again' – 'When all your dreams are broken, and angry words are spoken, you real-ise it's only make-believe, the love you're feeling' – Roddy is a collapsing crème brûlée of soft pop slush, all wistful female backing vocals and emotional key changes, struggling to be held together by Llewellyn's frightfully posh but hopelessly flat sing-ing. For anyone who hadn't been following the news it would be hard to know why the launch of this distinctly forgettable album turned into a media scrum. In March 1976, the day after Harold Wilson announced his resignation, the Palace had qui-etly let it slip that Princess Margaret was separating from her husband, the society photographer Antony Armstrong-Jones. Unfortunately, the attempt at burying scandalous news failed miserably because all of Fleet Street knew who the princess had been carrying on with: Roddy Llewellyn.

The Llewellyn affair marked a turning point, not just in atti-tudes to the Royal Family but also in traditional notions of deference to the titled classes. If, at a time when British soci-ety was facing its most serious economic challenges since the

1930s, the Queen's sister could be photographed cavorting with a man eighteen years her junior on the island paradise of Mustique, why should the old order prevail and everyone else do as they're told? Roddy Llewellyn seemed to embrace the new permissiveness by tying his mast to pop music, the egalitarian form of the age. The Royal Family was meant to be a model of church-going establishment respectability, rooted in the past and bringing to British people the reassurance of things unchanged. As the Roddy Lewellyn affair proved, they were just as susceptible to the whims of modern living as everyone else.

By the time the film version came out in 1978, *The Stud* was the perfect vehicle for the disco phenomenon, a distinctly apolitical response to the problems of the era. On the soundtrack overseen by the Indian producer Biddu, 10cc's 'I'm Not in Love' is revived for a late-night slow dance and the West Ham soul singer Linda Lewis pops up on 'It's Good'. Rod Stewart contributed to the upmarket mood with some boring MOR pop, while the soundtrack composer John Cameron captured the science fiction fascination of the late '70s by turning the theme tune to *Close Encounters of the Third Kind* into a funky, string-laden epic of high drama. This wasn't the disco of underground gay clubs in New York and Chicago, where ultra-flamboyant stars like Sylvester and Divine turned music for the dance floor into a soundtrack for sexual liberation and personal realisation in the face of societal oppression. This was music for spoilt Sloane Rangers to do out-of-time moves to in swanky Mayfair supper clubs. It also happened to be the same music that got played at afternoon and early-evening disco dancing sessions in youth clubs and church halls across the land. The film *Saturday Night Fever* had a lot to do with it. It was like judo: something your parents could drop you off at for a few hours while they went to do the shopping.

Disco was so egalitarian, in fact, that even a curly-haired boy-child-like Leo Sayer could join the party. 'You Make Me Feel Like Dancing' captured Sayer's impish spirit, as did the photograph of Sayer having a whale of a time on the cover of his 1976 album, *Endless Flight*. Caught mid-air in white braces, white trousers, a purple T-shirt and a lustrous Afro, mouth wide open in joyful excitement, the suggestion was that Sayer was flying, but really, he looked like he was going mad on a bouncy castle. The song came out of a jam session between Sayer, his co-songwriter Jeff Porcaro and the Motown guitarist Ray Parker Jr (later to come up with the 1984 singalong masterpiece *Ghostbusters*) after all three enthused on the radio-friendly charms of the soul-disco hit 'Shame, Shame, Shame' by Shirley & Company. It wasn't too hard to imagine Sayer, whose song 'Moonlighting' made it into the soundtrack for *The Stud*, showing off his moves to the beautiful people on the dance floor of Hobo, although you did get the impression that his mum might have packed him a Cheddar cheese sandwich, a Caramel bar and an apple in a Tupperware box in case he got hungry while he was down there.

Sayer was well established as a serious and respected singer-songwriter before becoming one of Britain's biggest exponents of the disco explosion and he started out by articulating the bleak realities of the limited existence in ways that were a million miles from disco's danceable solution to '70s devolution. His 1975 album *Another Year* features a theatrical, Elton John-like song called 'Streets of Your Town', which depicts the derelict old men piling out of Salvation Army soup kitchens. On a minor key piano ballad called 'Bedsitter Land' the narrator considers escaping the grime-encrusted misery of cooking for one on the Baby Belling each night by jumping out of the window. It was bleak: '"Bedsitter Land" was about the time I was living on the floor of a mate's flat in Clanricarde Gardens in Notting Hill and one night we heard the guy in the flat next door throw himself onto the pavement from the eighth floor. He was an out-of-work actor who had been washing up in some place and then he lost that job and it sent him over the edge. One minute we were talking to him about how depressed he was, the next it was '*good-byyyeeee*' as he jumped off. We went down to see all the blood and broken bones on the street. I was writing about all this because there were a lot of people like me, feeling the drama of the juvenile life.'

Like such soul greats as Otis Redding, Aretha Franklin and Sam Cooke, Leo Sayer found his voice in church. Growing up in a Roman Catholic family in Shoreham-by-Sea in Sussex, he became an altar boy at Shoreham's St Peter's church and, after doing responses to the sung Mass, was taken under the wing of a Parish priest called Father Dermot McCale: 'He taught me about voice development, about singing from the diaphragm, which requires much less effort than developing your voice from the chest. I sang solo for Father Dermot in some of the Cathedrals, and from there I was taken as the golden boy, blessed with a golden voice to sing. I was only six or seven.'

It helps explain why Sayer went on to be eternally youthful, at once familiar and set apart from everyone else. Leaving Blessed Robert Southwell secondary modern in Goring for art school at sixteen after it became obvious that he would likely only get one A level – in art – Sayer worked as a graphic artist, designing advertisements, typefaces for Letraset and album covers for Bob Marley, Humble Pie and other releases on Chris Blackwell's Island Records. He drew illustrations for *Nova* magazine and fell in with the late-'60s London art scene, learning printmaking from David Hockney and hanging out with the textile designer Celia Birtwell and her visionary fashion designer husband, Ossie Clark: 'I was at the centre of it all. The only problem was, I really wasn't very good. I would be bunking off and playing harmonica in folk clubs, and I realised that music was much easier for me than art. Without trying to as such, I was heading towards being a songwriter. Then I had a crazy nervous breakdown because I was working all day and night, crashed out of London, went back to Shoreham-by-Sea and lived on a houseboat called *The Lady Jane* on the River Adur for a year or two while I tried to find out who I was going to be.'

Sayer's real start as a songwriter came in 1971 after he formed a band called Patches, who won a Battle of the Bands competition run by *Melody Maker*. Around the same time, he saw an advertisement in Brighton's *Evening Argus* for an open audition at the Pavilion Theatre from a budding manager called David Courtney: 'David told me: I love your voice, I want to work with you. So I asked him if he was going to be my manager and David said, "Well actually, I write songs as well.' Within two days I was up at David's flat in Brighton, coming up with the songs for the first album.'

David Courtney had been the drummer for the early British rock 'n' roller Adam Faith, who in 1971 was starring as the eponymous charming criminal of Keith Waterhouse's ITV series *Budgie*, so he suggested driving over to Faith's house in the Sussex village of Henfield to see if he had any advice. When they got to the house, Sayer was told to stay in the car while Courtney went in to see his old boss: 'Then Adam Faith came out of the house, said the briefest of hellos to me and announced: "You're in the studio on Thursday." That was on Monday. We made the first single, "Living in America", in Olympic Studios in Barnes. Keith Moon wandered in halfway through and played drums for it. We were off and running.'

Sayer found his voice by combining the maudlin introspection of Leonard Cohen and James Taylor with the old-fashioned theatricality of Max Wall, especially after Adam Faith sacked the rest of Patches and concentrated on turning Sayer into a star: 'Have you seen *Stardust*, where Adam Faith plays the David Essex character's manager? There is no difference between Adam on screen and Adam in real life. He would even use lines from *Stardust* when he wanted to play the hardened manager. And he was an old mate of Roger Daltrey. They were born in the same street in Acton. Roger had built a studio at his house in Burwash in East Sussex and needed someone to test it out, so they thought of me.'

Daltrey was so impressed by Sayer and Courtney's songs that he used a lot of them for his own debut solo album, 1973's *Daltrey*, creating a mood for himself totally different from the priapic, stadium-filling rock god of the Who by having a hit with 'Giving It All Away', a tender, regretful reflection on being just a boy who doesn't know how to navigate life (pure Sayer): 'Adam had a brainwave. If Roger's album came out first and everybody talked about it, then it would be a great springboard for this new guy Leo Sayer, who wrote all the songs on it. Meanwhile I was up there all the time, getting friendly with Roger, who was even carrying around Jimi Hendrix's old

PA and setting it up at my gigs. People would be turning up and saying: "That roadie looks like Roger Daltrey." He was wonderful.'

'The Show Must Go On', which went to number two in 1973 and became the biggest hit from his debut album, *Silverbird*, heralded Leo Sayer as the vaudevillian artiste of '70s pop, one foot in the singer-songwriter camp and the other in the West End. For early concerts he appeared in a Pierrot clown costume made by his wife Janice, capturing the sadness behind the facade: 'I think I got it from my father, who loved comedians like Max Miller and Groucho Marx; these solitary figures entertaining people by treading the boards. When I chose to do the Pierrot it seemed logical that music hall and the loneliness of the bedroom troubadour could combine. I was living in another time, singing autobiographical songs and delivering them in a filmic way.'

Suitably for such a lonely boy, Leo Sayer did not feel he was part of a gang, even when he went off on tour with Roxy Music in 1973, opening for them at concerts aligned to their post-Brian Eno album, *Stranded*: 'I fucking hated everybody. I hated all of my peers, and hatred was terribly important because we were at war, all trying to outdo each other and be totally original. I loathed Gilbert O'Sullivan with a passion. I might have had an affinity with Roxy Music, with their combination of nostalgia and glam theatricality, but on that tour they were throwing off the edifice and heading in a straighter direction. Then I turned up on stage in my Pierrot costume and the fans saw me as a replacement for Eno, an over-the-top, flamboyant figure there to stop things from getting too serious, so instead of hating me they cheered like mad. Bryan Ferry couldn't handle it. That was it: I was chucked off. The day after I came off the Roxy boat, in Paris I think it was, "The Show Must Go On" went further up the charts than they were.'

From there it was not such a massive leap towards disco. Sayer was in essence doing a similar thing to Rod Stewart, whose 1975 album *Atlantic Crossing* was a literal capturing of his leaving Britain to escape Harold Wilson's 83 per cent top rate of income tax, abandoning his old mates in the Faces and establishing himself as an international superstar along the way. 'Sailing' may have been a song by the Scottish folk-rock duo the Sutherland Brothers but it became symbolic of Rod's global stardom, just as 'You Make Me Feel Like Dancing' marked Sayer's move into the world of Hollywood glamour, albeit briefly.

The original plan was for *Endless Flight* to be an American roots album, with a production by Atlantic Records' co-owner Jerry Wexler and backing from Memphis soul stalwarts Booker T. & the M.G.'s. Then the New York producer Richard Perry, riding high after making hit albums with Diana Ross and the nostalgic jazz vocal quartet, the Manhattan Transfer, was brought on board against Leo Sayer's wishes: 'He was so pop, it wasn't true. He actually caused me to split with my wife Jan. We were about to get on a flight back to Britain when Richard told me he had booked a band for the recording, which turned out to be made up of serious heavyweights, so I couldn't say no and our marriage collapsed as a result. My voice never sounded better, everything was great and *Endless Flight* was bound to be completely different from my old albums because Richard essentially hated that kind of songwriting; he saw this voice and talent and he seized on the opportunity to make a really fun, commercial album. Everyone said I had sold out and gone American. They said the same about Rod. But the funny thing is, the public loved it.'

The new Leo Sayer became Britain's own disco sensation, even providing a slow dance at the end of the night with his rendition of Albert Hammond and Carole Bayer Sager's 'When I Need You'. Sayer was living at the Chateau Marmont in Hollywood and going through a whole bunch of songs that had been sent to him for consideration when he called Jan down the line one evening: 'All the pops, crackles and delays were going as I was trying to tell her that I missed her, I needed her and everything else you are meant to say when your wife is on the other side of the Atlantic. It was extremely difficult to have a meaningful long-distance conversation back then so I started reciting the lyrics to this new song I had been sent, with Carole's typewritten letter of words like, "Miles and miles of empty space". Jan started crying and I thought: this is a hit. It became the number one song on British Forces Radio, which tells you everything you need to know about it.'

'When I Need You' came at a time when, contrary to James Goldsmith of *The Ecologist*'s fears of Britain sinking under the weight of an ever-expanding population, getting out of the country and building a new life elsewhere had never been more popular. In 1974, applications for Canada were up by 65 per cent from the previous year while Australia, where Sayer moved permanently in 2005, saw applications from Britain double. New Zealand imposed new limits on British emigrants because it could not cope with the strain of 25,000 people moving there each year, and from 1975 to 1977, Britain's population actually fell for the first time since the Second World War. Meanwhile, 'When I Need You' turned the recently uprooted

Sayer into a mainstream figure, appearing on everything from *The Two Ronnies* to *Cannon & Ball* to *The Muppet Show* at a time when *The Stud* was revealing in truly lurid form the peccadilloes of the British ruling classes, further emphasising the feeling of a country in deep moral decline as disco took hold. 'I don't think Middle England realised how much sleazy stuff was going on. You would hang out at the Playboy Club, where they were making porn films next door and everyone was doing cocaine. I was used to all this because of going to places like Studio 54 in New York, but England was still very innocent. It took a while for the climate that produced Johnny Rotten to actually reveal itself to everyday people.'

According to John Cameron, *The Stud* was certainly not seen as a respectable project: 'I was working with the American producer Norman Rosemont on *Witness for the Prosecution* and he said to me one day, rather crossly: "You should be ashamed of yourself. I was watching a film on television last night and your name was in the credits. It was called *The Stud*." I didn't point out to him that *The Stud* was on at two in the morning and nobody was forcing him to watch an unclothed Joan Collins. That was the swinging '70s and my involvement in it only came at the end. I'd love to say I was on the dance floor with Joan Collins, but I never even met the cast.'

Cameron did, however, meet Britain's very own suburban disco queen. Tina Charles was born in Bow in the East End of London, but after her parents swapped their council house for one in Hainault, she grew up in Essex and discovered her future calling as a child, singing in the kitchen and entertaining the family. After her father took her to a singing teacher in London when she was twelve she headed to Corona stage school in Hammersmith and was signed up by the manager Valerie Avon, who got her to release three singles on CBS: 1969's doe-eyed ballad 'Nothing in the World', featuring Sue and Sunny on backing vocals, the ultra-innocent 'Good to Be Alive', with Elton John on hand to do his part, and the groovy 'Bo-bo's Party' from 1970. She was fourteen.

'Nothing came of them, but then I joined the Tony Evans Orchestra, doing the Empire Leicester Square, where the producer of *The Two Ronnies* turned up one night and before I knew it, I was performing on the show every week. I never stopped. I didn't have a normal teenager-hood because I couldn't go out; instead I was entertaining people that were. I was doing six nights a week, alongside sessions for *Top of the Pops* in the day. It was constant.'

By *Top of the Pops*, Tina Charles refers of course not to the television show but to the legendary album series on Pickwick Records featuring hastily recorded cover versions of the current hits, slapped together on a budget-priced vinyl disc in a sleeve with a sexy but approachable young woman on the cover and sold in the shops a week or two later. Alongside Elton John, Tina Charles would hop into a London studio, most often De Lane Lea in Holborn, and, under the authority of the albums' series producer Bruce Baxter, she laid down songs at £25 a pop. The whole thing was incredibly fast. Pickwick's management team went through the charts on Wednesday, by Friday the selection for the album was given to Baxter and he was tasked with working out the arrangements and getting the backing tracks recorded the following week while the singers were concurrently working out their parts: 'We went into the studio, recorded the songs then and there, and you usually did two songs a session for fifty quid, which was not bad in those days. We heard them on a little cassette, wrote the words down, and half an hour later we recorded it. I remember doing one session at Marble Arch Studios. We had to stop to go and play the Mecca ballroom in Stevenage so we went off to the gig, then popped into the studio on the drive home to finish it before going to bed.'

It wasn't unusual for Tina Charles to be recording sessions, singing in bands and performing on television within the space of a single day. She sang in a trio called Wild Honey, who, in 1971, released 'People of the Universe', a flop single of happy-clappy pop in the spirit of 'I'd Like to Teach the World to Sing' ('Didn't like it myself, thought it sounded a bit religious') while also dealing, as a curvaceous 5-foot teenager, with the twin pressures of being told to watch her weight and having to fight off the unwanted advances of older men: 'I wasn't fat, I was just small. But you eat a biscuit and someone would go, "That'll make you fat." Oh, shut up. When I was sixteen, I went on tour as the warm-up for Norman Wisdom. He made me sit on his lap and he put his hands down my top, and I wasn't wearing a bra because in those days everything stayed in place. I was very frightened, so I ran to tell my manager and he said, "Don't say anything or we'll lose the gig." Tom Jones tried it on with me once when we were on tour together – I had to jump out of the toilet window.'

At least Tina Charles received better treatment at the hands of Biddu, a former pop star in his native India who became a kind of godfather to the British disco movement after experiencing a revelation on the road not to Damascus, but from it. In 1967, having hitch-hiked around the Middle East, he had just stepped off a bus from Damascus to Beirut when he heard 'Reach Out, I'll Be There' by the Four Tops blaring out of a shop radio: 'It was the first time I had come across black music, as sung by black people, and I thought it was fantastic. Then I walked another 50 yards and a guy who saw me with my guitar asked if I would sing in his restaurant for tips and accommodation in the side room. I sang there for six months, saved up the money to go to Paris, then I took the Hovercraft to Dover and came to London and it all began.'

Before that epochal moment, Biddu Appaiah had established himself as one of the biggest singers in mid-'60s India. Growing up as the son of middle-class, English-speaking parents in the southern city of Bangalore, his very limited introduction to rock 'n' roll came from listening to a half-hour hit parade on Radio Ceylon, which beamed out of neighbouring Sri Lanka and could be just about picked up on the other side of the Indian Ocean. India, aligned closer to the USSR than the US – which had forged links with Pakistan – had very little western influence in the late '50s and early '60s. You couldn't buy a pair of Levi's, but you could go to a tailor and ask him to make a pair of jeans in a similar style. In the face of such constrictions, Biddu managed to start a rock 'n' roll group called the Trojans at Bangalore's Bishop Cotton Boys School and after a Greek pupil came back from a summer holiday in England with a Beatles' album, he knew what he wanted to do with the rest of his life. He ran away from home at eighteen to get in on Calcutta's then vibrant night-life scene and when the Trojans, all with long hair and Beatles' suits made by Indian tailors, walked into a restaurant and bar called Trincas, its owners asked if they were a band and if they would do a song: 'We did "She Loves You", shook our heads, the dandruff fell to the floor and the people loved it. We got a residency and that's how it all began.'

By the time Biddu had moved to Bombay in 1967, he was famous, playing nightclubs through the week and at concerts before a few thousand people on the weekend. But his dream was to be in the land of his heroes – the Beatles – and after a travel agent came backstage one night with offers to get him a passport, Biddu put his plan into action: 'At the time, getting an Indian passport was harder than getting into Fort Knox. This guy claimed he could get me a passport, a ticket and black money, because at the time you were only allowed to take the equivalent of £3 out of the country. I gave him all the money I had, which was substantial, did a big farewell concert and a few days later thought I had better go and visit this travel agent at his office. It was padlocked. There was a woman on a type-writer next door, so I asked her where he was and she said: "Oh, he's emigrated to Canada." He had taken my birth certificate, my money, everything. I had to save up for a new guitar as well because I lost mine in a gambling session.'

In a move that could have not unreasonably been seen as foolhardy, Biddu then entrusted another travel agent who came backstage, having read about his plight in the papers, with offers to make it up to him on behalf of travel agents everywhere. This time it worked, although Biddu was put not on a flight but a cargo ship taking 400 pilgrims to Mecca, his passport granted on the excuse that he was going to Hajj: 'I walked up the gang-plank in blue jeans and cowboy boots alongside 400 pilgrims in white robes, who looked at me like I was the devil. I went to check out the bathroom situation: four holes in the floor and two sinks. Everyone was sleeping on bare slatted wooden beds and they had brought their own bedding, which I hadn't thought to do. For the first night I slept on deck, clutching my guitar. On the second I went to the captain, explaining that I was a famous singer and wasn't used to this way of life. He told me that two brothers had booked cabins with their wives, so I asked them if they would give me one of their cabins in exchange for the £3 I had and they agreed.'

On his arrival in Britain at the end of 1967 Biddu hit the ground running, hunting down the Oxford Street offices of Denny Cordell's Essex Music, which he had seen mentioned in an old edition of the *Daily Mirror* at a colonial club in Bangalore, and recording a moody, beat-style single called 'Look Out Here I Come' with Tony Visconti that featured Jimmy Page on guitar and Nicky Hopkins on keyboards. It didn't do much and Biddu spent the next couple of years working in a Wimpey hamburger restaurant and hanging out with a young, equally struggling David Bowie – 'He was so fey-looking, I remember thinking there was no way he could ever make it. I met the Beatles too, who I had built up in my mind as these godlike figures. I was surprised at how scruffy John Lennon turned out to be.'

In 1969, Biddu got an offer to produce 'Smile for Me' by the Tigers, a Japanese band who didn't speak a word of English and who he had to teach to sing phonetically. It went to number one in Japan. From there, Biddu became a disco pioneer not by design but by accident, with early productions like the Showstoppers' 'Action Speaks Louder Than Words' (1971) and Jimmy James's 'A Man Like Me' (1972) becoming hits in the clubs before they bothered the charts. Biddu was giving early-'70s Britain its own dance music without realising it, starting with that youth club disco classic, 'Kung Fu Fighting'.

'The way I played guitar made it sound like a snare in a 2/4 or a 4/4 beat, so it had a groove. And when I met Carl Douglas, who was trying to make it as a singer, I got him to do a song for a spy thriller starring Richard Rowntree called *Embassy*. We kept in touch and I was going to get Carl to do an American song called "I Want to Give You My Everything". We needed a B-side when Carl said he had lyrics to "Kung Fu Fighting". It really didn't mean that much to me so we recorded it in half an hour and because nobody listens to B-sides, I thought we could have some fun on it, with me and a friend doing all those "hoo!" and "ha!" sounds. The A&R man at Pye Records, in his infinite wisdom, heard thirty seconds of "Kung Fu Fighting" and that was it: we ended up selling 11 million records.'

'Kung Fu Fighting' became an anthem of pride for black kids who, inspired by the sight of Bruce Lee in *Enter the Dragon*, saw martial arts as a sensible defence against the realities of racism in '70s Britain. '"Kung Fu Fighting" was big in the black community because part of defending yourself was going to karate lessons and Bruce Lee was an important fig-ure,' says Mykaell Riley, who did a bit of Saturday morning karate himself in Birmingham youth clubs before discovering reggae and joining Steel Pulse. 'It's about your mindset, your inner being, and positioning that within the society that you live and how you survive the adversities coming your way: not beating people up, but defending your position from the local thugs. That was my norm growing up, and martial arts was open and accessible and it came from another minority group. "Kung Fu Fighting" was a bit of a joke . . . but it was a great joke, a multi-cultural pop response to state aggression that allowed a black singer – and black singers were never seen as "pop" unless they were in the charts – to be on the television and visible to all of us.'

Carl Douglas was an unusual mix: a Jamaican who learned to sing in church, who found his voice by copying the rock 'n' roll and R&B he heard during early teenage years spent in California, and who turned professional after singing with a band called the Charmers at a function for the London football club he was playing for: 'I was sneaking off at lunchtime from college, but it wasn't to do anything bad,' he said. 'It was to see Cliff Richard, Rory Storm and all these guys working out of the 2i's in Soho.'[5]

In the late '60s, Carl Douglas released a few singles in the style of Otis Redding and Sam Cooke, but his first break came when he auditioned for the musical *Hair* at a time when he was prematurely losing his own. He was told that he had the voice and the personality, but would have to wear a hairpiece: 'I felt kind of upset about that but I decided: *forget about it, don't let hair become so important that you miss what you're aiming at.*' Instead, Douglas started wearing a bandana, a look that spurred his realisation that you could put fighting movements with dancing movements – 'What would lead you to that? The martial arts: kung fu, ju jitsu, karate, all those states of oriental self-defence.'[6]

'Kung Fu Fighting' proved to be a one-hit wonder for Douglas but it launched Biddu's career and positioned him as the pioneer of British disco, working with Tina Charles on her massive hit, 'I Love to Love', and capturing the sound of the idle rich at play for *The Stud* and its 1979 sequel, *The Bitch*. 'Biddu and I met through the singer Lee Vanderbilt. We were working together when Lee told me that he knew a producer who was working for a girl singer,' says Tina Charles. 'We did a couple of songs under different names, the Twirlies or some-thing, and nothing really happened until we signed to CBS, recorded "You Set My Heart on Fire"and went around the country in a fire engine to visit all the radio stations and make friends with the DJs. That laid the groundwork for "I Love to Love", which was the B-side to a song called "Disco Fever", but some DJ flipped it and that was it.'

In March 1976, 'I Love to Love', with its simple melody, soar-ing strings and mood of joyful abandon, went to number one in the UK charts and stayed there for three weeks. The song cap-tures better than any other the essence of British disco: cheerful, celebratory and not entirely streamlined, because while Giorgio Moroder would lead Donna Summer towards precision-tooled ecstasy on the machine-led 'I Feel Love', Biddu worked with a fifty-piece orchestra and Charles sang natural vocal takes with-out any kind of digital clean-ups. It meant the odd flat note might make it in there somewhere and remind us of the humanity at the heart of it all. 'I Love to Love' came about after a German songwriter phoned Biddu and wanted to come round one even-ing: 'This guy turned up with a tape, played me a bunch of songs that didn't do it for me and then he played a very long song about Fred Astaire and Ginger Rogers called "I Love to Love". I told him I loved the melody but not the words, so I got rid of a lot of the lyrics and recorded it with Tina. CBS thought "Disco Fever" was the hit because disco was so big at the time, but it was obvious to me that "I Love to Love" was the hit. And it was. All over Europe.'

As much as both Biddu and Tina Charles were making the soundtrack to Britain's disco revolution, a revolution that afforded young working-class people the opportunity to wear

nylons as they exacted pneumatic moves on the dance floor, nei-
ther went to nightclubs themselves unless they were performing
in them: 'But I might have a little dance after the performance
and I did love the gay clubs,' concedes Charles. 'They were fun
and the music was hi-nrg, which was to my taste. The gays loved
to enjoy themselves and they really seemed to like my song "Go",
maybe because it was the song they played before they got rid
of their boyfriends. *Go before you break my heart* . . . I never had any
problem with the gays. The lesbians, mind you . . .'

Biddu, being a producer rather than a performer, didn't even
do that much. He kept his social life to a minimum, preferring to
spend any free time with his wife and children and never hang-
ing out with the people he worked with: 'I always saw it as my
job as a producer to make the artists comfortable and, for the
most part, I was working with young people who were hungry
and yet to make it, but beyond that our lives were separate and
because I work for the most part on my own, I really wasn't
hanging out with anyone and I tend to clam up when musicians
are around, I don't know why. I don't drink, I don't smoke, I'm
in bed by half nine. The average twenty-year-old from India is as
naïve as the average twelve-year-old from Britain. And I always
said I was making music, not discovering penicillin, so I never
acted like a star. I don't even have a record collection. I rarely
listen to music anywhere apart from in the car. It all stems back
to hearing "Reach Out I'll Be There" and wanting to do some-
thing as great as that.'

Biddu did celebrate 'I Love to Love' going to number one
by inviting everyone involved in the making of the song to his
house in Notting Hill Gate, although he only cracked open a
single bottle of Champagne for them all to share. 'Yes, he really

pushed the boat out that time,' says Tina Charles, who with her signature look of grown-out bob and flowing maxi-dresses was a bright-eyed and approachable type of dancing queen, blessed with a soaring voice that went as well with a bottle of Lambrusco at home as it did down the disco. 'But he was lovely, Biddu. I thought of him as a big, tall Indian guy, even though he wasn't actually that tall, and while we didn't mix socially, we always worked together really well. When "I Love to Love" was a hit I was living in a flat in Streatham with Trevor Horn. I got sent so many flowers that I had to stick them in the bath because we didn't have enough vases.'

Biddu did at least spend a bit of time with Joan Collins as he put together the music for *The Stud* and its successor, *The Bitch*: 'We met in LA at the Beverly Hills hotel: Joan, her then-husband Ron Kass, my wife and I. I've always been a little bit embarrassed about *The Stud*, but Joan's career had ground to a halt and after that, her career took off in a big way.'

Also featured on the soundtrack to *The Stud* was 'It's Good' by Linda Lewis, another British singer who came to soundtrack Britain's disco explosion by mistake, especially after duetting with Rod Stewart with his own 1978 attempt at disco, 'Do Ya Think I'm Sexy?' Previously a Joni Mitchell-esque hippy who performed at the original 1971 Glastonbury Festival alongside David Bowie, where she unwisely took LSD before going on stage and ended up thinking she was in the court of King Arthur and engaged in a lengthy if one-sided conversation with a tree, at seventeen Lewis had moved into a commune in West Hampstead alongside the DJ Jeff Dexter and the producer Ian Samwell, where Marc Bolan and Cat Stevens, both of whom she had brief flings with, would drop by and the average breakfast could last three hours. There she came up with such delightful whimsy as 'Follow the Piper' ('Harpsichord, play a melody for my Lord') and 'Hampstead Way'; gentle acoustic guitar songs that, through Lewis's light and childlike voice, detailed her life among the granola-munching beautiful people of north London. As it turned out, all of this proved welcome relief after a childhood of growing up mixed race in 1950s West Ham, where Lewis's mother, the landlady of a pub called The Red House, lived out her own frustrated dreams of stardom through her daughter.

'When I was three, my mum sent me to Peggy O'Farrell's School for One Hundred Wonderful Children, which was really just a front to get kids working in film and television. I hated stage school because I was the only little black girl and I got left out of things as a result. Some of them were really horrible, especially one called the Milky Bar Kid. Oh God, he was awful. He came out with all this racist stuff when we were on a film set one time and I ended up throwing a cup of coffee over him. But it was normal back then. I was in a phone box with my mother and little brother and sister when this bunch of thugs who wanted to kick our arses surrounded it. My mum would have fights with people in the street who called me names. One time, an old lady shouted something racist at me and my mum made me go and show her where she lived. When she saw her, Mum said: "I can't punch her, she's too old." I was working at a market stall on a Saturday with my nan when the woman walked past, so my nan went over and punched her in the head instead.'

After spending her childhood variously dealing with everyday racism in London's old East End, being hired to scream on *A Hard Day's Night* and attending Catechism class for her Holy Communion, Lewis left Peggy O'Farrell's supply chain for wonderful children for the local convent, gave up acting for music, falling under the wing of her then-boyfriend Ian Samwell, singing for Bowie on 'Aladdin Sane' and alongside Tina Charles on Steve Harley's 'Make Me Smile (Come Up and See Me)'. She documented her life in her own songs, too. She wrote 'Red Light Ladies' after going with the country rock band America to Amsterdam and clubbing together to give a virginal American his first sexual experience: 'We took him to the Red Light District to get him laid and we succeeded. It was remarkably quick. He was in and out in ten minutes.'

Lewis's disco journey began in June 1973 with 'Rock a Doodle Doo', a perfect blend of singalong pop, string-laden session musician professionalism and danceable groove that made the most of her unusually wide vocal range – she sounded variously like a voluble five-year-old standing on a chair and entertaining the guests at her parents' party and a soul diva whose heart had been broken several times over – and became a big hit. Written with her future husband Jim Cregan, who had been in toy town psych sensations the Blossom Toes before joining Steve Harley's Cockney Rebel, it also marked the beginning of her brush with *The Stud*'s world of moneyed excess: 'After "Rock a Doodle Doo", Jim said to me: "What do you want for Christmas?" I told him I wanted a fur coat or a baby. I ended up getting both. But the truth is, I never liked being famous. My mum loved it. They would send a limo round and I would be crouched in the back while she had her head out of the window, waving like the Queen Mother.'

The glitz and glamour really came after Jim Cregan joined Rod Stewart's band, with late-'70s hedonism moving up a notch accordingly: 'We used to go out with Alvin Stardust and Suzi Quatro to Tramp and the Speakeasy, but in truth I was a bit of a boring bookworm. I didn't really like clubs unless I was singing in them, so my approach was: get up, do your thing, get out as fast as possible. I was protected by all these people around me and never knew anything about the political side of life. All I knew is that music was changing, going from disco to punk and so on, and I was getting left behind in its wake. By that point, the record company wanted me to be a balladeer, a Whitney Houston type, but I always wanted to do my own music and I wasn't comfortable with the whole disco scene. The thing about Rod – and Steve Harley, for that matter – is that he is as tight as a duck's behind. I never got paid for "Do Ya Think I'm Sexy?" He still owes me a tenner for a round of drinks, too.'

The disco that filled the light-up dance floors of Britain's darkest hour was rarely political. 'I don't take serious people seriously,' says Biddu, who was aware of the OPEC oil crisis, the high rates of inflation and the fact that huge piles of rubbish were filling up Leicester Square over the winter that his soundtrack to *The Stud* became one of Britain's biggest albums, but he was working so hard, and making a decent living from it, that the country's economic struggles, mild in comparison to the poverty he witnessed during those years in Calcutta, did not make much of an impact. Instead British disco offered an escape from the problems of the era. The real musical mirroring of life in late-'70s Britain came from punk, or as its early champion the *NME* writer Tony Parsons called it, 'dole queue rock 'n' roll'.[7] Unsurprisingly, Tina Charles couldn't stand it: 'I liked melodies, where the major goes to minor and so on, and punk was all crash, bang, wallop. Besides, it was all a con. Look at John Lydon in his mansion.'

Around a quarter of a million young people under the age of twenty were out of work in 1977. By the end of the decade, four out of ten under-25s were unemployed. Punk in its purest form stood against the Fontaine Khaleds of this world. 'The fascist regime, they made you a moron, a potential H-Bomb,' John Lydon informed stunned listeners of the Sex Pistols' 'God Save the Queen'. It came out in May 1977, just a few weeks before the Silver Jubilee; the fact that it was held off the number one spot by Rod Stewart's soppy 'I Don't Want to Talk About It' in the week of the Jubilee itself led to accusations of rigging from the Pistols and Malcolm McLaren. 'You couldn't buy the record, you couldn't hear the record, you couldn't see the group play,' said McLaren. 'Yet it was unquestionably outselling Rod Stewart.'

The Sex Pistols spoilt the Silver Jubilee jamboree by pointing out what was really going on in Callaghan's Britain, while the Clash squared up to the racial tensions of the age by embracing reggae in a conscious attempt at solidarity. 'We're hoping to educate any kid who comes to listen to us,' said Joe Strummer. 'I mean, we just really don't want the National Front stepping in and saying, "Things are bad, it's the blacks . . ." We want to prevent that somehow, you know?'[8] History has written punk as the youth revolution that wiped out progressive rock, challenged the fabric of British society and galvanised a new generation to rip it up and start again, but you wouldn't guess it from the British charts in the summer of 1977. The Sex Pistols, folk devils since their December '76 appearance on the *Today* show with Bill Grundy, made it in with 'God Save the Queen', 'Pretty Vacant' and 'Holidays in the Sun'. 'Sheena Is a Punk Rocker' by New York's punk pioneers the Ramones scraped the top thirty and 'Peaches', a thoroughly British tale of leering at topless girls on the beach during a package holiday by former Guildford pub rockers the Stranglers, got to number eight at the beginning of July. But these were the outliers in a landscape dominated by Heatwave, the Real Thing, Abba, Boney M., the Bee Gees, the Dooleys and the band that really captured the spirit of British disco at a time of nationwide decline: Hot Chocolate.

Everyone remembers 'You Sexy Thing', 'You Win Again' and 'Every 1's a Winner', the third of which was one the well-heeled groovers in *The Stud* tried out their moves to on the dance floor of Hobo. Music for dancing is understandably going to be more popular than music about dole queues, depression and death, and so it proved when disco, born in the gay black night-clubs of New York's outer boroughs, made it to Britain and provided everyone from penniless teenagers to wealthy grown-ups with the chance to dance away their troubles, if only for a few short, glorious moments. Disco certainly didn't have the political depth of punk or the conceptual seriousness of rock and first time round it rarely came in for critical praise, least of all its British variant. But the appeal cut across the races, generations and classes, particularly with Hot Chocolate.

The band started in 1968 when its Jamaican-born singer Errol Brown and its Trinidadian-born bassist Tony Wilson met in Brixton and got in on the trend for reggae versions of British and American rock and pop hits. They recorded a weirdly downbeat, almost defeatist version of 'Give Peace a Chance', on which Errol Brown recited: 'Everybody talking about this war and that war, who's for and not for, the last war, the next war and nuclear is not for . . . Childish! Rubbish!' Told that they needed permission to release the song, Hot Chocolate sent it to Apple and John

Lennon liked it so much that he put the single out on the Beatles' in-house label. It wasn't a hit, but it did lead to Hot Chocolate getting signed to Mickie Most's RAK Records and releasing a string of early-'70s pop reggae singles before tilting towards disco in the middle of the decade.

The strange thing about Hot Chocolate is that while the music suggested good times, the lyrics were about anything but. The languid funk of 1973's 'Brother Louie' was a case in point, with its tacit acceptance of racism as a universal reality. 'I don't want no honky in my family, you dig?' says the jazz and blues musician Alexis Korner, playing the father of a black girl who brings her white boyfriend home for tea. Brother Louie himself claims there is no difference between black or white, but then he brings his girlfriend back home and his mother's reaction is no better than that of the girl's father, also voiced by Korner: 'I don't want no spook in my family.'

According to Errol Brown, who was twelve when he came over from Jamaica with his mother, the song was about growing up black in a white community: 'In those days a lot of white families never had anything to do with black people. It was understandable – they just didn't know what was going on apart from what they read in books or saw on TV: jungle scenes.'[9]

In 1976, the year of both the Race Relations Act, which outlawed discrimination based on race, nationality or ethnicity, and riots at the Notting Hill Carnival in August leading to 450 injuries and 68 arrests, the Metropolitan police became particularly notorious for disproportionately targeting black men with the use of the 'sus' laws, which gave them the right to arrest anyone they suspected of intent to commit an offence. Black people accounted for four out of ten people arrested under the sus laws; a vastly disproportionate amount given that they made up 2 per cent of the population. It was also the year that Britain's far-right political party the National Front got their best results yet, picking up 17 per cent of the vote in Leicester and 33 per cent in Blackburn for local elections in May, having capitalised on tabloid scares about rising immigration at a time when Britain's net population was actually going down. Racial violence followed over the long hot summer of '76, with a Sikh teenager stabbed to death outside a cinema in Southall, a wave of attacks on Asians in east London and the National Front's co-leader Martin Webster, later expelled from the party on suspicion of homosexuality, seeing the potential for exploiting the violent frustrations of disenfranchised working-class white men in search of national identity by stating, on a 1977 episode of BBC's *Panorama*: 'I think there's a lot you can do with a soccer hooligan.'[10]

Errol Brown, a Conservative Party supporter who performed at the reception of Charles and Diana's wedding in 1981, wanted to embrace the system, get ahead, make money, integrate, but at the same time he couldn't seem to mask a nagging sense of desperation underneath the pursuit of good times. It really came to the fore on 'Emma', which went to number three in 1974 in spite of being one of the most depressing pop songs of all time. Over a slow groove, Brown sang about how Emmaline, who dreamed of being an actress since the age of five and planned to be the biggest star this world has ever seen, struggled to find any work, leading to her husband opening the bedroom door one cold December night to find her dead from suicide. 'I just can't keep on living on dreams no more,' goes the suicide note, causing the formerly composed Brown to collapse into strangulated yowls of anguish.

At some point Hot Chocolate came to the conclusion that their future lay in the kind of slickly produced pop smash that could be guaranteed to get everyone from Little Kevin to Great Aunt Edna, even with her cataracts and her dodgy hip, up on the wedding disco dance floor. 'You Sexy Thing', the song for which they will forever be remembered, started out as a B-side to their flop March 1975 single 'Blue Night', but after Mickie Most remixed it and stuck it out as an A-side, the song became a massive hit in November, kept off the number one spot only by Queen's 'Bohemian Rhapsody'.

In 1978, the inarguably upbeat 'Every 1's a Winner' provided a cheery radio hit for Britain, just before the country got hit by a massive economic downturn and the biggest industrial action since the General Strike of 1926. On the face of it, 'Every 1's a Winner' is a straightforward love song that is fun to dance to, but at a time when Callaghan was attempting to ram home the message of his pay restraint policy being in the national interest, and that giving in to union demands would lead to higher inflation, higher living prices, a rise in unemployment and worsening conditions for the poorest members of society, the song also captured a proto-Thatcherite mood of materialism, where everyone is out for themselves and being a winner, whatever that means, is all that counts. By the time of the song's release, the Social Contract was dead. Now the British Labour movement, nominally following the old socialist model, was in reality made up of competing groups fighting for their slice of the new consumer lifestyle pie: a washing machine, a package holiday, a night down the disco. After the Ford Workers' strike at Dagenham began in September, the National Union of Public Employees leader Alan Fisher gave a speech at the Labour party conference in Blackpool in which he announced that the government's proposed 5 per cent pay limit would be 'political suicide'. Michael Foot, Labour's resident atheist patrician intellectual, replied: 'If we were to see inflation going upwards, it certainly would not assist the low-paid workers. If you have a Tory government, what sort of wages policy do you think you are going to have? You can have a wages policy imposed by mass unemployment, far worse unemployment than anything we have experienced.'[11] On 14 November, the TUC rejected the government's pay agreement, at which point the Winter of Discontent – and Thatcher's subsequent election victory, and Foot's prophecy – became an inevitability.

The odd thing about Hot Chocolate is that even at the height of their success, even when 'So You Win Again' and 'No Doubt About It' cemented the band's position at the mainstream of British pop life, they still brought with them a bleak awareness of decay and crisis, as if the disco party could only keep reality at bay for song. One of their greatest – and weirdest – singles was 'Mindless Boogie'. In July 1979, two months after Margaret Thatcher became prime minister and a month after the former Liberal Party leader Jeremy Thorpe was cleared of attempted murder, Hot Chocolate released this ultra-funky chant interspersed with space-age synthesiser sounds and Errol Brown both celebrating and denigrating the avoidance of apocalyptic realities through the drug of the mindless boogie. In authoritative, stentorian tones, Brown begins by reminding inhabitants of his death disco that a finger on the button of a neutron bomb will decide whether or not they live or die, before musing on the fates of the people who committed mass suicide in Jonestown, Guyana, the year previously. In 1977, the Indiana preacher Jim Jones, having received visions of a nuclear holocaust, a race war and a genocide that would wipe out most of the United States, moved his People's Temple community from California to Jonestown, where he became increasingly convinced that a government raid and a torture campaign on the community was imminent. After the California congressman Leo Ryan was shot by Jones's armed guards on 18 November, following a visit to the community to investigate allegations of human rights abuses, Jones told his followers to commit 'revolutionary suicide' by drinking Kool-Aid laced with cyanide. As Brown mutters over the relentless robotic hypnosis of 'Mindless Boogie', after sketching out the basic details about the 909-person murder/suicide to people who are busy surrendering themselves to the ritual of the dance floor: 'Very strange, very strange.'

John Cameron, the British composer and arranger whose score for Ken Loach's 1969 film *Kes* evoked both the rainy, dampened stoicism and the bright hopefulness of late-'60s northern life with a score of pastoral jazz that, in the words of Pulp's singer Jarvis Cocker, captured 'the sound of a human soul in flight', became deeply involved in the disco scene of late-'70s Britain, working as an arranger for the soundtrack to *The Stud* and for Hot Chocolate and Heatwave, despite not actually liking disco very much.[12] 'That's because disco is a white version of funk, an easy way out. You put a four on the floor beat underneath everything you have and that's the rhythm, whereas something like "Superstition" by Stevie Wonder is complex. It has its own groove, distinct from everything else.'

Cameron's connection with Hot Chocolate came out of Mickie Most, with whom he had worked ever since he left Cambridge University to become the musical director for Donovan, the folk pop troubadour of such Bardic whimsy as 'Jennifer Juniper' and 'Epistle to Dippy'. Alongside Mickie Most, Alexis Korner, Herbie Flowers 'and an orchestra's worth of people, according to the amount who claim to have been a part of it,' Cameron formed the jazz-rock supergroup CCS, giving *Top of the Pops* its theme tune, with a tight and brassy instrumental version of Led Zeppelin's 'Whole Lotta Love' in the process, for which he was paid the princely sum of £45. That led to Hot Chocolate.

'I spent much of the '60s on the folky singer-songwriter coalface, but the music I listened to at university was Art Blakey, Sly and the Family Stone, Quincy Jones, Ray Charles . . . black American music. I went to see Mickey when we were doing six songs for Mary Hopkins to enter into Eurovision and told him that I had an idea for a big band with everything thrown together: funk, jazz and rock. He had just signed Alexis Korner and the next thing I knew, we were doing "Whole Lotta Love". I was no longer charting folky, sympathetic arrangements. That's when Mickie suggested I meet this guy called Errol Brown and work on a song called "Emma".'

Aided by the former's substantial wealth, Most and Cameron employed the latest technology to help create Hot Chocolate's sleek, futuristic sound. Costing around £40,000, the Yamaha GX-1 was an enormous prototype synthesiser that looked like a cinema organ, which gave the opening sequence of 'Every I's a Winner' its wobbling, reverberating introduction: 'I think at that time Stevie Wonder and Keith Emerson of Emerson, Lake and Palmer were the only other people who had one. We also put a lot of subsonic bass notes into the music, which added to the mood of darkness. It reflected the fact that Errol was a lot deeper than most people in disco and it added to the attractiveness. The

'70s was such a weird time. We were going through the three-day week, the Winter of Discontent and constant strikes, but at the same time we were so busy and creative that we channelled it all into the writing. My string section used to arrive by motor-bike because it was the one guaranteed way to get around when London Transport was striking so much, going from studio to studio for three-hour sessions with a Stradivarius on their backs. As the line from a song by CCS went: the band played boogie and the people danced on. That's how we got through desperate times. Errol was great because although the music was upbeat and happy, his lyrics were thoughtful. And he was one of the nic-est guys any of us had ever worked with – I think it came through in the music.'

Britain's much-predicted late-'70s apocalypse caused by the national strikes of the Winter of Discontent never quite arrived, although reports that starving pigs had resorted to cannibalism, rats were running rampant through the piles of rubbish in Leices-ter Square, and sick children were abandoned after a walkout at Great Ormond Street Hospital – combined with serious poverty in the face of ballooning inflation for school caretakers, bus driv-ers, dustmen and other low-paid public sector workers – proved that it got pretty close. No stranger to hyperbole, Auberon Waugh declaimed in *The Spectator* that the Britain of 1978 was a place where 'old age pensioners are mercilessly raped whenever they venture out after dark, dying like flies in any case and their corpses unburied.'[13] A *Sun* headline announced, without pro-viding any actual evidence, that the strikes could lead to 1,000 deaths of old people every day. Yet the disco beat kept pulsing, thanks to a band like Heatwave, who pointed an international-ist way forward at a time when Britain was, through economics and heightened attitudes to race and immigration, going through a particularly insular period. With its Dayton, Ohio GI singer Johnnie Wilder Jr and his brother Keith, the British keyboard player Rod Temperton, a Czech drummer called Bilbo Berger and the Swiss bassist Mario Mantese, Heatwave were a disco-based exercise in international relations. They were also one of the most cursed bands to ever walk the face of the earth.

'Heatwave might have seemed like disco, but they had a complexity and a life to them that was inspirational,' says John Cameron. 'The remarkable thing about Heatwave is that they were a reminder of how long it had taken for anything to change. In 1965, during my last year at Cambridge, James Baldwin did a speech in which he gave his famous line: "The American Dream is at the expense of the American negro." We were all having talks about how we had to change and get over racism, and funnily enough, with disco it seemed like we were finally getting there. It was totally inclusive because when you leave musicians alone to get on with it, they do tend to be inclusive. It's when outside forces come along and start banging the drum that things go wrong.'

Cameron was working chiefly with Rod Temperton and Barry Blue for Heatwave, contributing the odd touch like a piano solo on 'Groove Line' but mostly doing arrangements according to Temperton's vision: 'To me, Heatwave was a combination of Johnnie Wilder Jr's voice and Rod's musicality, even after the accident. We did "Candles" in LA in 1981, when Johnnie was in a wheelchair, which he moved with his mouth. He still sang beautifully.'

Wilder's accident was just one of the many calamities to come under the Curse of Heatwave. For Barry Blue, who produced a handful of their hits and whose own 'Devil's Gun' made history when it became the first song to be played at New York's gilded disco of sin Studio 54, they had the potential as a British Sly and the Family Stone; a cross-cultural and racial unifying force.

'I thought of Heatwave as a funk band – certainly, "Boogie Nights" you couldn't dance to because it was in 6/8 time – and they started out as this glorious international dream. Rod had met Johnnie and Keith in Germany while he was playing in a pub band and they were stationed as American GIs. The drummer had escaped Czechoslovakia when it was still behind the Iron Curtain. He didn't have a passport, which could be a bit of a problem when they went off on tours of Europe. The first album had a picture of the band on the cover and, when we put it out in America, they wouldn't have it. The race relations were still too much of a problem, even then.'

Before the first album came out in 1976, Heatwave's original guitarist Jesse Whitten was stabbed to death on the streets of Chicago. Then, in 1978, by which point 'Boogie Nights', 'The Groove Line' and the soppy but deathless slow dance favourite 'Always and Forever' had become massive hits and Rod Temperton had been poached by Quincy Jones to write for Michael Jackson, Mario Mantese, returning from a party for Elton John, was stabbed in the heart. He claims it was by a stranger on the street, although it was reported at the time that his girlfriend did it in the middle of a frightful row. Clinically dead for six minutes, he was revived with open heart surgery, and when he came out of a coma, he was blind, paralysed and unable to speak. Eventually making a recovery after remaining blind for a year, Mantese underwent a total rebirth. He emerged as a spiritual teacher and writer, sharing his belief in the oneness of the universe and the infinity of the soul. 'That which is real has never died,' he told the authors of a spiritual journal in 2001. 'Death is only a concept, a subjective perception that has arisen through misunderstanding. I have never been born. How could I have ever died?'[14]

Johnnie Wilder Jr also went through his own crisis and epiphany. In February 1979, during a break in recording sessions for Heatwave's third album, Wilder's car was hit by a van, leaving him paralysed from the neck down. He returned to Dayton, where through the 1980s he made gospel albums and dedicated himself to the church until his death in 2006, stating of his new direction: 'I seek no glory or admiration. I just wanted to do a project to God's glory. I know what I achieved and I appreciate the benefits from being in Heatwave, but one thing I didn't have was the level of personal gratification that I now experience.'[15]

According to John Cameron, Hot Chocolate and Heatwave were flag wavers for a new kind of disco commercialism, but approached from very different points of view: 'Both started off as a very competent band that were able to perform live. Errol had a communicable voice and was able to explore some pretty dark subjects, sometimes with his own songs, sometimes making other people's songs his own with that immediately empathetic way of his. Rod was more detached. He managed to find a hundred different ways of saying, "We're having a good time," from "Boogie Nights" to "Groove Line" to "Gangsters of the Groove". Even a ballad like "Always and Forever" had an optimistic quality about it. And they had great populist producers in Mickie Most and Barry Blue. I remember Mickie saying to the string section for "You Sexy Thing": "Play it with a smile on your face."'

Tina Charles knew the party was over in 1981 when Biddu talked her into cashing in on the roller disco craze with a single called 'Rollin'', shortly before taking disco to his native Indian subcontinent with 'Disco Deewane', a massive hit for the Pakistani teenager Nazia Hassan – 'I was wobbling around the country in a pair of roller skates and I thought: you know what? The fairy dust has worn off. I had my son Max in 1977 and for his first few years he had been brought up by a live-in nanny because my life had been TV studios, cars, airports, airports, airports . . . When the success had gone, I decided: quit while you're ahead. Time to return to the normal life.'

Who turned the lights out on the disco of discontent? It was the Bee Gees. Or rather, it was Kenny Everett's relentless mocking of them. In America, the Disco Sucks movement culminated in the radio DJ Steve Dahl blowing up a stack of records at a Chicago Red Sox vs Detroit Tigers game at Comiskey Park in Chicago on 12 July 1979. The event was seen by disco artists, Nile Rodgers of Chic among them, as a triumph of racism and homophobia, the revenge of the white rock dude, although by then disco had strayed far from its black and Latino nightclub roots and permeated the American heartland, thanks to the massive success of 1977's *Saturday Night Fever*. In England, it was a gay man who ensured it would be impossible for suburbanites to boogie on down to the local disco in a bright white suit and pretend to be John Travolta with any semblance of dignity ever again.

In 1978, *The Kenny Everett Video Show* became the one show all British kids had to watch. Not only did Everett seem like a deranged child-man, with his wild, staring eyes and his impression of Rod Stewart suffering from an ever-expanding hot-air balloon of a bottom during a rendition of 'Do Ya Think I'm Sexy?', but the show also included hits of the day interpreted by Hot Gossip, a dance troupe led by the choreographer Arlene Phillips, which radiated about as much sexiness as the average pre-pubescent could handle. Hot Gossip gave the suburban disco movement one of its greatest anthems: 'I Lost My Heart to a Starship Trooper' is an intergalactic floor filler from 1978 that cashed in on the success of *Star Wars*, with future *Cats* star Sarah Brightman giving it her all as she relays the pain of falling for Captain Strange when Darth Vader has banished you to Mars. But the Bee Gees proved too irresistible for Everett to leave intact.

The brothers Barry, Robin and Maurice Gibb are among the great songwriters of the twentieth century. Gems in their repertoire, from 1967's 'To Love Somebody' to 1987's 'You Win Again', have entered into the canon of popular music and, with over 220 million albums sold, they are up there commercially with the Beatles and Michael Jackson: 'We're not just performers. We're songwriters,' the late Robin Gibb told me, with just a hint of indignation, in 2008. 'I love Mozart because of his emphasis on melody, but in his time he wasn't taken seriously at all and it was only in the 1900s that he was considered high art. Now nobody listens to Mozart and says, "That's so 1780s." What you are left with is the music.'

Undoubtedly true, but the Bee Gees were victims to image as much as any other '70s superstars, forever being photographed in soft focus, displaying the transformational power of hair and costume on not conventionally handsome men and opening themselves up for mockery accordingly. A 1979 *Kenny Everett Video Show* sketch called the Do-It-Yourself Bee Gees kit found Everett transforming himself into a Gibb by drinking a series of potions that gave him massive teeth, a big hairy chest with a gold medallion, a vast mane of Bee Gee hair, the ability to multiply himself by three and, as a final touch, the world-famous falsetto. Further lampooning found him interviewing the Bee Gees (all played by himself) and asking them why their music was so popular. 'Cause we're living in a world of fools,' they sang back at him. It was the death knell for the band who took disco to the masses as a serious proposition for years to come.

In true singalong pop tradition, suburban disco did have its own made-up band and they emerged from the clean and ordered climes of northern Europe. In 1975, having given up on dreams of stardom as a *schlager* singer, the Rhineland-born producer Frank Farian came up with a dance-floor remake of Prince Buster's 1964 ska classic 'Al Capone' called 'Baby Do You Wanna Bump', doing both its low male lead and the high, harmonising female vocals himself. He needed a name to go with the single's release and after watching an Australian detective series called *Boney*, he landed on 'Boney M.'. 'Baby Do You Wanna Bump' was a surprise hit in Holland and Belgium, meaning Farian now needed a band to front it. He recruited Maizie Williams, a former model from Montserrat who, though she couldn't sing, was a striking beauty with great style and had been dancing in a topless bar in Hanover, where Boney M.'s future male member Bobby Farrell was the DJ. Farian commissioned a publicity shot of the non-existent Boney M. featuring three photogenic women and one man, Maizie Williams being the only one who went on to be in the sort-of actual band. So began Farian's search, as Boney M.'s Jamaica-born, England-raised singer Marcia Barrett remembered, 'For three glamorous black women to front the record he created. He wanted them to mime to it on a one-off TV show.'[16]

Boney M. went on to have massive worldwide hits that, though critically savaged and devoid of anything approaching credibility or cool, were quite unlike anything else out there. There was a disco ode to the mad monk of Tsarist Russia ('Rasputin'), a jaunty version of a Rastafarian folk song based on a Bible Psalm of the lamentations of the Jewish people in exile ('By the Rivers of Babylon'), a hi-nrg floor-filler about the Northern Ireland Troubles ('Belfast'), even a cover of a 1967 minor hit about a struggling artist by psychedelic mods the Creation ('Painter Man'). Taking an old nursery rhyme and giving it a snappy beat and an appealingly tinny synthetic production was another Boney M. staple: that reaped rich dividends with 'Brown Girl in the Ring' and 'Hooray! Hooray! It's a Holi-Holiday'. All of this proved remarkably successful, leading to Boney M. selling over 80 million records and, in December 1978, becoming, at the personal invitation of the Russian premier and Boney M. super-fan Leonid Brezhnev, the first western band to perform in the Soviet Union: 'We were greeted by Communist Party bigwigs and a massive press contingent,' remembered Marcia Barrett. 'We had a snowball fight in Red Square with our backing band. The passers-by had never seen anything like it – all these black people rolling around in the snow.'[17]

Like so many svengalis, Farian had inflicted on himself the problem of putting together an act as a front for his chart ambitions and then watching it spin out of control as it became bigger than he could have ever imagined. 'He asked me several times if I knew any other black girls for the group, which I thought was a bit weird,' remembered Marcia Barrett, who unlike Maizie Williams and Bobby Farrell actually could sing, and had been making a living from doing exactly that in Germany for the past five years. 'Was he really looking for a singer or did he just want a little marionette to stand out front and mime to his productions?'[18]

A bit of both, it seemed. Barrett was joined by Liz Mitchell, another Jamaican singer by way of England, who had been starring in a German production of *Hair*. Meanwhile, Williams and Farrell were on hand to look the part and could do the dance moves. As soon as the sort-of real Boney M. came together, Farian, who could hardly speak any English, got Barrett and Mitchell into a studio to do the vocal parts for 1976's 'Daddy Cool' by singing them in a phonetic fashion himself, then promptly sent all four off on a tour of German nightclubs to mime along to it. From then on, Farian moved fast, making the two female singers in the band record constantly while doing the male vocal parts himself as 'Daddy Cool' went to number one across Europe and the band were kept on the road as much as possible. Farian's mistake was to choose four charismatic, identifiable stars as the fronts for his pop vision, meaning it became impossible to replace them when they realised their worth and started demanding a bigger slice of the pie.

The strange aspect of the Boney M./Frank Farian affair is that as far as the public was concerned, it was neither here nor there if the so-called band members were on the records or not: four beautiful people offered the complete entertainment package and questions of authenticity didn't come into it. But, when Farian tried the same trick a decade later with Milli Vanilli, hiring a pair of pretty dancers called Rob Pilatus and Fabrice Morvan to pretend to sing on his pop/R&B monstrosity, 'Girl You Know It's True', their exposure as phoneys caused uproar. The controversy began in July 1989 after a backing track with their vocals on it started skipping during a performance at a theme park in Connecticut and ended with class action lawsuits launched by thousands of furious American fans: 'That maniac Frank Farian would never allow us to express ourselves,' claimed Rob Pilatus, desperately, after the whole thing fell apart.[19]

Boney M., however, had been accepted as a light-hearted disco fabrication. Maizie Williams was too stylish and striking a figure to replace with a less visually arresting actual singer, so she had to stay. Bobby Farrell, who mimed along to Farian's vocals on stage, was hugely popular with audiences for his enthusiastic dance moves, which according to Marcia Barrett frequently ended up with one of the women getting a stray boot to the face. For the next few years Boney M. were a European sensation matched only by Abba, but whereas Abba were in charge of their own destiny, Boney M. chafed at Farian being in charge of theirs. Bobby Farrell walked out and/or was sacked in 1981, frustrated at only getting paid for live performances due to not appearing on any of the records. He was brought back in 1984 after his replacement proved far less of a draw, but by then the writing was on the wall as the hits dried up and the values and aesthetics of the new era took over. The four-piece hobbled along before splitting in 1986. Various Boney M.s, official or not, have been bouncing about the world ever since.

The golden age of Frank Farian's unwieldy creation was the winter of 1978–79, where their mix of good cheer, stylishness, efficiency and bright, approachable melodies proved welcome indeed for British people suffering through a particularly bleak period in the nation's history. On 26 March 1979, Boney M.

released 'Hooray! Hooray! It's a Holi-Holiday'. It didn't feel like much of a holi-holiday for the United Kingdom, with referendums for Wales and Scotland narrowly voting against devolution, and the national strikes and barrelling inflation of the Winter of Discontent leaving the country downtrodden and impoverished. Terrible weather didn't help matters, with a late onslaught of mid-March snow bringing the traffic to a crawl. Two days after the release of 'Hooray! Hooray! It's a Holi-Holiday', a vote of no confidence in the Labour government under Jim Callaghan – going to the Ayes by one vote – forced him into calling a general election – 'Now that the House of Commons has declared itself,' announced Callaghan, 'we shall take our case to the country.'[20]

'If a knees-up in a holiday camp is your idea of a good time,' went the *Smash Hits* review of Boney M.'s latest, 'then you might possibly – just possibly – enjoy this excruciatingly dreadful singalongaboney. But make no mistake, whether you love it or hate it, you will hear it.' The review ran on 3 May 1979, the day of the United Kingdom general election. The following morning, Britain woke up to Margaret Thatcher as its first female prime minister.

Chapter 12

Christmas with Grandma

The Conservatives' advertising campaign that helped lead
Margaret Thatcher to victory, 1978–79.

In 1971, John Lennon, burned out by the break-up of the Beatles
and increasingly radicalised through his and wife Yoko Ono's
years of peace activism and subsequent harassment by the FBI,
decided to release a Christmas single that would forego the

usual sentimentality for a protest against the Vietnam War, but
delivered within a warming, hopeful pop framework. 'Happy
Xmas (War Is Over)' is a dignified call for social responsibility
and peaceful activism in the face of the military-industrial war
machine, with the voices of the children of Harlem Commu-
nity Choir bringing to it a spirit of poignancy and inclusiveness.

At the other end of the decade Paul McCartney decided to
have a crack at his own festive anthem, although not one with
such lofty ambitions. 'So this is Christmas. And what have you
done?' Lennon admonished the listener, prompting the kind of
reflection that does tend to come at the end of the year. 'We're
here tonight, and that's enough,' riposted McCartney. It was a
new message for the coming decade of responsibility only to one-
self, on a single by a former Beatle that would herald the electro-
pop futurism of the 1980s.

Recording it entirely by himself, for the most part on a Sequen-
tial Circuits Prophet-5 Synthesiser, winter 1979's 'Wonderful
Christmastime' was McCartney at his most Thumbs-Up Fab
Macca, pushing sophisticated avant-garde themes (the chords
within those reverberating electronics are complex, the instru-
mentation revolutionary) with festive enthusiasm and aligning
them to lyrics of wondrous banality. 'The choir of children sing
their song,' he announces, before the children do indeed sing
their song, the words for which go: 'ding, dong'. With a video of
McCartney getting in a big round of drinks (highly unlikely, by
all accounts) and leading a singalong with wife Linda at a pub
called the Fountain, 'Wonderful Christmastime' is, on the face
of it, truly awful. Yet it is so charming, so uplifting in its own
remedial way, and so redolent of McCartney's lifelong ability to
present groundbreaking ideas within mainstream frameworks,

that you cannot help but be lifted by it. At its heart, and in brutal contrast to Lennon's radicalism, 'Wonderful Christmastime' is conservative, a family values singalong that, coming after the Winter of Discontent and the election of Margaret Thatcher, put suburban warmth, comfort and unchanging familiarity at the top of the list of life's priorities. But it is also extremely weird.

'Wonderful Christmastime' only got to number six in the charts, at a time when the number one spot was taken by Pink Floyd's brutal, antagonistic 'Another Brick in the Wall'. It did seem like McCartney's nadir, outrageous sentimentality aligned to an embarrassing cool dad attempt to keep up with the times, but really it was a continuation of the innocent melodic pop and experimental innovation he had forged so successfully with the Beatles, which had subsequently guided the direction of the middle of the road throughout the '70s and was now reaching its conclusion before the new decade arrived.

A year previously, McCartney had moved with his wife Linda and their four children to a surprisingly modest four-bedroom new build at the heart of a woody estate in Peasmarsh, East Sussex, complete with a stone-floored kitchen, where the family could enjoy vegetarian family meals and cats, dogs and kids running in and out to give the place the kind of scuffed, cheerful messiness that has always been a source of comfort for the British middle classes. If it weren't for the Second World War prison camp-like 60-foot observation tower and wire fence surrounding the place, inspiring the press to nickname the McCartneys' new home 'Paulditz', it could have belonged to any averagely successful family escaping the ravages of city life for the wholesomeness of the rural idyll, but McCartney was embracing normalcy at a time when his fashionable stock had never been lower.[1] In years to come Wings' songs like 'Let 'em In' and 'Maybe I'm Amazed' would be celebrated as the melodic masterpieces they are, but, in 1978, interest around the band's album *London Town* was tempered by *All You Need is Cash*, Eric Idle and Neil Innes's spoof documentary on the Rutles, the 'prefab four' whose hack leader Dirk McQuickly would, as Mick Jagger put it in a cameo appearance, knock out a song for 'any old slag'.[2] And Wings' Christmas 1977 number one 'Mull of Kintyre' had already cemented McCartney's image as the sensible jumper-wearing enemy of punk rock. An ode to the Scottish Peninsula that McCartney had escaped to with his family after the madness of the Beatles, 'Mull of Kintyre' sounds like an old folk ballad, with its nature-led words about mist rolling in from the sea, its chorus simple enough to become a chant at football matches, and its rousing bagpipe section. A year later, the Clash's 'London Calling', a desperate state-of-the-nation vision of nuclear errors, citywide floods, police brutalities and the futility of holding up a rock band as something to live by, enfeebled London Town even further. By the time he got to 'Wonderful Christmastime', McCartney appeared to have accepted the inevitable and taken his place within the family-oriented mainstream, a man for whom the golf course surely beckoned. But then he got busted with a bagful of marijuana at Narita airport in Tokyo on 16 January 1980 and he was cool all over again.

'Wonderful Christmastime' was not alone in adopting a synthetic approach in the creation of novelty pop as the '70s cranked to an end. In 1978, Tina Charles left the flat she shared in Streatham with her boyfriend and backing musician Trevor Horn for her own house in Caterham, Surrey, but before she went there she recorded backing vocals for a demo of a song called 'Video Killed the Radio Star'. Horn had come up with it alongside Bruce Woolley and Geoff Downe, all former members of Charles's backing band. Written over an afternoon in Geoff Downe's flat in Wimbledon, 'Video Killed the Radio Star' marked the end of the decade, not just in sound but in word. It tells the story of an old-fashioned balladeer consigned to the past by the coming technological revolution. Horn had been fascinated by 1978's 'Warm Leatherette' by the Normal, another canary in the cage of synth-pop for which Daniel Miller, who would go on to found the electronic label Mute, wrote lyrics inspired by *Crash*, J. G. Ballard's 1973 novel of sexual arousal through horrific car accidents, and set them to a coldly repetitive but mechanically seductive warping siren made from waveforms on a Korg synthesiser. Trevor Horn wanted to do something similar but in pop form, a more high street-friendly answer to Miller's electronic futurism, thereby providing him with the hit that had been eluding him all through the 1970s: 'The opening scene in the book features a head-on car crash where the guy is looking at a women whose husband is between them, dead on the bonnet of the car. They are trapped in the smashed-up cars, facing each other, and that's the most incredible image. Ballard was the big inspiration at the time. "Video Killed the Radio Star" came from a Ballard story called "Sound Sweep", in which a boy goes around old buildings with a vacuum cleaner that sucks up sound and comes across an old opera singer. I had a feeling that we were reflecting an age in the same way that he was.'

As it turned out, Trevor Horn, a technological nerd of intellectual brilliance in his oversized glasses and yellow shirt and tie, was eulogising the stars of an era that he and the two other members of Buggles were helping consign to history. Despite Dr Death of the Musicians' Union's best efforts to slap all manner of bans on them, synthesisers were coming and the writing was on the wall for the '70s singalong pop community of orchestras, session musicians and backing singers getting paid for an afternoon of knocking out faithfully rendered versions of the current hits for *Top of the Pops* albums. Prior to working with Tina Charles, Horn, the son of a milk technology engineer from County Durham who moonlighted as a bassist in a local orchestra, had been a jobbing musician with Frank Sinatra-style big bands, gigging up and down the country and being aware that he was part of a scene at the end of its days: 'When I used to go to the dances in Durham with my dad in the '60s, the beat groups were appearing and everyone was afraid. On the one hand you had men who could read music and knew what they were playing, and on the other you had guys who were banging a guitar around. When we started making electronic music, I imagined that the reaction we got from the rock musicians must have been similar to the one the beat groups got from people like my dad.'

One of the first people to be barred entry from 'Video Killed the Radio Star's brave new world was Tina Charles: 'The hurtful thing for me is that I invented the backing singing that gives the song so much of its character, "the oh, uh-oh" and the "oh-wuh-oh" thing, which I did to sound like Woody Woodpecker. But then they pushed me out. Trevor said to the backing singer on the record: "I want you to sing it like Tina sang it." I was spitting bile every time that song came on the radio.'

Trevor Horn became a producer and founder of ZTT Records, for whom 1983's outrageously exciting hardcore gay club anthem *Relax* by Frankie Goes to Hollywood was one of the biggest hits of the decade. Two years previously, he had been approached by the singer Thereza Bazar to apply his electro-pop magic to Dollar, the superblonde duo she formed in 1977 with her boyfriend David Van Day after they left the cabaret act Guys 'n' Dolls to strike out on their own. So began the journey of a band who best illustrated the change in mood between the old decade and the new.

Guys 'n' Dolls were rooted solidly in the world of '70s light entertainment. With the help of the session singers Tony Burrows and Clare Torry, they recorded a jingle for McVitie's biscuits that formed the basis of the swinging 1974 hit, 'There's a Whole Lot of Loving Going On'; harmony and professionalism in its purest form, delivered with accompanying dance moves by six present-able young men and women in bright white suits and flyaway collars, among them a brunette Thereza Bazar and David Van Day. But Dollar, even while still in the '70s, belonged to a 1980s milieu of stretch-denim indigo jeans with white piping, corduroy knickerbockers, pixie boots, leg warmers, aspirations and newly disposable incomes. And they were so *golden*, especially Thereza Bazar, who shimmered with a kind of blow-dried glamour and radiance amid the frizz-inducing dampness of '70s Britain. Per-haps the roots of Dollar's romanticism went back to the moment Bazar, seven years old and dreaming of life as a ballerina, sat on the floor of her bedroom in Cheltenham, put on a record by the Carpenters, surrounded herself with the fur pelts her father made coats with as his job as a furrier and went into a trance.

'I must have listened to those albums for hundreds and hun-dreds of hours, I was that obsessed. Karen Carpenter had so much emotion in her voice in a sad way, an ache, and in ballet there is a pain at the heart of the beauty of it because anything that is beautiful creates pain. Some kind of angst within me, right from being a small child, meant I connected deeply with it. I would take all of my dad's pelts and I would lie on them, like they were a magic carpet, dreaming my dreams. I was shy, chubby, dark-haired and I wore glasses. As I lay on the fur and listened to Karen's voice, I thought: *maybe I won't always be like this.*'

Bazar was a Toronto-born, Gloucestershire-raised, middle-class kid who spent all her free time in ballet classes and who got her break aged seventeen playing *Snow White* in pantomime, before spotting an advertisement in *The Stage* for girls and boys who could sing and dance. When she was growing up, she hardly listened to pop, preferring the wrought classical drama of Tchaikovsky and Dvořák, but she did sing along to those records by the Carpenters, the wholesomeness of Guys 'n' Dolls appealed to her, and the act's specialism in reassuring familiarity proved hugely successful, with big hits like 'There's a Whole Lot of Loving' and 'You Are My World'.

'I went to the audition for Guys 'n' Dolls in a black below-the-knee skirt and a black polo neck and I had long, dark hair with a centre parting. Talk about finger on the pulse! I sang from *West Side Story* and did a Puck monologue from *A Midsummer Night's Dream*. I was so green, so sweet and so young, that I think they just thought I was putty in their hands. Or the alternative for my getting the gigs was that I was the only person smaller than David Van Day. I told them that I lived at home with my mum and dad, but if I called my mum each night and told her where I was, then it should be okay. Seriously, I was such a child.'

Guys 'n' Dolls' Julie Forsyth, Martine Howard and David Van Day had all been to Italia Conti stage school, so they were well-versed in the ways of show business, despite Julie being only sixteen. Dominic Grant and Paul Griggs, who took most of the lead vocal spots, were ten years older: 'To me, they all seemed cool and fashionable, super confident with outgoing personalities, and I was this quiet little mouse. Dominic looked at me and said: "What's she doing here?" And when I started, I was told I was overweight, which was brutal. It meant that whenever the others were having chip butties at Watford Gap Services, I would be having a little salad. I didn't fit in.'

The band were on the road fifty weeks a year, playing places like Batley Variety Club – 'You know, with the traditional dinner served before the act comes on' – and doing countless television shows in their aim to be the ultimate 1970s song and dance troupe, Bazar's pure voice adding the top notes and Van Day's pop persona bringing to the band Osmonds-like commercial appeal. Disillusion set in after David Van Day got frustrated at not getting the lead vocal spots and Thereza Bazar felt they should be recording more albums and making innovative music rather than spending the entire time on the road. Then, in 1977, after three years in the group, they were chucked out: 'We got called into a meeting with the manager, where we were told that the others had had enough of us. I was heartbroken. David didn't mind at all. We were together as a couple by then and the plan was that David was going to leave and I was going to remain, so we could earn a crust while he went after a solo deal.'

After a spell of pretending to be Van Day's secretary as he tried to get his career going, Bazar agreed to form a boy-girl duo at the suggestion of a manager who had opened a video shop in Raynes Park, south-west London, and this was at a time when hardly anyone had video recorders. David sent some photographs of the pair to Chris

Yule, the managing director of a small label set up by a shipping company: 'And Chris just said: "I'll sign them." It was all based on the image. There was no English equivalent to Donny and Marie. *Grease* had just come out and there was no John Travolta and Olivia Newton-John. That is what we were meant to be.'

Leo Sayer's songwriting partner David Courtney was hired to write a hit for the new duo and 1979's otherworldly 'Shooting Star' was the result. Christopher Neil's production on the song is almost entirely electronic, but the yearning richness of David Van Day's lead vocals and the layered, airy smoothness of the sound, aligned to vaguely romantic words about dancing in the moonlight as a shooting star provides an interstellar extravaganza, provided a dreamlike groove and a mood of reassurance and warmth: the new and the familiar, the experimental and the accessible, smoothed together into a complementary colour palette of joy: 'It was obvious that David would sing the lead vocal, but it was the first time I had the chance to layer up my backing vocals and that became the beginning of the Dollar sound. There might be fifty of me on a track. It went back to Phil Spector's Wall of Sound approach: the more you layer up, the more you create this haze, particularly as I have such an airy voice. The vocal signal decreases as the air increases and it is mesmerising.'

Dollar wrote their own material, too. Bazar's own soft-focus masterpiece 'Love's Gotta Hold on Me' headed into smoochy ballad territory, but with its bleepy arcade game melody and Bazar's gossamer tones floating on a cloud of synthetic sound fibre it was like a song to foretell the 1981 arrival of Clive Sinclair's pioneering domestic home computer, the ZX81. It came out in August 1979, a week before the assassination by the IRA of Lord Mountbatten, the last viceroy of India and Queen Elizabeth's second cousin. The bomb, which had been planted by the IRA on Mountbatten's boat in County Sligo, also killed one of his grandsons and the Irish aristocrat Lady Doreen Brabourne, and it put the capital on high alert in the weeks that followed. Bazar recalls, 'That was when I would be stranded in the West End and had to walk for miles and miles back to our flat in Hampstead. I was so head down, trying to create a new future, that I hardly remember what was going on outside of our own little world. But I do remember that.'

Instead of becoming the Donny and Marie-style MOR pop act their record label had been hoping for, Dollar were facing the youthful future. David was the pop star, getting out there and selling the product, while Thereza was increasingly drawn towards the technical possibilities of the studio. She and David looked sexy in backlit press shots, with their voluminous high-lights and permanent state of semi-undress, while the music was lush and sophisticated, with Bazar typically recording multiple takes of exactly the same vocal rendition that would then be stacked up against multiple takes of another identical rendition in a different harmony: 'So you could have sixty-four of me, all singing at once. The takes are not identical and I have a light voice with a pure signal. It results in these incredibly minute dif-ferences, all rubbing against each other.'

Bazar pioneered a new style of singing that was much copied in female-led 1980s pop, by white people at least: an ultra-light shimmer, devoid of the earthiness of soul and filled with a kind of transcendental otherness that seemed to belong to a celestial world, ideally one filled with incredibly beautiful people who wander about in a state of total peace and admire their own reflections as they get their roots touched up in the hair salon

at the end of the universe. It was revolutionary, but feeling
that their clean-cut image and earnest balladry would never get
them in with the cool crowd, Dollar made a misdirected stab
at credibility with their new romantic-tinged 1980 album, *The
Paris Collection*. Then Bazar was driving her car one day when
she heard the Woody Woodpecker 'oh-wuh-oh' of 'Video
Killed the Radio Star'. She loved it so much, she resolved that
Dollar had to make their next record with whoever came up
with it. Trevor Horn was initially uninterested, although when
he found out that Dollar were booked to go to Tokyo to per-
form at the Yamaha Song Festival he did find the prospect
of working with them rather more appealing. After meeting
David Van Day and Thereza Bazar for lunch in a Japanese
restaurant on Brewer Street in Soho, he spent that evening
working on a song for them with Bruce Woolley. 'Hand Held
in Black and White', which became a hit in 1981 and revived
Dollar's career in the process, was the result. When 'Mirror
Mirror', also written by Horn and Woolley, went to number
four in November, Dollar's position as the golden duo of synth-
pop was established with an accompanying glamour to match;
one that belonged both to the 'look-your-best' culture of the
old decade and the brash confidence of the new.

Bazar says: 'Actually I was trying to be the person I would
have liked to have been. We didn't have any stylists, no art direc-
tion, so I was presenting myself in my best light, which is not
how I felt I was most of the time. I wasn't cool. I wasn't like the
Bananarama girls who had grown up making their own clothes
and going to clubs in London. I couldn't possibly pretend to be
Debbie Harry, who I adored. So what can I do? I'll just have to
look nice, be attractive, because there must be a lot of people out

there who are also not über cool, who can't be grungy and have greasy hair and piercings. The wildest I got was buying a couple of string vests from Marks & Spencer and cutting them up to make an outfit for *Top of the Pops*. My answer to the question of image was to be the best invention of me.'

Dollar were a television act, made for selling singles, and as such their polished, romantic, glamorous image as the perfect couple detracted from the experimentation of the sound. 'Ultimately, we were a victim of that image because it took away our credibility and I was heartbroken. I would be crying, thinking, why can't they listen to the music on its own merit? On top of that, my voice was tiny and the thing about singers at the time was how big the notes could be and how much excitement they could create. And I thought: well, I can't do that. So I became a technician, with the studio as the place where I could create all these delicious layers of sound. It was great when you were recording, it wasn't so good when you tried to play live.'

A new age of plastic was coming and it had little to do with the cabaret nights, working men's clubs and children's TV shows that served as the spiritual homes for '70s pop. On 6 February 1979, amid the rubble-strewn streets, boarded-up shops and towering, juice-emitting bin bags of Covent Garden, a Second World War-themed wine bar called Blitz became host to the nineteen-year-old Welshman Steve Strange's new night of electronic disco, where the DJ Rusty Egan played such coldly futuristic dispatches from the European dance floor as Gina X's 'No GDM' and Kraftwerk's 'Trans Europe Express' for an art and fashion crowd that took style tips from David Bowie and Roxy Music, adopting a flamboyance and haughtiness standing in direct contrast to the puritanism of punk. It paved the way for '80s excess, with Blitz regulars Boy George and Gary Kemp going on to form Culture Club and Spandau Ballet and representing a new kind of mon-eyed optimism and lavish celebration. Spandau Ballet even called their biggest single 'Gold'. Around the same time, the global suc-cess of American superstars with bullet-proof professionalism like Michael Jackson, Madonna, Prince and Bruce Springsteen turned pop into a multi-million-dollar industry, tailor-made for the upmarket convenience of the compact disc and the visual reach of MTV. The days of being able to get onto *Top of the Pops* by nicking the melody of an old pub singalong, asking that bloke from the factory with a guitar if he wanted to form a band, swap-ping the tapes of your latest hit when Dr Death came knocking at the studio door and slapping a bit of glitter on your cheeks before trundling the transit van over the Westway towards Broadcasting House were over.

The raised stakes of global pop reflected a changing political climate. The 1970s had seen Britain under the premiership of a series of familiar figures. Ted Heath was the solitary, Europe-loving, petit-bourgeois neighbour, a full set of *Encyclopaedia Britan-nica* on view through the bay window of his new town cul-de-sac home. Harold Wilson was the once-great and popular company director undone by booze, his final legacy marked by the scan-dal of the so-called Lavender List, his 1976 resignation honours list that came to symbolise the undue influence of Wilson's politi-cal secretary Marcia Williams after it was claimed (although both always denied it) that Williams had written the list, which included two businessmen later convicted of fraud, on a piece of lavender notepaper that Wilson had simply approved of with a series of ticks against the names. 'Sunny Jim' Callaghan was the avuncular uncle, the Keeper of the Cloth Cap, spending weekends tending to his Sussex farm and weekdays fixing national problems with unflappable authority – until fatally underplaying the industrial crisis that marked one of the darkest moments in twentieth-century British history. Now it was time for the scary headmistress.

Margaret Thatcher came into power as Housewife of the Year, promising to re-align the country's finances with all the efficiency of a wife and mother used to running a home on a tight budget. 'We'll use it to sweep Whitehall clean!' she punned, brandishing a giant broom during a televised visit to Bristol's Kleeneze domestic products factory in April 1979.[3] In contrast to her later image as the scourge of the unions and the enemy of the Soviets, Thatcher got in on a soft power approach, presenting the Tories as the party of everyday people who wanted to be allowed to get on and get ahead in quiet dignity after the IRA bombings, wildcat strikes and ballooning inflation of the decade past. Blessed with a narrowness of thought that brought with it formidable levels of moral certitude, she was the essence of provincialism: a grocer's daughter from the market town of Grantham who trained to be a chemist and was brought up under the tenets of Wesleyan Methodism, with its emphasis on thrift, hard work and self-improvement. There was nothing of the unionised, nicotine-stained, boozy bonhomie of *Wheeltappers and Shunters Social Club* to Mrs Thatcher; none of the cut-price decadence and working-class flash of Slade, Sweet and Chicory Tip. A world away from the authority-bashing schoolboy fun of Hector, Hello and the Sex Pistols, she would hardly have approved of British disco's egalitarian pursuit of pleasure and frivolity. The oversexed toffs in *The Stud* may have been Thatcherites through and through, but the woman herself would never have got through the door of Hobo. Margaret Thatcher belonged to a world where everyone was grown-up, even pop stars; where a County Durham farm labourer's son like Bryan Ferry could ape the language and rituals of the upper classes to such an extent that by the 1980s, he was wearing a dinner jacket and referring to himself as 'one'. As she said in her final broadcast to the nation on 30 April 1979, before an election that saw the Tories win 339 seats to Labour's 269: 'Let us make this country safe to work in, let us make it a country safe to grow up in, let us make it a country safe to grow old in.'[4]

John Lennon, the great hero of the '60s and '70s peace movement, was killed on 8 December 1980, shot outside his home by a crazed fan. '(Just Like) Starting Over', one of his most life-affirming and least cynical love songs, was re-released in his honour and went straight to number one in the second week of December. 'Imagine' came next and, as a much-loved, wide-eyed plea for world peace set to a melody taken up by buskers and foreign students outside European spots of touristic interest forevermore, it would have made for a dignified Christmas number one. In the event, 'Imagine' had to wait until the first week of 1981 to find its rightful place, while Jona Lewie's sentimental, storytelling 'Stop the Cavalry' was also kept off number one, because on 23 December 1980 until 5 January 1981 the top spot was taken by 'There's No One Quite Like Grandma' by the St Winifred's School Choir, a work of McCartneyesque whimsy by pupils from a primary school in Heaton Mersey, Stockport. It combined the novelty fun and populist appeal of the 1970s with the conventionalism and family values of the 1980s, all tied up with a spoonful of sentiment as sickly-sugary as the tins of travel sweets that had a spiritual home in the glove compartment of your grandparents' Austin Maxi.

A decade on from Clive Dunn's 'Grandad', the St Winifred's School Choir took veneration of people from the past to its ultimate conclusion, appearing on *Top of the Pops* in pink cardigans and bringing their squeaky seven- to nine-year-old voices to the nation. 'Some of us were in the school library when they announced it on the radio that we were number one in the charts,' remembered Bernadette Egan, who left her short career as part of Britain's most famous school choir to become an architect in Dublin. 'We were all so excited, jumping about and shouting. But when we were on *Top of the Pops*, we were told to be good and not go up to the Boomtown Rats, who were on before us.'[5] The following week, the school's headmistress, a kindly nun called Sister Aquinas, finished a morning assembly by reading out a telegram from Abba, congratulating the children on their pop success. For a brief period the kids hung out with fellow chart toppers like Paul McCartney and Cliff Richard, even backing Abba for a rendition of 'I Have a Dream' at Bingley Hall in Staffordshire before 10,000 people.

With money raised from the single going either to charity or to buy new carpets for the school classrooms, the children were paid in Arrow bars, which cost 2p and came in banana and toffee flavour, on the coach ride home. Recorded at 10cc's Strawberry Studios in Stockport, 'There's No One Quite Like Grandma' was not the first time the St Winifred's School Choir had come up against the pop world. They had already provided the backing vocals for Brian and Michael's L. S. Lowry tribute from 1978, 'Matchstalk Men and Matchstalk Cats and Dogs', with choir mistress Terri Foley running the operation as a revolving line-up. According to Sally Lindsay, later to find national fame as the barmaid Shelley Unwin in *Coronation Street*, 'You'd go to choir practice on a Wednesday morning and they'd just pick a load of you to go and do whatever it was that week . . . *Jim'll Fix It* or *Top of the Pops* or whatever.'[6]

As with almost all acts, success brought fallouts between the band members. The star of the show was Dawn Ralph, whose lisping rendition of the verses cemented in the public's mind a vision of cloying cuteness, but she was a controversial choice. Originally slated for the top spot was Angela Hayes, who alongside her sister Jennifer Hennessy had been marked out as the best singer in the choir, but by the time EMI came on board it was decided that she sounded too professional, so the label auditioned everyone else and chose Dawn Ralph instead – 'I just wanted to punch her in the head,' confessed Hennessy, who managed to get over her rage enough to become a successful actress. 'Because it should have been my sister. It was annoying for me that I had to stand behind and smile.'[7]

The fallout was immediate, the desire to punish the St Winifred's School Choir intense. When the choir appeared on *Tiswas* in 1980, they managed to get about halfway through 'Grandma' before the Phantom Flan Flinger attacked them with shaving foam and Chris Tarrant piled in with buckets of water, an act of aggression that even the show's generally game presenter Sally James had doubts about: 'They were all about seven or eight, in their nice dresses and hair in bows and plaits, and they started singing "There's No One Quite Like Grandma". Then we dunked them with water – with whole buckets. And nobody can throw a bucket like Chris Tarrant. They were falling on the floor, crying. If we said that we were going to get a bunch of little girls, pelt them with water and make them slip about on a studio floor with electrics everywhere, any sane person would say: "No, you're not." But we did.'

'There's No One Quite Like Grandma' may now be remembered as one of the most hideous Christmas singles of all time, but in its own way it was quite profound, offering, albeit unwittingly, a summation of a significant social shift in '70s Britain. Written by Gordon Lorenz, who had been getting by so far on commissions to score incidental music for daytime shows on Carlisle's Border Television, the song was intended as a way of marking the Queen Mother's eightieth birthday. But once it became a hit, it performed a similar function to Leo Sayer's 'When I Need You' in capturing the lingering sadness and eternal bonds of family in an age of increasing mobility, alongside the disconnect between the children who would grow up to be a part of what became known as Generation X and the oldies they were no longer living down the road from. The culprit for this geographical break-up was the demographic of which the parents of the St Winifred's kids were a part, the baby boomers who used a free university education as their ticket to get as far away from the family unit as possible, or who felt the gravitational pull of the big cities and their cultural and economic riches, or who crammed their young offspring in patched flares and hand-knitted hand-me-downs into the back seat of an overloaded 2CV with 'Nuclear Power? No Thanks!' smiling sun on the windscreen and rumbled towards the Welsh hills or the Cornish coastline in search of rural utopia, or who fled the crumbling urban disaster zones to build dream homes in the hygienic environs of the new towns. By the 1970s, to stay put was to be some kind of unadventurous failure. You were a timid provincial son or daughter, like the hero of Keith Waterhouse's *Billy Liar*, who chickened out of joining his free-spirited girlfriend Liz on the train to London at the last minute in favour of remaining in

Yorkshire with his parents and grandparents, where he could hold onto his steady job as an undertaker's clerk and continue unchallenged as ruler of the imaginary kingdom of Ambrosia. For the young adults of '70s Britain, to build a new life in a new town was one thing. To stay in the one you were born in was another matter entirely. 'Swansea may appear in the first chapter of the biographies of the famous,' wrote the sociologist Colin Bell. 'It rarely appears in the last.'[8]

Historically speaking, this mania for getting away from the place you grew up in does appear to be a mid-twentieth century phenomenon, hitting a peak in the 1970s. The possibility of owning one's own home and therefore being able to sell it and move somewhere else was a major contributor to the fact that, by 1980, a bunch of children from a school choir in Stockport could sing 'though you may be far away, we think of you' and a nation could feel the sentiment deeply enough to propel those children to number one. In 1918, only a quarter of British homes were owner-occupied, but by the '70s, home ownership outnumbered rentals for the first time. It was the ultimate mark of the aspirational life: somewhere to put all those beanbags from Habitat, those chocolate-brown spotlights from British Home Stores, leading to house prices rising by an unprecedented 70 per cent during the short-lived boom of 1972 to 1973.

In 1978, a Gallup poll found a majority in favour of the sale of council houses, previously the bedrock of the working-class community. Later viewed as a policy symbolic of Thatcherite individualism, the sale of council houses had actually started as a Labour initiative after Harold Wilson's return in 1974 under the government's head of policy research, Bernard Donoughue, who had grown up in a council house in Northamptonshire and ended up buying his own home in Camden. He argued that the sale of council houses allowed the freedom 'to move in pursuit of employment – many inner-city unemployed dared not move to seek jobs because it meant giving up their council homes and moving to the back of the council queue elsewhere.'[9] In the event, Donoughue's scheme, which involved the right for tenants to buy their own homes at a heavily discounted rate, floundered under a disinterested Callaghan, only – to Donoughue's eternal frustration – to become one of the key election manifestos that led the Conservatives to victory in 1979.

As industry changed, so too did social movement, with the fortunes of one Scottish city being a prime example. In the spring of 1973, the discovery of North Sea oil not only bolstered Britain's economic prospects, with the Conservative MP Laurance Reed proclaiming 'the 1980s will be Britain's decade' thanks to oil, but it also transformed Aberdeen from a struggling post-industrial bleak spot of rising unemployment and lowering prospects into an American-style frontier town, with over 250 companies moving in, the airport becoming Britain's busiest outside of London and house prices becoming higher than anywhere outside of south-east England. The North Sea oil boom also helped turn the once-marginal Scottish Nationalist Party into a serious proposition, leading to the question of why the English should benefit from Scotland's good fortune and the very real possibility of devolution. After a 1978 by-election in the Glasgow suburb of Hamilton saw Labour's George Roberson win over the SNP's fiercely nationalist Margo MacDonald, however, dreams of independence were replaced by hopes of World Cup glory, especially after Scotland beat their old enemies at the spiritual home of English football: Wembley Stadium.

'We'll really shake them up when we win the World Cup,' promised the comedian Andy Cameron on 'Andy's Tartan Army', a raucous, chant-a-long hit single set to the tune of the Irish rebel song, 'God Save Ireland'. A 30,000-strong crowd belted out 'Andy's Tartan Army' as the Scotland team's manager Ally MacLeod brought the lads onto the pitch of Hampden Park in Glasgow for a glorious televised send-off before they flew to Argentina. When the team lost in abject disgrace to Peru and then drew with Iran – even after the Iranian team scored an own goal – the *Express*'s Jean Rook blamed not the players, or even the voluble, safari suit-wearing MacLeod, but 'Margo MacDonald and her English bashers' for firing up anti-Sassenach sentiment to such an extent that those south of the border could only gloat at Scottish hubris, fuelled as it was by historic grievance, punctured. A record shop in Dundee promptly reduced the price of 'Ally's Tartan Army' from 65p to 1p and invited customers to come along and smash the 45 over the counter with a hammer.

The end of the 1970s was a time when you stood a chance of being on *Top of the Pops* if you wrote a catchy song and looked a bit weird. It happened to Richard Hudson and John Ford, former members of folk-rockers the Strawbs, who formed a band called the Monks and bashed out the comedic rock 'n' roller 'Nice Legs, Shame About Her Face' as the Mugs, chiefly because they were embarrassed about its less-than-gallant theme. A hit in 1979, in the event it was released as the Monks after a French record label failed to take note of the name change. In the same year came 'Bang Bang' by the curly haired Scot B. A. Robertson. Having made various attempts to launch a career as a serious songwriter throughout the '70s, Robertson finally struck gold with this tale of love's dangers delivered in rhyming couplets, and he got into the new-wave spirit of the times by replacing his unsuitable Glasgow accent with a bored Estuary drawl. It also happened for the Regents in December with '7 Teen', a fantastically sparse bit of new-wave pop about a girl blossoming into a woman and finding herself the sudden subject of too much attention.

Given that '7 Teen' was recorded at home on a four-track Teac tape machine, released on the tiny Rialto Records, and it came in a rude and a clean version – the 'permanent erection' the seventeen-year-old girl of the title inspires in all the young men that encounter her was replaced by 'permanent reaction' – you would assume this was the work of a bunch of punky, fashionable art students. In fact, the Regents were more like art lecturers. Martin Scheller was, like Robertson, a curly-haired fellow who had been around the block a few times. In the mid-'60s, he played harmonica and sang in an R&B act called the Few alongside Chris Townson, who went on to form John's Children, the band that welcomed into its ranks that lord and master of '70s singalong pop Marc Bolan. A decade and a half later, Scheller got in on the post-punk reaction by teaming up with the guitarist Damian Pew after they met on a painter-decorator job. Then he roped in his wife Bic Brac and her friend Catherine Best as singers and backing dancers for a song that captured the confusion and excitement of adolescence brilliantly: teen bitchiness, male lust, the awkward blossoming of sexuality, the emergent, uncertain power it brings.

'All the girls just love to hate her, all the boys they wanna make her,' sang Martin Scheller, while Bic Brac and Catherine Best interjected with the odd 'sensation!' and 'reflection!', delivered in a '60s-girl-group-meets-the-new-wave style, which provided the perfect foil to Scheller's angular, detached lead. A *Top of the Pops* appearance in December 1979 (introduced by Jimmy

Savile, unfortunately) saw Scheller and Pew don space-age jump-suits and do their best to look bored and aloof while Brac and Best, in matching red, danced about and stared wildly as if something was really wrong. A one-hit wonder in the best sense of the word, '7 Teen' laid the groundwork not just for the Human League's success, with the synthesiser-led Sheffield band's singer Phil Oakey putting together a similar line-up after meeting seventeen-year-old Susanne Sulley and eighteen-year-old Joanne Catherall in a nightclub, but also pointed a way forward for pop itself. To borrow from Schiller's description of his teenage heroine, it was a beautiful mutation for a future generation.

And what did life hold for the future generation, for the neatly presented children of St Winifred's School Choir and all those other '70s kids turned '80s teens? If the 1970s belonged to the working class, with its emphasis on union power, the dominance of a Labour government, the new affordability of everything from home ownership to package holidays and the lurid good humour and earthy wit of cabaret pop, glam and even punk, the 1980s was the age of the middle class. Margaret Thatcher was the champion of entrepreneurialism, of suburban self-reliance and the culture of the grammar school, which, she claimed, 'People from my sort of background needed to compete with children from privileged homes, like Shirley Williams and Anthony Wedgwood Benn,' pointedly using the Labour secretary of state for industry and former viscount's full name as opposed to his preferred rather more chummy 'Tony'.[10] Thatcher was certainly the champion of working-class aspiration – the aspiration being, in true grammar school style, to no longer be working class.

There was one man of the people in late '70s and early '80s London who fully embraced the values of monetarism, who was so opposed to taxation that he avoided it altogether, who celebrated his success by driving a flashy new Jag, and whose policy of self-interest extended to hiring a rough and tough bodyguard to protect him from all the people who did not support his efforts at personal improvement at any cost – the cost usually being theirs. He was an enemy of state intervention, especially when it came in the form of the hated DC Chisholm, although he wasn't averse to paying VAT as long as it stood for vodka and tonic and he could convince Dave, the unflappable barman of the Winchester Club, to put it on the slate. 'The world is your lobster, Terry,' George Cole's Arthur Daley, the roguish antihero of the ITV comedy-drama *Minder*, promised Dennis Waterman's eternally harassed Terry McCann as they faced the meritocratic dawn of the new decade. The pub-friendly, Chas 'n' Dave-like theme tune to *Minder*, 'I Could Be So Good for You', a flop for Waterman in October 1979 but a hit on its re-release a year later, was a Janus moment in British pop. The unreconstructed Terry McCann, forever bringing chirpy young women back to his dingy flat and being the kind of honest, ordinary Joe who you know would pay his union dues and join the picket line, belonged firmly in the 1970s. Arthur Daley, with his flashy camel coat and clumsy attempts at sophistication ('the law of this great England! Magnus Carta and all that!'), was 1980s man incarnate.

Where once Britain was a country of battling through adverse conditions with grim humour and sense of community, of clean living in difficult circumstances, now it was heading towards its own version of the American Dream, of getting on and going up in the world. In her final press conference before the 1979 election, Thatcher even presented the inflation-busting politics of monetarism as a moral choice, arguing that economic freedom led 'to the greatest good of the greatest number . . . a moral case as well as a material one.'

'There is now work to be done,' she declared in conclusion to her speech outside the door of 10 Downing Street, before beginning her first term on 4 May 1979.[11] Margaret Thatcher did indeed bring down inflation, raising interest rates to squeeze the money supply and breaking the high-taxation/big-state/union-power/job-for-life culture of Britain in the 1970s. The outcome was the highest level of unemployment since the Great Depression of the 1930s, with jobless numbers reaching the 3 million mark by January 1982. As Britain moved into a globalised free market economy it was goodbye to the inclusivity of the Brotherhood of Man's 'United We Stand', farewell to the born-again suburbanite's anthem of peace 'I'd Like to Teach the World to Sing (In Perfect Harmony)'. *Auf wiedersehen* to getting through the three-day week by shouting along to Slade's 'Merry Xmas Everybody' over a Watney's Red Barrel, adieu to the Saturday Club community pride and hiiii-ya! laughs of Carl Douglas's 'Kung Fu Fighting'. The time for the brightly coloured pop fantasy envisioned by Marc Bolan, subsequently embraced throughout the '70s as a short-term escape from the privations of the era, had passed. The all-ages novelty single, which began its dominance in 1970 with Clive Dunn's 'Grandad' and ended in 1980 with the St Winifred School Choir's 'There's No One Quite Like Grandma', was no longer the thing. Four presentable, clean-living Swedes, who became multi-millionaires by studying the British tradition of middle-of-the-road pop and selling it to the world, announced the end of the era with a ballad that, although inspired by their own divorces, captured the values of the new decade. It went straight to number one in July 1980: it was called 'The Winner Takes It All'.

Sources

Chapter 1: Grandad Versus the Wizard of Love

1. Reynolds, Simon. *Shock and Awe: Glam Rock and Its Legacy*, Faber & Faber, 2016.
2. ibid.
3. Bolan, Marc. *Cosmic Dancer*, BBC Four, 2017.
4. Holloway, Danny. *New Musical Express*, 12 February 1972.
5. *Nova*, August 1970.
6. Weir, Jean (intro). *The Angry Brigade 1967–1984: Documents and Chronology*, Elephant Editions, 1985.
7. Sandbrook, Dominic. *State of Emergency: Britain, 1970–74*, Penguin, 2011.
8. *New Musical Express*, 23 January 1971.
9. Herbie Flowers, non-broadcast audio interview with Tris Penna, 2019.
10. Turner, Alwyn. *Crisis, What Crisis? Britain in the 1970s*, Aurum Press, 2013.
11. Dunn, Clive. *Permission to Speak: An Autobiography*, Century, 1986.
12. Roger Whittaker, interviewed by Alex Bellfield, BBC Radio Leeds, 2013.

Chapter 2: Teaching the World to Sing (In Perfect Harmony)

1. 'It's the Real Thing', Creative Review, creativereview.co.uk.
2. Backer, Bill. *The Care and Feeding of Ideas*, Times Books, 1994.
3. Gabor, Harvey. *Confessions of a Prehistoric Adman*, BookBaby, 2015.
4. Pendergrast, Mark. *For God, Country and Coca-Cola*, Basic Books, 2013.
5. Turner, Alwyn. *Crisis, What Crisis? Britain in the 1970s*, Aurum Press, 2013.
6. Francis, Ian. *This Way to the Revolution: Art, Activism and Upheaval in Birmingham 1968*, Flatpack, 2019.
7. Sandbrook, Dominic. *State of Emergency: Britain, 1970–74*, Penguin, 2011.
8. Betjeman, John. *Metro-Land*, BBC One, 1973.
9. Turner, Alwyn. *Crisis, What Crisis? Britain in the 1970s*, Aurum Press, 2013.

Chapter 3: The Great Taste of Bubblegum

1. *It's Psychedelic Baby*, interview with Alan Warner, 22 July 2011.
2. *Daily Mail*, 27 October 2012.
3. ibid.
4. O'Hagan, Andrew. *The End of British Farming*, Profile Books, 2001.
5. Shoard, Marion. *The Theft of the Countryside*, Temple Smith, 1980.
6. *Tragedy on the M62*, BBC Home Archive, 28 October 2014.

7. Turner, Alwyn. *Crisis, What Crisis? Britain in the 1970s*, Aurum Press, 2013.
8. Kureishi, Hanif. *The Rainbow Sign*, 1986 essay.
9. Jenny Logan interview, 80sactual.com.
10. Stewart, Eric. 'How We Wrote I'm Not in Love', *The Guardian*, 2018.

Chapter 4: Europe

1. Richardson, Dave. *Let's Go: A History of Package Holidays and Escorted Tours*, Amberley, 2016.
2. Heath, Edward. *Travels: People and Places in My Life*, Sidgwick & Jackson, 1977.
3. Arthur, Max. *The Real Band of Brothers*, Collins, 2011.
4. Mangold, Peter. *The Almost Impossible Ally: Harold Macmillan and Charles De Gaulle*, I. B. Tauris & Co., 2006.
5. Campbell, John. *Edward Heath: A Biography*, Pimlico, 1994; address given by Edward Heath, Brussels, 29 January 1963.
6. Benn, Tony. *The Benn Diaries*, Penguin, 2017.
7. Diamond, Patrick. *The Crosland Legacy: The Future of British Social Democracy*, Policy Press, 2016.
8. Sandbrook, Dominic. *State of Emergency: Britain, 1970–74*, Penguin, 2011.
9. *Daily Express*, 1 January 1973.
10. *When Saturday Comes*, wsc.co.uk.
11. O'Connor, John Kennedy. *The Eurovision Song Contest: The Official History*, Carlton, 2005.
12. Maria Mendiola obituary, *The Guardian*, 12 September 2021.
13. Mailer, Norman. *The Executioner's Song*, Little, Brown, 1979.

14. Demin, Jan. James Last Benelux Club.
15. ibid.

Chapter 5: Brickie Glam

1. Sheik Ahmed Zaki Yamani obituary, *The Guardian*, 1 March 2021.
2. Sandbrook, Dominic. *State of Emergency: Britain, 1970–74*, Penguin, 2011.
3. Sisman, Adam. *A. J. P. Taylor: A Biography*, Sinclair-Stevenson, 1994.
4. Hill, Dave. *So Here It Is*, Unbound, 2018.
5. *Mojo*, November 1996.
6. *New Statesman*, October 2019.
7. *The Guardian*, 12 September 2014.
8. Weeks, Jeffrey. *Sex, Politics and Society: The Regulation of Sex Since 1800*, Routledge, 1981.
9. *The Guardian*, 24 May 2008.
10. Gordon, Shep. *They Call Me Supermensch*, Ecco, 2016.
11. Thompson, Ben (ed). *Ban This Filth! Letters From the Mary Whitehouse Archive*, Faber & Faber, 2012.
12. ibid.
13. *All That Glitters*, BBC Schools documentary, 1973.

Chapter 6: Rock On

1. Hellicar, Michael. 'Peacocks on Parade', *Daily Mirror*, 30 May 1972.
2. Buckley, Peter (ed). David Bowie recalls John Lennon's description of glam, *The Rough Guide to Rock*, Rough Guides, 1996.
3. Harris, John. *The Beatles: Get Back*, Callaway, 2021.

4. Reynolds, Simon. *Shock and Awe: Glam Rock and Its Legacy*, Faber & Faber, 2016.
5. ibid.
6. ibid.
7. *The Recording of Rock On*, Glitter Suits & Platform Boots, alwynturner.com.
8. Reynolds, Simon. *Shock and Awe: Glam Rock and Its Legacy*, Faber & Faber, 2016.
9. Drake, Alicia. *The Beautiful Fall: Fashion, Genius and Glorious Excess in 1970s Paris*, Bloomsbury, 2007.
10. Twiggy in *The Boyfriend*, *Sunday Times* magazine, 2 January 1972.
11. Connors, John. *This Way Up*, May 2020.
12. Turner, Alwyn. *Crisis, What Crisis? Britain in the 1970s*, Aurum Press, 2013.
13. Booker, Christopher. *The Seventies: Portrait of a Decade*, Penguin, 1980.
14. Wilson, Elizabeth. *Adorned in Dreams: Fashion and Modernity*, Bloomsbury, 1985.
15. Lutyens, Dominic & Hislop, Kirsty. *70s Style & Design*, Thames & Hudson, 2009.
16. Wells, David. Sleeve notes to *Hark! The Village Wait* reissue, Castle/Sanctuary, 2005.
17. Welch, Chris & Soar, Duncan. *One-Hit Wonders*, New Holland, 2003.

Chapter 7: Kids

1. Young, Rob. *Electric Eden*, Faber & Faber, 2010.
2. The Story of Hector, personal archive by Phil Brown.

3. Cross, Pete. *Singing Out: Voices of Portsmouth Rock and Pop Musicians*, Portsmouth Museums Archive, 2000.

4. Sandbrook, Dominic. *Seasons in the Sun: Britain 1974–1979*, Allen Lane, 2012.

5. Jones, Steve. *Lonely Boy: Tales from a Sex Pistol*, Windmill Books, 2016.

6. *Rock On: The John Tobler Interview*, BBC Radio 1, 11 November 1977.

7. *Never Mind the Baubles: Christmas 77 with the Sex Pistols*, BBC Four, 27 October 2017.

8. *Supersonic*, September 1977.

9. 'Strangest, Sickest Pop Cult Ever . . .', *Daily Mail*, 3 December 1976.

Chapter 8: Teenagers

1. McKittrick, David & McVea, David. *Making Sense of the Troubles: A History of the Northern Ireland Conflict*, Penguin, 2012.

2. Taylor, Peter. *Brits: The War Against the IRA*, Bloomsbury, 2002

3. Sandbrook, Dominic. *State of Emergency: Britain, 1970–74*, Penguin, 2011.

4. Cassidy, David. *C'mon Get Happy: Fear and Loathing on the Partridge Family Bus*, Time Warner, 1994.

5. ibid.

6. Green, Robin. 'David Cassidy: Naked Lunch Box', *Rolling Stone*, 11 May 1972.

7. *Billboard*, 27 November 2017.

8. *Rollermania, Britain's Biggest Boy Band*, BBC Four, 2015.

9. ibid.

10. ibid.

11. Frank Broughton, DJ History.com, 2008

12. Sandbrook, Dominic. *Seasons in the Sun: Britain 1974–1979*, Allen Lane, 2012.

13. *World in Action*, Granada TV, 27 January 1978.

Chapter 9: Mums and Dads

1. Leader's Speech, Blackpool, 28 September 1976.

2. *Delia Smith's Cookery Course*, BBC One, 29 February 1980.

3. *The Black and White Minstrel Show*, David Hendy, BBC 100.

4. ibid.

5. ibid.

6. Llewellyn-Smith, Julia. 'Regrets, Racism & Me', *The Times* magazine, 8 October 2021.

7. Jolly, Margaretta. *Sisterhood and After: An Oral History of the UK Women's Movement*, Oxford University Press, 2019.

8. *The Wheeltappers and Shunters Social Club*, Granada TV, 20 April 1974.

9. 'The Krankies Reveal Wild Nights and Secret Swinging Sessions', *Daily Record*, 18 December 2011.

10. Lena Zavaroni on *Wogan*, BBC One, 17 May 1975.

11. *BBC News*, 2 October 1999.

12. *The Stage*, 11 November 1982.

13. Claude-Pierre, Peggy. *The Secret Language of Eating Disorders*, Vintage, 1999.

14. *Evening Standard*, 9 April 2007.

15. Lynsey de Paul obituary, Spencer Leigh, *The Independent*, 4 October 2014.

16. 'What Do We Want from Male Pin-Ups?', Germaine Greer, *Nova*, October 1973.

Chapter 10: America the Smooth

1. *New York Daily News*, 30 October 1975.
2. Parsons, Gerald. E. *How the Yellow Ribbon Became a National Folk Symbol*, American Folklife Center, 1991.
3. *Closer* weekly, 18 April 2021.
4. Coppage, Noel. *Stereo Review*, October 1971.
5. *Nova*, April 1970.
6. '*Waggoners' Walk*: The Swinging Soap That Time Forgot', BBC Radio 4, 30 August 2017.
7. 'How We Made Bugsy Malone', *The Guardian*, 13 October 2015.
8. Beckett, Andy. *When The Lights Went Out: Britain in the Seventies*, Faber & Faber, 2009.

Chapter 11: The Disco of Discontent

1. Sandbrook, Dominic. *Seasons in the Sun: Britain 1974–1979*, Allen Lane, 2012.
2. Turner, Alwyn. *Crisis, What Crisis? Britain in the 1970s*, Aurum Press, 2013.
3. Martin López, Tara. *The Winter of Discontent: Myth, Memory, and History*, Oxford University Press, 2014.
4. Sandbrook, Dominic. *Seasons in the Sun: Britain 1974–1979*, Allen Lane, 2012.
5. Carl Douglas interview with Emprezz Golding, Empress's Studio, Jamaica, August 2011.
6. ibid.
7. Sandbrook, Dominic. *Seasons in the Sun: Britain 1974–1979*, Allen Lane, 2012.
8. Savage, Jon. *England's Dreaming*, Faber & Faber, 1992.

9. Harry Doherty, *Melody Maker*, 6 December 1975.
10. Sandbrook, Dominic. *Seasons in the Sun: Britain 1974–1979*, Allen Lane, 2012.
11. ibid.
12. Liner notes to *Kes* OST, Trunk Records, 2002.
13. Sandbrook, Dominic. *Seasons in the Sun: Britain 1974–1979*, Allen Lane, 2012.
14. Wenk, Sabine & Hannich, Sagra. *Advaita* Journal N. 7, 2008.
15. Johnnie Wilder obituary, Alan Clayson, *The Guardian*, 20 May 2006.
16. Barrett, Marcia. *Forward: My Life With and Without Boney M.*, Constable, 2018.
17. ibid.
18. ibid.
19. *Los Angeles Times*, Chuck Philips, 21 November 1990.
20. On This Day, *BBC News*.

Chapter 12: Christmas with Grandma

1. Norman, Philip. *Paul McCartney: The Biography*, W&N, 2016.
2. *The Rutles: All You Need Is Cash*, BBC Two, 1978.
3. *Evening Standard*, 17 April 1979.
4. Party Election Broadcast, 30 April 1979, Margaret Thatcher Foundation.
5. *Daily Mail*, 24 November 2009.
6. *The Observer*, 14 December 2003.
7. *Rewind the Christmas Hits*, Channel 4, 2016.
8. Bell, Colin. *Middle Class Families*, Psychology Press, 1968.

9. Sandbrook, Dominic. *Seasons in the Sun: Britain 1974–1979*, Allen Lane, 2012.
10. Margaret Thatcher's speech at the Conservative Party Conference, Blackpool Winter Gardens, 14 October 1977.
11. Remarks on becoming Prime Minister, 4 May 1979, Margaret Thatcher Foundation

Bibliography

Allen, Richard. *Skinhead*, New English Library, 1970.

Amis, Kingsley. *Jake's Thing*, Penguin, 1980.

Arthur, Max. *The Real Band of Brothers: First Hand Accounts by the Last British Survivors of the Spanish Civil War*, Collins, 2009.

Backer, Bill. *The Care and Feeding of Ideas*, Times Books, 1994.

Barrett, Marcia. *Forward: My Life With and Without Boney M.*, Constable, 2018.

Barton, Susan. *Working-Class Organisations and Popular Tourism*, Manchester University Press, 2011.

Beckett, Andy. *When the Lights Went Out: What Really Happened to Britain in the Seventies*, Faber & Faber, 2010.

Bell, Colin. *Middle Class Families*, Psychology Press, 1968.

Benn, Tony. *The Benn Diaries*, Arrow, 1996.

Biddu, *Made in India*, HarperCollins India, 2011.

Blount, Jerry (ed). *Wired Up! Glam Proto Punk and Bubblegum European Picture Sleeves 1979–1976*, Wired Up, 2013.

Bok, Curtis. *Star Wormwood*, Knopf, 1959.

Booker, Christopher. *The Seventies: Portrait of a Decade*, Penguin, 1980.

Bracewell, Michael. *Remake/Remodel: Becoming Roxy Music*, Faber & Faber, 2008.

Brewster, Bill & Broughton, Frank. *Last Night a DJ Saved My Life*, Headline, 2009.

Campbell, John, *Edward Heath: A Biography*, Pimlico, 2013.

Cassidy, David. *C'Mon Get Happy: Fear and Loathing on the Partridge Family Bus*, Warner Books, 1994.

Comfort, Alex & Hindley, Becky. *The Joy of Sex*, Quartet, 1972.

Collins, Jackie, *The Stud*, WH Allen, 1969.

Connolly, Ray. *That'll Be the Day*, Fontana, 1973.

Cooper, Edmund. *Who Needs Men?*, Hodder & Stoughton, 1972.

Crosland, Anthony. *The Future of Socialism*, Constable and Robinson, 2006.

Cross, Pete. *Singing Out: Voices of Portsmouth Rock and Pop Musicians*, Portsmouth Museums Archive, 2000.

Diamond, Patrick. *The Crosland Legacy: The Future of British Social Democracy*, Policy, 2016.

Doggett, Peter. *The Man Who Sold the World: David Bowie and the 1970s*, HarperCollins, 2012.

Drake, Alicia. *The Beautiful Fall: Fashion, Genius and Glorious Excess in 1970s Paris*, Bloomsbury, 2007.

Dunn, Clive. *Permission to Speak*, Century, 1986.

Ehrlich, Paul. *The Population Bomb*, Sierra Club, 1968.

Francis, Ian. *This Way to the Revolution: Art, Activism and Upheaval in Birmingham 1968*, Flatpack, 2019.

Franzero, Carlo. *The Life and Times of Beau Brummell*, Alvin Redman, 1958.

Gabor, Harvey. *Confessions of a Prehistoric Adman*, BookBaby, 2015.

Glitter, Gary with Bradley, Lloyd. *Leader: The Autobiography of Gary Glitter*, Ebury, 1991.

Gordon, Shep. *They Call Me Supermensch*, Ecco, 2016.

Gorman, Paul. *The Look: Adventures in Rock and Pop Fashion*, Adelita, 2006.

— *The Life and Times of Malcolm McLaren*, Little, Brown, 2020.

Greer, Germaine. *The Female Eunuch*, Granada, 1981.

Guffey, Elizabeth E. *Retro: The Culture of Revival*, Reaktion, 2006.

Harris, John. *The Beatles: Get Back*, Callaway, 2021.

Heath, Edward. *Travels: People and Places in My Life*, Sidgwick & Jackson, 1977.

Hegeler, Inge & Sten. *The ABZ of Love*, Neville Spearman, 1969.

Hepworth, David. *1971: Never a Dull Moment*, Black Swan, 2017.

Herbert, James. *The Rats*, New English Library, 1974.

Hill, Dave. *So Here It Is: The Autobiography*, Unbound, 2017.

Hillman, David & Peccinotti, Harri. *Nova: The Style Bible of the '60s and '70s*, Pavilion, 1993.

Hoskyns, Barney. *Glam! Bolan, Bowie and the Glitter Rock Revolution*, Faber & Faber, 1998.

Hunter, Ian. *Diary of a Rock 'n' Roll Star*, Panther, 1974.

Innes, Jocasta. *The Pauper's Cookbook*, Penguin, 1971.

Jolly, Margaretta. *Sisterhood and After: An Oral History of the UK Women's Movement*, OUP, 2019.

Jones, Steve. *Lonely Boy: Tales from a Sex Pistol*, Windmill, 2016.

Lopez, Tara Martin. *The Winter of Discontent: Myth, Memory and History*, Liverpool University Press, 2018.

Lutyens, Dominic & Hislop, Kirsty. *70s Style & Design*, Thames & Hudson, 2009.

MacDonald, Ian, *Revolution in the Head: The Beatles' Records and the Sixties*, Vintage, 2008.

Mailer, Norman. *The Executioner's Song*, Vintage, 1998.

Mangold, Peter. *The Almost Impossible Ally: Harold Macmillan and Charles De Gaulle*, I. B. Tauris & Co., 2006.

Marwick, Arhur. *British Society Since 1945*, Penguin, 1990.

McKittrick, David. *Making Sense of the Troubles: A History of the Northern Ireland Conflict*, Penguin, 2012.

Melly, George. *Revolt into Style: The Pop Arts*, Penguin, 1970.

Modiano, Patrick. *The Occupation Trilogy*, Bloomsbury, 2017.

Napier-Bell, Simon. *You Don't Have to Say You Love Me*, New English Library, 1983.

Nelson, Elizabeth. *The British Counter-Culture 1966–1973*, Macmillan, 1989.

Newton, Liam. *10cc: The Worst Band in the World*, Rocket 88, 2020.

Norman, Philip, *Paul McCartney: The Biography*, W&N, 2017.

O'Connor, John Kennedy. *The Eurovision Song Contest: The Official History*, Eurovision, 2005.

Orlando, Tony. *Halfway to Paradise*, St Martin's Press, 2002.

Orwell, George. *Coming Up for Air*, Penguin Modern Classics, 2001.

Palmer, Tony. *All You Need is Love: The Story of Popular Music*, Penguin, 1977.

Pendergrast, Mark. *For God, Country and Coca-Cola*, Basic Books, 2013.

Pih, Darren. *Glam: The Performance of Style*, Tate Liverpool, 2013.

Raban, Jonathan. *Soft City*, Picador, 2008.

Reddington, Helen. *The Lost Women of Rock Music: Female Musicians of the Punk Era*, Ashgate, Farnham, 2009.

Reynolds, Simon. *Retromania: Pop Culture's Addiction to Its Own Past*, Faber & Faber, 2012.

— *Shock and Awe: Glam Rock and its Legacy, from the Seventies to the Twenty-First Century*, Faber & Faber, 2016.

Richardson, Dave. *Let's Go: A History of Package Holidays and Escorted Tours*, Amberley, 2016.

Roberts, Michele. *Paper Houses: A Memoir of the '70s and Beyond*, Virago, 2007.

Sampson, Anthony. *Anatomy of Britain*, Hodder & Stoughton, 1962.

Sams, Gideon. *The Punk*, Fortune Teller Press, 2007.

Samuel, Raphael. *Theatres of Memory: Past and Present in Contemporary Culture*, Verso, 2012.

Sandbrook, Dominic. *State of Emergency: Britain 1979–1974*, Penguin, 2011.

— *Seasons in the Sun: The Battle For Britain, 1974–1979*, Allen Lane, 2012.

— *The Great British Dream Factory: The Strange History of Our National Imagination*, Allen Lane, 2015.

Savage, Jon. *England's Dreaming*, Faber & Faber, 2005.

Shoard, Marion. *The Theft of the Countryside*, Temple Smith, 1980.

Sisman, Adam. *AJP Taylor: A Biography*, Sinclair Stevenson, 1994.

Smith, Delia. *How to Cheat at Cooking*, Hodder & Stoughton, 1985.

Sontag, Susan. *Notes on Camp, in Against Interpretation*, Farrar, 1966.

Spence, Simon. *When the Screaming Stops: The Dark History of the Bay City Rollers*, Omnibus, 2016.

Sullivan, Caroline. *Bye Bye Baby: My Tragic Love Affair with the Bay City Rollers*, Bloomsbury, 2000.

Taylor, Gordon Rattray. *The Doomsday Book: Can the World Survive?* World Publishing, 1970.

Taylor, Peter. *Brits: The War Against The IRA*, Bloomsbury, 2002.

Tenison, Marika Hanbury, *Left Over for Tomorrow*, Hammondsworth, 1978.

Thompson, Ben (ed). *Ban This Filth! Letters from the Mary Whitehouse Archive*, Faber & Faber, 2012.

Thorn, Tracey. *Another Planet: A Teenager in Suburbia*, Canongate, 2019.

Turner, Alwyn W., *The Biba Experience*, ACC, 2004.

— *Crisis? What Crisis? Britain in the 1970s*, Aurum Press, 2013.

— *Glam Rock: Dandies in the Underworld*, V&A Publishing, 2013.

Turner, Louis. *The Golden Hordes: International Tourism and the Pleasure Periphery*, St Martin's Press, 1976.

Waterhouse, Keith. *Billy Liar*, Michael Joseph, 1959.

Weir, Jean. *The Angry Brigade 1967–1984: Documents and Chronology*, Elephant Editions, 1985.

Wilson, Elizabeth. *Adorned in Dreams: Fashion and Modernity*, Sphere, 1985.

Woffinden, Bob. *The Nicholas Cases: Casualties of Justice*, Bojangles, 2016.

Young, Rob. *Electric Eden: Unearthing Britain's Visionary Music*, Faber & Faber, 2010.

People

Supersonic salutations to Pete Selby for having the pop vision in the first place, Matthew Hamilton for making it happen, Phil King for taking archival investigation into the velvet tin mines of '70s Britain to dizzying heights, Melissa Bond and Karen Stretch at Bonnier for their enthusiasm and support, Bob Stanley for his helpful proofreading insight, and N. J. Stevenson for her love, advice and impeccable style throughout.

For teaching the world to sing and then being so generous in talking to me about how they did it: Rick Foster, Tony Burrows, Sue Glover, Roger Cook, Roger Greenaway, Tony Macaulay, Madeline Bell, Graham Gouldman, Kevin Godley, Harvey Lisberg, Andy Scott, Dave Hill, Richard Loncraine, Dave Peacock, Marty Kristian, Barry Alexander, Suzi Quatro, Mike Batt, Mykaell Riley, Craig Sams, Simon Fisher Turner, Jonathan King, John Carter, Bob Bradbury, Ayshea Brough, Pete Waterman, Ken Andrew, Ian McRedie, Björn Ulvaeus, Donny Osmond, Nina Myskow, Sally James, Barry Blue, B. A. Robertson, John Cameron, Paul Williams, Horace Trubridge, Tina Charles, Biddu Appaiah, Linda Lewis, Leo Sayer, Dave Trott, David Hamilton, Don McLean, Sergio Mendes, Mike Chapman, Phil Brown, Danny Fields, Thereza Bazar, Nigel Fletcher, Dana Gillespie,

Derv Gordon, Tony Visconti, Mike Mansfield, Hilary McLaren Tipping, Lisa Ward and Liz Hodgkinson (aka Mum). Excerpts from past interviews with Pete Townshend, Ray Davies, Richard Carpenter, Carlos Santana, Trevor Horn, Robin Gibb, Jimmy Webb and Richard Carpenter helped flesh out the story.

For their help, advice and suggestions, a glass of Champagne for Caroline Catz, Sieng van Tran, Martin Green, Tris Penna, Jonny Trunk, Lawrence, Ben Olins, Teri Olins, Alfredo Marcantonio, Alexis Petridis, Tom Gray, Paul Kelly, Crispin Parry, Jarvis Cocker, Malcolm Doherty, Daphne Guinness, Matthew Sullivan, Jennifer Maas, Matthew Ingham and David Wells.

And finally, a special thanks to Otto and Pearly. You were forced to grow up in our self-imposed '70s world and yet you rarely complained that, in the words of those acrylic philosophers Marmalade, so much of it was Falling Apart at the Seams. Much love to both of you.

Credits

Interior images

Chapter 1: Popperfoto/Getty Images

Chapter 2: Ted Blackbrow/*Daily Mail*/Shutterstock

Chapter 3: David Bagnall/Shutterstock

Chapter 4: Hulton Deutsch/Corbis Historical/Getty Images

Chapter 5: Monty Fresco/ANL/Shutterstock

Chapter 6: Michael Webb/Stringer/Hulton Archive/Getty Images

Chapter 7: Trinity Mirror/Mirrorpix/Alamy

Chapter 8: Bentley Archive/Popperfoto/Getty Images

Chapter 9: PA Images/Alamy

Chapter 10: Bettmann/Shutterstock

Chapter 11: Ken Goff/The Chronicle Collection/Getty Images

Chapter 12: Keystone Press/Alamy

Plate sections

Plate 1

p. 1 (top): Estate of Keith Morris/Redferns/Getty Images

p. 1 (middle): Dezo Hoffman/Shutterstock

p. 1 (bottom): ITV/Shutterstock

p. 2 (top): *TV Times*/Getty Images

p. 2 (middle): ANL/Shutterstock

p. 2 (bottom): Tony Russell/Redferns/Getty Images

p. 3 (top): Shutterstock

p. 3 (middle): ITV/Shutterstock

p. 3 (bottom): Sylvan Mason/Shutterstock

p. 4 (top): Shutterstock

p. 4 (middle): Michael Putland/Getty Images

p. 4 (bottom): David Redfern/Redferns/Getty Images

p. 5 (top): Roger Tillberg/Alamy

p. 5 (bottom left): ITV/Shutterstock

p. 5 (bottom right): MARKA/Alamy

p. 6 (top): Jorgen Angel/Redferns/Getty Images

p. 6 (middle): John Glanvill/AP/Shutterstock

p. 6 (bottom): Brian Mc Creeth/Shutterstock

p. 7 (top): Shutterstock

p. 7 (middle): Fremantle Media/Shutterstock

p. 7 (bottom): Jack Kay/Express/Hulton Archive/Getty Images

p. 8 (top): Trinity Mirror/Mirrorpix/Alamy

p. 8 (bottom): AP/Shutterstock

Plate 2

p. 1 (top): Pictorial Press Ltd/Alamy

p. 1 (middle): Jean-Claude Deutsch/Paris Match Archive/Getty Images

p. 1 (bottom): Fremantle Media/Shutterstock

p. 2 (top): ITV/Shutterstock

p. 2 (bottom): Shutterstock

p. 3 (top): RB/Redferns/Getty Images

p. 3 (middle): Don Smith/*Radio Times*/Getty Images

p. 3 (bottom): Chris Capstick/Shutterstock

p. 4 (top): James Gray/*Daily Mail*/Shutterstock

p. 4 (middle): Studio Canal/Shutterstock

p. 4 (bottom): Michael Ochs Archive/Stringer/Getty Images

p. 5 (top): ITV/Shutterstock

p. 5 (middle): Phillip Jackson/ANL/Shutterstock

p. 5 (bottom): George Wilkes/Hulton Archive/Getty Images

p. 6 (top): Michael Ochs Archives/Stringer/Getty Images

p. 6 (middle): Keystone Press/Alamy

p. 6 (bottom): Jorgen Angel/Redferns/Getty Images

p. 7 (top): Moviestore Collection Ltd/Alamy

p. 7 (middle): United Archives GmbH/Alamy

p. 7 (bottom): Michael Ochs Archives/Stringer/Getty Images

p. 8 (top): Echoes/Redferns/Getty Images

p. 8 (middle): Moviestore/Shutterstock

p. 8 (bottom left): David Redfern/Redferns/Getty Images

p. 8 (bottom right): GAB Archive/Redferns/Getty Images

Index

Dylan, Bob 11, 16, 17, 65,
    66, 118, 211, 218, 232,
    386, 448

Easterby, Roger 144, 146–7
eating disorders 407, 409–10,
    443
Eavis, Michael 26–7
Edison Lighthouse 56, 58,
    89–90, 100–1
Edmunds, Dave 42–3, 230
Eickhoff, Dr Louise 444
ELO (Electric Light Orchestra)
    224, 249, 298, 309, 311, 314
Eno, Brian 146, 471
Equals 6, 70–2, 370
Essex, David 1, 29, 241, 244–7,
    255, 338, 470, 474
European Union 2, 147–51,
    162–4, 167, 331–2, 520
Eurovision Song Contest (ESC)
    89, 160–1, 165–7, 179, 251,
    278, 387–8, 424, 426, 495

Fairport Convention 270,
    272, 376
Fältskog, Agnetha 159, 160, 278
fantasy, see sci-fi/fantasy
Farian, Frank 502–5
Farrell, Bobby 502, 504–5
Ferry, Bryan 128, 131, 188, 253,
    471, 522

Field, Gabrielle 375, 376, 377,
    380, 381
Fields, Danny 343–4, 549
Finn, Mickey 26, 182, 282
Firmin, Peter 289, 297
Fisher Turner, Simon,
    see Turner, Simon
Fletcher, Nigel 401–3, 406, 549
Flowerpot Men 107, 108
Flowers, Herbie 1, 29–32, 44–5,
    56, 65, 99, 122, 184, 246,
    379, 495
Fortunes 52, 56, 63–4, 413
Foster, Rick 142–3, 147, 549
Foundations 70, 96–8, 101, 137
Four Tops 64, 195, 477
Fox, Noosha 258–9
Frankie Goes to Hollywood 287,
    513
Freddie and the Dreamers 57,
    300, 395

Gabor, Harvey 53–5
Garrity, Freddie 57, 300, 395
gay culture 6, 83–7, 118,
    142, 171, 209, 218, 229,
    260, 305, 314, 404, 444,
    449–51, 450–1, 466, 489,
    491, 512–13
Gillespie, Dana 106, 421–2, 549
Gillett, Charlie 262, 264
Glastonbury 26, 118, 484